W0191628

Brasilien

Regis St. Louis

Gary Chandler, Gregor Clark, Aimée Dowl,

Bridget Gleeson, Robert Landon, Kevin Raub, Paul Smith

MANAUS (S. 703)
Tor zu Urwaldtrips den mächtigen Amazonas entlang, außerdem Stadt mit verblasstem Glanz und lebendigen Märkten

DAS PANTANAL (S. 453)
Grünes Wunderland mit fantastischen Möglichkeiten zur Naturbeobachtung, zum Wandern, Reiten und Bootfahren

BONITO (S. 469)
Eins der Top-Ökotourismusziele Brasiliens, mit Schnorcheln im Fluss, Wasserfällen vor grünen Wäldern und surrealen Höhlen

IGUAÇU-FÄLLE (S. 360)
Über 250 spektakuläre Wasserfälle, umgeben von Atlantischem Regenwald

KARTENLEGENDE

Autobahn
Hauptstraße
Landstraße
Verbindungsstraße

0 — 500 km

HÖHENSTUFEN

2000 m
1000 m
400 m
200 m
0

ILHA DE MARAJÓ (S. 676)
Eine große, regenwaldbedeckte Insel
mit leckerem Seafood, alten Ruinen und
viel Natur vor spektakulären Kulissen

PARQUE NACIONAL DOS LENÇÓIS MARANHENSES (S. 652)
Enorme Dünen und unberührte
Lagunen vor den
Wellen des Atlantik

JERICOACOARA (S. 632)
Ultimatives Backpackerziel: eine fantastische
Küste, ein lebendiges Nachtleben und tolle
Möglichkeiten zum Surfen, Wind- und Kitesurfen

FERNANDO DE NORONHA (S. 588)
Spektakuläres Tropen-Archipel, umgeben
von kristallklarem Wasser für Weltklasse-
tauchen vor großartigen Stränden

RECIFE (S. 569) & OLINDA (S. 580)
Historische Zwillingsstädte mit pulsierendem
Nachtleben, einer faszinierenden Kultur
und zwei der besten Karnevals Brasiliens

SALVADOR (S. 479)
Hier schlägt das afro-brasilianische
Herz des Landes: imposante Trommel-
gruppen, mystische Candomblé-
Zeremonien und eine tolle Architektur

OURO PRÊTO (S. 265)
Brasiliens edelste Barockperle besteht
aus einem Labyrinth schöner Kopfstein-
pflastergassen, die steil emporklettern

RIO DE JANEIRO (S. 136)
Eine betörende Stadt mit Sambaclubs,
malerischen Stränden, Fußballverrücktheit
und einer unkonventionellen Kunstszene

PARATI (S. 207)
Eine kulturell lebendige Stadt aus dem
17. Jh., umgeben von bewaldeten
Bergen, Wasserfällen und klasse Stränden

SÃO PAULO (S. 303)
Brasiliens Megalopolis, die kultu-
relle Vielfalt bietet: klasse Museen,
Restaurants und Unterhaltung

ILHA DE SANTA CATARINA (S. 369)
Toller Surfspot, lebendiges Nachtleben,
saftige Austern, einsame Strände,
malerische Fischerdörfer und vieles mehr

ATLANTIK

Äquator

Südlicher Wendekreis

ATLANTIK

Unterwegs

REGIS ST. LOUIS Hauptautor

Recherche-„Arbeiten" während des Karnevals in Rio de Janeiro (S. 84) bergen ein beträchtliches Spaß-
potenzial. Das bin ich als Pirat verkleidet zusammen mit Tänzerinnen und Tänzern der Sambaschule
Caprichosos de Pilares auf unserem Umzug durch das Sambódromo.

Gregor Clark In Brasilien warten hinter jeder Ecke Überraschungen.
Auf dem Weg zu der historischen Stadt Biribiri, dem eigentlichen
Ziel unseres Ausflugs, machten wir spontan an einem Wasserfall an
der Straße Halt. Ich erinnere mich nur noch daran, dass mich meine
Reisebegleiter auf diese Felsmalereien aufmerksam machten. In
Biribiri kamen wir erst in der Dämmerung an.

Gary Chandler Das bin ich auf
einer riesigen Sandbank im Rio
Tapajós. Sie gehört zu den unzähligen Stränden, die während
der Trockenzeit in Amazonien
entstehen. Schwimmen kann
man dort zwar meistens nicht,
weil in den Flüssen Stechro-
chen leben. Aber man kann
nach einem heißen Tag im
Urwald wunderbar entspannen.

Aimée Dowl Brasilien ist für
seine eindrucksvolle Tierwelt
und die aufgeschlossenen
Menschen bekannt. An die-
sem Tag im Parque de Aves in
der Nähe von Foz do Iguaçu
(S. 360) hatte ich das Vergnügen, beides zu erleben.

Robert Landon Ich liebe es, kurz vor dem Landeanflug auf São Paulo auf den riesigen Dschungel von Wolkenkratzern hinunterzublicken, die sich bis zum Horizont erstrecken. Bei meinem diesmaligen Aufenthalt hat es mir jedoch auch der Jardim Botânico (S. 319) angetan. In der grünen Oase kann man sich vom Großstadttrubel erholen.

Bridget Gleeson Bei meiner Ankunft in Maceió war ich zunächst von Hochhäusern und Verkehr umzingelt – so war der Anblick der farbenprächtigen, ursprünglichen *jangadas* (Segelboote aus dem Nordosten), die hinaus zum Korallenriff segeln (S. 557), eine echte Erholung. Ich watete ins Wasser und hüpfte in eines der Boote. Zehn Minuten später trieb ich bereits glückselig auf dem klaren, grünen Meer.

Kevin Raub Bei Recherchereisen für Lonely Planet bleibt wenig Zeit fürs süße Nichtstun – sogar unter Wasser wird geschrieben! Hier bin ich in Buraco das Cabras, einem Tauchgebiet in Fernando de Noronha (S. 591). Ich versuche gerade, einen dieser süßen Xiras zu einem Interview zu bewegen, aber sie sind einfach nicht in Plauderstimmung … und dazu blitzschnell!

Paul Smith Hier stehe ich im Parque Nacional da Chapada dos Guimarães (S. 448) auf einem der Punkte, die die exakte geografische Mitte Südamerikas darstellen sollen. Aber wie viele Mittelpunkte Südamerikas gibt es denn eigentlich? Die Einwohner von Cuiabá beanspruchen ihn jedenfalls auch für sich …

Mehr zu den Autoren s. S. 814

Highlights

Natur und Kultur des fünftgrößten Landes der Erde sind extrem facettenreich. In wunderbaren Weiten buhlen hier charaktervolle Küstenstädte, artenreiche Regenwälder und Unesco-Welterbestätten um die Besuchergunst. Brasilientrips können viele Gesichter haben: Buggyfahrten über surreale Nationalparkdünen, Schnorcheltrips durch die tolle Unterwasserwelt riffgesäumter Inseln, malerische kolonialzeitliche Metropolen, der Nordosten mit historischen Städten voller afro-brasilianischer Rhythmen, herrliche Landschaften mit donnernden Wasserfällen, Regenwald und die Sümpfe des Pantanal – ein einzigartiger Mix.

Wegen der zahllosen Attraktionen hat man bei der Reiseplanung oft die Qual der Wahl. Zwecks Inspiration folgen nun die Brasilien-Highlights einiger Traveller und Lonely Planet Autoren. Unter www.lonelyplanet.com/brazil kann man selbst mitmachen.

JOHN PENNOC

1
PÃO DE AÇÚCAR, RIO DE JANEIRO

Meine Erfahrung bestätigen die meisten anderen Traveller: Der schönste, aber leicht beängstigende Weg zum Gipfel des Zuckerhuts (S. 166) ist nicht per Seilbahn. Stattdessen sollte man die sanftere Rückseite des 396 m hohen Felsens mittels Seilen, festen Schuhen und viel Schweiß erklimmen. Doch egal wie: Dort oben wartet stets ein wohlverdienter Caipirinha bei herrlicher Aussicht.

Regis St. Louis, Lonely Planet Autor

JOHN MAIER JR

DAS PANTANAL

Als atemberaubende Sumpfland-
schaft mit riesigem Artenreichtum
ist das Pantanal (S. 453) Südamerikas Antwort auf Afrikas Savannen.
Es zählt zu den tollsten Naturwundern des Kontinents und lässt sich
am besten per Boot oder Kanu
erkunden.

**Paul Smith,
Lonely Planet Autor**

TOM BOYDEN

2

3

RIOS NACHTLEBEN

Nichts repräsentiert die Seele Rio de Janeiros so
wie Lapa (S. 190). Auf maroden Gehwegen und in
schäbigen Seitengassen versammeln sich hier Arm
und Reich, Schwule und Heteros, Prostituierte und
Zuhälter, *malandros* (Betrüger), Musiker, Künstler
und Gringos. Altmodische Tanzhallen und belebte,
offene Bars reichern die spürbare Energie der Straßen mit fröhlichen Sambarhythmen an.

Regis St. Louis, Lonely Planet Autor

CRAIG PERSHOUSE

4

IGUAÇU-FÄLLE

Als ultimatives Naturspektakel bieten die Iguaçu-Fälle (S. 360) zunächst eine erste Kaskadenreihe, um
Besucher dann mit einem scheinbar endlosen Theater hinabstürzenden Wassers zu verwirren. Großes
Finale ist der Boden des treffend benannten „Teufelsschlunds", der einen pitschnass wieder ausspuckt.
Definitiv nichts für Wasserscheue!

Aimée Dowl, Lonely Planet Autorin

VIVIANE PONTI

5 KARNEVAL IN RIO DE JANEIRO

Sicherlich sprechen Fakten wie überzogene Hotelpreise und riesige Menschenmassen gegen einen Besuch des Karnevals (S. 83). Doch wo sonst kann man tagelang hinter dröhnenden Trommlergruppen und 30-köpfigen Blaskapellen durch die Straßen tanzen? Umgeben von der exzessiven Lebenslust kostümierter Feierwütiger? Die große Parade ist das reinste Spektakel und von den Zuschauerrängen aus ein toller Anblick. Am allerbesten schließt man sich aber verrückt verkleidet einer Sambaschule an und tanzt selbst durch das Sambódromo.

Regis St. Louis, Lonely Planet Autor

JANE SWEENEY

6 PARQUE NACIONAL DA CHAPADA DOS GUIMARÃES

In Chapada dos Guimarães (S. 448) ist eine Kamera absolut Pflicht. Denn hier wartet eine der herrlichsten Landschaften, die man wohl je zu Gesicht bekommt. Mein Rat angesichts des schroffen Cidade de Pedra oder des atemberaubenden Wasserfalls Véu de Noiva: Große Speicherkarten verhindern die Zwangslöschung einiger erinnerungswürdiger Bilder.

Paul Smith, Lonely Planet Autor

PELOURINHO IN SALVADOR

Schon beim Betreten überlastet Pelourinho (S. 485) sämtliche Sinne: Getrommel dröhnt aus den offenen Fenstern bonbonfarbener Kolonialbauten, während bunt gekleidete *baianas* (Bahia-Frauen) mit „Caipirinha-Gratisgutscheinen" für ihre Restaurants werben und bettelnde Kinder an Touristenärmeln zupfen. Gleichzeitig locken ein paar *capoeiristas* (Capoeira-Tänzer) eine Menschenschar auf den Terreiro de Jesus. Chaotisch, farbenfroh und einzigartig – kein Wunder, dass diese Unesco-Welterbestätte als Kulisse für Michael Jacksons umstrittenes Video zu *They Don't Care About Us* diente.
Bridget Gleeson, Lonely Planet Autorin

7

JOHN MAIER JR.

OURO PRÊTO

Ouro Prêtos Straßen (S. 265) führen auf und ab wie eine Achterbahn. Steil verbinden sie ein barockes Meisterwerk mit dem nächsten. Seit 300 Jahren steht das kolonialzeitliche Juwel als Goldgräbersiedlung, bundesstaatliche Hauptstadt, Revolutionshochburg und Unesco-Welterbestätte im Mittelpunkt.
Gregor Clark, Lonely Planet Autor

8

BRUCE BI

PARATIS CHARME & STRÄNDE

Kein anderer Ort in Brasilien mixt Natur und kolonialzeitliche Architektur so wie Parati (S. 207). Ultimative Superstrände vor herrlicher Bergkulisse konkurrieren hier mit dem facettenreichen Kopfsteinpflastercharme eines Stadtzentrums aus dem 18. Jh. Genug von Sonnenbaden und Sightseeing? Dann helfen ein kühler Caipirinha, die nahe gelegene Naturwasserrutsche oder die lokale Kochschule mit Kursen in brasilianischer Gourmetküche.

**Gregor Clark,
Lonely Planet Autor**

9

JOHN PENN

10

FERNANDO DE NORONHA

Manche nur mühsam erreichbaren Ecken dieser Erde belohnen einen umso mehr. Fernando de Noronha (S. 588) gehört dazu. Bei einer eintägigen Inselwanderung hat mir ein Einheimischer etwas über die Flora und Fauna beigebracht. Zwischendurch wurde mit Schildkröten geschnorchelt. Krönender Tagesabschluss war das Schnorcheln in einem aquariumartigen Naturpool an der Praia do Atalaia … und zwar bis zum Sonnenuntergang.

Brian Henry, Traveller (USA)

PAUL BIGLAND

JOHN PENN

11

LENÇÓIS MARANHENSES

Auf die superbe Sandlandschaft des Parque Nacional dos Lençóis Maranhenses (S. 652) war ich nicht gefasst. Nur klares Lagunenblau durchbricht den unendlichen Horizont aus windgepeitschten Dünen. Eine einsame Lagune bei Atins hatte ich ganz für mich allein. Wenn ich nicht für dieses Buch hätte recherchieren müssen, würde ich dort immer noch meinen eigenen kleinen Reisetraum genießen.

Kevin Raub, Lonely Planet Autor

OLINDA

Im Vorfeld wusste ich nicht, ob ich Olinda (S. 580) mögen würde. Doch dann faszinierte mich die Einzigartigkeit der bunten Häuser. So entpuppte sich die Hügelstadt als einer der schönsten Orte, die ich je gesehen hatte. Unglaublicherweise noch besser war jedoch die perfekte Aussicht, die ich in einem Hügelrestaurant bei einem Mittagessen mit *camarãos* (Garnelen) genoss. Olinda hat meine Erwartungen total übertroffen!

Mara Czaja, Traveller (Deutschland)

12

SHANIA SHEGEDYN

JERICOACOARA

Drei Tage lang warteten wir darauf, dass sich die drohenden Gewitterwolken am grauen Himmel verziehen, um auf Jericoacoaras (S. 631) „Sonnenuntergangsdüne" eine gute Aussicht zu haben. Als es an unserem letzten Abend aufklarte, zogen wir mit vielen Einheimischen und Travellern zum Dünengipfel. Dort beobachteten wir die Sonne, die langsam hinter dem Horizont versank und den Himmel in ein unvergessliches Farbenmeer tauchte. Das Warten hatte sich wirklich gelohnt!

Todd Adamson, Traveller (USA)

IMAGE QUEST MARINE/ALAMY

13

TIM HUGHES

14

NATURSCHUTZ-GEBIET MAMIRAUÁ

Bei unserer ersten „Spotlighting"-Tour in Mamirauá (S. 724) schipperten wir den Amazonas in einer klaren, dunklen Nacht hinunter und starrten in die roten Augen zahlloser Kaimane am Ufer. Während der zweiten Tour fiel starker Regen mit Blitz und Donner. Obwohl dann weniger leuchtende Augenpaare zu sehen waren, lauerten in der Nähe zweifellos Hunderte Kaimane. Da fiel mir ein Spruch aus einem Far-Side-Comic ein: „Mmmh! Touristische Dinnerkreuzfahrt für Krokodile!"

Judyth Reichenberg, Traveller (USA)

URWALDTRIP AB MANAUS

Um 4 Uhr landete mein Flieger, um 6 Uhr war ich auf dem Weg in den Urwald. Um 10 Uhr paddelte ich durch einen überfluteten Wald, um 14 Uhr lag ich in einer Hängematte mit Flussblick. Ein Highlight bei Trips ab Manaus (S. 703): sofortige Befriedigung.

Gary Chandler, Lonely Planet Autor

15

JOHN BORTHWI

JOHN MAIER JR

16

ILHA DE SANTA CATARINA

Spitzenstrände und eine weltberühmte Partyszene locken schöne Menschen nach Florianópolis oder in andere Städte auf dieser Insel im Süden (S. 369). Lange, saubere Sandstreifen laden perfekt zum Abhängen in der Sonne ein, während (Kite-)Surfer die konstante Sommerbrandung an der Küste schätzen. Vor Ort findet außerdem Brasiliens größter Surferwettbewerb statt. Genug vom Wasser? Dann hinein ins Nachtleben, das dem in Miami oder Ibiza in nichts nachsteht.

Aimée Dowl, Lonely Planet Autorin

ANDRE SEALE/SPECIALIST STOCK/COR

17

BONITO

Wie fühlt man sich wohl so als Fisch? Antworten gibt z. B. der Rio da Prata als eins der zahllosen tollen Highlights von Bonitos (S. 469) „Wasserwelt": Beim Schnorcheln im Fluss erkundet man persönlich den Alltag des *dourado*, den Charakter des *piraputanga* oder die persönlichen Probleme des *pacu*.

Paul Smith, Lonely Planet Autor

18 ILHA GRANDE

MICAH WRIGHT

Wegen ihrer grandiosen Abgeschiedenheit war die Ilha Grande (S. 202) jahrzehntelang eine Gefängnis- und Leprakolonie. Dank dieser ungewöhnlichen Geschichte blieben die urwaldbewachsenen Hänge und vielen Strände vor Erschließung verschont. So zählen sie landesweit zu den am besten erhaltenen ihrer Art. Ein echtes Naturparadies – kraftfahrzeugfrei, sauber und grün.

Gregor Clark, Lonely Planet Autor

19 MORRO DE SÃO PAULO

CHRIS SCHMID/EYEMAGE MEDIA/ALAMY

Während das Dorf Morro de São Paulo (S. 512) hinter einem verschwindet, hüpft das Schnellboot teils ohne Kontakt zum Wasser über die Wellen. Draußen im aquamarinblauen Meer bewegen sich Köpfe. Kurz darauf zeigt sich, dass dort Schnorchler die Naturbecken erkunden und das kühle *cerveja* (Bier) eines rustikalen Barfloßes schlürfen. Vor Sonnenuntergang betrachtet man Tropenfische durch die Taucherbrille, probiert leckere rohe Austern und spaziert durch ein ruhiges Inseldorf.

Bridget Gleeson, Lonely Planet Autorin

TIRADENTES

Das kolonialzeitliche Tiradentes (S. 282) ist so gut erhalten und schön gelegen, dass man glaubt, auf ein Filmset gestoßen zu sein. Gepflasterte Straßen, blumengeschmückte Mauern und tolle Kolonialarchitektur machen jeden Schritt zum Genuss – vor allem für Wanderfreunde: In den umliegenden Bergen gibt's viele Pfade, während Tiradentes' hyperaktive Restaurantszene dem hungrigen Rückkehrer stets ein gutes Abendessen beschert.

Gregor Clark, Lonely Planet Autor

20

JOHN PENNO

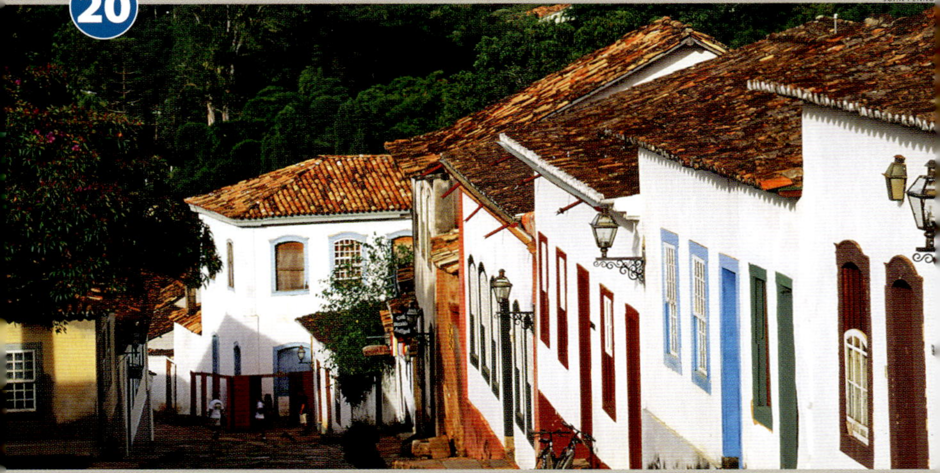

DAS VIERTEL JARDINS IN SÃO PAULO

Ganz aufs Auto zugeschnitten hat São Paulo allgemein ein recht tristes Straßenleben. Eine tolle Ausnahme stellt das Viertel Jardins (S. 316) dar. Wenn ich vor Ort etwas Zeit habe, ist dies definitiv mein Favorit für ein entspanntes Mittagessen oder einen Kaffeeklatsch mit Freunden – gefolgt von einem Spaziergang über die Rua Oscar Freire und Alameda Lorena. Auf wunderbare Weise erfinden sich die hiesigen Läden und Restaurants ständig neu.

Robert Landon, Lonely Planet Autor

21

Y.LEVY/ALA

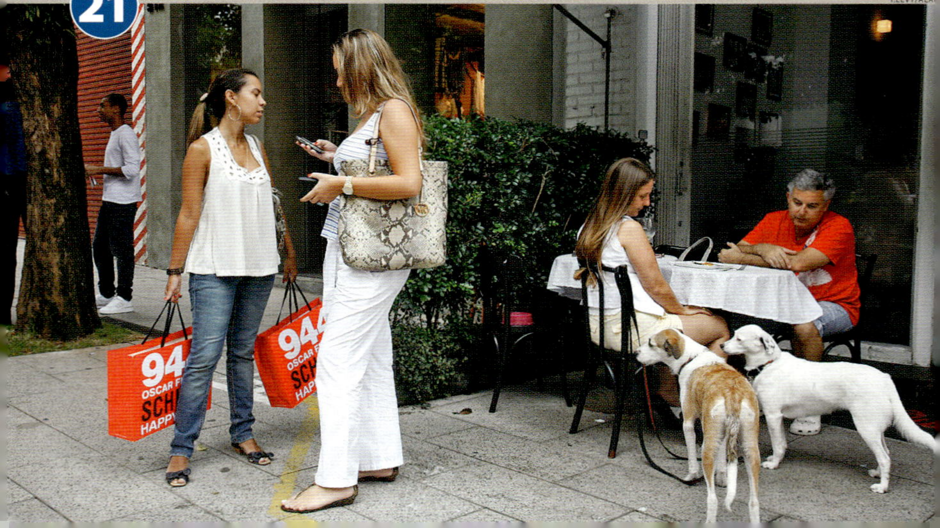

PENEDOS KIRCHEN

An einem schwülen Nachmittag auf Penedos (S. 562) steilen Pflasterstraßen wähnt man sich in einer Stadt, die kein Reiseführer kennt. Mit vielen charmanten Freiluftplätzen, Kolonialarchitektur in allen erdenklichen Pastelltönen und unglaublich schmucken Kirchen verbreitet Penedo bis heute die ruhige Atmosphäre vergangener Tage.

**Bridget Gleeson,
Lonely Planet Autorin**

JOHN PENNOCK

22

WWW.AMAZONTREECLIMBING.COM

23

URWALD-BAUMKLETTERN

Ich hatte mir dieses Erlebnis vor allem als Regenwaldblick vom Baumwipfel vorgestellt. Das eigentliche Klettern (S. 719) ist aber genauso toll: Man sieht buchstäblich alle Ebenen des Regenwalds! So schaute ich mit dem ehrfürchtigen Gedanken „Sind wir wirklich hier?" zu Mann und Kindern hinüber.

Lori Jensen, Traveller (USA)

BRUCE BI

24

BRASÍLIA

Wer zum ersten Mal das „logische" Gesicht von Brasiliens Hauptstadt (S. 411) erblickt, wird sich seiner eigenen „Unlogik" erst nach ein paar Tagen bewusst. Zum Glück braucht's kein „logisches" Denken, um Brasílias Architekturwunder zu bestaunen. Paradebeispiel ist die Praça dos Trés Poderes – am schönsten bei Nacht, wenn sie im schummrigen Licht der Straßenlaternen fast außerirdisch leuchtet.

Paul Smith, Lonely Planet Autor

SÃO MIGUEL DAS MISSÕES

Ein Grund für längere Aufenthalte in Südbrasilien sind die gruselig-eleganten Ruinen von Sao Miguel das Missões (S. 406). Weitab vom Schuss zeugt die frühere Jesuitenmission von Brasiliens turbulenter und faszinierender Kolonialgeschichte. So lohnt sich der Trip über die sanft geschwungenen Hügel, die sich in Richtung Paraguay erstrecken.

Aimée Dowl, Lonely Planet Autorin

GOLDEMBERG FONSECA DE ALMEIDA FROM DOURADOS BR:

SÃO LUÍS & ALCÂNTARA

Die benachbarten Kolonialstädte São Luís (unten; S. 643) und Alcântara (S. 651) ergänzen sich perfekt: Das große São Luís mit seinen unterschiedlich verwitterten Fliesenfassaden ist ein eindrucksvoller, aber grober „Stadtteppich" iberischer Art. Den Gegenpol bildet das besser erhaltene Alcântara als ruhige Kleinstadt auf der anderen Seite der Bucht: An diesem beschaulichen Ort geht Druck höchstens vom Kopfsteinpflaster aus.

**Kevin Raub,
Lonely Planet Autor**

DIEGO LEZAMA

CRISTIANO BURMESTER/ALA

ILHABELA

Viele Dinge auf einmal verleihen Ilhabela (S. 336) seine landesweite Einzigartigkeit. Vor allem ist dies eine ungemein schöne Insel mit bestens erhaltener Naturlandschaft. Hier geht's bis heute über wilde Bergpfade zu menschenleeren Stränden. Dennoch sorgen die Restaurants und Cafés für etwas urbane Raffinesse – als ob ein paar Trendsamen São Paulos mitten im Atlantischen Regenwald gekeimt hätten.

Robert Landon, Lonely Planet Autor

Inhalt

Regionalkarten

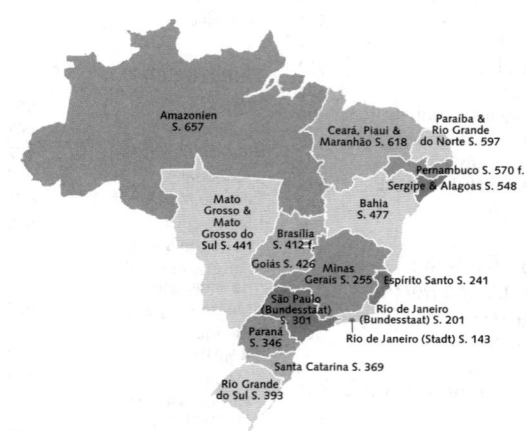

Amazonien S. 657

Ceará, Piauí & Maranhão S. 618

Paraíba & Rio Grande do Norte S. 597

Pernambuco S. 570 f.

Sergipe & Alagoas S. 548

Mato Grosso & Mato Grosso do Sul S. 441

Bahia S. 477

Brasília S. 412 f.

Goiás S. 426

Minas Gerais S. 255

Espírito Santo S. 241

São Paulo (Bundesstaat) S. 301

Rio de Janeiro (Bundesstaat) S. 201

Paraná S. 346

Rio de Janeiro (Stadt) S. 143

Santa Catarina S. 369

Rio Grande do Sul S. 393

Reiseziel Brasilien

Brasilien, eines der schönsten Reiseziele der Welt, ist Südamerikas Riese. Ein beeindruckendes Land mit weißen Pudersandstränden, unberührten Regenwäldern und wilden, sich im Rhythmus wiegenden Metropolen. Die Schätze Brasiliens reichen von bezaubernden, von der Zeit unberührten Kolonialstädten bis zu atemberaubenden Landschaften mit tiefen Canyons, tosenden Wasserfällen und idyllischen Tropeninseln. Und dazu kommt noch Brasiliens Artenreichtum: Die unterschiedlichsten Ökosysteme sind Heimat der vielfältigsten Tier- und Pflanzenwelt, die es auf unserem Planeten gibt.

Brasilien ist ein großes Abenteuer für jeden Traveller, egal ob mit großem oder kleinem Budget. Reiten im Pantanal, Kajaktouren durch die überfluteten Wälder des Amazonas, Bergsteigen auf atemberaubende Höhen für einen unglaublichen Ausblick, Walbeobachtungen vor der Küste, Surfen durch die unglaubliche Brandung vor von Palmen gesäumten Stränden und Schnorcheln durch kristallklare Flüsse oder Korallenriffe – all dies ist Teil des großen Erlebnisses Brasilien. Genauso verlockend ist die Aussicht, einfach mal nichts zu tun, außer sich in den warmen Sand sinken zu lassen und auf einem herrlichen Stückchen Strand mit einem Caipirinha dahinzuschmelzen.

Brasiliens berühmtestes Fest, der Karneval, tobt durch die Städte und Dörfer des Landes mit hüftenschwingender Samba und *frevo*, unglaublichen Kostümen und purer Lebensfreude. Aber die wenigen Wochen im Jahr reichen den Brasilianern bei Weitem nicht aus. Wo Musik gespielt wird, regiert sorgenfreie Lebenslust – ob man nun mit Cariocas in Rios heißen Sambaclubs tanzt oder den durchdringenden Trommelbeats durch die Straßen von Salvador folgt. Es gibt den *forró* der Tanzsäle im Nordosten, den fetzigen *carimbó* vom Amazonas, scratchende DJs in São Paulo und eine endlose Vielfalt an lokalen Sounds vom *sertanejo* der Pampa bis zum reggaeverliebten Maranhão.

Wenn denn so vieles für Sie spricht, ist es kein Wunder, dass die Brasilianer sagen: „Deus e Brasileiro" (Gott ist ein Brasilianer). Wie sonst sollte man sich die Schatzkiste an Natur- und Kulturreichtümern erklären, die sich im ganzen Land verteilen? Der Stolz auf das Land ist in den letzten Jahren, in denen Brasilien ein bisher nie dagewesener Boom erfasste, stetig gewachsen . Das BIP ist stark gestiegen – im Schnitt 5% seit 2000. Die Inflation – der Dämon, der Brasiliens Wirtschaft viele Jahre lang gelähmt hat – scheint zumindest gezähmt worden zu sein. Laut Regierungsangaben sind ca. 19 Mio. Brasilianer in dieser Zeit in die Mittelschicht aufgestiegen. Geringe Arbeitslosenquoten, rekordverdächtig viele neue Jobs und ein weit verbreitetes Wachstum in den unterschiedlichsten Wirtschaftssegmenten zeigen, dass Brasilien sein Versprechen hält, das es in der Mitte des 20. Jh. gegeben hat, nämlich „das große Land der Zukunft" zu sein.

Viele Brasilianer – wie auch internationale Beobachter – schreiben den Erfolg ihres Landes dem früheren Präsidenten Lula zu. Luíz Inácio „Lula" da Silva, der Sohn einer armen ungebildeten Bauernfamilie aus Brasiliens dürregeplagtem Nordosten, schien ein ungeeigneter Bewerber für Brasiliens höchstes Amt zu sein. Er hatte schon als Schuhputzer, Erdnussverkäufer und Mechaniker gearbeitet, bevor er seiner Berufung folgte und Gewerkschaftsführer und Aktivist wurde. Seine Popularität und sein späterer politischer Erfolg halfen ihm, Brasiliens erster Präsident aus der Arbeiterklasse zu werden.

KURZINFOS

Bevölkerung: 191 Mio.

Jährliches Bevölkerungswachstum: 1,17 %

Lebenserwartung: 69 Jahre (Männer), 76 Jahre (Frauen)

BIP: 1,69 Billion €

Inflationsrate: 4,2 %

Zahl der jährlich verteilten kostenlosen Kondome: 500 Mio.

Monatlicher Mindestlohn: 233 €

Kindersterblichkeit: 22 (USA: 6)

Arbeitslosigkeit: 7,3 %

Alphabetisierungsrate: 88,6 %

„Der wohl beliebteste Politiker der Welt", wie US-Präsident Obama Lula 2009 scherzhaft beschrieb, verließ sein Amt als Brasiliens beliebtester gewählter Politiker. Während seiner beiden Amtszeiten führte Lula Brasilien auf die Weltbühne, half seinem Land, die Ausrichtung der FIFA WM 2014 zugesprochen zu bekommen und spielte eine Schlüsselrolle darin, die Olympischen Sommerspiele 2016 nach Rio zu holen. Seine Diplomatie ging über den Sport hinaus – so verhandelte er z. B. mit der Türkei über ein Brennelemente-Tauschgeschäft mit dem Iran.

Trotz eines merkwürdigen Skandals, der seine PT (Arbeiterpartei) in Atem hielt, genoss Lula gigantische Zustimmungsraten (80 % Anfang 2010). Kritiker halten jedoch dagegen, dass der Großteil seines Erfolges der umsichtigen Wirtschaftspolitik seines Vorgänger Henrique Cardoso zu verdanken ist, dessen Regierung u. a. Brasiliens grundsolide Währung, den Real, einführte.

Das enorme Wachstum der Agrarindustrie spielte eine signifikante Rolle in der Wirtschaft. (Brasilien ist der weltgrößte Exporteur von Rindfleisch, der größte Produzent von Kaffee, Orangen und Zuckerrohr und gehört zu den Top 3 der Sojabohnen- und Getreide-Produzenten.) Chinas anhaltendes Wachstum und – noch wichtiger – sein Hunger nach brasilianischen Gütern waren ebenfalls wichtige Faktoren für Brasiliens Boom.

Steigende Ölpreise und die vom Menschen verursachte globale Erwärmung haben Biosprit auf Pflanzenbasis weltweit zu einem wichtigen Thema gemacht. In Brasilien ist der Erfolg des Biotreibstoffes ein Ergebnis von drei Jahrzehnten Anstrengung. Die Regierung hat Milliarden für finanzielle Anreize investiert. Brasilianisches Ethanol, das aus energieeffizientem Zuckerrohr gewonnen wird – es ist achtmal ergiebiger als Sprit, der aus US-amerikanischem Mais hergestellt wird – liefert 40 % des Benzins im Land. Der Erfolg des brasilianischen Ethanolprogramms dient immer öfter als Beispiel für andere Länder.

Energie ist immer noch ein heißes Thema in Brasilien – vor allem seit zwischen 2007 und 2010 mehr als 800 km vor der Küste riesige Ölreserven entdeckt wurden. Schätzungen zufolge könnten diese Ölfelder zu den größten der Erde gehören und Brasilien möglicherweise zu einem der größten erdölexportierenden Länder befördern. Schon heute ist das Land ein gigantischer Produzent von Wasserkraft. Der riesige Itaipu-Staudamm alleine deckt 20 % von Brasiliens und 94% von Paraguays Energiebedarf; Privatisierungen in den letzten Jahren haben zur weiteren Verbesserung der Quote beigetragen. Die Rationierung von Strom, zur Jahrtausendwende durchaus nicht unüblich, scheint der Vergangenheit anzugehören. Dutzende neuer Wasserkraftprojekte sind im Entstehen, darunter auch Brasiliens neuester, aber umstrittener Belo-Monte-Staudamm im Amazonasgebiet.

Der Industrieboom und die andauernde Modernisierung des Landes haben nicht nur gute Nachrichten produziert. Immer wieder schlagen Umweltschützer Alarm, wenn der Regenwald Brasiliens gefährdet ist, etwa durch Projekte wie den Belo-Monte-Staudamm, bei dessen Bau 450 km² Amazonaswald dauerhaft geflutet werden müssen. Schnellwachsende und hochprofitable Pflanzen wie Sojabohnen und Zuckerrohr zerstören den uralten Wald. Ein paar innovative grüne Lösungen fassen aber langsam Fuß – darunter die Möglichkeit, Landbesitzer dafür zu bezahlen, ihre Bäume nicht zu fällen.

Für die meisten Brasilianer steht die Waldrodung aber hinter so offensichtlichen gesellschaftlichen Problemen wie Gewalt und Armut zurück, die so viele Teile des Landes betreffen. Lulas Programm zur Bekämpfung der Armut halfen vielen von denjenigen, bei denen die Not am schlimmsten war. Sein Projekt *Bolsa Família* (Familiendarlehen) half etwa 12 Mio. Familien (mehr als 40 Mio. Brasilianern), wenngleich Kritiker bemängeln, dass es letztlich die Armut nicht an ihren Wurzeln anpacke.

Die Ausbreitung der Favelas (Armutsviertel) ist den Menschen noch gut im Gedächtnis, obwohl es auch dort schon Veränderungen gegeben hat. Lulas enormes Wachstumsbeschleunigungsprogramm (PAC), bei dem Milliarden Reais für Infrastrukturmaßnahmen ausgegeben wurden, hat Verbesserungen in die ärmsten Favelas von Brasilien gebracht, in denen es seitdem fließendes Wasser, eine Kanalisation, Straßen und fest stehende Gebäude gibt. Gleichzeitig wird der Drogenhandel bekämpft und durch Polizeipräsenz ein dauerhaftes Gefühl von Sicherheit innerhalb dieser unruhigen Gemeinden geschaffen.

Lulas Nachfolgerin Dilma Rousseff, die am 1. Januar 2011 als erste Frau das Präsidentenamt übernahm, hat sicher noch einige Aufgaben zu meistern. Brasilien hat den Weg in eine erfolgreiche Zukunft eingeschlagen. Jetzt muss ihn das Land auch bis zum Ende weitergehen.

Bevor es losgeht

Wer zum Karneval nach Rio, Salvador oder Olinda will, sollte sich so früh wie möglich um eine Hotelreservierung kümmern, dasselbe gilt für Rios Reveillon (Silvester) und für Zeiten anderer größerer Events (S. 30) – in der Regel ist das übers Internet kein Problem. Während der touristischen Sommerzeit (Dez.–März) ist eine Reservierung ebenfalls sinnvoll.

Brasilien ist ein riesiges Land, und die Entfernungen zwischen einzelnen Reisezielen sind groß. Wer mehrere Regionen abklappern will, kann sich zu einem Fixpreis einen „Brazil Airpass" (S. 789) zulegen, der für vier bis neun Inlandsflüge gültig ist. Man kann ihn nur außerhalb des Landes kaufen.

REISEZEIT

Eigentlich gibt es keine Zeit, zu der eine Reise nach Brasilien nicht empfehlenswert wäre, aber wer zum Partymachen herkommen oder den Touristenmassen entgehen möchte, sollte wissen, wann er dazu jeweils anreisen kann.

Mehr Informationen finden sich in den Klimatabellen auf S. 771.

Von Dezember bis März ist in Brasilien Hauptsaison – also wenn auf der Nordhalbkugel Winter ist. Dann überschwemmen jede Menge ausländische Touristen und einheimische Urlauber (Schulferien sind von Mitte Dezember bis Karneval, der normalerweise im Februar stattfindet) das Land. Die Hotelzimmer sind in dieser Zeit bis zu 30 % teurer, und es ist überall voll, dafür ist dies auch die geselligste Zeit in Brasilien. Von Mai bis September ist Nebensaison. Abgesehen vom Juli, in dem ebenfalls Schulferien sind, ist es die billigste und ruhigste Zeit, um das Land zu besuchen. Das heißt aber auch, dass manche Ferienorte wie ausgestorben sind und es im Süden recht kalt werden kann.

Je nachdem wohin die Reise geht, kann das Wetter bei der Planung eine entscheidende Rolle spielen. In Rio ist die Luftfeuchtigkeit im Sommer hoch, die Temperaturen liegen bei etwa 28 °C; mitunter wird es aber auch bis zu 35 °C heiß. Die Monate von Oktober bis Januar sind am regenreichsten. Im Winter herrschen in Rio um die 23 °C, manche Tage sind regnerisch, andere sonnig.

An der Nordostküste, zwischen Bahia und Maranhão, sind die Temperaturen ganzjährig etwas höher als in Rio de Janeiro – an einigen Tagen steigt die Quecksilbersäule auf über 31 °C –, dank des Tropenwinds und der geringeren Luftfeuchtigkeit ist es hier aber selten schwül. Regensaison ist von

---

AN ALLES GEDACHT?

- Ein paar Brocken Portugiesisch lernen (S. 802).
- Ganz viel Appetit auf Steaks, Meeresfrüchte, Caipirinhas, *agua de côco* (Kokoswasser) und frische tropische Früchte (S. 93).
- Eine Gelbfieberimpfung (S. 794) sowie eventuell Medikamente gegen Malaria (S. 795), wenn man eine Reise ins Amazonasgebiet plant.
- Eine wasserdichte Jacke.
- Ein wirksames Insektenschutzmittel (S. 799).
- Ein Fernglas zum Beobachten wilder Tiere.
- Eine Reiseversicherung (S. 780).
- Sonnencreme, Sonnenbrille und einen Hut.

Mitte Dezember bis Juli, aber auch während dieser Zeit gibt es wirklich wunderschöne Tage.

Die Amazonasregion (der Norden) ist eines der regenreichsten Gebiete der Welt. Am häufigsten regnet es zwischen Dezember und Mai – dann kann das Reisen dort extrem mühsam werden. Im übrigen Jahr regnet es immer noch viel, dafür dauern die Regenfälle meistens nicht länger als ein oder zwei Stunden.

Im Pantanal gibt es Regen- und Trockenzeiten. Zum Reisen ist die Trockenperiode am besten (Mitte April–Ende Sept.). Während des restlichen Jahres weichen die starken Regenfälle die Straßen oft auf und machen das Fahren zu einer echten Herausforderung.

Im Süden gibt es die stärksten Temperaturschwankungen. Während der Wintermonate (Juni–Aug.) liegen die Temperaturen in Rio Grande do Sul, Santa Catarina, Paraná und São Paulo zwischen 13 °C und 18 °C. In einigen Städten schneit es sogar gelegentlich. Wie überall an der Küste ist es im Sommer warm, und man hat reichlich Gesellschaft an den Stränden.

PREISE

Brasilien gehört mit seiner boomenden Wirtschaft und dem starken Real zu einem der teuersten Länder Lateinamerikas. Wer das Land bereits in der Vergangenheit bereist hat, wird einen beträchtliche Anstieg der Verpflegungs- und Unterkunftspreise sowie aller sonstigen Lebenskosten bemerken. (Der Strand ist aber immer noch umsonst!)

Wie groß das Reisebudget sein sollte, hängt von den jeweiligen Unterkünften und Reisezielen ab. Einige Städte, wie Rio, sind seit 2005 besonders teuer geworden. Ländliche und wenig touristische Gebiete sind meist wesentlich günstiger. Mit dem Bus zu reisen, kostet etwa 8 R$ (3,50 €) pro Fahrtstunde. Bei weit entfernten Zielen sind Flüge meist nicht viel teurer, zudem gibt's manchmal Sonderangebote. Anständige Unterkünfte und vor allem ein Mietwagen, für den man etwa 100 R$ pro Tag einkalkulieren muss, sorgen rasch für ein beträchtliches Schrumpfen der Reisekasse.

Wer sparsam ist, kommt mit etwa 110 R$ (49 €) am Tag aus. Für die Unterkunft muss man etwa 40 R$ einberechnen, für Essen und Getränke 30 R$, der Rest ist für Busfahrten, den Eintritt für verschiedene Sehenswürdigkeiten sowie fürs Unterhaltungsprogramm. Wer ausschließlich in Hostels übernachtet, nur am Strand herumliegt und sich von Reis, Bohnen und billigen Mittagsmenüs ernährt, kann sogar mit 75 R$ am Tag über die Runden kommen.

Wer in einigermaßen komfortablen Hotels übernachtet, in besseren Restaurants isst, an den meisten Abenden ausgeht und auch mal einen Flug oder eine geführte Tour bucht, muss mindestens 250 R$ pro Tag einrechnen, Alleinreisende sogar noch mehr. Wenn man wiederum in gehobenen Pensionen in touristischen Urlaubsorten nächtigt, in den besten Restaurants speist und sich bezüglich des Tour- und Nachtprogramms nicht einschränken möchte, ist man leicht über 500 R$ pro Tag los.

In der Urlaubszeit von Dezember bis Februar sind die Unterkunftskosten höher als sonst. Zu Karneval verdoppeln oder verdreifachen sich die Preise und man muss meist bis zu vier Übernachtungen buchen. Nach einem Monat sinken diese dann wieder auf Nebensaison-Niveau. Außerdem zu beachten ist, dass typische Urlaubsorte in der Nähe von größeren Städten wie Búzios bei Rio und Morro de São Paulo bei Salvador im Sommer an den Wochenenden meist überlaufen sind. Unter der Woche ist weniger los, zudem sind die Preise manchmal niedriger.

Brasilien ist für Alleinreisende ein erschwingliches Urlaubsziel, wenn man kein Problem damit hat, in Hostels zu übernachten. Für ein Einzelzimmer

WAS KOSTET WIE VIEL?

Eintritt für einen Sambaclub in Rio 20 R$

Zweistündiger Flug von Rio nach Salvador (einfache Strecke) 300–440 R$

Ein Doppelzimmer in einer gemütlichen Pousada in der Nähe des Strandes in Bahia 160 R$

Elfstündige Busfahrt von São Paulo nach Florianopolis 84–112 R$

Viertägige Exkursion ins Pantanal 800 R$

Weitere Preisinfos finden sich auf der vorderen Umschlaginnenseite.

wiederum zahlt man im Allgemeinen etwa 75 % des Preises für ein Doppelzimmer.

REISELITERATUR

In *Brazil on the Rise* (2010) gibt Larry Rohter interessante Einblicke in brasilianische Kultur und Politik, wobei er besonders die starken Veränderungen analysiert, die das Land in eine aufstrebende Supermacht verwandelt haben. Rohter arbeitete 14 Jahre als Büroleiter der *New York Times* in Rio.

Die versunkene Stadt Z: Expedition ohne Wiederkehr - das Geheimnis des Amazonas von David Grann (2009) erzählt von der letzten Reise Percy Fawcetts, einem der letzten viktorianischen Abenteurer, im Jahr 1925. Er suchte tief im Amazonas nach der verlorenen Stadt El Dorado. Granns fesselnde Rekonstruktion von Fawcetts Expedition ist Abenteuerroman, Biografie und Reisebericht in einem.

In *Das glücklichste Volk: Sieben Jahre bei den Pirahã-Indianern am Amazonas* (2008) beschreibt Daniel Everett auf mitreißende Weise die vielen Jahren, in denen er das Leben des außergewöhnlichen Pirahã-Stammes im Amazonas studierte, sowie die prägenden Einflüsse, die diese auf sein eigenes Leben hatten.

A Death in Brazil von Peter Robb ist ein faszinierender Reisebericht von 2004. Robb, der 20 Jahre in Brasilien verbrachte, schildert vier Jahrhunder-

---

VERANTWORTUNGSBEWUSSTES REISEN

Seit seiner Gründung im Jahr 1973 tritt Lonely Planet für respektvolles und verantwortungsbewusstes Reisen ein und wirbt für die besondere Magie des Individualtourismus. Das Bereisen fremder Länder wird immer beliebter, und wir glauben immer noch daran, dass Tourismus Positives bewirken kann. In diesem Sinne halten wir unsere Leser auch weiterhin dazu an, sich die Auswirkungen ihres Handelns auf die Umwelt sowie die Wirtschaft, Kultur und das Ökosystem des Reiselandes bewusst zu machen.

Brasilien bietet durchaus Möglichkeiten für verantwortungsbewusstes Reisen. Allerdings wird mit dem Begriff Ökotourismus recht inflationär umgegangen, und so ist es nicht ganz einfach, zwischen glaubwürdigen Anbietern und denen, die nur auf Profit aus sind, zu unterscheiden. Wenn man sich ein bisschen umschaut und eine gesunde Dosis Abenteuerlust mitbringt, kann der eigene Urlaub jedoch durchaus positive Auswirkungen auf die lokale Wirtschaft mit sich bringen, ohne dabei der Umwelt zu schaden.

Weitere Informationen über die Umweltprobleme, mit denen Brasilien zu kämpfen hat, und wie mit diesen umgegangen wird, gibt's auf S. 132.

An- & Weiterreise

Aus Mangel an Alternativen fliegen die meisten Urlauber nach Brasilien. Um den beträchtlichen negativen Auswirkungen, die der Luftverkehr auf die Umwelt hat, entgegenzuwirken, sollte man ab und an seine persönliche CO_2-Bilanz (S. 784) überprüfen. In Brasilien selbst stellt das Flugzeug eine verlockende Option dar, um große Entfernungen zu überwinden, es gibt jedoch Alternativen wie Schiffe auf dem Amazonas, Busse und sogar ein paar Zugverbindungen.

Entschleunigtes Reisen

Entschleunigtes Reisen bedeutet zurück zu den Wurzeln. Anstatt mit dem Flugzeug durchs Land zu reisen, kann man sich bei seinem Urlaub auf eine Region konzentrieren, etwa Bahia oder Maranhão. Bei der nächsten Reise kann man sich immer noch einen anderen Teil des Landes vornehmen. Einmal an seinem Reiseort angelangt, kann man sich dann wandernder- und paddelnderweise auf den Weg zum nächsten Ziel machen. Das heißt nicht, dass man niemals Flugzeuge, Taxis oder Busse benutzen sollte. Wenn nötig, muss man eben auf die motorisierte Alternative umsteigen. Immerhin profitiert davon die brasilianische Wirtschaft und man unterstützt trotz CO_2-Ausstoß

te der brasilianischen Geschichte und berichtet detailliert über seine eigenen Reiseerfahrungen im modernen Brasilien – ein spannendes Porträt dieses einzigartigen Landes.

Travelers' Tales Brazil, herausgegeben von Scott Doggett und Annette Haddad, ist eine schöne Sammlung von Geschichten übers Reisen und Leben in Brasilien. Die zweite Ausgabe (2004) enthält Beiträge von Autoren wie Diane Ackerman, Joe Kane, Petru Popescu und Alma Guillermoprieto.

How to Be a Carioca von Priscilla Ann Goslin ist besonders denen zu empfehlen, die einige Zeit in Rio verbringen wollen. Ihre humorvollen Beschreibungen der Lebensart der Carioca (Einwohner Rios) treffen ins Schwarze. Wer den Rio-Dialekt üben will, sollte das Kapitel „Essential Vocabulary" lesen.

The Capital of Hope: Brasília and Its People von Alex Shoumatoff ist ein fesselndes Porträt von Brasília, für das der Autor Interviews mit Regierungsbeamten und den ersten Einwohnern der Hauptstadt führte.

Peter Flemings *Brasilianisches Abenteuer* handelt von einer Expedition junger Journalisten nach Mato Grosso – in den 1930er-Jahren eine undurchdringliche Gegend – auf der Suche nach dem verschwundenen Entdecker Colonel Fawcett. Was Fleming herausfand, ist weniger wichtig als die Art, wie er die ganze Sache schildert: mit viel Ironie.

Eine faszinierende Reise von den Anden durch Brasilien und bis zum Atlantischen Ozean im 19. Jh. schildert *Exploration of the Valley of the*

> **„David Granns fesselnde Rekonstruktion von Fawcetts Expedition ist Abenteuerroman, Biografie und Reisebericht in einem."**

---

direkt den einheimischen Tourismus. Zudem kann man Touren buchen (S. 129), bei denen auf Nachhaltigkeit Wert gelegt wird, oder sich ehrenamtlich engagieren (S. 765).

Unterkünfte & Essen

Wählt man seine Unterkunft mit etwas Sorgfalt, kann man die einheimische Wirtschaft unterstützen. Auf Hotelketten und All-Inclusive-Resorts in größeren Städten und in Strandorten sollte man verzichten, denn diese werden meist von ausländischen Investoren betrieben, die die Gewinne ins Ausland abführen. Übernachtet man stattdessen in von Familien betriebenen Pousadas (Pensionen), profitieren davon direkt die Menschen vor Ort.

Essenstechnisch steht man in Brasilien vor schwierigen Entscheidungen. Brasilianisches Rindfleisch ist erstklassig, allerdings führt die explosionsartig steigende Anzahl von Rinderzuchtfarmen zu einer zunehmenden Zerstörung des amazonischen Regenwalds, so müssen jahrtausendealte Bäume dem Weideland Platz machen. Immer mehr Cafés und Restaurants servieren biologisches und vegetarisches Essen, die entsprechenden Optionen sind in diesem Band aufgeführt. Große Fast-Food-Ketten sollte man meiden, da auch diese eine beträchtliche Mitschuld an der voranschreitenden Rodung des Regenwalds trifft.

Verantwortungsbewusste Reiseorganisationen

In Brasilien gibt es kein Ökozertifikat für Unterkünfte oder Touranbieter. Allerdings gibt es eine nationale Organisation, **Abeta** (www.abeta.com.br), zu der sich Anbieter von Abenteuertouren sowie ökotouristische Veranstalter zusammengeschlossen haben, die gewisse Sicherheitsvorschriften einhalten und nachhaltige Projekte unterstützen. Auf der entsprechenden Website sind alle 200 Mitglieder aufgelistet. In Brasilien sind u. a. folgende Umweltorganisationen tätig:

- **Rainforest Alliance** (www.rainforestalliance.org)
- **ResponsibleTravel.com** (www.responsibletravel.com)
- **Sustainable Travel International** (www.sustainabletravelinternational.org)

Eine Liste mit auf Nachhaltigkeit ausgelegten Unternehmen und Organisationen in Brasilien, darunter Touranbieter, Restaurants und Unterkünfte, gibt's auf S. 765.

TOP **10**

FESTE & EVENTS

1 Karneval, Faschingsdienstag und die vorhergehenden Tage, Februar oder März, Rio de Janeiro (S. 84), Salvador (S. 88) oder Olinda (S. 91)

2 Semana Santa (Karwoche), März oder April, Ouro Prêto (S. 270) oder Cidade de Goiás (S. 430)

3 Festa do Divino Espírito Santo (S. 431), 50 Tage nach Ostern, Pirenópolis

4 Boi-Bumbá (S. 722), Ende Juni, Parintins

5 Bumba Meu Boi (S. 648), Ende Juni bis zweite Augustwoche, São Luís

6 Festa da NS da Boa Morte (S. 506), Mitte August, Cachoeira

7 Folclore Nordestino (S. 583), Ende August, Olinda

8 Círio de Nazaré (S. 666), zweiter Sonntag im Oktober, Belém

9 Oktoberfest (S. 383), Mitte Oktober, Blumenau

10 Reveillon und Festa de Iemanjá (S. 174), 31. Dezember, Rio de Janeiro

FILME & DOKUMENTARFILME

1 *Orfeu Negro* (1959)

2 *Fünfzig Stufen zur Gerechtigkeit* (1962)

3 *Dona Flor und ihre zwei Ehemänner* (1976)

4 *Bye Bye Brasil* (1980)

5 *Pixote* (1981)

6 *Central Station* (1998)

7 *Madame Satã* (2002)

8 *City of God* (2002)

9 *House of Sand* (2006)

10 *Tropa de Elite* (2007)

MUSIKALBEN

1 *A Tábua de Esmeralda*, Jorge Ben

2 *Alfagamabetizado*, Carlinhos Brown

3 *Chega de Saudade*, João Gilberto

4 *Construção*, Chico Buarque

5 *Bossa Negra*, Elza Soares

6 *Clube da Esquina*, Milton Nascimento

7 *Elis & Tom*, Elis Reginas und Antonio Carlos (Tom) Jobim

8 *Refazenda*, Gilberto Gil

9 *Samba Meu*, Maria Rita

10 *Tropicália: Ou Panis Et Circensis*, Caetano Veloso, Gilberto Gil et al.

Amazon von William Lewis Herndon. Das kürzlich neu aufgelegte Buch erzählt nicht nur von den Menschen und der Kultur, die Herndon vorfand, sondern auch von Tieren und Pflanzen sowie der Geografie der brasilianischen Landschaft.

Nachdem er das Amt des US-Präsident bekleidet, den Nobelpreis gewonnen und einen Mordanschlag überlebt hatte, erkundete Theodore Roosevelt schließlich Teile Brasiliens und schrieb daraufhin die großartige Abenteuergeschichte *Through the Brazilian Wilderness*.

Auch wenn es darin nicht nur um Brasilien geht, darf Redmond O'Hanlons heiteres *In Trouble Again: A Journey Between the Orinoco and the Amazon* nicht fehlen. Es erzählt von seiner schwierigen Reise durch Lateinamerika.

Auch Peter Matthiessens *The Cloud Forest* handelt nicht nur von Brasilien. Es ist eine spannende Beschreibung der 30 000 km langen Reise durch die südamerikanische Wildnis vom Amazonas bis zur Tierra del Fuego.

Moritz Thomsens *The Saddest Pleasure: A Journey on Two Rivers* ist ein fesselndes Buch über die Erfahrungen des Autors in Südamerika, einschließlich seiner Reisen durch Brasilien und entlang des Amazonas.

Wir bezwangen den Amazonas von Joe Kane ist die Geschichte von zehn Männern und einer Frau, die auf ihrer Expedition 1986 zum ersten Mal die gesamte Länge des Amazonas erkundeten – von den Anden bis zum Atlantik, zu Fuß, auf dem Floß und in Kajaks.

INFOS IM INTERNET

Brasilianische Botschaft in Berlin (www.brasilianische-botschaft.de) Interessante Infoseite mit verschiedenen Tipps für Urlauber.

Brazzil (www.brazzil.com) Tiefgründige Artikel (auf Englisch) über Politik, Wirtschaft, Literatur, Kunst und Kultur Brasiliens.

Gringoes (www.gringoes.com) Auf Englisch verfasste Erfahrungsberichte von in Brasilien lebenden Ausländern.

Hip Guide to Brazil (www.brazilmax.com) Infoseite zur brasilianischen Kultur und Gesellschaft; gute Artikel und Links (auf Englisch).

Lonely Planet (www.lonelyplanet.com) Tipps für Brasilien-Reisende, samt „Thorn-Tree-Forum" sowie Links zu Onlinebuchungen von Unterkünften und anderen Websites.

Terra Brasil (http://vidaeestilo.terra.com.br/turismo) Portugiesischsprachige Tourismusseite mit nützlichen Infos zu Städten, Stränden, Ökotourismus und vielem mehr.

Festkalender

Mit den rauschendsten Straßenpartys des Planeten hat Brasilien weitaus mehr zu bieten, als „nur" seinen Carnaval. Lebhafte Feste und andere Ereignisse finden im ganzen Land das ganze Jahr über statt. Weitere Feste werden in den Regionenkapiteln beschrieben.

JANUAR

Lavagem do Bonfim 2. Donnerstag im Januar
Bei diesem zu gleichen Teilen katholischen und Candomblé-Fest in Salvador werden rituell die Kirchenstufen gewaschen. Danach folgt eine Nacht voller Musik und Tanz (S. 490).

Sommerfest Mitte Januar–Mitte Februar
Blumenaus Oktoberfest steht ganz im Zeichen deutscher Traditionen … und ist so beliebt, dass es im Hochsommer eine zweite Auflage gibt (S. 383).

FEBRUAR–MÄRZ

Festa de Iemanjá 2. Februar
An der Praia Rio Vermelho in Salvador huldigen Candomblé-Anhänger der *orixá Iemanjá*, der Göttin des Meeres und der Fruchtbarkeit, und feiern anschließend eine fröhliche Straßenparty (S. 490).

Carnaval Fünf Tage vor Aschermittwoch
Dieses berühmte, ausgelassene Fest wird im Februar bzw. März im ganzen Land begangen, am lebhaftesten in Rio, Salvador und Olinda – inklusive farbenprächtiger Umzüge, Kostüme und guter Laune rund um die Uhr (S. 83).

APRIL–MAI

Semana santa Karwoche
In Ouro Prêto ist die Woche vor Ostern ein farbenfrohes Spektakel mit Umzügen und Blumenmeer auf den Straßen (S. 271). Aber auch die vorösterlichen Festlichkeiten in Congonhas (S. 278) und Cidade de Goiás (S. 430) sind wohlbekannt.

Festa do Divino Espírito Santo Pfingsten (50 Tage nach Ostern)
Allgemein unter dem Namen Cavalhadas bekannt, umfasst dieses altmodische Volksfest

in Pirenópolis mittelalterliche Turniere, Tänze und Festlichkeiten, darunter auch nachgestellte Schlachten zwischen Mauren und Christen (S. 431).

JUNI

São Paulo Pride Anfang Juni
Es ist offiziell: In São Paulo steigt die größte Schwulenparade der Welt! Der riesige Umzug zieht über 3 Mio. Besucher an (S. 329).

Rio das Ostras Jazz & Blues Festival Anfang Juni
Rio das Ostras liegt 170 km östlich von Rio und darf stolz auf eines der besten Jazz- und Bluesfestivals in ganz Brasilien sein – das auch noch in entzückender Lage direkt am tropischen Sandstrand stattfindet.

Bumba Meu Boi 13.–30. Juni
Maranhãos überwältigendes, prächtiges Stierfestival geht auf afrikanische, indische und portugiesische Wurzeln zurück. Es wird von Gesang, Tanz, Gedichten und zahllosen Ochsenkostümen begleitet (S. 617).

Boi-Bumbá letzter Freitag, Samstag & Sonntag im Juni
In Parintins im Amazonasgebiet wird bei diesem beliebten traditionellen volkstümlichen Festival die Geschichte des Todes und des Auferstehens eines Ochsen mit Musik und Tanz erzählt (S. 722).

JULI–AUGUST

Fest itália Mitte Juli
Kulturell gesehen haben die Italiener einen großen Beitrag zur Entwicklung Südbrasiliens geleistet. Dazu gehört auch dieses lebhafte Fest in Blumenau: eine Woche prall gefüllt mit Wein, Pasta und Musik (S. 383).

Festival literária internacional de Parati Anfang August
Bei dem wichtigen Literaturfestival kommen berühmte Schriftsteller aus der ganzen Welt zusammen. Zudem gibt es auch Filme, Ausstellungen und Musikdarbietungen zu sehen (S. 210).

Folclore Nordestino
Ende August
Bei Olindas äußerst empfehlenswertem Fest dreht sich alles um die Musik und Folklore des Nordostens des Landes (S. 583).

SEPTEMBER–OKTOBER

Internationales Film Festival Rio
Ende September–Anfang Oktober
Auf Rios internationalem Filmfestival – das größte Lateinamerikas – werden in etwa 35 Kinos über 200 Filme aus der ganzen Welt gezeigt (S. 174).

Bienal de São Paulo
Oktober–Dezember
Das künstlerische Großereignis findet in Jahren mit gerader Jahreszahl statt (das nächste Mal 2012 und 2014). Es präsentiert die Arbeiten von über 120 Künstlern aus der ganzen Welt (S. 319).

Círio de Nazaré
2. Sonntag im Oktober
Dieses gigantische Fest lockt in Belém jedes Jahr 1 Mio. Menschen auf die Straße, die an den Prozessionen zu Ehren einer der wichtigsten Ikonen Brasiliens teilnehmen (S. 666).

Oktoberfest
Mitte Oktober
Bei diesem Spektakel der Extraklasse fließt in Blumenau das Bier in rauen Mengen. Es ist gleichzeitig der beste Ort, um den deutschen Wurzeln Brasiliens Süden auf den Zahn zu fühlen (S. 383).

NOVEMBER–DEZEMBER

Maceió Fest
3. Novemberwoche
Maceiós größte Fete des Jahres ist dem Carnaval ziemlich ähnlich. Sie wird mit Straßenumzügen, ausgefallenen Kostümen, rund um die Uhr geöffneten Kneipen und einer allgemeinen, die gesamte Bevölkerung einnehmenden Lebensfreude gefeiert. Allerdings findet das Fest im November (S. 557) statt – der Zeit, in der es nicht nur die Einheimischen ans Meer zieht.

Carnatal
1. Dezemberwoche
Natal feiert im Dezember den größten brasilianischen „Carnaval der Nebensaison", ein dem Karneval in Salvador nachempfundenes Festival, bei dem wilde Straßenpartys steigen. *Trios elétricos*, Bands auf mobilen, mit Lautsprechern ausgestatteten Lastern (S. 608), heizen der feierwütigen Menge mächtig ein.

Reveillon
31. Dezember
Etwa 2 Mio. weiß gekleidete Menschen bevölkern den Strand der Copacabana in Rio und begrüßen das neue Jahr mit Musik und Feuerwerk (S. 174).

Reiserouten

KLASSISCHE ROUTEN

RIO & DER SÜDOSTEN
3 Wochen

Herrliche Strände und Kolonialstädte sind nur einige Highlights, die man bei einem Trip durch den Südosten kennenlernt.

Zuerst verbringt man ein paar Tage in **Rio** (S. 136) und erkundet die Strände, Restaurants und die Musikszene. Dann geht's zur **Ilha Grande** (S. 202). Als nächstes ist die aus der Kolonialzeit erhaltene Stadt **Parati** (S. 207) dran. **Ilhabela** (S. 336) ist eine weitere autofreie Insel mit Stränden. Es folgt **São Paulo** (S. 303), wo man die Hochkultur und die besten Museen des Landes erlebt. Und dann genießt man ein wenig **Belo Horizonte** (S. 256) und seine Kunstszene. Weiter geht's zu ein paar der Schätze aus der Kolonialzeit: **Ouro Prêto** (S. 265), **Diamantina** (S. 287), **Tiradentes** (S. 282) und dem Wanderparadies **Parque Nacional de Caparaó** (S. 298). Weiter östlich lässt man sich von der Schönheit des Nationalparks **Pedra Azul** (S. 253) verzaubern. Von dort geht's weiter zur Küste, wo man in **Guarapari** (S. 248) großartige *moqueca* (Meeresfrüchteeintopf) genießen. Weiter im Süden gibt's noch das schicke **Búzios** (S. 234), das nicht so glamouröse **Arraial do Cabo** (S. 231) und **Saquarema** (S. 229). Auf dem Rückweg nach Rio lohnt sich ein Abstecher nach **Petrópolis** (S. 229) in den Bergen. Im nahe gelegenen **Parque Nacional da Serra dos Órgãos** (S. 226) kann man wandern.

Diese 2300 km lange Tour beginnt und endet in Rio de Janeiro. Die Rundreise führt vorbei an malerischen Küstenstädten, herrlichen Stränden, Surfstellen, idyllischen Inseln, prächtigen Goldgräberstätten und durch die größte Metropole Südamerikas.

HIGHLIGHT-TOUR
3 Monate

Die lange Rundreise führt durch die pulsierenden Kleinstädte des Nordostens, die Urwälder Amazoniens und die verschiedenen Lebensräume des Pantanals, vorbei an Stränden, tropischen Inseln und historischen Orten.

Von **São Paulo** (S. 303) geht's nach Osten, wo man tolle Strände wie **Ubatuba** (S. 334), **Trindade** (S. 282) und **Parati-Mirim** (S. 214) genießt und dann ein paar Tage im fabelhaften **Rio** (S. 136) verbringt. Von dort macht man sich nordwärts per Bus oder Flugzeug auf den Weg nach **Salvador** (S. 478), dem afro-brasilianischen Schmuckstück des Landes. Die Küste hinauf steht ein Besuch im hübschen **Olinda** (S. 580) an. Dann steigt man in **Recife** (S. 569) ins Flugzeug zum spektakulären Archipel **Fernando de Noronha** (S. 588). Wieder zurück auf dem Festland geht's nach Norde ins Backpackerparadies **Jericoacoara** (S. 631), dann weiter zu den surreal anmutenden Dünen im **Parque Nacional dos Lençóis Maranhenses** (S. 652), der einen Kontrast zur kolonialzeitlichen Schönheit von **Alcântara** (S. 651) bildet. Im Westen liegt **Belém** (S. 661), eine Stadt mit kulturellem Reichtum nahe der Insel **Ilha de Marajó** (S. 676). Wer nicht fliegen will, kann über den Amazonas nach **Manaus** (S. 703), von wo aus man Trips durch den Urwald unternehmen kann. Von Manaus fliegt man nach **Brasília** (S. 411), das mit seiner Architektur beeindruckt. Dann steht ein Besuch im **Parque Nacional da Chapada dos Veadeiros** (S. 436) an. Ab nach Cuiabá, dem Tor zu den atemberaubenden Schluchten des Nationalparks **Chapada dos Guimarães** (S. 448) und ins **Pantanal** (S. 453). Nun geht es nach Süden nach **Bonito** (S. 469), wo einen klare Flüsse und üppige Wälder erwarten. Fährt man weiter nach Süden, gelangt man zu den ehrfurchtgebietenden **Wasserfällen von Iguaçu** (S. 360). Zum Abschluss der Rundreise erkundet man die einsamen Strände und deutsch geprägten Ortschaften rund um **Florianópolis** (S. 371).

Auf dieser Tour lernt man auf 12 500 km (!) alle Facetten Brasiliens kennen: das ungezügelte Nachtleben, die wilden Tiere und Pflanzen, unberührte Inseln, märchenhafte Kleinstädte, dampfende Urwälder und vieles mehr. Um dem Land wirklich gerecht zu werden, sollte man mindestens sechs Monate einplanen.

BAHIA & DER NORDOSTEN   6 Wochen

Wer der Seele Brasiliens auf die Spur kommen will, sollte den Nordosten erkunden. Die Mischung aus Musik, Geschichte und Kultur vor dem Hintergrund einer spektakulären Landschaft macht die Reise zu einem unvergesslichen Erlebnis.

Die Tour beginnt südlich von Porto Seguro mit der Erkundung der Ortschaften **Arraial d'Ajuda** (S. 531) und **Trancoso** (S. 533), die tolle Gästehäuser und Restaurants, ein lässiges Nachtleben und endlose Strände bieten. Nordwärts geht's nach **Itacaré** (S. 518), einem lebendigen Surfer-Städtchen. Weiter nach **Salvador** (S. 479), der rhythmusgeladenen, dynamischen Hauptstadt Bahias. Ein Boot bringt einen zur Insel **Morro de São Paulo** (S. 512), die bezaubernde Strände und eine entspannte Atmosphäre hat. Ein Abstecher nach Westen führt zum **Parque Nacional da Chapada Diamantina** (S. 544) mit seinen kalten Gebirgsbächen und endlos langen Wanderwegen. Zurück an der Küste steht **Olinda** (S. 580), eine der am besten erhaltenen kolonialzeitlichen Städte Brasiliens, auf dem Programm. Mit dem Flugzeug geht's von Olindas turbulenter Nachbarstadt **Recife** (S. 569) nach **Fernando de Noronha** (S. 588), einem hervorragenden Archipel mit einer artenreichen Unterwasserwelt und herrlichen Stränden. Wieder auf dem Festland, stattet man dem schönen, entspannten **Praia da Pipa** (S. 611) einen Besuch ab und erkundet anschließend die spektakuläre Küste von **Natal** (S. 604) über die **Genipabu-Dünen** (S. 607) bis nach **Jericoacoara** (S. 631). Westlich von Jericoacoara liegt der **Parque Nacional dos Lençóis Maranhenses** (S. 652). Die Landschaft hier mit Dünen, Lagunen und Stränden ist einfach überwältigend. Letzter Halt sind das reggae-versessene **São Luís** (S. 643) und das ganz und gar nicht touristische **Alcântara** (S. 651), ein Juwel aus der Kolonialzeit.

Die 4500 km lange Tour führt von prächtigen tropischen Stränden zu kulturell reichen Städten aus der Kolonialzeit. Porto Seguro mit seinen zahlreichen Flugverbindungen ist ein guter Ausgangspunkt. Die lebhafte Region hat dermaßen viel zu bieten, dass man leicht drei Monate oder mehr hier verbringen kann, wenn man genug Zeit hat.

UNBEKANNTE ROUTEN

DIE WASSERSTRASSEN DES AMAZONAS   6 Wochen

Der größte Wald der Erde beherbergt eine unglaublich artenreiche Flora und Fauna. In den Sumpfgebieten verstecken sich auch historische Städte, wunderschöne Flussstrände und eine der wichtigsten archäologischen Stätten Südamerikas. Los geht's in **Belém** (S. 661), einer kulturell reichen Stadt an der Mündung des großen Flusses. Von hier aus lassen sich die bewaldete **Ilha de Marajó** (S. 676) und weiter nordöstlich das fantastisch gelegene Fischerdorf **Algodoal** (S. 673) erkunden. Den Amazonas rauf kann man in **Monte Alegre** (S. 689) alte Felsmalereien bestaunen, die ältesten bekannten menschlichen Schöpfungen Amazoniens. Flussaufwärts liegt **Santarém** (S. 680). Auf der anderen Seite des Flusses lockt **Alenquer** (S. 690) mit seiner schönen Landschaft. In der Nähe befinden sich auch der unberührte Regenwald **Floresta Nacional (FLONA) do Tapajós** (S. 684) und die malerische Lagune **Alter do Chão** (S. 686) mit weißen Sandstränden. Weiter flussaufwärts ist **Manaus** (S. 703), die größte Stadt Amazoniens und ein Zentrum für die Organisation von Ausflügen in den Urwald und in das Naturschutzgebiet **Reserva Xixuaú-Xipariná** (S. 720). Man kann auch weiter bis zum venezolanischen **Santa Elena de Uairén** (S. 737) fahren und auf den **Monte Roraima** (S. 738) trekken. Westlich von Manaus liegt der **Parque Nacional do Jaú** (S. 720). Außerhalb von **Tefé** (S. 722) liegt das artenreiche **Naturschutzgebiet Mamirauá** (S. 724). Weiter geht's per Boot nach **Tabatinga** (S. 726) und ins kolumbianische **Leticia** (S. 728), wo man einen Ausflug zum **Parque Nacional Natural Amacayacu** (S. 732) machen oder in Urwaldlodges am **Rio Javari** (S. 732) unterkommen kann.

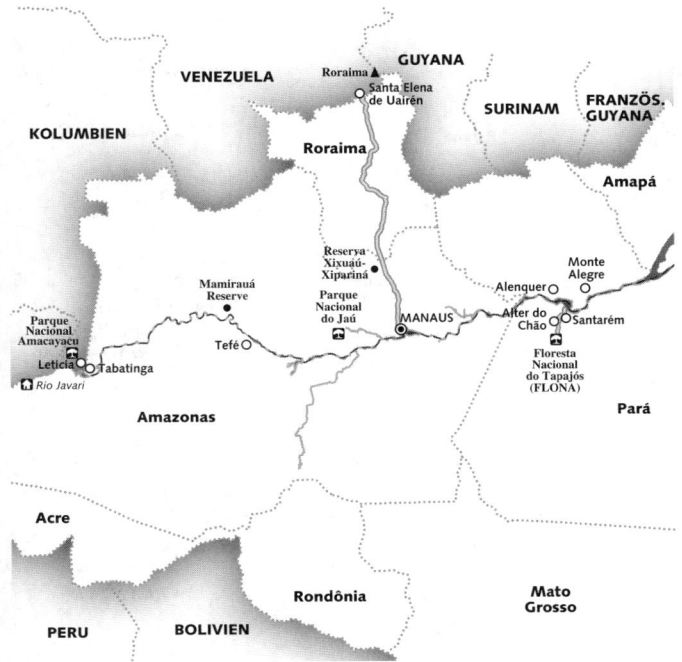

Die 3900 km lange Tour beginnt in Belém. Die meiste Zeit ist man per Boot auf dem mächtigsten Fluss der Welt unterwegs. Die Strecke beinhaltet auch mehrere Abstecher – von Belém zur Ilha de Marajó und von Manaus nach Santa Elena de Uairén in Venezuela.

RICHTUNG SÜDEN   3 Wochen

Der Süden Brasiliens gehört zu den am wenigsten bereisten Regionen des Landes. Dabei gibt's hier prächtige Inseln und Strände, einsame Nationalparks und faszinierende Ortschaften mit europäischen Wurzeln.

Die Reise beginnt in **Foz do Iguaçu** (S. 360), wo man den eindrucksvollsten Wasserfall der Welt bestaunen kann. Ein Tagesausflug führt nach Argentinien und Paraguay, um auf den Geschmack von üppigen Regenwäldern zu kommen, bevor es per Nachtbus oder Flugzeug ostwärts ins kosmopolitische **Curitiba** (S. 346) geht. Nach einem Abstecher in den **Parque Estadual Marumbi** (S. 353), ein Paradies für Kletterer, geht's mit dem Zug nach **Paranaguá** (S. 354). Von dort kann man sich auf die autofreie **Ilha do Mel** (S. 355) übersetzen lassen. Als nächstes stehen **Blumenau** (S. 382) und ein Streifzug durchs nahe gelegene **Vale Europeu** (S. 384) auf dem Programm. Pomerode und Timbó erinnern mit ihrer deutsch geprägten Architektur, den blonden Einwohnern und den ortseigenen Kleinbrauereien ein wenig an Bayern. Zurück an der Küste warten in **Porto Belo** (S. 388) malerische Strände und ausgezeichnete Tauchstellen. Weiter im Süden liegt die waldbedeckte **Ilha de Santa Catarina** (S. 364), ein echtes Juwel mit Lagunen und verschlafenen Fischerdörfern. In Rio Grande do Sul erkundet man die dramatische Schlucht und die Wasserfälle des **Parque Nacional de Aparados da Serra** (S. 404). Es lohnt sich ein Abstecher zum von italienischen Einwanderern geprägten **Bento Gonçalves** (S. 398) zu Füßen der Weinberge der Serra Gaucho. Weiter geht's ostwärts nach **Santo Ângelo** (S. 406), von wo aus man die jesuitischen Missionen **São Miguel das Missões** (S. 406) und **São João Batista** (S. 408) besuchen kann. Echte Gralsucher fahren sogar noch über die Grenze nach **Paraguay** oder **Argentinien** (S. 408), um noch bewegendere Jesuitenmissionen zu sehen.

Die 1600 km lange Tour beginnt in Foz do Iguaçu und führt durch Brasiliens südlichste Bundesstaaten. Zu den Highlights gehören bewaldete Inseln, bergige Nationalparks, bayerisch anmutende Ortschaften, idyllische Strände und historische Missionen. Zurück nach Rio oder São Paulo geht's mit dem Flugzeug ab Porto Alegre.

MASSGESCHNEIDERTE TOUREN

WILDNISTOUR

6 Wochen

In Brasilien ist eine erstaunliche Vielfalt an Tieren und Pflanzen beheimatet, und es gibt viele gute Stellen, um Tiere zu beobachten. Der Winter (Juni–Sept.) ist die beste Zeit dafür. Trotz seiner städtischen Fassade hat Rio etliche Naturattraktionen, z. B. den **Parque Nacional da Tijuca** (S. 164), wo Nasenbären, Ozelots, und verschiedene Affenarten leben. Noch mehr Affen (u. a. auch Brüllaffen) tummeln sich auf der **Ilha Grande** (S. 202).

Die Meeresschildkröten kehren wieder nach Brasilien zurück – wer Glück hat, erspäht an der **Praia do Forte** (S. 508) und bei **Mangue Seco** (S. 511) Jungtiere. Whalewatching in Brasilien ist einzigartig, tolle Stellen sind das Riff des **Parque Nacional Marinho de Abrolhos** (S. 537) und die **Praia do Rosa** (S. 389). Mit Abstand die schönste Unterwasserwelt bietet **Fernando de Noronha** (S. 588). In **Bonito** (S. 469) kann man im klaren Flusswasser schnorcheln und Flussfische beobachten. Ganz oben auf der Liste der brasilianischen Naturwunder steht das **Pantanal** (S. 453). Dort sind Flussotter, Kaimane, Affen, Jaguare, Anakondas und Wasserschweine sowie jede Menge Vogelarten zu Hause. Natürlich gibt es auch im **Amazonasbecken** (S. 656) viele Möglichkeiten, die Flora und Fauna Brasiliens zu entdecken – z. B. Flussdelfine rund um **Santarém** (S. 680) und Tukane außerhalb von **Manaus** (S. 703).

BRASILIEN IN 80 GÄNGEN

4 Wochen

Brasilien ist durch seine Immigrationsgeschichte und durch kulturelle Vielfalt geprägt. Das merkt man auch an der brasilianischen Küche. Gourmets sollten nach **São Paulo** (S. 303) gehen und *camarões à paulista* (marinierte Shrimps) kosten. Zwar haben die Cariocas die *feijoada* (Bohnen-Fleisch-Eintopf) nicht erfunden, aber sie bereiten das Gericht extrem gut zu. Also auf nach **Rio** (S. 181), wo *feijoada* samstags serviert wird. *Churrascarias* (Grillrestaurants) gibt es in **Porto Alegre** (S. 394) und anderen *gaúcho*-Städten überall; hier kriegt man auch *erva mate*, eine Teesorte. Weitere Gaumenfreuden im Süden bieten die Weingüter bei **Bento Gonçalves** (S. 398) und die deutschen Restaurants in **Blumenau** (S. 383). **Minas Gerais** (S. 95) hat eine typische Küche, und **Ouro Prêto** (S. 265) ist ideal, um *tutu á mineiro* (pürierte Bohnen und Maniok) zu probieren, das zu Fleischgerichten serviert wird. Unbedingt *dourado, pacu* und *pintado* kosten – es gibt sie z. B. in **Bonito** (S. 469). Im Nordosten stehen afro-brasilianische Gerichte auf der Karte, u. a. *moqueca* (würziger Fischeintopf) und *acarajé* (frittierte Bohnen und Shrimps). **Salvador** (S. 479) gilt als kulinarische Hauptstadt Brasiliens. Wegen Leckereien wie *tacacá* (scharfer Suppe) und Fisch wie *surubim*, *tambaquí* und *tucunaré* lohnt sich ein Trip nach **Belém** (S. 661).

Geschichte

Die Bevölkerung Brasiliens, die fünftgrößte der Welt, stammt aus Afrika, Asien, Europa und anderen Teilen des amerikanischen Kontinents – unterschiedlichste Wurzeln, die eine der facettenreichsten Gesellschaften der Welt hervorbrachten. Wie die Menschen nach Brasilien kamen, zusammenlebten und ihre einzigartige Identität entwickelten, ist eine turbulente Geschichte voller Mut, Habgier, Durchhaltevermögen und Brutalität, die schließlich in der hart erkämpften Demokratie mündete, der sich das Land heute erfreut.

VOR DEN PORTUGIESEN

Einen faszinierenden Blick auf den Amazonas, seine indigene Bevölkerung, die Entdecker und die überwältigende Artenvielfalt bietet *The Tree of Rivers: The Story of the Amazon* (2008) von John Hemming.

Bevor die Portugiesen im Jahr 1500 im heutigen Brasilien landeten, hatte das Land bereits 12 000 Jahre Besiedlung hinter sich. Anders als etwa die Inkas haben die brasilianischen Einwohner jedoch keine Hochkultur entwickelt und hinterließen den Archäologen nur selten Spuren. Eines jedoch ist gewiss: Die Portugiesen waren nicht die ersten, die die *terra brasilis* entdeckten.

Man vermutet, dass die ersten Siedler auf den amerikanischen Kontinent zwischen 12 000 und 8000 v. Chr. in Wellen aus Sibirien kamen. Sie passierten die Beringstraße, die damals noch nicht unter Wasser lag, und breiteten sich im Lauf von Jahrtausenden Richtung Süden aus. Forscher entdeckten in der abgelegenen Serra da Capivara im nordöstlichen Bundesstaat Piauí (S. 642) einige der frühesten Zeichen von Zivilisation in ganz Brasilien. Die ältesten Spuren menschlichen Lebens im Amazonasgebiet kann man bei einem Abstecher zwischen Santarém und Belém besichtigen: eine Reihe von Felszeichnungen bei Monte Alegre (S. 689), die schätzungsweise 12 000 Jahre alt sind. Andere Hinterlassenschaften früher Zivilisationen wurden auf der Ilha de Marajó (S. 676 & S. 690) im Amazonasdelta und bei der Gruta da Lapinha (S. 260) in Minas Gerais gefunden.

Als die Portugiesen hier an Land gingen, lebten im Gebiet des heutigen Brasiliens 2 bis 4 Mio. Menschen.

CABRAL & SEINE LEUTE

Pedro Álvares Cabral starb 1520, von der Welt vergessen. Sein Bildnis schmückt die in Brasilien selten anzutreffende 1-Cent-Münze.

Unumkehrbar veränderte sich der Lauf der brasilianischen Geschichte im Jahr 1500, als eine Flotte von zwölf portugiesischen Schiffen mit nahezu 1200 Mann vor dem heutigen Porto Seguro auftauchte.

Die Flotte – angeblich unterwegs nach Ostafrika und Asien, um dort Handelsposten zu errichten – verließ die westafrikanische Küste in Richtung Kapverdische Inseln und segelte nach Westen. Die Meinungen häufen sich, dass die Portugiesen nicht einfach vom Weg abgekommen sind, sondern im Südpazifik bereits eine große Landmasse vermuteten, die einen „kleinen" Abstecher lohnen würde. Egal aus welchem Grund: Am 22. April 1500 be-

ZEITACHSE

bis 8000 v. Chr.	1494	1500
Die ersten Siedler Südamerikas wandern zwischen 10 000 und 8000 v. Chr. Um 12 000 v. Chr. hatten ihre Vorfahren die damals existierende Bering-Landbrücke überquert.	Die damaligen Weltmächte Spanien und Portugal unterzeichnen den Vertrag von Tordesillas, in dem sie die Neue Welt unter sich aufteilen. Den Osten Südamerikas bekommt Portugal.	Der portugiesische Entdecker Pedro Álvares Cabral landet unweit des heutigen Porto Segura und beansprucht das Land, das er zunächst für eine Insel hält, für die portugiesische Krone.

traten Pedro Álvares Cabral und seine Mannschaft zum ersten Mal brasilianischen Boden. Ein Empfangskomitee aus Indianern wartete bereits.

„Dort standen 18 oder 20 Mann", staunte der Schreiber Pero Vaz de Caminha in einem Brief an den portugiesischen König. „Sie hatten braune Haut und waren nackt, selbst ohne Bekleidung, die ihre Geschlechtsteile bedeckte. In ihren Händen hatten sie Bogen und Pfeile."

Die Party währte nicht lange. Nachdem sie ein Kreuz aufgestellt, eine Messe gefeiert und das Land Terra da Vera Cruz (Land des Wahren Kreuzes) getauft hatten, zogen die Portugiesen wieder ihres Weges. Die lukrativen Gewürz-, Elfenbein- und Diamantenmärkte Asiens und Afrikas versprachen größere Gewinne. Und es dauerte bis 1531, bis die ersten portugiesischen Siedler in Brasilien eintrafen.

DIE UREINWOHNER BRASILIENS

Für die Ureinwohner Brasiliens bedeutete der 22. April 1500 den Beginn ihrer allmählichen Vernichtung. Europäische Entdecker registrierten im 16. Jh. große, weit verbreitete Bevölkerungsgruppen. Einige von ihnen lebten vom Ackerbau, andere waren als Nomaden unterwegs und führten das Leben von Jägern und Sammlern. An der Küste gab es drei Bevölkerungsgruppen: die Guarani (südlich von São Paulo und im Inland von Paraguai und Paraná), die Tupi oder Tupinambá (am Rest der Küste) und die Tapuia (die auf Landstrichen zwischen den Gebieten der Tupi und Guarani lebten). Sprache und Kultur der Tupi und Guarani hatten viele Gemeinsamkeiten. Eine europäische Adaption der Tupi-Guarani-Sprache breitete sich später im gesamten kolonialen Brasilien aus und wird von einigen Menschen im Amazonasgebiet gesprochen.

Während der folgenden Jahrhunderte führten die Ureinwohner Brasiliens einen Krieg an vier Fronten: einen kulturellen, physischen, territorialen und biologischen. Viele *índios* fielen den *bandeirantes* zum Opfer – Horden streunender Abenteurer, die im 17. und 18. Jh. das Inland Brasiliens erkundeten und dabei immer wieder indigene Siedlungen plünderten. Diejenigen, die entkamen, starben an eingeschleppten Krankheiten, gegen die sie keine natürlichen Abwehrkräfte hatten. Andere arbeiteten sich auf Zuckerplantagen zu Tode.

Waren die *bandeirantes* für die physische Vernichtung der *indígenas* verantwortlich, zerstörten die Jesuiten ihr kulturelles Erbe. Sie verboten ihre Traditionen und Bräuche und siedelten sie in *aldeias* (Missionen) an. Gleichzeitig kämpften sie jedoch gegen die Versklavung der Ureinwohner und versuchten, die Stämme vor den *bandeirantes* zu schützen.

Bis zu Beginn des 21. Jhs. schrumpfte die indigene Bevölkerung Brasiliens auf 350 000 bis 600 000 Menschen. Die Mehrzahl lebt heute in den relativ isolierten Wäldern des Amazonasgebiets. Mehr zum Thema enthält der Kasten auf S. 40.

Im Portugiesischen wird das Wort *índios* (Indianer) nicht als Beleidigung verstanden, indigene Gruppen nutzen es sogar selbst, um sich zu beschreiben. Das portugiesische Wort für Inder ist *indiano*. Im Spanischen und Englischen gibt es diese sprachliche Unterscheidung nicht.

Das optimistische Menschenbild („Der Edle Wilde") des französischen Philosophen Jean-Jacques Rousseau beruhte zum Teil auf frühen portugiesischen Beschreibungen der Ureinwohner als „unschuldig, sanft und friedfertig".

1534–1536	1549	1550
Die portugiesische Krone teilt Brasiliens Küstenstreifen in 15 Zonen auf, die an Adlige als Erblehen verliehen werden. Nur zwei Zonen erweisen sich als erfolgreich.	Der König entsendet Tomé de Sousa als ersten Gouverneur Brasiliens, der die Macht zentralisieren soll. Er gründet Salvador, das für mehr als zwei Jahrhunderte Brasiliens Hauptstadt wird.	Portugal kompensiert den Mangel an Arbeitskräften mit afrikanischen Sklaven; Sklavenmärkte unter freiem Himmel florieren in der allmählich wachsenden Kolonie.

BRASILIENS INDÍGENAS HEUTE

Als die Portugiesen 1500 in Brasilien ankamen, lebten hier nach den gängigsten Schätzungen zwischen 2 und 4 Mio. *indigenas* (Ureinwohner) in über 1000 verschiedenen Stämmen. Fünf Jahrhunderte später waren es nur noch geschätzte 400 000 bis 600 000 und noch gut 200 Stämme. Sklaverei, Krankheiten, bewaffnete Auseinandersetzungen und der Verlust ihres Territoriums forderten ihren grausamen Tribut an ungezählten Menschenleben. In den 1980er-Jahren fiel die Zahl der Ureinwohner unter 300 000 und es wurde befürchtet, dass die *indígenas* ganz von der Erdoberfläche verschwinden könnten. Seitdem jedoch ist die indigene Bevölkerung bemerkenswert gewachsen. Teilweise ist dies auf das internationale Interesse an Gruppen wie den Yanomani zurückzuführen, die einst nach dem Zustrom von Goldschürfern vom Aussterben durch Krankheit und Gewalt bedroht waren. Und auch die Regierung hat einiges zur verbesserten Situation der *indígenas* beigetragen: Heute sind riesige Gebiete Brasiliens Terra Indígena (Land der Indígena) – etwas über 1 Mio. km², mehr als 12 % der Landesfläche Brasiliens, sind inzwischen entweder offiziell als Terra Indígena eingetragen oder befinden sich im Prozess der Registrierung.

Die Terra Indígena gehört zwar dem Staat, doch hat dieser den indigenen Bewohnern das dauerhafte Bleiberecht und die exklusive Landnutzung garantiert. Daraus ergibt sich, dass 12 % des Staatsterritoriums für 0,25 % der Bevölkerung reserviert sind – da überrascht es nicht, dass dies auch Missgunst hervorruft und die Rechte der *indígenas* auf diese Gebiete nicht immer gewahrt werden. Noch immer kommt es daher viel zu oft zu Auseinandersetzungen – mitunter auch gewalttätigen – zwischen indigenen Bevölkerungsgruppen und Holzfällern, Bergarbeitern, Siedlern oder Bauarbeitern, die Straßen und Staudämmen errichten.

Schätzungen zufolge gibt es mehr als 60 unbekannte Stämme, vor allem kleine Gruppen in den Wäldern des Amazonas, in denen mehr als 60 % aller brasilianischen *indígenas* leben und sich fast die gesamte Terra Indígena befindet. Die meisten brasilianischen *indígenas* halten weiter an ihrem traditionellen Leben fest: Sie jagen – zum Teil noch mit Blasrohren und giftigen Pfeilspitzen –, bauen Pflanzen an oder sammeln sie und nutzen sie als Nahrung, Medizin und Materialien zur Herstellung unterschiedlichster Gegenstände. Ihre Häuser bestehen überwiegend aus Naturmaterialien wie Holz und Gras. Eine große Rolle spielen immer noch rituelle Handlungen, die Bemalung des Körpers und des Gesichts ist weit verbreitet und viele *indígenas* stellen gekonnt Töpferwaren, Körbe, Masken, Kopfschmuck, Musikinstrumente und anderes Kunsthandwerk her. Unter den bekannten Stämme gibt es keine echten Nomaden. Der ökologische Zustand der Terra Indigena ist meist hervorragend, da die Bewohner ihr traditionelles, nachhaltiges Leben fortführen.

Zu den größten Stämmen zählen die Tikuna am oberen Rio Solimões im Amazonasbecken (ca. 32 000 Mitglieder), die Yanomami in den Hügeln entlang der brasilianisch-venezolanischen Grenze und die Guarani, von denen etwa 46 000 Angehörige im gesamten Süden Brasiliens verstreut leben und andere in Argentinien, Paraguay und Bolivien. Auf der anderen Seite kämpfen einige Stämme ums Überleben. Auch wenn die *indígenas* im Amazonasgebiet insgesamt etwas mehr Glück bei dem Versuch hatten, ihr Territorium zu erhalten und ihre kulturelle Identität zu bewahren, besitzen viele Guarani im Süden Brasiliens nicht genug Land, um davon leben zu können. Auch deswegen beklagt der Stamm eine hohe Selbstmordrate.

1565–1567	um 1600	1621
Mem de Sá, Kolonialoffizier und dritter Generalgouverneur Brasiliens, zerstört die Kolonie France Antarctique in der Guanabara-Bucht. Im März 1567 gründen er und sein Neffe Rio de Janeiro.	Brasilien ist der größte Zuckerproduzent der Welt. Auf den Zuckerrohrplantagen fristen die aus Afrika importierten Sklaven ein menschenunwürdiges Dasein.	Die Niederländische Westindien-Kompanie gründet im Norden Brasiliens eine Niederlassung, aus der Neu-Holland hervorgeht. Das Ziel: Portugal die Kontrolle der Kolonie zu entreißen.

AUFTEILUNG DES LANDES

30 Jahre nach der „Entdeckung" Brasiliens, beschloss Portugals König João III. (Johann III.), endlich mit der Besiedlung zu beginnen. Die erste Siedlung entstand in São Vicente, als eine Flotte mit 400 Mann nahe dem heutigen Hafen von Santos ankerte.

Um den Ansprüchen anderer europäischer Länder vorzubeugen, teilte der König die brasilianische Küste in 14 Zonen auf – jede umfasste etwa 250 km Küste und auch das angrenzende Land Richtung Westen. Diese Territorien wurden an donatários vergeben, niedere Adlige, die vom König begünstigt wurden. Auf diese Weise hoffte man, die lange Küste mit möglichst geringem Kostenaufwand zu sichern. Erschwert wurde das Leben der Siedler durch das Klima, die Feindseligkeit der indigenen Bevölkerung und die Begehrlichkeiten von Niederländern und Franzosen. Vier Zonen wurden nie besiedelt, vier von indígenas zerstört. Profitabel waren allein Pernambuco und São Vicente.

1549 schickte der König als ersten Gouverneur Tomé de Sousa nach Brasilien. Er sollte die Entscheidungsgewalt bündeln und die verbliebenen Zonen retten. Sousa folgten rund 1000 Siedler, darunter portugiesische Beamte, Soldaten, verbannte Gefangene, „Neue Christen" (konvertierte Juden) und die ersten sechs Jesuiten. Die Stadt Salvador wurde als Sousas Stützpunkt gegründet und fungierte als Hauptstadt Brasiliens, bis 1763 Rio de Janeiro diese Ehre zukam.

Die brasilianische NGO Instituto Socioambiental bietet auf ihrer Webseite www.socioambiental.org (portugiesisch & englisch) unzählige faszinierende Informationen über die indigenen Völker.

ZUCKER & SKLAVEREI

Brasilien konnte nicht mit den Schätzen Afrikas und Ostindiens wie Elfenbein und Gewürze mithalten. Deshalb interessierten sich die Portugiesen in den ersten Jahren einzig und allein für das steinharte Holz des Baums pau brazil (Brasilholz), das eine schöne rote Färbung hat. Händler sandten jedes Jahr ein paar Schiffe, um Brasilholz zu schlagen und es nach Europa zu importieren. So wurde die Kolonie dank des Baumes Brasilien genannt. Schnell waren alle erreichbaren Bäume abgeholzt und die indígenas verweigerten sich der freiwilligen Arbeit. Doch schon bald nach der Kolonisation 1531 erkannten die Siedler, dass Zuckerrohr in Brasilien bestens gedeiht. 1532 wurde Zucker erstmals nach Brasilien importiert und hat es seitdem nie wieder verlassen. Er war auf Europas hungrigem Markt heiß begehrt und diente zu medizinischen Zwecken, zum Süßen von Speisen und sogar von Wein.

Zucker hat in Brasilien bis heute nichts an Popularität verloren. Am Strand wird er in Form von caldo de cana (Zuckerrohrsaft) gereicht. Man bekommt ihn in den Bars namens pé-sujo („schmutziger Fuß") in Form von cachaça (weißer Zuckerrohrschnaps). Die meisten Brasilianer schütten sich kiloweise in den Kaffee und man kann sogar sein Auto damit antreiben.

Vielleicht hatten die Kolonialherren die süße Zukunft Brasiliens bereits vor Augen, als sie diesen neuen Industriezweig ins Leben riefen. Aber was fehlte, waren Arbeitskräfte.

Der erste brasilianische Bischof, Pêro Fernandes Sardinha, fiel 1556 nach einem Schiffbruch vor der Küste von Alagoas in die Hände der einheimischen Caeté und wurde von ihnen zeremoniell getötet und verspeist.

1624	1637	1644–1654
Die Niederländer überfallen Salvador und erobern und verwüsten die Stadt in einem zweitägigen Blitzangriff. Innerhalb eines Jahres werden sie von den portugiesischen Truppen wieder vertrieben.	Der charismatische niederländische Prinz Moritz von Nassau-Siegen wird Statthalter von Neu-Holland, das sich über den Nordosten Brasiliens von Bahia bis Maranhão ausdehnt.	Moritz wird zurück nach Holland beordert. Im folgenden Jahrzehnt drängen die Portugiesen die Niederländer bis nach Recife zurück. 1654 kapitulieren die Niederländer.

Sklavenhandel

Anfangs schien es, als würden die Portugiesen gut mit den Einheimischen auskommen. Zwischen Cabrals Männern und den *índios* am Strand wurden sogar Geschenke ausgetauscht – ein portugiesischer Sombrero gegen Federschmuck. Die Beziehungen kühlten merklich ab, als die Portugiesen begannen, ihre Nachbarn als Sklaven auf den Zuckerrohrplantagen einzusetzen. Doch aufgrund einer Vielzahl an Gründen meinten die Portugiesen, die *índios* eigneten sich nicht sonderlich als Sklaven, weshalb sie sich dem bereits existierenden Sklavenhandel in Afrika zuwandten.

Ab 1550 bevölkerten afrikanische Sklaven die brasilianischen Sklavenmärkte. Sie stammten aus verschiedenen Stämmen in Angola, Mosambik und Guinea, dem Sudan und dem Kongo. Woher sie auch kamen, ihr Schicksal war identisch: Sie wurden auf Sklavenmärkten wie dem Pelourinho (S. 485) in Salvador oder dem Mercado Ver-o-Peso (S. 664) in Belém verschachert. Als die Sklaverei 1888 in Brasilien abgeschafft wurde, lebten bereits 3,6 Mio. Afrikaner im Land – fast 40 % der Neuankömmlinge in der Neuen Welt.

Vom nordöstlichsten Zipfel Brasiliens ist Afrika näher als der äußerste Süden oder Westen Brasiliens.

Afrikaner galten als bessere Arbeiter und weniger anfällig gegenüber europäischen Seuchen, die so vielen *índios* das Leben kosteten. Kurz gesagt, sie waren eine bessere „Investition". Die Portugiesen sorgten sich jedoch nicht groß um sie. Die Sklaven erreichten Brasilien unter menschenunwürdigen Bedingungen: Sie wurden aus ihren Familien gerissen und während der monatelangen Überfahrt in schäbigen Schiffen zusammengepfercht.

Wer die Strände von Porto de Galinhas (S. 585) bei Recife besucht, bekommt wenig von der düsteren Geschichte dieser Gegend mit. Selbst nach der Abschaffung der Sklaverei schmuggelten Menschenhändler weiter Sklaven ins Land, oft im Rumpf eines Schiffes unter Kisten voller *galinhas* (Hühner).

Herren & Sklaven

Für diejenigen, die diese Tortur überstanden hatten, fing der Leidensweg in Brasilien erst an. Das Leben eines Sklaven war gekennzeichnet von Brutalität und Erniedrigung. Mitfühlende Herren waren die Ausnahme, die Arbeit auf den Plantagen unerbittlich. Bei Temperaturen von oft über 30 °C hatten die Sklaven täglich 17 Stunden zu arbeiten, bevor sie in die armseligen *senzalas* (Sklavenquartiere) gebracht wurden. Angesichts von 200 Sklaven pro Behausung waren hygienische Standards ebenso unerreichbar wie die Küste von Afrika. Diarrhö, Typhus, Gelbfieber, Malaria, Tuberkulose und Skorbut waren an der Tagesordnung, Unterernährung selbstverständlich. Zudem plagte Syphilis die Sklaven, die von ihren Herren sexuell ausgebeutet wurden.

Einer der großen brasilianischen Volkshelden ist Chico Rei, ein afrikanischer König, der versklavt wurde und ein Dasein als Minenarbeiter fristete. Später gelang es ihm jedoch, zunächst seine eigene Freiheit und dann die seines Volkes zu erkaufen.

Sexuelle Beziehungen zwischen Portugiesen und Sklaven waren üblich, sodass bald eine große Bevölkerungsgruppe aus Mestizen entstand. In Brasilien herrschte großer Mangel an weißen Frauen. Deshalb lebten viele är-

1650er-Jahre	1695	1696
Auf dem Land entstehen *quilombos*, Gemeinden entflohener Sklaven, die zum Ziel von *bandeirantes* werden. Im späten 19. Jh. entstehen aus vielen dieser Siedlungen richtige Städte.	Palmares, der größte *quilombo* im Nordosten Brasiliens mit mehr als 20 000 Bewohnern, wird nach Angriffen von portugiesischen Truppen schließlich dem Erdboden gleichgemacht.	Die Kunde von Goldfunden in Brasilien erreicht Lissabon. Der Goldboom wird in den folgenden Jahren Tausende Migranten anlocken.

mere Siedler mit schwarzen oder indigenen Frauen zusammen. Bereits Anfang des 18. Jhs. war Brasilien bekannt für seine sexuelle Freizügigkeit.

Neben der *senzala* war die *casa grande* („großes Haus", Herrenhaus) das wichtigste Gebäude einer Plantage, die luxuriöse Villa, von der aus die Herren ihre Sklaven kontrollierten.

Widerstand & Quilombos

Widerstand gegen die Sklaverei äußerte sich auf unterschiedliche Weise. Dokumente dieser Zeit belegen die Verzweiflung der Sklaven, die sich selbst

---

DIE SPANNENDSTEN HISTORISCHEN STÄTTEN BRASILIENS

In Brasilien gibt es einige faszinierende Orte, an denen man in die Geschichte eintauchen kann, von 12 000 Jahre alten Felsmalereien bei Monte Alegre im Amazonasgebiet (S. 689) bis hin zum futuristischen Brasília (S. 411). In Rio lädt gleich ein Vielzahl von Stätten (s. S. 160) zur Besichtigung ein, doch auch im ganzen Land verstreut finden sich zahlreiche erstklassige Reiseziele.

- **Museu Imperial, Petrópolis** (S. 221) Der imposante Sommerpalast von Dom Pedro II. in Petrópolis, der in den kühleren Bergen gelegenen Sommerresidenz des brasilianischen Hofes.

- **Minas de Passagem, nahe Ouro Prêto** (S. 273) Hier kann man in eine Mine aus dem frühen 17. Jh. hinabsteigen, in der afrikanische Sklaven arbeiteten und starben.

- **Igreja de Santa Efigênia dos Pretos, Ouro Prêto** (S. 269) Schwarze Sklaven erbauten die Kirche aus dem 18. Jh. für ihre eigenen Gottesdienste – hier beteten sie zu schwarzen Heiligen und baten sie darum, nicht in den nahe gelegenen Minen sterben zu müssen.

- **São Miguel das Missões, Rio Grando do Sul** (S. 406) Die mystischen Ruinen einer Jesuitensiedlung aus dem 18. Jh. gehören heute zum Unesco-Weltkulturerbe.

- **Basílica do Bom Jesus de Matosinhos, Congonhas** (S. 277) Die großartigen Skulpturen sind Meisterwerke von Aleijadinho, die der bedeutende leprakranke Künstler im Jahr 1800 schuf.

- **Forte Defensor Perpétuo, Paraty** (S. 210) Das verwitterte Fort von 1703, das zum Schutz der Stadt Paraty vor Piraten gebaut wurde, ist ein koloniales Schmuckstück.

- **Museu da Imigração Japonesa, São Paulo** (S. 313) Hier kann man sich wunderbar mit der frühen Geschichte der zahlreichen japanischen Einwanderer in São Paulo vertraut machen.

- **Vale dos Vinhedos, nahe Bento Gonçalves** (S. 399) Im Herzen des brasilianischen Weinbaugebiets haben erst Deutsche und später Italiener Wurzeln geschlagen.

- **Museu Afro-Brasileiro, Salvador** (S. 486) Ein hervorragender Ort, um in die jahrhundertealte afrobrasilianische Kultur einzutauchen, die eine so enorme Bereicherung für das Land darstellt.

- **Teatro Amazonas, Manaus** (S. 705) Das prachtvolle Opernhaus aus dem Jahr 1896 ist ein Symbol für den unermesslichen Reichtum der Gummibarone des Amazonasgebietes.

1727	**1750**	**1750er-Jahre**
Die ersten Kaffeebohnen gelangen nach Brasilien.	Der Vertrag von Madrid erlaubt eine große Expansion ihrer Gebiete; er spricht ihnen mehr als 6 Mio. km^2 zu. Die Westgrenze Brasiliens hat sich seitdem kaum verändert.	Gold und später Diamanten prägen mehr und mehr die Wirtschaft. In Minas Gerais explodiert die Bevölkerung: Lebten 1710 noch 30 000 Personen hier, so waren es 90 Jahre später 500 000.

zu Tode hungerten, ihre Babys töteten oder entflohen. Sabotage und Diebstahl waren ebenso gängig wie bewusste Arbeitsverzögerungen oder -nie-
derlegungen und Aufstände.

Andere Sklaven suchten Trost in der Religion und Kultur Afrikas. Die
Mischung aus Katholizismus (der unter Zwang eingeführt wurde) und afrikanischen Traditionen brachte auf den Zuckerplantagen eine synkretisti-
sche Religion hervor, die heute als Candomblé bekannt ist. Die Sklaven
verschleierten ihre verbotenen Bräuche hinter der Fassade von katholischen
Heiligen und Ritualen. Der Kampfsport Capoeira (s. S. 499) ging ebenfalls
aus den Sklavengemeinschaften hervor.

Viele flohen vor ihren Herren in *quilombos,* Siedlungen entlaufener Skla-
ven, die sich schnell im ganzen Land ausbreiteten. Die berühmteste ist die
Republik Palmares, die fast das ganze 17. Jh. über bestand und rund 20 000
Einwohner zählte. Palmares war ein Netzwerk aus *quilombos,* das ein großes
Gebiet im Regenwald entlang der Grenzen zu den heutigen Bundesstaaten
Alagoas und Pernambuco einnahm. Zu den Anführern gehörten Ganga
Zumba und sein Schwiegersohn Zumbi. Die Einwohner von Palmares wur-
den Pioniere des Guerillakriegs, zwischen 1654 und 1695 konnten sie mehr-
mals erfolgreich die Attacken der Portugiesen abwehren, bis eine Truppe
bandeirantes aus São Paulo schließlich doch Palmares einnahm.

Als im 19. Jh. die Stimmen gegen die Sklaverei lauter wurden, kam es zu
mehreren (erfolglosen) Sklavenaufständen; die *quilombos* bekamen größere
Unterstützung und immer mehr Sklaven flohen von den Plantagen. Erst die
Abschaffung der Sklaverei 1888 stoppte den Zulauf der *quilombos.* Über 700
ehemalige *quilombos* bestehen bis heute, darunter einige, die bis vor ein paar
Jahrzehnten keinerlei Kontakt zu weißen Brasilianern hatten.

KOLONIALE RIVALEN

Schwer vorstellbar, wie Brasilien aussähe, wenn das Land unter niederländische oder französische Kontrolle geraten wäre. Tom Jobim hätte dann
einen Song namens *Meisje from Ipanema* geschrieben oder die Brasilianer
würden sonntags Froschschenkel statt *feijoada* (Bohnen-Fleisch-Eintopf)
verdrücken. Eine Zeit lang lag dies durchaus im Bereich des Möglichen.

Theoretisch wurde die Neue Welt schon 1494 im Vertrag von Tordesillas
zwischen Spanien und Portugal aufgeteilt. Auf der Landkarte wurde eine
imaginäre Linie vom Amazonasdelta Richtung Süden bis zum heutigen
Santa Catarina gezogen. Die Gebiete östlich davon fielen unter portugiesische
Kontrolle, der Westen des Landes unter spanische Territorium.

Diese Linie erwies sich als illusorisch. Jeder Reisende, der mutig genug
ist, sich ins undurchdringliche Mato Grosso aufzumachen, wird feststellen,
dass diese lange Grenze durch Dschungel und Sümpfe nur schlecht zu verteidigen ist. Aus diesem Grund veränderte sich der brasilianische Grenzver-
lauf bis Ende der 1930er-Jahre immer wieder.

Für das historische Film-
Epos *Quilombo* (Regie:
Cacá Diegues) wurde in
der Baixada Fluminense
im Bundesstaat Rio
de Janeiro der riesige
quilombo von Palmares
– eine Niederlassung
entflohener Sklaven,
an deren Spitze der
legendäre Zumbi stand –
nachgebaut.

1759	**1763**	**1789**
Die Jesuiten verlieren den Machtkampf mit dem ersten Marquês de Pombal, dem heimlichen Regenten Portugals. Ihre Orden in Portugal und Brasilien werden aufgelöst.	Das Gold aus den Minen von Minas Gerais nimmt seinen Weg durch Rio de Janeiro und macht es reich; der portugiesische Hof verlegt die Hauptstadt Brasiliens von Salvador nach Rio.	Die erste organisierte Unabhängigkeitsbewegung entsteht. Tiradentes und elf andere Verschwörer scheitern jedoch schon bald. 1792 wird Tiradentes hingerichtet.

Im Lauf der Jahre überschritt Portugal die Grenze mehrmals und versuchte, sich fremder Landesteile zu bemächtigen. Und Frankreich und Holland hatten ebenfalls ein Auge auf das grüne, lukrative Brasilien geworfen.

Die Franzosen

1555 landeten drei Bootsladungen mit französischen Siedlern auf einer kleinen Insel in der Baía de Guanabara. Was sie dort sahen, gefiel ihnen augenscheinlich: Die Franzosen versuchten, Teile Südbrasiliens ihrem ohnehin riesigen Reich anzugliedern. Antarktisches Frankreich sollte das Gebiet heißen.

Doch der Plan ging nicht auf – ein paar Jahre später vertrieben die Portugiesen die *franceses*, nachdem sie bei Praia Vermelha am Fuße des Zuckerhuts landeten. Hier gründete Estácio de Sá am 1. März 1565 die Stadt São Sebastião do Rio de Janeiro.

Die Franzosen unternahmen im Norden noch einen weiteren verzweifelten Versuch, den Portugiesen ein Stück brasilianischer Erde abzutrotzen. 1612 gründeten sie die Stadt São Luís, benannt nach dem damaligen französischen König Ludwig XIII. Drei Jahre später mussten sie auch dort ihre Sachen packen.

> Rio de Janeiro kam zu seinem Namen, weil die portugiesischen Entdecker hier im Januar (Janeiro) 1502 ankamen und dachten, dass ein Fluss (*rio*) in die Guanabara-Bucht münden würde, an der die Stadt liegt.

Die Niederländer

Nicht so leicht ließen sich die Niederländer abschütteln. Die 1621 gegründete Niederländische Westindien-Kompanie (WIC) war mehr als eine einfache Handelsgesellschaft. Ihre Aufgabe war die Kriegsführung und ihr Ziel, den brasilianischen Nordosten zu erobern.

Das niederländische Bombardement Salvadors begann am Morgen des 9. Mai 1624. Bis zum folgenden Tag nahm eine Invasionstruppe mit 3000 Mann und 26 Schiffen die Stadt in ihre Gewalt und plünderte sie. Die Rückeroberung Salvadors durch die Portugiesen erfolgte allerdings fast postwendend: Nur ein Jahr dauerte es, bis eine Armee aus 12 000 spanischen und portugiesischen Soldaten die Niederländer vertrieben. Fünf Jahre später kamen die Niederländer wieder und stürmten Olinda und Recife; letztere wurde zur Hauptstadt Neu-Hollands ausgerufen. 1637 wurde der niederländische Prinz Johann Moritz von Nassau-Siegen zum Gouverneur der Kolonie ernannt. Während seiner universitären Ausbildung in der Heimat eignete er sich u. a. gute Manieren an, die die Einheimischen schätzten. Moritz' Politik der Religionsfreiheit, die sich trotz seines eigenen protestantischen Glaubens in die Belange der brasilianischen Katholiken einmischte, brachte der Region Stabilität.

Die Niederländer dehnten ihren Einfluss auf weite Teile des brasilianischen Nordostens aus, von São Francisco in Bahia bis Maranhão. Dass die Brasilianer nicht anfingen, niederländisch zu sprechen, liegt an Nassaus Rückkehr nach Holland 1644, der einige Meinungsverschiedenheiten mit der Westindien-Kompanie vorausgegangen waren. Neu-Holland hatte

> Drei lohnende Bücher zur brasilianischen Geschichte sind: *Eine kleine Geschichte Brasiliens* von Walther L. Bernecker sowie die englischsprachigen Bücher *Brazil: Five Centuries of Change* (2009) von Thomas E. Skidmore und *A Concise History of Brazil* (1999) von Boris Fausto.

1807	**1815**	**1822**
Der portugiesische Prinzregent João VI. und sein Hofstaat fliehen vor Napoleons Truppen nach Brasilien. Die königliche Kasse schwemmt eine Welle des Wohlstands nach Rio.	João VI. entscheidet sich für den Verbleib in Brasilien. Rio wird zur Hauptstadt des Vereinigten Königreichs von Portugal und Brasilien.	João VI. wird zur Rückkehr nach Portugal aufgefordert. Prinzregent Pedro I. übernimmt die Herrschaft in Brasilien, proklamiert die Unabhängigkeit Brasiliens und wird zum Kaiser gekrönt.

Nassau eben erst zum Abschied gewinkt, als gewalttätige Aufstände gegen die Niederländer losbrachen. Das folgende Jahrzehnt wurde Zeuge mehrerer blutiger Auseinandersetzungen im Nordosten. 1648 und 1649 fanden zwei entscheidende Schlachten statt, aus denen die Portugiesen – obwohl zahlenmäßig unterlegen – den Sieg davontrugen. Die Niederländer wurden bis Recife zurückgedrängt und kapitulierten schließlich 1654. Damit war das niederländische Kapitel in der brasilianischen Geschichte abgeschlossen.

BANDEIRANTES & GOLDRAUSCH

Auch die *bandeirantes* hatten großes Interesse an der Landnahme Brasiliens. Diese Banden durchkämmten das Landesinnere auf der Suche nach indigenen Sklaven, erkundeten unentdeckte Territorien und metzelten sämtliche Stämme nieder, die ihnen in die Quere kamen.

Die *bandeirantes* wurden nach dem Flaggenträger benannt, der ihre Expeditionen anführte. Während des 17. und 18. Jhs. zogen die *bandeirantes* Gruppe für Gruppe von São Paulo aus los. Die Mehrzahl hatte portugiesische Väter und indigene Mütter und sprach dementsprechend portugiesisch und Tupi-Guarani. Sie profitierten sowohl von indigenen Überlebenstechniken als auch europäischen Waffen.

Bis Mitte des 17. Jhs. waren die Expeditionstrupps bis zu den peruanischen Anden und dem Amazonasbecken vorgedrungen. Die Aussicht auf die Ausbeutung ihrer Entdeckungen war der Grund, sich um die Erweiterung der brasilianischen Grenze zu bemühen. 1750, nachdem man vier Jahre mit Spanien verhandelt hatte, war die Grenzverschiebung besiegelt. Durch den Vertrag von Madrid gingen 6 Mio. km² an die Portugiesen und die brasilianische Westgrenze wurde dort festgelegt, wo sie mehr oder minder bis heute verläuft.

Die *bandeirantes* waren nicht nur für ihre farbigen Flaggen bekannt. Sie trugen mit Baumwolle gepolsterte Jacken, die sie vor den Pfeilen der Ureinwohner schützten. Obwohl viele von ihnen indigene Mütter hatten, führten sie einen gnadenlosen Krieg gegen die brasilianischen Ureinwohner. Viele *índios* flohen landeinwärts und suchten in den Jesuitenmissionen Schutz. Doch es gab wenig Verstecke und man vermutet, dass die *bandeirantes* mehr als 500 000 *índios* töteten oder versklavten.

Gold

„Bisher wissen wir nicht, ob es [hier] Gold gibt oder Silber oder irgendein Metall oder Eisen," berichtete Pero Vaz de Caminha seinem König im Jahr 1500. Doch überraschenderweise gab es Gold in Brasilien – auch wenn es erst zwei Jahrhunderte später entdeckt wurde. Weniger überraschend ist, dass es die *bandeirantes* waren, die neben ihrer Tätigkeit, *índios* zu enthaupten, die Serra do Espinhaço in Minas Gerais entdeckten.

Im 18. Jh. wurde Brasilien zum größten Gold-„Produzenten" der Welt. Ein unermesslicher Reichtum wurde ans Tageslicht befördert, der für die

1831	1830–1840	1835
Dom Pedro I. erweist sich als unfähig und dankt ab. 1840 steigt sein Sohn Pedro II. auf den brasilianischen Kaiserthron und leitet eine lange Periode des Wachstums und der Stabilität ein.	Der Kaffeestrauch nimmt eine immer wichtiger werdende Rolle in der Wirtschaft der Kolonie ein. Im Südosten des Landes entstehen *fazendas*. Brasilien wird ein bedeutender Kaffeeexporteur.	Inspiriert von erfolgreichen Revolten in Haiti wenige Jahre zuvor erheben sich Sklaven in Salvador zu einem Aufstand, der nur knapp scheitert.

Errichtung vieler historischer Städte Minas Gerais verantwortlich ist. Der volle Name von Ouro Preto (S. 265), einem der Hauptnutznießer des Goldbooms, lautet dementsprechend Vila Rica de Ouro Preto (Reiche Stadt des Schwarzen Goldes). Andere wilde Goldgräberstädte wie Sabará (S. 276), Mariana (S. 274) und São João del Rei (S. 278) schossen in den Gebirgstälern aus dem Boden. Reiche Händler errichteten luxuriöse Villen und finanzierten gewaltige Barockkirchen – einige von ihnen stehen bis heute.

Der Goldrausch ließ weite Teile der brasilianischen Bevölkerung vom Nordosten in den Südosten abwandern. Als das Gold entdeckt wurde, gab es keine weißen Siedler in Minas Gerais. Bis 1710 stieg die Bevölkerung auf 30 000, Ende des 18. Jhs. waren es bereits 500 000. Etwa ein Drittel der 2 Mio. nach Brasilien verschifften Sklaven wurden im 18. Jh. in den Goldminen eingesetzt. Dort führten sie meist ein noch erbärmlicheres Leben als auf den Zuckerplantagen.

Doch der Boom ebbte ab. Um 1750 erlebte die Goldregion ihren Niedergang und die Küste Brasiliens wurde wieder Zentrum des Landes. Viele Goldgräber blieben in Rio de Janeiro hängen, das unaufhörlich wuchs.

> Da eine so gewaltige Fülle an Mineralien außer Landes geschafft wurden, wundert es kaum, dass in dieser Periode die Piraterie blühte. Inseln wie die Ilha Grande (S. 202) mit ihren geschützten Buchten und Süßwasserreserven waren günstige Ausgangsbasen, um mit Gold beladene portugiesische Schiffe anzugreifen.

TIRADENTES

Als ob die brasilianisch-portugiesischen Herrscher nicht schon genug mit den Franzosen und Niederländern zu tun gehabt hätten, mussten sie sich auch noch mit Bedrohungen aus dem eigenen Land befassen. Während des 18. Jhs. wurde der Ruf nach Unabhängigkeit laut, dem 1789 die erste Unabhängigkeitsbewegung folgte. Hauptverantwortlich war Joaquim José da Silva Xavier, ein Zahnarzt aus Ouro Preto, der als Tiradentes (Zahnzieher) bekannt wurde. Zusammen mit elf weiteren Verschwörern, die sich allesamt gegen die hohen Steuerabgaben auflehnten, begann Tiradentes nach Wegen zu suchen, wirksam gegen die Portugiesen vorzugehen.

Trotz ihres klangvollen Namens – die Inconfidência Mineira, die Verschwörung von Minas – wurden ihre Pläne bald zunichtegemacht. Alle zwölf Verschwörer wurden verhaftet und zum Tode verurteilt. Die königliche Begnadigung, derzufolge die Rebellen nicht getötet, sondern nach Angola und Mosambik verbannt werden sollten, kam für Tiradentes zu spät. Er wurde 1792 in Rio de Janeiro gehängt. Um zukünftige Rebellen abzuschrecken, zerhackte die Obrigkeit seinen Körper und stellte die Einzelteile in ganz Minas Gerais aus, so z. B. seinen Kopf in Ouro Preto. Sein Haus wurde zerstört und sein Grundstück mit Salz bestreut, um sicherzugehen, dass dort nichts mehr wachsen würde. Und eine Version der Geschichte besagt gar, dass die Soldaten ihren Bericht über die Ereignisse mit dem Blut Tiradentes' unterschrieben hätten.

Tiradentes wurde zum nationalen Märtyrer und Symbol des Widerstands. Während der Vargas-Regierung (s. S. 46) wurde ihm zu Ehren ein Museum im alten Rathaus von Ouro Preto eingerichtet.

1865	**1888**	**1889**
Im Bündnis mit Uruguay und Argentinien führt Brasilien den „Krieg der Tripelallianz" gegen Paraguay. Er wird zum blutigsten Konflikt Südamerikas, Hunderttausende kommen ums Leben.	Brasilien schafft als letztes Land der Neuen Welt die Sklaverei ab. Prinzessin Isabella unterzeichnet das Gesetz und wird von vielen Schwarzen als ihre Wohltäterin bewundert.	Pedro II. wird durch einen Putsch gestürzt, der von wohlhabenden Kaffeebauern unterstützt wird. Die Monarchie wird abgeschafft, die brasilianische Republik ausgerufen.

Der hinreißend komische Film *Carlota Joaquina – Princesa do Brasil* handelt von einer spanischen Prinzessin, die mit dem zukünftigen Dom João VI. vermählt ist, der mit dem gesamten portugiesischen Hof nach Brasilien flieht, um Napoleon zu entkommen.

DOM JOÃO VI.

1807 siedelte die portugiesische Königsfamilie zeitweise nach Brasilien über. Auf der Flucht vor Napoleon, dessen Armee auf dem Vormarsch Richtung Lissabon war, flohen etwa 15 000 Mitglieder des Hofes unter der Führung von Prinzregent Dom João nach Rio de Janeiro.

Wie so viele *estrangeiros* (Ausländer) verliebte sich Dom João in Brasilien und machte sich zum Regenten des Landes. Er machte Rios Jardim Botânico (der Botanische Garten im gleichnamigen Stadtviertel Jardim Botânico; S. 155) 1822 der Öffentlichkeit zugänglich, was er bis heute geblieben ist.

Trotz Napoleons Niederlage in Waterloo 1815 machte Dom João keinerlei Anzeichen, Brasilien wieder zu verlassen. Noch im selben Jahr, am 16. Dezember 1815, proklamierte er das Vereinigte Königreich von Portugal, Brasilien und Algarve, das er, nachdem seine Mutter Dona Maria I. 1816 gestorben war, als König João VI. (Johann VI.) regierte. Brasilien war mit dem Mutterland politisch gleichberechtigt, der Kolonialstatus Brasiliens formell beendet und Rio wurde gar zur Hauptstadt des neuen Königreichs. Brasilien wurde zur einzigen Kolonie in der Neuen Welt, deren europäischer Monarch im Land selbst residierte.

Als einziges Land der Neuen Welt war Brasilien sowohl Sitz eines Kolonialreiches (nachdem der portugiesische König hierher übergesiedelt war) als auch einer unabhängigen Monarchie (nachdem Dom Pedro I. die Unabhängigkeit erklärt hatte).

UNABHÄNGIGKEIT

Die Unabhängigkeit kam schließlich 1822, 30 Jahre nach der Inconfidência Mineira. Der Legende nach zog der damalige Regent Brasiliens, Dom Joãos Sohn Pedro, sein Schwert am Ufer von São Paulos Ipiranga-Fluss und rief: *„Independência ou morte!"* (Unabhängigkeit oder Tod!). Im selben Atemzug ernannte er sich zum Kaiser Dom Pedro I. (Peter I.).

Die Portugiesen gewöhnten sich schnell an die Idee eines brasilianischen Kaiserreichs. Ohne auch nur einen einzigen Schuss abfeuern zu müssen, wurde Dom Pedro I. der erste Kaiser eines freien Brasiliens. Das *povo brasileiro* (brasilianische Volk) war von Pedro jedoch nicht sonderlich angetan. Er galt als unbesonnen und inkompetent, seine sexuellen Eskapaden – aus denen etliche Kinder hervorgingen – entsetzten selbst die freizügigsten Brasilianer. Nach neun Jahren in der Rolle des Frauenhelden musste er abdanken und den Thron an seinen fünfjährigen Sohn Dom Pedro II. (Peter II.) übergeben.

Es folgte die Krise. Der Thronfolger war noch ein Kind. Dementsprechend wurde Brasilien zwischen 1831 und 1840 von sogenannten *regências* (Regenten) verwaltet. Im ganzen Land brachen Tumulte und Revolten aus. Die einzige Lösung schien, wieder zur Monarchie zurückzukehren und man erklärte Dom Pedro II. lange vor seinem 18. Geburtstag für volljährig.

Die blutigste und radikalste Revolte der 1830er-Jahre war der Cabanagem-Krieg in Pará. Rebellen hielten Belém ein Jahr lang besetzt, ehe sie von Regierungstruppen vertrieben und aufgerieben wurden.

Im Alter von gerade einmal 15 Jahren wurde Dom Pedro II. zum Kaiser und Ewigen Verteidiger Brasiliens ernannt. Der Krieg gegen Paraguay 1865 wurde zur erfolgreichsten Episode der brasilianischen Geschichte. Von seinem Nachbarn angegriffen, ging Brasilien mit Argentinien und Uruguay ein Bündnis ein und trieb die Paraguayer hinter die Grenze zurück.

1890	1890er-Jahre	1897
Mit dem Beginn der Automobilindustrie in den USA schießt die Nachfrage nach Gummi in die Höhe. Hiervon profitiert Brasilien, das bis 1910 der einzige Exporteur von Naturkautschuk ist.	Nach der Abschaffung der Sklaverei öffnet Brasilien seine Grenzen für Immigranten, da es an Arbeitskräften mangelt. Jedes Jahr treffen Zehntausende Einwanderer ein.	Etwa 20 000 Flüchtlinge und ehemalige Soldaten lassen sich auf dem kargen Hügel Morro da Providência gleich außerhalb von Rios Zentrums nieder. Daraus entsteht die erste Favela Brasiliens.

Paraguay war am Boden zerstört – die Bevölkerungszahl sank auf 200 000 Menschen, darunter 180 000 Frauen! Doch auch Brasilien musste herbe Verluste einstecken: Rund 100 000 Mann starben, viele von ihnen waren Sklaven, die anstatt reicher Brasilianer in den Krieg geschickt wurden.

ABSCHAFFUNG DER SKLAVEREI & GRÜNDUNG DER REPUBLIK

Seit dem 16. Jh. bildete die Sklaverei das Rückgrat der brutalen, hierarchischen Gesellschaft Brasiliens. „Jeder Aspekt unserer sozialen Existenz ist vergiftet," klagte der Sklavereigegner Joaquim Nabuco 1880.

Gegen die so tief im brasilianischen Leben verankerte Sklaverei anzukämpfen, war alles andere als einfach. Brasilien brauchte 60 Jahre, bis es sich zu einer Lösung durchrang. Das 19. Jh. sah eine Reihe halbherziger Versuche, gegen die Sklaverei vorzugehen, die allerdings selten Wirkung zeigten.

1850 wurde der Sklavenhandel zwar verboten, doch im Verborgenen weiter betrieben. 1885 sah ein Gesetz vor, alle Sklaven über 65 freizulassen – die Gesetzesmacher hatten allerdings augenscheinlich „vergessen", dass die durchschnittliche Lebenserwartung bei Sklaven zu jener Zeit bei 45 Jahren lag. Es dauerte bis zum 13. Mai 1888 – 80 Jahre nachdem die Briten ihre Sklaven befreiten –, dass die Sklaverei in Brasilien offiziell abgeschafft wurde. Und es ist wenig überraschend, dass dies erst einmal keine wesentlichen Verbesserungen brachte: Die nun freien Sklaven waren größtenteils Analphabeten und hatten keinerlei Ausbildung. Tausende saßen mittellos auf der Straße. Viele kamen um, während die Überlebenden in Brasiliens Städte strömten und sich dort in Slums einrichteten. Bis heute bilden die Schwarzen die ärmste und am schlechtesten ausgebildete Bevölkerungsschicht des Landes.

Doch nicht nur der Sklaverei, auch dem Império Brasileiro wurde der Kampf angesagt. Unterstützt von reichen brasilianischen Kaffee-Großbauern, machte 1889 ein Militärputsch dem brasilianischen Kaiserreich ein Ende und die Republik wurde ausgerufen. Der Kaiser ging ins Exil, wo er ein paar Jahre später starb.

Das Militär regierte das Land während der folgenden vier Jahre. Dann wurden Wahlen abgehalten – doch infolge von Ignoranz, Korruption und mangelnder Bildung gingen nur etwa 2 % der erwachsenen Bevölkerung an die Urnen. Es veränderte sich wenig, abgesehen vom Machtzuwachs des Militärs und der Kaffeefarmer. Die Zuckerbarone dagegen verloren an Einfluss.

DIE KÖNIGIN DER BOHNEN

Die erste Kaffeebohne gelangte im 18. Jh. nach Brasilien. Es heißt, der Armeeoffizier Francisco de Mello Palheta habe eine Handvoll Kaffeebohnen aus Französisch-Guayana mitgebracht (ein Geschenk seiner dort zurückgelassenen Geliebten). Bei seiner Ankunft in Brasilien wurden die Bohnen schnell eingepflanzt und eine neue brasilianische Hassliebe begann: zum *café*.

Herrenhaus und Sklavenhütte (1. brasilianische Auflage 1933; dt. 1990) von Gilberto Freyres, ein Buch über die Beziehungen zwischen Sklaven und Herren auf den Zuckerrohrplantagen von Pernambuco, revolutionierte die brasilianische Bewertung des afrikanischen Beitrags zur brasilianischen Gesellschaft.

Das Motto *Ordem e Progresso* (Ordnung und Fortschritt) auf der brasilianischen Fahne geht auf den französischen Philosophen Auguste de Comte (1797–1857) zurück. Er stellte Vernunft und Wissenschaft über den traditionellen Glauben und beeinflusste damit die junge brasilianische Republik.

Krieg im Sertão (dt. 1994), ein Meisterwerk der brasilianischen Literatur, beschreibt anschaulich das Massaker von Canudos. Der Autor Euclides de Cunha erlebte das Ende von Canudos als Reporter für eine Zeitung aus São Paulo.

1914–1918	1920	1930
Im Ersten Weltkrieg tritt Brasilien offiziell auf die Seite der Alliierten gegen Deutschland ein, beteiligt sich aber nicht am Kriegsgeschehen.	Als Niederländer und Briten beginnen, in ihren Kolonien in Südostasien Kautschukbäume anzupflanzen, findet der brasilianische Gummiboom ein jähes Ende.	Getúlio Vargas kommt an die Macht. Er lässt sich von europäischen Faschisten inspirieren und führt bis zu seinem Sturz 1945 einen autoritären Staat an.

Ob die Geschichte nun wahr ist oder nicht, die Kaffeeindustrie jedenfalls entwickelte sich erfolgreich. Bereits 1889 bestanden zwei Drittel der brasilianischen Exportgüter aus Kaffee.

Die Kaffeeplantagen füllten eine Lücke im brasilianischen Exportgeschäft, die die rückläufige Zuckerproduktion seit den 1820er-Jahren hinterlassen hatte. Die Zuckerindustrie konnte nicht mehr mit den neuen, mechanischen Zuckermühlen in Westindien mithalten, die Exportzahlen sanken. Währenddessen florierte der Kaffee und Kaffeeplantagen bedeckten bald weite Teile der Staaten São Paulo und Minas Gerais.

> 1897 entstand am Rand von Rio die erste Favela, doch erst seit 1994 werden die Elendsviertel, von denen es heute mehr als 600 gibt, auf Stadtplänen verzeichnet.

Obwohl der Kaffee einige zu Millionären machte, sorgte er auf der anderen Seite für große Not. Die Kaffee-*fazendas* (Plantagen) nahmen sich in vielfacher Hinsicht ein Vorbild an den Zuckerplantagen im Nordosten: Sklaven arbeiteten unter unmenschlichen Bedingungen und wurden in winzigen, stinkenden Baracken zusammengepfercht. In Rio haben einige dieser Plantagen ihre Türen für die Öffentlichkeit geöffnet und bieten einen unheimlichen Einblick in die brasilianische *escravidão* (Sklaverei). Nach der Abschaffung der Sklaverei 1888 änderte sich vielleicht die rechtliche Stellung der Arbeitskräfte, die Arbeitsbedingungen blieben jedoch die gleichen.

OFFENE GRENZEN

Im letzten Jahrzehnt des 19. Jhs. öffnete Brasilien seine Grenzen. Millionen Immigranten strömten aus Italien, Japan, Spanien, Deutschland, Portugal und anderen Ländern nach Brasilien, um sich auf den Kaffee-*fazendas* zu verdingen oder in rasant wachsenden Großstädten wie Rio oder São Paulo ihr Glück zu suchen. Sie trugen ihren Teil zur ethnischen Vielfalt des Landes bei und waren mit dafür verantwortlich, dass sich das wirtschaftliche Zentrum Brasiliens vom Nordosten in den Südosten verlagerte. Wer sich also in São Paulos Bezirk Bela Vista eine Pizza gönnt oder in Rio an einer der vielen Snackbars *pastel chinês* (chinesisches Gebäck) bestellt, kann sich hierfür bei dieser Generation an Immigranten bedanken.

Während der folgenden Jahrhunderts riss der Zuwanderungsstrom nicht ab. Das Land wurde zum sicheren Hafen für Juden, die ihre Heimat auf der Flucht vor dem Holocaust verlassen mussten. Andererseits versuchten die Nationalsozialisten des Dritten Reichs, nach dem Zweiten Weltkrieg in Brasilien ihre Haut zu retten. Auch Araber, in Brasilien meist *turcos* genannt, schlossen sich der Immigrationswelle an. Viele Händler auf dem Flohmarkt in der Rua Uruguaiana von Rio stammen aus dem Nahen Osten.

KAUTSCHUK

Gegen Ende des 19. Jhs. erlebte das Amazonasgebiet einen weiteren wirtschaftlichen Boom: den des *Hevea brasiliensis*, des Kautschukbaums.

Mit der Erfindung des Gummireifens und dem Beginn der Automobilindustrie in den USA stieg die Nachfrage nach Kautschuk immens. Der Preis

1937	1938	1942
Getúlio Vargas ruft den „Estado Novo" aus und verkündet eine neue Verfassung; 1938 führt er den gesetzlichen Mindestlohn ein, erweitert das Militär und zentralisiert die Macht.	Lampião, der letzte große *cangaçeiro* (Bandit des Nordostens), wird von der Polizei getötet. Später wird er im feudal geprägten Hinterland des Nordostens als Volksheld gefeiert.	Anfangs neutral, tritt Brasilien doch noch an der Seite der Alliierten in den Zweiten Weltkrieg ein. Es stellt Rohstoffe wie Kautschuk und Quarz zur Verfügung und entsendet 25 000 Soldaten.

für Kautschuk schoss in die Höhe und bescherte den Amazonas-Städten Belém und Manaus unerwarteten Reichtum. Ein Ergebnis des Kautschukbooms war das spektakuläre Opernhaus in Manaus, das Teatro Amazonas (S. 705), das 1896 seine Pforten öffnete. Die Kautschukproduktion erreichte 1912 ihren Höhepunkt – damals erwirtschaftete Brasilien fast 40 % seiner Exporteinnahmen durch Gummi.

Doch wie alle Wirtschaftswunder hatte auch die brasilianische Kautschukeuphorie bald ein Ende. Die Briten machten Brasilien mit dem Fußball das wohl schönste Geschenk überhaupt, gleichzeitig stahlen sie dem Land eine seiner wichtigsten Einnahmequellen. 1876 schmuggelte der Engländer Henry Wickham 70 000 Kautschukbaumsamen aus dem Amazonasbecken auf einem Frachter nach Kew Gardens in London. Die Samen fanden schnell ihren Weg in die britischen Kolonien in Südostasien, wo riesige Kautschukplantagen angelegt wurden. Als die Plantagen 1910 erste Erträge einbrachten, stürzten die Preise für Gummi auf dem Weltmarkt ins Bodenlose. Der brasilianische Kautschukboom wurde mit Pauken und Trompeten beendet.

MILCH- & KAFFEEPOLITIK

Am 15. November 1894 wurde Prudente de Morais zum ersten, direkt gewählten zivilen Präsidenten Brasiliens gekürt. Zu dieser Zeit wurde das Land von Grundbesitzern aus zwei Bundesstaaten dominiert: Minas Gerais und São Paulo. Sie kontrollierten die Politik – die brasilianischen Präsidenten stammten fast ausnahmslos aus diesen Milch- bzw. Kaffeestaaten. Jeder Staat wurde von einer Reihe von Grundbesitzern (sog. *coronéis*) dominiert, die die lokale Politik, die Rechtsprechung und die Polizei durch befreundete Mittelsmänner und Familienangehörige auf allen wichtigen Posten lenkten.

Dieses politische System machte auch vor den Wahlen nicht halt, die alles andere als geheim waren. Und wer es wagte, gegen die Machtelite zu stimmen, hatte mit schwerwiegenden Konsequenzen zu rechnen. Zudem war Wahlbetrug an der Tagesordnung: Viele Wähler gaben mehrfach ihre Stimme ab und erstaunlicherweise gingen selbst Tote zur Wahl.

Enttäuscht von der Dominanz dieser wenigen Reichen formierte sich unter den Militärs eine Bewegung namens *tenentismo*, die gegen die Oligarchen aus Minas und São Paulo opponierte. Der berühmte Copacabana-Strand war Schauplatz der ersten Rebellion. Am 5. Juli 1922 verließen 18 Leutnants ihr Copacabana-Fort (S. 157) und stießen mit Regierungstruppen zusammen. Nur zwei *tenentes* – Eduardo Gomes und Siqueira Campos – überlebten (nach letzterem wurde eine U-Bahnstation in Rio benannt).

Weitere acht Jahre erfreuten sich die brasilianischen Kaffeefarmer an ihrem Status politischer Unangreifbarkeit, bis der Börsenkrach an der Wall Street dem Ganzen ein Ende bereitete. Die Nachfrage nach Kaffee sank, die Preise fielen und viele der mächtigen Kaffeebarone waren ruiniert. Der wirtschaftliche und politische Umbruch führte bald darauf zur Revolution.

Einen fesselnden Bericht über die einsame Fahrradfahrt eines Mannes, der Amazonien in der gesamten Länge der Transamazônica durchquerte, findet man auf *Amazon Pilgrim* (http://amazonpilgrim.com).

1950	**1954**	**1958**
Das neu gebaute Maracanã-Stadion in Rio de Janeiro steht im Mittelpunkt der Fußball-WM. Brasilien, haushoher Favorit, hat letztendlich vor 200 000 Fans gegen Uruguay das Nachsehen.	Getúlio Vargas, der 1951 als Präsident nochmals die politische Bühne betritt, wird nach einem handfesten Skandal vom Militär zum Rücktritt aufgefordert und begeht Selbstmord.	Brasilien wird in Schweden erstmals Fußball-Weltmeister. Den Finalsieg gegen den Gastgeber verdankt die Mannschaft nicht unwesentlich den Fähigkeiten eines 17-jährigen: Pele.

GETÚLIO VARGAS – POPULISTISCHER DIKTATOR

Die Vargas-Ära begann 1930. Mitglieder der neu gegründeten Partei Liberale Allianz beschlossen, die Niederlage ihres Kandidaten Getúlio Vargas bei der Präsidentschaftswahl nicht hinzunehmen. Die Revolution brach am 3. Oktober in Rio Grande do Sul aus und griff schnell auf andere Staaten über. 21 Tage später wurde Präsident Júlio Prestes seines Amtes enthoben und am 3. November Vargas als neuer, „provisorischer" Präsident eingesetzt.

Die Gründung des Estado Novo, des Neuen Staats, im November 1937 stattete Vargas als ersten brasilianischen Präsidenten mit diktatorischen Vollmachten aus. Angeregt durch Salazar in Portugal und Mussolini in Italien, verbot Vargas politische Parteien, verhaftete politische Oppositionelle und zensierte Kunst und Presse. Trotzdem war Vargas bei vielen beliebt. Der „Vater" der brasilianischen Arbeiter führte 1938 den brasilianischen Mindestlohn ein. Jedes Jahr am Tag der Arbeit am 1. Mai erließ er neue Arbeitsgesetze und zog die Fabrikarbeiter damit auf seine Seite.

Wie jeder Faschist, der etwas auf sich hielt, schlug er sich während des Zweiten Weltkriegs auf die Seite Hitlers. Ein großzügiges Angebot der USA über Investitionen im Wert 20 Mio. US$ bewog Vargas schließlich doch, sich

DIE URSPRÜNGE DER FAVELA

Das Ende des 19. Jhs. brachte zwar das Ende der Sklaverei, doch die gerade befreiten Schwarzen wurden nicht in einer neuen und gerechten Gesellschaft willkommen geheißen. Stattdessen standen sie bei der Suche nach einer Arbeit und einem Zuhause riesigen Hindernissen gegenüber. Einige der befreiten Sklaven flohen in *quilombos*, Siedlungen von entflohenen Sklaven, die in ganz Brasilien entstanden waren, selbst in bewaldeten Gebieten außerhalb von Rio. Sogar im heutigen Leblon gab es einen kleinen *quilombo*.

Die befreiten Sklaven waren nicht die einzige Gruppe, die gegen Ende des 19. Jhs. ums Überleben kämpfte. Im Nordosten des Landes kam es nach schrecklichen Dürren in den 1870er- und 1880er-Jahren in Kombination mit dem Niedergang der Zuckerindustrie zu einer verheerenden wirtschaftlichen Krise. Messianische Bewegungen, die den Menschen Hoffnung auf Erlösung gaben, wurden unter den Armen des Landes sehr beliebt. Die berühmteste dieser Bewegungen war die von Canudos. Ihr Anführer Antônio Conselheiro (Antônio, der Ratgeber) war jahrelang predigend durchs Hinterland gewandert und hatte das Kommen des Antichrists und das Ende der Welt angekündigt; dabei verteidigte er die Armen und brachte die Behörden gegen sich auf. Er wetterte gegen die neue republikanische Regierung und ließ sich 1893 mit seinen Anhängern schließlich im Norden Bahias in Canudos im Landesinneren nieder. Innerhalb von eineinhalb Jahren wuchs Canudos zu einer Stadt mit 35 000 Bewohnern.

Die republikanische Regierung befürchtete Verschwörungen in Canudos mit dem Ziel, in Brasilien wieder die Monarchie einzuführen. Es grenzte fast an ein Wunder, dass die Rebellen anfänglich einen Trupp der Staatspolizei schlugen und auch zwei nachfolgende Angriffe der Bundesarmee erfolgreich abwehren konnten. In den Städten kam es zu hysterischen Demons-

1960	1962	1963
Präsident Juscelino Kubitschek stellt sich an die Spitze der Erbauung einer neuen Hauptstadt. In nur 41 Monaten entsteht quasi aus dem Nichts das hypermoderne Brasília.	20 brasilianische Musiker geben ein sehr erfolgreiches Konzert in der Carnegie Hall und machen die Welt mit Bossa Nova und Tom Jobims Hit *Girl from Ipanema* bekannt.	Filmemacher um Glauber Rocha schaffen mit der Geburt des Cinema Novo eine neue Bewegung. Die expressiven und oft experimentellen Filme thematisieren Brasiliens soziale Probleme.

den Alliierten anzuschließen. Das riesige Nationale Kriegsdenkmal in Flamengo – zwei Hände, die gen Himmel gerichtet um Frieden bitten – führt die 5000 Brasilianer auf, die in Europa gekämpft haben. Doch natürlich praktizierte Vargas nicht, was er andernorts predigte. Der eklatante Widerspruch zwischen seinem Kampf für Demokratie in Europa und seiner quasifaschistischen Politik im eigenen Land war nicht länger akzeptabel. Nach dem Zweiten Weltkrieg zwang ihn das Militär zum Rücktritt.

Doch seine Popularität blieb ungebrochen und so wurde er 1951 als Präsident wiedergewählt – dieses Mal demokratisch. Vargas' Regierung aber wurde von einem brasilianischen Grundübel geplagt: der Korruption. Immer wieder aufs Neue kritisierte ihn dafür der junge Journalist Carlos Lacerda. 1954 schickte Vargas' Sicherheitschef zwei bewaffnete Männer los, um Lacerda in seiner Wohnung in Copacabana zu ermorden. Statt des lästigen Reporters, der nur leicht verletzt wurde, kam ein Luftwaffenmajor ums Leben und der Skandal nahm seinen Lauf. Auf die Rücktrittsforderungen des Militärs antwortete Vargas auf seine Weise. Er hinterließ die Notiz „Ich scheide aus dem Leben, um in die Geschichte einzugehen" und schoss sich am Morgen des 24. August 1954 eine Kugel mitten ins Herz.

Die Internetseite der brasilianischen Botschaft in London (www.brazil.org.uk) hat viele interessante Infos über Brasilien, darunter einen Überblick über das oft verwirrende politischen Systems.

---

trationen, bei denen die Staatsführung aufgefordert wurde, die Republik vor den Rebellen zu retten. Daraufhin wurden 8000 gut ausgerüstete Soldaten der Bundesarmee, viele von ihnen aus Rio, nach Canudos geschickt. Nach grausamen Kämpfen Mann gegen Mann und Haus um Haus eroberten sie die Stadt schließlich. Es war ein Vernichtungskrieg, bei dem fast alle im Ort lebenden Männer, Frauen und Kinder starben. Am Ende wurde die Siedlung niedergebrannt, um jede Erinnerung daran aus dem nationalen Gedächtnis zu löschen.

Die Soldaten und ihre Frauen, von denen einige Überlebende des Massakers von Canudos waren, kehrten nach Rio zurück, wo ihnen im Gegenzug für ihren Sieg Land versprochen worden war – ein Versprechen, das die Regierung allzu schnell vergessen hatte. Daraufhin besetzten die Soldaten, die vor dem Kriegsministerium ihr Lager aufgeschlagen hatten, den nahegelegenen Hügel Morro da Providência. Als sie ihre ersten notdürftigen Unterkünfte errichteten und sich dort niederließen, stießen sie kurioserweise auf die gleiche robuste Pflanze, die sie auf dem trockenen Land rings um Canudos gesehen hatten. Diese Pflanze, „Favela" genannt, verursacht bei jeder Berührung Hautreizungen – einigen Berichten zufolge sollen die widerspenstigen Sträucher sogar beim Kampf gegen die ersten Angriffe der Armee nützlich gewesen sein. Einige der Hügelbewohner begannen, ihre neue Heimat Morro da Favela zu nennen. Vielleicht hofften sie, dass die Pflanze auch diejenigen, die im Krieg gekämpft hatten, irgendwie schützen könne – jedenfalls blieb der Name hängen. Schon bald wurde das Wort Favela benutzt, um die Elendsviertel zu beschreiben, die rasend schnell rings um Rio entstanden. Ihre Bewohner waren und sind ehemalige Sklaven und bettelarme, hungerleidende Bewohner des Landesinneren, die auf der Suche nach einem besseren Leben in die Stadt kamen.

HEY BIG SPENDER!

Juscelino Kubitschek de Oliveira, dessen zungenbrecherischer Name ihm den *apelido* (Spitznamen) J. K. einbrachte, wurde 1956 zum Präsidenten gewählt. Sein Versprechen lautete: „Fünfzig Jahre Fortschritt in fünf Jahren." Seine Gegner antworteten: „40 Jahre Inflation in vier Jahren." Leider erfüllte sich eher die Einschätzung der Opposition – trotz einer Steigerung der industriellen Produktion um 80 % in seiner Regierungszeit.

Kubitscheks historischer Beitrag war die Gründung Brasílias. Brasiliens gehasste wie gefeierte Hauptstadt wurde in der Mitte des Landes als nationales Symbol und Katalysator für die Entwicklung des Landesinneren aus dem Boden gestampft. Obwohl die Errichtung einer solchen Stadt bereits 1891 in der Verfassung festgelegt wurde, nahm erst Kubitschek die Realisation in Angriff. Die windigen, schattenlosen Straßen Brasílias wurden am 21. April 1960 mit großem Brimborium eingeweiht.

Als ob sich Kubitschek nicht schon genug Feinde damit gemacht hätte, die „Wunderbare Stadt" Rio de Janeiro ihres Hauptstadtstatuses zu berauben, ging sein Nachfolger Jânio Quadros noch einen Schritt weiter. Er versuchte, Bikinis an brasilianischen Stränden verbieten zu lassen – ein schwerer Affront gegen die brasilianische Popkultur. Quadros machte noch einen unverzeihlichen Fehler: Er verärgerte das Militär, als er Che Guevara bei einer öffentlichen Feierlichkeit in Brasília mit einem Orden auszeichnete. Der rechte Flügel des Militärs verschwor sich gegen Quadros, der kurz darauf nach nur sieben Monaten im Amt seinen Hut nehmen musste. Quadros selbst sprach von „geheimen Kräften", die hier am Werk gewesen seien.

MACHTÜBERNAHME DER GENERÄLE

Quadros' Vizepräsident, der linksgerichtete João Goulart, übernahm die Macht. Das Militär konnte auch mit ihm nicht viel anfangen. 1964 wurde er in einer sogenannten *revolução* (Revolution) gestürzt – in Wirklichkeit handelte es sich um einen Militärputsch, von dem angenommen wird, dass er von der US-amerikanischen Regierung unterstützt wurde. Präsident Lyndon Johnson versuchte zumindest nicht, diese Theorie zu entkräften, als er der neuen brasilianischen Regierung seine herzlichsten Glückwünsche übermittelte.

Brasiliens Militärdiktatur war nicht so brutal wie in Chile oder Argentinien – eine Tatsache, die zynisch kommentiert wurde, Brasilien bekomme noch nicht einmal eine anständige Diktatur hin. Dennoch, für weite Teile der nächsten 20 Jahre waren freie Meinungsäußerungen unerwünscht und politische Parteien verboten. Das Lei de Segurança Nacional (Nationales Sicherheitsgesetz) von 1967 ermöglichte es, noch härter gegen politische Dissidenten vorzugehen. Sie wurden gefoltert, ermordet oder – vielleicht das Schlimmste von allem – in brasilianische Gefängnisse gesteckt.

Die Diktatur fiel mit einer der produktivsten Phasen der brasilianischen Kultur zusammen. Jedoch sah sich eine ganze Generation an Komponisten

Der österreichische Schriftsteller Stefan Zweig, der vor den Nazis ins Exil floh, ließ sich in Brasilien nieder und verliebte sich in seine Wahlheimat. Sein Buch *Brasilien. Ein Land der Zukunft* (1941) ist eine idealistische Vision des Landes.

Bruno Barretos Film *Vier Tage im September* (1998), der zur Zeit der Militärdiktatur spielt, basiert auf der wahren Geschichte der Entführung des US-Botschafters in Brasilien durch linke Guerillakämpfer im Jahr 1969.

1968	**1968–1972**	**1972**
Die brasilianische Wirtschaft boomt. Das durchschnittliche Wirtschaftswachstum beträgt in den kommenden sechs Jahren unglaubliche 10 %.	Veloso und Gil kommen für mehrere Monate ins Gefängnis und gehen anschließend ins Exil nach London ins Exil. Andere Kritiker haben weniger Glück und werden gefoltert.	Mit der Eröffnung der 5300 km langen Fernstraße Transamazônica beginnt die Ära enormer Staatsdefizite. Das immens teure Straßenbauprojekt wurde nie fertiggestellt.

und Akademikern aufgrund ihrer Opposition zum Regime gezwungen, ins Exil zu gehen, so u. a. der Soziologe und spätere Präsident Fernando Henrique Cardoso und der Musiker Gilberto Gil, der Jahrzehnte später unter Lula Kulturminister wurde.

Mit dem drakonischen Zensurgesetz, dem Ato Institutional 5 (AI-5), erreichte die Repression 1968 ihren Höhepunkt. Als Reaktion darauf erhoben sich aus der brasilianischen Mittelklasse Studentenunruhen. Im Juni 1968 fand in den Straßen Rio de Janeiros eine Massendemonstration, die Passeata dos cem mil (Marsch der 100 000), gegen die Diktatur statt. Inspiriert von der Befreiungstheologie wandten sich nun auch viele Katholiken, die den Militärputsch zuvor begrüßt hatten, gegen die Regierung.

Ironischerweise florierte die brasilianische Wirtschaft während der Diktatur. Ende der 1960er- und Anfang der 1970er-Jahre wuchs sie Jahr für Jahr um 10 % und die Reichen nahmen dicke Kredite bei internationalen Banken auf. Da die dringende Landreform ausblieb, zogen Millionen Menschen in die Städte und ließen sich in *favelas* nieder. Zugleich aber wurde Brasiliens Leidenschaft für Mega-Projekte geboren. Das Regime zeigte sich spendabel und zahlreiche, meist zum Scheitern verurteilte Großprojekte wurden in Angriff genommen: der Transamazônica-Highway, die Rio-Niterói-Brücke und Rios Bundesuniversität auf der Ilha do Fundão.

DIE ARBEITER ORGANISIEREN SICH

Ende der 1970er-Jahre flaute der Wirtschaftsboom ab und neben der Mittelklasse waren es nun auch die Arbeiter, die gegen das Regime aufbegehrten. Mit einer Reihe von Streiks in der Autoindustrie von Sao Paulo unterstrich die neue, kämpferische Arbeiterbewegung ihre Forderungen. An ihrer Spitze stand ein gewisser Luíz Inácio „Lula" da Silva, der bei einem Fabrikunfall einen *dedo* (Finger) verlor, schon bald aber eher durch sein politisches Talent und Charisma auf sich aufmerksam machen sollte.

Die Partido dos Trabalhadores (PT; Arbeiterpartei), Brasiliens erste Volkspartei, die sich für die Armen einsetzte, ging aus diesen Streiks hervor. Obwohl sich die Basis der PT aus Metallarbeitern rekrutierte, schlossen sich ihr viele linksgerichtete Akademiker an, darunter der Literaturkritiker Antonio Candido und der Historiker Sérgio Buarque de Holanda, dessen Buch *Die Wurzeln Brasiliens* immer noch zu den wichtigsten Werken Brasiliens zählt. Im Januar 1980 wurde im ersten Manifest der PT die Notwendigkeit „einer egalitären Gesellschaft" erklärt, „in der es weder Ausgebeutete noch Ausbeuter gibt."

Zwischen 1979 und 1985 kam es zur *abertura* (Öffnung), die langsame, vorsichtige Rückkehr zu einer zivilen Regierung. Während die populäre Opposition an Macht gewann, kündigte das Militär die allmähliche Hinwendung zu einem demokratischen Brasilien an. Politischen Gefangenen und Exilanten wurde Amnestie gewährt. Sechs neue politische Parteien,

---

Nach Angaben des 1,5 Mio. Mitglieder starken Movimento Sem Terra (MST; Bewegung der Landarbeiter ohne Boden) befindet sich die Hälfte des landwirtschaftlich nutzbaren Landes in Brasilien in den Händen von nur 1,6 % der Landbesitzer.

Auch wenn der Film im Großbritannien der Zukunft spielt, sind in Terry Gilliams *Brazil* durchaus Parallelen zum Brasilien der 1980er-Jahren und anderen Militärdiktaturen zu erkennen. In der Dystopie Orwell'scher Ausprägung entwirft Gilliam einer alles vernichtenden Bürokratie.

Von 1987 bis 1997 litt Brasilien unter einer katastrophalen Hyperinflation von durchschnittlich 2000 % jährlich. Mit anderen Worten: Die Mieten verdoppelten sich alle zehn Wochen, auf Kreditkartenzahlungen wurden monatlich 25 % Zinsen fällig und die Preise für Lebensmittel und Kleidung steigen jeden Monat um 40 %.

1979/80	**1984**	**1985**
Sinkende Löhne führen zu Streiks im ganzen Land. Junge Arbeiter verbünden sich mit Intellektuellen und Aktivisten der Arbeiterpartei (PT; Partido dos Trabalhadores).	Im Herbst der Militärdiktatur gründet sich die Organisation Movimento Sem Terra (MST; Bewegung der Landarbeiter ohne Boden), die sich für eine Bodenreform einsetzt.	Nach einer zaghaften Phase der *abertura* (Öffnung) gewinnt überraschend Tancredo Neves die indirekten Präsidentschaftswahlen. Millionen Brasilianer feiern das Ende der Militärdiktatur.

darunter die PT, entstanden. Das Ende der *abertura* wurde durch die Bewegung *direitas já* (Wahlen jetzt) markiert, die sofortige und direkte Präsidentschaftswahlen forderte.

DEMOKRATIE & SCHULDEN

1985 fand eine Präsidentschaftswahl statt, die einzigen Wähler waren allerdings die Mitglieder des Nationalkongresses. Die indirekte Wahl wurde von der PT boykottiert. Unerwartet gewann Tancredo Neves, der gegen den Kandidaten aus den Reihen des Militärs angetreten war. Daraufhin feierten Millionen Brasilianer auf den Straßen das Ende der militärischen Diktatur.

Doch die Sache ging schief: Noch bevor er sein Amt als Präsident antreten konnte, starb Neves an Herzversagen. Seine Vize, der schnurrbärtige José Sarney übernahm den Posten. Sarney, der das Militär bis 1984 unterstützte, blieb bis 1989 im Amt. Während seiner Amtszeit häufte Brasilien aufgrund der galoppierenden Inflation einen immensen Schuldenberg an. Bis 1990 stiegen die Auslandsschulden bis zu einer lähmenden Summe von 115 Mrd. US\$! Sarneys Erfolge standen offensichtlich in einem traurigen Widerspruch zu seinem Wahlslogan *tem que dar certo* (es muss gelingen). Tatsächlich gelang ihm nichts – abgesehen von einem wichtigen Gesetz, das Brasiliens Analphabeten ermöglichte, zur Wahl zu gehen. Sie wurden bis dato vom politischen System ausgeschlossen.

1989 fanden direkte Präsidentschaftswahlen statt – die ersten, die die Bezeichnung demokratisch verdient haben. Collor, ein politischer Aufsteiger aus dem Nordosten, siegte mit knapper Mehrheit über den Kandidaten der PT, Lula. An dessen Wahlniederlage war der einflussreiche Fernsehsender Globo TV maßgeblich beteiligt. Er strahlte die Anschuldigungen von Lulas ehemaliger Geliebten aus, er habe vor 16 Jahren versucht, sie zu einer Abtreibung zu zwingen.

EINE REGIERUNG IN NÖTEN

Fernando Collor de Mello, der frühere Gouverneur des kleinen Bundesstaates Alagoas, besaß ein gewisses vordergründiges Charisma und ein Talent dafür, das Fernsehen zu manipulieren, außerdem kam er aus einer traditionell einflussreichen Familie: Sein Vater war ein Medienboss, sein Großvater Minister in der Regierung von Getúlio Vargas gewesen und seine Frau stammte aus einem Clan von Landbesitzern, der in Alagoas über mächtige Verbindungen verfügte.

Collor revolutionierte die Verbrauchergesetze – wenn auf einem Becher Margarine ein Verfallsdatum abgedruckt ist, so ist das ihm zu verdanken. Dies schützte ihn jedoch nicht davor, in Ungnade zu fallen. Collor und sein enger Verbündeter P. C. Farias waren in eine immer länger werdende Liste von Skandalen verwickelt – von Korruption in großem Stil über angeblichen Drogenhandel bis zu Familienfehden. Ein durch das Repräsentantenhaus

Das Regierungsprogramm Bolsa Família vergibt kleine Stipendien an Eltern, die ihre Kinder in der Schule belassen und dafür sorgen, dass sie die vorgeschriebenen Impfungen erhalten (22 R\$ pro Kind, max. 66 R\$).

Bye-Bye Brasil ist ein brasilianischer Filmklassiker, der einen reisenden Zirkus durch den Nordosten des Landes begleitet und die tiefen Umbrüche festhält, die die brasilianische Gesellschaft in der zweiten Hälfte des 20. Jhs. charakterisierten.

1985	1988	1994
Neves stirbt noch vor seinem Amtsantritt an Herzversagen. Vizepräsident José Sarney rückt zum Staatspräsidenten auf, kann aber Inflation und Schuldenberg nicht wirkungsvoll bekämpfen.	Der Umweltschützer Chico Mendes wird von einem Großgrundbesitzer ermordet. Die öffentliche Reaktion zwingt die Regierung zu einem Kurswechsel in ihrer Amazonas-Politik.	Nach der Amtsenthebung von Präsident Collor kommt Vizepräsident Itamar Franco an die Macht. Er führt eine neue Währung ein, den Real, der die Wirtschaft stabilisiert und einen Boom auslöst.

angestrengtes Amtsenthebungsverfahren, das von studentischen Massenprotesten begleitet wurde, brachte Collor schließlich zu Fall.

„Fernandinho", nun zwar nicht mehr durch die Immunität seines Amtes geschützt, entging einer Gefängnisstrafe und kam mit einem achtjährigen Politikverbot davon. Nachdem ihn der Oberste Gerichtshof 1994 vom Vorwurf der „passiven Korruption" freigesprochen hatte, zog er nach Miami. 1998 kehrte Collor nach Brasilien zurück – und nach mehreren erfolglosen Versuchen, in der brasilianischen Politik wieder Fuß zu fassen, wurde er als Senator für Alagoas ins Repräsentantenhaus gewählt.

Der Dokumentarfilm *They Killed Sister Dorothy* (2008) des Regisseurs Daniel Junge ist ein fesselndes Porträt der US-amerikanischen Ordensschwester Dorothy Stang und der *indígenas*, für die sich einsetzte.

BRASILIEN BOOMT

Nach der Amtsenthebung Collors übernahm Vizepräsident Itamar Franco das schwierige Amt des Präsidenten. Er hatte zwar einen Ruf als Exzentriker, seine Regierung aber galt als kompetent und integer. Francos größte Leistung war die Stabilisierung der inflationären und unberechenbaren Wirtschaft durch die Einführung einer neuen Währung, des Real. Diese war an den US-Dollar gekoppelt und bewirkte, dass die Inflation von über 5000 % im Jahr 1993 auf unter 10 % 1994 fiel. Francos Plano Real löste einen Wirtschaftsboom aus, der bis heute anhält, auch wenn es Francos Nachfolger war, der frühere Finanzminister Fernando Henrique Cardoso, der Mitte der 1990er-Jahre eine wachsende Wirtschaft und Auslandsinvestitionen in Rekordhöhe als Erfolgsbilanz vorweisen konnte. Einerseits heißt es, er habe die Grundlagen für die Beendigung der brasilianischen Hyperinflation gelegt, andererseits wird ihm aber auch vorgeworfen, häufig die sozialen Probleme vernachlässigt zu haben.

Der Australier Peter Robb verarbeitet die gesamte Geschichte Brasiliens und einen Großteil der brasilianischen Literatur in *A Death in Brazil* (2003), seiner Darstellung der weitreichenden Korruption des Regimes Collor de Mellors.

Bei den Wahlen 2002 nahm Lula seinen vierten Anlauf auf das Präsidentenamt. Diesmal mäßigte er seine sozialistische Rhetorik, führte den Wahlkampf unter dem Motto „Lulinha, Frieden und Liebe", tauschte seine Jeans gegen einen Anzug und versprach, Brasiliens internationale Schulden zu begleichen. Zudem genoss die PT den Ruf, frei von Korruption zu sein . Und diesmal gelang es Lula, genügend gemäßigte Wählern zu überzeugen und die Unterstützung des Mediengiganten Globo zu gewinnen. Am Ende setzte sich Lula mit einer überzeugenden Mehrheit gegen den Mitte-Rechts-Kandidaten Jose Serra durch. Zum ersten Mal in seiner Geschichte wurde Brasilien von einer Partei aus dem linken Spektrum regiert und hatte einen Präsidenten, der am eigenen Leibe erfahren hatte, was Armut ist. Lula, eines von 22 Kindern eines bettelarmen, ungebildeten Landarbeiters aus dem gebeutelten Nordosten Brasiliens, arbeitete zunächst als Schuhputzer, dann als Mechaniker und schließlich als Gewerkschaftsführer.

Äußerst erhellend ist Fernando Henrique Cardosos Buch *The Accidental President of Brazil*, die Memoiren eines der beliebtesten brasilianischen Präsidenten, eines früheren Soziologieprofessors, der an die Macht katapultiert wurde.

Investoren beäugten Lulas Aufstieg zunächst misstrauisch, befürchteten sie doch, er werde als linksgerichteter Abtrünniger die Wirtschaft Brasiliens ruinieren. Umso mehr überraschte er Freunde und Feinde gleichermaßen mit der besonnensten Finanzpolitik seit Jahren, ohne dabei die riesigen sozialen Probleme zu vernachlässigen.

1994	2002	2003
In Rio startet das Programm Favela-Bairro. Im folgenden Jahrzehnt fließen 180 Mio. US$ in die Schaffung von Sanitäranlagen, Kliniken und Verkehrsmitteln für arme Siedlungen.	Luíz Inácio „Lula" da Silva wird zum Präsidenten gewählt. In seiner ersten Amtszeit regiert der Linkspolitiker recht moderat. Brasilien wird zum fünften Mal Fußball-Weltmeister.	Präsident Lula ruft das Programm Bolsa Família ins Leben, das die ärmsten Familien des Landes mit Bargeldzahlungen unterstützt.

EIN LAND IM FUSSBALL-FIEBER

Es war lang gehegter Traum der fußballverrückten Nation, die WM zurück nach Brasilien zu holen. Als Brasilien 2007 den Zuschlag für die FIFA WM 2014 bekam, ging dieser Traum in Erfüllung. Das Land des fünfmaligen Weltmeisters veranstaltete dieses sportliche Großereignis zuletzt 1950; damals verlor Brasilien das hochdramatische „Endspiel" gegen Uruguay – Brasilien hätte in der Finalrunde ein Unentschieden genügt. Ca. 200 000 Fans waren im Maracanã-Stadion von Rio Zeuge dieser unvergesslichen Schmach, die später als *Maracanaço* bezeichnet wurde, ein Wort, das in der Alltagssprache noch gebräuchlich ist.

Brasilien, die erfolgreichste Fußballnation in der Geschichte der Weltmeisterschaften, wird das fünfte Land sein, das das zweitgrößte Sportereignis der Welt ein zweites Mal ausrichtet. Im Gegensatz zu 1950, als die WM-Spiele vor allem im Süden und Südosten des Landes stattfanden, soll die WM 2014 in zwölf verschiedenen Städten im ganzen Land ausgetragen werden: Unter insgesamt 17 Bewerbern setzten sich Belo Horizonte, Brasília, Cuiabá, Curitiba, Fortaleza, Manaus, Natal, Porto Alegre, Recife, Rio de Janeiro, Salvador und São Paulo als Austragungsorte durch.

Eine Menge Arbeit und hohe Ausgaben für den Bau und die Renovierung der Stadien stehen dem Land bevor. Auch für Infrastrukturprojekte ist eine große Summe vorgesehen. Damit sollen Häfen, Schnellstraßen und die Flughäfen von zehn Austragungsorte (vor allem von Rio und São Paulo) modernisiert werden, um dem geschätzten Ansturm von 500 000 Besuchern gerecht zu werden. Im Januar 2010 – und damit zwei Jahre nach dem vorgesehenen Termin – legte Brasilien eine Liste der geplanten Ausgaben vor. Die brasilianische Regierung will 7,4 Mrd. US$ für Verkehr, Infrastruktur und Verwaltung bereitstellen. Die Bundesstaaten und Kommunen, die Gastgeber der Weltmeisterschaft sein werden, steuern nochmals 3,9 Mrd. US$ für Stadien und andere Turniereinrichtungen bei.

Doch bereits Anfang 2010 lag Brasilien mit den Baumaßnahmen im Rückstand. Zuletzt wuchs auch bei der FIFA die Sorge, Brasilien könne nicht rechtzeitig zum Großereignis mit allen Arbeiten fertig werden. Es wurde sogar darüber spekuliert, dass die Zahl der Austragungsorte von zwölf auf acht oder zehn sinken solle. Doch wie immer das Ergebnis aussehen wird: Es gibt keinen Zweifel daran, dass Brasilien eine spektakuläre WM veranstalten wird – die grenzenlose Begeisterung der Fans und die gigantischen Partys sind hierfür umstößliche Garanten.

Rio wird bei der Fußball-WM 2014 eine Hauptrolle spielen. In der *Cidade Maravilhosa* sollen sowohl das Eröffnungsspiel als auch das Finale stattfinden. Und noch viel mehr im Rampenlicht wird Rio zwei Jahre später stehen, wenn es Gastgeber der Olympischen Sommerspiele sein wird. Weitere Infos zu den Vorbereitungen finden sich auf S. 138.

Lula verwaltete den Haushalt so umsichtig, dass er 2005 die gesamten Schulden gegenüber dem Internationalen Währungsfond (IWF) in Höhe von 15 Mrd. US$ vor Beendigung der Zahlungsfrist begleichen konnte. War sein Armutsbekämpfungsprogramm „Fome Zero" (Null Hunger) noch an einem schlechten Management gescheitert, so erleichterte „Bolsa Família" (Familiengeldbörse), der Nachfolger des Programms, die Situation von über 11 Mio. Familien, also etwa einem Fünftel der Bevölkerung!

2005	**2005**	**2006**
Die Ordensschwester Dorothy Stang wird von einem Großgrundbesitzer ermordet. Wegen ihres Engagements für den Schutz des Regenwaldes bekam sie den Titel „Engel des Amazonas".	Brasilien begleicht vor Ablauf der Frist seine Schulden gegenüber dem IWF. Lula regiert in wirtschaftlich guten Zeiten: Die Wirtschaft boomt und die Mindestlöhne steigen.	Auch ein Skandal um den Kauf von Wählerstimmen verhindert nicht die Wiederwahl Lulas. Auch dank rosiger Konjunkturdaten erfreut sich Lula einer extrem hohen Zustimmung.

Lulas Beliebtheit und sein Engagement für soziale Fragen waren die Garanten für seinen Wahlsieg 2006. Höchste Priorität räumte er der Bekämpfung der Arbeitslosigkeit ein. Regierungsberichten zufolge wurden in den zwei Amtszeiten Lulas 14 Mio. neue Stellen geschaffen, 11 Mio. davon im formellen Sektor der brasilianischen Wirtschaft. Außerdem hob Lula den Mindestlohn um 25 % an, was vielen Familien unmittelbar zugutekam – der Anteil der Brasilianer, die in „extremer Armut" leben, fiel von 20 auf 11 %. Die Folge: Unter Lula schafften geschätzte 19 Mio. Brasilianer den Aufstieg in die Mittelklasse.

Doch auch in den zwei Amtszeiten Lulas herrschte nicht eitel Sonnenschein. So erschütterte 2005 ein Korruptionsskandal die PT, etliche Parteimitglieder mussten kleinlaut ihren Rücktritt erklären. Lula selbst konnte indes seine Intergrität wahren, sein Beliebtheitsgrad lag zeitweise bei über 90 % lag. Und auch wenn in den Slums der Städte weiterhin blinde Gewalt wütete, zeigten sich selbst in den traurigsten Favelas im letzten Jahrzehnt Hoffnungsschimmer – es wurden Projekte gestartet, die einigen der ärmsten städtischen Siedlungen eine Kanalisation, öffentliche Verkehrsmittel und andere Verbesserungen der Infrastruktur brachten. An der erschreckenden Kluft zwischen Arm und Reich hat sich bisher allerdings wenig geändert.

Am Ende der zweiten Amtszeit Lulas 2010 – die brasilianische Verfassung erlaubt nur eine einmalige Wiederwahl des Staatspräsidenten – gab es kaum einen Zweifel an der wirtschaftlichen Prosperität des Landes. 2008 war Brasilien erstmals Nettogläubiger und nicht mehr Nettoschuldner und selbst die große Wirtschaftskrise am Ende des Jahrzehnts überstand es besser als irgendein anderes Schwellenland. Schätzungen zufolge dürfte sich São Paulo im Jahr 2020 auf Platz 13 in der Rangliste der reichsten Städten der Welt befinden.

Derweil wird heftig diskutiert, wer der Vater des wirtschaftlichen Erfolgs ist – in der Mittelklasse und unter Intellektuellen gibt es nicht wenig Stimmen, die behaupten, Lula habe nur das geerntet, was sein Vorgänger Cardoso gesät habe. Nichtsdestotrotz konnte sich Anfang November 2010 Lulas Kandidatin, Dilma Rousseff von der PT, gegen ihren sozialdemokratischen Konkurrenten José Serra durchsetzen. Als sie am 1. Januar 2011 als erste Frau an der Spitze Brasiliens zur Präsidentin vereidigt wurde, blickte Brasilien optimistisch in die Zukunft.

Zwei neuere Bücher beschäftigen sich mit Brasiliens populärstem Präsidenten: Lula of Brazil: The Story So Far (2008) von Richard Bourne und Lula and the Workers Party in Brazil (2003) von Sue Branford.

2009 gehörte der brasilianische Real zu den härtesten Währungen der Welt, seit dem Amtsantritt von Präsident Lula 2003 hatte er über 100 % gegenüber dem US-Dollar gewonnen.

2007

•

Den Zuschlag für die Fußball-WM 2014 löst in Rio spontane Freudenfeste aus. Brasilien wird zum ersten Mal seit 64 Jahren Gastgeber des wichtigsten Fußballturniers der Welt sein.

2009

•

Die Mitglieder des IOC vergeben die Olympischen Sommerspiele 2016 nach Rio de Janeiro – erstmals in der Geschichte findet das sportliche Großereignis damit in Südamerika statt.

2010

•

Am 1. November setzt sich die PT-Kandidatin Dilma Rousseff in einer Stichwahl um das Präsidentenamt durch. Sie ist damit die erste Frau an der Spitze des brasilianischen Staates.

Kultur

MENTALITÄT

Brasilianer sind bekannt dafür, dass sie gern feiern (der Karneval ist nur ein Beispiel), und zwar umso ausgelassener, je weiter man in den Norden kommt. Diese Lebensfreude erlebt man auf dem Fußballplatz, an den Stränden, in den Samba-Clubs und auf den Straßen. Die Kehrseite dieses Charakterzugs ist *saudade,* die melancholische Manifestation von Heimweh, Sehnsucht oder Bedauern, wie sie auf alten Bossa-Nova-Platten so schön zu hören ist.

Wenn ein Land so vielfältig ist, verwundert es nicht, dass auch seine Einwohner voller Widersprüche sind. Strände, Berge und Wälder, die überall in der Welt als Paradies gelten (das Amazonasbecken), werden von ihren Bewohnern gleichgültig zerstört. Auch halten sich die Brasilianer für eine harmonische Gesellschaft, doch sind Schwarze in Regierungspositionen unerhört unterrepräsentiert – dafür machen sie den Löwenanteil der Armen aus. Und obwohl man während des Karnevals sehr freizügig feiert, wird Sexualität den Rest des Jahres eher unterdrückt.

Durch die unglaubliche Vielschichtigkeit der Bevölkerung ist es möglich, dass ein katholischer Brasilianer gelegentlich bei Candomblé-Zeremonien (S. 67) auftaucht und dass Leute, die von Wissenschaft und Marktwirtschaft überzeugt sind, gleichzeitig eine mythisch-fatalistische Weltanschauung haben.

Die schärfsten Gegensätze gibt es zwischen den einzelnen Gesellschaftsschichten. In Brasilien leben Arme und Reiche dicht beieinander – oft nur durch eine Schnellstraße voneinander getrennt. Deshalb ist es nicht weiter verwunderlich, dass die Gewaltbereitschaft in der brasilianischen Gesellschaft hoch ist. Fast jeder Carioca (Einwohner Rios) und Paulistano (Einwohner São Paulos) wurde schon einmal überfallen. Meist resignieren die Leute, nach dem Motto: „Was kann man schon dagegen tun?"

Resignation ist tief verankert in der nationalen Mentalität. Manche vermuten, dass sie ein Überbleibsel der Militärdiktatur ist, die das Leben der Menschen 20 Jahre lang (1964–1984) prägte und eine gefügige Masse aus ihnen machte. Die Brasilianer sind aber seit der Gründung der Republik auch nicht auf Konfrontation aus. Brasilien ist das einzige Land in Lateinamerika, in dem kein einziger Tropfen Blut fließen musste, um die Unabhängigkeit zu erreichen. Und selbst die Sklaverei wurde 1888 (damit war Brasilien das letzte Land auf dem amerikanischen Kontinent) ohne Kämpfe oder gewaltsame Auseinandersetzungen abgeschafft.

Das Land kämpft ständig mit der Bürokratie (ein Erbe der Militärdiktatur) und ist entsprechend ineffizient. Das führt zum Teil zu recht kreativen Lösungen. Es gibt einen offiziellen Weg, etwas zu tun, und *jeitinho,* die brasilianische Art, die Dinge zu regeln. Gute Freunde und eine humorvolle Einstellung bringen einen in vielen Fällen weiter.

LEBENSART

Einen typischen Brasilianer zu beschreiben, ist keine leichte Aufgabe. Zu viele soziale, kulturelle und wirtschaftliche Faktoren spielen dabei eine Rolle. Unübersehbar ist die Kluft zwischen Arm und Reich.

Die Mittel- und Oberschicht lebt in komfortablen Apartments oder Häusern. Ihr Leben unterscheidet sich kaum von dem in der Ersten Welt: gute medizinische Versorgung in Privatkliniken, Autos, Ferienhäuser und Zugang zu den neuesten Trends und zu technischen Spielereien (obwohl die Preise für Luxusgüter hier sehr viel höher sind; ein iPhone mit 16 GB ohne Vertrag

---

Brasilianische Begrüßung: ein Küsschen auf jede Wange für die Damen (mit der linken – ihrer rechten – anfangen), Händeschütteln für die Herren. Gleiches gilt fürs Verabschieden.

Im Amazonasgebiet leben noch immer indigene Völker ohne Kontakt zur Außenwelt. 2007 tauchten plötzlich 89 Metyktire in einem Dorf in Pará auf. Dies war das erste Mal seit 1950, dass man wieder auf dieses Volk traf, von dem angenommen wurde, es sei ausgestorben.

kostet 1850 R$). Die richtig Reichen schicken ihre Kinder auf Privatschulen und später auf Universitäten im Ausland. Dienstmädchen sind üblich – selbst bei Mittelständlern – und einige Familien leisten sich Chauffeure und Köche. Je nachdem, wo im Land man lebt, spielt die Kriminalität eine mehr oder weniger große Rolle. Wer es sich leisten kann, sorgt für zusätzliche Sicherheitsmaßnahmen: Man entscheidet sich für eine Wohnung mit Wachpersonal oder stellt gar Bodyguards an.

Weit unterhalb der Elite kommt die Arbeiterklasse mehr schlecht als recht über die Runden. Die Kinder bleiben in der Regel bei den Eltern wohnen, bis sie heiraten. Junge Paare neigen dazu, eher früh zu heiraten.

Am unteren Ende der sozioökonomischen Leiter befinden sich die *favelados* (Slumbewohner), die in selbstgebauten Unterkünften (meist kastenartige Beton- oder Ziegelhäuser) in überfüllten behelfsmäßigen Gemeinden leben. Diese Favelas, deren Größe von ein paar Tausend bis weit über 50 000 Bewohner reicht, sind in fast allen urbanen Gebieten Brasiliens zu finden. Die meisten Bewohner verfügen zwar über Strom und fließend Wasser, aber durch viele Favelas verlaufen offene Abwasserkanäle. Ein Großteil wurde außerdem an Hängen errichtet, sodass sie bei schwerem Regen anfällig für Erdrutsche sind. Oft ist der Zugang zu Bildung, angemessener Gesundheitsversorgung, Transport und sonstiger essentieller Infrastruktur für die Bewohner begrenzt, auch wenn sich dieser Zustand dank der Favela-Aufbauprogramme der Regierung allmählich ändert. Die Favelas werden häufig von Drogenbossen und deren Gangs „regiert", die oft die einzigen Wohltäter der Gemeinden sind. Häufig versuchen sie, sich als Robin-Hood-Gestalten darzustellen, inklusive markiger Slogans über Frieden und Gerechtigkeit. Ihre Feuergefechte mit der Polizei oder mit neuen rivalisierenden Gangs bringen die Bewohner zusätzlich in Gefahr.

Auf dem Land können die Lebensbedingungen für die arme Bevölkerung noch schlimmer sein. Die ungleiche Landverteilung, die noch aus der Kolonialära stammt, führt dazu, dass Tausende obdachloser Familien auf leer stehendem Land schuften oder sich als Wanderarbeiter mit Überstunden bei niedrigem Lohn verdingen müssen.

Der ehemalige Präsident Lula musste solche Armut am eigenen Leib erfahren und schon mit zwölf Jahren zur Unterstützung seiner Familie arbeiten. Er sorgte während seiner Amtszeit für eine Reihe von Verbesserungen und erleichterte so die Situation der Bedürftigsten ein wenig: er hob nicht nur den Mindestlohn um 25 % an, sondern brachte auch die Bolsa Família (Familienbeihilfe) auf den Weg und half damit Millionen von Brasilianern. Laut eines 2010 veröffentlichten UN-Berichts konnten sich in den letzten zehn Jahren so 10,4 Mio. Brasilianer aus der Armut befreien.

How to Be a Carioca von Priscilla Ann Goslin ist ein humorvolles Porträt der Bewohner Rios, mit ironischen Abhandlungen über Strandbesuche, das Autofahren, Seifenopern, Fußball und den Carioca-Slang.

DAS LIEBES-MOTEL

Das Liebes-Motel ist fast schon eine brasilianische Institution und ein diskretes Örtchen für ein Rendezvous. Diese Motels, die von Besuchern aus allen Gesellschaftsschichten genutzt werden, sind in allen Ecken des Landes zu finden. Einige zieren üppige Fassaden, die mittelalterlichen Burgen, römischen Tempeln oder antiken Pyramiden gleichen, während andere eher unauffällig mit ihrer Umgebung verschmelzen. Die Zimmer sind standardmäßig mit Spiegeln an der Decke, herzförmigen Betten, rosafarbener Beleuchtung, Whirlpools, Fernsehern mit großer Porno-Auswahl, zweiköpfigen Duschen und jeder Menge Sexspielzeug (und Verpflegung) im Nachttisch ausgestattet. In vielen Ländern haben Liebes-Motels einen schäbigen Ruf, aber in Brasilien gelten sie als schillernde Orte und sind absolut akzeptiert. Die Menschen brauchen schließlich ein Plätzchen für ihre Schäferstündchen – wieso sollten sie sich diesen Spaß da nicht mit einem kleinen Augenzwinkern noch mehr versüßen?

WIRTSCHAFT

Für alle, die es noch nicht mitbekommen haben: Brasilien boomt. Als einer von vier BRIC-Staaten (neben Russland, Indien und China) wurde Brasilien zur Jahrhundertwende von Wirtschaftsexperten als Entwicklungsland mit enormem wirtschaftlichem Potenzial eingestuft. Seit damals hat Brasiliens Wachstum astronomische Höhen erreicht, und seine stetig steigende Präsenz auf den Weltmärkten hat dem Land geholfen, Lateinamerikas stärkste Wirtschaft zu entwickeln – und das mit riesigem Abstand.

Brasilien hat die Weltwirtschaftskrise von 2008/2009 relativ gut überstanden. Das Land litt 2009 unter einer leichten Rezession, bei der das BIP um 0,2 % zurückging – das erste Mal seit 17 Jahren, dass die Wirtschaft überhaupt schrumpfte. 2010 war sie jedoch bereits wieder auf dem aufsteigenden Ast (tatsächlich war der brasilianische einer der ersten aufstrebenden Märkte, der sich nach dem Crash wieder erholt hat), und Brasiliens Finanzminister Guido Mantega prophezeite für den weiteren Verlauf des Jahres ein Wachstum von 5 %.

In der Tat erholte Brasilien sich ganz ausgezeichnet: iIn den ersten vier Monaten des Jahres 2010 schuf das Land 962 000 neue Jobs auf dem formellen Sektor – die höchste Zahl, die je verzeichnet wurde. Computer- und Autoverkäufe steigen stetig, die Baubranche boomt, und in den vergangenen Jahren tauchten immer mehr Flüge (und sogar ein paar neue Fluglinien) auf, da sich die inzwischen flüssigeren Brasilianer gerne in die Lüfte erheben. Brasilien verfügt außerdem über einen starken Industriesektor, der 26 % des BIP beisteuert und eine breite Vielfalt von Branchen umfasst, z. B. die Auto-, Flugzeug-, Computer-, Stahl- oder petrochemische Industrie. Öl und andere natürliche Ressourcen haben die Wirtschaft ebenfalls nach vorne gebracht – besonders die massiven Unterwasser-Ölfelder, die 2007 entdeckt wurden und über 9 Mrd. Barrel Erdöl enthalten könnten. Diese Entdeckung hat dabei geholfen, Brasiliens staatliches Unternehmen Petrobas in einen Global Player zu verwandeln.

Trotz seiner linksgerichteten Wurzeln fuhr Lula finanzpolitisch eine konservative Schiene und konzentrierte sich darauf, die staatliche Verschuldungsrate zu verbessern und Investoren anzuziehen.

Die Wachstumsrate war besonders in der Agrarindustrie sehr hoch, in der etwa 20 % der 95 Mio. starken Erwerbsbevölkerung des Landes angestellt sind und die in den letzten Jahren Handelsüberschüsse in Rekordhöhe verbuchen konnte. Heute ist Brasilien der weltgrößte Exporteur von Zucker, Kaffee, Orangensaft, Soja und Rind und einer der wichtigsten Produzenten von Mais, Baumwolle und anderen Nutzpflanzen.

Auch wenn Brasilien nie wirklich ein Quell der Innovation war, ist es dem Land in jüngster Vergangenheit gelungen, Technologien kreativ zu nutzen. Besonders auffällig war dies auf dem Gebiet des Biodiesels. Während der Ölkrise in den 1970er-Jahren verwandelte Brasilien sein Zuckerrohr in einen alternativen Brennstoff: Ethanol. Alle weiteren Fakten gibt's im Kasten auf S. 134.

Obwohl die Konjunktursteuerung gute Noten bekommt, ist die Staatsverschuldung weiterhin hoch, sodass die Finanzen der Regierung belasten und die soziale Sicherheit sowie weitere wichtige Sicherheitsnetze gefährdet sind. Einer der Schlüsselfaktoren für Brasiliens zukünftige wirtschaftliche Stabilität wird sein, ein ausreichendes Wachstum aufrechtzuerhalten, um Arbeitsplätze zu schaffen und die Staatsschulden zu verringern. Umweltschützer weisen außerdem darauf hin, dass Brasiliens Wachstum auf dem Agrarsektor eine anhaltende Zerstörung des Regenwaldes zur Folge hat. Der hohe Preis für Produkte aus Sojabohnen hat beispielsweise dazu geführt, dass riesige Regenwaldgebiete mit Kettensägen abgeholzt wurden, um Platz für Felder zu schaffen – eine Praxis mit äußerst schädlichen Auswirkungen für Brasiliens Umwelt. Der Kasten auf S. 115 informiert über einige der tiefgreifenden neuen Strategien, die inzwischen in Gang gesetzt wurden.

BEVÖLKERUNG

Brasilien steht unter den bevölkerungsreichsten Ländern der Erde an fünfter Stelle. Mit ca. 24 Menschen pro Quadratkilometer ist es zugleich eines der am wenigsten dicht besiedelten. Der größte Teil der Einwohner Brasiliens lebt an der Küste, besonders im Süden und Südosten – 75 % der Bevölkerung leben hier. Bis Mitte des 20. Jhs. war Brasilien hauptsächlich ländlich geprägt. Heute dagegen leben 70 % der Bevölkerung in den Städten. Die Bevölkerungszahl explodierte in der zweiten Hälfte des vergangenen Jahrhunderts, auch wenn die Geburtenraten in jüngster Zeit wieder etwas zurückgehen.

Im Großraum São Paulo lebten 1950 2,2 Mio. Menschen. Heute sind es 20 Mio.!

Im Nordosten – mit Salvador als kulturellem Zentrum – leben die meisten Afro-Brasilianer. Im Amazonasgebiet leben die Caboclos (wörtlich „kupferfarben"), Mestizen indigener und portugiesischer Abstammung. Der Süden beheimatet die meisten Europäer der brasilianischen Bevölkerung, Nachfahren italienischer und deutscher Immigranten. Insgesamt setzt sich die Bevölkerung aus 54 % Weißen, 6 % Schwarzen, 39 % Mischlingen und 1 % anderen (z. B. Japanern, Arabern und indigenen Gruppen) zusammen.

Obwohl Brasilien unterschiedlichste Ethnien vereint, ist es weit entfernt davon, nicht zwischen verschiedenen Hautfarben zu unterscheiden. Die Afro-Brasilianer machen den größten Teil der schlecht bezahlten Arbeiter aus und leben vorwiegend in Favelas. Mehr als 60 % der Afro-Brasilianer leben in Armut. Afro-Brasilianer sterben früher als Weiße, verdienen weniger und kommen schneller ins Gefängnis. Nur 6 % der Studenten sind Schwarze – auch wenn 2003 ein Quotensystem eingeführt (und im Parlament immer noch nicht durchgesetzt) wurde, das jungen Afro-Brasilianern mehr Bildungschancen gewähren soll. Ein schwarzer Politiker oder auch nur ein Schwarzer in einer Führungsposition ist eine Seltenheit – deutliche Anzeichen dafür, dass Schwarze in Brasilien benachteiligt werden.

Die indigene Bevölkerung besteht heute aus 400 000 bis 600 000 Menschen verteilt auf 200 Stämme – ein Bruchteil der schätzungsweise 2 Mio. oder mehr, die bei der Ankunft der Europäer in Brasilien lebten. Brauchtum und Glaube variieren je nach Stamm beträchtlich. Nach jahrhundertelanger Vertreibung, Dezimierung, Missionierung und anderer schädlicher Einflüssen tut sich die indigene Bevölkerung schwer, ihre Traditionen zu bewahren. Zu den größten indigenen Gruppen (*indígenas, índios*) im Land gehören die Tikuna am oberen Rio Solimões (20 000 oder mehr), die Yanomami im Nordwesten Amazoniens (mehr als 11 000) und die etwa 30 000 Guarani im zentralen Westen und Süden.

Die Dürren der Jahre 1979 bis 1983 im Nordosten gehörten zu den schlimmsten, die das Land je erlebte. Sie forderten zwischen 250 000 und 1 Mio. Todesopfer.

Nach Jahrhunderten des Genozids, der Sklaverei, der Enteignungen und des Todes durch eingeschleppte Krankheiten steigt die Zahl der indigenen Bevölkerung wieder – trotzdem bleiben viele Probleme ungelöst. Die meisten *indígenas* leben in den Regenwäldern des Amazonas und sehen sich damit den gleichen Gefährdungen ausgesetzt wie die Natur dort: Abholzung, Viehzucht, Ackerbau, Straßen, Siedlungen, Dämme und hydroelektrische Projekte bedrohen ihren Lebensraum.

Survival International (www.survival-international.org) ist eine gute Informationsquelle in Sachen indigene Brasilianer.

IMMIGRATION & MULTIKULTURELLES

Die brasilianische Identität wurde selbstverständlich nicht nur durch die Portugiesen geprägt, denen das Land u. a. seine Sprache und die Staatsreligion verdankt, sondern auch durch die indigene Bevölkerung, die Afrikaner und durch die zahlreichen Immigranten aus Europa, dem Nahen Osten und Asien.

Obwohl sie von den Städtern häufig ignoriert oder belächelt wird, trug die indigene Kultur durch Legenden, Tanz und Musik wesentlich zum heutigen Gesicht Brasiliens bei. Viele Nahrungsmittel und Getränke der indigenen Bevölkerung wie Tapioka, Maniok, Kartoffeln, Maté und Guaraná (ein Strauch, dessen Früchte stimulierend wirken; auch ein beliebtes Getränk) gehören heute zu den brasilianischen Grundnahrungsmitteln.

Ebenso offensichtlich ist der Einfluss der afrikanischen Kultur, besonders im Nordosten. Die von den Portugiesen nach Brasilien verschleppten Sklaven brachten ihre Religion, Musik und Küche mit ins Land – wichtige Elemente der brasilianischen Identität.

Nach Brasilien schwappten mehrere Immigrationswellen. Nach dem Ende der Sklaverei 1888 wurden Millionen Europäer als Arbeiter auf den Kaffeefeldern eingesetzt. Den größten Anteil stellten die Italiener (etwa 1 Mio. kam zwischen 1890 und 1920 nach Brasilien), gefolgt von Portugiesen, Spaniern und kleineren Gruppen aus Deutschland und Russland.

Einwanderung ist nur ein Aspekt der brasilianischen Vielfalt. In Brasilien hat jede Region eine individuelle Bevölkerungsgruppe – und damit gibt's auch jede Menge Klischees. Die Caboclos (Nachkommen der *indígenas*) leben an den Flüssen des Amazonasgebiets und bewahren die Traditionen und Geschichten ihrer Vorfahren. Die *gaúchos* bevölkern Rio Grande do Sul, sprechen ein Portugiesisch mit spanischem Akzent und werden ihren Ruf als harte Cowboys nur schwer los. Im Gegensatz dazu gelten die Baianos (Nachkommen der ersten Afrikaner in Brasilien) als die offensten und lebenslustigsten Brasilianer des Landes. Den Mineiros (Einwohner des Staates Minas Gerais) sagt man nach, sie seien ernsthafter und reservierter als die brasilianischen Küstenbewohner und den Sertanejos (Einwohner des Hinterlands *sertão* im Nordosten), sie seien dickhäutige Individualisten und legten Wert auf Tradition. Nach Meinung der Paulistanos (Einwohner von São Paulo-Stadt) sind die Cariocas (Einwohner von Rio-Stadt) oberflächliche Faulpelze; sie selbst gelten dagegen als missmutige Workaholics – eine Rivalität, die jeder versteht, der mal in Berlin oder München gewohnt hat.

Es gibt Dutzende Begriffe für die unterschiedlichen ethnischen Mischungen, die in Brasilien beheimatet sind. So ist es z. B. nicht ungewöhnlich, dass in den Adern eines scheinbar Weißen europäisches, afrikanisches und indigenes Blut fließt. Trotz aller Integration und Harmonie nach außen sieht es unter der Oberfläche ganz anders aus. Obwohl Schwarze und Mischlinge 45 % der Bevölkerung ausmachen, sind sie in Politik und Wirtschaft unterrepräsentiert und haben kaum Chancen, aus der Armutsfalle herauszukommen. Noch offener wird die indigene Bevölkerung diskriminiert – ein Teufelskreis, der mit der Vernichtungspolitik der ersten Europäer begann.

SPORT

Brasiliens Wahl zum Gastgeber der FIFA-WM 2014 hat der Nation mächtigen psychologischen Auftrieb gegeben – seit 1950 fand dieses riesige Event nicht mehr hier statt. Brasilien plant, 1 Mrd. US$ für das Großereignis auszugeben und hofft, eine halbe Million Besucher anlocken zu können (s. Kasten S. 58). Und es gibt noch eine wichtige Sportnachricht: Rio hat den Zuschlag für die Olympischen Sommerspiele 2016 bekommen, und auch wenn es noch ein paar Jahre hin ist, sind bereits umfangreiche Vorbereitungen im Gange (s. Kasten S. 138).

Fußball

Der Fußball (*futebol* für Brasilianer) kam in den 1890er-Jahren ins Land, als ein junger Student aus São Paulo, Charles Miller, von seinem Studienaufenthalt in England zurückkehrte, zwei Fußbälle und ein Regelbuch mitbrach-

Die ukrainische Gemeinde in Brasilien zählt 550 000 Mitglieder, die Mehrheit von ihnen lebt im Süden. Prudentopolis ist eine Stadt mit orthodoxen Kirchen und slawischen Merkmalen; 75 % der Einwohner haben ukrainische Wurzeln.

Die japanische Einwanderungswelle nahm 1908 ihren Anfang – heute lebt in São Paulo die größte japanische Gemeinde außerhalb Japans.

te und begann, die erste Liga aufzuziehen. Der Sport entwickelte sich schon bald zur nationalen Leidenschaft, und Brasilien ist das einzige Land, das fünfmal Weltmeister wurde. Im Rest der Welt erkennt man an, dass die Brasilianer zu den besten Fußballern gehören, und alle Brasilianer sind, um es vorsichtig zu formulieren, absolut fußballverrückt.

Wenn ein wichtiges Länderspiel ansteht, geht niemand zur Arbeit – eine Tatsache, die die Regierung, die zwar bereit ist, sämtliche Mittel lockerzumachen, die zum Gewinn einer Weltmeisterschaft nötig sind, dennoch beklagt. Nach Brasiliens unerwarteter Niederlage gegen Frankreich im WM-Finale 1998 kamen einige der dunklen Machenschaften hinter den Kulissen des Fußballs ans Licht, und eine parlamentarische Kommission ermittelte wegen Korruption im Fußball. Auch wenn die Fans die Art und Weise kritisieren, wie das Fußballgeschäft betrieben wird, kann rein gar nichts ihre unendliche Begeisterung für das Spiel selbst schmälern.

Bis vor Kurzem verließen die besten Spieler Brasiliens stets das Land und unterzeichneten lukrativere Verträge bei europäischen Clubs. Seit 2008 kehren jedoch viele brasilianische Stars in ihre Heimat zurück, wo sie für beachtliche Gehälter vor Fans spielen, die mehr Bewunderung für sie aufbringen. Ronaldo, der – nach seinen glorreichen Jahren beim FC Barcelona, bei Inter Mailand und Real Madrid – dann auch dem AC Mailand den Rücken zukehrte und nun für São Paulos Corinthians spielt, verdiente 2009 10 Mio. US$ an Lizenzen und Sponsorengeldern. Zu den anderen brasilianischen Stars, die in den letzten Jahren zurückgekehrt sind, gehören Adriano (der Inter Mailand für Flamengo verließ), Robinho (verließ Manchester City und spielte für den FC Santos), Edmilson (verließ Villareal für Palmeiras), Frederico Chaves Guedes (alias „Fred", der von Lyon zu Fluminense

Hintergrundinformationen zur brasilianischen Fußballszene – von Neuigkeiten über Spieler bis zu anstehenden Spielen – gibt's unter http://en.sambafoot.com.

Brasilianische Fußballer spielen in fast allen Ecken der Welt, z. B. auch in Albanien, Indien, Botswana, Iran, Liechtenstein, Indonesien und sogar auf den Färöer-Inseln.

BRASILIANISCHER FUSSBALL: DIE CLUBS

Abgesehen von ein paar kurzen Unterbrechungen in den Weihnachts-/Neujahrsferien und während des Carnaval, tragen die Profis ihre Spiele das ganze Jahr über aus. Wer die Chance hat, sollte sich unbedingt ein Spiel live ansehen: So eine Erfahrung macht man nie wieder. Dabei sollte man daran denken, dass zurzeit fünf neue Stadien gebaut werden und einige der hier aufgeführten aufgrund von Renovierungsarbeiten im Vorfeld der WM 2014 geschlossen sein könnten. Am besten wendet man sich für aktuelle Spiel- und Stadioninformationen an die örtliche Touristeninformation.

Club	Heimatstadt	Stadion (Fassungsvermögen)	Trikots
Bahia	Salvador	Pituaçu (34 000)	weiß
Botafogo	Rio de Janeiro	João Havelange (45 000)	schwarz-weiß gestreift
Corinthians	São Paulo	Pacaembu (40 000)	weiß; schwarzer Kragen
Cruzeiro	Belo Horizonte	Mineirão (90 000)	blau
Flamengo	Rio de Janeiro	Maracanã (80 000)*	rot; schwarze Querstreifen
Fluminense	Rio de Janeiro	Maracanã (80 000)*	rot, grün & weiß gestreift
Grêmio	Porto Alegre	Olímpico (50 000)	blau, schwarz & weiß gestreift
Internacional	Porto Alegre	Beira-Rio (60 000)	rot
Palmeiras	São Paulo	Parque Antarctica (32 000)	grün
Santa Cruz	Recife	Arruda (66 000)	weiß; schwarze & rote Querstreifen
Santos	Santos	Vila Belmiro (32 000)	weiß
São Paulo	São Paulo	Morumbi (80 000)	weiß; rote & schwarze Querstreifen
Sport	Recife	Ilha do Retiro (50 000)	rote & schwarze Querstreifen
Vasco da Gama	Rio de Janeiro	São Januário (35 000)	weiß; schwarze „Schärpe"

* Während der Renovierung des Maracanã werden die Spiele voraussichtlich im João-Havelange-Stadion ausgetragen.

wechselte) und Roberto Carlos (ehemals Real Madrid, spielt heute für die Corinthians).

Volleyball

Volleyball ist Brasiliens zweitliebster Sport (sowohl die Herren als auch die Damen waren 2010 die Nummer eins der Weltrangliste der *Federation Internationale de Volleyball).* Dank der Strände ein weit verbreitetes Freizeitvergnügen, ist Volleyball auch ein beliebter Zuschauersport bei Fernsehübertragungen. An Rios Stränden wird eine regionale Variante gespielt, aber der *futevôlei* (Volleyball ohne Hände) ist nur was für besonders Talentierte.

MEDIEN

Brasilien verfügt über eine lebendige Medienlandschaft, und alles, was auch nur vage kontrovers ist – sei es politischer oder sozialer Natur – zieht die rege Aufmerksamkeit der brasilianischen Presse auf sich. Heute herrscht umfassende Pressefreiheit, auch wenn im Land noch immer einige veraltete Pressegesetze aus Zeiten der Militärdiktatur gelten (z. B. sind „Meinungsverbrechen", also veröffentlichte Artikel, die die Namen von Regierungsmitgliedern verunglimpfen, strafbare Handlungen).

Heute ist Rede Globo, die drittgrößte Fernsehanstalt der Welt (nach NBC und CBS), Brasiliens erfolgreichster Medienkonzern und zählt täglich über 120 Millionen Zuschauer. Das Fernsehen ist der mit Abstand größte Medienzweig Brasiliens, aber auch Radiosender sind beliebt (landesweit gibt's davon Tausende), und Hunderte von Tageszeiten finden sich über das gesamte Land verteilt.

Bis zu den 1990er-Jahren arbeiteten die Medien mit den politischen Demagogen Hand in Hand. Kurz nach der Ankunft des Radios in Brasilien in den 1930er-Jahren begann Präsident Getúlio Vargas in seinen wöchentlichen Sendungen mit dem Titel *Die Stimme Brasiliens* den Rundfunk dazu nutzen, seine Regierungspropaganda unter das Volk zu bringen. Der Aufstieg des großen brasilianischen Medienmoguls Roberto Marinho – der später Globo gründete – hing eng mit seiner Entscheidung zusammen, das faschistische Regime der Militärregierung von 1964 bis 1984 nicht zu kritisieren. Andere Zeitungen gingen hingegen einfach unter, wenn sie auch nur annähernd regierungskritische Artikel veröffentlichten.

RELIGION

Offiziell ist Brasilien katholisch und hat die größte katholische Bevölkerung der Welt. Aber das Land ist auch bekannt für Vielfalt und Synkretismus der Glaubensrichtungen, die ihren Anhängern viel Freiraum gewähren.

Brasiliens religiöse Wurzeln liegen im Animismus der indigenen Bevölkerung, im Katholizismus und in afrikanischen Kulten, die während der Zeit der Sklaverei ins Land kamen. Die Kolonialherren verboten den Sklaven ihre Religionen ebenso wie ihre Musik und ihre Tänze aus Angst, sie könnten das Zusammengehörigkeitsgefühl der Gefangenen stärken. Religiöse Unterdrückung führte zu religiösem Synkretismus: Um einer Verfolgung zu entgehen, gaben die Sklaven ihren afrikanischen Göttern katholische Namen und Identitäten, indem sie Gemeinsamkeiten zwischen den katholischen Heiligen und den *orixás* (Göttern) des Candomblé suchten. So konnten die Sklaven hinter der Fassade des Katholizismus weiterhin ihre eigenen Götter anbeten.

Im 19. Jh. wurde zwar die Religionsfreiheit in der Verfassung Brasiliens festgelegt, doch wurden die afrikanischen Kulte weiterhin noch jahrelang unterdrückt. Candomblé war für die weiße Elite Scharlatanerie, die die vermeintliche Naivität der armen Klassen bewies. Nach und nach weitete sich das Spektrum religiösen Lebens in Brasilien: Der indigene Animismus

Nähere Informationen zur Pressefreiheit in Brasilien und anderen Ländern gibt's unter www.rsf.org, der Website der internationalen Menschenrechtsorganisation Reporter ohne Grenzen (englisch, spanisch & französisch).

verband sich mit dem afro-katholischen Synkretismus und die Weißen fühlten sich zunehmend von der Spiritualität des Kardecismus angezogen.

Heute konvertieren viele Brasilianer zum evangelischen Christentum, zu afrikanischen Kulten und zu spiritistischen oder esoterischen Sekten.

Christentum

Der Katholizismus ist zwar die offizielle Staatsreligion Brasiliens, verliert jedoch zunehmend an Beliebtheit. Viele Leute lassen sich nur noch zu Taufe, Heirat und Beerdigung in der Kirche blicken. Das evangelische Christentum dagegen boomt. Überall in Brasilien, besonders aber in den ärmeren Gemeinden, werden Kirchen gebaut, um der Unmengen an Gläubigen Herr zu werden. Manchmal kämpfen zwei oder drei evangelische Kirchen in derselben Straße um die Gunst der Leute. Gängige Namen sind Assembléia de Deus (Versammlung Gottes), Igreja Pentecostal Deus é Amor (Pfingstkirche Gott ist Liebe) und Igreja do Evangelho Quadrangular (Kirche der vier Evangelien). In einigen schreien und jammern die Gläubigen, in anderen lauschen sie lediglich den strengen Worten des Priesters.

Hinweis: In diesem Buch werden „Nossa Senhora" (Unsere Frau) oder „Nosso Senhor" (Unser Herr) mit NS abgekürzt, z. B. NS do Pilar.

Afro-brasilianische Kulte

CANDOMBLÉ

Candomblé ist die orthodoxeste der Religionen, die von den Nago, Yoruba und Jeje aus Afrika eingeführt wurden. Das afrikanische Wort Candomblé bezeichnet einen Tanz zu Ehren der Götter und ist ein Oberbegriff für die Religion. Afro-brasilianische Rituale werden vom *pai de santo* oder der *mãe de santo* (wörtlich „Vater oder Mutter der Heiligen" – Candomblé-Priestern) geleitet und in „einer *casa de santo* oder *terreiro* (Haus des Gottesdiensts) praktiziert. Dort führt man die Initiation von Novizen, Konsultationen und Rituale durch. Die Zeremonien werden in der Yoruba-Sprache abgehalten.

Im Mittelpunkt der Religion stehen die *orixás*. Wie die Götter der griechischen Mythologie hat jeder *orixá* eine eigene Persönlichkeit und Geschichte. Die *orixás* sind in männliche und weibliche Götter aufgeteilt, aber einige können ihr Geschlecht ändern, etwa Logunedé, Sohn der beiden männlichen Götter Ogun und Oxoss, oder Oxumaré, der sechs Monate des Jahres männlich und sechs weiblich ist. (Es überrascht also nicht, dass im Candomblé Homosexualität und Bisexualität eher akzeptiert werden als in anderen Religionen.)

Die Anhänger des Candomblé glauben, dass jeder von Geburt an einen eigenen Schutzgott hat. Der *orixá* eines Menschen wird durch ein Ritual bestimmt, das Jogo dos Búzios (Muschelspiel): Ein *pai* oder eine *mãe de santo* wirft mehrmals eine Handvoll *búzios* (Muscheln). Durch die Position der Muscheln wird das Schicksal, die Zukunft und die vergangene Beziehung zu den Göttern bestimmt.

Um stark und gesund zu bleiben, opfern die Gläubigen ihrem *orixá* Essen oder andere Gaben – je nach den Präferenzen des *orixá*. Um Iemanjá, die Göttin oder Königin des Meeres, gnädig zu stimmen, sollten z. B. Parfüm, weiße und blaue Blumen, Reis und gebratener Fisch geopfert werden. Der wichtigste Gott, Oxalá, der Gott und Eigentümer der Sonne, isst dagegen gern weißen Mais. Oxúm, der Gott des frischen Wassers und der Wasserfälle, ist bekannt für seine Eitelkeit: Er wird mit Ohrringen, Ketten, Spiegeln, Parfüm, Sekt und Honig geehrt. Egal, welchem Gott geopfert wird, zuerst muss das Wohlwollen Exús gewonnen werden – er fungiert als Bote zwischen Mensch und Göttern. Exú liebt Cachaça (Zuckerrohrschnaps) und andere alkoholische Getränke, Zigaretten und Zigarren, starkes Parfüm und Fleisch.

Sacred Leaves of Candomblé von Robert Voeks ist ein nicht-akademisches Werk über Kulturanthropologie und Ethnobotanik. Voeks erforscht Heilpflanzen, die im Candomblé genutzt werden, und das Überleben der afro-brasilianischen Religion in Brasilien.

In Bahia und Rio versammeln sich in der Silvesternacht und am Neujahrstag die Anhänger der afro-brasilianischen Kulte. Millionen von Brasilianern gehen dann an die Strände und ehren Iemanjá. Blumen, Parfüm, Früchte und sogar Schmuck werden dem Meer übergeben, um die Mutter des Wassers gnädig zu stimmen und Schutz und Glück fürs neue Jahr zu erbitten.

UMBANDA & QUIMBANDA (MACUMBA)

Umbanda (weiße Magie) ist eine Mischung aus Candomblé und einem Spiritismus mit angolanischen/Bantu-Wurzeln. Zur Zeremonie, die auf Portugiesisch abgehalten wird, gehören Stellvertreter aller brasilianischer Ethnien: Prêto Velho (der alte schwarze Sklave), O Caboclo (in diesem Kontext ein Indigener) und andere Götter der indigenen Völker, O Guerreiro (der weiße Krieger) etc. Umbanda ist weniger strukturiert als Candomblé und die Rituale variieren je nach Region. Einige Richtungen stehen den Praktiken des Kardecismus nahe (Geisteranrufungen, Séancen), andere folgen einfach den Gebeten und Predigten des *pai* oder der *mãe de santo*.

Quimbanda, eine Form der schwarzen Magie, ist das düstere Pendant zu Umbanda. Zu den Ritualen gehören jede Menge Blut, Tieropfer und andere unappetitliche Dinge, sie sind offiziell verboten. Der Kult ist auch als Macumba bekannt.

Kardecismus

Im 19. Jh. machte der Franzose Allan Kardec den brasilianischen Weißen den Spiritismus schmackhaft.

Kardecs Lehre gab einigen Ideen der östlichen Religion einen europäischen Rahmen und gewann einen kleinen Prozentsatz der Brasilianer als Anhänger. Der Kardecismus basiert auf Salon-Séancen, multiplen Reinkarnationen und der Anrufung der Toten. Zu den Lehrbüchern zählen *Das Buch der Geister* und *Das Buch der Medien*.

Andere Kulte

Ein paar indigene Riten wurden in Brasilien auch populär, ohne in afro-brasilianische Kulte integriert worden zu sein. Bei den Kulten União da Vegetal (in Brasília, São Paulo und im Süden) und Santo Daime (in Acre und den Amazonas-Staaten) spielt das halluzinogene Getränk *ayahuasca*, das seit Jahrhunderten von der indigenen Bevölkerung Südamerikas verwendet wird, eine wichtige Rolle. Abgesehen vom Konsum *ayahuascas* folgen die Kulte sehr strengen Regeln, was moralisches Verhalten und Kleidung anbelangt. Die Regierung toleriert den Genuss von *ayahuasca* innerhalb der religiösen Rituale, kontrolliert Produktion und Ausgabe aber streng.

Den Kult Santo Daime begründete 1930 Raimundo Irineu Serra in Rio Branco, Acre. Der Kautschukzapfer wurde von Indigenen an der Grenze zwischen Acre und Peru in den Gebrauch von *ayahuasca* eingewiesen. Durch eine Vision bekam er den Auftrag, bei Rio Branco ein Lager zu errichten und die Lehre des *ayahuasca* zu verbreiten. Der Name Santo Daime ist von einem Gebet des Kults abgeleitet: *„Dai-me força, dai-me luz"* („Gib mir Stärke, gib mir Licht …"). Santo Daime und União da Vegetal haben zusammen zwischen 10 000 und 20 000 Mitglieder. Die wichtigsten Santo-Daime-Gemeinden sind Ceú do Mapiá in Amazonien und Colônia Cinco Mil bei Rio Branco.

Nicht überall scheinen die Bedingungen für die Kontaktaufnahme gleich gut zu sein, die Gegend um Brasília galt damals als günstiger Ort, um mit dem Überirdischen in Kontakt zu treten. Einigen synkretischen Kulten kann man, wenn man möchte, nahe der Stadt im Vale do Amanhecer (Tal der

---

Serge Bramlys *Macumba* ist ein faszinierendes Porträt der Religion; die Höhepunkte sind die Interviews mit Maria José, einer *mãe de santo* (Heiligenmutter), die die Philosophie, Geschichte und Praktiken der Macumba erklärt.

Wer nähere Informationen über den Zusammenhang zwischen psychoaktiven Pflanzen und mystischen Erfahrungen sucht, sollte das ausgezeichnete Buch *Cleansing the Doors of Perception* von Huston Smith lesen, einem der führenden Experten für Weltreligionen.

Dämmerung) und in der Cidade Eclética (Eklektische Stadt) auch heute
noch beiwohnen – s. Kasten S. 418.

FRAUEN IN BRASILIEN

In Brasilien bildete sich eine der ersten feministischen Bewegungen Lateinamerikas. Die Frauen des Landes gehörten zu den ersten in diesem Teil der
Welt, die das Wahlrecht erlangten (1932). Heute wächst die Zahl der feministischen NGOs stetig. Sie widmen sich der Aufgabe, Frauen über ihre
gesetzlichen Rechte und Möglichkeiten der Familienplanung aufzuklären
und trainieren die Polizei im Umgang mit Fällen von häuslicher Gewalt.
Und in der Hauptstadt Brasília kümmert sich die Lobbyorganisation „Fe-
ministisches Zentrum für Studien und Beratung" darum, dass die Belange
der Brasilianerinnen auch bei den Abgeordneten Gehör finden; sie unterhält
eine (portugiesischsprachige) Website: www.cfemea.org.br.

Trotz einiger Fortschritte sind noch immer zahlreiche chauvinistische
Stereotype *(machista)* vorhanden und Frauen in Machtpositionen nach wie
vor schmerzlich unterrepräsentiert. Nur etwa 12 % der Senatoren und 9 %
der Abgeordneten im Unterhaus sind Frauen, einer der geringsten Anteile
in ganz Lateinamerika (wo Frauen im Durchschnitt mit einem Anteil von
24 % in der Legislative vertreten sind). Die Wahl der aus dem Lager Lulas
stammenden Dilma Rousseff zur Präsidentin Brasiliens – sie wurde am 1.
Januar in ihrem Amt vereidigt – könnte einen wichtigen Anstoß bedeuten,
durch den weitere Hindernisse für Frauen fallen.

In anderen Bereichen besetzen Frauen bereits 40 % der Arbeitsplätze
– zwar ein riesiger Sprung, wenn man sich die Zahlen aus den vorherigen
Jahrzehnten betrachtet, aber noch immer unter dem Durchschnitt Lateinamerikas (wo Frauen 52 % der Arbeitsplätze belegen). Leider ist das Ein-
kommensgefälle nach wie vor hoch: Männer verdienen 30 % mehr als gleich-
altrige Kolleginnen, die eigentlich auf derselben Gehaltsstufe stehen müssten.

Fälle häuslicher Misshandlungen sind erschreckendweiser fast an der
Tagesordnung (einem Bericht zufolge wird in Brasilien alle 15 Sekunden
eine Frau geschlagen). Als Antwort darauf eröffnete 1990 das erste Frauen-
polizeirevier, das sich ausschließlich mit Fällen von Gewalt gegen Frauen
befasst. Inzwischen ist die Zahl solcher Frauenpolizeireviere auf über 250
angewachsen – und meist tun dort weibliche Beamte Dienst.

Domesticas (Hausmäd-
chen), der erste Film
von Fernando Meirelles,
taucht in das Leben von
fünf Frauen ein, die als
domesticas arbeiten. Er
zeichnet ein mitreißendes
Porträt von Brasiliens oft
übersehener Unter-
schicht.

*Benedita da Silva: An
Afro-Brazilian Woman's
Story of Politics and Love*
ist der Titel der Memoiren
der ersten afro-brasili-
anischen Senatorin und
erzählt detailliert den
Aufstieg der bedeutenden
Politikerin, die einer
Favela entstammt.

MEHR FERNSEHEN, WENIGER KINDER

Trotz einer stark religiös geprägten Kultur, die Verhütung streng verurteilt, ist die Geburtenrate in
Brasilien in den letzten 50 Jahren stark zurückgegangen – von durchschnittlich 6,3 Geburten pro
Frau 1963 über 4,3 Geburten pro Frau im Jahr 1980 auf 2,2 im Jahr 2010. Dieser steile Rückgang
ist fast nur mit jenem in China vergleichbar, wobei es in Brasilien nie eine staatlich verordnete
Familienplanungspolitik gab.

Kurioserweise stellte eine Studie 2009 einen Zusammenhang zwischen dem Rückgang der
Geburtenrate und der Verbreitung des Fernsehsenders Globo her. Demzufolge ist einer der wichtigs-
ten Faktoren für die sinkende Geburtenrate die *telenovela*, die brasilianische Form der Seifenoper.
Die extrem beliebten Sendungen zeigen heldenhafte weibliche Figuren, die entweder keine oder
nur sehr wenige Kinder haben (maximal zwei). Der Einfluss des Fernsehens oder der *telenovela*
scheint sich außerdem auf die Scheidungsrate auszuwirken (und ganz nebenbei entwickeln viele
Eltern offenbar die Vorliebe, ihre Kinder nach Figuren aus diesen Sendungen zu benennen).
In einer Gesellschaft, in der das Fernsehen schon seit einiger Zeit den Platz von Büchern und
Zeitungen einnimmt, lässt sich die Bedeutung dieser Serien nicht von der Hand weisen. Nach
einer Sendung, in der ein junges Mädchen sich auf eine Chemotherapie vorbereitete, wurden
im Folgemonat über 20000 Knochenmarkspenden abgegeben.

Frauen stehen 120 Tage bezahlter Mutterschaftsurlaub zu (Männern sieben Tage Vaterschaftsurlaub). Abtreibungen sind in Brasilien noch immer illegal, sofern die werdende Mutter nicht Opfer einer Vergewaltigung war oder gesundheitliche Risiken für sie bestehen. Dennoch werden Schätzungen zufolge alljährlich 1 Mio. Abtreibungen durchgeführt, die oft erhebliche Gesundheitsrisiken mit sich bringen. Jedes Jahr werden über 200 000 Frauen nach heimlichen Abtreibungen in ein Krankenhaus eingeliefert.

KUNST
Musik & Tanz

Einen ausgezeichneten Überblick über die brasilianische Musik – von den großartigen Funk-Alben der 1960er-Jahre bis zu jüngeren Talenten – bietet die Seite www. slipcue.com/music/brazil/ brazillist.html; auch unter www.allbrazilianmusic. com gibt's nützliche Infos.

Nur wenige Länder können mit dem vielfältigen musikalischen Erbe Brasiliens mithalten. Musik ist tief in der brasilianischen Lebensart verwurzelt und überall zu hören – sei es bei Festen oder einfach als Flucht vor dem grauen Alltag. Vielleicht aufgrund ihrer afrikanischen Wurzeln ist die brasilianische Musik ein kollektives Ereignis, eine *festa* (Party), bei der in der Regel auch getanzt wird.

Die populäre brasilianische Musik ist von drei Kontinenten geprägt und entsprechend vielfältig. Das *samba canção* (Samba-Lied) ist z. B. eine Mischung aus spanischem Bolero und den Kadenzen und Rhythmen afrikanischer Musik. Bossa Nova wurde vom Samba und nordamerikanischer Musik, besonders dem Jazz, beeinflusst. *Tropicália* vereint Bossa Nova und italienische Balladen, Blues und nordamerikanischen Rock. Auch heute noch entstehen in Brasilien immer wieder neue, originelle Musikrichtungen.

SAMBA, PAGODE & CHORO

Die Entstehung der modernen brasilianischen Musik begann mit der Geburt des Samba, der Anfang des 20. Jhs. zum ersten Mal in einem Viertel Rios nahe dem heutigen Praça Onze zu hören war. Einwanderer aus Bahia schlossen sich zu einer Gemeinde zusammen und ließen traditionelle afrikanische Bräuche aufleben – Musik, Tanz und Candomblé. Wohnhäuser dienten als Bühne für improvisierte Konzerte und als Ideenbörse für Rios erste wichtige Musiker. Zu ihnen gehörten Pixinguinha, einer der Väter des Samba, und Donga, einer der Komponisten von „Pelo Telefone", dem ersten aufgezeichneten Samba (1917). Der Song war ein riesiger Erfolg beim neu etablierten Karneval.

Der Samba entwickelte sich in Privathäusern und *botequims* (Bars mit Tischbedienung) rund um Rio weiter. Die 1930er waren die goldenen Jahre des Samba. Damals hatte er sich bereits auf die Arbeiterviertel Zentral-Rios ausgebreitet und unterschiedliche Stilrichtungen gebildet. Anspruchsvolle Lyriker wie Dorival Caymmi, Ary Barroso und Noel Rosa machten den *samba canção* bekannt – ein melodischer Samba unterlegt mit afrikanischer Percussion. (Wer Näheres über Noel Rosas poesiegeschwängertes und tragischerweise kurzes Leben wissen möchte, dem sei der Film *Noel: Poeta da Vila* von 2006 ans Herz gelegt.) Diese Songs zeichneten sich durch sentimentale Texte und Betonung der Melodie statt des Rhythmus aus und kündigten den später entstandenen Bossa Nova an. Einer der großen Radiostars der 1930er war die Sambasängerin Carmen Miranda – die erste Botschafterin brasilianischer Musik.

The Brazilian Sound von Chris McGowan und Ricardo Pessanha ist eine gut illustrierte und hervorragend zu lesende Einführung in die brasilianische Musik, mit einem Überblick über regionale Stile und Musiker (große Namen ebenso wie unbekannte). Eine nützliche Diskografie gehört auch dazu.

In den 1930er-Jahren hatten auch die Sambakomponisten, die Songs für den Karneval schrieben, ihre Blütezeit. Die *escolas de samba* (Sambaschulen oder -clubs), die 1928 entstanden, wurden zu den wichtigsten Förderern der neuen Kompositionen, und schon bald waren Samba und Karneval unlösbar miteinander verbunden. Heute greifen Erkennungsmelodien immer noch auf diese goldene Ära zurück.

Die nächsten Jahrzehnte brachten in Brasilien große *sambistas* (Sambasänger) hervor, aber neue Musikstile stahlen ihnen mehr und mehr die Show. Musiker wie Cartola, Nelson Cavaquinho und Clementina de Jesus verbanden den Samba mit sich daraus entwickelnden Stilen.

Der traditionelle Samba erlebte vor etwas weniger als zehn Jahren eine Renaissance, als in Lapa *gafieiras* (Tanzlokale) im alten Stil eröffneten. Heute gibt's in Rio wieder jede Menge großartige *sambistas*. Altehrwürdige *sambistas* wie Alcione und Beth Carvalho treten nach wie vor auf, während aufgehende Sterne wie Teresa Christina und die Grupo Semente eng mit Lapas Wiedergeburt verbunden sind. Zu weiteren Talenten, nach denen man auf Rios Bühnen Ausschau halten sollte, gehört Thais Villela, ein aufstrebender Star der Lapa-Szene. Diogo Nogueira, der Sohn des legendären Sängers João Nogueira, bezaubert seine Zuhörer mit einer sonoren tiefen Stimme. Und auch die Sängerin Mart'nália, Tochter der Samba-Legende Martinho da Vila, führt die Tradition ihres Vaters fort. Ihr Album *Menino do Rio* aus dem Jahr 2006 lohnt sich wirklich.

Eine weitere noch immer aktiv in Rio mitmischende Künstlerin ist Maria Rita, die talentierte Sängerin und Liedermacherin, deren Stimme der ihrer verstorbenen Mutter Elis Regina verblüffend ähnelt – diese war eine der ganz Großen Brasiliens. Obwohl Ritas Werke oft in den Bereich der Música Popular Brasileira (MPB) fallen, zählt ihr Album *Samba Meu Samba Meu* aus dem Jahr 2007 mit einer grandiose Sammlung von Samba-Stücken nach wie vor zu ihren besten Scheiben.

Pagode hat seine Wurzeln im Samba und entstand in den 1970er-Jahren in Rio. Dieser lässige Hinterhof-Samba wird mit der *cavaquinho*, einer kleinen viersaitigen Gitarre ähnlich der Ukulele, und wenigen Percussion-Instrumenten gespielt. Der Sound ist entspannt, rhythmisch, melodisch und sehr beliebt. Beth Carvalho (auch die Königin des *samba canção*), Jorge Aragão und Zeca Pagodinho waren Pioniere der *pagode* und verstehen es immer noch, ihr Publikum zu begeistern.

Choro ist ein entfernterer Verwandter des Samba. Er zeichnet sich durch seinen jazzigen Sound, seine Melodiesprünge und sein manchmal rasantes Tempo aus, ist meist instrumental und häufig improvisiert. *Choro* wird auf der *cavaquinho* oder einer Gitarre gespielt und von einer (Block-)Flöte begleitet. Der Flötist Pixinguinha (1898–1973) gehört zu den großen Legenden des *choro*. Heute sorgen Musiker wie Paulinho da Viola und Paulo Moura, ein Saxophonist und Meister der *choro*-Rhythmen, für Ovationen.

BOSSA NOVA

Der Bossa Nova („neue Welle") entstand in den 1950ern und initiierte eine neue Ära brasilianischer Musik. Die Erfinder des Bossa Nova – der Liedermacher und Komponist Antônio Carlos (Tom) Jobim, der Gitarrist João Gilberto und der Texter und Dichter Vinícius de Moraes – verlangsamten und veränderten den Sambarhythmus und kreierten einen intimen, harmonischen Sound. Damit schufen sie die Grundlage für eine völlig neue Art des Spielens und Singens.

Die verführerischen Melodien des Bossa Nova wurzeln in Rios Zona Sul, der Heimat der meisten Bossa-Musiker. Songs wie Jobims „Corcovado" und Roberto Meneschals „Rio" beschworen mit ihrer gelassenen Lyrik ein fast nostalgisches Bild der Stadt herauf. Dies war die Musik des neuen akademischen Brasiliens – so spiegeln die Texte denn auch den Optimismus der Mittelklasse in den 1950ern wider.

In den Sechzigern wurde der Bossa Nova auch international salonfähig und erfolgreich. Er wurde anfänglich stark vom amerikanischen Jazz und Blues beeinflusst und hat mit der Zeit im Gegenzug dort seine Spuren hin-

---

Marginal notes:

Die Journalistin, Autorin und ehemalige Tänzerin Alma Guillermoprieto fängt in ihrem gut geschriebenen Buch *Samba das Leben in Rios Favela Mangueira und die Vorbereitungen für die große Carnaval-Parade auf sehr lebendige Weise ein.

Bossa Nova: The Story of the Brazilian Music that Seduced the World von Ruy Castro ist ein ausgezeichnetes Buch, das diese lebendige Musik und das Lebensgefühl im Rio der Fünfziger wunderbar einfängt.

terlassen. Bossa-Nova-Klassiker wurden von nordamerikanischen Stars wie Frank Sinatra, Ella Fitzgerald und Stan Getz adaptiert und aufgenommen. Neben den Gründungsmitgliedern gehören auch Marcos Valle, Luiz Bonfá und Baden Powell zu den Großen des brasilianischen Bossa Nova. Baden Powells talentierter Sohn Marcel trägt dazu bei, dass diese musikalische Tradition weiterlebt. Einige Bands der Sechziger wie Sergio Mendes & Brasil '66 wurden ebenfalls durch den Bossa Nova beeinflusst. Wie andere Künstler flohen auch sie vor der Militärdiktatur und ließen sich im Ausland nieder. Zu den neueren Interpreten des verführerischen Bossa-Sounds gehören die in Bahia geborene Rosa Passos und die Carioca Paula Morelenbaum.

TROPICÁLIA

In den späten 1960er-Jahren entstand in Brasilien eine weitere einmalige künstlerische Bewegung: *Tropicália* war die direkte Antwort auf die Diktatur zwischen 1964 und 1984. Hauptakteure waren Caetano Veloso und Gilberto Gil, die mit ihren Liedern gegen das Regime protestierten (interessante Wendungen in der Geschichte: 2003 bis 2008 war Gil dann Kulturminister). Außer den aufrührerischen Texten führten die *tropicalistas* elektronische Instrumente und Melodienfragmente ein und verknüpften sie mit unterschiedlichsten Musikstilen.

Der eigentliche Held der *tropicalistas* war der Dichter Oswald de Andrade, der in seinem *Manifesto Antropofágico* (Kannibalistisches Manifest) von 1928 die Idee propagierte, alles solle von der Musik einverleibt und neu erschaffen werden. Und so vereinte die Bewegung Elemente des amerikanischen Rock 'n' Roll, des Blues und Jazz und psychedelische Sounds aus Großbritannien mit Bossa-Nova- und Sambarhythmen. Zu den wichtigen Musikern des *tropicália* gehören Gal Costa, Jorge Ben Jor, Maria Bethânia, Os Mutantes und Tom Zé. Obwohl das Publikum von *tropicália* zuerst gar nicht begeistert war – die Elektrosounds und Rockelemente fanden wenig Anklang, Veloso wurde sogar auf der Bühne ausgepfiffen –, fanden die Brasilianer in den Siebzigern allmählich Gefallen an dem radikalen Stil und die Protestlieder waren überall zu hören.

„Reine" *tropicália*-Bands gibt es heute nicht mehr. Die Einflüsse dieser Musikrichtung machen sich aber immer noch bei Bands wie AfroReggae bemerkbar, einer der wichtigsten Funk-Bands Rios.

MÚSICA POPULAR BRASILEIRA (MPB)

Tropical Truth: A Story of Music and Revolution in Brazil von Caetano Veloso beschreibt das großartige künstlerische Experiment *tropicália*, das in den 1960ern in Brasilien durchgeführt wurde. Auch wenn er manchmal etwas abschweift, gelingt es Veloso, sowohl die Musik als auch die Politik jener Ära einzufangen.

Música Popular Brasileira (MPB) ist ein Schlagwort, unter dem alle brasilianischen Musikstile nach dem Bossa Nova zusammengefasst werden, darunter *tropicália*, *pagode* und brasilianischer Pop und Rock. Da die gesamte brasilianische Musik auf den Samba zurückgeht, findet man selbst in brasilianischem Rock, Heavy Metal, Disco oder Pop oft Samba-Elemente.

MPB tauchte in den 1970ern zusammen mit talentierten Musikern wie Edu Lobo, Milton Nascimento, Elis Regina, Djavan und Dutzenden anderen auf. Viele von ihnen schrieben Protestsongs, die denen der *tropicalistas* nicht unähnlich waren. Chico Buarque gehört zu den Großen dieser Ära und ist einer der besten Liedermacher Brasiliens. Seine Musikkarriere begann 1968, viele seiner Songs waren während der Militärdiktatur verboten – so wurde seine Musik zum Symbol des Widerstands. Jorge Ben Jor ist ein weiterer Sänger, dessen Karriere seit den 1960ern bis heute andauert. Seine Rhythmen – ein bunter Mix aus afrikanischen Beats und Elementen aus Funk, Samba und Blues – machen süchtig. Das gefeierte *África Brasil* und sein Debüt *Samba Esquema Novo* (mit so bemerkenswerten Hits wie „Mas, Que Nada!") gehören zu seinen besten Alben.

Der in Salvador geborene Carlinhos Brown leistet weiterhin einen un-schätzbaren Beitrag zur brasilianischen Musik, besonders im Bereich der afro-brasilianischen Rhythmen. In einigen seiner besten Werke verwendet er Elemente des *merengue*, Candomblé und Funk à la James Brown. Neben den Scheiben seines populären Percussion-Ensemble Timbalada hat er auch einige ausgezeichnete Soloalben veröffentlicht (*Alfagamabetizado* ist das bekannteste).

BRASILIANISCHER ROCK, POP & HIP-HOP

MPB geht oft fließend in andere Genres über, darunter vor allem Rock und Pop. Federleicht zwischen den Genres bewegt sich Bebel Gilberto, die talen-tierte Tochter von João Gilberto: auf ihren zweisprachigen, jazzigen Alben, z. B. *All in One* (2009), verschmilzt Bossa Nova mit modernen Beats. Die in Rio geborene Marisa Monte wird für ihren Gesang wie für die von ihr ge-schriebenen Songs zu Hause und im Ausland gleichermaßen geliebt. Mari-sa vermischt Samba, *forró* (Popmusik aus dem Nordosten), Pop und Rock und kann bereits einige erfolgreiche Joint Ventures mit anderen großen Namen der Musikwelt für sich verbuchen. So arbeitete sie mit Arnaldo Antunes und Carlinhos Brown für das Hitalbum *Tribalistas* (2003) zusam-men. Weitere bemerkenswerte junge Sängerinnen, die ihre Wurzeln in der Bossa-Ecke haben, sind Roberta Sá mit ihrem ausgezeichneten Album *Pra se Ter Alegria* (2009) und Fernanda Porto, deren Musik oft als „Drum'n'Bos-sa" beschrieben wird; dieser Mix aus Electronica und Bossa-Rhythmen prägt ihr Album *Auto-Retrato* von 2009 – Prädikat hörenswert.

In ihren großartigen, meist englischsprachigen Aufnahmen vereint die aus Brasilien stammende Sängerin, Liedermacherin und Performancekünst-lerin Cibelle Elemente aus Pop, Folk und brasilianischen Klängen, so z. B. auf ihrer Scheibe *The Shine of Dried Electric Leaves* (2006). Bekannt wurde sie als Hauptsängerin auf Subas beachtenswertem Album *São Paulo Confes-sions* (1999). Céu, ein aufgehender Stern am heimischen und internationalen Musikhimmel, singt traumhafte Melodien mit Elementen aus *tropicália*, Samba, Reggae und Jazz. Tatsächlich lässt sie sich mit ihren beiden viel ge-lobten Alben nur schwer in eine Schublade stecken; zuletzt veröffentlichte sie 2009 das Werk *Vagarosa*.

Die sinnliche Lambada-Tanzwelle erfasste Brasilien Ende der Achtziger und machte das ganze Land verrückt. Für kurze Zeit schwappte sie sogar über die Landes-grenzen und war für solch lächerlich schlechte Filme wie Lambada und Lambada – Der verbotene Tanz mitverantwortlich.

DIE TOP 25 FÜR DEN MP3-PLAYER: MUSIK AUS BRASILIEN

Als eine der großartigsten Musikkulturen der Welt verfügt Brasilien über eine erstaunliche Vielfalt talentierter Musiker. Wir könnten mit einer Liste unserer Lieblingslieder problemlos ein eigenes Kapitel füllen, haben uns aber in einer höchst subjektiven Auswahl auf 25 Lieder von 25 verschiedenen Künstlern beschränkt.

- *Por Você* – Barão Vermelho
- *Sampa* – Caetano Veloso
- *Alvorado* – Cartola
- *Samba de Orly* – Chico Buarque und Toquinho
- *Aguas de Março* – Elis Regina (geschrieben von Tom Jobim)
- *Hoje é Dia da Festa* – Elza Soares
- *Namorinho de Portão* – Gal Costa
- *Quilombo, o El Dorado Negro* – Gilberto Gil
- *Desafinado* – João Gilberto
- *Mas Que Nada* – Jorge Ben Jor
- *A Procura da Batida Perfeita* – Marcelo D2
- *Encanteria* – Maria Bethânia
- *Novo Amor* – Maria Rita

- *Carinhoso* – Marisa Monte (geschrieben von Pixinguinha)
- *Ultimo Desejo* – Noel Rosa
- *Besta é Tu* – Novos Baianos
- *Panis et Circenses* – Os Mutantes
- *Lanterna dos Afogados* – Os Paralamas do Sucesso
- *Beira Mar* – Raimundo Fagner und Zeca Baleiro
- *Funk Baby* – Seu Jorge
- *Acenda o Farol* – Tim Maia
- *Garota de Ipanema* – Tom Jobim
- *Aquarela do Brasil* – Toquinho (geschrieben von Ary Barroso)
- *Não me deixe só* – Vanessa da Mata
- *Felicidade* – Vinícius de Moraes

Der brasilianische Hip-Hop tauchte irgendwann in den 1980er-Jahren in den Favelas von Rio und São Paulo auf. Aufstrebende Rapper wie die Gruppe Racionais MCs aus São Paulo trafen mit ihren harten Texten über das Leben in den Favelas und im Gefängnis den Nerv der Zeit. Ihr Album *Sobrevivendo no Inferno* (Überleben in der Hölle) von 1998 verkaufte sich über 1 Mio. Mal – ein Rekord für unabhängige Labels in Brasilien. Einer der besten Interpreten der aktuellen Szene ist Marcelo D2 (früher bei Planet Hemp), der sein Publikum mit Alben wie *A Procura da Batida Perfeita* (2005) und *Meu Samba é Assim* (2006) beeindruckt.

Spätestens seit seinem Auftritt im Film *Cidade de Deus* ist Seu Jorge auch über die Grenzen Brasiliens hinaus bekannt (außerdem nahm er grandiose portugiesische Versionen einiger Bowie-Songs für Wes Andersons Film *Die Tiefseetaucher* auf). *Cru*, sein bisher bestes Solowerk aus dem Jahr 2005, ist ein einfallsreicher Hybrid aus Hip-Hop und Balladen mit politischer Botschaft. Auch der Carioca-Rapper MV Bill hat seinem Publikum etwas zu sagen: Seine Lieder widmen sich einer von Drogen und Gewalt bedrohten Jugend. Abseits seines musikalischen Schaffens ist er als Autor in Erscheinung getreten *(Falcão – Meninos do Tráfico)* und hat ein Netzwerk von Jugendzentren in Rio ins Leben gerufen, das Kindern – die sich sonst wohl auf der Straße herumtreiben würden – Tanz-, Musik- und Kunstunterricht bietet.

Rockmusik ist der Musikstil, der vielleicht am wenigsten mit Brasilien gemein hat. Hierzulande lehnt er sich eher an britischen als an amerikanischen Vorbildern an. Zu den größten brasilianischen Talenten gehört die Gruppe Legião Urbana aus Brasília, die selbst nach dem Tod ihres Leadsängers 2007 ihre landesweite Popularität nicht verlor. Auch die Namen Skank, O Rappa, Os Paralamas Sucesso und Barão Vermelho aus Rio sollte man sich merken. Der ebenso vielseitige wie originelle Ed Motta, ebenfalls aus Rio, peppt seinen Rock mit Soul- und Jazz-Elementen und traditioneller brasilianischer Musik auf.

In anderen Genres kämpfen die Indie-Rock-Lieblinge Los Hermanos um wertvolle Radiozeit. Ihr ausgezeichnetes Album *Ventura* ist für Indie-Fans sicher keine Fehlkauf. Auch die Gruppe Vanguart, die irgendwo in der Folkrock-Ecke anzusiedeln ist, sollte man im Auge behalten. In ihrem gleichnamigen Debütalbum (2007) verbinden sie Samba, Blues und Klassikrock. Auch die kecke Girlgroup Cansei de Ser Sexy (Keine Lust mehr, sexy zu sein) feierte in jüngster Vergangenheit Erfolge: In ihrem gleichnamigen Album verschmelzen New-Wave-Klänge der Eighties mit Elektropop, respektlosen Texten (auf Englisch) und schnellen Beats.

Eine detailliertere Geschichte der brasilianischen Musik findet man in dem kürzlich aktualisierten Buch *The Brazilian Sound* (2008) von Chris McGowan und Ricardo Pessanha. Auch McGowans Blog mit Links zu brasilianischen Künstlern ist einen Blick wert: http://thebraziliansound.blogspot.com.

REGIONALE MUSIK

Im Nordosten gibt es die meisten regionalen Tanz- und Musikstile. Die bekannteste Richtung ist *forró*: eine lebhafte, synkopierte Musik, die vom Akkordeon und der *zabumba* (einer afrikanischen Trommel) dominiert wird. Obwohl sich ein paar Künstler (u. a. Luiz Gonzaga und Jackson do Pandeiro) damit einen Namen gemacht haben, galt *forró* bei den Städtern lange als simpel. Erst der Film *Eu, Tu, Eles* (*Ich Du Sie – Darlenes Männer*) brachte *forró* die gebührende Anerkennung – nicht zuletzt ist dies Gilberto Gil zu verdanken, der den Hit *Esperando na Janela* sang.

Ein anderer unverwechselbarer Musikstil wird auf dem wunderbaren Volksfest Bumba Meu Boi in São Luís in Maranhão (s. Kasten S. 648) gespielt.

Und dann gibt es noch *frevo,* eine ungebändigte, mit dem Samba verwandte Karnevalsmusik, die in Recife und dem benachbarten Olinda zuhause ist. Das *trio elétrico,* auch *frevo baiano* genannt, entstand, weil die Technik sich veränderte und nicht die Musik selbst. Alles fing mit einem Scherz an: Auf dem Karneval in Salvador begann in den 1950er-Jahren eine Gruppe Musiker (unter ihnen Dodo und Osmar alias Adolfo Nascimento und Osmar Alvares Macedo) auf einem Festwagen *frevo* mit elektrischen Gitarren zu spielen. Das *trio elétrico* muss nicht unbedingt ein Trio sein, ist aber nach wie vor das Rückgrat des Karnevals in Salvador: Die Trucks „fahren" mit hochaufgetürmten Boxen – und den Musikern obendrauf – und bahnen sich ihren Weg durchs tanzende Volk. Populär wurde der Stil, als Caetano Veloso Lieder über das *trio elétrico* zu schreiben begann. Ein anderes wichtiges Element des Karnevals in Salvador ist der *bloco afro* (eine afro-brasilianische Percussion-Gruppe); die Filhos de Gandhi und die Grupo Olodum zählen zu den bekanntesten. Die Filhos haben unverkennbar afrikanische Wurzeln und sind vom Candomblé beeinflusst, Olodum hingegen erfand den Samba-Reggae.

Mangue beat (auch bekannt als *mangue bit*) kommt aus Recife und verknüpft folkloristische und regionale Musik mit internationalen Einflüssen wie Hip-Hop, Neo-Psychedelic und *tejano* (instrumentale Volksmusik aus Nordmexiko und Südtexas). Frühe Vertreter dieser Richtung sind Chico Science und Nação Zumbi – ihr meisterhaftes Album *Afrociberdelia* von 1996 gibt einen guten Überblick über ihre musikalisches Schaffen. Chico Science starb 1997 bei einem Autounfall. Nação Zumbi machte zusammen mit anderen Bands wie Mestre Ambrósio und Mundo Livre S/A weiter und den *mangue* populär.

Axé bezeichnet einen wilden Mix aus Samba, Pop, Reggae, Funk und karibischer Musik, der in den Neunzigern in Salvador entstand. *Axé* wurde, inspiriert von älteren Formen des Karnevals, durch die großartige, extravagante Daniela Mercury bekannt. Weitere Vertreter sind die Gruppen Ara Ketu und Chiclete com Banana. Manchmal ist es wunderbare, energiegeladene Musik – wie Danielas „Toda Menina Baiana" (Jedes bahianische Mädchen). *Axé* wurde Ende der 1990er-Jahre aber zunehmend kommerzialisiert.

Die Einflüsse der indigenen Musik wurden verwässert und absorbiert … wie so vieles der indigenen Völker. Die *carimbó*-Musik des Amazonasgebiets, in dem die Mehrzahl der *indígenas* heute lebt, wurde vor allem durch die Schwarzen an der Küste beeinflusst.

> „Das *trio elétrico* ist nach wie vor das Rückgrat des Karnevals in Salvador."

Kino

Brasiliens Filmindustrie ist ziemlich produktiv, viele Filme schaffen es jedoch nicht über die Landesgrenzen hinaus. *Lula, O Filho do Brasil* (Lula, der Sohn Brasiliens, 2010) unter der Regie von Fábio Barreto ist einer der meist beachteten brasilianischen Filme der letzten Jahre (und mit einem Budget von 17 Mio. R$ der bisher teuerste). Die Biografie des scheidenden Präsidenten Lula vom Schuhputzer zum Gewerkschaftsführer wurde im eigenen Land nicht besonders freundlich aufgenommen – manche Kritiker warfen dem Film Schönfärberei einiger dunklerer Kapitel aus Lulas Leben vor –, aber vielleicht kommt er im Ausland ja besser an.

Beyond Ipanema (2009), Drehbuch und Regie von Béco Dranoff und Guto Barra, ist eine ausgezeichnete Doku über einen der größten Exportschlager Brasiliens: Musik. Durch Interviews mit Caetano Veloso, Seu Jorge, Bebel Gilberto, David Byrne und vielen anderen erforscht der Film den Einfluss der brasilianischen Musik auf der Weltbühne.

Einer der Filme, der in jüngster Vergangenheit die meisten Schlagzeilen machte, heißt *Tropa de Elite* (Eliteeinheit; 2007), der die Polizeibrutalität in den Favelas zeigt und darüber hinaus eine unverkennbar Verbindung zwi-

Rio de Jano ist eine lebendige Dokumentation über den französischen Karikaturisten Jean le Guay alias Jano, der nach Rio reiste und wunderbare Arbeiten über die Cariocas anfertigte. Das Buch findet man in Rios Buchläden.

schen dem Drogenkonsum der College-Kids aus der Mittelschicht und dem Tod kleiner Kinder in den Favelas herstellt. Diese werden von Drogenbossen angeheuert, um den Markt mit Kokain und anderen Substanzen überschwemmen zu können. Für den Film ist José Padilha verantwortlich, der renommierte Regisseur der verstörenden Doku *Ônibus 174* (2002), die die wahre Geschichte einer Busentführung erzählt, die sich im Jahr 2000 in Rio de Janeiro ereignete.

O Ano em Que Meus Pais Saíram de Férias (Das Jahr, als meine Eltern in Ferien fuhren; 2006) von Regisseur Cao Hamburger spielt im Jahr 1970 während des Höhepunkts der Militärdiktatur und erzählt eine anrührende Geschichte über das Erwachsenwerden. Der 2007 von Brasilien für den Oscar eingereichte Film handelt von einem Jungen, der in einem Arbeiterviertel in São Paulo durchs Leben treibt, und nimmt sich mit viel Einfühlungsvermögen komplexer Themen an. Politische Unterdrückung, die Fußball-WM 1970 und die jüdische Kultur bilden den Hintergrund für Hamburgers bemerkenswert gut gemachten Film.

Der wunderschön fotografierte Streifen *Casa de Areia* (Haus aus Sand; 2005) des Regisseurs Andrucha Waddington folgt drei Generationen von Frauen, die sich in der dramatischen, aber desolaten Landschaft Maranhãos durchs Leben kämpfen. Zu den Darstellern gehören Fernanda Montenegro und Fernanda Torres, auch im wahren Leben Mutter und Tochter, sowie in einer Nebenrolle Seu Jorge.

Etwas fröhlicher geht es in *Dois Filhos do Francisco* (Die zwei Söhne des Francisco, 2005) zu, der auf der wahren Geschichte der zwei Brüder Zeze und Luciano di Camargo basiert, die aus bescheidenen Verhältnissen kamen und zu erfolgreichen Country-Musikern wurden. Auch wenn der Film leider teils ins Melodramatische abdriftet, hat er große Stärken. Zu erwähnen ist der ausgefallene Soundtrack, der unter der Federführung von Caetano Veloso entstand.

Favela Rising (2005), ein Dokumentarfilm zweier Amerikaner, zeigt das Leben in den Favelas aus der Sicht von Anderson Sá, Gründer der Grupo Cultural Afro Reggae (Afro-Reggae-Gruppe) und Symbol der Hoffnung für zahlreiche arme Kinder, die in den Favelas aufwachsen. Sá krempelte sein Leben komplett um, nachdem er sich vom Einfluss der Gangs befreit hatte. Der Film zeigt, wie er eine Musikschule für Jugendliche ins Leben rief und so eine Graswurzelbewegung initiierte, die sich auch auf andere Favelas ausdehnte.

Turistas handelt von bösen Brasilianern, die Organe von durchtrainierten ausländischen Jugendlichen stehlen. Er hat viele Menschen in Brasilien wütend gemacht. Sie beschweren sich vor allem über die ungeheuerlichen falschen Darstellungen. Urbane Gewalt? Ja, die gibt's in Brasilien. Aber Organdiebe? Nicht, als wir letztes Mal nachgeschaut haben.

Wer eine Reise zurück in Rios Lapa der 1930er machen möchte, kann sich Karim Aïnouz' mitreißenden Film *Madame Satã* (2002) anschauen. Rios einstiger düsterer Rotlichtbezirk – er hat sich in den letzten 75 Jahren nicht sonderlich verändert – ist Schauplatz der wahren Geschichte von Madame Satã (alias João Francisco dos Santos). Der problembeladene, aber gutmütige *malandro* (Trickbetrüger), Transvestit, Sänger und Capoeira-Meister war seinerzeit die schillernde Speerspitze des unkonventionellen Lebensstil von Lapas Bohème.

Ich Du Sie – Darlenes Männer (2000), Andrucha Waddingtons Gesellschaftskomödie über eine Frau mit drei Ehemännern, die im Nordosten lebt, wurde sehr wohlwollend aufgenommen. Der Film ist wunderschön fotografiert. Gilberto Gils Filmmusik hatte zudem großen Anteil am jüngsten Beliebtheitsschub des *forró*, der funkigen Musik aus dem Nordosten.

Einer der besten Regisseure Brasiliens, Fernando Meirelles, hat sich mit seinem Film *Cidade de Deus* 2002 Renommee erworben. Der Film basiert auf einer wahren Geschichte aus der Feder von Paolo Lins, heimste vier Oscar-Nominierungen ein und zeigt, wie Brutalität und Hoffnung in einer Favela in Rio auch nebeneinander existieren können. Wichtiger jedoch war

die Tatsache, dass er der Armut in Brasiliens Städten Verhör verschaffte.
Nach seinem Erfolg mit *Cidade de Deus* drehte Meirelles in Afrika den
Hollywood-Streifen *Der ewige Gärtner (2004)*, der von einer Verschwörung
handelt.

Walter Salles ist einer der bekanntesten Regisseure Brasiliens. Sein mit
einem Oscar prämierter Film *Central Station* (1998) sollte in keiner seriösen
Filmbibliothek fehlen. Hauptfigur ist eine ältere Frau, die im Hauptbahnhof
von Rio arbeitet und Briefe für Analphabeten schreibt, deren Familien weit
weg wohnen. Nach der zufälligen Begegnung mit einem obdachlosen Jungen
folgt sie ihm auf der Suche nach seinem Vater ins echte, ungeschönte Brasilien. Salles Film *Die Reise des jungen Che* (2004) erzählt Che Guevaras und
Alberto Granadas historische Reise durch Südamerika. Einige seiner besten
Arbeiten lieferte Salles jedoch schon früher ab. Tatsächlich spielte sein erster,
1995 gedrehte Spielfilm *Fremdes Land* eine wichtige Rolle in der Renaissance
des brasilianischen Kinos.

In der Liste der großen brasilianischen Regisseure sollte auch Hector
Babenco nicht fehlen. *Carandiru* (2003) bietet einen Einblick in São Paulos
gleichnamiges höllisches Staatsgefängnis. Der Film basiert auf den echten
Erfahrungen eines Arztes, der in diesem Gefängnis arbeitete; auf Film-
festivals heimste er eine Reihe von Preisen ein, darunter auch die Goldene
Palme in Cannes. Noch kraftvoller ist aber Babencos älterer Film *Asphalt-
Haie* (1981), der das Leben durch die Augen eines Straßenjungen zeigt, der
von den Strömungen der Unterwelt mitgerissen und vom unschuldigen
Kind zum Kriminellen wird. Babenco führte auch Regie bei erfolgreichen
Hollywood-Streifen wie *Der Kuss der Spinnenfrau* (1985) und *Wolfsmilch*
(1987). In seinem jüngsten Film *El Pasado* (2007) übernahm Gael García
Bernal die Hauptrolle; die verzwickte Liebesgeschichte spielt in Argentini-
en (wo Babenco aufwuchs, bevor er die brasilianische Staatsbürgerschaft
annahm).

Der auf Englisch gedrehte Film *Mission* (1986) beschreibt das Leben in
den frühen Tagen der Kolonialisierung und die von Brutalität geprägte
Beziehung zwischen den Guarani und den konkurrierenden Weltmächten
Portugal und Spanien. Er wurde rund um die Iguaçu-Fälle gedreht – man
darf sich also auch auf einige spektakuläre Bilder freuen.

Bruno Barreto behandelt in *Vier Tage im September* (1997) die Probleme
der jüngeren Vergangenheit. Der Film spielt zur Zeit der Diktatur und basiert
auf der Geschichte des US-Botschafters in Brasilien, der 1969 von linken
Guerillatruppen entführt wurde.

Die cineastische Zäsur zwischen Diktatur und Demokratie markiert Carlos Diegues' *Bye Bye Brasil* (1980). Er berichtet von den Abenteuern einer
Theatertruppe, die durchs Land zieht und Zeuge der tiefgreifenden Veränderungen wird, die die brasilianische Gesellschaft in der zweiten Hälfte des
20. Jhs. erfuhr. Diegues führte außerdem bei *Orfeu* (1999) Regie, der glanz-
losen Neuinterpretation des Camus-Klassikers.

Vor der Diktatur, als man Kreativität im Land abwürgte, war Brasilien vom
Cinema Novo geprägt. Die Bewegung aus den 1960ern setzte ihren Fokus
auf die finsteren sozialen Probleme Brasiliens und war vom Neorealismus
Italiens beeinflusst. Zu den großen Filmen dieser Zeit gehört auch der 1962
entstandene *Fünfzig Stufen zur Gerechtigkeit*, die poetische Geschichte eines
Mannes, der sein Versprechen hält und nach der Heilung seines Esels ein
Kreuz trägt. Der Film gewann die Goldene Palme in Cannes. Ein anderer
großer Pionier des Cinema Novo ist der Regisseur Glauber Rocha. In *Deus
e o Diabo na Terra do Sol* (Gott und Teufel im Land der Sonne; 1963) behandelt Rocha den Überlebenskampf, den Fanatismus und die Armut im Nordosten Brasiliens. Der Film ist einer der besten jener Epoche.

Brazilian Cinema, her-
ausgegeben von Randal
Johnson und Robert
Stam, bietet einen faszi-
nierenden Überblick über
die großen Bewegungen,
die die Filmindustrie des
Landes geprägt haben,
und erforscht das Cinema
Novo, den Tropikalismus,
den Kannibalismus
und weitere wichtige
Einflüsse.

Wenn wir noch ein Stück weiter in der Zeit zurückkreisen, begegnen wir *Orfeu Negro* (Black Orpheus), Marcel Camus' Film von 1959, der mit seinem Soundtrack von Jobim und Bonfá die Ohren der Welt für den Bossa Nova öffnete. Der Film verlegt den klassischen Mythos um Orpheus und Eurydike feinsinnig in die Kulissen von Rios Carnaval (ein fruchtbarer Boden für die Geburt von Mythen).

Der Neorealismus war eine der ersten Bewegungen, die auch das brasilianische Kino beeinflusste, und *O Cangaceiro – Die Gesetzlosen* (1953) von Lima Barreto war vielleicht der erste brasilianische Film, der internationale Beachtung fand. Der Film erzählt die Abenteuer einer umherstreifenden Bande Gesetzloser und wurde vom berüchtigtsten Gesetzlosen des Nordostens, Lampião, inspiriert.

Literatur

Der Carioca-Autor Paulo Coelho, dessen Bücher sich mehr als 100 Mio. Mal verkauften, ist einer der meistgelesenen Schriftsteller der Welt. Während Kritiker dazu neigen, seine simplen, spirituellen New-Age-Fabeln zu zerreißen, haben Werke wie *Auf dem Jakobsweg* (1987), *Der Alchimist* (1988) und *Die Hexe von Portobello* (2006) bei seiner globalen Fangemeinde einen Nerv getroffen und ihm den Ruhm eines Rockstars beschert.

Ein Schriftsteller, der über „echten" Rockstar-Ruhm verfügt, ist der Sänger und Liedermacher Chico Buarque. Nach zwei eher mittelmäßigen Romanen scheint Buarque im dritten Anlauf einen echten Treffer gelandet zu haben: *Budapest* (2003) ist ein mitreißender, meditativer Roman über Liebe und Sprache, der in Budapest und Rio spielt.

Tristes Tropiques von Claude Lévi-Strauss ist sowohl ein gut geschriebener Reisebericht als auch die wichtigste anthropologische Studie über einige indigene Völker Brasiliens.

Eine völlig andere Weltanschauung wird in den Werken des Krimigenres präsentiert, dessen beliebte Romane endlich auch auf Englisch und teilweise auf Deutsch erhältlich sind. Luiz Alfredo Garcia-Roza wird häufig als der Raymond Chandler Brasiliens bezeichnet. Er schreibt harte, extrem fesselnde Bücher, die oft in seinem Viertel Copacabana spielen. Wer Rios „Noir"-Seite erkunden möchte, kann dies in seinen Romanen *Südwestwind* (2004) und *Window in Copacabana* (2005) tun. Die brasilianische Romanschriftstellerin und Theaterautorin Patrícia Melo hat für ihre klugen, psychologisch komplexen Thriller sowohl von ihren Lesern als auch von Kritikern viel Lob erhalten. Zu ihren besten Werken gehören *O Matador* (1999) und *Inferno* (2002), die beide auch auf Deutsch erschienen sind.

Jorge Amado, Brasiliens berühmtester Schriftsteller, starb im August 2001. Amado wurde 1912 in der Nähe von Ilhéus geboren, lebte lange Zeit in Salvador und schrieb lebendig-bunte Liebesgeschichten über die Menschen und Orte Bahias. Seine frühen Arbeiten waren stark vom Kommunismus beeinflusst. Seine späteren Bücher behandeln leichtere Themen, sind stilistisch gesehen aber bilderreicher und intimer. Zu den meistgelobten gehören *Gabriela wie Zimt und Nelken*, das in Ilhéus spielt, und *Dona Flor und ihre zwei Ehemänner*, eine Geschichte aus Salvador. *Werkstatt der Wunder* erforscht die Rassenbeziehungen in Brasilien, und *Das Nachthemd und die Akademie* lacht sich durch die kleinliche Welt der Militär- und Universitätspolitik. Zu den frühen Amado-Klassikern gehört *Herren des Landes*.

Clarice Lispector (1920–1977), eine der größten Schriftstellerinnen des 20. Jhs., ist außerhalb ihres Heimatlandes überraschend unbekannt. Ihre vom Existentialismus beeinflussten Bücher widmen sich menschlicher Isolation, Entfremdung und moralischem Zweifeln und zeugen von einem tiefen Verständnis der weiblichen Gefühlswelt. Die nur ins Englische übersetzten Kurzgeschichtensammlungen *Laços de família* (englisch: Family Ties, Familienbande; 1961) sowie *A Via Crucis do Corpo* und *Onde Estivestes de Noite* (englisch: *Soulstorm*, Sturm der Seele; 1989) zählen zu ihren besten Werken.

Joaquim Maria Machado de Assis, noch ein Carioca, gilt vielen als Brasiliens größter Schriftsteller. Der Sohn eines befreiten Sklaven arbeitete im 19. Jh. in Rio als Schriftsetzer und Journalist. Assis, ein grandioser Stilist, der Humor und Ironie auf großartige Weise einsetzte, verfügte über ein scharfsinniges Verständnis zwischenmenschlicher Beziehungen, das er mit großer Wirkung in seine brillant zynischen Arbeiten einfließen ließ. Rio ist Hintergrund für die meisten Bücher, die er Ende des 19. Jhs. schrieb, darunter *Die nachträglichen Memoiren des Brás Cubas* (1881) oder *Quincas Borba* (1891).

In seinem besten Buch, *Karges Leben*, erzählt Graciliano Ramos (1892–1953) vom Schicksal der Bauern im *sertão* – jedes Wort ist mit Bedacht gewählt. Die Geschichten zeichnen unheimlich kraftvolle Porträts. Außerdem sollte man alles lesen, was man von Mário de Andrade (1893–1945) in die Finger bekommt, einem der führenden Figuren der künstlerischen Renaissance Brasiliens in den 1920er-Jahren. Sein komischer Roman *Macunaíma – Der Held ohne jeden Charakter* nahm eine Vorreiterrolle bei der Verwendung der Umgangssprache in der brasilianischen Literatur ein und kann als Vorläufer des magischen Realismus angesehen werden – wo sonst, wenn nicht in Brasilien, könnte eine solche Geschichte spielen?

Unterdrückung und Gewalt wurden mit Beginn der Militärdiktatur Ende der 1960er-Jahre in der Literatur mehr und mehr thematisiert. Das bizarre, brutale Buch *Null* von Ignácio de Loyola Brandão wurde von der Militärregierung auf die schwarze Liste gesetzt, bis nationale Proteste das Verbot unhaltbar machten. *Das Fest* von Ivan Ângelo schildert das Leben in Belo Horizonte zur Zeit der Militärdiktatur. João Ubaldo Ribeiros *Sargento Getúlio* erzählt die Geschichte eines Militärs im brasilianischen Nordosten – kein Buch schildert den Sadismus, die Brutalität und das Patriarchat der brasilianischen Geschichte besser. Ribeiros *Brasilien, Brasilien* ist eine gefeierte, 400 Jahre abdeckende Saga über zwei Familien aus Bahia, deren soziale Herkunft unterschiedlicher nicht sein könnte.

Márcio Souza ist ein moderner Satiriker aus Manaus. Mit beißender Ironie beschreibt er die schrecklichen Seiten Amazoniens. Seine einfallsreichen Parodien der brasilianischen Geschichte enthüllen die Dummheit individueller und offizieller Anstrengungen, den Regenwald zu erobern. Alle, die nach Amazonien reisen, sollten *Mad Maria oder Das Klavier im Fluss* (ein historischer Roman über die Eisenbahnlinie Madeira–Mamoré) und *Galvez, Kaiser von Amazonien* im Gepäck haben.

Dinah Silveira de Queiroz' *The Women of Brazil* handelt von einem portugiesischen Mädchen, das ins Brasilien des 17. Jhs. reist, um ihren Verlobten kennenzulernen. Eine andere interessante Autorin ist Joyce Cavalcante. Sie tauchte in den 1990er-Jahren auf und beschreibt sowohl die Erfahrungen von Frauen im modernen Brasilien als auch die anhaltenden sozialen Probleme im Nordosten. Ihr Buch *Intimate Enemies* erzählt die Geschichte von Korruption, Gewalt und Polygamie, aber mit Sinn für Humor.

Aluísio Azevedo war einer der ersten Autoren, der das furchtbare Leben in Rios Favelas thematisierte. *Der Mulatte* ist ein gesellschaftskritischer Roman über das Brasilien des 19. Jhs.

Malerei & Bildende Künste

Der bekannteste zeitgenössische Künstler Brasiliens ist der Fotograf Sebastião Salgado. Mit seinen bewegenden, meisterhaft beleuchteten Schwarz-Weiß-Fotos von Wanderarbeitern und anderen Menschen am Rande der Gesellschaft hat er sich im Ausland einen Namen gemacht. Für sein jüngstes Projekt „Genesis" reiste er auf die Galapagos-Inseln, in den Himalaja, die namibische Wüste, zu den Gletschern Argentiniens und an andere unbe-

An Anthology of Twentieth-Century Brazilian Poetry (1972) ist eine tolle Einführung in die Welt brasilianischer Dichter. Das Buch wurde von der amerikanischen Dichterin Elizabeth Bishop herausgegeben, die nur eine kurze Reise nach Santos unternehmen wollte und 15 Jahre blieb.

Inferno von Patrícia Mello ist ein abschreckender Roman über den Aufstieg eines Jungen an die Spitze von Rios Kokainhandel. Die Autorin hatte noch nie einen Fuß in eine Favela gesetzt, bevor sie das Buch schrieb, was Gegenstand einiger Kontroversen war.

Sebastião Salgados
*Workers. An Archaeology
of the Industrial Age*
gehört zu den größten
fotografischen Porträt-
bänden unserer Zeit.
Salgado zeigt die Mühen
der Arbeiter in kraftvollen
Bildern, aufgenommen
in Spanien, Frankreich,
South Dakota und den
Goldminen Brasiliens.

rührte Orte, wo er die harmonische Koexistenz von Mensch und Natur fotografierte – eine Art „planetarische Anthropologie", wie er es nannte.

Auch Ernesto Neto gehört zu den Top-Künstlern der brasilianischen Kunstszene. Seine Skulpturen – einige groß genug, um ganze Ausstellungsräume
zu füllen – bestehen aus membranartigen Schläuchen, die mit unterschiedlichen Materialien (Waschpulver, Gewürzen etc.) gefüllt und in verschiedene
amorphe Formen gebracht sind. Oft beziehen sie den Betrachter mit ein.

Netos Vorbild ist Hélio Oiticica (1937–1980), einer der wichtigsten Vertreter der brasilianischen Avantgardebewegung in den 1960er- und 1970er-
Jahren. Er wurde durch seine interaktiven Werke bekannt. In seiner Instal-
lation *Cosmococa* lud er die Betrachter z. B. ein, sich auf mit Planen
bedecktem Sand zu legen und sich eine Projektion anzusehen, in der über
ein Foto von Marilyn Monroe Kokain-Lines gezogen werden.

Obwohl man sie mit der *tropicália*-Bewegung verbindet, hatte Lygia Clark
(1920–1988) eine 30 Jahre währende Künstlerkarriere. In den 1950ern fing
sie mit monochromen, konstruktivistischen Gemälden an. In den 1960ern
wurden ihre Arbeiten konzeptioneller und konzentrierten sich schließlich
auf die experimentelle Erforschung sinnlicher Wahrnehmung bis in den
psychotherapeutischen Bereich.

Vor der Experimentierphase des Konstruktivismus und der Avantgarde
war brasilianische Kunst stark von Europa beeinflusst. Auch in Brasilien gab
es Strömungen wie Klassizismus und Romantik. Zu den großen brasilianischen Neo-Realisten des 20. Jhs. gehörte Cândido Portinari (1903–1962).
Schon früh entschied er sich, nur Brasilien und seine Bewohner zu malen.
Er lehnte sich stark an mexikanische Muralismo-Künstler wie Diego Rivera
an und vereinte indigene, expressionistische Formensprache mit sozial-
kritischem Anspruch.

Das 18. Jh. war die Epoche der brasilianischen Barockkunst. Der Reichtum
durch den Goldrausch kam auch Künstlern zugute. Das gefeierte Genie
dieser Periode war der Bildhauer und Architekt Antônio Francisco Lisboa
(1738–1814), besser bekannt als Aleijadinho (s. Kasten S. 277).

Brasiliens erste Künstler waren Maler in den Jesuiten- und Benediktiner-
missionen, die brasilianische Kirchen und sakrale Gegenstände im europäischen Stil gestalteten. Mit der niederländischen Invasion im Nordosten
kamen im 17. Jh. bedeutende flämische Künstler wie Frans Post ins Land,
der die tropische Flora und Fauna Brasiliens festhielt.

Architektur

In Salvador, der Hauptstadt des kolonialen Brasilien von 1549 bis 1763, sind
viele beeindruckende Gebäude aus der Renaissance und dem Barock erhalten geblieben. Eine besondere Sehenswürdigkeit in der Altstadt, in der seit
1992 über 600 Gebäude und Denkmäler restauriert wurden, sind die leuchtend bunten Häuser mit ihren schönen Stuckornamenten.

*When Brazil Was Modern:
A Guide to Architecture:
1928–1960* von Lauro
Cavalcanti ist ein gut
illustrierter Führer zu den
etwa 30 Architekten, die
einen wichtigen Beitrag
zu Brasiliens modernem
Gesicht leisteten.

Olinda ist im Wesentlichen eine Stadt des 18. Jhs. 20 Barockkirchen und
viele Konvente, Kapellen und Häuser mit roten Ziegeldächern machen den
architektonischen Reichtum und die einzigartige Atmosphäre dieser Stadt
aus. In São Luís sind die Altstadtstraßen aus dem 17. Jh. noch vollständig
erhalten, ebenso wie viele historische Gebäude und schöne Villen mit farbig
gekachelten Fassaden.

Die Minenstädte aus dem 18. Jh. in Minas Gerais bieten ebenfalls Archi-
tekturschätze aus der Kolonialzeit. Die architektonische Perle ist Ouro Prêto,
das Zentrum des Goldrauschs des 18. Jhs. Hier gibt es die größte Dichte an
barocken Gebäuden in Brasilien – viele von ihnen wurden von Aleijadinho,
dem Meister des brasilianischen Barock, entworfen oder ausgestattet. Nach
dem schönen Ouro Prêto wurde Diamantina als Weltkulturerbe anerkannt,

DER JAHRHUNDERTARCHITEKT

„Ich habe rechte Winkel und die rationale Architektur, die streng und eckig mit dem Lineal entworfen wird, absichtlich außer Acht gelassen, um mich mutig in die Welt der Kurven und geraden Linien zu begeben, die der Stahlbeton bietet ... Dieser mutwillige Protest entstand aus der Umgebung, in der ich lebte, mit ihren Stränden, mächtigen Bergen, alten Barockkirchen und wunderschönen, sonnengebräunten Frauen." – *The Curves of Time: The Memoirs of Oscar Niemeyer* (2000)

Oscar Niemeyer, der 2007 seinen 100. Geburtstag feierte, ließ sich ganz klar auch von seiner Heimatstadt Rio de Janeiro inspirieren. Er gilt als einer der großen Pioniere des Modernismus und hinterließ ein dauerhaftes Vermächtnis plastischer, aussagekräftiger Entwürfe. Niemeyer wurde im Stadtteil Laranjeiras in Rio geboren und verbrachte seine Jugend damit, die künstlerische Seite der Stadt zu erkunden, bevor er in den 1930ern seine Berufung in der Firma des bekannten brasilianischen Architekten Lúcio Costa fand. Seine frühen Arbeiten waren zudem vom französischen Modernisten Le Corbusier beeinflusst, der der Firma bei Projekten wie dem 1943 fertiggestellten modernistischen Wolkenkratzer des Palácio Gustavo Capanema in Rio als Berater diente. Nach dem Zweiten Weltkrieg fand Niemeyer für seine Arbeit als einer der Hauptarchitekten des Hauptquartiers der Vereinten Nationen auch internationale Anerkennung.

In den 1950er-Jahren hatte er sich bereits als einer der visionärsten Architekten Brasiliens erwiesen – für Präsident Juscelino Kubitschek und sein ambitioniertes Projekt, eine Stadt mitten im Nirgendwo zu planen, war er daher die ideale Wahl. Die Entwürfe für Brasília, die neue Hauptstadt des Landes, sollten sich später als Niemeyers wichtigstes Erbe erweisen. Bei diesem Projekt arbeitete er wieder mit dem Stadtplaner Lúcio Costa und dem Landschaftsarchitekten Burle Marx zusammen. Brasília hat seine Kritiker: Einige verschreien es als einen Ort, der für Autos und Gebäude statt für Fußgänger gemacht wurde, während andere das reglementierte Design verurteilen, das die Stadt in Sektoren einteilt, und die fehlende Mischung aus Arbeits- und Freizeitbereichen monieren, die ein wesentlicher Bestandteil der meisten anderen brasilianischen Städte ist. Zu seiner Verteidigung muss man sagen, dass Brasília auch heute noch als eines der kühnsten urbanen Designprojekte der Welt gilt. Zahlreiche einzigartige Gebäude zieren das breite, flugzeugförmige Straßennetz, zu nennen sind etwa Niemeyers kronenförmige Kathedrale, der Palácio da Alvarado (Präsidentenresidenz) und der Nationalkongress.

Die gesamte Stadt wurde in nur drei Jahren fertiggestellt. Niemeyer konnte jedoch nicht mehr in diesem Erfolg baden. Nach dem Militärputsch im Jahr 1964 wurde er aufgrund seiner Mitgliedschaft in der Kommunistischen Partei zur Persona non grata. Er ging nach Paris ins Exil, wo er weiterhin seiner architektonischen Berufung nachging (und u. a. die Hauptgeschäftsstelle der Französischen Kommunistischen Partei entwarf). 1984, als die Militärdiktatur in den letzten Zügen lag, kehrte er nach Brasilien zurück und machte genau dort weiter, wo er aufgehört hatte, indem er Meisterwerke wie das Museu do Arte Contemporânea (S. 166) in Niterói entwarf. Auch im Jahr 2010 arbeitete Niemeyer noch jeden Tag in seinem Büro, einem Atelier im obersten Stock eines Wolkenkratzers in der Av Atlântica, das einen grandiosen Ausblick auf die Copacabana-Strand bietet.

Weitere große Arbeiten Niemeyers sind die Bauwerke im Parque do Ibirapuera (S. 316), inzwischen echte Wahrzeichen São Paulos, das atemberaubende Museu Oscar Niemeyer (S. 349) in Curitiba, das die Form eines Auges hat, und das wilde Museu de Arte de Pampulha (S. 259) in Belo Horizonte. Momentan im Bau befindet sich der Caminho de Niemeyer (Niemeyer-Weg) in Niterói (S. 165) vis-à-vis von Rio de Janeiro, der eine Reihe von Gebäuden in wunderschöner Lage mit Blick auf die Baía de Guanabara bieten wird.

The Curves of Time: The Memoirs of Oscar Niemeyer ist für alle zu empfehlen, die sich eingehender mit Brasiliens größtem Architekten beschäftigen wollen. Es zeichnet dessen Leben nach und erzählt von Episoden wie Niemeyers Exil in Paris oder seiner Begegnungen mit Henry Miller.

eine Stadt, die im 18. Jh. von Diamantenjägern gegründet wurde. In anderen Städten in Minas, z. B. in Tiradentes und São João del Rei, kann man ebenfalls Barockarchitektur bewundern.

Brasiliens Architektur im 19. und frühen 20. Jh. war sehr stark von französischen Stilen beeinflusst. Der Neoklassizismus brachte grandiose, monu-

mentale Bauten hervor, etwa das Museu Nacional de Belas Artes (S. 161) in
Rio de Janeiro und die Paläste des Kautschukbooms am Amazonas, z. B.
Manaus' Teatro Amazonas (S. 705) und das Teatro da Paz (S. 664) in Belém.
Um die Jahrhundertwende zum 20. Jh. kam dann der Jugendstil ins Land:
Ein herausragendes Beispiel für diesen ist die Innengestaltung der Confei-
taria Colombo (S. 184) in Rio.

Die 1930er-Jahre waren die Ära des Art déco – als Paradebeispiele sind
der Hauptbahnhof in Rio, die Statue Cristo Redentor (Christus der Erlöser;
S. 159), die Gebäude entlang der Av Presidente Vargas in Belém und zahlreiche Apartmenthäuser in Rio de Janeiro zu nennen. Im gleichen Zeitraum
tauchte aber auch eine neue Generation brasilianischer Architekten auf der
Bildfläche auf, die von Oscar Niemeyer (s. Kasten S. 81) angeführt und von
den modernistischen Ideen von Le Corbusier beeinflusst wurden.

In der zweiten Hälfte des 20. Jhs. machten zahlreiche weitere talentierte
Architekten von sich reden. Die in Rom geborene Lina Bo Bardi (1914–1992)
wanderte nach dem Zweiten Weltkrieg nach Brasilien aus und wurde dort
eine aktive Figur der intellektuellen Szene Brasiliens. Ihr erstes Projekt war
das Casa de Vidro (Glashaus; 1951) in São Paulo, ein zen-artiger Kubus auf
schlanken Säulen, der mit der umliegenden Landschaft verschmilzt. Mit
ihrem Entwurf für das Museu de Arte de São Paulo (MASP; S. 316) führte
sie ihre Ideen von Schwere und Leichtigkeit weiter: Das mutige Design besteht aus zwei mächtigen roten Betonrahmen, die die innere Glaskonstruk-
tion über dem Erdboden halten. Lino Bo Bardi blieb sowohl als Praktikerin
als auch als Theoretikerin bis in die 1990er in der Designwelt aktiv und
arbeitete an zahlreichen Projekten mit. Ihre unzähligen Bewunderer loben
besonders ihre „anthropologische Architektur", deren Entwürfe auf einer
respektvollen Haltung gegenüber dem Benutzer basieren.

Einer der aktivsten zeitgenössischen Architekten Brasiliens ist Paulo
Mendes da Rocha (geb. 1929). 2006 gewann der in São Paulo lebende Architekt den Pritzker-Preis (den Nobelpreis der Architekturwelt) für sein
„tiefes Verständnis der Poesie des menschlichen Raumes". Er ist Mitglied
der avantgardistischen Gruppe der „brutalistischen" Architekten São Paulos,
und seine Entwürfe zeichnen sich durch schlichte Materialien und Formen
aus, die sich beim Bau schnell und einfach umsetzen lassen. Seine Arbeit hat
aber auch eine ethische Dimension, die sich der Harmonie zwischen Innen-
und Außenräumen widmet. Zu seinen Werken gehört u. a. die Praça do
Patriarca in São Paulo, ein wiederbelebter öffentlicher Platz. In dessen Zentrum scheint ein geschwungener Stahl-Baldachin über den Köpfen der
Menschen zu schweben.

Das umfangreiche Buch
*Brazil's Modern Architec-
ture* wurde von einer
Reihe brasilianischer
Architekten und Kritiker
verfasst, die die Blütezeit
des Modernismus in
der Mitte des 20. Jhs.
sowie jüngere Projekte
diskutieren.

Karneval

Eine der größten Partys der Welt, der *carnaval* mit all seinen farbenfrohen und hedonistischen Ausschweifungen, wird mit viel Begeisterung in praktisch allen Städten und Dörfern des Landes gefeiert. Obwohl der Karneval offiziell nur die fünf Tage von Freitag bis zum Dienstag vor Aschermittwoch dauert, können die Festivitäten schon Wochen vorher anfangen – wie es in Rio der Fall ist. Er kann auch außerhalb der Saison stattfinden, namentlich in Natal, Maceió, Recife und São Luís. Einige Städte haben den Aschermittwoch gleich ganz abgeschafft und lassen die Party weiterlaufen – in Porto Seguro gleich eine ganze Woche, in Olinda noch länger.

Der Karneval in Brasilien hat verschiedenen Formen und kommt mit unterschiedlichen Rhythmen daher – Samba in Rio, *axé* und *afoxé* in Salvador, *frevo* und *maracatu* in Recife. Trinken, Tanzen und allgemeine Lebensfreude kommen jedoch nirgendwo zu kurz. Rio und São Paulo bieten gigantische Nachtparaden, komplett mit Karnevalswagen in Technicolor und riesigen Ansammlungen von Trommlern und Tänzern, die sich vor Zehntausenden von Zuschauern durch eigens errichtete Stadien bewegen. In Salvador findet der Karneval auf die Straße statt. Berühmte Bands ziehen auf großen, mit gewaltigen Boxen bestückte Lkws durch die Stadt und heizen den Massen ordentlich ein. In Olinda schließlich wird das historische Zentrum die Hauptbühne für den Karneval, dessen Markenzeichen gigantische Puppen, verkleidete Festivalbesucher und Bands sind, die einen klasse Mix aus sehr tanzbaren Beats spielen.

Porto Alegre, Florianópolis, Ouro Prêto, São Luís, Corumbá und viele andere Städte schmeißen anständige Partys – mit Livebands und *cachaça* (Zuckerrohrschnaps), die die Menge durch die Nacht bringen. Denjenigen, die etwas gesetzteres suchen, seien die Resortgegenden wie Búzios, die Ilha Grande, Paraty, Ihlabela, Arraial d'Ajuda und Jericoacoara empfohlen. Hier kann man sich amüsieren, ohne ständig mit den atemberaubenden Massen der Karnevalshochburgen mitschwimmen zu müssen.

Egal wo man hin möchte, die Unterkünfte muss man unbedingt sehr früh reservieren. Auch sollte man sich auf deutliche höhere Preise gefasst machen. Unterkünfte verdoppeln oder verdreifachen ihre Übernachtungspreise schon mal gern und Mindestaufenthalte von vier bis zu sieben Nächten sind allgemein üblich.

Carnaval! von Barbara Mauldin ist ein schöner Bildband mit lebendigen Fotos weltweiter Karnevalsfestlichkeiten – von Bulgarien bis Brasilien.

GESCHICHTE

Der Karneval bzw. Fasching hat seine Ursprünge in verschiedenen heidnischen Frühlingsfesten. Während des Mittelalters waren es richtig wilde Feste, die in Europa durch Reformation und Gegenreformation gezähmt wurden. Aber selbst die schwere Hand der Inquisition konnte den Karneval in den portugiesischen Kolonien nicht zermalmen, wo er begann indigene Kostüme und afrikanische Rhythmen zu adaptieren.

Die Herkunft des Namen *carnaval* leitet sich womöglich vom lateinischen *carne vale* („Fleisch, lebe wohl!") ab, als Hinweis auf die an Aschermittwoch beginnende 40-tägige Fastenzeit. Um sich für den vor einem liegenden Mangel zu entschädigen, werden die Sünden im Voraus bei wilden Partys angesammelt, alles zu Ehren von König Momo, dem König des Karnevals.

Rios ausgezeichnete Insider-Website www.ipanema.com hat Unmengen an aktuellen Infos zum Karneval in Rio.

KARNEVALSDATEN

Es folgen die Daten für Karneval (Freitag bis Faschingsdienstag) der nächsten Jahre:

■ **2012** 17.–21. Februar
■ **2013** 8.–12. Februar
■ **2014** 28. Februar–4. März
■ **2015** 13.–17. Februar

KARNEVAL IN RIO DE JANEIRO

Wer es noch nicht mitbekommen hat, Rio schmeißt 'ne Riesenparty. Mit viel Musik und Tanz geht's durch die Straßen der Stadt und zwar tagelang. Der Höhepunkt ist die brillante farbenprächtige Parade durch das Sambódromo, mit gigantischen beweglichen Wagen, Trommlern und wirbelnden Tänzern – darüber hinaus gibt es noch eine Menge andere Action in Rios vielen Stadtvierteln. Es kommen also auch diejenigen auf ihre Kosten, die mehr suchen als nur das Stadionerlebnis.

Auswärtige Besucher, die sich den Straßenfesten der Cariocas anschließen, verstärken das Chaos. Es gibt kostenlose Livekonzerte in der ganzen Stadt (u. a. nahe dem Arcos do Lapa, am Largo do Machado und der Praça Floriano). Und wer ein bisschen was dekadenteres sucht, kann einen der viele Kostümbälle Rios besuchen. Was auch immer geplant ist, es geht nicht ohne schlaflose Nächte, größere Mengen Caipirinhas und Sambarhythmen. Und man sollte keine Berührungsängste ab, da man sicher mit der ausgelassenen Massen durch die Straßen strömen wird.

Für mehr Informationen zu Events empfiehlt sich das Beiheft *Veja Rio* des Magazins *Veja* (immer sonntags an Kiosken). Oder man schaut bei **Riotur** (Karte S. 146 f.; ☎ 0xx21-2541 7522; www.rioguiaoficial.com.br; Av Princesa Isabel 183; 🕑 Mo–Fr 9–18 Uhr), der für den Karneval verantwortlichen Touristenorganisation, vorbei.

STRASSENKARNEVAL

In den letzten Jahren ist die Beliebtheit der Straßenpartys quasi explodiert. Sich den *bandas* und *blocos* (Straßenpartys) anzuschließen, ist wahrscheinlich die beste Art, den Karneval der Cariocas zu erleben. Diese Umzüge bestehen aus einer Prozession von Blaskapellen (im Fall von *bandas*) oder Trommlern und Sängern (im Fall von *blocos*), denen jeder folgt, die durch die Straßen tanzen will. Im Jahr 2000 gab es nur eine Handvoll solcher Events in der Stadt. 2010 waren es schon über 400 Straßenpartys. Sie füllten jedes Stadtviertel mit dem Klang von Trommeln und altmodischen Karnevalsliedern – ganz zu schweigen von Tausenden von Freudentänzern. Für viele Cariocas ist das der Höhepunkt des Karnevals. Man kann sich in ein Kostüm schmeißen (oder auch nicht), ein paar Lieder lernen und mitmachen; alles was man tun muss, ist hingehen – und wenn man Feste in der Zona Sul besucht, Badesachen mitnehmen, um sich im Meer abkühlen zu können.

Eine komplette Übersicht gibt es im kostenlosen Führer *Carnaval de Rua* von Riotur. Bevor es losgeht sollte man die Tage und Uhrzeiten nochmal überprüfen.

Banda de Ipanema (Praça General Osório, Ipanema; 🕑 2. Sa vor Karneval, Karneval-Sa & -Di 16 Uhr) Diese alteingesessene *banda* zieht eine wilde Meute an. Mit am Start sind Drag Queens und andere Kostümierte. Nicht verpassen.

Banda de Sá Ferreira (Ecke Av Atlântica & Rua Sá Ferreira, Copacabana; 🕑 Karnevals-Sa & -So 16 Uhr) Diese beliebte Copacabana- *banda* marschiert am Ozean entlang vom Posto 1 bis zum Posto 6.

Banda Simpatia é Quase Amor (Praça General Osório, Ipanema; 🕑 2. Sa vor Karneval & Karnevals-So 14 Uhr) Noch ein Liebling aus Ipanema, mit 50-köpfiger Percussionband.

Barbas (Ecke Ruas Assis Bueno & Arnoldo Quintela, Botafogo; 🕑 Karnevals-Sa 13 Uhr) Eine der ältesten *bandas* der Zona Sul marschiert mit einer 60-köpfigen Percussionband durch die Straßen.

Ein genauen Einblick in die Karnevalsvorbereitungen gibt es bei Cidade do Samba (Sambastadt; http://cidadedosambarj. globo.com; Rua Rivadávia Correa 60, Gamboa); hier bauen die Sambaschulen ihre Karnevalswagen zusammen.

Eine komplette Übersicht über aktuelle Karnevalsinfos aus Rio inklusive Veranstaltungskalender mit Straßenpartys, Events von Sambaschulen und Bällen gibt es unter www.rio-carnival.net.

Bloco do Bip Bip (Rua Almirante Gonçalves 50, Copacabana; ☺ Karnevals-Fr 18 & Karnevals-Di 17 Uhr) Man trifft sich vor der alten Sambakneipe Bip Bip (S. 191).

Carmelitas (Ecke Rua Dias de Barros & Ladeira de Santa Teresa, Santa Teresa; ☺ Karnevals-Fr 14 & Karnevals-Di 20 Uhr) Eine verrückte gemischte Truppe (einige davon als Karmeliterinnen verkleidet) zieht durch Santa Teresas Straßen.

Céu na Terra (Curvelo, Santa Teresa; ☺ Karnevals-Sa 8.30 Uhr) Man folgt der *bonde* (Straßen-bahnstrecke) auf einem beeindruckenden Umzug von Santa Teresa nach Largo das Neves.

Cordão do Bola Preta (Ecke Rua Evaristo da Veiga & Rua 13 de Maio, Centro; ☺ Karnevals-Sa 8 Uhr) Die älteste und größte noch aktive *banda*. Kostüme sind immer erwünscht, vor allem solche mit schwarz-weißen Flecken.

Dois Pra Lá, Dois Pra Cá (Carlinho de Jesus Dance School, Rua da Passagem 145, Botafogo; ☺ Karnevals-Sa 14 Uhr) Dieser ziemlich lange Umzug beginnt an der Tanzschule und endet am Copacabana Palace.

Monobloco (Ave Rio Branco, Centro; ☺ 1. So nach Karneval 8 Uhr) Raus aus den Federn! Dieser riesige *bloco* zieht mehr als 400 000 Fans an, die sich trotz Kater vom Vorabend (oder gerade deswegen) im Centro versammeln, um den Karneval endgültig zu verabschieden.

Suvaco de Cristo (Rua Jardim Botânico, Jardim Botânico; ☺ So vor Karneval 8 Uhr) Sehr beliebter *bloco* (dessen Name „Christus' Achselhöhle" bedeutet – was sich auf den Erlöser mit den weit geöffneten Armen bezieht, der über allem thront). Man trifft sich auch am Karnevalssamstag, aber die Uhrzeit wird nicht verraten, um zu große Menschenmengen zu verhindern; man muss also herumfragen.

KARNEVALSBÄLLE

Die riesigen Karnevalsbälle sind meist Kostümpartys mit Livemusik, Tanz und einem Ambiente, das von seriös und formell bis wild und fetzig reicht. Der berühmteste Ball findet im Copacabana Palace (S. 178) statt. Es besteht Smoking-Pflicht, der Preis für ein Ticket liegt zwischen 1100 und 3200 R$.

Schöne, nicht ganz so teure Bälle (um die 40 R$) finden im Rio Scenarium (S. 192) und in der **Scala** (Karte S. 144 f.; ☎ 2239 4448; Av Afrânio de Melo Franco 296, Leblon) statt. Die extravagantesten Schwulenbälle findet man im Le Boy (S. 193). Hier kommt man am besten im Kostüm.

Die Tickets gehen etwa zwei Wochen vorher in den Vorverkauf, die Bälle finden in der Karnevalszeit jeden Abend statt. Die *Veja Rio* Beilage im *Veja* Magazin hat alle Einzelheiten.

UMZÜGE DER SAMBASCHULEN

Das Highlight einer jeden Karnevalssaison ist der Besuch oder gar die aktive Teilnahme bei einer Parade im Sambódromo. Vor 30 000 Menschen (und Millionen vor den Fernsehern) hat jede der zwölf Sambaschulen 80 Minuten Zeit, um durch das von Oscar Niemeyer gestaltete Stadion zu tanzen und zu singen. Der Wettbewerb ist nicht nur ein Augenschmaus für die Massen. Die Schulen wetteifern um die höchsten Ehren der Parade. Die Verkündung der Gewinner sowie deren Parade findet am Samstag nach Aschermittwoch statt.

Und das kann man erwarten: Jede Schule betritt das Sambódromo voll-gepumpt mit Adrenalin und die Tänzer legen noch eine Schippe drauf, wenn sie durch das Stadion tanzen. Moderatoren stellen die Schule vor, dann startet die einsame Stimme des *puxador* (Sängers der Gruppe) die Samba. Tausende Stimmen fallen ein – jede Schule hat 3000 bis 5000 Mitglieder –, bis schließlich auch die Trommler, 200 bis 400 pro Schule, den Rhythmus vorgeben. Dann folgen die Hauptabteilungen der Schule, die großen allego-rischen Festwagen, die Kinderabteilung, die Prominenten und die glocken-förmigen *baianas* (Frauen in bahianischen Trachten), die in eleganten Reif-röcken umher wirbeln. Die *baianas* stehen für die Geschichte der Parade, die 1877 von Rio nach Salvador da Bahia kam.

Viele *blocos* in Rio haben obszön-verrückte Namen, so z. B. *Rola preguiçosa* (Fauler Phallus), *Que merda é essa?* (Was ist das für ein Scheiß?) und *Você naõo vale nada, mas eu gosto de você* (Du bist nichts wert, aber ich mag dich trotzdem).

In allen Sambaschulen Rios ist die *rainha da bateria* (Königin der Trommler) meist eine bekannte Schauspie-lerin oder ein Popstar, deren Kostüme 50 000 R$ aufwärts kosten.

EINER SAMBASCHULE BEITRETEN

Wer schon mal dabei war sagt, dass es im Karneval nichts Besseres gibt, als selbst ein Kostüm anzuziehen und vor der tobenden Menge durch das Sambódromo zu tanzen. Jeder, der das mal erleben möchte und ein bisschen Kleingeld übrig hat, kann beim Umzug mitmarschieren. Die meisten Sambaschulen freuen sich über Ausländer, die in einer der Abteilungen mitlaufen. Um die Sache ans Laufen zu bringen, muss man Vorab Kontakt mit der gewünschten Schule aufnehmen. Dort erfährt man dann die Trainingszeiten und wann man in der Stadt sein muss (üblicherweise in der Woche vor Karneval). Im Idealfall sollte man das Themenlied auswendig können, aber das ist kein Muss (man kann auch nur die Lippen bewegen). Eine Liste der Sambaschulen mit Kontaktinformationen findet sich auf S. 192.

Die größte Investition, abgesehen vom Flugticket nach Rio, ist die Anschaffung einer *fantasia* (Kostüm), für das man mit mindestens 600 R$ rechnen muss. Wer etwas Portugiesisch spricht, kann die Schule direkt kontaktieren. Viele Rio-Reisebüros können das ebenfalls arrangieren. Ein empfehlenswerter Kontakt ist **Rio Charm** (www.riocharm.com.br); Traveller werden in einer Schule der Grupo A untergebracht (von denen es heißt, sie seien weniger formell und viel spaßiger). Kostüme kosten um die 400 R$.

Wer einen Insiderbericht über Sambaschulen lesen möchte, dem sei Alma Guillermoprietos hervorragendes Buch *Samba* empfohlen.

Die Kostüme sind unglaublich aufwändig, sie bestehen aus einem bis 1,5 m hohen Federkopfschmuck, langen fließenden Umhänge voller glitzernder Pailletten und strassbesetzten Stringtangas.

Die ganze Parade ist auch ein komplizierter Wettbewerb. Eine handverlesene Gruppe von Juroren kürt die beste Schule auf der Basis mehrerer Kriterien, darunter Rhythmus, die *samba do enredo* (Themenlied), Harmonie zwischen den Rhythmusgruppen, Gesang und Tanz, Choreographie, Kostüme, Thema, Festwagen und Dekoration. Der Wettbewerb ist hart umkämpft, denn der Gewinner genießt nicht nur in Rio, sondern in ganz Brasilien hohes Ansehen.

Die Sambódromo-Umzüge beginnen mit den *mirins* (junge Sambaschulenmitglieder) am Abend des Karnevalsfreitags und dauern bis Samstagnacht, wenn die Sambaschulen der Groupo A ihr Können zeigen. Der Sonntag und Montag sind dann die wichtigsten Termine, denn dann kommt die Parade der Grupo Especial – der zwölf besten Sambaschulen von Rio: sechs am Sonntagabend, und sechs weitere am Montagabend. Am darauffolgenden Samstag gehört die Parade der Champions nochmals den sechs besten Schulen. Die Karten hierfür sind eher bezahlbar als an den anderen großen Abenden. Beginn ist jeweils abends um 21 Uhr, das Ende gegen 4 Uhr.

Die meisten Besucher bleiben für drei bis vier Gruppen und kommen zum Auftritt ihrer Favoriten zurück (jeder Carioca, der was auf sich hält, ist Fan einer Schule, genau wie man auch seinen Fußballclub unterstützt). Die echten Fanatiker tragen die Farben ihrer Schule und lernen das Themenlied auswendig – die Texte stehen auf der Webseite der jeweiligen Schule. So kann man den Marsch durchs Sambódromo singend begleiten.

Die meisten Karnevalssiege hat die Sambaschule Portela zu verbuchen, insgesamt sind es 21 Titel.

Tickets

Es ist schwierig, an reguläre Tickets ranzukommen. **Liesa** (http://liesa.globo.com), die offizielle Vereinigung der Sambaschulen, beginnt im Dezember oder Januar mit dem Ticketverkauf. Die meisten Tickets werden sofort von den Reisebüros aufgekauft, um später zu einem höheren Preis wieder verkauft zu werden. Bei Riotur (S. 84) erfährt man, wie man drankommt; die offizielle Verkaufsstelle wechselt von Jahr zu Jahr. Ursprünglich kosten die Tickets zwischen 110 und 300 R$, aber man muss wahrscheinlich das Doppelte oder mehr bezahlen, wenn man sie erst kurz vor dem Karneval kauft. Die besten Bereiche in absteigender Reihenfolge sind Block 9, 7, 11, 5 und 3. Die ersten beiden (9 & 7) haben einen tollen Blick und liegen in der Mitte, wo am meisten los ist.

Am Karnevalswochenende sind die meisten Tickets ausverkauft, allerdings ist der Schwarzmarkt groß. Wer ein Ticket von einem Schwarzmarkthändler kauft – keine Sorge, die muss man nicht suchen, man wird von ihnen gefunden! –, sollte darauf achten, dass sowohl das Plastikticket mit dem Magnetstreifen als auch das Ticket mit der Platznummer ausgehändigt wird. Die Tickets für die verschiedenen Tage haben unterschiedliche Farben, also auch nochmal aufs Datum gucken.

Wer noch kein Ticket hat, aber trotzdem dabeisein möchte, kann gegen Mitternacht zum Sambódromo kommen. Dann bekommt man Tribünenkarten für etwa 30 R$ von den Schwarzhändlern vor dem Tor. Auf jeden Fall den Sektor auf dem Ticket überprüfen. Die meisten Verkäufer versuchen, jetzt noch ihre schlechten Karten zu verkloppen.

Und wer es nicht zum richtigen Karneval schafft, für den gibt es immer noch die günstigere Parade der Champions am darauffolgenden Samstag.

Anfahrt zum Sambódromo

Zum Sambódromo (Karte S. 152 f.) bzw. zurück ins Zentrum sollte man besser nicht den Bus nehmen. Ein Taxi oder die Metro (Haltestelle Praça Onze oder Central) sind sicherer. Die Metro fährt an den Karnevalstagen rund um die Uhr (bis Di 23 Uhr) – eine gute Möglichkeit, die Kostüme der Umzugsteilnehmer aus der Nähe anzugucken.

Wichtig ist, dem Taxifahrer zu sagen, zu welcher Seite des Stadions man muss. Wer mit der Metro unterwegs ist, muss je nach Sitzplatz die richtige Haltestelle nehmen: Die Sektoren 2, 4 und 6 erreicht man über die Haltestelle Praça Onze. Vor der Station geht man zweimal nach rechts und dann geradeaus (auf der Rua Júlio Carmo) zum Sektor 2. Zu den Sektoren 4 und 6 geht man zur Rua Carmo Neto und folgt dann der Av Salvador de Sá. Man sieht schon bald das Sambódromo und hört die ausgelassene Menge. Die Eingänge zu den Sektoren sind ausgeschildert. Um zu den Sektoren auf der anderen Seite (1, 3, 5, 7, 9, 11 & 13) zu gelangen, steigt man an der Haltestelle Central aus. Dann geht man 700 m auf der Av Presidente Vargas entlang, bis man zum Sambódromo kommt.

OPEN-AIR KONZERTE

Lapa wird während des Karnevals zum Dreh- und Angelpunkt. Die Praça Cardeal Câmara vor den Arcos do Lapa (Karte S. 150 f.) verwandelt sich zu einer offenen Bühne, auf der in der gesamten Karnevalszeit Konzerte stattfinden. Jede Nacht spielen mehr als ein halbes Dutzend verschiedene Bands (natürlich Samba). Dieser Event wird auch Rio Folia genannt. Die Musik beginnt um 22 Uhr und endet nach 2 Uhr. Die Fans bevölkern Lapa allerdings bis weit nach Sonnenaufgang.

PROBEN DER SAMBASCHULEN

Im August oder September beginnen die Proben der meisten escolas de samba (Sambaschulen oder Clubs), einige Schulen legen bereits im Juli los. Die Proben hierzu finden normalerweise in den favelas (Armenvierteln) statt und sind offen für Besucher. Das Zusehen ist ein kleines Highlight und macht sicherlich viel Spaß, aus Sicherheitsgründen empfiehlt es sich aber dieses Spektakel nur in Begleitung eines Carioca zu besuchen. Die Schulen Mangueira und Salgueiro sind am einfachsten zu erreichen. Mehr Infos dazu und eine komplette Übersicht der Sambaschulen gibt es auf S. 192.

Marginal notes:

Die *passistas* sind die besten Tänzer der Sambaschulen. Sie streifen durch die Parade und halten zwischendurch an, um ihre coole Fußarbeit zu demonstrieren. Die Frauen tragen wilde freizügige Outfits, die Männer halten ein Tamburin in der Hand.

Der Filmklassiker *Orfeu Negro* (1959) versetzt den Mythos um Orpheus und Eurydike klug in eine Favela (Elendsviertel) von Rio während des Karnevals. Der Soundtrack mit Bossa-Nova-Songs ist spitze.

König Momo speckt ab. Nachdem mehrere übergewichtige Momos der Stadt – sie brachten teilweise über 200 kg auf die Waage – Herzinfarkte erlitten haben, hat Rio offenbar den Geschmack an fettleibigen Karnevalskönigen verloren.

KARNEVAL IN SALVADOR

Obwohl der Karneval in Rio die ganze Aufmerksamkeit auf sich zieht, wird in Salvador ebenfalls eine riesige Party gefeiert. Tatsächlich ist es eine der größten Karnevalsfeten Brasiliens, mit zuletzt mehr als 2 Mio. Teilnehmern.

Der Karneval in Salvador beginnt üblicherweise am Donnerstagabend, wenn der Bürgermeister König Memo auf dem Campo Grande die Schlüssel der Stadt überreicht (in den letzten Jahren fand das allerdings auf der Praça Castro Alves statt). Am Aschermittwoch ist auch hier alles vorbei, nachdem eine Handvoll Straßenumzüge am Nachmittag den Abschluss gebildet haben.

Wie überall in Brasilien spielt die Musik eine Schlüsselrolle bei den Feierlichkeiten. In Salvador bedeutet das *axé*, ein afro-bahianisches Musikgenre, in dem die verschiedenartigsten Musikrichtungen verschmelzen, vom Samba-Reggae und *forró* (ein Zweivierteltakter aus dem Nordosten) bis zum Calypso und einem schnellen *frevo* (einem schnellen jazzigen Blaskapellensound). *Axé* ist die unangefochtene Pop-Hymne während des Karnevals in Salvador und vielen weiteren Regionen des Nordostens.

Viele Informationen zum Karneval in Salvador findet man auf der praktischen Webseite www.bahia-online.net.

TRIOS ELÉTRICOS & BLOCOS

Der andere unverzichtbare Bestandteil einer salvadorianischen Party ist das *trio elétrico* – ein langer, bunt dekorierter Truck der mit übergroßen Lautsprechern vollgestellt ist. Oben drauf befindet sich eine kleine Bühne, auf der eine Band den Rhythmus raushaut, während sich der *trio* laaaangsam durch die Stadt windet. Hunderttausende stehen an der Paradestrecke, dicht an dicht – sich frei zu bewegen, ist ein ehrgeiziges Vorhaben.

Jedes *trio* wird umrahmt von einem *bloco*, einer Ansammlung von Teilnehmern, die den Truck begleiten. Wer am *bloco* teilnehmen will, zahlt zwischen 100 und 700 R$ (je nach Popularität des *bloco*); damit bekommt man Zugang zum *cordão*, dem sichereren, abgesperrten Teil, der von Sicherheitspersonal rund um das *trio* bewacht wird. Die *bloco*-Mitglieder bekommen eine *abadá*, ein Outfit (normalerweise Shorts und T-Shirt), das sie als Teil der Gruppe identifiziert.

Wer nicht dafür bezahlen will, sich einem *bloco* anzuschließen, kann immer noch auf der Straße *fazer pipoca* – Popcorn sein. Wenn man erst mal über die Enge in den Menschenmassen hinweggekommen ist, kann man die bunte musikalische Mischung genießen und hat nicht den Ärger, sich eine *abadá* besorgen zu müssen. Tipps, wie man sicher durch den Karneval kommt, stehen im Kasten auf S. 492.

Man kann auch vor dem ganzen Wahnsinn fliehen, indem man sich für einen Tag in einem *camarote* einmietet, einem abgeschirmten Straßenstand mit eigenen Toiletten. Bei der Touristeninformation gibt's Details zu den Tickets.

Bahias liebster literarischer Sohn, Jorge Amado, schreibt in seinen bekanntesten Geschichten über den Karneval, so z. B. in *Dona Flor und ihre zwei Ehemänner*, das während der Sause in Salvador beginnt.

AFOXÉS & BLOCOS AFROS

Vereinzelt zwischen den *bloco*s – und etwas häufiger im Pelourinho, wo es keine *trio elétrico*s gibt – findet man *afoxés*, Gruppen, die den Rhythmen, Liedern und Tänzen des Candomblé folgen, der polytheistischen afrobrasilianischen Religion. Vor einigen Jahren haben *afoxé*-Gruppen noch ein Ritual im *terreiro* (Gebetshaus) durchgeführt, bevor sie auf die Straße gingen. Heute ist dies nicht mehr obligatorisch. Und nur wenige *afoxé*-Mitglieder beten überhaupt noch zu den *orixás*, also den Göttern, die von den Gruppen gefeiert werden.

Eine der berühmtesten heute noch existierenden *afoxé*-Gruppen sind die **Filhos de Gandhy** (Söhne von Gandhi; www.filhosdegandhy.com.br), die seit 1949 mitmi-

---

BAHIAS BESTE BLOCOS

Einige der bekanntesten Stars im Karneval von Salvador stehen gelegentlich auf einem *bloco* – darunter Daniela Mercury, deren Samba-Reggae-Hit von 1992 landesweite Aufmerksamkeit bekam. Seitdem ist sie zu einer fixen Figur des Karnevals geworden. Ein weiterer großer Name, der manchmal auftritt, ist Ivete Sangalo, ein Popsternchen, das am laufenden Band gutes und schlechtes produziert. Darüber hinaus sollten Koryphäen wie Caetano Veloso und Gilberto Gil, beide aus Bahia, auf keinen Fall verpasst werden, wenn sie im Karneval auftreten. Velosos Song *Atrás do trio-elétrico* („Hinter dem Trio-Elétrico") von 1969 machte dieses Musikgenre in Brasilien bekannt.

Zu den richtig guten *bloco*s von Salvador gehören die folgenden:

Alerta Geral Einer der wenigen reinen Samba-*bloco*s in Salvadors Karneval. Alerta Geral zeigt oft große *sambistas* (Sambasänger) wie Jorge Aragão.

Ara Ketu Dieser *bloco afro* feiert das Yorubá Erbe und hat immer super tolle Bands auf der Bühne.

As Muquiranas Schwule und Heteros ziehen ihre besten Schlüpfer an und gehen als Frauen in diesem frechspaßigen *bloco*.

Os Mascarados Dank der Gründerin Margareth Menezes, einer der besten amtierenden afro-bahianischen Sängerinnen, wird hier immer hochwertige Musik gespielt.

Nana Banana Wird normalerweise von der Band Chiclete com Banana angeführt. Es ist eine von Bahias beliebten *axé* Gruppen, mit Zehntausenden Fans.

Timbalada Gegründet von dem talentierten Musiker Carlinhos Brown gehört dazu eine Percussion-Gruppe, deren Mitglieder sich wie afrikanische Krieger bemalen.

---

schen. Obwohl Gandhi eigentlich nicht viel mit Brasilien zu tun hatte, fanden die Gründungsmitglieder des *bloco*, dass er ein wichtiges Symbol des Friedens war. Ihr friedfertiges Vorgehen gefiel den Autoritäten, die der afro-brasilianischen Kultur Anfang des 20. Jhs. eher skeptisch gegenüberstand und sie unterdrückte. Dieser *bloco* ebnete auch den Weg für die zahlreichen anderen *afoxés*. Heute sind die Filhos mit mehr als 10 000 Mitgliedern die größte *afoxé*. Sie tragen blau-weiße Kleidung mit weißen Turbanen, schimmernden Schärpen und blau-weißen Perlenketten. Wie auch andere *afoxés spielt* die Gruppe den heiteren Rhythmus des *ijexá* und sprüht Parfum in die Menge.

Die Mischung der *blocos afros* spielt auch eine zentrale Rolle bei den Karnevalsfeiern in Salvador. Es handelt sich um Gruppen, die ihr afrikanisches oder afro-brasilianisches Erbe in ihren Kostümen und Motiven ausdrücken – wie der *bloco* Malê de Balê, so genannt in Erinnerung an die Malê-Revolte. Einige der bekannteren *bloco*s wie Ilê Aiyê (immer noch aktiv) entstanden in den 1970er-Jahren, als man in Brasilien den Stolz auf das schwarze Erbe entdeckte. Noch heute ist eine afrikanische Abstammung Bedingung für die Aufnahme in den *bloco* Ilê Aiyê.

Der berühmteste heute noch aktive *bloco afro* ist **Olodum** (http://olodum.uol. com.br), eine Gruppe, der für die Einführung des Samba-Reggaes während des Karnevals 1986 verantwortlich gemacht wird. Heute laufen ca. 200 Trommler in der riesigen Schlagzeugtruppe mit, dazu eine Handvoll Sänger und Tausende von kostümierten Mitgliedern. Olodum tritt auch während des Jahres im Pelourinho auf und ist in den letzten Jahren sogar international bekannt geworden. Sie haben schon mit Paul Simon (auf dem Album *Rhythm of the Saints*) und Michael Jackson (im Song und dem von Spike Lee gedrehten Video *They Don't Care About Us*) zusammengearbeitet. Und nicht nur das: Olodum ist auch stark sozial engagiert. Man unterrichtet die Schüler der Armenviertel in verschiedenen Künsten und akademischen Kursen.

PARADESTRECKEN

Es gibt drei wichtige Paradestrecken: vom Strand von Barra zum Viertel Rio Vermelho (hier sind die meisten Touristen), vom engen Campo Grande zum

Viertel rund um die Praça Castro Alves und im Pelourinho (hier gibt es keine *trios*, sondern vor allem Konzerte und Parade-Trommler). In einigen Stadtvierteln gibt es auch eigene Partys. Bahiatursa und Emtursa (s. S. 484) geben einen Veranstaltungskalender mit Routenplan heraus.

BARRACAS

Ein weiteres charakteristisches Feature des Karnevals in Salvador ist die allgegenwärtige *barraca* (Zelt), in der man Caipirinhas, *batidas* (Fruchtcocktails), Bier und andere Getränke bekommt. Tausende von *barracas* sind während des Karnevals in der Stadt verteilt, viele davon mit eigener Musikanlage; auch sie machen ordentlich Stimmung.

KARNEVAL IN ANDEREN STÄDTEN

Die meisten ausländischen Traveller feiern bei den Karnevalpartys in Rio oder Salvador mit, aber es gibt noch Unmengen anderer Locations, um vor Aschermittwoch (oder der Woche danach) auf brasilianische Art die Sau raus zulassen.

RECIFE

Der unterschätzte Karneval in Recife gehört zu Brasiliens buntesten Festivals – nicht wenige Puristen sind der Meinung, dass er der beste Karneval des Landes ist. Der Reiz: Recife macht Karneval zum Anfassen, die Euphorie ist ansteckend und die Tänzer sind hervorragend. Hier sitzen die Leute nicht rum und gucken, sondern sind mittendrin dabei. Sowohl die Karnevalsgruppen als auch die Zuschauer kostümieren sich üppig und tanzen tagelang.

Zum Karneval von Recife gehört auch Musik, Tanz und Kostüme mit offensichtlichen afrikanischen, indigenen und europäischen Elementen: Es gibt Gruppen, die sich als afrikanische Könige und ihre Minister verkleiden und verschiedene Geschichten von Krieg und Frieden nachspielen, während sie im Tempo der Prozession ihre Lieder singen. Andere orientieren sich mit ihren Kostümen an indigenen Trachten und tanzen zu Flöten- und Trommelklängen. Und wieder andere kleiden sich in Gewändern des portugiesischen Hofes.

Die Musik, die im Karneval von Recife gespielt wird, ist besonders vielfältig. Man hört Samba aus Rio, *forró* (Zweivierteltakt-Musik aus dem Nordosten), *maracatu* (einen langsamen schweren afro-brasilianischen Rhythmus), *frevo* (einen synkopierten superschnellen Blaskapellenbeat, mit passenden blitzschnellen Tanzschritten), *mangue* (eine aggressive Mischung

---

DAS GANZE JAHR KARNEVAL

Wer es nicht zur Karnevalszeit nach Brasilien schafft, der kann immer noch an einem der sogenannten Nebensaison-Karnevals teilnehmen.

Carnatal Natals großer Nebensaison-Karneval (S. 608) ist der größte des Landes. Er beginnt in der ersten Dezemberwoche mit ausufernden Straßenparties und *trios elétricos* genau wie in Salvador.

Recifolia Recife schmeißt nicht nur einen sondern gleich zwei Karnevalspartys. Die zweite findet Ende Oktober oder November statt.

Fortal Eine halbe Million Fans feiern die karnevalistische Straßenparty in Fortaleza in der letzten Juliwoche (S. 624).

Marafolia Die riesige Salvador-artige Party in São Luís (S. 648) findet Mitte Oktober statt.

Maceió Fest Maceiós Karneval (S. 557) hat Drinks, Tanz und Trucks mit Musik. Er findet in der dritten Novemberwoche statt.

aus Hard Rock, Hip-Hop und traditionellen nordöstlichen Richtungen wie dem *maracatu*). Und dann gibt es noch Rock und Reggae sowie andere regionale Sounds, z. B. den salvadorianischen *axé*, *pagode* (eine lässige Form der Samba) und *choro* (ein entfernter Verwandter der Samba, eher instrumental und sehr improvisiert).

Galo da Madrugada, von dem behauptet wird, er sei der größte Karnevals-*bloco* der Welt, bringt zur offiziellen Karnevaleröffnung am Samstagmorgen mehr als 1,5 Mio. Menschen auf die Straßen von Recife (s. S. 576). Mehr Informationen zu den verschiedenen Musik- und Kostümstilen in Recife gibt's im Kasten auf S. 574.

OLINDA

Das benachbarte Olinda feiert auch einen hervorragenden Karneval; es liegt so nah an Recife, dass man in beiden Städten feiern kann. Die Party in Olinda dauert volle elf Tage. Sie besitzt viel Spontanität und bezieht alle mit ein (was bei anderen großstädtischen Karnevalsfeiern so nicht üblich ist).

Es gibt organisierte Karnevalsfeiern, auch Bälle, ein nächtliches *maracatu* und ein nächtliches *afoxé* -Happening. Der Rest passiert mehr oder weniger improvisiert auf der Straße. Die offizielle Eröffnung – in Sachen Pomp und Zeremonie den Olympischen Spielen durchaus ebenbürtig – beginnt mit einer Parade der As Virgens do Bairro Novo, einem *bloco* aus mehr als 400 „Jungfrauen" (in Wirklichkeit sind es verkleidete Männer). Es werden Preise für die Schönste, die Wagemutigste und die Prüdeste vergeben.

Herrlich kostümierte Gruppen von Musikern und Tänzern, manchmal mehrere Tausend davon, ziehen den ganzen Tag vom frühen Morgen bis in den Abend ihre Runden. Und die Zuschauer tanzen mit ihnen nach den Rhythmen des *frevo* und *maracatu* durch die engen Straßen – sehr spielerisch und sehr lüstern. Fünf separate Viertel haben Orchester (wie sich die Bands selber nennen), die nonstop jeden Tag von 20 bis 6 Uhr spielen. Zeitpläne gibt es auf www.olinda.pe.gov.br.

PORTO SEGURO

In Porto Seguro findet, nach Salvador, der zweitgrößte Karneval in Bahia statt. Und in einigen Punkten ist er seinem großen Nachbarn aus dem Norden ziemlich ähnlich. *Trios elétricos* zusammen mit *axé*-wummernden Bands flanieren auf der Hauptstraße und jedermann kann sich den *bloco*s durch Kauf einer *abadá* anschließen. Gleichzeitig finden Open-Air-Konzerte am Strand und auf der Hauptplaza statt. Es wird die ganze Nacht lang gespielt und getanzt. Die Feiern dauern ein paar Tage länger als normal. Am Samstag nach Aschermittwoch neigt sich nach einer vollen Woche mit Partys alles dem Ende zu. Dadurch können einige Top-Bands, die schon in Salvador gespielt haben, die Saison in Porto Seguro beenden. Die Preise in diesem Erholungsort sind niedriger als anderswo, zudem geht es hier friedlicher und entspannter zu als in den Großstädten.

FLORIANÓPOLIS

Dem Karneval im Süden fehlt zwar das afro-brasilianische Erbe und die folkloristischen Kostüme des Nordens, aber die Feiern machen trotzdem eine Menge Spaß. In Florianópolis findet die größte und beste Party des Südens statt; sie wird zunehmend zu einem von Brasiliens schwulenfreundlichsten Karnevalen (nach Rio).

Das meiste passiert im Zentrum, Bühnen sind aber in der ganzen Stadt verteilt. Samstagabends laufen die fünf örtlichen Sambaschulen wie in Rio durch Floripas Open-Air-Sambódromo (auch Passarela Nêgo Quirido genannt). Die Tickets sind günstig, man sollte jedoch frühzeitig zuschlagen,

Im Bundesstaat Rio feiert Paraty seine eigene seltsame Version der Party, die mehr an Woodstock als an Karneval erinnert: Hunderte von jungen Teilnehmern schmieren sich mit Matsch voll und tanzen durch die Straßen.

Zur Bekämpfung von AIDS und um für Safer Sex zu werben verteilt die brasilianische Regierung während des Karnevals über 500 Mio. Kondome– über 55 Mio. alleine in Rio.

Zusätzlich zu den Events in und um Florianópolis steigen an den Stränden und in den Städte der Ilha de Santa Catarina eigene Partys, zu denen immer fröhlich feiernde Menschenmassen kommen.

um lange Schlangen zu vermeiden. Sonntagabends marschieren als Frauen verkleidete Männer im Bloco dos Sujos, einem von Floripas beliebtesten *blocos*. Auch andere Samba spielende *bloco*s feiern die ganze Nacht. Montagabends findet in der Stadt das **Pop Gay Festival** statt, zu dem Tausende von Schwulen anreisen und sich in unglaubliche Kostüme schmeißen. Andere Schwulenevents finden an der Praia Mole statt.

SÃO PAULO

Brasiliens größte Stadt hat keinen besonders guten Ruf als Karneval-Partystadt – die meisten Paulistas fliehen aus dem Großstadtdschungel an die Küste. Die fehlenden Menschenmengen und die niedrigen Preise machen es aber für den einen oder anderen auch wieder reizvoll. In São Paulo finden nur eine Handvoll Straßenpartys statt, jedoch gibt es eine unglaubliche, mit denen in Rio vergleichbare Parade im Sambódromo der Stadt. Sampas Sambaschulen zeigen ihr Können am Freitag- und Samstagabend; die Tickets sind günstiger als in Rio. Abgesehen von der Parade findet das meiste karnevalistische Geschehen in Bars und Nachtclubs statt, auf Kostümbällen und bei anderen speziellen Events.

Essen & Trinken

In Brasilien dient das Essen, wie so viele andere Dinge, in erster Linie dem Vergnügen. So etwas wie eine brasilianische Haute Cuisine an sich gibt es zwar nicht, aber das Essen schmeckt nahezu überall vorzüglich. Noch bemerkenswerter ist das kulturelle Know-how darüber, was, wo, wann und wie man isst.

Diese *arte de comer bem* (Kunst des guten Essens) hat weder etwas mit der Umständlichkeit *á francesa* zu tun noch mit pseudowissenschaftlichen Tabus *á americana*. Brasilianer wissen einfach, dass sich der Körper am Strand besser fühlt, wenn er Früchte und Wasser bekommt, oder dass ein kalorienreicher kleiner Snack und ein paar Schlucke starken heißen Kaffees oder eiskalten Biers den Heimweg nach der Arbeit ungleich angenehmer machen.

Wie das Land, so ist auch das Essen ein Mix. Die ursprünglichste „brasilianische" Mahlzeit kann portugiesisches Olivenöl, heimischen Maniok, japanisches Sushi, afrikanische Okra, italienische Nudeln, deutsche Wurst und libanesisches Tabbouleh enthalten. Dennoch kann man die Küche auf drei wunderbare Prinzipien reduzieren: Großzügigkeit, Frische und Einfachheit.

Zunächst sollte man sich auf Hammerportionen einstellen – ein einzelnes Hauptgericht macht zwei Leute locker pappsatt. Wer hungern will, wird sich schwer tun – selbst mit einem kleinen Budget. In puncto Frische sorgen die fruchtbare Erde und ein üppiges Klima für eine erstaunliche Vielfalt an Produkten. Für viele Obst- und Gemüsesorten gibt es keine deutschen Namen, einfach weil es sie nirgendwo anders gibt. Verpackte Lebensmittel sind verpönt und Nutztiere selten mit Hormonen vollgepumpt, wenn auch nur wegen der enormen Kosten.

Aufgrund der Reichhaltigkeit und Vielfalt von frischen Zutaten bevorzugen die Brasilianer eine einfache Zubereitung. Sie brauchen keine ausgefallenen Saucen oder exklusiven Kochkünste. Fleisch wird gesalzen und gegrillt, Gemüse gedämpft und sofort serviert, bei Tisch mit einem Spritzer Olivenöl und etwas Salz abgeschmeckt. Doch natürlich gibt es auch kompliziertere regionale Gerichte, die ihre sorgfältige Zubereitung wert sind.

Reisende sind oft überrascht, dass Brasilianer würzige Speisen eher meiden. Tatsächlich gehört der Pfefferstreuer nicht zur üblichen Tischausstattung in Restaurants, obwohl er – ebenso wie eine scharfe Sauce – auf Nachfrage normalerweise gebracht wird. Natürlich gibt es Ausnahmen, besonders im Nordosten, wo die Schärfe des *malagueta*-Pfeffers viele Gerichte verfeinert.

Ach ja, einer Sache kann man sich auf jeden Fall sicher sein – in Brasilien isst man ausgesprochen gut.

TYPISCHES & SPEZIALITÄTEN

So wie es kein „typisches" brasilianisches Gericht gibt, wird man auch vergeblich nach „der" brasilianischen Küche suchen. Feinschmecker sprechen von einem Sammelsurium regionaler Küchen, jede von ihnen ist wiederum eine Mischung aus ethnischen Küchen, die an örtliche Gegebenheiten angepasst wurden. Dennoch folgt eine Beschreibung eines typisch brasilianischen Gerichts, das nahezu überall erhältlich ist.

Zu dieser Mahlzeit gehören auf jeden Fall *arroz e feijão* (Reis und Bohnen), die elementaren Bestandteile brasilianischer Ernährung. Beides wird mit Knoblauch und Zwiebeln gegart. Zum Reis gibt man Tomaten, zu den Bohnen Lorbeerblätter und vielleicht etwas Schinken dazu. Auf die Bohnen

Maria-Brazil.org (www.maria-brazil.org/brazili an_recipes.htm) umfasst einen super Bereich über brasilianisches Essen. Hier finden sich u. a. leicht verständliche Rezepte und ein Einkaufsführer zu brasilianischen Super- und Straßenmärkten.

The Brazilian Table (2009) von Yara Roberts enthält neben tollen Fotos auch Rezepte für viele brasilianische Köstlichkeiten. Die Autorin beleuchtet zudem die Kulturgeschichte der hiesigen Küche.

Delightful Brazilian Cooking (1993) von Eng Tie Ang und Martine Fabrizio stellt diverse brasilianische Rezepte vor, die meist genauso gesund wie leicht zubereitbar sind.

TOP TEN: RESTAURANTS IN BRASILIEN

Eine sehr subjektive Auswahl unserer Lieblingslokale in Brasilien:

- **Zuka** (S. 183) Rio de Janeiro
- **Le Gite d'Indaiatiba** (S. 212) Paraty
- **Maní** (S. 326) São Paulo
- **Atelier das Massas** (S. 397) Porto Alegre
- **ZUU a.Z.d.Z** (S. 422) Brasília
- **Restaurant Solar do Unhão** (S. 495) Salvador
- **Aipim** (S. 532) Arraial d'Ajuda
- **Parati** (S. 552) Aracaju
- **Oficina do Sabor** (S. 584) Olinda
- **Cafeteria do Largo** (S. 706) Manaus

> Dolores Botafogos Klassiker *The Art of Brazilian Cookery* (1993) erleichtert das Nachkochen von brasilianischen Gerichten, die man unterwegs probiert hat. Die Rezepte sind an europäische bzw. nordamerikanische Köche angepasst.

streut man *farofa* – in Butter geröstetes Maniokmehl, mitunter mit etwas Ei oder Schinken.

Gegrillte Fleischstücke, *churrasco* oder *grelhadas* genannt, sind die Krönung der Mahlzeit: Huhn, Rind- oder Schweinefleisch wird mit Salz bestreut und über einem offenen Feuer gegrillt. Ein grüner Salat oder geröstetes oder gedämpftes Gemüse (Rüben, Karotten, grüne Bohnen, Brokkoli oder Grünkohl) runden das Hauptgericht ab. Pommes frites, gewöhnlich in großen Mengen serviert, sind ebenfalls überaus beliebt, obwohl man sich den örtlichen Gegebenheiten noch mehr anpassen und nach gebratenem Maniok fragen kann – eine knusprige Köstlichkeit.

Auf die Verdauungspause folgt die *sobremesa* (Nachspeise), die entweder aus frischen oder eingemachten Früchten besteht, aus einem mit Kokosnuss oder Passionsfrucht angereicherten Pudding, köstlich cremigen Kuchen, Karamell (auch bekannt als *doce de leite*) in unterschiedlichen Varianten oder dem kuchenähnlichen *quindim*. Beendet wird die Mahlzeit schließlich mit einem starken, heißen Schluck Kaffee – brasilianischem, selbstverständlich.

Zu beachten ist, dass außer in teureren Restaurants die Mahlzeiten im Allgemeinen eher familiär serviert werden – d. h., man bedient sich großzügig von gemeinsamen Tellern. Außerdem werden alle Gerichte (außer dem Nachtisch) auf einmal serviert, es gibt also keine einzelnen Gänge.

Bahia & der Nordosten

> Die brasilianischen Rezeptklassiker unter Cookbrazil.com (www.cookbrazil.com) decken das gesamte Spektrum ab, von Vor- bis Nachspeisen. Nachkocher posten dazu Kommentare und Tipps.

Brasilianische Restaurants außerhalb von Brasilien servieren eigentlich eher Gerichte aus Bahia, vielleicht weil sie sehr exotisch sind. Sie entwickelten sich in den Küchen der von Sklaven bewirtschafteten Zuckerplantagen. Ihre afrikanischen Ursprünge zeigen sich in den drei Hauptzutaten: Kokosmilch, dem würzigen *malagueta*-Pfeffer und *dendê*-Öl, einem rötlich-orangefarbenen Auszug der westafrikanischen Palme, das köstlich und unverwechselbar ist – wer's nicht gewöhnt ist, kann davon aber Verdauungsbeschwerden bekommen. Der köstliche Eintopf *moqueca* enthält alle drei Zutaten, dazu Fleisch oder Meeresfrüchte; er ist eine klassische bahianische Spezialität. Auf den Straßen von Bahia kann man zudem dem Geruch von *acarajé* nicht entkommen; die Küchlein aus braunen Bohnen und Shrimps werden in *dendê*-Öl ausgebacken.

Im Gegensatz dazu findet man in den viel trockeneren Gegenden im Landesinneren des Nordostens, der Sertão, eine ganz andere Küche. Die vielleicht berühmteste Zutat ist *carne seca* oder *carne de sol*; beides besteht aus Rindfleisch, das gesalzen und getrocknet wurde, um es vor der strapaziösen Hitze der Region zu schützen. Ebenfalls sehr beliebt ist der Patisson-Kürbis, der auch unter schwierigen klimatischen Bedingungen gedeiht.

Am Amazonas

Die Küche des Amazonasgebiets ist stark geprägt von den *indígenas* der Region, den Tupi, die überwiegend von Maniok, Süßwasserfisch, Yamswurzeln mit Bohnen und exotischen Früchten leben. *Caldeirada* ist ein beliebter Fischeintopf, nicht unähnlich der Bouillabaisse. Als Spezialität gilt *pato no tucupí*, bestehend aus Ente, Knoblauch, *jambú*-Gewürz sowie Zitronen- und Maniokwurzel-Saft. Auch *jacaré* (Kaiman-Fleisch) gilt als Delikatesse.

Zentral- & Westbrasilien

Die Mitte des Landes besteht aus dem savannenähnlichen Cerrado; hier bestimmen riesige *fazendas* (Farmen) das Bild, die Schweine- und Rindfleisch ebenso produzieren wie Getreide, Reis, Grünkohl und Maniok. Aus den Flüssen der Region kommt der fleischige *dourado*, der *pintado* (eine Welsart) und natürlich der berüchtigte Piranha. Die Rezepte sind einfach, aber köstlich und setzen ganz auf die Frische der regionalen Zutaten.

Rio, São Paulo & der Südosten

Besonders charakteristisch für den Südosten ist die Küche im bergigen Bundesstaat Minas Gerais. Schweinefleisch ist sehr beliebt, ebenso der grünkohlähnliche *couve,* der mit Knoblauch und Zwiebeln in Öl gebraten wird. *Frango ao molho pardo* (im eigenen Blut geschmortes Huhn mit Gemüse) klingt schaurig, schmeckt aber köstlich. *Queijo minas* ist ein weicher, leicht süßer weißer Käse, der zusammen mit *goiabada*, mit Zucker eingedicktem Guavenbrei, ein erfrischendes Dessert ergibt.

Dank einer hohen Kaufkraft sowie einer großen italienischen Gemeinde, die großen Wert auf kultiviertes Essen legt, ist São Paulo die Hauptstadt der Gastroszene Brasiliens. Hier findet man Schlemmerlokale ebenso wie einfache Restaurants, die die enorme Vielfalt der immigrierten Nationalitäten widerspiegeln. Dabei verdienen die Japaner besondere Erwähnung, die hier die größte Gemeinde außerhalb Japans bilden und Sushi in ganz Brasilien populär gemacht haben. Sonntagabends gibt's jedoch traditionell Holzofenpizza.

Rio an sich hat keine eigene Küche, als Wahlheimat von Brasilianern aus dem ganzen Land bietet es aber ausgezeichnetes Essen aus allen Regionen.

> Experten führen Brasiliens aktuelles Faible für sehr süße Desserts auf maurische Ursprünge aus Portugals arabischer Besatzungszeit zurück.

> In Brasilien gilt Johannes der Täufer (São João) als Beschützer der Maisernte. Sein Namenstag am 24. Juni wird oft mit zahllosen Maisgerichten gefeiert.

KULINARISCHE STREIFZÜGE DURCH BRASILIEN

Acarajé Diese bahianischen Küchlein aus braunen und getrockneten Bohnen sollte man frisch essen, also unmittelbar nachdem sie aus dem Topf mit siedendem *dendê* (Palmöl) gefischt wurden.

Açaí Diese tief dunkelroten, vitaminreichen Amazonasbeeren mit hohem Suchtpotenzial sind ein Hauptnahrungsmittel der indigenen Tupi und von Bodybuildern in Rio.

Cafezinho Kleiner brasilianischer Kaffee – am besten teuflisch stark, höllisch heiß und süß wie die Liebe.

Caipirinha Göttlicher Nationalcocktail aus Limetten, Zucker, Eis und *cachaça* (hochprozentiger Zuckerrohrschnaps).

Feijoada completa Dieser Eintopf aus schwarzen Bohnen, fettigem Fleisch und ebensolcher Wurst macht wohl ein langes Verdauungsschläfchen nötig.

Jambú Amazonisches Gewürz, das auf der Zunge ein prickelndes und dann leicht betäubendes Gefühl hinterlässt.

Picanha Nicht mit Piranhas verwechseln: Das beliebteste Stück Rindfleisch der Brasilianer stammt aus der Hinterhüfte (Hüftdeckel). Frisch vom Grill wird es gesalzen und noch rosa gegessen.

Piranha Fressen und gefressen werden: Piranhas sind lecker, haben aber spitze Gräten.

In der einstigen Hauptstadt ist der portugiesische Einfluss noch unverfälschter als anderswo zu spüren, was die Beliebtheit von *bacalhau* (Kabeljau) beweist. *Feijoada*, ein Eintopf mit Bohnen und Fleisch, serviert mit Reis, *farofa*, Grünkohl und Orangenscheiben, gilt als Beitrag der Stadt zur Landesküche. Er wird traditionell am Samstag gegessen, da sowohl die Zubereitung als auch die Verdauung einige Stunden in Anspruch nehmen. Das Essen in Rio ist tendenziell etwas leichter als im restlichen Land, zumindest in den teureren Gegenden der Zona Sul (Süd-Rio) wie Ipanema. Hier genießt der schöne Körper eine höhere Wertschätzung als gastronomische Freuden. Den Gast erwarten hier jede Menge köstliche und häufig überaus kreative Salate und Sandwiches.

Der Süden

Im Süden prägen italienisches und deutsches Essen das Bild. Von hier kommt die Liebe des Landes zu Nudeln und Bier – beide wurden brasilianische Grundnahrungsmittel. In den deutschen Enklaven Joinville und Blumenau darf man jede Menge Würstchen und Sauerkraut erwarten. Brasilianischer Wein, dessen Qualität von Jahr zu Jahr steigt, stammt von Rebstöcken, die liebevoll aus Italien importiert und in den Böden von Rio Grande do Sul gepflanzt wurden.

Wie in Argentinien wurden die Pampas (Grasebenen) im tiefen Süden lange von *gaúchos* beherrscht, brasilianischen Cowboys, die dafür sorgten, dass Rindfleisch hier die unangefochtene Nummer eins ist. *Churrasco* schmeckt im Süden besser als irgendwo sonst im Land. Tatsächlich gilt es in ganz Brasilien als Qualitätsmerkmal eines guten Grillrestaurants, wenn dort ein *gaúcho* – man bezeichnet auch die Einwohner von Rio Grande do Sul so – das Tranchiermesser schwingt. Die Region bewahrt auch eine weitere Cowboy-Tradition: den *erva maté*-Tee (s. Kasten S. 398).

„Pan-brasilianische" Fusionküche

Wie fast überall in der Welt hat auch in Brasilien im letzten Jahrzehnt eine Art kulinarische Renaissance stattgefunden. Ein Ergebnis war eine neue Küche von hoher Qualität, in der alle regionalen Einflüsse verschmelzen. Das fängt mit einer neuen Begeisterung für einheimische Zutaten an, von den Früchten Amazoniens bis zum Fleisch der mit Gras gefütterten Rinder des Südens. Aufstrebende Küchenchefs schaffen daraus mithilfe der internationalen Kochschule Cordon bleu und anderen klassischen europäischen Garmethoden neue, häufig ausgezeichnete Kreationen. Auch asiatische und arabische Einflüsse sind offensichtlich, besonders in São Paulo, Heimat der größten japanischen und libanesischen Gemeinden außerhalb ihrer Länder. Tatsächlich ist São Paulo in vielerlei Hinsicht die Hauptstadt der neuen brasilianischen Fusionküche, obwohl sie sich schnell über die wohlhabenderen Enklaven im Land ausbreitet.

GETRÄNKE
Nichtalkoholische Getränke
SÄFTE

Brasilianische *sucos* (Säfte) sind göttlich. Zu den Klassikern gehören Säfte aus Orangen, Limetten, Papayas, Bananen, der Passionsfrucht, Karotten, Rüben, Ananas, Melonen, Wassermelonen und Avocados. Außerdem kommen Früchte Amazoniens ins Glas, die man kaum außerhalb Brasiliens findet. Die beerenähnliche *açaí* wird wegen ihres Nährwerts und süchtig machenden Geschmacks geschätzt, während die *guaraná* (Frucht einer Lianenart) voller koffeinähnlicher Stimulanzen steckt. Ihre Namen sind so unübersetzbar wie die der *graviola*, *cupuaçu* und *fruta do conde*.

Die Website www.
sallybernstein.com
fasst Brasiliens Küche
nett zusammen und
liefert unkomplizierte
Rezepte für ausgewählte
Klassiker.

Brasilianer betrachten die Avocado eher als Frucht denn als Gemüse (was sie eigentlich ist). Sie wird meist als Saft mit kräftigem Zuckerzusatz genossen.

Joaquim Machado de Assis, Brasiliens bedeutendster Schriftsteller des 19. Jhs., war auch ein berühmter Gourmet. Kochen und Essen sind wichtige Elemente seiner unheimlich postmodernen Romane.

Caldo de cana wird direkt aus dem Zuckerrohr-Stock gewonnen, normalerweise mit einer Maschine, die aus einer Handkurbel und vielen Zähnchen
besteht. *Agua de côco* (Kokossaft) gibt es überall, wo es heiß ist und Menschen
leben. Mit einigen Stichen mit einem Fleischermesser schaffen die Verkäufer eine kleine Öffnung, durch die ein Strohhalm passt. Das wird keineswegs
nur für die Touristen praktiziert – der Saft ist reich an Elektrolyten und die
Brasilianer schätzen seine durstlöschenden Eigenschaften.

In Rio gehören Säfte zum Lebensstil und jede Eckkneipe bietet 30 bis 40
verschiedene Varianten an, entweder aus frischem Obst und Gemüse oder
aus dem Fruchtfleisch. Man verlangt sie *sem açúcar e gelo* oder *natural,* wenn
man sie ohne Zucker und Eis möchte. Die Säfte sind häufig mit Wasser
gemischt, das nahezu immer bedenkenlos getrunken werden kann; wer will,
kann aber auch nach Säften fragen, die mit *suco de laranja* (Orangensaft)
statt Wasser gemischt sind oder eine *vitamina* bestellen (Milch-Frucht-
Shake). Orangensaft ist selten gepanscht.

GlobalGourmet.com
(www.globalgourmet.
com/destinations/brazil/)
gibt eine gute Einführung
in Geschichte und Kultur
der brasilianischen Küche
– ergänzt durch sehr
übersichtliche Rezepte.

KOFFEINHALTIGES

Die Brasilianer mögen ihren Kaffee sehr stark, sehr heiß und süß wie die
Liebe. Morgens trinken sie ihn mit Milch (*café com leite),* den Rest des Tages
als *cafezinhos.* Dieser normale Kaffee wird entweder im Glas oder in einer
Espressotasse serviert und ist häufig schon vorgesüßt. Er wird am Stehimbiss
verkauft, aber auch in Restaurants und an der Hotelrezeption in großen
Thermoskannen kostenlos angeboten, während er in Büros das arbeitende
Volk munter hält. Espresso ist zunehmend in den teureren Restaurants und
nahezu überall in São Paulo erhältlich, das sich einer hoch entwickelten
Kaffeekultur rühmt.

An eine gute Tasse Tee kommt man nicht so leicht, aber *erva maté* (oder
einfach *maté*) ist eine gute Alternative. Er ist im ganzen Land erhältlich und
wird normalerweise kalt und ultrasüß serviert. Nur im Bundesstaat Rio
Grande do Sul wird er heiß getrunken (s. Kasten S. 398).

Der aus einer Amazonas-Beere hergestellte Guaraná-„Champagner" macht
Coca-Cola als Favorit unter den Erfrischungsgetränken der Brasilianer
mächtig Konkurrenz. Er wird kalt, mit Kohlensäure versetzt und süß
angeboten und man sagt ihm jede Menge gesundheitsfördernder Eigenschaften nach.

Das von São Paulos Kaf-
feebaronen angehäufte
Kapital und die Schaffung
einer Infrastruktur (inkl.
Bahn- und Hafenanlagen)
für den Kaffee-Export
förderten die erstaunlich
schnelle Industrialisie-
rung der Stadt ab den
1880er-Jahren.

Alkoholische Getränke
BIER

Brasilianer schlürfen ihr Bier gern *bem gelada* (eiskalt). Im Allgemeinen
bezeichnet *cerveja* eine 600-ml-Flasche, die „Longneck"-Flasche enthält
300 ml, und eine *cervejinha* ist eine 300-ml-Dose. Antárctica (ant-*okt*-tschi-
kah) und Brahma sind die besten einheimischen Marken, man sollte die
Augen jedoch auch nach weiteren offenhalten, z. B. das leckere Devassa aus
Rio, Bohemia aus Petrópolis, Cerpa aus Pará, Cerma aus Maranhão und das
schmackhafte Serramalte aus Rio Grande do Sul. Trinkfeste Zeitgenossen
können auch zu den starkbierähnlichen Sorten Caracu oder Xingu greifen,
süße, dunkle Biere aus Santa Catarina.

Chope (*tschop*-ie) ist ein helles Bier vom Fass, das leichter und im allgemeinen auch besser als Dosen- oder Flaschenbier ist. Meistens wurde es von
Antárctica oder Brahma gebraut. In großen Städten findet man auch *chope
escuro,* ein leichtes dunkles Bier. Die Floskel zum Überleben: *Moço, mais um
chope, por favor!* (Bedienung, noch ein Glas, bitte!). So manchen Abend
vertreibt man sich in Brasilien auf Plastikstühlen an Plastiktischen, die wie
Kraut und Rüben auf Gehsteigen und Terrassen aufgestellt wurden; die
Stapel an leeren Flaschen und Gläsern bilden eine Art Ehrenzeichen.

CACHAÇA

Cachaça, auch *pinga* (Fusel) oder *aguardente* (Feuerwasser) genannt, ist der hochprozentige Zuckerrohrschnaps, der im ganzen Land hergestellt und getrunken wird. Er kann billiger als Wasser (wirklich!) oder so teuer wie Whisky sein. Und ja, der Preis bedeutet hier tatsächlich einen Unterschied in Geschmack, Wirkung und Brummschädel-Potenzial. Velho Barreiro, Ypioca, Pitú, Caranguejo und São Francisco sind einige der besseren Marken.

Caipirinha ist das inoffizielle brasilianische Nationalgetränk. Die Zutaten sind einfach – *cachaça,* zerstoßene Limette, Zucker und Eis –, das Ergebnis aber ist edel. Der *cachaça* kann durch Wodka oder Sake ersetzt werden – heraus kommt dann eine *caipirosca oder caipisake* –, die Limette durch eine Reihe anderer Früchte wie Passionsfrüchte, Ananas, Erdbeeren, Kiwis oder die kirschenähnliche *pitanga.*

Batidas bestehen aus Cachaça und frischen Fruchtsaft – sie sind oft so gemischt, dass sie cremig-schaumig werden. Sie erinnern ein bisschen an Daiquiris.

> Da sie keine Trauben anbauen konnten, kelterten italienische Einwanderer in Espírito Santos ihren Wein aus *jabuticaba.* Statt an Reben wächst diese schwarz-violette Frucht direkt am Stamm eines Regenwaldbaums.

FESTESSEN

Die Brasilianer lieben es zu essen (wer nicht?). Urlaub oder Feste dienen daher gern als willkommener Anlass für den herzhaften Konsum von Essen und Alkohol. Jeder freie Tag ist eine Gelegenheit für *churrasco.* Viele Essenstraditionen wurden unverändert von der europäischen und amerikanischen Kultur übernommen: Truthahn an Weihnachten, Schokolade an Ostern, Sekt zum Neuen Jahr, mit Zuckerguss überzogene Kuchen an Geburtstagen und Hochzeiten. Außerdem verheißen Schweinefleisch und Linsen viel Glück zum Neuen Jahr und während der winterlichen Festtage Juninas, den Juni-Feste zu Ehren der hl. Johannes und Petrus, wird der *cachaça* mit Zimt, Nelken und Ingwer gewürzt und warm getrunken. Nur für den Karneval gibt es, aller kulturellen Bedeutung zum Trotz, keine besondere Küche – Alkohol übertrumpft hier das Essen.

WOHIN ZUM ESSEN?

In Brasilien Essen zu gehen, kann bedeuten, sich gebratene Leckereien in der *lanchonete* (Imbissbude) um die Ecke zu holen, zur Mittagszeit in einer *bar* (Kneipe) oder einem *botequim* (einfaches Restaurant) ein *prato feito* (heißes Fertiggericht mit Reis, Bohnen, Fleisch und Salat) zu bestellen, eine Schlemmerorgie („all you can eat") in einem *rodízio*-Restaurant zu feiern oder auf weißen Tischdecken à la carte zu dinieren.

> *Eat Smart in Brazil* (1995) von Joan und David Peterson enthält eine super Einführung in Brasiliens kulinarische Geschichte, einige klassische Rezepte sowie ein ausführliches, sehr nützliches Glossar.

Wer schnell und gut essen möchte, sollte nach einem *por-kilo*-Restaurant Ausschau halten, wo die Mahlzeiten nach Gewicht berechnet werden (1 kg kostet 30–50 R\$). Angeboten werden normalerweise Salate, frisches Gemüse, Reis, Bohnen, gegrilltes Fleisch und Fisch, dazu Spezialitäten der jeweiligen Region. Der Vorteil für Traveller: Es muss keine Speisekarte entziffert werden. Man sollte frühzeitig anrücken – um 12 Uhr mittags oder zwischen 19 und 20 Uhr abends –, um alles noch frisch und in Hülle und Fülle zu bekommen.

Churrascarias werden üblicherweise als *rodízio* geführt und verfügen über eine Salatbar. In den teureren Ausführungen wird den Gästen das Fleisch frisch vom Grill an den Tisch gebracht und dort kunstvoll tranchiert. Die Preise für die „All the meat you can eat"-Völlerei variieren stark – von 25 bis 90 R\$. Ebenfalls beliebt sind *rodízios,* die für 15 bis 26 R\$ Pizza und *massa* (Nudeln) anbieten.

Alleinreisende werden überall schnell willkommen geheißen. Wer eine Unterhaltung anfangen möchte, muss sich nur die nächste Eckkneipe oder

FEIJOADA *Regis St. Louis*

Brasiliens Nationalgericht *feijoada* ist ein leckerer, langsam gegarter Eintopf aus schwarzen Bohnen und vielen Fleischsorten (z. B. getrocknete Zunge, Schlachtereiabfälle vom Schwein). Das Ganze wird mit Salz, Knoblauch, Zwiebeln und Öl abgeschmeckt. Dazu gibt's weißen Reis, fein geschnittenen Grünkohl, geröstetes *farofa* (Maniokmehl) und Orangenstücke.

Nach einem weit verbreiteten Mythos geht *feijoada* auf afrikanische Sklaven zurück, die das Beste aus ansonsten unappetitlichen Schweine- und Rindfleischresten machen mussten. Einer anderen Theorie zufolge wurde das Rezept hauptsächlich von den Portugiesen erfunden und an brasilianische Verhältnisse angepasst. Jedenfalls ist Grünkohl auch eine typisch portugiesische Beilage. Gerösteter *farofa* stammt dagegen von Brasiliens Ureinwohnern. Obwohl ursprünglich ein schlichtes Essen, wird *feijoada* auch von einheimischen Mittel- und Oberschichtlern längst als „klassisch" brasilianisches Gericht geschätzt.

Zutaten

6 Tassen getrocknete schwarze Bohnen
250 g geräucherte Schweinshaxe
250 g *lingüiça* (brasilianische Wurst; ersatzweise Chorizo oder Cabanossi)
250 g brasilianische *carne seca* (Schweinelende; ersatzweise magerer kanadischer Rippenspeck)
1 kg geräucherte Schweinsrippchen
(Wagemutige fügen noch jeweils Ohr, Fuß, Schwänzchen und Zunge vom Schwein hinzu)
2 Lorbeerblätter
Salz, schwarzer Pfeffer
3 Knoblauchzehen, durchgepresst
1 große Zwiebel, gehackt
3 EL Olivenöl
4 Scheiben Räucherspeck
Orangenscheiben zum Garnieren
Reis, *farofa und* Grünkohl oder Kohlblätter als Beilagen
Scharfe Sauce zum Servieren (optional)

Zubereitung

Die Bohnen über Nacht einweichen. Dann in einem Topf mit 3 l Wasser aufkochen und mehrere Stunden bei mäßiger Hitze garen, gelegentlich umrühren. Inzwischen Haxen, *lingüiça* und *carne seca* in 3 bis 4 cm große Stücke schneiden, die Rippchen paarweise trennen. Alles in einem weiteren Topf aufkochen lassen, danach das Wasser abgießen. Nun die Mischung zusammen mit Lorbeerblättern, Salz und Pfeffer zu den Bohnen geben. Wenn der Bohnenmix wieder köchelt, Knoblauch und Zwiebel mit Olivenöl in einer weiteren Pfanne anbraten und den Räucherspeck hinzufügen. Zwei Schöpflöffel Bohnen entnehmen, zerdrücken und in die Bratpfanne geben. Umrühren, einige Minuten weitergaren. Dann zum Eindicken den Pfanneninhalt zu den Bohnen geben. Weiterköcheln lassen (2–3 Std.), bis die Bohnen weich sind und die Brühe eine cremige Konsistenz hat. Lorbeerblätter entfernen und den Eintopf auf Reis servieren. *Farofa* und Grünkohl oder Kohlblätter dazu reichen, mit frischen Orangenscheiben garnieren. Nach Bedarf mit scharfer Sauce verfeinern.

den nächsten Straßenstand aussuchen und wird nette Menschen im Überfluss finden.

Außer wenn der Service wirklich außergewöhnlich gut war, ist Trinkgeld kein Muss – die Rechnung enthält eine Servicepauschale von 10 %. In Restaurants, die häufig von Touristen gesucht werden, sollte man sein Wechselgeld zählen und sichergehen, dass auf der Rechnung alles einzeln aufgelistet ist: *Pode discriminar?* (Können Sie das einzeln angeben?) Es wird nicht erwartet, dass der Tisch nach einiger Zeit wieder frei wird – man kann nahezu überall so lange verweilen wie man möchte.

Auf die Schnelle

In Brasilien ist es niemals weit zur nächsten *lanchonete* mit *salgadinhos*, pikanten, normalerweise gebratenen Snacks, die auch als *tira-gostos* und *petiscos* bekannt sind und etwa 2 R$ kosten. Dazu gehören beispielsweise *quibe*, frittierte Hackfleischkroketten – so lecker wie kalorienreich. Kochend heiß gegessen sind *pasteis* (frittierte Teigtaschen, gefüllt mit Fleisch, Käse oder Meeresfrüchten) einfach unschlagbar. Auch *pão de queijo* (eine Kreation aus Käse und Tapioka-Teig) ist eine allgegenwärtige Köstlichkeit.

Für ein paar Reais mehr erhält man ein *sanduiche*, was für eine Vielzahl heißer Sünden stehen kann, vom *X-tudo* (Cheeseburger) bis zum verlässlich guten *misto quente* (getoastetes Schinken-Käse-Sandwich). Kalte Sandwiches, gewöhnlich auf Weißbrot ohne Rinde, werden *sanduiche natural* genannt.

VEGETARIER & VEGANER

Nur eine kleine Minderheit der Brasilianer ernährt sich vegetarisch. Viele brasilianische Kellner verstehen unter Gerichten *sem carne* (ohne Fleisch) auch Essen mit „pflanzlichen" Zutaten wie Geflügel, Schweinefleisch und tierischen Fetten – beim Bestellen im Restaurant sollte man sich also sehr genau ausdrücken. Besondere Vorsicht ist bei typischen Gerichten mit schwarzen Bohnen geboten, sie sind häufig mit Fleisch angereichert.

Die meisten Städte haben ein paar wenige vegetarische Adressen. Aber man kann auch nach einem *por-kilo*-Restaurant Ausschau halten, die normalerweise einige Salate, Gemüse- und Bohnengerichte anbieten, wenn kein vegetarisches Lokal in der Nähe ist. Edlere Adressen für Veggies in Rio sind auf S. 181 aufgelistet.

FÜR KLEINE ESSER

Brasilianer lieben Kinder – mit Ausnahme der feinsten Adressen werden sie überall willkommen sein, solange sie sich anständig benehmen. Man sollte wissen, dass brasilianische Eltern flegelhaftes Benehmen wenig tolerieren und einen schnellen Klaps für hilfreicher halten als eine sanfte Ermahnung.

Für wenig experimentierfreudige Gaumen gibt es nahezu überall bekanntes Essen, von Burgern und Pizza bis zu überbackenen Sandwiches. Fertignahrung für Babys ist eigentlich in jedem Supermarkt zu finden, wenn auch nicht in jedem Laden um die Ecke.

ESSKULTUR

Das brasilianische café *da manha* (Frühstück; oft verkürzt nur *café*) besteht häufig nur aus Milchkaffee und einem süßen oder pikanten Leckerbissen. Ein reichhaltiges *almoço* (Mittagessen) gibt es jederzeit zwischen 12 und 14 Uhr, als herzhafter *lanche* (Snack am späten Nachmittag) dient ein *salgadinho* mit Saft, Kaffee oder Bier, und ein leichtes *jantar* (Abendessen) aus Suppe und/oder Sandwiches oder eine kleinere Ausgabe des Mittagessens

---

ETIKETTE

Brasilianer sehen vieles recht locker. Tischmanieren gehören aber nicht dazu: Wo immer möglich sollte man nicht mit den Fingern essen – brasilianische Mittelschichtler genießen selbst Sandwiches oft mit Messer und Gabel. Auch eine Pizza gehört niemals in die Hand. Wer zum Essen nach Hause eingeladen wird, sollte ein kleines Gastgeschenk (z. B. Wein, Blumen) mitbringen – oder sich mit einer Flasche zollfreien Whiskys ewige Freundschaft sichern.

In örtlichen Restaurants und Bars herrscht heute Rauchverbot. Da Brasilianer ihre Handys lieben, sind kurze Telefonate außer bei sehr formellen Anlässen jederzeit möglich.

beschließt den Tag gegen 21 Uhr oder später. Sonntags versammeln sich Großfamilien gewissenhaft zum Mittagessen, der wichtigsten Mahlzeit der Woche. Sie kann bis 17 Uhr oder länger dauern und nahtlos in *lanche* und *jantar* übergehen. Snacks sind zu jeder Tages- und Nachtzeit willkommen, ebenso ein schneller Schluck ultrasüßen Kaffees.

Culture Smart! Brazil (2005) von Sandra Branco hilft, brasilianische (Tisch-) Sitten, Gebräuche und Benimmregeln besser zu verstehen.

KOCHKURSE

Die **Academy of Cooking & Other Pleasures** (http://chefbrazil.com) in Paraty veranstaltet fünftägige Kurse mit der renommierten Köchin und Seminarleiterin Yara Roberts. Der eigentliche Unterricht wird z. B. von *cachaça*-Proben oder Besuchen auf örtlichen Bauernhöfen ergänzt.

Die englischsprachigen Halbtagskurse von Cook in Rio (S. 172) beinhalten das Zubereiten von einigen brasilianischen Klassikern (z. B. *moqueca* od. *feijoada*) und professionell gemixten Caipirinhas. Am allerbesten: Die Früchte der Arbeit werden im Anschluss gleich genossen.

Auch Senac (Salvador; S. 490) ist eine prima Adresse für Traveller, die Brasiliens Kochkunst erlernen möchten.

SPRACHFÜHRER ESSEN

Das folgende Glossar soll korrektes Bestellen erleichtern und zum besseren Verständnis bzw. Genuss servierter Gerichte beitragen. Auf S. 804 stehen Richtlinien zur Aussprache.

Was steht auf der Karte?
BASICS

almoço	al·*mo*·sso	Mittagessen
arroz	a·*hos*	Reis
aves	*a*·ves	Geflügel
azeite	a·*zei*·te	Olivenöl
bebida	be·*bi*·da	Getränk
café da manha	ka·*fe* da ma·*nja*	Frühstück
carne	*kar*·ne	Fleisch (normalerweise Rindfleisch)
churrasco	schu·*has*·ko	gegrilltes Fleisch
comida caseira	ko·*mi*·da ka·*zei*·ra	Essen wie hausgemacht
comida por kilo	ko·*mi*·da porr *ki*·lo	Buffet; „Bezahlen nach Gewicht"
dendê	deng·*de*	rötliches Palmöl
entrada	eng·*tra*·da	Vorspeise, Häppchen
farinha de mandioca	fa·*ri*·nja de mang·di·o·ka	Maniokmehl; einst Grundnahrungsmittel der Indianer Brasiliens und heute das Hauptnahrungsmittel vieler Brasilianer
farofa	fa·*ro*·fa	in Butter geröstetes Maniokmehl
feijão	fei·*dschaou*	(braune) Bohne
frutos do mar	*fru*·tos do marr	Meeresfrüchte
grelhadas	grel·*ja*·das	gegrilltes Fleisch oder gegrillter Fisch
lanche	*lang*·sche	herzhafter Snack am späten Nachmittag
lanchonete	lang·scho·*ne*·te	Snackbar, Imbissbude
molho	*mo*·ljo	Sauce
peixe	*pei*·sche	Fisch
por-kilo	porr·*ki*·lo	pro Kilogramm; verwendet in Selbstbedienungsrestaurants
prato	*pra*·to	Hauptgericht
prato feito	*pra*·to *fei*·to	wörtlich „gemachter Teller"; Tagesmenü, typischerweise eine reichhaltige und preiswerte Mahlzeit
pratos típicos	*pra*·tos *ti*·pi·kos	örtliche Spezialitäten

refeição	he·fei·*saou*	Mahlzeit
refeição comercial	he·fei·*saong* ko·merr·*sjao*	Mahlzeit/Portion aus unterschiedlichen Gerichten (meist ausreichend für 2 Pers.)
rodízio	ho·*di*·sjo	bunte Mischung, normalerweise mit jeder Menge Fleisch
sobremesa	so·bre·*me*·ssa	Nachtisch

HAUPTGERICHTE

barreado	ba·rre·*a*·do	Mix aus Fleisch und Gewürzen, der in einem Tontopf 24 Stunden gegart und mit Bananen und *farofa* serviert wird; Nationalgericht im Bundesstaat Paraná
bobó de camarão	bo·*bo* de ka·ma·*raou*	Maniokteig, gewürzt mit getrockneten Shrimps, Kokosmilch und Cashewnüssen
canja	*kang*·dscha	Suppe mit Reis und Hühnerbrühe
carne de sol	*kar*·ne de sol	schmackhaftes, gesalzenes Grillfleisch, mit Bohnen, Reis und Gemüse serviert
casquinha de siri	kas·*ki*·nja de *si*·ri	gefüllter Krebs
cozido	ko·*si*·do	Fleischeintopf mit viel Gemüse
feijoada	fei·dscho·*a*·da	Bohnen-Fleisch-Eintopf mit Reis, traditionelles samstägliches Mittagessen
frango ao molho pardo	*frang*·go ao mo·ljo *par*·do	Hähnchenstücke mit Gemüse, in Hühnerblut gekocht
moqueca	mo·*ke*·ka	bahianischer Fischeintopf im Tontopf gegart, mit *dendê*, Kokosmilch und würzigem Pfeffer
pato no tucupí	*pa*·to no tu·ku·*pi*	gebratene Ente mit Knoblauch, Manioksaft und *jambú*; sehr beliebt in Pará
pirarucu ao forno	pi·ra·hu·*ku* ao *forr*·no	Zubereitungsart für den berühmtesten Fisch aus den Flüssen Amazoniens; der Fisch wird mit Zitrone und Gewürzen im Ofen gegart
tutu á mineira	tu·*tu* a mi·*nei*·ra	würziger Brei aus schwarzen Bohnen, typisch für Minas Gerais
vatapá	va·ta·*pa*	ein Meeresfrüchte-Gericht afrikanischen Ursprungs mit einer dicken Sauce aus Maniokpaste, Kokosnuss und *dendê*
xinxim de galinha	sching·*sching* de ga·*ie*·nja	Hähnchenstücke mit Knoblauch, Salz und Zitrone

Essglossar

OBST & GEMÜSE

abacate	a·ba·*ka*·te	Avocado
abacaxí	a·ba·ka·*schi*	Ananas
açaí	a·sa·*i*	grobkörnige, dunkel-purpurrote Waldbeere
acerola	a·se·*ro*·la	säuerliche, nach Kirsche schmeckende Frucht mit sehr hohem Vitamin-C-Gehalt
alface	ao·*fa*·se	Kopfsalat
alho	*a*·ljo	Knoblauch
batata	ba·*ta*·ta	Kartoffel
beterraba	be·te·*ha*·ba	rote Beete
caju	ka·*dschu*	Cashewnüsse
carambola	ka·rang·*bo*·la	Sternfrucht
cenoura	se·*no*·ra	Karotte
cupuaçu	ku·pu·*a*·su	säuerliche, leicht birnenähnliche Frucht
fruta do conde	*fru*·ta do *kong*·de	Zimtapfel, Rahmapfel

goiaba	go-*ja*-ba	Guave
graviola	gra-vi-*o*-la	Graviola, Guanabana oder Stachelannone
jaca	*dscha*-ka	Jackfrucht
laranja	la-*rang*-dscha	Orange
limão	li-*maou*	Limette oder Zitrone
maçã	ma-*sang*	Apfel
mamão	ma-*maou*	Papaya
mandioca	mang-di-*o*-ka	Maniok, Cassava (auch *aipim* genannt)
manga	*mang*-ga	Mango
maracujá	ma-ra-ku-*dscha*	Maracuja, Passionsfrucht
melancia	me-lang-*si*-a	Wassermelone
melão	me-*laou*	Honigmelone
morango	mo-*rang*-go	Erdbeere
pupunha	pu-*pu*-nja	Frucht der Pfirsichpalme, sehr vitamin-reich, wird gekocht zum Frühstück gegessen
uva	*u*-va	Weintraube

SNACKS

acarajé	a-ka-ra-*dsche*	in *dendê* ausgebackene Teigbällchen aus gemahlenen Bohnen und getrockneten Shrimps; bahianische Spezialität
empadão	eng-pa-*daou*	schmackhafte Pastete aus Fleisch, Gemüse, Oliven und Eiern
quibe	*ki*-be	frittierte würzige Hackfleischbällchen
pão de queijo	paou de *kei*-dscho	Brötchen aus Tapiokamehl, mit Käse gefüllt
pastel	pas-*tel*	dünne gebratene Teigstücke, gefüllt mit Fleisch, Käse oder Fisch
salgadinhos/salgados	sao-ga-*di*-njos/sao-*ga*-dos	würzige Snacks

FLEISCH, FISCH & MILCHPRODUKTE

camarão	ka-ma-*raou*	Shrimps
carne	*kar*-ne	(Rind-)Fleisch; auch *bife* oder *carne de vaca*
carneiro	karr-*nei*-ro	Lamm
dourado	do-*ra*-do	fleischiger Süßwasserfisch
frango	*frang*-go	Hähnchen
leite	*lei*-te	Milch
ovos	*o*-vos	Eier
porco	*porr*-ko	Schweinefleisch
queijo	*kei*-dscho	Käse
requeijão	he-kei-*dschaou*	Frischkäse
siri	*si*-ri	Krebs, Krabbe
tainha	*tai*-nja	fleischiger, aber zarter Fisch

NACHTISCH

arroz doce	a-*hos* do-se	Reispudding
bolo	*bo*-lo	Kuchen
brigadeiro	bri-ga-*dei*-ro	*doce de leite* mit Schokolade bedeckt
cocada	ko-*ka*-da	gebackene Kokosnuss-Leckerei
doce de leite	do-se de *lei*-te	sahnige Milch-Zucker-Mischung
goiabada	go-ja-*ba*-da	süßer Guavenbrei
pavé	pa-*ve*	Sahnetorte
quindim	*kin*-dim	Kokos-Ei-Pudding
sorvete	sorr-*ve*-te	Eiscreme

GETRÄNKE

agua	*a*·gwa	Wasser
aguardente	a·gwarr·*deng*·te	Schnaps; jedes starke alkoholische Getränk, normalerweise *cachaça*
batida	ba·*ti*·da	gemixtes Getränk
cachaça	ka·*tscha*·sa	Zuckerrohrschnaps
café	ka·*fe*	Kaffee
cerveja	serr·*ve*·dscha	Bier
chope	*scho*·pi	Bier vom Fass
erva maté	*err*·va *ma*·te	sehr beliebter Mate-Tee aus Südbrasilien
guaraná	gwa·ra·*na*	limonadeähnliches Erfrischungsgetränk aus Guaraná-Extrakt mit hohem Koffeingehalt
pinga	*pin*·ga	ein anderer Name für *cachaça*
refrigerante	he·fri·dsche·*rang*·te	Erfrischungsgetränk
suco	*su*·ko	Saft
vitamina	vi·ta·*mi*·na	Saft mit Milch, Milch-Frucht-Shake

WILDES BRASILIEN

Eine erstaunliche Vielfalt an großem und kleinem Getier macht Brasilien zu einem der Topziele für passionierte Tierbeobachter. Der Regenwald, die Feuchtgebiete, das Weideland und die Küstengewässer wimmeln nur so von Leben, und zu den Tausenden Tierarten, die in diesem Hotspot der Artenvielfalt zu Hause sind, gehören u. a. Hellrote Aras, Amazonasdelfine, Klammeraffen, Capybaras, Meeresschildkröten, Dreifingerfaultiere und Jaguare. Wer sich auf die Spuren des wilden Brasiliens begibt, den erwarten tolle Abenteuer, von Abseiltrips in Schluchten über Amazonas-Bootsfahrten und Spaziergänge über den Baumwipfeln bis zu Ausritten in die surreale Landschaft des Pantanal.

ANDY ROUSE

SÄUGETIERE

In Brasilien leben so viele Säugetiere wie in keinem anderen Land der Erde. Einige der bekanntesten Tierarten, z. B. Jaguare und Mähnenwölfe, lassen sich nur selten blicken, andere wiederum – darunter Nasenbären, Capybaras und viele Affenarten – bekommt man mit etwas Glück bei Tierbeobachtungstouren recht häufig zu Gesicht. Infos zu im Wasser lebenden Säugern gibt's auf S. 110.

JOHN HAY

PAUL KENNEDY

❶ Jaguar

Die größte Katze des amerikanischen Kontinents ist im Amazonasgebiet, dem Pantanal, dem Cerrado und den Nationalparks im Osten des Landes zuhause. Ihr Fell ist gelb mit schwarzen Punkten und sie erreicht eine Gesamtlänge von bis zu 2,5 m; die Männchen wiegen bis zu 120 kg. Jaguare sind Einzelgänger, nachtaktiv und gute Schwimmer.

❷ Capybara

Das weitverbreitete Capybara ist das größte – und wohl liebenswerteste – Nagetier der Welt: Es wird 1 m lang und wiegt bis zu 70 kg. Die Meerschweinchen ähnelnden Tiere sind, stets in Herden, oft im Pantanal zu sehen.

❸ Kapuzineraffe

Die gelenkigen Affen verdanken ihren Namen den Haaren auf ihren Köpfen, die wie Mönchskutten aussehen. Sie sind fast im ganzen Land verbreitet (selbst in Rio trifft man welche) und leben in Gruppen von bis zu 20 Tieren.

❹ Faultier

Faultiere bewegen sich extrem langsam. Sie hängen kopfüber an Ästen, fressen Blätter, schlafen bis zu 18 Stunden am Tag und klettern nur einmal pro Woche vom Baum, um sich zu erleichtern. Erstaunlicherweise können sie gut schwimmen. Am ehesten trifft man sie im Pantanal oder im Amazonasgebiet an.

❺ Brüllaffe

Brüllaffen sind leichter zu hören als zu sehen, ihr Geschrei schallt viele Kilometer weit. Die untersetzten Tiere leben in Gruppen in 10 bis 20 m Höhe in den Bäumen – und werfen mit Exkrementen, wenn sie sich bedroht fühlen!

❻ Totenkopfaffe

Diese im Amazonasgebiet am weitesten verbreiteten Primaten haben blasse Gesichter, dunkle Nasen, große Ohren und lange Schwänze und ziehen in kleinen Gruppen lautstark umher. Ein anderes Exemplar, der Rotgesichtklammeraffe, wird bis zu 1,5 m lang, hat dünne Gliedmaßen und einen Greifschwanz.

❼ Nasenbär

Weit verbreitet ist der Nasenbär, ein pelziger, putziger Fleischfresser von der Größe eines kleinen bis mittelgroßen Hundes. Sein Schwanz ist lang und braun-gelb geringelt. Mit der langen, beweglichen Schnauze spürt er auf dem Boden und in Bäumen Nahrung auf.

❽ Großer Ameisenbär

Der Große Ameisenbär wird gut über 2 m lang. Mit seinen scharfen Klauen dringt er in Ameisen- und Termitenhügel ein und erbeutet mit seiner klebrigen Zunge 35 000 (!) Termiten am Tag. Man erspäht ihn oft in Cerrado-Gebieten.

❾ Flachlandtapir

Der nachtaktive Flachlandtapir lebt in den Wäldern, wo er mit seiner langen Schnauze Blätter, Früchte und Wurzeln sucht. Er ist mit dem Pferd verwandt und bis zu 300 kg schwer.

VÖGEL

Weil in jeder Region Brasiliens viele verschiedene, in fantastischen Farben schillernde Vögel leben, ist das Land ein tolles Ziel für Vogelbeobachter. Über 1700 Vogelarten sind hier zu finden – das sind mehr als in Europa und Nordamerika zusammen! Ein hochwertiges Fernglas sollte im Handgepäck darum auf keinen Fall fehlen.

RALPH HOPKINS

❶ Tukan

Der Tukan gehört zu den bekanntesten Vogelarten Lateinamerikas und hat einen riesigen, fast komplett hohlen, bunten Schnabel, mit dem er auch noch die Beeren am Ende der Äste erreicht. Er fliegt unerwartet grazil und bevölkert die Baumwipfel im ganzen Land.

❷ Scharlachsichler

Dieser spektakuläre, leuchtend rote, 50 cm große hydrophile Vogel lebt in Schwärmen an der nordöstlichen Küste Brasiliens und auf der Ilha de Marajó an der Amazonasmündung.

❸ Ara

Die charismatischen Neuweltpapageien, Maskottchen des Regenwalds, sind oft paarweise unterwegs und legen bei der Nahrungssuche bis zu 25 km am Tag zurück. Im Flug erkennt man sie an ihrer pfeilförmigen Gestalt.

❹ Harpyie

Dieser seltene, äußerst kräftig gebaute Adler ist *der* brasilianische Greifvogel schlechthin! Er wiegt bis zu 10 kg und kann eine Spannweite von 2,5 m erreichen. Die Harpyie lebt vorwiegend im Amazonasgebiet und bevorzugt als Nahrung Affen, Faultiere und andere mittelgroße Tiere.

❺ Kolibri

Die wunderschönen kleinen Vögel mit ihrem bunt schillernden Gefieder sind in ganz Brasilien verbreitet. Insektengleich schwirren sie durch die Luft, wenn's sein muss, sogar rückwärts. Der brasilianische Name des Kolibris lautet übrigens *beija-flor*, Blumenküsser.

❻ Jabiru

1,40 m groß, schwarzer Kopf, scharlachroter Hals – das Wappentier des Pantanal ist auch im Amazonasgebiet zu sehen. Jabirus flattern entweder wenig elegant übers Wasser oder stehen bewegungslos da und warten den richtigen Moment ab, um sich mit ihrem langen Schnabel einen Fisch zu schnappen.

❼ Trogon

Zur Familie dieser mittelgroßen, oft kunterbunt gefiederten Vögel mit ihrem langen Schwanz gehört auch der berühmte Quetzal. Trogone kann man in tropischen Wäldern auf Bäumen sitzen oder herumfliegen sehen.

❽ Nandu

Brasiliens größter Vogel ist im Cerrado und im Pantanal zuhause. Er wird bis zu 1,40 m groß und ca. 30 kg schwer. Seine großen Flügel dienen ihm beim Rennen als eine Art Segel.

MEERESTIERE

Brasiliens wilde Flüsse und seine grünen Küsten sind Heimat für beeindruckend viele Wassergeschöpfe. Ja, im Amazonas gibt's fleischfressende Fische, doch auch die in den Flüssen und im Meer lebenden Delfine, die tropischen, farbenfrohen Fische, die Fischotter, die riesigen, aber noch immer anmutigen Seekühe und die sieben Walarten, die an den Küsten vorbeiziehen, verdienen Beachtung.

JENNY & TONY ENDERBY

❶ Riesenotter

Der vom Aussterben bedrohte Riesenotter misst von Kopf bis Schwanz bis zu 2 m. Das äußerst soziale Tier bewohnt meist in Familienverbänden mit sechs bis acht Tieren Seen und ruhige Flüsse in den Wäldern des Amazonasgebiets und des Pantanal.

❷ Amazonasdelfin

Weltweit gibt's nur fünf Flussdelfinarten, und einer davon ist der rosafarbene Amazonasdelfin, der ausschließlich im Amazonas, im Orinoco und in deren Nebenflüssen schwimmt. Er hat winzige Augen und ist fast blind, aber sein hoch entwickeltes Sonarsystem gleicht das aus.

❸ Südkaper

Diese gewaltigen Wale werden 18 m lang und mehr als 60 t schwer. Am ehesten sichtet man sie vor der Küste Santa Catarinas zwischen Juni und Oktober: Dann ziehen sie zum Kalben zu Hunderten von Norden in Richtung Antarktis in wärmere, ruhigere Gewässer.

❹ Ostpazifischer Delfin

Auf der Inselgruppe Fernando de Noronha bekommt man große Schulen dieser kleinen Meeresdelfine zu Gesicht, die eine Länge von maximal 1,80 m erreichen. Bei Sonnenaufgang sammeln sie sich zu Hunderten in den Buchten.

❺ Amazonas-Manati (Seekuh)

Dieser träge Vegetarier ist im Schnitt 3 m lang und 500 kg schwer. Er ernährt sich von Gräsern und Pflanzen an der Wasseroberfläche und wird von manchen Uferbewohnern wegen seines Fleisches illegal gejagt. Die Seekuh ist ständig vom Aussterben bedroht.

❻ Pirarucu

Der König der Fische im Amazonas, der wunderschöne, gewaltige Pirarucu (oder Arapaima), kann 3 m lang und 100 kg schwer werden. Auffallend: Die Männchen beschützen die Jungtiere, bis sie sechs Monate alt sind.

❼ Piranha

Dieser berühmt-berüchtigte Fleischfresser ist im Amazonas sehr weit verbreitet, entgegen der landläufigen Meinung aber recht menschenscheu. Die 15 bis 26 cm großen Tiere ernähren sich vor allem von Fischen, Pflanzen und Insekten – und von Aas.

REPTILIEN & AMPHIBIEN

Liebhaber von Schlangen und anderen kaltblütigen Exemplaren kommen in Brasilien voll auf ihre Kosten: Hier begegnet einem sowohl die viel verehrte und mythologisierte Anakonda als auch der listige Schwarze Kaiman. Wer kleinere, knuddligere Wesen bevorzugt, findet an der Küste frisch geschlüpfte Meeresschildkröten, die ihre entscheidende erste Reise Richtung Ozean antreten.

LEE FOSTER

❶ Kaiman

In Brasilien leben verschiedene Kaimanarten. Diese engen Verwandten der Alligatoren ernähren sich von Fischen, Amphibien, Krustentieren und vereinzelt von Vögeln. Der größte von ihnen ist der Schwarze Kaiman mit über 5 m Länge; am ehesten bekommt man ihn im Amazonasgebiet und im Pantanal zu Gesicht.

❷ Anakonda

Die berüchtigte Schlange schlingt sich um ihre Opfer, zerdrückt oder erstickt sie und verschlingt sie dann. Anakondas werden bis zu 10 m lang und können im Wasser und an Land leben. Im Pantanal sind sie weit verbreitet.

❸ Meeresschildkröte

Fünf der weltweit sieben Meeresschildkrötenarten – Echte und Unechte Karettschildkröte, Suppenschildkröte, Oliv-Bastardschildkröte, Lederschildkröte – sind an Brasiliens Küste zu Hause und

TOM BOYDEN

stehen allesamt unter dem Schutz des Tamar-Projekts (S. 509).

❹ Pfeilgiftfrösche

Die bunten Winzlinge aus dem Amazonasgebiet sind für ihr starkes Gift bekannt. Ihre grellen Farben und auffälligen Muster sollen Feinde abschrecken. Einige Stämme machen aus dem Gift Medizin, andere nutzen es für die Jagd.

Natur & Umwelt

Die erstaunliche Tier- und Pflanzenwelt Brasiliens sucht auf unserem Planeten ihresgleichen. Hier befinden sich der größte Regenwald der Welt, einige herausragende Feuchtgebiete und atemberaubende Strände.

In Brasilien gibt es mehr bekannte Pflanzenarten (über 55 000), Süßwasserfische (ca. 3000), Amphibien (775) und Säugetiere (522) als in irgendeinem anderen Land. Bei der Zahl der Vogelarten (über 1700) steht Brasilien an dritter Stelle, bei Reptilien (633) an fünfter. Ungefähr 10 bis 15 Mio. verschiedene Insekten fliegen und hüpfen hier herum. Etwa ein Viertel aller brasilianischen Säugetiere, ein Drittel der Reptilien und mehr als die Hälfte der Amphibien kommen nur hier vor, und ständig werden neue Arten entdeckt, z. B. seit 1990 allein 14 neue Affenarten.

Leider ist Brasilien aber auch für die Zerstörung seiner natürlichen Umwelt berüchtigt. Alle wichtigen Ökosysteme des Landes sind gefährdet und über 200 Tierarten vom Aussterben bedroht. Umweltschutz ist nach wie vor ein heißes Eisen. Und immer mehr Menschen wird bewusst, dass der Schutz der einheimischen Naturwunder ausschlaggebend für die Zukunft des Landes ist. Besucher können eine wichtige Rolle spielen, indem sie Firmen und Organisationen unterstützen, die nach den Kriterien der Nachhaltigkeit arbeiten. Der GreenDex (S. 834) enthält eine Liste umweltfreundlicher Unterkünfte, Geschäfte und Institutionen im ganzen Land.

Auf der Seite der Naturschutzorganisation The Nature Conservancy (www.nature.org) findet man Porträts der wichtigsten Ökosysteme Brasiliens und Informationen zu den gefährdeten Arten des Landes.

DAS LAND

Brasilien ist das fünftgrößte Land der Welt (nach Russland, China, Kanada und den USA). Der 8,5 Mio. km² große Staat bedeckt fast halb Südamerika und grenzt an alle Länder des Kontinents außer Chile und Ecuador.

Abgesehen von den meist schmalen Küstenebenen besteht der Süden, Südosten und Nordosten Brasilien überwiegend aus leicht hügeligem Land, das gelegentlich von dramatischen Steilhängen unterbrochen wird, und einigen Gebirgszügen wie der Serra do Espinhaço und der Serra do Mar, die selten höher sind als 2000 m. Viele Flüsse des Südens und Südostens fließen ins Landesinnere und münden dort in die großen Ströme Paraná, Uruguay und Paraguay, die wiederum Richtung Süden fließen und in den Rio de la Plata zwischen Urugay und Argentienien münden.

Im Herzen des Landes erstreckt sich das Planalto Brasileiro, eine riesige Hochebene, die von mehreren kleinen Gebirgszügen unterbrochen wird, durchschnittlich aber nur 500 m hoch liegt. Abgesehen vom gewaltigen Rio São Francisco, der nördlich von Salvador in den Atlantik fließt, bahnen sich die meisten Flüsse hier ihren Weg Richtung Norden ins riesige, tief liegende Amazonasbecken. Dort speisen sie den mächtigen Amazonas, gemeinsam mit Hunderten anderer Flüsse, die in den Anden, in den Bergen entlang der brasilianisch-venezolanischen Grenze und im weiter östlich gelegenen Bergland von Guayana entspringen. Der höchste Berg Brasiliens ist der Pico da Neblina (3014 m) an der venezolanischen Grenze.

In Brasilien gibt es fünf wesentliche Biome (Ökoregionen): Amazonien, den Atlantischen Regenwald, die Caatinga (halbtrockenes Land), den Cerrado (die Savannen in Zentralbrasilien) und die Feuchtgebiete des Pantanals.

Der Dokumentarfilm Amazon: Land of the Flooded Forest von National Geographic erkundet die einzigartige Amazonasregion, wo sich sechs Monate im Jahr das Leben im Wasser und auf dem Land vermischen.

Amazonien

Das brasilianische Amazonasbecken, auch Amazonien genannt, bedeckt fast die Hälfte des Landes. 30 % des tropischen Regenwaldes der Welt befinden sich hier, und Amazonien ist die Heimat von etwa 45 000 Pflanzenarten (etwa 20 % aller Arten weltweit), 311 Säugetierarten (etwa 10 %), 1000 Vogelarten (15 %), 1800 Schmetterlingsarten und ungefähr 2000 Fischarten (zum Vergleich: in ganz Europa gibt es nur ca. 200). Bis heute ist der Regenwald voller Geheimnisse: Viele wichtige Nebenflüsse des Amazonas sind noch unerforscht, Tausende Arten wurden noch nicht klassifiziert und Dutzende menschliche Gemeinschaften haben den Kontakt mit der Außenwelt gemieden.

The Smithsonian Atlas of the Amazon ist ein wahrer Schatz für alle, die dem Zauber Amazoniens erliegen – er enthält 150 Karten, 3000 Fotos und zahlreiche faszinierende Informationen.

Zusammen mit einem Gebiet von 2 Mio. km² in den Nachbarländern führt das gesamte Amazonasbecken ein Fünftel des Süßwassers der Welt und produziert ein Fünftel des weltweiten Sauerstoffs. Leider ist die Abholzung der Regenwälder nach wie vor eine große Gefahr – etwa 10 000 km² Wald werden jedes Jahr gefällt.

Regenwald tritt in Gebieten auf, wo jährlich mehr als 2000 mm Niederschlag fällt und dieser übers ganze Jahr verteilt ist. In Amazonien wird etwa die Hälfte des Regens durch die feuchten Passatwinde, die vom Atlantischen Ozean kommen, herangeweht, der Rest entsteht durch die Verdunstung am Boden und in den Bäumen, die sich zum großen Teil wieder in Regen nie-

DIE BRASILIANISCHEN BUNDESSTAATEN

derschlägt. Die Luftfeuchtigkeit ist immer höher als 80 % und die Temperatur liegt konstant zwischen 22°C in der Nacht und 31°C am Tag.

SCHWEMMEBENE & FESTER BODEN

Jahreszeitlich bedingter Regen bringt es mit sich, dass der Pegel des Amazonas und seiner Nebenflüsse im Verlauf des Jahres steigt und sinkt. Bei so einem großen Fluss führt das zu dramatischen Veränderungen in der Region. Die Pegel schwanken zwischen Hoch- und Niedrigstand üblicherweise um 10 bis 15 m. Während der Hochwasserperioden werden Gebiete von insgesamt mindestens 150 000 km² überflutet (etwa die Größe von England und Wales zusammen).

Die regelmäßig überfluteten Schwemmebenen der „Weißwasser"-Flüsse (in Wirklichkeit eher cremig-braun) aus den Anden werden *várzea* genannt. In den Schwemmebenen gedeihen bis zu 20 m hohe Bäume, von denen viele erhöhte Wurzeln haben. *Igapó* ist der geläufige Name für die Wälder, die von den dunkleren Wassern des Rio-Negro-Beckens überflutet werden. Eine Fahrt durch überfluteten Wald ist besonders faszinierend, da man sich auf der Höhe der Baumwipfel bewegt und somit der Tierwelt näher kommen kann.

Die Bäume der Wälder, die auf *terra firme* (höher gelegenes Land, das nicht überflutet wird) stehen, werden üblicherweise bis 30 m hoch. Dazu gehörten der Paranussbaum und wertvolle Harthölzer wie Mahagoni, die eine trockenere Umgebung bevorzugen.

Auf dem Wasser leben Wasserpflanzen wie die riesige Wasserlilie *Victoria amazonica* (die nach der englischen Königin Victoria benannt ist und einen Umfang von 2 m erreichen kann), und es gibt sogar schwimmende Inseln mit amphibischen Gräsern.

STOCKWERKE IM REGENWALD

Der Regenwald ist in Schichten von pflanzlichem und tierischem Leben aufgeteilt. Der größte Teil der Aktivitäten der Tiere findet in der Kronenschicht, etwa 20 bis 30 m über dem Boden statt, wo Bäume um jeden Sonnenstrahl konkurrieren und Schmetterlinge, Faultiere und die Mehrzahl der Vögel und Affen leben. Hier schweben Kolibris auf der Suche nach Pollen umher und Aras und Papageien suchen nach Nüssen und zarten Trieben. Einige riesige Bäume, die bis zu 40 m, manchmal auch 50 m hoch werden, durchbrechen das Dach aus Baumkronen und beherrschen die Silhouette des Waldes. Diese „aufstrebenden Bäume" werden von Vögeln wie der Harpyie und dem Tukan bewohnt und vermehren sich im Gegensatz zu anderen Waldpflanzen, indem sie ihre Samen mit Hilfe des Windes verbreiten.

Das dichte Laubwerk der Kronenschicht verwehrt den tieferen Etagen das Sonnenlicht. Unter den Baumkronen befindet sich die Schicht der niedrigen Bäume. Epiphyten (Luftpflanzen) hängen in den mittleren Schichten, und unter ihnen befinden sich Büsche, junge Bäume und bis zu 5 m hohe Sträucher. Die unterste Schicht bildet der mit Farnen, Sämlingen und Kräutern (Pflanzen, die an wenig Licht gewöhnt sind) bedeckte Boden. Hier leben Ameisen und Termiten, die sogenannten sozialen Insekten. Die *saubas* (Blattschneiderameisen) benutzen Blätter, um unterirdische Nester und Pilzgärten anzulegen, während Ameisensoldaten in großen Schwärmen durch den Urwald streifen und alles fressen, was ihnen in den Weg kommt. Am Boden ist es kühler als in den Baumkronen, die Temperatur beträgt hier durchschnittlich nur etwa 28 °C, doch die Luftfeuchtigkeit ist höher, sie liegt bei ca. 90 %.

Der Humus ist meist dünn. Viele Bäume haben Brettwurzeln, die Standfestigkeit verleihen und mehr Nährstoffe aufnehmen können.

Amazônia (www. amazonia.org.br) ist eine erstklassige Quelle in portugiesischer und englischer Sprache für News und andere Informationen aus Amazonien.

Im Amazonasbecken regnet es an durchschnittlich 130 bis 250 Tagen im Jahr, je nachdem, wo man sich befindet.

STEHEN LASSEN LOHNT SICH

Die Entwaldung trägt erheblich zur globalen Erwärmung bei, sie macht 17% der weltweiten CO_2-Emissionen aus (mehr als alle Flugzeuge, Pkws, Lkws und Schiffe der Welt zusammen) und 70% der CO_2-Emissionen Brasiliens. Die große Herausforderung ist die Frage, wie man den Wald vor der Abholzung retten kann, eine Frage, die im Klimawandel eine entscheidende Rolle spielen kann. Durch Feuer und die zum Fällen der Bäume benutzten Maschinen wird CO_2 freigesetzt, und außerdem werden lebende Pflanzen zerstört, die die CO_2-Emissionen von Autos und Fabriken in der ganzen Welt absorbieren können.

Eine einfache, aber dramatische neue Strategie ist es, Landbesitzer dafür zu bezahlen, dass sie die Wälder in ihrem Besitz erhalten. So kontrovers das sein mag – immer mehr Wissenschaftler, Umweltschützer und Politiker sind der Meinung, dass Geldprämien der effektivste Weg sind, um die Abholzung tropischer Wälder zu verhindern, und dass sie eine wichtige Rolle bei der Begrenzung der globalen Erwärmung spielen können, wenn sie sich als erfolgreich erweisen.

Lösungen, die stärker auf technische Innovationen wie Biokraftstoff oder Wind- und Solarenergie setzen, erregen vor allem im Zusammenhang mit dem Klimawandel Aufmerksamkeit, doch die Erhaltung eines Waldes hat einen erstaunlich einfachen Nutzen für die Umwelt: Dieser Wald ist ein Stück Land, auf dem der Besitzer die CO_2-Emissionen auf Null herunterfährt.

Die Menschen zu überzeugen, den Wald nicht abzuholzen, auf dessen Fläche sie dann gewinnträchtige Getreidesorten wie Soja und Mais anbauen oder Rinder grasen lassen könnten, ist in Brasilien eine entmutigende Aufgabe. Dies trifft besonders auf das Amazonasgebiet und Mato Grosso zu, wo die Regierungen früher die Landentwicklung – die Entwaldung und Schaffung von Agrarland – förderte. Die Besiedlung wurde von der Politik mit billigem Land und Fördermitteln für den Hausbau unterstützt, teilweise gibt es diese staatlichen Hilfen noch heute. 1970 war es sogar so, dass Bauern 80% ihres Landes abholzen mussten, um Anspruch auf Kredite für Saatgut und Traktoren zu haben.

Die Globalisierung hat für die landwirtschaftlichen Erzeuger in Brasilien gewaltige Möglichkeiten geschaffen: Brasilien ist neben Indonesien das führende Land bei der Fällung seines Regenwaldes. Bäume werden gefällt, um das Land für die Erzeugung von Nahrungsmitteln zu nutzen. Diese sollen die wachsende Weltbevölkerung ernähren und ihren zunehmenden Appetit auf Rindfleisch

---

Atlantischer Regenwald

Der „andere" Regenwald Brasiliens, die Mata Atlântica (Atlantischer Regenwald), ist älter als der Regenwald Amazoniens und entwickelte sich unabhängig. Er erstreckte sich früher entlang der Südostküste des Landes vom Rio Grande do Norte bis zum Rio Grande do Sul. Heute leben in diesem Gebiet drei Viertel der Brasilianer, und alle wichtigen Industriestädte befinden sich hier. Vom ursprünglichen Wald sind nur noch 7% erhalten.

In The Last Forest: The Amazon in the Age of Globalization besuchen die Autoren Mark London und Brian Kelly nach 25 Jahren wieder das Amazonasbecken und kommen am Ende zu dem Schluss, dass noch nicht alles verloren ist.

Entlang der Küste gibt es noch lange Streifen dieses reichen Waldes. In einigen findet sich eine unglaublich große Artenvielfalt, möglicherweise die größte der Welt. Außerdem leben hier viele einzigartige Arten: 21 der 26 Primatenarten kommen nur hier vor, ebenso wie über 900 der mehr als 2000 Schmetterlingsarten und viele der mehr als 600 Vogelarten. Es ist leider keine Überraschung, dass viele dieser Arten gefährdet sind, darunter die vier Arten des Goldgelben Löwenäffchens und die beiden Spinnenaffenarten (die größten Primaten des amerikanischen Doppelkontinents).

Zur charakteristischen Flora des Atlantischen Regenwaldes – über die Hälfte seiner Baumarten gibt es nur hier – gehören große Bäume wie das Brasilholz, der Eisenholzbaum, Jacarandas und Zedern, außerdem viele seltene Baumfarne. Die 20000 Pflanzenarten, von denen die Hälfte einheimische Pflanzen sind, machen 8% der weltweiten Pflanzenarten aus. Die Unesco erkannte 1999 die Bedeutung der Mata Atlânticas an, als sie 33 einzelne Gebiete in den Staaten Paraná, São Paulo, Espírito Santo und Bahia mit einer Gesamtfläche von 5820 km² als Weltnaturerbe auszeichnete.

stillen. Mato Grosso ist heute Brasiliens führender Produzent von Soja, Rindfleisch und Mais, und all das wird von multinationalen Unternehmen in die ganze Welt exportiert.

Um die Anreize für die Erhaltung des Waldes zu erhöhen (abgeholztes Agrarland bringt in Mato Grosso immerhin mehr als 300 US$/1000 m²), fahren Politiker ein weites Spektrum an Strategien, darunter direkte Zahlungen an Landbesitzer für die Erhaltung des Waldes sowie indirekte Subventionen, z. b. höhere Preise für Soja und Rindfleisch, das ohne die Abholzung von Wald erzeugt wird.

In den vergangenen Jahren schuf Brasilien mit einem Zuschuss Norwegens den **Amazon Fund** (www.amazonfund.org), der finanzielle Anreize für die Erhaltung des Regenwaldes bietet. In Kooperation mit der **Amazônia Association** (www.amazonia.org) hat sich der Fund zum Ziel gesetzt, mehr Schutzgebiete zu schaffen (zur Zeit sind es 1820 km²), deren Mitbesitzer die Ureinwohner sind, die für die Erhaltung des Landes tätig sind und zum Ausgleich dafür ihre eigene Kultur bewahren können und wirtschaftliche, Bildungs- und Gesundheitsleistungen für ihre Familien erhalten.

Auch neue Gesetze spielen bei der Erhaltung des Waldes eine Rolle. Das brasilianische Gesetz legt fest, dass 80 % aller Gebiete im oberen Amazonas und 50 % der Gebiete in erschloseneren Gebieten bewaldet bleiben müssen. Allerdings ist die Umsetzung dieses Gesetzes in einem derart riesigen Gebiet schwierig.

Die Bedeutung des Regenwaldes geht natürlich weit über seine Fähigkeit, CO_2 zu absorbieren, hinaus. Der Regenwald ist mit einer unglaublichen Artenvielfalt gesegnet, in tropischen Wäldern ist die Konzentration verschiedener Tier- und Pflanzenarten weitaus höher als in den meisten anderen Ökosystemen. Von den 250 000 Arten höherer Pflanzen, die der Wissenschaft bekannt sind, gibt es allein 45 000 im Regenwald Amazoniens. Dieses Reservoir der genetischen Vielfalt ist eine unglaublich lebendige Quelle für Ernährung und Medizin. Ein Viertel aller Medikamente, die in den entwickelten Ländern verwendet werden, enthält Elemente, die im tropischen Regenwald gewonnen werden. Der Regenwald Amazoniens brachte uns bereits Kautschuk, Maniok und Kakao sowie Antimalariamedikamente, Medikamente gegen Krebs und Hunderte andere medizinisch wirksamer Pflanzen. Irgendwo in den Tiefen seiner Tier- und Pflanzenwelt wartet vielleicht ein Heilmittel für Aids, Brustkrebs oder die gewöhnliche Erkältung. Die Zerstörung eines solchen Schatzes wäre ein unermesslicher Verlust.

Die Caatinga

Die Caatinga ist ein halbtrockenes Land mit zäher Vegetation, die hauptsächlich aus Kakteen und Dornenbüschen besteht, die sich an Wasserknappheit und extreme Hitze angepasst haben. Sie ist in einem Großteil des Inlands der nordöstlichen Region, dem *sertão*, die natürliche Umwelt. Es regnet nur unregelmäßig (300–800 mm/Jahr) und wenn, dann oft sintflutartig (in der ersten Jahreshälfte). Die meisten Flüsse hier sind ein halbes Jahr lang ausgetrocknet. Trotzdem beherbergt die Caatinga eine überraschende Artenvielfalt. Wenn es regnet, schlagen die Bäume aus und die Erde wird grün. „Inseln" der Feuchtigkeit und fruchtbare Erde rund um die Gebirgszüge werden *brejos* genannt. Die Caatinga ist ein einzigartiger Lebensraum Brasiliens, obwohl nur noch ein Zehntel davon seinen natürlichen Zustand bewahrt hat.

Holz und Kohle aus der Caatinga sind für viele der über 20 Mio. Einwohner dieser Region die Energiequelle Nummer eins, aber auch für die energiehungrigen Ziegeleien und Stahlindustrien. Jahrhundertelange Viehzucht und die jüngsten unklugen Versuche der Landwirtschaft mit Bewässerung und Pestiziden haben große Gebiete der Caatinga zerstört. Etwa 40 000 km² der Caatinga verwandelten sich in den letzten 15 Jahren des 20. Jh. in Wüste.

Auf 1 ha (10 000 m²) gut erhaltener Caatinga können mehr als 200 verschiedene Arten leben.

Der Cerrado

Der Cerrado erstreckt sich über die Hochebenen Zentralbrasiliens – 2 Mio. km² beschreiben ein grobes Dreieck vom Süden von Minas Gerais bis nach Mato Grosso und zum südlichen Maranhão, fast ein Viertel des

Landes. Der typische Cerrado ist eine offene Savanne mit vereinzelten Bäumen, kann aber auch in eine Landschaft mit Sträuchern, Palmen oder sogar in ziemlich dichten Wald übergehen. Hier leben über 800 bekannte Vogelarten und eine große Vielfalt an Pflanzen – 10 000 Arten, von denen 45 % nirgendwo sonst auf der Welt zu finden sind. Viele Pflanzen werden zur Herstellung von Kork, Fasern, Ölen, kunsthandwerklichen Produkten, Medikamenten und Essen benutzt. Zu den im Cerrado heimischen Heilpflanzen gehören Arnika und Goldtrompete.

Trotz seiner Größe ist der Cerrado ernsthaft bedroht. Nur auf 20 % des Gebiets ist die ursprüngliche Vegetation noch intakt, und da etwa 30 000 km² im Jahr abgeholzt werden, fürchten Forscher, dass der Cerrado bis 2030 ganz verschwunden sein wird. Weniger als 1 % der Fläche steht unter Naturschutz.

Das Pantanal

Das Pantanal ist ein riesiges sumpfiges Feuchtgebiet im Zentrum Südamerikas. Es ist halb so groß wie Frankreich – etwa 210 000 km², die sich über Brasilien, Bolivien und Paraguay erstrecken. Es ist das größte Binnenfeuchtgebiet der Welt. 140 000 km² der Fläche liegen in Brasilien in den Staaten Mato Grosso und Mato Grosso do Sul.

In der Regenzeit, von Oktober bis März, fließen die Wasser der höher gelegenen Landschaften in das Pantanal und überfluten zwei Drittel davon für die Hälfte des Jahres. Obwohl das Pantanal 2000 km flussaufwärts vom Atlantik entfernt ist, liegt es nur 100 bis 200 m über dem Meeresspiegel und das Wasser fließt nur sehr langsam ab. Sein größter Abfluss ist der Rio Paraguai, der wiederum über den Rio de la Plata in den Atlantik fließt. Im März erreicht das Wasser im nördlichen Pantanal seinen Höchststand und steigt bis zu 3 m über die Niedrigwasserstände der Trockenzeit, im südlichen Teil erst im Juni.

Diese jahreszeitliche Überschwemmung bietet eine unglaublich reichhaltige Nahrungsgrundlage für die Tiere und macht gleichzeitig eine durchgängige landwirtschaftliche Nutzung unmöglich, sodass der menschliche Einfluss in diesem Gebiet stark begrenzt ist. Das Pantanal gehört noch zu den urwüchsigsten Regionen Brasiliens und ist die beste Gegend des Landes, um die Tierwelt zu beobachten. Hier gibt es mehr Tiere und eine mindestens genauso großartige Artenvielfalt wie in Amazonien, wo viele der selben Arten beheimatet sind. Im Pantanal leben etwa 650 Vogelarten, 300 Fischarten, bis zu 190 Säugetiere und 170 Reptilienarten, darunter ikonische Kreaturen wie die Riesenanakonda, der Jaguar, der Puma, der Riesenameisenbär, der Hyazinth-Ara, der Riesenotter, schwarze Brüllaffen und Faunaffen – und etwas zwischen 10 und 35 Mio. Kaimane. Zu den besonders oft gesichteten Säugetieren gehört das Wasserschwein, das weltweit größte Nagetier, das häufig in Familiengruppen oder größeren Herden zu beobachten ist.

Das Flutwasser füllt die Nährstoffe des Bodens wieder auf, das Wasser wimmelt nur so von Fischen und die Teiche bieten vielen Tieren und Pflanzen eine ökologische Nische. In der Trockenzeit trocknen die Lagunen und Sümpfe aus und in der Savanne kommt frisches Gras zum Vorschein, während Habichte und Kaimane in den schrumpfenden Teichen um die Fische konkurrieren.

Die Vegetation des Pantanals mit dem Cerrado im Osten, dem Regenwald im Norden und vereinzelten Flecken von Atlantischem Regenwald – geschätzte 3500 Pflanzenarten – ist ein Mischmasch aus Savanne, Wald, Wiese und an einigen der höchsten Stellen auch Caatinga.

Trotz der Bedrohung seiner Ökosysteme ist das Pantanal im Großen und Ganzen noch gut erhalten, und die Region bietet einen sicheren Lebensraum für den dezimierten Bestand solch bedrohter Arten wie des Hyazinth-Aras, des Riesenotters, des Sumpfhirschs und des Mähnenwolfs.

Weitere ökologische Zonen

Die Gebirgsregionen Südbrasiliens waren früher mit Nadelwäldern bedeckt, die von dem prähistorisch aussehenden und 30 bis 40 m hohen *araucária*-Baum (Paranakiefer) beherrscht wurden. Die *araucária*-Wälder wurden von Holzfällern dezimiert und kommen heute nur noch in einzelnen versprengten Gebieten wie im Aparados da Serra Nationalpark vor, meistens ab einer Höhe von 500 m.

Abgesehen vom Cerrado findet man Grasland hauptsächlich im hohen Norden (nördliches Roraima) und im äußersten Süden (Rio Grande do Sul) Brasiliens. Anders als der Cerrado, der gleichmäßig mit hohen Bäumen durchsetzt ist, hat das Grasland von Roraima nur niedrige Bäume und Büsche, während die auf den hügeligen, südlichen Pampas gelegenen *campos do sul* (südliche Felder) im allgemeinen keine Bäume aufweisen, außer an Stellen, wo es kleine Waldungen gibt.

TIERE & PFLANZEN

Für Naturliebhaber ist Brasilien mit seiner reichen Flora und Fauna eines der besten Reiseziele der Welt. Genauere Details zu einigen der bekanntesten Tierarten des Landes gibt's ab S. 105.

Säugetiere
AFFEN

In Brasilien leben etwa 80 der ca. 300 Primatenarten der Welt (zu denen auch Marmosetten und Tamarine gehören), und viele von ihnen kommen nur hier vor. Die beiden brasilianischen Arten der Spinnenaffen (s. S. 299), der Südliche Spinnenaffe und der Nördliche Spinnenaffe, haben dickes braunes Fell und sind die größten Primaten Nord- und Südamerikas. Beide gehören zu den gefährdeten Arten. Der Nördliche Spinnenaffe ist sogar stark gefährdet, seine Population ist auf weniger als 300 Tiere gefallen.

Brüllaffen sind für ihr markantes Geheul berühmt. Sie leben in Gruppen von bis zu 20 Tieren, an deren Spitze ein einzelnes männliches Tier steht. In Amazonien wird man am ehesten dem Roten Brüllaffen begegnen, weiter südlich – auch im Pantanal – ist der Schwarze Brüllaffe zu Hause. Der Braune Brüllaffe lebt in den kleinen verbliebenen Gebieten der Mata Atlântica.

Die beiden Uakari-Arten, der Schwarzgesichts-Uakari und der Rote Uakari, leben in den überfluteten Wäldern Amazoniens. Der Rote Uakari hat einen rosa oder roten kahlen Kopf und dickes, zotteliges Fell, dessen Farbe von Kastanienrot bis zu Weiß reicht (daher stammen auch die verbreiteten Namen Roter Uakari und Weißer Uakari). Er gehört zu den gefährdeten Arten. Wer das Mamirauá-Reservat (Reserva de Desenvolvimento Sustentável Mamirauá; S. 724) besucht, hat eine gute Chance, den sehr markanten Weißen Uakari zu sehen.

AMEISENBÄREN, GÜRTELTIERE & FAULTIERE

Zoologen klassifizieren diese Tiere gemeinsam in der Ordnung der sogenannten Edentaten oder „Zahnarmen Säugetiere". Dies trifft zwar aufs Faultier nicht so ganz zu, doch sie alle ernähren sich hauptsächlich von Pflanzen und Insekten.

Der Große Ameisenbär wird bis zu 2 m lang und frisst Termiten und Ameisen. Sein Fleisch steht in einigen Gegenden Brasiliens hoch im Kurs und er gehört zu den bedrohten Arten. Der gelb-schwarze Südliche Tamanua wird bis zu 1,4 m lang, ist überwiegend nachtaktiv und klettert auf Bäume.

15 Jahre widmete Mark Plotkin sich der Suche nach den Medizinmännern Amazoniens, um ihr enzyklopädisches Wissen medizinischer Pflanzen kennenzulernen. Seine *Tales of a Shaman's Apprentice* sind zugleich Reisebericht und Abenteuergeschichte.

Ein guter Feldführer der Tiere des tropischen Brasiliens ist *Neotropical Rainforest Mammals* von Louise Emmons.

Die kräftig rote Gesichtsfarbe und das fehlende Kopfhaar haben dem Roten Uakari den Spitznamen *macaco-inglês* (Englischer Affe) eingebracht.

Das Riesenfaultier, das so groß wie ein Elefant werden konnte, war früher in großen Teilen Brasiliens verbreitet. Für die prähistorischen Jäger war es eine leichte Beute, und so wurde es vermutlich vor 10 000 Jahren durch die Jagd ausgerottet.

In seinem fesselnden Buch *Ich folgte den rosa Delfinen* erzählt Sy Montgomery von magischen Erlebnissen mit diesen erstaunlichen Bewohnern der Wasserwege Amazoniens.

Einem Mythos vom Amazonas zufolge kann sich der Amazonasdelfin in einen schönen Mann verwandeln, der junge Frauen verführt.

Faultiere haben kräftige Arme und Beine und verbringen die meiste Zeit versteckt (und schlafend) an Ästen hängend. Die Chancen, sie in Amazonien zu sehen, sind nicht schlecht, wenn man sich abseits der ausgetretenen Pfade begibt: Aus einiger Entfernung sehen sie aus wie Pflanzenknäuel hoch oben in Bäumen. Die Art, die am häufigsten zu sehen ist, ist das Braunkehlfaultier.

Die verschiedenen Arten der brasilianischen Gürteltiere sind überwiegend nachtaktiv und weitverbreitet.

DELFINE, SEEKÜHE & WALE

In vielen Flüssen des Amazonasbeckens lässt sich ein Blick auf den rosafarbenen Amazonasdelfin erhaschen. Am häufigsten sieht man ihn dort, wo Nebenflüsse in große Flüsse münden. Er ist am frühen Morgen und späten Nachmittag am aktivsten. Es ist nicht leicht, die Tiere zu beobachten, und praktisch unmöglich, gute Fotos zu machen, denn sie kommen völlig unberechenbar nur für einen kurzen Moment an die Oberfläche, um zu atmen. Manchmal heben sie sich dabei nicht mal ihren Kopf über die Wasseroberfläche. Der Amazonasdelfin hat einen rundlichen Kopf, eine lange Schnauze und keine Rückenflosse, sondern nur einen Kamm. Erwachsene Tiere werden 1,8 bis 2,5 m groß und wiegen 85 bis 160 kg.

In den Flüssen Amazoniens ist auch der Sotalia zu Hause, der etwas kleiner ist als der Amazonasdelfin und oft mit ihm zusammen anzutreffen ist. Im Gegensatz zum Amazonasdelfin lebt der Sotalia auch im Meer, und zwar in den Küstengewässern zwischen Florianópolis und Panama. Wenn er auftaucht, hebt er normalerweise seinen Kopf und einen Teil seines Körpers aus dem Wasser.

Wesentlich größer als Delfine sind die Amazonas-Manatis, Seekühe, die sich langsam bewegen und sich von Pflanzen ernähren. Sie werden wegen ihres Fleischs illegal gejagt und sind vom Aussterben bedroht. Noch schlechter ist es um den Karabik-Manati bestellt – nur noch 500 Exemplare dieser Art leben in den Küstenwässern nördlich des Bundesstaates Alagoas.

Vor der Küste Brasiliens kommen sieben Walarten vor. Besonders gut beobachten kann man sie von Juni bis Oktober vor Praia do Rosa (S. 389). Im Parque Nacional Marinho de Abrolhos (S. 537) vor der Küste Südbahias bringt in denselben Monaten der Buckelwal seine Jungen zur Welt.

GROSSKATZEN

Viele Besucher Brasiliens träumen davon, einen wilden Jaguar zu sehen, doch nur wenigen ist dieses Glück vergönnt. Der scheue und prächtige Jaguar ist zwar in Brasilien weit verbreitet und lebt in Amazonien, im Pantanal, im Cerrado und in Nationalparks im Osten des Landes wie Caparaó (S. 298), Ilha Grande (S. 202), Monte Pascoal (S. 536), Chapada Diamantina (S. 544) und Chapada dos Veadeiros (S. 436), allerdings immer nur in kleiner Zahl. Der Jaguar jagt in der Nacht und legt große Entfernungen zurück. Er macht Jagd auf zahlreiche Tiere, die sowohl in Bäumen als auch im Wasser und am Boden leben, z. B. Faultiere, Affen, Fische, Hirsche, Tapire, Wasserschweine und Agoutis. Menschen greift er nur selten an.

Der Puma, der mit dem nordamerikanischen Berglöwen bzw. Silberlöwen identisch ist, ist fast so groß wie der Jaguar und ebenso scheu. Er jagt ebenfalls Hirsche und greift manchmal Herden von Nutztieren wie Schafe oder Ziegen an.

Auch die vier kleineren brasilianischen Wildkatzen sind zwar weit verbreitet, kommen aber nur in geringer Zahl vor und sind selten zu sehen. Drei von ihnen haben ähnliche Zeichnungen wie der Jaguar. Die größte dieser drei Wildkatzenarten ist der Ozelot, der inklusive Schwanz bis zu

1,4 m lang wird und 15 kg wiegen kann, die nächstgrößte ist die Langschwanzkatze, dann folgt die Tigerkatze. Den Jaguarundi, auch Wieselkatze genannt, sieht man von allen Großkatzen wohl am ehesten, denn er ist tagaktiv. Der gute Schwimmer ist etwa so groß wie die Langschwanzkatze und hat einfarbiges schwarzes, braunes oder graues Fell.

HIRSCHE, PEKARIS & TAPIRE

Die meisten Besucher des Pantanals sehen zumindest ein paar Hirsche. Der größte ist der tagaktive Sumpfhirsch, dessen Geweih bis zu 60 cm lang werden kann. Andere Arten, von denen einige so weit nördlich vorkommen, dass man sie auch in Amazonien entdecken kann, sind der Pampashirsch, der in offenerem Gelände lebt als die meisten anderen Hirsche, der kleine Graumazama, der nur 60 bis 70 cm lang wird, und der Rotmazama.

Pekaris sehen aus wie kleine Wildschweine und sind in Wäldern recht weit verbreitet. Sie leben in Gruppen, sind tagaktiv und ernähren sich von Früchten, Wurzeln, Aas und kleinen Tieren. Der Halsbandpekari, der etwa 1 m lang ist und 20 kg wiegt, wurde nach dem hellen Halbkreis um seinen Hals benannt und lebt in Gruppen von zehn bis 50 Tieren. Der etwas größere Weißbartpekari ist in Gruppen von 50 und mehr Tieren unterwegs und zerkaut und zertrampelt alles, was auf seinem Weg liegt.

Der große Brasilianische Tapir wiegt bis zu 300 kg und lebt im ganzen Land in den Wäldern. Er bleibt meistens in der Nähe von Schlamm, den er zur Kühlung und zur Abwehr von Parasiten benutzt.

HUNDE, FÜCHSE & WÖLFE

Der Mähnenwolf wird häufig gejagt und ist eine bedrohte Art. Das rostbraune Tier hat ein fuchsähnliches Gesicht und lange Beine, wird bis zu 1 m lang (plus Schwanz) und trägt im Nacken eine Mähne dunkleren Haars. Er lebt im Cerrado und im Pantanal. Andere brasilianische Arten, die zur Familie der Hunde gehören, sind der Maikong und der Waldhund, die ebenfalls im Cerrado und im Pantanal leben. Alle drei Arten sind ziemlich selten, und man braucht etwas Glück, um ein Tier zu Gesicht zu bekommen.

MARMOSETTEN & TAMARINE

In Brasilien gibt es ca. 20 Arten von Marmosetten und Tamarinen, das sind kleine, oft sogar sehr kleine Primaten. Einige sind relativ weit verbreitet, doch die vier Arten des Löwenäffchens, die im Atlantischen Regenwald leben und ein wenig wie kleine Löwen aussehen, sind alle gefährdet. Das Goldgelbe Löwenäffchen, ein eichhörnchengroßes Tier mit einer leuchtend orangegoldenen Farbe, gibt es nur noch in der Reserva Biológica Poço das Antas im Bundesstaat Rio de Janeiro (in Hörweite der Autobahn BR-101). Einer Kampagne zur Rettung dieser Art ist es erstaunlicherweise gelungen, dass die Population von nur noch 100 Tieren in den 1970er-Jahren heute wieder auf 1000 gestiegen ist, sodass das Goldgelbe Löwenäffchen nun nicht mehr auf der Liste der stark gefährdeten Arten steht.

NAGETIERE

Neben dem größten Nagetier der Welt, dem weit verbreiteten Capybara oder Wasserschwein, begegnet man vielleicht auch kleineren Nagetieren, die allerdings immer noch 60 bis 70 cm lang sind, wie dem Paka und verschiedenen Agouti-Arten.

NASENBÄREN & WASCHBÄREN

Der weit verbreitete Nasenbär gehört zu den Fleischfressern, denen man am häufigsten begegnet – möglicherweise sogar als Haustier, denn der Nasenbär

One River: Explorations and Discoveries in the Amazon Rain Forest von Wade Davis beschäftigt sich mit der Bedeutung des Amazonas und seiner Rolle für unseren Planeten.

Die brasilianische Version des Yetis ist der Mapinguari, ein legendäres Tier Amazoniens, das bis zu 2 m groß wird, mit rotem Haar bedeckt ist und Palmen auseinanderreißen kann.

lässt sich leicht zähmen. Sein entfernter Verwandter, der Krabbenwaschbär, hat wie die nordamerikanischen Waschbären einen geringelten Schwanz und eine schwarze Augenmaske. Er lebt in Amazonien, im Pantanal und dazwischen, aber fast immer in der Nähe von Wasser, wo er Krabben, Fisch, Weichtiere und kleine Amphibien fängt.

Reptilien

KAIMANE

Die Kaimane sind mit den Alligatoren verwandt und überlebten in den 1980er-Jahren eine verheerende Welle der Jagd auf ihre Häute. Die verbreitetste Art ist der Brillenkaiman. In Amazonien leben vier Kaimanarten, am häufigsten ist der Krokodilkaiman anzutreffen – dies ist derjenige, dem man möglicherweise auf nächtlichen Exkursionen begegnet. Kaimane legen ihre Eier in Nestern aus Blättern und Halmen ab, diese sind jedoch leichte Beute für jagende Tiere wie Nasenbären und Eidechsen. Wenn die Jungen geschlüpft sind, fallen sie oft Reihern und Störchen zum Opfer.

SCHILDKRÖTEN

Die gefährdeten Meeresschildkröten erleben an den Schildkröten-Niststränden, die sich zwischen den Bundesstaaten Catarina und Ceará erstrecken, ein Comeback. Das 1980 gegründete Tamar-Projekt kümmert sich sehr eindrucksvoll um ihren Schutz (weitere Informationen zu Tamar und den Meeresschildkröten s. Kasten S. 509). In Brasilien leben außerdem im ganzen Land verteilt verschiedene Arten von Flussschildkröten, die meisten von ihnen sind nicht gefährdet.

SCHLANGEN

Neben der berühmten Anaconda gibt es in Brasilien noch andere Würgeschlangen, etwa die Boa Constrictor, die 3 bis 5 m lang und in der Regel braun gemustert ist und sich in sehr unterschiedlichen und ausgedehnten Lebensräumen von kleinen Tieren ernährt, oder die schöne grün-weiße Grüne Hundskopfboa. Etliche Schlangen leben auf Bäumen, die meisten sind jedoch harmlos.

Es kommt zwar nicht oft vor, dass man in der Wildnis einer giftigen Schlange begegnet – in Brasilien leben allerdings immer noch einige Arten von Giftschlangen, etwa Klapperschlangen, Vipern und Korallenottern. Die gefährlichste Schlange im Pantanal ist die Jaracara-Lanzenotter, eine Viper, die grau-schwarz und weiß gemustert ist und bis zu 70 cm lang werden kann. Sie versteckt sich manchmal in Häusern, ihr Biss kann tödlich sein, wenn er nicht schnell behandelt wird. Auch von der hochgiftigen Südlichen Korallenotter, die man an ihren roten, schwarzen und weißen Ringen erkennt, sollte man sich tunlichst fernhalten. Sie lauert unter Steinen oder Baumstämmen, beißt aber nur, wenn sie sich bedroht fühlt. Die verschiedenen falschen Korallenottern sind zu deren Glück kaum von den echten zu unterscheiden.

Fische

In Amazonien leben mindestens 2000 Süßwasserfischarten, im Pantanal gibt es etwa 300 Arten. Der größte Fisch Amazoniens ist der riesige Arapaima, auch Piracuru genannt, der weit über 100 kg wiegen kann. Sein rot-silberbraunes Schuppenmuster erinnert an chinesische Malerei. Der Arapaima ist ein gieriger Jäger anderer Fische und eine ergiebige Nahrungsquelle für Menschen. Um den kleiner werdenden Bestand zu schützen, ist der Fang in der Laichsaison von Oktober bis Mai sowie der Fang von Fischen, die kürzer als 1,50 m sind, verboten.

Der wichtigste Speisefisch des mittleren Amazonasgebiets ist der kleine Jaraqui, der zu Tausenden in Schwärmen unterwegs ist. Ein weiterer Speisefisch ist der Tambaqui, der zur selben Familie wie die Piranhas gehört. Der runde Tambaqui kann eine Länge von 1 m und ein Gewicht von bis zu 25 kg erreichen. Normalerweise ernährt er sich von Nüssen (die er mit seinen Kiefern knacken kann) und Samen – wenn aber das Wasser zurückgeht, kann er auch zum Fleischfresser werden.

Amazonien beherbergt mindestens 100 Katzenfischarten, die nach ihren langen Borsten benannt sind, mit deren Hilfe sie Nahrung am Grund des Flusses aufspüren können. Der Piraíba ist ein aggressiver Katzenfisch, der bis zu 3 m Länge und ein Gewicht von bis zu 200 kg erreichen kann. Er greift sogar Wasservögel an. Der Dolphinfisch kommt sowohl im Pantanal als auch in Amazonien vor, wird bis zu 1 m lang und hat hellgoldene Seiten. Er ist ein im ganzen Land beliebter Speisefisch.

Vom berüchtigten Candiru wird man in Amazonien sicherlich hören. Es gibt viele Arten dieses kleinen Katzenfisches, von denen die meisten ziemlich widerlich sind. Die wirklich berüchtigte Art gehört zur Gattung *Vandellia* und ist etwa 5 cm lang. Dieser kleine charmante Kerl lebt normalerweise in den Kiemen anderer Fische, deren Blut er aussaugt. Er wird von Urin angezogen und ist angeblich in der Lage, sich die menschliche Harnröhre hochzuschlängeln, wo er sich mit spitzen Stacheln einnistet. Er kann nur chirurgisch entfernt werden. Der Glaube, dass er wirklich einen Urinstrahl hochschwimmen kann, um ins Innere des Körpers zu gelangen, ist höchstwahrscheinlich falsch, nichtsdestotrotz es ist keine gute Idee, in den Amazonas zu urinieren. In Gegenden, in denen der Candiru vorkommt, gehen die Einheimischen mit Kleidern ins Wasser, um sich ihn vom Leib zu halten.

Zu den anderen brasilianischen Süßwasserfischen, die man am besten meidet, gehören der Stachelrochen (port.: *arraia*) und der Zitteraal (port.:

Der Arapaima hat zwar Kiemen, doch sie sind im Prinzip nutzlos. Stattdessen atmet er mit Lungen und muss etwa alle zehn Minuten an die Oberfläche kommen, um nicht unter Wasser zu ersticken.

MANN BEISST PIRANHA

Warum fürchten sich eigentlich Menschen vor Piranhas? Der Fisch sollte sich vor uns fürchten, denn Menschen verzehren Piranhas milliardenfach häufiger als Piranhas Menschen fressen. Piranhas schmecken recht gut, auch wenn sie ein bisschen klein und knochig sind. Auf einem Urwaldtrip im Amazonasgebiet gehört es zu den Standardaktivitäten, seinen eigenen Piranha fürs Mittagessen zu fangen. Man wird mit dem Kanu zu einer erfolgversprechenden Stelle gebracht und bekommt eine einfache Angelrute, die aus Zuckerrohr, Schnur und Haken besteht, sowie Fleischstückchen als Köder. Ein Fleischstückchen kommt an den Haken, ab damit ins Wasser – und schon gibt's ein kostenloses Mittagessen. Allerdings nur für die Piranhas, die das Fleisch direkt vom Haken abknabbern, ohne gefangen zu werden.

Die erfahreneren einheimischen Begleiter werden natürlich alle mühelos ein halbes Dutzend Fische fangen – und die gibt's dann zum Mittagessen.

Piranha ist natürlich nicht gleich Piranha. Es kann sich um eine von etwa 40 Arten der Gattung *Serrasalmo* handeln. Piranhas leben in den Flussbecken des Amazonas, Orinoco, Paraguay und São Francisco sowie in den Flüssen der Guyanas. Manche Arten ernähren sich von Samen und Früchten, andere von anderen Fischen, und nur ein paar Arten können größeren Lebewesen gefährlich werden. Diese sind dann am gefährlichsten, wenn sie in Nebenflüssen, Flussschleifen oder Seen gefangen sind, die während der Trockenzeit von den Hauptflüssen abgeschnitten sind. Wenn sie alle andere Fische gefressen haben, greifen sie mehr oder weniger alles an, auch verwundete Säugetiere, die ins Wasser geraten. Der Geruch von Blut oder Körperflüssigkeit kann eine Schar Piranhas regelrecht in einen Fressrausch treiben. Es gibt nur sehr wenige bestätigte Berichte über menschliche Todesfälle durch Piranhas, doch viele Leute, die am Amazonas leben, haben Narben oder fehlende Finger, die bezeugen, wie scharf und grausam die kleinen dreieckigen Zähne dieser Fische sein können.

poraquê). Der Stachelrochen lebt am Grund des Flusses und kann einem mit dem Stachel seines Schwanzes tiefe, schmerzhafte Wunden zufügen. Der Zitteraal erreicht eine Länge von bis 2,75 m, und ist in der Lage einen 600 V starken Stromstoß abzugeben, mit dem er seine Beute betäubt. Potenziell kann er einen Menschen mit einer Salve von elektrischen Schocks töten.

In Amazonien ist der Pfauenaugebarsch (port.: *tucunaré*) wegen seines köstlichen Geschmacks und seiner berühmten kämpferischen Qualitäten sehr gefragt. Er wird bis zu 50 cm lang und hat einen Punkt an seinem Schwanz, der wie ein „Pfauenauge" aussieht. Gefragt bei Aquarianern in der ganzen Welt sind auch die kleinen, aber leuchtend bunten Neons. Sie kommen aus dem finsteren *igapós* (den überfluteten Wäldern des Amazonas), wo man sie ohne ihre auffällige Pigmentierung zweifelsohne gar nicht bemerken würde.

Vögel

Wegen der vielfältigen Habitate und der außerordentlich großen Zahl an Vogelarten ist Brasilien ein erstklassiger Ort für die Vogelbeobachtung.

KOLIBRIS

In Brasilien gibt es Dutzende Arten dieses oft markanten, leuchtend bunten kleinen Vogels, der auch *beija-flores* (Blumenküsser) genannt wird. In der brasilianischen Kunst und Folklore spielen Kolibris eine bedeutende Rolle, sie kommen oft in Liedern oder Gedichten vor. Eine der bekanntesten Sambaschulen Rios heißt Beija-Flor.

PAPAGEIEN

Diese Vogelart ist zu einem Symbol des tropischen Regenwalds geworden und Menschen aus aller Welt reisen hierher, um einige der zahlreichen brasilianischen Arten zu sehen. Die charismatischen, bunten Vögel haben einen starken, gebogenen Schnabel, den sie zum Aufbrechen von Nüssen und Samen verwenden. Sie essen auch häufig weichen Lehm, um die Säure ihrer anderen Nahrung abzumildern.

Mit der Bezeichnung Hellroter Ara sind zwei herrlich bunte Arten gemeint – der *Ara chloroptera,* auch Grünflügelara genannt, der eine Länge von bis zu 95 cm erreichen kann, blau-grüne Schwingen und ein rot gestreiftes Gesicht hat, und der *Ara macao,* der etwas kleiner ist und blau-gelbe Schwingen hat. Letzterer kommt nur im Amazonasgebiet vor, wogegen der Grünflügelara auch das Pantanal, den Cerrado und sogar die Caatinga bewohnt. Der Gelbbrustara ist etwa 85 cm lang und ebenfalls weit verbreitet. Sein Gefieder ist auf der Unterseite gelb und auf der Oberseite blau.

Leider macht ihr wundervolles Federkleid die Aras zu einem Hauptziel für Wilderer. Die Wilderei hat stark zur Dezimierung des vom Aussterben bedrohten Hyazinth-Aras, des weltweit größten Aras (1 m), beigetragen. Dieser herrliche Vogel hat eine tiefblaue Farbe mit gelben Tupfen. In freier Wildbahn leben nur noch 3000 Exemplare und Umweltschützer versuchen, ihn vor dem endgültigen Untergang zu bewahren. Sein Lebensraum reicht vom Bundesstaat Pará bis zum Pantanal; im kürzlich eingerichteten Parque Nacional das Nascentes do Rio Parnaíba (S. 619) in Piauí lässt er sich gut beobachten.

RAUBVÖGEL

Genau wie die Großkatzen nötigen einem auch die Raubvögel Respekt ab und üben eine große Faszination aus. In Brasilien leben etwa 40 Arten von Adlern, Habichten, Falken, Milanen, Karakaras und Turmfalken. Einige Arten kommen sehr häufig vor, und es ist nicht leicht, sie auseinanderzuhalten.

Vogelfreunde sollten *A Field Guide to the Birds of Brazil* (2009) von Ber van Perlo im Gepäck haben, einen ausgezeichneten und kompakten Führer zur Vogelbestimmung mit 187 Farbabbildungen, die Brasiliens mehr als 1700 Vogelarten abdecken.

Kolibris schlagen bis zu 80-mal pro Sekunde mit den Flügeln. So können sie in der Luft schweben, während sie Blütenpollen sammeln, und so entsteht auch das leicht summende Geräusch.

Der größte Raubvogel des amerikanischen Doppelkontinents ist die Harpyie, deren Klauen größer als menschliche Hände sind. Sie frisst kleine Säugetiere, darunter auch Affen, und baut ihr Nest mindestens 25 m über dem Boden in großen Urwaldbäumen. Die Harpyie lebt vor allem in Amazonien, einige wenige Exemplare bewohnen aber auch noch die Mata Atlântica.

Der Schopfkarakara ist in vielen Gebieten weitverbreitet. Er wird 50 bis 60 cm lang und hat eine Flügelspannweite von 1,20 bis 1,30 m. Seine Ernährung ist äußerst vielseitig und umfasst u. a. Fische, die an Sauerstoffmangel gestorben sind, wenn die Teiche des Pantanals austrocknen, sowie Tiere, die überfahren wurden oder bei Waldbränden starben. In Amazonien und im Pantanal weit verbreitet sind auch der etwa 40 cm lange Gelbkopfkarakara sowie der Fischbussard, ein rotbrauner Fischfänger mit weißem Kopf und weißer Brust, der bis zu 45 cm lang wird. Der Fischadler ist größer (55–60 cm, Flügelspannweite 1,45–1,70 m) und hat einen dunkelbrauneren Körper.

TUKANE

Zu den farbenprächtigsten Vögeln Lateinamerikas gehören die Tukane, die trotz ihres großen Schnabels mit einer erstaunlichen Beweglichkeit fliegen können. Sie leben in Wäldern in den Baumkronen und sind häufig am besten von Booten aus zu sehen.

Der größte brasilianische Tukan ist der Riesentukan, dessen Lebensraum sich von Amazonien bis zum Cerrado und zum Pantanal erstreckt. Er ist einschließlich seines leuchtenden orange-farbenen Schnabels etwa 55 cm lang, sein Gefieder ist bis auf den weißen Halsbereich schwarz. In Amazonien kann man auch den Weißbrust- und den Kulmtukan sehen. Beide Vögel sind recht groß und haben schwarze Schnäbel.

WASSERVÖGEL

Zu den häufig zu sehenden Wasservögeln im Pantanal und in Amazonien gehören Reiher, Fischreiher, Störche, Ibisse, Löffler und ihre Verwandten. Besonders auffällig ist dabei der Marmorreiher mit seinen braunen und schwarzen Streifen. Wenn sich Hunderte schneeweißer Reiher in einer Kolonie am Wasser versammeln, sieht es aus, als ob Baumkronen plötzlich weiß blühen.

Der markanteste Storch ist der große Jabiru mit seinem schwarzen Kopf und roten Hals, der im Pantanal und in Amazonien lebt. Im Pantanal sollte man auch auf den ähnlich großen Maguaristorch achten, der überwiegend weiß ist und ein rosa Gesicht hat, sowie auf den kleineren Waldstorch mit seinem schwarzen Kopf und dem am Ende gebogenen Schnabel. Der prächtige rosafarbene Rosalöffler ist ebenfalls im Pantanal heimisch. Der spektakuläre Scharlachsichler lebt in Gruppen entlang der Nordostküste.

Eisvögel fliegen über die Flüsse oder folgen ihnen, wenn sich Boote nähern. Die größte Art ist der 42 cm lange Rotbrustfischer, der überwiegend strahlend türkis ist, nur seine Unterseite ist rostrot.

Pflanzen

Die Geschichte Brasiliens und seine Zukunft sind untrennbar mit seinen Wäldern und seiner Natur verbunden. Diese Verbindung ist so stark, dass das Land sogar seinen Namen vom Brasilholz (portug.: *pau brasil),* ableitet, den die frühen portugiesischen Forscher fällten und wegen des wertvollen roten Farbstoffs, den sie im Kern des Baumes fanden, schnellstmöglich exportierten.

Die letzte Eiszeit hat Brasilien nicht erreicht und die Regenwälder haben nie lang anhaltende Dürren überstehen müssen, sodass dieses Gebiet unge-

A Field Guide to Medicinal and Useful Plants of the Upper Amazon von James L. Castner vereint klare Fotos, präzise Beschreibungen und faszinierende Details der riesigen Fülle medizinischer Pflanzen Amazoniens.

wöhnlich viel Zeit hatte, Pflanzenarten zu entwickeln, die weltweit einzigartig sind. Obwohl einige dieser lang entwickelten Arten in den letzten 30 Jahren durch die heftige Entwaldung ausgerottet wurden, gibt's in Brasilien immer noch eine beeindruckende Vielfalt an Pflanzen – angefangen von über 200 empfindlichen Orchideenarten bis hin zu den weltweit meisten Palmenarten (390) und 90 m hohen Hartholzbäumen.

Es ist unmöglich, die genaue Zahl der Pflanzenarten im Amazonasgebiet zu bestimmen, erst recht die in ganz Brasilien, da ständig neue Pflanzen entdeckt werden und andere wiederum – leider beängstigend häufig – verschwinden. Die geschätzte Zahl liegt bei etwa 45 000. Die große Mehrheit der Pflanzen des brasilianischen Regenwaldes sind Bäume – sie machen geschätzte 70 % der gesamten Vegetation aus. Viele Regenwaldbäume sehen ähnlich aus, auch wenn es sich um verschiedene Arten handelt. Ein trainiertes Auge kann jedoch in einigen Gebieten mehr als 400 verschiedene Baumarten pro Hektar entdecken.

Einer der wirtschaftlich wichtigsten Bäume ist der Kautschukbaum, der wild wächst oder auf nachhaltigen Plantagen für die Massenproduktion von Latex angebaut wird. Ein weiteres Produkt des Waldes ist die Paranuss – ein toller Snack, falls man es schafft, die Schale aufzuknacken, ohne dabei einen Nervenzusammenbruch zu erleiden. Mahagonibäume zählen zu den teuersten Harthölzern Brasiliens, und obwohl sie geschützt sind, werden sie immer noch häufig gefällt und verkauft (meist innerhalb Brasiliens).

Viele essbare Früchte wachsen im Regenwald, und zwar so viele, dass manche von ihnen nur einen portugiesischen Namen haben. Einige der beliebtesten Früchte wie *açaí*, *acerola* und *cupuaçu* kann man in Saftläden im ganzen Land bekommen. Guaraná-Beeren, die ein koffeinähnliches Stimulans enthalten, bahnen sich mittlerweile ihren Weg in Energydrinks auf der ganzen Welt.

Außerhalb des Regenwaldes sieht das Leben der Pflanzen anders aus. In den etwas trockeneren Gegenden scheint es, als seien Palmen, Sträucher und dornige Kakteen die einzigen Pflanzen.

NATIONALPARKS & NATURSCHUTZGEBIETE

Ein großer Teil Brasiliens steht unter Naturschutz – zumindest offiziell. Mehr als 1300 Gebiete, die etwa 1,3 Mio. km² bedecken (das sind ca. 15 % der Landesfläche) sind in irgendeiner Form geschützt. Für einige ist die Bundesregierung verantwortlich, für andere die Regierungen der Bundesstaaten und um wieder andere kümmern sich Privatpersonen oder Nichtregierungsorganisationen (NGOs).

Die geschützten Gebiete nehmen zahlenmäßig immer mehr zu. Seit den späten 1990er-Jahren wurden mindestens 20 neue Nationalparks geschaffen. 2006 erklärte der in Amazonien liegende Bundesstaat Pará, dass er 150 000 km² Regenwald, ein großer Teil davon Primärwald, unter Schutz stelle. Ein leitender Wissenschaftler des brasilianischen Instituts für Nachhaltigkeit Imazon lobte diesen Schritt als die „größte Leistung in der Geschichte bei der Schaffung von Schutzgebieten in tropischen Wäldern".

Das waren die guten Nachrichten. Leider ist aber der Grad des Schutzes, den die brasilianischen Naturschutzgebiete erfahren, ausgesprochen unterschiedlich und geht in manchen Fällen sogar praktisch gegen Null. Die Umweltbehörden der Bundesregierung, das Instituto Chico Mendes de Conservação da Biodiversidade (ICMBio) und das Instituto Brasileiro do Meio Ambiente e dos Recursos Naturais Renováveis (IBAMA; Brasilianisches Institut für Umwelt und erneuerbare Naturressourcen) haben nur begrenzte Budgets und können so auch nur begrenzt Schutz bieten vor illegalen Aktivitäten wie der Abholzung, der Beweidung, der Besiedlung sowie der

Die größte Anzahl verschiedener Baumarten auf 1 ha (10 000 m²) wurde in einem Gebiet des Atlantischen Regenwaldes in den Hügel des Bundesstaates Espírito Santo gezählt: Es waren 476.

Ein Paranussbaum benötigt zehn Jahre bis zur Reife und kann mehr als 450 kg Nüsse pro Jahr produzieren.

The Lost Amazon: The Photographic Journey of Richard Evans Schultes von Wade Davis ist die faszinierende Biografie von Richard Evans Schultes, eines Ethnobotanikers an der Harvard University, der Spezialist für „heilige" Halluzinogene war. Das Buch enthält Schultes Schwarz-Weiß-Fotos.

BRASILIENS NATIONALPARKS, NATURSCHUTZGEBIETE & LANDSCHAFTEN

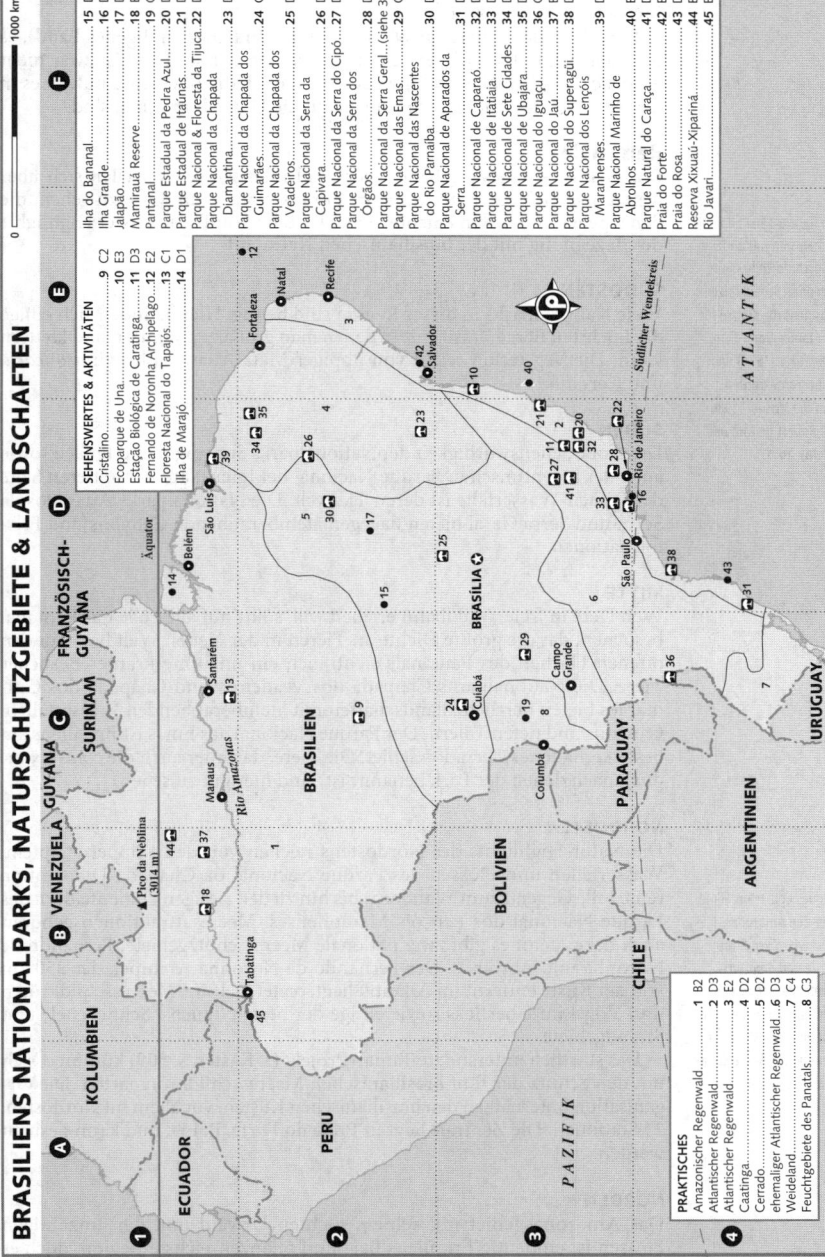

0 _____ 1000 km

KOLUMBIEN · ECUADOR · PERU · VENEZUELA · GUYANA · SURINAM · FRANZÖSISCH-GUYANA · BRASILIEN · BOLIVIEN · PARAGUAY · ARGENTINIEN · CHILE · URUGUAY

ATLANTIK · PAZIFIK · Äquator · Südlicher Wendekreis

Manaus · Belém · São Luís · Fortaleza · Natal · Recife · Salvador · Rio de Janeiro · São Paulo · BRASÍLIA · Cuiabá · Campo Grande · Corumbá · Santarém · Tabatinga

▲ Pico da Neblina (3014 m)

Rio Amazonas

Wilderei, die auf Millionen Hektar Land stattfinden, das eigentlich von der Bundesregierung geschützt ist.

Etwa 12 % der Fläche Brasiliens ist Terras Indígena (indigenes Land), es befindet sich fast ausschließlich in Amazonien. Dieses Land ist zwar nicht ausdrücklich dem Naturschutz gewidmet, doch die Bewohner nutzen es in der Regel so, dass die Auswirkungen auf die Umwelt minimal sind.

Reiseziele

Brasilien ist ein riesiges Land. Tier- und Pflanzenwelt verteilen sich über weitläufige Gebiete. Man muss im Voraus planen, um Orte zu sehen, die den eigenen Interessen entsprechen. Die Tabelle auf S. 131 listet Highlights der Begegnung mit der brasilianischen Natur auf.

SÜDOSTEN

Viele Nationalparks in dieser Region sind bergig. Hier befinden sich einige der höchsten Berge Brasiliens, in denen man großartig wandern und klettern kann. Die Vegetation reicht von üppiger Mata Atlântica bis zu *araucária* und Cerrado.

SÜDEN

Die große Sehenswürdigkeit der Nationalparks Superagüi und Iguaçu sowie auch des argentinischen Parque Nacional del Iguazú auf der anderen Seite der Iguaçu-Wasserfälle ist deren Tierwelt. Die Nationalparks Aparados da Serra und Serra Geral bieten dagegen atemberaubende Canyons und Felsformationen.

MITTE

Wer Tiere in freier Wildbahn erleben will, sollte auf alle Fälle das Pantanal besuchen, das die größte Dichte an Tieren in der Neuen Welt hat. Auf den offenen Flächen des Pantanals sieht auch ein unaufmerksamer Besucher Tiere. Die Nationalparks Chapada dos Veadeiros und Chapada dos Guimarães bieten herrliche Landschaften mit atemberaubenden Wasserfällen, Canyons und tiefen Tälern. Der Parque Nacional das Emas ist Brasiliens am besten erhaltenes Cerrado-Gebiet. Die Tiere, darunter auch die *emas* (Nandus), nach denen der Park benannt ist, sind hier gut zu sehen.

NORDOSTEN

Die Natur-Highlights des Nordostens reichen von den Klippen, Gipfeln, Wasserfällen und Flüssen des Parque Nacional da Chapada Diamantina (eine tolle Gegend zum Wandern) bis hin zu den riesigen Dünenfeldern des Parque Nacional dos Lençóis Maranhenses. Meeresattraktionen gehören auch dazu, denn es gibt zwei nationale Meeresschutzgebiete, Fernando de Noronha und Abrolhos. Der Fernando de Noronha Archipel, der 350 km von der Küste entfernt im Atlantik liegt, bietet Delfine, Meeresschildkröten und Vögel im Überfluss sowie einige der besten Tauch-, Schnorchel- und Strandgebiete.

Das staatlich unterstützte Tamar-Projekt (s. Kasten S. 509) kümmert sich um den Schutz der fünf brasilianischen Meeresschildkrötenarten. Die Organisation unterhält an den brasilianischen Küsten, vor allem im Nordosten, 21 Stationen. Die Zentrale liegt in Praia do Forte, Bahia, und kann besucht werden.

NORDEN

Das Amazonasgebiet mit seinem dichten Urwald und den unzähligen Flüssen ist eindeutig Brasiliens tier- und pflanzenreichste Region, doch es

---

Die Iguaçu-Fälle bildeten gemeinsam mit anderen landschaftlich herausragenden Schauplätzen Brasiliens die Kulisse für den James-Bond-Film *Moonraker* (1979) und den oscargekrönten Film *Die Mission* (1986) mit Robert de Niro und Jeremy Irons.

Jacques Cousteaus Filme über den Amazonas, *Amazon –River of the Future* und *Amazon – Journey to a Thousand Rivers* begleiten den großen Meeresforscher in diesem außergewöhnlichen Ökosystem.

ist eine Herausforderung, zu den besten Plätzen zu gelangen. Je weiter man sich von dem wuchernden, städtischen Manaus entfernt, um so mehr Tieren begegnet man. Auf einer nicht einmal fünftägigen Reise von Manaus aus werden einem wahrscheinlich Amazonasdelfine, Sotalias, Kaimane, Piranhas, ziemlich viele verschiedene Vogelarten und ein paar Affen begegnen – doch es wird nicht der Urwald voller Leben sein, den man sich vielleicht vorgestellt haben mag. Noch weiter entfernt – und schwerer zu erreichen – sind Mamirauá Reserve, Parque Nacional do Jaú, Reserva Xixuaú-Xipariná, Ilha do Bananal, der Rio Javari und das Cristalino-Gebiet. Dort gibt es eine noch größere Vielfalt und Anzahl an Tieren zu sehen.

GEFÜHRTE TOUREN

Veranstalter, die sich auf bestimmte Gebiete spezialisiert haben, sind in den entsprechenden Regionenkapiteln dieses Buches genannt. Andere renommierte Unternehmen, die geführte Touren und Abenteueraktivitäten anbieten, kann man auf der Website von Abeta (www.abeta.com.br) finden, einem Kollektiv von Abenteuer- und Ökotourismusveranstaltern, die bestimmte Sicherheitsregeln einhalten und Initiativen für Nachhaltigkeit unterstützen. Im Folgenden sind einige der Unternehmen aufgeführt, die ein besonders breites Angebot an Touren haben:

Andarilho da Luz (www.andarilhodaluz.com.br) Dieses empfehlenswerte Unternehmen mit Sitz in Belo Horizonte bietet Touren in ganz Brasilien an. Besonders gut sind die Touren in Minas Gerais.

Brazil Ecojourneys (www.brazilecojourneys.com) Der empfehlenswerte Südbrasilien-Spezialist veranstaltet Walbeobachtungen und Trekking-Expeditionen in selten besuchte Gegenden der Serra Geral und der Mata Atlântica.

Brazil Ecotravel (www.brazil-ecotravel.com) Bietet eine riesige Auswahl an maßgeschneiderten Touren zur Tierbeobachtung, Abenteueraktivitäten und vieles mehr.

Ecotour Expeditions (www.naturetours.com) Das in den USA ansässige Unternehmen bietet einzigartige Bootstouren auf dem Amazonas an.

Field Guides (www.fieldguides.com) Der etablierte Veranstalter für Vogelbeobachtung mit Sitz in den USA führt mehr als ein Dutzend spezielle Vogelbeobachtungstouren in Brasilien durch, die von Experten geleitet werden.

Focus Tours (www.focustours.com) Das sehr gut bewertete Unternehmen für Vogelbeobachtungs- und Naturtouren arbeitet mit englischsprachigen Naturführern. Zu den Zielen gehören das Pantanal, die Chapada dos Guimarães, die Nationalparks Cristalino, Emas und Itatiaia sowie der Parque Natural do Caraça.

NACHHALTIG ARBEITENDE TOURANBIETER

Die Hälfte der Tourismusunternehmen in ganz Brasilien, die für natürliche Sehenswürdigkeiten werben, scheinen die drei Buchstaben „eco" (Öko) in ihrem Namen zu haben. Besonders in Manaus und im Pantanal sind Heerscharen rivalisierender „Eco"-Veranstalter scharf darauf, Besucher für „Eco"-Touren im Urwald, auf Flüssen und Seen oder in Feuchtgebieten zu gewinnen. Einige von ihnen sind renommiert und zuverlässig, andere wollen einfach nur ein bisschen schnelles Geld verdienen, und ein paar sind schlicht und einfach Betrüger. Wenn man versucht, sich für eine Tour zu entscheiden und Kosten, Qualität, Zuverlässigkeit, Komfort etc. abwägt, sollte man die Definition von Ökotourismus der International Ecotourism Society im Hinterkopf haben: „Verantwortungsvolles Reisen in naturnahe Gebiete, das die Umwelt schützt und zum Wohlergehen der einheimischen Bevölkerung beiträgt". Ein Leitprinzip von echtem Ökotourismus ist, dass er auch den in der Region ansässigen Menschen nützt und sie so dazu ermutigt, sich um ihre Umwelt zu kümmern. Wenn möglich sollte man ein Ökotourismus-Unternehmen wählen, das von der Kommune selbst betrieben wird.

Tipps zur Auswahl eines verantwortungsvollen Guides s. Kästen S. 455 & S. 719. Eine Liste besonders umweltbewusster Unternehmen in Brasilien steht auf S. 834.

DIE BESTEN SCHUTZGEBIETE & NATURPARKS BRASILIENS

Gebiet	Merkmale
Cristalino	Staatspark und Privatreservat im Süden des Amazonischen Regenwalds
Ecoparque de Una	privates Mata-Atlântica-Schutzgebiet mit seltenen Goldkopflöwenäffchen
Estação Biológica de Caratinga	Mata Atlântica, die Hälfte der Weltpopulation des gefährdeten Spinnenaffen, des größten Primaten Amerikas
Fernando de Noronha archipelago	großartiger Meerespark 350 km vor Natal
Floresta Nacional do Tapajós	üppiges Regenwald-Schutzgebiet in Amazonien
Ilha de Marajó	Insel in der Mündung des Amazonas
Ilha do Bananal	riesige Flussinsel in Tocantins
Ilha Grande	Gebiet mit unberührter Mata Atlântica gleich vor der Küste des Bundesstaates Rio
Jalapão	herrlich abwechslungsreiches Gebiet im östlichen Tocantins
Mamirauá Reserve (Reserva de Desenvolvimento Sustentável Mamirauá)	Reservat für Amazonas-Schwemmland, tolles Ökotourismusprogramm
Pantanal	riesige Feuchtgebiete und der beste Ort Brasiliens, um wilde Tiere zu sehen
Parque Estadual da Pedra Azul	dramatische 1822 m hohe, blau getönte Steinformation mit natürlichen Pools und umgeben von Wald
Parque Estadual de Itaúnas	Sanddünen, Strände, Schildkrötenschutzgebiet des Tamar-Projekts
Parque Nacional & Floresta da Tijuca	Mata Atlântica & Berge mitten in Rio
Parque Nacional da Chapada Diamantina	großer gebirgiger Park in Bahia mit herrlichen Landschaften, Wasserfälle und Flüsse
Parque Nacional da Chapada dos Guimarães	Wasserfälle, Canyons, bizarre Felsformationen
Parque Nacional da Chapada dos Veadeiros	hochgelegener Cerrado mit grandiosen Landschaften, in der Nähe von Brasília
Parque Nacional da Serra da Capivara	Park im südlichen Piauí mit Tausenden von prähistorischen Malereien & erstaunlichen Felsformationen
Parque Nacional da Serra do Cipó	Berge, Wasserfälle & Cerrado, nahe Belo Horizonte
Parque Nacional da Serra dos Órgãos	Berge & Klippen, 86 km von Rio entfernt
Parque Nacional da Serra Geral	spektakuläre Canyons, grenzt an den Nationalpark Aparados da Serra
Parque Nacional das Emas	fantastisches Cerrado-Schutzgebiet mit Nandus
Parque Nacional das Nascentes do Rio Parnaíba	2002 geschaffener Park mit Cerrado-Savanne und roten Felsen
Parque Nacional de Aparados da Serra	atemberaubende Canyons, *araucaria*-Wälder, in Rio Grande do Sul
Parque Nacional de Caparaó	höchster Berg in Südbrasilien
Parque Nacional de Itatiaia	schöner, schroffer Gebirgspark, 150 km von Rio entfernt
Parque Nacional de Sete Cidades	einzigartige Felsformationen in Piauí
Parque Nacional de Ubajara	kleiner Park in Ceará mit großen Höhlen, üppiger Vegetation und dramatischen Steilwänden
Parque Nacional do Iguaçu	Brasilianische Seite des internationalen Wasserfallparks
Parque Nacional do Jaú	eines der weltweit größten Gebiete geschützten tropischen Regenwaldes; keine Infrastruktur
Parque Nacional do Superagüi	großer Küstenstreifen mit Mata Atlântica
Parque Nacional dos Lençóis Maranhenses	riesiges Gebiet mit Sanddünen & klaren Regenwasserpools, in der Nähe der Küste
Parque Nacional Marinho de Abrolhos	Meerespark 80 km vor der Küste Bahias, Korallenriffs
Parque Natural do Caraça	abwechslungsreiche Landschaft, von Mata Atlântica bis zu wilder Gebirgsvegetation
Praia do Forte	ökologisches Strandresort, Hauptquartier des Tamar-Projekts
Praia do Rosa	Strandort in Santa Catarina, Walschutzgebiet
Reserva Xixuaú-Xipariná	abgelegenes Ökotourismus-Projekt, 1½-tägige Bootsfahrt ab Manaus
Rio Javari	Gebiet nahe der peruanischen Grenze mit etwas ursprünglichem Regenwald

Aktivitäten	Beste Besuchszeit	Seite
Vogelbeobachtung, Schmetterlingen, Affen, Schwimmen, Kajakfahren, Abseilen	ganzjährig	S. 451
Wandern, Tiere, bedrohte Arten	ganzjährig	S. 525
Tiere, Wandern	ganzjährig	S. 299
Tauchen, Schnorcheln, Wandern, Surfen, Delfin- & Schildkrötenbeobachtung	ganzjährig	S. 588
Bootsfahrten, Tiere, seltene Pflanzen	ganzjährig	S. 684
Feuchtgebiete, Wandern, Tiere	ganzjährig	S. 676
Vogel- & Tierbeobachtung, Bootsfahrten, Angeln	ganzjährig	S. 701
Schwimmen, Wandern, Tauchen, Tiere & Pflanzen	ganzjährig	S. 202
Tiere, Wandern, Campen	ganzjährig	S. 701
Beobachtung von Tieren & Pflanzen, Bootsfahrten, Wandern	ganzjährig	S. 724
Tiere, Wandern, Safaris, Reiten, Bootsfahrten	Apr.–Okt	S. 453
Wandern, Reiten, Schwimmen	ganzjährig	S. 253
Tiere, Schwimmen, Wandern, Schildkrötenbeobachtung	Sept.–März für das Schlüpfen der Schildkröten	S. 241
Wandern, großartige Aussichten	ganzjährig	S. 164
Wandern, Trekking, Klettern	ganzjährig	S. 544
Wandern, Safaris	ganzjährig	S. 448
Wandern, Schwimmen, Canyoning, Abseilen, Jeeptouren	April–Okt.	S. 436
Wandern, Archäologie	ganzjährig, kühler Nov.–März	S. 642
Wandern, Campen, Klettern	ganzjährig	S. 291
Klettern, Wandern	Mai–Okt. zum Wandern	S. 226
Wandern, Campen	ganzjährig	S. 404
Tiere, Wandern	ganzjährig	-
Beobachtung von seltenen Tieren und Hyazinth-Aras	April–Juli	S. 619
Wandern	ganzjährig	S. 404
Wandern, Klettern, Campen	Feb.–Okt.	S. 298
Wandern, Klettern, Tiere	ganzjährig	S. 219
Wandern, Radfahren, Schwimmen, Archäologie	ganzjährig	S. 641
Wandern	ganzjährig	S. 636
Tiere	ganzjährig	S. 364
seltene Tiere & Pflanzen, Bootsfahren	ganzjährig	S. 720
viele Tiere, seltene Pflanzen, Wandern, Strände	ganzjährig	S. 359
Wandern, Schwimmen, Tiere	ganzjährig	S. 652
Walbeobachtung, Meerestiere & Vögel	ganzjährig	S. 537
Wandern, Schwimmen	ganzjährig	S. 292
Wandern, Radfahren, Schildkrötenbeobachtung	ganzjährig	S. 508
Walbeobachtung, Surfen	Juni–Okt.	S. 389
seltene Tiere & Pflanzen, Bootsfahrten	ganzjährig	S. 720
Tiere, Urwald, Bootsfahrten, Wandern	ganzjährig	S. 732

Tropical Nature Travel (www.tropicalnaturetravel.com) Teil einer gemeinnützigen Organisation, die Naturschutz durch Ökotourismus fördert. Angeboten werden Touren in Amazonien, im Pantanal und im Cerrado, übernachtet wird in einigen der besten Ökolodges Brasiliens.
Victor Emanuel Nature Tours (www.ventbird.com) Das hochprofessionelle Unternehmen für Vogelbeobachtungstouren mit Sitz in den USA hat mehrere erfahrene Führer.

UMWELTPROBLEME

Leider ist Brasilien nicht nur für seine Wälder bekannt, sondern auch für deren Zerstörung. Bei der letzten Bestandsausnahme war schon mehr als ein Fünftel des Amazonas-Regenwaldes komplett vernichtet. Die rasche Abholzung im Amazonasgebiet verlangsamte sich zwar, nachdem zwischen 2000 und 2006 eine Fläche von der Größe Griechenlands abgeholzt worden war, doch 2008 erwies sich als ein bestürzenden Jahr: Neben den 12 000 km², die gerodet wurden, gingen dem brasilianischen Institut für Raumforschung zufolge weitere 25 000 km² durch Feuer und Holzfällerei verloren. Der jüngste von China angetriebene Anstieg der Nachfrage nach Rohstoffen und das sprunghaft gewachsene weltweite Interesse an Biokraftstoffen, außerdem die Verabschiedung des kontroversen Gesetzes zum Straßenausbau, das nun die lange bekämpfte Asphaltierung der 765 km langen BR-319 zwischen Manaus und Porto Velho erlaubt, sorgen dafür, dass der Amazonas weiterhin ein bedrohtes Ökosystem bleibt.

Die Entwaldung wurde in den 1970er-Jahren von der Militärregierung rasch vorangetrieben. Ihr Ziel war es, Amazonien mithilfe des ambitionierten Plano de Integração Nacional zu erschließen. Lange Straßen wie das 2500 km lange Teilstück der Fernstraße Transamazônica von Aguiarnópolis (Bundesstaat Tocantins) nach Labrea (Amazonas) wurden durch den Urwald gebaut. Tausende verließen den von Dürren geplagten Nordosten des Landes und bauten auf den Flächen, die durch die Abholzung entstanden waren, neue Siedlungen.

Mit dem Film The Burning Season: The Chico Mendes Story (1994) mit Raul Julia in der Rolle von Mendes kann man sich in kurzer Zeit mit dem Leben dieses wichtigen Mannes und seinem Vermächtnis vertraut machen.

Eine Art Wendepunkt war 1988 die Ermordung von Chico Mendes, Anführer der Kautschukzapfer und prominenter Gegner der Zerstörung des Regenwaldes (s. Kasten S. 757). Dieses Ereignis lenkte die internationale Aufmerksamkeit auf die schlimme Lage des brasilianischen Regenwalds und seiner armen Bewohner und trug so dazu bei, dass nachhaltig bewirtschaftete Reservate geschaffen wurden.

In den vergangenen Jahren hat Brasilien Millionen Hektar Land unter Naturschutz gestellt, und Parks und Schutzgebiete machen heute mehr als 20 % des brasilianischen Amazonasgebiets aus. Weitere 25 % sind spezielle indigene Gebiete, die in der Regel mindestens genauso gut geschützt sind. Auch in den geschützten Gebieten kommt es immer noch zu Abholzung, doch ihr Umfang beträgt nur ein Siebtel von der außerhalb der Schutzgebiete. Der Status als Schutzgebiet mindert normalerweise den Wert des Landes, sodass es für illegale Landbesetzer und Spekulanten weniger attraktiv wird.

Dennoch ist die Landbesetzung in Amazonien immer noch ein großes Problem. In vielen Fällen wurden kleine Siedler gezwungen, ihr Land zu verlassen, und Hunderte wurden ermordet, als sie sich dem widersetzten. Der Bundesstaat Pará, wo nur ein Drittel des Landes offiziell registriert ist, ist dafür besonders berüchtigt. Der katholischen Kirche Brasiliens zufolge wurden in Pará bei Landstreitigkeiten seit 1986 mehr als 500 Menschen ermordet, darunter auch die amerikanische Missionarin Dorothy Stang, die genau gegen diese Form der illegalen Landbesetzung kämpfte.

Währenddessen werden in Amazonien in hohem Tempo Entwicklungsprojekte verwirklicht. 2010 gab die Regierung grünes Licht für den Bau einer gewaltigen hydroelektrischen Anlage, Belo Monte, am Fluss Xingu in Pará.

Geplant ist die Flutung von schätzungsweise 500 km² Amazoniens. Dies wird der brasilianischen Umweltbehörde Ibama zufolge Auswirkungen auf etwa 12 000 Menschen haben. Die Arbeit an dem schätzungsweise 10 Mrd. US$ teuren Projekt soll 2015 beginnen. Der Damm wird nach der Fertigstellung der drittgrößte hydroelektrische Damm der Welt sein und ca. 11 000 MW Strom produzieren.

Kleinere Wasserkraftanlagen sind ebenfalls im Entstehen begriffen. Die Regierung plant, in den kommenden Jahren mehr als 200 kleine hydroelektrische Dämme im ganzen Land zu bauen. Sie sollen sowohl Strom erzeugen als auch die ökonomische Entwicklung vorantreiben.

Die Website www. conservation.org von Conservation International befasst sich mit unterschiedlichen Aspekten des Ökotourismus und der globalen Umweltbewegung, und stellt auch die eigene umfangreiche Arbeit in Brasilien vor

Initiativen zur Nachhaltigkeit

Zu den vielversprechendsten Umweltinitiativen zählen diejenigen, die dafür sorgen, dass der Umweltschutz im Interesse der einheimischen Bevölkerung liegt, und die die nachhaltige Nutzung von Ressourcen sicherstellen. Kommunale Ökotourismusprojekte werden immer beliebter. Eine Schlüsselrolle für den Schutz des Waldes spielen Rohstoff-Schutzgebiete. Das sind geschützte Gebiete, die nur von denjenigen genutzt werden, die von Subsistenzlandwirtschaft abhängig sind und traditionelle Methoden der Rohstoffgewinnung wie Kautschukzapfen, Sammeln von Früchten und Nüssen und Fischfang nutzen.

Internationale Zertifizierungsprogramme wie das des Forest Stewardship Councils haben die Hoffnung auf eine weniger destruktive Holzwirtschaft geweckt. Solche Programme zielen darauf ab, Nutzholz zu zertifizieren, das mit nachhaltigen Methoden produziert wurde. Die Nachfrage nach solchem Holz nimmt bei in- und ausländischen Konsumenten zu. Diese Art von Verbrauchernachfrage fördert eine Abholzung mit geringeren Auswirkungen auf die Umwelt, bei der die Waldgebiete in Abschnitte eingeteilt werden und das Holz nach dem Rotationsprinzip nur in bestimmten Abschnitten geschlagen wird, sodass der Wald in den anderen Abschnitten Zeit hat, sich zu regenerieren. Gleichzeitig lässt man die größten Exemplare wertvoller Bäume stehen, damit sie ihre Samen wieder in den Abschnitt verstreuen können, und es wird darauf geachtet, dass die Bäume, die nicht gefällt werden, möglichst wenig Schaden nehmen. Einige bedeutende brasilianische Baumärkte und verschiedene internationale Geschäfte führen zertifiziertes Holz. Der Großteil des illegal in Amazonien abgeholzten Holzes bleibt jedoch in Brasilien, vieles davon wird von der Bauindustrie im Süden des Landes genutzt.

Die Rainforest Alliance bietet Infos zu Initiativen für nachhaltige Forstwirtschaft und nachhaltigen Tourismus (http://rainforest-alliance.org).

Andere Probleme

Die Abholzung Amazoniens ist immer wieder in den Schlagzeilen. Sie ist zweifellos das wichtigste Umweltproblem Brasiliens, doch auch andere Ökosysteme sind gefährdet. Der Atlantische Regenwald, der älter ist als der Amazonas-Wald, ist heute auf nur noch 7 % seiner ursprünglichen Fläche geschrumpft.

Die Feuchtgebiete des Pantanal sind ebenfalls ernsthaft bedroht, etwa durch die rasante Ausbreitung des intensiven Anbaus von Soja, Baumwolle und Zuckerrohr in den zentralen Ebenen des Landes, die die größte Wasserquelle des Pantanals sind. Zuckerrohr ist das Rohmaterial für die Herstellung von Ethanol-Kraftstoff (s. Kasten S. 134), und dessen internationale Ausbreitung hat dazu geführt, dass in Mato Grosso do Sul Dutzende neue Ethanoldestillerien entstanden sind. Herbizide, Kunstdünger und andere Chemikalien gelangen von den Plantagen bis ins Wasser des Pantanals, und Abholzungen in den Ebenen führen zur Bodenerosion und damit schließlich zur Versandung der Flüsse des Pantanals. Die wachsenden Städte rings um

Die International Ecotourism Society (www. ecotourism.org) ist eine hervorragende Quelle für Ideen, News, Fakten und Empfehlungen zu nachhaltigem Reisen in der ganzen Welt, einschließlich Brasilien.

ENERGIE AUS ZUCKER: SÜSS ODER SAUER?

An fast jeder brasilianischen Tankstelle steht auf mindestens einer Zapfsäule der Name eines Kraftstoffs, der anderswo in der Welt noch völlig ungebräuchlich ist. Neben den verschiedenen Sorten von Benzin und Diesel gibt es hier auch Zapfsäulen für Álcool Comum, und dort herrscht häufig besonders viel Betrieb. Dieser Kraftstoffalkohol, auch als Ethanol bekannt, wird weithin als Glücksfall für Brasilien im Energiesektor betrachtet. Seit in Brasilien 2003 neue „Flex-Fuel"-Autos entwickelt wurden, die mit jeder Mischung aus Benzin und Ethanol betrieben werden können, gingen diese weg wie warme Semmeln. 2009 waren über 90 % aller verkauften Neuwagen Flex-Fuel-Autos, und Ethanol machte 50 % des gesamten für Transport verwendeten Kraftstoffs aus.

Álcool wird aus Zuckerrohr hergestellt. Der Verbrauch pro Kilometer ist zwar höher als bei Benzin, dafür ist Álcool billiger und insgesamt wirtschaftlicher für Autofahrer. Es fällt zwar ebenso wie bei Benzin Kohlendioxid an, doch weil das Wachstum der Pflanzen, die den Rohstoff für die Herstellung des Kraftstoffs bilden, in etwa die gleiche Menge an Kohlendioxid absorbiert, verursacht der Kraftstoff unterm Strich sehr viel weniger Treibhausgase.

Brasilien produziert seit über 30 Jahren Ethanol, und in den letzten Jahren kam es zu Rekordzuwächsen. 2010 produzierte das Land etwa 25 Mrd. l Ethanol, das sind ca. 38 % der Weltgesamtproduktion. Auf einmal findet sich Brasilien in der Rolle des Weltmarktführers bei einer Ware, die am Beginn eines weltweiten Booms steht. Überall auf der Welt versuchen Länder, ihre Abhängigkeit von teuren, umweltschädlichen fossilen Brennstoffen zu verringern, und es scheint, als ob Biokraftstoffe (die aus lebenden Organismen oder ihrem Abfall hergestellt werden) wie Ethanol in Zukunft eine große Rolle spielen werden.

Die USA produzieren zwar mehr Ethanol als Brasilien (die beiden Länder sind zusammen für fast 90 % der Weltproduktion verantwortlich), doch Brasilien ist mit fast 4 Mrd. l im Jahr 2009 der größte Exporteur, und es hat in rasantem Tempo seine Zuckerrohrplantagen erweitert, die 2010 etwa 78 000 km^2 bedeckten. Außerdem wurden massenhaft neue Destillen gebaut, in denen aus dem Zuckerrohr Ethanol produziert wird, und zur Zeit der Drucklegung dieses Buches war der Bau Dutzender neuer Fabriken in Planung.

Leider ist Ethanol nicht das Allheilmittel für den weltweiten Energiebedarf, das seine Anhänger darin sehen. Das von den wachsenden Pflanzen absorbierte Kohlendioxid gleicht vielleicht die Kohlendioxidemission beim Verbrennungsvorgang aus, doch auch für die Produktion des Kraftstoffs werden große Mengen fossiler Brennstoffe benötigt, etwa beim Einsatz von Dünger und Pestiziden, beim Destillationsvorgang oder beim Transport. Hier hat Brasilien allerdings einen Riesenvorteil gegenüber den USA, denn dort wird Ethanol überwiegend aus Mais hergestellt, und dabei werden siebenmal so viele fossile Brennstoffe benötigt wie bei der Produktion des brasilianischen Zuckerrohrethanols. Es gibt Schätzungen, nach denen das in den USA hergestellte Maisethanol die Karbondioxidemissionen insgesamt überhaupt nicht verringert.

Umweltschützer befürchten auch, dass in Brasilien Regenwald abgeholzt werden wird, um Platz für neue Plantagen zu schaffen, und dass die Chemieabfälle von den Plantagen, vor allem in der zentralen Hochebene, die Ökosysteme im Pantanal und in Amazonien schädigen werden. Als Reaktion auf diese Befürchtungen schlug Präsident Lula 2007 vor, dass neue Plantagen nur auf bereits abgeholztem Land ohne einheimische Vegetation angelegt werden sollten.

das Pantanal, die oft keine ausreichenden Abfallbehandlungsanlagen besitzen, und die zunehmende Industrialisierung sind ebenfalls ernsthafte Bedrohungen für diese Region.

An der brasilianischen Küste gefährden das Wachstum der Städte und der boomende Tourismus viele sensible Meeresökosysteme, obwohl ausgedehnte Bereiche der Küste und des Meeres zu Schutzgebieten erklärt wurden.

Umweltschutzorganisationen

Die folgenden Organisationen gehören zu denjenigen, die für den Schutz der Umwelt in Brasilien aktiv sind. Ihre Strategien reichen von Kampagnen zur Rettung einer einzelnen Tierart über Lobbyarbeit in Brasília bis zum

Ausüben von Druck auf Institutionen, um destruktive „Megaprojekte" wie
den Bau von Fernstraßen durch den Regenwald, die Flutung großer Gebiete für Staudämme oder die Bepflanzung riesiger Buschgebiete mit chemisch
gedüngten Sojabohnen zu verhindern.

Einige Gruppen konzentrieren sich in erster Linie auf die Forschung,
andere können auch Freiwilligenarbeit organisieren. Die folgenden Organisationen sind alle in Brasilien ansässig:

Amazônia (www.amazonia.org.br) Amazônia ist ein Monitoring- und Informationsprogramm für
die Amazonasregion. Die Website ist eine hervorragende Informationsquelle.

Conselheiro Brasileiro de Manejo Florestal(www.fsc.org.br) Die brasilianische Vertretung
des Forest Stewardship Councils, der sich für eine nachhaltige Forstwirtschaft mithilfe eines
Zertifizierungssystems einsetzt.

Instituto de Pesquisa Ambiental da Amazônia (IPAM; www.ipam.org.br) Das IPAM ist ein
Umweltforschungsinstitut und eine Interessengruppe und widmet sich der nachhaltigen Entwicklung in Amazonien. Es organisiert Umweltbildung in ganz Brasilien.

Instituto do Homem e Meio Ambiente da Amazônia (Imazon; www.imazon.org.br) Diese
Forschungsorganisation fördert die nachhaltige Entwicklung im Amazonasgebiet und hat dabei
sowohl soziale als auch ökologische Belange im Blick.

Instituto Socioambiental (ISA; www.socioambiental.org) Das ISA organisiert Kampagnen und
macht Lobbyarbeit für die indigene Bevölkerung Brasiliens und für die Umwelt. Es veröffentlicht
Bücher und Karten und hat mehrere Büros in Brasilien.

SOS Mata Atlântica (www.sosmatatlantica.org.br) Die Organisation hat sich dem Schutz des
Atlantischen Regenwaldes verschrieben.

Tamar-Projekt (Projeto Tamar; www.tamar.org.br, portugiesisch) Tamar ist das offizielle Projekt
der brasilianischen Regierung zum Schutz der Meeresschildkröten. Tamar arbeitet mit der einheimischen Bevölkerung zusammen und betreibt sieben Besucherzentren und 21 Stationen, die mehr
als 1000 km Küste schützen. Verantwortlich für die landesweite Koordination ist die Zweigstelle Rio
Vermelho bei Praia do Forte, 50 km nördlich von Salvador.

> Das brasilianische
> Forschungsinsitut Imazon
> (www.imazon.org.br)
> veröffentlicht Berichte
> zu unterschiedlichen
> Aspekten der Ökologie
> Amazoniens.

Andere internationale Organisationen, die Initiativen für Nachhaltigkeit in
Brasilien durchführen oder unterstützen:

Conservation International (www.conservation.org)
Environmental Defense (www.environmentaldefense.org)
Friends of the Earth (www.foe.co.uk)
Greenpeace (www.greenpeace.org)
Nature Conservancy (www.nature.org)
Rainforest Action Network (www.ran.org)
Rainforest Alliance (http://rainforest-alliance.org)
Rainforest Foundation (www.rainforestfoundation.org)
Survival (www.survival-international.org)
World Wildlife Fund (www.wwf.org)

Rio de Janeiro (Stadt)

Rio ist so verführerisch, dass einen nach der Abreise *saudade*, tiefe Sehnsucht, packen kann. Mitten zwischen üppig bewaldeten Bergen und atemberaubenden Stränden liegt die Cidade Maravilhosa (wunderbare Stadt), die wahrlich vielfältige Reize zu bieten hat.

Zwar ist die *joie de vivre* eine französische Erfindung (genau wie der Bikini), aber die Cariocas, Rios Einwohner, haben sie komplett verinnerlicht. Wie sonst wäre ihre Lebenslust zu erklären? Rio ist berühmt für große Feste wie den Karneval, doch auch darüber hinaus gibt's viele Gelegenheiten, ausgelassen zu feiern: einen Samstag am Strand, eine *festa* (Party) in Lapa, ein Fußballspiel im Maracanã oder eine improvisierte *roda de samba* (Sambarunde) irgendwo in der Stadt. Musik ist die Spielwiese der hiesigen Künstler, unter denen sich die kreativsten Brasiliens finden. Ihr Publikum ist so vielfältig wie die Stadt selbst, die auch als Schmelztiegel der Kulturen begeistert – schon allein die abwechslungsreiche Küche spiegelt ihre lange Geschichte der Einwanderung.

Und dann ist da noch die spektakuläre Landschaft: Grüne Berge und weiße Sandstrände vor tiefblauer See bilden einen Riesenspielplatz, ob man nun surfen, durch Regenwälder wandern oder am Pão de Açúcar (Zuckerhut) kraxeln möchte.

Wo viel Licht ist, ist aber auch viel Schatten. Die Kriminalitätsrate ist hoch, die soziale Ungerechtigkeit schockiert. Dennoch kann sich Rios Charme kaum jemand entziehen.

HIGHLIGHTS

- Mit einem Caipirinha am wunderschönen **Strand von Ipanema** (S. 154) die Sonne untergehen sehen
- Mit König Momo und Millionen anderen **Karneval** (S. 83) feiern
- Die Seilbahn auf den Corcovado nehmen und den atemberaubenden Ausblick unter den ausgebreiteten Armen des **Cristo Redentor** (S. 159) auf sich wirken lassen
- Sich in einem Club in **Lapa** (S. 190), Brasiliens Top-Musik-Viertel, den Sambarhythmen hingeben
- Von der Spitze des **Pão de Açúcar** (S. 157) aus die Cidade Maravilhosa aus der Vogelperspektive betrachten

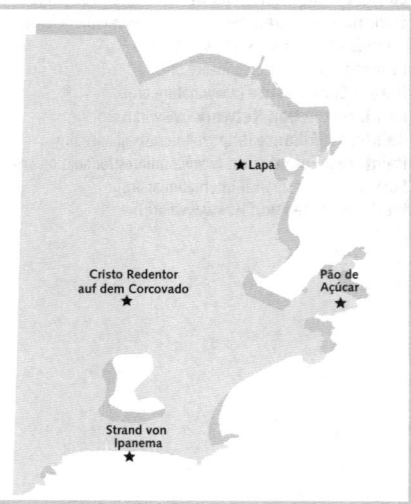

| | VORWAHL: 0XX21 | | BEVÖLKERUNG: 6,2 MIO. | | FLÄCHE: 1182 KM² |

GESCHICHTE

Die Tamoio lebten auf dem Land um die Baía de Guanabara, als Gaspar de Lemos im Mai 1501 von Portugal aus nach Brasilien in See stach. Im Januar 1502 erreichte er die große Bucht, die er auf den Namen Rio de Janeiro taufte – er hielt sie nämlich irrtümlich für eine Flussmündung. Als erste Europäer siedelten hier allerdings im Jahr 1555 Franzosen. Nach einem kurzzeitigen Bündnis mit den Tamoio, die die Portugiesen wegen ihrer Grausamkeit hassten, wurden die Franzosen 1567 vertrieben. In den sich anschließenden blutigen Schlachten vertrieben die Portugiesen die Tamoio schließlich aus der Region.

Bis ins 17. Jh. waren die Tamoio ausgelöscht worden. Diejenigen, die nicht als Sklaven verschleppt wurden, starben an Seuchen. Andere indigene Gruppen wurden „befriedet" und in Siedlungen zusammengefasst, die von den Jesuiten organisiert wurden. Die Portugiesen hatten 1567 eine befestigte Stadt auf dem Morro Castelo gegründet; schon im 17. Jh. war Rio – nach Salvador da Bahia und Recife-Olinda – die drittwichtigste Siedlung der Portugiesen in Brasilien. Afrikanische Sklaven wurden nach Brasilien verschifft, die Zuckerrohrplantagen blühten auf. Noch mehr afrikanische Sklaven schließlich kamen im 18. Jh. ins Land, als man für die Goldminen der Minas Gerais Arbeitskräfte brauchte.

1807 marschierten Napoleons Truppen gegen Lissabon. Zwei Tage vor dem Einmarsch flohen der portugiesische Prinzregent (der spätere Dom João VI.) und sein gesamter, 15 000 Personen umfassender Hofstaat auf 40 Schiffen nach Brasilien. Als der Prinzregent in Rio ankam, feierten seine weißen brasilianischen Untertanen ausgelassen und tanzten auf den Straßen. Der Fürst übernahm sofort von seinem bisherigen Generalgouverneur die direkte Herrschaft über Brasilien.

Dom João verliebte sich in Brasilien. Auch nachdem er den Thron Portugals bestiegen hatte, blieb er und erklärte Rio zur Hauptstadt des Vereinigten Königreichs von Portugal, Brasilien und Algarve. Brasilien war die einzige Kolonie in der Neuen Welt, von der aus jemals ein europäischer Monarch direkt herrschte.

Ende des 19. Jhs. erlebte Rio eine Bevölkerungsexplosion, einerseits weil viele europäische Einwanderer ins Land kamen, andererseits wegen der innerbrasilianischen Wanderungsbewegungen: Ehemalige Sklaven zogen aus den im Niedergang begriffenen Kaffee- und Zuckeranbauregionen in die Stadt. 1890 hatte Rio bereits mehr als 1 Mio. Einwohner, von denen ein Viertel aus dem Ausland stammte. Und die Stadt wuchs schnell weiter.

Von den frühen 1920er- bis in die späten 1950er-Jahre erlebte Rio seine größte Blütezeit. Mit der Errichtung von Grandhotels (das Glória 1922 und das Copacabana Palace 1924) wurde Rio zu einem romantischen, exotischen Reiseziel für Hollywoodgrößen und die internationale High Society. Man kam nach Rio, um in den Casinos zu spielen, zu tanzen oder in Nachtclubs aufzutreten.

Rio veränderte sich weiter. Drei umfangreiche Landerschließungsprojekte wurden initiiert, um die Belastungen zu vermindern, die der Stadt von ihrer wunderschönen Umgebung auferlegt werden. Das erste galt dem Aeroporto Santos Dumont, nahe dem Centro, beim zweiten entstand der Flamengo Park und das dritte erweiterte die Strandanlagen von Copacabana.

Bis 1960 blieb Rio die politische Hauptstadt Brasiliens, erst dann zog die Regierung nach Brasília um. Während der 1960er-Jahre schossen moderne Wolkenkratzer in die Höhe und die Stadt verlor einige ihrer schönsten Gebäude. Zur gleichen Zeit erreichten die Favelas (Slums) von Rio de Janeiro durch Zuwanderung aus den von Armut geplagten Gebieten im Nordosten und aus dem Landesinneren eine kritische Größe; die Zahl der in Rio lebenden Armen schnellte in die Höhe – die Cidade Maravilhosa verlor zunehmend ihren Glanz, Gewalt und Kriminalität hatten das Zepter übernommen.

Das letzte Jahrzehnt der Militärdiktatur, die Brasilien von 1964 bis 1985 beherrschte, war für Rio keine glückliche Zeit. Es gab in jenen Jahren zahlreiche Proteste (vor allem im Jahr 1968, als etwa 100 000 Menschen zum Palácio Tiradentes marschierten). Selbst Rios Politiker stellten sich dem Militärregime entgegen, das daraufhin lebenswichtige Bundesgelder sperrte. Die Stadtverwaltung sah sich gezwungen, den Gürtel enger zu schnallen, und mit den schwindenden Mitteln im Stadtsäckel verschlechterte sich die Infrastruktur.

Seine gesellschaftlichen Probleme nahm Rio mit ins neue Jahrtausend, und so fallen noch immer Tausende Menschen Gewaltverbrechen zum Opfer, insbesondere in den Favelas. Die Mittel- und Oberschicht der Stadt scheint sich damit arrangiert zu haben, in vergitterten und bewachten Vierteln zu leben, während Armut und Gewalt das Leben in den nahegelegenen Slums beherrschen.

Die brasilianische Regierung versucht das Problem indessen mit einem neuen Ansatz zu lösen. Luiz Inacio Lula da Silva, bis Anfang 2011 Präsident des Landes, war sich der Wechselwirkung zwischen Armut und Verbrechen bewusst und stellte für die Favelas ab dem Jahr 2007 insgesamt 1,7 Mrd. US$ für Investitionen in die Wasserversorgung, das Abwasser- und Abfallsystem sowie den Bau von Straßen und Häusern zur Verfügung.

Die Armutsbekämpfung war eines der wichtigsten politischen Ziele Lulas und Brasilien hat auf diesem Gebiet durchaus Erfolge vorzuweisen: Seit 2001 haben 10,4 Mio. Menschen den Sprung aus der Armut geschafft. Rio versucht diese einschneidenden Verbes-serungen auf weitere Slums der Stadt zu übertragen, konkret auf 100 Favelas bis 2011 und auf die restlichen bis 2016.

Das Jahr 2016 ist übrigens auch in anderer Hinsicht das alles beherrschende Thema – zumindest gleich nach 2014: Schon bald nämlich hat Rio (und mit ihm ganz Brasilien) mit der ersten Austragung der Fußball-WM sowie der Austragung der Olympischen Sommerspiele (s. Kasten unten) seinen großen Auftritt.

ORIENTIERUNG

Rio nennt eine ungewöhnliche städtische Vielfalt sein Eigen. Strände, Berge, Wolkenkratzer und die allgegenwärtigen Favelas sind in das Gefüge der Landschaft verwoben. Die Stadt selber unterteilt sich in zwei Zonen: die Zona Norte (nördliche Zone), bestehend aus Industriegebieten und Arbeitervierteln, und

---

OLYMPIA-FIEBER

Bereits jetzt werden kritische Stimmen laut, die behaupten, Rio sei mit seinen gesellschaftlichen Problemen und der veralteten Infrastruktur nicht in der Lage, einen reibungslosen Ablauf der Olympischen Spiele zu gewährleisten. Die Stadt hingegen rüstet sich für das Großereignis und scheint entschlossen, der Welt zu zeigen, dass sie ein unvergessliches Olympia auf die Beine stellen kann und ihren Teil zur Fußballweltmeisterschaft beitragen wird (s. S. 58).

Zweifellos hat sich Rio damit einiges vorgenommen. Es benötigt für die Olympischen Spiele insgesamt 34 Veranstaltungsorte; 18 davon gibt es bereits, neun sind in Planung, die auch nach Olympia noch genutzt werden sollen, und sieben weitere werden exklusiv für die Spiele konzipiert (darunter vier am Strand von Copacabana). Im Maracanã-Stadion, dem wichtigsten Austragungsort der Spiele, wird die olympische Eröffnungs- und Abschlussfeier stattfinden. In Vorbereitung auf das große Ereignis sowie auf die Fußball-WM 2014, bei der das Stadion ebenfalls eine bedeutende Rolle spielen wird, sind hier derzeit Baumaßnahmen im Wert von 280 Mio. US$ im Gange.

Rio benötigt zudem jede Menge neuer Hotelzimmer: Etwa 48 000 werden schätzungsweise gebraucht, in der Stadt gibt's bislang aber nur 22 000. Brasilien hat dem IOC vorgeschlagen, einige Besucher auf sechs Kreuzfahrtschiffen unterzubringen – eine logistische Herausforderung! – und in Barra ein Olympisches Dorf mit 20 000 Betten zu bauen. Das Olympische Dorf wird es auf jeden Fall geben, über die Schiffsunterkünfte diskutiert man noch.

Das Transportwesen ist angesichts der von Bussen verstopften Straßen ein kritischer Faktor. Die Stadt hat diesbezüglich viele Ideen, vom Bau einer Seilbahn über den Bergen (umweltfreundlich, jedoch letztendlich wenig praktisch) über den Ausbau der Metro bis nach Barra (nicht machbar bis 2016) bis hin zum Umbau bestimmter Busstrecken in überirdisch fahrenden Metros (am wahrscheinlichsten). Rio muss zudem seine Flughäfen ausbauen.

Im Hinblick auf die Spiele sollen auch andere Stadtteile aufgehübscht werden, z. B. der Hafen, der momentan nur mit abbruchreifen Häusern, Hausbesetzern und Kriminalität glänzen kann.

Die Kosten für Olympia belaufen sich damit wahrscheinlich auf eindrucksvolle 14,4 Mrd. US$. Im Gegenzug werden nach Schätzungen der Wirtschaftswissenschaftlichen Fakultät in São Paulo bis 2027 etwa 51 Mrd. US$ in die nationale Wirtschaft zurückfließen. Als direkte Folge würden die Spiele über das Jahr 2016 hinaus zudem 120 000 neue Arbeitsplätze schaffen.

Auch wenn die Spiele nicht absolut perfekt verlaufen sollten, werden den Besuchern sicherlich eine Menge Gründe geliefert, das Erlebnis Olympia in guter Erinnerung zu behalten, von Caipirinhas am Strand von Ipanema bis zu leidenschaftlichen Wettkämpfen im Maracanã-Stadion!

RIO IN ...

... zwei Tagen

Der Tag beginnt in einer Saftbar in der Nähe mit einem erfrischenden Glas *açaí* (der Saft einer beerenartigen Frucht), dann geht es zum wundervollen **Strand von Ipanema** (S. 154). Das Mittagessen erwartet einen nach einem Strandspaziergang oben in Leblon, genauer in einem der zahlreichen Restaurants auf der **Rua Días Ferreira** (S. 182). Es folgt ein Schaufensterbummel durch die Straßen von Leblon und Ipanema, bevor man sich nachmittags auf den Weg zur Praia do Arpoador macht, um die Sonne besonders eindrucksvoll am Horizont verschwinden zu sehen. Zum Abendessen empfiehlt sich einer der **Stände am See** (S. 155) in Lagoa. Tag zwei hält zunächst einen Ausflug zum **Pão de Açúcar** (S. 157) bereit, ergänzt von einem Spaziergang durch **Urca** (S. 157). Gegen Mittag geht es mit der **bonde** (Straßenbahn; S. 163) nach Santa Teresa, abends stärkt man sich in der **Bar do Mineiro** (S. 188) oder einem anderen guten Lokal in Santa. Der Besuch eines Sambaclubs in **Lapa** (S. 190), das für Rios beste Musikszene bekannt ist, krönt diesen Trip.

... fünf Tagen

Am dritten Tag ist es Zeit für ein wenig Bewegung! Also rauf aufs geliehene Fahrrad und eine Tour am Strand entlang gemacht, oder man geht im **Parque Nacional da Tijuca** (S. 164) wandern. Am Abend erholt man sich in einem der ausgezeichneten **Restaurants** von Ipanema (S. 180) von den Strapazen. Am vierten Tag steht eine Erkundungstour der alten Straßen des **Centro** (S. 159) auf dem Programm, inklusive Besichtigung der exzellenten Museen und historischen Kirchen, anschließend mischt man sich in einer der Straßenbars auf der **Travessa do Comércio** (S. 162) unter das gut gelaunte Volk. Am letzten Tag dann macht man sich früh morgens zu einem Spaziergang am Strand von Copacabana auf – für die nötige Wegzehrung sorgen die **Kioske** (S. 185) vor Ort. Danach geht's per Seilbahn auf den Corcovado zum **Cristo Redentor** (S. 159), wo man einen atemberaubenden Ausblick genießt, bevor schließlich im **Yorubá** (S. 185) oder im **Porcão Rio's** (S. 186) das Abendessen wartet.

---

die Zona Sul (südliche Zone), in der sich viele Wohnviertel der Mittelklasse und der Oberschicht sowie die bekanntesten Strände von Rio befinden. Das Centro, Geschäftsviertel und Ort der ersten Ansiedlung, markiert die Grenze zwischen den beiden Zonen; hier findet man zudem eine Reihe wichtiger Museen und kolonialzeitlicher Bauten.

Die Teile Rios, die Traveller hauptsächlich erkunden, erstrecken sich entlang der Ufer der Baía de Guanabara und des Atlantiks. Südlich des Centro liegen die Bezirke Lapa, Glória, Catete, Flamengo, Botafogo und Urca – und über allem erhebt sich der auffällige Gipfel des berühmten Pão de Açúcar (Zuckerhut). Weiter südlich folgen die Viertel Copacabana, Ipanema und Leblon, die für so manchen Traveller die einzigen Ziele in der Stadt sind.

Zu den sehenswerten Gebieten gehören außerdem das merkwürdige, kolonialzeitliche Viertel Santa Teresa, das auf einem Hügel oberhalb vom Centro liegt, sowie die gewaltige Statue des Cristo Redentor (Christus der Erlöser) auf dem Gipfel des Corcovado in Cosme Velho, von dem aus sich ein fabelhafter Blick auf beide Zonen der Stadt erschließt.

Abgesehen vom Busbahnhof, dem Maracanã-Stadion und dem internationalen Flughafen gibt es für die meisten Traveller kaum einen Grund, die Zona Norte zu besuchen. Rio de Janeiros internationaler Flughafen, der Aeroporto Galeão (auch Aeroporto Tom Jobim genannt), liegt 15 km nördlich des Stadtzentrums. Der Flughafen Santos Dumont, den einige Inlandsfluglinien anfliegen, liegt an der Bucht im Stadtzentrum, 1 km östlich des U-Bahnhofs Cinelândia. Rios zentraler Busbahnhof, der Rodoviária Novo Rio, befindet sich etwa 5 km nordwestlich vom Centro. Infos zu den Verbindungen zwischen Stadtzentrum und Busbahnhof bzw. den Flughäfen finden sich auf S. 197.

Stadtpläne

Wem die Stadtpläne der Touristeninformation nicht detailliert genug sind, der ist mit den Plänen von Guia Quatro Rodas gut bedient. Zur Auswahl stehen u. a. ein ausgezeichneter Stadtplan von Rio de Janeiro (15 R$) sowie der umfassendere *Ruas Rio de Janeiro* (20 R$); beide werden jährlich aktualisiert und sind an den meisten Zeitungsständen erhältlich.

PRAKTISCHE INFORMATIONEN
Buchläden
Argumento (Karte S. 144 f.; ☎ 2239 5294; Rua Días Ferreira 417, Leblon; 10–24 Uhr) Kleine Auswahl an fremdsprachigen Büchern und Zeitschriften. Hinten im Laden gibt's ein Café.

Café Arlequim (Karte S. 150 f.; ☎ 2215 5795; Praça XV de Novembro 48, Centro) Bistro sowie Buch- und Musikladen in einem; im Paço Imperial.

Letras e Expressões Ipanema (Karte S. 144 f.; ☎ 2521 6110; Rua Visconde de Pirajá 276; 8–24 Uhr); Leblon (Karte S. 144 f.; ☎ 2511 5085; Av Ataúlfo de Paiva 1292; 24 Std.) Fremdsprachige Bücher und Zeitschriften, außerdem gibt's in beiden Filialen ein Internetcafé.

Livraria da Travessa Av Rio Branco (Karte S. 150 f.; Av Rio Branco 44, Centro); Sete de Setembro (Karte S. 150 f.; ☎ 3231 8015; Rua Sete de Setembro 54, Centro; Mo–Fr 9–20, Sa 9–14 Uhr); Shopping Leblon (Karte S. 144 f.; ☎ 3138 9600; Afrânio de Melo Franco 290); Rua Visconde de Pirajá (Karte S. 144 f.; ☎ 3205 9002; Rua Visconde de Pirajá 572, Ipanema) Bücher, Zeitschriften und CDs; zu der Filiale in Ipanema gehört ein ausgezeichnetes Café.

Livraria Prefácio (Karte S. 148 f.; ☎ 2527 5699; Rua Voluntários da Pátria 39, Botafogo) Gelegentlich werden in dem Café hinten im Laden auch Lesungen veranstaltet.

Nova Livraria Leonardo da Vinci (Karte S. 150 f.; ☎ 2533 2237; Av Rio Branco 185, Centro) Mit die größte Auswahl an fremdsprachigen Büchern in Rio.

Geld
Banken und Geldautomaten finden sich überall in der Stadt, einige sind auf den Karten vermerkt. Banco do Brasil, Bradesco, Citibank und HSBC sind die besten Anlaufstellen, wenn man eine Geld- oder Kreditkarte benutzen möchte (HSBC verlangt dafür die niedrigsten Gebühren). Viele Automaten werben mit einem 24-Stunden-Service, aber selbst diese sind meist nur zwischen 6 und 22 Uhr in Betrieb; an Sonn- und Feiertagen ab 15 Uhr spuckt gar kein Automat mehr Bares aus. Geld wechseln geht in den *casas de câmbio* (Wechselstuben) schneller als bei den Banken. Am Flughafen finden sich Geldautomaten und Wechselstuben im 3. Stock des Ankunftsterminals.

IPANEMA
Verschiedene *câmbios* sind an der Rua Visconde de Pirajá zuhause, etwa zwei Blocks östlich und westlich des Praça NS de Paz.

Citibank (Karte S. 144 f.; Rua Visconde de Pirajá 459A, Ipanema) Geldautomat und Devisenumtausch.
HSBC (Rua Vinícius de Moraes 71) Geldautomat.

COPACABANA
Câmbios gibt's an der Av NS de Copacabana, nahe dem Hotel Copacabana Palace. Folgende Kreditinstitute sowie weitere Automaten liegen ebenfalls an den Hauptstraßen von Copacabana; s. Karte S. 146 f.

Banco do Brasil (Av NS de Copacabana 264)
Banco do Brasil (Av NS de Copacabana 1274) Geldautomat.
Casa Universal (Av NS de Copacabana 371) Empfehlenswerte Wechselstube.
Citibank (Av NS de Copacabana 828) Geldautomat.
HSBC (Av Princesa Isabel 186) Geldautomat.

CENTRO
Eine Reihe Wechselstuben gibt's auf beiden Seiten der Av Rio Branco, mehrere Blocks nördlich der Av Presidente Vargas. Weitere Anlaufstellen sind u. a. die folgenden (auf Karte S. 150 f. eingezeichnet):

Banco do Brasil (Rua Senador Dantas 105) Geldautomat.
Casa Aliança (☎ 2224 4617; Rua Miguel Couto 35C) Gute Wechselstube.
Citibank (Rua da Assembléia 100) Geldautomat und Devisenumtausch.
HSBC (Av Rio Branco 108) Geldautomat.
HSBC (Praça Floriano 23)

Infos im Internet
www.ipanema.com Die als Rios Insider-Guide bekannte Website bietet ausgezeichnete aktuelle Infos über die Stadt.
www.rioguiaoficial.com.br Rioturs umfangreiche Website gibt's auf Portugiesisch und Englisch.
www.riotimesonline.com Englischsprachige Nachrichten und Infos über aktuelle Veranstaltungen.

Internetzugang
Internetcafés verlangen 4 bis 8 R$ pro Stunde.
@Onze (Karte S. 148 f.; Rua Marquês de Abrantes 11; 9–23 Uhr)
Central Fone Centro (Karte S. 150 f.; UG, Av Rio Branco 156; Mo–Fr 9–21, Sa 10–16 Uhr); Ipanema (Karte S. 144 f.; Rua Teixeira de Melo 47; 9.30–20 Uhr)
Fone Rio (Karte S. 146 f.; Rua Constante Ramos 22, Copacabana; 8–24 Uhr)
Jasmim Mango (Karte S. 150 f.; Rua Pascoal Carlos Magno 143, Santa Teresa; Mi–Mo 10–22 Uhr)
Letras e Expressões Ipanema (Karte S. 144 f.; Rua Visconde de Pirajá 276; 8–24 Uhr); Leblon (Karte S. 144 f.; Av Ataúlfo de Paiva 1292; 24 Std.)

Locutório (Karte S. 146 f.; Av NS Copacabana 1171, Copacabana; 8–2 Uhr)
Tele Rede (Karte S. 146 f.; Av NS de Copacabana 209A, Copacabana; 8–2 Uhr)

Kulturzentren

Die hier aufgeführten Kulturzentren verlangen allesamt keinen Eintritt.
Casa de Cultura Laura Alvim (Karte S. 144 f.; ☎ 2267 1647; Av Vieira Souto 176, Ipanema) Zu Ipanemas am Strand gelegenen Kulturzentrum gehören ein Kino, eine Ausstellungsfläche und ein kleines Café.
Casa França-Brasil (Karte S. 150 f.; ☎ 2332 5120; www.casafrancabrasil.rj.gov.br; Rua Visconde de Itaboraí 78, Centro; Di–So 10–20 Uhr) Das Kulturzentrum wurde 1990 eröffnet und zeigt frankobrasilianische Ausstellungen. Ein Bistro mit Sitzgelegenheiten im Freien gehört dazu.
Centro Cultural do Banco do Brasil (Karte S. 150 f.; ☎ 3808 2020; www.cultura-e.com.br; Rua Primeiro de Março 66, Centro; Di–So 10–20 Uhr) Eines der besten Kulturzentren der Stadt mit ausgezeichneten Ausstellungen, Filmvorführungen sowie mittags und abends stattfindenden Konzerten.
Centro Cultural Carioca (Karte S. 150 f.; ☎ 2242 9642; www.centroculturalcarioca.com.br; Rua do Teatro 37, Centro; Mo–Fr 11–20 & Sa 16.30–20.30 Uhr) Das Kulturzentrum an der Praça Tiradentes hat Auftritte von Musikgruppen sowie Tanzvorführungen und Konzerte im Programm.
Centro Cultural Laurinda Santos Lobo (Karte S. 150 f.; ☎ 2224 3331; Rua Monte Alegre 306, Santa Teresa; Di–So 9–17 Uhr) In dem großen, 1907 errichteten Anwesen werden gelegentlich Ausstellungen und Freiluftkonzerte veranstaltet.
Fundição Progresso (Karte S. 150 f.; ☎ 2220 5070; Rua dos Arcos 24, Cinelândia; Mo–Fr 9–18 Uhr) In der ehemaligen Gießerei finden Avantgarde-Ausstellungen und Performances statt.
Instituto Moreira Salles (Karte S. 143; ☎ 3284 7400; www.ims.com.br; Rua Marquês de Sao Vicente 476, Gávea; Eintritt frei; Di–So 13–20 Uhr) In diesem wunderschönen Kulturzentrum kann man ausgezeichnete Ausstellungen sehen. Gleich nebenan liegen ein grüner Park und ein Café.

Medien

Rios wichtigste Tageszeitungen sind das *Jornal do Brasil* (www.jbonline.com.br) und *O Globo* (www.globo.com.br). Beide enthalten Rubriken für Unterhaltung und Veranstaltungen, die in den Donnerstags- und Sonntagsausgabe besonders ausführlich ausfallen. Mit dem landesweit erscheinenden Magazin *Veja* bekommt man die Beilage *Veja Rio* samt

wöchentlichem Veranstaltungskalender (erscheint immer sonntags).

Medizinische Versorgung

Bei medizinischen Notfällen ist die **Clinica Galdino Campos** (Karte S. 146 f.; ☎ 2548 9966; www.galdinocampos.com.br; Av NS de Copacabana 492, Copacabana; 24 Std.) die beste Anlaufstelle für Ausländer: Die Versorgung ist ausgezeichnet und die Ärzte beherrschen mehrere Sprachen.
Einige der zahlreichen Apotheken in der Stadt sind rund um die Uhr geöffnet:
Drogaria Pacheco Av NS de Copacabana 115 (Karte S. 146 f.; Av NS de Copacabana 115, Copacabana; 24 Std.); Av NS de Copacabana 534 (Karte S. 146 f.; Av NS de Copacabana 534, Copacabana; 24 Std.); Rua Visconde de Pirajá (Karte S. 144 f.; Rua Visconde de Pirajá, Ipanema)
Farmácia do Leme (Karte S. 146 f.; Av Prado Júnior 231, Copacabana; 24 Std.)
Farmácia Piauí (Karte S. 144 f.; ☎ 2274 8448; Av Ataúlfo de Paiva 1283, Leblon; 24 Std.)

Notfall

Überfälle sollte man der **Touristenpolizei** (Karte S. 144 f.; ☎ 2332 2924; Rua Humberto de Campos 315, Leblon; 24 Std.) melden.
Weitere wichtige Notfallnummern:
Ambulanz (☎ 192)
Feuerwehr (☎ 193)
Polizei (☎ 190)

Post

Die meisten *correios* (Postämter) sind montags bis freitags von 8 bis 18 Uhr und samstags bis 12 Uhr geöffnet. Sendungen, die mit „Posta Restante, Rio de Janeiro, Brasilien" adressiert sind, landen bei der **Hauptpost** (Karte S. 150 f.; Rua Primeiro de Março 64, Centro).
Weitere Postfilialen:
Botafogo (Karte S. 148 f.; Praia de Botafogo 324, Botafogo)
Copacabana (Karte S. 146 f.; Av NS de Copacabana 540, Copacabana)
Ipanema (Karte S. 144 f.; Rua Prudente de Morais 147, Ipanema)

Reisebüros

Andes Sol (Karte S. 146 f.; ☎ 2275 4370; Av NS de Copacabana 209, Copacabana) Gutes Reisebüro mit mehrsprachigem Personal.
Blame It on Rio 4 Travel (Karte S. 146 f.; ☎ 3813 5510; www.blameitonrio4travel.com; Rua Xavier da Silveira 15B, Copacabana) Exzellentes, von einem freundlichen und sachkundigen US-Amerikaner geleitetes Reisebüro.
Casa Aliança (Karte S. 150 f.; ☎ 2109 8900; www.casa alianca.com.br; Rua Miguel Couto 35B, Centro)

Guanatur Turismo (Karte S. 146 f.; ☎ 2548 3275; Rua Dias da Rocha 16A, Copacabana; www.guanaturturismo. com.br) Verkauft Bustickets für Ziele im In- und Ausland.

Telefon

Für Orts- und nationale Ferngespräche benötigt man eine *cartão telefônico* (Telefonkarte; 5–20 R$), erhältlich an Zeitungsständen; weitere Infos dazu gibt's auf S. 776. In vielen Internetcafés (S. 140) lassen sich internationale Anrufe tätigen, zudem ist meist Skype verfügbar.

Touristeninformation

Rios offizielle Touristeninformation ist **Riotur.** Sie unterhält zur Hotline **Alô Rio** (☎ in Brasilien gebührenfrei 0800-285 0555, 2542 8080; ☉ 9–18 Uhr), deren hilfsbereite Mitarbeiter auch Englisch sprechen. Rioturs mehrsprachige Website (www.rioguiaoficial.com.br/en) liefert ebenfalls gute Informationen.

In allen Riotur-Büros bekommt man Stadtpläne und den ausgezeichneten, vierteljährlich erscheinenden *Rio Guide,* der die wichtigsten Veranstaltungen der Saison auflistet.

Infostände verteilen sich auf die folgenden Standorte:

Copacabana (Karte S. 146 f.; ☎ 2541 7522; Av Princesa Isabel 183; ☉ Mo–Fr 9–18 Uhr) Hier arbeitet das hilfsbereiteste Personal.

Galeão-Flughafen Terminal 1 (Ankunftshalle für Inlandsflüge; ☎ 3398 3034; ☉ 7–23 Uhr); Terminal 2 (Ankunftshalle für internationale Flüge; ☎ 3398 2245; ☉ 6–23 Uhr)

Riotour-Strandkiosk (Karte S. 146 f.; Av Atlântica, nahe der Rua Hilário de Gouveia; ☉ 8–22 Uhr)

GEFAHREN & ÄRGERNISSE

Negative Schlagzeilen für Rio in der internationalen Presse in Bezug auf Gewaltverbrechen sind an der Tagesordnung, und leider spiegeln diese meist tatsächlich die Realität wider. Die Kriminalitätsrate ist hoch und manchmal werden auch Touristen Opfer von Überfällen. Um das Risiko möglichst gering zu halten, sollte man einige Grundregeln beherzigen, z. B. unauffällige Kleidung tragen und wertvollen (oder wertvoll aussehenden) Schmuck sowie Uhren und Sonnenbrillen daheim lassen.

Die Strände von Copacabana und Ipanema stehen zwar unter polizeilicher Überwachung, dennoch geschehen dort immer noch Rauübüberfälle, sogar am helllichten Tag. Am Strand sollte man darum nichts Wertvolles bei sich

tragen, am späten Abend sind beide Strände komplett tabu. Lapa und Santa Teresa sind einen Ausflug wert, jedoch ebenfalls nicht ganz ungefährlich – verlassene Straßen meiden und am besten nur belebte Gegenden besuchen. In Santa Teresa ist an den Wochenenden am meisten los.

In Bussen wird gerne geklaut, daher sollte man hier immer wachsam bleiben und nach Einbruch der Dunkelheit am besten nicht mehr fahren. Nachts sind Fußmärsche entlang verlassener Straßen oder Strände zu meiden, am besten nimmt man sich ein Taxi. Das gilt insbesondere fürs Centro, das abends und am Wochenende ziemlich verlassen ist und das man lieber unter der Woche erkunden sollte.

Man sollte immer nur so viel Geld bei sich tragen, wie man für den Tag braucht, um beim Bezahlen nicht immer einen ganzen Bündel Geldscheine aus der Tasche kramen zu müssen. Auch Kameras und große Rucksäcke sind bei Dieben begehrt; eine Einwegkamera ist eine empfehlenswerte Alternative, und seine Habseligkeiten sollte man unauffällig in Einkauftüten aus Plastik verstauen. Das Fußballstadion von Maracanã ist sehenswert, man sollte jedoch auch hier nur sein Tagesbudget mit sich führen und überfüllte Bereiche meiden. Manche Besucher schließen sich auch einfach einer Reisegruppe an (S. 194).

Wer Opfer eines Raubüberfalls wird, sollte seine Sachen langsam und vorsichtig aushändigen: Die Täter zögern nicht, von ihren Waffen Gebrauch zu machen …

Abzocke

Eine verbreitete Masche am Strand ist, dass man um Feuer gebeten oder nach der Uhrzeit gefragt wird. Sobald man so abgelenkt ist, schlägt der Komplize von der anderen Seite zu und schnappt sich, was er haben will.

SEHENSWERTES

Rio, die einst mächtige „Hauptstadt des brasilianischen Reichs", wie ein portugiesischer König sie nannte, hat mehr zu bieten als nur ein paar hübsche Strände. Von den Bohème-Gassen des alten Viertels Santa Teresa bis zu dem dörflichen Charme versprühenden Urca wartet Rio mit zahlreichen kolonialzeitlichen Straßen, prächtigen Kirchen und grünen *praças* auf, mit denen man sich gut und gerne einige Tage vertreiben kann.

(Fortsetzung auf S. 154)

RIO DE JANEIRO (STADT)

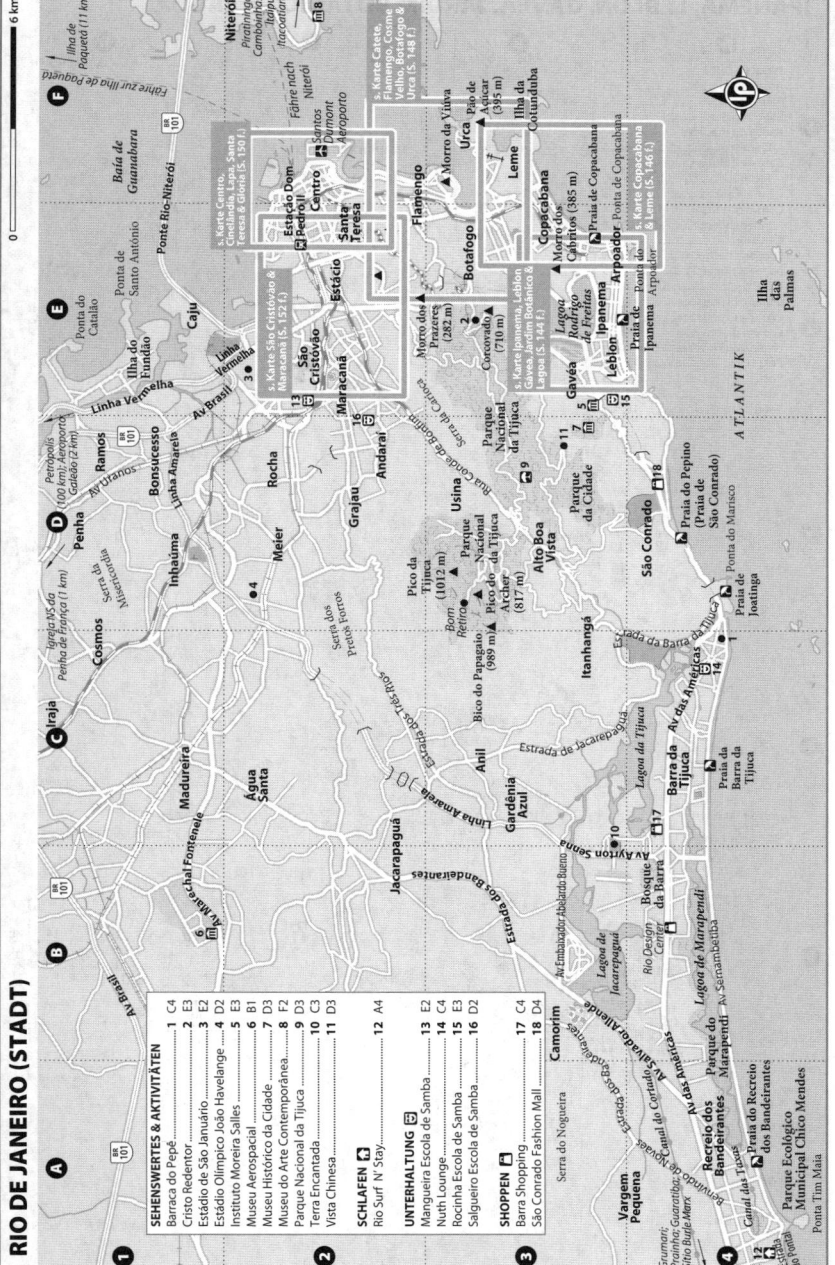

SEHENSWERTES & AKTIVITÄTEN

Baraca do Pepê	1 C4
Cristo Redentor	2 E3
Estádio de São Januário	3 E2
Estádio Olímpico João Havelange	4 D2
Instituto Moreira Salles	5 E3
Museu Aeroespacial	6 B1
Museu Histórico da Cidade	7 D3
Museu do Arte Contemporânea	8 F2
Parque Nacional da Tijuca	9 D3
Terra Encantada	10 C3
Vista Chinesa	11 D3

SCHLAFEN

Rio Surf N' Stay	12 A4

UNTERHALTUNG

Mangueira Escola de Samba	13 E2
Nuth Lounge	14 C4
Rocinha Escola de Samba	15 E3
Salgueiro Escola de Samba	16 D2

SHOPPEN

Barra Shopping	17 C4
São Conrado Fashion Mall	18 D4

RIO DE JANEIRO (STADT)

IPANEMA, LEBLON, GÁVEA, JARDIM BOTÂNICO & LAGOA

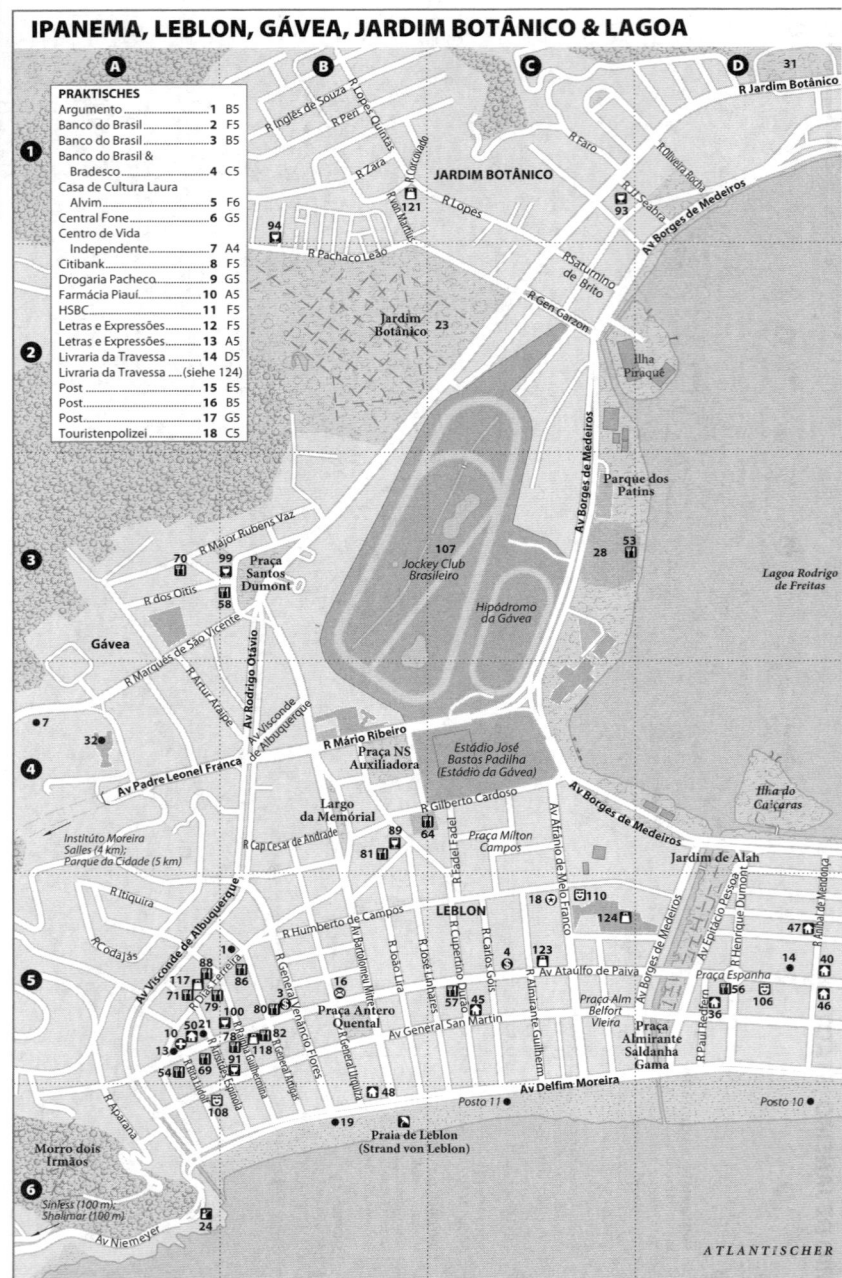

JARDIM BOTÂNICO

Jardim
Botânico   23

Ilha
Piraquê

Parque dos
Patins

Jockey Club
Brasileiro

Hipódromo
da Gávea

Lagoa Rodrigo
de Freitas

Gávea

Praça
Santos
Dumont

Praça NS
Auxiliadora

Estádio José
Bastos Padilha
(Estádio da Gávea)

Ilha do
Caiçaras

Largo
da Memória

Praça Milton
Campos

Jardim de Alah

Instituto Moreira
Salles (4 km);
Parque da Cidade (5 km)

LEBLON

Praça Antero
Quental

Praça Alm
Belfort
Vieira

Praça Espanha

Praça
Almirante
Saldanha
Gama

Posto 11

Av Delfim Moreira

Posto 10

Morro dois
Irmãos

Praia de Leblon
(Strand von Leblon)

Sinfess (100 m);
Shalimar (100 m)

Av Niemeyer

ATLANTISCHER

0 ━━━━━━━━━━ 1 km

SEHENSWERTES & AKTIVITÄTEN
Baixo Bebê..............................**19** B6
Casa do Caminho
Language Centre............**20** F5
Dive Point............................**21** A5
Escolinha de Vôlei................**22** E6
Jardim Botânico....................**23** C2
Mirante do Leblon................**24** A6
Museu Amsterdam Sauer.**25** E5
Museu H. Stern.....................**26** E5
Tretboote..............................**27** F3
Parque Brigadero Faria
Lima..................................**28** C3
Parque da Catacumba **29** F3
Parque Garota de
Ipanema...........................**30** H6
Parque Lage.........................**31** D1
Planetário..............................**32** A4
Special Bike..........................**33** G5

SCHLAFEN
Arpoador Inn.........................**34** H6
Bonita....................................**35** G5
Che Lagarto Ipanema...........**36** D5
Everest Rio............................**37** E5
Hostel Harmonia...................**38** F5
Hotel Fasano.........................**39** G6
Hotel San Marco...................**40** D5
Hotel Vermont......................**41** F5
Ipanema Beach House.........**42** E5
Ipanema Hotel Residência..**43** F5

Ipanema Inn..........................**44** E5
Lemon Spirit Hostel..............**45** C5
Mar Ipanema........................**46** D5
Margarida's Pousada............**47** D5
Marina All Suítes...................**48** B6
Rio Hostel - Ipanema............**49** G5
Ritz Plaza Hotel....................**50** A5
Sol Ipanema.........................**51** F5
Yaya Hotel.............................**52** F5

ESSEN
00....................................(siehe 32)
Arab da Lagoa......................**53** C3
Armazém do Café.................**54** A5
Bazzar...................................**55** E5
Benkei....................................**56** D5
Bibi Crepes...........................**57** C5
Braseiro da Gávea................**58** B3
Brasileirinho...................(siehe 63)
Bráz.......................................**59** E1
Cafeína..................................**60** F5
Capricciosa...........................**61** F5
Carretão................................**62** G5
Casa de Feijoada..................**63** G5
Cobal do Leblon...................**64** C4
Delírio Tropical.....................**65** C5
Felice Caffè & Gelateria......**66** G6
Frontera.................................**67** G5
Galitos Grill...........................**68** F5
Garcia & Rodrigues..............**69** A5
Guimas..................................**70** A3
HortiFruti...............................**71** A5
Koni Store.............................**72** E5
Laffa......................................**73** F5
Lagoa Kiosks ....(siehe 53)
Lagoa Kiosks **74** F3
New Natural...........................**75** F3
Olympe..................................**76** E1
Polis Sucos............................**77** E5
Prima Bruschetteria..............**78** B5
Sushi Leblon..........................**79** A5
Talho Capixaba......................**80** B5

Universo Orgânico ....(siehe 81)
Vegetariano Social Club....**81** B4
Vezpa Pizzeria......................**82** B5
Via Sete.................................**83** E5
Yogoberry..............................**84** F5
Zazá Bistrô Tropical **85** F5
Zona-Sul-Supermarkt..........**86** B5
Zona-Sul-Supermarkt..........**87** G5
Zuka......................................**88** A5

AUSGEHEN
Academia da Cachaça.........**89** B4
Bar D'Hotel.....................(siehe 48)
Bar Lagoa.............................**90** F4
Bar Veloso............................**91** B5
Baretto-Londra................(siehe 39)
Barthodomeu........................**92** E5
Caroline Café........................**93** C1
Cobal de Leblon.............(siehe 64)
Da Graça...............................**94** B1
Devassa.................................**95** F5
Drink Café........................(siehe 53)
Empório.................................**96** E5
Galeria Café..........................**97** G5
Garota de Ipanema..............**98** F5
Hipódromo.............................**99** B3
Jobi..**100** B5
Palaphita Kitch.....................**101** F4
Shenanigan's........................**102** G5
Tô Nem Aí.............................**103** F5

UNTERHALTUNG
00....................................(siehe 32)
Baronneti...............................**104** E5
Cafeína............................(siehe 60)
Cineclub Laura Alvim .....(siehe 5)
Dama de Ferro.....................**105** F4
Estação Ipanema..................**106** D5
Jockey Club Brasileiro **107** C3
Melt.......................................**108** A6
Nuth Club (Lagoa)...............**109** E4
Scala......................................**110** C5
Vinícius Piano Bar...............**111** F5

SHOPPEN
Espaço Brazilian Soul **112** E5
Forum....................................**113** E5
Gilson Martins......................**114** E5
Havaianas.............................**115** E5
Hippie Fair............................**116** G5
Isabela Capeto......................**117** A5
Lidador..................................**118** B5
Lidador..................................**119** F5
Maria Oiticica.......................**120** B1
O Sol.....................................**121** B1
Osklen...................................**122** E5
Rio Design Center **123** C5
Shopping Leblon..................**124** C5
Toca do Vinícius...................**125** F5
Urucum Art & Design ..(siehe 106)

Parque da
Catacumba **29**

74

27

Parque do
Cantagalo

101

Morro do
Cantagalo ▲
(202 m)

Av Epitácio Pessoa

109
R. Alberto de Campos
R Barão de Jaguaripe
R Nascimento da Silva
R Redentor
R Barão da Torre
R Barão de
Paz
R Visconde de Piraja
R Maria Quiteria
R Prudente de Morais
R Maria Angélica
R Garcia D'Avila
R Vinícius de Moraes
R Farme de Amoedo
R Teixeira de Melo
R Gomes Carneiro

90
105
52
43
38
55
83
42
113
104
122
72
2
125
84
61
75
26
12
119
41
20
115
35
67
62 **102**
9
25
114
15
96
77
11
73
116
63
49
65
112
92 **120**
85
98
33
37
44
111
95
87
97
17
66
51
5
39
34

Morro do
Pavão ▲

Ipanema / Ⓜ
General
Osório

Ipanema /
General
Osório

Praça General
Osório

Av Rainha Elizabeth
R Joaquim Nabuco
R Francisco Otaviano

22
● Posto 9
Av Vieira Souto
Praia de Ipanema
(Strand von Ipanema)
Praia do Arpoador ● Posto 8
Av Francisco Bhering

ARPOADOR
Parque Garota
de Ipanema **30**
Praia
de Diabo

OZEAN

Ponta do
Arpoador

s. Karte Copacabana
& Leme (S. 146 f)

COPACABANA & LEME

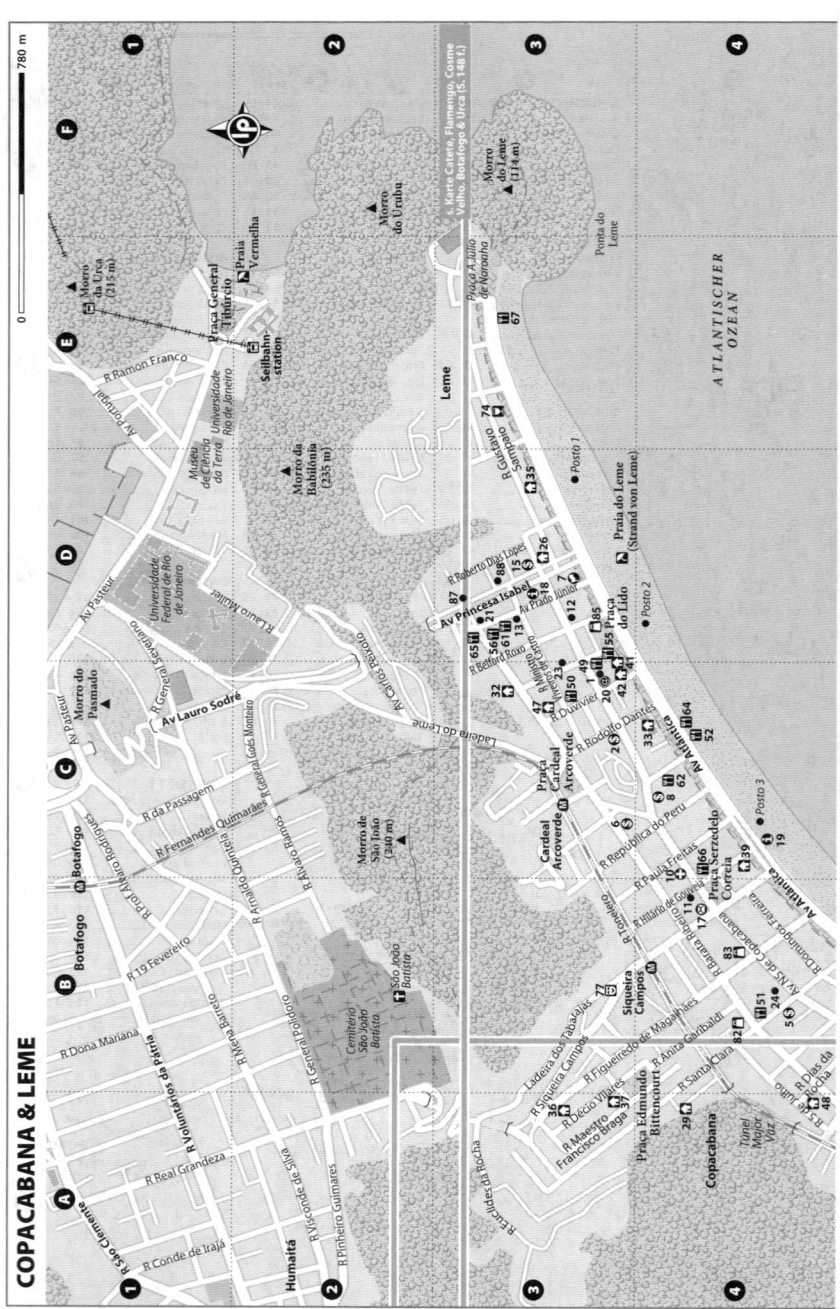

ATLANTISCHER OZEAN

PRAKTISCHES

Andes Sol	1 C3
Banco do Brasil	2 C3
Banco do Brasil	3 A6
Blame it on Rio 4 Travel	(siehe 30)
Bradesco (Geldautomat)	4 A5
Bradesco (Geldautomat)	5 B4
Bradesco (Geldautomat)	6 C3
Canadisches Konsulat	7 D3
Casa Universal	8 C4
Citibank	9 B5
Clínica Galdino Campos	10 C4
Drogaria Pacheco	11 B4
Drogaria Pacheco	12 D3
Farmácia do Leme	13 D3
Fone Rio	14 B5
Guanatur Turismo	(siehe 86)
HSBC	15 D3
Locutório	16 A6
Post	17 B4
Riotur	18 D3
Riotur-Strandkiosk	19 C4
Tele Rede	20 C4

SEHENSWERTES & AKTIVITÄTEN

Ciclovia	21 D3
Ciclovia	22 B7
Cook in Rio	23 C3
Galeria River	(siehe 81)
Instituto Brasil-Estados Unidos	24 B4
Museu Histórico do Exército e Forte de Copacabana	25 B7

SCHLAFEN

Acapulco	26 D3
Atlantis Copacabana Hotel	27 A7
Augusto's Copacabana	28 A5
Bamboo Rio	29 A4
Blame it on Rio 4 Travel	30 B5
Castelo	31 A6
Copacabana Holiday	32 C3
Copacabana Palace	33 C4
Design Hotel Portinari	34 A6
Fantastic Rio	35 D3
Hotel Santa Clara	36 A3
Jucati	37 A3
Mercure Arpoador	38 B7
Olinda Othon Classic	39 C4
Orla Copacabana	40 B7
Ouro Verde Hotel	41 C3
Porto Bay Rio Internacional	42 C3
Residencial Apartt	43 A7
Rio Guesthouse	44 A7
South American Copacabana Hotel	45 A6
Stone of a Beach Hostel	46 A6
Walk on the Beach Hostel	47 C3
	48 A4

ESSEN

Amir	49 C3
Azumi	50 B4
Bakers	51 B4
Bar Luiz	52 C4
Cafeína	53 B5
Capricciosa	54 B5
Carretão	55 D3
Cervantes	56 (siehe 56)
Cervantes Boteco	57 B5
Champanheria Copacabana	58 B7
Confeitaria Colombo	(siehe 81)
Copa Café	59 B5
Frontera	60 A6
HortiFruti	61 D3

La Trattoria	62 C4
Le Blé Noir	63 B5
Nescafé	64 C4
O Rei das Empanadas	65 D3
Pão de Açúcar	66 C4
Recanto do Sol	67 E3
Siri Mole & Cia	68 A7
Siri Mole & Cia (Kiosk)	69 B5
Toca do Siri	70 A7

AUSGEHEN

Botequim Informal	71 B5
Espelunca Chic	72 B5
Horse's Neck	73 B7
Sindicato do Chopp	74 E3

UNTERHALTUNG

Allegro Bistro Musical	(siehe 82)
Bip Bip	75 A6
Clandestino	(siehe 47)
Espaço Sesc	76 B5
Fosfobox	77 B3
La Girl	(siehe 78)
Le Boy	78 A6
Roxy	79 B5

SHOPPEN

Av Atlântica Fair	80 B6
Galeria River	81 A7
Havaianas	(siehe 30)
Loja Fla	(siehe 1)
Modern Sound	82 B4
Mundo Verde	83 B4
Musicale	84 A6
Markt auf der Praça do Lido	85 D3

TRANSPORT

Guanatur Turismo	86 B5
Hertz	87 D3
Localiza	88 D3

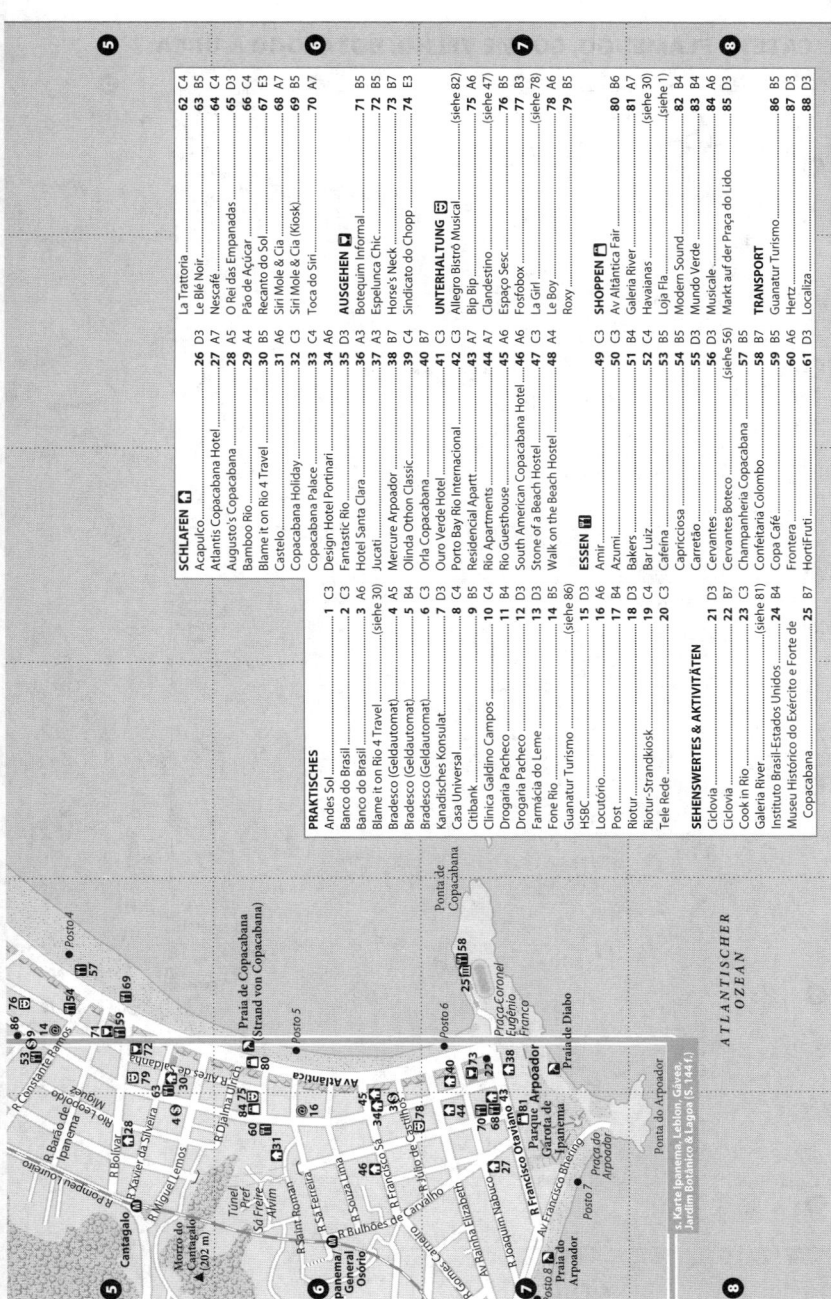

CATETE, FLAMENGO, COSME VELHO, BOTAFOGO & URCA

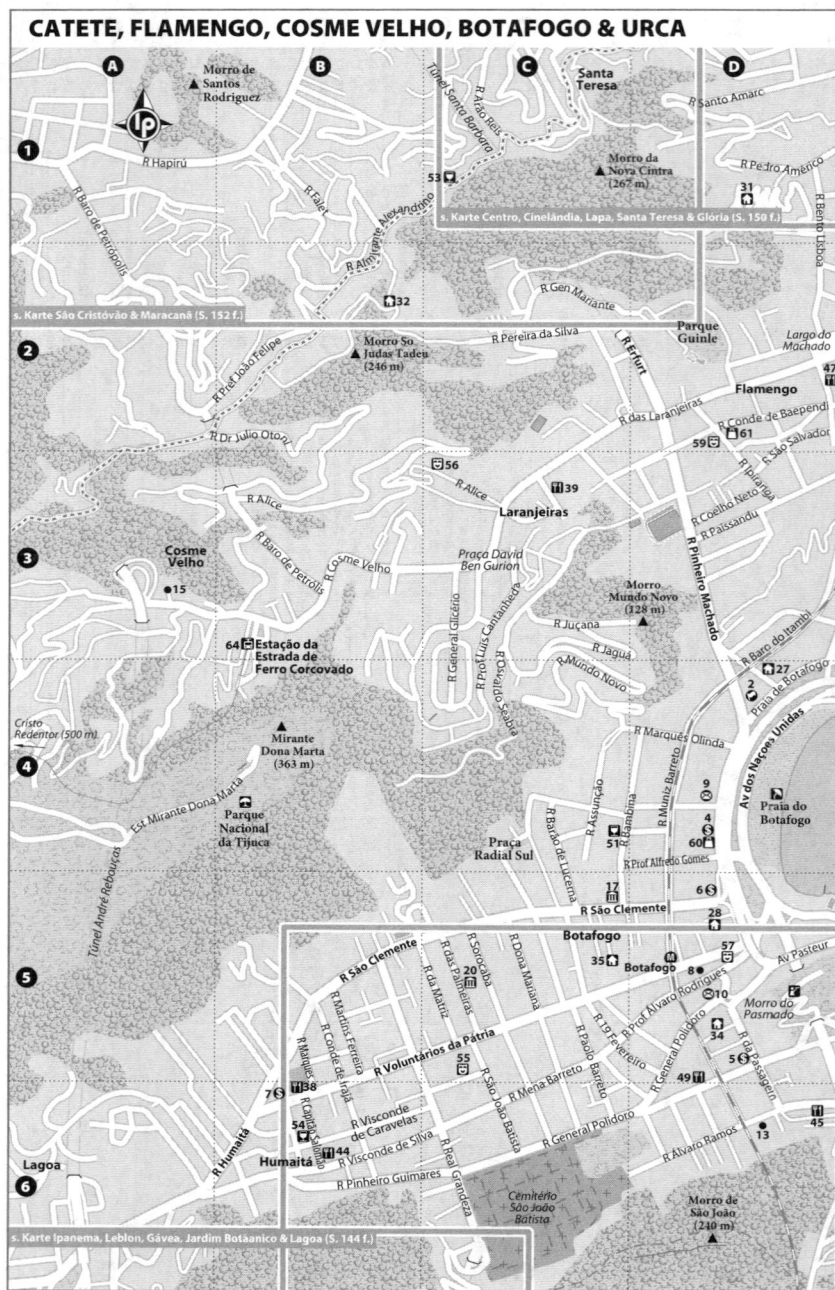

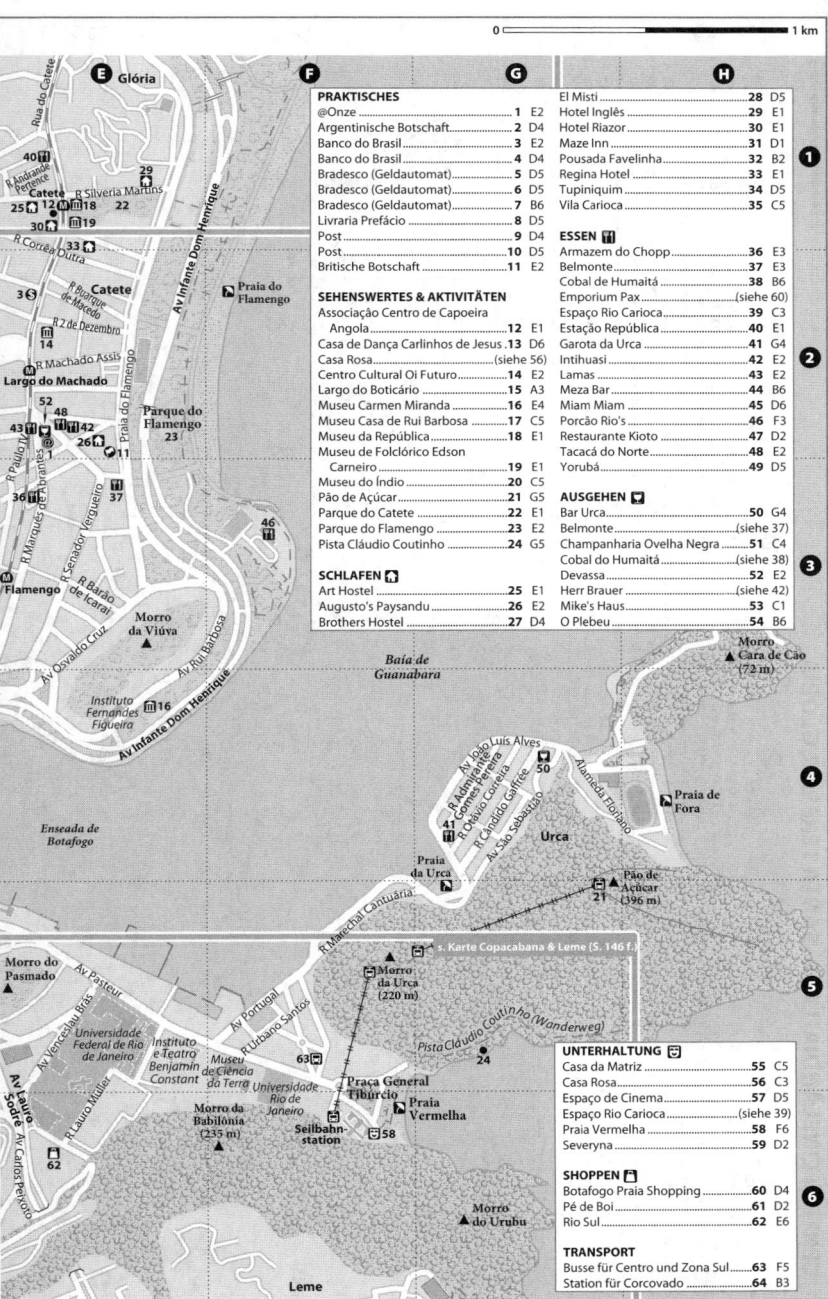

0 _____ 1 km

PRAKTISCHES

@Onze	1	E2
Argentinische Botschaft	2	D4
Banco do Brasil	3	E2
Banco do Brasil	4	D4
Bradesco (Geldautomat)	5	D5
Bradesco (Geldautomat)	6	D5
Bradesco (Geldautomat)	7	B6
Livraria Prefácio	8	D5
Post	9	D4
Post	10	D5
Britische Botschaft	11	E2

SEHENSWERTES & AKTIVITÄTEN

Associação Centro de Capoeira Angola	12	E1
Casa de Dança Carlinhos de Jesus	13	D6
Casa Rosa	(siehe 56)	
Centro Cultural Oi Futuro	14	E2
Largo do Boticário	15	A3
Museu Carmen Miranda	16	E4
Museu Casa de Rui Barbosa	17	C5
Museu da República	18	E1
Museu de Folclórico Edson Carneiro	19	E1
Museu do Índio	20	C5
Pão de Açúcar	21	G5
Parque do Catete	22	E1
Parque do Flamengo	23	E4
Pista Cláudio Coutinho	24	G5

SCHLAFEN

Art Hostel	25	E1
Augusto's Paysandu	26	E2
Brothers Hostel	27	D4

El Misti	28	D5
Hotel Inglês	29	E1
Hotel Riazor	30	E1
Maze Inn	31	D1
Pousada Favelinha	32	B2
Regina Hotel	33	E1
Tupiniquim	34	D5
Vila Carioca	35	C5

ESSEN

Armazem do Chopp	36	E3
Belmonte	37	E3
Cobal de Humaitá	38	B6
Emporium Pax	(siehe 60)	
Espaço Rio Carioca	39	C3
Estação República	40	E1
Garota da Urca	41	G4
Intihuasi	42	E2
Lamas	43	E2
Meza Bar	44	B6
Miam Miam	45	D6
Porção Rio's	46	F3
Restaurante Kioto	47	D2
Tacacá do Norte	48	E2
Yorubá	49	D5

AUSGEHEN

Bar Urca	50	G4
Belmonte	(siehe 37)	
Champanharia Ovelha Negra	51	C4
Cobal de Humaitá	(siehe 38)	
Devassa	52	E2
Herr Brauer	(siehe 42)	
Mike's Haus	53	C1
O Plebeu	54	B6

UNTERHALTUNG

Casa da Matriz	55	C5
Casa Rosa	56	C3
Espaço de Cinema	57	D5
Espaço Rio Carioca	(siehe 39)	
Praia Vermelha	58	F6
Severyna	59	D2

SHOPPEN

Botafogo Praia Shopping	60	D4
Pé de Boi	61	D2
Rio Sul	62	E6

TRANSPORT

| Busse für Centro und Zona Sul | 63 | F5 |
| Station für Corcovado | 64 | B3 |

RIO DE JANEIRO (STADT)

CENTRO, CINELÂNDIA, LAPA, SANTA TERESA & GLÓRIA

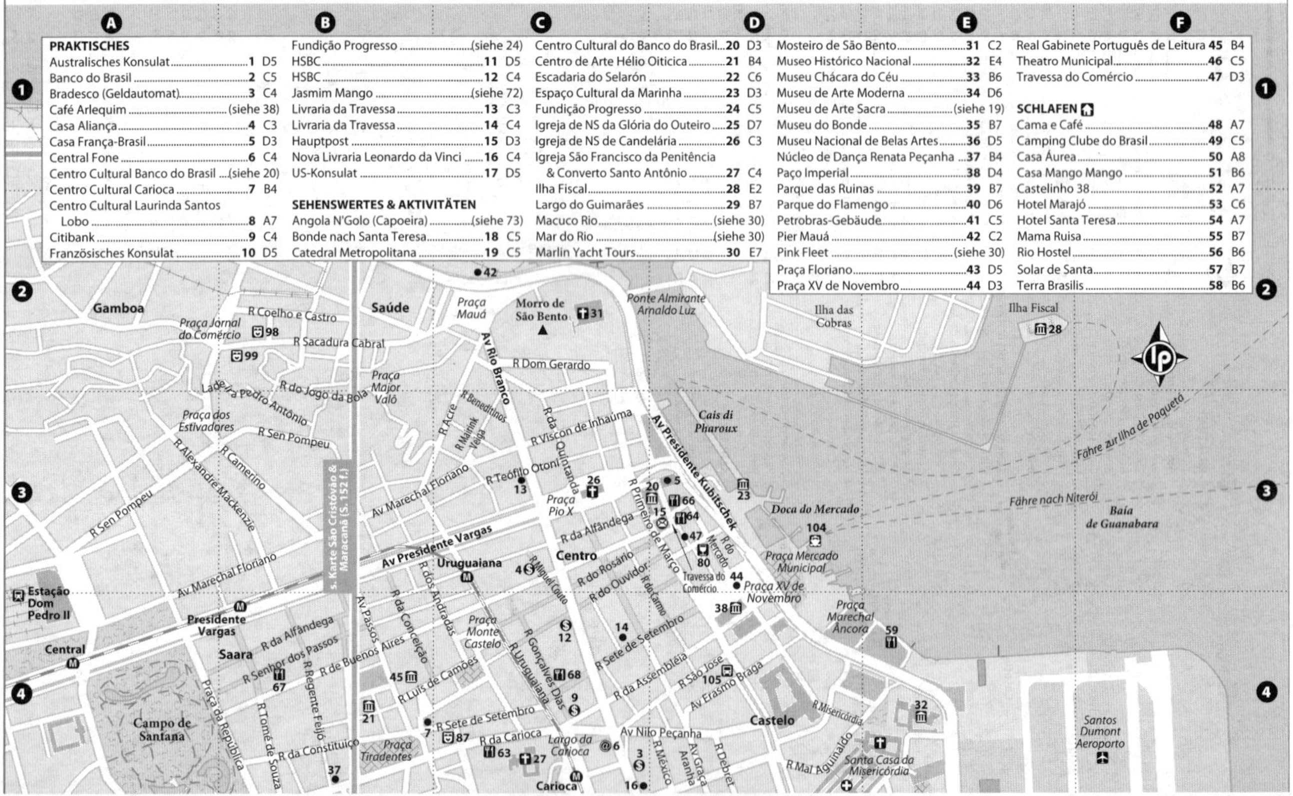

0 _____ 600 m

Jasmin Mango	72 B7
Largo das Letras	73 B7
Nova Capela	74 C6
Santa Scenarium	75 B5
Severyna da Glória	76 C7
Sobrenatural	77 B7
Térèze	(siehe 54)

AUSGEHEN 🍷

Amarelinho	78 C5
Armazém São Thiago	79 A7
Bar dos Descasados	(siehe 54)
Boteco Casual	80 D3
Boteco do Gomes	81 B6
Choperia Brazooka	82 C6
Goya-Beira	83 A6
Santa Arte	(siehe 62)

UNTERHALTUNG 🎭

Beco do Rato	84 C6
Cabaret Casanova	85 C6
Carioca da Gema	86 C6
Centro Cultural Carioca	(siehe 7)
Cine Ideal	87 C4
Cine Santa Teresa	88 B7
Circo Voador	89 C6
Democráticus	90 B6
Estrela da Lapa	91 C6
Fundição Progresso	(siehe 24)
Lapa 40 Graus	92 B6
Odeon Petrobras	93 D5
Rio Scenarium	94 B5
Sala Cecilia Meireles	95 C6
Semente	96 C6
Star Club	97 B6
The Week	98 B2
Trapiche Gamboa	99 B2

SHOPPEN 🛍

Arlequim	(siehe 38)
Feira de Música	100 D5
Feira do Rio Antigo	101 B5
La Vereda	102 B7
Plano B	103 B6

TRANSPORT

Fähre zur Ilha de Paquetá	104 D3
Menezes-Cortes-	
Busbahnhof	105 D4

ESSEN 🍴

AlbaMar	59 E4
Aprazível	60 A8
Ateliê Culinario	61 D5
Bar do Mineiro	62 A7
Bar Luiz	63 C4
Bistro do Paço	(siehe 38)
Brasserie Rosário	64 D3
Café Arlequim	(siehe 38)
Cafecito	65 B7
Cais do Oriente	66 D3
Cedro do Libano	67 B4
Confeitaria Colombo	68 C4
Da Silva	69 D5
Encontras Cariocas	70 C6
Espírito Santa	71 B7

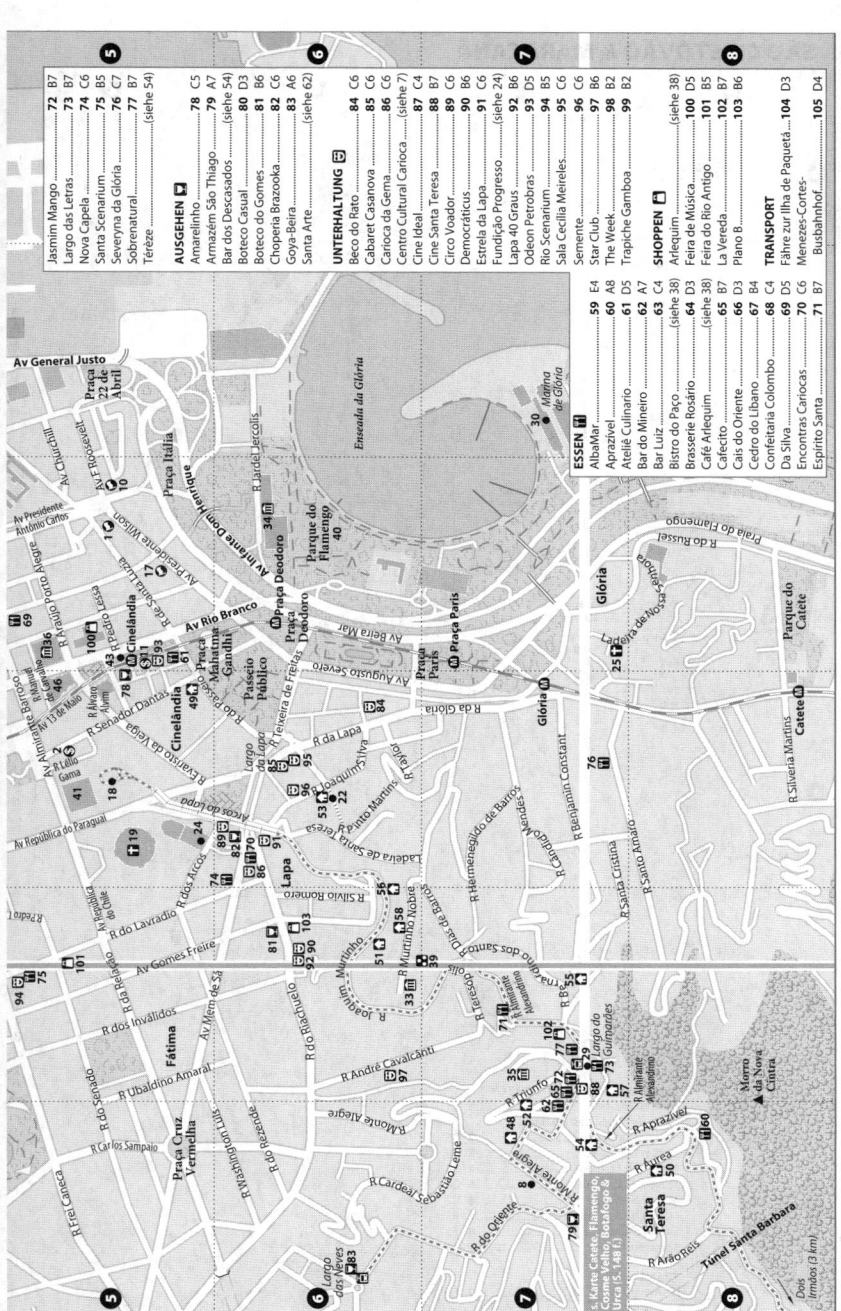

SÃO CRISTÓVÃO & MARACANÃ

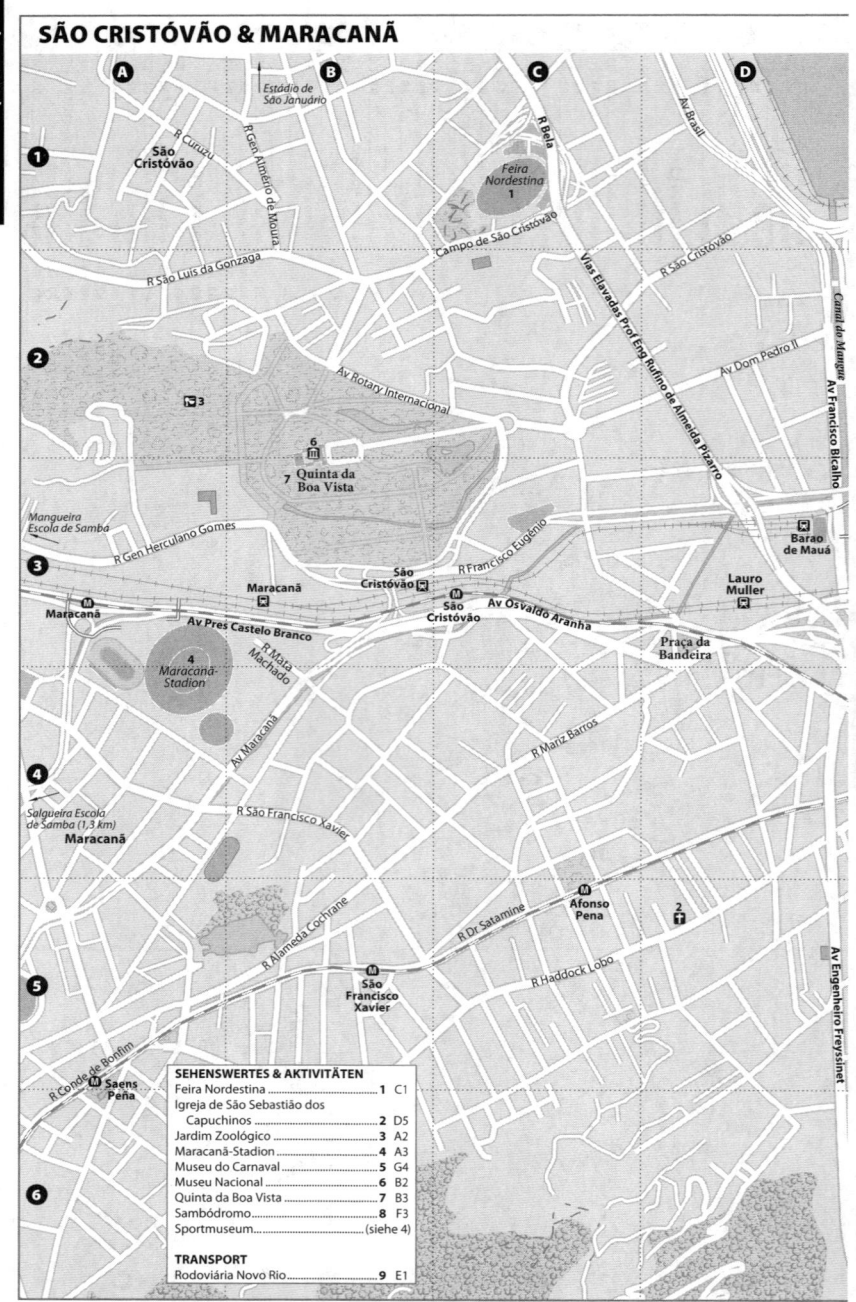

SEHENSWERTES & AKTIVITÄTEN

Feira Nordestina	1 C1
Igreja de São Sebastião dos Capuchinos	2 D5
Jardim Zoológico	3 A2
Maracanã-Stadion	4 A3
Museu do Carnaval	5 G4
Museu Nacional	6 B2
Quinta da Boa Vista	7 B3
Sambódromo	8 F3
Sportmuseum	(siehe 4)

TRANSPORT

Rodoviária Novo Rio	9 E1

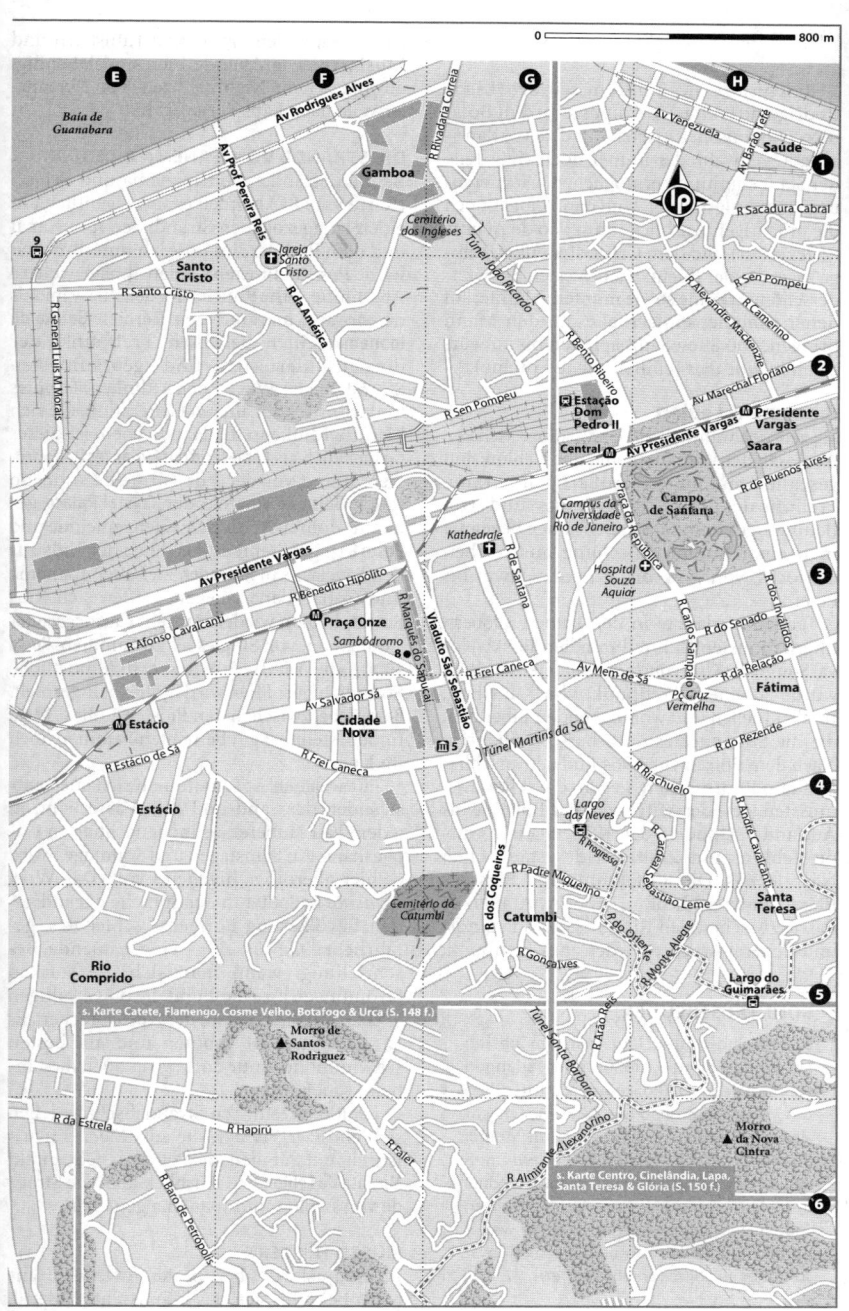

(Fortsetzung von S. 142)

Rios historisches Zentrum, sein See (Lagoa Rodrigo de Freitas), der üppige Jardim Botânico (Botanischer Garten) und der Atlantische Regenwald, der immer noch viele Teile der Stadt einnimmt, ermöglichen faszinierende Erkundungstouren. Und dann gibt es noch die prächtigen Ausblicke vom Pão de Açúcar (Zuckerhut) und dem Cristo Redentor, ruhige Inseln in der Bucht, nach Westen hin wunderschöne Strände sowie muntere Märkte, auf denen Händler einfach alles an den Mann bringen, von alten Sambaplatten bis zu würzigen *jabuticabas* (einheimische Früchte).

Ipanema & Leblon

Sie gehören wahrlich zu den verführerischsten Adressen der Welt: Ipanema und Leblon sind gesegnet mit einem großartigen Strand, Freiluftcafés, Bars, Restaurants und von Bäumen gesäumten Straßen. Hier begegnet man einer bunten Mischung aus reichen Cariocas, von jung bis alt, von schwul bis hetero.

Ipanema erlangte in den frühen 1960ern internationalen Ruhm durch den Bossa-Nova-Song *The Girl von Ipanema*. Der Stadtteil wurde zu einem Treffpunkt von Künstlern, Intellektuellen und wohlhabenden Liberalen, die die Straßencafés und -bars bevölkerten. Nach dem Putsch von 1964 und den anschließenden Repressalien gegen die Liberalen mussten viele der Mitglieder der Bohème ins Ausland flüchten. In den 1970er-Jahren wurde Leblon zum Zentrum des städtischen Nachtlebens. Die Restaurants und Bars des Baixo (Unteren) Leblon, in der Av Ataúlfo de Paiva, zwischen den Ruas Aristídes Espínola und General Artigas, wurden zum Treffpunkt

---

SONNTAGSFREUDEN

Sightseeing-Touren legt man am besten auf einen Sonntag, denn dann verlangen viele Museen in Rio keinen Eintritt. Wen das Wetter eher ins Freie lockt, der macht sich am besten auf den Weg zum Strand: Sonntags ist die Küstenstraße zwischen Leblon und Leme bis 18 Uhr autofreie Zone, und dann tummeln sich dort Radfahrer, Jogger und Skater. Auch die Straße weiter nördlich durch den Parque do Flamengo ist sonntags für den Verkehr gesperrt.

---

einer neuen Generation von Künstlern und Musikern. Die Abende hier sind lebendig, obwohl sich die Nightlife-Szene von Rio mittlerweile nach Lapa verlagert hat.

DIE STRÄNDE VON IPANEMA & LEBLON

Bei den Stränden von Ipanema und Leblon (Karte S. 144 f.) handelt es sich eigentlich um einen langgezogenen Strand, der vom Kanal und dem Park Jardim do Alah unterbrochen wird. *Postos* (Pfosten) teilen ihn in weitere Abschnitte. **Posto 9**, gleich an der Rua Vinícius de Moraes, markiert den Bereich **Garota de Ipanema**, einen beliebten Treffpunkt der durchtrainiertesten und gebräuntesten Strandgänger. Wegen der Altlinken, Hippies und Künstler der älteren Generation, die sich hier die Klinke in die Hand geben, ist dieses Gebiet auch als **Cemetério dos Elefantes** bekannt. Den Strand vor der Rua Farme de Amoedo (auch **Bolsa de Valores** oder **Crystal Palace** genannt) dominiert die Schwulengemeinde und **Posto 8** ist größtenteils das Reich der Kids aus den Favelas. Am **Arpoador**, zwischen Ipanema und Copacabana gelegen, treffen sich Rios Surfer, Leblon wiederum zieht Cariocas jeder Couleur an, von Singles bis zu Familien. **Posto 10** ist die richtige Adresse für sportliche Strandgänger: Hier wird Volleyball gespielt. **Baixo Bebê**, zwischen den Pfosten 11 und 12 zu finden, steht bei gut betuchten Familien hoch im Kurs.

Für welchen Abschnitt man sich auch entscheidet, der Sand und das Wasser sind in jedem Fall sauberer als im benachbarten Copacabana. An Samstagen und Sonntagen wird es hier allerdings brechend voll. Das Wort *ipanema* bedeutet in der Sprache der indigenen Bevölkerung übrigens „schlechtes, gefährliches Gewässer" – eine passende Beschreibung, wenn man sich die starken Strömungen anschaut und die oft gewaltigen Wellen, die sich hier an der Küste brechen. Es ist also Vorsicht geboten und am besten schwimmt man nur dort, wo es auch die Einheimischen tun.

Leblons westlichen Strandabschnitt teilen sich ein paar Fischer, die aufs Meer hinausfahren, mit Pärchen, die vom Aussichtspunkt **Mirante do Leblon** den Ausblick über die Strände von Leblon und Ipanema genießen.

MUSEU H. STERN

Im Hauptsitz des berühmten Juweliers Hans Stern befindet sich das interessante **Museu H.**

Stern (Karte S. 144 f.; ☎ 2274 8897; www.hstern.com.br; Rua Visconde de Pirajá 490; Eintritt frei; ⊗ Mo–Fr 9–18, Sa 9–14 Uhr), das hochwertigen Schmuck präsentiert.

Wer in Kauflaune ist, findet im angrenzenden Laden eine Auswahl an kunstvoll gearbeiteten Schmuckstücken, Uhren und sonstigen Accessoires.

MUSEU AMSTERDAM SAUER

Gleich neben dem Museu H. Stern beherbergt das **Museu Amsterdam Sauer** (Karte S. 144 f.; ☎ 2512 1132; www.amsterdamsauer.com; Rua Garcia D'Ávila 105; Eintritt frei; ⊗ Mo–Fr 9–19, Sa bis 16 Uhr) eine eindrucksvolle Sammlung kostbarer Steine, insgesamt über 3000 Exemplare. Zudem sind zwei maßstabsgetreu nachgebildete Minen zu sehen.

Wie im H. Stern kann man auch in diesem Museum größere Summen in Edelsteine und kunstvolle Accessoires investieren.

PARQUE GAROTA DE IPANEMA

Zu dem kleinen Park (Karte S. 144 f.) neben dem Arpoador-Felsen gehört ein winziger Spielplatz mit Betonboden, den meist Skater belagern, sowie ein Aussichtspunkt mit Blick auf den Strand von Ipanema.

Gávea, Jardim Botânico & Lagoa

Gleich nördlich von Ipanema und Leblon erstrecken sich diese gut betuchten Viertel an der Lagoa Rodrigo de Freitas, einer malerischen Salzwasserlagune, die von einem Rad- und Wanderweg sowie verschiedenen Kiosken gesäumt wird. Ein weiteres Highlight ist der königliche Garten, der Jardim Botânico, der dem Viertel seinen Namen gab. Hier wachsen stattliche Palmen, seltene Orchideen und farbenprächtige Blütenpflanzen. Abgesehen von diesen Naturoasen haben die Viertel einige exzellente Restaurants, angesagte Bars, ein Planetarium und die städtische Pferderennbahn zu bieten.

LAGOA RODRIGO DE FREITAS

Die **Lagoa Rodrigo de Freitas** (Karte S. 144 f.) ist einer der malerischsten Flecken der Stadt. Ein 7,2 km langer Rad- und Wanderweg umgibt sie. Drahtesel werden am Ostufer des Sees vermietet (10 R$/Std.), ebenso Tretboote (20 R$/30 Min.). Wer Caipirinha einer Fahrt in einem Plastikschwan vorzieht, ist an den **Ständen am Ufer** an der richtigen Adresse: Hier wird man unter freiem Himmel verköstigt, in lauen Nächten liegt zudem gelegentlich Livemusik in der Luft.

JARDIM BOTÂNICO

Der exotische **Jardim Botânico** (Karte S. 144 f.; ☎ 3874 1808; www.jbrj.gov.br; Rua Jardim Botânico 920, Jardim Botânico; Eintritt 5 R$; ⊗ 8–17 Uhr), in dem über 8000 Pflanzenarten gedeihen, wurde 1808 auf Anordnung des Prinzregenten Dom João angelegt. Werktags geht es hier ruhig und idyllisch zu, am Wochenende sorgen Familien und Livemusik für Stimmung. Zur Anlage gehört auch ein hübsches Freiluft-Café mit Blick auf den Park. Insektenspray nicht vergessen!

PLANETÁRIO

Gáveas größte Attraktion ist das **Planetário** (Planetarium; Karte S. 144 f.; ☎ 2274 0046; www.rio.rj.gov.br/planetario; Av Padre Leonel Franca 240; Erw./Kind Museum 8/4 R$, Museum & Planetarium-Show 16/8 R$; ⊗ Di–Fr 9–17, Sa & So 15–18 Uhr). Es bietet ein Museum, eine *praça dos telescópios* (Platz der Teleskope) und zwei Planetariumskuppeln, die technisch auf dem neuesten Stand sind und auf deren Wände jeweils über 6000 Sterne projiziert werden können. Dienstags, mittwochs und donnerstags zwischen 19.30 und 20.30 Uhr (im Winter 18.30–19.30 Uhr) können Besucher zudem kostenlos den Nachthimmel durch die Teleskope betrachten. Von Zeit zu Zeit finden im Planetário sonntags auch Livekonzerte statt.

PARQUE LAGE

Der wunderschöne **Parque Lage** (Karte S. 144 f.; ☎ 3257 1819; www.eavparquelage.rj.gov.br, portugiesisch; Rua Jardim Botânico 414; ⊗ 9–17 Uhr) birgt Landschaftsgärten im englischen Stil, ein reizendes Café sowie die **Escola de Artes Visuais** (Schule der visuellen Künste), in der häufig Kunstausstellungen und gelegentlich Performances zu sehen sind. Der von Atlantischem Regenwald umgebene Park ist zudem Ausgangspunkt für den anspruchsvollen Aufstieg zum Corcovado, für den man sich einen Führer engagieren sollte.

PARQUE DA CATACUMBA

Dieser **Park** mit Skulpturengarten (Karte S. 144 f.; Av Epitácio Pessoa, Lagoa; ⊗ Di–So 8–17 Uhr) am Rande des Sees, jenseits der viel befahrenen Straße, wartet seit 2010 mit ein paar neuen Aktivitäten auf, z. B. mit einer 7 m hohen Kletterwand (15 R$), einer Seilrutsche (10 R$), einer 30 m hohen Felswand, an der man sich abseilen kann (40 R$), und einem Baumwipfelpfad (30 R$). Betrieben wird das Ganze von **Lagoa Aventuras** (☎ 4105 0079; www.lagoaaventuras.com.br). Spaziergänge durch den Park sind umsonst;

ein kurzer, aber steiler, 15 Minuten in Anspruch nehmender Weg führt zum Mirante do Sacopã, der 130 m über Lagoa eine fantastische Aussicht zu bieten hat.

PARQUE DA CIDADE & MUSEU HISTÓRICO DA CIDADE

Das aus dem 19. Jh. stammende Herrenhaus auf dem Gelände des **Parque da Cidade** (Karte S. 143; Eintritt frei; 🕐 7–18 Uhr) beherbergt heute das **Museu Histórico da Cidade** (Museum der Stadtgeschichte; ☎ 2512 2353; Estrada de Santa Marinha 505, Gávea; Eintritt 6 R$; 🕐 Di–Fr 10–16, Sa & So 10–15 Uhr), das Rios Geschichte von seiner Gründung 1565 bis zur Mitte des 20. Jhs. nacherzählt. In dem Museum sind auch Möbel, Porzellan, Fotos und Gemälde bekannter Künstler ausgestellt.

INSTITUTO MOREIRA SALLES

Im **Instituto Moreira Salles** (Karte S. 143; ☎ 3284 7400; www.ims.com.br, portugiesisch; Rua Marquês de Sao Vicente 476, Gávea; Eintritt frei; 🕐 Di–So 13–20 Uhr) neben dem Parque da Cidade ist ein Archiv mit mehr als 80 000 Fotos untergebracht, von denen die meisten die Straßen des alten Rio zeigen. Der angeschlossene Park mit seinem kleinen Bach und seinem künstlichen Teich wurde von dem brasilianischen Landschaftsarchitekten Burle Marx entworfen. Auf dem Gelände gibt es auch einen Kunstgewerbeladen und ein Café, in dem man mittags essen und nachmittags Tee trinken kann.

Copacabana & Leme

Umrahmt von Bergen und dem tiefblauen Meer erstreckt sich Rios schönster Strand in einer lang gezogenen Kurve über insgesamt 4,5 km. Einst ein Symbol für den Glamour der Stadt, ist Copacabana bis heute ein faszinierender, wenngleich chaotischer Ort. Art-déco-Gebäude, betagte Strandhotels und von Bäumen gesäumte Seitenstraßen bilden die Bühne für ein buntes, demokratisches Völkchen aus Touristen, älteren Cariocas aus der Mittelschicht und Favela-Bewohnern, die in den Hügeln rund um das Viertel leben. Wenn hier längst nicht alles Gold ist, was glänzt – zu beklagen ist u. a. eine hohe Verbrechensrate –, verströmt dieser Stadtteil dank altmodischer *botecos* (kleine Freiluftbars), verschiedenster Restaurants und eines bunten Straßenlebens Charme. Zudem lockt der hübsche Strand noch immer viele Besucher an.

Seinen Namen verdankt Copacabana einem kleinen bolivianischen Dorf am Titicacasee. Nach Ansicht der Historiker erhielt der Ort seinen Namen von einer Marienstatue (der Muttergottes von Copacabana), die nach Rio gebracht und in einer kleinen Kapelle unweit des Arpoador verehrt wurde. Bis zur Eröffnung des Túnel Velho, der seit 1891 Copacabana mit der übrigen Stadt verbindet, blieb die Siedlung ein kleines Fischernest. Die Errichtung des neoklassizistischen Hotels Copacabana Palace leitete dann 1923 Copacabanas goldenes Zeitalter als Urlaubsort für die Reichen und VIPs ein. Bis in die 1970er-Jahre blieb Copacabana Rios Schmuckstück, danach setzte allmählich der Niedergang ein.

DIE STRÄNDE VON COPACABANA & LEME

Hier prallen Land und Meer gar prachtvoll aufeinander! An dem langen, sichelförmigen Strand von Copacabana und Leme (Karte S. 146 f.) herrscht stets Trubel: Fußballfans singen die Hymne ihres Teams, Cariocas und Touristen lassen sich an den Buden Caipirinhas mixen, junge Wilde aus den Favelas stellen ihre Dribbelkünste unter Beweis und Strandverkäufer bahnen sich den Weg durch die Masse der sonnengebräunten Körper.

Wie in Ipanema steckt jede Gruppe ihre eigene Parzelle Sandstrand ab. Leme prägt eine Mischung aus älteren Einwohnern und Favela-Kids, das Areal westlich des Copacabana Palace gehört Schwulen und Transvestiten. Letzteres Gebiet ist auch als Stock bzw. Stock Market bekannt und kaum zu verfehlen – einfach nach der Regenbogenfahne Ausschau halten. Junge Ballzauberer, die Fußball und *futevôlei* (eine Art Beachvolleyball ohne Einsatz der Hände) spielen, haben den Abschnitt in der Nähe der Rua Santa Clara eingenommen. An den Pfosten 5 und 6 wiederum bestimmt ein Mix aus Favela-Kindern und älteren Cariocas das Bild, während der Strand neben Forte de Copacabana der inoffizielle *posto de pescadores* (Pfosten der Fischer) ist. Am Morgen kann man hier die in der Nacht frisch gefangenen Fische kaufen.

Nachts ist der Strand beleuchtet und Polizeistreifen patrouillieren in der Gegend. Dennoch ist es nicht ratsam, sich hier nach Einbruch der Dunkelheit aufzuhalten; wer einen Spaziergang machen will, sollte in der Nähe der belebtesten Imbissstände bleiben. Auch die Av NS de Copacabana ist nicht ohne: Vorsicht ist vor allem an den Wochenenden geboten, wenn die Geschäfte geschlossen sind und man hier nur wenige Einheimische antrifft.

MUSEU HISTÓRICO DO EXÉRCITO E FORTE DE COPACABANA

Das Forte de Copacabana wurde 1914 auf dem Vorgebirge errichtet, auf dem einst die Kapelle „Unsere Lieben Frau von Copacabana" stand. Es galt als eine der wichtigsten Verteidigungsanlagen Rios gegen Angriffe von außen. Man kann noch immer die originalen Anlagen sehen, u. a. die 12 m dicken, mit Krupp-Kanonen bewehrten Mauern. Auf mehreren Ausstellungsetagen präsentiert das **Museum** des Forts (Karte S. 146 f.; ☎ 2521 1032; Ecke Av Atlântica & Rua Francisco Otaviano, Copacabana; Eintritt 4 R$; ☺ Di–So 10–16 Uhr) die Geschichte der Stadt von den frühen Tagen der portugiesischen Kolonie bis in die Mitte des 19. Jhs. Die Ausstellung wird nicht besonders geschmackvoll dargeboten, doch schon wegen des Ausblicks von der Anlage lohnt sich ein Besuch. Außerdem gibt's ein nettes Café, von dem aus man eine prächtige Aussicht auf Copacabana hat.

Botafogo

Botafogo, in erster Linie ein Wohnviertel für die Mittelschicht, fehlen sowohl die Sinnlichkeit Ipanemas als auch die Dekadenz von Copacabana. Dafür ist es aber eines der ursprünglichsten Stadtteile Rios. Man findet hier ein paar kleine Museen, ausgezeichnete Theater, skurrile Buchläden, gemütliche Bars und angenehm wenige Wolkenkratzer.

Bekannt wurde die Gegend Anfang des 19. Jhs., als der portugiesische Hof nach Brasilien umzog. Carlota Joaquina, die Gemahlin Dom Joãos VI., ließ sich in Botafogo ein Landhaus errichten mit bequemem Zugang zur Baía de Guanabara, einer ihrer bevorzugten Badestellen. Da nun der Hof in der Gegend residierte, wurden drum herum viele Landhäuser gebaut, von denen manche noch heute stehen und mittlerweile als Schulen, Theater und Kulturzentren dienen.

MUSEU DO ÍNDIO

Mit seinen multimedialen Ausstellungen über die Stämme im Norden Brasiliens bietet das kleine **Museu do Índio** (Karte S. 148 f.; ☎ 2286 8899; www.museudoindio.org.br; Rua das Palmeiras 55, Botafogo; Eintritt 3 R$, So frei; ☺ Di–Fr 9–17.30, Sa & So 13–17 Uhr) eine ausgezeichnete Einführung in das Leben der indigenen Völker des Landes. Neben typischem Essen und Heilpflanzen sind im Innenhof vier Hütten in Originalgröße zu sehen, die von vier verschiedenen Stämmen errichtet wurden. Das Museum beherbergt zudem ein

Archiv mit über 14 000 Gegenständen, 50 000 Fotografien und 200 Tonaufzeichnungen.

MUSEU CASA DE RUI BARBOSA

In diesem **Wohnmuseum** (Karte S. 148 f.; ☎ 3289 4600; www.casaruibarbosa.gov.br, portugiesisch; Rua São Clemente 134; Eintritt 2 R$; ☺ Di–Fr 9–17.30, Sa & So 14–18 Uhr) lebte einst der angesehene brasilianische Journalist und Diplomat Rui Barbosa. Zu sehen sind seine Bibliothek, persönliche Habseligkeiten sowie ein eindrucksvolles Archiv mit Manuskripten und Erstausgaben anderer brasilianischer Schriftsteller. Barbosa spielte eine bedeutende Rolle in der sozioökonomischen Entwicklung des Landes im frühen 20. Jh.

Urca

Um dem urbanen Chaos in den anderen Stadtteilen zu entfliehen, bieten sich die ruhigen, schattigen Straßen Urcas an. Eine bunte Mischung aus Bauten verschiedener Stile und gepflegten Vorgärten prägen das Viertel, durch das die Einwohner gern flanieren. An der Ufermauer, die die nordwestliche Grenze um den Pão de Açúcar markiert, angeln Fischer ihr Abendessen, Paare fläzen sich unter die Palmen und genießen den Blick auf die Baía de Guanabara und die sich in der Ferne erhebende Christusstatue. Einen der besten Blicke auf den Strand in Rio hat man von der winzigen Praia Vermelha im Süden aus; hier beginnt auch ein hübscher Wanderweg.

Obwohl Urca einst Heimat einer der ersten portugiesischen Garnisonen in der Region war, vergingen fast 300 Jahre, bis die Gegend zu einem Wohnviertel wurde. Dessen Einwohner heute schätzen es gleich wegen zweier Vorzüge: Urca ist einer der sichersten und zugleich – das ändert auch der Pão de Açúcar mittendrin nicht – der am wenigsten von ausländischen Besuchern entdeckten Stadtteile Rios.

PÃO DE AÇÚCAR

Vom berühmten Gipfel des **Pão de Açúcar** (Zuckerhut; Karte S. 148 f.; ☎ 2461 2700; Praça General Tibúrcio, Urca; Erw./Kind 44/22 R$; ☺ 8–19.50 Uhr) aus betrachtet ist Rio zweifellos die schönste Stadt des Planeten. Es lohnt sich fast zu jeder Zeit, den Berg zu besteigen, doch am schönsten ist dies sicher bei Sonnenaufgang an einem heiteren Tag.

Ein Besuch des Pão de Açúcar ist ein Muss, doch sollte man möglichst die Zeit zwischen 10 und 11 und zwischen 14 und 15 Uhr vermeiden, wenn unzählige Busse Touristenscharen herankarren. Auch Wolken am Himmel können die Freude am Ausflug trüben. Zwei Drahtseilbahnen bilden die Verbindung zu dem 396 m über Rio thronenden Gipfel; die erste endet 220 m über dem Meeresspiegel auf dem **Morro da Urca**. Von hier aus erblickt man die Baía de Guanabara und die wellenförmige Küstenlinie; auf der Seeseite des Berges liegt Praia Vermelha. Auf dem Morro da Urca selbst finden sich ein Restaurant, Souvenirläden, ein Spielplatz, eine Freiluftbühne und ein Hubschrauberlandeplatz (Infos zu Helikoptertouren gibt's auf S. 173).

Die zweite Seilbahn führt hinauf zum Pão de Açúcar. Zu seinen Füßen breitet sich die Stadt aus, fern im Westen erblickt man den Corcovado mit der Christusstatue und im Süden den von Erholungssüchtigen belagerten Strand von Copacabana. Wem bei der atemberaubenden Höhe etwas mulmig zumute wird, dem hilft der Getränkestand mit einem Caipirinha oder einer *cerveja* (Bier) wieder auf die Beine. Die zweistöckigen Kabinen der Seilbahnen starten alle 30 Minuten.

Wer den Gipfel zu Fuß erklimmen will, sollte sich einer der Klettertouren anschließen, die verschiedene Veranstalter in Rio anbieten (s. S. 167).

PRAIA VERMELHA & PISTA CLÁUDIO COUTINHO

Die **Praia Vermelha**, in einer kleinen, idyllischen Bucht im Schatten des Morro da Urca, eröffnet einen traumhaften Ausblick auf die felsige Küstenlandschaft. Seinen Namen verdankt der Strand übrigens dem groben Sand, der sich von dem der anderen Strände Rios unterscheidet – er ist *vermelha*, rot!

Ein gepflasterter, 2 km langer Weg, die **Pista Cláudio Coutinho** (Karte S. 148 f.; ☾ 6 Uhr–Sonnenuntergang), windet sich am südlichen Rand des Morro da Urca entlang. In dem sattgrünen Gebiet spenden Bäume Schatten, während unten die Wellen gegen die Felsen schlagen. Nach den Gruppen kleiner *micos*, Kapuzineräffchen mit Ringelschwänzen, Ausschau halten! Nach etwa 300 m zweigt von der Pista ein kleiner, nicht beschilderter Pfad zum Morro da Urca ab. Auch der Pão de Açúcar lässt sich erklimmen, allerdings nicht ohne Bergsteigerausrüstung.

Flamengo

Flamengo war einst Rios nobelster Wohnbezirk, büßte diesen Status jedoch mit der Eröffnung des Tunnels nach Copacabana 1904 ein. Seine Wurzeln als Wohnviertel hat Flamengo sich aber bis heute bewahrt. Sein Gesicht bestimmen beschattete Bürgersteige, Restaurants an der alten Schule, historische Bars sowie fruchtig duftende Saftbars und Internetcafés, aus denen Música Popular Brasileira auf die Straßen schallt. In Flamengo befindet sich zudem der weitläufige Parque do Flamengo, der an einem malerischen Strand liegt (dieser ist zum Schwimmen allerdings zu schmutzig).

PARQUE DO FLAMENGO

In Folge eines Landgewinnungsprojekts von 1965, bei dem der Hügel São Antônio eingeebnet wurde, erstreckt sich der **Parque do Flamengo** (Karte S. 148 f. & Karte S. 150 f.) heute von Rios Innenstadt über Glória, Catete und Flamengo bis hinüber nach Botafogo. Die sich durch den Park windenden Wege werden gern von Radfahrern und Inlineskatern genutzt, außerdem erstrecken sich entlang des Meeres mehrere Fußballfelder und andere Sportplätze. An Sonn- und Feiertagen sind die Straßen durch den Park zwischen 7 und 18 Uhr für den Verkehr gesperrt; dann herrscht in dem grünen Areal wohltuende Ruhe.

Der Park wurde entworfen von dem berühmten brasilianischen Landschaftsarchitekten Burle Marx, der auch Brasília gestaltete. Hier sind etwa 300 verschiedene Baumarten zu finden, repräsentiert von ca. 170 000 Exemplaren, nebst mehrerer Museen, u. a. das Museu de Arte Moderna (S. 161) und das Museu Carmen Miranda.

MUSEU CARMEN MIRANDA

Auch wenn Carmen Miranda international mittlerweile nahezu vergessen ist, hat die brasilianische Sängerin immer noch ihre Fans und genießt besonders in Rios Schwulengemeinde Kultstatus. Neben Fotos und Musik aus ihrer Zeit zeigt das winzige **Museu Carmen Miranda** (Karte S. 148 f.; ☎ 2551 2597; an der Av Rui Barbosa 560, Flamengo; Eintritt frei; ☾ Di–Fr 10–17, Sa 13–17 Uhr) die Kostüme und den Schmuck des Starlets, die zu ihrem Markenzeichen wurden.

Cosme Velho

Cosme Velho liegt westlich von Laranjeiras und gehört zu den am häufigsten besuchten Vierteln Rios, was in erster Linie der erhaben über die Stadt thronenden Christusstatue zu verdanken ist.

CRISTO REDENTOR

Seelenruhig blickt der **Cristo Redentor** (Statue Christi des Erlösers; Karte S. 143; ☎ 2558 1329; Rua Cosme Velho 513, Cosme Velho; Erw./Kind 36/18 R$; ☻ 8.30–18.30 Uhr) aus 748 m Höhe von der Spitze des Corcovado (wörtlich „Buckel") auf die Stadt. Nachts ist die 38 m hohe und 1145 t schwere Erlöserstatue mit ihren weit ausgebreiteten Armen hell erleuchtet und von fast jedem Winkel in Rio zu sehen.

Vom Corcovado aus hat man einen genialen Panoramablick auf Rio und die Umgebung. Der Berg gehört zum Parque Nacional da Tijuca. Der spektakulärste Weg nach oben ist eine Fahrt mit der Zahnradbahn (Karte S. 148 f.; Abfahrt alle 30 Min.) – die beste Aussicht hat, wer einen Platz auf der rechten Seite ergattert. Es führt auch eine Straße nach oben zum Sockel des Monuments. Privatfahrer wie auch Taxen fahren nur bis zum Autoverleih Paineiras, wo man sich für die restlichen 2 km zur Spitze einen dafür zugelassenen Van leihen muss (15 R$/Pers.). Am meisten Spaß macht der Ausflug an einem klaren Tag.

LARGO DO BOTICÁRIO

Die hell angestrichenen Häuser am malerischen **Largo do Boticário** (Karte S. 148 f.; Rua Cosme Velho 822) stammen aus dem frühen 19. Jh. Der See verdankt seinen Namen dem Portugiesen Joaquim Luiz da Silva Souto. Dieser führte hier einst ein *boticário*, eine Apotheke, zu deren Kunden auch die Königsfamilie zählte.

Catete & Glória

Wie Flamengo erlebten diese beiden benachbarten Viertel Mitte des 19. Jhs. ihre Blütezeit, als sie wegen ihrer Lage am Stadtrand bevorzugte Wohnadressen waren. Die eindrucksvollste Sehenswürdigkeit der Gegend ist der Palácio do Catete, Schaltzentrale der Republik, bis Brasília Landeshauptstadt wurde, und heute Sitz des Museu da República.

IGREJA DE NS DA GLÓRIA DO OUTEIRO

Von der winzigen **Kirche** (Karte S. 150 f.; ☎ 2557 4600; www.outeirodagloria.org.br; Praça Nossa Senhora da Glória 135; ☻ Mo–Fr 9–12 & 13–16, Sa & So 9–12 Uhr) eröffnet sich ein reizender Blick über den Parque do Flamengo und die Bucht. Sie wurde 1739 fertiggestellt und gilt als eines der schönsten Beispiele für religiöse Kolonialarchitektur in Brasilien. Nach Ankunft der königlichen Familie im Jahr 1808 wurde sie zur bevorzugten Kirche des Hofes.

MUSEU DA REPÚBLICA

Das im Palácio do Catete gelegene **Museu da República** (Karte S. 148 f.; ☎ 3235 2650; www.museudarepublica.org.br, portugiesisch; Rua do Catete 153, Catete; Eintritt 6 R$, Mi frei; ☻ Di–Fr 10–17, Sa & So 14–18 Uhr) beherbergt eine sehenswerte Sammlung von Kunstwerken und Artefakten aus der Zeit der Republik. Der Palast wurde zwischen 1858 und 1866 erbaut und ist leicht an den bronzenen Kondoren auf dem Gesims zu erkennen. Von 1896 bis 1954 – dem Jahr, in dem Präsident Getúlio Vargas Selbstmord beging – diente er als Amtssitz des brasilianischen Regierungschefs. Das etwas gruselige Schlafzimmer im 3. Stock, in dem dieser den Freitod wählte, kann besichtigt werden.

Hinter dem Palácio liegt der **Parque do Catete**, ein kleiner, hübscher Landschaftspark mit schattigen Wegen und einem Teich.

MUSEU DE FOLCLÓRICO EDSON CARNEIRO

Direkt neben dem Palácio do Catete befindet sich dieses **Museum** (Karte S. 148 f.; ☎ 2285 0441; Rua do Catete 179, Catete; Eintritt frei; ☻ Di–Fr 11–18, Sa & So 15–18 Uhr), das eine ausgezeichnete Einführung in brasilianische Volkskunst bietet. Seine Sammlung umfasst Candomblé-Kostüme, Keramikfiguren und religiöse, bei Festen zum Einsatz kommende Gewänder. Besonders schön sind die Miniaturnachbauten verschiedener Szenerien wie einem Zirkus, Bullenreiten, einer Sambashow oder Arbeitern auf einer Gummiplantage.

CENTRO CULTURAL OI FUTURO

Auf sechs Stockwerken und 200 m² Fläche stellt das **Centro Cultural Oi Futuro** (Karte S. 148 f.; ☎ 3131 6060; www.oifuturo.org.br; Rua 2 de Dezembro 63; Eintritt frei; ☻ Di–So 11–20 Uhr) multimediale Installationen aus, die sich hauptsächlich den Themen Architektur, Stadtplanung und Videokunst widmen. Im Auditorium im obersten Stockwerk des Kulturzentrums finden regelmäßig Filmvorführungen und Konzerte statt. Im ersten Stock ist eine Bibliothek untergebracht, in der die Besucher in Kunstbänden und Architekturzeitschriften schmökern können; zudem gibt's eine Musikstation, an der man in verschiedene Stile reinhören kann.

Centro & Cinelândia

Im Centro, Rios lebendigem Geschäftsviertel, stehen Bürotürme neben den Überresten einer geschichtsträchtigen Vergangenheit, die im-

HISTORISCHE SEHENSWÜRDIGKEITEN

Paço Imperial (S. 162) Der ehemalige Kaiserpalast diente einst der königlichen Familie als Sitz.

Praça XV (Quinze) de Novembro (S. 162) Der Platz ist nach dem Datum benannt, an dem Brasilien zur Republik ausgerufen wurde (15. November 1822). Er war Schauplatz bedeutender historischer Ereignisse, etwa für zwei Kaiserkrönungen und für die Verkündigung der Abschaffung der Sklaverei.

Travessa do Comércio (S. 162) Die schmale Gasse mit ihren aus dem 18. Jh. stammenden Gebäuden, in denen heute Bars und Restaurants zuhause sind, lässt das koloniale Rio wieder aufleben.

Museu Histórico Nacional (S. 161) Das Museum ist in dem ehemaligen königlichen Waffenlager aus dem 18. Jh. untergebracht und beherbergt Rios eindrucksvollste Sammlung historischer Artefakte.

Jardim Botânico (S. 155) Dem Prinzregenten Dom João VI. war es ein Anliegen, in Rio Grünflächen zu schaffen, und so wurde 1808 auf seine Anordnung hin dieser üppig grüne Garten angelegt.

Museu da República (S. 159) Die Villa, der ehemalige Palácio do Catete, diente von 1896 bis 1954 dem brasilianischen Staatsoberhaupt als Sitz. Der letzte Präsident, der hier lebte, war Getúlio Vargas, der sich in einem der Zimmer im Obergeschoss das Leben nahm.

Praça Floriano (S. 162) Auf diesem pittoresken zentralen Platz im Centro versammelt sich traditionell das brasilianische Volk, um seine Meinung kundzutun. Hier fanden in den 1960er-Jahren studentische Aufstände gegen die Militärdiktatur statt, heute werden hier beispielsweise WM-Siege der nationalen Fußballmannschaft gefeiert.

Garota de Ipanema (S. 189) In der bekannten Bar schrieben Tom Jobim und Vinícius de Moraes das Lied *The Girl from Ipanema*, dessen internationaler Erfolg Bossa Nova weltweit berühmt machte.

mer noch gegenwärtig ist: in emporragenden Barockkirchen, weitläufigen Plätzen und kopfsteingepflasterten Straßen.

Das Centro durchziehen verschiedene Fußgängerzonen. Die bekannteste ist die **Saara**, ein riesiger Straßenbasar, der sich zwischen der Metrostation Ururguaiana und dem Campo de Sanatana erstreckt und auf dem sich ein Billigladen an den nächsten reiht. Im letzten Jahrhundert zog es vermehrt Einwanderer aus dem Nahen Osten hierher, und noch immer findet man einige authentische libanesische Restaurants auf der Saara.

Am südlichen Ende des Geschäftsbezirks zieht Cinelândia mit Läden, Bars, Restaurants und Kinos tagsüber wie abends jede Menge Kundschaft an. Vor allem zur Mittagszeit und nach Feierabend, wenn sich gelegentlich Straßenmusiker ein Stelldichein geben, ist in den Lokalen und Bars eine Menge los.

CENTRO CULTURAL DO BANCO DO BRASIL

Das **Centro Cultural do Banco do Brasil** (CCBB; Karte S. 150 f.; ☎ 3808 2020; www.cultura-e.com.br, portugiesisch; Rua Primeiro de Março 66; Eintritt frei; ☸ Di–So 10–21 Uhr) ist in einem wunderschön restaurierten Gebäude aus dem Jahr 1906 untergebracht und gehört zu den besten Kulturzentren des Landes. Es verfügt über ein Kino und zwei Theater und präsentiert einige der besten Ausstellungen der Stadt (und diese auch noch kostenlos). Im CCBB gibt's immer etwas zu sehen; das Programm steht auf der Website.

CENTRO DE ARTE HÉLIO OITICICA

Das avantgardistische **Museum** (Karte S. 150 f.; ☎ 2242 1012; Rua Luis de Camões 68; Eintritt frei; ☸ Di–Fr 11–18, Sa & So 11–17 Uhr) ist in einem neoklassizistischen Gebäude aus dem 19. Jh. untergebracht, in dem einst das Konservatorium für Musik und Schauspielkunst zuhause war. Heute zeigt das Zentrum eine Dauerausstellung mit Werken des Künstlers, Theoretikers und Dichters Hélio Oiticica neben Ausstellungen innovativer zeitgenössischer Kunst, die auf Oiticicas progressive Ästhetik abgestimmt sind.

ESPAÇO CULTURAL DA MARINHA

Der am Ufer verankerte **Espaço Cultural da Marinha** (Karte S. 150 f.; ☎ 2104 5592; Av Alfred Agache s/n; Eintritt frei; ☸ Di–So 12–17 Uhr) ist etwas für Freunde der Schifffahrt. Am Kai liegen das U-Boot *Riachuelo* und die *Bauru*, ein kleiner Zerstörer aus dem Zweiten Weltkrieg, die beide in schwimmende Museen verwandelt wurden. Zu sehen gibt's außerdem ein Schiff aus dem 19. Jh., mit dem Dom João VI. zur See gefahren ist, zahlreiche Schiffsmodelle, Seekarten und Navigationsinstrumente, die die Geschichte der kaiserlichen und brasilianischen Schifffahrt lebendig werden lassen. Hier startet auch die Bootstour zur Ilha Fiscal (S. 165).

IGREJA SÃO FRANCISCO DA PENITÊNCIA & CONVENTO SANTO ANTÔNIO

Die aus dem Jahr 1726 stammende Barockkirche **Igreja São Francisco da Penitência & Conven-**

to Santo Antônio (Karte S. 150 f.; ☎ 2262 0197; Largo da Carioca 5; Eintritt 2 R$; ◷ Kirche tgl. 8–18 Uhr, Kloster Di–Fr 9–12 & 13–16 Uhr) thront über dem Largo da Carioca. Nach einer kürzlich vollendeten Restaurierung erstrahlt sie wieder in altem Glanz, die Sakristei schmücken blaue portugiesische Fliesen und ein kunstvoll geschnitzter Altar aus Jacarandaholz. Das Deckengemälde von José Oliveira Rosa zeigt den hl. Franziskus beim Empfang der Stigmata. Zudem ist eine Statue des hl. Antonius zu sehen, die vor allem von Cariocas, die auf der Suche nach einem Ehepartner sind, aufgesucht wird.

IGREJA DE NOSSA SENHORA DE CANDELÁRIA

Im späten 16. Jh. wurde hier zunächst eine Kirche errichtet, die ihre Existenz angeblich einem Schiffskapitän verdankte, der auf einer Fahrt beinahe Schiffbruch erlitten hätte: Nach seiner Rückkehr gelobte er, der Mutter Gottes eine Kirche zu errichten. Der heutige prachtvolle Bau, die **Igreja de NS de Candelária** (Karte S. 150 f.; ☎ 2233 2324; Praça Pio X; ◷ Mo–Fr 8–16, Sa & So 9–13 Uhr), entstand erst später und gehört zu den größten und schmuckesten Kirchen des kaiserlichen Brasiliens. Den Innenraum prägt ein eindrucksvolles Zusammenspiel von Elementen aus Barock und Renaissance. Die Decke über dem Schiff zeigt auf sechs großen Gemälden eine recht romantische Version der Schiffsreise des Kapitäns und die anschließende Errichtung der Kirche. Die Kuppel wurde vollständig aus Sandstein errichtet, den man aus Lissabon hierhergebracht hatte, und ist eines der auffälligsten Merkmale der Kirche.

MOSTEIRO DE SÃO BENTO

Ein weiteres Juwel aus der Kolonialzeit ist das **Mosteiro de São Bento** (Karte S. 150 f.; ☎ 2206 8100; Rua Dom Gerardo 68; Führungen 8 R$; ◷ 7–18 Uhr). Es wurde zwischen 1617 und 1641 auf dem Morro de São Bento errichtet, einem der vier Hügel, die einst das koloniale Rio ausmachten. Hinter der schlichten Fassade verbirgt sich ein reich mit Gold verziertes, barockes Inneres. Zu den historischen Schätzen des Klosters gehören Holzschnitzereien von Frei Domingos da Conceição und Gemälde von José Oliveira Rosa. Während der Messe sonntags um 10 Uhr singen Benediktinermönche gregorianische Choräle. Um das Kloster von der Rua Dom Gerardo aus zu erreichen, läuft man bis zur Hausnummer 40 und nimmt dort den Aufzug in den 5. Stock.

MUSEU DE ARTE MODERNA

Am nördlichen Ende des Parque do Flamengo liegt das **Museu de Arte Moderna** (MAM; Karte S. 150 f.; ☎ 2240 4944; www.mamrio.org.br, portugiesisch; Rua Jardel Jercolis; Erw./Kind 8/4 R$; ◷ Di–Fr 12–18, Sa & So bis 19 Uhr). Das eindrucksvolle, postmoderne Gebäude wurde von Alfonso Eduardo Reidy entworfen und ist kaum zu übersehen. Nicht minder beeindruckend ist Burle Marx' Landschaftsgestaltung. Nach einem verheerenden Brand im Jahr 1978, bei dem 90 % der Sammlung zerstört wurden, hat sich das Museum nun wieder vollständig erholt und beherbergt eine Dauerausstellung mit 11 000 verschiedenen Werken, darunter Arbeiten der brasilianischen Künstler Bruno Giorgi, Emiliano Di Cavalcanti und Maria Martins. Zudem sind ausgezeichnete Foto- und Designausstellungen zu sehen und das ganze Jahr über finden Filmfestivals im museumseigenen Kino statt.

MUSEU HISTÓRICO NACIONAL

Das eindrucksvolle **Museu Histórico Nacional** (Karte S. 150 f.; ☎ 2550 9224; www.museuhistoriconacional.com.br; an der Av General Justo; Erw./Kind 6/3 R$, So frei; ◷ Di–Fr 10–17.30, Sa & So 14–18 Uhr) ist in einem kolonialzeitlichen Arsenal aus dem Jahr 1764 untergebracht und beherbergt mehr als 250 000 historische Zeugnisse, welche die Geschichte Brasiliens von seiner Gründung bis zu den frühen Tagen der Republik illustrieren. Das Museum liegt in der Nähe der Praça Marechal Âncora und stellt kunstvolle Exponate aus, von vergoldeten kaiserlichen Kutschen und dem Thron Dom Pedros II. bis zu massiven Ölgemälden von den grausamen Schlachten im Krieg mit Paraguay. Zudem sind Exponate zur indigenen Bevölkerung Brasiliens zu sehen sowie historische Kuriositäten wie die Schreibfeder, mit der Prinzessin Isabella das Gesetz zur Abschaffung der Sklaverei unterzeichnete. Interessant ist auch die originalgetreue Rekonstruktion einer kolonialzeitlichen Apotheke.

MUSEU NACIONAL DE BELAS ARTES

Rios **Museu Nacional de Belas Artes** (Karte S. 150 f.; ☎ 2240 0068; Av Rio Branco 199; Erw./Kind 5/2 R$, So frei; ◷ Di–Fr 10–18, Sa & So 12–17 Uhr) birgt über 18 000 Originalgemälde und Skulpturen, von denen manche 1808 von Dom João VI. hergebracht wurden. Eine der wichtigsten Abteilungen ist die Galeria de Arte Brasileira, in der klassische Werke des 20. Jhs. ausgestellt sind, z. B. Cândido Portinaris *Café*. In den anderen Galerien kann man brasilianische Volkskunst, Kunstwerke und Möbel aus Afrika sowie zeitgenössische Werke bewundern. Englischsprachige Führungen telefonisch vorab buchen!

PAÇO IMPERIAL

Im 1743 errichteten **Paço Imperial** (Kaiserpalast; Karte S. 150 f.; ☎ 2215 2622; Ecke Praça XV de Novembro & Rua Primeiro de Março; Eintritt frei; ◷ Di–So 12–18 Uhr) sind interessante multimediale Ausstellungen zu sehen. Das Gebäude war ursprünglich die Residenz des Statthalters und diente nach der Flucht der portugiesischen Königsfamilie vor Napoleon und der Verlagerung des Thronsitzes in die Kolonie Dom João und seiner Familie als Wohnsitz. 1888 verkündete Prinzessin Isabella von den Palaststufen aus das Gesetz zur Abschaffung der Sklaverei. Neben den Ausstellungen findet man hier mehrere Restaurants, ein Café und einen Musikladen im 1. Stock.

Vor dem Paço liegt die **Praça XV (Quinze) de Novembro**, der weitläufige Platz, auf dem die beiden Kaiser Brasiliens, Pedro I. und Pedro II., gekrönt wurden. Hier erfolgte 1889 auch die Absetzung des Letzteren.

TRAVESSA DO COMÉRCIO

Hübsche zweistöckige Stadthäuser aus der Kolonialzeit säumen die schmale, kopfsteingepflasterte **Travessa do Comércio** (Karte S. 150 f.; nahe der Praça XV de Novembro). Der unter dem Namen Arco de Teles bekannte Durchgang, der in das Areal führt, war einst Teil eines alten Viadukts, das zwischen zwei Gebäuden verlief. Heute gibt's in der Straße einige Restaurants und Bars mit Sitzgelegenheiten draußen. Die Cariocas treffen sich hier gern nach der Arbeit.

PRAÇA FLORIANO

Das Herz des modernen Rio, die **Praça Floriano** (Karte S. 150 f.; Av Rio Branco), erwacht mittags und nach Feierabend zum Leben. Dann füllen sich die Straßencafés mit Gästen, die bei einem Bierchen aktuelle Themen diskutieren, und Sambamusikern. Auch politisch gesehen spielt der Platz eine große Rolle: Täglich werden hier Reden gehalten, man kann hier Bücher kaufen und Straßentheater erleben, und Demonstrationen und Protestmärsche enden meist auf den Stufen der alten Câmara Municipal (Rathaus) an der Nordwestecke des Platzes.

REAL GABINETE PORTUGUÊS DE LEITURA

Das 1837 im aus Portugal stammenden manuelinischen Stil erbaute, prachtvolle **Real**

Gabinete Português de Leitura (Königlich-portugiesisches Lesekabinett; Karte S. 150 f.; ☎ 2221 3138; Rua Luís de Camões 30; Eintritt frei; ◷ Mo–Fr 9–18 Uhr) birgt über 350 000 Bände, größtenteils aus dem 16. bis 18. Jh. Daneben gibt's eine kleine Sammlung von Gemälden, Skulpturen und antiken Münzen.

THEATRO MUNICIPAL

Das prachtvolle **Theatro Municipal** (Städtisches Theater; Karte S. 150 f.; ☎ 2332 9191; Rua Manuel de Carvalho; www.theatromunicipal.rj.gov.br; Führungen 10 R$; ◷ Do–Sa 10–11.30 & 14–15.30 Uhr) wurde 1905 nach dem Vorbild der Pariser Oper errichtet und ist das Zuhause der Oper, des Orchesters und des Balletts von Rio. Wer sich keine Vorstellung anschauen möchte, kann auch einfach nur eine Führung durchs Theater buchen.

Lapa

Früher war Lapa das Wohnviertel der Wohlhabenden. Seine besten Tage hatte es im 20. Jh. schon hinter sich und inzwischen sind die Häuser leider sehr heruntergekommen. Für einige Cariocas ist Lapa ein Symbol für jahrzehntelangen Verfall, andere heben die hier stattfindende kulturelle Renaissance hervor. Zweifellos ist Lapa das Zentrum der lebendigen Bohème von Rio: In den Straßen finden sich Dutzende von Musikclubs, Bars und altmodischen Restaurants.

An den Wochenenden tummeln sich hier abends zuhauf die Feiernden in den Sambaclubs, auf den Straßen und auf der großen Plaza vor den Arcos do Lapa, dem berühmtesten Wahrzeichen des Viertels. Schmale Schienenstränge führen über die 64 m hohe Konstruktion, über welche die berühmte *bonde* (Straßenbahn) von und nach Santa Teresa (s. S. 150 f.) rattert.

CATEDRAL METROPOLITANA

Die riesige, kegelförmige **Catedral Metropolitana** (Karte S. 150 f.; ☎ 2240 2669; Av República do Chile 245, Lapa; Eintritt frei; ◷ 7–17.30 Uhr) wurde 1976 nach zwölfjähriger Bauzeit eingeweiht. Neben Skulpturen, Wandgemälden und anderen Kunstwerken sind hier vier beeindruckende Buntglasfenster zu sehen, die sich 60 m weit bis zur Decke hinauf erstrecken.

Im Untergeschoss zeigt das kleine **Museu de Arte Sacra** (Museum für sakrale Kunst) historische Exponate wie das Taufbecken, in dem kaiserliche Prinzen getauft wurden, und den Thron von Dom Pedro II. In der Kathedrale finden bis zu 20 000 Gläubige Platz.

ESCADARIA DO SELARÓN

Die **Escadaria do Selarón** (Selarón-Treppe; Karte S. 150 f.; zw. Rua Joaquim Silva, Lapa & Rua Pinto Martins, Santa Teresa), die von der Rua Joaquim Silva hinaufführt, ist ein stetig wachsendes Kunstwerk dank des in Chile geborenen Künstlers Jorge Selarón: Dieser begann einst, ihre Stufen mit bunten Mosaiken zu schmücken. Die 215 Stufen sind dem brasilianischen Volk gewidmet und leuchten in kräftigen Farben. Morgens kann man dem Künstler oft bei seiner Arbeit zusehen. Gerne integriert er Fliesen, die Besucher aus anderen Ländern mitbringen, in sein Werk!

FUNDIÇÃO PROGRESSO

Die **Fundição Progresso** (☎ 2220 5070; Rua dos Arcos 24, Lapa; Eintritt frei; Konzerte 10–50 R$; ☽ Mo–Fr 9–18 Uhr) war einst eine Gießerei für Tresore und Öfen. Heute steigen hier im Sommer avantgardistische Ausstellungen, Performances und beliebte Sambapartys.

Santa Teresa

Santa Teresa, auf einem Hügel über der Stadt gelegen, erinnert mit seinen Kopfsteinstraßen und den alten Wohnhäusern an längst vergangene Zeiten. Das Viertel ist nach einem 1750 gegründeten Karmeliterinnenkonvent benannt und war im 19. Jh. Rios höchstgelegene Wohngegend. Damals lebte hier die Oberschicht, die mit der *bonde* (Straßenbahn) zur Arbeit ins Centro hinunterfuhr. Während der 1960er- und 1970er-Jahre zogen viele Künstler und Bohemiens nach Santa Teresa und brachten so frischen Wind in das Viertel, der noch bis heute weht. Das ganze Jahr über finden hier spontan organisierte Feste und Straßenpartys statt, die den Bezirk zu einem der aufregendsten in ganz Rio machen.

Die andauernde Verschönerung des Viertels brachte viele Luxushotels, Restaurants und Cafés mit sich, und darum vergleichen manche Santa Teresa sogar mit dem Pariser Viertel Montmartre. Allzu viel Idylle verströmt das Stadtbild jedoch dennoch nicht, allein schon wegen der allgegenwärtigen Favelas, die sich die Hügel hinunter ausbreiten. Bei Spaziergängen durch Santa Teresa sollte man darum stets die Augen offenhalten und verlassene Straßen meiden. Am Wochenende herkommen, dann ist hier am meisten los!

BONDE

Die **Bonde** (Karte S. 150 f.; ☎ 2240 5709; Haltestelle an der Rua Lélio Gama 65, Centro; Fahrkarte 0,60 R$; ☽ Abfahrt alle 30 Min., 7–22 Uhr), die vom Centro nach Santa Teresa hinauffährt, ist das einzige Relikt der historischen Straßenbahnen, die einst kreuz und quer durch die Stadt ratterten. Die über das Kopfsteinpflaster polternde Bahn hat sich zum Markenzeichen des Bohème-Viertels Santa Teresa gemausert. Sie fährt über die Arcos do Lapa und die Rua Joaquim Murtinho hinauf zum Largo do Guimarães. Von dort verläuft eine Linie (Paula Matos) gen Nordwesten und endet am Largo das Neves; die längere Strecke (Dois Irmãos) führt ab dem Largo do Guimarães weiter bergauf in Richtung Süden, bevor sie schließlich in der Nähe des Wasserreservoirs Dois Irmãos endet.

MUSEU CHÁCARA DO CÉU

Das ehemalige Anwesen des Kunstförderers und Industriellen Raymundo Ottoni de Castro Maya ist heute das **Museu Chácara do Céu** (Karte S. 150 f.; ☎ 3970 1126; Rua Murtinho Nobre 93, Santa Teresa; Eintritt 6 R$, Mi frei; ☽ Mi–Mo 12–17 Uhr) und beherbergt als solches eine kleine Sammlung moderner Kunst. Neben Werken von Portinari, Di Cavalcanti sowie einer Reihe europäischer und asiatischer Künstler zeigt das Museum auch Möbel und brasilianische Landkarten aus dem 17. und 18. Jh. Es ist von einem wunderschönen Park umgeben, der einen tollen Blick auf das Centro und die Baía de Guanabara zu bieten hat. Leider wurden bei einem bewaffneten Raubüberfall 2006 vier der wertvollsten Gemälde gestohlen.

PARQUE DAS RUINAS

Im **Parque das Ruinas** (Karte S. 150 f.; ☎ 2252 1039; Rua Murtinho Nobre Nobre 169, Santa Teresa; Eintritt frei; ☽ Di–So 8–20 Uhr) findet man die Ruinen des Anwesens der brasilianischen Thronfolgerin Laurinda Santos Lobo. Bis zu ihrem Tod im Jahr 1946 war das Haus lange Zeit ein Treffpunkt für die Künstler und Intellektuellen der Stadt. Ein Abstecher hierher lohnt sich vor allem wegen des ausgezeichneten Ausblicks vom obersten Stockwerk. Zudem gibt's ein kleines Café im Freien und gelegentlich Open-Air-Konzerte.

Der Großraum von Rio

Westlich von Centro befinden sich einige der Top-Attraktionen Rios, z. B. das Sambódromo, das Maracanã-Fußballstadion und die Feira Nordestina, einer der interessantesten Märkte Brasiliens. Hier liegt auch die Quinta da Boa Vista, ein weitläufiger Park, in dem das Museu Nacional und der Jardim Zoológico (Zoo) zu Hause sind; Letzteren findet man in São Cristóvão, das im 19. Jh. von den Adligen und der Herrscherfamilie bevölkert wurde. Seitdem hat es sich zu einem der dichtest besiedelten Vororte Rios entwickelt.

Östlich vom Centro liegt die malerische Bucht von Rio. Zum Schwimmen ist sie zu verschmutzt, dafür kann man von hier aus aber gut zur Ilha de Paquetá oder nach Niterói segeln. Infos zu Bootstouren in der Bucht gibt's auf S. 173.

SÃO CRISTÓVÃO & UMGEBUNG
Sambódromo

Das Herzstück des Karnevals von Rio, das **Sambódromo** (Karte S. 152 f.; Rua Marquês de Sapucaí, Cidade Nova), wurde von Oscar Niemeyer entwor-

fen und 1984 vollendet. Das kleine **Museu do Carnaval** (Karte S. 152 f.; Eintritt frei; ⊙ Di–So 11–17 Uhr) illustriert die Geschichte von Rios Sambaschulen, Besucher können Kostüme anprobieren. Wenn nicht gerade die Umzüge stattfinden, gibt's hier ansonsten aber nicht viel zu sehen.

Feira Nordestina

Ein Besuch der riesigen **Feira Nordestina** (Karte S. 152 f.; ☎ 3860 9976; www.feiradesaocristovao.com.br, portugiesisch; Campo de São Cristóvão, São Cristóvão; Eintritt 1 R\$; ⊙ Di–Do 10–16 & Fr–So 10–22 Uhr) ist ein absolutes Muss für Traveller. Der Markt präsentiert an insgesamt 658 Ständen auf 32 000 m² die Kultur des Nordostens. An den *barracas* (Stände) kann man Gerichte aus Bahia kosten,

---

DER PARQUE NACIONAL DA TIJUCA

Die Floresta da Tijuca, wie der Parque Nacional da Tijuca auch genannt wird, ist alles, was noch übrig ist von dem Atlantischen Regenwald, der einst Rio de Janeiro umgab. In nur 15 Minuten gelangt man von Copacabanas Betondschungel in das 120 km² große, tropische Urwaldgebiet **Parque Nacional da Tijuca** (Karte S. 143) – ein größerer Kontrast ist kaum denkbar. In dem üppig grünen Wald findet man wunderschöne Bäume, Bäche und Wasserfälle, Berghänge und hohe Gipfel. Es gibt ein ausgezeichnetes, gut beschildertes Wegenetz. Candomblistas (Anhänger des Candomblé-Kults) hinterlassen hier Opfergaben am Wegesrand, Familien picknicken und ambitionierte Wanderer überwinden die 1012 Höhenmeter bis zum Gipfel des **Pico da Tijuca**.

Herzstück des Waldes ist das Gebiet Alto da Boa Vista, das nicht nur mit seiner Landschaft beeindruckt: Zu den Highlights des wunderschönen Parks gehören mehrere Wasserfälle (**Cascatinha Taunay**, **Cascata Gabriela** und **Cascata Diamantina**), eine Kapelle aus dem 19. Jh. (**Capela Mayrink**) sowie zahlreiche Höhlen (**Gruta Luís Fernandes**, **Gruta Belmiro** und **Gruta Paulo e Virgínia**), außerdem gibt's einen hübschen Picknickplatz (**Bom Retiro**) und mehrere Restaurants in der Nähe der **Ruínas do Archer** (Ruinen des Hauses von Oberst Archer).

Im Park leben viele verschiedene Vogelarten und andere Tiere, so dass man auf einer der ausgezeichneten Tageswanderungen z. B. Leguane und Affen zu Gesicht bekommt. Wanderkarten verkauft der kleine **Laden** (⊙ 7–21 Uhr) für Kunsthandwerk gleich hinter dem Parkeingang.

Der Park schließt bei Sonnenuntergang. Hin kommt man mit dem Auto (die beste Möglichkeit) oder mit den Buslinien 221, 233 oder 234. Alternativ nimmt man die Metro nach Saens Peña, steigt dann in einen Bus nach Barra da Tijuca und fährt bis Alto da Boa Vista. Die beste Strecke für Autofahrer ist die Rua Jardim Botânico, die zwei Blocks hinter dem Jardim Botânico (aus Gávea kommend) in östlicher Richtung) verläuft; links in die Rua Lopes Quintas abbiegen und der Ausschilderung nach Tijuca bzw. zum Corcovado folgen, bis man sich nach zwei kurzen Linkskurven auf der Rückseite des Jardim Botânico befindet. Hier biegt man rechts ab und folgt wieder der Ausschilderung, mithilfe derer man einen kleinen Abstecher in den Wald macht und die **Vista Chinesa** (ein Zwischenstopp lohnt sich) und die **Mesa do Imperador** passiert; Letztere haben jeweils eine fantastische Aussicht auf die Gebirge und das Meer rund um Rio zu bieten. Wenn man den Wald schon fast wieder verlässt, geht's rechts ab auf die Hauptstraße. Nach ein paar Kilometern erheben sich zur Linken die Steinsäulen des Eingangs vom Alto da Boa Vista. Alternativ fährt man nach São Conrado, biegt an dem Schild zum Parque Nacional da Tijuca rechts ab und fährt den Hügel hinauf, dann kommt man auch nach Alto da Boa Vista.

Vorsicht: Gelegentlich soll es im Park zu bewaffneten Raubüberfällen kommen! Einheimische empfehlen daher einen Besuch am Wochenende, wenn mehr Menschen unterwegs sind. Auf S. 166 findet man zudem Infos über Touranbieter.

dazu gibt's jede Menge Bier und *cachaça* (Zuckerrohrschnaps). Bands spielen *forró* (ein beliebter Musikstil aus dem Nordosten), Samba und Música Popular Brasileira (MPB). Freitags verwandelt sich der Markt in eine riesige Party, die bis Sonntag andauert.

Maracanã-Stadion

Ein wirklich unvergessliches Erlebnis ist der Besuch eines Fußballspiels in Brasiliens *futebol*-Tempel, dem Stadion **Maracanã** (Karte S. 152 f.; ☎ 2334 1705; Av Maracanã, São Cristóvão; Eintritt 15–100 R$). Die Spiele hier gehören zu den aufregendsten weltweit, vor allem wenn es um die Meisterschaft geht oder Lokalderbys zwischen Flamengo, Vasco da Gama, Fluminense oder Botafogo anstehen.

Gedribbelt wird das ganze Jahr über, meist samstags oder sonntags (16 od. 18 Uhr) bzw. mittwochs oder donnerstags (gegen 20.30 Uhr). Zur Zeit der Recherche war das Stadion aufgrund von Umbauarbeiten für die Fußball-WM 2014 geschlossen. Die Wiedereröffnung ist für Ende 2012 geplant; s. auch S. 194.

In Maracanãs **Sportmuseum** (Eintritt 20 R$; ⏰ Mo–Fr 9–17 Uhr, außer an Spieltagen) kann man Fotos, Poster, Pokale und Trikots brasilianischer Spielergrößen bewundern, darunter Pelés berühmtes Trikot mit der Nummer 10. Zudem gibt's einen Laden, der Fußballtrikots verkauft. Rein geht's durch Tor 15 am Nordeingang an der Rua Mata Machado.

Quinta da Boa Vista

Bis zur Proklamation der Republik war die **Quinta da Boa Vista** (Karte S. 152 f.; General Herculano Gomes; São Cristóvão; ⏰ 9–17 Uhr) der Sitz der kaiserlichen Familie. Heute ist sie ein großer, gut besuchter Park mit Gartenanlagen und Teichen, an den Wochenenden tummeln sich hier Fußballmannschaften und Familien aus der Zona Norte. Im früheren kaiserlichen Landhaus befindet sich heute das **Museu Nacional** (Karte S. 152 f.; ☎ 2562 6900; Eintritt 3 R$; ⏰ Di–So 10–16 Uhr), das neben etruskischer Keramik, ägyptischen Mumien und ausgestopften prähistorischen Tieren auch eine kleine Abteilung mit Relikten der indigenen Völker Brasiliens besitzt.

Rios Zoo, der **Jardim Zoológico** (Karte S. 152 f.; ☎ 2569 2024; Erw./Kind 6/3 R$; ⏰ Di–So 9–16.30 Uhr), ist 200 m westlich von Boa Vista zu finden. Er beherbergt einen mittelgroßen Bestand an brasilianischen Säugetieren und bedrohten Arten. Die Highlights hier sind die Volière mit den Tropenvögeln (Vogelbeobachter werden den Garten lieben!) und das Nachttierhaus, in dem man Faultiere, Fledermäuse und andere Geschöpfe der Nacht aus der Nähe betrachten kann.

BAÍA DE GUANABARA
Ilha Fiscal

Der limettengrüne, neugotische Palast auf der **Ilha Fiscal** (Karte S. 150 f.; ☎ 2233 9165; Eintritt 10 R$; ⏰ Führungen Do–So 13, 14.30 & 16 Uhr) in der Baía de Guanabara gäbe zweifellos eine gute Kulisse für einen Märchenfilm ab. Er wurde von dem Bauingenieur Adolfo del Vecchio entworfen und war Schauplatz des letzten kaiserlichen Balls am 9. November 1889. Heute kann man den Palast im Rahmen von Führungen besichtigen, die am Espaço Cultural da Marinha (S. 160), nördlich der Praça XV (Quinze) de Novembro, beginnen.

Ilha de Paquetá

Die **Ilha de Paquetá** (außerhalb der Karte S. 143) in der Baía de Guanabara war einst ein beliebtes Touristenziel und eignet sich immer noch als hübscher Ausflugsort, wenn man einmal dem Großstadttrubel entfliehen möchte. Auf der Insel gibt's keine Autos, von A nach B kommt man zu Fuß, mit dem Rad – es gibt jede Menge Verleiher – oder mit einer Pferdekutsche. Die Kolonialbauten, die schlichten Strände und die auf Inlandtourismus ausgerichteten Geschäfte verströmen eine gewisse charmante Dekadenz. An den Wochenenden wird's hier voll.

Wer Rios bekannte Bucht von einem Boot aus erleben möchte, kann dies auf der Fahrt nach Paquetá tun. Dort bekommt man zudem feiernde Cariocas zu Gesicht, insbesondere am Wochenende nach dem 16. August bei der Festa de São Roque, die mit Feuerwerken, einer Prozession und Musik begangen wird.

Die Boote fahren in der Nähe der **Praça XV (Quinze) de Novembro** (Karte S. 150 f.) im Centro ab. Die **Fähre** (☎ 0800 704 4113) braucht 70 Minuten, für Hin- und Rückfahrt muss man 8 R$ hinlegen. Neunmal am Tag hat man die Möglichkeit dazu – am besten nimmt man das Schiff um 7.10, 10.30 oder 13.30 Uhr.

NITERÓI

Die Hauptattraktion der östlich von Rio gelegenen Stadt Niterói ist ihr berühmtes Museu do Arte Contemporânea (MAC), doch allein schon die Bootsfahrt hierher, die an der Bucht vorbeiführt, ist ein guter Grund, um Rio einmal den Rücken zu kehren. Hin- und Rückfahrt mit der Fähre kosten etwa 5,60 R$, abgelegt wird an der Praça XV de Novembro im Centro. In der Regel sind die Schiffe mit Pendlern vollgestopft. Hat man das Dock erreicht, findet man sich zunächst in einem betriebsamen, trubeligen Geschäftsviertel voller sich kreuzender Straßen wieder. Von hier aus den Bus zum MAC oder zu einem der Strände nehmen – oder mit der Fähre postwendend wieder zurückfahren …

Museu do Arte Contemporânea

Das von Brasiliens berühmtestem Architekten Oscar Niemeyer entworfene **Museu do Arte Contemporânea** (MAC; Karte S. 143; ☎ 2620 2400; www.macniteroi.com.br, portugiesisch; Mirante da Boa Viagem s/n, Niterói; Eintritt 4 R$; ☽ Di–So 11–18 Uhr) präsentiert sich als ein Gebäude mit kurvigen Konturen – ein atemberaubender Anblick! (Von den Ausstellungen hier lässt sich dies leider nicht immer behaupten.) Am Ausgang des Niterói-Fähranlegers rechts abbiegen und etwa 50 m zur Bushaltestelle mitten auf der Straße laufen; der Minibus 47B setzt einen direkt vor der Museumstür ab.

DIE STRÄNDE ÖSTLICH VON NITERÓI

Eine Reihe von Stränden findet sich gleich östlich von Niterói. Die der Stadt am nächsten gelegenen sind zu verschmutzt zum Schwimmen, doch weiter draußen findet man ein paar unberührte Abschnitte: Piratininga, Camboinhas, Itaipu und – der schönste von allen – Itacoatiara. Letzterer wird von zwei hohen Hügeln flankiert und von üppigem Grün begrenzt. Der weiße Sand von Itacoatiara scheint von Rios Stadtstränden Welten entfernt. *Barracas* kredenzen leckere Fischplatten und auch ein Imbiss direkt am Strand ist vorhanden. Der Wellengang hier ist ordentlich – ein Beleg dafür sind die vielen Surfer –, also vorsichtig sein beim Schwimmen! Vom Fähranleger den Bus 38 (4 R$, 50 Min.) oder jeden anderen Bus mit der Zielangabe Itacoatiara nehmen; wenn man in einer Gruppe unterwegs ist, kann man mit einem Taxifahrer einen Preis für die Hin- und Rückfahrt aushandeln.

BARRA DA TIJUCA & WESTLICH VON RIO

10 km westlich von Leblon liegt Barra da Tijuca (Barra), das Miami Rios mit Einkaufszentren und Malls inmitten einer tropischen Landschaft. Mit seinen 12 km ist dieser hübsche Strand der längste der Stadt. Hinter

ihm verliert sich der urbane Charakter des Gebiets immer mehr, und man findet hier einige der schönsten Sandstreifen von ganz Rio (für weitere Infos, s. Kasten S. 167). Weiter westlich beginnt Brasiliens malerische Küstenstraße, die einen durch die Region Costa Verde (S. 202) führt.

Praia da Barra da Tijuca

Das Beste an Barra ist die **Praia da Barra da Tijuca** (Karte S. 143), ein langer, malerischer Strand, an dem sich sanft blaue Wellen brechen. Auf seinen ersten Kilometern gibt's mehrere Bars und Fischrestaurants.

Die Jungen und Schönen treffen sich vor der *barraca* Nr. 1, auch Barraca do Pepê genannt nach dem berühmten Drachenflieger aus Rio, der 1991 in Japan bei einem Wettkampf ums Leben kam.

Gen Westen wird es zunehmend einsamer, die Imbissstände weichen Wohnwagen. Unter der Woche geht's hier ruhig zu, an heißen Sommerwochenenden jedoch herrscht ein beachtlicher Trubel. Informationen zu den Stränden weiter westlich gibt's auf S. 167.

Sítio Burle Marx

Das riesige, 350 000 m² umfassende Anwesen **Sítio Burle Marx** (außerhalb der Karte S. 143; ☎ 2410 1412; Estrada da Barra de Guaratiba 2019, Guaratiba; Eintritt 5 R$; ☽ 9.30 & 13.30 Uhr, nur nach vorheriger Anmeldung) war einst der prächtige Landsitz von Roberto Burle Marx, dem berühmtesten Landschaftsarchitekten Brasiliens. Der wunderschöne, üppig bewachsene Garten des Anwesens, das 22 km westlich der Stadt liegt, ist zweifellos einen Besuch wert. Bei einem Spaziergang durch den grünen Park lassen sich unzählige exotische Pflanzen aus Brasilien und aus anderen Ländern entdecken – ein tolles Erlebnis für Augen und Nase! Eine hübsche Benediktinerkapelle aus dem 17. Jh. sowie das Landhaus und das Atelier des Landschaftsarchitekten komplettieren die idyllische Szenerie.

AKTIVITÄTEN

Die Cariocas sind ein aktives Völkchen. Kein Wunder, schließlich haben sie Berge, Strände und Wälder direkt vor der Tür! An der Küste können sich Jogger, Wanderer, Spaziergänger, Radfahrer und Surfer nach Herzenslust austoben, und auch die Berge haben ihren Reiz, ob man nun festgezurrt in einem Hängegleiter zu Tal schwebt oder sie mit eigener Muskelkraft erklimmt. Direkt vor den Stadttoren

DIE STRÄNDE WESTLICH VON RIO

Die bekanntesten Strände sind natürlich die von Copacabana und Ipanema, doch es gibt noch viele andere wunderbare Sandstreifen in der Umgebung, teilweise in traumhafter Umgebung. Infos zu Surfspots gibt's auf S. 169.

Pepino/São Conrado

Der erste größere Strand westlich von Leblon ist die **Praia do Pepino** (Karte S. 143) in São Conrado. Pepino ist ein wunderschöner Strand und weniger überlaufen als der von Ipanema. Hier treffen sich auch gerne Drachenflieger, wenn sie nicht gerade durch die Lüfte schweben.

Recreio dos Bandeirantes

An den Wochenenden ist **Recreio dos Bandeirantes** (Karte S. 143) zwar ziemlich überlaufen, aber unter der Woche trifft man hier kaum eine Menschenseele. Als natürlicher Wellenbrecher dient ein großer Felsen und sorgt für einen ruhigen Seegang in der Bucht. Auch deswegen ist der 2 km lange Strand bei Familien so beliebt.

Prainha

Der abgelegene, 700 m lange Strand **Prainha** (außerhalb der Karte S. 143) liegt nur 6 km weiter nördlich von Recreio. Er ist dank des tollen Wellengangs einer der besten Surfstrände Rios und wird – wer hätte es gedacht? – von jeder Menge Wassersportler bevölkert.

Grumari & Guaratiba

Grumari (außerhalb der Karte S. 143) ist der sauberste und abgeschiedenste Strand in Stadtnähe. Unter der Woche geht's hier ruhig zu, an den Wochenenden jedoch wird er von Cariocas bevölkert, die die Stadtstrände nicht mehr sehen können. Berge und eine üppige Vegetation sorgen für eine traumhafte Kulisse.

Von Grumari führt eine schmale Straße über einen dicht bewaldeten Hügel nach **Guaratiba**. Westlich davon eröffnet sich ein toller Blick auf die **Restinga de Marambaia**, ein vegetationsreicher Streifen zwischen Strand und Hinterland, der als Marinestützpunkt dient und daher nicht öffentlich zugänglich ist. Cariocas essen gern in einem der vielen Fischrestaurants hier zu Mittag.

SO20-Busse verkehren ziemlich regelmäßig entlang der Küstenstraßen von Copacabana, Ipanema und Leblon nach São Conrado und Recreio dos Bandeirantes. Eine Alternative ist der **Surfbus** (www. surfbus.com.br), der viermal täglich zwischen der Metrostation Largo do Machado in der Nähe von Flamengo und Prainha via Copacabana, Ipanema, Leblon, São Conrado, Barra de Tijuca, Recreio dos Bandeirantes und Macumba pendelt. Die Strände Grumari und Guaratiba erreicht man nur mit einem eigenen fahrbaren Untersatz.

gibt's großartige Wanderwege durch den Atlantischen Regenwald.

Spazierengehen & Joggen

In der Zona Sul gibt es gute Spazier- und Joggingwege, u. a. im Parque do Flamengo (Karte S. 150 f.), der auch Trimm-dich-Pfade zu bieten hat. Rund um die Lagoa Rodrigo de Freitas (Karte S. 144 f.) verläuft ein 7,5 km langer Weg für Radfahrer und Jogger. An der Küste entlang von Leme nach Barra da Tijuca führt ein Fahrrad- und Fußgängerweg. Sonntags ist die Straße von 7 bis 18 Uhr für den Verkehr gesperrt, genau wie die Straße durch den Parque do Flamengo.

Zwischen den Bergen und dem Meer liegt an der Praia Vermelha in Urca die Pista Cláudio Coutinho (S. 158). Radfahren ist auf dem Weg verboten, Spaziergänger und Jogger dürfen ihn aber täglich zwischen 7 und 18 Uhr benutzen. Die Strecke ist dank des Militärpostens in der Nähe sehr sicher.

Wandern & Klettern

Nicht nur in den Nationalparks der Umgebung wie dem Parque Nacional da Serra dos Órgãos (S. 226) und dem Parque Nacional de Itatiaia (S. 219), sondern auch im Regenwald von Floresta da Tijuca (S. 164) findet man Wanderwege. Besucher können sich zudem

Wandergruppen anschließen, die Touren um den Corcovado und den Morro da Urca, im Parque Lage und zu anderen Zielen unternehmen. Geführte Wanderungen bieten mehrere Vorteile, z. B. verringern sie das Risiko, dass man sich verläuft oder ausgeraubt wird. Und Ausflüge in der Gruppe sind natürlich eine gute Gelegenheit, mit Cariocas in Kontakt zu kommen.

Rio ist die beste Adresse ganz Brasiliens für Freeclimber. Im Umkreis von einer Fahrtstunde finden sich Hunderte von ausgeschilderten Kletterpfaden, im **Parque da Catacumba** (S. 155) erwartet einen außerdem eine Kletterwand. Ambitionierte Kraxler, die vom Klettern gar nicht genug kriegen können, sollten im **Tupiniquim Hostel** (S. 178) übernachten: Auch dort gibt's eine Kletterwand. Im Parque da Catacumba sind darüber hinaus Abseilen, Seilrutschen und Baumwipfelpfade im Angebot.

Rio Hiking (☎ 2552 9204, 9721 0594; ganztägige Tour ab 150 R$; www.riohiking.com.br) wurde von einem sportbegeisterten Mutter-Sohn-Duo gegründet und bietet eine große Palette an verschiedenen Wanderungen an. Beliebte Touren führen auf den Pico da Tijuca (den höchsten Punkt im Nationalpark), gefolgt von den Zielen Pedra da Gávea, Pão de Açúcar und Corcovado. Zum Programm gehören außerdem Fahrradausflüge, Floß- und Kajaktouren sowie Abseiltrips.

Rio Adventures (☎ 2705 5747; www.rioadventures. com; ganztägige Wander-/Kletter-/Raftingtouren ab 150/250/250 R$) organisiert zahlreiche verschiedene Outdoor-Aktivitäten, z. B. Wanderungen durch den Nationalpark Tijuca mit kurzen Aufstiegen auf den Pico Tijuca oder Pedra Bonito. Zur Auswahl stehen zudem Sightseeing-Touren, Kletterausflüge (Ziele sind der Pão de Açúcar, der Corcovado und der Pico da Tijuca), Raftingtouren auf dem Paraibuna, 175 km nordwestlich von Rio, Fallschirmsprünge und Drachenfliegen.

Der renommierte Anbieter **Crux Ecoadventure** (☎ 3474 1726, 9392 9203; www.cruxecoaventura.com.br) hat verschiedene Klettertouren zu bieten, u. a. zum Pão de Açúcar. Darüber hinaus hat man die Qual der Wahl: Abseiltouren an Wasserfällen, ganztägige Wanderungen durch den Floresta da Tijuca, Fahrradtouren, Kajaktrips ...

Bei **Climb in Rio** (☎ 2245 1108; www.climbinrio.com) haben Kletterfans die Auswahl aus über 400 Routen rund um Rio (allein 50 den Pão de Açúcar hinauf!) und im ganzen Bundesstaat.

Es gibt halb- und ganztägige Kletterausflüge sowie mehrtägige Bergtouren. Zum Angebot gehören auch Kletterkurse.

Radfahren

Es gibt insgesamt rund 75 km Fahrradwege in und um Rio, u. a. rund um die Lagoa Rodrigo de Freitas (S. 155), durch Barra da Tijuca und entlang der Küste bis nach Leme (mit Anschluss bis zur Praia de Botafogo), zum Parque do Flamengo und ins Centro. Im Wald von Tijuca führt ein 6 km langer Radweg von einem Wasserfall (Cascatinha) zu einem Museum (Açude). Sonntags ist die Strandstraße von Leblon nach Leme für den Verkehr geschlossen, genau wie die Straße durch den Parque do Flamengo.

Drahtesel kann man an einem Stand an der Ost- und Westseite der Lagoa Rodrigo de Freitas leihen (10 R$/Std.). Weitere Verleiher:

Ciclovia (Karte S. 146 f.; ☎ 2275 5299; Av Prado Junior; Std./Tag 9/50 R$; ⊙ Mo–Fr 9–19, Sa 9–16 Uhr) Freie Anlieferung an die Hotels in der Zona Sul.

Special Bike (Karte S. 144 f.; ☎ 2513 3951; Rua Visconde de Pirajá 135B, Ipanema; Std./Tag 15/45 R$; ⊙ Mo–Fr 9–19, Sa bis 15 Uhr)

Drachenfliegen

Wer weniger als 100 kg wiegt und 250 R$ übrig hat, kann einen fantastischen Tandem-Gleitflug vom Gipfel des 510 m hohen Pedra Bonita – einem der gigantischen Granitfelsen, die sich um Rio auftürmen – hinunter auf die Praia do Pepino in São Conrado unternehmen. Erfahrung ist nicht nötig: Bei dem Tandemflug schwebt man in einer Art Sänfte, die am Drachen befestigt ist, sicher durch die Luft.

Die Flüge dauern, abhängig von den Wetter- und Windbedingungen, 10 bis 20 Minuten. Normalerweise sind sie nur an drei bis vier Tagen im Monat nicht möglich, im Winter sind die Bedingungen sogar noch besser. Wer sich für einen frühen Flug einträgt, kann flexibler auf wetterbedingte Verzögerungen reagieren. Im Preis enthalten ist der Transport vom und zum Hotel. Tandemflüge kann man auch bei Reisebüros buchen, die allerdings Vermittlungsgebühren verlangen. Billiger fährt man also, wenn man sich direkt an den Veranstalter wendet.

Delta Flight in Rio Fly (☎ 9693 8800; www.delta flight.com.br) Blickt auf mehr als 20 Jahre Erfahrung zurück. Ricardo Hamond genießt den Ruf eines sehr sicheren und professionellen Piloten und hat schon mehr als 12 000 Tandemflüge auf dem Buckel.

Just Fly (☎ 2268 0565; www.justfly.com.br) Paulo Celani ist ein sehr erfahrener Pilot für Tandemflüge, der schon über 6000 Flüge absolviert hat.

SuperFly (☎ 3322 2286; www.riosuperfly.com.br) Ruy Marra, der Gründer von SuperFly, kann mehr als 25 Jahre Erfahrung als Drachenflieger aufweisen und ist ein ausgezeichneter Pilot für Tandemflüge.

Tandem Fly (☎ 2422 6371, 3322 5817, 2493 4324; www.riotandemfly.com.br) Drei erfahrene Piloten betreiben dieses Unternehmen. Wer selbst fliegen will, kann hier auch Unterricht nehmen.

Surfen

Rio hat Surfern einiges zu bieten! Direkt vor den Stadttoren findet man Strände mit tollen Wellenbrechern, doch auch innerhalb der Zona Sul lockt Praia do Arpoador, zwischen Copacabana und Ipanema gelegen, jede Menge Surfer an. Bessere Bedingungen herrschen allerdings weiter westlich, in Barra und am Joátinga, am Prainha und am Grumari. Auf der Suche nach guten Brechern wird man auch jenseits der Bucht vor Itacoatiara fündig. Wer zu den Stränden im Westen will, schnappt sich einfach sein Brett und steigt in den **Surfbus** (☎ 8702 2837; www.surfbus.com.br; 4 R$), einen leuchtend gelb-orangefarbenen Bus, der täglich ab 7 Uhr viermal zwischen der Metrostation Largo do Machado (in der Nähe von Flamengo) und Prainha hin und her pendelt und an den Stränden hält.

Wer kein eigenes Brett hat, kann sich in Arpoador bei **Galeria River** (Karte S. 146 f.; Rua Francisco Otaviano 67, Arpoador; 30 R$/Tag), einem Einkaufszentrum mit mehreren Surfläden und Boutiquen, eines kaufen oder leihen.

Um Surfen zu lernen, sucht man beispielsweise die *escolinhas* (Schulen) am Strand von Ipanema und bei Barra auf. **Rio Surf N' Stay** (Karte S. 143; ☎ 3418 1133; Rua Raimundo Veras 1140, Recreio dos Bandeirantes; www.riosurfnstay.com) in Recreio dos Bandeirantes wiederum hat Kurse (auf Englisch) mit Übernachtungen im Angebot.

Infos zu allen Surfspots rund um Rio gibt's auf www.wannasurf.com. Wer des Portugiesischen mächtig ist, wird außerdem auf www.riosurfpage.com fündig.

Volleyball & andere Strandsportarten

Volleyball belegt nach Fußball Platz zwei in der Rangfolge der beliebtesten Sportarten und wird vor allem am Strand gespielt. Eine brasilianische Variante, die man an Rios Stränden häufig sieht, ist *futevôlei*, eine Mischung aus Volley- und Fußball, bei der man den Ball nicht mit den Händen berühren darf.

Frescobol wird üblicherweise auf festerem Sand und zu zweit gespielt. Dabei wird ein kleiner Gummiball mit Holzschlägern so hart wie möglich hin und her geschlagen.

Wer sein Volleyballspiel verbessern oder einfach nur ein paar Cariocas kennenlernen möchte, sollte Pelé in der **Escolinha de Vôlei** (Karte S. 144 f.; ☎ 9702 5794; www.peledapraia.com) in der Nähe der Rua Garcia D'Ávila am Strand von Ipanema einen Besuch abstatten. Pelé spricht Englisch und gibt bereits seit über zehn Jahren vormittags (ca. 8–11 Uhr) und nachmittags (17–19 Uhr) einstündige Volleyballkurse. Einfach am Strand nach einer großen brasilianischen Flagge Ausschau halten.

Tauchen

Dive Point (Karte S. 144 f.; ☎ 2239 5105; www.divepoint.com.br, portugiesisch; Shop 5, Av Ataúlfo de Paiva 1174, Leblon; Tauchgänge mit zwei Flaschen ab 150 R$) veranstaltet Kurse und Tauchgänge rund um Rios bekannteste Strände und um die Insel Cagarras (vor Ipanema) sowie Trips nach Angra dos Reis und Búzios.

CAPOEIRA IN RIO

Capoeira, die einzige aus der Neuen Welt stammende noch existierende Kampfkunst, wurde vor etwa 400 Jahren von afro-brasilianischen Sklaven erfunden (s. S. 499). In Rio bildet sich auf der wöchentlich stattfindenden Feira Nordestina (S. 164) in São Cristóvão eine *roda de capoeira* (Capoeira-Kreis) aus Musikern und Zuschauern.

Kurse – übrigens ausschließlich auf Portugiesisch – bieten folgende Veranstalter an:

Angola N'Golo (Karte S. 150 f.; ☎ 3770 7256; www.angolangolo.com; Rua Almirante Alexandrino, Santa Teresa; 20/80 R$ pro Unterrichtseinheit/Monat; ☾ Mo & Mi 19–22, Sa 10–13 Uhr) Neben dem Largo das Letras.

Associação Centro de Capoeira Angola (Karte S. 148 f.; ☎ 9954 3659; www.ccarj.com; Rua do Catete 164, Catete; 25/100 R$ pro Unterrichtseinheit/Monat)

Casa Rosa (Karte S. 148 f.; ☎ 8874 8804; www.casarosa.com.br; Rua Alice 550, Laranjeiras; einmonatiger Kurs 60 R$)

Fundição Progresso (Karte S. 150 f.; ☎ 3356 2382; www.fundicao.org; Rua dos Arcos 24, Lapa)

RIO DE JANEIRO
(STADT)

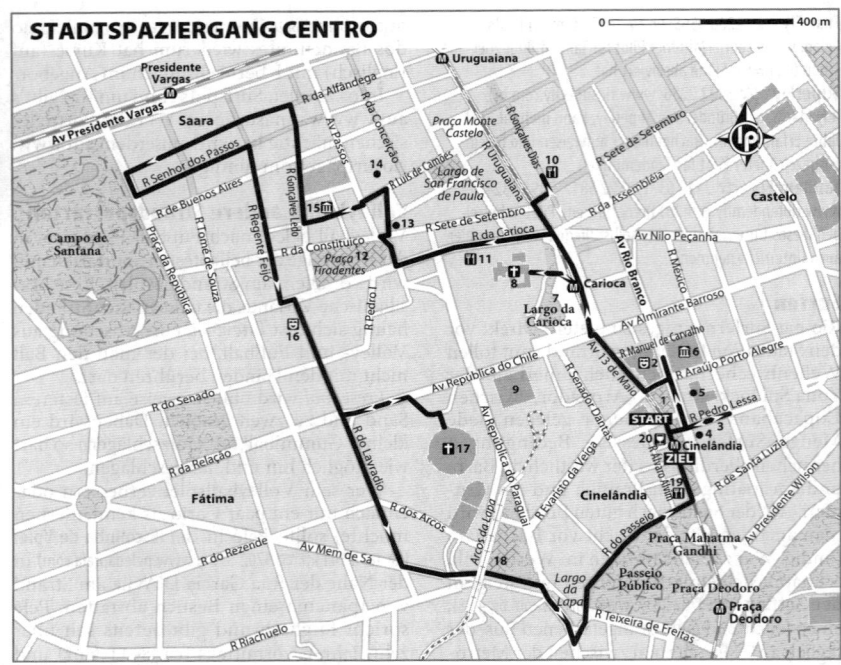

STADTSPAZIERGANG CENTRO

ROUTENINFOS

Start Praça Floriano
Ziel Amarelinho
Länge 4 km
Dauer 3 Std., je nach Anzahl der Pausen

Zu den vielen Tauchveranstaltern an der Marina da Glória zählt **Mar do Rio** (Karte S. 150 f.; ☎ 2225 7508; www.mardorio.com.br, portugiesisch; Shop 16, Marina da Glória, Av Infante Dom Henrique, Glória). Im Angebot sind Tauchgänge mit zwei Flaschen (120 R$), die jeweils samstags und sonntags stattfinden (8.30–14.30 Uhr), zweimal im Monat kann man außerdem Tauchtrips bei Nacht buchen. Weniger erfahrene Taucher können zudem Kurse belegen, u. a. einen fünftägigen Anfängerkurs mit PADI-Zertifikat.

Angeln

An der Marina da Glória findet man verschiedene Bootsverleiher, von denen **Marlin Yacht Tours** (Karte S. 148 f.; ☎ 2225 7434; www.marlinyacht.com.br; Marina da Glória, Av Infante Dom Henrique, Glória) u. a. mit Schonern sowie Segel- und Motorbooten

die größte Auswahl zu bieten hat. Also los, einfach eines der Dinger ausleihen und seinen eigenen Segel-, Angel- oder Tauchausflug planen! Die Preise sind recht hoch, am günstigsten wird's für eine ganze Gruppe.

STADTSPAZIERGANG

Mit seinem Mix aus historischen Gebäuden und alternden Wolkenkratzern eignet sich Rios Zentrum ganz ausgezeichnet, um das Wesen der Stadt abseits der Strände und Hügel zu entdecken. Inmitten des kommerziellen Gedränges und Gewühls stolpert man über faszinierende Museen, stimmungsvolle Bars und Theater, über Basare unter freiem Himmel und über antike Läden in der Nähe alter Samaba Clubs. Diesen Spaziergang absolviert man am besten werktags, da das Centro am Wochenende eher einsam (und unsicher) ist.

Ausgangspunkt ist die **Praça Floriano** (**1**; S. 162), der Mittelpunkt des modernen Rio. Mittags und nach Feierabend, wenn sich die Straßencafés mit Cariocas füllen, erwacht sie zum Leben. Das neoklassizistische **Theatro Municipal** (**2**; S. 162) am Platz ist eines der schönsten Gebäude in Rio.

Auf der Ostseite der Av Rio Branco liegt ein Open-Air-Musikmarkt, die **Rua Pedro Lessa (3)**, in der man sich durch Platten- und CD-Stände wühlen kann. Daneben findet sich das **Centro Cultural Justiça Federal (4;** ☎ 2510 8846; Av Rio Branco 241; Eintritt frei; ☽ Di–So 12–19 Uhr), in dem zeitgenössische Wechselausstellungen stattfinden. Auf der anderen Seite der Rua Pedro Lessa steht die wuchtige **Biblioteca Nacional (5;** ☎ 2262 8255; Av Rio Branco 219; Eintritt frei; ☽ Mo–Fr 12–20 Uhr), der weiter nördlich auf der Av Rio Branco und ebenfalls in einem historischen Gebäude untergebracht das **Museu Nacional de Belas Artes (6;** S. 161) folgt. Bei einem Blick ins Innere kann man Werke von einigen der besten Maler Rios aus dem 19. Jh. bestaunen.

Nun wechselt man auf der Av Rio Branco die Straßenseite, geht am Theatro Municipal vorbei und biegt dann rechts in die Av 13 de Maio ein. Nachdem man die Av Almirante Barrosoa überquert hat, gelangt man auf den **Largo da Carioca (7)**, eine Fußgängerzone, in der sich werktags dicht an dicht die Straßenhändler drängen. Oben auf dem Hügel steht der kürzlich renovierte **Convento Santo Antônio (8;** S. 160). Mit dem Bau seiner ersten Kirche wurde 1608 begonnen, was diese zu einer der ältesten in Rio macht

Blickt man vom Konvent nach Süden, fällt das **Petrobras-Gebäude (9)** ins Auge, dessen kastenartige Metallfassade einen bedrohlichen Schatten auf das Viertel wirft. Dahinter steht die betonlastige Catedral Metropolitana.

Nun geht es vom Kloster wieder hinunter, links auf die Largo da Carioca, dann rechts in die Rua Sete de Setembro und wieder links in die Rua Gonçalves Dias. Hier bremst man in der **Confeitaria Colombo (10;** S. 184) ein, um sich in Jugendstil-Ambiente Kaffee und Kuchen schmecken zu lassen. Danach geht es zurück auf die Rua da Carioca, an der einige alte Läden ein Stück Rio aus dem 19. Jh. lebendig werden lassen. Die **Bar Luiz (11;** S. 187), Nr. 39, eignet sich für eine Rast; hier kann man einen Happen essen oder auch nur ein *chope* (Bier vom Fass) zischen.

Am Ende dieses Blocks geht's nach rechts in das Gewühl der **Praça Tiradentes (12)** hinein. Hier liegen sich das Teatro João Caetano und das Teatro Carlos Gomez gegenüber, beides historische Gebäude, in denen immer noch ausgezeichnete Musik-, Tanz- und Theateraufführungen stattfinden. Um die Ecke liegt das **Centro Cultural Carioca (13;** S. 141). Hier kann man sich darüber informieren, was abends in Sachen Musik so los ist. Ein Stück weiter weg vom Theater befindet sich das **Real Gabinete Português de Leitura (14;** S. 162) mit seiner netten Büchersammlung. Wer an moderner Kunst interessiert ist, sollte die Av Passos überqueren und das avantgardistische **Centro de Arte Hélio Oiticica (15;** S. 160) besuchen.

Anschließend geht man weiter Richtung Westen bis zur Rua Gonçalves Ledo; dort rechts abbiegen. Hat man die Rua da Alfândega erreicht, biegt man links ab, um direkt ins Zentrum von Saara zu gelangen, einem seit Langem bestehenden, quirligen Stadtteilbasar voller Läden. Bis zum Campo de Santana kann man hier bummeln, shoppen und einen Happen essen. Am Campo macht man dann einen U-Turn, und auf der Rua Senhor dos Passos geht's wieder zurück. Rechts in die Rua Regente Feijó abbiegen, am Ende einen Schlenker nach links machen und gleich wieder rechts in die Rua do Lavradio einschwenken; diese Straße ist berühmt für die Antiquitätengeschäfte, die in malerischen Gebäuden aus dem 19. Jh. untergebracht sind. In einigen der großartigen Nachtclubs, die sich in restaurierten, kolonialzeitlichen Gebäuden befinden, treten geniale Sambabands auf – eine der Top-Adressen ist dabei das **Rio Scenarium (16;** S. 192).

Ist die Av República do Chile erreicht, links abbiegen und vor der **Catedral Metropolitana (17;** S. 162) stehen bleiben, um deren prachtvolle Buntglasfenster zu studieren. Danach geht's für einen weiteren Schaufensterbummel zurück in die Rua do Lavradio. An der Av Mem de Sá biegt man links ab und folgt der Straße um eine Kurve; dabei marschiert man unter dem **Arcos do Lapa (18)** hindurch! Nachts verwandelt sich diese Ecke in Rios großes Samba-Epizentrum mit Clubs und Bars der alten Schule, die sich über das ganze Viertel verteilen. Angekommen am Largo da Lapa, einem kleinen Platz mit Restaurant und ein paar Sambaclubs, biegt man links in die Rua do Passeio ein, von der aus man einen großartigen Blick auf die Bögen hat. Zwei Blocks weiter erreicht man dann wieder den Startpunkt der Tour. Nun hat man sich aber wirklich ein *chope* oder einen Saft verdient – beides bekommt man auf der Praça Floriano, z. B. bei **Ateliê Culinario (29;** S. 186) oder **Amarelinho (20;** S. 190).

KURSE
Sprachen

Die meisten Sprachschulen verlangen hohe Preise für Gruppenunterricht. Private Sprachlehrer sind meist viel billiger. Die entsprechenden Kontakte findet man am einfachsten in Hostels, wo Muttersprachler auf Aushängen Werbung für ihren Unterricht machen. Eine Sprachschule mit recht moderaten Preisen ist die **Casa do Caminho Language Centre** (Karte S. 144 f.; ☎ 2267 6552; www.casadocaminho-languagecentre.org; ste 403, Rua Farme de Amoedo 75, Ipanema), die Intensivkurse für Gruppen im Angebot hat. Fünftägige Kurse mit jeweils 3 Unterrichtsstunden pro Tag kosten 320 R$, für einen einmonatigen Kurs mit insgesamt 60 Unterrichtsstunden legt man 820 R$ hin. Die Gewinne gehen an die Waisenhäuser von Casa do Caminho (www.casadocaminhobrasil.org) in Brasilien.

Im renommierten **Instituto Brasil-Estados Unidos** (IBEU; Karte S. 146 f.; ☎ 2548 8430; www.ibeu.org. br; S. OG, Av NS de Copacabana 690, Copacabana) werden drei verschiedene Niveaus angeboten. Die Kurse (1220 R$) dauern jeweils vier Wochen und umfassen viermal pro Woche zweistündige Unterrichtseinheiten.

Tanzen

Angesichts der wieder erwachten Popularität des Samba auf dem Tanzparkett überall in der Stadt überrascht es nicht, dass es eine Reihe von Schulen gibt, in denen man die Schritte lernen kann. Anschließend kann man sein Können in Lapa dem Praxistest unterziehen.

Casa de Dança Carlinhos de Jesus (Karte S. 148 f.; ☎ 2541 6186; www.carlinhosdejesus.com.br, portugiesisch; Rua Álvaro Ramos 11, Botafogo) In dieser angesehenen Tanzschule geben Carlinhos und seine Lehrer abends von etwa 19 bis 22 Uhr Samba-, forró-, Salsa- und Hip-Hop-Kurse.

Centro Cultural Carioca (Karte S. 150 f.; ☎ 2252 5751; www.centroculturalcarioca.com.br, portugiesisch; Rua do Teatro 37, Centro; 4-wöchiger Kurs mit 2 Terminen/Woche 70 R$; ☺ Mo–Sa 12–20 Uhr) Ausgezeichnete Tanzschule. Im großen Tanzsaal finden freitags Sambapartys statt.

Fundição Progresso (Karte S. 150 f.; ☎ 2220 5070; www.fundicaoprogresso.org, portugiesisch; Rua dos Arcos 24, Lapa) Bietet verschiedene Tanzkurse an (afrikanische

Tänze, Salsa, Tango und Samba) sowie Schlagzeug-, Akrobatik- und Capoeira-Unterricht. Die Kurse kosten ungefähr 150 R$ pro Monat.

Núcleo de Dança Renata Peçanha (Karte S. 150 f.; ☎ 2221 1011; 2. OG, Rua da Carioca 14, Centro) Die große, im Obergeschoss gelegene Tanzschule am Nordrand von Lapa bietet u. a. Kurse in forró und Samba an. Zweimal wöchentlich stattfindende Kurse kosten etwa 75 R$ pro Monat.

Rio Samba Dancer (☎ 8229 2843; http://riosamba dancer.com; 90-minütiger Privatunterricht 30–40 R$/Pers.) Der Englisch sprechende Tanzlehrer Hélio Ricardo bietet Einzelunterricht in Samba oder forró an und zeigt einem sogar, wo man in der Stadt seine erworbenen Kenntnisse in der Praxis testen kann (80 R$/Pers. inkl. Tanzkurs, 100 R$/Paar).

RIO MIT KINDERN

Brasilianer sind echte Familienmenschen. In vielen Hotels können Kinder kostenlos übernachten (wobei die Altersgrenze variiert), Babysitter sind leicht zu bekommen und die meisten Restaurants stellen Kinderstühle bereit.

Travel with Children von Lonely Planet gibt eine Menge guter Tipps und Ratschläge für Reisen mit Kindern in tropischen Ländern.

An Rios Stränden bieten sich den Kleinen zahlreiche Möglichkeiten, sich mit Eimer und Schaufel im Sand auszutoben. Besonders beliebt bei Eltern und ihrem Nachwuchs ist der *posto* 12 in Leblon, auch Baixo Bébe genannt; dort findet sich ein kleiner Spielplatz. Toll sind auch die Vorführungen und Ausstellungen im **Planetário** (S. 155), der **Jardim Zoológico** mit seinen Tieren in der Quinta da Boa Vista (S. 165), die eindrucksvollen Schiffe des **Espaço Cultural da Marinha** (S. 160) und die Miniaturmodelle im **Museu de Folclórico Edson Carnerio** (S. 159). Alternativ kann man sich Räder ausleihen – es sind auch große Viersitzer mit Sonnenschutz zu haben – und den Spielplatz in der Nähe des Fahrradstands an der **Lagoa Rodrigo de Freitas** (S. 155) ansteuern.

KOCHEN IN RIO

Dank **Cook in Rio** (Karte S. 146 f.; ☎ 8761 3653; www.cookinrio.com; Rua Ronald Carvalho 154, Copacabana) können Urlauber endlich von Einheimischen geleitete Kochkurse belegen! Dabei wird den ambitionierten Hobbyköchen die Zubereitung ausgewählter bekannter Gerichte der brasilianischen Küche gezeigt. Bei den eintägigen Kursen (11–16 Uhr) zaubert man *moqueca* (Meeresfrüchteeintopf) oder *feijoada completa* (in mehreren Gängen servierter Eintopf aus schwarzen Bohnen und Schweinefleisch), verschiedene Vorspeisen und Beilagen, ein Dessert und einen perfekten Caipirinha. Und natürlich darf man seine Kreationen danach selbst verspeisen. Die Kurse kosten 120 R$ pro Person, die Zutaten für das Essen und die Getränke sind inklusive.

Und auch folgende Sehenswürdigkeiten könnten für die Kleinen interessant sein:

Terra Encantada (Karte S. 143; ☎ 2421 9444; www. terra-encantada.com.br, portugiesisch; Av Ayrton Senna 2800, Barra da Tijuca; Erw./Kind 40/20 R$; ☺ Do–So 14–21 Uhr) Zu den vielen Attraktionen des „verzauberten Landes" gehören Cabhum, ein 64 m langer freier Fall, bei dem man bis zu 100 km/h schnell fällt, und Ressaca, eine Wildwasserbahn, die über einen Wasserfall führt.

Museu Aerospacial (Karte S. 143; ☎ 2108 8954; www. musal.aer.mil.br, portugiesisch; Av Marechal Fontenele 2000, Campo dos Afonsos; Eintritt frei; ☺ Di–Fr 9–15, Sa & So 9.30–16 Uhr) Hier gibt's Ausstellungen über Santos Dumont (den brasilianischen Vater der Luftfahrt) und die Rolle der brasilianischen Luftwaffe im Zweiten Weltkrieg. Zu sehen sind außerdem jede Menge alter Flugzeuge, darunter Nachbauten der Flugzeuge von Santos Dumont wie der *14 Bis* und der *Demoiselle*.

GEFÜHRTE TOUREN
Touren in die Favelas

Aurélio Rio Guide (☎ 3592 0445, 7828 6382; www. aureliorioguide.com; 60 R$/Pers.) Aurélio lebt schon seit langer Zeit in den Favelas und zeigt einem Rocinha von seiner authentischen Seite. Als Beifahrer geht's auf einem Motorradtaxi bergauf, bergab durch enge Straßen und Gassen, und bei den verschiedenen Zwischenstopps wird schon mal ein Plausch mit den Einheimischen eingelegt – schließlich ist Aurélio hier bekannt wie ein bunter Hund!

Be a Local (☎ 9643 0366; www.bealocal.com.br) Hat Touren nach Rocinha (hinauf geht's mit dem Motorradtaxi, hinunter per pedes) mit verschiedenen Zwischenstopps im Angebot (65 R$/Pers.) und organisiert sonntags Tanzabende (*bailes*) im Castelo das Pedras (60 R$).

Marcelo Armstrong (☎ 3322 2727; www.favela tour.com.br; 65 R$/Pers.) Marcelo, der Pionier des Favela-Tourismus, führt kleine Gruppen durch die Favelas Rocinha und Vila Canoas in der Nähe von São Conrado. Er erklärt dabei äußerst anschaulich den sozialen und politischen Kontext der Favelas und ihre Bedeutung innerhalb des Großraums von Rio de Janeiro. Marcelos Unternehmen spendet einen Teil seiner Einnahmen an soziale Projekte in den Favelas.

Stadtspaziergänge

Auf S. 166 gibt's Infos zu ausgedehnteren Stadtführungen.

Cultural Rio (☎ 9911 3829; www.culturalrio.com. br; 4-stünd. Tour 110 R$/Pers.) Unter der Führung des recht unkonventionellen Carlos Roquette bekommen die Tourteilnehmer fundierte Einblicke in soziale und historische Aspekte des Lebens in Rio de Janeiro. Das Programm umfasst einen Abend im Theatro Municipal sowie Führungen durch das koloniale Rio, das barocke Rio, das Rio der Kaiserzeit und durchs Centro. Professor Roquette ist seit über 20 Jahren im Geschäft.

Touren in der Bucht

Macuco Rio (Karte S. 150 f.; ☎ 2205 0390; www.ma-cucorio.com.br; Marina de Glória, Glória; Bootstour 100 R$) Macuco veranstaltet täglich Ausflüge mit seinem Hochgeschwindigkeitsboot, in dem 28 Passagiere Platz finden. Die Touren führen durch die Bucht oder hinaus zum Archipel von Cagarras Archipelago, wo man Vögel und manchmal auch Delfine beobachten kann.

Marlin Yacht Tours (Karte S. 150 f.; ☎ 2225 7434; www.marlinyacht.com.br; Marina da Glória, Glória; Bootstour 50–80 R$) Bei Marlin gibt's verschiedene Touren mit großen, 30 Personen Platz bietenden Schonern zur Insel Cagarras; unterwegs macht man zum Schwimmen Halt am Strand. Desweiteren im Angebot: eine Bootstour in den Sonnenuntergang sowie Segel- und Tauchausflüge.

Pink Fleet (Karte S. 150 f.; ☎ 2555 4063; www. pinkfleet.com.br; Marina da Glória, Glória; Bootstour 80 R$) Die zweistündigen Fahrten am Wochenende mit einem deutschen Luxuskreuzfahrtschiff gehören zu den schönsten Attraktionen, die Rio auf dem Wasserweg zu bieten hat. Das Essen (nicht inklusive) kann man sich jedoch getrost sparen.

Noch mehr Touren

Mit Ausnahme von Santa Teresa Tour ist bei allen folgenden Anbietern der Transport inklusive, d. h. die Tourteilnehmer werden an ihrer Unterkunft abgeholt und dort auch wieder abgesetzt.

Be a Local (☎ 9643 0366; www.bealocal.com; 60–90 R$/Pers.) Be a Local ist bei Backpackern beliebt, und dementsprechend hat es etwas ausgefallenere Gruppentouren für ein jüngeres Zielpublikum im Programm. Organisiert werden Favela-Touren, Ausflüge zu Fußballspielen im Maracanã-Stadion sowie abendliche Besuche von Favela-Partys.

Brazil Expedition (☎ 9998 2907; www.brazilexpedi tion.com; Stadtführung 85 R$) Die freundlichen, Englisch sprechenden Führer von Brazil Expedition bieten klassische Rio-Touren an, z. B. Ausflüge zum Cristo Redentor, Touren ins Nachtleben von Lapa, Besuche von Fußballspielen im Maracanã-Stadion und Favela-Touren.

Helisight (☎ 2511 2141; www.helisight. br; 6 Min./30 Min. pro Pers. 150/520 R$) Wurde 1991 gegründet und bietet acht verschiedene Helikoptertouren an. Allen gemeinsam sind ein Blick auf den Cristo Redentor und grandiose Ausblicke auf die Stadt. Es müssen mindestens drei Personen mitfliegen.

Jeep Tour (☎ 2108 5800; www.jeeptour.com.br; Touren ab 85 R$) Veranstaltet Fahrten zum Parque Nacional da Tijuca in einem großen Jeep mit aufklappbarem Verdeck. Dazu gehören jeweils Stopps an der Vista Chinesa, Spaziergänge durch den Wald und kurze Aufenthalte an einer Schwimmstelle unterhalb eines Wasserfalls.

Rio by Jeep (☎ 9693 8800; www.riobyjeep.com; Touren ab 95 R$) Renommierter Anbieter von Jeeptouren.

Santa Teresa Tour (☎ 2507 4417; www.santateresa-tour.com.br; Touren ohne/mit Transport 35/75 R$) Zweimal täglich finden Touren durch die historischsten Stadtteile Rios mit Schwerpunkt auf Kultur und Architektur statt.

FESTE & EVENTS

Neben dem Karneval (S. 83) hat Rio das ganze Jahr über viele aufregende Events zu bieten.

Dia de São Sebastião (20. Jan.) Der Schutzpatron der Stadt wird mit einer Prozession gefeiert, bei der sein Bild aus der Igreja de São Sebastião dos Capuchinos (Karte S. 152 f.; Rua Haddock Lobo 266) in Tijuca zur Catedral Metropolitana (Karte S. 150 f.) getragen und dort im Rahmen einer Messe von Rios Erzbischof gesegnet wird.

Dia da Fundação da Cidade (1. März) Die Gründung der Stadt durch Estácio de Sá im Jahr 1565 wird mit einer Messe in der Kirche ihres Schutzpatrons, São Sebastião, gefeiert.

Sexta-Feira da Paixão (März od. April) Karfreitag wird überall in der Stadt zelebriert. Die wichtigste Zeremonie ist eine Passionsprozession unter den Arcos do Lapa, bei der mehr als 100 Teilnehmer das Kreuz tragen.

Festas Juninas (Juni) Das Juni-Festival gehört zu Brasiliens wichtigsten Folklorefesten. In Rio wird es den ganzen Monat über auf verschiedenen öffentlichen Plätzen gefeiert, besonders intensiv am 13. (Dia de Santo Antônio), am 24. (Dia de São João) und am 29. (Dia de São Pedro).

Portas Abertas (www.artedeportasabertas.com.br; an einem Juli-Wochenende) Bei dem alle zwei Jahre stattfindenden Event öffnen die Künstler von Santa Teresa ihre Ateliers für die Öffentlichkeit und verwandeln das Viertel somit in eine Art Live-Installation.

Festa da São Pedro do Mar (13. Juli) Die Fischergemeinde zollt ihrem Schutzheiligen mit einer Schiffsprozession Tribut. Geschmückte Boote fahren dabei vom Fischerviertel Caju, 2 km nördlich des Centro, zur Statue von São Pedro in Urca.

Festa de NS da Glória do Outeiro (15. August) Mariä Himmelfahrt feiert man in Rio mit einer feierlichen Messe in der mit Lichtern geschmückten Igreja de NS da Glória do Outeiro und mit einer Prozession in den Straßen von Glória. Dazu gehören Musik und bunte Stände, die auf der Praça NS da Glória aufgebaut sind. Die Feierlichkeiten beginnen um 8 Uhr und dauern den ganzen Tag über.

Dia de Independência do Brasil (7. September) Der Unabhängigkeitstag wird mit einer großen Militärparade in der Av Presidente Vargas begangen. Sie beginnt um 8 Uhr bei der Candelária und endet westlich der Praça Onze, nördlich des Sambódromo.

Rio International Film Festival (www.festivaldorio.com.br, portugiesisch; Sept. & Okt.) Eines der größten Festivals in Lateinamerika! In ungefähr 35 Kinos werden über 200 Filme aus aller Welt gezeigt. Das Festival dauert in der Regel 15 Tage, beginnend in der letzten Septemberwoche.

Rio Jazz Festival (Okt.) Dreitägiges Festival mit großartiger Musik. Nationale und internationale Gruppen präsentieren Jazz und andere Musikrichtungen. Die Termine variieren von Jahr zu Jahr.

Festa da Penha (Okt. & Nov.) Diese Festa, eines der größten religiösen Volksfeste der Stadt, wird an den Oktobersonntagen sowie am ersten Sonntag im November in der Igreja NS da Penha de França, Largo da Penha 19 in Penha, äußerst stimmungsvoll begangen.

Reveillon & Festa de Iemanjá (31. Dez.) Silvester (Reveillon) feiern auch in Rio Millionen Menschen mit tonnenweise Feuerwerkskörpern, die am Himmel über Copacabana explodieren. Silvester fällt mit dem Fest der Meeresgöttin Iemanjá zusammen: Weiß gekleidete Gläubige tragen eine Statue der Iemanjá zum Strand und lassen auf dem Meer Blumen und andere Opfergaben schwimmen.

SCHLAFEN

Rio hat seeehr viele Unterkünfte zu bieten, von Luxushotels über Hostels und B&Bs bis hin zu jeder Menge Nullachtfünfzehn-Hotelbauten entlang der Copacabana. Hier ein paar Tipps zu den verschiedenen Optionen: Wer sein Quartier im Herzen der Stadt aufschlagen möchte und dafür auch gerne etwas mehr bezahlt, ist in Ipanema oder Leblon an der richtigen Adresse. Dort gibt's wunderschöne Strände, exzellente Restaurants und tolle Möglichkeiten zum Einkaufen und Ausgehen. Wem es dort zu teuer ist, der ist mit dem quirligeren Copacabana gut beraten, wo die Unterkünfte günstiger, aber immer noch in Strandnähe sind; zudem trennt einen nur eine kurze Taxi- oder Busfahrt von Ipanema. Eine Alternative zum Strandleben bieten die kolonialen Gästehäuser in Santa Teresa. Dieses Viertel liegt zudem ganz in der Nähe von Lapa mit seiner fantastischen Musikszene. In anderen Vierteln entlang der Metrolinien wie Botafogo, Flamengo und Catete sind die Preise im Allgemeinen niedriger als in ihren südlichen Pendants in der Nähe des Strandes.

Geld spart, wer online über eines der zuverlässigen Buchungsbüros in Rio bucht, z. B. über www.ipanema.com und über www.riocharm.com.br. Auf diese Weise kann man sich um 30 bis 50 % günstiger betten als normal.

Die Zimmerpreise steigen in den Sommermonaten (Dez.–Mitte März) um 30 %, an Silvester und während des Karnevals verdoppeln oder verdreifachen sie sich sogar. Dann muss man in den meisten Unterkünften – Hostels eingeschlossen – zudem mindestens vier Übernachtungen buchen.

Nicht vergessen: Viele Hotels schlagen 15 % für Service und Steuern auf, bei günstigeren Unterkünften wird darauf meist verzichtet.

Ipanema & Leblon

Meerblick, fantastische Strände direkt vor der Haustür und tolle Bars und Restaurants machen Ipanema und Leblon zu echten Besuchermagneten. Die Preise hier liegen dementsprechend über dem Durchschnitt. Zur Auswahl stehen jede Menge Hostels und zahlreiche Luxusunterkünfte, nur das Angebot in der mittleren Preisklasse ist recht überschaubar.

BUDGETUNTERKÜNFTE

Che Lagarto Ipanema (Karte S. 144 f.; ☎ 2512 8076; www.chelagarto.com; Rua Paul Redfern 48, Ipanema; B/DZ ab 40/120 R$) Das fünfstöckige Hostel in Ipanema gehört zur Che-Lagarto-Kette und bringt seine Gäste in winzigen, einfachen Zimmern in guter Lage unter. Abgesehen von der recht teuren Bar im ersten Stock sind Gemeinschaftsbereiche eher Mangelware.

Rio Hostel – Ipanema (Karte S. 144 f.; ☎ 2287 2928; www.riohostelipanema.com; Casa 1, Rua Canning 18, Copacabana; B/DZ 40/130 R$; 🖥) Das einladende Rio Hostel ist in einer kleinen Villa in einer idyllischen Ecke von Ipanema zuhause. Die Zimmer sind sauber und es gibt eine kleine Dachterrasse mit Hängematten.

Bonita (Karte S. 144 f.; ☎ 2227 1703; www.bonitaipanema.com; Rua Barão da Torre 107, Ipanema; B 40–50 R$, DZ mit/ohne Bad 180/160 R$; 🚭 🖥 📶 🐾) Dieses umgebaute Haus ist lebendig gewordene Geschichte: Die Bossa-Nova-Legende Tom Job wohnte hier von 1962 bis 1965 und schrieb in dieser Zeit auch einige seiner bekanntesten Lieder. Die sauberen Zimmer sind einfach eingerichtet und gehen alle auf eine Gemeinschaftsterrasse mit Blick auf einen kleinen Pool und eine Lounge unter freiem Himmel hinaus.

Ipanema Beach House (Karte S. 144 f.; ☎ 3202 2693; www.ipanemahouse.com; Rua Barão da Torre 485, Ipanema; B/DZ 45/140 R$; 🖥 🐾) In dem zauberhaft umgebauten, zweistöckigen Gebäude befinden sich Schlafsäle mit Dreier-Stockbetten für sechs bzw. neun Personen. Daneben gibt's mehrere separate Zimmer, großzügige Lounge-Bereiche drinnen und draußen, eine kleine Bar und einen Pool.

Lemon Spirit Hostel (Karte S. 144 f.; ☎ 2294 1853; www.lemonspirit.com; Rua Cupertino Durão 56, Leblon; B/DZ/3BZ 45/160/195 R$; 🚭 🖥 📶) Das älteste Hotel von Leblon punktet mit seiner ausgezeichneten Lage nur einen Block vom Strand entfernt. Die Schlafräume für neun Personen (mit Dreier-Stockbetten) sind sauber und schlicht, dazu kommen ein winziger Innenhof und eine kleine Lounge-Bar, in der man spielend leicht mit anderen Reisenden in Kontakt kommt.

Hostel Harmonia (Karte S. 144 f.; ☎ 2523 4905; www. hostelharmonia.com; Casa 18, Rua Barão da Torre 175, Ipanema; B 50 R$; 🖥) Steht unter schwedischer Leitung und gehört mit seinem Backpacker-Flair zu den besten Hostels in Ipanema. Die Zimmer, die zweifarbige Holzdielen schmücken, halten jeweils sechs Betten bereit.

MITTEL- & SPITZENKLASSEHOTELS

Margarida's Pousada (Karte S. 144 f.; ☎ 2239 1840; margaridacarneiro@hotmail.com; Rua Barão da Torre 600, Ipanema; EZ/DZ/3BZ ab 130/200/220 R$; 🚭 🖥 📶) Wer den Hochhaushotels eine intimere und gemütlichere Atmosphäre vorzieht, ist in dieser hervorragend gelegenen Pension in Ipanema mit ihren elf hübschen, einfach eingerichteten Zimmern an der richtigen Adresse. Margarida betreibt auch noch eine zweite, etwas abgeschiedenere Pension im Jardim Botânico.

Yaya Hotel (Karte S. 144 f.; ☎ 3813 3912; www.yayario.com; Rua Farme de Amoedo 135, Ipanema; EZ/DZ/3BZ 130/180/240 R$; 🚭) Das Yaya ist ebenfalls eine gute Alternative zu den hochaufragenden Hotelklötzen. In einem umgebauten Haus in einer ruhigen Straße findet man hier acht saubere, helle Zimmer mit Wänden und Böden aus Holz. Die insgesamt vier Bäder muss man sich allerdings mit den anderen Gästen teilen.

Hotel Vermont (Karte S. 144 f.; ☎ 3202 5500; www.hotelvermont.com.br; Rua Visconde de Pirajá 254, Ipanema; EZ/DZ/3BZ 210/230/300 R$; 🚭) Das Vermont ist eines der wenigen unprätentiösen Hotels in Ipanema und bringt seine Gäste in schlichten Unterkünften unter. Trotz einer kürzlich vorgenommenen Renovierung sind die sauberen, wenngleich nicht makellosen Zimmer mit ihren gefliesten Böden und den recht in die Jahre gekommenen Bädern nichts Besonderes.

Hotel San Marco (Karte S. 144 f.; ☎ 2540 5032; www.sanmarcohotel.net; Rua Visconde de Pirajá 524, Ipanema; EZ/DZ ab 212/229 R$; 🚭 🖥 📶) Der einzige Pluspunkt des San Marco ist seine Lage. Die Zimmer sind zwar sauber, aber klein, und die grüne Bettwäsche ist alles andere als stylish. Und die winzigen „Economy"-Zimmer sind noch dazu recht teuer (EZ/DZ 173/193 R$).

Ipanema Inn (Karte S. 144 f.; ☎ 2523 6092; www.ipanemainn.com.br; Rua Maria Quitéria 27, Ipanema; DZ 212–330 R$; 🚭) Die Zimmer in diesem einfachen Hotel haben nette Extras zu bieten wie Holzschnitte an den Wänden, grauweiß geflieste Böden und moderne Bäder mit großen Badewannen.

Arpoador Inn (Karte S. 144 f.; ☎ 2523 0060; www. arpoadorinn.com.br; Rua Francisco Otaviano 177, Ipanema; DZ mit/ohne Meerblick 455/244 R$; 🐱) Das sechsstöckige Hotel ist das einzige in der Stadt, das nicht durch eine geschäftige Straße vom Strand getrennt wird. Die Zimmer hier sind klein und einfach, aber die helleren (und hübscheren) „Deluxe"-Varianten haben einen traumhaften Meerblick zu bieten.

Ipanema Hotel Residência (Karte S. 144 f.; ☎ 3125 5000; www.ipanemahotel.com.br; Rua Barão da Torre 192, Ipanema; DZ ab 330 R$; 🐱 🔊) Dieses mehrstöckige Aparthotel birgt große Appartements mit Küchenzeilen, Lounge-Bereichen und hübsch gestalteten Schlafzimmern. Jede Unterkunft ist anders eingerichtet, daher lässt man sich am besten ein paar zeigen.

Mar Ipanema (Karte S. 144 f.; ☎ 3875 9190; www.mar ipanema.com.br; Rua Visconde de Pirajá 539, Ipanema; DZ 359–449 R$; 🐱) Zuverlässige Adresse in Ipanema. Hier nächtigt man in gepflegten, modernen Zimmern mit anständigen Betten, schöner Beleuchtung, glänzendem Parkettboden und einer hübschen Farbgebung. Kleiner Nachteil: Die Aussicht ist nicht so schön.

Everest Rio (Karte S. 144 f.; ☎ 2525 2200; www.everest. com.br; Rua Prudente de Morais 1117, Ipanema; EZ/DZ ab 380/409 R$; 🐱 🔊) Das Everest liegt nur einen Block vom Strand entfernt und hat gemütliche Zimmer mit hohen Fenstern und modernen Bädern zu bieten. „Deluxe" ist hier gleichbedeutend mit mehr Platz; die besten Zimmer – genannt „Luxo Superior" – eröffnen einen Blick auf den See.

Sol Ipanema (Karte S. 144 f.; ☎ 2525 2020; www. solipanema.com.br; Av Vieira Souto 320, Ipanema; EZ/DZ 375/415 R$, mit Meerblick 465/520 R$; 🐱 🔊 🔊) Die schön beleuchteten Zimmer im hochaufragenden, schmalen Sol Ipanema sind in warmen Farben gehalten und werden von dunklen Holzmöbeln dominiert. In den „Deluxe"-Varianten bekommt man Meerblick dazu.

Ritz Plaza Hotel (Karte S. 144 f.; ☎ 2540 4940; www. ritzhotel.com.br; Av Ataúlfo de Paiva 1280, Leblon; EZ/DZ ab 380/420 R$; 🐱 🔊) Im frisch renovierten Ritz Plaza erwarten einen stilvolle Zimmer und Gemeinschaftsbereiche, die ein luxuriöses Flair verströmen. Die Suiten sind mit einem oder zwei Schlafzimmern, Küchenzeilen, Balkonen (teilweise mit Meerblick), mit Kunst geschmückten Wänden, einer guten Beleuchtung und makellosen Bädern ausgestattet.

Marina All Suites (Karte S. 144 f.; ☎ 2172 1100; www. marinaallsuites.com.br; Av Delfim Moreira 696, Leblon; Suite ab 777 R$; 🐱 🔊 🔊) Das Marina All Suites vereint Stil und Komfort mit einem wundervollen Meerblick. Die elegant gestalteten Suiten mit ihren ordentlichen Stereoanlagen bieten genug Platz, um kleine Privatpartys steigen zu lassen, und auch der Pool auf dem Dach, der Lounge-Bereich, das Restaurant und die Lounge Bar D'Hotel im zweiten Stock sind genau das Richtige für all die Reichen und Schönen hier.

Hotel Fasano (Karte S. 144 f.; ☎ 3202 4000; www.fa sano.com.br; Av Vieira Souto 80, Ipanema; DZ ab 1250 R$; 🐱 🔊 🔊 🔊) Das extrem stylishe Fasano wurde von Philippe Starck entworfen und ist *die* Adresse schlechthin für aufgehende Stars und Sternchen auf Rio-Besuch. Seine Lage ist traumhaft und das Fischrestaurant samt Bar hochgelobt. Wer hier übernachtet, sollte auf jeden Fall ein Zimmer mit Meerblick buchen!

Copacabana & Leme

In Copacabana, insbesondere auf der Av Atlântica, gibt es Hotels in Hülle und Fülle. Qualität und Preise schwanken jedoch stark und so manch eine Unterkunft hätte eine Renovierung dringend nötig …

BUDGETUNTERKÜNFTE

Stone of a Beach Hostel (Karte S. 146 f.; ☎ 3209 0348; www. stoneofabeach.com.br; Rua Barata Ribeiro 111, Copacabana; B 30–39 R$, DZ 90–120 R$; 🐱 🔊 🔊 🔊) Wer einen der einfachen Schlafsäle (mit 6–18 Betten) in diesem beliebten Hostel bezieht, bekommt eine herzliche Partyatmosphäre obendrauf. An dem kleinen Pool auf dem Dach samt Bar und einem Restaurant, das günstiges Abendessen serviert, kann man andere Gäste kennenlernen, zudem werden jede Menge Aktivitäten angeboten – eine besonders praktische Option für Alleinreisende.

Bamboo Rio (Karte S. 146 f.; ☎ 2236 1117; www. bambooorio.com; Rua Lacerda Coutinho 45, Copacabana; B 32–39 R$, DZ 120–140 R$; 🐱 🔊 🔊 🔊) Einladend und gemütlich. In einer umgebauten Villa finden sich hier gepflegte, klimatisierte Schlafsäle für fünf bis zwölf Personen, ein weitläufiger Lounge-Bereich, ein winziger Pool und eine stimmungsvolle Bar.

Walk on the Beach Hostel (Karte S. 146 f.; ☎ 2545 7500; www.walk-on-the-beach.com; Rua Dias da Rocha 85, Copacabana; B 35–45 R$; 🔊 🔊) Dieses hübsch gestaltete Hostel ist in einem nicht beschilderten, zweistöckigen Haus an einer der wenigen ruhigen Straßen Copacabanas untergebracht und bringt in seinen Schlafsälen (mit Ventilatoren) zwischen drei und 12 Personen unter. Es gibt eine Lounge und eine kleine Bar und die Atmosphäre ist angenehm ungezwungen.

Castelo (Karte S. 146 f.; ☎ 2521 5130; www.castelohostel.com.br; Rua Saint Roman 20, Copacabana; B/DZ 35/100 R$; 🖳) Standesgemäß ist das Castelo in einer wunderschön umgebauten, schlossähnlichen Villa aus den 1920er-Jahren untergebracht. Es liegt in einer ruhigen Ecke von Copacabana und bietet riesige Schlafsäle mit Einzelbetten und poliertem Parkettboden nebst weitläufiger Gemeinschaftsbereiche.

MITTELKLASSEHOTELS

Jucati (Karte S. 146 f.; ☎ 2547 5422; www.edificiojucati.com.br; Rua Tenente Marones de Gusmão 85, Copacabana; EZ/DZ/3BZ/4BZ 130/160/190/220 R$; 🗷) Das nicht beschilderte Jucati liegt neben einem grünen Park, hat jedoch in Sachen Flair wenig zu bieten. Seine großen, einfach eingerichteten Appartements kommen mit Schieferböden und kleinen Küchenzeilen daher.

Residencial Apartt (Karte S. 146 f.; ☎ 2522 1722; www.apartt.com.br; Rua Francisco Otaviano 42, Arpoador; EZ-/DZ-Suite 138/217 R$) In diesem Hotel der alten Schule gibt's ausschließlich Suiten. Es versprüht zwar nicht gerade viel Charme, dafür sind Preis und Lage ausgezeichnet. Die einfachsten Optionen bieten Schlafzimmer mit angenehm natürlicher Beleuchtung, kleine Küchenzeilen und recht düstere Wohnzimmer mit Kabelfernsehen.

Hotel Santa Clara (Karte S. 146 f.; ☎ 2256 2650; www.hotelsantaclara.com.br; Rua Décio Vilares 316, Copacabana; EZ/DZ ab 155/175 R$) Das Santa Clara mit seiner weißgetünchten Fassade und den blauen Fensterläden liegt oberhalb eines städtischen Parks. Die unteren Zimmer sind etwas düster, lieber eines im Obergeschoss – mit Parkett, antiken Betten, Schreibtisch und Balkon – nehmen!

SPITZENKLASSEHOTELS

Atlantis Copacabana Hotel (Karte S. 146 f.; ☎ 2521 1142; www.atlantishotel.com.br; Rua Bulhões de Carvalho 61, Copacabana; DZ 210–260 R$; 🖳 🛪) Das Atlantis liegt günstig zwischen Copacabana und Ipanema. Man nächtigt in sauberen, recht einfach eingerichteten Zimmern, ab dem 9. Stock ist eine schöne Aussicht inklusive und auf dem Dach gibt's einen kleinen Pool und eine Sauna.

Ouro Verde Hotel (Karte S. 146 f.; ☎ 2543 4123; www.dayrell.com.br; Av Atlântica 1456, Copacabana; EZ 200–260 R$, DZ 230–280 R$; 🗷 🛪) Das Ouro Verde, eines der Strandhotels mit super Preis-Leistungs-Verhältnis, bietet geräumige, altmodische Zimmer, allerdings mit recht betagten Teppichen und Bädern. Der Meerblick ist aber einmalig (zumindest von den „Luxo"-Zimmern aus).

Augusto's Copacabana (Karte S. 146 f.; ☎ 2547 1800; www.augustoshotel.com.br; Rua Bolívar 119, Copacabana; EZ/DZ/3BZ 205/228/250 R$; 🗷 🛪) Die Gemeinschaftsbereiche des Augusto prägt ein leicht kitschiger, altrömischer Stil, die funktionellen Zimmer mit ihren modernen Bädern dagegen sind angenehm hell und haben teilweise Balkone (leider ohne schöne Aussicht). Tipp: Die Nummern der größten Zimmer enden auf 1 oder 8.

Acapulco (Karte S. 146 f.; ☎ 3077 2000; www.acapulcohotel.com.br; Rua Gustavo Sampaio 854, Leme; EZ/DZ ab 215/240 R$; 🗷 🛜) Das Acapulco liegt an einer

---

FÜR DAUERGÄSTE

Wenn man länger als nur ein paar Tage in Rio bleiben will, kommt man mit einer gemieteten Wohnung oft günstiger weg als mit einem Hotelzimmer. Ein-Zimmer-Wohnungen gibt's schon ab 120 R$ pro Nacht, an Karneval und Silvester steigen die Preise aber erheblich.

Aurélio Rio Guide (☎ 7828 6382; www.aureliorioguide.com) Aurélio vermietet Wohnungen in Ipanema und Copacabana sowie ein Haus in Búzios.

Blame it on Rio 4 Travel (Karte S. 146 f.; ☎ 3813 5510; www.blameitonrio4travel.com; Rua Xavier da Silveira 15B, Copacabana) Diese renommierte Agentur wird von einem New Yorker geleitet. Sie vermittelt Wohnungen und dient außerdem als Reisebüro.

Copacabana Holiday (Karte S. 146 f.; ☎ 2542 1525; www.copacabanaholiday.com.br; Rua Barata Ribeiro 90A, Copacabana) Vermietet Objekte in Copacabana.

Fantastic Rio (Karte S. 146 f.; ☎ 2543 2667; http://fantasticrio.br.tripod.com; Apt 501, Av Atlântica 974, Leme) Peter Corr von Fantastic Rio, der mehrere Sprachen spricht, vermietet einfache Ein-Zimmer-Wohnungen neben geräumigen Appartements mit vier Schlafzimmern und Strandblick.

Rio Apartments (Karte S. 146 f.; ☎ 2247 6221; www.rioapartments.com; Rua Rainha Elizabeth 85, Copacabana) Diese Agentur unter schwedischer Leitung vermittelt an Traveller verschiedene Wohnungen in der Zona Sul.

RIO DE JANEIRO (STADT)

ruhigen Straße, nur einen Block vom Strand entfernt, und hat moderne, funktionelle Zimmer mit bunten Bettdecken und Vorhängen. Daneben gibt es noch ein paar größere Suiten.

South American Copacabana Hotel (Karte S. 146 f.; ☎ 2227 9161; www.southamericanhotel.com.br; Rua Francisco Sá 90, Copacabana; EZ/DZ ab 216/238 R$; 🔀 💻 📶) Das Hotel mit seinen 13 Stockwerken ist nur einen kurzen Fußmarsch von den Stränden von Copacabana und Ipanema entfernt und hat ein gutes Preis-Leistungs-Verhältnis zu bieten. Die gepflegten, modernen Zimmer punkten mit Parkettboden, farbenfroher Bettwäsche und Kunst an den Wänden.

Orla Copacabana (Karte S. 146 f.; ☎ 2525 2425; www.orlahotel.com.br; Av Atlântica 4122, Copacabana; DZ 248–313 R$; 🔀 📶 📶) Unter spanischer Leitung. Hier bekommt man hübsche, unprätentiöse Zimmer für sein Geld, das echte Highlight ist jedoch die große Nähe zum Strand. Den dunklen, kleinen Standardzimmern sollte man unbedingt die „Deluxe"-Varianten mit Meerblick vorziehen.

Olinda Othon Classic (Karte S. 146 f.; ☎ 2159 9000; www.othon.com.br; Av Atlântica 2230, Copacabana; DZ mit/ohne Meerblick ab 342/270 R$; 🔀 📶) Das am Strand von Copacabana gelegene, alteingesessene Olinda Othon wartet mit einer Marmorlobby samt Kronleuchtern, orientalischen Teppichen und großem Piano auf, die jede Menge altmodisches Flair versprühen. Die Zimmer hingegen sind äußerst modern, und die teureren sind wegen ihres Meerblicks die paar Kröten extra durchaus wert.

LP Tipp **Rio Guesthouse** (Karte S. 146 f.; ☎ 2521 8568; www.rioguesthouse.com; Rua Francisco Sá 5, Copacabana; DZ 300–450 R$; 🔀 📶) Die kleine Pension ist im obersten Stockwerk eines Hochhauses am Strand von Copacabana untergebracht und hat hübsch eingerichtete Zimmer, eine einladende Atmosphäre und eine sonnige Terrasse mit Blick auf den Strand zu bieten.

Design Hotel Portinari (Karte S. 146 f.; ☎ 3222 8800; www.hotelportinari.com.br; Rua Francisco Sá 17, Copacabana; DZ ab 320 R$; 🔀) In dieser stylishen Unterkunft übernachtet man auf 13 Stockwerken in kunstvoll beleuchteten Zimmern mit gemütlichen Betten, hohen Fenstern und Fliesenböden. Das Restaurant oben schmücken tropische Pflanzen, und durch seine hohen Fenster hat man eine tolle Aussicht.

Mercure Arpoador (Karte S. 146 f.; ☎ 3222 9600; www.mercure.com.br, portugiesisch; Rua Francisco Otaviano 61, Copacabana; EZ-/DZ-Suite 367/397 R$; 🔀 📶) Die Zimmer in diesem schicken Suiten-Hotel warten

mit weißen Lederschlafsofas, modernen Küchenzeilen, Fernsehern, Stereoanlagen, DVD-Playern, stimmungsvoller Beleuchtung, gemütlichen Schlafzimmern und Terrassen auf – nur an einer tollen Aussicht hapert's …

Porto Bay Rio Internacional (Karte S. 146 f.; ☎ 2546 8000; www.portobay.com.br; Av Atlântica 1500, Copacabana; DZ/Suite ab 480/850 R$; 🔀 💻 📶) Das Porto Bay gehört zu den besten Strandhotels von Copacabana dank eleganter Zimmer, in denen sich superweiche Bettdecken, helle Hartholzböden, stilvolle Möbel und Kunstwerke finden. Durch die großen Fenster fällt jede Menge Licht in die Zimmer, und die meisten haben auch noch einen Balkon.

Copacabana Palace (Karte S. 146 f.; ☎ 2548 7070; www.copacabanapalace.com.br; Av Atlântica 1702, Copacabana; DZ ab 785 R$; 📶) Das bekannteste Hotel der Stadt durfte schon Regierungschefs und Rockstars beherbergen. Die grellweiße Fassade stammt aus den 1920ern, der Zeit, als das Palace ein regelrechtes Wahrzeichen Rios war. Zur Auswahl stehen viele verschiedene Zimmertypen, zudem gibt's einen wunderschönen Pool und ausgezeichnete Restaurants.

Botafogo

In Botafogo eröffnen immer wieder neue Hostels und so findet man hier einige der besten Budgetunterkünfte der Stadt. Der Strand ist zwar etwas weiter weg, dafür bietet das Viertel mit seinen *botecos* alter Schule und den versteckt an Alleen liegenden Restaurants, in die sich selten ein Tourist verirrt, eine authentische Rio-Erfahrung.

El Misti (Karte S. 148 f.; ☎ 2226 0991; www.elmistihostel.com; Praia do Botafogo 462, Casa 9; B 29–40 R$, EZ 40 R$, DZ 110–130 R$; 💻) Eines der Glieder in der langen Hostel-Kette in Botafogo und bekannt für seine günstigen Schlafsäle (mit Dreier-Stockbetten) und eine gesellige Atmosphäre.

Tupiniquim (Karte S. 148 f.; ☎ 2244 1286; www.tupiniquimhostel.com.br; Rua São Manoel 19; B 30–35 R$, DZ mit/ohne Bad 100/80 R$; 🔀 💻 📶) Das Tupiniquim hat nicht nur billige Zimmer, sondern auch jede Menge Action zu bieten! Hier gibt's eine Kletterwand, eine Tischtennisplatte, einen Billardtisch, Tischfußball, einen Plattenspieler, eine DVD-Sammlung, eine Bücherei und mehrmals pro Woche Grillabende im Freien!

Vila Carioca (Karte S. 148 f.; ☎ 2535 3224; www.vilacarioca.com.br; Rua Estácio Coimbra 84; B/DZ ab 32/110 R$; 🔀 💻 📶) Dieses unauffällige, einladende Hostel ist in einem hübsch gestalteten Haus an einer ruhigen, von Bäumen gesäumten

Straße untergebracht. Man nächtigt in Schlafsälen für sechs bis 15 Personen und die Gemeinschaftsbereiche sind super, um neue Kontakte zu knüpfen.

Brothers Hostel (Karte S. 148 f.; ☎ 2551 0997; www.brothershostel.com; Rua Farani 18; B/DZ mit HI-Ausweis ab 37/120 R$, ohne HI-Ausweis ab 47/140 R$; 🌐 💻 📶) Das wunderschön umgebaute Gebäude birgt gut belüftete, supersaubere Zimmer und Gemeinschaftsbereiche mit polierten Parkettböden und hohen Wänden. Es gibt Schlafsäle für bis zu acht Personen und in der Bar – Let's rock, Baby! – geben sich Cariocas und ausländische Touristen die Klinke in die Hand.

Flamengo & Catete
Diese beiden Viertel sind in erster Linie Wohnbezirke der Mittelschicht, haben aber auch ein paar günstige Unterkünfte zu bieten. Den Strand erreicht man von hier allerdings nur mit der Metro.

Art Hostel (Karte S. 148 f.; ☎ 2205 1983; www.arthostelrio.com; Rua Silveira Martins 135, Catete; B 29–45 R$, EZ/DZ ab 50/90 R$; 💻 📶) Das langgezogene, schmale, dreistöckige Hostel liegt an einer ruhigen Straße abseits der geschäftigen Rua do Catete und zieht eine alternative Bohème-Klientel an. In den Schlafsälen stehen vier bis 14 Betten und der zentrale, mit Kunstwerken geschmückte Aufenthaltsraum verwandelt sich zweimal im Monat in eine Bühne für kulturelle Events wie Lesungen und Kunstausstellungen.

Hotel Riazor (Karte S. 148 f.; ☎ 2225 0121; www.hotelriazor.com.br; Rua do Catete 160, Catete; EZ/DZ 75/90 R$; 🌐) Hinter einer kolonialen Fassade verbergen sich hier verwohnte, wenig stilvolle Zimmer, die von Urlaubern und schrägen Einzelgängern bevölkert werden. Das Konzept ist einfach, aber erfolgreich: ein Bett, ein Bad, ein Fernseher, eine Klimaanlage – und eine Tür, hinter der Rio auf seine Erkundung wartet!

Maze Inn (Karte S. 148 f.; ☎ 2558-5547; www.jazzrio.info; Casa 66, Rua Tavares Bastos 414, Favela Tavares Bastos; EZ/DZ ab 80/100 R$) Das Maze Inn liegt in Tavares Bastos (einer der sichersten Favelas der Stadt) und bietet eine tolle Chance, Rio von einer anderen Seite kennenzulernen. Die Zimmer wurden von ihrem englischen Besitzer und Renaissance-Fan Bob Nadkarni mit Originalkunst kreativ geschmückt (alle diese Objekte kann man übrigens käuflich erwerben), und die Terrasse eröffnet eine traumhafte Aussicht auf die Bucht und den Pão de Açúcar.

Hotel Inglês (Karte S. 148 f.; ☎ 2558 3052; www.hotelingles.com.br; Rua Silveira Martins 20, Flamengo; EZ/DZ 120/150 R$; 🌐 💻) Das Inglês mit seiner Kolonialfassade verfügt über verschiedene einfache Zimmer, von denen die schönsten hohe Decken und Fenster mit Blick auf den grünen Parque do Catete bieten. Die nach hinten gelegenen Räumlichkeiten sind recht klein.

Augusto's Paysandu (Karte S. 148 f.; ☎ 2558 7270; www.paysanduhotel.com.br; Rua Paissandu 23, Flamengo; EZ/DZ 149/165 R$; 🌐) Das erschwingliche Paysandu liegt an einer von majestätischen Palmen gesäumten Straße in Flamengo und ist eine zuverlässige Adresse. Die besten Zimmer zeichnen hohe Decken, eine angenehm natürliche Beleuchtung und viiiel Platz aus.

Regina Hotel (Karte S. 148 f.; ☎ 3289 9999; www.hotelregina.com.br; Rua Ferreira Viana 29, Flamengo; EZ/DZ 172/190 R$, mit Balkon 188/210 R$; 🌐 💻) Im renovierten Regina gibt es 117 helle, moderne Zimmer mit Parkett- oder Fliesenböden und blitzeblanken Bädern. Die an der Vorderseite heißen „Luxos" und haben recht große Balkone mit toller Brise von der Bucht her zu bieten.

Santa Teresa & Lapa
In Santa Teresa haben in den vergangenen Jahren einige Unterkünfte in der unteren und mittleren Preisklasse eröffnet, die zunehmend Urlauber in dieses faszinierende, kunstverliebte Viertel locken. Die Sicherheit bleibt aber weiterhin ein Problem, deswegen sollte man Tag und Nacht die Augen offenhalten.

BUDGETUNTERKÜNFTE
Pousada Favelinha (Karte S. 148 f.; www.favelinha.com; Rua Antonio Joaquim 13, Morro do Pereirão da Silva; B/DZ 35/75 R$) Saubere, hübsche Pension in der Favela Pereirão da Silva. Hier warten vier Doppelzimmer und ein Schlafsaal für fünf Personen auf Gäste, allesamt mit Balkonen und atemberaubender Aussicht. Auch wenn die Favela zu den ruhigeren der Stadt zählt, ist die Gegend nicht jedermanns Sache. Eine Wegbeschreibung findet man auf der Website.

Terra Brasilis (Karte S. 150 f.; ☎ 2224 0952; www.terrabrasilishostel.com; Rua Murtinho Nobre 156, Santa Teresa; B 35–40 R$, DZ 130–150 R$; 💻 📶) Die idyllisch gelegene Pension in der Nähe des Parque das Ruinas hat Schlafsäle für sechs bis zwölf Personen und Doppelzimmer zu bieten, jeweils mit Parkettboden und Fenstertüren, die auf eine Terrasse mit Blick auf die Stadt hinausführen. Die stimmungsvolle Bar eignet sich bestens für einen entspannten Drink.

Rio Hostel (Karte S. 150 f.; ☎ 3852 0827; www.riohostel.com; Rua Joaquim Murtinho 361, Santa Teresa; B 37 R$, DZ

120–140 R\$; [icons]) Das Rio Hostel erfreut sich dank seiner hübsch gestalteten Zimmer, einer gemütlichen Lounge und eines Innenhofs großer Beliebtheit. Grillabende und gelegentliche Jam-Sessions von Gästen und einheimischen Musikern schaffen eine gesellige Atmosphäre.

Casa Mango Mango (Karte S. 150 f.; ☎ 2508 6440; www.casamangomango.com; Rua Joaquim Murtinho 587; B 40 R\$, DZ 140–220 R\$; [icons]) Diese einladende Pension ist in einer atmosphärischen Villa zuhause und bietet ihren Gästen eine breite Palette von unterschiedlich eingerichteten Zimmern (die einen fensterlos, die anderen mit traumhafter Aussicht), einen grünen Garten und einen Innenhof. Das Frühstück ist super!

Hotel Marajó (Karte S. 150 f.; ☎ 2224 4134; Rua Joaquim Silva 99, Lapa; EZ/DZ/2BZ 55/60/80 R\$; [icons]) Schlichtes Hotel, ein paar Schritte von der Selarón-Treppe entfernt, mit einfachen, recht sauberen Zimmern mit Klimaanlagen. In den schönsten Optionen bekommt man viel Tageslicht ab, andere sind aber ziemlich düster.

Casa Áurea (Karte S. 150 f.; ☎ 2242 5830; www.casaaurea.com.br; Rua Áurea 80, Santa Teresa; B 65 R\$, EZ/DZ mit Gemeinschaftsbad 110/140 R\$, EZ/DZ mit eigenem Bad 160/190 R\$; [icons]) In einem hübschen, zweistöckigen Gebäude in einer ruhigen Straße ist diese einfache Pension mit ihren schönen, gut belüfteten Zimmern zuhause. Es gibt einen kleinen Hinterhof mit Hängematten.

MITTEL- & SPITZENKLASSEHOTELS

LP Tipp **Cama e Café** (Karte S. 150 f.; ☎ 2225 4366; www.camaecafe.com.br; Rua Progresso 67, Santa Teresa; DZ ab 95 R\$) Das Cama e Café ist ein Netzwerk aus B&Bs, das Urlauber mit Einheimischen in Kontakt bringt. Man wählt aus zahlreichen in Kolonialhäusern untergebrachten Unterkünften, die von bescheiden bis luxuriös einfach alles zu bieten haben. Die edelsten Varianten sind die schlossähnlichen Villen mit ihren Terrassen, den mit Antiquitäten geschmückten Suiten und den grünen Gärten.

Castelinho 38 (Karte S. 150 f.; ☎ 2252 2549; www.castelinho38.com; Rua Triunfo 38, Santa Teresa; EZ/DZ ab 170/220 R\$; [icons]) In dieser Villa aus dem 19. Jh. kann man sich in geräumige, helle Zimmer mit hohen Decken und Parkettböden einquartieren. Daneben gibt's eine Terrasse, einen Garten und eine Lounge-Bereich.

Solar de Santa (Karte S. 150 f.; ☎ 2221 2117; www.solardesanta.com; Ladeira do Meireles 32, Santa Teresa; DZ mit/ohne Bad ab 480/255 R\$; [icons]) Eine großartige Pension in einer umgebauten Kolonialvilla.

Die vier wunderschön gestalteten Zimmer haben Zugang zur Terrasse, von der man eine traumhafte Aussicht genießen kann.

Mama Ruisa (Karte S. 150 f.; ☎ 2242 1281; www.mamaruisa.com; Rua Santa Cristina 132, Santa Teresa; DZ ab 230 €; [icons]) Mama Ruisa liebt Bohème-Chic, wie die sieben geräumigen, kreativ eingerichteten Zimmer in diesem aufwendig dekorierten Kolonialhaus demonstrieren.

Hotel Santa Teresa (Karte S. 150 f.; ☎ 2221 1406; www.santateresahotel.com; Rua Almirante Alexandrino 660, Santa Teresa; DZ ab 750 R\$; [icons]) Das Santa Teresa ist das wohl hübscheste Luxushotel in Rio. Im Angebot sind geschmackvoll eingerichtete Zimmer, ein preisgekröntes Restaurant, ein Spa mit umfangreichem Angebot, eine schicke Bar und ein Pool mit ausgezeichneter Aussicht über die Stadt.

ESSEN

Rio wartet mit einer beeindruckenden Auswahl an Restaurants auf, in denen regionale oder internationale Küche (oder auch eine Mischung aus beidem) serviert wird. Unterm Strich haben Ipanema und Leblon die beste Gastronomie der Stadt zu bieten, man findet jedoch in jedem Viertel gute Lokale.

Wer seinen Geldbeutel schonen möchte, ist in Saftbars richtig und in Lokalen, in denen man nach Gewicht bezahlt; allerdings lohnt es sich, ab und zu etwas mehr Geld zu investieren (ein richtiges Abendessen für zwei Personen kostet durchschnittlich 80–120 R\$) – dann bekommt man aber auch erstklassige Küche in wundervollem Ambiente. Hier ein paar der wichtigsten kulinarischen Erlebnisse in Rio: Man sollte einmal in einer *churrascaria* (All-You-Can-Eat-Grillrestaurant) speisen, unter freiem Himmel hinter dem See in Lagoa zu Abend essen, sich in einem Straßencafé in Ipanema unter die Fashion Victims mischen, die Lieblingsgerichte der Einheimischen in einer *boteco* probieren und hoch oben in Santa Teresa von einer Restaurantterrasse aus den Blick über die Stadt schweifen lassen.

Selbstversorger sind mit Rios *feiras* (Lebensmittelmärkte) gut beraten; für nähere Infos s. S. 196.

Ipanema & Leblon

Tagsüber sieht man in den gut besuchten Cafés und Saftbars von Ipanema braungebrannte Strandgänger, am Abend bilden die von Bäumen gesäumten Straßen des Viertels eine malerische Kulisse für ein Abendessen unter freiem Himmel. In der Rua Días Ferreira in Leblon und in der Rua Garcia D'Ávila in Ipanema finden sich unzählige Restaurants.

Frische tropische Früchte werden auf den *feiras* verkauft. Die Markttage unter der Woche: montags Rua Henrique Dumont (Ipanema), dienstags Praça General Osório (Ipanema), donnerstags Rua General Urquiza (Leblon), freitags Praça NS de Paz (Ipanema). Sonntags findet die Hippie Fair auf der Praça General Osório (Ipanema) statt; in der südöstlichen Ecke des Marktes gibt's einen Stand mit leckerer Küche aus Nordostbrasilien, der wirklich einen Abstecher wert ist.

GÜNSTIG
Imbisse

Koni Store (Karte S. 144 f.; ☎ 2521 9348; Rua Maria Quitéria 77, Ipanema; Temaki-Sushi 7–10 R$; ☺ So–Mi 11–3, Do–Sa bis 6 Uhr) Die an ihrem leuchtenden Orange zu erkennende brasilianische Kette für japanisches Essen hat in Rio einen regelrechten Boom erlebt – seit ihrer Gründung Ende 2006 haben 15 Zweigstellen eröffnet. Hier bekommt man gerollte Leckereien mit Thunfisch oder Lachs *(temaki)*; besonders zu empfehlen ist die Lachsvariante mit knusprigen Wasabi-Erbsen und einem Hauch Lauch.

Galitos Grill (Karte S. 144 f.; ☎ 2287 7864; Rua Farme de Amoedo 62; Gerichte 10–20 R$; ☺ 12–22 Uhr) In dem zur Straße hin offenen Imbiss kommen Grillhähnchen auf den Tisch. Sich einen Stuhl an der Theke schnappen und eines der leckeren, superschnell zubereiteten Mittagsmenüs (ca. 10 R$) verputzen!

Bibi Crepes (Karte S. 144 f.; ☎ 2259 4948; Rua Cupertino Durão 81, Leblon; Crepes 11–16 R$; ☺ 12–1 Uhr) Über zwei Dutzend süße und herzhafte Crepes-Varianten sowie Salate (mit 40 verschiedenen Saucen!), die man selbst zusammenstellen kann.

Delírio Tropical (Karte S. 144 f.; ☎ 3201 2977; Rua Garcia D'Ávila 48, Ipanema; Salate 12–16 R$; ☺ 9–21 Uhr) Delírio Tropical serviert 16 verschiedene Salatkreationen neben Suppen und anderen warmen Gerichten wie vegetarischen Burgern und gegrilltem Lachs. In dem hellen Lokal mit seinen großen Fenstern mit Blick auf die Straße speist man in angenehm zwangloser Atmosphäre.

Cafés & Saftbars

Polis Sucos (Karte S. 144 f.; ☎ 2247 2518; Rua Maria Quitéria 70, Ipanema; Säfte 3–6 R$, Snacks 3–8 R$; ☺ 7–24 Uhr) Im Polis Sucos kommen jede Menge Vitamine auf den Tisch – in Gestalt von etwa 40 Säften, die

man bestens mit einem Sandwich (vegetarisch, Hühnchen, Rindfleisch) kombinieren kann.

Armazém do Café (Karte S. 144 f.; ☎ 2259 0170; Rua Rita Ludolf 87B, Leblon; Snacks 4–8 R$; ☺ 9–24 Uhr) Dunkle Holzmöbel und der Duft von frisch gemahlenem Kaffee schaffen hier eine tolle Atmosphäre. Zu essen gibt's Snacks und Desserts.

Prima Bruschetteria (Karte S. 144 f.; ☎ 2222 2222; Rua Rainha Guilhermina 95, Leblon; Bruschetta 5–8 R$; ☺ 12–24 Uhr) Das Prima hat 2010 eröffnet und zaubert italienische Köstlichkeiten, die man in dieser Gegend sonst kaum findet. Neben gerösteten Brotscheiben mit frischen, kreativen Zutaten werden Salate, Antipasti und Risotti aufgetischt.

Universo Orgânico (Karte S. 144 f.; ☎ 3874 0186; Store 105, Rua Conde Bernadotte 26, Leblon; Säfte 7 R$, Snacks 6–12 R$; ☺ Mo 8–19, Di–Sa bis 21.30, So 11–20 Uhr) Das Universo Orgânico versteckt sich im hinteren Teil einer kleinen Einkaufspassage und mixt leckere Frucht- und Gemüseshakes, z. B. Kreationen mit Karotte, Ingwer, Apfel und Leinsamen. Für das leibliche Wohl sorgen außerdem vegetarische Burger und ebensolche, sehr leckere *salgados* (Snacks).

Cafeína (Karte S. 144 f.; ☎ 2521 2194; Rua Farme de Amo-edo 43, Ipanema; Sandwiches 12–24 R$; ☺ So & Mo 9–20, Di–Sa 8–23.30 Uhr) In diesem beliebten Café im Herzen Ipanemas genießt man an Tischen im Freien Kaffee, frisch zubereitete Sandwiches, leckere Salate, Quiche-Kreationen und extrem leckere Desserts.

Auf die Schnelle & für Selbstversorger

HortiFruti (Karte S. 144 f.; ☎ 2512 6820; Rua Días Ferreira 57, Leblon; ☺ Mo–Sa 8–20, So bis 14 Uhr) In Leblons beliebter Markthalle kann man Obst, Gemüse und viele andere Lebensmittel erwerben.

Zona-Sul-Supermarkt (Karte S. 144 f.; ☎ 2259 4699; Rua Días Ferreira 290, Leblon; ☺ 24 Std., Mo 0–7 Uhr geschl.) Die neuste Filiale dieser Supermarktkette bietet jede Menge frisches Brot, importierten Käse, Prosciutto und vieles mehr. Der Ableger an der Praça General Osório liegt ebenfalls praktisch.

Vezpa Pizzeria (Karte S. 144 f.; ☎ 2540 0800; Av Ataúlfo de Paiva 1063, Leblon; Stück 5–8 R$; ☺ 12–4 Uhr) Im beliebten Vezpa bekommt man Stücke von etwa einem Dutzend verschiedener Pizzavarianten.

Yogoberry (Karte S. 144 f.; ☎ 3281 1512; Rua Visconde de Pirajá 282, Ipanema; kleiner/mittelgroßer Joghurt 6/8 R$; ☺ 10–22 Uhr) Rio steht auf geeisten Joghurt, und hier gibt's diesen in zwei Varianten: *natural* (pur) und *chá verde* (grüner Tee). Das klingt langweilig, aber die verschiedenen Fruchtsaucen – Melone, Pfirsich, Erdbeere – machen das Ganze zu einem wahrhaft köstlichen Geschmackserlebnis!

Laffa (Karte S. 144 f.; ☎ 2522 5888; Rua Visconde de Pirajá 175, Ipanema; kleines/großes Sandwich 9/14 R$; 🕙 11.30 Uhr–open end) Das lebendige kleine Lokal ist eine echte Bereicherung für Rios Schnellimbiss-Szene: In Windeseile werden hier leckere, heiß dampfende Shawarmas aus Lamm oder Pute, Falafel und so exotische Kreationen wie Erdbeer-Nutella-Wraps zubereitet.

Talho Capixaba (Karte S. 144 f.; ☎ 2512 8760; Av Ataúlfo de Paiva 1022, Leblon; Sandwiches 12–24 R$; 🕙 8–22 Uhr) In dem winzigen Feinkostladen bekommt man Pasta, Salate, Antipasti und exzellente Sandwiches (nach Gewicht berechnet) aus hochwertigen Zutaten. Die Leckereien nimmt man mit oder verspeist sie direkt an einem der Tische draußen.

MITTELTEUER & TEUER

Felice Caffè & Gelateria (Karte S. 144 f.; ☎ 2522 7749; Rua Gomes Carneiro 30, Ipanema; Gerichte 18–40 R$; 🕙 Mo–Fr 12–24, Sa & So 10–24 Uhr) Das Felice serviert leckere Sandwiches (mit gegrilltem Gemüse, mit Steak, als deftigen Burger), saftige Grillgerichte, großzügig portionierte Salate und köstliches italienisches Eis, das höchst verführerisch in der Thekenfront ausgestellt ist.

Vegetariano Social Club (Karte S. 144 f.; ☎ 2540 6499; Rua Conde de Bernadotte 26L, Leblon; Mittagsbuffet 20–24 R$; 🕙 Mo–Sa 12–24, So bis 17.30 Uhr) Samstags können Vegetarier in diesem meditativ angehauchten Restaurant das brasilianische Nationalgericht probieren: Tofu-*feijoada*. An allen anderen Tagen gibt's ein kleines Mittagsbuffet (mit zehn Gerichten) und eine raffiniertere Abendkarte mit Gerichten wie Risotto, *yakisoba* und Palmherzenragout sowie anderen kreativen Arrangements.

New Natural (Karte S. 144 f.; ☎ 2287 0301; Rua Barão da Torre 167, Ipanema; 36–39 R$/kg; 🕙 8–22 Uhr) Das New Natural bietet ein exzellentes Mittagsbuffet mit vielen vegetarischen Gerichten an. Zur Auswahl stehen verschiedene Töpfe mit Suppe, Reis, Gemüse und Bohnen.

Brasileirinho (Karte S. 144 f.; ☎ 2513 5184; Rua Jangadeiros 10, Ipanema; Gerichte 24–42 R$; 🕙 12–2 Uhr) Das rustikale Restaurant serviert gute, traditionelle Mineiro-Küche. Besonders empfehlenswert sind das *tutu a mineira* (gestampfte schwarze Bohnen mit Maniok), das *carne seca* (getrocknetes, gesalzenes Rindfleisch) und die *picanha* (Rumpsteak).

Via Sete (Karte S. 144 f.; ☎ 2512 8100; Rua Garcia D'Ávila 125, Ipanema; Gerichte 26–42 R$; 🕙 12–24 Uhr) Im Via Sete findet man eine gute Auswahl an Salaten, gegrillten Gemüse-Wraps und herzhafteren Gerichten wie gegrillter Thunfisch und exquisite Steakburger mit größtenteils biologisch produzierten Zutaten. Von der Terrasse aus hat man einen tollen Blick auf das bunte Treiben auf der Straße.

Bazzar (Karte S. 144 f.; ☎ 3202 2884; Rua Barão da Torre 538, Ipanema; Gerichte 26–40 R$; 🕙 mittags & abends) Das hübsch gestaltete, moderne Bazzar liegt an einer ruhigen, von Bäumen gesäumten Straße und serviert ausgefallene Gerichte wie gegrillte *namorada* (eine Art Barsch) mit Vollkornreis, Zitrone und Pesto oder Lamm mit Polenta und Pilzen. Wer mag, kann an Tischen im Freien speisen.

Garcia & Rodrigues (Karte S. 144 f.; ☎ 3206 4100; Av Ataúlfo de Paiva 1251, Leblon; Gerichte 28–50 R$; 🕙 8–24 Uhr) Zu diesem französischen Restaurant gehört ein reizender Feinkostladen, der frische Backwaren, importierten Käse, Salate, Wein und Desserts feil bietet.

Zazá Bistrô Tropical (Karte S. 144 f.; ☎ 2247 9101; Rua Joana Angélica 40, Ipanema; Gerichte 29–50 R$; 🕙 abends) Das wunderschön umgebaute Gebäude in Ipanema prägt ein Dekor im französischen Kolonialstil, das Ganze wird ergänzt von köstlichen Geschmackserlebnissen. Die originellen Kreationen mit Elementen aus Orient und Okzident harmonieren bestens mit dem schummerigen Ambiente. Im Obergeschoss speist man auf Kissen und im Kerzenschein und auf der Terrasse an Tischen unter freiem Himmel.

Capricciosa (Karte S. 144 f.; ☎ 2494 2212; Rua Vinícius de Moraes 134, Ipanema; kleine/große Pizzen ab 36/45 R$; 🕙 abends) Große Auswahl an leckeren, knusprig-dünnen Pizzen.

Benkei (Karte S. 144 f.; ☎ 2540 4829; Rua Henrique Dumont 71, Ipanema; All-you-can-eat 36–48 R$; 🕙 Mo abends, Di–So mittags & abends) In diesem zwanglosen japanischen Restaurant stärken sich am Wochenende gerne die Strandgänger. Es gibt

---

RIOS BESTE ADRESSEN FÜR VEGETARIER

Bistro do Paço (S. 186) Centro
Frontera (S. 183 & S. 184) Ipanema & Copacabana
La Trattoria (S. 184) Copacabana
Le Blé Noir (S. 184) Copacabana
New Natural (S. 182) Ipanema
Prima Bruschetteria (S. 181) Leblon
Vegetariano Social Club (S. 182) Leblon

zwar eine Speisekarte, die meisten lockt jedoch das All-you-can-eat-Sushi-Buffet hierher mit seinen vielen verschiedenen gerollten Sushi-Varianten, Sashimi und Misosuppe.

Frontera (Karte S. 144 f.; ☎ 3289 2350; Rua Visconde de Pirajá 128, Ipanema; 42–46 R$/kg; ☺ 11.30–23 Uhr) Das leckere Mittagsbuffet des Frontera besteht aus mehr als 60 Gerichten, u. a. köstlichen Grillplatten, Aufläufen und Pasta mit Meeresfrüchten sowie Salaten, frischen Früchten, gegrilltem Gemüse und Desserts.

LP Tipp **Zuka** (Karte S. 144 f.; ☎ 2249 7550; Rua Dias Ferreira 233, Leblon; Gerichte 45–80 R$; ☺ Mo abends, Di–So mittags & abends) Das Zuka gehört mit seiner exzellenten Küche zu den besten Restaurants der Stadt. Im Angebot sind würziges Ceviche, Lammkarree mit Passionsfrucht, gegrillter Fisch des Tages mit *mandoquinha*-Püree und viele weitere kreative Gerichte.

Sushi Leblon (Karte S. 144 f.; ☎ 2512 7830; Rua Días Ferreira 256, Leblon; Abendessen für 2 Pers. 75–150 R$; ☺ mittags & abends) Das beste Sushi-Restaurant Leblons serviert neben köstlichem Sashimi verschiedene originelle Gerichte wie gegrillten *namorado* (eine Art Barsch) an *farofa* (in Butter gebratenem Maniokmehl) mit Passionsfrucht und Seeigel-Ceviche.

Casa da Feijoada (Karte S. 144 f.; ☎ 2247 2776; Rua Prudente de Morais 10B, Ipanema; Feijoada 50 R$; ☺ 12–23.30 Uhr) Das alteingesessene Restaurant hat sich auf *feijoada* spezialisiert, ein reichhaltiges Gericht mit schwarzen Bohnen und gesalzenem Schweinefleisch, das klassischerweise mit Orangenscheiben, *farofa* und geraspeltem Kohl serviert wird. Der perfekte Begleiter dafür ist natürlich ein Caipirinha.

Gávea, Jardim Botânico & Lagoa

Im Sommer liegt über den Straßenrestaurants rund um den Lagoa Rodrigo de Freitas Livemusik in der Luft. In Gávea säumen einige stimmungsvolle Bars und Lokale die Praça Santos Dumont, in Jardim Botânico werden Hungrige an der Rua JJ Seabra und der Rua Pacheco Leão fündig.

Braseiro da Gávea (Karte S. 144 f.; ☎ 2239 7494; Praça Santos Dumont 116, Gávea; Gerichte 18–30 R$; ☺ Mo–Sa 11–24 Uhr) Dieses Bistro unter freiem Himmel ist besonders am Wochenende gut besucht und tischt ordentliche Portionen aus Steak, Schmorbraten und Brathähnchen auf.

Arab da Lagoa (Karte S. 144 f.; ☎ 2540 0747; Parque dos Patins, Av Borges de Medeiros, Lagoa; Teller für 2 Pers. 50 R$; ☺ 10–1 Uhr) Das beliebte Arab da Lagoa ist eines von vielen Freiluft-Restaurants am See

und serviert traditionelle orientalische Gerichte wie Humus, Baba ghanoush, Tabouleh, *quibe* nebst leckeren, knusprig-dünn gebackenen Pizzen.

Bráz (Karte S. 144 f.; ☎ 2535 0687; Rua Maria Angélica 129, Jardim Botânico; Pizzen 28–43 R$; ☺ abends) Eine perfekte Kruste und superfrische Zutaten machen die Pizza im Bráz zu einer der besten in der Stadt.

00 (Zero Zero; Karte S. 144 f.; ☎ 2540 8041; Planetário, Av Padre Leonel Franca 240, Gávea; Gerichte ab 30 R$; ☺ 20 Uhr–open end) Diese schicke Restaurant-Lounge in Gáveas Planetarium bringt brasilianische Küche mit asiatischen und mediterranen Einschlägen auf den Tisch. Nach dem Abendessen gönnt man sich gerne noch ein paar Cocktails, denn manchmal legen hier einige der besten DJs der Stadt auf.

Guimas (Karte S. 144 f.; ☎ 2259 7996; Rua José Roberto Macedo Soares 5, Gávea; Gerichte 36–50 R$; ☺ 12–1 Uhr) Das Guimas, eine klassische Freiluft-*boteco* mit künstlerischem Ambiente, ist schon seit Ende der 1990er-Jahre dick im Geschäft. Besonders lecker sind hier der *bacalhau à bras* (eine Mischung aus Barsch, Kartoffeln, Eiern und Zwiebeln) und die saftige *picanha no sal grosso* (gegrilltes Rumpsteak).

Olympe (Karte S. 144 f.; ☎ 2539 4542; Rua Custódio Serrão 62, Lagoa; Gerichte 44–82 R$; ☺ Mo–Sa abends, Fr mittags) Claude Troisgros, einer der besten Köche Rios, verzaubert die Gäste seines preisgekrönten Restaurants mit unvergesslichen Speisen. Der aus Frankreich stammende Küchenchef kreiert aus klassischen und neuen Elementen äußerst innovative Gerichte. Das Restaurant ist in einem hübschen Haus an einer von Bäumen gesäumten Straße untergebracht.

Copacabana & Leme

In Copacabana findet man gastronomisch gesehen so gut wie alles, von preisgekrönten Restaurants bis zu charmanten Bistros aus den 1950ern. Die Straßenrestaurants an der Av Atlântica bieten zwar eine nette Aussicht, das Essen ist allerdings nicht sehr empfehlenswert und nachts wird's hier recht ungemütlich.

Frisches Obst gibt's auf den *feiras* von Copacabana; Markttag ist jeweils mittwochs auf der Rua Domingos Ferreira, donnerstags auf der Rua Belford Roxo und der Rua Ronald de Carvalho sowie sonntags auf der Rua Décio Vilares. Zwei Supermärkte sind der **Pão de Açúcar** (Av NS de Copacabana 497, Copacabana; ☺ 24 Std.) und der **HortiFruti** (Karte S. 146 f.; Av Prado Junior 277; ☺ Mo–Sa 8–20, So 8–14 Uhr), Letzterer hat eine große Auswahl an Früchten.

GÜNSTIG

Imbisse

O Rei das Empanadas (Karte S. 146 f.; ☎ 3258 3003; Rua Barata Ribeira 48; Empanadas 2,50–3,50 R$; ☯ 9–23 Uhr) Hier werden den ganzen Tag über frische Empanadas mit verschiedenen Füllungen gebacken, z. B. mit *carne picante* (scharfes Rindfleisch), mit *camarão* (Garnelen) oder auch – für Naschkatzen – mit Banane und Schoko.

Cervantes (Karte S. 146 f.; ☎ 2275 6147; Av Prado Júnior 335B, Copacabana; Sandwiches 12–18 R$; ☯ Di–So 12 Uhr–open end) Im wahrsten Sinne des Wortes eine Institution in Copacabana! Hier lässt sich eine bunt gemischte Klientel die Spezialität des Hauses schmecken: Steak-Ananas-Sandwiches. Man hat sein *chope* kaum leer, schon schleppt einer der übereifrigen Kellner ein neues heran. Um die Ecke in der Rua Barato Ribeiro 7 befindet sich ein Steh-*boteco*, in dem man auf die Schnelle einen Happen auf die Hand bekommen kann.

Toca do Siri (☎ 2267 0894; Av Rua Raul Pompeia 6; Acarajé 15 R$; ☯ Di–So 12–24 Uhr) Direkt neben dem Siri Mole & Cia liegt dieses angeschlossene, kleinere, billigere und weniger formelle *boteco*, das für seine leckeren *acarajé* (scharfe, mit Garnelen gefüllte Kroketten) und andere Bahia-Spezialitäten bekannt ist.

Cafés

Cafeína (Karte S. 146 f.; ☎ 2547 8651; Rua Constante Ramos 44, Copacabana; Gebäck 2–4 R$; ☯ Di–Sa 8.30–23.30, So & Mo 9–20.30 Uhr) Im netten Cafeína kann man sich nur ein paar Blocks vom Strand entfernt sowohl drinnen als auch draußen leckeren Kaffee, Sandwiches, Salate und verschiedene Backwaren schmecken lassen.

Bakers (Karte S. 146 f.; ☎ 2256 7000; Rua Santa Clara 86B, Copacabana; Sandwiches 14–24 R$; ☯ Mo–Fr 9–20, Sa bis 18.30, So 9–17 Uhr) In der auf Hochglanz polierten Thekenfront liegen leckere Bananen-Plunderstücke, Apfelstrudel, knusprige Croissants, Sandwiches, Salate und Quiches aus.

Confeitaria Colombo (Karte S. 146 f.; ☎ 3201 4049; Forte de Copacabana, Praça Coronel Eugênio Franco, Copacabana; Gerichte 15–30 R$; ☯ Di–So 10–20 Uhr) Im Forte de Copacabana (Eintritt 2 R$). Von den schattigen Tischen im Freien hat man einen super Blick auf den Strand von Copacabana.

MITTELTEUER & TEUER

Frontera (Karte S. 146 f.; ☎ 3202 9050; Av NS de Copacabana 1144, Copacabana; 36–47 R$/kg; ☯ 11–23 Uhr) Dieses Frontera hat wie die andere Zweigstelle in Ipanema auch (S. 183) ein exzellentes Mit-

tagsbuffet zu bieten. Abends kann man für nicht mal 20 R$ pro Person so viele Crepes und Pizzen essen, wie man schafft.

La Trattoria (Karte S. 146 f.; ☎ 2255 3319; Rua Fernando Mendes 7A, Copacabana; Gerichte 22–44 R$; ☯ mittags & abends) Die informelle und doch stimmungsvolle Trattoria erfreut sich schon seit über 30 Jahren großer Beliebtheit. Besonders lecker sind die Pastagerichte mit Meeresfrüchten.

Copa Café (Karte S. 146 f.; ☎ 2235 2947; Av Atlântica 3056, Copacabana; Gerichte 26–48 R$; ☯ Mo–Sa 19–1 Uhr) Das schicke, offen geschnittene Café mit Blick auf den Strand ähnelt mit seinem schwarzen Holzboden, den weißen Barstühlen und der elektronischen Musik einer Lounge. Auf der Speisekarte findet sich gehobene Bistroküche wie Risotto, gebratenes Thunfischsteak und, als Spezialität des Hauses, exquisite Burger.

Amir (Karte S. 146 f.; ☎ 2275 5596; Rua Ronald de Carvalho 55C, Copacabana; Gerichte 28–45 R$, All-you-can-eat-Buffet 33–45 R$; ☯ mittags & abends) Das sehr einladende, zweistöckige Restaurant in Strandnähe serviert mit die beste orientalische Küche wie leckeren Hummus, *kaftas* (herzhafte Fleischbällchen), Falafel und Salate. Tagsüber gibt's ein Buffet (werktags/Wochenende 33/45 R$), abends Essen à la carte.

Azumi (Karte S. 146 f.; ☎ 2541 4294; Rua Ministro Viveiros de Castro 127, Copacabana; Teller 30–60 R$; ☯ Di–Sa abends) Die unprätentiöse Sushi-Bar gehört zu den Lieblingstreffs der örtlichen *nisei* (die zweite Generation der hier lebenden Japaner). Der Küchenchef bereitet geradezu meisterhaft leckeres Sushi und Sashimi zu, aber auch die Tempuras und Suppen sind exzellent.

Carretão (Karte S. 146 f.; ☎ 2542 2148; Rua Ronald de Carvalho 55, Copacabana; All-you-can-eat-Buffet 30 R$; ☯ 11.30–24 Uhr) In dieser preiswerten *churrascaria* sind Fleischgerichte das Gemüse. Eine zweite Zweigstelle befindet sich in der Rua Visconde de Pirajá 112 in Ipanema.

Le Blé Noir (Karte S. 146 f.; ☎ 2287 1272; Rua Xavier da Silveira 15A, Copacabana; Gerichte 30–48 R$; ☯ abends) Flackerndes Kerzenlicht, gedämpfte Unterhaltungen und leckere Crepes in mehr als 50 Varianten machen dieses beliebte Restaurant zur perfekten Location für ein romantisches Rendezvous.

Capricciosa (Karte S. 146 f.; ☎ 2255 2598; Rua Domingos Ferreira 187, Copacabana; Pizzen ab 36 R$; ☯ abends) Leckere knusprig-dünne Pizzen in stylishem Ambiente.

Siri Mole & Cia (Karte S. 146 f.; ☎ 2267 0894; Rua Francisco Otaviano 50, Copacabana; Gerichte 70–95 R$; ☯ tgl. abends, Di–So mittags) Hier wird mit die beste Ba-

COPACABANAS KIOSK-SZENE

In den letzten Jahren schossen am Strand von Copacabana jede Menge recht schicker Kioske aus dem Boden, die direkt am Wasser akzeptable Mahlzeiten (die Küchen verstecken sich jeweils im Untergeschoss), eisgekühltes Bier vom Fass oder leckere Snacks servieren.

Hier ein paar der aktuellen Favoriten:

- **Kiosk von Siri Mole & Cia** (Karte S. 146 f.; nahe der Rua Bolívar; ☽ Di–So 10–24, Mo bis 15 Uhr) Wie im zugehörigen Restaurant (S. 184) gibt's auch hier Snacks wie *acarajé* (10 R$), herzhafte Bahia-Gerichte und leckere tropische Cocktails.

- **Bar Luiz** (Karte S. 146 f.; nahe dem Copacabana Palace; ☽ 8–1 Uhr) Die Bar Luiz ist berühmt für ihr erfrischendes, eisgekühltes *chope*, tischt aber auch leckere *bolinhos de bacalhau* (Fischbällchen, 10 Stck. 28 R$), *salada de batata* (Kartoffelsalat) und andere Snacks auf.

- **Nescafé** (Karte S. 146 f.; nahe dem Copacabana Palace; ☽ 8–1 Uhr) Serviert ca. 20 verschiedene süße und herzhafte Crepes (ca. 15 R$), mehrere Frühstückskombis und – Überraschung! – Koffeinhaltiges.

- **Recanto do Sol** (Karte S. 146 f.; nahe der Praça Julio de Noronha; ☽ 24 Std.) Der idyllisch am nordöstlichen Ende des Strandes gelegene Kiosk bietet kleine Portionen von Sardinen und frischem Fisch (20 R$) sowie starke Caipirinhas an.

- **Champanheria Copacabana** (Karte S. 146 f.; nahe der Rua Constante Ramos; ☽ So–Do 10–24, Fr & Sa bis 2 Uhr) Wer es auch am Strand gerne luxuriös hat, kann hier an seinem Champagner-Cocktail (12 R$) nippen und sich ein *ciabatta* mit Sardinen und Kapern (11 R$) schmecken lassen.

hia-Küche Rios serviert mit exzellenten *vatapa* (Maniokpüree mit Kokosnuss und Meeresfrüchten), *moqueca de camarão* (Garneleneintopf) und *ensopada de peixe* (Fischeintopf mit Kokosmilch). Samstags gibt's bis 17 Uhr ein All-you-can-eat-Meeresfrüchtebuffet (58 R$).

Botafogo & Urca

Cobal de Humaitá (Karte S. 148 f.; Rua Voluntários da Pátria 446, Botafogo; ☽ So geschl.) Tagsüber findet man hier einen Obst- und Blumenmarkt, abends öffnen dann betriebsame Cafés und Restaurants.

Meza Bar (Karte S. 148 f.; Rua Capitão Salomão 69, Botafogo; Tapas 10–25 R$; ☽ 18–1 Uhr) In der angesagten Bar in Botafogo ist das Motto „Sehen und gesehen werden". Die trendbewusste Klientel schätzt die Tapas nach brasilianischer Art, die kreativen Cocktails und das nette Personal.

Emporium Pax (Karte S. 148 f.; ☎ 2559 9713; 7. OG, Praia de Botafogo 400, Botafogo; Gerichte 18–30 R$; ☽ 12–20.30 Uhr) Eines der vielen Restaurants im Botafogo Praia Shopping. Hier gibt's eine spektakuläre Aussicht auf den Pão de Açúcar und die Baía de Guanabara zu den Salaten, den Pastas und den leckeren Desserts. Aber auch das Mittagsbuffet zieht jede Menge hungriger Kinobesucher und Einkaufende an.

Garota da Urca (Karte S. 148 f.; ☎ 2541 8585; Av João Luís Alves 56, Urca; Gerichte 20–40 R$; ☽ 12–2 Uhr) Im Restaurant an der kleinen Praia da Urca kommt klassisch Brasilianisches auf den Tisch, das echte Highlight ist jedoch die traumhafte Aussicht von der Terrasse.

Miam Miam (Karte S. 148 f.; ☎ 2244 0125; Rua General Góes Monteiro 34, Botafogo; Gerichte 22–30 R$; ☽ Mo–Sa 20–1 Uhr) Das stilvolle Bistro bietet Essen für die Seele, z. B. Bruschetta mit Pesto und Tapenade, Endiviensalat mit Gorgonzola, Thunfisch in Pfefferkruste an Linsenragout und andere originelle Gerichte. Kreative Cocktailkarte.

Yorubá (Karte S. 148 f.; ☎ 2541 9387; Rua Arnaldo Quintela 94, Botafogo; Gerichte für 2 Pers. 80–95 R$; ☽ Mi–Fr 19–23, Sa 14–23, So 12–18 Uhr) Das von Kerzen erleuchtete Yorubá scheint allzeit bereit für die Ankunft einer *orixá* (Candomblé-Gottheit). Käme die Göttin Iemanjá überraschend vorbei, könnte sie zwischen himmlischer *babão de camarão*, Shrimps in cremiger Kokosmilch, und exzellentem *moqueca* (Fischeintopf nach Bahia-Art) wählen.

Flamengo & Catete

An den Wochenenden essen die Einheimischen gerne in den Restaurants und Bars an der Rua Marquês de Abrantes zu Abend. In Catete gibt's ein paar beliebte Straßenrestaurants in der Nähe des Largo do Machado.

Tacacá do Norte (Karte S. 148 f.; ☎ 2205 7545; Rua Barão do Flamengo 35, Flamengo; Tacacá 12 R$; ☽ Mo–Sa 9–22, So bis 19 Uhr) Eines der wenigen Restaurants in Rio, das *tacacá* zubereitet, eine lecker riechende und ebenso schmeckende Suppe aus dem Amazonasgebiet aus Maniokpaste, *jambu*-Blättern (ein brasilianisches Gemüse) sowie frischen und getrockneten Garnelen.

Espaço Rio Carioca (Karte S. 148 f.; ☎ 2225 7332; www.espacoriocarioca.com.br; Rua Leite Leal 45, Laranjeiras; Gerichte 14–35 R$; ✆ Mo–Fr 15–22, Sa & So 12–22 Uhr; ☎)) In einem weitläufigen, mehrstöckigen Gebäude westlich von Catete findet man im Erdgeschoss einen Buchladen und im Obergeschoss ein Bistro mit Terrasse, das Salate, Sandwiches und herzhafte Tagesmenüs (Pasta, Risotto, Grillsteak) auftischt. Außerdem gibt's hier ein Café, in dem an vier Abenden pro Woche Livemusik gespielt wird.

Estação República (Karte S. 148 f.; ☎ 2225 2650; Rua do Catete 104, Catete; 35–40 R$/kg; ✆ 11–23 Uhr) Das Buffet im Estação ist im ganzen Viertel berühmt – eine große Auswahl an Salaten, Fleischgerichten, Pasta und Gemüse für kleines Geld!

Armazem do Chopp (Karte S. 148 f.; ☎ 2557 4052; Rua Marquês de Abrantes 66, Flamengo; Gerichte 20–30 R$; ✆ 12–24 Uhr) Das Armazem do Chopp ist in einem scheunenähnlichen Gebäude untergebracht und erfreut sich dank seiner leckeren Grillgerichte und der traditionellen brasilianischen Küche großer Beliebtheit. Abends lädt die Terrasse mit ihrer geselligen Atmosphäre zu einem eisgekühlten Bier ein.

Lamas (Karte S. 148 f.; ☎ 2556 0799; Rua Marquês de Abrantes 18A, Flamengo; Gerichte 20–40 R$; ✆ abends) Dieser Klassiker öffnete bereits 1874 seine Tore, aber das Alter merkt man der Küche keinesfalls an. Zu empfehlen sind die gegrillten *linguiça* (Knoblauchwürstchen aus Schweinefleisch) oder auch das Filet mignon.

Intihuasi (Karte S. 148 f.; ☎ 2225 7653; Rua Barão do Flamengo 35D, Flamengo; Gerichte 28–46 R$; ✆ Di–Sa 12–15 & 19–23, So 12–17 Uhr) Das einzige peruanische Restaurant der Stadt ist farbenfroh dekoriert mit Wandteppichen und Kunst aus den Anden. Für den Magen gibt's exzellentes Ceviche, *papas rellenas* (mit Fleisch gefüllte Kartoffeln), Meeresfrüchtesuppen und andere Klassiker aus der Anden-Küche.

Restaurante Kioto (Karte S. 148 f.; ☎ 2556 9880; 3rd fl, Rua Ministerio Tavares Lira 105, Flamengo; All-you-can-eat-Buffet mittags/abends 33/40 R$; ✆ 12–24 Uhr) Einfaches Restaurant, versteckt an einer Straße hinter dem Largo do Machado. Super Adresse für alle, die ihren Sushi-Hunger stillen, dafür aber kein Vermögen investieren möchten.

Porcão Rio's (Karte S. 148 f.; ☎ 2554 8535; Av Infante Dom Henrique, Flamengo; All-you-can-eat-Buffet 78 R$; ✆ 11.30–24 Uhr) Hier, mitten im Parque do Flamengo speist man mit traumhaftem Ausblick

auf den Pão de Açúcar in einer der besten *churrascarias* Rios. Früh kommen, um einen guten Tisch zu ergattern und die Aussicht noch vor Einbruch der Dunkelheit genießen zu können!

Centro

Das lebendigste Viertel Rios hat so gut wie alles zu bieten, von fettigen Imbissen über französische Bistros, biologisch-vegetarische Küche und Saftbars bis zu *churrascarias*. Die meisten Restaurants haben nur unter der Woche mittags offen. In vielen Fußgängerzonen (wie der Rua do Rosário) reiht sich ein Restaurant an das andere, manche direkt an der Straße, andere versteckt in den Obergeschossen der Gebäude – die Suche lohnt sich! Fündig wird man z. B. auf der Travessa do Comércio oder rund um die Praça Floriano, wo jedermann gerne nach Feierabend in den Restaurants und Cafés einen Plausch hält.

GÜNSTIG & MITTELTEUER

Bistro do Paço (Karte S. 150 f.; ☎ 2262 3613; Praça XV de Novembro 48; Gerichte 10–24 R$; ✆ Mo–Fr 11–19.30, Sa & So 12–19 Uhr) Mitten im Paço Imperial verputzt man hier zur Mittagszeit frische Salate, leckere Sandwiches, dampfend heiße Quiches und verschiedene vegetarische Gerichte.

Cedro do Líbano (Karte S. 150 f.; ☎ 2224 0163; Rua Senhor dos Passos 231; Gerichte 14–62 R$; ✆ 11–17 Uhr) Diese über 70 Jahre alte Institution liegt an einer trubeligen Fußgängerzone und serviert traditionelle libanesische Gerichte wie *quibes*, *kaftas* und Lamm.

Café Arlequim (Karte S. 150 f.; ☎ 2220 8471; Paço Imperial, Praça XV de Novembro 48, Centro; Gerichte 14–28 R$; ✆ Mo–Fr 9–20, Sa 10–18 Uhr) Kleines, lebendiges Cafés in einem Buch- und Musikladen, das italienischen Illy-Kaffee, Sandwiches, Salate, Quiches, Lasagne und Desserts serviert.

Brasserie Rosário (Karte S. 150 f.; ☎ 2518 3033; Rua do Rosário 34, Centro; Gerichte ab 18 R$; ✆ Mo–Fr 8–20, Sa 10–17 Uhr) Das atmosphärische Bistro ist in einem hübsch restaurierten Gebäude aus den 1860er-Jahren untergebracht und verströmt einen Hauch Pariser Flair. In der Auslage tummeln sich Croissants, *pain au chocolat* (Schokocroissants) und andere Backwaren, im Restaurant gibt's u. a. Fisch und Fleisch, Suppen und Baguette-Sandwiches.

Ateliê Culinario (Karte S. 150 f.; ☎ 2240 2573; Praça Floriano, Cinelândia; Gerichte 18–25 R$; ✆ Mo–Fr 12–29 Uhr) Auf der Terrasse des Ateliê Culinario wird in vergnügter Stimmung anständige brasilianische Küche serviert. Von den Tischen im

Freien blickt man auf die Praça Floriano, wo unter der Woche abends ein reges Treiben herrscht. Am Wochenende sind die Öffnungszeiten den Filmvorführungen im Odeon nebenan angepasst.

Bar Luiz (Karte S. 150 f.; ☎ 2262 6900; Rua da Carioca 39, Centro; Gerichte 20–45 R$; ⊗ Mo–Sa 11–23 Uhr) In dieser Kneipe aus dem Jahr 1887 genießt man in geselliger Atmosphäre traditionelle deutsche Küche wie Kartoffelsalat und Kassler, dazu gibt's eisgekühltes Bier vom Fass.

Confeitaria Colombo (Karte S. 150 f.; ☎ 2505 1500; Rua Gonçalves Dias 34, Centro; Gerichte ab 24 R$, Desserts ab 4 R$; ⊗ Mo–Fr 8–20, Sa 10–17 Uhr) In edelster Umgebung – in Brokat gefasste Spiegel und Tischplatten aus Marmor – werden Kaffee, verschiedene Gerichte und vor allem köstliche Desserts wie exzellente *pastel de nata* (Puddingtörtchen) kredenzt.

TEUER

Da Silva (Karte S. 150 f.; ☎ 2524 1010; 4th fl, Av Graça Aranha 187, Centro; All-you-can-eat-Buffet 40 R$, nach 14 Uhr 30 R$; ⊗ Mo–Fr 12–16 Uhr) Das große, schlicht gehaltene Restaurant versteckt sich im Clube Ginástico Português und fährt eines der besten Mittagsbuffets der Stadt auf: leckere Salate, Steaks und Meeresfrüchte – alle nach portugiesischer Art zubereitet –, viele verschiedene, geradezu unwiderstehliche *bacalhau*-Variationen, Ofengerichte … Yammi!

Cais do Oriente (Karte S. 150 f.; ☎ 2203 0178; Rua Visconde de Itaboraí 8, Centro; Gerichte 33–46 R$; ⊗ tgl. mittags, Di–Sa abends) Die Backsteinwände dieser fast filmreifen Villa aus den 1870ern schmücken Wandteppiche. Sie liegt versteckt an einer mit Ziegelsteinen gepflasterten Straße und beherbergt das Cais do Oriente, das mit Gerichten wie Filetsteak und Sesam-Thunfisch eine kulinarische Brücke zwischen Ost und West schlägt.

AlbaMar (Karte S. 150 f.; ☎ 2240 8378; Praça Marechal Âncora 186; Gerichte 43–68 R$; ⊗ 12–18 Uhr) Mit einem neuen, allseits gefeierten Küchenchef an der Spitze hat sich das AlbaMar neu erfunden und gehört nun zu Rios Topadressen für Meeresfrüchte. Besonders lecker sind die frischen Austern, die gegrillten Meeresfrüchte mit Gemüse und die *moqueca*-Gerichte. Man diniert in einem altmodischen, grünen, pavillonähnlichen Bau, der eine traumhafte Aussicht auf die Baía de Guanabara und Niterói bietet.

Santa Teresa & Lapa

Santa Teresa besticht mit traumhafter Aussicht, Lapa mit einer formidablen Musikszene.

Beiden gemein ist ein toller Mix aus modernen und altmodischen Restaurants und Bars.

GÜNSTIG

Cafecito (Karte S. 150 f.; Rua Pascoal Carlos Magno 121, Santa Teresa; Sandwiches 10–22 R$; ⊗ Di–So 10–22 Uhr) Ein paar Stufen über der Straße kann man sich hier an Tischen im Freien importiertes Bier, Desserts, Cocktails (Caipirinhas, Mojitos), Tapas und Sandwiches mit so exquisiten Zutaten wie geräucherter Forelle, Artischockenherzen und Prosciutto schmecken lassen.

Jasmim Mango (Karte S. 150 f.; ☎ 2242 2605; Largo do Guimarães 143, Santa Teresa; Gerichte 13–25 R$; ⊗ 10–23 Uhr) Das einladende Jasmim Mango liegt praktischerweise neben der *bonde*-Haltestelle und serviert Sandwiches, Quiches, Pastas, Pizzen und Desserts. Dazu gibt's einen Innenhof mit einer sanften Brise und ein paar Computer mit Internetzugang im 2. Stock.

MITTELTEUER & TEUER

Encontras Cariocas (Karte S. 150 f.; ☎ 2221 0028; Av Mem de Sá 77, Lapa; Pizzen 14–30 R$; ⊗ Mi–So 18–5 Uhr) In dieser bis früh morgens geöffneten Pizzeria kann man sich auf seinem Streifzug durch Lapas Musikszene stärken. Hier gibt's uriges Ambiente – hohe Holzdecken, Backsteinwände, warmes Licht – und 24 Pizzakreationen.

Largo das Letras (Karte S. 150 f.; ☎ 2221 8992; Rua Almirante Alexandrino 501, Santa Teresa; Pizzen 15–25 R$; ⊗ Di–Sa 14–22, So 14–20 Uhr) Das unprätentiöse Largo das Letras, direkt über der *bonde*-Haltestelle Largo do Guimarães, ist Café, Buchladen und Kulturzentrum in Einem. An vier Abenden pro Woche finden hier Capoeira-Kurse statt und an den Tischen im Freien werden ab 17 Uhr anständige Pizzen serviert. Von Mittwoch bis Sonntag gibt's zudem Livemusik.

Santa Scenarium (Karte S. 150 f.; ☎ 3147 9007; Rua do Lavradio 36, Lapa; Gerichte 16–25 R$; ⊗ 11.30–24 Uhr) Das atmosphärische, alteingesessene Restaurant in Lapa hat Grillgerichte und andere brasilianische Klassiker neben kaltem Bier, Vorspeisen und Sandwiches (ein Liebling ist das Filet mignon auf Ciabatta) auf der Karte. Meist gibt's abends Livemusik auf die Ohren.

Nova Capela (Karte S. 150 f.; ☎ 2252 6228; Av Mem de Sá 96, Lapa; Gerichte 18–50 R$; ⊗ 11 Uhr–open end) Das Nova Capela serviert traditionelle portugiesische Küche, besonders beliebt ist *cabrito* (Ziege). Es hat bis spät in die Nacht geöffnet und zieht eine bunte Mischung aus Stammgästen aus der Nachbarschaft, Kids in Partylaune und Nachtschwärmern an.

Bar do Mineiro (Karte S. 150 f.; ☎ 2221 9227; Rua Paschoal Carlos Magno 99, Santa Teresa; Gerichte für 2 Pers. 50–60 R$; ⏱ Di–So 11–1 Uhr) Fotos von Rios vergangenen Zeiten pflastern die Wände des *boteco* der alten Schule im Herzen von Santa Teresa, das jeden Tag eine besonders leckere *feijoada* auf der Speisekarte hat. Auch empfehlenswert sind *pasteis* (herzhafte Pasteten), gefüllt mit *abóbora* (Kürbis) oder *carne-seca*. Die starken Caipirinhas heben die Stimmung.

Espírito Santa (Karte S. 150 f.; ☎ 2508 7095; Rua Almirante Alexandrino 264, Santa Teresa; Gerichte 27–38 R$; ⏱ Mo & Mi 12–18, Do–Sa bis 24, So bis 22 Uhr) Das Espírito Santa liegt in einer wunderschön restaurierten Villa in Santa Teresa, deren Patio eine traumhafte Aussicht eröffnet. Die Küche ist mindestens so gut: Auf den Tisch kommen meisterhaft zubereitete Fleisch- und Meeresfrüchtegerichte aus dem Amazonasgebiet.

LP Tipp Sobrenatural (Karte S. 150 f.; ☎ 2224 1003; Rua Almirante Alexandrino 432, Santa Teresa; Gerichte für 2 Pers. 70–85 R$; ⏱ Mo–Sa 12–24 Uhr) Die Kulisse für die *frutos do mar* (Meeresfrüchte) bildet eine Decke aus unverputztem Backstein und Holz. Am Wochenende locken gegrillter Fisch und *moqueca* die Massen an, unter der Woche übernehmen dies die Mittagsangebote.

Aprazível (Karte S. 150 f.; ☎ 3852 4935; Rua Aprazível 62, Santa Teresa; Gerichte ca. 40 R$; ⏱ Do–Sa 12–1, So 12–19 Uhr) Versteckt an einer kurvigen Straße hoch oben in Santa Teresa und mit wunderschöner Aussicht und einem grünen Garten. Hier bekommt man gehobene brasilianische Küche. Leider wird das Restaurant oft von Reisegruppen heimgesucht, also vorab reservieren!

Térèze (Karte S. 150 f.; ☎ 3380 0220; Hotel Santa Teresa, Rua Almirante Alexandrino 660, Santa Teresa; Gerichte 55 R$; ⏱ tgl. 12–17, Mo–Sa 19–24 Uhr) Im Térèze sorgen eine innovative Speisekarte – auf Holzkohle gegrillter Tintenfisch mit Couscoussalat, schwarzes Meeresfrüchte-Risotto, Kalbsfilet mit Macadamiakruste … –, dazu passende Weine und eine großartige Aussicht über die Stadt für ein unvergessliches kulinarisches Erlebnis. Die Einrichtung schont die Umwelt: Tische und Deko sind aus wiederverwertetem Holz und anderen recycelten Materialien.

Barra & Großraum von Rio

Außerhalb der Stadt an der Küste findet man frische Meeresfrüchte in Freiluftrestaurants.

Bira (abseits der Karte S. 143; ☎ 2410 8304; Estrada da Vendinha 68A, Barra de Guaratiba; Hauptgerichte für 2 Pers. 95–125 R$; ⏱ Do & Fr 12–18, Sa & So 12–20 Uhr) Eine prachtvolle Aussicht auf Restinga de Maram-

baia belohnt alle, die die 45 Minuten Wanderung auf sich nehmen. Auf der Holzterrasse kann man sich an *moquecas*, Meerbarben, Shrimps und Krabbenpastete laben.

Tia Palmira (außerhalb der Karte S. 143; ☎ 2410 8169; Caminho do Souza 18, Barra de Guaratiba; Tagesgericht 60 R$; ⏱ Di–So 11.30–17 Uhr) Das Tia Palmira, seit 40 Jahren ein beliebtes Ausflugsziel, ködert seine Fans mit Meeresfrüchte-*rodízio*: Teller für Teller bekommt man *vatapá* (Meeresfrüchtegericht mit einer dicken Sauce aus Maniokpaste, Kokosmilch und *dendê*), Krabbenfleisch, gegrillten Fisch, Shrimpspasteten und andere Meeresfrüchte, bis nichts mehr reinpasst.

AUSGEHEN

In Leblon und Ipanema gibt's trendige Nachtlokale, aber auch altmodische Bars. Die junge Barszene zieht das Partyvolk nach Gávea, das malerische Lagoa hingegen ist bei Paaren beliebt. In den engen Gassen im Centro nippen die Leute werktags gern am After-Work-Cocktail, und in den Straßen von Lapa und Santa Teresa wetteifern alte und neue Bars um Kundschaft.

Ipanema & Leblon

Academia da Cachaça (Karte S. 144 f.; ☎ 2239 1542; Rua Conde de Bernadotte 26G, Leblon; ⏱ So–Do 12–1, Fr & Sa bis 2 Uhr) Neben traditioneller brasilianischer Küche sind hier 500 verschiedene *cachaça*-Varianten zu haben, die sowohl drinnen als auch draußen serviert werden. Lecker ist der Passionsfrucht-*batida* (*cachaça* mit Passionsfruchtsaft), aber Vorsicht, Katergefahr!

Bar Veloso (Karte S. 144 f.; ☎ 2274 9966; Rua Aristides Espínola, Leblon; ⏱ 11–3 Uhr) Die zur Straße hin offene Bar Veloso zieht ein junges, modebewusstes Publikum an, das am Wochenende auch schon mal den ganzen Gehweg mit bevölkert.

Baretto-Londra (Karte S. 144 f.; ☎ 3202 4000; Av Vieira Souto 80, Ipanema; ⏱ Mo–Do 19–2, Fr & Sa bis 4 Uhr) Rios glamouröseste Bar im Hotel Fasano prägen gediegene Atmosphäre, eine edle Klientel und teure Getränke (Bier 16 R$, Martini 26 R$).

Barthodomeu (Karte S. 144 f.; ☎ 2247 8609; Rua Maria Quitéria 46, Ipanema; ⏱ 12–2 Uhr) Die einladende, zur Straße hin offene Bar verströmt *boteco*-Charme mit Holztischen, minimalistischem Dekor und heißen Häppchen wie den leckeren Mini-*moquecas* (Meeresfrüchteeintopf).

Cobal de Leblon (Karte S. 144 f.; Rua Gilberto Cardoso, Leblon; ⏱ Mo geschl.) Rund um Leblons beliebten Markt gibt's viele Straßenbars und Restaurants – ein guter Ort, um Fußball anzuschauen.

Devassa (Karte S. 144 f.; ☎ 2522 0627; Rua Prudente de Moraes 416, Ipanema; ◷ 12–2 Uhr) In der Bar- und Restaurantkette Devassa wird in geselliger Runde Hausgebrautes ausgeschenkt, z. B. *loura* (Pils), *sarará* (Weizenbier), *ruiva* (helles Ale), *negra* (dunkles Ale) und *Índia* (India Pale Ale).

Empório (Karte S. 144 f.; ☎ 3813 2526; Rua Maria Quitéria 37, Ipanema; ◷ 20–4 Uhr) In der beliebten, etwas schäbigen Bar in Ipanema lassen es Cariocas und Urlauber bei billigen Cocktails und zu lauter Musik richtig krachen.

Garota de Ipanema (Karte S. 144 f.; ☎ 2523 3787; Rua Vinícius de Moraes 49, Ipanema; ◷ 10.30–2.30 Uhr) Im Garota haben Tom Jobim und Vinícius de Moraes das berühmte Lied *Garota de Ipanema* (*The Girl from Ipanema*) geschrieben. Heute kommen hier Einheimische wie Touristen her und verzehren exzellente *picanha Brasileira*, (heißes Pfännchen mit Rinderfiletscheiben).

Jobi (Karte S. 144 f.; ☎ 2274 0547; Av Ataúlfo de Paiva 1166, Leblon; ◷ 9–4 Uhr) Das Jobi wurde 1956 eröffnet und ist damit eine der traditionellsten Bars in Leblon. Hier sollte man sich abends ein kühles Getränk unter freiem Himmel gönnen.

Shenanigan's (Karte S. 144 f.; ☎ 2267 5860; Rua Visconde de Pirajá 112A, Ipanema; ◷ Mo–Fr 18–3, Sa 14–3, So bis 2 Uhr) In diesem Irish Pub treffen sich Cariocas und sonnenverbrannte Urlauber zu Billard und Dart, ab und an treten Livebands auf.

Gávea, Jardim Botânico & Lagoa

Bar Lagoa (Karte S. 144 f.; ☎ 2523 1135; Av Epitácio Pessoa 1674, Lagoa; ◷ Mo–Fr 18–2, Sa & So 12–2 Uhr) Die alteingesessene Bar Lagoa mit Blick auf den See ist ein beliebter Treffpunkt der Einheimischen: Die Tische sind stets von einer überwiegend jungen Klientel belegt.

Caroline Café (Karte S. 144 f.; ☎ 2540 0705; Rua JJ Seabra 10, Jardim Botânico; ◷ So–Do 18–3, Fr & Sa 19–4 Uhr) Das hübsche Café ist eine beliebte Dating-Location. Man sitzt drinnen oder draußen.

Da Graça (Karte S. 144 f.; ☎ 2249 5484; Rua Pacheco Leão 780, Jardim Botânico; ◷ Di–Do & So 12–2, Fr & Sa bis 3 Uhr) Das bunte Da Graça gehört mit seinem fröhlich-kitschigen Dekor zu einer der geselligsten Bars in Jardim Botânico. Die Tische draußen sind an den Wochenenden immer voll.

Drink Café (Karte S. 144 f.; ☎ 2239 4136; Parque dos Patins, Av Borges de Medeiros, Lagoa; Eintritt bei Livemusik 5 R$; ◷ Mo 17–2, Di–So 9–2 Uhr) Eines der vielen Straßenrestaurants am See. Abends finden hier oft Jazz- und Bossa-Nova-Konzerte statt.

Hipódromo (Karte S. 144 f.; ☎ 2274 9720; Praça Santos Dumont 108, Gávea; ◷ 20–3 Uhr) Das Hipódromo raubt – wie auch viele andere Bars in der Gegend – seinen Anwohnern den Schlaf: Fast jeden Tag feiern hier die jungen Wilden!

Palaphita Kitch (Karte S. 144 f.; ☎ 2227 0837; Av Epitácio Pessoa, Lagoa; ◷ 18–3 Uhr) Das offene Palaphita Kitch bietet sich mit seinem Schilfdach, den rustikalen Bambusmöbeln, den flackernden Fackeln und der idyllischen Lage am See für einen entspannten abendlichen Drink an. Die Cocktails sind kreativ, aber auch recht teuer.

Copacabana & Leme

Auch die Strandkioske von Cobacabana (S. 185) eignen sich gut für einen Drink am Nachmittag oder am frühen Abend.

Botequim Informal (Karte S. 146 f.; ☎ 3816 0909; Rua Domingos Ferreira 215, Copacabana; ◷ 12–1 Uhr) Das Botequim Informal ist eine verlässliche Adresse im neu entstehenden Herzen des Nachtlebens, auf dem Baixo Copa. Die gesellige Bar wartet mit einer erhöhten Terrasse, frisch gezapftem Bier und leckeren Speisen auf.

Espelunca Chic (Karte S. 146 f.; ☎ 2236 4090; Rua Bolívar 17A, Copacabana; ◷ 17–3 Uhr) Die einladende, zu einer Seite hin offene „schicke Spelunke" besuchen sowohl Einheimische aus der Gegend als auch Touris aus den umliegenden Hotels.

Horse's Neck (Karte S. 146 f.; ☎ 2525 1232; Sofitel Rio de Janeiro, Av Atlântica 4240, Copacabana; ◷ 12–2 Uhr) Eine leichte Meeresbrise, Topfpalmen und eine zauberhafte Aussicht auf den Strand von Copacabana sorgen in der Hotelbar im zweiten Stock für tropisches Flair.

Sindicato do Chopp (Karte S. 146 f.; ☎ 2541 3133; Av Atlântica 514, Leme; ◷ 11–3 Uhr) In der idyllisch am Strand gelegenen Bar genehmigen sich Einheimische gerne ein kühles Bier oder eine sättigende Mahlzeit in entspannter Atmosphäre.

Botafogo & Urca

Cobal do Humaitá (Karte S. 148 f.; Rua Voluntários da Pátria, Botafogo) Der weitläufige Essensmarkt ganz im Westen von Botafogo (genauer in Humaitá) wird abends zum beliebten Treffpunkt, denn dann gibt's hier Livemusik und viele Straßenbars und Lokale öffnen ihre Pforten.

Bar Urca (Karte S. 148 f.; ☎ 2295 8744; Rua Cândido Gaffré 205, Urca; ◷ Mo–Sa 8–23, So bis 20 Uhr) Das einfache Bar-Restaurant punktet mit einer grandiosen Lage am Meer. Abends lassen sich die Gäste auf dem Küstenmäuerchen nieder und lassen sich von den Kellnern mit kalten Drinks und Häppchen versorgen.

Champanharia Ovelha Negra (Karte S. 148 f.; ☎ 2226 1064; Rua Bambina 120, Botafogo; ◷ Mo–Fr 17.30–23.30 Uhr) Im Ovelha Negra werden leckere Snacks und

40 verschiedene Champagner- und Prosecco-Sorten serviert. Die Happy Hour lohnt sich!

O Plebeu (Karte S. 148 f.; ☎ 2286 0699; Rua Capitão Salomão 50, Botafogo; ☺ Mo–Sa 11.30–4, So 11.30–21.30 Uhr) Die einladende, zweistöckige Bar, im lebendigsten Teil Botafogos gelegen, hat Sitzgelegenheiten auf der Straße und auf ihrem Balkon.

Flamengo & Catete

Belmonte (Karte S. 148 f.; ☎ 2552 3349; Praia do Flamengo 300, Flamengo; Gerichte 18–36 R$; ☺ 7 Uhr–open end) Das beliebte *boteco* gründete in den 1950ern ein recht armer Brasilianer aus dem Nordosten. Mittlerweile ist es Teil einer Kette und serviert bis spät in die Nacht eisgekühltes *chope*. Donnerstags ist die Stimmung besonders gut.

Devassa (Karte S. 148 f.; ☎ 2556 0618; Rua Senador Vergueiro 2; ☺ 12–1 Uhr) Ein besonders hübscher Ableger der Devassa-Kette an einem schattigen Platz. Es gibt das übliche Devassa-Angebot, u. a. natürlich frisch gezapftes Bier.

Herr Brauer (Karte S. 148 f.; ☎ 2225 4359; Rua Barão do Flamengo 35; ☺ Di–So 12–24, Mo 12–16 Uhr) Diese winzige Kneipe ist die richtige Adresse für Bierliebhaber und bekannt für ihre Auswahl an deutschen und belgischen Sorten.

Centro & Cinelândia

Amarelinho (Karte S. 150 f.; ☎ 2240 8434; Praça Floriano 55, Cinelândia; ☺ 11–2 Uhr) Beliebte Adresse für Mittagessen und Feierabendbierchen mit Tischen auf der Praça Floriano.

Boteco Casual (Karte S. 150 f.; ☎ 2232 0250; Travessa do Comércio 26; ☺ Mo–Fr 11–24, Sa 11–18 Uhr) An den Wochenenden werden die Tische hier von Cariocas belagert. Eine der vielen lässigen Kneipen in der Fußgängerzone Travessa do Comércio.

Santa Teresa & Lapa

Armazém São Thiago (Karte S. 150 f.; ☎ 2232 0822; Rua Áurea 26, Santa Teresa; ☺ Mo–Sa 12–24, So bis 22 Uhr) Die alteingesessene, winzige Kneipe, auch als „Bar do Gomes" bekannt, wirkt unscheinbar, doch am Wochenende bevölkern zahllose Gäste die Stehtische, die Theke und die Straße davor.

Bar dos Descasados (Karte S. 150 f.; ☎ 2222 2755; Rua Almirante Alexandrino 660, Santa Teresa; ☺ 12–24 Uhr) Die schicke Bar im Hotel Santa Teresa (S. 180) bietet Tische im Freien, eine wunderschöne Aussicht über den Norden der Stadt und dekadente Cocktails, z. B. Caipirinha mit selbstgezogenen Mandarinen. Vor allem Paare kommen hierher, bevorzugt am Wochenende.

Boteco do Gomes (Karte S. 150 f.; ☎ 2531 9717; Rua do Riachuelo 62, Lapa; ☺ 7–1 Uhr) Das *boteco* in Lapa

versprüht dank Backsteinwänden, Art-déco-Lampen und Fliesenböden einen gewissen altmodischen Charme. An den Stehtischen vorne und im geräumigen Speiseraum hinten treffen sich gerne Musiker, Studenten und andere Einheimische aus der Gegend.

Choperia Brazooka (Karte S. 150 f.; ☎ 2224 3235; Rua Mem de Sá 70, Lapa; ☺ Di–Mi 18–2, Do–Sa 18–5 Uhr) In den vielen Ecken und Winkeln dieses beliebten, vierstöckigen Brauhauses kann man bei eisgekühltem Bier vom Fass und leckeren Snacks einen wunderbaren Abend verbringen. Die Tische sind schnell von der Stammkundschaft um die 20 oder 30 bevölkert, man sollte also recht früh kommen.

Goya-Beira (Karte S. 150 f.; ☎ 2221 4863; Largo das Neves 13, Santa Teresa; ☺ So–Do 18–24, Fr & Sa bis 2 Uhr) Das kleine, charmante Goya-Beira liegt am idyllischen Largo das Neves, an dem ab und zu ein Zug vorbeirattert. Die offene Bar zieht am Wochenende gut gelaunte Partylöwen an und ist per Straßenbahn gut zu erreichen. Allerdings nimmt man für die Strecke vom Largo do Guimarães bis hierher besser ein Taxi …

Mike's Haus (Karte S. 150 f.; ☎ 2509 5248; Rua Almirante Alexandrino 1458A, Santa Teresa; ☺ Di–So 12–24 Uhr) Deutsche Kneipe, die eiskaltes Bier und Kneipenessen aus der Heimat serviert. Liegt etwas ab vom Schuss, es lohnt sich also, auf mehr als nur ein Bier zu bleiben.

UNTERHALTUNG
Musik & Tanzen

Rios Musikszene wartet mit einigen großen Talenten auf, die in stimmungsvollem Ambiente vor einem bunt gemischten Publikum spielen. Lapa ist das Zentrum des Samba, die alten Clubs dort sind ein absolutes Muss. Die größte Auswahl an Musiktreffs gibt's auf der Mem de Sá. Im Sommer finden am Pier Mauá, nördlich des Centro, so genannte **Noites Cariocas** (www.noitescariocas.com.br) statt. Bei den großen Partys sind schon so Stars wie Caetano Veloso und Jorge Ben Jor aufgetreten.

LIVEMUSIK
Lapa

Beco do Rato (Karte S. 150 f.; ☎ 2508 9574; Rua Morais e Vale 5, Lapa; Eintritt frei; ☺ Di–Fr 20–3 Uhr) In der kleinen, klassischen Freiluft-Sambabar wird in entspannter Atmosphäre klasse Livemusik gespielt. Freitags lohnt sich ein Besuch besonders.

Circo Voador (Karte S. 150 f.; ☎ 2533 5873; www.circovoador.com.br, portugiesisch; Rua dos Arcos, Lapa; Eintritt 30–50 R$) Die Location befindet sich in einem spacigen Gebäude hinter den Arcos do Lapa. Hier treten Größen wie Chico Buarque und Jorge Ben Jor auf neben Newcomer-Bands, die Rock, Ska, Funk oder Samba spielen.

Estrela da Lapa (Karte S. 150 f.; ☎ 2507 6686; Av Mem de Sá 69, Lapa; Eintritt 15–30 R$; ⏰ Mo 19–1, Di–So 21–2 Uhr) Das Estrela da Lapa ist in einer restaurierten Villa aus dem 19. Jh. untergebracht und bietet eine große musikalische Vielfalt: Live-Bands mit *choro*, Blues oder Hip-Hop, an den Wochenenden danach DJ-Musik – gute Stimmung bis spät in die Nacht garantiert!

Fundição Progresso (Karte S. 150 f.; ☎ 2220 5070; www.fundicao.org, portugiesisch; Rua dos Arcos 24, Lapa; Eintritt 20–35 R$) In der riesigen, alten Fabrik gibt's mehrere Bühnen, auf denen mit die besten Konzerte und Kunstevents in Lapa steigen.

Semente (Karte S. 150 f.; ☎ 9781 2451; Rua Joaquim Silva 138, Lapa; Eintritt 15–25 R$; ⏰ Sa–Do 20–2 Uhr) Die winzige Bar, in der aufstrebende Samba- und *choro*-Bands auftreten, ist perfekt, um die Seele des Samba zu entdecken. Ein Besuch lohnt sich besonders sonntags und montags.

Weitere Veranstaltungsorte

Allegro Bistrô Musical (Karte S. 146 f.; ☎ 2548 5005; www.modernsound.com.br; Modern Sound, Rua Barata Ribeiro 502, Copacabana; Eintritt frei; ⏰ Mo–Fr 9–21, Sa bis 20 Uhr) In dem kleinen Café in Copacabanas exzellentem Musikladen Modern Sound finden fast die ganze Woche über Livekonzerte statt, meist zwischen 17 und 21 Uhr.

Bip Bip (Karte S. 146 f.; ☎ 2267 9696; Rua Almirante Gonçalves 50, Copacabana; ⏰ 20–24 Uhr) Das Bip Bip mit seiner winzigen Ladenfront und den Tischen auf dem Bürgersteig ist aus der Musikszene der Gegend nicht mehr wegzudenken und veranstaltet schon seit über 15 Jahren Samba-Jams. Momentan stehen donnerstags und sonntags um 20 Uhr Samba, dienstags und mittwochs um 20 Uhr Choro und montags um 21 Uhr Bossa Nova auf dem Programm.

Casa Rosa (Karte S. 148 f.; ☎ 2557 2562; Rua Alice 550, Laranjeiras; Eintritt 15–25 R$; ⏰ Fr & Sa 23–5, So 19–2 Uhr) Die Casa Rosa gehört zu den besten Locations der Stadt und bietet einen großen Innenhof sowie mehrere Tanzflächen, auf denen den ganzen Abend lang Bands auftreten.

Espaço Rio Carioca (Karte S. 148 f.; ☎ 2225 7332; www.espaciooriocarioca.com.br; Rua Leite Leal 45, Laranjeiras; Eintritt 10–20 R$; ⏰ Mo–Fr 15–22, Sa & So 12–22 Uhr) An diesem kreativen Ort – er ist Buchladen, Café und Bistro in Einem – gibt's mittwochs bis samstags ab etwa 20.30 Uhr Livemusik (MPB, Jazz) auf die Ohren.

Maze Inn (Karte S. 148 f.; ☎ 2558 5547; www.jazzrio.info; Casa 66, Rua Tavares Bastos 414, Catete; Eintritt vor/nach 22 Uhr 10/20 R$; ⏰ 1. Fr im Monat 22–3 Uhr) Einmal im Monat findet in der Pension Maze Inn (S. 179) hoch oben in Tavares Bastos ein äußerst lohnendes Jazzkonzert statt. Neben ausgezeichneter Musik bekommen die Gäste, ein bunter Mix aus Cariocas und Ausländern, auch noch eine fabelhafte Aussicht.

Praia Vermelha (Karte S. 148 f.; ☎ 2275 7292; Praça General Tibúrcio, Urca; Eintritt 6–12 R$; ⏰ Mo–Sa 12–24 Uhr) Oberhalb des gleichnamigen Strandes liegt das Praia Vermelha mit seinem traumhaften Blick auf den Pão de Açúcar. Ab 18 Uhr geben jazzige MPB-Bands vor dieser traumhaften Open-Air-Kulisse ihr Können zum Besten. Das Essen kann da leider nicht mithalten …

Severyna (Karte S. 148 f.; ☎ 2556 9398; Rua Ipiranga 54, Laranjeiras; Eintritt 10 R$; ⏰ 11.30–2 Uhr) In diesem scheunenartigen Speisesaal spielen ab etwa 20 Uhr Livebands *forró* und andere Musikrichtungen aus dem Nordosten Brasiliens.

Vinícius Piano Bar (Karte S. 144 f.; ☎ 2523 4757; Rua Prudente de Morais 34, Ipanema; Eintritt 30–40 R$) Die Vinícius Piano Bar bezeichnet sich selbst als „Tempel des Bossa Nova" und ist seit den späten 1980er-Jahren eine Art Wahrzeichen Ipanemas. Auf der kleinen Bühne oben treten in intimer Atmosphäre ausgewählte Jazz- und Bossa-Nova-Gruppen auf.

SAMBACLUBS

Gafieiras (Tanzhallen) sind eine große Attraktion in Lapa. Hinter den Fassaden restaurierter Gebäude aus der Kolonialzeit verbergen

---

EIN ABEND, ZWEI KARTEN

Am Eingang von Sambaclubs und Livemusik-Bars (und in Selbstbedienungsrestaurants) bekommt man eine Karte, auf der alles gespeichert wird, was man am Abend konsumiert. Bevor man geht, muss man den entsprechenden Betrag (teils plus Eintritt) begleichen und bekommt eine weitere Karte, die am Ausgang vorzulegen ist. Das Ganze klingt kompliziert, hat aber den Vorteil, dass man nicht ständig seinen Geldbeutel herauskramen muss. Auf die Karte sollte man gut aufpassen, bei Verlust werden nämlich 100 R$ oder mehr fällig. Dieses System ist in ganz Brasilien verbreitet.

RIO DE JANEIRO (STADT)

sich Tanzsäle, in denen große Sambabands vor Scharen von Fans auftreten.

Carioca da Gema (Karte S. 150 f.; ☎ 2221 0043; Av Mem de Sá 79, Lapa; Eintritt 20–25 R$; ☿ So geschl.) Dieser kleine, farbenfrohe Club war einer der ersten, die den Samba nach Lapa zurückbrachten. Meist ist die Tanzfläche gut voll und ein bunt gemischtes Publikum tanzt zu Livemusik.

Centro Cultural Carioca (Karte S. 150 f.; ☎ 2252 6468; www.centroculturalcarioca.com.br; Rua do Teatro 37, Centro; Eintritt 20–30 R$; ☿ Mo–Do 19–1, Fr & Sa 20.30–2 Uhr) Im historischen Ambiente des restaurierten Theaters an der Praça Tiradentes treten das ganze Jahr über spitzenmäßige Sambagruppen auf. Die Besucher lauschen der Livemusik – und schwingen das Tanzbein dazu!

Democráticus (Karte S. 150 f.; ☎ 2252 4611; Rua do Riachuelo 91, Lapa; Eintritt 20–40 R$; ☿ Mi 22–4, Do–Sa 23–4, So 20–24 Uhr) Der geräumige Saal aus dem 19. Jh. hat eine riesige Tanzfläche und eine lange Bühne für viele Musiker. Will man Rios altmodische Liebe zum Samba authentisch erleben, ist das Democráticus kaum zu toppen.

Lapa 40 Graus (Karte S. 150 f.; ☎ 3970 1338; Rua Riachuel 97, Lapa; Eintritt 5 R$; ☿ 18–4 Uhr) Das beeindruckende, mehrstöckige Musiklokal mit Poolhalle hat Tische zum Entspannen im Erdgeschoss, Billardtische im Obergeschoss und eine kleine Bühne mit Tanzfläche im Dachgeschoss (Eintritt bei Auftritten 5–30 R$).

Rio Scenarium (Karte S. 150 f.; ☎ 3147 9005; Rua do Lavradio 20, Lapa; Eintritt 15–25 R$; ☿ Di–Sa 19–2.30 Uhr) Wohl Rios schönster Nachtclub: Das Rio Scenarium hat drei mit Antiquitäten vollgestopfte Stockwerke mit Balkonen, von denen man auf die Bühne auf der 1. Etage blickt. Talentierte Sambabands spielen hier vor einer tanzbegeisterten Menge, von denen etwa die Hälfte Touristen sind.

Trapiche Gamboa (Karte S. 150 f.; ☎ 2516 0868; www.trapichegamboa.com.br, portugiesisch; Rua Sacadura Cabral 155, Gamboa; Eintritt 12–20 R$; ☿ Di–Do 19–2, Fr bis 3, Sa 21–4 Uhr) Ein weiteres beeindruckendes Sambalokal in einem mehrstöckigen Kolonialgebäude in Gamboa (nördlich vom Centro) mit einladender Atmosphäre. Im Erdgeschoss spielen Sambamusiker an den Tischen, während um sie herum wild getanzt wird. Am besten kommt man mit dem Taxi hin (ca. 25 R$ ab der Zona Sul).

SAMBASCHULEN

Ab September machen die meisten großen Sambaschulen ihre Proben zur Vorbereitung auf den Karneval öffentlich. Diese großen

Tanzpartys sind tolle Gelegenheiten, sich unter die Cariocas zu mischen. In der Regel verlangen die Schulen 5 bis 30 R$ Eintritt (je näher Karneval rückt, desto teurer wird's). Viele Schulen sind in Favelas, man sollte auf dem Weg also die Augen offen halten.

Man kann die Sambaschulen im Rahmen einer Tour (s. S. 173) besichtigen oder auf eigene Faust. Hin und zurück geht's mühelos mit einem Taxi, denn vor den Schulen warten immer abfahrbereite Wagen. Bevor man sich aufmacht, nachfragen, ob die Probe auch stattfindet! Im Folgenden eine Auswahl der beliebtesten Sambaschulen, die Termine ihrer Proben und die Kontaktdaten; bei Touristen besonders beliebt sind Mangueira und Salgueiro.

Beija-Flor (☎ 2791 2866; www.beija-flor.com.br; Praçinha Wallace Paes Leme 1025, Nilópolis; ☿ Do 21 Uhr)

Grande Rio (☎ 2671 3585; www.granderio.org.br; Rua Almirante Barroso 5-6, Duque de Caxias; ☿ Fr 22 Uhr)

Imperatriz Leopoldinense (☎ 2560 8037; www.imperatrizleopoldinense.com.br; Rua Professor Lacê 235, Ramos; ☿ So 20 Uhr)

Mangueira (Karte S. 143; ☎ 2567 4637; www.mangueira.com.br; Rua Visconde de Niterói 1072, Mangueira; ☿ Sa 22 Uhr)

Mocidade Independente de Padre Miguel (☎ 3332 5823; www.mocidadeindependente.com.br; Rua Coronel Tamarindo 38, Padre Miguel; ☿ Sa 22 Uhr)

Porta da Pedra (☎ 3707 1518; www.unidosdoportodapedra.com.br; Av Lúcio Tomé Feteiro 290, Vila Lage, São Gonçalo; ☿ Mi 20 Uhr)

Portela (☎ 2489 6440; Rua Clara Nunes 81, Madureira; ☿ Fr 22 Uhr)

Rocinha (Karte S. 143; ☎ 3205 3318; www.academicosdarocinha.com.br; Rua Bertha Lutz 80, São Conrado; ☿ Sa 22 Uhr)

Salgueiro (Karte S. 143; ☎ 2238 0389; www.salgueiro.com.br; Rua Silva Teles 104, Andaraí; ☿ Sa 22 Uhr)

Unidos da Tijuca (☎ 2518 3957; www.unidosdatijuca.com.br; Clube dos Portuários, Rua Francisco Bicalho 47, Cidade Nova; ☿ Sa 22 Uhr)

Vila Isabel (☎ 2578 0077; www.gresunidosdevilaisabel.com.br; Av 28 de Setembro 382, Vila Isabel; ☿ Sa 22 Uhr)

NACHTCLUBS

Flyer für Partys liegen in Musikläden und Boutiquen in Ipanema und Leblon sowie in den Surfshops im Einkaufszentrum Galeria River in der Nähe der Praia de Arpoador aus. Einige Clubs geben Rabatt, wenn man einen Flyer vorlegt.

00 (Zero Zero; Karte S. 144 f.; ☎ 2540 8041; Planetário, Av Padre Leonel Franca 240, Gávea; Eintritt 20–50 R$; ☿ Do–So 22–4 Uhr) Das Zero Zero, bei Tag ein Restaurant, bei Nacht eine schicke Lounge, befindet sich im Planetarium in Gávea. Dank seiner Terrasse und der Tatsache, dass hier mit die besten DJs Rios auflegen, genießt es einen guten Ruf bei den hippen Partygängern.

Baronneti (Karte S. 144 f.; ☎ 2522 1460; Rua Barão da Torre 354, Ipanema; Eintritt 20–35 R$; ◑ Di–So 23–5 Uhr) Das Baronneti, einer der wenigen Nachtclubs in Ipanema, hat ein schickes Interieur und zwei Tanzflächen. Angesicht der erstklassigen Lage in der Zona Sul überrascht es nicht, hier ein junges, gut betuchtes Publikum vorzufinden, das die unterschiedlichen DJs und die fruchtigen Cocktails zu schätzen weiß.

Casa da Matriz (Karte S. 148 f.; ☎ 2266 1014; www.casadamatriz.com.br, portugiesisch; Rua Henrique de Novaes 107, Botafogo; Eintritt 10–25 R$; ◑ Mo & Do–Sa 23–4 Uhr) Kunst ziert die Wände dieses avantgardisti-schen Ladens in Botafogo. Die alte Villa, die kreativen Carioca-Style versprüht, birgt eine Lounge, Tanzflächen und einen Kinosaal.

Clandestino (Karte S. 146 f.; ☎ 3209 0348; Rua Barata Ribeiro 111, Copacabana; Eintritt 10–30 R$; ◑ Mi–Sa 23–5 Uhr) Das Clandestino liegt direkt neben dem Hostel Stone of a Beach. DJs legen Hip-Hop und Funk auf, auf eine Leinwand im hinteren Bereich werden Kunstfilme projiziert – das alles verströmt ein alternativ-urbanes Flair, das sowohl Cariocas als auch Backpacker mögen.

Fosfobox (Karte S. 146 f.; ☎ 2548 7498; Rua Siqueira Campos 143, Copacabana; Eintritt 10–25 R$; ◑ Do–Sa 23–4 Uhr) Der unterirdische Club versteckt sich in einem Einkaufszentrum nahe der Metrosta-tion. Für ein bunt gemischtes Publikum legen hier professionelle DJs alle möglichen Musik-stile auf, von Funk bis Glam-Rock.

RIO FÜR LESBEN & SCHWULE

Seit den 1950er-Jahren ist Rio ein beliebtes Reiseziel für Schwule. Damals konzentrierte sich das homosexuelle Nachtleben auf die Gegend rund um den Copacabana Palace – ein paar Regenbogenfahnen zeugen noch davon. Mittlerweile ist die Party weitergezogen und die GLBT-Szene trifft sich nun in Ipanema, vor allem die Touristen. Der Strand für Schwule liegt am Ende der Rua Farme de Amoedo (auch hier eine Regenbogenfahne), entsprechende Bars und Cafés findet man in den umliegenden Straßen wie der Rua Teixeira de Melo und der Rua Farme de Amoeda.

Nachtleben

Weitere Infos zum Nachtleben gibt's auf www.riogayguide.com.

Cabaret Casanova (Karte S. 150 f.; ☎ 2221 6555; Av Mem de Sá 25, Lapa; ◑ Fr & Sa) In einem der ältesten Clubs Rios erwarten einen ein gemischtes Publikum, Drag-Queens und leicht trashige Musik.

Cafeína (Karte S. 144 f.; ☎ 2521 2194; Rua Farme de Amoeda 43, Ipanema; ◑ 8–23.30 Uhr) Das beliebte Café in Ipanema zieht ein bunt gemischtes Publikum an.

Cine Ideal (Karte S. 150 f.; ☎ 2252 3460; www.cineideal.com.br, portugiesisch; Rua da Carioca 62, Centro; ◑ Fr & Sa) Das ehemalige Kino wurde in einen Elektromusik-Club umgebaut und bietet eine Terrasse mit Blick auf die Altstadt.

Dama de Ferro (Karte S. 144 f.; ☎ 2247 2330; www.damadeferro.com.br, portugiesisch; Rua Vinícius de Moraes 288, Ipanema; ◑ Di–Sa) Gilt in der Elektromusik-Szene als eine der besten Adressen – Party bis spät in die Nacht!

Fosfobox (Karte S. 146 f.; ☎ 2548 9478; UG, loja 22A, Rua Siqueira Campos 143, Copacabana; ◑ Di–So) In dem kleinen Club im Untergeschoss gehören Auftritte alternativer Bands, ein buntes Publikum und eine entspannte Atmosphäre zum Programm.

Galeria Café (Karte S. 144 f.; ☎ 2523 8250; www.galeriacafe.com.br; Rua Teixeira de Mello 31, Ipanema; ◑ Do–Sa) Bar mit hübscher Einrichtung und gemischter Kundschaft.

La Girl (Karte S. 146 f.; ☎ 2247 8342; www.lagirl.com.br, portugiesisch; Rua Raul Pompéia 102, Copacabana; ◑ Mo, Fr & Sa) In einem Lesbenclub herrscht immer eine großartige Stimmung.

Le Boy (Karte S. 146 f.; ☎ 2513 4993; www.leboy.com.br, portugiesisch; Rua Raul Pompéia 102, Copacabana; ◑ Di–So) Le Boy gibt's schon seit 1992. In *dem* Schwulenclub in Rio schlechthin finden Themenabende statt mit Drag-Shows und Go-Go-Boys.

Star Club (Karte S. 150 f.; Buraco Da Lacraia; ☎ 2242 0446; Rua André Cavalcante 58, Lapa; ◑ Do–Sa) Hier erwarten einen glamourös-trashige Gäste, bizarre Drag-Shows, exzellente DJs und vieles mehr.

Tô Nem Aí (Karte S. 144 f.; ☎ 2247 8403; Rua Farme de Amoeda 57, Ipanema; ◑ 12–3 Uhr) Mitten auf Ipane-mas Schwulenmeile findet sich diese beliebte Bar, die sich für einen Abstecher nach einem Strandtag anbietet.

The Week (Karte S. 150 f.; ☎ 2253 1020; Rua Sacadura Cabral 154, Centro; ◑ Sa) Rios neuester und momentan bester Schwulen-Tanzclub bietet eine große Tanzfläche, exzellente DJs und Go-Go-Tänzer.

Melt (Karte S. 144 f.; ☎ 2249 9309; Rua Rita Ludolf 47A, Leblon; Eintritt 10–30 R$; ☾ 22–3 Uhr) Ein echtes Lebloner Original! In der von Kerzen erleuchteten Lounge räkeln sich Models in Begleitung ihrer Fans, die Bedienungen servieren farbenfrohe Cocktails, und oben sorgen DJs, gelegentlich zusammen mit Schlagzeugern, für Stimmung auf der Tanzfläche.

Nuth Lounge (Karte S. 143; ☎ 3575 6850; www.nuth.com.br, portugiesisch; Av Armando Lombardi 999, Barra da Tijuca; Eintritt Männer 40–70 R$, Frauen 20–30 R$; ☾ 21–4 Uhr) Die Nuth (sprich „Nutsch") Lounge gehört trotz ihrer Lage in Barra zu den beliebtesten Clubs Rios. Hier tanzen nette, gut gekleidete Gäste zu DJ-Musik, vornehmlich Elektro-Samba, House und Hip-Hop. Der neuere **Nuth Club** (Karte S. 144 f.; Av Epitácio Pessoa 1244) in Lagoa lockt in etwa die gleiche Klientel an.

Klassische Musik, Theater & Tanz

Klassikliebhaber sollten eines der Konzerte besuchen, die im Rahmen von **Música No Museu** (www.musicanomuseu.com.br) veranstaltet werden. Bei dem Event, das jedes Jahr von Januar bis April stattfindet, kann man in Museen und Kulturzentren der Stadt Dutzende Gratis-Konzerte erleben.

Der prachtvollste Veranstaltungsort in ganz Rio ist das im Beaux-Arts-Stil erbaute **Theatro Municipal** (Karte S. 150 f.; ☎ 2332 9195; www.theatromunicipal.rj.gov.br, portugiesisch; Rua Manuel de Carvalho, Centro). Das spannendere Programm – mit modernem Tanz, Theater und Performances – hat allerdings das ausgezeichnete **Espaço Sesc** (Karte S. 146 f.; ☎ 2547 0156; Rua Domingos Ferreira, Copacabana) zu bieten. In Lapa finden in der **Sala Cecília Meireles** (Karte S. 150 f.; ☎ 2332 9176; www.salaceciliameireles.com.br, portugiesisch; Largo da Lapa 47, Lapa; ☾ Kartenverkauf 13–18 Uhr), einem echten Prachtbau aus dem frühen 20. Jh., das ganze Jahr über Orchesterkonzerte statt.

Kinos

Rio ist eines der cineastischen Zentren Lateinamerikas und zeigt sich erfrischend offen für ausländische und unabhängige Produktionen sowie Dokumentar- und Avantgardefilme. Ein Highlight für Filmliebhaber ist das Internationale Filmfestival von Rio, das von Ende September bis Anfang Oktober stattfindet (s. S. 174). Programme und Veranstaltungstermine findet man in den Tageszeitungen *O Globo* oder *Jornal do Brasil* sowie im Magazin *Veja Rio*. Tickets kosten zwischen 14 und 24 R$. Neben den folgenden Kinos findet man auch in den größeren Einkaufszentren welche (S. 197).

Cineclube Laura Alvim (Karte S. 144 f.; ☎ 2267 1647; Av Vieira Souto 176, Ipanema) Im Kulturzentrum Laura Alvim in Ipanema.

Cine Santa Teresa (Karte S. 150 f.; 2222 0203; www.cinesanta.com.br; Rua Paschoal Carlos Magno 136, Santa Teresa) Kleines Kino mit nur einem Vorführraum am Largo do Guimarães.

Espaço de Cinema (Karte S. 148 f.; ☎ 2226 1986; Rua Voluntários da Pátria 35, Botafogo) Kino in Botafogo mit zwei Vorführräumen und einem Café.

Estação Ipanema (Karte S. 144 f.; ☎ 2279 4603; Rua Visconde de Pirajá 605, Ipanema)

Odeon Petrobras (Karte S. 150 f.; ☎ 2240 1093; Praça Floriano 7, Cinelândia) Bei Rios bekanntestem Kino handelt es sich um ein wunderschönes, altes Theater.

Roxy (Karte S. 146 f.; ☎ 2461 2461; Av NS de Copacabana 945, Copacabana) Das einzige Kino in Copacabana.

Sport

FUSSBALL

Maracanã-Stadion (Karte S. 152 f.; ☎ 2334 1705; Av Maracanã, São Cristóvão; Eintritt 15–100 R$) Brasiliens Fußballtempel wird im Hinblick auf die Fußball-WM 2014 und die Olympischen Spiele 2016 momentan umgebaut und bleibt bis 2012 geschlossen. (Für weitere Infos, s. S. 165.)

Mehrere Touranbieter mit englischsprachigen Führern bieten Besuche von Spielen an, z. B. **Brazil Expedition** (☎ 9998 2907, 7894 7523; www.brazilexpedition.com; 70 R$/Pers.), **Be a Local** (☎ 9643 0366; www.bealocal.com; 80–90 R$/Pers.) oder der unabhängige Fremdenführer **Sergio Manhães** (☎ 9210 0119; futebolnomaracana.blogspot.com, ssm10@hotmail.com; 110–120 R$/Pers.).

Wer sich auf eigene Faust auf den Weg macht, sollte die Metro nehmen, die ist sicherer und meist auch weniger voll als die Busse.

Weitere Fußballstadien in Rio:

Estádio Olímpico João Havelange (Karte S. 143; ☎ 2543 7272; Rua Arquias Cordeiro, Engenho de Dentro) Das Heimstadion von Botafogo, genannt Engenhão, wurde für die Panamerikanischen Spiele 2007 erbaut und bietet rund 45 000 Zuschauern Platz. Bis zur Wiedereröffnung des Maracanã-Stadions werden hier wohl die Heimspiele der Clubs von Flamengo und Fluminense ausgetragen.

Estádio de São Januário (Karte S. 143; ☎ 2580 7373; Rua General Almério de Moura 131, São Cristóvão) Das Heimstadion von Vasco da Gama wurde 1927 erbaut und bietet rund 35 000 Zuschauern Platz.

PFERDERENNEN

Jockey Club Brasileiro (Karte S. 144 f.; ☎ 3534 9000; www.jcb.com.br, portugiesisch; Rua Jardim Botânico 1003, Gávea;

(☺ Mo 18–24, Fr 16–23, Sa & So 14–20 Uhr) Der Jockey Club gehört zu den schönsten Rennstrecken des Landes und bietet 35 000 Sitzplätze. Er liegt auf der Gávea zugewandten Seite und hat eine großartige Aussicht auf die Berge und den Corcovado zu bieten. Touristen sind im Bereich für Mitglieder, der über eine Bar mit Blick auf die Strecke verfügt, willkommen. Die Rennen finden montags, freitags, samstags und sonntags statt, das wichtigste Ereignis des Jahres ist der Große Preis von Brasilien am ersten Sonntag im August.

SHOPPEN

Rio hat in Sachen Shoppen viel zu bieten, von farbenfrohen Märkten bis zu schicken Boutiquen in der Zona Sul. Zu den wichtigsten Einkaufstraßen Rios gehören folgende:

Av Ataúlfo de Paiva, Leblon (Karte S. 144 f.) Boutiquen, in denen Haute Couture verkauft wird, außerdem Cafés, Buchläden und Restaurants.

Rua Visconde de Pirajá, Ipanema (Karte S. 144 f.) Ipanemas belebte Einkaufsstraße.

Rua do Lavradio, Lapa (Karte S. 150 f.) Jede Menge Antiquitätenläden.

Bekleidung, Schmuck & Schuhe

Espaço Brazilian Soul (Karte S. 144 f.; ☎ 2522 3641; Rua Prudente de Morais 1102, Ipanema) In der zweistöckigen Boutique werden Designerklamotten (u. a. von dem brasilianischen Label Osklen) verkauft. Man bekommt Badebekleidung, T-Shirts, Flip-Flops und Hemden. Der Schwerpunkt liegt auf Herrenbekleidung, es gibt aber auch das eine oder andere hübsche Kleid.

Forum (Karte S. 144 f.; ☎ 2521 7415; www.forum.com.br; Rua Barão da Torre 422, Ipanema; ☺ Mo–Fr 10–18, Sa 10–14 Uhr) Der größte Laden des gefeierten brasilianischen Modedesigners Tufi Duek liegt in einer ruhigen, von Bäumen gesäumten Straße. Im Angebot sind elegante, qualitativ hochwertige Stücke aus seinen Herren- und Damenkollektionen.

Gilson Martins (Karte S. 144 f.; ☎ 2227 6178; Rua Visconde de Pirajá 462, Ipanema; ☺ Mo–Fr 10–20, Sa 10–16 Uhr) Modeschöpfer Gilson Martins verwandelt die Silhouette Corcovados und die brasilianische Flagge in diesem farbenprächtigen Laden zu Modestatements. Die schicken Handtaschen, Brieftaschen und anderen Accessoires eignen sich hervorragend als Mitbringsel.

Havaianas (Karte S. 146 f.; ☎ 2267 2418; Rua Xavier da Silveira 19, Copacabana; ☺ Mo–Fr 9–20, Sa & So 10–18 Uhr) In diesem großzügig angelegten Laden sind die omnipräsenten brasilianischen Gummischlappen in sämtlichen Varianten erhältlich: mit brasilianischer, argentinischer, portugiesischer, englischer oder spanischer Flagge oder auch als schickes Modell für die Damen. Es gibt noch einen kleineren Havaianas-Laden in Ipanema (Karte S. 146 f.; Rua Farme de Amoeda 76).

Isabela Capeto (Karte S. 144 f.; ☎ 2540 5232; Rua Dias Ferreira 217, Leblon; ☺ Mo–Fr 10–20, Sa 10–15 Uhr) In ihrer schicken Boutique verkauft die brasilianische Modeschöpferin Isabela Capeto ihre wunderschönen (und teuren) handgearbeiteten Stücke für Frauen.

Loja Fla (Karte S. 146 f.; ☎ 2541 4109; Ave NS de Copacabana 219, Copacabana) Mit über 30 Millionen Fans weltweit gehört Flamengo zu einem der beliebtesten Fußballclubs Brasiliens. In diesem neuen Geschäft werden alle möglichen Flamengo-Fanartikel verkauft, darunter Trikots, Socken und Fußbälle mit Vereinslogo neben Postern und vielem mehr. Die Preise sind gesalzen: Trikots kosten zwischen 70 und 160 R$!

Maria Oiticica (Karte S. 144 f.; ☎ 3202 1011; Forum de Ipanema, Rua Visconde de Pirajá 351) Maria Oiticica stellt aus Materialien aus dem Amazonasgebiet wunderschönen handgearbeiteten Schmuck her, der indigenem Kunsthandwerk ähnelt. So entstehen beispielsweise aus Samen, Pflanzenfasern und Baumrinde Armbänder, Ketten und Ohrringe. Mit ihrer Arbeit unterstützt die Designerin einheimische Dorfgemeinschaften, die durch traditionelles Kunsthandwerk ihren Lebensstandard verbessern.

Osklen (Karte S. 144 f.; ☎ 2227 2911; Rua Maria Quitéria 85, Ipanema; ☺ Mo–Fr 10–19, Sa 10–14 Uhr) Osklen ist eines der angesagtesten nationalen Labels und hat ein exzellentes Angebot an Strandbekleidung für Männer und Frauen, Anzügen, Hemden, Röcken und Schuhen.

In den Museen H. Stern und Amsterdam Sauer (s. S. 154) verkaufen Geschäfte Schmuck, Edelsteine und andere Accessoires.

Kunst & Kunsthandwerk

Neben den im Folgenden aufgelisteten Läden sind auch der Kunsthandwerkshop des Museu do Índio (S. 157; Arbeiten von indigenen Künstlern) und der farbenfrohe, moderne Designladen im Museu de Arte Moderna (S. 161) gute Adressen zum Stöbern.

La Vereda (Karte S. 150 f.; ☎ 2507 0317; Rua Almirante Alexandrino 428, Santa Teresa) Hier gibt es brasilianisches Kunsthandwerk sowie Schöpfungen örtlicher Künstler und Kunsthandwerker. Ganz in der Nähe findet man noch weitere ähnliche Läden.

LEBENSMITTELMÄRKTE

Feiras (Lebensmittelmärkte) finden fast jeden Tag irgendwo in Rio statt und sind die beste Adresse für *jabuticaba* (grapefruitähnliche Frucht), *acerola* (Frucht mit Kirschgeschmack) und andere Früchte, die es in der eigenen Heimat nicht gibt – ganz zu schweigen natürlich von köstlichen Mangos, Papayas, Passionsfrüchten und anderem mehr.

Cobal do Humaitá (Karte S. 148 f.; ☎ 2266 1343; Rua Voluntários da Pátria 446, Botafogo; ⊙ Mo–Sa 7–16 Uhr) Blumen, Gemüse, Obst; für den größeren Hunger gibt's außerdem Restaurants.

Cobal de Leblon (Karte S. 144 f.; ☎ 2239 1549; Rua Gilberto Cardoso, Leblon; ⊙ Mo–Sa 7–16 Uhr) Kleiner als der Humaitá-Markt. Abends trifft man sich hier gerne auf einen Drink unter freiem Himmel.

Copacabana Mittwochs (Rua Domingos Ferreira), donnerstags (Rua Belford Roxo und Rua Ronald de Carvalho) und sonntags (Rua Décio Vilares).

Ipanema Montags (Rua Henrique Dumont), dienstags (Praça General Osório) und freitags (Praça NS da Paz).

Jardim Botânico Samstags (Rua Frei Leandro).

Leblon Donnerstags (Rua General Urquiza).

Urca Sonntags (Praça Tenente Gil Guilherme).

O Sol (Karte S. 144 f.; ☎ 2294 5099; Rua Corcovado 213, Jardim Botânico; ⊙ So geschl.) Der hübsche Laden, von einer gemeinnützigen Organisation betrieben, stellt Werke regionaler Künstler aus und verkauft Körbe, Webteppiche und Folklorekunst aus Ton, Holz und Porzellan.

Pé de Boi (Karte S. 148 f.; ☎ 2285 4395; Rua Ipiranga 55, Laranjeiras; ⊙ Mo–Fr 9–19, Sa 9–13 Uhr) Eines der besten Kunsthandwerksgeschäfte in Rio. Hier bekommt man Holzarbeiten, Keramik, Wandteppiche, Skulpturen und Webarbeiten, die das Talent von Künstlern aus Amazonien, Minas Gerais und noch weiter entfernten Regionen spiegeln.

Urucum Art & Design (Karte S. 144 f.; ☎ 2540 9990; Rua Visconde de Pirajá 605, Ipanema; ⊙ Mo–Sa 12–19 Uhr) Der winzige Laden befindet sich im selben Komplex wie das Kino Estação Ipanema und hat handgemachte Holzarbeiten, Skulpturen, Töpferarbeiten, Vasen, Blockdrucke, hübsche Souvenirs und anderes Kunsthandwerk im Angebot; das meiste davon stammt von Künstlern aus Rio oder Minas Gerais.

Spirituosen

Lidador (Karte S. 144 f.; ☎ 2512 1788; Av Ataúlfo de Paiva 1079, Leblon; ⊙ Mo–Fr 10–20, Sa 10–17 Uhr) Das Lidador ist eines der besten Weingeschäfte in Leblon und hat chilenischen, argentinischen und sogar brasilianischen Wein am Lager, außerdem *cachaça* und andere Spirituosen. Eine praktische Zweigstelle findet man in Ipanema (Karte S. 144 f.; Rua Vinícius de Moraes 120).

Märkte

Rios größter Markt ist die Feira Nordestina (S. 164) in São Cristóvão.

Markt in der Av Atlântica (Karte S. 146 f.; Av Atlântica nahe der Rua Djalma Ulrich, Copacabana; ⊙ 19–24 Uhr) Auf dem Markt in Copacabana, mitten auf der Av Atlântica, bekommt man Gemälde, Schmuck, Kleider und auch ein wenig Touristenramsch.

Hippie Fair (Feira de Arte de Ipanema; Karte S. 144 f.; Praça General Osório, Ipanema; ⊙ So 9–17 Uhr) Der große Markt der Zona Sul hat jede Menge Kunsthandwerk, Schmuck, Kunst und Kleider im Angebot. An den Ständen ganz im Osten des Platzes werden leckere *acarajé* (Kroketten mit *vatapá*-Sauce und Garnelen, 7 R$) sowie exzellente Desserts (3 R$) verkauft. Definitiv einen Abstecher wert!

Feira do Rio Antigo (Antiquitätenmarkt Rio; Karte S. 150 f.; Rua do Lavradio, Centro; ⊙ 1. Sa im Monat 10–18 Uhr) Rios Antiquitätenmarkt findet leider nur einmal im Monat statt. Wer gerade zufällig in der Stadt ist, sollte ihn sich keinesfalls entgehen lassen: Die kolonialen Bauten und die vielen Antiquitäten mit den musikalischen Klängen im Hintergrund sind wirklich sehenswert!

Markt auf der Praça do Lido (Karte S. 146 f.; Praça do Lido, Copacabana; ⊙ Sa & So 8–18 Uhr) Der am Wochenende stattfindende Markt ist das Gegenstück zum Hippie Fair in Copacabana. Die Stände bieten Kunsthandwerk, Souvenirs, Fußballtrikots und Schmuck feil.

Musik

In den meisten Läden darf man vor dem Kauf in die CDs reinhören.

Modern Sound (Karte S. 146 f.; ☎ 2548 5005; www. modernsound.com.br; Rua Barata Ribeiro 502, Copacabana) Rios größter Musikladen hat eine eindrucksvolle Auswahl an Samba, Hip-Hop, elektronischer, ausländischer und klassischer Musik und noch einiges mehr auf Lager. Fast die ganze Woche über wird im Allegro Bistrô Musical (S. 191) Livemusik gespielt.

Plano B (Karte S. 150 f.; ☎ 2507 9860; Rua Francisco Muratori 2A, Lapa) Der Geheimtipp unter einheimischen DJs für alternative Musik. Hier gibt's neue und gebrauchte Platten und CDs, zudem ist hinten ein Tattoostudio untergebracht.

Arlequim (Karte S. 150 f.; ☎ 2220 8471; Av Primeiro de Março, Centro) Im Paço Imperial. Wenn man gerade in der Gegend ist, lohnt sich ein Abstecher, um nach CDs, Platten und gebrauchten Büchern (auf Portugiesisch) zu stöbern.

Feira de Música (Karte S. 150 f.; Rua Pedro Lessa, Centro; ⊗ Mo–Fr 9–17 Uhr) Auf diesem Freiluftmarkt im Centro findet man eine riesige Auswahl an Platten und CDs.

Musicale (Karte S. 146 f.; ☎ 2267 9607; Av NS de Copacabana 1103C, Copacabana; ⊗ Mo–Fr 10–19, Sa 10–16 Uhr) Im Musicale gibt's eine kleine, aber feine Auswahl an gebrauchten CDs, die im Durchschnitt zwischen 16 und 22 R$ kosten. Erhältlich sind Samba, MPB und regionale Musikstile, US-amerikanischer und britischer Rock sowie Indie und Weltmusik.

Toca do Vinícius (Karte S. 144 f.; ☎ 2247 5227; www.tocadovinicius.com.br; Rua Vinícius de Moraes 129, Ipanema) Der weiche Sound des Bossa Nova gibt den Takt an in diesem Laden: Er hat sich ganz den alten und neuen Künstlern des Genres verschrieben. In einem kleinen Museum im Obergeschoss erhalten Fans von Vinícius de Moraes Einblick in dessen Leben und Schaffen.

Einkaufszentren

In Rio gibt's viele große *shoppings* (Einkaufszentren), vor allem in Barra. Die meisten sind montags bis samstags von 10 bis 22 Uhr geöffnet, manche auch sonntags (dann meist 15–22 Uhr).

Barra Shopping (Karte S. 143; Av das Américas 4666, Barra da Tijuca) Das riesige Einkaufszentrum beherbergt 500 Geschäfte, 42 Restaurants und fünf Kinos.

Botafogo Praia Shopping (Karte S. 148 f.; Praia de Botafogo 400, Botafogo) Von den Restaurants im obersten Stock hat man eine großartige Aussicht.

Rio Design Center (Karte S. 144 f.; Av Ataúlfo de Paiva 270, Leblon) Auf vier Stockwerken verteilen sich verschiedene Galerien und Läden; im Erd- und Untergeschoss gibt es mehrere gute Restaurants.

Rio Sul (Karte S. 148 f.; Rua Lauro Müller 116, Botafogo) Geschäfte, Kinos, Restaurants – und jede Menge Menschen.

São Conrado Fashion Mall (Karte S. 143; Estrada da Gávea 899, São Conrado) Hier gibt's die edelsten Boutiquen der Stadt sowie nette Cafés.

Shopping Leblon (Karte S. 144 f.; Av Afrânio de Melo Franco 290, Leblon) Rios neueste Mall mit schicken Geschäften und guten Restaurants.

AN- & WEITERREISE
Bus

Die Busse starten an der **Rodoviária Novo Rio** (Busbahnhof Novo Rio; Karte S. 152 f.; ☎ 3213 1800; www.novorio.com.br; Av Francisco Bicalho, São Cristóvão), etwa 2 km nordwestlich vom Centro. Von hier aus fahren täglich mehrere Busse zu den wichtigsten Zielen, dennoch sollte man sich vorab um Tickets kümmern. Nur wenige Reisebüros verkaufen Bustickets, doch bei **Guanatur Turismo** (Karte S. 146 f.; ☎ 2548 3275; Rua Dias da Rocha 16A, Copacabana; www.guanaturturismo.com.br) bekommt man Fahrkarten zu den inländischen und grenzübergreifenden Zielen. Es lohnt sich, bei Guanatur einen (geringen) Aufpreis zu zahlen und sich so den langen Weg zum Busbahnhof zu sparen, um dort die Tickets zu erwerben.

Der Busbahnhof liegt in einem zwielichtigen Viertel. Wer in Rio mit dem Bus ankommt, sollte daher besser ein Taxi zum Hotel nehmen – einfach die kleine Bude nach dem Riotur-Schalter im 1. Stock des Bahnhofs aufsuchen. Man bezahlt durchschnittlich 35 R$ zum internationalen Flughafen und 30 R$ nach Copacabana oder Ipanema.

Neben den im Kasten auf S. 199 genannten Zielen starten ungefähr alle 30 Minuten Busse von **Viação 1001** (☎ 4004 5001) und **Itapemirim** (☎ 0800 723 2121) am Novo Rio nach São Paulo (70–110 R$, 6 Std.).

Flugzeug

Die meisten Flüge starten am Aeroporto Galeão (außerhalb der Karte S. 143), der auch Aeroporto Antônio Carlos (Tom) Jobim genannt wird; er liegt 15 km nördlich des Stadtzentrums. Einige Linien von bzw. nach São Paulo und in andere brasilianische Städte nutzen außerdem den Aeroporto Santos Dumont (Karte S. 150 f.) östlich vom Zentrum.

Einige Fluglinien:

Azul (☎ 3296 2850; www.voeazul.com.br)

Gol (☎ 0300-115 2121; www.voegol.com.br; Aeroporto Galeão, Aeroporto Santos Dumont) Alle Reisebüros verkaufen Gol-Tickets.

Ocean Air (☎ 4004 4040; www.oceanair.com.br)

TAM (☎ 4002 5700; www.tam.com.br)

Trip (☎ 0300-789 8747; www.voetrip.com.br)

Im Folgenden sind die durchschnittlichen Preise von Brasiliens wichtigsten Fluglinien,

Gol und TAM, aufgeführt. Sie gelten für einen Flug ab dem Aeroporto Galeão, stellen aber angesichts häufiger Sonderangebote und schwankender Preise nur Richtwerte dar:

Ziel	Fluglinie	Preis (R$)	Häufigkeit (tgl.)
Belém	Gol	300–500	7- bis 10-mal
	TAM	406–724	7- bis 10-mal
Fortaleza	Gol	389–529	14- bis 20-mal
	TAM	428–582	6- bis 12-mal
Foz do Iguaçu	Gol	349–589	6- bis 8-mal
	TAM	329–439	5- bis 7-mal
Manaus	Gol	529–789	6- bis 8-mal
	TAM	471–639	5- bis 8-mal
Recife	Gol	379–619	12- bis 18-mal
	TAM	384–516	12- bis 18-mal
Salvador	Gol	319–439	5- bis 8-mal
	TAM	296–439	8- bis 12-mal
São Paulo	Gol	219–329	8- bis 10-mal
	TAM	208–307	8- bis 12-mal

UNTERWEGS VOR ORT
Auto

Autofahren in Rio kann Nerven kosten, selbst wenn man sich auskennt. Wer sich trotzdem für das Auto entscheidet, sollte einige Dinge beachten: Cariocas halten nachts nicht immer an roten Ampeln, da an Kreuzungen kaum befahrener Straßen ein gewisses Risiko besteht, überfallen zu werden. Stattdessen verringern sie vor der roten Ampel das Tempo und fahren weiter, wenn die Straße frei ist. Wenn man sein Auto auf der Straße parkt, ist es zudem üblich, dem *flanelinha* (Parkwächter) 2 R$ fürs Aufpassen zu geben; einige sind von der Stadt angestellt, andere arbeiten sozusagen freiberuflich. Sie zu bezahlen lohnt sich und ist im ganzen Land üblich.

MIETEN
Autoverleiher gibt's am Flughafen oder an der Av Princesa Isabel in Copacabana. Am internationalen Flughafen sind Büros von **Hertz** (☎ 0800-701 7300), **Localiza** (☎ 0800-979 2000) und **Unidas** (☎ 2295 3628). In Copacabana vermieten neben vielen weiteren Anbietern **Hertz** (Karte S. 146 f.; ☎ 2275 7440; Av Princesa Isabel 500) und **Localiza** (Karte S. 146 f.; ☎ 2275 3340; Av Princesa Isabel 150) Autos.

Für weitere Infos zum Thema, s. S. 787.

Vom/Zum Flughafen

Rios internationaler Flughafen, der Aeroporto Galeão, liegt 15 km nördlich des Stadtzentrums auf der Ilha do Governador. Der Aeroporto Santos Dumont, der für einige Inlandsflüge benutzt wird, liegt an der Bucht im Stadtzentrum, 1 km östlich des U-Bahnhofs Cinelândia.

Real Auto Bus (☎ 0800 240 850) fährt mit klimatisierten Bussen vom internationalen Flughafen (Abfahrt vor der Ankunftshalle von Terminal 1 oder vor dem Erdgeschoss von Terminal 2) zur Rodoviária Novo Rio, zur Av Rio Branco (Centro), zum Aeroporto Santos Dumont, nach Süden über Glória, Flamengo und Botafogo und entlang der Strände von Copacabana, Ipanema und Leblon nach Barra da Tijuca (und umgekehrt). Die Busse verkehren zwischen 5.20 und 0.10 Uhr alle 30 Minuten und halten nach Aufforderung überall an der Strecke. Der Fahrpreis beträgt ca. 7 R$; man braucht vom Flughafen je nach Verkehr zwischen 90 Minuten und zwei Stunden zur Zona Sul. Am Bahnhof Carioca im Centro kann man auch in die U-Bahn umsteigen.

Auf dem Weg zum Flughafen kann man vor den großen Hotels in den Bus von Real Auto steigen, ebenso an den wichtigsten Stränden – den Bus einfach heranwinken.

Am internationalen Flughafen versuchen Taxifahrer immer mal wieder, einen abzuzocken. Die sicherste und zugleich teuerste Alternative ist ein Taxi mit Festpreis, den man direkt am Flughafen zahlt (80 R$ nach Copacabana/Ipanema). Ein *comúm* (normales) Taxi, gelb und blau, nach Ipanema sollte rund 50 R$ kosten – wenn der Taxameter funktioniert.

Öffentliche Verkehrsmittel
BUS & VAN

Rios Stadtbusse (2,20–2,80 R$) fahren schnell und häufig. Da die Stadt lang und schmal angelegt ist, findet man mühelos den richtigen Bus, und wenn man doch mal in den falschen steigt, ist das auch kein Problem. Die meisten Linien, die sich vom Zentrum aus gen Süden aufmachen, fahren nach Copacabana und wieder zurück. Allerdings sind die Busse häufig überfüllt, der Verkehr behindert sie und ihre Fahrer haben oft einen halsbrecherischen Fahrstil. Angeblich sind sie auch für Raubüberfälle prädestiniert, doch solche Vorfälle spielen sich eher selten und wenn, dann in entlegenen Vorstädten ab, in denen sich Touristen normalerweise nicht aufhalten. Dennoch sollte man während der Fahrt auf seine Sachen aufpassen und nachts lieber ein Taxi nehmen.

Kleinbusse (die Cariocas nennen sie *vans*) sind eine schnellere Alternative. Sie pendeln zwischen der Av Rio Branco im Centro und der Zona Sul entlang der Küste bis nach Bar-

BUSSE AB RIO

Ziel	Dauer (Std.)	Preis (R$)	Häufigkeit	Unternehmen
International				
Buenos Aires, Argentinien	46	286	tgl.	Pluma (☎ 0800-646 0300)
Santiago, Chile	62	330	tgl.	Pluma (☎ 0800-646 0300)
National				
Belém	52	418	tgl.	Transbrasiliana (☎ 0800-726 7001)
Belo Horizonte	7	68–126	8-mal tgl.	Util (☎ 0800-886 1000)
Brasília	17	153	tgl.	Util (☎ 0800-886 1000)
Cabo Frio	3	24–28	20-mal tgl.	Viação 1001 (☎ 4004 5001)
Curitiba	13	70–160	5-mal tgl.	Penha (☎ 0800-646 2122)
Florianópolis	18	178	tgl.	Itapemirim (☎ 0800-723 2121)
Foz do Iguaçu	23	184	2-mal tgl.	Pluma (☎ 2233 0336)
Ouro Prêto	7	72	tgl.	Util (☎ 0800-886 1000)
Paraty	4½	52	7- bis 10-mal tgl.	Costa Verde (☎ 3622 3100)
Petrópolis	1½	16	10-mal tgl.	Única-Fácil (☎ 0800-886 1000)
Porto Alegre	26	200	tgl.	Itapemirim (☎ 0800-723 2121)
Recife	38	235	tgl.	São Geraldo (☎ 0800-728 0044)
Salvador	28	290	tgl.	Aguia Branca (☎ 0800-725 1211)
Vitória	8	75–100	6-mal tgl.	Itapemirim (☎ 0800-723 2121)

ra da Tijuca. Das Ziel ist jeweils an der Frontscheibe angeschrieben, der Fahrpreis liegt zwischen 2 und 4,50 R$. Wer aussteigen möchte, ruft einfach „para!".

METRO
Mit Rios U-Bahn-System (www.metrorio.com.br) kommt man ausgezeichnet voran. Die Bahnen fahren montags bis samstags von 5 bis 24 Uhr und an Sonn- und Feiertagen von 7 bis 23 Uhr. Während Karneval fahren sie von Freitagmorgen bis Dienstag, 24 Uhr, durchgehend.

Die Züge beider Metrolinien sind klimatisiert, sauber, schnell und sicher. Die Hauptstrecke führt von Ipanema-General Osório (die Station wurde 2009 eröffnet) nach Saens Peña und hat am Bahnhof Estácio Anschluss zur zweiten Linie, die wiederum nach São Cristóvão und Maracanã fährt. Weitere Stopps sind für die nächsten Jahre in Planung, und bald sollen Ipanema und Leblon komplett an das Metronetz angeschlossen sein.

Die einfache Fahrt (*unitário*) kostet 2,80 R$. Um Warteschlangen zu vermeiden, kann man sich für mindestens 10 R$ eine *cartão prépago* (Prepaidkarte) kaufen und diese an einigen Stationen an Kiosken aufladen (nur mit abgezähltem Bargeld). Wer ein Ziel außerhalb des Metronetzes ansteuert, z. B. Cosme Velho oder Barra, kauft sich ein *metrô-ônibus*-Ticket (Metro-Bus-Ticket). Gratis U-Bahn-Fahrpläne gibt's an den meisten Ticketschaltern.

Schiff/Fähre
In Rios Bucht liegen mehrere Inseln, die man per Schiff besuchen kann. Wem es nur um die Aussicht geht, der nimmt die Pendlerfähre nach Niterói; mehr dazu steht auf S. 165.

Ilha de Paquetá (außerhalb der Karte S. 143; ☎ Fähre 0800-704 4113; www.barcas-sa.com.br) Die Fähre braucht 70 Minuten und kostet 9 R$ (hin & zurück). Sie legt zwischen 5.30 und 23 Uhr alle zwei bis drei Stunden ab, beispielsweise um 7.10, 10.30 und 13.30 Uhr.

Niterói (Karte S. 143) Die Fähre (☎ Fähre 0800-704 4113; www.barcas-sa.com.br) legt alle 20 Minuten an der Praça XV de Novembro im Centro (Karte S. 150 f.) ab. Hin- und Rückfahrt kosten 5,60 R$.

Taxi
Rios gelbe Taxen sind eine praktische Alternative, um im Zentrum von A nach B zu gelangen. Taxen mit Taxameter kosten rund 4,35 R$ Grundgebühr plus ca. 1 R$ pro Kilometer (bei Nacht und So etwas mehr).

Funktaxen sind 30 % teurer, aber auch sicherer. Viele Fahrer, die vor den Hotels warten, sind nicht vertrauenswürdig – lieber einen Block weiter laufen. Funktaxilinien sind z. B. **Coopertramo** (☎ 2209 9292), **Cootrama** (☎ 3976 9944), **Coopatur** (☎ 2573 1009) und **Transcoopass** (☎ 2590 6891).

In Rocinha und anderen Favelas bieten sich Motorradtaxen (man sitzt jeweils hinter dem Fahrer) an. Kurze Fahrten, etwa von einem Ende der Favela zum anderen, kosten 2 R$.

Rio de Janeiro (Bundesstaat)

Wer Rio de Janeiro hört, denkt sofort an die Stadt. Aber es gibt auch noch den atemberaubend schönen Bundesstaat Rio de Janeiro, der einige der schönsten Reiseziele Brasiliens zu bieten hat – und alle sind von der *Cidade Maravilhosa* aus innerhalb von drei Stunden erreichbar.

Im Osten an der Costa do Sol gibt es weißen Sand und klares, blaues und grünes Wasser. Saquarema entzückt Surfer mit einigen der besten Breaks Brasiliens. Arraial do Capo hat tolle Strände und malerische Häfen. Das lässige Búzios strahlt Tag und Nacht mit viel Sonnenschein und Nachtclubs.

Nördlich von Rio liegen vor einem Gebirgswall die Kaiserstadt Petrópolis und das Bergsteigerparadies PN da Serra dos Órgãos. Zwischen Teresópolis und Nova Friburgo erstreckt sich eine malerische Landschaft voller Gipfel mit sprechenden Namen: Mönchswarze, Gottesfinger, Steinerne Frau.

An der Costa Verde liegt die Kolonialstadt Parati. Ihre Kulisse aus Regenwald und Wasserfällen ist ebenso herrlich wie ihre Architektur. Die riesige, verkehrsfreie Ilha Grande hat neben Wanderwegen auch mehr als 100 der abgelegensten Strände Brasiliens zu bieten.

Im Nordwesten ist Brasiliens ältester Nationalpark, der PN de Itatiaia, zu finden. Es gibt dort kahle Hochlandplateaus, Felsgipfel und üppigen Tieflandregenwald. Die Städte Visconde de Mauá und Penedo am Rand des Parks heißen ihre Besucher mit rustikalen Hütten und frisch gegrillten Forellen herzlich willkommen.

HIGHLIGHTS

- Auf der **Ilha Grande** (S. 204) die wilden Wellen der Südküste reiten oder nebenan in der ruhigen Bucht an der schwimmenden Bar abhängen

- Im malerischen, kolonialzeitlichen **Parati** (S. 207) schnorcheln, schwimmen und Wasserfälle hinunterrutschen und sich dann in die Geheimnisse der brasilianischen Kochkunst einweihen lassen

- Im **Parque Nacional de Itatiaia** (S. 219) den felsigen Pico das Agulhas Negras bezwingen

- An der luftigen Strandpromenade Orla Bardot in **Búzios** (S. 234) bei Sonnenuntergang herumschlendern oder die ganze Nacht durchfeiern

- Auf der malerischen **Rundtour Teresópolis–Friburgo** (S. 225) in der spektakulären Berglandschaft Honig-*cachaça* (hochprozentigen Zuckerrohrschnaps) und Ziegenkäse probieren

Bevölkerung: 16 Mio.	Fläche: 43 696 km²

RIO DE JANEIRO (BUNDESSTAAT)

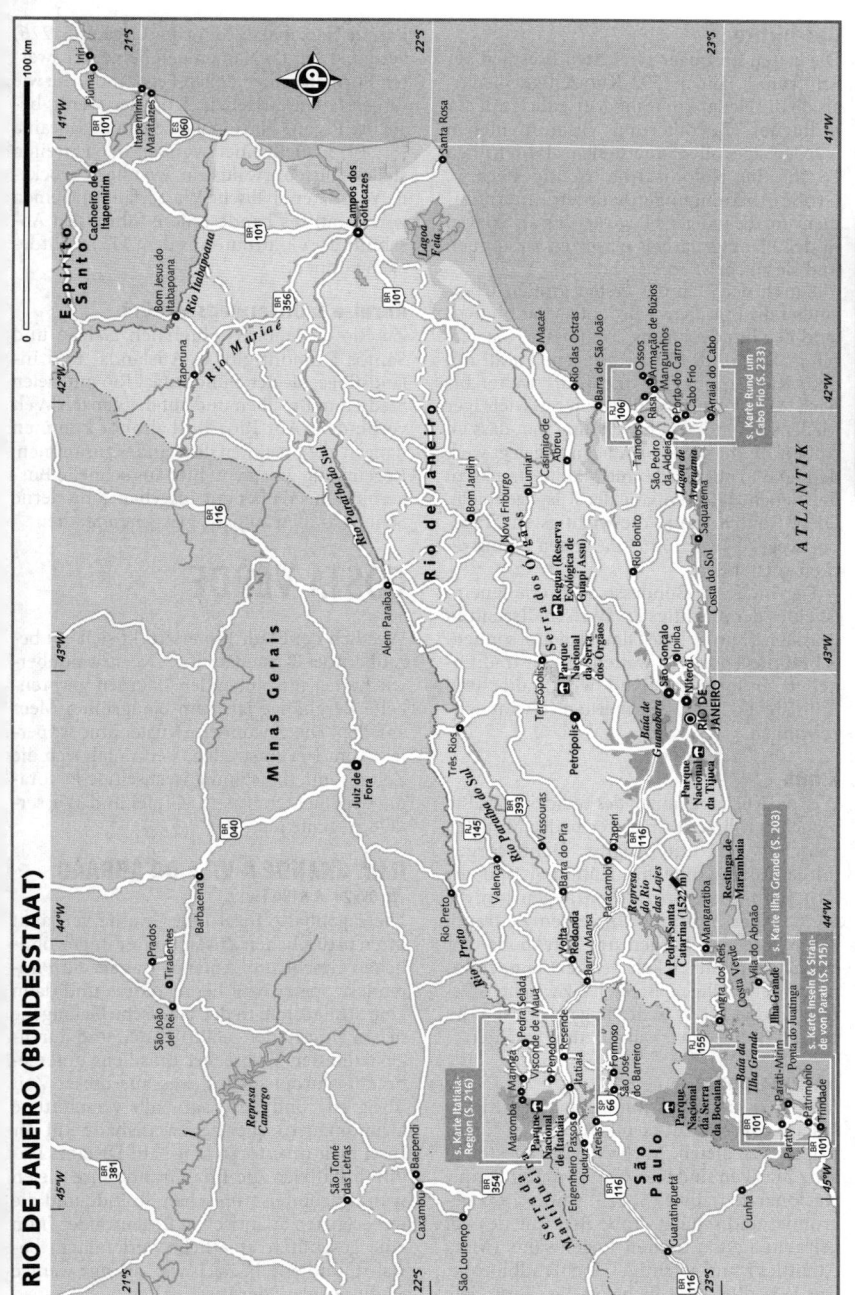

RIO DE JANEIRO (BUNDESSTAAT)

Geschichte

Die ersten Europäer erreichten Brasilien per Schiff am 1. Januar 1502. Kurzzeitig schien es, als ob die Neuankömmlinge friedlich mit der indigenen Bevölkerung zusammenleben würden, aber alles änderte sich, als im frühen 16. Jh. die Kolonisation richtig begann. Große Anstrengungen wurden unternommen, um die indigene Bevölkerung als Sklaven in der Plantagenarbeit einsetzen zu können und sie zu christianisieren.

Durch den Bau der ersten großen Überlandstraße Brasiliens wurde auch das Binnenland des Bundesstaates erschlossen. Sie verbindet das an der Küste gelegene Parati mit dem Rio-Paraíba-Tal und führt weiter bis nach Minas Gerais. Ein weiterer wichtiger Meilenstein in Rios Entwicklung war, dass im frühen 19. Jh. Kaffeeplantagen angelegt wurden. Die Ernte wurde mit Maultiertrecks zu den neuen Häfen entlang der Küste gebracht. Diese Routen waren die wichtigsten Transportwege, bis nach 1855 die ersten Bahnstrecken entstanden.

Der moderne Bundesstaat Rio de Janeiro ist eines der mächtigsten Wirtschaftszentren Brasiliens. Sprudelnde Ölquellen und sonnengebräunte Touristen wetteifern mit traditionellen Industriezweigen wie Stahl- und Schiffsbau darum, den meisten Gewinn einzubringen.

Klima

Wer die Küstenregionen des Bundesstaats Rio besuchen will, reist am besten in den Monaten zwischen Mai und August. Dann sorgen milde Passatwinde für Kühlung, und die Durchschnittstemperaturen liegen um die 30 °C. Aber Achtung: Im selben Zeitraum kann es in den Bergen um Petrópolis und Itatiaia empfindlich kalt werden (Temperaturen im einstelligen Bereich). Zwischen Dezember und März, in der Regenzeit, ist es im ganzen Bundesstaat wärmer und feuchter.

Nationalparks

Für einen so kleinen Bundesstaat hat Rio de Janeiro eine eindrucksvolle Anzahl an Nationalparks zu bieten. Auch zwei der ältesten in ganz Brasilien sind hier zu finden. Der Parque Nacional de Itatiaia (S. 219) wurde 1937 gegründet und schützt große Bereiche des tief gelegenen Atlantischen Regenwalds (Mata Atlântica) und wichtige Hochlandbiotope. Der 1939 direkt nördlich von Rio gegründete Parque Nacional da Serra dos Órgãos (S. 226) verdankt seinen Namen den bemerkenswerten Formen seiner steilen Felswände, die wie Orgelpfeifen aussehen. Und der wenig besuchte Parque Nacional da Serra da Bocaina (S. 214) schließt einen wundervollen Streifen steilen Küstenurwalds ein, wo unerschrockene Wanderer idyllische Wasserfälle und einen von Parati ins Landesinnere führenden Abschnitt der Goldroute aus dem 17. Jh. entdecken können.

Anreise & Unterwegs vor Ort

Zu Rio de Janeiros Flughäfen Galeão und Santos Dumont gibt es Auslands- und Inlandsflüge, die den Bundesstaat Rio mit vielen Städten in Brasilien und auf der ganzen Welt verbinden. Auf Rios Busbahnhof kommen nahezu alle Buslinien des Landes zusammen. Regelmäßig gibt's von hier aus schnelle Busverbindungen über gut ausgebaute, moderne Schnellstraßen zu nahe gelegenen Städten.

COSTA VERDE

Westlich der Stadt Rio erstreckt sich ein bezaubernder Küstenstreifen, wo urwaldüberwucherte, mit blühenden Bäumen gesprenkelte Berghänge jäh zum blaugrünen Meer abfallen. Die gewundene Küstenlinie ist perfekt zum Herumstreifen, wenn man sich die Zeit nimmt, das ständig wechselnde Panorama der Buchten, Inseln, Gipfel und Wasserfälle zu genießen.

ILHA GRANDE & VILA DO ABRAÃO

☎ 0xx24 / 6100 Ew.

Die sagenhafte Insel Ilha Grande verdankt ihren urtümlichen Zustand ihrer ungewöhnlichen Geschichte. Anfangs war sie ein Piratennest, später eine Leprakolonie und dann eine Strafanstalt, in der politische Gefangene neben einigen der gefährlichsten und durchgeknalltesten Verbrecher Brasiliens untergebracht wurden. Alles, was aus dieser Zeit übrig ist, sind ein paar halb verschüttete Grundmauern, aber der zweifelhafte Ruf der Insel hielt Investoren lange auf Distanz. Dadurch hat sich die Ilha Grande ihre vielen wunderschönen tropischen Strände und die unberührten atlantischen Regenwälder (nun eine geschützte staatliche Parkanlage) bewahrt, und es gibt nach wie vor nur wenige Siedlungen auf der Insel.

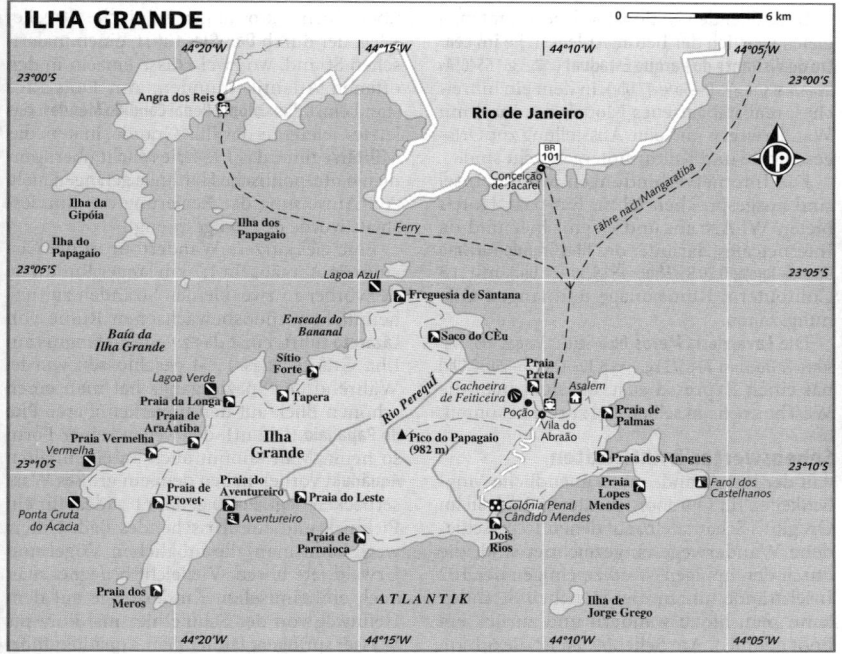

ILHA GRANDE

Vila do Abraão, die einzige etwas größere Ortschaft auf der Ilha Grande, war bis in die Mitte der 1990er-Jahre ein kleines, verschlafenes Fischerdorf. Erst nach der Zerstörung der Strafanstalt wurde der Tourismus hier ernsthaft betrieben. Über die Jahre schossen veritable Pousadas (Pensionen), Restaurants und Bars wie Pilze aus dem Boden, aber das Örtchen am Strand ist mit seiner schmucken, blendend weißen Kirche und den vielen Palmen noch immer klein und malerisch, gemessen an den Verhältnissen auf dem brasilianischen Festland. Außer dem Müllauto, den Feuerwehr- und den Polizeiwagen gibt es keine Autos in Abraão; man kommt hier also nur zu Fuß oder per Boot vorwärts. Es gibt kaum mehr als ein paar staubige Straßen in dem Nest, und abends treffen sich alle unten beim Hafen und am Strand. Am Wochenende und in der Hauptsaison kann es in Vila do Abraão ziemlich eng werden, aber man kann dem Trubel leicht entfliehen, wenn man ein paar wenige Schritte aus der Stadt herausgeht – egal in welche Richtung.

Die Insel wurde in den frühen Morgenstunden des 1. Januars 2010 von einer großen Tragödie heimgesucht, als eine gewaltige Schlammlawine 31 Feiernde in der Gemeinde Bananal, westlich von Abraão, tötete.

Orientierung & Praktische Informationen

Die Fähren vom Festland (aus Angra dos Reis und Mangaratiba) legen am westlichen Ende des Strands von Abraão an der Anlegestelle aus Beton an. Private Boote und die meisten Tragflügelboote halten 150 m weiter östlich an dem Holzpier.

Zwischen den beiden Anlegestellen befindet sich das Herz des Dorfes Abraão, dessen Hauptstraße, die kopfsteingepflasterte Rua da Igreja, nach der Kurve zur Rua Getúlio Vargas wird. Westlich der Piers liegt die Straße zur Praia Preta und zur Ruine des Gefängnisses Lazareto. Östlich der Anlegestellen, am Ende des Strands, führt der beliebteste Wanderweg der Ilha Grande zu den Stränden Praia de Palmas, Praia dos Mangues und Praia Lopes Mendes.

Auf der Insel gibt es keine Geldautomaten. Vielerorts kann man aber mit Kreditkarte zahlen und zur Not auch Geld wechseln.

Infos über den Nationalpark bekommt man gleich westlich der Beton-Anlegestelle im **Centro de Visitante do Parque Estadual** (☎ 3361 5540; Av Beira Mar s/n; ☉ Di–So 9–17 Uhr), in dem ein hilfreiches, maßstabgetreues Modell der Insel mit Wanderwegen und eine Ausstellung zur Ortsgeschichte und Kultur untergebracht sind.

Die Internetverbindungen auf der Insel sind ausgesprochen lahm. Ein paar Hotels bieten WLAN an, und es gibt hier und da Internetcafés, darunter das **Ilha Grande Turismo** (Rua da Igreja; 0,20 R$/Min.; ☉ 9.30–24 Uhr) mit 15 Computern, Klimaanlage und langen Öffnungszeiten.

Die **Lavanderia Meros** (Rua Getúlio Vargas 719; Waschen & Trocknen 20 R$/3 kg; ☉ 8.30–12 & 16–20.30 Uhr) hat einen Expressdienst, bei dem man die Wäsche noch am selben Tag zurückbekommt.

Sehenswertes & Aktivitäten

Auf der Ilha Grande gibt's unendliche Möglichkeiten für Outdoor-Abenteuer. Überall im Ort gibt's Schautafeln, auf denen 16 verschiedene Wanderwege eingezeichnet sind, die durch den üppigen Wald zu einigen der 102 Inselstrände führen. Bei manchen Stränden kann man hinzu wandern und zurück ein Boot nehmen. Am beliebtesten ist die 6,1 km lange (einfache Strecke), dreistündige Wanderung von Abraão zur **Praia Lopes Mendes**. Der scheinbar endlose Strand mit guten Surfwellen (vor Ort gibt's einen Verleih von kurzen und langen Surfbrettern) gilt bei manchen als schönster in ganz Brasilien. Gleiches gilt für **Praia de Parnaioca**; den Strand erreicht man

über einen 8 km langen (einfache Strecke) Weg, der durch **Dois Rios** führt, einen malerischen Strand, wo zwei Flüsse einzeln in den offenen Atlantik münden. Am Dois Rios stand einst das **Colônia Penal Cândido Mendes**, das letzte Gefängnis der Ilha Grande, in dem das Militärregime, das 1964 die Macht übernommen hatte, politische Häftlinge gefangen hielt. Auf Anweisung der Regierung des Bundesstaats wurde es 1994 gesprengt.

Eine viel kürzere Wandertour ist der Circuito do Abraão, ein 1,7 km langer Rundweg, der vorbei an zwei kleinen Stränden zur unheimlichen, moosbewachsenen Ruine von **Lazareto** führt, einst das zweite Gefängnis auf Ilha Grande, das 1954 geschlossen wurde. Während des Spaziergangs hat man einen schönen Blick auf den unverkennbaren **Pico do Papagaio** (982 m), der wegen seiner Form so heißt. Man kommt auch an einem alten **Aquädukt** vorbei, neben dem ein großes Wasserbecken liegt, **Poção** genannt – ideal für ein Picknick und ein erfrischendes Bad. Unterwegs kann man alle möglichen Vögel und Urwaldtiere hören. Vielleicht begegnet man auch einheimischen Kindern, die auf dem Heimweg von der Schule hier mal kurz ins Wasser springen. Hinter dem Aquädukt führt ein anspruchsvollerer Wanderweg zunächst zur **Cachoeira da Feiticeira**, einem hübschen, 15 m hohen Wasserfall, und dann weiter zum Strand von **Saco do Céu**.

Bevor man sich auf den Weg macht, sollte man den Angestellten in seiner Pousada Bescheid geben, wohin es gehen soll und wann

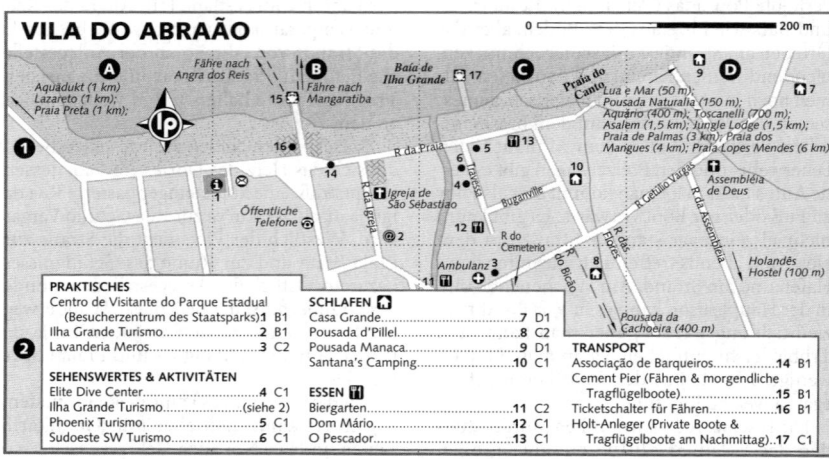

VILA DO ABRAÃO

0 ————————— 200 m

PRAKTISCHES
Centro de Visitante do Parque Estadual
  (Besucherzentrum des Staatsparks)...1 B1
Ilha Grande Turismo.....................................2 B1
Lavanderia Meros.......................................3 C2

SEHENSWERTES & AKTIVITÄTEN
Elite Dive Center..4 C1
Ilha Grande Turismo.....................(siehe 2)
Phoenix Turismo...5 C1
Sudoeste SW Turismo.................................6 C1

SCHLAFEN
Casa Grande..7 D1
Pousada d'Pillel...8 C2
Pousada Manaca..9 D1
Santana's Camping....................................10 D1

ESSEN
Biergarten...11 C2
Dom Mário..12 B1
O Pescador...13 C1

TRANSPORT
Associação de Barqueiros.........................14 B1
Cement Pier (Fähren & morgendliche
  Tragflügelboote)......................................15 B1
Ticketschalter für Fähren..........................16 B1
Holt-Anleger (Private Boote &
  Tragflügelboote am Nachmittag)...........17 C1

man wieder zurück sein will. Auf jeden Fall ausreichend Trinkwasser, Insektenschutzmittel und eine Taschenlampe mitnehmen, da es im Urwald schnell dunkel wird. Bei Erkundungstouren abseits der am stärksten frequentierten Routen ist es ratsam, einen Führer dabeizuhaben, denn schlecht gekennzeichnete Wege und Giftschlangen können einem das Leben schwer machen.

Elite Dive Center (☎ 3361 5501; www.elitedivecenter. com.br; Travessa Buganville 1-2A) bietet Tauchkurse und Tauchgänge mit zwei Sauerstoffflaschen an einigen fantastischen Stellen an. Die Guides sprechen Englisch. Fahrrad-, Kajak- und Surfbrettverleiher sind im Folgenden genannt.

Geführte Touren

Unter den über ein Dutzend Tourveranstaltern im Ort sind drei der besten **Sudoeste SW Turismo** (☎ 3361 5516; www.sudoestesw.com.br; Travessa Buganville 719A), **Ilha Grande Turismo** (IGT; ☎ 3365 6426; www.ilhagrandeturismo.com.br; Rua da Igreja) und **Phoenix Turismo** (☎ 3361 5822; www.phoenixturismo. com.br; Rua da Praia 703). Angeboten werden private Bootsausflüge, Fahrrad- (10/40 R$ pro Std./ Tag), Kajak- (10/30 R$ pro Std./6 Std.) und Surfbrettverleih (40 R$/Tag), Wanderungen mit zweisprachigen Führern (40–50 R$), Bootstouren rund um die Insel (60–150 R$) und tägliche Schonerausflüge zu erstklassigen Stränden und Schnorchelstellen, darunter nach Lopes Mendes (15 R$), Saco do Céu (25–30 R$) und zu den Zwillingslagunen Lagoa Azul und Lagoa Verde (35–40 R$).

Schlafen

In Vila do Abraão gibt es massig Pousadas; im Folgenden ist nur eine kleine Auswahl genannt. Die aufgeführten Preise beziehen sich auf die Hochsaison (Dez.–Feb.); zwischen März und November fallen die Preise um bis zu 50 %. Manche Einheimische vermieten auch Zimmer, vor allem in der Hochsaison.

BUDGETUNTERKÜNFTE

Santana's Camping (☎ 3361 5287; www.santanas camping.com.br; Rua Santana; 15 R$/Pers.) Einer von mehreren Campingplätzen hinter dem Strand nahe der Rua Getúlio Vargas. Hier gibt's Warmwasserduschen, große, schattenspendende Bäume, eine Küche und einen Grillbereich. Für zusätzliche 15 R$ pro Nacht kann man sich auch ein Zelt leihen.

Aquário (☎ 3361 5405; www.aquariohostel.com; B/DZ 45/130 R$; 🛏 🛜 🖭) Die große Sonnenterrasse

mit Blick auf den Ozean, der Naturpool und die turbulenten Grillabende haben der Hostel-Pousada am Strand treue Stammgäste unter den Backpackern beschert. Einfach von der Fähranlegestelle 1 km am Strand entlang nach Osten laufen, schon ist man da.

Holandês Hostel (Ilha Grande Hostel; ☎ 3361 5034; www.holandeshostel.com.br; Rua da Assembleia s/n; B ab 45 R$, Chalet 150 R$) Das schattige, friedvolle Refugium mit Bananenbäumen, kreischenden Papageien und einer Terrasse voller Hängematten liegt vom Ortszentrum aus landein- und hügelaufwärts. Die Zimmer sind etwas muffig, aber erschwinglich. HI-Mitglieder sparen jeweils 5 R$.

MITTEL- & SPITZENKLASSEHOTELS

Jungle Lodge (☎ 3361 5569; www.ilhagrandeexpeditions. com; Caminho de Palmas 4; DZ ohne/mit Frühstück 100/120 R$, Lodge für bis zu 10 Pers. 500 R$; 🖳) Das rustikale Gästehaus mit fünf Zimmern und einer Open-Air-Hütte liegt versteckt oberhalb der Stadt mitten im Regenwald und wird von einem Guide aus dem Pantanal mit zerzausten Haaren und seiner deutschen Frau geführt. Hier zu übernachten ist eine ganz andere Erfahrung als im zu Fuß 1,5 km entfernten Abraão. Der Blick von der Dusche im Freien ist einfach bezaubernd.

Pousada d'Pillel (☎ 3361 5075; www.ilhagrande dpillel.com.br; Rua do Bicão; Zi. 140–160 R$) Die freundliche, familienbetriebene Pousada liegt ein paar Blocks vom Strand entfernt und hat ei-nen kühlen, schattigen Garten und hinten einen bequemen Sitzbereich unter einem Strohdach. Zu den Extras zählen DVD-Player in jedem Zimmer, ein Pingpongtisch und kostenlos nutzbare Schnorchelausrüstung.

Pousada da Cachoeira (☎ 3361 9521; www.cacho eira.com; Rua do Bicão 50; DZ/3BZ/4BZ mit Ventilator 140/170/200 R$, mit Klimaanlage 160/190/220 R$; 🐾) Das Haus liegt vom Zentrum Abraãos über einen Pfad fünf Minuten bergauf, aber die Lage mitten im Urwald mit vereinzelten grünen Rasenflächen und Wegen, die hinab zu einem kleinen Wasserfall führen, machen die schlichten Zimmer wieder reizvoll.

Casa Grande (☎ 3361 5831; www.ilhagrande.org; Rua Getúlio Vargas s/n; Zi. 150–170 R$; 🐾) Das ruhige Refugium in einer Seitenstraße der Rua Getúlio Vargas hat einen hübschen Garten mit Affen in den Bäumen, komfortable Betten, Mini-kühlschränke, richtig warmes Wasser, ein ausgezeichnetes Frühstück und Hängematten auf der Veranda. Die herzlichen Inhaber Markus und Adriana, ein deutsch-brasilianisches Pärchen, sprechen mehrere Sprachen.

Pousada Manaca (☎ 3361 5404; www.ilhagrandemanaca.com.br; Praia do Abraão 333; Zi. 190–230 R$; 🐾 🛜) Die von einem Franzosen geführte Pousada am Strand bietet Entspannung in den TV-freien Zimmern (viele blicken stattdessen direkt auf den Ozean), in der Sauna und in zwei hübschen Patios. Die Zimmer haben je eine Minibar und solar beheiztes Warmwasser. Der Inhaber Gerard spricht Englisch, Französisch, Deutsch und Portugiesisch.

Pousada Naturalia (☎ 3361 9583; www.pousadanaturalia.net; Praia do Abraão 149; Zi. 230 R$; 🐾 🛜) Vom Strand ein Stück landeinwärts steht an einem Berghang inmitten riesiger Blöcke das Naturalia mit seinen zwölf geräumigen Zimmern, die alle einen hübschen Blick auf den Ozean bieten. Die meisten haben solar beheiztes Warmwasser. Im Voraus buchen.

Asalem (☎ 3361 5602; www.asalem.com.br; Praia da Crena s/n; EZ/DZ/3BZ 294/350/406 R$; EZ/DZ/3BZ Suite 450/550/650 R$; 🐾 💻 🛜) Trotz seiner einsamen Atmosphäre inmitten freier Natur erreicht man das Asalem von Abraão aus in nur ein paar Minuten per Boot oder in 25 Minuten zu Fuß über den malerischen Strandweg. Das Haus gehört einem international anerkannten Fotografen und bietet mit seiner Lage an einem Berghang einen atemberaubenden Blick auf den Wald und die angrenzende Bucht. Im Preis inbegriffen sind Abhol- und Zubringerservice zum Pier von Abraão sowie die Nutzung von Kajaks, Kanus und der hübschen Hotelbibliothek mit Kunstbänden.

Essen

Es gibt jede Menge Restaurants an der Rua da Praia, der Rua da Igreja, der Rua Getúlio Vargas und der kleinen Fußgängerzone Travessa Buganville. Manche Lokale bieten auch – allerdings ohne es groß anzupreisen – ein einfaches *prato feito* (Tagesgericht) mit Fisch, Reis, Bohnen und Salat für rund 15 R$; einfach nachfragen! In der Hochsaison schieben Leute Karren mit Süßigkeiten herum, und geschäftstüchtige Insulaner verkaufen gegrillte Meeresfrüchte und Caipirinha.

Biergarten (☎ 3361 5583; Rua Getúlio Vargas 161; 3,40 R$/100 gr; 🕑 12.30–22 Uhr) Das ungezwungene Lokal hat ein Selbstbedienungsbuffet mit allem möglichen von braunem Reis und Sojaproteinen bis zu Sushi und anderen Meeresfrüchten mit mehr Gemüse als in den meisten anderen Lokalen im Ort.

Lua e Mar (Praia do Canto; Hauptgerichte 22–45 R$/Pers.; 🕑 Do–Di 10–22 Uhr) Kerzenschein und Tische direkt auf dem Sand – an diesem ruhigen Plätzchen kann man den tosenden Wellen und weghuschenden Krebsen zuschauen, während man die köstlichen Meeresfrüchtegerichte genießt, die in Portionen für zwei auf den Tisch kommen.

Toscanelli (☎ 3361 5660; Enseada do Abraão; Hauptgerichte 27–48 R$; 🕑 mittags & abends) Das italienisch gestaltete Restaurant östlich von Abraão liegt an einem schattigen Hang und hat Steinmauern und einen tollen Blick aufs Meer. Im Angebot sind leckere Gerichte wie Meeresfrüchte-Risotto, Lachs in einer Kruste aus Ingwer und Orange und *pêra caipirinha* (in *cachaça* gekochte Birne, die mit Limonen-Pfefferminz-Eis serviert wird).

O Pescador (☎ 3361 5114; Rua da Praia; Hauptgerichte 29–47 R$; 🕑 17 Uhr–open end) Das gemütlich eingerichtete und romantisch beleuchtete Pescador ist eines der besten Lokale auf der Insel für ein fantastisches Dinner am Strand. Die Caipirinhas hier sind super, die Appetizer köstlich – unbedingt die *casquinha de siri* (gefüllte Shrimps) probieren – und die Hauptgerichte delikat, z. B. *peixe ao molho mediterrâneo* (Fisch mit einer Sauce aus Tomaten, Kapern, Oliven und Basilikum).

Dom Mário (☎ 3361 5349; Travessa Buganville; Hauptgerichte 36 R$; 🕑 Mo–Sa 18–22 Uhr) Der alteingesessene Chefkoch Mário zaubert Meeresfrüchtespezialitäten wie *filé de peixe ao molho de maracujá* (Fischfilet mit Passionsfruchtsauce) und köstliche Desserts, darunter seine berühmten karamellisierten Bananen.

An- & Weiterreise

Barcas SA (☎ 0800 704 4113; www.barcas-sa.com.br) betreibt täglich Fähren zwischen der Ilha Grande und den Festland-Häfen Angra dos Reis und Mangaratiba. In der Hochsaison gibt's manchmal noch zusätzliche Fähren. Weil sich hin und wieder der Fahrplan ändert, muss man vor der Abreise die genauen Abfahrtszeiten noch mal checken. Die Fähre Angra–Abraão (Mo–Fr 6,50 R$, Sa & So 14 R$, 80 Min.) verlässt Angra werktags um 15.30 Uhr und am Wochenende um 13.30 Uhr; Rückfahrt ab Abraão ist täglich um 10 Uhr. Die Fähre von Mangaratiba, östlich von Angra an der Küste, nach Abraão (werktags 6,35 R$, Wochenende 14 R$, 80 Min.) fährt täglich um 8 Uhr und freitags um 22 Uhr ab; Rückfahrt nach Mangaratiba ist täglich um 17.30 Uhr.

Ilha Grande Turismo (IGT; ☎ 3365 6426; www.ilha grandeturismo.com.br) betreibt Katamarane (45 Min., einfache Strecke 20 R$) zwischen Angra und Abraão, die schneller und häufiger fahren. Abfahrt in Angra ist täglich um 8, 11 und 16 Uhr, Rückfahrt ab Abraão um 9, 12.30 und 17 Uhr. Tickets bekommt man an den IGT-Schaltern im Busbahnhof von Angra und gleich hinter der Kirche in Abraão.

Der reguläre Fährverkehr wird ergänzt durch kleinere Touristenboote der **Associação de Barqueiros** (☎ 3361 5920; Rua da Praia s/n). Je nach Bedarf gibt es täglich mehrere Boote zwischen Angra und Abraão (20–25 R$). Infos zu den Fahrplänen der Associação de Barqueiros erhält man am entsprechenden Informationskiosk nahe der Fähranlegestelle in Abraão und in den Reisebüros im Ort. Zur Zeit unserer Recherchen wurde gerade eine neue Fährverbindung von Conceição do Jacaré auf dem Festland aufgenommen; die Überfahrt ist kürzer (1 Std.) und billiger (15 R$).

Mehrere Unternehmen in Abraão – darunter **Speed Connection** (☎ 3361 5667) und **Guaiamum Connection** (☎ 3361 5314) – bieten einen Tür-zu-Tür-Service zwischen der Ilha Grande und Rio de Janeiro an. Das Kombiticket von 60 R$ deckt die Fahrt mit dem Boot und mit dem Kleintransporter zum Busbahnhof oder Flughafen von Rio bzw. bis zu irgendeinem Punkt in der Zona Sul (Copacabana, Ipanema, Leme usw.) ab.

ANGRA DOS REIS
☎ 0xx24 / 170 000 Ew.

Die wilde Schönheit des tropischen, fjordartigen Küstenstreifens von Angra dos Reis hat unter der Industrialisierung stark gelitten. Supertanker ankern in Angras Hafen, eine Eisenbahnlinie führt landeinwärts zur Stahlstadt Volta Redonda, und in der Nähe ragen die Ölraffinerie Petrobras und das Atomkraftwerk wie wunde Daumen aus der Landschaft. Wer ein eigenes Fahrzeug hat, kommt östlich und westlich der Stadt an viele grandiose Strände. Wer aber mit dem Bus unterwegs ist, wird Angra höchstens wegen der Fähre nach Ilha Grande einen Besuch abstatten. Angras Busbahnhof liegt einen 20-minütigen Fußmarsch (oder eine Taxifahrt) nordöstlich vom Hafen entfernt.

Das hilfreiche **Centro de Informações Turísticas** (www.turisangra.com.br; Hauptbüro ☎ 3367 7826; Av Ayrton Senna 580; ⏰ 8–20 Uhr, Fährhafen Santa Luzia ☎ 3365 6421; ⏰ 7–19 Uhr) hat zwei Filialen im Hafenge-

---

RIO DE JANEIRO (BUNDESSTAAT)

biet zwischen dem Busbahnhof und den Docks; beide haben Hotelempfehlungen und Infos über die Ilha Grande. Vor der Abfahrt zur Ilha Grande kann man sich an den Geldautomaten von Bradesco oder HSBC, zu finden in der Av Júlio Maria in der Nähe der Anlegestellen, mit Bargeld eindecken. In der Nähe gibt's auch eine Post.

Nur einige Schritte von den Docks entfernt bietet **Fogão de Minas** (☎ 3365 4877; Rua Júlio Maria 398; 29,90 R$/kg) köstliche Minenarbeiterkost. Hier herrscht Selbstbedienung.

Anreise & Unterwegs vor Ort
Vom **Busbahnhof** (☎ 3365 2041; Largo da Lapa) in Angra fahren Costa-Verde-Busse nach Rio (36 R$, 2½ Std., tgl. 7–20.40 Uhr 1-mal/Std.) und Colitur-Busse nach Parati (8,40 R$, 2 Std., tgl. 6–23 Uhr mind. 1-mal/Std.).

PARATI
☎ 0xx24 / 36 000 Ew.

Parati ist eine der reizvollsten Städte Brasiliens und ein gut erhaltenes historisches Schmuckstück. Es liegt zwischen vorspringenden Halbinseln und ruhigen Stränden vor einer Kulisse aus waldbedeckten, steilen Bergen, die zu einer mit Inseln übersäten Bucht hin abfallen.

Paratis Zentrum aus der Kolonialzeit ist nicht nur wegen seiner jahrhundertealten Architektur bemerkenswert, auch dass hier keine Autos fahren, macht es attraktiv. Die unregelmäßig angeordneten, kopfsteingepflasterten Straßen sind für Motorfahrzeuge gesperrt, sodass man prima bummeln kann.

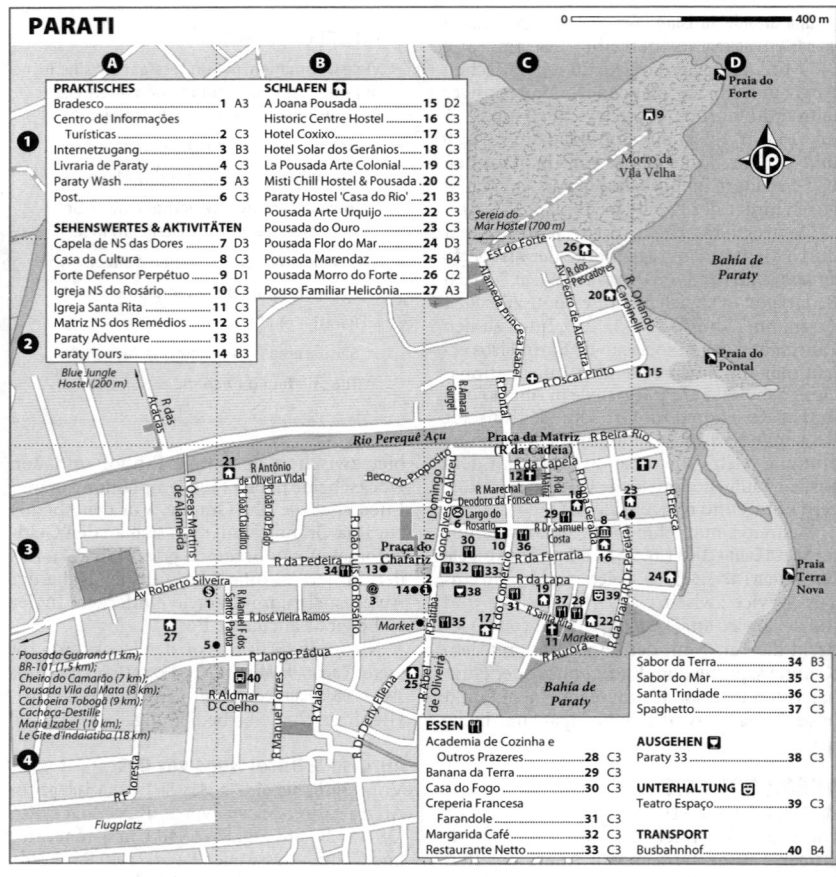

PARATI

0 _____ 400 m

PRAKTISCHES	
Bradesco	**1** A3
Centro de Informações Turísticas	**2** C3
Internetzugang	**3** B3
Livraria de Paraty	**4** C3
Paraty Wash	**5** A3
Post	**6** C3

SEHENSWERTES & AKTIVITÄTEN	
Capela de NS das Dores	**7** D3
Casa da Cultura	**8** C3
Forte Defensor Perpétuo	**9** D1
Igreja NS do Rosário	**10** C3
Igreja Santa Rita	**11** C3
Matriz NS dos Remédios	**12** C3
Paraty Adventure	**13** B3
Paraty Tours	**14** B3

SCHLAFEN	
A Joana Pousada	**15** D2
Historic Centre Hostel	**16** C3
Hotel Coxixo	**17** C3
Hotel Solar dos Gerânios	**18** C3
La Pousada Arte Colonial	**19** C3
Misti Chill Hostel & Pousada	**20** C2
Paraty Hostel 'Casa do Rio'	**21** B3
Pousada Arte Urquijo	**22** C3
Pousada do Ouro	**23** C3
Pousada Flor do Mar	**24** D3
Pousada Marendaz	**25** B4
Pousada Morro do Forte	**26** C2
Pouso Familiar Helicônia	**27** A3

ESSEN	
Academia de Cozinha e Outros Prazeres	**28** C3
Banana da Terra	**29** C3
Casa do Fogo	**30** C3
Creperia Francesa Farandole	**31** C3
Margarida Café	**32** C3
Restaurante Netto	**33** C3

Sabor da Terra	**34** B3
Sabor do Mar	**35** C3
Santa Trindade	**36** C3
Spaghetto	**37** C3

AUSGEHEN	
Paraty 33	**38** C3

UNTERHALTUNG	
Teatro Espaço	**39** C3

TRANSPORT	
Busbahnhof	**40** B4

RIO DE JANEIRO
(BUNDESSTAAT)

Die eleganten weißen Häuser sind fantasievoll mit bunten Simsen und Gitterfenstern geschmückt und verschmelzen harmonisch mit der Schönheit der Natur ringsherum.

Dutzende von unberührten Stränden liegen nur wenige Stunden mit dem Boot oder dem Bus von Parati entfernt. Und landeinwärts bietet der Parque Nacional da Serra da Bocaina dem üppig-grünen Überbleibsel des Mata Atlântica Schutz. Die brasilianische Regierung hat Parati 1966 zu einer nationalen historischen Stätte erklärt.

Parati ist während der Sommerferien sehr lebendig und voller brasilianischer und europäischer Urlauber. Ihr kosmopolitisches Flair verdankt die Stadt den vielen in- und ausländischen Künstlern, Schriftstellern und Kö-

chen, die sich hier angesiedelt und Geschäfte, Galerien oder Restaurants eröffnet haben.

Geschichte

Als im 16. Jh. die ersten portugiesischen Siedler in Parati eintrafen, lebten hier die eingeborenen Guianás. Ende des 17. Jhs. wurde in den Minen von Minas Gerais Gold entdeckt, und weil Parati der einzige Ort war, von dem aus der Steilhang der Serra do Mar bewältigt werden konnte, machte man auf dem Weg zwischen Rio de Janeiro und den Minen gezwungenermaßen hier Halt.

Solange das Gold floss, war Parati ein geschäftiger Hafen, und die Wohlhabenden bauten Kirchen und schmucke Häuser. Aber die goldenen Zeiten währten nicht lange.

Nach den 1720er-Jahren wurde von Rio eine neue Straße über die Serra dos Órgãos gebaut, auf der man 15 Tage schneller in Minas Gerais war, und Paratis Stern begann zu sinken. Durch den Kaffeeboom im 19. Jh. erholte sich die Wirtschaft, aber bis zur Mitte des 20. Jhs. blieb das Meer die einzig wirtschaftlich rentable Verbindung nach Parati. 1954 wurde eine moderne Straße gebaut, die mitten durch die Serra do Mar und vorbei an der 47 km landeinwärts gelegenen Stadt Cunha führte. Schließlich wurde 1960 die Küstenstraße aus dem 253 km entfernten Rio nach Parati verlängert und 330 km weiter bis São Paulo ausgebaut. So kam der Tourismus nach Parati – eine neue Ära des Wohlstands brach an.

Orientierung
Parati ist klein, und man kann sich leicht orientieren. Allerdings sind Straßennamen und Adressen zuweilen verwirrend, denn manche Straßen haben mehrere Namen, und die Hausnummern folgen nicht immer einem logischen Schema.

Praktische Informationen
Bradesco (Av Roberto Silveira) Geldautomat.

Centro de Informações Turísticas (☎ 3371 1222/1046; turismoparaty@gmail.com; Av Roberto Silveira; ⏲ 9.30–20.30 Uhr) Hat hilfsbereite Angestellte; manche sprechen auch Englisch.

Internetzugang (Av Roberto Silveira) An dieser Straße gleich außerhalb des historischen Zentrums gibt's mehrere Cafés mit Internet und Skype.

Livraria de Paraty (☎ 3371 6042; Rua da Praia 159; ⏲ 9–21 Uhr) Buchladen und Café mit einigen englischsprachigen Büchern.

Paraty Wash (☎ 3371 3027; Shopping Martins, Loja 15; Waschen & Trocknen 17 R$/Wäschekorb; ⏲ Mo–Sa 8–21 Uhr) In der Wäscherei gegenüber vom Busbahnhof bekommt man seine Wäsche noch am selben Tag zurück.

Post (Ecke Rua Marechal Deodoro da Fonseca & Rua Domingo Gonçalves de Abreu)

Sehenswertes & Aktivitäten
KIRCHEN
Die **Igreja NS do Rosário e São Benedito dos Homens Pretos** (Largo do Rosario; Eintritt 2 R$; ☎ Mo–Do 9–12 & 14–17 Uhr) wurde 1725 von und für Sklaven gebaut. Die Kirche wurde 1857 restauriert und hat vergoldete Holzaltäre, die der Rosenkranzmadonna, dem hl. Benedikt und dem hl. Johannes geweiht sind. Die Kandelaber an der Decke sehen aus wie eine Ananas und stehen für Wohlstand.

Die **Igreja Santa Rita dos Pardos Libertos** (Rua Santa Rita) war die Kirche der freigelassenen Mulatten (Menschen afroeuropäischer Herkunft). Sie wurde 1722 errichtet und beherbergt ein winziges **Museum für sakrale Kunst**. Außerdem sind hier einige sehr feine Holzschnitzereien an den Portalen und den Altären zu sehen. Zur Zeit der Recherche waren Kirche und Museum wegen Renovierungsarbeiten geschlossen.

Die **Capela de NS das Dores** (Rua Fresca; Eintritt frei; ☎ Mo–Fr 9–12 Uhr), die Kirche der weißen Kolonialherren, wurde 1800 gebaut und 1901 renoviert. Sie beherbergt eine kleine **Kunstgalerie** (⏲ 13.30–17 Uhr) und einen faszinierenden Friedhof im Innenhof.

Die **Matriz NS dos Remédios** (Praça Monsenhor Hélio Pires; Eintritt 2 R$; ⏲ Fr & Sa 9–12 & 14–17 Uhr) wurde 1787 auf einem Gelände gebaut, auf dem einst zwei Kirchen aus dem 17. Jh. standen. Drinnen kann man ältere und zeitgenössische Kunstwerke von einheimischen Künstlern anschauen. Der Legende nach wurde der Bau der Kirche mit einem von Piraten versteckten Schatz finanziert, den man auf der Praia da Trindade gefunden haben will.

CASA DA CULTURA
In einer wunderschönen kolonialzeitlichen Villa beherbergt Paratis **Casa da Cultura** (☎ 3371 2325; www.casadaculturaparaty.org.br; Rua Dona Geralda 177; Eintritt 8 R$; ⏲ März–Nov. Mi–Mo 10–18.30 Uhr, Dez.–Feb. Mi–Mo 11–19.30 Uhr) eine faszinierende Dauerausstellung zur Lokalkultur mit Fotos und Videos von Interviews mit Einheimischen. Das Museum zeigt auch Relikte aus der Vergangenheit Paratis mit englischen und portugiesischen Erläuterungen. Von der Hauptgalerie oben hat man außerdem einen fabelhaften Blick auf die Stadt.

INSELN & STRÄNDE
In der näheren Umgebung von Parati gibt es an die 65 Inseln und 300 Strände. Um an schwerer erreichbare Strände zu kommen, schließt man sich am besten einer Schoner-Tour an; Tickets kosten etwa 30 R$ pro Person (s. „Geführte Touren" S. 210).

Man kann aber auch eines der kleinen Motorboote am Hafen mieten und eine private Spritztour machen. Die einheimischen Kapitäne kennen ein paar tolle Stellen und nehmen einen für rund 50 R$ pro Stunde mit – das lohnt sich vor allem, wenn man zu mehreren unterwegs ist.

PIRATEN IN PARATI

Das 1703 errichtete **Forte Defensor Perpétuo** (Eintritt 2 R$; ☉ Mi–So 9–12 & 14–17 Uhr) diente einst der Verteidigungsanlage gegen Piratenangriffe auf die Goldtransporte, die über Paratis Hafen abgewickelt wurden. Nach Brasiliens Unabhängigkeit von Portugal wurde es 1822 umgebaut. Das Fort liegt nördlich der Stadt und ist zu Fuß in 20 Minuten zu erreichen. Einfach die Brücke über den Rio Perequê Açu überqueren und dann den Morro da Vila Velha – den Hügel hinter der Praia do Pontal – hinaufkraxeln. Von dort oben hat man eine überwältigende Sicht auf die Bucht. Im Fort ist das **Centro de Artes e Tradições Populares de Paraty** untergebracht, ein Museum mit Galerie, wo Fischereizubehör und Körbe ausgestellt sind und lokales Kunsthandwerk verkauft wird.

Die nächstgelegenen schönen Strände **Vermelha**, **Lula** und **Saco da Velha** östlich von Parati erreicht man mit dem Boot in rund einer Stunde. Die besten Inselstrände in der Nähe sind wahrscheinlich **Araújo** und **Sapeca**; viele andere Inseln haben ein steiniges Ufer und sind privat. Die Strände auf dem Festland sind besser; an vielen von ihnen stehen *barracas* (Buden), die Bier und Fisch verkaufen, und meistens sind hier nur einige wenige Strandgänger unterwegs.

Wenn man, zurück in Parati, den Fluss Richtung Norden überquert, gelangt man zur **Praia do Pontal**. Am Ufer gibt es eine Gruppe Freiluftrestaurants, aber das Wasser an diesem Strand kann ein wenig trüb sein. Die sauberere und relativ abgeschirmte **Praia do Forte** liegt nur einen kurzen Fußmarsch in nördlicher Richtung. Weitere 2 km nördlich kommt man zur **Praia do Jabaquara**, einem großen Strand mit tollem Ausblick, seichtem Wasser und einigen kleinen Restaurants, von denen man den ganzen Strand überblickt.

Geführte Touren

Paraty Tours (☎ 3371 1327; www.paratytours.com.br; Av Roberto Silveira 11; ☉ 8–21 Uhr), direkt neben der Touristeninformation, hat diverse Abenteuer im Angebot: Wandern (100–120 R$, 6 Std.), Reiten (90 R$, 3 Std.), Radfahren (ohne Führer, 7 R$/Std. bzw. 35 R$/Tag) und Tauchen (180 R$/Tag). Besonders beliebt sind die

fünfstündigen Schonertouren (30 R$), die täglich um 10, 11 und 12 Uhr beginnen und unterwegs an verschiedenen Stränden haltmachen.

Paraty Adventure (☎ 3371 6135; www.paraty adventure.com; Av Roberto Silveira 80; ☉ 8–21 Uhr), diagonal gegenüber von Paraty Tours auf der anderen Straßenseite. Hat ähnliche Angebote und Preise.

Festivals & Events

Der **Karneval** hier ist eine große Straßenparty! Nicht verpassen: die Samstagsprozession der Bloco da Lama, zu der in Scharen junge Leute kommen, um sich mit Schlamm einzuschmieren und durch die Straßen zu tanzen.

Zu den Festveranstaltungen in der **Karwoche** gehört auch die schöne **Procissão do Fogaréu**, eine Lichterprozession durch die Altstadt, die am Donnerstag vor Ostern kurz nach Mitternacht loszieht. Die **Festa do Divino Espírito Santo** beginnt neun Tage vor Pfingstsonntag (dem siebten Sonntag nach Ostern) mit bunter Straßendekoration und Prozessionen und endet mit einem riesigen gemeinsamen Mittagsmahl, das einheimische Frauen zubereitet haben. Ebenfalls prächtig sind die Prozessionen zu **Fronleichnam** im Juni; ein Teppich aus farbigem Sägemehl, Blumen, Blättern, Kaffeesatz und Kreide bedeckt dann das Kopfsteinpflaster.

Zum **Festival Literária Internacional de Parati** (www.flip.org.br), das erstmals 2003 stattfand, kommen jeden Juli oder August für fünf Tage Autoren aus aller Welt in Parati zusammen. Beim Eröffnungskonzert treten bekannte Größen der brasilianischen Musik auf.

In der Region Parati wird exzellenter Cachaça hergestellt. Deshalb führte die Stadtverwaltung 1984 das jährliche **Festival da Pinga** ein. Seitdem findet die Pinga-Party (Pinga ist ein anderer Name für Cachaça) in jedem August statt und dauert vier Tage.

Jedes Jahr kommen neue Festivals dazu, z. B. die Festivals für Fotografie, Gastronomie und Straßentheater. Eine Liste mit allen Festen gibt's unter www.parati.com.br/eventos.asp.

Schlafen

Zwischen Dezember und Februar sowie während der Festivals sind die Hotels ausgebucht und die Preise doppelt so hoch – deshalb lieber im Voraus buchen. Ansonsten findet man relativ einfach eine Unterkunft. Die hier aufgeführten Preise beziehen sich auf die Hochsaison; in der Nebensaison kann man verhandeln, um den Preis zu drücken. Parati ist ein beliebtes Reiseziel von Schwulen und Lesben und Homosexuellen gegenüber prinzipiell aufgeschlossen.

BUDGETUNTERKÜNFTE

Blue Jungle Hostel (☎ 9296 4226; www.bluejunglehostel. com; Rua Bem-Te-Vi 11; B im 9-/6-/4-B-Zi. 22/30/35 R$, DZ 95–110 R$, 4BZ 140–160 R$; 🖵 🛜 🖼) Das einzigartige Hostel ist auf einer *fazenda* (Farm) aus dem 19. Jh. in einem Haus mit Steinmauern auf einem grünen Grundstück untergebracht. Vom Busbahnhof ist man über eine Fußgängerbrücke in zehn Minuten hier. Es gibt eine Gästeküche, einen großen Freiluftpool und einen Wanderpfad zu einem Fluss in der Nähe, wo man dann mit dem hosteleigenen Kajak bis zum Ozean paddeln kann. Von den Zimmern im Obergeschoss hat man einen tollen Blick auf die Berge.

Misti Chill Hostel & Pousada (☎ 3371 2545; www. mistichill.com; Rua Orlando Carpinelli 3; B im 9-/6-B-Zi. 25/33 R$, DZ/3BZ/4BZ 120/150/180 R$; 🖵 🛜) Direkt mit Blick auf den Sandstrand Praia do Pontal und zu Fuß nur fünf Minuten vom kolonialzeitlichen Zentrum entfernt bietet das noch relativ neue Hostel neben ein paar privaten Zimmern auch budgetfreundliche Schlafsäle mit sechs und neun Betten. Der nette Empfang, das kostenlose WLAN und der preisgünstige Fahrrad- und Kajakverleih halten die Gäste bei Laune.

Sereia do Mar Hostel (☎ 3371 1930; www.sereiado mar.com; Praia da Jabaquara 33; B 30–35 R$, DZ 150–180 R$; 🖵 🛜) Das Hostel gegenüber vom Strand von Jabaquara ist eine in sich abgeschlossene Anlage mit Restaurant, Bootstouren, Kajakverleih, Beachvolleyball-Ausrüstung und privaten Zimmern sowie Schlafsälen mit fünf bis zehn Betten. Für jede Menge Entspannung sorgen Sitzsäcke, Hängematten, schummrig beleuchtete Terrassen mit Meerblick, Tischtennisplatten und eine Gitarre für Klimperabende in der Runde. Wen der 15-minütige Fußweg in die Stadt überfordert, für den gibt's auch einen Shuttleservice.

Historic Centre Hostel (☎ 3371 2236; www.historic centrehostel.com; Rua Dona Geralda 211; B/DZ/3BZ/4BZ 35/140/150/160 R$; 🎱 🛜) Das bequem in Paratis Fußgänger-Altstadt gelegene Hostel bietet im Obergeschoss einen großen Schlafsaal, eine Gästeküche und rund um einen Innenhof fünf kleinere Zimmer, von denen zwei eine Klimaanlage (zzgl. 20 R$) haben.

Paraty Hostel „Casa do Rio" (☎ 3371 2223; www. paratyhostel.com; Rua Antônio de Oliveira Vidal 120; B/DZ mit HI-Karte 35/80 R$, ohne HI-Karte 40/90 R$; 🖵 🖼) Paratis HI-Herberge liegt nördlich vom Busbahnhof am Fluss und bietet neben ein paar privaten Zimmern Betten im Schlafsaal. Eine Terrasse mit Blick auf den Fluss, ein Swimmingpool, Hängematten, ein schattiger Sitzbereich, Waschküche und kostenloses Internet verleihen der Anlage eine heimelige Atmosphäre. Das Hostel organisiert auch Ausflüge zu Stränden vor Ort.

Pouso Familiar Helicônia (☎ 3371 1475; Rua José Vieira Ramos 262; EZ/DZ 40/70 R$) Das freundliche Haus in der Nähe vom Busbahnhof wird von dem belgisch-brasilianischen Pärchen Joseph und Lucia geführt und bietet fünf saubere Zimmer rund um einen Hof, außerdem eine Waschküche und einen Büchertausch. Joseph spricht auch Deutsch.

Es gibt zwei Campingplätze gleich nördlich der Stadt auf der anderen Seite der Fußgängerbrücke.

MITTELKLASSEHOTELS

Pousada Marendaz (☎ 3371 1369; www.paraty.com.br/ marendaz; Rua Dr. Derly Ellena 9; EZ/DZ/3BZ/4BZ 60/120/160/200 R$; 🛜) Die von drei Schwestern geführte einladende Pousada ist eher ein Familienheim als ein Hotel. Eines der Highlights ist der große Whirlpool im von Bougainvilleen gesäumten Hof.

Hotel Solar dos Gerânios (☎ 3371 1550; www. paraty.com.br/geranio; Praça da Matriz; EZ/DZ 80/150 R$; 🖵) Das seit Jahrzehnten von der gleichen Familie betriebene rustikale Solar an der lebendigen Praça da Matriz ist das erschwinglichste Hotel in Paratis kolonialzeitlichem Zentrum. Holz- und Keramikskulpturen, Steinwände und -böden, Säulen und Balkendecken, ein Hof voller Pflanzen, Katzen und Hunde tragen zum Charakter des Hotels bei. Manche Zimmer haben Balkone mit Blick auf den Platz.

A Joana Pousada (☎ 3371 7191; www.paraty.com.br/ ajoana; Av NS dos Remédios 9; Zi. 110–125 R$; 🛜) Die argentinische Inhaberin Marta vermietet in ihrem kleinen Haus nur einen Steinwurf von der Praia do Pontal entfernt vier Zimmer. Das Frühstück wird draußen im Patio serviert, von wo aus man direkt über den Fluss auf das koloniale Zentrum Paratis blickt.

Pousada Guaraná (☎ 3371 6362; www.pousada guarana.com.br; Rua 5, No 13; Zi. ab 140 R$; 🛜 🖼) Der US-Amerikaner David und seine brasilianische Frau Jimena bereiten in ihrer wunderschön eingerichteten, geräumigen und modernen Pousada, zu Fuß nur 20 Minuten vom historischen Zentrum entfernt, ihren Gästen einen herzlichen Empfang. Zur Ausstattung gehören hohe Decken, ein hübscher Pool, ein schöner Wohnbereich und ein üppiges Frühstück mit hausgemachtem Brot und Kuchen.

Pousada Vila da Mata (☎ 9999 9919; www.pousada viladamata.com.br, 6,5 km; DZ/3BZ/4BZ 150/200/250 R$; 🖳 🛜 🐍) Vom Ort mehrere Kilometer hügelauf an der Busstrecke nach Penha bietet die Vila da Mata attraktive, doppelstöckige Wohneinheiten für bis zu vier Personen mit Kochnische und Terrasse mit Blick auf den Urwald. Es gibt auch einen brandneuen Pool, eine Freiluftlounge, eine Bibliothek, eine Jogaveranda und einen Grill- und Pizzaofen im Freien.

LP Tipp Le Gite d'Indaiatiba (☎ 3371 7174; www. legitedindaiatiba.com.br; Hwy BR-101, 558 km; Zi. 150 R$, Bungalow 200 R$, Loft 400 R$; 🐍 🛜 🐍) Direkt neben einem Wasserfall mitten im Urwald, 18 km nördlich von Parati, vermieten die weit gereisten Gastgeber Olivier und Valéria zwei *apartamentos* (Zimmer mit Bad), einen Bungalow und zwei kürzlich renovierte Lofts mit Klimaanlage, großer Badewanne und DVD-Player. Alle Unterkünfte haben einen Kamin und eine Veranda mit herrlichem Blick auf den Urwald. Tagsüber kann man reiten, durch den Urwald stromern, unter dem Wasserfall ein erfrischendes Bad nehmen, in der Bibliothek lesen und in der Sauna am Fluss oder dem Pool im Freien relaxen. Das Hotelrestaurant mit seiner französisch-brasilianischen Küche ist superb. Vom Hwy BR-101 bei Kilometer 558 landeinwärts in die nicht ausgeschilderte Schotterstraße einbiegen, 4 km weiterfahren und sich an der Gabelung auf halbem Wege hügelaufwärts links halten.

Pousada Flor do Mar (☎ 3371 1674; www.pousada flordomar.com.br; Rua Fresca 257; Zi. 170 R$; 🐍 🖳 🛜) Die schlichte, kleine Pousada liegt versteckt am Strand von Parati und hat saubere, geräumige Zimmer, einen hübschen Vorderhof mit Hängematten und Sofas und mit die ruhigste Lage im historischen Zentrum.

SPITZENKLASSEHOTELS

Pousada Morro do Forte (☎ 3371 1211; www.pousada morrodoforte.com.br; Rua Orlando Carpinelli 21; Zi. 210–270 R$; 🐍 🛜 🐍) Der unvergleichliche Blick von der modernen Pousada auf die Stadt und die Bucht lohnt den Aufstieg. Obwohl sie oben

auf dem Morro do Forte thront, ist die Pousada mit ihren komfortablen Zimmern und kleinen Balkonen zu Fuß nur fünf Minuten von der Downtown entfernt. Die Inhaber sprechen auch Deutsch.

La Pousada Arte Colonial (☎ 3371 7347; www. pousadaartecolonial.com.br; Rua da Matriz 292; Zi. 245–275 R$; 🐍 🛜 🐍) In dem charmanten älteren Haus direkt im kolonialzeitlichen Zentrum ist jedes Zimmer individuell mit antiken Möbeln und viel Charakter eingerichtet, und die meisten haben auch viel Sonnenlicht. Die französischsprachige Inhaberin Nicole ist eine Goldgrube an Infos über Parati und Umgebung.

Hotel Coxixo (☎ 3371 1460; www.hotelcoxixo.com.br; Rua do Comércio 362; DZ/3BZ ab 254/360 R$, Suite für 2/3/4/5 Pers. 340/410/480/550 R$; 🐍 🖳 🛜 🐍) Das zentral gelegene Spitzenklassehotel hat gemütliches kolonialzeitliches Dekor und einen hübschen Hof mit Pool und Bar. Die geräumigen Suiten sind einladender als die eher beengten Standardzimmer.

Pousada do Ouro (☎ 3371 4300; www.pousadaouro. com.br; Rua da Praia 145; Zi. ab 335 R$, Suite 529 R$; 🐍 🖳 🛜 🐍) Hier könnte man glatt Mick Jagger, Sonia Braga oder Tom Cruise über den Weg laufen, wie die Fotos in der Lobby beweisen, auf denen sie vor der Pousada posieren. Das Hotel hat einfach alles – Bar, Pool, Sauna und einen prächtigen Garten.

Pousada Arte Urquijo (☎ 3371 1362; www.urquijo. com.br; Rua Dona Geralda 79; Zi. ab 350 R$; 🛜 🐍) Die gemütliche kleine Pousada ist augenscheinlich eine Spielwiese der liebevollen Inhaber, wo sie ihrer künstlerischen Kreativität freien Lauf lassen. Der Sitzbereich im Untergeschoss ist mit weichen Kissen, einer stilvollen Bar und einem blubbernden Pool ausgestattet. Besonders schön sind die Zimmer Sofia, mit Terrasse und Blick auf blühende Bäume und den Ozean, und Xul, mit japanisch anmutendem Futon und Fenstern bis zum Boden.

Essen

In Parati gibt's viele nette Restaurants, aber sobald man die kopfsteingepflasterten Straßen der malerischen Altstadt betreten hat, wird's teurer.

GÜNSTIG & MITTELTEUER

Sabor da Terra (☎ 3371 2384; Av Roberto Silveira 180; 2,75 R$/100 gr; 🕓 11.30–22 Uhr) Das erschwingliche Selbstbedienungsrestaurant gleich außerhalb der Altstadt hat auch leckere Sachen wie Shrimps und Fisch im Angebot.

LP Tipp **Creperia Francesa Farandole** (☎ 3371 1827; Rua Santa Rita 190; Crêpes 13–22 R$; 🕑 Mi–Mo 17 Uhr–open end) Die niedliche, kleine Crêperie mit Sitzbereichen drinnen und draußen wird von dem freundlichen Bretonen Philippe und seiner Pariser Frau Françoise betrieben. Auf der Karte stehen herzhafte und süße Crêpes, die alle nach Figuren aus Asterix benannt sind.

Spaghetto (☎ 3371 2947; Rua da Matriz 27; Hauptgerichte 19–34 R$; 🕑 Di–Sa 12–23 Uhr) In dem italienischen Restaurant stehen die von Kerzen beleuchteten Tische auf dem Kopfsteinpflaster draußen. Serviert werden Meeresfrüchte- und Pastaspezialitäten wie *rigatoni camarão e abobrinha* (Rigatoni mit Shrimps und Zucchini).

Restaurante Netto (☎ 3371 6997; Rua da Lapa 402; Hauptgerichte für 2 Pers. ab 22 R$; 🕑 11.30–23 Uhr) Das schlichte, mit Ventilatoren belüftete Lokal im historischen Zentrum hat sich auf erschwingliche Fisch- und Meeresfrüchtegerichte für zwei spezialisiert.

Santa Trindade (☎ 3371 1445; www.santatrindade.com.br; Rua Dr. Samuel Costa 267; Tagesmenü 25 R$; 🕑 12–1 Uhr) Seit seiner Eröffnung 2009 ist das Restaurant mit Bar ein ständiger Hit. Das Tagesmenü (mit Salat, Hauptgericht und Dessert) ist eines der günstigsten in der Altstadt. Abends nach 20 Uhr gibt's Livemusik (Grundpreis 7 R$).

TEUER

Casa do Fogo (☎ 9819 5111; Rua da Ferraria 390; Hauptgerichte 28–56 R$; 🕑 März–Nov. 18–24 Uhr, Dez.–Feb. 13–1 Uhr) Der Name ist Programm – hier brennt alles! Auf der Karte stehen vornehmlich Meeresfrüchte, die mit Cachaça aus der Region flambiert werden, und auch den Nachspeisen rückt man mit Feuer zu Leibe.

Cheiro do Camarão (☎ 9817 2411; Hwy BR-101, km 569, Corumbé; Shrimps-Hauptgerichte ab 30 R$; 🕑 Di–So 10–17 Uhr) In dem ungezwungenen Strandrestaurant, von Parati 7 km die Küste hinauf, kann man den Massen entfliehen, seine Zehen im Sand vergraben und ein paar der besten Shrimps in der Gegend genießen.

Sabor do Mar (☎ 3371 1872; Rua Domingo Gonçalves de Abreu s/n; Hauptgerichte 30–55 R$; 🕑 12–23 Uhr) Das Ambiente in dem von Einheimischen empfohlenen Restaurant und Fischmarkt gleich neben der Fußgängerzone Paratis wirkt steril, aber die Meeresfrüchte sind super frisch.

Margarida Café (☎ 3371 2441; Praça do Chafariz; Hauptgerichte 33–55 R$; 🕑 12–24 Uhr) Am Rande der Altstadt tischt das große, aber gemütliche Café neben tollen Drinks gute Holzofenpizzas (ab 19 R$) und verlockende Fleisch-, Fisch- und Pastagerichte auf. Jeden Abend nach 20 Uhr gibt's live MPB (Musica Popular Brasileira, s. S. 72) mit einem Grundpreis von 7 R$.

Banana da Terra (☎ 3371 1725; Rua Dr Samuel Costa 198; Hauptgerichte ab 60 R$; 🕑 Mo, Mi & Do 18–24, Fr–So 12–16 & 19–24 Uhr) Die appetitlich angerichteten leckeren Kreationen der Chefköchin Ana Bueno machen das Banana zu einem der besten Restaurants in Parati. Es gibt auch eine ausgezeichnete Weinkarte.

LP Tipp **Academia de Cozinha e Outros Prazeres** (☎ 3371 6468; www.chefbrasil.com; Rua Dona Geralda 288; Abendessen all-incl. 180 R$) Keine Lust, einfach nur essen zu gehen? Wie wäre es, einmal sein Gourmet-Dinner selber zuzubereiten – unter Anleitung der anerkannten einheimischen Chefköchin und Kochbuchautorin Yara Roberts? Mit einer Mischung aus Theater und Haute Cuisine unterrichtet Yara in ihren Kochkursen auf Portugiesisch, Englisch, Französisch und Spanisch. Die Teilnehmer lernen regionale Küchen Brasiliens kennen, helfen bei der Zubereitung der Gerichte (wenn sie wollen) und genießen dann alle gemeinsam bei lebhaften Gesprächen das entspannte Dinner. Sie kommen aus allen Teilen der Welt – bislang haben schon Leute aus mehr als 60 Ländern an den Kochkursen teilgenommen. Im Preis inbegriffen sind Cocktails, Wein, Desserts und Kochrezepte.

Ausgehen & Unterhaltung

Eine ganze Menge Bars stellen vom späten Nachmittag bis in die Morgenstunden ihre Tische nach draußen aufs Kopfsteinpflaster der Praça da Matriz unter die Bäume.

Paraty 33 (☎ 3371 7311; www.paraty33.com.br; Rua da Lapa 357; 🕑 12 Uhr–open end) Das Paraty 33 ist die lebendigste Bar im historischen Zentrum. Zur Happy Hour am frühen Abend gibt's MPB und Bossa Nova und an den Wochenenden spätabends Musik von DJs und Livebands.

Teatro Espaço (☎ 3371 1575; www.ecparaty.org.br; Rua Dona Geralda 327; Eintritt 40 R$) Das kleine Theater des international anerkannten Ensembles Contadores de Estórias präsentiert Puppentheater sowie Musik- und Tanzvorführungen.

An- & Weiterreise

Der **Busbahnhof** (Rua Jango Pádua) befindet sich 500 m westlich der Altstadt. Costa Verde bietet häufige Busverbindungen nach Rio de Janeiro (49 R$, 4 Std., 7–10-mal tgl. 5.20–21

RIO DE JANEIRO (BUNDESSTAAT)

**ABSTECHER: PARQUE NACIONAL DA SERRA DA BOCAINA –
WANDERUNG AUF DER TRILHA DO OURO**

Die historische Trilha do Ouro (Goldroute), die seinerzeit Parati mit Minas Gerais im Landesinneren verband, hat sich in den letzten Jahren zu einer beliebten Wanderstrecke gemausert. Sie führt durch die dramatische Landschaft des **Parque Nacional da Serra da Bocaina**. Paraty Tours (S. 210) bietet eine zweistündige Wanderung an, die oberhalb von Parati in der Nähe von Penha über einen sehr kleinen Teil dieser Route führt.

LP Tipp **MW Trekking** (www.mwtrekking.com.br) bietet mit seiner herausfordernden Dreitages-wanderung über die 42 km lange Trilha do Ouro ein echtes Backpacker-Abenteuer. Im Preis von 492 R$ sind der Transport zum Ausgangspunkt der Strecke, Parkgebühren, Verpflegung, einfache Unterkunft und Führer inbegriffen. Der Treck beginn in José do Barreiro im Bundesstaat São Paulo – am besten erreichbar mit dem **Viação-Azteca-Bus** (☎ 0xx24-3359 0498, 9 R$, 90 Min.) von Resende nahe dem Parque Nacional de Itatiaia (s. S. 220) – und führt auf dem Weg Richtung Mambucaba an der Küste, 45 Minuten nordöstlich von Parati, an einer Reihe spektakulärer Wasserfälle vorbei.

Uhr). Colitur hat Busse nach Angra dos Reis (8,40 R$, 2 Std., 4.40–22.30 Uhr min. 1-mal/Std.) und Reunidas nach São Paulo (43 R$, 6 Std., 6-mal tgl. 8.30–23.30 Uhr).

RUND UM PARATI
Cachoeira Tobogã
Diese natürliche Wasserrutsche in den Hügeln 10 km landeinwärts ist ein Knaller! In Parati einfach in den Colitur-Nahverkehrsbus nach Penha (3 R$, 30 Min.) ein- und an der weißen Kirche aussteigen. Dort der Ausschilderung folgen und 100 m hügelabwärts bis zu dem idyllischen Wasserbecken mitten in der Urwaldlandschaft gehen. Die glatte Felsoberfläche ist eine perfekte natürliche Rutsche (wie in dem Streifen *Der Smaragdwald* zu sehen). Traveller, denen ihre Knochen lieb sind, sollten die Schilder beachten, die vor dem Heruntersurfen im Stehen warnen – auch wenn die hiesigen Teenies die Technik ganz gut meistern und es Spaß (und Angst) macht, ihnen zuzuschauen. Hinterher kann man sich auf der anderen Seite der Hängebrücke unter dem Wasserfall in der Bar do Tarzan einen Caipirinha genehmigen.

Praia da Trindade
Ungefähr 25 km südlich von Parati nimmt Trindade einen langen Streifen der atemberaubend schönen Küste ein. Hier kann man an vier der schönsten Strände Brasiliens (Cepilho, Ranchos, Meio und Cachadaço) einfach nur herumpfläzen oder spazieren gehen. Es gibt hohe Brecher, riesige Felsen, von Bergen gesäumte breite, weiße Sandstrände, steile Wanderpfade durch den dichten Urwald und ein friedliches, natürliches Wasserbecken

gegenüber vom letzten Strand Cachadaço. Der Ort selber hat die etwas raue Atmosphäre eines Außenpostens in der Wildnis, der zu schnell gewachsen ist (tatsächlich gab es hier vor 20 Jahren nur ein kleines Fischerdorf). Aber das relativ große Angebot an Pousadas, Hostels, Campingplätzen und Restaurants ermöglicht durchaus eine Übernachtung. Von Paratis Busbahnhof fahren stündlich Colitur-Busse (3 R$, 40 Min.) nach Trindade.

Praia de Parati-Mirim
Was Erreichbarkeit, Preise und Schönheit betrifft, ist dieser ruhige Strand kaum zu toppen. Parati-Mirim ist eine kleine Ortschaft 17 km südöstlich von Parati mit einer Kirche aus dem 18. Jh. und vielen *barracas*, wo man einfache Gerichte bekommt. Von Paratis Busbahnhof fahren Colitur-Busse (3 R$, 40 Min.) hierher.

Praia do Sono
Praia do Sono ist ein weiterer bezaubernder Strand rund 35 km südöstlich von Parati. Man fährt mit dem Colitur-Bus nach Laranjeiras (3 R$, 40 Min.) und läuft dann anderthalb Stunden ostwärts nach Sono. Paraty Tours (S. 210) organisiert auch Wanderungen nach Sono.

Cachaça-Brennereien
Parati ist bekannt für seinen ausgezeichneten Cachaça, und viele *alambiques* (Schnapsbrennereien) in der Region bieten Führungen an. Zu den besten zählt die 10 km nördlich vom Ort gelegene Destille **Maria Izabel** (☎ 9999 9908; www.mariaizabel.com.br, portugiesisch; Sítio Santo Antônio, Corumbê), die in landesweiten Wettbewerben

INSELN & STRÄNDE VON PARATI

0 — 5 km

RIO DE JANEIRO
(BUNDESSTAAT)

um den besten Cachaça oft unter den ersten 10 oder 20 rangiert. Wer die Brennerei besichtigen will, muss sich mindestens 24 Stunden vorher telefonisch anmelden.

REGION ITATIAIA

Die Region Itatiaia ist eine eigenartige Mischung aus dem Charme alter Zeiten und dem Puls der Moderne. Das Klima ist geprägt von alpinen Temperaturen, es gibt Chalets im Schweizer Stil. Die Vegetation aber ist tropisch und die Herzlichkeit der Leute typisch brasilianisch. Da stehen hübsche, kleine Farmen mit Pferden und Ziegen und kleine Häuschen samt gestutztem Rasen und Blumenbeeten direkt neben großen Flächen dichten Waldes, den noch nie eine Machete berührt hat. Hier kann man wunderbar durch die grünen Hügel streifen, auf dem Rücken eines Ponys zu den purpurn leuchtenden Bergen reiten, in Wasserfällen planschen oder einfach nur wandern, ohne auf den Komfort der Zivilisation gänzlich verzichten zu müssen: Ein knisternder Kamin, ein weiches Bett, ein Glas Wein und eine leckere gegrillte Forelle finden sich immer.

Die Region liegt im Itatiaia-Massiv der Serra da Mantiqueira im nordwestlichen Winkel des Staates Rio de Janeiro und grenzt an die Staaten São Paulo und Minas Gerais. Die idyllische Ecke von Rio de Janeiro war früher von Europäern besiedelt, heute ist sie bei allen ethnischen Gruppen Brasiliens beliebt.

REGION ITATIAIA

0 — 10 km

PRAKTISCHES
Touristeninformation
(Itatiaia)..........................1 C3
Touristeninnformationshütte
(Visconde de Mauá)........2 C2
Touristeninformation (Penedo)....3 C2

SEHENSWERTES & AKTIVITÄTEN
Cachoeira de Deus.....................4 C2
Cachoeira do Escorrega...........5 B2
Cachoeira Santa Clara.............6 B1
Cachoeira Veu de Noiva..........7 B2
Itaporani-Wasserfall................8 B2

Lago Azul........................9 B2
Museu Lago....................10 B2
Pico das Agulhas Negras....11 B2
Poção..............................12 B2
Poronga-Wasserfall.........13 B2
Prateleiras.....................14 B2
Três Cachoeiras.............15 C2
Três Picos......................16 B2
Véu-de-Noiva-Wasserfall.......17 B2

SCHLAFEN
Abrigo Rebouças............18 B2
Chez Nous.....................19 C2
Fazenda Santa Clara Camping..20 B1
Hotel do Ypê.................21 B2
Pequena Suécia..............22 C2
Pousada dos Lobos.........23 B2
Pousada Moriá...............24 B2
Pousada Trilha...............25 C2
Warabi Hotel..................26 C1
Ypê Amarelo..................27 B3

ESSEN
Le Petit........................28 C1
O Jardim Secreto...........29 C2
Rosmarinus Officinalis....30 C2
Uai Tchê!.....................(siehe 28)
Zorba Budda................(siehe 26)

PENEDO

☎ 0xx24 / 40 000 Ew. / 600 m

Im frühen 20. Jh. war Penedo eine finnische Siedlung. Inzwischen ist die Stadt zu einem Ferienort angewachsen, in dem alles zu finden ist, nur nichts Brasilianisches. Im moderneren unteren Teil der Stadt sollte man sich vor Touristenfallen in Acht nehmen: Man versucht hier, aus dem europäischen Erbe der Region und den authentischen Altwelteinflüssen Gewinn zu schlagen. In Alto do Penedo, dem oberen Stadtteil, kann man die üppige Schönheit der Natur gleich außerhalb der Stadt besser genießen. Wohin man auch geht, man stößt mit Sicherheit auf eine traditionelle finnische Sauna – die gibt's in den meisten Hotels.

Die **Touristeninformation** (☎ 3351 1704; Av Casa das Pedras 766; ⏰ 9.30–17 Uhr) hat Broschüren und Infos auf Portugiesisch.

Sehenswertes

Penedos größte Attraktionen sind der Wald und die Wasserfälle. Lohnend sind vor allem zwei Wasserfälle: **Três Cachoeiras**, westlich der Innenstadt von Penedo an der Hauptstraße

unmittelbar vor dem Anstieg auf den Alto do Penedo, und **Cachoeira de Deus**, von der Bus-Wendeschleife in Alto do Penedo ungefähr 20 Minuten bergauf. Die Ausschilderung ist ziemlich dürftig – also lieber vor Ort noch einmal nachfragen. **Wandert** man vom Ende der asphaltierten Straße in Alto do Penedo ungefähr eine Stunde bergauf, gelangt man in dichtes Waldgebiet, wo es viele Wanderwege gibt und man Tiere in freier Natur, z. B. Affen, beobachten kann.

In der Stadt kann man bei **From Penedo** (☎ 3351 1380; www.penedo.com/frompenedo; Rua das Palmeiras; 90-min. Ausritt mit Guide 45 R$) Pferde ausleihen.

Schlafen & Essen

Penedo ist teuer. Das liegt an den vielen Wochenendtouris aus Rio. Dafür sind Unterkünfte und Essen hier auch überdurchschnittlich gut.

Pousada Trilha (☎ 3351 1349; www.trilhapousada. com, portugiesisch; Av Três Cachoeiras 3951; EZ/DZ 80/110 R$; 📶 🛁) Die schlichte Pousada gleich unterhalb des Wasserfalls Três Cachoeiras sieht aus wie eine Blockhütte. Die Zimmer sind klein, aber gemütlich. Die besten haben große Fenster mit Blick auf den Wald, und von draußen hört man das Rauschen des Wassers.

Chez Nous (☎ 3351 1404; www.pousadacheznous.com. br, portugiesisch; Av Casa da Pedra 542; Zi. 80–160 R$; 🅿 🛜 🌀) Die freundliche Unterkunft in der Nähe des Stadttors hat französischsprachige Inhaber und Zimmer verschiedener Preisklasse rund um einen grünen, friedlichen Garten. Die besten Zimmer haben einen Whirlpool und einen Kamin. Im Haus gibt's auch einen Pool und eine Sauna.

Pequena Suécia (☎ 3351 1275; www.pequenasuecia. com.br, portugiesisch; Rua Toivo Suni 33; EZ 115–195 R$, DZ 195–395 R$; 🅿 🛜 🌀) Ein Penedo-Klassiker an der ruhigen Nordseite des Flusses: Das rote Haus mitten im Wald bietet seit mehr als 50 Jahren luxuriöse Annehmlichkeiten in rustikaler Lage. Das hoteleigene Restaurant serviert skandinavische und vegetarische Gerichte, der Wellnessbereich bietet Massagen und Shiatsu-Behandlungen, und im angeschlossenen Club gibt's am Wochenende live Jazzmusik.

Koskenkorva (☎ 3351 2532; Av Três Cachoeiras 3955; Hauptgerichte 25–35 R$; 🕑 12–16 & 19.30–22 Uhr) Das auf finnische und deutsche Gerichte spezialisierte Restaurant hat draußen einen hübschen Sitzbereich an einem Bach. Wer richtig satt werden will, probiert Voileipäpöytä (65 R$), eine Art skandinavisches Buffet mit geräucherter Forelle, mariniertem Lachs, Hering, Forellenpastete und vielem mehr. Noch Platz für die Nachspeise-Crêpes mit Obst lassen!

O Jardim Secreto (☎ 3351 2516; Av Três Cachoeiras 3899; Hauptgerichte 31–69 R$; 🕑 Di–Fr 19–24, Sa 12–24, So 12–17 Uhr) Das erstklassige und kerzenbeleuchtete Restaurant im Grünen serviert moderne Gerichte mit Fisch, Fleisch und Pasta.

Unterhaltung

Unter all den Brasilianern gibt es heute nur noch ganz wenige Finnen, aber die kommen jeden Samstagabend zu den traditionellen finnischen Tänzen *letkiss* und *jenkkas* im **Clube Finlândia** (☎ 3351 1374; Av das Mangueiras 2601; Eintritt 10 R$; 🕑 Sa 21–1 Uhr) zusammen. An den finnischen Tanzstunden kann jeder teilnehmen; sie beginnen um 21 Uhr. Um 22.30 Uhr präsentiert eine Tanztruppe eine 40-minütige Tanzvorführung nach alter europäischer Tradition. Dann steht die Tanzfläche für den Rest des Abends wieder allen zur Verfügung.

An- & Weiterreise

Cidade do Aço hat täglich zwei Busse von Rio nach Penedo (29 R$, 2½ Std.) – um 11 und um 17 Uhr. Alternativ dazu kann man in Rio den häufiger fahrenden Bus desselben Unternehmens nach Resende nehmen und dort in den alle halbe Stunde verkehrenden Bus nach Penedo (2,30 R$, 45 Min.) umsteigen. Der Bus fährt die 3 km lange Hauptstraße entlang und dann weiter bis zum Ende der gepflasterten Straße.

VISCONDE DE MAUÁ

☎ 0xx24 / 1200 m

Mauá ist ein sehr idyllisches Flusstal, fast eine Welt für sich. Noch hübscher und ruhiger als Penedo, gibt es hier rauschende Bäche, klingelnde Ziegenglöckchen, gemütliche Chalets und Landstriche mit herrlichen Wildblumen. Dass es so isoliert ist, liegt größtenteils an den wenigen Zufahrtswegen – alle sind staubige Holperpisten über steile Berghänge. Zur Zeit unserer Recherchen gab es Pläne zum Ausbau der Hauptstraße aus Penedo; bis es aber soweit ist, muss man sich auf eine holprige Fahrt gefasst machen!

Praktische Informationen

Visconde de Mauá besteht aus drei kleinen Dörfern, die einige Kilometer voneinander entfernt am Rio Preto liegen. Der Bus hält zuerst in Mauá, dem größten Dorf, und fährt dann 6 km in westlicher Richtung bergauf nach Maringá weiter (ein Teil der Ortschaft gehört eigentlich schon zu Minas Gerais; daher sind die Adressen von Maringá im Folgenden mit „RJ" bzw. „MG" gekennzeichnet, je nachdem auf welcher Seite des Flusses sie zu finden sind). Maromba liegt weiter flussaufwärts 2 km westlich von Maringá; hier endet auch der Bus. Die meisten Traveller steigen in Maromba oder Maringá ab. Maromba hat die Atmosphäre eines Hippie-Nests, Maringá ist etwas nobler.

Am Dorfeingang von Mauá befindet sich die **Touristeninformationshütte** (🕑 10–13 & 14–18 Uhr, Do morgens, So nachmittags & Mi geschl.), in der es hilfreiche Fotos von Unterkünften in der Gegend gibt, die man im Voraus anrufen kann, um ein Zimmer zu reservieren. Das **Lan House** (Maringá, RJ; 2 R$/Std.; 🕑 10–22 Uhr) bietet Breitbandinternet und WLAN.

Sehenswertes & Aktivitäten

Unter den mehr als ein Dutzend Wasserfällen von Mauá ist **Cachoeira Santa Clara** einer der schönsten. Er ist auch am besten zu erreichen: Von Maringá aus läuft man einfach 40 Minu-

RIO DE JANEIRO
(BUNDESSTAAT)

ten am Ribeirão Santa Clara entlang nach Norden. Die Einheimischen zeigen einem gern den Weg. Wer Lust auf eine Wanderung hat, klettert an den Seiten des Wasserfalls durch die Bambushaine nach oben. Einen Besuch wert ist auch der wunderschöne Wasserfall **Cachoeira Veu de Noiva**, 300 m von der Hauptstraße entfernt gleich westlich von Maromba.

Auf den Stromschnellen des Rio Preto kann man Kajak fahren; der reißende Fluss bildet die Grenze zwischen Minas Gerais und Rio. Am Fluss gibt's auch mehrere kleine Strände und natürliche Wasserbecken. Zwei besonders schöne Badestellen sind **Poção**, ein gigantisches natürliches Wasserbecken 1 km westlich von Maromba, und **Cachoeira do Escorrega**, eine natürliche Wasserrutsche 2 km westlich von Maromba, die sich in ein prächtiges Becken ergießt.

Homo Bikers (☎ 9822 7129; homobikers@gmail.com; Alameda Gastronômica, Maringá, MG) bietet in den umliegenden Bergen Paragliding-, Rafting- und Mountainbike-Exkursionen an und verleiht hochwertige Mountainbikes (50–80 R$/24 Std.).

Verschiedene private Anbieter vor Ort organisieren auch Reittouren.

Schlafen

Billige, kahle Zimmer (15–25 R$/Pers.) bekommt man nahe den Bushaltestellen in Mauá und Maromba. In Mauá einfach an der Hauptstraße nach Antônio fragen bzw. in Maromba am zentralen Platz nach Moises. Im Tal gibt's Unmengen an chalet-artigen Unterkünften; falls die hier aufgelisteten ausgebucht sind, einfach herumfragen.

Fazenda Santa Clara Camping (☎ 3387 1508; Estrada Maringá/Maromba 1 km; Campen 15 R$/Pers.) Dieser Campingplatz an einem grasbedeckten Berghang am Zusammenfluss des Rio Preto mit dem Rio Santa Clara hat ein natürliches Wasserbecken, eine Snackbar und für Gäste, die kein eigenes Zelt dabeihaben, sehr kleine Nurdachhütten für zwei Personen (45 R$). Die Bushaltestelle auf der anderen Seite des Flusses ist über die Fußgängerbrücke gut zu erreichen.

LP Tipp **Warabi Hotel** (☎ 3387 1143; www.visconde demauaturismo.com, portugiesisch; Alto Maringá, RJ; EZ/DZ werktags 110/157 R$, Wochenende 145/210 R$) Bequeme Futons, japanische *ofuro*-Badewannen, ein Goldfischteich und ein felsiger Garten tragen zur einladenden Atmosphäre dieser einzigartigen Unterkunft gleich oberhalb von Maringá

bei. Zu den Highlights zählen die große Terrasse mit Blick auf den Fluss, der Swimmingpool und das angeschlossene japanische Restaurant, in dem Sushi (ab 16 R$) und diverse Hauptgerichte wie Tempura und Sukiyaki (30–38 R$) serviert werden.

Pousada Moriá (☎ 3387 1505; www.pousadamoria. com.br, portugiesisch; Estrada da Maromba s/n; DZ 160 R$, mit Whirlpool 230–260 R$; 🐾) Das idyllische Refugium liegt direkt gegenüber vom Wasserfall Cachoeira do Escorrega (S. 218). Die Chalets sind alle mit Heizdecken und Kamin ausgestattet. Außerdem gibt's eine Sauna, einen Außenpool und eine kostenlose DVD-Videothek. Das köstliche warme Frühstück wird in einem Glaspavillon oder draußen auf der Terrasse serviert, wo man den Wasserfall hören kann.

Essen

Seit 1996 findet in Mauá im Mai ein kulinarisches Festival statt, der **Concurso Gastronômico** (www.mauagastronomico.com.br, portugiesisch), mit einem speziellen Fokus auf hiesige Forellen und *pinhões*, gigantische Nüsse vom hierzulande wachsenden *araucária*-Baum.

Die Alameda Gastronômica ist eine Straße am Ufer des Rio Preto auf der Minas-Gerais-Seite von Maringá, an der Restaurants für jeden Geschmack aneinandergereiht sind. Außer den hier aufgelisteten Restaurants gibt's auch italienische und vegetarische Lokale, einen deutschen Biergarten, ein Jazz-Bistro und ein Restaurant, auf dessen Speisekarte sich alles um einheimische Pilze dreht.

Zorba Budda (☎ 3387 1170; Alto Maringá, RJ; Pizza ab 19 R$; 🕐 Fr–So 20–1 Uhr) Das hübsche, kleine Restaurant ganz in Kürbisorange serviert exzellente Pizzas und ist am Wochenende abends immer voll.

Uai Tchê! (☎ 3387 1364; Alameda Gastronômica, Maringá, MG; Hauptgerichte 23–28 R$; 🕐 Mi, Do & So 13–20, Fr & Sa bis 22 Uhr) Das gemütliche, winzige Lokal mit Cachaça-Flaschen auf den Regalen serviert ein tolles *feijão tropeiro* (ein klassisches Gericht aus Reis, Bohnen, Würstchen und Kohl) und einen noch besseren Caipirinha zum Herunterspülen. Unter der langen Liste von selbstgemachten Würstchen gibt's auch *truta* (aus einheimischer Forelle) und *Jamaica* (aus Hühnchen, Zimt, Nelken, Orangen und Honig).

Le Petit (☎ 3387 1554; Alameda Gastronômica, Maringá, MG; Hauptgerichte 23–36 R$; 🕐 Do–Sa 14–23, So–Mi 13–19 Uhr) Die freundlichen Inhaber Sapo und Miriam haben ihren Laden vor mehr als 20 Jahren aufgemacht, damit die Einheimischen gemütlich ein Glas Bier trinken können, während sie darauf warten, das einzige Telefon im Ort zu benutzen. Nach all der Zeit ist das Le Petit wegen seiner gemächlichen, geselligen Atmosphäre und der einfallsreichen Zubereitung des Lieblingsfischs im Tal noch genauso beliebt. Unbedingt die Forelle in Sake-Sauce mit Kokos-*farofa* (gedünstetem Maniokmehl) probieren!

Rosmarinus Officinalis (☎ 3387 1550; Estrada Maringá, 4 km; Hauptgerichte 40–93 R$; ☺ Mo, Mi & Do 19–22, Fr & Sa 13–22, So 13–18 Uhr) Das Restaurant liegt wunderschön inmitten eines Gartens. Abends spiegelt sich der Kerzenschein in den Fensterscheiben, und wenn es kalt ist, steigt aus dem Schornstein Rauch auf. Es sieht ein bisschen aus wie ein Märchenhaus, aber das Essen stellt jeden Feinschmecker zufrieden. Dank seiner Speisekarte mit regional beeinflussten italienischen Gerichten wie Risotto mit gegrillter Forelle hat das Restaurant den Ruf, eines der besten in Mauá zu sein.

Anreise & Unterwegs vor Ort

Visconde de Mauá hat keinen Busbahnhof. Die Busse halten an der Hauptstraße in Mauá im Zentrum von Maringá und enden am Ortsplatz in Maromba.

Resendense-Busse fahren viermal am Tag (am Wochenende 3-mal) zwischen Resende (einem Verkehrsknotenpunkt gleich östlich von Itatiaia) und Maromba (5,75 R$, 2 Std.). In Resende fahren auch Busse von/nach Rio de Janeiro. Cidade de Aço hat ebenfalls einmal wöchentlich einen Direktbus zwischen Rio und Maromba (48 R$, 4½ Std.); Abfahrt in Rio ist freitags um 19.30 Uhr und Rückfahrt ab Maromba sonntags und an Feiertagen um 16 Uhr.

PARQUE NACIONAL DE ITATIAIA

☎ 0xx24

Der Parque Nacional de Itatiaia (☎ 3352 1461; parnaitatiaia.rj.@jcmbio.gov.br) ist Brasiliens ältester Nationalpark und durch seine wilde Schönheit einer der reizvollsten. Unter dem üppigen, dunklen Blätterdach leben mehr als 400 einheimische Vogelarten und auch Affen und Faultiere. Der Park ist in einen oberen und einen unteren Abschnitt aufgeteilt. Es gibt hier Seen, Flüsse, Wasserfälle, alpine Wiesen und primäre und sekundäre atlantische Regenwälder. Nicht von den tropischen Pflanzen täuschen lassen – hier fallen die Temperaturen

im Juni bis unter den Gefrierpunkt, und gelegentlich schneit es sogar! Also: Warme Kleidung mitbringen, auch im Sommer.

Es gibt eine rund um die Uhr geöffnete Touristeninformationshütte in der Ortschaft Itatiaia, 1 km nördlich der Via Dutra, der wichtigsten Ost-West-Autobahn zwischen Rio und São Paulo. Der Eingang zum unteren Parkabschnitt liegt 5,5 km nördlich des Orts.

Sehenswertes & Aktivitäten

Der Nationalpark ist in einen oberen und einen unteren Abschnitt aufgeteilt, die jeweils einen eigenen **Eingang** (Eintritt 20 R$/Pers.; ☺ oberer Eingang 7–17 Uhr, unterer Eingang 7.30–17 Uhr) haben. Die Parkverwaltung und das **Museum** (Eintritt frei) nebenan befinden sich 9 km nördlich der Ortschaft Itatiaia im unteren, weniger rauen Parkabschnitt. Geht man von dort nur 400 m weiter, kommt man zum **Lago Azul** (Blauen See). Ein paar Kilometer die Straße hinauf führen kurze Wanderwege zu den **Wasserfällen Poronga**, **Véu de Noiva** und **Itaporani**. Wer eine längere Wanderung im Tiefland machen will, dem sei der 15 km lange (hin & zurück 5 Std.) Weg nach **Três Picos** (1600 m) empfohlen.

Kletter- und Trekkingfans werden sich auf die herausfordernden Gipfel, Klippen und Trails im Hochland stürzen. Zum kleinen Parkeingang des oberen Abschnitts, der fast zwei Fahrtstunden von Itatiaia entfernt ist, gelangt man über eine 15 km lange, extrem holprige, unbefestigte Straße, die vom Hwy BR-354 an der Kreuzung Garganta do Registro an der Grenze zwischen den Bundesstaaten Rio und Minas Gerais abgeht.

Beim Betreten des Parks sieht man die beeindruckende Silhouette des spitzen **Agulhas Negras** (mit 2787 m der höchste Gipfel im dem Gebiet) und etwas weiter hinten die Felsen des **Prateleiras**. Wer auf diese Berge hinaufklettern will, braucht einen Führer. Gleiches gilt für den neunstündigen Wanderweg **Travessia Rui Braga**, der vom Fuß des Prateleiras bergab führt und den oberen und unteren Parkabschnitt miteinander verbindet, sodass Besucher an einem einzigen Tag sowohl Itatiaias alpines Ökosystem als auch den atlantischen Regenwald erleben können.

Ein empfehlenswerter Führer ist der Parkranger **Levy Cardozo da Silva** (☎ 8812 0006; levy.ecologico@hotmail.com). Man kann sich auch an die **Grupo Excursionista Agulhas Negras** (www.grupo gean.com, portugiesisch) wenden, die das ganze Jahr über Kletterausflüge organisiert, oder in den hiesigen Pousadas nachfragen, ob sie einem einen Führer empfehlen können.

Schlafen & Essen

Die besseren Hotels im Nationalpark bieten laut Werbebroschüren Zimmer mit Vollpension. Wer allerdings in den einfacheren Unterkünften absteigt (den ersten dreien der folgenden Auflistung), sollte eigene Verpflegung mitbringen.

Abrigo Rebouças (☎ 3352 1461) Die Absteige für Wanderer im Hochland bietet einfache Unterkünfte für bis zu 20 Leute. Sie hat einen Gasofen und Strom, aber kein Essen oder andere Vorräte. Neben der Parkeintrittsgebühr fallen für die Unterkunft hier keine weiteren Kosten an, aber man sollte so früh wie möglich reservieren, denn das Haus ist schnell ausgebucht.

Ypê Amarelo (☎ 3352 1232; www.pousadaypeama relo.com.br, portugiesisch; Rua João Mauricio de Macedo Costa 352; Stellplatz mit/ohne Frühstück 35/25 R$ pro Pers., Zi. mit Frühstück 35/45 R$; 🏊) Die Kombination aus Pousada und Campingplatz liegt gleich nördlich der Via Dutra und bietet hübsche Grünflächen, Warmwasserduschen, einen Pool, eine Sauna und einen Fahrradverleih. Vom Busbahnhof läuft man 15 Minuten nach Westen (mit dem Taxi sind es 10 R$).

Pousada dos Lobos (☎ 0xx35-3332 2779; www. pousadadoslobos.com.br, portugiesisch; EZ/DZ/3BZ mit HP 130/200/280 R$) Hochlandbesucher können in 1800 m Höhe in dieser Pousada absteigen, 11 km vom Parkeingang des oberen Abschnitts und 12 km von der Hauptstraße entfernt. Frühstück und Abendessen sind im Zimmerpreis enthalten. Trotzdem sollte man sich Vorräte, vor allem Snacks, und warme Kleidung mitbringen, denn hier oben ist es ziemlich kalt, und es ist eine lange, holprige Fahrt bis hierher.

LP Tipp Hotel do Ypê (☎ 3352 1453; www.hotel doype.com.br; EZ/DZ mit VP ab 215/290 R$; 🏊) Ungefähr 8,5 km nördlich vom Eingang zum unteren Parkabschnitt liegt dieses wundervolle Hotel, das komfortable Chalets vermietet, am Ende der Straße in der Nähe mehrerer Wanderwege. Vom Fenster des Frühstücksraums sieht man die vielen Tukane und Kolibris draußen. Mittags wird draußen groß gegrillt und das Essen rund um den Pool serviert.

Anreise & Unterwegs vor Ort

Die Ortschaft Itatiaia erreicht man am besten von der nahe gelegenen Stadt Resende aus

(Knotenpunkt für Busverbindungen von/nach Rio). Die Busse zwischen Itatiaia und Resende fahren werktags alle 20 und am Wochenende alle 40 Minuten. Von Itatiaia zum Parkeingang gibt's täglich drei Busse (einfache Strecke 2 R$); Abfahrt vom Busbahnhof Itatiaia ist um 6.50, 12 und 15 Uhr, Rückfahrt vom Park um 8, 13 und 16.45 Uhr. Ein Taxi von Itatiaia bis zum Ende der Straße zum Nationalpark kostet rund 40 R$.

NÖRDLICH VON RIO DE JANEIRO

Die Berge nördlich von Rio haben so ungewöhnliche, dramatische Formen, dass man schon von Weitem auf sie aufmerksam wird. Bei der Landung auf dem internationalen Flughafen Galeão oder beim Blick vom Gipfel des Pão de Açúcar (Zuckerhut) in Rio auf die Skyline im Norden ist man von der imposanten Erscheinung des gezackten Gebirgskamms am Horizont sofort ergriffen. Im 19. Jh. veranlasste der Zauber dieser Berge die brasilianische Kaiserfamilie, in Petrópolis ihre Sommerresidenz zu errichten. Diesem Beispiel folgten die ersten Schweizer Einwanderer und machten Nova Friburgo zu ihrer Wahlheimat in der Neuen Welt.

Später verfielen Kletterer aus aller Welt den schwindelerregenden Felswänden der Serra dos Órgãos (Orgelpfeifengebirge). Bis zum heutigen Tag kommen Besucher aus Rio de Janeiro und aus anderen Teilen des Landes hierher wegen des kühleren Klimas, der Erholungsmöglichkeiten und der vom Kaiserhof und den Immigranten geprägten Vergangenheit der Region.

PETRÓPOLIS
☎ 0xx24 / 320 000 Ew. / 809 m
Petrópolis ist ein hübsches, entschieden europäisch geprägtes Refugium in den Bergen. Hierher zog sich der kaiserliche Hof im Sommer zurück, wenn es in Rio zu schwül war. Noch immer ist die Stadt ein beliebtes Wochenendausflugsziel für die Cariocas (Einwohner von Rio). Man kann einfach nur durch die Straßen schlendern oder auf dem Rücken eines Pferdes oder in einer Kutsche den Ort mit seinen Plätzen, Parks, Brücken, Kanälen und altmodischen Straßenlaternen erkunden.

Praktische Informationen

Bradesco (Rua do Imperador 268) Einer von vielen Geldautomaten an der Hauptstraße im Zentrum.

Job Net (☎ 2231 7331; Rua 16 de Março 80; Internet 3 R$/Std.; ☺ Mo–Fr 9–20.30, Sa 11–17 Uhr) Internet, WLAN und Skype.

Lavanderia Itaipava (☎ 2242 8145; Rua 16 de Março 334; 9 R$/Waschmaschine; ☺ Mo–Sa 8–20 Uhr)

Post (Rua do Imperador 350)

Touristeninformation (☎ 0800 024 1516; www. petropolis.rj.gov.br/fctp); Hauptbüro (Praça da Liberdade; ☺ Mo–Sa 9–18, So 9–17 Uhr); Centro de Cultura (Praça Visconde de Mauá 305; ☺ Mo–Fr 9–18 Uhr)

Trekking Petrópolis(☎ 2235 7607; m1wnk@uol.com. br) Organisiert Stadtrundfahrten, Wanderungen sowie Mountainbike- und Vogelbeobachtungsausflüge durch den nahe gelegenen Regenwald Mata Atlântica.

Sehenswertes & Aktivitäten

Die meisten der Museen und Sehenswürdigkeiten sind montags geschlossen.

Um sich einen ersten Überblick zu verschaffen, kann man durch die Stadt **reiten** oder eine **Kutschfahrt** machen. Die nostalgischen Stadtrundfahrten mit einer *vitória* aus dem 19. Jh., einer Kutsche im britischen Stil, dau-

ern von 20 Minuten (25 R$) bis zu einer Stunde (50 R$).

Die größte Attraktion in Petrópolis ist das **Museu Imperial** (☎ 2237 8000; Rua da Imperatriz 220; Eintritt 8 R$; ☺ Di–So 11–17.30 Uhr), das in dem vollständig erhaltenen und ausgestatteten Palast von Dom Pedro II. untergebracht ist. Am Eingang müssen Besucher in Filzlatschen schlüpfen, damit der kunstvolle Holzboden nicht zerkratzt wird – es macht einen Heidenspaß, in den Pantoffeln herumzuschlittern. Zu sehen sind u. a. die 1,95 kg schwere, mit 639 Diamanten und 77 Perlen besetzte Kaiserkrone und der rubinverzierte goldene Federhalter, mit dem der Kaiser 1888 die *Lei Aurea* unterzeichnet und allen verbliebenen Sklaven die Freiheit geschenkt hatte.

Die Grabstätten des letzten Herrschers von Brasilien, Dom Pedro II., seiner Frau Dona Teresa und ihrer Tochter Princesa Isabel befinden sich in der **Catedral São Pedro de Alcântara** (☎ 2242 4300; Rua Sao Pedro de Alcantara 60; ☺ 8–18 Uhr). Der Kirchturm wird abends sehr stimmungsvoll mit blauen und roten Lichtern angestrahlt. Für einen tollen Rundumblick über die Stadt empfiehlt sich der Aufstieg auf

RIO DE JANEIRO (BUNDESSTAAT)

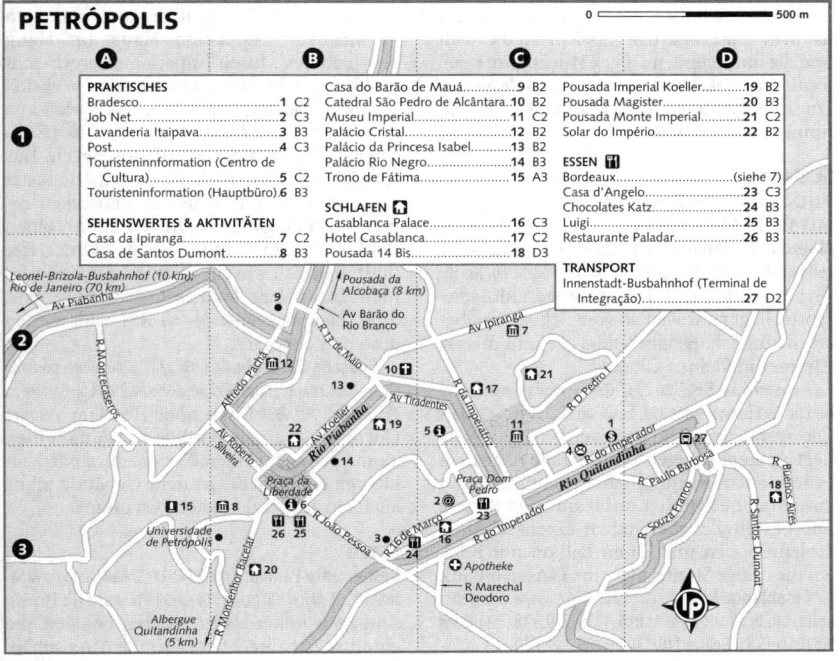

PETRÓPOLIS

0 — 500 m

PRAKTISCHES
Bradesco	1 C2
Job Net	2 C3
Lavanderia Itaipava	3 B3
Post	4 C3
Touristeninformation (Centro de Cultura)	5 C2
Touristeninformation (Hauptbüro)	6 B3

SEHENSWERTES & AKTIVITÄTEN
Casa da Ipiranga	7 C2
Casa de Santos Dumont	8 B3
Casa do Barão de Mauá	9 B2
Catedral São Pedro de Alcântara	10 B2
Museu Imperial	11 C2
Palácio Cristal	12 B2
Palácio da Princesa Isabel	13 B2
Palácio Rio Negro	14 B3
Trono de Fátima	15 A3

SCHLAFEN
Casablanca Palace	16 C3
Hotel Casablanca	17 C2
Pousada 14 Bis	18 D3
Pousada Imperial Koeller	19 B2
Pousada Magister	20 B3
Pousada Monte Imperial	21 C2
Solar do Império	22 B2

ESSEN
Bordeaux	(siehe 7)
Casa d'Angelo	23 C3
Chocolates Katz	24 B3
Luigi	25 B3
Restaurante Paladar	26 B3

TRANSPORT
Innenstadt-Busbahnhof (Terminal de Integração)	27 D2

Leonel-Brizola-Busbahnhof (10 km);
Rio de Janeiro (70 km)
Av Piabanha

Pousada da Alcobaça (8 km)

Av Barão do Rio Branco

Av Ipiranga

R. 7 de Maio

R. Montecaseros

Alfredo Pacha

Av. Tiradentes

R da Imperatriz

R D Pedro

Rio Piabanha

Av. Roberto Silveira

Praça da Liberdade

Universidade de Petrópolis

R. Montenegro Bicalar

R. João Pessoa

R 16 de Março

Praça Dom Pedro

Rio Quitandinha

R. do Imperador

R. Paulo Barbosa

R. Souza Franco

R. Santos Dumont

Buenos Aires

Apotheke

R Marechal Deodoro

Albergue Quitandinha (5 km)

den Glockenturm (Eintritt 8 R$; ☺ Di–Sa 11–17 So 13–15 Uhr)

Eines von Petrópolis schönsten Herrenhäusern, die **Casa da Ipiranga Alcântara** (☎ 2231 87178; casadaipiranga@yahoo.com.br; Av Ipirange 716; Eintritt 6 R$; ☺ Di–Do 12–18 Uhr), kann man im Rahmen einer Führung besichtigen. Andere historische Gebäude, darunter der **Palácio Rio Negro** (Av Koeller 255), der **Palácio da Princesa Isabel** (Av Koeller s/n) und die **Casa do Barão de Mauá** (Praca da Confluencia) liegen auf der anderen Seite des Rio Piabanha.

Der **Palácio Cristal** (Alfredo Pachá) ist ein Gebilde aus Eisen und Glas. Er wurde in Frankreich gebaut und 1879 hierher gebracht, um ihn als Gewächshaus zur Orchideenzüchtung zu nutzen. Heute dient er als Veranstaltungsort für abendliche Kulturevents.

Westlich der Praça da Liberdade befindet sich die **Casa de Santos Dumont** (Eintritt 5 R$; ☎ Di–So 9–17 Uhr). Sie war das Sommerhaus von Brasiliens kleinwüchsigem Vater der Luftfahrt und Erfinders der Armbanduhr. Das Haus selbst ist charmant und beherbergt viele interessante Fotos von Dumonts zahlreichen Erfindungen.

Der **Trono de Fátima** ist eine 3,50 m hohe Statue des Tragegestells der Fátima Madonna, die aus Italien importiert wurde. Von hier aus hat man eine großartige Aussicht auf die Stadt und die umliegenden Hügel. Hin kommt man, wenn man beim Verlassen der Casa de Santos Dumont rechts den Hügel hinauf geht und immer rechts abbiegt.

Schlafen

BUDGETUNTERKÜNFTE & MITTELKLASSEHOTELS

Albergue Quitandinha (☎ 2247 9165; www.albergue quitandinha.com.br; Rua Uruguai 570; B/EZ/DZ 40/80/106 R$; 🛜) Das an die HI-Kette angeschlossene Hostel liegt zwar weit ab vom Schuss, ist aber erschwinglich. Es gibt Schlafsäle und private Zimmer in kleinen Chalets.

Pousada 14 Bis (☎ 2231 0946; www.pousada14bis. com.br; Rua Buenos Aires 192; EZ/DZ ab 80/150 R$; 🛜 🖵) Die restaurierte, kolonialzeitliche Pousada liegt an einer ruhigen Wohnstraße nahe dem Innenstadt-Busbahnhof und hat hübsche, gut ausgestattete Zimmer mit bequemen Betten. Die besten Zimmer haben einen schönen Holzfußboden und einen Balkon mit Blick auf die ruhige Straße oder zum Garten hinaus.

Casablanca Palace (☎ 2242 0162; www.casablanca hotel.com.br; Rua 16 de Março 123; EZ/DZ/3BZ Standard 90/105/145 R$, Deluxe 110/130/200 R$; 🛜) Das Casa-

blanca in der Nähe der großen Shoppingmeile wirkt etwas kahl, ist aber sauber. Die Deluxe-Zimmer haben Minibars und WLAN.

Pousada Magister (☎ 2242 1054; www.pousada magister.com.br; Rua Monsenhor Bacelar 71; EZ/DZ ab 110/180 R$; 🖵 🛜 🖵) Die 100 Jahre alte Villa nahe der Casa de Santos Dumont verbindet die Eleganz der Alten Welt mit modernen Annehmlichkeiten.

Hotel Casablanca (☎ 2242 6662; www.casablanca hotel.com.br; Rua da Imperatriz 286; EZ/DZ/3BZ mit Ventilator 160/198/270 R$, EZ/DZ/3BZ/4BZ mit Klimaanlage 200/220/290/ 330 R$; 🖵 🛜 🖵) Das Hotel liegt fast direkt neben dem Museu Imperial und hat eine Reihe verschiedener Zimmer – die besten haben hohe Decken, altmodische Fensterläden, antikes Mobiliar und große Badezimmer mit Badewanne.

SPITZENKLASSEHOTELS

Pousada Imperial Koeller (☎ 2243 4330; www.pousada monteimperial.com.br; Av Koeller 99; Zi. 195–315 R$; 🖵 🛜 🖵) Mitten im Zentrum allen Geschehens liegt an der architektonisch sehr interessanten Av Koeller dieses Schmuckstück mit Giebeldach. Es stammt von 1875 und wurde kürzlich renoviert. Sein Schwesterhotel, die Pousada Monte Imperial, ist in einem alten, von Weinranken bedeckten Haus am Hang oberhalb des Museu Imperial untergebracht und hat gleiche Preise und dieselbe Website.

Solar do Império (☎ 2103 3000; www.solardoimperio. com.br; Av Koeller 376; Zi. 318–680 R$; 🖵 🛜 🖵) Zentral an der Praça da Liberdade gelegen. Das sorgfältig restaurierte Solar do Império bietet Parkettböden, 5 m hohe Zimmerdecken, einen Säuleneingang, mächtige Kamine, einen Pool, eine Sauna und ein Spa – kurz: Hier fühlt man sich wie ein Mitglied der Kaiserfamilie. Das angeschlossene Restaurant Leopoldina (Hauptgerichte 31–61 R$) zählt zu den besten in der Stadt.

Pousada da Alcobaça (☎ 2221 1240; www.pousada daalcobaca.com.br; Rua Agostinho Goulão 298, Corrêas; DZ ab 350 R$; 🖵 🛜 🖵) Das schöne Hotel im Vorort Corrêas hat einen Pool, eine Sauna, einen Tennisplatz und einen Garten, durch den ein kleiner Fluss fließt. In dem Gebäude gibt's auch ein ausgezeichnetes Restaurant.

Essen

Restaurante Paladar (☎ 2243 1143; Rua Barão do Amazonas 25; 2,99 R$/100 g; ☺ Di–So 11–16 Uhr) Die Preise sind zwar höher als in anderen Lokalen, die grammweise abrechnen, aber die Atmosphäre in dem erstklassigen umgebauten Herrenhaus gegenüber der Praça da Liberdade ist nicht zu toppen. Während man das klassisch brasilianische Essen auf der altmodischen umlaufenden Veranda genießt, kann man die vorüberziehenden Pferdekutschen beobachten.

Chocolates Katz (☎ 2231 1191; Rua do Imperador 912; Kuchen 6,20 R$, Apfelstrudel 6,50 R$; ⏰ 11–20 Uhr) Das Kaffeehaus nach deutscher Art ist zugleich eine Konditorei und hat exzellente Cappuccinos, heiße Schokolade und Schokoladentorte im Angebot.

Luigi (☎ 2244 4444; Praça da Liberdade 185; Pizzas 12–37 R$, Pasta 13–23 R$; ⏰ Restaurant 11–24 Uhr, Pizzeria Di, Mi, Do & So 18–24 Uhr) Das charmante italienische Restaurant ist in einem alten Haus mit hohen Decken und knarrenden Böden untergebracht. Die Speisekarte wird ergänzt durch eine Antipasti-Bar (4,69 R$/100 gr) und ein All-You-Can-Eat-Buffet (19,90 R$). Die Pizzeria nebenan serviert an vier Abenden in der Woche *rodízio de pizza* (All-You-Can-Eat-Pizza, 19,90 R$).

Casa d'Angelo (☎ 2242 0888; Rua do Imperador 700; Hauptgerichte 13–31 R$; ⏰ 8–1 Uhr) Die Casa d'Angelo, gegenüber vom Obelisken an der Ecke Rua Imperador und Rua Imperatriz, ist eine Institution in Petrópolis und wegen des Biers und des preisgünstigen Essens sehr beliebt. Vor allem unter der Woche nachmittags lohnt sich ein Besuch – dann gibt's *pratos executivos* (Mittagsgerichte zum Festpreis) schon für 12,90 R$.

LP Tipp **Bordeaux** (☎ 2242 5711; Av Ipiranga 716; Mittagsgerichte zum Festpreis 13–20 R$, Hauptgerichte 18–55 R$; ⏰ Mo–Sa 12–1, So bis 18 Uhr) Die umgebauten historischen Stallungen auf dem Gelände der Casa da Ipiranga sind die atmosphärische Kulisse für ein Mittag- oder Abendessen mit Wein aus dem riesigen Weinkeller.

Anreise & Unterwegs vor Ort

Die Única- und Fácil-Busse aus Rio (16 R$, 1½ Std., 5.30–24 Uhr alle 30 Min.) setzen einen am Busbahnhof Leonel Brizola in Bingen, 10 km außerhalb des Downtown von Petrópolis, ab. Um zum Busbahnhof im Downtown (Terminal de Integração) zu gelangen, steigt man in den Nahverkehrsbus Esperança Nr. 100 (2,20 R$, 30 Min.) um.

VASSOURAS

☎ 0xx24 / 34 000 Ew. / 434 m

Vassouras ist ein ruhiger Ferienort 118 km nördlich von Rio und war in der ersten Hälfte des 19. Jhs. die wichtigste Stadt im Paraíba-Tal. Einheimische Kaffeebarone, die vom portugiesischen König geadelt worden waren, bauten in den umliegenden Hügeln riesige *fazendas*. Als 1888 die Sklaverei abgeschafft wurde und die Kaffeeproduktion zurückging, verringerte sich auch die Bedeutung von Vassouras. Aus den Boomjahren übrig geblieben sind aber einige historische Gebäude im hübschen Zentrum der Stadt.

Die größte Attraktion hier sind die Kaffee-*fazendas* einige Kilometer außerhalb der Stadt. Einige von ihnen können sich durchaus mit den französischen Châteaus messen und haben ähnliche Gärten. Wer sie besuchen möchte, braucht unbedingt ein eigenes Fahrzeug – sonst zahlt man einen saftigen Preis für ein Taxi oder läuft sich die Hacken wund.

Ende Juli geht es in Vassouras beim alljährlichen **Festival Vale do Café** (www.festivalvaledocafe. com, portugiesisch) zwei Wochen lang um mehr als nur um Kaffee. Täglich stehen Konzerte auf dem Programm, und manche *fazendas* veranstalten Dinner mit Speisen und in Kostümen aus alter Zeit. **Café, Cachaça & Chorinho** (www.cafecachacaechorinho.com, portugiesisch) feiert im April Vassouras dreifaches Erbe von Kaffee, *choro* (improvisierter Samba) und Cachaça-Produktion mit Konzerten und Verkostung quer durch die Region.

Praktische Informationen

Casa de Cultura (☎ 2471 2765; Praça Barão do Campo Belo; ⏰ Mo–Fr 9–18, Sa bis 16, So bis 14 Uhr) Zeigt Fotos und hat Infobroschüren (portugiesisch) zu nahe gelegenen Kaffee-*fazendas*.

Sehenswertes

Der große, zentrale Platz der Stadt, der **Campo Belo**, ist ein malerischer, grasbewachsener Hang mit Palmen und einem Springbrunnen. Zwei Wetterhähne krönen die Spitzen der Kirche **Matriz NS de Conceição** auf dem Gipfel des Hügels.

Im **Museu Casa da Hera** (Rua Dr Fernandes Jr 160), dem früheren Anwesen der aristokratischen Erbin Eufrásia Teixeira Leite, sind antike, handgeschnitzte Möbel und andere Relikte aus der Kolonialzeit ausgestellt. Zur Zeit unserer Recherchen war es aber auf unbestimmte Zeit wegen Restaurierungsarbeiten geschlossen.

In der Gegend rund um Vassouras wimmelt es von alten Kaffee-*fazendas*, die unter Denkmalschutz stehen. Die meisten sind noch immer in Privatbesitz, so dass man für einen Besuch eine Genehmigung einholen sollte. Am bekanntesten sind die imposante **Fazenda do Secretário** (☎ 2488 0150; www.fazendadosecretario. com.br), die **Mulungú Vermelho** (☎ 9829 3628; www. fazendamulunguvermelho.com, portugiesisch), die **Santa Eufrásia** (☎ 9994 9494), die **Cachoeira do Mato Dentro** (☎ 9992 7350) und die **Cachoeira Grande** (☎ 2471 1264; www.fazendacachoeiragrande.com.br, portugiesisch). Die Casa de Cultura hat detaillierte Informationen und kann Besichtigungen arrangieren.

Schlafen & Essen

Mara Palace (☎ 2471 1993; www.marapalace.com.br; Rua Chanceler Raul Fernandes 121; EZ/DZ 135/165 R$; 🄿 🛜 🄿)
Zentral gelegenes Drei-Sterne-Hotel mit mehreren Pools und einer Sauna. Die Zimmer im Hauptgebäude sind besser als die muffigen im Betonanbau hinten.

Restaurante Salão Brasil (☎ 2471 8901; Rua Barão de Capivari 60; 16,90 R$/kg; 🕑 11–15.30 Uhr) Das Selbstbedienungslokal direkt am Hauptplatz ist äußerst beliebt wegen seinen deliziösen, hausgemachten Gerichte, den leckeren Desserts und dem richtig guten *cafezinho* (Espresso nach dem Mittagessen), den man in Vassouras erwarten darf.

Ein piekfeines Abendessen und eine gute Weinkarte gibt's im **Hipólito** (☎ 2471 2805; Rua Barão de Tinguá 33; Hauptgerichte 25–30 R$; 🕑 Di–Fr abends, Sa mittags & abends, So mittags), das gleich abseits vom zentralen Platz in einer prachtvollen Villa aus dem 19. Jh. untergebracht ist.

Anreise & Unterwegs vor Ort

Vom **Busbahnhof** (☎ 2471 1055; Praça Juiz Machado Jr) fahren täglich sechs **Viação-Normandy-Busse** (www.normandy.com.br) nach Rio (29 R$, 2½ Std.) und ein **Viação-Progresso-Bus** (www.viacaoprogresso. com.br) nach Resende (23 R$, 2¼ Std., 15.45 Uhr).

Zu den *fazendas* kommt man nur mit einem eigenem Fahrzeug oder per Taxi.

TERESÓPOLIS

☎ 0xx21 / 160 000 Ew. / 871 m
Wer es der Kaiserin Maria Tereza gleichtun und der schwülen Sommerhitze von Rio entrinnen will, kann sich in die kühle Gebirgsstadt Teresópolis flüchten. Sie ist die am höchsten gelegene Stadt im Bundesstaat und liegt inmitten der wie Orgelpfeifen geformten Felsformationen der Serra dos Órgãos. Die wunderschöne Straße von Rio nach Teresó-

polis schlängelt sich steil bergauf durch dichten, grünen Urwald. Auf dem ganzen Weg hat man die kahlen, sich dramatisch auftürmenden Gipfel im Blick.

In Teresópolis residierten einst die Quebra Frascos, die Herrscherfamilie des Zweiten Kaiserreichs. Heute kommen die meisten Besucher vor allem wegen der umliegenden Landschaft und den Naturschätzen in die Stadt. Teresópolis begeistert nicht nur Skifahrer, sondern auch alle anderen Sportliebhaber. Es gibt u. a. Einrichtungen für Volleyball, Motocross, Reitsport (viele der edelsten Vollblüter Brasiliens stammen von hier) und nicht zu vergessen für Fußball (s. S. 225).

Praktische Informationen

Cyber Office Internet (☎ 2743 9460; Praça Santa Tereza; Internet 3 R$/Std.; 🕑 Mo–Sa 10.30–21.30, So 11–17 Uhr) Oben im Einkaufszentrum New Fashion.

HSBC (Av Delfim Moreira 746) Einer von mehreren Geldautomaten am Hauptplatz.

Post (Av Lúcio Almirante Meira)

Touristeninformation (☎ 2742 5561; www.tereso polis.rj.gov.br, portugiesisch; Praça Olímpica; 🕑 Mo–Sa 9–18, So bis 17 Uhr) Im Stadtzentrum.

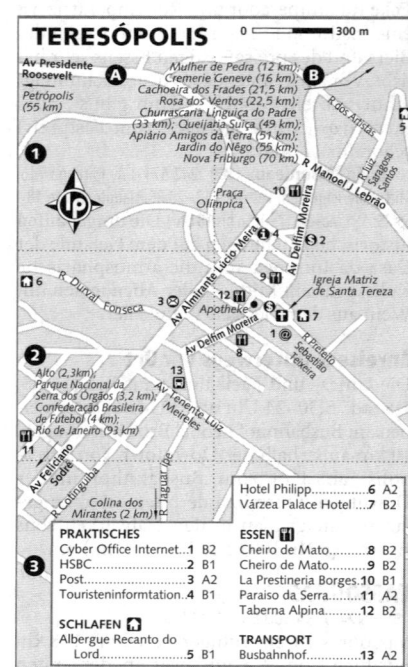

TERESÓPOLIS 0 ⸺ 300 m

Av Presidente Roosevelt

Petrópolis (55 km)

Mulher de Pedra (12 km); Cremerie Geneve (16 km); Cachoeira dos Frades (21,5 km); Rosa dos Ventos (22,5 km); Churrascaria Linguiça do Padre (33 km); Queijana Suíça (40 km); Apiário Amigos da Terra (51 km); Jardim do Nêgo (56 km); Nova Friburgo (70 km)

Praça Olímpica

R dos Aguias

R Julia Sandrini Lebrão

R Manoel J Lebrão

Igreja Matriz de Santa Tereza

Alto (2,3km); Parque Nacional da Serra dos Órgãos (3,2 km); Confederação Brasileira de Futebol (4 km); Rio de Janeiro (93 km)

Colina dos Mirantes (2 km)

PRAKTISCHES		
Cyber Office Internet....	1	B2
HSBC....	2	B1
Post....	3	A2
Touristeninformtation....	4	B2

SCHLAFEN 🛏		
Albergue Recanto do Lord....	5	B1

ESSEN 🍴		
Cheiro de Mato....	8	B2
Cheiro de Mato....	9	B1
La Prestinaria Borges.	10	B1
Paraíso da Serra....	11	A2
Taberna Alpina....	12	B2

TRANSPORT		
Busbahnhof....	13	A2

DIE MALERISCHE RUNDTOUR TERESÓPOLIS–FRIBURGO

Wo findet man Molkereien, die Ziegenkäse herstellen, einen seltsamen Skulpturengarten, einen Barkeeper, der seinen eigenen Honig-Cachaça macht, tolle Berggipfel und Wasserfälle und einige der schicksten Hotels in ganz Brasilien? All das gibt's am **Circuito Turístico Tere-Fri** (www.terefri.com. br), dem 68 km langen Highway zwischen Teresópolis und Nova Friburgo. Überall in der Gegend bekommt man Karten, auf denen die interessanten Punkte entlang der Strecke eingezeichnet sind.

Aus Teresópolis kommend, gehören zu den Highlights der Aussichtspunkt **Mulher de Pedra** (Steinerne Frau) bei Km 12, wo ein Berg in der Ferne wirklich aussieht wie eine liegende Frau, die **Cremerie Geneve** bei Km 16, wo man Ziegenbabys streicheln, frischen Käse kaufen, im Garten herumschlendern oder richtig fein französisch essen kann, die **Cachoeira dos Frades** an der Ausfahrt bei Km 21,5, wo eine unbefestigte Nebenstraße durch ein idyllisches Tal zu einem Wasserfall mit einem Schwimmbecken führt, das Hotel Rosa dos Ventos (s. S. 225) bei Km 22,6, eines von vielen fürstlichen Hotels auf dieser Strecke, die Schweizer Käserei **Queijaria Suiça** bei Km 49 neben einem ausgezeichneten Museum, das den Spuren der Schweizer Kultur aus zwei Jahrhunderten im Gebiet rund um Friburgo nachgeht, das **Apiário Amigos da Terra** bei Km 51, wo man im Bienenmuseum vieles über Bienen lernen und den hier hergestellten Honig-Cachaça kosten kann, während die Kids sich auf dem einer Honigwabe nachempfundenen Spielplatz tummeln, und der **Jardim do Nêgo** bei Km 55, wo ein einheimischer Bildhauer eine bizarre Landschaft aus moosbedeckten Menschen- und Tierfiguren geschaffen hat. Am besten macht man sich mit dem eigenen Fahrzeug auf den Weg, auch wenn Nahverkehrsbusse hier entlangfahren und einen absetzen, wo immer man möchte.

RIO DE JANEIRO (BUNDESSTAAT)

Sehenswertes & Aktivitäten

Die größte Attraktion in dem Gebiet ist der Parque Nacional da Serra dos Órgãos (S. 226). Die von überall in der Stadt sichtbare, dramatische Felsspitze des **Dedo de Deus** (Gottesfinger) ist das Wahrzeichen der Stadt. Von der **Colina dos Mirantes** im südlichen Vorort Fazendinha hat man einen tollen Blick auf die Stadt und die im Hintergrund thronenden Berge. An klaren Tagen sieht man sogar den Pão de Açúcar von Rio und die Baía de Guanabara.

Außerhalb der Stadt an der Straße nach Nova Friburgo (s. Kasten oben) gibt's noch viele andere Attraktionen.

Teresópolis ist außerdem das Trainingslager der brasilianischen Fußballnationalmannschaft. In der Touristeninformation erfährt man, ob die brasilianische Elf gerade in der Stadt ist. Wenn ja, kann man den Spielern beim Training im **Confederação Brasileira de Futebol (CBF)** im südlich gelegenen Stadtteil Comary zuschauen.

Schlafen

Albergue Recanto do Lord (☎ 2742 5586; www.tere sopolishostel.com.br, Rua Luiza Pereira Soares 109; B/DZ HI-Mitglieder 25/65 R$, Nichtmitglieder 32/80 R$; 🖳 🛜) Das Hostel sieht wie eine orangefarbene Burg aus und liegt nördlich des Zentrums an einem Berghang. Von seiner Veranda aus hat man einen atemberaubenden Blick auf den Dedo de Deus und andere Berge in der Nähe. Die freundlichen Inhaber sind eine Fundgrube an Infos über die umliegende Gegend.

Várzea Palace Hotel (☎ 2742 0878; www.varzea palacehotel.com.br; Rua Prefeito Sebastião Teixeira 41; EZ/DZ 65/95 R$; EZ/DZ Suite 70/110 R$) Das eindrucksvolle Hotel neben dem Hauptplatz ist seit 1916 eine Institution in Teresópolis. Es hat zwar mit der Zeit an historischer Pracht eingebüßt, bietet aber noch immer viele atmosphärische Details wie Ornamentkacheln, Parkettböden, geräumige Zimmer und hohe Zimmerdecken. Die hübscheren Suiten haben Terrassen.

Hotel Philipp (☎ 2742 2970; www.hotelphilipp.com. br; Rua Durval Fonseca 1333; EZ/DZ/3BZ/4BZ 85/120/150/ 180 R$; 🦽) Das Philipp, vom Busbahnhof geradeweg 1 km nach Westen bergauf, wirkt ein wenig wie eine deutsche Berghütte. Es hat einen Kamin, einen Pool und vom rundum verglasten Frühstücksraum einen hübschen Blick auf die umliegenden Berge.

Hotel Rosa dos Ventos (☎ 2644 9900; www.hotel rosadosventos.com.br; Estrada Tere-Fri Km 22,6; Zi. mit Früh-

---

UNWETTER-TRAGÖDIE

Im Januar 2011 kam es zu Erdrutschen infolge heftiger Regenfälle. Davon betroffen waren u. a. Petrópolis, Teresópolis und Nova Friburgo mit insgesamt rund 500 Todesopfern. Möglicherweise sind einige Straßen noch nicht wieder instand gesetzt!

stück ab 444 R$, mit VP ab 516 R$; 🛇 🛜 🎬) Das luxuriöse alpine Resort gehört zur internationalen Hotelkette Relais & Châteaux. Es liegt 22 km außerhalb der Stadt an der Straße nach Nova Friburgo oben in den Bergen und hat seinen eigenen See und ein ganzes Netzwerk an Wanderwegen. Von vielen Terrassen und den Restaurants der Anlage aus hat man eine wundervolle Aussicht.

Essen

La Prestineria Borges (☎ 2643 2652; Av Almirante Lúcio Meira 992; Snack ab 2 R$; ☻ 7–22 Uhr) Das neu eröffnete Café beglückt seine Gäste mit außergewöhnlichen süßen und herzhaften Backwaren und serviert Kaffee und Säfte. Abends gibt es für 9,50 R$ Suppe so viel man mag.

Cheiro de Mato (☎ 2742 1899; Av Delfim Moreira 140; 2,19 R$/100 gr; ☻ Mo–Sa 11–15 Uhr) In dem Selbstbedienungslokal gibt's lauter gesunde Sachen, u. a. braunen Reis, eine große Salatbar und andere vegetarische Gerichte. Die zweite Filiale, gleich neben dem Hauptplatz im Teresópolis Shopping Center, hat auch sonntags und abends geöffnet.

Taberna Alpina (☎ 2742 0123; Rua Duque de Caxias 131; Hauptgerichte 13–39 R$; ☻ Di–So 8–22.30 Uhr) Der gemütliche Innenraum mit Holzbänken und herzförmigen Kissen erinnert an die Alpen. Gleiches gilt auch für die Speisekarte: Es gibt deutschen Senf, Schwarzbrot, Gulasch und Kassler mit Sauerkraut.

Paraiso da Serra (☎ 2643 2526; Rua Carmela Dutra 441; All-You-Can-Eat-Mittagsbuffet 24,95 R$, Abendessen Hauptgerichte 27–40 R$; ☻ Di–Sa 11.30–24, So & Mo bis 16 Uhr) Die neu eröffnete Filiale der traditionsreichsten alpinen Restaurantkette befindet sich im Zentrum. Das Essen hier ist einfach köstlich. Beim Mittagbuffet gibt's leckere Gerichte der Mineiro-Küche (Spezialitäten aus dem benachbarten Bundesstaat Minas Gerais mit Reis, Bohnen, Schweinefleisch und viel Kohl) sowie Salate, Desserts und Kaffee. Sehr zu empfehlen ist ein Krug *suco de abacaxi e hortelã* (Ananas-Pfefferminz-Saft) für 9,95 R$.

LP Tipp **Churrascaria Linguiça do Padre** (☎ 2641 0065; Estrada Tere-Fri Km 33; Gerichte ab 25 R$; ☻ Mo–Sa 11–15 Uhr) Wer die Rundtour auf dem Highway Tere-Fri (s. Kasten S. 225) macht, sollte unbedingt in diesem bei Einheimischen sehr beliebten Restaurant an einem rauschenden Fluss einkehren. Die Speisekarte reicht von Sandwiches mit *linguiça* (würziger portugiesischer Wurst) für 4 R$ bis zu substanzielleren, ländlichen Gerichten mit Forelle, Kanin-

chen- oder Ziegenfleisch. Platz lassen für die Erdbeeren mit Sahne (6 R$) zum Nachtisch!

An- & Weiterreise

Der **Busbahnhof** (Rua Primeiro de Maio) liegt südlich vom Hauptplatz. **Viação Teresópolis** (www.viacao teresopolis.com.br) hat Busse nach Rio (22 R$, 1½ Std., 5–22 Uhr alle 30 Min.), Petrópolis (13 R$, 1½ Std., 6–19 Uhr 6-mal tgl.) und Nova Friburgo (11 R$, 2 Std., 7–19 Uhr 5-mal tgl.).

PARQUE NACIONAL DA SERRA DOS ORGÃOS

Dieser Nationalpark wurde 1939 eingerichtet und nimmt in dem gebirgigen Gelände zwischen Teresópolis und Petrópolis eine Gesamtfläche von 118 km² ein. Die markanteste Besonderheit des Parks sind die bizarren Felsgipfel **Pedra do Sino** (2263 m), **Pedra do Açu** (2230 m), **Agulha do Diabo** (2020 m), **Nariz do Frade** (1919 m), **Dedo de Deus** (1651 m), **Pedra da Ermitage** (1485 m) und **Dedo de Nossa Senhora** (1320 m). Bei so viel Bergwelt ist es kein Wunder, dass hier Brasiliens Bergsteiger-, Kletter- und Trekkingzentrum ist. In der Region gibt es ein ausgedehntes Wandernetz; der berühmteste der Wanderwege ist 42 km lang, auf ihm kann man in einem Dreitagesmarsch über die Berge von Petrópolis nach Teresópolis laufen. Leider sind die meisten Routen nicht markiert und auch in den zum Verkauf angebotenen Karten nicht eingezeichnet. Aber es ist relativ einfach, einen Führer anzuheuern. Man kann sich am **Eingang zum Nationalpark** (☎ 0xx21-2152 1100; parnaso@ jcmbio.gov.br; Eintritt 20 R$; ☻ 8–17 Uhr) oder bei Trekking Petrópolis (s. S. 221) erkundigen. Die beste Zeit zum Wandern ist zwischen Mai und Oktober (in den trockenen Monaten).

Der Haupteingang zum Nationalpark ist am südlichen Rand von Teresópolis zu finden, abseits des Hwy BR-116 aus Rio, etwa 4 km vom Stadtzentrum entfernt. Die vielen Wanderwege und Wasserfälle, die natürlichen Pools und die gepflegten Rasenflächen und Gärten laden zum Picknicken ein.

Die Straße führt vom Haupteingang in den Park hinein und weiter bis nach Barragem Beija Flor. Hier in der Nähe gibt es einige gute Wanderstrecken. Das Highlight aber ist die **Trilha Pedra do Sino**, ein anstrengender Rundweg, der am Ende der Parkstraße beginnt und für den man etwa acht Stunden braucht (30 R$ Wegnutzungsgebühr). Man kommt an den Cachoeira Veu da Noiva vorbei, dann wandelt sich die Vegetation von Regenwald zu Grasland, und am Ende ist ein Panoramablick bis nach Rio de Janeiro und auf die Baía de Guanabara der Lohn für alle Mühe. Wer nicht so lange laufen will, kann stattdessen zum **Mirante Alexandre Oliveira** (1100 m) aufsteigen, von wo aus man einen guten Ausblick auf Teresópolis hat – die Tour ab der Parkstraße und zurück dauert etwa eine Stunde.

Es gibt noch einen zweiten Eingang unten in der Südostecke des Nationalparks, abseits der Straße aus Rio. Auch hier gibt's eine Touristeninfo, viele Wanderwege und Wasserfälle.

An- & Weiterreise

Um von Teresópolis' Zentrum zum Haupteingang des Parks zu gelangen, nimmt man den stündlich fahrenden „Soberbo"-Bus (2,30 R$). Alternativ kann man aber auch in den häufiger verkehrenden „Alto"-Bus einsteigen und an der Praçinha do Alto aussteigen. Von dort aus sind es zu Fuß südwärts noch zehn Minuten bis zum Haupteingang des Parks. Ein Taxi von der Stadt bis zum Eingang des Nationalparks kostet rund 20 R$.

NOVA FRIBURGO
☎ 0xx22 / 180 000 / 846 m

Im Jahr 1818 begann der frisch gekrönte portugiesische König Dom João VI. Einwanderer aus der Schweiz und aus Deutschland ins Land zu holen, um die Besiedelung der gewaltigen Landesfläche zu beschleunigen.

Die ersten 30 Familien kamen aus dem Schweizer Kanton Fribourg und machten sich sofort daran, in den Bergen nördlich von Rio ein perfektes kleines Dorf nach dem Beispiel ihres Heimatlandes aufzubauen. Spuren des schweizerischen und deutschen Erbes sind auch im modernen Friburgo zu finden – in der Architektur, in der Vorliebe für Blumenmuster und in der blondhaarigen, blauäugigen Erscheinung mancher Einwohner. Heute dreht sich in der hiesigen Wirtschaft alles um Reizwäsche, während der Tourismus die prächtigen Naturattraktionen in der Region ausschlachtet: Wasserfälle, Wälder, Wanderwege und die Berge in sonnigen Morgenstunden und an kühlen Abenden.

Praktische Informationen

Banco do Brasil (Praça Dermeval B Moreira 10) Einer von mehreren Geldautomaten im Zentrum.

Post Gegenüber der Praça Getúlio Vargas.

Sniper Lan Games (Rua Portugal 17; Internet 3 R$/Std.; ☾ Mo–Fr 11–21, Sa & So 14–20 Uhr) Internetzugang.

Touristeninformation (☎ 2543 6307/8; www.pmnf. rj.gov.br/turismo_index.php, portugiesisch; Praça Dermeval B Moreira 10; ☾ Di–Sa 8–20, So & Mo 9–17 Uhr) Hat Karten und eine vollständige Hotelliste.

Sehenswertes & Aktivitäten

Die meisten Sehenswürdigkeiten liegen einige Kilometer außerhalb der Stadt. Vom **Morro da Cruz** (1800 m) aus kann man die umliegende Gegend überblicken. Der Sessellift von der

RIO DE JANEIRO (BUNDESSTAAT)

ABSTECHER: EIN PARADIES FÜR VOGELBEOBACHTER

LP Tipp **Guapi Assu Bird Lodge** (☎ 21 2745 3998; www.guapiassubirdlodge.com; EZ/DZ mit VP 200/360 R$; ⊠ ☐ ☎) Diese Lodge liegt nur 80 km vom Rios Flughafen Galeão entfernt. Sie ist Bestandteil des gemeinnützigen **Projekts R. E. G. U. A.** (Reserva Ecológica de Guapi Assu; www.regua.co.uk), das einen 50 km² großen Abschnitt am Fuß der Serra dos Órgãos unter Naturschutz stellt und von Nicholas und Raquel Locke ins Leben gerufen wurde. Sie haben sich der Wiederherstellung nativer Ökosysteme verschrieben. Eingefleischte Vogelbeobachter und alle, die einen unverfälschten Einblick in die bemerkenswerte Artenvielfalt Brasiliens erhalten möchten, sollten unbedingt einen Abstecher hierher machen. Freiwillige aus aller Welt engagieren sich in dem ambitionierten Aufforstungsprojekt, während Schulkinder aus der örtlichen Gemeinde das Reservat als interaktives Labor nutzen, in dem sie etwas über Umwelt und Umweltschutz lernen.

Die komfortablen Zimmer haben solar beheiztes Wasser, das Essen wird wie an einer Familientafel an einem großen, runden Tisch serviert, und die Bibliothek mit den vielen Büchern zur Natur ist ideal, um nach einem langen Tag auf Vogelbeobachtungstour mit einem Caipirinha in der Hand zu schmökern. Das künstlich geschaffene Teich-Ökosystem neben der Lodge zieht Unmengen an Vögeln und ganze Rudel von Capybaras an. Dank der vielen Wanderwege rund um die Lodge kann man bis in den tiefen Wald vordringen und andere Attraktionen, z. B. einen schönen Wasserfall, besichtigen. Infos, wie man per Bus, Auto oder Kleintransporter-Shuttle zur Lodge kommt, gibt's auf der Website.

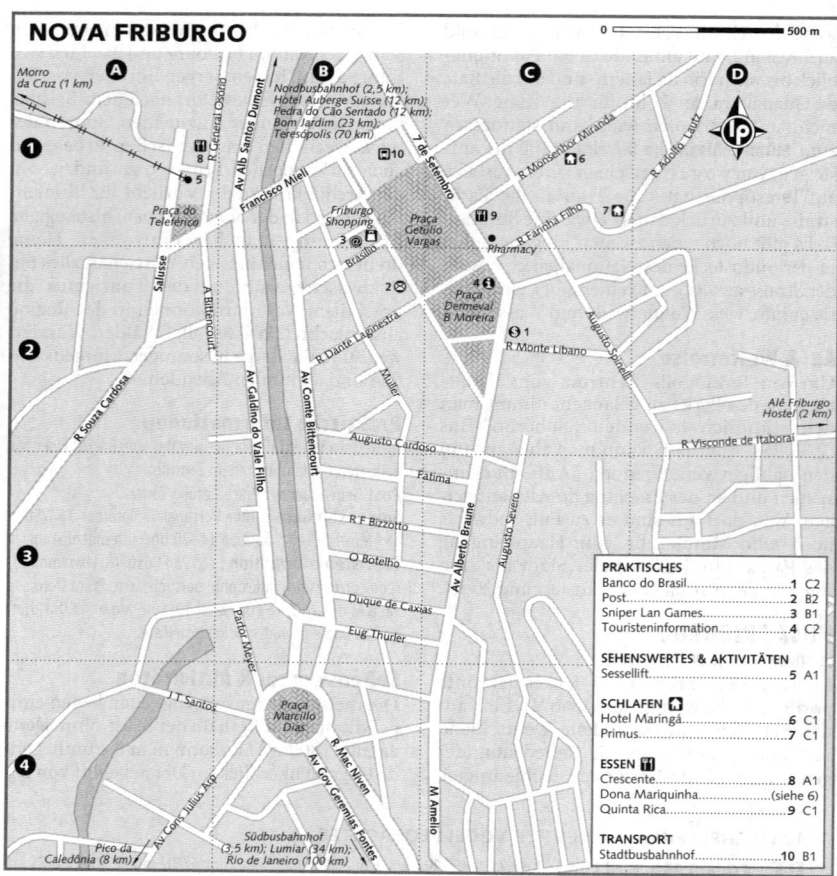

NOVA FRIBURGO

0 ———— 500 m

Morro da Cruz (1 km)

Nordbusbahnhof (2,5 km);
Hotel Auberge Suisse (12 km);
Pedra do Cão Sentado (12 km);
Bom Jardim (23 km);
Teresópolis (70 km)

Praça do Teleférico

Friburgo Shopping

Praça Getúlio Vargas

Pharmacy

Praça Dermeval B Moreira

R Monte Libano

Alê Friburgo Hostel (2 km)

Pico da Caledônia (8 km)

Südbusbahnhof (3,5 km); Lumiar (34 km); Rio de Janeiro (100 km)

PRAKTISCHES	
Banco do Brasil............................	1 C2
Post...	2 B2
Sniper Lan Games.......................	3 B1
Touristeninformation...................	4 C2

SEHENSWERTES & AKTIVITÄTEN	
Sessellift.....................................	5 A1

SCHLAFEN	
Hotel Maringá..............................	6 C1
Primus..	7 C1

ESSEN	
Crescente....................................	8 A1
Dona Mariquinha.....................(siehe 6)	
Quinta Rica.................................	9 C1

TRANSPORT	
Stadtbusbahnhof.........................	10 B1

Praça do Teleférico im Stadtzentrum zum Morro da Cruz ist an den Wochenenden und in der Ferienzeit von 9 bis 18 Uhr in Betrieb. Eine fantastische Aussicht hat man auch vom **Pico da Caledônia** (2310 m). Außerdem ist hier der Startpunkt für Paraglider. Es ist ein 6 km langer Marsch bis nach oben, aber die Aussicht lohnt die Mühe.

10 km nördlich der Stadt kann man zur **Pedra do Cão Sentado** wandern (5 R$ Weggebühr). Die Felsformation erinnert an einen sitzenden Hund – der ist auch das Symbol der Stadt Friburgo. Oder man besucht die Bergstadt **Bom Jardim** (23 km auf dem Hwy RJ-116 in Richtung Nordosten). In südöstlicher Richtung liegt **Lumiar** (34 km von Nova Friburgo entfernt), ein beliebtes Reiseziel brasiliani-

scher Ökotouristen. Hier gibt es billige Pousadas, Wasserfälle, Wanderwege und ein neues Hostel (s. S. 228). Außerdem kann man am Encontro dos Rios, wo mit lautem Getöse drei Flüsse aufeinandertreffen, Wildwasserfahrten machen. Geführte Abenteuertouren in dem Gebiet arrangieren das Alê Friburgo Hostel und **Lumiar Aventura** (☎ 8131 6768; www.lumiaraventura.com, portugiesisch).

Schlafen

Alê Friburgo Hostel (☎ 2522 0540; www.friburgohostel.com; Rua Ernesto Bizzotto Filho 2; B/EZ/DZ 30/50/80 R$; ▣ ☎ ▣) Von Friburgos Zentrum geht's 2 km schnurstracks bergauf zu diesem Hostel, das seine Abgelegenheit mit freundlichen Angestellten und tollen Annehmlichkeiten wie

Pool, Sauna und Zubringerservice vom Zentrum wieder wettmacht. Die Inhaber betreiben noch ein Schwesterhostel in dem nur knapp eine Stunde entfernten schönen, bewaldeten Tal Lumiar, wo sie einen Fahrradverleih und Ausflüge zu Wasserfällen in der Nähe anbieten.

Hotel Maringá (☎ 2522 2309; Rua Monsenhor Miranda 110; EZ/DZ/3BZ mit Gemeinschaftsbad 45/85/105 R$; EZ/DZ/3BZ/4BZ mit Bad 60/120/150/180 R$) Zur Auswahl stehen einfache *quartos* (Zi. mit Gemeinschaftsbad) und teurere *apartamentos* – aber alle sind sauber und hübsch eingerichtet.

Primus (☎ 2523 2898; www.hotelprimus.com.br; Rua Adolfo Lautz 128; EZ/DZ/3BZ 70/110/160 R$, DZ/3BZ im Chalet mit Klimaanlage 150/210 R$; ▨ ⊛ ▣) Ein paar Blocks vom Zentrum entfernt liegt auf einem sehr steilen Hügel dieses Hotel mit einem Pool, zahmen Pfauen und einer echt tollen Aussicht.

Hotel Auberge Suisse (☎ 2541 1270; www.auberge suisse.com.br; Rua 10 de Outubro, Amparo; EZ/DZ/3BZ/4BZ in Chalets ab 187/288/473/525 R$; ▨ ⊛ ▣) Die zwölf Luxuschalets im 12 km nordöstlich von Nova Friburgo gelegenen Viertel Amparo haben alle DVD-Player, WLAN und Minibars, die meisten auch Kamine und vier eine Klimaanlage. Auf dem landschaftlich hübsch gestalteten Anwesen gibt es auch einen überdachten und einen Freiluftpool, eine Sauna und ein paar Nutztiere, aus deren Milch Käse gemacht wird. Den gibt's dann in dem ausgezeichneten Restaurant vor Ort, das sich auf traditionelle Schweizer Küche spezialisiert hat: Raclette, Fondue und Forelle.

Essen & Ausgehen

Im grasbewachsenen Zentrum Friburgos reihen sich Restaurants für jedes Budget aneinander. Abends erwacht an der Rua Monte Libano eine lärmende Barszene voller Jugendlicher.

Quinta Rica (☎ 2523 3304; Praça Getúlio Vargas 104; All-You-Can-Eat-Buffet 22 R$; ◷ So–Do 10.30–23, Fr & Sa bis 24 Uhr) Das Restaurant hat ein unglaublich vielfältiges Buffet mit 160 Gerichten.

Dona Mariquinha (☎ 2522 2309; Rua Monsenhor Miranda 110; Mittagsbuffet 26 R$; ◷ Di–So mittags, Mo–Fr abends) Das Restaurant direkt unter dem Hotel Maringá bietet mittags für 26 R$ hausgemachtes Essen so viel man will, und abends Suppe mit unbegrenztem Nachschlag für 7 R$.

Crescente (☎ 2523 4616; Rua General Osório 21; Hauptgerichte 28–47 R$; ◷ Do–Sa & Mo 11.30–23.30, So bis 17 Uhr) Ein erstklassiges kleines Restaurant mit französischer Küche und ein paar sehr leckeren Forellengerichten.

Anreise & Unterwegs vor Ort

Nova Friburgo ist nur einen Katzensprung von Rio entfernt – man fährt mit Bus 1001 über Niterói. Es geht über eine malerische, gewundene, neblige Urwaldstraße.

Nova Friburgo hat zwei Fernbusbahnhöfe. Vom **Nordbusbahnhof** (Rodoviária Norte; Praça Feliciano Costa), 2,5 km nördlich vom Zentrum, betreibt **Viação Teresópolis** (☎ 2522 2708) Busse nach Teresópolis (11 R$, 2 Std., 5-mal tgl.) und Petrópolis (23 R$, 4 Std., 3-mal tgl. um 7, 15 und 17 Uhr). Vom **Südbusbahnhof** (Rodoviária Sul; Ponte da Saudade), 4 km südlich vom Zentrum, schickt **Viação 1001** (☎ 2522 0400) stündlich Busse nach Rio (24 R$, 2 Std.) und samstags um 6.30 Uhr einen Direktbus nach Cabo Frio (34 R$).

Zwischen beiden Fernbusbahnhöfen und dem Stadtbusbahnhof im Zentrum gleich nördlich der Praça Getúlio Vargas fahren Nahverkehrsbusse. Mit den Stadtbussen kommt man auch zu fast allen Touristenattraktionen. Details erfährt man in der Touristeninformation.

ÖSTLICH VON RIO DE JANEIRO

Östlich von Rio werden die Berge weniger, der Küstenstreifen wird flacher und immer wieder unterbrochen von Lagunen und blendend weißen Sanddünen. Hier findet man einige der schönsten Strände des Bundesstaats Rio. Deshalb wird das Gebiet auch Região dos Lagos (Seenregion) oder Costa do Sol (Sonnenküste) genannt. Weil es nur zwei Fahrtstunden von Rio entfernt liegt, ist es bei Cariocas für Wochenendausflüge sehr beliebt, und es gibt jede Menge Ausgehmöglichkeiten und Freizeitangebote.

SAQUAREMA

☎ 0xx22 / 70 000 Ew.

Saquarema ist eine friedliche Kleinstadt 100 km östlich von Rio, die auf einer Landzunge zwischen einer prächtigen Lagune und dem offenen Atlantik liegt. In der Gemeinde ist umweltverschmutzende Industrie verboten, sodass das Wasser überall sauber ist und es jede Menge Fische und Shrimps gibt. Saquarema gilt als Brasiliens Surfparadies, und die unberührte Küste zieht auch Sportangler und Sonnenanbeter an. Die umliegende Gegend ist ein Zentrum für Pferdezucht und Obstanbau. Man kann die Plantagen besuchen und Obst pflücken oder auf dem Rücken eines Pferdes oder in einem gemieteten Jeep einen Ausflug in die Hügel machen. Die meisten Pousadas hier organisieren solche Aktivitäten.

Praktische Informationen

Centro de Atendimento ao Turista (☎ 2651 2123; http://turismo.saquarema.rj.gov.br, portugiesisch; Av Saquarema; ⌚ Mo–Fr 9–17, Sa & So bis 15 Uhr) Liegt auf der Itaúna-Seite der Brücke im Zentrum mit Blick auf die Lagune.

Lakes Shopping In der winzigen Mall zwischen dem Zentrum und der Praia Itaúna gibt's unten einen Bradesco-Geldautomaten und oben ein Internetcafé.

Post (Praça Oscar de Macedo Soares) In der Nähe der Bushaltestelle.

Sehenswertes & Aktivitäten

Der absolute Hingucker in der Stadt ist die blendend weiße Kirche **NS de Nazaré** (1837), die in der Nähe des Zugangs zur Lagune oben auf einem Hügel thront. Von diesem strategischen Punkt aus kann man die langen, menschenleeren Strände, die Lagune und die Berge dahinter überblicken. Zum Gottesdienst am 7. und 8. September strömen um die 150 000 Pilger hierher – mehr kommen nur zu den Nazaré-Feiern in Belém.

Ungefähr 3 km östlich vom Ort liegt die **Praia Itaúna**, Saquaremas schönster Strand und einer der besten Surfspots Brasiliens. Wer schon immer mal surfen lernen wollte, ist in Saquarema genau richtig. Im **Surf Camp Saquarema** (☎ 2651 8651; www.surfcampsaquarema.com.br; Praia da Vila) gibt's freundliche Surflehrer, alle zertifiziert von der Confederação Brasileira de Surfe.

Jedes Jahr finden in Saquarema nationale und internationale **Surfwettkämpfe** statt – in der Regel zwischen Mai und Oktober.

Schlafen

Die hier aufgeführten Preise beziehen sich auf die Hochsaison. In der Nebensaison fallen sie um bis zu 30 %. Die hübschesten Unterkünfte findet man draußen an der Praia Itaúna, die vom Stadtzentrum mit dem Bus (2,20 R$) oder dem Taxi zu erreichen ist.

Itaúna Hostel (☎ 2653 8652; www.itaunahostel.com.br; Rua das Garoupas 100; B/DZ/Suite 42/50/80 R$ pro Pers.; 💻) Das kleine, heimelige Hostel liegt ein paar Blocks hinter der Praia Itaúna und bietet im Untergeschoss geräumige Schlafsäle mit zwei bzw. fünf Betten, im Obergeschoss zwei private Zimmer und im Haupthaus eine klimatisierte Suite. Zu den Extras zählen Hängematten und die kostenlos zur Verfügung gestellten Fahrräder.

Pousada Canto da Vila (☎ 2651 1563; www.pousadacantodavila.com.br; Av Salgado Filho 52; DZ mit Ventilator 112 R$, mit Klimaanlage 144 R$; ❄ 📶 🏊) Die freundliche Pousada am Strand liegt gleich unterhalb der alten Kirche und hat helle, luftige Zimmer. Von vielen kann man den Surfern beim Wellenreiten zuschauen.

Pousada do Suíço (☎ 2651 7842; www.pousadadosuico.com; Rua das Pitangas 580; Zi. 120–150 R$; ❄ 💻 📶) Sean und Neyse, das mehrsprachige brasilianisch-US-amerikanische Betreiberpaar, sind leidenschaftliche Surfer und einfach nette Leute. Der hübsche Hof voller Palmen und die Lage, ein paar Blocks von der Praia Itaúna entfernt, ziehen Gäste aus aller Welt an. Für 20 R$ pro Tag kann man Fahrräder und Surfbretter ausleihen, und für längere Aufenthalte gibt's Rabatt.

Maasai Hotel Beach & Resort (☎ 2651 1092; www.maasai.com.br; Travessa Itaúna 17; mit Blick auf den Garden/Ozean 180/270 R$, Suite 330 R$; ❄ 💻 📶 🏊) Wer auf der Suche nach Gemütlichkeit ist, ist hier genau richtig! Das Maasai hat eine tolle Lage am Strand, bequeme Wohnbereiche, eine Sauna, einen Swimmingpool und ein hübsches Bar-Restaurant mit Blick aufs Wasser.

Essen

Itaúna Café (☎ 2651 1114; Ecke Av Oceânica & Rua das Garças; Sandwiches & Salate 7–9 R$; ⌚ 9–24 Uhr; 📶) WLAN, Lavazza-Espresso, Käsekuchen, argentinische Empanadas, leckere Sandwiches und Salate sowie samstags *feijoada* (Eintopf aus Bohnen und Fleisch, Brasiliens berühmtes Nationalgericht, 14 R$) machen das preisgünstige neue Café gegenüber vom Strand Itaúna zum perfekten Ort, sich zu entspannen.

Garota da Itaúna (☎ 2651 2156; Av Oceânica 165; Hauptgerichte 20–40 R$; ⌚ So–Do 11–23, Fr & Sa bis 1 Uhr) Zu den vielen Annehmlichkeiten des Garota zählen die wunderbare Strandterrasse und die breite Auswahl an Meeresfrüchtespezialitäten. Die Aussicht genießen, sich aber an seinem Bier festhalten – draußen kann's ziemlich windig sein. Es werden auch einfache Zimmer (EZ/DZ 50/80 R$) vermietet.

Forno à Lenha (☎ 2651 4088; Rua dos Mariscos 511; Pizzas ab 23 R$; ⌚ Do–So 12–24, Mo–Mi 18–24 Uhr) Das

Lokal ein paar Blocks hinter der Praia Itaúna hat ein gemütliches Hinterzimmer mit einem Holzofen und vorn einen Patio, wo man seine Pizza oder das Grillfleisch genießen kann.

An- & Weiterreise

Das Busunternehmen 1001 betreibt Busse von Rio nach Saquarema; Abfahrt ist zwischen 6.30 und 20.30 Uhr alle zwei Stunden, Rückfahrt nach Rio zwischen 7.50 und 19.50 Uhr (17 R$, 2 Std.).

Der Bus 113 des Unternehmens **Salineira/ Montes Brancos** (www.salineira.com.br) fährt von Saquarema direkt nach Cabo Frio (4,50 R$, 1 Std., 6.30–22.40 Uhr 4-mal tgl.). Alternativ dazu kann man den Ortsbus Rio Lagos (2,20 R$, stündl.) nach Bacaxá nehmen, wo es den ganzen Tag über häufiger Busse nach Cabo Frio gibt. Die Bushaltestelle in Saquarema befindet sich an der Meeresseite der Brücke, einen Block vom Hauptplatz im Stadtzentrum entfernt.

ARRAIAL DO CABO
☎ 0xx22 / 27 000 Ew.

Arraial do Cabo, 45 km östlich von Saquarema, ist von blendend weißen Sanddünen umgeben und mindestens genauso schön wie Búzios, aber nur halb so hektisch. Es gibt hier einen Fischereihafen, den Porto do Forno, der dem Ort eine freundliche Arbeiteratmosphäre verleiht. Für zusätzlichen Charme sorgen die kleinen Leuchtturmnachbauten, die an Kreuzungen überall in der Stadt aufgestellt sind. Ein paar der besten Strände – einsame Streifen mit herrlichem Sand und hellgrünem Wasser – liegen nur 15 Gehminuten vom Busbahnhof in der Innenstadt entfernt; andere erreicht man nach einer kleinen Bootsfahrt. Arraial ist auch bei Tauchern äußerst beliebt. Und man kann hier gut Buckelwale (*Megaptera novaeangliae*) beobachten, deren Wanderroute direkt vor der Küste verläuft.

Praktische Informationen

Die **Touristeninformation** (☎ 2622 1949; admturismo@ arraial.rj.gov.br; ❧ 8–17 Uhr) am offiziellen Eingangstor zur Stadt, 3 km vom Zentrum entfernt, hat englisch- und spanischsprachige Angestellte und nützliche Stadtpläne und Landkarten.

Gleich um die Ecke vom Busbahnhof gibt's einen **Geldautomaten**, der für mehrere Banken gilt, und Internetzugang im **Cyber Arena Virtual** (Praça da Bandeira 3; 2 R$/Std.; ❧ 9.30–23 Uhr). An der

Av Getúlio Vargas findet man die **Post** (Av Getúlio Vargas 19) und noch ein paar Internetcafés.

Sehenswertes & Aktivitäten

Die Attraktionen von Arraial liegen an der Küste. An der **Praia dos Anjos** ist das Wasser wunderbar türkisfarben, aber hier sind zu viele Boote unterwegs, als dass man in Ruhe schwimmen könnte. Gleich oberhalb des Strands steht ein Schild, das an Amerigo Vespucci erinnert, der hier 1503 an Land ging. Er ließ 24 Männer zurück, die das Land besiedeln sollten, wodurch Arraial zu einer der ersten europäischen Vorposten auf dem amerikanischen Kontinent wurde.

Nicht weit von der Stadt entfernt gibt es beliebte Strände: **Prainha** liegt nördlich der Stadt, **Praia do Forno** im Nordosten (zu erreichen über einen 1 km langen Wanderweg von der Praia dos Anjos) und die riesige **Praia Grande** liegt im Westen, wo der offene Atlantik in rauen Brechern an Land brandet.

Es gibt noch einige andere atemberaubende Strände entlang der bergigen Halbinsel südlich der Stadt. Für einen Panoramablick und den schönsten Sonnenuntergang der Gegend empfiehlt es sich auf den **Pontal do Atalaia**, einem beliebten Aussichtspunkt an der Spitze der Halbinsel, zu steigen. Im Juli und August hat man von dort aus auch einen exzellenten Blick, um die Wale zu beobachten.

Zur Ilha de Cabo Frio fährt man mit einem Boot ab der Praia dos Anjos. Die **Praia do Farol** auf der geschützten Seite der Insel ist ein toller Strand mit feinem, weißen Sand. Von hier aus kann man in zweieinhalb Stunden bis zum Leuchtturm wandern. Wunderschön ist auch die **Gruta Azul** (Blaue Grotte) auf der Südwestseite der Insel. Aber Vorsicht: Der Eingang zur Unterwasserhöhle steht bei Flut unter Wasser.

Es gibt jede Menge Tourveranstalter, die Tauchgänge organisieren – eine komplette Liste erhält man bei der Touristeninformation. Zuverlässige Tourveranstalter sind unter anderem **PL Divers** (☎ 2622 103; www.pldivers.com.br, portugiesisch; Rua Nilo Peçanha 57), **Sandmar** (☎ 2622 5703; www.sandmar.com.br, portugiesisch; Rua Epitácio Pessoa 21) und **Ocean Sub** (☎ 2622 4642; www.oceansub.com. br, portugiesisch; Av Luiz Corrêa 3).

Schlafen

Die hier aufgeführten Preise beziehen sich auf die Hochsaison. In der Nebensaison sind Preisnachlässe um bis zu 40 % üblich.

Marina dos Anjos Hostel (☎ 2622 4060; www.marinadosanjos.com.br; Rua Bernardo Lens 145; B/DZ mit HI-Karte 40/120 R$, ohne HI-Karte 45/135 R$) Das Hostel einen Block hinter der Praia dos Anjos ist ein wundervolles Basislager zur Erkundung der Gegend. Die hilfreichen Angestellten verleihen Fahrräder, Kanus, Schnorchel, Surfbretter und Tauchausrüstung und organisieren Buggy-Ausflüge zu den umliegenden Stränden. Der Innenhof ist mit Hängematten und Kissen zum Draufsitzen bestückt – ein toller Platz für spontane Grillabende und Jamsessions.

Hotel Pousada Caminho do Sol (☎ 2622 2029; www.caminhodosol.com.br; Rua do Sol 50; EZ/DZ ab 140/155 R$; 🛜 🐾) Das hübsche Ferienhotel direkt an der Praia Grande mit einem Pool und einer schönen Aussicht ist bei Brasilianern, die ein romantisches Wochenende verbringen möchten, ein großer Hit.

Capitão n'Areia Pousada (☎ 2622 2720; www.capitaopousada.com, portugiesisch; Rua Santa Cruz 7; Zi. 165–225 R$, Suite 355 R$; 🍴 🛜 🐾) Die erstklassige Pousada im Herzen der Marina dos Anjos ist vollständig mit weißen Wänden und nautischem Dekor ausgestattet und hat eine Sonnenterrasse, eine Sauna, einen sehr flachen Pool, einen Fitnessraum und geräumige Zimmer mit Blick auf die Boote unten im Hafen.

Pousada Pilar (☎ 2622 1992; www.pousadapilar.com.br; Rua Aprígio Martins 27; DZ/3BZ/4BZ ab 220/280/365 R$; 🍴 🛜 🐾) Das mit Antiquitäten und Kunstwerken aus aller Welt bestückte neue Boutiquehotel mit acht Zimmern ist eine grüne Oase mitten in der Stadt. Alle Zimmer (darunter zwei rollstuhlgerechte) haben einen Safe, eine Minibar und eine Veranda mit Blick auf den grünen Garten in der Mitte und den leuchtend blauen runden Pool mit Sonnenterrasse.

Essen

LP Tipp **Bacalhau do Tuga** (☎ 2622 1108; Praia dos Anjos; Hauptgerichte 18–29 R$; ⏲ Mi–Fr 18–24, Sa & So 13–24 Uhr) Seit seiner Eröffnung im Jahr 2009 lockt das kleine „Tuga" (portugiesisch: Kerl) am Strand Leute an. Auf der Speisekarte steht ein Mix aus klassischen portugiesischen Kabeljaugerichten und regionalen Spezialitäten wie *peixe grelhado com molho de manga* (gegrillter Fisch mit Mangosauce).

Água na Boca (☎ 2622 1106; Praça da Bandeira 1; 31 R$/kg; ⏲ 11.30–17 Uhr) Nur einen Steinwurf vom Busbahnhof entfernt findet man in diesem empfehlenswerten Selbstbedienungslokal auf der Tageskarte u. a. viele Meeresfrüchte.

Saint Tropez (☎ 2622 1222; Praça Daniel Barreto 2; Pizza 19–30 R$, Hauptgerichte 33–55 R$; ⏲ Mo–Di 18–24, Mi–So 12–24 Uhr) Ein weiteres gutes Fischlokal, nur einen Block von der Praia dos Anjos entfernt.

An- & Weiterreise

Der **Busbahnhof** (Praça da Bandeira) liegt im Stadtzentrum. Das **Busunternehmen 1001** (☎ 2622 1488) hat zwischen 5.15 und 21 Uhr alle zwei Stunden Direktbusse von Rio nach Arraial; zurück geht es in der gleichen Häufigkeit von 3.40 bis 19.20 Uhr (31 R$, 3 Std.).

Alternativ dazu kann man einen städtischen Bus nach Cabo Frio (3,35 R$) nehmen und am dortigen Busbahnhof in einen der halbstündlichen Busse nach Rio umsteigen.

CABO FRIO

☎ 0xx22 / 190 000 Ew.

Cabo Frio wurde rund um Sanddünen und Strände gebaut; deshalb weht hier oft ein frisches Lüftchen. Seiner wunderbaren Naturumgebung schadet aber die in diesem Gebiet vorherrschende Salz- und Tourismusindustrie. Mal abgesehen von den ausufernden Neubauten ist Cabo Frio aber ein relaxter, kleiner Strandort, in dem Neuankömmlinge mit einem Lächeln begrüßt werden. Jedes Wochenende und in den Sommerferien kommen die Besucher in Scharen. Und dann füllen sich auch sämtliche Bars mit glückseligen Brasilianern, die den Ort aufmischen, sodass die Partystimmung wohl Cabo Frios größten Reiz ausmacht.

Orientierung

Cabo Frio liegt am Ende eines langen, bezaubernden Strands, der sich von Arraial do Cabo nach Norden erstreckt. Im Osten der Stadt befindet sich der Canal do Itajuru, der die Lagoa de Araruama mit dem Atlantischen Ozean verbindet. In der Nähe der Brücke steht der Hingucker der Stadt: eine kleine, weiße Kapelle auf einem Hügel. Das Stadtzentrum liegt östlich von hier und der Busbahnhof westlich (ca. 2 km vom Zentrum entfernt) fast am Ende der Av Júlia Kubitschek. Die Straße verläuft fast parallel zur Praia do Forte, die nach der Festung an ihrem östlichen Ende benannt wurde.

Praktische Informationen

CyberTel (☎ 2649 7575; Praça Porto Rocha 81; 3 R$/Std.; ⏲ Mo–Sa 9–21 Uhr) Internetzugang.

HSBC (Av Assunção 793) Einer von mehreren Geldautomaten an der Durchfahrtsstraße im Zentrum.

Post (Largo de Santo Antônio 55)

Touristeninformation (☎ 2647 1689; turismo@cabofrio.rj.gov.br; Av do Contorno 200; ❤ 8.30–18 Uhr) Direkt gegenüber der Praia do Forte. Die Angestellten sprechen auch Englisch.

Sehenswertes & Aktivitäten

Das **Forte São Mateus** (Eintritt frei; ❤ Di–So 10–17 Uhr) war ein Bollwerk gegen Piraten und wurde zwischen 1616 und 1620 erbaut, um den lukrativen Handel mit Tropenhölzern zu schützen. Die Festung liegt am östlichen Ende der Praia do Forte.

Rund um Cabo Frio gibt's drei Stellen mit Sanddünen. Die Dünen am Strand **Praia do Peró**, wo man hervorragend surfen und angeln kann, liegen 6 km nördlich in Richtung Búzios bei Ogivas, hinter den Stränden Praia Brava und Praia das Conchas. Die Sanddünen **Dama Branca** (Weiße Dame) sieht man an der Straße nach Arraial do Cabo. Die **Pontal**-Dünen am städtischen Strand Praia do Forte erstrecken sich von der Festung bis zum Hügel Miranda. Achtung: An den Dünen kann man ausgeraubt werden – also vor Aufbruch lieber den Rat der Einheimischen einholen.

Schlafen

Camping Club do Brasil (☎ 2644 1226; www.campingclube.com.br; Estrada dos Passageiros 700; Stellplatz 27 R$/Pers., zzgl. 6 R$/Zelt) Auf dem beliebten Campingplatz nördlich der Stadt hat man die Wahl, zwischen den struppigen Kiefern eine Hängematte aufzuhängen oder ein Zelt aufzustellen.

Hotel Atlântico (☎ 2643 0996; www.hotelatlantico.tur.br, portugiesisch; Rua José Bonifácio 302; EZ/DZ/3BZ 68/99/140 R$; 🖳 🛜) Das Atlântico hat große Zimmer zu Schnäppchenpreisen und ist eines der beliebtesten Budgethotels der Stadt.

Pousada Boulevard (☎ 2643 1456; www.pousadaboulevard.com, portugiesisch; Rua Marechal Floriano 237; Zi. ab 180 R$; 🖳 🛜 🖵) In perfekter Lage in Cabo Frios Restaurantviertel am Kanal bietet diese neue Pousada in einem historischen Gebäude erstklassige Annehmlichkeiten wie Satelliten-TV, Sauna, und Tauchbecken. Die besten fünf Zimmer blicken auf den Kanal.

Malibu Palace Hotel (☎ 2643 1955; www.malibupalace.com.br; Av do Contorno 900; Zi. ab 200 R$, mit Ozeanblick 273 R$; 🖳 🛜 🖵) Das zentral gelegene Hotel mit Blick auf die blau-weiße Strandkulisse Cabo Frios ist in Sachen Aussicht und Lage kaum zu toppen.

Essen

Restaurante do Zé (☎ 2643 4277; Blvd Canal 33; Hauptgerichte 14–24 R$; ❤ 11–24 Uhr) Von den Tischen auf dem Bürgersteig vor dem Restaurant blickt man auf den Kanal – einer der malerischsten Orte in der Stadt. Die Spezialität des Hauses ist *picanha na chapa* (brutzelnd gebratenes Steak).

Tia Maluca (☎ 2647 4158; Blvd Canal 109; Hauptgerichte ab 17 R$; ❤ 11–24 Uhr) Das Tia Maluca, direkt gegenüber vom Restaurante do Zé, hat die gleiche Aussicht und preisgünstige, leckere Meeresfrüchte.

Branca Confeitaria (☎ 2645 5885; Praça Porto Rocha 15; 30,90 R$/kg; ❤ 11–17 Uhr) Ein bei Einheimischen beliebtes traditionelles Lokal mitten in der Stadt, in dem es Kuchen, Gebäck und mittags Gerichte zur Selbstbedienung gibt. In dem Schwesterrestaurant an der Praia do Forte wird abends Pizza serviert.

An- & Weiterreise

Der **Busbahnhof** (Av Júlia Kubitschek) liegt 2 km westlich vom Zentrum. Von und nach Rio gibt's Busse des **Busunternehmens 1001** (☎ 2643 3778; www.autoviacao1001.com.br, portugiesisch), die

RIO DE JANEIRO
(BUNDESSTAAT)

zwischen 3 und 24 Uhr mindestens einmal pro Stunde fahren (30 R$, 2¾ Std.).

Nach Arraial do Cabo kommt man mit Bus 402 der Firma **Salineira** (☎ 2643 8144) von der Haltestelle, die man beim Verlassen des Busbahnhofs gleich links sieht (3,35 R$, 30 Min.). Nach Búzios fahren die Salineira-Busse 423, 425 und 428 von der Haltestelle auf der anderen Straßenseite (3,35 R$, 45 Min.).

BÚZIOS
☎ 0xx22 / 29 000 Ew.

Das wunderschöne Búzios liegt auf einer vorspringenden Halbinsel, über die sich insgesamt 17 Strände verteilen. Bis in die 1960er-Jahre war es nur ein einfaches Fischerdorf, dann entdeckten Brigitte Bardot und ihr brasilianischer Freund den Ort für sich. Heute ist Búzios einer der lebhaftesten Strandorte Brasiliens – voller Boutiquen, Villen, Nobelrestaurants, Bars und todschicker Pousadas. Aber die Stadt hat auch den mediterranen Touch, den die Portugiesen mit ins Land brachten, nicht ganz verloren – die schmalen, kopfsteingepflasterten Gassen und die malerische Uferpromenade machen nämlich den Reiz von Búzios aus und sind der Grund für sein Image als brasilianisches St. Tropez.

Orientierung

Búzios ist keine zusammenhängende Stadt, sondern besteht aus drei Siedlungen auf der Halbinsel – Ossos, Manguinhos und Armação de Búzios – und einer auf dem Festland, Rasa genannt. Ossos (wörtl. Knochen) am nördlichen Zipfel der Halbinsel ist die älteste und reizvollste. Hier gibt es einen hübschen Hafen, einen Jachtclub und ein paar Hotels und Bars. Manguinhos auf der Landenge ist die kommerziellste Siedlung. Dazwischen liegt Armação mit den meisten Annehmlichkeiten für Touristen. Hier findet man auch die Rua das Pedras, das Zentrum des Nachtlebens in Búzios. Im Nordwesten liegt an der Küste Rasa, wo die Reichen und Mächtigen Brasiliens Urlaub machen.

Praktische Informationen

Bradesco (Av José Bento Ribeiro Dantas 254) Einer von mehreren Geldautomaten im Zentrum.
Canto da Tartaruga (☎ 2623 0104; Beco da Renata; ⏲ 14–23.30 Uhr) Der gut bestückte Buchladen gleich abseits der Rua das Pedras hat auch ein paar Regale mit englisch-, spanisch- und deutschsprachigen Titeln.

Centro Médico Búzios (☎ 2633 0200, außerhalb der Sprechzeiten 9943 7878; Rua César Augusto São Luiz 100; ⏲ Mo–Fr 7.30–19, Sa 10–14 Uhr) Die Privatklinik im Zentrum von Armação behandelt auch Patienten mit ausländischer Krankenversicherung.
ClickNet (☎ 2623 7395; Rua César Augusto São Luiz 254; 4 R$/Std.; ⏲ Dez.–Feb. 24 Std., März–Nov. 9–1 Uhr) Das klimatisierte, preisgünstige ClickNet ist das beste von mehreren Internetcafés im Zentrum Armaçãos.
Laveaki (☎ 9215 3823; Rua Arnaldo Bertholdo 100; selber waschen/waschen lassen 26/32 R$ pro Wäschekorb; ⏲ Mo–Sa 10–20 Uhr) Selber waschen oder sich für 6 R$ zusätzlich die Arbeit abnehmen lassen.
Multi-Bank-Geldautomat (Praça Santos Dumont) Ist zwar bequem, aber man zahlt heftige Gebühren.
Secretaria de Turismo (www.buziosturismo.com); Stadttor (☎ 2633 6200; Av José Bento Ribeiro Dantas; ⏲ 8–20 Uhr); Armação (☎ 2623 2099; Travessa dos Pescadores s/n; ⏲ Mo–Fr 8–20, Sa & So 9–22 Uhr) In beiden Filialen gibt's Stadtpläne und Hotelinfos.

Sehenswertes & Aktivitäten

Das Reizvollste an Búzios ist seine Lage inmitten wunderschöner Natur. Außerdem gibt es hier jede Menge Möglichkeiten zum Entspannen, Ausgehen, Shoppen und zum Wassersport.

Die kopfsteingepflasterte **Rua das Pedras** ist Búzios Hauptstraße mit unzähligen Geschäften, Restaurants und Bars, in denen am Wochenende die Nachtschwärmer feiern. Die östliche Verlängerung, die **Orla Bardot**, ist eine wunderschöne gewundene Uferpromenade, die die beiden ältesten und malerischsten Stadtteile (Armação und Ossos) miteinander verbindet. Beim Spaziergang am Ufer sieht man mehrere **Statuen** der Bildhauerin Christina Motta, darunter Ebenbilder von Brigitte Bardot und des früheren brasilianischen Präsidenten Juscelino Kubitschek sowie einige bemerkenswert realistisch wirkende Figuren von Fischern, die ihre Netze einholen.

Nördlich von Búzios findet am Rio das Ostras eines der besten Jazz- und Bluesfestivals Brasiliens (s. S. 30) statt.

STRÄNDE

In der Nähe von Búzios gibt's ein paar gute Stellen zum **Schwimmen**, **Tauchen** und **Schnorcheln**. Insgesamt sind die südlichen Strände schwerer zu erreichen, aber sie sind hübscher, und man kann hier besser surfen. Die Strände im Norden sind geschützter und näher.

Die ersten Strände, auf die man trifft, wenn man südlich von Manguinhos gegen den Uhr-

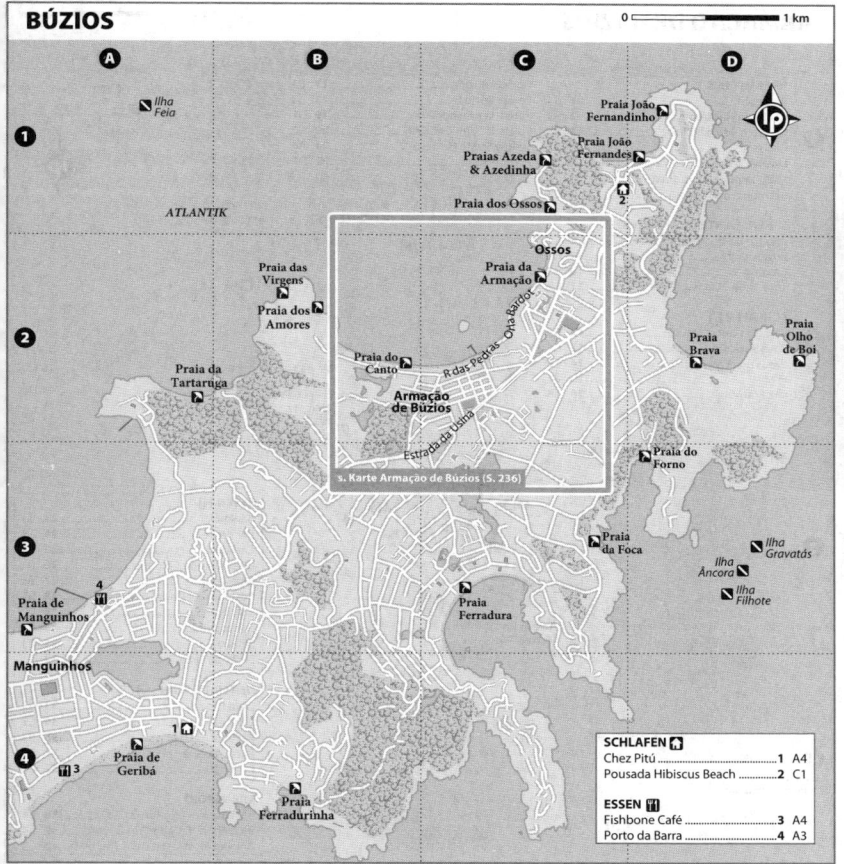

BÚZIOS

0 —————————— 1 km

Ilha Feia

ATLANTIK

Praia João Fernandinho

Praia João Fernandes

Praias Azeda & Azedinha

Praia dos Ossos

Ossos

Praia das Virgens

Praia da Armação

Praia dos Amores

Praia Brava

Praia Olho de Boi

Praia da Tartaruga

Praia do Canto

R das Pedras Orla Bardot

Armação de Búzios

Estrada da Usina

s. Karte Armação de Búzios (S. 236)

Praia do Forno

Praia da Foca

Ilha Gravatás

Ilha Âncora

Ilha Filhote

Praia Ferradura

Praia de Manguinhos

Manguinhos

Praia de Geribá

Praia Ferradurinha

SCHLAFEN	
Chez Pitú	1 A4
Pousada Hibiscus Beach	2 C1
ESSEN	
Fishbone Café	3 A4
Porto da Barra	4 A3

zeigersinn losgeht, sind **Geribá** und **Ferradurin-ha** (wörtl. Kleines Hufeisen) – zwei schöne Strände, an denen man prima surfen kann. Allerdings hat der Búzios Beach Club hier Eigentumswohnungen gebaut. Der nächste Strand ist **Ferradura**, groß genug zum Wind-surfen, dann folgen die **Praia da Foca** und **Praia do Forno**, an denen das Wasser kälter ist als an anderen Stränden. Die **Praia Olho de Boi** (wörtl. Bullauge) ist der einzige FKK-Strand in der Gegend; man erreicht ihn über einen kleinen Weg vom langen, sauberen Strand **Praia Brava**.

Gut schnorcheln kann man am **João Fernan-dinho** und **João Fernandes**, ebenso an den Strän-den **Azedinha** und **Azeda**, die man von Ossos über einen kurzen Weg erreicht. **Praia dos Ossos**, **Praia da Armação**, **Praia do Canto** und **Praia dos Amores** sind hübsche, aber etwas überlaufene Strände, sodass man hier kaum verweilen mag. Ruhig sind dagegen die entzückenden Strände **Praia das Virgens** und **Praia da Tartaruga**. Ein weiterer städtischer Strand ist die **Praia de Manguinhos** etwas weiter westlich.

Vor der Küste liegen die Inseln **Âncora**, **Gra-vatás**, **Filhote** und **Feia** – hier lässt es sich vor allem gut tauchen.

Geführte Touren

Mehrere Veranstalter bieten Ausflüge zu den Stränden und Inseln der Gegend an. Wer auf eigene Faust unterwegs sein will, findet als attraktive Alternative in Búzios *taxis maríti-mos* (Wassertaxis), die einen für 5 bis 10 R$ pro Person zu den gewünschten Stränden auf

ARMAÇÃO DE BÚZIOS

0 — 400 m

PRAKTISCHES		
Bradesco	1	B3
Canto da Tartaruga	2	B3
Centro Médico Búzios	3	B3
ClickNet	4	C3
Laveaki	5	B3
Multi-Bank-Geldautomat	6	C3
Secretaria de Turismo	7	C3

SEHENSWERTES & AKTIVITÄTEN		
Brigitte-Bardot-Statue	8	C2
Buziosnauta	9	C2
Casamar	10	B3
Tour Shop Búzios	11	C2

SCHLAFEN		
Brigitta's Guest House	12	B3
Casa Búzios	13	C2
Casas Brancas	14	C2
El Misti	15	B4
Ilha Formosa	16	B3

Nomad Búzios	17	B3
Pérola Búzios	18	B3
Pousada Amendoeira	19	D1
Pousada Saint Germain	20	C2
Yellow Stripe Hostel	21	A4
Zen-do Suites	22	D1

Ossos

Praia da
Armação

ATLANTIK

Praia do
Canto

Armação
de Búzios

ESSEN		
Bananaland	23	B3
Bar do Zé	24	C3
Carla Gourmet	25	B3
Chez Michou Crêperie	26	B3
Cigalon	27	B3
Restaurante David	28	B3
Satyricon	29	C2
Sawasdee	30	C2
Sinatra	31	B3
Sushi Jardim	32	D1

UNTERHALTUNG		
Gran Cine Bardot	33	C3
Lapa 40°	34	C2
Pacha	35	B3
Patio Havana	36	B3
Privilège	37	C2

TRANSPORT		
Busbahnhof (Rio-Busse)	38	B4
Busbahnhof (Cabo-Frio-Busse)	39	B4
Anleger für Wassertaxis & Tourboote	40	C3

Secretaria de Turismo,
Eingangsportal (5 km)

der Halbinsel bringen (die Preise sind an einer Tafel an Armaçãos Hauptpier angeschlagen).

Tour Shop Búzios (☎ 2623 4733; www.tourshop.com. br; Orla Bardot 550; Touren ab 50 R$) Betreibt den Búzios Trolley, einen an den Seiten offenen Bus, der täglich zu zwölf Stränden der Halbinsel fährt. Der Veranstalter organisiert auch Rafting und Ausflüge mit Glasbodenkatamaranen.

Buziosnauta (☎ 2623 9005; www.buziosnauta.com.br; Orla Bardot 712; Touren ab 35 R$) Täglich um 9.30 und 12.30 Uhr legen Boote von Armação zu einer zweieinhalbstündigen Bootstour ab, die zwölf Strände und zwei Inseln anfährt und unterwegs zum Schwimmen und Schnorcheln an den Stränden Praia João Fernandes, Ilha Feia und Praia da Tartaruga anhält. Der Veranstalter hat auch ein Tauchcenter.

Casamar (☎ 9817 6234; www.casamar.com.br; Rua das Pedras 242; Tauchgänge mit 2 Tanks ab 110 R$) Organisiert für erfahrene Taucher Tag- und Nachtausflüge und hat eine ganze Reihe von Kursen.

Schlafen

In Búzios ist man vor allem auf Paare eingerichtet; deshalb kann es für Alleinreisende teuer werden. Prinzipiell sind Zimmer günstiger als Pousadas. Die hier aufgeführten Preise beziehen sich auf die Hochsaison (Dez.–März & Juli).

BUDGETUNTERKÜNFTE

El Misti (☎ 2623 2383; www.elmistibuzios.com; Rua J, No 7, Ferradura; B 36–45 R$, DZ/3BZ 155/209 R$; ✷ 🖳 🛜 ✷) Das neue Hostel mit Pousada an einer Wohnstraße auf halbem Weg zwischen dem Strand Ferradura und dem Zentrum von Armação ist hübsch, wenn auch etwas abgelegen. Man betritt das Anwesen über einen Garten am Hügelhang, in dem es einen Pool und Bananenbäume gibt. Zur Auswahl stehen Betten in mit Ventilatoren gekühlten Schlafsälen und klimatisierte private Zimmer. Wer mindestens zwei Übernachtungen gebucht hat, wird kostenlos per Taxi vom Busbahnhof abgeholt.

LP Tipp **Yellow Stripe Hostel** (☎ 2623 3174; www.hostel-buzios-yellow.com; Rua da Mandrágora 13; B 38–47 R$; DZ mit Ventilator/Klimaanlage 100/110 R$; ☒ 🖳 🛜 🐾) Das freundliche und gut geführte Hostel eines kanadisch-brasilianischen Pärchens bietet nach Geschlechtern getrennte und auch gemischte Schlafsäle und einen hübschen Pool in einem renovierten alten Haus. Es gibt Dutzende von Extras, darunter kostenlose Bodyboards, Ermäßigungen in Clubs und Restaurants vor Ort, Kabel-TV, einen Büchertausch und persönliche Leselampen. Das Hostel liegt zu Fuß 15 Minuten von der Rua das Pedras bzw. fünf Bushaltestellen vom Hauptbusbahnhof entfernt.

Nomad Búzios (☎ 2620 8085; www.nomadbuzios.com.br; Rua das Pedras 25; B 44–54 R$, 2BZ/DZ/3BZ ab 135/180/180 R$; ☒ 🖳 🛜) Die Toplage an der Rua das Pedras ist der größte Pluspunkt des neuen, klimatisierten Hostels am Strand. Die Schlafsäle mit vier bis zehn Betten sind nichts Besonderes, aber die Strandterrasse und die Nähe zu den Nachtbars sind unschlagbar. Es gibt auch private Zimmer, manche mit Blick auf den Ozean.

MITTELKLASSEHOTELS

Brigitta's Guest House (☎ 2623 6157; www.brigittas.com.br; Rua das Pedras 131; Zi. 140–160 R$) Die privilegierte Lage zwischen der Rua das Pedras und der Uferpromenade von Armação ist nur einer von vielen Gründen, hier abzusteigen. Es gibt nur vier Zimmer; zwei gehen direkt zum Strand hinaus. Das Personal spricht neun Sprachen, und im Restaurant unten gibt's einen reizvollen Mix internationaler Gerichte. Der einzige Nachteil ist der Lärm von der Straße.

Ilha Formosa (☎ 2623 2759; www.buziosilhaformosa.com.br; Rua Maria Joaquina 26; DZ mit Ventilator 150 R$, mit Klimaanlage & Ozeanblick 250 R$; ☒ 🛜) Ein paar Stufen von der kopfsteingepflasterten Rua das Pedras entfernt bietet das Ilha Formosa saubere, schlicht eingerichtete Zimmer. Die besten haben einen tollen Blick aufs Meer.

Pousada Amendoeira (☎ 2623 2613; www.amendoeira.net; Rua João Fernandes 1449, Ossos; EZ/DZ 150/180 R$; ☒ 🛜) Die Zimmer in der einfachen Pousada sind in heiteren Blautönen gehalten. Dass die Betreiber so nett sind, trägt noch zu der allgemein freundlichen Atmosphäre bei.

Zen-do Suites (☎ 2623 1542; zendobuzios@mar.com.br; Rua João Fernandes 60; Zi. 160–190 R$; ☒ 🖳) Das niedliche, kleine Gästehaus hat nur drei Zimmer. Vor allem die Wohneinheit im Obergeschoss ist hell und freundlich und hat einen Balkon mit Blick auf den großen Hinterhof. Die freundlichen Angestellten sprechen mehrere Sprachen.

Germain (☎ 2623 1044; www.saintgermain-buzios.com.br; Alto do Humaitá 5; Zi. ab 200 R$; ☒ 🛜 🐾) Das von einem brasilianisch-US-amerikanischen Pärchen geführte Gästehaus hat zwar keinen Blick aufs Meer, punktet aber mit seinem freundlichen Empfang, den hellen, geräumigen Zimmern, der Toplage (100 m von der Orla Bardot und 400 m von der Rua das Pedras entfernt) und dem köstlichen Frühstück mit hausgemachtem Brot. Bei Barzahlung und in der Wochenmitte gibt's Ermäßigungen.

SPITZENKLASSEHOTELS

Pousada Hibiscus Beach (☎ 2623 6221; www.hibiscusbeach.com.br; House 22, Block C, Rua 1, João Fernandes; DZ/3BZ/4BZ 250/320/425 R$; 🖳 🛜 🐾) Die komfortablen privaten Chalets in dem frisch renovierten Gästehaus britischer Betreiber erstrecken sich über einen grasbewachsenen Hügelhang bis zu einem hübschen Außenpool. Bis zum Strand João Fernandes ist es nur ein kurzer Spaziergang.

Casa Búzios (☎ 2623 7002; respinger.jimdo.com, französisch; Alto do Humaitá 1; Zi. 250–420 R$; ☒ 🛜 🐾) Gleich abseits der Orla Bardot bietet die von einem Franzosen geführte Pousada in schöner Gartenlage fünf geräumige, individuell gestaltete Suiten in einem Haus mit hohen Zimmerdecken, hübschen Fensterläden und mit alten Fliesen ausgelegten Fußböden. Vom vorderen Patio am Pool hat man einen malerischen Blick auf die Boote, die unten im Hafen auf den Wellen schaukeln.

Chez Pitú (☎ 2623 6460; www.chezpitu.com.br; Aldeia de Geribá 10; Zi. ab 445 R$, mit Ozeanblick ab 520 R$; ☒ 🛜 🐾) Das Hotel direkt am Strand in Geribá hat eine künstlerische Atmosphäre und ist mit Skulpturen, Mosaiken und bunt gestrichenen Fenstertüren dekoriert. Es gibt zwei Pools (einer mit einer kleinen Bar) und eine Holzterrasse mit Liegestühlen und atemberaubendem Blick auf den nur ein paar Schritte entfernten Ozean. Die hübschesten Zimmer liegen oben und haben kleine Veranden, von wo aus man den Sonnenuntergang in Búzios am besten beobachten kann.

Pérola Búzios (☎ 2620 8507; www.thepearl.com.br; Av José Bento Ribeiro Dantas 222; Zi. ab 498 R$; 🅿 💻 🛜 🏊) Unter all den trendigen, neuen Luxushotels in Búzios liegt dieses am zentralsten: Es ist nur zwei Blocks von der Rua das Pedras entfernt, aber noch weit genug, um nachts gut schlafen zu können. Der leuchtend blaue, verführerisch mit voneinander abgeschirmten Liegestühlen umringte Pool ist toll und lädt Tag und Nacht zum Schwimmen ein. Die ganze Anlage ist künstlerisch dekoriert, obgleich es angesichts des Preises enttäuschend ist, dass keines der Zimmer Meerblick hat.

Casas Brancas (☎ 2623 1458; www.casasbrancas.com. br; Alto do Humaitá 10; Zi. ab 525 R$, mit Ozeanblick ab 629 R$; 🅿 💻 🛜 🏊) Wer gerade im Lotto gewonnen hat oder auf Hochzeitsreise ist, sollte sich im Casas Brancas einquartieren, denn das ist das beste von mehreren Spitzenklassehotels am Hügel Alto do Humaitá in Armação. Der Blick auf den Ozean von der Terrasse im Obergeschoss ist atemberaubend, und das Weltklasse-Spa, der Swimmingpool und das Restaurant sind so gut, dass man den ganzen Tag hier verbringen könnte. Trotz der hohen Preise geht es recht entspannt und freundlich zu.

Essen

Die meisten der besseren Restaurants befinden sich in oder in der Nähe von Armação. Gute Meeresfrüchte zu erschwinglicheren Preisen findet man in den kleinen Strohdachbuden an den Stränden Brava, Ferradura und João Fernandes.

3 km westlich vom Zentrum in Manguinhos lohnt auch der trendige, neue Restaurantkomplex **Porto da Barra** (www.portodabarrabuzios.com. br) einen Besuch. Dort findet man 13 Bars und Restaurants verteilt an der von Bäumen gesäumten Uferpromenade.

GÜNSTIG & MITTELTEUER

Carla Gourmet (☎ 2623 0302; Rua Manoel Turíbio de Farias 152; 2,99 R$/100 gr; 🕙 12–24 Uhr) Das Carla ist nicht so extravagant wie Búzios' andere Lokale, in denen das Essen pro Kilo abgerechnet wird, hat aber preisgünstige traditionelle Spezialitäten wie frischen, gegrillten Fisch.

Bananaland (☎ 2623 2666; Rua Manoel Turíbio de Farias 50; 4,50 R$/100 gr; 🕙 11.30–22.30 Uhr) Das Bananaland ist eines von mehreren luxuriösen Selbstbedienungsrestaurants in dieser Straße. Die Auswahl ist verblüffend riesig, sodass hier jeder etwas für sich findet.

Chez Michou Crêperie (☎ 2623 6137; Rua das Pedras 90; Crêpes 10–22 R$; 🕙 12 Uhr–open end) Die Leute strömen in Massen hierher – nicht nur wegen den unglaublich guten süßen und herzhaften Crêpes, sondern auch wegen der Bar draußen wo leckere *pinha coladas* serviert werden und jeden Abend ab 21 Uhr DJs auflegen.

Sushi Jardim (☎ 2623 6898; Praça dos Ossos 1358 Sushi 10–25 R$, Hauptgerichte 30–50 R$; 🕙 Di–So 18–24 Uhr) In einem gemütlichen Skulpturengarten serviert das Restaurant im Kerzenschein eine ganze Reihe japanischer Delikatessen von Sushi und Tempura bis Yakisoba und Sukiyaki.

Restaurante David (☎ 2623 2981; Rua Manoel Turíbio de Farias 260; Hauptgerichte 18–35 R$; 🕙 12–23.30 Uhr) Das nach fast 40 Jahren immer noch gut besuchte David im Herzen der Stadt serviert an den kleinen Holztischen mit karierten Tischdecken Meeresfrüchte bester Qualität.

LP Tipp **Fishbone Café** (☎ 2623 7348; Av Gravatás 1196 Praia de Geribá; Sandwiches 19 R$, Salate 20–35 R$, Hauptgerichte 45 R$; 🕙 11–18 Uhr) Auf der Speisekarte des trendigen Strandclubs an der Praia de Geribá steht alles von Sandwiches und Salaten bis zu Meeresfrüchten. Viele Leute kommen aber auch nur auf einen Drink auf der sonniger Terrasse am Wasser her.

TEUER

Cigalon (☎ 2623 0932; Rua das Pedras 199; Hauptgerichte 30–56 R$; 🕙 18–24 Uhr) Das fabelhafte französische Restaurant liegt in der Rua das Pedras direkt am Wasser. Der Widerschein des Kerzenlichts tanzt und funkelt auf dem Wasser, und die gestärkten weißen Tischdecken sorgen für die nötige Eleganz.

Sinatra (☎ 7811 3189; Travessa dos Pescadores 88 Hauptgerichte 35–45 R$; 🕙 Dez.–April 19 Uhr–open end In dem schicken Restaurant mit schwarzer Tischdecken und weißen Lichterketten an der Palmen ringsherum dreht sich alles um die ausgezeichnete Fusion-Küche. Der argentinische Küchenchef kreiert fabelhafte Spezialitäten wie *risotto de camarão, manga e capim limão* (Risotto mit Riesengarnelen, Mango und Zitronengras). Er hat noch andere Restaurants im spanischen Ibiza und in Arraia d'Ajuda.

Satyricon (☎ 2623 2691; Orla Bardot 500; Pizzas ab 37 R$, Hauptgerichte ab 56 R$; 🕙 17 Uhr–open end) Das Satyricon ist vor allem für seine ausgezeichneten Meeresfrüchte bekannt – von mit Avocado und Shrimps gefülltem Fisch-Carpaccio bis zu dem hemmungslos verführerischen gegrillten Meeresfrüchtemix *fantasia di mare*. Auf der umfangreichen mediterranen Speisekarte stehen auch Pizza, Pasta und Risotto.

Bar do Zé (☎ 2623 4986; Orla Bardot 382; Hauptgerichte ab 42 R$; ◷ tgl. abends, Sa & So mittags) Das erstklassige Restaurant mit einer offenen Terrasse und Blick auf die Orla Bardot ist berühmt für seine Steaks und Meeresfrüchte – und immer voll.

Sawasdee (☎ 2623 4644; Orla Bardot 422; Hauptgerichte ab 47 R$; ◷ Do–Di abends) Teuer, aber ausgezeichnet: Das Sawasdee hat sich der thailändischen Küche verschrieben und verarbeitet nur frische Meeresfrüchte aus der Region. Äußerst lecker ist auch der *kaipilychia* (Litschi-Caipirinha).

Unterhaltung

Die Rua das Pedras erwacht erst nach Mitternacht so richtig zum Leben.

Patio Havana (☎ 2623 2169; www.patiohavana.com. br; Rua das Pedras 101; ◷ Do–So 18 Uhr–open end) Jazz-, Samba-, Salsa- oder Bossa-Nova-Fans sollten unbedingt reinschauen. Regelmäßig treten hier fabelhafte Musiker aus ganz Brasilien (und aus aller Welt) auf.

Privilège (☎ 2623 0150; www.privilegenet.com.br; Orla Bardot 510; ◷ Do–Sa 23 Uhr–open end) Wer auf House und Promis steht, ist in diesem schicken Nachtclub mit zwei Tanzflächen und vier Bars genau richtig.

Lapa 40° (☎ 3970 1338; http://lapa40graus.com.br; Orla Bardot 552; ◷ Mi–Sa 21 Uhr–open end) Der kürzlich aus Rio hierher verpflanzte Club zieht mit seiner Mischung aus Billardtischen im zweiten Stock und DJs und Livemusik (Samba, *forró*, lateinamerikanische Musik und Pop) im Erdgeschoss ein großes, unterschiedliches Publikum an.

Pacha (☎ 2633 0592; www.pachabuzios.com; Rua das Pedras 151; ◷ 23 Uhr–open end) Das Pacha ist ein weiterer Neuzugang in der Clubszene Búzios' und bringt bekannte DJs aus aller Welt im Sommer allabendlich und im Rest des Jahres immer samstags auf die Bühne.

Gran Cine Bardot (☎ 2623 1298; Travessa dos Pescadores 88; Eintritt 18 R$) Am Wochenende werden hier abends Filme gezeigt, manche auf Englisch mit portugiesischen Untertiteln.

Anreise & Unterwegs vor Ort

Búzios' **Busbahnhof** (Estrada da Usina 444), fünf Blocks südlich der Uferpromenade von Armação, ist nicht mehr als eine simple Bushaltestelle und hat nicht mal ein eigenes Gebäude. **Viação 1001** (☎ 2623 2050) betreibt Busse zwischen Rio und Búzios (34 R$, 3 Std., 6–20 Uhr 8-mal tgl.).

Zwischen Búzios und Cabo Frio (3,35 R$, 45 Min.) fahren Stadtbusse, die fahrplanmäßig in der Av José Bento Ribeiro Dantas und der Estrada da Usina halten. Eine Haltestelle ist genau gegenüber der Haltestelle, von der der Bus nach Rio abfährt.

Espírito Santo

Ein guter Grund für einen Abstecher nach Espírito Santo ist, dass nur wenige Touristen dieselbe Idee haben. Ausländische Traveller lassen den Bundesstaat oft links liegen, in dem es nur wenige echte Attraktionen gibt. Einige verborgene Schätze warten aber dennoch darauf, entdeckt zu werden. Espírito Santo eignet sich ideal, um sich abseits des Hypes und der überhöhten Preise der Nachbarstaaten unter die Brasilianer zu mischen.

Im Norden des Bundesstaats liegt das idyllische kleine Itaúnas, ein buchstäblich in die Dünen verwehter, winziger Badeort. Er lockt mit der stillen Schönheit der ihn umgebenden Landschaft und einem fieberhaften Nachtleben, das sich jeden Sommer entfaltet und die Stadt plötzlich zur *forró*-Hauptstadt Brasiliens verwandelt. Die Strände an der Küste im Süden eignen sich hingegen eher für den Familienurlaub, weshalb sie bei Besuchern aus dem angrenzenden Bundesstaat Minas Gerais sehr beliebt sind. Ruhige Strandferienorte wechseln sich mit Fischerdörfchen ab. Einen Haufen toller Restaurants und die fröhliche, sommerliche Begeisterung des brasilianischen Lebens lassen schnell den Alltag vergessen. Im Landesinneren machen schließlich die Berge von Espírito Santo die Landschaft zu einem hübschen Flickenteppich aus Dschungelpflanzen und Felsen. Der auffälligste ist die Pedra Azul, eine kahle Felsspitze, der Mittelpunkt eines Parque Estadual knapp 100 km westlich von Vitória.

Doch auch ohne fern all dieser landschaftlichen Sehenswürdigkeiten lohnt sich ein Besuch in Espírito Santo – allein des Essens wegen: Fantastische lokale Fischspezialitäten wie *moqueca* (Eintopfgericht) und *torta capixaba* (Meeresfrüchtepastete) sind in ganz Brasilien berühmt.

HIGHLIGHTS

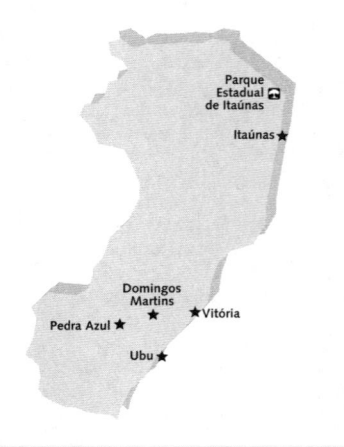

- Den Sonnenaufgang über den Dünen erleben, nachdem man in **Itaúnas** (S. 244) die ganze Nacht zum *forró,* der beliebten Musik des Nordostens, getanzt hat

- Espírito Santos verführerischen Meeresfrüchteeintopf, die **moqueca capixaba** (S. 243), probieren, die es von Vitória bis Ubu überall an der Küste gibt

- Sich beim Aufstieg auf den steilen Granitfelsen **Pedra Azul** (S. 253) ans Seil klammern

- Im **Parque Estadual de Itaúnas** (S. 242) Baby-Schildkröten auf ihren ersten Schritten Richtung Wasser begleiten

- In der „deutschen" Bergstadt **Domingos Martins** (S. 252) Apfelstrudel und heiße Schokolade am Kamin genießen

Parque Estadual de Itaúnas

Itaúnas ★

Domingos Martins ★

Pedra Azul ★

Vitória ★

Ubu ★

- Bevölkerung: 3,5 Mio.
- Fläche: 46 078 km²

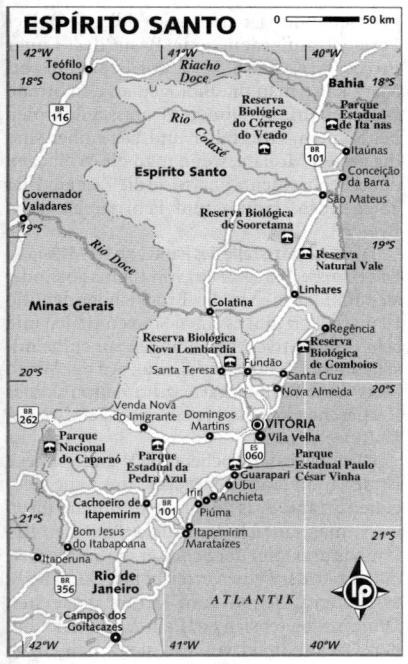

Geschichte

Das im 16. Jh. kolonialisierte Gebiet von Espírito Santo wurde später schwer aufgerüstet, um den Schmuggel von Gold aus dem Bundesstaat Minas Gerais zu verhindern. Bis in die 1960er-Jahre waren Kaffeeplantagen die Haupteinnahmequelle, sie wurden aber inzwischen vom Bergbau und der Schifffahrt abgelöst. Die Hauptstadt Vitória ist der Hauptsitz des Unternehmens Garoto, das Brasiliens berühmte (und leckere) Schokolade herstellt, und mehrerer Chemie- und Landwirtschaftskonzerne.

Klima

In Espírito Santo ist die Hitze nicht ganz so sengend wie in Bahia am Äquator. Dennoch kann es im Sommer recht unangenehm werden, besonders an der feuchten Atlantikküste. Im bergigen Landesinneren sind die Temperaturen tagsüber ganzjährig angenehm warm, im Winter kann es nachts aber überraschend kalt werden. Dann nähern sich die Temperaturen schon mal dem Gefrierpunkt. Es regnet zwar häufig – vor allem im Norden –, doch meist hört es auch schnell wieder auf.

Staatsparks

Espírito Santo nennt einige wunderschöne Staatsparks sein Eigen. In der Nähe der Grenze zu Bahia liegt der riesige, von Dünen und Lagunen geprägte Parque Estadual de Itaúnas. Zu ihm gehören viele Kilometer unberührten Strandes, an dem Meeresschildkröten ihre Eier ablegen. Die dramatisch aufragende Pedra Azul bildet das Herz des Parque Estadual da Pedra Azul, der unweit der Grenze zu Minas Gerais in den Bergen im Westen liegt. Im Parque Estadual Paulo César Vinha werden Küstenlagunen und *restinga* geschützt, eine Vegetationszone mit niedrigen Bäumen und Sträuchern, die in sandigem, nährstoffarmen Boden wachsen; südlich von Vitória belegt der Park, dass es sogar am Rande großer urbaner Gebiete möglich ist, Biotope zu schützen.

Anreise & Unterwegs vor Ort

Vitória, die größte Stadt in Espírito Santo hat einen Flughafen mit Inlands- und internationalen Verbindungen. Viele wichtige Städte in ganz Brasilien werden von hier angeflogen. Ein gut organisierter Busservice verbindet Vitória mit Rio, São Paulo und mehreren Städten in den benachbarten Bundesstaaten Minas Gerais und Bahia. Auch entlang der Küste von Espírito Santo verkehren regelmäßige Busse.

DIE KÜSTE

Die Küste von Espírito Santo liegt zwischen denen Highlights Brasiliens schlechthin: Rio de Janeiro und Bahia. Da kann es schnell passieren, dass sie übersehen wird. Dabei wartet sie mit etlichen schönen Stränden auf, an denen man sein Handtuch ausbreiten kann: von den weitläufigen, wilden Sanddünen bei Itaúnas bis zu den sanfteren und familienfreundlichen Buchten im Süden. Vitória, die Hauptstadt und größte Stadt des Bundesstaates, liegt ziemlich genau in der Mitte des Küstenstreifens von Espírito Santo und eignet sich hervorragend für einen Zwischenstopp.

ITAÚNAS

☎ 0xx27 / 2500 Ew.

Itaúnas wird von einem riesigen staatlichen Naturschutzgebiet und ausgedehnten Sanddünen eingefasst. Das Städtchen 270 km nördlich von Vitória in der Nähe der Grenze zu Bahia scheint die meiste Zeit im Jahr nur ein verschlafenes Fischerdorf zu sein. Von Silvester bis zum Karneval und dann noch einmal im Juli ist Itaúnas jedoch eine Party-mekka voller Studenten, die von den rauschenden *forró*-Partys, aber auch von der traumhaften Umgebung angelockt werden.

Itaúnas ist einer der wenigen Orte, an denen man noch das angenehme Gefühl bekommen kann, ganz am Ende der Welt angelangt zu sein – und das trotz der regelmäßig wieder hereinschwappenden Touriwellen. In den letzten Jahren hat sich die Anzahl der Pousadas (Gästehäuser) von kaum einer Handvoll auf zwei Dutzend erhöht. Dennoch gehen Einheimische und Fremde völlig ungezwungen miteinander um. Viele Besucher verfallen dem unbekümmerten Zauber der Stadt und bleiben letztendlich länger als ursprünglich geplant.

Sanddünen umgaben das ursprüngliche Dorf Itaúnas, das 1 km näher am Meer lag als der jetzige Ort – heute ist der alte, im Sand verschüttete Kirchturm nur an einem kleinen Hinweisschild zu erkennen. Vom Kamm der Dünen bietet sich ein phantastischer Blick auf den Atlantik und den nahe gelegenen Parque Estadual de Itaúnas mit seinen atemberaubend schönen Mangrovenwald und Feuchtgebieten.

Orientierung & Praktische Informationen

Der Mangel an Straßenschildern in Itaúnas macht es nicht gerade leicht, sich zurechtzu-finden. Abhilfe schaffen praktische Stadtpläne auf dem Hauptplatz und in der Nähe der Brücke zu den Dünen. Die Busse halten kurz vor dem Hauptplatz, in dessen Nähe sich auch die meisten Geschäfte, Restaurants und Pousadas befinden. Die Hauptstraße in den Ort hinein macht einen Bogen um den Platz und führt dann wieder hinaus. Die anderen Straßen, die vom Platz abgehen, führen alle nicht besonders weit. Zum Strand, der 1 km vom Ort entfernt liegt, gelangt man über die Brücke über den Rio Itaúnas.

In Itaúnas gibt es keine Banken.

Sehenswertes & Aktivitäten

Der 36,7 km² große **Parque Estadual de Itaúnas** erstreckt sich über 25 km an der Küste entlang und hat beeindruckende 20 bis 30 m-hohe Sanddünen. In der Wildnis leben Affen,

Faultiere und *jaguatiricas* (Wildkatzen). Der Park ist außerdem eine Basis des Tamar Project (s. Kasten S. 509). Von September bis März kann man die Biologen an den Strand begleiten und mit ihnen Meeresschildkröten beobachten. November und Dezember sind die besten Monate, wenn man die Weibchen dabei beobachten will, wie sie die Eier am Ufer ablegen; im Januar und Februar ist dann Brutzeit.

Die **Geschäftsstelle des Parks** (☎ 3762 5196; pei@iema.es.gov.br, ☷ 8.30–17 Uhr) von Itaúnas befindet sich im Dorf neben der Brücke über den Rio Itaúnas. Dort gibt es einen Souvenirladen und sehr informative Ausstellungen zur einheimischen Flora, Fauna und Kultur. An der Wand hängt eine Wanderkarte; zum Zeitpunkt der Recherchen konnte die leider nirgendwo gekauft werden.

Die mit Abstand beliebteste Wanderstrecke ist der 1 km lange **Dünenpfad** zum nahe gelegenen Strand. Aus der Stadt kommend überquert man einfach die Brücke über den Rio Itaúnas und folgt der Schotterstraße, bis man die Flanke der Dünen erreicht hat. Dann heißt es Klettern. Schon vom Kamm der ersten Düne aus bietet sich ein Panoramablick über den Ozean, direkt vor sich sieht man einige *barracas* (Stände) stehen. Ein Schild weist den Weg zu den Ruinen der alten *igreja* (Kirche) zur Rechten.

Ambitioniertere Wanderer können in nördlicher Richtung 8 km den Strand entlang laufen bis zum **Riacho Doce**, einem kleinen Fluss, der die Grenze zwischen Espírito Santo und Bahia bildet. Dass man angekommen ist, erkennt man am handgemalten Schild auf der anderen Seite: *Sorria, voce está na Bahia* – Lächle, du bist in Bahia! Hier findet man die **Pousada do Celsão** (☎ 9951 9834; mit Ventilator/Klima-anlage 70/80 R$; ☷), dessen dazugehöriges Restaurant serviert köstliche hausgemachte Gerichte. (Vorsicht vor dem unerschrockenen Haus-Papagai, er wird versuchen, mit in die Hängematte zu klettern!) Auf dem Rückweg folgt man seinen eigenen Spuren am Strand entlang zurück (am besten bei Ebbe) oder lässt sich von einem der Pickups oder Schulbusse mitnehmen, die gelegentlich auf der 16 km langen Straße in die Stadt zurückfahren.

Die **Casinha de Aventuras** (☎ 3762 5081; www.casinhadeaventuras.com.br; Av Bento Daher; ☷ Jan. & Juli, Aug.–Dez. Di–So 9–13 Uhr) nahe dem Busbahnhof im Stadtzentrum organisiert Kajaktouren auf dem Rio Itaúnas, Ausritte und Ausflüge mit

Dünen-Buggys; außerdem gibt es hier einen Fahrradverleih und vieles mehr.

Festivals & Events

Ende Juli findet in Itaúnas das zehntägige **Festival Nacional de Forró** statt. Aus dem ganzen Land kommen berühmte Künstler, um rund um die Uhr mit viel Tanz und Musik zu feiern. Ein noch größeres Ereignis ist das **Reveillon** (Silvester), das jedes Jahr bis zu 10 000 Besucher anzieht. Außerdem veranstaltet Itaúnas Ende August das relativ neue **Internationale Capoeira-Festival** (www.acapoeira.com.br, portugiesisch).

Schlafen

Pousada & Camping A Nave (☎ 3762 5102, 9988 8484; www.anave.tur.br; Rua Ítalo Vasconcelos; Camping 15–20 R$/ Pers., EZ/DZ 95/120 R$; 🖵) Die zahlreichen rustikalen Zimmer in dieser attraktiven Pousada haben liebevoll geschnitzte Holztüren – sie sind das Werk des Besitzers und Bildhauers Júlio. An der runden, strohgedeckten und zu den Seiten hin offenen Bar kann man abends wunderbar an ein paar Drinks nippen. Auch der dazugehörige Campingplatz mit Blick über einen Mangrovenwald und Sanddünen ist ausgesprochen schön.

Pousada Ponta de Areia (☎ 3762 5295, 9713 3170; Rua Manoel Joaquim Junior; EZ/DZ 35/70 R$) Die hinreißend einfache und einladende Pousada wird vom liebenswürdigen Weltenbummler Bixão geführt.

Pousada Vila Sossego (☎ 3762 5193; itaunasvilasossego@ig.com.br; Rua Paulino Guanandy; EZ/DZ 56/80 R$) Die Vila Sossego liegt in einer luftigen Seitenstraße. Die Zimmer 7 und 10 haben einen tollen Blick auf die Dünen und den Fluss.

Pousada Tartarugas (☎ 3762 5119; www.pousada tartarugas.com.br; Rua Maria Ortiz Barcelos 181; EZ/DZ 75/150 R$, 🌐 🖵) Seit fast zwei Jahrzehnten ist diese familiengeführte Pousada, die von einem reizenden Garten eingefasst wird, nun schon im Geschäft. Hinter dem Haus lockt ein Pool zum Baden und in allen Zimmern gibt es Klimaanlage und Minibar.

Pousada Zimbaue (☎ 3762 5023; www.guiaitaunas. com.br/zimbaue.html; Rua Teófilo Cabral da Silva 6; EZ/DZ/3BZ mit Ventilator 100/120/160 R$, mit Klimaanlage 110/140/180 R$, 🌐 🖵) Die fröhliche Pousada gleich am Hauptplatz punktet mit strahlend weißer Bettwäsche, kostenlosen Gästefahrrädern, einem geräumigen Gemeinschaftsbereich mit DVD-Player und Internetzugang, einem Kinderspielbereich und einem angeschlossenen Café.

Pousada das Araras (☎ 3762 5273; www.pousadadasararas.tur.br; Rua Manoel Joaquim Junior; Zi. 110–140 R$, 🌐 🖵) Die Unterkunft, die sich neben der Ponta de Areia zu beiden Seiten der Straße erstreckt, hat einen tollen Pool und einen hübschen Garten im Innenhof.

Pousada dos Corais (☎ 3762 5200; www.pousada doscorais.com.br; Rua Maria Ortiz Barcelos 154; DZ/3BZ 140/160 R$, 🌐 🖵 🖵) Wer unter der Hitze leidet, sollte diese freundliche Pousada wählen, die Zimmer mit Klimaanlage, bequeme Gemeinschaftsbereiche und einen Pool bietet.

Casa da Praia (☎ 3762 5106; www.casadapraiaitaunas. com.br; Rua Prof Deolinda Lage; Zi. 150 R$, 🌐) In einer Seitenstraße liegt eine der schönsten Pousadas des Orts, von deren Terrasse hinter dem Haus man direkt auf den Fluss blickt. Anlage und Zimmer sind makellos und der ganze Stolz der Besitzer.

ESPÍRITO SANTO

BRASILIENS BESTE MOQUECA

Der Bundesstaat Espírito Santo ist in ganz Brasilien für die hervorragenden Meeresfrüchte berühmt. Ganz oben auf der Liste der kulinarischen Spezialitäten steht die *moqueca capixaba,* ein herzhafter Eintopf aus Fisch, Schalentieren, Tomaten, Peperoni und Koriander, der in einer *panela de barro* (Tontopf) gekocht wird. Espírito Santos *moqueca capixaba* ähnelt der *moqueca baiana,* die im benachbarten Bahia so überaus beliebt ist, allerdings mit Kokosmilch zubereitet wird.

Im ganzen Bundesstaat sieht man Schilder mit der Werbung *a melhor moqueca do Brasil* (die beste *moqueca* Brasiliens). Doch wo gibt es nun wirklich die beste *moqueca*? Besucher der Region Vitória haben die einzigartige Gelegenheit, das selbst herauszufinden. Drei führende Bewerber im Wettbewerb um die beste *moqueca* befinden sich nämlich hier: das Pirão (S. 247) in Vitória, das den Preis „Beste Moqueca in Espírito Santo" der Zeitschrift Veja gewann, das Cantinho do Curuca (S. 249) in Meaípe, das mehrere Jahre in Folge die Ehrung „Beste Moqueca in Brasilien" von *Quatro Rodas* erhielt, und das Moqueca da Garcia (S. 252) in Ubu, das zwar in jüngster Zeit keine Auszeichnungen einheimste, dafür aber mit einer fast 50-jährigen Erfahrung und einem stets großen Besucherandrang zur Mittagszeit andere überzeugende Argumente in die Waagschale wirft.

Essen

Rund um Itaúnas gibt es zahlreiche günstige Möglichkeiten, etwas zu essen. Besonders ansprechend sind die Handvoll *barracas* am Strand, wo man die Meeresfrüchte und das Bier mit Blick aufs Meer genießen kann. Die Öffnungszeiten sind saisonabhängig und ändern sich häufig.

McDunas (☎ 3762 5248; Av Bento Daher; Snacks ab 5 R$; ⏰ 11–24 Uhr) Bis die Anwälte von McDonald's vor der Tür stehen, wird McDunas seine dezente Abwandlung des bekannten goldenen, geschwungenen Logos wohl weiter zeigen. Ein angenehmes Lokal für Burger, Fruchtsäfte und andere schnelle Snacks.

Dona Tereza (☎ 3762 5031; Rua Demerval Leite da Silva; Hauptgerichte 12–25 R$; ⏰ 11–24 Uhr, NS bis 20 Uhr) Das familiengeführte Restaurant mit einer luftigen Terrasse ist äußerst empfehlenswert. Ein tolles Angebot ist das Tagesgericht (*prato feito*, auf der Karte einfach „pf" genannt) – für nur 12 R$ gibt es Fisch, Reis und Bohnen. Vom Hauptplatz liegt es einen Block in Richtung Fluss.

Dona Pedrolina (☎ 3762 5296; Rua Linoria Lisboa Vasconcelos; Hauptgerichte ab 15 R$; ⏰ 11.30 Uhr–open end, NS bis 20 Uhr) Gleich um die Ecke vom Dona Tereza liegt ein weiteres hervorragendes familiengeführtes Restaurant. Die einfachen Fisch-, Reis- und Bohnengerichte sind ausgesprochen preiswert. Wer sich mal etwas gönnen will, kann *moqueca de camarão* (Garneleneintopf) bestellen – für weniger als 100 R$ werden drei Personen satt.

Restaurante Sapucaia (☎ 8143 9345; Rua Maria Ortiz Barcelos; Hauptgerichte 23–42 R$; ⏰ Mi–Sa 18–23 Uhr) Der Küchenchef Itamar genießt einen guten Ruf für seine innovativen Meeresfrüchte- und Pastagerichte, z. B. *Ravioli de camarão e banana* (Ravioli gefüllt mit Garnelen, Ricotta und Bananen). Auf keinen Fall sollte man sich die Spezialität des Hauses entgehen lassen: das Fisch-Carpaccio mit selbst geräuchertem Fisch.

Unterhaltung

Während der Hauptsaison dringen aus jedem offenen Fenster und Hauseingang in Itaúnas die hämmernden Beats von *forró* und *axé* (ein afrobrasilianischer Popmusikstil mit Einflüssen aus Samba, Rock, Soul und anderen Musikrichtungen). Wirklich los geht es eigentlich erst nach Mitternacht, dann aber wird bis zur Morgendämmerung gefeiert. Den Weg zu den kleinen Partyschuppen wie dem Buraco do Tatu, der Bar Forró und dem Forró do Coco, die nachts vor Tanzenden aus allen Nähten platzen, erfragt man am besten bei den Einheimischen. Die **Bar da Ana** (☎ 3762 5261; Rua Prof Deolinda Lage; ⏰ 18 Uhr–open end) ist eine ganzjährig geöffnete Kneipe in einer Seitenstraße, wo die Einwohner auf einen Drink und unkonventionelle Snacks wie Garnelen-Kürbis-Cannelloni vorbeischauen, ab und zu gibt's auch Livemusik.

An- & Weiterreise

Itaúnas ist nicht gerade ein Verkehrsknotenpunkt; der nächste Ort mit Fernbusverbindungen ist das 23 km weiter südlich gelegene Conceição da Barra. Von Vitória nach Conceição (*convencional/executivo* 39/47 R$, 5 Std.) fahren Busse von Aguia Branca, Abfahrt in Vitória um 6.40, 11.40 und 16 Uhr, in Conceição um 6.20, 14 und 18 Uhr.

Von Conceição nach Itaúnas fährt täglich um 7, 12.30 und 15.30 Uhr ein Regionalbus (5,60 R$, 40 Min.), von Itaúnas zurück nach Conceição geht's um 8, 13.30 und 16.30 Uhr los. Im Sommer sowie ganzjährig von Montag bis Freitag fahren zusätzliche Busse. Wer in Conceição abends hängen bleibt, hat dort die Wahl zwischen mehreren Pousadas.

Um Richtung Norden nach Bahia zu fahren, nimmt man in Conceição zunächst einen Bus nach São Mateus, das am Hwy 101 liegt (6,10 R$, 1 Std.); Abfahrt um 15.10 und 18 Uhr. Von hier fahren täglich zwei Busse nach Porto Seguro, um 18.15 Uhr (49,60 R$) und um 0.15 Uhr (71 R$).

VITÓRIA

☎ 0xx27 / 320 000 Ew.

Von Vitórias kolonialer Vergangenheit ist heute nicht mehr viel zu sehen. Auch wenn die Stadt vor einer prächtigen, ein wenig an Rio erinnernden Kulisse üppiger Berge liegt, die steil zum Strand hin abfallen, bleibt sie in erster Linie eine moderne Industriestadt. Im Hafen von Vitória werden Kaffee und Nutzholz umgeschlagen, im Hafen des nahe gelegenen Tubarão werden Millionen Tonnen Eisenerz verschifft. Das heißt aber nicht, dass Vitória gar keinen Charme besäße. Östlich des Stadtzentrums gibt es schöne Strände, die Einwohner der Stadt, Capixabas genannt, sind warmherzig und freundlich und die florierende Wirtschaft hat dafür gesorgt, dass es hier zahlreiche Bars, Universitäten, Nachtclubs, Restaurants und Hotels gibt.

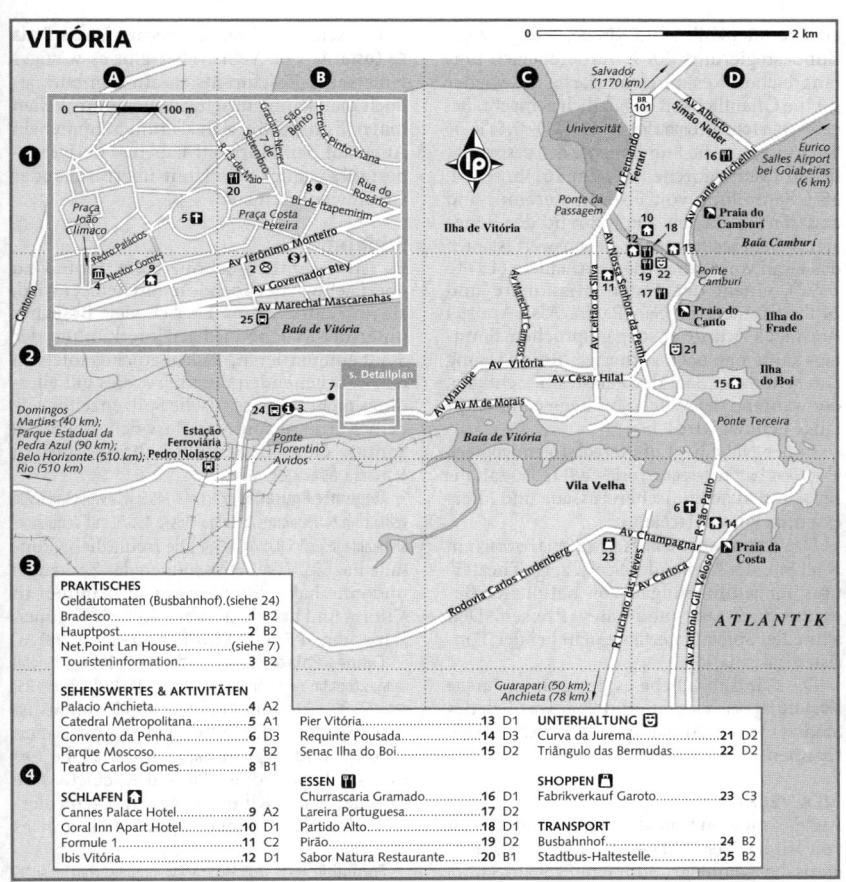

VITÓRIA

Orientierung

Die Überreste des alten Vitórias, das auf einer Insel direkt vor der Küste gebaut wurde, sind über mehrere Brücken mit dem Festland verbunden. Die besten Strände der Stadt sind Canto und Camburí im Norden sowie die berühmte Praia da Costa im Süden in der Schwesterstadt Vila Velha. Der geschäftige moderne **Busbahnhof** (☎ 3222 3366) liegt gleich westlich des alten Stadtzentrums. Züge aus Belo Horizonte (s. S. 264) kommen im **Estação Ferroviária Pedro Nolasco** (☎ 3226 4169) 1 km westlich vom Busbahnhof an.

Praktische Informationen

Im Busbahnhof stehen Geldautomaten verschiedener Banken.

Bradesco (Av Jerônimo Monteiro 400) Geldautomat im Stadtzentrum.
Hauptpost (Av Jerônimo Monteiro 310)
Net.Point Lan House (☎ 3222 2933; Av República; 2,50 R$/Std., ☻ Mo–Sa 9–21, So 13–21 Uhr) Internet und Skype, Eingang gegenüber vom Parque Moscoso.
Touristeninformation (☎ 3224 6074; www.descu braoespiritosanto.es.gov.br) Flughafen (☻ 6.30–22 Uhr); Busbahnhof (☻ Mo–Fr 8–21, Sa 8–12 Uhr) Im Ankunftsbereich des Flughafens und gegenüber von Bussteig 6 im Busbahnhof

Sehenswertes
STADTZENTRUM

Das prächtigste historische Bauwerk der Stadt ist der gelbe **Palácio Anchieta** (☎ 3321 3578; www. palacioanchieta.es.gov.br, portugiesisch; Praça João Clímaco), einst Jesuitenkolleg und Kirche, heute Sitz der Bundesregierung. 2009 wurde er nach umfangreichen Restaurierungsarbeiten wieder für die Öffentlichkeit zugänglich gemacht. Bei **geführten Touren** (Eintritt frei; ☺ Mi–Sa 10–17, So 10–16 Uhr) kann man die Fundamente der ursprünglichen Jesuitenkirche aus dem 16. Jh. sehen, eine Sammlung von Fliesen, Keramik und anderen Artefakten, die während der Renovierung entdeckt wurden. Sehenswert ist auch das Grab von Padre José de Anchieta (1534–1597), einem der ersten Missionare und Mitbegründer von São Paulo. Als „Apostel Brasiliens" wurde er selig gesprochen. Sonntags kann man nach vorheriger Reservierung den schönsten Saal des Palastes besichtigen, der während der Woche für Regierungsempfänge genutzt wird.

In der Nähe liegt die **Catedral Metropolitana** (Praça Dom Luiz Scortegagna; ☺ Di–So 9–17 Uhr) mit ihrer schönen neogotischen Fassade und interessanten Glasmalereien.

Das **Teatro Carlos Gomes** (Praça Costa Pereira), ein Nachbau der Mailänder Scala, zeigt Theater- und Tanzaufführungen von nationaler Bedeutung zu sehr moderaten Preisen. Den aktuellen Spielplan erfährt man bei der Touristeninformation.

Die Capixabas liebe es, im grünen **Parque Moscoso** (Av Cleto Nunes) unmittelbar westlich des Stadtzentrums zu flanieren und sich zu entspannen.

VILA VELHA

Auf der anderen Seite des Flusses und südlich von Vitória liegt Vila Velha, die erste portugiesische Koloniegründung in Espírito Santo. Ein Muss ist der **Convento da Penha** (www.franciscanos.org.br/penha; ☺ 8–16.45 Uhr) hoch oben auf dem dicht bewaldeten Morro da Penha. Das Panorama vom Gipfel ist fantastisch, und auch die 1558 gegründete Kapelle ist nicht uninteressant. Der Convento ist eine bedeutende Pilgerstätte; zur Osterzeit wird es von Massen von Gläubigen besucht, die der Nossa Senhora da Penha die Ehre erweisen wollen und den Hügel manchmal sogar auf ihren Knien erklimmen.

STRÄNDE

An der 5 km langen **Praia do Camburí** gibt es überall Kioske, Restaurants, Nachtbars und Mittelklassehotels. In der Nähe der Brücke sollte man besser nicht im Wasser plantschen, da es dort verschmutzt ist.

Der schönste Strand der Stadt ist die **Praia da Costa** in Vila Velha. Hier gibt es weniger Hotels und Restaurants als am Camburí, jedoch man kann gut schwimmen und Wellen reiten. Es empfiehlt sich allerdings, immer ein Auge auf den Horizont haben – riesige Supertanker tauchen oft mit überraschender Geschwindigkeit auf.

Schlafen

Es ist wesentlich schöner, am Strand zu übernachten, der abends menschenleer wird, als im Stadtzentrum. Da sich viele Besucher unter der Woche in den Unterkünften der Stadt einquartieren, senken etliche Hotels an den Wochenenden die Preise; dies gilt allerdings nicht für touristische Spitzenzeiten wie dem Karneval und der Karwoche (Semana Santa). Gute Budgetunterkünfte sind in Vitória Mangelware.

Requinte Pousada (☎ 3349 9456; www.pousadasvila velha.com.br/requinte; Av Hugo Musso 45; Zi. mit Ventilator/ Klimaanlage 75/95 R$; ☒ ☺) Die freundliche Pousada liegt in Vila Velha südlich des Zentrums und eine halbe Stunde vom Busbahnhof in Vitória und hat kleine, aber saubere Zimmer. Zur schönen Praia da Costa sind es nur 200 m.

Cannes Palace Hotel (☎ 3232 7200; www.hotel cannes.com.br; Av Jerônimo Monteiro 111; EZ/DZ 79/99 R$; ☒ ☐ ☺) Das altersschwache Hochhaus ist nicht ganz so baufällig, wie es von außen scheint, und liegt günstig in der Nähe des Busbahnhofs und des Palácio Anchieta. Alle Zimmer haben Klimaanlagen und gemusterte Holzböden, in neun von ihnen gibt es WLAN.

Formule 1 (☎ 3205 6155; www.formule1.com.br; Av NS da Penha 1993; Zi. 89 R$; ☒ ☐ ☺) Das neu eröffnete Budgethotel einer Hotelkette bietet verlässliche 08/15-Zimmer für bis zu drei Personen. Es liegt 5 km südlich vom Flughafen, zur Praia do Canto sind es fünf Minuten mit dem Taxi (8–10 R$). Das Frühstück kostet 7 R$ zusätzlich, Internetzugang gibt's für 7/12 R$ pro Stunde/Tag.

Pier Vitória (☎ 3434 0000; www.piervitoriahotel.com. br; Av Dante Michelini 321; EZ/DZ Sa & So ab 109/129 R$, Mo–Fr ab 179/229 R$; ☒ ☐ ☺) Das Pier Vitória ist auf Geschäftsreisende ausgerichtet und liegt günstig am Strand Camburí und nur zehn Minuten vom Flughafen entfernt. An Wochenenden bietet es unschlagbare Preise, selbst das teuerste Zimmer (Suite 602 mit Whirlpool und Meerblick) kostet dann nur 219 R$.

Coral Inn Apart Hotel (☎ 3334 0155; www.coralinn aparthotel.com.br; Av Saturnino Rangel Mauro 230; EZ/DZ Sa & So 124/134 R$, Mo–Fr 154/164 R$; 🕲 🛜) Die kastenförmige moderne Unterkunft in der Nähe des Strandes Camburí und mit Blick auf den Hafen hat große, saubere Apartments mit Kochnische und Balkon.

Ibis Vitória (☎ 2104 4850; www.ibis.com.br; Rua João da Cruz 385, Praia do Canto; Zi. Sa & So/Mo–Fr 125/155 R$; 🕲 🖳 🛜) Tolle Lage gleich am Rand des Triângulo das Bermudas, des Zentrums des Nachtlebens in der Stadt, und nur ein paar Blocks von der Praia do Canto entfernt. Folglich sind die Preise in diesem Hotel der Ibis-Kette ausgesprochen fair. Für das Frühstück zahlt man 11 R$ zusätzlich, für Internetzugang 7/12 R$ pro Stunde/Tag.

Senac Ilha do Boi (☎ 3345 0111; www.hotelilhadoboi. com.br; Rua Bráulio Macedo 417; EZ/DZ ab 335/380 R$, EZ/DZ Suite ab 620/750 R$; 🕲 🖳 🛜 🐾) Wer mal eine Nacht richtig im Luxus schwelgen will, ist hier genau richtig. Das Hotel liegt oben auf einem Hügel mit herrlichem Blick auf die Bucht. Der Service ist tadellos, die Ausstattung, zu der ein Tennisplatz, ein Solarium, eine Pianobar sowie Pools und Saunas gehören, einfach traumhaft.

Essen

Man sollte unbedingt mal die regionale Spezialität der Region probieren, die *moqueca capixaba*, eine pikante Mischung aus Meeresfrüchten, die in einem Tontopf geschmort werden.

Sabor Natura Restaurante (☎ 3322 0249; Rua 13 de Maio 85; 16,90 R$/kg; 🕑 Mo–Fr 11–14.30 Uhr) Das vegetarierfreundliche Selbstbedienungsrestaurant im Zentrum ist bei Studenten und Geschäftsleuten gleichermaßen beliebt.

Partido Alto (☎ 3227 4086; Rua Joaquim Lírio 865, Praia do Canto; Hauptgerichte ab 18 R$; 🕑 11–23 Uhr) In diesem lebhaften Lokal sind Alleinreisende, Pfennigfuchser und leichte Esser bestens aufgehoben. Im Angebot ist eine große Auswahl an *moquequinhas* (kleinere Portionen der klassischen *moqueca* von Espírito Santo), außerdem gibt's ein Garnelenrisotto für unter 20 R$.

Pirão (☎ 3227 1165; Rua Joaquim Lírio 753, Praia do Canto; Hauptgerichte ab 35 R$; 🕑 Mo–Fr 11.30–16 & 18.30–23, Sa & So 11.30–17 Uhr) In den letzten 25 Jahren hat sich das Pirão mit seinen preisgekrönten *moquecas* und *tortas capixabas* den Ruf als eines der besten Restaurants der Stadt erworben. Freitags gibt es hier eine köstliche regionale Spezialität: Zackenbarsch, der mit *banana da terra* (Kochbananen) zubereitet wird.

Churrascaria Gramado (☎ 3225 1311; Av Rosendo Serapião Souza 43; All you can eat 35–60 R$/Pers.; 🕑 Mo–Sa 11–15 & 18.30–22.30, So 11–16 Uhr) Fleischliebhaber mit großem Hunger werden die beste *churrascaria* (Grillrestaurant) der Stadt lieben. Grillteller für zwei nach dem Motto „All you can eat" kosten an Abenden unter der Woche nur 69,90 R$. Wer zum überladenen Sonntagslunchbüffet kommt, zahlt pro Person 59,90 R$.

Lareira Portuguesa (☎ 3345 0331; Av Saturnino de Brito 260, Praia do Canto; Hauptgerichte 50–70 R$; 🕑 Mo–Sa 11.30–15 & 19–24, So 11.30–16.30 Uhr) Der herrliche Garten und die schönen portugiesischen Fliesen machen dieses Restaurant so verführerisch und kultiviert. Köstliche Fischgerichte dominieren das Menü, es gibt aber auch südeuropäische Klassiker wie gebratene Ziege sowie etliche portugiesische Desserts.

Unterhaltung & Ausgehen

Die Capixabas lieben das Nachtleben. Am meisten los ist im passend benannten Viertel Triângulo das Bermudas (Bermudadreieck), in dem es etliche Bars, Lokale und Nachtclubs gibt. Epizentrum ist die Kreuzung Rua Joaquim Lírio und Rua João da Cruz, hippe Menschentrauben hängen aber auch an der Curva da Jurema herum. Bis in den frühen Morgen sind hier Buden, die Snacks und Essen anbieten, geöffnet.

Shoppen

Im Fabrikverkauf von **Garoto** (☎ 3320 1502; Praça Meyerfreund 1, Vila Velha; 🕑 Mo–Fr 9–18, Sa 8.30–14 Uhr) gibt's die beste Schokolade Brasiliens so frisch wie sonst nirgendwo. Er liegt in Vila Velha dicht an der Rodovia Carlos Lindenberg; vom Stadtzentrum nimmt man den Bus 500. Einstündige **Fabrikführungen** (☎ 3320 1709; Eintritt 10 R$) werden montagnachmittags, freitagvormittags und von Dienstag bis Donnerstag ganztägig angeboten.

An- & Weiterreise

Von Vitória fahren Busse nach Belo Horizonte in Minas Gerais (*convencional/executivo* 71/85 R$, 8 Std., 11-mal tgl., 8.40–22.30 Uhr), Ouro Prêto (61 R$, 7 Std., Direktbus um 21 Uhr), Porto Seguro (*convencional/executivo* 79/113 R$, 11 Std., 2-mal tgl., 14 & 21 Uhr), Rio (71–111 R$, 8 Std., 7-mal tgl., 8.20–22.50 Uhr) und Salvador (227 R$, 19 Std., Schlafbus tgl. um 17 Uhr).

ESPÍRITO SANTO

ESPÍRITO SANTO

GRÜNE ABSTECHER IN ESPÍRITO SANTO

Naturliebhabern bietet Espírito Santo ein paar Attraktionen abseits der ausgetretenen Pfade. Sie sind alle von Vitória mit dem Auto in einer Tagestour zu erreichen, können aber auch zu einer längeren Tour von Süd nach Nord Richtung Bahia kombiniert werden.

Vitória am nächsten liegt das **Museu de Biológica Professor Mello Leitão** (☎ 0xx27-3259 1182; www.melloleitao.iphan.gov.br; Eintritt 2 R$; ☻ Di–So 8–17 Uhr) in der 82 km entfernten hübschen Bergstadt Santa Teresa. Das Museum widmet sich der Arbeit des einheimischen Umweltschützers Augusto Ruschi (1915–1986), der bahnbrechende Studien zur bemerkenswerten Vielfalt der Kolibris und Orchideen der Region durchgeführt hat und schon frühzeitig ein starker Vorkämpfer des Umweltschutzes in Brasilien war. Die grüne Anlage ist eine friedliche Oase und bietet die Gelegenheit, viele örtliche Pflanzen- und Kolibriarten zu sehen.

Keine 100 km weiter nördlich liegt die **Reserva Biológica de Comboios** (☎ 0xx27-3274 1209; www.tamar.org.br/cv_es_comboios.php), Espírito Santos Hauptquartier der Organisation Tamar, die sich der Erhaltung von Schildkröten verschrieben hat (s. Kasten S. 509). Im Aquarium des Reservats kann man gigantische Meeresschildkröten beobachten und danach 7 km weiter nördlich nach Regência fahren, wo die Einwohner des Strandortes ihren Lebensunterhalt durch eine Kombination aus Fischfang und Umweltschutz verdienen. Man erreicht das Reservat von der Stadt Linhares aus über eine 23 km lange unbefestigte Straße.

Weitere 30 km nördlich von Linhares liegt in Richtung der Grenze zu Bahia die **Reserva Natural Vale** (☎ 0xx27-3371 9702; www.vale.com/reserva_natural_vale), ein 218 km² großes privat betriebenes Schutzgebiet mit atlantischem Regenwald, das aufgrund seiner riesigen biologischen Artenvielfalt zum Unesco-Weltnaturerbe erklärt wurde. Besucher können im einfachen, aber bequemen **Hotel** (EZ/DZ mit Vollpension ab 168/219 R$; 🖭 🖴) des Reservats übernachten und das Wegenetz in der Umgebung erkunden.

Außerdem fährt täglich ein Zug von Vitória nach Belo Horizonte (s. S. 264).

Der **Eurico Salles Airport** (☎ 3235 6300) befindet sich 10 km nordöstlich vom Stadtzentrum in Goiabeiras. Von hier gibt es regelmäßig Flüge nach Belo Horizonte, Rio, São Paulo und in andere brasilianische Städte.

Unterwegs vor Ort

Vom Flughafen zum Stadtzentrum und zurück fährt der Stadtbus 212 mit der Aufschrift „aeroporto/rodoviári" (2,15 R$). Taxis vom Flughafen kosten Praia Canto um die 20 R$ zur, ins Zentrum und 30 R$.

Stadtbusse (2,15 R$) fahren an diversen Haltestellen außerhalb des Busbahnhofs ab, die Route ist immer an der Seite des Busses angeschrieben. Ins Zentrum kann man jeden Bus nehmen, der die Av Vitória entlangfährt; hinter dem gelben Palácio Anchieta auf der linken Straßenseite steigt man aus. Zur Praia do Camburí kommt man mit allen Bussen, die auf der Av Dante Micheliní fahren. Zur Praia do Canto und zum Triângulo das Bermudas bringen einen die Busse auf der Av Saturnino de Brito. Und nach Vila Velha bzw. zur Praia da Costa fahren der komplett gelbe Bus 500 von Transcol und alle Busse mit Ziel „Praia da Costa".

GUARAPARI

☎ 0xx27 / 105 000 Ew.

Etwa eine Stunde südlich von Vitória finden sich einige wunderschöne Strände. Viele Traveller übersehen diesen Küstenstreifen meistens, bei Brasilianern aber steht Guarapari als Urlaubsziel hoch im Kurs. Entsprechend entspannt, fröhlich und familienfreundlich geht's hier zu. In der Umgebung der Stadt gibt es 23 Strände, die alle vor einer malerischen Bergkulisse liegen.

Orientierung & Praktische Informationen

Das Zentrum liegt 500 m südlich vom Busbahnhof auf der anderen Seite der Brücke, 200 m dahinter kommt man zum Strand. Die **Touristeninformation** (☎ 3262 8759; www.guarapari. es.gov.br/turismo, portugiesisch; Rua Paulo de Águiar 68) hat Karten und Infomaterial in portugiesischer Sprache. Im Zentrum entlang der Rua Joaquim da Silva Lima gibt es mehrere Banken mit Geldautomaten. Internetcafés findet man im Zentrum und an der Praia do Morro.

Sehenswertes

Der beste Strand ist die **Praia do Morro** nördlich vom Stadtzentrum. Doch Vorsicht, der sogenannte „heilende" schwarze Monazitsand soll tatsächlich radioaktiv sein! Schön sind auch die kleine **Praia dos Namorados** – im Gestein der umgebenden Felsen haben sich herrliche Wasserbecken gebildet –, die **Praias Castanheiras** und **Areia Preta** mit noch mehr radioaktivem Sand, aber kristallklarem Wasser. Die **Praia do Meio**, auch Siribeira genannt, wartet mit tollen Felsenpools und hervorragenden Schnorchelmöglichkeiten auf, die **Praia Enseada Azul** präsentiert sich als ein langer Strandstreifen von wunderbarer natürlicher Schönheit. An der **Praia dos Padres**, die man nur über einen Pfad von Enseada Azul aus erreicht, funkelt das Wasser in einem phantastischen Grün. Am südlichsten Ende der Stadt liegt **Meaípe**, wo man ebenfalls sehr schön übernachten kann.

Schlafen

Camping Club do Brasil (☎ 3262 1325; Praia de Setiba; Camping pro Pers./Zelt 27/7 R$) Der Campingplatz ein paar Kilometer nördlich der Stadt liegt nur ein paar Schritte vom hübschen Strand Setiba entfernt.

Hotel Guara Pousada (☎ 3262 5210; www.guaratur. com.br/hotel.php, portugiesisch; Av Antonio Guimarães, Quadra 40; EZ/DZ/3BZ/4BZ mit Ventilator ab 70/90/112/140 R$, mit Klimaanlage 105/130/163/203 R$) In dem ehemaligen Hostel befinden sich heute *apartamentos* (Zimmer mit eigenem Bad). Das Hotel liegt in einem großen, von einer Mauer eingefassten Gelände nicht weit vom Busbahnhof und vom Strand.

Pousada Enseada Verde (☎ 3272 1376; www.enseadaverde.com.br; Rua Duarte Mattos 27; DZ/3BZ/4BZ 99/129/159 R$; ☒ ☎ ☒) Ein tolles Quartier weiter unten an der Küste in Meaípe. Die Pousada liegt nur einen Steinwurf vom Strand entfernt, die Zimmer punkten mit Minibar, Hängematten und Balkon.

Hotel Atlântico (☎ 3361 1551; www.hotelatlantico guarapari.com.br; Av Edisio Cirne 332; DZ/3BZ ab 135/169 R$, Suite mit Meerblick DZ/3BZ/4BZ ab 190/238/285 R$; ☒ ▢ ☎ ☒) Gleich gegenüber von der Praia dos Namorados im Zentrum von Guarapari liegt das gut ausgestattete Hotel. Die komfortablen Zimmer haben Panoramaterrassen, außerdem lockt das Hotel mit einer Sauna, einer Poolbar und Sonnenschirmen am Strand.

Porto do Sol Guarapari (☎ 3161 7100; www.hotel portodosol.com.br; Av Beira Mar 1; EZ/DZ ab 205/255 R$; ☒ ▢ ☎ ☒) Die Lage des an drei Seiten von Wasser umgebenen Porto do Sol zwischen

dem Zentrum und der Praia do Morro ist einfach unschlagbar. In allen Zimmern gibt es Panoramaaussichten aufs Meer, die Deluxe-Suiten sind obendrein mit WLAN-Zugang, DVD-Player und Whirlpool ausgestattet. Manchmal klettern Meeresschildkröten bis auf die Felsen direkt unterhalb der Zimmer.

Essen

An allen Stränden, besonders aber an der Praia do Morro, gibt es Dutzende *barracas*, die preiswerte frische Meeresfrüchte verkaufen und regionale Gerichte anbieten.

Pilão (☎ 3361 6035; Av Maria de Lourdes C Dantas 141; 23,90 R$/kg, ☙ 11 Uhr–open end) Zwei Blocks hinter der Praia do Morro liegt dieses Selbstbedienungsrestaurant mit einem hervorragenden Lunchbüffet, an dem die Mahlzeiten nach Gewicht berechnet werden. Auf der Karte stehen herzhafte brasilianische Klassiker, die über Holzfeuer zubereitet werden, und Meeresfrüchtespezialitäten wie *moqueca* und Garnelenlasagne.

Restaurante João de Barro (☎ 3262 8825; Rua Getúlio Vargas 226; 24,90 R$/kg, ☙ 11–15 Uhr) Das stimmungsvolle Selbstbedienungsrestaurant im Zentrum ist mit farbenfrohen Wandbildern, Regalen voller Cachaça und einem alten Holzofen dekoriert und hat sich auf leckere *comida mineira*, die Küche von Minas Gerais, spezialisiert.

Peixada do Irmão (☎ 3261 0636; Rua Jacinto de Almeida 72; Hauptgerichte 25–50 R$, ☙ Di–So 11–22, Mo 11–15 Uhr) Dieses Restaurant in der Nähe der Touristeninformation hat eine zweisprachige Karte und ist für seine hervorragenden Meeresfrüchtegerichte bekannt.

LP Tipp Cantinho do Curuca (☎ 3272 2000; Av Santana 96, Meaípe; Hauptgerichte für 2 Pers. 45–145 R$; ☙ 11–22 Uhr) Die *moqueca* in dem Strandrestaurant in Meaípe wurde schon mehrfach zur besten in ganz Brasilien gewählt. Alle möglichen Zutaten von Fisch über Tintenfisch bis zu Garnelen und Bananen landen in den Tontöpfen, die in der höhlenartigen Küche immer am Brodeln sind. Wer zeitig kommt, kann mit etwas Glück einen der wenigen Tische mit Blick aufs Wasser ergattern.

An- & Weiterreise

Vom **Busbahnhof** (Rua João Gomes de Jesus 50) der Stadt verkehren Busse von **Planeta** (☎ 3362 9613) zwischen 7.30 und 21.30 Uhr etwa stündlich ab/nach Vitória (R$8, 1¼ Std.). Richtung Süden fahren halbstündlich Busse nach Ubu

---

DIE KRIEGER DER GOITACÁ

Frühe europäische Entdecker berichteten von Begegnungen mit den furchterregenden langhaarigen, großgewachsenen, robusten und angsteinflößenden Kriegern der Goitacá, Küstenbewohnern der Grenzregion zwischen den Bundesstaaten Rio und Espírito Santo. Der Stamm hatte die Invasion rivalisierender Tupi-Völker lange erfolgreich abgewehrt und selbst die Europäer fanden lange Zeit trotz ihres technologischen Vorteils keine Mittel, die Goitacá gefangen zu nehmen. Wenn sie gejagt wurden, bewegten sie sich im Wasser und im Dschungel so schnell, dass niemand ihnen folgen konnte, weder zu Fuß noch auf dem Pferd oder mit dem Boot.

Der Legende nach konnte ein Goitacá einem Hirsch hinterherlaufen und ihn mit seinen bloßen Händen fangen, einen Hai lediglich mithilfe eines Stücks Holz erlegen (dabei zwangen die Jäger einen Holzstock in das Maul des Hais, sodass dieser es nicht mehr schließen konnte, und zogen dann mit den bloßen Händen die Eingeweide heraus). Das Volk der Goitacá (ca. 12 000 Menschen) wurde nie im Kampf besiegt. Gegen Ende des 18. Jhs. raffte es jedoch eine Pockenepidemie vollständig dahin – die Portugiesen hatten die Seuche eigens zu diesem Zweck vorsätzlich eingeführt.

(2,20 R$, 30 Min.), Anchieta (3 R$, 40 Min.) und Iriri (3,80 R$, 1 Std.).

PARQUE ESTADUAL PAULO CÉSAR VINHA

Der 15 km² große **Staatspark** (☎ 3242 3665; Hwy ES-060, bei Km 37,5; ☯ 8–17 Uhr) liegt 10 km nördlich von Guarapari und ist Bestandteil des brasilianischen Biosphärenreservats Mata Atlântica (atlantischer Regenwald). Der Park schützt zahlreiche Lebensräume, darunter Dünen, Lagunen und Küsten-*restinga*. Der einzige Fußweg führt 2,5 km vom Hauptquartier des Parks zur **Lagoa de Caraís**, einer friedlichen Lagune, an der es von Vögeln wimmelt. Sie liegt vom Strand aus ein kleines Stück landeinwärts. Busse des Unternehmens **Viação Alvorada** (☎ 3261 0414) fahren regelmäßig von Guarapari zum Park (1 R$,60, 20 Min.).

ANCHIETA

☎ 0xx28 / 20 000 Ew.

Das südlich von Vitória gelegene Anchieta ist eine der ältesten Siedlungen Espírito Santos. Wie der Name schon verrät, befinden sich hier viele Reliquien des berühmten Jesuitenpriesters José de Anchieta, der im 16. Jh. lebte und wirkte. Die Strände der Umgebung sind zwar nicht so schön wie die rund um Guarapi 20 km nördlich von Anchieta oder in den Nachbarorten Iriri und Ubu im Süden bzw. Norden. Doch die kleine entspannte Hafenstadt hat ihren ganz eigenen Reiz, das ruhige, rhythmische Leben eines Fischerdorfs ist noch überall zu spüren, vor allem an der Praia dos Castelhanos gleich nördlich der Stadt.

Sehenswertes

Unübersehbar thront hoch über der Stadt das imposante **Santuário Nacional Padre Anchieta**. Vor der strahlend weißen Kirche mit ihren leuchtend blauen Fensterläden und Türen breitet eine 250 Jahre alte Kastanie anmutig ihre Zweige aus. Zum Komplex gehört auch das **Museu Padre Anchieta** (Eintritt 2; ☯ Di–So 8–12 & 14–17 Uhr), das sich dem missionarischen Wirken des Jesuitenpriesters José de Anchieta widmet. Die Wände der Kirche, die von *índios* der Region und Padre Anchieta gebaut wurde, sind noch im Originalzustand erhalten. Wer seine Geschichtsstunde lieber am Meer absolvieren will, sollte zum Ende des Strandes von Anchieta spazieren. Kurz bevor die Straße über eine kleine weiße Holzbrücke führt, steht dort eine **Statue** von José de Anchieta, der einen Krieger der Goitacá segnet (s. Kasten oben).

Festivals & Events

Hingebungsvolle Anhänger von Padre Anchieta nehmen am jährlichen Pilgerzug zu Ehren seiner missionarischen Arbeit teil, der auf einer Länge von 100 km der Küste von Espírito Santo folgt. Die beliebte viertägige Pilgerwanderung **Os Passos de Anchieta** (Schritte von Anchieta) von Vitória nach Anchieta findet im Juni statt (die genauen Daten variieren). Einzelheiten erfährt man bei der Touristeninformation des Bundesstaats in Vitória (S. 245).

Schlafen & Essen

In Anchieta gibt es kaum touristische Einrichtungen, das beste Hotel im Stadtzentrum ist schon seit Jahren geschlossen. Daher ist man besser beraten, in den nahe gelegenen Orten Iriri oder Ubu zu übernachten. Eine weitere Möglichkeit ist die **Pousada João de Barro** (☎ 3536 1851; www.pousadajoaodebarroes.com.br; Zi. 80–120 R$) 2 km nördlich von Anchieta, eine fröhliche Pousada, die von der Praia dos Castelhanos aus ein kleines Stück landeinwärts liegt.

In der Nähe des Busbahnhofs von Anchieta gibt es mehrere *lanchonetes* (Snackbars).

An- & Weiterreise

Busse nach Guarapari (3 R$, 40 Min.) fahren zwischen 5.15 und 21.30 Uhr ungefähr alle halbe Stunde ab. Nach Vitória (14 R$, 2 Std.) verkehren zwölf Busse am Tag, los geht's zwischen 6 und 20.40 Uhr alle ein bis zwei Stunden. Der **Busbahnhof** (☎ 3536 1147; Av Carlos Lindenberg 183) liegt an der Hauptstraße durch die Stadt gegenüber vom Ufer.

RUND UM ANCHIETA
Schildkrötenfoschungsstation an der Praia da Guanabara

4 km nördlich von Anchieta an der Praia da Guanabara betreibt das Projekt Tamar (s. Kasten S. 509) eine **Schildkrötenfoschungsstation** (☎ 3536 3547; ☺ Dez.–März tgl. 9–18 Uhr, April–Nov. nach Vereinbarung). An einem 2 km langen geschützten Strand kommen jeden Sommer Schildkröten an Land, um ihre Eier abzulegen. Ein interessantes Museum informiert zudem mit interessanten Exponate über die stattlichen Meerestiere. Von Anchieta aus erreicht man die Forschungsstation mit jedem Bus von Planeta oder Sudeste, der Richtung Norden fährt. An der Praia da Guanabara lässt man sich absetzen, dann folgt man den Schildern 300 m hinunter zum Strand.

Iriri
☎ 0xx28

Das nette Ausflugsziel an der Küste hat einen schönen Strand in einer geschützten Bucht, die an beiden Enden von Felsvorsprüngen flankiert wird. Iriri steht bei den Mineiros hoch im Kurs, sie kommen in den Sommermonaten scharenweise her und verwandeln die kleine Stadt in einen lebhaften, familienfreundlichen Ferienort. Besonders beliebt ist der hiesige Karneval.

SCHLAFEN & ESSEN

Hotel Maringá (☎ 3534 1252; www.portaldehospedagem. com.br/hotelmaringa; Av Dom Helvecio 665; EZ/DZ mit Ventilator 60/120 R$; DZ mit Klimaanlage 140 R$; ☒ ☏) Das ein bisschen langweilige, aber dennoch freundliche Maringá liegt zentral nur einen Block vom Strand entfernt und ist eine der erschwinglicheren Übernachtungsmöglichkeiten im Ort. Zum Hotel gehört auch ein Selbstbedienungsrestaurant.

LP Tipp **Recanto da Pedra** (☎ 3534 1599; www. recantodapedra.com.br; Av Beira Mar 16; EZ/DZ 85/150 R$; ☒ ☏) Das Recanto da Pedra bietet zweifellos das beste Preis-Leistungs-Verhältnis der Stadt. Es liegt malerisch auf Felsen am nördlichen Ende des Strands von Iriri. Viele Zimmer haben Balkone, von denen aus die Gäste aus der Vogelperspektive auf die anmutig gewundene Küstenlinie schauen können. Das angeschlossene Restaurant serviert hervorragendes Essen – es ist einfach toll, hier zu faulenzen und die Schwimmer zu beobachten, wie sie für einen kurzen Drink an der Bar aus dem Wasser auftauchen.

Hotel Pontal das Rochas (☎ 3534 1369; www. pontaldasrochas.com.br; Av Beira Mar s/n; DZ mit/ohne Meeresblick ab 270/325 R$; ☒ ☐ ☏ ☒) An derselbe Stelle wie das Recanto da Pedra befindet sich auch dieses erstklassige Hotel. Es bietet alle erdenklichen Annehmlichkeiten, u. a. ein Panoramarestaurant, eine Sauna und einen Pool, der in die über dem Wasser aufragenden Felsen gebaut wurde.

Restaurante do Português (☎ 3534 1222; Rua Alpoim Dom Helvecio 558; Hauptgerichte ab 18 R$; ☺ 11–19 Uhr) In dem bodenständigen, schönen, mit blau-weißen Kacheln dekorierten Lokal werden großzügige Portionen leckerer Meeresfrüchte aufgetischt. Es findet sich einen halben Block vom Strand entfernt.

Ubu
☎ 0xx28

Ubu ist ein schläfriges Küstenstädtchen 9 km nördlich von Anchieta. Der Ort hat einen malerischen Strand mit Felsklippen an einem Ende und der hübschen Statue einer Meerjungfrau in der Mitte. Außerdem ist er das Zuhause eines der besten Restaurants von Espírito Santo.

Die von Schweizern geführte **Pousada Aba Ubu** (☎ 3536 5067; www.abaubu.com.br; Rua Manoel Miranda Garcia; DZ 140–260 R$, 3BZ 165–275 R$; ☒ ☏ ☒) liegt gleich oberhalb vom Strand. Sie bietet einem Pool, eine Sauna, einen Tennisplatz und nette Zimmer, die rings um einen Garten liegen. Die teureren Zimmer haben eine Klimaanlage und WLAN.

Direkt am Wasser befindet sich das **Moqueca do Garcia** (☎ 3536 5050; Av Magno Ribeiro Muqui 17; Hauptgerichte 2 Pers. 54–154 R$; 🕒 10–17 Uhr, 27. Dez.–Karneval bis 24 Uhr), das schon fast ein halbes Jahrhundert im Geschäft ist. Ihrem Ruf als eines der besten Restaurant weit und breit macht es mit seiner erstklassigen Capixaba-Küche alle Ehre. Nicht verpassen!

DAS LANDESINNERE

Wenn man die Küste Espírito Santos verlässt und sich ins bergige Landesinnere begibt, wird die Landschaft immer dramatischer, der Einfluss der Alten Welt immer ausgeprägter und die Temperatur immer geringer. Von Mai bis August ist in dieser Region Hochsaison – dann schwärmen die Brasilianer landeinwärts, um die seltenen Freuden des Winters wie kühle Nächte, Fondue und ein loderndes Feuer zu genießen.

DOMINGOS MARTINS

☎ 0xx27 / 32 000 Ew. / 542 m

Im Hochland der Serra Capixaba liegt die hübsche Stadt mit deutschem Charakter, die von den Einheimischen auch Campinho genannt wird. Sie ist ein guter Ausgangspunkt für die Erkundung der nahe gelegenen Wälder, Flüsse und Berge.

Sehenswertes

Touristische Informationen erhalten Besucher in der **Casa da Cultura** (☎ 3268 2550; www.domingos martins.es.gov.br; Av Presidente Vargas 531; Eintritt frei; 🕒 Di–Fr 8–17, Sa & So 8–12 & 13–17 Uhr), die gegenüber der ersten Bushaltestelle in der Stadt liegt. Man sollte nach Joel Velten fragen, der hervorragend Englisch spricht und zahlreiche Tipps zur Stadt und ihrer Umgebung geben kann. Oben befindet sich ein Museum mit Fotos, Dokumenten und Haushaltsgegenständen, die aus dem Jahr 1847 stammen, als sich die ersten Siedler aus Pommern in dieser Kolonie niederließen. An der gleichen Straße liegt der Hauptplatz der Stadt, ein hübscher Treffpunkt mit Bänken, Bäumen und einer alten lutherischen Kirche.

Blumenfreunde sollten das **Instituto Reserva Kautsky** (☎ 3268 2300; www.institutokautsky.org.br; 🕒 nach Vereinbarung) besuchen, das der passionierte Botaniker Roberto Kautsky gegründet hat. Er hat es bei sich zu Hause am südlichen Stadtrand und in diesem Reservat in den Ber-

gen mehr als 100 Orchideenarten kultiviert. Besuche sollten über Cristina Freitosa unter der E-Mail-Adresse assessoria.ik@gmail.com angemeldet werden.

Festivals & Events

Jedes Jahr in der zweiten Julihälfte findet das **Festival Internacional de Inverno** (www.festivaldei nverno.es.gov.br) statt, ein zehntägiges Treffen brasilianischer und internationaler Musiker, die tagsüber Unterricht geben und abends bei Konzerten auf dem Hauptplatz der Stadt auftreten.

Schlafen & Essen

Hotel e Restaurante Imperador (☎ 3268 1115; hotel imperador@gmail.com; Av Senador Jefferson de Aguiar 275; EZ/DZ Mo–Fr 43/75 R$; Sa & So 75/135 R$; 🛜 🖳) Direkt gegenüber der lutherischen Kirche am Hauptplatz liegt das Imperador, ein älteres Hotel in traditioneller deutscher Architektur. In dem Hotel mit Pool und Sauna finden sich noch Relikte eines schrulligen Charmes. Leider sind auch die Sanitärinstallationen antiquiert, bevor man sich für ein Zimmer entscheidet, sollte man darum mal „hineinschnuppern".

Pousada Germânia (☎ 3268 2046; pousadagermania. blogspot.com; Rua de Lazer 204; Zi. 100 R$) Das reizende kleine Privathaus sieht aus, als wäre es geradewegs aus den Alpen hierher versetzt worden. Es liegt ein wenig versteckt unweit der Hauptfußgängerzone.

Sabor Café Expresso (☎ 3268 3263; Rua de Lazer 54; Kaffee & Strudel 6 R$, Mahlzeiten zum Festpreis 9 R$; 🕒 9.30–22 Uhr) Die Spezialitäten dieses belebten Straßencafés im Herzen der Fußgängerzone sind hausgemachter Strudel, Kuchen und heiße Schokolade mit Schlagsahne. Außerdem gibt es preiswerte Mahlzeiten.

Choperia Fritz Frida (☎ 3268 1808; Av Presidente Vargas 782; Hauptgerichte ab 18 R$; 🕒 Mi–Mo 17–22 Uhr) Gegenüber vom Hauptplatz liegt dieses halb aus Holz errichtete Gebäude mit Tischen und Stühlen im Freien. Hier gibt es Pizza, Bier und Klassiker der guten altdeutschen Küche.

An- & Weiterreise

Zehn Busse täglich machen sich von Montag bis Samstag auf den 42 km langen Weg von Vitória zum **Busbahnhof** (☎ 3268 1243; Rua Bernardino Monteiro) von Domingos Martins; sonntags sind es acht. Auch alle Busse zwischen Vitória und Belo Horizonte stoppen auf Wunsch an der Hauptstraße direkt vor dem Eingangstor zur Stadt; von hier aus kann man für

die letzten 3 km zum Hauptplatz ein **Taxi**
(☎ 9928 3893) rufen. Die Fahrt kostet 10 R$.

RUND UM DOMINGOS MARTINS
Parque Estadual da Pedra Azul

Die Busse von Vitória nach Belo Horizonte
halten an der 500 m hohen Pedra Azul. Der
Berg ist der beste Grund für einen Abstecher
ins Landesinnere. Er befindet sich 50 km
westlich von Domingos Martins am Hwy
BR-262. Der Furcht einflößende, vom Moos
bläulich gefärbte Fels ist der Mittelpunkt des
Staatsparks (☎ 3248 1156; Eintritt frei; ⏱ 8–17.30 Uhr).
Ranger zeigen Wanderern den Weg zu den
neun **natürlichen Pools** des Parks. Auf der
mittelschweren Wanderung hat man einen
großartigen Blick auf die Pedra Azul und die
Wälder und das Ackerland der Gegend. Man
sollte Badeklamotten mitnehmen und festes
Schuhwerk anlegen – es gibt einen kurzen
Abschnitt, auf dem man mithilfe von Seilen
eine steile Felswand erklimmen muss. Die
Wanderung dauert drei Stunden (hin & zurück) und muss an Wochentagen im Voraus
gebucht werden; an den Wochenenden bricht
man um 9 und 13.30 Uhr auf, an Wochentagen kann man die Startzeit nach Lust und
Laune vereinbaren. Achtung: Es ist nicht
mehr erlaubt, auf eigene Faust im Park zu
klettern und zu campen!

Die **Fjordland Cavalgada Ecológica** (☎ 3248 0054;
cavalgadapedraazul.com.br, 20–100 Min. Ausritt 20/50 R$)
leitet Reitausflüge auf den Rücken schöner
norwegischer Fjordpferde rund um die Pedra
Azul.

SCHLAFEN & ESSEN

In der Gegend gibt es etliche schicke Resorthotels, viele von ihnen bieten Vollpension an.

Pousada Peterle (☎ 3248 1171; www.pousada
peterle.com.br, portugiesisch; Hwy BR-262, bei Km 88; EZ/DZ
mit HP ab 155/170 R$, 🛜 🖥) Die 2 km unterhalb
des Parkeingangs gelegene Pousada Peterle
hat attraktive Holzhütten mit Kamin und
Balkon. An den Wochenenden steigen die
Preise; oft gibt es einen Mindestaufenthalt von
zwei Nächten.

Pousada Pedra Azul (☎ 3334 2420; www.pousada
pedraazul.com.br; Rota do Lagarto,bei Km 1,5; DZ mit VP
402 R$; 🛜 🖥) Die Pousada der Spitzenklasse,
die in einem hübschen Garten nur 500 m vom
Hauptquartier des Parks liegt, ist eine der ältesten der Region. Der brasilianische Architekt Zanine entwarf das vorwiegend aus Ziegeln und Holz errichtete Haus mit Balkons
im Alpenstil und pagodenähnlichen Dächern.
Es punktet mit Annehmlichkeiten wie einem
Pool, einer Sauna, Tennisplätzen, einem See
und einem Wasserfall. Die hohen und sehr
geräumigen Zimmer warten mit großen Ba-
dewannen und bequemen Sesseln auf.

LP Tipp **Valsugana** (☎ 3248 1126; Abzweigung von
Hwy BR-262 bei Km 89,5; Hauptgerichte 24–40 R$, ⏱ Sa &
So mittags, ganzjährig Sa abends, April–Sept. Fr & Sa abends)
Dank der herzhaften italienischen Küche und
der grandiosen Aussichten auf die Pedra Azul
ist das Valsugana eines der nettesten Restaurants der Gegend. Die einfallsreichen Gerichte werden aus frischen Produkte aus der
Region zubereitet, die Weinkarte ist hervorragend.

AN- & WEITERREISE

Busse von Aguia Branca fahren 2 km ins
Parkinnere. In Vitória kauft man eine Fahr-
karte nach Fazenda do Estado (17 R$, 2 Std.,
11-mal tgl., 5–22.30 Uhr) und bittet den
Fahrer, bei Kilometer 88 anzuhalten. Diese
Bushaltestelle befindet sich direkt gegenüber
von der Pousada und dem Restaurant Peterle.
Von hier geht es zu Fuß auf der Rota do
Lagarto, einer hübschen, kurvenreichen
Kopfsteinpflasterstraße, 2 km hinauf bis zum
Parkeingang.

ESPIRITO SANTO

Minas Gerais

Geografisch in unmittelbarer Nähe zu Rio de Janeiro und São Paulo gelegen, aber mit einer völlig eigenständigen Kultur, lässt sich Minas Gerais (Minas) leicht erreichen, aber nur schwer wieder verlassen. Die Menschen gehören zu den freundlichsten in Brasilien, das Essen ist toll, die Naturlandschaft ist spektakulär, und es gibt dort eine Vielzahl schöner historischer Bauwerke, mehr als sonst irgendwo in Brasilien.

Im frühen 18. Jh. schossen Kolonialstädte wie Ouro Prêto, Mariana und Diamantina an der Goldstraße aus dem Boden, die Minas mit der Küste verbindet. Die großen Mineralienvorkommen brachten Minas bald eigenen kulturellen und architektonischen Reichtum. Minas ist der Geburtsort von Tiradentes, Anführer der ersten großen Unabhängigkeitsbewegung Brasiliens, und von Aleijadinho, einem großartigen Barockkünstler. In den 1890er-Jahren als erste geplante Stadt Brasiliens erbaut, kann man Belo Horizontes Offenheit für Innovation noch heute in Oscar Niemeyers kühnem Design der Gebäude aus den 1940er-Jahren und der heutigen boomenden Kunstszene erkennen.

Obwohl die Naturwunder von Minas eher wenig Beachtung finden, gibt es hier einige beeindruckende Landschaften, Tiere und Pflanzen. 2005 wurde der Serra do Espinhaço wegen seiner Artenvielfalt als Brasiliens jüngstes Unesco-Biosphärenreservat anerkannt. Zwar fehlen hier die Strände, aber dies gleichen die Mineiros (Einwohner von Minas) durch tolles Essen und Trinken aus. Käse und *cachaça* (ein Zuckerrohrschnaps) aus Minas gelten als die besten in Brasilien. Gerichte werden oft auf dem *fogão à lenha*, einem traditionellen Ofen gekocht, und die Gastfreundschaft ist ebenso großartig wie das Essen.

MINAS GERAIS

HIGHLIGHTS

- ■ Durch malerische Kopfsteinpflasterstraßen schlendern und die barocken Architekturwunder von **Ouro Prêto** (S. 268) bestaunen

- ■ In Tiradentes in einen historischen **Maria-Fumaça**-Dampfzug (S. 282) steigen

- ■ Die 2892 m des dritthöchsten Bergs Brasiliens, dem Pico da Bandeira, im **Parque Nacional de Caparaó** (S. 298) erklimmen

- ■ Im Sternenlicht dem Auftritt der Mähnenwölfe beim alten Kloster im **Parque Natural do Caraça** (S. 293) entgegenfiebern

- ■ In den 16 Galerien für zeitgenössische Kunst im **Centro de Arte Contemporânea Inhotim** (S. 264), nahe Brumadinho, die eigene künstlerische Ader entdecken

- ■ Einwohner: 20 Mio.
- ■ Fläche: 586 528 km²

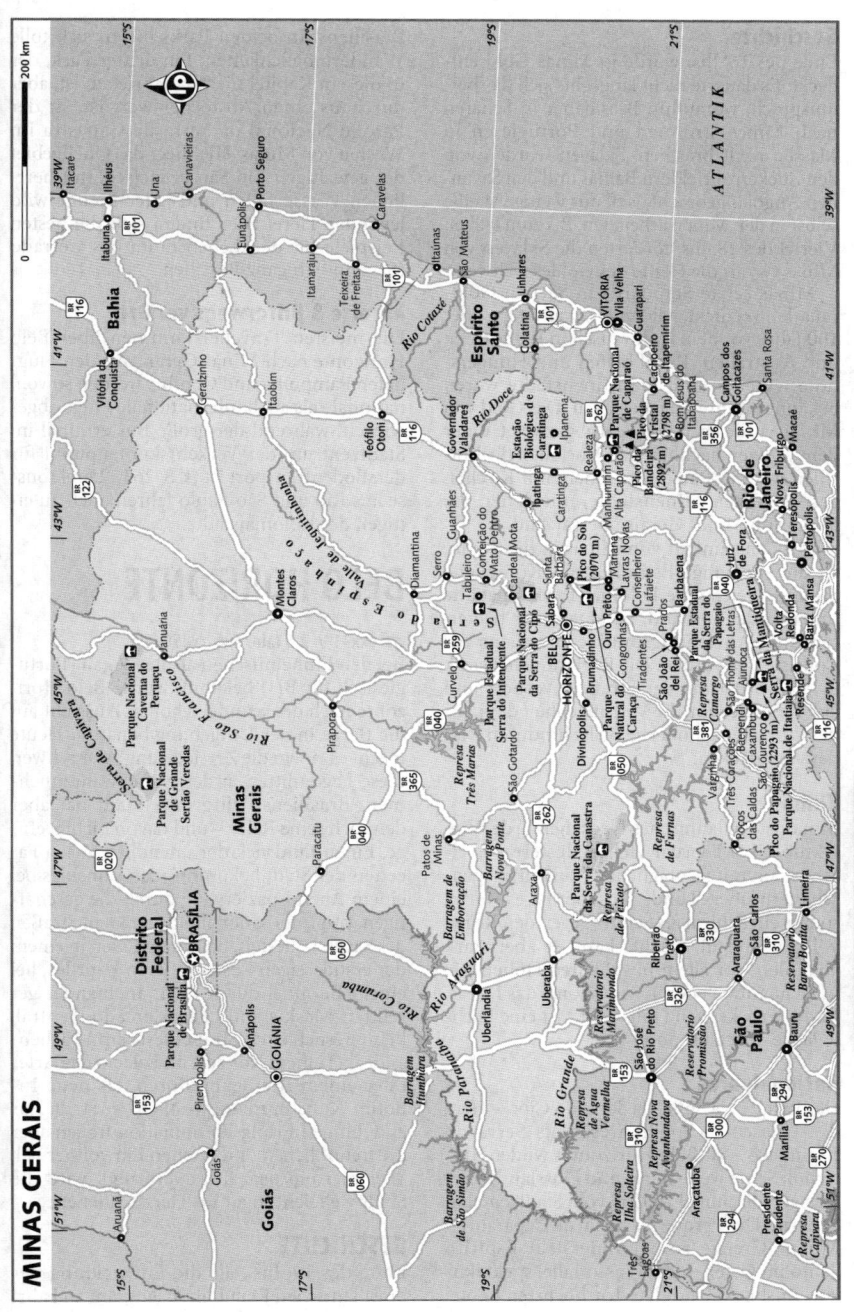

MINAS GERAIS

Geschichte

Ende des 16. Jhs. wurde in Minas Gold entdeckt. Es dauerte nicht lange, bis sich das herumsprach, woraufhin Brasilianer in Scharen nach Minas strömten und Portugiesen in Massen nach Brasilien. Sklaven wurden von den Zuckerrohrfeldern Bahias und den Savannen Angolas gebracht, weil nur wenige Weiße selbst in den Minen arbeiteten. Bis zum letzten Viertel des 18. Jhs. förderten die Sklaven von Minas Gerais die Hälfte des Goldes weltweit.

Minas setzte Standards in Sachen Goldrausch – verrückt, wild und gewalttätig – über 100 Jahre vor dem Goldrausch in Kalifornien und Australien. Krankheiten und Hungersnöte wüteten, und die Minenstädte waren bekannt für ihre Zügellosigkeit. Das Gold von Minas wurde nach Portugal abgezweigt; unter den wenigen nachhaltigen Vorteilen für Brasilien war der Bau der schönen, mit Kirchen gesprenkelten Minenstädte, mit denen die Berge von Minas Gerais übersät sind.

Mit dem Eintritt von Minas in das 21. Jh. ist die ehemalige Estrada Real (Königliche Straße), welche die kolonialen Minenstädte miteinander verband, zu einem der bedeutendsten Anziehungspunkten Brasiliens für Touristen geworden. Die Regierung hat stark in die Förderung der Straße investiert und lädt Besucher ein, die Vergangenheit des Landes durch eine moderne Brille hindurch wiederzuentdecken.

Klima

Minas ist ein launisches Fleckchen Erde. Von Oktober bis Februar ziehen düstere Nebelschwaden mit fast täglichen (kurzen) Regenschauern übers Land. Tagsüber ist es warm, sodass ein Schirm als Schutz gegen den Regen völlig ausreicht. Nachts kann es aber stark abkühlen, vor allem in größeren Höhen wie in Diamantina oder in São Thomé das Letras. In der Trockenzeit (Juli–Sept.) ist eine leichte Jacke durchaus nötig.

Nationalparks

Der Parque Nacional da Serra do Cipó – Herz des Unesco-Biosphärenreservats Serra do Espinhaço – ist Belo Horizontes wilder Hinterhof. Seine weite Berg- und Flusslandschaft liegt gerade einmal 100 km vom Stadtzentrum entfernt. Der Parque Nacional de Caparaó, an Minas' Grenze zum Bundesstaat Espírito Santo im Osten, birgt Wasserfälle, spektakuläre Ausblicke und den dritthöchsten Gipfel

Brasiliens. In beiden Parks bieten sich tolle Wandermöglichkeiten. Ein dritter Park, der in diesem Kapitel nicht beschrieben ist, aber durchaus einen Abstecher wert ist, ist der Parque Nacional da Serra da Canastra im Westen von Minas. Hier liegt das Quellgebiet des gewaltigen Rio São Francisco, mit herrlichen Wasserfällen und jeder Menge wild lebender Tiere. Hier finden sich die besten Beispiele für den Lebensraum des Cerrado (Savanne) in ganz Brasilien.

Anreise & Unterwegs vor Ort

Die meisten Traveller kommen über Belo Horizonte nach Minas Gerais. An den Flughäfen Pampulha und Confins werden sowohl nationale als auch internationale Flüge abgewickelt, während der große Busterminal im Stadtzentrum der Verkehrsknotenpunkt für den Bodentransport ist (s. S. 263). Direktbusse aus Rio und São Paulo fahren auch zu einigen der Kolonialstädte.

BELO HORIZONTE

☎ 0xx31 / 2,5 Mio. Ew. / 858 m

Bei den Einheimischen als Bey-Agah (Portugiesisch für BH) bekannt, wurde Belo Horizonte nach der wunderschönen Aussicht auf die Berge in der Umgebung benannt. Heute macht es einem die Zersiedelung zwar schwer, diese Lage mitten in der Natur wahrzunehmen, Brasiliens drittgrößte Stadt hat aber dennoch seine Reize – und davon nicht wenige. Einen Eindruck der unendlich vielen Facetten der Stadt bekommt man samstags bei einem Abendspaziergang durch die geschäftigen, von Internationalität geprägten Straßen des Savassi-Viertels, bei einem Essen in einem der erstklassigen Restaurants in Lourdes, bei einem Bummel durch dicht aneinander gereihten Marktstände des Mercado Central, beim Besuch eines Straßenfests am Wochenende, bei einem Konzert im Palácio das Artes oder einem Rundgang durch das neue Inhotim-Kunstmuseum westlich der Stadt. Zur endgültigen Erfolgskombination tragen aber die freundlichen und offenen Einwohner bei. Wer hier ein paar Tage verbringt, wird die Stadt vielleicht sogar ins Herz schließen.

GESCHICHTE

Ende des 19. Jhs., als die Entwicklung der brasilianischen Republik so langsam an Fahrt

BELO HORIZONTE ZENTRUM

0 ▭▭▭ 400 m

PRAKTISCHES
Banco do Brasil	**1**	B3
Belotur Mercado Central	**2**	A3
Belotur Mercado das Flores	**3**	C3
Belotur Rodoviária	**4**	B1

Bradesco	**5**	C3
Café com Letras	(siehe 35)	
HSBC	**6**	C3
Laundromat	**7**	C4
Livraria Mineriana	**8**	C6
Hauptpost	**9**	C3
Pró Terra	**10**	B3

SEHENSWERTES & AKTIVITÄTEN
Circuito Cultural Praça da Liberdade	**11**	B5
Museu de Artes e Ofícios	**12**	C2
Museu Histórico Abílio Barreto	**13**	A6
Parque Municipal	**14**	C3

SCHLAFEN
Boulevard Express	**15**	B6
Hotel Ibis	**16**	B4
Hotel Metrópole	**17**	C3
Hotel São Bento	**18**	A2
Hotel Wimbledon	**19**	B2
Liberty Palace Hotel	**20**	C6
Othon Palace	**21**	C3
Pousadinha Mineira	**22**	B2

ESSEN
A Favorita	**23**	A4
Baiana do Acarajé	**24**	C6
Bar Tizé	**25**	A5
Café da Travessa	**26**	C5
Café Kahlúa Tabacaria	**27**	B3
Casa Cheia	**28**	B3
Dona Lucinha II	**29**	C5
Frau Bondan	**30**	B4
Marília Pizzeria	**31**	A5
Restaurante Atlântico	**32**	A4
Restaurante do Minas Tenis Clube	**33**	B5

UNTERHALTUNG
A Obra	**34**	C5
Café com Letras	**35**	B6
Cineclube Savassi	**36**	B6
Mary in Hell	**37**	D6
Palácio das Artes	**38**	C3
Velvet Club	**39**	B6

SHOPPEN
Centro de Artesanato Mineiro	**40**	C3
Feira de Arte e Artesanato	**41**	C3
Mercado Central	**42**	A3

TRANSPORT
Busbahnhof	**43**	B1
Busse nach Pampulha	**44**	B2
Terminal Alvares Cabral	**45**	B4

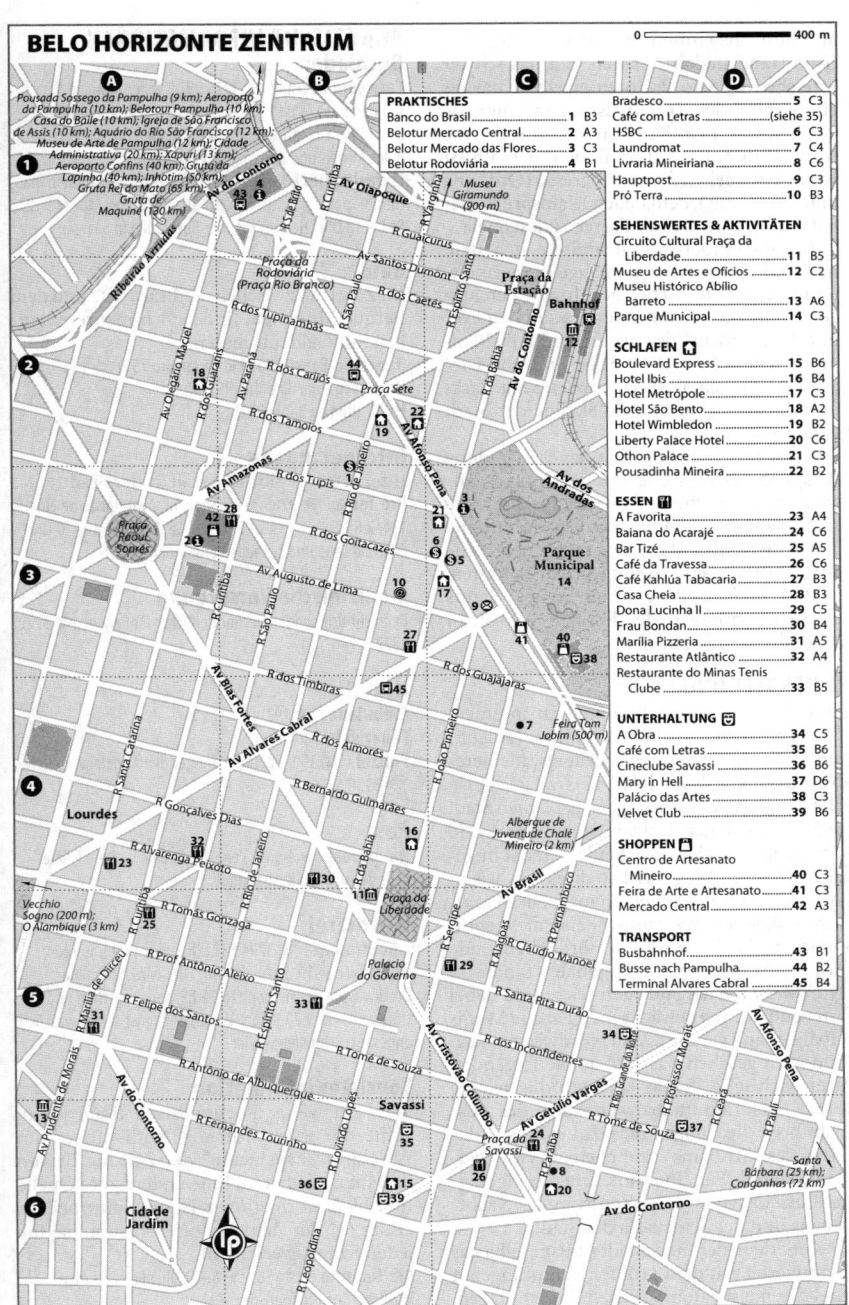

MINAS GERAIS

aufnahm, begannen Mineiros damit, eine neue Hauptstadt zu planen, um das schwer erreichbare Ouro Prêto zu ersetzen, das als ein Symbol des Kolonialismus in Ungnade gefallen war. Belo Horizonte schoss als eine Jugendstilstadt aus dem Boden, beeinflusst vom Geiste des Ordem e Progresso (Ordnung und Fortschritt), dem neuen Wahlspruch, der auf der brasilianischen Flagge zu lesen war.

In den 1940er-Jahren breitete sich Belo nach Norden aus. Der damalige Bürgermeister Juscelino Kubitschek beauftragte den jungen Architekturabsolventen Oscar Niemeyer mit dem Entwurf des neuen Stadtteils Pampulha. Diese beiden Männer sind überwiegend für die weiten Alleen, großen Seen, Parks und die alles überragende Skyline der Stadt verantwortlich.

Auch über 100 Jahre nach seiner Gründung versprüht Belo weiterhin die junge, ansteckende Energie einer Gemeinschaft, die sich stets neu erfindet. Dazu gehören eine ganze Reihe neuer Gebäude und Museen, die allein 2010 neu eingeweiht wurden (s. Kasten, S. 260). Zudem gibt Belo mit seinem Status als Austragungsort der Fußball-WM 2014 schon heute mächtig an.

ORIENTIERUNG

Das Zentrum Belo Horizontes ist in einem Gitternetz von großen Avenidas (Alleen) angeordnet, über das ein weiteres, kleineres Netz in einem Winkel von 45 Grad gelegt ist. Die Grenzen der ursprünglich geplanten Stadt werden von einer Ringstraße namens Av do Contorno markiert. Die Stadt ist recht hügelig, sodass ein Weg nicht so direkt ist, wie er auf dem Stadtplan scheinen mag. Die Hauptachse bildet die Av Afonso Pena, die, beginnend am Busbahnhof am nördlichen Ende des Zentrums, in einer diagonalen Linie von Nordwesten nach Südosten reicht und dabei am von Bäumen bewachsenen Parque Municipal entlang verläuft. Von Nordwesten nach Südosten gesehen passiert sie die folgenden drei wichtigen Praças (Plätze): die belebte Praça Sete, unmittelbar südöstlich des Busbahnhofs; die ruhige Praça da Liberdade, das Herz des Museums- und ehemaligen Regierungsviertels Funcionarios; und die angesagte Praça da Savassi, das Zentrum des Nachtlebens und der Schickeria der Stadt.

Außerhalb der Innenstadt ist Pampulha das Stadtviertel mit dem größten Kulturangebot und den meisten touristischen Einrichtungen.

PRAKTISCHE INFORMATIONEN
Buchläden
Café com Letras (☎ 3225 9973; Rua Antônio de Albuquerque 781; ☺ Mo–Do 12–24, Fr & Sa bis 1, So 6–23 Uhr) Eine Mischung aus Buchladen und Café; tief in Belos Musik- und Kunstszene verwurzelt.

Livraria Mineiriana (☎ 3223 8092; www.mineiriana. com.br, portugiesisch; Rua Paraíba 1419; ☺ Mo–Fr 9–22, Sa bis 18 Uhr) Hervorragender Buchladen in Savassi.

Geld
Im Zentrum zwischen der Praça Sete und dem Parque Municipal finden sich mehrere Banken mit Geldautomaten.

Banco do Brasil (Rua Rio de Janeiro 750)
Bradesco (Rua da Bahia 951)
HSBC (Rua da Bahia 932)

Internetzugang
Internetcafés gibt's überall in der Stadt.
Pró Terra (☎ 3785 3775; Shop 12, Av Augusto de Lima 134; 2 R$/Std.; ☺ Mo–Fr 8–23, Sa 9–22, So 14–20 Uhr) Zentrale Lage und schnelle Verbindung; Skype.

Medizinische Versorgung
Bei nicht dringenden gesundheitlichen Anliegen: ☎ 3222 3322.

Notfall
Ambulanz (☎ 192)
Feuerwehr (☎ 193)
Polizei (☎ 190) Bei nicht dringenden Angelegenheiten: ☎ 3330 5200.

Post
Hauptpost (Av Afonso Pena 1270) Eine weitere Filiale befindet sich am Busbahnhof.

Wäscherei
Laundromat (☎ 3224 5383; Rua dos Timbiras 1264; ☺ Mo–Fr 8–19, Sa bis 14 Uhr) Hier wird einem die Dreckwäsche gewaschen (26,75 R$/Korb, waschen und trocknen). Für 9,25 R$ pro Waschladung ist selber waschen angesagt. Schneller Service.

Touristeninformation
Wer ein wenig Portugiesisch lesen kann, sollte die wöchentlichen Auflistungen im Abschnitt „Espetáculo" der Zeitung Estado de Minas studieren. Eine andere gute Quelle für Lokalinformationen ist die Kulturbeilage „Roteiro" der Zeitung Jornal Pampulha, die jeden Samstag erscheint.
Alô Turismo (☎ 156; ☺ 8–22 Uhr) Beloturs Auskunftshotline für Touristen.

Belotur (☎ 3277 9731; belotur@pbh.gov.br) Belo Horizontes städtische Touristeninformation ist eine der besten in Brasilien. Die verschiedenen Geschäftsstellen vertreiben den kostenlosen Guia Turístico, einen besonders nützlichen dreisprachigen Führer (Englisch, Spanisch, Portugiesisch), der die Restaurants, Museen, kulturellen Ereignisse und anderen Touristenattraktionen der Stadt katalogisiert, zusammen mit Angaben darüber, wie man mit den örtlichen Bussen dorthin gelangt. Der Guia Turístico beinhaltet außerdem einen Stadtplan, Informationen über Flug- und Buslinien und alles andere, was man schon immer über Belo wissen wollte, aber nie zu fragen wagte. Zu den Standorten im Stadtgebiet gehören z. B.: Belotur Flughafen Confins (☎ 3689 2557; ☽ 8–18 Uhr) am Hauptausgang des Flughafens, außerhalb der Gepäckausgabe; Belotur Mercado Central (☎ 32749434; ☽ Mo–Sa 9–16, So 8–13 Uhr) im Erdgeschoss der berühmten Markthalle von Belo; Belotur Mercado das Flores (☎ 3277 7666; Av Afonso Pena 1055; ☽ Mo–Fr 8.30–18.30, Sa & So 8–15 Uhr) beim Blumenmarkt am Rand des Parque Municipal; Belotur Pampulha (☎ 3277 9987; Av Otacílio Negrão de Lima 855; ☽ Di–So 8–17 Uhr) in der nördlichen Vorstadt von Pampulha; Belotur Rodoviária (☎ 3277 6907; Praça Rio Branco; ☽ 8–18 Uhr) im Busbahnhof.

GEFAHREN & ÄRGERNISSE

Es gibt wahrlich gefährlichere Orte auf der Welt als Belo Horizonte, aber wie in jeder Großstadt sollte man sich vor Taschendieben in Acht nehmen, besonders in der Nähe des Busbahnhofs.

SEHENSWERTES

Einer der anziehendsten Punkte in Belo ist der **Parque Municipal**, ein gewaltiges Meer aus tropischem Grün mit künstlichen Seen und gewundenen Pfaden, nur 10 Minuten südöstlich des Busbahnhofs entlang der Av Afonso Pena. Am meisten Spaß macht es am Sonntag, wenn jedermann dort umherflaniert und sich unter die Leute mischt.

Im kostenlosen **Museu Histórico Abílio Barreto** (☎ 3277 8861; Av Prudente de Morais 202, Cidade Jardim; ☽ Di–So 10–17, Do bis 21 Uhr) nur ein wenig südwestlich von Savassi, wird ein renoviertes koloniales Bauernhaus ausgestellt, das einzige Überbleibsel der ländlichen Ortschaft Curral del Rey. Diese wurde in den 1890er-Jahren zerstört, um für Belo Platz zu schaffen. Es gibt hier einige faszinierende historische Fotografien und andere Kleinigkeiten.

Im neuen **Museu de Artes e Ofícios** (☎ 3248 8600; www.mao.com.br; Praça Rui Barbosa; Eintritt 4 R$, Sa freier Eintritt; ☽ Di–Fr 12–19, Sa & So 11–17 Uhr) in Belos historischem Bahnhof ist eine breit gefächerte Sammlung von früher oder heute von den Mineiros verwendeten Objekten untergebracht. Es gibt erklärende Tafeln in Englisch neben den Ausstellungsstücken.

Das **Museu Giramundo** (☎ 3446 0686; www.giramundo.org; Rua Varginha 245, Floresta; Eintritt 6 R$, unter 12 Jahren/über 60 Jahren/Studenten 3 R$; ☽ Di–Fr 9–12, 13–17 Uhr) bietet eine fantastische Ausstellung von über 400 Marionetten aus Aufführungen des international gefeierten, in Belo ansässigen Teatro Giramundo.

Fans des modernistischen Architekten Oscar Niemeyer werden seine rund um einen riesigen künstlichen See verstreuten Schöpfungen im Pampulha-Bezirk nördlich des Stadtzentrums nicht versäumen wollen. Die **Igreja de São Francisco de Assis** (☎ 3427 1644; Av Otacílio Negrão de Lima s/n; Eintritt 2 R$; ☽ Di–Sa 9–17, So 12–16 Uhr) ist ein architektonischer Genuss, und die Malereien von Portinari sind wunderschön.

Das **Museu de Arte de Pampulha** (☎ 3277 7946; Av Otacílio Negrão de Lima 16585; Eintritt frei; ☽ Di–So 9–19 Uhr) ist mit seinem hübschen, von dem Landschaftsarchitekten Roberto Burle Marx entworfenen Garten ebenfalls einen Blick wert. Es war als Kasino geplant und zeigt den eindeutig modernistischen Einfluss von Le Corbusier. In der **Casa do Baile** (☎ 3277 7443; Av Otacílio Negrão de Lima 751; Eintritt frei; ☽ Di–So 9–19 Uhr), einem ehemaligen Ballsaal, finden nun alle Arten von Ausstellungen zeitgenössischer Kunst statt. Das reizvolle integrierte Café ist ein toller Ort, um eine Pause einzulegen.

Ebenfalls in Pampulha befindet sich das brandneue **Aquário do Rio São Francisco** (☎ 3277 7100; Av Otacílio Negrão de Lima 8000; Eintritt 9 R$, inkl. Eintritt zum benachbarten Zoo; ☽ Di–So 9–16 Uhr), Basiliens größtes Süßwasseraquarium. Im März 2010 eröffnet, zeigt es einheimische Fische aus Brasiliens 2830 km langem Fluss São Francisco.

SCHLAFEN
Budgetunterkünfte

Pousadinha Mineira (☎ 3423 4105; www.pousadinhamineira.com.br; Rua Espírito Santo 604; B 20 R$) Groß und anonym, aber in praktischer Lage nahe beim Busbahnhof und dem Parque Municipal. Die Schlafsäle dieses Hostels haben bis zu 20 Betten und bieten insgesamt Platz für bis zu 200 Leute. Extras wie Handtücher, Schließfächer und Ähnliches werden separat berechnet.

Albergue de Juventude Chalé Mineiro (☎ 3467 1576; www.chalemineirohostel.com.br; Rua Santa Luzia 288; B HI-Mitglied/Nichtmitglied 20/25 R$, EZ mit/ohne Bad

RAUS MIT DER REGIERUNG, REIN MIT DEN MUSEEN

Im Moment wird Belo Horizonte in großem Maße neu gestaltet. Dies ist der Höhepunkt eines ehrgeizigen Plans, die Regierung aus ihren uralten Fassaden mitten in der Stadt an der Praça da Liberdade herauszuholen, und sie in die zu diesem Zwecke errichteten Cidade Administrativa zu verlagern, eine eigenständige „Stadt" 20 km nördlich des Zentrums am MG-010-Highway, der zum Flughafen Confins führt. Der futuristische Komplex – offizielle Aufnahme des Betriebs war am 4. März 2010 – besteht aus fünf Gebäuden, die Büroräume für 16 000 Menschen zur Verfügung stellen. Sie wurden alle vom Jahrhundertarchitekten Oscar Niemeyer geplant. Größter Blickfang ist dabei der Palácio Tiradentes, ein gigantisches, frei schwingendes Gebäude, dessen Mittelteil von über 100 Stahlseilen gehalten wird.

Der Umzug der Regierung hat im Zentrum der Stadt eine Menge leer stehender Gebäude zurückgelassen. Glücklicherweise füllt eine Welle neuer Museen die leeren Mauern. Mitte 2010 haben gleich zwei neue Museen eröffnet: Das fünfstöckige **Espaço TIM** (☎ 3272 9584; www.circuito culturalliberdade.mg.gov.br, portugiesisch; ◐ Di–So 11–16 Uhr; Eintritt frei), das im oberen Stock ein Planetarium beherbergt, und das **Museu das Minas e do Metal** (☎ 9103 7608; www.mmm.org.br, portugiesisch; ◐ Di–So 12–18 Uhr; Eintritt frei), das auf den Spuren der wirtschaftlichen, kulturellen und gesellschaftlichen Geschichte des Bergbaus in der Region wandelt. Mittlerweile sollte auch das dritte geplante Museum – das **Museu do Homem Brasileiro** – seine Tore geöffnet haben. Sobald der aus sechs Museen bestehende Komplex, bekannt als Circuito Cultural Praça da Liberdade, komplett ist, werden ihm auch ein Kunstmuseum, ein Kulturzentrum, ein Café und vieles mehr angehören.

50/35 R$, DZ 70/60 R$; 🖳 🛜 🎮) Zwar ist das Personal dieses 2 km von der Innenstadt entfernten Hostels manchmal etwas mürrisch, die Schlafsäle sind aber ganz anständig. Dorthin gelangt man mit Bus 9801, der nahe dem Busbahnhof abfährt. Der zentrale Swimmingpool ist ein netter Bonus in der sonst sehr nüchternen Unterkunft. Frühstück ist im Preis nicht inthalten; auch der Internetzugang kostet extra.

Mittel- & Spitzenklassehotels

Hotel São Bento (☎ 3271 3399; www.hotelsaobento.com. br; Rua dos Guaranis 438; EZ/DZ/3BZ mit Ventilator ab 66/94/126 R$, EZ/DZ/3BZ/4BZ mit Klimaanlage 92/121/156/ 190 R$; 🎮 🛜) Ein paar Blocks südlich des Busbahnhofs liegt dieses Hotel, das eines der besten Preis-Leistungs-Verhältnisse in der Innenstadt bietet – wenn man nicht gerade in einem der beengend kleinen Zimmer im Inneren, mit Fenstern zum Flur hin landet.

Hotel Metrópole (☎ 3273 1544; www.hotelmetropo lebh.com.br; Rua da Bahia 1023; EZ/DZ/3BZ mit Ventilator 116/155/213 R$, EZ/DZ mit Klimaanlage 145/194 R$; 🎮 🛜) Nur einen kurzen Fußmarsch vom Parque Municipal entfernt, befindet sich dieses allmählich verblassende Art-déco-Gebäude mit komfortablen Zimmern und freundlichem Personal. Wer nicht unbedingt auf Straßenlärm steht, sollte um ein Zimmer mit Veranda zur ruhigeren Rua Goiás hin bitten. In allen Zimmern gibt's eine Minibar und kostenloses

WLAN; die neueren habe auch renovierte Bäder, Flachbild-TVs und Klimaanlage.

Pousada Sossego da Pampulha (☎ 3439 3250; www. sossegodapampulha.com.br; Av José Dias Bicalho 1258, Pampulha; EZ/DZ/3BZ/4BZ mit Ventilator 130/160/205/250 R$, mit Klimaanlage 150/184/225/275 R$; 🖳 🛜 🎮) Diese Pousada (Pension) ist freundlich, sauber, gut geführt und liegt für all jene, die auf dem Flughafen Pampulha landen, recht praktisch. Zu den Annehmlichkeiten gehören ein kleiner Pool und eine Dachterrasse mit Blick auf Belo Horizonte und die Berge. Vom Flughafen aus kostet ein Taxi 10 R$, mit Bus 5401 sind es nur 2,30 R$.

Hotel Wimbledon (☎ 3222 6160; www.wimbledon. com.br; Av Afonso Pena 772; EZ/DZ 138/158 R$, Suite 244/292 R$; 🎮 🖳 🛜 🎮) Die Atmosphäre in diesem im Zentrum gelegenen Hotel mit Holzböden und mit Teppichen ausgelegten Gängen ist zwar sehr freundlich, die meisten Zimmer sind aber fast genauso eng wie der winzige Pool im 12. Stock. Die besten Standardzimmer liegen an der Vorderseite des Hotels und haben kleine Terrassen. Die Suiten sind mit Sauna und Whirlpool ausgestattet.

Boulevard Express (☎ 3269 7300; www.boulevardex presshotel.com; Rua Sergipe 1415, Savassi; EZ/DZ Wochenende 145/165 R$, unter der Woche 165/195 R$; 🎮 🖳 🛜) Im Herzen von Savassi gelegen, und in Belos Nachtleben Dreh- und Angelpunkt der Restaurant- und Partyszene, ist dieses Hotel eine erstklassige Wahl unter den Mittelklasseoptionen. Einige der großen, komfortablen Zimmer haben einen Zugang für Rollstühle und viele sind rauchfrei.

Hotel Ibis (☎ 2111 1500; www.ibis.com.br; Rua João Pinheiro 602, Lourdes; Zi. 149 R$; ⊠ 🖵 🛜) Auf halbem Weg zwischen der Innenstadt und Savassi und nur ein paar wenige Schritte von der mit Bäumen begrünten Praça da Liberdade entfernt, hat dieses günstige Hotel der Ibis-Kette komfortable aber unspektakuläre Zimmer zu bieten. Hinter einem hübschen Stadthaus erhebt sich das hässliche Hochhaus, in dem das Hotel untergebracht ist. Extra bezahlen muss man das Frühstück (optional, 11 R$) und den Internetzugang (7/12 R$ pro Stunde/Tag).

Othon Palace (☎ 2126 0000; www.othon.com.br; Av Afonso Pena 1050; Standard/Deluxe Zi. 190/260 R$; ⊠ 🖵 🛜 🐾) Das Viersternehotel hat viele Vorteile, dazu gehören die großartige Lage im Zentrum, das mehrsprachige Personal, die geräumigen Zimmer und der spektakuläre Blick über den Parque Municipal aus den oberen Stockwerken. Die Bar und der Pool auf der Dachterrasse gehören zu den besten der Stadt und sind einen Besuch wert. Verhandeln ist hier absolut angebracht – die Suiten gibt's manchmal zum Preis eines Standardzimmers.

Liberty Palace Hotel (☎ 2121 0900; www.libertypalace.com.br; Rua Paraíba 1465, Savassi; EZ/DZ ab 275/302 R$; ⊠ 🖵 🛜 🐾) Die Marmorböden, Säulen und Kronleuchter der Lobby lassen den Gast schon erahnen, welcher Luxus ihn auf seinem Zimmer erwartet. Es ist das nobelste Hotel in Savassi und hat geräumige Zimmer und große bequeme Betten. Pool, Sauna, Fitnessstudio und ein ausgezeichnetes Restaurant sind Teil des Pakets.

ESSEN

In Belo Horizonte wimmelt es nur so von gutem Essen für jeden Geldbeutel. Einen günstigen Happen findet man am ehesten im Stadtzentrum, während weiter im Süden die Stadtteile Savassi und Lourdes die Epizentren der feinen Gastronomie der Stadt sind. Der Großteil der nicht auf Mineiro-Gerichte spezialisierten Restaurants serviert italienisches Essen – was aber keinesfalls bedeutet, dass man nicht auch eine Vielzahl anderer Geschmacksrichtungen finden kann.

Wer zwischen Mitte April und Mitte Mai hier ist, sollte sich das **Comida-di-Buteco-Festival** (www.comidadibuteco.com.br) nicht entgehen lassen,

bei dem Dutzende kleiner Nachbarschaftskneipen darum wetteifern, das beste Kneipenessen zu zaubern.

Günstig

Zwischen der Praça Sete und der Praça da Liberdade sind Dutzende von *lanchonetes* (Snackbars), *por-kilo*-Restaurants (Restaurants mit Selbstbedienung, in denen das Essen nach Gewicht bezahlt wird) und Fast-Food-Läden zu finden.

Café Kahlúa Tabacaria (☎ 3222 5887; Rua dos Guajajaras 416; Sandwiches 5–7 R$, Kaffeegetränke 3–7 R$; ⏰ Mo–Fr 8–21.30, Sa 10–21 Uhr) Hier wird mehr gebraut als gemahlen. Den ganzen Tag über trifft man in diesem Café eine junge, künstlerisch angehauchte Klientel mit Sandwiches in der Hand. Außerdem gibt's eine große Auswahl an Tees und feinem Tabak.

AUF DIE SCHNELLE

Frau Bondan (☎ 3337 8198; Rua Espírito Santo 1909, Lourdes; ⏰ Mo–Fr 9.30–18, Sa bis 13 Uhr) Paula Bondan hat die Rezepte von ihrer schweizerdeutschen Großmutter übernommen und betreibt eine süße kleine Boutique, die bis oben hin mit hausgemachten Keksen, Gourmetschokolade und anderen Leckerbissen voll gestopft ist.

Mittelteuer

Casa Cheia (☎ 3274 9585; Shop 167, Mercado Central; Tagesgerichte 13–16 R$; ⏰ Mo–Sa 9.30–18, So bis 13 Uhr) Der Name bedeutet „volles Haus" und wer am Wochenende hierher kommt, wird verstehen warum. Die Leute stehen reihenweise für einen Tisch in diesem alteingesessenen Lokal im Mercado Central an, in dem eine Schar von Frauen an einem gewaltigen Herd traditionelle Leibgerichte zubereitet. Zu den *pratos do dia* (Tagesgerichte) am Samstag gehört z. B. *feijoada* (ein Bohnen-Fleisch-Eintopf der mit Reis serviert wird; das brasilianische Nationalgericht) für nur 14,50 R$ – nicht verpassen!

Café da Travessa (☎ 3223 8070; Rua Pernambuco 1286, Savassi; leichte Gerichte 15–22 R$; ⏰ Mo–Fr 11–23, Sa 9–18 Uhr) Günstiges Essen mit einem Hauch vom Flair Savassis gibt's in diesem Straßencafé bei der Praça da Savassi. Ein toller Ort um das einheimische Treiben zu beobachten. Sandwiches, Salate und Pasta sind hervorragend und es wird oft Livemusik gespielt. Am Wochenende wird zum Mittagessen ein Buffet aufgebaut (29,90 R$/kg).

Baiana do Acarajé (☎ 3264 5804; Rua Antônio de Albuquerque 473, Savassi; Acarajé 10–17 R$, Hauptgerichte für

2 Pers. ab 50 R$; ⊗ Di & Mi 18–24, Do–So 12–24 Uhr) Gleich bei der Praça da Savassi gibt's hier ein Stück Bahia zu erleben. Die Spezialität dieses freundlichen, lebhaften und ungezwungenen Bar-Restaurants sind leckere und erschwingliche *acarajé* (mit Krabben gefüllte Bohnen-Kroketten), die neben teureren und gehaltvolleren Gerichten wie *moqueca* (Eintopf mit Meeresfrüchten à la Bahia) verkauft werden.

Restaurante do Minas Tenis Clube (☎ 3516 1310; Rua da Bahia 2244, Lourdes; „All-you-can-eat"-Mittagsbuffet wochentags/am Wochenende 15/28 R$; ⊗ Mo–Sa 11.30–23, So bis 19 Uhr) Die Mischung aus Atmosphäre und Preis ist unter der Woche bei diesem Buffet im Tennisclub von Belo nur schwer zu toppen. Im geräumigen, mit Parkettboden ausgelegten Speisesaal mit Blick über den Pool und die riesige Wasserrutsche hinter dem Gebäude, kann man nach Herzenslust schlemmen.

Bar Tizé (☎ 3337 4374; Rua Curitiba 2205, Lourdes; Snacks 4–15 R$, Hauptgerichte 19–38 R$; ⊗ Mo–Fr 17–1, Sa & So 12–1 Uhr) Seit 1967 zieht diese strategisch gut gelegene Eckkneipe mit ihren auf den großen Gehweg hinausreichenden Tischen die Massen mit Kübeln eiskalten Biers und preisgekrönter *comida di buteco* (Kneipenessen; s. S. 261) an.

Teuer

Belo Horizonte hat eine Fülle von herausragenden Restaurants, viele davon in Savassi und Lourdes.

Marília Pizzeria (☎ 3275 2027; Rua Marília de Dirceu 189, Lourdes; Pizza ab 26 R$; ⊗ So–Mi 18–24, Do–Sa bis 1 Uhr) Das Marília verfügt über eine angesagte und jugendliche Atmosphäre und wird regelmäßig zu einer der besten Pizzerias in Belo Horizonte gekürt.

LP Tipp **Xapuri** (☎ 3496 6198; Rua Mandacaru 260, Pampulha; Hauptgerichte 35–50 R$/Pers.; ⊗ Di–Do 12–23, Fr & Sa bis 2, So bis 18 Uhr) Eine Institution in der Stadt! An Picknicktischen und unter einem Reetdach werden hier fabelhafte Mineiro-Gerichte serviert. Hängematten sind auch in Reichweite – zur Unterhaltung der Kinder vor dem Essen oder für die Entspannung danach. Vorn lodert ein traditioneller Holzofen, während in zwei langen Vitrinen farbenfrohe Mineiro-Desserts ausgestellt werden.

A Favorita (☎ 3275 2352; Rua Santa Catarina 1235, Lourdes; Gerichte 39–79 R$; ⊗ Mo–Sa 12–1, So bis 24 Uhr) In diesem stilvollen Restaurant ist alles erstklassig. Es stehen gegrilltes Fleisch, maßlose Desserts und hausgemachte Pasta wie z. B.

Tagliatelle mit Shrimps, Spargel und sizilianischer Zitronencreme auf der Speisekarte.

Restaurante Atlântico (☎ 3275 3384; Rua São Paulo 1984, Lourdes; Hauptgerichte ab 39 R$; ⊗ Mo–Do 18–24, Fr & Sa 12–1, So 12–18 Uhr) Die rauchige Luft hier ist mit wunderbaren Aromen gespickt und die Ecklage im Freien versprüht die Atmosphäre einer Pariser Brasserie. Empfehlenswert sind der einfache, aber tadellose gegrillte Fisch oder ein *paella-valenciana*-Festmahl für zwei für 149 R$.

Dona Lucinha II (☎ 3261 5930; Rua Sergipe 811, Funcionarios; „All-you-can-eat"-Buffet 41 R$; ⊗ Mo–Sa 12–15 & 19–23, So 12–17 Uhr) Bei diesem üppigen Buffet werden täglich 50 Mineiro-Gerichte aufgefahren. Obwohl es hier recht touristisch zugeht und die Preise in letzter Zeit gestiegen sind (das ist der mehr als erfolgreichen Veröffentlichung eines Kochbuchs durch den Besitzer zu verdanken), ist das Essen einfach immer noch überragend.

Vecchio Sogno (☎ 3292 5251; Rua Martim de Carvalho 75; Hauptgerichte 41–79 R$; ⊗ Mo–Fr 12–0.30, Sa 18–2, So 12–18 Uhr) Wiederholt zu Belos bestem italienischen Restaurant gewählt (sogar nicht nur zum besten italienischen), lohnt es sich, im Vecchio Sogno einmal in die Vollen zu gehen. Die Hauptgerichte reichen von Ente mit Wildreis-Risotto bis zu flambierten Shrimps in Grappa. Vorab reservieren.

UNTERHALTUNG

Belo ist eine weltoffene Stadt mit einer dynamischen Kunstszene und jeder Menge Nachtleben.

Der **Palácio das Artes** (☎ 3236 7400; www.palaciodasartes.com.br; Av Afonso Pena 1537), ein Kunstkomplex mit verschiedenen Aufführungsräumen, Spielflächen und Galerien nahe dem Südende des Parque Municipal, ist der Dreh- und Angelpunkt der Theater-, Tanz-, Musik- und Konzertszene von Belo. Im Kunst- und Kulturteil des kostenlosen Stadtführers von Belotur (s. S. 259) ist das aktuelle Programm aufgelistet.

Die beiden städtischen Tanz- und Theaterensembles von Weltrang, **Grupo Corpo** (www.grupocorpo.com.br) und **Grupo Galpão** (www.grupogalpao.com.br), sind oft auf Tournee, manchmal geben sie aber auch daheim eine Vorstellung. Auf ihren Websites sind die aktuellen Tourdaten zu finden. Im Belotur-Büro bekommt man auch Auskunft (s. S. 259).

Wer kann, sollte einen Auftritt der **Grupo Uakti** (www.uakti.com.br, portugiesisch) besuchen, eine faszinierende einheimische Musikgruppe, die mit selbst entworfenen, unkonventionellen Instrumenten ihren eigenen, wirklich bemerkenswerten Sound macht.

Belos Nachtleben mit Late-Night-Clubs und -Pubs, spielt sich zum größten Teil in Savassi ab.

LP Tipp **Café com Letras** (☎ 3225 9973; www.cafecomletras.com.br; Rua Antônio de Albuquerque 781; ✹ Mo–Do 12–24, Fr & Sa bis 1, So 18–23 Uhr) Livemusik am Wochenende, DJs unter der Woche und zwischen den Auftritten eine unkonventionelle Klientel – da macht es Spaß einfach mal abzuschalten, sich einen Drink zu genehmigen, die Bücherregale zu durchstöbern und den kostenlosen Internetzugang zu nutzen. Während des alljährlichen Savassi Festivals (www.savassifestival.com.br/jazzy) gibt es hier auch Jazz-Darbietungen. Außerdem veröffentlicht das Café einmal im Monat das Künstlermagazin *Letras*.

O Alambique (☎ 3296 7188; http://alambique.com.br; Av Raja Gabaglia 3200, Estoril; ✹ Mo–Sa 19 Uhr–open end) Das Dekor, die Musik, die Drinks und das Essen – all diese Faktoren machen gemeinsam das Alambique zu einem der unterhaltsamsten Nachtlokale der Stadt. Es gibt hier ein altes Wasserrad, aus Fässern gebaute Tische mit steinernen Tischplatten, 70 verschiedene Drinks mit *cachaça* und *forró*- (populäre Musik des Nordostens) und *sertanejo*-Musik. So werden die Gäste die ganze Nacht durch bei Laune gehalten.

Überall in Savassi findet man angesagte Danceclubs, darunter auch **A Obra** (www.aobra.com.br; Rua Rio Grande do Norte 1168), mit Livebands, die Rock, Blues und Indie spielen, oder den **Velvet Club** (www.velvetclub.com.br, portugiesisch; Rua Sergipe 1493) und **Mary in Hell** (www.maryinhell.com.br, portugiesisch; Rua Tomé de Souza 470), in denen die DJs bis in die frühen Morgenstunden Elektromusik, Rock und Pop auflegen.

Cineclube Savassi (☎ 3227 6648; www.usinadecinema.com.br, portugiesisch; Rua Levindo Lopes 358, Savassi; Eintritt 14 R$) ist ein tolles kleines Programmkino das jeden Abend in drei Sälen eine ungewöhnliche Mischung internationaler Filme zeigt.

SHOPPEN

Die pulsierendsten Einkaufsstraßen liegen eine neben der anderen rund um die Praça Savassi. Ortsansässige bevorzugen auch oft die vielen hoch aufragenden Einkaufszentren in der Innenstadt und die wunderbaren Straßenmärkte.

Feira de Arte e Artesanato (Av Afonso Pena; ✹ So 6–12 Uhr, oft bis 15 Uhr) Als eines der wichtigsten gesellschaftlichen Ereignisse in Belo zieht dieser samtägliche Straßenmarkt riesige Menschenmassen an, die nach Kleidung, Schmuck, Fast Food und anderem suchen. Zwischen der Rua de Bahia und der Rua das Guaiaiaras, eingerahmt vom wohltuenden Grün des Parque Municipal, macht es Spaß, hier umherzuwandern und ein Stückchen Stadtleben zu genießen, selbst wenn man nicht in Shopping-Laune ist.

Feira Tom Jobim (Av Bernardo Monteiro; ✹ Sa 10–18 Uhr) Dieser blühende Markt am Samstag, östlich des Parque Municipal, zwischen der Av Brasil und der Rua dos Otoni gelegen, bietet eine Mischung aus antiken Händlern, an den Ständen entlang jagenden Brasilianern und internationalem Street Food.

Centro de Artesanato Mineiro (☎ 3272 9516; Av Afonso Pena 1537; ✹ Mo–Fr 9–19.45, Sa bis 13.45, So 8–12.45 Uhr) Im Palácio das Artes am Rand des Parque Municipal gelegen, ist dieses regierungseigene Kaufhaus auf Mineiro-Handarbeiten spezialisiert. Die Auswahl ist gut, obwohl die Preise nicht so günstig sind wie in den Kolonialstädten.

Mercado Central (Ecke Rua Curitiba & Rua dos Goitacazes; ✹ Mo–Sa 7–18, So bis 13 Uhr) In dieser Markthalle findet man alles von Papageien bis Parfüm – eine für Belo Horizonte typische Einrichtung. Man kann dort leckere lokale Erzeugnisse probieren, sich in einer der Bars unter den Einheimischen mischen oder einfach ohne bestimmtes Ziel hindurchschlendern.

ANREISE & UNTERWEGS VOR ORT
Bus

Belos **Busbahnhof** (☎ 3271 8933/3000) liegt nahe dem nördlichen Ende der Innenstadt auf der Praça da Rodoviária. Im kostenlosen Belotur-Stadtführer sind auf den vorderen Seiten die Telefonnummern der Busunternehmen aufgelistet.

Zu den Zielen gehören u. a.: Brasília (Buslinien União und Itapemirim, *convencional/leito* 92/99 R$, 11–12 Std., 5-mal tgl.); Diamantina (Pássaro Verde, 63 R$, 5 Std., 6-mal tgl. 6.30–24 Uhr); Foz do Iguaçu (Gontijo und Pluma, 240 R$, 25 Std., tgl. um 8 Uhr); Ouro Prêto (Pássaro Verde, 22 R$, 2 Std., stündl. von 6–20 Uhr); Rio de Janeiro (Cometa und Útil, *convencional/executivo* (Express) 66/94 R$, 6½ Std., 11-mal tgl. von 8–24 Uhr); Salvador (Gontijo und São Geraldo, 193 R$,

23 Std., tgl. um 18/19 Uhr); São João del Rei (Sandra, 39 R$, 3½ Std., 6-mal tgl. von 6–19 Uhr); São Paulo (Cometa, *convencional/executivo* 80/92 R$, 8 Std., 12-mal tgl. von 9–23.45 Uhr) und Vitória (São Geraldo, União und Itapemirim, 77 R$, 9 Std., 11-mal tgl. von 8.15–22.45 Uhr).

NAHVERKEHRSBUSSE

Die Busse in Belo Horizonte folgen einem Farbsystem. Blaue Busse (2,30 R$) verkehren auf den wichtigsten Avenidas im Stadtzentrum, die grünen Expressbusse (2,30 R$) halten nur an ausgewählten Punkten, rotbeige Busse (2,95 R$ und mehr; hängt von der Entfernung ab) verbinden die außerhalb gelegenen Vororte mit der Innenstadt und die gelben Busse (1,65 R$) fahren innerhalb der Stadt ihre Rundstrecken ab.

FLUGHAFENBUSSE

Expresso Unir (☎ 3224 1002; www.expressounir.com.br) betreibt die häufig fahrenden und komfortablen Conexão-Aeroporto-Busse zwischen dem Zentrum und den Flughäfen (Pampulha und Confins) der Stadt. Der normale Bus (7,70 R$ zu jeweils einem Flughafen) fährt den ganzen Tag über alle 15 bis 45 Minuten von Belos Busbahnhof ab. Erste/letzte Abfahrt vom Busbahnhof ist um 4.15/23.30 Uhr, vom Flughafen Confins um 5.15/1.15 Uhr.

Unir bietet alle 25 bis 40 Minuten auch *executivo*-Busse (17,65 R$) vom **Terminal Alvares Cabral** (Av Alvares Cabral 387), unmittelbar südwestlich vom Parque Municipal gelegen, zum Flughafen an. Erste/letzte Abfahrt aus dem Zentrum ist um 3.45/22.10 Uhr, vom Flughafen Confins um 5/1.30 Uhr. Zum Flughafen Pampulha ist man etwa 30 Minuten unterwegs, zum Flughafen Confins sind es ungefähr 50 Minuten.

Flugzeug

Belo Horizonte hat zwei Flughäfen. Die meisten Flugzeuge nutzen den internationalen **Aeroporto Confins** (Flughafencode CNF; 40 km nördlich). Der **Aeroporto da Pampulha** (Flughafencode PLU; 10 km nördlich) ist viel günstiger gelegen, fertigt aber nur Inlandsflüge ab.

Beide Flughäfen bieten Flüge zu fast allen Städten in Brasilien an. Eine vollständige Liste der Fluggesellschaften mit Telefonnummern findet man auf den vorderen Seiten des kostenlosen Belotur-Stadtführers (s. S. 259).

Zug

Companhia Vale do Rio Doce (☎ 0800 285 7000; www.vale.com/vale_scripts/trem_passageiros/efvm/trem.asp, portugiesisch) bietet täglich einen Zug nach Vitória im Bundesstaat Espírito Santo an (*econômica/executivo* 49/75 R$, 13 Std.), der um 7.30 Uhr vom Bahnhof an der Praça da Estação, unmittelbar nördlich vom Parque Municipal gelegen, abfährt. Dieser kommt um 7 Uhr wieder in Belo an.

RUND UM BELO HORIZONTE
Centro de Arte Contemporânea Inhotim

Das **LP Tipp** Centro de Arte Contemporânea Inhotim (☎ 3227 0001; www.inhotim.org.br; Erw. 16 R$, Schüler/Studenten & über 60 Jahre 8 R$; ☉ Mi–Fr 9.30–16.30, Sa & So bis 17.30 Uhr), die jüngste Touristenattraktion im Großraum Belo, ist eine beeindruckende, weitläufige Gartenanlage mit 16 Galerien für Moderne Kunst und zahlreichen Skulpturen im Freien. Sie liegt 50 km westlich der Stadt in der Nähe von Brumadinho. Die meisten der hier ausgestellten internationalen Kunstwerke sind von monumentaler Größe. Die Gärten sind seit Oktober 2006 der Öffentlichkeit zugänglich und weiten sich kontinuierlich aus. Hier sind 1600 unterschiedliche Pflanzenarten zu finden (darunter alleine 200 Palmenarten), Pfauen und Seen mit Schwänen. Man kann hier ganz nach Belieben alleine umherwandeln oder auch an einem der täglich angebotenen Programmpunkte teilnehmen, die von geschulten Führern mit künstlerischem und naturwissenschaftlichem Hintergrund geleitet werden. Sowohl das dazugehörige Restaurant als auch das Café sind hervorragend.

Samstags und sonntags bietet Saritur um 9 Uhr Direktbusse (13 R$, 1½ Std.) von Belo Horizonte nach Inhotim an, Rückfahrt ist um 16 Uhr. Alternativ steigt man in einen der drei täglichen Saritur-Busse von Belo Horizonte nach Brumadinho (14 R$, 80 Min.) und nimmt von dort ein Taxi zum Museum (12–15 R$).

Höhlen

Es gibt drei faszinierende Höhlen, die innerhalb von zwei Stunden von Belos Zentrum aus erreichbar sind und sich hervorragend für Tagesausflüge eignen.

Gruta de Maquiné (☎ 3715 1310; gmaquine@uai.com.br; Erw./Kind 12/6 R$; ☉ 8–17 Uhr) ist die größte, bekannteste und überlaufendste der Höhlen. Die sieben riesigen Kammern der Maquiné-Höhle werden für geführte Touren beleuchtet. Sie wird von Bussen von **Setelagoano** (☎ 3073 7575) angefahren (29 R$, 2¼ Std., Abfahrt von Belo Horizonte tgl. um 8.30 Uhr, So auch um 12.15 Uhr; Rückfahrt tgl. um 16.20 Uhr, So auch um 14.45 Uhr).

Die **Gruta Rei do Mato** (☎ 3773 0888; Erw./Kind 10/5 R$; ☻ 8–17 Uhr) ist die interessanteste der drei Höhlen. Sie liegt in der Nähe von Sete Lagoas, nördlich von Belo, und wartet mit prähistorischen Malereien und Felszeichnungen auf. Von Belo Horizonte aus ist sie mit dem Sete Lagoas-Bus, der entlang des Hwy BR-040 fährt, zu erreichen (15 R$, 80 Min., stündl. von 7–23 Uhr). Den Fahrer bitten, am Höhleneingang anzuhalten.

Das Highlight der **Gruta da Lapinha** (☎ 3689 8422; Erw./Kind 10/5 R$; ☻ 8.30–16.30 Uhr) ist die Véu de Noiva, eine Kristallformation in Form eines Brautschleiers. Zum Zeitpunkt der Recherche konnte die Höhle nicht besichtigt werden, mittlerweile ist sie aber wieder geöffnet (möglicherweise mit neuen Öffnungszeiten und Preisen). Für aktuelle Infos am besten anrufen. Die Busse von **Atual** (☎ 3271 8793) fahren regelmäßig nach Lagoa Santa (5,05 R$, 70 Min.); von dort geht's mit Bus 306 weiter zur Höhle (3 R$, 35 Min., ab 7 Uhr alle 40 Min.).

KOLONIALSTÄDTE

Die *cidades históricas* (historische Kolonialstädte) sind Minas' großartigste Attraktion. Alle zusammen bilden sie einen von Brasiliens faszinierendsten und am leichtesten zugänglichen Touristenbezirken. Alle Städte, die im Folgenden behandelt werden, tragen die Spuren ihres gemeinsamen portugiesischen Erbes – Kopfsteinpflasterstraßen, barocke Glockentürme, mit Blumen geschmückte, gewundene Alleen – aber jede hat ihre ganz eigenen Reize. Die kolonialen Überreste von Congonhas und Sabará sind fast ganz von Neubauten verdrängt worden. Trotzdem gibt es dort noch immer künstlerische Meisterwerke, die eine Tagestour wert sind. Marianas koloniales Zentrum hatte mehr Glück; wie eine von einer Auster umgebenen Perle blieb es ausgezeichnet erhalten. São João del Rei ist eine einzigartige Mischung, gewürzt mit vielen Kirchen und Brücken aus dem 18. Jh., die sich behaupten konnten und einen interessanten Kontrast zu den sich mehr und mehr ausdehnenden Hochhäusern und der städtischen Hektik bilden. Tiradentes, Serro und Diamantina sind – dank ihrer eher isolierten Lage, ihrer prachtvollen Szenerie und architektonischen Unverfälschtheit – perfekte Orte, um einmal das ländliche Minas zu erleben, das von der Zeit scheinbar vergessen wurde. Ouro Prêto hebt sich von den anderen Städten als das größte und am besten erhaltene koloniale Zentrum in Minas ab – es profitiert von über 70 Jahren, in denen man alles tat, um die Stadt zu erhalten. Dies geht bis ins Jahr 1933 zurück, als die brasilianische Regierung die Stadt zu einem nationalen Baudenkmal erklärte.

OURO PRÊTO

☎ 0xx31 / 69 000 Ew. / 1179 m

Von all den schönen Kolonialstädten, die in Minas Gerais verstreut liegen, ist Ouro Prêto das Kronjuwel. Aufgrund ihrer historischen Bedeutung als Mittelpunkt für den Goldbergbau, als Regierungssitz und als Bühne für Brasiliens erste Unabhängigkeitsbewegung hat sich die Stadt bis heute ihre Vitalität als Zentrum für Bildung und Künste bewahrt. Dementsprechend gehört sie zu den drei meistbesuchten Touristenzielen Brasiliens.

Das koloniale Zentrum Ouro Prêtos, am Fuß des Gebirgszugs Serra do Espinhaço erbaut, ist größer und von der Topographie her steiler als jede andere historische Stadt in Minas. Die engen, verwinkelten Straßen der oberen und unteren Stadtteile sind wirr miteinander verflochten und an manchen Stellen zu uneben und abschüssig für Fahrzeuge. Es kann sehr mühsam sein, sich zu Fuß durch die schwindelerregenden, kopfsteingepflasterten Steigungen und Gefälle zu bewegen. Dafür ist der Ausblick auf 23 Kirchen, die über das ganze hügelige Panorama verstreut liegen, spektakulär. Die Stadt ist ein Aushängeschild in Sachen hervorragender Mineiro-Kunst und -Architektur und kann auch einige der erlesensten Werke Aleijadinhos vorweisen (Nähere Informationen zu Aleijadinho s. S. 277).

Geschichte

Der Legende nach soll sich ein mulattischer (eine Person mit europäisch-indigener Abstammung) Diener bei der frühen Expedition einer *bandeirante* (eine Gruppe von umherziehenden Abenteurern, die im 17. und 18. Jh.

OURO PRÊTO

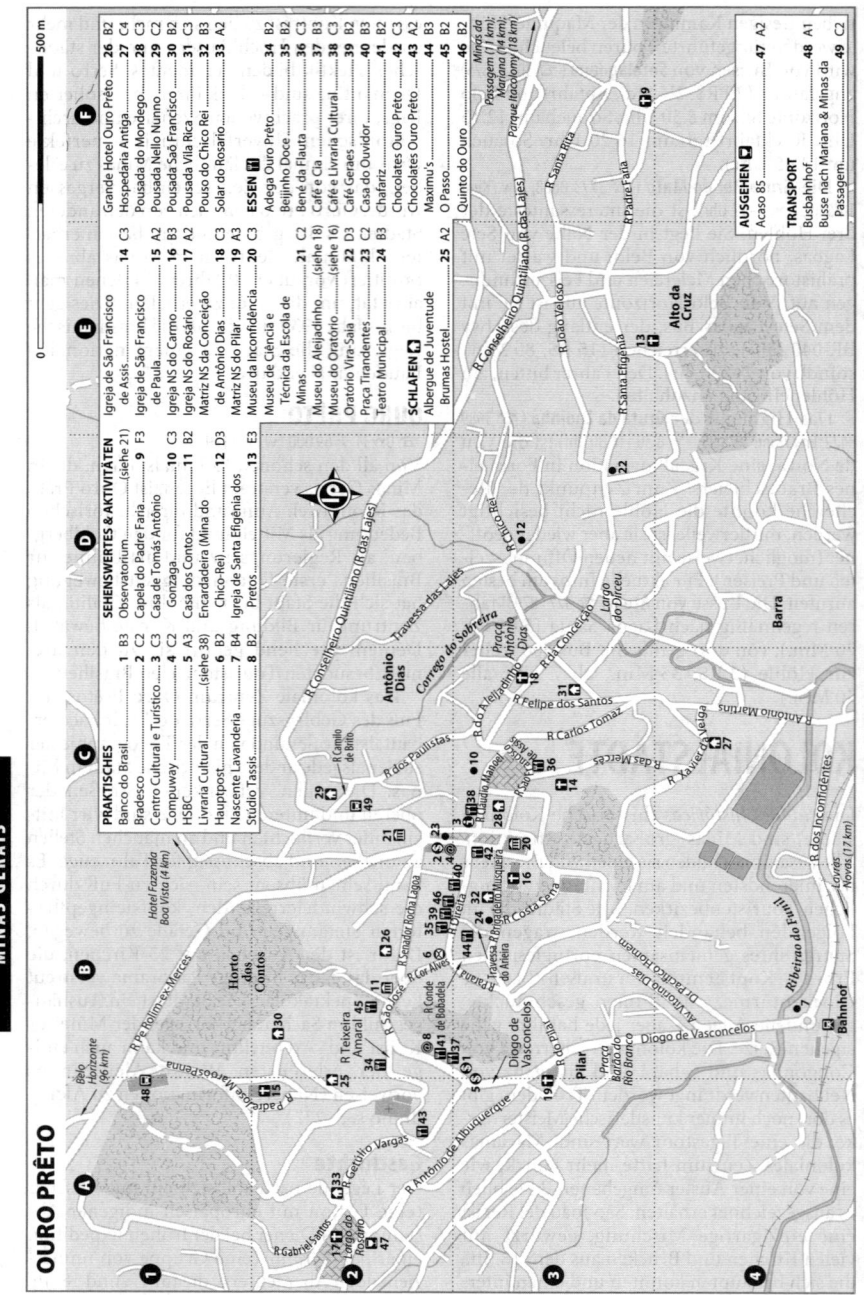

PRAKTISCHES

Banco do Brasil	**1** B3
Bradesco	**2** C2
Centro Cultural e Turístico	**3** C3
Compuway	**4** C2
HSBC	**5** A3
Livraria Cultural	(siehe 38)
Hauptpost	**6** B2
Nascente Lavanderia	**7** B4
Studio Tassis	**8** B2

SEHENSWERTES & AKTIVITÄTEN

Observatorium	(siehe 21)
Capela do Padre Faria	**9** F3
Casa de Tomás António	
Gonzaga	**10** C3
Casa dos Contos	**11** B2
Encarnadeira (Mina do	
Chico-Rei)	**12** D3
Igreja de Santa Efigênia dos	
Pretos	**13** E3
Igreja de São Francisco	
de Assis	**14** C3
Igreja de São Francisco	
de Paula	**15** F3
Igreja NS do Carmo	**16** B3
Igreja NS do Rosário	**17** A2
Matriz NS da Conceição	
de António Dias	**18** C3
Matriz NS do Pilar	**19** A3
Museu da Inconfidência	**20** C3
Museu de Ciência e	
Técnica da Escola de	
Minas	**21** C2
Museu do Alejadinho	(siehe 18)
Museu do Oratório	(siehe 16)
Oratório Vira-Sala	**22** D3
Praça Tiradentes	**23** C2
Teatro Municipal	**24** B3

SCHLAFEN

Albergue de Juventude	
Brumas Hostel	**25** A2
Grande Hotel Ouro Prêto	**26** B2
Hospedaria Antiga	**27** C4
Pousada do Mondego	**28** C3
Pousada Nello Nunno	**29** C2
Pousada Saõ Francisco	**30** B3
Pousada Vila Rica	**31** C3
Pouso do Chico Rei	**32** B3
Solar do Rosário	**33** A2

ESSEN

Adega Ouro Prêto	**34** B2
Beijinho Doce	**35** B2
Bené da Flauta	**36** C3
Café e Cia	**37** B3
Café e Livraria Cultural	**38** C3
Café Geraes	**39** B2
Casa do Ouvidor	**40** B3
Chafariz	**41** B2
Chocolates Ouro Prêto	**42** C2
Chocolates Ouro Prêto	**43** B3
Maximu's	**44** B3
O Passo	**45** B2
Quinto do Ouro	**46** B2

AUSGEHEN

Acaso 85	**47** A2

TRANSPORT

Busbahnhof	**48** A1
Busse nach Mariana & Minas da	
Passagem	**49** C2

das Landesinnere auf der Suche nach Gold und zu versklavenden Indios erkundeten) einige Körner eines eigenartigen schwarzen Metalls in die Tasche gesteckt haben. Er hatte es entdeckt, als er aus einem kleinen Fluss nahe dem heutigen Ouro Prêto (portugiesisch für „schwarzes Gold") trank. Es entpuppte sich als Gold, und innerhalb nur weniger Jahre erkannte man, dass es sich bei den lokalen Vorkommen um die größten in der Neuen Welt handelte.

Das Goldfieber verbreitete sich schnell. 1711 wurde Vila Rica de Ouro Prêto gegründet, der Vorgänger der heutigen Stadt, und 1721 wurde es zur Hauptstadt von Minas Gerais. Schon bald waren die erlesensten Waren aus Indien und England in der einfachen Minenstadt erhältlich. Mit dem Gold sicherte man sich die Dienste von Barockkünstlern, die die Stadt in ein architektonisches Juwel verwandelten. Auf dem Gipfel des Goldbooms Mitte des 18. Jhs. lebten 110 000 Menschen (vor allem Sklaven) in Ouro Prêto, verglichen mit 50 000 in New York und etwa 20 000 in Rio de Janeiro.

Theoretisch wurde das gesamte Gold zu *casas de intendéncias* (Wiegestationen) gebracht, um in Barren eingeschmolzen zu werden, und ein *quinto do ouro* (königliches Fünftel) wurde für die portugiesische Krone auf die Seite gelegt. Steuerhinterzieher wurden in Kerker geworfen oder nach Afrika verbannt.

Die Gier der Portugiesen führte zu Aufruhr unter den Einwohnern von Vila Rica. Als der Boom allmählich abnahm, wurde es für die Minenarbeiter immer schwerer, die ständig wachsenden Goldsteuern zu bezahlen. 1789 zettelten die von den Ideen der Französischen Revolution erfüllten Dichter Claudio da Costa, Tomás Antônio Gonzaga, Joaquim José da Silva Xavier (dessen Spitzname wegen seiner Begabung als Zahnarzt Tiradentes – „Zahnzieher" – war) und andere einen Aufstand gegen die Portugiesen an. Dieser wurde als die Inconfidência Mineira bekannt.

Die Rebellion wurde bereits in ihren Anfängen von Agenten der Krone niedergeschlagen. Gonzaga schickte man ins Exil nach Mosambik, und Costa saß einige Zeit im Gefängnis. Tiradentes wurde als einziger, der seine Rolle in der Verschwörung nie abstritt, von seinen Freunden im Stich gelassen und ohne Möglichkeit zur Verteidigung für drei Jahre eingesperrt. Danach wurde er in Rio de Janeiro gehängt und dann geviertelt. Sein Kopf wurde in Ouro Prêto zur Schau gestellt, sein Haus niedergerissen und der Boden darunter mit Salz bestreut, um sicherzugehen, dass nichts je wieder dort wachsen würde.

1897 wurde die Hauptstadt des Bundesstaats von Ouro Prêto nach Belo Horizonte verlegt. Dies war ausschlaggebend dafür, dass die koloniale Note der Stadt erhalten blieb. Im darauffolgenden Jahrhundert erfuhr Ouro Prêtos einzigartiges kulturelles Erbe zunehmend Anerkennung – was besonders durch die Entscheidung der Unesco von 1980 deutlich wurde, die Stadt als Brasiliens erste Weltkulturerbestätte zu würdigen.

Klima

Ouro Prêto liegt in 1000 m Höhe und die Temperaturen schwanken zwischen 2 und 28 °C. Im Winter wird es hier ziemlich kalt. Das ganze Jahr über kann es regnerisch und neblig sein; die meisten Regenschauer bekommt man im Dezember und Januar ab.

Orientierung

Ouro Prêto ist in Gemeinden unterteilt, von denen jede ihre eigene Matriz (Mutterkirche) hat. Steht man auf der Praça Tiradentes mit Blick auf das Museu da Inconfidência, liegt Pilar zur Rechten (westlich), António Dias und Santa Efigênia befinden sich links (östlich).

Die meisten Straßen der Stadt haben gleich zwei Namen: den offiziellen und den, der von den Einheimischen verwendet wird da der eigentliche Name zu lang ist. So wird z. B. die Rua Conde de Bobadela, die von der Praça Tiradentes wegführende, wichtigste Durchfahrtsstraße, allgemein als Rua Direita bezeichnet, und Rua Conselheiro Quintiliano, die Straße nach Mariana, wird auch Rua das Lajes genannt. Um das Chaos perfekt zu machen, sind die Straßennamen meist gar nicht angeschrieben.

Die Gegend am Hang unmittelbar unterhalb des Busbahnhofs kann – trotz der beiden Polizeistationen in der Umgebung – abends etwas zwielichtig sein. Wie in jeder Stadt ist nach Einbruch der Dunkelheit besondere Vorsicht geboten.

Praktische Informationen
BUCHLÄDEN
Livraria Cultural (☎ 3551 3239; Rua Cláudio Manoel 15) Unter der Touristeninformation; hat ein paar

Stadtführer auf Englisch. Wer des Portugiesischen mächtig ist, sollte *Tesouros, Fantasmas e Lendas de Ouro Prêto* (Schätze, Geister und Legenden von Ouro Prêto) lesen. Die zweite Auflage stammt von 2010 und beinhaltet faszinierende einheimische Sagen und Märchen.

GELD
Banco do Brasil (Rua São José 189)
Bradesco (Praça Tiradentes)
HSBC (Rua São José 201)

INTERNETZUGANG
Compuway (Praça Tiradentes s/n; 4 R$/Std.; ☻ Mo–Fr 8–21, Sa bis 18 Uhr)
Stúdio Tassis (Rua São José 119A; 3 R$/Std.; ☻ Mo–Sa 10–22, So 12–22 Uhr)

POST
Hauptpost (Ecke Rua Direita & Rua Coronel Alves)

TOURISTENINFORMATION
Centro Cultural e Turístico (☎ 3559 3269; Praça Tiradentes 4; ☻ 8.15–19 Uhr) Hat Infos auf Englisch, Spanisch und Französisch, darunter auch eine Broschüre mit den Öffnungszeiten der Museen und Kirchen. Außerdem gibt's einen nicht sehr genauen Stadtplan.

WÄSCHEREI
Nascente Lavanderia (☎ 3551 5070; Rua dos Inconfidêntes 5; Waschen & Trocknen 7 R$/kg; ☻ Mo–Fr 8–17, Sa bis 12 Uhr) Beim Bahnhof. Abholung und Auslieferung 4,50 R$ zusätzlich.

Sehenswertes
Es gibt in Ouro Prêto praktisch keine Gebäude aus dem 20. Jh., die diese atemberaubende Kolonialstadt verschandeln könnten. Für einen Ausblick auf die Kirchen und Dächer der Stadt geht man von der Praça Tiradentes nach Nordosten und folgt der Rua Conselheiro Quintiliano fünf Minuten lang in Richtung Mariana.

Sofern nichts davon Abweichendes angegeben, kosten alle Attraktionen in der Stadt 6 R$ Eintritt.

PRAÇA TIRADENTES & UMGEBUNG
Die Praça Tiradentes ist das Herz der Stadt und wird von einigen der großartigsten Museen und Kirchen Ouro Prêtos gesäumt.

Wenn man nur eine einzige Kirche in Ouro Prêto besuchen kann, sollte es die **Igreja de São Francisco de Assis** (☻ Di–So 8.30–11.50 & 13.30–17 Uhr)

sein, einen Häuserblock bergab von der Praça Tiradentes aus gelegen. Nach *Die Propheten in Congonhas* (s. S. 277), Aleijadinhos Meisterwerk, ist diese Kirche das wichtigste Stück brasilianischer Kolonialkunst. Ihr gesamtes Äußeres wurde von Aleijadinho selbst mit Bildhauereien versehen, vom Speckksteinmedaillon über die Wasserspeier bis hin zum franziskanischen Kreuz mit zwei Querbalken. Das Innere wurde von Aleijadinhos langjährigem Partner, Manuel da Costa Ataíde, malerisch gestaltet.

Das **Museu da Inconfidência** (☻ Di–So 12–17.30 Uhr) auf der südlichen Seite der Praça Tiradentes – früher waren hier die Kommunalverwaltung und ein Gefängnis untergebracht – ist ein schönes Gebäude, das zwischen 1784 und 1854 entstand. Das Museum beherbergt das Grab von Tiradentes, Dokumente der Inconfidência Mineira, Folterinstrumente und wichtige Werke Ataídes und Aleijadinhos.

Nur einen Steinwurf entfernt liegt die **Igreja NS do Carmo** (☻ Di–So 8.30–10.30 & 13–16.45 Uhr), eine Gemeinschaftsleistung der bedeutendsten Künstler der Region. Sie wurde zwischen 1766 und 1772 erbaut und hat eine von Aleijadinho gestaltete Fassade.

Das neu eröffnete **Museu do Oratório** (Eintritt 2 R$; ☻ 9.30–17.30 Uhr) ist ein dreistöckiges Kolonialgebäude neben der Igreja NS do Carmo. Seine sagenhafte Sammlung von Oratorien (Nischen mit Heiligenbildern) umfasst auch einige im unvergleichlich schönen Minas-Stil, der harmonisch Speckstein mit bemaltem Holz verbindet.

Das **Museu de Ciência e Técnica da Escola de Minas** (Eintritt 5 R$; ☻ Di–So 12–17 Uhr), im ehemaligen Regierungspalast nördlich der Praça Tiradentes gelegen, stellt schillernde Edelsteine aus der ganzen Welt aus. Es gibt dort auch noch ein astronomisches **Observatorium** (☻ Sa & So 20–22 Uhr).

Zwei Häuserblocks bergab liegt die **Casa dos Contos** (☻ Di–Sa 10–18, So bis 16, Mo 14–18 Uhr), die Schatzkammer aus dem 18. Jh. Sie diente zugleich als Gefändnis für Mitglieder der Inconfidência. Die restaurierte Villa zeigt nun Ausstellungen zur Geschichte des Goldes (und zu Geld im Allgemeinen) in Brasilien.

DIE PILAR-GEMEINDE
Im Südwesten der Stadt befindet sich die **Matriz NS do Pilar** (☻ Di–So 9–10.45 & 12–16.45 Uhr), die zweitopulenteste Kirche Brasiliens (unmittelbar nach der São Francisco in Salvador).

CHICO-REI

Brasiliens erster Sklavereigegner war der afrikanische Stammeskönig Chico-Rei. Anfang des 18. Jhs., mitten im Wahnsinn des Goldrausches, wurde ein kompletter Stamm mitsamt König in Afrika gefangen genommen, nach Brasilien verfrachtet und dort an einen Minenbesitzer in Ouro Prêto verkauft. Der König, Chico-Rei, arbeitete als Vorarbeiter der in der Mine tätigen Sklaven. Er schuftete auch sonn- und feiertags und konnte sich so schließlich von seinem Herrn freikaufen, woraufhin er seinen Sohn Osmar befreite. Zusammen erlösten Vater und Sohn ihren Stamm aus der Sklaverei.

Zusammen kauften sie die sagenhaft reiche Goldmine Encardadeira, und Chico-Rei übernahm seine königlichen Aufgaben; er hielt in der Vila Rica Hof und feierte die afrikanischen Festtage in traditionellen Gewändern. Diese Neuigkeiten erreichten auch den portugiesischen König, der umgehend ein Verbot erließ, das es Sklaven untersagte, sich freizukaufen. Heute ist Chico-Rei unter den Afro-Brasilianern ein Volksheld.

Hier sind 434 kg Gold und Silber verarbeitet und die Kirche bildet eines der herausragendsten Kunstsammelsurien in Brasilien. Man beachte die Kronleuchter in Form von Wildvögeln, die verschnörkelten Kirchentüren und die Haare auf dem Kopf von Jesus (die sind nämlich echt, von einem reuevollen Kirchgänger gestiftet).

DIE ANTÔNIO-DIAS-GEMEINDE

Die **Matriz NS da Conceição de Antônio Dias** (☯ Di–Sa 8.30–11.45 & 13.30–17, So 12–17 Uhr) wurde von Aleijadinhos Vater, Manuel Francisco Lisboa, entworfen und zwischen 1727 und 1770 erbaut. Man beachte den Adler mit gesenktem Kopf und die von Engeln umringte Jungfrau Maria: Beide thronen auf einem Abbild des Mondes, was die Überlegenheit der Christen über die Mauren symbolisiert. Aleijadinhos Grab liegt beim Altar der Boa Morte.

In der angrenzenden Sakristei ist das **Museu do Aleijadinho** untergebracht, in dem Arbeiten von Aleijadinho und anderer Meister des 18. Jhs. ausgestellt sind.

Ganz in der Nähe befindet sich die verlassene Mine Encardadeira oder **Mina do Chico-Rei** (Rua Dom Silvério 108; Eintritt 10 R$; ☯ 8–17 Uhr). Viel zu sehen gibt's nicht, wenn man hier mit krummem Rücken durch die niedrigen Gänge stolpert. Die faszinierende Geschichte von Chico-Rei (s. Kasten oben) kann aber am besten unter Tage nachempfunden werden.

DIE SANTA-EFIGÊNIA-GEMEINDE

Die **Igreja de Santa Efigênia dos Pretos** (☯ Di–So 8.30–16.30 Uhr), erbaut zwischen 1742 und 1749 von und für die Gemeinschaft schwarzer Sklaven, thront hoch auf einem steilen Hügel östlich der Stadt. Santa Efigênia, Schutzheilige der Kirche, war die Königin von Nubien,

und die dort dargestellten Heiligen – Santo Antônio do Nolo und São Benedito – sind schwarz. Die Sklaven beteten zu diesen Bildern darum, dass sie in den Minen nicht verschüttet würden. Trotz ihrer eher wenigen Goldverzierungen ist die Kirche sehr reich an Kunstwerken. Der Altar stammt von Aleijadinhos Lehrmeister, Francisco Javier do Briton, und das äußere Bildnis der NS do Rosário ist von Aleijadinho selbst. Die Kirche wurde durch Gold finanziert, das in Chico Reis Mine gefördert wurde. Sklaven spendeten für die Kirchenkassen, indem sie ihre von Goldflocken bedeckten Haare in Taufbecken wuschen oder Goldpulver unter den Fingernägeln oder in Zahnlöchern schmuggelten.

Ouro Prêtos älteste Kapelle, zwischen 1701 und 1704 erbaut, ist die **Capela do Padre Faria** (☯ Di–So 8.30–16.30 Uhr) am äußersten östlichen Rand der Stadt. Nach einem der ursprünglichen *bandeirantes*, Padre Faria, benannt, ist diese Kapelle hinter einem dreibalkigen päpstlichen Kreuz (1756) platziert, das die weltliche, geistliche und materielle Macht des Papstes repräsentiert. Hier wurde schlecht dokumentiert, weshalb unbekannt ist, welche Künstler hier arbeiteten.

NOCH MEHR SEHENSWERTES

Der 2008 eröffnete **Horto dos Contos** ist ein grüner öffentlicher Park, der sich am Fluss vom Busbahnhof bis zur Kirche der Pilar-Gemeinde entlang schlängelt, unter der Brücke der benachbarten Casa dos Contos hindurch. Es ist ein ruhiger Ort mit vielen schönen Ausblicken, geeignet für ein Picknick oder einfach nur eine Pause von der Menschenmenge und den Kopfsteinpflastern.

Im frühen 18. Jh. errichteten Ortsansässige zahlreiche **Oratorien** (mit Glas verschlossene

Nischen mit Heiligenbildern) an Straßenecken in der ganzen Stadt, um böse Geister fernzuhalten. Von den wenigen, die erhalten sind, befindet sich eine in der Rua dos Paulistas, eine andere in der Rua Antônio Dias, und die berühmteste von allen, die **Oratório Vira-Saia**, an der Ecke Ladeira de Santa Efigênia und Rua Barão do Ouro Branco.

Ouro Prêtos 2005 in Kraft getretenes Programm *Museu Aberto/Cidade Viva* fordert dazu auf, immer die Augen offenzuhalten und macht die ganze Stadt zu einem Freilichtmuseum. An 150 Häusern in der Stadt wurden informative **historische Tafeln** angebracht, um die Neugier der Besucher zu fördern und das Wissen über die Schätze der Stadt zu erweitern.

Der derzeitige städtische Regierungssitz, die **Casa de Tomás Antônio Gonzagas** (Rua do Ouvidor 9), ist der Ort, an dem Gonzaga und die anderen Inconfidêntes zu ihren konspirativen Treffen zusammenkamen, um die portugiesische Herrschaft in Brasilien zu beenden.

Das **Teatro Municipal** (Rua Brigadeiro Musqueira; Eintritt 2 US$; ◷ 12–17.30 Uhr), erbaut 1769, ist das älteste Theater in Minas Gerais. Besichtigungen während des Tages sind möglich, gelegentlich gibt's Live-Aufführungen bei Nacht.

Geführte Touren

Offizielle **Stadtführungen** (4-/8-stünd. Führung für bis zu 10 Pers. 87/170 R$ auf Portugiesisch, 120/240 R$ auf Englisch, Französisch oder Spanisch) kann man in der Touristeninformation buchen (s. S. 268). Zu beachten ist, dass die hier genannten Preise von einer offiziellen Liste stammen; mit dem Guide selbst kann man eventuell einen besseren Deal aushandeln. Das Büro hilft auch bei der Organisation von Wanderungen und Ausritten in die hügelige Landschaft der Umgebung.

Festivals & Events

Die Prozessionen anlässlich der **Semana Santa** (Osterwoche) in Ouro Prêto sind ein ganz schönes Spektakel (s. S. 271).

Der Congado ist für Minas das, was der Candomblé für Bahia und die Quimbanda (auch Macumba genannt) für Rio ist: der örtliche Ausdruck des afro-christlichen Synkretismus. Die wichtigsten **Congado-Feiern** finden zu Ehren der Jungfrau do Rosário (23.–25. Okt. in der Capela do Padre Faria), zu Neujahr und am 13. Mai (dem Jahrestag der Abschaffung der Sklaverei) statt.

Auch im Juli empfiehlt es sich, eine Unterkunft zu reservieren, denn dann wird das jährlich stattfindende, einen Monat dauernde **Winterfestival** gefeiert.

Das **Festival Tudo é Jazz** (www.tudoejazz.com.br, portugiesisch) hat schon zehn Jahre auf dem Buckel und ist erfolgreich wie eh und je. Im September treten hier fünf Tage lang Jazzkünstler aus Brasilien und der ganzen Welt auf. Weitere erwähnenswerte Kulturevents sind das Filmfestival **CineOP** (www.cineop.com.br) Mitte Juni und das Literaturfestival **Forum das Letras** (www.forumdasletras.ufop.br) im Oktober/November.

Einmal im Jahr, am 21. April, dem **Tiradentes-Tag**, beansprucht Ouro Prêto die symbolische Rolle als Hauptstadt des Bundesstaates wieder für sich.

Schlafen

BUDGETUNTERKÜNFTE

Pousada São Francisco (☎ 3551 3456; www.pousadasaofranciscodepaula.com.br; Rua Padre José Marcos Penna 202; B/EZ/DZ/3BZ 30/50/70/105 R$; 🖳 🛜) Diese herbergsähnliche Pousada, die an einem belaubten Hang voller zwitschernder Vögel liegt, bietet tolle Ausblicke, freundliches, mehrsprachiges Personal und eine Gästeküche. Am schönsten sind die zwei getrennt von den anderen liegenden Zimmer im oberen Stockwerk (20–30 R$ zusätzl.). Vom Busbahnhof aus geht man 5 Minuten bergab Richtung Igreja São Francisco de Paula und folgt dann den Schildern. Wenn man an der Kirche vorbeikommt, hat man die Abzweigung bereits verpasst. Wer spätnachts anreist, sollte vom Busbahnhof aus anrufen und sich von dort abholen lassen – es ist zwar nicht weit, aber trotz der neu installierten Lampen ist es nach wie vor schwer den Weg zu finden.

Albergue de Juventude Brumas Hostel (☎ 3551 2944; www.brumashostel.com.br; Ladeira São Francisco de Paula 68; B/EZ/DZ HI-Mitgl. 30/50/80 R$, Nichtmitgl. 35/60/90 R$; 🖳 🛜) Diese dem HI zugehörige Jugendherberge, nur einige Meter bergab von der Pousada São Francisco, hat ebenfalls saubere Vier- und Sechsbettzimmer, tolle Ausblicke und freundliches, mehrsprachiges Personal. Zu den Einrichtungen gehören auch eine Gästeküche und ein TV-Zimmer mit Kamin.

Pousada Vila Rica (☎ 3551 4729; pousada@antiga.com.br; Rua Felipe dos Santos 165; EZ/DZ 45/90 R$) Die Betten sind ein bisschen schäbig, es gibt keinen Internetzugang und bis ins Zentrum ist's ein ziemlicher Marsch bergauf. Dafür besitzt die 250 Jahre alte Vila Rica, falls ein einfaches Zimmer ausreicht, mit ihren hohen Decken, hübschen Holzböden und einer Fassade, die

SEMANA SANTA IN OURO PRÊTO

Die Semana Santa (Osterwoche) wird in ganz Brasilien gefeiert, die Feierlichkeiten in Ouro Prêto sind aber besonders umwerfend. Vier Tage lang verwandelt sich die Stadt in eine gigantische Bühne. Den Beginn markiert die feierliche Fußwaschung am Donnerstagabend und die Kreuzabnahme Christi von einem riesigen Kreuz vor der Igreja de São Francisco am Karfreitag.

Das schönste Ereignis wird aber bis in die frühen Morgenstunden des Ostersonntags aufgespart. Samstag gegen Mitternacht beginnen Einheimische damit, Säcke mit buntem Sägemehl an den Straßenecken der ganzen Stadt zu öffnen – der Startschuss für ein die ganze Nacht andauerndes, öffentliches Kunstprojekt, bei dem auf einer Strecke von 3 km die Kopfsteinpflasterstraßen von Ouro Prêto's mit fantasievollen Mustern versehen werden. Ein riesiger Teppich, der die Route der Osterprozessionen am kommenden Morgen markiert. Bis in die frühen 1960er-Jahre befolgte Ouro Prêto die alte portugiesische Tradition, die Straßen, durch die die Osterparade zog, mit Blumen und Blättern zu schmücken. In jüngerer Zeit sind aber gefärbte Lederfetzen, Sand, Kaffeesatz und Sägemehl die bevorzugten Materialien für diese *tapetes coloridos* (bunten Teppiche).

Besucher dürfen bei der Gestaltung der Bilder gern mitmachen. Eine kurze Nacht ist dann aber vorprogrammiert, denn erst weit nach Mitternacht kommt die Sache ins Rollen. Ohne Ankündigung gibt's die ganze Nacht lang überall Musik und alles andere, was gute Laune macht. Ein paar Nachzügler sind noch bis Sonnenaufgang damit beschäftigt, an der Praça Tiradentes, dem Platz, der zuletzt für den Verkehr gesperrt wird, letzte Feinarbeiten zu erledigen. Wer seinen Schönheitsschlaf braucht, sollte am Samstagabend früh schlafen gehen und am Sonntag dann um 5 Uhr aufstehen, um die Schönheit zu bewundern, die sich über Nacht entfaltet hat. Als ob bunter Schnee gefallen wäre!

Die Bilder – einige religiös, andere profan – wechseln jedes Jahr und überdauern nur wenige kurze Stunden. Nur Augenblicke nachdem die Prozession vorüber gegangen ist kommen die städtischen Hilfskräfte mit Schaufel und Besen und säubern die Straßen – bis zum nächsten Jahr.

---

mit blauen und weißen *azulejos* (portugiesischen Fliesen) verkleidet ist, immer noch einigen historischen Charme.

MITTELKLASSEHOTELS

Pousada Nello Nuno (☎ 3551 3375; www.pousadanellonuno.com.br; Rua Camilo de Brito 59; EZ/DZ/3BZ 80/115/140 R$) In ruhiger Lage gleich nordöstlich der Praça Tiradentes liegt dieser Familienbetrieb. Die Pousada hat saubere und luftige *apartamentos* mit jeder Menge Kunst, die um einen netten, mit Steinplatten ausgelegten Hof angeordnet sind. Man spricht Französisch und Englisch.

Hospedaria Antiga (☎ 3551 2203; www.antiga.com.br; Rua Xavier da Veiga 1; EZ/DZ/3BZ 80/130/140 R$; 🤖) Etwas verzogene Böden aus der Kolonialzeit, ein kleiner Garten und ein beeindruckender Frühstücksraum im mittelalterlichen Stil sind nur einige der Pluspunkte, die dieses freundliche Gästehaus aus dem 18. Jh. für sich verbuchen kann. Die Zimmer unten sind größer und heller.

LP Tipp **Pouso do Chico Rei** (☎ 3551 1274; www.pousodochicorei.com.br; Rua Brigadeiro Musqueira 90; EZ/DZ/3BZ ohne Bad ab 88/140/190 R$, EZ/DZ/3BZ/4BZ mit Bad 150/178/230/300 R$; 🖥 🤖) Als mit Abstand beste Mittelklasseoption in Ouro Prêto ist das Chico Rei in einem wunderschön erhaltenen Herrenhaus aus dem 18. Jh. im Herzen der Stadt untergebracht und hat eine lange Tradition berühmter Gäste (die Fotos in der Lobby bezeugen es). Jeder Raum ist einzigartig und die meisten haben antike Möbel und einen fantastischen Ausblick; die beiden günstigsten Zimmer teilen sich ein Bad. Die Besitzer sprechen Französisch und etwas Englisch und es lohnt sich auf jeden Fall zu reservieren.

SPITZENKLASSEHOTELS

Grande Hotel Ouro Prêto (☎ 3551 1488; www.grandehotelouropreto.com.br, portugiesisch; Rua Senador Rocha Lagoa 164; EZ/DZ/3BZ 187/214/268 R$, EZ/DZ/3BZ Suite ab 214/273/346 R$; 🖥 🤖 🐕) Oscar Niemeyers Grande Hotel ist von innen viel schöner als von außen. Es liegt sehr zentral, hat einen Pool und einen Barbereich mit Blick über die Stadt und ist weit und breit die einzige modernistische Architektur. Das macht das Hotel auch irgendwie zu einem Schandfleck. Ein besserer Deal als die sterilen, engen Standardzimmer sind die zweigeschossigen Suiten.

Hotel Fazenda Boa Vista (☎ 3551 3423; www.hotelfazboavistaouropreto.com.br, portugiesisch; Bairro Campo Grande; DZ/4BZ 220/270 R$; 🤖 🐕) Wer mit eigenem fahrbaren Untersatz unterwegs ist, sollte sich überlegen, ob er ein Zimmer in diesem Landhaus mitten zwischen den Hügeln, etwa zehn Minuten außerhalb der Stadt nimmt. Das große Haupthaus ist mit Antiquitäten und rustikalen Utensilien des Lebens auf dem Land dekoriert, es gibt einen Pool im Freien mit einem großartigen Blick auf die Berge der Umgebung, das hausgemachte Essen ist ausgezeichnet und die Stille hier ist perfekt, um sich vom Rummel in Ouro Prêto zu erholen.

Solar do Rosario (☎ 3551 5040; www.hotelsolardoro sario.com.br; Rua Getúlio Vargas 270; DZ 320 R$, Suite ab 640 R$; ✗ ▢ ☏ ☲) Die Lage dieses Viersternehotels gegenüber der Rosário-Kirche ist einfach beneidenswert und es ist gleichzeitig die nobelste Unterkunft, die hier in den letzten Jahren eröffnet hat. Das frisch renovierte Herrenhaus hat im ursprünglichen Gebäude aus dem 18. Jh. geräumige Zimmer, die luxuriösen Suiten im Kolonialstil sind im modernen Anbau untergebracht. Alle weiteren Annehmlichkeiten, die gar kein Ende nehmen wollen, liegen in der schönen, terrassierten Anlage hinter dem Komplex. Pools drinnen und draußen und eine Sauna sind nur zwei dieser Extras.

Pousada do Mondego (☎ 3551 2040; www.mondego. com.br, portugiesisch; Largo de Coimbra 38; Zi. 451 R$, Suite ab 594 R$; ▢ ☏) Dieses elegante Gästehaus – in einem kolonialen Herrenhaus aus dem 18. Jh. untergebracht, zeitgenössisch eingerichtet, mit schönen Kunstwerken und einem Blick auf die Igreja de São Francisco de Assis – ist Teil des exklusiven internationalen Verbunds der Hotels de Charme. Abzug gibt es für die winzigen Fenster der Standardzimmer, die direkt unter dem Dachvorsprung versteckt liegen, und den bis spät in die Nacht andauernden Partylärm aus den angrenzenden *repúblicas* (Studentenunterkünfte).

Essen
GÜNSTIG

Viele der Imbisse in Ouro Prêto reihen sich an den lebhaften Rua Direita und Rua São José.

Café e Cia (☎ 3551 6515; Rua São José 185; 24,90 R$/ kg; ✗ 11–16 Uhr) Seit eh und je beliebt, hat dieses Café einen luftigen Sitzbereich hinter dem Haus mit Blick auf den kleinen Bach. Das Mittagsbuffet mit Selbstbedienung besteht vor allem aus Mineiro-Gerichten.

Maximu's (☎ 9914 1209; Rua Direita 151; 27,90 R$/kg; ✗ 11–16 Uhr) Eines der besten *por-kilo*-Lokale. Oben gibt's einen Speiseraum.

Adega Ouro Prêto (☎ 3551 4171; Rua Teixeira Amaral 24; Mittagessen „All-you-can-eat" 15 R$, Pizza 17–26 R$; ✗ tgl. 11.30–15, Mi–Sa zusätzl. 19–24 Uhr) Das höh-

lenartige Adega ist zur Mittagszeit ein großartiger Deal. An vier Abenden die Woche wird auch ganz annehmbare Pizza serviert.

Quinto do Ouro (☎ 3552 2633; Rua Direita 76; 31,90 R$/ kg; ✗ Di–So 11–15 Uhr) Die Preise in diesem *por-kilo*-Restaurant sind höher als anderswo, die Qualität und die Auswahl an Mineiro-Gerichten ist aber einfach großartig. Dazu kann man noch gegrilltes Fleisch bestellen (inkl.).

AUF DIE SCHNELLE

Ouro Prêtos endloses Labyrinth aus Hügeln, Kopfsteinpflasterstraßen, Museen und Kirchen macht leicht müde. Dank der vielen Essensstände der Stadt sind die Batterien aber schnell wieder voll.

Chocolates Ouro Prêto (☎ 3551 7330; Praça Tiradentes 114; Snacks ab 4 R$; ✗ So–Do 9–19, Fr & Sa bis 22 Uhr) Am bekanntesten ist dieser Laden immer noch für seine heiße Schokolade und andere sündige Genüsse. Diese neu eröffnete Filiale der stadteigenen Schokoladenfabrik serviert auch Sandwiches, Suppen und andere herzhafte Snacks für unter 10 R$. Preise und Öffnungszeiten gelten auch für die ursprüngliche Filiale in der Rua Getúlio Vargas 72.

Café e Livraria Cultural (☎ 3551 3239; Rua Cláudio Manoel 15; Snacks 4,50–8,50 R$; ✗ 9–19 Uhr) Unmittelbar unterhalb der Touristeninformation versteckt sich dieses kleine Café mit unverputzten Steinwänden, einfachem Essen, raffinierten Kaffeegetränken und einer sauberen und entspannten Atmosphäre. Ein guter Ort, um sich zur Orientierung in den Stadtplan zu vertiefen.

Beijinho Doce (☎ 3551 2774; Rua Direita 134; Kuchenstücke ab 4 R$; ✗ 11.30–22 Uhr) Einen halben Block von der Praça Tiradentes entfernt, befindet sich dieses Café mit Bäckerei, das zwischen den vielen Museen ein perfekter Zwischenstopp für einen süßen oder herzhaften Snack ist.

MITTELTEUER & TEUER

LP Tipp **O Passo** (☎ 3552 5089; Rua São José 56; Hauptgerichte 22–40 R$; ✗ 12–24 Uhr) In einem reizenden Gebäude aus dem 18. Jh. besticht dieses Restaurant durch persönliche, von Kerzenlicht erhellte Räume mit Marmorwänden. Die entspannte Terrasse im Freien mit Blick über die Casa de Contos lädt nach dem Abendessen zu einem gemütlichen Drink ein. Hier ist alles vorzüglich – Pizza, Pasta, Salate und die Weinkarte! Dienstagabends ist das rodízio de pizzas („All-you-can-eat"-Pizza, 21,90 R$) angesagt. Nicht verpassen!

Café Geraes (☎ 3551 5097; Rua Direita 122; Hauptgerichte 26–36 R$; ☽ 11–23 Uhr) Betuchte Studenten und Künstler kommen gern in diesen angesagten Laden und trinken Wein, fachsimpeln und genießen die kreativ zubereiteten Salate und die Nudel-, Lachs- und Steakgerichte. Unter der Woche zur Mittagszeit ist der *prato executivo* empfehlenswert – ein Hauptgericht, Salat, Nachtisch, Saft oder Kaffee für nur 20 R$.

Chafariz (☎ 3551 2828; Rua São José 167; Mittagessen „All-you-can-eat"-Buffet 30 R$; ☽ 11.30–16 Uhr) In dieser Institution bekommt man eine vielseitige Deko aus alten Fotos, religiöser Kunst, brasilianischen Flaggen und Antiquitäten zu sehen – und es gibt eines der besten (allerdings auch teuersten) Buffets in ganz Minas. Auf der Speisekarte finden sich traditionelle Leibspeisen aus der Region wie *lombo com feijão tropeiro* (Bohnen gemischt mit Maniokmehl, knusprigen Speckschwarte, Würstchen, Eiern, Knoblauch und Zwiebeln), Minas-Käse zum Abschluss und *goiabada* (Guavenpaste) als Nachtisch. Die formell gekleideten Kellner bringen auch *cachaça*-Shots, Kaffee und *jabuticaba*-Likör – alles im Preis inbegriffen.

Casa do Ouvidor (☎ 3551 2141; Rua Direita 42; Hauptgerichte 17–43 R$; ☽ 11–15 & 19–22 Uhr) Unmittelbar unterhalb der Praça Tiradentes befindet sich das Ouvidor, das schon zahlreiche Auszeichnungen für seine comida mineira (die typische Küche aus Minas Gerais) abgeräumt hat. Der altertümliche Speisesaal im oberen Stock ist abends besonders schön, wenn er bei nur spärlicher Beleuchtung seinen ganzen rustikalen Charme entfaltet. Unbedingt mit leerem Magen kommen – die Portionen sind riesig.

Bené da Flauta (☎ 3551 1036; Rua São Francisco de Assis 32; Hauptgerichte 21–43 R$; ☽ 12–23 Uhr) Direkt unter der Igreja de São Francisco nimmt dieses Restaurant zwei Stockwerke eines herrlichen kolonialen *sobrado* (Herrenhaus) ein. Die offene und luftige Atmosphäre, der Ausblick und die Weinkarte runden die Gerichte mit Forelle, Steak, Pasta und Mineiro-Spezialitäten würdig ab – alles hier hat ein gewisses Flair.

Ausgehen

Abends und an den Wochenenden treffen sich Horden von Studenten auf der Praça Tiradentes und bevölkern die Bars an der nahe gelegenen Rua Direita.

Acaso 85 (☎ 3551 2397; Largo do Rosário 85; ☽ 18.30 Uhr–open end) Diese stimmungsvolle Bar mit ihren versetzten Stockwerken hat Wände aus Stein, hohe Decken und zieht bis spät in die Nacht Partygänger an. Es wird Livemusik gespielt und man kann aus einer großen Auswahl an Whiskeys und anderen Drinks wählen.

An- & Weiterreise

BUS

Langstreckenbusse fahren von Ouro Prêtos größtem **Busbahnhof** (☎ 3559 3252; Rua Padre Rolim 661) an nordwestlichen Ende der Stadt ab. Wenn viel los ist sollte man sein Ticket einen Tag vorher kaufen. **Pássaro Verde** (☎ 3551 1081) hat Busse nach Belo Horizonte (21 R$, 2 Std., stündl. von 6–20 Uhr) und Brasília (117 R$, 12 Std., tgl. 19.30 Uhr); und **Útil** (☎ 3551 3166) fährt nach Rio de Janeiro (*convencional/executivo/ semi-leito* 68/96/107 R$, 6½ Std., tgl. um 22 und 22.30 Uhr), São Paulo (105 R$, 12 Std., tgl. um 7 und 19.30 Uhr) und São João del Rei (44 R$, 4 Std., tgl. um 7 und 19.30 Uhr); und die Busse von **Vale do Ouro** (☎ 3551 5679) fahren Santa Bárbara (21 R$, 2½ Std., 7.25 und 13.45 Uhr) an.

Nach Mariana oder Minas de Passagem gelangt man mit dem lokalen Transcotta-Bus (2,65 R$, alle 20 Min. von 6–23 Uhr), der von der Bushaltestelle für Stadtbusse nordöstlich der Praça Tiradentes anhält.

ZUG

An den Wochenenden fährt eine frisch renovierte historische Touristenbahn zwischen Ouro Prêto und Mariana (1 Std., einfache Fahrt/hin & zurück 18/30 R$). Sie startet von Freitag bis Sonntag um 10 Uhr am **Bahnhof** (☎ 3551 7705; www.tremdavale.org; Praça Cesário Alvim 102) in Ouro Prêto und fährt um 14 Uhr von Mariana wieder zurück. An langen Wochenenden gibt's zusätzliche Abfahrten um 15.30 Uhr ab Ouro Prêto und um 8.30 Uhr ab Mariana. Die 18 km lange Strecke ist schön, braucht aber Zeit. Sie schlängelt sich den ganzen Weg über an einer Flussschlucht entlang. Fährt man in Ouro Prêto ab, hat man von der rechten Seite aus den besten Blick, ab Mariana ist es die linke Seite.

Unterwegs vor Ort

Ein kleiner Bus von Viação Turin (1,70 R$) fährt zwischen dem Busbahnhof und Capela do Padre Faria auf der Ostseite der Stadt und hält unterwegs an vielen Stellen.

RUND UM OURO PRÊTO
Minas da Passagem

Die ehemalige **Goldmine** (☎ 3557 5000; www.minas dapassagem.com.br; Erw./Kind 24/20 R$; ☽ Mo & Di 9–17,

MINAS GERAIS

Mi–So bis 17.30 Uhr) ist ein echtes Erlebnis, an dessen Beginn eine unter Tage führende Fahrt in einer antiken, klapprigen Kabelbahn steht.

Bei einer Tour (zwingend mit Führung), auf Anfrage auf Englisch oder Französisch, werden die Geschichte der Mine und die lokalen Methoden des Goldabbaus beleuchtet. In der 1719 eröffnete Mine arbeiteten schwarze Sklaven, von denen viele bei Sprengungen ums Leben kamen. Unten befinden sich ein Schrein für die getöteten Bergleute und ein seichter, 2 km breiter unterirdischer See mit kristallklarem Wasser, in dem jeder schwimmen kann, der die Wassertemperatur von 16 bis 18 °C aushält.

Die Mine liegt zwischen Ouro Prêto und Mariana. Jeder Bus, der zwischen diesen Orten unterwegs ist fährt dort vorbei (2,65 R$). Den Fahrer bitten, an den Minas de Passagem anzuhalten.

MARIANA

☎ 0xx31 / 55 000 Ew. / 712 m

Edle Kolonialarchitektur und zwei der schönsten Plätze in Minas zieren das entzückende, 1711 gegründete Mariana. Da es nur 14 km von Ouro Prêto entfernt liegt, kann Mariana als Ausgangspunkt für die Erkundung beider Städte genutzt werden. In seinem kompakten historischen Zentrum findet man sich besser zurecht als in dem Ouro Prêtos. Nicht nur, weil es kleiner ist, sondern auch, weil die Hügel nicht so steil sind. Die Erdgeschosse vieler historischer Herrenhäuser wurden mittlerweile zu Läden, Boutiquen und Künstlerwerkstätten umgebaut, in denen man sich nach Lust und Laune umschauen kann.

Praktische Informationen

Bradesco (Av Salvador Furtado) Eine von zwei Banken mit Geldautomaten, einen Block unterhalb des Kathedralenplatzes.

Mundo Virtual Lan House (☎ 3557 3307; Praça da Sé 52; 2,50 R$/Std.; ☺ Mo–Sa 8–22, So 9–21 Uhr) Halbwegs schnelles Internet; auch Skype.

Post (Rua Padre Gonçalves Lopes) Direkt unterhalb der Kathedrale.

Touristeninformation (☎ 3557 1158; agturbmaria namg@hotmail.com; Praça Tancredo Neves; ☺ 8–17 Uhr) Außerhalb des historischen Zentrums an dem Platz, an dem die Busse aus Ouro Prêto ankommen. Hier gibt's Infos über die Stadt und Stadtführungen.

Sehenswertes

Alle Sehenswürdigkeiten liegen nahe beieinander. Zwei Häuserblöcke bergauf von der Touristeninformation und der Bushaltestelle für Busse aus Ouro Prêto rühmt sich die Praça Minas Gerais mit einer der schönsten Gruppierungen öffentlicher Gebäude an einem Platz im ganzen Bundesstaat. Die **Igreja São Francisco de Assis** (☺ 9–17 Uhr) ist die letzte Ruhestätte des Malers Ataíde – Aleijadinhos Partner – und 94 weiterer glücklicher Seelen. Die **Igreja NS do Carmo** (☺ 9–16 Uhr) wurde 1999 durch Feuer schwer beschädigt, aber mittlerweile bereits wiedereröffnet.

Die **Praça Gomes Freire** einen Häuserblock unterhalb der Praça Minas Gerais ist ein toller Ort, um sich zu setzen und alle Welt an sich vorüberziehen zu lassen, mit einem Teich, einem Pavillon und Parkbänken, die von gewaltigen alten Bäumen beschattet werden.

Wenn man wieder bergab geht, stößt man auf das **Museu Arquidiocesano de Arte Sacra** (☎ 3557 2581; Rua Frei Durão 49; Eintritt 5 R$; ☺ Di–Fr 8.30–12 & 13.30–17, Sa & So 8.30–14 Uhr), das Skulpturen von Aleijadinho, Gemälde von Ataíde und andere sakrale Objekte ausstellt. In der **Catedral Basílica da Sé** (Praça Cláudio Manuel; ☺ Di–So 8–18 Uhr) mit ihrer fantastischen deutschen Orgel von 1701 finden **Orgelkonzerte** (Eintritt 15 R$; ☺ Fr 11.30, So 12.15 Uhr) statt.

Bei einem Gang durch den alten Teil der Stadt trifft man auch auf Künstler bei der Arbeit in ihren Werkstätten. Besonders interessant ist das **Catin Nardi Puppentheater** (☎ 3557 3927, 8850 7660; Rua Do Seminário 290; ☺ 10–18 Uhr), wo man bei der Herstellung von Marionetten zuschauen und auch alte bewundern kann, die schon in brasilianischen TV-Miniserien aufgetreten sind.

Um einmal den heutigen **Goldabbau** mitzuerleben, sollte man das *garimpo* (Bergbaucamp) ansteuern, direkt hinter der letzten Brücke von Mariana beim Carmo-Bach, nur einen kurzen Fußmarsch von der Stadt entfernt. Wenn man flussaufwärts schaut, kann man Leute Gold schürfen und waschen sehen.

Schlafen

Hotel Central (☎ 3557 1630; Rua Frei Durão 8; EZ/DZ/3BZ ohne Bad 40/60/75 R$, EZ/DZ/3BZ/4BZ mit Bad 50/70/90/ 110 R$) Das einzige, was dieses öde Hotel so beliebt macht, ist der sehr niedrige Preis für die günstige Lage gegenüber der begrünten Praça Gomes Freire.

Pousada Solar dos Correa (☎ 3557 2080; www.pou sadasolardoscorrea.com.br; Rua Direita 124; EZ/DZ/3BZ/4BZ 80/140/180/220 R$; ☺) Die in der Nähe des Bahnhofs und der Bushaltestellen gelegene Pousada Solar bietet in einem kolonialen Herrenhaus aus dem 18. Jh. nette, luftige Apartments.

Hotel Providência (☎ 3557 1444; www.hotelprovidencia.com.br; Rua Dom Silvério 233; EZ/DZ/3BZ/4BZ 80/150/215/265 R$; ▢ 🛜 🏊) Die Gästezimmer in diesem 1849 erbauten Gebäude sind luftig und einladend und haben saubere Bettwäsche, schöne hohe Decken und Internet. Das Schwimmbad (halbe Olympiagröße) teilt es sich mit der katholischen Schule nebenan.

Pouso da Typographia (☎ 3557 1577; Praça Gomes Freire 220; EZ/DZ/3BZ 100/150/200 R$; 🛜) Reinschauen lohnt sich hier schon wegen der alten Druckmaschinen im Foyer. Aber auch die wunderbar zentrale Lage am schönsten Platz Marianas ist unschlagbar. In den vorderen Zimmern wird's am Wochenende allerdings etwas laut.

Essen

Vagão Café (Estação Ferroviária; Sandwiches 9 R$; 🕑 9–17 Uhr) Ein cooler Ort für einen Snack: Das kleine Café ist in einem Zugwaggon am Bahnhof von Mariana untergebracht.

Gaveteiros (☎ 3557 2273; Praça da Sé 26; 19,90 R$/kg; 🕑 10–15 Uhr) Das zentral gelegene Gaveteiros bietet Mineiro-Gerichte mit Selbstbedienung. Es liegt an der unteren Seite des Platzes der Kathedrale.

Lua Cheia (☎ 3557 3232; Rua Dom Viçoso 58; 22,90 R$/kg; 🕑 tgl. 11–15 & Mi–Sa 19–24 Uhr) Der beste Ort in Mariana, um seinen Hunger „por kilo" zu stillen. Nur ein paar Schritte von der hübschen Praça Gomes Freire entfernt.

O Rancho (☎ 3558 1060; Praça Gomes Freire 108; „All-you-can-eat"-Buffet 16 R$, Pizza 18–34 R$; 🕑 Di–So 11–15 & 18–24 Uhr) Das O Rancho ist gemütlich und einladend und außerdem auf herzhafte Mineiro-Gerichte spezialisiert. Auf dem Holzofen steht immer ein blubbernder Suppentopf und wer mal eine Pause von Reis mit Bohnen braucht, bekommt hier auch eine Pizza.

Ausgehen

Das Angebot in der **Bar Scotch & Art** (Praça Minas Gerais 57; Snacks ab 5 R$; 🕑 Di–So 18.30–2 Uhr) beinhaltet eine große Auswahl an Getränken und hausgemachten Snacks. Serviert wird das Ganze in den gemütlichen Innenräumen oder auf der Schieferterrasse mit Blick auf die wunderschöne Praça Minas Gerais.

An- & Weiterreise

Regelmäßig fahren Transcotta-Busse zwischen Ouro Prêto und Mariana (2,65 R$, 30 Min., mind. 2-mal stündl. 6–23 Uhr). In Mariana befindet sich die Bushaltestelle gegenüber der Touristeninformation auf der Praça Tancredo Neves.

Marianas Busbahnhof für Fernbusse, Rodoviária dos Inconfidêntes, liegt ca. 2 km außerhalb der Stadt. Unter den Zielen, die angefahren werden, sind Belo Horizonte (25 R$, 2½ Std., mehrmals tgl.), Brasília (117 R$, 12 Std., tgl. 18.50 Uhr), und São Paulo (108 R$, 11 Std., tgl. 19 Uhr). Auch der Transcotta-Bus ab Ouro Prêto hält hier auf seinem Weg in die Innenstadt von Mariana.

Marianas malerischer, orangeweißer Bahnhof liegt nur zwei Blocks von der örtlichen Haltestelle für Busse nach Ouro Prêto entfernt. Züge von Mariana nach Ouro Prêto fahren Freitag bis Sonntag um 14 Uhr, zusätzlich fahren Busse während der Ferien und Feiertage um 8.30 Uhr. Es gibt dort ein Café, ein Museum und einen Spielplatz, um einen während des Wartens bei Laune zu halten.

LAVRAS NOVAS

☎ 0xx31 / 1000 Ew. / 1510 m

Lavras Novas, benannt nach den 1704 hier neu entdeckten Goldvorkommen, liegt 17 km von Ouro Prêto auf einem Hochplateau und wird von einem weitläufigen Bergpanorama eingerahmt. Die kopfsteingepflasterte Hauptstraße führt an bunten, einstöckigen Häusern vorbei und direkt auf den Mittelpunkt des Ortes, die **Igreja NS dos Prazeres** zu. In den letzten Jahren hat der Tourismus Lavras für sich entdeckt und an betriebsamen Wochenenden hat man manchmal das Gefühl, dass es hier mehr Gäste als Einheimische gibt. Um die Geschichte des Ortes besser verstehen zu können und um in seine traditionelle Ruhe der Abgeschiedenheit einzutauchen, empfiehlt es sich, hier unter der Woche vorbeizuschauen und auch eine Weile zu bleiben.

Aktivitäten

Rund um den Ort haben mehrere Anbieter geführte Wanderungen und Reittouren zu Attraktionen der Umgebung, z. B. zu den Wasserfällen **Três Pingos** und **Namorados**, im Programm. Wer sein eigenes Ding machen will, besorgt sich eine kostenlose Wanderkarte in der Pousada Palavras Novas (S. 276).

Schlafen & Essen

Unter der Woche ist in den Pousadas nicht viel los, am Wochenende und rund um die Feiertage sollte man aber reservieren.

Taberna Casa Antiga e Chalés Galo do Campo
(☎ 9957 8189; www.lavrasnovas.com.br/galodocampo; Rua Alto do Campo 213; DZ unter der Woche 140–210 R$, Wochenende 180–230 R$) Diese netten Chalets liegen am Ortsrand zwischen Bäumen versteckt und blicken auf Pferdeweiden und die Berge der Umgebung. Das gemütliche Restaurant mit Bar gleich nebenan (Hauptgerichte 18–40 R$) hat eine Feuerstelle, Livemusik und eine abwechslungsreiche Speisekarte.

Palavras Novas (☎ 3554 2025; www.pousadapalavras novas.com.br, portugiesisch; Rua NS dos Prazeres 1110; DZ unter der Woche/Wochenende ab 150/195 R$, Chalet mit Whirlpool unter der Woche/Wochenende 280/340 R$; ☒) Wer etwas Luxus sucht, ist hier genau richtig: Feuerstellen, Nachmittagstee, Whirlpools, DVD-Player auf den Zimmern, eine Sauna, ein Wellness-Bereich und ein beheizter Pool, eine schöne Bergkulisse und Livemusik am Wochenende. Jedes Wochenende werden hier Gruppenwanderungen angeboten.

An- & Weiterreise

Vor Ouro Prêtos Bahnhof (nicht der Busbahnhof) fahren lokale Busse nach Lavras Novas (4,40 R$, 1 Std.) ab. In jede Richtung gibt's von Dienstag bis Freitag täglich drei Abfahrten, montags sind es vier und samstags und sonntags fährt der Bus einmal täglich. Von den 17 km bis Lavras Novas sind 9 km der Straße unbefestigt; trotz der Schlaglöcher eine echt malerische Strecke!

SABARÁ

☎ 0xx31 / 130 000 Ew. / 705 m

Sabará, 25 km südöstlich von Belo Horizonte, ist voller Häuser, Villen, Kirchen, Statuen, Brunnen und Sakralkunst, die aus der glorreichen Zeit der Stadt im 18. Jh. stammen, als sie Minas wichtigstes Zentrum für den Goldabbau und eine der reichsten Städte der Welt war. In den Boomjahren, als der Rio das Velhas 15-mal so breit war, fuhren von Bahia aus Boote den ganzen Weg den Rio São Francisco hinauf. In Sabará wurde in einer Woche mehr Gold gefördert als im restlichen Brasilien in einem Jahr.

Heute ist Sabará eine arme Stadt, die von einer belgischen Metallfabrik dominiert wird. Da es mit dem Bus nur 30 Minuten von Belo entfernt liegt, kann man Sabará von dort aus in einem unkomplizierten und interessanten Tagesausflug besuchen. Montags sollte man aber nicht hinfahren – alles hat geschlossen. Am Eingang der Stadt gibt's ein Informationshäuschen, aber die Hauptattraktionen sind leicht zu finden, da es an der Praça Santa Rita Wegweiser gibt, die anzeigen, wo alles ist.

Sehenswertes

In den meisten Kirchen, Museen und anderen kolonialen Sehenswürdigkeiten wird ein Eintritt von 1 oder 2 R$ verlangt.

Das **O Teatro Imperial** (Rua Dom Pedro II; ☾ Di–So 8–12 & 13–17 Uhr), Sabarás elegantes Opernhaus und ein Zeugnis des Reichtums längst vergangener Tage, wurde 1770 erbaut. Es hat Kristallleuchter und drei Ränge mit Bambussitzen, die mit Schnitzereien verziert sind.

Das **Museu do Ouro** (☎ 3671 1848; Rua da Intendência; Eintritt 1 US$; ☾ Di–So 12–17 Uhr), das in einer alten Goldgießerei von 1730 untergebracht ist, beherbergt Kunst und Artefakte aus Sabarás glorreicheren Jahren.

Die dreischiffige Kirche **Matriz de NS de Conceição** (Praça Getúlio Vargas; ☾ 9–12 & 14–17 Uhr, Mo geschl.),vollendet 1720, ist eine faszinierende Mischung aus asiatischer Kunst und portugiesischem Barock, mit Blattgold, roten chinesischen Verzierungen und Pagoden an den Türfüllungen des Altarraums.

Die winzige **Igreja de NS do Ó** (Largo NS do Ó; ☾ Di–So 9–12 & 14–17 Uhr) ist mit ihrer Farbenpracht in Gold, Rot und Blau eines von Minas' kleinen Juwelen. Gewidmet der Jungfrau Maria als Beschützerin der Schwangeren und derjenigen, die um Fruchtbarkeit beten, zeichnet sie sich durch viele orientalische Details aus.

Die nur zur Hälfte fertig gestellte **Igreja de NS do Rosário dos Pretos** (Praça Melo Viana; ☾ 8–11 & 13–17 Uhr) – begonnen und finanziert durch Sklaven – ist bis heute ein Denkmal für die Abschaffung der Sklaverei im Jahre 1888.

Aleijadinho hat entscheidend an der Gestaltung der **Igreja NS do Carmo** (Rua de Carmo; ☾ 9–11.30 Uhr, Mo geschl.) mitgewirkt. Alles trägt sein Zeichen, insbesondere die Gesichter des São Simão und São João da Cruz.

An- & Weiterreise

Cisne bietet Busse nach Sabará (3 R$, 30 Min., alle 15 Min. 5–23 Uhr), die vom Lokalterminal hinter Belos Hauptbusbahnhof abfahren. Aus Sabará zurück geht's von der Bushaltestelle auf der Av Victor Fantini; zusteigen kann man aber auch an der Straße außerhalb der Stadt.

CONGONHAS

☎ 0xx31 / 49 000 Ew. / 871 m

Die kleine Industriestadt wurde durch die beeindruckende Präsenz Aleijadinhos außergewöhnlicher *Die Propheten* an der Basílica do Bom Jesus de Matosinhos vor der Bedeutungslosigkeit bewahrt. Fast scheint es, als führten die pathetischen Statuen ein Ballett auf und es ist ein besonderes Gefühl, sich zwischen den Skulpturen zu bewegen. Sie sind Aleijadinhos Meisterstück und das berühmteste Kunstwerk Brasiliens. Nur um sie zu sehen, lohnt sich der Aufwand, nach Congonhas zu kommen.

Congonhas liegt 72 km südlich von Belo Horizonte, 3 km vom Hwy BR-040 entfernt. Die Stadt wuchs mit der Goldsuche im nahen Rio Maranhão heran. Ihre Wirtschaft wird heute durch den Eisenerzabbau in der Umgebung bestimmt.

Sehenswertes

Aleijadinho schuf *Die Propheten* zwischen 1800 und 1805, als er bereits ein alter Mann war, krank und verkrüppelt. Alle zwölf alttestamentarischen Figuren, die symmetrisch vor der **Basílica do Bom Jesus de Matosinhos** angeordnet sind, wurden aus einem oder zwei Specksteinblöcken herausmodelliert. Jede trägt eine Botschaft in lateinischer Sprache: einige sind optimistische Prophezeiungen, andere warnen vor dem Ende der Welt.

Viel ist schon über diese Skulpturen geschrieben worden – über ihre dynamische Eigenschaft, den Eindruck von Bewegung (sehr ähnlich einem Hindu-Tanz oder Ballett), wie sie einander ergänzen und wie ihre Anordnung verhindert, sie isoliert zu betrachten. Der Dichter Carlos Drummond de Andrade schrieb, dass die ausdrucksstarken Gesichter und Gesten „herrlich, schrecklich, ernst und milde" seien und kommentierte „die Art, wie die menschengroßen Statuen überlebensgroß erscheinen, da sie mit dem Himmel im Rücken auf den Betrachter herabsehen."

Bevor er an den *Propheten* arbeitete, schnitzte Aleijadinho die hölzernen Statuen (oder beaufsichtigte seine Assistenten beim Schnitzen), die in den sechs kleinen Kapellen unterhalb aufgestellt wurden. Die Kapellen selbst – ebenfalls nach Aleijadinhos Entwürfen gebaut – und ihre Anordnung auf dem abschüssigen Grundstück sind großartig. Wie das Licht vor den dunklen Berghintergrund auf die blassen Kuppeln fällt, ist wunderschön.

Jede Kapelle zeigt eine Szene aus der Passion Christi, und einige Szenen stellen Jesus mit einem roten Mal am Hals dar. Obwohl nur wenig über Aleijadinhos politische Gesinnung

ALEIJADINHO

Antônio Francisco Lisboa (1738–1814), heute weltweit als Aleijadinho (kleiner Krüppel) bekannt, war der Sohn eines portugiesischen Architekten und einer schwarzen Sklavin. Seinen Spitznamen bekam er irgendwann in den 1770er-Jahren, als der Künstler unter einer schrecklichen, kräftezehrenden Krankheit zu leiden begann. Dies kann Syphilis oder vielleicht Lepra gewesen sein – so oder so verlor er Finger und Zehen und konnte seine Unterschenkel nicht mehr bewegen.

Davon unbeeindruckt band sich Aleijadinho Hammer und Meißel an seine Arme und arbeitete weiter. Mit seiner Arbeit führte er die Kunst seines Landes von den Exzessen des Barocks hin zu einer feineren, anmutigeren Form, bekannt als Barroco Mineiro.

Die Mineiros haben allen Grund, auf Aleijadinho stolz zu sein – er ist in der Kunstgeschichte eine international bekannte Persönlichkeit. Anhand von Bildern studierte er die Traditionen des europäischen Barocks und Rokokos, entwickelte aber seinen eigenen einzigartigen Stil weiter und benutzte dabei nur Materialien aus der Natur, wie z. B. Speckstein und Holz. Aleijadinhos Engel tragen seine stilistische Signatur: gelocktes Haar, weit geöffnete Augen und dicke, runde Wangen.

Viele Jahre lang arbeitete Manuel da Costa Ataíde aus dem nahe gelegenen Mariana erfolgreich mit Aleijadinho zusammen. Gemeinsam gestalteten sie viele Kirchen: Aleijadinho formte die Fassade und einige Stücke des Innenraums, Ataíde bemalte die Innenflächen. Mit seinen geheimen, selbst zusammengemischten pflanzlichen Farbstoffen gestaltete Ataíde viele von Aleijadinhos Schöpfungen aus.

Aleijadinhos Grab befindet sich in in Ouro Prêtos Matriz NS da Conceição de Antônio Dias, nur 50 Schritte von seinem Geburtsort entfernt. Er wurde 1973 auf öffentliche Anordnung zum Schutzpatron der brasilianischen Künste ernannt. *Die Propheten* in Congonhas, die Igreja de São Francisco de Assis und die Fassade der Igreja de NS do Carmo, beide in Ouro Prêto, wurden alle von Aleijadinho aus dem Stein geschlagen, ebenso wie unzählige Reliquien in Mariana, Sabará, Tiradentes und São João del Rei. Am besten kann man Aleijadinhos Arbeiten in Congonhas, Ouro Prêto, Sabará und São João del Rei bewundern.

bekannt ist, interpretieren einige einheimische Historiker dies so, dass es Aleijadinhos Absicht war, Parallelen zwischen dem gemarterten Christus und dem getöteten Unabhängigkeitskämpfer Tiradentes zu ziehen. Aleijadinhos Skulpturen römischer Soldaten stützen diese Theorie: Sie haben alle zwei linke Füße und tragen knöchelhohe Stiefel – Schuhe, die unter den Kolonial-Portugiesen beliebt waren.

Festivals & Events

Vom 7. bis 14. September findet hier eines der bedeutendsten religiösen Feste in Minas statt, das **Jubileu do Senhor Bom Jesus do Matosinhos**. Jedes Jahr kommen etwa 600 000 Pilger zu Congonhas' Kirche, um Gelübde abzulegen, gesegnet zu werden und Almosen zu geben und zu empfangen. Die Prozessionen der Osterwoche sind ebenfalls sehr bekannt, vor allem die Aufführungen am Karfreitag.

Schlafen & Essen

Man kann einen frühen Bus nach Congonhas nehmen und nachmittags wieder zurückfahren. Da es hier außer Aleijadinhos Kunstwerk nicht viel zu sehen gibt, bleiben die Wenigsten über Nacht. Was für eine Übernachtung spricht, ist die Möglichkeit, die Statuen kurz nach Sonnenaufgang zu sehen, wenn sie im morgendlichen Licht besonders schön zur Geltung kommen.

Günstig gelegen, direkt gegenüber Aleijadinhos Meisterstücken, ist das **Colonial Hotel** (☎ 3731 1834; Praça da Basílica 76; Zi. 85–105 R$; 🛜), dessen riesige Gänge und extrem hohe Decken noch vom längst verblassten Glanz vergangener Zeiten zeugen. Die meisten Zimmer sind sehr geräumig und die Bäder überraschend modern. Im Restaurant **Cova do Daniel** (☎ 3731 1834; Praça da Basílica 76; Hauptgerichte für 2 Pers. 40 R$; ⌚ 11–23 Uhr) im Erdgeschoss bekommen Tagesausflügler ein günstiges Mittagessen.

An- & Weiterreise

Congonhas liegt auf der direkten Busstrecke zwischen Belo Horizonte und São João del Rei, weshalb diese beiden Städte am besten als Ausgangspunkt für einen Tagesausflug geeignet sind. Viação Sandra fährt diese Strecke mehrmals täglich (19 R$, 1½ Std. von Belo Horizonte; 22 R$, 2 Std. von São João).

Unterwegs vor Ort

Der Busbahnhof liegt an der Av Júlia Kubitschek, die, von den Sehenswürdigkeiten aus betrachtet, am anderen Ende der Stadt liegt. Von hier fahren alle 30–40 Minuten Busse hinauf zur Basilika und zu den *Propheten* (15 Min.). Um sich den Statuen aus dem optimalen Blickwinkel zu nähern und den besten ersten Blick zu erhaschen, steigt man am besten aus, sobald der Bus die Kirche passiert hat (wenn es bergab geht). Derselbe Bus bringt einen auch wieder zum Busbahnhof zurück, oder man bittet das Personal im Colonial Hotel ein Taxi (10 R$) zu rufen.

SÃO JOÃO DEL REI

☎ 0xx32 / 86 000 Ew. / 898 m

São João del Rei bietet einen einmaligen Einblick in eine *cidade historica*, die nach dem Ende des Goldbooms Anfang des 19. Jhs. nicht so stark vom Zerfall bedroht war wie andere Städte. Das heutige São João versprüht die unbefangene, urbane Vitalität einer modernen Stadt – eine willkommene Abwechslung zum benachbarten, in der Vergangenheit stehen gebliebenen Tiradentes oder zu einigen der anderen geflissentlich bewahrten historischen Städte. Im Zentrum gibt's viele Hochhäuser und weitere Anzeichen dafür, dass das Brasilien des 21. Jhs. hier angekommen ist. Und dennoch lauert hinter jeder Ecke eine unerwartete koloniale Überraschung. Das historische Zentrum steht unter Denkmalschutz und hat zwei gute Museen, einige der schönsten Kirchen des Landes und prächtige alte Herrenhäuser zu bieten – eines davon gehörte dem noch immer populären Tancredo Neves, der kurz vor seiner Vereidigung zum Präsidenten starb. Die Kirchen werden jeden Abend von Scheinwerfern angestrahlt und tragen so zum schönen Stadtbild bei.

Orientierung

São João liegt zwischen zwei Gebirgskämmen nahe dem Südende der Serra do Espinhaço. Die Stadt wird durch den Córrego do Lenheiro zweigeteilt – dieser ist eigentlich nur ein glorifizierter Bach in einem betonierten Kanal. Zwei herrliche steinerne Brücken aus dem 18. Jh. sind die Wahrzeichen des kolonialen Zentrums. Der Bahnhof liegt direkt östlich der Innenstadt, während der Busbahnhof noch einen Fußmarsch (15 Min.) Richtung Nordosten erfordert.

Praktische Informationen

Banco do Brasil (Av Hermilio Alves 234)
Bradesco (Av Hermilio Alves 200)

SÃO JOÃO DEL REI

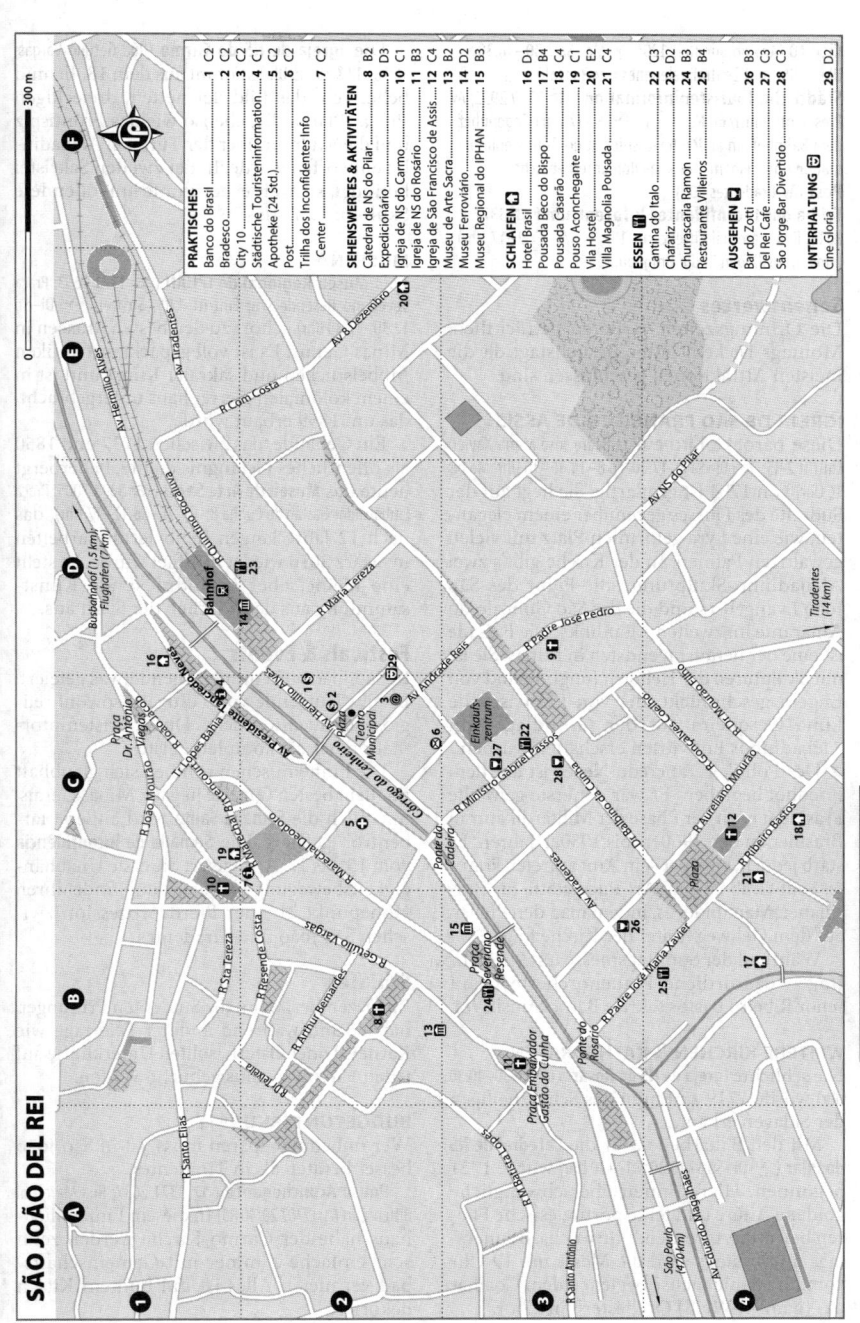

MINAS GERAIS

City 10 (Av Andrade Reis 120; ☺ Mo–Sa 7.30–18.30 Uhr; 3 R$/Std.) Zentral gelegenes Internetcafé.

Städtische Touristeninformation (☎ 3379 2952; Av Presidente Tancredo Neves s/n; ☺ 8–17 Uhr) Gegenüber dem Bahnhof am anderen Flussufer ist die Touristeninformation unter einem Musikpavillon untergebracht.

Post (Av Tiradentes 500)

Trilha dos Inconfidentes Infozentrum (☎ 3372 8011; Rua Marechal Bittencourt 15; ☺ Mo–Fr 9–17 Uhr) Infos zu Ausflügen in die Umgebung.

Sehenswertes

Die Öffnungszeiten variieren beträchtlich. Montags ist kein guter Besuchstag, da die meisten Attraktionen geschlossen sind.

IGREJA DE SÃO FRANCISCO DE ASSIS

Diese barocke **Kirche** (Rua Padre José Maria Xavier; Eintritt 2 R$; ☺ Di–Sa 8–17.30, So 8–14.30–16 Uhr, Mo bis 16 Uhr) von 1774 ist großartig. Sie liegt auf der Südseite des Flusses gegenüber einem eleganten, wie eine Lyra geformten Platz mit vielen gewaltigen Palmen. In der Kirche gibt's zwei Aleijadinho-Skulpturen: die Figur des São João Evangelista und die des São Gonçalo do Amarante im zweiten Altar links. Die Fassade ist eine der herausragendsten in Minas. Sie ist mit Skulpturen der Heiligen Jungfrau und von Engeln geschmückt, die von Francisco de Lima Cerqueira auf der Grundlage von Aleijadinhos Entwürfen erschaffen wurden.

Der Politiker Tancredo Neves ist auf dem Friedhof begraben. Er war der erste gewählte Präsident nach der Phase der Militärdiktatur in Brasilien in den 1960er- bis 1980er-Jahren. Er starb jedoch, bevor er sein Amt antreten konnte. Sein Grab ist eine Art Pilgerstätte für Brasilianer. Man findet es, indem man den Pfeilen auf dem Gehweg hinter der Kirche folgt.

Während der Sonntagsmesse um 9.15 Uhr tragen das örtliche Frauenorchester samt -chor Ribeiro Bastos sakrale Barockmusik vor.

WEITERE KIRCHEN & KATHEDRALEN

Die schlichte **Igreja de NS do Rosário** (☺ 9.30–10.30 Uhr) wurde 1719 zu Ehren des Schutzheiligen der Sklaven erbaut.

Mit den Bauarbeiten für die **Catedral de NS do Pilar** (☺ Di–So 6–10.30 & 12–20 Uhr) wurde 1721 begonnen. Hier können überschwängliche goldene Altäre und feine portugiesische Fliesen bewundert werden. Mittwochs, donnerstags und freitags wird die Messe um 19 Uhr vom Lira Sanjoanense begleitet, dem Coalhada- (ganz in Weiß) Orchester mit Chor.

Die **Igreja de NS do Carmo** (Rua Getúlio Vargas; ☺ 8–12 & 15–19 Uhr) stammt aus dem 18. Jh. und beherrscht das Bild der netten, dreieckigen Praça (Platz), die, ebenso wie das Frontispiz und die Skulptur über der Tür, von Aleijadinho entworfen wurde. In der zweiten Sakristei befindet sich eine berühmte unvollendete Skulptur Christi.

MUSEEN

Das **Museu Regional do IPHAN** (☎ 3371 7663; Praça Severiano Resende s/n; Eintritt 1 R$, So frei; ☺ Di–So 12.30–17.30 Uhr) gehört zu den besten Museen in Minas Gerais. Es ist voll gepackt mit antiken Möbelstücken und sakraler Kunst und ist in einem kolonialen Herrenhaus untergebracht, das um 1859 erbaut wurde.

Ein Gebäude, das zwischen 1737 und 1850 als öffentliches Gefängnis diente, beherbergt heute das **Museu de Arte Sacra** (☎ 3371 7005; Praça Embaixador Gastão da Cunha 8; ☺ Di–So 12–17 Uhr), das nach 12 Jahre langen Renovierungsarbeiten im März 2010 wieder eröffnet wurde. Es stellt eine kleine, aber beeindruckende Kunstsammlung aus den Kirchen der Stadt aus.

Festivals & Events

In São João wird immer irgendetwas gefeiert. Es gibt Dutzende von Festivals, sowohl religiöse als auch weltliche. Die Touristeninformation hat die komplette Liste.

Die Einheimischen rühmen sich glaubhaft mit dem besten **Carnaval** in ganz Minas Gerais, und auch die **Semana Santa** wird äußerst farbenfroh gefeiert. Die **Semana da Inconfidência** vom 15. bis 17. April feiert die erste Unabhängigkeitsbewegung Brasiliens und findet ihren Höhepunkt in einer Pferdeprozession zwischen São João und Tiradentes.

Schlafen

Im Dezember, wenn die Studenten Prüfungen haben, und während anderer Feiertage wie Karneval oder Ostern, sollten Unterkünfte auf jeden Fall im Voraus gebucht werden.

BUDGETUNTERKÜNFTE

Wer unbedingt sparen muss, ist in São João besser beraten als in Tiradentes.

Pouso Aconchegante (☎ 3371 2637; Rua Marechal Bittencourt 61; EZ/DZ 20/40 R$) In diesem Einfamilienhaus nahe der Carmo-Kirche werden zehn sehr einfache Zimmer mit Gemeinschaftsbad vermietet. Alles ist mit buntem Kitsch dekoriert.

Hotel Brasil (☎ 3371 2804; Av Presidente Tancredo Neves 395; EZ/DZ ohne Bad 30/60 R$, mit Bad 40/80 R$) Ein flippiges, weitläufiges Überbleibsel aus dem 19. Jh. mit hohen Decken und etwas heruntergekommenen Zimmern, einige davon mit Blick auf den Fluss; es liegt vom Bahnhof genau auf der andern Seite der Fußgängerbrücke. Frühstück ist im Preis nicht enthalten.

Vila Hostel (☎ 3371 9263; www.vilahostel.com; Av 8 de Dezembro 272; B/DZ HI-Mitglieder 30/72 R$, Nicht-Mitglieder 38/84 R$; 🖳 🛜) Zu Fuß 10 Minuten vom Bahnhof und dem Zentrum, bietet dieses schicke, neue HI-Hostel Schlafsäle für vier bis sechs Personen, ein paar Doppelzimmer, eine Gästeküche, einen komfortablen Aufenthaltsraum im vorderen Teil und Möglichkeiten zum Wäschewaschen (5 R$/Ladung). Wer sich anmeldet, wird kostenlos am Busbahnhof abgeholt.

MITTEL- & SPITZENKLASSEHOTELS

Pousada Casarão (☎ 3371 7447; www.pousadacasarao. com, portugiesisch; Rua Ribeiro Bastos 94; EZ/DZ/3BZ 90/150/180 R$; 🚼 🛜 🖳) Die Pousada Casarão ist in einem eleganten alten Herrenhaus hinter der Igreja de São Francisco untergebracht und verbindet geschmackvoll Alt und Neu. Viele Zimmer sind mit Antiquitäten ausgestattet, haben aber alle moderne Badezimmer. Durch die Fenstertüren im Frühstückszimmer kann man den Pool sehen. WLAN gibt es nur an der Rezeption und rund um den Pool.

Villa Magnolia Pousada (☎ 3373 5065; www.pousa davillamagnolia.com.br; Rua Ribeiro Bastos 2; EZ/DZ/3BZ 138/165/206 R$, Deluxe-Suite für 1/2/3/4 Pers. 235/266/319/ 368 R$; 🚼 🖳 🛜 🖳) Eine weitere bezaubernde Unterkunft gegenüber der Igreja de São Francisco. Dieses stylisch renovierte Herrenhaus aus dem 19. Jh. bietet Bettwäsche aus reiner Baumwolle, übergroße Handtücher, geräumige Zimmer, einen großen Pool, schattenspendende Bäume und einen eleganten Gemeinschaftsbereich mit Büchern über Kunst.

Pousada Beco do Bispo (☎ 3371 8844; www.becodo bispo.com.br; Beco do Bispo 93; EZ/DZ/3BZ 125/190/250 R$; 🚼 🛜 🖳) In einer ruhigen Sackgasse, einen Block von der Igreja de São Francisco entfernt, versteckt sich diese Pousada mit netten, gemütlichen Zimmern und einem von Palmen eingerahmten Pool.

Essen

Restaurante Villeiros (☎ 3372 1034; Rua Padre José Maria Xavier 132; unter der Woche 23,90 R$/kg, Wochenende 29,90 R$/kg; 🕙 11–15 Uhr) Ein fabelhaftes Selbstbedienungsrestaurant mit einem vielfältigen Angebot nahe der Igreja de São Francisco. Das Villeiros ist bei Einheimischen sehr beliebt und hat hinterm Haus einen netten Hof.

Chafariz (☎ 3371 8955; Rua Quintino Bocáiuva 100; 23,90/kg; 🕙 11–15 Uhr) Unmittelbar hinter dem Bahnhof liegt mit dem Chafariz ein weiteres beliebtes Lokal mit Selbstbedienung. Man hat jeden Tag zur Mittagszeit den Eindruck, die ganze Stadt habe sich hier versammelt.

Churrascaria Ramon (☎ 3371 3540; Praça Severiano Resende 52; Hauptgerichte für 2 Pers. 22–54 R$; 🕙 10–22 Uhr) Ramon ist stolz auf das perfekt zubereitete Fleisch und alle traditionellen Mineiro-Leibspeisen. Ein Schnäppchen macht man mit dem *prato feito* (Fleisch, Bohnen, Reis, Salat und Kartoffelsalat) für 9,50 R$.

Cantina do Italo (☎ 3371 8239; Rua Ministro Gabriel Passos 315; Pizza 23–29 R$, Hauptgerichte 23–47 R$; 🕙 Mi–Mo 12–24 Uhr) Das Italo ist eines der ältesten italienischen Restaurants der Stadt und tischt in seinem Speisesaal im Obergeschoss das komplette Programm an Pizza, Pasta und anderen Klassikern auf. In der Innenstadt direkt neben dem Einkaufszentrum.

Ausgehen & Unterhaltung

Das Nachtleben der Stadt spielt sich größtenteils im Süden entlang der Av Tiradentes ab.

Bar do Zotti (Av Tiradentes 801; 🕙 18 Uhr–open end) Die gemütliche kleine Bar erinnert an eine rustikale Hütte, die mitten in die Großstadt versetzt wurde. Jeden Abend drängen sich hier viele Leute und genießen leckere Häppchen, Drinks und schwingen das Tanzbein.

Del Rei Cafe (☎ 3371 1368; Av Tiradentes 553; 🕙 21 Uhr–open end) Diese gut besuchte Eckbar mit vielen Tischen an der Straße ist perfekt zum Leute beobachten. Jeden Tag versammeln sich hier die Einheimischen und genehmigen sich ein frühes Bier oder einen Mitternachtssnack.

São Jorge Bar Divertido (☎ 3371 2582; www.saojor gebardivertido.com.br; Av Balbino da Cunha 18; 🕙 23–5 Uhr) Bei den 20–30-Jährigen sehr beliebt. Sie kommen hierher um die ganze Nacht bei Livemusik (Rock, Samba usw.) zu tanzen und zu flirten.

Cine Gloria (Av Tiradentes 390) Jeden Abend werden in diesem alten Theater zahlreiche Filme gezeigt, darunter auch viele englischsprachige Filme mit portugiesischen Untertiteln.

An- & Weiterreise

BUS

Der **São João Busbahnhof** (☎ 3373 4700; Rua Cristóvão Colombo) liegt ungefähr 1,5 km nordöstlich der Stadt.

DIE QUALMENDE MARIA

Natürlich gibt es auch Busse, die einen zwischen São João del Rei und Tiradentes hin- und her-chauffieren können. Das ist aber nicht zu vergleichen mit einer Fahrt in einem echten Dampfzug aus dem 19. Jh.! Alle an Board und los geht die zischende, Rauch speiende Fahrt durch ein gewundenes Tal der Serra de São José, das mit jedem Meter den man sich Tiradentes nähert, felsiger und öder wird. Die Bahnstrecke führt durch eines der ältesten Goldabbaugebiete in Minas und überall kann man noch die Überreste des Bergbaus aus dem 18. Jh. sehen. Wer die Augen offen hält kann vielleicht einen modernen *garimpeiros* (Goldwäscher) erspähen, der immer noch auf der Suche nach dem Fund seines Lebens ist.

Die Maria-Fumaça (für die Einheimischen die „Qualmende Maria") wurde in den 1880er-Jahren, als die Textilindustrie begann, sich in São João zu etablieren, gebaut, und war eine der ersten Bahnstrecken Brasiliens. Mehr über ihre Geschichte erfährt man im **Museu Ferroviário** (Eintritt 2 R$; ✆ Mi–So 9–11 & 13–17 Uhr) im **Bahnhof** (☎ 3371 8485; Av Hermílio Alves) von São João. Abfahrt der Züge in São João ist Freitag, Samstag, Sonntag und an Feiertagen um 10 und 15 Uhr, in Tiradentes fahren die Züge um 13 und 17 Uhr los (18/30 R$ einfache Fahrt/hin & zurück). Fährt man in São João ab, so hat man die beste Aussicht wenn man auf der linken Seite sitzt. Wer in Tiradentes gerne mehr Zeit verbringen möchte als der Zugfahrplan zulässt, kann mit dem Bus wieder zurückfahren (es gibt regelmäßige Verbindungen zwischen den beiden Städten).

Zwischen Mariana und Ouro Prêto verkehrt eine ähnliche historische Bahn. An beiden Enden der Strecke erwarten die Zuggäste fantasievollen Museen und Restaurants in Bahnwaggons. Infos dazu gibt's unter An- & Weiterreise (S. 273).

Paraibuna bietet Montag bis Freitag um 8 und 14 Uhr einen direkten Service nach Rio (62 R$, 5½ Std.) mit Halt in Petrópolis (55 R$, 4½ Std.) an; am Wochenende gibt's zusätzliche Abfahrtszeiten. Sandra fährt über Congonhas (22 R$, 2 Std.) nach Belo Horizonte (39 R$, 3½ Std., 6-mal tgl. von 6–19 Uhr, So zusätzl. Abfahrtszeiten); weitere Fahrziele sind São Paulo (Gardénia und Vale do Ouro, 72 R$, 7½ Std., 6-mal tgl. von 9.10–23.50 Uhr); Caxambu (Sandra, 38 R$, 3½ Std., 1-mal tgl. um 15 Uhr); Ouro Prêto (Útil, 47 R$, 4 Std., 2-mal tgl. um 2.45 und 19.30 Uhr); und Mariana (Útil, 51 R$, 4½ Std., tgl. um 2.45 Uhr). Das Ticket für die Busse die früh morgens abfahren am Tag davor kaufen.

Für Infos über Busverbindungen zwischen São João und Tiradentes, siehe „An- & Weiterreise" bei Tiradentes (S. 287).

FLUGZEUG

Trip Airlines (www.voetrip.com.br) bietet Direktflüge von São João del Rei zum Flughafen Santos Dumont in Rio und zum Flughafen Pampulha in Belo Horizonte an. Der Flughafen São Joãos liegt gleich nördlich der Innenstadt.

ZUG

Die wunderbare Touristenbahn Maria-Fumaça fährt am Wochenende zwischen São João del Rei und Tiradentes (s. Kasten oben).

Unterwegs vor Ort

Lokale Presidente-Busse (grau mit roten Buchstaben) fahren zwischen dem Zentrum und dem Busbahnhof hin und her (1,80 R$, 10 Min.). Beim Verlassen des Busbahnhofs geht man zur Haltestelle für lokale Busse zuerst links, dann über die Straße (vor der Drogaria Americana).

Alternativ gibt's zwei Taxioptionen: herkömmliche Taxis (10 R$) oder ein cooles und unschlagbar günstiges **Motorradtaxi** (☎ 3371 6389; 3 R$). Dieses findet man beim Verlassen des Busbahnhofs links, beim orangefarbenen Schild mit der Aufschrift „Cooperativo Moto Taxi". Die Fahrer haben für ihre Passagiere einen Helm dabei. Diesen auch aufsetzen!

Für den Weg vom Zentrum zurück zum Busbahnhof kann man vor dem Bahnhof in einen lokalen Bus steigen.

TIRADENTES

☎ 0xx32 / 7000 Ew. / 927 m

Vermutlich nirgendwo sonst in Minas verbinden sich kolonialer Charme und malerische Landschaft so perfekt wie in Tiradentes. Urige historische Häuser, eingerahmt von üppigen Wildblumen, heben sich vor einer Kulisse aus hübschen blauen Bergen ab, die von wunderbaren Wanderwegen durchzogen sind. Wer unter der Woche hier ist, kann die zahlreichen Attraktionen des Ortes am besten

MINAS GERAIS

genießen. An den Wochenenden strömen Horden von Besuchern in den Ort und begutachten die alten Geschäfte und Boutiquen. Da kommt man sich ein wenig wie in einem Freizeitpark vor. Die plötzlich steigende Anzahl an Pferdekutschen verpasst dem Ort außerdem schnell ein markantes Aroma!

Geschichte
Ursprünglich Arraial da Ponta do Morro (Dörfchen auf einem Hügel) genannt, wurde Tiradentes zu Ehren des gemarterten Helden der Inconfidência (s. S. 265) umbenannt, der auf einer Farm in der Nähe geboren wurde. Der Ort, der sich in der Mitte eines Dreiecks befindet, das die drei größten Städte Brasiliens formen, ist in den letzten Jahren zum Anziehungspunkt für Künstler und andere urbane Flüchtlinge geworden. Heute leben im historischen Zentrum der Stadt nur noch ein Dutzend Familien, die ursprünglich aus Tiradentes stammen, und vermischen sich mit Neuankömmlingen aus aller Welt.

Orientierung & Praktische Informationen
Das Zentrum von Tiradentes ist eine kompakte und malerische Anhäufung von Kopfsteinpflasterstraßen und Blumengärten. Die Kolonialbauten der Stadt ziehen sich vom Hauptplatz, dem Largo das Forras, einen Hügel hinauf. Der Höhepunkt ist schließlich an der wunderschönen Igreja Matriz de Santo Antônio erreicht. Vom Vorplatz der

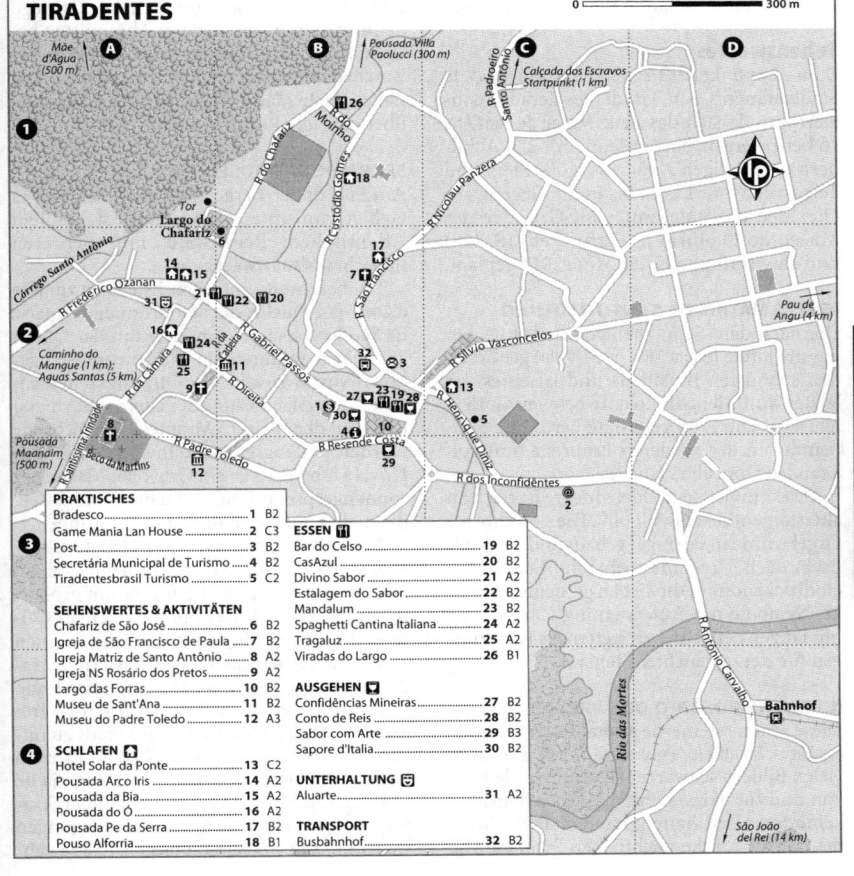

TIRADENTES

0 _____ 300 m

PRAKTISCHES
Bradesco	**1** B2
Game Mania Lan House	**2** C3
Post	**3** B2
Secretária Municipal de Turismo	**4** B2
Tiradentesbrasil Turismo	**5** C2

SEHENSWERTES & AKTIVITÄTEN
Chafariz de São José	**6** B2
Igreja de São Francisco de Paula	**7** B2
Igreja Matriz de Santo Antônio	**8** B2
Igreja NS Rosário dos Pretos	**9** A2
Largo das Forras	**10** B2
Museu de Sant'Ana	**11** B2
Museu do Padre Toledo	**12** A3

SCHLAFEN
Hotel Solar da Ponte	**13** C2
Pousada Arco Iris	**14** A2
Pousada da Bia	**15** A2
Pousada do Ó	**16** A2
Pousada Pe da Serra	**17** B2
Pouso Alforria	**18** B1

ESSEN
Bar do Celso	**19** B2
CasAzul	**20** B2
Divino Sabor	**21** A2
Estalagem do Sabor	**22** B2
Mandalum	**23** B2
Spaghetti Cantina Italiana	**24** A2
Tragaluz	**25** A2
Viradas do Largo	**26** B1

AUSGEHEN
Confidências Mineiras	**27** B2
Conto de Reis	**28** B2
Sabor com Arte	**29** B3
Sapore d'Italia	**30** B2

UNTERHALTUNG
Aluarte	**31** A2

TRANSPORT
Busbahnhof	**32** B2

MINAS GERAIS

Kirche hat man einen umwerfenden Blick auf die mit Terrakotta-Fliesen geschmückten Kolonialgebäude, das grüne Tal und die hoch aufragende Steinwand, die von der Serra de São José gebildet wird. Wer den Hügel unmittelbar über dem Busbahnhof bis zum grasbewachsenen Platz vor der Igreja de São Francisco de Paula hinaufsteigt, wird mit einer weiteren Postkartenansicht der Stadt belohnt.

Das **Secretária Municipal de Turismo** (☎ 3355 1212; www.tiradentes.mg.gov.br; Rua Resende Costa 71; ◉ 9–17 Uhr), das in dem dreistöckigen Gebäude am Hauptplatz untergebracht ist, hat Stadtpläne, sowie Infos zu Hotels und geführten Touren.

Internetzugang gibt's im **Game Mania Lan House** (☎ 3355 2002; Rua dos Inconfidêntes 340A; 2,40/Std.; ◉ Mo–Fr 9–22.30, Sa bis 20.30, So 12–22.30 Uhr).

Einen Block nordwestlich des Hauptplatzes ist eine Bradesco-Bank mit Geldautomaten.

Sehenswertes

Zum Zeitpunkt der Recherche wurde das alte Stadtgefängnis von Tiradentes gerade renoviert, um danach das neue **Museu de Sant'Ana** zu beherbergen, ein Museum mit 270 Abbildern der Heiligen Anna aus Holz, Stein und Terrakotta vom 17. Jh. bis in die Gegenwart. Die Idee dazu stammt vom Gründer des Museu do Oratório in Ouro Prêto (S. 268) und die Eröffnung ist für Mitte 2011 geplant.

IGREJA MATRIZ DE SANTO ANTÔNIO

Die nach dem Schutzheiligen des Ortes benannte **Kirche** (Eintritt 3 R$; ◉ 9–17 Uhr) gehört zu den schönsten Brasiliens und ist eines der letzten von Aleijadinho entworfenen Gotteshäusern. Die 1785 gefertigte berühmte Sonnenuhr an der vorderen Front stammt von Leandro Gonçalves Chaves.

Das komplett vergoldete Innere ist reich an alttestamentlicher Symbolik. Die polychrome Orgel wurde in Portugal gebaut und 1798 mit Eseln nach Tiradentes gebracht. Ebenso beeindruckend sind die sieben goldenen Phönixe (Symbole der Auferstehung Christi), die mit langen geflochtenen Ketten als Halterungen für Kerzenleuchter dienen.

IGREJA NS ROSÁRIO DOS PRETOS

Diese schöne steinerne **Kirche** (Praça Padre Lourival, Rua Direita; Eintritt 2 R$; ◉ Di–So 9–17 Uhr) mit ihren vielen Bildern schwarzer Heiliger wurde 1708 von und für Sklaven erbaut. Da sie tagsüber keine freie Zeit hatten, bauten sie nachts – man achte auf die nächtlichen Symbole wie den achtzackigen schwarzen Stern und den Halbmond in den Deckenmalereien.

MUSEU DO PADRE TOLEDO

Dieses **Museum** (Rua Padre Toledo 190) ist einem anderen Helden der Inconfidência gewidmet: Padre Toledo. Er lebte in diesem Haus mit 18 Räumen, in denen sich die Inconfidêntes erstmals versammelten. Hier werden regionale Antiquitäten und Dokumente des 18. Jhs. gezeigt. Zum Zeitpunkt der Recherche war es zwar wegen Renovierung geschlossen, die Wiedereröffnung war aber für April 2011 geplant. Die Touristeninformation kann Auskunft über Preise und Öffnungszeiten geben.

CHAFARIZ DE SÃO JOSÉ

Der Stadtrat baute 1749 diesen schönen **Brunnen** (Rua do Chafariz) nördlich des Córrego Santo Antônio, der aus drei Abschnitten besteht: einen zum Trinken, einen zum Wäschewaschen und einen um Pferde zu tränken. Die nahe Quelle Mãe d'Agua speist den Brunnen über eine alte Rohrleitung aus Stein.

SERRA DE SÃO JOSÉ

Am Fuß dieser Berge gibt's ein 1 km breites Gebiet von unter Naturschutz stehendem Atlantischem Regenwald, mit mehreren hübschen **Wanderwegen**.

Der beliebteste und einfachste führt zur **Mãe d'Agua**, der Quelle, die den Brunnen Chafariz de São José speist. Vom Platz mit der Quelle aus geht man durch ein Tor (theoretisch geöffnet von 9–16 Uhr, die Öffnungszeiten variieren aber nach Laune des älteren Pförtners) und folgt dem Pfad 15 Minuten lang Richtung Norden entlang eines Steinviadukts in den Urwald hinein. Es ist ein Ort voller Magie, mit sonnengesprenkelten Schluchten und Affen, die in den hohen Bäumen umherspringen.

A Calçada dos Escravos ist ein dreistündiger Rundgang, der durch offene Felder bis hinauf zu einem windgepeitschten Pass mit großartigem Blick auf die *serra* führt. Auch als Calçada do Carteiro bekannt, schließt er einen Teil der alten, mit Steinen gepflasterten Straße ein, die von Sklaven zwischen Ouro Prêto und Rio de Janeiro gebaut wurde. Es kann knifflig sein, den Startpunkt des Pfads zu finden: man muss auf der Rua Nicolau Panzera nach Nordosten und vorbei an der Igreja de São Francisco de Paula weiter auf dieser Straße gehen, bei den kommenen Abzweigungen weder links noch rechts abbiegen. Kurz nachdem der Straßenname zu Rua Padroeiro Santo Antônio wechselt, passiert man die Pousada Recanto dos Encantos rechts und kommt zu einer Gabelung. Hier rechts (es geht leicht bergauf) abbiegen und ca. 1 km auf dieser Straße bleiben. Wenn man die Hausnummer 878 (links) passiert hat, durchquert man ein Tor und sucht nach einem Wegweiser, der auf den Calçada dos Escravos hinweist. Auf der wackeligen Brücke über den Strom links abbiegen und dann in Richtung Pass aufsteigen.

Der **Caminho do Mangue** ist ein Wanderweg, der vom Westteil der Stadt aus in die *serra* hinauf bis nach Aguas Santas führt und etwa zwei Stunden in Anspruch nimmt. Man findet dort einen Mineralwasser-Pool und eine sehr gute, von Portugiesen geführte *churrascaria* (Restaurants die gegrilltes Fleisch anbieten).

Man kann die beiden letzteren Wanderwege verbinden, indem man weiter entlang der Kammlinie geht, eine Schleife von 6 Stunden. Die Wege sind nicht eindeutig gekennzeichnet, und Einheimische warnen davor, auf dem Caminho do Mangue Wertgegenstände bei sich zu tragen oder allein zu wandern. Um aktuelle Infos auf Englisch über die Sicherheit der Wege, über ungeführte Hiking-Möglichkeiten und lokale Führer zu erhalten, kann man sich an Bia in der Pousada da Bia oder John Parsons im Hotel Solar da Ponte wenden. **Tiradentesbrasil Turismo** (☎ 3355 2477; www. tiradentesbrasil.com; Rua Henrique Diniz 119; geführte Touren 35–60 R$) organisiert auch Gruppenwanderungen zwischen 2½ und 5½ Stunden.

Festivals & Events

Tiradentes ist beliebter Mittelpunkt vieler nationaler Veranstaltungen. Zwei der größten und ältesten Events sind die **Mostra de Cinema** (zweite Januarhälfte) und das **Festival Internacional de Cultura e Gastronomia** (zweite Augusthälfte), die den internationalen Film bzw. Weltklasseköche nach Tiradentes holen. Ende Juni werden die Straßen von Motorrad-Oldtimer-Fans bevölkert, die das **Tiradentes Bike Fest** mit Bier, Essen, Blues und Rock 'n' Roll feiern.

Schlafen

Tiradentes ist vor allem etwas für die Betuchteren und Paare auf der Suche nach Romantik. Wer aufs Geld achten muss und/oder alleine unterwegs ist, kommt am günstigsten in einem Zimmer in einer Privatunterkunft unter oder man kommt unter der Woche, wenn die Pousadas 10–30 % Nachlass gewähren.

MITTEL- & SPITZENKLASSEHOTELS

LP Tipp **Pousada da Bia** (☎ 3355 1173; www.pousada dabia.com.br; Rua Frederico Ozanan 330; EZ/DZ/3BZ unter der Woche 60/90/120 R$, Wochenende 80/100/150 R$; 🛜 🖥) Einfach aber auf entzückende Weise freundlich, dank den Anstrengungen der Französisch und Englisch sprechenden Besitzerin. Bia ist eine professionelle Kunstrestauratorin und eine tolle Informationsquelle, wenn es um das kulturelle Treiben der Umgebung geht. Das sonnige Frühstückshaus, der duftende Kräutergarten und der Poolbereich machen die Atmosphäre noch einladender.

Pousada Arco Iris (☎ 3355 1167; www.arcoiristira dentesmg.com.br; Rua Frederico Ozanan 340; EZ/DZ 50/95 R$; 🖥) Wenn die Pousada da Bia voll ist, ist man in dieser Unterkunft nebenan auch gut aufgehoben – die Preise und Annehmlichkeiten sind recht ähnlich. Die Zimmer hinten sind heller und geräumiger als die im Haupthaus.

Pousada Pe da Serra (☎ 3355 1107; www.pedaserra. com.br, portugiesisch; Rua Nicolau Panzera 51; EZ/DZ wochentags 90/130 R$, Wochenende 130/160 R$; 🅿 🛜 🖥) Dieser freundliche, kleine Familienbetrieb thront oberhalb des Busbahnhofs auf einem Kamm. Die neuen kleinen aber makellos sauberen Zimmer bieten einen tollen Panoramablick – die Lage entschädigt für die sonst recht einfache Ausstattung. Den Gästen stehen Garten und Wohnzimmer zur freien Verfügung.

Pousada do Ó (☎ 3355 1699; www.pousadadoo.com. br; Rua do Chafariz 25; EZ/DZ/3BZ ab 90/140/190 R$; 🛜) Zwei Blocks unterhalb der Kirche liegt in einmaliger Lage mitten im Herzen des kolonialen Zentrums dieses reizende Haus aus dem 18. Jh. Die sieben gemütlichen Zimmer dieser ursprünglichen Pousada sind um einen schönen Garten angelegt und wurden kürzlich erst durch vier weitere, größere Zimmer im darüber liegenden Gebäude ergänzt. Zimmer 7 und 11 sind die besten im Angebot.

Pousada Maanaim (☎ 3355 1406; www.pousadama anaim.com, portugiesisch; Rua Santíssima Trindade 420; Zi. 120–200 R$) Wer eine ruhige Umgebung mag, weder Pool noch Internet braucht und auch kein Problem mit einem kurzen Fußmarsch stadtauswärts hat, der ist in dieser Pousada 500 m hinter der Matriz-Kirche richtig. Die fast ausnahmslos prunkvollen Zimmer liegen um einen Garten und haben 3,5 m hohe Decken, große Fenster und einen tollen Blick auf die Berge. Eine Suite hat sogar einen Kamin.

Pouso Alforria (☎ 3355 1536; www.pousoalforria. com. br, portugiesisch; Rua Custódio Gomes 286; EZ/DZ 160/230 R$; 🖳 🛜 🖥) Diese stilvolle, abgeschiedene Pousada liegt am Ende einer mit Natursteinen gepflasterten Auffahrt, einen fünfminütigen Fußmarsch nördlich vom Zentrum. Im Angebot sind acht moderne Zimmer, ein Leseraum voller Kunstbücher und hier und da ein netter Blick auf die Serra de São José. Man spricht Englisch und Französisch.

Pousada Villa Paolucci (☎ 3355 1350; www.villapao lucci.com.br; Rua do Chafariz; Zi. ab 398 R$; 🚱 🖭) Eine große *fazenda* (Bauernhof) aus dem 18. Jh. gleich außerhalb der Stadt. Hier gibt's eine von Palmen gesäumte Auffahrt, einen Teich, Tennisplätze und Gartenhäuschen. Die Zimmer sind riesig und haben alle einen Kamin, heißes Wasser aus Sonnenenergie und antike Möbel. Der Chefkoch ist bekannt für sein *leitão à pururuca* (gebratenes Spanferkel), mit dem er bei Tiradentes' kulinarischem Sommerfestival punktet und das er jedes Wochenende für Hotelgäste und andere zubereitet (110 R$/Pers.).

Hotel Solar da Ponte (☎ 3355 1255; www.solarda ponte.com.br; Praça das Mercês; EZ/DZ/3BZ ab 344/430/516 R$; 🚱 🚲 🖭) Diese prächtige Nachbildung eines Herrenhauses aus der Kolonialzeit ist eines der nobelsten Hotels in Brasilien, mit erstklassigem Essen und Service. Auf den Zimmern findet man frische Blumen, schöne Antiquitäten und komfortable Stühle und Betten. Es gibt auch ein Lesezimmer mit Kamin und im Garten einen kostenlosen Nachmittagstee.

Essen

GÜNSTIG

Mandalum (☎ 3355 2176; Largo das Forras 88; Snacks & Sandwiches 4–18 R$; 🕑 Mi–Mo 9 Uhr–open end) Hier gibt's qualitativ hochwertiges Fast Food vom libanesischen Sandwich bis zum Bananensplit, von Milchshakes bis hin zu Caipirinhas.

Divino Sabor (☎ 3355 1708; Rua Ministro Gabriel Passos 300; 26,90 R$/kg; 🕑 Di–So 11.30–15 Uhr) Wegen der Selbstbedienungs-Angebote bei Einheimischen sehr beliebt. Dazu gehören gegrilltes Fleisch und die üblichen Mineiro-Spezialitäten.

MITTELTEUER & TEUER

CasAzul (☎ 3355 1868; Rua da Cadeira s/n; Snacks & leichte Gerichte 15–27 R$; 🕑 Mi–Fr 19–22, Sa 13–16 & 20–24, So 13–16 Uhr) Auf der Speisekarte dieses angesagten Bistros im Latino-Stil finden sich Crêpes, Salate und hausgemachte Hähnchen-Enchiladas ebenso wie eine gute Getränkeauswahl. Die Wände sind bunt, die Möbel rustikal und die Beleuchtung ist ein Kunstwerk für sich.

Pau de Angu (☎ 9948 1692; Estrada Real Tiradentes-Bichinho; Km 3; Hauptgerichte 19–27 R$/Pers.; 🕑 Mi–Mo

11.30–17 Uhr) Ein ruhiges Lokal in ländlicher Atmosphäre zwischen Tiradentes und der Künstlergemeinde Bichinho. Dies ist ein toller Ort, um hausgemachte *linguiça* (Schweinsbratwurst mit sehr viel Knoblauch), scharfe Saucen und alles, was mit Mineiro zu tun hat, zu probieren. Die Portionen hier sind riesig und machen zwischen zwei und fünf Leute satt.

Bar do Celso (☎ 3355 1193; Largo das Forras 80A; Hauptgerichte 21 R$/Pers.; 🕑 Mi–Mo 11.30–21 Uhr) Am Hauptplatz liegt dieses weitere, von Einheimischen geführte Mineiro-Restaurant mit angemessenen Preisen. Wer nicht gerade ein riesiges Loch im Bauch hat, wird froh über das *prato mini* für 16 R$ sein, eine kleine Portion die für eine Person genau richtig ist.

Estalagem do Sabor (☎ 3355 1144; Rua Ministro Gabriel Passos 280; Hauptgerichte 25–38 R$/Pers.; 🕑 Mo–Fr 11–16 & 19–21.30, Sa 11–22, So bis 16 Uhr) Eines der feinsten Restaurants in Tiradentes, hat sich das Estalagem auf Fleischgerichte und *comida mineira* spezialisiert; hinzu kommt eine Auslese an guten Weinen.

Spaghetti Cantina Italiana (☎ 3355 1611; Rua Direita 7; Hauptgerichte 25–42 R$; 🕑 13–23 Uhr) Hier geht's fröhlich zu: mit roten Stühlen, bunten Wimpeln und allabendlicher Akkordeonmusik. Die Familia Perrella betreibt dieses Lokal und ist auf hausgemachte Pasta, Saucen und andere Rezepte spezialisiert, die ihre süditalienischen Wurzeln widerspiegeln.

Viradas do Largo (☎ 3355 1111; Rua do Moinho 11; Hauptgerichte 30–38 R$/Pers.; 🕑 Mi–Mo 12–22 Uhr) Eines der besten Restaurants für die traditionelle Mineiro-Küche in der Stadt. An den Wochenenden wird's so voll, dass die Gäste auch den schönen Hof und den Garten belagern.

Tragaluz (☎ 3355 1424; Rua Direita 52; Hauptgerichte 40–56 R$; 🕑 Mi–Mo 19 Uhr–open end) Dieses Restaurant rühmt sich selbst mit innovativer Hausmannskost in künstlerischer Atmosphäre. Die Desserts sind besonders himmlisch; empfehlenswert ist die *goiabada frita Tragaluz*, Guavenpaste mit angebratenen Cashewnüssen auf *catupiry*-Käse mit Guaveneis serviert.

Ausgehen & Unterhaltung

Confidências Mineiras (☎ 3355 2770; Rua Ministro Gabriel Passos 26; 🕑 Di–Fr 18.30–23, Sa 12–23, So 12–20 Uhr) Gemütliche Atmosphäre bei Kerzenschein – so präsentiert sich eine der neuesten nächtlichen Attraktionen der Stadt. Wo sonst kann man bei über 500 auf traditionelle Weise hergestellten und größtenteils in Minas destillierten *cachaça*-Sorten ein Schwätzchen halten?

MINAS GERAIS

LP Tipp Aluarte (☎ 8814 5910; Largo do Ó 1; Pizza 19–24 R$, Fondue für 2/4 Pers. 50/65 R$; ⌚ Do–So 20.30 Uhr–open end) Ein verführerisches und romantisches Nachtlokal mit spärlicher Beleuchtung, Lampen aus Lochblech und bunten Wimpeln. Hier lümmelt man locker mit seiner Geliebten in den Kissen und gönnt sich ein Fondue oder verzieht sich in den Kräuter-Whirlpool unter den Bäumen hinterm Haus (Reservierung erforderlich, 100 R$/Pärchen und 1½ Std.; Tee, Obst, Wasser und Kerzen inkl.). Wenn mal weniger los ist, kann es passieren, dass Pedro die Gäste in die Küche einlädt und ein Schwätzchen hält, während er für sie eine Pizza auf dem Holzofen bäckt. An langen Ferienwochenenden gib's hier Livemusik.

Auf dem Largo das Forras buhlen jeden Abend drei sehr beliebte Bars, Conto de Reis, Sabor com Arte und Sapore d'Italia – alle mit Tischen im Freien und gelegentlicher Livemusik – um die Gunst der Gäste.

An- & Weiterreise

Tiradentes liegt mit dem Bus 30 Minuten von São João del Rei entfernt. Zwei Busunternehmen, Presidente und Vale do Ouro, fahren mit regelmäßigen Bussen (2,50 R$) zwischen den beiden Städten hin und her. Dank dieser freundschaftlichen Konkurrenz wartet man tagsüber nie länger als 45 Minuten auf einen Bus. Nach 19 Uhr fährt nur noch Vale do Ouro, und die Busse sind seltener unterwegs – 19.20, 20.45 und 22.25 Uhr ab São João; 19.20, 20.20, 21.20 und 23 Uhr ab Tiradentes.

Man kann einen Bus direkt von Tiradentes aus nach Rio erwischen, wenn man im Voraus plant. Am Morgen sammelt der Pariabuna-Bus aus São João del Rei (Mo–Fr 8, Sa 6, So 10 Uhr) Fahrgäste vor dem Bahnhof von Tiradentes auf (nicht am Busbahnhof!), aber man muss sein Ticket in São João kaufen und deutlich machen, dass man in Tiradentes zusteigt. In Gegenrichtung kann man das auch praktizieren – man nimmt den Paraibuna-Bus um 6 Uhr (Mo–Fr) und sagt dem Fahrer, dass man in Tiradentes abgesetzt werden möchte.

Tiradentes' Busbahnhof liegt genau nördlich vom Hauptplatz, jenseits des Flusses. Der Bahnhof befindet sich ungefähr 700 m südöstlich vom Hauptplatz.

DIAMANTINA

☎ 0xx38 / 47 000 Ew. / 1113 m

Abgeschieden, aber ein echter Traum. Diamantina ist eine der schönsten und am wenigsten besuchten Kolonialstädte Brasiliens. Von einsamen Bergen umgeben, war es einst die entlegenste koloniale Minenstadt in Minas und der Beginn des Caminho dos Escravos, der alten Straße, die bis zur Küste führte und die mit dem Schweiß, Blut und den Tränen Tausender afrikanischer Sklaven gebaut wurde. Diamantinas noble Herrenhäuser und verwinkelte Straßen haben sich in den letzten 200 Jahren kaum verändert. 1999 zum Unesco Weltkulturerbe ernannt, ist diese *cidade histórica* auch der Geburtsort von Juscelino Kubitschek, dem früheren brasilianischen Präsidenten und Gründer Brasílias.

Orientierung & Praktische Informationen

Wie die meisten Minenstädte ist auch Diamantina an steilen Hängen erbaut. Der Busbahnhof liegt hoch oben an einem Steilhang 500 m über der Stadt, was auf dem Weg nach unten ganz schön hart für die Knie ist und auf dem Weg zurück echte körperliche Anstrengung bedeutet. Vereinzelt fahren hier Stadtbusse vorbei, ein Taxi (10 R$) ist aber die einfachere Option. Der zentrale Platz ist die Praça Conselheiro Mota, die von der Kathedrale **Santo Antônio** beherrscht wird – beide umgangssprachlich bekannt als Sé.

Zwei Geldautomaten in günstiger Lage finden sich hinter der Kathedrale bei der **Banco do Brasil** (Praça da Sé) und unterhalb des Mercado Municipal bei **Bradesco** (Praça Barão do Guaicuí).

Internet und Skype gibt's im Zentrum bei **Conexão Lan House** (Ecke Rua Augusto Nelson & Rua Silvério Lessa; 2 R$/Std.; ⌚ Mo–Sa 10–21.30, So 13–20 Uhr) und **Compuway** (☎ 3531 9600; Beco Modesto de Almeida 80; 2,50 R$/Std.; ⌚ Mo–Do 8–22, Fr bis 21, Sa bis 15 Uhr).

Das Buchladen-Café **Livraria Café Espaço B** (☎ 3531 6005; Beco da Tecla 31; Snacks ab 8 R$, Hauptgerichte 20–28 R$; ⌚ Mo–Do 9–24, Fr & Sa bis 2, So bis 13 Uhr) ist ein entspannter Ort, um sich unter Diamantinas Bohème-Szene zu mischen. Hier kann man in Büchern schmökern (auch englischsprachige), es sich bei einem Glas Wein, Snacks, Salaten, Pasta, Forelle oder Fondue gemütlich machen und an den Wochenenden die gelegentliche Livemusik genießen.

Von den Mitarbeitern der **städtischen Touristeninformation** (☎ 3531 8060; catdiamantinaturismo@yahoo.com.br; Praça JK; ⌚ Mo–Sa 9–18, So bis 14 Uhr) bekommt man einen Stadtführer auf Portugiesisch, der aber auch einen Stadtplan enthält.

Die Post ist in der Rua do Bonfim.

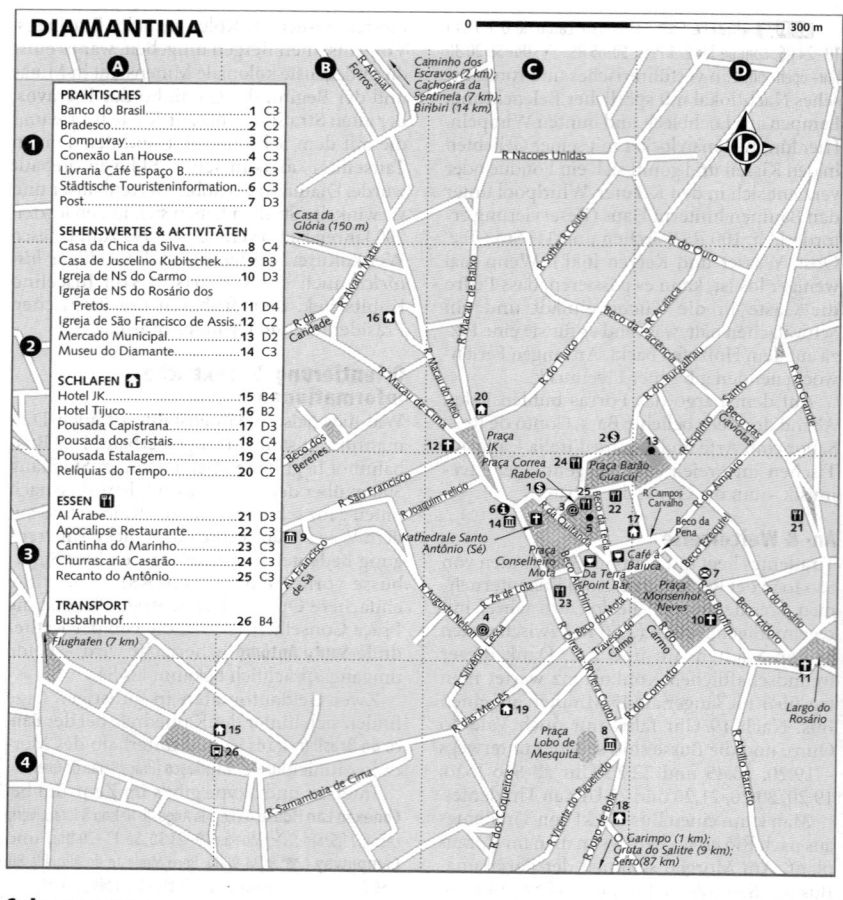

DIAMANTINA

0 ————————————— 300 m

PRAKTISCHES
Banco do Brasil...................................1 C3
Bradesco...2 C2
Compuway..3 C3
Conexão Lan House.............................4 C3
Livraria Café Espaço B........................5 C3
Städtische Touristeninformation...6 C3
Post...7 D3

SEHENSWERTES & AKTIVITÄTEN
Casa da Chica da Silva........................8 C4
Casa de Juscelino Kubitschek............9 B3
Igreja de NS do Carmo 10 D3
Igreja de NS do Rosário dos
  Pretos...11 D4
Igreja de São Francisco de Assis....12 C2
Mercado Municipal............................13 D2
Museu do Diamante...........................14 C3

SCHLAFEN
Hotel JK..15 B4
Hotel Tijuco..16 B2
Pousada Capistrana...........................17 D3
Pousada dos Cristais.........................18 C4
Pousada Estalagem............................19 C4
Relíquias do Tempo............................20 C2

ESSEN
Al Árabe..21 D3
Apocalipse Restaurante....................22 C3
Cantinha do Marinho.........................23 C3
Churrascaria Casarão........................24 C3
Recanto do Antônio...........................25 C3

TRANSPORT
Busbahnhof..26 B4

Caminho dos
Escravos (2 km);
Cachoeira da
Sentinela (7 km);
Biribiri (14 km)

R Nações Unidas

Casa da
Glória (150 m)

Flughafen (7 km)

Praça
JK

Praça Correa
Rabelo

Praça Barão
Guaicuí

R Campos
Carvalho

Kathedrale Santo
Antônio (Sé)

Praça
Conselheiro
Mota

Café à
Baiuca

Praça
da Terra
Point Bar

Praça
Monsenhor
Neves

Largo do
Rosário

Praça
Lobo de
Mesquita

O Garimpo (1 km);
Gruta do Salitre (9 km);
Serro (87 km)

Sehenswertes

Die **Casa de Juscelino Kubitschek** (Eintritt 2 R$; Rua São Francisco 241; ⏰ Di–Sa 8–17, So bis 13 Uhr), das Haus, in dem der ehemalige Präsident seine Kindheit verbrachte, spiegelt seine einfache Herkunft als Enkelkind armer tschechischer Einwanderer wieder. Kubitschek selbst war der Überzeugung, dass sein frühes Leben in Diamantina ihn stark beeinflusst hat. Es gibt einige gute Fotografien von JK entlang des Treppenaufgangs im Hotel Tijuco (s. S. 290).

Zwischen der Praça JK und der Kathedrale liegt das Haus von Padre Rolim, einem der Inconfidêntes. Heute dient es als **Museu do Diamante** (☎ 3531 1382; Eintritt 1 R$; ⏰ Di–Sa 12–17.30, So 9–12 Uhr), das religiöse Kunst, alte Fotos, Möbel, Waffen u. a. aus den Diamanten-Zeiten zeigt.

Die vornehme Kolonialvilla, die als **Casa da Chica da Silva** (☎ 3531 2491; Praça Lobo de Mesquita 266; Eintritt frei; ⏰ Di–Sa 12–17, So 8–13 Uhr) bekannt ist, war das Haus des Diamantenhändlers João Fernandes de Oliveira und seiner langjährigen Geliebten, der früheren Sklavin Chica da Silva. Hier kann man einen Eindruck vom Lebensstil der extravaganten Mulattin bekommen.

Die **Casa da Glória** (☎ 3531 1394; Rua da Glória 298; Eintritt 1 R$; ⏰ 8–18 Uhr) besteht aus zwei Häusern auf gegenüberliegenden Straßenseiten, die durch eine geschlossene, lebhaft-blaue Passage auf einer Brücke verbunden sind. Sie war ursprünglich der Standort der Diamantenaufseher und der Palast des ersten Bischofs von Diamantina. Derzeit beherbergt sie Diamantinas Institut für Geologie, das Gebäude hat viel historischen Charakter, aber außer einer bunt zusammengewürfelten Sammlung von alten Fotos, Mineralien und einigen deutschen Landkarten aus dem 19. Jh. gibt's hier nichts. Diamantinas **Kirchen** (Eintritt je 2 R$) haben zu unterschiedlichen Zeiten geöffnet, besser im Touristenbüro den aktuellen Plan checken.

Die **Igreja de NS do Carmo** – mit üppigen goldenen Schnitzereien und einer vergoldeten Orgel ausgestattet, die in Diamantina hergestellt wurde – ist die prunkvollste Kirche der Stadt. Zwischen 1760 und 1765 erbaut, wurde ihr Turm auf der Rückseite errichtet – damit die Glocken Chica da Silva nicht weckten.

Die älteste Kirche der Stadt ist die **Igreja de NS do Rosário dos Pretos**, die von 1731 stammt. Sie liegt unten am Berg am Largo do Rosário.

Der **Mercado Municipal** (Städtischer Markt), 1835 von der Armee errichtet, liegt an der Praça Barão Guaicuí. Die Holzbögen des Gebäudes inspirierten Niemeyers Entwurf für den Präsidentenpalast in Brasília. Samstagmorgens gibt's dort einen Nahrungsmittel- und Handwerksmarkt und freitagabends Livemusik.

Einige Kilometer außerhalb der Stadt gibt's einen 20 km langen Abschnitt des Caminho dos Escravos – die von Sklaven erbaute gepflasterte Straße, die Diamantina mit Paraty und Rio de Janeiro verband. Zwar kann man theoretisch diese Strecke von Diamantina aus auf eigene Faust erwandern (den Schildern nördlich des Mercado Municipal folgen), allerdings ist es ratsam dies mit einem Führer zu tun, da es an den Abschnitten in der Nähe von Diamantina schon Überfälle gab. Das Touristenbüro versorgt einen gern mit Listen der Führer und deren Telefonnummern.

Es gibt viele andere interessante Abstecher rund um Diamantina, einschließlich der **Gruta do Salitre**, einer Quarzit-Höhle 9 km südlich nahe des Städtchens Curralinho. Ebenfalls lohnenswert ist eine Fahrt in die 14 km nördlich gelegene, pittoreske historische Stadt **Biribiri**. Über eine malerische Schotterstraße durch Biribiris Staatspark kommt man zur mehrstöckigen **Cachoeira da Sentinela** auf der rechten Seite. Ein wunderschöner Wasserfall, der die Möglichkeit zum Schwimmen bietet, mit rot gefärbten Malereien an den Klippen, die Hirsche und andere Tiere zeigen.

Festivals & Events

Erst seit Kurzem wird in Diamantina die alte Tradition abendlicher Serenaden, der **Vesperata**, wieder gepflegt. Diese Abendkonzerte finden nur an manchen Samstagen zwischen März und Oktober statt, man muss also genau planen, um dabei zu sein. Am Vesperata-Abend ziehen um 20 Uhr Dutzende einheimischer Musiker in einer Parade auf die kleine dreieckige Praça am nördlichen Ende der Rua da Quitanda, verschwinden in Hauseingängen und tauchen dann auf den beleuchteten Balkonen der umliegenden Herrenhäuser wieder auf. Ein Dirigent in der Mitte des Platzes leitet die Aufführung. Um in der ersten Reihe zu sitzen, bezahlt man am besten für einen Tisch vor der Da Terra Point Bar oder dem Café Baiuca, die an den sich gegenüberliegenden Seiten des Platzes liegen. Ein Stehplatz auf den umliegenden Gehwegen ist kostenlos. Alle aktuellen Daten gibt's bei der Touristeninformation.

Das ganze Jahr über drängen sich die Einheimischen sonntags auf der Beco da Tecla, einer Fußgängerzone zwischen der Kathedrale und dem Markplatz, um beim **Café no Beco** dabei zu sein. Bei diesem wöchentlichen Ereignis verkaufen Einheimische ihre Backwaren, spielen Livemusik und bieten Passanten eine kostenlose Tasse Kaffee oder Tee an.

Schlafen

Hotel JK (☎ 3531 8715; hotel_jk@yahoo.com.br; Largo Dom João 135; EZ/DZ ohne Bad 25/40 R$, mit Bad 35/60 R$; 🖳) Dieses schnörkellose Hotel liegt gleich gegenüber dem Busbahnhof und erspart einem bei der Abreise den langen Weg nach oben. In der Lobby gibt's Internetzugang und die Zimmer sind sauber, wenn auch etwas laut.

Pousada Estalagem (☎ 3531 1629; estalagem.dtna@gmail.com; Rua das Mercês 203; EZ 35–55 R$, DZ 70–110 R$; 🖳 🛜) Geht man vom Busbahnhof ein paar Blocks steil bergab, kommt man zu dieser freundlichen Pousada in Familienbesitz. Hier gibt's neun verschieden große Zimmer mit unterschiedlichen Preisen sowie eine Veranda mit grandiosem Blick über die Dächer der Stadt und die umliegenden Berge. Am schönsten sind die Zimmer 6 und 7 im Obergeschoss.

Pousada Capistrana (☎ 3531 6560; www.pousadacapistrana.com.br; Rua Campos Carvalho 35; EZ 40–60 R$, DZ 80–120 R$; 🛜) Die Zimmer hier sind zwar etwas beengend, die Lage mitten in Diamantinas historischem Viertel ist aber nur schwer zu überbieten. Parkmöglichkeiten vorhanden.

Pousada dos Cristais (☎ 3531 2897; www.pousadadoscristais.com.br, portugiesisch; Rua Jogo do Bola 53; EZ/DZ/3BZ ab 60/90/130 R$; 🛜 🖳) Diese Pousada ist in einem reizenden Herrenhaus aus dem 18. Jh. mit Pool

und atemberaubenden Ausblick untergebracht. Hier bekommt man für sein Geld einiges geboten. Die Zimmer im angrenzenden
modernen Flügel haben WLAN, Hängematten
und private Veranden inmitten einer Gartenanlage und kosten nur 10 R$ mehr.

Hotel Tijuco (☎ 3531 1022; www.hoteltijuco.com.br;
Rua Macau do Meio 211; EZ/DZ unter der Woche ab 70/125 R$,
Wochenende 125/160 R$) Das modernistische Tiju-
co wurde von Niemeyer entworfen und hat
geräumige, luftige Zimmer und einen effizienten Service, wie ihn meist nur Hotelketten
haben. Für 10 R$ mehr gibt's noch eine Ve-
randa mit Ausblick dazu – das lohnt sich!

Relíquias do Tempo (☎ 3531 1627; www.pousadare
liquiasdotempo.com.br; Rua Macau de Baixo 104; EZ/DZ/3BZ/4BZ
116/154/204/242 R$; 🛜) In diesem tollen histori-
schen Haus mit fantastischer Aussicht, antiken
Möbeln und Werken einheimischer Künstler
wird man in die Vergangenheit zurück versetzt. Im rustikalen Speiseraum wird der
Nachmittagstee serviert – ein echter Hochge-
nuss. Auf Anfrage kann man einen Blick in
die Kapelle am Ende des Raums werfen.

Essen & Ausgehen

Churrascaria Casarão (☎ 3531 2877; Praça Barão do Guaicuí 77; 2,49 R$/100 g, „All-you-can-eat" 29,90 R$; 🌙 Di–Fr
18–open end, Sa 11–open end, So 11–16 Uhr) Zuerst einen Tisch im Hinterhof ergattern, dann das
üppige Buffet inklusive Leckereien vom Au-
ßengrill stürmen. Bezahlt wird hier nach
Gewicht. Bei großem Hunger kann man am
Wochenende beim *rodizio* zuschlagen, bei
dem herumwandernde Kellner Fleisch direkt
am Tisch servieren, bis man um Gnade fleht.

Apocalipse Restaurante (☎ 3531 3242; Praça Barão
do Guaicuí 78; 3,19 R$/100 g; 🌙 11–15.30 Uhr) Im Spei-
seraum oben gibt's nicht nur ein hervorragendes, internationales Mittagsbuffet (bezahlt
wird nach Gewicht), sondern auch einen
schönen Blick auf den städtischen Markt.

Recanto do Antônio (☎ 3531 1147; Beco da Tecla 39;
Hauptgerichte 16–30 R$; 🌙 Di–Do 11–15 & 18–24, Fr & Sa
bis 2, So bis 23 Uhr) Mit Steinwänden und Balkendecken – so präsentiert sich dieses gemütliche
und gesellige Nachtlokal. Am Wochenende
wird hier Livemusik geboten (5 R$ extra) und
das *sanduiche de filé* (9 R$) ist einer der le-
ckersten Bar-Snacks weit und breit.

Al Árabe (☎ 3531 2281; Praça Dr Prado 124; Hauptgerichte 19–33 R$/Pers.; 🌙 Mo–Sa mittags & abends) Vom
einfachen Snack (ab 4 R$) bis zu ausgefeilten
Gerichten für zwei ist hier alles dabei. Der
libanesisch-brasilianische Chefkoch zaubert

eine verlockende Vielfalt von Spezialitäten aus
dem Nahen Osten, darunter auch jede Menge
vegetarische Gerichte.

Cantina do Marinho (☎ 3531 1686; Rua Direita 113;
Hauptgerichte 22–55 R$/Pers.; 🌙 tgl. 11–14.30, Mo–Sa 19–
22.30 Uhr) Die Spezialität des Hauses ist *bacalhau*
(importierter Kabeljau – stolz wird an der
Wand eine norwegische Transportbox ausgestellt); zum Nachtisch ist das *doce de limão* ganz
lecker, ein süßes Etwas mit Zitronengeschmack
nach einem altem Familienrezept.

O Garimpo (☎ 3531 1044; Av da Saudade 265; Hauptgerichte ab 32 R$; 🌙 Mo–Fr 18–22 Uhr, Sa & So 12–22 Uhr) Das
Garimpo ist bekannt für seine lokalen Gerich-
te, die Spezialität ist aber das *bambá do garimpo*, eine deftige Komposition aus den Tagen
der Diamantenförderung mit Schweinekote-
letts, Bohnen, Reis, fein gehacktem Kohl und
angu (Maisbrei). Am Wochenende gibt's hier
auch ein „All-you-can-eat"-Buffet für 33 R$.

An- & Weiterreise

Die Busse von Pássaro Verde fahren täglich die Strecke Diamantina–Belo Horizonte
(61 R$, 5 Std., von 24–18 Uhr). Die benach-
barte historische Stadt Serro wird zweimal
täglich angefahren (19 R$, 2½ Std.).

Trip Airlines (www.voetrip.com.br) bietet seit Kurzem am Wochenende Flüge von Belo Hori-
zonte (Pampulha) zu Diamantinas kleinem
Flughafen, 7 km westlich der Stadt an.

SERRO

☎ 0xx38 / 22 000 Ew. / 781 m

Das bezaubernde Kolonialstädtchen Serro
wurde 1714 gegründet und schmiegt sich in
der wunderschönen ländlichen Gegend südlich von Diamantina an einen Hang. Die
Gegend ist bei brasilianischen Touristen
ziemlich beliebt, internationale Traveller
haben sie aber noch nicht entdeckt. Gerade
deshalb hat sich Serro ein gelassenes und
traditionelles Mineiro-Flair bewahrt. Der hier
hergestellte Käse soll der beste in Minas sein.

Gut geeignet für einen Stopp auf dem Weg
gen Norden, von Serro in Richtung Diamantina, sind die Bergdörfchen Milho Verde und
São Gonçalo do Rio das Pedras (nicht mal
35 km entfernt, mit dem Bus sind's aber 2 Std.
auf einer steilen, unwegsamen Schotterstraße). Überall hier kann man prima wandern.

Praktische Informationen

Das **Centro de Informações Turísticas** (☎ 3541 2754;
www.serro.tur.br; Via Santa Rita; 🌙 8–19 Uhr) hat einen

MINAS GERAIS

hilfreichen Plan zu Serros alten Herrenhäusern und Kirchen und kann bei Fragen zu São Gonçalo und Milho Verde weiterhelfen.

Sehenswertes

Das eindrucksvollste Gebäude im Ort ist die graziöse, mit einem Turm versehene **Capela de Santa Rita** (🕙 Mo–Sa 9–13 Uhr), die vom Hauptplatz aus über steile, schnurgerade nach oben führende Treppen erreicht werden kann. Folgende drei Kirchen aus dem 18. Jh. sind zu den üblichen Zeiten geöffnet und lohnen einen Besuch: **Igreja de NS do Carmo** (🕙 9–17 Uhr), **Igreja do Bom Jesus do Matozinhos** (🕙 Mo–Sa 13–17 Uhr) und **Capela de NS do Rosario** (🕙 Mo–Sa 13–17 Uhr). Eintritt jeweils 2 R$.

Unterhalb der Stadt liegt das **Chácara do Barão do Serro** (🕙 Mo–Fr 13–17 Uhr), ein reizendes altes Herrenhaus, das Einblicke in das Leben der Freiherren im Serro des 19. Jhs. gibt.

Festivals & Events

Anfang Juli findet in Serro mit der seit 1728 gefeierten **Festa de NS do Rosário** eines der ältesten Feste in Minas statt. Stellvertretend für die drei traditionellen Gesellschaftsgruppen Brasiliens marschieren die Bewohner dabei bunt gekleidet durch die Stadt: die *caboclos* (wörtlich „kupferfarben"; die Nachkommen von Indios und Portugiesen) geben mit Pfeil und Bogen den Rhythmus an und liefern sich (nachgeahmte) Auseinandersetzungen mit den mit Schwertern und Gitarren bewaffneten *marujos* (Europäer), während die *catopês* (Afrikaner) in einem alten Dialekt lamentieren und auf Instrumenten trommeln, die leere Teller symbolisieren sollen.

Schlafen & Essen

Pousada Riques Matriz (☎ 3541 1770; Rua Alferes Luiz Pinto 82; EZ ohne Bad 20 R$, EZ/DZ mit Bad 25/50 R$) Die Zimmer in diesem historischen Haus in der Nähe der Praça Matriz in Serro sind recht einfach, aber der Preis stimmt.

Refugio dos Cinco Amigos (☎ 3541 6037; www.pousadarefugio5amigos.com.br; Largo Félix Antônio 160; Zi. 30 R$/Pers.) Eine bezaubernd rustikale, von Schweizern betriebene Pousada neben der grünen Kirche im 35 km nordwestlich von Serro liegenden São Gonçalo.

Restaurante Itacolomi (☎ 3541 1227; Praça João Pinheiro 20; Mittagessen 14,50 R$/kg, Pizza ab 25 R$; 🕙 mittags & abends) Das beste der zahlreichen *por-kilo*-Restaurants in Serro. Aus dem luftigen Speisesaal im oberen Stock kann man über die Hauptpraça blicken.

An- & Weiterreise

Der Busbahnhof liegt einen Block unterhalb des historischen Zentrums. Ziele sind u. a. Belo Horizonte (69 R$, 6 Std., 3-mal tgl.), Conceição do Mato Dentro (16 R$, 2 Std., 3-mal tgl.) und Diamantina (19 R$, 2½ Std., 2-mal tgl.).

PARKS IM ZENTRUM

Einige der schönsten Naturschätze Minas Gerais' finden sich direkt vor der Haustür von Belo Horizonte. Glitzernde Wasserfälle, tolle Wandermöglichkeiten und ein faszinierendes Bergkloster sind, sobald man mal eine Pause vom hektischen Großstadttrummel braucht, bequem mit dem Auto oder Bus zu erreichen.

PARQUE NACIONAL DA SERRA DO CIPÓ

☎ 0xx31

Der Parque Nacional da Serra do Cipó, 100 km nordöstlich von Belo Horizonte, ist einer der schönsten Parks in Minas. Seine Vegetation besteht vor allem aus Cerrado und grasbewachsenem Hochland und bedeckt die Serra do Espinhaço, die die Wasserbecken der beiden Flüsse São Francisco und Doce voneinander trennt. In niedrigeren Höhenlagen erwarten einen Wasserfälle und üppig grüne, mit Farnen bewachsene Flusstäler mit vielen einzigartigen Orchideen. Zur Tierwelt des Parks gehören Mähnenwölfe, Tamarine (Affen), Ameisenbeutler, Jaguare, Fledermäuse und der kleine farbenprächtige *sapo de pijama* (Pyjamafrosch).

Der Park ist sehr weitläufig und die beliebtesten Routen führen über die *serra* (Bergkette) und nehmen einige Tage in Anspruch. Infos und Wanderkarten gibt's bei der **Parkverwaltung** (☎ 3718 7237; parnacipo@ligbr.com.br; Eintritt 6 R$), ein paar Kilometer südöstlich des Ortes Cardeal Mota. Zwei besonders lohnenswerte Tageswanderungen sind der 16 km lange Rundweg von der Parkverwaltung zum 70 m hohen Wasserfall **Cachoeira da Farofa**, und der 24 km lange Rundweg zu der 80 m tiefen Schlucht **Cânion das Bandeirinhas**.

Es gibt drei empfehlenswerte lokale Touranbieter, die Wandern, Rafting, Reiten und/oder Mountainbike-Touren in den Park anbieten. Diese sind: **Bela Geraes Turismo** (☎ 3718 7394; www.belageraes.com.br), **Cipoeiro Expediciones** (☎ 9611 8878; www.cipoeiro.com.br) und **Tropa Serrana** (☎ 9983 2356; http://tropa.serrana.zip.net).

MINAS GERAIS

Schlafen & Essen

Hotel Cipó Veraneio (☎ 3718 7000; www.cipoveraneio hotel.com.br; Hwy MG-10; Km 95; EZ/DZ/3BZ/4BZ inkl. Vollpension 298/373/570/596 R$; 🄿 🛜 🛋) Wer mit dem Bus unterwegs ist und in der Nähe der Parkverwaltung übernachten möchte, der hat mit dem Cipó Veraneio die am günstigsten gelegene Unterkunft gefunden. Es liegt zwar direkt an der Straße, hat aber eine sehr gute Ausstattung, darunter auch ein äußerst beliebtes Restaurant und einen Pool.

Campen ist im Park verboten, es gibt aber zwei Campingplätze an der Hauptstraße nahe dem Wasserfall Véu de Noiva, 5 km nördlich der Abzweigung zur Parkverwaltung: **Grande Pedreira** (☎ 3291 0734, 3718 7007; http://pousadagrande pedreira.com.br, portugiesisch; Zeltplatz 15 R$/Pers.) liegt an einem grasbewachsenen Hang mit schönem Blick auf den Wasserfall (in der Ferne); **Veu da Noiva** (☎ 3274 2749; veudanoiva@acmmg.org; Zeltplatz 25 R$/Pers.; 🛜 🛋) hat einen Pool (mit Frischwasser), eine Snackbar und einen direkten Zugang zum Wasserfall über einen 200 m langen Fußpfad. Busse halten hier auf Anfrage.

An- & Weiterreise

Von Belo Horizonte aus fahren Serro- und Saritur-Busse zum Park (23 R$, 2 Std., mehrmals tgl. von 6–16 Uhr). Wer zur Parkverwaltung möchte, steigt am Hotel Cipó Veraneio aus und geht dann 3 km Richtung Osten zu Fuß weiter oder fährt per Anhalter. Auf der rechten Straßenseite, gleich hinter dem Hotel, aber noch vor der Brücke über den Rio Cipó, führt eine beschilderte Schotterstraße Richtung Park.

Campinggelegenheiten findet man erst nach dem Städtchen Cardeal Mota, weitere 5 km Richtung Norden.

CACHOEIRA TABULEIRO

Nördlich vom Parque Nacional da Serra do Cipó, aber noch im Unesco-Biosphärenreservat Serra do Espinhaço, liegt einer der spektakulärsten Naturschätze von Minas: der 273 m hohe Tabuleiro-Wasserfall. Diesen dritthöchsten Wasserfall Brasiliens erreicht man am leichtesten vom kleinen Städtchen Tabuleiro aus, etwa 180 km nördlich von Belo Horizonte.

5 km östlich des Wasserfalls befindet sich das **Tabuleiro Eco Hostel** (☎ 3231 7065, 9638 9641; www.tabuleiroecohostel.com.br; Rua Joaquim Costinha 1B, Vila do Tabuleiro; Zeltplatz/B/EZ/DZ HI-Mitglieder 10/15/40/50 R$, Nichtmitglieder 12/20/50/60 R$; 🛜). Hier kann man sein Zelt auf grasbewachsenen Terrassen aufschlagen oder sich ein Bett in einem Schlafsaal

oder ein Einzel- oder Doppelzimmer nehmen. Diese sind in einer Reihe von bunten Gebäuden am Hang untergebracht. Das Frühstück kostet extra (5 R$) und wenn die Nachfrage groß genug ist, gibt's auch Suppen (5 R$) und Mittagsmenüs (10 R$). In der Stadt finden sich zudem einige einfache Restaurants. Die Hostelbesitzer organisieren Klettertouren, kombiniert mit einer Wanderung oder einem Reitausflug zu den nahen Felsenmalereien, Wasserfällen, Schluchten oder Badestellen.

Um vom Hostel zum Wasserfall zu kommen geht man in westlicher Richtung durch die Innenstadt von Tabuleiro. Nach etwa 3 km ist der **Parque Estadual Serra do Intendente** (Eintritt 5 R$) erreicht. Vom Eingang aus führt ein gut markierter, 2 km langer Pfad steil hinunter zum Fluss, verläuft sich dann aber, sodass man den Rest des Weges flussaufwärts von einem Felsen zum anderen hüpfen muss. Den ganzen Tag über hat man einen spektakulären Blick auf den Wasserfall. Während der Trockenzeit ist es möglich, im natürlichen Pool am Fuße des Wasserfalls zu schwimmen.

An- & Weiterreise

Viação Serro fährt zwischen Belo Horizonte und Conceição do Mato Dentro (37 R$, 4 Std., 6-mal tgl. von 6–16 Uhr). Die Herausforderung besteht aber darin, von Conceição nach Tabuleiro zu kommen; lokale Busse fahren nur montags, mittwochs und freitags um 15 Uhr bzw. samstags um 14 Uhr, und fahren an denselben Tagen um 8 Uhr wieder zurück nach Conceição (3 R$, 1 Std.). Von hier geht es sechsmal täglich zwischen 7 und 18.15 Uhr zurück nach Belo Horizonte (So 16.30 Uhr).

Bequemer sind die Shuttledienste, die (mit Voranmeldung) vom Hostel in Tabuleiro aus organisiert werden können: bis zu vier Personen bezahlen für die Fahrt von Conceição do Mato Dentro nach Tabuleiro 50 R$, vom Flughafen Confins in Belo Horizonte sind es 240 R$; bzw. 260 R$ aus Belo Horizontes Innenstadt. Ein einfaches Ticket von Conceição nach Tabuleiro kostet 60 R$.

PARQUE NATURAL DO CARAÇA

☎ 0xx31 / 1297 m

Nahe des Städtchens Santa Bárbara, 105 km östlich von Belo Horizonte, liegt der Parque Natural do Caraça – ein Ort der Glückseligkeit. Der durch eine Bergkette vom Rest der Welt abgeschirmte Park bildet die 110 km² große Überganszone zwischen den Ökosystemen

DIE MÄHNENWÖLFE VON CARAÇA

Der Mähnenwolf – auf Portugiesisch *lobo guará* – ist der größte Wildhund Südamerikas. Er lebt unbeschwert im unter Naturschutz stehenden Cerrado (Savanne) des Parque Natural do Caraça. Vor einigen Jahren hatte einer der Geistlichen von Caraça die Idee, sich – ganz im Zeichen Franz von Assisis – mit den Wölfen anzufreunden. Zwei Jahre lang lockte er die Tiere geduldig mit Essen in Richtung Kirche und gewann so ihr Vertrauen. Mittlerweile ist die Fütterung zum nächtlichen Spektakel avanciert, dem die Öffentlichkeit beiwohnen kann.

Es gibt zwar keine Garantie dafür, dass man tatsächlich einen Wolf sieht, das Ritual an sich hat aber schon etwas Magisches an sich. Nach dem Abendessen im alten steinernen Refektorium des Klosters schreiten die Besucher anmutig in den Hof. Der zeremonielle Teller mit Küchenabfällen für die Wölfe wird unmittelbar nach Sonnenuntergang auf die Steinplatten gestellt, während die menschlichen Gäste mit Popcorn, Kräutertee und *cachaça* versorgt werden. Und dann beginnt das Warten. Ob die Tiere nun kommen oder nicht, spielt kaum eine Rolle: es ist schon etwas Besonderes, dass so viele Leute beisammensitzen, sich unterhalten oder in die Sterne schauen.

Und dann … leise Geräusche von Pfoten, plötzliche Stille unter den Versammelten, etwas huscht die Treppen hinauf, die wilden Augen dieser wunderbaren Kreatur blitzen für einen Moment auf, stehlen das bereitgestellte Mahl – dann verschwinden sie wieder in der Dunkelheit der Nacht.

Wer es gesehen hat, der wird es nie vergessen. Hat man es verpasst, wird man bestimmt versuchen, wiederzukommen.

Mata Atlântica (Atlantischer Regenwald) und dem Cerrado. Herzstück des Parks ist das in ein schüsselförmiges Tal eingebettete ehemalige Kloster und Internat, in dem schon mehrere brasilianische Präsidenten die Schulbank drückten. Die katholische Gemeinde, die in der neogotischen Kirche auch ihre Gottesdienste abhält, hat das Anwesen in eine Pousada umgewandelt, die auch von ihr verwaltet wird. In der Umgebung ragen mehrere Gipfel auf – darunter der **Pico do Sol** (mit 2070 m der höchste Berg der Serra do Espinhaço) – und aus Bächen werden Wasserfälle und natürliche Schwimmstellen. Die Hänge sind von einfach zugänglichen Wanderwegen durchzogen, die alle markiert und in einer praktischen Wanderkarte eingezeichnet sind, die am Parkeingang erhältlich ist. Die meisten der Wanderungen, auch den vierstündigen Rundweg zum herrlichen **Wasserfall Cascatona**, kann man allein machen. Es gibt aber auch andere, tückischere Touren (rot markiert), die man nur mit Guide machen sollte (auf www.santuariodocaraca.com.br/turismo/guias.php finden sich die Kontaktdaten mehrerer Guides).

Schlafen & Essen

LP Tipp **Pousada Santuário do Caraça** (☎ 3837 2698; www.santuariodocaraca.com.br, portugiesisch; pousadadoca raca@hotmail.com; Quarto bis für 1/2/3 Pers. 70/105/152 R$, Apt. für 1/2/3/4 Pers. ab 105/146/218/264 R$; ☞) Die Zimmer hier reichen von einfachen *quartos* (Zimmer mit Gemeinschaftsbad) abseits vom Gartenhof bis zu angeberischen Doppelapartamentos (2 Zimmer mit Bad). In den Preisen sind jeweils drei Mahlzeiten enthalten, was angesichts der überwältigenden Mineiro-Gerichte aus örtlichen Erzeugnissen ein toller Deal ist. Morgens kann man sich sein Frühstücksei selbst auf dem Holzherd braten. Das große Highlight hier ist die nächtliche Fütterung der Wölfe (s. Kasten oben). Falls möglich, sollte man unter der Woche kommen, da man dann mehr Chancen hat, die Wölfe zu sehen und Caraças Abgeschiedenheit und Ruhe ohne die Wochenendausflügler aus Belo auch besser genießen kann. Wenn weniger los ist, werden die Mahlzeiten im gemütlicheren Speisesaal im Erdgeschoss serviert. Reservierung erforderlich.

An- & Weiterreise

Täglich fahren neun Pássaro-Verde-Busse zwischen Belo Horizonte und Santa Bárbara, der dem Park am nächsten gelegenen Stadt (25 R$, 2½ Std., von 6–20.30 Uhr). Einmal am Tag fährt ein Zug zwischen Belo und Vitória (s. S. 264), der auch in der Nähe des Parks, in Dois Irmãos hält (regulär/*executivo* 10/19 R$, Abfahrt in Belo Horizonte ist um 7.30, Ankunft in Dois Irmãos um 9 Uhr).

Von Santa Bárbara oder Dois Irmãos aus bezahlt man für die 30-minütige Taxifahrt nach Caraça etwa 50 R$. Daran denken, dass der Park nur von 7 bis 17 Uhr geöffnet ist (bzw. bis 21 Uhr für Gäste der Pousada).

MINAS GERAIS

SÜDLICHES MINAS

In dieser Ecke Brasiliens lauern Überraschungen! In den grünen Bergen nahe Minas' südlicher Grenze zu den Bundesstaaten Rio de Janeiro und São Paulo erwarten den Besucher einige Highlights: Kurorte, deren Heilwasser schon seit dem 19. Jh. Lobeshymnen hervorruft, friedliche Täler, die seit Kurzem erst brasilianische und internationale Ökotouristen aufhorchen lassen, und Bergdörfchen, die angeblich von Außerirdischen besonders gern heimgesucht werden. Wer an einer Überdosis barocker Architektur leidet oder sich am Strand schon von allen Seiten knusprig braun hat braten lassen, der wird diese ruhige Ecke als perfekten Rückzugsort zu schätzen wissen.

CAXAMBU

☎ 0xx35 / 21 400 Ew. / 895 m

Caxambu ist der ehrwürdigste einer Reihe von Thermalkurorten im Süden von Minas, die gemeinsam den Circuito das Águas bilden. Es ist ein ruhiger Rückzugsort für die Mittelschicht und ältere Menschen, die der Hitze Rios und dem verrückten Karnevalstreiben entgehen wollen. Manche Paare kommen schon seit 30 Jahren oder länger hierher.

Geschichte

Lange bevor Perrier die Singlebars von Manhattan eroberte, wurde das Wasser Caxambus von internationalen Kennern in höchsten Tönen gelobt. Die Quellen hier wurden 1870 angezapft und die Ärzte erkannten schnell die heilende Wirkung des Wassers. Das Wasser aus Caxambu gewann sowohl 1903 bei der Viktor-Emanuel-III-Ausstellung in Rom als auch 1904 bei der Weltausstellung in Saint Louis die Goldmedaille, um nur zwei der zahlreichen Auszeichnungen zu nennen.

Die alten Hotels zeugen weiter vom Glanz Caxambus aus der Zeit der Jahrhundertwende und das berühmte Wasser wird landesweit weiter von der öffentlich-privaten Partnerschaft Copasa Águas Minerais de Minas vertrieben.

Praktische Informationen

Bradesco (Rua Dr Viotti 659)
Espaço Info (Rua Dr Viotti 625; 2 R$/Std.; ☻ Mo–Sa 9–22, So 14–22 Uhr) Internet und WLAN.

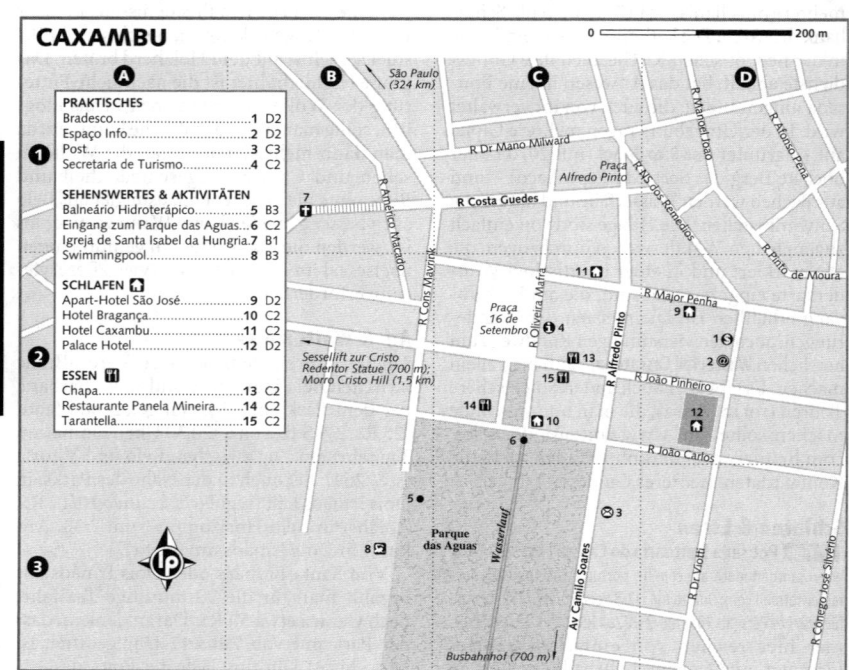

CAXAMBU

0 ——— 200 m

São Paulo (324 km)

PRAKTISCHES
Bradesco...................................1 D2
Espaço Info..............................2 D2
Post...3 C3
Secretaria de Turismo...............4 C2

SEHENSWERTES & AKTIVITÄTEN
Balneário Hidroterápico............5 B3
Eingang zum Parque das Aguas...6 C2
Igreja de Santa Isabel da Hungria.7 B1
Swimmingpool.........................8 B3

SCHLAFEN
Apart-Hotel São José................9 D2
Hotel Bragança.......................10 C2
Hotel Caxambu......................11 C2
Palace Hotel...........................12 D2

ESSEN
Chapa....................................13 C2
Restaurante Panela Mineira.....14 C2
Tarantella...............................15 C2

Sessellift zur Cristo Redentor Statue (700 m); Morro Cristo Hill (1,5 km)

R Dr Mano Milward
R Costa Guedes
R Amérco Macedo
R Cons Mayrink
Praça Alfredo Pinto
R Manoel Dias
R Afonso Pena
R N S dos Remédios
R Pinto de Moura
R Major Penha
R Oliveira Mafra
Praça 16 de Setembro
R Alfredo Pinto
R João Pinheiro
R João Carlos
R Camilo Soares
Wasserlauf
Parque das Aguas
R Dr Viotti
R Córrego José Silvério

Busbahnhof (700 m)

MINAS GERAIS

Post(Av Camilo Soares) Direkt östlich des Parque das Águas.

Secretaria de Turismo(☎ 3341 5701; www.prefeitura municipaldecaxambu.blogspot.com, portugiesisch; Praça 16 de Setembro 24; ☒ Mo–Fr 8–18 Uhr) Hilfsbereites, in der Prefeitura (Rathaus) versteckt gelegenes Tourismusbüro, einen Block vom Parque das Águas entfernt.

Sehenswertes

Der **Parque das Aguas** (Eintritt 3 R$, separate Gebühren für Attraktionen im Park 3–12 R$; ☒ 8–18 Uhr) ist ein Disneyland für Rheumatiker; Leute kommen hierher, um Wasser zu sich zu nehmen, schwefelige Luft einzuatmen, Leberflecken zu vergleichen, dem Geysir beim Wasserspeien zuzusehen, sich im Schatten beim Kanal auszuruhen und in den Gärten zu schlendern. Es gibt einen **Pool** im Freien, der von einer Quelle gespeist wird und in dem man seine Bahnen ziehen kann. Außerdem kann man im kunstvollen **Balneário Hidroterápico** von 1912 in ein heißes Bad tauchen, eine Dusche nehmen oder in der Sauna entspannen.

Der Park hat zwölf Quellen, jede in ihrem eigenen architektonischen Prunkbau untergebracht, und jede mit anderen Eigenschaften. Leberprobleme? Dann sollte man aus dem **Dona-Leopoldina-Magnesiumbrunnen** trinken. Hauterkrankungen? Man nehme ein Schwefelbad im **Tereza Cristina**. Eine Geschlechtskrankheit? Der **Brunnen Duque de Saxe** hilft, die Bakterien ruhigzustellen, die Syphilis verursachen. Ein juckender Abzugsfinger? Dann sollte man dem **Schießplatz** besuchen. Und es gibt noch viel mehr, von Heilmitteln gegen Nierensteine über Linderungen bei Magenbeschwerden bis hin zum Sessellift, der 800 m hoch bis zum Bildnis Jesu (Cristo Redentor) auf dem Gipfel des **Morro Cristo** klettert.

Die Bekanntheit von Caxambu stieg beträchtlich, als Princesa Isabel (die Tochter des letzten Kaisers von Brasilien, Dom Pedro II.) die Stadt 1868 besuchte. Nachdem sie vergeblich die unterschiedlichsten Behandlungsmethoden gegen Unfruchtbarkeit ausprobiert hatte, kam es endlich zur Empfängnis, als sie das wundersame Wasser von Caxambu zu sich genommen hatte. Aus Dankbarkeit ließ sie die **Igreja de Santa Isabel da Hungria** an der Rua Princesa Isabela errichten.

Schlafen

Außerhalb der Hauptsaison gibt's in Caxambu oft gute Deals. Bei den nobleren Hotels sind nun die Mahlzeiten inklusive und viele bieten einen Wellnessbereich und Massagen.

Apart-Hotel São José (☎ 3341 3133; www.aptsaojose. hpgvip.ig.com.br; Rua Major Penha 264; EZ/DZ 50/80 R$; ☜ ⊠) Diese Budgetoption bietet ganz schön viele Extras – z. B. einen Pool und eine Sauna.

Hotel Bragança (☎ 3341 3366; www.hotelbraganca. com.br; Rua Antônio Miguel Arnaut 34; EZ/DZ inkl. Frühstück 50/105 R$, inkl. Vollpension 90/150 R$) Nur einen Steinwurf vom Parque das Aguas entfernt, liegt dieses Hotel, dessen hohe Decken und Möbel aus dem 19. Jh. zwar etwas verblichen sind, das aber immer noch auf nette Weise an die ruhmvollen Tage der Stadt erinnert.

Palace Hotel (☎ 3341 3341; www.palacehotel.com.br; Rua Dr Viotti 567; EZ/DZ inkl. Vollpension 90/130 R$; ☜ ⊠) Dieses Kolonialhotel ist ein unschlagbarer Deal. Der Pool hinterm Haus hat eine Wasserrutsche und die Aufenthaltsräume im Erdgeschoss versprühen den Charme des 19. Jhs.

Hotel Caxambu (☎ 3341 3300; www.hotelcaxambu. com.br; Rua Major Penha 145; EZ/DZ inkl. Frühstück 140/150 R$, inkl. Vollpension 200/250 R$; ☒ ☜ ⊠) Hinter der historischen Fassade des Caxambu verstecken sich viele moderne Annehmlichkeiten. Hier gibt's einen Pool, ein gutes Restaurant und die Lage mitten im Zentrum spricht für sich.

Essen

Überall in Caxambu werden vor Ort produzierter Honig, hausgemachte Fruchtlikör und Eingemachtes verkauft.

Chapa (☎ 3341 2600; Rua João Pinheiro 323; 17,90 R$/ kg; ☒ mittags & abends) Hier gibt's nicht nur das erschwinglichste Mittagessen (nach Gewicht) der Stadt, sondern auch noch ein „All-you-can-eat"-Abendbuffet für 10 R$.

Restaurante Panela Mineira (☎ 3341 2511; Shop 18–19, Rua Caetano Furquim; 19,90 R$/kg; ☒ 11.30–15 Uhr) Dieses Restaurant mit guter Mineiro-Küche liegt einen halben Block vom Parque das Aguas. Bezahlt wird auch hier nach Gewicht.

Tarantella (☎ 3341 2161; Rua João Pinheiro 326; Hauptgerichte 26–48 R$; ☒ 18 Uhr–open end) Neben den italienischen Klassikern gibt's in diesem gemütlichen Restaurant mit rot karierten Tischdecken noch eine andere Spezialität, nämlich geräucherte Forelle.

An- & Weiterreise

Der **Busbahnhof** liegt 1 km südlich vom Zentrum an der Praça Cônego José de Castilho Moreira.

Ziele sind u. a. Belo Horizonte (Gardénia, 65 R$, 6 Std., tgl. 8.10 und So–Fr 22.40 Uhr), São Thomé das Letras (Coutinho, 16 R$, 2¼ Std., 14.15 Uhr, nur bei gutem Wetter) und São Paulo (Cometa, 46 R$, 7 Std., 4-mal tgl. von 8–24 Uhr). Cidade de Aço unterhält täglich um 8 Uhr einen *executivo*-Service nach Rio de Janeiro (60 R$, 5 Std.) und Resende (27 R$, 2 Std.), dem Tor zum Parque Nacional de Itatiaia; Sonntag bis Freitag gibt es einen zusätzlichen Bus um 24 Uhr.

AIURUOCA & DAS VALE DO MATUTU
☎ 0xx35 / 7000 Ew. / 989 m
Etwa eine Stunde östlich von Caxambu liegt das Vale do Matutu, ein üppiges grünes, von Wasserfällen und Bergen flankiertes Tal. Unter den Gipfeln rundum sticht der 2293 m hohe Pico do Papagaio besonders hervor, das Herzstück des Parque Estadual da Serra do Papagaio. In der Gegend gibt's einige tolle Wandermöglichkeiten, und in den letzten Jahren sind Pousadas wie Pilze aus dem Boden geschossen. Dank einer durchdachten Planung gelang es trotz vieler Neubauten, dass sowohl das Land als auch die Belange der Einheimischen respektiert wurden. Zugang zum Tal hat man über eine holprige, unbefestigte Straße 20 km südlich der kleinen Stadt Aiuruoca. Man kann hier gut ein paar Tage verbringen, sich dem Rhythmus der Natur hingeben, ein Buch lesen, wandern und schwimmen.

Praktische Informationen & Sehenswertes
Am anderen Ende des Tals steht die 100-jährige **Casarão do Matutu**, das Verwaltungsgebäude der AMA-Matutu, einer Gemeindeorganisation, die sich dem nachhaltigen Tourismus widmet. Falls jemand da ist, kann man hier Infos zum Tal und zum Wandern vor Ort holen. Empfehlenswerte Ziele sind u. a. der nahe Wasserfall **Cachoeira do Fundo** und die Attraktion des Tals schlechthin, der **Pico do Papagaio**.

Wer die Gegend ernsthaft und abseits der gängigen Wege erkunden möchte, sollte sich einen Guide nehmen. Lokale Anbieter von Wanderungen und Reitausflügen sind z. B. **Portal Matutu Ecoturismo** (www.portalmatutu.com.br) und **MMA Ecoturismo** (www.ajuru.com.br).

Schlafen & Essen
Im ganzen Tal gibt's Hotels, die größtenteils auch Mahlzeiten anbieten.

Pousada Dois Irmãos (☎ 3344 1373; Rua Coronel Oswaldo 204, Aiuruoca; EZ/DZ 40/80 R$) Diese einfache Option ist super für alle, die spätabends in Aiuruoca ankommen und schnell einen Schlafplatz brauchen.

Mandala das Águas (☎ 9948 5650; www.mandaladas aguas.com.br; Vale do Matutu, km 15; EZ/DZ/3BZ mit Halbpension unter der Woche 100/180/210 R$, Wochenende 110/200/270 R$; 🛜) Fast am anderen Ende des Tals liegt das herrlich ruhige Mandala mit großen Zimmern, Veranden mit Hängematten, einem tollen Blick auf den Pico do Papagaio und auf den tosenden Fluss unterhalb des Hotels. Die amerikanisch-brasilianischen Besitzer warten ihre herzhaften, hausgemachten Gerichte mit Zutaten aus dem eigenen Garten zu.

Pousada Pé da Mata (☎ 3344 1421; www.pousadape damata.com.br; Estrada Aiuruoca/Matutu, km 12; Zi./Chalet mit Vollpension 160/190 R$) Nahe eines Wasserfalls am Fuße des Pico do Papagaio, hat man von dieser reizenden Pousada aus einen super Blick über das Tal. Das Essen wird hier auf einem traditionellen *fogão à lenha* zubereitet.

LP Tipp **Kiko & Kika** (☎ 9927 4853; Estrada Aiuruoca/ Alagoa; Km 1,8; Hauptgerichte 22–41 R$; 🕐 tgl. mittags, Do–Sa abends) In diesem kleinen, süßen Restaurant nur 2 km südlich von Aiuruoca gibt's erstklassige Küche in ländlicher Atmosphäre. Es wird von einem Paar mit französischen und Schweizer Wurzeln betrieben und ist auf Forelle – frisch oder geräuchert – und ein echt uriges Flair spezialisiert, z. B. hölzerne Küchenutensilien und frische Kräuterlimonade.

An- & Weiterreise
Die Bushaltestelle Aiuruocas liegt an der zentralen Praça Côn José Castilho. Ein Bus von Viação Sandra fährt täglich (11,60 R$, 1 Std.) um 18.20 Uhr und unter der Woche zusätzlich um 10 Uhr von Caxambu nach Aiuruoca. Die Busse kehren unter der Woche um 5.20, 10 und 11.15 Uhr, am Samstag um 5.20 und 10 Uhr und am Sonntag um 6.20 Uhr nach Caxambu zurück.

Zu den etwas abgelegeneren Pousadas im Vale do Matutu kommt man nur mit eigenem Auto (Achtung, unwegsame Straße) oder mit dem **Taxi** (☎ 9964 1601, 3344 1601; einfache Strecke/hin & zurück 80/150 R$). Wenn man im Tal erst einmal richtig angekommen ist, ist der schönste Weg alles zu erkunden immer noch zu Fuß.

SÃO THOMÉ DAS LETRAS
☎ 0xx35 / 7000 Ew. / 1291 m
Wenn man sich für Mystizismus oder Aberglauben interessiert oder auch nur auf der Suche nach einem preiswerten, idyllischen Ort ist, an dem man ausspannen kann, sollte man einen Abstecher in das bizarre São Thomé das Letras machen. Es liegt nördlich von Caxam-

bu und südwestlich von São João del Rei. Hoch auf einem Plateau mit Blick auf das umliegende Ackerland, erscheint São Thomé wie eine Welt für sich. Vielleicht erklärt sich daher sein Ruf unter brasilianischen Mystikern als eine der sieben heiligen Städte der Welt. Der Name der Stadt bezieht sich auf die rätselhaften Inschriften in einigen der vielen Höhlen der Gegend, und Geschichten von fliegenden Untertassen und über Besuche von Außerirdischen gibt's reichlich. Eher bodenständige Attraktionen sind die nahegelegenen Berge, Höhlen und Wasserfälle, außerdem die Gebäude der Stadt, die aus wunderschönen Quarzitplatten gefertigt wurden.

Während des dritten oder vierten Wochenendes im August zieht das **Festa de Agostomit** mit Livemusik und anderen Feierlichkeiten zahlreiche Pilger an.

Praktische Informationen

Die Touristeninformation (☎ 3237 1276; turismo@saotomedasletras.mg.gov.br, Rua José Cristiano Alves 4; ⏲ Mo–Fr 9–12 & 14–17, Sa & So 9–17 Uhr) von São Thomé ist gleich hinter dem Hauptplatz, der Praça da Matriz. Hier bekommt man eine Broschüre auf Portugiesisch mit einem (sehr) groben Stadtplan. Außerdem gibt's Infos zu landschaftlichen Highlights in der Umgebung.

Sehenswertes

Im Ort gibt es zwei nette Kirchen: die **Igreja Matriz de São Thomé** (von 1785) auf der schönen, mit Bäumen bewachsenen Praça da Matriz, und die aus unbearbeiteten Steinen erbaute **Igreja de Pedra**, die bergab Richtung Bushaltestelle liegt.

Neben der Matriz-Kirche befindet sich die **Gruta de São Thomé**, eine kleine Höhle mit einem Schrein für São Thomé und seltsamen Inschriften. Weitere Höhlen mit Inschriften in der Umgebung sind u. a. **Carimbado** (3 km) und **Chico Taquara** (3,5 km).

Oberhalb der Stadt erreicht man nach 500 m einen **Aussichtspunkt**, von dem man tolle Sonnenauf- und -untergänge sehen kann.

Die Wasserfälle **Euboise** (3 km), **Prefeitura** (7 km) und **Véu de Noiva** (12 km) sind bei Ausflüglern sehr beliebt.

Schlafen & Essen

Pousada Serra Branca (☎ 3237 1200; www.pousadaserrabranca.com.br, portugiesisch; Rua Capitão João de Deus 7; EZ/DZ ab 30/60 R$; ⛱) Einen Block oberhalb der Gruta de São Thomé. Hier gibt's *apartamentos* zu Top-Preisen, eine Sauna und einen Pool.

Pousada Reino dos Magos (☎ 3237 1300; www. reinodosmagos.com.br; Rua Gabriel Luiz Alves 47; EZ/DZ/3BZ/4BZ 50/77/100/132 R$; 🖳) Von außen sieht diese Pousada nicht gerade vielversprechend aus, sie ist aber freundlich und hat saubere Doppelzimmer und einige Dreier- und Viererzimmer. Ventilatoren sorgen für kühle Luft.

Pousada Arco Iris (☎ 3237 1212; www.pousarcoiris. com.br; Rua João Batista Neves 19; EZ/DZ ab 80/100 R$; 🖳 🛜 🛁) Die Pousada Arco Iris ist die hübscheste Budgetunterkunft in São Thomé. Sie liegt sehr zentral und ist in einem alten, aus Stein gemauerten Haus untergebracht. Pool und Sauna sind auch dabei.

Restaurante da Sinhá (☎ 3237 1348; Rua Capitão Pedro José Martins 31; 20,90 R$/kg; ⏲ So–Fr 11–15.30, Sa bis 22 Uhr) Ein Familienbetrieb mit Selbstbedienung. Hier werden köstliche Mineiro-Gerichte über offenem Feuer zubereitet. Im Hof des alten Steingebäudes sitzt man wunderschön.

Ser Creativo (☎ 3237 1266; Praça Getúlio Vargas 18; Pizza ab 12 R$; ⏲ 18–22 Uhr) In dieser Pizzeria mit steinernen Wänden und Tischen werden abends in toller Atmosphäre zerkratzte Langspielplatten aufgelegt. Sie liegt fast am ganz oberen Ende der Stadt und wird für ihre große Auswahl an Steinofenpizzen sehr gelobt.

Restaurante das Magas (☎ 3237 1326; Rua Camilo Rios 2; Hauptgerichte für 2 Pers. ab 46 R$; ⏲ Do–Di 11.30–17 & 19–23 Uhr) Nettes Plätzchen für eine gemütliche Mahlzeit in einem 180 Jahre alten steinernen Haus. Die Spezialität sind zwar Mineiro-Gerichte, man bekommt aber auch eine Pizza.

An- & Weiterreise

São Thomés Busbahnhof liegt an der Praça Barão de Alfenas, 1 km nördlich vom Zentrum.

Coutinho hat einen Direktbus zwischen Caxambu und São Thomé, der nur bei gutem Wetter auf einer mit Schlaglöchern übersäten, aber schönen Schotterstraße verkehrt; (15,45 R$, 2¼ Std., Abfahrt in Caxambu um 14.15 Uhr, Rückfahrt ab São Thomé um 9.15 Uhr). Alternativ verbindet Trectur (8,85 R$, 1 Std., 6-mal tgl.) São Thomé und das nahe Três Corações miteinander. Dort kann man nach São Paulo (50,85 R$, 5 Std.) oder Belo Horizonte (61,50 R$, 5 Std.) umsteigen.

PARKS IM OSTEN

Die wenigen unerschrockenen Traveller, die bis in diese abgeschiedene Ecke des Bundesstaats vordringen, erwarten unvergessliche

Naturerlebnisse. Die wenig besuchten Parks sind ein netter Zwischenstopp auf dem Weg zwischen Belo Horizonte und dem Bundesstaat Vitória in Espírito Santo.

PARQUE NACIONAL DE CAPARAÓ

☎ 0xx32

Dieser 250 km² große Nationalpark umfasst die höchsten Berge Südbrasiliens, darunter den **Cristal** (2798 m), den **Calçado** (2766 m) und den dritthöchsten Berg des Landes, den **Pico da Bandeira** (2892 m). Beliebt bei Bergsteigern und Wanderern aus ganz Brasilien bietet er Panoramablicke auf das Caparaó-Tal, das Minas Gerais und Espírito Santo trennt. Das hier vorherrschende weite offene und felsige Hochland wird in niedrigeren Höhenlagen durch Überreste der Mata Atlântica ergänzt.

Der **Parkeingang** (Eintritt 10 R$; h7–22 Uhr) ist von der nächsten Stadt, Alto do Caparaó, 2 km bergaufwärts entfernt. Zwischen November und Januar gibt's sehr viel Regen. Die beste Zeit für klares Wetter ist zwischen Juni und August – obwohl dies die kältesten Monate sind. Warme Kleidung mitbringen!

Der klassische Aufstieg zum Pico da Bandeira kann ohne Kletterausrüstung oder einen Führer bewältigt werden, da der Pfad nur allmählich ansteigt und gut markiert ist. Ein Taxi von der Stadt bis zum Startpunkt des Wegs beim Tronqueira-Campingplatz, vom Parkeingang aus 8 km weit eine steile unbefestigte Straße hinauf, kostet etwa 60 R$. Autos sind jenseits von Tronqueira verboten. Von hier aus führt ein 9 km langer allmählicher Anstieg zum Gipfel. Die meisten Besucher gehen an einem Tag hinauf und wieder zurück nach Alto do Caparaó, aber mit einem eigenen Zelt kann man auf die zu Espírito Santo gehörende Seite des Parks wechseln, über Nacht dort campen und dann am folgenden Tag den gleichen Weg wieder zurückgehen. Das Gelände am Pico da Bandeira ist auf der Espírito-Santo-Seite steiler als auf der Minas-Seite, was einem einige sehr dramatische Ausblicke beschert, und es gibt dort drei Wasserfälle mit idyllischen Badestellen – **Farofa**, **Aurélio** und **Sete Pilões** – in der Nähe des letzten Campingplatzes, Macieira.

Schlafen & Essen

Es gibt zwei offizielle Campingplätze auf der zu Minas Gerais gehörenden Seite des Parks: Tronqueira und Terreirão, 4,5 km weiter, der die Mitte des 9 km langen Wegs von Tronqueira zum Gipfel markiert. Auf der Espírito-Santo-Seite des Parks gibt's zwei weitere Campingplätze: bei der Casa Queimada, den Pfad entlang 4,5 km unterhalb des Gipfels; und Macieira, 4,5 km weiter auf einer unbefestigten Straße. Man sollte die gesamte Verpflegung und Vorräte mitnehmen und im Voraus telefonisch bei der **IBAMA** Plätze reservieren (☎ 3747 2555; 6 R$/Stellplatz). Alle Plätze haben Spültoiletten und kalteDuschen.

Pousada Querência Hostel (☎ 3747 2566; www.pico dabandeiratur.tu.br; turismoguerencial@uol.com.br; Av Pico da Bandeira 1061; B/Zi. HI Mitglieder 25/35 R$/Pers.) Trotz ihrer ungünstigen Lage im hintersten Teil der Stadt hat diese HI-Herberge gute Einrichtungen, inklusive einer Gästeküche. Sie organisiert Rafting-Ausflüge und Exkursionen vor der Morgendämmerung, auf denen man den Sonnenaufgang über dem Pico da Bandeira sehen kann. Der Besitzer der Pousada kann einen auch zum kleineren Hostel Rio Claro fahren. Dieses liegt in einem 14 km entfernten ökologischen Schutzgebiet, erzeugt mithilfe eines Wasserfalls Energie und bietet Unterkunft für bis zu 10 Personen (300 R$/Nacht, unabhängig von der Gruppengröße).

Pousada Vale Verde (☎ 3747 2529; Praça da Matriz; EZ/DZ 30/60 R$) Hier werden einen einfache Zimmer geboten, direkt in der Nähe der Bushaltestelle auf dem Hauptplatz. Gerichte kann man im Restaurant nebenan bekommen.

Pousada do Bezerra (☎ 3747 2628; www.pousadado bezerra.com.br; Av Pico da Bandeira; EZ/DZ/3BZ/4BZ inkl. Frühstück 79/129/165/179/229 R$, inkl. Vollpension 99/189/259/329 R$; 🖳 🛜 🍽) Das Bezerra liegt am nächsten zum Parkeingang und serviert im Restaurant köstliche Forelle. Voll- oder Halbpension sind möglich, und es gibt eine Sauna.

An- & Weiterreise

Wer Caparaó mit dem Bus von Belo Horizonte oder Vitória (Espírito Santo) erreichen möchte, fährt zuerst in das kleine Manhumirim, 25 km außerhalb des Parks. Busse von Pássaro Verde verbinden Belo mit Manhumirim (73 R$, 6 Std., 3-mal tgl. um 7, 19.30 und 23.45 Uhr, Rückfahrt nach Belo um 7, 18 und 24 Uhr). Von Vitória nach Manhumirim (32 R$, 4½ Std.) den täglichen Aguia-Branca-Direktbus um 18.30 Uhr nehmen. Alternativ fährt dieses Unternehmen um 7.50 Uhr von Vitória nach Manhuaçu (33 R$, 4½ Std.), von wo Rio-Doce-Busse nach Manhumirim fahren (4,40 R$, 45 Min., häufige Abfahrten 6.15–21.45 Uhr).

Rio Doce bietet täglich acht Busse von Manhumirim nach Alto Caparaó an (4,10 R$,

DAS LETZTE AUFBÄUMEN EINES BEDROHTEN PRIMATEN

Der *muriqui* (Spinnenaffe) ist der größte Primat der Neuen Welt und einfach ein überwältigendes Geschöpf. Männchen werden etwa 1,5 m groß, und ihre Bewegungen und ihre Gestalt können erschreckend menschlich wirken. Seinen fotogenen Qualitäten verdankt er es, dass er auf Postern für den Artenschutz in Brasilien wirbt, in der freien Natur kann es aber recht schwer sein, ihn zu sehen. Zum Zeitpunkt der Recherche gab es weltweit nur noch etwa 2500 Exemplare, darunter gerade einmal 500 Tiere der noch selteneren Gattung der Nördlichen Spinnenaffen. Im Vergleich dazu stehen geschätzte 400 000 *muriquis* zur Zeit der portugiesischen Kolonisierung.

Drei Faktoren erklären diesen drastischen Rückgang: die Zerstörung ihres Lebensraums, der Mata Atlântica (Atlantischer Regenwald), ihre eigene sanftmütige Art (ihr Name bedeutet in der Tupi-Sprache „unbekümmerte Typen ") und ihr langsamer Fortpflanzungszyklus. Muriquis–Weibchen bringen nach einer Tragzeit von acht Monaten meist nur ein einziges Junges zur Welt und diese bleiben bis zu drei Jahre lang bei ihren Müttern, die sich in dieser Zeit nicht wieder neu paaren. Muriquis bewegen sich sehr langsam und viel weniger streitlustig als die meisten ihrer Artgenossen – eigentlich verbringen sie den Großteil ihrer Zeit damit, zu essen, zu spielen und sich gegenseitig zu umarmen! So sind sie also schon seit jeher einfache Beute für Jäger.

In Brasilien gibt es noch ein paar Fleckchen unter Naturschutz stehender Mata Atlântica, wo *muriquis* unbekümmert leben können: die Estação Biológica de Caratinga in Minas Gerais (s. unten), und der Parque Estadual Carlos Botelho im Bundesstaat São Paulo. Am ersteren Ort lassen sie sich am einfachsten beobachten. Über **Preserve Muriqui** (www.preservemuriqui.org.br/ing/abraco.htm) oder **Conservation International** (www.conservation.org) kann man für den Schutz der *muriquis* spenden.

---

45 Min., von 6.30–20 Uhr, Rückfahrt von 6.25 bis 21.22 Uhr). Mit dem Taxi sind es 30 Minuten (40 R$). Manhumirims **Palace Hotel** (☎ 33 3341 2255; Av Lauro Silva 656; EZ/DZ ohne Bad 36/55 R$, mit Bad ab 45/70 R$; ✗ ▢ 🛜), schräg gegenüber dem Busbahnhof, ist absolut ausreichend wenn man hier übernachten muss.

ESTAÇÃO BIOLÓGICA DE CARATINGA
☎ 0xx33

Dieses abgelegene und wenig besuchte Naturschutzgebiet hat bei der Rettung des Nördlichen Spinnenaffens (s. oben) vor dem Aussterben eine entscheidende Rolle gespielt. 1944, als der Kaffeebauer Feliciano Abdalla sich der Bewahrung eines großen Stücks des Atlantischen Regenwalds auf seiner Besitzung verschrieb, gab es hier nur noch acht Spinnenaffen. 40 Jahre später wurde der geschützte Status dieser Ländereien durch die Einrichtung des Estação Biológica de Caratinga offiziell gemacht, und seit damals haben Forschungs- und Schutzbemühungen zu einem größeren Verständnis des Spinnenaffens geführt und seine Zahl hat sich beeindruckend wieder erhöht. Heute gibt's im Estação Biológica etwa 270 Nördliche Spinnenaffen. Um einen Tagesausflug mit erfahrenen Guides (90 R$ inkl. Führer) zu den Affen zu arrangieren, am besten das **Parkbüro** (☎ 3322 2540; preserve muriqui@hotmail.com) anrufen oder anmailen.

Schlafen

Ipanema, die dem Park am nächsten gelegene Stadt, bietet die besten Optionen zum Übernachten. Zwei gute Möglichkeiten sind das **Hotel Samurai** (☎ 3314 1240; Av 7 de Setembro 297; EZ/DZ mit Ventilator 40/65 R$, mit Klimaanlage 70/100 R$; ✗ 🛜) und das **Hotel Italia** (☎ 3314 1793; www.italiapalace.com; Av 7 de Setembro 383; EZ/DZ mit Ventilator 45/90 R$, mit Klimaanlage & Minibar 97/140 R$; ✗ 🛜).

An- & Weiterreise

Pássaro-Verde- und Presidente-Busse fahren von Belo Horizonte nach Ipanema (83 R$, 9 Std., 2-mal tgl.) und Caratinga (64 R$, 6 Std., 5-mal tgl.), den dem Park am nächsten gelegenen Städten. São Geraldo bietet auch einen Direktbus von Vitória (Espírito Santo) nach Caratinga (43 R$, 6 Std., tgl. um 22.40 Uhr) an.

Von Caratinga oder Ipanema den Rio-Doce-Bus (13 R$, 2 Std. ab Caratinga; 6 R$, 1 Std. ab Ipanema) nehmen und den Fahrer bitten, an der Estação Biológica anzuhalten. Von der Bushaltestelle bis zur Hauptverwaltung des Parks sind es zu Fuß 2 km auf einer unbefestigten Straße. Auf vorherige Anfrage kann **Antônio Bragança** (☎ 9962 5434; antonio_bra ganca@hotmail.com), der Leiter der Forschungsstation, manchmal Leute von Ipanema bis zum Park mitnehmen.

MINAS GERAIS

São Paulo (Bundesstaat)

Es ist schwer, über São Paulo zu sprechen, ohne Superlative zu benutzen. Diese Region hat die produktivste Industrie Brasiliens, die höchste (und ethnisch gemischteste) Bevölkerungsdichte, die größte Börse, den wichtigsten Hafen, die besten Museen, den schlimmsten Verkehr und die größten Slums. Paulistas, wie die Bewohner des Bundesstaates genannt werden, sind stolz auf ihre Vorrangstellung, auch wenn sich die Bewohner anderer Bundesländer darüber ärgern, besonders die Nachbarn in Rio. Aber für echte Paulistas ist das nur ein weiterer Beweis: „Sie sind eben alle nur neidisch." Während in den vergangenen Jahrzehnten Rios ökonomischer Stern sinkt (die Olympischen Spiele 2016 und der Ölfund könnten das ändern) und die Hauptstadt Brasília auf Regierungsfunktionen beschränkt ist, dient São Paulo de facto als Hauptstadt – wirtschaftlich, industriell und kulturell. Auch das Interesse der Globetrotter an seinen Restaurants, der Kunstszene und dem Nachtleben ist explodiert.

Trotzdem gibt es gute Gründe, der Umklammerung der Hauptstadt des Staates zu entfliehen. Hinter dem regenwaldverhangenen Küstengebirge liegen einige der schönsten Strände Brasiliens. Im Landesinneren liefert die Gegend um Campos do Jordão die atemberaubenden Aussichten und die kühle Luft der Serra da Mantiqueira. Noch weiter draußen sitzt Iporanga mitten in einer der unberührtesten Regionen des brasilianischen Atlantischen Regenwalds. Der nahe gelegene bundesstaatliche Park ist berühmt für Hunderte katalogisierte Höhlen und wird deshalb auch „Capital das Grutas" (Höhlenhauptstadt) genannt.

HIGHLIGHTS

- Von den Art-déco-Höhen des **Banespa-Gebäudes** (S. 310) über die unglaubliche Größe von São-Paulo-Stadt staunen
- Im grünen Viertel **Jardins** (S. 326) in São-Paulo-Stadt die Reichen bis zu ihren Lieblingsrestaurants und -kneipen verfolgen
- Herausfinden, welche der **legendären Nachtclubs von São-Paulo-Stadt** (S. 328) am besten die ganz individuellen Nachtszene-Bedürfnisse erfüllt
- Gleich nördlich von **Ubatuba** (S. 334), wo die Berge das Meer treffen, wilde, verlassene Strände entdecken
- Durch die grüne Gipfellandschaft der **Serra da Mantiqueira** (S. 344), der „Schweiz Brasiliens", wandern

| Vorwahl: 11 | Bevölkerung: 41,4 Mio. | Fläche: 248 800 km² |

SÃO PAULO (BUNDESSTAAT)

SÃO PAULO (BUNDESSTAAT)

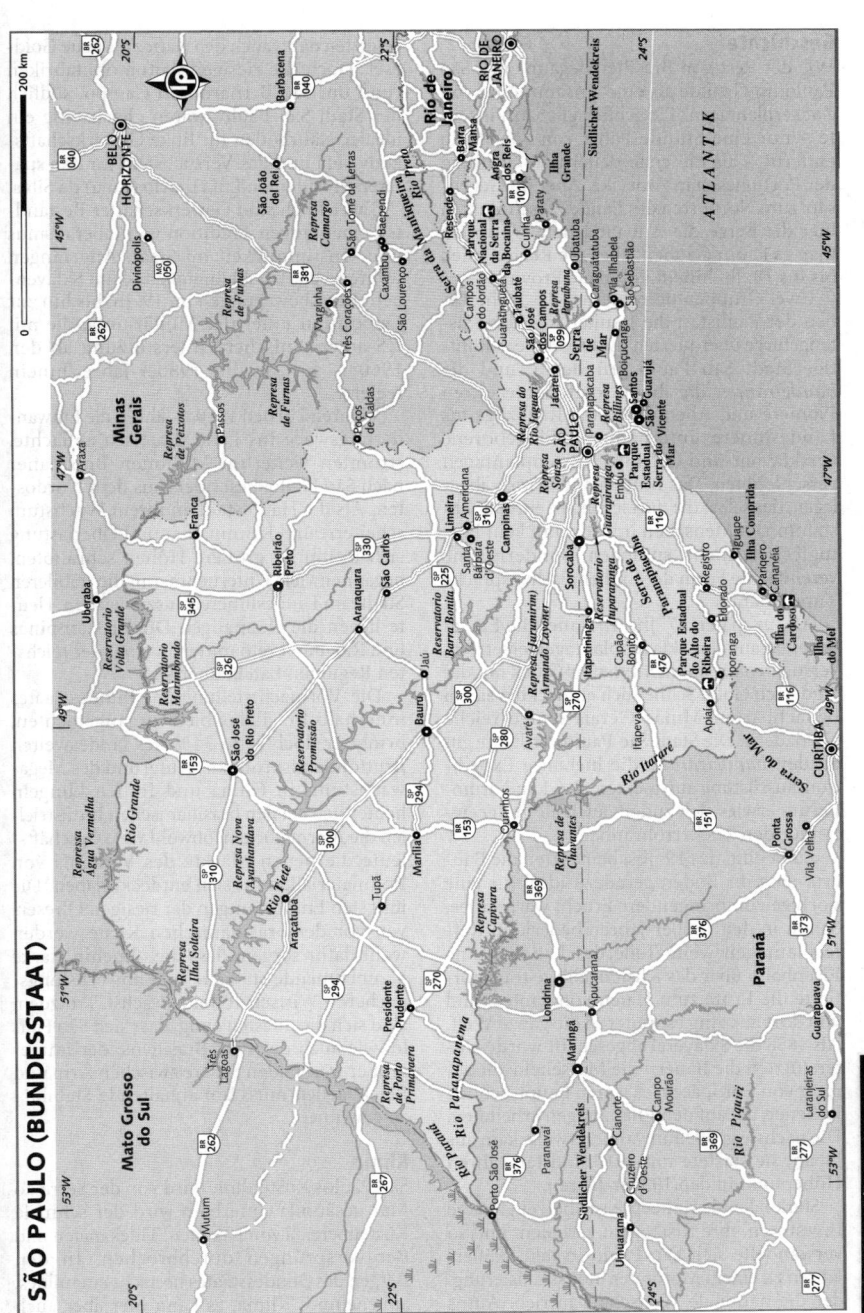

Geschichte

Wie der Rest von Brasilien begann auch São Paulo im Grunde als eine Ansammlung von Zuckerplantagen. Tatsächlich gilt São Vincente – nur eine Stunde Fahrt von São Paulo entfernt – als die erste dauerhafte Siedlung der Portugiesen in Amerika. Aber im Gegensatz zum Nordosten des Landes beschränkten hier die Berge die Anbauflächen. Und man mag es kaum glauben, aber die Region blieb bis ins 18. Jh. hinein koloniale Provinz.

Zwei Gruppen dominierten das frühe Leben der Paulistas: die Jesuiten, die das Küstengebirge überquerten und 1554 die zukünftige Stadt São Paulo gründeten, und die *bandeirantes*, die ihnen folgten. Sie waren Pioniere und Abenteurer, die Raubzüge ins Landesinnere unternahmen, Eingeborene versklavten und auf ihre Küstenplantagen verschleppten. Das Binnenland war so abgelegen, dass selbst die dort lebenden europäischstämmigen Menschen irgendwann kein Portugiesisch mehr sprachen, sondern eine vereinfachte Form der Einheimischensprache Tupi-Guarani.

Als im späten 17. Jh. Afrikaner die Eingeborenen auf den Sklavenplantagen ersetzten, versuchten die *bandeirantes* ihr Glück mit der Jagd nach Gold. Schließlich entdeckten sie im benachbarten Minas Gerais einige reiche Goldadern. Die Stadt São Paulo verdiente gut an den *bandeirantes*, die hier ihre Expeditionsausrüstung aufstockten. Das Land drumherum erwies sich zudem auch als gut geeignet für den Zuckerrohranbau.

Zu Beginn des 19. Jhs. bemerkten die Bauern, dass ihr Boden geradezu ideal für eine noch gewinnbringendere Frucht war: Kaffee. Schon in den 1850er-Jahren bedeckten Kaffeeplantagen weite Teile des Landes. Eine Eisenbahn über das Küstengebirge transportierte die Ernte zum Hafen von Santos, und von dort aus ging es weiter in die ganze Welt. Als 1888 die Sklaverei abgeschafft wurde, unterstützten die Bauern die Masseneinwanderung von Europäern; es waren hauptsächlich Italiener, die auf den Pflanzungen arbeiteten. Die nächste große Einwandererwelle kam aus Japan, sie startete um 1910 und fand ihren Höhepunkt in den 1930er-Jahren.

Stark fallende Kaffeepreise überzeugten die Investoren, ihre Risiken zu verteilen, und so verwandelte sich São Paulo in den 1950er-Jahren zu einem Motor der Industrialisierung, der die nationale Wirtschaft antrieb. Autos ersetzten dann auch den Kaffee als neue Goldesel. Doch die riesigen Automobilfabriken rund um São Bernardo do Campo, südlich der Stadt São Paulo, waren gleichzeitig ein idealer Nährboden für linke Gewerkschaftsaktivisten und das Versuchsfeld für den späteren Präsidenten Luíz Inácio (Lula) da Silva.

Tatsächlich sind Gewerkschafter Bestandteil einer langen Tradition von Liberalismus und Unstimmigkeit im Staat. Angefangen während der Unabhängigkeits- und Sklavenbefreiungsbewegungen im 19. Jh. bis hin zur Opposition unter der Militärjunta, die mit US-amerikanischer Unterstützung ab den 1960er- bis in die 1980er-Jahre hinein regierte.

Während in den 1980er-Jahren die Einwanderungswelle ins Land drastisch abflachte, strömten weiterhin Millionen Brasilianer nach São Paulo, besonders aus dem Nordosten. Als die Hauptstadt an ihrem Wachstum scheiterte und Kriminalität und Überlastung sich in immer größere Höhen schraubten, begannen viele Unternehmer in die stabileren Städte im Landesinneren auszuweichen. Heute liegen die ehemaligen Dörfer Campinas und Ribeirão Preto mitten in einer der reichsten Regionen Lateinamerikas.

Die Vormachtstellung des Bundesstaates innerhalb Brasiliens bleibt unangefochten, bringt er doch satte 34 % des landesweiten Bruttoinlandsprodukts. Aufgrund des Megawachstums in China und Indien klingeln heute auch bei den brasilianischen Industriellen die Alarmglocken, obwohl viele Geschäftsleute die neuen Märkte des Verkaufs von Rohmaterialien für sich entdeckt haben. Die jüngsten Entdeckungen der riesigen Ölreserven vor der brasilianischen Küste werden wohl dafür sorgen, dass die ohnehin starke – zunehmende stabilere und abwechslungsreichere – Wirtschaft weiter wächst. Trotzdem sind sich die meisten einig, dass sich São Paulo, wie auch der Rest Brasiliens, der immer größer werdenden Schere zwischen Arm und Reich stellen muss um anhaltende Stabilität zu gewinnen.

Klima

São Paulos Küstenlinie wird von der Serra do Mar gesäumt. Unterhalb wird der schmale Küstenbereich von Lagunen, Tidekanälen und Bergvorsprüngen durchbrochen. In den Bergen des Bundesstaates herrscht ein mildes, angenehmes Klima, es kann hier aber auch recht frisch werden – im Winter braucht man eine Jacke. Im Küstengebiet sind die Temperaturen im Winter gemäßigt, der Sommer ist sehr heiß und feucht mit häufigen Tropenschauern. In der Stadt São Paulo sind die Temperaturen im Sommer etwas moderater und im Winter zwar kühl, aber nicht kalt.

Anreise & Unterwegs vor Ort

Die Hauptstadt des Bundesstaates, São-Paulo-Stadt, ist Brasiliens wichtigstes Zentrum für internationale Reisen. Dutzende von Airlines bieten internationale Direktflüge zu São Paulos Flughafen Guarulhos, und aus vielen Nachbarländern stehen direkte Busverbindungen zur Verfügung. Die Stadt ist außerdem ein wichtiger Knotenpunkt für Inlandsreisen, und Flüge in alle Teile Brasiliens sind absolut erschwinglich. Das Autobahnnetz des Staates gehört zu den besten in ganz Südamerika, sodass selber fahren eine gute Alternative ist, auch wenn man in São-Paulo-Stadt selbst wegen der schlechten Ausschilderung und des entsetzlichen Verkehrs manchmal fast verrückt wird. Wahlweise kann man auch aus den zahlreichen guten Verbindungen der Langstreckenbussen wählen, die die Stadt mit Zielen im ganzen Bundesstaat und in anderen Teilen des Landes verbinden.

SÃO PAULO (STADT)

☎ 0xx11 / 11 Mio. Ew. / 760 m

São Paulo ist enorm, einschüchternd und – auf den ersten Blick wenigstens – keine Schönheit. Sie öffnet sich nur langsam, und anfangs beschleicht einen immer wieder das Gefühl, dass sich die Mühe und der Schweiß nicht lohnt. Selbst die voreingenommensten der Paulistano – Einwohner von São Paulo (Stadt) – stöhnen ständig über den Smog, den Verkehr, die baufälligen Bürgersteige und die immer größer werdende Kluft zwischen Arm und Reich. Nur um dann im gleichen Atemzug zu erzählen, dass sie niemals woanders leben wollten.

Wenn dann genau diese Menschen einen zu ihren Lieblingsplätzen führen, werden die Gründe dafür sonnenklar. Vielleicht bekommt man die unzähligen Arthouse-Kinos und experimentellen Theater der Stadt gezeigt. Wenn es sich um Genießer handelt, lernt man schicke Bistros und die Perlen ethnischer Küche kennen. Sind es Clubber, sollte man vor dem Streifzug durch die rund um die Uhr tobende Clubszene und die lärmenden Undergroundbars den eigenen Espressopegel noch etwas aufstocken. Egal, nach welchem menschengemachten Vergnügen einem auch immer der Sinn steht, Sampa – wie die Stadt auch genannt wird – hat es wahrscheinlich im Überfluss.

Das fruchtbare Kulturleben wird von Brasiliens größter und gebildetster Mittelklasse gestützt und durch im wahrsten Sinne des Wortes Hunderte verschiedener ethnischer Gruppen bereichert, einschließlich der größten Gemeinde von Menschen japanischer Herkunft außerhalb Japans. Hier gibt es auch die größte offene Schwulenszene in Lateinamerika. Ein paar Zahlen helfen: Im Großraum São Paulo leben etwa 20 Mio. Menschen und damit ist die Stadt die drittgrößte Metropole der Welt. Ihr unermüdlicher Puls, der rund um die Uhr schlägt, steht dem von New York oder London in nichts nach und kann sehr anstrengend sein. Aber hey, das ist vielleicht genau der Schubs, den man eben braucht, um eine der großartigsten Städte der Welt zu entdecken.

Sampa war schon immer mehr daran interessiert, Geld zu verdienen, als die Vergangenheit zu bewahren. Öffentliche Plätze werden daher öfter zugunsten von privaten Oasen vernachlässigt. Abgesehen von einer Handvoll guter Museen und einem immer besser gepflegten historischen Zentrum gibt's hier nicht wirklich viele Sehenswürdigkeiten. Als eine Art Ausgleich verwandeln viele Restaurantbesitzer, Geschäftsleute und Impresarios ihre Geschäfte in wunderbare kleine eigene Welten, die – was auch immer geschieht – von den Missständen der Stadt abgeschottet bleiben.

Die Stadt liegt auf einem Hochplateau, und so wird's im brasilianischen Winter recht kühl und im Sommer sehr warm, aber selten brütend heiß. Unglücklicherweise verursachen São Paulos Millionen von Autos und die Lage in einem flachen Talkessel, umringt von Bergen, ein ernsthaftes Smogproblem, besonders an den trockenen sonnigen Tagen. Häufige graue Tage mit Nieselregen können schon mal aufs Gemüt schlagen, aber sie sorgen wenigstens für moderate Temperaturen und eine vergleichsweise reine Luft.

São Paulo wird auch einer der Austragungsorte bei der FIFA Fußball-Weltmeisterschaft 2014 sein.

SÃO PAULO (STADT)

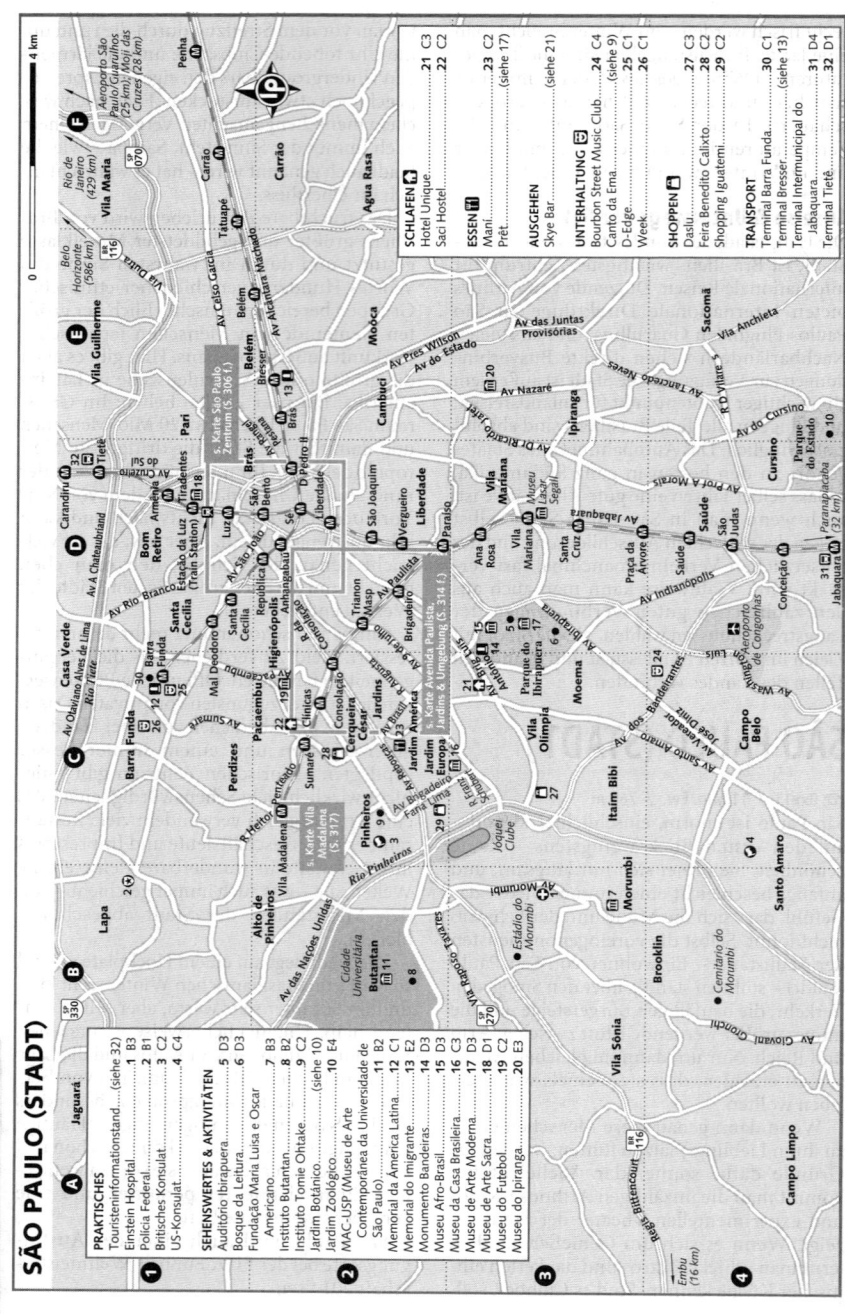

PRAKTISCHES

Touristeninformationstand....(siehe 32)		
Einstein Hospital......................	1	B3
Policia Federal........................	2	B1
Britisches Konsulat...................	3	C2
US-Konsulat..........................	4	C4

SEHENSWERTES & AKTIVITÄTEN

Auditório Ibirapuera.................	5	D3
Bosque da Leitura...................	6	D3
Fundação Maria Luísa e Oscar		
Americano..........................	7	B3
Instituto Butantan...................	8	B2
Instituto Tomie Ohtake..............	9	C2
Jardim Botânico.............(siehe 10)		
Jardim Zoológico...................	10	E4
MAC-USP (Museu de Arte		
Contemporânea da Universidade de		
São Paulo)..........................	11	B2
Memorial da America Latina.........	12	C1
Memorial do Imigrante..............	13	E2
Monumento Bandeiras...............	14	D3
Museu Afro-Brasil....................	15	D3
Museu da Casa Brasileira............	16	C3
Museu de Arte Moderna..............	17	D3
Museu de Arte Sacra.................	18	D1
Museu do Futebol....................	19	C2
Museu do Ipiranga...................	20	E3

SCHLAFEN

Hotel Unique.........................	21	C3
Saci Hostel...........................	22	C2

ESSEN

Mani.................................	23	C2
Prêt.............................(siehe 17)		

AUSGEHEN

Skye Bar........................(siehe 21)		

UNTERHALTUNG

Bourbon Street Music Club..........	24	C4
Canto da Ema....................(siehe 9)		
D-Edge...............................	25	C1
Week.................................	26	C1

SHOPPEN

Daslu.................................	27	C3
Feira Benedito Calixto...............	28	C2
Shopping Iguatemi...................	29	C2

TRANSPORT

Terminal Barra Funda................	30	C1
Terminal Bresser................(siehe 13)		
Terminal Intermunicipal do		
Jabaquara..........................	31	D4
Terminal Tietê.......................	32	D1

GESCHICHTE

Die Geschichte der Stadt São Paulo spiegelt größtenteils die des gesamten Bundesstaates wider. In den ersten drei Jahrhunderten nach Ankunft der Jesuiten im Jahr 1554 wuchs die Stadt als Übernachtungsstätte für Glücksjäger auf dem Weg ins Landesinnere und für die Bauern der nahen Zuckerplantagen nur schleppend.

Nach Brasiliens Unabhängigkeit im Jahr 1822 wurde São Paulo zur Landeshauptstadt ernannt, eine Entscheidung, aus der die Gründung der Hochschule für Rechtswissenschaften folgte – die wohl erste öffentliche höhere Bildungsanstalt Brasiliens. Als ein immer bedeutenderes politisches und intellektuelles Zentrum führte die Stadt schon bald sowohl den Kampf zur Beendigung der Sklaverei als auch zur Gründung einer Republik an.

Die Geschicke der Stadt wurden Ende des 19. Jhs. neu bestimmt, als die Bauern der Region begannen, Zucker durch die neue weltweite Lieblingsfrucht zu ersetzen: Kaffee. Auch heute noch säumen einige der Herrenhäuser dieser Kaffeebarone die Av Paulista. Die Millionen von Nachfahren der Einwanderer, die auf diesen Plantagen arbeiteten – hauptsächlich Italiener und Japaner – sind ein weiteres Erbe des Kaffeebooms.

Als die Kaffeepreise zu Beginn des 20. Jhs. einbrachen, stand trotzdem noch genügend Kapital zur Verfügung, um die Stadt in ein wahres Industriekraftwerk zu verwandeln. Von den Fabrikjobs angezogen, schwappte eine weitere Einwandererwelle aus aller Welt heran, und die Bevölkerung der Stadt verdoppelte sich zwischen 1920 und 1980 praktisch in jedem Jahrzehnt. In den 1980er-Jahren nahm die Zuwanderung aus dem Ausland zwar ab, dafür strömten jedoch Arbeiter aus dem von Dürren geplagten Nordosten hierher. Viele fanden Jobs beim Bau der neuen Wolkenkratzer der Stadt. Leider wuchs die Stadt viel schneller als die Investitionen in ihre Infrastruktur – sichtbare Folgen sind heute die üblen Verkehrsstaus und die dürftig entwickelten Slums der Stadt.

In den letzten Jahren hat sich São Paulos explosionsartiges Wachstum zwar verlangsamt, aber die Stadt ist mittlerweile als Brasiliens Banken-, Industrie- und Kulturhauptstadt etabliert. Als solche kommt sie in den Genuss des Löwenanteils des derzeitigen brasilianischen Wirtschaftsbooms. Inzwischen hat São Paulo entscheidende Fortschritte bei der Modernisierung seiner Infrastruktur gemacht und u. a. sein Metro-, S-Bahn- und Autobahnnetz stark ausgebaut. Außerdem hat die Stadt endlich damit begonnen, ihren historischen Kern zu schützen und den Zustand ihrer öffentlichen Plätze zu verbessern. Verkehr, Kriminalität und Verschmutzung machen den Stadtoberen aber nach wie vor zu schaffen und bleiben schwerwiegende Probleme. Die dynamische Kultur und Wirtschaft der Stadt ziehen jedoch nach wie vor die besten, hellsten Köpfe aus ganz Brasilien und aller Welt an.

ORIENTIERUNG

Aufgrund seines rasanten und planlosen Wachstums hat São Paulo kein durchgängiges Straßennetz, sondern eher einen Mischmasch aus verschiedenen Netzen, die sich mehr oder weniger konzentrisch vom historischen Zentrum ausbreiten. Dieses Wirrwarr und ein Mangel an einfach zu identifizierenden Sehenswürdigkeiten macht es unglaublich einfach, sich in dieser Stadt komplett zu verirren.

Aber es gibt Hoffnung. Erstens: Die meisten wichtigen Plätze liegen irgendwo zwischen dem historischen Zentrum und der Av Paulista – ein Areal, das mit einer guten Karte sehr einfach zu Fuß durchstreift werden kann. Zweitens verbindet eine sichere und effiziente Metro die meisten zentralen Sehenswürdigkeiten und die etwas weiter entfernten Gegenden miteinander.

Die Av Paulista, Sampas Hauptstraße, liegt oben auf einem flachen Hügel und ist von Wolkenkratzern gesäumt. Sie trennt das hauptsächlich von Arbeitern bewohnte Centro von den schickeren Vierteln im Süden. An ihrem westlichen Ende teilt ein Häuserblock, der von der Av Rebouças und der Rua da Consolação begrenzt wird, die Stadt in ihre östliche und westliche Hälfte.

Im Norden der Av Paulista liegt der Teil der Stadt, der im Allgemeinen als Centro bezeichnet wird. Dazu gehören unter anderem die Praça da República und ihre Umgebung, das traditionell italienische Viertel Bela Vista (auch bekannt als Bixiga), Luz, ein frisch instandgesetztes kulturelles Zentrum, und das traditionell japanische Liberdade. Nicht zu vergessen der alte Handels- und historische Kern rund um die Praça da Sé und ihre Kathedrale, einschließlich Triângulo und Anhangabaú.

SÃO PAULO ZENTRUM

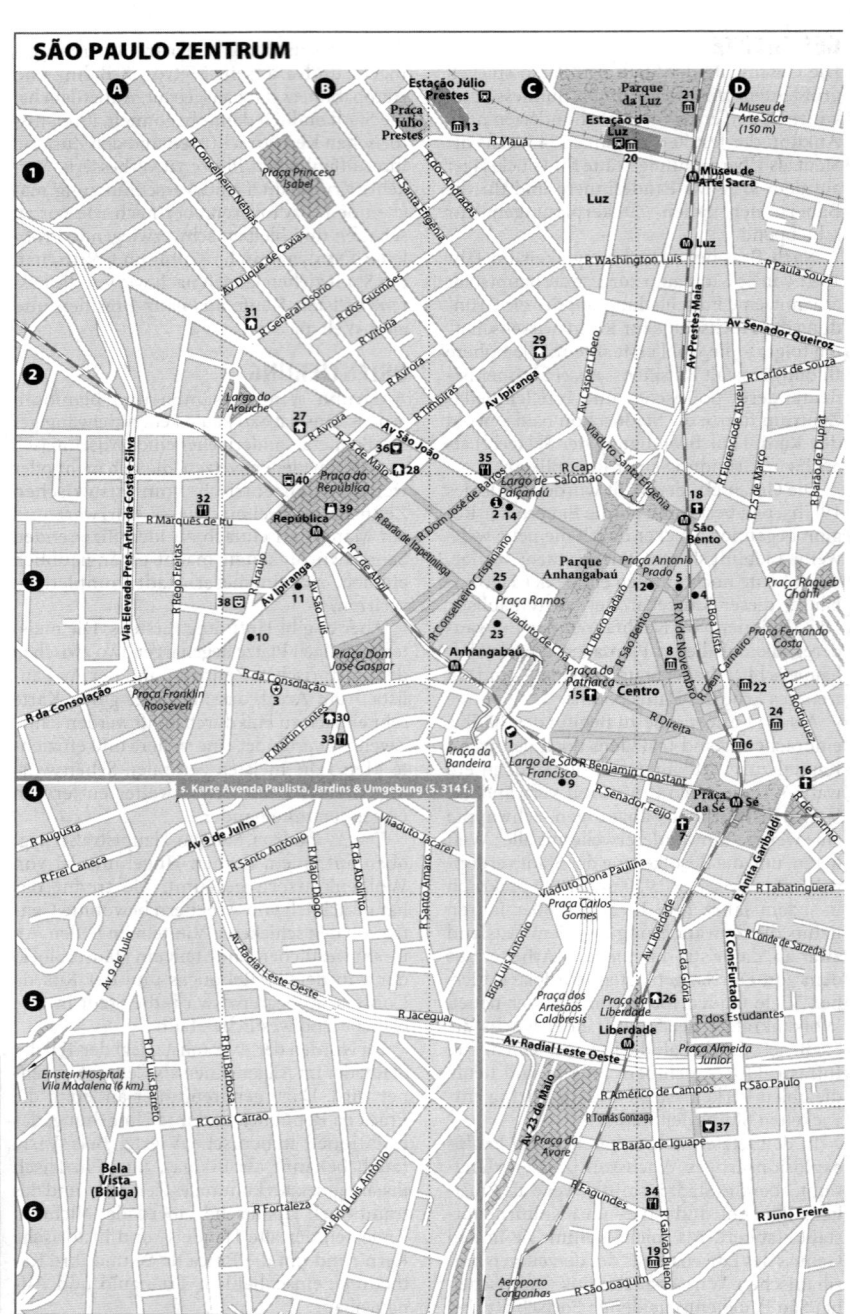

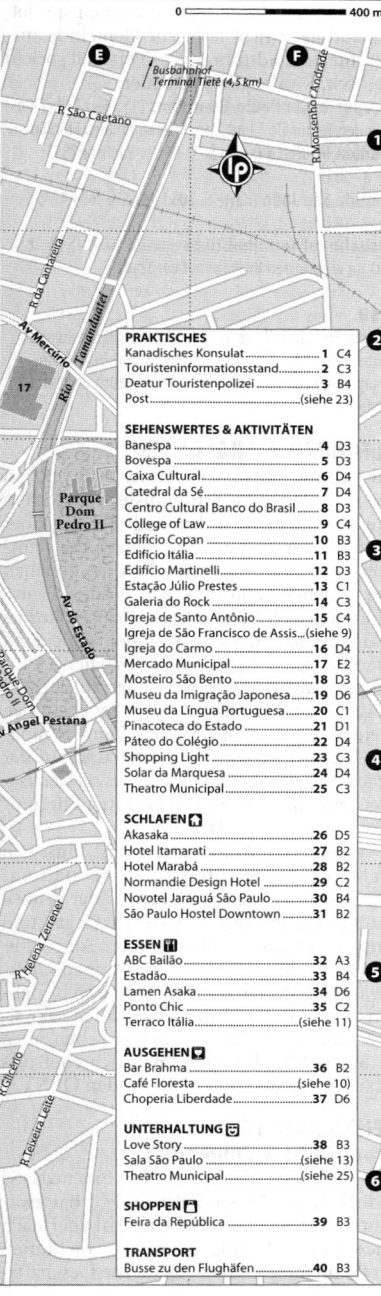

Die zehn Blocks südlich der Paulista sind ein sehr grünes Viertel namens Jardins (der offizielle Name lautet Jardim Paulista), in dem sich der Großteil der schickeren Restaurants und Boutiquen der Stadt befindet. Noch weiter südlich liegt das sehr, sehr grüne und flach bebaute reine Wohnviertel Jardim Europa, außerdem das kaum weniger exklusive Jardim America. Südöstlich von Jardim Europa befindet sich der ausufernde Parque do Ibirapuera, während im Westen die teuren Viertel Pinheiros und Vila Madalena liegen. Im Süden von Jardim Europa liegen die vornehmen Bollwerke Vila Olímpia und Itaím Bibi, beides zunehmend wichtige Geschäftszentren.

São Paulos internationaler Flughafen befindet sich 30 km östlich des Stadtzentrums und ist durch den Flughafenbus oder ein Taxi sehr gut angebunden. Der Inlandsflughafen liegt etwa 8 km südlich des Stadtzentrums und ist per Taxi oder Stadtbus einfach zu erreichen. Vier Intercitybusbahnhöfe sind in der ganzen Stadt verteilt, und alle liegen direkt an oder in der Nähe einer Haltestelle der ausgezeichneten Metro. Weitere Infos darüber, wie man durch die Stadt kommt, stehen auf S. 332.

Karten

Der *Guia São Paulo* von Quatro Rodas ist wahrscheinlich die beste Navigationshilfe für die Stadt. Er bietet Straßenkarten, Hotel- und Restaurantauflistungen, Buslinien und außerdem das übersichtliche Straßenregister. Man erhält ihn für etwa 30 R$ an Kiosken überall in São Paulo.

Touristeninformationen bieten kostenlose, benutzerfreundliche Karten zu den wichtigsten Vierteln der Stadt.

PRAKTISCHE INFORMATIONEN
Buchläden

Livraria Cultura (Karte S. 314 f.; ☎ 3170 4033; Av Paulista 2073; ◷ Mo–Sa 9–22, So 12–20 Uhr) Über drei Läden im Erdgeschoss des Conjunto-Nacional-Gebäudes erstreckt sich der schlichtweg beste Buchladen der Stadt. Er bietet eine große Auswahl an englischsprachigen Büchern und Reiseführern und noch dazu ein nettes Café.

Livraria da Vila (Karte S. 314 f.; ☎ 3062 1063; Alameda Lorena 1731; ◷ Mo–Sa 10–23, So 11–20 Uhr) Ein Juwel zeitgenössischer Architektur und ein toller Buchladen.

Geld

Außer am Wochenende kann man in den Banken und Wechselstuben ganz leicht Geld

SÃO PÃULO (BUNDESSTAAT)

wechseln. Geldautomaten sind überall in der Stadt weit verbreitet, die meisten sind aus Sicherheitsgründen jedoch von 22 Uhr bis 6 Uhr geschlossen. Viele Reisebüros und Wechselstuben in der ganzen Stadt bieten gute Wechselkurse an, aber die kleineren in der Innenstadt sollte man meiden – einige sind illegal und ziehen die Kunden über den Tisch.

Internetzugang

Cyber (Karte S. 314 f.; Rua Augusta 2346, Jardins; 5 R$/Std.; ☽ Mo–Sa 8.30–22.30, So 10–22 Uhr) Gemütlich, klimatisiert, praktisch gelegen und mit schnellen Verbindungen.

Medizinische Versorgung

Einstein Hospital (☎ 3747 1301/0405; Av Albert Einstein 627, Morumbi) Das Einstein liegt in der Südwestecke der Stadt in Morumbi und ist eines der besten seiner Art in ganz Lateinamerika.

Sírio-Libânes Hospital (Karte S. 314 f.; ☎ 3155 0200; Rua Dona Adma Jafet 91) Ein weiteres empfehlenswertes Krankenhaus in Bela Vista nahe der Av Paulista.

Notfall

Deatur Touristenpolizei (Karte S. 306 f.; ☎ 3257 4475; Rua Consolação 247) Eine spezielle Polizeieinheit nur für Touristen und mit englisch sprechenden Beamten.

Post

Postamt Shopping Light (Karte S. 306 f.; Rua Xavier de Toledo; ☽ Mo–Fr 10–18 Uhr); Av Paulista (Karte S. 314 f.; Alameda Santos 2224; ☽ Mo–Fr 9–17 Uhr)

Touristeninformation

Sowohl für Reisende als auch englischsprachige Auswanderer gedacht, bietet www.gringoes.com jede Menge Informationen auf Englisch, von Restaurants bis zu Nachtclubs, sowie einen kostenlosen wöchentlichen Newsletter zu Veranstaltungen in der ganzen Stadt. An allen Zeitungsständen kann man den *Guia da Folha* mitnehmen und sich damit einen Überblick über die Restaurants, das Unterhaltungsangebot und die Nachtszene der Stadt verschaffen (auch online unter www1.folha.uol.com.br/guia, auf Portugiesisch). Das Wochenmagazin *Veja São Paulo* bietet ebenfalls einen Veranstaltungskalender.

Die **Stände der städtischen Touristeninformation** (☎ 6224 0400; www.cidadedesaopaulo.com) bieten gute Stadtpläne und hilfreiche Karten zur Erkundung einzelner Stadtviertel. Sie veröffentlichen außerdem monatlich einen aktuellen Veranstaltungskalender sowie einen speziellen, auf die schwul-lesbische Gemeinde ausgerichteten Stadtführer. Das Personal spricht englisch. Kioske gibt's u. a. hier:

Aeroporto São Paulo/Guarulhos (☽ 6–22 Uhr) Kioske in den Terminals 1 und 2 am internationalen Flughafen.

Avenida Paulista (Karte S. 314 f.; Av Paulista 1853; ☽ 8–20 Uhr)

Avenida São João (Karte S. 306 f.; Av São João 473; ☽ 9–18 Uhr)

Busbahnhof Terminal Tietê (Karte S. 304; ☽ 6–22 Uhr) Im wichtigsten Busbahnhof der Stadt.

Visa

Polícia Federal (Karte S. 304; ☎ 3616 2166; Rua Hugo Dantola 95, Lapa; ☽ Mo–Fr 8–16.30 Uhr) Visaverlängerungen gibt's in diesem Büro 4 km westlich der Barra-Funda-Metro.

GEFAHREN & ÄRGERNISSE

Die Kriminalitätsrate ist immer noch hoch in São Paulo, aber das Schlimmste spielt sich in den Außenbezirken der Stadt ab. Tagsüber kann man zu den meisten Plätzen des Zentrums zu Fuß gehen, es reichen die üblichen Vorsichtsmaßnahmen. Wenn es dunkel wird, kann man sich auf der Av Paulista, in Jardins und der Rua Augusta sowie den schickeren Vierteln der Zona Sul (Vila Madalena, Pinheiros und Vila Olímpia) sicher zu Fuß bewegen. Man sollte aber einsame Seitenstraßen meiden und so wenig Wertsachen wie möglich bei sich tragen. Im Centro und auf der Praça da República sollte man etwas wachsamer sein und dort im Dunkeln nicht herumlaufen – besser ein Taxi nehmen.

Wer mit dem Auto unterwegs ist, muss sich im Klaren darüber sein, dass Autoentführungen und Überfälle an Ampeln in der ganzen Stadt passieren können. Es ist jetzt legal (und empfohlen), nachts vor einer roten Ampel nur langsamer zu werden. Gibt es keinen Querverkehr, darf man ohne Anhalten weiterfahren. Die U-Bahn ist im Allgemeinen sehr sicher, aber Vorsicht vor Taschendieben, auch in Bussen! Nachts sollte man sich eher fürs Taxi entscheiden und nicht für den ÖPNV.

SEHENSWERTES
Praça da Sé & Umgebung

Das alte Herz der Stadt, der Praça da Sé (wörtlich „Platz der Kathedrale") hat zwar schon bessere Tage gesehen, zieht aber nach wie vor eine lebendige Mischung von bunten Straßenhändlern über nüchterne Geschäftsleute bis hin zu – leider – einer ganzen Meute von Taschendieben und Obdachlosen an. Den Platz krönt die **Catedral da Sé** (Karte S. 306 f.; 🕐 8–17 Uhr) mit ihrer eindrucksvollen Kuppel, ein neo-byzantinisches Bauwerk, das in den 1920er-Jahren den ursprünglichen Bau aus dem 18. Jh. ersetzte – ob zum Guten oder Schlechten, sei dahingestellt. Trotzdem ist ihr üppiges Inneres nach wie vor einen Blick wert. Auf der anderen Seite des Praça da Sé steht die zwar bescheidenere, aber auch authentischere **Igreja do Carmo** (Karte S. 306 f.). Sie stammt aus den 1630er-Jahren, und ihr originaler Hochaltar ist bis heute erhalten geblieben. Zur Zeit der Recherche war sie bis auf unbestimmte Zeit wegen umfassender Restaurationsarbeiten geschlossen.

700 m nördlich der Kathedrale ist die **Rua 25 de Março** die traditionelle Domäne der libanesischen Händler São Paulos und noch heute eine lebendige, überfüllte Markt- und Einkaufsgegend, in der man erstaunliche Schnäppchen in den unterschiedlichsten Bereichen der Waren machen kann, von Kleidung bis zu Elektronikartikeln.

CAIXA CULTURAL

Dieses **Kulturzentrum** (Karte S. 306 f.; ☎ 3321 4400; www.caixacultural.com.br, portugiesisch; Praça da Sé 111; Eintritt frei; 🕐 Di–So 9–21 Uhr), gefördert von Brasiliens Staatsbank Caixa Economica, nimmt ein grandioses Gebäude im neoklassizistischen Stil mit gebieterischer Fassade aus schwarzem Marmor ein. In den ersten beiden Stockwerken werden Wechselausstellungen bedeutender brasilianischer Künstler gezeigt, und die Vorstandsetage im sechsten Stock wurde in ein seltsam faszinierendes Museum zur Geschichte der Bank verwandelt.

IGREJA DE SÃO FRANCISCO DE ASSIS

Im 17. und 18. Jh. erbaut, ist diese **Kirche** (Karte S. 306 f.; Largo de São Francisco) gleich westlich der Kathedrale eines der am besten erhaltenen Kolonialbauwerke der Stadt (eigentlich handelt es sich um zwei nebeneinander stehende Kirchen mit demselben Namen: die Kirche rechts stammt ebenfalls aus dem 17. Jh., ist architektonisch jedoch weniger bedeutend). Die Kirche ist ein klassisches Beispiel für portugiesischen Barock, war zum Zeitpunkt der Recherche jedoch aufgrund umfassender Restaurierungsarbeiten geschlossen. Direkt daneben steht die prestigeträchtige **Hochschule für Rechtswissenschaften** (Karte S. 306 f.). 1827 gegründet, gilt sie als Brasiliens älteste höhere Bildungsanstalt, aber das aktuelle Gebäude stammt aus dem frühen 20. Jh. Die Hochschule ist für die Öffentlichkeit nicht zugänglich.

MERCADO MUNICIPAL

Dieser überdachte **Markt** (Karte S. 306 f.; www. mercadomunicipal.com.br, portugiesisch; Rua da Cantareira 306; 🕐 Mo–Sa 6–18, So bis 16 Uhr) ist ein Belle-Époque-Juwel aus Buntglas und einer Reihe mächtiger Kuppeln. Im Inneren lockt ein herrlicher Markt, der hauptsächlich frisches Obst, Gemüse und Trockenwaren anbietet. Außerdem kann man hier wunderbar einige klassische Sampa-Spezialitäten kosten, etwa Mortadella-Sandwiches und *pasteis*, die mit Fleisch, Käse oder Fisch gefüllten frittierten Teigtaschen. An Sonntagen gibt's hier häufig Livemusik, allerdings wird der Markt an ungefähr einem Sonntag im Monat für Instandhaltungsarbeiten geschlossen. Leider gibt's keinen regelmäßigen Zeitplan für diese Schließungen.

SOLAR DA MARQUESA

In einer schmalen Seitenstraße neben der Kathedrale steht São Paulos letztes überlebendes Herrenhaus aus dem 18. Jh., das Solar da Marquesa (Karte S. 306 f.). Diese einfache, aber wunderschöne Villa war einst das Zuhause einer Geliebten des Kaisers Dom Pedro I und ist heute ein bescheidenes Museum, das sich der Geschichte der Stadt widmet, auch wenn es zur Zeit der Recherche auf unbestimmte Zeit wegen größerer Reparaturarbeiten geschlossen war.

PÁTEO DO COLÉGIO

Nur ein Stück vom Solar da Marquesa entfernt markiert eine **Mission** (Karte S. 306 f.; ☎ 3105 6899; www.pateodocolegio.com.br, portugiesisch; Praça Páteo do Colégio; Erw./Student 5/2,50 R$; 🕐 Di–Fr 9–16.45, Sa & So bis 16.30 Uhr) exakt die Stelle, an der São Paulo 1554 von den Jesuitenbrüdern José de Anchieta und Manoel da Nóbrega gegründet wurde. Das heutige Gebäude stammt allerdings aus den 1950er-Jahren und ist ein Nachbau des Klosters, das einst hier stand, aber das Innere beherbergt eine nette kleine Sammlung von Originalrelikten aus den ersten Tagen der Stadt sowie eine Reihe interessanter Zeichnungen, die das Wachstum der Stadt in den letzten fünf Jahrhunderten dokumentieren. Das Museumscafé eignet sich wunderbar für einen ruhigen Zwischenstopp. Auf dem Platz davor steht eine Gedenksäule, die an die Gründung der Stadt erinnert, der Platz wird von einer Reihe wunderschöner Regierungsgebäude aus dem frühen 20. Jh. gesäumt.

Triângulo & Anhangabaú

Gleich nördlich des Praça da Sé liegt das Triângulo, ein Dreieck, das, grob gefasst, vom Praça da Sé, der Mosteiro São Bento und der Prefeitura (Rathaus) begrenzt wird. Es besteht aus schmalen Fußgängerstraßen und turmhohen Bürogebäuden, die im späten 19. und frühen 20. Jh. als kommerzielles Herz der Stadt dienten. Obwohl heute die Av Paulista und die Vila Olímpia das große Geld anziehen, wird auch im Triângulo noch reger Handel betrieben, vor allem in der **Bovespa** (Karte S. 306 f.; ☎ 3233 2000; www.bovespa.com.br; Rua XV (15) de Novembro 275; Eintritt frei; ☻ Mo–Fr 10–18 Uhr), Lateinamerikas größter Aktienbörse. Man kann das lebendige Handeln auf dem Börsenparkett heute zwar nicht mehr besuchen, aber die prächtige Hauptlobby dient als Museum und zeigt kleine, oft ausgezeichnete Wechselausstellungen brasilianischer Kunst.

Gleich westlich der Bovespa erhebt sich das 35-stöckige **Edifício Martinelli** (Karte S. 306 f.; Rua São Bento 405). Dieser mächtige Beaux-Arts-Bau von 1929 war São Paulos erster Wolkenkratzer und scheint direkt aus dem Manhattan der Jahrhundertwende importiert worden zu sein. Im Gebäude sind keine Besucher zugelassen.

Am Nordrand des Triângulo befindet sich die nüchterne, aber beeindruckende **Mosteiro São Bento** (Karte S. 306 f.; ☎ 3328 8794; www.mosteiro. org.br, portugiesisch; Eintritt frei; ☻ Mo–Mi & Fr 6–18, Do 14–18, Sa & So 6–12 & 16–18 Uhr), die zu den ältesten und bedeutendsten Kirchen der Stadt zählt, auch wenn ihre neugotische Fassade nur bis ins frühe 20.Jh. zurückreicht. Im Inneren der Kirche kann man beeindruckendes Buntglas bewundern. Bei der Sonntagmesse um 10 Uhr sind meistens auch gregorianische Gesänge zu hören.

Auf dem kleinen Praça do Patriarca am Südwesteingang des Triângulo hat sich die bescheidenere, besser erhaltene **Igreja de Santo Antônio** (Karte S. 306 f.; Eintritt frei; ☻ Mo–Fr 6–18, Sa & So bis 12 & 16–18 Uhr) einen Großteil ihrer Originalkonturen aus dem 18. Jh. bewahrt.

Vom Praça do Patriarca überquert man in westlicher Richtung das **Viaduto de Chá** von 1892, das, ebenso wie das aus derselben Ära stammende **Viaduto Santa Efigênia** ein Stück weiter nördlich, über das Vale do Anhangabaú führt. Diese beiden aufwendigen gusseisernen Brücken waren lange Zeit gleichbedeutend mit São Paulos kultureller und wirtschaftlicher Vormachtstellung. „Anhangabaú" bedeutet in der Sprache der Tupi-Guarani „Tal der Dämonen", und die Eingeborenen glaubten, hier lebten böse Geister. Nach Einbruch der Dunkelheit kann es hier immer noch ein bisschen heikel werden. Auf der anderen Seite des Viaduto de Chá liegt **Shopping Light** (Karte S. 306 f.; ☎ 3154 2299; Viaduto de Chá; ☻ Mo–Fr 9–21, Sa 10–19 Uhr), ein modernes, mittelgroßes Einkaufszentrum mit anständigem Food Court im 5. Stock.

CENTRO CULTURAL BANCO DO BRASIL

In einem außergewöhnlichen, liebevoll renovierten Beaux-Arts-Gebäude untergebracht, bietet dieses **Kulturzentrum** (Karte S. 306 f.; ☎ 3113 3651; www.bb.com.br/cultura, portugiesisch; Rua Álvares Penteado 112; Eintritt frei; ☻ Di–So 10–20 Uhr) innovative Ausstellungen zeitgenössischer Kunst sowie ausgezeichnete Filmreihen und Theateraufführungen.

BANESPA

Für eines der besten Panoramen in ganz Sampa, kann man sich auf die Spitze dieses **Wolkenkratzers** (Karte S. 306 f.; Rua João Brícola 24; ☻ Mo–Fr 10–15 Uhr) begeben – Brasiliens Version des Empire State Buildings wurde 1939 fertiggestellt. Man kann kostenlos zur Aussichtsplattform im obersten Stock hinauffahren und den Blick über die Stadt genießen, aber man braucht einen Ausweis, um sich in die Besucherliste einzutragen. Außerdem muss man sich zweimal anstellen: erst, um sich einzutragen, dann für die Fahrt mit dem Fahrstuhl. Wenn die Schlangen sehr lang sind, hat man oben nur etwa zehn Minuten Zeit.

THEATRO MUNICIPAL

Dieses **Theater** (Karte S. 306 f.; ☎ 3397 0300; www. teatromunicipal.sp.gov.br, portugiesisch; Praça Ramos de Azevedo) im Stil des Pariser Palais Garnier ist São Paulos schönstes Bauwerk; sein Bau wurde 1903 begonnen. Die reich verzierte Fassade scheint die Architektur aller erdenklichen Stile in sich zu vereinen, von Barock bis Jugendstil, und das Innere ist mit Gold und Marmor ausgekleidet. Hier finden die besten Klassik-, Opern- und Ballettaufführungen der Stadt statt. Zum Zeitpunkt der Recherche wurde das Theater aber einer umfassenden, mehrjährigen Renovierung ohne festes Wiedereröffnungsdatum unterzogen.

Praça da República & Umgebung

Nur ein paar Blocks nordwestlich des Anhangabaú liegt der Praça da República, ein stets lebendiger Platz, der sich samstags und sonntags in einen auf Kunsthandwerk, Gemälde, Münzen und Edelsteine spezialisierten Markt verwandelt. Das Gebiet nördlich des Platzes hat sich zu einem der Lieblingsorte der schwul-lesbischen Gemeinde (s. S. 329) entwickelt, während im Süden ein dichtesbebautes Gebiet aus Geschäftshotels, riesigen Bürogebäuden und, besonders entlang der **Avenida São Luís**, Apartmenthäusern liegt, die einst zu den prestigeträchtigsten der Stadt gehörten.

Für alle Fans von Caetano Veloso ist ein Besuch der Ecke **Avenida Ipiranga** und **Avenida São João** Pflicht, die in seinem viel geliebten Song „Sampa" vorkommt. Nennenswerte Sehenswürdigkeiten gibt's hier nicht, aber die geschäftige Kreuzung fasst die Stadt ziemlich gut im Kleinen zusammen.

EDIFÍCIO ITÁLIA

Mit 46 Etagen ist dieser **Wolkenkratzer** (Karte S. 306 f.; Av Ipiranga 344) gleich südlich des Praça da República nahe der Av São Luís der höchste im Zentrum. Sein Restaurant im obersten Stock, das **Terraço Italia** (☎ 2189 2929; www.terracoitalia.com.br; ⏰ 12–23 Uhr), bietet mit den besten Blick über São Paulo, aber das Essen ist teuer und höchstens passabel. Streng genommen dürfen nur Gäste hier rauf – wenn man keiner ist, tut man einfach so, als ob. Wahlweise kann man sich aber auch für ein (kostspieliges) Getränk an die Bar setzen.

EDIFÍCIO COPAN

Niedriger, aber architektonisch bemerkenswerter, wurde das nahe gelegene **Edifício Copan** (Karte S. 306 f.; Av Ipiranga 200) vom Meister der Moderne Oscar Niemeyer entworfen. Die geschwungene Fassade und die schmalen *brises soleil* (dauerhafte Sonnenblenden) des Gebäudes haben sich zu einem Wahrzeichen der Stadt entwickelt. Man kann die schräge Einkaufspassage besuchen, die sich durch das Erdgeschoss schlängelt, aber die oberen Stockwerke mit privaten Apartments sind tabu. Der linksgerichtete Architekt entwarf das Gebäude, um sämtliche Klassen unter einem Dach zusammenzubringen, wobei er

sowohl großzügige Wohnungen für Reiche als auch winzige Wohnstudios für die armen Arbeiter integrierte – eine echte Rarität im klassenbewussten São Paulo.

GALERIA DO ROCK

Auch wenn man nicht auf ein Skateboard oder ein neues Tattoo aus ist, ist dieses siebenstöckige **Einkaufszentrum** (Karte S. 306 f.; Av São João 439; ⏰ Mo–Fr 10–20, Sa bis 17 Uhr) ein anthropologisch faszinierender Ort, an dem sich São Paulos Subkulturen treffen – von Punks über Gothics bis zu Heavy-Metal-Fans. Hunderte von Läden bieten von CDs über Konzert-T-Shirts bis zu schwarzen Capes und extremen Piercings einfach alles.

Luz

In einer raueren Gegend gleich nördlich der Innenstadt gelegen, hat sich das Viertel Luz dank der umfassenden Renovierung einer Reihe grandioser Gebäude der Jahrhundertwende rund um den **Parque da Luz** zu einem ganz besonderen Kulturzentrum entwickelt. Auch der Park wurde einer sorgfältigen Erneuerung unterzogen und bietet mächtige tropische Bäume, diskret platzierte moderne Skulpturen und großzügige Polizeipräsenz.

Gegenüber dem Park steht die **Estação da Luz** (Karte S. 306 f.; Praça da Luz), ein klassischer Bahnhof aus der spätviktorianischen Zeit, der ausschließlich aus mit Großbritannien importierten Materialien erbaut und 1901 fertiggestellt wurde. Auch er hat mittlerweile wieder beinahe seine ganze frühere Pracht zurückgewonnen. Er wird noch immer von den Zügen des weitläufigen Vorstadtnetzes São Paulos genutzt und ist durch einen sehr langen Tunnel mit der Metrostation Luz verbunden.

PINACOTECA DO ESTADO

Dieses elegante neoklassizistische **Museum** (Karte S. 306 f.; State Art Museum; ☎ 3324 1000; www.pinacoteca.org.br; Praça da Luz; Erw./Student inkl. Eintritt für Estação Pinacoteca 6/3 R$; ⏰ Di–So 10–18 Uhr) beherbergt eine ausgezeichnete Sammlung brasilianischer Kunst – hauptsächlich von Paulista – vom 19. Jh. bis heute, darunter auch Werke solch großer Namen wie Portinari und Di Cavalcanti. Umfangreiche Renovierungen haben es in einen angenehmen Ort verwandelt, an dem man gerne auch an einem verregneten Nachmittag gut ein paar Stunden verbringen kann, und das hübsche Café erstreckt sich bis in den benachbarten Parque da Luz.

MUSEU DA LÍNGUA PORTUGUESA

Die Hälfte der Estação da Luz wurde diesem **Museum** (Karte S. 306 f.; ☎ 3326 0775; www.poiesis.org. br/mlp; Praça da Luz; Erw./Student 6/3 R$; ☉ 10–18, letzter Einlass 17 Uhr) überlassen, das eine faszinierende Dauerausstellung bietet, die die Entwicklung der brasilianischen Sprache im Unterschied zum europäischen Portugiesisch nachzeichnet und kreative Wechselinstallationen zeigt, die die brasilianische Literatur feiern. Die Beschreibungen auf den dazugehörigen Tafeln sind aber ausschließlich auf Portugiesisch.

ESTAÇÃO JÚLIO PRESTES

Einen kurzen Spaziergang westlich der Estação da Luz liegt der entschieden größere und imposantere **Bahnhof** (Karte S. 306 f.; Largo Ge-

neral Osório 66) im Beaux-Arts-Stil der Jahrhundertwende, der aber erst in den 1930er-Jahren fertiggestellt wurde. Ein Flügel beherbergt die **Estação Pinacoteca** (☎ 3324 1000; www.pinacoteca.org. br; Erw./Student inkl. Eintritt zur Pinacoteca do Estado 6/3 R$; ☉ Di–So 10–18 Uhr), einen Anbau der Pinacoteca do Estado, der zwei Stockwerke umfasst und oft sehr gute Wechselausstellungen zeigt. Sie bieten meist brasilianische Kunst, aber auch die Dauerausstellung brasilianischer Modernisten ist ausgezeichnet. Im Erdgeschoss ist das **Memorial da Liberdade** (Eintritt frei; ☉ Di–So 10–17 Uhr), eine schlichte, aber kraftvolle Ausstellung, die in den Zellen untergebracht ist, in denen während Brasiliens Militärdiktatur in den 1960er- und 1970er-Jahren politisch Andersdenkende eingesperrt und gefoltert

BRASILIENS SCHMELZTIEGEL

Dank Brasiliens unvergleichlicher ethnischer Vielfalt gibt es so etwas wie das typisch brasilianische Gesicht nicht – das ist auch der Grund, weshalb brasilianische Pässe auf dem Schwarzmarkt so gefragt sind. Viele Gesichter könnten als brasilianisch durchgehen.

Besonders schwer ist es, den typischen Paulistano zu beschreiben. Die Stadt ist seit ihrer Gründung im 16. Jh. ein Vielvölkerort, in dem Portugiesen, Afrikaner und einheimische Völker gemeinsam lebten. Seit damals hat eine Einwandererwelle nach der anderen der Stadt ein wahrhaft globales Gesicht verliehen. Italienische und spanische Immigranten strömten ins Land, um Kaffee zu pflücken, nachdem Brasilien 1888 die Sklaverei abschaffte, und heute zählen ihre Nachfahren fünf bzw. drei Millionen. Ihnen folgten japanische Einwanderer und heute leben mehr Menschen japanischer Abstammung (etwa 1,5 Mio.) in São Paulo als irgendwo sonst außerhalb Japans. Außerdem zählt die Stadt mehr Einwohner mit libanesischen Wurzeln als irgendein anderer Ort außerhalb des Libanons. Sampa ist mit etwa 130 000 Mitgliedern aber auch das Zuhause der größten jüdischen Gemeinde Brasiliens. Darüber hinaus leben hier 1 Mio. Menschen deutscher Abstammung sowie große chinesische, armenische, griechische, syrische, polnische und ungarische Gemeinden.

Für ein tieferes Verständnis der Geschichte der Einwanderung in São Paulo lohnt sich ein Besuch des **Memorial do Imigrante** (Karte S. 304; ☎ 6693 0917; www.memorialdoimigrante.sp.gov.br, portugiesisch; Rua Visconde de Paraiba 1316; Erw./Student 4/2 R$; ☉ Di–So 10–17 Uhr) im östlichen Vorort Moóca. 1887 erbaut, wurde es einst **Hospedaria dos Imigrantes** genannt und diente als – nicht immer freundliches – Auffanglager für Einwanderer, bevor sie zu ihrer ersten Arbeitsstelle in Brasilien, meist auf einer großen Plantage, gebracht wurden.

Die Schlafsäle sind riesig, und man sieht noch immer die mächtigen Gleitschienen, über die ganze Wagenladungen von Menschen und Gepäck direkt vom Dock hierher transportiert wurden. Für die Millionen von Einwanderern, die in der Hoffnung auf ein besseres Leben nach São Paulo kamen, muss dieser Ort eher wie ein Gefängnis als eine Herberge gewirkt haben. Auch wenn es nur auf bis zu 4000 Personen ausgelegt war, lassen die Aufzeichnungen erkennen, dass teilweise 10 000 Menschen gleichzeitig hier untergebracht wurden. Übersetzer erklärten den Arbeitern die Verträge, die sie unterzeichneten – viele erwiesen sich als sträflich ungerecht. Wärter und Wachen stellten sicher, dass sich niemand davonstahl – nicht jeder hatte Lust, sich den Rücken beim Kaffeepflücken zu brechen. Natürlich war ein sicherer Arbeitsplatz dabei der einzige Weg raus aus der *hospedaria*.

Das Museum bietet eine Dauerausstellung mit Möbeln aus jener Zeit sowie einigen alten Dokumenten und Fotografien und zeigt oft Gastausstellungen, die die Auswanderung und die nationale Identität erforschen.

Man erreicht die Gedenkstätte mit der Metro nach Bresser. Von dort sind es fünf Minuten zu Fuß, und am Wochenende bringt ein kleines Tram-Shuttle die Besucher hin und zurück.

wurden. Im Komplex der Estação Júlio Prestes befindet sich außerdem der weltberühmte **Sala São Paulo** (☎ 3367 9500; www.salasaopaulo.art.br, portugiesisch), die klug umfunktionierte Hauptwartehalle des Bahnhofs, in der klassische Konzerte dargeboten werden. Ein Teil des Bahnhofs ist noch immer eine Haltstelle des Vorstadt-Bahnnetzes.

MUSEU DE ARTE SACRA
Dieses **Museum** (Museum für sakrale Kunst; Karte S. 304; ☎ 3326 1373; www.museuartesacra.org.br; Av Tiradentes 676; Erw./Student 6/3 R$; ☻ Di–So 11–19, letzter Einlass 18.30 Uhr) ist das Beste seiner Art in Brasilien und zeigt auch Werke des renommierten Bildhauers Antônio Aleijadinho aus dem 18. Jh. sowie etwa 200 weitere vielfältige Arbeiten aus dem 17. bis 20. Jh. Das Museum ist in einem Luz-Kloster aus dem 18. Jh. untergebracht, das zu São Paulos besterhaltenen Bauwerken aus dieser Epoche zählt und darüber hinaus ein schönes Beispiel für portugiesische Kolonialarchitektur ist. Ein neuer Anbau beherbergt eine erstaunlich große, kunstvolle neapolitanische Krippe sowie eine Sammlung weiterer Krippen aus aller Welt.

Liberdade
São Paulo ist das Zuhause der größten Gemeinde japanischer Abkömmlinge außerhalb Japans, und der Stadtteil Liberdade – einen kurzen Fußmarsch südlich vom Praça da Sé – ist seit Langem das traditionelle Herz dieser Gemeinde. Obwohl die meisten neuen asiatischen Einwanderer heutzutage aus China und Korea stammen, ist diese eher raue Nachbarschaft noch immer mit traditionellen japanischen Läden und Restaurants gespickt.

Der **Praça da Liberdade** ist der Hauptplatz des Viertels; hier hält auch die Metro, und sonntags findet ein Markt statt. In Richtung Süden auf der Rua Galvão Bueno kommt man an vielen asiatischen Läden und Restaurants sowie ein paar ziemlich vernachlässigten Gärten im japanischen Stil vorbei.

MUSEU DA IMIGRAÇÃO JAPONESA
Dieses bescheidene, aber faszinierende **Museum** (Museum Japanischer Einwanderung; Karte S. 306 f.; ☎ 3209 5465; Rua São Joaquim 381; Erw./Student 5/2,50 R$; ☻ Di–So 13.30–17.30 Uhr) im 7. Stock eines Bürogebäudes in Liberdade dokumentiert die Ankunft und Integration der japanischen Gemeinde. Fotos, Objekte aus jener Zeit und der Nachbau einer typischen Einwanderer-Farmunterkunft in Originalgröße erzählen eine anrührende Geschichte, von der Ankunft der ersten 781 Siedler an Bord der *Kasato-Maru*, die 1908 in Santo ankam, bis zum heutigen Tag. Die Beschreibungen sind ausschließlich auf Japanisch und Portugiesisch.

Higienópolis, Pacaembu & Barra Funda
Nordwestlich der Av Paulista liegt der grüne Stadtteil Higienópolis, eine der traditionellsten gehobeneren Nachbarschaften der Stadt und ein schöner Ort für einen Spaziergang. Der Praça Buenos Aires, ein von Bäumen durchzogener Platz im europäischen Stil, ist Lunge und Spielplatz des Viertels. Weiter in Richtung Nordwesten gelangt man durch Pacaembu, ein Villenviertel, dessen ausschweifend luxuriöse Wohnhäuser an die teuersten Ecken von Los Angeles erinnern. Schließlich erreicht man Barra Funda, eine eher ruhige Nachbarschaft, die aber nachts dank einiger der trendigsten Nachtclubs der Stadt zum Leben erwacht.

MUSEU DO FUTEBOL
Versteckt unter den Tribünen des bunten Pacaembu-Stadions im Art-déco-Stil gelegen, widmet sich das neueste **Museum** (Fußballmuseum; Karte S. 304; ☎ 3664 3848; www.museudofutebol.org.br; Praça Charles Miller s/n; Erw./Student 6/3 R$; ☻ Di–So 10–18, letzter Einlass 17 Uhr) der Stadt Brasiliens größter Leidenschaft – dem Fußball. Die Multimedia-Ausstellungen auf seinen zwei Stockwerken begeistern die Besucher fast genauso sehr wie ein WM-Spiel – sogar Nicht-Fußballfans. Die meisten Infotafeln sind nur auf Portugiesisch.

MEMORIAL DA AMÉRICA LATINA
Eine weitere Niemeyer-Schöpfung, ist das **Memorial da América Latina** (Karte S. 304; ☎ 3823 4600; www.memorial.sp.gov.br, portugiesisch; Av Auro Soares de Moura Andrade 664; Eintritt frei; ☻ Di–So 9–18 Uhr) so etwas wie ein Miniatur-Brasília mit einer Reihe von Glas- und Zementbauten in einer wunderschönen, wenn auch verwirrenden Vielfalt an Formen und Größen. Auch wenn es auf den ersten Blick nicht sehr einladend wirkt, wurde der weitläufige Komplex einer Renovierung unterzogen, um ihn für Besucher attraktiver – und interessanter – zu machen. Der Salão dos Atos ist ein zeremonieller Ort, an dem man Cândido Portinaris gewaltiges Gemälde *Tiradentes* bestaunen kann. Die kreisrunde Galeria Marta Traba de Arte Latino-Americano zeigt zeitgenössische Kunst aus

AVENDA PAULISTA, JARDINS & UMGEBUNG

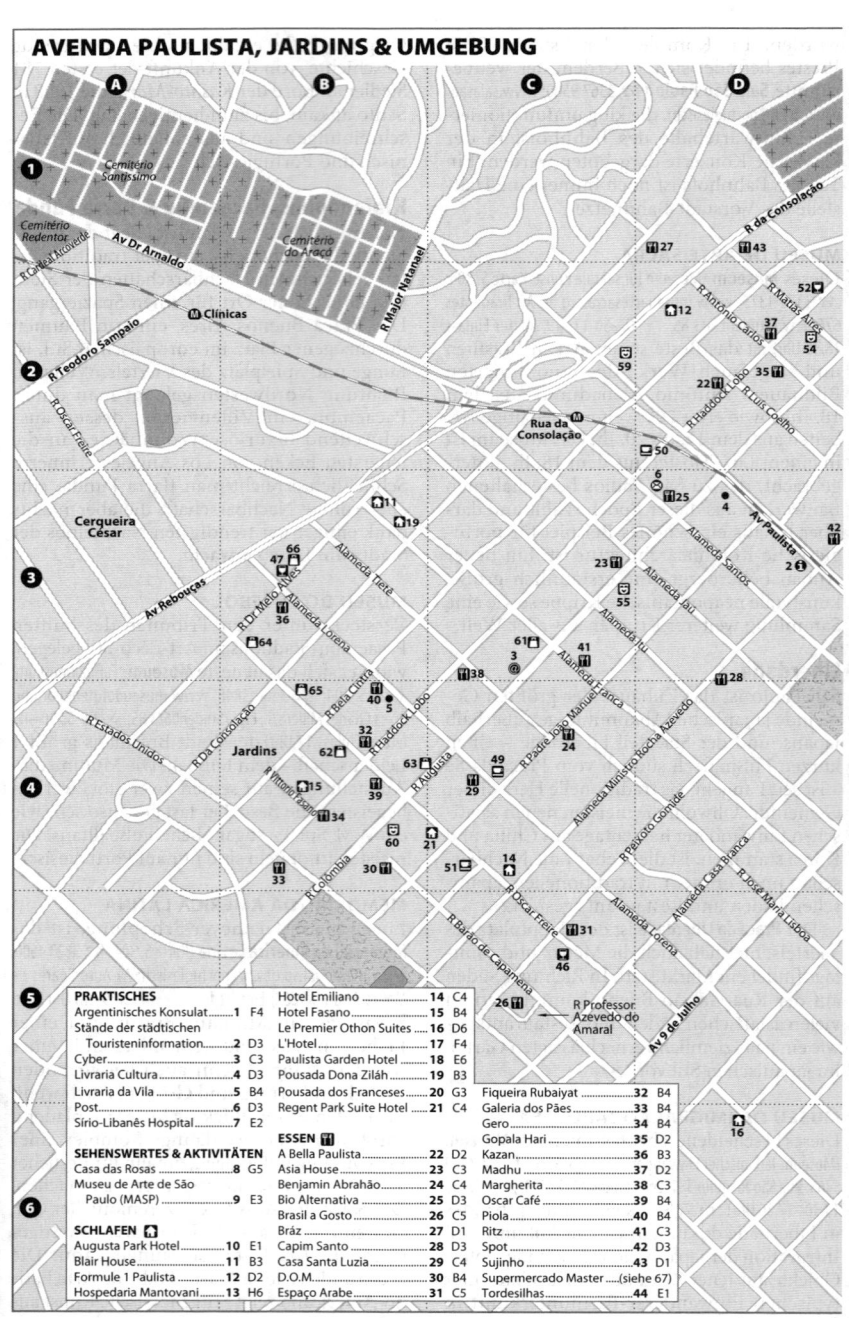

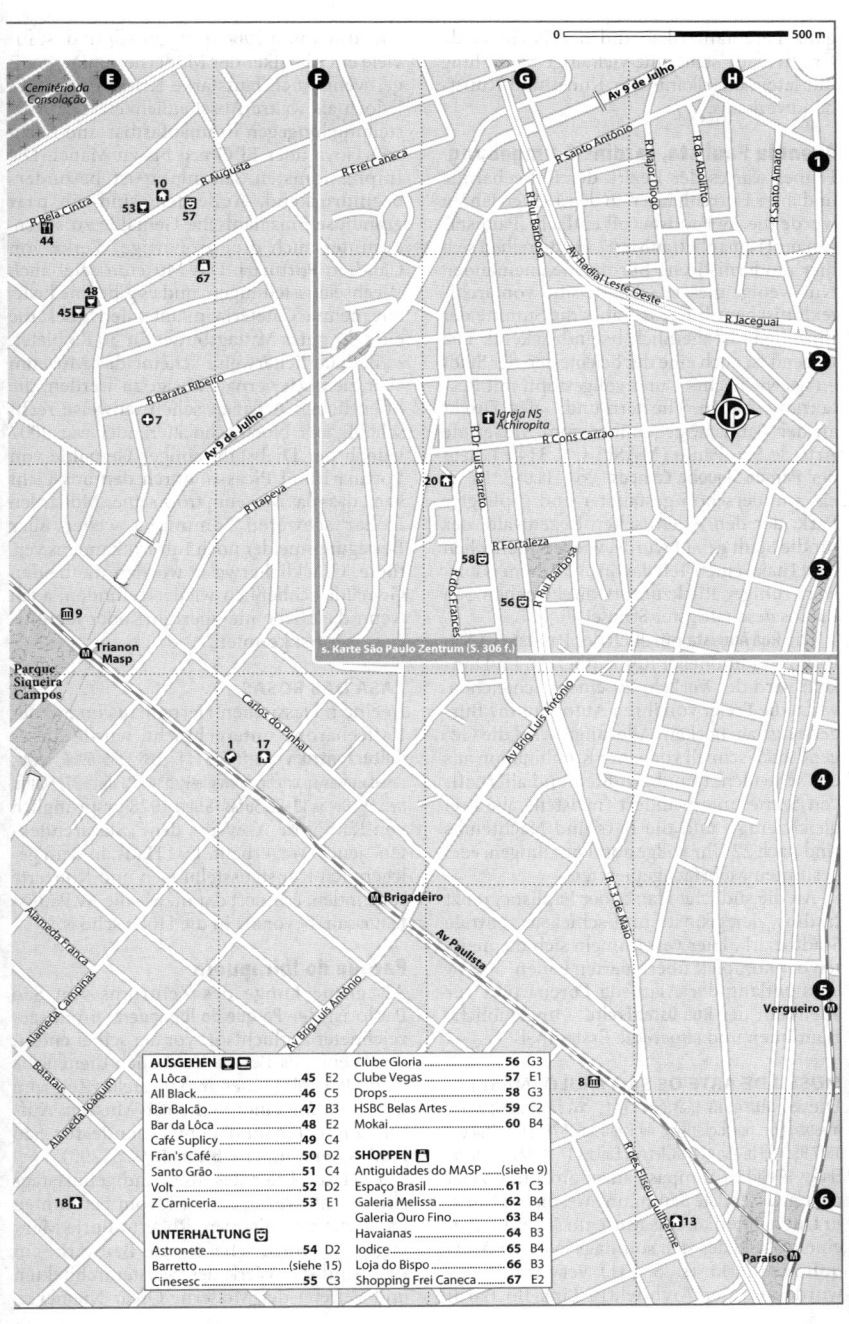

ganz Lateinamerika, und der Pavilhão de Criatividade stellt eine vielfältige Sammlung mit lateinamerikanischer Kunst und Kunsthandwerk aus.

Avenida Paulista, Jardins & Umgebung

Früher war es der Bezirk der Kaffeebarone und ihrer Herrenhäuser, in den 1950er-Jahren wurde die Av Paulista (oft einfach „Paulista" genannt) „manhattanisiert". Heute reihen sich hier modernistische Bürotürme aneinander. Nur wenige dieser Gebäude sind von architektonischem Interesse, aber die Summe der Einzelteile ist ziemlich beeindruckend. Die Gegend ist auch eine der belebtesten der Stadt – tags wie nachts – und vollgestopft mit Restaurants, Läden, Theatern und Cafés. Direkt an der Paulista, gegenüber vom Museu de Arte de São Paulo (MASP.), liegt der **Parque Siqueira Campos** (6–18 Uhr). Es ist ein wunderschön gestalteter und gepflegter Park, der den Atlantischen Regenwald, der für die Stadt gefällt wurde, wiederauferstehen lässt (naja, einen Teil davon). Ein bemerkenswert ruhiger Rückzugsort direkt neben São Paulos geschäftigster Straße!

Die **Rua Augusta** nördlich der Paulista ist São Paulos traditioneller Rotlichtbezirk. Im Dunkeln wird der Verkehr zu einem Schleichen, wenn die Freier von ihren Autos aus die Bürgersteige abchecken. Allerdings wird die Gegend auch schnell von einer Kombination aus der schwulen, trendbewußten und alternativen Szene unterwandert (meistens alle drei gleichzeitig), und die Bars und Nachtclubs sind nach 22 Uhr vollgestopft mit jungen, edel gesinnten Mehrfachgepiercten.

An die südliche Flanke der Paulista grenzt Jardins, der grünste und schickste zentrale Stadtbezirk. Hier versammeln sich die meisten der komplett überteuerten Läden, besonders entlang der Alameda Lorena und vor allem auf der **Rua Oscar Freire** – unglaubliche Boutiquen und superedle Esstempel.

MUSEU DE ARTE DE SÃO PAULO (MASP)

Dieses **Museum** (Karte S. 314 f.; ☎ 3251 5644; www.masp.art.br, portugiesisch; Av Paulista 1578; Erw./Student 15/7 R$; Di–So 11–18, letzter Einlass 17, Do bis 20, letzter Einlass 19 Uhr) ist Sampas ganzer Stolz und zeigt die umfassendste Sammlung westlicher Kunst in Lateinamerika. Das Museum schwebt über einem Platz, der sich sonntags in einen Antiquitätenmarkt (s. S. 331) verwandelt. Es wurde von der Architektin Lina Bo Bardi

entworfen und 1968 fertiggestellt und ist für viele ein Klassiker der Moderne, einige wenige, wenn auch lautstarke Kritiker sehen es jedoch als wahre Abscheulichkeit. Die Ausstellung hingegen ist unantastbar und reicht von Goya über El Greco bis zu Manet. Die Impressionisten-Sammlung ist besonders beeindruckend. Außerdem sind ein paar grandiose brasilianische Gemälde zu sehen, darunter auch drei großartige Werke von Cândido Portinari. Das Museum zeigt auch Wechselausstellungen, und es gibt eine helle, angenehme Cafeteria im untersten Stock, die ein sehr gutes Mittagsbuffet für 30 R$ bietet.

Bedauerlicherweise scheint das Museum aber ziemlich vernachlässigt zu werden: die öffentlichen Anlagen sehen teilweise recht schäbig aus. Noch schockierender war 2007 jedoch der Diebstahl einiger Gemälde von Portinari und Picasso, durch den ans Licht kam, dass das Museum trotz seiner Milliarden Dollar schweren Sammlung weder über Bewegungsmelder noch Infrarotkameras verfügte. Glücklicherweise wurden die beiden Gemälde schließlich wieder gefunden, auch wenn die Diebe nie überführt oder identifiziert werden konnten.

CASA DAS ROSAS

In einem klassischen Herrenhaus im Stil der Kaffeebarone untergebracht, wurde dieses **Kulturzentrum** (Karte S. 314 f.; ☎ 3285 6986; www.casadasrosas-sp.org.br, portugiesisch; Av Paulista 37; Eintritt frei; Di–Sa 10–22, So bis 18 Uhr) 1928 ursprünglich von Ramos de Azevedo, dem „Stararchitekten" jener Ära, erbaut. Das Haus, in dem gelegentlich Kunstausstellungen und Konzerte stattfinden, erinnert daran, wie die Av Paulista aussah, bevor sie in die Höhe schoss.

Parque do Ibirapuera

Als grüne Lunge des Zentrums von São Paulo ist der **Parque do Ibirapuera** ein ausgezeichneter Zufluchtsort vor der schier endlosen Weite aus Beton. Zusätzlich dienen die 2 km² Park als blühendes kulturelles Zentrum der Stadt, mit einer Reihe von Museen, Aufführungsorten und dem Gelände für São Paulos renommierte **Biennale** (s. S. 293).

1954 zur Feier des 400. Stadtgeburtstags eingeweiht, wurde der Park vom berühmten Landschaftsarchitekten Roberto Burle Marx angelegt. Einige sehenswerte Bauwerke im Park sind das Werk des Meisterarchitekten und Vetreter der Moderne Oscar Niemeyer;

die meisten von ihnen sind durch einen langen, unverwechselbar gewundenen Gehweg miteinander verbunden. Am Nordeingang steht Victor Brecherets gigantisches **Monumento Bandeiras** (Karte S. 304), aufgestellt 1953 zur Erinnerung an die frühen Pioniere der Stadt. Ein Ententeich nimmt den größten Teil der westlichen Hälfte des Parks ein, und drumherum gibt es viele schattige Wege. Dazu gehört auch der **Bosque da Leitura** (Karte S. 304) – ein waldiger Bereich, der sonntags zu einer Open-Air-Bücherei wird, wo man sich schon mal die Bücher für den Nachmittag aussuchen kann.

Um zum Park zu kommen, nimmt man die Metro bis zur Station Vila Mariana und dann den Bus 775-A „Jardim Aldagiza". Es gibt haufenweise Imbissstände im Park oder man geht für eine anständige Mahlzeit ins Museu de Arte Moderna ins **Prêt** (Karte S. 304; Di–Fr 12–16, Sa–So 12.30–17 Uhr), das ein ausgezeichnetes Buffet in einem lichtdurchfluteten, minimalistischen Speisesaal serviert.

MUSEU DE ARTE MODERNA

Brasiliens ältestes **Museum für moderne Kunst** (Karte S. 304; 5085 1300; www.mam.org.br, portugiesisch; Erw./Student 5,50/2,75 R$, So frei; Di–So 10–18, letzter Einlass 17.30 Uhr) besitzt eine feine Sammlung brasilianischer Modernisten wie Anita Malfatti und Di Cavalcanti sowie Werke von Miró, Chagall, Picasso und Dufy. Die öffentlichen Räume sind jedoch ausschließlich Wechselausstellungen gewidmet. Auf der Website des Museums findet man das aktuelle Programm.

MUSEU AFRO-BRASIL

Mit einer Dauerausstellung von etwa 5000 Objekten, von Gemälden über religiöse Gegenstände bis hin zu historischen Dokumenten, befindet sich dieses bemerkenswerte **Museum** (Karte S. 304; 5579 8542; www.museuafrobrasil.com.br, portugiesisch; Erw./Student 6/3 R$; Di–So 10–17 Uhr) in einem weiteren, einnehmend offenen und hellen Niemeyer-Pavillon. 2004 eröffnet, wirft es ein Licht auf das Leben der afrikanischen Diaspora in Brasilien, von den Zeiten der Sklaverei bis heute. Exponatsschilder sind auch hier nur auf Portugiesisch zu finden.

AUDITÓRIO IBIRAPUERA

Die jüngste Erweiterung des Parks, das **Auditório Ibirapuera** (Karte S. 304; www.auditorioibirapuera.com.br), ist ein weiterer Niemeyer-Entwurf aus der Gründungszeit des Parks, der jedoch erst 2005, fünf Jahrzehnte später, vollendet wurde. Aufgrund des leuchtend roten Metallvordachs, das ziemlich lüstern aus einem ansonsten eher bunkerartigen Betontrapez hervorragt, auch „a língua" (die Zunge) genannt, findet in der Halle eine große Vielzahl musikalischer Stile seinen Platz, von klassisch bis experimentell. Konzerttickets können über **Ticketmaster Brasil** (2846 6000) erworben werden.

Pinheiros, Vila Madalena & Butantan

Westlich von Jardins liegt Pinheiros, ein weitläufiges Viertel, größtenteils Wohngebiet, mit immer gleichen Apartmenthochhäusern. Einzige Ausnahme ist das **Instituto Tomie Ohtake** (Karte S. 304; 2245 1900; www.institutotomieohtake.org. br; Av Brigadeiro Faria Lima 201; Eintritt frei; Di–So 11–20 Uhr), ein Kulturinstitut, das von Ruy Ohtake, São Paulos bedeutendstem zeitgenössischem Architekten, gegründet wurde. Das Institut ist Othakes in Japan geborenen Mutter, einer der berühmtesten Malerinnen São Paulos, gewidmet. Eine schöne Galerie zeigt wechselnde Ausstellungen bedeutender, meist lokaler Künstler.

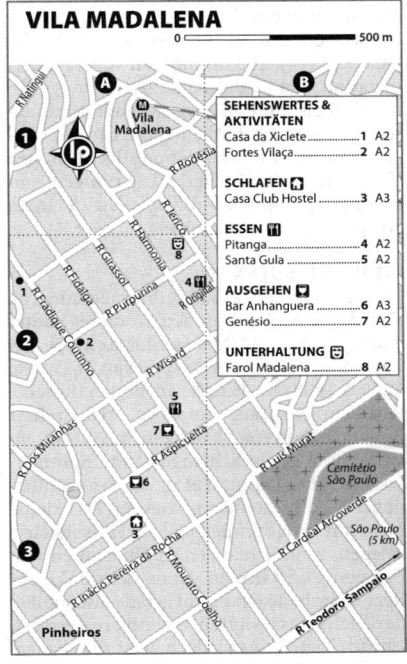

VILA MADALENA

0   500 m

SEHENSWERTES & AKTIVITÄTEN	
Casa da Xiclete	1 A2
Fortes Vilaça	2 A2

SCHLAFEN	
Casa Club Hostel	3 A3

ESSEN	
Pitanga	4 A2
Santa Gula	5 A2

AUSGEHEN	
Bar Anhanguera	6 A3
Genésio	7 A2

UNTERHALTUNG	
Farol Madalena	8 A2

Cemitério São Paulo

São Paulo (5 km)

Pinheiros

Im Herzen des größeren Pinheiros befindet sich das deutlich flacher bebaute, fußgängerfreundliche Vila Madalena. Lange Zeit eine Enklave der Bohème, hat es sich in den letzten Jahren zu einer beliebten Alternative zu den teuren, eingefahrenen Clubs und Restaurants des nahen Vila Olímpia entwickelt. Das Epizentrum der Bar- und Restaurantszene ist die Ecke Rua Mourato Coelho und Rua Aspicuelta – hier wird es zur Happy Hour recht voll, und am Wochenende bleibt es das bis in die frühen Morgenstunden. Hier gibt's außerdem eine Reihe interessanter Läden, Cafés und Kunstgalerien. Das **Casa da Xiclete** (Karte S. 317; ☎ 2579 9007; http://casadaxiclet.multiply.com; Rua Fradique Coutinho 1855; ☼ Mi–Fr 14–20, Sa 6 So bis 18 Uhr) ist in einem heruntergekommenen Haus am Rand des Viertels untergebracht und das Zuhause/ die Galerie des gleichnamigen Künstlers, der sich mit anderen Künstlern, die größtenteils ebenfalls hier wohnen, zu einem Kollektiv zusammengeschlossen hat. Ganz in der Nähe stellt das traditionellere **Fortes Vilaça** (Karte S. 317; ☎ 3032 7066; www.fortesvilaca.com.br; Rua Fradique Coutinho 1500; ☼ Di–Fr 10–19, Sa bis 17 Uhr) einige der berühmtesten zeitgenössischen Künstler in einem weiten, von Zementwänden umschlossenem Raum aus.

Das Herz des Geschehens von Vila Madalena liegt etwa 15 Fußminuten von der Metrostation Vila Madalena entfernt.

Westlich von Pinheiros liegt auf der anderen Seite des Rio Pinheiros die Cidade Universitária, das Zuhause der prestigeträchtigen Universität von São Paulo. Die ruhigen, von Bäumen gesäumten Straßen laden zu einem enstpannten Spaziergang ein.

INSTITUTO BUTANTAN
Für seine bahnbrechende biomedizinische Forschung hoch angesehen, ist dieses **Institut** (Karte S. 304; ☎ 3726 7222; www.butantan.gov.br; Av Vital Brazil 1500, Cidade Universitária; Eintritt Erw./Student 6/2,50 R$; ☼ Di–So 9–16.30 Uhr) am besten für seine Giftfarm bekannt. Forscher melken hier Zehntausende von Schlangen, um aus ihrem Gift Mittel gegen Schlangen- und Spinnenbisse herzustellen und es in der Erforschung neuer Medikamente einzusetzen. Das kleine Museum in der grünen Cidade Universitária gelegen, zeigt Schlangen in Dutzenden von Formen und Größen. Zum Zeitpunkt der Recherche hatte ein Brand gerade fast 500 000 der hier konservierten Exemplare zerstört, lebende Tiere kamen jedoch nicht zu Schaden.

Am besten vorher abklären, ob das Museum wieder normal geöffnet ist.

MUSEU DE ARTE CONTEMPORÂNEA DA UNIVERSIDADE DE SÃO PAULO (MAC-USP)
Mitten auf dem grünen Campus der Universität von São Paulo bietet dieses großartige **Museum** (Karte S. 304; ☎ 3091 3039; www.mac.usp.br; Rua da Praça do Relógio 160, Cidade Universitária; Eintritt frei; ☼ Di–Fr 10–18, Sa & SO bis 16 Uhr) die vielleicht beste Sammlung brasilianischer Kunst seit 1960 sowie ein paar Werke internationaler Meister, von Max Ernst bis Robert Rauschenberg.

Südlich & östlich von Jardins
Die extrabreite **Av Brigadeiro Faria Lima** (einfach „Faria Lima" genannt) ist das südwestliche Ende von Jardins. Faria Lima ist auch die Hauptstraße, die Pinheiros mit den stinkvornehmen, aber größtenteils wenig verlockenden Vierteln Morumbi, Vila Olímpia, Itaím Bibi und Moema verbindet. All diese Gegenden bestehen hauptsächlich aus verstopften Straßen, kalten Luxushochhäusern und glitzernden Bürokomplexen, in denen man die profitabelsten Unternehmen der Stadt findet, von Banken bis Technologie. Nachdem klar ist, hier nun der Hinweis auf massenhaft Restaurants, Nachtclubs und Geschäfte. Hardcorefans der jeweiligen Sujets bestimmt ausprobieren wollen.

Das **Museu da Casa Brasileira** (Karte S. 304; ☎ 3032 3727; www.mcb.sp.gov.br; Av Brigadeiro Faria Lima 2705; Erw./ Student 4/2 R$; ☼ Di–So 10–18 Uhr) ist in einer extravaganten, im Palladianischen Stil errichteten klassizistischen Villa untergebracht. Sie wurde in den 1940er-Jahren von einem einheimischen Industriebaron und seiner Frau erbaut. Das kleine aber charmante Museum bietet eine durcheinandergewürfelte Sammlung von brasilianischen und europäischen Einrichtungsgegenständen des 17. bis 20. Jhs. Das Beste aber ist das Museumscafé/-restaurant mit gutem Essen und Plätzen im Freien.

Das Heim des Paares, das die grüne, gehobene Vorstadt Morumbi mit aufgebaut hat, ist die **Fundação Maria Luisa e Oscar Americano** (Karte S. 304; ☎ 3742 0077; www.fundacaooscaramericano.org.br; Av Morumbi 4077, Morumbi; Erw./Student 10/5 R$; ☼ Di–So 10–17.30 Uhr), ein schöner Rückzugsort zum einen wegen der tollen Gärten, zum andern wegen der Sammlung von Gemälden, Skulpturen und anderen Kunstgegenständen aus dem 18., 19. und 20. Jh. Das zum Museum umgestaltete Haus aus den 1950er-Jahren ist

SÃO PAULO BIENAL

Die **Bienal de São Paulo** (www.fbsp.org.br; Parque do Ibirapuera), die der Biennale in Venedig nachempfunden und 1951 gegründet wurde, hat sich zu einem der wichtigsten Kunstevents der Welt entwickelt. Viele der Teilnehmer sind arbeitende Künstler, die von ihrem Heimatland nominiert wurden. Darüber hinaus wählt ein Gastkurator ein Thema aus und lädt ihren oder seinen eigenen Favoriten ein. In Bestform bietet die Bienal der Welt die Chance, wirklich anregende zeitgenössische Kunst zu sehen, auf jeden Fall beeindruckt sie aber durch ihre schiere Größe und Vielfalt.

Das Event findet normalerweise von Oktober bis Dezember in Jahren mit gerader Jahreszahl in einem weitläufigen Pavillon – entworfen vom modernen Meister Oscar Niemeyer – im grünen Parque do Ibirapuera (s. S. 290) statt. In den vergangenen Jahren war der Eintritt frei, aber das Event ist auf Sponsoren angewiesen.

---

ein kleines Meisterwerk des brasilianischen Modernismus. Es gibt auch ein tolles **Café** (🕙 Di–So 11–17.30 Uhr), das traditionellen High Tea (eine Mischung zwischen Nachmittagstee und Abendessen) für 50 R$ anbietet.

PARQUE DO ESTADO

Im südlichen Vorort Cursino gelegen, ist der **Parque do Estado** zwar ziemlich weit ab vom Schuss, aber trotzdem einen Besuch wert, wenn man sich im Zementwald von Sampa nach ein wenig Grün sehnt. Die Nordecke gehört dem **Jardim Botânico** (Karte S. 304; ☎ 5073 6300; Erw./Student 3/1 R$; 🕙 Di–So 9–17 Uhr), einem sehr gepflegten botanischen Garten, der auch eine Promenade mit mächtigen Palmen, eine Orchideen-Farm, pittoreske Teiche, einen Bestand mit Brasilholz-Bäumen und einen Kräutergarten umfasst, in dem die Besucher dazu ermutigt werden, an den duftenden Blüten und Blättern zu riechen. Ein Freiluft-Café bietet Snacks sowie ein einfaches, aber frisches und gut zubereitetes Mittagsbüffet (25 R$/kg).

Ein kleines Stück entfernt befindet sich der **Jardim Zoológico** (Karte S. 304; ☎ 5073 0811; www.zoo-logico.sp.gov.br; Erw./Student/Kind unter 12 Jahre 15/7,50/4,50 R$; 🕙 Di–So 9–17, letzter Einlass 16.30 Uhr), Brasiliens größter Zoo. Er bietet etwa 3000 Tierarten ein Zuhause und erstreckt sich über ca. 900 ha, größtenteils mit altbestehendem Mata Atlântica (Atlantischer Regenwald). Außer den in Käfigen gehaltenen Tieren bietet der Zoo für 13 R$ extra auch eine Zoo-Safari an. Diese 45-minütige Fahrt führt durch einen großen eingezäunten Bereich, in dem sich die Tiere in relativer Freiheit bewegen dürfen. Der Zoo akzeptiert keine Kreditkaten.

Am besten erreicht man den Park mit der Metro zur Station São Judas und steigt dort in den Bus 4742 mit Aufschrift „Jardim Climax".

MUSEU DO IPIRANGA

Dieses **Museum** (Karte S. 304; ☎ 2065 8000; www.mp.usp.br; Parque de Independência; Erw./Student 4/2 R$; 🕙 Di–So 9–16.45 Uhr) liegt inmitten versailles-artiger Gärten im östlichen Vorort Ipiranga und wurde ursprünglich als Denkmal für Brasiliens Unabhängigkeit von Portugal ins Leben gerufen. Der Legende nach erklärte Dom Pedro die Unabhängigkeit an den Ufern eines nahen Stromes. Die Gärten und der Palast sind neben der – dank der Hügellage – tollen Aussicht die wahren Highlights hier. Die Ausstellung, die die Unabhängigkeitsbewegung sowie die brasilianische Geschichte dokumentiert, ist eher weniger interessant. Beschriftungen nur auf Portugiesisch.

STADTSPAZIERGANG

Wer ein wirkliches Gefühl für das historische São Paulo entwickeln will, kann diesen 3,5 km kurvenreichen Stadtspaziergang machen, der an allen bekannten und wichtigen Sehenswürdigkeiten Sampas vorbeiführt. Zwar ist der Weg unter der Woche durchaus sicher, allerdings sollte man seine Umgebung immer im Auge behalten und den Spaziergang bei Dunkelheit, am Wochenende und während der Ferien besser nicht machen.

Los geht's an der **Praça da República (1)**, genauer gesagt an der gleichnamigen Metrostation. Nach einem gelben Gebäude Ausschau halten, bekannt als **Caetano de Campos Gebäude (2)** – es ist eine ehemalige Schule und heute der Hauptsitz des Landesministeriums für Erziehung. Am Wochenende wird aus der Plaza die Feira da República (s. S. 331) ein Markt mit einer großen Auswahl an Kunsthandwerk, Gemälden, Münzen und Steinen.

Weiter geht's die Av Ipiranga entlang, dann links auf die Av São Luís abbiegen und einen guten Ausblick auf eines der höchsten Gebäu-

STADTSPAZIERGANG SÃO PAULO

0 — 500 m

de der Stadt genießen, das 46-stöckige **Edifício Itália** (3; S. 311).

Nun läuft man weiter die Av São Luís hinunter (in dieser Straße gibt's haufenweise Reisebüros und Wechselstuben). Hier sollte man sich das gedrungene, graue Gebäude am Ende des kleinen Parks genauer anschauen. Es sieht aus wie ein Gefängnis, ist aber die **Stadtbibliothek Mario de Andrade** (4) mit der größten Büchersammlung der Stadt.

Links abbiegen auf die Rua Xavier de Toledo mit der Bibliothek auf der linken Seite. Die Straße runter zur Metrostation Anhangabaú, dann noch ein paar Blocks. Jetzt gut aufpassen – man läuft leicht dran vorbei in dem ganzen Trubel: Rechts von der Metrostation gehen ein paar Treppen hinunter in einen Park. Dort stößt man auf die **Ladeira da Memória** (Erinnerungshügel; 5). Hier befand sich der Brunnen Chafariz dos Piques, der früher die ganze Stadt und ihre Viehhändler mit Frischwasser versorgt hat. Heute steht hier ein Obelisk namens Piramide dos Piques der in den Himmel ragt.

Immer noch auf der Rua Xavier de Toledo geht es zum **Theatro Municipal** (6; S. 310). Das

ROUTENINFOS

Start/Ziel Praça da República
Strecke 3,5 km
Dauer 2–3 Stunden

barocke Gebäude mit Jugendstileinsprenkelungen ist der ganze Stolz Sampas. Auf der anderen Straßenseite vom Theater bietet das **Shopping Light** (7; S. 310) seine Konsumgüter in einem prachtvollen Gebäude, das einst der Light English Company gehört hat, an. Gegenüber vom Teatro auf der rechten Seite liegt die **Viaduto de Chá** (8), eine Eisenbrücke von 1892, benannt nach einer Teeplantage, die es hier einmal gab. Der Fußgängerverkehr wurde zu heftig für die alte Brücke – 1938 wurde eine neue eröffnet.

Beim Überqueren der Brücke hat man einen tollen Blick über den **Parque Anhangabaú** (9) auf der linken Seite. In der Tupi-Guarani-Sprache bedeutet Anhangabaú Tal der Dämonen. Die einheimischen *indígenas* glaubten, dass hier böse Geister wohnen. Auf der anderen Seite geht es direkt geradeaus auf die **Pra-**

ça do Patriarca (10). Hier steht die **Igreja de Santo Antônio (11**; S. 310), die Hauptkirche der Siedlung São Paulo zu Beginn des 17. Jhs, die im 18. Jhs. wieder aufgebaut wurde.

Gut 20 Schritte dahinter beginnt die Rua São Bento, eine Fußgängerzone vollgestopft mit Geschäften. Die Rua São Bento rechts runter gehen, dann landet man schließlich auf dem **Largo de São Francisco (12)**, einem kleinen dreieckigen Platz, der von den Zwillingskirchen **Igreja de São Francisco de Assis (13, 14** S. 309) und dem hoch geachteten **Rechtskolleg (15**; S. 309) gesäumt wird. In den Kirchen findet man Gemälde aus dem 18. Jh. – sie sind nach der Wiedereröffnung einen Blick wert. Vor dem Rechtskolleg steht eines der umstrittensten Kunstwerke Brasiliens: eine Statue des Schweizer Künstlers William Zadig, die einen Franzosen darstellt, der eine Eingeborenenfrau küsst. Wer ein bisschen Portugiesisch lesen kann, schaut sich die Plakette am Fuß der Statue genauer an: Sie dokumentiert hervorragend die Geschichte des Kunstwerks.

Direkt hinter der Statue führt die Rua Senador Feijó zur berühmten **Praça da Sé (16**; S. 308). Hier genießt man die fröhliche Atmosphäre, passt aber trotzdem auf seine Taschen auf. Es folgt ein Besuch der **Catedral da Sé (17**; S. 309), in die angeblich bis zu 8000 Personen hineinpassen.

Nachdem man die Kathedrale verlassen hat, geht man über den Platz zur **Caixa Economica Federal (18**). Hier wird nicht nur das Staatssäckel verwaltet, die Caixa fungiert auch als ein tolles Kulturzentrum (Caixa Cultural S. 309), das Werke brasilianischer Künstler ausstellt. Jetzt rechts abbiegen auf die Rua Floriano Peixoto und bis zur Biegung durchgehen (es ist eine Sackgasse), denn dort steht der rosafarbene **Solar da Marquesa (19**; S. 309). Wenn man der Straße weiter nach links folgt, erscheint auf der rechten Seite die **Praça Páteo do Colégio (20**; S. 309), der Ort, an dem São Paulo 1554 gegründet worden ist. Der angrenzende Platz ist von einer Reihe anderer wichtiger bürgerlicher Gebäude umgeben, die meisten stammen aus dem frühen 20 Jh. Hinzu kommt eine monumentale Säule, die in Gedenken an die Stadtgründer errichtet wurde.

Direkt vor dem Platz verläuft die Rua Boa Vista. Man folgt ihr von der Praça da Sé weg und landet mitten im Finanzzentrum der Stadt. Am Ende der Boa Vista befindet sich der **Largo de São Bento (21)**. Von diesem Platz starteten Tausende *bandeirante*-Expeditionen.

Heute steht hier das **Mosteiro São Bento (22**; S. 310), ein Kloster mit Basilika, das in einem sehr eklektischen Stil erbaut wurde. Hier werden immer noch Konzerte mit gregorianischen Gesängen veranstaltet.

Beim Verlassen des Platzes die Fußgängerzone Rua São Bento hochgehen bis zur Av São João. Links auf die Av São João und gleich wieder links, dann steht auf der rechten Seite das Art-déco-Gebäude **Banespa (23**; S. 310). Für einen kompletten Rundumblick auf Sampa geht's hinauf ins oberste Stockwerk. Nun die gleiche Strecke wieder zurück bis zur Rua São Bento und dann immer geradeaus die Av São João entlang. Links, gleich nach São Bento, steht das **Edifício Martinelli (24**; S. 310). Danach überquert man erneut das Tal von Anhangabaú, das man vorher schon mal vom Viaduto do Chá aus gesehen hat. Vorne liegt das **Prédio dos Correios (25)**, das größte Postamt des Landes. Momentan wird es restauriert, bald wird daraus ein kulturelles Zentrum mit Postmuseum.

Zum Schluss der Tour geht es noch ein Stückchen die Av São João hoch, bis zum **Largo de Paiçandú (26)**, wo die **NS do Rosário dos Homens Pretos (27)** steht. Die Kirche wurde 1906 von schwarzen Brasilianern dort errichtet, wo früher heilige afrikanische Riten durchgeführt wurden. Hinter der hübschen Kirche, die in einem ungewöhnlichen Gelb-Orange-Ton gestrichen ist, steht das prächtige **Monumento á Mãe Preta** (Monument der schwarzen Mutter; 28). Die herzzerreißende Statue zeigt eine afrikanische Sklavin, die ein weißes Baby stillt. Das Gedicht am Sockel ist Ausdruck ihrer Klage, dass ihr eigenes Kind hungern muss.

Um nun einen langen Tag abzuschließen, marschiert man weiter bis zur Kreuzung der Av São João mit der Av Ipiranga. Diese **Ecke (29)** wird als die berühmteste von São Paulo betrachtet und wurde unsterblich durch Caetano Velosos wundervolles Lied, das eine Ode an die Stadt „Sampa" ist. Nur noch ein letztes Mal links abbiegen und man hat den Ausgangspunkt der Tour wieder erreicht: Praça da Rebública.

KURSE

Eine der renommiertesten Sprachschulen für Portugiesischkurse ist **Polyglot** (☎ 3744 4397; www.polyglot.com.br; Av Eng Luiz Carlos Berrini, 96, Brooklyn). **CEL-LEP** (www.cellep.com) ist auf Englisch und Spanisch spezialisiert, bietet aber auch Portugiesischkurse in verschiedenen Ecken der Stadt an.

SÃO PAULO MIT KINDERN

In São Paulos weitläufigem **Parque do Ibirapuera** (S. 316) können Kinder wunderbar überschüssige Energie abbauen. Wenn sie keine Angst vor Schlangen haben, werden sie auch vom **Instituto Butantan** (S. 318) fasziniert sein.

Der große, sehr gute Zoo **Jardim Zoológico** (S. 319) ist bei den Kleinen eine sichere Nummer.

FESTIVALS & EVENTS

Die Großereignisse der Stadt sind die **Bienal de São Paulo** (S. 319) und die **Gay-Pride-Events** (s. Kasten unten).

Ebenfalls einen Besuch wert:

Carnaval (Feb. &/oder März) Die Feierlichkeiten reichen zwar nicht an die in Rio heran, bieten aber trotzdem Partys in der ganzen Stadt (s. S. 92).

Virada Cultural (ein Samstag Ende April oder Anfang Mai) Eine durchgehende 24-Stunden-Party mit kulturellen, vor allem musikalischen Events überall in der Stadt.

São Paulo International Art Fair (Ende Mai oder Anfang Juni) Diese nationale und internationale Kunstausstellung ist eine der größten weltweit.

Festa de NS Achiropita (jedes Wochenende im August) Eine Reihe von Straßenfesten im Bixina, die das italienische Erbe der Stadt feiern.

Restaurant-Woche São Paulo (Ende Aug. und Anfang Sept.) Über 100 Restaurants bieten spezielle Menüs und Werbepreise.

Mostra Internacional de Cinema (Okt.) Das größte Filmfestival im Land mit Vorführungen überall in der Stadt.

Reveillon (31. Dez.) Die Av Paulista verwandelt sich in eine riesige Freiluft-Party, wenn das neue Jahr eingeläutet wird.

SCHLAFEN

Ironischerweise werden Reisende bald feststellen, dass sie die größten Rabatte in São Paulo während der Ferienmonate Dezember, Januar und Februar bekommen können, wenn die Preise im Rest Brasiliens in die Höhe schießen. Wochenendvergünstigungen von 30 % oder mehr sind in großen Geschäftshotels nicht unüblich. Manchmal müssen sie hart um ihre Gäste kämpfen – Handeln ist also immer einen Versuch wert.

Viele der hier genannten Hotels sind auch für Reisende mit Behinderungen geeignet.

Praça da República & Umgebung

São Paulo Hostel Downtown (Karte S. 306 f.; ☎ 3333 0844; www.hostelsp.com.br; Rua Barão de Campinas 94; B/EZ/DZ 33/66/80 R$; 🛜) Dieses gute, wenn auch eher schlichte HI-Hostel liegt versteckt in einem Bürogebäude in der Innenstadt, zu Fuß etwa 5 Minuten von der Metrostation República entfernt. Pluspunkte sind die 24-Stunden-Rezeption, das kostenlose WLAN, die Gemeinschaftsküche und die Waschmaschinen. Nicht-Mitglieder zahlen ca. 20 % mehr. In der Umgebung des Hostels sollte man immer vorsichtig sein, besonders nachts.

Hotel Itamarati (Karte S. 306 f.; ☎ 3474 4133; www.hotelitamarati.com.br; Av Dr Vieira de Carvalho 150; EZ/DZ 89/113 R$; Ⓟ 🅧 🖳) Die freundliche, aber abgenutzte Budgetoption ist in einem schönen alten Gebäude untergebracht und liegt nur einen kurzen Spaziergang vom Praça da República entfernt. Die vorderen Zimmer sind heller, aber auch lauter. Ein paar haben nur Ventilatoren und kosten pro Nacht 15 R$ weniger.

Normandie Design Hotel (Karte S. 306 f.; ☎ 3311 9855; www.normandiedesign.com.br; Av Ipiranga 1187; EZ/DZ 140/170 R$; Ⓟ 🅧 🖳) Von den Werken Philippe Starcks inspiriert, schafft dieses Hotel das Kunststück, modisch ganz vorn dabei zu sein und trotzdem vernünftige Preise zu bieten. Die nüchtern und doch eindrucksvolle Lobby

---

GAY PRIDE À LA SAMPA

1997 zog São Paulos erste Gay-Pride-Parade noch magere 3000 Teilnehmer an. In weniger als einem Jahrzehnt hat sie sich zum größten Pride-Event der Welt entwickelt, das beinahe 3 Mio. Menschen anlockt. Dieser Anstieg ist einerseits auf die tiefgreifenden Veränderungen bezüglich der kulturellen Einstellung gegenüber Homosexuellen in Brasilien zurückzuführen, andererseits aber auch auf Sampas lange Tradition der Toleranz. Tatsächlich besteht ein Großteil der Massen aus *simpatizantes* – schwulenfreundlichen Heteros. Rio wird oft als Brasiliens Schwulenmekka gepriesen, aber trotzdem sieht man in den Straßen dort fast nie offene Zuneigungsbekundungen. In São Paulo gehören öffentliche Liebesbeweise hingegen allmählich zur Normalität, zumindest in bestimmten Stadtteilen (S. 329).

Während der Pride-Woche sind die Schwulen- und Lesbentreffs vor der großen Parade, die traditionell sonntags und normalerweise Mitte Juni stattfindet, bis zum Bersten gefüllt. Außerdem gibt's politische Veranstaltungen, Straßenfeste, Konzerte und andere spezielle Events.

weckt Erwartungen, die die Zimmer nicht ganz erfüllen können. Trotzdem sind sie für diesen Preis absolut angemessen – und strikt in Schwarz-Weiß gehalten.

Hotel Marabá (Karte S. 306 f.; ☎ 2137 9500; www.hotelmaraba.com.br; Av Ipiranga 757; EZ/DZ 180/210 R$; P ⊠ ⌨) Diese neue Unterkunft in einem umgebauten Bürogebäude gleich neben dem Praça da República bietet bemerkenswerte Stilsicherheit und Komfort zu moderaten Preisen, hochwertige Bettwäsche und schicke Beleuchtung inklusive. Jedes Zimmer verfügt über eine attraktive Sitzecke, und im obersten Stock gibt's eine nette Dachterrasse und ein Fitnessstudio.

Novotel Jaraguá São Paulo (Karte S. 306 f.; ☎ 2802 7000; www.accorhotels.com.br; Rua Martins Fontes 71; EZ/DZ 300/350 R$; P ⊠ ⌨) Die Accor-Kette hat sich des alten Hotel Jaraguá angenommen, das lange das eleganteste Hotel in São Paulos Innenstadt war. Die Zimmer sind groß, üppig und in fröhlichen, satten Farben eingerichtet. Ab dem 20. Stock bieten die Zimmer einen wahrlich atemberaubenden Blick auf die Stadt.

Liberdade

Akasaka (Karte S. 306 f.; ☎ 3207 1500; www.akasakahotel.com.br; Praça da Liberdade 149; EZ/DZ 89/99 R$) Äußerst praktisch gegenüber der Metro liegt diese Budgetoption, die mit ihren einfachen und schnickschnackfreien, aber sauberen Zimmern ein gutes Preis-Leistungs-Verhältnis bietet. Für 10 R$ gibt's auch Frühstück obendrauf.

Rund um die Avenida Paulista

Pousada dos Franceses (Karte S. 314 f.; ☎ 3262 4026; www.pousadadosfranceses.com.br; Rua dos Franceses 100; B 35 R$, EZ/DZ ab 60/88 R$; ⌨ 🛜) Dieses Hostel liegt in einer ruhigen, vorortartigen Straße, nur einen kurzen Fußmarsch von der Av Paulista entfernt, und bietet anständige Schlafsäle, helle, angenehme Gemeinschaftsräume und private Zimmer in verschiedenen Größen und Komfortlevels. Pluspunkte sind das umfangreiche kostenlose Frühstück, WLAN (5 R$/Tag), die Gemeinschaftsküche und die 24-Stunden-Rezeption.

Formule 1 Paulista (Karte S. 314 f.; ☎ 3123 7755; www.accorhotels.com.br; Rua da Consolação 2303; Zi. ab 95 R$; ⊠ ⌨) Groß und ziemlich seelenlos, bietet dieses Kettenhotel immerhin eine tolle Lage und Spitzenpreise. Die Zimmer sind spartanisch und eher schlafsaalartig, aber absolut ausreichend.

Hospedaria Mantovani (Karte S. 314 f.; ☎ 3889 8624; www.residenzamantovani.com.br; Rua Desembargador Eliseu Guilherme 269; EZ/DZ/3BZ 85/105/119 R$) Was aussieht wie ein italienisches Bauernhaus auf Steroiden ist tatsächlich eine nett ausgestattete Pension, die Zimmer in verschiedenen Größen und Formen bietet, alle eher schlicht, aber makellos und wirklich hübsch. Vorab reservieren.

Paulista Garden Hotel (Karte S. 314 f.; ☎ 3885 1362; www.paulistagardenhotel.com.br; Alameda Lorena 21; EZ/DZ/3BZ ab 99/117/152 R$; P ⊠) Das Paulista liegt zwar an einer geschäftigen Kreuzung, aber dieses freundliche Haus ist bei ausländischen Reisenden aufgrund seiner recht großzügigen, wenn auch wenig inspirierten Zimmer zu fairen Preisen sehr beliebt.

Augusta Park Hotel (Karte S. 314 f.; ☎ 3124 4400; www.augustapark.com.br; Rua Augusta 922; EZ/DZ 130/155 R$; P ⊠ ⌨ 🛁) Inmitten des Trubels der Rua Augusta bietet das Augusta Park respektable, aber leicht veraltete Zimmer in praktischer Lage. Nicht unbedingt luxuriös, aber wirklich gemütlich, verfügen alle über eine separate Sitzecke und eine kleine Küche. Die Zimmer auf den oberen Etagen locken mit einem gewinnenden Ausblick, die im hinteren Teil des Hotels sind dafür ruhiger.

L'Hotel (Karte S. 314 f.; ☎ 2183 0500; www.lhotel.com.br; Alameda Campinas 266; DZ ab 700 R$; P ⊠ ⌨ 🛁) Vielleicht das gemütlichste Spitzenklassehotel in São Paulo und ganz sicher eines seiner edelsten: dieses Boutiquehotel abseits der Paulista bietet luxuriöse Zimmer, tadellosen Service und ziemlich traditionelles kontinentales Dekor.

Jardins

MITTEL- & SPITZENKLASSEHOTELS

LP Tipp **Pousada Dona Ziláh** (Karte S. 314 f.; ☎ 3062 1444; www.zilah.com; Alameda Franca 1621; EZ/DZ 148/184 R$; P ⊠ ⌨) Ein seltener Fund – diese hübsche, straff geführte Pousada (Pension) ist in einer Villa im spanischen Stil im Herzen von Jardins untergebracht. Die Zimmer liegen rund um einen Innenhof und sind klein und schlicht, aber sehr geschmackvoll und ordentlich. Die attraktiven Gemeinschaftsbereiche schaffen ein geselliges Ambiente für eine recht internationale Gästeschar. Das neue Restaurant serviert niveauvolle brasilianische Fusion-Küche zu relativ vernünftigen Preisen. Zimmer mit Klimaanlage kosten 10 R$ extra.

Blair House (Karte S. 314 f.; ☎ 3083 5988; Alameda Franca 1645; www.blairhouse.com.br; EZ/DZ ab 148/172 R$; ⊠) Die kleinen Wohnstudios hier sind zwar eher schlicht, aber gemütlich und für das Geschehen in Jardins sehr praktisch gelegen.

Man sollte auf eines der helleren Eckzimmer (ungerade Zimmernummern) abzielen.

Le Premier Othon Suites (Karte S. 314 f.; ☎ 3887 1599; www.othon.com.br; Rua Guararâ 511; EZ/DZ ab 177/191 R$; (P) (X) (Q) (R)) Die winzigen Wohnstudios sind zwar standarmäßige Angelegenheiten, aber für Jardins ein relatives Schnäppchen. Sie bieten gute Betten und eine geschmackvolle, wenn auch nicht gerade topmoderne Einrichtung. Die Zimmer auf den oberen Etagen bieten einen guten Ausblicks über die Stadt.

Regent Park Suite Hotel (Karte S. 314 f.; ☎ 3065 5555; www.regent.com.br; Rua Oscar Freire 533; EZ/DZ 265/320 R$; (P) (X) (Q) (R)) Schicke Lage und komplett ausgestattete, üppige, unaufdringlich stilvolle Ein-Zimmer-Apartments. Am besten fragt man nach einem Zimmer in einem der oberen Stockwerke, die einen tollen Blick auf Jardins bieten.

Hotel Emiliano (Karte S. 314 f.; ☎ 3068 4399; www.emiliano.com.br; Rua Oscar Freire 384; DZ ab 870 R$; (P) (X) (Q) (R)) Schick, hell und minimalistisch – das Emiliano ist zwar etwas frecher als das Fasano, aber genauso luxuriös, mit hochwertigen Laken, makellosem Service und einem sonnendurchfluteten Pool auf dem Dach.

Hotel Fasano (Karte S. 314 f.; ☎ 3896 4000; www.fasano.com.br; Rua Vittorio Fasano 88; DZ ab 1150 R$; (P) (X) (Q) (R)) Dieses kleine, aber ultrakultivierte Hotel scheint direkt aus Mailand hierher versetzt worden zu sein: der gedämpfte graue Marmor bringt die exquisiten Antiquitäten aus der Ära um die 1930er-Jahre in den Zimmern und Gemeinschaftsbereichen wunderbar zur Geltung, und das Haus strahlt eine Zurückhaltung und Formalität aus, die man in Brasilien nur selten findet. Allein der zenmäßige Pool auf dem Dach ist den Preis schon wert. Viele Zimmer bieten außerdem einen tollen Ausblick.

Südlich & Westlich von Jardins

Saci Hostel (Karte S. 304; ☎ 3862 5792; www.sacihostel.com; Rua Veríssimo Glória 86; B ab 35 R$, DZ ab 90 R$; (Q) (R)) Einen kurzen Fußmarsch von der Metrostation Sumaré entfernt, bietet dieses neue Hostel nicht nur mit der praktischste Lage der ganzen Stadt, es war auch das erste in São Paulo mit eigenem Pool. Die Zimmer sind kuschelig, aber anständig.

Casa Club Hostel (Karte S. 317; ☎ 3798 0051; www.casaclub.com.br; Rua Mourata Coelho 973; B ab 35 R$; (Q)) Auch wenn die schlafsaalartigen Zimmer mit 16 Betten ziemlich voll sind, ist dies dank der Hinterhof-Bar, die auch für die Öffentlichkeit zugänglich ist, São Paulos geselligstes Hostel. Es ist sauber, gut geführt und bietet eine gute Lage für das Nachtleben und die Kunstszene von Vila Madalena.

Hotel Unique (Karte S. 304; ☎ 3055 4710; www.hotelunique.com.br; Av Brigadeiro Luis Antônio 4700; DZ ab 975 R$; (P) (X) (Q) (R)) Das schiffsartige Unique wurde von Ruy Ohtake entworfen und ist ganz gewiss das architektonisch anspruchsvollste Hotel der Stadt und dabei auch eines ihrer luxuriösesten. Die Zimmer mit torartigen Fenstern sind elegant-minimalistisch, und Bar und Pool auf dem Dach bieten mit den besten Ausblick der Stadt.

ESSEN

São Paulos Restaurantszene ist ebenso weitläufig wie die Stadt selbst – hier kommen garantiert alle Geschmäcker auf ihre Kosten. Genügsame können aus den allgegenwärtigen *lanchonetes* wählen – Eck-Bars, die durstigen Gästen Bier und hungrigen komplette Mahlzeiten für unter 12 R$ servieren. Darüber hinaus bieten Hunderte ethnischer Gruppen ihre Spezialitäten feil, von libanesischer bis uruguayischer Küche.

Paulistanos lieben es, auswärts zu essen, und sie tun es am liebsten spät. Auch wenn die Restaurants schon um 19 Uhr öffnen, sind die meisten an Werktagen erst gegen 21 Uhr voll, am Wochenende noch später. Dann nehmen viele Küchen noch bis 1 Uhr oder länger Bestellungen entgegen. Bei nächtlichem Heißhunger stehen außerdem zahlreiche, sehr gute 24-Stunden-Optionen zur Verfügung.

Anhangabaú, Triângulo, Praça da República & Liberdade

Estadão (Karte S. 306 f.; Viaduto 9 de Julho 193; heiße Sandwiches 6–12 R$; ⏲ 24 Std.) Für seine *pernil*-(Schweinelende-) Sandwiches mit knusprigem französischem Brot bekannt, ist dieses schlichte Stehlokal bei Taxifahrern und den Passagieren, die sie spätnachts durch die Gegend kutschieren, zu Recht beliebt.

Ponto Chic (Karte S. 306 f.; ☎ 3222 6528; Largo Paissandu 27; Sandwiches ab 12 R$, Hauptgerichte ab 25 R$; ⏲ 11–24 Uhr) Eine echte São-Paulo-Tradition, ist das Ponto Chic für sein effizientes, Fliege tragendes Personal und das extravagante *bauru* für 12 R$ berühmt – ein Sandwich mit Rind, Tomaten, Essiggurken und geschmolzenem Käse auf französischem Brot.

Lamen Asaka (Karte S. 306 f.; ☎ 3277 9682; Rua Galvão Bueno 466; Hauptgerichte um 12 R$; ⏲ Di–So mittags &

abends, Mitte Dez–Mitte Jan geschl.) Eines der besten preiswerten Lokale in São Paulo: dieser Liberdade-Klassiker ist auf hausgemachte japanische Ramen spezialisiert – dünne Nudeln, die in einer reichhaltigen Brühe mit dünn geschnittenem Fleisch und Gemüse serviert werden. Die glänzende, offene Küche wird von Nachkommen japanischer Einwanderer betrieben.

Rund um die Avenida Paulista
GÜNSTIG

Madhu (Karte S. 314 f.; ☎ 3262 5535; Rua Augusta 1422; Gerichte inkl. Getränk 12–19 R$; ⌚ Mo–Fr 12–22, Sa 13–23.30 Uhr) Brasiliens erstes indisches Fastfood-Restaurant überzeugt mit Schlichtheit und einem Hauch von Stil und serviert gutes Curry und Naan inmitten der geschäftigen Rua Augusta.

Gopala Hari (Karte S. 314 f.; ☎ 3283 1292; Rua Antônio Carlos 429; 3-Gänge-Menü 18 R$; ⌚ Mo–Do mittags, Fr & Sa mittags & abends) Günstig und elegant und mit köstlichem Essen: dieses indische vegetarische Mittagslokal bietet täglich zwei verschiedene Menüs inklusive Suppe, Hauptgang und Dessert. Die Gerichte sind zwar schlicht, werden aber sorgfältig zubereitet und serviert.

Asia House (Karte S. 314 f.; ☎ 3064 0493; Rua Augusta 1918; 33 R$/kg; ⌚ Mo–Sa mittags) Dieses Pro-Kilo-Restaurant gleich abseits der Av Paulista bietet sich für gutes, blitzschnelles Sushi zu fairen Preisen unbedingt an. Neben Sushi und Sashimi gibt's auch klassische japanische und chinesische Gerichte, von Tempura bis Kung-Pao-Hühnchen.

MITTELTEUER & TEUER

Bella Paulista (Karte S. 314 f.; ☎ 3214 3347; Rua Haddock Lobo 354; ⌚ 24 Std.) Diese äußerst angenehme Edel-Bäckerei ist dank ihrer Gourmet-Sandwiches (ca. 18 R$) und Salate, die rund um die Uhr serviert werden, sowohl bei schwulen als auch bei hetero Paulistanos beliebt. In den frühen Morgenstunden, wenn die Clubs schließen, kann man sich auf lange Warteschlangen einstellen.

Bio Alternativa (Karte S. 314 f.; ☎ 3898 2971; Alameda Santos 2214; Mittagsbüffet um 25 R$; ⌚ Mo–Fr mittags) Nur einen Block von der Av Paulista entfernt liegt diese vegetarische Oase, die ein Mittagsbüffet mit bis zu einem halben Dutzend warmer Gerichte anbietet, einige davon vegan und alle aus sorgfältig ausgewählten, meist Bio-Zutaten zubereitet.

Sujinho (Karte S. 314 f.; ☎ 3231 5207; Rua da Consolação 2078; Hauptgerichte um 30 R$; ⌚ So–Do 11.30–3, Fr & Sa bis

5 Uhr) Dieses geradlinige Steakhaus ist dank seiner Mischung aus feinen Grillgerichten zu vernünftigen Preisen, altmodischem Service und langen Öffnungszeiten ein Favorit der Einheimischen. Gleich auf der anderen Straßenseite befindet sich noch eine Filiale.

Spot (Karte S. 314 f.; ☎ 3283 0946; Alameda Ministro Rocha Azevedo 72; Hauptgerichte 30–40 R$; ⌚ mittags & abends) Von Edelstahl ummantelt, sieht das Spot wie ein US-Diner aus, bietet aber viel besseres Essen. Auf der einfachen Speisekarte stehen klassische, gut zubereitete Pasta und Grillgerichte. Das selbstbewusst-stilvolle Publikum aus Künstlern, Selbstdarstellern und Journalisten bildet dazu einen starken Kontrast.

Bráz (Karte S. 314 f.; ☎ 3214 3337; Rua Sergipe 406, Higienópolis; Pizzas ab 35 R$; ⌚ 18.30–0.30, Fr & Sa bis 1.30 Uhr) Dieses ziemlich teure, aber stets gut gefüllte Lokal serviert, was viele für die beste Holzofenpizza in ganz Sampa halten. Es ist den zehn- bis 15-minütigen Fußmarsch von der Av Paulista auf jeden Fall wert.

Tordesilhas (Karte S. 314 f.; ☎ 3107 7444; Rua Bela Cintra 465; Hauptgerichte 35–65 R$; ⌚ Di–Sa mittags & abends, So mittags) Hinter einem dichten Pflanzengewirr in einem goldgelben kolonialen Herrenhaus kreiert Küchenchefin Mara Salles mit das Beste, was die zeitgenössische brasilianische Küche der Stadt zu bieten hat, z. B. perfekt gegrillten Amazonasfisch und sonnengetrocknetes Rind mit Palmherzen.

Jardins
In Jardins kann man sich richtig ausleben: es bietet eine unglaubliche Dichte einiger der berühmtesten Restaurants Brasiliens und ein paar überraschend Alternativen zu vernünftigen Preisen obendrein.

GÜNSTIG & MITTELTEUER

Benjamin Abrahão (Karte S. 314 f.; ☎ 3061 4004; Rua José Maria Lisboa 1397; Sandwiches 9–18 R$; ⌚ 6–21.30 Uhr) Diese Paulista-Institution gilt vielen als beste Bäckerei der Stadt und serviert außerdem Sandwiches und warme Speisen (um 25 R$) in makellos weiß-braunem Ambiente. Egal ob Kuchen oder Focaccia – die Leckereien aus dem Backofen sind einfach grandios.

Galeria dos Pães (Karte S. 314 f.; ☎ 3064 5900; Rua Estados Unidos 1645; Sandwiches 10–18 R$; ⌚ 24 Std.) Dieser Gourmet-Lebensmittelmarkt verfügt auch über ein großartiges Deli, in dem die schönen Menschen von Jardins zu einer ausgezeichneten Auswahl an Gourmet-Sandwiches und frischen Säften ihre Sozialkontakte pflegen.

An Werktagen gibt's außerdem ein Frühstücksbuffet (14 R$), am Wochenende Brunch (18 R$) und täglich ein Buffet mit Suppen und Backwaren (20 R$; 18 Uhr bis 5 Uhr).

Margherita (Karte S. 314 f.; ☎ 2714 3000; Alameda Tietê 255; 2-Pers.-Pizzas 30–45 R$; ⏲ 18.30–1 Uhr) Klassische italienische Pizzas mit dünnem Boden, im Holzofen gebacken und in einem ansprechenden Speisesaal serviert, ziehen die jungen und jung aussehenden Einwohner Jardins' an. Am Wochenende kann man mit einer Warteschlange rechnen, besonders sonntags.

Kazan (Karte S. 314 f.; ☎ 3068 9665; Rua Dr Melo Alves 343; Buffet zum Mittag-/Abendessen 29/39 R$; ⏲ Mo–Sa mittags & abends) Ein helles, angenehmes japanisches Restaurant im Herzen von Jardins – das Kazan bietet gutes Sushi zu tollen Preisen. Am Büffet gibt's Suppe, Tempura, Teriyaki, Dessert und soviel Sushi wie man essen kann.

Espaço Arabe (Karte S. 314 f.; ☎ 3081 1824; Rua Oscar Freire 168; Hauptgerichte 20–30 R$; ⏲ 11–23 Uhr) Dieses lichtdurchflutete, moderne Lokal serviert zuverlässig gute, ausgesprochen unfettige Versionen arabischer Klassiker, von Shish Kebab bis zu Falafel. Das spezielle viergängige Mittagsmenü (26 R$) ist ein echtes Schnäppchen.

Piola (Karte S. 314 f.; ☎ 3064 6570; Alameda Lorena 1765; Pizzas 22–39 R$; ⏲ 18–1 Uhr) Das Piola serviert leckere Holzofenpizza mit luftig dünnem Boden in buntem, entspanntem, schickem Ambiente und zieht eine eher jugendlich-hippe Klientel an. Sonntagabends kann man mit Warteschlange rechnen.

Ritz (Karte S. 314 f.; ☎ 3062 5830; Alameda Franca 1088; Burger um 25 R$; ⏲ mittags & abends) Oft von schwulen Gästen besucht, serviert diese Neuinterpretation eines altmodischen französischen Bistros Klassiker wie Quiches und gegrillten Fisch mit Sauce Hollandaise, aber am beliebtesten sind die saftigen Burger.

TEUER

Oscar Café (Karte S. 314 f.; ☎ 3063 5209; Rua Oscar Freire 727; Hauptgerichte um 35 R$; ⏲ Mo–Sa 9.30–22, So bis 20 Uhr) Ein Jardins-Klassiker, ist dieses Café-Restaurant eine Welt für sich, mit natürlichem Holzdekor, einem hübschen Wasserfall, ausgezeichnetem Kaffee und leckeren Backwaren sowie kreativer brasilianischer Fusion-Küche.

Capim Santo (Karte S. 314 f.; ☎ 3068 8486; Alameda Ministro Rocha Azevedo 471; Hauptgerichte 35–70 R$; ⏲ Di–So mittags & abends) Die junge Küchenchefin Morena Leite zaubert ausgezeichnete Gerichte aus Bahia mit Schwerpunkt auf frischen Meeresfrüchten, serviert in entspannten, mit Pflanzen gefüllten Innen- und Außenbereichen. Für einen erschwinglichen Besuch dieses Edelrestaurants bietet sich das werktägliche Büffet (36 R$) an.

Figueira Rubaiyat (Karte S. 314 f.; ☎ 3087 1399; Rua Haddock Lobo 1738; Hauptgerichte 40–80 R$; ⏲ mittags & abends) Ebenso weitschweifend und opulent wie der alte Feigenbaum, der die Terrasse schmückt, serviert dieses erstklassige Grill-Restaurant vielleicht das beste Fleisch in ganz Sampa sowie eine Reihe weiterer Delikatessen, von frischen Austern bis zu Foie gras mit Feigen.

LP Tipp **Brasil a Gosto** (Karte S. 314 f.; ☎ 3086 3565; Rua Professor Azevedo do Amaral 70; Hauptgerichte ab 45 R$; ⏲ Di–Sa mittags & abends, So mittags) Gleichzeitig gemütlich und modern, hat es diese Jardins-Institution dank ihrer innovativen Versionen klassischer brasilianischer Gerichte und Zutaten zu Ruhm gebracht, die von *carne de sol* (köstliches gesalzenes Grillfleisch, mit Bohnen, Reis und Gemüse serviert) bis zu Amazonas-Früchten wie der beerenartigen *açaí* reichen.

LP Tipp **Maní** (Karte S. 304; ☎ 3085 4148; Rua Joaquim Atunes 210; Hauptgerichte 45–65 R$; ⏲ Di–So mittags & abends) Einer der aufregendsten Neuzugänge der Restaurantszene Sampas – dieses Restaurant mit rustikalem Schick wird von einem brasilianisch-spanischen Pärchen tadellos geführt. Auf der einfallsreichen Karte steht auch eine wirklich bemerkenswerte Vorspeise: ein extrem langsam gekochtes Ei in schaumiger Sauce – einfach unglaublich.

Gero (Karte S. 314 f.; ☎ 3064 0005; Rua Haddock Lobo 1629; Hauptgerichte 55–85 R$; ⏲ Mo–Sa mittags & abends, So mittags) Das Gero gehört zur Fasano-Familie der teuren Restaurants und bietet einen wunderschön minimalistischen, von Ziegelmauern umgebenen Speisesaal und zieht mit seinen brillanten italienischen Gerichten – etwa Polenta mit Tintenfisch in der eigenen Tinte oder hausgemachte Pasta mit einem *ragu* aus Würstchen und Radicchio – eine lebendige, modebewusste Gästeschar an.

D.O.M. (Karte S. 314 f.; ☎ 3088 0761; Rua Barão de Copamena 549; Hauptgerichte 60–85 R$; ⏲ Mo–Fr mittags & abends, Sa abends) Foie gras mit Wildreiskruste? Gnocchi mit Ochsenschwanzsauce? Entenbrust mit Bananen? Dieses kleine, täuschend legere italienisch-französische Restaurant serviert mit das edelste Essen in ganz Sampa, und das will was heißen. Reservierung empfohlen.

Vila Madalena

Pitanga (Karte S. 317; ☎ 3816 2914; Rua Original 162; Büffets 27 R$; ⏲ mittags) Hinter einem Vorhang aus Weinreben versteckt sich diese koloniale Minivilla, die in ein originelles, luftiges Restaurant verwandelt wurde. Das tägliche Mittagsbüffet reicht von vegetarischer Lasagne und Pasta mit Filet mignon bis zu würzigem Anchovis-Eintopf. Aber am Wochenende steigen die Preise um 5 bis 10 R$.

Santa Gula (Karte S. 317; ☎ 3812 7815; Rua Fidalga 340; Hauptgerichte 30–55 R$; ☯ Mo abends, Di–Sa mittags & abends, So mittags) Dieses bemerkenswerte Restaurant am Rand eines grünen Platzes serviert kreative brasilianische Fusion-Gerichte wie Shrimps mit Aprikosen oder Lachs mit Cashew-Kruste. Es dient gleichzeitig als „Schaufenster" für brasilianisches Kunsthandwerk – man kann den Tisch, an dem man gegessen hat, also direkt mit nach Hause nehmen.

Lebensmittel

Selbstversorger können sich im **Supermercado Master** (Karte S. 314 f.; Rua Frei Caneca 569) im Erdgeschoss des Einkaufszentrums Shopping Frei Caneca eindecken. Wer gern Gourmet-Gerichte zaubert, wird dagegen mit Sicherheit im **Casa Santa Luzia** (Karte S. 314 f.; Alameda Lorena 1471, Jardins; ☯ Mo–Sa 8–20.45 Uhr) finden wonach er sucht.

Wer rund um die Uhr hochwertige Delikatessen, Backwaren aller Art und Gourmet-Lebensmittel sucht, kann sich auch zur Galeria dos Pães (S. 326) in Jardins oder zum kleineren Bela Paulista (S. 325) abseits der Av Paulista aufmachen.

AUSGEHEN

Sampas lautes, vielfältiges Nachtleben kann es jederzeit mit dem Londoner oder New Yorker Nachtleben aufnehmen. Egal, ob man fröhliche Cafés oder frühmorgendliche Raves, Live-Metal oder frisch eingeflogene Electronica-Klänge bevorzugt, São Paulo hat, wonach man sucht. Allgemeine Infos zu englischen Bars und Nachtclubs gibt's auf www.gringoes.com. Auch der portugiesischsprachige *Guia da Folha* hat eine Website (http://guia.folha.com.br, portugiesisch) sowie eine Beilage in der Freitagsausgabe der Zeitung *Folha de São Paulo*.

Cafés

Der Kaffee schmeckt in São Paulo – dank des italienischen Erbes der Stadt – gemessen an brasilianischen Standards normalerweise ausgezeichnet. Die hier aufgeführten Cafés servieren Hochland-Arabica, meist aus Minas Gerais, der zu den besten Bohnen Brasiliens gehört.

Café Floresta (Karte S. 306 f.; Av Ipiranga 200; ☯ 7–24 Uhr) Mit seinen antiken Wandgemälden, dem ausgezeichneten aufgebrühten Kaffee und der tollen Lage im Erdgeschoss des Niemeyer-Gebäudes Edifício Copan in der Nähe des Praça da República ist dieses reine Stehcafé ein Favorit aller Traditionalisten.

Santo Grão (Karte S. 314 f.; ☎ 3082 9969; Rua Oscar Freire 413; ☯ Mo 10–13, Di–Sa 9–1, So bis 24 Uhr) Der Cappuccino hier ist mindestens so gut wie in Italien. Die Bohnen werden im Hinterzimmer geröstet, und auf der kleinen Terrasse hallen koffeingetränkte Unterhaltungen wider.

Café Suplicy (Karte S. 314 f.; ☎ 3061 0195; Alameda Lorena 1430; ☯ Mo–Fr 7.30–24, Sa & So 9–24 Uhr) Santo Grãos Rivale ist kleiner und bietet ein edles Industriechick-Ambiente sowie ein verdammt guten Kaffee und Gebäck.

Bars

In São Paulo ist man nie mehr als ein paar Meter von einer lebhaften Kneipe entfernt. Junge Alternative müssen nur der Rua Augusta nördlich der Av Paulina auf- und abschlendern, um aus Dutzenden von Kneipen zu wählen, die von superschlicht bis trashig-schick reichen. Nach 21 Uhr drehen alle richtig auf. Vila Madalena ist der neue Trendspot für das Mainstream-Publikum und bietet Dutzende von Bars, meist mit Terrassen und oft mit Livemusik, rund um die Kreuzung Rua Mourato Coelho und Rua Aspicuelta. Zugeknöpfteren Spaß gibt's in den Bars der teureren Hotels, z. B. im Fasano (S. 324) oder Emiliano (S. 324) in Jardins.

CENTRO

Bar Brahma (Karte S. 306 f.; ☎ 3333 0855; Av São João 677, República; ☯ Mo–Sa 11–2.30, So bis 24 Uhr) Ein Sampa-Klassiker nahe dem Praça da República mit gut erhaltenen Holzvertäfelungen – das Brahma ist und bleibt bei Berufstätigen nach Feierabend beliebt und bietet an den meisten Abenden ab 21 Uhr Livemusik (manchmal mit Eintritt).

Choperia Liberdade (Karte S. 306 f.; ☎ 3207 8783; Rua da Glória 523, Liberdade; ☯ 19–4 Uhr) Wer nach altmodischer Karaoke sucht, sollte sich zu diesem Kitschklassiker aufmachen, der mit Weihnachtsbeleuchtung und elektrischen Gemälden dekoriert ist. Donnerstags bis samstags kostet der Eintritt 10 R$.

RUA AUGUSTA & JARDINS

Bar da Lôca (Karte S. 314 f.; Ecke Rua Frei Caneca & Rua Peixoto Gomide; ☯ 8–4 Uhr) Von Saddam bewacht und für seine freundliche Zuvorkommenheit und seine unzähligen Goldketten gleichermaßen geliebt, lockt dieser einfache Laden bis frühmorgens ein gemischtes schwul-alternatives Punk-Publikum an. Er liegt gleich neben dem Rua-Augusta-Korridor.

Bar Balcão (Karte S. 314 f.; ☎ 3063 6091; Rua Dr Melo Alves 150; ⏰ 18–1 Uhr) Mit gutem Wein, ausgezeichneten leichten Gerichten und schlichtem, aber elegantem Design, das eine clever serpentinenförmige Bar ziert, ist dieses Jardins-Schmuckstück besonders bei gut betuchten Designern und Künstlern beliebt.

All Black (Karte S. 314 f.; ☎ 3088 7990; Rua Oscar Freire 163, Jardins; ⏰ Mo–Do 18–2, Sa & So bis 4 Uhr) Wer dringend eine Dosis Guinness, Fish & Chips und irische Fröhlichkeit braucht, ist in Sampas bester Version eines Dubliner Pubs gut aufgehoben. An den meisten Abenden gibt's Livemusik (Eintritt 10–20 R$).

Z Carniceria (Karte S. 314 f.; ☎ 2936 0934; Rua Augusta 934; ⏰ Di–So 7–2 Uhr) „Underground goes exclusiv" in dieser jüngsten, grandiosen Neuheit auf der Rua Augusta. Das Thema hier ist rohes Fleisch – von Türklinken aus Fleischerhackbeilen bis zu Kuhschädeln an den Wänden.

Skye (Karte S. 304; ☎ 3055 4702; Av Brigadeiro Luis Antônio 4700; ⏰ 12–1 Uhr) Für diese Dach-Bar im obersten Stock des Hotel Unique sollte man sich wenigstens ein bisschen in Schale werfen: das edle Design und der unvergleichliche Ausblick machen sie zum perfekten Ort für einen Cocktail bei Sonnenuntergang.

Volt (Karte S. 314 f.; ☎ 2936 4041; Rua Haddock Lobo 40; ⏰ Mo–Mi 19.30–0.30, Do–Sa bis 1.30 Uhr) Besitzer Facundo Guerra hat diesen trendigen Laden mit Neonschildern ausgestattet, die einst die Häuser mit zweifelhaftem Ruf auf der Rua Augusta erleuchteten. Heute ziehen sie die Jungen und Reichen an wie das Licht die Motten.

VILA MADALENA

Genésio (Karte S. 317; ☎ 3812 6252; Rua Fidalga 265; ⏰ Mo–Do 17–4, Fr & Sa 12–5, So 12–2.30 Uhr) Fliege tragende Kellner versorgen in diesem ganzjährigen Favoriten der Vila-Madalena-Nachtschwärmer ein vielschichtiges Publikum, das von Dichtern bis zu Partylöwen reicht, mit Bier vom Fass, Espresso und hausgemachter Pizza und Pasta.

Bar Anhanguera (Karte S. 317; ☎ 3031 2888; Rua Aspicuelta 595; ⏰ Di–Fr 18–1, Sa 15–2, So 13–24 Uhr) Diese große, luftige Bierkneipe sitzt mitten im Vila-Madalena-Trubel und ist auf hochwertige Biere kleinerer Brauereien aus ganz Brasilien spezialisiert, die man zu den Sportübertragungen auf Großbild-TVs genießen kann.

UNTERHALTUNG
Nachtclubs

Discos öffnen nicht vor Mitternacht, werden erst nach 1 Uhr richtig warm und feiern dann bis 5 Uhr oder länger durch. Und dann gibt's noch After-Hour Lokalitäten, die etwas länger geöffnet haben … Feiern ist aber nicht immer ganz billig: die Eintrittspreise reichen von 15 bis 50 R$ (in einigen schickeren Clubs sogar bis 100 R$). Die Karte, die man am Eingang bekommt, sollte man nicht verlieren – die Barkeeper halten die Getränke darauf fest, und man bezahlt alles, wenn man geht.

Clube Gloria (Karte S. 314 f.; ☎ 3097 9966; www.clubegloria.com.br, portugiesisch; Rua 13 de Maio 830, Bela Vista; ⏰ Do–Sa 23.30 Uhr–open end) Eine Kirche, die in einen House- und Elektro-Tempel verwandelt wurde: das Glória ist von den europäischen Discos der 1980er-Jahre inspiriert und zieht ein gut betuchtes, alternatives Publikum an.

Love Story (Karte S. 306 f.; ☎ 3231 3101; Rua Araújo 232, República; ⏰ Mo–Sa 1 Uhr–open end) Sampas Klassiker unter den Open-end-Nachtclubs: das Love Story lockt eine seltene Mischung aus bourgeoiser Jugend, Bohème, Promis und Prostituierten außer Dienst auf seine riesige Tanzfläche. Die Preise können's ganz schön in sich haben.

Clube Vegas (Karte S. 314 f.; ☎ 3231 3705; Rua Augusta 765; ⏰ Di–So 24 Uhr–open end) In einem Keller in einer schäbigen Gegend nördlich der Av Paulista versteckt, bietet das neonerleuchtete Vegas ein vielfältiges Programm: die Musikstile reichen von Jazz über Rock bis Electronica und ziehen eine eklektische Mischung aus unermüdlichen Nachteulen an, Schwule ebenso wie Heteros.

Drops (Karte S. 314 f.; ☎ 2503 4486; Rua dos Ingleses 182, Bela Vista; ⏰ Mi–Sa 20–1 Uhr) In dieser eleganten kleinen Villa in einer reinen Wohngegend fühlt man sich, als sei man auf einer privaten House-Party. Die Barkeeper sind auf Cocktails mit frischen Früchten spezialisiert, und die kleine Tanzfläche bietet alles, von Indie-Rock und Hip-Hop bis zu den Hits der 1980er-Jahre.

D-Edge (Karte S. 304; ☎ 3666 9022; Alameda Olga 170, Barra Funda; ⏰ Mo & Mi–Sa 13 Uhr–open end) Mit einer der eindrucksvollsten Soundanlagen und einer Reihe weltberühmter DJs ist dieser gemischte Schwulen-und-Hetero-Club ein absolutes Muss für alle Electronica-Fans.

SCHWUL-LESBISCHES SÃO PAULO

Lateinamerikas größte und sichtbarste Schwulen- und Lesbengemeinde bietet tags wie nachts eine schwindelerregend vielfältige Auswahl. Hier gibt's nicht nur Schwulen- und Lesbenbars und -discos, sondern auch Restaurants, Cafés und sogar ein Einkaufszentrum: das **Shopping Frei Caneca** (Karte S. 314 f.; Rua Frei Caneca 569; ☺ Mo–Sa 10–22, So 14–20 Uhr) ist auch als „Shopping Gay Caneca" bekannt und richtet sich an eine weitgehend schwule Klientel. Das **São Paulo Pride** (S. 322), das normalerweise Mitte Juni gefeiert wird, ist den meisten Schätzungen zufolge das größte Schwulen- und Lesbentreffen der Welt. São Paulo ist außerdem die einzige Stadt in Brasilien, in der öffentliche Liebesbekundungen gleichgeschlechtlicher Paare quasi zum Stadtbild gehören, zumindest in bestimmten, „sicheren" Vierteln. Dazu gehören das Gebiet nördlich des Praça da República, das eher von der Arbeiterklasse bevölkert wird, die Rua Frei Caneca gleich nördlich der Av Paulista, die ein alternatives Publikum anzieht, sowie die Rua da Consolaçao in Jardins, die größtenteils von Sampas besser betuchten Schwulen und Lesben dominiert wird.

Neben den unten aufgeführten Orten sollte man auch das **Bella Paulista** (S. 325) nicht verpassen, ein 24-Stunden-Restaurant, in dem sich alle treffen, wenn die Clubs schließen. In der **Bar da Lôca** (S. 328) und im weitgehend schwulen **D-Edge** (S. 330) versammelt sich das eher alternative Publikum, wenn es sich den nahen Nachtclub A Lôca gerade nicht leisten kann.

Weitere schwul-lesbische Läden:

ABC Bailão (Karte S. 306 f.; ☎ 3333 3537; Rua Marquês de Itu 182; ☺ Do–Sa 23 Uhr–open end) Das Bailão ist definitiv ‚brega' (kitschig), aber genau das ist ja der Punkt. Eigentlich besteht es nur aus einer riesigen Tanzfläche und bietet alles, von Whitney Houston bis forró – die Musik des Nordostens, in dem viele der Stammgäste geboren wurden. Das Publikum ist ethnisch und altersmäßig erfrischend bunt gemischt.

A Lôca (Karte S. 314 f.; ☎ 3159 8889; www.aloca.com.br, portugiesisch; Rua Frei Caneca 916; ☺ Mi–So 0 Uhr–open end) Noch immer die herrschende Königin des Trash-Chics, ist dieser weitschweifige Club der Bezugspunkt für Sampas alternativos – Schwule, Heteros, Männer, Frauen und diverse Kombinationen daraus. Die Musik reicht von Punk bis zu Electronica und Discoklassikern.

Farol Madalena (Karte S. 317; ☎ 3032 6470; www.farolmadalena.com.br, portugiesisch; Rua Jericó 179, Vila Madalena; ☺ Di–Sa 19–2, So 16–24 Uhr) Einer der angesagtesten Lesbenclubs der Stadt. Dieser kleine Laden lockt die jungen Damen zum Abendessen (Hauptgerichte 20–30 R$) und mit Livemusik und DJs an fortgeschritteneren Abend an.

Fran's Café (Karte S. 314 f.; ☎ Rua Haddock Lobo 586, Jardins; ☺ 10–24 Uhr) In diesem gemütlichen, sehr schwulen Ableger eines klassischen Sampa-Cafés kann man sich mit den einheimischen Jungs um einen Tisch draußen streiten.

Week (Karte S. 304; ☎ 3872 9966; www.theweek.com.br, portugiesisch; Rua Guaicurus 324, Lapa) Opulent und höhlenartig: dieser Club ist der Ort, wenn man verschwitzte, Fitnessstudio-gestählte nackte Oberkörper mag. Mit zwei Tanzflächen, drei Lounges, sechs Bars, einer hochmodernen Licht- und Soundanlage und einem Outdoor-Pool ist man hier in einer eigenen schwulen Welt.

Canto da Ema (Karte S. 304; ☎ 3813 4708; Av Brigadeiro Faria Lima 364, Pinheiros) Wer eine Pause von São Paulos teuren Danceterias braucht, ist in diesem entspannten, intimen Club genau richtig: er ist auf *forró universitário* spezialisiert, eine leichter zugängliche Version der dynamischen Tanzmusik aus Brasiliens Nordosten.

Mokai (Karte S. 314 f.; ☎ 3061 3084; Rua Augusta 2805, Jardins; ☺ Mi–Sa 23 Uhr–open end) Erstklassige Electronica und Bilder von Marie Antoinette – der freche Eintrittspreis (über 100 R$) dieses neuesten edel-dekadenten Nachtclubs scheint vor allem die Schönen der Stadt anzuziehen.

Astronete (Karte S. 314 f.; ☎ 3151 4568; Rua Matias Aires 183; ☺ Mi–Sa 21–5 Uhr) Nahe der Rua Augusta liegt dieser neue Liebling von Sampas *alternativos*, der in einem alten Kolonialhaus untergebracht ist, das in einen Pub-artigen Laden verwandelt wurde, dabei die üblichen Klischees umschifft und einen cleveren Mix aus Soul, Funk und Indie-Rock bietet.

Livemusik

Bourbon Street Music Club (Karte S. 304; ☎ 5095 6100; Rua dos Chanés 127; Eintritt um 30 R$; ☺ Di–So 21–3 Uhr) Sampas erste Adresse für Livejazz und -blues: im Bourbon Street sind schon Größen wie B.B. King und Ray Charles aufgetreten.

Baretto (Karte S. 314 f.; ☎ 3896 4000; Rua Vittorio Fasano 88) Zweifellos einer der besten Orte der Welt für Livemusik – diese Bar im Hotel Fasano (S. 324) erinnert an das Vorkriegs-Mailand und lockt erstklassige Jazzmusiker sowie beliebte brasilianische Musiker an, die normalerweise nur in großen Hallen auftreten. Die Eintrittspreise spiegeln den Glamour-Level allerdings wider.

Kinos

Wirklich jedes größere Einkaufszentrum hat ein Multiplex-Kino, das meist Standard-Hollywood-Kost auftischt. Künstlerisch Wertvolleres bieten die Filmreihen im Centro Cultural Banco do Brasil (S. 310). Die meisten Filme, besonders die anspruchsvolleren, sind eher untertitelt als synchronisiert.

Ebenfalls empfehlenswert:

Cinesesc (Karte S. 314 f.; ☎ 3087 0500; Rua Augusta 2075) Zeigt hervorragende Retrospektiven.

HSBC Belas Artes (Karte S. 314 f.; ☎ 3258 4092; Rua da Consolação 2423) Über sechs Leinwände flimmern neue, erstklassige ausländische und brasilianische Filme.

Klassik, Ballet & Oper

Theatro Municipal (Karte S. 306 f.; ☎ 3223 3022; www.teatromunicipal.sp.gov.br, portugiesisch; Praça Ramos de Azevedo) Opern, klassisches Ballett und Symphoniekonzerte werden in São Paulos kunstvollstem Theater (S. 310) dargeboten. Zum Zeitpunkt der Recherche war das Theater aufgrund umfassender Renovierungsarbeiten geschlossen. Auf der Website kann man sich über die Fortschritte und alternative Veranstaltungsorte informieren.

Sala São Paulo (Karte S. 306 f.; ☎ 3367 9500; www.salasaopaulo.art.br, portugiesisch; Praça Júlio Prestes) Der runderneuerte Bahnhof Estação Júlio Prestes (s. S. 312) ist nicht nur für seiner hervorragenden Akustik berühmt sondern vor allem auch als ein ausgezeichneter Veranstaltungsort für klassische Musik.

SHOPPEN

Auf der Rua 25 de Março, gleich nördlich des historischen Zentrums, kann man erstaunliche Schnäppchen machen: hier wird eine schwindelerregende Vielfalt äußerst preisgünstiger Waren aus aller Welt angeboten. Topmode und teure Möbel findet man bei einem Bummel auf der Rua Oscar Freire und den umliegenden Straßen in Jardins. Wem das nicht schick genug ist, der wird im Daslu (s. Kasten unten) eher fündig werden.

Kleidung & Schuhe

Havaianas (Karte S. 314 f.; Rua Oscar Freire 1116, Jardins; ☽ Mo–Sa 10–20, So 12–18 Uhr) In diesem brandneuen Vorzeigeladen findet man Brasiliens beliebteste Strandschuhe, die Flip-Flops, in allen vorstellbaren Farben und Designs – und das zu durchaus vernünftigen Preisen.

Galeria Melissa (Karte S. 314 f.; Rua Oscar Freire 827, Jardins; ☽ Mo–Fr 10–20, Sa bis 18 Uhr) Dieser Tempel des teuren Schuhwerks ist allein aufgrund seines gewagten Designs einen Besuch wert – Schnäppchen sollte man hier aber nicht erwarten. Melissa machte sich ursprünglich einen Namen mit günstigen, aber stilvollen Plastikschuhen, die alle sozialen Schichten ansprachen – sehr ungewöhnlich für Brasilien.

Galeria Ouro Fino (Karte S. 314 f.; Rua Augusta 2690; ☽ Mo–Sa 11–20 Uhr) Von hüfthohen Stiefeln bis zu Tarnklamotten für Clubpartys – dieses altmodische Einkaufszentrum auf drei Etagen hat sich zum absoluten Mekka für *alternativo*-Einkäufer entwickelt.

Iodice (Karte S. 314 f.; ☎ 6445 2945; Rua Oscar Freire 940; ☽ Mo–Sa 10–20, So 12–18 Uhr) Eine der bekanntesten, aus São Paulo stammenden Marken

---

ALLE LIEBEN DASLU

Man sollte nicht zu Fuß zum **Daslu** (Karte S. 304; ☎ 3841 4000; Av Chedid Jafet 131, Vila Olímpia; ☽ Mo–Sa 10–20, Di bis 22 Uhr) marschieren. Denn, so sagt man, es ist gegen die Regeln, in São Paulos übertriebensten Einkaufstempel per pedes zu erscheinen. Eine Option ist ein Taxi, aber viel schicker ist es natürlich, mit einem Hubschrauber auf dem Dach zu landen (s. Kasten S. 332). Der Laden selbst sieht aus wie eine weiße Römer-Villa auf Steroiden, und auf den drei Etagen sind alle Spitzendesigner von Gucci bis Tumi versammelt. Bedienstete in schwarz-weißen Uniformen servieren kostenlos Espresso, Biscotti und Mineralwasser in den im Haus verstreuten Bars. Trotzdem noch hungrig? Dann auf in den hauseigenen Tearoom, die Sushi-Bar oder den etwas formelleren Speisesaal. Das Daslu hat sogar seinen eigenen Harem – eine weitläufige Reihe von Lounges und Umkleidekabinen, in denen Spiegel allgegenwärtig sind und Männern der Zutritt verboten ist.

Trotz seiner schillernden Fassade hat das Daslu einige Schandflecke zu verbuchen: gleich nach der Eröffnung des Hauses an seinem heutigen Standort im Jahr 2005 wurde die Besitzerin Eliana Tranchesi wegen massiver Steuerhinterziehung verhaftet. Zwar musste sie nie eine Gefängnisstrafe absitzen, aber das Unternehmen wurde zu einer Geldstrafe von über 100 Mio. US$ verurteilt.

für Männer und Frauen, rühmt sich das Iodice selbst für seine hochwertigen Materialien und seine kreative Eleganz. Dieser Laden bietet sowohl legere Klamotten zu relativ erschwinglichen als auch edle Stücke zu entsprechend hohen Preisen.

Märkte

Einige verschiedene Märkte lohnen einen Besuch.

Feira da República (Karte S. 306 f.; Praça da República; ☺ Sa & So 9–17 Uhr) Dieser Freiluftmarkt ist hauptsächlich auf Kunsthandwerk und Gemälde spezialisiert.

Antiguidades do MASP (Karte S. 314 f.; Av Paulista 1578; ☺ So 10–17 Uhr) Auf diesem Antiquitätenmarkt kann man wunderbar bummeln, aber Schnäppchen sind hier eher selten.

Feira Benedito Calixto (Karte S. 304; Praça Benedito Calixto, Pinheiros; ☺ Sa 9–19 Uhr) Freiluftmarkt mit Kunsthandwerk und Antiquitäten sowie Essensständen und Livemusik.

Einkaufszentren

Shopping Iguatemi (Karte S. 304; Av Brigadeiro Faria Lima 2232; ☺ Mo–Sa 10–22, So 14–20 Uhr) Das kolossale Shopping Iguatemi, Sampas beliebtestes edleres Einkaufszentrum, bietet sämtliche brasilianische Topmarken, von Osklen bis Ellus.

Shopping Frei Caneca (Karte S. 314 f.; Rua Frei Caneca 569; ☺ Mo–Sa 10–22, So 14–20 Uhr) Trotz seiner relativ bescheidenen Größe bietet das Shopping Frei Caneca alles, was man braucht, vom Food Court über ein Kino bis zu guten, mittelteuren Läden.

Souvenirs

Loja do Bispo (Karte S. 314 f.; Rua Dr Melo Alves 278, Jardins; ☺ Mo–Fr 11–20, Sa bis 18 Uhr) Dieser gehobene, bunte Concept Store ist vollgestopft mit Kunstobjekten, Avantgarde-Kunstbüchern, Möbeln und vielem mehr.

Espaço Brasil (Karte S. 314 f.; Alameda Franca 1167, Jardins; ☺ Mo–Fr 10–19, Sa bis 15 Uhr) Dieser lichtdurchflutete Laden, der sich über drei Etagen erstreckt, ist praktisch ein Museum für brasilianische Kunst und Kunsthandwerk und bietet Schnitzereien und Gemälde ebenso wie Seifen und Bettwäsche.

AN- & WEITERREISE
Bus

São Paulo hat vier verschiedene Busbahnhöfe, und alle sind mit der Metro erreichbar. Jeder Busbahnhof neigt dazu in bestimmte Sets von Reisezielen unterteilt zu sein, leider gibt es hierzu keine festen Regeln. Wenn man wissen will, zu welchem Busbahnhof man für welches Ziel fahren muss, surft man zu www.socicam.com.br (portugiesisch) oder ruft die ☎ 3235 0322 an, wenn man schon in der Stadt ist.

Der Hauptbusbahnhof **Terminal Tietê** (Karte S. 304; ☎ 3866 1100; Metrostation Tietê) befindet sich nördlich der Altstadt und ist dank einer Metrostation innerhalb des Bahnhofsgebäudes leicht zu erreichen. Der Bahnhof ist ein riesiger Bau, aber normalerweise sicher und gut organisiert. Busse fahren von hier zu Zielen in ganz Brasilien und ins Ausland. Busfahrkarten werden im oberen Stockwerk des Bahnhofs verkauft. Am schwierigsten ist es, herauszufinden, welche Busgesellschaft das gewünschte Ziel anfährt. Wer die richtige Firma nicht findet, fragt am besten am Auskunftsschalter in der Mitte des Bahnsteigs.

Die aufgeführten Preise gelten für Busse mit Klimaanlage. Ohne Klimaanlage kostet es 20 bis 30 % weniger und 50 % mehr für einen *leito* (Schlafbus).

Internationale Ziele sind Buenos Aires in Argentinien (ab 245 R$, 36 Std.), Montevideo in Uruguay (180 R$, 30 Std.) und Santiago in Chile (390 R$, 54 Std.).

Inlandsbusse fahren vom Terminal Tietê Richtung Belo Horizonte (85 R$, 8 Std.), Brasília (140 R$, 14 Std.), Cuiabá (120 R$, 13 Std.), Curitiba (80 R$, 6 Std.), Florianópolis (130 R$, 12 Std.), Foz do Iguaçu (140 R$, 15 Std.), Rio (80 R$, 6 Std.) und Ubatuba (45 R$, 4 Std.).

Busse nach Santos, Guarujá und São Vicente starten jede halbe Stunde an einer anderen Haltestelle: dem Terminal Intermunicipal do Jabaquara (Karte S. 304), das sich am Ende der südlichen Metrolinie (Metro Jabaquara) befindet. Es gibt auch noch das Terminal Bresser am Memorial do Imigrante (Karte S. 304) im östlichen Bezirk von Brás. Hier beginnen Routen in den Süden des Bundesstaats Minas Gerais. Das Terminal Barra Funda befindet sich in der westlichen Zone beim Memorial da América Latina (Karte S. 304), ab hier geht's zu Zielen im Bundesstaat São Paulo und in Paraná, einschließlich Iguape und Cananéia.

Flugzeug

Von São Paulos Flughäfen aus werden Verbindungen zu fast jedem Flughafen in Brasilien und in viele Großstädte weltweit angeboten. São Paulo ist außerdem der wichtigste

SÃO PAULO (BUNDESSTAAT)

brasilianische Standort der meisten internationalen Fluglinien und daher die erste Station vieler Reisender. Der internationale Flughafen ist der **Aeroporto São Paulo/Guarulhos** (außerhalb der Karte S. 304; Flughafencode GRU; ☎ 2445 2945), 30 km östlich des Zentrums. Die meisten Inlandsflüge starten am **Aeroporto de Congonhas** (Karte S. 304; Flughafencode CGH; ☎ 5090 9000), 14 km südlich des Zentrums, aber mit zunehmendem Flugverkehr fliegen auch immer mehr Inlandsmaschinen am Guarulhos ab.

Die meisten größeren Airlines haben ihr Büro auf der Av São Luís nahe des Praça da República oder entlang der Av Paulista.

UNTERWEGS VOR ORT
Bus
Die städtische Agentur **SPTrans** (☎ gebührenfrei 156; www.sptrans.com.br, portugiesisch) unterhält die Stadtbusse. Eine Fahrt kostet 2,70 R$, und die meisten Linien verkehren ungefähr zwischen 6 und 13 Uhr. Sie sind oft langsam, überfüllt und anfällig für Taschendiebe. Glücklicherweise gibt's inzwischen eine Reihe von *corredores* – spezielle Fahrstreifen nur für Busse, die für schnelleren Busverkehr sorgen. Die Kioske der städtischen Touristeninformation sind ausgezeichnete Anlaufstellen für Fragen rund um die Busse (s. S. 308).

Vom/Zum Flughafen
Ein Taxi vom Aeroporto de Congonhas zum Stadtzentrum kostet 30 bis 40 R$ und braucht 30 bis 45 Minuten, je nach Verkehrsaufkommen. Um zu den Bussen zum Zentrum zu kommen, das Terminal verlassen und dann nach rechts gehen, wo man eine viel befahrene Straße und einen Fußgängerüberweg sieht.

In Richtung Überführung marschieren, aber nicht auf die andere Seite. Dann sollte man schon eine Gruppe von Menschen sehen, die an der Straße auf die Busse warten. Die Stadtbusse 875A und 875M fahren bis zur Av Paulista. Alternativ kann man auch ein Taxi zur Haltestelle São Judas nehmen (15–18 R$) und dort in die Metro zum Zentrum steigen.

Der Aeroporto São Paulo/Guarulhos, São Paulos internationaler Flughafen, liegt 30 km nordöstlich vom Zentrum. Es gibt „Airport Service"-Busse (☎ 6221 0244) zur Praça da República, zum Terminal Tietê, zum Aeroporto de Congonhas und zu den Nobelhotels in Jardins und im Zentrum. Die Busse fahren zwischen 6 und 23 Uhr etwa jede halbe Stunde, zwischen 23 und 6 Uhr etwas seltener. Alle Fahrten kosten 31 R$ und starten von der Haltestelle direkt vor dem Ankunfts-Terminal. Taxis vor dem internatonalen Flughafen berechnen einen Festpreis abhängig vom Fahrtziel. Fahrten ins Zentrum liegen bei etwa 90 R$.

Öffentliche Verkehrsmittel
Eine Mischung aus Metro und Zufußgehen ist die einfachste Art, die Stadt zu sehen. São Paulos effiziente **Metro** (www.metro.sp.gov.br/ingles/index.asp; einfaches Ticket 2,65 R$; ☺ 5–24 Uhr) ist eine der besten der Welt und hat saubere, moderne Stationen – viele von ihnen zieren riesige Wandgemälde lokaler Künstler.

Taxi
Taxis gibt's zuhauf, aber aufgrund der großen Entfernungen und des Verkehrs können sie sehr teuer sein. Eine Fahrt von Jardins ins historische Zentrum kostet z. B. um die 20 R$. Alle Taxis sollten über ein Taxameter verfügen

---

FLÜGE ERSTER KLASSE

Warum hat man einen Hubschrauber in Kaschmir gewickelt und in der Haupthalle des Daslu (S. 330) aufgehängt, São Paulos exklusivstem Einkaufstempel? Die Antwort ist einfach: Ein privater Heli ist das ultimative Paulistano-Statussymbol. Die Elite der Stadt hat sich in den 1990er-Jahren in die Lüfte erhoben, um sich gegen verstopfte Straßen und Entführer zur Wehr zu setzen, die es auf wohlhabende Einwohner abgesehen hatten. Heute, sagt man, gibt's in São Paulo mehr Helikopterverkehr als in jeder anderen Stadt: 300 Hubschrauber stehen etwa 60 in New York City gegenüber.

Das Problem ist jedoch, dass sich nur die Superreichen einen eigenen Vogel leisten können. Und was, bitteschön, sollen da die „Durchschnitts-Reichen" tun? In einem Anfall von Klassensolidarität haben sie Helikopter-„Kollektive" gegründet, bei denen sich die Mitglieder die Kosten für Anschaffung und Unterhalt eines Helis sowie das Anheuern eines Piloten teilen. Nach einer ersten Vorleistung von 70 000 US$ müssen die Mitglieder dann nur noch 50 000 US$ pro Jahr einzahlen – ein Schnäppchen, wenn man bedenkt, dass diese Summe nur dem zehnfachen Jahreslohn eines Hausangestellten entspricht.

– wenn der Fahrer das Taxameter nicht anschaltet, sollte man ihn darauf hinweisen. Wenn er es dann immer noch nicht tut, steigt man am besten wieder aus. Wer sich ein Taxi rufen muss, kann es bei **Ligue Táxi** (☎ 2101 3030) oder **Coopertax** (☎ 2095 6000) versuchen.

RUND UM SÃO PAULO

PARANAPIACABA
☎ 0xx11 / 4000 Ew.

Die Stadt Paranapiacaba wurde von der britischen São Paulo Railway Company gegründet. Sie liegt zwar mitten im Atlantischen Regenwald der Serra do Mar ungefähr 40 km südöstlich von São Paulo, aber sie hat sich dennoch ihre typischen englischen Eigenarten bewahrt, einschließlich einer groben Kopie des Big Ben. Die Briten haben Paranapiacaba zu ihrem Hauptquartier erkoren, als sie die Schienen verlegten, die ab 1867 den Kaffee von São Paulo zum Hafen von Santos bringen sollten. Und dieses Bauprojekt war eine bemerkenswerte Leistung, wenn man die steilen Berghänge und die plötzlichen Steigungen bedenkt. Die Briten kontrollierten die Eisenbahn bis 1947.

Aufgrund ihrer Abgeschiedenheit hat sich Paranapiacaba erstaunlich gut erhalten. Es gibt ein ordentliches Straßenraster, gesäumt von englischen Gebäuden aus Holz und Stein. Das Heim des Chefingenieurs der Eisenbahn, ein klassisches viktorianisches Holzhaus mit dem Namen Castelinho, ist auch noch da. Es wurde in das **Museu do Castelo** (Rua Caminho do Mendes; Eintritt frei; ◷ Di–So 9–16 Uhr) verwandelt, ein kleines Museum mit Möbeln der Zeit und einer tollen Aussicht.

Paranapiacaba ist ein guter Ausgangspunkt für Tagestouren zum **Parque Estadual Serra do Mar**, der in seinem dichten Wald eine beeindruckende Fülle von Bromelien und Orchideen beherbergt. Die Wege sind nicht gekennzeichnet, man sollte sich also besser um einen lizenzierten Führer der **Associação dos Monitores** (☎ 4439 0155) bemühen. Diese findet man in der Nähe des alten Bahnhofs.

Am besten reist man mit dem Zug nach Paranapiacaba. Man nimmt den Linha-D-Zug von der Estação Luz in São Paulo zum Bahnhof Rio Grande da Serra (4,50 R$, 1 Std.). Von hier aus fährt stündlich ein Bus (2,70 R$, 15 Min.) zum benachbarten Paranapiacaba.

EMBU
☎ 0xx11 / 250 000 Ew.

Embu wurde 1554 gegründet und hat die meiste Zeit seiner Existenz als kleines, ruhiges Kolonialdorf verbracht. Im 20. Jh. wurde es dann von São Paulo aufgesaugt, dessen Zentrum sich nur 30 km westlich befindet. Trotzdem hat sich Embu viel von seinem kolonialen Kern bewahrt, größtenteils dank der Hippies, Künstler und Intellektuellen, die sich die Stadt seit den 1970er-Jahren als Zuflucht vor dem Betondschungel von São Paulo auserkoren haben. Heute ist die Stadt ein beliebtes Wochenendziel für Paulistanos, wenn die einheimischen Künstler ihre Waren auf dem Freiluftmarkt, der **Feira** (Largo dos Jesuitas; ◷ So 9–18 Uhr), anbieten. Die Gegend rund um die Feira ist voll mit Antiquitäten- und Handwerksläden, durch die man an anderen Wochentagen prima stöbern kann.

Es gibt eine **Touristeninformation** (☎ 4704 6565; Largo 21 de Abril; ◷ 9–18 Uhr) direkt am Hauptplatz. **O Garimpo** (☎ 4704 6344; Rua da Matriz 136; Hauptgerichte ab 25 R$; ◷ 11.30–22 Uhr) ist eine angenehme Adresse, wenn der Magen knurrt. Das Lokal hat eine Veranda, einen kolonialen Speisesaal und eine riesige Speisekarte, auf der Gerichte von *ceviche* (roher Fisch mariniert in Limettensaft) bis zum Spanferkel stehen.

Um nach Embu zu gelangen, steigt man vor der Clínicas Metrostation in den „Embu Engenho Velho"-Bus (2,80 R$, 1 Std., alle 30 Min.).

LITORAL PAULISTA

São Paulos Küste, die bei den Einheimischen unter dem Namen Litoral Paulista bekannt ist, ist im Norden am spektakulärsten – vor allem rund um Ubatuba, der mit Dschungel bedeckten Gipfel der Serra do Mar, die bis hinunter zum Atlantik reicht. Näher in Richtung Hauptstadt wird die Kulisse sanfter, aber die Strände bleiben genauso toll, sogar im verbauten Guarujá. Einladende Strände erstrecken sich nach Süden bis zur Grenze von Paraná. Hier liegt auch die größtenteils unerschlossene Ilha Comprida, eine Insel, auf der sich die Kolonialstädte Iguape und Cananéia befinden.

Allerdings sind die Preise entlang der Küste am brasilianischen Standard gemessen relativ hoch, ganz besonders von Dezember bis März.

UBATUBA

☎ 0xx12 / 76 000 Ew.

In die reiche Flora der Mata Atlântica gehüllt, bilden die Gipfel der Serra do Mar einen dramatischen, smaragdgrünen Hintergrund für die sich schlängelnde Küste von Ubatuba. Die Region hat sich zum Ferienziel der gut betuchten Paulistanos entwickelt und lockt mit eleganten Strandhäusern und einer Reihe stilvoller Hotels und Pousadas, vor allem südlich der Stadt. In Richtung Norden, im benachbarten Paraty im Bundesstaat Rio de Janeiro, sind die Strände oft schwerer zugänglich, aber dafür umso wilder und ursprünglicher, und der selten besuchte Parque Nacional Serra da Bocaina (s. S. 214) erstreckt sich über die Staaten São Paulo und Rio de Janeiro.

Orientierung & Praktische Informationen

Das Stadtzentrum, „Centro" genannt, ist ein relativ kompaktes Straßennetz rund um den Praça 13 de Maio, gleich nördlich der Rua Professor Thomaz Galhardo, der wichtigsten Straße in die Stadt. 1 km südlich des Zentrums, entlang der Strandstraße Rua Guarani, liegt eine Reihe von Restaurants und Pensionen in einem unter dem Namen Itaguá bekannten Stadtteil. Außerhalb des Centro sind die Stadtteile nach dem nächstgelegenen Strand benannt.

Banco 24 Horas (Av Iperoig, Centro) Geldautomat gleich neben der Touristeninformation.

Touristeninformation (☎ 3833 9123; Centro; ⏲ 8–17 Uhr) Liegt an der Stelle, an der die Rua Professor Thomaz Galhardo auf den Strand trifft und bietet nützliche Karten der umliegenden Strände.

Sehenswertes & Aktivitäten

Die Stadt selbst ist, abgesehen von der hübschen Uferpromenade, recht uninspiriert. Das wahre Highlight sind die abgelegenen Strände und malerischen Inseln außerhalb der Stadt. Die Touristeninformation bietet außerdem Informationen zu Wanderungen und geführten Touren im nahe gelegenen Nationalpark, der gute Wanderwege durch die dicht bewaldete Küstenlandschaft bietet.

STRÄNDE

Die Gegend rund um Ubatuba bietet 74 Strände und 15 Inseln. Es fahren regelmäßig Busse an der Küste entlang. Zu den besten Stränden südlich von Ubatuba gehören der **Praia Vermelha** (3 km), **Enseada** (8 km), **Flamen-**go (12 km, am Ponta do Flamengo), **do Lázaro** (16 km) und **Domingos Dias** (18 km). Die große, laute Partyszene feiert 6 km südlich von Ubatuba am **Praia Grande**.

Nördlich der Stadt liegen die Strände am Fuß steiler Hügel versteckt. Sie sind schwerer zu finden, eignen sich aber super zum Bodyboarden und Surfen und sind den Aufwand allemal wert. Zu den besten gehören **Vermelha do Norte** (9 km), **de Itamambuca** (15 km), **Promirim** (23 km) und **Ubatumirim** (33 km).

BOOTSAUSFLÜGE

Von Itaguá werden Bootsausflüge zur **Ilha Anchieta** (um 40 R$, 3–4 Std) angeboten. Anchieta ist ein Naturschutzgebiet und bietet einen seltenen Blick auf verschiedene Fisch- und Vogelarten, die hier ungestört in ihrem natürlichen Habitat leben. Man kann außerdem dem örtlichen Tamar-Projekt einen Besuch abstatten, das einheimische Schildkröten und deren Eier schützt. Diese Minikreuzfahrten überzeugen mit beneidenswerten Ausblicken auf die Küste und das schöne, tiefgrüne Wasser. Man kann sie an der Touristeninformation oder in vielen Hotels und Pensionen buchen. Alternativ kann man auch direkt mit den Veranstaltern verhandeln, die entlang der Promenade am Strand von Itaguá ihre Tische aufstellen. Weitere Bootstouren starten in den Stadtteilen Enseada und Saco da Ribeira.

Schlafen

Wer kein Auto hat, steigt am besten in der Stadtmitte ab. Von dort kann man ganz bequem in einen der örtlichen Busse (2,50 R$) zu den Stränden steigen.

BUDGETUNTERKÜNFTE & MITTELKLASSEHOTELS

Camping Itamambuca (☎ 3834 3000; www.itamambuca.com.br, portugiesisch; Praia de Itamambuca; Stellplatz pro Person Neben-/Hochsaison 40/52 R$) Dieses Öko-Ressort 15 km nördlich der Stadt bietet ausgezeichnete, wenn auch recht teure Einrichtungen ganz in der Nähe eines der schönsten Strände der Region. Außerdem kann man rustikale Chalets mieten (zwei Personen Neben-/Hochsaison 126/178 R$, fette Rabatte für Langzeitgäste).

A Pousadinha (☎ 3832 2136; www.ubatuba.com.br/ pousadinha; Rua Guarani 686, Itaguá; EZ/DZ 100/130 R$; P 🕸) Diese ehemalige Pension wurde komplett umgebaut und bietet nun kleine und schlichte, aber luftig-stilvolle Zimmer rund um einen engen, zitronengelben Innenhof – ein echtes Schnäppchen an diesem teuren Küstenstreifen.

Hotel Solar das Águas Cantantes (☎ 3842 0178; www.solardasaguascantantes.com.br, portugiesisch; Estrada Saco da Ribereira 951, Lázaro; EZ/DZ 135/170 R$; P X) Die Zimmer dieses grandiosen, weiß getünchten Kolonialbaus umringen einen grünen Innenhof, und das Haus ist nur einen kurzen Spaziergang vom atemberaubenden (wenn auch überfüllten) Praia do Lázaro entfernt. Die hohen Decken geben den Räumen nüchterne Eleganz. Das Hotelrestaurant (S. 336) ist für seinen Meeresfrüchteeintopf bekannt.

SPITZENKLASSEHOTELS

A Casa do Sol e da Lua (☎ 3848 9412; www.acasadosoledalua.com.br; Rua do Refúgio do Cosário 580, Praia da Fortaleza; EZ/DZ 180/240 R$) Dieses gemütliche, einladende, familiengeführte Haus liegt direkt an einem großartigen Strand 10 km südlich der Stadt. Die Mahlzeiten werden an einem Gemeinschaftstisch serviert, und die Zimmer sind schlicht, aber geschmackvoll eingerichtet.

Itamambuca Eco Resort (☎ 3834 3000; www.itamambuca.com.br, portugiesisch; Praia de Itamambuca; DZ ab 450 R$; P X 💻) Die einfachen, farbenfrohen und größtenteils aus recyceltem Holz und Bambus gebauten Zimmer sind von dichter Vegetation umgeben und nur einen kurzen Spaziergang von einem der eindrucksvollsten Strände der Gegend entfernt – dieses Ressort ist jeden verprassten Centavo wert.

Hotel Recanto das Toninhas (☎ 3842 1410; www.toninhas.com.br; Praia das Toninhas; DZ ab 575 R$; P X 💻 🏊) Dieses weitläufige All-Inclusive-Resort liegt an einem besonders schönen Streifen des Toninhas-Strands und bietet einen Pool, Tennisplätze, eine Sauna und ein Fitnessstudio. Hauptsächlich aus Stroh, Holz und Reet aus der Region erbaut, versprüht es trotz seiner Größe herrlichen Charme.

Essen

Das *azul-marinho*, eine lokale Eintopfspezialität aus Fisch, Reis und grünen Bananen, sollte man sich nicht entgehen lassen. Im Zentrum gibt's eine Reihe günstiger Lokale, die einfache Gerichte aus Fisch, Reis und Bohnen für 10 R$ bis 15 R$ servieren.

Ellen (☎ 3832 3040; Rua Guarani 830, Itaguá; 🕙 Dez–Feb 8–24, März–Nov Do–Di 15–21 Uhr) Auf der angenehmen Veranda dieses Favorits der Einheimischen kann man sich durch die ausgezeichneten, ganz frisch zubereiteten *salgados* (herzhafte Snacks, 4 R$) probieren.

Atmosfera Café (☎ 3832 2515; Av Leovegildo Dias Vieira 378, Itaguá; Sandwiches & Salate 10–20 R$; 🕙 15–23 Uhr) Der trendigste Ort der Stadt bietet neben einem grandiosen Blick von der riesigen Veranda auch kreative Versionen klassischer Sandwiches und Salate.

Peixe com Banana (☎ 3832 1712; Rua Guarani 255, Itaguá; Hauptgerichte für 2 50–100 R$; 🕙 Mi–Mo 12–23 Uhr) Von den Plastiktischtüchern oder der touristischen Lage am Meeresufer sollte man sich auf keinen Fall täuschen lassen: dieses Meeresfrüchte-Restaurant gilt vielen als das beste weit und breit und ist für seine tolle *azul-marinho*-Interpretation berühmt.

Hotel Solar das Águas Cantantes (☎ 3842 0178; Estrada Saco da Ribereira 951, Lázaro; Hauptgerichte für 2 um 75 R$; 🕙 Mi–Mo mittags & abends) Dieses Restaurant verfügt über einen rustikal-eleganten Speisesaal sowie schöne Tische neben einem Pool und ist für seine etwas mildere Version des *moqueca* (Meeresfrüchteeintopf) aus Bahia bekannt. Auch hier gilt: nicht von den Plastiktischdecken auf die Qualität des Essens schließen.

Anreise & Unterwegs vor Ort

In Ubatuba gibt's zwei größere Busbahnhöfe. Busse nach São Paulo (45 R$, 4 Std., 8-mal tgl.), São Sebastião (8 R$, 70 Min., stündl. umsteigen in Caraguátatuba) und in andere Ziele innerhalb des Bundesstaates fahren am **Busbahnhof Litorânea** (Rua Maria Victória Jean 381) am Rand der Innenstadt ab, etwa 1,5 km von der Touristeninformation und vom Strand entfernt. Ein Taxi von den meisten Orten im Centro in die Innenstadt kostet um die 12 R$.

Für Busse nach Paraty und Rio de Janeiro muss man sich zum **Busbahnhof São Jose** (Rua Professor Thomaz Galhardo 513) an der Hauptstraße, ein paar Blocks vom Strand entfernt, aufmachen.

Örtliche Busse (2,50 R$, ca. stündl. 7–20 Uhr) fahren die Küstenstraße rauf und runter und kommen wenigstens bis auf Wandernähe an die meisten Strände heran. Die wichtigste Bushaltestelle im Zentrum befindet sich in der Rua Hans Staden 488 zwischen den beiden Überland-Busbahnhöfen.

SÃO SEBASTIÃO

☎ 0xx12 / 65 000 Ew.

Als eine der wenigen Städte an der Paulista-Küste, die sich einen Teil ihres kolonialen Charmes erhalten haben, sitzt São Sebastião an einem dramatischen Kanal, der das Festland von der Ilha de São Sebastião (allgemein als „Ilhabela" bekannt; s. S. 337) trennt, nur 15 Minuten Fahrt mit der Fähre entfernt. Die Preise in der Stadt sind für hiesige Verhältnisse bescheiden, aber das aus eigem Grund: es gibt keine nahen Strände, und die Stadt selbst ist ein wichtiges Öllager, in der riesige Tanker die Schönheit der Natur ein wenig beeinträchtigen. Trotzdem eignet sie sich für einen netten Zwischenstopp, wenn man nach Ilhabela oder entlang der Küste unterwegs ist.

Der windige Kanal ist der ideale Platz zum Windsurfen. Infos gibt's in der **Touristeninformation** (☎ 3892 2620, ext 203; Av Dr Altino Arantes 174; ꭥ 10–18, im Sommer Sa & So bis 22 Uhr) im Hafenviertel im kleinen kolonialen Herzen der Stadt.

Schlafen

Hotel Roma (☎ 3892 1016; www.hotelroma.tur.br; Praça Major João Fernandes 174; EZ/DZ 60/100 R$; Ⓟ Ⓧ) Im Herzen des Kolonialviertels bietet das Hotel Roma neuere, schnickschnackfreie Zimmer mit Klimaanlage rund um einen kargen Innenhof sowie ein paar Zimmer ohne Bad und nur mit Ventilator (EZ/DZ 25/35 R$) im kolonialen Hauptgebäude.

Pousada da Ana Doce (☎ 3892 1615; www.pousadaanadoce.com.br; Rua Expedicionários Brasilieros 196; EZ/DZ 100/130 R$) Ordentliche, fröhliche kleine Zimmer rund um einen freundlichen, mit Pflanzen überfüllten Innenhof: diese Pension im kolonialen Stadtkern ist die charmanteste der gesamten Region, nicht zuletzt dank der vernünftigen Preise. Vorab buchen.

Essen

Das ausgezeichnete, vor Ort hergestellte Rocha-Eis, das in unzähligen Läden am Ufer verkauft wird, muss man probieren, egal, ob als *sorvete* (Eiscreme) oder *picolês* (Eis am Stiel). Sorten wie *milho verde* (Mais), *côco queimado* (gebrannte Kokosnuss) und *banana frita* (gebratene Banane) sind einfach unvergesslich.

Tip Top (Av Dr Altino Arantes) Ein Stück vom Fährdock entfernt serviert das Tip Top direkt am Ufer leckere Burger und Sandwiches (5–7 R$) sowie ein brauchbares Mittagsbüffet (24 R$/g). Die Tische auf dem Bürgersteig mit Blick aufs Meer runden das Bild ab.

Atobá (☎ 3892 1487; Praça Major João Fernandes 218; Hauptgerichte 15–25 R$; ꭥ Di–Sa mittags & abends, So abends) In einem Kolonialgebäude am Hauptplatz der Stadt bietet das Atobá ein hochwertiges Mittagsbüffet (32 R$/kg) und Pizza à la Carte Menüs zum Abendessen.

An- & Weiterreise

Der **Busbahnhof** (Praça da Amizade 10) befindet sich direkt neben der Küstenstraße, nur einen kurzen Spaziergang vom kolonialen Stadtzentrum entfernt, und bietet etwa alle zwei Stunden Verbindungen nach São Paulo (40 R$, 4 Std, 10-mal tgl.), Boiçucanga (12 R$, 1 Std, 6-mal tgl.) und in andere Ziele entlang der Küste Richtung Santos. Im selben Bahnhof bietet Util Busse nach Rio (72 R$, 7 Std., 2-mal tgl.) mit Zwischenstopp in Paraty an.

ILHABELA

☎ 0xx12 / 23 000 Ew. (Winter), 120 000 Ew. (Sommer)

Hoch über der schmalen Meerenge, die die Insel vom Festland trennt, erhebt sich die 350 km² große Ilhabela (Schöne Insel). Sie verdankt ihren Namen den Vulkangipfeln, den wunderschönen Stränden, dem dichten tropischen Dschungel und den ca. 360 Wasserfällen. Fast 85 % der Insel wurden in einen Park und eine von der Unesco geschützte Biosphäre verwandelt. Sie bietet einer bemerkenswerten Anzahl von Pflanzen und Tieren Schutz, darunter Tukane und Kapuzineräffchen. Im 16. und 17. Jh. wurde Ilhabela von Piraten belagert, deshalb liegen im Wasser verstreut Schiffswracks, von denen viele als hervorragende Tauchziele gelten. Andere mögliche Aktivitäten auf der Insel sind Dschungelwandern, Windsurfen und Strandfaulenzen.

Die Mücken sind im Sommer mörderisch, vor allem die kleinen Blutsauger namens *borrachudos*. Man sollte immer reichlich Insektenschutzmittel dabeihaben. Im Sommer ist die Insel außerdem mit Paulistas auf Urlaub vollgestopft. Am besten kommt man nicht an einem Freitagabend an oder reist an eine Sonntagmorgen ab, vor allem im Sommer, da dann der Verkehr, die Warteschlange zur Fähre und die erhöhten Preise für Unterkünfte die paradiesische Erfahrung erheblich trüben könnte.

Orientierung & Praktische Informationen

Die Fähre vom Festland trifft im Stadtteil Barra Velha ein, der nahtlos an die Stadt Perequê ein Stück weiter nördlich anschließt. 7 km weiter nördlich liegt die historische Stadt Vila. An der Westküste der Inseln führen gute Straßen entlang, die Süd- und Ostküste hingegen sind nur per Boot oder zu Fuß erreichbar, abgesehen von einer unbefestigten Straße, die nur mit Vierradantrieb befahrbar ist und bis zum Praia dos Castelhanos an der Westküste führt.

Die **Touristeninformation** (☎ 3895 7102; Av Princesa Isabel 3039, Barra Velha; ☺ Mo–Fr 9–18, Sa 10–17, So 9–13 Uhr) liegt 100 m vom Fährterminal in Barra Velha entfernt. Man kann seinen Besuch auch vorab auf www.ilhabela.org planen und sich dort auf Englisch über die Geschichte, Wanderrouten, Tauch- oder andere Abenteueraktivitäten und vieles mehr informieren.

Wer ein Auto mit auf die Insel bringt, kann an Sommerwochenenden die langen Warteschlangen für die **Fähre** (☎ (13) 3358 2277; www.dersa.sp.gov.br, portugiesisch) umgehen, indem er vorab bucht (63/45 R$ werktags/Wochenende).

Geldautomaten in Barra Velha, Perequê und Vila Ilhabela (Vila) akzeptieren auch internationale Bankkarten.

Sehenswertes

Vila Ilhabela in der Nordwestecke der Insel bietet ein paar gut erhaltene Kolonialgebäude, darunter auch die von Sklaven erbaute **Igreja NS da Ajuda** (1532 errichtet), die **Fazenda Engenho d'Agua** in Itaquanduba (1582 errichtet) und die **Fazenda Santa Carmen** am Strand von Feiticeira. 2 km landeinwärts vom Perequê-Strand (nahe des Fährterminals) lockt **Cachoeira das Tocas** mit verschiedenen kleinen Wasserfällen und tiefen Badebecken und Wasserrutschen.

STRÄNDE

Von den geschützten Stränden im Norden der Insel ist der **Praia Jabaquara** am meisten zu empfehlen. Er ist mit dem Auto über eine Schotterstraße erreichbar. An der Ostseite der Insel, wo die Brandung stärker ist, kann man den wunderschönen **Praia dos Castelhanos** (prima zum Campen oder Surfen) besuchen, hinter dem steil der Urwald aufragt. Von der Stadt Borrifos im Süden der Insel kann man in vier Stunden zum **Praia Bonete** wandern, einem windigen Surferstrand, den man sich hauptsächlich mit den örtlichen Fischern teilt.

Aktivitäten

Maremar Aventura Turismo (☎ 3896 1418; www.maremar.tur.br; Avenida São João 574, Perequê) in Barra Velha – in der Nähe der Fähre – organisiert die unterschiedlichsten Outdoor-Akivitäten, z. B. Schooner-Ausflüge rund um die Insel (ab 45 R$/Per.), Tauchgänge zu Wracks vor der Küste (ganzer Tag inkl. Ausrüstung ab 240 R$) oder Ausritte (3 Stunden ab 70 R$).

Schlafen

Am Wochenende ist Reservieren eine gute Idee – an Sommerwochenenden ist es Pflicht. Die Preise sind hoch, sodass einige Reisende sich entschließen, zu vernünftigeren Preisen in São Sebastião abzusteigen.

Camping Canto Grande (☎ 3894 1506; www.cantogrande.com.br, portugiesisch; Av Riachuelo 5638, Praia Grande; Stellplatz 30 R$/Pers.; ☎) Der freundliche Enzo führt diesen Rasen-Campingplatz am Strand, der ca. 6 km südlich des Fährdocks liegt und neben warmen Duschen, Stromanschlüsse, einen gurgelnden Bach, ein einfaches Restaurant, WLAN auch noch einen Liegestuhl- und Sonnenschirmverleih zu bieten hat.

Bonns Ventos Hostel (☎ 3896 2725; www.bonnsventoshostel.com.br; Rua Benedito Serafim Sampaio 371, Perequê; B/DZ 50/120 R$; P ⊠ ▯ ▮) Das praktische, weil nur 500 m vom Fährdock entfernte, jüngste Hostel der Insel lockt mit ordentlichen Zimmern in strahlenden Farben und einer angenehmen Terrasse mit Pool.

Pousada das Maritacas (☎ 3896 3839; www.pousadadasmaritacas.com.br; Av Princesa Isabel 1788, Perequê; EZ/DZ 100/180 R$; P ⊠ ▮) Die einfachen, aber ebenso geschmackvollen wie gemütlichen Zimmer dieses motelartigen Hauses, das ein Doppelleben als Freiluft-Pflanzenladen führt, bieten ein gutes Preis-Leistungs-Verhältnis. Je weiter die Zimmer von der Straße entfernt liegen, desto ruhiger sind sie.

Pousada Catamarã (☎ 3894 1034; www.pousadacatamarabrasil.com.br; Rua José Batista dos Santos 273, Curral; DZ ab 180 R$; ⊠ ▮) Diese farbenfrohe, makellos geführte Pension liegt ungünstigerweise versteckt in einer der holprigen Seitenstraßen. Die Zimmer sind sehr gemütlich, und außerdem gibt's einen kleinen, aber hübschen Pool inmitten eines herrlich grünen Gartens. Wirklich preiswert.

Refúgio das Pedras (☎ 3894 1756; www.refugiodaspedras.com.br, portugiesisch; Av Governador Mário Covas 11495, Ponta da Sela; DZ 400 R$) Mit Blick aufs Festland liegt am Südende der Meerenge diese skurrile, aber schicke Pension, die ihren Namen von den natürlichen Felsen hat, die sowohl in die Gestaltung des Gartens als auch in die der Zimmer integriert wurden. Zu den Annehmlichkeiten gehören ein kleines Fitnessstudio und ein Jacuzzi.

DPNY Beach (☎ 3894 2121; www.dpnybeach.com.br; Av José Pacheco do Nascimento 7668; DZ ab 550 R$; P ⊠ ▯ ▮) Dieser superedle Zufluchtsort für Fashionistas aus São Paulo steht direkt im Sand des Praia Curral und bietet exklusive

Bäder, einen riesigen Pool, ein haremartiges Spa und überall Hintergrundmusik à la Miami. Außerdem sind hier die Hippie Chic Beach Bar (S. 339), die schickste Bar-Lounge der Insel, und das Tróia (S. 339) zuhause, das wohl beste Restaurant vor Ort.

Essen & Ausgehen

Einige Lokale schließen während der Nebensaison, wenn die Gästeschar ausdünnt, schon früher, man sollte also immer einen Plan B in der Hinterhand haben.

Cheiro Verde (☎ 3896 3245; Rua da Padroeira 109, Vila; Gerichte 15 R$; ☺ Mo–Do 11.30–18, Sa & So bis 22 Uhr) Der beste Ort in Vila für ein großzügiges *prato feito* (Tagesgericht) mit gegrilltem Fleisch oder Fisch, Reis, Bohnen und Salat – dieses einfache, aber saubere und luftige Lokal zieht Touristen und Einheimische gleichermaßen an. Die frischen Säfte sind nicht nur ausgezeichnet sondern auch recht preiswert.

Casa Verde (Rua Luíz Ameixeiro 65, Perequê; Gerichte 15 R$; ☺ Mo–Do 11.30–17, Sa & So bis 22 Uhr) Das Casa Verde gehört demselben Besitzer wie das Cheiro Verde (S. 338) und bietet daher auch dieselben Speisen an. Darüber hinaus punktet dieses Restaurant noch mit kostenlosen Parkplätzen, einer Klimaanlage und einer unaufdringlich farbenfrohen Einrichtung – addiert man all das, erhält man das beste Schnäppchen an der gesamten Paulista-Küste.

Max Paladar (☎ 3896 3700; Av São João 243, Perequê; 32 R$/kg) Unter einem weiten Strohdach tischt dieses angenehme Freiluft-Restaurant ein preiswertes Buffet mit frischem Gemüse und Salaten sowie warmen Fleisch- und Pastagerichten auf.

O Borrachudo (☎ 3896 1499; Rua Dr Carvalho 20, Vila; Sandwiches 10–20 R$; ☺ So–Do 12–2, Fr & Sa bis 18 Uhr) Dieses entspannte Café in einem Kolonialgebäude am Vila-Ufer serviert leckere Burger aller Art (auch mit Lachs, Strauß und Tofu) sowie diverse andere Gourmet-Sandwiches.

A Redonda (☎ 3894 9154; Av Riachuelo 6852, Curral; Pizzas für 2 um 45 R$; ☺ Dez–Feb Do–Di abends, März–Nov Do–So) Bekannt für seine köstlichen Holzofenpizzas, ist dieses rustikal-schicke Restaurant in einem fuchsiafarbenen Häuschen mit hübschem Garten zuhause. Dazu gehört außerdem ein teurer, aber recht guter Laden mit Kunsthandwerk.

Tróia (☎ 3894 2121; Av José Pacheco do Nascimento 7668, Curral; Hauptgerichte 45–85 R$; ☺ mittags & abends) Die Terrasse mit Blick aufs Meer, eine Nebelmaschine, die die Gäste an heißen Tagen kühlt, und die kreativen Interpretationen mediterraner Küche (Shrimps mit Orangensoße und Vanilleschoten) machen das Tróia nicht nur zum führenden Restaurant der Insel, sondern auch zum Fokus ihres gesellschaftlichen Lebens.

Hippie Chic Beach Bar (☎ Av José Pacheco do Nascimento 7668, Curral) Leise wummernde Lounge-Musik, tropisch-hippes Dekor und Tische im Sand – die schickste Bar der Insel zieht reiche Paulistas an, die unbedingt mal die Designerausrüstung der aktuellen Saison vorführen müssen. Bier kostet um 10 R$, die Cocktails beginnen bei 20 R$.

Selbstversorger können sich im **Supermarkt Ilha da Princesa** (Av Princesa Isabel 2467) in der Nähe der Fähre in Barra Velha eindecken.

Anreise & Unterwegs vor Ort

Die 15-minütige Fährverbindung zwischen São Sebastião und Ilhabela wird zwischen 6 Uhr bis Mitternacht (im Sommer oft auch noch viel länger) etwa jede halbe Stunde angeboten. Autos kosten werktags 11 R$, am Wochenende 16 R$, Motorräder 5 R$ am Werktagen und 8 R$ am Wochenende, Fußgänger fahren gratis mit. Ein örtlicher Bus (2,20 R$, alle 30 Min., 6–24 Uhr) fährt die gesamte Länge der Insel ab und hält auch an der Fähre. Normalerweise warten auch Taxis (☎ 0800 7705 221) am Fährdock.

Eine recht anständige Straße erstreckt sich über die gesamte Westküste. Eine unbefestigte Straße (22 km) durchquert die Insel. Um auf ihre andere Seite zu gelangen, braucht man entweder Vierradantrieb, ein Boot oder ein gutes, kräftiges Paar Wanderbeine.

BOIÇUCANGA & UMGEBUNG

☎ 0xx12 / 5800 Ew.

Die entspannte Surferstadt Boiçucanga eignet sich wunderbar als Basislager zur Erkundung des Küstenstreifens, der sich von São Sebastião nach Westen erstreckt. Die Vielfalt der Strände, viele vor dem Hintergrund der alles überragenden Serra do Mar, ist bemerkenswert, und in den nahen Orten Camburi und Maresias, die sich in letzter Zeit zu ziemlichen Partystädten entwickelt haben, kann man prima surfen.

Praktische Informationen

Boiçucanga hat eine **Touristeninformation** (☎ 3865 4335; ☺ Mo–Fr 8–18 Uhr) gleich neben dem wichtigsten Highway, etwa 200 m westlich des

Zentrums. Auch José Mauro, der einen Touristeninformationsservice namens **Amart** (☎ 3465 1453, 9144 4434; Av Walkir Vergani 319) unterhält und Englisch, Spanisch und Italienisch spricht, ist eine gute Informationsquelle.

Sehenswertes & Aktivitäten

An diesem Küstenstreifen reihen sich einige großartige Strände aneinander, die alle mit dem Bus zu erreichen sind. **Maresias** (9 km östlich von Boiçucanga) und **Camburi** (3 km westlich) sind tolle Surfstrände. Camburi wird von einem Bach und einer kleinen Insel geteilt – der Westteil ist größer, rauer und prima für Surfer, während die Ostseite ruhiger und besser zum Schwimmen geeignet ist. **Juqueí** (15 km westlich) bietet ruhige Gewässer und ist bei Familien beliebt. Ganz in der Nähe wartet eine Reihe verlassener Inseln; die Touristeninformation organisiert Ausflüge dorthin, die ca. 20 bis 30 R$ pro Person kosten.

Schlafen

Camping Porongaba (☎ 3865 1384; www.porongaba. com.br; Travessa dos Periquitos 99, Boiçucanga; Stellplätze; 20 R$/Pers.) Dieser Campingplatz hat einen Pool, eine Snackbar und ist hübsch angelegt. Vom Busbahnhof in Boiçucanga geht man ca. 2 km die Estrada do Cascalho hoch und dann über eine Holzbrücke. Der Campingplatz liegt 50 m weiter links.

Hostel Camburi (☎ 3865 1561; Rua Tijucas 2300, Camburi; www.ajcamburi.com.br; B /Zi. ab 25/75 R$; 🖳 🖳) Sie ist zwar etwas teurer, aber diese Pension ist trotzdem die beste Budgetoption von Camburi. Die Zimmer sind sauber und einfach und mit Ventilatoren ausgestattet. Auf dem grünen Gelände gibt es einen Pool. Das Hostel liegt 2,5 km von der Bushaltestelle Camburi Sertão entfernt.

Pousada Boiçucanga (☎ 3865 2668; pousadboicu canga@yahoo.com.br; Av Walkir Vergani 522, Boiçucanga; Zi. 100 R$) Die günstigste Pousada der Stadt bietet saubere einfache Zimmer mit Fliesenböden, abgenutzten Möbeln und Deckenventilatoren. Mitten drin liegt ein potenziell lauter Innenhof.

Pousada das Praias (☎ 3865 1474; www.pousada daspraias.com.br; Rua Piau 70, Camburi; DZ 180 R$) Hübsche rustikale Apartments, von denen die meisten mit einheimischem Holz gebaut wurden, ergeben eine hochklassige Option, die auf jeden Fall eine Überlegung wert ist. Sie liegt direkt an der Hauptstraße am östlichen Ende des Strands.

Pousada Portal do Cacau (☎ 3865 1611; www. portaldocacau.com.br; Rua Tijucas 895, Camburi; EZ/DZ 220 R$; 🖳) In diesem eher vornehmen Miniresort bekommt man was fürs Geld. Hier gibt's eine Sauna, Tennisplätze, einen Pool und ein Massagestudio. Die Zimmer sind komfortabel, allerdings nichts Besonderes. Man kann von der Pousada aus gut zu den Wasserfällen in der Nähe laufen.

Pousada DiMari (☎ 3865 4711; www.dimari.com.br; Av Walkir Vergani 833, Boiçucanga; DZ 440 R$; 🖳) Ruhige, luftige Zimmer mit Blick aufs Meer, farbenfrohem exklusivem Dekor und einem herrlichen Garten zum Strand hin mit Pool. Das DiMari ist auf jeden Fall die nobelste Option von Boiçucanga.

Essen

Es gibt einige günstige Restaurants (Gerichte ab 10 R$) in der neuen Einkaufspassage im US–Stil in Boiçucangas Zentrum. Auch am Strand in Maresias reihen sich die Restaurants aneinander.

Big Pão (6–24 Uhr) Dieses altmodische Café mit Bäckerei befindet sich an der Kurve des Highways ins Stadtzentrum von Boiçucanga. Hier gibt es Sandwiches und Gegrilltes (Hauptgerichte ca. 5 R$).

Restaurante Caravela (☎ 3865 1541; Rua Itabira 21, Boiçucanga; Hauptgerichte für 2–3 Pers. ca. 70 R$; Mi–Mo 12–22 Uhr) Super leckere *caldeiradas* und *moquecas* (beides eine Art Fischeintopf) werden auf einer sehr hübschen Außenterrasse serviert.

Anreise & Unterwegs vor Ort

Der Überland-Busbahnhof in Boiçucanga bietet Verbindungen nach São Paulo (30 R$, 4 Std., 8-mal tgl.), Guarujá (19 R$, 2 Std., 6-mal tgl.) und São Sebastião (10 R$, 1 Std., 6-mal tgl.). Diese Busse halten normalerweise auch in kleineren Städten wie Camburi und Maresias. Außerdem verbinden Nahverkehrsbusse (2,50 R$) Boiçucanga mit Maresias, Camburi und anderen nahen Küstenstädten.

GUARUJÁ

☎ 0xx13 / 285 000 Ew.

Das einst glamouröse Guarujá mit seinen schönen Stränden entlang des Küstenstreifens, der São Paulo am nächsten liegt, hat ziemlich unter der starken Bebauung zu leiden. Trotzdem: wenn man nicht weiter weg reisen kann, ist es nach wie vor eine gute Wahl, um ein wenig Abstand von der „anderen" Großstadt zu gewinnen, auch wenn Betontürme die Strände säumen, die oft vor Wochenendausflüglern überquellen. Seit kürzlich Wasser und Sand gereinigt wurden, ist das Interesse an dieser Stadt, die in den 1970er-Jahren der Inbegriff des Chic war, wieder ein wenig erwacht. Surfer aufgemerkt: entlang des **Praia do Tombo** gibt's ziemlich gute Wellen.

Praktische Informationen

Die hilfreiche **Touristeninformation** (☎ 3344 4600; Rua Marechal Deodoro da Fonesca 723; ☉ 10–18 Uhr) befindet sich direkt am Strand am Ende der Hauptzufahrtsstraße der Stadt.

Schlafen & Essen

Unterkünfte, Restaurants und Bars säumen den Uferbereich.

Hotel Rio (☎ 3355 9281; www.hotelrio.com.br; Rua Rio de Janeiro 131; EZ/DZ 110/150 R$) Das altmodische, weiß getünchte Hotel Rio ist von außen charmanter als von innen, aber seine sauberen, einfachen Zimmer sind recht preiswert und liegen nicht mal 100 m vom Strand entfernt.

Pousada Canto do Forte (☎ 3354 2860; www.cantodoforte.com.br; Rua Horácio Guedes Barreiro 133; EZ/DZ 120/175 R$; ✳ ▣ ▩) Die schlichten, sauberen Zimmer dieses gut geführten Hauses am Ende des Praia do Tombo haben einen Kühlschrank und gekachelte Böden und bieten einen ziemlich guten Preis. Im Sommer und am Wochenende sind Reservierungen empfohlen.

Combinati (☎ 3386 9005; Rua Mário Ribeira 600; Hauptgerichte ab 20 R$; ☉ Mi–Mo mittags & abends) Gutes italienisches Mittelklasserestaurant, nur einen kurzen Fußmarsch von der Touristeninformation entfernt.

Anreise & Unterwegs vor Ort

Guarujá liegt auf einer großen Insel, die durch den Canal de Bertioga vom Festland getrennt ist. Der **Busbahnhof** (☎ 3386 2325) befindet sich am Rand der Stadt auf der Via Santos Dumont. Von dort kann man einfach die Straßenseite wechseln und mit Bus 1, 15 oder 41 (2,10 R$) zum Strand fahren. Es fahren alle halbe Stunde Busse nach São Paulo; sie kosten 18 R$, und die Fahrt dauert zwischen 75 Minuten und zwei Stunden, je nach Verkehr.

IGUAPE & UMGEBUNG

☎ 0xx13 / 28 000 Ew.

1538 von den Portugiesen gegründet, um Brasilien gegen die Spanier zu verteidigen, ist Iguape eine der ältesten Städte des Landes und eine der wenigen an der Küste São Paulos, die sich noch immer ihr koloniales Stadtbild bewahrt haben. Eine neue Initiative des Bundesstaates hilft beim Wiederaufbau des alten Zentrums, das lange vernachlässigt wurde. Auch wenn die Strände oft ziemlich belebt sind, ist die Stadt ein wirklich entspanntes Basislager zur Erkundung der Region.

Praktische Informationen

Auf dem größten Platz der Stadt steht ein **Touristeninformationsstand** (☎ 3841 3358; Largo da Basílica 71; ☉ 8–11.30 & 13.30–17.30 Uhr).

Sehenswertes

Ihren kolonialen Charme versprüht die Stadt durch die Gebäude rund um den weiß getünchten Hauptplatz, etwa die **Largo da Basílica** oder die **Basilika** (☉ 8–20 Uhr) aus dem 18. Jh. Nach 1,5 km erreicht man auf der Straße nach Barra do Ribeira die Abzweigung zum **Mirante do Morro do Espia**, einem Aussichtspunkt mit tollem Panoramablick über den Hafen und die Region.

Iguape blickt über eine schmale Meerenge zur **Ilha Comprida** hinüber, eine lange und dünne Insel (86 km lang, 3 km breit), die Iguape vor dem offenen Meer Schutz bietet. Die Insel ist von einer Mischung aus Mangrovenbäumen und Atlantischem Regenwald bedeckt und hat einen ununterbrochenen Strand, der sich über ihre gesamte Atlantikküste erstreckt. Mittlerweile ist Iguape über eine mautpflichtige Brücke mit der Insel verbunden.

Schlafen & Essen

Auf der Largo da Basílica gibt's ein paar günstige Pizzerias und andere Lokale.

Silvi Hotel (☎ 3841 1421; www.silvihotel.com.br; Rua Ana Cândida Sandoval Trigo 515; EZ/DZ ohne Klimaanlage 50/70 R$; mit Klimaanlage 70/90 R$; ✳) Ein bescheidenes, aber anständiges, gelb-grünes Hotel im Motelstil mit zwar sauberen und geräumigen, aber recht kargen Zimmern. Unten gibt's ein ganz gutes Restaurant mit einem Buffet zu vernünftigen Preisen sowie etwas teureren À-la-Carte-Gerichten.

Pousada Casa Grande (☎ 3841 1920; Rua Major Rebello 768; EZ/DZ 80/110 R$) Das Äußere dieses kolonialen Herrenhauses aus dem 19. Jh. ist noch intakt, aber die eher kleinen Zimmer mit ihren hohen Decken wurden generalüberholt, allerdings bleiben sie eher etwas uninspiriert. Es gibt eine hübsche Veranda und einen kleinen, aber schönen grünen Garten. Die Zimmer haben nur Ventilatoren.

Pousada Solar Colonial (☎ 3841 1591; Praça da Basílica 30; EZ/DZ 80/110 R$) In einem schönen Kolonialgebäude direkt am Hauptplatz untergebracht, bietet diese Pension einfache, aber saubere, neu renovierte Zimmer und serviert Frühstück in einem hellen Speisesaal mit bodentiefen Fenstern und Blick auf den Platz. Auch hier haben die Zimmer nur Ventilatoren.

Panela Velha (☎ 3841 1869; Rua 15 de Novembro 190; Hauptgerichte für 2 ab 60 R$; ☯ mittags & abends) Dieses gepflegte, makellose kleine Lokal gilt als beste Wahl der Stadt: es ist auf einfache, aber meisterhaft zubereitete lokale Meeresfrüchtegerichte spezialisiert. An den Wänden hängt eine Mischung aus nautischen Bildern und römisch-katholischem Kitsch.

Anreise & Unterwegs vor Ort

Es gibt direkte Busverbindungen von Iguape nach São Paulo (35 R$, 4 Std., etwa 4-mal tgl.) und Cananéia (18 R$, 2 Std., etwa 2-mal tgl.). Nahverkehrsbusse fahren über die Brücke nach Ilha Comprida. Wer ein Auto mit Vierradantrieb hat, kann auch am langen, flachen Strand der Ilha Comprida entlangfahren und die Fähre rüber nach Cananéia (7,90 R$/Fahrzeug, Passagiere frei) nehmen, allerdings empfiehlt es sich dringend den Ausflug auf die Ebbezeiten abzustimmen.

CANANÉIA

☎ 0xx13 / 14 000 Ew.

Kleiner und hübscher als das benachbarte Iguape, blickt Cananéia auf eine noch längere Geschichte zurück. Es wurde 1531 gegründet und gilt als eine der ältesten europäischen Siedlungen in Brasilien. Und auch wenn der Großteil der Altstadt im 19. Jh. erbaut wurde, stammen Teile der **Igreja São Batista** (Praça Martim Afonso de Souza; ☯ unregelmäßig) noch immer aus dem 16. Jh. Nach mehreren Generationen des Verfalls ist Cananéia heute wieder stolz auf seinen historischen Kern, und viele Gebäude werden renoviert und erstrahlen in wunderbar bunten Farben.

Strände

Die Strände der **Ilha Comprida** sind nur eine zehnminütige Fahrt mit der Fähre entfernt (7,90 R$/Fahrzeug, 6–23 Uhr mind. 1-mal stündl.). Fußgänger fahren kostenlos mit.

Das Highlight der Region ist die **Ilha do Cardoso**, ein ökologisches Naturschutzgebiet mit grandiosen natürlichen Badebecken, Wasserfällen und unberührten Stränden. Hier leben nur 400 Einwohner und es fahren keine Autos. Entlang der Küste, in der Nähe der Fähre zur Ilha Comprida, bieten ein paar private Veranstalter Bootstransporte zur Insel an. Die Preise variieren, aber für eine Rundfahrt inklusive Aufenthalt von mindestens drei Stunden kann man mit 20 R$ pro Person (mind. 4 Pers.) rechnen.

Schlafen & Essen

Hotels sind während der Hochsaison (Jan. und Feb.) und den ganzen Sommer über am Wochenende oft ausgebucht.

Hotel Intermares (☎ 9715 3963; www.hotelintermares.com.br; Av Intermares 100; EZ/DZ 60/80 R$) Die einzige anständige Übernachtungsmöglichkeit am Strand auf der Ilha Comprida: die freundliche Dona Irene und ihr geliebter Papagei bieten einfache, aber saubere Zimmer mit Ventilator und kleinem Bad.

Hotel Marazul (☎ 3851 1407; www.hotelmarazul.com.br; Av Luís Wilson Barbosa 408; EZ/DZ 120/160 R$; P ☒ ☒) Ein Pool am Wasser, eine Terrasse und recht schlichte, aber bunte Zimmer – diese Ziegelstein-Pousada ist das Schickste, was Cananéia zu bieten hat. Nur Barzahlung.

Restaurante Naguissa do Silêncio (Av Luís Wilson Barbosa 401; Hauptgerichte 25–45 R$; ☯ mittags & abends) Lust auf vor Ort gefangenen Fisch und Austern? In diesem einfachen, aber gut geführten Restaurant, 1 km nordwestlich des historischen Stadtzentrums, werden sie mit Liebe zubereitet und serviert.

Kurt Kaffe (☎ 3851 1262; Av Beira Mar 71; Hauptgerichte 20–35 R$; ☯ Mo, Di & Do 16–23, Fr–So 12–24 Uhr) Café, französisch angehauchtes Restaurant und Antiquitätenladen in einem – dieses charmante Lokal am Ufer zieht dank seiner Livemusik, der frischen Austern (für die Cananéia bekannt ist), der Drinks und der tollen Außenplätze im Schatten eines Cashewbaumes Reisende und einheimische Bohemiens gleichermaßen an.

Anreise & Unterwegs vor Ort

Intersul bietet täglich drei Busse zwischen Cananéia und São Paulo (42 R$, 5 Std.).

Das Fährterminal zur Ilha Comprida liegt nur ein Stück vom Hauptplatz entfernt. Die zehnminütige Fahrt ist für Fußgänger kostenlos (Fahrzeuge kosten 7,90 R$), und die Boote legen zwischen 6 Uhr und 23 Uhr mindestens einmal pro Stunde ab.

SÃO PAULO (BUNDESSTAAT)

DAS LANDESINNERE

IPORANGA
☎ 0xx15 / 5000 Ew.

Iporanga – 1576 gegründet, nachdem man hier Gold gefunden hatte – liegt versteckt in den Hügeln des Vale do Ribeira nahe des Grenzgebiets São Paulo–Paraná. Auch heute noch ist die umliegende Region eines der ungestörtesten Gebiete Atlantischen Regenwaldes in ganz Brasilien und aufgrund seines Artenreichtums von internationaler Bedeutung. Außerdem eignet sich die Stadt ausgezeichnet als Basislager für Besuche im Parque Estadual do Alto do Ribeira (PETAR). Dieser 360 km² große staatliche Park kann 280 katalogisierte Höhlen für sich beanspruchen und ist als Brasiliens Capital das Grutas (Höhlen-Hauptstadt) bekannt.

Praktische Informationen

Das Personal der städtischen **Touristeninformation** (☎ 3556 1420; Praça Honório Correia; ☉ Mo–Fr 8–17 Uhr) spricht teilweise englisch. Für nähere Informationen sowie Reservierungen von Stellplätzen und Höhlentouren wendet man sich an **PETAR** (☎ 3552 1875; www.petaronline.com.br). Der vertrauenswürdige Anbieter **Ecocave** (☎ 3556 1574; www.ecocave.com.br) organisiert Expeditionen zu den Höhlen sowie Wander-, Abseil- und Tubing-Abenteuer entlang des örtlichen Flusses.

Höhlen

PETARs **Núcleos de Visitação** (☎ 3552 1875) sind gut organisierte Besucherzentren mit zahlreichen Informationen zu Höhlentrips, Führern (alle portugiesisch) und Campingplätzen.

Es gibt vier Núcleos: Núcleo Santana (18 km nordwestlich der Stadt) bietet gute Einrichtungen für Besucher und Camper, fünf Höhlen und einen 3,5 km langen Wanderweg zu einem wunderschönen Wasserfall. Am Núcleo Ouro Grosso (13 km nordwestlich der Stadt) gibt's einfache Unterkünfte für Gruppen sowie Kochmöglichkeiten, zwei Höhlen und einen Wanderweg. Der Núcleo Casa de Pedra (9 km über die Straße plus 3 km über einen Wanderweg, nordwestlich der Stadt) ist das Basislager für einen Besuch der Casa de Pedra, die für ihren 215 m hohen Eingang und den unberührten Atlantischen Regenwald berühmt ist. Der Núcleo Caboclos schließlich (zentral im Park gelegen, 86 km über die Stra-

ße von der Stadt entfernt) bietet gute Campingeinrichtungen, einfache Besucherunterkünfte und mehrere Höhlen.

Schlafen & Essen

Die meisten Unterkünfte sind in Bairro da Serra in der Nähe des Parkeingangs zu finden, etwa 13 km vom Stadtzentrum entfernt, und der Großteil bietet auch Vollpension an.

Pousada Iporanga (☎ 3556 1132; www.pousadaiporanga.com.br; Rua Celso Descio 7; EZ/DZ 40/70 R$) Gleich am Stadtrand von Iporanga liegt diese saubere, gut geführte Pension. Die Zimmer sind etwas schlichter als die ziemlich pompöse Fassade vermuten lässt: sie haben einen Ventilator und ein Bad und liegen rund um einen hellen Innenhof.

Pousada Quiririm (☎ 3556 1273; www.pousadoquiririm.com.br; portugiesisch; Bairro da Serra; DZ inkl. Frühstück & Abendessen ab 110 R$) Diese kleine Oase wird mit viel Geschmack und Liebe von Dona Marizete geführt und bietet eine Reihe einfacher, aber brandneuer Zimmer (alle mit eigenem Bad, auch wenn einige der Bäder vom eigentlichen Zimmer getrennt liegen) rund um einen hübschen Garten mit lebhaftem Vogelgezwitscher.

Pousada das Cavernas (☎ 3814 9153; www.pousadadascavernas.com.br; portugiesisch; DZ ohne/mit Klimaanlage inkl. Frühstück & Abendessen 115/170 R$; P ❨X❩ □) Eine der schönsten Optionen weit und breit: dieses Haus in der Nähe von Bairro da Serra bietet breite Veranden, kolonialen Baustil und einfache, aber ordentliche Zimmer, einige mit Blick auf ein hübsches Tal.

Churrascaria do Abel (Rua Barão de Jundiaí 88; Gerichte 12 R$) In diesem freundlichen, familiengeführten Lokal kann man nichts falsch machen: es serviert großzügige Portionen klassischer brasilianischer Hausmannskost, z. B. Grillfleisch, Reis, Bohnen und Salat.

An- & Weiterreise

Vom Busbahnhof Barra Funda in São Paulo fahren Busse nach Eldorado (44 R$, 5 Std., 4-mal tgl.). In Eldorado kann man in einen Moreira-Bus über Iporanga (8 R$, 1 Std. 30 Min., 3-mal tgl.) steigen. Alternativ bietet Transpen von São Paulos Barra-Funda-Busbahnhof Verbindungen nach Apiaí (44 R$, 5 Std., 3-mal tgl.), wo man einen Nahverkehrsbus nach Iporanga nehmen kann, der auch in Barrio da Serra (4 R$, 1 Std. 45 Min., 3-mal tgl.) hält. In beiden Fällen fahren samstags weniger Busse, am Sonntag sind sie noch seltener. Am Wochenende sollte man die Fahrt am besten für den Vormittag planen.

CAMPOS DO JORDÃO

☎ 0xx12 / 47 000 Ew. / 1628 m

Campos do Jordão liegt idyllisch zwischen den grünen Gipfeln der Serra da Mantiqueira, 180 km nordöstlich von São Paulo, und ist ein ebenso kitschiger wie langweiliger Ort. Trotzdem eignet er sich als praktisches Basislager für die Erkundung der umliegenden Gipfel, die einigen der letzten überlebenden Urwald-*araucária* (Paraná-Kiefern) ein Zuhause bieten. Außerdem gibt's eine spektakuläre Aussicht auf das Paraíba-Tal. Im Juli findet hier ein bekanntes Festival für klassische Musik statt.

Man sollte wissen, dass die Stadt an Winterwochenenden ein beliebter Zufluchtsort für Paulistas ist, die sich an dem ganz neuen Gefühl erfreuen, Wollklamotten tragen zu können. Verkehr und Preise steigen dann entsprechend an.

Orientierung & Praktische Informationen

Campos besteht aus drei Hauptbezirken: Abernéssia (der älteste), Jaguaribe (hier ist der Busbahnhof) und Capivari (das Zentrum). Die drei Bezirke sind mit einer Tramlinie verbunden (2,50 R$).

Die **Touristeninformation** (☎ 3664 3525; ᗑ 8–20 Uhr) ist das Tor ins Tal. Sie liegt 2 km vor Abernéssia an der Straße in die Stadt und bietet eine hilfreiche Karte.

Sehenswertes & Aktivitäten

Der **Horto Florestal State Park** (Eintritt 5 R$/Fahrzeug; ᗑ 8–17 Uhr) 14 km östlich von Capivari beheimatet das größte *araucária*-Reservat des Bundesstaats und bietet schöne Wanderwege in verschiedenen Schwierigkeitsgraden. Am **Empfang** (☎ 3663 3762) an der Forellenfarm bekommt man Karten.

In der Nähe von Capivari gibt's einen *teleférico* (Sessellift; 10 R$; ᗑ Fr 13–17, Sa & So 9–17.30 Uhr), der einen zur Spitze des **Morro do Elefante**

DIE AMERIKANISCHEN BRASILIANER

Als die US-amerikanischen Südstaaten 1865 den Amerikanischen Bürgerkrieg verloren, sah der brasilianische Kaiser Dom Pedro II Dollarzeichen vor seinen Augen. Im Austausch gegen die hochmodernen Methoden des Baumwollanbaus, die sie mit ins Land bringen würden, bot er Plantagenbauern aus den Südstaaten billig Land an und lockte so 10 000 ihnen nach Brasilien.

Die meisten der neuen Einwanderer siedelten sich in der Mitte des Bundesstaates São Paulo an, wo sie Anbaubedingungen vorfanden, die denen im Süden der USA erstaunlich ähnlich waren. Hier pflanzten sie Pekannüsse, Pfirsiche, Mais und Baumwolle an – genauso, wie sie es auch auf heimischem Boden getan hatten. Gemeinschaftlich versuchten sie jedoch, sich von der brasilianischen Kultur fernzuhalten: Sie ehrten weiterhin die Flagge der Konföderation und hielten an ihrer Sprache und vielen ihrer Gebräuche fest. Einen Luxus mussten sie allerdings aufgeben – die Sklaverei, für deren Beibehaltung sie so hart gekämpft hatten. Forschungen weisen darauf hin, dass nur sehr wenige ehemalige Konföderierte auch in Brasilien noch Sklaven besaßen.

In den benachbarten Städten **Americana** und **Santa Bárbara d'Oeste**, beide ca. 100 km nordwestlich von São Paulo gelegen, kann man noch heute die Nachkommen der *confederados* englisch mit eindeutigem Südstaatenakzent sprechen hören. Jedes Jahr hält die Fraternity of American Descendants – die wichtigste soziale Einrichtung der Gemeinde – hier ein traditionelles Picknick mit Grillhähnchen, Keksen und Pfirsichkuchen ab.

Der Cemitério do Campo liegt inmitten eines Meeres aus Zuckerrohrfeldern, 12 km von Santa Bárbara d'Oeste entfernt. Er ist das spirituelle Epizentrum der *confederados*. Der Friedhof wurde in den 1870er-Jahren gegründet, da die katholische Obrigkeit den protestantischen Einwanderern ein Begräbnis verweigerte. Auf den Grabsteinen hier stehen Namen wie Braxton und Bloxom, Sharpley und Shippey, Meriwether und Maxwell.

Um São Paulos konföderiertes Erbe zu erkunden, begibt man sich am besten ins **Museu da Imigração** (☎ 0xx19-3455 5082; Praça 9 de Julho; Eintritt frei; ᗑ Di–Fr 8–11.30 & 13–17, Sa 8–11.30 & 13–14.30 Uhr) in Santa Bárbara d'Oeste, das u. a. Ausstellungen mit Fotografien, Briefen und Haushaltsgegenständen zeigt. Von der Stadt aus gibt's Direktverbindungen zum Tietê-Busbahnhof in São Paulo (20 R$, 2 Std.). Das Museum kann auch einen Besuch des Cemitério do Campo arrangieren, der selbst für manchen einheimischen Fahrer schwer zu finden ist.

bringt, von wo aus man einen guten Blick auf die Stadt hat.

Der **Palácio Boa Vista** (☎ 3662 1122; Av Dr. Ademar de Barros 3001; Eintritt 5 R$; ☺ Mi–So 10–12 & 14–17 Uhr), 3,5 km nördlich von Abernéssia, ist die üppige, englisch-lastige, mit Antiquitäten gefüllte Sommerresidenz des Gouverneurs des Staates.

Die 19 km lange **Elektrozugfahrt** (☎ 3663 1531; 2½-stündige Rundfahrt 40 R$) von Campos do Jordão nach Santo Antônio do Pinhal ist eine der schönsten in Brasilien. An den Wochenenden fahren fünf Züge täglich, aber unter der Woche sind es nur zwei. Der Zug fährt ab Campos (am Bahnhof Capivari am Ende der Av Emílio Ribas). Die beste Aussicht hat man, wenn man beim Verlassen von Campos rechts sitzt.

Für diejenigen, die das Gebiet mit dem Fahrrad erkunden wollen, kann man Räder beim **Pedal Shop** (☎ 3663 8346; Av José Manoel Gonçalves 108, Capivari) und bei **Desafius** (☎ 3664 6096; Av Frei Orestes Girardi 3159, Capivari) mieten. **Altus** (☎ 3663 4122; Av Roberto Simonsen 1724, Vila Inglesa; www.altus.tur.br) organisiert Gruppen zum Wandern, Felsklettern, Mountainbiken und anderen Outdoor Aktivitäten

Schlafen

Der Juli ist die touristischste Zeit für Campos, dann besuchen bis zu 1 Mio. Menschen die Stadt, und viele Häuser verlangen einen Mindestaufenthalt von einer Woche. Am Wochenende und außerhalb der Wintermonate kann man mit deutlichen Rabatten rechnen.

Campos do Jordão Hostel (☎ 3662 2341; www.camposdojordaohostel.com.br; Rua Pereira Barreto 22; B/DZ 50/120 R$) Dieses Hostel ist eines der angenehmeren des Landes und in einem grandiosen alten Gebäude aus dem frühen 20. Jh. untergebracht. Die kürzlich renovierten Zimmer sind luftig und haben hohe Decken.

Duas Quedas Park Hotel (☎ 3662 2492; www.duasquedas.com.br; Rua Leonor Przirembel 255; 4-Pers.-Chalets 210 R$) Die ordentlichen (wenn auch leicht muffigen) Chalets sind rustikal-gemütlich und liegen rund um einen hübschen Garten mit Wasserfall – dies ist eine der charmantesten Unterkünfte der Stadt.

Grande Hotel Campos do Jordão (☎ 3260 6000; www.grandehotelsenac.com.br; Av Frei Orestes Girardi; DZ inkl. Vollpension ab 900 R$; ⊠ ▣ ▣) Dieses opulente Ressort im europäischen Stil liegt inmitten seines eigenen Waldes und wird von einer angesehenen Hotelschule geführt. Es bietet wunderschöne Anlagen, einen Swimmingpool und Tennisplätze und von vielen Zimmern aus einen schönen Blick auf die umliegende Landschaft.

Essen & Ausgehen

Bia Kaffe (☎ 3663 1507; Rua Isola Orsi 33; Hauptgerichte ab 24 R$; ☺ Fr & Sa 12–24, So bis 20.30 Uhr) Dieses gemütliche Lokal in Capivari serviert hervorragenden Kaffee, Kuchen und andere Süßigkeiten sowie Grillwürste, Gulasch und Forelle. Empfehlenswert.

Harry Pisek (☎ 3663 4030; Av Pedro Paulo 857; Hauptgerichte ab 35 R$; ☺ So–Fr 10–17, Sa bis 23 Uhr) Küchenchef Pisek hat die Kunst der Wurstherstellung in Deutschland studiert und wird für seine hausgemachten Würste gefeiert, die er in diesem gemütlichen Restaurant an der Straße nach Horto Florestal serviert, das sogar eine typisch deutsche Einrichtung bietet.

An- & Weiterreise

Der **Busbahnhof** (☎ 3262 1996; Av Dr Januário Miraglia) liegt in der Nähe des Supermercado Roma zwischen Jaguaribe und Capivari. Es fahren Busse nach São Paulo (28 R$, 2½ Std., ca. 6-mal tgl.) und Rio de Janeiro (49 R$, 5 Std., 2-mal tgl.).

GRUTA DOS CRIOULOS

Die **Gruta dos Crioulos** (Creolen-Höhle) wurde einst von Sklaven als Versteck benutzt, die von umliegenden Farmen geflohen waren. Sie liegt 7 km von Jaguaribe entfernt an der Straße zum Pedra do Baú, einem 1950 m hohen Berggipfel, der aus einem riesigen rechteckigen Granitblock besteht. Um den Gipfel des Pedra do Baú zu besteigen, muss man 2 km nach Norden wandern und über 600 Stufen die in den Felsen eingearbeitet sind hinaufklettern. Er liegt 25 km von Campos do Jordão.

Paraná

Seit sich Paraná 1853 vom Bundesstaat São Paulo losgesagt hat, wurde es immer wieder mit seinem größeren Nachbarn im Norden verglichen. Tatsächlich teilt Paraná einige Superlative mit São Paulo: Beide gehören zu den Bundesstaaten mit dem höchsten Lebensstandard, der produktivsten Wirtschaft und der gebildetsten Bevölkerung.

Paranás beneidenswerte Lage ist auf viele Faktoren zurückzuführen. Einer dürfte zweifelsohne das historische Erbe der kleinen Familienfarmen sein, die anstelle der riesigen Plantagen Nordbrasiliens die hiesige Landwirtschaft prägen. Sie haben für eine relativ gerechte, demokratische und soziale Gesellschaftsordnung gesorgt. Auch dank einer gut durchdachten Wirtschaftspolitik und einer progressiven Haltung in Sozialfragen hat sich Paraná zu einem sympathischen und florierenden Bundesstaat entwickelt. Die Hauptstadt Curitiba verkörpert mit ihrem effizienten Nahverkehrssystem, einer innovativen Architektur und ausgezeichneten Stadtparks den Erfolg des Bundesstaates.

In Paraná können viele geologische und ökologische Wunder entdeckt werden. Auf der Ilha do Mel und im Parque Nacional do Superagüi gibt es noch große Gebiete unberührten Regenwalds und ursprünglicher Küstenstriche. Sonnenanbeter und Surfer schwärmen von den Stränden Paranás, die so idyllisch wie kaum sonst wo im Süden Brasiliens sind. Von der Küste aus erstreckt sich die atemberaubende Serra do Mar bis zu einer Hochebene im Landesinneren. Das wohl überwältigendste Naturwunder Paranás findet sich jedoch an der Grenze zu Argentinien: Seit Menschengedenken haben die gewaltige Kraft und die schiere Größe der Iguaçu-Fälle Ehrfurcht und Bewunderung bei seinen Betrachtern hervorgerufen, von den indigenen Stämmen über Jesuitenmissionare bis zu den Touristen heutiger Zeit.

HIGHLIGHTS

- Am **Garganta do Diablo** (S. 364) das tosende Wasser der Iguaçu-Fälle hören und die Gischt im Gesicht spüren

- Im abgelegenen Dorf **Barra do Superagüi** (S. 359) im Parque Nacional do Superagüi den traditionellen *fandango* tanzen

- Vom **Farol das Conchas** (S. 357), dem Leuchtturm auf der Ilha do Mel, den untergehenden Sonne hinterschauen

- Die uralte „steinerne Stadt" **Vila Velha** (S. 352) bewundern

- In Curitibas **Museu Oscar Niemeyer** (S. 349) Kunst und atemberaubende Architektur erleben

Iguaçu-Fälle ★

Vila Velha ★

Parque Nacional do Superagüi ★

Curitiba ★

Ilha do Mel ★

- Bevölkerung: 10,7 Mio.

- Fläche: 199 300 km²

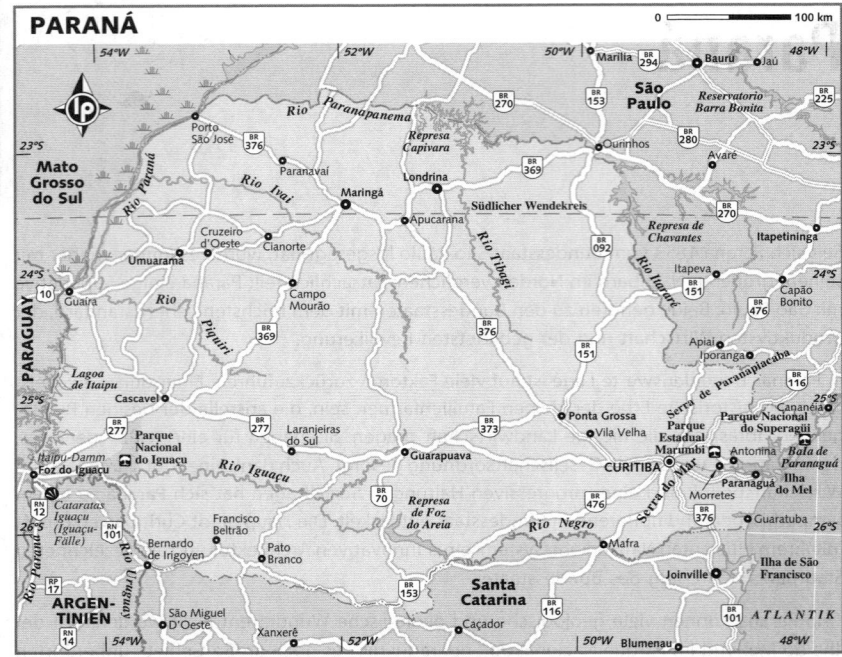

Geschichte

Wie vieles von Südbrasilien wurde auch Paraná von den portugiesischen Kolonisten weitgehend ignoriert. Selbst ein kurzer Goldrausch im 17. Jh. änderte daran nichts, wurden doch wenig später größere Vorkommen in Minas Gerais entdeckt. Als sich der Paraná 1853 von São Paulo abspaltete, basierte die Wirtschaft auf der Rinderzucht und dem Anbau von *erva-maté* (Tee). Die Regierung unterstützte die Einbürgerung von Italienern, die die Wirtschaftsentwicklung fördern sollten. Einwanderungswellen von Deutschen, Ukrainern und Polen folgten.

Die Einwanderung und der Bau der Eisenbahn machten Curitiba zu einer der reichsten Städte des Landes.

Klima

Sowohl die Küste als auch die Iguaçu-Fälle sind subtropische Regionen, die von der Mata Atlântica (Atlantischer Regenwald) dominiert werden. Die Sommer sind heiß und feucht, die Winter mild. In Curitiba, das auf einer Hochebene liegt, ist es deutlich kühler als an der Küste.

Nationalparks

Der Parque Nacional do Superagüi (S. 359) ist Teil eines riesigen, 4700 km² großen Mata-Atlântica-Schutzgebiets, zu dem auch einige überwiegend unbewohnte Inseln und kilometerlange Mangrovensümpfe gehören. Die berühmten Wasserfälle liegen im 1550 km² großen Parque Nacional do Iguaçu (S. 364).

Anreise & Unterwegs vor Ort

Der Verkehrsknotenpunkt des Bundesstaates ist Curitiba, von hier verkehren Busse und Flüge in alle bedeutenden Städte Brasiliens. Ein Personenzug verkehrt zwischen Curitiba und Paranaguá an der Küste. In Foz do Iguaçu gibt es einen kleinen internationalen Flughafen, außerdem fahren von hier Direktbusse nach São Paulo, Rio de Janeiro und in alle großen Städte im Süden Brasiliens.

CURITIBA

☎ 0xx41 / 1,85 Mio. Ew.

Curitiba ist weder mondän noch aufreizend, doch seine Einwohner genießen eine Lebensqualität, von der man in anderen Teilen des Landes nur träumt. Die blühende Wirtschaft machte es der modernen Stadt möglich, historische Gebäude und Grünflächen zu erhalten.

In den 1970er- und 1980er-Jahren kreierte die Stadt fortschrittliche Anreize, um die Leute zum Verzicht aufs Auto zu bewegen: Die Preise für Bustickets wurden gesenkt und der Service ausgebaut. Der Plan ging auf – heute kann man sich in Curitiba besser mit dem ÖPNV fortbewegen als in jeder anderen Großstadt Brasiliens. Auch zur Bekämpfung anderer Übel, die Städte plagen – z. B. Obdachlosigkeit, Umweltverschmutzung und Armut –, wurden innovative Ansätze entwickelt. Um eine technologische Kluft zwischen den Bürgern zu überwinden, gibt es an etlichen Stellen überall in der Stadt kostenlose Internetzugänge.

Es ist ein wahres2 Vergnügen, durch die Fußgängerzonen zu bummeln oder mit der Linha Turisma die Stadt zu umrunden und Curitibas zahlreiche Parks und Denkmäler zu besuchen. Die große Zahl studentischer Bewohner garantiert jugendlichen Elan und eine tolle Musikszene, die abends zum Leben erwacht.

Curitiba wird einer der zwölf Austragungsorte der FIFA Weltmeisterschaft 2014 sein. Dank der zahlreichen bereits vorhandenen Unterkünfte ist die Stadt gut auf das große Sportevent vorbereitet – und es gibt keinen Zweifel daran, dass die Einwohner das internationale Spotlight nutzen werden, um ihre Stadt von der besten Seite zu präsentieren.

Orientierung

Das historische Zentrum Curitibas wird im Osten von der Praça Santos Andrade und dem nahe gelegenen hübschen Stadtpark Passeio Público begrenzt, im Westen von der Praça General Osório und der Rua 24 Horas, einem rund um die Uhr geöffneten Shoppingcenter, das zum Zeitpunkt unserer Recherche wegen Renovierungsarbeiten geschlossen war. Die lebhafte Fußgängerzone Rua das Flores verläuft quer durch den alten Ortskern. Gleich nördlich der Rua das Flores liegt der Largo da Ordem, das koloniale Zentrum der Stadt und der Mittelpunkt des Nachtlebens.

Der Fernbusbahnhof und der benachbarte Bahnhof liegen 2 km östlich des Stadtzentrums. Der Flughafen befindet sich 18 km südöstlich der Stadt. Die größten Parks und das Museu Oscar Niemeyer liegen am Stadtrand.

Praktische Informationen

BUCHLÄDEN

Livraria Curitiba (☎ 3330 5002; Rua das Flores 78; ☻ Mo–Sa 8–18 Uhr) Hier gibt es auch einige fremdsprachige Titel.

GELD

Banco do Brasil (Praça Tiradentes 410)

HSBC (Ecke Rua das Flores & Av Marechal Floriano Peixoto)

INTERNETZUGANG

In der Rua das Flores gibt es Internetcafés („LAN-Houses") in Hülle und Fülle.

Internet (Rua das Flores 18; ☻ 10–22 Uhr)

NOTFALL

Medizinische Notfälle (☎ 192)

Bundespolizei (☎ 3360 7674)

TOURISTENINFORMATION

In der **Touristeninformation** (www.viaje.curitiba.pr.gov.br, portugiesisch) gibt es zahlreiche Hochglanzbroschüren und Karten; die hilfsbereiten Mitarbeiter sind entgegenkommend und sprechen etwas Englisch.

Touristeninformation am Busbahnhof (☎ 3352 8000; ☻ Mo–Sa 7–24, So 7–19 Uhr)

Sehenswertes & Aktivitäten

Einen Überblick über Curitiba gewinnt man vom 109 m hohen **Torre Panorâmica** (☎ 3339 7613; Rua Prof Lycio Grein de Castro Vellozo 191; Erw./Kind 4/2 R$; ☻ Di–So 9–19 Uhr), von dessen Aussichtsplattform aus man einen wunderbaren Panoramablick hat. Man kann die 2 km vom Largo da Ordem Richtung Westen zu Fuß gehen oder die Linha Turismo (S. 352) nehmen.

Die **Rua das Flores**, Lebensader der Innenstadt Curitibas, ist eine 500 m lange Fußgängerzone, ideal zum Shoppen und Bummeln. An ihrem Ostende liegt die **Praça Santos Andrade**, die von dem neoklassizistischen Hauptgebäude der **Universidade Federal do Paraná** beherrscht wird. Nördlich der Rua das Flores markiert die **Praça Tiradentes** die Stelle, an der die Stadt gegründet wurde. Heute ist ihr hervorstechendstes Wahrzeichen die **Kathedrale** an der nordöstlichen Ecke. Gleich hinter der Kathedrale erstreckt sich der **Largo da Ordem**, das alte kolonialzeitliche Herz der Stadt. Wunderschön restaurierte Gebäude säumen die für den Autoverkehr gesperrten Kopfsteinpflasterstraßen; in vielen Gebäuden sind heute trendige Kunstgalerien, Kneipen und Cafés untergebracht. Am Sonntagvormittag findet

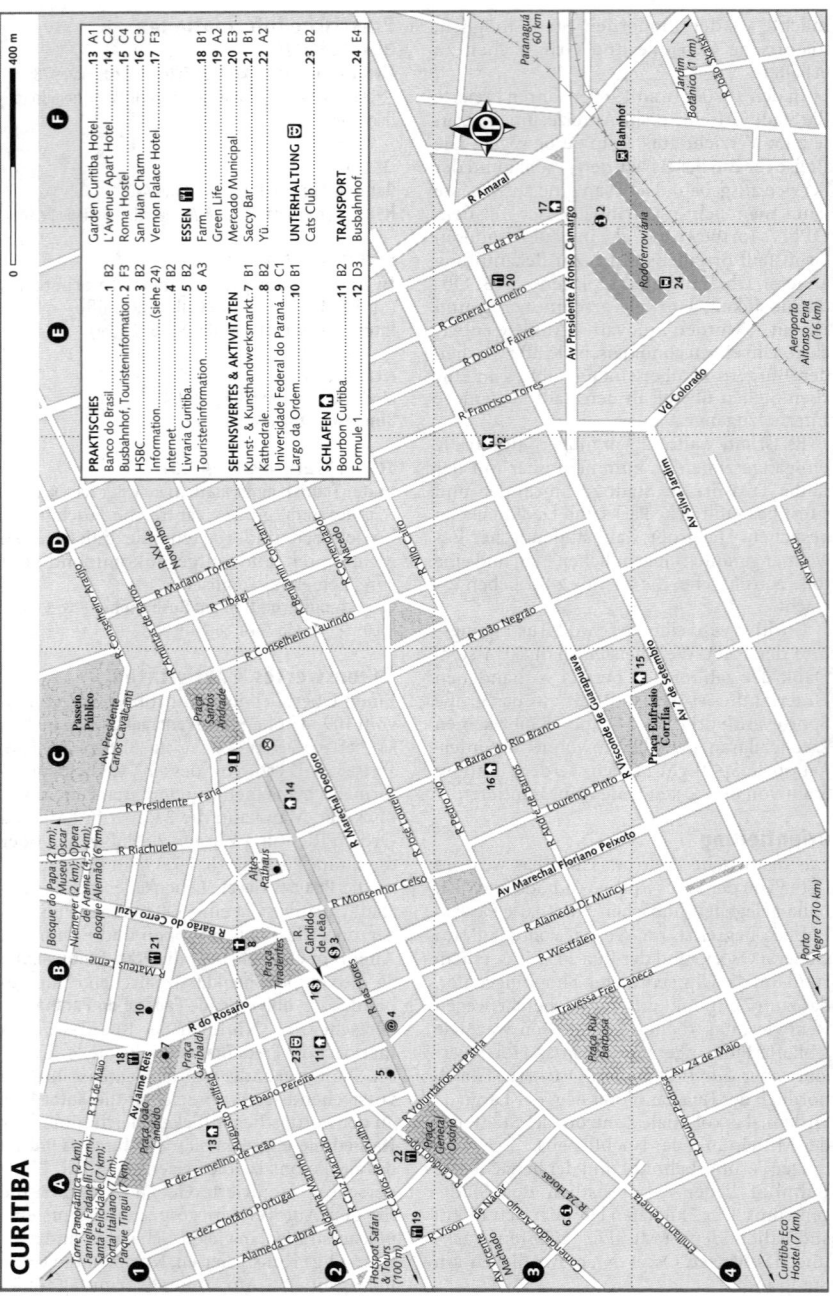

CURITIBA

0 — 400 m

PRAKTISCHES
Banco do Brasil.....................1 B2
Busbahnhof, Touristeninformation 2 F3
HSBC.....................................3 B2
Information.....................(siehe 24)
Livraria Curitiba....................4 B2
Touristeninformation..............5 B2
....6 A3

SEHENSWERTES & AKTIVITÄTEN
Kunst- & Kunsthandwerksmarkt..7 B1
Kathedrale.............................8 B2
Universidade Federal do Paraná..9 C1
Largo da Ordem....................10 B1

SCHLAFEN
Bourbon Curitiba...................11 B2
Formule 1.............................12 D3
Garden Curitiba Hotel.............13 A1
L'Avenue Apart Hotel.............14 C2
Roma Hostel.........................15 C4
San Juan Charm.....................16 C3
Vernon Palace Hotel..............17 F3

ESSEN
Farm....................................18 B1
Green Life.............................19 A2
Mercado Municipal.................20 E3
Saccy Bar.............................21 B1
Yü.......................................22 A2

UNTERHALTUNG
Cats Club..............................23 B2

TRANSPORT
Busbahnhof..........................24 E4

auf der Praça Garibaldi ein bunter **Kunst- und Kunsthandwerksmarkt** (9–14 Uhr) statt.

Nördlich des Stadtzentrums steht das **Museu Oscar Niemeyer** (☎ 3350 4400; www.museuoscarniemeyer.org.br; portugiesisch; Rua Marechal Hermes 999; Eintritt 4 R$; Di–So 10–18 Uhr). Erbaut wurde es von seinem Namensgeber höchstpersönlich, keinem geringeren als dem Architekten, der für den Bau eines großen Teils von Brasília verantwortlich war. Das exotische, wie ein Auge geformte Gebäude ist mit witzigen tanzenden Figuren in kräftigen Farben verziert. Wanderausstellungen huldigen brasilianischen und internationalen Künstlern des 20. und 21. Jhs. Vom Zentrum zum Museum braucht man zu Fuß eine halbe Stunde, vorausgesetzt, man marschiert flott. Alternativ bringt einen die Linha Turismo (s. S. 352) hin.

Mit der Linha Turismo kommt man an einer Reihe von Gedenkstätten zu Ehren der Einwanderer aus den unterschiedlichen Ecken der Welt vorbei: am italienischen Viertel Santa Felicidade mit seinem **Portal Italiano**, dem deutschen Denkmal **Bosque Alemão**, dem ukrainischen im **Parque Tingui** und dem polnischen Denkmal **Bosque do Papa**.

Ganz im Süden der Stadt liegt der **Jardim Botânico** (☎ 3264 1800; Rua Eng Ostoja Roguski; Dez.–März 6–21 Uhr, April–Nov. 6–20 Uhr), ein großer Blumengarten mit Skulpturen, durch den sich kreuz und quer Gehwege ziehen. Das zentrale Gewächshaus aus Glas und Metall ist eher als ein dekoratives Vorzeigeobjekt zu betrachten als ein botanisches Wunder.

Geführte Touren
Touren in die ländliche Umgebung der Stadt und in die Mata Atlântica lassen sich in Curitiba für etwa 75 bis 100 US$ pro Tag arrangieren. Für eine Stadttour empfiehlt sich die Linha Turismo (s. S. 352).

Hotspot Safari & Tours (☎ 3022 0070; www.safaritour.com.br; Rua Carlos de Carvalho 603; Di–Sa 9–13 Uhr) Besitzer Christophe ist seit drei Jahrzehnten in der Tourismusbranche und im Umweltschutz tätig und arbeitet mit engagierten Biologen zusammen, um den Paraná-Ameisenvogel und die Salvins Zwergamazone zu retten. Er organisiert tolle ein- und mehrtägige Touren in die Küstenwälder rund um Curitiba und wird sehr empfohlen. Touren sind auch in deutscher Sprache möglich.

Schlafen
BUDGETUNTERKÜNFTE
Roma Hostel (☎ 3224 2117; www.curitibaecohostel.com.br; Rua Barão de Rio Branco 805; B HI-Mitglieder/Nicht-Mit-

glieder 25/35R$, DZ 62/77 R$;) Das HI-Hostel liegt abseits der Praça Eufrásio Corrêia und hat hohe, wenn auch etwas dunkle Zimmer, die um einen Hof im Neokolonialstil angeordnet sind. Die Atmosphäre ist zwar nicht halb so lebhaft wie im anderen HI-Hostel der Stadt (Curitiba Eco Hostel; s. unten), dafür liegt dieses viel zentraler. Frühstück kostet 9 R$9, Handtücher bekommt man für 3,50 R$.

Formule 1 (☎ 3218 3838; www.accorhotels.com.br; Rua Mariano Torres 927; Zi. ab 75 R$;) In der kahlen weißen Lobby des Formule 1 werden Gäste mit der ganzen Effizienz und dem Charme einer Boxencrew eingecheckt. Alle 263 Zimmer sind hell und makellos sauber. In dem Hotel der Accor-Gruppe weiß man genau, was man bekommt: komfortable Zimmer zu einem unschlagbaren Preis, zwei Blocks vom Busbahnhof entfernt. Frühstück kostet 5 R$, WLAN 10 R$ pro Tag.

MITTEL- & SPITZENKLASSEHOTELS
Curitiba Eco Hostel (☎ 3029 1693; www.curitibaecohostel.com.br, portugiesisch; Rua Luiz Tramontin 1693; B HI-Mitglieder/Nichtmitglieder 70/80 R$, DZ 90/100 R$, 3BZ 110/130 R$;) Dieses von Wald umgebene Hostel liegt am Rand der Stadt und ist ein bisschen nobler als die Durchschnitts-Jugendherberge. Die geräumigen Zimmer in leuchtendem Orange haben gefliste Böden und Zugang zu einer tollen Terrasse. Von der Praça Rui Barbosa kommt man mit dem „Tramontina"-Bus hierher.

Garden Curitiba Hotel (☎ 3222 2524; Rua Ébana Pereira 405; EZ/DZ/3BZ 87/112/132 R$;) Die freundlich eingerichtete kleine Herberge ist zwar nichts Aufregendes, gehört aber sicher zu den netteren Unterkünften Curitibas. In der kleinen und gemütlichen Bleibe herrscht ein familiäres, kleinstädtisches Flair vor, das man in dieser großen Stadt sonst kaum findet – begrüßt wird man mit einer Caipirinha auf Kosten des Hauses!

Vernon Palace Hotel (☎ 3362 1222; www.vernonhotel.com.br, portugiesisch; Av Presidente Afonso Camargo 455; EZ/DZ 96/126 R$;) In dem vor allem von Geschäftsreisenden frequentierten Hotel, dem luxuriösesten in der Nähe des Busbahnhofs, wurde viel Marmor verbaut. Es gewinnt zwar keinen Blumentopf für Individualität, dafür aber bietet es seinen Gästen den Komfort und Service eines internationalen Hotels.

L'Avenue Apart Hotel (☎ 3222 5525; www.lavenueaparthotel.com.br, portugiesisch; Rua XV de Novembro 526, Rua das Flores; EZ/DZ 130/155 R$;) Das ge-

PARANÁ

BRASILIENS ÖKO-HAUPTSTADT *Regis St. Louis*

Curitiba mag zwar nicht das aufregendste Reiseziel eines Brasilien-Trips sein, dafür aber erfährt die Stadt schon seit Langem viel Anerkennung für eines der besten Stadtplanungsmodelle der Welt. In den letzten 40 Jahren hat die Hauptstadt von Paraná ein hervorragendes und viel beachtetes öffentliches Nahverkehrssystem aufgelegt, effiziente Recyclingprogramme ins Leben gerufen und viele Stadtflächen in Parks verwandelt. Dabei hat sie ökologische Nachhaltigkeit gefördert, als dies noch gar nicht „chic" war.

Dass Curitiba nicht wie jede andere brasilianische Stadt aussieht, verdankt es den mutigen Initiativen ihres langjährigen Bürgermeisters Jaime Lerner, der die Stadt drei Amtsperioden lang regierte. In den 1960er-Jahren wollten viele Stadtplaner unter dem Einfluss von Oscar Niemeyer und seinen Anhängern die Stadt nach amerikanischen Vorbildern autogerecht erneuern. In Curitiba kämpfte eine Gruppe junger Architekten und Stadtplaner erbittert gegen diese Idee und schlug stattdessen radikale Bebauungspläne und neue Verkehrskonzepte vor, die die Stadt vor der Abrissbirne schützen sollten. Lerner, selbst ein Architekt, setzte diese Vorschläge um und entwickelte selbst einige brillante Ideen, nachdem er 1971 zum Bürgermeister gewählt worden war.

Eine seiner ersten mutigen Initiativen war die Umwandlung der Altstadt in eine Fußgängerzone auf einer Länge von sechs Blocks. Örtliche Händler wehrten sich heftig gegen diese Neuerung, weshalb Lerner Guerilla-ähnliche Methoden anwendete. An einem Freitagabend ließ er heimlich einen Bautrupp aufmarschieren, der Bürgersteige verlegte, Lampen installierte und Pflanzen setzte. Innerhalb von 72 Stunden war alles fertig – und niemand konnte das Projekt stoppen. Der Fußgängerstrom nahm gewaltig zu und bald sprachen sich die Händler für eine Erweiterung der Fußgängerzone aus. Einige Autofahrer waren jedoch alles andere als glücklich. Als Lerner erfuhr, dass eine Gruppe plante, über die Fußgängerstraße zu fahren, reagierte abermals raffiniert. Er versammelte mehrere Hundert Kinder auf der Straße, um dort Bilder zu malen. Dies festigte den Erfolg der Fußgängerzone und festigte Lerners Ruf als erfolgreicher Macher.

Eine andere große Herausforderung war der Nahverkehr. Da die Stadt den Bau einer U-Bahn nicht finanzieren konnte, wurde eine „Schnellbahn" kurzerhand oberirdisch realisiert. Fünf eigene Expressbusspuren wurden gebaut und die Taktzeiten verkürzt – zu Stoßzeiten fährt alle 30 Sekunden ein Bus. Röhrenförmige Bahnsteige mit Fahrkartenverkäufern und Drehkreuzen beschleunigen das Ein- und Aussteigen. Der schwedische Busbauer Volvo wurde beauftragt, Doppelgelenkbusse für 270 Fahrgäste zu entwickeln. Der Erfolg gibt der Stadt Recht: Heute nutzen jeden Tag mehr als 2 Mio. Fahrgäste den ÖPNV – schneller kann man sich in der Stadt kaum bewegen.

Auch bei der Lösung des Müllproblems der Stadt tat sich Lerner als Pionier hervor. Er ermutigte alle Bewohner, ihren Müll zu trennen (etwa ein Drittel des Mülls wird recycelt) und holte auch die Ärmeren an Bord, als es darum ging, die Stadt vom Schmutz zu befreien. Da die Fahrzeuge der Müllabfuhr durch einige Straßen der Favelas (Slums) nicht durchkommen, schaffen die Bewohner ihren Müll selbst heraus – und erhalten für 2 kg Müll ein Pfund Gemüse.

Schließlich initiierte Lerner auch das Anpflanzen unzähliger Bäume – mehr als 1 Mio. in den letzten 30 Jahren! Es wurden Feuchtbiotope und Parks angelegt, viele davon mit Seen, die in überschwemmungsgefährdeten Gebieten als Auffangbecken dienen. Lerner schaffte es sogar, dass eine Müllhalde in einen botanischen Garten verwandelt wurde. Trotz des explosiven Bevölkerungswachstums hat es Curitiba geschafft, seine Grünflächen von 0,5 auf über 50 m² pro Person zu erweitern. Der ökologische Ansatz nahm auch die Wirtschaft mit: In den 1970er-Jahren beschloss die Stadt, nur noch Unternehmen ansiedeln zu lassen, die die Umwelt nicht verschmutzen – und zwar in einem Industriegebiet, das von großen Grünflächen umgeben ist.

Curitiba kann zwar viele Erfolge verzeichnen, die Probleme wachsen jedoch ebenfalls. Eine Welle armer Zuwanderer schwappte in die Stadt, die teilweise auch von der hohen Lebensqualität angezogen wurden. Zudem nimmt der Verkehr auf den Straßen stetig zu, während die Recyclingquote sinkt. Dies ist besonders alarmierend, da die einzige Müllhalde der Stadt Ende 2010 die Grenzen ihrer Kapazitäten erreichte. Wohl braucht die einst so visionäre Stadt einen neuen Lerner – doch der einzige Weg, um Curitiba vor dem Schicksal anderer Großstädte zu bewahren, dürfte wie überall ein echtes Umdenken in der Bevölkerung sein.

schmackvolle, aber nicht besonders trendige Hotel hat 63 Suiten mit Kochnische und Wohnbereich und ist eine der wenigen Unterkünfte in der Rua das Flores.

LP Tipp **San Juan Charm** (☎ 3219 9900; www.sanjuanhoteis.com.br, portugiesisch; Rua Barao do Rio Branco 354; Zi. 140 EZ/DZ; ♨ 🖥 🛜) Hinter einer schönen neoklassizischen Fassade versteckt sich dieses sehr charmante, 2002 renovierte Hotel. Viele der originalen architektonischen Details blieben erhalten, ohne dass moderne Annehmlichkeiten vernachlässigt wurde. Holzböden, bemalter Stuck und Schwarz-Weiß-Fotografien verleihen den 24 Räumen eine Aura zurückhaltender Eleganz.

Bourbon Curitiba (☎ 3221 4600; www.bourbon.com.br; Rua Cândido Lopes 102; EZ/DZ 240/280 R$; ♨ 🖥 🛜 🅿) Curitibas schickstes Hotel hat vier Sterne und richtet sich sowohl an Geschäftsreisende als auch an anspruchsvolle Touristen.

Essen & Ausgehen

In der Rua das Flores zwischen der Rua Westfalen und der Rua Alameda Dr Muricy, gibt's etliche preiswerte Fastfood-Restaurants, in denen man draußen sitzen kann.

Mercado Municipal (Ecke Rua General Carneiro & Av 7 de Setembro; ☯ Mo–Sa 8–18 Uhr) Gleich gegenüber vom Busbahnhof liegt der städtische Markt mit Essensständen in der unteren Etage.

Saccy Bar (☎ 3222 9922; Rua Mateus Leme 12; Gerichte 10–18 R$; ☯ 10–13 Uhr) Dieses rote Kolonialgebäude bietet unten eine überfüllte Bar und im 2. Stock eine Art Loft. Oben wie unten kann man prima ein Bierchen kippen und sich ein Kneipenessen schmecken lassen. Am Wochenende gibt's abends Livemusik.

Farm (☎ 3019 9376; Av Jaime Reis 40; Gerichte 12–15 R$) In dem rustikalen Lokal gibt es große Portionen brasilianischer Gerichte und verschiedene Pizzas. Auch wenn das Essen lecker schmeckt, ist doch der eigentliche Grund für einen Besuch die Terrasse mit Blick auf die Praça Garibaldi.

Green Life (☎ 3223 8490; Rua Carlos de Carvalho 271; Mo–Fr 18 R$/kg, Sa & So 22 R$/kg; ☯ 11–15 Uhr) Die meisten Zutaten, die in diesem vegetarischen Bio-Restaurant verwendet werden, stammen vom Bauernhof des Besitzers. Das Menü wechselt täglich und wird stets aus frischen saisonalen Produkten zubereitet.

Yü (☎ 3232 3500; Praça General Osório 485; 23 R$/kg; ☯ Mo–Sa 11.30–15 Uhr) Das umfangreiche asiatische Buffet in dem stilvollen Gebäude aus Glas und Stein serviert u.a. Sushi und Sashimi, Salate sowie warme chinesische und japanische Hauptgerichte.

LP Tipp **Famiglia Fadanelli** (☎ 3372 1616; Av Manoel Ribas 5667; Gerichte 23–40 R$) Jeder Einheimische kennt das italienische Restaurant in Santa Felicidade. Die Berühmtheit verdankt es in erster Linie den italienischen Klassikern wie Kalb Parmigianino mit hausgemachter Pasta. Aber auch die scheinbar endlose Antipasti-Bar, die an den meisten Wochenenden aufgefahren wird, erfreut sich großer Beliebtheit.

Unterhaltung

An warmen Abenden strömt das Partyvolk aus den Pubs und Cafés hinaus auf die Straßen rund um den Largo da Ordem.

Cats Club (☎ 3224 5912; Rua Alameda Dr Muricy 949; Eintritt 15–30 R$; ☯ Fr–So 23.30–5 Uhr) Das hübsche rosa Stadthaus aus der Kolonialzeit beherbergt einen verrauchten Underground-Club. DJs legen House auf, während junge Wilde auf der Tanzfläche abzappeln.

Opera de Arame (☎ 3355-6071; Rua João Gava; ☯ Di–So 8–22 Uhr) Die Glas-Metall-Konstruktion gehört zu Curitibas außergewöhnlichsten und auffälligsten Wahrzeichen. Es liegt in dem Steinbruch-Park und hat auch eine Freiluftbühne, auf der nationale Künstler das ganze Jahr über auftreten.

An- & Weiterreise
BUS & ZUG

Busbahnhof & Bahnhof (☎ 3320 3121) für Fernverbindungen befinden sich in einem gemeinsamen Komplex, der *rodoferroviária* genannt wird und etwa 2 km vom Stadtzentrum entfernt ist. Innerhalb Paranás fahren Busse von Viação Graciosa nach Paranaguá (16 R$, 1½ Std., stdl.) und Nachtbusse von Sulamericana nach Foz do Iguaçu (100–130 R$, 10 Std.). Catarinense-Busse fahren stündlich nach Joinville (17 R$, 2 Std.) und Florianópolis (37–65 R$, 5 Std.). Fernbusse zu Orten außerhalb des Bundesstaates steuern u.a. São Paulo (60–80 R$, 6 Std., 15-mal tgl.), Porto Alegre (79–85 R$, 11 Std., 3-mal tgl.) und Rio (120–250 R$, 13 Std., 5-mal tgl.).

FLUGZEUG

Von Curitibas **Flughafen Alfonso Pena** (☎ 3381 1153) gibt es Direktflüge nach São Paulo (45 Min., ab 150 R$), Rio de Janeiro (1 Std., ab 175 R$), Foz do Iguaçu (40 Min.), Florianópolis (40 Min.), Porto Alegre (1 Std.) und Brasília (2 Std.).

Die Zugfahrt von Curitiba nach Paranaguá über die Serra do Mar (siehe Kasten unten) ist einer der Höhepunkte einer Brasilienreise.

Unterwegs vor Ort

ZUM/VOM FLUGHAFEN

Der Flughafen Alfonso Pena liegt 18 km außerhalb der Stadt. Der **Aeroport Executivo** (☎ 3283 4321; www.aeroportoexecutivo.com.br; 8 R$) fährt alle 30 Minuten vom Bahnhof zum Flughafen und umrundet dabei das Stadtzentrum. Der Bus hält auch direkt an den Hotels, die auf der Strecke liegen.

BUS

Die **Linha Turismo** (R$20; ☺ Di–So 9–17.30 Uhr R$) ist ein Touristenbus, der rund um das Stadtzentrum fährt und an allen wichtigen touristischen Attraktionen sowie an den Parks und Denkmälern am Stadtrand hält. Eine Lautsprecheransage informiert auf Portugiesisch,

Spanisch und Englisch über die jeweiligen Haltepunkte. Der Bus fährt alle halbe Stunde an der Praça Tiradentes los, man kann aber auch am Busbahnhof oder an jeder anderen Haltestelle zusteigen. Insgesamt darf man viermal ein- und aussteigen. An jeder Haltestelle hängt ein Fahrplan aus.

VILA VELHA

Vila Velha, bekannt auch als die „steinerne Stadt", liegt auf dem Campos Gerais, 93 km westlich von Curitiba. Kernstück des Parks sind die 23 *aretinhas* (Sandsteinpfeiler), die im Lauf von Jahrmillionen entstanden sind. Die mysteriösen Felsformationen aus roter Erde – manche sehen wie Stiefel oder Flaschen aus – bilden vor dem Hintergrund des blauen Himmels und der grünen Vegetation bizarre Silhouetten. Ein Bus setzt einen in der Nähe der Formationen ab. Dann kann man zwischen einem 40-minütigen und einem ande-

---

BITTE ALLES EINSTEIGEN!

In Curitiba, wo es kaum einen Hügel am Horizont gibt, kann man sich nur schwer vorstellen, dass es nur ein paar Dutzend Kilometer westlich steil aufragende, von Urwald bedeckte Berge gibt, von denen man bis zur Baía de Paranaguá und zum Meer schauen kann. Das liegt daran, dass Curitiba oberhalb der Berge auf dem Planalto (Hochebene) liegt. Wo die Hochebene aufbricht und zum Meer hin abfällt, ist die atemberaubende Serra do Mar entstanden.

Die Landschaft bietet zwar einen herrlichen Anblick, für die wirtschaftliche Entwicklung der Stadt aber war sie lange eine Last. Es dauerte ganze zwei Tage, um Waren von Curitiba zum nur 75 km östlich gelegenen Hafen von Antonia zu transportieren. 1885 wurde schließlich eine Eisenbahnlinie eingeweiht, die Curitiba mit der Küste verband. Den Ingenieuren gelang es, 67 Brücken und Viadukte zu bauen, 13 Tunnel durch den Granit der Berge zu graben und Schienen über schwindelerregend steile Höhen zu legen.

Heute ist diese Bahn als **Serra-Verde-Express** (☎ 3323 4007; www.serraverdeexpress.com.br; Estação Ferroviária) bekannt. Die Fahrt zwischen Curitiba und Morretes erlaubt grandiose Ausblicke auf furchterregende Gebirgsschluchten, tropisch-grüne Tiefebenen und den riesigen blauen Atlantik. Bei der Fahrt hinab kann man erleben, wie sich Klima und Natur verändern: Das Wetter wird wärmer und schwüler, die Vegetation üppiger und grüner. Der Abschnitt zwischen Morretes und Paranaguá ist dann weniger beeindruckend, der Zug schleicht hier nervtötend langsam voran.

Die *litorina* (Touristenzug) von Curitiba fährt nur samstags und sonntags um 9.15 Uhr und verkehrt nur bis Morretes (270 R$, 3 Std.). Der klimatisierte Zug hat Panoramafenster und einen Snackservice. Am Santuário do Cadeado wird ein zehnminütiger Zwischenhalt eingelegt, sodass Fahrgäste die überwältigende Aussicht auf sich wirken lassen können.

Der nicht ganz so luxuriöse *trem* (regulärer Zug) fährt täglich um 8.15 Uhr ab und hält in Marumbi (2 Std.) und Morretes (3 Std.); am Nachmittag fährt er dann zurück. Am Samstag und Sonntag fährt er die gesamte Strecke bis Paranaguá (4 Std.). Der *trem* hat drei Klassen: *executivo* (Erw./Kind 96/49 R$), *turístico* (Erw./Kind 66/45 R$) und *econômico* (39 R$). Eine Hin- & Rückfahrkarte kostet etwa 30 % weniger als zwei Einzeltickets.

Von Curitiba aus sitzt man am besten auf der linken Seite, um die spektakuläre Aussicht ungestört genießen zu können. Im Sommer sollte man unbedingt Plätze reservieren. Die Fahrpreise und Abfahrtszeiten ändern sich häufig, deshalb auf jeden Fall vorher am Bahnhof oder auf der Website vorbeischauen.

ren 90-minütigen Wanderweg rund um die Steingebilde wählen.

Im selben Park können Besucher noch ein weiteres geologisches Wunder bestaunen: eine Reihe von *furnas* (Kratern), die infolge unterirdischer Erosion entstanden sind. Auf der 90-minütigen Bustour durch den Park wird zunächst an der Lagoa Dourada gehalten, einer hübschen Lagune, in der es von verschiedenen Vögeln nur so wimmelt. Beim nächsten Stopp sieht man zwei klaffende Krater, die bis zu 54 m tief sind.

Von Curitiba aus nimmt man einen Bus der Firma Princesa dos Campos nach Vila Velha (14 R$, 1½ Std., 3-mal tgl.). Es wird generell empfohlen, den ersten Bus um 7.45 Uhr nehmen, um genug Zeit für die Besichtigung des ganzen Parks zu haben. Zunächst sollte man das **Parkzentrum** (☎ 0xx42-3228 1138; Felsformationen 7 R$, Krater 5 R$; ☺ Mi–Mo 8.30–17.30 Uhr) aufsuchen, in dem man sich ein einführendes Video anschauen und die Tickets für die verschiedenen Touren kaufen kann. Es gibt hier auch eine Snackbar.

MORRETES

☎ 0xx41 / 17 000 Ew.

Das ruhige Kolonialstädtchen wurde 1721 am Ufer des Rio Nhundiaquara gegründet und liegt in einer smaragdgrünen Ebene am Fuße der Serra do Mar. Die hübschesten Kolonialgebäude befinden sich rund um die Praça Lamenha Lins und an der Rua das Flores, dem kopfsteingepflasterten Fußweg am Fluss entlang. Hier ist auch in einem weißen Kolonialhaus die **Touristeninformation** (☎ 3462 1024; Largo Dr Jose Pereira 43; ☺ 9–18 Uhr) untergebracht, an einem Ende liegt die **Igreja Matriz** (Hauptkirche).

Der kulinarische Beitrag der Region ist der *barreado*, ein Fleischeintopf, der in einem Tontopf geschmort wird. Ursprünglich wurde er während des mehrtägigen Karnevals gekocht, um die Feiernden zu verköstigen, inzwischen aber kann man seine stärkende Wirkung das ganze Jahr über genießen.

Sehenswertes & Aktivitäten

Die größte Attraktion der Stadt neben dem malerischen kolonialen Stadtzentrum ist der **Parque Estadual Marumbi** (☎ 3462 1155), ein Paradies für Kletterer und Naturfreunde. Im Park gibt es ein Netz alter Pionierwege, die im 17. und 18. Jh. die einzige Verbindung zwischen der Küste und dem Hochland darstellten. Der

Graciosa-Trail verläuft in der Nähe der Estrada da Graciosa; der **Itupava-Kolonialweg**, für den man vier Stunden benötigt, führt zum Dorf Porto de Cima, das ca. 5 km von Morretes entfernt ist. Von beiden Wegen hat man überwältigende Aussichten. Von Curitiba fährt man mit dem Serra-Verde-Express (s. Kasten S. 352) bis zum Bahnhof Marumbi.

Die Wege sind vom Bahnhof aus und innerhalb des Parks gut ausgeschildert, sodass man keinen Führer benötigt – mit einem Guide macht das Ganze aber vielleicht mehr Spaß. Mauricio von **Ecobikers** (☎ 3462-4145; www.morretes.com.br/ecobikers, portugiesisch; Reta do Porto, bei Km 2) spricht Englisch, verleiht Fahrräder und organisiert Fahrradtouren für 45 bis 60 R$ pro Person.

Der Rio Nhundiaquara lässt sich mit Schlauchbooten befahren, die man im Dorf Porto de Cima bei der **Pousada Itupava** (☎ 3462 1925; www.itupava.com.br, portugiesisch; 10 R$/Tag) ausleihen kann.

Schlafen & Essen

Hotel Nhundiaquara (☎ 3462 1228; www.nundiaquara.com.br, portugiesisch; Rua General Carreiro 13; mit/ohne Bad 70/35 R$/Pers.) Die einfachen, hohen Zimmer in diesem altmodischen Hotel am Ufer haben holzgetäfelte Wände und winzige Badezimmer. Das dazugehörige Restaurant des Hotels ist für seinen *barreado* (22 R$) berühmt, von der schönen Terrasse im Kolonialstil blickt man auf eine hübsche Biegung des Rio Nhundiaquara.

LP Tipp **Pousada do Oasis** (☎ 3426 1888; Estradas das Prainhas, Porto de Cima; Zi. ab 195 R$) Die reizenden, geräumigen Chalets sind von Wald und blühenden Büschen umgeben und sind ein großartiger Ausgangspunkt für den Itupava-Kolonialweg. Auf dem Gelände gibt es ein gutes Restaurant (Gerichte ab 18 R$). Unter der Woche fallen die Preise um ca. 40 %.

Estação Graciosa (☎ 3462 2009; Rua Cons Sinimbú 271; Gerichte 20 R$; ☺ Mi–Mo 11–23 Uhr) In einem blauen schindelgedeckten Haus gegenüber vom Bahnhof liegt das Estação Graciosa, das mit Folklorekunst und nicht gerade dazu passenden Möbeln eingerichtet ist. Von der geräumigen Veranda blickt man auf den Garten, in dem Zitronenbäume blühen – die perfekte Umgebung, um die örtlichen Spezialitäten zu genießen.

Die meisten Restaurants gibt es am Largo Dr José Pereira am Ufer. U. a. findet sich hier das **Restaurante Casarão** (☎ 3462 1314; Largo Dr José

Pereira 25; Gerichte 20–30 R$; ✇ Mi–Mo 11.30 –16.30 Uhr), ein gehobenes Restaurant, von dessen Balkon man auf den Fluss schaut.

An- & Weiterreise

Der Bahnhof von Morretes liegt an einem hübschen Platz im Stadtzentrum. Züge nach Curitiba fahren täglich um 15 Uhr (Kasten S. 352).

Der Busbahnhof liegt etwa 1 km nördlich vom Zentrum. Busse von Viação Graciosa fahren stündlich von Antonina (3,50 R$, 30 Min.) nach Paranaguá (3,50 R$, 1 Std.) via Morretes und viermal täglich nach Curitiba (10 R$, 1 Std.).

ANTONINA

☎ 0xx41 / 18 000 Ew.

Antonia war einmal ein bedeutsamer Kolonialhafen, ist aber inzwischen in eine sympathische Unbedeutendheit abgeglitten. Der wirtschaftliche Niedergang hatte auch sein Gutes: Das koloniale Zentrum an der Baía de Paranaguá blieb nämlich so erhalten. Die Uhren in dem Städtchen laufen langsamer – sofern nicht gerade der hiesige Karneval tobt, der zu den besten der Region gehört. Ein netter Spaziergang führt an der baumbestandenen Uferstraße entlang und dann hinauf zur Praça Coronel Macedo, einem hübschen Platz, an dem viele prächtige Villen stehen, die mit dem in der Schifffahrt verdienten Reichtum gebaut wurden.

Von Antonina fahren Busse von Viação Graciosa stündlich nach Paranaguá (3,50 R$, 1½ Std.) via Morretes und viermal täglich nach Curitiba (15 R$, 1 Std.). Züge halten hier nicht mehr.

Schlafen & Essen

Hotel Monte Castelo (☎ 3432 1163; Praça Coronel Macedo 46; mit/ohne Bad pro Pers. 30/20 R$) Eine nette Budgetunterkunft am Hauptplatz. Es gibt einen einladenden Eingangsbereich und saubere Zimmer mit Holzböden und meergrünen Wänden.

Atlante Pousada (☎ 3432 1256; www.atlante.com.br; portugiesisch, Praça Coronel Macedo 266; EZ/DZ 95/120 R$; ▨ ▯ ▣) Das restaurierte Stadthaus aus dem 19. Jh. ist Antoninas Option der Spitzenklasse. Die Außenfassade strahlt frisch pfirsichfarben und es gibt hübsche Balkone. Die Zimmer können nicht ganz mit dieser prachtvollen Fassade mithalten, bieten aber viel Komfort.

Restaurante Le Bistrô (☎ 3432 3393; Travessa 7 de Setembro 01; Gerichte 25 R$; ✇ Mi–So 11.30–15 & 18.30–23.30 Uhr) Das beliebte Restaurant direkt unterhalb der Kirche bietet aus seinem verglasten, maritim gestalteten Speisesaal einen hübschen Ausblick über die Bucht. Dem Dekor entsprechend stehen hier Meeresfrüchte auf der Speisekarte. Aber Platz lassen für die Dessert-Spezialität: flambierte Bananen!

Restaurante Buganvil's (☎ 3432 1434; Praça Coronel Macedo 10; Gerichte 28–35 R$; ✇ Di–So 11.30–3.30 Fr & Sa 7–22 Uhr) Das hübsche, rosafarbene Haus aus der Kolonialzeit kann man kaum übersehen. Serviert wird europäische Küche. Kräftige Farben und die skurrile Lichtinstallation verleihen dem Restaurant einen modernen Touch. Und natürlich gibt es auch Bougainvilleen, die dem Restaurant seinen Namen gaben.

PARANAGUÁ

☎ 0xx41 / 140 000 Ew.

Diese farbenfrohe alte Hafenstadt, die friedlich am Ufer des Rio Itiberê liegt, verströmt ein angenehmes Flair tropischer Dekadenz. Die Stadt spielte für den Handel seit Ende des 18. Jhs. eine wichtige Rolle, von der heute noch einige imposante Kirchen und öffentliche Gebäude zeugen. Viele wurde inzwischen sorgfältig restauriert. Paranaguá Hafen ist nach wie vor gut im Geschäft – es werden vor allem Getreide, Soja, Baumwolle und Pflanzenöl umgeschlagen –, für Besucher ist die Stadt jedoch vor allem als Ausgangspunkt für die Fahrt zur Ilha do Mel von Bedeutung.

Praktische Informationen

Banco do Brasil (Hugo Simas) Geldautomaten.
Touristeninformation Ufer(☎ 3425 4542; Rua General Carneiro 258; ✇ 8–18 Uhr); Bahnhof (✇ 12–16 Uhr)

Sehenswertes

In einem Jesuitenkolleg aus dem 18. Jh. befindet sich das **Museu de Arqueologia e Etnologia** (Museum für Archäologie & Ethnologie; ☎ 3422 8844; Rua XV de Novembro 575; Eintritt 4 R$; ✇ Di –Sa 9.30–12 & 13–18, So 12–17 Uhr). Es zeigt indigene Artefakte, primitive und Volkskunst sowie alte Werkzeuge und Maschinen.

Die kolonialen Kirchen der Stadt sind schlicht, aber nichtsdestotrotz beeindruckend. Teile der älteste Kirche, der **Igreja de NS do Rosário** (Rua Marechal Deodoro), stammen aus dem Jahr 1578. Mehrere andere Kirchen wurden im 18. Jh. erbaut, so die **Igreja São Francisco das**

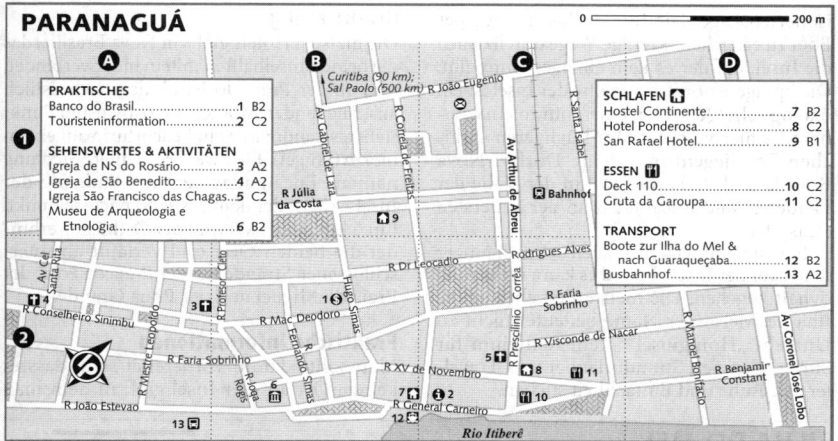

Chagas (Rua XV Novembro) und die **Igreja de São Benedito** (Rua Conselheiro Sinimbu), die speziell für die Sklaven der Stadt errichtet wurde.

Schlafen & Essen

Hostel Continente (☎ 3423 3224; www.hostelcontinente. com.br; portugiesisch, Rua General Carneiro 300; B HI-Mitglieder/ Nicht-Mitglieder 25/30 R$, Zi. pro Pers. 40/45 R$, DZ 60/65 R$; 🖥 🛜) HI-Hostel gegenüber vom Touristenhafen – man kann also sein Frühstück genießen, während man die ankommenden Schiffe beobachtet. Die Zimmer sind hell und farbenfroh dekoriert. Zu den Einrichtungen gehören eine Wasch- und eine Gemeinschaftsküche.

LP Tipp **Hotel Ponderosa** (☎ 3423 2464; Rua Prescilinio Corrêa 68; EZ/DZ 55/70 R$, DZ mit Ausblick 80 R$; 🆒) Das restaurierte Kolonialgebäude an einer Ecke ist kaum zu übersehen. Das Ponderosa erinnert mit seinen hohen Decken und langen Fluren an eine großartige Vergangenheit. Die Zimmer mit Blick auf den Hafen sind besonders hübsch, weil sie viel Licht abbekommen und der Blick auf das Ufer wunderbar ist.

San Rafael Hotel (☎ 3432 2123; www.sanrafaelhotel. com.br; Rua Júlia da Costa 185; EZ/DZ/3BZ ab 165/195/220 R$; 🆒 🛜) Hinter der schicken, modernen Fassade und den getönten Glastüren liegt eine stylishe geflieste, angenehm kühle Lobby. Die Zimmer glänzen zwar nicht durch Raffinesse, sind aber trotzdem ganz gemütlich.

Gruta da Garoupa (☎ 3423 3896; Rua XV de Novembro 120; 18 R$/kg) Der beliebte „Schnellgrill" hat etwas für jeden Geschmack. Am Buffet wechseln die Gerichte jeden Tag, es gibt u. a. Meeresfrüchte, Grillfleisch, Pasta und Sushi.

Deck 110 (☎ 3425 2927; Rua General Carneiro 110; Gerichte 20–25 R$; 🕑 Di–So 11.30–24 Uhr) Auf der noblen Außenterrasse kann man Champagner schlürfen oder einen schmackhaften Appetithappen zu sich nehmen. Im schicken Innenraum gibt es eine Bar aus dunklem Holz, an der man einen Cocktail trinken kann. Das Haus hat eine eindrucksvolle Weinkarte und serviert frische Meeresfrüchte.

An- & Weiterreise

Sechs bis sieben Boote fahren im Lauf des Tages zur Ilha do Mel (einfache Strecke/hin & zurück 18/36 R$); sie halten sowohl in Nova Brasília (1½ Std.) als auch in Encantadas (2 Std.). Außerdem fahren Boote nach Guaraqueçaba (90 R$, 2 Std., 2-mal tgl.), einem Zugangspunkt zum Parque Nacional do Superagüi.

Vom **Busbahnhof** (☎ 3420 2925) am Ufer fahren Busse von Viação Graciosa nach Curitiba (16 R$, 1½ Std., stündl.), Antonina (3,55 R$, 1½ Std., stdl.) und Morretes (3 R$, 1 Std., stündl.). Der Serra-Verde-Express fährt nur sonntags die ganze Strecke bis Paranaguá; Einzelheiten s. Kasten S. 352.

ILHA DO MEL

🕿 0xx41 / 1200 Ew.

Die wie eine Sanduhr geformte Insel am Eingang zur Baía de Paranaguá ist der urtümlichste und malerischste Ort für einen Strandurlaub im gesamten Süden Brasiliens. Ihre Ruhe und den geringen Grad der Erschließung verdankt die Insel zum Teil ihrer

PARANÁ

isolierten Lage. Die Ilha do Mel ist nur per Boot zu erreichen. Sandige Wege durchziehen die Insel, auf der es kein einziges Auto gibt. Die üppigere nördliche Hälfte der Insel ist ein ökologisches Reservat, eine Tour ins Inselinnere ist hier verboten. Im hügligeren südlichen Teil liegen drei kleine Dörfer: Nova Brasília und Praia do Farol in der Nähe der Landenge und Encantadas an der äußersten Südspitze.

In den Sommerferien fallen Scharen junger Leute auf der Insel ein und es kann recht rowdyhaft zugehen. Die meiste Zeit aber ist die Ilha do Mel – der Name bedeutet nicht zu Unrecht „Honiginsel" – ein Refugium für Surfer, Camper, Strandurlauber und Traveller, die Ruhe und Einfachheit suchen.

Orientierung

Die meisten Hotels gibt's in Nova Brasília, das die beiden Inselhälften miteinander verbindet, und an der Praia do Farol, dem sich östlich anschließenden Strand. Am östlichsten Punkt steht als Landmarke ein Leuchtturm auf einem *morro* (Hügel). Eine weitere kleinere Siedlung namens Encantadas liegt am Südende der Insel – sie ist dem Festland nächste Punkt. Ein 6 km langer Weg an der Ostküste verbindet die beiden Orte und verläuft an unerschlossenen Strände wie der Praia da Fora, der Praia do Miguel und der Praia Grande.

Praktische Informationen

Man sollte darauf vorbereitet sein, dass es keinen Ort auf der Insel gibt, in dem man

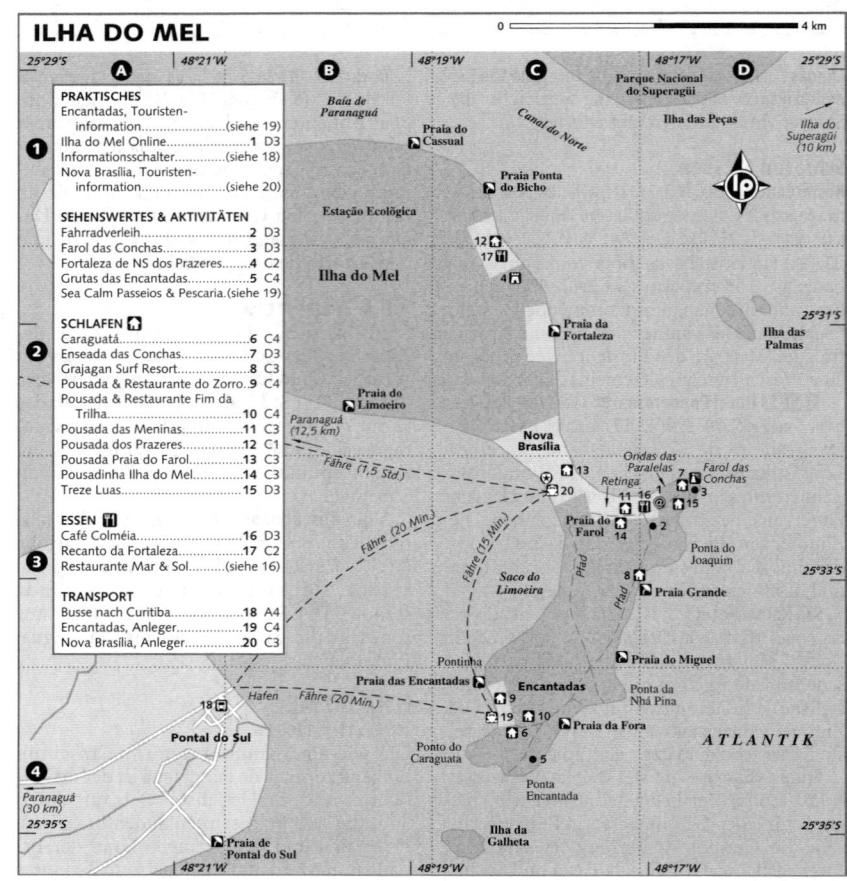

ILHA DO MEL

0 ———— 4 km

PRAKTISCHES
Encantadas, Touristen-
information........................(siehe 19)
Ilha do Mel Online.....................1 D3
Informationsschalter..............(siehe 18)
Nova Brasília, Touristen-
information........................(siehe 20)

SEHENSWERTES & AKTIVITÄTEN
Fahrradverleih...........................2 D3
Farol das Conchas.......................3 D3
Fortaleza de NS dos Prazeres.......4 C2
Grutas das Encantadas................5 C4
Sea Calm Passeios & Pescaria.(siehe 19)

SCHLAFEN
Caraguatá.................................6 C4
Enseada das Conchas..................7 D3
Grajagan Surf Resort..................8 C3
Pousada & Restaurante do Zorro..9 C4
Pousada & Restaurante Fim da
Trilha................................10 C4
Pousada das Meninas................11 C3
Pousada dos Prazeres................12 C1
Pousada Praia do Farol..............13 C3
Pousadinha Ilha do Mel..............14 C3
Treze Luas.............................15 D3

ESSEN
Café Colméia...........................16 D3
Recanto da Fortaleza.................17 C2
Restaurante Mar & Sol.........(siehe 16)

TRANSPORT
Busse nach Curitiba.................18 A4
Encantadas, Anleger.................19 C4
Nova Brasília, Anleger..............20 C3

zuverlässig Bargeld bekommt. Touristeninformationen gibt es an den Anlegestellen in Nova Brasília und in Encantadas.

Touristeninformation Encantadas (☎ 3426 9091; ☺ 8–19 Uhr)

Ilha do Mel Online (☎ 3426 8065; www.ilhadomelonline.com; Internet 9 R$/Std.; ☺ 9–21 Uhr) Das charmante blaue Haus liegt am Pfad von Nova Brasília zum Farol das Conchas. Hier kommt man ins Internet und erhält Informationen über die Insel; es werden auch Zimmer vermietet.

Touristeninformation Nova Brasília (☎ 3426 8005; ☺ 8–19 Uhr)

Sehenswertes

Die pittoreske, aus den 1760er-Jahren stammende **Fortaleza de NS dos Prazeres** (Festung Unserer Lieben Frau der Freuden) liegt 3 km von Nova Brasília entfernt hinter der Praia da Fortaleza. Man sollte die verlassene Festung besichtigen und dann zum Ausguck hinaufsteigen, von dem aus man einen unglaublichen Blick auf die Bucht hat.

Der **Farol das Conchas** (Leuchtturm von Conchas) wurde 1872 auf Geheiß von Dom Pedro II. errichtet. Er steht auf dem Gipfel eines Hügels am östlichsten Punkt der Insel. Von hier aus hat man einen Panoramablick über die Insel, die Bucht und die Serra do Mar. Viele machen einen Abstecher hierher, um der untergehenden Sonne hinterherzuträumen.

Der Legende nach wohnen in den kleinen Höhlen an der Südspitze der Insel, den **Grutas das Encantadas**, schöne Meerjungfrauen, die alle verzaubern, die sich in ihre Nähe wagen. Von Encantadas und der Praia da Fora ist der Weg zu den Höhlen markiert.

Aktivitäten

SURFEN & SCHWIMMEN

Auf der Ilha do Mel mangelt es nicht an Stränden. An denen zur Bucht hin schwappt warmes Wasser an den weißen Sand, die dem Ozean zugewandten Strände bieten die großen Wellen. Fast alle Praias sind jedoch unberührt und nur durch windgepeitschte Sanddünen, waldige Hügel und Felsvorsprünge markiert. Die **Praia da Fora** und die **Praia Grande** liegen 20 Gehminuten (2 km) von Nova Brasília bzw. 40 Gehminuten (4 km) von Encantadas entfernt. Nach Auskunft der einheimischen Surfer gibt's an diesen Stränden im Winter die besten Breaks von ganz Paraná.

Die **Praia do Farol** ist der lange Sandstrand zwischen der Anlegestelle von Nova Brasília und dem Farol das Conchas. Hinter dem Strand liegt das sumpfige, grasbewachsene geschützte Gebiet mit *retinga*, die auch die natürliche Schönheit des Strands bewahrt. Surfer treffen sich am Fuß des Hügels und wagen sich an die legendären **Ondas das Paralelas**.

Im Grajagan Surf Resort (S. 358) an der Praia Grande kann man eine *prancha* (Surfbrett) leihen oder Surfstunden vereinbaren.

Wer sich nicht auf ein Surfbrett stellen will, zieht vielleicht die ruhigeren, wärmeren Gewässer der Strände an der flachen Bucht vor. Im Norden liegt die oft menschenleere **Praia da Fortaleza**, an der man im Schatten der portugiesischen Festung aus dem 18. Jh. baden kann. Die **Praia da Fora** ist der beste Strand in der Nähe der Siedlung Encantadas, gibt es dort doch große Wellen und ein paar Stände, die *cerveja* (Bier) und *sucos* (Fruchtsäfte) verkaufen.

BOOT FAHREN

In den Häfen von Nova Brasília und Encantadas kann man Boote leihen, um die nahe gelegenen Inseln wie die Ilha do Superagüi, die Ilha das Palmas und die Ilha das Peças zu erkunden.

Pousada das Meninas (☎ 3426 8023; Praia da Farol) Die Besitzer (s. S. 358) organisieren Tagestouren zu den genannten Inseln.

Sea Calm Passeios & Pescaria (☎ 3426 9073; sea calm@bol.com.br; ☺ 10 Uhr) Die Biologen Ana und David veranstalten fünfstündige Exkursionen ab Encantadas, die um die gesamte Insel führen.

RAD FAHREN

Mit dem Fahrrad kann man der Hitze besser entfliehen und landet schneller am Strand.

Eduardo (☎ 3426 8076) in der Nähe vom Farol de Conchas verleiht Strandräder ohne Gangschaltung für 5 R$ pro Stunde.

Schlafen & Essen

In den Ferien und an Sommerwochenenden sollte man im Voraus reservieren. Die angegebenen Preise gelten in der Hochsaison, zwischen April und November kann man mit Preisnachlässen zwischen 20 und 50 % rechnen.

NOVA BRASÍLIA & PRAIA DO FAROL

Pousadinha Ilha do Mel (☎ 3426 8026; www.pousadinha.com.br, portugiesisch; DZ 90–120 R$, ohne Bad 70 R$) Einer unser Favoriten auf der Insel. Die Unterkunft hat einen neuen Anbau mit schicken Zimmern, die aus regionalem Hartholz gebaut wurden und mit Hängematten und solargeheiztem Wasser ausgestattet sind. Es ist ein bisschen beengt, aber komfortabel. Das auch bei Nicht-Gästen äußerst beliebte Restaurant der Pousadinha serviert Pasta und Meeresfrüchte (Hauptgerichte 18–32 R$).

Treze Luas (☎ 3426 8067; www.pousadatrezeluas.com. br; DZ mit/ohne Veranda 150/180 R$; 🅿) Für die Ilha do Mel eine erstaunlich schicke Unterkunft: Alle Zimmer haben glänzende Wände aus gebeiztem Holz und kühle Fliesenböden und sind mit skurrilen Kunstwerken und Bettwäsche in kräftigen Farben geschmückt. Einige Zimmer verfügen auch über eine eigene Veranda. Im Gemeinschaftsbereich gibt es einen Flachbildfernseher und moderne Möbel. Von der Veranda schaut man in einen von Palmen gesäumten Garten.

Pousada Praia do Farol (☎ 3426 8014; www.praia dofarol.com.br; DZ/3BZ/4BZ 180/260/330 R$, ohne Bad 120/160/210 R$; 🅿) Das Hotel sitzt direkt auf der Landenge, sodass es Zugang sowohl zur Praia de Brasília als auch zur Praia do Farol bietet. Die Zimmer sind zwar klein und dunkel, dafür gibt's in der Pousada viele Gemeinschaftsbereiche, u. a. eine Terrasse zum Strand, die nett mit Hängematten eingerichtet ist.

Pousada das Meninas (☎ 3426 8023; www.pousada dasmeninas.com.br; DZ mit/ohne Bad 200/150 R$, Chalets 250 R$; 🅿) Die Pousada wurde aus Treibholz und Recyclingmaterial gebaut und verbindet den Charme eines Gästehauses mit der Herzlichkeit einer Familie. Die einfachen, aber geschmackvollen Zimmer liegen um einen netten Garten, der mit Hängematten und den Gaben der Natur geschmückt ist.

Enseada das Conchas (☎ 3426 8040; www.pousada enseada.com.br; EZ/DZ/3BZ 135/220/290 R$) Die reizende Pousada ist so „gehoben" wie auf dieser Insel nur möglich. Die vier geräumigen Zimmer sind farbenfroh gestrichen, die Dekoration folgt Themen wie „Sonnenlicht" oder „Aquamarin". Auf der breiten Terrasse mit Liegestühlen spendet ein Strohdach Schatten. Die Pousada liegt nur ein paar Schritte vom Leuchtturm und dem besten Surferstrand der Insel entfernt.

Restaurante Mar & Sol (☎ 3426 8021; Gerichte 23–45 R$) In dem Restaurant am Pfad zum Farol das Conchas gibt es einfache, aber leckere Meeresfrüchtegerichte, z. B. eine schmackhafte Krabben-*moqueca* (bahianischer Fischeintopf, der mit *dendê*-Öl, Kokosmilch und scharfen Peperoni im Tontopf gekocht wird). Dazu passt bestens eine eiskalte *cerveja*. Kleinere Gerichte (Snacks 3–10 R$) gibt es nebenan im Café Colméia (☎ 3426 8029).

PRAIA GRANDE & PRAIA DA FORA

Grajagan Surf Resort (☎ 3426 8043; www.grajagan.com. br; Suite mit/ohne Meerblick 490/290 R$; 🅿 🛜) Die Pousada richtet sich vor allem an Surfer, die das Leben genießen wollen. Hier bekommen sie ein riesiges Frühstücksbüfett und eine lebhafte Strandbar geboten. Die Zimmer mit Meerblick dürften die luxuriösesten auf der Insel sein: Sie haben eigene Veranden und Hängematten direkt am Meer. Beim Besitzer Rogério kann man sich nach dem Verleih von Surfbrettern (18 R$/Std.) und Surfunterricht erkundigen.

ENCANTADAS

Encantadas ist ruhiger und familienorientierter als Nova Brasília. Von Nova Brasília nach Encantadas sind es ca. 4,5 km; der Weg ist kompromisslos der Sonne ausgesetzt.

Pousada & Restaurante do Zorro (☎ 3426 9052; www.hostelzorro.com.br; B/DZ/3BZ HI-Mitglieder 35/90/110 R$, Nicht-Mitglieder 40/100/150 R$; 🖵 🅿) Dank der Lage direkt am Strand, der hilfsbereiten Englisch sprechenden Mitarbeiter und der glücklichen Gäste, die vor dem Haus relaxen, ist die Atmosphäre in dem HI-Hostel einfach super. Es gibt einen tollen Aufenthaltsraum, eine Gemeinschaftsküche und komfortable saubere Zimmer mit Kühlschrank und Fernseher.

LP Tipp Pousada & Restaurante Fim da Trilha (☎ 3426 9017; www.fimdatrilha.com.br; DZ/3BZ 180/240 R$; 🅿 🛜) Vom Weg zu den Grutas das Encantadas zweigt ein verlockender kurvenreicher Pfad ab, der zu diesem tropischen Paradies führt. Die geräumige Terrasse zieren blühende Grünpflanzen und sprudelnde Fontänen. Das Restaurant gehört zu den besten der Insel (Gerichte 30–50 R$), Spezialität des Hauses ist eine scharfe Paella. Hinten gibt es sechs große und moderne Gästezimmer mit allem Komfort, die geschmackvoll eingerichtet sind.

Caraguatá (☎ 3426 9097; www.caraguata-ilhadomel. com.br, portugiesisch & spanisch; DZ ab 230 R$; 🅿 🛜) Caraguatás hübsche Chalets liegen nur ein paar Schritte von der Anlegestelle entfernt und sind mit Blumenkästen und Grünpflanzen geschmückt. Die Zimmer sind unterschiedlich groß, haben aber alle gebeizte Holzdecken, weißgetünchte Wände und blütenweiße Bettwäsche.

FORTALEZA

Die Unterkünfte um Fortaleza bieten sich an, wenn man im Sommer den Massen entgehen will: Sie sind rarer und liegen weiter verstreut, dafür ist aber auch ein gut einstündiger bzw. 3 km langer Fußmarsch vom Anleger in Nova Brasília fällig. Für rund 40 R$ kann man alternativ mit einem Boottaxi hinschippern.

Pousada dos Prazeres (☎ 3243 9649; www.pousada dosprazeres.com.br; portugiesisch; EZ/DZ 70/140 R$) Diese freundliche Anlage mit den leuchtend gelben Hütten, den einfachen Zimmern und den schaukelnden Hängematten ist toll für Gäste, die nicht viel mehr brauchen als Ruhe und Frieden. Das Café am Strand versorgt Hungrige mit großen Platten frischer Meeresfrüchte. Die Anlage findet sich 200 m hinter der Festung.

Recanto da Fortaleza (☎ 3275 4455; www.pousada recantodafortaleza.com.br; portugiesisch, Gerichte 10–12 R$) Die luftige Terrasse ist das ideale Plätzchen, um sich mit Meeresfrüchten verwöhnen zu lassen oder nach einem Tag am Strand den Durst mit einem kalten Bier zu stillen. Hinten raus gibt es auch ein paar einfache Zimmer (40 R$/Pers.).

An- & Weiterreise

Infos zu den Booten von Paranaguá zur Insel stehen auf S. 355.

NACH/AB PONTAL DO SUL

Ab Curitiba verkehren Busse von Viação Graciosa (20 R$, 2 Std., 10-mal tgl.); sie umfahren Paranaguá und steuern direkt die Anlegestelle in Pontal do Sul an, die näher an der Insel liegt und mehr Bootsverbindungen bietet.

Von 8 bis 20 Uhr fahren alle halbe Stunde Boote sowohl nach Nova Brasília (20 Min.) als auch nach Encantadas (15 Min.; einfache Strecke/hin & zurück 13/26 R$). Die Fahrpläne ändern sich oft, am besten erkundigt man sich in Pontal do Sul am **Informationsstand** (☎ 3455 1144) im Hafen.

Unterwegs vor Ort

Da die Boote von und nach Paranaguá sowohl in Nova Brasília als auch in Encantadas anlegen, kann man mit diesen auch von einem Ort zum anderen schippern (6 R$, 20 Min., 6-mal tgl.).

PARQUE NACIONAL DO SUPERAGÜI

☎ 0xx41

Der Nationalpark in der Baía de Paranaguá umfasst die Inseln Superagüi und Peças. Es gibt hier Mangrovenwälder und Salzmar-

schen, in denen eine erstaunliche Vielfalt an Vogel- und Pflanzenarten gedeiht. Der Nationalpark ist Teil des 4700 km² großen Schutzgebiets für Atlantischen Regenwald in den Bundesstaaten Paraná und São Paulo, das 1999 von der Unesco zum Weltnaturerbe erklärt wurde.

Der Park ist berühmt für seine vielen Orchideen. Kolibris und Tukane leben hier, außerdem Rosalöffler und hübsche Purpurtangare. Allabendlich kehren bei Sonnenuntergang Hunderte – manchmal Tausende – von Rotschwanzamazonen zurück zu ihren Schlafplätzen im Blätterdach auf der Insel **Papagaio**. In den Gewässern zwischen der Ilha do Superagüi und der Ilha do Mel werden oft Delphine gesichtet. Andere Säugetiere sind da scheuer, etwa Agutis, Pakas, Rehe, Brüllaffen und Pumas. Der Park ist auch ein Refugium der gefährdeten Schwarzkopflöwenäffchen, die sich allerdings nur selten zeigen.

Der Nationalpark ist für Besucher nicht zugänglich, Motorboote dürfen aber um die Inseln herumfahren. Exkursionen zu Wasser beginnen an der Ilha do Mel und im winzigen Fischerdorf **Barra do Superagüi**, einer der wenigen Siedlungen innerhalb des Schutzgebiets. Es lohnt sich, einen Tag in dem Dorf zu verbringen, um einen Eindruck vom Leben in einem Ort zu gewinnen, der vom Tourismus noch relativ unberührt ist. Mit etwas Glück kann man einen *fandango* erleben, den lokalen Volkstanz und die Musik, die anderswo ausstirbt, hier aber noch gepflegt wird.

Von Barra do Superagüi führt ein Weg durch den Regenwald und quer über die Insel. Nach einer einstündigen Wanderung kommt man an die **Praia Deserta**, einen 38 km langen Sand-Meer-Streifen, der unerschlossen und menschenleer ist.

Schlafen & Essen

Pousada Superagüi (☎ 3482 7149; www.pousadasuper agui.com.br; Superagüi; Zi. 35 R$/Pers.) In dem reizenden mit blauen Schindeln gedeckten Haus mit gelber Verzierung gibt es zwar nur einfache Zimmer mit Gemeinschaftsbad, doch alles ist liebevoll mit einheimischer Kunst dekoriert. Die Besitzer Dalton und Olga teilen ihr umfangreiches Wissen über die Gegend ausgesprochen gern, zudem übernehmen sie die Beförderung ihrer Gäste und bieten Bootstouren rund um die Inseln an.

Die besten Restaurants der Stadt liegen an der Bucht und tischen frische Meeresfrüchte und kaltes Bier auf: das **Restaurante Golfinos** (☎ 9959 8852; Gerichte 15 R$; ☺ 11–23 Uhr) und das **Restaurante Crepúsculo** (☎ 9959 6709; Gerichte 15 R$; ☺ 12–14 & 18–20 Uhr). Am besten bestellt man das Mittagessen im Voraus.

An- & Weiterreise

Zur Ilha do Superagüi gibt es keine regelmäßigen Verbindungen. An Wochenenden und Feiertagen fahren Boote von Paranaguá (1 Std.) und Guaraqueçaba (45 Min.), doch die Abfahrzeiten sind unregelmäßig. Man kann versuchen, mit den Fischern an den Anlegestellen eine Überfahrt auszuhandeln oder mit den Besitzern der Pousada Superagüi (S. 359) zu vereinbaren, abgeholt zu werden. Auf einem Boot, das die Fahrt ohnehin macht, zahlt man ca. 30 R$. Andernfalls muss man ein Boot mieten und dafür mit 150 R$ aufwärts für bis zu fünf Personen einkalkulieren. Um die Überfahrt im Voraus zu arrangieren, wendet man sich an:

Claudinei Juruna (☎ 3424 0780; Paranaguá) Angeltouren und Beförderung in seinem Boot, der *Anjo Elchadag*.

Dalton (☎ 8406 0579; Superagüi) Besitzer der Pousada Superagüi (S. 359).

FOZ DO IGUAÇU & UMGEBUNG

☎ 0xx45 / 330 000 Ew.

Der Rio Iguaçu entspringt in den Küstengebirgen von Paraná und Santa Catarina und schlängelt sich über 600 km Richtung Westen. Unterwegs münden ein paar Dutzend Nebenflüsse in ihn, sodass sich seine Fluten majestätisch ausbreiten und einen Bogen durch die prächtige Waldlandschaft beschreiben, ehe sie tosend an den Iguaçu-Fällen in die Tiefe stürzen. Insgesamt 275 einzelne Wasserfälle verteilen sich auf ein Gebiet, das mehr als 3 km breit ist und ein Gefälle von 80 m überwindet – die Fälle sind breiter als die Victoriafälle, höher als die Niagarafälle und wahrscheinlich spektakulärer als beide zusammen.

Tausende Jahre bevor die Wasserfälle von den Europäern "entdeckt" wurden, waren sie eine heilige Begräbnisstätte der Tupi-Guarani und der Paraguas. 1541 fand der Spanier Don Alvar Nuñes die Fälle und taufte sie „Saltos de Santa María". Der Name setzte sich allerdings nicht durch, stattdessen hielt sich der Name der Tupi-Guaranis: Iguaçu („große Wasser"). 1986 erklärte die Unesco das Gebiet zum Weltnaturerbe.

Die Wasserfälle gehören zu ungleichen Teilen zu Brasilien und Argentinien, letzteres besitzt den Löwenanteil. Auf beiden Seiten umgibt ein Nationalpark die Fälle, der zusätzliche Abenteueroptionen bietet. Man kann unmöglich sagen, auf welcher Seite der Grenze die Fälle schöner sind: Im Parque Nacional do Iguaçu in Brasilien hat man wohl den schöneren Blick auf alle 275 Fälle, während ein Besuch des Parque Nacional Iguazú in Argentinien ein persönlicheres Erlebnis ist, bei man die Naturgewalten aus nächster Nähe erlebt. Beide Parks sind jedoch einfach absolut hinreißend – am besten plant man daher je einen vollen Tag für beide Seiten der Fälle ein.

Foz do Iguaçu & Umgebung

Die brasilianische Stadt Foz do Iguaçu erlebte in den 18 Jahren, in denen der Itaipu-Staudamm gebaut wurde, eine Periode schnellen Wachstums; die Bevölkerungszahl stieg um mehr als das Fünffache. Damals ging es in der Stadt sehr rau zu, mittlerweile hat sich die Lage aber beruhigt. Dennoch wurde von Raubüberfällen an der Brücke aus Ciudad del Este (Paraguay) und an der Straße berichtet, die von den Jugendherbergen in der Nähe des Flughafens in die Stadt führt. Es ist also durchaus Vorsicht geboten!

Orientierung

Hauptstraße der Stadt ist die Av Brasil, sie verläuft von Norden nach Süden. Der Fernbusbahnhof liegt 4,5 km weiter nordöstlich, vom Lokalbusbahnhof unmittelbar nördlich der Av República Argentina gelangt man zum Flughafen (15 km südöstlich) und zum Parque Nacional do Iguaçu (17 km südöstlich).

Südlich der Stadt bildet der Zusammenfluss des Rio Paraná mit dem Rio Iguaçu das Dreiländereck zwischen Paraguay, Brasilien und Argentinien (durch Obelisken markiert). Die Ponte Presidente Tancredo Neves überspannt den Rio Iguaçu ungefähr 6 km außerhalb des Zentrums und verbindet Brasilien mit dem argentinischen Puerto Iguazú. Gleich nördlich des Stadtzentrums führt die Ponte da Amizade über den Rio Paraná hinüber in die schäbige paraguayische Stadt Ciudad del Este.

PRAKTISCHE INFORMATIONEN
Notfall

Bombeiros (☎ 193) Feuerwehr und medizinische Notfälle.

Polícia Federal (Karte S. 362; ☎ 3523 1828; Av Jorge Schimmelpfeng)

Internetzugang

In den meisten Hotels und Hostels gibt es Internetzugang.

US Net (Karte S. 362; ☎ 3523 2289; Av Brasil 549; 4,50 R$/Std.; ☒ 9–22 Uhr, So 13–18 Uhr geschl.) Internetzugang und internationale Ferngespräche.

Medizinische Versorgung

Hospital Municipal (außerhalb der Karte S. 362; ☎ 3521 1951; Rua Adoniran Barbosa 370) Rund um die Uhr geöffnet.

Touristeninformation

Die regionale **Tourismusbehörde** (☎ 0800 451 516; www.iguassu.tur.br; ☒ 7–23 Uhr) hat eine ausgezeichnete Website, bietet ein kostenloses englischsprachiges Infotelefon an und unterhält drei Informationsschalter:

Flughafen (☒ 12–1 Uhr)

Fernbusbahnhof (außerhalb der Karte S. 362; ☒ 6.30–18.30 Uhr)

Praça Getúlio Vargas (Karte S. 362; Praça Getúlio Vargas; ☒ 7–23 Uhr)

GEFÜHRTE TOUREN

Wenn man beide Seiten der Wasserfälle an einem Tag sehen will, ohne dass es hektisch wird, ist eine organisierte Tour die einzige Möglichkeit. Fast alle Hotels in Foz do Iguaçu bieten für ca. 75 R$ Touren nach Argentinien an. In beiden Parks werden organisierte Aktivitäten angeboten, darunter Raftingtouren, Abseilabenteuer, Kajakfahrten, Radtouren und geführte Spaziergänge durch die Natur.

Macuco Ecoaventura (☎ 3529 9626; www.macuco ecoaventura.com.br; Brasilien) Rafting, Abseilen und andere Aktivitäten.

Iguazu Jungle Explorer (☎ 0xx54-3757 421 600; www.iguazujunglexplorer.com; Argentinien) Büros im Sheraton Hotel im Park.

SCHLAFEN

Wenn das Hotel nicht ausgebucht ist, sollte man ohne falsche Scheu versuchen, einen besseren Preis auszuhandeln.

Budgetunterkünfte

Albergue Paudimar Falls (Karte S. 362; ☎ 3028 5503; www.paudimarfalls.com.br, portugiesisch; Rua Antônio Raposo 820; Zeltplätze HI-Mitglieder/Nicht-Mitglieder 17/17 R$; B 25/30 R$; DZ 70/80 R$; ☒ ☐ 🛜 🛋) Hier ist alles so, wie man es sich von einem HI-Hostel wünscht: ein toller Ort, um andere Traveller zu treffen, hilfsbereite Mitarbeiter und gute Einrichtungen. Die Hauptfiliale dieses Hos-

tels, das Paudimar Campestre, ist ein größeres resortähnliches Haus in der Nähe des Flughafens. Es ist geräumig und grün und bietet die Möglichkeit, ein Zelt aufzustellen. Die Stadt und die Wasserfälle erreicht man vom Hostel aus mit dem Stadtbus.

Hostel Natura (außerhalb der Karte S. 362; ☎ 9116 0979; www.hostelnatura.com; Alameda Buri 333; Zeltplatz/B 25/40 R$; ☒ 🛜 🛋) Das Hostel liegt an einem herrlichen Fleckchen inmitten kleiner Seen und üppigen Grüns. Draußen gibt es jede Menge Platz zum Relaxen und eine quirlige Bar. Der Service ist erstklassig und beinhaltet Beförderungsmittel, Abendessen und andere Extras. Das Hostel liegt 12 km von der Stadt entfernt auf dem Weg zu den Wasserfällen (die gleiche Abzweigung wie zu den Paudimar-Fällen nehmen).

Hotel Rouver (Karte S. 362; ☎ 3574 2916; www.hotelrouver.com.br; Av Jorge Schimmelpfeng 872; DZ inkl. Frühstück 60 R$; 🛜 🛋) Das kürzlich renovierte Hotel hat etwas von der Atmosphäre eines Boutique-Hotels. Für sein Geld bekommt man einiges, z. B. kostenlose Abholung vom Flughafen, Kabelfernsehen und ein einfaches kontinentales Frühstück.

Mittel- & Spitzenklassehotels

Pousada El Shaddai (Karte S. 362; ☎ 3025 4493; www.pousadaelshaddai.com.br; Rua Rebouças; EZ ohne Bad 25 R$, EZ/DZ 60/86 R$; ☐ 🛋) Die Pousada befindet sich in einem weitläufigen alten Haus in einer ruhigen Anwohnerstraße – ein seltener Fall eines architektonisches Relikts in dieser Stadt der Hochhäuser. Die Budgetzimmer sind einfach und winzig, die teureren Varianten sind mit ihren Hartholzböden, Fensterläden und Glasmosaiken aber einfach hinreißend. Zu den Gemeinschaftsbereichen gehören eine saubere Küche und eine reizende Terrasse.

LP Tipp **Pousada Sonho Meu** (Karte S. 362; ☎ 3573 5764; www.pousadasonhomefoz.com; Rua Men de Sá 267; EZ/DZ 68/101 R$; ☒ ☐ 🛜 🛋) Das Sonho Meu – zu Deutsch „Mein Traum" – fühlt sich an wie ein zweites Zuhause. Die Zimmer sind einfach und charmant und haben pastellfarbene Wände, Bambusmöbel und Deckenventilatoren. Dass sie so klein und familienfreundlich ist, macht diese Pousada zu etwas Besonderem.

Hotel Baviera (Karte S. 362; ☎ 3523 5995; Av Jorge Schimmelpfeng 697; EZ/DZ/3BZ/4BZ 91/115/149/195 R$; ☒ 🛜) Die pseudodeutsche Fassade ist vielleicht kitschig, doch immerhin hat dieses Hotel etwas Stil. Auch im Inneren, das sauber, ordentlich und gut geführt ist, setzt sich der

PARANÁ

FOZ DO IGUAÇU

0 ———————— 500 m

ESSEN 🍴
Armazém	15	C3
Búfalo Branco	16	B2
Famiglia Maran	17	C2
Sabor Brazil	18	B2
Trapiche	19	C3

AUSGEHEN 🍸
Bars & Nachtclubs	20	C4
Biergarten	21	C4

TRANSPORT
Busse nach Argentinien	22	B1
Busse nach Itaipu	23	B1
Regionalbusbahnhof (Busse zu den Iguaçu-Fällen, nach Argentinien & Paraguay)	24	B1

PRAKTISCHES
Argentinisches Konsulat	1	B4
Banco do Brasil	2	B4
Paraguayisches Konsulat	3	C3
Polícia Federal	4	B4
Touristeninformation	5	B4
US Net	6	B2

SCHLAFEN 🛏
Albergue Paudimar Falls	7	C4
Hotel Baviera	8	C4
Hotel del Rey	9	B1
Hotel Rafain Centro	10	C3
Hotel Rouver	11	D4
Hotel Tarobá Express	12	B1
Pousada El Shaddai	13	B2
Pousada Sonho Meu	14	B1

Hospital (500 m);
Paraguay (2 km);
Ponte da Amizade (2,5 km);
Ciudade del Este (5,5 km);
Itaipú-Staudamm (18 km)

Touristeninformation an der
Praça Getúlio Vargas (3,5 km)

Fernbus-
bahnhof (3 km);
Curitiba (615 km);
São Paulo (740 km)

Albergue Pudimar
Campestre & Hostel
Nature (12 km);
Flughafen (14 km);
Hotel Tropical
das Cataratas (16 km);
Iguaçu-Fälle (22 km)

Argentinien (10 km);

---

deutsche Stil fort. Passenderweise liegt das Hotel gegenüber vom beliebten „Biergarten" (s. S. 363). Und im Preis ist ein riesiges bayerisches Frühstück inbegriffen.

Hotel del Rey (Karte S. 362; ☎ 3523 2027; www.hoteldelreyfoz.com.br; Rua Tarobá 1020; EZ/DZ/3BZ/4BZ 105/131/161/194 R$; 🅿 💻 🛜 🍴) Das Hotel del Rey hat seine Zimmer renoviert und die Preise angehoben und ist nun ein solides Mittelklassehotel. Die geräumigen, sauberen und komfortablen Zimmer sind ziemlich zweckmäßig – anscheinend war „weiß" das Motto bei der Gestaltung.

Hotel Tarobá Express (Karte S. 362; ☎ 2102 7700; www.hoteltaroba.com.br; Rua Tarobá 1048; EZ/DZ/3BZ/4BZ 110/165/185/220 R$; 🅿 💻 🛜 🍴) Das zertifizierte Drei-Sterne-Hotel ist äußerst lebhaft. Die

Atmosphäre zwischen Reisebüro, Geschenkeladen, Restaurant (Abendessen ca. 24 R$) und der geschäftigen Rezeption, an der sich ständig Gäste tummeln, ist ausgesprochen enthusiastisch und energiegeladen. Die Zimmer sind einfach, aber makellos sauber und mit einer Menge Komfort ausgestattet.

Hotel Rafain Centro (Karte S. 362; ☎ 3521 3500; www.rafaincentro.com.br; Rua Marechal Deodoro 984; EZ/DZ/3BZ 180/220/275 R$; 🅿 💻 🛜 🍴) Das schnörkellose Hotel hat seine vier Sterne nicht wirklich verdient. Immerhin: Das halbwegs elegante Haus bietet für das Geld viel Komfort und guten Service, besonders in ruhigeren Zeiten, wenn die Preise verhandelbar sind.

Hotel das Cataratas (Karte S. 364; ☎ 2102 7000; www.hoteldascataratas.com; DZ 500–630 R$; 🅿 💻

🔊 🔲) Auf beiden Seiten der Wasserfälle gibt
es kein Hotel, das so hinreißend, geschmackvoll und luxuriös ist wie das Cataratas. Das
grandiose rosa Kolonialgebäude liegt innerhalb des Parque Nacional do Iguaçu und ist
nur einen Katzensprung von den Wasserfällen
entfernt. Mit etwas Glück hat man also vom
Fenster eine unbezahlbare Aussicht.

ESSEN
Sabor Brasil (Karte S. 362; ☎ 3028 7778; Av Brasil 638;
Gerichte 8–10 R$; ⏰ Mo–Sa 11–22, So 15–22 Uhr) Die
Spezialitäten dieses winzigen Cafés sind
Sandwichs und Eis. Die mit Fleisch und Käse
gefüllte Baguettes sind wie gemacht für ein
herzhaftes Mittagessen und perfektes Proviant
für ein Picknick.

    Famiglia Maran (Karte S. 362; ☎ 3027 1212; Rua Al-
mirante Barroso 1968; Gerichte 10–15 R$; ⏰ 24 Std.) Die
Bäckerei und Cafeteria hat etwas für jeden
Geschmack. Mit den Sandwiches, Pastas und
reichhaltigen warmen Gerichten kann man
ebenso seinen Hunger stillen wie mit dem
unwiderstehlichen Suppenbüfett (7 R$, 18–
5.30 Uhr). Bei schönem Wetter kann man
draußen auf dem Bürgersteig sitzen.

    Armazém (Karte S. 362; ☎ 3572 7422; Rua Edmundo de
Barros 446; Hauptgerichte 20 R$; ⏰ 18–2 Uhr) Die schat-
tige Terrasse dieses schönen Kolonialhauses
ist ein wunderbarer Ort, um brasilianische
Gourmetküche und eine gute Auswahl an
Weinen zu genießen.

    Búfalo Branco (Karte S. 362; ☎ 3523 9744; Rua Rebou-
ças 530; Büfetts 25 R$) Die beste *churrascaria* (Grill-
fleischrestaurant) der Stadt ist für ihr saftiges
Fleisch und den guten Service berühmt. Man
sollte hungrig herkommen, um das vielfältige,
nicht enden wollende *rodízio* mit verschiedenen gegrillten Rind- und Schweinfleischsorten
so richtig auszukosten.

    Trapiche (Karte S. 362; ☎ 3527 3951; Rua Marechal
Deodoro de Fonseca 1087; Hauptgerichte 30–65 R$) Die
moqueca und die anderen großartigen Meeres-
früchteeintöpfe sind hier so riesig, dass man
mehr als satt wird. In die teuersten Kreationen
kommen Hummer und Austern (die einen
langen Weg vom Meer hinter sich haben, aber
nichtsdestotrotz einfach köstlich sind).

AUSGEHEN & UNTERHALTUNG
Nachts konzentriert sich die Action in der Av
Jorge Schimmelpfeng, in der man luftige
Biergärten für die Abendstunden genauso
findet wie Nachtclubs, in denen Tanzwütige
bis in den Morgen feiern können. Im **Biergar-**

ten (Karte S. 362; Ecke Av Jorge Schimmelpfeng & Rua Marechal Deodoro da Fonseca; ⏰ 11–4 Uhr) kann man den
Abend gut beginnen.

AN- & WEITERREISE
Bus
Der **Fernbusbahnhof** (außerhalb der Karte S. 362;
☎ 3522 3336) liegt 4,5 km vom Stadtzentrum
entfernt. Busse fahren nach Curitiba (110–
130 R$, *leito* = Nachtbusse mit Schlafplätzen
120 R$, 10 Std.), Florianópolis (160–180 R$,
leito 226 R$, 14 Std.), São Paulo (165 R$, *leito*
225 R$, 16 Std.) und Rio de Janeiro (199 R$,
leito 280 R$, 22 Std.). Busse nach Buenos
Aires (20 Std.) starten in Puerto Iguazú, Argentinien, Busse nach Asunción (5 Std.) in
Ciudad del Este.

Flugzeug
Vom **internationalen Flughafen** (☎ 3523 4244) gibt
es täglich Flüge nach Asunción in Paraguay
(1 Std.), Buenos Aires in Argentinien (2 Std.)
sowie Rio (2 Std.), São Paulo (1 Std.) und
Curitiba (40 Min.). Tipp: Wer sich im Flugzeug links platziert, hat einen schönen Blick
auf die Wasserfälle.

Einreise nach Argentinien & Paraguay
Für die Einreise nach Paraguay wird normalerweise kein Visum benötigt, gleiches gilt für
einen Trip nach Argentinien. Es ist jedoch
immer ratsam, aktuelle Infos einzuholen, ehe
man die Grenze überquert. Die Ausstellung
eines Visums dauert etwa 24 Stunden.
Argentinisches Konsulat (Karte S. 362; ☎ 3574
2969; 26 Travessa Eduardo Ramón Bianchi; ⏰ Mo–Fr
10–14 Uhr)
Paraguayisches Konsulat (Karte S. 362; ☎ 3523
2898; Rua Marechal Deodoro da Fonseca 901; ⏰ Mo–Fr
8.30–16.30 Uhr)

Es ist nicht zu empfehlen, die Brücke nach
Ciudad del Este in Paraguay zu Fuß zu
überqueren, da sich hier bereits Raubüberfäl-
le ereignet haben – also lieber einen Bus oder
ein Taxi nehmen. Am Grenzübergang sollte
man darauf pochen, den Einreise- und Ausreisestempel zu erhalten, was nicht immer
automatisch passiert. Vom Grenzposten
nimmt man den nächsten Bus nach Ciudad
del Este (die Busse warten nicht, bis die Reisenden die Grenzformalitäten erledigt haben)
oder steigt in ein Taxi.
    Bei der Einreise nach Puerto Iguazú in Ar-
gentinien muss man ebenfalls auf einem Ein-

reise- bzw. Ausreisestempel bestehen, sofern man länger als einen Tag auf der anderen Seite der Grenze bleiben wird. Die Fahrer der Regionalbusse halten direkt an den Grenzübergängen. Beide Grenzen sind rund um die Uhr geöffnet, Busse verkehren aber nur bis etwa 19 Uhr.

UNTERWEGS VOR ORT
Zum/Vom Busbahnhof
Alle Busse mit der Aufschrift „Centro" fahren vom Busbahnhof in die Innenstadt (2 R$), ein Taxi kostet um die 10 R$.

Zum/Vom Flughafen
Um zum 15 km südöstlich des Stadtzentrums gelegenen Flughafen zu gelangen, nimmt man den Bus mit der Kennzeichnung „Aeroporto/P Nacional" (3 R$, 40 Min.); sie halten an jeder Haltestelle in der Av Juscelino Kubitschek. Die Busse verkehren bis 19 Uhr etwa alle 20 Minuten, danach stündlich. Ein Taxi kostet vom Zentrum aus ca. 40 R$.

Zu/Von den Wasserfällen
Auf der brasilianischen Seite der Wasserfälle nimmt man den Bus mit der Aufschrift „Aeroporto/P Nacional" (3 R$) bis zum Parkeingang. Die Busse halten im Regionalbusbahnhof sowie an jeder Haltestelle in der Av Juscelino Kubitschek und in der Av Jorge Schimmelpfeng.

Zur argentinischen Seite kommt man mit dem Bus nach Puerto Iguazú (6 R$, alle 20 Min.), einsteigen kann man an der Bushaltestelle hinter dem Regionalbusbahnhof und an jeder Haltestelle in der Av Juscelino Kubitschek. In Puerto Iguazú steigt man in einen „Cataratas"-Bus zu den Wasserfällen um (9 ARG$, stündl.).

Parque Nacional do Iguaçu (Brasilien)
Unübersehbar ist der schöne Eingang zum **Parque Nacional do Iguaçu** (Karte S. 364; ☎ 3521 4400; www.cataratasdoiguacu.com.br; Erw./Kind 37/6 R$; ☉ Okt.–März 9–18 Uhr, April–Sept. 9–17 Uhr), an dem es Toiletten, Geldautomaten, Schließfächer, Souvenirläden und jede Menge Parkmöglichkeiten gibt. Wer ein Ticket erstanden hat, wird an Bord eines kostenlosen Doppeldeckerbusses gelotst.

Um zu den Wasserfällen zu kommen, nimmt man den Bus bis zur dritten Haltestelle, die sich am Hotel das Cataratas (s. S. 362) befindet. Ab hier kann man der **Trilha das Cataratas**, dem „Wasserfallweg", folgen. Auf dem

1200 m langen Weg entlang des Ufers des Iguaçu gibt es viele Stellen, die wie gemacht sind zum Fotografieren. Der Pfad endet an der **Garganta do Diablo**, dem spektakulärsten Teil der Fälle. Ein Steg ermöglicht es, bis in die Mitte des Flusses zu laufen, sodass man scheinbar ganz von der Gewalt der stürzenden Wasser umgeben ist. Ein wundervolles, wenn auch nasses Erlebnis!

Von hier aus kann man den Panoramaaufzug nehmen, um den Blick von oben auf die Fälle zu genießen. Ein kurzer Weg führt oben an der Straße entlang zur Station **Porto Canoas**, wo es ein nettes Restaurant mit einem ausgezeichneten Mittagsbuffet (28 R$) und einen Imbissstand mit preiswerterem Angebot gibt. Beide haben Sitzplätze auf einer hübschen Terrasse, von wo aus man auf die Sandbänke des Flusses blicken kann.

Achtung: An den Wasserfällen ist es immer nass, Wasser aber verstärkt das Sonnenlicht – darum Regenzeug *und* Sonnencreme mitnehmen. Insektenschutzmittel ist ein Muss auf jedem Wanderweg. Ach ja – auf der brasilianischen Seite ist der Sonnenstand zum Fotografieren vormittags günstig.

Bootsausflüge
Wenn man sich die Wasserfälle von oben anschaut, fallen einem wahrscheinlich sofort wagemutige Abenteurer auf, die die Fälle von unten erkunden. Solche Bootsausflüge werden auf beiden Seiten der Fälle angeboten, die brasilianischen aber sind besser (und teurer). An der zweiten Haltestelle aus dem Doppel-

deckerbus aussteigen, dann kommt man zu **Macuco Safari de Barco** (☎ 3574 4244; www.macuco safari.com.br; 150 R$/Pers.; ⊙ 8–17 Uhr).

Der Ausflug beginnt mit einer 3 km langen Fahrt durch den Dschungel, der englischsprachige Guide erklärt Travellern die Flora und Fauna des Parks. Der zweite Teil ist ein kurzer Spaziergang (600 m) zu dem kleinen Wasserfall Salto de Macuco, an dem man ein bisschen planschen kann. Schließlich klettert man an Bord eines Zodiacs, mit dem man eine 4 km lange Fahrt durch flaches Wasser und Stromschnellen und unter dem als „drei Musketiere" bekannten Wasserfall hindurch macht. Ja, man *wird* nass dabei. Die Bootsfahrt dauert 30 Minuten, der gesamte Ausflug ungefähr zwei Stunden.

Macuco Safari bietet auch einen gemütlicheren dreieinhalbstündigen Bootsausflug oberhalb der Fälle an.

Wandern

Der Parque Nacional do Iguaçu schützt 550 km² Regenwald, der überwiegend nur für Wildtiere zugänglich ist. Lediglich ein paar Wanderwege können in Begleitung eines Führers, den man Park gestellt wird, abgelaufen werden. (Es gibt auch Englisch sprechende Guides.) Die **Trilha Poço Preto** (135 R$/Pers.) ist ein 9 km langer Weg, der in der Nähe des Eingangs beginnt (den Bus an der ersten Haltestelle verlassen) und zur Lagoa do Poço Preto führt, einer kleinen Lagune mit vielen Vögeln. Eine kleine Bootsfahrt und (optional) eine Kajaktour machen den gut durchorganisierten Ausflug komplett. Der Rückweg führt über die **Trilha das Bananeiras**; man kann sich aber auch zurückbringen lassen.

Am schönsten ist die Wanderung morgens, wenn es kühler ist und die Vögel und Wildtiere aktiver sind. Man kann Schmetterlinge, Papageien, Sittiche, Spechte, Kolibris, Tukane, Eidechsen und Spinnen erspähen. Zu den scheueren Tieren gehören Affen, Rehe, Faultiere, Ameisenbären, Waschbären, Jaguare, Tapire, Kaimane, Gürteltiere und natürlich die Nasenbären. Überall wachsen Orchideen, Lianen und Weinranken. Ach ja, Moskitos gibt's natürlich auch in rauen Mengen – unbedingt an Insektenschutzmittel denken!

Extremsport

Wer es etwas abenteuerlicher mag, hat im **Campos de Desafios** (☎ 3529 6040; www.campodedesa-fios.com.br, portugiesisch) die Möglichkeit, zu klettern, sich abzuseilen oder zu raften. Die Preise richten sich nach der gewählten Unternehmung. Der Eingang befindet sich bei der dritten Bushaltestelle, gegenüber vom Hotel das Cataratas (s. S. 362).

Parque Nacional Iguazú (Argentinien)

Der **Parque Nacional Iguazú** (Karte S. 364; ☎ 0xx54-3757 491 469; www.iguazuargentina.com; Eintritt Erw./Kind 85/45 ARG$; ⊙ 8–18.30 Uhr, Sept.–März bis 17.30 Uhr) liegt 18 km von Puerto Iguazú entfernt, der Stadt auf der argentinischen Seite der Grenze.

Vom Eingang aus geht es den **Sendero Verde** entlang, einen kurzen Wanderweg durch den Dschungel, von dem aus man Schmetterlinge, Vögel und Nasenbären erspähen kann. Man kann sich aber auch für die Fahrt mit dem kostenlosen Tren Ecológico de la Selva (Öko-Dschungelzug, alle 30 Min.) entscheiden. Auf jeden Fall ist man das erste Ziel die Estación Cataratas. Zwei Spazierwege starten an dem Punkt, die traumhafte Ausblicke auf die Wasserfälle bieten.

Beginnen sollte man mit dem kurzen **Circuito Superior**, dem oberen Rundweg, der zwar nicht ganz so spektakulär ist, aber die Vorfreude steigert. Der **Circuito Inferior**, der untere Rundweg, ist eine 1,5 km lange Schleife, auf der man die Fälle von unten zu sehen bekommt. Wer will, kann von hier aus ein kostenloses Boot (alle 15 Min.) zur **Isla San Martín** nehmen, auf der es Wanderwege und weitere Aussichtspunkte gibt.

Um sich das Beste für den Schluss aufzuheben, sollte die **Garganta do Diablo** das letzte Ziel sein. Mit dem Zug bis zur Estación Garganta del Diablo fahren; der Steg beginnt hier an einem ruhigen Punkt oberhalb der Fälle und führt vorbei an einer Reihe friedlicher Inseln. An der Garganta verwandelt sich der ruhige Fluss plötzlich in eine reißende Naturgewalt – 13 000 m³ Wasser pro Sekunde stürzen in 14 Wasserfällen rund um eine hufeisenförmige Schlucht 90 m in die Tiefe. Ein hypnotisierendes Erlebnis für alle Sinne! Die Wassermassen dröhnen einem in den Ohren, man fühlt die sprühende Gischt auf dem Gesicht und sieht riesige Regenbögen über den Fällen. Atemberaubend sind auch die Flugkünste der Schwalben, die sich wie Steine in den dunstigen Abgrund fallen lassen, Insekten im Flug erhaschen, hochschnellen und sich auf den Klippen hinter den Wasserfällen niederlassen!

Wer mittags eine Stärkung braucht, probiert die Snackbars bei Dos Hermanas (am

VERDAMMTER DAMM?

Für die einen ist er ein modernes Weltwunder, für die anderen eine von Menschenhand geschaffene Katastrophe. Doch eines ist sicher: Der Itaipu-Staudamm hat das Gesicht Südbrasiliens für immer verändert und entscheidend zur rasanten Industrialisierung des Landes beigetragen.

Zunächst einmal die überwältigenden Zahlen: Die Dammanlagen sind fast 8 km lang und über 200 m hoch. Der bei seiner Errichtung verwendete Beton würde ausreichen, um eine zweispurige Autobahn von Moskau nach Lissabon zu bauen. Auf dem Höhepunkt der Bautätigkeit arbeiteten die Bautrupps in einem atemberaubenden Tempo – ihre Leistung hätte ausgereicht, um stündlich ein 20-stöckiges Bürohochhaus zu bauen. 18 Mrd. US$ kostete der Spaß!

Und hat sich der Aufwand gelohnt? Die Gesamtkapazität des Kraftwerks beträgt 14 000 MW sauberen Stroms, das entspricht 22 % des brasilianischen und 90 % des paraguayischen Energiebedarfs. Um die gleiche Strommenge in einem ölbetriebenen thermoelektrischen Kraftwerk zu erzeugen, bräuchte man täglich 434 000 Barrel Öl, fast 5 Mio. Liter – und würde so Unmengen an Kohlendioxid in die Atmosphäre schleudern.

Andererseits schätzen Kritiker des Damms, dass etwa 700 km^2 Wald vernichtet oder geschädigt wurden. Mehrere Pflanzenarten sind aufgrund des Damms ausgestorben. Viele Siedlungen der indigenen Guarani und Tupi wurden zerstört, ebenso wie die eindrucksvollen Sete-Quedas-Wasserfälle. Itaipu Binacional, die brasilianisch-paraguayische Behörde, die den Damm verwaltet, hat versucht, auf derartige Kritik möglichst umsichtig zu reagieren. Sie rief mehrere innovative Programme ins Leben: Tiere, die durch die Überflutung ihren Lebensraum verloren, wurden umgesiedelt, es gab Wiederaufforstungsprogramme und Gemeinden, die vom Bau betroffen waren, erhielten Entschädigungen.

Andere Beschwerden kamen aus Paraguay: Die Vereinbarung Brasiliens mit dem paraguayischen Diktator Alfredo Stroessner in den 1980er-Jahren zwang das Land, Überkapazitäten zu künstlich niedrigen Preisen an Brasilien zu verkaufen. Während die industrielle Entwicklung im Bundesland São Paulo explodierte, reichten die Einkünfte Paraguays gerade aus, um passende Stromleitungen von den Wasserfällen bis in die Hauptstadt zu bauen. Schließlich wurde die bilaterale Vereinbarung zum Damm im Juli 2009 zwischen dem brasilianischen Präsidenten Lula da Silva und Paraguays Präsidenten Fernando Lugo neu verhandelt: Paraguay erhielt nun die Möglichkeit, die Überkapazitäten an Energie offen auf dem brasilianischen Markt zu verkaufen und konnte so seine Staatseinnahmen verdreifachen.

Circuito Inferior). Beim Eingang gibt's ein etwas besseres Restaurant namens La Selva, das ein typisch argentinisches Buffet auffährt.

Fotografen aufgepasst: Auf der argentinischen Seite rückt die Sonne die Wasserfälle am späten Nachmittag ins beste Licht. Wer sein Ticket beim Verlassen des Parks abstempeln lässt, darf am nächsten Tag zum halben Preis rein.

Bootausflüge

Viele behaupten, dass man die Wasserfälle erst richtig kennenlernt, wenn man sie mit ihrer ganzen Wucht auf sich herabregnen fühlt. Auf beiden Seiten der Grenze bringen Boote Wagemutige unter die Fälle, auf der argentinischen Seite ist dieses Abenteuer jedoch deutlich billiger.

Iguazu Jungle Explorer (☎ 0xx54-3757 421 696; www.iguazujunglexplorer.com) hat zwei Versionen dieser haarsträubenden Fahrt im Programm.

Die **Gran Aventura** (150 ARG$) ist eine einstündige Exkursion, die eine 8 km lange Jeepfahrt durch den Dschungel und eine 6 km lange Bootsfahrt den Iguazú hinunter einschließt. Der Höhepunkt ist natürlich, den Salto San Martin und die Garganta del Diablo hautnah zu erleben. Los geht es stündlich an der Touristeninformation am Eingang.

Wer sich hauptsächlich für die sogenannte „Wasserfall-Taufe" interessiert, kann auch die kürzere **Aventura Nautica** (90 ARG$) wählen. Die zwölfminütige Fahrt beginnt am Anleger gegenüber der Isla San Martín (alle 20 Min.). Die Tour beinhaltet eine schnelle Fahrt durch den Canyon – und eine kräftige Dusche. Für Kameras und andere Geräte gibt es Schutztaschen. Alles, was nicht darin verstaut ist, wird klatschnass, auch man selbst!

Tickets gibt's am Parkeingang oder im Büro von Iguazu Jungle Explorer in der Nähe der Estación Cataratas.

Wandern

Wer den Regenwald im Nationalpark erkunden will, sollte beim **Informationszentrum** (☎ 0xx54-3757 491 469) in der Nähe des Eingangs Halt machen und sich nach dem **Sendero Macuco** erkundigen. Der 7 km lange Weg ist eine der wenigen Möglichkeiten, den Park auf eigene Faust kennenzulernen. An sechs Stationen kann man Erläuterungen zur Flora lesen, zu der Bambus, Palmitos und Pionierspezies gehören. In diesen Teilen des Parks leben der Säbelpipra und der Riesentukan, ebenso eine Gruppe Brauner Kapuziner. Der Weg endet am **Arrechea-Wasserfall**, einer 20 m hohen Kaskade, die unten ein hübsches, natürliches Becken ausgehöhlt hat.

Frühmorgens ist die beste Zeit für eine Wanderung. Die Tour muss auf alle Fälle vor 16 Uhr (im Winter 15 Uhr) angetreten werden.

PARQUE DAS AVES

In dem 5 ha großen **Vogelpark** (Karte S. 364; ☎ 3529 8282; www.parquedasaves.com.br; Eintritt 23 R$; ⊙ 8.30-17.30 Uhr), der nur 300 m vom Eingang zum Parque Nacional do Iguaçu entfernt liegt, leben über 80 Vogelarten, darunter Nacktkehl-Glockenvögel, Rote Ibisse und zahlreiche Flamingos. Untergebracht sind sie in 8 m hohen Volieren direkt im Wald. Außerdem sind Schlangen, Schmetterlinge und andere Arten zu sehen.

ITAIPU-STAUDAMM

Am Paraná, 14 km nördlich von Foz, liegt der **Itaipu-Staudamm** (☎ 3520 6999; www.turismoitaipu.br; portugiesisch), Teil des größten Wasserkraftwerks der Welt.

Allein die Zahlen sind eindrucksvoll: Der Staudamm ist fast 8 km lang und 65 Stockwerke hoch. Noch erstaunlicher sind jedoch die gewaltige Größe des Bauwerks quer über den Fluss, die mit jeder Pore spürbare Gewalt des Wassers, das aus den Überlaufrinnen schießt, und die unglaublich vielen Stromleitungen, die von dem Kraftwerk ausgehen.

Der Bau des Staudamms war sehr umstritten (s. Kasten S. 366). Und so tut das für Öffentlichkeitsarbeit zuständige Team alles, um die Größe und Leistung der Anlage in bestes Licht zu rücken – möglichst aber nicht ihre Nachteile. Man bekommt also sehr viel Propaganda zu hören, wenn man sich der **Führung** (5 R$; ⊙ stündl. 8–16 Uhr) anschließt. Auf einen kurzen Film folgt die Besichtigung der zentralen Aussichtsterrasse, von der aus man einen Panoramablick auf den Komplex hat. Alle Infos gibt's auf Portugiesisch und Englisch. Wer sich für die Technik des Staudamms interessiert, sollte sich dem **Special Circuit** (☎ 3520 6667; Führung 50 R$; ⊙ 8, 8.30, 9.30, 10, 10.30, 13.30, 14, 15.30, 16 Uhr) anschließen. Auf dem zweistündigen Rundgang wird man faszinierende Details zu dieser beeindruckenden Ingenieurleistung erfahren.

Eine letzte Möglichkeit, den Staudamm zu besichtigen, ist die kitschige **Sound & Light Show** (Tickets 12 R$; ⊙ März–Nov. Fr & Sa 20 Uhr, Dez.–Feb. Fr & Sa 21 Uhr). Wer wissen will, wie der Bau des Staudamms die Flora und Fauna des Gebiets in Mitleidenschaft gezogen hat, kann sich im **Ecomuseu** (Eintritt 8 R$; ⊙ Di–Sa 8.30–11.30 & 14–17.30, So 14–17.30 Uhr) informieren.

Zum Staudamm kommt man mit einem Conjunto-C-Bus; sie halten an jeder beliebigen Haltestelle in der Av Juscelino Kubitschek (3 R$, alle 20 Min.). Die Fahrt dauert ungefähr 30 Minuten.

CIUDAD DEL ESTE (PARAGUAY)

Auf der anderen Seite der Ponte da Amizade liegt die paraguayische Stadt, die zugleich dynamisch und schmuddelig, lebhaft, aber auch arm ist. Hier kann man in den Kasinos Bakkarat spielen oder zollfreie Waren einkaufen – mit etwas Glück macht man ein Schnäppchen, doch Fälschungen verfolgen einen auf Schritt und Tritt. Es ist nicht sicher, zu Fuß über die Brücke zu gehen. Man sollte einen Bus vom Nahverkehrsbusbahnhof in Foz do Iguaçu nehmen (3 R$, alle 10 Min.); die Busse verkehren zwischen 6 und 19.30 Uhr.

Santa Catarina

Das Leben ist ein Strandparadies. Diese Aussage trifft jedenfalls uneingeschränkt auf den sonnigen Bundesstaat Santa Catarina zu, der mit einer 560 km langen, spektakulären Küstenlinie aufwarten kann: Wer verlassene Strände mag, findet ein Fleckchen Sand im Süden der Ilha de Santa Catarina. Wem der Sinn nach Partyszene steht, steuert den Norden der gleichen Insel an. Sehnsucht nach Wassersport? Überragende Möglichkeiten zum Schnorcheln und Tauchen bietet die Praia Bombinhas. Und wem es hauptsächlich um die tollen Wellen geht, der sucht sich einen der unzähligen Strände südlich von Florianópolis aus.

Auch wenn die Strände seine Hauptanziehungskraft ausmachen, hat der südliche Bundesstaat doch mehr als nur Sonne und Sand zu bieten. Parallel zur Küste verläuft beispielsweise die Serra Geral. Sie gönnt Travellern kühle Temperaturen und eine umwerfende Berglandschaft, durch die man wunderbar wandern und reiten kann. In den Regionen im Landesinneren ist deutlich der stark ausgeprägte Einfluss der deutschstämmigen Bewohner zu spüren. Am offensichtlichsten wird er während des Oktoberfests, Blumenaus riesigem Fest für Volkstanz, Akkordeonspiel und Bier – die alpenländische Architektur und frisch gebrautes Bier kann man jedoch das ganze Jahr über verblüfft anschauen.

Wie auch die anderen südlichen Bundesstaaten hat Santa Catarina einen der höchsten Lebensstandards in Brasilien. Und der Wohlstand bedeutet: Die Infrastruktur ist gut ausgebaut und die Menschen sind gastfreundlich. Bei der Reiseplanung ist zu beachten, dass an der Küste das Touristenaufkommen und die Preise mit den Temperaturen steigen. Um die Tollheit und Kostspieligkeit des Sommers zu umgehen, sollte man Santa Catarina außerhalb der Sommermonate Januar und Februar bereisen.

HIGHLIGHTS

- Eine Welle an der **Praia da Joaquina** (S. 377) schnappen – und sich dabei wie im siebten Himmel fühlen

- Im kristallklaren Wasser vor der **Ilha do Campeche** (S. 378) schnorcheln

- Bei **Cervejaria & Fábrica Eisenbahn** (S. 384) in Blumenau Gebrautes direkt vom Fass probieren

- Direkt von den schwimmenden Restaurants in **Caixa d'Aço** (S. 388) unweit von Porto Belo schwimmen und schnorcheln gehen

- Sich warm anziehen: für eine Wanderung durch den **Parque Nacional de São Joaquim** (S. 391), wo es durchaus schneien kann

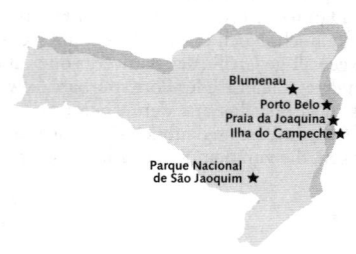

Blumenau ★
Porto Belo ★
Praia da Joaquina ★
Ilha do Campeche ★

Parque Nacional de São Jaoquim ★

- Bevölkerung: 6,1 Mio.
- Fläche: 95 400 km²

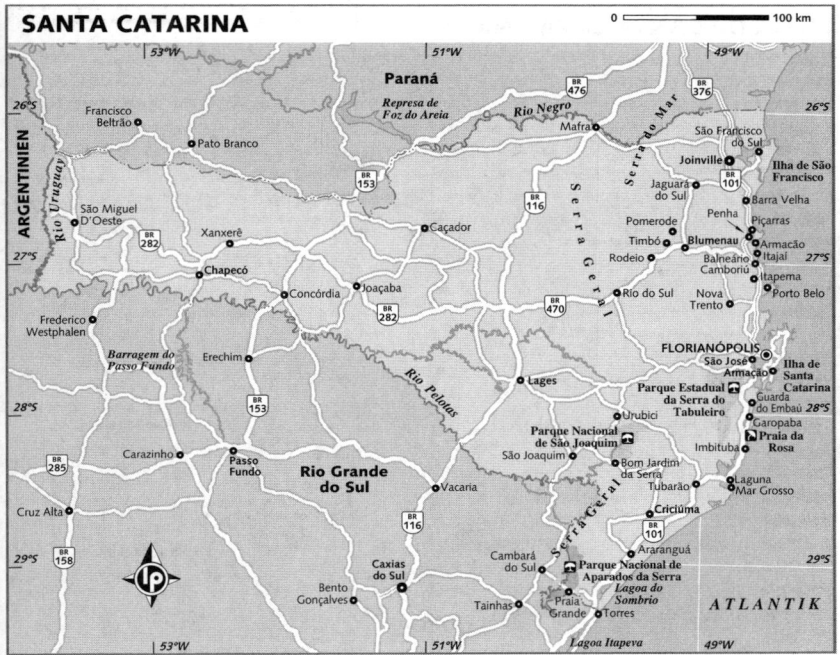

Geschichte

In den 1820er-Jahren erkannte das erst seit wenigen Jahren unabhängige Brasilien die strategische Bedeutung dieser Region an der Grenze zwischen dem spanischen und dem portugiesischem Amerika. Der Kaiser lud deutschsprachige Einwanderer ein, den Landstrich zu besiedeln und voranzubringen. Gleichzeitig dienten sie ihm im Falle eines spanischen Aufstands als Puffer. Die deutschen Einwanderer – und die Italiener, die ihnen folgten – machten sich nie die typische Plantagenkultur des Nordostens zu eigen. Stattdessen schufen sie ein Wirtschaftssystem, das auf kleinen, familiengeführten Farmen basierte. Dieses macht sich in Santa Catarina noch heute in einer Politik der Chancengleichheit und einer gerechten Einkommensverteilung bemerkbar.

Klima

Die Küstenebenen von Santa Catarina weisen ein subtropisches Klima mit heißen, feuchten Sommern und milden Wintern auf. Im zentralen Hochland ist es im Sommer trockener, im Winter kälter. Auf den höchsten Erhebungen der Serra Geral schneit es überraschend häufig.

Anreise & Unterwegs vor Ort

Florianópolis ist der Verkehrsknotenpunkt des Bundesstaates, Bus- und Flugverbindungen gibt es zu allen größeren Städten Brasiliens. Von Joinville aus werden direkte Flugverbindungen nach São Paulo angeboten, von wo aus Anschlußflüge in andere Großstädte bestehen. Die meisten Ziele innerhalb Santa Catarinas sind von Florianópolis per Bus gut und zuverlässig zu erreichen.

ILHA DE SANTA CATARINA

Die Ilha de Santa Catarina hat eine lebhafte und abwechslungsreiche Küstenlinie, von den ruhigen, überfüllten Buchten des Nordens bis zu den wilden, von Klippen eingerahmten Stränden des Südens. Doch es sind nicht nur die Strände, die diese bezaubernde Insel ausmachen. Ein geschützter Kiefernwald

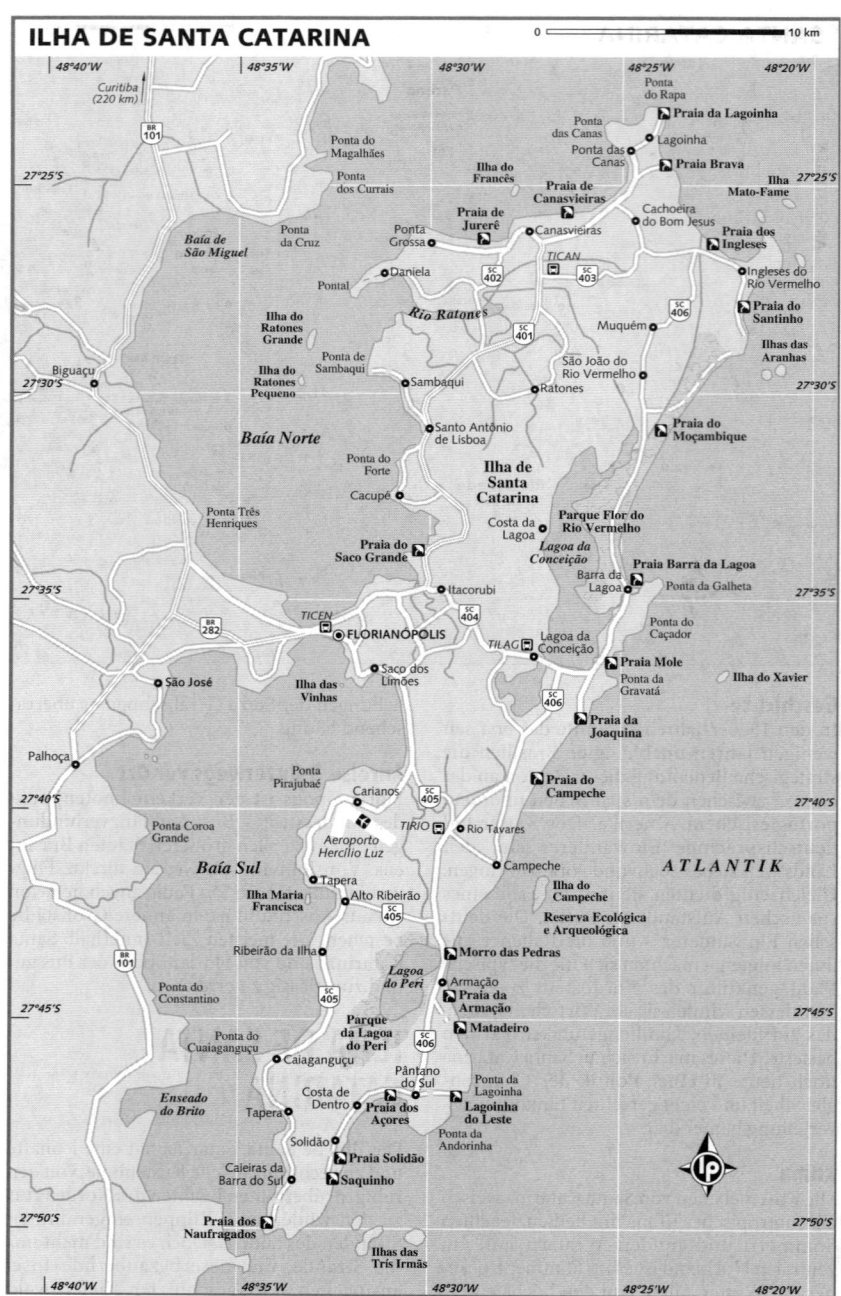

ILHA DE SANTA CATARINA

schirmt die Ostküste ab, während die Dünen nahe der Praia da Joaquina eine regelrechte Mondlandschaft bilden. Schroff fällt der Gebirgsrücken mit üppiger Mata Atlântica (Atlantischem Regenwald) schroff bis zur lieblichen Lagoa da Conceição hinab. Das Tor zur Insel ist Florianópolis, die politische Hauptstadt von Santa Catarina und die kulturelle Metropole des brasilianischen Südens.

Der Norden der Insel ist fast schon überentwickelt, die Küste der Lagoa da Conceição besteht aus zusammengepferchten Restaurants, Hotels und Kneipen. Die besten Strände – besonders für Surfer – sind an der Ostküste vorzufinden. Generell gilt: je weiter im Süden, desto weniger entwickelt.

Zwischen Weihnachten und Anfang März sollte man sich auf Menschenmassen und höhere Preise (als die im Folgenden genannten) einstellen. Außerhalb der Hochsaison können die Preise dann um 20 bis 40 % fallen.

FLORIANÓPOLIS

☎ 0xx48 / 408 000 Ew.

Florianópolis (Floripa) hat zwei Gesichter. Auf dem Festland liegt das Industriegebiet mit den Bezirken Estreito und Coqueiros. Jenseits der Bucht finden sich auf der Insel das historische Zentrum und der schicke Bezirk Beira-Mar Norte. Zwei malerische Brücken verbinden die beiden Stadthälften miteinander. Die alte Hängebrücke Ponte Hercílio Luz ist für den Verkehr nicht mehr geöffnet, doch erhellt sie noch immer den Nachthimmel und dient als prägendes Wahrzeichen der spektakulären Skyline von Floripa.

Florianópolis ist ein praktischer Verkehrsknotenpunkt: Von hier aus sind alle 42 Strände der Insel innerhalb einer Autostunde zu erreichen. Im Zentrum der Stadt können Traveller die kolonialen Kopfsteinpflasterstraßen erkunden, die sich fächerförmig von der von Palmen gesäumten Praça XV de Novembro ausbreiten. Oder man schlendert bei Sonnenuntergang am Uferdamm von Beira-Mar Norte entlang.

Orientierung

Die wichtigsten Sehenswürdigkeiten der Stadt liegen östlich der Busbahnhöfe für den Nahbzw. Fernverkehr. Der gehobene Stadtteil Beira-Mar Norte liegt in der Bucht, 2 km nördlich des Zentrums.

Praktische Informationen

BUCHLÄDEN

Livraria Catarinense (Rua Felipe Schmidt 60; Mo–Sa 10–20 Uhr) Einige fremdsprachige Titel im Angebot.

GELD

Bargeld kann man in einer der Wechselstuben in der Rua Felipe Schmidt wechseln.

Banco do Brasil (Praça XV de Novembro 20) Für Reiseschecks und Geldautomaten.

INTERNETZUGANG

LAN House (☎ 3028 0477; Beiramar Shopping; 4 R$/Std.; Mo–Sa 10–22, Sa 14–20 Uhr)

Moncho (☎ 2106 2775; Rua Tiradentes 181; 4 R$/Std.; Mo–Fr 9–22, Sa 11–20 Uhr)

NOTFALL

Bombeiros (☎ 193) Bei Bränden und medizinischen Notfälle.

Polícia Federal (☎ 194)

TOURISTENPRAKTISCHE INFORMATIONEN

Stadtpläne von Florianópolis bzw. Landkarten der Ilha da Santa Catarina bekommt man hier:

Tourist Information (☎ 3248 0002; Busbahnhof für Fernverkehr; 8–22 Uhr) Freundliches Personal.

Sehenswertes

Mit seinen schattigen Wegen und einem 100 Jahre alten Feigenbaum ist die einladende **Praça XV de Novembro** Mittelpunkt der Stadt. Auf der einen Seite befindet sich das **Museu Histórico de Santa Catarina** (☎ 3221 3504; Praça XV de Novembro 227; Eintritt 3 R$; Di–Fr 10–18, Sa & So 10–16 Uhr), zu Kolonialzeiten der Palast des Gouverneurs. Das Gebäude bietet kunstvolle Parkettböden und die für das 19. Jahrhundert typischen, ausgefallenen Decken, zudem beherbergt es eine Sammlung regionaler und kolonialer Exponate. Es finden auch immer wieder interessante Sonderausstellungen statt.

Man hört das stündliche Läuten der Glocken der **Catedral Metropolitana**, die würdevoll das obere Ende des Platzes bestimmt. Malerisch thront die **Igreja de NS do Rosário**, die am besten erhaltene Kirche aus Kolonialzeiten, über den Stufen der Rua Trajano.

Am anderen Ende des Platzes lädt die Promenade **Rua Felipe Schmidt** zum Schaufensterbummel und Beobachten des geschäftigen Treibens ein. Oder man geht runter ans Meer zum gut erhaltenen **Alfândega** (Zollamt) oder dem **Mercado Municipal** (Städtische Markthalle).

SANTA CATARINA

FLORIANÓPOLIS

0 ————— 500 m

PRAKTISCHES

Associação dos Empreendedores GLBTS	**1** B3
Banco do Brasil	**2** D3
Livraria Catarinense	**3** C3
Moncho	**4** D4
Touristeninformation	(siehe 29)

SEHENSWERTES & AKTIVITÄTEN

Alfândega (Alte Zollstelle)	**5** C3
Catedral Metropolitana	**6** D3
Igreja de NS do Rosário	**7** D3
Mercado Municipal	**8** C3
Museu Histórico de Santa Catarina	**9** D3

SCHLAFEN

Cecomtur Executive	**10** D3
Centro Sul Hotel	**11** D3

DeVille Express	**12** A2
Florianópolis Palace	**13** D3
Floripa Hostel–Centro	**14** B2
Hotel Mirante dos Açores	**15** D4
Intercity Premium	**16** B3

ESSEN

Box 32	**17** D3
Café Cultura	**18** D3
Café das Artes	**19** C1
Casarão	**20** D3
O Padeira de Sevilha	**21** C2
Supermercado Angeloni	**22** C2
Vida Restaurante Natural	**23** B3

UNTERHALTUNG

Cachaçaria da Ilha	**24** C3
Concorde Club	**25** C2
Floribar	**26** D2

TRANSPORT

Executivo-Bushaltestelle	**27** B3
Regionalbusbahnhof	**28** D4
Fernbusbahnhof	**29** B3
TICEN	**30** C3

Nördlich des Zentrums verläuft die Uferpromenade **Av Beira Mar Norte**. Sie zieht Jogger, Radfahrer und Spaziergänger an, die die frische Brise und den Blick aufs Festland genießen.

Geführte Touren

Floripa By Bus (☎ 3239 8966; www.floripabybus. br, portugiesisch; Av Madre Benvenuta 687; Erw./Kind 30/15 R$) Insel-Tagesausflüge in einem Doppeldeckerbus mit offenem Verdeck. Der Veranstalter hat seinen Sitz 6 km außerhalb der Stadt, also vorher anrufen und einen Platz reservieren. Abgeholt wird man am Busbahnhof.

Scuna Sul (☎ 3225 1806; www.scunasul.com.br, portugiesisch; Ausflüge 28–45 R$) Bootsausflüge in der Bucht mit Stopps an einigen ziemlich hübschen portugiesischen Festungen aus dem 18. Jh.

Schlafen

In Florianópolis herrscht ein Mangel an günstigen Unterkünften. Allerdings purzeln die Preise außerhalb der Hochsaison deutlich in den Keller, sodass viele Mittelklasseunterkünfte erschwinglicher werden.

Floripa Hostel – Centro (☎ 3225 3781; www.floripahostel.com.br, portugiesisch; Rua Duarte Schutel 227; B HI-Mitglied/Student/normal 30/36/39 R$, DZ HI-Mitglied/normal 70/75 R$; 🖳 🛜) In einer Wohngegend gelegen, auf halben Wege zwischen Stadtzentrum und Beira-Mar Norte, womit das gepflegte HI-Hostel von beiden Seiten aus zu Fuß gut zu erreichen ist. Die Küche und die gemeinschaftlich genutzten Waschgelegenheiten sind makellos, die Etagenbetten aus stabilem Holz und die Zimmer nach Geschlechtern getrennt.

Hotel Mirante dos Açores (☎ 3879 7130; www.hotelmirantedosacores.com.br, portugiesisch; Rua Tiradentes 167; EZ/DZ 85/105 R$; 🔯 🖳 🛜) In einer ruhigen, mit Kopfstein gepflasterten Straße gelegen. Der blaue, gewölbte Eingang geht über in eine von Sonnenlicht durchfluteten Lobby, die in leuchtenden Farben bemalt ist. Wandbilder schmücken die Zimmer, die mit Holzmöbeln und einheitlichem Teppichboden aufwarten.

Centro Sul Hotel (☎ 3222 9110; www.centrosulhotel.com.br, portugiesisch; Av Hercílio Luz 652; EZ/DZ 88/120 R$; 🔯 🛜) Das CSH – wie es hier bekannt ist – ist ein komfortables, kitschiges Hotel mittlerer Preisklasse. Der Zahn der Zeit hat zwar seine Spuren hinterlassen, aber die Zimmer sind sauber und die Preise in Ordnung, selbst in der Hochsaison.

LP Tipp Cecomtur Executive (☎ 2107 8800; www.cecomturhotel.com.br, portugiesisch; Rua Arcipreste Paiva 107; Zi. ab 105 R$; 🔯 🛜 🖳) Das effiziente Business-Hotel ist zwar nicht besonders originell, bietet aber alles was man braucht: moderne, saubere, geräumige Zimmer, sympathischen, englischsprachigen Service und ein paar andere Annehmlichkeiten. In puncto Preis-Leistungs-Verhältnis unser Favorit.

Florianópolis Palace (☎ 2106 9633; www.floph.com.br; Rua Artista Bittencourt 14; EZ/DZ 137/144 R$; 🔯 🖳 🛜 🖳) Das schickste Hotel in der Altstadt ist auch unter dem etwas albernen Spitznamen „The Florb" bekannt. Parkmöglichkeiten und ein reichhaltiges Frühstücksbuffet sind im Preis inbegriffen. Die Zimmer in den oberen Etagen bieten einen herrlichen Panoramablick über die Stadt.

Intercity Premium (☎ 3027 2200; www.intercityhoteis.com.br; Av Paolo Fontes 1210; EZ/DZ 168/200 R$;

🔯 🖳 🛜 🖳) Das elegante Hochhaus-Hotel liegt in praktischer Nähe zum Busbahnhof. Weißer Marmor funkelt in der Lobby, auf vornehmen Sofas liegen Kissen verstreut. Die Zimmer lassen hinsichtlich der Ausstattung kaum Wünsche offen, sind geschmackvoll eingerichtet und bieten einen beeindruckenden Blick auf die Bucht und das Festland.

DeVille Express (☎ 3225 6002; www.deville.com.br; Rua Felipe Schmidt 1320; EZ/DZ 177/202 R$; 🔯 🖳 🛜 🖳) Das Hotel vermietet ausschließlich Suiten und bietet reichlich Luxus zu Mittelklassepreisen. Sehr gutes Preis-Leistungs-Verhältnis. Die teureren Zimmer haben einen Balkon, von wo aus man die schönsten Ansichten Floripas genießen kann.

Essen & Ausgehen

Florianópolis bietet für jeden Geschmack etwas … von Restaurants, mit denen Vegetarier nichts falsch machen können, bis hin zu großen Platten mit Fleisch und Meeresfrüchten.

O Padeira de Sevilha (☎ 3025 3402; Rua Esteves Júnior 2144; Brot & Kuchen 3–10 R$; Mo–Fr 6.50–20.30, Sa 7–14 Uhr) „Der Brotmacher von Sevilla" gilt als eine der 30 besten Bäckereien Brasiliens. Aus der Backstube kommen nach allen der Kunst zubereitete Brote und verführerische Süßspeisen – denen man sich an riesigen Gemeinschaftstischen hingibt.

Café das Artes (☎ 3322 0690; Rua Esteves Júnior 734; Sandwiches 5–10 R$; Mo–Sa 11.30–23, Sa 16–23 Uhr) Das gehobene, „szenige" und gemütliche Café in Beira-Mar Norte, bietet guten Kaffee, Backwaren sowie Salate und Sandwiches.

Casa de Coimbra (☎ 3222 9017; Av Beira Mar Norte 2568; Gerichte 10–15 R$; Di–Sa 11.30–24 Uhr) Mitten im Herzen der Stadt verbirgt sich hinter schweren Holztüren ein erfrischend kühles Landhaus. Das rustikale, mit Folklorekunst vollgestopfte Innere bietet die perfekte Atmosphäre, um herzhafte brasilianische Hausmannskost zu genießen.

Vida Restaurante Natural (☎ 3223 4507; Rua Visconde de Ouro Preto 298; Gerichte 10–18 R$; Mo–Fr 11–15.30 Uhr) Das durchgängig vegetarische Restaurant tischt ein appetitanregendes Buffet auf. Es ist in einem schönen, im Kolonialstil erbauten Haus untergebracht.

Café Cultura (☎ 3364 3223; Praça XV de Novembro 352; Gerichte 15–25 R$; Mo–Sa 8–20 Uhr; 🖳 🛜) Modernes Café in renoviertem, neokolonialem Gebäude. Gesundes Frühstück, Mittag- und Abendessen und herrlich ungesunde Desserts.

SANTA CATARINA

Macarronada Italiana (☎ 3223 2666; Av Beira Mar Norte; Gerichte 20–30 R$; 11–13 Uhr) Der große Speisesaal und die Terrasse sind häufig fest in der Hand von einheimischen Familien, die Pizza, Pasta, Meeresfrüchte und gegrilltes Fleisch schlemmen. Die italienische Küche ist köstlich, der Wein fließt reichlich.

LP Tipp Box 32 (☎ 3224 5588; Mercado Municipal; Gerichte 25–30 R$; Mo–Sa 10–22, So bis 17 Uhr) Die historische Bar mit Restaurant im Mercado Municipal gibt vor, die „demokratischste Kiste Brasiliens" zu sein. Lokale Prominenz findet sich hier zur Happy Hour ein … zu schäumendem Bier und frischen Meeresfrüchten.

Für Picknicks am Strand versorgt man sich im **Supermercado Angeloni** (Ecke Av Rio Branco & Rua Esteves Júnior; 8–21 Uhr).

Unterhaltung

Viele Nachtschwärmer zieht es zwar nach Lagoa, doch auch Floripa hat ein paar Hotspots zu bieten.

Cachaçaria da Ilha (☎ 3224 0551; Av Osmar Cunha 164; Mo–Fr 17–2.30, Sa 20–4 Uhr) Die elegante Bar ist berühmt für ihren *cachaça* (hochprozentiger Zuckerrohrschnaps), bietet aber auch eine feine Auswahl an gezapftem Bier. Wegen der Livemusik beliebter Ort zur Happy Hour.

Floribar (☎ 3322 2550; Rua Dorval Melchíades de Souza 638; Do–So 18–2 Uhr) Coole, zweistöckige Lounge, wo sich die hübschen Menschen Floripas treffen, um zu House-Klängen an ausgefallenen Cocktails zu nippen.

GAY FLOR-EE

Floripa wird mehr und mehr zu Brasiliens zweiter Schwulenhauptstadt. Die hiesige „Pride-Celebration", **Parada da Diversidade** (www.diversidadefloripa.org. br), ist inzwischen die größte des Landes; 2009 feierten 100 000 Besucher. Während des Karnevals finden auch LGBT- und „Gay Pop"-Events statt. Viele Schwule und Lesben ziehen in die Stadt, da sie sicherer und günstiger ist als Rio.

Beliebte Treffpunkte sind u. a. der Concorde Club (s. rechte Spalte), die Floribar (s. oben) und das Praia Mole (S. 376). Weitere Informationen, einschließlich der nützlichen *Guia GLBTS*, gibt es bei der **Associação dos Empreendedores GLBTS** (☎ 4009 2595; www.aeglbts.org.br; Rua Henrique Valgas 112).

Concorde Club (☎ 3222 1981; Av Rio Branco 729; Gedeck 15–25 R$) Tiefe Bässe lassen zwei Tanzflächen erbeben, während wirbelnde Körper sich in flackernden Lichtermeeren verlieren. Drei Bars sorgen dafür, dass sie dabei nicht dehydrieren.

An- & Weiterreise

BUS

Vom **Fernbusbahnhof** (☎ 3212 3100) verbinden Busse Florianópolis mit jeder größeren Stadt im Süden Brasiliens. Ziele sind u. a. Blumenau (29 R$, 3 Std., stündl.), Joinville (35 R$, 2½ Std., stündl.), Porto Alegre (62–92 R$, 6½ Std.), Curitiba (38–65 R$, 4 Std., stündl.), São Paulo (88–203 R$, 12 Std.), Rio de Janeiro (161 R$, 18 Std.) und Foz do Iguaçu (130 R$, *leito* – Nachtbusse – 226 R$, 14 Std.). Internationale Ziele sind u. a. Buenos Aires in Argentinien (24 Std.) und Montevideo in Uruguay (20 Std.).

FLUGZEUG

Direktflüge gehen nach São Paulo (1 Std.), Porto Alegre (1 Std.), Rio de Janeiro (1½ Std.) und Curitiba (40 Min.); von den genannten Zielen gibt es Anschlussverbindungen in die meisten anderen brasilianischen Städte.

Der **Flughafen** (☎ 3226 0229) liegt 12 km südlich der Stadt (Taxi 25 R$). Die roten Stadtbusse mit der Aufschrift „Correador Sudoeste" fahren alle 15 Minuten von der Bushaltestelle auf der Rua Antônio Luz (2 R$, 45 Min.).

Unterwegs vor Ort

Die Stadt ist der Verkehrsknotenpunkt der Ilha de Santa Catarina; innerhalb einer Autostunde ist jeder Winkel auf der Insel zu erreichen.

AUTO

Es ist überlegenswert, sich ein Auto zu mieten, um so die diversen Strände der Insel einfacher erkunden zu können. Andererseits sind die Preise hierfür generell hoch (ab 99 R$/Tag) und am Wochenende kann der Verkehr tödlich sein.

Localiza (☎ 3333 5367; www.localiza.com auf Portugiesisch) Eine zuverlässige südamerikanische Kette mit Schaltern am Flughafen und am Busbahnhof.

BUS

Die Ilha de Santa Catarina hat ein bemerkenswert leistungsfähiges Busnetz (2,80 R$). Die Busse zu Zielen in der näheren Umgebung wie auch auf der gesamten Insel fahren vom TICEN-Busbahnhof ab, der sich direkt neben dem Fernbusbahnhof findet. Der Fahrschein ist auch dann gültig, wenn umgestiegen werden muss, um weiter entfernte Destinationen zu erreichen. Auf dem Weg in den südlichen Inselteil steigt man am TIRIO-Terminal (Karte S. 370) bei Rio Tavares um. Zu den meisten Stränden und Dörfern im nördlichen Teil der Insel gelangt man, indem man bei TICAN in der Nähe von Canasvieiras umsteigt (Karte S. 370). Und Lagoa da Conceição und die meisten östlichen Strände sind vom TILAG-Terminal (Karte S. 370) in Lagoa aus zu erreichen.

Überdies folgen die gelben *executivos*-Kleinbusse (5–8 R$) den gleichen Routen. für sie sprechen u. a. Klimaanlagen, weniger Zwischenstopps, direktere Verbindung zu den Stränden und Platz für Surfbretter.

NORDTEIL DER INSEL

Der Norden der Insel zwischen der Praia de Jurerê und der Praia dos Ingleses ist auf Massentourismus ausgelegt: ruhige, familienfreundliche Gewässer, neue, verbreiterte Straßen mit besserer Anbindung zum Flughafen und jede Menge gesichtslose Hotels und Restaurants.

Santo Antônio de Lisboa

An der Westküste gelegen, gehört Santo Antônio de Lisboa zu den ältesten Gemeinden der Insel. Die Anmutung eines altmodischen Fischerdorfs wird durch Kopfsteinpflaster und azorische Architektur unterstrichen. Das markanteste Bauwerk ist die Igreja da NS da Necessidade aus dem Jahr 1750. Viele der anderen Kolonialgebäude aus dem 18. Jh. beherbergen heute Restaurants oder Kunstgalerien. Inselkunst kauft man in der reizvollen Casa Açoriana (☎ 3235 1262; Rua Cônego Serpa 30). In einem Café im Innenhof kann man ein paar süße Kleinigkeiten genießen.

Santo Antônios Lage am Meer und seine Fischertradition garantieren köstliche Meeresfrüchte. Das Bar & Restaurante Açores (☎ 3235 1377; Rua Cônego Serpa 20; Gerichte 20–35 R$) oder das Sobrado (☎ 3334 2403; Rua XV de Novembro 123; Gerichte 20–40 R$), beide in historischen Gebäuden, sind ein Versuch wert.

Canasvieiras

Canasvieiras ist nicht gerade der atmosphärischste Ort der Insel, verfügt aber über einen leichten Zugang zur Praia de Jurerê und zur Praia de Canasvieiras. An beiden Stränden kann man windsurfen, angeln und Wasserski fahren. Im Nachtleben der Stadt geht's richtig ab, wenn massenhaft junge Leute in die Bars und Clubs ausschwärmen. Außerhalb der Saison dagegen ist es hier ziemlich verschlafen und viele Hotels sind vollständig geschlossen.

Das nur im Sommer geöffnete Floripa Hostel – Canasvieiras (☎ 3266 2036; Rua Dr João de Oliveira 517; B HI-Mitglied/Student/Erw. 27/30/34 R$, DZ HI Mitglied/Regular 65/70 R$; 🖳) erfüllt alle Herbergsnormen: ein freundliches, Englisch sprechende Personal, Etagenbetten und Spinde, Gemeinschaftsbad, Küche und TV-Raum. Es liegt nur zwei Blöcke vom Strand entfernt.

Das „Aparthotel" Lacabana (☎ 3266 0400; www. lacabana.com.br; portugiesisch; Av das Nações 525; DZ/4BZ 120/160 R$; 🐾) ist nicht eben eine Schönheit, aber praktisch. Es bietet gemütliche, kleine Zimmer mit Kochnischen. Die annehmbare Option für Familien, die den Komfort von Canasvieiras schätzen, liegt etwa 150 m vom Strand entfernt.

Praia da Lagoinha & Praia Brava

Der nordöstliche Zipfel der Insel ist eine schmale Halbinsel. Man erreicht sie über um die Hügel herumführende Straßen zum Strand, auf den man nur langsam vorankommt. Die Ortschaften hier sind eleganter als in der Umgebung, obwohl die Strände auch hier zugebaut sind. Die Praia da Lagoinha ist ein sichelförmiger Sandpfad, der auf drei Seiten von Felsklippen umgeben wird, sodass das Wasser ruhig bleibt. Weiter im Süden hat die Praia Brava wildere Wellen, die einen stetigen Zustrom an Surfern anlocken. Abenteuerlustige können sich am Paragliden (OVNI Parapente; ☎ 9985 8393; www.ovniparapente.com.br, Portugiesisch; 165 R$/Pers.) versuchen und dabei eine ungewöhnliche und berauschende Perspektive der Insel erhaschen.

Santa Catarinas italienisches Kulturerbe wird auf liebevolle Art in Design und Dekor der luxuriösen Villabella Villaggio (☎ 3284 2017; www.villabellavillaggio.com.br; Av Epitácio Bittencourt 470, Praia Brava; DZ ab180 R$, Chalet 285 R$; 🐾 🖳 🎇 📶) sichtbar. Von jedem Gästezimmer aus bietet sich ein ausgedehnter Blick entweder auf die Praia da Lagoinha oder die Praia Brava.

Die pinkfarbene Pousada da Vigia (☎ 3284 1789; www.pousadadavigia.com.br; Rua Côn Walmor Castro 291, Lagoinha; DZ mit Garten/Meerblick 275/340 R$; 🐾 🖳 🎇 📶) bietet Aussicht auf die Praia da

SANTA CATARINA

Lagoinha – und was für eine Aussicht! Insgesamt gibt es nur zehn Gästezimmer, die um herrliche Gärten herum verteilt sind. Der Service ist aufmerksam und kommt bis zum Strand, der über einen 200 m langen Pfad erreichbar ist.

Praia dos Ingleses & Praia do Santinho

Die **Praia dos Ingleses**, einst einer der schönsten Strände der Insel, ist inzwischen seiner Popularität zum Opfer gefallen. Heute ist er mit Hochhaushotels und überteuerten Restaurants zugestellt.

Weiter südlich verdankt die **Praia do Santinho** ihre Ruhe den geschützten Dünen, hinter dem der Strand liegt. Dank einer beständigen Brandung ist sie der beste Surfstrand im Norden der Insel. Dennoch ist der Strand nicht überlaufen. **Floripa Surf Camp** (☎ 9615 6282; Av Madre Maria Vilac 100; Leihgebühr 25 R$/St.) verleiht Ausrüstung und hat Kurse und mehrtägige Camps im Programm.

In den höchsten Tönen loben Leser die **Pousada do Atobá'** (☎ 3269 4436; www.pousadadoatoba. com.br; Servidão do Ipê; Suite/Chalet 150/180 R$), rund 2 km nördlich der Straße zur Praia do Santinho. Die luftigen, hellen Räume bieten Ausblick auf einen gepflegten Garten. Wem der siebenminütige Spaziergang zum Meer mal eben zu weit ist, der kann sich am Pool entspannen. Geführt wird die Pousada von einer englischsprechenden Familie, die sich hingebungsvoll um ihrer Gäste bemüht.

Surfer schätzen die Kompetenz der Inhaber der **Costão Flat** (☎ 3369 3476; http://costaoflat.com/; Rua do Jornalista 76; DZ 160–180 R$; 🖳), Surf-Fotograf und Guru der Brandung vor Ort. Die Zimmer sind geräumig, die Apartments haben voll ausgestattete Küchen und Balkone.

OSTKÜSTE

Mit Blick auf den offenen Ozean bietet die Ostküste die saubersten Gewässer der Insel, die längsten Strände und die anspruchsvollsten Surfreviere.

Barra da Lagoa & Umgebung

Im Norden verbinden sich die **Praia do Moçambique** und die **Praia Barra da Lagoa** zu einem einzigen, 14 km langen, atemberaubenden Strand, den ein dichter Pinienwald von der Straße trennt. Hier sind die Surfbedingungen durchgängig ideal: An der Praia Barra da Lagoa gibt es eine sanfte Dünung und flache Gewässer – sie ist also auch für Anfänger

geeignet. Der lange Anschnitt der Praia do Moçambique hält hingegen schon größere Herausforderungen bereit.

Die Praia do Moçambique steht unter Naturschutz, weshalb es nur die nähere Umgebung von Barra da Lagoa bebaut ist. Restaurants, Bars und Pousadas (Gästehäuser) sind reichlich vorhanden.

In der **Pousada 32** (☎ 3232 4232; www.pousada32. com.br, portugiesisch; Rua Angelina Joaquin dos Santos 300; EZ/DZ/4BZ mit Küche 75/120/180 R$; 🛜) versüßen in den farbenfrohen Zimmer Deckenventilatoren und Balkone den Aufenthalt – eine anständige Option, sollte man in der Stadt übernachten müssen. Übrigens: Die Zahl „32" bezieht sich auf die Anzahl der Meter bis zum Strand.

Carlota, die sympathische Inhaberin der **Pousada Rio Vermelho** (☎ 3296 1337; São João de Rio Vermelho; DZ 125–190 R$; 🐱 🐕), behauptet, ihre 1980 eröffnete Pousada sei die älteste der Insel. Dabei sieht man der weitläufigen Anlage und schicken Chalets das Alter nicht an. Alles ist sauber und modern. Das Gelände umfasst knapp 0,5 km² und reicht von der Straße bis zur Praia do Moçambique.

Praia Mole

Die Praia Mole ist berühmt für Wellen der Spitzenklasse und eine international bekannte Partyszene, vor allem in der schwul-lesbischen Community. Der Strand ist ein Traum – was auch für die Körper der meisten gilt, die hier surfen oder in der Sonne brutzeln. Hier kann ein ordentlicher Betrieb herrschen, aber das ist Teil des Reizes.

Um die Brandung so richtig auskosten zu können, sollte man sich bei **Nexus Surf Experience** (www.nexussurf.com; Rodovia Jornalista Manoel de Menezes 2031/29) anmelden. Hier werden auch „Après-Surf"-Touren ins Nachtleben angeboten, um Newcomer in eine der heißesten Party-Szenen Brasiliens einzuführen.

SCHLAFEN

Bangalôs da Mole (☎ 3232 0723; www.bangalosdamole. com.br, portugiesisch; Rodovia Jornalista Manoel de Menezes 1007; DZ 150–200 R$, Bungalow 120–200 R$; 🐱 🛜) Direkt gegenüber vom Strand findet man geräumige Suiten und zweistöckige Bungalows vor, alle mit kühlenden, gekachelten Böden und hohen Decken. Die teureren Einheiten haben zudem eine Küche und Meerblick.

Parque Flor Essência (☎ 3232 3903; www.parques sencia.com.br; Rodovia Jornalista Manoel de Menezes 631; DZ ab 220 R$; 🐱 🖳 🐕) Zehn charmante, an einem Hügel gelegene Cottages, jedes mit toller Aussicht auf die Lagune und die Berge. Sofern man sich davon lösen kann, sind es nur 150 m bis zu den Wellen der Praia Mole.

Praia da Joaquina

Die etwa 3 km südlich von Praia Mole liegenden riesigen weißen Dünen von „Joaca" sind schon von Weitem sichtbar. Diese gewaltigen, sandigen Hügel haben einen neuen Sport inspiriert: Sand-Surfing: Man leiht sich ein Sand-Board, schleppt es bis auf die Spitze der Düne und macht sich dann auf die schnelle, schmutzige Fahrt bergab.

Das gute alte traditionelle Surfen ist allerdings noch immer die Nummer 1 an der Praia da Joaquina, an der lang und schnell laufende, kraftvolle und bis zu 3 m hohe Wellen heranrollen. Weitere Infos und jede Menge Ausrüstung findet man im Surf-Shop **Swell** (☎ 3232 0366; Estrada Geral da Joaquina 834; 9–21 Uhr).

Es gibt eine Handvoll Möglichkeiten, um an der Straße nach Joaquina unterzukommen, darunter auch das einfache **Cris Hotel** (☎ 3232 5104; www.crishotel.com; Estrada Geral da Joaquina 1; EZ/DZ/3BZ/4BZ 99/120/155/190 R$; 🞩), das mit seiner erstklassigen Lage direkt am Strand punktet.

Lagoa da Conceição

Dank seiner spektakulären Landschaften, aufregender Wassersportoptionen und nächtelanger Partys ist die Lagoa da Conceição eine beliebte Alternative zu den Stränden. Bewaldete Hügel bilden eine fabelhafte Kulisse für die hübsche Lagune. Das gleichnamige Städtchen, das oft fest in der Hand von Touristen ist, sitzt auf einer Sandbank, welche die Lagune in zwei Hälften teilt.

Es ist ein großer Spaß, die ausgetretenen Pfade zu verlassen und an der unverbauten Westküste der Lagune zu wandern. Vom Stadtzentrum bis Costa da Lagoa sind es 6 km. Das kleine Dorf ist sonst nur per Boot zugänglich (s. unten).

Nomen est omen: Bei **Internet** (☎ 3232 1882; 4,50 R$/Std.) an der Abzweigung nach Praia da Joaquina surft man ausnahmsweise im Web. Weitere Informationen über Lagoa finden sich unter www.lagoavirtual.com.

AKTIVITÄTEN

Die Lagune ist ideal zum Windsurfen, Kajak- und Boot fahren:

Passeio de Escuna (☎ 3232 5083; 5 R$/Pers.) Die Boote legen am nördlichen Ende der Rua das Rendeiras ab.

Toscani Náutica (☎ 9912 8392; 8 R$/Std.) Einer von vielen Kajakverleihern am Südufer.

SCHLAFEN

Am Südufer der Lagune gibt es jede Menge Pousadas – über die Brücke und weiter auf der Rua das Rendeiras Richtung Osten fahren.

Floripa Hostel – Barra da Lagoa (☎ 3232 4491; www.floripahostel.com.br, portugiesisch; Rua Inelzyr Bauer Bertoli s/n; B HI-Mitglied/Student/normal 39/45/48 R$, DZ HI-Mitglied/normal 110/130 R$; 🖳 🛜) Das neue, nur 150 m vom Strand entfernt liegende Hostel ist eine willkommene Ergänzung zu den teuren Unterkünften Lagoas. Es bietet neben den üblichen HI-Standards auch kostenlose Parkplätze und ist geräumiger als sein Schwester-Hostel in Floripa.

Tucano House (☎ 3207 8287; www.tucanohouse.com; Rua das Araras 229; B 40 R4, DZ mit/ohne Bad 110/90 R$; 🖳 🛜 🞩) Das Tucano ist ein sehr beliebtes Hostel – unlängst vom Guardian zum zweitbestem Hostel Südamerikas gekürt – und ein großartiger Ort, um andere Traveller zu treffen. Die Zimmer haben einen großen Balkon mit Hängematte, die angesagte Bar ist allabendlich mit Feierwütigen gefüllt.

Pousada Ilha da Magia (☎ 3232 5038; www.pousada ilhadamagia.com.br; Av Santiago 23; EZ/DZ 145/164 R$; 🞩 🛜) Direkt gegenüber der Lagune. Die niedlichen bunten Cottages sind in einer Vielzahl von Stilen gestaltet, von alpin bis hin zur Zeltform.

ESSEN & AUSGEHEN

In puncto Nachtleben ist Lagoa der Nabel der Insel.

John Bull Pub (☎ 3232 8535; Rua das Rendeiras 1046; Gerichte 20 R$; Dez.–März Di–Sa 9–16 Uhr, April–Nov. Do–So) Livemusik und herrlicher Blick über die Lagune machen diesen englischen Pub zu einem beliebten Ort für einen Drink.

Barracuda (☎ 3232 5301; Rua das Rendeiras; Gerichte 30–40 R$; Do–Sa 12–24, So 12–18 Uhr) Der große, luftige Speisesaal ist oft voll mit Gästen, die frische Meeresfrüchte schlemmen. Bekannt für seine *bacalhau* (Stockfisch).

Confraria das Artes (☎ 3232 2298; Rua João da Costa 31; Di–So 20–5 Uhr) Hipper geht's kaum – wenn man überhaupt reinkommt. In dem aufwendig umgebauten Gebäude im Kolonialstil legen international berühmte DJs auf.

SÜDTEIL DER INSEL

Der Süden der Insel mit seinen weißen Sandstränden und Bergen, die mit dem Meer zu verschmelzen scheinen, ist der ursprünglichste und malerischste Teil der Insel. Doch die Bewohner hier finden sich im unvermeidlichen Kampf zwischen Fortschrittsgläubigen und Bewahrern wieder. Während die einen das dicke Geschäfte mit Touristen riechen, fürchten die andern, ihr Stück vom Paradies werde bald dem Norden ähneln. Es dürfte schwierig werden, die gegensätzlichen Interessen in Einklang zu bringen.

Noch behalten die Ortschaften hier ihren idyllischen Reiz. Die Strände sind weniger überfüllt (die angesagtesten Surfspots ausgenommen) und die Atmosphäre ist lockerer als in anderen Ecken der Insel.

Die Praia dos Naufragados an der Südspitze ist nur über einen 4 km langen, ebenen und schattigen Pfad vom Dorf Caieiras da Barra do Sul aus zu erreichen. Der Lohn ist ein malerischer Leuchtturm und eine fantastische Aussicht auf die nahe gelegenen Inseln.

Ribeirão da Ilha

Mehr als jeder andere Ort hat sich das kleine Dorf Ribeirão da Ilha sein azorisches Erbe erhalten: mit Kopfstein gepflasterte Straßen und mit bunten Fliesen gedeckte Häuser. Das Ortsbild wird von der schönen, 1809 erbauten **Igreja NS da Lapa do Riberão** bestimmt. Die Einheimischen treffen sich im Park am Wasser, um Schach zu spielen und der Sonne dabei zuzuschauen, wie sie gemächlich hinter der Bergkette auf dem Festland untergeht.

Angesichts Lage des Dorfes mit Blick aufs Wattenmeer überrascht die lokale Spezialität kaum: Austern; so saftig und frisch, wie man sie sich nur wünschen kann. Ein, zwei Dutzend sollte man sich genehmigen, im **Ostradamus** (☎ 3337 5711; Rod Baldicero Filomeno 7640; Gerichte 30–50 R$) beispielsweise.

Campeche

Campeche ist eine unkonventionelle Heimat für Künstler, Massagetherapeuten und andere Freidenker, die den Massen der Städte und den touristischen Hochburgen zu entfliehen suchen.

Die 5 km lange **Praia do Campeche** steht unter Schutz, der Strand ist gänzlich unbebaut. Einsame Dünen und eine donnernde Brandung, die sich in beide Richtungen kilometerweit ausdehnt, garantieren Einsamkeit für Schwimmer und Sonnenanbeter. Am südlichen Ende des Strands kann man ein Boot (hin & zurück 15 R$) zur **Ilha do Campeche** neh-

men, einem Naturschutzgebiet, das Möglichkeiten zum Wandern und Schnorcheln bietet.

Die **Pau de Canela Pousada** (☎ 3338 3584; www.pousadapaudecanela.com.br; portugiesisch; Rua Pau de Canela 606, Rio Tavares; DZ 150–180 R$; 🅿 🔁) wirkt deplatziert in dieser heruntergekommen, 1 km vom Strand entfernten Wohnstraße. Die acht Gästezimmer sind einfach und doch luxuriös: Sie sind ausgestattet mit Whirlpools, hellen Holzböden und anspruchsvoller Kunst. Eine der wenigen Unterkünfte mit Kamin.

Der Besitzer der **Pousada Natur Campeche** (☎ 3237 4011; www.naturcampeche.com.br; Servidão Familia Nunes 59; EZ/DZ 230/287 R$, Suite ab 290 R$; 🅿 🛜 🔁) hat die ganze Welt bereist und Schätze zur Dekoration seiner Pousada mitgebracht. Die exotischen Zimmer sind um einen grünen Garten herum angeordnet und nur 100 m entfernt von der Praia do Campeche. Auch hier gibt es – eigentlich ungewöhnlich für die Insel – einen Kamin.

Armação

Die kleine Stadt existiert seit dem 18. Jh., als sie als Zentrum für den Walfang diente. Die beeindruckende **Igreja Santa Ana** aus jenen Tagen steht immer noch. Walfang wird nicht mehr praktiziert, die Fischerei-Industrie blüht jedoch noch immer.

Von Armação aus hat man Zugang zu drei Stränden, die alle ausgezeichnete Surfspots sind. Im Norden der Stadt ist der **Morro das Pedras** wegen der beständigen rechtsbrechenden Wellen beliebt – unter Umständen wird man aber kämpfen müssen, um eine Welle reiten zu können. Die **Praia da Armação** weiter im Süden ist ein Fest für Surfer, besonders das nördliche Ende des Strands. Für ein kleines Abenteuer folgt man einen kurvigen Pfad an der felsigen Küstenlinie bis zum atemberaubenden **Matadeiro**, einem fast verlassenen Strand, der von dichten Pflanzen umgeben ist.

Von Armação aus weiter im Landesinneren liegt die **Lagoa do Peri**, ein herrlicher, von grüner Landschaft umgebener See. Unbekannter und weniger besucht ist Conceição, wo man wunderbar schwimmen und wandern kann. Der Ausgangspunkt zum See liegt 1 km südlich der Praia de Armação an der Hauptstraße Richtung Stadt – man kann den großen Eingang zum Park nicht verfehlen.

300 m vom Strand entfernt geht's über eine unebene Piste durch ein Eisentor zur **Pousada Alemdomar** (☎ 3237 5600; www.alemdomar.com.br; Rua Lagoa do Peri 403; EZ/DZ 140/200 R$), einem kleinen

Stückchen New-Age-Paradies. Sechs einfache Gästezimmer beschwören Ruhe und die Einheit mit der Natur. Hinter dem Hauptgebäude dürfen Gäste über den hölzernen Pfad bis direkt zur Lagoa do Peri gehen.

Mit „einer Überdosis Gesundheit" preist **Nutri Lanches** (☎ 3237 5182; Rua Thomaz dos Santos 4615; Gerichte 8–15 R$; ☽ 10 –21 Uhr) seine 100%ig biologischen Sandwiches, Salate und Gebäck. Das Buffet zum Mittagessen ist eine unglaubliche Anhäufung von gesunder, selbstgemachter Tugendhaftigkeit.

Pântano do Sul

Noch immer bewohnen Fischer mit azorischer Abstammung das Dorf Pântano do Sul, dessen Strand mit Fischerbooten und Imbissbuden für Meeresfrüchte gesprenkelt ist. In der von Bergen umringten geschützten Bucht schwappt ruhiges, kühles Wasser an die Küste – ideal für ein (Sonnen-)Bad.

In Pântano kann man sich von einem einheimischen Fischer zum entfernten verlassenen Strand **Lagoinha do Leste** mitnehmen lassen oder zur 90-minütigen Wanderung dorthin aufbrechen. Auf dem Marsch kann es drückend heiß werden – man sollte also frühzeitig aufbrechen und ausreichend Wasser mitnehmen. Die Lagoinha do Leste bietet mit die beständigste und kraftvollste Brandung der Insel, man kann also unterwegs durchaus auf Surfer treffen.

Die 30 m vom Strand entfernt gelegene und von Wald umgebene **Pousada do Pescador** (☎ 3237 7122; www.pousadadopescador.com.br; Portugiesisch; Rua Manoel Vidal 257; EZ/DZ/3BZ 100/120/140 R$; ☒) hat einfache, schnuckelige Chalets mit einem oder zwei Zimmern. Die rustikale Bude **Arante** (☎ 3237 7022; Gerichte 15–30 R$) serviert Meeresfrüchte und ist zu einer Institution der Insel geworden: Stammgäste haben im Laufe der Jahre die Wände mit Gedichten und Kunst zugekritzelt.

Costa de Dentro & Umgebung

Hier ist die Straße zu Ende … und genauso fühlt es sich auch an. In den winzigen Städten hier gibt es eine Handvoll Unterkünfte und Restaurants, im Wesentlichen aber bleiben sie den Fischern und Bauern vorbehalten. Die Costa de Dentro bietet einen Zugang zu den herrlichen, ruhigen Gewässern der **Praia dos Açores** – was es zu einem perfekten Refugium vor der Surfergemeinde macht. Oder aber man fährt ganz bis ans Ende zur **Praia Solidão** oder nach **Saquinho**.

Unmittelbar bevor die asphaltierte, 500 m vom Strand entfernte Straße in eine ungeteerte Piste übergeht, gelangt man zur **Albergue do Pirata** (☎ 3389 2727; www.alberguedopirata.com.br Rua Rosália Ferreira 4973, Costa de Dentro; B/DZ 35/50 R$/Pers.; ☒ ▯), ein einfaches Hostel mit Schlafsälen. Pluspunkte sind Englisch sprechende Besitzer, Ventilatoren und ein lebhaftes Restaurant mit Bar im Freien.

Die **Vila dos Escargôs** (☎ 3389 2301; www.viladosescargos.com.br; portugiesisch; Rua Maurício Rosar 10, Praia dos Açores; EZ/DZ 3BZ 175/195/218 R$; ☒ ▯ ☒) ist gerade so weit Strand entfernt, dass sie die Naturlandschaft der Dünen nicht beeinträchtigt und dennoch einen Meerblick von den oberen Etagen aus ermöglicht. Die geräumigen, komfortablen Zimmer des Hotels sind alle geschmückt mit Mosaikfliesen, die Meerestiere darstellen.

Etwa 1,5 km abseits der Costa de Dentro sitzt die **Pousada Sítio dos Tucanos** (☎ 3237 5084; www.pousadasitiodostucanos.com; EZ/DZ 140/240 R$; ▯) mitten in urwaldähnlicher Wildnis an den südlichen Ecke des Parque da Lagoa do Peri. Von den rustikalen Zimmern mit Balkon blickt man über einen gurgelnden Gebirgsbach.

DAS FESTLAND

Nördlich und südlich von Florianópolis ziehen feiner Sand und fantastische Wellen Sonnenanbeter, Surfer und Strandgutsammler an. Im Landesinneren verläuft die Serra Geral parallel zur Küste und schützt so einige der entlegensten Reiseziele im südlichen Brasilien. Hier hält sich Santa Catarinas deutsches und italienisches Erbe am hartnäckigsten.

JOINVILLE

☎ 0xx47 / 500 000 Ew.

Auch wenn Joinville weder mit einem historischen Zentrum noch mit einem Bierfest à la Blumenau aufwarten kann, hat es doch entschieden deutsche Wurzeln. Die kommen in der „neoalpinen" Architektur der Stadt und in den gepflegten Parkanlagen zu Ausdruck. Die Wirtschaft lebt von der Metall- und Kunststoffverarbeitung und IT-Firmen. Doch die Industrie wird feinsäuberlich vor den Augen der Besucher verborgen gehalten. Im Ergebnis führt das zu einer großen Stadt mit den guten Sitten einer kleinen. Die

SANTA CATARINA

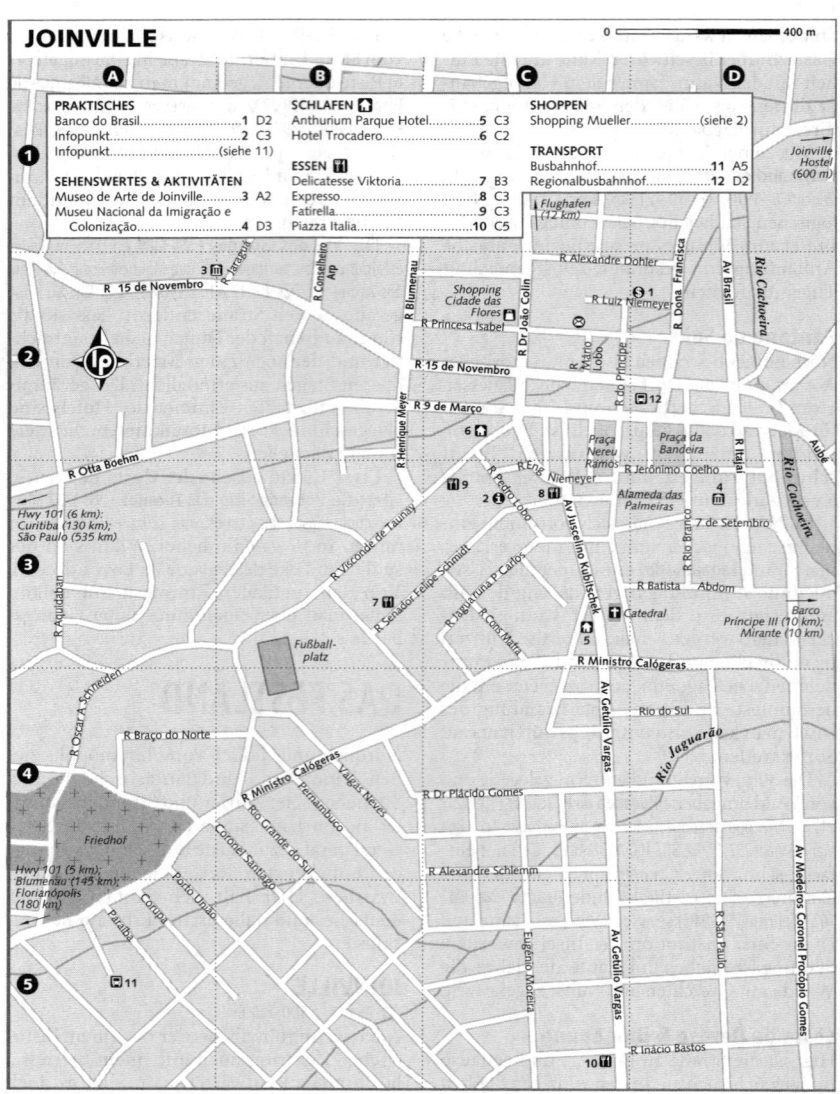

JOINVILLE

0 ▬▬▬▬ 400 m

PRAKTISCHES
Banco do Brasil.........................1 D2
Infopunkt..................................2 C3
Infopunkt...........................(siehe 11)

SEHENSWERTES & AKTIVITÄTEN
Museo de Arte de Joinville..........3 A2
Museu Nacional da Imigração e
   Colonização............................4 D3

SCHLAFEN
Anthurium Parque Hotel............5 C3
Hotel Trocadero........................6 C2

ESSEN
Delicatesse Viktoria...................7 B3
Expresso...................................8 C3
Fatirella....................................9 C3
Piazza Italia.............................10 C5

SHOPPEN
Shopping Mueller.................(siehe 2)

TRANSPORT
Busbahnhof.............................11 A5
Regionalbahnhof.....................12 D2

Joinville
Hostel
(600 m)

Flughafen
(12 km)

R Alexandre Dohler

R Luiz Niemeyer

Shopping
Cidade das
Flores

R Princesa Isabel

R 15 de Novembro

3 R Jaraguá

R 15 de Novembro

R Conselheiro Arp

R Blumenau

R Dr João Colin

R Maro Lobo

R do Principe

R 9 de Março

6

R Henrique Meyer

Praça
Nereu
Ramos

Praça da
Bandeira

R Eng Niemeyer

9

2

R Pedro Lobo

R Jerônimo Coelho

Alameda das
Palmeiras

4

7 de Setembro

R Rio Branco

R Itaiá

Hwy 101 (6 km);
Curitiba (130 km);
São Paulo (535 km)

R Otta Boehm

R Visconde de Taunay

R Senador Felipe Schmidt

7

R Jaguaruna P Carlos

R Cons Mafra

R Juscelino Kubitschek

Catedral

R Batista   Abdom

Barco
Príncipe III (10 km);
Mirante (10 km)

R Aquidaban

Fußball-
platz

R Oscar A Schneider

R Ministro Calógeras

R Braço do Norte

R Ministro Calógeras

R Valgas Neves

R Fernambuco

R Rio Grande do Sul

R Dr Plácido Gomes

Av Getúlio Vargas

Rio do Sul

Rio Jaguarão

Friedhof

Hwy 101 (5 km);
Blumenau (145 km);
Florianópolis
(180 km)

R Coronel Santiago

R Porto União

R Corupá

R Paraíba

R Alexandre Schlemm

R Eugênio Moreira

Av Getúlio Vargas

Av São Paulo

Av Procópio Gomes

11

10

R Inácio Bastos

12

5

Bürger von Joinville sind stolz auf ihr wohl-
habendes, ordentliches Zuhause und begrüßen ihre Besucher mit herzlicher Gastfreundschaft.

Praktische Informationen
Banco do Brasil (Ecke Rua Luiz Neimeyer & Rua do Principe) Tauscht Geld um und hat einen Visa-Geldautomaten.

Infopunkte Fernbusbahnhof (8–12 & 14–18 Uhr); Shopping Mueller (Ecke Rua Pedro Lobo & Rua Senador Felipe
Schmidt; Mo–Fr 10–18, Sa & So 8–18 Uhr)

Sehenswertes
In einem eleganten Palast aus dem Jahr 1870
untergebracht, dokumentiert das **Museu Nacional da Imigração e Colonização** (Nationalmuseum für

Immigration & Kolonialisierung; ☎ 3433 3736; www.
museunacional.com.br; Rua Rio Branco 229; Eintritt 5 R$; Di–Fr
9–17, Sa & So 11–17 Uhr) die Einwanderungsge-
schichte Santa Catarinas. Die beeindruckende,
von Palmen gesäumte **Alameda das Palmeiras**
weist den Weg dorthin.

Kunstliebhaber ziehen womöglich das **Mu-
seu de Arte de Joinville** (☎ 3433 4677; Rua 15 de Novembro 1400; Eintritt frei; Mi–Fr 9–17, Sa & So 11–17 Uhr)
vor, das Wechselausstellungen lokaler und
nationaler Künstler zeigt.

Ein Blick auf Joinville und die Baia da Babitonga bietet sich dem, der sich auf den Weg
zum Morro do Boa Vista macht, rund 10 km
östlich des Zentrums. Der 250 m hohe **Mirante** (Rua Saguaçu) ist ein Turm mit Wendeltreppe
und einem 360-Grad-Panorama.

Bootstouren

Das Ausflugsschiff **Barco Príncipe III** (☎ 3455 4444;
Erw./Kind 70/35 R$; ⏲ 10 Uhr; 🚢) bietet Touren in
der Baia da Babitonga an, die bei São Francisco do Sul (s. S. 386) enden. Es legt 10 km vom
Zentrum in Espinheiros ab.

Schlafen

Joinville Hostel (☎ 3433 9886; www.joinvillehostel.com.
br; Rua Dona Francisca 1376; B HI-Mitglied/Student/normal
32/38/42 R$, DZ HI-Mitglied/normal 70/77 R$; 🖳) Wer
sich in seinem HI-Hostel wie Zuhause fühlen
will, für den ist die neuere, von großen
Grünflächen und kleinem Garten umgebene
Herberge wie geschaffen. Hinter einer rustikalen Fassade erwartet die Gäste Reisekomfort
wie eine DVD-Bibliothek und eine Wäscherei.
Es sind nur zehn Gehminuten bis ins Stadtzentrum.

Hotel Trocadero (☎ 3422 1469; Rua Visconde de Taunay
185; EZ/DZ 65/80 R$, mit Klimaanlage 80/95 R$; 🅿) Engel
begrüßen einen bei der Ankunft in diesem
hellen, barocken Haus. Das an Kircheneinrich-
richtung erinnernde Mobiliar in der Lobby
und die Kruzifixe an den Wänden geben dem
Ganzen einen Hauch religiöser Besinnlichkeit.
Die Zimmer sind weniger göttlich, doch Sau-
berkeit ist ja das halbe Leben ... und für diese
Hälfte wird hier gesorgt.

LP Tipp Anthurium Parque Hotel (☎ 3433 6299;
www.anthurium.com.br, portugiesisch; Rua São José 226; EZ/
DZ/3BZ 110/145/130 R$; 🅿 🖳 🛜 🚢) Die ehemali-
ge Residenz des Bischofs der Diözese Joinville liegt angemessen direkt gegenüber der
Avantgarde-Kathedrale. Das feine, kolonialzeitliche Gebäude abseits der Straße ist umgeben von üppigen, blühenden Gärten.

Essen & Ausgehen

Fatirella (☎ 3433 8136; Rua Visconde de Taunay 299; „All
you can eat"-Pizzas 12 R$; tgl. mittags, Mo–Sa abends) In
einem netten kleinen Haus im Kolonialstil
untergebracht. Das Fatirella ist ein lebhafter,
entspannter Ort für eine *rodízio* (Buffet) an
Pizza und Pastas.

Expresso (☎ 433 9451; Av Juscelino Kubitschek 536;
Vorspeisen 15–25 R$; 17–1 Uhr) Eher Bar als Restau-
rant, aber mit einer Speisekarte voller typisch
brasilianischen Kneipenessens, das einen bei
Hungerattacke sättigen sollte. Außerdem gibt
es eine angenehm schattige Terrasse und
„Zwei zum Preis von einem"-Specials während der Happy-Hour.

Piazza Italia (☎ 3455 3991; Rua Anita Garibaldi 79;
Gerichte 20–35 R$; 11.30–14.30 & 18.30–23.30 Uhr) Für
eine Kostprobe der italienischen Architektur
und Gastronomie besucht man diesen italienischen Renaissance-Palazzo. Dank Spielecke
für Kinder ideal für Familien. Groß wie Klein
werden die enorme Auswahl an „Nonnas"
Spezialitäten genießen.

LP Tipp Delicatesse Viktoria (☎ 422 0570; Rua
Senador Felipe Schmidt 400; Mittagsbuffet 22 R$/Pers.; Mo–Sa
9–20 Uhr) Auf der schönen, lichtdurchfluteten
Veranda sorgen Tischdecken mit Spitzen und
Korbmöbel für ein hübsches Ambiente. Morgens erwarten einen Kaffee und frisch geba-
ckene Kuchen, am Nachmittag ein *café colonial* mit reichlich süßen und pikanten
Leckereien.

Anreise & Unterwegs vor Ort
BUS

Der **Busbahnhof** (☎ 3433 2991) liegt 2 km südwestlich des Zentrums. Busse fahren alle 15
Minuten ins Zentrum. Viação Verdes Mares
hat regelmäßige Verbindungen zur Ilha de São
Francisco (8 R$, alle 1–2 Std.).

Weitere angefahrene Ziele sind u. a. Curitiba (23 R$, 2½ Std., stündl.); São Paulo
(80 R$, *leito* 139 R$, 8 Std., 5-mal tgl.); Florianópolis (38 R$, 2½ Std., stündl.); Blumenau
(20 R$, 2 Std., stündl.); Porto Alegre (79–
160 R$, 9 Std., tgl.); and Foz do Iguaçu (90 R$,
16 Std., tgl.).

FLUGZEUG

Der **Flughafen** (☎ 3467 1000) liegt 12 km nördlich der Stadt; Aeroporto-Busse fahren von
der Bushaltestelle am Praça da Bandeira ab.
Regelmäßige Flüge gehen u. a. nach Curitiba
(40 Min.), Brasília (2½ Std.), Rio (1½ Std.)
und São Paulo (1 Std.).

SANTA CATARINA

SANTA CATARINA

BLUMENAU
☎ 0xx47 / 200 000 Ew.

Blumenau ist nicht die einzige Stadt in Santa
Catarina, die deutsche Siedler gründeten,
indem sie ihre Kompetenzen als Bierbrauer
und ihre Vorliebe für alpenländische Architektur nach Südamerika brachten. Doch sie
ist die bekannteste. Und das verdankt sie
zumindest teilweise ihrem hemmungslos
übertriebenen Oktoberfest. Der jährliche
ausschweifende Bierumtrunk gehört zu den
größten Straßenfesten Brasiliens – direkt nach
dem Karneval in Rio.

Das Oktoberfest machte Blumenau berühmt, es ist aber nicht der entscheidende
Punkt, der der Stadt ihren deutschen Charakter verleiht. Überall im historischen Stadtzentrum sieht man typisch deutsche Motive. Die
Restaurants haben sich auf Jägerschnitzel und
Bratwurst spezialisiert, und vor Ort werden
einige Biersorten gebraut. Am aufschluss-
reichsten ist vielleicht die hochaufgeschosse-
ne, blonde Bevölkerung, von der ein Großteil
zuhause immer noch Deutsch spricht.

Wie auch in anderen Teilen von Santa Catarina wohnen in Blumenau zudem Nachfahren italienischer Einwanderer (sie kamen vor
den Deutschen an).

Praktische Informationen

Banco do Brasil (Ecke Rua XV de Novembro & Rua
Amadeu da Luz) Geldwechsel und -automaten.
Centro de Atendimento ao Turista (CAT; ☎ 3322
6933; www.blumenau.com.br; Rua XV de Novembro;
Mo–Fr 8–21 Uhr) Informationen über das Vale Europeu.
Deutsch sprechendes Personal.
Shopping Neumarkt (☎ 3326 5566; Rua 7 de
Setembro; 4,50 R$/Std.) Internet-Zugang, in der Nähe der
Rua Padre Jacobs.

Sehenswertes

Über Blumenaus Anfänge erfährt man einiges
im **Museu de Família Colonial** (☎ 3322 1676; Alameda
Duque de Caxias 78; Eintritt 3 R $; Di–Fr 9–17, Sa & So 10–16
Uhr), einer Häusergruppe, die in den 1850er-
Jahren vom Stadtgründer Hermann Bruno
Otto Blumenau bewohnt war. Im weitläufigen
Hofgarten liegt der Katzenfriedhof seiner
Tochter, auf dem Pepito, Mirko, Bum, Putzi,
Schnurr und andere geliebte Stubentiger ihre
letzte Ruhe gefunden haben – ein hübsches
Fleckchen, um vielleicht ein wenig zur Ruhe

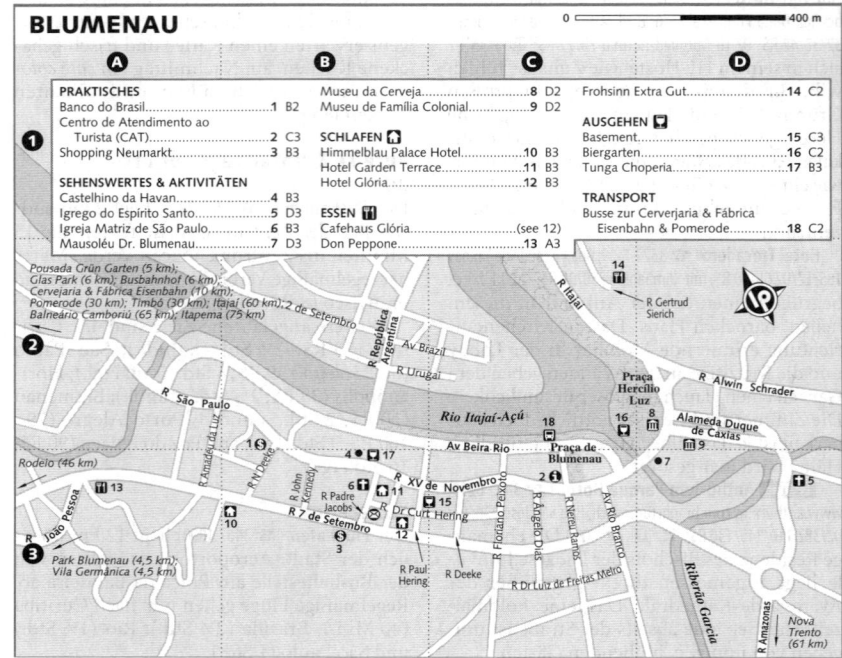

BLUMENAU
0 — 400 m

Ⓐ	**Ⓑ**	**Ⓒ**	**Ⓓ**

PRAKTISCHES
Banco do Brasil..........................1 B2
Centro de Atendimento ao
  Turista (CAT)............................2 C3
Shopping Neumarkt.....................3 B3

SEHENSWERTES & AKTIVITÄTEN
Castelinho da Havan.....................4 B3
Igrego do Espírito Santo...............5 D3
Igreja Matriz de São Paulo............6 B3
Mausoléu Dr. Blumenau...............7 D3

Museu da Cerveja.........................8 D2
Museu de Família Colonial............9 D2

SCHLAFEN 🛏
Himmelblau Palace Hotel...........10 B3
Hotel Garden Terrace.................11 B3
Hotel Glória..............................12 B3

ESSEN 🍴
Cafehaus Glória....................(see 12)
Don Peppone...........................13 A3

Frohsinn Extra Gut.....................14 C2

AUSGEHEN 🍷
Basement.................................15 C3
Biergarten...............................16 C2
Tunga Choperia........................17 B3

TRANSPORT
Busse zur Cervejaria & Fábrica
  Eisenbahn & Pomerode...........18 C2

Pousada Grün Garten (5 km);
Glas Park (6 km); Busbahnhof (6 km);
Cervejaria & Fábrica Eisenbahn (10 km);
Pomerode (30 km); Timbó (30 km); Itajaí (60 km);
Balneário Camboriú (65 km); Itapema (75 km);

Rodeio (46 km)

R São Paulo
Av Brazil
R Urugai
Rio Itajaí-Açú
Av Beira Rio
R República Argentina
R Itajaí
R Gertrud Sierich
Praça Hercílio Luz
R Alwin Schrader
Alameda Duque de Caxias
Praça de Blumenau
XV de Novembro
R Amadeu da Luz
R John Kennedy
R Padre Jacobs
R 7 de Setembro
Dr Curt Hering
R Floriano Peixoto
R Ângelo Dias
R Nereu Ramos
R Rio Branco
R Paul Hering
R Deeke
R Dr Luiz de Freitas Melro
R João Pessoa
Ribeirão Garcia
R Amazonas
Nova Trento (61 km)

Park Blumenau (4,5 km);
Vila Germânica (4,5 km)

zu kommen. Um die Ecke befindet sich dann im **Mausoléu Dr. Blumenau** (☎ 3226 6990; Rua XV de Novembro 161; Eintritt frei; Di–Fr 9–17, Sa 9–12 & 14–16:30, So 9–12 Uhr) die letzte Ruhestätte von Dr. Blumenau persönlich. Lutherischen Kirchen finden sich überall in der Stadt. Die schönste darunter, die **Igreja do Espírito Santo** im Osten des Zentrums, ist ein kleines Juwel von 1858.

Wenn man sich mehr für Gastronomie als Geschichte interessiert, erwartet einen im **Museu da Cerveja** (Praça Hercilio Luz) ein einladender Biergarten.

In der **Rua XV Novembro** finden sich die besten Beispiele für deutsche Architektur in der Stadt, u. a. das Kaufhaus **Castelinho da Havan**, das nach dem Vorbild des Rathauses von Michelstadt erbaut wurde. Es soll die am zweithäufigsten fotografierte Attraktion in Brasilien sein – häufiger wird demnach nur noch vor den Iguaçu-Fälle geknipst. Die in der Nähe befindliche, moderne **Igreja Matriz do São Paolo** ist nach dem einzigen brasilianischen Heiligen benannt, der – nebenbei bemerkt – in Italien geboren wurde.

Festivals & Events

Blumenau wichtigsten Feste finden in der Vila Germanica statt, einer riesigen Kongresshalle, die einer alpenländischen Villa nachempfunden wurde.

Oktoberfest(☎ 3326 6901; www.oktoberfest blumenau.com.br, portugiesisch; Eintritt/Tag 5–10 R$) Eine festliche Parade bildet den Auftakt für 17 Tage Volksmusik, Tanz und Biergenuss. Es ist die „Größte Deutsche Party Amerikas".

Sommerfest Das Feiern deutschen Bieres und deutscher Traditionen findet im Januar und Februar seine Fortsetzung. Details stehen auf der Website des Oktoberfests.

Festitália (☎ 3323 4043; www.festitalia.com.br, portugiesisch) Die italienischstämmige Bevölkerung will dem in nichts nachstehen. Mitte Juli stehen eine Woche lang Nudeln, Wein und Musik im Zentrum des Geschehens.

Schlafen

Wer plant, Blumenau während des Oktoberfests zu besuchen, sollte die Unterkünfte rechtzeitig buchen.

Pousada Grün Garten (☎ 3339 6529; www.grun garten.com.br; Rua São Paulo 2457; B 34 R$, EZ/DZ ohne Bad 35/55 R$, DZ/2BZ/3BZ 95/105/120 R$) Sauberes, hübsches HI-Hostel im Vorort Itoupava Seca, 6 km vom Zentrum entfernt, mit Wäscherei und Restaurant. Bus 10 in Richtung Fonte Aterro/Via Rua São Paulo nehmen. HI-Mitglieder bekommen Ermäßigungen.

LP Tipp **Hotel Glória** (☎ 3326 1988; www.hotelgloria. com.br; Rua 7 de Setembro 954; EZ ohne Bad 50 R$, EZ/DZ/3BZ ab 70/100/130 R$; 🅿 🖳 🛜) Das Hotel bietet nicht nur komfortable Zimmer, sondern dank des holzgetäfelten Eingangs und des angeschlossenen, traditionellen deutschen Cafés auch das Flair der „Alten Welt". Die günstigsten Zimmer (mit Gemeinschaftsbad) sind nicht ausgeschrieben, man muss nach ihnen fragen – was sich unbedingt lohnt!

Hotel Garden Terrace (☎ 3326 3544; Rua Padre Jacobs 45; EZ/DZ 95/125/160 R$; 🅿 🛜) Die vier Sterne, die das Hotel vorgibt zu verdienen, scheinen nicht gerechtfertigt. Immerhin kann es mit einer erstklassigen Lage direkt gegenüber der moderne Kathedrale aufwarten. Von den höheren Etagen bieten sich ein schöner Blick auf Blumenau und das umliegende Tal.

Himmelblau Palace Hotel (☎ 3036 5800; www. himmelblau.com.br; Rua 7 de Setembro 1415; EZ/DZ 135/155 R$; 🅿 🖳 🛜 🛎) Die Innenräume des Himmelblau sind attraktiver als seine Backsteinfassade an der Hauptstraße der Stadt. Ein sanfter Gelbton an den Wänden, frische weiße Zierleisten und einfache, moderne Möbel hellen die Zimmer auf.

Essen

Don Peppone (☎ 3322 8682; Rua 7 de Setembro 2013; Gerichte 15–25 R$) Wenn man genug hat von Würstl und Sauerkraut, kann man sich in dieser Pizzeria einer anderen „ethnischen" Küche hingeben.

Park Blumenau (☎ 3326 5000; Rua Alberto Stein 215; Gerichte 20–35 R$) Der für Blumenau typische Biergarten ist einer von vielen am Rande der Vila Germanica. Auch wenn man nicht zur Zeit des Oktoberfests hier ist, lohnt sich ein Besuch des Disney-artigen Komplexes, um deutsche Traditionen oder zumindest doch deutsches Bier hochleben zu lassen. Na dann ein Prosit der Gemütlichkeit!

LP Tipp **Cafehaus Glória** (☎ 3322 6944; Rua 7 de Setembro 954; Buffet 22 R$) Das Kaffeehaus ist berühmt für seinen *café colonial*, ein Nachmittagsbuffet (15–20 Uhr) mit Kuchen, Gebäck und Sandwiches. Lunchtime (Mo–Sa 11–14 Uhr) bedeutet ein eher traditionelles brasilianisches Buffet, während es abends ein Suppenbuffet aufgefahren wird (Mo–Fr 18–22 Uhr).

Frohsinn Extra Gut (☎ 3326 6050; Rua Gertrud Sierich; Gerichte 30–45 R$) Oben auf dem Morro do Aipim thronend, bietet das hübsche Restaurant einen schönen Blick auf Blumenau. Hervorragende Auswahl an europäischen Speisen.

SANTA CATARINA

Ausgehen

LP Tipp **Cervejaria & Fábrica Eisenbahn** (☎ 3330 7371; www.eisenbahn.com.br; Rua Bahia 5181; Di–Do 16–24, Fr 16–2, Sa 10–14 Uhr) Man kann sich einem Rundgang durch die Brauerei anschließen oder deren flüssige Produkte lediglich im Ausschank verkosten. Bratwurst und Brötchen (ab 18 R$) vertragen sich gut mit den Hausbieren. Geführte Touren (5 R$) werden zu jeder vollen Stunde von 14 bis 19.30 Uhr angeboten. Anfahrt: In der Avenida Beira Rio den Bus mit der Aufschrift „Passo Mansu" nehmen und den Fahrer bitten, einen an der Haltestelle „Eisenbahn" rauszulassen.

Günstige Pizzas, *chope* (Fassbier) und Live-Musik gibt es in den Kneipen in der Nähe der Brücke an der Rua República Argentina. So beispielsweise in der **Tunga Choperia** (☎ 3322 2549; Rua XV de Novembro 1020; 10–22 Uhr). Das **Basement** (☎ 3340 0534; Rua Paul Hering 35; Di & Mi 6–24, Do–Sa 18–1 Uhr) bietet in einer authentischen englischen Pub-Atmosphäre eine große Auswahl an lokalen Bieren und Kneipenessen vom Feinsten.

Shoppen

Aus Blumenau stammen hochwertige Kristall- und Glaswaren.

Glas Park (☎ 3327 1261; Rua Rudolf Roedel 147; Mo–Fr 9–17, Sa 9–13 Uhr) Ein Museum vor Ort ist der Historie der Industrie als auch der Kunst gewidmet. Mit Vorführungen.

Anreise & Unterwegs vor Ort

Der **Busbahnhof** (☎ 3323 2155) liegt 6 km westlich des Zentrums. Stündliche Verbindung nach Florianópolis (26 R$, 3 Std.), Joinville (20 R$, 2 Std.) und Curitiba (26 R$, 4 Std.).

Ins Zentrum gelangt man mit dem Bus 10 mit der Aufschrift „Fonte" (2,30 R$), der auf der anderen Seite der AV 2 de Setembro liegt. Ein Taxi kostet 15 R$.

VALE EUROPEU

Die Ansammlung von Städten und Dörfern rund um Blumenau, die auf italienische und deutsche Einwanderer zurückgehen, wird Vale Europeu genannt. Nachkommen der frühen Siedler pflegen heute noch ihre europäische Kultur. Rund um das 17-tägige Oktoberfest in Blumenau veranstalten auch viele andere Städte ihre eigenen, unverwechselbaren Events. Das ganze Jahr über bietet sich Besuchern der Anblick traditioneller, typisch deutscher Häuser mit hohen Dachschrägen und Fachwerk. Die nützliche Website www.

valeeuropeu.com.br und die umfangreiche Broschüre *Vale Europeu*, die im Tourismusbüro in Blumenau ausliegt, beschreiben ausgezeichnete Radfahr-und Wandermöglichkeiten durchs Tal.

Pomerode

Für einen tiefen Einblick in die deutschen Wurzeln der Region muss man nur ins ca. 30 km nördlich von Blumenau gelegene Pomerode fahren, wo schätzungsweise 70 % der Bevölkerung noch immer Deutsch sprechen (s. Kasten S. 385). Jedes Jahr im Januar feiern die Bewohner mit der Festa Pomerana ihr norddeutsches Erbe. Das **Museo Pomerano** (☎ 3387 0408; Rua Harmann Weege 111; Eintritt 2 R$; Mo–Fr 10–11.30 & 13–17, Sa & So 10–16 Uhr) dokumentiert auf liebevolle Weise die Geschichte der Stadt. Die **Cervejaria Schornstein** (☎ 3387 6655; www. schornstein.com.br; Rua Hermann Weege 60; Mi–Fr 18–23, Sa & So 12–18 Uhr) braut Pils, Weißbier, Weisse und Bock – sie ist ein Muss für jeden, der ein Herz für traditionelles Brauhandwerk hat.

Ein angenehmer Ort, sich in Pomerode in die Kissen fallen zu lassen, ist die **Pousada Bergblick** (☎ 3387 0952; Rua Georg Zeplin 120; EZ/DZ 112/178 R$, EZ/DZ mit Balkon & Jacuzzi 158/238 R$; 🐾). Sie hat einfach gigantische Zimmer mit Bergblick und einem alpinen Feeling. Pomerode ist die Heimat des renommiertesten deutschen Restaurants der Region, dem **Wunderwald** (☎ 3395 1700; Rua Ricardo Bahr 200), das in einem Haus aus dem 19. Jh. untergebracht ist. Erreichbar ist Pomerode mit einem der Busse von der Av Beira Rio in Blumenau.

Timbó

Timbó ist sicher eines der schönsten Dörfer in der Region. Nicht nur wegen der vielen grünen Gärten stuft die Uno den Ort als einer der Gemeinden Brasilien mit dem höchsten Lebensstandard ein. Die hiesige Bevölkerung hat sowohl deutsche als auch italienische Wurzeln, ihr kulturelles Erbe kann im **Museu do Imigrante** (☎ 3382 9458; Av Getúlio Vargas 211; Eintritt 2 R$; Di–So 8–11.30 & 13.30–17.30 Uhr) erkundet werden. Die Kleinbrauerei **Borck Choperia** (☎ 3382 0587; www.borck.com.br, portugiesisch; Rua Pomeranos 1963; Di–Fr 14–18 Uhr) braut Pils und Malzbier und veranstaltet geführte Touren. Zudem gibt es einen Raum, in dem man die Erzeugnisse verkosten kann.

Das weitläufige **Hotel Timbó Park** (☎ 3281 0700; www.timbopark.com.br; Rua Blumenau 141; EZ/DZ 92/125 R$) erinnert an ein Resort, die individuellen Bal-

---

SPRECHEN SIE DEUTSCH?

Die ersten deutschen Einwanderer kamen in den 1820er-Jahren auf Geheiß Kaiser Peters I. ins Land. Da es um den Süden des gerade erst unabhängig gewordenen Brasiliens Streitigkeiten mit Argentinien und Uruguay gab, wollte der Kaiser die Region mit treuen Anhängern besiedeln. In den 1850er- und den 1890er-Jahren kam es zu ersten Einwanderungswellen, weitere folgten rund um die beiden Weltkriege. Entgegen der weit verbreiteten Vorstellung waren die meisten Deutschen, die es in den 1940er-Jahren hierher verschlug, politische und wirtschaftliche Flüchtlinge – und keine Nazi-Größen auf der Flucht.

Für über ein Jahrhundert war Deutsch die dominierende Sprache in weiten Teilen von Südbrasilien. Da die Einwanderer aus vielen Regionen Deutschlands kamen und verschiedene Dialekte sprachen, sahen sie sich ihrer ureigenen babylonischen Sprachverwirrung gegenüber. Oft griffen sie auf eine Art Kreolisch zurück, das Portugiesisch und indigene Sprachen vereinte. Die Italiener standen vor einem ähnlichen Problem und verließen sich auf „Talia", ein Gemisch aus Dialekten, das vor allem auf denen aus der Region Veneto basierte.

Das 20. Jh. hat von der deutschen Sprache in Brasilien seinen Tribut gefordert. Die Weltkriege führten zur Unterdrückung der deutschen Sprache in öffentlichen Institutionen wie Schulen und Behörden. Die Industrialisierung und die zunehmende wirtschaftliche Integration brachte die Region in engeren Kontakt mit portugiesischen Muttersprachlern. Mit der Ausbreitung von Radio und Fernsehen, beides dominiert von nationalen Sendern, wurde die Verwendung des Portugiesischen weiter forciert, vor allem bei den Jüngeren.

In der Stadt Pomerode hat eine Reihe von Faktoren dazu geführt, dass die deutsche Sprache erhalten blieb. Erst die jüngste Generation hat den Anschluss Pomerodes durch angemessene Straßen an Blumenau erlebt. Bis dahin war die Stadt von ihren Nachbarn weitestgehend isoliert. Darüber hinaus sprachen alle ursprünglichen Siedler den gleiche Dialekt (Pommersch), so dass es keine Notwendigkeit gab, auf Portugiesisch als Lingua franca auszuweichen. Außerdem war die Siedler Lutheraner, Deutsch entsprechend die Sprache ihres Gottesdienstes. Heutzutage gibt es ein wachsende Bewegung die bilingualen Gemeinden in Brasilien zu erhalten.

---

kone der einzelnen Zimmer bieten allerdings ein gewisses Maß an Privatsphäre.

LP Tipp **Choperia & Restaurante Thapyoka** (☎ 3382 0198; www.thapyoka.com.br, portugiesisch; Hauptgerichte 30–50 R$; 11–14 Uhr, 17 Uhr–open end), in einem renovierten Fabrikgebäude untergebracht, ist eine Bar mit Speiselokal. Die umfangreiche Karte enthält Fleisch- und Nudelgerichte. Obendrein bekommt man einen grandiosen Blick auf den Fluss und die Brücke geboten.

Catarinense bietet täglich frühmorgens eine Busverbindung von Blumenau nach Timbó (6 R$, 45 Min.) an.

Nova Trento

Die italienischen Traditionen hält man in der Region in kleinen Städten wie **Nova Trento** (61 km südlich von Blumenau) weiter hoch. Die örtliche Gastronomie feiert im Januar ihr Weinfest. Mit dem **Santuário Santa Paulina** hat das Städtchen zudem einen bedeutenden Wallfahrtsort, zu dem eine imposante moderne Kirche mit dramatisch gewölbten Dach gehört. Rund 40 000 Pilger und Touristen besuchen die Kirche im Monat. Das **Museu da**

Cultura Italiana (☎ 3267 0028, Rua Geral Morro da Crz s/n, 8.30–17 Uhr) bietet einen Einblick in italienische Traditionen, die aus der alten Heimat ihren Weg hierher gefunden haben.

LP Tipp **Pousada Portal do Vígolo** (☎ 3267 1871; Rua Luiz Busnardo 504; EZ/DZ 178/228 R$), nur 3,5 km von der Wallfahrtskirche Santa Paulina, punktet mit ruhiger Lage und gutem Service. Die zwölf heimeligen Zimmer haben Heilpflanzen als gestalterisches Thema, das Wasser wird mit Solarenergie erwärmt. Die **Pizzeria di Iggo e Ivete** (☎ 3267 1024; Ros SC 411; Pizzas 14–35 R$; 14–23 Uhr) serviert lokale Weine und authentische Pizzas aus dem Holzofen.

Santa Terezinha fährt frühmorgens von Blumenau nach Nova Trento (6 R$, 1½ Std.)

NÖRDLICH VON FLORIANÓPOLIS

Die abwechslungsreichen und einladenden Strände entlang der Küste nördlich von Florianópolis sind Fluch und Segen zugleich. Der Segen sind kristallklare Gewässer und feiner Sand, ganz zu schweigen von den endlosen Sonnentagen. Der Fluch sind die Wolkenkratzerhotels und Eigentumswohnungen, die den

Blick auf die bewaldeten Hügel und die vorstehenden Felsen verstellen.

Balneário Camboriú alias Copacabana des Südens ist bekannt für seine lebendigen Nachtclubs und den überfüllten Uferboulevard.

Die Zwillingsstädte Penha und Armação haben eher etwas von Fischerdörfern als von Ferienorten, auch wenn sie eine atemberaubende Strandpromenade besitzen. Und rund um die Halbinsel rund um Porto Belo gibt es sowohl lärmige Stranddörfer als auch tolle Tauch- und Schnorchelplätze.

Ilha do São Francisco
☎ 0xx47 / 40 000 Ew.

Das reizende, 1504 von den Franzosen gegründete **São Francisco do Sul**, 45 km östlich von Joinville, ist Brasiliens drittälteste Stadt (nur Bahia und São Vicente sind älter). Ein Jahrhundert später kamen die Portugiesen, getrieben von der Hoffnung, die strategische Lage der Stadt an der Mündung der Baia da Babitonga für sich nutzen zu können.

Wegen ihres verfallenden kolonialen Flairs steht die historische Altstadt auf der Patrimonio Histórico (Liste der nationalen Kulturerbes). Der Bus von Joinville hält rund 2 km abseits des historischen Zentrums, das an der Westküste der Insel liegt. Die Rua Fernandes Dias zur uferseitigen **Rua Babitonga** hintergehen, die von Häusern im Kolonialstil, Fischrestaurants und dem wunderschön restaurierten **Mercado Público** gesäumt wird.

Die Stadt ist das Tor zur Ilha do São Francisco, die ein beliebtes Ziel für Sonnenanbeter und Surfer ist. Die nächstgelegenen Strände sind 12 bis 15 km von São Francisco do Sul entfernt und mit dem Bus zu erreichen.

Die beiden am Meer gelegenen Strände **Prainha** und **Praia Grande** am südlichen Ende der Insel sind einer starken Brandung ausgesetzt. Näher an der Stadt liegen die **Praia da Ubatuba** und die **Praia de Enseada**. Hier kann man sicherer im Bad im Ozean nehmen. Da beide Strände touristisch gut erschlossen sind, kann es an den Wochenenden ziemlich voll werden. Einige der einsameren Strände sind die **Praia Itaguaçu** und die **Praia do Forte** an der Nordspitze der Insel.

SCHLAFEN & ESSEN
Die besten Unterkünfte im Zentrum der Stadt überblicken die Baía Babitonga. Dazu gehören auch das reizende koloniale **Kontiki Hotel**

(☎ 3444 2232; www.hotelkontiki.com.br, portugiesisch; Rua Babitonga 211; EZ 67–97 R$, DZ 118–154 R$; 🕅 🖳) und das größere und luxuriösere **Zibamba Hotel** (☎ 3444 2020; Rua Ferndes Dias 27; EZ/DZ 140/185 R$, EZ/DZ/3BZ mit Meerblick 173/235/298 R$; 🕅 🖳).

Das **Portela** (☎ 3444 1579; Rua Babitonga 84; Gerichte 20–35 R$) ist ein lebhaftes Fischrestaurant auf einem Pier, das in die Bucht ragt.

Penha & Armação
☎ 0xx47 / 22 000 Ew.

110 km nördlich von Florianópolis liegen die beiden Dörfer nebeneinander an der Nordküste einer ins Meer hinausragenden Halbinsel. Der sichelförmige Strand fasst eine mit farbenfrohen Fischerbooten gesprenkelte Bucht ein. Dieser Strand – **Praia do Quilombo**, **Praia da Armação** oder **Praia da Fortaleza** genannt, abhängig davon, wo man sich genau befindet – hat ein lässiges Flair, ist sauber und ruhig. Die idyllische Dorfatmosphäre wandelt sich im Sommer allerdings ein bisschen, wenn sich der große Strand in eine einzige riesige *festa* (Party) verwandelt.

Um den Massen zu entkommen, steuert man die **Praia Grande** (5 km) am östlichen Zipfel der Insel oder die **Praia Vermelha** (9 km) südlich von Armação an. Zur letzteren gelangt man mit einem Taxi, die Fahrt geht über einen felsigen *morro* (Hügel) mit roter Erde, die schließlich feinem rosafarbenem Sand und schillerndem blauen Wasser weicht.

Ob man es nun gut oder schlecht findet: Die Landschaft der Halbinsel verändert sich rasend schnell, besonders wegen der Ausdehnung der **Beto Carrero World** (☎ 3261 2354; www.betocarrero.com.br; Rua Inácio Francisco de Souza 1597; Kind/Erw./Senior 62/88/44 R$; 🕑 Nov.–Feb. & Juli tgl. 10–18 Uhr, März–Juni & Aug.–Okt. Do–So), einem Themenpark von gewaltigen Ausmaßen.

Die **Touristeninformation** (☎ 3345 3428; www.penha.sc.gov.br, portugiesisch) befindet sich an der Ausfahrt der Autobahn SC-414. Sie erteilt Auskünfte zu Hotels und Restaurants vor Ort.

SCHLAFEN & ESSEN
Ein paar Hotels und Restaurants gruppieren sich am Strand rund um die Innenstadt. Es bieten sich an: das **Hotel Itapocoroí** (☎ 3345 5015; Rua Maria da Costa 62; DZ mit/ohne Meerblick 112/95 R$; 🕅) und das **Costamar Hotel** (☎ 3345 6861; www.costamarhotel.com, portugiesisch; Av Elizabeth Konder Reis 556; DZ 95 R$), beide in der Nähe des Hafens.

Die einheimische, von den Aromen der Azoren beeinflusste Küche im hervorragenden **Peixe na Telha** (☎ 3398 0079; Rua Maria Emíila da Costa 92; Gerichte 30 R$) sind einen Versuch wert; es hat schöne Sitzgelegenheiten am Wasser.

AN- & WEITERREISE
Nach Penha fahren täglich drei Busse von Blumenau (29 R$; 3 Std.) und einer von Joinville (43 R$, 4 Std.). Ansonsten fährt vom Busbahnhof am Piçarras (6 km nördlich) einer der örtlichen Kreis-oder Navagantes-Busse nach Penha und Armação.

Balneário Camboriú
☎ 0xx47 / 102 000 Ew.

Balneário Camboriú gilt als das Rio des armen Mannes. Zum Beweis dafür wartet es mit einer riesigen Christusstatue, wunderschönen Stränden und einem rasanten Nachtleben auf – und das für einen Bruchteil der Preise an der Copacabana. Im Sommer schwillt die Bevölkerung auf fast 1 Mio. Menschen an, wenn Argentinier, Brasilianer und Paraguayer einfallen, um eine der heißesten Party-Plätze Brasiliens zu erobern. Wie Rio gilt auch Camboriú als schwulenfreundlicher Ort und ist bekannt für einen *teleférico* (Seilbahn), der einen großen zentralen *morro* mit nicht einem, sondern gleich zwei Stränden verbindet – das gibt es sonst nirgendwo. Familien schätzen Camboriú für seine kinderfreundliche Attraktionen und die Nähe zur Beto Carrero World (S. 386).

Touristische Informationen gibt es gratis beim **Busbahnhof** (☎ 3367 2901).

SEHENSWERTES & AKTIVITÄTEN
Die 33 m hohe **Statue Cristo Luz** (☎ 3367 4042; Rua Indonésia 800) hält einen Sombrero in der Hand, aus dem nachts ein Scheinwerfer – manchmal in leuchtenden Farben – die Stadt illuminiert. Im Sommer gibt es häufig von 19 Uhr an Livemusik.

Die **Seilbahn** sollte man sich nicht entgehen lassen, die die Praia de Laranjaeiras und die Praia Central mit dem Morro de Aguada verbindet. Auf Letzterem kann man ein 6 ha großes **Naturschutzgebiet** auf insgesamt 500 m langen Wegen durchwandern.

Kindern wird ein anderer Abstieg wesentlich mehr zusagen … nämlich die **Achterbahn Youhooo!** (☎ 3404 7600; www.youhooo.com.br, portugiesisch; Av Atlântica 6006; 15 R$) die sich mit 60 km/h auf 700 m den Berg hinunterrauscht. Ein großes „**Piratenschiff**" (☎ 3367 3258; Av Normando Tedesco, Barra Sul 6020; Erw./Kind 22 R$/frei; Dez.–April stündlich

9–18 Uhr) durchpflügt die umliegenden Gewässer, u. a. rund um die hübsche Ilha das Cabras.

Die **Praia Laranjeiras**, der belebteste und der Stadt am nächsten gelegene Strand, sowie sechs weitere Strände, die sich südlich entlang der Costa Brava erstrecken, bieten kristallklares Wasser und Blick auf bewaldete Hügel im Hintergrund. 4 km nördlich verspricht auf dem Weg nach Itajai die **Praia dos Amores** gute Surfbedingungen, ebenso wie die **Praia Atalaia** in Itajai, 10 km nördlich von Camboriú.

SCHLAFEN & ESSEN
Außerhalb der brechend vollen Sommermonate sind Rabatte von bis zu 50 % drin.

Camboriú Hostel – Rezende (☎ 8833 0304; Rua 3100, 780; Bett HI-Mitglied/Nicht-Mitglied 31/39 R$, DZ 68/78 R$; ☐ ☎) Wegen seiner Lage inmitten der Strand- und Party-Action füllt sich dieses Hostel in der Hochsaison rasant. Es ist eines der wenigen, dessen Schlafsäle und Privatzimmer mit Balkon ausgestattet sind. Wenn das nicht gute Aussichten sind!

Hotel Ibis Navegantes (☎ 3249 6800; Av Vereador Abrahão 587; Zi. ab 98 R$) Das Accor Hotel der Mittelklasse im Zentrum von Itajai hat saubere, große Zimmer.

Hotel D'Sintra (☎ 2104 4080; Av Atlântica 1040, EZ/DZ 189/269 R$; ☎ ☎ ☎) Mitten an der Praia Central wartet das D'Sintra mit einer wunderschönen Dachterrasse mit Swimmingpool auf. Komfort zu anständigen Preisen.

O Pharol (☎ 3367 3800, Av Atlântica; Buffet 17 R$; 11–23 Uhr) Der Lokalmatador fährt ein zum Bersten gefülltes Meeresfrüchte-Buffet auf, und bereitet – so sagen manche – die besten *feijoada* (Eintopf mit Fleisch und Bohnen, der mit Reis serviert wird) der Stadt.

LP Tipp **Restaurante Bom Sol** (☎ 3667 4208; Rua 1021, 72; Hauptgerichte 20–30 R$; 15–22 Uhr) Ist spezialisiert auf einen Eintopf mit Meeresfrüchten im Bahia-Stil, zu dem viele Einheimische ein geradezu romantisches Verhältnis pflegen.

AUSGEHEN & UNTERHALTUNG
Man sollte sich die Abendkonzerte am Cristo Luz (S. 387) nicht entgehen lassen.

Cult Club (3367 9435; Av Normando Tedesco, Barra Sul) Der im Moment angesagteste Ort zum Tanzen – und um bis in die frühen Morgenstunden gesehen zu werden.

Die **Chaplin Bar** (3366 1227; Av Atlântica 2200; 16 Uhr–open end) und das **Cachaçaria Uai** (☎ 3367 478; Av Atlântica 2440; Di–So 11–1 Uhr) sind sichere Häfen für Freunde des Biers bzw. des *cachaça*.

AN- & WEITERREISE

Täglich gibt es zwölf Busverbindungen nach Bombinhas, mit Stopp in Porto Belo. Stündlich steuern Busse Florianópolis, Blumenau und Joinville an.

Porto Belo & Umgebung

☎ 0xx47 / 14 000 Ew

Eine kleine Halbinsel fächert sich von Porto Belo auf, das etwa 60 km nördlich von Florianópolis liegt. Hier versprechen klare, smaragdgrüne Gewässer mit den besten Tauchmöglichkeiten im Süden Brasiliens.

Porto Belo ist ein Fischerdorf, der Stadtstrand wird deshalb von einem großen Hafenbecken und in der Bucht ankernden Booten dominiert. Die Hauptbadestrände sind die **Praia Bombinhas** (9 km von Porto Belo entfernt) und die benachbarte **Praia Bombas** (3 km). Die Sandstreifen sind gesäumt von kleinen Hotels und Fischrestaurants. Das Publikum reicht von Bikiniträgerinnen bis zu mit Sand panierten Kids. Sie alle fläzen sich unter farbenfrohen Sonnenschirmen und kühlen sich in den einladenden Wellen.

Erfahrene Surfer sollten es an der **Praia do Mariscal** probieren, die ins offene Meer hinausragt. Strandfaulpelze auf der Suche nach Abgeschiedenheit steuern am besten die **Praia Canto Grande** an. Ein Felsvorsprung, Ausläufer der Halbinsel, schützt die funkelnden blauen Gewässer der **Caixa d'Aço**. Dort gibt's keinen Strand, man kann aber ein Wassertaxi zu den **schwimmenden Restaurants** nehmen, die zum Schwimmen, Schnorcheln und Sonnenbaden an ihren Docks einladen.

Am westlichen Ende von Porto Belo erteilt die **Touristeninformation** (☎ 3369 5638; www.porto belo.com.br, portugiesisch) praktische Informationen über die gesamte Halbinsel.

SEHENSWERTES

Das Reservat und *ecomuseu* (Ökomuseum) **Ilha de Porto Belo** (☎ 3369 4146; www.ilhadeportobelo. com.br; Eintritt 5 R$; Dez.–Feb. tgl. 9–17.30 Uhr, März & Sept.–Nov. nur Sa & So) liegt 900 m vor der Küste. Ein gut markierter Wanderweg führt zu Aussichtspunkten und einem Sandstrand. Entlang der Küste gibt es einige gute Schnorchelspots. Wassertaxis (8 R$) kriegt man am Praça dos Pescadores in Porto Belo oder am Bombinhas Pier.

Auf dem Festland bietet das **Instituto Kat Schürmann** (☎ 3369 3690; www.schurmann.com.br; Av Vereador Manoel José dos Santos 220, Bombinhas; Eintritt 10 R$; Dez.–Feb. tgl. 14–20 Uhr, März–Nov. nur Sa) weitere Möglichkeiten an, sich fortzubilden. Die Schürmann-Familie sind lokale Stars, bekannt für ihre weltweiten Reisen und ihre meeresbiologischen Forschungen. Das Besucherzentrum in Bombinhas präsentiert einen 400 m Ökowanderweg, Ausstellungen und Filme über die Expeditionen der Familie.

TAUCHEN

Die **Reserva Biológica do Avoredo** besteht aus drei Inseln, die von Korallenriffen, Fischen, Delfinen, Stachelrochen und Schildkröten umgeben sind. Ganztägige Tauch- und Schnorchelausflüge starten an der Anlegestelle Bombinhas (Baptism/Discovery/Zertifikat/Open-Water 165/200/700/885 R$; 9–16 Uhr) ab. Die beiden folgenden Schulen haben englischsprachige Tauchlehrer:

HyBrasil Mergulho (☎ 3369 2545; www.hybrazil.com. br, portugiesisch; Av Vereador Manoel José dos Santos 205)
Submarine (☎ 3369 2473; www.submarinescuba.com. br, portugiesisch; Rua Ver Manoel José dos Santos 1353)

SCHLAFEN & ESSEN

In Porto Belo wie Bombinhas gibt es Übernachtungsmöglichkeiten zuhauf. Sofern man außerhalb der Sommermonate kommt, darf man Rabatte von bis zu 50 % erwarten.

Pousada Sonho Meu (☎ 3369 4624; www.pousada sonhomeu.com, portugiesisch; Rua São Luiz 500, Porto Belo; Zi. pro Pers. 87 R$; 🅿 🛜 🖥) Die Chalets sind von Grün umgeben, mit Wegen, für diejenigen, die auf Erkundungen gehen wollen. Von der großen Veranda aus blickt man auf den Ozean in der Ferne.

LP Tipp **Pousada Ganesh** (☎ 3369 0018; www. pousadaganesh.com.br; Rua Salema 231, Bombinhas; EZ/DZ 87/115 R$; 🅿 🛜) Statuen des Hindu-Gottes, dessen Namensvetter diese Pousada ist, thronen in den ruhigen Gärten der Anlage. Das Ganesh hat erschwingliche Zimmer im ansonsten teuren Bombinhas und liegt nur ca. 200 m vom Strand entfernt. Die hauseigene Sushi-Bar hat frische und leckere Häppchen.

AN- & WEITERREISE

Man muss zunächst mit dem Bus nach Balneário Camboriú. Von dort gehen täglich zwölf Busse nach Bombinhas (8 R$, 45 Min.), mit Stopp in Porto Belo (R5, 30 Min.).

SÜDLICH VON FLORIANÓPOLIS

Seine Wellen haben diesen Küstenabschnitt auf die Landkarte befördert. Die ruhigen Fischerdörfer und fast verlassenen Strände, die einst die Südküste von Florianópolis sprenkelten, gehören längst der Vergangenheit an. Während die einheimische Bevölkerung weiterhin überwiegend von azorischen Fischern abstammt, tut man sich schwer, sie unter den sonnengebräunten Surfern und Bikinischönheiten ausfindig zu machen. Die Strände ohne große Brandung – und davon gibt's einige – hat man spaßbedürftigen Familien überlassen, die sich jeden Sommer ihre Dosis Sonne und Sand abholen.

Die Küste südlich von Florianópolis ist nicht ganz so zugebaut wie der Bereich nördlich der Stadt. Hier blockiert keine überwucherte Betonwüste die Sonnenstrahlen. Die meisten Strände allerdings sind zugemüllt mit kleineren Hotels, Campingplätzen, Strandbars, Buden mit Meeresfrüchten und allem möglichen, das auf Urlauber zugeschnitten ist. Während der Sommermonate findet man kaum einen abgeschiedenen Ort. Das allerdings mag wohl einen Teil des Vergnügens ausmachen.

Guarda do Embaú
☎ 0xx48

Berühmt für seine hervorragende an der Mündung des Flusses linksbrechende Welle, findet sich Guarda do Embaú in der Liste der besten Surfspots Brasiliens auf den vorderen Plätzen wieder. Der Ort strahlt entspanntes Hippie-Flair aus und ist ein tolles Ziel für Wellenreiter, Backpacker und andere relaxte Zeitgenossen.

Weitere Informationen zu Guarda bekommt man unter www.guardadoembau. com. Das **Sun Hostel da Guarda** (☎ 3283 2316; fer nando@garopaba.com.br; Estrada Geral 713; DZ/3BZ/4BZ 55/80/90 R$; DZ/3BZ/4BZ im Chalet 95/105/130 R$; ☒) ist ein buntes, lockeres Surfer-Hostel, das den Wellen nahe ist.

Die [LP Tipp] **Pousada Margah** (☎ 3283 2252; www. pousadamargah.com, portugiesisch; EZ/DZ 160/220 R$; ☒), ist ein neues und günstiges Hostel mit buddhistischen Vibes in den Gärten und liebevoll eingerichteten Zimmern. Ebenfalls in Strandnähe.

Dreimal täglich halten die Paulotur Busse auf dem Weg nach/von Pinheira und Garopaba in Guarda. Einige Busse, die zwischen Florianópolis und Garopaba verkehren, stoppen ebenfalls in Guarda.

Praia do Rosa
☎ 0xx48 / 900 Ew.

Praia do Rosa, Santa Catarina mondänster Küstenort, liegt rund 15 km südlich von Garopaba. Rosa hat zweierlei zu bieten: eine Reihe beeindruckender, fast unberührter

---

EIN GUTES WAL-ERGEBNIS

Jeden Winter kehren zwischen Juni und Oktober Hunderte von Südkapern zurück an die Küste von Santa Catarina. Diese gewaltigen Meeressäugetiere können bis zu 18 m lang werden und mehr als 60 t wiegen! Auf der Suche nach einem wärmeren, ruhigeren Ort kommen sie aus den arktischen Gewässern hierher, um ihre Kinder zu gebären. Bei der Geburt sind die Kälber in der Regel schon 3 oder 4 m lang und bis zu 5 t schwer.

In den 1970er-Jahren waren die Südkaper beinahe ausgestorben. Ihre enorme Größe und Langsamkeit machten sie zur einfachen Beute für Walfänger. Das **Instituto Baleia Franca** (IBF; ☎ 3255 2922; www.baleiafranca.org.br, portugiesisch) in Praia do Rosa hat sich dem Schutz dieser faszinierenden Geschöpfe verpflichtet. 2001 trug die Organisation zur Schaffung des Südkaper-Schutzgebiets vor der Küste von Santa Catarina bei. Inzwischen ist der Bestand auf geschätzte 7000 Tiere angestiegen … und steigt rapide weiter.

Die Wale tummeln sich mit ihren Kälbern oft in Küstennähe und sind dabei häufig vom Strand aus zu beobachten: ein Fernglas einpacken, auf eine Anhöhe hochgehen und Ausschau nach den Flossen der Giganten halten. Wer näher ran will, kann mit **Turismo Vida Sol e Mar** (☎ 3355 6111; www.vidasolemar.com.br, portugiesisch; Touren Mo–Fr 90 R$/Pers., Sa & So 140 R$/Pers.; 8–11 Uhr) auf Whale-Watching-Tour gehen. Die Ausflüge von Garopaba dauern 90 Minuten oder länger, je nachdem, wo sich die Wale gerade aufhalten. Jedes Boot hat einen IBF-Wissenschaftler an Bord. Garantiert sind Wal-Sichtungen leider nicht. Am größten sind die Chancen, wenn man sich ein paar Tage für die Wale freihält, da die Ganze quasi vom Wetter abhängig ist.

Mehrmals täglich fahren Busse von Florianopolis nach Laguna (19 R$, 2 Std.) und halten unterwegs in Garopaba. Von Praia do Rosa fahren die Busse (2 R$, 20 Min.) alle zwei Stunden nach Garopaba.

Strände und eine anspruchsvolle, umweltbewusste Bevölkerung. Nicht zu vergessen ...
die vielen Surfspots.

Im Winter verwandelt sich die Bucht in ein
Kinderzimmer für Südkaper (aus der Familie
der Glattwale). Die Mütter und Kälber können vom Strand aus beobachtet werden (s.
S. 389).

SCHLAFEN & ESSEN

Die höchste Straße der Stadt, Caminho do Rei,
bietet Unterkünfte mit herrlichem Blick.

Albergue do Rosa (☎ 3355 6614; Zi. 55 R$/Pers.; 🖵)
Hier ist man genau richtig, wenn man günstig
in der Stadtmitte übernachten will. Die Zimmer sind winzig, die Bäder werden gemeinsam genutzt.

La Roca (☎ 3355 6471; Caminho do Rei; DZ 120 R$) Die
in einen felsigen Hügel gebaute Pousada verströmt mit ihren kühlen Steinwänden und
glänzenden Holzböden stylishe Öko-Atmo-
sphäre. Von den oberen Etagen aus bietet der
gemeinschaftlich genutzte Balkon Blick aufs
Meer, während die unteren Etagen von Grün-
pflanzen fast verschlungen werden.

Fazenda Verde do Rosa (☎ 3355 7272; www.fazenda
verdedorosa.com.br, portugiesisch; Chalets 300–500 R$;
🍴 🖵 🛜 🛝) Auf einer atemberaubenden
Klippe oberhalb des Strandes errichtete, farbenfrohe Chalets, jeweils für vier bis sechs
Personen sowie mit Kochgelegenheit und
Terrasse. Angeboten werden geführte Wanderungen, Surfkurse und Ausritte (auch für
Nicht-Gäste). An das Hotel angeschlossen
sind drei ausgezeichnete Restaurants – französische Küche, Meeresfrüchte und Pizza –,
die allesamt luftige Terrassen und einen fabelhaften Blick auf den Ozean haben.

AN- & WEITERREISE

Busse fahren nach Garopaba (2 R$, alle
2 Std.), von wo aus man nach Florianópolis
weiterfahren kann – oder nach Imbituba
(2 R$, 5-mal tgl.), falls man nach Porto
Alegre will.

Laguna
☎ 0xx48 / 52 000 Ew.

Das etwa 110 km südlich von Florianópolis
gelegene Laguna hat ein malerisches koloniales Zentrum. Der Strand jenseits des Hügels in **Mar
Grosso** ist allerdings weniger verlockend. Mehr
Ellbogenfreiheit hat man an den sagenhaften
Stränden rund um den **Farol da Santa Marta**, der
sich 18 km südlich der Stadt befindet.

Die Altstadt reicht ins Jahr 1676 zurück.
Wer durch ihre Kopfsteinpflasterstraßen und
über die Plätze schlendert, sollte auch einen
Blick ins **Museu Anita Garibaldi** (Praça Anita Garibaldi;
Eintritt 3 US$; 🕙 8–18 Uhr) werfen, das die brasi-
lianische Frau des italienischen Freiheitskämp-
fers ehrt. Sie ist in der nahe gelegenen **Casa de
Anita Garibaldi** (Praça Vidal Ramos; Eintritt 3 US$; 🕙 8–18
Uhr) aufgewachsen. Der wichtigste Straßenzug
in Mar Grosso, die Av Senador Gallotti, verläuft parallel zum Strand. Hier befinden sich
auch die **Touristeninformation** (☎ 3646 0533; www.
laguna.sc.gov.br; portugiesisch) und eine Menge Hotels und Restaurants.

GEFÜHRTE TOUREN

Associação de Guias (☎ 9977 6352) Ausflüge zum
Farol Santa Marta und zu einigen archäologischen Stätten
in der Umgebung.

Scuna Garibaldi (☎ 9129 8761; 25 R$/Pers.; 10, 15
& 18 Uhr) Die zweistündige Bootsfahrt startet von der
Altstadt.

SCHLAFEN & ESSEN

Viele Hotels in Mar Grosso sind nur von März
bis November an den Wochenenden geöffnet.

Hotel Recanto (☎ 3644 0902; Rua Engenho Colombo
Salles 108; Zi. 32 R$/Pers.) Schlichte Zimmer in der
Nähe des Busbahnhofs.

Atlântico Sul Hotel (☎ 3647 1166; www.atlanticosul
laguna.com.br; Av Senador Gallotti 360; EZ/DZ/3BZ ab
75/105/130 R$; 🍴 🛝) Macht einen auf dickes
Beach-Resort, ist allerdings nur ein einfaches
Hotel mit Pool. Trotzdem ist das Atlântico
keine schlechte Wahl ... weil es bis zum
Strand nur 30 m sind.

Das **Restaurante Praç de Anita** (Praça República
Juliana; 14 R$/kg; Mo–Sa 11–15 Uhr) in einem luftigen
kolonialzeitlichen Haus in der Altstadt serviert exzellente Azoren-Küche – das Essen
wird nach Gewicht gezahlt. In Mar Grosso
gibt es mehrere Fischrestaurants klassischen
Stils, darunter auch das **Arrastão** (☎ 3647 0418;
Av Senador Galotti 629; Gerichte 20–25 R$).

ANREISE & UNTERWEGS VOR ORT

Der **Fernbusbahnhof** (☎ 3646 0119) liegt am
Stadtrand. Von hier starten die Busse nach
Mar Grosso oder zum Farol da Santa Marta.
Zu den weiter entfernten Zielen gehören
Porto Alegre (65 R$, 6 Std.) und Torres
(37 R$, 4 Std., 2-mal tgl.) in Rio Grande do
Sul sowie Florianópolis (19 R$, 2 Std., 5-mal)
und Imbituba (5 R$, 1 Std., 8-mal tgl.) in
Santa Catarina.

SERRA GERAL

Santa Catarina ist mehr für seine Strände als für seine Berge berühmte. Diese wunderschöne Bergkette – etwa 250 km westlich von Florianópolis gelegen – sollte man jedoch nicht übersehen. Mit ihren bis zu 1800 m hohen Gipfeln ist sie die kühlste Gegend Brasiliens. In den Wintermonaten kann es hier oben durchaus eine geschlossene Schneedecke geben. Die Berge und Schluchten bieten ausgiebig Möglichkeiten für Wanderungen und Ausritte, wobei man auch durchaus die ausgetretenen Pfade verlassen kann.

São Joaquim
☎ 0xx49 / 25 100 Ew.

Hoch in den Bergen der Serra do Rio do Rastro, eines Ablegers der Serra Geral, liegt etwa 290 km südwestlich von Florianópolis São Joaquim. Das Städtchen im Tal des Rio Canoas ist berühmt für Apfelplantagen, von denen viele von der hiesigen japanischen Bevölkerung angelegt wurden. Und dann wäre da noch der Schnee: Anfang Juli findet das jährliche **Festival de Inverno** statt.

Am günstigsten übernachtet man im **Nevada Hotel** (☎ 3233 0259; Rua Manoel Joaquim Pinto 190; Zi. 80 R$). Für ein wenig rustikalen Luxus kann man es in der **Villa da Montanha** (☎ 3278 4132; www.villadamontanha.com; DZ 180 R$), 10 km vom Zentrum entfernt, versuchen; es werden Wanderungen und Ausritte angeboten.

Busse fahren täglich nach Florianópolis (22 R$, 5½ Std.).

Bom Jardim da Serra
☎ 0xx49 / 4400 Ew.

Die in den 1870er-Jahren von *gaúchos* (Cowboys) gegründete „Hauptstadt des Wassers" kann in der Tat mit vielen Seen und Wasserfällen aufwarten. Etwa 45 km südlich von São Joaquim nimmt hier zudem die haarsträubende und spektakulär kurvenreiche **Estrada da Serra do Rio Rastro** ihren Anfang, eine Straße, die sich in Serpentinen durch die Berglandschaft Richtung **Parque Nacional de São Joaquim** schlängelt. Der Park umfasst eine atemberaubende Landschaft mit grasbewachsenen Hochebenen, dichte Araucaria-Wälder und den höchsten Gipfel Santa Catarinas, den **Morro da Igreja** (1822 m). Die hiesige Infrastruktur ist jedoch dünn, Wanderwege führen zu Aussichtspunkten und Wasserfällen. Infos zu Campingoptionen im Park gibt's bei der **Touristeninformation** (☎ 3232 0735) in Bom Jardim.

Eine schöne, aber teure Bleibe innerhalb des Parks ist das **Rio do Rastro Eco Resort** (☎ 9112 0073/0074; www.riodorastro.com.br; SC-438, 130 km; DZ ab 200 R$). Es vermietet extrem komfortable Chalets mit rustikalem Charakter.

Rio Grande do Sul

Der südlichste Bundesstaat Brasiliens besteht hauptsächlich aus Pampa, auf der jahrhundertelang Viehzucht betrieben wurde. Heute wird zwar größtenteils Soja angebaut, der Lebensstil der Gauchos aber hat trotzdem überlebt.

Deshalb nennen sich die Bewohner von Rio Grande do Sul selbst auch *gaúchos*, nach den unabhängigen, frei denkenden Ranchern und Viehzüchtern, die den Bundesstaat besiedelten. Bloß nicht wundern, wenn man auf dem Land ältere Herrschaften mit breitkrempigen Hüten und traditioneller Kleidung trifft. Auf den Tisch kommt nach alter Manier am liebsten gegrilltes Fleisch oder *churrasco*, getrunken wird immer und überall *chimarrão,* ein unverwechselbarer Matetee. Diese Tradition pflegt selbst die kosmopolitische Hauptstadt Porto Alegre.

Es gibt mehr, das die Touristen in den Staat lockt. Im Nordosten bietet sich ein unglaubliches geologisches Schauspiel: die spektakuläre Serra Gaúcha. Man kann sich hier so richtig ins Abenteuer stürzen, von den Wäldern und Canyons der Nationalparks bei Cambará do Sul bis hin zu den Flüssen und Wasserfällen in der Gegend um Canela.

Im Vale dos Vinhedos werden Weine produziert, die mit den besten Tropfen Chiles und Argentiniens mithalten können. Wer sich die Berglandschaft ansieht, versteht, warum sich Städte wie Gramado gern als brasilianische Alpenorte präsentieren und an ihrem deutschen und italienischen Erbe festhalten. Hier wird nicht nur mit leckerer Schokolade, sondern auch mit Schnee im Winter geworben. Rio Grande do Sul ist in vielerlei Hinsicht nicht typisch brasilianisch. Und genau das macht den Besuch des südlichsten Bundesstaates so reizvoll.

RIO GRANDE DO SUL

HIGHLIGHTS

- Sonntags früh auf dem Flohmarkt im **Parque Farroupilha** (S. 396) in Porto Alegre ein schönes Schnäppchen machen

- Im **Vale dos Vinhedos** (S. 399) nahe Bento Gonçalves leichte Weiß- und erdige Rotweine probieren

- Einfach mal losjodeln in **Gramado** (S. 401), einem Schweizer Bergdorf, das Fondue und anderen Schweizer Köstlichkeiten bietet

- Den Trilha do Mirante entlangwandern und einen Blick über den Rand des **Cânion da Fortaleza** (S. 404) im Parque Nacional da Serra Geral riskieren

- Das Geheimnis der Jesuitenmission in **São Miguel das Missões** (S. 406) lüften

São Miguel das Missões ★

Parque Nacional da Serra Geral ★

Bento Gonçalves ★ ★ Gramado

Porto Alegre ★

- Bevölkerung: 10,8 Mio.
- Fläche: 281 800 km²

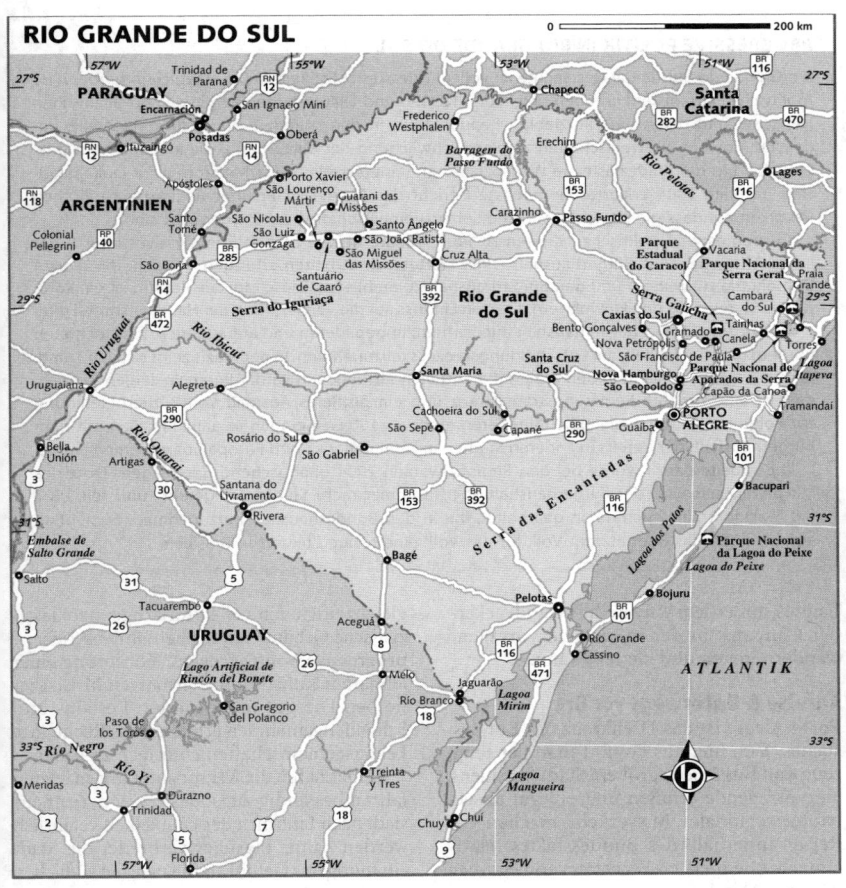

RIO GRANDE DO SUL

0   200 km

Geschichte

Während sie auf einem von Spaniern und Portugiesen heiß umkämpften Landstrich wohnten, nutzten die Einwohner von Rio Grande do Sul den Konflikt, um sich eine ganz eigene Identität zuzulegen. Die Region erklärte sogar ihre Unabhängigkeit während des unglückseligen Guerra dos Farrapos, einem zehn Jahre lang andauernden Bürgerkrieg, der 1845 endete. Eine Welle von Einwanderern aus Deutschland, Italien und der Schweiz, die im späten 19. Jh. ankamen, verstärkte die kulturellen Unterschiede der Region zusätzlich.

Klima

Der brasilianische Bundesstaat ist am weitesten vom Äquator entfernt. Damit hat Rio Grande do Sul das gemäßigste Klima in ganz Brasilien, mit warmen Sommern und kühlen Wintern. Auf den Bergen der Serra Gaúcha nördlich von Porto Alegre liegt sogar manchmal Schnee. Auf jeden Fall ist das Klima in den Ebenen an der Küste subtropisch, und die Sommer sind feucht und heiß.

Nationalparks

Der Parque Nacional de Aparados da Serra erstreckt sich auf 102,5 km² entlang der Grenze zwischen Rio Grande do Sul und Santa Catarina. Im Norden und Süden von Aparados da Serra wurde das Parkgebiet 1992 durch die Einrichtung des Parque Nacional da Serra Geral erweitert. In diesen Parks befinden sich die letzten *araucária*-Wälder des

RIO GRANDE DO SUL *(vertical sidebar text)*

PROGRESSIVE POLITIK IN RIO GRANDE DO SUL

Rio Grande do Suls lange Geschichte ist voller Widersprüchlichkeiten. Die staatlichen *farroupilhas* (politische Extremisten) erhoben sich in den 1830er- und 1840er-Jahren gegen die brasilianischen Herrscher und riefen eine kurzlebige Republik aus. In den späten 1970ern führten Streiks der *gaúcho*-(Cowboy-)Gewerkschaften zu einer Schwächung der Militärjunta, die im Land herrschte. 2001 fand in der Stadt das erste Weltsozialforum (eine Art Weltwirtschaftsforum für Linke) statt. Und im März 2004 erklärte das höchste Gericht des Staates einer überwiegend katholischen Bevölkerung, dass gleichgeschlechtliche Lebensgemeinschaften ein Bürgerrecht sind.

In progressiven politischen Kreisen ist Porto Alegre bekannt für sein innovatives Modell der Lokalpolitik, genannt Bürgerhaushalt. 1989 startete die Arbeiterpartei den Versuch, die direkte Demokratie zu steigern und den Bürgerhaushalt zu etablieren. Diese radikale Reform ist ein komplexes System, das den Einwohnern direkten Einfluss auf die Verwendung der Haushaltsmittel gibt.

Im Prinzip gibt der Bürgerhaushalt auch armen, ungebildeten und auf andere Art entrechteten Bürgern die Möglichkeit, am Entscheidungsprozess teilzunehmen. In der Praxis zeigt sich ein Trend, dass das Geld vor allem in den ärmeren Stadtteilen ausgegeben wird. Allgemein zeigen Studien, dass er eine größere Regierungstransparenz und ein größeres Ausmaß von Bürgerbeteiligung zur Folge hat. Mittlerweile experimentieren mehr als 180 Gemeinden in ganz Brasilien mit dem Bürgerhaushalt, der bereits in anderen Städten in Lateinamerika und Europa übernommen wurde.

Die Arbeiterpartei wurde bei den Regionalwahlen 2004 überraschend geschlagen. Trotz des Machtwechsels wird der Bürgerhaushalt aber in immer mehr Städten eingeführt und seit 2007 hat Präsident Lula auch daran gearbeitet, ihn in den Bundeshaushalt aufzunehmen. Es sieht so aus, als hätte das Budget vom Volk für das Volk eine rosige Zukunft in Brasilien.

Landes, außerdem eine Reihe beeindruckender Canyons, in denen man hervorragend wandern, reiten und klettern kann.

Anreise & Unterwegs vor Ort

Porto Alegre ist das Drehkreuz des Bundesstaates. Von hier aus kommt man per Flugzeug und Bus in jede größere Stadt Brasiliens. Hervorragende Straßen und ein gut ausgebauter regionaler Busverkehr machen das Reisen innerhalb des Bundesstaates relativ einfach. Die meisten Fernstrecken beginnen in Porto Alegre.

PORTO ALEGRE

☎ 0xx51 / 1,44 Mio. Ew.

Porto Alegre, an den Ufern der riesigen Süßwasserlagune Lagoa dos Patos gelegen, ist die bedeutendste Hafenstadt im Süden Brasiliens und spielt eine wichtige Rolle im Mercosul (Wirtschaftsverbund für den Gemeinsamen Markt Süd- und Mittelamerikas). Dank der gebildeten und vorausschauenden Bevölkerung zählt Porto Alegre außerdem auch zu den fortschrittlichsten Städten des Landes.

Aufgrund der gut durchdachten Planung des Stadtzentrums ist dieses nicht nur ein Verkehrsknotenpunkt, sondern bewahrt gleichzeitig auch viele großartige, neoklassizistische Gebäude. Eine über Jahre betriebene progressive Politik trug zur Förderung einer lebhaften Kunst- und alternativen Musikszene bei. Die gut organisierten Lesben- und Schwulengemeinden erhielten das Recht, ihre Lebensgemeinschaften eintragen zu lassen.

Leider nahm die Kriminalität in den letzten Jahren beständig zu, sodass es in der Innenstadt nach Einbruch der Dunkelheit gefährlich werden kann. Tagsüber verbreitet die Stadt ein mutigeres Gefühl als die meisten südlichen brasilianischen Metropolen.

ORIENTIERUNG

Der Mercado Público (Öffentlicher Markt) ist das Zentrum der Stadt und ihr Verkehrsknotenpunkt, inklusive U-Bahn und lokalem Busbahnhof. Der pulsierende Shopping- und Nightlifebezirk Moinhos de Vento befindet sich 3 km östlich vom Zentrum. Praia de Belas ist ein langgezogener Stadtpark, der entlang des Seeufers südlich vom Zentrum verläuft.

PRAKTISCHE INFORMATIONEN
Buchläden

SBS (☎ 3228 1260; Rua Caldas Júnior; ◷ Mo–Fr 9–1, Sa 9–13 Uhr) Kleine Auswahl an englischsprachigen Klassikern.

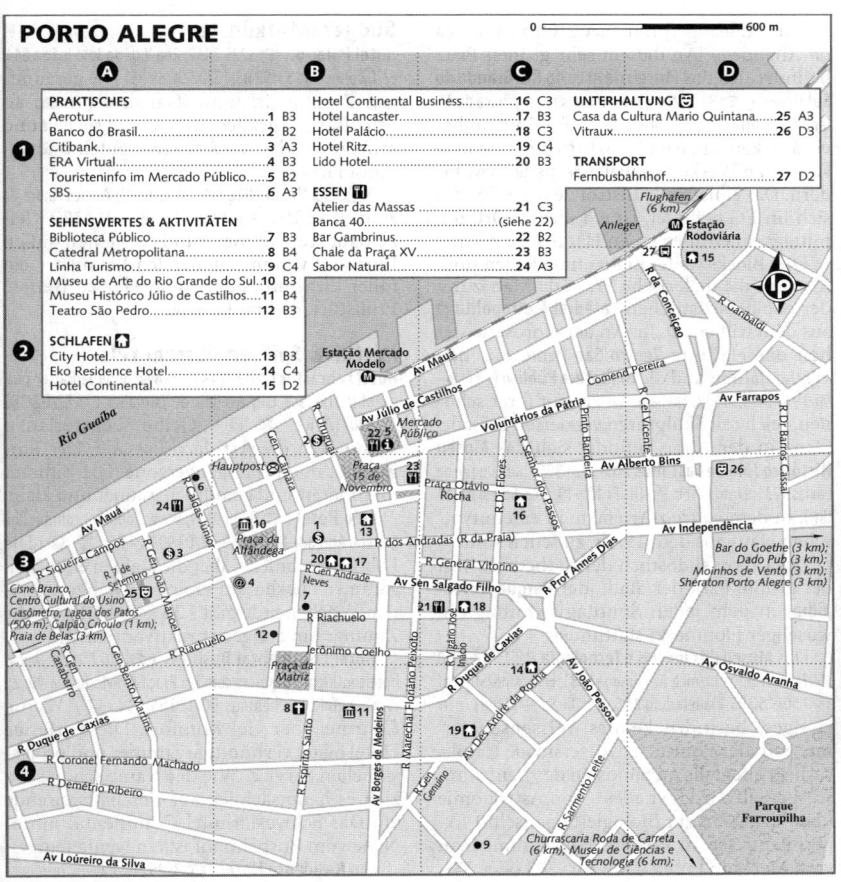

PORTO ALEGRE

0 ———————— 600 m

Ⓐ **Ⓑ** **Ⓒ** **Ⓓ**

PRAKTISCHES			
Aerotur	.........1 B3	Hotel Continental Business	.........16 C3
Banco do Brasil	.........2 B2	Hotel Lancaster	.........17 B3
Citibank	.........3 A3	Hotel Palácio	.........18 C3
ERA Virtual	.........4 B3	Hotel Ritz	.........19 C4
Touristeninfo im Mercado Público	.....5 B2	Lido Hotel	.........20 B3
SBS	.........6 A3		

UNTERHALTUNG
Casa da Cultura Mario Quintana......**25** A3
Vitraux...**26** D3

ESSEN
Atelier das Massas **21** C3
Banca 40...............................(siehe 22)
Bar Gambrinus...............................**22** B2
Chale da Praça XV.........................**23** B3
Sabor Natural.................................**24** A3

TRANSPORT
Fernbusbahnhof...........................**27** D2

SEHENSWERTES & AKTIVITÄTEN
Biblioteca Público........................**7** B3
Catedral Metropolitana.................**8** B4
Linha Turismo................................**9** C4
Museu de Arte do Rio Grande do Sul.**10** B3
Museu Histórico Júlio de Castilhos...**11** B4
Teatro São Pedro.........................**12** B3

SCHLAFEN
City Hotel.....................................**13** B3
Eko Residence Hotel.....................**14** C4
Hotel Continental.........................**15** D2

Geld
Aerotur (☎ 3228 8144; Rua dos Andradas 1137)
Wechselt Reiseschecks und Bargeld.
Banco do Brasil (Av Uruguaí 185) Bargeldwechsel und
Geldautomat.
Citibank (Rua 7 de Setembro 722)

Internetzugang
ERA Virtual (☎ 3061 7333; Rua dos Andradas 1001;
4,20 R$/Std.; ☾ Mo–Sa 9–21 Uhr) Der Laden ist eines
von mehreren Internetcafés im Shopping Center in der Rua
da Praia.

Notfall
Bombeiros (☎ 193) Feuerwehr.
Medizinische Notfälle (☎ 192)
Polícia Federal (☎ 194)

Touristeninformation
Touristeninformation am Flughafen (☎ 3358
2000; www.portoalegre.rs.gov.br; ☾ 7.30–24 Uhr)
Touristeninformation im Mercado Público
(☾ Mo–Sa 9–20 Uhr) Im Haupteingang des Mercado
Público.

SEHENSWERTES
Der in einem Bauwerk aus dem Jahre 1869
untergebrachte **Mercado Público** und die Praça
15 de Novembro bilden das Herz der Stadt.
In dem alten Gebäude herrscht tagsüber ein
äußerst reges Treiben, wenn die Verkäufer
ihre frischen Produkte, Fleisch und Meeresfrüchte und natürlich den überaus wichtigen
erva maté für den *chimarrão* (s. Kasten S. 398)
anpreisen.

RIO GRANDE DO SUL

Eine Fußgängerpromenade führt zur Praça da Alfândega. An diesem sehr grünen Platz befindet sich das **Museu de Arte do Rio Grande do Sul** (MARGS, ☎ 3227 2311; www.margs.rs.gov; Praça da Alfândega; Eintritt frei; ⊙ Di–So 10–19 Uhr). In dem beeindruckenden, neoklassizistischen Gebäude kann man Werke regionaler Künstler bewundern. Das einladende Bistrot de MARGS, das sich im EG befindet, ist ein idealer Ort, um mittags im Grünen einen Happen zu essen.

Drei Blocks weiter in Richtung Süden stößt man auf die malerische Praça da Matriz mit der neoklassizistischen **Catedral Metropolitana** aus dem frühen 20. Jh. An der Nordseite stehen das elegante **Teatro São Pedro** aus den 1850er-Jahren und die **Biblioteca Público** (⊙ Mo–Mi 9–13 & 14.30–17, Fr–Sa bis 20 Uhr) mit ihrer schönen, reich mit Skulpturen verzierten Fassade. Ganz in der Nähe befindet sich das **Museu Histórico Júlo de Castilhos** (☎ 3221 3959; Rua Duque de Caxias 1231; Eintritt frei; ⊙ Di–Fr 10 –19 Uhr, Sa & So 13.30–17 Uhr), in dem gaúcho-Artefakte in einem typischen Haus aus dem 19. Jh. zu sehen sind.

Etwa 1 km südöstlich der Kathedrale liegt der größte Park der Stadt, der **Parque Farroupilha**, in dem jeden Sonntagvormittag ein wuseliger Flohmarkt stattfindet.

Das **Museu de Ciências e Tecnologia** (MCT; ☎ 3320 3597; www.pucrs.br/mct; Av Ipiranga 6681; Erw./Kind/Student 13/9.50/9.50 R$, Planetarium 2 R$; ⊙ Di–So 9–17 Uhr), ein riesiges, beeindruckendes Wissenschaftsmuseum der Pontifícia Universidade Católica, liegt ebenfalls im Südosten des Zentrums. Ausgestellt wird hier alles – von Astronomie über Physik bis zur Biologie. Sogar selbst Experimentieren ist erlaubt. Hin kommt man vom Mercado Público mit Bus 343 oder 353.

GEFÜHRTE TOUREN

Cisne Branco (☎ 3224 5222; www.barcocisnebranco. com.br; Av Presidente João Goulart 551) Bootstouren, z. B. einstündige Flussfahrten (Erw./Kind 15/7,50 R$; ⊙ 10.30, 15 & 16.30 Uhr), Happy-Hour-Fahrten und Ganztagestouren. Abfahrt ist am Centro Cultural do Usino Gasômetro.
Linha Turismo (☎ 3212 3464; Travessa do Carmo 84; Doppeldeckerbus oben/unten 15/10 R$; ⊙ Di–So 9 & 15.30, Di–So zur „Zona Sul" 10.30 & 13.30 Uhr) Angeboten werden 90-minütige Bustouren zu den historischen Stätten, darunter eine Zona-Sul-Tour (Südliche Zone), in der die südöstlichen Ausläufer der Stadt erkundet werden.

SCHLAFEN

Die Hotels von Porto Alegre füllen sich während des Weltsozialforums, das alljährlich Ende Januar stattfindet, und zum Karneval.

Budgetunterkünfte

Hotel Palácio (☎ 3225 3467; Rua Vigário José Inácio 644; EZ/DZ ohne Bad 33/52 R$, EZ/DZ 54/69 R$) Die geräumigen Zimmer in Einheitsgrün erinnern an Schlafsäle. Glücklicherweise sind sie hell und sauber, was das Haus zu einer guten Budgetoption macht.

LP Tipp **Hotel Ritz** (☎ 3225 0693; Av Des André da Rocha 225; EZ/DZ ohne Bad 36/48 R$, EZ/DZ 42/62 R$) Kleine saubere Zimmer rund um einen süßen Innenhof voll mit blühenden Bäumen – ein toller Ort, um andere Traveller zu treffen. Frühstück nicht inklusive.

Mittel- & Spitzenklassehotels

Hotel Lancaster (☎ 3224 4737; www.hotel-lancaster-poa. com.br; Travessa Eng Acelino de Carvalho 67; EZ/DZ/3BZ 75/120/170 R$; 🔲 💻) Gelbe Fensterläden schmücken die Art-déco-Fassade. Der Eingang ist in der Fußgängerzone. Die Zimmer im Inneren sind gemütlich, sauber und klein.

Lido Hotel (☎ 3228 9111; www.lidohotel.com.br; Rua General Andrade Neves 150; EZ/DZ 90/124 R$; 🔲 💻) Die Lobby ist schnieke, aber die kleinen einfachen Zimmer blicken auf eine langweilige Gasse. Am Wochenende gibt's 30 % Rabatt, was die Zimmer um einiges attraktiver macht.

Hotel Continental Business (☎ 3027 1600; www. hotelcontinentalbusiness.com.br; Praça Otávio Rocha 49; Zi. Wochenende/wochentags 90/120 R$; 🔲 💻) Wenig Charme, aber viel Komfort. Dieses riesige Hotel bietet vernünftige Zimmer und professionellen Service. Wie der Name schon sagt, zielt es hauptsächlich auf Geschäftsreisende ab. Das Schwesterhotel Continental in der Nähe vom Busbahnhof ist ein wenig teurer.

Eko Residence Hotel (☎ 3225 8644; www.residence hotel.com.br; Av Des André da Rocha 131; EZ/DZ 159/179 R$, Suite EZ/DZ 219/239 R$; 🔲 💻 🛜) Dieses frische, einfache Hotel in der Nähe des Parque Farroupilha produziert seinen eigenen Strom mithilfe einer Windturbine und einer Solaranlage. Langzeitgästen gefallen die Kochgelegenheit in den Zimmern und die reduzierten Preise für längere Aufenthalte genauso wie das vernünftige Umweltschutzprogramm.

Sheraton Porto Alegre (☎ 2121 6000; www.sheraton-poa.com.br; Rua Olavo Barreto Viana 18; Zi. ab 300 R$; 🔲 💻 🛜 🖪) Die hübschesten Unterkünfte der Stadt befinden sich 3 km östlich vom Zentrum, im gehobenen Viertel Moinhos de Vento. In den Straßen reihen sich originelle Cafés und schicke Boutiquen aneinander. Und der beliebte Parque Moinhos macht es zu einem guten Platz für Shopoholics.

City Hotel (☎ 3212 5488; www.cityhotel.com.br; Rua Dr José Montaury 20; EZ/DZ 332/400 R$; 🈳 📶) Im Herzen der Innenstadt befindet sich dieser Beaux-Arts-Klassiker, der einen Hauch von Erhabenheit verbreitet. Die Lobby ist auf altmodische Art elegant, aber die Zimmer sind modern.

ESSEN

In vielen der angesagten Locations in der Rua Fernando Gomes (s. unten) kann man auch ausgezeichnet essen, und man findet eine umfangreiche Auswahl an Speisesälen im Obergeschoss des Mercardo Público (S. 395).

Banca 40 (☎ 3226 3533; Mercado Público; Eis 3–6 R$; 🕑 9–19 Uhr) Dieser Bäcker und Milchladen im Familienbesitz hat wunderbares Eis, das nach 50 Jahre alten Rezepten hergestellt wird. Unbedingt zu empfehlen ist eine Kugel Eis (3 R$) mit *coco*- (Kokosnuss) oder z.B. dem exotischem *milho*-Geschmack (Mais).

Sabor Natural (☎ 3028 0539; Rua Siqueira Campos 890; Buffet 10 R$; 🕑 Mo–Fr mittags) Vegetarier werden ihre wahre Freude an diesem fleischlosen „All You Can Eat"-Biobuffet haben, an dem man sich mittags laben kann. Suppen, Salate und sonstige tierfreundliche Gerichte ohne Ende.

Bar Gambrinus (☎ 3226 6914; Mercado Público; Gerichte 25–35 R$; 🕑 tgl. mittags, Mo–Fr abends) In diesem portugiesischen, an die Alte Welt erinnernden Restaurant im Mercado Público gibt's extrem frische Meeresfrüchte.

Churrascaria Roda de Carreta (☎ 3336 0817; Av Ipiranga 5300; Buffet 30 R$; 🕑 mittags & abends) Diese *churrascaria* (Restaurants, die gegrilltes Fleisch anbieten) in der Nähe des Shoppingzentrums Bourbon Ipiranga wurde von dem örtlichen Center of Gaúcho Tradition (CTG) eröffnet, um die Bräuche der *gaúchos* – Essen und Trinken, Singen und Tanzen – zu zelebrieren. Das riesige Buffet besteht aus 17 gegrillten Fleischsorten und zahllosen anderen warmen und kalten Gerichten.

Galpão Crioulo (☎ 3226 8194; Parque Maurício Sirotsky Sobrinho; Buffet 30 R$; 🕑 mittags & abends) Wahrscheinlich die beste *churrascaria* der Stadt, denn das „All You Can Eat"-Buffet ist riesig und auch das Weinangebot kann sich sehen lassen. Seine Bezeichnung als Mestre do Chimarrão (Chimarrão-Meister) empfiehlt den Gästen stillschweigend, diese lokale Spezialität unbedingt hier zu probieren (s. Kasten S. 398).

LP Tipp **Atelier das Massas** (☎ 3225 8888; Rua Riachuelo 1482; Gerichte 30–40 R$; 🕑 Mo–Sa 11–23 Uhr) Die Wände in dieser künstlerisch angehauchten Innenstadtkneipe sind vollgepackt mit Originalkunstwerken und abgefahrenen Fotos. Auch die Speisekarte kommt kreativ daher. Es gibt ein unwiderstehliches Buffet mit Antipasti und köstlicher hausgemachter Pasta.

Chale da Praça XV (☎ 3225 2667; Praça 15 de Novembro; Gerichte 30–40 R$; 🕑 12–24 Uhr) ist eine Institution in Porto Alegre. In diesem netten Gartenhaus im viktorianischen Stil mit riesiger Terrasse geht es erst so gegen 18 Uhr richtig los, denn dann beginnt die Happy Hour.

UNTERHALTUNG

Was nachts so los ist, erfährt man im *Jornal do Nuances*.

Casa da Cultura Mario Quintana (☎ 3221 7147; www.ccmq.rs.gov.br; Rua dos Andradas 736) Das Kulturzentrum in einem rosafarbenen Gebäude im Barockstil beherbergt ein Kino und zwei belebte Cafés. Im Café Concerto Majestic im 7. Stock werden gute Livemusik und ein fantastischer Sonnenuntergang über der Lagoa dos Patos geboten.

Centro Cultural do Usino Gasômetro (☎ 3212 5979; Av Presidente João Goulart 551; Eintritt frei) Die frühere Fabrik am Ufer der Lagoa dos Patos ist nun Heimat von Off-Kinos, Ausstellungen zeitgenössischer Künstler und einem netten Café.

Weitere Bars und Clubs konzentrieren sich um die Av Goethe und die Rua Fernando Gomes (die auch als „The Walk of Fame" bekannt ist) in Moinhos de Vento. Einen Blick wert sind u. a. **Dado Pub** (☎ 3395 1468; Rua Fernando Gomes 80) oder **Bar do Goethe** (☎ 3222 2043; Rua 24 de Outobro 112)

Die Schwulen- und Lesbenszene in Porto Alegre ist ziemlich aktiv. Ein beliebter Treffpunkt ist der Tanzclub **Vitraux** (☎ 3221 7799; Rua Conceição 492; 🕑 Fr & Sa ab 23, So ab 22 Uhr).

AN- & WEITERREISE
Bus

Der betriebsame **Fernbusbahnhof** (☎ 3210 0101; www.rodoviaria-poa.com.br) am Largo Vespiano Júlio Veppo ist mit der U-Bahn zu erreichen, alternativ kostet ein Taxi dorthin 10 R$.

Ziele innerhalb von Rio Grande do Sul sind: Torres (30–38 R$, 3 Std., 6-mal tgl.), Gramado (25 R$, 2 Std., 7-mal tgl.), Canela (24 R$, 2½ Std., 7-mal tgl.), Pelotas (38 R$, 3 Std., 8-mal tgl.), Cambará do Sul (26 R$, 6 Std., 1-mal tgl.) über São Francisco de Paula und Santo Ângelo (83 R$, *leito* (Nachtbus mit Schlafplatz)108 R$, 7 Std., 8-mal tgl.). Ein *semi-direto*-Nachtbus (mit Zwischenstopp) fährt nach Chuí an der uruguayischen Gren-

RIO GRANDE DO SUL

ze (73–85 R$, 7 Std.); Zu- und Umsteigemöglichkeiten gibt's in Pelotas.

Weitere Ziele in Brasilien: Florianópolis (65–90 R$, 6½ Std.), Curitiba (79–85 R$, 11 Std., 3-mal tgl.) und Rio de Janeiro Stadt (208 R$, 25 Std., 2-mal tgl.). Internationale Verbindungen: Montevideo (12 Std.), Buenos Aires (18 Std.) und Santiago (36 Std.).

Flugzeug

Porto Alegres moderner **Aeroporto Internacional Salgado Filho** (☎ 3358 2000) liegt 6 km von der Innenstadt entfernt. Man erreicht ihn per Taxi (30 R$, 15 Min.) oder U-Bahn (2 R$, 30 Min.).

Direktflüge gehen nach São Paulo (1 Std.), Rio de Janeiro (1½ Std.), Florianópolis (1 Std.), Curitiba (1 Std.), Brasília (2½ Std.), Montevideo und Buenos Aires.

UNTERWEGS VOR ORT

Durch Porto Alegre fährt eine saubere und bequeme einspurige U-Bahn, die die Innenstadt mit den Fernbusbahnhöfen und dem Flughafen verbindet. Von der Innenstadt aus sind alle wichtigen Sehenswürdigkeiten maximal 15 Gehminuten von der Endhaltestelle direkt hinter dem Mercado Público entfernt.

SERRA GAÚCHA

Nördlich von Porto Alegre endet die flache Küstenlandschaft und die Straßen winden sich hinauf in die Berge der Serra Gaúcha.

Diese landschaftlich schöne Strecke – die zwischen Nova Petrópolis und Gramado ganz besonders reizvoll ist – führt vorbei an bewaldeten Hängen und unvermittelt auftauchenden Bergklippen, von denen nicht selten Wasserfälle in die Tiefe stürzen.

Die ersten Siedler in dieser Gegend (um 1824) waren Deutsche, gefolgt von Italienern, die ab den 1870er-Jahren eintrafen. Auf dieses Erbe ist man hier auch heute noch stolz. Die Berge sind kaum höher als 1000 m, aber dennoch erinnern Architektur und Atmosphäre in Gramado und Canela an Schweizer Alpendörfer. In Bento Gonçalves und dem in der Nähe gelegenen Vale dos Vinhedos sind selbst die Springbrunnen mit *vino* gefüllt: Die Nachfahren der italienischen Einwanderer hegen und pflegen ihre boomende Weinindustrie.

Viele Besucher fahren im Winter (Juni–Aug.) in die Serra Gaúcha, in der Hoffnung, ein paar Schneeflocken zu sichten. Und tatsächlich fallen in höheren Lagen jedes Jahr einige Zentimeter ersehntes Weiß. Im Frühling sind die Berge übersät mit Wildblumen, im Sommer blühen Tausende von Hortensien. Tolle Wanderungen sind hier das ganze Jahr über möglich, insbesondere im Parque Nacional de Aparados da Serra.

BENTO GONÇALVES

☎ 0xx54 / 107 000 Ew.

Bedenkt man das italienische Erbe der Region und seine trockene bergige Landschaft, dann macht es Sinn, dass Rio Grande do Sul ein

---

EIN TOAST AUF DEN CHIMARRÃO

Rio Grande do Sul gehört zu Brasiliens modernsten und fortschrittlichsten Bundesstaaten. Trotzdem greift auch der größte *moderno gaúcho* (moderner Cowboy) sofort zur Kürbisflasche, wenn er neue Energie braucht.

Es waren die Guarani-Indianer, die den spanischen Siedlern die Freuden des *chimarrão* (Mate-Tee) zeigten und wie man ihn nicht aus einer Tasse, sondern durch einen *bomba* (Strohhalm) aus einem ausgehöhlten *cuia* (Kürbis) trank. Das auch als *erva maté* bekannte teeähnliche Getränk wird aus den Blättern des Matebaums gemacht. Er wächst in der Pampa (Grasebene), die sich von Argentinien bis Uruguay durch Südbrasilien erstreckt.

Die echten *gaúchos*, die riesige Viehherden hüteten, wurden schnell süchtig nach der angenehmen, gleichermaßen aufputschenden und beruhigenden Wirkung des Mate. Sie gewöhnten sich sogar an den bittersüßen Geschmack, vielleicht weil es das Leben, das sie in den leeren Ebenen führten, widerspiegelte. Auch das Saugen an einem Strohhalm schien einen uralten Trieb zu befriedigen. An *chimarrão* muss man sich gewöhnen, um dann ernsthaft süchtig zu werden.

Heute bekommt diese alte Tradition einen Popularitätsschub sowohl von Wissenschaftlern als auch von Pseudowissenschaftlern, die dem Mate alle möglichen gesundheitsfördernden Wirkungen zuschreiben, von Blutdrucksenkung bis zu Steigerung der Intelligenz. Harte Fakten stehen noch aus. Bei einer Probe *chimarrão* in Galpão Crioulo (S. 397) kann man sich ein eigenes Urteil bilden.

Zentrum des Weinanbaus wurde. Der Mittelpunkt der aufstrebenden Weinindustrie ist Bento Gonçalves, 124 km nördlich von Porto Alegre. Es ist eine große laute Stadt, die nicht viel mehr bietet als einen bequemen Zugang zu den Weinbergen der Region.

Jedes Jahr im Januar und Februar wird in der Stadt **Fenavinho** (www.fenavinhobrasil.com.br) gefeiert, um die Weinindustrie zu bewerben.

Orientierung & Praktische Informationen

Die Rua Marechal Deodoro ist Bentos Hauptstraße. Hier findet man ein paar Hotels und das **Touristeninformationsbüro** (☎ 3453 6699; www. bentogoncalves.rs.gov.br; Rua Marechal Deodoro 70; ⊙ Mo–Sa 9–18 Uhr).

Sehenswertes & Aktivitäten

Bento Gonçalves erreicht man durch das **Pórtico da Pipa**, ein Straßentor in Form eines gigantischen Weinfasses, das auch gleichzeitig der Zugang zum **Vale dos Vinhedos** ist, dieses gefeierte 5 km lange Weinanbaugebiet erstreckt sich im Westen. (s. S. 399).

Vinícola Aurora (☎ 3455 2000; www.vinicolaaurora. com.br; Rua Olavo Bilac 500; Führungen & Weinproben frei; ⊙ Mo–Sa 8.15–17.15, So 8.30–11.30 Uhr), die einzige Weinkellerei im Stadtzentrum, ist einen Block nördlich des Bahnhofs zu finden. Der Traubensaft fließt von den Aurora-Weinbergen vor den Toren der Stadt durch unterirdische Pipelines direkt in die Produktionsanlage.

Zweimal wöchentlich tuckert die Dampflok **Maria Fumaça** (☎ 3455 2788; www.mfumaca.com.br; Erw./ Kind 40 R$/frei; ⊙ Feb.–Juni & Aug.–Nov. Do & Sa, Dez., Jan. & Juli tgl. 9 & 14 Uhr) zwischen Bento Gonçalves und den Kleinstädten Garibaldi und Carlos Barbosa hin und her. An jeder Haltestelle werden die Fahrgäste auf den Bahnsteig getrieben, um ein Tröpfchen preiswerten Weins zu genießen. Die Fahrt in der alten Bimmelbahn hat schon einen besonderen Reiz, ansonsten wird der ganze Trip etwas überbewertet.

Geführte Touren

Caminhos de Pedra (☎ 3454 5702; www.caminhosde pedra.org.br; 30 R$/Pers.) besucht faszinierende architektonische Überreste des 19. Jhs.

Vale das Vinhas (☎ 3451 4216; www.valedasvinhastur. com.br; Rua Barão do Rio Branco 245; 30 R$/Pers.) veranstaltet eine dreistündige Tour, auf der vier Weingüter des Vale dos Vinhedos besucht werden. Das Büro befindet sich in der Lobby des Hotel Vinocap (s. S. 399).

Schlafen & Essen

Die besten Übernachtungsmöglichkeiten gibt's in den Landhotels im Vale dos Vinhedos. Wer kein eigenes Fahrzeug hat, sollte sich lieber in Bento eine Unterkunft suchen.

Pousada da Pipa (☎ 3453 3157; mapellis@terra.com. br; Travessa Silva Paes 415; EZ/DZ 45/60 R$; 🖳) Dieses niedliche gelbe Haus steht in der Nähe vom Pórtico da Pipa. Die einfachen, sonnendurchfluteten Zimmer mit Holzdielen und ungebügelter Bettwäsche sind ihr Geld wert. Leider liegt es für Traveller, die auf öffentliche Verkehrsmittel angewiesen sind, nicht optimal.

Hotel Vinocap (☎ 3455 7100; www.vinocap.com.br; Rua Barão do Rio Branco 245; EZ/DZ 90/125 R$; ❌ 🖳) Es ist vielleicht nicht das hübscheste Gebäude in Bento, dafür aber das zentralste. Die 126 Zimmer sind ziemlich schlicht, aber dennoch recht gemütlich. Wer will, kann sich auch den Komfort eines neu renovierten „Luxury"-Zimmers leisten (EZ/DZ 120/150 R$).

LP Tipp Villa dei Fiori (☎ 3453 7866; www.villadei fiori.com.br; Rua Herdiros Refatti 185; Zi. 150–179 R$) Niemand erwartet so dicht am Busbahnhof eine italienische Villa – aber es gibt sie wirklich. Das alte Steinhaus mit dem wunderschönen Garten ist mit Sicherheit die entzückendste Unterkunft in der ganzen Stadt.

Canta Maria (☎ 3453 1099; Gerichte 40–50 R$; ⊙ tgl. mittags, Mo–Sa abends) Das berühmteste Restaurant der Stadt ist in der Nähe des Pórtico da Pipa. Das Buffet bietet Suppen, Salate und Pasta, dazu gibt's *rodízio* mit Grillfleisch, Fisch und Lamm. Auf telefonische Anfrage hin holen die Betreiber des Restaurants ihre Gäste aus der ganzen Stadt und Umgebung ab.

Im Shoppingzentrum Bento Gonçalves in der Rua Marechal Deodoro gibt's einen bescheidenen Food-Court.

Anreise & Unterwegs vor Ort

Der **Fernbusbahnhof** (☎ 3452 1311) liegt etwa 1 km nördlich vom Zentrum, an der Ecke der Rua Osvaldo Aranha und Rua Gen Gomes Carneiro. Stündlich fahren Busse nach Porto Alegre (7 R$, 2½ Std.) und Caxias do Sul (10 R$, 1 Std.), mit Anschluss nach Canela, Gramado oder Cambará do Sul. Ein Bus fährt täglich nach Santo Ângelo (75 R$, 7 Std.).

Auf S. 400 stehen Details zur Verbindung ins Vale dos Vinhedos.

VALE DOS VINHEDOS

Wenn Weinkenner über erstklassige Weinanbaugebiete sprechen, taucht Brasilien übli-

RIO GRANDE DO SUL

cherweise nicht gerade als erstes Land auf. Feine Zungen beginnen allerdings von den außerordentlich guten Weingütern im Süden Brasiliens zu schwärmen. Die preisgekrönten Cabernets und Cardonnays aus dem **Vale dos Vinhedos** (Tal der Weinberge; ☎ 3451 9601; www.valedos-vinhedos.com.br) sind das Ergebnis von harter Arbeit und Einfallsreichtum – vor allem der italienischen Familien, die seit den 1870er-Jahren zugewandert sind – sowie von hervorragendem Boden und guten Bedingungen.

Heute werden im Valley mehr als 10 Mio. Flaschen pro Jahr abgefüllt. Hunderttausende von Besuchern kommen zu den über 30 Weingütern, Weinschenken und Restaurants entlang der Estrada do Vinho und der Via Trento, einer malerischen Schleife westlich von Bento Gonçalves. Die meisten der größeren und bekannteren Weingüter bieten Touren und Weinproben an. Weine, verführerische Sekte, Schokolade und Handwerksarbeiten werden ständig verkauft.

Das Touristeninformationsbüro in Bento Gonçalves (s. S. 399) hat Karten und Infos zu den Weingütern. Am besten besucht man sie mit einer geführten Tour (S. 399), denn so kann man die wunderschöne Landschaft – und die Weine – genießen, ohne sich ums Autofahren Gedanken machen zu müssen.

Weingüter

Dies sind nur einige von etlichen Weingütern entlang der Schleife, von denen viele auch hervorragende Restaurants vor Ort haben. Es

---

FAHRRADTOUR AUF EIGENE FAUST DURCH DAS WEINGEBIET

Das Vale dos Vinhedos bietet hervorragende Bedingungen zum Radfahren: sanfte Hügel, hervorragende Straßen mit breiten Seitenstreifen und höfliche Fahrer, die während ihrer langsamen Fahrt die herrliche Landschaft genießen. Die Schleife selbst ist 25 km lang, eine relativ kurze und einfache Runde. Es gibt reichlich Optionen, unterwegs Wasser und Snacks zu kaufen. Derzeit gibt es in Bento Gonçalves keine Möglichkeit, ein Fahrrad zu leihen, aber wenn man sein eigenes dabei hat, ist man keineswegs der einzige Radler auf der Straße. Auf keinen Fall den Helm vergessen und den Rucksack für die Wein- und Käsekäufe zum Ende der Tagestour!

---

kann sein, dass man für eine Weinprobe extra zahlen muss – genannt „Bonus" –, allerdings wird der Betrag auf einen späteren Einkauf angerechnet.

Bei **Vinícola Miolo** (☎ 3451 1994; www.miolo. br; Estrada do Vinho km21; Bonus 5–15 R$; ◯ Mo–Sa 8–18, So 9–17 Uhr) ist der Sekt hervorzuheben, ebenso der Cabernet Sauvignon und der Merlot. Die riesige Anlage umfasst auch einen künstlichen See, und Touren starten jede halbe Stunde.

Das kleine **Cave de Amadeu** (☎ 3455 7461; www. amadeu.com.br; Linha Jansen s/n; Bonus 10 R$; ◯ Sa & So 10–17 Uhr), ein Weingut im Pinto-Bandeiras-Teil des Tals, sammelt internationale Preise für sein prickelndes Angebot.

Vallontono Vinhos (☎ 3459 1005; www.vallontono. com.br; Estrada do Vinho km 16; Bonus 5 R$; ◯ Mo–Fr 9–17, Sa & So 10–17 Uhr) ist bekannt für seinen Cabernet Sauvignon, Merlot und Chardonnay; das Weingut selbst ist wunderschön.

Schlafen & Essen

Die Landgasthöfe im Tal sind teuer, aber unvergesslich – und den Luxus wert! Die genannten Preise gelten fürs Wochenende. Sie sinken unter der Woche um etwa 20 %.

Pousada Villa Valduga (☎ 2105 3154; www.casaval duga.com.br; Linha Leopoldina s/n; EZ/DZ 260/310 R$; ✖ 🖥 🛜 🛀) Dieses Weingut betreibt auch eine nette rustikale Pension mit hellen bequemen Zimmern. Das Restaurant, Luis V, serviert frische und raffinierte italienische und französische Küche zu den hauseigenen Cabernets und Chardonnays.

LP Tipp **Pousada Borghetto Sant'Anna** (☎ 3453 2355; www.borghettosantanna.com.br; Linha Leopoldina 868; Suite 290–310 R$, Hütten 360–410 R$; ✖ 🖥 🛜) Etwa 4 km von Bento entfernt, oberhalb des Vale dos Vinhedos, bietet diese Ansammlung romantischer Steinhäuser einen fantastischen Blick auf das darunterliegende Tal. In Anlehnung an die Toskana vereinen die Unterkünfte rustikalen Charme mit üppigem Komfort.

Giordani Café da Colônia (☎ 3453 6884; Linha Leopoldina s/n; Buffet ohne Wein 22 R$; ◯ 8–20 Uhr) Das koloniale Café bietet eine leckere und üppige Auswahl süßer und herzhafter Mittagsgerichte sowie Kuchen und Kaffee – was hervorragend zum Weinangebot aus der Region passt.

An- & Weiterreise

Es gibt keine öffentlichen Transportmittel zum Vale dos Vinhedos. Wer keinen eigenen Wagen hat, sollte sich einer der bezahlbaren Touren anschließen (s. S. 401).

RIO GRANDE DO SUL

GRAMADO

☎ 0xx54 / 34 000 Ew.

Diese schicke Bergregion bezeichnet sich selbst als „natürlich europäisch" und sieht tatsächlich ein bisschen aus wie ein Schweizer Bergdorf. In kleinen Boutiquen werden avantgardistische Glasarbeiten und Gourmetschokolade verkauft, und die örtlichen Restaurants sind auf Fondue spezialisiert. Die Hotels sehen aus wie Schweizer Chalets. Manchmal driftet das alpine Thema ins Kitschige ab, aber alles in allem ist es sehr hübsch.

Im August findet in Gramado das **Festival de Gramado** (www.festivaldegramado.com.br) statt, Brasiliens renommiertestes Filmfestival.

Praktische Informationen

Banco do Brasil (Ecke Rua Garibaldi & Rua Augusto Zatti) Geldautomat und Geldwechsel.

Touristeninformation (☎ 3286 1475; www.portal gramado.com.br; Praça Major Nicoletti; ⊗ 9–19 Uhr)

Sehenswertes

Etwa 1,5 km südöstlich vom Zentrum liegt der **Lago Negro**, ein hübscher künstlicher See umgeben von Hortensien und voller Schwanenboote. Etwas näher am Zentrum bietet der **Parque Knorr** einen tollen Blick auf das Vale do Quilombo, ein hübsches Tal an der Straße zwischen Gramado und Canela.

Geführte Touren

Black Bear Adventure (☎ 9939 7191; www.blackbear adventure.com.br; Rua Bruno Ernest Riegel 713) Organisiert Wildwasserrafting, Abseilen unter Wasserfällen und Wandern im Cânion do Itaimbezinho (S. 404) und Cânion da Fortaleza (S. 404). Das Büro ist am Lago Negro.

Passeio Panorâmico Gramado (☎ 3286 9324; www. jardineiradashortensias.com.br; Av das Hortênsias 1710; Tour 10 R$/Pers.; ⊗ 10, 12, 14 & 16 Uhr) Diese 90-minütige Bustour gibt einen Überblick über die Stadtgeschichte, Architektur und Naturschönheiten.

Schlafen

Die genannten Preise gelten für Wochenenden im Sommer (Dez.–Feb.). Über Weihnachten und während des Filmfestivals steigen die Preise enorm an.

Gramado Hostel (☎ 3295 1020; www.gramadohostel. com.br; Av das Hortênsias 3880; B HI Mitglied/Nicht-Mitglied 35/45 R$; DZ HI-Mitglied/Nicht-Mitglied 45/55 R$; 🖳 🛜) Nur 1,5 km vom Zentrum von Gramado entfernt liegt diese Pension mit 65 Betten in nach Geschlechtern getrennten Schlafsälen und privaten Zimmern. Die Pension ist freundlich,

einladend und liegt günstig an der Busstrecke nach Canela.

Pousada Metodista (☎ 3286 2299; www.gramado site.com.br/pousadametodista; Av Borges de Medeiros 2889; EZ/ DZ 65/90 R$) Hier schläft man in geheiligten Hallen hinter der Methodistenkirche. Die sechs kleinen Zimmer haben ein Bad, nackte Wände und Linoleumböden. In den größeren Schlafsälen übernachten normalerweise Kirchengruppen, wer hätte das gedacht. Nichtraucher.

Hotel Vovó Carolina (☎ 3286 2433; www.vovocaro lina.com.br; Av Borges de Medeiros 3129; EZ/DZ ab 126/154 R$; 🖳) Direkt im Zentrum gelegen hat dieses Hotel kleine Zimmer mit Teppichböden und einem nüchternen Service. Nicht zu verwechseln mit der Pousada Vovó Carolina, dem viel größeren Haus 5 km südlich vom Zentrum.

LP Tipp **Pousada Don Clemente** (☎ 3286 5433; Rua Bela Vista 41; EZ/DZ 165/210 R$; 🖳) Auf halber Höhe die steile Straße zum Parque Knorr hinauf liegt dieses persönliche und gemütliche B&B mit aufgeputzten und großen Zimmern. Die hübsche Terrasse nach hinten raus können die Gäste mitbenutzen.

Bella Terra Pousada (☎ 3286 3333; www.pousada bellaterra.com.br; Av Borges de Medeiros 2870; EZ/DZ/Suite

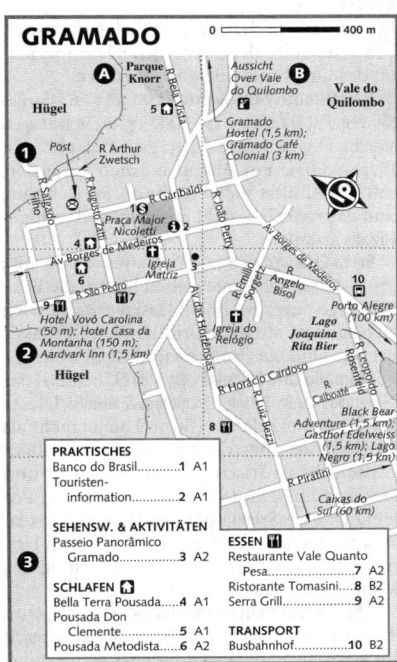

GRAMADO

0 ——— 400 m

PRAKTISCHES
Banco do Brasil............1 A1
Touristen-
    information............2 A1

SEHENSW. & AKTIVITÄTEN
Passeio Panorâmico
    Gramado..............3 A2

SCHLAFEN 🛏
Bella Terra Pousada......4 A1
Pousada Don
    Clemente.............5 A1
Pousada Metodista.......6 A2

ESSEN 🍴
Restaurante Vale Quanto
    Pesa.................7 A2
Ristorante Tomasini......8 B2
Serra Grill..............9 A2

TRANSPORT
Busbahnhof.............10 B2

RIO GRANDE DO SUL

175/250/335 R$; 💻 🛜) Das Gebäude liegt etwas weiter weg von der Straße – weniger Straßenlärm. Tatsächlich ist es ein Ort der Ruhe und des Friedens. In den großen hellen Zimmern stehen große Betten mit Federkernmatratzen und Marmorbädern.

Hotel Casa da Montanha (☎ 3286 2544; www.hotel casadamontanha.com.br; Av Borges de Medeiros 3166; Zi. Wochentags/Wochenende ab 185/265 R$; 🔀 💻 🛜 🚻) Von außen ähnelt das Hotel einem rustikalen Chalet, im Inneren herrscht üppiger Luxus. Die Zimmer haben ein schickes altmodisches Flair. Darüber hinaus gibt es eine reichhaltige Bibliothek aus dunklem Holz, ein schickes Spa und ein Gourmetrestaurant, das auf frische Forelle und Wild spezialisiert ist.

Aardvark Inn (☎ 3286 0806; www.aardvarkinn.com. br; Rua Pedro Candiago 305; EZ/DZ 250/300 R$; 💻 🛜) In einer hübschen Wohngegend liegt dieses lustig benannte kleine Gasthaus (*aardvark* bedeutet Erdferkel). Die Einrichtung ist aus poliertem Holz und die meisten Zimmer haben einen privaten Zugang zum Garten. Hier kann man schön am Feuer sitzen oder im Hof mit dem riesigen Schach spielen.

Essen

In Gramado findet man reichlich italienische, deutsche und Schweizer Küche. Die Spezialität des Ortes sind Süßwasserforellen.

Restaurante Vale Quanto Pesa (☎ 3286 3457; Rua São Pedro 401; Gerichte 15–18 R$; 🕑 Di–So mittags & abends) Das enorme Mittagsbuffet und ein Pizza-*rodízio* am Abend machen garantiert satt. Das Buffet bietet mehr als 50 Gerichte, und das *rodízio* besteht aus nicht viel weniger Pizzavarianten.

Serra Grill (☎ 3036 1012; Rua São Pedro; Buffet 18 R$; 🕑 11–15 Uhr) Die Leute stehen bis um die Ecke Schlange, um zum hochklassigen Buffettisch zu gelangen, auf dem Grillfleisch und Klassiker wie *feijoada* (Bohnen und Reis) stehen.

Gramado Café Colonial (☎ 3282 2317; Estrada Canela-Gramado; 22 R$/Person; 🕑 mittags & abends) Dieses herrliche *café colonial* (Buffet) bietet mehr als 80 Gerichte, von frischem Salat und kaltem Aufschnitt zu frisch gebackenem Brot und leckeren *salgados* (Snacks) – gebackene Polenta ist eine Spezialität des Hauses – bis zu süßen Teilchen und Desserts. Man zahlt einmal und kann alles probieren. Es liegt in der Mitte zwischen Canela und Gramado.

LP Tipp **Ristorante Tomasini** (☎ 3286 4311; Av das Hortênsias 1189; Gerichte 30–40 R$; 🕑 mittags & abends) Im warmen Speisesaal am Feuer serviert das Tomasini leckere Pasta, Gegrilltes und Fisch à la carte. Oder man versucht die tolle *seqüência de fondues*, zu der Fleisch auf dem heißen Stein, Käse- und Schokoladenfondue gehören.

Gasthof Edelweiss (☎ 3286 1861; Rua da Carrière 1119; Gerichte 30–50 R$; 🕑 mittags & abends) In malerischer Lage gleich gegenüber vom Lago Negro serviert dieses gemütliche Restaurant die beste deutsche Küche der Stadt.

Anreise & Unterwegs vor Ort

Die Stadt ist klein genug, dass man alles zu Fuß erreichen kann. Regelmäßige Busse fahren nach Porto Alegre (26 R$, 2 Std., 7-mal tgl.). Busse nach Canela verlassen alle zehn bis 20 Minuten den Hauptbusbahnhof (1,80 R$, 20 Min.).

CANELA

☎ 0xx54 / 41 100 Ew.

Obwohl es an Gramados Raffinesse mangelt, hat Canela einen ganz eigenen Kleinstadtcharme. In der rund um einen grünen Marktplatz gelegen Innenstadt steht die beeindruckende gotische Catedral de Pedra (Kathedrale aus Stein). In den Straßen reihen sich Geschäfte und Cafés aneinander. Canela ist nicht so schick wie Gramado, dafür bietet es günstigere Unterkünfte und einen bequemeren Zugang zu den Naturparks, in denen man gut wandern kann.

Praktische Informationen

Banco do Brasil (Praça João Corrêa) Geldwechsel und Visa-Geldautomaten.

Posto Telefônico (☎ 3303 1107; Av Julio de Castilhos 319) Internetzugang (4,50 R$/Std.) und Telefone.

Touristeninformation (☎ 3282 2200; www.canela turismo.com.br; Praça João Corrêa)

War Zone Lan House (Av Osvaldo Aranha 333; 4 R$/ Std.; 🕑 10–22 Uhr) Internetzugang und Computerspiele.

Sehenswertes & Aktivitäten

Die Hauptattraktion des 9 km von Canela entfernten **Parque Estadual do Caracol** (☎ 3278 3035; Eintritt 10 R$; 🕑 8.30–17.30 Uhr) ist der spektakuläre Cascata do Caracol, ein 130 m frei hinabstürzender Wasserfall. Richtig toll sieht er in der Morgensonne aus, wenn das Wasser über den Granitkanten besonders schön glitzert. Wer sich fit fühlt, kann hinunter zum Fuß des Wasserfalls (und natürlich wieder rauf) laufen – es sind kaum über 900 Stufen …

Etwa 3 km von Caracol entfernt bietet der **Parque Floresta Encantada de Canela** (☎ 3504 1405;

www.canelateleferico.com.br; Erw./Kind 5 R$/frei; 9–17 Uhr; Di geschl.) eine andere Perspektive des Canyons. Ein *teleférico* (Sessellift) fährt die 830 m rauf und wieder runter und bietet 20 Minuten lang fantastische Blicke auf den Canyon, den Wasserfall und das in der Ferne liegende Gramado. Wer will, kann an einer der beiden Endstationen aussteigen und zurückwandern.

Von Caracol erreicht man nach einer 6 km langen Wanderung den **Parque da Ferradura** (9969 6785; Eintritt 8 R$; 9–17.30 Uhr). Seinen Namen verdankt er dem 420 m tiefen hufeisenförmigen Canyon, durch den sich der Rio Santa Cruz schlängelt. Gut ausgeschilderte Wanderwege führen an drei Aussichtspunkte. Auf dem Weg zum Park kommt man am **Castelinho** vorbei, dem ältesten Haus in dieser Gegend, das von einem deutschen Pionier ganz ohne Metallnägel gebaut wurde.

Geführte Touren

Diese Unternehmen bieten Wandern, Abseilen, Raften und Fahrradfahren an.

At!tude Ecologia & Tourismo (3282 6305; Shop 16, Av Osvaldo Aranha 391; Touren 80 R$/Pers.; 8.30–12 & 14–17.30 Uhr) Zweimal täglich Touren nach Caracol, Ferradura, Castelinho und zum Lago Negro in Gramado.

Vida Livre (3286 7326; www.vidalivreturismo.com.br; Room 302, Rua Madre Verônica 30; Touren ab 50 R$/Pers.; 8.30 & 14 Uhr) Die standardmäßige vierstündige Tour besucht alle Parks.

Schlafen

Die hier genannten Preise beziehen sich auf die Hochsaison im Sommer (Dez.–März).

Pousada do Viajante (3282 2017; www.pousadadoviajante.com.br; Rua Ernesto Urban 1; EZ/DZ ohne Bad ab 30/40 R$;) „Gut und günstig schlafen" lautet die Devise der HI-Herberge. Und die wird gelebt mit sauberen, ruhigen Einzel- und Doppelzimmern mit Gemeinschaftsbad. Rabatt für HI-Mitglieder: Frühstück nur 6 R$.

Vila Vecchia (3282 4220; Rua Melvin Jones 137; EZ/DZ 72/105 R$) Süßes Schweizer Chalet mit Blumenkästen und Fensterläden. Die Zimmer sind einfach und preiswert, im Gemeinschaftsraum bollert ein Holzofen.

Alpes Verdes Parque Hotel (3282 1162; www.alpesverdes.com.br; Rua Gilda T Bolognese 1001; EZ/DZ/3BZ 135/175/195 R$;) Hotel im Grünen, ca. 1,5 km außerhalb der Stadt. Von den Chalets aus hat man einen traumhaften Blick auf das Vale do Quilombo. Die gastfreundlichen Betreiber bringen ihre Gäste gern in die Stadt und holen sie auch wieder ab.

Pousada Cravo & Canela (3282 1120; www.pousadacravoecanela.com.br; Rua Tenente Manoel Corrêa 144; Zi. 305–340 R$;) Früher wohnte in dieser vornehmen, geschichtsträchtigen Pousada der deutsche Gouverneur der Gegend. Von damals sind noch viele architektonische Kleinigkeiten erhalten, u. a. der Kachelofen im Speisezimmer und die Kuckucksuhrensammlung des früheren Eigentümers.

Essen

Olimpia Restaurante (3282 3888; Av Osvaldo Aranha 456; Buffet 12,50 R$; mittags & abends) Dieses „Pro-Kilo-Restaurant" ist spätestens mittags voll, und das aus gutem Grund. Das üppige Buffet

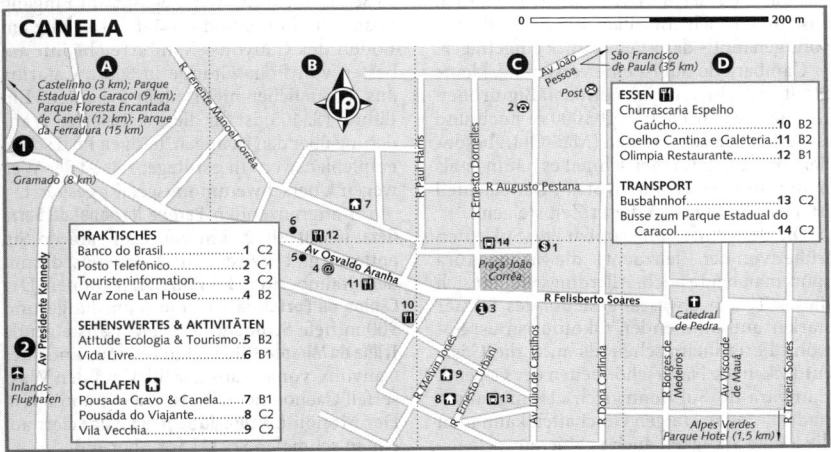

CANELA

0   200 m

Castelinho (3 km); Parque Estadual do Caracol (9 km); Parque Floresta Encantada de Canela (12 km); Parque da Ferradura (15 km)

Gramado (8 km)

ESSEN
Churrascaria Espelho Gaúcho.............................10 B2
Coelho Cantina e Galeteria...11 B2
Olimpia Restaurante...........12 B1

TRANSPORT
Busbahnhof........................13 C2
Busse zum Parque Estadual do Caracol......................14 C2

PRAKTISCHES
Banco do Brasil.....................1 C2
Posto Telefônico....................2 C1
Touristeninformation............3 C2
War Zone Lan House.............4 B2

SEHENSWERTES & AKTIVITÄTEN
At!tude Ecologia & Tourismo.5 B2
Vida Livre..............................6 B1

SCHLAFEN
Pousada Cravo & Canela.......7 B1
Pousada do Viajante.............8 C2
Vila Vecchia..........................9 C2

Inlands-Flughafen

Av Presidente Kennedy

R Teniente Manoel Corrêa

R Paul Harris

R Ernesto Dornelles

R Augusto Pestana

Av João Pessoa

Post

São Francisco de Paula (35 km)

Praça João Corrêa

R Felisberto Soares

R Melvin Jones

R Ernesto Urban

R Júlio de Castilhos

R Dona Carlinda

R Borges de Medeiros

Av Visconde de Mauá

R Teixeira Soares

Catedral de Pedra

Alpes Verdes Parque Hotel (1,5 km)

ist frisch und macht satt, und man findet hier gegrilltes Fleisch, frisches Gemüse und Salate.

Coelho Cantina e Galeteria (☎ 3282 4224; Av Osvaldo Aranha 287; Buffet 15 R$; ⊗ mittags & abends) Das Mittagsmenü im Coelho ist wie ein Buffet, aber man bekommt es an den Tisch gebracht. Platz für das Dessert lassen, denn es gibt 15 Sorten zur Auswahl!

Churrascaria Espelho Gaúcho (☎ 3282 4348; an der Av Osvaldo Aranha; Gerichte 15–20 R$; ⊗ mittags & abends) Eine anständige *churrascaria* mit einer Soviel-Fleisch-wie-man-essen-kann-Option.

Anreise & Unterwegs vor Ort

Busse nach Gramado verlassen alle zehn bis 20 Minuten den Hauptbusbahnhof (1,80 R$, 20 Min.). Sie fahren auch nach São Francisco de Paula (6 R$, 1 Std.), wo man eine Verbindung nach Cambará do Sul bekommt (10 R$, 2 Std.), sowie nach Caxias do Sul (10 R$, 7-mal tgl.), von wo aus man weiter nach Bento Gonçalves (5 R$, stündl.) fahren kann. Busse fahren regelmäßig nach Porto Alegre (25 R$, 2½ Std., 7-mal tgl.).

Zwei Busse pro Tag fahren zum Parque do Caracol (1,50 R$, 20 Min.), mit Abfahrt vom Praça João Corrêa um 8.15 und 12 Uhr, und Rückfahrt um 12.30 und 18 Uhr.

CAMBARÁ DO SUL

☎ 0xx54 / 7200 Ew.

Cambará do Sul liegt 186 km von Porto Alegre entfernt im Nordosten und dient als Ausgangspunkt für die Nationalparks Parque Nacional de Aparados da Serra und Parque Nacional da Serra Geral. Die zwei werden zusammen auch „Brasilianischer Grand Canyon" genannt – das ist etwas dick aufgetragen.

Cambará do Sul ist eine verstaubte, kleine Stadt mit einer unverhältnismäßig großen Kirche. Das Örtchen liegt 1000 m hoch und ist in den Wintermonaten (Mai–Okt.) besonders beliebt, denn hier schneit es häufiger als in den anderen Orten im Staat. Der Nachteil ist, dass die Preise in dieser Zeit steigen.

Die Bewohner von Cambará do Sul lebten früher von der Viehzucht – die *gaúcho*-Aura spürt man heute noch. Allerdings verliert sich dieser Touch etwas angesichts des immer stärker aufkommenden Ökotourismus: Sowohl die Einheimischen als auch die Gäste entdecken die Naturschönheiten der Gegend. Cambará do Sul nennt sich „Honighauptstadt" – und in einigen Geschäften kann man die lokale Süßigkeit auch probieren.

Praktische Informationen

Cyber Serra (Rua Padre João Pazza 802; 4 R$/Std.; ⊗ Mo–Sa 9–23, So 17–22 Uhr) Internetzugang.

Touristeninformationsbüro (☎ 3251 1320; www.cambaraonline.com.br; Rua 15 de Março) Gegenüber der Hauptkirche der Stadt.

Sehenswertes & Aktivitäten

Der traumhafte **Parque Nacional de Aparados da Serra** (☎ 3251 1262; Eintritt 3 R$; ⊗ Mi–So 9–16 Uhr) verläuft an der Grenze bis nach Santa Catarina hinein. Cambará do Sul, 18 km entfernt, ist der Ausgangspunkt für Parkbesuche. Das unüberschaubar große, wenig abwechslungsreiche Weideland verändert hier seinen Look und macht tollen Canyons Platz, deren Wände bis zu 720 m steil abfallen.

Hier ist eines der letzten *araucária*-Waldstücke des Bundesstaates erhalten, was ein Grund dafür war, den Park unter Naturschutz zu stellen. Seine Hauptattraktion aber ist der **Cânion do Itaimbezinho**, ein schmaler 5800 m langer und 600 bis 720 m tiefer Canyon mit parallel verlaufenden Felswänden. Zwei Wasserfälle stürzen in die Schlucht, die der Rio Perdiz auf seinem Weg zum Meer gebahnt hat.

Es gibt drei Wanderwege durch den Park. Der 2 km lange **Trilha do Vértice** führt zu einem Aussichtspunkt mit tollem Blick über den Canyon und auf die Cascata do Andorinhas. Der **Trilha Cotovelo** (3 km, hin & zurück 2½ Std.) mit traumhafter Aussicht auf den Canyon führt vorbei am Wasserfall Véu de Noiva.

Einen völlig anderen Blickwinkel genießt man auf der Strecke entlang des **Trilha do Rio do Boi**. Der Wanderweg beginnt am Eingang Posto Rio do Boi und verläuft 7 km lang am Boden des Canyons. Man erreicht ihn am besten von Praia Grande in Santa Catarina aus. Aber lieber nicht allein loslaufen: Ein Führer (S. 405) ist für diese schwierige Wanderung über den steinigen, felsigen Pfad schon empfehlenswert. In der Regenzeit ist der Weg wegen Überschwemmungsgefahr gesperrt.

Im angrenzenden **Parque Nacional da Serra Geral** (Eintritt frei), 23 km von Cambará do Sul entfernt, gibt es zwei weitere Canyons, die mit dem Itaimbezinho konkurrieren können. Der **Cânion da Fortaleza** ist eine 8 km lange und 900 m tiefe Schlucht. Der leicht ansteigende **Trilha do Mirante** führt 7 km bis zum Ende des Canyons, von wo aus der Blick auf den Wasserfall Cachoeira do Tigre Preto grandios ist. Der Monolith **Pedra do Segredo** balanciert auf einem schmalen Sockel am Abgrund.

Der **Cânion Malacara** verdankt seine Form dem Fluss mit dem gleichen Namen. Wer den **Trilha Piscina do Malacara** entlangwandert, wird mit einem Naturschwimmbecken, randvoll mit kühlem, kristallklarem Wasser, und einem wunderschönen Panorama belohnt.

Etwa 18 km westlich von Cambará do Sul führt der Trilha da Cachoeira (4 km lang) zu dem kleinen, aber spektakulären Wasserfall **Cachoeira dos Venâncios** (Eintritt 3 R$). Eine kleine Abkühlung gefällig?

Geführte Touren

Lokale Unternehmen bieten Transport und Führer zu den Canyons (35 R$/Pers. nach Itaimbezinho od. Fortaleza). Eine Wanderung auf dem Trilha do Rio do Boi kostet ca. 100 R$. Man kann auch reiten und bergsteigen.

Canyon Turismo (☎ 3251 1027; www.canyonturismo.com.br; Av Getúlio Vargas 1098)

Nativa Ecoturismo (☎ 3251 1013; Av Getúlio Vargas 1282)

Schlafen

Cambará hat viele günstige Familienpensionen. Die höherpreisigen Häuser liegen außerhalb. Wildes Campen in den Parks ist verboten. Die Touristeninformation hilft dabei, einen öffentlichen Campingplatz zu finden.

Die genannten Preise gelten für die Hauptsaison (Mai–Okt.). Außerhalb dieser Zeit kann man mit 25 % Rabatt und mehr rechnen.

Pousada Paraíso (☎ 3251 1352; www.paraisopousada.com.br; Rua Antonio Raupp 678; Zi. 40 R$/Pers.) Am Dorfrand gelegen. Das zweistöckige Haus kann bis zu 40 Gäste in seinen frischen, einfachen Zimmern aufnehmen. Der beste Deal der Stadt.

Pousada Itaimbeleza (☎ 3251 1367; www.itaimbezinho.tur.br; Rua Dona Úrsula 648; EZ/DZ ab 50/100 R$) Hübsche gemütliche Chalets stehen in einem Garten voller Vögel und Blumen. Die nette Besitzerin Loreni hilft jederzeit gerne bei der Buchung von Touren zu den Canyons.

LP Tipp **Pousada Corucacas** (☎ 3251 1123; www.corucacas.com; Zi. 90 R$/Pers.) Etwa 1 km von der Stadt entfernt an der Straße nach Ouro Verde liegt diese aktive Farm mit ihren rustikalen Zimmern. Die Möglichkeiten zum Reiten und Wandern gleich vor der Haustüre sind grenzenlos, und der Kamin wärmt am Abend den Gemeinschaftsraum. Preise inklusive Frühstück und Abendessen.

Estalagem da Colina (☎ 3251 1746; Av Getúlio Vargas 80; DZ 170–190 R$, 4BZ 300 R$; 🖳) Am Rand von Cambará gelegen hat dieses Anwesen zehn

schicke Holzchalets aus recycelten Baustoffen. In der Haupthütte versammelt man sich am Kamin oder genießt ein tolles Abendessen.

Refúgio Ecológico Pedra Afiada (☎ 0xx48-3532 1059; www.pedraafiada.com.br; EZ 310 R$, DZ 550–700 R$) Traumhaft gelegen mitten im Cânion Malacara bietet das einsame Gasthaus einen herrlichen Steinkamin für kühle Nächte und eine traumhafte Dachterrasse für klare Tage. Wandern, reiten, raften und abseilen kann man gleich vor der Haustüre. Auch wenn man hier nicht übernachtet, darf man die Wege des 32 ha großen Reservats für 5 R$ erkunden.

Parador Casa da Montanha (☎ 3286 2544; www.paradorcasadamontanha.com.br; Zi. ab 435 R$) Das nobelste Haus am Platze liegt zwischen Cambará und Itaimbezinho. Umgeben von Kiefernwäldern und Wasserfällen ist die Übernachtung in den beheizten Zelten eine Mischung aus Luxus und Landleben. Die Preise beinhalten Halbpension und Touren in die Umgebung, und unter der Woche sind sie 40 % niedriger.

Essen

Die Möglichkeiten zum Abendessen sind in Cambará beschränkt.

Cafe Expresso Mata Bicho (☎ 3251 1203; Rua 20 de Setembro 90; Gerichte 12–15 R$; 🕑 Mo–Sa 8–20 Uhr) Auf zur Wanderung? Hier gibt's ein Sandwich, Obst, Müsliriegel und Saft – zum Mitnehmen.

Restaurante Bom Paladar (☎ 3251 1280; Rua João Francisco Ritter 842; Gerichte 20 R$; 🕑 Di–Sa 17–22 Uhr) Gemütliche Holzeinrichtung und sättigendes Essen.

O Casarão (☎ 3251 1711; Rua João Francisco Ritter 969; Gerichte 20 R$; 🕑 Di–So 15–22 Uhr) Ein etwas gehobenerer Laden mit Bioprodukten, hausgemachter Pasta und einheimischen Weinen.

Galpão Costaneira (☎ 3251 1005; Rua Dona Úrsula 1069; Gerichte 20–30 R$; 🕑 Mi–Sa 11–23 Uhr) Wem die *gaúcho*-Atmosphäre Lust auf *churrascaria* gemacht hat, sollte diesen Laden mit Livemusik am Wochenende probieren.

Anreise & Unterwegs vor Ort

Zwei Busse fahren täglich nach São Francisco de Paula (18 R$, 2 Std.), mit Anschluss nach Porto Alegre oder Canela und Gramado. Ein Bus täglich geht nach Caxias do Sul, von wo man Verbindung nach Bento Gonçalves hat.

Kommt man aus dem Norden, fährt ein direkter Bus dreimal pro Woche nach Torres. Ansonsten muss man in Tainhas umsteigen.

Die Parks werden von öffentlichen Bussen nicht angefahren. Man kann von Cambará aus

RIO GRANDE DO SUL

ein Taxi nehmen (80–100 R$, einfache Strecke). Lokale Tourveranstalter (s. S. 405) sind eine gute Alternative, vor allem wenn man sich einer kleinen Gruppe anschließen kann. So früh wie möglich Kontakt aufnehmen!

ROTA MISSÕES

Kurz nach der Entdeckung der Neuen Welt erlaubten die portugiesischen und spanischen Könige den katholischen Orden, Missionen zur Konvertierung der Einheimischen zu bauen. Die Jesuiten waren am erfolgreichsten. Sie errichteten eine Reihe von Missionen in Paraguay, Bolivien, Brasilien und Argentinien. In ihrer Blütezeit in den 1720er-Jahren umfasste dieser blühende „Staat" 30 Missionsdörfer, die von mehr als 150 000 Guarani bewohnt wurden (s. Kasten S. 407).

Heute sind die 30 Missionen nur noch Ruinen. Zusammen bilden sie die Rota Missões, „Missionsstraße", ein Netz aus Pilgerstätten für Gläubige und Neugierige. Sieben davon liegen in Brasilien (im Nordwesten von Rio Grande do Sul), acht im Süden Paraguays und 15 im Nordosten Argentiniens. Einen hervorragenden Überblick über die brasilianischen Missionen gibt die Website der **Rota Missões** (www.rotamissoes.com.br, portugiesisch).

SANTO ÂNGELO

☎ 0xx55 / 75 400 Ew.

Diese kleine hübsche Stadt ist ein regionales Drehkreuz und Startpunkt für die Erkundung der brasilianischen Missionen. Die beeindruckende Kathedrale an der **Praça da Catedral** ist eine zeitgenössische Kopie der Kirche von São Miguel das Missões (S. 406). Ein paar Blocks weiter nördlich erinnert das **Monumento ao Índio** an Sepé Tiaraju, den Anführer der Widerstandsbewegung im Guaranikrieg.

Orientierung & Praktische Informationen

Die Av Brasil ist die Hauptgeschäftsstraße, die von Osten nach Westen durchs Zentrum verläuft. Die Praça da Catedral liegt vier Blocks südlich die Rua Marques do Herval entlang.

Stadtpläne gibt es in den Hotels, die in der rechten Spalte aufgelistet sind.

Banco do Brasil (Ecke Av Brasil & Rua Marques do Herval) Geldwechsel und Geldautomaten.

Suprema Internet (☎ 3313 2016; Rua Marques do Herval 1448; 4,50 R$/Std.; ⏱ 10–22 Uhr)

Geführte Touren

Ohne eigenes Auto ist es schwierig, alle Missionen zu besuchen. Eine organisierte Tour ist eine gute Alternative, aber man sollte so früh wie möglich reservieren.

Caminho das Missões (☎ 3312 9632) Organisiert Wander- und Fahrradtouren zu den Missionen (3–14 Tage).

Golden Travel (☎ 3314 2773; Rua Marques do Herval 1446) Die traditionelle dreitägige Tour (425 R$) beinhaltet São João Batista (S. 408), São Miguel das Missões (S. 406) und Santuário de Caaró (S. 408). Man kann über die Agentur auch den Besuch der internationalen Missionen arrangieren.

Schlafen & Essen

Turis Hotel Santo Ângelo (☎ 3313 5255; www.santo angeloturishotel.com.br; Rua António Manoel 726; EZ/DZ 55/70 R$, EZ/DZ mit Klimaanlage 87/110 R$; ⏱) Die Zimmer sind sehr unterschiedlich, aber keines wird jemals einen Designpreis gewinnen. Trotzdem ist es eine anständige Budgetoption, einen Block westlich der Praça da Catedral.

Hotel Maerkli (☎ 3313 2127; Av Brasil 1000; EZ/DZ 137/165 R$; ⏱ 🖥) Etwas bessere Option. Hier wohnen Geschäftsreisende und Reisegruppen, die den Service und die hübschen Zimmer zu schätzen wissen. In der Hauptstraße, einen Block westlich der Praça Leônidas Ribas.

Quick (☎ 3313 4488; Ecke Av Brasil & Rua Marques do Herval; Gerichte 12–20 R$) Mit herzhaftem Mittagsbuffet und großer Abendkarte die beste Wahl zwischen Av Brasil und Hauptplatz.

Anreise & Unterwegs vor Ort

Der **Busbahnhof** (☎ 3313 2618) befindet sich 1 km westlich vom Zentrum. Ein täglicher Bus fährt nach Bento Gonçalves (78 R$, 7 Std.), und ein Nachtbus fährt nach Foz do Iguaçu (118 R$; 12 Std.) in Paraná. Regelmäßige Busse pendeln zwischen Santo Ângelo und Porto Alegre (83 R$, leito 108 R$, 7 Std., 8-mal tgl.).

Viermal täglich fahren Busse nach São Miguel das Missões (10 R$, 1 Std.). Bei **Sulmive** (☎ 3312 1000; Rua Marechal Floriano 747) kann man ein Auto mieten, um die brasilianischen Missionen zu besuchen. Es ist aber schwierig, mit einem Mietwagen über die Grenze zu kommen, um die anderen Missionen zu sehen.

SÃO MIGUEL DAS MISSÕES

☎ 0xx55 / 3000 Ew.

Die am besten erhaltene und interessanteste brasilianische Mission ist **São Miguel Arcanjo** (Erw./Kind. 5/2,50 R$; ⏱ März–Sept. 9–12 & 14–18 Uhr; Okt.–Feb. bis 20 Uhr) in São Miguel das Missões,

RIO GRANDE DO SUL

53 km südwestlich von Santo Ângelo. Die elegante Kirche wurde von einem italienischen Architekten und Jesuitenbruder entworfen und 1984 von der Unesco ins Weltkulturerbe aufgenommen. Sie ist umgeben von den geheimnisvollen Ruinen der Jesuitensiedlung, die Erinnerungen an ein „verlorenes Paradies" (s. Kasten S. 407) wachrufen.

Zur archäologischen Anlage gehört auch das tolle kleine **Museu das Missões** von Lúcio Costa, der u. a. wegen seines Plans zum Bau von Brasília berühmt wurde. In dem Museum ist eine beeindruckende Sammlung von religiösen Artefakten zu sehen, die in den Ruinen gefunden wurden. Einige Guarani-Familien versuchen, kunsthandwerkliche Gegenstände an den Mann zu bringen. Die fantastische, etwas kitschige **Sound-and-Light-Show** (Erw/Kind 5/2.50 R$; ✆ Aug.–Feb. 21 Uhr, März–April 20 Uhr, Mai–Juli 19 Uhr) zeigt die Geschichte der Missionen.

Orientierung & Praktische Informationen

Die Mission liegt ca. 500 m westlich vom Busbahnhof, das kleine Einkaufszentrum liegt dazwischen. Die **Touristeninformation** (☎ 3381 1294) ist in der Nähe des Eingangs zur Mission.

Schlafen & Essen

Der letzte Bus nach Santo Ângelo fährt vor Beginn der Sound-and-Light-Show ab. Es ist also eine gute Idee, hier zu übernachten. In der Nähe des Busbahnhofs gibt's ein paar einfache Restaurants und gegenüber dem Eingang zur Mission einen Schnellimbiss.

LP Tipp **Pousada das Missões** (☎ 3381 1202; www.pousadatematica.com.br; Rua São Nicalau 601; B HI-Mitglieder/Nicht-Mitglieder 42/52 R$; EZ/DZ/3BZ/4BZ 65/106/144/168 R$; ⊠ 🖳 📶 📺) Studentengruppen bevölkern die Schlafsäle der HI-Unterkunft. Etwas anspruchsvollere Traveller fühlen sich wahr-

RIO GRANDE DO SUL

DAS VERLORENE PARADIES

1608 befahl der Gouverneur der spanischen Provinz von Paraguay dem Jesuitenführer Fray Diego de Torres, die einheimischen Tupi und Guarani zu konvertieren. Die Jesuiten bauten verstreute Missionen, die meisten in Südbrasilien und in Teilen von Südparaguay und Nordargentinien.

Anders als ihre Brüder im Rest der Neuen Welt machten die Jesuiten einen kollektiven Versuch, die Ureinwohner zu konvertieren, ohne ihre Kultur oder Sprache zu vernichten. Die Missionen wurden zu Zentren für Kultur, Bildung und Religion. Die Künste blühten, indem sie die europäische und Guarani-Musik und -Malerei vereinten. Gelehrte schufen eine Schriftform der Tupi-Guarani-Sprache und begannen 1704, mehrere Werke zu veröffentlichen. Dazu verwendeten sie eine von Südamerikas ersten Druckerpressen. Die Missionen brachten hochentwickelte Skulpturen, Metallarbeiten, Keramiken und Musikinstrumente hervor. In einem Zeitalter der Monarchie und institutionalisierten Sklaverei waren die Missionen eine Insel des Idealismus, in denen der Reichtum gerecht verteilt wurde. Und Religion, Intellekt und Kunst wurden zu gleichen Teilen gefördert.

Von Beginn an waren die Missionen bedroht. In den 1620er-Jahren wurden sie von portugiesischen *bandeirantes* schikaniert, Banden von Paulistas, die in den Gebäuden nach Gold suchten und die *índios* versklavten. Tausende *índios* wurden gefangen, und die 13 Missionen in Guayra (dem heutigen Paraná) wurden aufgegeben. Zu Beginn der 1630er-Jahre sammelten sich die Jesuiten an 30 Orten in der nordwestlichen Ecke des heutigen Rio Grande do Sul, in Argentinien und in Paraguay. Diese Häuser, jetzt nur noch Ruinen, bilden die heutige Rota Missões (Missionsstraße).

Zum großen Teil war es der Erfolg der Missionen, der auch zu ihrem Untergang führte. Die auf ihre Unabhängigkeit bedachten Jesuiten brachten nicht nur Rom in Verlegenheit, sondern auch die spanischen und portugiesischen Könige. Der Vertrag von Madrid von 1750 schrieb vor, dass die Stätten unter portugiesische Herrschaft gestellt werden sollten, was die Einheimischen nicht vor der Versklavung schützen konnte. Den Guarani wurde 1754 befohlen, ihr Land zu verlassen, aber sie weigerten sich, ihre Siedlungen aufzugeben und so begann der Guaranikrieg. 1756 griff eine gemeinsame spanisch-portugiesische Armee die Missionen an, tötete mehr als 1500 Guarani und verkaufte noch viele mehr in die Sklaverei, was die Guarani-Bevölkerung erheblich reduzierte. Das war das tragische und blutige Ende eines beeindruckenden sozialen Experiments.

Große Denker – von Voltaire bis Montesquieu – sahen die Missionen als reale Verkörperung der christlichen Utopie, die von den gleichen Kräften zerstört wurde, die sie geschaffen hatte. Robert De Niro und Jeremy Irons erzählen diese Geschichte in dem Film *Mission* (1986), einer bewegenden fiktionalen Rekonstruktion der Ereignisse (s. auch S. 75).

scheinlich ziemlich wohl in den privaten Zimmern, die statt einer Nummer einen Guarani-Namen mit Erklärung haben. Die Herberge befindet sich direkt hinter der archäologischen Stätte, man braucht nur den Schildern am Eingang zu folgen. Ventilator und TV bekommt man für einen Aufpreis von 15 R$. Außerdem gibt's ein gutes Restaurant.

Wilson Park Hotel (☎ 3381 2000; www.wilsonparkhotel.com.br; Rua São Miguel 664; EZ/DZ/3BZ 100/145/190 R$; 🗙 🖳 🗐) Mit der prahlerischen Architektur im Missionenstil, seinen gestylten Zimmern und dem Restaurant mit internationaler Küche ist dieses aparte Hotel für einen echten Pilger vielleicht nicht das Wahre. Zur Ausstattung gehören Tennisplätze, ein Fußballplatz und ein Swimmingpool.

An- & Weiterreise
Vom **Busbahnhof** (☎ 3381 1226) in Missões fahren vier Busse täglich nach Santo Ângelo (8 R$, 1 Std.).

ANDERE BRASILIANISCHE MISSIONEN
São João Batista
Auf halbem Weg zwischen Santo Ângelo und São Miguel befinden sich die Überreste der Mission **São João Batista** (☎ 3329 1170; Eintritt frei; 🗓 März–Sept. 9–12 & 14–18, Okt.–Feb. bis 20 Uhr). Mit etwas Fantasie kann man Umrisse von Kirche, Friedhof und Schule ausmachen.

Caaró
Etwa 20 km westlich von São Miguel ist im **Santuário de Caaró** (☎ 3505 7427; 🗓 Mo–Fr 8.30–11.30 & 13.30–18 Uhr) die religiöse Geschichte des Landes noch am lebendigsten. Ein einfaches Monument ehrt die drei Priester, die 1626 von *bandeirantes* getötet wurden. Ein Opfer, Roque González, ist heilig gesprochen worden. Besonders im November, zum Jahrestag des hl. Roque, versammeln sich hier Pilger.

São Lourenço Mártir
1690 gründeten argentinische Jesuiten **São Lourenço Mártir** (☎ 3352 2699; Eintritt frei; 🗓 März–Sept. 9–12 & 14–18, Okt.–Feb. bis 20 Uhr). Es liegt etwa 18 km westlich der Abzweigung nach São Miguel, km nördlich der Straße nach São Luiz Gonzaga (BR-285). Kirche, Friedhof und Schule sind erkennbar und es gibt eine Ausstellung mit Fundstücken. Das beeindruckendste – das große Bildnis von São Lourenço, das einst die Kirche schmückte – ist im Museu das Missões (S. 407) in São Miguel.

São Nicolau
Etwa 120 km westlich von Santo Ângelo gelegen, war diese Mission ein Kunstzentrum, in dem Malereien, Keramiken und Holzskulpturen geschaffen wurden. Heute ist an dieser **archäologischen Stätte** (☎ 3363 1441; 🗓 Mo–Fr 8–11.30 & 13.30–17, Sa & So 13.30–17 Uhr) nur noch der Steinkeller zu sehen. Das **Museu Municipal** (☎ 3356 1247; Rua João Fagundes 131; Eintritt frei; 🗓 Mo–Fr 9–11.30 & 13.30–16.45 Uhr) zeigt eine interessante Ausstellung zu den Guarani-Jesuiten.

Wer es bis hierher schafft, kann die Nacht im **Pousada dos Jesuítas** (☎ 3363 1101; Cel Mamed de Souza 1046; DZ 80 R$) verbringen, 50 m von der Mission entfernt.

ARGENTINISCHE & PARAGUAYISCHE MISSIONEN
Posadas ist der ideale Ausgangspunkt für einen Abstecher zu den argentinischen Missionen. Die schönste davon ist San Ignacio Miní (60 km nordöstlich), nicht zu verwechseln mit San Ignacio Guazú, die in Paraguay liegt. Man nimmt entweder Encarnación oder Posadas (auf der anderen Seite der Grenze) als Basis für einen Besuch der Missionen in Paraguay. Die wichtigste Stätte hier ist die rote Steinruine von Trinidad de Parana, 50 km nordöstlich von Encarnación.

Die direkteste Route zu den argentinischen und paraguayanischen Missionen geht durch die Grenzstadt Porto Xavier, 145 km nordwestlich von Santo Ângelo. Von hier aus kann man per Barkasse über den Rio Uruguai die argentinische Stadt Santo Tomé erreichen.

LITORAL GAÚCHO

Auf dem Papier klingt es großartig: ein 500 km langer Streifen brasilianischer Küste, der einen schier endlosen Strand bildet, der sich von Torres an der Santa-Catarina-Grenze bis nach Chuí an der uruguayischen Grenze erstreckt. Unglücklicherweise ist die Wirklichkeit nicht ganz so hübsch. Das Wasser ist meist trüb, und die Strände sind eintönig, mit nur wenig Abwechslung in der Landschaft.

TORRES
☎ 0xx51 / 34 000 Ew.
Torres an der Grenze zu Santa Catarina ist die Ausnahme an der langweiligen Küste. Die Stadt, 205 km nördlich von Porto Alegre, hat hübsche (wenn auch volle) Strände, unterbro-

chen von Basaltsteinformationen. Im Winter bringen die antarktischen Strömungen kalte, harte Winde zur Küste. Die Menschenmassen verschwinden und die meisten Hotels schließen von Mai bis November.

Jedes Jahr im April findet in Torres ein **Heißluftballonfestival** (www.festivaldebalonismo.com. br) statt, ein beeindruckender Anblick.

Orientierung

Die Av Barão do Rio Branco verläuft vom Strand in Prainha aus nach Westen. Die Praia Grande erstreckt sich von hier nach Norden, während die Praia da Cal in Richtung Süden geht. Der Busbahnhof befindet sich auf der westlichen Seite der geigenförmigen Lagoa do Violão in der Av José Bonifácio.

Praktische Informationen

Banco do Brasil (Av Barão do Rio Branco 236) Geldwechsel und Geldautomaten.

Loja de Conveniência (Av Barão do Rio Branco 217; Internet 3 R$/Std.) Eines der vielen Internetcafés in der Hauptstraße.

Touristeninformation (☎ 3626 1937; www.torres.tur. br; Ecke Avs Barão do Rio Branco & Silva Jardim) Veröffentlicht einen praktischen Stadtplan.

Sehenswertes & Aktivitäten

An der **Praia Grande**, dem Hauptstrand der Stadt, ist das Wasser recht ruhig. Surfer finden 2 km südlich in **Praia da Cal** eine anständige Brandung. In der Nähe steht ein 18 m hoher Leuchtturm auf dem **Morro do Farol**, von wo man einen tollen Blick auf die Stadt hat.

Weiter südlich bieten die Gärten des **Parque Guarita** eine herrliche Umgebung für kulturelle Events und Erholungsmöglichkeiten. Man sagt, der benachbarte Strand mit dem gleichen Namen sei der schönste in Torres.

Geführte Touren

Passeios Náuticos (☎ 3626 2933; 22 R$/Person) bietet Bootstouren zur Ilha dos Lobos, einem Ökoreservat, in dem von März bis November eine Kolonie Seelöwen lebt. Vom Ende der Av Silva Jardim geht man den Rio Mampituba entlang nach Ponte Pênsil.

Schlafen

Die nachstehenden Preise gelten für den Sommer (Dez.–Feb.); von März bis November kann man mit Preisnachlässen von 20 bis 40 %, während des Heißluftballonfestivals mit einer Erhöhung von 25 % rechnen.

Hotel Costa Azul (☎ 3664 3291; Av José Bonifácio 382; EZ/DZ 30/60 R$; 🅿) Kleine, freundliche Unterkunft in optimaler Lage in der Nähe des Busbahnhofs. Die etwas kleinen Zimmer sind sauber und haben Teppichboden.

Pousada da Prainha (☎ 3626 2454; www.pousadada prainha.com.br; Rua Alferes Feirreira Porto 138; EZ/DZ/3BZ 75/100/160 R$; 🅿) Schönes Hotel im Kolonialstil, einen Block vom ruhigen Prainha-Strand weg.

Pousada La Barca (☎ 3664 2925; www.pousadalabarca. com.br; Av Beira Mar 1020; EZ/DZ/ 100/180 R$, EZ/DZ/3BZ mit Meerblick 285/320/355 R$; 🅿 🖥 🛜 🅿) Makellos und mondän, modern und am Strand gelegen. Die Zimmer haben Deckenventilatoren und große Balkone, auf denen man die leichte Brise von der See so richtig genießen kann.

Solar Inn (☎ 3626 3731; Av Beira Mar 1713; Zi. 180–250 R$; 🅿 🛜 🅿) Das formidable, wunderbar kleine Hotel mit nur 18 Zimmern direkt am Prainha-Strand ist nicht zu toppen. Es ist vielleicht nicht ganz so luxuriös wie das klotzige Dunas Hotel nebenan, dafür geht es hier aber sehr viel gastlicher und geselliger zu.

Essen

Pizzaria Nápole (☎ 3664 2657; Av Benjamin Constant 163; Gerichte 12–25 R$; 🕑 abends) Bei 40 verschiedenen Pizzas findet man bestimmt die richtige. Einen Block südlich der Av Barão do Rio Branco.

Doce Art (☎ 3664 5591; Av Silva Jardim 295; Gerichte 15–25 R$; 🕑 Mo–Sa 9–15 Uhr) Hier gibt es Kaffee, frischen Saft und leckere Teilchen am Morgen, oder Sandwiches und Pasta am Mittag. Draußen hat man einen Blick über die Praça XV.

Restaurante A Prainha (☎ 3626 4566; Rua Joaquim Porto 151; Gerichte 15–25 R$; 🕑 11–21 Uhr) Zwei Blocks entfernt vom Strand. Fisch und typisch brasilianische Gerichte, nette schattige Veranda.

Anreise & Unterwegs vor Ort

Die Stadt ist klein und alles ist zu Fuß erreichbar, auch der **Busbahnhof** (☎ 3664 1787). Zu den Zielen gehören Porto Alegre (30 bis 38 R$, 3 Std., 6-mal tgl.) und Florianópolis (56 R$, 5 Std., 5-mal tgl.). Ein direkter Bus fährt dreimal die Woche nach Cambará do Sul. Ansonsten muss man in Tainhas umsteigen.

RIO GRANDE

☎ 0xx53 / 200 000 Ew.

Rio Grande wurde 1737 an der Mündung des Lagoa dos Patos gegründet, um die umkämpfte Südgrenze des portugiesischen Reiches zu bewachen. Die älteste Stadt der Region hatte ihre Blütezeit während des 19. Jhs., als ihr

Hafen wichtig für den profitablen Rinderhandel wurde. Rio Grande hat eine hübsche Altstadt mit einigen interessanten kolonialen und neoklassizistischen Gebäuden. Das hervorragende **Museu Oceanográfico** (☎ 3232 9107; Rua Capitão Heitor Perdigão 10; Eintritt frei; ☷ Di–So 9–11.30 & 4–18 Uhr) ist eines der besten in Lateinamerika.

Schlafen & Essen

LP Tipp **Paris Hotel** (☎ 3231 3866; www.hotelvillamoura. com.br; R Marechal Floriano 112; EZ/DZ 80/100 R$) Das älteste Hotel in Rio Grande do Sul wurde 1826 erbaut und lässt mit hohen Decken, antiken Möbeln und grünem Innenhof seinen früheren Glanz erahnen. Zu diesem Preis wäre es dumm, nicht in einem antiken Bett zu schlafen und auf einer Veranda aus dem 19 Jh. zu sitzen, auf der schon Dom Pedro II. entspannte.

Atlântico Rio Grande (☎ 3231 3833; www.hoteis atlantico.com.br; Rua Duque de Caixas 53; EZ/DZ ab 99/109 R$; ☷ ☐ ☎) Es wird nur dem gefallen, der auf 60er-Schick steht, aber man hat einen tollen Blick aufs Wasser und den benachbarten Park.

Die Hotels in Rio Grande haben Cafés und Restaurants, die überwiegend Steaks servieren. Vegetarier überleben mit Pasta und Salat.

An- & Weiterreise

Vom **Busbahnhof** (☎ 3232 8444) aus wird Rio Grande mit allen wichtigen Städten in Südbrasilien verbunden, darunter Chuí (39 bis 46 R$, 3½ Std., 2-mal tgl.) an der Grenze zu Uruguay. Dennoch ist Pelotas (10 R$, 1 Std., alle 30 Min.) der Hauptverkehrsknotenpunkt.

CHUÍ

☎ 0xx53 / 5500 Ew.
Die Grenzstadt 245 km südlich von Rio Grande gehört zu Brasilien und zu Uruguay (Chuí bzw. Chuy). Die Hauptverkehrsstraße dient als Grenze: Auf der nördlichen (brasilianischen) Seite ist es die Av Uruguaí, und auf der südlichen (uruguayischen) Seite ist es die Av Brasil. Touristen können sich frei auf beiden Seiten der Stadt bewegen. Es wird Portugiesisch und Spanisch gesprochen.

Auf der uruguayischen Seite gibt es viele Duty-Free-Shops und Kasinos, deshalb zieht Chuy viele Schmuggler und Spieler an. Wenn man sich nicht fürs Spielen interessiert, sollte man nicht länger als nötig bleiben.

Praktische Informationen

Sowohl Brasilien als auch Uruguay haben Konsulate. Es dauert etwa 24 Stunden, um ein Visum für eines der Länder zu bekommen, das sollte man also mit einplanen.

Brasilianisches Konsulat (☎ 3265 1011; Rua Tito Fernandez 147)

Uruguayisches Konsulat (☎ 3265 1151; Rua Venezuela 311)

Die meisten Läden akzeptieren die brasilianische und die uruguayische Währung sowie US-Dollar. Die **Banco do Brasil** (Ecke Rua Venezuela & Rua Chile) ist zwei Blocks vom brasilianischen Busbahnhof entfernt. Geldwechselbüros gibt's an der Ecke Avs General Artigas/Brasil.

Schlafen & Essen

Ist man in Chuí gestrandet, kann man im **Rivero Hotel** (☎ 3265 1271; Calle Colombia 163; EZ/DZ 20/40 R$) auf der brasilianischen Seite oder im **Nuevo Hotel Plaza** (☎ 598-474 2309; www.hotelplaza. chuynet.com; Plaça de Chuy; EZ/DZ 20/40 R$; ☷) in Uruguay übernachten. Eine bessere Option ist das **Bertelli Chuí Hotel** (☎ 3265 1266; Zi. 110 R$; ☷ ☷), etwa 2 km nördlich der Stadt an der BR-471. Gute *churrascarias* reihen sich an der uruguayischen Seite der Av Brasil aneinander.

An- & Weiterreise

VON/NACH URUGUAY

Der brasilianische Grenzposten ist in der Av Argentina, ein paar Kilometer nördlich der Stadt. Man braucht kein Visum und keine Einreise- bzw. Ausreisestempel. Wenn man aber weiter nach Uruguay reist, muss man den Fahrer bitten, am Grenzübergang anzuhalten, um einen Ausreisestempel zu bekommen.

In Uruguay liegt der Grenzposten 2,5 km südlich der Stadt. Der Bus wird hier anhalten, damit die uruguayischen Beamten den brasilianischen Ausreisestempel und (gegebenenfalls) das uruguayische Visum kontrollieren können. Hier bei der Einreise nach Brasilien halten, wenn man einen Ausreisestempel braucht. Befindet man sich auf einem *leito*, wird sich die Buscrew um die Formalitäten auf beiden Seiten der Grenze kümmern.

BUS

Der brasilianische Busbahnhof ist in der Rua Venezuela, etwa drei Blocks von der Av Brasil entfernt. Busse fahren nach Pelotas (45 R$, 4 Std., 6-mal tgl.), Rio Grande (46 R$, 4 Std., 2-mal tgl.) und Porto Alegre (73–85 R$, 7 Std.). Man kann Tickets nach Montevideo (5 Std.) und andere Uruguay-Ziele bei den Busunternehmen entlang der Calle Leonardo Oliveira auf der uruguayischen Seite kaufen.

Brasília

Brasiliens futuristische Hauptstadt dürfte am ehesten einem modernen, tragfähigen Utopia nahekommen. Sie wurde im Zuge eines gewaltigen Kraftakts von Stadtplanern, Architekten und visionären Politikern in den 1950er-Jahren aus dem Boden gestampft.

Die Stadt und ihr Umland – der Distrito Federal (DF; Bundesdistrikt) – erstrecken sich über das hügelige brasilianische Zentralplateaus (Planalto). Ein weiter, offener Himmel mit Schleierwolken bildet einen eindrucksvollen, malerischen Hintergrund für die klare Formensprache der wundervollen Architektur von Brasília.

Brasília ist das revolutionäre Bekenntnis eines Landes, das häufig als ein Staat der Zukunft gilt. Zugleich ist es ein lebendiges Museum, das als Vision einer Stadt des 3. Jts. angesehen wird und für sein avantgardistisches, perfekt geplantes Straßenraster oder gar für die übertrieben durchorganisierten Wohn- und Büroblocks gepriesen wurde (auch wenn sich in der Stadt genug Kritiker tummeln). Und bis heute ist Brasília auch die einzige, ausschließlich im 20. Jh. errichtete Stadt, der die Unesco den Rang einer Weltkulturerbestätte zuteil werden ließ.

50 Jahre nach seiner Gründung ist Brasília wohlhabend, gut in Schuss und quicklebendig. Fans moderner Architektur können locker ein paar Tage damit verbringen, die eindrucksvollen Gebäude und Monumente der Stadt zu besichtigen. Zwischendurch tankt man in einigen der besten Restaurants Brasiliens oder im pulsierenden *vida nocturna* (Nachtleben) neue Kraft.

HIGHLIGHTS

- Das himmlische **Santuário Dom Bosco** (S. 418) betreten und erleben, wie mit dem Vorurteil „Alle Kirchen sehen gleich aus" auf der Stelle aufgeräumt wird

- Seele reinigen oder sich einfach nur auf ein etwas anderes Tempelerlebnis im **Templo da Boa Vontade** (S. 418) einlassen

- Vom **Fernsehturm** (S. 416) aus der Sonne zusehen, wie sie hinter den zahlreichen Monumentalbauten untergeht

- In der **Arena Futebol Clube** (S. 422) zum sinnlichen Rhythmus des Samba tanzen

- Nachts, wenn die **Praça dos Três Poderes** (S. 417) in einem fantastischen Licht erstrahlt, Brasílias futuristische Architektur auf sich wirken lassen

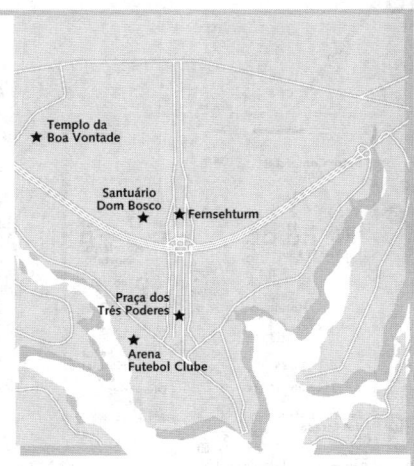

BRASÍLIA

| Vorwahl: 061 | Bevölkerung: 2,6 Mio. | Fläche: 5802 km² |

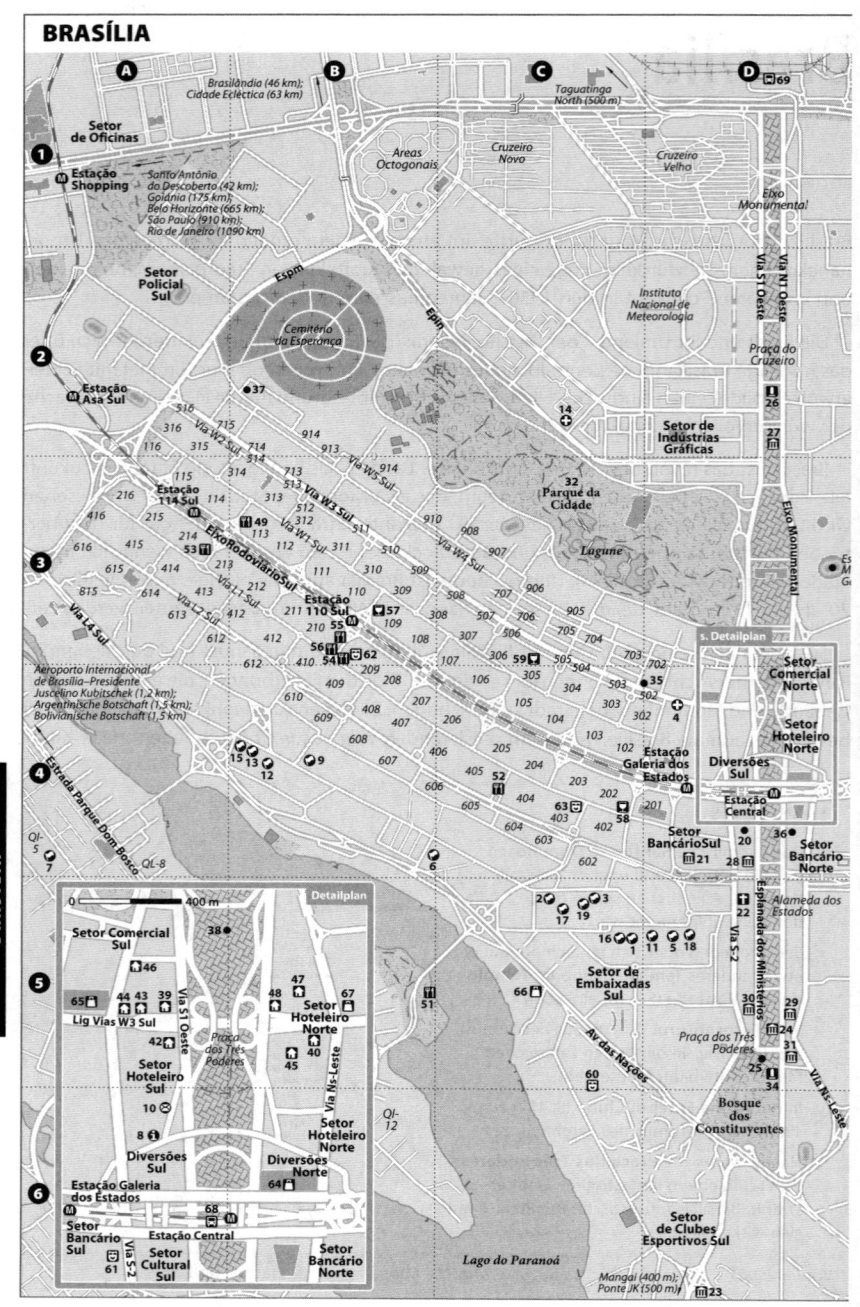

BRASÍLIA

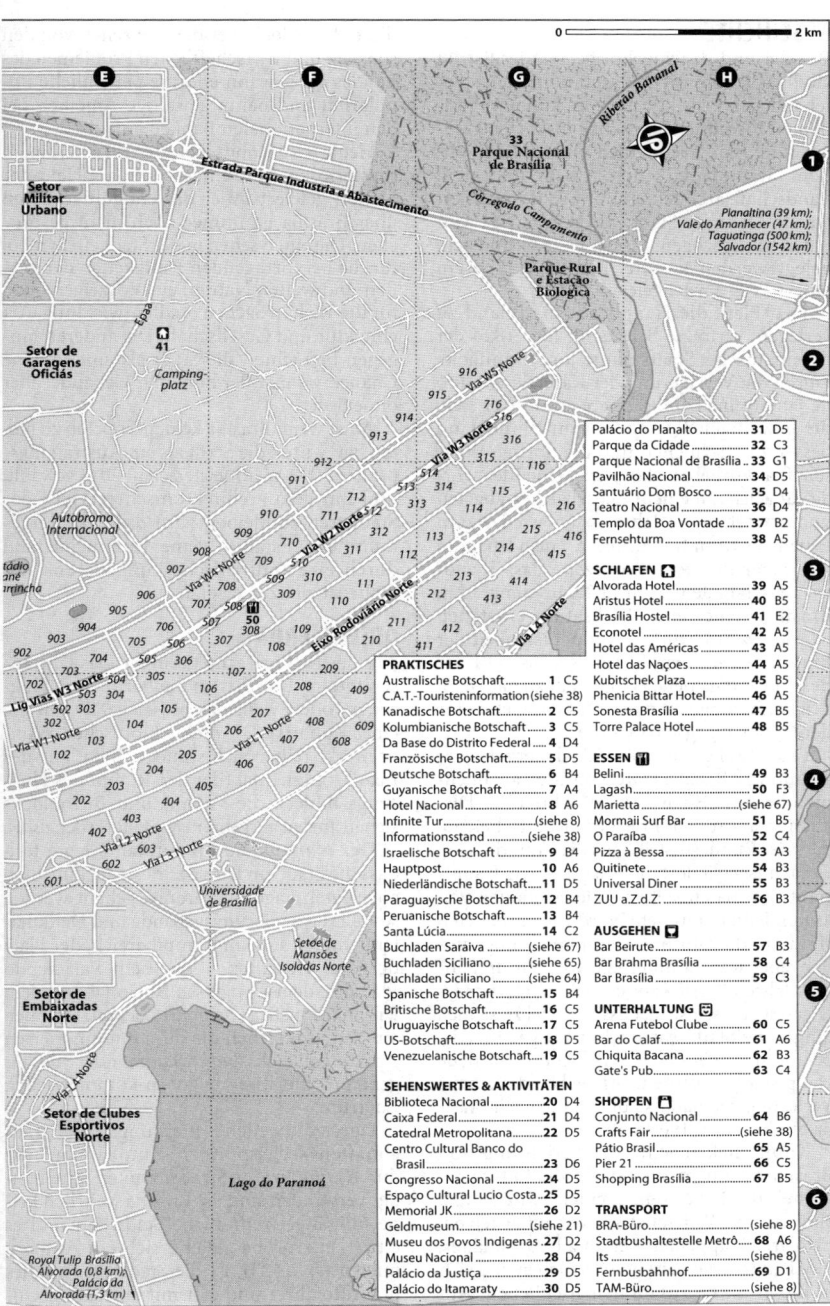

0 ══════════ 2 km

Parque Nacional de Brasília 33

Pianaltina (39 km);
Vale do Amanhecer (47 km);
Taguatinga (500 km);
Salvador (1542 km)

Palácio do Planalto	**31**	D5
Parque da Cidade	**32**	C3
Parque Nacional de Brasília	**33**	G1
Pavilhão Nacional	**34**	D5
Santuário Dom Bosco	**35**	D4
Teatro Nacional	**36**	D4
Templo da Boa Vontade	**37**	B2
Fernsehturm	**38**	A5

SCHLAFEN 🛏

Alvorada Hotel	**39**	A5
Aristus Hotel	**40**	B5
Brasilia Hostel	**41**	E2
Econotel	**42**	A5
Hotel das Américas	**43**	A5
Hotel das Naçoes	**44**	A5
Kubitschek Plaza	**45**	B5
Phenicia Bittar Hotel	**46**	A5
Sonesta Brasília	**47**	B5
Torre Palace Hotel	**48**	B5

ESSEN 🍴

Belini	**49**	B3
Lagasn	**50**	F3
Marietta	(siehe 67)	
Mormaii Surf Bar	**51**	B5
O Paraíba	**52**	C4
Pizza à Bessa	**53**	A3
Quitinete	**54**	B3
Universal Diner	**55**	B3
ZUU a.Z.d.Z.	**56**	B3

AUSGEHEN 🍸

Bar Beirute	**57**	B3
Bar Brahma Brasília	**58**	C4
Bar Brasília	**59**	C3

UNTERHALTUNG 🎭

Arena Futebol Clube	**60**	C5
Bar do Calaf	**61**	A6
Chiquita Bacana	**62**	B3
Gate's Pub	**63**	C4

SHOPPEN 🛍

Conjunto Nacional	**64**	B6
Crafts Fair	(siehe 38)	
Pátio Brasil	**65**	A5
Pier 21	**66**	C5
Shopping Brasília	**67**	B5

TRANSPORT

BRA-Büro	(siehe 8)	
Stadtbushaltestelle Metrô	**68**	A6
Its	(siehe 8)	
Fernbusbahnhof	**69**	D1
TAM-Büro	(siehe 8)	

PRAKTISCHES

Australische Botschaft	**1**	C5
C.A.T.-Touristeninformation	(siehe 38)	
Kanadische Botschaft	**2**	C5
Kolumbianische Botschaft	**3**	C5
Da Base do Distrito Federal	**4**	D4
Französische Botschaft	**5**	D5
Deutsche Botschaft	**6**	B4
Guyanische Botschaft	**7**	A4
Hotel Nacional	**8**	A6
Infinite Tur	(siehe 8)	
Informationsstand	(siehe 38)	
Israelische Botschaft	**9**	B4
Hauptpost	**10**	A6
Niederländische Botschaft	**11**	D5
Paraguayische Botschaft	**12**	B4
Peruanische Botschaft	**13**	B4
Santa Lúcia	**14**	C2
Buchladen Saraiva	(siehe 67)	
Buchladen Siciliano	(siehe 65)	
Buchladen Siciliano	(siehe 64)	
Spanische Botschaft	**15**	B4
Britische Botschaft	**16**	C5
Uruguayische Botschaft	**17**	C5
US-Botschaft	**18**	D5
Venezuelanische Botschaft	**19**	C5

SEHENSWERTES & AKTIVITÄTEN

Biblioteca Nacional	**20**	D4
Caixa Federal	**21**	D4
Catedral Metropolitana	**22**	D5
Centro Cultural Banco do Brasil	**23**	D6
Congresso Nacional	**24**	D5
Espaço Cultural Lucio Costa	**25**	D5
Memorial JK	**26**	D2
Geldmuseum	(siehe 21)	
Museu dos Povos Indigenas	**27**	D2
Museu Nacional	**28**	D4
Palácio da Justiça	**29**	D5
Palácio do Itamaraty	**30**	D5

Royal Tulip Brasília
Alvorada (0,8 km);
Palácio da
Alvorada (1,3 km)

Lago do Paranoá

Setor de Clubes
Esportivos
Norte

Setor de
Embaixadas
Norte

Universidade
de Brasília

Setôe de
Mansões
Isoladas Norte

Setor de
Garagens
Oficias

Camping-
platz

Setor
Militar
Urbano

Autobromo
Internacional

Parque Rural
e Estação
Biologica

Estrada Parque Industria e Abastecimento

Córregodo Campamento

Ribetão Bananal

BRASÍLIA

GESCHICHTE

Brasília und der zugehörige Bundesdistrikt sind das Ergebnis eines ambitionierten städtebaulichen Projekts, das vom kühnen Präsidenten Juscelino Kubitschek ins Leben gerufen und vom Architekten Oscar Niemeyer, dem Stadtplaner Lúcio Costa und dem Landschaftsarchitekten Burle Marx realisiert wurde. Die neue Stadt wurde in nur 41 Monaten hochgezogen. Bis der erste Grundstein gelegt werden konnte, musste jedoch ein langer Weg zurückgelegt werden.

Den Plan, die Hauptstadt ins Inland zu verlegen, verfolgte bereits im Jahr 1823 der brasilianische Staatsmann José Bonifácio. Durch die Verlagerung der Kapitale von Rio de Janeiro ins Landesinnere erhoffte er sich, die gewaltigen Ressourcen im Binnenland besser zu erschließen und die dortige Wirtschaft ankurbeln zu können. Seine Idee wurde zunächst mit einem Achselzucken abgetan und erwachte erst Jahre später wieder zum Leben, als Dom Bosco, ein in Turin lebender Salesianer-Priester, prophezeite, dass irgendwo zwischen dem 15. und 20. Breitengrad in Brasilien eine neue Zivilisation entstehen würde. Das weckte die Aufmerksamkeit der Brasilianer mit dem Ergebnis, dass 1891 der Beschluss, eine neue Hauptstadt zu bauen, in der Verfassung verankert und das Gebiet für deren Bau abgegrenzt wurde.

Es sollte allerdings bis 1955 dauern, bis der Traum von Brasília klare Konturen anzunehmen begann. Nach fast 150 Jahren der Diskussionen ordnete Präsident Kubitschek an, dass der Bundesdistrikt aus dem Bundesstaat Goiás ausgegliedert und hier die neue Hauptstadt Brasília entstehen solle. Millionen von armen Bauern aus dem Nordosten arbeiteten rund um die Uhr und stampften – unglaublich, aber wahr – innerhalb von nur dreieinhalb Jahren Brasília aus dem Boden (Niemeyer gab später selbst zu, dass alles viel zu schnell ging). Die Stadt war noch nicht ganz fertig, befand sich aber in den Startlöchern, die neue Hauptstadt zu werden. Offiziell fand dann die Verlegung der Hauptstadt von Rio nach Brasília am 21. April 1960 statt.

Kubitschek machte die Errichtung von Brasília zu einem Symbol für die Entschlossenheit des Landes und seiner Fähigkeit, zu einer großen Wirtschaftsmacht aufzusteigen. Erfolgreich appellierte er an alle Brasilianer, ihre Differenzen beiseite zu schieben und sich in dieser Sache zusammenzuschließen. Auf diese Weise lenkte er die Menschen von den sozialen und wirtschaftlichen Problemen des Landes ab, gewann enorme persönliche Popularität und nahm gewaltige Anleihen bei den internationalen Banken auf.

Heute wird Kubitschek, der 1976 bei einem mysteriösen Autounfall starb, als Held der Nation gefeiert. Aber das endgültige Urteil über Brasília ist immer noch nicht gesprochen. Die einen sehen in der Stadt ein Symbol für die hervorragenden Fähigkeiten der großen und weiten Nation, ein Vorzeigemodell für die Welt in Sachen Stadtentwicklung, Architektur und Gesellschaft. Die anderen hingegen betrachten die Stadt als eine vertane Chance, zwar voller hübscher Gebäude, aber ohne Seele.

Auch wenn Brasília keinen Topclub zu bieten hat, wurde die Stadt als ein Austragungsort der FIFA-Weltmeisterschaft 2014 gewählt, und um dem architektonischem Geist der Stadt treu zu bleiben wird das heruntergekommene Estádio Mané Garrincha bald durch eine futuristische Fußballarena mit mehr Sitzplätzen ersetzt.

ORIENTIERUNG

Aus der Luft betrachtet erinnert das Jahrtausenddesign Brasílias an die Form eines Flugzeugs (oder, wem das besser gefällt, an die eines Kolibris). Die architektonischen Wunderwerke reihen sich strategisch entlang des Eixo Monumental (der den Rumpf des Flugzeugs bildet), die Wohn- und Büroblocks stehen an den ausgebreiteten Flügel (den *asas*).

Der *plano piloto* („Pilotplan") legte fest, dass die Stadt am Ufer des riesigen, künstlich angelegten Lago do Paranoá gebaut werden sollte. Alle Regierungsgebäude und Denkmäler befinden sich im Rumpfbereich, der Platz der drei Gewalten – mit dem Palácio do Planalto, dem Congresso Nacional und dem Palácio da Justiça – liegt im Cockpit. Draußen auf den *asas* stehen die durchnummerierten Apartmentblocks (*superquadras* oder *quadras* genannt) mit ihrem eigenen kommerziellen Zentrum.

Durch die weiten Entfernungen und grauenhaften sechsspurigen Autobahnen, die durch komplizierte Straßenknoten miteinander verbunden sind, ist Brasília wahrlich keine fußgängerfreundliche Stadt. Obwohl sie einer Feuerprobe gleicht, sich ein Auto zu mieten (s. S. 423), ist die Stadt ein Paradies für Autofahrer und erst mit fahrbarem Untersatz fügen sich ihre Bilder zu einem großen Ganzen zusammen. Das Autofahren ist hier gemeinhin sicherer und komfortabler als in anderen Städten Brasiliens. Einen echten Eindruck von Brasílias Grundriss gewinnt man allerdings nur auf einem Rundflug über die Stadt. Weitere Informationen dazu gibt's auf S. 419.

PRAKTISCHE INFORMATIONEN
Botschaften & Konsulate
Da Brasília die Hauptstadt von Brasilien ist, gibt es hier unzählige Gebäude, in denen Botschaften und Konsulate untergebracht sind. Die meisten stehen entlang der Av das Nações, zwischen den Quadras 801 und 809 im Setor de Embaixadas Sul (Botschaftssektor Süd). Weitere Infos stehen auf S. 765.

Buchläden
Saraiva unterhält Filialen im jeweils 2. Stock der Einkaufszentren Conjunto Nacional und Pátio Brasil und im 1. Stock des Shopping Brasília. In allen gibt es eine gute Auswahl an englischsprachigen Büchern und Zeitschriften.

Geld
Banken, die Devisen tauschen, finden sich im Setor Bancário Sul (SBS; Bankensektor Süd) und im Setor Bancário Norte (SBN; Bankensektor Nord). Beide Sektoren liegen in der Nähe des Stadtbusbahnhofs. In allen großen Einkaufszentren und am Flughafen gibt es zahlreiche Geldautomaten; die meisten akzeptieren Cirrus, MasterCard und Visa. Reisebüros tauschen auch US-Dollar zu teilweise besseren Wechselkursen.

ADRESSEN FÜR KLUGE KÖPFCHEN

Brasílias Adressen sind so futuristisch wie seine Architektur – eine Abfolge von Zahlen und Buchstaben, die auf den ersten Blick einfach nur verwirren. Sobald man aber erst einmal weiß, wofür die ganzen Abkürzungen stehen, sind sie leicht zu durchschauen.

Die Adresse der Pensão da Zenilda lautet beispielsweise SQS 704, Bloco Q, Casa 29. Das bedeutet, sie befindet sich in der Super Quadra Sul (Süd) 704, *bloco* (Block) Q, *casa* (Haus) 29. Die erste Ziffer der Adresse (7) gibt die Lage östlich oder westlich des Eixo Rodoviário (der Hauptverkehrsachse von Nord nach Süd) an: Ungerade Zahlen stehen für das Gebiet westlich, gerade Zahlen für das Gebiet östlich davon; je höher die Zahl, desto weiter befindet sich der Ort vom Zentrum entfernt. Die letzten beiden Ziffern (04) geben die Entfernung in nördlicher oder südlicher Richtung vom Eixo Monumental an. Die Pensão da Zenilda liegt also vier Blocks südlich des Eixo Monumental und vier Blocks östlich des Eixo Rodoviário (1, 3, 5, 7). Je höher die Zahl der Super Quadra, desto weiter liegt sie also vom Zentrum entfernt.

Diese Abkürzungen sollte man sich einprägen:

Asa Norte/Asa Sul Die zwei „Flügel" der Stadt; sie sind durch Hauptstraßen, die *eixos rodoviários*, miteinander verbunden. Ein N (Norte) oder S (Sul) nach einer Abkürzung verrät, auf welcher Seite des Eixo Monumental die Adresse zu finden ist.

SBN/SBS (Setor Bancário Norte/Sul) Die Bankensektoren zu beiden Seiten des Eixo Monumental.

SCEN/SCES (Setor de Clubes Esportivos Norte/Sul) Die Hauptsektoren für Freizeit und Erholung an den Ufern des Lago do Paranoá.

SCLN/SCLS (Setor Comércio Local Norte/Sul) Die Haupteinkaufsviertel zwischen den *superquadras*.

SCN/SCS (Setor Comercial Norte/Sul) Die Büroblocks des Privatsektors gleich neben den großen Einkaufszentren.

SDN/SDS (Setor de Diversões Norte/Sul) Die großen *conjuntos* (Einkaufszentren) zu beiden Seiten des Eixo Monumental.

SEN/SES (Setor de Embaixadas Norte/Sul) Die Botschaftsviertel.

SHIN/SHIS (Setor de Habitações Individuais Norte/Sul) Die Wohngebiete rund um den See. Der SHIN ist über den Eixo Norte zu erreichen, in den SHIS gelangt man über die Brücken an der Av das Nações.

SHN/SHS (Setor Hoteleiro Norte/Sul) Die Hotelsektoren zu beiden Seiten des Eixo Monumental.

SMHN/SMHS (Setor Médico Hospitalar Norte/Sul) Die Krankenhaussektoren zu beiden Seiten des Eixo Monumental, jeweils neben dem SCN und dem SCS.

SQN/SQS (Super Quadras Norte/Sul) Die einzelnen *superquadras* in den wichtigsten Wohnflügeln des *plano piloto*.

Wer sein kluges Köpfchen aber nicht überanstrengen will, der sollte Adressen immer aufschreiben, denn mit der Zeit sehen alle diese *superquadras* gleich aus.

BRASÍLIA

Internetzugang

In den Einkaufszentren Pátio Brasil (2. Stock) und Shopping Brasília (Erdgeschoss) und am Flughafen gibt es jeweils mindestens ein Internetcafé.

Medizinische Versorgung

Da Base do Distrito Federal (☎ 3325 5050; SMHS 101)
Santa Lúcia (☎ 3445 0000; SHLS, Quadra 716, Conjunto C)

Notfall

Ambulanz (☎ 192)
Feuerwehr (☎ 193)
Polizei (☎ 190)

Post

Hauptpost (SHS Quadra 2, Bloco B; ☺ Mo–Fr 9–17 Uhr) Filialen gibt es auch in der Ankunftshalle des Flughafens und in den großen Einkaufszentren.

Reisebüros

Im Hotelkomplex des Hotel Nacional und am Flughafen finden sich unzählige Reisebüros, die beim Buchen von Flügen und bei der Mietwagensuche helfen.
Infinite Tur (☎ 3321 0559; Hotel Nacional, SHS Quadra 1; ☺ Mo–Sa 8.30–19 Uhr) Eines der zuverlässigsten Reisebüros, das auch mit den großen Fluggesellschaften zusammenarbeitet.

Touristeninformation

Eine Auflistung der Sehenswürdigkeiten findet man auch in den Broschüren, die an jeder Rezeption der größeren Hotels und in Reisebüros ausliegen. Im Hotelviertel finden sich zwar ein paar Informationsbüros und am Fernsehturm gibt es einen kleinen Infostand, diese haben aber entweder fast nie geöffnet oder kein Infomaterial auf Lager.
C.A.T.-Touristeninformation (Flughafen; ☺ 8–22 Uhr) Wer am Flughafen ist, sollte unbedingt hier vorbeischauen. Die meisten der Angestellten sprechen Englisch und man bekommt massenhaft Infos.

SEHENSWERTES
Praça do Cruzeiro

Das Grabmal von JK (Präsident Juscelino Kubitschek) befindet sich im **Memorial JK** (☎ 3226 7860; Eintritt 4 R$; ☺ Di–So 9–18 Uhr). Es liegt unterhalb einer schaurig schönen Buntglasplatte, die von der französischen Künstlerin Marianne Peretti angefertigt wurde. Im Museum ist die aus 3000 Büchern bestehende Privatbibliothek von JK zu sehen, ebenso wie

---

DIE SIEBEN WUNDER VON BRASÍLIA

2008 rief die Stadtverwaltung, auch angesichts der Auszeichnung als Amerikanische Kulturhauptstadt, auf kommunaler Ebene zur Wahl der Sete Maravilhas do Brasília (die sieben Wunder von Brasília) auf. Die fast 65 000 abgegebenen Stimmen ergaben folgende Rangliste:
Catedral Metropolitana 9017 Stimmen
Congresso Nacional 7113 Stimmen
Palácio da Alvorada 6915 Stimmen
Palácio do Planalto 6821 Stimmen
Templo da Boa Vontade 6693 Stimmen
Santuário Dom Bosco 5904 Stimmen
Ponte JK 4117 Stimmen

---

eine Bilddokumentation der Geschichte Brasílias. Nicht verpassen: Durch die Hintertür gelangt man zu seinem Ford Galaxie, Baujahr 1973.

Gegenüber, in einem Gebäude des Architekten Niemeyer, das von den kreisförmigen Hütten der indigenen Yanomani inspiriert wurde, ist das **Museu dos Povos Indígenas** (☎ 3344 1155; Eintritt frei; ☺ Mo–Fr 9–18, Sa & So 10–18 Uhr) untergebracht. Es beherbergt eine kleine aber bunte Ausstellung indigener Artefakte, die von den Anthropologen Darcy und Berta Ribeiro und Eduardo Galvão zusammengetragen wurde. Ein sandiger Innenhof wird immer noch für Stammesrituale genutzt.

Fernsehturm

Von der 75 m hohen **Aussichtsplattform** (Eintritt frei; ☺ 8–20 Uhr) des Fernsehturms hat man einen ganz guten Blick über die Stadt; sie ist aber nicht hoch genug, um einen Eindruck von der Flugzeugform Brasílias zu gewinnen. Linkerhand führt ein Aufzug zum Aussichtspunkt. Der Aufzug rechts bringt die Besucher zum **Edelsteinzentrum** des Turms (Eintritt 3 R$; ☺ 8–20 Uhr), eine funkelnde Sammlung von geschliffenen und ungeschliffenen Schmuckstücken, von denen die meisten unaussprechliche Namen haben. Die Buden am Fuß des Turmes sind keine *favela* (Slum), sondern ein Kunsthandwerksmarkt.

Catedral Metropolitana

Mit ihren 16 geschwungenen Außensäulen und den wellenförmigen Wänden aus Buntglas ist die **Catedral Metropolitana** (☎ 3224 4073; Esplanada dos Ministérios, Asa Sul; Eintritt frei; ☺ 8–18 Uhr) ein himmlischer Anblick. Am Eingang werden die Besucher von den eindringlichen Blicken der Statuen der *Vier Evangelisten* begrüßt, die, ebenso wie die schwebenden Aluminiumengel im Innern, von Ceschiatti angefertigt wurden. Einige Leser haben die große Anzahl der zerbrochenen Glasmalereien bedauert. Die erfreuliche Nachricht ist, dass diese Kunstwerke zum Zeitpunkt der Recherche einer umfassenden Restauration unterzogen wurden.

Complexo Cultural da República

Während Niemeyers ursprüngliche Pläne für Brasília bis heute nach und nach umgesetzt werden, entstehen westlich der Catedral Metropolitana schon neue Attraktionen. Als erstes wurde Ende 2006 zu Ehren von Niemeyer das **Museu Nacional** (☎ 3325 5220; Eintritt frei; ✆ Di–So 9–18.30 Uhr) eröffnet. Es handelt sich dabei um einen weiteren sphärischen Kuppelbau des Architekten, wobei das dezente Zwischengeschoss im Inneren größtenteils von an der Decke befestigten Stützen getragen wird. Markenzeichen ist die geschwungene Rampe, die aus dem Sockel des Gebäudes entspringt und sein Äußeres wie ein Saturnring umläuft.

Das eindrucksvolle Äußere der neuen Nationalbibliothek, der **Biblioteca Nacional** (☎ 3325 6257; ✆ Mo–Fr 9–21, Sa & So bis 18 Uhr), ist schon längst fertig gestellt, die Bibliothek selbst ist aber immer noch nicht mit allen Büchern bestückt. Jede halbe Stunde werden kostenlose Führungen durch das Gebäude angeboten. Auf der gegenüberliegenden Seite des Eixo Monumental erblickt man das **Teatro Nacional**, das wie eine Mischung aus Wasserrutsche und Skateboardrampe aussieht.

Praça dos Trés Poderes

Im Cockpit des Flugzeugs stehen die interessantesten Gebäude rund um die **Praça dos Trés Poderes**. Sie ist eine Synthese aus den Ideen der Architekten Niemeyer und Costa und vereint in sich verschiedene Denkmäler, Museen und Regierungsgebäude. Auf dem Areal stehen auch beeindruckende Skulpturen wie *Os Candangos* von Bruno Giorgi, *A Justiça* von Alfredo Ceschiatti und Niemeyers *O Pombal* (die stark an eine Wäscheklammer erinnert). Wer am ersten Sonntag des Monats hier ist, darf sich glücklich schätzen, dabei zu sein, wenn das Militär alle Register zieht und in einer feierlichen Zeremonie Brasílias

größte und höchste Flagge wechselt, eine 286 m² große Fahne am Fahnenmast des **Pavilhão Nacional**. Nach der Idee Sergio Bernardes' wurden 24 einzelne Fahnenstangen zusammengeschweißt, die die Einheit der 24 Staaten Brasiliens symbolisieren.

Die Praça erlebt man bei Tag ganz anders als bei Nacht, und deshalb lohnt es auch, sie zweimal zu besuchen. Nach Einbruch der Dunkelheit versprüht die unwirkliche Beleuchtung einen unheimlichen Glanz über die futuristischen Gebäude, so als ob sie vom Licht eines landenden Ufos beleuchtet würden. Allerdings gibt es Berichte über nächtliche Überfälle und so sollte man den Taxifahrer bitten, zu warten, während man sich den Platz anschaut. Zu beachten: Die Gebäude können nur im Rahmen einer Führung besichtigt werden (jede halbe Stunde); wer Shorts oder Sandalen trägt, dem wird der Zutritt verwehrt.

Eines der imposantesten Gebäude ist der **Palácio do Itamaraty** (Bogenpalast; ☎ 3411 8051; Eintritt frei; ✆ Mo–Fr 14–16.30, Sa & So 10–11.30 & 13–15.30 Uhr), in dem das Außenministerium seinen Sitz hat. Es besteht aus einer Reihe von Bögen, die über einem glitzernden Wasserbecken und entlang von schwimmenden, von Burle Marx gestalteten Gärten verlaufen. Bruno Giorgis Skulptur *Meteor* steht vor dem Palast und besteht aus fünf Marmorblöcken, die jeweils für einen Kontinent stehen. Wer sich das Ganze von innen ansehen möchte, sollte vorab telefonisch einen Termin für eine Führung vereinbaren. Gegenüber, auf der anderen Seite des Eixo Monumental, plätschert zwischen den Außenbögen des **Palácio da Justiça** (Justizministerium) glasklares Wasser in einen Koi-Teich. Das Innere ist Besuchern leider nicht mehr zugänglich.

Das Kongressgebäude, der **Congresso Nacional** (Parlament; Eintritt frei; ✆ 9–17 Uhr), mit seinen fotogenen „Schüsseln" und den Zwillingstürmen ist auch von innen eines der interessantesten Bauwerke der Stadt. Neben den farblich abgehobenen Kammern des Senats (blau) und des Repräsentantenhauses (grün) – im typischen Stil der 1960er-Jahre – gibt es außerdem einen architektonisch ganz interessanten „Zeittunnel" und eine Ausstellung alter Bänke und Mikrofone des Senats aus dem Jahr 1867. Die gewölbte Kuppel, die das Repräsentantenhaus überdacht, soll ein Symbol dafür sein, dass man hier offen für alle Weltanschauungen ist.

BRASÍLIA

Über eine gut versteckte Treppe auf der Praça selbst erreicht man das **Espaço Cultural Lucio Costa** (☎ 3325 6244; Eintritt frei; ◷ 9–18 Uhr). In seinem Innern ist eine 170 m² große Karte des *Plano Piloto* mitsamt einer Reihe von Bildern der Stadt während der Bauarbeiten und ersten Besiedlungsphase zu sehen. Es gibt sogar eine Karte der Stadt in Brailleschrift.

Das Präsidialamt ist im **Palácio do Planalto** an der Nordseite der Praça untergebracht – ein weiteres Werk des Architekten Niemeyer. Mit den geschwungenen Konturen seines Äußeren, den glänzenden Pfeilern und einer schwungvollen Rampe im Innern, ist es eines der weltweit besten Beispiele für architektonischen Modernismus. Zum Zeitpunkt der Recherche waren aufgrund von Restaurierungsarbeiten keine Besichtigungen möglich.

Santuário Dom Bosco

Noch eindrucksvoller als die Kathedrale ist der **Santuário Dom Bosco** (Dom Boscos Schrein; ☎ 3223 6542; Via W3 Sul; Eintritt frei; ◷ 7–19 Uhr). Auf 80 Betonsäulen ruhen 7500 angestrahlte Mosaikteilchen aus Muranoglas, die einen Sternenhimmel darstellen und das Gestühl in das Blau einer Unterwasserwelt tauchen. Der Kronleuchter in der Mitte wiegt 2,5 t und treibt mit einem Energieverbrauch, der unglaublichen 435 Glühbirnen entspricht, die monatliche Stromrechnung ganz schön in die Höhe.

Setor Bancário Sul

In der Lobby der **Caixa Federal** (SBS Q4 Lote 3; Eintritt frei; ◷ Mo–Fr 9–21 Uhr) befindet sich ein kleines Museum mit allerlei Krimskrams aus der Welt der Finanzen, von alten Lotteriescheinen bis

---

BRASÍLIA – HAUPTSTADT DES DRITTEN JAHRTAUSENDS

1883 prophezeite der italienische Priester John Bosco, dass zwischen dem 15. und dem 20. Breitengrad eine neue Zivilisation entstehen würde, die ihre Hauptstadt am Ufer eines künstlichen Sees zwischen dem 15. und 16. Breitengrad erbauen würde. Viele halten Brasília für diese Stadt, woraufhin in der Gegend einige Sekten gegründet wurden. Wer von Brasílias architektonischen Kunstwerken genug hat, den führt sein Schicksal vielleicht zu einer dieser Sekten.

Etwa 45 km östlich von Brasília entfernt liegt nahe der Satellitenstadt Planaltina das 1959 von der Hellseherin Tia Neiva gegründete **Vale do Amanhecer** (Tal des Morgengrauens; ☎ 3388 0537; ◷ 10–24 Uhr). Das Tal ist eigentlich eine kleine Stadt, in der man ägyptische, griechische, aztekische, indische, trojanische, afro-brasilianische und Zigeuner- und Inka-Rituale beobachten (oder ihnen beiwohnen) kann. Die Medien in dieser Stadt glauben, dass im 3. Jahrtausend eine neue Zivilisation entstehen wird. Der Haupttempel beruht auf einer spirituellen Eingebung von Tia Neiva. In seiner Mitte bildet ein riesiger Davidstern einen See, der von einem Pfeil durchbohrt wird. Aus Brasílias Zentrum gelangt man mit dem Bus 617 dorthin.

Ungefähr 63 km westlich von Brasília, nahe der Stadt Santo Antônio do Descoberto (Goiás), befindet sich die **Cidade Ecléctica** (Eklektische Stadt; ☎ 3626 1391; ◷ 8–18 Uhr). Sie wurde 1956 von dem ehemaligen Flugzeugpiloten Yokanam gegründet. Die Gruppe hat es sich zum Ziel gesetzt, alle Religionen auf der Welt in Brüderlichkeit und Gleichheit zu vereinen. Wer möchte, kann auch an den Zeremonien teilnehmen, muss aber die strengen Kleidervorschriften beachten. Frauen dürfen keine langen Hosen tragen (nur Röcke) und Männer keine Shorts. Wer nicht angemessen gekleidet ist, der bekommt eine spezielle Tunika verpasst.

Der **Templo da Boa Vontade** (Tempel des Guten Willens; ☎ 3245 1070; www.boavontade.com; SGAS, Quadra 915, Lotes 75/76; ◷ 24 Std.) wurde 1989 von der Legion of Goodwill als Symbol universeller Solidarität erbaut. Zu ihm gehören sieben Pyramiden, die zusammen einen Kegel bilden. Diesen krönt der größte Rohkristall, den man vermutlich je zu Gesicht bekommen wird (er wiegt 21 kg). Um ihn zu besichtigen, muss man die Schuhe ablegen und über die innere Spirale den schwarzen Pfad hinaufgehen. Zurück geht es auf dem weißen Pfad (hier nichts durcheinander bringen). Dabei wird einem leicht schwindelig. Es gibt außerdem einen interessanten ägyptischen Meditationsraum (2 R$) – da fühlt man sich gleich wie Tutenchamun (natürlich wird hier alles sehr ernst genommen; unangebrachte Scherze verkneift man sich also besser). Dorthin gelangt man vom Stadtbusbahnhof mit Bus 105 oder 107.

Einige Leute glauben, dass in bestimmten Gebieten rund um Brasília die Wahrscheinlichkeit, mit Außerirdischen in Kontakt zu treten, größer ist, beispielsweise auf dem Hwy BR-351 bei Km 69 oder auf dem Plateau in der Kleinstadt Brasilândia. Das kann man glauben – oder auch nicht!

zu hölzernen Safes. Die Ausstellungsstücke selbst sind nur im Vorbeigehen und für einen kurzen Blick interessant. Es sind vielmehr die großartigen Wandbilder aus Buntglas, die jeweils einen brasilianischen Staat repräsentieren, die einen Besuch hier so lohnenswert machen.

Wer sich für Münzen interessiert, sollte gegenüber im **Geldmuseum** (Eintritt frei; ☺ Di–Fr 10–17.30, Sa & So 14–18 Uhr) in der Banco Central do Brasil vorbeischauen. Hier wird Geld aus der ganzen Welt gezeigt und eine komplette Serie der brasilianischen Währungen, darunter auch ein Schein im Wert von 1 000 000 Cruzeiro. Am Eingang muss man den Reisepass vorgezeigt werden – das Museum geht lieber auf Nummer sicher.

Setor de Clubes Esportivos (SCE)

Brasílias wichtigstes zeitgenössisches Museum, das **Centro Cultural Banco do Brasil** (☎ 3310 7087; SCES, Trecho 2, Conjunto 22; Eintritt zu den Ausstellungen frei; ☺ Di–So 9–21 Uhr), befindet sich in einem gigantischen Gebäude im Freizeit- und Erholungssektor Süd. In zwei Galerien gibt es hier faszinierende Ausstellungen, ein Indie-Kino, ein Café und einen Buchladen. Das monatliche Kulturprogramm findet man online unter twitter.com/CCBB_DF (portugiesisch). Von 11 bis 23 Uhr fährt alle 90 Minuten ein kostenloser Bus auf dem Eixo Monumental (ein weiß-gelber Bus mit Ziel CCBB). Von der Rückseite des Centro Cultural kann man die **Ponte JK** erkennen, der den Lago do Paranoá überquert. Das Design der Brücke mit ihren drei Bögen ist wohl an das Monster von Loch Ness angelehnt.

Im Freizeit- und Erholungssektor Nord (SCEN) befindet sich der offizielle Amtssitz des Präsidenten, der **Palácio da Alvorada**. Das von Niemeyer entworfene Gebäude war 1958 das erste, das in der Stadt eingeweiht wurde und war der Einweihung der Stadt selbst somit um zwei Jahre voraus. Der Name heißt übersetzt „Palast des Morgengrauens" und bezieht sich auf JKs Beschreibung Brasílias als „ein neuer Morgen in der Geschichte Brasiliens". Es dürfen keine Besucher in das Gebäude. Unter der Aufsicht adrett gekleideter Wachen, der Dragões da Independência (Drachen/Dragoner der Unabhängigkeit), kann man aber vom Tor aus Fotos schießen. Die Dragões gehören einem speziellen Soldatenregiment an, das bis in die Zeit des Unabhängigkeitskriegs zurückgeht.

Nationalparks

Am nördlichen Stadtrand befindet sich der 30 km^2 große **Parque Nacional de Brasília** (☎ 3465 2013; Eintritt 3 R$; ☺ 8–16 Uhr), der mit seinen natürlichen Schwimmstellen zum Entspannen einlädt. Der Park bietet einer Reihe von bedrohten Tieren wie Wild, Ameisenbären, Riesengürteltieren und Mähnenwölfen einen Lebensraum. Am Wochenende ist es hier sehr viel los und es gibt ein Besucherzentrum, in dem man sich weitere Informationen holen kann. Bus 128.1 vom städtischen Busbahnhof hält am Haupttor.

Nicht weit vom Stadtzentrum entfernt befindet sich ein weiterer guter Park, der **Parque da Cidade** (Eixo Monumental, Asa Sul; Eintritt frei; ☺ 5–24 Uhr). Hier gibt es ein Wellenbad und mehrere Kiosks für den Hunger zwischendurch.

GEFÜHRTE TOUREN

Der schnellste und aufregendste Weg, den verwirrenden aber durchdachten Grundriss Brasílias zu durchschauen, ist ein atemberaubender, zehnminütiger Helikopterflug mit **Esat Aerotaxi** (☎ 9981 1917). Abgeflogen wird am Flughafen und ein Rundflug mit maximal drei Personen kostet 500 R$.

Für wen das nach zu viel Adrenalin klingt, der kann auch mit **Brasilia City Tour** (☎ 9304 2610; www.brasiliacitytour.com, portugiesisch; Tickets 20 R$; ☺ Di–So 10–17 Uhr) eine Stadtrundfahrt nach dem „Hop on hop off"-Prinzip machen oder, in Verbindung mit langen Fußmärschen, vom Stadtbusbahnhof aus mit den Stadtbussen fahren (am besten sind die Busse 104 oder 108). Auch so kann man einen Großteil von Brasílias Sehenswürdigkeiten erkunden.

Mehrsprachige Touren gibt's von **Billy Deeter** (☎ 8112 3434; billyvango@yahoo.com), der in den USA geboren wurde, aber schon seit seiner Kindheit in Brasília lebt. Er organisiert ab 100 R$ für Gruppen oder Privatpersonen speziell zugeschnittene Rundfahrten, die auch interessante Einblicke abseits der Touristenpfade bieten.

SCHLAFEN

In Brasília muss man für eine Unterkunft etwas tiefer in die Tasche greifen als anderswo. Selbst die „Budget"-Optionen verlangen hier Preise, die anderenorts als „Mittelklasse" durchgehen würden. Anonyme, hoch aufragende Hotelketten sind die Regel, die meisten von ihnen drängen sich im zentral gelegenen Sector Hoteleiro, wo der Verkehrslärm allge-

genwärtig ist. Für alle, die es auf die Einkaufszentren abgesehen haben, liegen die Hotels
im SHN (Setor Hoteleiro Norte) am praktischsten, die im SHS (Setor Hoteleiro Sul)
haben aber ein besseres Preis-Leistungs-
Verhältnis. Wenn das Geschäft nicht so
richtig läuft, geben die meisten Hotels das
ganze Jahr über erhebliche Preisnachlässe.
Sich nach dem besten Angebot umzusehen,
lohnt sich also.

Nach einer städtischen Razzia, die es auf
nicht registrierte Unterkünfte abgesehen hatte, mussten die meisten günstigen Übernachtungsoptionen rund um die Via W3 Sul
schließen. Einige von ihnen sind auch weiterhin, wenn auch illegal, geöffnet. Man erkennt
sie daran, dass alle Schilder tagsüber abge-
hängt werden und erst nachts wieder erscheinen. Man muss sich darüber im Klaren sein,
dass Hygiene und Sicherheit nicht zu ihren
Stärken gehören. Hier sind nur registrierte
Unterkünfte aufgeführt.

Mittelklassehotels

Brasília Hostel (☎ 3343 0531; www.brasiliahostel.com.
br, portugiesisch; SRPN Quadra 2, Lote 2; EZ/DZ 52/100 R$; 🖳)
Die Korridore dieses Hostels sind groß und
luftig, die 20 Zimmer blitzblank, und die
Schlafsäle mit je sechs Betten (es gibt auch
welche für zwei Personen) haben Einzel-
schließfächer. Gleich westlich des ausgewiesenen Camping-Sektors des Asa Norte.

Econotel (☎ 3204 7337; SHS Quadra 3, Bloco I; EZ/DZ
90/135 R$; 🌣) Das Econotel im SHS kommt
einem Budgethotel am nächsten. Die
Zimmer sind aber neuer, frischer und besser
ausgestattet als die Mehrheit der anderen zum
Stillstand gekommenen Optionen in dieser
Preisklasse. Den Aufschlag für die „Luxus"-
Zimmer kann man sich sparen; die Standard-
version ist auch nicht schlechter.

Hotel das Naçoes (☎ 3322 8050; www.hoteldas
nacoes.com.br, portugiesisch; SHS Quadra 4, Bloco I; EZ/DZ
99/132 R$; 🌣 🖳) Komfortable Zimmer mit
Parkettboden und einer großzügigen Minibar.
Bisher eine billige Option. Zum Zeitpunkt der
Recherche wurden aber viele Zimmer erneu-
ert, was vermutlich auch den Preis erneuern
wird – natürlich zum Nachteil der Traveller.
Die Spezialität des dazugehörigen Rander
Restaurants sind exotische Speisen wie
Frosch, Kaiman und Pekari.

Hotel das Américas (☎ 3034 3355; www.hoteldas
americas.com.br, portugiesisch; SHS Quadra 4, Bloco B; EZ/DZ
120/190 R$; 🌣 🖳 🕮) Die Retrozimmer sind

modern, freundlich und auch bei Geschäftsleuten beliebt. Sie sind mit übergroßen Betten
ausgestattet und vereinen auf seltsame Weise
den Stil der 1980er-Jahre und die Technologie
des 21. Jhs. miteinander. Eine der Optionen
mit dem besten Preis-Leistungs-Verhältnis,
wenngleich die Gitterstäbe vor den Fenstern
den Blick auf den Highway versperren.

Phenicia Bittar Hotel (☎ 3704 6000; www.hoteis
bittar.com.br; SHS Quadra 5, Bloco J; EZ/DZ 135/165 R$;
🌣 🖳) Die Zimmer für Nichtraucher und mit
gefliestem Boden im 3. Stock dieses großen
Hotels sind am schönsten und hellsten.

Aristus Hotel (☎ 3328 8675; www.aristushotel.com.
br, portugiesisch; SHS Quadra 2, Bloco O; EZ/DZ 190/190 R$;
🌣) Wer etwas länger in Brasília ist, der wird
die ganzen Aufzüge irgendwann satt haben.
Das Aristus ist schön kompakt mit nur zwei
Stockwerken. So kann man getrost auch die
Treppe nehmen. Die Zimmer sind in Ord-
nung, wenn auch etwas schmuddelig.

Torre Palace Hotel (☎ 3961 5555; www.torrepalace.
com.br; SHN Quadra 4, Bloco A; EZ/DZ 160/190 R$; 🌣 🖳)
Die klimatisierten Zimmer hier sind wie aus
dem Ei gepellt. Sie sind funktionell, schäumen
vor Charakter aber nicht gerade über. Hierfür
entschädigen allerdings gleich zwei Restaurants mit tollen Buffets; das eine japanisch,
das andere arabisch-mediterran.

Spitzenklassehotels

Sonesta Brasília (☎ 3424 2500; www.sonesta.com/
brasilia; SHN Quadra 5, Bloco B; EZ/DZ 165/209 R$; 🌣 🖳 🕮)
Eines der neueren Hotels in Brasília. Natürlich
ist es dadurch auch besser in Schuss als die
meisten anderen. Die Zimmer sind in warmen
Farben wie Olivgrün und Orangerot gehalten
und sind eine angenehme Abwechslung zum
elfenbeinfarbenen Stadtbild Brasílias.

Alvorada Hotel (☎ 2195 1122; www.alvoradahotel.
com.br, portugiesisch; SHS Quadra 4, Bloco A; EZ/DZ 180/230 R$;
🌣 🖳) Das Alvorada bietet ein faires Preis-
Leistungs-Verhältnis mit sauberen und kompakten (um nicht zu sagen kleinen) Standard-
zimmern. Das Frühstück ist genial und der
Ausblick vom Restaurant ist auch wunderschön.

LP Tipp **Kubitschek Plaza** (☎ 3329 3333; www.
plazabrasilia.com.br/kubitschek.html; SHN Quadra 2, Bloco E;
EZ/DZ 260/320 R$; 🌣 🖳 🕮) Ein Klassiker! In den
Korridoren und der Lobby sind wunderbare
Kunstwerke einheimischer Künstler und be-
kannte Fotografien aus der Regierungszeit
Juscelino Kubitscheks ausgestellt. Die Zimmer
in den oberen Stockwerken, mit ihren tollen

Parkettböden und Betten mit erdfarbenen Kopfteilen im Nadelstreifenlook, müssten dringend mal wieder renoviert werden. **Royal Tulip Brasília Alvorada** (☎ 3424 7000; www. royaltulipbrasiliaalvorada.com; SHTN Trecho 1, Conjunto 1B, Bloco C; EZ/DZ 320/370 R$; ⊠ ▢ ⊠) Das stylishste Hotel der Hauptstadt ist ein Komplex in Hufeisenform, der den Lago do Paranoá überblickt und rechterhand des Präsidentensitzes liegt. Der berühmte Architekt Ruy Ohtake hat eine futuristische, offene Lobby mit geschwungenen Gängen geschafften, die sich zur drahtigen, an einen Zeppelin erinnernden Decke emporschlängeln. Hier tummeln sich Promis, Models und, klar doch, Architekten. Auf der Website findet man eine Reihe von guten Angeboten.

ESSEN

Die Brasilianer selbst mögen Brasília zwar für langweilig halten, Feinschmecker kommen jedoch leidenschaftlich gerne hierher, denn die Hauptstadt hat die höchste Dichte an Sternerestaurants im Land und essen zu gehen ist definitiv eines der Highlights hier. Die beste Auswahl findet sich rund um SCLS 209/210, 409/410 und 411/412, ein kulinarisches Dreieck sozusagen (hier pulsiert außerdem das Nachtleben). Weitere gute Restaurants finden sich rund um SCLS 405 mit Tex-Mex-, portugiesischen, deutschen, thailändischen, japanischen, chinesischen und vegetarischen Lokalen.

Ansonsten gehen die Brasilianer zum Essen in die Einkaufszentren. Da die Gebäude hier so weitläufig sind und es nur wenige Straßenstände gibt, gestaltet sich die Suche nach etwas Essbarem und nicht gerade inmitten der Hitze des Tages durchaus schwierig, sodass man glatt zum Trinker werden könnte – wenn nicht auch Getränke schwer zu finden wären … Da überrascht es nicht, dass drei zentral gelegene Oasen – Shopping Brasília, Pátio Brasil und Conjunto Nacional – alle mit kleinen Cafés und Imbissständen ausgestattet sind, die genügend Auswahl bieten, um beinahe jeden Wunsch zu erfüllen.

Günstig

Belini (☎ 3345 0777; SCLS Quadra 113, Bloco D, Loja 36; Sandwiches 5–11 R$; ⏰ Di–Sa 12–15 & 19–23.30, So 12–16 Uhr) Das italienische Herrenhaus, in dem das Belini untergebracht ist, sieht zwar recht teuer aus, in der Markthalle mit Restaurant, in dem Essen der Spitzenklasse serviert wird,

bekommt man an der Bar des kleinen Cafés aber Sandwiches zu angemessenen Preisen (alles mit Ciabatta sollte eigentlich gut satt machen).

O Paraíba (☎ 3244 2221; SCLS Quadra 405, Bloco B, Loja 6; Gerichte 8,50–15,50 R$; ⏰ Mo–Do 12–15 & 16–23, Fr–So 11–15 & 16–24 Uhr) Die Wände dieser erstklassigen *tapiocaria* sind mit indigenen Kunstwerken geschmückt. Die Quesadilla-ähnlichen Gerichte werden aus Tapioka, einer Spezialität des Nordostens, hergestellt. Unbedingt auch die Spezialität probieren: *queijo coalho* (Geräuchertes mit Käse) und *carne de sol* (gesalzenes und gegrilltes Fleisch mit Bohnen, Reis und Gemüse) in hausgemachter Butter aus der Region.

Marietta (☎ 3327 3892; www.marietta.com.br, portugiesisch; Shopping Brasília; Sandwiches 8,90–9,80 R$; ⏰ 10–23 Uhr) In diesem Sandwichladen bekommt man das Beste, was die Hauptstadt zu bieten hat: ein dreieckiger Dreifachdecker mit Rucola, Büffelmozzarella und sonnengetrockneten Tomaten. Die Säfte, ebenso wie die mordsmäßigen Salate, sind preisgekrönt.

Mittelteuer

Quitinete (☎ 3242 0506; SCLS Quadra 209, Bloco B, Loja 22; Dessert 5–7 R$, Sandwiches 14–26 R$; ⏰ 7–2 Uhr) Ein schickes Delikatessenrestaurant mit Bäckerei, das exquisite Desserts (empfehlenswert: *tartellete de limão*; Zitronentörtchen) und den besten Kaffee der Stadt (vor Ort geröstet) serviert. Auch mit Lieferservice.

Mormaii Surf Bar (☎ 3248 1265; SHIS Quadra do Lago 10, Bloco E, Lote 8; Sandwiches 15–25 R$; ⏰ 10–2 Uhr) Mittags trifft man hier auf Einheimische, die es sich im Freien auf der Terrasse am Seeufer gut gehen lassen, und dazu ein leckeres Sandwich und die Spezialität des Hauses, *açaí na tigela*, eine erfrischende, Sorbet-ähnliche Speise mit pürierten Palmfrüchten, Guaraná-Sirup, Bananen und Honig, genießen. Am Wochenende zieht die Location direkt am See (im Pontão) auch eine grölende Meute von Partygängern an.

Pizza à Bessa (☎ 3345 5252; www.pizzaabessa.com. br, portugiesisch; SCLS Quadra 214, Bloco C, Loja 14; Pizza rodízio 16,90 R$; ⏰ 18–24 Uhr) Kaum zu glauben, wie billig das *rodízio* (All-you-can-eat) hier ist. Außerdem lassen sich prima abenteuerliche Zutaten wie Kürbispüree, Brokkoli und die unerhört leckere Dessertpizza mit einer Riesenkugel Speiseeis probieren. Die Pizza mit *queijo coalho* und *rapadura* (getrocknetem Zuckerrohrsaft) ist ein Traum.

Mangai (☎ 3225 0186; SCES Trecho 2, Loja 41; 25 R$/kg; ✆ 12–22 Uhr) Das Mangai hat erst kürzlich seine Sterne bekommten und rechnet seine Spezialitäten aus Bahia nach Gewicht ab. Der aus Natal stammende Koch João Pessoa serviert eine Vielzahl von kreativen Speisen zu unglaublich niedrigen Preisen. Empfehlenswert ist das *sovaco-de-cobra*, eine Art getrocknetes Rindfleisch mit Zuckermais. Das Restaurant befindet sich am Fuß der Ponte JK.

Teuer

Lagash (☎ 3273 0098; SCLN Quadra 308, Bloco B, Loja 11/17; Gerichte 25–45 R$; ✆ Mo–Sa 12–16 & 19–24, So 12–18 Uhr) Seine Mischung aus marokkanischer, libanesischer und syrischer Küche bringt dem spärlich dekorierten Restaurant Jahr für Jahr die Auszeichnung als bestes Restaurant mit Gerichten des Nahen Ostens in Brasília ein. Das Lamm in allen Variationen ist köstlich.

LP Tipp Universal Diner (☎ 3443 2089; SCLS Quadra 210, Bloco B, Loja 30; Gerichte 47–64 R$; ✆ Mo–Do 12–15 & 19–24, Fr 12–15 & 19–1.30, Sa 12–16 & 19–1.30, So 12–16 Uhr) Ein geschmackvoll-schickes Schrottplatz-Feeling erwartet die Gäste dieses vielseitigen Rock-Restaurants (es ist bis oben hin mit flippigem Krimskrams und antikem Schnickschnack vollgestopft), ein weiteres Juwel brasilianischer Kochkunst in Brasília. Das *Filet au poivre* lässt einem das Wasser im Mund zusammenlaufen und ist eine hervorragende Wahl. Serviert wird das Ganze auf Tischsets à la Vinyl-LP.

ZUU a.Z.d.Z (☎ 3244 1039; SCLS Quadra 210, Bloco C, Loja 38; Gerichte 56–190 R$; ✆ Mo–Fr 12–15 & 20–24, Sa 20–24 Uhr) Die angesagteste zeitgenössische Esskultur der Stadt ehrt mit ihrer modernen Küche in exotischer Atmosphäre die Tradition des Slow Food und legt ihr Hauptaugenmerk auf frische Produkte aus den Bundesstaaten Amazonas und Pará. Chefköchin Mara Alcamim hat ihr Handwerk in New York und Italien erlernt und ist Brasílias derzeit beliebteste Köchin. Ihre gegrillten Shrimps in Aprikosen-Chutney mit Brie-Risotto sind einfach anbetungswürdig.

AUSGEHEN

Bar Brasília (☎ 3443 4323; SCLS Quadra 506, Bloco A, Loja 15A; ✆ Mo–Do 17–2, Fr & Sa 11.30–2, So 11.30–24 Uhr) Erinnert an die klassischen Bars in Rio und São Paulo. Vervollständigt wird dieses Bild noch mit einer Theke aus Hartholz, die 1928 aus einer Apotheke ausgebaut wurde, und antiken Fliesenböden. Das Fassbier hier ist

sehr gut, man muss aber wissen, dass die Bedienungen einem immer mehr davon bringen, auch wenn man gar nicht mehr bestellt hat. Man darf sich nicht davor scheuen einfach mal „stopp" zu sagen. Es gibt hier auch was zu Essen (20–35 R$).

Bar Beirute (☎ 3244 1717; SCLS Quadra 109, Bloco A, Lojas 2/4; ✆ 11–2 Uhr) Fast schon so etwas wie eine Institution in Brasília. Diese Bar hat eine riesige Terrasse im Freien und eine etwas kantigere Klientel als die meisten anderen Bars. Es ist eine GLS-Location – in Brasilien eine clevere Abkürzung für „Schwule, Lesben und deren Sympathisanten". Also kann hier jeder herkommen. Einen besseren Ort für ein kaltes Antarctica gibt's nicht – außer vielleicht am Südpol! Hier bekommt man auch Essen im Stil des Nahen Ostens (Gerichte 5–24 R$).

Bar Brahma Brasília (☎ 3224 9313; www.barbrahmasp.com/brasilia, portugiesisch; SCLS Quadra 201, Bloco C, Loja 33; ✆ 11 Uhr–open end) Dort, wo früher die historische Bar Monumental beheimatet war, findet sich heute der neueste Hotspot der Hauptstadt. Während der Plan Brahmas, die Weltherrschaft auf dem Biermark zu übernehmen, langsam aber sicher Form annimmt, ist die Bar Brahma Brasília der erste Schritt in Richtung einer landesweiten Kette von Bars, die für die Biermarke werben. An den meisten Abenden wird Livemusik gespielt; auf der Website findet man eine Liste geplanter Veranstaltungen.

UNTERHALTUNG

Wer an Livemusik interessiert ist, sollte die Auflistung in der Rubrik „Caderno C" der Tageszeitung *Correio Brasiliense* oder in der kostenlosen monatlich erscheinenden Booklet *Brasilagenda* nachschlagen. Falls man Portugiesisch lesen kann, empfiehlt sich die große Onlinequelle für Kultur und Events in der Stadt www.candango.br.

LP Tipp Arena Futebol Clube (☎ 3224 9401; SCES, Trecho 3, Lote 1; Eintritt 10–15 R$; ✆ Do–Sa 22 Uhr–open end, So 19–24 Uhr) Das Geld für die Taxifahrt zu diesem Livemusik-Mekka, das am Wochenende den Fußballclub im Setor de Clubes Esportivos Sul südwestlich der Praça dos Trés Poderes kapert, lohnt sich. Die Töchter von Ministern und Politikern schwenken hier ihre Hüften zu *forró* (Popmusik aus dem Nordosten), Samba und Samba-Funk. Das Beste außerhalb von Rio.

Bar do Calaf (☎ 3325 7408; SBS Quadra 2, Bloco S, Loja 51/57; Eintritt 10–15 R$; ✆ 22 Uhr–open end) In dem

---

BRASÍLIA – TOP ODER FLOP?

Brasília beging 2010 seinen 50. Jahrestag. Eine Frage bleibt jedoch: Ist es denn funktionstüchtig? Nun, es kommt immer darauf an, wen man fragt. Beim Thema Brasília scheiden sich seit jeher die Geister. Für die Brasiliense, die Einwohner der Hauptstadt, ist sie eine gut organisierte brasilianische Utopie: Die Straßen sind gut in Schuss, das Gras ist saftig grün, die Fahrzeuge halten an Fußgängerüberwegen sogar für Fußgänger (wo das Symbol einer gelben Hand auf den Asphalt gemalt ist einfach die Hand ausstrecken und dabei zusehen, wie der Verkehr wie von Geisterhand zum Stillstand kommt) und es gibt keine *favelas* (Slums) in der Stadt. Große Lastwagen dürfen nicht in die Stadt fahren, was die Luftverschmutzung im Zaum hält, und es gibt eine Höhenbegrenzung für Schilder und Werbetafeln, um den Blick auf den blauen Himmel nicht zu beeinträchtigen (man beachte das ungewöhnlich gedrungene McDonald's-Schild – man kann es fast mit den Händen erreichen). Für Brasilien ist dies ein beeindruckender Lebensstandard.

Andererseits ist Brasília für die meisten anderen Brasilianer im Land eine langweilige Stadt ohne Seele, eine sterile Metropole voll von bürokratischem Nonsens. Wer genau genug hinschaut, wird Fehler in der scheinbar perfekten Stadtplanung finden, die meisten davon betreffen den Verkehr. Wenn ein Bus eine Panne hat oder es einen Unfall gibt, kann der Verkehr für Stunden lahm gelegt sein. Es gibt im Straßennetz der Stadt kaum Anschlussstellen, sodass eine verpasste Ausfahrt einem Desaster gleichkommen kann. Zusammenfassend kann mal also sagen, Brasília ist in einem Punkt wie Los Angeles: Seine Einwohner lieben es, während andere es liebend gerne hassen!

---

spanischen Restaurant spielt das Essen nur die zweite Geige. Das bunt gemischte Publikum kommt in erster Linie wegen der exzellenten Livemusik – Samba, *pagode* (Pop-Samba) und *choro* (improvisierte Samba) – und nicht wegen der Paella. Montags ist Samba-Funk das große Zugpferd. Die Bar befindet sich im Bürokomplex Ed Empire Center.

Gate's Pub (☎ 3225 4576; SCLS Quadra 403, Bloco B, Loja 34; Eintritt 15–20 R$; Di–So 21–3 Uhr) Das Gate's behauptet, die älteste Bar in der Stadt zu sein. An den meisten Abenden gibt's hier Livemusik mit einem Schwerpunkt auf Rock, Reggae und Funk; anschließend wird bis zum Ladenschluss Tanzmusik gespielt.

Chiquita Bacana (☎ 3242 1212; SCLS Quadra 209, Bloco A, Loja 37; Mo 17.30–2, Di–So 12–2 Uhr) Die *patrinhas* und *mauricinhos*, wie Brasiliens Schickeria liebevoll genannt wird, strömen hinaus zu dieser trendigen Freiluft-*chopperia* (Bierhalle) im Quadra 210, wo die Kellner die verrücktesten Hüte tragen. Bei der täglichen Happy Hour von 17 bis 20 Uhr gibt's ein ausgezeichnetes *chope* schon für 2,59 R$.

SHOPPEN

Der Kunsthandwerksmarkt am Fuße des Fernsehturms ist ein guter Ort, um sich mit Lederwaren, Keramik und Kunstwerken einzudecken.

Bei allen anderen Shoppingbedürfnissen wird man in den Einkaufszentren Brasílias fündig:

Conjunto Nacional (Asa Norte SCN) Brasílias erstes Einkaufszentrum liegt gleich gegenüber des Busbahnhofs. Hier gibt's auch eine Postfiliale, Apotheken, Restaurants und einen Supermarkt.

Pátio Brasil (Asa Sul, W3 SCS) Unter den zentral gelegenen Einkaufszentren Brasílias eindeutig das schönste. Es ist moderner als das Conjunto Nacional und bietet eine bessere Auswahl an Restaurants.

Pier 21 (Setor de Clubes Esportivos Sul) Hier findet man die größte Dichte an Restaurants, Bars und Nachtclubs, dafür aber wenige echte Läden. Bei den Jungen und Reichen sehr beliebt.

Shopping Brasília (Asa Norte SCN Quadra 5) Allerlei Annehmlichkeiten, auch Kinos und Restaurants, sind hier in einem etwas seltsamen Gebäude untergebracht, das, aus einigen Blickwinkeln zumindest, wie eine halbierte Getränkedose aussieht.

AN- & WEITERREISE

Als Hauptstadt wird Brasília täglich von Touristen und Lobbyisten überschwemmt. Der internationale Flughafen bietet Flugverbindungen zu allen größeren brasilianischen Städten. Die meisten Besucher fliegen hierher; wer die Stadt über den Landweg erreichen will, hat lange Strecken zu bewältigen.

Bus

Der langsam zerfallende **Fernbusbahnhof** (rodoferroviária; ☎ 3364 9037), ein ganzes Stück westlich des Stadtzentrums, wird in den kommenden Jahren durch ein noch ungünstiger gelegenes Gebäude ersetzt werden. Am bisherigen

BRASÍLIA

Bahnhof werden zwar auch Züge abgefertigt, im Grunde genommen gibt es dort aber so gut wie keinen Personenverkehr. Die hier aufgeführten Preise gelten für den teureren *executivo*-Service. Busse von hier fahren u. a. nach Goiânia (41 R$, 3 Std.), Rio (220 R$, 17 Std.), São Paulo (150 R$, 14 Std.) und Salvador (170 R$, 22 Std.). Es gibt auch Busse nach Cuiabá (135 R$, 20 Std.) und Porto Velho (312 R$, 42 Std.). Die Busse, die auf dem Hwy BR-153 in nördlicher Richtung fahren, bedienen Belém (243 R$, 35 Std., 3-mal tgl.), die Straße an der Grenze zu Tocantins kann in der Regenzeit allerdings unpassierbar sein.

In der näheren Umgebung werden Pirenópolis (20 R$, 3 Std., stündl.) und Alto Paraíso (32 R$, 3½ Std., 2-mal tgl.), das Tor zum Parque Nacional da Chapada dos Veadeiros, angefahren. Vom zentralen Busbahnhof in der Stadt fährt Empresa São Antônios dreimal täglich, um 7, 11 und 15.15 Uhr, nach Alto Paraíso (29 R$, 4½ Std.); der Bus um 11 Uhr fährt weiter nach São Jorge (35 R$, 5½ Std.).

Flugzeug

Viele Inlandsflüge machen in Brasília eine Zwischenlandung, sodass man von hier leicht einen Flug zu fast allen Zielen in Brasilien bekommt. Der Flug nach Rio dauert anderthalb Stunden; nach São Paulo gelangt man in einer Stunde und 20 Minuten.

Am einfachsten bucht man seinen Flug über eines der Reisebüros im Komplex des Hotel Nacional. Wer lieber persönlich mit den Fluggesellschaften Kontakt aufnimmt, findet hier die wichtigsten brasilianischen Anbieter:

BRA (☎ 3364 9122; www.voebra.com.br)
GOL (☎ 3364 9274; www.voegol.com.br)
TAM (☎ 3364 9102; www.tam.com.br)

UNTERWEGS VOR ORT

Der **Aeroporto Internacional de Brasília–President Juscelino Kubitschek** (☎ 3364 9037) liegt 12 km südlich des Stadtzentrums. Vom Stadtbusbahnhof im Zentrum ist er mit Bus 102 oder 102.1 (2 R$, 40 Min.) zu erreichen. Vom Flughafen aus geht es mit irgendeinem der Busse an der Bushalteselle rechts am Ausgang der Ankunftshalle in die Stadt. Eine Taxifahrt vom/zum Flughafen kostet zwischen 35 und 40 R$.

Um vom Stadtbusbahnhof zum Bahnhof für Fernbusse und Züge zu gelangen, nimmt man den Stadtbus 131 (2 R$) oder ein Taxi (etwa 20 R$).

Die 2001 eingeweihte **Metro DF** (einfache Strecke 3 R$; ☽ Mo–Fr 6–20 Uhr) ist nur interessant, wenn man zu den Restaurants und Bars in der Asa Sul möchte. Sie fährt vom Stadtbusbahnhof in die riesigen Vororte Taguatinga und Samambaia. Von der zentralen Station aus gesehen macht sie alle zwei Blocks halt. Die Namen der Haltestellen sind nicht schwer zu erraten: 102 Sul, 104 Sul, etc. Letzte Fahrt ist um 23.30 Uhr.

Die Einweihung des ersten Abschnitts des bahnbrechenden Brastram-Straßenbahnnetzes war für Ende 2010 geplant. Dadurch wird Brasília die erste Stadt Südamerikas mit einem modernen Straßenbahnsystem. Die Fertigstellung des gesamten Netzes ist rechtzeitig zur FIFA-Weltmeisterschaft 2014 geplant und wird am Ende aus einem 23 km langen Schienensystem bestehen. Ziel ist es, Luftverschmutzung und Verkehrsstauungen um 30 % zu reduzieren.

Its (☎ 3223 0161; www.itsrentacar.com.br; Hotel Nacional, SHS Quadra 1; ☽ Mo–Fr 8–20 Uhr) vermietet für schlappe 20 R$ am Tag Autos mit begrenzter Kilometerzahl.

Goiás

Die wenigsten Besucher Brasiliens kommen nach Goiás – völlig zu Unrecht. Feuerrote Sonnenuntergänge vor endlosem Himmel und üppige, geschwungene Hügel, die in fruchtbare Täler übergehen, machen den dünn besiedelten Bundesstaat zur perfekten Bühne für unvergleichliche Bilder. Diese Vernachlässigung wird schon fast sträflich, wenn man bedenkt, dass Goiás einen Teil der atemberaubenden Savannenlandschaften Brasiliens und gleichzeitig einen Hotspot der Artenvielfalt beherbergt: Ein Stück des Cerrado bildet die Kulisse für die unberührte Pracht tadellos bewahrter Nationalparks und verschlafener Kolonialstädtchen. Die bedrohte Cerrado-Region erstreckt sich mit dichten Wäldern und sanft ansteigenden Plateaus über die Hochebenen Zentralbrasiliens. Rücksichtslos wurde hier gepflügt und geackert, um riesige Sojaplantagen zu schaffen. Daher stand Goiás jüngst im Fokus der Umweltschützer. Landwirtschaft ist hier Big Business, doch das Sojageschäft liegt brach, da zu viele mitmischen wollten. Schließlich drehten die Banken den munter plätschernden Kredithahn zu. Nun ist die Biodiesel- und Ethanolindustrie das Zugpferd der Region.

Dank der großen Entfernungen in Goiás und dem tollen Essen vergisst man die Zeit. Hier ist's nicht hektisch wie in Rio, Land und Leute sind wohlhabender und die Savanne spektakulär (s. S. 437). Die Hauptattraktionen sind neben den malerischen kolonialen Orten wie Cidad de Goiás und Pirenópolis, auch die therapeutischen heißen Quellen bei Caldas Novas und die Flüsse, Wasserfälle und Waldwege im Parque Nacional da Chapada dos Veadeiros.

HIGHLIGHTS

- In der coolen Kolonialstadt **Pirenópolis** (S. 431) alternative Atmosphäre schnuppern
- Einen Verdauungsspaziergang nach übermäßigem Zuckerkonsum durch die Kopfsteinpflasterstraßen der **Cidade de Goiás** (S. 428) machen
- Durch die einzigartige Flora des hohen Cerrado im **Parque Nacional da Chapada dos Veadeiros** (S. 436) wandern
- Von Stein zu Stein springend die natürliche Mondlandschaft im **Vale da Lua** (S. 437), nahe Chapada dos Veadeiros, erkunden
- In den heißen Quellen der **Caldas Novas** (S. 435) seine Zipperlein heilen oder, wer keine hat, einfach nur ein wenig planschen

 Bevölkerung: 5,6 Mio.    Fläche: 340 100 km²

GOIÁS

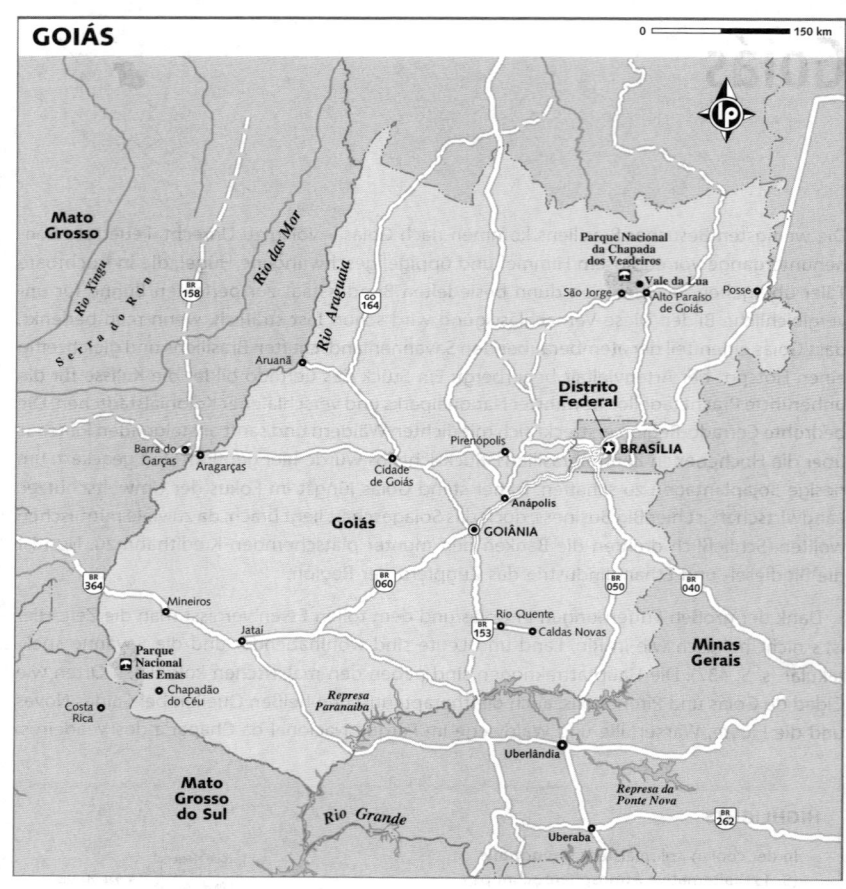

GOIÁS

0 — 150 km

Mato Grosso

Rio Xingu

Serra do Ron

Rio das Mor

Rio Araguaia

BR 158

GO 164

Parque Nacional da Chapada dos Veadeiros

São Jorge

Vale da Lua

Alto Paraíso de Goiás

Posse

Aruanã

Distrito Federal

BRASÍLIA

Barra do Garças

Aragarças

Pirenópolis

Cidade de Goiás

Anápolis

Goiás

GOIÂNIA

BR 364

BR 060

BR 050

BR 040

Mineiros

Jataí

Rio Quente

BR 153

Caldas Novas

Minas Gerais

Parque Nacional das Emas

Chapadão do Céu

Represa Paranaíba

Costa Rica

Mato Grosso do Sul

Rio Grande

Uberlândia

Represa da Ponte Nova

BR 262

Uberaba

Geschichte

Nach den Goldfunden in Minas Gerais brachen viele *bandeirantes* (Gruppen umherziehender Abenteurer, die das Landesinnere erkundeten) auf die Suche nach noch mehr wertvollem Metall und natürlich nach indigenen Sklaven ins Landesinnere auf. 1682 fiel eine *bandeira*, die vom alten Paulista Bartolomeu Bueno da Silva angeführt wurde, in die Region ein. Da Silva machte sich die indigenen Goyaz gefügig, indem er auf einem Teller etwas *cachaça* (Zuckerrohrschnaps) anzündete, den die Goyaz für Wasser hielten. Da Silva drohte damit, alle Flüsse in Brand zu stecken, wenn sie ihm nicht ihre Goldminen zeigten. Die Goyaz gaben ihm daraufhin den Namen *anhanguera* (alter Teufel). Drei Jahre

später kehrte der totgeglaubte alte Teufel aus Goiás zurück nach São Paulo, im Gepäck ein paar Überlebende, Gold und indigene Sklaven.

Im Jahre 1722 gründete da Silvas Sohn, der schon beim ersten Mal dabei gewesen war, erneut eine *bandeira*. Der Goldrausch war ausgebrochen, aber da alle Dinge von weit her importiert werden mussten, waren die Preise in Goiás sehr hoch. Viele Menschen, vor allem Sklaven, litten Not und starben. Der Goldrausch hielt nur kurz an.

1889 wurde Goiás offiziell zum Bundesstaat erklärt. Das Leben verlief hier bis in die Mitte der 1950er-Jahre sehr ruhig. Zu dieser Zeit nahm der brasilianische Traum von einer Hauptstadt im Landesinneren Gestalt an und ein Stück von Goiás wurde ausgegliedert, um darauf Brasília zu bauen. Goiás entwickelte sich danach prächtig. Beflügelt vom einem gewaltigen Sojaanbau und Zuckerohrboom, florierte der Staat, und viele Farmer wurden fast über Nacht zu Millionären. Dieser Boom legte sich in den letzten Jahren etwas, aber Goiás steht landwirtschaftlich nach wie vor gut da.

1989 wurde die nördliche Hälfte des Staates abgetrennt und zum Bundesstaat Tocantins erklärt. Goiás büßte damit noch einmal etwas Land ein, was aufgrund seiner ohnehin verschwenderischen Fläche jedoch in Kauf genommen werden konnte. Heute gehört Goiás zu den wohlhabendsten und komfortablen Bundesstaaten Brasiliens.

Klima

Der größte Teil von Goiás liegt im brasilianischen Hochland, in dem ein tropisches Klima herrscht. Von Oktober bis März ist es hier heiß und feucht, zwischen April und September heiß und staubig. Abgesehen davon kann es aber durchaus passieren, dass man in der Trockenzeit im Matsch stecken bleibt, oder in der Regenzeit in eine Staubwolke gerät. Die Durchschnittstemperatur liegt das ganze Jahr über bei 20 °C. Im Süden, auf einer Höhe von 750 bis 900 m, nimmt der Bundesstaat einen Großteil des Zentralplateaus ein. Hier ist es deshalb meist etwas kühler.

Nationalparks

In der Bergregion nördlich von Brasília liegt der beeindruckende Parque Nacional da Chapada dos Veadeiros (S. 436), ein 650 km² großer Nationalpark mit Schluchten und Wasserfällen. Die Landschaft hier ist einfach atemberaubend und es bieten sich ausgezeichnete Möglichkeiten zur Tierbeobachtung.

Anreise & Unterwegs vor Ort

Das Tor nach Goiás ist Brasília. Von dort aus gibt es täglich Flüge in alle größeren Städte Brasiliens. Natürlich kann man auch mit dem Bus über Land fahren, muss dabei aber lange Stunden im Bus auf sich nehmen. Von der Küste aus geht's über das malerische Minas Gerais nach Goiás; aus dem Pantanal geht es nach Cuiabá und Campo Grande.

Goiás hat viel zu bieten und ist ein beliebter Zwischenstopp für Traveller auf ihrem Weg durch das Landesinnere. Zwischen den größeren Städten verkehren regelmäßig Busse. Die Straßenverhältnisse sind im

Großen und Ganzen gut, ein Mietwagen ist also eine echte Alternative.

GOIÂNIA

☎ 0xx62 / 1,2 Mio. Ew.

Goiás' Hauptstadt Goiânia ist die andere Stadt des Bundesstaates, die auf dem Reißbrett entstanden ist. Sie wurde vom Stadtplaner Armando de Godói entworfen und 1933 gegründet, also fast 30 Jahre bevor Brasília entstand. Goiânia besteht aus einer angenehmen Mischung aus Parks, von Bäumen gesäumten Alleen und hohen Gebäuden, die um kreisförmig verlaufende Straßen herum liegen. Zu sehen gibt's hier recht wenig, die Stadt ist aber ein wichtiger Transportknotenpunkt, und wer den Bundesstaat bereist, wird unweigerlich des Öfteren hier durch kommen.

Praktische Informationen

Goiânia ist sauber, relativ sicher und auf effiziente Weise organisiert. Wer als nächstes die Nationalparks oder Kolonialstädtchen besuchen will, der sollte sich schon hier mit Bargeld versorgen.

Atan Tourismusbüro (☎ 8146 3993; Crystal Plaza Hotel; 🕐 Mo–Fr 8–19, Sa bis 12 Uhr) Das zentral gelegene Reisebüro kann in Goiás und darüber hinaus alles organisieren, was man sich wünscht. Nach Wanira fragen. Sie kann problemlos zwischen Englisch, Französisch und Italienisch hin- und herschalten.

Banco do Brasil (☎ 3216 5600; Av Goiás 980; 🕐 Mo–Fr 10–16 Uhr) Dies ist die Hauptgeschäftsstelle.

Hospital Geral de Goiânia (INAMPS; ☎ 3221 6000; Av Anhanguera 4379)

Postamt (☎ 3226 2110; Praça Cívica 11; 🕐 Mo–Fr 9–17 Uhr)

Yes Internet Café (Av Tocantins 488, Setor Central; 2 R$/Std.; 🕐 Mo–Fr 8–22, Sa 8–21 Uhr) Internetzugang.

Sehenswertes & Aktivitäten

Goiânia ist nicht gerade das was man unter einem Touristenmekka versteht. Dennoch gibt es ein paar Dinge die man gesehen haben sollte, bevor man sich zu den anderen Attraktionen des Bundesstaats aufmacht. Mitten im Zentrum, in der Nähe der Praça Cívica, lädt der üppig grüne **Bosque dos Buritis** mit seinen Springbrunnen, Seen und Palmen voller schnatternder Papageien zum Entspannen ein. Noch mehr dieser bunten Vögel und weitere hier heimische Tiere gibt's im **Jardim Zoológico** (☎ 3254 1189; Eintritt 2 R$; 🕐 Di–Fr 9–19 Uhr), sechs Blocks westlich am Ende der Rua 2, zu bestaunen.

Die Wochenendmärkte sind eine hervorragende Möglichkeit, um am Wochenende einen ganzen Nachmittag lang herumzuschlendern. Der **Feira da Lua** (Praça Tamandaré) wird samstagnachmittags ein paar Blocks westlich der Praça Cívica abgehalten, der **Feira do Sol** (Praça do Sol) findet sonntagnachmittags 7 km vom Zentrum entfernt statt.

Schlafen & Essen

Wenn in den Hotels der Stadt gerade wenig los ist lohnt es immer, nach einem Rabatt zu fragen. Vor allem die Mittel- und Spitzenklassehotels gehen mit ihren Preisen bis zu 50 % runter wenn das Geschäft gerade nicht so gut läuft. Es gibt hier außerdem einige leckere regionale Spezialitäten zu kosten und ein pulsierendes Nachtleben zu erforschen.

Rodohotel (☎ 3224 2664; Rua 44 554; EZ/DZ 70/90 R$; ⌨) Neben dem Busbahnhof liegt dieses fast-Billighotel, das aber für eine kurze Nacht mit einem frühen Bus am nächsten Morgen genau das Richtige ist.

Goiânia Palace (☎ 3224 4874; www.goianiapalace. com, portugiesisch; Av Anhanguera 5195, Setor Central; EZ/DZ 94/160 R$; ⌨) Die *apartamentos* (Zimmer mit eigenem Bad) sind aus Ziegeln und Holz gebaut und haben neue Kleiderschränke sowie riesige Spiegel bis zum Boden. Man spricht Englisch.

Crystal Plaza Hotel (☎ 3267 4500; www.crystal plazahotel.com.br, portugiesisch; Rua 85 30, Setor Sul; EZ/DZ 160/190 R$; ⌨ 💻) Die Standardzimmer in diesem zentral gelegenen Hotel ganz in der Nähe der Praça Cívica sind doppelt so groß wie anderswo. Im Gebäude gibt's praktischerweise ein Tourismusbüro.

Chão Nativo I (☎ 3233 5396; www.chaonativo1.com. br, portugiesisch; Av República do líbano 1809, Setor Oeste; Menü zum Festpreis 24,90 R$; ☯ Mo–Fr 11.30–15.30, Sa & So 11–16 Uhr) In diesem „All-you-can-eat"-Sammelsurium darf man sich selbst aus einer Vielfalt an blubbernden Kesseln mit einfallsreichen und köstlichen goiânianischen Kreationen bedienen. Das Chão Nativo wurde schon wiederholt für die beste einheimische Küche der Stadt ausgezeichnet.

Piquiras (☎ 3281 4344; www.piquiras.com, portugiesisch; Rua 146 464, Setor Marista; Gerichte 30–65 R$; ☯ Mo–Fr 17 Uhr–open end, Sa & So 11.30 Uhr–open end) Diese Institution in Goiânia tischt großartige einheimische Köstlichkeiten auf. Sie ist südlich der Innenstadt gelegen. An den Wochenenden bevölkern die jungen Wilden der Stadt bevorzugt die weitläufige Veranda.

Celson & Cia (☎ 3215 3043; Rua 15 539, Setor Oeste; ☯ Mo–Fr 16–3, Sa 11–3, So 11–17 Uhr) Alle möglichen Charaktere Goiânias pilgern zu jeder Tages- und Nachtzeit in Scharen hierher und belegen einen der 65 Tische im Freien unter den beleuchteten Mandelbäumen.

Anreise & Unterwegs vor Ort

Der **Aeroporto de Goiânia** (☎ 3265 1500) liegt 6 km nordöstlich des Stadtzentrums (mit dem Taxi 20 R$). Von hier gibt es Flüge nach Rio (289 R$), São Paulo (279 R$) und zu weiteren großen Städten in Brasilien.

Am riesigen **Busbahnhof/Einkaufszentrum** (☎ 3240 0000) fahren Busse nach Brasília (30 R$, 3 Std., stündl.), Cuiabá (115 R$, 16 Std., 6-mal tgl.), Caldas Novas (Empresa Estela, 27 R$, 2½ Std., 3-mal tgl.), Pirenópolis (Empresa Goiânésia, 14,50 R$, 2½ Std., 1-mal tgl.), Alto Paraíso (Empresa São José, 61,50 R$, 7 Std., 1-mal tgl.) und Cidade de Goiás (Empresa Moreira, 24 R$, 3 Std., stündl.).

Um in die Stadt zu kommen steigt man vor dem Busbahnhof in einen Rodoviária-Centro-Bus oder nimmt sich ein Taxi (12 R$).

CIDADE DE GOIÁS

☎ 0xx62 / 25 000 Ew.

Cidade de Goiás erstreckt sich entlang des Rio Vermelho und wird von der schroffen Serra Dourada eingerahmt. Es ist ein verschlafenes Städtchen mit von Laternen erleuchteten Kopfsteinpflasterstraßen und weiß getünchten Häusern im Kolonialstil. Die ehemalige Hauptstadt des Bundesstaates, früher unter dem Namen Vila Boa (und kurz darauf als Goiás Velho) bekannt, wurde 2002 zum Unesco-Weltkulturerbe ernannt.

Während der Semana Santa (Osterwoche) erscheinen die wunderschönen barocken Kirchen der Stadt in festlichem Glanz und die Stadt quillt vor Besuchern fast über. Jedes Jahr am 25. Juli, dem Jahrestag der Gründung der Stadt 1727, besucht der Gouverneur des Bundesstaats Cidade de Goiás, das in dieser Zeit für drei Tage erneut zur Hauptstadt wird.

Praktische Informationen

Banco do Brasil (Av Sebastião Fleury Curado; ☯ Mo–Fr 11–16 Uhr) Geldautomaten für Visa und MasterCard täglich bis 22 Uhr.

CAT Touristenbüro (☎ 3371 7714; www.cidadede goias.tur.br, portugiesisch; Rua Moretti Foggia; ☯ 8–18 Uhr) Man bekommt hier zumindest einen Stadtplan.

CIDADE DE GOIÁS

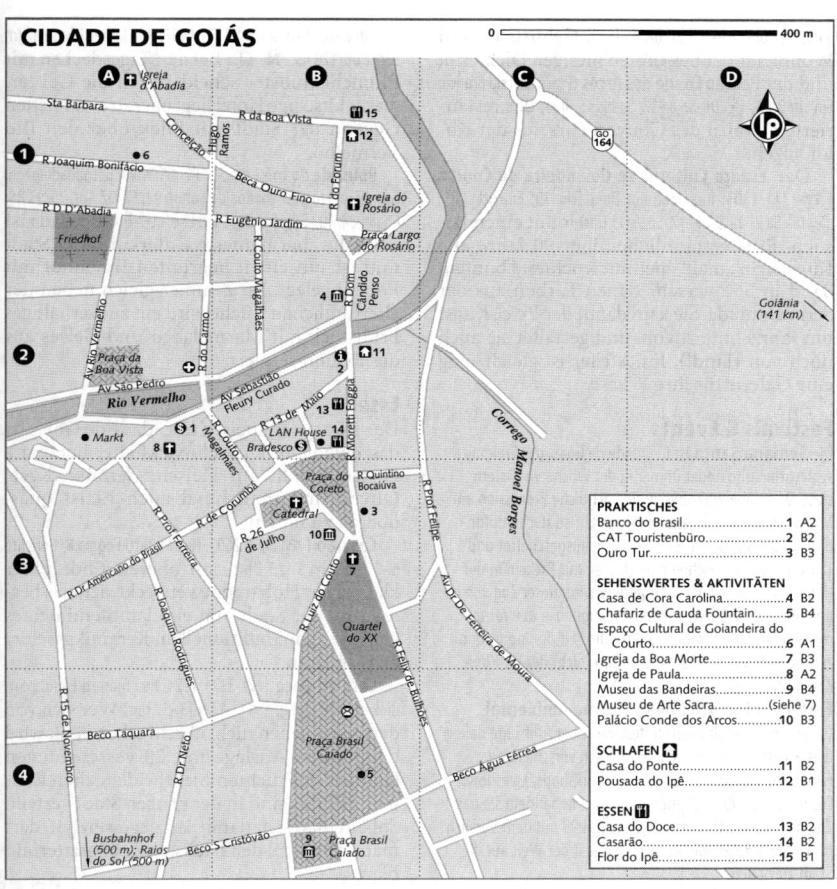

0   400 m

Sta Bárbara

Igreja d'Abadia

R da Boa Vista

R Joaquim Bonifácio

Beco Ouro Fino

R D D'Abadía

Friedhof

R Eugênio Jardim

Igreja do Rosário

Praça Largo do Rosário

Cândido Penso

Goiânia (141 km)

Praça da Boa Vista

Av São Pedro

Rio Vermelho

Av Sebastião Fleury Curado

Markt

Bradesco

LAN House

Praça do Coreto

R Quintino Bocaiúva

Catedral

R 26 de Julho

Córrego Manoel Borges

Quartel do XX

Praça Brasil Caiado

Busbahnhof (500 m); Raios do Sol (500 m)

Praça Brasil Caiado

Beco Água Férrea

PRAKTISCHES
Banco do Brasil...........................1 A2
CAT Touristenbüro....................2 B2
Ouro Tur.....................................3 B3

SEHENSWERTES & AKTIVITÄTEN
Casa de Cora Carolina................4 B2
Chafariz de Cauda Fountain........5 B4
Espaço Cultural de Goiandeira do
   Courto...................................6 A1
Igreja da Boa Morte....................7 B3
Igreja de Paula...........................8 A2
Museu das Bandeiras..................9 B4
Museu de Arte Sacra.............(siehe 7)
Palácio Conde dos Arcos...........10 B3

SCHLAFEN
Casa do Ponte...........................11 B2
Pousada do Ipê.........................12 B1

ESSEN
Casa do Doce............................13 B2
Casarão....................................14 B2
Flor do Ipê...............................15 B1

Ouro Tur (☎ 3371 3346; Praça do Coreto) Hilfreiche Agentur, die Touren und Öko-Abenteuerausflüge arrangieren kann.

Sehenswertes

Bei einem Stadtspaziergang sticht sofort die großartige Kolonialarchitektur aus dem 18. Jh. ins Auge. In den engen Straßen und flachen Häusern werden die berühmten lokalen *frutas cristalizados,* glasierte Früchte, in vielen Geschmacksrichtungen verkauft. An ihnen kann man sich stärken, um dann die sieben Kirchen der Stadt zu besichtigen. Die beeindruckendste von ihnen, die **Igreja de Paula** (Praça Zaqueu Alves de Castro), ist gleichzeitig auch die älteste: Sie wurde 1761 errichtet.

Das faszinierende **Museu das Bandeiras** (Praça Brasil Caiado; Eintritt 3 R$; Di–Sa, 9–17, So bis 15 Uhr) ist ein ehemaliges Gefängnis, das von 1766–1950 in Betrieb war, bevor es etwas später auch als Rathaus genutzt wurde. Heute sind hier jede Menge interessante Antiquitäten und originale Möbelstücke zu sehen – die 1,50 m dicken Zellenwände aus dem Holz des *aroeira,* des Pfefferbaums, sind für sich genommen schon ein Museum. Auf dem Platz vor dem Museum steht der **Springbrunnen Chafariz de Cauda**, der 1778 erbaut wurde und – abgesehen vom frischeren Wasser – unverändert und perfekt erhalten ist. Auch sehr interessant: das **Museu de Arte Sacra** (Eintritt 3 R$; 9–17 Uhr) in der alten **Igreja da Boa Morte** (Praça Castelo Branco), das eine gute Sammlung des renomierten lokalen Bildhauers Viega Vale aus dem 19. Jh. hat; die **Casa de Cora Carolina** (Rua Dom Cândido Penso 20; Eintritt

4 R$; Di–Sa 9–17, So bis 15 Uhr), Geburtsort und Wohnhaus der bekannten hiesigen Dichterin, und der **Palácio Conde dos Arcos** (Praça Castelo Branco; Eintritt 3 R$; Di–Sa 8–17, So bis 15 Uhr), das restaurierte Domizil des Gouverneurs aus der Kolonialzeit.

Der **Espaço Cultural de Goiandeira do Courto** (3371 1303; Rua Joaquim Bonifácio 19; Eintritt 3 R$; Di–Sa 9–12 & 14–17, So 9–13 Uhr) lohnt einen Besuch. Eine erstaunliche, über 90 Jahre alte Künstlerin „malt" hier mit leuchtend buntem Sand in 551 verschiedenen Farben aus der Serra Dourada. Sie kam damit der Pixel-Kunst um Jahrzehnte zuvor (und gestaltet sie auch noch von Hand!). Ihr Atelier ist gleichzeitig eine Galerie für ihre Werke.

Festivals & Events

Die **Semana Santa** ist in Cidade de Goiás das Ereignis schlechthin und findet immer in der Woche vor Ostern statt. Den Höhepunkt bildet die nächtliche Prozession am Mittwoch, die der Gefangennahme Christi nachempfunden ist. Die Straßenlaternen werden ausgeschaltet und Tausende von Menschen marschieren mit Fackeln in der Hand durch die Straßen. Angeführt wird dieser Zug von 40 unheimlichen Figuren mit spitzen Kappen – den *farricocos* – deren farbenfrohe Kluft auf die Zeit der Inquisition zurückzuführen ist. Hier ist also doch nicht der Ku-Klux-Klan unterwegs!

Festival International de Cinema Ambiental (Internationales Umweltfilmfestival) Über fünf Tage dauert dieses Festival Anfang Juni. Es werden verschiedene Filme und Videos gezeigt, es gibt Workshops, Liveshows, Lesungen und Ausstellungen, und alle behandeln sie das Thema Umwelt. Das Festival wurde 1999 mit dem Versuch ins Leben gerufen, die Aufmerksamkeit der Welt auf die Stadt zu ziehen.

Schlafen

Cidade de Goiás ist für die Bewohner Goiânias ein beliebtes Wochenendziel. Wer also am Ende der Woche hier ankommt, sollte vorab ein Zimmer buchen. Während der Semana Santa und dem Internationalen Umweltfilmfestival steigen die Preise und die Stadt platzt aus allen Nähten.

Raios do Sol (3371 3161; Av Dario das Paivas 6; EZ/DZ ohne Klimaanlage 30/55 R$, mit Klimaanlage 40/65 R$;) Vielleicht nicht gerade die Art von Sonnenstrahlen, die man sich für sein Leben erhofft, zumindest aber bietet dieses neue Hotel am Busbahnhof ein überraschend gutes Preis-Leistungs-Verhältnis und erspart nächtlichen Spätankömmlingen eine mühsame Wanderung hügelaufwärts ins Zentrum.

Casa do Ponte (3371 4467; Rua Moretti Foggia s/n; EZ/DZ 60/120 R$;) Bei den Tagesdecken mit Blümchenmuster scheiden sich die Geister, dieses kitschige Hotel liegt aber in einer netten Gegend der Stadt mit Blick über den Rio Vermelho.

Pousada do Ipê (3371 2065; www.pousadadoipego. com.br, portugiesisch; Rua do Forum 22; EZ/DZ Apt. 75/93 R$, Chalet 84/102 R$;) Diese ruhige Pousada ist wohl die charmanteste Unterkunft der Stadt und ist um einen begrünten Innenhof mit Pool angelegt. Im Zimmer gleich neben der altertümlichen Küche wird ein zuckerhaltiges Frühstück mit Marmeladen und Gelees aus der Region serviert.

Essen

Der König der Speisen in Cidade de Goiás ist das *empadão*. Die schmackhafte, herzhafte Pastete gefüllt mit Fleisch, Gemüse, Käse, Oliven und manchmal auch Ei ist quasi überall zu finden.

Casarão (8466 2603; Rua Moretti Foggia 8; Gerichte 6–10 R$; 9–23 Uhr) Am oberen Ende einer klapprigen Holztreppe versteckt sich das beste Lokal der Stadt, um ein dampfend heißes *empadão* von traditionellem Keramikgeschirr zu probieren.

Casa do Doce (3371 1824; Rua Moretti Foggia; Süßigkeiten 20 R$/kg; 8–12 & 13–17 Uhr) Wer sich von den paar Bienen nicht abschrecken lässt, wird der bunten Auslage mit 28 verschiedenen kandierten Früchten nicht widerstehen können. Filialen sind in der ganzen Stadt verteilt. Sobald man sich daran satt gegessen hat, darf man schon mal den nächsten Zahnarzttermin planen.

Flor do Ipê (3372 1133; Rua da Boa Vista; Gerichte für 2 Pers. 20–42 R$; Di–Sa 12–15 & 18–24, So 12–15 Uhr) Für 22 R$ wird hier zum Mittagessen eine Vielfalt regionaler Spezialitäten in teuflisch heißen Tontöpfen aufgetischt. Abends, wenn es hervorragende einheimische Gerichte à la carte gibt, füllt sich das schattige Gartenrestaurant schnell.

An- & Weiterreise

Der Busbahnhof liegt von der Praça Brasil Caiado 500 m in südlicher Richtung leicht bergab. Zwischen Cidade de Goiás und Goiânia (24 R$, 3 Std.) verkehren regelmäßig Busse. Es gibt auch Verbindungen nach Barra do Garças (37,50 R$, 4 Std.), von wo aus es regelmäßige Busse nach Cuiabá (Mato Grosso) gibt.

PIRENÓPOLIS
☎ 0xx62 / 21 000 Ew.

Das Erste, was bei einem Besuch in „Piri"
auffällt, ist die eigentümliche Mischung aus
Art Déco und portugiesischer Kolonialarchitektur. Das ist aber bei weitem noch nicht
alles, was diese skurrile Stadt, die seit 1989 als
Patrimonio Nacional (Nationalerbe) geführt
und am Rio das Almas auf feuerroter Erde
erbaut ist, zu bieten hat. Sie ist ein weiteres
koloniales Juwel mit goldener Vergangenheit,
unterscheidet sich jedoch von den anderen
Städten ihrer Art im Bundesstaat: In den
1970er-Jahren hat sich hier eine alternative
Bewegung breit gemacht, die bis heute anhält.
Dieses entspannte Städtchen hat etwas Eso-
terisches, ein gewisses Hippieflair, und pro
Einwohner gibt es hier so viele VW-Beetles
wie nirgendwo sonst in Brasilien. Nach einem
Besuch in Pirenópolis hat man wohl erst
einmal genug von Wasserfällen, die Stadt
eignet sich aber nun mal hervorragend als
Ausgangspunkt, um die 73 Wasserfälle in der
Gegend zu erkunden.

Praktische Informationen
Banco do Brasil (☎ 3331 1183; Rua Sizenando Jayme;
🕑 Mo–Fr 11–16 Uhr) Geldautomat für Visa und Mas-
terCard

Brasil Central (☎ 3331 3677; www.pirenopolis.travel;
Galeria Centro Histórico, Rua do Rosário; 🕑 Di–Fr 9–13
& 14–18, Sa & So 9.30–14 Uhr) Ein großartiges Reisebüro,
das auf nachhaltigen Ökotourismus und Kulturtouren
spezialisiert ist. Geführt wird das Büro von einem jungen
Pärchen.

CAT Touristenbüro (☎ 3331 2633; www.pirenopolis.
com.br, portugiesisch; Rua do Bonfim; 🕑 8–18 Uhr) Hat
Infos zu Unterkünften und Aktivitäten in der Umgebung
und gibt Auskunft zu Verkehrsmitteln und geführten
Touren.

Hospital Nossa Senhora do Rosário (☎ 3331 1592;
Av Neco Mendonça 38)

X Games LAN House (Rua Sizenando Jayme; 2 R$/Std.;
🕑 9–24 Uhr) Internetzugang.

Sehenswertes & Aktivitäten
KIRCHEN & MUSEEN
Die bekannteste Kirche der Stadt, die **Igreja NS
do Carmo** aus dem Jahr 1750, die auch das
Museu de Arte Sacra (Rua do Carmo; Eintritt 2 R$;
🕑 Mi–So 11–17 Uhr) beherbergt, wurde im Oktober 2009 wieder eröffnet. Dennoch werden
weiterhin Restaurationsarbeiten durchgeführt. Im 2. Stock kann man den Restaurateu-
ren bei ihrer Arbeit zuschauen.

Von den Portugiesen erbaut und voller
Charisma präsentiert sich die ebenfalls 1750
erbaute **Igreja NS do Bonfim**, eine einfache,
rechteckige Kirche aus Lehmziegeln mit Holz-
fußboden und -decke. Flankiert wird sie von
zwei Seitenkapellen. Der vergoldete, türkis-
farbene Altar und die Kanzel aus Holz bieten
ebenfalls einen hübschen Anblick, Zutritt zur
Kirche hat man allerdings nur während des
Gottesdiensts.

Die älteste Kirche der Stadt ist die 1732
erbaute **Igreja NS do Rosário Matriz** (Praça de Matriz;
Eintritt 2 R$; 🕑 Mi–So 7–11 & 13–17, Mo 7–11 Uhr). Nach
einem verheerenden Brand im Jahr 2002 (man
vermutet Brandstiftung) ist sie der Öffentlichkeit mittlerweile wieder zugänglich. In ihrem
Innern informiert das **Museu da Matriz** über ihre
Geschichte und die noch immer andauernden
Renovierungsarbeiten. Der neue, renovierte
Altar stammt aus der ehemaligen Sklavenkirche (diese war nötig, da Sklaven der Zutritt
zu dieser Kirche nicht gestattet war).

Zwei interessante Museen sind dem Festo
do Divino Espírito Santo (s. Kasten S. 431)

FESTA DO DIVINO ESPÍRITO SANTO

Pirenópolis ist bekannt für die Aufführung
der Geschichte der Festa do Divino Espírito
Santo. Diese Tradition, die 1819 ihren
Anfang nahm, ist gemeinhin als Cavalhadas
bekannt.

Dabei wird 50 Tage nach Ostern die gesamte Stadt drei Tage lang in einen mittelalterlichen Schauplatz verwandelt. Zur
Feier des Sieges den Karl der Große über
die Mauren errungen hatte, finden mittelalterliche Turniere, Tanzaufführungen und
andere Festlichkeiten statt, darunter auch
eine nachgestellte Schlacht zwischen den
Mauren und den Christen auf der weit entfernten Iberischen Halbinsel. Die Krieger sitzen auf geschmückten Pferden und tragen
bunte Kostüme und Stiermasken. Am Ende
werden die Mauren auf dem Schlachtfeld
besiegt und zum Christentum konvertiert.
Somit ist also der klare „Beweis" erbracht,
dass sich Ketzerei nicht auszahlt …

Bei diesem Festival geht's sehr fröhlich zu
und es ist eher folkloristisch als religiös. Wer
in der Gegend ist, sollte sich dieses ebenso
umwerfende wie eigentümliche Spektakel
nicht entgehen lassen – es zählt zu den
faszinierendsten in Brasilien.

GOIÁS

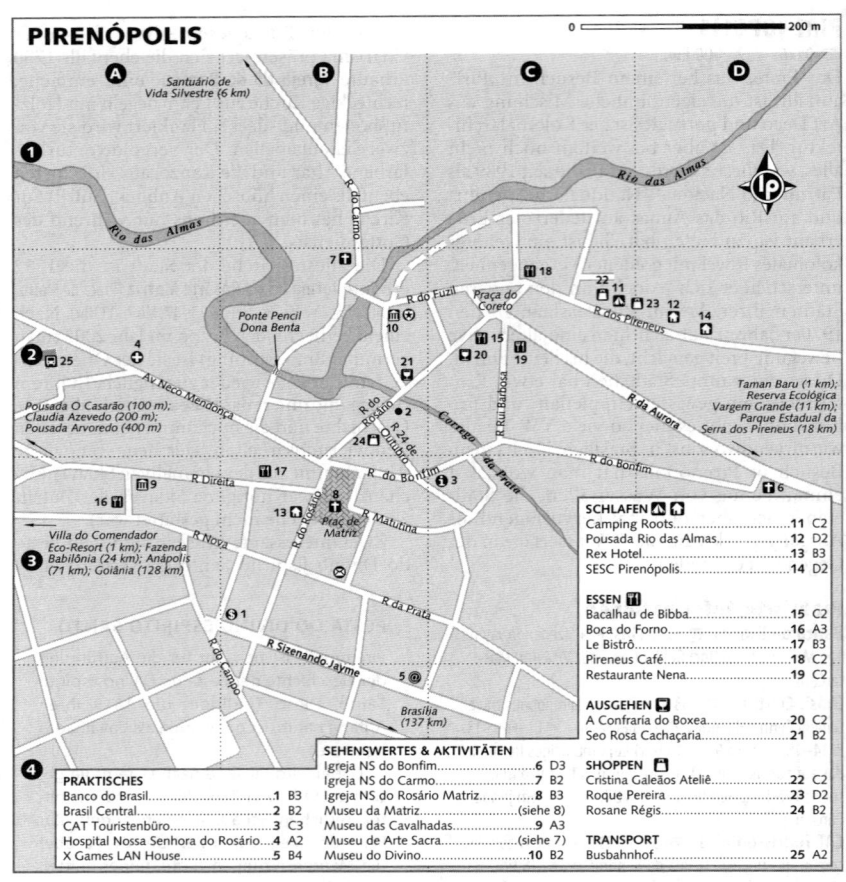

PIRENÓPOLIS

0 — 200 m

PRAKTISCHES
Banco do Brasil.............................**1** B3
Brasil Central...............................**2** B2
CAT Touristenbüro........................**3** C3
Hospital Nossa Senhora do Rosário...**4** A2
X Games LAN House.....................**5** B4

SEHENSWERTES & AKTIVITÄTEN
Igreja NS do Bonfim......................**6** D3
Igreja NS do Carmo......................**7** B2
Igreja NS do Rosário Matriz...........**8** B3
Museu da Matriz.........................(siehe 8)
Museu das Cavalhadas..................**9** A3
Museu de Arte Sacra...................(siehe 7)
Museu do Divino........................**10** B2

SCHLAFEN
Camping Roots...........................**11** C2
Pousada Rio das Almas..................**12** D2
Rex Hotel..................................**13** B3
SESC Pirenópolis.........................**14** D2

ESSEN
Bacalhau de Bibba.......................**15** C2
Boca do Forno............................**16** A3
Le Bistrô..................................**17** B3
Pireneus Café............................**18** C2
Restaurante Nena........................**19** C2

AUSGEHEN
A Confraría do Boxea....................**20** C2
Seo Rosa Cachaçaria.....................**21** B2

SHOPPEN
Cristina Galeãos Ateliê..................**22** C2
Roque Pereira.............................**23** D2
Rosane Régis..............................**24** B2

TRANSPORT
Busbahnhof...............................**25** A2

gewidmet. Im nagelneuen städtischen **Museu do Divino** (☎ 3331 1460; Rua Bernardo Sayão; Eintritt 4 R$; Mi–So 11–17 Uhr) sind die Masken und Kostüme ausgestellt, die während des bekannten Festivals getragen werden. Diese Masken werden von einheimischen Kunsthandwerkern nach einer Methode gefertigt, die seit Jahren von Generation zu Generation weitergegeben wird.

Das **Museu das Cavalhadas** (☎ 3331 1166; Rua Direita 39; Eintritt 2 R$; 10–17 Uhr) befindet sich in privater Hand und ist voll gestopft mit grellen und bunten Artefakten, die bei einer vom Besitzer geführten Tour scheinbar zum Leben erweckt werden. Wer meint vor verschlossener Tür zu stehen wird durch ein Schild dazu aufgefordert zu klingeln.

SANTUÁRIO DE VIDA SILVESTRE – FAZENDA VAGAFOGO

Der **Santuário de Vida Silvestre – Fazenda Vagafogo** (Naturschutzgebiet Gutsbesitz Vagafogo; ☎ 3335 8515; Erw./ Kind 10/5 R$; Mo–So 8.30–17 Uhr) liegt 6 km nordwestlich der Stadt und ist ein 44 ha großes Naturschutzgebiet in Privatbesitz. Ein guter Ort um Tiere zu beobachten – und selbst wenn man nicht viele davon zu Gesicht bekommt, bietet die nicht sehr anstrengende Wanderung eine willkommene Abwechslung von der Hitze (es gibt zwei natürliche Pools die zum Schwimmen einladen).

Das Café im Besucherzentrum serviert am Wochenende einen unerhört leckeren Brunch (22 R$; 9–16.30 Uhr) mit einer kunterbunten Mischung hausgemachter Marmeladen aus wild wachsenden Früchten aus dem Cerrado. Da muss man alle probieren.

Das Naturschutzgebiet ist zu Fuß über die Rua do Carmo in Richtung Norden aus der Stadt zu erreichen. Anschließend den Schildern folgen.

PARQUE ESTADUAL DA SERRA DOS PIRENEUS

Der Name des Parks, der 18 km nordöstlich der Stadt liegt, ist die brasilianische Version von „Pyrenäen" (denen er angeblich ähnelt). Hier gibt's drei Berge – Pai (mit 1385 m der höchste), Filho und Espírito Santo –, die man alle besteigen kann. Und es ist der beste Ort im Staat zum Bouldern (Felsklettern ohne Seil). Auf dem Weg sind Wasserfälle und interessante Steingebilde zu bestaunen, von denen einige aus der Zeit des Gondwanalands stammen.

In den Park kommt man nur mit einem offiziellen Führer. Der Preis ist dann zwar inklusive Transportkosten, aber ohne Eintrittsgebühr für den Park. Eine lokale Agentur und die Touristeninformation können bei der Vermittlung behilflich sein. **Cachoeira do Abade** (Eintritt 10 R$) lohnt einen kleinen Abstecher, weil man hier unter den Wasserfällen schwimmen kann.

Am ersten Vollmond im Juli feiern die Einheimischen die **Festa do Morro** mit einer Prozession zum Morro dos Pireneus (einige zum Beten, andere nur zum Spaß), wo auf dem Pai eine kleine Kapelle steht. Das Festival ist eine moderne Tradition und mehr New Age als religiös, mit einer Riesenparty am Ende.

RESERVA ECOLÓGICA VARGEM GRANDE

Dieser 360 ha große **Park** (☎ 3331 3166; Eintritt 15 R$; ⊙ 9–17 Uhr) befindet sich auf privatem Grund und kann mit zwei äußerst beeindruckenden Wasserfällen aufwarten – dem **Cachoeira Santa Maria** und dem **Cachoeira do Lázaro**. Sie haben an ihren Flussufern kleine Strände und natürliche Becken zum Schwimmen. Wer wegen der Wasserfälle hierher gekommen ist, sollte diese beiden und den **Abade** auf jden Fall auf dem Programm stehen haben.

Das Schutzgebiet liegt 11 km östlich der Stadt, an der Straße nach Serra dos Pireneus. Für den Zutritt zum Park braucht man keinen Guide – um sich ohne eigenes Auto dort fortbewegen zu können jedoch schon.

Schlafen

Pirenópolis ist an Wochenenden und während der Festivals (wenn die Preise sich verdoppeln können) bei Besuchern zwar sehr beliebt, man findet aber auch mindestens alle 100 m eine Pousada zum Übernachten. Wenn gar nichts mehr geht, gibt es auch noch ein paar Campingplätze. Der beste davon ist **Camping Roots** (☎ 3331 2105; www.campingroots.org, portugiesisch; Rua dos Pireneus 95; Zeltplatz 10 R$/Pers.).

Rex Hotel (☎ 3331 1121; Praça de Matriz 15–37; EZ/DZ 40/70 R$) Die erste Pousada von Pirenópolis. Sie ist in einem Haus untergebracht, das ursprünglich als Unterkunft für Sklaven gebaut wurde. Seither wurde der Standard ein wenig gehoben (und zwar wirklich nur ein wenig!), wer knapp bei Kasse ist wird damit aber zufrieden sein.

Pousada Arvoredo (☎ 3331 3479; www.arvoredo.tur. br, portugiesisch; Av Abercio Ramos 15; EZ/DZ 50/80 R$; 🐾 🔁) In dieser Unterkunft mit hervorragendem Preis-Leistungs-Verhältnis wird das Thema nachhaltiger Tourismus sehr ernst genommen (alle Ziegel wurden aus alten Häusern in Goiânia wiederverwertet). Die Veranden hier sind herrlich und die Zimmer groß und mit natürlichem Kunsthandwerk ausgestattet.

SESC Pirenópolis (☎ 3331 1333; Rua dos Pireneus 45; www.sescgo.com.br, portugiesisch; EZ/DZ 84/135 R$; 🐾 🔁) Zimmer 1 bis 3 gebucht? Glückwunsch zum besten Deal der Stadt! Die Suiten sind gut in Schuss, haben separate Wohnzimmer, sehr schöne Bäder, gewölbte Decken und nebenbei noch den selben Preis wie die Doppelzimmer.

Pousada Rio das Almas (☎ 3331 2744; www.pousadariodasalmas.pirenopolis.tur.br, portugiesisch; Rua dos Pireneus; Chalet für 2 Pers. 150 R$, zusätzliches Bett 30 R$; 🐾) In diesen rustikalen Chalets schnuppert man mitten in der Stadt Landluft. Sie liegen in einem grünen Garten am Ufer des Rio das Almas. Ruhig, heimelig und ein guter Deal für Gruppen.

Pousada O Casarão (☎ 3331 2662; www.ocasarao. pirenopolis.tur.br, portugiesisch; Rua Direita 79; EZ/DZ 170/185 R$; 🐾 🔁) Das Kolonialgebäude stammt aus dem späten 19. Jh., im Innern erwartet einen aber ein herrlich modernes und geschmackvoll eingerichtetes Landhaus. Weitläufig, stattlich und günstig.

Taman Baru (☎ 3333 3880; www.tamanbaru.com.br, portugiesisch; Estrada dos Pireneus km 2; EZ/DZ-Apt. 205/240 R$, Bungalow 390 R$; 🐾 🖥 🔁) Diese romantische, leicht balinesisch angehauchte Unterkunft liegt in einem Wald gleich östlich der Stadt. Sowohl die farbenfrohen Bungalows als auch der himmlische Infinity-Pool bieten einen herrlichen Blick über den Cerrado.

Villa do Comendador Eco-Resort (☎ 3331 2424; www.villadocomendador.com.br, portugiesisch; GO 431 km 1; Zi. 250 R$; ⊠ 🖳 🏊) 1 km außerhalb der Stadt befindet sich diese 2007 eröffnete Pousada, die erste ihrer Art in Pirenópolis, die von brasilianischen Umweltschutzgruppen das Prädikat „echt Öko" verliehen bekommen hat. Hier gibt's Pools, Spielplätze, Möglichkeiten zum Reiten und Volleyball spielen und einen herausragenden Blick auf den Cerrado. Ein Paradies für Kinder!

Essen & Ausgehen

Die meisten Restaurants und Cafés liegen entlang der Rua do Rosário, auch bekannt als Rua do Lazer. Diese verwandelt sich am Wochenende in eine Fußgängerzone mit Tischen im Freien und unzähligen lebhaften Besuchern aus Goiânia. Günstigere Restaurants mit Buffetangeboten säumen vorwiegend die Rua da Aurora. Die meisten Restaurants haben am Montag Ruhetag, manche öffnen sogar nur am Wochenende.

Pireneus Café (☎ 3331 3047; Rua dos Pireneus 41; Sandwiches 4–9 R$; ⊠ Mo–Mi 10–22, Do–Sa bis 2, So bis 23 Uhr) Ein gehobeneres Café mit Blick auf die Praça do Coreto. Die gegrillten Focaccia-Sandwiches sind eine Offenbarung und auch der Kaffee ist erste Sahne.

Restaurante Nena (☎ 3331 1470; Rua da Aurora 4; Buffet 19 R$; ⊠ Fr–So 12–16 Uhr) Eine der netteren

Buffetoptionen, die die Stadt zu bieten hat, mit tollen regionalen Gerichten und einer großen Auswahl an Salaten. Am besten früh da sein, sonst ist das Beste schon weg.

Boca do Forno (☎ 3331 1790; Travessa Santa Cruz s/n; Pizza 19–34 R$; ⊠ Di–So 18–24 Uhr) Der Besitzer dieser gemütlichen Pizzeria stammt aus Brasiliens Pizza-Hauptstadt São Paulo. Wen das nicht beeindruckt, der wird es umso mehr nach dem ersten Stück Pizza sein. Mittwochs ist hier Pizza-*rodízio* („All-you-can-eat"; 12 R$) angesagt. Ein echtes Fest für die Geschmacksnerven.

Le Bistrô (☎ 3331 2150; www.lebistropirenopolis.com; Rua Direita 5; Gerichte 25–70 R$; ⊠ Mo–Fr 12–14, Do–Sa 20– 24 Uhr) Bunt, traditionell und stolz darauf! So ist die für Goiás typische Einrichtung im Bistro der preisgekrönten Köchin Márcia Pinchemel, die einen fantastischen *surubim ao sabor do cerrado* (Surubi-Fisch mit einer Prise Cerrado) zaubert. Nach Meinung vieler Einheimischer das beste Restaurant der Stadt.

Bacalhau da Bibba (☎ 3331 2103; Rua do Rosário 42; Gerichte für 2 Pers. 25–100 R$; ⊠ Do–So 11–24 Uhr) Das Kabel-jauchzt das Herz! In diesem Restaurant gibt's nichts anders als *bacalhau*! Das ist aber noch lange nicht das Einzige, was diesen Ort so skurril macht. Er ist nebenbei auch noch ein Antiquitätenladen!

Seo Rosa Cachaçaria (☎ 3331 2046; Rua do Rosário 17; Cachaça 3–5 R$; ⊠ So–Do ab 17, Fr & Sa ab 11 Uhr) Hier stehen über 150 verschiedene Sorten *Cachaça* zur Auswahl.

CAFÉ COLONIAL: DAS ESSEN DER TROPEIROS

Nachdem die *bandeirantes* das Gold Goiás' abgesahnt hatten, traten die *tropeiros* (die berühmten brasilianischen Maultiertreiber) in ihre Fußstapfen, eroberten die Region und brachten Sklaven von der Küste Brasiliens hierher. Unterwegs war die Verpflegung knapp, und so nahmen die *tropeiros* verschiedene Nahrungsmittel der afro-brasilianischen, portugiesischen und indigenen Anbaukulturen an, um die lange Reise ohne die Kühlung der Vorräte zu überstehen.

Diese lange Zeit vergessene Subkultur der brasilianischen Küche ist mit der **Fazenda Babilônia** (☎ 3331 1226; GO 431A, km 24; ⊠ Sa & So 8–17 Uhr) zu neuem Leben erweckt. Dabei handelt es sich um eine aus dem Jahr 1800 stammende Zuckerplantage und *fazenda* (Farm), die seit 1965 als Patrimonial Nacional (Nationalerbe) geführt ist. Jedes Wochenende ist hier, 24 km südwestlich von Pirenópolis, historische Gastronomie angesagt, wenn die restaurierte *fazenda* das faszinierende Frühstück mit dem Namen Café Colonial serviert. Herzhaftes Fleisch, Käse und Gebäck sind die Höhepunkte der schier endlosen Liste der Leckereien. *Carne de porco* (ein saftiges Gericht mit Schweinefleisch, das zur Aufbewahrung in seinem eigenen Fett konserviert wird), *mané pelado* (ein süßer Kuchen aus geraspeltem Maniok, Eiern, Käse und Kokosmilch) und *matula galinha* (Hähnchen mit Safran, Eiern, würziger Paprika und getoastetem Mais, eingewickelt in einer Maishülse) runden dieses aufregende Festmahl ab, das aus etwa 28 Gerichten besteht, von denen man vermutlich noch nie etwas gehört, geschweige denn probiert hat. Das Ganze gibt's für schlappe 25 R$; ein toller Rundgang durch die *fazenda* selbst gehört auch noch dazu.

A Confraría do Boxea (☎ 3331 1518; Rua do Rosário 38; Bier 3–22 R$; ☽ Di–So ab 17 Uhr) Nicht nur Bierliebhaber sollten hier ein paar Abende verbringen, um alle 35 Biersorten der Karte zu probieren.

Shoppen
Die Rua Aurora, Rua Rosário und Rui Barbosa sind gesäumt von Läden, die kommerzialisiertes Kunsthandwerk aus der Region verkaufen. Hier gibt's alles: Silber und Keramiktöpfe, bunte Tücher und Sklavenstatuen. Wer auf der Suche nach etwas Einzigartigerem ist, der sollte in den Künstlerwerkstätten am Circuito de Criação vorbeischauen (einen Flyer dazu bekommt man im CAT-Büro).

Zu den interessanteren Werkstätten zählt die von **Roque Pereira** (☎ 3331 1084; Rua dos Pireneus 77), der die Öko-Möbel aus abgestorbenen Bäumen herstellt, und die Lehmtöpferei im Atelier von **Cristina Galeãos Ateliê** (☎ 3331 1084; Rua dos Pireneus 67). Nach dem Motto „Es ist nicht alles Gold was glänzt" formt **Rosane Régis** (☎ 3331 3148; Rua 24 de Outubro) seit über 25 Jahren ihre Kunstwerke aus dem Silber der Region. Wer sich in der Welt der Mode wohler fühlt schaut bei **Claudia Azevedo** (☎ 3331 1328; Rua Direita 58) vorbei und nimmt ihre kreativen, gefärbten Stoffe genauer unter die Lupe.

An- & Weiterreise
Der Busbahnhof liegt 300 m nordwestlich der Igreja Matriz. Von hier fahren Busse nach Brasília (21 R$, 3 Std., 165 km, 7-mal tgl.), einer nach Goiânia (14,50 R$, 3 Std., 128 km; um 9.15 Uhr) und mehrere nach Anápolis (5 R$, 1½ Std., 5-mal tgl.), wo man ebenfalls in einen Bus nach Goiânia umsteigen kann. Vor Ort bewegt man sich am besten zu Fuß oder mit dem Mototaxi fort.

CALDAS NOVAS
☎ 0xx64 / 68 000 Ew.
Probleme mit dem Bluthochdruck nach einem Besuch in Brasília? Spielt die Verdauung nach einem Stopp in einem Fernfahrerlokal in Minas verrückt? Geschafft von den ausgiebigen Karnevalsfestivitäten in Salvador? Dann ist Caldas Novas mit seinen über 30 Heilquellen genau das Richtige! Mittlerweile ist die Stadt ein schicker Erholungsort, dessen Einwohnerzahl während der Ferienzeit schon mal um ungefähr 130 000 „Einwohner" zunehmen kann.

Praktische Informationen
Banco do Brasil (☎ 3453 1186; Rua Capitan João Crisostómo 325) Geldautomat für Visa und MasterCard.
CAT Touristenbüro (☎ 3454 3564; Praça Mestre Orlando; ☽ 8–18 Uhr) Am wichtigsten Platz der Stadt gelegen, kann es bei der Suche nach einer Unterkunft und bei Fragen zu den Thermalquellen helfen. Im Busbahnhof ist ein weiteres, kleineres Büro.
Post (☎ 3455 4107; Rua Capitan João Crisostómo 361)

Heiße Quellen
In Caldas Novas hat fast jeder sein eigenes Heilbad um verschiedene Zipperlein zu heilen, aber nicht alle sind der Öffentlichkeit zugänglich. Neben den Hotels und Pousadas gibt's in der Stadt und der Umgebung ein paar gute Bäder, die man allerdings nur tagsüber besuchen kann. Vom Stadtzentrum aus liegt **SESC Caldas Novas** (☽ Mo–So 8–20 Uhr) am praktischsten und hat außerdem gute Preise. Die elf Thermalbecken im SESC-Komplex sind gut in Schuss und können von der Praça Matriz zu Fuß erreicht werden. Etwas weiter außerhalb befindet sich der **di Roma Acqua Park** (☽ Mo–So 7–17 Uhr; s. di Roma Thermas Hotel), ein extravaganter Themenpark bei dem sich alles ums Wasser dreht, mit dem weltweit ersten thermalen Wellenbad, Wasserrutschen, einem gemächlich fließenden Fluss, Restaurants und zahlreichen Therapiebecken.

Schlafen & Essen
In den Ferien und an langen Wochenenden ist die Stadt oft überfüllt, es empfiehlt sich daher zu reservieren. Meist sind die Zimmer aller Kategorien annähernd gleich – Auswahlkriterium sollte das Angebot rund um die Thermalquellen sein. Wer sich ein Budget gesetzt hat wird dies in der Hochsaison vermutlich sprengen.

SESC Caldas Novas (☎ 3455 9400; www.sescgo.com.br, portugiesisch; Av Ministro Elias Bufáiçal 600; EZ/DZ 84/135 R$; 🖳 🖳) Eine große Erholungsanlage mit 11 Thermalbecken und einem der besten Preis-Leistungs-Verhältnisse der Stadt.

Hotel Roma (☎ 3453 1335; www.diroma.com.br, portugiesisch; Praça Mestre Orlando 368; Zi. 180 R$; 🖳 🖳) Mit seinen sechs Thermalbecken, dem Whirlpool und der riesiger Sauna erinnert das Hotel ein bisschen an den Film *Am Goldenen See*. Die Lage am Hauptplatz ist aber nur schwer zu toppen. Auf den Nachttischchen der Zimmer liegen die Kondome direkt neben dem Neuen Testament – ein interessantes Dilemma!

Hotel Parque das Primaveras (☎ 3453 1355; www. hpprimaveras.com.br; Rua do Balneário 1; EZ/DZ 250/290 R$; 🐾 🖳 🕮) Diese dschungelartige Pousada ist eine Topadresse und in ihren vier Thermalbecken hier fühlt man sich nicht so beobachtet wie anderswo.

di Roma Thermas Hotel (☎ 3453 9393; www.diroma. com.br, portugiesisch; Av Santo Amaro 1800; Zi. 320 R$; 🐾 🖳 🕮) Dieses riesige Megaressort ein paar Kilometer außerhalb der Stadt wurde kürzlich erst renoviert. Das di Roma hat neun Thermalbecken und ein tolles Angebot für die Kleinen (sogar eine Seilrutsche!).

Picanha Na Brasa (☎ 3453 8023; Rua José Luiz Pereira & Pedro Branco de Souza 241; Rodízio 17,90 R$; 🕙 11–24 Uhr) In dieser beliebten *churrascaria* im *Rodízio*-Stil („All-you-can-eat"-Grillrestaurant) gibt's für wenig Geld extrem leckeres Essen.

Paneteria Famigli Amoroso (☎ 3453 5702; Rua Antônio Godoy de Godoy 37; Pizza 19,50–28 R$; 🕙 So–Do 19–23, Fr & Sa bis 24 Uhr) Das Angebot dieser kleine Backstube kann sich durchaus sehen lassen: 91 verschiedene Pizzas aus dem Holzofen.

An- & Weiterreise
Der Busbahnhof befindet sich am Ende der Rua Antônio Coelho de Godoy. Busse fahren regelmäßig nach Brasília (49,50 R$, 6 Std., 2-mal tgl.) und Goiânia (23,50 R$, 3 Std., stündl.), sowie nach Rio de Janeiro (164 R$) und São Paulo (115 R$).

PARQUE NACIONAL DA CHAPADA DOS VEADEIROS
In diesem spektakulären Nationalpark in der höchsten Gegend des Zentralen Westens er-

---

ABSTECHER: RIO QUENTE

Der Aquapark **Rio Quente** ist 22 km von Caldas Novas entfernt und kann sich als einziger der Welt mit einem Fluss aus Thermalwasser rühmen. Hier gibt's so viel Action rund ums Wasser, dass man Schwimmhäute zwischen den Fingern bekommt, bevor man alle ausprobiert hat. Der **Hot Park** (☎ 3453 7757; Erw./Kind 42/26 R$; 🕙 9.30–17 Uhr, Do geschl.) ist ein echter Spaßgarant; eine Art bewässertes Disneyland für braungebrannte brasilianische Schönheiten. Hier gibt's rutschiges Vergnügen auf 22 000 m² und die 2,5 Mio. R$ teure, aus Kanada importierte Halfpipe ist die einzige ihrer Art in Lateinamerika.

---

lebt man auf einer Fläche von 650 km² die einzigartige Landschaft und Flora des hohen Cerrado.

Mit hohen Wasserfällen, tosenden Canyons, natürlichen Schwimmstellen und Stränden, die mit ihren Weinpalmen Oasen gleich kommen, ist der Park ein beliebtes Ziel für Ökotouristen. Eigentlich ist die ganze Gegend wunderschön. Dazu tragen der endlose Himmel, die exotische Flora und die beeindruckenden Hügel, die aussehen wie Wellen, die scheinbar über die Ebene hereinbrechen, bei.

Diese überragende Landschaft erhebt sich größtenteils über Quarzkristall und buntem Sandstein. Sie zieht auch Esoteriker, die Anhänger des New Age, an, die in der Gegend alternative Gemeinschaften und einen aufkeimenden *„esoturismo"* betreiben. Zudem ist hier alles bemerkenswert gut gepflegt: Im Umkreis von mehreren Kilometern ist keine einzige Bierdose zu finden.

Traveller, die des Parks wegen hier sind, quartieren sich in einem der beiden nahe gelegenen Orte ein: im 38 km entfernten **Alto Paraíso de Goiás** (S. 438) oder dem winzigen **São Jorge** (S. 439), 2 km vom Eingang zum Park entfernt. Die beste Zeit für einen Besuch im Park ist von April bis Oktober, bevor die Flüsse in der Regenzeit über die Ufer treten und die Zufahrtswege rutschig werden. Um die Hauptattraktionen zu sehen, muss man zwei Tage einplanen.

Sehenswertes & Aktivitäten
Für den **Park** (☎ 3455 1114; Eintritt 3 R$; 🕙 Di–So 8–18 Uhr) braucht man einen zugelassenen Führer. Private Führer können über das Besucherzentrum, den lokalen Verband der Führer (ACV-CV) oder Hotels in Alto Paraíso oder São Jorge gebucht werden. Das Ganze kostet 80 R$ (portugiesisch) bis 100 R$ (englisch) am Tag, plus 100 R$ Transportkosten nach/von Alto Paraíso (bis zu 4 Pers.).

Die Führer bieten Halbtagestouren zu den drei Höhepunkten: *canions* (Canyons), *cariocas* (Felsen) und *cachoeiras* (Wasserfälle). Die Touren sind im Preis für den Führer drin, bis zu zehn Leute können teilnehmen.

Die **Canions-Cariocas-Tour** führt am Rio Preto entlang, der mitten durch den Park fließt. Der Fluss hat zwei große Schluchten (mit den einfallsreichen Namen Canyon I und Canyon II), in den Sandstein geschnitten mit blanken 20 m hohen Wänden auf jeder Seite – ein atemberaubender Anblick. Von natürlich ge-

EINZIGARTIGES CERRADO

Den Cerrado einfach nur die „Savanne Südamerikas" zu nennen würde dem extrem vielfältigen und komplexen Ökosystem nicht gerecht werden. Zugegeben, er sieht einen Teil des Jahres wie buschiges Grasland aus. Wer aber zur richtigen Zeit hier ist, erlebt einen grandiosen Blumengarten von gigantischem Ausmaß und atemberaubender Schönheit. Genau genommen ist es auch gar kein Grasland. Teilweise sogar eher eine Art Wald. Verwirrung perfekt? Hier kommt die Erklärung: Der Cerrado kann in vier verschiedene Bereiche aufgeteilt werden, von denen jeder ein Mosaik aus savannenähnlichem Lebensraum darstellt. *Cerradão* sind Stücke trockenen Cerrado-Waldes, entweder kompakte Baumgruppen oder kleine Waldinseln; *campo limpo* (sauberes Feld) besteht komplett aus Gras; im *cerrado sensu strictu* findet man niedrige, buschige Vegetation ohne auch nur einen Grashalm; und im *campo sujo* (dreckiges Feld) sind alle Varianten miteinander vermischt. Die unterschiedlichen Bereiche sind selbst für Laien mit bloßem Auge recht leicht zu unterscheiden. Bedenkt man aber, dass sich die Pflanzenarten, die jede dieser komplexen Klassifikationen ausmachen, von einem Bereich zum anderen enorm unterscheiden können, beginnt man zu erahnen, welcher gewaltigen Artenvielfalt der Cerrado einen Lebensraum bietet. Tatsächlich sind 44 % der 10 000 oder mehr Pflanzenarten des Cerrado nirgendwo sonst auf der Welt zu finden.

Es sind aber nicht die Pflanzen alleine, die den Cerrado für den Artenschutz so wichtig machen. Das Ökosystem bietet einerseits Lebensraum für einige der spektakulärsten und bedrohtesten Säugetiere Brasiliens, z.B. den Mähnenwolf, das Riesengürteltier, den Pampashirsch und den Großen Ameisenbär, andererseits findet man hier auch eine Vielzahl akut gefährdeter und nur hier lebender Vogelarten, wie die Weißflügel-Nachtschwalbe, das Pfauen- und das Wachtelsteißhuhn und den prachtvollen Kobaltämmerling. Das Fortbestehen all dieser Tiere hängt von diesem einzigartigen Lebensraum ab.

Leider wird dieser Kampf ums Überleben mit jedem Jahr härter. Seit den 1970er-Jahren sind weite Teile der heimischen Vegetation des Cerrado stark verändert worden und werden heute Teile für den Anbau von Sojabohnen, Reis, Mais, und Weizen und die Viehzucht genutzt – nur 20 % der ursprünglichen Vegetation sind heute noch erhalten. Die Zerstörung und damit das Verschwinden des Lebensraums schreitet hier so schnell voran wie in nur wenigen anderen Ökoregionen der Welt, und es gibt keine Anzeichen dafür, dass sich das in naher Zukunft ändern wird.

Obwohl im Bundesstaat Goiás ein Großteil der heimischen Vegetation aus Cerrado besteht, kann man ihn in den Nationalparks Chapada das Guiamaraes und da Chapada dos Veadeiros besonders einzigartig erleben, nämlich in einer atemberaubend schönen Umgebung mit malerischem Cerrado-Habitat vor dem Hintergrund einer felsigen Bergkette aus zerklüfteten Klippen.

---

bildeten Plattformen am Ende des rauschenden Flusses kann man ins kalte Wasser springen. Canyon I ist normalerweise von September bis Mai überflutet und somit unzugänglich. Die **cariocas** (benannt nach zwei Mädchen aus Rio, die in den 1980er-Jahren hier verschwanden) stößt am Ende des Flusstals auf den Wanderweg zum Canyon II und führt zu interessanten Steinformationen und einem Wasserfall.

Die etwas anspruchsvollere (und lohnendere) **Cachoeiras-Tour** führt zu Salto do Rio Preto I und II, zwei spektakulären Wasserfällen (80 bzw. 120 m hoch), die nur 30 m voneinander entfernt herabstürzen. Sie befinden sich in einem malerischen Tal am Ende eines Wanderwegs, der sich durch eine typische Cerrado-Landschaft mit Wiesen und Uferwäldern schlängelt. In dem kleinen See unter

dem Wasserfall II kann man baden. Die Sonne schafft unter Wasser eindrucksvolle Effekte. Man sollte jede Menge zu trinken und Sonnencreme mitnehmen, denn beim Rückweg über einen 6 km langen Aufstieg kann die Sonne gnadenlos sein.

VALE DA LUA

Das **Vale da Lua** (Tal des Mondes Eintritt 5 R$; ⏱ 7–17.30 Uhr), ist eine einzigartige Sehenswürdigkeit im Gebiet Chapada dos Veadeiros. Das rauschende Wasser des Rio São Miguel hat hier in Millionen von Jahren Felsformationen und Krater geschaffen, die wie eine Mondlandschaft aussehen. Kleine *kalango*-Echsen flitzen über diese himmlische Mischung aus Quarz, Sand und Lehm, die von den Felsen in silbernen, grauen, weißen und manchmal auch roten Farbflecken (vom Rosenquarz) gespiegelt wird. Das eiskalte smaragdgrüne Wasser tut ein Übriges zur entrückten Atmosphäre.

Für das Vale da Lua braucht man keinen Führer, es liegt außerhalb des Nationalparks. Die Gegend wird in der Regenzeit jedoch oft von Blitzfluten heimgesucht (in nur drei Minuten entsteht eine Flut von biblischem Ausmaß), daher sollte man vor der Abreise die Einheimischen fragen. Die Straße Richtung Alto Paraíso nehmen und am ersten unmarkierten Weg auf der rechten Seite abbiegen – von dort führt eine 4 km lange Wanderung in das Tal des Mondes (der Weg ist nicht ausgeschildert, da einige Führer die Schilder entfernen, um sich unentbehrlich zu machen). Wer die Abzweigung verpasst, kann auch die Hauptstraße nehmen, dann ist es ein 11 km langer Marsch. Sonnenschutz und Wasser mitnehmen!

ALTO PARAÍSO DE GOIÁS
☎ 0xx61 / 7000 Ew.

Kristalle, Dreadlocks und schmutzige Füße sind im 38 km vom Park entfernten Alto Paraíso, einem der schrägsten Orte Brasiliens, allgegenwärtig. Allerdings gibt's hier nicht viel zu tun, außer den inneren Hippie frei zu lassen, auf Kristall-Shoppingtour zu gehen und den Ausflug zum Chapada dos Veadeiros zu planen.

Praktische Informationen

Banco do Brasil (Av Ari Valadão Filho 690; ☉ Mo–Fr 10–15 Uhr) Geldautomat für Visa und MasterCard.

CAT Touristenbüro (☎ 3446 1159; www.altopara iso.go.gov.br, portugiesisch; Av Ari Valadão Filho s/n; ☉ 8–18 Uhr) An der Hauptstraße, 200 m vom Busbahnhof entfernt. Grundsätzlich hilfreich, nur das Infomaterial ist dürftig.

Geführte Touren

Die meisten Traveller wählen das Dorf São Jorge als Ausgangspunkt. Dennoch ist es einfacher (wenn auch teurer), den Ausflug in den Chapada dos Veadeiros von Alto Paraíso aus zu organisieren.

Ecorotas (☎ 3446 1820; www.ecorotas.com.br; Rua das Nascentes 129; ☉ Mo–Fr 8–19, Sa & So 9–14 Uhr) Bietet eine Reihe von ökologisch orientierten Touren im Park an, darunter auch geführte Vogelbeobachtungen.

Travessia Ecoturismo (☎ 3446 1595; www. travessia.tur.br; Av Ari Valadão Filho 979; ☉ Mo–Fr 8–19, Sa & So 9–14 Uhr) Ein ausgezeichnetes Öko-Reisebüro auf Alto Paraísos Hauptstraße, das alles Mögliche in Chapada organisieren kann, darunter auch Trips für die Abenteuer-

lustigeren, wie Canyoning oder Abseilen. Transport und Englisch sprechende Guides inklusive.

Schlafen & Essen

Alto Paraíso hat eine große Auswahl an Übernachtungsmöglichkeiten mit einigen guten Optionen zum Ausruhen und Kraft tanken. Am Wochenende und in der Hochsaison steigen die Preise allerdings um 30 % und mehr.

Pousada Veadeiros (☎ 3446 1820; www.pousada veadeiros.com.br, portugiesisch; Rua das Nascentes 129; EZ/DZ 48/68 R$; 🖴) Die coolen und etwas kitschigen kleinen Hütten nicht weit vom Busbahnhof entfernt sind alle jeweils nach einem einheimischen Vogel benannt und in den Farben seines Gefieders ausgestattet (bei manchen tut etwas Phantasie Not, um den Vogel der Hütte zuzuordnen!). Nach dem CAT geht es an der ersten Abzweigung nach rechts, und sobald ein Gebäude erreicht ist, das aussieht wie das Schloss von König Artus, ist man fast am Ziel angekommen.

Pousada Camelot Inn (☎ 3446 1449; www. pousadacamelot.com.br, portugiesisch; GO 118, km 168; Zi./ Suite 143/273 R$; 🖴 🐾) Apropos mittelalterliches Schloss: in diesem nachgebauten Exemplar kann sogar übernachtet werden. Eigentlich ist die Pousada eher ein Ressort mit einem 20 ha großen Garten, Themensuiten, einer Sauna, Pools im Freien und sogar einem Hubschrauberlandeplatz! Wer die Merlin Suite wählt, kann sich von ihr verzaubern lassen. Am Ortseingang gelegen.

Oca Lila (☎ 3446 1006; Av João Bernardes Rabelo 449; Mittagessen 28 R$/kg, Gerichte 12–25 R$; ☉ 12–24 Uhr, Di geschl.) Komplett natürliches und vegetarisches Mittagsbüffet das nach Gewicht bezahlt wird. Das Oca Lila ist wärmstens zu empfehlen! Abends wird im hier dann à la carte gespeist (mit hervorragender Pizza) und es wird ein bisschen *vida nocturna* geboten.

An- & Weiterreise

Von Goiânia aus gibt es täglich um 20.30 Uhr einen Bus nach Alto Paraíso (53,50 R$, 6 Std.); in der entgegengesetzten Richtung fahren Montag, Mittwoch und Freitag jeweils zwei Busse diese Strecke. Viermal täglich geht es von hier nach Brasília (29 R$, 4½ Std.), wobei der Bus um 11 Uhr weiter nach São Jorge fährt (von Alto Paraíso 6,50 R$, 1 Std., um 15.30 Uhr). Er ist in seinen An- und Abfahrtszeiten recht flexibel, es ist daher ratsam lieber etwas früher da zu sein.

SÃO JORGE

☎ 0xx61 / 1200 Ew.

Sandige Straßen und eine relaxte Atmosphäre – dieses ehemalige Zentrum des Kristallbergbaus, 2 km vom Eingang zum Nationalpark entfernt, versprüht trotz seiner Lage im Landesinneren ein Strandort-Feeling. Obwohl rein logistisch gesehen Alto Paraíso für das Planen von Ausflügen in den Parque Nacional da Chapada dos Veadeiros weitaus praktischer liegt als São Jorge, ziehen es viele Traveller vor hier zu übernachten, da das kleine Örtchen viel schöner ist, näher am Park liegt und eine heimeligere Atmosphäre ausstrahlt.

Praktische Informationen

CAT Touristenbüro (⊗ 8–18 Uhr) Am Busbahnhof beim Ortseingang gibt es einen kleinen Touristenstand, der bei der Suche nach einem Guide helfen kann.

Phyto Cerrado (☎ 3453 1113) An der Hauptstraße; ab 60 R$ pro Stunde gibt's hier Massagen.

Schlafen & Essen

Hier findet man jede Menge sehr gute Pousadas zu meist ausgesprochen fairen Preisen, obwohl an den Wochenenden der Preis beträchtlich in die Höhe schnellt. Campen kann man schon ab 12 R$ pro Person; der schattige Camping Taiva befindet sich am Ortseingang und ist unter mehreren ähnlichen Optionen die beste.

Pousada Flor do Cerrado (☎ 3455 1138; www.pousadaflordocerrado.com.br, portugiesisch; EZ/DZ 55/75 R$) Klein, gemütlich und die beste der günstigeren Unterkünfte im Ort. Alle Möbel sind aus Holz, die Ausstattung ist urig und die Hängematten sorgen für lässiges Abhängen im Schatten. Bei den günstigen Preisen kommt schon mal das Gefühl auf, die Besitzer übers Ohr gehauen zu haben!

Pousada Bambu Brasil (☎ 3455 1004; www.bambubrasil.com.br, portugiesisch; Zi. 120 R$; ⊠ 💻 🎄) Für Paare ein hervorragender Deal. In dieser bezaubernden Pousada mit von Hand bemalten Möbeln und Hängematten direkt am Pool, kann man in stylischer Atmosphäre einfach mal ausspannen.

LP Tipp Baguá Pousada (☎ 3455 1046; www.baguapousada.com.br; Bungalow 350 R$; ⊠ 💻) Die riesigen (82 m²!), atemberaubend stilvollen Bungalows dieser Designer-Ökopousada haben die Messlatte der Eleganz in Goiás ein gewaltiges Stück höher gelegt. Die schicke Safari-Einrichtung des Gemeinschaftsbereichs ist da eher was für Brasiliens Modexperten. Außerdem liegt sie dem Parkeingang am nächsten.

Lua de São Jorge (☎ 3455 1054; Pizza 22–46 R$; ⊗ Do–So ab 18 Uhr) Nach äußerst intensiver Recherchearbeit hier das Ergebnis: Dies ist die beste der zahlreichen Pizzerias mit Holzofen im Ort!

An- & Weiterreise

São Jorge hat am Ortseingang einen winzigen Busbahnhof, braucht diesen aber nicht so richtig. Um 11 Uhr kommt hier täglich ein Bus aus Brasília an (35 R$, 5½ Std.), der über Alto Paraíso fährt. Dieser Bus fährt täglich um 9 Uhr wieder zurück; Abfahrtspunkt ist an der Hauptstraße. Der Privattransport von und nach Alto Paraíso kostet um die 100 R$.

Mato Grosso & Mato Grosso do Sul

Mato Grosso war früher Brasiliens Wilder Westen: Forscher, *indígenas*, Wilderer, Goldsucher und Naturfreunde kamen sich regelmäßig in die Quere. Heute ist das gewaltige Gebiet immer noch eine wundervoll wilde Region mit einer atemberaubenden Landschaft, in der einige der spektakulärsten Wildtiere Brasiliens leben. Das Gebiet ist ein erstklassiges Reiseziel für Ökotouristen und Angler, die von der Hauptattraktion der Region, dem Pantanal, angelockt werden – einer riesigen Überschwemmungsebene, deren Wasserarme sich über beide Bundesstaaten ausbreiten.

Wenngleich der Amazonas glamouröser ist, ist das Pantanal Brasiliens Topziel in puncto Wildtier- und Vogelbeobachtung. Das Gebiet zählt zu den wichtigsten und fragilsten Ökosystemen auf dem Planeten. Es ist die Heimat von Jaguaren, Kaimanen, Anakondas, riesigen Flussottern und Wasserschweinen, von ungewöhnlichen Vögeln wie Aras, Tukanen und Jabirus.

Cuiabá, Corumbá und Campo Grande sind Einfallstore in dieses gelobte Sumpfland, doch damit ist noch lange nicht das Ende der Fahnenstange erreicht. Da ist die Stadt Alta Floresta im äußersten Norden, wo das Cerrado Amazonien weicht, jenem leidenschaftlich geschützten Gebiet mit seiner bunten Vogelwelt und malerischen Wasserwegen. Da ist die Serra do Bodoquena rund um Bonito mit hohen Wasserfällen, tiefen Canyons, Höhlen und kristallklaren Flüssen, die zusammen ein Paradies für Ökotouristen bilden. Und zwischen diesen beiden Gebieten liegt der wunderbare Parque Nacional da Chapada dos Guimarães, eine imposante Hochebene mit Panoramen, die zu den eindrucksvollsten Brasiliens zählen.

HIGHLIGHTS

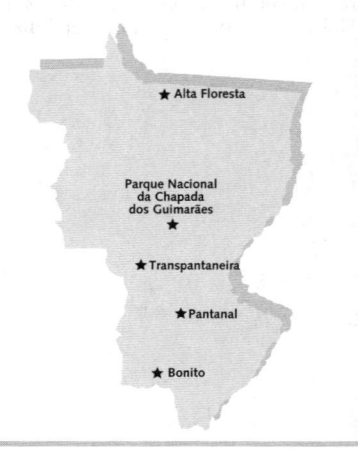

- Bei der Fahrt auf der 145 km langen **Transpantaneira** (S. 459) im nördlichen Pantanal nach Wildtieren Ausschau halten

- Im **Parque Nacional da Chapada dos Guimarães** (S. 448) den Sonnenuntergang bestaunen

- Auf Safari in **Alta Floresta** (S. 451) im südlichen Amazonas-Regenwald einem Drittel aller in Brasilien vorkommenden Vogelarten nachspüren

- Im kristallklaren Wasser um **Bonito** (S. 469) neben exotischen Fischen schnorcheln

- Auf ursprünglichen Ranches im südlichen Pantanal wie der **Fazenda Santa Sophia** (S. 460) authentische Pantaneira-Küche genießen

★ Alta Floresta

Parque Nacional da Chapada dos Guimarães ★

★ Transpantaneira

★ Pantanal

★ Bonito

■ Bevölkerung: 5,2 Mio.   ■ Fläche: 1 260 200 km²

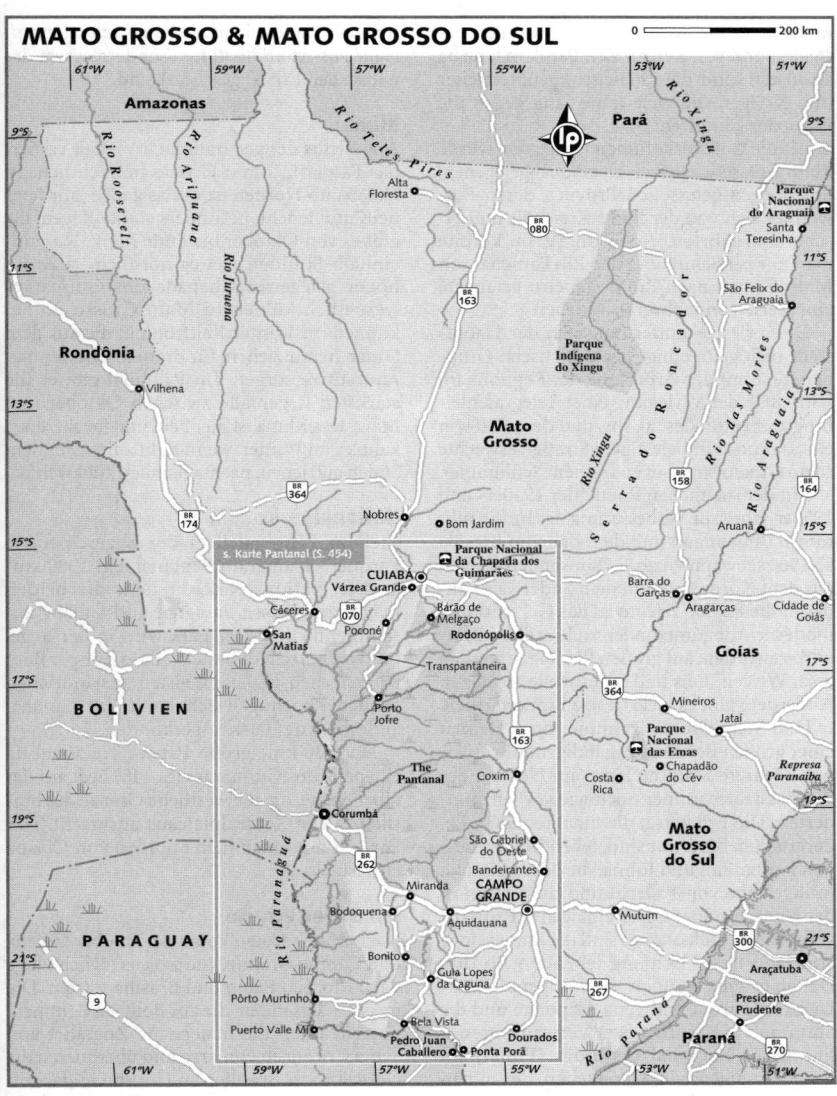

MATO GROSSO & MATO GROSSO DO SUL

0 _____ 200 km

Geschichte

Gemäß dem Vertrag von Tordesillas gehörte das Gebiet von Mato Grosso zu Spanien. Jahrelang beschränkte sich die Erkundung auf gelegentliche Expeditionen von Abenteurern und Jesuitenmissionaren.

Nachdem im frühen 18. Jh. Gold entdeckt worden war, strömten Tausende von Glücks-rittern in die Region. Um Cuiabá zu erreichen, mussten sie die Stammesgebiete mehrerer indigener Volksgruppen durchqueren, von denen viele furchterregende Krieger waren. Zu diesen zählten die Caiapó, die sogar die Siedlung bei Goiás angriffen, die Bororo des Pantanal, die zur Sklavenarbeit in den Berg-werken gezwungenen Parecis, die Paiaguá, die mehrere große portugiesische Flottillen besiegten und von Zeit zu Zeit Panik in Cuiabá auslösten, und die Guaicuru, geübte Reiter und Krieger, die viele Jahre lang gegen die Europäer kämpften.

Als die Goldvorkommen versiegten, wurde Mato Grosso wiederum zu einer abgelegenen, links liegen gelassenen Provinz, deren Einwohner sich von der Landwirtschaft und Fischerei ernährten. Noch im 19. Jh. konnte man nur per Schiff über den Rio Paraguai von Mato Grosso nach Rio de Janeiro gelangen, eine Reise von mehreren Wochen.

Diese riesige Entfernung von der Hauptstadt beflügelte einige separatistische Gruppen. Erst mit der Gründung der Republik im Jahr 1889, der Verlegung einer Telegrafenleitung zu Beginn des 20. Jhs. und dem Bau von ein paar noch unbefestigten Straßen erwachte Mato Grosso langsam aus seinem Schlummer.

Mit der staatlichen Politik der 1940er- und 1950er-Jahre zur Verbesserung der Infrastruktur im Binnenland und dem Bau von Brasília ab 1960 schwappten große Einwandererwellen aus dem Nordosten und dem Süden des Landes in die Region. Heute ist das Gebiet durch moderne Anbaumethoden zu Brasiliens Brotkorb geworden; auf großen Plantagen werden Soja, Weizen, Reis und Baumwolle angebaut. Außerdem gibt es viele riesige Rinderfarmen.

Und Mato Grosso ist immer noch Heimat einer großen Bevölkerung indigener Brasilianer. Mehrere Stämme leben im Norden des Bundesstaates immer noch wie vor Jahrhunderten. Die Erikbatsa, die für ihre feinen Federarbeiten berühmt sind, leben in der Nähe von Fontanilles und Juima, die Nhambikuraa in der Nähe von Padroal und die Cayabi in der Nähe von Juara. Der einzige im Pantanal verbliebene Volksstamm sind die immer noch von Jagd und Fischfang lebenden Bororo. Daneben gibt es noch die indigene Cinta-Larga im Parque Indígena Aripuanã und die Stämme, die unter der Verwaltung der Fundação Nacional do Indio (Funai) im Parque Indígena do Xingu leben, der in den 1950er-Jahren als Reservat für mehrere indigene Gruppen geschaffen wurde.

In den späten 1970er-Jahren wurde das riesige Gebiet geteilt, 1979 offiziell der neue Bundesstaat Mato Grosso do Sul aus der Taufe gehoben. In beiden Staaten ist die Landwirtschaft mit endlosen Rinderweiden, Zuckerrohr- und Sojaplantagen die Haupteinnahmequelle; dies gilt hier für alle Landschaften, die nicht als Nationalparks oder als *reserva particular patrimônio natural* (Sonderreservat des nationalen Erbes) geschützt sind.

Klima

Angesichts der geografischen Vielfalt variiert das Klima in Mato Grosso beträchtlich. In Cuiabá im Norden ist es das ganze Jahr über heiß und feucht, besonders starke Regenfälle gibt es von Oktober bis Ende März. Nur eineinhalb Stunden weiter nördlich ist es im höher gelegenen Chapada dos Guimarães wesentlich kühler. In Mato Grosso do Sul können im Winter Kaltfronten, die aus dem Süden heraufziehen, für dramatische Temperaturstürze sorgen. Im Pantanal gibt es die stärksten Regenfälle zwischen Oktober und März. Das Klima ist hier heiß und feucht, doch kann es im Winter, wenn Kaltfronten aus dem Süden aufziehen, nachts ziemlich kühl werden.

Nationalparks

Tief im Pantanal liegt der abgeschiedene Parque Nacional do Pantanal, ein 1380 km² großer Nationalpark, in dem die beiden mächtigen Flüsse Paraguai und Cuiabá zusammenfließen. Der Park wird in der Regel nur von Forschern besucht, da er nur per Boot zu erreichen ist. Die meisten ausländischen Besucher begnügen sich damit, das Pantanal außerhalb des Parks zu erkunden.

Der 330 km² große Parque Nacional da Chapada dos Guimarães (S. 448) liegt auf der Hochebene, die die westliche Grenze des brasilianischen Zentralplateaus ausmacht. Der Park ist nur eineinhalb Stunden von Cuiabá entfernt.

An- & Weiterreise

Nach Mato Grosso kommt man über Cuiabá und Campo Grande, von wo aus täglich Flüge nach Rio, São Paulo und Brasília starten. Die meisten Reisenden, die aus Bolivien kommen, unternehmen die malerische Zugfahrt von Santa Cruz nach Quijarro und überqueren die Grenze nach Brasilien in Corumbá, das mit allen Orten weiter westlich auf dem Landweg verbunden ist. Mato Grosso grenzt im Süden außerdem an Paraguay; von Campo Grande aus gibt's regelmäßige Busverbindungen zur paraguayischen Grenze.

Unterwegs vor Ort

Die Entfernungen sind zwar groß, Mato Grosso hat jedoch ein gutes Straßennetz.

Regelmäßig verkehrende Busse verbinden die Ortschaften und Städte. Die meisten Besucher gelangen über die Estrada Parque (S. 460) in Mato Grosso do Sul oder die Transpantaneira (S. 459) in Mato Grosso ins Pantanal. Beide Straßen sind unbefestigt und nach Regenfällen manchmal schwer befahrbar.

MATO GROSSO

Mato Grosso bedeutet übersetzt „dichter Wald". Das staubige Land mit seinen gewellten Hügeln, endlosen Plantagen, riesigen Savannen und Flüssen, die zu den besten Angelrevieren weltweit zählen, ist Teil der Hochebene, die durch das Binnenland Brasiliens verläuft. Hier erstrecken sich drei von Brasiliens größten Ökosystemen, das Pantanal, Amazonien und der Cerrado.

CUIABÁ

☎ 0xx65 / 550 000 Ew.

Die boomende Grenzstadt Cuiabá schmort unter der unbarmherzigen Sonne von Mato Grosso dahin. Der Name des Ortes entstammt der Sprache der Bororo und bedeutet „mit Pfeilen fischen", auch wenn er erst durch Gold und später durch Landwirtschaft zu einer der in den letzten 30 Jahren am schnellsten wachsenden Hauptstädte eines brasilianischen Bundestaats aufgestiegen ist. Die Bevölkerungsexplosion ist mittlerweile abgeebbt, doch Cuiabá bleibt weiterhin eine lebendige Stadt und eignet sich zudem bestens als Ausgangspunkt für Ausflüge in das Pantanal und nach Chapada dos Guimarães. Cuiabá gehört zu den Gastgeberstädten der Fußball-WM 2014.

Geschichte

1719 war der Paulista Pascoal Moreira Cabral auf der Jagd nach indigenen Gruppen am Rio Cuiabá, als er Gold entdeckte. Es folgte ein Goldrausch, doch viele, die sich auf die Suche nach dem gelben Metall machten, erreichten die neue Siedlung Cuiabá nie. Die von São Paulo aus über mehr als 3000 km lange Reise dauerte auf dem Fluss fünf Monate; unterwegs fanden die Goldsucher nur wenig zu essen, dafür hatten sie unter endlos vielen Moskitos, gefährlichen Stromschnellen, langen, strapaziösen Landmärschen, Krankheiten und unter der unglaublichen Hitze zu leiden.

Mit dem Ende des Goldrausches und dem Niedergang der Minen wäre Cuiabá wieder von der Landkarte verschwunden, hätten nicht der Boden entlang des Rio Cuiabá und der Fluss selbst den Menschen ermöglicht, von den Früchten des Ackerbaus und Fischen zu leben.

1835 zur Hauptstadt von Mato Grosso ernannt, blieb Cuiabá – abgesehen von einem kurzen Aufschwung als Versorgungsposten im Krieg gegen Paraguay in den 1860er-Jahren – eine Provinzstadt im Hinterland. Erst mit der Errichtung Brasílias und dem Einsetzen einer massiven industriellen Landwirtschaft ist sie endgültig in der modernen Welt angekommen.

Orientierung

Cuiabá besteht eigentlich aus zwei Städten, die der Rio Cuiabá voneinander trennt, Old Cuiabá und Várzea Grande (dort liegt auch

CUIABÁ

SEHENSWERTES & AKTIVITÄTEN	
Mercado do Porto....................1	A2
Museu Rondon...........................2	B2
Pantanal Explorer 3	A3
Zoo.............................(siehe 2)	

SCHLAFEN	
Nacional Hotel 4	A1

ESSEN	
Al Manzul....................................5	B2

UNTERHALTUNG	
Confrade.....................................6	A2
Tom Choppin..............................7	A2

SHOPPEN	
Casa do Artesão 8	A2

TRANSPORT	
Busbahnhof.................................9	A1

der Flughafen). Das Zentrum befindet sich etwa 2,5 km nördlich des Flusses.

Praktische Informationen

GELD

Vor dem Flughafen gibt's Geldautomaten, die bis 22 Uhr in Betrieb sind und Visa sowie MasterCards akzeptieren.

Banco do Brasil (Karte S. 445; Av Getúlio Vargas 915; ☺ Mo–Fr 11–16 Uhr) Geldautomat für Visa und Master-Card sowie Devisenumtausch.

HSBC (Karte S. 445; Av Getúlio Vargas 346; ☺ Mo–Fr 9–17 Uhr) Geldautomat für Visa und MasterCard.

INTERNETZUGANG

Onix LAN House (Karte S. 445; ☎ 3624 1127; Rua Pedro Celestino 8; 2,50 R$/Std.; ☺ Mo–Sa 7–20 Uhr) Eingang durch die Mistura Cuiabana.

MEDIZINISCHE VERSORGUNG

Hospital Regional (☎ 3624 5284; Rua 13 de Junho 2101)

NOTFALL

Ambulanz (☎ 192)
Feuerwehr (☎ 193)
Polizei (☎ 190)

POST

Post (Karte S. 445; Praça da República 101; ☺ Mo–Fr 9–17, Sa 8–12 Uhr)

REISEBÜROS

Mundial Viagens (Karte S. 445; ☎ 3623 3499; Av Isaac Póvoas 586) Hilfreiche Agentur westlich der Innenstadt; bucht Tickets für In- und Auslandsflüge.

TOURISTENINFORMATION

CAT-Touristeninformation (Karte S. 445; Praça Rachid Jaudy; ☺ Mo–Fr 8–18 Uhr) Die Touristeninformation ist oft ohne ersichtlichen Grund geschlossen, es gibt jedoch kleine Infostände in der Ankunftshalle des Flughafens und am Busbahnhof. Der recht ungenaue Stadtplan ist leider wenig hilfreich.

Sedtur (Karte S. 445; ☎ 3613 9300; Rua Voluntários da Pátria 118; ☺ Mo–Fr 8–20 Uhr) Im Zentrum kann man sich alternativ über das Büro des Tourismusministeriums informieren, wo es viele nützliche Karten und Broschüren auf Portugiesisch gibt.

Sehenswertes

Das **Museu Histórico de Mato Grosso** (Karte S. 445; ☎ 3613 9234; Eintritt frei; ☺ Di–Fr 8–20, Sa 8–15 Uhr) ist in einem wunderschön restaurierten Gebäude aus der Kolonialzeit an der Praça da Repúbli-

ca untergebracht und vermittelt interessante Einblicke in die Geschichte des Bundesstaats. Jeder Raum ist einer anderen Epoche gewidmet, wobei umfangreiche Sammlungen von Silber, Waffen und weiteren historischen Artefakten zu sehen sind. Zudem sind Gemälde des einheimischen Künstlers Moacyr Freitas ausgestellt, auf denen auf lebendige Weise historische Ereignisse dargestellt sind. Dabei räumt sich Freitas eine ordentliche Portion künstlerische Freiheit ein – ein Beispiel dafür ist *Destruição do Quilombo do Piolho*, auf dem sich ein nordamerikanischer Adler ohne Kopffedern über erschöpften, leicht verwirrten Sklaven in die Lüfte erhebt.

Das kleine **Museu Rondon** (Karte S. 443; ☎ 3615 8489; Av Fernando Correia da Costa; Eintritt frei; ☺ Mo 13.30–17.30, Di–Sa 7.30–11.30 & 13.30–17.30, So 9–17.30 Uhr) zeigt Ausstellungsstücke zu den Völkern der Xavante, Bororo und Karajá. Besonders interessant sind der kunstvolle indigene Kopfschmuck und die gefährlich wirkenden Waffen. Das Museum liegt auf dem Gelände der Bundesuniversität von Mato Grosso (UFMT), zu dem außerdem ein kleiner **Zoo** (Eintritt frei; ☺ Di–So 7.30–11.30 & 13.30–17.30 Uhr) gehört. Hierher gelangt man mit der Buslinie 103 Richtung Jd Universitário (1,85 R$), der an der Av Tenente Coronel Duarte hält. Hat man den Campus erreicht, liegt das Museum hinter dem Wasserpark; der Zoo wiederum befindet sich quer über den Campus in entgegengesetzter Richtung. Bei Sonnenuntergang kommen Scharen von Reihern angeflogen, die sich hier in der Nähe ihr Schlafplätzchen suchen.

Das **Museu Morro da Caixa D´Agua Velha** (außerhalb der Karte S. 445; Rua Comandante Costa; Eintritt 2 R$, Do frei; ☺ Di–Fr 9–12 & 14–18, Sa & So 10–12 & 13–17 Uhr) ist das wohl seltsamste Museum der Stadt. Ausgestellt sind skurrile Exponate zum Thema Wasser wie z. B. alte Rohre oder Duschköpfe. Interessanter ist die Architektur des Baus selbst, bei dem es sich um den alten Wassertank der Stadt handelt, der 1882 nach dem Vorbild römischer Aquädukte gebaut wurde. Nur einen kurzen Fußmarsch entfernt trifft man auf einen Obelisken, der nach Meinung der Stadtbewohner das **Centro Geodésico da America do Sul** (außerhalb der Karte S. 445; Rua Barão de Melgaço), den Mittelpunkt Südamerikas, markiert. Logischerweise kann es davon nur einen geben, doch die Einwohner von Chapada dos Guimarães beanspruchen diesen ebenfalls für sich. Wer unbedingt der Wahrheit auf den Grund gehen möchte, kann ja Google Earth zu Rate ziehen.

CUIABÁ ZENTRUM

0 —————————— 200 m

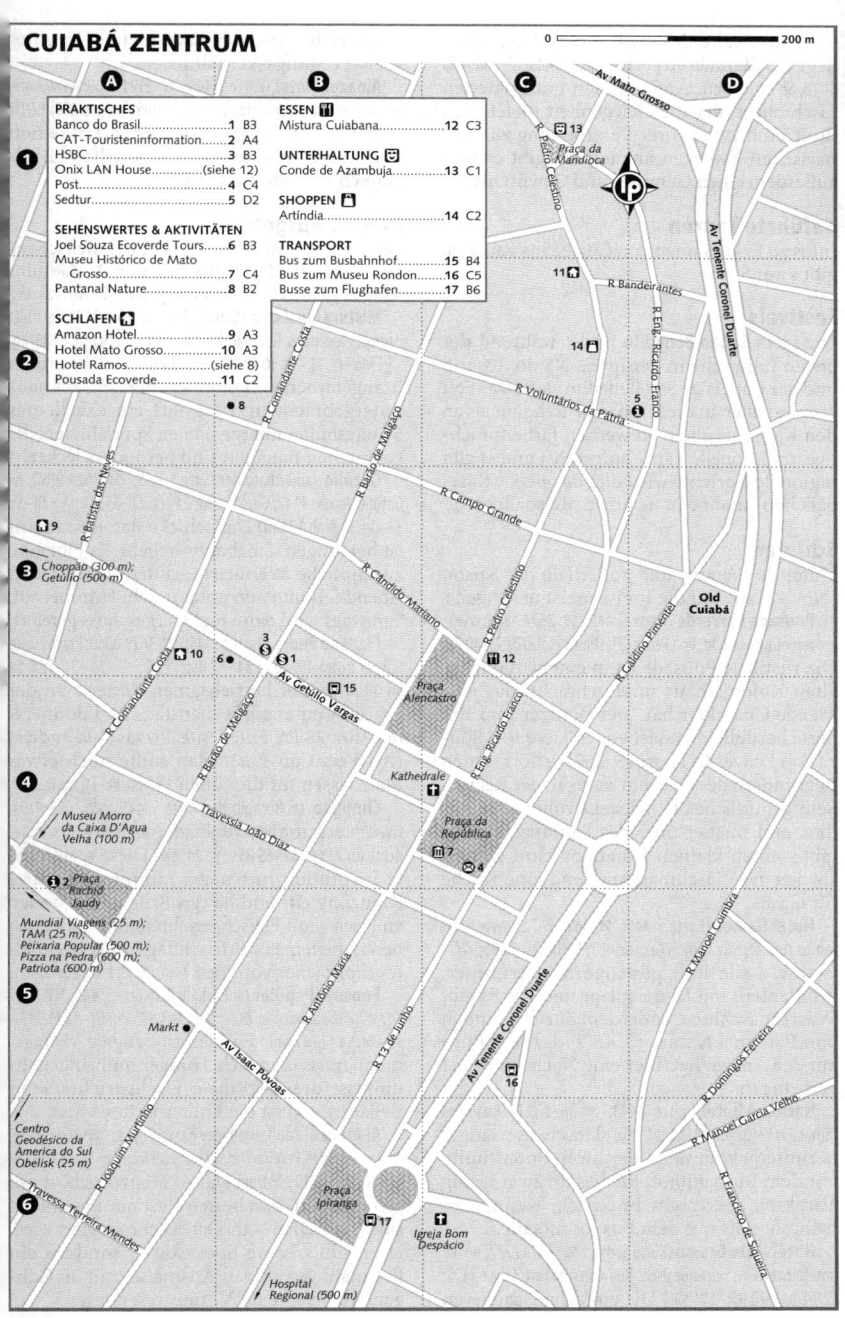

PRAKTISCHES
Banco do Brasil.......................**1** B3
CAT-Touristeninformation......**2** A4
HSBC....................................**3** B3
Onix LAN House.............(siehe 12)
Post.....................................**4** C4
Sedtur..................................**5** D2

SEHENSWERTES & AKTIVITÄTEN
Joel Souza Ecoverde Tours......**6** B3
Museu Histórico de Mato
   Grosso................................**7** C4
Pantanal Nature.....................**8** B2

SCHLAFEN
Amazon Hotel........................**9** A3
Hotel Mato Grosso...............**10** A3
Hotel Ramos.....................(siehe 8)
Pousada Ecoverde.................**11** C2

ESSEN
Mistura Cuiabana.................**12** C3

UNTERHALTUNG
Conde de Azambuja..............**13** C1

SHOPPEN
Artíndia...............................**14** C2

TRANSPORT
Bus zum Busbahnhof.............**15** B4
Bus zum Museu Rondon.......**16** C5
Busse zum Flughafen............**17** B6

In der Nähe des städtischen Aquariums liegt der **Mercado do Porto** (Karte S. 443; ◷ Mo–Sa 6–18, So bis 12 Uhr). Außer einem gut sortierten Fischmarkt, der die Gelegenheit bietet, sich die Tierchen vor ihrer Verarbeitung zu kulinarischen Zwecken anzusehen, gibt es hier außerdem einen Gemüse- und Gewürzmarkt.

Geführte Touren

Infos zu Exkursionen von Cuiabá ins Pantanal gibt's auf S. 456.

Festivals

Die **Festa de São Benedito** findet während der ersten Juliwoche in der Igreja NS do Rosário und der Capela de São Benedito statt. Das Fest erinnert eher an die Umbanda-Religion als an den Katholizismus. So werden farbenprächtige, traditionelle Tänze aufgeführt und es gibt regionale Gerichte wie *bolos de queijo* (Käsebällchen) und *bolos de arroz* (Reisbällchen).

Schlafen

Unter der Woche und außerhalb der Saison (Nov.–Mai) sind die Preise meist niedriger.

Pousada Ecoverde (Karte S. 445; ☎ 3624 1386; www.ecoverdetours.com.br; Rua Pedro Celestino 391; EZ/DZ 25/40 R$) Die rustikale Pousada ist in einem 100 Jahre alten Kolonialhaus untergebracht, das jede Menge Charakter hat. Der Besitzer und Experte bezüglich wild lebender Tiere Joel Souza von Ecoverde Tours (S. 457) gehört zu den Begründern des Ökotourismus in der Region. Sein gemütliches Hotel steht voller alter Radios und Bücher über das Pantanal, zudem gibt's einen kleinen Innenhof samt Garten sowie eine Waschmaschine und eine Küche für Gäste.

Hotel Ramos (Karte S. 445; ☎ 3624 7472; www.hotelramos.com.br; Rua Campo Grande 487; EZ/DZ 25/50 R$; ⊠) Große, helle und günstige Schlafzimmer, größtenteils mit Klimaanlage und TV. Es gibt Waschmaschinen, außerdem dürfen Kunden von Pantanal Nature (S. 457), das sein Büro auf der Anlage hat, hier eine Nacht umsonst verbringen.

Nacional Hotel (Karte S. 443; ☎ 3621 3277; Rua Jules Rimet 22; EZ/DZ 45/90 R$; ⊠ 🖳) Die etwas weniger heruntergekommene der zwei Unterkünfte vor dem Busbahnhof. Beide sind zwar wenig attraktiv, aber recht praktisch, wenn man frühmorgens mit dem Bus los möchte.

Hotel Mato Grosso (Karte S. 445; ☎ 3614 7777; www.hotelmt.com.br, portugiesisch; Rua Comandante Costa 2522; EZ/DZ 85/120 R$; ⊠ 🖳) Die einfachen, sauberen Zimmer in zentraler Lage bieten ein gutes Preis-Leistungs-Verhältnis.

Amazon Hotel (Karte S. 445; ☎ 2121 2000; www.hotelamazon.com.br, portugiesisch; Av Getúlio Vargas 600; EZ/DZ 279/370 R$; ⊠ 🖳 ⊠) Hier erwarten einen Dschungeldekor, ein kitschig gestalteter Poolbereich und geräumige Zimmer.

Essen & Ausgehen

Das Zentrum ist abends so gut wie menschenleer, ganz in der Nähe auf der Av Getúlio Vargas gibt's aber ein paar gute Restaurants.

Mistura Cuiabana (Karte S. 445; ☎ 3624 1127; Ecke Rua Pedro Celestino & Rua Cândido Mariano; Gerichte 17 R$/kg; ◷ Mo–Fr 11–14.30 Uhr) Das Lokal ist in einem orangefarbenen, kolonialzeitlichen Eckhaus untergebracht und serviert ein exzellentes Mittagsbuffet mit regionalen Spezialitäten; die gebratenen Bananen sind besonders lecker.

Getúlio (außerhalb der Karte S. 445; ☎ 3624 9992; Av Getúlio Vargas 1147; Gerichte für 2 Pers. 22–55 R$; ◷ Di–So 11–14.30 & ab 17 Uhr) Das schicke Bar-Restaurant ist bei jungen Cuiabános beliebt. Es gibt eine ansehnliche Weinkarte, zudem legen jeden Abend DJs im Patio unter freiem Himmel auf. Samstags wird dann im Obergeschoss gefeiert.

Pizza na Pedra (Karte S. 445; ☎ 3622 0060; Praça Eurico Gaspar Dutra 45; Pizza 34–89 R$; ◷ So–Do 16–24, Fr & Sa bis 1 Uhr) In der betriebsamen Pizzeria an der Praça Popular gibt's dienstags und donnerstags für 28 R$ exzellente Pizzas à la *rodízio* (All-You-Can-Eat). Man sollte noch etwas Platz lassen für die süßen Dessert-Pizzas.

Choppão (außerhalb der Karte S. 445; ☎ 3623 9101; www.choppao.com.br, portugiesisch; Praça 8 de Abril s/n; Gerichte für 2 Pers. 35–65 R$; ◷ 24 Std.) Diese regelrechte Institution in Cuiabá nimmt eine ganze Kreuzung ein und hat großzügige Portionen an Fisch- und Fleischgerichten für zwei Personen zu bieten. Für Erfrischung sorgt eisgekühltes *chope* (Bier vom Fass), serviert in Krügen.

Peixaria Popular (außerhalb der Karte S. 445; ☎ 3322 5471; Av São Sebastião 2324; Menü 44 R$; ◷ Di–Sa 11–15 & 19–24, So 11–17 Uhr) Für das großzügige Mittagsmenü muss man viele Hunger mitbringen. Es umfasst drei regionale Fischgerichte samt Beilagen und ist ein kulinarisches Muss.

Al Manzul (außerhalb der Karte S. 443; ☎ 3663 2237; Av Arquimedes Pereira Lima; Menü 89 R$; ◷ Sa 11–15, So 12–16, Do–Sa 19–23 Uhr) Das Al Manzul gehört mit Sicherheit zu den besten Restaurants in Brasilien, in denen Nah-Ost-Küche serviert wird. Hier gibt's keine Speisekarte, sondern ein Festmahl gewaltigen Ausmaßes mit 30 Gängen. Man sollte im Voraus reservieren.

Unterhaltung

Das Nachtleben konzentriert sich vor allem auf die Gegend rund um die hübsche Praça Popular (alias Praça Eurico Gaspar Dutra) sowie entlang der Av Getúlio Vargas.

Patriota (außerhalb der Karte S. 445; ☎ 3324 0740; Praça Eurico Gaspar Dutra 20; ⌚ 11–24 Uhr) In der stimmungsvollen, klimatisierten Bar kann man abends auf der hübschen Terrasse bei einem eisgekühlten *chope* das Treiben auf der Straße auf sich wirken lassen. Geboten wird tolle Qualität zu guten Preisen, so gibt's unter der Woche von 17 bis 21 Uhr eine Happy Hour.

Tom Choppin (Karte S. 443; ☎ 3627 7227; Rua das Laranjeiras 701; ⌚ Mo–Sa 17 Uhr–open end) Leckere Drinks und eine tolle Aussicht machen die hoch über der Stadt gelegene Open-Air-Bar mit MPB (Música Popular Brasileira) zu einem beliebten Treffpunkt der gut Betuchten. Montags sorgt *choro*, eine improvisierte Instrumentalmusik, für gute Stimmung. Die Bar liegt auf halbem Weg zwischen *centro* und Zoo.

Confrade (Karte S. 443; ☎ 3027 2000; Av Mato Grosso 1000; ⌚ 17 Uhr–open end) Die geräumige Kleinbrauerei schenkt neben den üblichen Biersorten auch *chope*, verfeinert mit Karamell, Minze und Sirup aus, man sollte sich jedoch lieber an Altbekanntes halten. Jeden Abend spielen Livebands MPB.

Conde de Azambuja (Karte S. 445; Praça da Mandioca; ⌚ 19 Uhr–open end) Wer feucht-fröhliche Partystimmung den Edelschuppen vorzieht, ist in dieser traditionellen Bar in der Altstadt an der richtigen Adresse. Von der nicht gerade hübschen Einrichtung lenkt jede Menge Bier ab und meist hat man hier viel Spaß. Donnerstags und sonntags wird Livemusik gespielt.

Shoppen

Artíndia (Karte S. 445; ☎ 3623 1675; Rua Pedro Celestino s/n; ⌚ Mo–Fr 8.30–11.30 & 13.30–17.30 Uhr) Hier gibt's ausgezeichnetes indigenes Kunsthandwerk aus ganz Brasilien, darunter Handtaschen aus Rattan und eine ordentliche Auswahl an verschiedenen Speeren.

Casa do Artesão (Karte S. 443; ☎ 3322 2047; Ecke Rua 13 de Junho 315; ⌚ Mo–Fr 9–18, Sa bis 14 Uhr) In den sieben thematisch gestalteten Verkaufsräumen gibt's Kunsthandwerk und Süßigkeiten aus Mato Grosso, z. B. Keramik- und Holzarbeiten, Strohkörbe und *pequi*-Cremelikör.

An- & Weiterreise

Zahlreiche Busse fahren nach Poconé (15,85 R$, 2½ Std., 6-mal tgl.); der erste startet um 6 Uhr. Zwei Busse fahren täglich nach Barão de Melgaço (24,85 R$, 2½ Std.). Nach Chapada dos Guimarães (11 R$, 1 Std.) gehen ab 7 Uhr stündlich Busse; wer einen Tagesausflug dorthin machen möchte, sollte früh aufbrechen.

Busse fahren außerdem nach Cáceres (42 R$, 4 Std., 7-mal tgl.), sie haben Anschluss nach Santa Cruz in Bolivien. Langwierig ist eine Busreise nach Porto Velho (99 R$, 24 Std., 2-mal tgl.). Es fahren auch Busse nach Goiânia (134 R$, 15 Std., 6-mal tgl.) und Brasília (143 R$, 15 Std., 5-mal tgl.). Die meisten Busse nach Campo Grande (80,50 R$, 11 Std., 4-mal tgl.) halten in Coxim (62 R$, 7 Std.). Der erste Bus nach Alta Floresta (145 R$, 13½ Std., 4-mal tgl.) startet morgens um 6 Uhr, aber um bereits früh morgens anzukommen empfiehlt sich der 4-Uhr-Flug.

Es gibt Flüge von Cuiabá zu vielen wichtigen Flughäfen in Brasilien (bemerkenswerterweise aber nicht nach Corumbá in Mato Grosso do Sul); sie werden angeboten von **Gol** (☎ 3614 2500), **TAM** (☎ 3625 0055), **Azul** (☎ 0800 884 4040) und **Avianca Brasil** (☎ 0800 286 6543). Letztere und **Trip** (☎ 3682 2555) fliegen nach Alta Floresta.

Unterwegs vor Ort

Alle Autovermieter haben Filialen im Zentrum oder in der Nähe des Flughafens. Oft gibt es Sonderangebote; ein Preisvergleich lohnt sich. **Referência** (☎ 3682 6689) und **Localiza** (☎ 3624 7979) sind verlässliche Unternehmen. Für das Pantanal ist der Volkswagen Gol das beste Auto. Während der Regenzeit (Nov.–März) braucht man einen Wagen mit Allradantrieb und etwas Erfahrung im Off-Road-Fahren. Ein Mietwagen ohne Kilometerbeschränkung kostet rund 120 R$ pro Tag.

Cuiabás **Busbahnhof** (Karte S. 443; ☎ 3621 3629) liegt 3 km nördlich des Zentrums am Highway nach Chapada dos Guimarães. Von hier kann man einen Centro-Bus zur Praça Alencastro (2,30 R$) nehmen. Häufiger fahren Busse mit der Aufschrift „Centro" vor dem Busbahnhof ab, sie können einen auf der Av Isaac Póvoas absetzen; vor dem CAT Büro aussteigen. Wer im Busbahnhofsgebäude ein Taxi nimmt, zahlt für die Fahrt ins Zentrum 10 R$ – Mototaxis nehmen 5 R$. Bus Nummer 7 pendelt zwischen Flughafen und Busbahnhof.

Der **Flughafen Marechal Rondon** (☎ 3614 2500) liegt in Várzea Grande, 7 km von Cuiabá entfernt. Mit dem Nahverkehrsbus kommt man in die Stadt – beim Verlassen des Flughafens nach links und dann bis zum Hotel Las Velas gehen. Links vom Hotel den Bus mit der Aufschrift „Shopping Pantanal" nehmen und an der Haltestelle Av Getúlio Vargas und Av Tenente Coronel Duarte aussteigen. Zur Praça da República gelangt man, indem man noch 200 m weiter auf der Getúlio Vargas in nordwestliche Richtung geht. Die Taxifahrt dorthin kostet 30 R$.

CHAPADA DOS GUIMARÃES

☎ 0xx65 / 18 000 Ew.

Die zweitgrößte Sehenswürdigkeit in Mato Grosso nach dem Pantanal ist der Parque Nacional da Chapada dos Guimarães. Er ist nicht sehr bekannt, dafür aber umso spektakulärer. Er liegt auf einem Felsplateau 64 km nordöstlich von Cuiabá und 800 m höher; verglichen mit der Hauptstadt des Bundesstaates ist es hier angenehm kühl. Die Region erinnert an den Südwesten der USA und ist überraschend anders als das restliche Mato Grosso. Die gleichnamige Ortschaft ist der perfekte Ausgangspunkt für eine Erkundung des Parks und der umliegenden Gebiete und hat einen der grünsten zentralen Plätze in Brasilien.

Die Gegend rund um den Park bietet zahlreiche Attraktionen. Auf dem Weg von Cuiabá nach Chapada kommt man am **Rio dos Peixes**, am **Rio Mutaca** und am **Rio Claro** vorbei, die am Wochenende beliebte Badestellen der Cuiabános sind; außerdem an drei mächtigen Tälern, dem **Vale do Salgadeira**, dem **Vale do Paciência** und dem **Vale do Rio Claro**. Der steile Bergsturz von 80 m, der unter dem Namen **Portão do Inferno** (Höllentor) bekannt ist, bleibt einem ebenfalls im Gedächtnis – in den frühen 1900er-Jahren war er das „Gefängnis" der Stadt (mit ein bisschen Phantasie). In **Salgadeira**, 14 km von Cuiabá entfernt, kann man unter einem Wasserfall eine Dusche nehmen oder in einem der vier Restaurants unterhalb der imposanten Klippen ein Bierchen zischen. Eine Tour fürs Fotoalbum!

Praktische Informationen

Wer mit einem fahrbarem Untersatz unterwegs ist, sollte sich bei der **CAT-Touristeninformation** (☎ 3301 2045; Rua Penn Gomes s/n; ☼ Mo–Sa 7–18, So 8–12 & 14–17 Uhr) eine Karte besorgen, auch wenn diese nicht gerade durch Detailreichtum glänzt – man wird sie trotzdem brauchen! **Bradesco** (Rua Fernando Corréia da Costa 868) Der einzige Bankautomat der Stadt, der ausländische Karten akzeptiert.

Post (Rua Fernando Corréia da Costa 848) Direkt neben Bradesco, einen Block vom zentralen Platz entfernt.

Parque Nacional da Chapada dos Guimarães

Der erst 1989 zum Nationalpark erklärte außergewöhnliche Parque Nacional da Chapada dos Guimarães wird seltener erwähnt, wenn man von den eindrucksvollsten Nationalparks Brasiliens spricht. Hoffen wir, dass das so bleibt! Was er bietet, ist so spektakulär wie alles in Brasilien – und das muss man dann nicht mit anderen teilen. Amen!

Die beiden einzigartigen Sehenswürdigkeiten im Park sind der Wasserfall Véu de Noiva und die Cidade de Pedra. Am Parkeingang gibt's eine **Touristeninformation** (☎ 3301 1133; Eintritt frei; ☼ 8–17 Uhr), allerdings sollte man bedenken, dass die Besucherattraktionen kontrolliert werden, um einen zu großen Andrang zu vermeiden. Am besten man kommt unter der Woche, wenn es ruhiger ist.

Der eindrucksvolle **Véu de Noiva** (Brautschleier), ein 86 m hoher, senkrecht herunterstürzender Wasserfall, ist das allgegenwärtige Postkartenmotiv des Parks. Er befindet sich rund 15 km westlich der Stadt Chapada dos Guimarães. Man kann hier den Bus aus Cuiabá verlassen und von der Straße aus hinlaufen, ein paar Stunden im Park verbringen und dann den nächsten Bus heranwinken, der auf dem Weg nach Chapada Stadt hier vorbeikommt. Zuerst über die Klippe zur Rechten bergab gehen. Ein kleiner Weg führt zu einem zauberhaften **Aussichtspunkt** auf den Felsen hoch über der Schlucht – einem der Schwindel erregendsten Punkte hier.

Von dort aus nehmen die meisten Besucher den **Caminho das Águas**, einen 6 km langen Wanderweg, der durch den Park führt und vorbei an sieben Wasserfällen, in deren Becken man schwimmen kann. Aber der abgefahrenste Fleck im Park ist die **Cidade de Pedra** (steinerne Stadt). Zerklüftete Sandsteinfelsformationen ragen oben auf riesigen Kliffs gen Himmel, die in das gewaltige grüne Tal abfallen. Die beste Zeit, um hierher zu kommen, ist der Sonnenuntergang, wenn das brennend rote Licht die ganze Gegend in ein gewaltiges Meer an Farbe und Licht verwandelt. Die Cidade liegt 20 km nördlich der Stadt Chapada an der Straße nach Água Fria. Die Abzweigung nach Água Fria kommt 6 km westlich der Stadt Chapada auf dem Hwy MT-251. Zum Zeitpunkt der Recherche war die

Cidade de Pedra für Besucher wegen der Überprüfung der Sicherheitsvorgänge vorrübergehend geschlossen.

Mirante

Der Mirante (Aussichtspunkt) ist der inoffizielle geografische Mittelpunkt Südamerikas. Er ist aber wenig eindrucksvoll präsentiert und erinnert eher an eine Kanalabdeckung als an eine wichtige geografische Markierung. Die Aussicht ist allerdings atemberaubend, so sieht man zur Rechten die Skyline von Cuiabá und dahinter das Flachland, das schließlich in das Pantanal übergeht. Der Mirante liegt außerhalb des Nationalparks, 8 km von der Stadt entfernt. Um hierher zu gelangen, nimmt man die letzte Straße in Chapada, die nach rechts abgeht, und fährt 8 km bis zu einer unbefestigten Straße. Die Rand der Schlucht ist nur ein paar hundert Meter entfernt.

Geführte Touren

Chapada Explorer (☎ 3301 1290; www.chapadaexplorer. com.br; Praça Dom Wunibaldo 57, Chapada dos Guimarães; ☼ Mo–Fr 8–11.30 & 13.30–18.30, Sa & So 8–11.30 Uhr) ist eine ausgezeichnete Agentur, die von jungen Einheimischen betrieben wird, die für Ökotourismus eintreten und versuchen, die Bevölkerung von den Vorteilen eines umweltfreundlichen Tourismus zu überzeugen. Zum Programm gehören Exkursionen zu allen Attraktionen der Gegend für Gruppen bis maximal zehn Personen. Verpflegung muss man selbst mitbringen und die Eintrittsgelder (zw. 2 und 17,60 R$) sind nicht im Preis enthalten.

Schlafen & Essen

Es gibt einen gut ausgestatteten Campingplatz in Salgadeira, direkt vor dem Aufstieg zum Chapada-Park. Im Ort Chapada selbst findet man jede Menge Übernachtungsmöglichkeiten.

Pousada Bom Jardim (☎ 3301 2668; Praça Dom Wunibaldo 461; EZ/DZ 60/80 R$) Die Ventilatoren der Zimmer in der preiswerten Pousada am zentralen Platz sind äußerst leistungsfähig, deswegen lohnt sich die klimatisierte Variante kaum. Erfreut sich unter Backpackern größter Beliebtheit.

Turismo Hotel (☎ 3301 1176; www.hotelturismo.com. br, portugiesisch; Rua Fernando Corrêa da Costa 1065; EZ/DZ 163/217 R$; ☒ ☒) Die makellose Unterkunft wird von einer deutschen Familie geführt. Das traditionelle Frühstück wird zum Schutz vor Fliegen unter einer Glashaube serviert.

Pousada do Parque Eco Lodge (☎ 3391 1346; www. pousadadoparque.com.br; Estrada do Parque Ecológico km 52; EZ/DZ 210/235 R$; ☒ ☐ ☒) Die gehobene Öko-Lodge liegt direkt bei einem 150 ha großen Naturpark, der erst kürzlich unter Naturschutz gestellt wurde, und ist die Unterkunft, die dem Parkeingang am nächsten liegt (4,5 km). Zum Bau der Pousada wurden ausschließlich recycelte Materialien verwendet, so bestehen die Dächer aus wiederverweteten Milchkartons. Im Voraus buchen!

Solar do Inglês (☎ 3301 1389; www.solardoingles.com. br, portugiesisch; Rua Cipriano Curvo 142; EZ/DZ 240/330 R$; ☒ ☐ ☒) Die idyllische Pousada mit ihrem viktorianischem Charme gehört einem jagdbegeisterten Engländer und ist mit europäischen Antiquitäten vollgestopft. Der Nachmittagstee ist so typisch englisch wie sonst fast nirgendwo in Brasilien. Kinder sind nicht erwünscht.

Felipe (☎ 3301 1793; Rua Cipriano Curvo 596; Gerichte 18 R$/kg; ☼ 12–23 Uhr) In dem extravaganten Imbiss beim zentralen Platz kann man sich für wenig Geld den Magen vollschlagen. Der Preis wird pro Kilo berechnet.

Da Mata Bistro (☎ 3301 3483; Estrada do Mirante Km 1; Gerichte 18–32 R$; ☼ Fr 20–2, Sa 17–2, So 11–17 Uhr) Das romantische Bistro mit großartigem Ausblick wird von den Eigentümern des nahe gelegenen und ebenfalls empfehlenswerten Morro dos Ventos geführt und serviert erstklassige, moderne brasilianische Küche. Das Sonntagsbuffet mit hausgemachter Pasta ist schlicht zum Niederknien. Das Lokal liegt 4 km östlich der Stadt am Hwy MT-251 in Richtung Campo Verde.

Restaurante Cachoeirinha (☎ 9216 3497; MT-251 km 51; Gerichte für 2 Pers. 45–97 R$; ☼ 8–18 Uhr) Das ausgezeichnete Restaurant liegt inmitten eines privaten Parkgeländes direkt unterhalb zweier wunderschöner Wasserfälle. Das *pintado na telha* (auf Tonplatten gegrillter Pintado; 52 R$) ist zwar kostspielig, aber schlicht unvergesslich. Von den 10 R$ Eintrittsgeld werden 5 R$ verrechnet. Sehr zu empfehlen.

An- & Weiterreise

Busse fahren zwischen 5.45 und 19.30 Uhr stündlich vom Busbahnhof in Cuiabá nach Chapada-Stadt (11 R$, 1¼ Std.). In entgegengesetzter Richtung fährt der erste Bus in Chapada-Stadt um 6.30 und der letzte um 19.30 Uhr ab. Die schönste Aussicht hat man, wenn man aus Cuiabá kommend auf der rechten Seite sitzt.

CÁCERES

☎ 0xx65 / 87 000 Ew.

Boote und Fahrräder sind im heißen Cáceres, einer ruhigen Kleinstadt an den Ufern des mächtigen Rio Paraguai, das Gebot der Stunde. Wegen der reichen Fischgründe ist das Gebiet bei Anglern beliebt, so findet hier im September der größte Angelwettbewerb der Welt statt, der alljährlich 150 000 Besucher anzieht (s. Kasten S. 451). Hauptattraktion des Ortes sind die *barco-hotels*, schwimmende Unterkünfte für Angler, die in diesen einige Tage auf dem Rio Paraguai verbringen können. Wenn nicht auf dem Wasser, sind die Einheimischen gern auf zwei Rädern unterwegs, so gibt es in der Stadt für brasilianische Verhältnisse recht viele Fahrradwege. Von hier aus kommt man außerdem zu einigen Lodges im Pantanal und nach Bolivien. Das Angeln von *dourado* ist übrigens bis 2013 verboten.

Praktische Informationen

Banken (Praça Barão do Rio Branco) Vor Ort gibt es Geldautomaten aller größeren Banken.

Bundespolizei (☎ 3211 6300; Av Getúlio Vargas 2125; ◷ 8–18 Uhr) Wer nach Corixio und zur bolivianischen Grenze weiterreist, holt sich hier den brasilianischen Ausreisestempel. Die Station liegt 4 km außerhalb der Stadt, in der Nähe der *prefeitura* (des Rathauses).

Hospital São Luis (☎ 3223 1000; Av 7 de Setembro) Hier kann man sich gegen Gelbfieber impfen lassen.

Orion LAN House (Praça Barão do Rio Branco 27; 2,50 R$/Std.; ◷ 10–24 Uhr) Internetzugang.

Post (Av 7 de Setembro; ◷ Mo–Fr 9–17 Uhr)

Sematur (☎ 3223 3455; Rua Riachuelo 1; ◷ Mo–Fr 7–20 Uhr) Für Infos zum Mieten von Booten oder der Buchung von Unterkünften im Pantanal ist diese örtliche Touristeninformation die einzige Anlaufstelle, allerdings ist der Bau eines CAT-Büros am Ortseingang im Gespräch. Einfach zum Fluss laufen und dann der Straße so weit wie möglich nach rechts folgen.

Schlafen & Essen

In Cáceres spielt sich das Leben rund ums Ufer und an der nahen Praça Barão do Rio Branco mit ihren vielen Restaurants und Bars ab.

Gasparin Hotel (☎ 3223 4328; www.hotelgasparin. com.br, portugiesisch; Rua 13 de Junho 650; EZ/DZ 30/60 R$; ✷) Das Hotel liegt in der Nähe des Busbahnhofs und ist dementsprechend heruntergekommen und trist.

Hotel Porto Bello (☎ 3224 1937; Av São Luís 1888; EZ/DZ 55/85 R$; ✷ 🖳) Schade, dass die netteste Unterkunft 5 km vom Zentrum entfernt liegt und keinen Pool hat. Ansonsten ist das Porto Bello nämlich die farbenfroheste und komfortabelste Option vor Ort.

La Barca Hotel (☎ 3223 5047; Rua General Osório s/n; EZ/DZ 60/108 R$; ✷ 🖳 ⓢ) Die Zimmer dieses guten, 2 km vom Zentrum entfernten Hotels, sind rund um einen großen Innenhof samt wunderbarem Pool angeordnet. Die Einzelzimmer haben ein gutes Preis-Leistungs-Verhältnis zu bieten.

Riviera Pantanal Hotel (☎ 3223 1177; Rua General Osório 540; EZ/DZ 120/160 R$; ✷ 🖳) Hier hat man es sich zum Ziel gesetzt, den Service einer Hotelkette anzubieten, das Ergebnis ist etwas verkrampfte Funktionalität. Insgesamt gesehen werden jedoch alle Extras geboten, die man von einem Kettenhotel erwartet, und das zu einem sehr viel niedrigeren Preis.

Restaurant Hispano (☎ 3223 1486; Praça Barão do Rio Branco 64; Gerichte 20 R$/kg; ◷ 11–16 Uhr) In dem recht guten Restaurant an der zentralen Plaza

---

ABSTECHER: BOM JARDIM & LAGOA AZUL

Wer es nicht nach Bonito (S. 469) schafft, findet bei einem Abstecher in die Gegend rund um **Bom Jardim** (www.rotasdasaguas.tur.br), 150 km nördlich von Cuiabá, eine ähnlich eindrucksvolle Landschaft. Die Topattraktion ist dabei das **Recanto Ecológico Lagoa Azul**, 8 km von der Stadt entfernt. Dort kann im „Reino Encantado" (Verzaubertes Reich) schnorcheln (65 R$) und sich im „Rio Triste" (Trauriger Fluss) treiben lassen. Die Wasserlandschaft erinnert an den Rio da Prata in Bonito, nur das man sie hier fast für sich allein hat. Ganz in der Nähe liegen ein paar versteckte Höhlen – der Guide zeigt einem den Weg – mit bizarren Felsformationen und dösenden Fledermäusen.

Einmal täglich fährt ein Bus von Cuiabá nach Bom Jardim (14.30 Uhr, 35 R$, 5 Std.) und wieder zurück (5 Uhr). Im Ort selbst gibt's einige kleine Hotels sowie einen natürlichen Pool, der an heißen Tagen für Abkühlung sorgt. Nur einen 15-minütigen Fußmarsch von der Stadt entfernt (der Weg ist nicht schwer zu finden, einfach nachfragen) liegt die **Lagoa das Araras**, wo sich farbenprächtige Aras laut krächzend ihren Schlafplatz suchen.

mit Blick auf den Fluss wird das Essen per Kilo berechnet. Die selbstgemachten Pommes sind lecker.

Kaskata Restaurante Flutuante (☎ 3223 2916; Beira-Rio; Gerichte für 2 Pers. 30–60 R$; ☽ 9.30–23 Uhr) Im besten schwimmenden Restaurant der Stadt werden in erster Linie regionale Fischgerichte serviert. Zudem gibt's für Experimentierfreudige auch drei Varianten von *jacaré* (Kaiman).

Betto's (☎ 3223 1048; Rua 15 de Noviembre 1; Gerichte für 2 Pers. 36–58 R$; ☽ 10.30–24 Uhr) In dem Freiluft-Restaurant am Fluss werden in geselliger Stimmung viele verschiedene Gerichte serviert, darunter bissiger *jacaré*.

An- & Weiterreise

Der kleine Busbahnhof liegt zehn Blocks nördlich des Ufers. Der Bus aus Cuiabá hält allerdings zuerst am größeren Bahnhof unmittelbar außerhalb des Stadtzentrums in Vale do Araguaia, der den etwas verwirrenden Namen „Terminal Rodoviario de Cáceres" trägt. Regelmäßig fahren Busse zwischen Cuiabá und Cáceres (42 R$, 4 Std., 7-mal tgl.). Zudem gibt es Verbindungen nach Porto Velho (140 R$, 2-mal tgl.). Beim Kauf eines Bustickets muss man seinen Pass vorzeigen. Regelmäßig fahren Kleinbusse in die Grenzstadt Corixio, in der man Anschluss nach San Matías in Bolivien hat.

ALTA FLORESTA

☎ 0xx66 / 51 000 Ew.

Das 873 km von Cuiabá entfernte Alta Floresta liegt im äußersten Norden von Mato Grosso und damit direkt an der Stelle, an der der nördliche Cerrado und der amazonische Regenwald des Südens aufeinandertreffen. Die Landschaft hier ist jedoch durchgehend amazonisch geprägt. Die Gegend rund um das private Naturerbereservat Cristalino gilt als eines der besten Gebiete Amazoniens, um seltene Vögel und Säugetiere zu beobachten wie z. B. den gefährdeten Weißnasensaki, Tapire, Riesenotter, Dreifinger-Faultiere sowie fünf Großpapageienarten.

Alta Floresta liegt am Ende der Straße; weiter im Norden erstreckt sich der gewaltige Dschungel, nur unterbrochen von einem kurzen Stück Cerrado im nördlichen Nachbarstaat Pará. Die Stadt selbst hat keine Sehenswürdigkeiten zu bieten und entwickelte sich seit ihrer Gründung in den frühen 1970er-Jahren rasch zu einem Zentrum für Landwirtschaft und Holzfäller.

DER FANG DES TAGES

Jeden September strömen 150 000 Menschen, die meisten von ihnen mit Angelruten bewaffnet, nach Cáceres zum **Festival Internacional de Pesca**, das laut *Guinness-Buch der Rekorde* das größte Angelsportereignis der Welt ist. Seit 1979 kommen fanatische Angler aus etwa 15 Ländern zum Rio Paraguai, um den größten *pintado*, *dourado* oder *pacu* zu fangen und dann wieder freizulassen. Der Sieger erhält ein Auto oder Motorboot im Wert von 30 000 R$. Am Fluss treten Tanzgruppen auf und den einheimischen Kindern – etwa 1500 – wird erzählt, was die ökologischen Vorteile sind, wenn man die Fische nach dem Fangen wieder freilässt.

Geführte Touren

Wer nicht die Zeit oder das Geld hat, in der Cristalino Jungle Lodge zu übernachten (neben einer Angeltour die einzige Möglichkeit, dem hiesigen Tierreich nahe zu kommen), kann mit **Floresta Tours** (☎ 3521 7100; www.florestatour.com.br; ☽ Mo–Fr 8–17, Sa bis 12 Uhr) für etwa 200 R$ pro Nase Tagesausflüge in das private Naturerbereservat Cristalino unternehmen. Die Tour dauert neun Stunden und beinhaltet Transport, Führer, Exkursionen und das Mittagessen in der Lodge. Die Agentur befindet sich im Floresta Amazônica Hotel und man muss im Voraus buchen.

Schlafen & Essen

Viele der Besucher, die in dieses Gebiet reisen, sind Naturforscher, die im Rahmen teurer Spezialtouren in abgelegenen Lodges im Urwald übernachten. Doch auch der normale Reisende wird ein paar gute Unterkünfte in der Stadt finden.

Lisboa Palace (☎ 3521 2876; www.hotellisboa.com.br; Av Jaime Verissimo de Campos 251; EZ/DZ 75/100 R$; ☒ ▢) Die geräumigen Zimmer sind sauber und modern, die Betten allerdings etwas hart. Eine annehmbare Alternative, wenn das Floresta Amazônica ausgebucht ist.

Floresta Amazônica Hotel (☎ 3512 7100; www.fah.com.br; Av Perimetral Oeste 2001; EZ/DZ 80/100 R$; ☒ ▢ ☒) Das von einer Dschungellandschaft umgebene Hotel, 5 km vom *centro* entfernt, hat nicht gerade den höchsten Standard zu bieten und könnte eine Renovierung gut vertragen. Dafür hat es hübsche Zimmer mit

Balkonen, die um einen reizenden Garten angeordnet sind, sowie einen wunderbaren Pool. Es gehört zur Cristalino Jungle Lodge.

Cristalino Jungle Lodge (☎ 3521 1396; www.crista linolodge.com.br; Paket mit EZ/DZ 500/400 R$ pro Person) Die Lodge liegt am Ufer des Rio Cristalino (39 km nördlich von Alta Floresta) inmitten amazonischer Flora und Fauna. Auf dem Gelände gibt es einen 50 m hohen Beobachtungsturm sowie ein 20 km umfassendes Wegenetz für Vogelbeobachter (die Gegend zählt zu den 50 besten Gebieten zur Vogelbeobachtung weltweit). Die neuen VIP-Bungalows haben naturverbundenen Luxus zu bieten. Im Preis enthalten sind Transport, Verpflegung, Führer, Exkursionen und Versicherung.

Café Mostarda (☎ 3521 3103; Av Ariosto da Riva 3493; Gerichte 22 R$/kg; ☺ Mo–Fr 6–18, Sa bis 14 Uhr) In dem guten Lokal wird das Essen – exzellente regionale Küche – nach Gewicht bezahlt.

An- & Weiterreise

Von Cuiabá aus fahren regelmäßig Busse nach Alta Floresta (145 R$, 13½ Std., 4-mal tgl.). **Trip** (☎ 0xx65-3682 2555) fliegt um 11.55 und 20.30 Uhr von Cuiabá nach Alta Floresta (395 R$, 2 Std.). Die Strecke wird außerdem von **Avianca Brasil** (☎ 0800 286 6543) bedient.

POCONÉ

☎ 0xx65 / 32 000 Ew.

Poconé ist die wichtigste Anlaufstelle für alle, die von Cuiabá aus nach Süden ins Pantanal reisen. Hier beginnt außerdem die Transpantaneira. Die Stadt wirkt immer noch wie ein verschlafenes Grenzörtchen – ein Einheimischer drückte es so aus: „In Poconé machen selbst die Restaurants zum Mittagessen dicht!" Die Bewohner, von denen viele vom hiesigen indigenen Stamm der Beripoconesen abstammen, fühlen sich ihren Traditionen stark verbunden.

Im Mai feiert Poconé eine Woche lang die **Semana do Fazendeiro e do Cavalo Pantaneiro** mit einem Rindermarkt und Rodeos.

Praktische Informationen

Banco do Brasil (Praça da Matriz) Hat einen Geldautomaten, der Visa und MasterCards akzeptiert, aber nicht immer in Betrieb ist.

CAT-Büro (Praça Menino Jésus; ☺ Mo–Fr 7–12 & 14–17, Sa & So 8–12 Uhr)

Dibtop LAN House (Praça da Matriz; 1,50 R$/Std.; ☺ 8–23 Uhr) Internetzugang.

Krankenhaus (☎ 3345 1963; Rua Dom Aquino 406)

Polizei (☎ 3345 1456)

Post (Rua Coronel Salvador Marques 335)

Geführte Touren

Transpantanal (☎ 3345 2343; www.transpantanal.com br, portugiesisch; Av Aníbal de Toledo 1895; ☺ Mo–Fr 7.30–18, Sa bis 12 Uhr) ist die einzige Agentur in der Stadt, die auf ambitioniertere Angler ausgerichtet ist. Zum Angebot gehören siebentägige Angel-Pauschaltouren auf den Flüssen Cuiabá, São Lourenço, Piquiri und Paraguaí für 2500 R$ pro Person (mind. 12 Pers.).

Schlafen, Essen & Ausgehen

Die besten Unterkünfte, vor allem dann, wenn man über die Transpantaneira weiterreisen möchte, liegen einige Kilometer außerhalb der Stadt am Beginn der Straße.

Hotel Santa Cruz (☎ 3345 2634; Rodovia Transpantaneira 450; 25 R$/Pers.) Das am wenigsten attraktive Quartier dient als Notlösung, wenn sonst alles ausgebucht ist.

Pousada Pantaneira (☎ 3345 3357; Transpantaneira; Km 0; EZ/DZ 40/60 R$; ☒ ▢) Die einfache Pousada mit *churrascaria* (Grillrestaurant) verfügt über renovierte Bäder und liegt am Beginn der Transpantaneira – ein guter Ausgangspunkt, um die Weiterfahrt auf derselbigen zu organisieren.

Hotel Skala (☎ 3345 1407; Praça Bem Rondon 64; EZ/DZ 50/75 R$; ☒ ▢) Die beste Übernachtungsmöglichkeit im Zentrum hat geräumige, wenn auch etwas dunkle Zimmer. Zudem befindet sich das eleganteste Restaurant der Stadt, das Tradição, direkt nebenan.

Tropeiro Grill (☎ 8403 5401; Praça da Matriz; Gerichte 12–15 R$) Spezialität des Hauses sind *picanha*-Sandwiches (mit Steak belegt), doch auch alle anderen Fleischgerichte sind lecker. Das kleine, einfache Lokal liegt am zentralen Platz.

Atellier do Luizão (☎ 3345 2733; Rua Generoso Ponce 1101) Die kleine Bar gehört zu einem riesigen Kunsthandwerksladen, in dem Souvenirs und Dekoartikel verkauft werden, die direkt vor Ort hergestellt werden. Die meisten Motive sind – wenig überraschend – von der Tierwelt aus dem Pantanal inspiriert.

An- & Weiterreise

Die Busse aus/nach Cuiabá halten zunächst am Busbahnhof Poconé, etwa zehn Blocks vom Zentrum entfernt, und fahren dann weiter zur Praça da Matriz. Hinter der Matriz-Kirche verläuft die Straße, die zum Anfang der Transpantaneira führt.

Von 6 bis 19 Uhr fahren Busse von Cuiabá nach Poconé (15,85 R$, 2 Std., alle 3 Std.). Zwischen 6 und 19.30 Uhr gibt's insgesamt sechs Verbindungen in die Gegenrichtung. Alternativ warten Taxis am **Ponto de Taxi** (☎ 3345 1441) an der Praça da Matriz, die einen, wenn vollbesetzt, für 30 R$ pro Person bis nach Cuiabá bringen.

DAS PANTANAL

Das Amazonasbecken mag mehr Ruhm und Ehre einbringen, die bessere Adresse für Wildlife-Beobachter ist aber das Pantanal. Das dichte Laubwerk des Amazonasgebiet erschwert die Beobachtung der Tiere, in den offenen Weiten des Pantanal sind sie auch für die Naturfreunde leichter zu sehen, die kein geschultes Adlerauge haben. Wer Tiere in ihrem natürlichen Lebensraum beobachten will, sollte also ins Pantanal reisen – hier gibt's die größte Dichte an Wildtieren in der Neuen Welt.

Im Herzen Südamerikas gelegen, hat dieses größte Feuchtgebiet der Erde die 20-fache Größe der Everglades in Florida – rund 210 000 km²! Etwas weniger als 100 000 km² gehören zu Bolivien und Paraguay, der Rest zu Brasilien, aufgeteilt auf die Bundesstaaten Mato Grosso und Mato Grosso do Sul.

Im Pantanal gibt es wenig Menschen und keine Städte. Die Entfernungen sind so gewaltig und die Transportmöglichkeiten zu Lande so dürftig, dass die Leute mit kleinen Flugzeugen und mit Motorbooten von A nach B gelangen. Geländewagen kommen nur zu bestimmten Jahreszeiten vorwärts. Die einzige Straße, die tief ins Pantanal hineinführt, ist die Transpantaneira. Die erhöhte, unbefestigte, von rund 125 kleinen Holzbrücken unterteilte Route endet 145 km südlich von Poconé bei Porto Jofre. Zwei Drittel der geplanten Strecke von Poconé nach Corumbá an der Grenze zu Bolivien wurden nicht realisiert – es fehlten die Mittel, vor allem sprachen jedoch auch ökologische Überlegungen gegen den Bau.

Der Parque Nacional do Pantanal Matogrossense umfasst 1350 km² im Südwesten von Mato Grosso, der größte Teil des Pantanal befindet sich allerdings in Privatbesitz. Die Zusammenarbeit zwischen dem Ökotourismus und den Landbesitzern in der Region (vor allem Rinderzüchter) hat einen großen Beitrag zur nachhaltigen Erhaltung der Umwelt beigetragen. Durch die Unterstützung der Züchter, die die Koexistenz mit den Wildtieren fördert, wird das Defizit, das durch die saisonbedingten Überflutungen entsteht, überbrückt, das sonst mit intensiverer (und dadurch zerstörender) Viehhaltung abgedeckt werden müsste. Der Nationalpark und drei kleinere private Naturreservate in der Nähe wurden 2000 in die Liste der Unesco-Weltnaturerbestätten aufgenommen.

GEOGRAFIE & KLIMA

Auch wenn *pantano* auf Portugiesisch und Spanisch „Sumpf" bedeutet, ist das Pantanal kein Sumpf, sondern vielmehr eine große Flussmarsch. Geologisch handelt es sich um ein Sedimentbecken aus dem Quartär, die Überreste des antiken Binnenmeers Xaraés, das gleichzeitig mit dem Amazonasmeer vor 65 Mio. Jahren auszutrocknen begann.

Das Pantanal war also zuerst ein Meer, dann ein riesiger See. Heute ist es eine jahreszeitlich überschwemmte Ebene, die 2000 km vom Atlantik entfernt ist, sich aber nur 100 bis 200 m über dem Meeresspiegel befindet und rundum von höher gelegenen Landstrichen eingeschlossen ist: im Osten von den Bergen der Serra de Maracaju, im Süden von der Serra da Bodoquena sowie im Norden von der Serra dos Parecis und Serra do São Geronimo. Aus diesen Regionen fließt der Regen ins Pantanal und bildet den Paraguai und seine Nebenflüsse, die zuerst südwärts und dann nach Osten fließen und sich in den Atlantik ergießen.

Während der Regenzeit (Nov.–März) treten die Flüsse über ihre Ufer und überfluten einen großen Teil des niedrig gelegenen Pantanal. Es entstehen *cordilheiras*, Vegetationsinseln oberhalb des Hochwasserpegels, in denen sich die Tiere zusammendrängen. Im Januar oder Februar erreicht das Wasser seinen Höchststand – bis zu 3 m –, im März beginnt es dann allmählich zurückzugehen. Diese jahreszeitliche Überflutung macht einen systematischen Ackerbau unmöglich und setzt dem Vordringen des Menschen in das Gebiet rigorose Schranken. Dagegen ist die Schwemmebene ein reicher Weidegrund für Wildtiere.

Die Überschwemmungen reichern den Boden, der sonst aufgrund der massiven Entwässerung nicht fruchtbar wäre, mit Nährstoffen an. Das Wasser wimmelt von Fischen, Teiche sind schützende Ökonischen für viele Tiere und Pflanzen. Und riesige Kolonien von Sumpfvögeln besiedeln mehrere Quadratkilometer in der Region.

PANTANAL

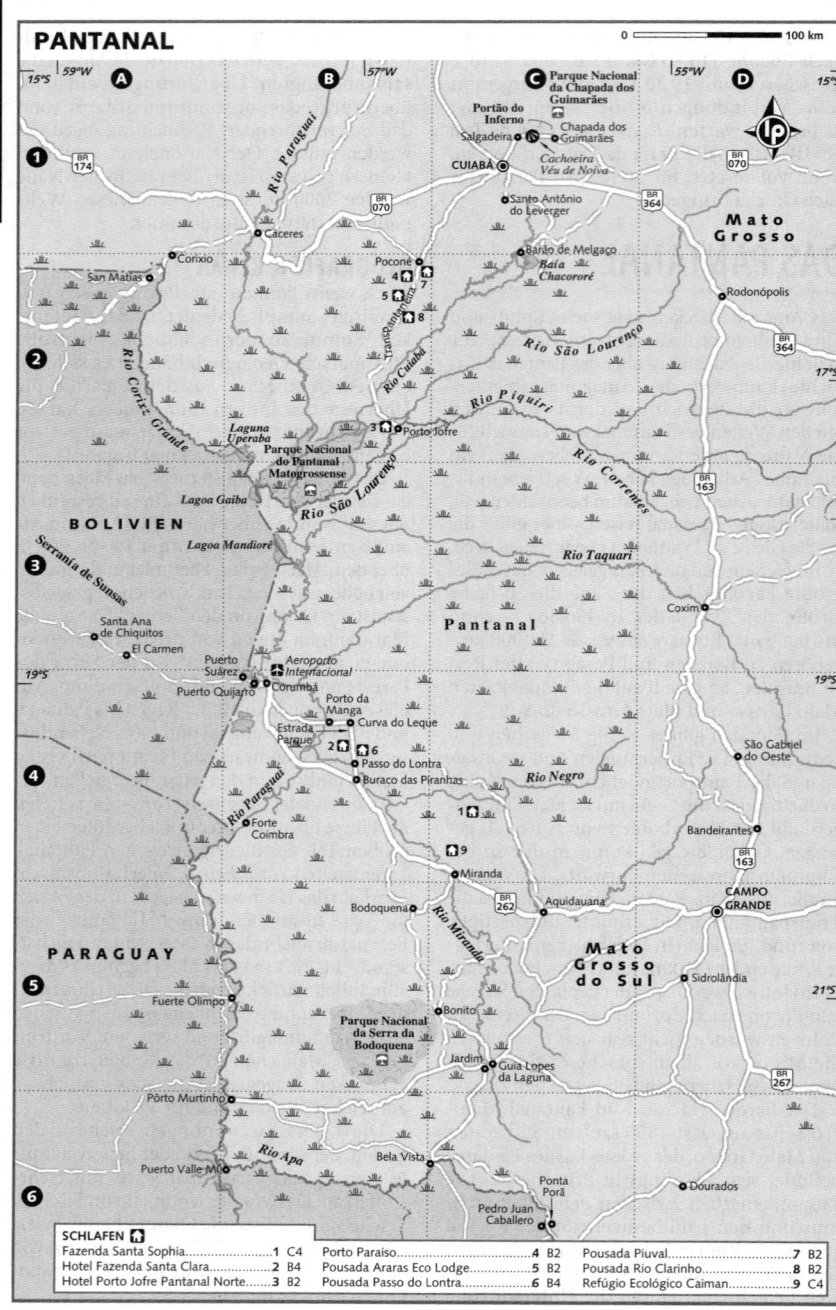

0 ———————— 100 km

DIE WAHL DES RICHTIGEN GUIDES IM PANTANAL

Der Tourismus im Pantanal ist ein einträgliches Geschäft und in der Vergangenheit haben einige Anbieter Kunden mit unlauteren Taktiken geködert. Auch wenn nun endlich gegen diese Betrügereien vorgegangen wird, sollte man einige Dinge beachten, um in den Genuss einer möglichst sicheren und schönen Tour zu kommen.

- Keine übereilten Entscheidungen treffen, schon gar nicht, wenn man gerade erst aus dem Nachtbus gestiegen ist.
- Seine Wahl nicht vom Kostenfaktor abhängig machen. Billig ist nur selten gleichbedeutend mit guter Qualität.
- Mit anderen Reisenden sprechen. Welche Erfahrungen haben diese gemacht? Vorsicht: In Bezug auf Campo Grande haben konkurrierende Touranbieter in vielen Internetblogs falsche Beurteilungen hinterlassen. Man sollte sich nur auf direkte Quellen verlassen.
- Die Optionen vergleichen und dabei bedenken, dass es sich bei dem Agenturbetreiber oder -anbieter nicht immer um den Guide handelt. Da man mit diesem drei bis fünf Tage in der Wildnis verbringen wird, sollte man verlangen, den Führer – falls möglich – vorab kennenzulernen.
- Die Bezahlung nicht über einen Mittelsmann vornehmen.
- Wer auch nur ein bisschen an nachhaltigem Tourismus interessiert ist, sollte keine Geschäfte mit Agenturen oder Lodges machen, die die fragile Umwelt schädigen. So sollten keine Tiere für Fotos hochgehoben oder überhaupt angefasst werden.
- Wer keine Zeit zum Herumsuchen, aber ausreichend Geld hat und einfach nur einen verlässlich guten Guide haben möchte, kann sich an **Focus Tours** (www.focustours.com) in den USA wenden. Die Agentur ist auf Touren in die Natur spezialisiert und aktiv an den Bemühungen zur Erhaltung des Pantanal beteiligt.
- Bei preiswerten Touren bekommt man selten die interessantesten und schwerer zu entdeckenden Spezies zu sehen. Wer sich ernsthaft für die Fauna interessiert, sollte sich einen teureren privaten Führer leisten.

Später, in der Trockenzeit, geht das Wasser zurück, die Lagunen und Marschen trocknen aus und frisches Gras sprießt aus der Savanne (zur Vegetation des Pantanal gehören Savannen, Wälder und Wiesen, die – oft ohne klare Abgrenzung – ineinander übergehen). Nun konkurrieren die Falken und Kaimane (*jacarés*) miteinander um die Fische in den verbliebenen Teichen. Wenn die Teiche schrumpfen und austrocknen, kriechen die Kaimane auf der Suche nach Wasser herum und trotzen der Dürre, bis wieder der Regen einsetzt.

REISEPLANUNG
Reisezeit

Das Pantanal sollte man möglichst in der Trockenzeit bereisen (April–Sept.). Die besten Chancen für Vogelbeobachter bieten sich zwischen Juli und September. In diesem Zeitraum bevölkern Vögel die Landstriche, aus denen das Wasser zurückgewichen ist und nun leuchtend grünes Gras sprießt. Am Tag ist es heiß, in den Nächten kalt und gelegentlich regnet es. Die heftigsten Regenfälle gibt es im Februar und März. Die Straßen werden unpassierbar und das Reisen wird zu einem logistischen Albtraum. Ungefähr einmal pro Jahrzehnt erreicht die Überflutung katastrophale Ausmaße mit Todesopfern unter Mensch und Tier. Von Juli bis August, den trockensten Monaten, hat man sicher die besten Chance, Jaguare zu sehen – das Pantanal ist die letzte große Hochburg der größten und scheuesten amerikanischen Großkatze.

Überflutungen, unaufhörliche Niederschläge und Hitze machen das Reisen in der Regenzeit (Nov.–März) dagegen sehr schwierig, auch wenn selbst dieser Zeitraum seine schönen Seiten hat – dann nämlich ballen sich das Vieh und die Wildtiere des Pantanal auf den *cordilheiras*. Da diese Inseln jedoch von dichter Vegetation bedeckt sind, kann es schwerer werden, die Wildtiere auch zu erspähen.

Die Hitze erreicht ihren Höhepunkt im November und Dezember, wenn das Thermometer verbreitet auf über 40 °C klettert. In dieser Zeit verwandeln sich die Straßen in Brei, und Moskitos schwärmen in Bataillonsstärke aus. Viele Hotels schließen in dieser Zeit.

Angler werden die besten Bedingungen in den ersten Wochen der Trockenzeit (April–Mai) vorfinden, wenn sich die über die Ufer getretenen Flüsse allmählich in ihre Betten zurückziehen. So mancher Einheimischer hat über die gesamte Trockenzeit hinweg schon rund 80 kg Fisch mit der Angel aus dem Wasser gezogen. Tatsächlich ist das Pantanal einer der tollsten Angelgründe weltweit. Man findet hier an die 20 Arten von Piranhas und die schmackhaften *dourados,* robuste Burschen, die die Einheimischen als Flusstiger bezeichnen. Sie bringen mehr als 9 kg auf die Waage und machen Jagd auf andere Fische. Zu den weiteren ausgezeichneten Fängen gehören *pacu, suribim, bagre, giripoca, piraputanga, piapara, cachara, pirancajuva* und *pintado –* um nur ein paar zu nennen.

Während die Jagd verboten ist, ist das Angeln – mit den erforderlichen Genehmigungen – zwischen Februar und Oktober erlaubt. Ein Angelverbot gilt aber während der *piracema* (Laichzeit) von November bis Ende Januar, wobei der Zeitrahmen jährlich variiert. Die Zweigstellen der Banco do Brasil in Cuiabá, Campo Grande und Coxim stellen Angelscheine für das Pantanal aus (Ufer/Boot 24/60 R$), die drei Monate gültig sind. Ein Jahr lang landesweit gültige Angelgenehmigungen gibt's bei den Büros von **Ibama** (☎ in Cuiabá 0xx65-3644 1200, Campo Grande 0xx67-3317 2952, Corumbá 0xx67-3231 6096, Coxim 0xx67-3291 2310).

Nicht vergessen!

Im Pantanal wird man kaum Geschäfte vorfinden, man muss also gut vorbereitet anreisen. Die Trockenzeit ist zugleich die kühlere Jahreszeit. Garderobentechnisch sollte man sich auf heiße Tage, kühle Nächte, Regen und Moskitos einstellen. Ungeeignet sind Kleidungsstücke in Rot (verschreckt Tiere), Gelb (zieht Moskitos an) und Schwarz (staut die Hitze und zieht ebenfalls Moskitos an). Zudem gehören Sonnenschutzmittel, Sonnenbrille, ein Hut, leichte Kleidung, Turnschuhe oder Stiefel, leichte Regenkleidung und etwas Wärmeres für die Abende in den Rucksack. Vor Moskitos schützen lange Hosen und langärmlige Hemden, Vitamin B_{12} und Insektenschutzmittel.

Außerdem nicht fehlen sollten ein Fernglas, ein Handtuch, eine gute Taschenlampe und natürlich eine Kamera; wer richtig gute Fotos schießen möchte, sollte zusätzlich ein Stativ und ein Teleobjektiv (geeignet ist eine Brennweite von etwa 300 mm) im Gepäck haben.

Gesundheit

Malaria tritt im Pantanal nicht auf. 2008 gab es in Mato Grosso do Sul eine Gelbfieberepidemie, auf die die Regierung jedoch mit vorbeugenden Maßnahmen reagiert hat. So besteht diesbezüglich für Reisende prinzipiell keine Gefahr mehr, wer aber auf Nummer sicher gehen möchte, sollte sich vor der Abreise den neuesten Informationsstand einholen. Weitere Infos darüber und zu anderen gesundheitlichen Angelegenheiten gibt's auf S. 793 oder im Lonely Planet Band *Healthy Travel – Central & South America* von Isabelle Young.

Medizinische Versorgung gibt es in Cuiabá, Corumbá und Campo Grande.

GEFÜHRTE TOUREN

Ins Pantanal gelangt man hauptsächlich über Cuiabá im Norden und Campo Grande im Süden; Corumbá an der bolivianischen Grenze hat als Zugangsweg in den letzten Jahren zunehmend an Bedeutung verloren. Geführte Touren kann man von jeder dieser Städte aus organisieren, alternativ kann man auch auf eigene Faust losziehen. Touren ab Cuiabá sind tendenziell etwas teurer als in Campo Grande oder Corumbá, dafür aber auch professioneller. So sind dort die Gruppen kleiner und die Führer besser ausgebildet, zudem führen die Exkursionen tiefer hinein ins Pantanal. Tipps bei der Suche nach dem richtigen Guide gibt's auf S. 456

Cuiabá

Von Cuiabá (S. 443) aus, der Hauptstadt von Mato Grosso, veranstalten kleine Touranbieter Safaris entlang der Transpantaneira. Im Preis enthalten sind Transport, Unterkunft auf Farmen sowie die Führer; diese sprechen Englisch und sind im Allgemeinen gut ausgebildet. Bei Touren mit kleinen Gruppen steigen die Chancen, scheuere Tiere zu entdecken. In Cuiabá herrscht ein gesunder Wettbewerb zwischen den Veranstaltern, allerdings ist dieser nicht so hart wie in Mato Grosso do Sul und so nutzen die Agenturen größtenteils die gleichen Camps im Pantanal.

Die Touren sind gut organisiert und recht komfortabel, preislich ist man ab etwa 180 R$

DIE KÜCHE DES PANTANAL

Die Pantaneiros – die Einwohner des Pantanal – verstehen es, regionale Zutaten zu kulinarischen Köstlichkeiten zu verarbeiten. Bei Reisen durch das Gebiet wird man viele Restaurants entdecken, die regionale Spezialitäten anbieten – einfach einkehren und probieren.

In der Küche des nördlichen Pantanal dreht sich fast alles um Fisch. *Pacu, dourado* und *pintado* sind die am häufigsten verwendeten Speisefische; sie werden *frito* (gebraten), *grelhado* (gegrillt), *assado* (gebacken) oder *defumado* (geräuchert) serviert. *Dourado* und *pacu* haben viele kleine Gräten, die sich aber leicht vom Fleisch lösen lassen, wenn der Fisch langsam gegart wurde. *Pacu* wird häufig gebacken und mit einer Sauce namens *escabeche* serviert, die aus Zwiebeln, Tomaten und Paprika besteht. Ein weiterer beliebter Fisch ist der *pintado*, der, mit grobem Salz gewürzt und anschließend gegrillt, ausgezeichnet schmeckt. Eine Spezialität ist *peixe à urucum*; dabei wird der jeweilige Fisch mit Gewürzen, Kondensmilch, Kokosmilch und geschmolzenem Mozzarella zubereitet. Piranha-Suppe, eine weitere exotische Delikatesse, halten die Pantaneiros für ein Aphrodisiakum.

Auf den Farmen und im südlichen Pantanal zeugen die Gerichte von einem stärkeren Einfluss der Rinderwirtschaft und des Getreideanbaus in der Region. Zu den Spezialitäten gehören *carne seca com abobora* (gedörrtes Rindfleisch mit Kürbis) und *paçoca-de-pilã* (gedörrtes Rindfleisch mit Maniokmehl); letzteres wird mit Bananen und ungesalzenem Reis verzehrt. Daneben gibt es *arroz de carreteiro* (Reis mit gedörrtem Rindfleisch an gebratenem Maniok und Bananen) und *galinha caipira*, Hühnchen mit weißem Reis und *pequi,* einer kleinen, gelben Frucht aus dem Cerrado. Vorsicht, nicht in die *pequi* beißen, die Samen sind sehr stachelig! Die Nachspeisen des Pantanal sind süß und lecker. Zu den beliebtesten Varianten gehören *furrundu,* bestehend aus Papaya-Stängeln (nicht der Frucht), Zuckerrohrsaft und Kokosnuss, sowie Eiscreme aus *bocaiúva,* einer weiteren Frucht aus der Region.

---

pro Tag dabei. Die Investition lohnt sich, wenn man ein ernsthaftes Interesse an der Sichtung von Tieren hat. Einige Agenturen haben von Juni bis Oktober auch „Jaguar-Treks" im Gebiet Porto Jofre im Programm (ca. 400 R$/Tag) – eine exzellente Chance, die eindrucksvollen Großkatzen live zu erleben.

Joel Souza Ecoverde Tours (Karte S. 445; ☎ 0xx65-3624 1386; www.ecoverdetours.com.br; Av Getúlio Vargas 155; ⏱ Mo–Sa 8–18 Uhr) Die ausgezeichnete Agentur hat 25 Jahre Erfahrung und professionelle Führer zu bieten. Joel Souza und sein Sohn Lauro setzen sich gemeinsam mit ortsansässigen Pousadas für umweltfreundlichen Tourismus ein und bieten Touren auf Deutsch, Englisch, Französisch, Portugiesisch und Spanisch an. Man erreicht den Veranstalter auch über die Pousada Ecoverde (S. 446).

Pantanal Explorer (Karte S. 443; ☎ 0xx65-3682 2800; www.pantanalexplorer.com.br; Av Governador Ponce de Arruda 670, Várzea Grande) Der Besitzer Andre von Thuronyi setzt sich schon seit 30 Jahren in der Region für nachhaltigen Tourismus ein und kämpft entschlossen gegen schädliche staatliche Eingriffe in das Pantanal. Er engagiert sich zudem aktiv beim Schutz des Hyazinth-Aras und des Riesenotters. Seine Agentur ist an die Pousada Araras Eco Lodge angeschlossen.

Pantanal Nature (☎ 0xx65-3322 0203; www. pantanalnature.com.br; Rua Campo Grande 487) Die neu gegründete Agentur unter der Leitung von Ailton Lara hat

sich mit professionellen Touren und fachkundigen Guides schnell einen erstklassigen Ruf erarbeitet. Zum Programm gehören Exkursionen von einem Jaguar-Camp in der Nähe von Porto Jofre aus, die in der Trockenzeit exzellente Chancen bieten, die Raubkatze zu sehen zu bekommen. Der Veranstalter hat ein Büro im Hotel Ramos (S. 446).

Campo Grande

In Campo Grande (S. 461) wurde in den letzten Jahren ordentlich aufgeräumt. So wird der neue Busbahnhof vor den Stadttoren hoffentlich dem aufdringlichen Belagern der Innenstadt durch frisch angekommene Reisende ein Ende bereiten. Die Stadt hat außerdem endlich auf Beschwerden von Seiten der Besucher reagiert und Lodges geschlossen, die sich nicht an umwelttechnische Vorgaben gehalten haben. Zudem wird nun gegen betrügerische Anbieter vorgegangen. Noch sind nicht alle Probleme gelöst, aber ein paar große Schritte in die richtige Richtung sind getan. Die billigsten Touren sind recht chaotisch organisiert, zudem sind die Gruppen meist groß. Dafür bieten sie mit etwa 100 R$ pro Tag eine recht günstige Möglichkeit, das Pantanal und seine Fauna zu erkunden.

Luiz Paivo Filho (☎ 0xx67-3042 4659) Wer sich zwischen den verschiedenen Anbietern nicht entscheiden kann, wendet sich am besten an den renommierten, freiberuflich tätigen Guide Luiz. Natürlich zahlt man für den individuellen Service etwas mehr, dafür ist der sachkundige und fließend Englisch sprechende Luiz ein Garant für eine unvergessliche Tour.

Pantanal Discovery (Karte S. 462; ☎ 0xx67-3383 9791; www.gilspantanaldiscovery.com.br; Rua Mercurio 42) Die Agentur hat sich vor Kurzem mit der Fazenda Santa Clara zusammengetan und gehört zu den erfahrendsten in Campo Grande. Es lohnt sich, etwas mehr zu investieren, um in einer privaten Unterkunft in der *fazenda* zu nächtigen und nicht im Camp.

Pantanal Viagens & Turismo (Karte S. 462; ☎ 0xx67-3321 3143; www.pantanalviagens.com.br; Rua Joaquim Nabuco 200, Loje 9 im alten Busbahnhof) Die renommierte Agentur arbeitet hauptsächlich mit der Pousada Passo do Lontra zusammen, die stets darum bemüht ist, ihren exzellenten Standard zu halten.

Corumbá

Fast alle Tourveranstalter, die früher in Corumbá (S. 465) ansässig waren, sind inzwischen nach Campo Grande umgezogen oder dort mit Büros vertreten.

Canaã Viagens e Turismo (außerhalb der Karte S. 466; ☎ 0xx67-3231 2208; www.pantanalcanaa.com; Rua Colombo 245) ist eine renommierte Agentur, die auf teurere Angeltouren am Rio Paraguai spezialisiert ist. Angeboten werden Trips in zwei verschiedenen *barco*-Hotels, die Fahrten führen dabei bis zu 300 km den Fluss hinauf. Kurztouren von drei Tagen und zwei Nächten stehen zweimal pro Woche auf dem Programm und kosten 1000 R$ pro Person, inklusive Verpflegung, Angelausflügen, Führern und Transport.

SCHLAFEN

Die Unterkünfte im Pantanal verteilen sich auf drei Kategorien: Pousadas mit Vollpension (von einfach bis luxuriös), *fazendas*, (d. h. Hotels im Ranch-Stil, die Ausritte und oft auch Leihboote anbieten), und *pesqueiros*, die auf Angler eingestellt sind und üblicherweise Boote und Angelausrüstung verleihen. Die Gebühren liegen meist bei 30 R$ pro Person und Stunde für Bootsausflüge und bei 30 bis 45 R$ für ein paar Stunden hoch zu Ross.

Wer Zweifel hat, ob er wirklich einer Budgetunterkunft gewachsen ist, ist sicher gut beraten, etwas mehr Geld für einfachen Komfort auszugeben – ein Bett, fließendes Wasser und die Hoffnung, unzähligen Moskitostichen zu entgehen.

Wenn man selbstständig reist, beinhalten die Preise üblicherweise bescheidene Unterkünfte, drei Mahlzeiten und mindestens eine Exkursion am Tag. Getränke – sogar Soda und Wasser – kosten extra. Die Transportkosten sind fast nie in den Zimmerpreisen enthalten und können die Reisekasse empfindlich belasten. In Cuiabá hängt die An- und Weiterreise – egal in welcher Kombination aus Geländewagen, Boot, Pferd und Flugzeug – immer vom Wetter ab und kann in einer Richtung zwischen 250 und 500 R$ kosten. Aus diesem Grunde ist es fast immer billiger und logistisch betrachtet stressärmer, die Dienste eines Reiseveranstalters in Anspruch zu nehmen. Der Transport ist dann im Preis enthalten, außerdem haben die Veranstalter auch oft Zugang zu entfernteren Lodges.

Mato Grosso

Unterkünfte in Cuiabá findet man auf S. 446.

AN DER TRANSPANTANEIRA

An der Transpantaneira gibt's jede Menge Unterkünfte, wobei von rustikal bis edel alles geboten wird.

Porto Paraiso (☎ 0xx65-3345 2271; www.portalpara iso.com.br; Transpantaneira Km 17; Camping 25 R$, Vollpension EZ/DZ 150/250 R$ pro Person; 🖳 🖳 🖳) Ausgezeichnete, preisgünstige Unterkunft auf einer kleinen Büffel- und Rinderfarm nahe des Beginns der Transpantaneira. Rund um den edlen Poolbereich erstreckt sich eine ausgezeichnete Campinganlage, zudem kann man in der Gegend wunderbar Vögel beobachten.

Pousada Rio Clarinho (☎ 0xx65-9959 2985; Transpantaneira Km 40; EZ/DZ 120/240 R$) Auf der rustikalen, direkt am Rio Clarinho gelegenen *fazenda* wird man von Vogelgezwitscher geweckt und kann von einem kleinen Steg am Ufer aus Schwimmen gehen. Auf dem riesigen Waldgelände leben über 260 Vogelarten sowie Wasserschweine und Riesenotter. Auf den Tisch kommt authentische Pantanal-Küche und alle Exkursionen sind im Preis eingeschlossen.

Pousada Piuval (☎ 0xx65-3345 3479; Transpantaneira Km 10; www.pousadapiuval.com.br; portugiesisch; EZ/DZ mit Vollpension 220/280 R$; 🖳 🖳 🖳) Bei der ersten Pousada an der Transpantaneira muss man Kompromisse eingehen; einerseits geht's hier recht kommerziell zu (zum Programm gehören Kaiman-Fütterungen), andererseits ist es auch ziemlich komfortabel. Sie liegt auf einem 70 km² großen Gelände und erfreut sich bei deutschen Urlaubern und Vogelbeobachtern großer Beliebtheit. Der Pool ist wunderbar,

UNTERWEGS AUF DER TRANSPANTANEIRA

1973 beschloss die Regierung, eine Straße durch das Pantanal von Cuiabá nach Corumbá zu bauen. Nachdem man bis nach Porto Jofre, 145 km hinter Poconé, vorgedrungen war, traf man die kluge Entscheidung, die Arbeiten zu stoppen und darüber nachzudenken, ob es wirklich so sinnvoll ist, eine Straße durch ein Gebiet zu legen, das sechs Monate im Jahr unter Wasser steht. Das Ergebnis – oder das Überbleibsel – ist die Transpantaneira, eine erhöhte, unbefestigte Straße, die tief ins Pantanal hineinführt. Um sie herum leben viele wilde Tiere – typischerweise sieht man *jacarés* (Kaimane), Wasserschweine und viele Vögel. Verlässt man die Transpantaneira und fährt auf eine der Farmen, wird die eindrucksvolle Fauna noch vielfältiger. Es gibt mehrere Unterkünfte entlang der Transpantaneira, die alle Reit-, Wander- und Bootsausflüge anbieten (siehe S. 458).

Von Cuiabá aus sollte man gegen 4 Uhr aufbrechen. So erreicht man die Transpantaneira bei Sonnenaufgang, wenn die ersten Tiere munter werden. Zwar beginnt die Straße offiziell in Poconé, doch die meisten betrachten das Holzschild und die Wachstation 17 km südlich der Stadt als den eigentlichen Beginn der Transpantaneira. Nicht vergessen, in Poconé vollzutanken, auch wenn eine Tankfüllung für die Fahrt nach Porto Jofre und zurück eigentlich ausreichen sollte. Es gibt zwar eine Tankstelle beim Hotel Porto Jofre, diese steht jedoch nur Gästen zur Verfügung und die Benzinpreise sind doppelt so teuer als sonst.

Auf der Fahrt Richtung Süden wird es nicht lange dauern, bis man auf seinem Weg über eine der 125 kleinen Holzbrücken und um kraterähnliche Schlaglöcher herum den ersten Kaiman oder Ara sichtet. Etwa bei Kilometer 18 kommt man an einer interessant geschnitzten Statue von Sào Francisco vorbei, dem Schutzpatron der Ökologie. Sie wurde vor einigen Jahren von einem Priester aus Poconé aufgestellt. Bei Kilometer 32 steht die kleine Bar Barara, in der man sich mit einem Bier und einer *galinhada* (Hühnchenfleisch mit Reis) oder einem gebratenen Fisch stärken kann. Außerdem werden hier Tickets für den Aussichtsturm neben der **Pousada Araras Eco Lodge** (15 R$/Pers.) verkauft, ein echtes kleines Highlight, wenn man sich eine Übernachtung in der Lodge nicht leisten kann.

Bei Kilometer 65 endet das Stromnetz, auf den nächsten 40 km wird Elektrizität durch Solarenergie und Generatoren erzeugt. Nach Kilometer 105 verändert sich die Landschaft, die Vegetation wird dichter und wirkt insgesamt wilder. Nun befindet man sich im Revier der Jaguare, tief im Pantanal. Selbst wenn man keine der Raubkatzen zu Gesicht bekommen sollte, wird man spätestens dann für seine Anstrengungen belohnt, wenn man das wunderschöne, weitläufige und offene Gebiet des Campo do Jofre erreicht, unmittelbar nördlich von Porto Jofre. Hier ist die Tierwelt so vielfältig, dass die Kamera-Akkus schon nach wenigen Kilometern leer sind.

Am besten plant man seine Fahrt unter der Woche, dann gibt es weniger Verkehr und damit auch weniger aufgewirbelten Staub. Am Ende der Straße angekommen gibt es dann schließlich gigantische Seerosen zu sehen, die einen an typische Fotos von Amazonien erinnern. Sie bedecken zu Hunderten den Teich hinter dem Hotel Porto Jofre, draußen an dem kleinen Holzsteg hinter dem Swimmingpool.

In Cuiabá gibt es direkt außerhalb des Flughafengeländes Autovermietungen, die oft preiswerter sind als die Anbieter direkt im Flughafengebäude. In der Trockenzeit und soweit es nicht vor kurzem geregnet hat, sind ein Fiat Uno oder VW Gol bestens für eine Fahrt auf der Transpantaneira geeignet. Und außerhalb der Trockenzeit ist die Straße sowieso nicht befahrbar.

---

ebenso die Bootsausflüge bei Sonnenuntergang. Angeboten werden außerdem Ausritte, Wanderungen und Nachtsafaris.

Pousada Araras Eco Lodge (☎ 0xx65-3682 2800; www.araraslodge.com.br; Transpantaneira Km 32; EZ/DZ 250/330 R$; 🅿 🖵 🞣) Die alteingesessene Lodge hat den größten Komfort und Luxus an der Transpantaneira zu bieten. Die Zimmer haben hübsche Tagesdecken mit traditionellen Motiven sowie schöne, durch Bambusvorhän-

ge voneinander getrennte Patios mit Hängematten. Von einem Hochsitz aus kann man Vögel wie Hyazinth-Aras beobachten, an der Rezeption ist eine umfassende Liste mit den hier lebenden Vogelarten erhältlich. Was das Essen betrifft, stammen die meisten Zutaten aus eigenem Anbau. Es gibt noch eine preiswertere, rustikalere Lodge namens Passo da Ema, 4 km weiter im Inneren der Anlage, die auf Ausritte spezialisiert ist.

PORTO JOFRE

Die Transpantaneira endet bei Porto Jofre am Rio Cuiabá. Der winzige Ort besteht genau genommen nur aus einem Hotel.

Hotel Porto Jofre Pantanal Norte (☎ 0xx65-3637 1593; Transpantaneira Km145; www.portojofre.com.br; EZ/DZ 329/556 R$; ⊙ März–Okt.; ⊠ 🖳 🖳) Das einzige Hotel am Ende der Straße richtet sich hauptsächlich an Sportangler, die teure Pauschalreisen buchen. Zur Anlage gehören ein kleiner Flugplatz, ein nettes Restaurant und ein Bootshafen, an dem 3,6 m lange Boote mit 115 PS für 1100 R$ pro Tag für bis zu vier Personen vermietet werden.

Mato Grosso do Sul

Im Süden kommt man über die Städte Corumbá, Campo Grande, Aquidauana und Miranda ins Pantanal, wobei die meisten Backpacker die Route über Campo Grande (s. S. 464) oder Corumbá (s. S. 466) wählen. Aquidauana und Miranda wiederum sind bei brasilianischen Anglern und Reisenden mit gehobeneren Ansprüchen beliebt.

Die preiswerteren Tourveranstalter in Mato Grosso do Sul bieten alle ähnliche Pauschaltrips in Camps entlang der Estrada Parque an, einer 117 km langen, durch die Region verlaufenden, unbefestigten Straße, die auch als Nhecolândia bekannt ist. Die Estrada Parque liegt eigentlich näher an Corumbá als an Campo Grande, wenn man aber nicht aus Bolivien kommt bzw. dorthin reist, lohnt es sich kaum, den Weg nach Corumbá auf sich zu nehmen, um an einer Tour teilzunehmen. Die meisten Agenturen in Corumbá haben auch Büros in Campo Grande, das als Verkehrsknotenpunkt besser an andere Regionen Brasiliens angeschlossen ist. Wenn man nach Bonito reisen möchte, fährt man am besten zuerst ins Pantanal, denn die Touren enden in Buraco das Piranhas, das wiederum näher an Bonito als an Campo Grande liegt.

Die regionale Regierung hat 2009 endlich auf den öffentlichen Druck reagiert und ist hart gegen Pousadas und Camps im südlichen Pantanal vorgegangen, die keine Konzessionen hatten. Viele davon hielten sich nicht einmal an die grundlegendsten umwelttechnischen Vorgaben, die in geschützten Gebieten gelten. Obwohl sich diese Maßnahmen zunächst negativ auf den lokalen Tourismus ausgewirkt haben, sind die Langzeitfolgen für die Umwelt und auch den Tourismus vielversprechend. Im Folgenden sind nur lizensierte Einrichtungen aufgeführt. Diese sind auch auf der Pantanal-Karte (S. 454) eingezeichnet.

RUND UM AQUIDAUANA

In dieser Gegend gibt es mehrere ausgezeichnete *fazendas* der Luxusklasse.

LP Tipp **Fazenda Santa Sophia** (☎ 0xx67-9648 9352; www.fazendasantasophia.com.br; EZ/DZ inkl. Verpflegung & Exkursionen 550/950 R$; ⊙ Mai–Okt.) Die wunderschöne, 3400 km² große Rinder- und Pferderanch gehört in vierter Generation der Pantaneira Beatriz Rondon und ist auf Pferdefreunde mit gehobenen Ansprüchen ausgerichtet. Gäste werden wie Familienmitglieder behandelt und das Essen, besonders der *pudim de quejo* (Flan), ist äußerst köstlich. Die Anreise ist nur per Flugzeug möglich.

Refúgio Ecológico Caiman (☎ 0xx11-3706 1800; www.caiman.com.br; EZ/DZ inkl. Verpflegung & 3 Exkursionen 900/950 R$; ⊠ 🖳 🖳) Die 520 km² große *fazenda* 36 km nördlich von Miranda ist ein Pionier auf dem Gebiet des Ökotourismus und zugleich ein kleines Stück exklusives Pantanal für einige wenige Privilegierte. Zur Auswahl stehen drei Lodges: Sede, die Haupt- und gleichzeitig luxuriöseste Lodge, Cordilheiro, die abgelegenste und rustikalste mit einem großen Aussichtsturm, und die etwas verspieltere Baiazinha mit der schönsten Poolterrasse und der besten Lage zur Beobachtung von Jaguaren. Auf dem Grundstück leben schätzungsweise 40 Jaguare und 300 Aras. Touren werden von mehrsprachigen Guides geleitet, die auf der *fazenda* leben. Im Preis enthalten sind Vollpension und zahlreiche Aktivitäten, von Kanutouren bis hin zu Ausritten. In der Hochsaison muss man hier mindestens drei Nächte buchen.

ESTRADA PARQUE

Die Estrada Parque zweigt von der Hauptstraße zwischen Campo Grande und Corumbá (Hwy BR-262) ab, und zwar bei Buraco das Piranhas 72 km vor Corumbá und 324 km hinter Campo Grande. Das erste Stück der Estrada Parque führt 47 km in das Pantanal hinein, ehe sie dann einen Bogen schlägt und wieder auf Corumbá zuführt. Bei Porto da Manga bringt ein Lastkahn Fahrzeuge über den Rio Paraguai (20 R$), bevor die Estrada Parque bei Lampião Aceso etwa 12 km vor Corumbá wieder den Hwy BR-262 erreicht.

Um zur Estrada Parque zu gelangen, kann man den Bus von Campo Grande nach Corumbá nehmen und mit den Betreibern der jeweiligen Lodge vereinbaren, einen gegen eine kleine Gebühr beim Wachtposten Posto Florestal an der Kreuzung Buraco das Piranhas abzuholen. Bei Passo do Lontra, 7 km hinter Buraco das Piranhas, überquert man den Rio Miranda. Von dort bis zur Curva do Leque gibt es viele Unterkünfte.

Hotel Fazenda Santa Clara (☎ 0xx67-3384 0583; www.pantanalsantaclara.com.br; Camping inkl. Verpflegung 60 R$/Pers., Apt. inkl. Verpflegung 150 R$/Pers.) Das neu eröffnete, erhöht gelegene Campinggelände am Rio Abobral ist bestens für Abenteuerlustige geeignet, die Lodge ist komfortabler und bietet das beste Preis-Leistungs-Verhältnis im Süden des Pantanal. Bucht man für ein paar Reais mehr das Pauschalangebot für drei Tage, kommt man in den Genuss des dreifachen Komforts.

Pousada Passo do Lontra (☎ 0xx67-3231 9494; www.pousadapassodolontra.com.br, portugiesisch; EZ-/DZ-Apt. inkl. Verpflegung 165/187 R$, EZ/DZ in Chalets inkl. Verpflegung 300/340 R$; 🐾) Eine komfortable Anlage mit geräumigen *apartamentos* (Zimmern mit Bädern) und Chalets am Flussufer. Im Zentrum stehen Safaris am Rio Miranda entlang.

AN- & WEITERREISE

Von Cuiabá aus, der Hauptstadt von Mato Grosso, kommt man über drei Startpunkte ins Pantanal, nämlich über Cáceres, Barão de Melgaço oder Poconé. Letztere wird von Tourveranstaltern am häufigsten genutzt.

Campo Grande, die Hauptstadt von Mato Grosso do Sul, ist ein wichtiger Verkehrsknotenpunkt. Corumbá wiederum ist am besten mit dem Bus von Campo Grande aus zu erreichen. Die Straße von Campo Grande nach Corumbá führt über Aquidauana und Miranda, wobei auf einem Teil der Strecke der Pantanal-Express (S. 465) unterwegs ist. Weitere Infos zu den Verkehrsverbindungen finden sich in den jeweiligen Städtekapiteln.

Von Brasília aus gibt's Direktflüge nach Cuiabá und Campo Grande sowie Anschlussflüge ab Rio und São Paulo. TAM ist die einzige größere brasilianische Fluglinie, die Corumbá mit anderen Landeshauptstädten verbindet, u. a. mit Campo Grande und São Paulo.

UNTERWEGS VOR ORT

Nur wenige Straßen führen in das Gebiet rund ums Pantanal; nach Regenfällen sind sie häufig gesperrt und müssen zudem jährlich erneuert werden. Da es Unterkünfte, Essen und Trinken nur in den Lodges gibt und das Angebot an öffentlichen Verkehrsmitteln eher

dürftig ist, ist es hier recht schwierig, auf eigene Faust zu reisen. Ein Mietauto ist nur in der Trockenzeit eine Option, es sei denn, man verfügt über ausreichend Erfahrung im Fahren auf unwegsamem Gelände. Nur die Transpantaneira in Mato Grosso und die Estrada Parque in Mato Grosso do Sul führen tief in das Gebiet hinein. Wer sich viel Stress ersparen möchte, hält sich am besten an einen Tourveranstalter oder vereinbart vorab einen Abholservice mit der jeweiligen Lodge.

MATO GROSSO DO SUL

Mato Grosso do Sul wurde 1979 geschaffen, als die Militärregierung befand, dies wäre der beste Weg, um eine so große Region zu verwalten und zu entwickeln (Zyniker meinten, es ging darum, mehr gut bezahlte Verwaltungsstellen für Mitläufer des Regimes zu schaffen.) Doch schon vor der Trennung unterschied sich das Gebiet in wirtschaftlicher und sozialer Hinsicht vom nördlichen Mato Grosso.

Im späten 19. Jh. kamen viele Einwanderer aus dem Süden und Südosten Brasiliens in die Region, weshalb es im Süden eine größere Zahl kleiner Farmen und eine viel intensivere Landwirtschaft gibt als im Norden, der von großen Farmen und Ranches geprägt ist. Dies verdankt die Region der fruchtbaren roten Erde, der *terra rocha*.

Der Wohlstand, den die *terra rocha* schuf, hat zur Entwicklung des modernen landwirtschaftlichen Sektors in Mato Grosso do Sul beigetragen. Vor allem wird Soja angebaut, daneben aber auch viel Weizen, Reis und Baumwolle; außerdem gibt's Rinderfarmen. Der Bundesstaat umfasst zudem zwei Drittel des Pantanal und der Serra da Bocaina, zwei wunderbare Naturgebiete, die bei Travellern aus Brasilien wie aus dem Ausland beliebt sind.

CAMPO GRANDE
☎ 0xx67 / 760 000 Ew.

Das nicht wegen seiner schönen Frauen, sondern wegen der roten Erde als Cidade Morena bekannte Campo Grande ist die Hauptstadt von Mato Grosso do Sul – eine moderne Stadt, die zu einem wichtigen Tor in den Pantanal geworden ist. Mangan, Reis, Soja und Rinder sind die traditionellen Quellen des Wohlstands, aber auch der Bildungssektor (es gibt vier Universitäten in der Stadt), der Handel und der Tourismus sind

MATO GROSSO & MATO GROSSO DO SUL

Wachstumsbranchen. Campo Grande liegt 716 km südlich von Cuiabá und 403 km südöstlich von Corumbá. In der Stadt selbst gibt es zwar nicht viel zu sehen, doch geht's hier – besonders nachts – recht munter zu.

Campo Grande wurde um 1875 als das Dorf Santo Antônio de Campo Grande gegründet, das Wachstum begann mit der 1914 eröffneten Eisenbahnstrecke. Durch ein Dekret des Militärmachthabers Präsident Ernesto Geisel wurde die Stadt 1977 zur Hauptstadt des von Mato Grosso abgetrennten neuen Bundesstaats Mato Grosso do Sul.

Orientierung

Die Innenstadt von Campo Grande ist übersichtlich und leicht zu Fuß zu erkunden. Der Hauptboulevard, die Av Afonso Pena, verläuft von Osten nach Westen. Weiter Richtung Westen wird er dann zur Av Duque de Caxias und dann zum Hwy BR-262, der am Flughafen (7 km entfernt) vorbei und weiter nach Corumbá führt. In östlicher Richtung verläuft die Straße am Shopping Campo Grande und Parque das Nações Indígenas vorbei. Das Zentrum der Stadt ist rasterähnlich an-

gelegt, wobei sich das Einkaufsgebiet auf die Gegend rund um die Afonso Pena zwischen der Av Calógeras und der Rua 14 de Julho konzentriert.

Praktische Informationen

GELD
Banco do Brasil (Av Afonso Pena 2202; Mo–Fr 11–16 Uhr) Bankautomat für Visa und MasterCard sowie Devisentausch.
Bradesco (Av Afonso Pena 1828; Mo–Fr 11–16 Uhr) Bankautomat für Visa und MasterCard.

INTERNETZUGANG
Matrix Cyber Café (☎ 3029 6706; Av Calógeras 2069; 2,50 R$/Std.; Mo–Sa 7.30–22 Uhr)

MEDIZINISCHE VERSORGUNG
Clínica Campo Grande (☎ 3323 9000; Rua Marechal Rondon 1703)
Santa Casa (☎ 3322 4000; Rua 13 de Mayo s/n)

NOTFALL
Ambulanz (☎ 192)
Feuerwehr (☎ 193)
Polizei (☎ 190)

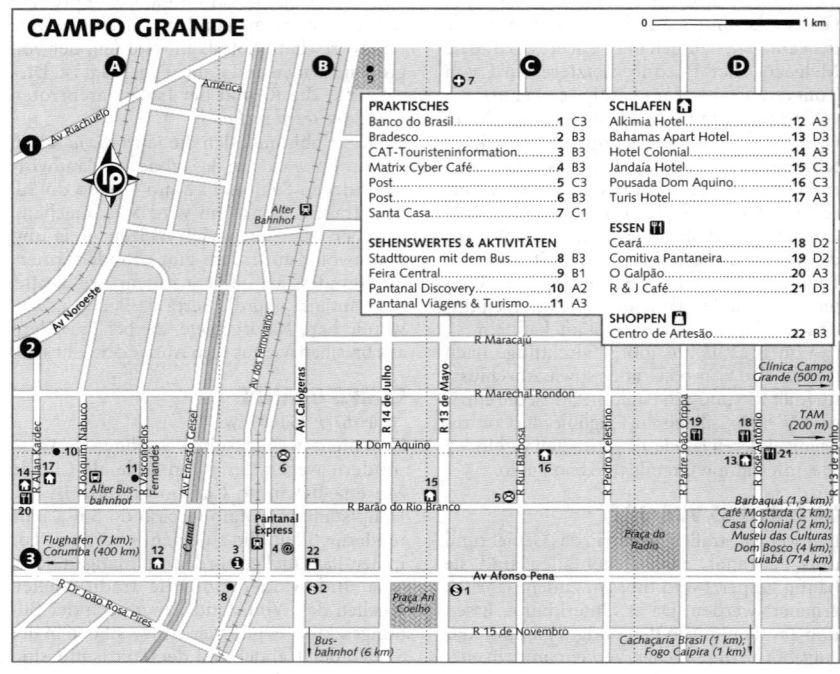

CAMPO GRANDE

0 ————— 1 km

PRAKTISCHES	
Banco do Brasil.......................1 C3	
Bradesco.................................2 B3	
CAT-Touristeninformation.........3 B3	
Matrix Cyber Café....................4 B3	
Post..5 C3	
Post..6 B3	
Santa Casa...............................7 C1	

SEHENSWERTES & AKTIVITÄTEN	
Stadttouren mit dem Bus............8 B3	
Feira Central............................9 B1	
Pantanal Discovery...................10 A2	
Pantanal Viagens & Turismo......11 A3	

SCHLAFEN	
Alkimia Hotel...........................12 A3	
Bahamas Apart Hotel................13 D3	
Hotel Colonial..........................14 A3	
Jandaía Hotel...........................15 C3	
Pousada Dom Aquino................16 C3	
Turis Hotel...............................17 A3	

ESSEN	
Ceará.......................................18 D2	
Comitiva Pantaneira.................19 D2	
O Galpão..................................20 A3	
R & J Café................................21 D3	

SHOPPEN	
Centro de Artesão....................22 B3	

POST

Postamt (Ecke Av Calógeras & Rua Dom Aquino; Mo–Fr 8–17, Sa 8–12 Uhr)

Post (Ecke Rua Barão do Rio Branco & Rua Rui Barbosa)

TOURISTENINFORMATION

Die **CAT-Touristeninformation** (3314 9968; Av Afonso Pena; Di–Sa 8–18, So 9–12 Uhr) ist die beste der Region und zusammen mit einem Museum, das der Künstlerin Lidia Bais gewidmet ist, in einem großen, senffarbenen Kolonialbau, dem Morada dos Bais, untergebracht. Zum Service gehören freundliches Personal (die meisten sind Touristikstudenten), ein exzellenter Stadtplan und eine umfangreiche Datenbank mit Informationen zu Hotels und Sehenswürdigkeiten im ganzen Bundesstaat. Es gibt noch kleinere Infobüros am Busbahnhof (3314 2350), Flughafen (3314 3116) und an der Feira Central (3314 3872).

Sehenswertes

Das **Museu das Culturas Dom Bosco** (Parque das Nações Indígenas; Erw./Kind 5/2,50 R$; Di–So 8–18 Uhr) ist von seinem alten Standort im Zentrum einige Kilometer weiter in ein für 2 Mio. R$ neu errichtetes Gebäude des italienischen Architekten Massimo Chiappetta umgezogen. Der 3400 m² große Neubau beherbergt eine ausgezeichnete Sammlung von mehr als 10 000 Insekten. Zudem gibt's eine schöne, neue Ausstellung mit Kopfschmuck der Bororo und weiteren Artefakten der Moro, Karajá und Xavante.

Lohnenswert ist auch ein Bummel über die **Feira Central** (3324 8129; Ecke Av Calógeras & Rua 14 de Julho; Mi, Fr & Sa 17 Uhr–open end, So 10 Uhr–open end), einen riesigen Lebensmittel- und Einkaufsmarkt unter freiem Himmel mit japanischen *sobá*-Nudelständen (S. 464) sowie vielen weiteren Essens- und Verkaufsständen. Am Wochenende sind hier viele Feierlustige unterwegs.

Geführte Touren

Regelmäßig finden **Stadttouren mit dem Bus** (3321 0800; www.campograndecvb.com.br, portugiesisch; Av Aníbal de Toledo 1895; Tickets 12 R$; Di–So) statt, die an 42 verschiedenen Sehenswürdigkeiten vorbeiführen. Treffpunkt ist vor dem CAT-Büro. Infos zu Touren ins Pantanal gibt's auf S. 456.

Schlafen

Die Gegend rund um den alten Busbahnhof ist recht zwielichtig, so wird sie von jeder Menge Kleinkrimineller und Prostituierter bevölkert.

Turis Hotel (3382 2461; Rua Allan Kardec 200; EZ/DZ 55/88 R$;) Die ausgezeichnete Unterkunft ist modern und minimalistisch und damit entschieden zu trendy für ihre Lage.

Alkimia Hotel (3324 2621; Av Afonso Pena 1413; EZ/DZ-Apt. 60/80 R$;) Das recht neue Hotel ist nur zwei Blocks vom alten Busbahnhof entfernt in einer etwas sichereren Gegend. Die Zimmer sind makellos, die Badezimmer geräumig und bei Barzahlung gibt's Rabatt.

Hotel Colonial (3382 6061; Rua Allan Kardec 211; EZ/DZ-Apt. ohne Klimaanlage 56/80 R$, mit Klimaanlage 68/100 R$;) Die Zimmer sind zwar recht trostlos, das macht aber das grandiose Frühstück mehr als wett. Außerdem darf man den Pool im dazugehörigen, gehobeneren Hotel Internacional nebenan mitbenutzen.

Pousada Dom Aquino (3382 3303; pousada_dom_aquino@hotmail.com; Rua Dom Aquino 1806; EZ/DZ-Apt. 69/98 R$;) Die wunderbare Pousada ist eine echte Entspannungsoase mitten in der Stadt und hat darüber hinaus eine Toplage. Das Personal ist sehr freundlich und es gibt sogar internationales Kabel-TV. Man sollte im Voraus reservieren.

Jandaía Hotel (3316 7700; www.jandaia.com.br; Rua Barão do Rio Branco 1271; EZ/DZ 172/220 R$;) Das gehobene Businesshotel hat elegante Zimmer, Marmorböden und zwei anständige Restaurants. Das Personal spricht Englisch.

LP Tipp **Bahamas Apart Hotel** (3303 9393; www.bahamasaparthotel.com.br, portugiesisch; Rua José Antônio 1117; EZ/DZ-Apt. 174/226 R$;) Das schicke Hochhaushotel hat riesige, zweistöckige *apartamentos* mit Einbauküche, Wohn- und Essbereich sowie einer kleinen Terrasse zu bieten. Hier gibt's für den Preis den bei Weitem größten Luxus in der Stadt.

Essen & Ausgehen

In der Stadt findet man einige kulinarische Kreationen, die von der paraguayischen Küche beeinflusst sind. *Sopa Paraguaia*, ein herzhafter Kuchen aus Eiern, Getreide, Milch, Käse und Zwiebeln ist sehr beliebt, ebenso *tereré*, ein kalter und erfrischender Matetee. Sonntagabends ist es schwer, ein Restaurant zu finden, da die meisten geschlossen sind.

R & J Café (3025 6020; www.buffetromeuejulieta.com.br, portugiesisch; Rua Dom Aquino 2350; Gerichte 8,90–12,90 R$) In dem schicken Bistro kommen erstklassige, innovative Mittagsmenüs zu unerklärlich günstigen Preisen auf den Tisch.

CAMPO SOBÁ

Was hat es nur mit der Begeisterung für japanische *sobá*-Nudeln in Campo Grande auf sich? Die Erklärung ist einfach: Mit dem Zustrom japanischer Einwanderer aus Okinawa zu Beginn des 20. Jhs. hat die Leckerei ihren Weg auf den hiesigen Speiseplan gefunden. Heute zählt Campo Grande übrigens nach São Paulo und Paraná die drittgrößte japanische Bevölkerungsgruppe in Brasilien und so sind *sobás* hier fast so beliebt wie Globo-Seifenopern. Bei der Okinawa-Version des Gerichts werden die Nudeln aus Mehl statt aus Buchweizen zubereitet. Serviert werden sie in einer heißen Brühe mit Schweinefleisch und verschiedenen anderen Zutaten. In Campo Grande gibt's zudem brasilianische Varianten, wobei das Schweinefleisch durch Filet Mignon ersetzt und mit *carne de sol* (gepökeltem Rindfleisch) in Tapioca-Pfannkuchen serviert wird. Die beste Anlaufstelle, um *sobá* zu probieren, ist die Feira Central (S. 463) mit ihren vielen *sobárias*. Also: einfach losschlürfen, schließlich ist etwas Abwechslung von Reis und Bohnen durchaus ganz angenehm.

Zudem gibt es eine fantastische Auswahl an verschiedenen Desserts.

O Galpão (☎ 3382 6108; Rua Allan Kardec; Gerichte 12,90 R$) In dem zentral gelegenen Lokal gibt's All-You-Can-Eat zu günstigen Preisen. Zudem ist es sonntags geöffnet.

Fogo Caipira (☎ 3324 1641; Rua José Antônio 145; Gerichte 22–70 R$; ⏰ Do–Fr 11–14 & 19–23, Sa 11–24, So 11–16 Uhr) Die besten Gerichte in diesem Restaurant, einer regelrechten Institution in der Region, müssen vorbestellt werden, z. B. *galinhada* (Hühncheneintopf, 6 Std.) oder *pacu recheado* (ein leckerer, mit Maniok und Gewürzen gefüllter Fisch, 3 Std.). Das Essen ist zwar teuer, aber sein Geld wert, zudem speist man im einzigen Sterne-Restaurant der Stadt.

Comitiva Pantaneira (☎ 3383 8799; www.comitiva pantaneira.com.br, portugiesisch; Rua Dom Aquino 2221; Gerichte 28,90 R$/kg; ⏰ Mo–Fr 11–14, Sa & So bis 15 Uhr) In dem weitläufigen Lokal wird die ausgezeichnete, rustikale Pantaneira-Küche nach Gewicht berechnet. Bei Einheimischen beliebt.

Ceará (☎ 3321 3927; Rua Dom Aquino 2249; Gerichte für 2 Pers. 31–42 R$; ⏰ Di–Fr 11.30–14.30 & 18.30–23, Sa 11–15 & 18.30–23, So 11–15 Uhr) Eines der besten *peixarias* (Fischrestaurants) der Stadt. Der *pintado* in Tomatensugo mit Bananen und *mandioca* (Maniok) ist ein echter kulinarischer Leckerbissen.

Unterhaltung

Campo Grandes Nachtleben kennt keine Pause, insbesondere rund um den Block 3900 der Av Afonso Pena östlich der Innenstadt, wo sich jede Menge angesagter Bars befinden.

Barbaquá (☎ 3321 8576; Av Afonso Pena 3900; ⏰ Mo–Sa 18 Uhr–open end) Die wunderschöne Bar mit Kerzenbeleuchtung ist in einem restaurierten Gebäude voller Kunstwerke aus der Region untergebracht. Die intime Atmosphäre, die allabendlichen Jazz- und MPB-Konzerte und der köstliche *tereré* ziehen eine Künstlerklientel an

Cachaçaria Brasil (☎ 3313 6731; www.cachacariabra silms.com.br, portugiesisch; Rua José Antônio 194; ⏰ Mo–Sa 17 Uhr–2 Uhr) Samba, über 100 verschiedene *cachaça*-Sorten und Fußball-Liveübertragungen machen die neue Bar zu einem beliebten Treffpunkt von Jung und Alt. Schließlich bietet sie mit ihrer Strandatmosphäre samt Bambusdeko, der großenSpeise- und Getränkekarte, den Billardtischen und der allabendlichen Livemusik für jeden Geschmack etwas.

Casa Colonial (☎ 3383 1633; www.casacolonial.com. br, portugiesisch; Av Afonso Pena 3997; ⏰ Mo–Sa 18.30–24, So 13–15 Uhr) In der edlen Bar mit der mittelalterlich-romantischen Atmosphäre sticht sofort der für Gäste zugängliche Weinkeller ins Auge.

Café Mostarda (☎ 3301 9990; www.cafemostarda.com. br, portugiesisch; Av Afonso Pena 3952; ⏰ Mi–Mo 18 Uhr–open end) Die angesagte Open-Air-Bar in der Av Afonso Pena ist ein beliebter Treffpunkt der Reichen und Schönen. Abends wird Livemusik gespielt.

Shoppen

Centro de Artesão (☎ 3383 2633; Av Calógeras 2050; ⏰ Mo–Fr 8–18, Sa bis 12 Uhr) Zum Angebot gehören farbenprächtige indigene Keramik, Kunsthandwerk aus Holz, sakrale Kunst und Likör aus der Region.

Anreise & Unterwegs vor Ort
BUS

Der schicke, neue **Busbahnhof** (☎ 3026 6789; Av Gury Marques 1215) von Campo Grande liegt 6 km außerhalb der Stadt an der Straße nach São Paulo. Die Stadtbusse 061, 085, 087, 162, 165 und 189 fahren von hier aus ins Zentrum,

Taxis verlangen für die Strecke 20 R$. Regelmäßig verkehren Busse nach Corumbá (72 R$, 6 Std., 11-mal tgl.), einer davon als Direktverbindung. Die restlichen Busse nach Corumbá halten unterwegs in Miranda und Aquidauana und lassen einen bei Bedarf an der Kreuzung mit der Estrada Parque aussteigen.

Regelmäßig fahren Busse nach Cuiabá (84,20 R$, 10 Std., 9-mal tgl.), zudem gibt's Verbindungen nach Bonito (53 R$, 5 Std., 7-mal tgl.) sowie Ponta Porã (45 R$, 4 Std., stündl.) an der paraguayischen Grenze. Darüber hinaus verkehren Busse nach São Paulo (150 R$, 15 Std., 5-mal tgl.), Rio de Janeiro (226 R$, 23 Std., 4-mal tgl.), Brasília (180 R$, 16 Std., 2-mal tgl.) und Foz do Iguaçu (97 R$, 14 Std., 6-mal tgl.).

FLUGZEUG

Es gibt tägliche Flugverbindungen zwischen Campo Grande und São Paulo (400 R$), Cuiabá (327 R$), Corumbá (205 R$), Rio (498 R$), Brasília (444 R$) sowie Porto Velho (674 R$). Weitere Informationen bekommt man telefonisch bei **TAM** (☎ 3312 9500), **Gol** (☎ 3368 6128) oder **Trip** (☎ 3368 6136).

Der **Aeroporto Internacional de Campo Grande** (☎ 3368 6000; Av Duque de Caixas) liegt 7 km außerhalb der Stadt. Vom Busbahnhof aus fährt der Indubrasil-Bus hierher (2,10 R$, alle 30 Min.). Um vom Flughafen mit dem Bus ins Zentrum zu gelangen, verlässt man das Flughafengebäude und läuft zur Bushaltestelle an der Hauptstraße. Ein Taxi kostet 22 R$.

ZUG

Der **Pantanal-Express** (☎ 3888 3488; www.pantanalexpress.com, portugiesisch; Ecke Av dos Ferroviarios & Av Afonso Pena) ist zwischen Campo Grande und Miranda (77 R$, 11 Std.) unterwegs, wobei er in Aquidauana (61 R$, 5 Std.) Station macht. Er fährt in Campo Grande samstagmorgens um 7.30 Uhr los, zurück geht's dann sonntags um 8.30 Uhr in Miranda, wobei mittags ein längerer Zwischenstopp in Aquidauana eingelegt wird. Der Express ist eine zwar nicht sonderlich schnelle, dafür aber malerische Art und Weise, durch das Gebiet zu reisen.

CORUMBÁ

☎ 0xx67 / 99 000 Ew.

Die alte Hafenstadt Corumbá liegt nahe der bolivianischen Grenze und stellt den südlichsten Zugang ins Pantanal dar. Sie ist auch als Cidade Branca ("weiße Stadt") bekannt, liegt 403 Straßenkilometer nordwestlich von Campo Grande und thront auf einem steilen Hügel über dem Rio Paraguai. Auf der anderen Seite des Ufers erstreckt sich ein Teil des Pantanal bis zum Horizont.

Die Stadt wurde 1776 von Hauptmann Luis de Albuquerque gegründet. Bis 1840 hatte sich hier der weltweit größte an einem Fluss gelegene Binnenhafen entwickelt und rund ein Dutzend ausländischer Konsulate hatten hier ihren Sitz. Die eindrucksvollen Gebäude am Ufer spiegeln die Zeit des Wohlstands wider, die die Stadt im 19. Jh. prägte. Mit dem Bau des Eisenbahnnetzes verlor Corumbá schließlich seine Bedeutung als Hafenstadt und der allmähliche Niedergang war nicht mehr aufzuhalten.

Das verschlafene Städtchen erwacht einmal im Jahr zum Leben – nämlich an einem langen Wochenende Mitte Februar, zu den größten **Karnevalsfeierlichkeiten** (www.carnavaldecorumba.com. br) der Region. Die Tradition fand ihren Weg in die Stadt durch größtenteils aus Rio stammende Marineoffiziere, die hier stationiert worden waren, und damit für Stimmung sorgen wollten.

Orientierung & Praktische Informationen

Die Stadt ist in zwei Teile geteilt; in der oberen Stadthälfte befindet sich ein Großteil der Geschäfte, in der unteren der Hafen. Die Straßen sind rasterförmig angelegt, so fällt die Orientierung nicht schwer.

EINREISE

Zurzeit müssen alle brasilianischen Grenzformalitäten (inkl. Einreise- und Ausreisestempel) im Büro der **Bundespolizei** (☎ 3231 0173; ⏰ Mo–Fr 8–12 & 14–16, Sa & So 14–17 Uhr) beim Fernbusbahnhof erledigt werden. Die bolivianischen Ein- und Ausreiseformalitäten können alle an der Grenzstelle durchgeführt werden. Man darf nur mit einem aktuellen Nachweis über eine Gelbfieberimpfung nach Bolivien einreisen, man sollte sich also im Voraus darum kümmern.

An der Grenze kann man nur Bargeld wechseln, neben Reais werden auch US-Dollar getauscht.

GELD

Einige Ladeninhaber auf der Rua 13 de Junho tauschen unter der Hand Reais, US-Dollar, Euros und Bolivianos.

CORUMBÁ

0 ─────── 400 m

PRAKTISCHES
Banco do Brasil	1	A2
Bradesco	2	A2
Bundespolizei	3	B2
Hospital Sociedade Beneficência Corumbaense	4	A3
HSBC	5	A1
M@b Cyber	6	B2
Mutum Turismo	7	A3
Pantur	8	A3
Post	9	B1
Setur	10	A2
Tentação	11	B2

SEHENSW. & AKTIVITÄTEN
Art Izu	12	B2
Casa de Artesão	13	B2
Instituto Luiz de Albuquerque	14	A2
Muhpan	15	A1

SCHLAFEN
Corumbá Hostel Internacional	16	A3
Hotel El Dorado	17	B4
Hotel Nacional	18	A3
Hotel Santa Rita	19	A2
Santa Monica Palace	20	B2

ESSEN
Churrascaria Rodeio	21	B2
Gohan Casa do Yakisoba	22	A3
Peixaria do Lulu	23	B2
Vivabella	24	A1

AUSGEHEN
Laço do Ouro	25	A2

TRANSPORT
Bus zur boliv. Grenze	26	A2
Regionalbusbahnhof	27	B2
Regionalbusbahnhof	28	B2

Banco do Brasil (Rua 13 de Junho 914) Die üblichen hohen Gebühren für das Wechseln von Bargeld und Reiseschecks.

Bradesco (Rua Delamare 1067) Geldautomat für Visa und MasterCard.

HSBC (Rua Delamare 1068) Geldautomat für Visa und MasterCard.

Tentação (☎ 3232 4267; Rua 13 de Junho 883; ⏲ Mo–Sa 8–18 Uhr) Devisentausch.

INTERNETZUGANG

Im Internet zu surfen gestaltet sich erstaunlich schwierig, so schließen die meisten Internetcafés schon um 18 Uhr.

M@b Cyber (Rua Antônio Maria Coelho; 2,50 R$/Std.; ⏲ Mo–Sa 8–21 Uhr)

MEDIZINISCHE VERSORGUNG

Hospital Sociedade Beneficência Corumbaense (☎ 3231 2441; Rua 15 de Novembro 854)

NOTFALL

Bundespolizei (☎ 3231 5848; Praça da República 51; ⏲ Mo–Fr 8–11.30 & 13.30–17.30 Uhr) Am Busbahnhof gibt's ein zusätzliches Büro für Einwanderungsangelegenheiten.

POST

Post (Rua Delamare 708; ⏲ Mo–Fr 8.30–17, Sa 8–11.30 Uhr)

REISEBÜROS

Touren in das Pantanal sowie Boots- und Angelausflüge in die Umgebung von Corumbá werden von allen Reisebüros vor Ort sowie nach Absprache auch von den Schifffahrtsbüros entlang der Rua Manoel Cassava organisiert. Zum Angebot gehören außerdem Tagesausflüge nach Bolivien.

Mutum Turismo (☎ 3231 1818; www.mutumturismo.com.br; Rua Frei Mariano 17; ⏲ Mo–Fr 8–18, Sa bis 13 Uhr)

Pantur (☎ 3231 2000; Rua Frei Mariano 1038; ⏲ Mo–Fr 8–18, Sa bis 12 Uhr)

TOURISTENINFORMATION

Setur-Touristeninformation (☎ 3231 2886; www.corumba.com.br, portugiesisch; Rua 15 de Novembro 659B; ⏲ Mo–Fr 7.30–13.30 Uhr) Das Büro des Tourismusministeriums ist in einem hübschen Gebäude aus der Kolonialzeit untergebracht, hat jedoch nur wenig Infomaterial. Es gibt eine Zweigstelle am Flughafen.

Sehenswertes & Aktivitäten

Corumbás großartigste Sehenswürdigkeit ist das Pantanal. Vom höchsten Punkt der Gegend, dem **Morro Urucum** (1100 m) 20 km südlich von Corumbá, erhält man einen ersten Vorgeschmack auf die Region. Ansonsten bietet sich ein Bootsausflug auf dem Rio Paraguai an. Die drei- bis fünfstündigen Touren schließen üblicherweise einen Besuch der **Base Fluvial de Ladário**, Brasiliens ältestem, am Fluss gelegenem Waffendepot aus dem Jahr 1872, mit ein. Bei den längeren Exkursionen steht außerdem ein Zwischenstopp fürs Angeln auf dem Programm. Diese Touren können über jedes Reisebüro gebucht werden und kosten in der Regel etwa 65 R$, wobei eine Mindestteilnehmerzahl von 20 erforderlich ist.

Die neueste Attraktion der Stadt im Uferbereich ist das **Muhpan** (Museu de História do Pantanal; ☎ 3232 0303; www.muhpan.org.br, portugiesisch; Rua Manoel Cassava 275; ☷ Di–Fr 13–17.30 Uhr). Dort erzählen interaktive Ausstellungsstücke die Geschichte der Entstehung des Pantanal und der harten Kampfs, den seine Siedler zu bestehen hatten. Der Bau des Museums ist Teil verschiedener Maßnahmen, die die Hafengegend attraktiver machen sollen. So hofft man, die stockende Tourismusindustrie wiederzubeleben.

Etwas außerhalb der Stadt lohnt die **Casa de Artesão** (Rua Dom Aquino 405; ☷ Mo–Fr 8.30–11 & 13.30–17 Uhr) einen Besuch. Das alte Gefängnis beherbergt nun Künstler statt Kriminelle, die ihr indigenes Kunsthandwerk in den ehemaligen Zellen verkaufen. Das **Art Izu** (Rua Cuiabá 558; ☷ Mo–Fr 7–11 & 13–17 Uhr) ist Wohnsitz eines der bedeutendsten Künstler Corumbás und kaum zu übersehen – die riesigen Vogelskulpturen und die Bronzestatue von São Francisco samt der originellen Straßenpflasterung vor dem Haus stechen sofort ins Auge. Das **Instituto Luiz de Albuquerque** (☎ 231 5757; Praça da República; ☷ Mo–Fr 8–12 & 14–17.30 Uhr) beherbergt das Museu do Pantanal, in dem eine recht interessante Sammlung indigener Artefakte, moderne Kunst aus der Region sowie eine Bibliothek zu besichtigen sind.

Das **Forte de Junqueira** (☎ 3231 5828; Rua Cáceres 425; ☷ 9.30–11 & 14–16.30 Uhr) ist die einzige erhaltene Festung in Stadtnähe und besteht aus einem kleinen, sechseckigen Gebäude mit 50 cm dicken Mauern. Die eigentliche Attraktion ist jedoch der grandiose Blick über den Rio Paraguai und auf das Pantanal am Horizont. Man kommt zu der Festung, indem man der Rua Dom Aquino in östlicher Richtung folgt und am Sportplatz links abbiegt. Hat man das Ufer erreicht, hält man sich etwa weitere zehn Minuten in östlicher Richtung. Eine nicht weiter gekennzeichnete Tür links vom Haupttor ist der Eingang.

Die Christusstatue, die über dem Busbahnhof auf einem Hügel thront, nennt sich **Cristo Rei do Pantanal**.

Canaã Viagens e Turismo hat Angelausflüge im Angebot, weitere Infos gibt's auf S. 458.

Schlafen

Es gibt einige preiswerte Hotels in der Nähe des Fernbusbahnhofs, die sich dann anbieten,

wenn man nur eine Nacht in Corumbá verbringt. Ansonsten gibt's attraktivere Unterkünfte, die näher am Ufer und an den Restaurants und Bars im Zentrum liegen.

Corumbá Hostel Internacional (☎ 3231 1005; www.corumbahostel.com.br; Rua Colombo 1419; B ohne/mit Klimaanlage 30/33 R$, EZ 35/40 R$, DZ 65/75 R$; ☒ ☐ ☒) Das HI-Hostel liegt an einer ruhigen Straße in einer Wohngegend, sieben Blocks vom Fluss entfernt. Die Zimmer sind sauber und geräumig und auch die Bäder können sich sehen lassen. Das Frühstück ist nichts Besonderes, wird aber auf recht edlem Porzellan serviert.

Hotel Santa Rita (☎ 3231 5453; Rua Dom Aquino 860; EZ/DZ 55/90 R$; ☒ ☐) Preiswerte, zentral gelegene Unterkunft, die pragmatischen Ansprüchen absolut genügt, jedoch keinen bleibenden Eindruck hinterlassen wird.

Hotel El Dorado (☎ 3231 6677; www.hotel-eldorado.net; Rua Porto Carreiro 554; EZ/DZ 90/118 R$; ☒) Das gute Hotel gleich um die Ecke vom Busbahnhof hat unterm Strich das beste Preis-Leistungs-Verhältnis der Stadt zu bieten.

Santa Monica Palace (☎ 3234 3000; www.hsantamonica.com.br, portugiesisch; Rua Antônio Maria Coelho 345; EZ/DZ 105/125 R$; ☒ ☐ ☒) Das Hotel ist in einem älteren Gebäude im Zentrum untergebracht und erfreut sich bei Reisegruppen großer Beliebtheit. Bei den kürzlich durchgeführten Modernisierungsmaßnahmen wurden Telefone und Minibars ausgelassen, die dadurch fast wie Museumsstücke wirken.

Hotel Nacional (☎ 3234 6000; www.hnacional.com.br, portugiesisch; Rua América 936; EZ/DZ 126/168 R$; ☒ ☐ ☒) Die Zimmer im gehobensten Hotel der Stadt sind etwas hübscher als es die charakterlosen Flure vermuten lassen.

Essen & Ausgehen

Gohan Casa do Yakisoba (☎ 3232 1040; Rua Frei Mariano 730; Gerichte für 2 Pers. 20–45 R$; ☷ Di–So 18–24 Uhr) Heißhunger auf Pasta? Dann ist man in diesem Lokal, das für seine hausgemachten Nudeln bekannt ist, an der richtigen Adresse. Wer gerade seinen faulen Tag hat, kann sich das Essen auch ins Hotel bringen lassen.

Vivabella (☎ 3231 9464; Rua Arthur Mangabeira 1; Gerichte für 2 Pers. 24–40 R$; ☷ Mo–Sa 17 Uhr–open end) Das Vivabella thront scheinbar gefährlich nahe am Abgrund auf einem Hügel über dem Rio Paraguai. Die Hauptattraktion des kleinen italienischen Barrestaurants ist die Terrasse, die eine wunderschöne Aussicht auf den Sonnenuntergang über dem Pantanal und dem in der Ferne liegenden Bolivien zu bieten hat.

Churrascaria Rodeio (☎ 3231 6477; Rua 13 de Junho 760; Gerichte Mo–Fr 28 R$/kg, Sa & So 35 R$/kg; ☽ 11–16.30 & 19–23 Uhr) Der *rodízio* ist eher durchschnittlich, die Betreiberin ist aber sehr stolz auf ihre 60 verschiedenen Salatkreationen.

Laço do Ouro (☎ 3231 7371; Rua Frei Mariano 556; Gerichte für 2 Pers. 28–52 R$; ☽ 10–2 Uhr) Das gesellige Barrestaurant weiß seine einheimische Klientel mit extragroßen Bier-*garrafas*, die unter freiem Himmel serviert werden, zu erfrischen. An Wochenenden ist hier immer jede Menge los.

Peixaria do Lulu (☎ 3232 7855; Rua Dom Aquino 738; Gerichte für 2 Pers. 35–45 R$; ☽ Mo–Sa 10.30–15 & 18.30–22, So 10.30–15 Uhr) Lulu ist die unumstrittene Nummer eins in Sachen Bratfisch in Corumbá. Von der einfachen Aufmachung sollte man sich nicht täuschen lassen – in dem gut geführten, herzlichen Familienbetrieb kommen erstklassige regionale Fischgerichte auf den Tisch.

An- & Weiterreise

Corumbá ist eine Durchgangsstation für die Ein- und Ausreise von/nach Bolivien. Gleiches gilt, wenn auch mit größeren Schwierigkeiten verbunden, für Paraguay.

BUS

Vom **Fernbusbahnhof** (☎ 3231 2033; Rua Porto Carreiro) aus fahren Busse nach Campo Grande (70 R$, 6½ Std., 9-mal tgl.) und Bonito (57 R$, 7 Std., 1-mal tgl. um 14 Uhr). Ein Taxi ins Zentrum kostet 15 R$, ein Mototaxi ca. 4 R$.

FLUGZEUG

Corumbás **internationaler Flughafen** (☎ 3231 3322) liegt 3 km westlich des Stadtzentrums. **TAM** (☎ 3232 2280) ist gegenwärtig die einzige Fluglinie, die Corumbá anfliegt. Es gibt regelmäßige Flugverbindungen nach Campo Grande (205 R$), São Paulo (504 R$), Brasília (610 R$) sowie in andere größere Städte.

NACH/VON BOLIVIEN

Von der Stadt zur Grenze nimmt man den Fronteira-Bus, der an der Praça Independência und in der Rua Dom Aquino (2 R$, alle 30 Min.) hält. Schneller geht's mit dem Mototaxi für 7 R$. Taxis kosten etwa 20 R$.

In der bolivianischen Grenzstadt Puerto Quijarro gibt es nicht viel zu sehen, wer trotzdem eine Nacht bleiben möchte, kann sein Quartier im tollen, neuen HI-Hostel **Tamengo** (☎ 591 3978 3356; Calle Costa Rica 57) aufschlagen. Die 4 km lange Fahrt zwischen der Grenze und

dem Bahnhof Quijarro – von hier aus fahren Züge nach Santa Cruz in Bolivien – kostet mit dem Taxi rund 10 R$.

Unterwegs vor Ort

Ab der Bushaltestelle vor dem Fernbusbahnhof fährt der Cristo-Redentor-Bus (2 R$) zum **regionalen Busbahnhof** (Rua 13 de Junho). Von hier aus verkehrt der Popular-Nova-Bus zum Flughafen (1,70 R$, alle 50 Min.). Taxis verlangen für die gleiche Strecke üblicherweise 15 R$. Man sollte aber darauf achten, dass das Taxi einen Taxameter hat und falls nicht, einen Preis vereinbaren, denn Touristen werden gerne mal über den Tisch gezogen.

COXIM

☎ 0xx67 / 33 000 Ew.

Coxim ist eine Kleinstadt, die auf halbem Weg zwischen Cuiabá und Campo Grande an der östlichen Grenze des Pantanal liegt. Die Hauptattraktion des Ortes ist das optische Spektakel der Piracema: Fische wandern den Rio Taquari und den Rio Coxim hinauf und springen über Stromschnellen hinweg, um zu ihren Laichgründen zu gelangen. Die Piracema dauert von November bis Ende Februar. Angeln ist während dieser Zeit nicht erlaubt. Wer aber gerade zu der Zeit durchkommt, sollte sich das Spektakel nicht entgehen lassen. Angler sollten dagegen einen Besuch im Zeitraum zwischen August und Oktober planen; da sich inzwischen jedoch das Wanderverhalten der Fische verändert hat, ist es nicht mehr so ergiebig wie früher.

Die Stadt selbst teilt sich in das etwas ältere Uferviertel, in dem immer noch die meiste Action stattfindet, und die bessere Av Virginia Ferreira, die den Hügel hinauf vom Ufer wegführt. Hier finden sich die teureren Grundstücke und die angesagteren Boutiquen und Restaurants. Coxim ist ebenfalls ein Tor in das Pantanal, hat aber nur eine vergleichsweise schlecht entwickelte Infrastruktur für Wildlife-Touren, da sich die meisten Reiseveranstalter auf Angeltouren spezialisiert haben.

Praktische Informationen

Bevor man seine Angel auswirft, muss man eine Genehmigung einholen. Eine drei Monate gültige Genehmigung fürs Angeln vom Boot aus kostet 60 R$, wer nur vom Ufer aus sein Glück versuchen will, zahlt 24 R$. Erhältlich sind die Angelscheine bei der Banco do

Brasil, alternativ kann auch das jeweilige Hotel diese auf Anfrage besorgen.

Banco do Brasil (Rua Antônio de Alberqueque 248; ☺ Mo–Fr 10–15 Uhr)

Bradesco (Rua Filinto Müller 885; ☺ Mo–Fr 11–16 Uhr) Bankautomat für Visa und MasterCard.

Directoria de Turismo e Meio Ambiente (☎ 3291 1143; Ecke Rua Filinto Müller & Rua Antônio de Alberqueque) In der Casa de Artesão.

Hospital (☎ 3291 1398; Av Virginia Ferreira 361) Die Klinik wird bald durch das neue regionale Krankenhaus an der Rua Gasper Coelho ersetzt.

Peixe Viva (☎ 3291 1798; Rua Getúlio Vargas 350; ☺ 6–18 Uhr) Die Anlaufstelle im Zentrum, wenn man Boote oder Angeln mieten oder Köder kaufen will. Außerdem gibt's hier Infos über die Angelgründe der Gegend.

Post (Rua Antônio João 111; ☺ Mo–Fr 8.30–17, Sa 8–11.30 Uhr)

Seven LAN House (Rua Delmira Bandeira 400; Internet 2 R$/Std.; ☺ Mo–Sa 8–22, So 10–22 Uhr)

Schlafen & Essen

Hotel Rio (☎ 3291 1295; Rua Filinto Müller 651; EZ/DZ-Apt. ohne Klimaanlage 25/50 R$, mit Klimaanlage 40/80 R$; ☻) In dem tollen, am Ufer gelegenen Hotel erwarten einen weiße Fußböden, Wände, Bettbezüge und Decken – man muss also aufpassen, nichts schmutzig zu machen! Das Frühstück wird auf einer wunderschönen Terrasse direkt am Fluss serviert.

Hotel Coxim (☎ 3291 1480; BR-163, Km 726; EZ/DZ 55/100 R$; ☻ ▣ ▣) Das Hotel Coxim liegt etwa 4 km außerhalb der Stadt an der Straße nach Campo Grande und ist das schickste vor Ort – auch wenn das nicht viel heißen mag. Es gibt eine Pizzeria am Pool sowie alles Nötige für Angelausflüge.

Santa Ana Turismo Hotel (☎ 3291 1602; Rua Miranda Reis s/n; EZ/DZ 80/105 R$; ☻ ▣) Der Betonklotz am Ufer mutet steinzeitlich und futuristisch zugleich an, hat aber immerhin einen großartigen Pool zu bieten. Man sollte sich sein Zimmer vorher zeigen lassen, manche sind nämlich ziemlich beengt und steril.

Cabana do Osmar (☎ 3291 3902; Av Coronel Pedro Severo 37; Gerichte 16 R$; ☺ 7–22 Uhr) Das beste der Fischrestaurants am Flussufer wird von Osmar geführt, einem in ganz Brasilien bekannten Angel-Guide. Auf der schattigen Terrasse am Flussufer kann man sich zudem bestens mit einem kalten Bier erfrischen.

Anreise & Unterwegs vor Ort

Fast alle Busse, die durch Coxim fahren, sind nach Cuiabá (59 R$, 8 Std.) oder Campo Grande (40 R$, 4 Std.) unterwegs, die Abfahrt erfolgt jeweils etwa stündlich. Der Busbahnhof ist recht weit vom Flussufer entfernt, ein Taxi hierher kostet 15, ein Mototaxi 4 R$.

Die Hotels am Fluss vermieten kleine Boote mit Außenbordmotor für ca. 150 R$ am Tag.

BONITO & UMGEBUNG

☎ 0xx67 / 18 000 Ew.

Bonito ist Brasiliens Vorzeigemodell in Sachen Ökotourismus. Der kleine, in eine Wasserlandschaft eingebettete Ort im Südwesten des Mato Grosso do Sul hätte für sich genommen nur wenig zu bieten, wäre da nicht die spektakuläre Natur und die örtlichen Behörden, die sich für die Erhaltung dieses Guts einsetzen. Hier gibt es Höhlen mit Seen und beeindruckenden Tropfsteinen, wunderschöne Wasserfälle und unglaublich klare, von üppigen Wäldern umgebene Flüsse, in denen Taucher Hunderte von Fischen beobachten können.

Seit Bonito Anfang der 1990er-Jahre den Ökotourismus für sich entdeckt hat, erreichen die Besucherzahlen jedes Jahr neue Rekorde. Deshalb wurde im Jahr 2000 der 76 km² große Nationalpark Serra da Bodoquena gegründet. Einige der Attraktionen liegen innerhalb dieses Parks, der größte Teil des geschützten Gebiets ist für Besucher aber nicht zugänglich.

Orientierung & Praktische Informationen

In Bonito konzentriert sich das Leben auf eine einzige Straße, die 3 km lange Rua Coronel Pilad Rebuá. Dort befinden sich Bars, Restaurants, Reisebüros und Souvenirläden.

GELD

Banco do Brasil (Rua Luiz da Costa Leite 2279; ☺ 9–14 Uhr) Bankautomat für Visa und MasterCard.

Bradesco (Rua Coronel Pilad Rebuá 1942) Bankautomat für Visa und MasterCard.

INTERNETZUGANG

In den meisten Hotels gibt's Internetzugang.

Discovery LAN House (Rua Pedro Alvares Cabral; 2 R$/Std.; ☺ 8–23 Uhr)

MEDIZINISCHE VERSORGUNG

Hospital (☎ 3255 3455; Rua Pedro Apóstolo 201)

POST

Post (Rua Coronel Pilad Rebuá 1759; ☺ Mo–Fr 8–11.30 & 13–17 Uhr)

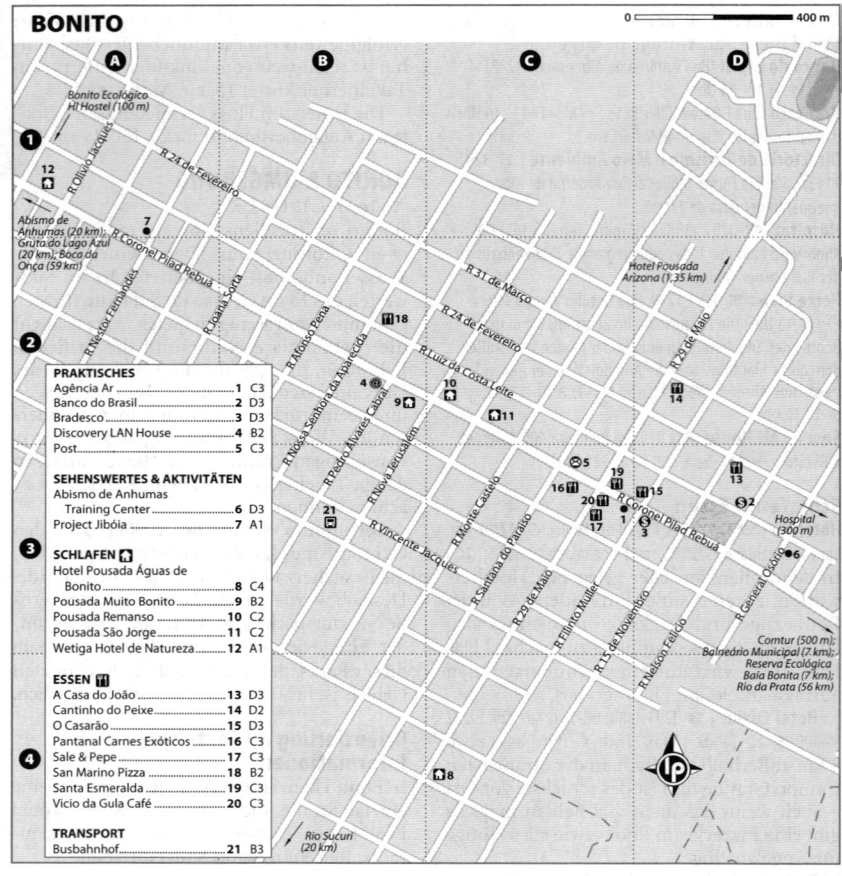

BONITO

0 — 400 m

PRAKTISCHES
Agência Ar	1	C3
Banco do Brasil	2	D3
Bradesco	3	D3
Discovery LAN House	4	B2
Post	5	C3

SEHENSWERTES & AKTIVITÄTEN
Abismo de Anhumas Training Center	6	D3
Project Jibóia	7	A1

SCHLAFEN
Hotel Pousada Águas de Bonito	8	C4
Pousada Muito Bonito	9	B2
Pousada Remanso	10	C2
Pousada São Jorge	11	C2
Wetiga Hotel de Natureza	12	A1

ESSEN
A Casa do João	13	D3
Cantinho do Peixe	14	D2
O Casarão	15	D3
Pantanal Carnes Exóticos	16	C3
Sale & Pepe	17	C3
San Marino Pizza	18	B2
Santa Esmeralda	19	C3
Vicio da Gula Café	20	C3

TRANSPORT
Busbahnhof	21	B3

Bonito Ecológico HI Hostel (100 m)

Abismo de Anhumas (20 km); Gruta do Lago Azul (20 km); Boca da Onça (59 km)

Hotel Pousada Arizona (1,35 km)

Hospital (300 m)

Comtur (500 m); Balneário Municipal (7 km); Reserva Ecológica Baía Bonita (7 km); Rio da Prata (56 km)

Rio Sucuri (20 km)

REISEBÜROS

Alle Reisebüros in Bonito werden streng kontrolliert und die Preise sind festgesetzt, man kann sich die Suche nach Schnäppchen also sparen. In einigen Agenturen wird man jedoch freundlicher bedient als in anderen. Abgesehen davon organisieren die meisten Hotels ohne Aufpreis Touren für ihre Gäste. **Agência Ar** (☎ 3255 1008; www.agenciaar.com.br; Rua Coronel Pilad Rebuá 1184; ⏱ 24 Std.) Eine ziemlich kommerziell ausgerichtete Agentur mit umfassendem Angebot, die vor allem durch ihren 24-Stunden-Service punktet.

TOURISTENINFORMATION

Comtur (☎ 3255 2160; www.bonitoweb.com.br; Rua Coronel Pilad Rebuá 1250; ⏱ Mo–Fr 8–17 Uhr) Das Büro

des Tourismusministeriums liegt etwas außerhalb des Zentrums.

Sehenswertes & Aktivitäten

In der Region stehen zahlreiche Attraktionen und Aktivitäten zur Auswahl, allerdings gehören nur wenige zur Topkategorie. Im folgenden Abschnitt („Geführte Touren") gibt's Infos zu den Zielen, die nur im Rahmen einer Tour zu besichtigen sind. Die einzige Naturattraktion in und um Bonito, für die man keinen Guide benötigt, ist das **Balneário Municipal** (Eintritt 15 R$; ⏱ 8–18 Uhr). Das natürliche Schwimmbecken mit klarem Wasser und jeder Menge Fische befindet sich am Rio Formoso, 7 km südöstlich der Stadt. Hier kann man problemlos den ganzen Tag in der Gesellschaft Einheimischer verbringen, Mittag-essen gibt's an einem der Stände. Übrigens lassen sich regelmäßig Großpapageien auf dem Gelände blicken. Zu erreichen ist das Bad per Mototaxi (einfache Fahrt 7 R$).

Es gibt eine Aktivität in Bonito, die rein gar nichts mit Wasser zu tun hat, nämlich das **Jibóia-Projekt** (☎ 8419 0313; www.projetojiboia.com.br, portugiesisch; Rua Nestor Fernandes 610; Eintritt 20 R$; ⊗ 19 Uhr). Bei dem Ein-Mann-Projekt geht es darum, Vorurteile über Schlangen aus der Welt zu schaffen. Ein Besuch dauert etwa eine Stunde, wobei man am Ende fast schon zärtliche Gefühle für die Boa Constrictors hegt.

Geführte Touren

Wenn die Touren überall in Brasilien so gut organisiert wären wie in Bonito, wäre das Traveller-Leben um einiges einfacher. Die örtliche Verwaltung hat strenge Regulierungen für den Besuch der Naturattraktionen in der Gegend erlassen, teilweise weil sich viele auf privatem Land befinden und teilweise, um den Auswirkungen auf einige urtümliche Gebiete entgegenzuwirken. Bei den meisten Attraktionen gibt es ein festgesetztes Tageslimit an Besuchern und alle Stätten dürfen nur in Begleitung eines Führers aufgesucht werden. Um Verschmutzungen des Wassers zu verhindern, sind bei den Touren auf dem Fluss Sonnencremes verboten.

Es gibt mehr als 30 Reisebüros in Bonito, die fast genauso viele unterschiedliche Touren anbieten, aber meistens ist es einfacher, die Touren direkt über das Hotel zu organisieren. Nur Guides von örtlichen Reisebüros sind zugelassen, man kommt also nicht umhin, Touren bei diesen zu buchen. Nur wenige der Führer sprechen Englisch. Wer garantiert mit einem englischsprachigen Guide unterwegs sein will, muss dafür 50 bis 80 R$ extra ausgeben. Ansonsten muss man sich eben auf sein Glück verlassen. Der Transport ist niemals im Preis mit drin, daher klettern die Kosten für einen Ausflug hier schneller in die Höhe als anderswo in Brasilien, aber der Service ist wie immer ausgezeichnet.

Es gibt heute zahlreiche Sehenswürdigkeiten in dem Gebiet, doch nur einige wenige sind wirklich außerordentlich. Bonitos unglaublich klare Gewässer sind das eigentliche Highlight, es gibt aber auch ein beachtliches Abenteuerprogramm, zu dem beispielsweise Abseilen und Schwimmen in unterirdischen Seen und das Entlanghangeln an einigen

EIN GLASKLARER FALL – BONITO IST WUNDERSCHÖN

Wenn man einen Haufen exotischer Fische kaufen, sie in einen Pool setzen und dann mit einer Taucherbrille in den Pool steigen würde, könnte man sich eine ungefähre Vorstellung davon machen, was Bonito zu bieten hat. Doch wie entstand diese wunderschöne Naturlandschaft? Das Wasser der Flüsse stammt aus unterirdischen Quellen in einem Kalksteinsockel, der fast frei von Lehm ist und Kalziumkarbonat in das Wasser freisetzt. Dieses wiederum setzt sich an den Unreinheiten des Wassers ab, weshalb Schwebstoffe auf den Grund sinken. Deshalb wird man während Flusstouren auch dazu aufgefordert, im Wasser zu schweben und den Boden nicht zu berühren. Das Ergebnis dieser Vorgänge ist ein natürliches Aquarium, eingerahmt von üppigem Wald, das für die Beobachtung faszinierender Fischarten wie geschaffen ist.

kniffligen *arvorismos* (das sind Seilstege in den Baumwipfeln, von denen aus man geniale Ausblicke hat). Viele der besten Touren dauern einen ganzen Tag und schließen ein Mittagessen ein. Die hier genannten Preise gelten in der Hauptsaison, in der Nebensaison fallen die Preise dann um etwa 25 %. In der Hochsaison sind viele der Touren auf Monate im Voraus ausgebucht. Wer während einer absoluten Spitzenzeit nach Bonito kommt, sollte weit im Voraus reservieren. Um die Glanzpunkte der Region zu sehen, braucht man volle drei Tage.

Zur 7 km südöstlich von Bonito gelegenen **Reserva Ecológica Baía Bonita** (3-stündige Tour 125 R$; ⊗ 6–19 Uhr) gehört das Aquário Natural und die Trilha dos Animais. Bei der Halbtagestour wird in einer wunderschönen natürlichen Quelle geschnorchelt, in der 30 Fischarten und Wasserpflanzen leben, und dann eine kurze, 900 m lange Floßfahrt auf dem Rio Baía Bonita unternommen. Im Preis enthalten sind Taucheranzug, Schnorchel und Mittagessen. Wer will, kann noch eine Besuch der Trilha dos Animais anschließen. In dem Zoo mit Tieren aus der Region sind u. a. eine beeindruckende Anakonda, ein gut trainierter Tapir und ein schlaues, kleines Ozelot zu sehen.

Auf einer *fazenda* 56 km südlich von Bonito beinhaltet das fabelhafte Programm am

Rio da Prata (5-stündige Tour inkl. Mittagessen 140 R$; 6.30–14 Uhr) eine kurze Wanderung durch den Regenwald und tolles Schnorcheln. Letzteres beinhaltet eine 3 km lange Schwimmstrecke im erstaunlich klaren Rio Olha d'Agua, in dem sich rund 55 Fischarten tummeln, und im Rio da Prata. Letzterer hat zwar eine nicht ganz so ungetrübte Sicht, bietet aber eine fantastische Gelegenheit, riesige *pacus* und die großen, beängstigenden Schwertfische zu beobachten. Diesen Programmpunkt sollte man nach ganz oben auf die Liste setzen. Die nachmittägliche Besichtigung von Buraco das Araras (25 R$), die oft im Anschluss noch stattfindet, kann man allerdings getrost vergessen.

Der **Rio Sucuri** (2-stündige Tour 79 R$; 8–15 Uhr), 20 km südwestlich von Bonito, ist mit dem Aquário Natural vergleichbar: eine 1500 m lange Schnorchelroute mit Quellen und einem kristallklaren Fluss mit Unterwasservegetation, umgeben von einem üppigen Wald. Allerdings liegt der Rio Sucuri weiter draußen in der Wildnis. Das Areal ist eher was für Pflanzen- als für Fischfreunde.

Eine günstige Attraktion ist die **Gruta do Lago Azul** (Eintritt 36 R$; 6–14 Uhr). Die große Höhle mit einem leuchtenden unterirdischen See und Tropfsteinformationen liegt 20 km westlich von Bonito. Sie ist ein gern gewähltes Postkartenmotiv von Bonito. Die Gruta do Lago Azul ist wirklich sehenswert, zu einem unvergesslichen Erlebnis wird sie aber nur von Ende Dezember bis Anfang Januar, wenn das Sonnenlicht im richtigen Winkel hineinscheint.

Die **Boca da Onça Ecotour** (www.bocadaonca.com.br; Wandern inkl. Mittagesssen 110 R$; 9.30–18 Uhr), 59 km nordwestlich von Bonito, ist ein hübsch gepflegter, 4 km langer Weg durch den Wald zu einer Reihe von elf Wasserfällen, in deren Becken man teilweise ein kurzes, erfrischend kühles Bad nehmen kann. Höhepunkt ist der 156 m hohe imposante Wasserfall von Boca da Onça, der im ganzen Bundesstaat berühmt ist. Zur *fazenda* muss man danach 880 Stufen hinaufkraxeln. Lohn der Mühen ist ein ausgezeichnetes Mittagessen; anschließend kann man sich an einem fantastischen natürlichen Flusswasserteich ausruhen, in dem es von Fischen nur so wimmelt.

Beim Abstecher zum **Abismo de Anhumas** (www.abismoanhumas.com.br; Abseilen 330 R$, Gerätetauchen 530 R$; 7–17 Uhr) 20 km westlich von Bonito könnte man fast auf die Idee kommen,

man reise zum Mittelpunkt der Erde. Am Ende des 72 m tiefen Lochs befindet sich ein unterirdischer See mit unglaublichen Tropfsteinformationen. Bei der Tour seilen sich die Teilnehmer zu diesem See ab und schnorcheln darin (die Sichtweite beträgt 30 m). Wer einen Basis-Tauchschein hat, kann auch mit Geräten tauchen. So oder so, man wird sich vorkommen wie in einer anderen Welt – zweifellos ist der Abismo de Anhumas mit Abstand Bonitos unvergesslichste Sehenswürdigkeit, aber es sind nur 18 Besucher pro Tag zugelassen. Das **Trainingcenter** (Rua General Osório) befindet sich in der Stadt und man muss das Training erfolgreich vor 18 Uhr am Tag vor dem geplanten Besuch abgeschlossen haben.

Schlafen

In den letzten Jahren haben in Bonito mehrere neue Unterkünfte eröffnet und so ist es nicht mehr ganz so schwer, in der Hauptsaison ein Nachtquartier zu finden. Nichtsdestotrotz sollte man zu dieser Zeit sein Wunschhotel im Voraus buchen. Außerhalb der Saison gibt's in den edleren Hotels oft Preisnachlässe von bis zu 50 %.

LP Tipp **Bonito Ecological HI Hostel** (3255 1462; www.ajbonito.com.br; Rua Lúcio Borralho 716; B 38 R$, Apt. mit/ohne Klimaanlage 90/70 R$;) Das sehr gepflegte HI-Hostel gehört zweifellos zu den besten Brasiliens und ist quasi die einzige Unterkunft vor Ort, die das unterste Preissegment bedient. In diesem Backpacker-Paradies wurde wirklich an alles gedacht, so gehören hier Hängematten, Pools, eine Wäscherei, ein Fahrradverleih und mehrsprachiges Personal zum Programm. Es gibt Schlafsäle mit privaten Badezimmern und die Einzelzimmer direkt um die Ecke des Hauptbaus haben Hotelstandard. Im Busbahnhof von Campos Grande kann man reservieren.

Pousada São Jorge (3255 4046; www.pousadasaojorge.com.br, portugiesisch; Rua Coronel Pilad Rebuá 1605; EZ/DZ 40/70 R$;) Das Personal spricht passables Englisch, die Leitung besteht aus einem überaus freundlichen Pärchen, das Frühstück ist lecker und das Preis-Leistungs-Verhältnis gut. Leider sind ein paar Zimmer recht dunkel.

Pousada Muito Bonito (3255 1645; www.muito bonito.com.br; Rua Coronel Pilad Rebuá 1444; EZ/DZ 50/80 R$;) Der Besitzer Mario Doblack spricht fünf Sprachen und hat äußerst gepflegte, preiswerte Zimmer im Angebot, die um einen kleinen Innenhof angeordnet sind. Zudem weiß er jede Menge über die Gegend zu berichten.

Pousada Remanso (☎ 3255 1137; www.pousada remanso.com.br, portugiesisch; Rua Coronel Pilad Rebuá 1515; EZ/DZ 89/135 R$; ⚡ 🏠 🖳) Die Mittelklasseunterkunft direkt im Zentrum ist mit ihren Hängematten aus Leder, dem hübschen Garten und dem kleinen Pool ihr Geld wert.

Hotel Pousada Águas de Bonito (☎ 3255 2330; www.aguasdebonito.com.br; Rua 29 de Maio 1679; EZ/DZ 137/197 R$; ⚡ 🖳 🖳) Die Pousada hat etwas mehr Flair als die einschlägige Konkurrenz zu bieten. Die geräumigen Zimmer sind modern eingerichtet und die im zweiten Stock haben hübsche Terrassen.

Hotel Pousada Arizona (☎ 255 1040; http://hotel pousadaarizona.com.br, portugiesisch; Rua das Águas Marinhas 680; EZ/DZ 137/199 R$; ⚡ 🖳 🖳) Die farbenprächtigen Bungalows aus Holz und Backstein säumen den besten Pool (samt Bar) der Stadt. Die idyllische Anlage umfasst 16 Unterkünfte und liegt 2 km von der Hauptstraße entfernt.

Wetiga Hotel de Natureza (☎ 3255 1699; www. wetigahotel.com.br; Rua Coronel Pilad Rebuá 679; EZ/DZ 755/800 R$; ⚡ 🖳 🖳) Der bemerkenswerte Bau aus Stein und Holz weiß mehr zu beeindrucken als die recht einfachen Zimmer, die alle Blick auf den hübschen Garten und den Pool haben. In der Nebensaison sollte man nach Rabatten fragen.

Essen & Ausgehen

Vicio da Gula Café (☎ 3255 2041; Rua Coronel Pilad Rebuá 1852; Sandwiches 7 R$; ☽ 12–2 Uhr) In dem beliebten Eckcafé kommen leckere Burger, Pommes und *açaí na tigela* (eine beerenartige Frucht, serviert in einer Schüssel) auf den Tisch.

Sale & Pepe (☎ 3255 1822; Rua 29 de Maio 971; Gerichte für 2 Pers. 15–31 R$; ☽ 18–2 Uhr) Hier gibt's eine ordentliche Auswahl an chinesischen und japanischen Gerichten mit Pantaneiro-Einschlag wie z. B. Yakisoba-*jacaré*.

San Marino Pizza (☎ 3282 2656; Rua Luiz da Costa Leite 1543; Pizzas 16–24 R$; ☽ 18–24 Uhr, Di geschl.) Die Vier-Käse-Pizza in diesem Ableger der gleichnamigen Pizzeria in Campo Grande ist die beste der Stadt.

O Casarão (☎ 3255 1970; Rua Coronel Pilad Rebuá 1835; rodízio 16,90 R$, mit Fisch 35,90 R$; ☽ 11–15& 18–23.30 Uhr) Gut gehendes Buffet-Lokal an der Hauptstraße. Die Fischvariante des *rodízio* ist den Aufpreis mehr als wert.

Cantinho do Peixe (☎ 3255 3381; Rua 31 de Março 1918; Gerichte 20–52 R$; ☽ Mo–Sa 11–15 & 18–23 Uhr) In dem einfachen, aber guten Lokal gleich hinter der Hauptstraße wird frisch aus dem Rio Miranda gefischter *pintado* (eine Art Wels) zu

15 schmackhaften Kreationen verarbeitet. Empfehlenswert ist der *pintado á urucum*, ein Gericht, das einer Lasagne ähnelt, geschmort in einer Sauce aus Tomaten, Kondensmilch und Mozzarella.

Santa Esmeralda (☎ 3255 1943; Rua Coronel Pilad Rebuá 1831; Gerichte für 2 Pers. 25–42 R$; ☽ 11–14.30 & 18–24 Uhr) Hier wird Pasta (14–18 R$) mit Sauce nach Wahl serviert sowie ausgezeichnetes Grillfleisch auf langen *espetinhos* (Spießen).

LP Tipp **A Casa do João** (☎ 3255 1212; www.casado joao.com.br, portugiesisch; Rua Nelson Felicio; Gerichte für 2 Pers. 37 R$, für 3 Pers. 40 R$, für 4 Pers. 47 R$; ☽ So–Do 18 Uhr–open end, Fr & Sa 17 Uhr–open end) Die neue Topadresse der Stadt für Fischgerichte hat sich besonders mit ihrem *traíra* (ein Raubfisch) einen Namen gemacht, der für jeden Appetit in verschiedenen Portionsgrößen serviert wird. Das Mobiliar besteht aus recyceltem Holz, das von umgestürzten Bäumen aus der Umgebung stammt.

Pantanal Carnes Exóticos (☎ 3255 2763; Rua Coronel Pilad Rebuá 1808; Gerichte für 2 Pers. 40–60 R$; ☽ 11–14 & 18–22.30 Uhr) Appetit auf Wasserschwein mit Speck? Oder wie wäre es mit Pekkari an Ananas? Das Pantanal Carnes Exóticos ist zwar nicht ganz billig, dafür kommen hier alles andere als alltägliche Kreationen auf den Tisch. Keine Sorge, das Fleisch stammt von Zucht-, nicht von Wildtieren.

An- & Weiterreise

Cruzeiro do Sul ist das einzige Busunternehmen, das Bonito bedient. Siebenmal täglich fahren Busse von Campo Grande nach Bonito (53 R$, 5 Std.), in entgegengesetzter Richtung gibt es sechs Verbindungen, wobei sich der erste Bus um 5.30 Uhr auf den Weg macht. Es gibt eine Busverbindung nach Corumbá (57 R$, 7 Std., 6 Uhr). Wer nach Foz do Iguaçu möchte, kehrt am besten nach Campo Grande zurück und nimmt dann die dortige Direktverbindung. Ist man Richtung Süden unterwegs, muss man mindestens dreimal umsteigen, wobei die Abfahrtszeiten nicht immer gut aufeinander abgestimmt sind. Um nach Ponta Porã und zum Grenzübergang nach Paraguay zu gelangen, muss man in Jardim (10 R$, 1 Std.) in den entsprechenden, einmal täglich fahrenden Bus (40 R$, 4 Std., 15.30 Uhr) umsteigen.

Unterwegs vor Ort

Dummerweise liegen viele der Attraktionen Bonitos recht weit außerhalb der Stadt und es gibt keine öffentliche Verkehrsmittel. Erschwerend kommt hinzu, dass bei den Touren, die man bei den Reisebüros in Bonito buchen kann, der Transport nicht mit enthalten ist. Bucht man dagegen in Hotels, ist dieser Service im Allgemeinen inbegriffen. Zudem gibt es einen örtlichen Shuttle-Service, **Vanzella** (☎ 3255 3005), der einen an jedes gewünschte Tourziel bringt, solange mindestens vier Passagiere zusammenkommen. Der Preis beträgt 100 R$ für halbtägige Touren und 200 R$ für ganztägige.

Für Gruppen könnte es günstiger kommen, an einem beliebigen Ponto de Táxi ein Taxi für den ganzen Tag anzuheuern (120 R$) – man zahlt so viel wie für ein Mietauto, spart aber die Benzinkosten. Als letzte Alternative gibt es auch noch die allgegenwärtigen Mototaxis; zum Rio Sucuri (38 km lange Rundfahrt) und zur Gruta do Lago Azul (38 km lange Rundfahrt) muss man mit etwa 36 R$ rechnen, zum Rio da Prata (100 km lange Rundfahrt) mit 70 R$ und nach Boca da Onça (120 km lange Rundfahrt) mit 75 R$. Die Fahrer warten jeweils, bis man seine Tour absolviert hat. Egal mit welchem Verkehrsmittel man unterwegs ist, es lohnt sich, einen Blick auf die Landschaft zu werfen. Häufig sind wilde Tiere am Wegesrand zu sehen – beispielsweise Hirsche, Nandus und manchmal sogar ein Ameisenbär.

PONTA PORÃ
☎ 0xx67 / 76 000 Ew.

Es ist ein seltsames Gefühl, eine Straße zu überqueren und sich plötzlich in einem anderen Land zu befinden. Genau das passiert den Besuchern von Ponta Porã, einer munteren kleinen Grenzstadt, die durch die Av Internacional von der paraguayischen Stadt Pedro Juan Caballero getrennt wird. Beim Bier gibt es drüben statt Skol Pilsen, und die Preise für Elektronikartikel purzeln in den Keller. Doch abgesehen davon fällt einem kaum auf, dass hier eine Grenze ist – Portuñol, die Mischsprache aus Portugiesisch und Spanisch, wird auf beiden Seiten gesprochen.

Ponta Porã blühte im späten 19. Jh. auf, als hier ein Zentrum für den Handel mit *yerba maté* entstand. Heute kommen Brasilianer in Scharen, um die paraguayischen Shoppingzentren leer zu kaufen. Der Ort ist lediglich eine Durchgangsstation – wer länger als eine Nacht bleibt, wird wohl im Krankenhaus liegen.

Praktische Informationen

Banco Continental (Ecke Calle Mariscal Estigarribia & Calle Mariscal López, Pedro Juan Caballero) Hier kann man mit Visa oder MasterCard paraguayische Guarani abheben.

Banco do Brasil (Av Brasil 2623) Geldautomat für Visa und MasterCard.

Bradesco (Av Brasil 2765) Geldautomat für Visa und MasterCard.

Bundespolizei (☎ 3431 1428; Av Presidente Vargas; ☽ Mo–Fr 9–12 & 13–16 Uhr) In der Nähe des paraguayischen Konsulats. Hier bekommt man den brasilianischen Einreise-/Ausreisestempel. Dafür muss man ein gutes Stück laufen – wer's eilig hat, sollte ein Taxi nehmen.

Centro Digital (☎ 3431 2446; Rua 7 de Setembro 223; 2 R$/Std.; ☽ Mo–Fr 8–21, Sa bis 17, So 14–21 Uhr) Internetzugang.

Norte Cambios (Ecke Calles Mariscal López & Curupayty, Pedro Juan Caballero) Tauscht Devisen zu günstigen Kursen.

Paraguayische Einreisebehörde (☎ 3431 6312; Av Dr Francis; ☽ Mo–Fr 7–12 & 13.30–21, Sa 8–12 & 13.30–21, So 19–21 Uhr) Hier bekommt man den paraguayischen Einreise-/Ausreisestempel. Die Behörde liegt etwa 2 km östlich vom städtischen Busbahnhof und ist in dem großen, gelben Gebäude neben Goodyear untergebracht.

Post (Av Brasil 2861)

Schlafen & Essen

Die Gegend ist zwar bei Weitem nicht mit den Vorstädten Rios zu vergleichen – Drogenschmuggel ist aber trotzdem ein großes Problem und Zusammenstöße an der Grenze sind nichts Ungewöhnliches. Reisende werden in der Regel nicht behelligt, trotzdem ist Vorsicht angebracht, besonders nachts.

Hotel Guarujá (☎ 3431 9515; Rua Guia Lopes 63; EZ/DZ-Apt. ohne Klimaanlage 35/60 R$, mit Klimaanlage 45/70 R$; ☒) Das Hotel ist zwar etwas heruntergekommen, ist aber mit seinen geräumigen *apartamentos* immer noch eine gute Budgetoption.

Pousada do Bosque (☎ 3431 1181; www.hotelpousadadobosque.com.br, portugiesisch; Av Presidente Vargas 1151; EZ/DZ-Apt. 70/150 R$; ☒ ☒) Die kleine, grüne Oase liegt in einem besseren Teil der Stadt, gleich außerhalb des Zentrums, und ist für Ponta Porã fast schon ein bisschen zu hübsch.

Hotel Barcelona (☎ 3431 8494; Av Guia Lopes 50; EZ/DZ 98/135 R$; ☒ ☒) Die netteste Unterkunft im Zentrum hat große Zimmer mit alten Möbeln und einen hübschen Pool.

Mania de Pizza (☎ 3431 2620; Rua Tiradentes 754; Pizza 20–35 R$; ☽ 18–24 Uhr) Hier kann man aus ganzen 55 verschiedenen Pizzabelägen wäh-

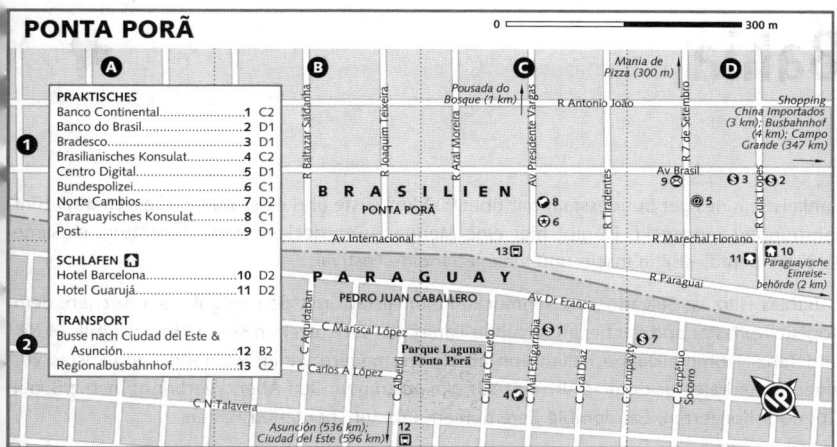

len, darunter sind auch solch kreative Varianten wie *Coreana* und *Stroganof* oder süße Dessertpizzas. Liefert auch nach Hause.

Shoppen

Für eine ordentliche Shoppingtour ist das **Shopping China Importados** (☎ 0xx36-74343; Ruta V c/ Callejón Internacional, Pedro Juan Caballero; ☺ Mo–Sa 8.30–19, So 9–14 Uhr) bestens geeignet. In dem Megastore bekommt man so gut wie alles, von Johnny Walker bis hin zu Canon, und das zu äußerst günstigen Preisen. Kein Wunder, dass die Einheimischen hier gerne ihre sauer verdienten Reais lassen.

Anreise & Unterwegs vor Ort

Der **Busbahnhof** (☎ 3431 4145) ist etwa 4 km vom Zentrum Ponta Porãs entfernt. Von hier aus fahren regelmäßig Busse nach Campo Grande (45 R$, 4 Std., 11-mal tgl.). Zudem gibt's Verbindungen nach Corumbá (120 R$, 13½ Std.) und São Paulo (245 R$, 25 Std., 2-mal tgl.). Um nach Bonito zu kommen, fährt man zunächst nach Jardim (40 R$, 4 Std., 6 Uhr), wo Anschluss nach Bonito (10 R$, 1 Std., 7-mal tgl.) besteht. Wer aus Bonito anreist,

steigt am besten beim Hotel Internacional an der Hauptstraße aus, denn dieses liegt sehr viel zentraler als der Busbahnhof und man zahlt 20 R$ weniger fürs Taxi. Alternativ verkehrt bis 22 Uhr alle 45 Minuten ein Stadtbus (2,20 R$) zwischen dem Busbahnhof und dem zentraler gelegenen städtischen Busbahnhof.

Wer nach Foz do Iguaçu möchte, steigt am Busbahnhof in der Calle Alberdi in Pedro Juan Caballero (auf der paraguayischen Seite) in einen Bus nach Ciudad del Este (70 000 Guaraní, 8 Std., 2-mal tgl.) in Paraguay, das wiederum unmittelbar an das brasilianische Foz do Iguaçu angrenzt. Man benötigt kein paraguayisches Visum, um nach Foz do Iguaçu zu gelangen, jedoch einen Einreisestempel. Vom selben Busbahnhof in Pedro Juan Caballero gibt es außerdem Verbindungen nach Asunción, der Hauptstadt Paraguays (70 000 Guaraní, 6 Std., 12-mal tgl.), und nach Concepción (25 000 Guaraní, 4 Std., 10-mal tgl.). Man sollte das jeweilige Busunternehmen mit Sorgfalt wählen, denn es gibt – auch wenn alle etwa dieselben Preise verlangen – große Qualitätsunterschiede. Für Reisen nach Asunción ist La Santaniana zu empfehlen.

Bahia

Bahia ist ein riesiger Bundesstaat mit über 900 km Küste und einer Kultur, die sich über fünf Jahrhunderte erstreckt. Es gibt hier eine Menge zu entdecken: Welterbestätten, einsame Strände, paradiesische Inseln und viele lebendige Festivals.

Bahias Herz ist Salvador, die schmucke Kolonialstadt mit den vergoldeten Kirchen, dem Kopfsteinpflaster und der tief im Afro-Brasilianischen verwurzelten Kultur. Überall gibt's Musik und Tanz: Trommelklänge hallen von alten Steinmauern wider, während Capoeiristas vor einer Kathedrale aus dem 16. Jh. ihre Kämpfe austragen. Den Abend verbringt man z. B. bei Open-Air-Konzerten, Candomblé-Zeremonien und auf spontanen Festen.

Malerische Kolonialstädte an Flüssen in der Nähe blicken auf eine lange Holzschnitztradition zurück, z. B. Cachoeira. Kurze Fahrten nach Norden oder Süden führen an schöne Stellen wie zur autofreien Insel Morro de São Paulo oder zur hübschen Praia do Forte.

Im Süden kleben die Dörfchen Arraial d'Ajuda und Trancoso an Berghängen. Eine bunte Menge trifft sich in Freiluftrestaurants und -bars, und es gibt ein paar nette Unterkünfte. Unbekanntere Ziele findet man weiter südlich, z. B. das verschlafene Fischerdorf Caraíva, die Insel Barra Grande und der Parque Nacional Marinho de Abrolhos, der toll für Taucher und Walfans ist.

Im Binnenland liegt die friedliche Stadt Lençóis, einst ein Diamantbergbauzentrum, inmitten einer atemberaubenden Landschaft mit Wasserfällen und rauschenden Flüssen – perfekt zum Wandern und Entdecken.

HIGHLIGHTS

- In **Salvador** (S. 479), Lateinamerikas inspirierender afro-brasilianischen Hauptstadt, den hämmernden Rhythmen lauschen
- Im herrlichen **Parque Nacional da Chapada Diamantina** (S. 544) über dramatische Hochlandplateaus wandern und in erfrischenden Wasserfällen baden
- Per Schnellboot eine Inseltour zur hübschen **Morro de São Paulo** (S. 512) und zur traditionellen **Boipeba** (S. 515) machen
- In **Arraial d'Ajuda** (S. 531) das Essen in Freiluftrestaurants genießen, lange Spaziergänge an der Küste unternehmen und die Strandfeste miterleben
- An der **Praia do Forte** (S. 508) den Meeresschildkröten beim Schlüpfen zusehen

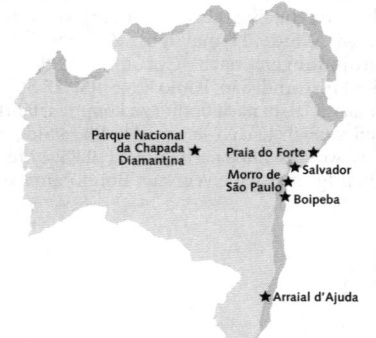

- Bevölkerung: 13,5 Mio.
- Fläche: 567 300 km²

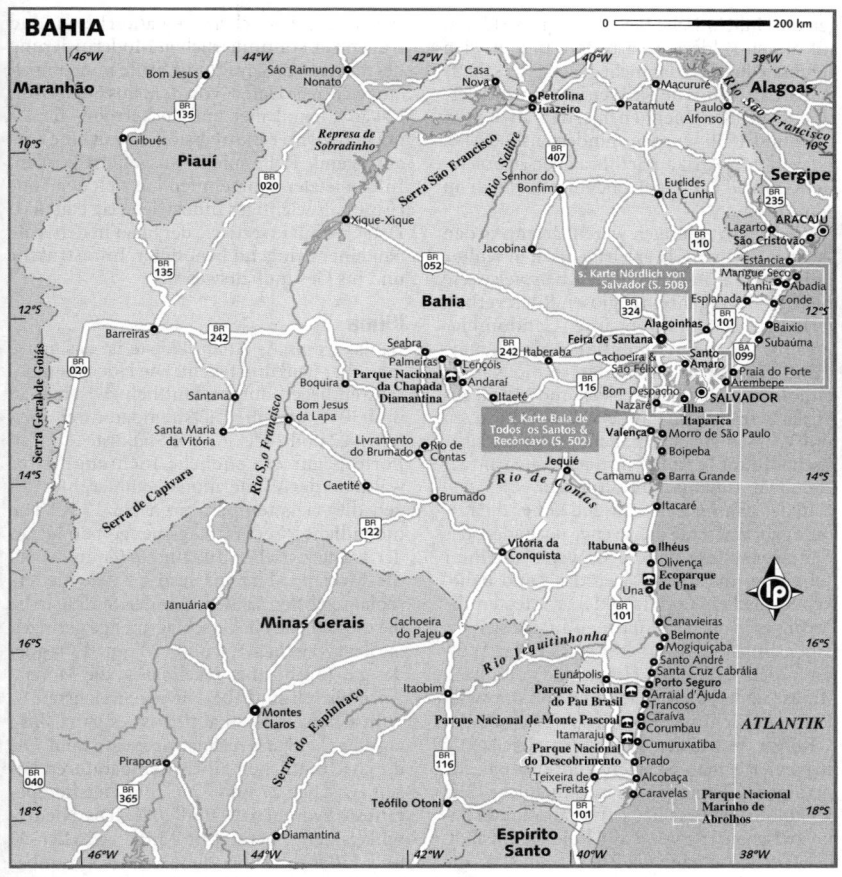

BAHIA

Geschichte

Vor der Ankunft der Portugiesen lebte im Inland und an der Küste der Region, die heute unter dem Namen Baiha bekannt ist, eine Vielzahl verschiedener ethnischer Gruppen, die ein Dutzend verschiedene Sprachen sprachen. Viele dieser Volksstämme wurden von den Portugiesen ausgelöscht. Einige jedoch – z. B. die Pataxó (s. Kasten S. 536) – leben noch immer in dieser Gegend. Die *indígenas* betrieben Landwirtschaft, bauten Maniok, Süßkartoffeln und Mais an, gingen auf die Jagd, fingen Fische und sammelten Früchte im Wald. Viel mehr ist über die indigene Bevölkerung nicht bekannt, die zum großen Teil nach der Ankunft der Europäer verschwand.

Portugiesische Seemänner sichteten erstmals im Jahre 1500 Land in der Nähe von Porto Seguro, doch es sollte noch ein Jahr dauern, bis der italienische Seefahrer Amerigo Vespucci der Legende zufolge an Allerheiligen (1. Nov.) in die Bucht von Salvador einlief und sie Baía de Todos os Santos nannte. Zwei Generationen später, im Jahre 1549, kehrte Tomé de Souza im Auftrag der portugiesischen Krone zurück, um Brasiliens erste Hauptstadt zu gründen – Salvador da Bahia.

Um das neue Land wirtschaftlich zu nutzen, bauten die Kolonisten im fruchtbaren *recôncavo* (die Region wurde nach der konkaven Form seiner Bucht benannt), das die Baía de Todos os Santos umgibt, Zuckerrohr und später Tabak an. Die Portugiesen zwangen die einheimische Bevölkerung als Sklaven auf diesen Feldern zu arbeiten, und als sich herausstellte, dass das nicht ausreichte, schaffte man afrikanische Sklaven in schwindelerregend großen Mengen hierher. Zwischen 1550 und 1850 wurden mindestens 3,6 Mio. Sklaven von Afrika nach Brasilien gebracht. Der Großteil von ihnen endete schließlich im Nordosten.

Weil sie so zahlreich waren, gelang es den Sklaven, viel von ihrer afrikanischen Kultur zu bewahren. Als man ihnen beispielsweise die Ausführung ihrer religiösen Riten verbot, verlegten die Sklaven ihre Candomblé-*terreiros* (Zusammenkünfte) in den Untergrund und gaben ihren Göttern die Namen katholischer Heiliger. Speisen und Musik aus Afrika bereicherten das Leben der Schwarzen und Weißen gleichermaßen, und die afrikanische Kultur beeinflusste die sich neu entwickelnde brasilianische Kultur sehr.

In der ganzen Zeit während der es die Kolonie gab, herrschte das strenge portugiesische Plantagensystem, das die Sklaven bis zu ihrer Befreiung im Jahr 1888 an das Land band. Neben Zucker- und Tabakfeldern legten die Portugiesen auch Viehfarmen an, die sich ins Landesinnere und von dort in Richtung Westen in den *sertão* (ins Hinterland) und nach Minas Gerais ausbreiteten und von dort wiederum in Richtung Nordwesten nach Piauí.

Rohstoffe wurden exportiert, gleichzeitig importierte man Sklaven und europäische Luxusgüter. Bahia war das wirtschaftliche Herz des kolonialen Brasiliens und Salvador da Bahia zwischen 1549 und 1763 die Hauptstadt. Sie war das Zentrum der Zuckerindustrie, die dem Land bis zum internationalen Einbruch der Zuckerpreise in den 1820er-Jahren seinen Reichtum bescherte. Die boomende Gold- und Kaffeewirtschaft im Süden trugen dann noch zu Salvadors Niedergang bei.

Die Industrialisierung in Bahia begann Mitte des 19. Jhs. und schritt mit der Entwicklung von Banken und Industrien langsam voran, denn auf neuen Bahnlinien konnten Güter aus dem Landesinneren zu Salvadors großem Hafen gebracht werden. Fabriken entstanden, und die Wirtschaft, einst eine Monokultur der Zuckerrohrindustrie, diversifizierte. Das wichtigste Ereignis des späten 19. Jhs. war die Freilassung der Sklaven, die vielen Einwohnern Bahias die Freiheit brachte.

Im 20. Jh. halfen die Ölfunde, die man in den 1940er-Jahren gemacht hatte, Bahia aus seiner wirtschaftlichen Stagnation heraus und trugen zur kontinuierlichen Modernisierung des Staates bei. Salvador ist heute immer noch ein wichtiger Hafen, von dem aus Soja, Obst, Kakao, Chemikalien und Zuckerrohr – das als hocheffizienter Biotreibstoff erneut eine herausragende Rolle spielt – ausgeführt werden. In den letzten Jahrzehnten hat sich der Tourismus als wichtiger Industriezweig etabliert. Den Gewinn investierte der Staat in den Aufbau einer dringend benötigten Infrastruktur und ins Gesundheitswesen.

Klima

Bahias tropische Atlantikküste ist das ganze Jahr über heiß und feucht. Die Höchsttemperaturen liegen durchschnittlich zwischen 26 und 30 °C und die Tiefsttemperaturen zwischen 22 und 24 °C. An der Südküste (etwa ab Porto Seguro in südliche Richtung) ist es während der Wintermonate kühler, hier liegen die Tiefsttemperaturen bei 17 °C. Die monatliche Niederschlagsmenge beträgt an der Küste zwischen 100 und 350 mm, wobei die Monate März bis Juni zu den niederschlagreichsten zählen. An der Südküste ist die monatliche Niederschlagsmenge geringer. Sie liegt zwischen 100 und 170 mm. Es regnet das ganze Jahr über regelmäßig, die Monate April bis Juli sind aber die regenreichsten.

In Chapada Diamantina ist es ganzjährig tagsüber heiß und nachts angenehm kühl. Die durchschnittlichen Höchsttemperaturen liegen zwischen 27 und 32 °C, die Tiefsttemperaturen zwischen 16 und 20 °C. Die Niederschlagsmenge beträgt im Mittel zwischen 50 und 170 mm, wobei die Monate November bis März zu den niederschlagsreichsten gehören. Dann ist die Landschaft grüner, und Flüsse und Wasserfälle führen mehr Wasser.

Nationalparks

Der westlich von Salvador gelegene, 1520 km² große Parque Nacional da Chapada Diamantina (S. 544) ist bei Weitem der spektakulärste Nationalpark Bahias. Ein dichtes Netz von Tourveranstaltern und Führern bietet Trekkingtouren und eine Auswahl an Abenteuersportarten in und um den Park an, in dem es Wasserfälle, grüne Täler und steil aufragende Berge gibt. Taucher und Schnorchler werden vom klaren Wasser, der bunten Vielfalt der Meeresfauna und -flora und den Korallen des Parque Nacional Marinho de Abrolhos (S. 537) begeistert sein. Das 913 km² große

Meeresschutzgebiet umfasst einen Archipel und ausgedehnte Korallenriffe vor der Küste im äußersten Süden Bahias. Der ebenfalls im Süden Bahias an der Küste gelegene Parque Nacional de Monte Pascoal (S. 536) hat einige Wanderwege und eine ausgezeichnete Aussicht von seinem Berggipfel zu bieten. Der Park wird vom indigenen Stamm der Pataxó verwaltet.

An- & Weiterreise
Der Hwy BR-101 folgt der Küstenlinie Bahias, bleibt dabei aber zwischen 50 und 75 km im Landesinneren. Er ist die wichtigste Verkehrsader des Staates und wird von den meisten Überlandbussen benutzt. Gute Küstenstraßen gibt es nur zwischen Canavieiras und Itacaré und von Salvador in Richtung Norden zur Grenze nach Sergipe.

Bahias wichtigster Flughafen (s. S. 500) befindet sich in der Hauptstadt Salvador, von Porto Seguro gibt es jedoch ebenfalls regelmäßige und preiswerte Flüge.

Unterwegs vor Ort
In Bahia herumzukommen ist kinderleicht – man findet immer irgendein Transportmittel, das einen ans Ziel bringt. Neben Bussen gibt es in ländlichen Gegenden auch Kombis, *bestas* (Kleintransporter, die eine bestimmte Strecke abfahren und unterwegs überall Fahrgäste absetzen und aufsammeln) und Sammeltaxis.

SALVADOR

☎ 0xx71 / 3 Mio. Ew.

Mit der Energie und der schlichten Schönheit von Salvador da Bahia können es nur wenige Städte aufnehmen. Einst die prachtvolle Hauptstadt der großen portugiesischen Kolonie in der Neuen Welt, ist sie heute das afrobrasilianische Juwel des Landes. Das Stadtzentrum mit seinen prächtigen Farben ist ein lebendes Museum für goldbeschlagene Kirchen und die Architektur des 17. und 18. Jhs. Zudem ist Salvador das Zentrum einer atemberaubenden Künstlerszene. Regelmäßig finden wilde Volksfeste statt, und nahezu täglich hämmern Trommler vor einer Kulisse aus Kolonialgebäuden ihre kräftigen Rhythmen. Abends bilden sich auf den Plazas und öffentlichen Plätzen Capoeira-Kreise (s. Kasten S. 499), und der Geruch von *acarajé*

(frittierten Bohnen und Shrimps) und anderen afrikanischen Köstlichkeiten erfüllt die Luft. Andernorts in der Stadt beherrscht ein anderer Geist die Massen: Religiöse Anhänger halten mystische Candomblé-Zeremonien ab, bei denen sie ihre afrikanischen Götter feiern und eine Verbindung zu ihnen herstellen. Es gibt weltweit keinen anderen Ort, an dem die Nachfahren afrikanischer Sklaven ihr Erbe so gut bewahrt haben wie in Salvador – angefangen von Musik und Religion bis hin zu Essen, Tanz und Kampfkunsttraditionen.

Neben den vielen Sehenswürdigkeiten innerhalb Salvadors gibt es gleich außerhalb der Stadt eine herrliche Küste – fantastisch, um die tropische Pracht Bahias kennenzulernen.

Als einer der zwölf Austragungsorte für die FIFA-Weltmeisterschaft 2014 wartet Salvador angespannt auf den Zuschaueransturm. Allerdings kommen die Vorbereitungen für das Event nur langsam in die Gänge. Zum Redaktionsschluss waren die Anfänge der Konstruktion für die Überholungsarbeiten am alten Fonte-Nova-Stadion im Gange und die Offiziellen der Stadt diskutierten Pläne für die Verbesserung der oft überfüllten öffentlichen Verkehrsmittel.

GESCHICHTE
1549 landete Tomé de Souza in Praia Porto da Barra, um auf Befehl des portugiesischen Königs Brasiliens erste Hauptstadt zu gründen. De Souza brachte Stadtpläne, eine Statue, 400 Soldaten und 400 Siedler mit, darunter auch Priester und Prostituierte. Er gründete die Stadt an einer Stelle, von der aus man sie gut verteidigen konnte: auf einer Felsspitze im Meer. Nach einem Jahr war aus Schlamm und Stroh eine Stadt entstanden, und 1550 war der Schutzwall errichtet, der feindliche Angriffe der indigenen Bevölkerung abhalten sollte. Salvador da Bahia blieb für die nächsten drei Jahrhunderte die wichtigste Stadt Brasiliens.

Während der ersten Jahre war die Stadt vom Zuckerrohrexport abhängig, danach vom Tabak, der in der fruchtbaren *recôncavo*-Region am Nordende von Baía de Todos os Santos angebaut wurde. Später wurde die Viehzucht eingeführt, die zusammen mit dem Gold und den Diamanten aus dem Landesinneren Bahias den immensen Reichtum Salvadors begründete, der sich in den prächtigen Barockbauten der Stadt widerspiegelt.

Afrikanische Sklaven wurden erstmals Mitte des 16. Jhs. nach Salvador gebracht. 1587

BAHIA

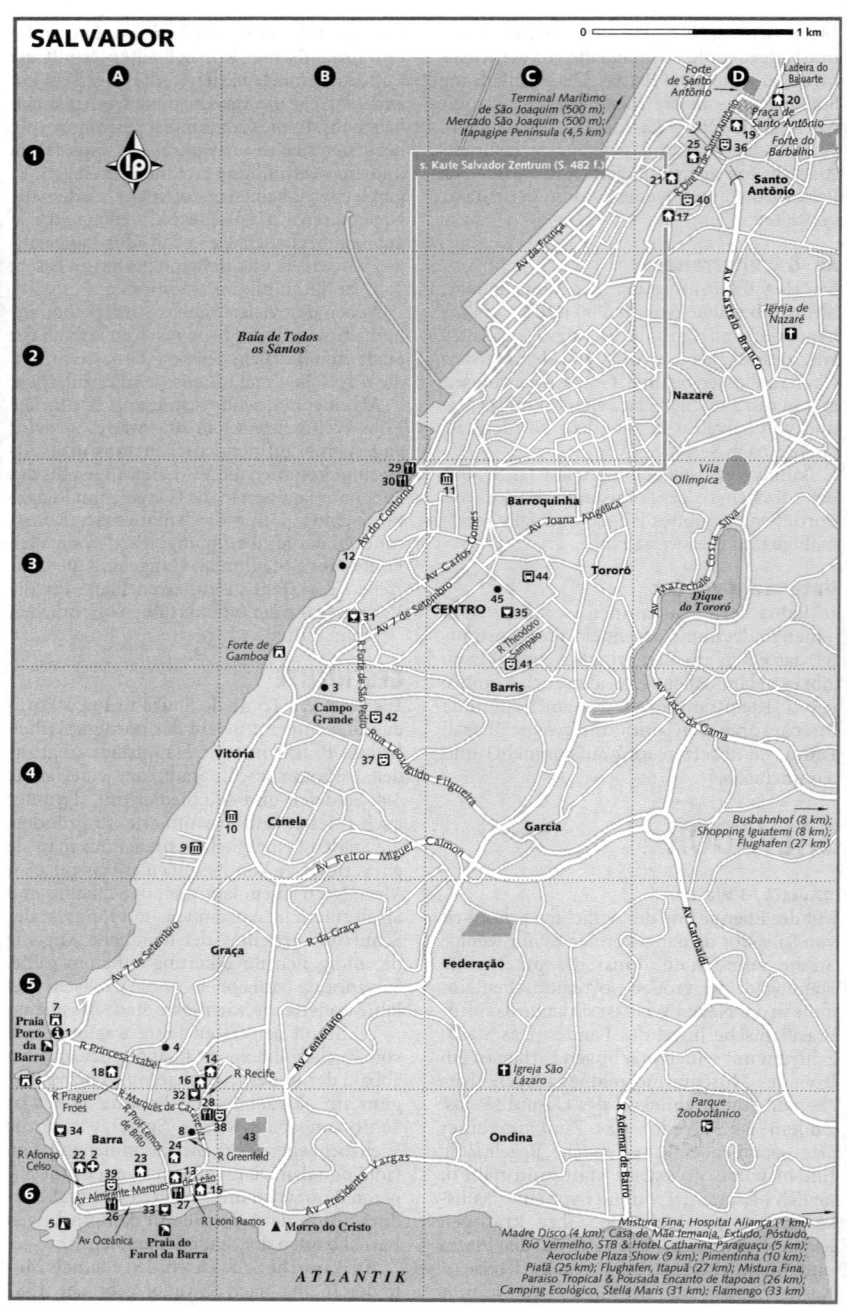

SALVADOR

0 _____ 1 km

A   **B**   **C**   **D**

Forte
de Santo
Antônio

Ladeira do
Baluarte

20

Praça de
Santo Antônio

19   **36**   Forte do
Barbalho

Terminal Marítimo
de São Joaquim (500 m);
Mercado São Joaquim (500 m);
Itapagipe Peninsula (4,5 km)

25

21   **Santo
Antônio**

s. Karte Salvador Zentrum (S. 482 f.)   **40**

17

Av da França

Igreja de
Nazaré

**Baía de Todos
os Santos**

Nazaré

Vila
Olímpica

29
30   **11**   **Barroquinha**

Av do Contorno   Av Joana Angélica

12   Av Carlos Gomes   **Tororó**

44

Av 7 de Setembro   **CENTRO**   **45**   **35**

31

Forte de
Gamboa   R Theodoro
Sampaio

41   Av Marechal

Barris

Dique
do Tororó

3

**Campo
Grande**   **42**

Vitória   Rua Leovigildo Filgueira   **37**

Av Vasco da Gama

10

Canela   **Garcia**

Busbahnhof (8 km);
Shopping Iguatemi (8 km);
Flughafen (27 km)

9

Av Reitor Miguel Calmon

Av 7 de Setembro   **Graça**   R da Graça

Federação

Av Garibaldi

7
Praia   **1**
Porto
da   **Barra**

R Princesa Isabel   **4**

14

R Recife

18   **16**   Av Centenário

**Igreja São
Lázaro**

R Praguer
Fróes   **32**   **28**

Parque
Zoobotânico

34   **8**   **38**   **43**

R Afonso
Celso   **22 2**   **24**   R Greenfeld

39   **23**

Av Almirante Marques   **13**

26   de Leão   **15**

33   **27**

Ondina

R Ademar de Barro

5   Av Oceânica   Praia do
Farol da Barra

R Leoni Ramos   ▲ Morro do Cristo

Av Presidente Vargas

Mistura Fina; Hospital Aliança (1 km);
Madre Disco (4 km); Casa de Mãe Iemanjá, Extudo, Póstudo,
Rio Vermelho, 5T8 & Hotel Catharina Paraguaçu (5 km);
Aeroclube Plaza Show (9 km); Pimentinha (10 km);
Piatã (25 km); Flughafen, Itapuã (27 km); Mistura Fina,
Paraíso Tropical & Pousada Encanto de Itapoan (26 km);
Camping Ecológico, Stella Maris (31 km); Flamengo (33 km)

ATLANTIK

zählte der Historiker Gabriel Soares etwa 12 000 Weiße, 8000 bekehrte *índios* und 4000 schwarze Sklaven. Die Anzahl der Afro-Brasilianer nahm schließlich so weit zu, dass sie die Hälfte der Einwohner der Stadt ausmachten. Aufstände der Schwarzen bedrohten mehrmals die Sicherheit Salvadors.

Salvador war nach Lissabon die zweitwichtigste Stadt des portugiesischen Imperiums. Sie war der Stolz des kolonialen Brasiliens, berühmt für ihre vielen vergoldeten Kirchen, prachtvollen Villen und die zahlreichen Feste. Sie war aber auch schon im 17. Jh. für ihr schlüpfriges öffentliches Leben, für ihre Wolllust und Dekadenz berüchtigt – und zwar so sehr, dass die Bucht den Spitznamen Baía de Todos os Santos e de Quase Todos os Pecados (Bucht aller Heiligen und nahezu aller Sünden) erhielt!

Salvador blieb bis 1763 der brasilianische Sitz der Kolonialregierung, danach wurde er wegen des Niedergangs der Zuckerrohrindustrie nach Rio verlegt.

1798 war die Stadt Schauplatz der Conjuração dos Alfaiates (Verschwörung der Schneider) – des Beginns einer Reihe von Kämpfen zwischen portugiesischen Royalisten und Menschen, die nach Unabhängigkeit strebten. Erst mit der Niederlage der portugiesischen Truppen in Cabrito und Pirajá am 2. Juli 1823 fand die Stadt Frieden. Zu jener Zeit hatte Salvador 45 000 Einwohner und war das wirtschaftliche Zentrum eines riesigen Gebietes.

Aufgrund sinkender Erträge in der Landwirtschaft, die auf schlecht organisierten Arbeits- und Produktionsabläufen beruhten, kam es im 19. und 20. Jh. zu einem wirtschaftlichen Stillstand. Heute ist Salvador die drittgrößte Stadt Brasiliens, und erst seit ein paar Jahrzehnten zeichnet sich ein Aufwärtstrend ab. Neue Industriezweige wie Erdölgewinnung, chemische Industrie und Tourismus haben die Kassen der Stadt gefüllt, doch die rasch wachsende Bevölkerung kämpft immer noch mit schwerwiegenden wirtschaftlichen und sozialen Problemen.

ORIENTIERUNG

Salvador liegt an der Südspitze einer v-förmigen Halbinsel am Eingang zur Baía de Todos os Santos. Sich in der Stadt zurechtzufinden, ist mitunter schwierig, da sich viele Einbahnstraßen und Straßen ohne Linksabbiegemöglichkeit durch die Hügel und Täler Salvadors schlängeln. Das Stadtzentrum liegt auf der Buchtseite der Halbinsel und ist durch einen steilen Felsen in zwei Abschnitte geteilt: Cidade Alta (Oberstadt) und Cidade Baixa (Unterstadt).

Das Herz der historischen Cidade Alta ist der Pelourinho (oder Pelô), das Zentrum des Tourismus und Nachtlebens von Salvador. Der Name bezeichnet die Gegend zwischen Praça da Sé und Largo do Pelourinho.

Von der Praça Castro Alves führt die Av 7 de Setembro durch das Centro zur breiten Praça Campo Grande, verläuft dann weiter in südwestlicher Richtung durch das wohlhabende Vitória-Viertel bis hinunter zum Eingang der Bucht. An der Spitze der Halbinsel,

BAHIA

SALVADOR ZENTRUM

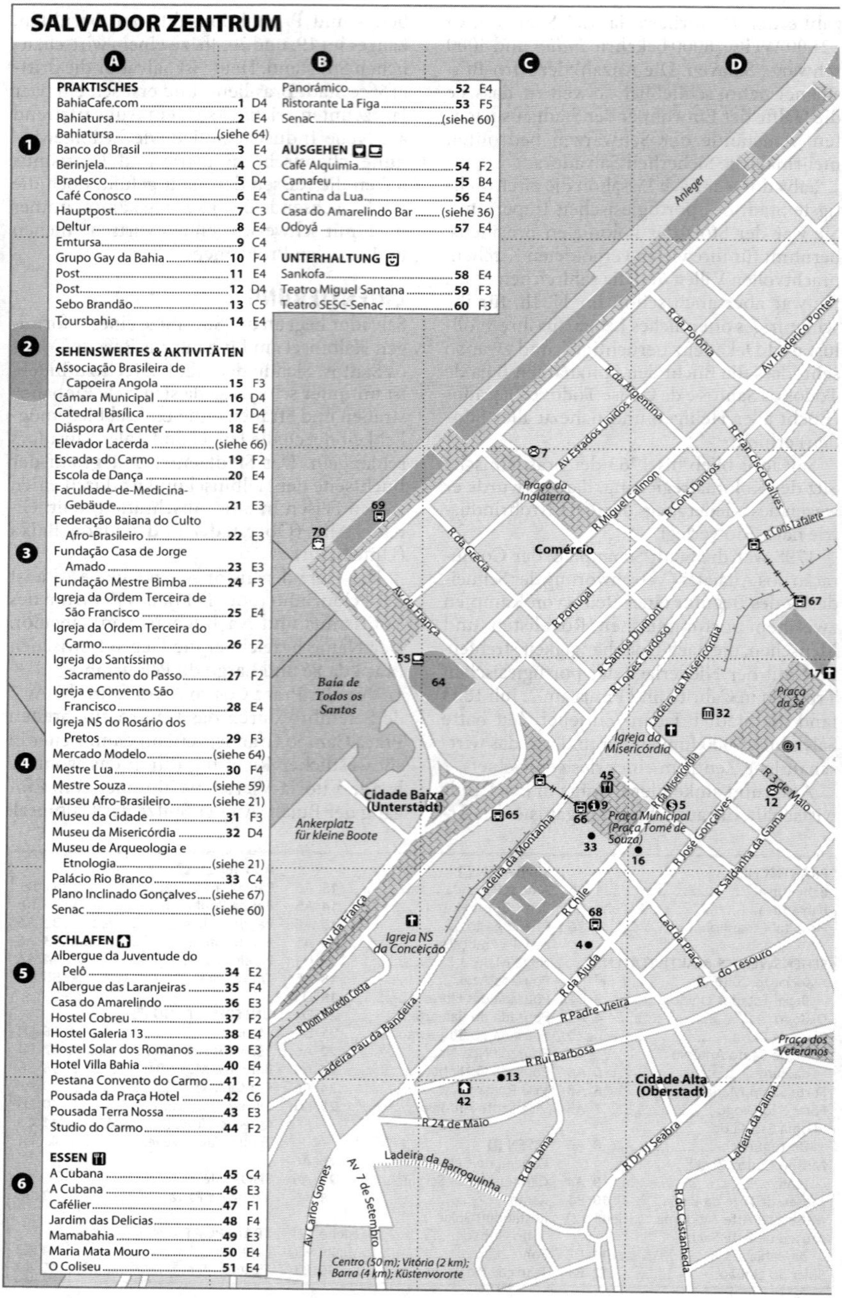

BAHIA

A   B   C   D

Anleger

R da Polônia

Av Frederico Pontes

R da Argentina

Av Estados Unidos

R Miguel Calmon

R Cons Dantas

R Frei Francisco Galvão

R Cons Lafaiete

Praça da Inglaterra

R da Grécia

Comércio

67

R Portugal

R Santos Dumont

55

R Lopes Cardoso

Ladeira da Misericórdia

32

17

Baía de Todos os Santos

64

Praça da Sé

1

Igreja da Misericórdia

R da Misericórdia

R 3 de Maio

12

Cidade Baixa (Unterstadt)

65

45

66

Praça Municipal (Praça Tomé de Souza)

5

R José Gonçalves

R Saldanha da Gama

Ankerplatz für kleine Boote

33

16

Ladeira da Montanha

R Chile

68

4

Av da França

Igreja NS da Conceição

Lad da Praça

Lad do Tesouro

R da Ajuda

R Padre Vieira

Praça dos Veteranos

R Dom Marcelo Costa

R Rui Barbosa

13

Cidade Alta (Oberstadt)

Ladeira Pau da Bandeira

42

Ladeira da Palma

R 24 de Maio

R da Lana

R Dr IJ Seabra

R do Castanheda

Av Carlos Gomes

Av 7 de Setembro

Ladeira da Barroquinha

Centro (50 m); Vitória (2 km);
Barra (4 km); Küstenvororte

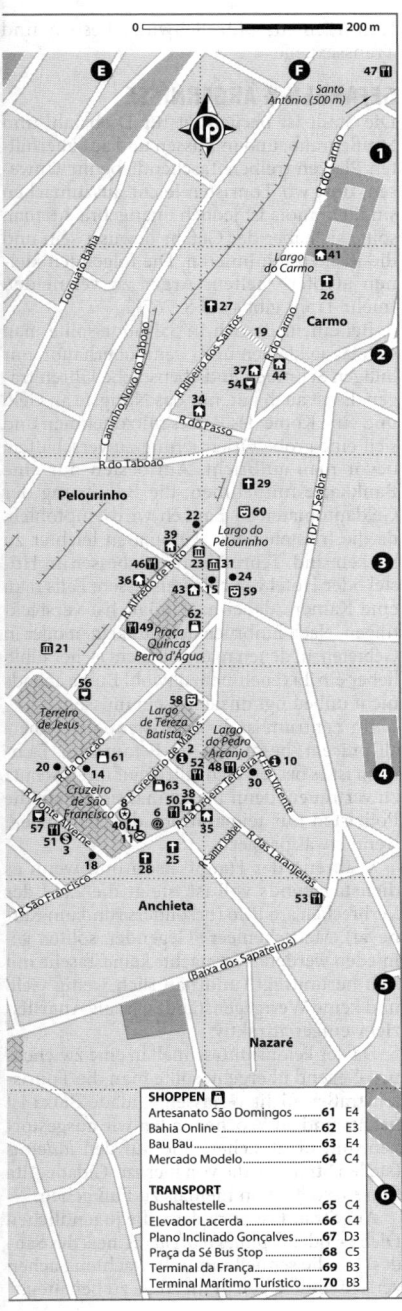

befindet sich der reiche Stadtteil Barra mit dem Leuchtturm und dem beliebten Strand.

Östlich von Barra verläuft eine Straße, deren Name sich ständig ändert (eine davon ist Av Presidente Vargas), an der Atlantikküste entlang. Sie führt durch mittelständische Küstenvororte wie Rio Vermelho und vorbei an etlichen Stränden nach Itapuã.

In Cidade Baixa befinden sich das Comércio (das Geschäfts- und Finanzzentrum der Stadt), die Fähranleger und der Hafen. Im Norden beschreibt die Küste einen Bogen, sodass die Halbinsel Itapagipe entsteht, auf der die Viertel Bonfim und Boa Viagem liegen. Die Vororte an der Bucht sind arm, und das Ausmaß der Armut wächst in der Regel proportional mit der Entfernung vom Zentrum.

Karten & Stadtpläne

Die Touristeninformationen geben kostenlose einfache Karten heraus. Wer etwas Detaillierteres haben will, findet an Zeitungsständen überall in der Stadt die Karte *O Melhor de Salvador* (15 R$) von Guia Cartoplam und ähnliche Stadtpläne.

PRAKTISCHE INFORMATIONEN
Buchläden

Berinjela (Karte S. 482 f.; ☎ 3322 0247; Travessa da Ajuda 1, Cidade Alta; ▯) Verkauft gebrauchte fremdsprachige Bücher, CDs und LPs. Das Café serviert vegetarisches Essen.

Sebo Brandão (Karte S. 482 f.; ☎ 3243 5383; Rua Rui Barbosa 15B, Cidade Alta) Verkauft und tauscht gebrauchte fremdsprachige Bücher.

Geld

Banco do Brasil (Karte S. 482 f.; Cruzeiro de São Francisco 11, Pelourinho) Überall in Barra und auch am Flughafen.

Bradesco (Karte S. 482 f.; Rua da Misericórdia, Cidade Alta) Filialen mit internationalen Geldautomaten gibt's auch im Pelourinho, in Barra, am Busbahnhof und am Flughafen.

Toursbahia (Karte S. 482 f.; ☎ 3320 3280; www.toursbahia.com.br; Cruzeiro de São Francisco 4, Pelourinho) Einer der beiden offiziellen Geldwechsler in Salvador. Hier kann man Geld umtauschen und Reiseschecks einlösen. In der Nähe sind aber auch Gauner unterwegs.

Gepäckaufbewahrung

Flughafen (☎ 3204 1150; 5–8 R$/24 Std.; ☽ 24 Std.)

Busbahnhof (☎ 3460 8300; 3 R$/24 Std.; ☽ 24 Std.)

Internetzugang

BahiaCafe.com (Karte S. 482 f.; Praça da Sé 20, Pelourinho; 4 R$/Std.; ☽ 10–24 Uhr) In dem zentral gelegenen Internetcafé gibt's auch Sandwichs, Salate und Getränke.

BAHIA

Café Conosco (Karte S. 482 f.; Rua da Ordem Terceira 4, Pelourinho; 3 R$/Std.)

Medizinische Versorgung
Hospital Espanhol (Karte S. 480; ☎ 3421 8000; www. hospitalespanhol.com.br; Av 7 de Setembro 4161, Barra)

Notfall
Deltur (Karte S. 482 f.; ☎ 3322 7155; Cruzeiro de São Francisco 14, Pelourinho; ☼ 24 Std.) Alle Straftaten, in die Touristen verwickelt sind, müssen von der städtischen Touristenpolizei bearbeitet werden. Ein paar Polizisten sprechen auch Englisch oder Französisch.
Pronto Socorro (Erste Hilfe; ☎ 192)

Post
Hauptpost (Karte S. 482 f.; Praça da Inglaterra, Comércio)
Post Cruzeiro de São Francisco (Karte S. 482 f.; Cruzeiro de São Francisco, Pelourinho); Rua 3 de Maio (Karte S. 482 f.; Rua 3 de Maio, Pelourinho)

Reisebüros
In Barra und im Pelourinho gibt's Dutzende von Reisebüros.
STB (☎ 3334 7566; www.stb.com.br; Rua Fonte do Boi 12, Rio Vermelho) Findet Studentenrabatte für internationale Flüge.

Touristeninformation
Bahiatursa (www.bahiatursa.ba.gov.br, portugiesisch) Flughafen (☎ 3204 1244; ☼ 7.30–23 Uhr); Busbahnhof (☎ 3450 3871; Av Antônio Carlos Magalhães, 4362 - Iguatemi); Mercado Modelo (Karte S. 482 f.; ☎ 3241 0242; Mercado Modelo, Praça Cayru); Pelourinho (Karte S. 482 f.; ☎ 3321 2463; Rua Francisco Muniz Barreto 12, Pelourinho; ☼ Mo–Do 8.30–21, Fr–So 8.30–22 Uhr); Porto da Barra (Karte S. 480; ☎ 3264 5440; Instituto Mauá, Av 7 de Setembro, Porto da Barra); Shopping Barra (Karte S. 480; ☎ 3264 4566; SAC) Die mehrsprachige staatliche Tourismusbehörde ist freundlich, aber ziemlich chaotisch. Die jungen Angestellten an den Schaltern der Touristeninformation haben den Ruf, nicht wirklich den Durchblick zu haben. Am besten ist die Filiale im Pelourinho, die ein schwarzes Brett mit Infos zu aktuellen Events in der Stadt hat.
Disque Bahia Turismo (Dial Tourism Bahia; ☎ 3103 3103) Hier bekommen Touristen rund um die Uhr Infos und Hilfe (auf Englisch).
Emtursa (Karte S. 482 f.; ☎ 3321 3127; www.emtursa. salvador.ba.gov.br, portugiesisch; Elevador Lacerda, Cidade Alta) Die städtische Touristeninformation kann, wie Bahiatursa auch, ganz nützlich sein. Manchmal schleichen sich aber Fehler ein – daher wichtige Infos lieber noch einmal anderswo nachprüfen.
Grupo Gay da Bahia (Karte S. 482 f.; ☎ 3322 2552; www. ggb.org.br, portugiesisch; Rua Frei Vicente 24, Pelourinho) Kulturzentrum für Schwule, Lesben und Transsexuelle

GEFAHREN & ÄRGERNISSE
Die Stadt ist berüchtigt für Diebstahl und Straßenraub, und in Bussen und auf überfüllten Plätzen treiben Taschendiebe ihr Unwesen, dort wo Touristen leicht auszumachen sind. Paranoia ist jedoch unangebracht, man sollte sich aber der Gefahr bewusst sein und die Risiken minimieren. Die folgenden kleinen „Opfer" helfen, Ärger zu vermeiden (mehr Tipps gibt's auf S. 767).

Bei einem Besuch in Salvador sollte man sich lässig kleiden und, wenn überhaupt, nur billigen Schmuck und ebensolche Uhren tragen. Es ist auch gut, nur das Nötigste an Geld und eine Kopie des Passes mitzunehmen und sich eine grobe Orientierung zu verschaffen, bevor man aufbricht. Am besten nur eine Bankkarte mitnehmen, die Benutzung der Geldautomaten in Banken wird empfohlen, da die freistehenden Automaten leichter zu hacken sind. Teure Elektronik besser im Hostel oder Hotel verschlossen lassen. Falls man eine Kamera dabei hat, möglichst versteckt tragen. Nach Einbruch der Dunkelheit oder in Gebieten, in denen man sich nicht sicher fühlt, lieber ein Taxi nehmen, obwohl Busse abends nicht unbedingt unsicher sein müssen.

Im Zentrum ist die Touristenpolizei überall präsent, besonders im Pelourinho. Dennoch ist es besser, nicht allein auf ihren Schutz zu vertrauen, denn manchmal sieht man die Polizisten nur teilnahmslos danebenstehen, wenn etwas passiert.

Während der Hauptsaison und wenn es dienstagabends voll ist, steigt die Zahl der Verbrechen am Pelô (besonders rund um Karneval). Menschenleere Gegenden sollten gemieden werden. Wer nachts keine Tasche mit sich herumträgt (und natürlich wenig Geld und keine Wertgegenstände), ist als Angriffsziel weniger attraktiv.

Da der Pelourinho schnell in eine zwielichtige Gegend übergeht, sollte man die Touristenstraßen nicht verlassen. Cidade Baixa ist nachts und an Wochenenden wie ausgestorben und nicht sicher, und auf den *ladeiras* (steilen Straßen), die von hier zur Cidade Alta führen, sollte man niemals zu Fuß gehen.

Am Strand ist es ratsam, die jugendlichen Diebe – oder *capitães d'areia* („Chefs des Sandes") –, die schnell mit unbewachten Sachen verschwinden, genau im Auge zu behalten.

Frauen werden besonders im Pelourinho mit aufdringlichen Männern zu kämpfen haben. Die beste Taktik ist, die Kommentare, das Hinterhergezische und das Gewinke einfach zu ignorieren.

Abzocke

Um ohne Scherereien die Übersicht über die Anzahl der georderten Getränke zu behalten, ist es bei den Bars und ihren Kunden üblich, die leeren Flaschen unter oder neben den Tisch zu stellen. Bevor man seine Flasche öffnet, sollte man sich also vergewissern, dass der Bereich unter dem Tisch und drum herum leer ist, damit der Kellner nichts falsch oder nicht zuviel berechnet.

Auf dem Terreiro de Jesus sollte man sich vor der bunt zusammengewürfelten Truppe von Kerlen in Acht nehmen, die dort Capoeira tanzen. Erstens kann man woanders bessere Capoeira sehen, und zweitens kommen die Typen über die Plaza angeschossen, sobald man auch nur in ihre Richtung mit der Wimper zuckt, um eine Spende zu verlangen. Wer kein Geld herausrückt, wird sofort beschuldigt, die Künste nicht zu unterstützen.

Fliegende Händler, besonders in Lumpen gekleidete Kinder, bieten einem Dinge als *regalo* (Geschenk; sie sagen oft auch „presente", da sowohl spanisch als auch englisch sprechende Menschen diesen Ausdruck verstehen) an. Doch wie heißt es so schön – umsonst ist nur der Tod. Hat man das kostenlose „Geschenk" erst einmal angenommen, muss man sehr wahrscheinlich etwas kaufen, um seinen neuen Verkäuferfreund wieder loszuwerden.

Weitere verbreitete Abzockmethoden sind im Kasten in der rechte Spalte genannt.

SEHENSWERTES

Die eindrucksvollsten Sehenswürdigkeiten findet man in der Cidade Alta. Es gibt aber auch lohnende Museen in Vitória, malerische Leuchttürme in Barra und andere faszinierende Attraktionen überall in der Stadt. Wer wenig Zeit hat, sollte eine Stadtrundfahrt mit dem **Salvador Bus** (☎ 3356 6425; www.salvadorbus. br; Tageskarte 30 R$; ☾ Mo–Sa 8.30–18 Uhr) machen. Einfach am Farol da Barra, Mercado Modelo oder an einer der anderen Haltestellen im Zentrum in den Doppeldeckerbus mit offenem Oberdeck einsteigen. Im Angebot sind Führungen in verschiedenen Sprachen, und man kann beliebig oft ein- und aussteigen. Die große Route hat viele Haltestellen, dar-

unter auch in Rio Vermelho und an der Igreja do Bonfim.

Toursbahia (Karte S. 482 f.; ☎ 3320 3280; www.tours bahia.com.br; Cruzeiro de São Francisco 4, Pelourinho) ist ein mehrsprachiger, professioneller Tourveranstalter mit lokalen und landesweiten Touren.

Cidade Alta

Die Hauptattraktion der Cidade Alta ist der **Pelourinho** (Karte S. 482 f.), ein zum Unesco-Weltkulturerbe erklärter Platz mit Kolonialgebäuden und herrlichen Kirchen. Die Gegend wurde größeren Restaurierungsarbeiten unterzogen, die 1993 dank der Finanzierung durch die Unesco begannen und noch laufen. Zwar hat der Pelô dabei an Charme verloren, doch es ist noch untertrieben, zu behaupten, er sei jetzt sicherer und besser erhalten.

Wer durch die engen, kopfsteingepflasterten Gassen flaniert und zu den ältesten Gebäuden der Stadt aufblickt, wird feststellen, dass der Pelô nicht nur eine Touristenattraktion ist. Kulturzentren und Tanz-, Musik- und Capoeiraschulen drängen sich in den pastellfarbenen Gebäuden aus dem 17. und 18. Jh.

I IGREJA E CONVENTO SÃO FRANCISCO

Die barocke **Igreja e Convento São Francisco** (Karte S. 482 f.; Cruzeiro de São Francisco; Eintritt 3 R$; ☾ Mo–Sa 8.30–17.30, So 13–17 Uhr) zählt zu den prächtigsten

---

HILFE ODER VERSTÄRKUNG DES PROBLEMS?

Im Pelourinho wird man dauernd von Bettlern angesprochen, die einen um irgendetwas bitten – und sei es nur einen Schluck Wasser. Man bekommt unausgefüllte Rezepte, gebrochene Gliedmaßen und hungrige Kleinkinder zu sehen. Straßenkinder führen einen zu Läden, damit man ihnen Milchpulver kauft. Ob man nun all diese Geschichten, die einem aufgetischt werden, glaubt oder nicht – man muss bedenken, dass in dieser verarmten Gemeinde der Konsum von Drogen wie Crack und Lösungsmitteln sehr hoch ist und sich alles, von einer Kanne Milch, einem Sandwich bis zu den eingepackten Resten vom Abendessen und erst recht Bargeld, gegen Drogen eintauschen lässt. Die beste Art, jemandem wirklich zu helfen, ist, ihm Essen zu kaufen und ihn in ein kleines Gespräch zu verwickeln, während er es verspeist.

Kirchen Brasiliens und ist voller Dinge, die Reichtum und Pracht verheißen. Ein 80 kg schwerer, silberner Kronleuchter schwebt über reich mit Blattgold verzierten Holzschnitzereien, und der Innenhof des Klosters ist mit handbemalten *azulejos* (portugiesischen Fliesen) geschmückt. Der Komplex wurde 1723 fertiggestellt.

Dass die versklavten afrikanischen Künstler, die die Kirche für ihre Herren errichten mussten, ihre eigene Religion nicht ausüben durften, spiegelt sich in ihrem Werk wider: Die Gesichter der Putten sind verzerrt, einige Engel wurden mit riesigen Sexualorganen ausgestattet, und andere wirken schwanger. Die meisten dieser kreativen Einfälle wurden von den Küstern des 20. Jhs. keusch verdeckt.

Die bunte Statue des São Pedro da Alcântara von Manoel Inácio da Costa zeigt eine Gestalt, die wie der Künstler selbst an Tuberkulose leidet. Die eine Gesichtshälfte des Heiligen ist bleicher als die andere, sodass man beim Vorbeilaufen den Eindruck hat, als würde er kränker. José Joaquim da Rocha bemalte die Decke der Eingangshalle und verwendete dafür die Technik der malerischen Raumillusion, eine Neuheit im Barock.

TERREIRO DE JESUS

Der **Terreiro de Jesus** (Karte S. 482 f.; Praça 15 de Novembro) ist eine historische Stätte, wo einst religiöse Feste abgehalten wurden. Heute trifft man hier auf eine bunte Mischung aus Straßenverkäufern, Touristen, Capoeiristas und Einheimischen. Der Platz ist umgeben von vier Kirchen und dem Gebäude der **Faculdade de Medicina** aus dem 19. Jh. Er geht in den **Cruzeiro de São Francisco** über, der nach dem Kreuz in der Mitte des Platzes benannt ist.

MUSEU AFRO-BRASILEIRO

Das **Museu Afro-Brasileiro** (Karte S. 482 f.; ☎ 3321 2013; www.ceao.ufa.br/mafro, portugiesisch; Faculdade de Medicina Bldg; Terreiro de Jesus; Eintritt 5 R$; ☿ Mo–Fr 9–18, Sa & So 10–17 Uhr) besitzt eine der bedeutendsten Kunstsammlungen Bahias. Es stellt Holzschnitzereien, Körbe, Töpferwaren und andere Kunstwerke und Kunsthandwerksgegenstände aus, die brasilianische und afrikanische Kunsttraditionen verbinden. Das Highlight des Museums ist ein Raum, der mit 27 riesigen, atemberaubenden Holztafeln des in Argentinien geborenen Künstlers Carybé ausgestattet ist. Er war der vielleicht bekannteste Künstlers Salvadors im 20 Jh. Die mit

DAS GEHEIMNIS DER KIRCHEN

Es ist weitgehend unbekannt, dass die Kirchen im historischen Zentrum durch ein Netz von Tunneln miteinander verbunden sind, die zum Hafen und zum Forte de Santo Antônio führen. Angeblich wurden die unterirdischen Gänge zu Verteidigungszwecken angelegt, aber man fragt sich doch, wofür sie sonst noch genutzt wurden (ein romantisches Stelldichein? Illegaler Sklavenhandel? Schmuggel?)

Intarsien aus Muscheln und Metall verzierten Holztafeln sind stilisierte Darstellungen der *orixás* (Gottheiten der afro-brasilianischen Religionen). Außerdem gibt es eine sehenswerte Ausstellung mit Fotos, sakralen Objekten und zeremoniellen Kleidungstücken, die die afrikanischen Wurzeln der brasilianischen Candomblé aufzeigen (s. Kasten S. 499).

IGREJA DA ORDEM TERCEIRA DO CARMO

Die ursprüngliche **Igreja da Ordem Terceira do Carmo** (Karte S. 482 f.; Largo do Carmo; Eintritt 2 R$; ☿ Mo–Fr 8–12 & 14–17 Uhr), die 1636 errichtet wurde, brannte bis auf die Grundmauern nieder; der heute zerfallende, neoklassische Bau stammt von 1828. Im Hauptschiff befinden sich eine französische Orgel und ein barocker Altar mit der skandalträchtigen Nossa-Senhora-do-Carmo-Statue. Kirchenhistoriker behaupten, dass die Statue nach dem Bild von Isabel II. gehauen wurde, der Tochter Garcia d'Ávilas (der in Praia do Forte berühmt ist), des größten Grundbesitzers des Nordostens. Der als O Cabra (Halbblut) bekannte Künstler war ein Sklave ohne jede künstlerische Ausbildung, der angeblich in Isabel II. vernarrt war. Das Christuskind, das die Statue in ihren Armen wiegt, trägt negroide Züge – hat sich O Cabra vielleicht so das Kind seiner Liebe vorgestellt? O Cabra brauchte acht Jahre, um die lebensgroße Christusfigur fertigzustellen (1630), für dessen Blut er 2000 Rubine verwendete. Die Statue ist im kleinen Museum der Kirche ausgestellt.

CATEDRAL BASÍLICA

Die **Catedral Basílica** (Karte S. 482 f.; Terreiro de Jesus; Eintritt 2 R$; ☿ Mo–Sa 9–11 & 14–17, So 10–12 Uhr) stammt von 1672 und ist ein Meisterwerk jesuitischer Architektur. Das Innere ist elegant und schlicht gestaltet: Die mit Marmor verkleideten Wände und die Pfeiler betonen die Raumhöhe. Die Sakristei schmückt ein schöner, aus Palisanderholz geschnitzter Torbogen, und die Kuppel und der Boden sind bemalt.

LARGO DO PELOURINHO

Der abschüssige **Largo do Pelourinho** (Karte S. 482 f.; Praça José de Alencar) ist ein großer Platz, auf dem einst der *pelourinho* (Pranger) stand. Hier wurden auch Sklaven versteigert (die Historiker sind sich uneins, ob die Sklaven hier auch öffentlich ausgepeitscht wurden).

MUSEU DA CIDADE

Das **Museu da Cidade** (Karte S. 482 f.; Largo do Pelourinho; Eintritt 3 R$; Mo & Mi–Fr 9–18, Sa 13–17, So 9–13 Uhr) besteht, wie die Stadt selbst, aus einer bunten Sammlung aus Altem und Neuem, aus Sakralem und Profanem. Gezeigt werden u. a. Candomblé-*orixá*-Kostüme, persönliche Gegenstände des Dichters Castro Alves (der Autor von *Návio Negreiro*, „Sklavenschiff", war einer der ersten Personen des öffentlichen Lebens, die sich gegen die Sklaverei aussprachen), traditionelle Lumpenpuppen, mit denen der Alltag in der Kolonialzeit nachgestellt wird, sowie Gemälde und Skulpturen.

IGREJA NS DO ROSÁRIO DOS PRETOS

Der König von Portugal schenkte der Irmandade dos Homens Pretos (Bruderschaft der Schwarzen) 1704 das Land, auf dem Sklaven und befreite Sklaven in ihrer Freizeit die vendelblaue **Igreja NS do Rosário dos Pretos** (Karte S. 482 f.; Largo do Pelourinho; Eintritt gegen Spende; Mo–Fr 9–18, Sa & So 9–14 Uhr) errichteten. Sie brauchten fast 100 Jahre für die Fertigstellung. Die Rokoko-Fassade weist Stilelemente des Candomblé auf (einen Führer danach fragen) und hat fliesenverkleidete, indigen anmutende Türme.

FUNDAÇÃO CASA DE JORGE AMADO

Wer Portugiesisch kann, sollte die **Fundação Casa de Jorge Amado** (Karte S. 482 f.; 3321 0070; www.jorgeamado.org.br; Largo do Pelourinho; Eintritt frei; Mo–Sa 9–18 Uhr) besuchen. Hier erfährt man etwas über das Leben des international bekanntesten brasilianischen Romanciers (s. Kasten S. 524). Eine Wand mit Amados Büchern in allen wichtigen Sprachen zeugt von seiner großen Popularität.

PRAÇA DA SÉ

Auf der schicken, L-förmigen **Praça da Sé** stehen kühlende Springbrunnen und die einge-

zäunte Ruine der gleichnamigen Kirche. Eine bunte Mischung aus Straßenkünstlern versammelt sich hier und zieht einheimische Zuschauer und Touristen gleichermaßen an. Am Ende der Plaza befindet sich der **Plano Inclinado Gonçalves** (Karte S. 482 f.; Fahrpreis 0,15 R$; Mo–Fr 7–19, Sa 7–13 Uhr), eine Standseilbahn von 1874, deren Kabinen 30 Fahrgäste aufnehmen und die zwischen der Cidade Alta und der Cidade Baixa über beängstigend steile Fahrspuren hin- und herpendelt.

ELEVADOR LACERDA

Der schön restaurierte **Elevador Lacerda** (Karte S. 482 f.; 3322 7049; Fahrpreis 0,15 R$; 24 Std.) im Art-déco-Stil verbindet die Cidade Alta mit dem Comércio über vier Lifte, die in etwa 20 Sekunden 72 m zurücklegen. Jesuiten installierten um 1610 den ersten handbetriebenen (mit Seilen und Flaschenzügen funktionierenden) Lift, um Waren und Passagiere vom Hafen zur Siedlung zu transportieren. 1868 wurde eine Eisenkonstruktion mit scheppernden, dampfbetriebenen Aufzügen eingeweiht, die 1928 durch ein elektrisch betriebenes System ersetzt wurde. Gegenüber vom Lift finden sich die eindrucksvollen Bögen der **Câmara Municipal**, des Rathauses aus dem 17. Jh., in dem gelegentlich Kulturausstellungen stattfinden.

PRAÇA MUNICIPAL & PALÁCIO RIO BRANCO

Die **Praça Municipal** (Praça Tomé de Souza; Karte S. 482 f.) war einst das politische Zentrum im kolonialen Brasilien. Heute ist sie ein belebter Platz, auf dem man gut Leute beobachten kann, während man die kühle Brise genießt. Von hier aus hat man einen tollen Panoramablick über die Bucht, und es gibt Fernrohre, mit denen man kostenlos die Aussicht näher betrachten kann.

Der eindrucksvolle **Palácio Rio Branco** (Karte S. 482 f.; 3322 7255; Eintritt frei; Mo 14–19, Di–Sa 9–17 Uhr) mit Blick auf die Plaza wurde 1919 wieder aufgebaut, nachdem er durch einen Bombenangriff und im darauffolgendes Feuer teilweise zerstört worden war. Im Originalbau von 1549 waren die Büros von Tomé de Souza, Brasiliens erstem Generalgouverneur, untergebracht.

IGREJA DA ORDEM TERCEIRA DE SÃO FRANCISCO

Da sich die Kirchenväter über ein Freimaurersymbol – einen Adler – in der Fassade der

Igreja da Ordem Terceira de São Francisco (Karte S. 482 f.; Rua São Francisco; Eintritt 3 R$; ☯ 8–17 Uhr) ärgerten, ordneten sie Ende des 18. Jhs. die Überdeckung der ganzen Fassade an. Sie kam erst in den 1930er-Jahren wieder zum Vorschein, als ein Arbeiter bei der Installation elektrischer Leitungen glücklicherweise die herrliche barocke Sandsteinfassade (die einzige ihrer Art in Brasilien) wiederentdeckte.

MUSEU DE ARQUEOLOGIA E ETNOLOGIA

Unter dem Museu Afro-Brasileiro ist das **Museu de Arqueologia e Etnologia** (Archäologisches & Ethnologisches Museum; Karte S. 482 f.; ☎ 3321 3971; Faculdade de Medicina, Terreiro de Jesus; Eintritt 5 R$; ☯ 10–17 Uhr) untergebracht. Es zeigt Töpferwaren, Pfeile und Bögen, Masken und Federkopfschmuck der indigenen Bevölkerung Brasiliens. Zwischen den gewölbten Steinfundamenten sind auch Glas- und Porzellanstücke aus dem 19. Jh. zu sehen, die bei Ausschachtungsarbeiten für die U-Bahn gefunden wurden.

MUSEU DE ARTE SACRA DA BAHIA

Das in einem ruhigen Kloster aus dem 17. Jh. untergebrachte **Museu de Arte Sacra da Bahia** (Karte S. 480; ☎ 3243 6511; Rua do Sodré 276; Eintritt 5 R$; ☯ Mo–Fr 11.30–17.30 Uhr) hat hohe Steinmauern, einen schattigen Hof und eine tolle Sicht auf die Bucht. In den früheren Zellen der Mönche der Carmelitas Descalços (Orden der barfüßigen Karmeliter) ist eine Sammlung sakraler Kunst aus dem 17. und 18. Jh. untergebracht, darunter Schnitzereien aus der zerstörten Igreja da Sé.

MUSEU DA MISERICÓRDIA

Das **Museu da Misericórdia** (Karte S. 482 f.; ☎ 3322 7355; www.scmba.com.br, portugiesisch; Rua da Misericórdia 6; Eintritt 5 R$; ☯ Mo–Sa 10–17, So 13–17 Uhr) befindet sich in einem anderen herrlichen Gebäude aus dem 17. Jh., das einst das erste Krankenhaus Brasiliens war. Bei der Führung (auf Portugiesisch) sieht man schöne Einrichtungsgegenstände aus der damaligen Zeit, Porträts und Luxusartikel, die bis zu 400 Jahre alt sind. Besichtigen kann man auch die angeschlossene Igreja da Misericórdia mit ihren *azulejos* und einer Sakristei, die eindrucksvolle Holzschnitzereien aus dem 18. Jh. aufweist.

LADEIRA DO CARMO

Vom Pelourinho führt die steile Ladeira do Carmo zu den **Escadas do Carmo** (Karte S. 482 f.).

Die breite Treppe bildete die Kulisse für den Film *O Pagador de Promessas* (1962, Fünfzig Stufen zur Gerechtigkeit), der als erster brasilianischer Streifen bei den Filmfestspielen in Cannes einen Preis (die Goldene Palme) gewann. Die Stufen führen hinunter zur **Igreja do Santíssimo Sacramento do Passo** (1737), die schon seit Ewigkeiten „wegen Renovierungsarbeiten" geschlossen ist.

Cidade Baixa

Zwischen all den modernen Wolkenkratzern im Comércio findet man hier ein paar fantastische Bauten aus dem 19. Jh. in verschiedenen Stadien des Verfalls.

MERCADO MODELO

Das ursprüngliche Zollamt von 1861 wurde bei einem Feuer 1986 teilweise zerstört. Nach dem Wiederaufbau wurde es in einen Touristenmarkt umgewandelt, den **Mercado Modelo** (Karte S. 482 f.; Praça Cayru). Wenn im Hafen Schiffe mit Nachschub an Sklaven eintrafen, wurden die Sklaven in den feuchten Tiefen dieses Gebäudes bis zu ihrer Versteigerung festgehalten. Nachtwächter berichten von allerlei Spuk nach Ladenschluss. Oft finden im hinteren Außenbereich Livemusik und kostenlose Capoeira-Vorführungen statt. Wer Fotos machen will, sollte die Capoeiristas unbedingt vorher nach dem Preis fragen. Im Obergeschoss gibt es ein touristisches, aber witziges Café-Restaurant, das Camafeu (S. 497); die Terrasse mit Blick auf die Bucht ist ideal für ein Shoppingpäuschen.

SOLAR DO UNHÃO

Der **Solar do Unhão** (Karte S. 480; Av do Contorno) ist ein wundervoll erhaltener Gebäudekomplex aus dem 18. Jh., der als Umschlagsplatz für die Zuckerladungen der Schiffe diente. Einer Legende zufolge gehen hier die Geister ermordeter Sklaven um. Heute beherbergt dieser düstere Ort das **Museu de Arte Moderna** (☎ 3329 0660; www.mam.ba.gov.br, portugiesisch; Eintritt frei; ☯ Di–Fr 14–19, Sa 14–22 Uhr), das avantgardistische Wechselausstellungen zeigt (und unzuverlässige Öffnungszeiten hat). In dem ehemaligen Lagerhaus gibt es ein gutes Restaurant, in dem abends beliebte Folkloreshows und samstags Konzerte stattfinden. Der Skulpturengarten am Hügelhang hat einen schönen Blick auf die Bucht, der bei Sonnenuntergang besonders reizvoll ist. Ein Taxi nehmen – Busse fahren hier nicht vorbei, und laufen sollte man lieber nicht, denn auf der einsamen Strecke werden Touristen oft ausgeraubt.

Vitória

Der grüne Vorort liegt bequem zwischen Barra und dem Pelourinho. An dem großen Boulevard gibt es einige lohnende Museen.

MUSEU CARLOS COSTA PINTO

In einer hübschen, zweistöckigen Villa beherbergt das **Museu Carlos Costa Pinto** (Karte S. 480; ☎ 3336 6081; www.museucostapinto.com.br; Av 7 de Setembro 2490; Eintritt 5 R$; ⊗ Mi–Mo 14.30–19 Uhr) eine der besten Kunsthandwerkssammlungen Salvadors. Schön beleuchtete Schaukästen heben die Werke talentierter Kunsthandwerker hervor, die mit Gold, Kristall, Porzellan und Silber arbeiten. Zu den Highlights zählen geschnitzte Schmuckstücke aus Koralle, Fächer aus Schildpatt und kunstvolle *balangandans* (traditionelle Bauchketten mit Talismanen). Hier gibt es auch ein charmantes Freiluftcafé mit einer sündhaft guten Mousse au Chocolat.

MUSEU DE ARTE DA BAHIA

Das in einem schönen neokolonialen Gebäude untergebrachte **Museu de Arte da Bahia** (Karte S. 480; ☎ 3336 9450; www.funceb.ba.gov.br/mab; Av 7 de Setembro 2340; Eintritt 5 R$; ⊗ Di–Fr 14–19, Sa & So 14.30–18.30 Uhr) zeigt Arbeiten bahianischer Künstler, u. a. Gemälde von José Teófilo de Jesus (1758–1817). Ausgestellt sind auch Möbel und andere Antiquitäten aus dem 18. und 19. Jh. sowie sakrale Kunst.

Nördlich des Zentrums

Zu den Sehenswürdigkeiten nördlich des Zentrums gelangt man mit dem Taxi oder man nimmt an der Talstation des Elevador Lacerda den Bus nach Ribeira oder Bomfim.

Für eingefleischte Marktgänger ist der **Mercado São Joaquim** (außerhalb der Karte S. 480; ⊗ Mo–Sa 6–18, So 6–14 Uhr) genau das Richtige, eine kleine Stadt aus improvisierten Verkaufsständen am Wasser, ungefähr 2 km nördlich des Elevador Lacerda. Pfützen aus grünem Schleim, ein Fleischerviertel (das Unvorbereitete zu strikten Vegetariern werden lässt) und Bars, in denen raue Hände Gläser mit noch rauerem *cachaça* (Zuckerrohrschnaps) umklammern, zeigen, dass hier das echte Leben herrscht.

HALBINSEL ITAPAGIPE

Die Halbinsel Itapagipe ragt ein paar Kilometer nördlich des Comércio (Karte S. 480) in die Bucht und ist wegen der **Igreja NS do Bonfim** (☎ 3316 2196; www.senhordobonim.org.br; Eintritt frei; ⊗ Di–So 8–12 & 14–17.30 Uhr) aus dem 18. Jh. ein beliebtes Ausflugsziel. Wer sich wundert, woher die Straßenhändler des Pelourinho all die *fitas* (bunten Bänder) haben, wird hier fündig. *Fitas* sind, wie der Aufdruck schon sagt, ein Souvenir der Igreja NS do Bonfim und mittlerweile zu einem Symbol für Bahia selbst geworden. Wer eine *fita* kauft und um sein Handgelenk bindet, geht eine monatelange Bindung ein: Jeder der drei Knoten steht für einen Wunsch, der sich erfüllt, wenn die *fita* abfällt. Sie abzuschneiden bringt Unglück.

Bonfims Berühmtheit beruht auf seiner Kraft, Wunderheilungen bewirken zu können – aus der ziemlich normalen Kirche wurde so ein beliebtes Heiligtum. Im Sala dos Milagres (Raum der Wunder) auf der rechten Seite der Kirche hinterlassen Gläubige, die um Heilung bitten, Fotos und *ex votos*, hölzerne und wächserne Nachbildungen von Körperteilen (s. Kasten S. 554).

Da die Candomblistas Jesus Christus (Nosso Senhor do Bonfim) mit Oxalá, ihrer höchsten Gottheit, verschmolzen haben, ist Bonfim ihre wichtigste Kirche. Am Freitag, dem Tag des Oxalá, werden von 6 bis 9 Uhr jede Stunde große Gottesdienste abgehalten. Die 6-Uhr-Messe (am ersten Freitag im Monat) zieht die meisten Gläubigen an – man muss unbedingt weiß gekleidet erscheinen.

Barra

An der stark frequentierten Küste von Barra gibt es drei Landzungen, auf denen Festungen aus der Kolonialzeit stehen: das **Forte São Diogo** (Karte S. 480), das **Forte Santa Maria** (Karte S. 480) und das **Forte de Santo Antônio da Barra** (Karte S. 480; ☎ 3264 3296; Eintritt 6 R$; ⊗ Di–So 9–19 Uhr). Letzteres ist nicht nur das eindrucksvollste, sondern auch die älteste Festung Bahias. Sie wurde 1698 erbaut und wird gemeinhin nach dem innerhalb ihrer Mauern stehenden Leuchtturm (dem ältesten Südamerikas) Farol da Barra genannt. Neben der tollen Aussicht findet man hier ein ausgezeichnetes **Schifffahrtsmuseum** mit Exponaten aus der Zeit der portugiesischen Seefahrt (und vielen interessanten Infos auf Englisch). Der Sonnenuntergang vom grasbewachsenen Felsvorsprung hinter dem Fort oder von der prächtigen Caféterrasse des Museums aus ist etwas ganz Besonderes, denn von ganz Brasilien geht nur auf der Halbinsel Salvadors die Sonne im Meer unter.

BAHIA

BAHIA

Strände

Praia Porto da Barra (Karte S. 480) ist wie der Pelourinho: klein, malerisch und normalerweise voller Händler, die alles Mögliche verkaufen. Ungefähr die Hälfte der hier Anwesenden sind Ausländer. Das Wasser der Bucht ist klar und ruhig, und man kann fantastisch Leute beobachten. Links vom Leuchtturm liegt die **Praia do Farol da Barra** (Karte S. 480), deren Brandung bei Surfern sehr beliebt ist. Rund um Barras Hafenviertel gibt es jede Menge Bars und Restaurants, und nachts ist alles gut beleuchtet, aber zu späterer Stunde ist das keine besonders gute Gegend.

In einer 40-minütigen Busfahrt (bei viel Verkehr dauert's länger) kommt man vom Zentrum in östlicher Richtung zu einem nicht so überfüllten Strand mit weniger verschmutztem Wasser. Die Fahrt lohnt sich. An den beliebten Stadtstränden **Piatã** (25 km) und **Itapuã** (27 km) plätschern die ruhigen Wellen am weißen Sandstrand, auf dem *barracas* (Buden) stehen und Palmen sich im Wind wiegen. An den Stränden von **Stella Maris** (31 km) und **Flamengo** (33 km) ist der Wellengang sehr viel stärker, die *barracas* sind spärlicher gesät, und Sanddünen und mehr Pflanzen schaffen einen natürlicheren Hintergrund. Am besten nimmt man einen Bus nach Itapuã, Aeroporto oder Praia do Flamengo und vergewissert sich, dass er die Küste *(via orla)* entlang fährt und auch so weit, wie man will.

KURSE

Capoeira, Tanz & Percussion

Für eine Einzelstunde zahlt man 10 bis 20 R$. Wer sich für einen längeren Zeitraum anmeldet, bekommt Rabatt. Im Pelourinho gibt's folgende Capoeira-Kurse:

Associação Brasileira de Capoeira Angola (Karte S. 482 f.; ☎ 3387 4972; Rua Gregório de Mattos 38)

Diáspora Art Center (Karte S. 482 f.; ☎ 3323 0016; 3. Stock, Cruzeiro de São Francisco 21) Kurse im traditionellen und zeitgenössischen afro-brasilianischen Tanz, Capoeira und Percussion.

Escola de Dança (Karte S. 482 f.; ☎ 3322 5350; Rua da Oração 1) Traditioneller und zeitgenössischer afro-brasilianischer Tanz, Capoeira und Percussion.

Fundação Mestre Bimba (Karte S. 482 f.; ☎ 3322 5082; Rua Gregório de Mattos 51) Die Schule wird vom Sohn Mestre Bimbas, dem Begründer der Capoeira Regional, geleitet.

Mestre Lua (Karte S. 482 f.; ☎ 3488 3600; Rua Frei Vicente 19) Wer einen Percussion-Kurs machen will, sollte in diesem Geschäft vorbeischauen, das Musikinstrumente verkauft, die der *mestre* (Meisters) persönlich hergestellt hat.

Mestre Souza (Karte S. 482 f.; ☎ 3321 9783) Kurse im afro-brasilianischen Trommeln. Beim Teatro Miguel Santana nachfragen.

Kochen

Senac (Karte S. 482 f.; ☎ 3224 4550; www.senac.br/cursos/rest-escola.html, portugiesisch; Largo do Pelourinho 13–19) In dieser Kochschule werden Kochkurse für Touristen organisiert. Es gibt hier auch ein schickes Museum, das sich der bahianischen Gastronomie widmet, und ein erstklassiges Mittagsbuffet, das die Kochschule (s. S. 495) auftischt.

Sprachen

Folgende Schulen bieten Gruppen- und Privatunterricht und können einen bei einer Gastfamilie unterbringen. Üblich ist eine Mindestlaufzeit von einer Woche. Infos zu aktuellen Preisen erhält man in den Schulen.

Associação Cultural Brasil-Estados Unidos (Karte S. 480; ☎ 0800 284 2828; www.acbeubahia.org.br; Av 7 de Setembro, Vitória)

Diálogo (Karte S. 480; ☎ 3264 0053; www.dialogo-brazilstudy.com; Rua Dr. João Pondé 240, Barra) Im Angebot sind auch Gesangs-, Tanz-, Koch- und Capoeira-Kurse.

Idioma Escola de Portuguêes (Karte S. 480; ☎ 3267 7012; www.portugueseinbrazil.com; 1. OG, Rua Greenfeld 46, Barra) Hat auch Kurse in Capoeira und bahianischem Kochen.

FESTIVALS & EVENTS

In Salvador gibt es viele wilde Feste, die sowohl im Katholizismus als auch im Candomblé verhaftet sind. Obwohl der Karneval (s. Kasten S. 492) natürlich der Höhepunkt des Jahres ist, gibt es noch viele andere tolle Feste, besonders im Januar und Februar. Über genaue Daten informiert Bahiatursa (S. 484).

Processão do Senhor Bom Jesus dos Navegantes (1. Jan.) Eine maritime Prozession, bei der das Bildnis des Bom Jesus von der Igreja NS da Conceição in Cidade Baixa in nördlicher Richtung die Bucht entlang zur Igreja de NS da Boa Viagem gebracht wird. Im Anschluss gibt es ein Fest auf der Praia da Boa Viagem.

Festa da Lapinha (6. Jan.) Am Dia de Reis zieht eine Prozession von Statuen der *reis magos* (weisen Männer) zu einer Krippe in der Igreja da Lapinha.

Lavagem do Bonfim (2. Do im Jan.) Morgens geht eine Gruppe *baianas* (Frauen, die sich als bahianische „Tanten" verkleidet haben) in ritueller Bekleidung und mit Körben voller Blumen am 6 km langen Weg von der Igreja NS da Conceição in Cidade Baixa zur Igreja NS do Bonfim. Dort vollziehen die Frauen eine rituelle *lavagem* (Waschung) der Kirchenstufen, die von katholischen Priestern und *mães de santo* (Candomblé-Priesterinnen) überwacht wird.

CAPOEIRA

Die Capoeira wurde vor rund 400 Jahren von den afro-brasilianischen Sklaven in Brasilien als Mittel zur Verteidigung gegen ihre Herren entwickelt. Sie soll aus einem afrikanischen Ritualtanz hervorgegangen sein. Die Sklavenbesitzer verboten die Capoeira und verbannten sie aus den *senzalas* (Sklavenbarracken). Deshalb mussten die Sklaven heimlich im Wald trainieren. Um den Widerstand den Behörden gegenüber zu vertuschen, wurde die Capoeira später in eine Art akrobatischen Tanz umgewandelt. Das Händeklatschen und das Spielen des *berimbau*, eines Musikinstruments mit einer Saite, das wie eine Angelroute aussieht, dienten ursprünglich dazu, die Kämpfer vor dem Herannahen des Herren zu warnen. Später wurden sie in den Tanz integriert, um den Takt zu halten.

Noch bis in die 1920er-Jahre war die Capoeira verboten, und um sie von den Straßen wegzubekommen, schickte der Polizeichef von Salvador berittene Trupps los. In den 1930er- Jahren gründete Mestre Bimba seine Capoeira-Schule und verlagerte den Schwerpunkt der Capoeira von ihrer Originalfunktion als Mittel des Widerstands zu einer Form künstlerischen Ausdrucks, die mittlerweile eine Institution in Bahia geworden ist.

Heute gibt es zwei Capoeira-Schulen: die langsame Capoeira de Angola, für die Mestre Pastinha steht, und die aggressivere Capoeira Regional, die Mestre Bimba ins Leben gerufen hat. Die erstgenannte Schule vertritt die Auffassung, dass die Capoeira aus Angola stammt, die letztere, dass sie in den Plantagen von Cachoeira und anderer Städte der *recôncavo*-Region (die Region wurde nach der gewölbten Form der Bucht benannt) geboren wurde.

Die Capoeira verbindet Elemente von Kampf, Spiel und Tanz. Die Bewegungen sind immer flüssig und rund, und die Kämpfer gehen immer spielerisch und respektvoll miteinander um, wenn sie die angedeuteten Schlagbewegungen austauschen. Bei einer Capoeira kämpfen normalerweise zwei Gegner in einer *roda* (Runde) von Zuschauern und anderen Kämpfern, die klatschen und singen. Neben dem *berimbau* kommen zur musikalischen Begleitung auch andere Instrumente wie das *pandeiro* (Tamburin), das *agogô* (Glockenspiel) und das *atabaque* (Trommel) zum Einsatz. Die Capoeira gewinnt jedes Jahr mehr Anhänger sowohl im In- als auch im Ausland. Überall in Brasilien – vor allem in Bahia – sieht man Leute am Strand die Bewegungen üben und in Touristengegenden auf den Straßen *rodas* bilden.

BAHIA

Dann bemächtigen sich die Filhos de Gandhi (eine afro-brasilianische Trommlergruppe) und die *trios elétricos* (mit Lautsprechern beladene Lieferwagen) des Schauplatzes, um bis in die Nacht hinein ein ausgelassenes Straßenfest zu feiern. Es ist das größte Festival Salvadors außerhalb des Karnevals.

Festa de São Lázaro (letzter So im Jan.) Omolú (der Gott der Plagen und Krankheiten), der Gegenspieler des Candomblé-Heiligen *orixá*, wird mit einer rituellen Reinigung der Igreja São Lázaro (am Ende der Rua Professor Aristides Novis, São Lázaro), einer Prozession und Festen gefeiert.

Festa de Iemanjá (2. Feb.) Gruppen, die sich in den hiesigen *terreiros* versammeln, und andere Anhänger der *orixá Iemanjá*, der Göttin des Meeres und der Fruchtbarkeit, gehen am Morgen die Praia Rio Vermelho hinunter, wo Zeremonien abgehalten werden, um Opfergaben wie Blumen, Kuchen, Bilder, Bierdosen und Parfumflakons zu segnen. Auf dem anschließenden Straßenfest, das bis spät in die Nacht dauert, wird es voll. Es spielen einige der besten Bands von Salvador. Dies ist wahrscheinlich das wichtigste Fest des Candomblé.

Lavagem da Igreja de Itapuã (15 Tage vor Karneval) Die Kirchenwaschung ist die Mini-Version der Waschung von Bonfim, doch auf dem Straßenfest in Itapuã gibt es jede Menge *trios elétricos*, und es ist genauso laut.

Festa de São João (23.–24. Juni) Feuerwerk und Straßenpartys entstehen plötzlich überall in der ganzen Stadt, und der *genipapo* (einheimischer Fruchtlikör) fließt wie Wasser.

Festa Santa Bárbara (4.–6. Dez.) Rio Vermelhos Mercado de Peixe ist wahrscheinlich der beste Platz, um sich dieses Candomblé-Festival, mit dem die Märkte gefeiert werden, anzuschauen.

Festa de NS da Conceição (8. Dez.) Candomblistas huldigen der *orixá*-Erscheinungsform des Heiligen, *Iemanjá*, mit einer Prozession und verschiedenen Zeremonien in der Cidade Baixa.

Passagem do Ano Novo (31. Dez.) Silvester wird so begeistert gefeiert wie Karneval, besonders an den Stränden.

SCHLAFEN

Eine Unterkunft in der Cidade Alta hat den Vorteil, dass man alle Action gleich um sich hat. Die Viertel am Strand sind jedoch freundlicher (und nur eine kurze Bus- oder Taxifahrt vom Pelourinho entfernt). Santo Antônio ist ein friedliches Viertel mit tollen Pousadas in renovierten alten Gebäuden, nur einen kurzen Spaziergang vom Pelourinho entfernt. Während des Karnevals unbedingt im Voraus reservieren!

Pelourinho

BUDGETUNTERKÜNFTE

Hostel Solar dos Romanos (Karte S. 482 f.; ☎ 3321 6812; www.hostelsolardosromanos.com; Rua Portas do Carmo 14; B ab 25 R$, DZ mit Ventilator ab 65 R$) Das saubere, erschwingliche Hostel bietet eine ungewöhnliche Kombination: Es liegt mitten im Pelourinho und hat trotzdem eine nette Aussicht auf die Bucht (von einigen Zimmern). Die Doppelzimmer mit eigenem Bad sind schlicht. Zu den Extras zählen ein Büchertausch und ein Schalter, an dem Touren angeboten werden.

Albergue da Juventude do Pelô (Karte S. 482 f.; ☎ 3242 8061; www.alberguedopelo.com.br; Rua do Passo 5; B 30 R$; [X]) Beliebte Option unter den vielen Hostels von Salvador mit schlichten Zimmern (mit jeweils 6–12 Betten) und einer kleinen, aber komfortablen Lounge.

Pousada Terra Nossa (Karte S. 482 f.; ☎ 3321 5267; www.pousadaterranossa.com, portugiesisch; Rua Leovigildo de Carvalho 3; B/DZ ab 30/70 R$; [X]) Die gemütliche Pousada bietet private Zimmer und Schlafsäle – jeweils mit hohen Zimmerdecken und freiliegenden Backsteinwänden, die daran erinnern, dass man sich in einem der ältesten Gebäude der Stadt befindet. Nachts ist es hier etwas laut, aber die Atmosphäre ist gut.

Pousada da Praça Hotel (Karte S. 482 f.; ☎ 3321 0642; www.pousadadapracahotel.com.br; Rua Rui Barbosa 5; B 27 R$, EZ/DZ ohne Bad 38/65 R$, mit Bad 45/77 R$; [X]) Ein paar Blocks südlich der Kopfsteinpflaster bietet das recht beliebte Budgethotel schöne, zweifarbige Holzfußböden und saubere, ventilatorgekühlte Zimmer zur Straße hin. Die ruhige Veranda auf der Rückseite ist ein prima Platz zum Relaxen.

DER KARNEVAL IN SALVADOR

Der Karneval in Salvador ist der zweitgrößte in Brasilien. Er lockt mehr als 2 Mio. Partylustige an. Im Mittelpunkt stehen die Umzüge der landesweit berühmten *axé*- und *pagode*-Bands (Bahias Popmusik), die auf dahinschleichenden *trios elétricos* (langen Trucks mit riesigen Lautsprechern) spielen. Zwischen ihnen marschieren ein paar *blocos afros* (Gruppen mit mächtigen Trommeln, die für die afro-brasilianische Kultur werben) und *afoxés* (Gruppen, die den Candomblé-Traditionen verbunden sind). Ein *trio elétrico* oder ein Trommlerzug bilden in einem mit Seilen abgetrennten Bereich zusammen mit seinem Gefolge einen *bloco*. Die Leute zahlen bis zu 500 R$ für eine *abadá* (Kleidungsstück) ihrer Lieblingsband, hauptsächlich aus Prestigegründen und wegen der Sicherheit. Wenn man sich für *fazer pipoca* (ein „Popcorn" mitten im Straßengewühl zu sein) entscheidet, ist das auch eine tolle Art, Karneval zu feiern, weil man verschiedene Musikrichtungen zu hören bekommt und sich die Mühe spart, die *abadá* anziehen zu müssen.

Wenn die Massen plötzlich auseinanderstoben, ist das ein Zeichen dafür, dass gerade eine Schlägerei im Gange ist. Das ist die größte Gefahr, die beim Karneval lauert. Also immer auf die Umgebung achten. Die große Polizeipräsenz soll die Gewalt aufs Minimum reduzieren. Auf der Rundstrecke Barra–Rio Vermelho sollte man den Abschnitt meiden, wo die Küstenstraße am Morro do Cristo schmaler wird – hier kann sich die Stimmung aufheizen. Und man ist vor Taschendieben und Grabschern nicht sicher.

Um den Karneval unbeschadet zu überstehen, sollte man Folgendes beachten:

■ Nur wenig Bargeld dabeihaben, und dieses am besten in den Schuhen verstauen.

■ Eine Kopie des Reisepasses am Körper tragen.

■ Schmuck, Uhren, schöne Sonnenbrillen und dergleichen im Hotel lassen.

■ Sich nicht gegen Taschendiebe zur Wehr setzen – es ist den Kampf nicht wert!

■ Kleine Gruppen bilden.

■ Frauen sollten nicht allein unterwegs sein und keine Röcke tragen (um nicht binnen Sekunden eine Hand darunter zu spüren).

■ Menschenleere Orte, vor allem enge Gassen, meiden.

Weitere Infos gibt's auf S. 88 und unter www.portaldocarnaval.ba.gov.br (portugiesisch).

MITTEL- & SPITZENKLASSEHOTELS

LP Tipp **Hostel Galeria 13** (Karte S. 482 f.; ☎ 3266 5609; www.hostelgaleria13.com; Rua da Ordem Terceira 23; B/DZ 30/80 R$; 🖳 🛜) Das brandneue Hostel in einem alten Haus aus der Kolonialzeit mit Swimmingpool, Lounge im marokkanischen Stil und Tapasbar ist unter den Backpackern ein voller Erfolg. Der Inhaber ist englischer Muttersprachler, und die Lage ist nicht zu toppen.

Albergue das Laranjeiras (Karte S. 482 f.; ☎ 3321 1366; www.laranjeirashostel.com.br; Ecke Rua das Laranjeiras & Rua da Ordem Terceira; B 38 R$, DZ mit/ohne Bad 140/106 R$; 🖳 🛜) Das attraktive, gut organisierte HI-Hostel ist in einem restaurierten Gebäude aus der Kolonialzeit mitten im Zentrum des Geschehens untergebracht. Die Schlafsäle haben dicht gestapelte Etagenbetten, während die privaten (allerdings kleinen) Zimmer kunstvoll eingerichtet sind. Im ersten Stock gibt's ein einladendes Café.

LP Tipp **Casa do Amarelindo** (Karte S. 482 f.; ☎ 3266 8550; www.casadoamarelindo.com; Rua das Portas do Carmo 6; DZ 345–575 R$; 🖳 🖳) Das charmante, neue Boutiquehotel ist ein echtes Schmuckstück: Die zehn makellosen Gästezimmer sind mit erstklassigen Betten, Regenduschen und großen Fenstern ausgestattet. Es gibt einen hübschen, kleinen Swimmingpool auf dem Dach, und das köstliche Frühstück wird überall, wo man möchte, serviert.

Hotel Villa Bahia (Karte S. 482 f.; ☎ 3322 4271; www.lavillabahia.com; Largo do Cruzeiro de São Francisco 16; DZ 380–520 R$; 🖳 🖳) In einem hübschen kolonialzeitlichen Gebäude nahe der Igreja São Francisco bietet dieses Boutiquehotel 17 Zimmer mit Holzböden, Fensterläden und antikem Mobiliar (massive Kleiderschränke und Kronleuchter). Im ersten Stock gibt's ein ausgezeichnetes Restaurant.

Carmo & Santo Antônio

BUDGETUNTERKÜNFTE

LP Tipp **Hostel Cobreu** (Karte S. 482 f.; ☎ 3117 1401; www.hostelcobreu.com; Ladeira do Carmo 22; B/DZ/3BZ 26/65/90 R$; 🖳 🛜) Das bunte, coole Cobreu hat ordentliche Schlafsäle und Zimmer mit gut funktionierenden Duschen, eine kleines DVD-Zimmer und Balkone mit Blick auf die ruhige Ladeira do Carmo. Die Innenräume hat ein bekannter einheimischer Graffitikünstler gestaltet. Im mit Kerzen beleuchteten Café Alquimia unten gibt's neben der vegetarischen Küche regelmäßig Auftritte von Musikern.

Nega Maluca (Karte S. 480; ☎ 3242 9249; www.negamaluca.com; Rua dos Marchantes 15; B mit Ventilator 26 R$,

DZ mit/ohne Bad 80/70 R$; 🖳 🛜) Das kleine, von einem hier lebenden Ausländer betriebene Gästehaus wird von Travellern unterschiedlich bewertet, ist aber im Allgemeinen wegen des herzlichen Empfangs und den kostenlosen Extras (wie Kaffee, Gästetelefon und Waschseife) beliebt. Die Angestellten erlauben einem sogar, die Dusche oder das Internet zu nutzen, nachdem man schon ausgecheckt hat.

MITTEL- & SPITZENKLASSEHOTELS

Pousada do Baluarte (Karte S. 480; ☎ 3327 0367; www.pousadabaluarte.com; Ladeira do Baluarte 13; EZ/DZ 120/170 R$; 🖳) Die von einem freundlichen französisch-brasilianischen Pärchen betriebene Pousada wirkt mit ihren nur sechs Zimmern und dem einladenden, häuslichen Ambiente eher wie ein B&B. Alle Zimmer haben zweifarbige Holzfußböden und sind mit herrlichen Blockdrucken des lokalen Künstlers Nilo dekoriert.

Pousada do Boqueirão (Karte S. 480; ☎ 3241 2262; www.pousadaboqueirao.com.br; Rua Direita de Santo Antônio 48; EZ/DZ ohne Bad 150/180 R$, EZ/DZ-Suite ab 200/230 R$) Zwei nebeneinanderliegende Häuser aus dem frühen 20. Jh. bilden diese elegante Pousada, die geschmackvoll mit Antiquitäten und Kunstwerken bestückt ist. Die geräumigen Gemeinschaftszimmer liegen an einer Terrasse mit fantastischem Blick auf die Bucht, wo liebevoll das Frühstück serviert wird.

Pousada das Flores (Karte S. 480; ☎ 3243 1836; www.pflores.com.br; Rua Direita de Santo Antônio 442; DZ/Suite ab 200/250 R$; 🛜) In einem charmanten Haus aus dem 18. Jh. bietet diese Pousada eine Reihe attraktiver, geräumiger Zimmer mit gewölbten Decken und breiten Holzdielen. Die oberen Zimmer haben Veranden mit Topfpflanzen und idyllischem Blick auf das Viertel.

Villa Santo Antônio (Karte S. 480; ☎ 3326 1270; www.hotel-santoantonio.com; Rua Direita de Santo Antônio 130; DZ/Suite ab 210/305 R$; 🖳) Unter der wachsenden Zahl gut ausgestatteter Gästehäuser bietet das Santo Antônio viel fürs Geld. Es hat stilvolle Zimmer mit Parkettböden und ist mit Originalkunstwerken und anderen durchdachten Feinheiten dekoriert.

Studio do Carmo (Karte S. 482 f.; ☎ 3326 2426; www.studiodocarmo.com; Ladeira do Carmo 17; DZ 240–290 R$; 🖳) Die Pension liegt über einer Kunstgalerie und hat nur vier Zimmer – alle schön mit Parkettböden, großen Fenstern, Kunst, frischen Blumen und kleinen Kochnischen ausgestattet. Das köstliche Frühstück wird einem an die Tür gebracht.

Pestana Convento do Carmo (Karte S. 482 f.; ☎ 3327 8400; www.pestana.com; Rua do Carmo 1; DZ/Suite ab 600/675 R$; ☒ ☎ ☒) In einem restaurierten Kloster aus dem 17. Jh. ist dieses prachtvolle Hotel untergebracht. Es hat elegant möblierte Zimmer mit Details aus der Alten Welt und modernem Komfort. Die Gemeinschaftsbereiche sind sogar noch beeindruckender. Es gibt auch eine Steinkapelle und Kreuzgänge, die um das Kloster herumführen.

Barra & Küstenvororte

Von allen Küstenvororten zieht das lebendige Barra wegen seiner Nähe zum rund 5 km entfernten Pelourinho die meisten Besucher an. Während des Karnevals wird es umso ruhiger, je mehr man sich vom Küstenabschnitt zwischen dem Farol da Barra und der Praia de Ondina entfernt.

BUDGETUNTERKÜNFTE

Camping Ecológico (außerhalb der Karte S. 480; ☎ 3374 0102; Alameda da Praia, Stella Maris; 12 R$/Pers.) Der Campingplatz nahe der Praia de Catussaba hat ebene, schattige Stellflächen, Warmwasserduschen und ein Restaurant, in dem das Frühstück serviert wird.

Che Logarto (Karte S. 480; ☎ 3235 2404; www.chelagarto.com; Av Oceanica 84B, Barra; B ab 30 R$, DZ ab 70 R$; ☒ ☎) Die geräumige neue Filiale der Hostelkette Che Logarto befindet sich auf einem begehrten Grundstück gegenüber vom Strand an der anderen Straßenseite und ist ein toller Ort, um Traveller zu treffen. Auf der großen Terrasse fließen bei Sonnenuntergang die Drinks in Strömen.

MITTEL- & SPITZENKLASSEHOTELS

Barra Guest Hostel (Karte S. 480; ☎ 8774 6667; www.barraguesthouse.com; Rua Recife 234, Barra; B/DZ ab 35/130 R$; ☒ ☎) Gleich um die Ecke verschiedener lebhafter Bars und Restaurants liegt dieses einladende Hostel eines coolen britisch-brasilianischen Pärchens. Zu den Extras zählen eine große Gemeinschaftsküche, ordentliche Schlafsäle, abends Caipirinhas in rauen Mengen (der erste ist kostenlos), wöchentliche Grillpartys und ein Surfbrettverleih. Mindestaufenthalt zwei Tage.

LP Tipp La Villa Française (Karte S. 480; ☎ 3245 6008; www.lavilafrancaise.com; Rua Recife 222, Barra; B 40 R$; EZ/DZ/3BZ ab 70/100/120 R$; ☒ ☎) Unsere Leser sind begeistert von der friedlichen Atmosphäre, dem köstlichen Frühstück und den freundlichen Inhabern dieser gemütlichen, franzö-

sisch gestalteten Unterkunft. Die Gäste können auch die Küche benutzen, und die Gemeinschaftsbereiche sind einladend.

Âmbar Pousada (Karte S. 480; ☎ 3264 6956; www.ambarpousada.com.br; Rua Afonso Celso 485, Barra; B 42 R$, DZ mit Ventilator 122 R$; ☎) Die hübsche Pousada mit relaxter Stimmung und einladender Atmosphäre ist bei Travellern äußerst beliebt. Die privaten Zimmer sind klein, aber es gibt draußen viel Platz, wo man auf den Hängematten herumlungern kann. In den Schlafsälen stehen jeweils acht Betten.

Pousada Azul (Karte S. 480; ☎ 3264 9798; www.pousadaazul.com.br; Rua Praguer Froes 102, Barra; EZ/DZ 98/136 R$; ☒) Die nette, sichere, gepflegte Pousada liegt in der Nähe des Strandes und der Bushaltestellen. Die geräumigen, komfortablen Zimmer mit Parkettböden und gleißend weißen Badezimmern sind nur spärlich möbliert.

LP Tipp Pousada O Ninho (Karte S. 480; ☎ 3264 6952; www.pousadaoninho.com.br; Rua Afonso Celso 371, Barra; EZ/DZ 110/140 R$; ☒ ☎) Die entspannte Pousada, nur zwei Blocks vom Strand entfernt, hat verschiedene ordentliche Zimmer mit Bad. Die Atmosphäre ist ruhig und freundlich.

Villa Romana (Karte S. 480; ☎ 3264 6748; www.villaromana.com.br; Rua Prof Lemos de Brito 14, Barra; EZ/DZ 135/186 R$; ☒ ☒) Die in einem ruhigen Teil von Barra auf einem Hügel gelegene Villa Romana hat Parkettböden und eine einladende Lobby mit einem Sitzbereich voller Antiquitäten. Die Zimmer sind hübsch, aber schlichter; manche blicken aufs Meer.

Pousada Noa Noa (Karte S. 480; ☎ 3264 1148; www.pousadanoanoa.com; Av 7 de Setembro 4295, Barra; DZ 150 R$; ☒ ☎) Die kleine, einladende Pousada bietet 15 hübsch dekorierte Zimmer (vier mit Ausblick) und attraktive Gemeinschaftsbereiche, die die schöne Lage am Meer gut ausnutzen.

Pousada Encanto de Itapoan (außerhalb der Karte S. 480; ☎ 3285 3505; www.encantodeitapoan.com.br; Rua Nova Canaã 48, Farol de Itapuã; EZ/DZ 198/231 R$; ☒ ☎ ☒) Die Pousada außerhalb des turbulenten Stadtzentrums ist ein Refugium für Strandliebhaber und bietet kleine, hübsch eingerichtete Zimmer mit Glasschiebetüren, die auf einen Balkon mit Blick auf eine von Weinranken und Orchideen bedeckte Mauer hinausführen.

Hotel Catharina Paraguaçu (außerhalb der Karte S. 480; ☎ 3334 0089; www.hotelcatharinaparaguacu.com.br; Rua João Gomes 128, Rio Vermelho; EZ/DZ ab 207/228 R$; ☒) Das charmante Hotel verbindet Kolonialzeitliches mit Modernem und ist mit schönen Fliesen und Antiquitäten dekoriert. Hübsch sind auch die Zimmer und der Garten mit

Skulpturen und einem Pool, in dem sich alles widerspiegelt.

ESSEN

In Salvador kann man richtig gut essen gehen. Die meisten Restaurants bieten ein wundervolles Ambiente und Livemusik. Die typische bahianische Küche ist stark von der afrikanischen beeinflusst und nutzt Zutaten wie Kokosmilch, Tomaten, Meeresfrüchte, Paprika und Gewürze wie Ingwer, Peperoni und Koriander. In letzter Zeit ist die Qualität in den Restaurants im Pelourinho zurückgegangen, aber ein Besuch lohnt sich trotzdem wegen der Atmosphäre. Feinschmecker finden in Barra sicher Restaurants mit besserem Preis-Leistungs-Verhältnis.

Pelourinho

Der Pelourinho ist voller Restaurants. Manche wirken unangenehm touristisch, andere wundervoll charmant. Es lohnt sich auch, die Rua do Carmo und die Rua Direita de Santo Antônio entlangzuschlendern, weil es hier teils unkonventionell teils bürgerlich zugeht.

A Cubana Pelourinho (Karte S. 482 f.; ☎ 3321 6162; Rua Alfredo de Brito 12, Pelourinho); Praça Municipal (Karte S. 482 f.; ☎ 3322 7000; Praça Municipal) Eine der ältesten und besten Eisdielen Salvadors (Kugel 6–12 R$).

Mamabahia (Karte S. 482 f.; ☎ 3322 4397; Ecke Rua Frei Vicente & Rua Alfredo de Brito; Hauptgerichte 15–40 R$) Die bequem gelegene *churrascaria* (Grillrestaurant) ist ein exzellenter Ort für eine Mittagspause beim Sightseeing. Es kann auch gut sein, dass man vor dem Laden mit „kostenlosem Caipirinha" geködert wird.

Panorámico (Karte S. 482 f.; ☎ 3322 2013; Rua das Laranjeiras 18; 20 R$/kg) Das Panorámico liegt versteckt im zweiten Stock eines alten Gebäudes voller Charakter. Es ist wegen seines sättigenden Mittagsbuffets sehr beliebt.

O Coliseu (Karte S. 482 f.; ☎ 3321 5585; www.ocoliseu. com.br; Cruzeiro de São Francisco 9; 22 R$/kg; ☽ mittags) Um die Tür zu diesem vegetarierfreundlichen Restaurant im Obergeschoss zu finden, einfach nach der kostümierten *baiana* (bahianischen Tante) Ausschau halten, die Tickets verteilt. Die meisten Gerichte sind regionale Spezialitäten. Im Sommer gibt's auch die Woche über ab 21 Uhr folkloristische Shows.

Ristorante La Figa (Karte S. 482 f.; ☎ 3322 0066; www. ristorantelafiga.com; Rua das Laranjeiras 17; Hauptgerichte 22–40 R$) Das sehr beliebte italienische Restaurant tischt traditionelle Pasta auf, die mit herrlichen frischen Meeresfrüchten aus Bahia

angereichert wird. Das Ambiente ist zwanglos, aber doch elegant.

LP Tipp **Jardim das Delicias** (Karte S. 482 f.; ☎ 3321 1449; Rua João de Deus 12; Hauptgerichte 25–45 R$) Das aufgestylte und trotzdem angenehm altmodische Lokal bekam gleich nach seiner Eröffnung großes Lob von der internationalen Presse. Der blumenbedeckte Innenhof ist ein traumhafter Ort, um traditionelle *moqueca* (ein würziger Eintopf mit Kokosmilch, Pfeffer und Meeresfrüchten oder Fleisch) zu probieren oder auch nur, um mit einem fruchtigen Cocktail in der Hand einfach zu relaxen, während die Musiker für die kleine Runde spielen.

Senac (Karte S. 482 f.; ☎ 3224 3440; www.ba.senac.br, portugiesisch; Largo do Pelourinho 13–19; Buffet 32 R$) Die Kochschule Senac hat das beste Buffet der Stadt und bietet eine Reihe verlockender bahianischer Gerichte. Man kann an die 40 regionale Gerichte und Desserts kosten. Es gibt hier auch ein kleines Selbstbedienungsrestaurant (*por-kilo*; 20 R$/kg), das von Montag bis Freitag immer mittags geöffnet ist, und ein angeschlossenes Gastronomiemuseum.

Maria Mata Mouro (Karte S. 482 f.; ☎ 3321 3929; www.mariamatamouro.com.br; Rua da Ordem Terceira; Hauptgerichte für 2 Pers. 40–80 R$) Die gemütliche Gartenterrasse und der klassisch eingerichtete Speisesaal geben ein schönes Ambiente ab, um eines der besten Menüs am Pelô zu genießen. Es gibt hier bahianische Klassiker und einzigartige Gerichte wie Lamm in Tamarindensauce und reichhaltige Paella.

Carmo

Cafélier (Karte S. 482 f.; ☎ 3241 5095; www.cafelier.com. br; Rua do Carmo 50; Snacks 2–8 R$; ☽ Mo & Mi–Sa 14–21 Uhr) Versteckt hinter einem kleinen Schaufenster voller Antiquitäten liegt dieses idyllische Café mit starkem Kaffee, reichhaltigen Desserts und anderen Snacks und einem tollen Blick auf die Bucht.

Cidade Baixa

Im Comércio gibt's jede Menge billige *lanchonetes* (Snackbars) und Selbstbedienungsrestaurants. Wer etwas Ungewöhnlicheres sucht, sollte an der Bucht entlang nach Süden gehen, wo es mehrere exzellente Restaurants gibt.

Restaurant Solar do Unhão (Karte S. 480; ☎ 3321 5551; Av do Contorno 8; Hauptgerichte für 2 Pers. 48–74 R$; ☽ Show Sommer 20.30 Uhr) Das Solar do Unhão befindet sich in einer *senzala* (Sklavenbehausung) aus dem 18. Jh., die zu einer großen Zuckermühle gehörte. Am besten sitzt man auf der luftigen Terrasse auf der Rückseite und genießt die frischen Meeresfrüchte. Im Sommer findet abends eine eindrucksvolle Folkloreshow statt. Ein Taxi nehmen!

Soho (Karte S. 480; ☎ 3322 4554; www.sohorestaurante. com.br, portugiesisch; Av do Contorno 1010; Abendessen für 2 Pers. 50–80 R$; ☺ Di–So mittags, tgl. abends; ☒) Das schicke japanische Restaurant hat einen atemberaubenden Blick auf die Bucht. Es gibt leckeres Sashimi, Sushi und andere traditionelle japanische Gerichte.

Trapiche Adelaide (Karte S. 480; ☎ 3326 2211; www. trapicheadelaide.com.br, portugiesisch; Av do Contorno s/n; Hauptgerichte 50–80 R$) Eines der besten Restaurants von Salvador. Serviert werden kreative, köstliche Gerichte in hübscher Lage mit Blick über die Bucht. Die hier verkehrende gehobene Gesellschaft Salvadors genießt den erstklassigen Service, die tolle Aussicht und die einzigartigen Kreationen (Tintenfischcarpaccio, Lammkoteletts, Thunfisch in Sesamkruste mit Wasabi).

Barra & Küstenvororte

Einige der Restaurants in den Küstenvororten haben ein wundervolles tropisches Ambiente – Essen mit Meerblick.

Cabana de Cely (Karte S. 480; ☎ 3264 0250; www.ca banadacely.com.br, portugiesisch; Av Almirante Marques de Leão 183, Barra; Hauptgerichte 15–35 R$) Es ist nicht einfach, in diesem beliebten, relaxten Restaurant einen Platz an den Tischen draußen auf dem Bürgersteig zu ergattern. Vor allem Ehepaare und Familien aus der Nachbarschaft kommen gern auf ein kaltes Bier und frischen Fisch hierher. Einfach wie die Einheimischen dampfend heiße *lambreta* (Muscheln) oder frische Knoblauch-Shrimps bestellen!

Ramma (Karte S. 480; ☎ 3264 0044; Rua Lord Cochrane 76, Barra; 22 R$/kg; ☺ So–Fr mittags; ☒) Das Ramma hat sich auf frisch zubereitete Bio-Produkte spezialisiert. Es gibt auch viele vegetarische Optionen. Kurz: Ein gutes Lokal für ein gesundes Mittagessen.

LP Tipp Caranguejo de Sergipe (Karte S. 480; ☎ 3248 3331; www.caranguejodesergipe.com.br, portugiesisch; Av Oceânica s/n, Barra; Hauptgerichte 22–45 R$) Ein weiteres Lieblingslokal der Einheimischen, das immer voll ist. Es ist bekannt für die frischen Krabben und die gegrillten Meeresfrüchte mit Gemüse. Unbedingt auch den fachmännisch zubereiteten *Maracuja*-Caipirinha probieren – das ist vielleicht das Leckerste, was man am Strand trinken könnte.

Mistura Fina (außerhalb der Karte S. 480; ☎ 3375 2623; Rua Prof Souza Brito 41, Itapuã; Hauptgerichte 25–50 R$; ☒)

Das fantastische Meeresfrüchterestaurant mit Sitzbereich im Freien hat ein luftiges, helles Ambiente.

Paraíso Tropical (außerhalb der Karte S. 480; ☎ 3384 7464; Rua Edgar Loureiro 98B, Cabula; Hauptgerichte 30–55 R$) Eines der Top-Restaurants von Salvador. Das Paraíso Tropical serviert wunderschön zubereitete Gerichte der bahianischen Küche mit Pfiff. An den Wochenenden muss man mit langen Wartezeiten rechnen.

AUSGEHEN

Der Pelourinho ist das Zentrum des Nachtlebens in Salvador und voller Kneipen mit Tischen draußen auf dem Kopfsteinpflaster. In Barra gibt es in der Av Almirante Marques de Leão und am Ufer rund um den Farol da Barra Freiluftbars und Livemusik, und auch an der Rua Recife und am Morro do Cristo gibt's ein paar beliebte Kneipen. Im Bohème-Viertel Rio Vermelho lockt das mit Abstand heißeste Nachtleben der Atlantikküste ein ganz unterschiedliches Publikum an. Am Largo de Santana und am Largo de Mariquita gibt es jede Menge Freiluftrestaurants und Bars, und die sind jeden Abend voll.

Pelourinho & Carmo

Viele Restaurants und Cafés quellen abends hinaus auf die Nebenstraßen des Pelourinho, wenn Musiker live spielen und sowohl Touristen als auch Einheimische die Tische auf dem Bürgersteig stürmen, um der Livemusik zu lauschen.

LP Tipp Café Alquimia (Karte S. 482 f.; ☎ 3326 4079; Ladeira do Carmo 22, Carmo) In einer idyllischen, kopfsteingepflasterten Straße, die hügelaufwärts zum Largo do Carmo führt, liegt diese bluesige Café-Bar im Erdgeschoss des Hostel Cobreu. Hier treffen sich junge Traveller, Musiker und Künstlertypen. Auf der Speisekarte stehen neben arabischem Fingerfood preisgünstige Cocktails und kaltes Bier.

Casa do Amarelindo Bar (Karte S. 482 f.; ☎ 3266 8550; Rua das Portas do Carmo 6, Pelourinho) Die schicke, im tropischen Stil gestaltete Bar im hübschen Hotel Casa do Amarelindo (s. S. 493) ist ideal für einen Schlummertrunk. Noch besser ist die Panorama-Terrasse, wo der talentierte Barkeeper nachts Cocktail-Klassiker mixt.

Odoyá (Karte S. 482 f.; ☎ 3242 5218; Cruzeiro de São Francisco, Pelourinho) An den Tischen hier draußen muss man sich gegen all die Schnorrer durchsetzen, aber der Blick abends auf die prächtig beleuchteten Kirchen in der Umgebung ist einfach unvergesslich. Dabei kann man herrlich bei einem oder zwei Caipirinhas relaxen.

Cantina da Lua (Karte S. 482 f.; ☎ 3241 7383; Terreiro de Jesus, Pelourinho) Die Restaurant-Bar mit einer Freilufterrasse ist super, um Leute zu beobachten, weil sie mitten im Pelourinho liegt. Abends gibt's Livemusik von Gesang bis Salsa.

Cidade Baixa

Bahia Café (Karte S. 480; ☎ 3329 0944 www.bahiacafe.com.br, portugiesisch; Mirante dos Aflitos) Die etwas teurere Bar liegt gleich südlich des Pelô und hat ein buntes Ambiente, tolles Essen und drei Dutzend Cocktails zur Auswahl, zu denen man die tolle Aussicht auf die Bucht genießen kann.

Bar da Ponta (Karte S. 480; ☎ 3326 2211; Av do Contorno) Die kleine, schicke Bar am Ende des Piers thront über der Bucht und zieht bei Sonnenuntergang die Leute an. Man muss mit in Schale geworfenem Publikum, teuren Cocktails und ausgezeichneten *petiscos* (kleinen Häppchen) rechnen.

Quixabeira (Karte S. 480; ☎ 3328 3286; Travessa dos Barris 30, Barris) Die schwulenfreundliche Bar in einem charmanten, alten Gebäude hat ein gemischtes Publikum, das die Drinks und die kleinen Häppchen genießt. Auf dem hübschen Hinterhof gibt's oft Livemusik.

Camafeu (Karte S. 482 f.; ☎ 3242 9751; Mercado Modelo, Praça Cayru) In dem legeren Lokal auf der oberen Terrasse des Mercado Modelo (S. 488) gibt es zwar auch etwas zu essen, aber die meisten Leute kommen während ihrer Shoppingtour nur auf einen Kaffee oder ein kaltes Bier vorbei. Die Aussicht auf die Bucht ist großartig.

Barra & Küstenvororte

Pereira (Karte S. 480; ☎ 3264 6464; Av 7 de Setembro 3959, Barra; ☺ Do–So mittags & 18 Uhr–open end) Das Pereira liegt an der Uferstraße von Barra. Zur schicken Bar mit Innen- und Außenbereich gehören ein japanisches Restaurant und eine Weinbar. Es gibt auch ausgezeichnetes *chope* (Bier vom Fass).

Bar do Chico (Karte S. 480; ☎ 3267 4386; Rua Recife 86, Barra) Der Schuppen liegt inmitten einer lebendigen Barszene und zieht feierfreudige Partygänger an. Direkt daneben gibt's Bars, wo man drinnen und draußen sitzen kann, sodass auf der Rua Recife viele junge Leute um die Häuser ziehen.

LP Tipp **Barravento** (Karte S. 480; ☎ 3247 2577; Av Oceânica, Barra) Dies ist in Barra das einzige Bar-Restaurant am Wasser – eine gute Wahl für einen Sundowner.

Póstudo (außerhalb der Karte S. 480; ☎ 3334 0484; Rua João Gomes 87, Rio Vermelho; ☺ Mo–Sa 12–15 & 18 Uhr–open end) Das immer angesagte, coole Bar-Restaurant mit Meerblick ist für sein gutes Essen bekannt.

Extudo (außerhalb der Karte S. 480; ☎ 3334 0671; www.extudo.com, portugiesisch; Travessa Lydio de Mesquita 4, Rio Vermelho; ☺) Hier verkehren die Intellektuellen Salvadors. Passenderweise sind die Gerichte nach berühmten Werken aus Film und Literatur benannt. Zur Auswahl steht der ruhigere Innenbereich und die lebhaftere Terrasse draußen.

UNTERHALTUNG

Die Bars und Clubs kommen und gehen schnell in Salvador. Deshalb sollte man lieber herumfragen, was gerade abgeht. Eine gute Infoquelle ist die Freitagsausgabe des *A Tarde* und *Correio da Bahia*.

Dienstagabends ist im Pelourinho beim Terça da Benção (Gesegneten Dienstag) die Hölle los.

Livemusik

Salvador ist das pulsierende Zentrum einer sagenhaften Musikszene. Die Mischung von afrikanischen und brasilianischen Traditionen hat zu atemberaubenden Percussionvariationen geführt, die die Salvadorenhos in ihren Reggae, Pop, Rock, *pagode* und *axé* einfließen lassen. Die Stadt hat so einzigartige Musikstile wie *afoxé* und Samba Reggae hervorgebracht. Es dürfte einem nicht schwerfallen, einige der talentierten Künstler Salvadors auf der Bühne zu erleben, da es in fast jeder Bar und jedem Restaurant mindestens einmal pro Woche Livemusik gibt.

In der Hauptsaison finden in den Innenhöfen im Pelourinho fast jeden Abend Konzerte statt; Eintrittspreise schwanken zwischen 0 und 35 R$. Wer wissen will, was abends los ist, sollte folgende Locations abklappern: Largo de Tereza Batista, Largo do Pedro Arcanjo und Praça Quincas Berro d'Água (meist kostenlos). Auf dem Terreiro de Jesus finden gelegentlich Konzerte statt. Oft hört man auch Trommlergruppen, die übend durch Pelourinho ziehen, eine Fangemeinde im Gefolge haben und den Verkehrsfluss blockieren.

Traditionelle Gruppen (zu erkennen an den lauten afrikanischen Trommeln), nach denen man Ausschau halten sollte, sind Ilê Aiyê (die erste Karnevalsgruppe, die nur aus Afro-Brasilianern bestand), Dida (nur Frauen), Mu-

BAHIA

BAHIA

SCHWULEN- & LESBENSZENE IN SALVADOR

Verglichen mit den Hauptstädten anderer brasilianischer Bundesstaaten ist das Nachtleben der Schwulen- und Lesbenszene Salvadors vielleicht etwas gedämpfter, aber es gibt ein paar versteckte Schwulenclubs, die wirklich einen Besuch lohnen.

Kunstkenner und ein junges, schwulenfreundliches Publikum treffen sich im **Beco dos Artistas** (Karte S. 480; Av Cerqueira Lima, Garcia), einer kleinen Gasse mit mehreren Bars und einem Tanzclub. Der Eingang ist neben der Pizzaria Giovanni an der Rua Leovigildo Filgueira.

Der **Queens Club** (Karte S. 480; ☎ 3328 6220; Rua Theodoro Sampaio 160, Barris; ☯ Fr & Sa 22–6 Uhr) ist einer der größten und besten Tanzclubs. Hier erwarten einen pulsierende, elektronische Beats, Go-Go-Boys und ein Darkroom.

Ein weiterer toller Tanzschuppen ist der **OffClub** (Karte S. 480; ☎ 3267 6215; www.offclub. com.br; Rua Dias D'Ávila 33, Barra; ☯ Do–So 22–6 Uhr) mit einem gemischten Publikum, das aus Draggqueens, Schwulen, Lesben, Heteros, Go-Go-Boys und anderen besteht.

---

zenza und Male Debalê. Mehr in Richtung Pop mit viel Percussion gehen die weltberühmte Gruppe Olodum – eine Dienstagabendinstitution im Pelourinho –, Araketu und Timbalada, die geistigen Kinder des Meisterkomponisten und Musikers Carlinhos Brown. Die Königinnen der salvadorianischen Popmusik, Margareth Menezes, Ivete Sangalo und Daniela Mercury, „proben" auch oft öffentlich.

Wer den Karneval in Salvador nicht miterleben kann, braucht nicht traurig zu ein: Die zwei Monate davor sind fast genauso so gut. *Ensaios* präsentiert Gäste mit großem Namen (wer, wird vorher nicht verraten), und die Clubs der Stadt veranstalten spezielle Bälle.

Die größten Shows sind am schönsten Veranstaltungsort Salvadors zu sehen, im **Teatro Castro Alves** (Karte S. 480; ☎ 3535 0600; www.tca.ba.gov. br, portugiesisch; Campo Grande). Im Sommer finden in seinem Concha Acústica (Amphitheater) jede Woche Konzerte statt.

Alphorria (Karte S. 480; ☎ 3242 0053; Rua Direita de Santo Antônio 97, Santo Antônio; ☯ 18.30 Uhr–open end) Publikum und Musik in dieser Bar in Santo Antônio sind bunt gemischt. Livebands spie-

len *forró* (ein im Nordosten beliebter Musikstil), Rock, Afro-Pop und sogar Salsa.

Sankofa (Karte S. 482 f.; ☎ 3321 7236; www.sankofabrasil.com; Rua Frei Vicente 7, Pelourinho) In der zentral gelegenen Bar im Pelourinho wird live Salsa und Samba gespielt, und DJs legen einen Mix von Reggea bis kongolesische Rumba auf.

Casa de Mãe Iemanja (außerhalb der Karte S. 480; ☎ 3334 3041; Rua Guedes Cabral 81, Rio Vermelho; ☯ Fr–So 14–2 Uhr) Das Bistro und Kulturzentrum in Rio Vermelho ist nach der Yoruba-Göttin des Meeres benannt (in der Nähe findet die Festa de Iemanja statt). Ein toller Ort, um Livemusik zu hören. Es liegt an der Küstenstraße gleich oberhalb des Largo de Santana.

Olivier (Karte S. 480; ☎ 3241 3829; Rua Direita de Santo Antônio 61, Santo Antônio) Das attraktive Restaurant hat einen gemütlichen Hinterhof, wo mehrere Abende in der Woche live Jazz und Bossa Nova gespielt wird.

Bohemia Music Bar (Karte S. 480; ☎ 3332 5774; Rua Belo Horizonte 177, Barra; Eintritt 5–15 R$) In dieser beliebten Bar in Barra treten die ganze Woche über Pop- und Rockbands live auf.

Pimentinha (außerhalb der Karte S. 480; ☎ 3230 1725; Rua Dom Eugênio Sales 11, Boca do Rio; Eintritt 20 R$; ☯ Mo 21–3 Uhr) Montagabends geht man ins Pimentinha. Es ist mit LPs, Schaufensterpuppen, alten Schirmen und anderen Fundsachen dekoriert. Auf der Bühne treten interessante Bands, die oft MPB (Música Popular Brasileira) spielen, vor einem gemischten Publikum auf.

Folkloreshows

Zu einem Besuch in Salvador gehört eine Folkloreshow im Pelourinho unbedingt dazu! Man erlebt afro-brasilianische Tänze, die Tänze *orixás*, *maculêlê* (Stocktanz) und Capoeira sowie Live-Percussion und Gesang. Datum und Uhrzeit der Aufführung lieber noch einmal nachprüfen, denn wenn man sich die Show für den letzten Abend in Salvador aufgehoben hat und sie dann vielleicht abgesagt wird, könnte man schwer enttäuscht sein.

Die faszinierendste professionelle Show veranstaltet das weltbekannte Balé Folclórico da Bahia im **Teatro Miguel Santana** (Karte S. 482 f.; ☎ 3322 1962; www.balefolcloricodabahia.com.br; Rua Gregório de Matos 49; Eintritt 20 R$; ☯ Mo & Mi–Sa 20 Uhr). Auch die Grupo de Danças Folclóricas SESC bietet eine lebendige Show im **Teatro SESC-Senac** (Karte S. 482 f.; ☎ 3324 4529; www.sesc-ba.com.br/teatro. htm, portugiesisch; Largo do Pelourinho 19; Eintritt 15 R$; ☯ Do–Sa 20 Uhr). Die Show im Restaurant Solar do Unhão (S. 495) ist ebenfalls sehenswert.

EINE NACHT UNTER GÖTTERN *Regis St. Louis*

Die wilde und kaum verstandene Religion Candomblé ist tief in der Kultur Bahias verwurzelt. Sie verbindet zahllose Afro-Brasilianer mit einer langen Ahnenreihe in Westafrika. Die das ganze Jahr über häufig abgehaltenen Zeremonien finden in großen, reich geschmückten, *terreiros* genannten Sälen statt und können mehrere Stunden dauern.

Die Teilnehmer sind vor allem Frauen, die in Spitzen und Reifröcken gekleidet erscheinen. Die hinter einem hauchdünnen Vorhang verborgenen Trommler – alles Männer – hämmern kräftig einen Rhythmus, und der Tanz beginnt. Es geht immer im Kreis herum – zuerst mit leichten Schritten, anmutigen Handbewegungen und wirbelnden Röcken. Die Tänzerinnen singen auf Yoruba und bilden einen Kreis, der sich entgegen dem Uhrzeigersinn dreht und der das Zurückdrehen der Jahrhunderte versinnbildlicht, bei dem die Tänzerinnen ihre Ahnen zu erreichen suchen. Es herrscht eine festliche, feierliche Atmosphäre, und die *mãe de santo* oder *pai de santo* (wörtl. die Mutter oder der Vater eines Heiligen – die Candomblé-Priester) und ihr Gefolge wachen von der Mitte aus über alle.

Während des weiteren Verlaufs des Abends wird die Musik heftiger, der Tanz hitziger, und über den Trommelschlägen hört man das Läuten von Glocken – ein eindringlicher Klang, der die Geister heraufbeschwören soll. In der zweiten Phase der Zeremonie geht es ausschließlich um die Tänzerinnen und die *orixás* (Candomblé-Gottheiten), die von den Tänzerinnen Besitz ergreifen.

Jede Candomblista hat eine *orixá*, und wenn eine Person die Gabe dazu hat (nicht alle haben sie), kann sie dem Geist als Medium dienen und in Trance fallen oder von frenetischer Energie erfüllt werden. Die *orixá* kann männlich oder weiblich sein, unabhängig vom Geschlecht der Person. Normalerweise nehmen die Tanzenden bei der Ankunft des Geistes dessen Eigenschaften an.

Als wir an einem schwülen Abend die Casa Brava, eines der ältesten *terreiros* in Salvador, besuchten, sahen wir, wie ein Mann zitterte und sich krümmte – und sogar schrie –, als der Geist der Iansã, der Göttin des Windes, in ihn fuhr. Als er im Zimmer auf- und abging, fühlte eine andere Frau die Präsenz des Changó. Sie stand den größten Teil des Abends reglos wie ein Stein in der Mitte des Raumes, bis das Lied angestimmt wurde, das Changó gewidmet war – und plötzlich kam Leben in sie. Andere Tänzer ahmten die kräftigen Bewegungen von Ogun, dem Kriegsgott, oder die raubtierhaften Bewegungen von Oxossi, dem Gott der Jäger, nach, während wieder andere Tänzer einfach nur wild herumtanzten und gelegentlich laute Schreie ausstießen.

Obwohl es nicht gerne gesehen wird, fallen manchmal auch Zuschauer in Trance, werden ohnmächtig oder kollabieren während der Zeremonie. Andere sind einfach nur dankbar, die Energie der Zelebranten zu spüren. Manchmal nehmen die in Trance gefallenen Tänzerinnen im Vorbeigehen auch Kontakt mit den Zuschauern auf, tauschen Umarmungen und Zärtlichkeiten aus, um die kraftvolle Energie des Gottes an die anderen weiterzugeben.

Der letzte Teil der Zeremonie wird in aufwendigen Kostümen begangen. Die Tänzerinnen verlassen die Bühne, kehren als *orixás* verkleidet zurück und setzen dann ihren Tanz bis in die Nacht fort.

Wer Interesse hat, einer solchen Zeremonie beizuwohnen, sollte sich an die **Federação Baiana do Culto Afro-Brasileiro** (Karte S. 482 f.; ☎ 3321 1548; Rua Portas do Carmo 39, Pelourinho; ☾ Mo–Fr 9–12 & 14–17 Uhr) wenden, wo man Termine und Adressen einiger *terreiros* bekommt. Eine umfangreiche Liste mit *terreiros* findet man auch unter www.bahia-online.net/Candomble.htm. Reisebüros im Pelourinho arrangieren Gruppenbesuche. Wer ohne Führer kommt, sollte im Vorfeld ein Taxi für die Rückfahrt bestellen. Saubere, helle Kleidung tragen (keine kurzen Hosen).

Wer mehr über Candomblé erfahren will, dem sei die lebendige Erzählung *Werkstatt der Wunder* von Jorge Amado empfohlen, der aus Bahia stammte und selbst Eingeweihter des Candomblé war (seine *orixá* war Changó).

BAHIA

Capoeira

In den meisten Capoeira-Schulen im Pelourinho kann man beim Unterricht (oft „Show" genannt) zuschauen und Fotos machen. Damit unterstützt man auch das Studio. Auf S. 490 sind einige Studios aufgelistet.

Nachtclubs

Madre Disco (außerhalb der Karte S. 480; ☎ 3346 0012; Av Otávio Mangabeira 2471, Jardim dos Namorados, Pituba; Grundpreis 20 R$; ☾ Do–Sa 23 Uhr–open end) In dem großen, ultrahippen Tanzclub (der früher Fashion Club hieß) gibt's alles von Salsa- bis

Elektro-Musik-Nächten. Frauen müssen mindestens 21, Männer 18 Jahre alt sein, um reinzukommen.

Die jungen Reichen vergnügen sich im **Aeroclube Plaza Show** (außerhalb der Karte S. 480; Av Otávio Mangabeira, Boca do Rio), einem Open-Air-Komplex mit ein paar Bars, Tanzclubs und kostenlosen *forró*-Abenden. Das **Rock in Rio** (☎ 3461 0300; ☾ Di–So 22 Uhr–open end) ist ein 1700 m² großer Tanzclub mit acht Bars, die am Wochenende randvoll sind. Im Aeroclube befindet sich auch das **Café Cancun** (☎ 3461 0603; ☾ Di–Sa 21 Uhr–open end), wo das Essen und die Deko mexikanisch angehaucht sind und man einen netten Abend bei Tanz und Tequila erleben kann.

SHOPPEN

Mercado Modelo (Karte S. 482 f.; ☎ 3243 6543; Praça Cayru) Der zweistöckige, überdachte Touristenmarkt hat Dutzende von Ständen, die einheimisches Kunsthandwerk verkaufen. Noch mehr davon gibt's in den Geschäften des Pelourinho.

Artesanato São Domingos (Karte S. 482 f.; ☎ 3322 6979; Terreiro de Jesus, Pelourinho) Der kleine Laden neben der Igreja São Domingos verkauft hübsche bahianische Spitze – Kleider, Tischdecken, Blusen und dergleichen.

Bahia Online (Karte S. 482 f.; ☎ 3321 0536; Rua João de Deus 22, Pelourinho; ☾ Mo–Sa 10–22 Uhr) Der Musikladen im Pelourinho hat eine tolle Auswahl an CDs von bahianischen Künstlern sowie Samba, Electronica und MPB.

Bau Bau (Karte S. 482 f.; ☎ 3323 0008; Rua Gregório de Matos 37, Pelourinho) Eine der immer zahlreicher werdenden bunten Boutiquen.

AN- & WEITERREISE
Bus

Die meisten aus dem Süden kommenden Busse nach Salvador fahren um die Baía de Todos os Santos. Alternativ kann man auch in Bom Despacho auf der Ilha de Itaparica aussteigen und mit einem Boot die Bucht überqueren. Manche Busgesellschaften verkaufen ihre Fahrkarten an gut zugänglichen Orten in der Stadt, normalerweise in Einkaufszentren. Emtursa und Bahiatursa (s. S. 484) geben nähere Infos.

Das **Ticketcenter** (Karte S. 480; ☎ 3329 5433; Rua Portão da Piedade, Piedade) gegenüber von Shopping Piedade verkauft Fahrkarten diverser Busunternehmen; es gibt auch eine Filiale im Shopping Iguatemi. Auch die Reisebüros in der Stadt verkaufen Bustickets; die meisten schlagen eine Gebühr (10–15 R$/Ticket) drauf.

Flugzeug

Der **Aeroporto Deputado Luis Eduardo do Magalhães** (Code SSA; ☎ 3204 1010; São Cristóvão) wird bedient von **Gol** (☎ 3204 1603; Flughafen), **TAM** (☎ 3365 2324; Flughafen), **Varig** (☎ 3204 1050) und **Webjet** (☎ 0800 723 1234; Flughafen). Es gibt täglich Flüge zu jedem beliebigen Ziel in Brasilien, oft allerdings mit mehreren Zwischenlandungen. Ein einfacher Flug von Salvador nach São Paulo kostet ab 240 R$, nach Rio 319 R$, nach Recife 190 R$ und nach Fortaleza 200 R$.

TAP (Air Portugal; ☎ 3204 1531; Flughafen) bietet Flüge zwischen Salvador und Europa. Flüge zu anderen Zielen im Ausland gehen über São Paulo oder Rio.

Schiff/Fähre

Schiffe zu verschiedenen Zielen in der Baía de Todos os Santos gibt's vom **Terminal Marítimo Turístico** (Karte S. 482 f.) hinter dem Mercado Modelo und vom **Terminal Marítimo de São Joaquim** (außerhalb der Karte S. 480; ☎ 3633 1248; Av Oscar Pontes, Água de Menino). Weitere Infos dazu stehen auf S. 503.

Schiffe, die Morro de São Paulo ansteuern, legen auch vom Terminal Marítimo Turístico ab. Ein paar Unternehmen betreiben *lanchas rapidas* (Schnellboote) und zwei auch Katamarane (je 75 R$, 2 Std.). Wie oft die Schiffe täglich auslaufen, hängt von der Nachfrage ab.

UNTERWEGS VOR ORT
Vom/Zum Busbahnhof

Salvadors **Busbahnhof** (☎ 460 8300) liegt 8 km östlich des Stadtzentrums. Ein Taxi zur Cidade Alta oder nach Barra kostet 24 bis 32 R$. Klimatisierte Minibusse (6 R$) mit der Aufschrift „Praça da Sé" fahren zum Stadtzentrum; Abfahrt ist vor dem Shopping Iguatemi, gleich auf der anderen Seite der Fußgängerbrücke. Nach Barra fährt vor dem Busbahnhof der Bus Barra 1. Wer umgekehrt zum Busbahnhof will, kann jeden Bus nehmen, der zum Shopping Iguatemi fährt.

Vom/Zum Flughafen

Der Flughafen liegt ca. 30 km östlich des Zentrums. Ein Taxi mit Taxameter vom Flughafen ins Zentrum kostet etwa 75 R$, für ein Taxi, bei dem man im Voraus am Flughafen zahlt, muss man 98 R$ hinlegen. Die klimatisierten Minibusse (8 R$) mit der Aufschrift „Praça da Sé/Aeroporto" fahren auch ins Zentrum. Die Nahverkehrsbusse fahren vom Busbahnhof hinter dem Parkhaus ab.

BAHIA

BUSSE AB SALVADOR

Ziel	Dauer (Std.)	Preis (R$)	Häufigkeit	Busgesellschaft
Aracaju	4–6	50–78	8–14-mal tgl.	Bomfim (☎ 3460 0000)
Belo Horizonte	24	190	tgl.	São Geraldo (☎ 3450 4488)
Ilhéus	7	75–118	3-mal tgl.	Águia Branca (☎ 4004 1010)
João Pessoa	14	133	3-mal wöchentl.	Bomfim (☎ 3460 0000)
Lençóis	6–7	50	3-mal tgl.	Real Expresso (☎ 3450 2991)
Maceió	9–11	85–105	2–3-mal tgl.	Bomfim (☎ 3460 0000)
Natal	21	159–182	2-mal tgl.	São Geraldo (☎ 3450 4488)
Penedo	9	70	tgl.	Bomfim (☎ 3460 0000)
Porto Seguro	12	136	tgl.	Águia Branca (☎ 4004 1010)
Recife	12	127–165	tgl.	Itapemirim (☎ 3450 5644) & Penha (☎ 0800 646 2122)
Rio de Janeiro	25–28	250–290	tgl.	Águia Branca (☎ 4004 1010) & Itapemirim (☎ 3450 5644)
São Paulo	33	266	3-mal tgl.	São Geraldo (☎ 3450 4488)
Vitória	19	225	tgl.	Águia Branca (☎ 4004 1010)

BAHIA

Busse zum Flughafen fahren regelmäßig von der Praça-da-Sé-Bushaltestelle (Karte S. 482 f.) ab, die von der Praça Municipal einen Block in südöstlicher Richtung liegt. Angeblich verkehren sie alle 30 Minuten, doch der Fahrplan wird reichlich locker gehandhabt. Deshalb lieber viel Zeit einplanen! Der Bus fährt die Av 7 de Setembro bis nach Barra und weiter an der Küste entlang, bevor er ins Landesinnere Richtung Flughafen abbiegt. Wenn wenig Verkehr ist, dauert die Fahrt etwa eine Stunde, aber zur Rush-Hour ist man fast zwei Stunden unterwegs.

Ein städtischer Aeroporto-Bus fährt dieselbe Strecke zum Flughafen, aber weil er immer sehr voll wird, ist er nicht zu empfehlen, wenn man mit viel Gepäck unterwegs ist.

Öffentliche Verkehrsmittel

Zwischen der Cidade Alta und der Cidade Baixa gibt es den **Elevador Lacerda** (Karte S. 482 f.; ☎ 3322 7049; 0,15 R$; ◷ 24 Std.) und den **Plano Inclinado Gonçalves** (Standseilbahn; Karte S. 482 f.; 0,15 R$; ◷ Mo–Fr 7–19, Sa 7–13 Uhr).

Busse fahren kreuz und quer durch die Stadt. Achtung: An der Hintertür einsteigen (und beim hier sitzenden Schaffner zahlen) und beim Fahrer an der Vordertür aussteigen. Es gibt zwei größere städtische Bushaltestellen im Zentrum, die entweder Ziel- oder Umsteigepunkte sind: Terminal da França (Karte S. 482 f.) im Comércio und Lapa (Karte S. 480) hinter den Shoppingzentren Lapa und Piedade.

Nach Norden zur Igreja NS do Bonfim fährt ein Bus ab der Talstation des Elevador.

Die Taxis haben Taxameter (Vorschrift); man kann den Preis aber auch aushandeln.

BAÍA DE TODOS OS SANTOS

Die Baía de Todos os Santos ist die größte Bucht in Brasilien und zählte früher zu den bedeutendsten der Südhalbkugel. Die 56 Inseln in der 1000 km² großen Bucht sind üppig bewachsen und mit architektonischen Zeugnissen aus ihrer Vergangenheit übersät.

ILHA DE ITAPARICA

☎ 0xx71 / 21 000 Ew.

Itaparica dient den Salvadorianern seit Langem als Ferieninsel, sodass die Küste mit Ferienhäusern gesäumt ist. Obwohl die hiesigen Strände zwar nicht mit der Nordküste Salvadors mithalten können und der beste Strand vom Club Med in Beschlag genommen wurde, machen viele Traveller gerne einen Tagesausflug zu dem sympathischen Inselörtchen Mar Grande (9 km südlich von Bom Despacho), wo Bars, Restaurants und eine relaxte Atmosphäre die Besucher erwarten.

Sehenswertes & Aktivitäten

An der Nordspitze wacht das **Forte de São Lourenço** über die Insel. Die Festung wurde 1711 von holländischen Invasoren gebaut und spielte 1823 beim Kampf um Bahias Unabhängigkeit eine große Rolle. In der nahe ge-

BAHIA

legenen Ortschaft Itaparica gibt es ein paar historische Bauten, darunter das **Solar Tenente Botas** (Haus des Leutnant Botas; Praça Tenente Botas; Eintritt gegen Spende), die 1715 erbaute **Igreja Matriz do Santíssimo Sacramento** (Rua Luís Gama) und den **Fonte da Bica** (Mineralwasserbrunnen) von 1842. Mitten auf der Insel hat ein riesiger Baum seine Wurzeln um die Ruinen der **Igreja Baiacu** geschlungen und wächst direkt aus ihnen heraus.

STRÄNDE

Die **Praia Ponta da Areia** (2 km nördlich von Bom Despacho) ist ein schmaler Sandstrand mit klarem, seichtem Wasser und *barracas*, die gute Meeresfrüchte verkaufen. Die **Praia da Penha** (10 km südlich von Bom Despacho) ist ein hübscher Strand mit ausgezeichneter Sicht auf Salvador. Itaparicas schönster öffentlicher Strand ist die vor dem gleichnamigen Dorf gelegene **Praia Barra Grande** (7 km weiter südlich) mit klarem Wasser und Wochenendhäusern. Die Bahianer, die Strände mit vielen Menschen lieben, halten die **Praia Cacha Pregos** (20 km weiter südlich) für den besten Strand der Insel.

Schlafen & Essen

In der Nähe der Fähranlegestelle findet man viele gemütliche Restaurants und Pousadas. Ein paar gute Unterkünfte gibt's auch gleich nördlich und südlich von Mar Grande.

Camping Praia de Berlinque (☎ 3638 2435; 10 R$/ Pers.) Schattige Stellplätze auf einem schönen Gelände nur wenige Schritte vom Strand entfernt. Da es nur wenige Dienstleistungseinrichtungen gibt, Verpflegung und alle wichtigen Dinge unbedingt selber mitbringen. Der Campingplatz liegt 30 km südlich von Bom Despacho.

Zimbo Tropical (☎ 3638 1148; www.zimbo-tropical. com; Aratuba; EZ/DZ mit Ventilator ab 60/100 R$) Die hübschen Bungalows liegen in einem üppig grünen Garten in kurzer Gehentfernung zum Strand. Die entspannten Inhaber bieten für Gruppen Mahlzeiten (25 R$) und Ausflüge zu lokalen Sehenswürdigkeiten und schaffen es, dass wie von Zauberhand in den Bäumen kleine Affen auftauchen. Ein Taxi von Bom Despacho oder Mar Grande bis hierher kostet rund 30 R$.

Pousada Arco-Íris (☎ 3633 1130; www.parcoiris. na-web.net, portugiesisch; Estrada da Gamboa 102; DZ mit

Ventilator 90–110 R$; 🍴) Auf dem ungepflegten Anwesen einer alten Mangofarm bietet das Arco-Íris eine Reihe von Zimmern in dem mit Antiquitäten vollgestopften Haupthaus und Hütten mit Blick auf den Hof.

Pousada Grande Mar (☎ 3633 2210; www.pousada grandemar.com.br, portugiesisch; Rua Praça Anísio Nelson de Brito 38; DZ mit Ventilator ab 100 R$) Die schlichte Pousada in der Nähe der Fähranlegestelle liegt im Zentrum des Geschehens in Mar Grande und sieht aus wie ein buntes Strandmotel. Die Zimmer sind sauber und kühl, aber an Sommerabenden ist es hier recht laut.

Manga Rosa (☎ 3633 1130; Estrada da Gamboa 102; Hauptgerichte 25–32 R$) Das Restaurant des Arco-Íris serviert in schönem tropischen Ambiente große Portionen sehr geschätzter bahianischer und internationaler Gerichte.

Restaurante Philippe (☎ 3633 1060; Praça São Bento 113; Hauptgerichte 32–48 R$) Das beliebte Restaurant mit Meerblick befindet sich in der Nähe der Anlegestelle von Mar Grande und hat eine große Auswahl brasilianischer und europäischer Gerichte.

An- & Weiterreise

BUS

Vom **Bus- und Fährterminal** (☎ 3319 2890) in Bom Despacho fahren häufig Busse nach Valença (16 R$, 2 Std., tgl. 5-mal).

SCHIFF/FÄHRE

Die Fahrpläne sind saisonabhängig – also die Abfahrtszeiten immer nochmal nachprüfen.

Passagierfähren (3,30 R$, 40 Min., 7–18.50 Uhr alle 30 Min.) fahren vom Terminal Marítimo Turístico in Salvador zum **Terminal** in Mar Grande (☎ 3633 1248); Rückfahrt ist zwischen 6.30 und 19.30 Uhr. Im Sommer den Rückfahrschein im Voraus kaufen!

Zwischen Salvadors Terminal Marítimo de São Joaquim und Bom Despacho verkehren auch eine Autofähre (7/27 R$ pro Pers./Auto, 1 Std., 5–23.30 Uhr stündl.) und ein Katamaran (7 R$, 30 Min., tgl. 7-mal). Am Wochenende, vor allem im Sommer, muss man mit langen Wartezeiten rechnen, bis man auf die Fähre fahren kann.

Unterwegs vor Ort

Von den Fährterminals in Bom Despacho und Mar Grande fahren Kombis bis ungefähr 20 Uhr rund um die Insel. Achtung: Es gibt ein paar unverschämte Fahrer, die Touristen mehr berechnen – also darauf achten, dass keine Fahrt mehr als 10 R$ kostet. Fahrräder kann man fast überall mieten (20 R$/Tag).

NOCH MEHR INSELN

Zu den kleineren Inseln der Baía de Todos os Santos gehören die **Ilha Bom Jesus dos Passos**, auf der es traditionelle Fischerboote und ein paar Kunsthandwerker gibt, die **Ilha dos Frades** (benannt nach zwei Mönchen, die hier von *índios* getötet und verspeist wurden), auf der man schöne Wasserfälle und Palmen findet, und die **Ilha da Maré** mit den ruhigen Stränden **Itamoabo** und **Bacia das Neves** und der **Igreja de NS das Neves** aus dem 17. Jh.

Tourveranstalter in Salvador bieten Bootstouren durch die Bucht entweder zur Ilha da Maré oder zur Ilha dos Frades und zur Ilha de Itaparica an; Abfahrt ist am Terminal Marítimo Turístico in Salvador. Als Alternative gibt's vom **Terminal** in São Tomé de Paripe (☎ 3307 1447), 25 km nördlich der Stadt, Schiffe zur Ilha da Maré (5 R$, 20 Min., 8–17.30 Uhr alle 40 Min.). Um zu diesem Terminal zu gelangen, fährt man mit den Bus Base Naval/São Tomé bis zur Endhaltestelle (in der Touristeninformation nachfragen, wo man am besten einsteigt). Um zur Ilha dos Frades zu kommen, nimmt man vom Hauptbusbahnhof in Salvador einen Bus nach Oxalá, steigt in Madre de Deus (70 km nordwestlich der Stadt) aus und fährt von dort mit dem Schiff nach Paramana (3 R$).

RECÔNCAVO

Der *recôncavo* ist ein grüner, fruchtbarer Landstrich rund um die Baía de Todos os Santos, der mit seiner Zucker- und Tabakernte Salvador (und der portugiesischen Krone) Reichtum brachte. Die Gewinne, die durch diese Landschaft erzielt wurden, kurbelten auch das Wachstum von einst wohlhabenden Städten wie Cachoeira an, das vor Kolonialbauten und Geschichte nur so strotzt. Die Fahrt mit einem Boot über die Baía de Todos os Santos zum hübschen kolonialzeitlichen Dorf Maragojipe ist ein kleines Abenteuer. Von dort geht es mit dem Bus weiter nach Cachoeira und São Félix.

CACHOEIRA & SÃO FÉLIX

☎ 0xx75 / 50 000 Ew.

Cachoeira, das liebevoll auch als „das Juwel des *recôncavo*" bezeichnet wird, ist ein verschlafenes Städtchen voller farbenfroher, meist gut erhaltener Kolonialbauten, die durch die Anwesenheit moderner Gebäude nicht verschandelt werden. Die Stadt liegt zu Füßen einer Reihe von Hügeln, die sich an den Ufern des Rio Paraguaçu entlangzieht, direkt ihrer Schwesterstadt São Félix gegenüber. Ein steter Touristenstrom fließt durch die Gegend, angezogen vom besten Tabak Brasiliens, vom Ruf der Stadt als Zentrum des Candomblé und von der großen Tradition der Holzschnitzerei. Wer früh aufbricht, kann Cachoeira und São Félix im Rahmen eines Tagesausflugs von Salvador aus besuchen.

Geschichte

Diego Álvares, der Vater der Gründer von Cachoeira, war der einzige Überlebende eines Schiffsunglücks: Das Schiff segelte in Richtung der Westindischen Inseln und lief 1510 vor Salvador auf ein Riff auf. Der portugiesische Robinson Crusoe wurde von den indigenen Tupinambá von Rio Vermelho gerettet. Sie nannten die merkwürdige weiße Meereskreatur Caramuru, „Fischmann". Álvares lebte 20 Jahre bei den *índios* und heiratete Catarina do Paraguaçu, die Tochter des mächtigsten Tupinambá-Häuptlings. Ihre Söhne João Gaspar Aderno Álvares und Rodrigues Martins Álvares rotteten die indigenen Völker der Gegend aus, errichteten die ersten Zuckerrohr-*fazendas* und gründeten Cachoeira.

Im 18. Jh. galt Tabak aus Cachoeira als der beste der Welt. Er war begehrt bei Herrschern in China und Afrika. Das „heilige Kraut" wurde auch in Brasilien beliebt, wo es geschnupft, in der Pfeife geraucht oder gekaut wurde.

Anfang des 19. Jhs. wurde Cachoeira als Zentrum militärischer Aktionen in Bahia gegen die portugiesische Herrschaft berühmt. Es war die erste Stadt, die Dom Pedro I. als unabhängigen Herrscher Brasiliens anerkannte. Doch seitdem ist in dem verschlafenen Ort nicht mehr viel passiert.

Praktische Informationen

In Cachoeira gibt es eine gute **Touristeninformation** (☎ 3425 1123; Rua Ana Nery 4; ☺ Mo–Fr 8–12 & 13–17, Sa & So 13–16 Uhr) und an der Praça Dr Milton eine Bradesco-Bank und eine Post. In São Félix gibt es auch eine Bank.

Sehenswertes & Aktivitäten

Bei einigen Sehenswürdigkeiten, insbesondere in Kirchen, kommt es wiederholt zu Diebstählen. Deshalb lieber über die Touristeninformation einen Besuch organisieren. In São Félix beim Überqueren der schmalen, baufälligen Brücke (die 1885 von den Briten gebaut wurde) Vorsicht walten lassen.

KIRCHEN & HISTORISCHE GEBÄUDE

Die **Igreja da Ordem Terceira do Carmo** (Praça da Aclamação, Cachoeira; Eintritt 2 R$; ☺ Di–Sa 14–17, So 9–12 Uhr) von 1702 hat einen vergoldeten Barockaltar, eine getäfelte Decke und schöne *azulejos*. Im Seitenschiff lassen sich mehrere vielfarbige Christusfiguren besichtigen, die man aus der portugiesischen Kolonie Macao importiert hat und die nur so vor Rinderblut triefen, in das chinesische Kräuter und funkelnde Rubine hineingemischt wurden.

Die **Igreja Matriz NS do Rosário** (Rua Ana Nery, Cachoeira) wurde zwischen 1693 und 1754 erbaut. Sie hat wundervolle *azulejos* und eine von Teófilo de Jesus bemalte Decke. Im Museu das Alfaias im oberen Stockwerk befinden sich Überreste des verlassenen Convento de São Francisco do Paraguaçu aus dem 17. Jh. Die Kirche ist normalerweise morgens geöffnet. Sollte sie geschlossen sein, können Traveller anklopfen.

Die winzige **Igreja de NS da Ajuda** (Largo da Ajuda, Cachoeira) ist die älteste Kirche von Cachoeira. Sie wurde 1595 errichtet, als die Stadt noch Arraial d'Ajuda hieß.

Der Aufstieg zur Igreja de NS do Conceição do Monte lohnt sich nur wegen des Ausblicks, denn sie ist für Besucher geschlossen.

In der **Casa da Câmara e Cadeia** (Prefecture & Jail; Praça da Aclamação, Cachoeira) wurden im oberen Stockwerk Mitglieder des organisierten Verbrechens und unten andere Spitzbuben gefangen gehalten. Das Gebäude stammt aus dem Jahr 1698 und war 1822 Sitz der Regierung von Bahia. Der alte Marmorpranger an der Vorderseite wurde entfernt, nachdem man die entsprechenden Strafen abgeschafft hatte.

Das älteste Krankenhaus der Stadt, **Santa Casa de Misericórdia** (Praça Dr. Milton, Cachoeira; ☺ Mo–Fr 14–17 Uhr), verfügt über eine schöne Kapelle (1734) mit bemalter Decke, einen Garten und ein Beinhaus.

MUSEEN & KULTURZENTREN

Das **Museu Hansen Bahia** (☎ 3425 1453; Rua 13 de Maio, Cachoeira; Eintritt frei; ☺ Di–Fr 9–17, Sa & So 9–14 Uhr) ist in dem Geburts- und früheren Wohnhaus der brasilianischen Heldin Ana Néri untergebracht, die während des Paraguay-

CACHOEIRA

0   100 m

PRAKTISCHES
Bradesco....................................**1**	D2
Post..**2**	D2
Touristeninformation..................**3**	D3

SEHENSWERTES & AKTIVITÄTEN
Atelier do Doidão.......................**4**	D3
Atelier do Louco........................**5**	C3
Casa da Câmara e Cadeia...........**6**	D4
Igreja da Ordem Terceira do Carmo..**7**	D4
Igreja de NS da Ajuda.................**8**	C3
Igreja de NS do Conceição do Monte..**9**	A1
Igreja Matriz NS do Rosário.......**10**	D3
Museu da Boa Morte..................**11**	C3
Museu Hansen Bahia..................**12**	C3
Museu Regional da Cachoeira....**13**	D4
Santa Casa de Misericórdia........**14**	D2

SCHLAFEN
Pensão Tia Rosa........................**15**	D3
Pousada do Convento do Carmo..**16**	D4
Pousada do Guerreiro **17**	C3

ESSEN
Baiana's Point...........................**18**	C4
Cabana do Pai Thomaz..............**19**	C4
Pizzaria Shambhalah **20**	D4
Restaurante Beira Rio **21**	C3

TRANSPORT
Busbahnhof...............................**22**	A2

Kriegs die Krankenpflege organisierte. Heute sind hier die Arbeiten des deutsch-brasilianischen Künstlers Hansen Bahia ausgestellt. Unter seinen ausdrucksstarken Blockdrucken und Gemälden über das menschliche Leiden, die vor allem Prostituierte und Jesus darstellen, befindet sich eine Serie von Illustrationen zu Castro Alves' Gedicht *Návio Negreiro* (Sklavenschiff).

Gegen eine kleine Spende führen Mitglieder des religiösen Frauenvereins Boa Morte (Guter Tod) einen durch ihr kahles, nur aus einem Raum bestehendes **Museu da Boa Morte** (Rua 13 de Maio, Cachoeira; Eintritt gegen Spende; ⏰ 10–18 Uhr). Hier gibt's ein paar gute Fotos, und meistens sitzen ein paar Vereinsfrauen in ihrer weißen Tracht herum, rauchen Pfeife und

unterhalten sich. Der Verein war ursprünglich eine Schwesternschaft von Sklavinnen, die dafür sorgte, dass tote Sklaven ein ordentliches Begräbnis erhielten und alte Sklaven freigekauft wurden. Nebenbei verbreiteten die Schwestern Nachrichten über Sklavenaufstände und geheime Candomblé-Veranstaltungen.

In einer Kolonialvilla aus dem 18. Jh. zeigt das bescheidene **Museu Regional da Cachoeira** (Praça da Aclamação, Cachoeira; Eintritt 2 R$; ⏰ Mo–Fr 8–12 & 14–17, Sa 8–12 Uhr) Einrichtungsgegenstände aus der Kolonialzeit und Priestergewänder.

Das am Fluss gelegene **Centro Cultural Dannemann** (☎ 3425 2208; www.centroculturaldannemann.com.br; Av Salvador Pinto 29; Eintritt frei; ⏰ Di–Sa 8–12 & 13–16.30 Uhr, nur Galerie So 13–16 Uhr) in São Félix stellt in einem völlig umgebauten Lagerhaus moderne Kunst aus. In einem großen, von Tabakgeruch erfüllten Saal an der Rückseite des Gebäudes sitzen weißgekleidete Frauen mit geblümten Kopftüchern an antiken Holztischen und rollen *charutos* (Zigarren) – genauso, wie es schon seit 1873 gemacht wird. Dannemann-Zigarren gelten als die besten Brasiliens.

HOLZSCHNITZEREI

In Cachoeira gibt es eine lange Tradition der Schnitzkunst mit starkem afrikanischen Einfluss. Man kann einfach in die *ateliers* zwei der besten Schnitzkünstler der Stadt, **Doidão** (Rua Ana Nery) und **Louco** (Rua 13 de Maio), reinschauen (Mo–Fr ca. 10–16 Uhr), um sich einen Eindruck vom lokalen Stil zu verschaffen.

CANDOMBLÉ

Cachoeira ist ein wichtiges Candomblé-Zentrum mit einer der stärksten und vielleicht unverfälschtesten spirituellen und religiösen Traditionen. Die *terreiros* befinden sich in kleinen Häusern und Schuppen in den Hügeln, wo normalerweise freitag- und samstagabends lange Zeremonien stattfinden. Man kann sich an die Touristeninformation wenden, um Infos über lokale Führer zu bekommen, die Besucher zu den Zeremonien bringen (rund 50 R$/Pers.).

Geführte Touren

Wer eine Bootsfahrt auf dem Fluss machen will, sollte sich an den Inhaber des **Restaurante Beira Rio** (☎ 3425 5050; beirariotour@uol.com.br; Rua Manoel Paulo Filho 19, Cachoeira; 15–60 R$/Pers.) wenden, der Ausflüge nach Maragogipe, zu Konventen am Fluss und zu anderen Zielen in der Nähe anbietet.

Festivals & Events

Festa de São João (22–24. Juni) Das größte volkstümliche Fest im Binnenland von Bahia wird mit Folklore, Musik, Tanz und reichlich Essen und Trinken gefeiert.

Festa da NS da Boa Morte (Fr, Sa & So um den 15. Aug.) Bei dem von der Schwesternschaft Boa Morte organisierten Fest danken die Nachkommen von Sklaven in einer Mischung aus Candomblé und Katholizismus mit Tanz und Gebeten für ihre Freiheit.

NS do Rosário (2. Okt.-Hälfte) Spiele, Musik und gutes Essen.

NS da Ajuda (1. Nov.-Hälfte) Neben einer rituellen *lavagem* (Waschung) der Kirche gibt es auch ein Straßenfest.

Santa Bárbara (Iansã; 4. Dez.) Eine Candomblé-Zeremonie in São Félix.

Schlafen & Essen

Während der Festivals steigen die Preise auf das Doppelte an.

Pensão Tia Rosa (☎ 3425 1792; Rua Ana Nery 12, Cachoeira; EZ/DZ 35/60 R$) Tia Rosa ist eine freundliche und waschechte Cachoeiranerin, die in ihrem Haus rustikale Zimmer vermietet. Das beste Zimmer ist das im Obergeschoss, von dem aus man einen Blick auf die Dächer rundherum hat. Tia Rosa organisiert auch Besuche bei Candomblé-Zeremonien.

Pousada do Guerreiro (☎ 3425 1104; Rua 13 de Maio 14, Cachoeira; EZ/DZ ab 40/70 R$) Die schlichte Pousada hat Zimmer mit Ventilator und Holzfußboden. Die besten sind ziemlich geräumig, und eines hat einen kleinen Balkon.

Pousada e Restaurante Paraguassú (☎ 3438 3386; Av Salvador Pinto 1, São Félix; EZ/DZ ab 60/75 R$; 🛂) Das Paraguassú am Flussufer in São Félix hat saubere, gemütliche Zimmer rund um einen kleinen Garten. Das Restaurant mit Sitzbereich am Fluss serviert gute, typische Gerichte und Pizza.

Pousada do Convento do Carmo (☎ 3425 1716; Praça da Aclamação, Cachoeira; EZ/DZ 115/130 R$; 🛂 🖳) Das aus dem 18. Jh. stammende Konvent der Igreja da Ordem Terceira do Carmo wurde in eine komfortable Pousada umgebaut, ohne dass die Atmosphäre darunter gelitten hat. Die Zimmer sind geräumig und haben hohe Decken und schwere Holzböden.

Pizzaria Shambhalah (☎ 3425 5318; Rua Inocência Bonaventura, Cachoeira; Hauptgerichte 10–24 R$; 🕙 abends) Die kleine, gemütliche Pizzeria hat Backsteinwände, eine abwechslungsreiche Speisekarte und hübsch beleuchtete Tische mit Blick auf die Plaza.

Cabana do Pai Thomaz (☎ 3425 1288; Rua 25 de Junho 12, Cachoeira; Hauptgerichte 15–22 R$) Das holzgetäfelte und mit Holzmöbeln ausgestattete Pai Thomaz bringt gute Bahia-Küche auf den Tisch.

Restaurante Beira Rio (☎ 3425 5050; Rua Manoel Paulo Filho 19, Cachoeira; Hauptgerichte 16–32 R$) Das entspannte Lokal mit Tischbänken und von Kunsthandwerkern angefertigtem Dekor serviert leckere Meeresfrüchte und bahianische Gerichte. Es gibt auch ordentliche Weine, preisgünstige Mittagsgerichte und Tische draußen mit Blick auf den Fluss.

Baiana's Point (☎ 3425 4967; Rua Virgílio Reis, Cachoeira; Hauptgerichte 27–38 R$; 🕙 abends) Das über dem Fluss thronende Lokal ist der richtige Ort für einen Drink am frühen Abend. Es gibt auch gutes bahianisches Essen.

An- & Weiterreise

Der Busbahnhof von Cachoeira befindet sich am Fuß der Brücke am Praça Manoel Vitorino. Täglich gibt es zahlreiche Busse von **Transporte Santana e São Paulo** (☎ 3450 4951) zwischen Salvador und São Félix (16 R$, 2 Std., 5.30–19 Uhr). Stündlich fahren auch Busse zwischen Cachoeira und Salvador (4.30–18.30 Uhr). Man kann bis Feira de Santana (8 R$, 1½ Std., 12-mal tgl.) weiterfahren, wo man weitere Anschlüsse hat. Um nach Valença zu gelangen, nimmt man einen der zwei täglich verkehrenden Busse von São Félix nach Santo Antônio (10 R$) und steigt dort um.

SANTO AMARO

☎ 0xx75 / 58 000 Ew.

Santo Amaro ist ein hübsches koloniales Zuckerverarbeitungszentrum. Nur wenige Touristen verirren sich in diesen einfachen, aber charmanten Ort. Er ist bekannt als Heimat der Geschwister Caetano Veloso und Maria Betânia, zwei der beliebtesten Sänger Brasiliens (die oft im Karneval auftreten). Die Innenstadt ist sehr lebendig, vor allem um den kleinen Markt herum. Die Papierherstellung hat die Zuckerproduktion als wichtigsten Industriezweig abgelöst. Das ist an den Bambushainen an den Hängen, auf denen einmal Zuckerrohr wuchs, und an der großen Papiermühle vor den Toren der Stadt zu erkennen.

Die maroden Villen der Zuckerbarone entlang der alten Einkaufsstraße Rua General Câmara und die zahlreichen Kirchen erinnern an die goldenen Zeiten von Santo Amaro. Die überladene **Matriz de NS da Purificação** (1668), in der Traveller die *azulejos* und die bemalte Decke besichtigen können, ist die größte Kirche. Leider hat eine Diebesbande die meisten der Heiligenbilder aus der Kirche gestohlen und nach Frankreich verschoben.

Die **Lavagem da Purificação** (23. Jan.–2. Feb.) wird mit einem Umzug und einer rituellen Reinigung der Kirchentreppen durch *baianas* in traditioneller Kleidung gefeiert, bevor Bands und *trios elétricos* durch die Straßen ziehen. Abends wird gute regionale Musik gespielt. Auch im ansonsten ziemlich sterilen **Hotel Lôbo** (☎ 3241 1721; Rua Conselheiro Paranhos 52; EZ/DZ ab 45/65 R$; 🔀), das moderne, geflieste Zimmer bietet, gibt es Livemusik.

Von Salvador verkehren Busse nach Santo Amaro (12 R$, 1 Std. 10 Min., 5.30–21.30 Uhr etwa alle ½ Std.). Die meisten fahren weiter nach Cachoeira/São Félix (8 R$, 50 Min.).

NÖRDLICH VON SALVADOR

Die Nordküste Bahias ist nicht so grandios wie die Südküste, aber die Strände sind trotzdem sehr schön. Es gibt steile Klippen mit raschelnden Palmen und weißem Sandstrand (der in Richtung Norden immer feiner wird). Das Meer geht an einigen Stellen in ruhige Meeresarme über, an anderen jedoch schlägt es hohe Wellen, auf denen man prima surfen kann. Wenn die Salvadorenhos einen Tag am Strand verbringen wollen, fahren sie an die Nordküste von Bahia. Deshalb sind die Strände in Stadtnähe am Wochenenden meist überfüllt. Den Massen entfliehen kann man weiter im Norden, wo es viele Kilometer menschenleere, unberührte Küste gibt.

Die Estrada do Coco (der Coconut Hwy) erstreckt sich bis Praia do Forte, wo sie auf die Linha Verde (Grüne Linie) trifft, die bis zur Grenze nach Sergipe verläuft. Wer mal versucht, in die andere Richtung zu fahren, bekommt schnell das Gefühl, gegen den Strom zu schwimmen. Wegen der begrünten Mittelstreifen auf dem Highway sind Busse gezwungen, in die Stadt hinein und dann zurückzufahren. Das machen die wenigsten. Stattdessen setzen sie ihre Fahrgäste am Highway ab, sodass die entweder laufen oder ein anderes Verkehrsmittel finden müssen, um in die Örtchen und Fischerdörfer dieses Küstenabschnitts zu kommen. Von Süden nach Norden zu reisen, ist viel einfacher.

AREMBEPE

☎ 0xx71 / 6200 Ew.

Arembepe ist praktisch identisch mit dem **Aldeia Hippy**, einem Hippiedorf, das Mick Jagger und Janis Joplin in den 1960er-Jahren angestoßen haben. Leider wird die Schönheit der felsigen Küste von der Umweltverschmutzung der riesigen Chemiefabrik im Süden und den vielen Wochenendhäusern beeinträchtigt. Wer sich kurz mal von Salvador erholen möchte, findet schönere Strände und charmantere Küstenorte. Um aber einen Einblick in ein einfaches Leben zu erhalten, ist das witzige *aldeia* perfekt. Hier leben Künstler und Kunsthandwerker, die ihre Waren den Besuchern verkaufen. Um dorthin zu gelangen, fährt man bei der Ankunft im Ort am Kreisverkehr nach links und folgt dann der

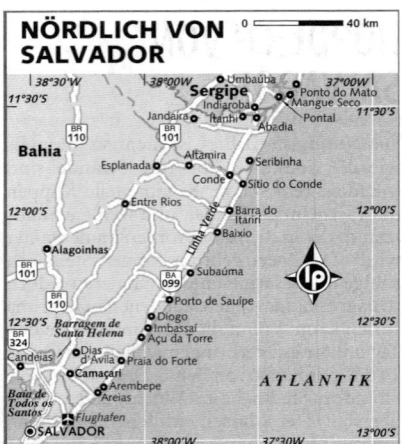

NÖRDLICH VON SALVADOR
0 — 40 km

ATLANTIK

BAHIA

Ausschilderung. Man kommt auch dorthin, wenn man von Arembepe 3 km am Strand entlang nach Norden wandert.

Im Ort bietet die freundliche **Pousada Arembepe** (☎ 3624 2222; www.pousadaarembepe.tur.br; 1a Travessa da Glória 1; DZ mit/ohne Frühstück 100/80 R$;) helle, gut ausgestattete Zimmer und einen Swimmingpool. An der Straße zum *aldeia hippy* liegt das **Hostel Bahia Albergue Pousada** (☎ 3624 1031; www.aldeiadearembepe.com.br; DZ mit See-/Meerblick 110/132 R$;), eine tolle Location auf einer kleinen, grasbewachsenen Düne mit Blick auf den Strand. Hier wohnen die Gäste in freistehenden Betonhütten, manche mit Meerblick.

In Salvador fahren vom Terminal da França (gleich vor dem Mercado Modelo) Busse nach Arembepe; man kann auch von Lapa den Bus nach Monte Gordo nehmen (je 7 R$, 1¼ Std.). Arembepe liegt 2 km vom Highway entfernt. Es fahren häufig Busse weiter nach Praia do Forte.

PRAIA DO FORTE
☎ 0xx71

Das bei Touristen beliebte, recht teure Praia do Forte ist ein attraktives, teilweise umweltbewusstes Stranddorf voller stilvoller Restaurants und Geschäfte. Die Hauptstraße Alameda do Sol ist eine Fußgängerzone, die zu einer hinreißenden, kleinen Kirche, einem Meeresschildkrötenreservat und einem fantastischen, von Palmen gesäumten, weiß glitzernden Sandstrand führt, der am Wochenende ziemlich voll ist. Das Dorf ist umgeben von einer Festungsruine, einer Lagune, auf der man

Kanu fahren kann, und dem Naturschutzgebiet Sapiranga, in dem es Wander- und Radwege und eine Seilrutsche gibt. Wer es einrichten kann, sollte zu Vollmond herkommen und bei Sonnenuntergang am Strand entlanglaufen. Dann lässt die untergehende Sonne das Wasser des Rio Timeantube rot erscheinen, und der Mond taucht aus dem Meer auf.

Orientierung & Praktische Informationen
Die Busse halten am Nordende der Fußgängerzone Alameda do Sol (auch Av ACM genannt). Gegenüber der Bushaltestelle sitzt **Bahiatursa** (☎ 3117 3000; Av de Farol s/n; Di–So 8–12.30 & 15.30–18 Uhr). Hier gibt's Karten, Broschüren und Infos zu Praia do Forte. Im Ort gibt's auch ein paar Reisebüros, in denen man allgemeine Infos zu Ausflügen und Aktivitäten erhält. Von Bahiatursa ein paar Häuser weiter findet man an der Alameda do Sol einen HSBC-Geldautomaten. Einen weiteren Geldautomat gibt's in der **Albergue Praia do Forte** (Rua da Aurora 3).

Sehenswertes
Das sehenswerte **Tamar-Projekt** (☎ 3676 0321; Eintritt 12 R$; 9–17.30 Uhr) befindet sich am Strand neben der Kirche und dem Leuchtturm. Eine genauere Beschreibung der Station und Infos zu diesem nationalen Projekt zum Schutz der gefährdeten Meeresschildkröten sind im Kasten auf S. 509 nachzulesen.

Das **Castelo do Garcia d'Ávila** (☎ 9985 3371; www.fgd.org.br, portugiesisch; Eintritt 6 R$; 8.30–18 Uhr) von 1552 war das erste größere Bauwerk der Portugiesen in Brasilien. Heute ist es eine beeindruckende Ruine mit herrlicher Aussicht. Der König von Portugal, der in der Kolonisierung einen Weg sah, die Kontrolle über sein neues Territorium zu behalten, hatte begonnen, Händlern, Soldaten und Aristokraten Land zu bewilligen. Garcia d'Ávila, einem armer Farmer, der zwölf Kühe besaß, wurde aus keinem ersichtlichen Grund ein Stück Land geschenkt, das sich landeinwärts bis zum Staat Maranhão erstreckte und Praia do Forte zum Zentrum hatte. Über Nacht wurde er also zum Besitzer des größten Stücks Land im Nordosten. Als Wohnsitz erkor sich Garcia ein von Palmen gesäumtes Grundstück mit Blick auf das aquamarinfarbene Meer aus. Bis hierher ist es ein 7 km langer Marsch auf der Straße, die aus der Stadt herausführt; es gibt sogar ein Schild, das zeigt, wo man abbiegen muss. Man

---

DIE MEERESSCHILDKRÖTEN VON TAMAR

Tamar, eine Abkürzung für „Meeresschildkröten" (TArtaruga MARinha), ist eine sehr erfolgreiche gemeinnützige Organisation (Fundação Pró Tamar; www.tamar.org.br, portugiesisch), die sich der Erhaltung der fünf in Brasilien vorkommenden Meeresschildkrötenarten widmet.

In der Station von Praia do Forte gibt es mehrere kleine Ausstellungsbecken mit Meeresschildkröten, Seeigeln, Aalen und anderen Meeresbewohnern unterschiedlicher Art und Größe. Wer seinen Besuch auf die Nistsaison (Sept.–März) legt, sieht auch die Brutstätten „in Betrieb".

Die Forscher von Tamar kümmern sich jedes Jahr um den Schutz von rund 550 Nistplätzen an der 50 km langen Küste rund um Praia do Forte. Nachdem die Meeresschildkröten ihre feuchten, lederartigen und tischtennisballgroßen Eier im Sand abgelegt und vergraben haben, belassen die Forscher sie entweder am Strand oder bringen sie zum Ausbrüten in die Brutstation. Wenn die Jungen geschlüpft sind, werden sie sofort im Meer freigelassen.

Tamar unterhält noch 18 weitere Stationen an der Küste und zwei auf den Inseln. Insgesamt schützt die Organisation rund 1000 km Küste. So sorgt Tamar dafür, dass unter ihrem Schutz schätzungsweise rund 600 000 Babyschildkröten schlüpfen. Von diesen erreichen nur rund 600 das Erwachsenenalter. Die Station in Comboios (im Bundesstaat Espírito Santo, nördlich von Vitória bei Linhares) schützt Unechte Karettschildkröten und Lederschildkröten. Die Station in Fernando de Noronha kümmert sich um Suppenschildkröten und Echte Karettschildkröten, und die Station in Praia do Forte um Unechte und Echte Karettschildkröten, Oliv-Bastardschildkröten und Suppenschildkröten. Von den 60 km Strand, die in Bahia unter dem Schutz von Tamar stehen, kontrollieren die Wissenschaftler 13 km allein; der Rest wird in Zusammenarbeit mit Fischern geschützt. Diese sammelten früher die Schildkröteneier, um sie zu essen, heute haben sie sich verpflichtet, sie den Forschern zu geben.

---

kann aber auch ein Taxi oder ein Moto-Taxi nehmen.

Eine Abzweigung von der Straße, die zum Castelo geht, führt auf einem unbefestigten Weg zur **Reserva da Sapiranga** (☎ 9623 5412; www.fgd.org.br/ecoturismo/index.html, portugiesisch; Eintritt 6 R$, geführte Wanderungen 5–15 R$; ☾ 8–17 Uhr). Einheimische Studenten führen hier Besucher auf den Wanderwegen durch 600 ha sekundären atlantischen Regenwald. Die Wanderungen können 30 Minuten, aber auch bis zu fünf Stunden lang sein. Der Weg runter zum Rio Pojuca (Badesachen nicht vergessen!) ist einer der beliebtesten.

Geführte Touren

Es gibt eine Reihe lohnende Touren in der Gegend: Beispielsweise Wander- und Vogelbeobachtungsausflüge, Seilrutschen durch das Blätterdach der Wälder, Kajaktrips und Walbeobachtungstouren (während der entsprechenden Saison). Ein paar professionelle Veranstalter wie **Portomar** (☎ 3676 0101; www.portomar.com.br; Rua da Aurora 1; ☾ 9–19 Uhr) bieten all diese Touren an und organisieren bei Ebbe beliebte Exkursionen zu den nahe gelegenen *piscinas naturais* (natürlichen Wasserbecken), wo man an dem bunten Korallenriff schnorcheln und tauchen kann.

Schlafen

In Praia do Forte gibt es viele attraktive Mittelklasseunterkünfte und ein paar Budgetoptionen (z. B. in der Rua da Aurora, parallel zur Alameda do Sol, wo man eine Handvoll erschwinglicherer Pousadas findet).

Camping da Sapiranga (☎ 9976 9450; www.campingreservadasapiranga.cjb.net, portugiesisch; 20 R$/Pers.) Einer von mehreren Campingplätzen. Er liegt 3 km außerhalb des Orts an einer ausgeschilderten Abzweigung von der Straße nach Castelo do Garcia d'Ávila und hat schattige Stellplätze auf dem Rasen und im Sand. Auf Wunsch kann man auch die Küche nutzen (3 R$ extra).

Albergue Praia do Forte (☎ 3676 1094; www.albergue.com.br; Rua da Aurora 3; B/DZ mit Ventilator 40/130 R$, DZ mit Klimaanlage 160 R$; ☒ ☎) Das beliebte HI-Hostel hat Schlafsäle mit sechs Betten und gefliesten Böden, die auf einen grasbewachsenen Hof blicken. Es gibt auch eine Küche und einen Fahrrad- und Surfbrettverleih.

Pousada Balanço do Mar (☎ 3676 1059; www.pousadabalancodomar.com.br; Rua da Aurora 25; EZ/DZ mit Ventilator 90/110 R$, mit Klimaanlage 100/160 R$; ☒) Die gepflegte Pousada hat sieben gemütliche, einfach möblierte Zimmer. Die besten haben kleine Veranden und Hängematten.

Montreux Pousada (☎ 3676 1494; www.praiadofortepousada.com.br, portugiesisch; Rua da Aurora 22; DZ mit

Ventilator/Klimaanlage 130/160 R$; ❷) Das Montreux zählt zu den preisgünstigeren Unterkünften in Forte. Es wird von einem freundlichen schweizerisch-brasilianischen Pärchen geführt und hat saubere, hübsche Zimmer mit Balkon.

Pousada dos Artistas (☎ 3676 1147; www.pousada dosartistas.tur.br; Praça dos Artistas; EZ/DZ 160/200 R$; ❷) Die freundliche Pousada wird von einer Tänzerin und einem Maler/Bildhauer geführt und macht ihrem Namen alle Ehre. Die hübschen Zimmer blicken auf einen üppigen, tropischen Garten.

Pousada Ogum Marinho (☎ 3676 1165; www.ogum marinho.com.br; Alameda do Sol; DZ ab 220 R$; ❷) Einen Block hinter dem Strand bietet das Ogum Marinho attraktive Zimmer mit Steinplattenböden, komfortabler Einrichtung und privater Terrasse mit Hängematten.

Praia do Forte Eco Resort (☎ 3676 4000; www.eco resort.com.br; Av do Farol; EZ/DZ mit Abendessen ab 550/ 690 R$; ❷ 🛜 🏊) In dem ausgezeichneten Resort stehen die Zeichen auf Luxus: Gehwege winden sich durch den gepflegten Vorgarten zum Strand, und das Essen ist sagenhaft. Die Zimmer haben Veranden, und das Spa bietet eine Vielzahl von Anwendungen. Das Hotel ist zwar nicht speziell ökologisch ausgerichtet, spendet aber für soziale Zwecke und Bildungsprogramme.

Essen

Unzählige Lokale, die alles Mögliche von Sushi und Bagels bis zu mexikanischem Essen anbieten, säumen die Fußgängerwege der Stadt. Am Hauptplatz gibt's gemütliche Cafés mit bahianischer Küche und Sitzbereichen im Freien. Bei Sonnenuntergang herrscht hier eine lebendige Atmosphäre, und das kalte Bier fließt in Strömen.

Vila Gourmet (☎ 3676 1088; www.sobradodavila.com. br; Alameda do Sol; Hauptgerichte für 2 Pers. 25–75 R$; 🕑 morgens, mittags & abends) Das schicke Lokal im tropischen Stil gehört zur zentral gelegenen Pousada Sobrado da Vila und serviert überdurchschnittlich gute regionale Küche – das liegt an dem guten Biogemüse und den Eiern, die von einem privaten Bauernhof kommen.

Restaurante do Castelo (☎ 3329 3939; Hauptgerichte 28–52 R$) Das elegante, luftige Restaurant am Castelo do Garcia d'Ávila bietet neben dem zauberhaften Ausblick eine kleine Auswahl an Meeresfrüchten, gegrillten Steaks und brasilianischen Spezialitäten.

Sabor da Vila (☎ 3676 1777; Alameda do Sol; Hauptgerichte für 2 Pers. 35–65 R$) Das Sabor da Vila gehört zu den besten Bahia-Restaurants im Ort und serviert ausgezeichnete *moquecas*, *picanhas* (zarte Steaks), gegrillten Fisch und andere Gerichte, bei denen einem das Wasser im Munde zusammenläuft.

LP Tipp **Souza Bar** (☎ 9987 8638; Station des Tamar-Projekts; Snack 10 R$, Hauptgerichte für 2 Pers. 40–70 R$) Das entspannte Bar-Restaurant ist in der Station des Tamar-Projekts untergebracht und liegt dramatisch an der Felsküste – sitzt man zu nah an den Klippen, wird man von den großen Wellen nassgespritzt, während man frische Muscheln und Caipirinhas genießt.

Anreise & Unterwegs vor Ort

Praia do Forte liegt 3 km vom Highway entfernt. **Linha Verde** (☎ 3460 3636) betreibt regelmäßig Busse vom Busbahnhof in Salvador nach Praia do Forte (7–9 R$, 1¾ Std., 5–18 Uhr 14-mal tgl.); Rückfahrt ist zwischen 7 und 18.30 alle 30 Minuten. **Catuense** (☎ 3450 4004) hat täglich einen bis drei Busse von Salvadors Busbahnhof nach Praia do Forte.

Bei **Ciclo Forte** (☎ 3676 0309; Alameda do Sol; 7/50 R$ pro Std./Tag; 🕑 Mo–Sa 7–17, So 7–12 Uhr) kann man Fahrräder ausleihen.

VON PRAIA DO FORTE NACH SÍTIO DO CONDE

Imbassaí ist ein ländlicher Strandort 16 km nördlich von Praia do Forte. Eine hohe Sanddüne und der friedliche Rio Barroso, der parallel zum Strand verläuft, trennen das Dorf von dem tollen Strand mit den kabbeligen, hohen Wellen. Die meisten Unterkünfte gehören zur Mittel- und Spitzenklasse, aber das **Imbassaí Eco Hostel Lujimba** (☎ 3677 1056; www.imbassaihostel.com.br; B/DZ ab 31/80 R$) hat preiswerte Zimmer mit Holzfußböden in einem rustikalen Gästehaus mit Strohdach, das in einem Garten steht. Hängematten, Obstbäume und Ausflüge machen die Herberge noch schöner.

Ein paar Kilometer nördlich vom Imbassaí befindet sich das noch ländlichere **Diogo**. Hierher kommen noch weniger Touristen, sodass es sich den dörflichen Charme bewahren konnte. Es liegt an einem Fluss, etwa 1 km vom Strand entfernt. **Too Cool Na Bahia** (☎ 9952 2190; www.toocoolnabahia.com; DZ ab 100 R$) hat acht farbenfroh eingerichtete Chalets mit Veranda in einer üppig-grünen Umgebung. Der freundliche Besitzer organisiert Kitesurfen, Kajakfahrten, Ausritte und andere Aktivitäten. Eine leckere Mahlzeit kann man in der **Sombra da Mangueira** (☎ 9943 2745; Rua do Diogo;

Hauptgerichte 22–35 R$; (☾ 10–17 Uhr) einnehmen, die hervorragende *moquecas* und andere Bahia-Gerichte in schönem Ambiente unter einem großen *mangueira* (Mangobaum) serviert.

Weitere 6 km nördlich liegt das riesige Touristenresort **Costa do Sauípe** mit Luxushotel, Golfplatz, Reitzentrum und Windsurfsee. Einen guten Naturstrand hat es aber nicht. Noch einmal 6 km weiter stößt man auf **Porto do Sauípe**, ein Arbeiter- und Fischerdorf mit ein paar Mittelklassepousadas und einem netten Strandabschnitt, der nach ein paar Kilometern zum Wildstrand wird.

Zu allen angeführten Orten fahren Busse der **Linha Verde** (☎ 3460 3636) ab dem Busbahnhof in Salvador (5–18 Uhr fast stündl.). Man muss dem Fahrer sagen, wo man aussteigen will.

SÍTIO DO CONDE & BARRA DO ITARIRÍ
☎ 0xx75

Feuchte Tiefebenen umgeben diesen ruhigen Arbeiterklasse-Strandort. Im Ort gibt es zwar so gut wie nichts – nur ein paar größere Straßen und eine verschlafene Praça –, aber Sítio hat 1 km von der Praça entfernt einen schönen Strand mit ordentlichen Wellen. Richtung Norden und Süden wird die Küste schnell menschenleer. Da gibt's dann nur noch aufgepeitschtes Meer, flache Sandstände und Klippen mit Kokospalmen.

Die **Pousada Praiamar** (☎ 3449 1150; www.praiamar pousada.com.br, portugiesisch; EZ/DZ ab 65/95 R$; ☒) am Strand hat komfortable Zimmer rund um einen sandigen Hof voller Palmen und eine Veranda Richtung Strand mit Hängematten. Ständig weht eine leichte Brise. Die **Pousada Talismã** (☎ 3449 1252; EZ/DZ mit Ventilator 50/70 R$) nebenan hat einfachere Zimmer, aber den gleichen Meerblick (und ein nettes Restaurant).

Zwischen Hauptplatz und Ozean liegt die **Pousada Laia** (☎ 3449 1254; EZ/DZ ab 60/90 R$) mit gepflegten, preiswerten Zimmern und guter Küche. **Zecas & Zecas** (☎ 3449 1298; Praça Arsênio Mendes 51; Hauptgerichte für 2 Pers. 24–36 R$) am Hauptplatz ist ein farbenfrohes Fischrestaurant, das die beste *moqueca* der Stadt serviert.

Es gibt nur unregelmäßig Direktbusse nach Sítio do Conde. Wahrscheinlich wird man mit der Linha Verde bis Conde fahren und dort umsteigen müssen. Von Salvador aus unterhält das Unternehmen São Luís zwischen 6 und 17 Uhr Verbindungen nach Conde (25 R$, 3½ Std., 9-mal tgl.). Busse und – häufiger – *topiques* (Minibusse) fahren die restlichen 8 km bis Sítio; dieser Service wird bis

etwa 17.30 Uhr angeboten (2 R$). Man kann auch ein Taxi nehmen (18 R$).

In Richtung Norden fahren die Busse durch einen malerischen Kokospalmenwald nach **Seribinha** (16 km nördlich), einem kleinen Fischerdorf mit schöner Lage am Fluss und gutem Strand. Hier überqueren Boote den Rio Itapicuru, von wo aus man nach 30 Gehminuten zum **Cavalo Russo** gelangt, einem teedunklen See mit einer Sanddüne, die in ihn hinein abfällt.

Wenn man rund 13 km von Sítio do Conde aus über eine Schotterpiste fährt, kommt man an den Strand von **Barra do Itariri** (auch Barra genannt), dessen breiter, weißer Sand sich in langgezogenen Kurven bis zum Ufer des idyllischen Rio Itariri erstreckt. Außer an Sonntagen und zu Karneval ist Barra fast menschenleer. São Luís unterhält täglich drei Busse ab Sítio do Conde (2 R$, 30 Min.). Der letzte Bus in die Gegenrichtung fährt um 14 Uhr.

MANGUE SECO
☎ 0xx75 / 920 Ew.

Mangue Seco ist ein winziges, wunderbar ländliches Örtchen am Fluss. Es liegt an der Spitze einer Halbinsel, die durch den Rio Real gebildet wird. Der Fluss markiert die Grenze zwischen Bahia und Sergipe. Das Nest ist nur eine Ansammlung einfacher Häuser, die an Sandwegen stehen. Eine kleine Kirche und eine Plaza, eine modernen Leuchtturm (der furchtlose Kletterer mit einem tollen Panoramablick belohnt) sowie ein paar freundliche Herbergen und Restaurants gibt es auch. Der Ort endet an einem riesigen Gebiet mit weißen Sanddünen, hinter denen sich die hellen Sandstände der bahianischen Küste in Richtung Süden erstrecken. Wegen Mangue Secos isolierter Lage kommen die meisten Besucher im Rahmen einer geführten Tagestour hierher, sodass es nachts ziemlich ruhig ist. Die Mitarbeiter der Unterkünfte organisieren Buggytouren durch die Sanddünen (ca. 50 R$ für bis zu 4 Pers.). Bis zum Ozean sind es etwa 1,5 km (mit dem Buggy 12 R$). Dort gibt es eine Handvoll einfacher *barracas* mit Hängematten.

Schlafen & Essen
Pousada Grão de Areia (☎ 3445 9064; www.praiade manguesceo.com.br; EZ/DZ mit Ventilator 45/60 R$, mit Klimaanlage 80/110 R$; ☒) Die schlichte, preisgünstige Pousada im Dorf (bei Ankunft am Dock rechts halten) hat saubere, hell gestrichene Zimmer.

BAHIA

Pousada Suruby (☎ 3445 9061; www.pousadasuruby. com.br, portugiesisch; DZ mit Ventilator 80 R$) Das Suruby hat eine Reihe von einfachen Zimmern mit Ventilator und Hängematten, die auf einen kleinen Vorderhof und den dahinterliegenden Fluss blicken. Das luftige Restaurant serviert Meeresfrüchte (Hauptgerichte 27–40 R$). Um zu dieser Pousada am Fluss zu gelangen, verlässt man das Dock und läuft nach links am Fluss entlang (Richtung Strand).

Pousada O Forte (☎ 3445 9039; www.pousadaoforte. com; EZ/DZ mit Ventilator 80/100 R$, mit Klimaanlage ab 120/140 R$; 🐱 🐱) Die umweltfreundliche Pousada in französisch-brasilianischem Besitz befindet sich 300 m vom Ortszentrum entfernt am Fluss (hinter dem Suruby) auf dem Weg zum Strand. Die isolierte Lage mit Blick über den Fluss ist einzigartig. Bei Flut verschwindet die „Straße" zum Ortszentrum. Dann muss man entweder warten, waten oder einen großen Umweg durch die Sanddünen machen.

Fantasias do Agreste (☎ 3445 9070; www.pousada fantasiasdoagreste.com, portugiesisch; DZ mit Ventilator 150 R$) Das Fantasias do Agreste im Ortszentrum ist das komfortabelste Gästehaus hier. Es hat bunte Zimmer mit großen Fenstern (aber keiner Aussicht) und terrakottageffiesten Böden. Das Restaurant lohnt einen Besuch, auch wenn man nicht hier abgestiegen ist.

Die kulinarische Spezialität in Mangue Seco ist *aratu*, ein kleines rotes Schalentier, das manchmal als *moqueca* zubereitet wird. Außer den Restaurants der Pousadas Suruby, O Forte und Fantasias do Agreste serviert auch das **Restaurant Frutas do Mar** (☎ 3445 9049; Hauptgerichte 18–35 R$), ein hübsches Freiluftrestaurant am Fluss, gute Meeresfrüchte.

Süßschnäbel bekommen im lokal sehr beliebten **Recanto de Dona Sula** (☎ 3445 9008; Snack 6–15 R$) hausgemachte Süßigkeiten, Eiscreme und Likör aus heimischen Früchten. Das Café nebenan hat abends geöffnet und serviert Sandwiches, Pizzas und kleine Gerichte. Das charmante und umweltbewusste Café (hier hat Recycling oberste Priorität) befindet sich gleich neben der Kirche.

Anreise & Unterwegs vor Ort

Der einfachste Weg nach Mangue Seco führt durch Pontal in Sergipe. Es gibt aber auch Boote vom Ponto do Mato in Sergipe. Da es nur wenige Direktbusse nach Pontal gibt, müssen Traveller durch Indiaroba oder Estância fahren. Die Linha Verde hat täglich einen Direktbus von Salvador nach Indiaroba

(36 R$, 5 Std.). **Bomfim** (www.bomfim.com.br) schickt täglich vier Busse nach Estância (40–64 R$, 4–5 Std.). Von Aracaju betreibt Rota Sul täglich einen Bus nach Pontal (12 R$, 2½ Std.) und drei Busse nach Indiaroba (10 R$, 2¼ Std.). Nach Ankunft in Indiaroba kann man ein Taxi nach Pontal nehmen (ca. 40 R$).

Als Alternative starten vor dem Krankenhaus in Estância häufig Minibusse bzw. Kleinbusse nach Pontal. Wer von Norden kommt, sollte sich vor dem Busbahnhof in Estância am *posto de gasolina* (Tankstelle) absetzen lassen und von dort einen Block ortseinwärts bis zum Krankenhaus zu laufen. Ein Taxi von Estância nach Pontal kostet rund 55 R$.

Von Pontal aus gibt es Schnellboote für bis zu sechs Personen (30 R$). Langsame Boote (3 R$) legen ab, sobald 15 Fahrgäste zusammengekommen sind – an ruhigen Tagen kann das Stunden dauern.

Von Pontal (6 R$, 90 Min., Mo–Sa 5.30–8.30 Uhr stündl.) und Ponto do Mato (6 R$, 2 Std., bis 18 Uhr stündl.) fahren Kleinbusse nach Estância.

SÜDLICH VON SALVADOR

MORRO DE SÃO PAULO
☎ 0xx75

Morro de São Paulo ist so bezaubernd wie ein Dorf auf einer Insel im Mittelmeer. Schon lange flüchten Traveller und Salvadorianer gern am Wochenende hierher. Morro ist zwar unverhohlen touristisch, aber viele Besucher stört das nicht. Denn Morro ist ebenso ein sagenhaftes tropisches Paradies mit Sandwegen, ruhigem Wasser und vielen kerzenleuchteten Nachtlokalen. Morro liegt an der Nordspitze der Ilha de Tinharé und verdankt seine Beliebtheit vor allem der entspannten Atmosphäre (es gibt keine Autos auf der Insel) und seiner einzigartigen geografischen Beschaffenheit – drei urwaldüberwucherte Hügel erheben sich genau dort, wo der von Mangroven gesäumte Canal de Taperoá auf das klare, seichte Wasser des Atlantiks trifft. Am Dock warten Leute mit Schubkarren, die Travellern helfen, ihr Gepäck an den unzähligen Restaurants und Boutiquen vorbei bis zur Pousada zu bugsieren (vorher den Preis aushandeln). In der Hauptsaison boomt das Dorf: Am Strand gibt es Dutzende von Straßenverkäufern, die aus frischem Obst Caipirinhas mixen, und jede Nacht steigen hier fröhliche Partys mit Tanz und Musik.

Orientierung

Alle Besucher der Insel, sofern sie nicht mit einem Charterflug ankommen, gehen an der Nordspitze an Land, wo jeder eine Touristengebühr von 10 R$ zahlen muss. Auf dem Hügel darüber liegt der Hauptplatz (Praça Aureliano Lima) in der Vila; hier gibt es auch eine Touristeninformation und ein paar Restaurants. Die Strände befinden sich links von Platz. Auf dem Weg dorthin kommt man vorbei an der Hauptstraße, der Rua Caminho da Praia, die voller Restaurants und Läden ist. Geht man weiter hügelabwärts, gelangt man zur Küste – zuerst zur Primeira Praia (dem Ersten Strand), dann zur Segunda Praia (dem Zweiten Strand) usw. Der Weg rechts vom Hauptplatz führt durch einen Torbogen die Rua da Fonte hinunter, wobei man an einem mit Quellwasser gespeisten Brunnen vorbeikommt, der dem Dorf einst als Trinkwasserquelle diente. Pousadas gibt es überall auf der Insel; die günstigsten liegen in der Gegend rund um die Vila.

Praktische Informationen

Auf der Insel gibt es nur ein paar Geldautomaten: zwei in der Vila und noch einen an der Segunda Praia. Am besten stattet man sich schon auf dem Festland mit ausreichend Bargeld aus – vor allem während der Hauptsaison, wenn Hunderte von Touristen sich am Geldautomaten Nachschub holen wollen. Viele Einrichtungen nehmen auch Kreditkarten an. Internetcafés gibt's viele (4–6 R$/Std.).

Auf dem Hügel über der Anlegestelle verkauft das Centro de Informações ao Turista (☎ 3652 1083; www.morrosp.com.br; Praça Aureliano Lima s/n) Tickets für Schiffe und Inlandsflüge, organisiert Ausflüge und verteilt Karten. Einen ähnlichen Service bieten die Reisebüros überall im Ort und am Strand, z. B. Zulu Turismo (☎ 3652 1358; www.morrodesaopaulobahiabrasil.com; Rua da Mangaba 98).

Sehenswertes & Aktivitäten

Das Wahrzeichen der Stadt ist ein Festungstor aus Stein oberhalb der Anlegestelle, das aus dem 17. Jh. stammt und jeden Besucher bei der Ankunft begrüßt. Um die Ecke befinden sich die Festungsruinen (1630). Ein beliebtes Besucherritual ist es, von der Festung aus den Sonnenuntergang über dem Fluss und den

Mangroven anzuschauen. Vom Leuchtturm (1835) oberhalb der Festung hat man einen tollen Blick auf die Strände von Morro. Hier gibt es auch eine Seilrutsche hinunter zur Primeira Praia.

Das Meer an den vier Stränden von Morro ist fast überall ruhig, flach und warm. Die Sandstreifen sind schmal und verschwinden bei Flut. An der winzigen Primeira Praia gibt es jede Menge Pousadas, gelegentlich rasante Fußballspiele und ganz ordentliche Wellen zum Surfen. Die breitere Segunda Praia (500 m) ist der „Action-Strand", hier stehen Pousadas, Restaurants, Nachtclubs und unzählige Tische und Stühle. Pousadas und Boote vor Anker beherrschen das eine Ende der Terceira Praia (1 km). Wenn man an zwei Restaurants vorbeigeht, kommt man zur Quarta Praia (2 km), einem mit hohen, sich leicht im Wind bewegenden Palmen gesegneten schönen Sandstrand. Noch mehr Ruhe und Abgeschiedenheit gibt es auf der Praia do Encanto (5 km), zu der man nur bei Ebbe kommt, und weiter hinten auf der Insel Garapuá, auf der es eine einzige Pousada gibt.

Bei Ebbe kann man nach Gamboa laufen, das ist das nächste Dorf auf der Flussseite der Insel. Die Küste zwischen den beiden Dörfern ist voller Höhlen zum Verstecken und Felsen zum Draufklettern. Zuerst die Rua da Fonte Grande entlanggehen und dann an der Kreuzung rechts. Zurück kommt man per Fähre.

Geführte Touren

Eine Bootsfahrt rund um die Insel (65 R$) mit Zwischenstopp an den vor der Küste liegenden Riffen Garapuá und Moreré sowie im Dorf Boipeba (S. 515) und im historischen Cairu ist ein Muss. In einem Schnellboot für zehn Personen fliegt man über die Wellen, vorbei an prächtigen Stränden und Mangroven. Unterwegs hat man die Möglichkeit zum Schwimmen und Schnorcheln. Außerdem kann man sich bei einem Halt am schwimmenden Austernrestaurant vor Caravelas stärken. Im Angebot stehen auch Ausflüge mit dem Jeep nach Boipeba (60 R$). Ebenso lohnenswert ist die Wanderung zum kleinen Wasserfall Fonte do Ceu. Dabei kommt man durch das Nachbardorf Gamboa, wo man an einer Klippe aus farbigem Lehm die Gelegenheit zum Bodypainting hat (30 R$). Außerdem können Ausritte arrangiert werden (25 R$/Std.). Alle Touren kann man bei einer der zahlreichen Agenturen vor Ort buchen.

BAHIA

Schlafen

In Morro gibt es um die 100 Pousadas. An allen großen Feiertagen, insbesondere zum Karneval und zur *resaca* (die auf den Karneval folgenden fünf Tage zum „Ausnüchtern") muss man unbedingt reservieren. Wer im Sommer an der Segunda Praia absteigt, muss damit rechnen, bei den wummernden Beats der Nachtclubs (nicht) zu schlafen.

VILA

Hostel Morro de São Paulo (☎ 3652 1521; www.hostel domorro.com.br; Rua da Fonte Grande; B/DZ ab 48/120 R$; 🗷) Die hübsche HI-Herberge hat fünf Zimmer mit großen Fenstern samt Fensterläden, einen kleinen Garten, Hängematten und eine Gästeküche. Man kommt hin, indem man nach dem Torbogen zum Springbrunnen die erste Straße links nimmt.

Pousada Ninho da Águia (☎ 3652 1201; Rua Caminho do Farol 8; DZ mit Ventilator/Klimaanlage 70/90 R$; 🗷) Auf dem Hügel oberhalb der Anlegestelle liegt in aller Ruhe das Ninho da Águia, in dem man in der Tat so hoch wie in einem Adlernest wohnt. Die freundliche, familienbetriebene Pousada hat saubere, schlichte Zimmer (die oben haben einen tollen Ausblick).

Pousada Caravelas (☎ 3652 1350; www.morrosao paulo.com/caravelas; Rua da Fonte Grande; EZ/DZ/3BZ 90/100/135 R$; 🗷) Die kleine, einfache Pousada, gleich um die Ecke vom historischen Brunnen, wird von einem reizenden argentinischen Paar geführt. Das erstklassige Frühstück wird auf dem eigenen Balkon serviert. Man hat die seltene Gelegenheit, bei Kaffee und hausgemachtem Gebäck zum Frühstück die durch den üppig-grünen Hof schwirrenden Kolibris zu beobachten.

Pousada Gaucho (☎ 3652 1243; www.pousadagaucho. com.br, portugiesisch; Rua Caminho da Praia 74; DZ mit Ventilator/Klimaanlage 100/135 R$; 🗷) Die ordentliche, familienbetriebene Pousada hat gute, preisgünstige Zimmer. Es kann aber etwas laut werden. Die besseren, aber teureren Zimmer im Obergeschoss werden von einer anderen Pousada mit gleichem Namen betrieben.

Pousada Colibri (☎ 3652 1056; www.pousada-colibri. com; DZ 125–185 R$; 🗷) In herrlicher Lage oben auf dem Hügel hat das landschaftlich schön gestaltete, grüne Colibri runde Hütten und gut eingerichtete Zwei-Zimmer-Suiten mit Veranden und Hängematten. Die 2 ha grüner Urwald rundherum sorgen für landschaftliche Schönheit und Ruhe. Um zum Colibri zu kommen, den Weg zum Brunnen nehmen

und dann rechts in den ruhigen Waldweg einbiegen.

O Casarão (☎ 3652 1022; www.pousadaocasarao.com; Praça Aureliano Lima 190; DZ/Bungalow ab 180/287 R$; 🗷 🗷) Die über der großen Hauptplaza thronende renovierte Kolonialvilla hat hübsche Zimmer mit klassischen Möbeln und großen Fenstern. Im kleinen Garten hinten stehen bunt eingerichtete Ferienhäuschen.

STRÄNDE

Pousada e Camping Oxum (☎ 3652 1048; Segunda Praia; Stellplatz/DZ 20/70 R$) Einer von mehreren Campingplätzen in der Nähe vom Strand. Das Oxum hat einen kleinen, teilweise schattigen Hinterhof mit Stellflächen auf dem Rasen und auf dem Sand. Den Zimmern in den kistenartigen Holzhütten fehlt jeglicher Charme.

Morro Hostel Albergue (☎ 3652 1701; www.morro hostel.com.br, portugiesisch; Rua Beco do Elefante 3; Stellplatz 20 R$/Pers.; B/DZ ab 25/60 R$; 🗷 🗷) Das preisgünstige Hostel, nur 100 m von der Primeira Praia entfernt, bietet einfache Schlafsäle, private Zimmer und einen Campingplatz. Es gibt auch eine Gemeinschaftsküche und ein Restaurant.

Pousada Aradhia (☎ 3652 1341; www.pousadaaradhia. net; Terceira Praia; DZ 95 R$; 🗷 🗷) Das bei jungen Travellern beliebte Aradhia vermietet seine verwohnten, schlichten Zimmer zu fairen Preisen. Die Hängematten und der Pool versüßen das Angebot. Die Unterkunft liegt in einer engen Gasse, gleich abseits der Terceira Praia.

Morro Praia Hotel (☎ 3652 1244; www.morropraiahotel.com.br, portugiesisch; Terceira Praia; DZ 140–200 R$; 🗷) Das Morro Praia hat für ein Strandhotel ein ordentliches Preis-Leistungs-Verhältnis. Die kleinen, schlichten Zimmer sind mit bunten Wandbildern und recht guten Fenstern ausgestattet; manche blicken aufs Meer.

Pousada Paraíso do Morro (☎ 3652 1121; www. paraisodomorro.com.br; Terceira Praia; DZ mit/ohne Meerblick 230/160 R$; 🗷) Das charmante Gästehaus steht ganz im Zeichen von Ruhe und Frieden: Die bunten, schicken Zimmer blicken aufs Meer oder auf den kleinen Garten hinten. Für die Gäste gibt's auch kostenlose Yogastunden.

Pousada Ilha do Sol (☎ 8871 1295; www.pousada ilhadosol.com, portugiesisch; Rua da Prainha, Primeira Praia; DZ 180–200 R$; 🗷) Am Fuß der steilen Straße, die zum Ozean führt, befindet sich diese alteingesessene Pousada mit angemessenen Preisen für ihre offenen Zwei-Zimmer-Suiten, in denen man die Meeresbrise spüren kann, und Veranden zum Leute beobachten.

Essen

Auf der Insel gibt's jede Menge zwanglose Lokale. An den Imbissständen am Strand und an der Plaza bekommt man *pasteles* (mit Fleisch oder anderen herzhaften Dingen gefüllte Teigtaschen), frisch gepresste Säfte und eine Vielzahl anderer bahianischer Snacks. Abends erwacht die Segunda Praia mit ihren vielen um Gäste buhlenden Restaurants zum Leben. Die Chance, dort zu Abend zu essen oder einfach nur etwas zu trinken, während man die Zehen in den Sand gräbt, sollte man sich nicht entgehen lassen.

Tia Lita (☎ 3652 1532; www.pousadatialita.com.br; Rua da Prainha, Terceira Praia; Hauptgerichte 8–10 R$) Das beliebte Restaurant serviert preisgünstige, bodenständige Gerichte wie gegrillten Fisch, Hühnchen oder Rindfleisch. Es liegt in einer schmalen Gasse gleich abseits vom Strand.

Café das Artes (☎ 3652 1057; Praça Aureliano Lima; Hauptgerichte 12–25 R$) Das hübsche Café ist zugleich ein Raum der Kunst. Der Patio mit Blick auf den Platz ist ein wirklich toller Ort für ein kleines Mittagessen oder etwas abendliche Musik.

Ponto de Encontro Arte & Culinária (☎ 3652 1165; Rua Caminho da Praia; Hauptgerichte 15–35 R$) Das inspirierende Lokal ist vollgestopft mit lebenssprühenden Bildern, Skulpturen und Keramiken und serviert diverse Gerichte, darunter vegetarische Optionen. Zu empfehlen sind die im Ofen gebackene gefüllte Aubergine und die Birnen mit Schokoüberzug.

Sabor da Terra (☎ 3652 1490; www.pousadaperolado morro.com.br; Rua Caminho da Biquinha 10; Hauptgerichte 18–40 R$) Die ausgezeichneten Meeresfrüchte werden einfach oder mit bahianischer Würzung zubereitet. Exzellent sind auch die Fisch-*moqueca* und die *casquinha de siri* (gehacktes Krabbenfleisch). Die angeschlossene Pousada vermietet hübsche Zimmer (DZ 150 R$).

Pizza & Restaurante Bianco e Nero (☎ 3652 1097; Rua Caminho da Praia; Hauptgerichte 18–45 R$; ◷ abends) Die schicke italienische Pizzeria ist weithin für ihre Pasta mit frischen Meeresfrüchten und die Ofenpizza beliebt. Das Essen wird auf einer langen Terrasse mit Blick auf die große Fußgängerzone serviert.

Chez Max (☎ 3652 1754; Terceira Praia; Hauptgerichte 22–46 R$) Das Chez Max mit Blick auf die Terceira Praia ist ein idyllisches Refugium, wo man auf einem Rasen mit Blick aufs Meer hinaus speist. Auf der Speisekarte stehen knisternd heiße gegrillte Gerichte, Meeresfrüchte und viele bahianische Gerichte.

Ausgehen

Auf jeden Fall sollte man bei den geschickten Straßenhändlern in der Rua Caminho da Praia und an der Segunda Praia Halt machen, die aus vielen verschiedenen Früchten, von denen man teilweise vermutlich noch nie etwas gehört hat, leckere Caipirinhas mixen. An der Segunda Praia gibt's auch viele Freiluftbars. Die derzeitigen Favoriten sind die Music Bar 87, in der es jeden Abend Livemusik gibt (meistens tritt ein Bossa-Nova-Gitarrist auf), und die Jamaica Bar, die ganz im Zeichen des Reggae steht. Welche Tanzpartys (Eintritt 10–30 R$) gerade anstehen, erfährt man aus den Flyern, die in den Läden an der Rua Caminho da Praia ausliegen.

An- & Weiterreise

Eine Handvoll Unternehmen betreiben Katamarane (75 R$, 2 Std., 3–4-mal tgl.) und *lanchas rapidas* (Schnellboote; 75 R$, 2 Std., tgl.) zwischen Morro und dem Terminal Marítimo Turístico in Salvador. Auf der Fahrt kann's ganz schön schaukeln. Wer besonders empfindlich ist, sollte vorher ein Mittel gegen Seekrankheit nehmen. Reservieren kann man telefonisch bei **Biotur** (☎ 3641 3327; www.biotur.com. br), **Farol do Morro** (☎ 3652 1083; www.faroldomorrotour. com) und **IlhaBela** (☎ in Salvador 0xx71-9195 6744; www.ilhabelatm.com.br).

Wer aus dem Süden kommt, kann mit einer der Passagierfähren von Valença flussaufwärts über Gamboa nach Morro (6–7 R$, 1½ Std., 7–17 Uhr stündl.) fahren. Bei Ebbe werden die Fahrgäste mit Bussen nach Atracadoro gebracht, wo schon die Fähre wartet. Die *lanchas rapidas* (12–15 R$, 40 Min.) fahren los, wenn sie voll sind.

Es gibt täglich drei Flüge zwischen Salvador und Morro (225–235 R$, 20 Min.). Bei **Aerostar** (☎ in Salvador 0xx71-3377 4406; www.aerostar.com.br), **Addey Taxi Aéreo** (☎ in Salvador 0xx71-3204 1393; www. addey.com.br) oder in einem Reisebüro fragen!

BOIPEBA

☎ 0xx75 / 4900 Ew.

Südlich der Ilha da Tinharé, auf der anderen Seite des schmalen Rio do Inferno, befindet sich die Ilha de Boipeba. Das Dorf Boipeba an der Nordostspitze der Insel ist ruhig und ländlich und man sagt, es erinnert an das Morro de São Paulo vor 20 Jahren. Die unberührte Küste der Insel hat mehr als 20 km an schönen, menschenleeren Stränden, z. B. die bei Tauchern beliebte **Ponta de Castelhanos**.

BAHIA

Schlafen & Essen

Restaurants, die hervorragende Meeresfrüchte servieren, drängen sich am Strand, wo der Fluss ins Meer mündet. Geht man um die Landspitze herum, stößt man an der Praia Boca da Barra auf mehrere Pousadas der Spitzenklasse.

Pousada 7 (☎ 3653 6135; www.pousada7.com.br; Praça Santo Antônio; DZ ab 110 R$; 🔀) Das freundliche Haus im Dorfkern blickt auf die Hauptplaza und den Fußballplatz und hat kleine, schöne Zimmer mit Steinfußböden und Hängematten vor der Tür. Im Restaurant werden jeden Abend leckere Meeresfrüchte aufgetischt.

Pousada Pérola do Atlântico (☎ 3653 6096; www.ilhaboipeba.org.br/peroladoatlantico.html; EZ/DZ mit Ventilator ab 120/170 R$) Das einladende Gästehaus am Strand hat einen üppigen Garten, durch den sich Wege schlängeln, die zu hübschen, ruhig gelegenen Holzhütten führen.

Pousada Vila Sereia (☎ 3653 6045; www.ilhaboipeba.org.br/en/vilasereia.html; DZ mit Ventilator 250–350 R$) Knallbunt bemalte Hütten mit Strohdach stehen auf Stelzen im Garten der netten Pousada am Strand. Die Inhaber können die Abholung von Salvador oder Ilhéus arrangieren.

An- & Weiterreise

Ab Valença gibt es Passagierfähren nach Boipeba (15 R$, 4 Std., Mo–Sa, derzeit 12 Uhr). Dieselbe Strecke wird täglich auch von Schnellbooten (35 R$, 1 Std.) bedient. Jeden Tag fahren zwei Busse (11 & 14 Uhr) von Valença nach Torrinhas, wo die Fahrgäste in die Fähre nach Boipeba umsteigen (12–18 R$, Bus & Fähre 2½ Std.). Die Fähren halten zunächst im historischen Ort Cairu. Wer kann, sollte hier einen Zwischenstopp einlegen und mit einem späteren Boot nach Boipeba weiterfahren.

Von Morro de São Paulo legt um 9.30 Uhr ein Boot nach Boipeba ab; Rückfahrt von Boipeba nach Morro ist um 14 Uhr (einfache Strecke 75 R$, 2½ Std.). Alternativ dazu kann man bei einem Reisebüro in Morro de São Paulo eine Jeepfahrt (rund 60 R$) aushandeln und dann mit der Fähre den Fluss überqueren.

VALENÇA

☎ 0xx75 / 90 000 Ew.

Valença ist ein Fischereihafen aus der Kolonialzeit am Rio Una. Die Stadt ist der historische Schauplatz von Kämpfen der Portugiesen gegen indigene Stämme und die Holländer. Für die meisten ist sie aber einfach der Startpunkt nach Morro de São Paulo – obwohl sie

ihre eigenen kleinen Geheimnisse hat. Die ortsansässigen Schiffsbauer haben die Technik aus dem 15. Jh. beibehalten, sodass sie für den Film *1492* (1992) über die Reise von Christoph Kolumbus mit dem Nachbau der spanischen Galeone *La Niña* beauftragt wurden.

Um den Bau der *saveiro*-Fischerboote hautnah zu erleben, geht man zum äußersten Ende des Hafens, wo sich der Geruch von Holz, Sägemehl, altem Fisch und Meersalz mit dem wunderbaren Duft von Muskat mischt, der hier in der Sonne getrocknet wird. Ein toller Spaziergang mit schöner Aussicht führt am linken Flussufer stromaufwärts zur **Igreja NS de Amparo** (1757) auf dem Hügel.

Orientierung

Vom Hafen läuft man geradeaus den Hügel hinauf, bis man zur Fußgängerzone im Zentrum kommt. Geht man weiter geradeaus auf der Hauptstraße, der Rua Governador Gonçalves, gelangt man zum Busbahnhof (1 km vom Hafen entfernt). Die Praça da Independencia befindet sich einen Block westlich der Rua Governador Gonçalves.

Praktische Informationen

Alle folgenden Orte befinden sich nur wenige Schritte vom Hafen entfernt.

Banco do Brasil (Rua Governador Gonçalves 10)

Bradesco (Rua Governador Gonçalves 178)

Lys.com (Praça Admar Briga Guimarães; 3 R$/Std.; 🕒 8–22 Uhr) Internetzugang in Hafennähe.

Touristeninformation (☎ 3641 0553; www.valenca.tur.br, portugiesisch; Rua Comandante Madureira 10; 🕒 Mo–Fr 8–12 & 14–17, Sa 8–12 Uhr) Das Büro am Hafen (nach links gehen) ist relativ hilfreich.

Festivals & Events

Zu Karneval und Weihnachten begleiten als Stallknechte verkleidete Menschen die *baiana* Catarina durch die Stadt. Dabei singen sie und spielen Tamburin zur Feier von **Boi Estrela**. Beim lebendigen **Karneval** und der **Micareta** (15 Tage nach Ende der Fastenzeit) spielen *trios elétricos axé*-Musik. Am 8. November findet eine Woche lang ein Fest zu Ehren von **NS Amparo** statt, der Schutzheiligen der Arbeiter. Zu Silvester wird **Zambiapumba** gefeiert, indem Musikgruppen durch die Straßen laufen und auf improvisierten Instrumenten spielen.

Schlafen

Hotel Valença (☎ 3641 3807; Rua Dr Heitor Guedes De Melo 15; EZ/DZ ab 40/60 R$; 🔀) Das Hotel Valença, ein paar Blocks von der Praça da República entfernt, hat saubere, einfache Zimmer zu angemessenen Preisen.

Hotel Guaibim (☎ 3641 4114; Praça da Independencia 74; EZ/DZ mit Ventilator 50/70 R$, mit Klimaanlage ab 65/85 R$;) Das nette, schlichte Hotel mit freundlichen Angestellten und sauberen Zimmern mit Fliesenböden liegt oberhalb des Hafens.

Onda Azul Hotel (☎ 3641 4964; Rua Conselheiro Ferraz 5; EZ/DZ ab 70/110 R$;) Einen Block von der Praça da Independencia entfernt. Lebhafteres Hotel mit Steinfußböden und schönen Möbeln.

Hotel Portal Rio Una (☎ 3641 5050; www.portal hoteis.tur.br, portugiesisch; Rua Maestro Barrinha; DZ ab 235 R$;) Das große, attraktive Hotel hat eines der besten Restaurants in Valença und die besten Zimmer, je mit Veranda und Blick auf den Fluss. Es liegt 1 km vom Fluss entfernt auf der anderen Seite des Hafens.

Essen & Ausgehen

Am Flussufer in der Nähe der Brücke gibt's entspannte Freiluftbars und Imbissbuden.

Mega Chic (☎ 3641 4704; Av Maçônica 11; 18 R$/kg; mittags) Vom Zentrum aus auf der anderen Seite der Brücke bietet das Mega Chic ein ordentliches Selbstbedienungsbuffet und eine Karte mit Pasta, Sandwiches und Cocktails.

Sabor do Sol (Rua Governador Gonçalves 113; Hauptgerichte 15–25 R$; mittags) Die entspannte *churrascaria* ist ein *por-kilo*-Restaurant und ein beliebtes Mittagslokal in der Fußgängerzone.

An- & Weiterreise

Valença hat 15 km vom Zentrum entfernt einen winzigen Flughafen, der nur von Air-Taxis bedient wird.

Vom Hafen im Zentrum fahren täglich Boote nach Boipeba, Gamboa und Morro de São Paulo.

Der **Busbahnhof** (☎ 3641 4894) befindet sich einen kurzen Spaziergang (1 km) vom Hafen entfernt (Taxi 10 R$). Águia-Branca-Busse fahren nach Porto Seguro (63 R$, 9 Std., 1-mal tgl.), über Itabuna nach Ilhéus (39 R$, 5 Std., 2-mal tgl.) und nach Camamu (11 R$, 1½ Std., 2-mal tgl.). Andere Busgesellschaften bedienen ähnliche Routen – es fahren mindestens noch zwei weitere Busse am Tag nach Ilhéus und noch ein paar mehr nach Camamu. Weitere Infos bekommt man am Busbahnhof. Wer nach Salvador will, nimmt einen Bus nach Bom Despacho (16 R$, 2 Std., 5–23.45 Uhr stündl.) auf der Ilha de Itaparica und fährt mit der Fähre (s. S. 503) über die Bucht.

CAMAMU

☎ 0xx73 / 33 000 Ew.

Durch die Peninsula de Maraú vor dem offenen Meer geschützt, ist das auf dem Festland gelegene Camamu vor allem der Ausgangspunkt nach Barra Grande. Der Ort ist der Anlaufhafen für viele Fischer in der Region. Von Camamu aus hat man Ausblick auf ein Labyrinth aus von Mangroven überwucherten Inselchen und schmalen Kanälen. Direkt außerhalb des Hafens werden *Saveiro*-Fischerboote gebaut und repariert. Der wunderschöne **Wasserfall Açaraí** liegt 5 km entfernt und ist mit dem Regionalbus oder dem Taxi (hin & zurück 55 R$) zu erreichen.

Die **Pousada Green House** (☎ 3255 2178; Rua Djalma Dutra 61; EZ/DZ mit Ventilator ab 40/60 R$), vor der die Busse halten, ist ein freundlicher Familienbetrieb mit tollem Preis-Leistungs-Verhältnis. Eine steile Straße führt vom Hafen hinauf zum **Hotel Rio Açaraí** (☎ 3255 2315; www.hotelrioacarai.com. br, portugiesisch; Praça Dr Francisco Xavier Borges; EZ/DZ ab 80/100 R$;), einem eher langweiligen modernen Hotel, das aber eine schöne Lage mit Blick auf den Fluss hat. Gleich hinter der Bootsanlegestelle gibt's ein paar hübsche Cafés am Flussufer.

Camamu hat keinen richtigen Busbahnhof; die Busse halten in der Nähe des Hafens. **Águia Branca** (☎ 3255 1823; www.aguiabranca.com.br) und **São Geraldo** (☎ 3255 2508; www.saogeraldo.com.br) haben nebeneinanderliegende Büros und betreiben Busse nach Ilhéus (22 R$, 3 Std., 3-mal tgl.), Bom Despacho (24–27 R$, 3½ Std., 4-mal tgl.) und Ubaitaba (10 R$, 1¼ Std., 3-mal tgl.), wo man Anschluss nach Süden hat.

BARRA GRANDE

☎ 0xx73

Barra Grande liegt wunderbarerweise weitab der touristischen Pfade und ist ein ruhiges Fischerdorf an der Nordspitze der Peninsula de Maraú. Der Ort mit seinen schattenspendenden Bäumen strahlt denselben Charme und dieselbe Magie aus, die einst Künstler in ähnliche kleine Dörfer im Süden lockten, aber er hat noch keinen vergleichbaren Touristenboom erlebt. Barra Grande hat jedoch eine ordentliche Anzahl an Pousadas und Restaurants und ist deshalb gut als Ausgangspunkt für Erkundungstouren auf der restlichen Halbinsel geeignet. Im Winter sind die meisten Einrichtungen im Dorf geschlossen.

Die Halbinsel ist durch die Baía de Camamu, die drittgrößte Bucht Brasiliens, vom

BAHIA

BAHIA

Festland getrennt. In der Bucht liegen unzählige Inseln. Eine lange unbefestigte Straße (die oft unpassierbar ist, wenn es geregnet hat) führt über die Halbinsel, durch sie hat man Zugang zu atemberaubenden Stränden mit kristallklarem Wasser, z. B. zur **Praia Taipús de Fora** (7 km, einer der Top-Strände Brasiliens), und zu einigen winzigen Fischerdörfern. Lokale Anbieter organisieren teure Ausflüge zur **Lagoa Azul**, zu Aussichtspunkten und zu Inseln in der Bucht und auf dem Rio Maraú.

Andere tolle Ziele sind zu Fuß erreichbar. Beim Dorf erstreckt sich der 2 km lange Strand **Barra Grande**; das ruhige Wasser dort eignet sich prima zum Schwimmen. Ein kurzer Fußmarsch am Strand entlang führt zur **Ponta da Mutá**, der Nordostspitze der Halbinsel. Hier markiert ein Leuchtturm die Einfahrt zur Bucht. Jenseits der felsigen Landspitze folgt ein langer Küstenabschnitt. Die **Praia da Bombaça** ist hier der erste nennenswerte Strand (3,5 km von Barra Grande), dahinter liegt die **Praia Taipús de Fora** (3,5 km weiter).

Praktische Informationen

In Barra Grande gibt's keine Banken; also ausreichend Bargeld mitbringen.

Schlafen & Essen

Cantinho da Ivete (☎ 8105 7579; Stellplatz 8 R$/Pers., DZ ohne Bad 35 R$) Das am Strandweg gelegene Ivete bietet Stellplätze auf dem schattigen Rasen und schäbige Holzhütten.

Maria de Firmino (☎ 3258 6482; EZ/DZ 60/100 R$; ✷) Dies ist die erste Pousada, auf die man nach Verlassen der Anlegestelle trifft. Sie hat geräumige, etwas verwohnte Zimmer.

Pousada Canto do Sol (☎ 3258 6018; Rua José Melo Pirajá; DZ 80–90 R$; ✷) Die Budgetunterkunft nahe des Hauptplatzes ist mit ihren kleinen, makellosen Zimmern, den Hängematten und Grünflächen eine gute Wahl.

Ponta do Mutá (☎ 3258 6028; www.pousadapontado muta.com.br; Rua do Anjo; EZ/DZ ohne Ausblick 157/217 R$, mit Meerblick 197/257 R$; ✷) Das einladende Gästehaus hat zehn schlichte, hübsch dekorierte Zimmer mit Veranda und Hängematte. Viele blicken aufs Meer. Man kann auch Fahrräder und Kajaks ausleihen. Das Haus liegt am Strand, links der Anlegestelle.

Pousada Porto da Barra (☎ 3258 6349; www. pousadaportodabarra.com.br, portugiesisch; Av Beira Mar 13; DZ ab 160 R$; ✷ ▩) Die senfgelbe, zweistöckige Pousada am Strand bietet saubere, einfache Zimmer mit gefliesten Fußböden und Hän-

gematten vor der Tür. Der Strand liegt nur ein paar Schritte entfernt.

Pousada Barrabella (☎ 3258 6285; www.pousada barrabella.com.br; Rua Vasco Neto s/n; EZ/DZ/Suite ab 165/179/232 R$; ✷ ▩) Die hübsche Pousada ist mit Möbeln eines einheimischen Handwerkers ausgestattet und bietet ruhige Zimmer mit Blick aufs Meer oder die Bucht, ein gutes Restaurant und einen reizvollen Swimmingpool mit einer Cocktailbar, die auf den Ozean blickt.

Café Latino (☎ 3258 6188; Rua Dr. Chiriquinho 19; Hauptgerichte 15–25 R$; ✷ Mi–Mo abends) Das charmante Bistro mit Fotogalerie liegt an einer Straße, die vom Hauptplatz abgeht, und serviert leckere Grillgerichte, Pasta, Desserts, Wein und erfrischende Cocktails.

Churrasquinho do Zelitinho (☎ 8111 1536; Praça das Mangueiras; Hauptgerichte für 2 Pers. 25–38 R$) Das Steakrestaurant am Hauptplatz hat gutes Grillfleisch.

A Tapera (☎ 3258 6119; Rua Dr. Lili; Hauptgerichte für 2 Pers. 30–50 R$; ✷ 15–20 Uhr) Gleich abseits der Plaza bietet das traditionelle Bahia-Restaurant Meeresfrüchte, darunter auch himmlische Tintenfisch-*moqueca*.

Bar e Restaurante Taparão (☎ 3258 6006; Rua Vasco Neto; Hauptgerichte für 2 Pers. 32–55 R$) Das Lokal am Wasser hat sich auf frische Muscheln und Hummer spezialisiert. Außerdem gibt's frische Frucht-Caipirinhas. Ein ruhiger Ort, um den Sonnenuntergang zu genießen.

Anreise & Unterwegs vor Ort

Von Camamu nach Barra Grande fahren Passagierfähren (6 R$, 1¼ Std., 7.30–17.30 Uhr 5–6-mal tgl.) und *lanchas* (25 R$, 30 Min., 4-mal tgl.). Wer nach Itacaré fahren oder von dort herkommen will, muss sich mit einem Tourveranstalter (ca. 75 R$/Pers.) in Verbindung setzen.

Jardineiras mit Allradantrieb (6–8 R$) stehen abseits der Hauptstraße im Ort; sobald sie voll sind, fahren sie zu den Stränden.

ITACARÉ

☎ 0xx73 / 27 000 Ew.

Im Grunde ist Itacaré ein ruhiger kolonialer Fischerort. Lange Zeit war es ein Eldorado für Hippies und Surfer, die von den riesigen Abschnitten unberührten atlantischen Regenwalds, den malerischen Stränden und den herrlichen Surfwellen fasziniert waren. Weil die in die Stadt hineinführende Straße asphaltiert wurde, erlebte Itacaré in den letzten Jahren einen Touristenboom, sodass heute

Dutzende von Pousadas und Restaurants die Straßen säumen. Trotz allem strahlt die Stadt noch immer eine entspannte, jugendliche Atmosphäre aus, und die Surfkultur regiert uneingeschränkt. Ebenso engagieren sich viele Einrichtungen in der Gegend im Umweltschutz (so gibt's überall in der Stadt Schilder, die auf „CO_2-freien Tourismus" hinweisen).

Orientierung

Itacaré liegt an der Mündung des Rio de Contas. Ein kurzer Spaziergang von den Arbeitervierteln am Fischereihafen Richtung Osten führt in ein Gebiet, das Pituba genannt wird. Es besteht im Wesentlichen aus einer langen Straße, der Rua Pedro Longo, die von Pousadas, Restaurants und Geschäften gesäumt ist. Folgt man der Straße ostwärts, gelangt man außerhalb der Stadt zu den schönsten Stränden Itacarés. Nördlich von Pituba liegt die als Condomínio Conchas do Mar bekannte Gegend, wo es teurere Restaurants und Pousadas in grünerer Umgebung gibt. Am Ende des Viertels liegt der kleine Strand Praia da Concha.

Praktische Informationen

In der Nähe der Praça dos Cachorros gibt es mehrere Wechselstuben; der **Banco-do-Brasil-Geldautomat** (Rua João de Deus 150) liegt gleich abseits der Hauptstraße. Es gibt jede Menge Internetcafés (ca. 6 R$/Std.). Einen Überblick erhält man unter www.itacare.com.br.

Gefahren & Ärgernisse

An den Stränden von Itacaré und in der Umgebung ist es schon häufiger zu Überfällen gekommen. Daher nur wenig Geld und keine Wertsachen mit sich führen! Nach dem späten Nachmittag die Waldwege meiden!

Aktivitäten

Die Küste südlich von Itacaré ist geprägt von rauen Brechern (sie eignet sich deshalb besser zum Surfen als zum Schwimmen) und Strandbuchten, die durch regenwaldbewachsene Hügel voneinander getrennt sind. Einige Strände wie die idyllische **Prainha** (von der Praia do Ribeira über einen Weg erreichbar) sind privat und erheben Eintritt. Die **Praia da Concha** ist ein normaler Stadtstrand. Die Strände **Resende**, **Tiririca** und **Ribeira** liegen in 1,5 km Entfernung südlich der Stadt und sind bei Surfern beliebt. Sehr zu empfehlen sind die 12 km südlich der Stadt gelegenen paradiesischen Strände **Engenhoca**, **Havaizinho** und **Itacarezinho**.

Viele Reisebüros und fast alle Hotels bieten Kanutrips flussaufwärts, Raftingtouren, Mountainbiketrips, Abseilen und Wander- bzw. Reitausflüge zu Sehenswürdigkeiten vor Ort. Der beliebteste Ausflug führt zur Peninsula de Maraú, mit Zwischenstopps an der **Lagoa Azul** und an der **Praia Taipús de Fora** (65 R$). Ein kleiner Tipp: Wer in Fahrtrichtung sitzt, reist deutlich komfortabler.

Zu den zuverlässigen Veranstaltern, die diese Abenteuer anbieten, gehört z. B. **Brazil Trip Tour** (☎ 8157 5155; www.braziltriptour.com; Rua Pedro Longo 245), das mehrsprachige Angestellte hat und auf englischsprachige Surfkurse sowie ökologische Touren spezialisiert ist. Außerdem werden hier Freiwilligenjobs in der Gemeinde vermittelt (Englischlehrer sind besonders gefragt, s. S. 764) und 10- bis 14-tägige „Cruz the Coast"-Touren zwischen Rio und Salvador arrangiert.

Leihsurfbretter (ab 20 R$/Tag) und Surfstunden (3-tägiger Kurs 200 R$) können bei den Veranstaltern überall in der Stadt vermittelt werden. Wer eine Woche lang ein strukturierteres Surfcamp mit Kursen und Unterkunft besuchen will, kann sich beispielsweise an **Easy Drop** (☎ 3251 3065; www.easydrop.com; Rua João Coutinho 140) wenden.

Wer auf eigene Faust losziehen und einfach nur baden will, fährt mit dem Bus aus der Stadt heraus und steigt an der **Cachoeira Tijuipe** (Eintritt 5 R$) aus, einem breiten Wasserfall mit teedunklem Wasser, der sich auf privatem Waldgebiet befindet.

Schlafen

Die meisten Gästehäuser gibt's an der Rua Pedro Longo. Ruhiger und idyllischer, trotzdem in der Nähe der Action, wohnt man in Condomínio Conchas do Mar.

Pousada Navio Albergue Camping POP (☎ 3251 2305; Praia da Concha; www.pousadanavio.com.br, portugiesisch; Stellplatz 15 R$/Pers.; B/DZ mit Ventilator ab 30/80 R$) Der Name ist ein großer Brocken, aber zu Recht – die freundliche Backpackerunterkunft bietet von allem ein bisschen: schattige Stellplätze nahe am Strand, gleich nebenan ordentliche Duschen, eine Waschküche, eine Café-Bar und ventilatorgekühlte Zimmer für bis zu vier Personen.

Buddys Pousada & Guesthouse (☎ 8137 3456; www. buddysitacare.com; Caminho das Praias; B/DZ mit Ventilator

35/90 R$) Das freundliche, ökonomische und zentral gelegene Buddys wird von zwei heiteren Iren betrieben, die den Grill für ihre Gäste anwerfen, ihnen bei der Ankunft ein kaltes Bier anbieten und gerne auch Surfstunden geben. Bei Brazil Trip Tour (S. 519) erhält man Infos über ihre Touren zwischen Salvador und Rio.

Itacaré Hostel (☎ 3251 3037; www.itacarehostel.com. br; Rua Lodônia Almeida 120; B/DZ ab 40/120 R$; 🖳 🖳) Mitten im Zentrum des Geschehens bietet das HI-Hostel kleine, ordentliche Zimmer mit Hängematten vor einem kleinen Hof mit Pool.

Albergue O Pharol (☎ 3251 2527; www.albergue opharol.com.br; Praça Santos Dumont 7; B/DZ mit Ventilator 42/110 R$, DZ mit Klimaanlage ab 140 R$, Suite 250 R$; 🖧 🖳) Das bei Backpackern beliebte, entspannte Hostel hat ordentliche Zimmer, manche mit eigener Veranda. Es gibt eine Gemeinschaftsküche, eine Gästewaschküche und eine hübsche, familiengeeignete Zwei-Zimmer-Suite mit voll ausgestatteter Küche. Kein Frühstück.

Pousada Estrela (☎ 3251 2006; www.pousadaestrela. com.br; Rua Pedro Longo 34; EZ 50–70 R$, DZ 60–100 R$; 🖧) Das Estrela ist eine der günstigeren Unterkünfte in Itacaré. Es hat eine Reihe schöner Zimmer; manche sind recht geräumig mit großen Fenstern. Hinten gibt's Hängematten und einen Garten.

Casa Zazá (☎ 3251 3022; www.casazaza.com; Condomínio Conchas do Mar; EZ/DZ 100/130 R$; 🖧 🖳) Die von einem freundlichen Holländer geführte Casa Zazá hat eine warme, heimelige Atmosphäre mit hübsch möblierten Zimmern, manche mit kleinem Balkon. Es gibt auch einen Hinterhof mit schattenspendenden Bäumen und viel Platz zum Relaxen.

Pousada Maresia (☎ 3251 2338; www.maresia pousada.com.br; Caminho das Praias; DZ 150–160 R$; 🖧) Schlichte, aber schön gestrichene Zimmer und ein üppig begrünter Innenhof tragen zum Charme der recht preisgünstigen Unterkunft bei, die auf nachhaltigen Tourismus und die Einbeziehung der Gemeinde spezialisiert ist.

Pousada Nainas (☎ 3251 2683; www.nainas.com.br; Praia da Concha; DZ ab 160 R$; 🖧) Die Pousada Nainas rund um einen hübschen Garten hat einzigartig gestaltete Zimmer mit romantischen Himmelbetten und lebendig-buntem Dekor. Alle haben private Veranden mit aufgespannten Hängematten, auf denen man die tropische Atmosphäre genießen kann.

LP Tipp **Pousada Ilha Verde** (☎ 3251 2056; www. ilhaverde.com.br; Rua Ataíde Setúbal 234; EZ/DZ ab 180/220 R$; 🖧 🖳) In üppig-grüner Umgebung bietet das Ilha Verde sieben hübsche, individuell gestaltete Zimmer und einen Familienbungalow. Es gibt auch einen Whirlpool, einen Pool und viel Platz draußen, wo man die Natur genießen kann.

Burundanga (☎ 3251 2543; www.burundanga.com.br; Condomínio Conchas do Mar; DZ ab 265 R$; 🖧 🖳) Das Boutiquehotel hat wunderschön möblierte Zimmer, die mit Werken einheimischer Künstler, tropischen Hölzern und Tüchern dekoriert sind. Alle Zimmer haben eigene Holzterrassen mit Blick ins Grüne.

Sage Point (☎ 3251 2030; www.pousadasagepoint. com.br; DZ mit Ventilator ab 329 R$) Auf einem Hügel oberhalb der Praia Tiririca thronen die wunderschönen Holzhütten mit Blick aufs Meer, rustikal-schickem Dekor und atemberaubenden Veranden. Die Anlage sieht aus wie aus einem Hochglanzmagazin – ein wirklich lohnender Luxus.

Essen & Ausgehen

Am besten läuft man Itacarés Hauptstraße, die Rua Lodônia Almeida (die in die Rua Pedro Longo übergeht), entlang, um sich ein Bild davon zu machen, was angeboten wird.

Gelato Gula (☎ 3251 3483; Rua Pedro Longo 388; Kugel 6 R$; ⏱ 12–22 Uhr) Die beliebte Eisdiele serviert cremiges, reichhaltiges *sorvete* (Eis), das aus brasilianischen Früchten gemacht wird.

Habitat Café (☎ 3251 2480; Praia da Concha; Sandwiches 10–15 R$; ⏱ 16–23 Uhr) In dem lässigen Café im Grünen, nur einen Block vom Strand entfernt, gibt's süchtig machende Sandwiches (auch Burger und Sojaburger), Säfte und Salate.

Meio Natural (☎ 3251 3422; Rua Pedro Longo 378; Hauptgerichte 12–20 R$) Das gemütliche Lokal mit ein paar Tischen im Freien und vernünftigen Preisen hat sich auf grünen Salat und gesunde Sandwiches spezialisiert. Hier werden nur biologisch angebaute Produkte und natürliche Zutaten verwendet.

Restaurante Mar e Mel (☎ 3251 2358; www.maremel. com.br; Praia da Concha; Hauptgerichte 18–35 R$; ⏱ 19–24 Uhr) Hierher kommt man, um live *forró* zu hören (und dazu zu tanzen). Es gibt eine große Holzterrasse vorne und jede Menge Meeresfrüchte sowie Getränke.

Boca do Forno (☎ 3251 2174; Rua Lodônia Almeida 108; Pizza 18–35 R$; ⏱ abends) Von der Pizzeria mit schönem Sitzbereich im blumenbedeckten Garten schwärmen alle Leute. An manchen Abenden gibt's Livemusik.

LP Tipp **Casarão Amarelo** (☎ 3251 3133; Av Castro Alves; Hauptgerichte 22–38 R$; ⏱ abends) Einen kurzen

Spaziergang von Pituba entfernt, bewirtet das altmodische, gelbe Haus an der Praia da Coroa anspruchsvolle Gäste mit guter Meeresfrüchte-Pasta und erlesenem Wein. Das Mahl kann man in dem kleinen Innenhof oder in dem historischen Ambiente des wunderschön restaurierten Speisesaals genießen.

Estrela do Mar (☎ 3251 2230; www.aldeiadomar.com; Praia da Concha; Hauptgerichte 25–42 R$) Die elegante Estrela do Mar mit Blick auf den Strand Concha serviert meisterhaft zubereitete Meeresfrüchte, Pasta, Salate und Crêpes. Durch die großen Fenster sieht man das Meer und den malerischen Sitzbereich draußen.

Mistura Fina (☎ 3251 2289; Rua Pedro Longo 265; Hauptgerichte für 2 Pers. 50–60 R$; ◷ abends) Serviert eine große Auswahl an ansprechenden Gerichten – von Fisch-*moqueca* und Meeresfrüchte-Risotto bis hin zu *yakisoba* und Pizza.

Canoa Bar e Restaurante (☎ 3251 2721; www. canoaitacare.com; Av Castro Alves 284) Die reizende neue Bar am Wasser hat viele Vorzüge: Es gibt eine kleine Speisekarte mit preisgünstigen Gerichten, wie frische Shrimps, Pasta und Schokoladenkuchen, eine lebendige Bar mit einer Caipirinha-Happy-Hour (Di–Fr 20–22 Uhr) und kostenlose Filmvorführungen (Mo & Mi 20 Uhr).

Anreise & Unterwegs vor Ort

Itacarés **Busbahnhof** (☎ 3288 2019) liegt gleich außerhalb des Zentrums, aber von den meisten Pousadas ist es ein ziemlicher Fußmarsch bis dorthin. Um nach Itacaré zu kommen, muss man meist in Itabuna oder Ilhéus umsteigen. **Rota** (☎ 3251 2181) betreibt häufig verkehrende Busse nach Ilhéus (10,50 R$, 1½ Std., 5.15–19.30 Uhr) und Itabuna (13,50 R$, 2½ Std., 6–19.30 Uhr). Täglich fahren mehrere Busse nach Porto Seguro (48–55 R$, 8 Std.).

Eine Fähre befördert Autos und Passagiere über den Fluss zur Peninsula de Maraú (10 R$). Mehrere Agenturen in der Stadt vermieten Autos.

ILHÉUS

☎ 0xx73 / 220 000 Ew.

Helle Gebäude aus dem frühen 20. Jh. und merkwürdig verwinkelte Straßen verleihen dem leicht kantigen Ilhéus eine lebendige und verspielte Atmosphäre. Der Ruhm der Stadt beruht auf ihrer Geschichte als reicher Kakaohafen und als Heimatstadt von Jorge Amado, dem bedeutendsten Romancier Brasiliens. Die Stadt ist Schauplatz eines seiner besten Bücher, *Gabriela, Cravo e Canela* (*Gabriela wie Zimt und Nelken*). Wenn man noch die schöne Lage, die liebenswerten Einwohner und die zu Naturschutzgebieten erklärten atlantischen Regenwälder in der Nähe dazuzählt, erkennt man, dass sich ein Zwischenstopp lohnt.

Geschichte

Ilhéus war ein verschlafenes Nest, bis 1881 Kakao aus Belém in die Region eingeführt wurde. Da die Zuckerplantagen in einer Krise steckten, kamen arme Landarbeiter und befreite oder geflohene Sklaven aus dem ganzen Nordosten in die Hügel um die Umgebung, um an neuen Boom teilzuhaben: Kakao, das *ouro branco* (weiße Gold) Brasiliens.

Schnell, gesetzlos und gewalttätig – der Kampf um die Kakaopflanzungen hatte sämtliche Eigenschaften eines Goldrauschs. Nachdem sich die Aufregung gelegt hatte, waren Land und Macht in den Händen einiger unbarmherziger *coroneis* (sog. „Oberster") und ihrer angeheuerten Soldaten. Die Landlosen mussten auf den *fazendas* arbeiten, wo sie meist auch lebten und einem harten, paternalistischen Arbeitssystem unterworfen waren. Amado, der auf einer Kakaoplantage aufgewachsen ist, erzählt die Geschichte plastisch in seinem Buch *Terras do Sem Fim* (*Kakao*).

Anfang der 1990er-Jahre litten die Kakaobäume unter *vassoura de bruxa* (Hexenbesen) und trugen keine Früchte mehr. Das versetzte der lokalen Wirtschaft einen schweren Schlag. Obwohl die Krankheit immer noch grassiert, sieht man auch heute noch Kakao-*fazendas* und Landarbeiter wie die von Amado beschriebenen in den grünen tropischen Hügeln um Ilhéus.

Orientierung

Das Stadtzentrum liegt zwischen zwei Hügeln auf einer von Stränden umgebenen Landzunge an der Mündung des Rio Cachoeira. Am Südufer der Flussmündung, die eine S-Kurve beschreibt, liegt das moderne Viertel Pontal – ein Taxi nehmen, um die Brücke zu überqueren!

Praktische Informationen

Neben der Kathedrale gibt es Geldautomaten.
Banco do Brasil (Rua Marquês de Paranaguá 112)
Post (Rua Marquês de Paranaguá)
Reality Internet (Rua Dom Eduardo; 5 R$/Std.) Schnelle Internetverbindung.

BAHIA

BAHIA

ILHÉUS

0 — 500 m

PRAKTISCHES
Banco do Brasil	1 B2
Post	2 A2
Reality Internet	3 B2
Touristeninformation	4 B2

SEHENSWERTES & AKTIVITÄTEN
Casa de Jorge Amado	5 B2
Catedral de São Sebastião	6 B2
Igreja de São Jorge	7 B1
Órbita Expedições	8 A2
Prefeitura	9 B1

SCHLAFEN
Ilhéus Hotel	10 B2
Ilhéus Praia Hotel	11 B2
Pousada Brisa do Mar	12 B3
Pousada Delmar	13 D5
Pousada Pier do Pontal	14 C5

ESSEN
Bar Vesúvio	15 B2
Barrakítika	16 B2
Bataclan	17 B2
Larika	18 D5
Mestre Cuca	19 B2
Sabor do Sul	20 B2

AUSGEHEN
Dona Café	21 B2
Lanchonete Jorge Amado	22 B2

TRANSPORT
Stadtbusbahnhof	23 A2

Touristeninformation (☎ 3634 1977; www.ilheus dabahia.com.br; Praça Dom Eduardo)

Sehenswertes & Aktivitäten

Das Beste, was man in Ilhéus tun kann, ist, die alten Straßen zu erkunden. Im Zentrum gibt's mehrere alte Gebäude mit Wasserspei- ern, z. B. die **Prefeitura** (Praça Seabra), und die

Fußgängerzonen Rua Marquês de Paranaguá und Rua Oliveira, wo man herumschlendern oder auf einen Snack Halt machen kann.

Die **Casa de Jorge Amado** (Rua Jorge Amado 21; www. jorgeamado.org.br; Eintritt 2 R$; ☀ Mo–Fr 9–12 & 14–18, Sa 9–13, So 15–17 Uhr), wo der große Schriftsteller mit seinen Eltern lebte, während er an seinem ers- ten Roman arbeitete, wurde restauriert und in ein hübsches, informatives Museum umgewandelt. Nur wenige Schriftsteller erlangen noch zu Lebzeiten Anerkennung, aber Jorge Amado wurde noch vor seinem Tod im Jahr 2001 zum nationalen Kulturgut. Viele Romane Amados spielen in der Region, aber der Roman, der am meisten mit seiner Heimatstadt assoziiert wird, ist *Gabriela, Cravo e Canela*. Mehr zu Amado gibt's im Kasten S. 524.

Die **Catedral de São Sebastião** (Praça Dom Eduardo) ist das Wahrzeichen der Stadt. Ihr Bau begann 1931, und sie ist von einer einzigartig bunten Mischung an Architekturstilen geprägt. Geht man bei Sonnenuntergang an den Strand und blickt nach hinten auf die Silhouette der Kathedrale vor den Wolken, wirken die Türme märchenhaft. Die **Igreja de São Jorge** (Praça Rui Barbosa; Eintritt gegen Spende; 🕑 Di–So) ist die älteste Kirche der Stadt. Sie stammt von 1534 und beherbergt ein kleines Museum sakraler Kunst.

STRÄNDE

Die städtischen Strände sind nicht gerade die saubersten (was die hiesigen Surfer aber nicht abhält, sich in die Wellen zu stürzen). Am besten fährt man nach Süden, aber selbst dort könnte man meinen, dass sich die breiten, flachen Strände in der Gegend allenfalls zum *futebol*-Spiel eignen. Erst nach vielen Kilometern verliert das Wasser die braun-trübe Farbe der Flussmündung. An der bei Einheimischen beliebten **Praia dos Milionários** (7 km) gibt es ein paar *barracas*. Beliebt ist auch die hübschere **Praia Cururupe** (12 km), wo sich ein kleiner Fluss ins Meer schlängelt.

Geführte Touren

Die hiesigen Reisebüros organisieren Ausflüge zu einem Faultierzentrum, einer Schokoladenfabrik und zur Primavera Fazenda, wo man einen Einblick in den Herstellungsprozess von Kakao erhält. Es gibt auch Touren zur Lagoa Encantada, einem staatlich geschützten atlantischen Regenwald mit Wasserfällen und Wildtieren, zum Rio do Engenho, einem Anwesen mit der ersten Zuckermühle Bahias, und zur Capela de Santana (1537), Brasiliens drittältester Kirche. Infos zur Tour Ecoparque de Una gibt's im Kasten auf S. 525.

Órbita Expedições (🕿 3634 7700; www.orbitaexpedicoes.com.br; Rua Marquês de Paranaguá 270) ist ein Abenteuertourveranstalter mit großem Angebot, darunter Rafting-, Kanu-, Wander- und Radtouren.

Festivals & Events

Wie jeder Amado-Leser weiß, werden in Ilhéus Feste groß gefeiert. Die besten sind die **Gincana da Pesca** Anfang Januar, die **Festa de São Sebastião** (viel Samba und Capoeira) vom 11. bis 20. Januar, die **Festa de São Jorge** (mit Candomblé) am 23. April und die **Festa das Águas** (Candomblé) im Dezember. Beim **Karneval** sind jede Menge *trios elétricos* unterwegs.

Schlafen

Ilhéus' beste Hotels sind im Süden der Stadt an der Straße nach Olivença. Das ist nur für Traveller bequem, die mit eigenem Auto unterwegs sind. Die Unterkünfte im Zentrum sind meist etwas heruntergekommen, die in Pontal sind etwas moderner.

Pousada Brisa do Mar (🕿 3231 2644; Av 2 de Julho 138, Alto São Sebastião; EZ/DZ 50/60 R$; 🗶) Um die hübsche, moderne Pousada weht wirklich eine Meerbrise. Man hat auch einen tollen Blick auf den Fluss. Der kurze Fußweg ins Zentrum ist nachts allerdings dunkel und einsam. Lieber ein Taxi nehmen!

Pousada Delmar (🕿 3632 8435; mamorim@cepec.gov.br; Rua Castro Alves 322, Pontal; DZ ab 70 R$; 🗶 🛜) Ein beliebtes, modernes Hotel mit einer netten Frühstücksterrasse. Die Pousada liegt schön in Pontal.

Ilhéus Hotel (🕿 3634 4242; www.ilheushotel.com.br; Rua Eustáquio Bastos 144, Centro; EZ/DZ ab 70/80 R$; 🗶) Die Herrlichkeit des mehrstöckigen Hotels aus den 1930er-Jahren ist leicht verblasst, und es gibt einen alten Aufzug, der bis zu seiner Elektrifizierung 1950 von Hand betrieben wurde. Heute ist es hier ruhig. Die Zimmer sind recht komfortabel und haben einen Ausblick auf die Bucht.

Ilhéus Praia Hotel (🕿 2101 2533; www.ilheuspraia.com.br; Praça Dom Eduardo, Centro; EZ/DZ mit Ventilator 100/130 R$, mit Klimaanlage 180/220 R$; 🗶 🛜 🖥) Das Hochhaushotel franst schon leicht aus, aber der Service ist gut, und viele Zimmer haben einen schönen Blick auf die Kathedrale auf der anderen Seite des Plaza.

Pousada Pier do Pontal (🕿 3221 4000; www.pierdopontal.com.br; Av Lomanto Jr. 1650, Pontal; DZ ab 200 R$; 🗶 🖥) Das Gästehaus in friedlicher Lage auf der anderen Seite des Flusses hat bunt dekorierte Zimmer, von denen manche eine Veranda mit Meerblick haben, und ein japanisches Restaurant.

Pousada Vitória (🕿 3632 4997; www.pousadavitoria.com.br; Sítio São Paulo, Praia do Sul; DZ ab 215 R$; 🗶) Die attraktive Pousada mit Blick auf die hübsche

Praia do Sul erinnert an ein Schweizer Chalet. Die Zimmer sind mit bequemen Möbeln ausgestattet. Die besten Räume haben Veranden mit Blick aufs Meer.

Essen & Ausgehen

Billige Snacks, Sandwiches und kalte Getränke bekommt man tagsüber an den Ständen in der Fußgängerzone im Zentrum. Abends verkaufen Straßenhändler gegenüber der Kathedrale am Ufer Tapioka und andere Köstlichkeiten.

Barrakítika (☎ 3231 8300; Praça Antônio Muniz 39; 13 R$/kg) In dem gemütlichen Lokal mit Tischen im Freien und einem preisgünstigen Mittagsbuffet kann man gut abhängen. Am Wochenende gibt's abends Livemusik.

Sabor do Sul (☎ 3231 3281; Rua Colonel Paiva 53; Hauptgerichte 15–35 R$; Di–So 18–23 Uhr) Die bei Einheimischen beliebte Pizzeria im Zentrum hat Dutzende verschiedene Arten an Calzone und Pizza, u. a. auch mit frischen Shrimps.

Mestre Cuca (☎ 3634 1092; 2. OG, Rua Eustáquio Bastos 126; 19 R$/kg; mittags) Das beliebte Selbstbedienungslokal bereitet ein hervorragendes Mittagessen zu. Vom luftigen Speisesaal blickt man teilweise aufs Meer.

LP Tipp **Bataclan** (☎ 3634 0088; Av 2 de Julho; Hauptgerichte 20–35 R$; abends) Das Bataclan war einst ein Varieté, in dem die Kakaomagnaten ein und aus gingen (und das auch in Amados *Gabriela* vorkommt). Mit der Restaurierung

2004 erhielt es seinen früheren Glanz zurück. Heute dient das koloniale Gebäude als Restaurant, Lounge und Kulturzentrum, in dem oft Konzerte und Ausstellungen stattfinden. Abends reinschauen, um bahianische Spezialitäten oder Cocktails zu genießen.

LP Tipp **Bar Vesúvio** (☎ 3634 2164; Praça Dom Eduardo; Hauptgerichte 21–35 R$) Diese Bar mit Restaurant ist ein Wahrzeichen der Stadt und zieht neben Amado-Lesern (zwei seiner Romanfiguren kamen hier zusammen) Leute an, die *moquecas* und kaltes Bier lieben. Serviert wird das Ganze an den Tischen im Freien gegenüber der Kathedrale, die abends schön beleuchtet wird.

In Pontal zweigt die Hauptstraße von der Straße an der Bucht Richtung Süden ab. Dadurch ist die Gegend um die Landzunge herum ziemlich ruhig. Von hier aus hat man einen tollen Blick aufs Stadtzentrum. In der Nähe befinden sich ein paar Restaurants, darunter das **Larika** (Av Getúlio Vargas; Sandwiches 7 R$; 18–1 Uhr), ein Stand, der Sandwiches und frisch gepresste Säfte an den Tischen am Meer serviert.

In Ilhéus gibt's mehrere hübsche, gemütliche Cafés, z. B. das **Dona Café** (Praça Dom Eduardo) am Hauptplatz gegenüber der Kathedrale. Den Kaffee am Morgen kann man auch gleich gegenüber der Prefeitura auf der kleinen Terrasse des Literaturcafés **Lanchonete Jorge Amado** (Praça Seabra) genießen.

DER LIEBLINGSSOHN BAHIAS

Niemand hat mehr Anteil daran, dass dem Rest der Welt die Kultur von Bahia nicht völlig fremd ist, als Jorge Amado, Brasiliens berühmtester Romanschriftsteller. Amados Werke wurden in mehr als 49 Sprachen übersetzt und werden auf der ganzen Welt gelesen.

Der 1912 geborene Jorge verbrachte seine Jugend in Ilhéus, wo später viele seiner Romane spielen sollten. Nach dem Gymnasium in Salvador studierte Amado in Rio Rechtswissenschaften. Er wurde dann aber nicht Anwalt, sondern entschied sich für die Schriftstellerei. Mit seinem ersten Roman, *O País do Carnaval,* überraschte der damals 19-Jährige die Kritiker und die Öffentlichkeit.

Der überzeugte Kommunist Amado beteiligte sich an der revolutionären Schriftstellerbewegung jener Zeit und veröffentlichte zwei Romane, die im Kakaogürtel um Ilhéus spielen: *Cacau* und *Suor.* Ersterer wurde von der faschistisch geprägten Vargas-Regierung verboten, was Amados Popularität aber nur steigerte. Wegen seiner politischen Überzeugungen wurde Amado mehrmals inhaftiert und 1945 als Kandidat der Kommunistischen Partei Brasiliens (PCB) ins Parlament gewählt. Allerdings verlor er seinen Sitz einige Jahre später nach einer Meinungsverschiedenheit mit der Partei. Er verließ Brasilien und lebte mehr als fünf Jahre in Europa und Asien. Nachdem die Verbrechen Stalins bekannt geworden waren, kappte er schließlich seine Verbindungen zur Kommunistischen Partei.

Mit seinem 1958 erschienenen Roman *Gabriela, Cravo e Canela* (*Gabriela mit Zimt und Nelken*) trat er in eine neue Schaffensphase ein, die sich durch einen bildhaften Stil auszeichnete, mit dem er die Eskapaden seiner bahianischen Helden und Heldinnen auf farbenfrohe Weise beschrieb.

Amado starb kurz vor seinem 89. Geburtstag im August 2001 in Salvador.

An- & Weiterreise

BUS

Der **Fernbusbahnhof** (☎ 3634 4121) liegt ungefähr 15 km vom Zentrum entfernt. Busse fahren u. a. nach Valença (31 R$, 5 Std., 2-mal tgl.), Porto Seguro (42 R$, 6 Std., 4-mal tgl.) und Vitória (108–155 R$, 13 Std., 2-mal tgl.).

Busse nach Salvador (75–118 R$, 7 Std., 3-mal tgl.) fahren einen weiten Bogen rund um die Baía de Todos os Santos und sind nur dann zu empfehlen, wenn man im *recôncavo* Halt machen will. Ansonsten ist es besser, man nimmt den Bus nach Bom Despacho auf der Ilha de Itaparica und steigt dort in die Fähre nach Salvador. Infos zur Fähre s. S. 503.

Häufigere Busverbindungen hat man in Itabuna, 30 km landeinwärts. Busse nach Itabuna starten am Stadtbusbahnhof im Stadtzentrum und vor dem Fernbusbahnhof (5 R$, 40 Min., 5.30–24 Uhr alle 15 Min.).

FLUGZEUG

TAM (☎ 3234 5259; Flughafen) und **Gol** (☎ 0800 280 0465) bieten von Ilhéus' **Aeroporto Jorge Amado** (Code IOS; ☎ 3231 7629) Direkt- und Anschlussflüge zu allen Zielen in Brasilien.

Unterwegs vor Ort

Der Flughafen befindet sich in Pontal, 3,5 km vom Zentrum entfernt. Ein Taxi kostet 12 R$.

Vom Zentrum fahren die Busse Teotónio Vilela, Circular und Santo Brinto am Busbahnhof vorbei. Ein Taxi kostet 18 bis 25 R$.

OLIVENÇA

☎ 0xx73

Olivença ist ein kleiner, charmanter Badeort 16 km südlich von Ilhéus. Zu den Attraktionen zählen ein Spa, das heilende Kräfte haben soll, und ein nahe gelegenes indigenes Dorf. Am grünen Ufer der Stadt gibt's wunderschöne Buchten mit Felsformationen, flachen Sandstrand, kräftige Wellen und ein oder zwei Restaurants. Südlich von Olivença erstrecken sich Strände mit ruhigerem Wasser.

Direkt nördlich der Stadt, bei **Batuba** und **Backdoor**, gibt es wirklich tolle Wellen, die drittbeste Surfbrandung Brasiliens. Marcio vom **Pokoloco Surf Shop** (☎ 3269 1493) spricht mehrere Sprachen, verleiht Long- und Shortboards (20 R$/Tag) und gibt Surfunterricht (ab 100 R$).

Das kunstvoll dekorierte **Pousada Fazenda Tororomba Hostel** (☎ 9141 4372; www.fazendatororomba. com.br; Rua Eduardo Magalhães; B/EZ/DZ mit Ventilator 37/50/80 R$, DZ-Chalet ab 160 R$; 🖳)) ist eine HI-Alternative und steht auf einem großen, grünen Grundstück mit hohen Bäumen und einem Brunnen. Das Haus hat ein Wohnzimmer, eine voll ausgestattete Küche und mehrere Gemeinschaftsräume. Es gibt auch ruhig gelegene Doppelzimmer und rustikale Chalets mit Spa-Bädern unter freiem Himmel. **Camping Estância das Fontes** (☎ 3269 1480; 10 R$/Pers.), 15 km südlich von Ilhéus, liegt nah am Strand und hat Warmwasserduschen.

Vom Busbahnhof in Ilhéus verkehren zwischen 6 und 23 Uhr alle 30 Minuten Stadtbusse (die am Stadtbusbahnhof vorbeikommen) nach Olivença (30 Min.) Sie fahren nahe an den Stränden vorbei, sodass man aussteigen kann, wenn man durch die Scheibe einen Strand sieht, der einem gefällt. Privater Transport kann ebenfalls arrangiert werden, am besten bei Ilhéus Reisebüros (ab 60 R$ für bis zu 4 Pers.).

BAHIA

ECOPARQUE DE UNA

Der **Ecoparque de Una** (☎ 3633 1121; www.ecoparque.org.br; portugiesisch; Eintritt 15 R$; 🕓 Di–So 8–17 Uhr) ist ein Reservat mit üppigem atlantischen Regenwald 60 km südlich von Ilhéus. Hier führen Guides die Besucher über einen 2 km langen Wanderweg, zu dem auch vier Stege in Höhe der Baumwipfel gehören. Die Tour dauert zwei Stunden und endet mit einem erfrischenden Bad im Teich.

Im Park leben seltene Tiere wie das Goldkopflöwenäffchen (*Leontopithecus chrysomelas*). Diese ungewöhnlichen Äffchen haben das Aussehen und den stolzen Blick von Miniaturlöwen: ein leuchtendes, gelb-orange-braun gestreiftes Fell, eine goldfarbene Mähne und einen langen, zotteligen Schwanz. Wer Glück hat, bekommt auch die hier heimischen *tatus* (Gürteltiere), *pacas* (Agoutis) Capybaras oder *veados* (Rehe) zu Gesicht.

Besucher können über ein Reisebüro eine Tour buchen oder sich direkt anmelden (min. 1 Tag im Voraus). Wer auf eigene Faust dorthin will, nimmt den Bus nach Canavieiras und steigt vor dem Eingangstor des Parks aus, wo man von einem Parkjeep abgeholt wird.

BAHIA

PORTO SEGURO

☎ 0xx73 / 120 000 Ew.

Porto Seguro ist der am zweithäufigsten besuchte (und auch der zweitschönste – allerdings mit sehr knappem Abstand) Ort im Bundesstaat. Brasilianische und argentinische Pauschaltouristen strömen von überall her, um zu feiern und sich am Strand zu vergnügen. Es überrascht also nicht, dass es hier eine gute touristische Infrastruktur mit etlichen Hotels und farbenfrohen, kolonial aufgemachten Gebäuden (keines mehr als zwei Stockwerke hoch) gibt. Schließlich gingen in dieser Region die Portugiesen in der Neuen Welt zuerst an Land, und man sieht heute noch Relikte aus jener Zeit. Abgesehen von seiner Geschichte ist Porto Seguro eigentlich nur etwas für Nachtschwärmer: Tagsüber sind die Straßen ruhig und sehen heruntergekommen aus, als ob die Stadt sich vom Kater nach einer Partynacht erholen müsste. Ansonsten begnügen sich die meisten Traveller mit einem Kurzaufenthalt – um Geld zu wechseln und die Fähre nach Arraial d'Ajuda zu nehmen. Wer im entspannten Arraial absteigt, kann immer abends mit der Fähre nach Porto Seguro fahren, um dort das Nachtleben und ein paar Caipirinhas zu genießen.

Geschichte

Pedro Cabrals Landung 16 km nördlich von Porto Seguro (Sicherer Hafen) in Coroa Vermelha gilt offiziell als die erste der Portugiesen in Brasilien. Die Seefahrer blieben nicht lange, sondern nur bis sie ihre Vorräte wieder aufgestockt hatten. Drei Jahre später traf Gonçalvo Coelhos Expedition ein und setzte eine Markierung an der Stelle, wo sich heute Porto Seguros Cidade Histórica (Altstadt) befindet. Die Jesuiten, die im Rahmen derselben Expedition gekommen waren, errichteten in Outeiro da Glória eine Kirche, die heute jedoch verfallen ist. 1526 wurden ein Flottenstützpunkt, ein Kloster und eine Kapelle (Igreja NS da Misericórdia) dort gebaut, wo sich heute die Cidade Histórica befindet.

Die *indígenas*, die in der Gegend um Porto Seguro lebten, als die Portugiesen dort landeten, waren Tupininquin, keine Pataxó. Sie wurden von den Kolonialisten rasch besiegt und zu Sklaven gemacht, doch die Aimoré, Pataxó, Cataxó und andere Stämme des Binnenlands widersetzten sich der portugiesischen Kolonialisierung und waren für Porto Seguro eine ständige Bedrohung. Militärische

Außenposten wurden entlang der Küste in Belmonte, Vila Viçosa, Prado und Alcobaça errichtet, um sich gegen die Angriffe der Europäer vom Meer her und gegen die Angriffe aus dem Inland durch die *indios* zu wehren.

Den *indios* gelang es zweimal, Porto Seguro einzunehmen und es – Dokumenten aus der Kolonialzeit zufolge – im Jahre 1612 in Schutt und Asche zu legen (was das Beharren der Stadt, Gebäude aus dem 16. Jh. zu besitzen, untergräbt).

Praktische Informationen

Adeltour (☎ 3288 1888; www.adeltour.com.br, portugiesisch; Shopping Avenida, Av 22 de Abril 100) Bucht Inlands- und Auslandsflüge, wechselt Bargeld und löst Reisechecks ein. Ist auch am Flughafen vertreten.

Banco do Brasil (Av 22 de Abril)

Bradesco Geldautomat (Praça do Relógio) Auch an der Av dos Navegantes.

Clínica NS d'Ajuda (☎ 3288 1307; Av dos Navegantes 640) Medizinische Versorgung.

Internet Point (☎ 3268 4191; Av dos Navegantes 90; 5 R$/Std.) Internetzugang. Wechselt auch US-Dollar und Euro.

Pataxó (☎ 3288 1256; www.pataxoturismo.com. br; Praça dos Pataxós; ☼ Mo–Sa 9–18 Uhr) Hier gibt's Touristensouvenirs, Kunsthandwerk und Infos.

Polizeiwache (Rua Itagibá s/n)

Post (Rua Itagibá 85)

Secretaria de Turismo (☎ 3288 3708; www.porto seguroturismo.com.br, portugiesisch; Av Portugal 350)

Gefahren & Ärgernisse

Abends nimmt man an der Av Beira Mar am besten ein Taxi oder einen Bus, da es immer wieder zu Überfällen kommt.

Sehenswertes & Aktivitäten

STRÄNDE

Nördlich der Stadt erstreckt sich eine von zahlreichen *barracas* und Clubs überzogene lange Bucht, an der ohne sichtbare Grenzen die **Praia Curuípe** (3 km), die **Praia Itacimirim** (4 km), die **Praia Mundaí** (6 km) und die **Praia de Taperapua** (7 km) ineinander übergehen. Der weiße, weiche Sandstrand ist gesäumt von grüner Vegetation und dem ruhigen Meer. **Tôa Tôa** (Praia de Taperapuã), **Axé Moi** (Praia Mundaí) und **Barramares** (Praia de Taperapuã) sind die größten Strandclubs. Sie alle haben MCs und Vortänzer, die die Gäste bei den beliebten Tänzen dirigieren. Am besten steigt man am Tôa Tôa aus dem Bus und läuft Richtung Norden, bis man ein geeignetes Plätzchen findet.

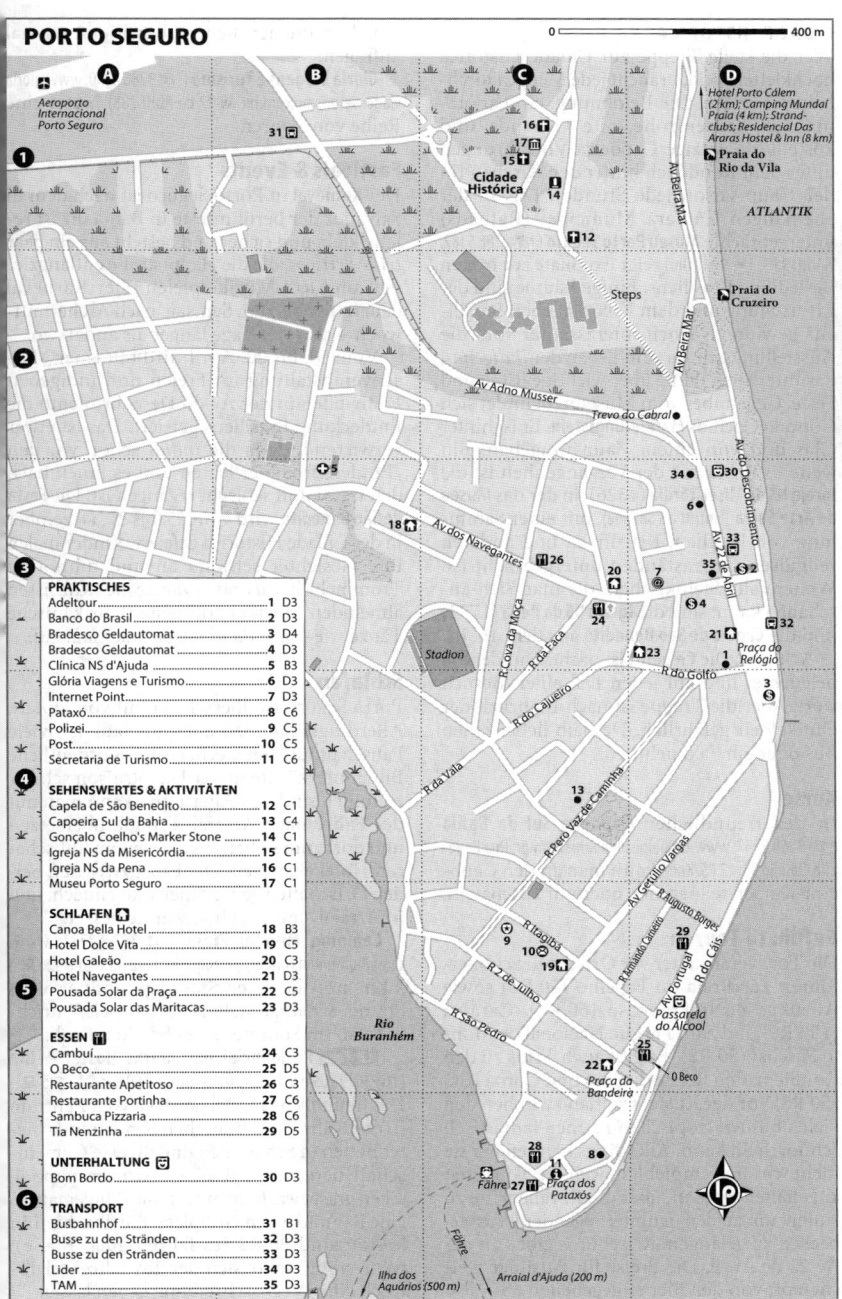

PORTO SEGURO

0 _____ 400 m

BAHIA

CIDADE HISTÓRICA

Wer die steile Treppe zur Cidade Histórica hochklettern will, braucht jede Menge Durchhaltevermögen. Die Belohnung: ein Panoramablick, farbenfrohe, alte Gebäude und kostenlose, witzige Capoeira-Vorführungen unter dem Runddach hinter den Kirchen (in der Hauptsaison jede Stunde). Das in der ehemaligen Câmara Municipal (Rathaus) untergebrachte **Museu Porto Seguro** (☎ 3288 5182; Eintritt 3 R$; ☺ 9–17 Uhr) zeigt Exponate zur frühen Besiedlung Brasiliens. Einige Räume sind der Erforschung und dem Kolonialleben Brasiliens gewidmet. Noch interessanter sind die Ausstellungsstücke zum Leben der *indígenas*, darunter auch Filme über wichtige Riten und Feste. Gegenüber vom Museum befindet sich Gonçalo Coelhos **Markierungsstein**. Er ist hinter Glas und von einem Zaun umgeben. Ein weiteres Relikt aus der Vergangenheit ist die **Igreja NS da Misericórdia** (1526), in der das **Museu de Arte Sacra** (Eintritt als Spende), mit einer Sammlung von Kelchen, Kruzifixen und anderen religiösen Gegenständen untergebracht ist. Weitere alte Steinkirchen, die man sich anschauen kann, sind die **Igreja NS da Pena** (1772) und die **Capela de São Benedito** aus dem 16. Jh.

Achtung: Die Gegend ist nachts wundervoll beleuchtet und auf jeden Fall einen Besuch wert. Aber die Treppe ist nach Einbruch der Dunkelheit gefährlich. Deshalb lieber einen Bus oder ein Taxi nehmen!

Kurse

In der freundlichen **Capoeira Sul da Bahia** (☎ 3268 2247; www.capoeirasuldabahia.com.br; Rua Benedito Claudio 98; 12 R$/Kurs) kann man an den Capoeira-Kursen teilnehmen oder nur zuschauen.

Geführte Touren

Die Tourveranstalter vor Ort bieten Schonertouren zur Praia do Espelho (50 R$) sowie Ausflüge nach Trancoso (60 R$), Caraíva (100 R$) und zum Parque Nacional de Monte Pascoal (50 R$). Es gibt auch Trips zu den Korallenriffen Recife de Fora und Coroa Alta (50 R$) vor der Küste, wo man zwischen den vielen bunten tropischen Fischen fantastisch schnorcheln kann. Allerdings können wir sie nicht wirklich empfehlen, weil die Touristen angehalten werden, über die Korallenriffe zu laufen, um zu den dahinterliegenden Wasserbecken zu gelangen. Reisebüros gibt's an der Av 22 de Abril. Die Preise für Ausflüge weichen oft den von hier angegebenen ab – also vor dem Buchen lieber überall erst einmal anfragen!

Glória Viagens e Turismo (☎ 3288 4230; www.gloria viagenseturismo.com.br; Av 22 de Abril 288) bietet eine Reihe von Touren.

Festivals & Events

Der **Karneval** in Porto Seguro ist nach dem in Salvador der berühmteste in Bahia. Er ist relativ klein und sicher und besteht aus ein paar *trios elétricos*, die die Hauptstraße entlangziehen und *axé*-Musik spielen. Der Karneval dauert hier bis zum Samstag nach Aschermittwoch – also vier Tage länger als anderswo.

Vom 19. bis 22. April wird mit einer Massenveranstaltung im Freien und indigenen Festivitäten in der Av do Descobrimento die Entdeckung Brasiliens gefeiert. Das ist etwas verwirrend, da ja die *indios* schon vor den „Entdeckern" hier lebten und es ihnen nach deren Ankunft schlecht ergangen ist. Die **Festa de São Benedito** wird vom 25. bis 27. Dezember in der Cidade Histórica gefeiert. Kinder malen ihre Gesichter schwarz an und führen zu Trommeln, *cuica* und *xeque-xeque* (Kürbissen ähnelnden Musikinstrumenten) afrikanische Tänze wie *congo da alma, ole* oder *lalá* auf.

Schlafen

Porto Seguro ist überschwemmt von Hotels. Allerdings kommen auch unglaublich viele Pauschaltouristen hierher, sodass ordentliche Billigunterkünfte in der Hauptsaison schwer zu finden sind. Als Alternative kann man mit der Fähre nach Arraial d'Ajuda übersetzen und dort zum selben Preis in einem hübscheren Hotel absteigen. Die Fahrt zwischen beiden Ortschaften geht schnell und einfach, und in Arraial sind die Unterkünfte besser.

Camping Mundaí Praia (☎ 3679 2287; www. campingmundai.com.br, portugiesisch; ab 15 R$/Pers.; 🐕) 4 km nördlich der Stadt, gegenüber vom Strand. Schattige Stellplätze und viele Einrichtungen. Im Sommer ist es brechend voll.

LP Tipp **Residencial das Araras Hostel & Inn** (☎ 3679 1054; Village 1, Taperapuan; B 60 R$; 🛏 🛜 🐕) Das freundliche Hostel nördlich vom Zentrum in der Nähe eines hübschen Sandstrands bietet Betten in Schlafsälen und diverse Gemeinschaftsbereiche, z. B. einen Swimmingpool, einen grasbewachsenen Hof mit Hängematten, eine Bar und einen Grillplatz. Ein Taxi hierhin kostet rund 30 R$ (es fahren auch Busse); wenn nötig, sollte sich der Taxifahrer telefonisch eine Wegbeschreibung geben lassen.

Pousada Solar da Praça (☎ 3288 2585; www.pousada
solardapraca.com, portugiesisch; Rua Assis Chateaubriand 75;
EZ/DZ ab 60/59 R$; 🛇) Die saubere, freundliche
Pousada hat eine Reihe kleiner, ordentlicher
Zimmer. Die besten haben Balkone, teilweise
mit Meerblick. Abends ist es hier recht laut.

Hotel Galeão (☎ 3288 2122; www.galeaohotel.com.br,
portugiesisch; Av dos Navegantes 300; EZ/DZ ab 65/100 R$;
🛇 🗒) Das ordentliche Hotel hat gepflegte,
preisgünstige Zimmer mit kleinen Balkonen.

Hotel Dolce Vita (☎ 3288 1058; Rua Itagibá 67; EZ/DZ
ab 70/90 R$; 🛇 🗒) Friedlich und mehrere
Blocks von der Action entfernt. Es hat – wie
viele andere Hotels der Gegend – in die Jahre
gekommene Zimmer rund um einen Pool.

Canoa Bella Hotel (☎ 3288 1510; www.canoabella.
com.br, portugiesisch; Av dos Navegantes 555; DZ/3BZ ab
110/145 R$; 🛇 🗒) Charmante Unterkunft mit
offenen Balkendecken, Mosaiken und Kaska-
den von Bougainvilleen rund um den Pool.

Pousada Solar das Maritacas (☎ 3288 2082; Rua dos
Periquitos 50; DZ ab 120 R$; 🛇 🗒) In den sauberen,
hübschen Zimmern des Maritacas mit hohen
Fenstern, die auf einen reizenden Garten voller blühender Ranken blicken, herrscht eine
heimelige Atmosphäre.

Hotel Navegantes (☎ 3288 2390; www.portonet.com.
br/navegantes, portugiesisch; Av 22 de Abril 212; DZ ab 150 R$;
🛇 🛜) Wegen seiner Lage mitten im Gesche-
hen könnte man meinen, das Mittelklassehо-
tel sei laut und chaotisch. Aber die zwei Stockwerke mit ruhigen Zimmern verstecken sich
tief in dem Haus an einem grünen Spazierweg.

Hotel Porto Cálem (☎ 3268 8400; www.portocalem.
com.br, portugiesisch; EZ/DZ ab 210/220 R$, DZ mit Meerblick
250 R$; 🛇 🗒) Das moderne Cálem 2 km nörd-
lich der Stadt hat geräumige Zimmer mit Blick
aufs Meer oder auf den großen Pool.

Essen

Porto ist zwar nicht gerade für seine Restaurants berühmt, aber man kann nicht sagen,
dass hier die Auswahl fehle. Die meisten Restaurants gibt's an der Passarela do Álcool.

Cambuí (Av dos Navegantes 222; 🕒 Mo–Sa 8–22, So 8–13
Uhr) ist ein großer, bequemer Supermarkt.

Restaurante Apetitoso (☎ 3288 1537; Av dos Navegantes 404; 18 R$/kg) Das Selbstbedienungsrestau-
rant hat eine gute Auswahl und ist immer voll.

LP Tipp Restaurante Portinha (☎ 3288 2743; www.
portinha.com.br; Rua Saldanha Marinho 32; 20 R$/kg) Das
Portinha ist eines der besten Pro-Kilo-Restaurants in der Gegend und tischt ein wundervolles Buffet mit Gourmetgerichten auf,
bei denen einem das Wasser im Munde zu-

sammenläuft – von Pasta mit sonnengetrock-
neten Tomaten und Basilikum bis zu frischen
Fischfilets. Sowohl die Tische auf der Terrasse mitten im Grün als auch der schicke, rustikale Speisesaal sind voller Atmosphäre.

Tia Nenzinha (☎ 3288 1846; Passarela do Álcool 170;
Hauptgerichte für 2 Pers. 34–60 R$) Das Tia Nenzinha
ist seit mehr als 30 Jahren ein Klassiker und
serviert eine gute Auswahl Bahia-Spezialitäten.

O Beco (Ecke Beco & Rua do Cáis; 🕒 Di–So abends) Die
idyllische Galerie im Freien, gleich um die
Ecke der Passarela do Álcool, ist voller kleiner
Bistros und Cafés, wo man alles von Sushi bis
Crêpes bekommt. Die elegante portugiesische
Bäckerei A Torre hat besonders leckere Dinge.

Sambuca Pizzaria (☎ 3288 2366; Praça dos Pataxós
216; Hauptgerichte 22–28 R$; 🕒 abends) Portos beste
Pizza wird in diesem hübsch dekorierten Speisesaal weit weg vom Chaos der Passarela do
Álcool serviert.

Unterhaltung

Abends stehen in der Passarela do Álcool
(Alkoholgasse) Kunsthandwerkstände und
Straßenkünstler, und Livemusik schwappt
über die Plazas. Unbedingt die Cocktailstän-
de besuchen, die aus frischen Früchten
Cocktails wie *capeta* (*guaraná*, Kakaopulver,
Zimt, süße Kondensmilch und Wodka) zau-
bern – genau das Richtige, um ein bisschen
Schwung in den Abend zu bringen!

Junges Partyvolk verkauft rund um die Passarela Eintrittskarten für Clubs und Partys
(20–40 R$). Von den Jungs und Mädels er-
fährt man auch, was am Abend so los ist. Die
größeren Strandclubs veranstalten jede Woche abendliche *luaus* (Partys); die im **Barramares** (☎ 3679 2980; www.barramares.com.br, portugiesisch;
Av Beira Mar km 6, Praia de Taperapuã) ist die beste. Es
liegt etwa 6 km nördlich der Stadt, und auf
dem Weg dorthin gibt es noch ein paar andere gute Nachtclubs, z. B. das **Tôa Tôa** (☎ 3679
1555; www.portaltoatoa.com.br, portugiesisch; Av Beira
Mar km 5, Praia de Taperapuã).

Die Partys im **Ilha dos Aquários** (☎ 3268 2828;
www.ilhadosaquarios.br, portugiesisch; Ilha Pacuio) auf der
anderen Seite des Flusses sind wegen der neu-
en Aquarien und der Flussinsel-Location
beliebt (in Partynächten mit dem Boot vom
Hafen aus erreichbar).

Nomen ist omen in den Clubs Transilvânia
und Alcatraz oberhalb der Küste. Jeder dieser
riesigen Clubs hat separate Bereiche für *axé*,
forró, Samba oder MPB und elektronische Musik. Wenn an der Küste eine Party stattfindet,

BAHIA

werden normalerweise extra Busse eingesetzt, die vom *trevo do Cabral* (Kreisverkehr am Stadteingang) abfahren. Nähere Infos zu den *luaus* und Clubs gibt's telefonisch bei **Porto Night** (☎ 3268 2828; www.portonight.com.br, portugiesisch).

Das **Bom Bordo** (☎ 3288 4113; www.bombardobar. com.br, portugiesisch; Av 22 de Abril 151) in der Stadt kann ganz gut sein, wenn viele Leute da sind, die zu *axé* und *forró* tanzen.

An- & Weiterreise
BUS
Die Ausfahrt vom Hwy BR-101 nach Porto Seguro ist bei Eunápolis. Der **Busbahnhof** (☎ 3288 1914) befindet sich 1,5 km außerhalb der Stadt an der Straße nach Eunápolis. In der Hauptsaison gibt's zusätzliche Busse.

São Geraldo (☎ 3288 1198) fährt nach São Paulo (195–258 R$, 26 Std., 2-mal tgl.), Rio (195–210 R$, 19 Std., 1-mal tgl.) und Belo Horizonte (134–176 R$, 18 Std., 2-mal tgl.). Tickets für die Busse erhält man in den Reisebüros im Zentrum. **Águia Branca** (☎ 3288 1039) fährt nach Vitória (82–118 R$, 10 Std., 2-mal tgl.), Valença (70 R$, 9 Std., 1-mal tgl.), Bom Despacho (85 R$, 12 Std., 1-mal tgl.) und Salvador (136 R$, 11 Std., 1-mal tgl.).

Rota Sul (☎ 3288 3065) hat Busse nach Ilhéus (42 R$, 6 Std., 4-mal tgl.) und teilt sich die Strecke nach Itabuna (35 R$, 5 Std., 8-mal tgl.) mit Águia Branca. **Brasileiro** (☎ 3288 3065) fährt nach Itamaraju (23 R$, 3 Std., 6-mal tgl.), wo man Anschluss nach Corumbau hat, und nach Teixeira de Freitas (30 R$, 5 Std., 6-mal tgl.), wo man weiter nach Caravelas gelangt.

Drei Unternehmen steuern Eunápolis (10 R$, 1 Std., 5.30–22 Uhr alle 30 Min.) an, wo es häufigere Busverbindungen gibt.

FLUGZEUG
Gol (☎ 3268 4460; Flughafen), **Avianca** (☎ 4004 4040; Flughafen) und **TAM** (☎ 3288 3399; Av 22 de Abril 245) haben vom **Aeroporto Internacional Porto Seguro** (Code BPS; ☎ 3288 1880), rund 2 km nordwestlich der Stadt, Direkt- und Anschlussflüge zu allen möglichen Zielen in Brasilien. Es gibt keine Busse zum Flughafen, nur Taxis (15–20 R$).

Unterwegs vor Ort
Um von Porto Seguro zum Strand zu kommen, nimmt man einen der Busse Riacho Doce, Alto do Mundaí, Campinho–Barramares oder Cabrália. Auf dem Rückweg steigt man am Kreisverkehr aus, wenn die Busse zum Busbahnhof weiterfahren. Überall in der Stadt

gibt's Taxis und Mototaxis. Autos und Buggys kann man bei **Lider** (☎ 3288 1505; www.alugueldecarrosportoseguro.com; Av 22 de Abril 397; ab 100 R$/Tag) mieten, das auch eine Filiale am Flughafen hat.

NÖRDLICH VON PORTO SEGURO
Nördlich von Porto Seguro sehen alle Strände gleich aus: langgestreckte, leicht geschwungene Buchten mit pudrigem Sand, eingerahmt von ruhigem Meer und vielen Blüten. Eine Asphaltstraße führt die Küste entlang. Deshalb ist dieser Küstenabschnitt dichter bebaut als der südlich von Porto Seguro.

Das 13 km nördlich von Porto Seguro gelegene Dorf **Coroa Vermelha** hat einen Strand mit *barracas*, Riffen und mehreren Pousadas. An einem Fußweg reihen sich Pataxó-Stände aneinander, die Pfeil-und-Bogen-Sets und schöne Holzschalen verkaufen. Am Ende des Wegs steht ein Denkmal zum Gedenken an die Entdeckung Brasiliens. Am Weg liegt das **Museu do Índio** (Eintritt 1 R$; ☽ 8.30–17 Uhr), das Farbfotos und traditionelle Objekte zeigt.

Hübscher ist **Santa Cruz Cabrália** 23 km nördlich von Porto Seguro, aber auch hier lohnt sich keine Übernachtung. Traveller können den Felsen erklimmen und sich die **Igreja NS da Imaculada Conceição** anschauen, eine kleine Jesuitenkirche von 1630. Von hier hat man auch einen tollen Blick über Terrakottadächer, bunte Hummerfischerboote und den Rio João de Tiba. Schoner, die mit der Morgenebbe (meist 9–10 Uhr) auslaufen, fahren flussaufwärts und dann zum **Korallenriff Coroa Alta** (20 R$). Busse nach Santa Cruz Cabrália (10 R$, 40 Min., 6–19 Uhr stündl.) fahren am Busbahnhof in Porto Seguro ab und kommen auch durchs Stadtzentrum.

Wer Richtung Norden will, muss zuerst eine Fähre (Fußgänger/Auto 2/10 R$, 6–20 Uhr alle 30 Min., 20–24 Uhr stündl., 0–8 Uhr alle 2 Std.) über den Fluss nehmen. Nach 2,5 km erreicht man **Santo André**, ein winziges Fischerdorf, das eine ähnlich liebreizende, baumbeschattete Magie ausstrahlt wie Arraial d'Ajuda (S. 531). Es gibt vier Pousadas, deren Komfort von supereinfach bis superluxuriös reicht, sowie ein paar relaxte Restaurants und Kneipen. **Victor Hugo** (☎ 3671 4064; www.pousadavictorhugo.com. br; EZ/DZ 120/140 R$; ❀) hat Chalets von schlichter Eleganz, geschmückt mit Mitbringseln von den Reisen des Besitzers. Es gibt einen Garten am Strand, und in der Lobby hängt die Regenbogenfahne. Für Surfer wichtig: In **Mogiquiçaba** (22 km nördlich) gibt's prima Wellen.

SÜDLICH VON PORTO SEGURO

Südlich von Porto Seguro gibt's eine Reihe touristische Dörfer, die einen eigenen Charme haben. Mit jedem Kilometer Richtung Süden werden die Annehmlichkeiten der Zivilisation weniger. Zwischen Arraial d'Ajuda und Trancoso besteht die Küste aus einem langen Abschnitt einsamer Strände, hinter denen sich bunte Klippen türmen. Von Trancoso bis in den Süden von Corumbau bleiben die Strände so schön, aber die Klippen werden flacher.

Arraial d'Ajuda

☎ 0xx73 / 12 000 Ew.

Das auf einem Felsen oberhalb eines bezaubernden Küstenabschnitts thronende Arraial d'Ajuda ist ein friedliches Touristendorf von unbestreitbarem Reiz. Enge, kopfsteingepflasterte Straßen und staubige Gassen winden sich an hohen, schattenspendenden Bäumen vorbei, und dazwischen verstecken sich hübsche Pousadas und Freiluftrestaurants. Massive, bunt gestrichene Fassaden säumen die Plätze, und die Luft ist schwer vom Duft der tropischen Vegetation. Früher war Arraial ein Tummelplatz für Wohlhabende und zog dementsprechend eher betuchtere Touristen an. Noch immer ist es ein extrem beliebter Ferienort bei reichen Argentiniern. In letzter Zeit haben aber Backpacker aus aller Herren Länder und Junghippies ein bisschen frischen Wind in die idyllische Umgebung gebracht.

PRAKTISCHE INFORMATIONEN

Am Broadway (Bródui geschrieben) und an der Praça São Brás wechseln ein paar Läden US-Dollar und Euro und bieten für rund 6 R$ pro Stunde Internet an. Bargeld gibt's am **Geldautomaten der Banco do Brasil** (Rua do Mucugê 333) und an anderen Automaten überall im Ort. Karten und Touristeninfos erhält man am Kiosk fast ganz oben in der Rua do Mucugê.

SEHENSWERTES & AKTIVITÄTEN

Der **Eco Parque** (☎ 3575 8600; www.arraialecoparque. com.br; Praia d'Ajuda; Erw./Kind 60/30 R$) gilt als größter Wasserpark Lateinamerikas und hat lange, gewundene Wasserrutschen, ein Wellenbad und einen „Fluss", auf dem man mit Flößen hinunterfahren kann. Es gibt auch eine *tiroleza* (Seilrutsche), Leihkajaks und zahllose andere Aktivitäten. Im Sommer finden hier Konzerte bekannter Bands aus Salvador statt.

Die **Praia Mucugê** ist Arraials größter Touristenstrand. Hier stehen die *barracas* dicht

an dicht, und die Musik dröhnt laut. Weiter südwärts liegt die ebenfalls zugebaute **Praia do Parracho**, wo allerdings eher Strandclubs und ein paar Ferienhausanlagen das Bild beherrschen. Beide Strände sind durch Riffe vor der Küste geschützt. Um die Landspitze herum liegt die schöne **Praia Pitinga** mit rot gestreiften Sandsteinklippen, schön ruhigem Wasser und ein paar *barracas*. Südlich von Pitinga befinden sich die von hohen Klippen gesäumten Strände **Praia da Lagoa Azul** und **Praia Taípe**, wo die Wellen etwas höher sind.

KURSE

Die **Capoeira Sul da Bahia** (☎ 3575 2981; www.capo eirasuldabahia.com.br, portugiesisch; Rua da Capoeira 57; 15 R$/Kurs) heißt Neulinge herzlich willkommen. In der Schule werden auch *lambada*-, Samba- und afro-brasilianische Tanzkurse angeboten.

GEFÜHRTE TOUREN

Arco-Íris Turismo (☎ 3575 1672; Rua do Mucugê 199) organisiert Schoner- und Kleintransportertouren nach Caraíva, zu den südlich von Trancoso gelegenen Stränden Praia Espelho und Curuípe (ab 92 R$), Trancoso sowie zu den vor der Küste liegenden Riffen Recife de Fora und Coroa Alta (52 R$). Manchmal gibt's auch dreitägige Katamarantouren zum Parque Nacional Marinho de Abrolhos (S. 537).

SCHLAFEN

Die Straße vom Fährhafen zum Zentrum ist gesäumt mit teilweise recht schicken Unterkünften. Die meisten Besucher finden aber eine Unterkunft im Zentrum bequemer. Wer jedoch lieber am Strand absteigen oder mit der Fähre zwischen Porto Seguro und Arraial hin- und herpendeln will, kann sich an diese entspannten Pousadas in relativ friedlicher, ruhiger Lage halten. Zwischen dem Fährhafen und dem Ortszentrum verkehren häufig Busse und Kleinbusse.

Pousada Alto Mar (☎ 3575 1935; www.pousadaalto mar.net, portugiesisch; Rua Bela Vista 114; B/DZ mit Ventilator ab 25/50 R$; 🖳) Ist und bleibt beliebt bei jungen Travellern aus aller Welt, weil man hier auf viele Gleichgesinnte trifft. Die schlichten Zimmer haben Ventilatoren und Moskitonetze.

Arraial d'Ajuda Hostel (☎ 3575 1192; www.arraial dajudahostel.com, Rua do Campo 94; B/DZ/3BZ 35/120/ 180 R$; 🍴 🛜 🖳) Das bunte HI-Hostel in einem Gebäude in merkwürdigem griechisch-bahianischen Stil bietet gut ausgestattete private Zimmer und Betten in Schlafsälen sowie einen Swimmingpool im Hof. Traveller lieben auch die Gemeinschaftsküche im Freien und die Lage nahe am Strand.

LP Tipp **Vila do Beco** (☎ 3575 1230; www.viladobeco. com.br; Beco do Jegue 173; DZ mit Ventilator ab 110 R$, mit Klimaanlage ab 140 R$; 🖐 🖲) Das ruhige Anwesen erstreckt sich bis zum Rand der Klippen. Verteilt auf dem üppigen Grundstück liegen weiße Gebäude, und am Ende gibt's einen Pool mit umwerfendem Meerblick. Viele der rustikal mit Holzmöbeln und romantischen Moskitonetzen ausgestatteten Gästeunterkünfte sind zweistöckig und haben eine Terrasse.

Saudosa Maloca (☎ 3575 1266; www.saudosamaloca. tur.br; Alameda das Eugênias 31; DZ 120–150 R$; 🖐 🛜 🖲) Das Saudosa Maloca hat saubere, gepflegte Zimmer (manche mit Veranda), die auf einen Pool und einen grünen Rasen blicken. Es liegt ein paar Blocks von der Hauptstraße entfernt.

Pousada Erva Doce (☎ 3575 1113; www.ervadoce. com.br; Rua do Mucugê 200; DZ 140 R$; 🖐 🖲) Das friedliche Gästehaus abseits der Hauptstraße hat geräumige, hübsche Zimmer rund um einen Pool und einen tropischen Garten. Es gibt weitläufige Gemeinschaftsbereiche im Freien mit Hängematten und eine strohgedeckte Bar.

ESSEN

In Arraials ausgezeichneten Restaurants kann man die Küchen verschiedener Länder testen.

Beco dos Cores (Rua do Mucugê; Hauptgerichte 20–45 R$) Diese Galerie ist wegen ihrer großen Auswahl sehr beliebt: Hier gibt's köstliche Sushi, Crêpes, Pizza und raffinierte Gerichte und im Sommer an den Wochenendabenden normalerweise auch Livemusik. An lauen Sommerabenden lassen sich in dem gemütlichen Ambiente auch gut Cocktails genießen.

Soveteria Sumatra (☎ 3575 1951; Rua do Mucugê 118; Eis 3,50 R$) Hier gibt's leckeres Eis, das direkt vor Ort in Arraial hergestellt wird. Die Geschmacksrichtungen wie Guave und Pistazie sind echt toll, aber richtig berühmt ist die Sorte Kaffee mit Schokoladenstückchen.

Paulinho Pescador (☎ 3575 1242; www.paulo pescador.com.br; Praça São Brás 116; Hauptgerichte 6–10 R$) In dem unglaublich freundlichen, guten *prato-feito*-(Tagesgericht)-Restaurant könnte einem die Bestellung nicht leichter gemacht werden: Auf der Karte sind die bahianischen Gerichte mit großen Fotos abgedruckt.

A Portinha (☎ 3575 1289; www.portinha.com.br; Rua do Campo 1; 22 R$/kg) Das ausgezeichnete Selbstbedienungsrestaurant hat eine ständig wechselnde Auswahl an vegetarischen Quiches,

Salaten, Meeresfrüchteeintöpfen und Fleischgerichten aller Art. Alle Gerichte werden über einem Holzfeuer warm gehalten.

Manguti (☎ 3575 2270; www.manguti.com.br; Rua do Mucugê 99; Hauptgerichte 22–34 R$; 🌙 abends) Hübsches, altmodisches Haus. Leckere gegrillte Fischfilets, herzhafte Gnocchi und andere klassische Pastagerichte. Die Lage ist ideal, wenn man shoppen ist oder abends den Ort erkundet.

Rosa dos Ventos (☎ 3575 1271; Alameda dos Flamboyants 24; Hauptgerichte 25–35 R$; 🌙 Do–Di abends) Das Rosa dos Ventos zählt zu den besten Restaurants in Arraial. Zur Auswahl stehen verschiedene Meeresfrüchte- und Fleischgerichte sowie Crêpes. Auf der Terrasse lässt es sich bei Kerzenschein und Wein toll relaxen.

LP Tipp **Aipim** (☎ 3575 3222; Beco do Jegue 131; Hauptgerichte 28–45 R$; 🌙 abends) Das elegante Restaurant strahlt tropischen Chic aus. Die Einrichtung erinnert an die Alte Welt; dazu gibt's Musik aus der Neuen Welt und herrliche, gegrillte Meeresfrüchte. Kurz: Ein erstklassiges Lokal für einen romantischen Abend.

Boi nos Aires (☎ 3575 2554; Rua do Mucugê 200; Hauptgerichte 30–35 R$; 🌙 abends) Steakliebhaber und alle, die eine Auszeit von der berühmten bahianischen Meeresfrüchteküche haben wollen, testen das elegante argentinische Restaurant.

La Plage Blanche (☎ 8821 0388; www.laplageblanche. com; Praia do Mucugê; Hauptgerichte 30–50 R$) Das einladende Freiluftcafé am Strand mit französischem Besitzer ist perfekt, um beim Bad im Ozean zwischendurch eine Pause einzulegen und köstliche Meeresfrüchte zu genießen.

UNTERHALTUNG

Arraial hat im Sommer ein tolles Nachtleben. Dann richten nämlich Strandclubs wie

Magnolia (☎ 3575 1576; Estrada da Pitinga 1770, Praia do Mucugê) Dancepartys aus (Grundpreis 25–35 R$). Heiße Nächte mit *lambada* und *forró* sind eine Spezialität von Arraial. Einfach herumfragen, welcher Schuppen gerade in ist.

Girasol (☎ 3575 1717; Rua do Mucugê; 🌙 17 Uhr–open end) Wenn es hier voll ist, dann tanzen die Leute auch rund um die Billardtische. Von den mit Kissen ausgelegten Sitzen am Fenster hat man einen guten Überblick über das Ganze.

Beco dos Cores (Rua do Mucugê) In dieser Galerie mit Läden und Restaurants gibt's auch ein paar Bars mit zauberhafter Atmosphäre, wo immer viele Leute sind und von Donnerstag bis Samstag Livemusik gespielt wird.

Morocha Club (Estrada do Mucugê 290; 🌙 Mo–Sa) Ein stimmungsvoller Club, in dem es am frühen

Abend entspannt und gemächlich zugeht, später aber tolle Tanzpartys angesagt sind.

Cineteatro Fellini (Rua do Mucugê 201) Hier gibt's auch Livemusik und eine Weinbar – perfekt für einen entspannten Schlummertrunk.

Doc (Shopping d'Ajuda, Rua do Mucugê; Grundpreis rund 25 R$) In dem geschlossenen Raum herrscht eher die typische Danceclub-Atmosphäre mit hämmernden Technobeats.

ANREISE & UNTERWEGS VOR ORT

Zwei Fähren verkehren zwischen Porto Seguro und Arraial d'Ajuda: die Passagierfähre (2,50 R$ nach Arraial, Rückfahrt kostenlos, 7.15–19.45 Uhr alle 30 Min.) und die Autofähre (Auto 9,50–11,50 R$, 7–24 Uhr alle 30 Min. & 1–7 Uhr stündl.). Vom Dock kommt man mit dem Bus oder Kombi nach Arraial (2 R$). Man kann auch die 4 km am Strand entlanglaufen. Aber keine Wertsachen dabeihaben und nicht alleine losziehen, wenn der Strand menschenleer ist – es ist schon öfter zu Überfällen auf Touristen gekommen!

Fahrrad und Motorradverleiher gibt's im Ort. Man kann auch bei Agenturen wie **Buggy Mania** (www.buggymania.com; Rua do Mucugê 250) Autos oder Buggys mieten. Vor Ausflügen sollte man sich unbedingt eine gute Karte besorgen – bei unserem letzten Besuch blieb unser Buggy an einer unbeschilderten Schotterstraße liegen.

Trancoso

☎ 0xx73 / 6000 Ew.

Das jugendliche Trancoso ist eine Nummer kleiner als Arraial und ganz bezaubernd. Der winzige Ort thront auf einer grasbewachsenen Klippe mit Blick auf fantastische Strände und hat eine entspannte Atmosphäre mit hübschen Gästehäusern, teuren Boutiquen, Freiluftbars und Restaurants rund um den grünen (und autofreien!) *quadrado* (Platz). Abends ist der Anblick des in Kerzenlicht getauchten *quadrados* zauberhaft. In dem sogenannten „Trance-coso" gedeiht die Rave-Szene immer noch prächtig, und die hiesigen Vollmondpartys am Strand sind legendär. Im Sommer füllt sich der Ort mit wohlhabenden Touristen, aber in der Nebensaison hat man den Eindruck, dass alles Winterschlaf hält.

PRAKTISCHE INFORMATIONEN

In der Nähe der Praça da Independencia gibt's im Supermercado Nogueira einen **Geldautomaten der Banco do Brasil** (Rua Dudero 3). Weitere Geldautomaten findet man beim Eingang zum *quadrado*. Es gibt hier auch eine Touristeninformation; das Büro ist gegenüber vom Café Pandoka. Mehrere Läden bieten für rund 6 R$ pro Stunde Internetzugang an.

SCHLAFEN

Im Januar und zu allen wichtigen Feiertagen ist Reservieren ein Muss.

Café Esmeralda Albergue (☎ 3668 1527; www. trancosonatural.com; Quadrado; DZ ab 100 R$) Die billigste Unterkunft am *quadrado*. Die freundliche Herberge mit mehrsprachigen Angestellten hat ausgesprochen einfache Zimmer mit Ventilator. Sie liegt hinter dem gleichnamigen Café. Kein Frühstück.

LP Tipp **Pousada Quarto Crescente** (☎ 3668 1014; www.quartocrescente.net; Rua Principal s/n; EZ/DZ ab 110/125 R$; 🐶 🖥) Hübsch dekorierte Zimmer mit aufmerksamen Details, drum herum ein Garten. Es gibt eine gut bestückte Bibliothek, einen Pool und ein gutes Frühstücksbuffet. Das Haus liegt in Gehweite vom *quadrado* an der Straße in den Ort hinein neben der Schule.

Bom Astral (☎ 3668 1270; www.bomastral.net; Quadrado; DZ ab 140 R$; 🖥) Das Bom Astral am *quadrado* bietet ein gutes Preis-Leistungs-Verhältnis. Es hat hübsche, schlichte Zimmer – mal in, aber gepflegt. Ein paar haben auch Klimaanlage und Küche, die meisten nur Ventilator.

Pousada Jequitibá (☎ 3668 1028; www.pousada jequitibatrancoso.com.br; Rua do Bosque s/n; DZ ab 140 R$; 🖥) An dem grünen Platz rechts neben dem *quadrado* bietet das Jequitibá ordentliche, hübsch dekorierte und mit weißen Himmelbetten eingerichtete Zimmer, die sich zu einer Gemeinschaftsterrasse öffnen.

Pousada Porto Bananas (☎ 3668 1017; www.porto bananas.com.br; Quadrado; DZ/Suite ab 250/400 R$; 🖥) Das Porto Bananas liegt mitten in einem urwaldähnlichen Garten mit hochgewachsenen Bäumen und bietet schöne, minimalistisch eingerichtete Zimmer mit glatten Zementfußböden und hellen Badezimmern. Von der Dusche blickt man direkt ins tropische Grün draußen – ein toller Start in den Tag.

Pousada Mundo Verde (☎ 3668 1279; www.pousada mundoverde.com.br; DZ ab 285 R$; 🐶 🖥) Nicht weit vom *quadrado* liegt das elegante Mundo Verde an einer ruhigen Klippe mit Blick aufs Meer. Es hat geräumige, luftige Zimmer in munteren Farben und einen Pool mit spektakulärer Aussicht.

Hotel da Praça (☎ 3668 2121; www.hoteldapraca.com. br; Quadrado; DZ/Suite ab 290/390 R$; 🖥) Das eleganteste Hotel am *quadrado* lädt zu purem Luxus

BAHIA

ein: Alle Zimmer sind wunderschön mit traditionellem bahianischen Holz, handbemalten Stoffen und zeitgenössischer Kunst gestaltet.

ESSEN
Bunte Laternen beleuchten abends die Restaurants rund um den *quadrado*. Jedes wirkt hübscher als das andere – also erst einmal herumschauen, bevor man seine Wahl trifft.

LP Tipp **Pandoka** (☎ 3668 1158; Rua 9 de Agosto 117; Snack 3–10 R$; ☷ 7–22 Uhr) Ein paar Schritte vom Eingang zum *quadrado* hat diese schicke, weithin beliebte Bäckerei mit angeschlossenem Café Gebäck, Kaffee und hausgemachte Sandwiches. Abends ist hier viel los, wenn Livemusik gespielt wird.

A Portinha (☎ 3668 1054; Quadrado; 22 R$/kg; ☷ mittags & abends) Ein Renner in Trancoso. Hier gibt's das Essen – Quiches, Meeresfrüchte, Salate und mehr – *por kilo*. Die Filialen in Arraial und Porto Seguro sind größer.

Il Mercato (☎ 3668 2050; Quadrado; Hauptgerichte 25–45 R$; ☷ abends) Die italienische Trattoria mit marokkanischen Laternen und Antiquitäten, glitzernden Bodenkissen und hauchdünnen Vorhängen vor der luftigen Terrasse ist bekannt für ihre reichhaltigen Risottos und bleibt der freigeistigen Tradition Trancosos treu.

Japaiano (☎ 3668 2121; Quadrado; Hauptgerichte 45–65 R$; ☷ abends) Das schicke Restaurant im hübschen Hotel da Praça hat auch eine Lounge und serviert japanisch-bahianische Gerichte. Es gibt auch – dank Brasiliens vielen tropischen Früchten – verführerische Cocktails und einen Sitzbereich im malerischen Garten.

Cantinho Doce (☎ 3668 1410; Quadrado; Hauptgerichte für 2 Pers. 45–70 R$; ☷ abends) Eins von mehreren guten, kerzenbeleuchteten Lokalen am *quadrado* mit köstlichen Meeresfrüchtegerichten und den berühmten *doces* (Desserts), nach denen das Restaurant benannt ist.

UNTERHALTUNG
Die beiden wichtigsten Orte, wo man abends hingehen kann, liegen an der Straße zum *quadrado*. Im **Loucos** (Av Principal) gibt's Hip-Hop-, Reggae-, *axé*- und Lambada-Abende; der dem *forró* vorbehaltene Freitagabend ist bei Einheimischen beliebt. Das **Pára-Raio** (www.pararaiotrancoso.com.br; Quadrado) ist ein atmosphärisches Restaurant mit Tischen im Freien unter großen Bäumen und einem separaten Tanzbereich, wo DJs auflegen. Im Sommer werden ein paar der angesagtesten Beachpartys von **Tostex** (www.tostexpraia.com.br; Praia dos Nativos) gefeiert.

Irgendwo am *quadrado* gibt's immer Livemusik, aber wenn die lokale Legende Elba Ramalho auftritt, sollte man das keinesfalls versäumen. An den *barracas* am Strand z. B. am Pé na Praia finden abends manchmal Partys mit psychodelischem Dekor und hämmernden Trance-Beats statt.

AN- & WEITERREISE
Zwischen Trancoso, Arraial d'Ajuda und dem Fährhafen verkehren Busse (6 R$, 50 Min., 7.15–20 Uhr stündl.). Zum selben Preis fahren auch inoffizielle Kleinbusse dieselbe Strecke. Zwischen Trancoso und Porto Seguro (8 R$, 2 Std.) fahren zwei Busse pro Tag. Man kann die 13 km von Arraial d'Ajuda auch am schönen Strand entlanglaufen, sollte aber keine Wertsachen dabeihaben und nicht alleine unterwegs sein, wenn der Strand menschenleer ist. Wer nach Norden oder Süden weiter will, findet Anschluss in Eunápolis (10 R$, 2½ Std., 5-mal tgl.) am Hwy BR-101.

VON TRANCOSO NACH CARAÍVA

Praia do Espelho zählt zu den zehn schönsten Stränden Brasiliens und liegt 27 km südlich von Trancoso und 14 km nördlich von Caraíva. Die schützenden Riffe vor der Küste sorgen für ruhiges, warmes, klares Wasser, und durch die Riffe näher am Ufer entstehen bei Ebbe natürliche Becken. Der Strand wird gesäumt von dicht an dicht stehenden Kokospalmen. Orange-weiße Klippen trennen Espelho vom Nachbarstrand **Praia do Curuípe**, wo es ein paar Spitzenklasse-Pousadas gibt.

Caraíva
☎ 0xx73 / 5200 Ew.
Die Zeit vergeht langsam im abgelegenen, schönen Caraíva. Hier gibt's keine Autos, keine Banken, keinen Handyempfang. Selbst Strom gab's bis 2007 nicht. Die unbekümmerte Atmosphäre zieht schon lange Hippies und Leute an, die sich nach einem ruhigen Leben sehnen. Das Dorf liegt am mangrovenbewachsenen Ostufer des Rio Caraíva und an einem langen, einsamen Strand mit heftigen Wellen. Laute Generatoren versorgen die etwa ein Dutzend Geschäfte und Restaurants an den sandigen Straßen mit Strom und – was wohl das Wichtigste ist – halten freitagabends die *forró*-Musik am Laufen. In der Nebensaison kommt alles zum Erliegen.

Bootsausflüge flussaufwärts in Richtung Süden zum Parque Nacional de Monte Pascoal oder nach Corumbau und nordwärts zur Praia do Espelho und zur Praia do Curuípe können leicht über die Pousadas organisiert werden (rund 60 R$/Pers.). Wer den 6 km langen Weg ins Pataxó-Dorf **Barra Velha** weder zu Fuß noch mit dem Boot zurücklegen will, kann sich von einem Pferd am Strand entlang dorthin tragen lassen. Wer das Dorf besucht, sollte viel Trinkwasser und – falls man das ein oder andere Kunsthandwerkstück kaufen möchte – kleine Geldscheine dabeihaben. Am 19. April wird im Dorf mit traditionellen Spielen und Tänzen die **Festa do Indio** gefeiert.

SCHLAFEN & ESSEN

Die meisten Hotels haben keine Klimaanlagen. Es gibt aber in der Regel die notwendigen Moskitonetze. Bei den Budgetunterkünften handelt es sich meistens um sehr schlichte Anlagen, die auch kein Frühstück servieren.

Camping Caraiva (☎ 0xx24-2231 4892; www.campingcaraiva.com.br, portugiesisch; Stellplatz/Zi. 20/60 R$ pro Pers.) Der Campingplatz an der Hauptuferstraße hat sandige, schattige Stellflächen und ein paar einfache, aber attraktive Hütten, die sich für Familien oder Gruppen eignen.

Brilho do Mar (☎ 3668 5053; DZ mit Ventilator ab 90 R$) Das Haus hat eine blendend weiße Fassade und dazu passend blitzblanke Zimmer mit Fenstern zu beiden Seiten, sodass es einen schönen Durchzug gibt.

Pousada Casinhas da Bahia (☎ 9985 6826; www.casinhasdabahia.com.br; DZ mit Ventilator 140–180 R$) Versteckt sich hinter einem *forró*-Club desselben Besitzers und bietet ein paar luftige, komfortable Zimmer in einem hübschen Garten.

Pousada da Terra (☎ 9985 4417; www.terracaraiva.com.br, portugiesisch; DZ ab 150 R$) Das Terra hat kleine, attraktive Bungalows, ein entspanntes Café und einen Gemeinschaftsbereich mit Hängematten und Kissen.

Pousada da Lagoa (☎ 3668 5059; www.lagoacaraiva.com.br; DZ/Bungalow 180/210 R$) Sieben schlichte, aber stilvolle Hütten mit kleinen Veranden und Hängematten stehen um einen kleinen Teich. Es gibt normale Doppelzimmer, aber Familien oder Gruppen können Geld sparen, wenn sie einen ganzen Bungalow mieten. Das Restaurant mit Bar ist ein sehr beliebter Treffpunkt am Abend.

Pousada San Antonio (☎ 9962 2123; www.pousadasanantonio.com.br, portugiesisch; DZ mit Ventilator 250 R$) Das San Antonio mit Blick aufs Meer hat freistehende Hütten auf einer Rasenfläche. Die Zimmer sind hell, komfortabel und einladend.

Boteco do Pará (☎ 9991 9804; Hauptgerichte 12–20 R$) Entspannter Laden am Flussufer. Er ist eins von mehreren gemütlichen Lokalen, die sich auf frische Meeresfrüchte spezialisiert haben – genau das Richtige zum Relaxen.

Mangue Sereno (☎ 9991 1711; Hauptgerichte 32–38 R$; ☽ abends) Das fabelhafte Restaurant mit romantisch-rustikalem Ambiente hat eine bunte Auswahl an Gerichten wie Kürbisravioli, Bruschetta, Curry-Shrimps und andere Meeresfrüchte.

AN- & WEITERREISE

Busse fahren zweimal täglich auf der ordentlichen, wenn auch unbefestigten Straße (auf grasende Büffel achten!) zwischen Trancoso und Caraíva (12 R$, 2 Std.). Die Busse halten in Caraíva auf der anderen Seite des Flusses, von wo kleine Einbäume die Fahrgäste rüber zum Dorf bringen (3 R$). In der Hauptsaison setzt **Cia do Mar** (☎ 3288 2107) Boote zwischen Caraíva und Porto Seguro ein.

Von Caraíva gibt es keine Küstenstraße Richtung Süden. Wer weiter nord- oder südwärts will, nimmt den Bus, der täglich über Itabela nach Eunápolis fährt. Beide Orte liegen am Hwy BR-101.

Corumbau

☎ 0xx73

Corumbau liegt an einer Flussmündung auf einer sandigen Nehrung, die ins Meer ragt. Es ist kaum ein richtiges Dorf, eher eine charmante Ansammlung von Gebäuden ohne Strom. Dank der Landzunge gibt's hier ruhiges, blaues Wasser und einen langen weißen Sandstrand mit nur ein paar einfachen Restaurants.

Das sehr komfortable **Jocotoka Eco Resort** (☎ 3288 2291; www.jocotoka.com.br; DZ 280 R$; ☒ ☒) unter deutscher Leitung ist eine Ansammlung runder, strohgedeckter Bungalows 100 m vom Meer entfernt. Im Preis ist auch ein ausgezeichnetes Abendbuffet im Speisesaal enthalten. Das Resort bietet Aktivitäten wie Schnorcheln, Ausflüge auf dem Fluss mit Kanu, Kajak oder Boot, Trekkingtouren zum Nationalpark, einen Besuch im nahe gelegenen Pataxó-Dorf und Whale Watching (Aug.–Okt.).

Ein wenig einfacher geht es in der **Pousada Lourinho** (☎ 3294 5656; EZ/DZ mit Ventilator 50/70 R$) zu, einer von mehreren preisgünstigen Übernachtungsmöglichkeiten, die 200 m vom Strand entfernte Betonbungalows anbieten.

Von Itamaraju fährt täglich ein Bus über den Hwy BR-101 nach Corumbau (14 R$,

BAHIA

3 Std.). Ansonsten kann man die 12 km lange Strecke von Caraíva in Richtung Norden auch mit dem Strandbuggy (30 R$), mit dem Schiff (35 R$) oder zu Fuß zurücklegen.

PARQUE NACIONAL DE MONTE PASCOAL

Am 22. April 1500 sichteten die Portugiesen unter Pedro Álvares Cabral den breiten, 536 m hohen Buckel des Monte Pascoal (Osterbergs) und sahen damit erstmals die Neue Welt. Die Seemänner nannten das Land Terra da Vera Cruz (Land des Wahren Kreuzes).

In dem 225 km² großen Nationalpark gibt es verschiedene Ökosysteme: atlantischen Regenwald, Sekundärwald, Sumpfland und Untiefen, Mangrovenwälder, Strände und Riffe. Zu den hier lebenden Tieren zählen verschiedene Affenarten, darunter die gefährdeten Klammeraffen, zwei Faultierarten, Ameisenbären, seltene Stachelschweine, Wasserschweine, Hirsche, Jaguare und viele Vogelarten.

In der nordöstlichen Ecke des Parks, unterhalb von Caraíva, lebt eine kleine Gruppe des indigenen Stammes der Pataxó, die den Park seit 2000 leiten. Sie erlauben Besuchern, auf zwei Wegen durch den Park zu wandern, sofern ein Führer dabei ist (Gebühr aushandeln, bevor man sich auf den Weg macht!). Einer der Pfade führt über den Berg. Die **Touristeninformation** (☎ 3294 1110) liegt 14 km von der westlichen Grenze des Parks (am Hwy BR-101) entfernt. Die Küste ist mit dem Boot oder zu Fuß (von Caraíva nach Norden und von Corumbau nach Süden) erreichbar.

Es gibt keine Busse, die direkt zum Park fahren. Ein Taxi ab Itamaraju kostet ca. 50 R$.

CARAVELAS

☎ 0xx73 / 22 000 Ew.

Caravelas ist ein ruhiger Fischerort am Ufer des von Mangroven gesäumten Rio Caravelas. Obwohl hier ein netter Karneval gefeiert wird und die Stadt eine freundliche Atmosphäre hat, kommen die Besucher in erster Linie wegen des Parque Nacional Marinho de Abrolhos und anderer, vor der Küste liegender Riffs hierher.

DIE PATAXÓ

Die 3500 Mitglieder zählenden Pataxó (pa-ta-*scho*) bilden die größte indigene Gruppe. Wie viele andere indigene Gemeinschaften Brasiliens stehen aber auch sie vor einer ungewissen Zukunft. Historisch gesehen waren die Pataxó immer Überlebenskünstler. Die hartnäckigen Kämpfer leisteten den Portugiesen starken Widerstand, und bis ins 19. Jh. zählten sie zu den gefürchtetsten indigenen Völkern des Landesinneren. Ihr Widerstand verhinderte ein weiteres Vordringen, aber Anfang des 19. Jhs. schwand ihre Macht.

Heute betreiben die Pataxó Subsistenzlandwirtschaft im Süden von Bahia und sind nebenbei Jäger, Fischer und Sammler. Ähnlich wie die indigenen Gruppen Amazoniens nutzen die Pataxó Pflanzen als Heilmittel. Die Regenwälder des südlichen Bahia sind eine wichtige Quelle für traditionelle Heilmittel. Die Region bietet eine unglaubliche Artenvielfalt, und viele der Pflanzen und Tiere findet man sonst nirgendwo auf der Erde. Insgesamt nutzen die Pataxó mehr als 90 verschiedene Pflanzen zur Behandlung von Erkältung, Asthma, Fieber, Zahnschmerzen, Rheuma, Anämie und Dutzender anderer Erkrankungen.

Obwohl die Macht der Heiler in der Gemeinschaft weitgehend anerkannt wird, ringen die Pataxó um die Erhaltung ihrer Traditionen. Wie auch in anderen indigenen Gemeinschaften nimmt die Jugend die alten Bräuche ihrer Vorfahren nicht aktiv an. Die traditionellen Heiler *(curandeiros)* – sowohl Männer als auch Frauen – geben ihr Wissen nicht an die nächste Generation weiter. In Barra Velha, der größten Pataxó-Gemeinde (mit um die 1800 Menschen), sind alle Heiler über 60 Jahre alt. Und wenn sich nichts ändern sollte, ist ihr Wissen in zwei Jahrzehnten unwiederbringlich verloren. Und dann wären die heutigen *curandeiros* vielleicht die letzte Generation der traditionellen Heiler in der Pataxó-Kultur.

Neben den inneren Problemen der Pataxó lauern auch von außerhalb Gefahren. Da die Bevölkerung von Bahia wächst, verdrängen die Bauern sie von ihrem Land, was immer wieder zu bewaffneten Auseinandersetzungen führt. 2007 sind 15 Pataxó nach Brasília gegangen, um sich für ihre Landrechte einzusetzen. Ob der Stamm überleben und seine Bräuche erfolgreich bewahren kann, wird aber wahrscheinlich weniger von der Regierung abhängen als von den jungen Pataxó, die für das Fortleben ihrer Gemeinde sorgen müssen.

Praktische Informationen

Abrolhos Turismo (☎ 3297 1149; www.abrolhosturis
mo.com.br; Praça Dr Imbassaí) Das Reisebüro fungiert auch
als eine Art inoffizielle Touristeninformation und bietet
empfehlenswerte Touren (Tauchen, Wale beobachten und
Trips zum Parque Nacional Monte Pascoal).

Banco do Brasil (Praça Dr. Imbassaí) Hat Geldautomaten.

Sehenswertes & Aktivitäten

Um eine Vorstellung von der blühenden Fischerei im Ort zu bekommen, sollte man der
Cooperativa Mista dos Pescadores (Rua da Cooperativa)
gegenüber vom Krankenhaus einen Besuch
abstatten oder am Ufer entlanggehen, wenn
die Fischer mit ihrem Tagesfang zurückkeh-
ren. Das **Instituto Baleia Jubarte** (Institut für Buckelwale; ☎ 3297 1340; www.baleiajubarte.com.br; Rua do Barão
do Rio Branco 26; ⏲ Mo–Fr) zeigt in seinem Besucherzentrum Videos und informiert über
seine Projekte und Abrolhos.

Wenn die Einheimischen an den Strand
wollen, gehen sie meistens nach Norden zur
Praia Grauçá (10 km) oder zur abgelegeneren
Praia Iemanjá (20 km). An beiden Stränden ist
das Wasser vom Schwemmsand des Flusses
braun gefärbt. Die **Praia Pontal do Sul** (auf der
anderen Seite des Rio Caravelas) und der In-
selstrand **Coroa da Barra** (30 Min. von der Küste entfernt) sind mit dem Boot erreichbar.

Geführte Touren

Tourveranstalter bieten ganztägige Schnorchelausflüge (130 R$) zu den Riffen und In-
seln in der Nähe, z. B. Parcel das Paredes,
Sebastião Gomes und Coroa Vermelha. Da
die meisten Touris nach Abrolhos wollen,
kommen für diese Touren nur selten die erforderlichen fünf Teilnehmer zusammen.

Schlafen

Pousada Canto do Atobá (☎ 3297 1009; http://pousada
cantodoatoba.wordpress.com; Rua da Palmeira; EZ/DZ mit
Ventilator 60/90 R$; ⏲) Ein paar reizende Hunde
und Katzen streunen durch den Garten der
hübschen Pousada gleich vor dem Ort. Die
luftigen, hellen Zimmer öffnen sich zu einer
Veranda mit Hängematten.

Pousada & Spa da Ilha (☎ 3297 2218; http://netpage.
estaminas.com.br/jelihovs; EZ/DZ 90/130 R$) Die künst-
lerisch angehauchte Pousada mit mehrsprachigen Betreibern liegt dem Fluss gegenüber
auf der Ilha da Caçumba und hat zwei hübsche, einfache Zimmer mit Solarstrom und
Möbeln, die die Besitzer selbst angefertigt
haben. Auch Nichtgäste können hier zu den
geruhsamen Mittag- und Abendessen (gänzlich aus Bioprodukten) aufkreuzen.

Hotel Marina Porto Abrolhos (☎ 3674 1060; www.
marinaportoabrolhos.com.br; Rua da Baleia 333, Praia Grauçá;
EZ/DZ ab 135/150 R$; ⏲ ⏲) Das schickste Hotel
hier liegt 7 km von Caravelas entfernt und hat
runde, strohgedeckte Strandhütten rund um
einen gigantischen Pool. Es gibt auch einen
Tennisplatz, eine Poolbar, einen Fitnessraum
und eine Bibliothek.

Essen

Die Restaurants an der Praia Grauçá servieren
ausgezeichnete Meeresfrüchte.

Carenagem (☎ 3297 1280; Av das Palmeiras 10; Hauptgerichte 18–30 R$) Der beliebte Treff hat eine um-
fangreiche Karte mit Meeresfrüchten und
Fleischgerichten sowie klassische Cocktails.

Encontro dos Amigos (☎ 3297 1600; Av das Palmeiras
370; Hauptgerichte 25–50 R$) Ein weiteres Top-Res-
taurant mit Fisch, Shrimps und Muscheln.

Anreise & Unterwegs vor Ort

Zwischen Porto Seguro und Caravelas (36 R$,
5 Std.) fährt ein Bus pro Tag. Ansonsten
kommt man über das 74 km westlich gelegene
Teixeira de Freitas nach Caravelas. Der **Busbahnhof** (☎ 3297 1422) befindet sich im Ortszentrum. Brasileiro fährt über Alcobaça nach
Teixeira de Freitas (13 R$, 2 Std., 5-mal tgl.).

Regionalbusse pendeln zwischen Caravelas
und dem benachbarten Dorf Barra (von wo
man zur Praia Grauçá kommt) hin und her
(6.30–22.30 Uhr alle 30 Min.).

PARQUE NACIONAL MARINHO DE ABROLHOS

Der Name des ersten Meeresschutzgebiets
Brasiliens soll von einem Seemann stammen,
der warnte: Wenn du dich dem Land näherst,
öffne deine Augen *(abre os olhos)*. Abrolhos
umfasst ein 913 km² großes Gebiet mit Riffen,
die für ihr Farbspiel berühmt sind, und einen
Archipel aus fünf Inseln, den Charles Darwin
an Bord der HMS *Beagle* 1832 besuchte.
Heute suchen hauptsächlich Zugvögel und
Buckelwale (Juni–Okt.) den Archipel auf. Sie
kommen hierher, um sich auszuruhen oder
ihre Jungen zur Welt zu bringen. Nur auf der
Ilha de Santa Bárbara stehen ein paar Gebäude, darunter ein Leuchtturm von 1861. Die
Erhaltung der Inseln ist ein wichtiges Ziel des
Ibama (Instituto Brasileiro do Meio Ambiente e dos Recursos Naturais Renováveis; Brasilianisches Institut für Umwelt und erneuer-

bare natürliche Ressourcen), weshalb man die Ilha da Siriba nur tagsüber für einige Stunden betreten darf. Man besucht ein Meeresschutzgebiet aber sowieso nicht wegen des Landes – man geht hin, um im kristallklarem Wasser zu schnorcheln. In der Trockenzeit (Mai–Sept.) beträgt die Sichtweite bis zu 20 m.

Anreise & Unterwegs vor Ort

Abrolhos liegt 80 km vor der Küste von Caravelas, dem wichtigsten Zugangspunkt zum Schutzgebiet. Hier bieten Tourveranstalter (S. 537) ein- bis dreitägige Trips in den Park

an. Ein Tagesausflug kostet rund 260 R$ pro Person, inklusive Parkgebühren und Mittagessen. Abrolhos Turismo veranstaltet auch ein- bis dreitägige Schonertrips mit Übernachtung an Bord für 650 bis 1000 R$ pro Person, inklusive Parkgebühren und Verpflegung. Schnorchelausrüstung kann man für 15 R$ pro Tag mieten.

Arco-Íris Turismo (☎ 3575 1672; Rua do Mucugê 199) macht gelegentlich dreitägige Katamaranausflüge von Arraial d'Ajuda nach Süden die bahianische Küste entlang und weiter nach Abrolhos.

GROSSE MEERESTIERE

Der Buckelwal gehört zu den eifrigsten Wandertieren der Welt. Bis zu 25 000 km legen die riesigen Schwimmer Jahr für Jahr zurück. Ein ausgewachsener Buckelwal kann bis zu 17 m lang und 36 t schwer werden. Bis ins 20. Jh. hinein wurden Buckelwale gejagt und nahezu ausgerottet. Durch das 1966 beschlossene Moratorium zur Regelung des Walfangs erholt sich die Population der Wale langsam wieder. Biologen schätzen die Zahl der verbliebenen Buckelwale auf 30 000 bis 60 000.

Buckelwale sind leicht an ihren langen Brustflossen, dem auffälligen Buckel und dem mit knotigen Hautverdickungen übersäten Kopf zu erkennen. Sie fressen ausschließlich im Sommer, wenn sie in Polargewässern schwimmen; ihre Nahrung besteht aus Krill und kleinen Fischen. Im Winter ziehen sie von den Polen in tropische Gewässer, um sich zu paaren. Deshalb ist der Südwinter (Juni–Sept.) die beste Zeit, sie vor der brasilianischen Küste zu beobachten. Dann kommen die Tiere in großer Zahl hierher, um sich zu paaren und ihre Jungen zu gebären.

Während dieser Zeit fasten die Buckelwale und leben von ihren Fettreserven. Die Konkurrenz um die weiblichen Tiere ist sehr stark. Einem einzigen Weibchen folgt manchmal eine Gruppe (Eskorte genannt) von zwei bis 20 Männchen. Um das Weibchen für sich zu gewinnen, versucht jedes Männchen, sich als das dominanteste zu zeigen – durch Schläge mit der Schwanzflosse, Angriffe und Abwehr, und das mehrere Stunden lang.

Der Gesang der Wale ist die wohl faszinierendste und am wenigsten verstandene Eigenschaft dieser Säugetiere. Innerhalb eines bestimmten Gebiets stimmen alle Wale den gleichen Gesang an – oder Variationen dessen –, während die Wale aus anderen Regionen einen ganz anderen Gesang haben. Nur die Männchen „singen"; jedes „Lied" dauert zehn bis 20 Minuten und wird in einem Zeitraum von mehreren Stunden mehrmals wiederholt (Wissenschaftler haben Walgesänge aufgenommen, die sich über mehr als 24 Stunden hinzogen). Der Walgesang ist unglaublich komplex. Ein Forscherteam der Universidade Estadual de Campinas untersuchte einen Winter lang die Wale vor Abrolhos in Bahia und machte 24 verschiedene Töne aus, die fünf Melodien bildeten.

Niemand weiß, warum die Wale welchen Gesang anstimmen. Dieser ändert sich von Jahr zu Jahr. Ursprünglich dachten die Wissenschaftler, der Gesang spiele beim Paarungsverhalten eine Rolle. Diese Behauptung wird jedoch angezweifelt, da Beobachtungen zeigen, dass die Männchen auch dann singen, wenn es weit und breit keine Weibchen gibt.

In Bahia sind Walbeobachtungstouren inzwischen eine große Touristenattraktion, und es gibt zahlreiche Orte, von denen aus man zu solchen Trips ablegen kann. Im Winter kann man oft auch vor Salvador Wale sichten. Der Parque Nacional Marinho de Abrolhos (S. 537) zählt zu den weltweit besten Plätzen zur Walbeobachtung.

In Brasilien gibt's noch andere gute Orte zur Beobachtung von Walen, z. B. die Praia do Rosa (S. 389) im Bundesstaat Santa Catarina, wo Muttertiere mit ihren Kälbern bis zu 30 m nah an die Küste herankommen, und Arraial do Cabo (S. 231) im Bundesstaat Rio.

Wer mehr über die riesigen Säugetiere erfahren will, kann in Praia do Forte als Freiwilliger beim **Brazilian Humpback Whale Project** (www.gvi.co.uk) mitarbeiten. Die Freiwilligen verbringen viel Zeit auf hoher See, sammeln Daten und tragen langfristig zum Schutz der Wale bei.

WESTLICH VON SALVADOR

Die große Attraktion des bahianischen Hinterlandes ist der Parque Nacional da Chapada Diamantina, ein üppig grünes Gebiet mit Hochplateaus, Tälern, Wasserfällen und Flüssen. Möglichkeiten für Trekking- und Outdoorabenteuer gibt es hier im Überfluss.

Der Rest der Region besteht, im Gegensatz zu diesem üppig grünen Park, aus der bizarren Mondlandschaft des *sertão*, einem riesigen, ausgedörrten Landstrich. Hier schlagen sich am Hungertuch nagende Menschen mit Viehzucht und Ackerbau durch. Wenn die regelmäßig auftretenden gewaltigen Dürren übers Land ziehen, packen sich Tausende von Sertanejos (Einwohner des *sertão*) ihre Habseligkeiten auf den Rücken und ziehen auf der Suche nach Arbeit in den Süden. Doch mit dem ersten Anflug von Regen kehren sie wieder zurück, um die Bande, die sie an den Landstrich fesseln, zu erneuern.

FEIRA DE SANTANA
☎ 0xx75 / 590 000 Ew.

Feira de Santana ist die wichtigste Stadt im Landesinneren Bahias und ein großes Zentrum der Rinderzucht. Es gibt hier nicht viel zu tun und zu sehen. Eine Ausnahme ist die **Feira do Couro**, der große Rindermarkt montags, der viel Spaß macht und Schnäppchen bei Lederwaren verspricht, und der **Mercado de Arte Popular** (☽ Mo–Sa) mit Kunsthandwerk.

Festivals & Events

In Feira entstand die mittlerweile weit verbreitete Idee der **Micareta**, einem Karneval außerhalb der Saison. Wegen einer Überflutung konnte 1937 der Karneval nicht stattfinden. Daraufhin feierte ihn die Stadt einfach später, und die Stadtbewohner beschlossen, diese Tradition unter neuem Namen beizubehalten. Im April oder Anfang Mai strömen Tausende Zuschauer her, um vier Tage lang die Parade der besten *trios elétricos* aus Salvador, Sambaschulen und Folkloregruppen zu erleben. Wer den Karneval von Salvador verpasst hat, kann das Erlebnis hier nachholen.

Schlafen & Essen

Am Busbahnhof gibt's mehrere billige Hotels wie das **Hotel Samburá** (☎ 3623 8511; Praça Dr Jackson Amauri 132; EZ/DZ 40/55 R$; ⊠). Das **Hotel Acalanto** (☎ 3612 6700; www.hotelacalanto.com.br; Rua Torres 77; EZ/DZ 85/130 R$; ⊠) in der Nähe bietet etwas freundlichere Zimmer und einen besseren Service.

O Picuí (☎ 3221 1018; Av Maria Quitéria 2463; Hauptgerichte 15–25 R$) hat gutes regionales Essen. Im Ort verstreut gibt's auch noch ein paar andere Bars, Cafés und Restaurants, in denen abends oft Livemusik und *forró* gespielt wird.

An- & Weiterreise

Feira ist ein wichtiger Verkehrsknotenpunkt, weil hier drei große Autobahnen aufeinandertreffen. Am **Busbahnhof** (☎ 3623 3667) gibt es ein auffälliges Wandgemälde von Lénio Braga aus dem Jahr 1967. Nach Salvador (15 R$, 2 Std.) fahren häufig Busse. Real Expresso betreibt Busse von Salvador über Feira de Santana nach Lençóis.

LENÇÓIS
☎ 0xx75 / 10 000 Ew.

Lençóis ist die schönste der alten Diamantenminenstädte in der Chapada Diamantina, einer hügeligen Waldoase im trockenen *sertão*. Die Stadt selbst hat charmante Kopfsteinpflasterstraßen, bunt gestrichene Gebäude aus dem 19. Jh. und einladende Straßencafés und Restaurants. Die eigentliche Attraktion aber ist die Umgebung: Höhlen, Wasserfälle, idyllische Flüsse und Hochebenen mit toller Aussicht

---

KUNSTHANDWERK

In Bahia leben einige der besten Kunsthandwerker Brasiliens. Normalerweise haben sie kleine Läden oder verkaufen ihre Waren auf dem örtlichen Markt. Kunsthandwerk bekommt man auch in Salvador, aber der beste Ort, um sich echte Stücke anzuschauen oder zu kaufen, ist direkt am Ort ihrer Entstehung. Feira de Santana ist bekannt für Lederwaren. Maragojipinho, Rio Real und Cachoeira stellen Töpferwaren her. Caldas do Jorro, Caldas de Cipo und Itaparica haben sich auf Kunsthandwerk aus Stroh spezialisiert. Rio de Contas und Muritiba machen Metallarbeiten. Die Ilha de Maré ist berühmt für ihre Spitze. Jequié, Valença und Feira de Santana sind Zentren der Holzschnitzerei. In Santo Antônio de Jesus, Rio de Contas und Monte Santo gibt's handgemachte Leder- und Silberwaren.

BAHIA

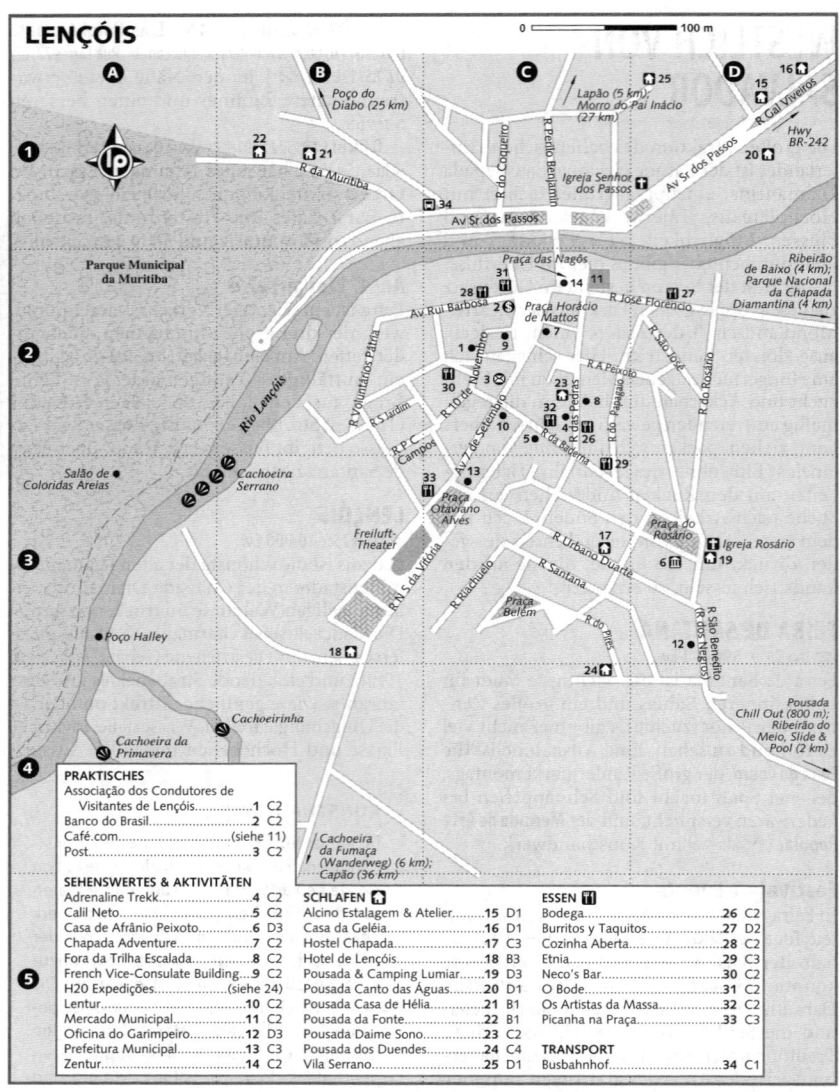

LENÇÓIS

0 ————— 100 m

PRAKTISCHES

Associação dos Condutores de Visitantes de Lençóis	1 C2
Banco do Brasil	2 C2
Café.com	(siehe 11)
Post	3 C2

SEHENSWERTES & AKTIVITÄTEN

Adrenaline Trekk	4 C2
Calil Neto	5 C2
Casa de Afrânio Peixoto	6 D3
Chapada Adventure	7 C2
Fora da Trilha Escalada	8 C2
French Vice-Consulate Building	9 C2
H20 Expedições	(siehe 24)
Lentur	10 C2
Mercado Municipal	11 C2
Oficina do Garimpeiro	12 D3
Prefeitura Municipal	13 C3
Zentur	14 C2

SCHLAFEN

Alcino Estalagem & Atelier	15 D1
Casa da Geléia	16 D1
Hostel Chapada	17 C3
Hotel de Lençóis	18 B3
Pousada & Camping Lumiar	19 D3
Pousada Canto das Águas	20 D1
Pousada Casa de Hélia	21 B1
Pousada da Fonte	22 B1
Pousada Daime Sono	23 C2
Pousada dos Duendes	24 C4
Vila Serrano	25 D1

ESSEN

Bodega	26 C2
Burritos y Taquitos	27 D2
Cozinha Aberta	28 C2
Etnia	29 C3
Neco's Bar	30 C2
O Bode	31 C2
Os Artistas da Massa	32 C2
Picanha na Praça	33 C3

TRANSPORT

Busbahnhof	34 C1

verlocken zu einem Abenteuer. Lençóis kann dabei als Ausgangsbasis für Ausflüge in den umgebenden Parque Nacional da Chapada Diamantina (S. 544) und zu den Attraktionen außerhalb des Parks dienen. Die Stadt ist auch für Jarê bekannt, die lokale Variante des Candomblé. Wer mal was anderes als Strand und Meer sehen will oder nur für einen einzi-

gen Abstecher ins Hinterland des Nordostens Zeit hat, sollte hierher kommen.

Geschichte

Die Geschichte von Lençóis ist auch die Geschichte des Diamantenbooms und des darauf folgenden Zusammenbruchs. Nachdem die ersten Expeditionen von *bandeirantes* (Pauista-Forschern und angeheuerten Soldaten) erfolglos endeten, wurden 1822 in Chapada Velha die ersten Diamanten gefunden. Nach großen Streiks in Rio Mucujê 1844 kam ein bunter Haufen von Diamantenjägern aus ganz Brasilien, um hier ihr Glück zu finden.

Sie suchten die Diamanten zuerst in Alluvialablagerungen und lebten in improvisierten Zelten, die von den Hügeln aus wie zum Trocknen aufgehängte Bettlaken aussahen – daher der Name der Stadt: Lençóis (Laken). Die Zelte der Diamantsucher wurden zu Dörfern: Vila Velha de Palmeiras, Andaraí, Piatã, Igatu und Lençóis. Übertriebene Geschichten über unendlichen Reichtum lockten Massen in die Diamantina-Minen, aber in der Gegend fanden sich nur große Mengen von trüben Industriesteinen, keine hochwertigen Juwelen.

Als der Diamantenboom seinen Höhepunkt erreichte, richteten die Franzosen – die die Diamanten kauften und zur Bohrung des Panamakanals (1881–89), des Sankt-Gotthard-Tunnels und der Londoner U-Bahn-Tunnel benutzten – ein Vizekonsulat in Lençóis ein. Französische Mode und Bonmots hielten in der Stadt Einzug, aber als die Diamantabbaugebiete nichts mehr hergaben, die französische Nachfrage mehr und mehr zurückging und man die ergiebigeren südafrikanischen Minen entdeckte, war Anfang des 20. Jhs. das Ende des brasilianischen Diamantenbooms besiegelt.

Trotz dieser Entwicklungen ging der Bergbau weiter. In den 1980er-Jahren setzte man dann mächtige und zerstörerische Wasserpumpen ein. Sie steigerten die Produktion, bis sie 1995 schließlich verboten wurden. Die wenigen verbliebenen Bergarbeiter sind zu den alten Methoden zurückgekehrt und schürfen Diamanten in den Flüssen. Nach der Einrichtung des Nationalparks 1985 wurde der Tourismus immer wichtiger und schließlich zur größten Wirtschaftsbranche der Stadt.

Praktische Informationen

Das Onlineportal von Guia Lençóis (www.guialencois.com.br) ist eine gute Infoquelle für Touristen.

Associação dos Condutores de Visitantes de Lençóis (☎ 3334 1425; Rua 10 de Novembro 22; ☯ 8–12 & 14–20 Uhr) Infos über Fremdenführer. Man kann auch über die diversen Tourveranstalter und Reisebüros Führer engagieren.

Banco do Brasil (Praça Horácio de Mattos 56) Hat Geldautomaten.

Café.com (Mercado Municipal, Rua José Florencio; 6 R$/ Std.; ☯ Mo–Sa 16–23 Uhr) Internetzugang. Überall in der Stadt gibt's auch andere Internetcafés.

Post (Av 7 de Setembro)

Sehenswertes & Aktivitäten

Es lohnt sich, einen Spaziergang zum **Gebäude des französischen Vizekonsulats** (Praça Horácio de Mattos) aus dem 19. Jh. zu machen, in dem der Diamantenhandel abgewickelt wurde. An der schönen **Prefeitura Municipal** (Praça Otaviano Alves), in der interessante alte Fotos von Lençóis ausgestellt sind, sollte man auch vorbeilaufen. Die **Casa de Afrânio Peixoto** (Praça do Rosário; Eintritt frei; ☯ Di–Sa 10–16 Uhr) zeigt Arbeiten und persönliche Gegenstände von Peixoto, dem berühmtesten Sohn von Lençóis, sowie noch mehr alte Stadtansichten. Peixoto war Schriftsteller, Arzt, Politiker und Wissenschaftler.

Nach einem Besuch in der Fotogalerie **Calil Neto** (Rua da Baderna; ☯ Mi–Mo 8–13 & 18–23 Uhr, Di 18–23 Uhr) dürfte man keine Zweifel mehr an der Schönheit der Gegend haben. Man kann kleine Abzüge der Fotos kaufen, und der Fotograf ist immer für ein nettes Gespräch zu haben.

Eine der merkwürdigsten Sehenswürdigkeiten ist die **Oficina do Garimpeiro** (Rua São Benedito 140), die restaurierte Residenz eines *garimpeiro* (Schürfers), die von Coriolando Rocha, eine lokale Berühmtheit und ehemaliger Diamantenschürfer, erbaut wurde. Eine Führung auf Portugiesisch veranschaulicht den Lebensstil und die Fertigkeiten der selbstständigen Diamantensucher.

Kunsthandwerk gibt es auf dem geschäftigen **Mercado Municipal** (Rua José Florencio; ☯ Mo–Sa 8–23 Uhr) am Flussufer.

Hiesige Veranstalter bieten eine große Bandbreite an Outdoor-Aktivitäten, z. B. Wandern, Abseilen, Klettern, Kajakfahren, Mountainbiken und Reiten. Es gibt auch tolle Wanderwege, die aus der Stadt herausführen und die Abenteuerlustige ohne Führer erkunden können.

Dazu gehört ein 3 km langer Wanderweg, der dem Rio Lençóis stromaufwärts durch den Parque Municipal da Muritiba folgt. Erst kommt man an einer Reihe von Stromschnellen vorbei, die **Cachoeira Serrano** genannt werden. Zur Rechten befindet sich der **Salão de Coloridas Areias** (Raum des farbigen Sands), wo Kunsthandwerker Material für Sandkunstwerke in Flaschen sammeln. Deshalb sind von den ursprünglich 40 Farben auch nicht mehr viele übrig. Dann kommt man am **Poço Halley**

BAHIA

BAHIA

(Schwimmloch) und am **Cachoeirinha** (kleinen Wasserfall) vorbei, der sich links an einem Nebenfluss befindet. Weiter stromaufwärts kommt man zur **Cachoeira da Primavera** (Frühlingswasserfall) an einem weiteren Nebenfluss links. (Wenn das Wasser niedrig ist, kann man die Wanderung damit beginnen, den steinigen Hang rechts neben dem Bach nach oben zu klettern. Sollte das Wasser höher stehen, muss man sich einen Weg durch die Wälder bahnen – der „Wanderweg", falls man ihn so nennen kann, sollte am Verkehrskreisel starten und parallel zum Fluss verlaufen.)

Eine andere hübsche Wanderung von 4 km Länge führt auf der Rua São Benedito (auch Rua dos Negros genannt) aus der Stadt. Die Abzweigung 100 m nach der Pousada & Camping Lumiar einfach ignorieren und weiterlaufen, bis die Straße an einer neuen, teuren Wohnsiedlung endet. Noch ein paar Schritte weitergehen und dann an der Gabelung nach links in einen Pfad einbiegen, der bergab führt und einen Bach überquert. Dem folgt man, bis man zu einem Bergrücken kommt, von dem aus man den Rio Ribeirão überblickt. Am Fuß dieses Bergrückens ist der **Ribeirão do Meio**, eine Ansammlung von Pools mit einer natürlichen Wasserrutsche (in Shorts kommen oder irgendwas zum Rutschen mitbringen). Um sich nicht zu verletzen, sollte man nicht die nassen Felsen der Rutsche hochklettern, sondern die trockenen.

Wer weitere Badegelegenheiten sucht, fährt mit dem Morgenbus Richtung Seabra und steigt in Mucugêzinho Bar (25 km) aus. Etwa 2 km stromabwärts liegt der **Poço do Diabo** (Teufelsbrunnen), ein sehr schönes Naturschwimmbecken des Rio Mucugêzinho mit einem 25 m hohen Wasserfall.

Geführte Touren

Viele der bekanntesten Sehenswürdigkeiten der Gegend liegen außerhalb des Nationalparks auf Privatland. Weil es keine öffentlichen Verkehrsmittel gibt, besucht man sie am besten im Rahmen einer Tour lokaler Anbieter. Infos zu längeren Wanderungen und Touren im Nationalpark gibt's auf S. 545. Hier ein paar empfehlenswerte Agenturen in Lençóis:

Adrenaline Trekk (☎ 3334 1896; Rua das Pedras 112) Ist auf Abenteuersport und Trekking spezialisiert.

Chapada Adventure (☎ 3334 2037; www.chapada adventure.com.br; Praça Horácio de Mattos 114) Freundliche Agentur mit mehrsprachigen Angestellten.

Fora da Trilha Escalada (☎ 3334 1326; www.forada trilha.com.br; Rua das Pedras 202) Hat sich auf Felsklettern spezialisiert.

H20 Expedições (☎ 3334 1229; www.h20traveladven tures.com; Pousada dos Duendes, Rua do Pires) Im Angebot stehen Tagesausflüge und Trekkingtrips. Auf der Website gibt's detaillierte Beschreibungen zu allen Attraktionen und zum Schwierigkeitsgrad der Exkursionen.

Lentur (☎ 3334 1271; www.lentur.com.br; Av 7 de Setembro 10) Tagesausflüge und Trekkingtrips, darunter auch Abenteuerausflüge auf Motorrädern.

Zentur (☎ 3334 1397; www.zentur.tur.br; Praça das Nagôs 1) Beliebter Veranstalter, der verlockende, wochenlange Pauschaltouren anbietet.

Eine beliebte Tour führt zum Rio Mucugêzinho und seinem Schwimmbecken Poço do Diabo, zu den Höhlen Gruta da Lapa Doce (die 850 m lange Höhle entstand durch einen unterirdischen Fluss und bietet eindrucksvolle Stalagmiten und Stalaktiten), Gruta da Pratinha (eine Höhle und ein Fluss mit klarem, hellblauem Wasser) und Gruta Azul (Blaue Höhle) sowie zum Berg Morro do Pai Inácio (von dem 1120 m hohen Gipfel hat man einen atemberaubenden Blick auf das Tal mit den vielen Plateaus). Bei dem Tagesausflug (60 R$ zzgl. 18 R$ Eintrittsgebühren) verbringt man zwar viel Zeit im Auto, hat aber auch viele schöne Gelegenheiten zum Spazierengehen und Baden.

Im Angebot stehen auch Touren (70 R$ zzgl. 17 R$ Eintrittsgebühren) zum Poço Encantado (die Höhle mit herrlich blauem Wasser ist das Postkartenmotiv von Lençóis) und zum Poço Azul (in dieser mit Regenwasser gefüllten Höhle kann man ebenfalls baden). Man sollte sich vorher nach der Beleuchtung erkundigen. Wenn es geregnet hat, ist das Wasser oft schlammig.

Wer nicht an einer Tour teilnehmen will, kann sich mit einem Führer auf den Weg zum Nationalpark oder in die umliegende Gegend machen. Führer sind relativ preisgünstig zu bekommen (für eine halbtägige Wanderung mit bis zu 4 Pers. zahlt man 60 R$); sie kennen die hiesige Flora und Fauna unglaublich gut und finden die besten Schwimmstellen – und all das ist unbezahlbar in einem Park mit nur wenig Hinweisschildern und ausgewiesenen Wanderwegen.

Festivals & Events

Die **Festa de Senhor dos Passos** beginnt am 24. Januar und erreicht am 2. Februar mit der

Noite dos Garimpeiros (Nacht der Schürfer) ihren Höhepunkt. Das **Lamentação das Almas** ist ein mystisches Fest, das während der Fastenzeit gefeiert wird. Vom 23. bis 25. Juni findet die **Festa de São João** statt, eine große Straßenparty mit traditionellen Tänzen und Freudenfeuern vor jedem Haus. Die **Semana de Afrânio Peixoto** vom 11. bis 18. Dezember feiert die Befreiung der Stadt von der Sklaverei.

Schlafen

Die besten Pousadas von Lençóis sind berühmt für ihr fantastisches Frühstück.

BUDGETUNTERKÜNFTE

Pousada & Camping Lumiar (☎ 3334 1241; lumiar. camping@gmail.com; Praça do Rosário 70; Stellplatz 15 R$/ Pers., EZ/DZ mit Ventilator 40/80 R$, Bungalow 160 R$; 🐾) In attraktiver Lage bietet das Lumiar grasbewachsene Stellplätze unter Bäumen, einfache Zimmer in einem umgebauten Kolonialhaus (mit Gemeinschaftsbad) und geräumigere Bungalows mit eigener Terrasse.

Pousada Daime Sono (☎ 3334 1445; www.pousada daimesono.com.br, portugiesisch; Rua das Pedras 102; B ab 30 R$) Die hostelartige Pousada mitten im Zentrum des Geschehens wird von den freundlichen, englischsprachigen Inhabern Patricia und Rodrigo geführt. Gäste dürfen kostenlos die Küche benutzen. Außerdem können problemlos Wanderungen organisiert werden.

LP Tipp **Pousada dos Duendes** (☎ 3334 1229; www. pousadadosduendes.com; Rua do Pires; B 35 R$, EZ/DZ ohne Bad 50/75 R$, EZ/DZ mit Bad 65/100 R$) Die relaxte Atmosphäre, gute, preisgünstige Zimmer und eine Freiluftlounge machen das Duendes zu einer Backpacker-Institution. Beim Abendessen in der Gruppe gibt's vegetarische Optionen. Hier werden auch Freiwilligenjobs in der Gemeinde vermittelt und Touren zum Nationalpark, Ausritte und Kajaktrips angeboten.

Hostel Chapada (☎ 3334 1497; www.hostelchapada. com.br; Rua Boa Vista 121; B/DZ mit Ventilator 38/83 R$; 🖳) Die bei jüngeren Travellern beliebte HI-Herberge hat schlichte Schlafsäle (4–6 Pers.) mit Ventilator. Wer aus Salvador kommt, kann das Fünftagespaket (686 R$/Pers.) buchen, das auch Bustickets (hin & zurück) und Unterkunft in Lençóis sowie mehrere geführte Tageswanderungen im Nationalpark beinhaltet.

Pousada Chill Out (☎ 3334 1024; www.pousadachill out.com; Lot Parque do Ribeirao 313; EZ/DZ mit Ventilator 40/60 R$) Die entspannte, neue Pousada liegt gleich außerhalb vom Ort nahe dem Eingang zum Nationalpark und hat mehrsprachige

Angestellte, sieben Suiten und eine schicke Bar, wo man exotische Cocktails trinken und dabei die Natur beobachten kann.

MITTELKLASSEHOTELS

Pousada da Fonte (☎ 3334 1953; www.pousadadafonte. net, portugiesisch; Rua da Muritiba 3; EZ/DZ mit Ventilator 55/90 R$) Die reizende Pousada mit Steinwänden, Hängematten im Freien und einer von üppigem Wald umgebenen, offenen Frühstücksterrasse hat sechs Zimmer und wirkt wie ein Wochenendhäuschen in den Bergen.

Pousada Casa de Hélia (☎ 3334 1143; www.casade helia.com.br; Rua da Muritiba s/n; DZ/3BZ ab 70/90 R$) Die Casa de Hélia hat hübsche, rustikale Zimmer mit Steinplattenfußböden und bunt gemischten Möbeln. Einige Leser haben den unfreundlichen Service bemängelt, aber bei unserem Besuch war alles in Ordnung. Allerdings könnte die Unterkunft etwas gepflegter sein.

Casa da Geléia (☎ 3334 1151; www.casadageleia.com. br; Rua Gal Viveiros 187; DZ 100 R$) Eine Reihe von großen Zimmern blickt auf den grasbewachsenen Hof hinaus und die Landschaft dahinter. Die Casa da Geléia (Haus der Marmelade) ist nicht nur eine hübsche Unterkunft, sondern auch ein öffentlicher „Laden", der eine unglaubliche Auswahl hausgemachter Marmeladen, Chutneys, Liköre sowie getrocknetes Obst und Gemüse verkauft.

Alcino Estalagem & Atelier (☎ 3334 1171; www. alcinoestalagem.com; Rua Tomba Surrão 139; EZ/DZ ohne Bad 105/140 R$, EZ/DZ mit Bad 155/210 R$) Die hübsche, gelbe Villa hat geschmackvoll eingerichtete Zimmer, die alle vom einheimischen Künstler Alcino entworfen und gestaltet wurden. Überall auf dem Anwesen kann man Kunstgegenstände aus seiner Töpferei im hinteren Garten sehen.

Vila Serrano (☎ 3334 1486; www.vilaserrano.com.br; Rua Alto do Bonfim 8; EZ/DZ 150/195 R$) Die edle, umweltbewusst geführte Vila Serrano in grüner Lage bietet neun geräumige Apartments mit schönem Design und Veranda. Im Wohnzimmer mit Bibliothek kann man andere Traveller treffen.

SPITZENKLASSEHOTELS

Pousada Canto das Águas (☎ 3334 1154; www.lencois. com.br; Av Senhor dos Passos 1; DZ 275–455 R$; 🐾 🖳) Das attraktiv gestaltete Hotel am Fluss hat klassisch möbliert Zimmer in einer Bandbreite von komfortabel bis luxuriös. Das Rauschen des Flusses und das abendliche Quaken der Kröten bilden die Hintergrundmelodie.

BAHIA

BAHIA

Hotel de Lençóis (☎ 3334 1102; www.hoteldelencois. com.br; Rua Altina Alves 747; DZ ab 300 R$; 🛏 🛜 🏊) Das umweltfreundliche Hotel hat gutaussehende Zimmer mit Hängematten, die auf den Garten und den hübschen Poolbereich blicken. Es gibt hier auch ein Gourmetrestaurant und schattige Spazierwege.

Essen

In Lençóis gibt's ausgezeichnete Restaurants, darunter auch vegetarische. Viele Cafés packen Mittagessen für Wanderungen ein, wenn man das vorher vereinbart. Abends ist die Atmosphäre im Ort wundervoll, da viele Restaurants an der Praça Horácio de Mattos und der Rua das Pedras mit Kerzen beleuchtete Tische nach draußen aufs Kopfsteinpflaster stellen. Süßigkeiten und billige Caipirinhas bekommt man spätabends an den Ständen im Mercado Municipal.

Burritos y Taquitos (☎ 3334 1083; Rua José Florencio 3; Hauptgerichte 12–20 R$; 🕐 Di–So abends) Das mexikanische Restaurant unter der Pousada Parador de Santiago (DZ/3BZ mit Ventilator 95/130 R$) serviert leckere Burritos, Tacos und Guacamole. Der Hinterhof blickt auf den Fluss.

Neco's Bar (☎ 3334 1179; Praça Clarim Pacheco 15; Gerichte 16 R$; 🕐 abends) Die rustikale Neco's Bar ist dafür bekannt, die beste regionale Küche im Ort zu haben. Man muss aber einen Tag im Voraus einen Tisch reservieren.

Os Artistas da Massa (☎ 3334 1886; Rua da Baderna 49; Hauptgerichte 16–24 R$) Fantastische, frische Pasta und andere italienische Gerichte werden in diesem Gourmetrestaurant zu Jazz- und Popmusik (die man sich auch auf der Karte aussucht) serviert.

O Bode (☎ 3334 1600; Praça Horácio de Mattos; 18 R$/ kg) Das hübsche, beliebte *por-kilo*-Restaurant hat eine seitlich offene Terrasse über dem Fluss und tischt ein kleines, aber verführerisches Buffet mit Fleisch- und Pastagerichten sowie Salaten auf.

Etnia (☎ 3334 1066; Rua da Baderna 111; Hauptgerichte 18–28 R$; 🕐 abends) Keine Lust mehr auf Pasta und Meeresfrüchte? Dieses coole, gemütliche Lokal serviert asiatische Gerichte von Phat Thai bis indische Currys.

Bodega (Rua das Pedras 121; Hauptgerichte 22–35 R$) Der schicke Italiener bietet nicht nur Pizza, Aufläufe und süffige Cocktails, sondern auch tolle Gelegenheiten zum Leute beobachten.

LP Tipp Cozinha Aberta (☎ 3334 1321; www.cozinha aberta.com.br, portugiesisch; Av Rui Barbosa 42; Hauptgerichte 24–35 R$) Das auf Feinschmecker ausgerichtete Slow-Food-Bistro mit charmanter, heimeliger Atmosphäre serviert eine bunte Auswahl von thailändischen Nudeln bis zu italienischer Pasta. Die Tagesgerichte stehen an der Kreidetafel.

Picanha na Praça (☎ 3334 1080; Praça Otaviano Alves 62; Hauptgerichte für 2 Pers. 28–35 R$) In dem gut besuchten Restaurant – eine Institution – hat man die Wahl zwischen Rindersteaks, Hühnchen und Fisch, die brutzelnd heiß auf den Tisch kommen.

An- & Weiterreise
AUTO
Lençóis liegt 13 km vom Hwy BR-242 entfernt, der Hauptverbindung zwischen Salvador und Brasília. 22 km östlich von Lençóis gibt's in Tanquinho am Hwy BR-242 eine Tankstelle. Die nächste Tankstelle Richtung Westen ist ca. 30 km entfernt. Lençóis hat eine improvisierte Tankstelle, die fast immer offen hat.

BUS
Wenn man von Süden kommt, ist die Fahrt über Salvador zwar ein Umweg, geht aber viel schneller. **Real Expresso** (☎ 3334 1112) betreibt Busse nach Salvador (50 R$, 6–7 Std., 2–3-mal tgl.). Sie halten in Feira de Santana, wo man Anschluss fast überall hin hat.

PARQUE NACIONAL DA CHAPADA DIAMANTINA
☎ 0xx75

In dem 1520 km² großen Nationalpark gibt es Wasserfälle, die über die Berge und Hochebenen der Sincora-Kette in die Flüsse und Bäche stürzen und sich ihren Weg durch grasbewachsene Täler mit sauberen Naturpools bahnen. Ein scheinbar endloses Wegenetz breitet sich zwischen Kakteen und Strohblumen, Philodendren, Velosiaceae, Orchideen und Bromelien aus – sofern sie noch nicht abgepflückt sind. Mehrere Affenarten schwingen sich durchs Blattwerk, in dem *araras* (Aras) hocken. *Veados* (Hirsche) streifen an klaffenden Höhlen vorbei, während *mocós* (einheimische Nagetiere) und *cutia* (Agutis) am Boden herumwieseln. Hin und wieder schärft auch ein *onça pintada* (Jaguar) seine Krallen an einem Baum, aber wahrscheinlich trifft man eher einen niedlichen *quati* (einen kleinen, pelzigen Fleischfresser mit braun-gelbem Schwanz).

Die einzigartige natürliche Schönheit der Gegend und die Ruhe ihrer kleinen Kolonialstädte ziehen seit Jahrzehnten einen beständigen Strom brasilianischer und ausländischer Traveller an – und einige von ihnen sind geblieben. Diese neuen Bewohner, die über die Umweltzerstörung und das Schwinden der Tierpopulation entsetzt waren, haben eine Umweltbewegung ins Leben gerufen, die gegen die Ausbeutermentalität der Diamantensucher und vieler Einheimischer agiert. Nach sechs Jahren Kampf gegen die Bürokratie konnte Roy Funch die Regierung 1985 davon überzeugen, den Parque Nacional da Chapada Diamantina einzurichten.

Der Park hat kaum Infrastruktur für Besucher. Insbesondere zu den abgelegenen Ecken des Parks verkehren nur selten und unregelmäßig Busse. Man kann aber kostenlos und ohne Genehmigung zelten oder in den kleinen Höhlen übernachten. Allerdings sollte man einen Rucksack, einen Schlafsack und ein Zelt, das man sich in Lençóis ausleihen kann, sowie einigermaßen warme Kleidung dabei haben.

Geologie

Geologen zufolge entstanden die Diamanten in Chapada Diamantina vor Jahrmillionen in der Nähe des heutigen Namibia (Bahia war vor der Kontinentalverschiebung mit Afrika verbunden). Die mit Kieselsteinen vermischten Diamanten wurden ins Meer gespült, das das heutige brasilianische Binnenland bedeckte, und in der Tiefe eingeschlossen, als der Meeresboden versteinerte. Im Laufe der Zeit wurde die Schicht zusammengepresster Steine freigelegt, und die Kräfte der Erosion lösten die eingeschlossenen Diamanten heraus, die sich dann in den Flussbetten ablagerten.

Tageswanderungen & Ausflüge

Der populärste Tagesausflug in den Park führt zum größten Wasserfall Brasiliens, zum **Cachoeira da Fumaça** (Rauchwasserfall). Den Namen hat man ihm verpasst, weil das Wasser, bevor es die gesamten 420 m Fall zurücklegt hat, zu Wasserdampf zerstiebt. Für die 6 km lange Wanderung braucht man einen Führer, den man über einen Tourveranstalter in Lençóis buchen kann. Man kann auch vom nächstgelegenen Dorf **Capão** (80 km westlich an der Straße aus Lençóis) aufbrechen, wo es mehrere Pousadas und mehrere Reisebüros gibt. In das mystische Vale do Capão oder **Caeté-Açu** zieht es eine internationale Gemeinschaft von Leuten, die ein alternatives, naturnahes Leben anstreben.

Das an der Straße außerhalb des Parks gelegene **Palmeiras** (54 km auf der Straße aus Lençóis) ist ein verschlafenes Örtchen, das sich wunderschön an den Fluss schmiegt. Die Straßen sind von bunten Häusern und mehreren billiges Pousadas gesäumt.

Eine schöne Wanderung führt den Barro Branco entlang von Lençóis zum **Morro do Pai Inácio**, einem 1120 m hohen Berg, von dem man einen brillanten Blick über ein Tal voller Plateaus hat. Man braucht etwa vier bis fünf Stunden für die einfache Strecke.

Südwestlich von Lençóis befindet sich am Oberlauf des Ribeirão do Meio (S. 542) der hübsche Wasserfall **Cachoeira do Sossêgo**. Unten gibt es einen tiefen Pool und Felsvorsprünge zum Springen. Auf der 7 km langen Wanderung muss man über viele Steine im Flussbett hüpfen. Bei Regen oder Hochwasser sind die mit Flechten bedeckten Steine sehr rutschig. Deshalb sollte man nicht ohne Führer gehen.

Die **Gruta do Lapão** ist die vermutlich größte Sandsteinhöhle Südamerikas und nur eine Wanderung von 5 km Länge von Lençóis entfernt. Da der Weg nicht ganz einfach ist, sollte man einen Führer engagieren.

Das „Pantanal von Chapada", **Marimbus**, ist ein sumpfiger Landkreis (*microrregião*) 94 km südlich von Lençóis. Hier kann man vom Kanu oder Kajak aus *tucunaré* (Cichlide) fangen und Wasserschweine und *jacarés* (Kaimane) beobachten. **H20 Expedições** und mehrere andere Agenturen in Lençóis bieten Kajaktouren an (ab 80 R$; s. S. 542).

Längere Wanderungen

Auf den Wandertouren den richtigen Weg zu finden, ist teilweise sehr schwierig. Deshalb sollten Traveller unbedingt einen Führer engagieren. Wanderungen mit Führer können zwei bis acht Tage dauern und den Teilnehmerwünschen entsprechend organisiert werden. Normalerweise übernachtet man teils in Zelten, teils in Privathäusern und Pousadas.

AM FUSS DES WASSERFALLS FUMAÇA

Die schöne, aber anstrengende 36 km lange Wanderung führt in drei Tagen von Lençóis quer durch den Park nach Capão. Unterwegs macht man Abstecher zu Wasserfällen und gelangt an den Fuß des Wasserfalls **Cachoeira da Fumaça**. Hängt man noch einen Zusatztag an, kann man nach Lençóis zurückwandern oder gleich mit dem Großen Rundweg weitermachen. Achtung: Manchmal tummeln

BAHIA

sich in der Gegend rund um das Becken am Fuß des Wasserfalls extrem viele Leute. Dann kann's durchaus passieren, dass man sich die Schlafhöhle mit Unbekannten teilen muss.

VALE DO PATÍ

Diese sehr zu empfehlende Wanderung ist viel einfacher als der Marsch zum Wasserfall Fumaça. Sie beginnt und endet in Vale do Capão und dauert je nach Zahl der Abstecher vier bis sechs Tage. Hier hat man eher die Strecke ganz für sich alleine. Unterwegs bietet sich immer wieder eine atemberaubende Aussicht auf die Ebenen und die spektakulären Tafelberge von Chapada. Man hat auch die wunderbare Gelegenheit, zum Essen oder zur Übernachtung in ein Privathaus einzukehren. Wer sein Gepäck nicht selber tragen will, kann ein Maultier mieten.

DER GROSSE RUNDWEG

Der Große Rundweg durch den Park ist etwa 100 km lang und sollte am besten gegen den Uhrzeigersinn absolviert werden. Man braucht dafür etwa fünf Tage, aber wenn man Abstecher machen will, sollte man eher acht einplanen. Die meisten Sehenswürdigkeiten sind bereits auf S. 545 beschrieben worden.

Am ersten Tag wandert man von Lençóis durch das Vale do Capão (Caeté Açu) nach Capão. Dort kann man einen Abstecher zum Wasserfall **Cachoeira da Fumaça** machen. In Capão zeltet oder übernachtet in einer Pousada wie der angenehm alternativen **Pousada Candombá** (☎ 3344 1102; www.infochapada.com, portugiesisch; Rua das Mangas; DZ 145 R$).

Von Capão aus kann man an einem langen oder – bequemer – in zwei kurzen Tagen die wunderbare Ebene von Gerais do Vieira zum **Vale do Patí** überqueren. Man zeltet in der Ebene oder schläft in der Höhle Toca do Gaucho.

Wer will, kann einen Gewaltmarsch nach Andaraí machen oder einen zusätzlichen Tag im Vale do Patí verbringen und den schönen Wasserfall **Cachoeirão** oder die kleine Geisterstadt **Ruinha** anschauen, bevor es weitergeht.

Wenn man in Andaraí ist, sollte man unbedingt Ausflüge zum **Poço Encantado** (56 km von Andaraí) und zu den faszinierenden Steinruinen von **Igatu** (12 km von Andaraí) aus der Zeit des Diamantenbooms machen. In Andaraí kann man zelten oder die komfortable **Pousada Ecológica** (☎ 3335 2176; www.pousadaecologicadeandarai.com.br, portugiesisch; DZ/3BZ 150/180 R$; 🏊 🖵) ausprobieren.

Die **Hospedagem Flor de Açucena** (☎ 3335 7003; www.igatur.com; Rua Nova; Stellplatz 15 R$/Pers., DZ mit Ventilator ab 90 R$; 🖵) in Igatu hat urtümliche, naturnahe Zimmer, die in den Fels geschlagen sind, viel Grün und einen tollen Blick. Ein Weg führt hinunter zum Fluss.

Eine andere Option in Igatu ist die **Pousada Pedras do Igatu** (☎ 3335 2281; Rua São Sebastião; DZ mit Ventilator 145 R$; 🖵 🖵), wo man einen schönen Blick auf den Hügel hat.

Die meisten Besucher fahren von Andaraí nach Lençóis, da der Wanderweg über eine langweilige Schotterstraße durch eine von Bergbaumaschinerie zerstörte Landschaft führt. Wer dennoch laufen will, sollte dafür zwei Tage einplanen und die erste Nacht in der Nähe des Rio Roncador zelten. Am nächsten Tag kommt man durch den Landkreis **Marimbus**, den man erkunden kann, wenn man das vorher gut geplant hat.

Geführte Touren

Eine Auflistung vertrauenswürdiger Reisebüros, die Touren durch den Park organisieren, ist auf S. 542 zu finden.

Sachkundige Führer bereichern einen Trip in den Park sehr. Wir empfehlen dringend, einen Guide zu engagieren, insbesondere weil die Wege im Park nicht beschildert sind. Ob mit oder ohne Führer – auf keinen Fall sollte man allein wandern. Und Achtung vor Führern, die sich an den Wegen anbieten! In der Vergangenheit haben sich Gruppen mit schlecht qualifizierten Führern schon verlaufen, sind nicht ausreichend verpflegt oder sogar im Stich gelassen worden.

Der US-Amerikaner **Roy Funch** (☎ 3334 1305; funchroy@yahoo.com; Rua Pé de Ladeira 212, Lençóis) kennt sich in der Region sehr gut aus, wie seine Arbeiten und Forschungen zeigen. Sein Buch *A Visitor's Guide to the Chapada Diamantina Mountains* erläutert mit großem Sachverstand die lokale Flora, Fauna, Geschichte und Geologie. Es ist zu buchen in den Läden in Lençóis.

Eine weitere hervorragende Führerin ist die Britin Olivia Taylor, die man bei der **Pousada dos Duendes** (S. 543) finden kann. Sie kennt die Geschichte, die Geografie und die Biologie sowie die Wanderwege der Gegend.

Gute Pousadas in Lençóis wie die Vila Serrano und das Hotel de Lençóis können ebenfalls Führer empfehlen. Weitere Infos über Guides kriegt man bei der **Associação dos Condutores de Visitantes de Lençóis** (☎ 3334 1425; Rua 10 de Novembro 22; 🕙 8–12 & 14–20 Uhr) in Lençóis.

Sergipe & Alagoas

Sergipe und Alagoas stehen im Schatten des südlich davon gelegenen Bundesstaates Bahia und werden daher von Travellern oft übersehen. Wer aber gern jenseits ausgetretener Pfade nach verborgenen Schätzen sucht, sollte diese zwei winzigen Bundesstaaten unbedingt erkunden.

Aracaju, Sergipes Hauptstadt, hat zwar einen provinziellen Charakter und wenig Sehenswertes zu bieten, eignet sich aber perfekt als Ausgangspunkt für eine Tour den wunderschönen Rio São Francisco hinauf. Zudem kann man von hier aus ein paar verschlafene Städtchen entdecken, in denen noch Pferdekutschen durch die Straßen klappern und Kirchen aus dem 17. Jh. daran erinnern, welche Bedeutung die Gegend für die ersten Siedler Brasiliens hatte.

Alagoas mit seiner großartigen Küste ist noch verlockender: die malerischen Küstenorte zwischen Palmen und breiten, weißen, einsamen Stränden. Die entspannte Hauptstadt Maceió blickt auf einen smaragdgrünen Ozean und punktet mit tollen Restaurants und einem bunten Nachtleben – viele Touristen genießen ausgelassen die Abende in Bars am Strand, lassen sich dabei regionale Meeresfrüchte-Spezialitäten schmecken und schauen hinaus aufs vom Mond beleuchtete Meer. Nördlich und südlich von Maceió liegen Surfstrände und winzige Fischerdörfer mit einem Mix aus rustikalen Unterkünften und liebevollen Nobel-Pousadas. Im Hinterland schließlich wartet ein ganz besonderes Bonbon: Penedo, ein charmanter Ort mit reizenden Kirchen, Straßen und Gassen aus Kopfsteinpflaster und einer unglaublich herzlichen Atmosphäre. Wer nur wenig Zeit für einen Ausflug ins Landesinnere hat, sollte sie hier verbringen.

SERGIPE & ALAGOAS

HIGHLIGHTS

- An der zauberhaften **Praia do Gunga** (S. 561) in der Brandung herumtollen und erfrischenden *agua de côco* (Kokossaft) trinken
- In den altmodischen Bars von **Maceió** (S. 559) zu packender *forró*-Musik tanzen
- Im kolonialzeitlichen **Penedo** (S. 564) frische Meeresfrüchte in einem Restaurant am Fluss genießen
- Bei **Barra de Santo Antônio** (S. 565) an Korallenriffen schnorcheln und die atemberaubende Küstenlinie erkunden

- Bevölkerung: 5 Mio.
- Fläche: 49 980 km²

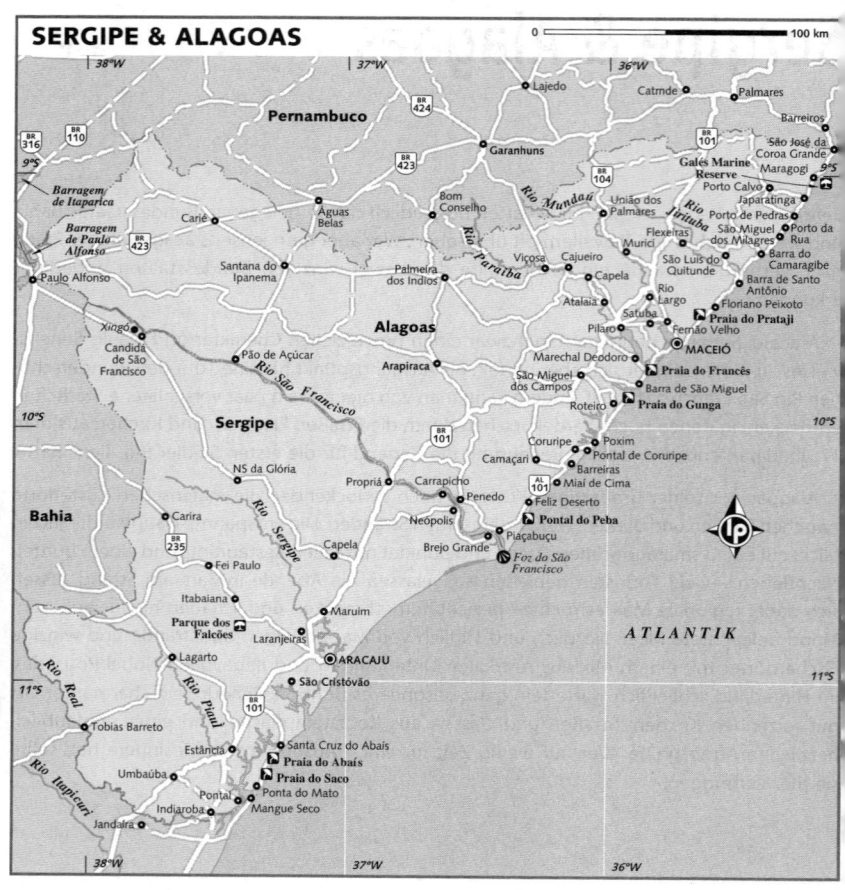

Geschichte

Im Trubel des niederländischen Einfalls (1630) konnten viele Sklaven in die Berge hinter den Küsten des nördlichen Alagoas und südlichen Pernambuco fliehen. Dort, wo heute die Städte Atalaia, Capela, Viçosa, União dos Palmares und Porto Calvo in Alagoas liegen, wuchsen damals unberührte Wälder. Deren Früchte und wilde Tiere ernährten die neu gegründeten Siedlungen der Flüchtlinge. Der frühere afrikanische Stammeskönig Zumbi führte mit Palmares die mächtigste der so entstandenen Republiken, auf deren Gebiet sich heute Alagoas und Pernambuco erstrecken. Zuckerrohr und Baumwolle verhalfen der Region im 18. und 19. Jh. zu ihrem Aufstieg. Inzwischen sind neben Zuckerrohr auch Orangen, Maniok und der wachsende Tourismussektor bedeutende Wirtschaftsfaktoren in Maceió. Und dennoch stehen Sergipe und Alagoas leider auch für eine extreme Armut im Hinterland und zügellose Korruption.

Klima

An der tropischen Atlantikküste von Sergipe und Alagoas herrscht ganzjährig ein feuchtheißes Klima. Die Höchsttemperaturen von 30 bis 36 °C sinken maximal auf 20 bis 25 °C. Die durchschnittlichen Monatsniederschläge liegen zwischen 65 mm in der Trockenzeit (Aug.–März) und 335 mm in der Regenzeit (April–Juli). Das Landesinnere Sergipes gehört zum semiariden *sertão* (Hinterland) mit einer jährlichen Regenmenge von 500 bis 800 mm. Diese fällt – wenn überhaupt – aber nur zwischen März und Juni.

An- & Weiterreise

Der Hwy BR-101 verläuft in 25 bis 50 km Entfernung zum Meer parallel zur gesamten Küste Sergipes und Alagoas. Als Hauptverkehrsader der Region wird er auch von den meisten Überlandbussen genutzt. Die Hauptstädte Aracaju und Maceió haben die wichtigsten Regionalflughäfen.

Unterwegs vor Ort

Ob Bus, Minibus *(besta)*, Sammeltaxi *(taxi colectivo)* oder Motorradtaxi (mototaxi): Im ganzen Nordosten fährt immer irgendein Verkehrsmittel zum angepeilten bzw. nächsten Ziel.

SERGIPE

Sergipe ist flächenmäßig Brasiliens kleinster Bundesstaat. Der von Zuckerrohrfeldern geprägte Landstrich wird im Osten von einer Küste begrenzt, an der sich Sümpfe, Mangrovenwälder und Sandstreifen abwechseln. Gleich südlich der Hauptstadt Aracaju warten hübsche Strände. Und dann gibt es mit São Cristóvão und Laranjeiras noch zwei verschlafene, malerische Kleinstädte aus der Kolonialzeit.

ARACAJU

☎ 0xx79 / 550 000 Ew.

Das freundliche und bodenständige Aracaju zählt sicher nicht zu den attraktivsten Städten Brasiliens. Sein historisches Zentrum mit Fußgängerzonen und begrüntem Hauptplatz wirkt leicht abgenutzt. An den Stränden außerhalb der Stadt warten scheinbar zahllose Hotels und Restaurants auf Scharen von Sommerurlaubern. Wenn auch sonst keine Touristenhochburg, ist Aracaju dennoch ansprechend genug, um ihm vor der Weiterreise ein wenig Aufmerksamkeit zu schenken.

Geschichte

1855 zog der Regierungssitz des Bundesstaats von São Cristóvão nach Aracaju um. Ein Grund dafür war der hervorragende Tiefwasserhafen der Stadt, der dringend für die großen Zuckerfrachter aus Europa benötigt wurde. Zudem stand São Cristóvão kurz vor einem

bewaffneten Aufstand. Noch im ersten Jahr nach dem Umzug der Regierung brach in der neuen Hauptstadt eine Epidemie aus, der viele Menschen zum Opfer fielen. Für die Einwohner São Cristóvãos war dies freilich ein Omen, das Aracajus Untergang prophezeite. Im frühen 20. Jh. modernisierte man Aracaju dann umfassend mit Straßenbahnen und anderen Elementen eines modernen urbanen Lebens. Die derzeit letzte Errungenschaft ist die 2006 vollendete Brücke über den Rio Sergipe. Sie verbindet die Hauptstadt mit deren Vorort Barra dos Coqueiros und fördert so die Erschließung des ruhigen Küstengebiets.

Orientierung

Aracajus Zentrum am Rio Sergipe wird durch die Sandbank der Ilha de Santa Luzia vor dem Meer geschützt. Südlich der Flussmündung liegen die vorstädtischen Strandviertel Coroa do Meio, Jardim Atlantico (Praia dos Artistas) und Atalaia. In ihrer Gesamtheit werden sie *orla* (Ufer) genannt; hier wird tagsüber wie abends das meiste geboten.

Praktische Informationen

GELD

Banco do Brasil (Rua Geru 341, Centro)
Bradesco (Ecke Rua Geru & Av Rio Branco, Centro)
HSBC Rua Estância (Rua Estância 168, Centro); Rua São Cristóvão (Rua São Cristóvão 56, Centro)

INTERNETZUGANG

Centernet (Rua João Pessoa 64, Centro; 4 R$/Std.)

MEDIZINISCHE VERSORGUNG

Hospital Governador João Alves Filho (☎ 3216 2600; Av Tancredo Neves, América)

NOTFALL

Polizei (☎ 190)

POST

Hauptpost (Rua Laranjeiras 229, Centro)

TOURISTENINFORMATION

Emsetur (www.emsetur.se.gov.br, portugiesisch); Atalaia (Praia de Atalaia s/n); Centro (☎ 3214 8848; Rua Propriá, Centro) Das hilfreiche Hauptbüro der staatlichen Tourismusbehörde im Zentrum Aracajus verteilt kostenlose Stadtpläne. Emsetur ist auch in Rodoviária Nova vertreten.

Sehenswertes & Aktivitäten

Im kleinen, interessanten **Oceanário** (Aquarium; ☎ 3243 3214; Av Santos Dumont, Atalaia; Erw./Kind/Student

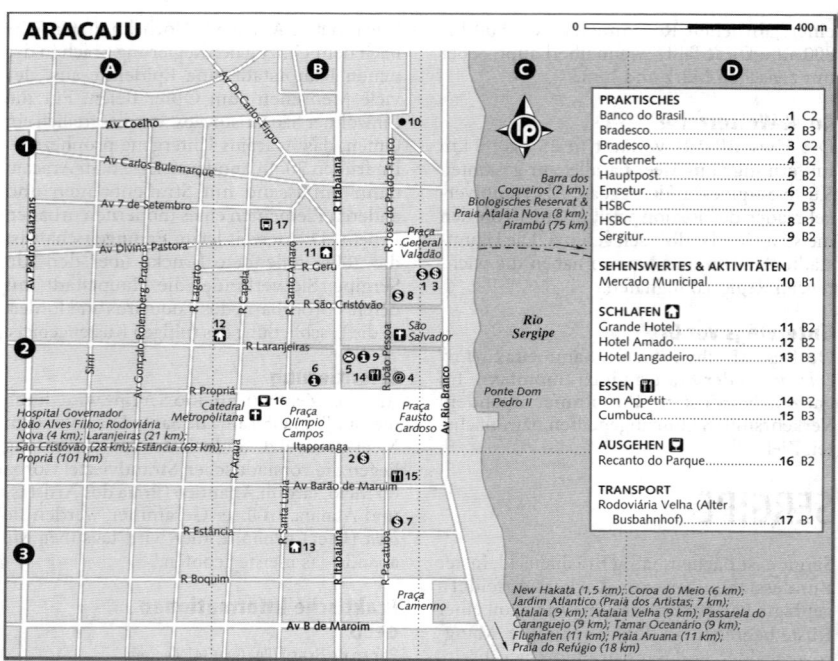

8/frei/4 R$; Di–So 9–21 Uhr) leben z. B. Meeresschildkröten, Rochen und Aale. Weitere Becken repräsentieren regionale Süßwassergebiete und deren Arten. Das Aquarium ist Teil des Tamar-Projekts (Details s. S. 509).

Einen genaueren Blick auf dieses Umweltschutz- und Bildungsprojekt bietet das **biologische Reservat** (☎ 3276 1202; Pirambú; Eintritt frei; 8–17 Uhr), wo man Aquarien mit Meeresschildkröten besichtigen und sich mit Biologen unterhalten kann. Anfahrt: mit Bussen in Richtung Pirambú, die vor dem zentralen Mercado Municipal vorbeifahren.

Apropos: Der **Mercado Municipal** (Rua José do Prado Franco, Centro; Mo–Sa 6–18, So bis 12 Uhr) zählt zu den lebhafteren Attraktionen. In dem zweistöckigen Gebäude werden eine Menge Waren verkauft oder getauscht.

STRÄNDE
Raschelnde Palmen prägen die kaum bebaute **Praia Atalaia Nova** (6 km) auf der Ilha de Santa Luzia, die den weiter südlich gelegenen Stadtstränden **Praia dos Artistas** (7 km), **Praia Atalaia** (9 km) und **Praia Aruana** (11 km) vorzuziehen ist. Diese wiederum sind stark er-

schlossen, aber bei Einheimischen sehr beliebt. Zudem kann man hier super günstige Meeresfrüchte verspeisen. Die **Praia do Refúgio** (18 km) noch weiter südlich ist der schönste und einsamste Strand in der Nähe.

Geführte Touren
Zu den diversen Tagesausflügen örtlicher Reiseagenturen zählen z. B. Katamarantrips auf dem Rio São Francisco, die z. B. zu den grünen Wassern der **Xingó**-Schlucht oder zum **Foz do São Francisco**, der Meeresmündung des Flusses, führen. Im Rahmen einer Tour erreicht man auch recht gut das ansonsten schwer zugängliche **Mangue Seco** (75 R$; S. 511) an der Grenze zu Bahia. Freunde exotischer Vögel freuen sich über Exkursionen zum **Parque dos Falcões** (www.parquedosfalcoes.com.br, portugiesisch), 45 km von Aracaju entfernt. **Ecotur** (☎ 3224 9115; www.ecotur.tur.br; geführte Touren 65 R$) erteilt weitere Details.

Nozes Tur (☎ 3243 7177; www.nozestur.com.br; Av Santos Dumont 348, Atalaia) Zu den verschiedenen Tagesausflügen zählen z. B. Katamarantrips zum Foz do São Francisco (98 R$ inkl. Mittagessen) oder ganztägige Touren zur Xingó-Schlucht (110 R$) auf dem Rio São Francisco.

Sergitur (☎ 3214 2525; www.sergitur.com.br, portugiesisch; Rua João Pessoa 71/75, Centro) Befindet sich im Einkaufszentrum Galeria Norcon und hat vergleichbare Tagestouren im Programm.

Festivals & Events

Am 1. Januar feiern die Fischer ihren Schutzheiligen **Bom Jesus dos Navegantes**, indem sie im Schlepptau von dessen Abbild den Rio Sergipe hinunterschippern. Am allergrößten ist jedoch die **Festa de São João**, die sich über den kompletten Juni erstreckt. Dabei spielen Bands *forró* (s. Kasten S. 578), jene typische Musik aus dem Nordosten Brasiliens. *Quadrilha* (eine Art Squaredance) wird ebenfalls aufgeführt. Bei der **Festa de Iemanjá** (8. Dez.) ehren Gläubige die Meeresgöttin mit Zeremonien und bringen ihr Opfergaben dar. Vor Faschingsdienstag feiert Aracaju seinen **Karneval** volle zwei Wochen lang mit Straßenpartys und anderen Events, die denen in Salvador recht nahekommen.

Schlafen

An der Praia dos Artistas und Praia Atalaia liegen die meisten örtlichen Hotels, ca. 7 bzw. 9 km von der Innenstadt entfernt. Bei kurzen Aufenthalten sind die günstigeren, aber auch tristeren Zentrumsoptionen wohl praktischer.

BUDGETUNTERKÜNFTE & MITTELKLASSEHOTELS

Grande Hotel (☎ 3211 1388; Rua Itabaiana 371, Centro; EZ/DZ 45/65 R$; 🏿) Aracajus beste Budgetunterkunft. Große, etwas betagte Zimmer mit Holzböden und ordentlich Tageslicht.

Hotel Amado (☎ 3211 9937; www.infonet.com.br/hotelamado; Rua Laranjeiras 532, Centro; EZ/DZ 50/90 R$; 🏿) Hier wurde ein altes Haus zu einem Hotel umgebaut, das mit Blumenkübeln entlang der Veranda fast hübsch wirkt. Die wenigsten der geräumigen Zimmer haben ein Fenster.

Pousada Mirante das Águas (☎ 3255 2610; www.mirantedasaguas.com.br; Rua Delmiro Golveia 711, Coroa do Meio; EZ/DZ 80/100 R$; 🏿 🛜) In zwei Blocks Ent-

---

VELHO CHICO – FLUSS DER NATIONALEN EINHEIT

Die Nordestinos müssen vom Rio São Francisco einfach mit stolzgeschwellter Brust sprechen. Der unvergleichliche São Francisco ist nach dem Amazonas und Paraguay (Paraguai) der drittwichtigste Fluss Brasiliens. Die Flussanrainer reden von ihm wie von einem guten Freund – daher der liebevolle Spitzname Velho Chico oder Chicão („Chico" ist eine Verniedlichungsform von „Francisco").

Durch seine Lage spielte dieser Strom in der Kolonialzeit eine herausragende Rolle. Sein Oberlauf fließt auf 1500 m Höhe durch die Serra da Canastra in Minas Gerais. Von dort aus schlängelt sich der Rio São Francisco nordwärts durch den Großteil des nordöstlichen *sertão* (Hinterlands). Er durchquert Minas Gerais und Bahia, wird zum Grenzfluss zwischen Bahia und Pernambuco bzw. Sergipe und Alagoas und mündet schließlich nach 3160 km in den Atlantik.

Der „Fluss der nationalen Einheit" war drei Jahrhunderte lang die einzige Verbindung zwischen der Küste und den Kleinstädten am äußersten Rand des *sertão*. Nach seiner „Entdeckung" im 17. Jh. stellte er die beste der wenigen Routen dar, die ein Vordringen in das semiaride Landesinnere des Nordostens ermöglichten. Und so erlebten die Landstriche entlang des Ufers einen Aufschwung. Wirtschaftliche Grundlage der neuen Siedlungen war die Rinderzucht, die die Goldschürfer von Minas Gerais im 18. Jh. und später die Arbeiter der *cacao* (Kakao)-Plantagen im ganzen südlichen Bahia ernährte.

Um die Geschichte dieses Gebiets ranken sich brasilianische Legenden: Diese handeln von mutigen *vaqueiros* (Cowboys des Nordostens), die das Vieh trieben, vom Handel mit Salz (zur Rindermast), vom Aufkommen des Banditentums oder von Kämpfen zwischen Großgrundbesitzern – und von merkwürdigen Phänomenen wie den Canudos (s. Kasten S. 52), die einen seltsamen religiösen Fanatismus pflegten und dann grausam vernichtet wurden.

Der langsam fließende São Francisco ist für Brasilien lebenswichtig, da er in einer Region mit verheerenden Dürreperioden zu den wenigen sicheren Wasserquellen zählt. Die reiche Obst- und Gemüseernte des nunmehr bewässerten Flusstals wird zum Teil auch exportiert. Diese lebenserhaltende Bedeutung ist sicher auch der Grund, weshalb der São Francisco im Zentrum vieler Mythen und Geschichten steht. So soll z. B. der *bicho da água* (Wasserbestie) schnaubend auf dem Flussgrund umherwandeln. Die Bewohner besänftigen diese Chimäre aus Mensch und Tier, indem sie eine Handvoll Tabak ins Wasser werfen. Die Nordestinos verehren den São Francisco als ein Geschenk, mit dem Gott die Bewohner des dürregeplagten *sertão* für ihre Leiden entschädigen will.

fernung zum Ufer gibt's Quartiere von geräumig und luftig bis beengt und düster.

Hotel Jangadeiro (☎ 3211 1350; www.jangadeirose. com.br, portugiesisch; Rua Santa Luzia 269, Centro; EZ/DZ ab 86/110 R$; ⊠ ⬛) Das schlichte graue Gemäuer beherbergt neben einer mauen Lobby auch gut gepflegte Zimmer mit großen Betten und modernen Bädern.

Pousada do Sol (☎ 3226 5500; www.psol.com.br; Rua Eng Francisco Manoel de Costa 43, Atalaia; EZ/DZ ab 131/160 R$; ⊠ ⬛) Von der toll gelegenen Pousada in Atalaia ist's nur ein Katzensprung zu vielen lokalen Uferattraktionen. Die einfachen, aber hellen *apartamentos* (Zimmer mit eigenen Bädern) werden durch extrem familienfreundliche Privathütten ergänzt.

SPITZENKLASSEHOTELS

Tropical Praia Hotel (☎ 3255 2799; www.tropicalpraia hotel.com.br; Rua Renato Fonseca Oliveira 55, Atalaia; EZ/DZ 200/220 R$; ⊠ ⬛ ⬛) Das Uferhotel hat saubere Zimmer in verschiedenen Größen. Es ist etwas in die Jahre gekommen, aber besser als andere Hotels am Meer.

Aquarios Praia Hotel (☎ 2107 5200; www.aquarios hotel.com.br; Av Santos Dumont 1378, Atalaia; DZ ab 250 R$; ⊠ ⬛ ⬛) Das attraktive, farbenfroh dekorierte Hotel besitzt eine einladende Poolbar und moderne Zimmer mit Meerblick vom Balkon.

Mercure Aracaju del Mar (☎ 2106 9100; www.del marhotel.com.br; Av Santos Dumont 1500, Atalaia; DZ ab 260 R$; ⊠ ⬛ ⬛) Geschniegelter Newcomer unter Atalaias Uferhotels: Das zeitgenössische Hochhaus mit minimalistischem Innendesign beherbergt mehrere Bars und Restaurants.

Essen & Ausgehen

Auf der Suche nach einem guten Essen oder Drink ist Atalaias die beste Adresse. Hier kann man sich prima die ganze Nacht lang vergnügen, wenn das Zentrum menschenleer und für Fußgänger nicht ganz ungefährlich ist.

Praça de Eventos (Av Santos Dumont, Atalaia; Snacks 4–8 R$) Rund um den hangarartigen Restaurantkomplex am Wasser gehen Straßenstände ihren Geschäften nach, deren Snackangebot von Crêpes und Sandwiches bis hin zu Süßspeisen aus Tapioka (Maniokstärke) reicht.

Bon Appétit (☎ 3221 1113; Rua João Pessoa 75, Centro; 16 R$/kg) Eins von mehreren einfachen Restaurants im Zentrum, die nach Gewicht bzw. pro Kilo abrechnen.

Cumbuca (☎ 3211 9122; Ecke Av Barão de Maruim & Rua Pacatuba, Centro; 20 R$/kg; ☼ Mo–Fr 7.30–18 Uhr) Leckere Fisch- und Gemüsegerichte sorgen dafür,

---

> ### KREBSSCHMAUS
>
> Obwohl Aracaju nicht gerade eine kulinarische Hochburg ist, gibt's hier eine besonders saftige Spezialität: frische, leckere Krebse. Gleich südlich von Atalaia servieren die uferseitigen Freiluftrestaurants der beliebten Passarela do Caranguejo (Krebsgasse) dieses bekannte Lokalgericht – einfach nach Schildern mit dem Angebot *caranguejo dobrado* (zwei Krebse zum Preis von einem) Ausschau halten.

---

dass das moderne *por-kilo*-Mittagslokal eine Stufe oberhalb der Konkurrenz im Centro rangiert. Morgens empfiehlt sich seine Kaffeetheke mit starkem Espresso und zuckerbestäubtem Gebäck zum Mitnehmen.

LP Tipp Parati (☎ 3227 2100; www.praiaparati.com. br; Rodovia José Saney 47, Praia do Refúgio; Hauptgerichte 20–40 R$) Aracajus bestes Restaurant serviert super Seafood-Platten mit preisverdächtigen Krabben- und Shrimpvariationen. Von idyllischen Freilufttischen blickt man auf einen der schönsten Strände der Umgebung, der sich ca. 10 km südlich von Atalaia erstreckt.

O Miguel (☎ 3243 1444; www.restauranteomiguel.com. br; Av Antônio Alves 340, Atalaia Velha; Hauptgerichte 22–40 R$) Ein Toplokal für die Küche des Nordostens und Spezialist für leckeres *carne de sol* (gegrilltes Pökelfleisch mit Bohnen, Reis und Gemüse).

New Hakata (☎ 3213 1202; www.newhakata.com.br; Av Beira Mar s/n, Treze de Julho; Abendessen für 2 Pers. 80 R$; ☼ abends) Das beliebte japanische Restaurant direkt neben dem Iate Clube (Jachtclub) lockt die Massen mit frischen Meeresfrüchten, Sushi (All You Can Eat) und Livejazz (Mi ab 19 Uhr, 35–40 R$).

Recanto do Parque (Praça Olímpio Campos; ☼ Mo–Sa 12–20 Uhr) Lässige Freiluftdrinks unter den Bäumen an der Plaza.

Cariri (☎ 3243 1379; www.cariri-se.com.br, portugiesisch; Av Santos Dumont 530, Atalaia; ☼ 22 Uhr–open end) An der Passarela do Caranguejo. Zu den Gerichten des Nordostens zu live gespieltem *forró* im Traditionsstil *pé de serra* (Luis Gonzagas typischer „Fußhügel"-forró).

Shoppen

In Aracaju kann man an mehreren Stellen gut nach Kunsthandwerk stöbern. Dazu gehört das Dutzend Läden am Hof hinter der **Emsetur-Touristeninformation** (Rua Propriá, Centro). Die Geschäfte sind auf handgefertigte Stickereien spezialisiert. Eine größere Auswahl gibt's an der **Praça de Eventos** (Av Santos Dumont, Atalaia), wo Kunsthandwerkshändler nach Sonnenuntergang auf Kunden warten.

An- & Weiterreise

BUS

Die meisten Fernbusse starten 4 km östlich des Zentrums an der **Rodoviária Nova** (Neuer Busbahnhof; ☎ 3259 2848).

Bomfim (☎ 3211 2210; www.bomfim.com.br, portugiesisch) schickt Busse nach Salvador (50–78 R$, 4–6 Std., 8-mal tgl.), Maceió (43–77 R$, 4–5 Std., 4-mal tgl.) und Penedo (16 R$, 3 Std., 1-mal tgl.). **Real Alagoas** (☎ 3259 2832; www.realalagoas.com.br) rollt nach Recife (68 R$, 5 Std.). Für die Weiterfahrt nach Penedo empfehlen sich die schnelleren und direkteren, wenn auch teureren Minibusse (30 R$, 4-mal tgl.) – einfach vor Ort nach deren aktuellen Abfahrtsorten fragen. Alternativ nimmt man einen der mehrmals täglich fahrenden Busse von **Santa Maria** (☎ 3259 3000) nach Neópolis (11 R$, 2 Std.) und steigt dort in eine Fähre um (s. S. 564).

An der **Rodoviária Velha** (Alter Busbahnhof; ☎ 3214 2578; Centro) brechen Busse von **Coopertalse** (☎ 3259 3028; www.coopertalse.com.br, portugiesisch) und Santa Maria in Richtung Propriá (8 R$, 2 Std., 10-mal tgl.) auf.

FLUGZEUG

Avianca (☎ 4004 4040; www.avianca.com.br), **Gol** (☎ 0800-200 0465; www.voegol.com.br) und **TAM** (☎ 3212 8567; Flughafen) fliegen von Aracajus **Flughafen** (IATA-Code AJU; ☎ 3212 8500) direkt oder mit Umsteigen zu anderen brasilianischen Städten.

Unterwegs vor Ort

BUS & TAXI

Neben der Rodoviária Nova fahren Stadtbusse an einer großen Station mit giebelartigen Dächern ab. Alle Busse in Richtung Rodoviária Velha (z. B. die Linien Centro oder Terminal Rodoviária/Desembarcador) rollen zum Zentrum.

Von der Rodoviária Velha fährt Bus Circular Cidade 02 (2,10 R$) entlang der Av Rio Branco südwärts zur Endhaltestelle in Atalaia (Terminal Integração Atalaia). Dort startet Bus Circular Praias 01 zu den südlichen Stränden. Von den Stränden zum Centro geht's mit der Linie Santa Tereza/Bairro Industrial. Wer dem Bussystem nicht traut, gelangt z. B. mit

Disk Táxi (☎ 3241 1342) für ca. 25 R$ vom Zentrum nach Atalaia.

VOM/ZUM FLUGHAFEN

Der Flughafen von Aracaju liegt 11 km südlich des Zentrums. Taxis vom Zentrum zum Flughafen kosten ca. 30 R$. An der Rodoviária Velha startet ein Stadtbus mit Ziel Aeroporto.

MIETWAGEN

Die meisten Autovermieter – u. a. **Sergiloc** (☎ 3255 2323; www.sergiloc.com.br; Av Mário Jorge Vieira 2746) – findet man am oder nahe dem Ufer von Atalaia. Leihwagen ohne Kilometerbegrenzung gibt's ab 95 R$ pro Tag (inkl. Steuern).

LARANJEIRAS

☎ 0xx79 / 25 000 Ew.

Sergipes Juwel aus der Kolonialzeit wird von drei grünen Hügeln eingefasst, auf deren Gipfeln Kirchen thronen. Das ruhige und erhabene Laranjeiras erinnert ein wenig an Penedo (S. 562). Kolonialzeitliche Bauten mit Terrakottadächern und Aussicht auf den gewundenen Rio Cotinguiba säumen malerische Pflasterstraßen. Irgendwie scheinen sämtliche moderne Errungenschaften an Laranjeiras vorübergegangen zu sein. Auf Besucher warten schlichte Kirchen und Museen, die einen Eindruck vom reichen regionalen Kulturerbe vermitteln. Und in der Umgebung verstecken sich verfallene alte Zuckerraffinerien und Landsitze.

Laranjeiras wurde 1605 gegründet. Im 18. und 19. Jh. entwickelte es sich zum Handelszentrum der ertragreichen Zucker- und Baumwollplantagen im Umland. Einst gab es in und um Laranjeiras über 60 Zuckerfabriken, die für den Export nach Europa bestimmte Produkte den Rio Cotinguiba hinunter nach Aracaju schickten.

Praktische Informationen

Im Trapiche-Gebäude findet sich eigentlich immer jemand, der Fragen zu Sehenswürdigkeiten beantworten kann. Hier und im Bereich des Busbahnhofs warten kostenlose Führer der Stadtverwaltung und deren kommerzielle Kollegen (ca. 20 R$) auf Besucher.

Sehenswertes

Das imposante **Trapiche** gegenüber vom Busbahnhof stammt aus dem 19. Jh. und beherbergte früher Fracht, die auf ihre Verschiffung flussabwärts wartete.

SERGIPE & ALAGOAS

Ein paar Kilometer von der Stadt entfernt steht in reizender Lage eine teilweise restaurierte Zuckerraffinerie, die schlicht **Engenho** (Mühle) genannt wird. Sie befindet sich in Privatbesitz und ist generell nicht öffentlich zugänglich, kann aber eventuell durch Vermittlung eines Führers besichtigt werden.

KIRCHEN

Auf dem Gipfel des Alto do Bonfim (Bonfim-Höhe) liegt die malerische **Igreja NS do Bonfim** aus dem 19. Jh. Obwohl die Kirche oft geschlossen ist, lohnt die super Aussicht den Aufstieg allemal; der Straße links von Nice's Restaurant folgen.

Draußen am Engenho Boa Sorte, 4 km den Fluss aufwärts, steht die barocke **Igreja de Comandaroba**, die 1734 von Jesuiten erbaut wurde. Nur ein paar Führer haben Schlüssel für das Gotteshaus, das trotz früherer Restaurationsbemühungen leider in schlechtem Zustand ist. Von hier aus führt ein 1 km langer Tunnel zur großen **Gruta da Pedra Furada**, in der einst Messen stattfanden. Ursprünglich legten Jesuiten die künstliche Höhle an, um ihren Verfolgern zu entkommen.

MUSEEN

Das **Museu de Arte Sacra** (Museum für sakrale Kunst; Praça Dr Heráclito Diniz Gonçalves; Eintritt 2 R$; ☉ Di–Fr 10–17, Sa & So 13–17 Uhr) ist in einem wunderschön restaurierten Haus aus der Kolonialzeit direkt neben der Igreja da Matriz an der Hauptplaza untergebracht. In dem 1897 errichteten Gebäude sind noch die originalen Holzböden und Wände mit handgemalten Blumenverzierungen zu sehen. Die Führungen (auf Portugiesisch) zeigen Stücke, die aus Kirchen in der Umgebung zusammengetragen wurden. Im letzten Raum des Museums sind lebensgroße Holzstatuen von Heiligen zu bestaunen, von denen einige bei religiösen Prozessionen zum Einsatz kommen. Die Figuren des Christus unterm Kreuz und der Schmerzensmadonna (NS das Dores) haben echte Haare, gespendet von Gläubigen, deren Gebete erhört wurden. Die Wechselausstellungen befassen sich mit der zeitgenössischen Kultur (beim letzten Besuch wurde eine Sammlung unüblicher Fotografien ausgestellt, die Einheimische bei der Selbstgeißelung als Teil einer religiösen Feierlichkeit zeigte).

Laranjeiras gilt als Hochburg der afrobrasilianischen Kultur in Sergipe. Im **Museu Afro-Brasileiro** (☎ 3281 2418; Rua José de do Prado Franco 19; Eintritt 2 R$; ☉ Di–Fr 10–17, Sa & So 13–17 Uhr) erklärt ein kenntnisreicher Führer (auf Portugiesisch) anhand von Exponaten, wie Zucker hergestellt und Sklaven gefoltert wurden, und erzählt von den afro-brasilianischen Religionen und kulturellen Traditionen in Laranjeiras.

Festivals & Events

In der letzten Januarwoche steigt in Laranjeiras die **Festa de Reis** (alias Encontro Cultural), ein religiös geprägtes Folklorefestival mit Musik und Tanz. Noch authentischer ist die **Semana Folclórico** (Folklorewoche), die meist in

---

WUNDERMACHER

In vielen Schreinen und Kirchen des Nordostens finden sich aus Holz geschnitzte Köpfe, Arme, Füße oder andere Körperteile, die von der Decke hängen oder in einem extra Raum stapelweise in Körben liegen. Diese Votivgaben verbinden Religion und volkstümliche Kunst auf einzigartige Weise: Sie werden *milagres* (Wunder) genannt und von Gläubigen gespendet, die um die Heilung bestimmter Leiden wie verletzter Gliedmaßen oder angeborener Missbildungen bitten. Im Gegenzug legen die Bittsteller ein Gelübde ab (meist vor einem bestimmten Heiligen). Dabei versprechen sie z. B. die Aufgabe ihres sündhaften Lebenswandels oder eine lange Wallfahrt, die mitunter sogar auf Knien vollzogen wird.

Die Hersteller der Votivgaben sind oft autodidaktische Kunsthandwerker, deren Arbeiten einen fast kubistischen, primitiven Charakter haben. Besonders talentierte „Wundermacher" formen ihre Werke manchmal nach dem Modell des Leidenden aus Holz oder Ton. Der Ursprung dieses Brauchs ist bis heute unbekannt. Wahrscheinlich gehen die *milagres* auf eine Kombination aus alten iberischen, afrikanischen und indigenen Traditionen zurück. In manchen Gemeinden hält man sie für magische Objekte, die die jeweiligen Gebrechen in sich aufsaugen können.

Viele Kirchen und Schreine des *sertão* (Hinterlands) stellen solche Stücke in einer *casa dos milagres* (Wunderhaus) aus. Besuchern religiöser Feste bieten die *milagre*-Macher ihre Dienste gegen geringes Entgelt an.

der zweiten Augustwoche stattfindet. Bunte religiöse Prozessionen gibt's auch in der **Semana Santa** (Karwoche).

Schlafen & Essen

Pousada Vale dos Outeiros (☎ 3281 1096; Rua José do Prado Franco 124; EZ/DZ 20/45 R$;) Die einzige Pousada der Stadt hat kleine, einfache und recht saubere Zimmer, von denen man teilweise auf die umliegenden Hügel blickt.

Nice's Restaurant (☎ 3281 2883; Praça da Matriz; Hauptgerichte 12–20 R$) Lässiges Lokal am zentralen Platz mit super Grillfleisch und Meeresfrüchten. Tipp: die Tische auf der luftigen Veranda.

An- & Weiterreise

Die Busse von Coopertalse und São Pedro verbinden Laranjeiras mit der 21 km entfernten Rodoviária Velha in Aracaju (2,10 R$, 25 Min., 6–21.30 Uhr, alle 30 Min.). Sammeltaxis ohne offizielle Registrierung fahren dieselbe Strecke zum gleichen Preis. Wer von Norden her auf dem Hwy BR-101 anreist, steigt an der Abzweigung nach Laranjeiras aus und legt die letzten 4 km zur Stadt per pedes oder Mitfahrgelegenheit zurück.

SÃO CRISTÓVÃO

☎ 0xx79 / 75 000 Ew.

Auf einem steilen Hügel mit herrlichem Blick auf die umliegende Landschaft liegt die Altstadt von São Cristóvão. Verschlafene, kolonialzeitliche Gebäude aus dem 17. und 18. Jh säumen enge, mit Steinen gepflasterte Straßen und die wenigen breiten Plazas. Das 1590 gegründete São Cristóvão, angeblich die viertälteste Stadt in Brasilien, war bis 1855 die Hauptstadt Sergipes. Pousadas gibt's keine; von Aracaju aus ist es allerdings ein entspannter und lohnender Tagestrip hierher.

In São Cristóvão gibt es etliche Kirchen zu besichtigen. Besonders bemerkenswert ist die **Igreja de Senhor dos Passos** (Praça NS dos Passos; Eintritt frei), deren Deckengemälde von José Teófilo de Jesus stammt.

In der **Igreja e Convento de São Francisco** ist das tolle **Museu de Arte Sacra** (Praça São Cristóvão; Eintritt 2 R$; Di–Fr 9–17, Sa & So 13–17 Uhr) untergebracht. Es zeigt rund 500 Werke aus dem 17. Jh. Auf der gegenüberliegenden Seite der Plaza, im früheren **Palácio do Governo**, findet man das **Museu Histórico Sergipe** (☎ 3261 1435; Praça São Francisco; Eintritt 2 R$; Di–So 13–17 Uhr). Hier sind Gemälde von Carybé und anderen Künstlern aus dem Nordosten zu sehen. Ein Raum wird vor allem Fans des Gesetzlosen Lampião begeistern. Zudem gibt's antike Möbelstücke und andere Überbleibsel aus vergangenen Zeiten.

Mitte Dezember erwacht die Stadt beim **Festival de Arte de São Cristóvão** für eine Woche zum Leben. Dann demonstrieren bekannte Bands und Tanzgruppen aus ganz Brasilien ihr Können. Außerdem gibt's Theatervorstellungen und Kunstausstellungen.

Das **Restaurante O Sobrado** (☎ 3261 1310; Praça da Matriz 40; Hauptgerichte 12–18 R$; 7.30–21.30 Uhr) serviert in einem alten Gebäude mit Blick auf eine begrünte Plaza gegrilltes Fleisch und andere Standardgerichte. Gleich daneben befindet sich die freundliche **Casa de Queijada** (Praça da Matriz 36; Süßwaren 1 R$; 8–12 & 14–18 Uhr), wo man *queijadas* (Käsegebäck) und andere regionale Delikatessen bekommt.

Auf der 28 km langen Strecke zwischen São Cristóvão und dem Rodoviária Velha in Aracaju (2,50 R$, 45 Min.) fahren viele Busse. Die Stadt ist 8 km vom Hwy BR-101 entfernt.

ALAGOAS

MACEIÓ

☎ 0xx82 / 940 000 Ew.

Das moderne, überschaubare Maceió mit seinem wunderbaren Strand zählt zu den angesagten Reisezielen im Nordosten, die stark im Kommen sind. Hier gibt's recht ruhige Straßen und eine kleine, aber brummende Restaurant- und Barszene. Maceió ist außerdem das Tor zu herrlich idyllischen Küstenstreifen im Norden und Süden. Die Stadtstrände mit ihrem pulvrigen Sand werden von intensiv smaragdgrünem Wasser, Palmen und bunt bemalten *jangadas* (traditionellen Segelbooten) gesäumt. Abends flanieren Einheimische auf dem gewundenen Strandweg an strohgedeckten Restaurants und Fußballfeldern unter Palmen vorbei. Da das eigentliche Sightseeing in Maceió schnell abgehakt ist, hat man ausgiebig Zeit, um in der Sonne zu brutzeln und die relaxte Atmosphäre aufzusaugen.

Orientierung

Maceió liegt auf einer zerklüfteten Halbinsel zwischen der Lagoa Mundaú und dem Ozean. Es gibt zwei zentrale Areale: den örtlichen Hafen und das Gebiet, das die Praia de Pajuçara und Praia dos Sete Coqueiros von der Praia de Ponta Verde und der langen Praia de

SERGIPE & ALAGOAS

Jatiúca weiter im Norden trennt. Das Centro ist in der Nähe des Meeres, 2 km von Pajuçara und 4 km von Ponta Verde entfernt.

Praktische Informationen

GELD

Geldautomaten der größten Banken gibt's auch im rund um die Uhr geöffneten Lebensmittelladen Bom Preço in Pajuçara.

Banco do Brasil (Rua João Pessoa, Centro)

Bradesco (Geldautomat) (Av Senador Robert Kennedy, Ponta Verde)

INTERNETZUGANG

Internet Cybercafé (Av Dr Antônio Gouveia 1113, Pajuçara; 3 R$/Std.) In einer Einkaufspassage.

MEDIZINISCHE VERSORGUNG

Unimed (☎ 3215 2000; Av Dom Antônio Brandão, Farol)

NOTFALL

Polizei (☎ 190)

Pronto Socorro (Ambulanz; ☎ 3221 5939)

POST

Hauptpost (Rua João Pessoa, Centro)

REISEBÜROS

Aeroturismo Centro (☎ 3218 2000; Rua Barão do Penedo 61, Centro); Pajuçara (☎ 2126 6060; Av Antônio Gouveia 971, Pajuçara) Ist auch am Flughafen vertreten und wenig hilfsbereit, wenn man keine Tour bucht. Immerhin gibt's kostenlose Stadtpläne; wechselt Reiseschecks.

Jaraguá Turismo (☎ 3337 2780; www.jaraguaturismo.com; Rua Jangadeiros Alagoanos 712, Pajuçara) Organisiert Stadtführungen, Mietwagen und Trips entlang der Küste.

Sehenswertes & Aktivitäten

Das **Museu Théo Brandão** (☎ 3221 2651; Av da Paz 1490, Centro; Eintritt 2 R$; ⏰ Di–Fr 9–17, Sa–Mo 14–17 Uhr) befindet sich in einem schön renovierten Ufergebäude aus der Kolonialzeit. Seine tollen Ausstellungen widmen sich der Geschichte und Kultur des Bundesstaats. Am eindrucksvollsten ist der Kopfschmuck für Festivals: Die bis zu 35 kg schweren Stücke in Form von Kirchen strotzen vor Spiegelplättchen, Perlen und bunten Bändern. Abends werden hier manchmal traditionelle Tänze aufgeführt.

STRÄNDE

Maceiós ruhige, smaragdgrüne Küstengewässer werden von einem vorgelagerten Riff geschützt.

MACEIÓ

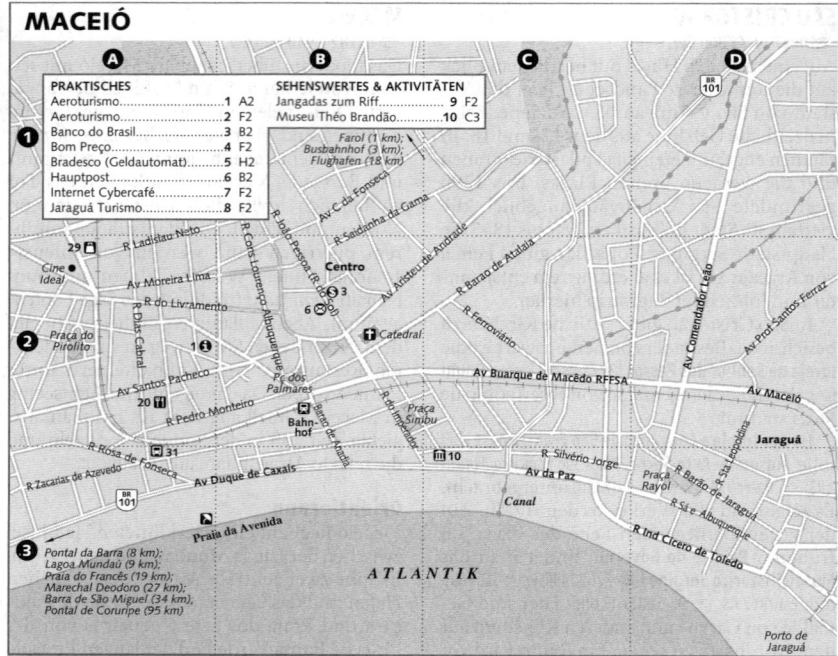

PRAKTISCHES			SEHENSWERTES & AKTIVITÄTEN		
Aeroturismo	1	A2	Jangadas zum Riff	9	F2
Aeroturismo	2	F2	Museu Théo Brandão	10	C3
Banco do Brasil	3	B2			
Bom Preço	4	F2			
Bradesco (Geldautomat)	5	H2			
Hauptpost	6	B2			
Internet Cybercafé	7	F2			
Jaraguá Turismo	8	F2			

Farol (1 km);
Busbahnhof (3 km);
Flughafen (18 km)

Cine Ideal

R Ladislau Neto

Av Moreira Lima

R do Livramento

R Dias Cabral

Praça do Pirolito

Av Santos Pacheco

R Pedro Monteiro

R Rosa de Fonseca

R Zacarias de Azevedo

Av Duque de Caxias

Praia da Avenida

Pontal da Barra (8 km);
Lagoa Mundaú (9 km);
Praia do Francês (19 km);
Marechal Deodoro (27 km);
Barra de São Miguel (34 km);
Pontal de Coruripe (95 km)

R João Pessoa

Av C da Fonseca

Av Saúdinha da Gama

R Cons Lourenço Albuquerque

Pç dos Palmares

Centro

Catedral

Av Aristeu de Andrade

R Barão de Atalaia

R Ferroviário

Av Buarque de Macêdo RFFSA

Av Comendador Leão

Av Prof Santos Ferraz

Praça Sinibu

Bahnhof

R Barão de Atalaia

R Silvério Jorge

Av da Paz

Praça Rayol

R Barão de Jaraguá

R Sá e Albuquerque

Jaraguá

Av Maceió

R Leopoldo

Canal

R Ind Cícero de Toledo

ATLANTIK

Porto de Jaraguá

Zu den schönsten und beliebtesten Stadtstränden zählen die **Praia de Ponta Verde** (4 km vom Zentrum entfernt) und **Jatiúca**. Dort kann man zwei Liegestühle plus Sonnenschirm für ca. 8 R$ pro Nachmittag ausleihen. Achtung: Die Praia do Sobral und die Praia da Avenida in Zentrumsnähe sind verschmutzt! An der **Praia de Pajuçara** und der **Praia dos Sete Coqueiros** sieht es manchmal auch nicht besser aus.

Als schönste Strände nördlich der Stadt gelten **Garça Torta** (14 km) und **Pratagi** (17 km). Auch **Jacarecica** (9 km), **Guaxuma** (12 km) und **Riacho Doce** (17 km) sind tropische Paradiese. Hin gelangt man jeweils mit dem Küstenbus Riacho Doce Richtung Norden.

Geführte Touren

Bei Niedrigwasser segeln *jangadas* von der Praia de Pajuçara 2 km weit zu vom Riff geformten Naturbecken hinaus (20 R$). An betriebsamen Tagen wimmelt es hier von Menschen, die den Grund wenig schnorchelfreundlich aufwirbeln und Drinks von den umherflitzenden Kellnern schwimmender Bars bekommen. Solche Trips sind mit beliebigen Segelbooten möglich – einfach frühzeitig Infos zu Ablegezeiten einholen oder bei Strandspaziergängen auf werbende Kapitäne warten.

Vom nahegelegenen Dorf Pontal da Barra (s. „Shoppen" S. 560) schippern Schoner um ca. 9 und 13 Uhr zu den Nove Ilhas (Neun Inseln). Diese Touren (30 R$, 4 Std.) über die Lagoa Mundaú legen einen Zwischenstopp an deren Meeresmündung ein. Sie starten in Pontal da Barra an uferseitigen Lokalen wie **O Peixarão** (☎ 3325 7011) oder **Alípio** (☎ 3351 9151) und lassen sich auch über örtliche Reisebüros arrangieren.

Festivals & Events

Als größtes Lokalevent entspricht das **Maceió Fest** in der dritten Novemberwoche einem separaten Karneval im Stil Salvadors. Wie beim eigentlichen Karneval ist die Stadt dann menschenleer, weil alles an die Strände strömt – vor allem an die Barra de São Miguel (S. 561).

Schlafen

Die beste Hotelauswahl gibt's draußen an den Stränden. Von allen Strandvierteln hat Paju-

SERGIPE & ALAGOAS

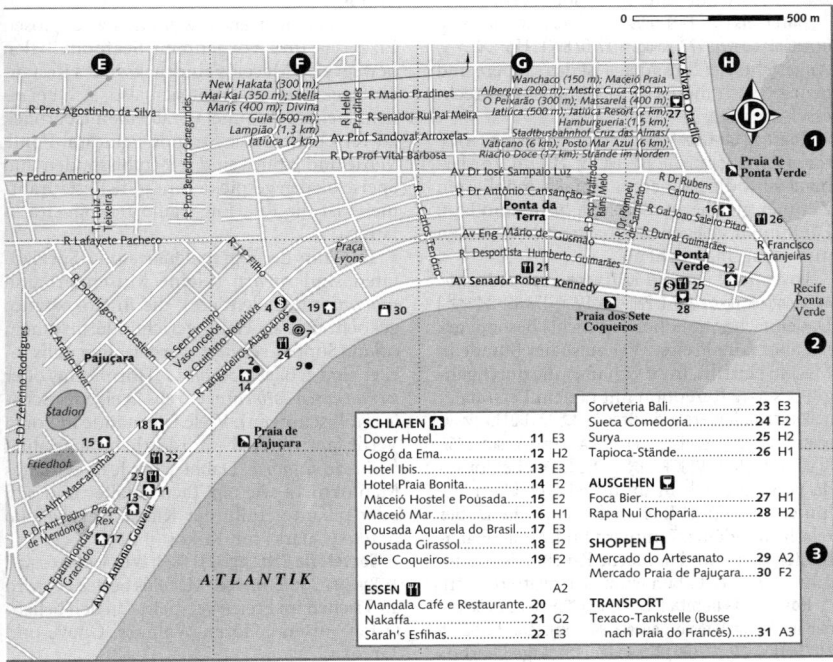

SCHLAFEN			Sorveteria Bali	23	E3
Dover Hotel	11	E3	Sueca Comedoria	24	F2
Gogó da Ema	12	H2	Surya	25	H2
Hotel Ibis	13	E3	Tapioca-Stände	26	H1
Hotel Praia Bonita	14	F2			
Maceió Hostel e Pousada	15	E2	**AUSGEHEN**		
Maceió Mar	16	H1	Foca Bier	27	H1
Pousada Aquarela do Brasil	17	E3	Rapa Nui Choparia	28	H2
Pousada Girassol	18	E2			
Sete Coqueiros	19	F2	**SHOPPEN**		
			Mercado do Artesanato	29	A2
ESSEN			Mercado Praia de Pajuçara	30	F2
Mandala Café e Restaurante	20	A2			
Nakaffa	21	G2	**TRANSPORT**		
Sarah's Esfihas	22	E3	Texaco-Tankstelle (Busse nach Praia do Francês)	31	A3

çara die günstigsten Unterkünfte. Allgemein übernachtet man in Maceió ziemlich teuer.

BUDGETUNTERKÜNFTE & MITTELKLASSEHOTELS

LP Tipp Maceió Hostel e Pousada (☎ 3231 7762; www.maceiohostel.com.br; Rua Almirante Mascarenhas 85, Pajuçara; B/DZ/3BZ 35/90/120 R$; ✖ ☎) Tolle Budgetoption in ein paar Blocks Entfernung zum Strand: Das attraktive neue Hostel ist etwas beengt (die Vierbettzimmer bieten wenig Platz für Gepäck), aber freundlich und gut organisiert. Seine einfachen, blitzsauberen Doppelzimmer haben große Schließfächer und gute Duschen.

Maceió Praia Albergue (☎ 3231 2246; alag@superig.com.br; Rua Abdon Arroxelas 327, Ponta Verde; B/DZ 40/99 R$; ✖ ☎) Bei der HI-Herberge (früher Alagamar Hostel) bemängeln Traveller winzige Quartiere und kalte Duschen. Pluspunkte sammeln die breite Frontveranda, ein Fernsehzimmer und alle üblichen Annehmlichkeiten.

Gogó da Ema (☎ 3327 0329; www.hotelgogodaema.com.br; Rua Francisco Laranjeiras 97, Ponta Verde; EZ/DZ 80/100 R$; ✖) Das fünfstöckige Gogó da Ema steht unweit zweier reizender Strände an einer ruhigen Straße. Die recht öden, betagten Zimmer grenzen an Flure mit bunten Wandbildern.

Hotel Ibis (☎ 2121 6699; www.accorhotels.com.br; Dr Antônio Gouveia 277, Pajuçara; EZ/DZ 89/119 R$; ✖ ☎) Angesichts der Strandlage ist das saubere und genretypisch moderne Hochhaushotel recht erschwinglich.

Pousada Girassol (☎ 3231 4000; Rua Jangadeiros Alagoanos 535, Pajuçara; EZ/DZ 100/120 R$; ✖) Im Vorderhaus sind die sauberen, einfach möblierten Zimmer gleichermaßen hell, luftig und laut. Die hinten gelegenen Quartiere bekommen nur wenig Tageslicht ab.

Dover Hotel (☎ 4009 5077; www.dover-hotel.com.br; Av Dr Antônio Gouveia 361, Pajuçara; DZ ab 128 R$; ✖ ☎) Das einfache Strandhotel ist nichts Besonderes, hat aber faire Preise. Wer so später Stunde in Maceió eintrifft, freut sich über die durchgängig besetzte Rezeption mit nettem Personal.

Pousada Aquarela do Brasil (☎ 3231 0113; www.pousadaaquareladobrasil.com; Rua Des Almeida Guimaraes 367, Pajuçara; DZ/3BZ 140/180 R$; ✖) Die hübsche Pousada versteckt sich in unmittelbarer Ufernähe hinter dem Hotel Ibis. In den einfachen, aber relativ mondänen Zimmern findet man Flachbildfernseher und moderne Kunst. Die Erdgeschosszimmer haben winzige Privatterrassen.

Hotel Praia Bonita (☎ 2121 3700; www.praiabonita.com.br; Av Dr Antônio Gouveia 943, Pajuçara; EZ/DZ ab 140/160 R$; ✖ ☎ ▣) Das zweistöckige Uferho-

tel ist modern und attraktiv gestaltet. Die einfachen, fröhlichen Zimmer besitzen große Fenster.

SPITZENKLASSEHOTELS

Sete Coqueiros (☎ 3213 8583; www.hotelsetecoqueiros.com.br; Av Dr Antônio Gouveia 1335, Pajuçara; EZ/DZ ab 210/300 R$; ✖ ☎ ▣) Mit limonengrünen Tagesdecken und künstlichen Holzelementen erinnert die Deco an den Nobelstil der 1970er-Jahre. Ob man diesen Look nun amüsant oder altbacken findet, eines dürfte sicher sein: Das Uferhotel ist hell und komfortabel.

Maceió Mar (☎ 2122 8000; www.maceiomarhotel.com.br; Av Álvaro Otacílio 2991, Ponta Verde; DZ ab 300 R$; ✖ ☎ ▣) Die geräumigen, hellen Zimmer des strandseitigen Hochhaushotels warten allesamt mit durchgängigen Fenstern und Meerblick auf.

Jatiúca Resort (☎ 2122 2000; www.hoteljatiuca.com.br; Lagoa da Anta 220, Mangabeiras; DZ ab 320 R$; ✖ ▣) Das große Gelände am nördlichen Stadtrand grenzt gleichzeitig an die Lagune und den Ozean. Es hat Sportanlagen und einen Pool à la Tropenlagune.

Essen

Von lässig bis trendy, zwischen zwanglosen Pizzerias und vornehmen Seafoodlokalen bewegt sich Maceiós eindrucksvolles Restaurantspektrum. Es lohnt sich also, sich bei einem kleinen Bummel vorab einen Überblick zu verschaffen. Die Strände Pajuçara, Ponta Verde und Jatiúca sind mit Imbissbuden und Speiselokalen gespickt. Eine gute Restaurantmeile ist die Rua Eng Paulo B Nogueira in Jatiúca.

Die Stars der regionalen Seafood-Spezialitäten sind *sururu* (kleine Muscheln) und *maçunim* (Schalentiere), die in Kokossauce gekocht und als Hauptgericht oder in einem *caldo* (Suppe) serviert werden. Ebenfalls lecker sind z. B. *peixe agulha* (Hornhecht) oder *siri na casca com coral* (Krebs in eigener Schale mit Fischrogen). Viele Uferstände in Ponta Verde fabrizieren die nordöstliche Spezialität *beiju de tapioca*: Dabei wird festgekochtes Maniokmehl wie ein Taco gefaltet und süß oder pikant gefüllt; der Klassiker ist *queijo coalho* (Quark) mit Kokos (4 R$).

Sorveteria Bali (☎ 3231 8833; Av Dr Antônio Gouveia 45, Pajuçara; 2,50 R$/Eiskugel) Maceiós bestes Eis wird an Tischen im Freien verspeist. Zu den beliebtesten Sorten gehören Walnuss, Guave und Tapioka.

Hamburgueria (☎ 3235 3772; Av Álvaro Otacílio 6595, Ponta Verde; Hauptgerichte 7–14 R$) Das stilvolle, farbenfroh gestaltete Bistro hat eine Vorliebe für Vinyl. Seine Stammkunden schwelgen in leckeren Riesensandwiches, Salaten und Säften. Die Electrosounds stehen im krassen Gegensatz zum lahmen Service.

Nakaffa (☎ 3235 6459; Av Silvio Carlos Luna Viana 1785, Ponta Verde; Snacks 12 R$; ☾ Mo–Sa 12–24, So 10–24 Uhr) Das coole, zeitgenössische Café ist Spezialist für schaumigen Cappuccino, leichte Salate, Sandwiches und dekadente Schokodesserts.

Sarah's Esfihas (☎ 3327 8877; Rua Dr Lessa de Azevedo 59, Pajuçara; Hauptgerichte 12–18 R$; ☾ 15–22 Uhr) Toll für kleine Snacks: Die Freilufttische des populären Nahostlokals füllen sich abends mit jungen Gästen. Auf Bestellung werden hier *esfihas* serviert, luftige Fladenbrote, belegt oder gefüllt. Die *quatro queijos* (*esfiha* mit vier Käsesorten) sind himmlisch.

Massarela (☎ 3325 6000; Rua José Pontes Magalhães 271, Jatiúca; Hauptgerichte 12–25 R$; ☒) Fans von hausgemachter Pasta und Steinofenpizza sind mit dem Massarela bestens beraten. Für authentische Atmosphäre sorgen Käse und Teller, die dekorativ an der Decke hängen.

Stella Maris (☎ 3235 3939; Rua Eng Paulo B Nogueira 290, Jatiúca; All You Can Eat 14 R$) Das Preis-Leistungsverhältnis der spartanischen *churrascaria* (Grillrestaurant) mit ihrem saftigen Grillfleisch ist kaum zu schlagen.

Divina Gula (☎ 3235 1016; Rua Eng Paulo B Nogueira 85, Jatiúca; Hauptgerichte 16–24 R$) Die lokale Institution ist auf die herzhafte Küche von Minas Gerais und dem Nordosten spezialisiert. Die *picanhas* (Steaks) sind so super wie das *carne de sol* mit Kochbananen, Mais und Zucchini.

Mestre Cuca (☎ 3327 1970; Av Deputado José Lages 453, Ponta Verde; 20 R$/kg) Auf der klasse Mittagskarte des schlichten SB-Restaurants stehen regionaltypische Gerichte und Salate.

Sueca Comedoria (☎ 3327 0359; www.suecacomedoria.com.br; Av Dr Antônio Gouveia 1103, Pajuçara; Hauptgerichte 20–28 R$; ☾ tgl. mittags, Mo–Fr abends) Das schicke Lokal gegenüber vom Strand tischt in erster Linie frische Meeresfrüchte und einfallsreiche Regionalküche auf.

Mandala Café e Restaurante (☎ 3323 7863; Rua Barão de Maceió 105, Centro; 22 R$/kg; ☾ Mo–Fr mittags, Fr & Sa ab 20 Uhr Livemusik & Drinks) Im restaurantarmen Centro ist der hippe Laden eine echte Travelleroase. Er fungiert auch als Galerie und Bühne für akustische Livemusik. Gäste füllen ihren Teller an der SB-Mittagstheke oder lauschen abends den Künstlern bei einer kalten *cerveja* (Bier).

Surya (☎ 3377 0042; Rua Desportista Humberto Guimarães 882, Ponta Verde; 25 R$/kg; Ⓥ) Zählt zu Maceiós besten vegetarischen Restaurants und serviert Gesundes (Salate, Sandwiches, Säfte) in friedlicher Lage.

LP Tipp **Wanchaco** (☎ 3377 6114; Rua São Francisco de Assis 93, Jatiúca; Hauptgerichte 25–48 R$; ☾ Mo–Fr mittags, Mo–Sa abends) Hochgelobtes peruanisches Lokal mit super Seafood und behaglicher, kreativer Einrichtung.

O Peixarão (☎ 3325 7011; www.opeixarao.com.br, portugiesisch; Av Dr Júlio Marques Luz 50, Jatiúca; Hauptgerichte für 2 Pers. 32–40 R$) Der lässige Laden punktet bei Einheimischen seit langem mit Meeresfrüchten in üppigen Portionen. Bestseller sind *caldeirada* (portugiesischer Meeresfrüchteeintopf) und Grillfisch mit Garnelensauce.

New Hakata (☎ 3325 6160; www.newhakata.com.br; Rua Eng. Paulo B. Nogueira 95, Jatiúca; Buffet 38 R$) Maceiós bester Japaner ist eine populäre Adresse für Sushi und Sashimi. Tipp: das „All You Can Eat"-Buffet am Dienstagabend.

Ausgehen & Unterhaltung

Maceiós Nachtleben spielt sich an den Stränden ab. Auch der hafennahe, halb restaurierte Bereich Jaraguá aus der Kolonialzeit beherbergt ein paar Lokale. Wer relaxt an einem Caipirinhas nippen und dabei aufs Meer hinausblicken will, sollte nach Ponta Verde oder Pajuçara.

Mai Kai (☎ 3305 4400; www.maikaimaceio.com.br; Rua Alfredo G. de Mendonça s/n, Jatiúca; Grundpreis 10 R$; ☾ Do–So 21 Uhr–open end) In der Bar mit Südseedeko erklingt live gespielter Pop, Rock oder *axé* (Pop aus Bahia). Vor allem an *axé*-Abenden ist das Publikum durchweg jung.

LP Tipp **Rapa Nui Choparia** (☎ 3305 4405; Av Silvio Carlos Viana 2501; ☾ Di–Fr 18 Uhr–open end, Sa & So ab 11 Uhr) Happy-Hour-Specials und stylishe Tropendeko bescheren der Strandbar Abend für Abend viele Gäste. Am Wochenende spielen Bands.

Lampião (☎ 3325 4376; Av Álvaro Otacílio, Jatiúca; Grundpreis 6–10 R$; ☾ Di–So 21 Uhr–open end) In dieser windigen, allseits bekannten Strandbar tanzen Einheimische und Touristen zu Beats aus dem Nordosten Brasiliens.

Foca Bier (☎ 3304 3100; www.focabier.com.br; Av Álvaro Otacílio 3115, Ponta Verde; Grundpreis 5–10 R$; ☾ Di–So 16–2 Uhr) Die Livebands der burgartigen Musikbar spielen ganzwöchig Música Popular Brasileira (MPB) und *forró*. Hinzu kommen Freilufttische und gute Happy-Hour-Specials (16–20 Uhr).

SERGIPE & ALAGOAS

Shoppen

Der Mercado Praia de Pajuçara ist ein abgeschlossener Markt für Kunsthandwerk am Strand von Pajuçara. Händler verkaufen Spitze, Hängematten, Korbwaren und Keramik. Allerdings sind die Sachen im **Mercado do Artesanato** (Centro) günstiger. Es fährt ein Bus hin, der vor dem *antigo* (alten) Cine Ideal hält.

Wer sich für die für Alagoas charakteristischen *filé*-Häkelarbeiten interessiert, sollte nach Pontal da Barra (8 km südlich) fahren. In dem Fischer- und Handwerksdorf neben der Lagoa Mundaú sieht man webende Frauen vor den Läden an den Straßen. Die Preise hier sind allgemein die niedrigsten in der Gegend. Jeder Bus in südlicher Richtung mit Zielangabe „Barra" bringt einen hierher.

An- & Weiterreise

BUS

Der **Busbahnhof** (☎ 3221 4615) liegt 4 km nördlich vom Stadtzentrum.

Bomfim (☎ 3336 1112) fährt nach Salvador – entweder auf dem Hwy BR-101 (über Entre Rios; 85 R$, 11 Std., 1-mal tgl.) oder auf dem Küstenhighway Linha Verde (105 R$, 9 Std., 2- oder 3-mal tgl.). Die Busfirma bedient auch Aracaju (*convencional/executivo* 43/77 R$, 5 Std., 4-mal tgl.).

São Geraldo (☎ 3223 4560) rollt nach Recife (40–65 R$, 4 Std., mehrmals tgl.) und Natal (78 R$, 9 Std., 1-mal tgl.).

Mit **Real** (☎ 3356 1324) geht's per *expresso litoral* (Küstenexpress; 25 R$, 2½ Std., 2-mal tgl.), *pinga litoral* (Küstenbummler; 20 R$, 4 Std., 2-mal tgl.) oder *besta* (20 R$, 2½ Std., mehrmals tgl.) nach Penedo. Diese Busse passieren auch Barra de São Miguel und Pontal de Coruripe. Details zum *pinga* gibt's auf S. 562.

Der Tourveranstalter **Cícero Matuto** (☎ 9931 9060) organisiert Tagesausflüge zu Küstenzielen (z. B. Maragogi, Praia do Francês) nördlich oder südlich von Maceió. Los geht's (25–60 R$/Pers.) täglich um ca. 8.15 Uhr.

Transportmittel zur nördlichen Küste (außer nach Maragogi) starten am Busbahnhof oder am *posto* (Tankstelle) Mar Azul am nördlichen Stadtrand, zwei Blocks vom Stadtbusbahnhof Cruz das Almas/Vaticano entfernt.

Minibusse bedienen regelmäßig Praia do Francês und nahe gelegene Ziele weiter im Süden. Sie fahren südwestlich vom Centro an einer **Haltestelle** (Ruas Dias Cabral & Zacarias de Azevedo) hinter der Texaco-Tankstelle ab.

FLUGZEUG

Gol (☎ 3214 4078; Flughafen) und **TAM** (☎ 3214 4048; Flughafen) verbinden den **Aeroporto Zumbi dos Palmares** (IATA-Code MCZ; ☎ 3036 5200) mit Zielen in ganz Brasilien.

Unterwegs vor Ort

VOM/ZUM BUSBAHNHOF

Mit der Buslinie Ouro Prêto geht's zum Zentrum (Taxi ca. 10 R$), Circular 1 steuert die Strände (Taxi ca. 17 R$) an.

VOM/ZUM FLUGHAFEN

Maceiós Flughafen liegt 20 km nördlich vom Stadtzentrum. Zum Centro empfehlen sich die schicken Vehikel der örtlichen Taxikooperative – einfach ein Taxiticket (55 R$) im Flughafen kaufen und damit zu einem wartenden Chauffeur am Straßenrand gehen. Busse mit der Kennzeichnung „Aeroporto–Ponta Verde" verkehren ebenfalls zwischen Ponta Verde und dem Flughafen (2,15 R$, ca. alle 45 Min.). Sie halten gegenüber der **Pousada Girassol** (Rua Jangadeiros Alagoanos 535) in Pajuçara. Auch dort heißt es, auf die Markierung „Aeroporto" an der Fahrzeugfront achten.

SÜDLICH VON MACEIÓ

Alagoas' Südküste prägen malerische Dörfer mit zum Teil herrlichen Stränden, die an weite Landflächen voller Kokosplantagen grenzen. Touristenhochburgen sind Praia do Francês und Barra de São Miguel.

Praia do Francês

☎ 0xx82

Die Nähe zu Maceió (22 km) macht Praia do Francês quasi zum Stadtstrand: Am Wochenende rollen etliche Autos und Busse an, die um 17 Uhr wieder komplett verschwunden sind. Alle Besucher strömen zu dem Ende des feinen, weißen Sandstrands, an dem direkt vorgelagerte Riffe für ruhiges, grünes Wasser sorgen. Diverse Restaurants versorgen die Strandgänger mit Bier und frittierten Shrimps.

Im Grunde ist Francês auch ein Surferparadies: Am südlichen Ende gibt's die beste Brandung des Bundesstaats. Keine Panik – wer keine eigene Ausrüstung dabeihat, kann Body- und Longboards direkt am Strand ausleihen. Schwimmer bevorzugen dagegen den geschützten Riffbereich am nördlichen Strandende. Bereits nach 15 Gehminuten in beliebiger Richtung ist man den Menschenmassen entkommen.

SCHLAFEN & ESSEN

Pousada Tortuga (☎ 3260 1539; www.pousadatortuga. xpg.com.br; Av dos Arrecifes 14; DZ mit Ventilator ab 100 R$) Die beste Budgetunterkunft im Ort ist zwar etwas heruntergekommen, aber sauber und ruhig und liegt direkt am Strand.

Pousada Miroku (☎ 3260 1187; www.pousadamiroku. com.br; Rua Cavalo Marinho 16; DZ ab 130 R$; ⚿ ⚐) Geschmackvoll dekoriertes Hotel, ein paar Blocks vom Strand entfernt. Die Zimmer haben Verandas mit Hängematten und Gartenblick.

Pousada do Aconchego (☎ 3260 1193; www.pousada aconchego.com.br; Rua Carapeba 159; DZ 150 R$; ⚿ ⚐) Die netten, gut belüfteten Zimmer umgeben einen üppigen Garten. Hängematten, Pool und ein freundlicher Service schaffen zusätzlichen Charme.

Cesar's Lanches (Hamburger 2–5 R$; ⚐ 10–17 Uhr) Die winzige Strandbude mit fabulösen Burgern wird stets von jungen Einheimischen belagert.

Restaurant Chez Patrick (☎ 3260 1377; Rua Marisia 15; Hauptgerichte 28–35 R$; ⚐ Di–Sa mittags, Di–So abends) Das charmante Bistro unter Leitung eines französischen Kochs serviert in reizender Umgebung Meeresfrüchte-Kasserollen, Risottos und andere Leckereien.

AN- & WEITERREISE

Südwestlich von Maceiós Zentrum starten Minibusse nach Praia do Francês (2,50 R$, 35 Min.), 5–22.30 Uhr alle 15 Min.) an einer Haltestelle hinter der Texaco-Tankstelle (Ecke Rua Dias Cabral/Zacarias de Azevedo). Ab Maceiós Busbahnhof bedient **Real Alagoas** (☎ 3336 6816) die gleiche Strecke etwas weniger häufig, aber zum selben Preis.

Marechal Deodoro

☎ 0xx82 / 48 000 Ew.

Marechal Deodoro am Ufer der ruhigen Lagoa Manguaba ist eine kleine, friedliche Stadt mit hübschen Kirchen und Kolonialbauten, die noch aus den frühen Siedlertagen stammen. In Marechal, das zwischen 1823 und 1839 die Hauptstadt von Alagoas war, gibt es zwar nicht viel zu sehen. Dennoch eignet es sich für einen entspannten Tagesausflug. Besonders belebt ist der Markt, der samstags bis 12 Uhr am Ufer stattfindet. Wer in den frühen Morgenstunden ankommt, kann beobachten, wie die Fischer ihre Netze einholen.

SEHENSWERTES

Marechal Deodoro hat wunderschöne Kirchen, von denen allerdings einige verfallen und der Öffentlichkeit nicht zugänglich sind. Auf dem Gipfel des Hügels über der Lagune thront die **Igreja de NS da Conceição** (⚐ Mo–Sa 8–13 Uhr) mit weiß-gelber Fassade und moderner Einrichtung. Näher am Wasser steht die **Igreja e Convento São Francisco** (⚐ Mo–Sa 8–13 Uhr) aus dem 17. Jh., in der sich das **Museu de Arte Sacra** (Museum für sakrale Kunst; ⚐ Mo–Sa 8–13 Uhr) befindet; zum Zeitpunkt der Recherche war sie wegen Renovierungsarbeiten geschlossen.

Das **Museu Deodoro** (Rua Marechal Deodoro 92; Spenden erbeten; ⚐ 8–17.30 Uhr), einen Block von der Lagune entfernt, befindet sich im Geburtshaus des ersten Präsidenten Brasiliens. Die Ausstellung zeichnet ein verklärtes Bild von Manuel Deodoro da Fonseca: Sie verherrlicht seine Rolle als Militärheld und Präsident, verschweigt aber, dass er mittels eines Militärputsch 1889 zu dieser Stellung gelangt war und sich später als kläglicher Politiker entpuppte. Direkt daneben verkauft **Artesanato NS Aparecido** (Rua Marechal Deodoro 82; ⚐ 9–18 Uhr) Spitze, für die die Stadt bekannt ist.

Am Wasser gibt's einige einfache Restaurants, die gebratenen Fisch servieren.

AN- & WEITERREISE

Südwestlich von Maceiós Zentrum starten Busse und Minibusse nach Marechal Deodoro (über Praia do Francês; 2,50 R$, 35 Min.) regelmäßig an einer Haltestelle hinter der Texaco-Tankstelle (Ecke Rua Dias Cabral/ Zacarias de Azevedo). Von der Plaza in Marechal fahren Busse, Kombivans und Sammeltaxis über Praia do Francês (2,50 R$, 15 Min.) zurück nach Maceió.

Barra de São Miguel

☎ 0xx82 / 7500 Ew.

Barra de São Miguel ist hauptsächlich als Tor zur **Praia do Gunga** bekannt. Der idyllische weiße Sandstrand erstreckt sich bis zur Meeresmündung des Rio São Miguel, an dessen Ufer das Zentrum der Kleinstadt liegt. Ein großes Riff vor der Küste schützt die Flussmündung und die Strände. So ist das Wasser ruhig genug zum Baden oder Kajakfahren. Als ganzjährig beliebtes Ziel für Tagesausflüge ist Barra nur in der Hauptsaison überfüllt – und natürlich während des Karnevals, wenn überall *trios elétricos* (Bands auf Lastwagen) spielen.

Boote zur Praia do Gunga (25–35 R$) starten morgens am hiesigen Hafen und an der Praia de Barra de São Miguel.

SCHLAFEN

Die meisten Hotels stehen 3 km vom Zentrum entfernt an der Praia Niquin – ohnehin die bessere Option für alle, die strandnah übernachten möchten.

Pousada Aconchego (☎ 3272 2090; Rua João Florêncio 97, Centro; DZ 70 R$; ꭍ) Das moderne, einfache Hotel liegt einen Steinwurf vom Bootsanleger entfernt. Manche der sauberen, spärlich möblierten Zimmer sind recht geräumig.

Hotel Portal Duleste (☎ 3272 1089; www.hotelportal duleste.com.br; Rua Edison Frazão 108, Niquin; EZ/DZ/3BZ 120/195/240 R$; ꭍ 🛜 🖵) Modernes Hotel mit sauberen Zimmern, viele mit Strandblick.

Pousada Sete Mares (☎ 3272 1054; www.pousada setemares.net; Av Leonita Cavalcante 371, Niquin; DZ 150 R$; ꭍ 🖵) Die großen, recht charmanten Quartiere mit dekorativen Elementen grenzen an einen Poolbereich unter schattigen Palmen.

ESSEN

Die Gastroszene ist sehr überschaubar. Die Restaurants an der Praia do Gunga sind geradezu unverschämt teuer.

Sarah's Esfiha's (☎ 3272 1637; Rua Leonita Cavalcante 403, Niquin; Snacks 3–8 R$; ꭍ Mi–So 14–22 Uhr) Nach dem Sonnenbad genießen viele Einheimische hier gerne nahöstliche und herzhafte Snacks.

Bar e Restaurante do Tio (Cais do São Pedro s/n, Centro; Hauptgerichte für 2 Pers. 25–38 R$) Das einfache Uferlokal unweit des Anlegers serviert Meeresfrüchte und brasilianische Standardgerichte (Tipp: Garnelen mit Kokossauce).

AN- & WEITERREISE

Busse nach Barra de São Miguel (35 km, stündl.) fahren südwestlich von Maceiós Zentrum an der Texaco-Tankstelle ab. Dorthin gelangt man ganz einfach per Taxi.

Ab Barra fahren Busse bis 19 Uhr stündlich über Praia do Francês (4,50 R$, 20 Min.) nach Maceió (6 R$, 1 Std.). Hinter der Kirche im Zentrum starten Sammeltaxis, die dieselbe Route zum gleichen Preis bedienen. Busse wie Taxis passieren die Praia Niquin und Barra de São Miguel.

Von Maceió aus veranstaltet **Cícero Matuto** (☎ 9931 9060) Tagesausflüge mit den Zwischenstationen Praia do Gunga, Barra de São Miguel und Praia do Francês (25 R$).

Pontal de Coruripe

☎ 0xx82

Das traditionelle, kaum besuchte Fischernest säumt einen langen, einsamen Strand mit wunderbar smaragdgrünem Wasser, drum herum erstrecken sich grüne Kokosplantagen. In den friedlichen Dorfstraßen halten Frauen vor ihren Häusern ein Schwätzchen, während sie Körbe, Platzdeckchen und Handtaschen aus Palmfasern flechten. Draußen in der Bucht steuern Fischer ihre Boote gleich gegenüber vom Leuchtturm durch die von der Sonne bestrahlte See.

SCHLAFEN & ESSEN

LP Tipp **Pousada da Ada** (☎ 3273 7209; www.adapousada.com; DZ 100 R$; ꭍ) Die Pousada mit starkem Bohème-Flair, vielen Bücherregalen und umherstreifenden Haustieren entlockt Travellern erleichterte Seufzer. Ada spricht Italienisch, Französisch, Deutsch und Englisch. Im üppigen, naturbelassenen Garten hält sie auch Portugiesischkurse. Gäste dürfen sich auf schlichte, helle Zimmer mit geschmackvoller Einrichtung, Frühstück und andere unvergessliche Mahlzeiten (Abendessen 20 R$, auch veg.) freuen.

Pousada Surf Paradise (☎ 3273 7303; DZ/Hütte inkl. VP ab 320/380 R$; ꭍ 🖵) Die 15 Hütten und vier Gästezimmer auf einem Rasengelände oberhalb vom Strand punkten mit grandiosem Meerblick. Gäste können Surfbretter mieten und genießen fürsorgliche Extras wie kostenlose Leihfahrräder.

Zu den Restaurants am Leuchtturm gehört auch das **Peixada da Madalena** (☎ 3273 7234; Hauptgerichte 15–30 R$; ꭍ mittags), das Pontals beste Meeresfrüchte und leckere italienische Kost serviert.

AN- & WEITERREISE

Der *pinga litoral* nach Maceió (10 R$, 2 Std.) rollt zweimal täglich durch Pontal de Coruripe. Zudem fährt ein anderer Bus täglich nach Penedo (12 R$, 2½ Std., ca. 15.30 Uhr). Sammeltaxis nach Maceió (9–15 R$, 1 Std.) fahren häufiger – insbesondere außerhalb von Coruripe (9 km). Alternativ trampt man hinaus zum Highway (1 km) und nimmt dort eine vorbeikommende *besta*.

PENEDO

☎ 0xx82 / 61 000 Ew.

Die Hauptstadt des unteren São Francisco ist das kolonialzeitliche Juwel des Bundesstaats. Zu den Highlights des kaum touristisch geprägten Penedo zählen viele barocke Kirchen, Gebäude aus der Kolonialperiode und Bootstrips auf dem gelegentlich jadegrünen Rio São

Francisco. Der geschäftige, tägliche Markt im Zentrum ist samstags besonders belebt, wenn die Bewohner umliegender Dörfer zum Einkaufen kommen. Zum Zeitpunkt der Recherche fanden umfassende Sanierungsmaßnahmen statt. So können Besucher mit einer erweiterten Flusspromenade, einem renovierten *Mercado Público Municipal* (Zentralmarkt) und mehreren Kirchen in altem Glanz rechnen.

Geschichte

Seine günstige Lage am Rio São Francisco machte Penedo seit jeher zu einem Handelszentrum. Duarte Coelho Pereira gründete die Stadt irgendwann zwischen 1535 und 1560, als er den Fluss beim Verfolgen der indigenen Caete entlangfuhr, die zuvor einen Bischof getötet hatten. So gilt Penedo als erste koloniale Siedlung am Rio São Francisco. Im 17. Jh. fochten hier Niederländer und Portugiesen heftig um die Herrschaft über den Nordosten. Während des 19. Jhs. zählte Penedo zu den Zentren der Sklavenbefreiungsbewegung in Alagoas. Im 20. Jh. verlor es seine Bedeutung als Wirtschaftszentrum, was die Kolonialbauten möglicherweise vor der Zerstörung bewahrte.

Praktische Informationen

Am Flussufer gibt's eine **Bradesco-Bankfiliale** (Av Duque de Caixas 71) mit Geldautomat. Zwei weitere Automaten findet man in nächster Nähe an der zentralen Plaza.

Touristeninformation (☎ 3551 2727; Praça Barão de Penedo) In der Casa da Aposentadoria; bietet Stadtpläne und -spaziergänge (gegen Gebühr, auf Portugiesisch) an.

Sehenswertes & Aktivitäten

Zu Penedos zahlreichen Kolonialbauten aus dem 17. und 18. Jh. gehören viele Kirchen.

KIRCHEN

Bis zu seiner Fertigstellung 1759 wurde am **Convento de São Francisco e Igreja NS dos Anjos** (Praça Rui Barbosa; Eintritt 2 R$; ⊙ Di–Fr 8–11 & 14–15, Sa & So 8–11 Uhr) fast 100 Jahre lang gebaut. Die Kirche gilt als schönste im ganzen Bundesstaat. Selbst Dom Pedro II., der zweite und letzte Kaiser Brasiliens, hatte sie mit einem Besuch beehrt. Besondere Aufmerksamkeit verdienen die farbenreiche Decke, der goldene Rokoko-Altar und die links daneben stehende Statue des hl. Franziskus, die der Künstler Aleijadinho schuf.

Die 1765 fertiggestellte **Igreja de NS da Corrente** (Praça 12 de Abril; ⊙ Di–So 8–18 Uhr) schmücken einige feine portugiesische *azulejos* (Fliesen) in Grün, Purpur und Gold – Farben, die in Brasilien und auch in Portugal eher selten zu finden sind. Das Geschlecht der Lemos ließ der Kirche viele Wohltaten zukommen (ihr Familienwappen ist auf dem Boden eingraviert). Die Lemos setzten sich zudem für die

SERGIPE & ALAGOAS

GANZ TRANQUILO!

Bei Trips von Penedo nach Maceió lohnt es sich, zwei Extrastunden zu investieren und den Bus *pinga litoral* (Küstenbummler) zu nehmen. Wer sich an ständigen Stopps und Abstechern von der Hauptstraße stört, erhält unterwegs einen erfrischenden Einblick ins Landleben. Man wird winzige Kirchen sehen, staubige Wege, rustikale Fischerhütten, staubige Wege in den Dschungel und Kinder, die dem vorbeirollenden Bus zuwinken.

Von Penedo aus folgt der Bus dem Fluss in Richtung Küste und passiert dabei die verstreuten Häuser der Fischersiedlung **Piaçabuçu**. Dann bewegt er sich vom Fluss weg und dreht nordwärts nach Pontal do Peba ab, wo er am Strand eine Kehrtwende macht. Dann geht's durch Feliz Deserto mit jeder Menge Cowboys, Kokosnüssen, Meeresfrüchten und einer einzigen Pousada. Etwas weiter nördlich verlässt der Bus den Hwy AL-101 bei **Miaí de Cima**. Dort findet man keine Pousadas, aber an den Wochenenden viele Einheimische am Strand. Nach dem folgenden Abstecher durch Barreiras und das hübsche Coruripe führt die Reise weiter nach Pontal de Coruripe.

Nächster Halt ist **Lagoa do Pau** mit Garnelenzucht, Wochenendhäusern und ein paar Pousadas. Vorbei an Zuckerrohrfeldern und Kokospalmen geht's nun weiter nach Poxim. Während sich der Bus allmählich Maceió nähert, stoppt er an den Abzweigungen nach Barra de São Miguel und Praia do Francês. Kurz vor der Hauptstadt passiert er noch die riesigen Mündungsgebiete der Lagunen Mundaú und Manguaba. Bei geplanten Aufenthalten in Pajuçara oder an Stränden weiter nördlich heißt es aussteigen, sobald der Bus die Küstenstraße verlässt und das Zentrum von Maceió ansteuert.

Abschaffung der Sklaverei ein, waren also sogenannte Abolitionisten. Sklaven flohen daher in die Kirche, um Schutz zu finden, einige wurden sogar hinter der Wandvertäfelung versteckt.

Die **Igreja NS do Rosário dos Pretos** (Catedral do Penedo; Praça Marechal Deodoro; 8–18 Uhr) wurde im Sklaven errichtet. Der Bau der **Igreja de São Gonçalo Garcia** (Av Floriano Peixoto; Di–So 8–18 Uhr) erfolgte Ende des 18. Jhs. In dem kleinen **Oratorium** (Praça Barão de Penedo) verbrachten zum Tode Verurteilte ihre letzte Nacht mit Beten, bevor sie am nächsten Tag gehängt wurden.

MUSEEN

Das winzige, aber schön gestaltete **Museu do Paço Imperial** (Praça 12 de Abril 9; Eintritt 4 R$; Di–Sa 11–17, So 8–12 Uhr) belegt die oberste Etage des Hauses, in dem einst Dom Pedro II. einmal übernachtete. Es zeigt Lampen, Porträts, Möbel und eleganten Pomp aus der Kolonialzeit (17. & 18. Jh.). Die **Casa do Penedo** (www.casadopenedo. br; Rua João Pessoa 126; Eintritt 2 R$; Di–So 9–12 & 14–18 Uhr) ist ein unscheinbares Museum mit Relikten und Fotos aus der Stadtgeschichte.

FLUSSFAHRTEN

Von Penedos Zentrum schippern Fähren regelmäßig zur kolonialzeitlichen Hügelsiedlung **Neópolis**, wo es interessante Gebäude und tolles Kunsthandwerk gibt. Ebenfalls per Fähre geht's zur Kleinstadt **Carrapicho** (offiziell Santana de São Francisco; 1 R$, alle 30 Min.), die für Keramikwaren bekannt ist.

Organisierte Touren führen zum **Foz do São Francisco** (25 R$, mind. 4 Pers.), wo der Fluss an einem Dünenstrand mit Naturbecken ins Meer mündet. Die Trips starten in den meisten Fällen in Piaçabuçu 28 km flussabwärts. Details gibt's bei der Touristeninformation oder unter ☎ 3552 1226.

Festivals & Events

Zur viertägigen **Festa do Senhor Bom Jesus dos Navegantes** gehört eine prachtvolle Bootsprozession und eine Segelregatta; los geht's am zweiten Januarsonntag

Schlafen

Pousada Ribeirinha (☎ 3551 2691; Av Comendador Peixoto 49; EZ/DZ mit Ventilator 35/50 R$) Die spartanische Option am Ufer hat einfache und teilweise fensterlose Zimmer; eines wartet jedoch mit Flussblick auf. Man kann auch duschen (2 R$ inkl. Handtuch), aber nicht frühstücken.

Pousada Estylos I (☎ 3551 2429; Praça Jácome Calheiros 79; EZ/DZ mit Ventilator ab 40/60 R$) In ihrem Wohnhaus an einem kolonialzeitlichen Platz vermietet eine Familie aus dem Ort einfache, saubere *apartamentos*. Diese sind netter als die Zimmer der Schwesterpension (Rua Dâmaso do Monte 86).

Hotel Turista (☎ 3551 2237; Rua Siqueira Campos 143; DZ mit Ventilator 50 R$) Das einfache Hotel mit kleinen, kahlen Zimmern ist zwar von Verkehrslärm erfüllt, aber sauber und günstig.

Pousada Central (☎ 3551 2460; www.pousadacentral-al.com.br; Av Floriano Peixoto 64; EZ/DZ ab 60/90 R$;) Die kleinen, einfachen Zimmer der fröhlichen Pousada am Hauptplatz sind sauber, aber etwas düster. Im gemütlichen Wohnbereich stehen Korbmöbel.

Hotel São Francisco (☎ 3551 2273; www.hotelsaofran cisco.tur.br; Av Floriano Peixoto 237; EZ 98–166 R$, DZ 129–212 R$;) Das Hotel im Stil der 1960er-Jahre ist ein kleiner Schandfleck im ansonsten malerischen Stadtbild. Die Zimmer haben lackierte Holzböden und dekoratives Mobiliar.

Pousada Colonial (☎ 3551 2355; Praça 12 de Abril 21; DZ ohne/mit Aussicht 100/120 R$;) Das wunderschön umgebaute Ufergebäude aus der Kolonialzeit hat Zimmer mit alten Möbeln, gebeizten Holzböden und himmelhohen Decken.

Essen

Am Hauptplatz am Ufer unweit des Busbahnhofs gibt's einige Supermärkte.

Padaria São Francisco (Rua Nilo Pessanha 149; Gebäck 1 R$;) Folgt man der Straße vom Konvent São Francisco bergauf, gelangt man zu der netten Bäckerei mit kleiner, aber frischer Auswahl.

Esquina Imperial (☎ 3551 5858; Av Floriano Peixoto 61; Mittagessen 10 R$) Beliebtes, günstiges SB-Lokal mit einfachen Mittagsgerichten sowie Suppen und Sandwiches am Abend.

LP Tipp Oratório (☎ 9961 2385; Av Beira Rio 301; Hauptgerichte für 2 Pers. 23–45 R$) Penedos bestes Restaurant serviert super Seafood-Eintöpfe und gegrillten Fisch in einem netten Freiluftbereich am Fluss. In der Saison sollte man unbedingt den *pitu* (große Flussgarnele) probieren.

Forte da Rocheira (☎ 3551 3273; Rua da Rocheira 2; Hauptgerichte für 2 Pers. 25–45 R$) Statt zu Abend zu essen, gönnt man sich in der ehemaligen niederländischen Festung mit herrlichem Blick aufs Wasser wohl besser ein paar Drinks.

An- & Weiterreise

Der **Busbahnhof** (☎ 3551 2602) befindet sich auf einer Verkehrsinsel am Fluss. Verbindungen nach Maceió gibt's als *expresso litoral* (20 R$, 2½ Std., 2-mal tgl.) oder *pinga litoral* (20 R$, 4 Std., 2-mal tgl.). Die häufiger verkehrenden *bestas* nach Maceió (17–25 R$, alle 30 Min.) starten ebenfalls hier. Mit all diesen Optionen gelangt man auch nach Pontal de Coruripe, Barra de São Miguel und Praia do Francês. Details zum *pinga* (Küstenbummler) s. S. 562.

Über Propriá (6 R$, 1½ Std.) und Aracaju (13 R$, 3 Std.) fährt ein Bus täglich nach Salvador (70 R$, 9 Std.). Bequemer ist eventuell die Fähre nach Neópolis (1,50 R$, 15 Min., 5.30–22 Uhr alle 30 Min.), von wo aus häufiger Busse gehen.

Topiques (Vans) fahren auch nach Aracaju, Propriá und am häufigsten nach Piaçabuçu (2 R$, 40 Min., 6–18 Uhr alle 30 Min.). Die *topique*-Chauffeure hängen am Flussufer herum und verraten einen, wann's losgeht.

NÖRDLICH VON MACEIÓ

Weicher Sand, grünes Wasser und Kokospalmen ohne Ende säumen die Küste bis hinauf nach Barra de Santo Antônio. Nördlich von hier bis Maragogi sorgen viele küstennahe Riffe für ein ruhiges und warmes Wasser; bei Ebbe kann man 1 km weit ins Meer hinauslaufen. Ein echtes Juwel ist der reizende kleine Küstenstreifen zwischen Barra do Camaragibe und Porto de Pedras. An einer einzigen Straße liegen winzige Dörfer, außer ein paar luxuriöse Pousadas gibt es kaum touristische Einrichtungen. In Maragogi, dem Tourismuszentrum der Umgebung, findet sich die einzige verlässliche Bank zwischen Maceió und Recife – bevor man zu Zielen im Umland aufbricht, also genug Bargeld abheben.

Anreise & Unterwegs vor Ort

Es gibt mehrere Optionen: Vom Busbahnhof in Maceió fährt Real Alagoas über Barra do Camaragibe, São Miguel dos Milagres und Porto da Rua nach Porto de Pedras (18 R$, 3½ Std., 5-mal tgl.). Alternativ sind Minibusse, *bestas* und Sammeltaxis auf derselben Route unterwegs; sie starten am *posto* (Tankstelle) Mar Azul am Nordrand von Maceió. Dorthin gelangt man am besten mit einem Taxi. Bis ca. 19 Uhr kommt man recht einfach von Ort zu Ort.

Barra de Santo Antônio

☎ 0xx82 / 15 000 Ew.

Das freundliche Fischerdorf Barra de Santo Antônio liegt an der Mündung des Rio Jiritu-

ba. Jenseits des Flusses liegt die schmale Ilha da Croa mit der kleinen Siedlung „Barra II" und diversen Wochenendhäusern. Regionale Hauptattraktion ist die einsame **Praia de Carro Quebrado** mit ihren mächtigen Palmen. Von Barra II aus ist der exotische weiße Sandstrand per pedes (7 km) oder Strandbuggy (25 R$/Fahrzeug) zu erreichen.

Etwa 4 km südlich von Barra de Santo Antônio erstreckt sich die hübsche **Praia Tabuba** mit ein paar Pousadas und Bars an einer ruhigen Bucht. An den Bars kann man sich nach *jangada*-Trips zu den Gezeitenbecken im Riff vor dem Strand erkundigen.

SCHLAFEN & ESSEN

Chalés Costa Dourada (☎ 3291 2148; luizmendonca@ nornet.com.br; EZ/DZ mit Ventilator 100/120 R$) Unter den drei Pousadas von Barra II sind diese Backsteinhütten mit zwei Schlafzimmern überraschenderweise am günstigsten. Sie gleichen zwar ein wenig Sozialbauten, haben aber jeweils eine komplette Küche und eine Terrasse mit Hängematte. Frühstück gibt's allerdings nicht.

LP Tipp **Pousada Arco-Íris** (☎ 3291 1250; www.tabuba.tk; Rua 10, Praia Tabuba; DZ mit Ventilator/Klimaanlage 110/135 R$; ❄) Mitten im Grünen nur 30 m vom Strand entfernt steht die attraktive, ausgezeichnete Pousada. Ihre komfortablen, geschmackvoll dekorierten Zimmer grenzen an eine Veranda. Das tolle Restaurant (Hauptgerichte 13–25 R$, Di–So mittags & abends) serviert prima Fondue, Pizza, Pasta, Hühnchencurry und andere einmalige Gerichte.

ANREISE & UNTERWEGS VOR ORT

In Maceió starten Minibusse nach Barra de Santo Antônio (5 R$, 1 Std., 5–18.30 Uhr alle 30 Min.) am Busbahnhof und am *posto* Mar Azul. An dieser Tankstelle am nördlichen Stadtrand machen sich auch Sammeltaxis auf den Weg, die für Trips in die Stadt eine Extragebühr verlangen.

Busse verbinden den Busbahnhof von Barra de Santo Antônio regelmäßig mit Maceió. Wer gen Norden weiterreisen möchte, läuft bzw. trampt zum Haupthighway hinaus und hält dort einen Bus, eine *besta* oder ein Sammeltaxi an.

Kanus (2 R$) überqueren den Fluss hinter dem Busbahnhof. Folgt man von hier der Straße hoch, gelangt man zur Autofähre (hin & zurück 10 R$/Fahrzeug) neben der Banco do Brasil.

SERGIPE & ALAGOAS

Barra do Camaragibe

☎ 0xx82

Die Gebäude des idyllischen Fischerdorfs säumen die Straße am Rand einer kleinen Bucht voller Riffe. Von hier aus schippern *jangadas* südwärts zur **Praia do Morro**, einem einsamen Strand mit Klippen und klarem Wasser. **Restaurante & Pousada Foz do Camaragibe** (☎ 3258 5140; Rua São José s/n; EZ/DZ 30/50 R$; ✖) an der Hauptstraße vermietet saubere, einfache Zimmer, die teilweise winzige Fenster auf der Seeseite haben; das dazugehörige Freiluftrestaurant (Hauptgerichte 20–30 R$) serviert ziemlich gute Meeresfrüchte. Ein paar Häuser weiter kommt man zu **Pousada & Restaurante Barra Mar** (☎ 3258 5141; Rua São José s/n; EZ/DZ 35/65 R$; ✖) mit ähnlich schlichten Quartieren und gutem Seafood. Von hier aus sind es 7 km bis São Miguel dos Milagres.

São Miguel dos Milagres

☎ 0xx82 / 7600 Ew.

Im Schutz vorgelagerter Riffe schwappt warmes, seichtes Wasser an die fantastischen Strände von São Miguel dos Milagres. **Pousada e Restaurante do Gordo** (☎ 3295 1181; EZ/DZ mit Ventilator 25/50 R$) an der Hauptstraße besitzt äußerst einfache Zimmer. Davor befindet sich ein Restaurant (Hauptgerichte 10–25 R$) mit herzhaftem, hausgemachtem Essen. Durch Kokosplantagen geht's zum Strand (5 Min. zu Fuß). Porto da Rua liegt 4 km entfernt.

Porto da Rua

☎ 0xx82

Das niedliche Nest mit bunten Häusern entlang der Straße ist seinen Nachbarn in vielem ähnlich. Ein ca. 2 km breiter Streifen mit Kokosplantagen trennt das Zentrum vom Strand, wo einige Bars warten. Die recht weit verstreuten Unterkünfte der Gegend eignen sich eher für Traveller mit fahrbarem Untersatz. Allerdings holen Betreiber netterer Pousadas ihre Gäste sogar in Maceió ab – einfach anrufen!

SCHLAFEN

Pousada das Acácias (☎ 3295 1142; Av de Francisco Lima 125; DZ ab 100 R$; ✖) Die freundliche, familiengeführte Pension an der Hauptstraße hat einfache, moderne Zimmer. Die Eigentümer bieten Rad- und Wandertouren an.

Schilder weisen den Weg zu diesen beiden Pousadas, die 1,5 km südlich von Porto da Rua an einer unbefestigten Straße liegen:

Pousada do Caju (☎ 3295 1103; www.pousadacaju. com; DZ/Bungalow ab 320/440 R$; ✖) Das Herrenhaus mit umlaufender Veranda steht nur ein paar Gehminuten vom Strand entfernt. Es punktet mit reizenden Zimmer im coolen, urban-antiquarischen Look, einem großartigen Garten und einem einladenden Restaurant (Hauptgerichte 28–40 R$). Die Zeitschrift *Budget Travel* wählte diese Pousada kürzlich unter die „50 charmantesten Hotels" der Welt.

Pousada do Toque (☎ 3295 1127; www.pousada dotoque.com.br; DZ inkl. 2 Mahlzeiten ab 750 R$; ✖ ☒) Eine der besten Pousadas des Bundesstaats befindet sich inmitten eines üppigen Landschaftsgartens direkt am Meer. Die wunderschönen, strohgedeckten Bungalows punkten mit Terrassen und einmaligen Extras wie eigenen Saunas oder Pools.

Porto de Pedras

☎ 0xx82 / 11 000 Ew.

Porto de Pedras ist die bekannteste Siedlung an diesem Straßenabschnitt. In dem netten kleinen Fischerort an der Meeresmündung des Rio Manguaba gibt es auch ein paar Läden, Bars und Restaurants. Die Aussicht vom Leuchtturm auf dem Hügel ist herrlich.

Pousada dos Ventos (☎ 3298 1301; Rua 12 de Janeiro 12; EZ/DZ mit Ventilator ab 40/70 R$) Nichts Besonderes, aber prima Preise in günstiger Lage: Die einfache Pousada nahe dem Fähranleger vermietet eine Handvoll sauberer Zimmer, von denen ein paar mit Meerblick aufwarten.

Pousada Costa das Pedras (☎ 3298 1176; Rua Dr Fernandes Lima s/n; EZ/DZ 120/130 R$; ✖) Die Pension an der Hauptstraße am Stadtrand unterhält fünf fesche, wenn auch etwas düstere Zimmer. Zum Hausrestaurant gehört eine Rasenfläche mit Tischen im Freien, an denen man die Gerichte der vielseitigen Küche in charmanter Umgebung genießt.

Peixada da Marinete (☎ 3298 1267; Rua Seu Avelinho Cunha s/n; Hauptgerichte 35–55 R$) Eins der besten Restaurants der Umgebung. Der bescheidene Familienbetrieb serviert z. B. leckere Garnelen, Tintenfisch und andere frische Meeresfrüchte.

AN- & WEITERREISE

Mit der Passagier- (2 R$, 6–19 Uhr) oder Autofähre (Auto/Pers. 8 R$/frei, 6–24 Uhr) geht's ans andere Flussufer. Dort müssen die restlichen 9 km bis Japaratinga mit einem Sammeltaxi (5 R$) zurückgelegt werden.

Japaratinga

☎ 0xx82 / 7700 Ew.

Japaratingas flache Küstengewässer liegen im Schutz von Korallenriffen. Hinter den Stränden stehen Kokospalmen und Fischerhütten. Im Mondschein kann man mitunter kilometerweit ins Meer hinauslaufen. Die kleine Siedlung ist touristischer als die Strandorte weiter südlich und daher auch etwas lebhafter.

Die Unterkünfte sind generell überteuert, die schnucklige **Pousada dos Mares** (☎ 3297 1398; www.pousadadosmares.com.br; DZ mit Ventilator/Klimaanlage 60/80 R$; 🔀) mit ihren einfachen Zimmern ist jedoch recht günstig.

Kombivans fahren regelmäßig nordwärts nach Maragogi (5 R$, 10 km).

Maragogi

☎ 0xx82 / 27 000 Ew.

Am Ufer des kleinen Maragogi warten ein weißer Sandstrand und wunderbar türkisfarbenes Wasser. Der vermutlich am häufigsten besuchte Strand des Bundesstaats verdankt seine Anziehungskraft vor allem dem **Meeresschutzgebiet Galés**, dessen Sandbänke und Riffe 6 km vor der Küste liegen. Ausflüge dorthin (45–50 R$) lassen sich leicht in Strandhotels oder -restaurants arrangieren. Dabei geht es sehr touristisch zu: Von (überflüssigem) Fischfutter bis hin zu Unterwasserfotos versucht man alles Mögliche anzudrehen. Wer aber abseits der Massen schnorchelt, entdeckt Riffe mit einer kunterbunten Unterwasserwelt.

Nach Maragogi kommen hauptsächlich Tagesausflügler. Dennoch gibt's hier auch einige Pousadas und Wochenendhäuser, die Einwohnern von Pernambucano gehören. Unter www.maragogionline.com.br finden sich ein komplettes Unterkunftsverzeichnis und weitere Touristeninfos (teilweise englisch). Die nützliche Reiseagentur **Costazul** (☎ 3296 2125; www.costazulturismo.com.br; Rua Francisco Holanda Cavalcante 6) hilft beim Buchen von Hotelzimmern und Ausflügen. Die Filiale der Banco do Brasil hat einen Geldautomaten.

Die **Pousada Mariluz** (☎ 3296 1511; www.pousada mariluz.com.br; Rua Sen. Rui Palmeira 885; EZ/DZ 90/180 R$, DZ mit Aussicht 200 R$; 🔀) am Ozean verlangt für diese Gegend recht faire Preise. Ihre kleinen, fröhlich gestrichenen Zimmer haben teil-

---

LEBENSZYKLUS DES SANDDOLLARS

Rund um Maragogi stoßen Strandspaziergänger oft auf zahllose angespülte Sanddollars, deren Skelette in der Sonne bleichen oder noch von einer moosartigen Schicht aus winzigen Ambulakralfüßchen (zur Fortbewegung) und Zilien (Flimmerhärchen zur Nahrungsaufnahme) überzogen sind. Somit ist der Sanddollar nicht rein mineralisch, sondern ein Tier: Er lebt als Verwandter der Seesterne und -igel im Meer.

Im Ozean wird sein durchlässiger, violetter Körper vom Wasser durchspült. Dies ermöglicht eine Art Schwimmen bzw. Schweben. Der Sanddollar kann aber auch mithilfe der Ambulakralfüßchen auf seiner Unterseite langsam über den sandigen Meeresboden kriechen. Dabei sucht er nach Futter in Form von winzigen organischen Partikeln. Sein Lebenszyklus dauert ein bis 15 Jahre. Am Strand findet man jedoch nur skelettartige Überreste.

---

weise Verandas mit Meerblick. Die **Pousada Canto Das Sereias** (☎ 3296 1521; www.telelista.net; Av Sen. Rui Palmeira 1118; DZ ab 120 R$; 🔀) belastet die Reisekasse etwas weniger. Dort empfiehlt sich das Meerblickzimmer mit eigenem Balkon im dritten Stock.

Das **Restaurante Frutas do Mar** (☎ 3296 1403; Rua Sen Rui Palmeira 876; Hauptgerichte für 2 Pers. 40–55 R$) zählt zu den vielen Meeresfrüchterestaurants am Wasser. Es hat relaxte Strandtische und ist vor allem für seine *caldeirada* bekannt. Die **Pizzeria Regina** (☎ 3296 1279; Av Beira Mar s/n; Pizzen 14–28 R$; 🕐 abends), ein lässiges Lokal mit Tischen im Freien, serviert etliche Pizza-, Pasta-, Lasagne- und Dessertvarianten.

Real Alagoas schickt Busse vom Busbahnhof in Maceió (20 R$, 4 Std., 2-mal tgl.) und ab Recife (16 R$, 2 Std., 2-mal tgl.) nach Maragogi. An einer Tankstelle nördlich von Maceiós Zentrum (Weg vor Ort erfragen!) starten außerdem Minibustaxis nach Maragogi (20 R$), die kaum mehr als zwei Stunden bis zum Ziel brauchen – dabei schlängeln sich die Fahrer derart fix durch den Küstenverkehr, dass man meinen könnte, sie strebten eine zweite Karriere als Rennfahrer an.

Pernambuco

Das kleine Pernambuco ist ein aufregendes und vielseitiges Ziel im Nordosten. Hier befand sich eines der frühesten Zentren der portugiesischen Besiedlung Brasiliens – somit hatte die Region fünf Jahrhunderte Zeit, reichhaltige kulturelle Traditionen zu entwickeln. Hier verschmelzen europäische, afrikanische und indigene Einflüsse, insbesondere im Tanz und in der Musik. Brasilien verdankt Pernambuco den heute allgemein beliebten *forró*. Aber besonders in Recife und Olinda entdeckt man eine ganze Tonleiter verschiedenster musikalischer Stilrichtungen, vom frenetischen *frevo* bis zu den Rhythmen der großen Trommeln des *maracatu* – und das ganz besonders zum wilden und euphorischen Karneval.

Recife, Pernambucos Hauptstadt, ist eine der größten Städte Brasiliens, sehr urban mit einer reichen Kultur- und Unterhaltungsszene und einer faszinierenden Geschichte. Ein wunderbarer Kontrast dazu ist die viel kleinere und ruhigere Nachbarin Olinda, ein charmantes, historisches Städtchen voller pittoresker Kirchen und talentierter Kunsthandwerker.

Nördlich und südlich dieser Zentren erstrecken sich kurze, aber herrliche Küsten mit Dutzenden palmengesäumten Sandstränden, großartiger Brandung zum Surfen und Riffbecken mit kristallklarem Wasser. Porto de Galinhas, im Süden von Recife, hat sich zu einem der beliebtesten Küstenresorts Brasiliens entwickelt. Das nahe gelegene Tamandarular ist ein etwas gesetzterer Ort, ideal für einen deutlich entspannteren Strandurlaub.

Aber Pernambucos schillerndstes Juwel, der Archipel von Fernando de Noronha, ist ein tropisches Inselparadies, von dem man eigentlich nur träumen kann, mit fast leeren Postkartenstränden und umgeben von glitzernd klarem Wasser und Weltklassetauchrevieren. Es ist wahrscheinlich Brasiliens beeindruckendstes Reiseziel.

HIGHLIGHTS

- Tanzen in den Straßen von **Recife** (S. 576) oder wahlweise im Unesco-geschützten **Olinda** (S. 583) während des Karnevals
- Beach-Hopping in Brasiliens atemberaubendster Inselwelt – den grandios leeren Stränden des **Fernando de Noronha Archipels** (S. 591)
- Ein paar Tage an den Traumstränden von **Praia dos Carneiros** abhängen(S. 587)
- Sich unter die sonnengebräunten Partypeople im Küstenresort **Porto de Galinhas** mischen(S. 585)
- Im **Parque Nacional Fernando de Noronha**, den himmlischsten Gewässern Brasiliens, tauchen oder schnorcheln (S. 591)

Fernando de
Noronha
(525 km)

Olinda ★
Recife ★
Porto de Galinhas ★
Praia dos Carneiros ★

- Bevölkerung: 8,9 Mio.
- Fläche: 98 310 km²

Geschichte

Pernambucos Geschichte hat sich hauptsächlich in Recife und Olinda abgespielt. Die beiden Städte wurden in den 1530er-Jahren gegründet, zur gleichen Zeit hielt das Zuckerrohr in Brasilien Einzug. Pernambucos Küstenregion entwickelte sich mithilfe der brutal unterdrückten indigenen Bevölkerung und der afrikanischen Sklaven schnell zu Brasiliens Zuckerrohrproduzent Nummer eins. Die Plantagenbesitzer errichteten Häuser und Kirchen auf den Hügeln von Olinda, der ersten Hauptstadt des Kapitanats Pernambuco. Recife war der Hafen von Olinda.

1630 wurde Olinda von niederländischen Eindringlingen geplündert. Da sich die Holländer auf den Wasserstraßen von Recife fast wie zuhause fühlten, gründeten sie hier ihre Hauptstadt und gaben ihr den ehrgeizigen Namen New Holland. 1637 wurde Prinz Moritz von Oranien als Regent hierher entsandt. Durch seine aufgeklärte Politik der Glaubensfreiheit wurden größere Konflikte vermieden, als die Holländer ihr Herrschaftsgebiet bis nach Maranhão im Norden ausdehnten. Als Moritz 1644 zurückbeordert wurde, begannen die Aufstände gegen die protestantische niederländische Herrschaft. Die Episode endete 1654 mit der Vertreibung der Holländer.

Olinda wurde wieder aufgebaut. Recife mauserte sich und war Ende des 17. Jhs. schließlich die größte Stadt Südamerikas. Im 18. Jh. fand dann der Guerra dos Mascates statt, eine Blutfehde zwischen den Kaufleuten von Recife und den Zuckerbaronen von Olinda. 1837 wurde Recife schließlich Pernambucos Hauptstadt. Aufgrund des Niedergangs der Zuckerindustrie im 19. Jh. zog ein Großteil der Bevölkerung und der Machthaber aus dem Nordosten in den Südosten, und Pernambuco geriet ins Abseits. Aber trotzdem blieb Recife ein wichtiger Hafen und ein bedeutendes Handelszentrum. Im 20. Jh. siedelte sich hier Industrie an. Die Anzahl der Haushalte, die unter der offiziellen Armutsgrenze leben, ist aber im Durchschnitt immer noch doppelt so hoch wie in anderen Regionen und Städten Brasiliens.

In den letzten Jahren hat sich der Tourismus zu einer wichtigen Einnahmequelle entwickelt. Das kleine Olinda wurde zu neuem Leben erweckt und der Fischerort Porto de Galinhas gehört jetzt zu Brasiliens boomenden Badeorten.

Klima

Pernambuco ist heiß und trocken, mit einer leichten Regenzeit von Dezember bis März. Die Temperaturen fallen entlang der Küste selten unter 20 °C und im Landesinnern ist es noch viel heißer. Jede Zeit ist eine gute Reisezeit, allerdings sind während der Regenzeit die Temperaturen etwas moderater und die Blätter etwas grüner.

Nationalparks

Ungefähr 70 % der 21 Inseln des Fernando de Noronha Archipels (S. 588), 525 km von Recife entfernt, sind ein mariner Nationalpark, mit kristallklarem Wasser und üppiger Meeresfauna, von schillernden Fischen über hunderte Spinnerdelfine bis zu gigantischen Seeschildkröten. Der Park ist streng bewacht durch das Instituto Chico Mendes de Conservação da Biodiversidade (ICMBio; Chico Mendes Institut zur Erhaltung der Biodiversität) und der Regierung von Pernambuco.

Anreise & Unterwegs vor Ort

Recifes Flughafen Guararapes wird regelmäßig von Lissabon, Madrid, Miami und ganz Brasilien angeflogen, außerdem von einigen Chartergesellschaften aus Nordamerika und Europa. Direkte Busse verbinden Recifes großen Busbahnhof mit ziemlich allen wichtigen Städten Brasiliens.

Busfahren im Pernambuco ist unkompliziert und einfach. Im Küstenstreifen sind deutlich mehr Busse unterwegs als im provinziellen Hinterland. Fernando de Noronha erreicht man mit dem Flieger ab Recife oder Natal.

DIE KÜSTE

RECIFE

☎ 0xx81 / 1,5 Mio. Ew.

Pernambucos Hauptstadt Recife („heh-*sie*-fie") ist nach Salvador die aufregendste Stadt im Nordosten. Die Lage an der Küste ist traumhaft, die Kultur- und Unterhaltungsszene ist stark ausgeprägt und der Karneval wird wild gefeiert. Verglaste Hochhäuser ragen in den Himmel, in den Einkaufszentren wuselt es nur so vor Kunden, der Verkehr donnert über die Straßen und die Vororte erstrecken sich bis ins Unendliche. Reichtum und Armut liegen hier dicht beieinander. Es dauert eine Weile, bis man sich in dieser Stadt zurechtfindet und ihre Geheimnisse und Reize ent-

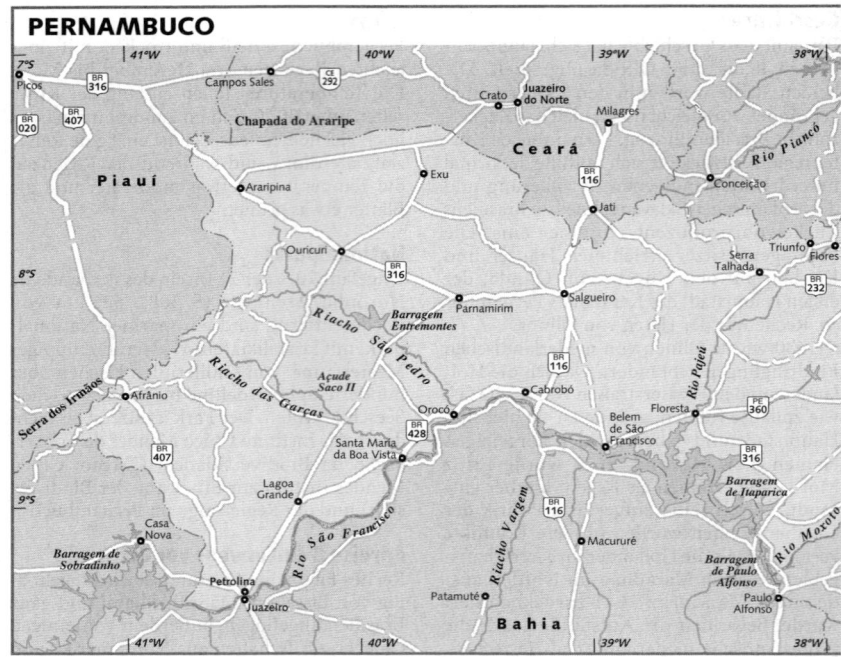

PERNAMBUCO

deckt. Es gibt keine Strände, an denen man unbedingt gewesen sein müsste. Wer aber coole, raue und stolze Städte liebt und den Geruch von faulendem Wasser gern erträgt, ist in Recife genau richtig. Die Stadt verdankt ihren Namen den vor der Küste liegenden *recifes* (Riffen), die die Wellen abbremsen und für ruhiges Wasser im Hafen und an den Stränden sorgen.

Das hübsche und weitaus ruhigere historische Städtchen Olinda liegt am nördlichen Stadtrand von Recife, nur 6 km vom Stadtzentrum entfernt. Viele Besucher ziehen es vor, sich in Olinda eine Unterkunft zu suchen und Recife nur tagsüber einen Besuch abzustatten. Olinda ist auch ein guter Ausgangspunkt für alle Nachtschwärmer, die sich in das turbulente Nachtleben von Recife stürzen wollen.

Als einer der Austragungsorte für die FIFA-Weltmeisterschaft 2014 plante Recife zum Zeitpunkt der Recherche ein neues Stadion, eine neue U-Bahn-Station und einen Fluggastterminal, außerdem 700 neue Hotelbetten und einige wesentliche Verbesserungen am Flughafen.

Orientierung

Recife ist wildwuchernd und schwieriger zu bewältigen als die meisten anderen Städte im Nordosten. Das Zentrum, ein Wirrwarr aus Bürohochhäusern, kolonialen Kirchen und wuseligen Märkten, verteilt sich auf eine Anzahl von Inselchen und Halbinseln in der Mündung des Rio Capibaribe und anderer kleiner Flüsse, mit Dutzenden Brücken, die über die Wasserwege führen. Die interessantesten Viertel sind das historische Recife Antigo am Meer; Santo Antônio (das Regierungsviertel) in der Mitte, mit einem lebendigen Geschäftsviertel im Süden und Boa Vista im Westen. Nach Einbruch der Dunkelheit und sonntagnachmittags sind viele Straßen im Zentrum leer.

Der Mittelschichtvorort Boa Viagem, mit dem besten Angebot an Unterkünften und Restaurants, beginnt 3 km südlich des Zentrums und erstreckt sich etwa 5 km die Küste entlang. Recifes Flughafen ist am südlichen Ende von Boa Viagem zu finden, 2 km landeinwärts; der Busbahnhof ist eine 17 km lange Metrofahrt vom Zentrum Richtung Westen entfernt.

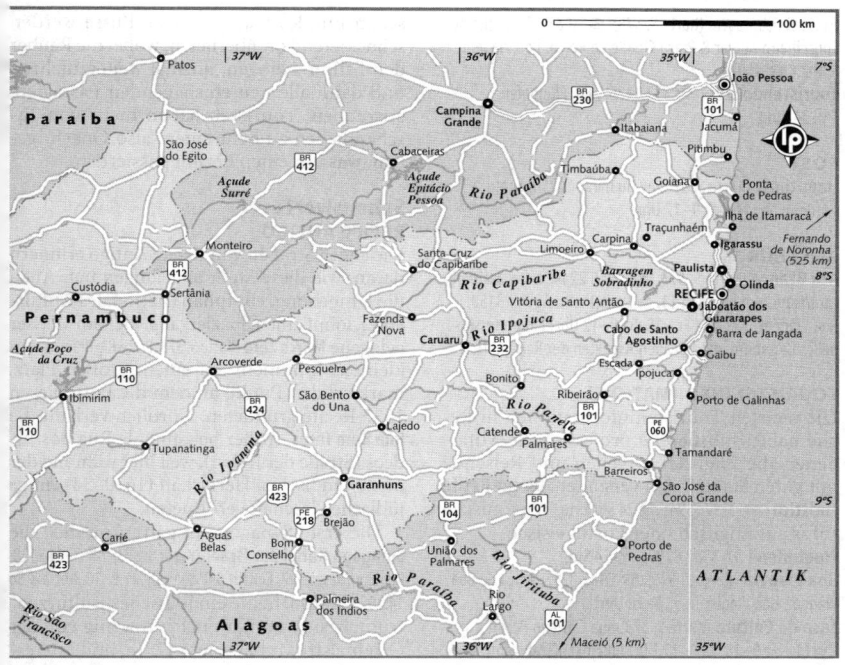

Praktische Informationen

BÜCHER

Livraria Cultura (Karte S. 573; ☎ 2102 4033; Paço Alfândega, Rua da Alfândega; ☿ Mo–Sa 10–22, So 14–20 Uhr) Der beste Buchladen nördlich von Salvador, mit einer riesigen Auswahl auf Englisch.

GELD

Es gibt haufenweise Geldautomaten am Flughafen und die Wechselstube **Confidence Câmbio** (☎ 3322 4222; ☿ 24 Std.).

Banco do Brasil (Karte S. 573; Av Dantas Barreto 541; ☿ Mo–Fr 10–16 Uhr, Geldautomaten 6–22 Uhr tgl.) Geldwechsel und Geldautomaten

Bradesco (Karte S. 573; Av Conde da Boa Vista 126; ☿ Mo–Fr 10–16 Uhr, Geldautomaten 6–22 Uhr tgl.) Geldwechsel und Geldautomaten.

Bradesco (Karte S. 575; Av Conselheiro Aguiar 3236, Boa Viagem; ☿ 6–22 Uhr) Geldautomat akzeptiert ausländische Karten.

Hipermercado Extra (Karte S. 575; Av Domingos Ferreira 1818, Boa Viagem; ☿ 7–24 Uhr) Hier gibt's zwei Geldautomaten, die ausländische Karten akzeptieren, man sollte aber zur Banco do Brasil gehen und sich die 10 R$ Gebühr sparen.

HSBC (Karte S. 575; Av Domingos Ferreira 2589, Boa Viagem)

IINFOS IM INTERNET

Destino Pernambuco (www.destinopernambuco.com.br) Seite des Recife Convention & Visitors Bureau.

Guia Pernambuco (www.guiapernambuco.com.br)

INTERNETZUGANG

Internetcafés sind in Boa Viagem schwer zu finden. Shopping Recife (Karte S. 575) ist einen Versuch wert.

Lan-House (Karte S. 573; Rua do Hospício;1,50 R$/Std.; ☿ Mo–Sa, 8–19 Uhr) Preiswerter kleiner Zentrumshotspot.

MEDIZINISCHE BETREUUNG

Boa Viagem Medical Center (Karte S. 575; ☎ 3343 9386; Av Visconde de Jequitinhonha 1144, Boa Viagem) Großes modernes Krankenhaus mit einer rund um die Uhr geöffneten Notaufnahme.

Real Hospital Português (abseits der Karte S. 573; ☎ 3416 1122; www.rhp.com.br; Av Agamenon Magalhães 4760) Privates 24-Stunden-Hospital; mit einer kleineren Klinik in der Av Conselheiro Aguiar in Boa Viagem (Karte S. 575), die ebenfalls rund um die Uhr geöffnet hat.

NOTFALL

Notarzt (☎ 192)

PERNAMBUCO

Polizei Boa Viagem (Karte S. 575; ☎ 3081 1710; Ecke Av Conselheiro Aguiar & Praça Cidade do Porto, Boa Viagem); Notruf (☎ 190)
Touristenpolizei (☎ 3322 4867; EG, Flughafen; ☯ 24 Std.)

POST

Hauptpost (Karte S. 573; Av Guararapes 250, Santo Antônio; ☯ Mo–Fr 9–17 Uhr)

REISEBÜROS

Asa Branca (Karte S. 575; ☎ 3466 2244; www.asabran caturismo.com.br; Shop 11, Av Conselheiro Aguiar 3150, Boa Viagem; ☯ Mo–Fr –18, Sa 8–12 Uhr) Ein professionelles Reisebüro, das bei allen Aspekten der Reise hilft.

TOURISTENINFORMATION

Die meisten Touristeninformationen in Recife haben hilfsbereite professionelle Mitarbeiter, die Englisch sprechen und Reisende mit guten Stadtplänen versorgen. **Disque Recife Turístico** (☎ 3232 3594; ☎ 24 Std.) hat telefonische Infos auf Englisch oder Portugiesisch.
Flughafen (☎ 3182 8299; ☯ 24 Std.)
Boa Viagem (Karte S. 575; ☎ 3182 8297; Praça de Boa Viagem, Boa Viagem; ☯ 8–20 Uhr)
Casa da Cultura (Karte S. 573; Rua Floriano Peixoto; ☯ Mo–Fr 9–18, Sa 9–12 Uhr) Im Einkaufszentrum.
Recife Antigo (Karte S. 573; ☎ 3232 2942; Praça do Arsenal; ☯ 8.30–21 Uhr)
Recife Centro (Karte S. 573; Pátio de São Pedro; ☯ Mo–Sa 9–17 Uhr)
Terminal Integrado de Passageiros (TIP; Busbahnhof; ☎ 3452 1892; ☯ 8–19 Uhr)

WÄSCHE

Die meisten Hotels bieten bezahlbaren Wäscheservice für ihre Gäste.
Vivaz Lavanderia (Karte S. 575; ☎ 3466 3755; Av Conselheiro Aguiar 2775, Boa Viagem; pro 10/20 Stücke 25/42 R$; ☯ Mo–Fr 7–19, Sa 8 –17 Uhr)

Gefahren & Ärgernisse

Surfen ist am Strand von Boa Viagem verboten, und zwar aufgrund der Gefahren durch Haiattacken. Schwimmer sollten nicht bei Flut ins Wasser gehen und keinesfalls jenseits des Riffs schwimmen. Seit 1992 wurden 19 tödliche Haiattacken und über 30 andere Zwischenfälle entlang eines 20 km langen Küstenstreifens, am dem auch Boa Viagem liegt, aufgezeichnet.

Recifes hat zurecht einen Ruf als gefährliche Stadt. Tatsächlich hat Pernambuco die höchste Mordrate pro Kopf von allen brasiliani-

schen Bundesstaaten. Lokale Busse werden schockierend oft überfallen, wobei die Räuber den Fahrer zwingen, normal weiterzufahren und dann alle neu einsteigenden Passagiere ausrauben. Touristen haben mehr von Taschendieben zu befürchten, also Obacht geben, was um einen herum passiert!

Sehenswertes

RECIFE ANTIGO

Die engen Straßen von Recife Antigo erinnern daran, wie diese Stadt angefangen hat. Auch die Umgebung, ein Iphan (nationales Kulturerbe), lohnt einen Spaziergang. Der am Wasser gelegene **Marco Zero** (Karte S. 573; Praça Rio Branco), ein kleines Monument auf einem großen Platz, markiert den Punkt, an dem die Portugiesen 1537 Recife gründeten. Nördlich verläuft die **Rua Bom Jesus**, früher bekannt als Rua dos Judeos (Straße der Juden), weil hier während der niederländischen Herrschaft (1630–54) einige jüdische Geschäfte eröffneten.

Die erste Synagoge in ganz Amerika, die **Sinagoga Kahal Zur Israel** (Karte S. 573; ☎ 3224 2128; Rua Bom Jesus 197; Eintritt 5 R$; ☯ Di–Fr 9–16.30, Sa & So 14.30–17.30 Uhr), heute ein jüdisches Kulturzentrum, besitzt immer noch ein wenig von der Originalstruktur aus dem 17. Jh. und interessante Wandgemälde (portugiesisch und englisch), die die Rolle der Juden beim Aufbau Recifes aufzeigen. Die Gegend ist am schönsten während des bunten Handwerksmarkts am Sonntag (S. 579). Am südlichen Ufer von Recife Antigo steht der **Paço Alfândega** (Karte S. 573; Rua Alfândega, 35; www.pacoalfandega.com.br; ☯ Sa 10–22, So 12–21 Uhr), ein Zollhaus aus dem 19. Jh., das in eine glitzernde Shopping Mall verwandelt wurde – prima Gelegenheit für einen *cafezinho* (kleiner Kaffee).

SANTO ANTÔNIO

Die **Praça da República** (Karte S. 573) am Nordende von Santo Antônio hat einen Park mit hohen Bäumen und einem hübschen Brunnen und ist umgeben von beeindruckenden Gebäuden aus dem 19. Jh.

Im Süden liegt die **Capela Dourada** (Goldene Kapelle; Karte S. 573; Rua do Imperador; Eintritt 2 R$; ☯ Mo–Fr 8–11.30 & 14–17, Sa 8–11.30 Uhr), eine Kirche, deren Bau 1696 begonnen hat und die eine echte Perle des brasilianischen Barocks ist und außerdem das Museu de Arte Sacra beherbergt. Weiter südlich erstreckt sich ein belebtes Geschäftsviertel mit Läden und Ständen an den Straßen, und immer wieder trifft man auf

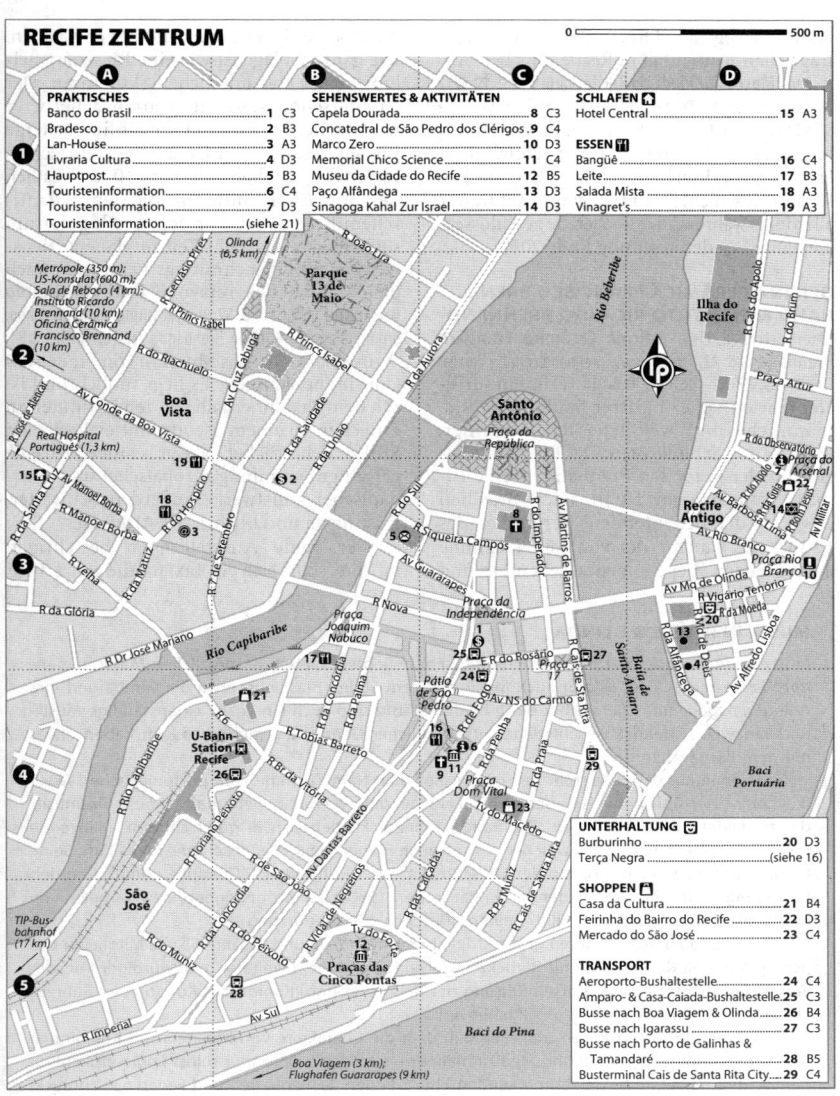

RECIFE ZENTRUM

0 ———— 500 m

PRAKTISCHES	
Banco do Brasil	**1** C3
Bradesco	**2** B3
Lan-House	**3** A3
Livraria Cultura	**4** D3
Hauptpost	**5** B3
Touristeninformation	**6** C4
Touristeninformation	**7** D3
Touristeninformation	(siehe 21)

SEHENSWERTES & AKTIVITÄTEN	
Capela Dourada	**8** C3
Concatedral de São Pedro dos Clérigos	**9** C4
Marco Zero	**10** D3
Memorial Chico Science	**11** C4
Museu da Cidade do Recife	**12** B5
Paço Alfândega	**13** D3
Sinagoga Kahal Zur Israel	**14** D3

SCHLAFEN	
Hotel Central	**15** A3

ESSEN	
Bangüe	**16** C4
Leite	**17** B3
Salada Mista	**18** A3
Vinagret's	**19** A3

UNTERHALTUNG	
Burburinho	**20** D3
Terça Negra	(siehe 16)

SHOPPEN	
Casa da Cultura	**21** B4
Feirinha do Bairro do Recife	**22** D3
Mercado do São José	**23** C4

TRANSPORT	
Aeroporto-Bushaltestelle	**24** C4
Amparo- & Casa-Caiada-Bushaltestelle	**25** C3
Busse nach Boa Viagem & Olinda	**26** B4
Busse nach Igarassu	**27** C3
Busse nach Porto de Galinhas & Tamandaré	**28** B5
Busterminal Cais de Santa Rita City	**29** C4

PERNAMBUCO

verfallene Kolonialkirchen und schöne Fassaden. Mittendrin liegt der **Pátio de São Pedro**, eine Fußgängerzone mit Bars, Restaurants und bunt bemalten Häusern aus dem 19. Jh. Die **Concatedral de São Pedro dos Clérigos** (Karte S. 573; Mo–Fr 9–12 & 14–17 Uhr), eine Barockkirche aus dem 18. Jh. mit unglaublich schönen Holzschnitzereien, thront über dem Pátio.

Obwohl die Regierung mehr hätte tun können und sollen, beleuchtet immerhin das neue **Memorial Chico Science** (Karte S. 573; 3232 2426; www.recife.pe.gov.br/chicoscience; Pátio de São Pedro 21; Eintritt frei; Mo–Fr 9–19 Uhr) angemessen das Werk des verstorbenen Nação-Zumbi-Sängers Chico Science (s. Kasten S. 574). Der hochverehrte Musiker und Gründer der *mangue-beat-*

Kulturbewegung kam 1997 bei einem tragischen Autounfall in Recife ums Leben.

Das **Museu da Cidade do Recife** (Karte S. 573; ☎ 3232 2812; Praça das Cinco Pontas; Eintritt 1 R$; ☺ Di–Fr 9–17, Sa & So 13–17 Uhr) ist im Forte das Cinco Pontas untergebracht, das 1630 von den Holländern erbaut wurde. Es gibt interessante Exponate zu Recifes Geschichte und populärer Kultur, war allerdings während der Recherche geschlossen. Geplante Wiedereröffnung Ende 2010.

OFICINA CERÂMICA FRANCISCO BRENNAND & INSTITUTO RICARDO BRENNAND

Die einzigartige **Oficina Cerâmica Francisco Brennand** (☎ 3271 2466; www.brennand.com.br; Várzea; Eintrit 6 R$; ☺ Mo–Do 8–17, Fr bis 16 Uhr) ist ein surrealer Garten voller bizarrer Skulpturen, u. a. männliche und weibliche Regenwürmer, Frösche und Schildkröten. Der irischstämmige Künstler Francisco Brennand – seine Familie wanderte im 19. Jh. nach Brasilien aus – ist der bedeutendste Keramiker des Landes. Er hauchte der von seiner Familie aufgegebenen Ziegelei neues Leben ein und schuf seine eigene Serie dekorativer Kacheln. Die ganze Anlage ist wie eine Riesenausstellung seiner absonderlichen Skulpturen. Der wunderschön angelegte Garten beherbergt maurische Bögen und unzählige witzige Büsten. Die Oficina Cerâmica – ein echtes regionales Highlight – liegt ca. 10 km westlich der Innenstadt mitten in dichtem Atlantischem Regenwald. Für den Ausflug dorthin sollte man etwas mehr Zeit einplanen. Dienstag- bis freitagnachmittags kann man auch gleich noch das reizvolle **Instituto Ricardo Brennand** (☎ 2121 0352; www.institutoricardobrennand. org.br; Alameda Antônio Brennand, Várzea; Eintritt 5 R$; ☺ Di–So 13–17 Uhr), das Museum von Franciscos Cousin, besichtigen. Es liegt südlich und ist mit dem Taxi innerhalb von zehn Minuten zu erreichen. In einem pseudo-mittelalterlichen Schloss in herrlicher Lage präsentiert sich eine gewaltige Sammlung europäischer und brasilianischer Kunstwerke, außerdem Schwerter, Rüstungen und historische Artefakte.

Wer beide Ausstellungen besichtigen möchte, sollte ein Taxi für die ganze Tour

---

PERNAMBUCO

MUSIK IN RECIFE & OLINDA

In Recife und Olinda hört man viel von der sehr beliebten, typisch nordöstlichen Musik namens *forró* (s. Kasten S. 578). Es gibt auch Musik aus dem Süden Brasiliens, etwa die Samba und ihre Ableger, *pagode* und *choro*. Aber diese beiden Städte sind auch eine ganz eigenständige Musik- und Tanzwelt – Heimat verschiedener ursprünglicher Genres, die meisten davon haben etwas mit dem Karneval zu tun.

Ganz oben auf der Liste steht *frevo*. Man sagt, sein Name komme vom portugiesischen *ferver* (kochen). *Frevo* (üblicherweise, aber auch bekannt als *frevo-de-rua*) ist fieberhaft schnelle Blasmusik, die zu wildem Tanzen animiert. Die Bandmitglieder kleiden sich in quietschbunte glänzende Kostüme und schleudern, aus welchem Grund auch immer, kleine Regenschirme in die Luft. Seine Ursprünge sollen in einer Fusion der Marschmusik des 19. Jhs. (Polka, Quadrille, Tango) und den Bewegungen der Capoeira liegen. *Frevo* hat in den 1960er-Jahren begonnen, den Karneval von Recife zu erobern und feierte 2007 seinen offiziellen 100. Geburtstag.

Zum *maracatu naçäo* gehören große afrikanische Trommeln und Tänzer, die wie Mitglieder des portugiesischen Königshofes zur Barockzeit gekleidet sind – ein weiterer merkwürdiger Mix, der auf die Feierlichkeiten zur Amtseinführung der Reis do Congo (Könige des Kongo), den Führern der afrikanischen Gemeinde, zurückgehen soll.

Und dann gibt es noch den *caboclinho*, in dem die Charaktere von Königen und Königinnen über *índios* (indigene Völker) und Medizinmänner bis zu den *caboclinhos* selbst (*indio*-afrikanisch gemischte Charaktere bekleidet mit Lendenschurz, Perlen, Samenketten und Federkopfschmuck) mit viel Bewegungsfreiheit zu Flöten- und Trommelmusik tanzen.

All diese Musik- und Tanzstile mit eindeutigen afrikanischen Wurzeln sowie indigenen und europäischen Einflüssen spielen eine wichtige Rolle im Karneval von Recife und Olinda. Neu dazugekommen ist der *mangue beat*, der in den 1990er-Jahren vor allem bei jungen Bands aufkam. Sie mischten Traditionelles wie den *maracatu* mit elektrischen Rockinstrumenten und Rhythmen wie Rap, Hip-Hop und Electronica. Begründer dieses Genres war der Sänger Chico Science (S. 573) mit seiner Gruppe Naçäo Zumbi. Science starb 1997 bei einem Autounfall und wird noch heute betrauert: Naçäo Zumbi spielt weiter.

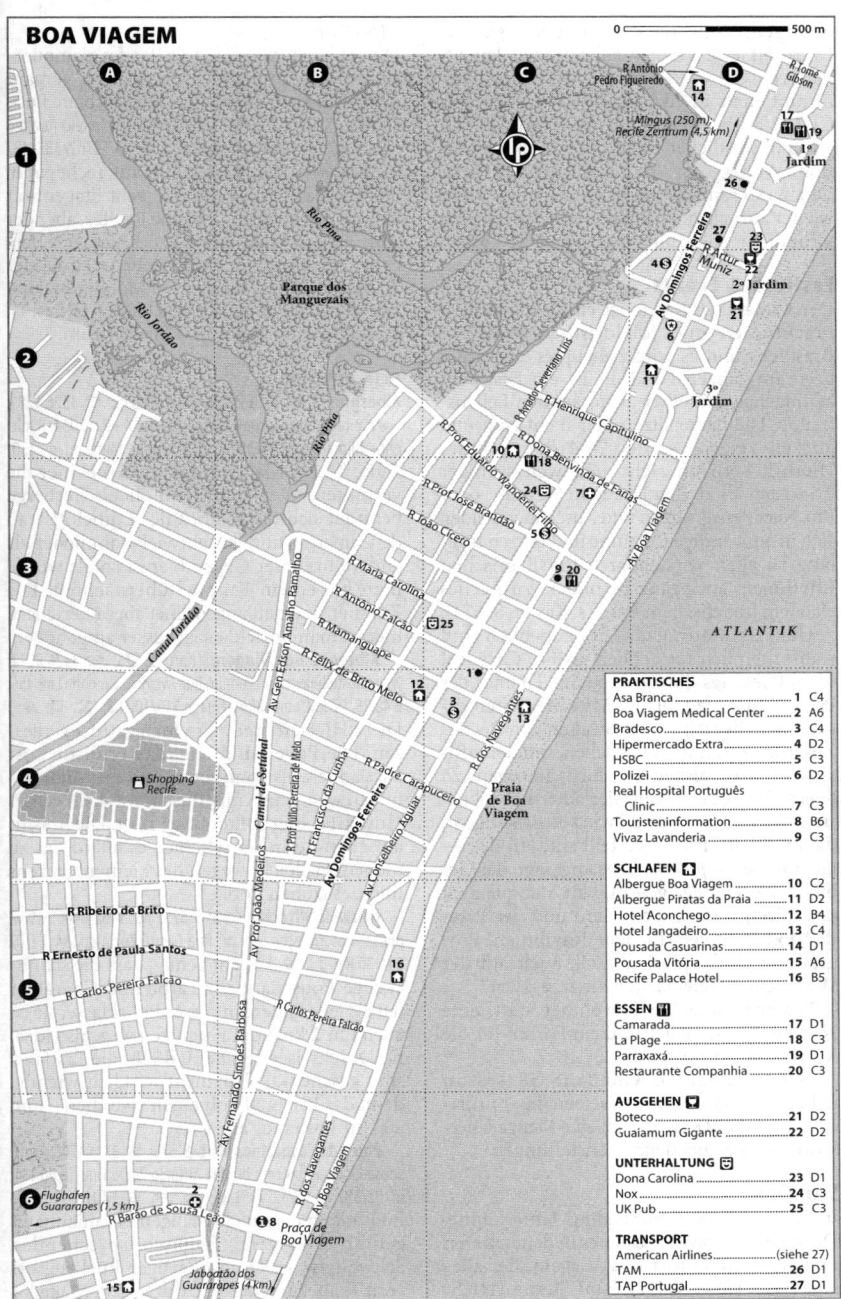

BOA VIAGEM

0 —————————— 500 m

PRAKTISCHES
Asa Branca **1**	C4
Boa Viagem Medical Center **2**	A6
Bradesco **3**	C4
Hipermercado Extra **4**	D2
HSBC **5**	C3
Polizei **6**	D2
Real Hospital Português	
Clinic **7**	C3
Touristeninformation **8**	B6
Vivaz Lavanderia **9**	C3

SCHLAFEN
Albergue Boa Viagem **10**	C2
Albergue Piratas da Praia **11**	D2
Hotel Aconchego **12**	B4
Hotel Jangadeiro **13**	C4
Pousada Casuarinas **14**	D1
Pousada Vitória **15**	A6
Recife Palace Hotel **16**	B5

ESSEN
Camarada **17**	D1
La Plage **18**	C3
Parraxaxá **19**	D1
Restaurante Companhia **20**	C3

AUSGEHEN
Boteco **21**	D2
Guaiamum Gigante **22**	D2

UNTERHALTUNG
Dona Carolina **23**	D1
Nox **24**	C3
UK Pub **25**	C3

TRANSPORT
American Airlines ....(siehe **27**)	
TAM **26**	D1
TAP Portugal **27**	D1

PERNAMBUCO

besorgen. Von Boa Viagem aus kostet die Fahrt mit jeweils eineinhalb Stunden Aufenthalt vor Ort ca. 10 bis 120 R$. Alternativ nimmt man in Recifes Zentrum den Bus CDU/Várzea entlang der Av Conde da Boa Vista in westlicher Richtung bis zur Endstation. Weiter geht's dann mit dem Taxi zur Oficina Cerâmica, von da zum Instituto und wieder zurück zur Bushaltestelle. So eine Taxirundfahrt sollte um die 60 bis 80 R$ kosten.

Festivals & Events

Der **Karneval** in Recife ist einer der farbenprächtigsten und folkloristischsten Feste Brasiliens und es wird behauptet, er sei der beste im ganzen Land. Es ist ein Fest zum Mitmachen mit einer ansteckenden Lebensfreude: Die Leute sitzen hier nicht rum und gucken zu, sie werden Teil des Ganzen. Hierhin verirren sich auch weit weniger Touristen als zu den Festen in Salvador oder Rio. Karnevalsgruppen und Zuschauer kleiden sich in aufwendige Kostüme und tanzen tagelang zu allen vorstellbaren brasilianischen Rhythmen, aber ganz besonders zu Recifes eigenem frenetischem *frevo* (s. Kasten S. 574).

Galo da Madrugada, die angeblich und wahrscheinlich tatsächlich größte Carnaval *bloco* (Gesangs-Tanzgruppe mit Thema) der Welt, bringt mehr als 1,5 Mio. Menschen zusammen, die sich in den Straßen von Recifes Zentrum zusammenquetschen, um den offiziellen Karnevalsbeginn samstagmorgens zu feiern. Das Epizentrum der Aktivität fokussiert sich um eine Anzahl von *pólos* (Stangen), die im Stadtzentrum verteilt sind. In der Av Guararapes ist *pólo de frevo* angesagt; das Gebiet der Alfândega gehört dem Mangue Beat und Electronica; Marco Zero und der Pátio de São Pedro bieten verschiedene Rhythmen. Programme gibt's quasi überall, auch auf der Website der **Prefeitura** (www.recife.pe.gov.br).

Recifolia findet im November statt, eine Nonstop Dance Party und ein Forum für die Musik des Nordostens.

Der Karneval von Olinda (S. 583) ist so nahe, dass man beide am selben Tag mitmachen kann, und es gibt auch eine Menge Überschneidungen bei den Veranstaltungen.

Schlafen

Im Zentrum gibt es nur bedingt Unterkünfte. Die meisten Traveller zieht es in den netteren und sicheren Vorort Boa Viagem, der alles bietet, von Hostels bis zu Fünf-Sterne-Hotels.

ZENTRUM

Obwohl seine Glanzzeit als Recifes glamourösestes Hotel in der leicht verklärten Vergangenheit liegt, hält sich das lachsfarbene **Hotel Central** (Karte S. 573; ☎ 3222 4001; www.hotelcentralrecife.com.br; Av Manoel Borba 209; B/EZ/DZ/3BZ/4BZ 40/55/84/144/144 R$; ⊠), 1927 erbaut, recht gut in einer Allee in Boa Vista. Mit acht Etagen war es einst das höchste Gebäude Recifes, aber der Aufstieg von Boa Viagem hat es hart getroffen; es ist das älteste noch betriebene Hotel der Stadt. Mit seiner antiquierten Möblierung und einem Käfigaufzug aus den 1930er-Jahren ist es die beste Budgetoption im Zentrum.

BOA VIAGEM

Albergue Piratas da Praia (Karte S. 575; ☎ 3326 1281; www.piratasdapraia.com; Av Conselheiro Aguiar 2034; B mit/ohne Klimaanlage 44/38 R$, Zi. mit/ohne Klimaanlage 130/120 R$; ⊠ ⊜) Man würde das Hostel hier nie vermuten, aber diese freundliche Herberge befindet sich im 3. Stock des Edifício Barão de Camaçari und ist sehr viel wohnlicher als andere in dieser Gegend, etwa so als würde man bei einem Kumpel übernachten. Die Zimmer sind nett angeordnet aber überteuert, hier ist man im Schlafsaal besser aufgehoben.

Albergue Boa Viagem (Karte S. 575; ☎ 3326 9572; www.hostelboaviagem.com.br; Rua Aviador Severiano Lins 455; B 48 R$, DZ mit/ohne Klimaanlage 110/100 R$; ⊠ ▢ ▣) Diese HI-Herberge kann man getrost vergessen: Die Bäder sind eng, das Frühstück ist alles andere als kontinental und die Mitarbeiter ein wenig unsympathisch, was kein echtes Hostel-Feeling aufkommen lässt. Die brasilianischen Besucher scheinen es allerdings zu mögen, vielleicht wegen des kleinen Gartens und des trüben Pools.

Pousada Vitória (Karte S. 575; ☎ 3462 6446; www.pousadavitoriarecife.com.br; Rua Capitõ Zuzinha 234; EZ/DZ 94/130 R$; ⊠ ⊜) Nicht genug, dass die schnuckelige Pousada mehr Farbe und Charakter hat als jede andere in dieser Preisklasse, sie ist auch nur 2 km vom Flughafen weg, also ideal für Durchreisende. Die 10 R$ für die Taxifahrt sind geschenkt, aber nicht wirklich wichtig, denn das Personal holt einen zwischen 6 und 20 Uhr kostenlos ab.

Pousada Casuarinas (Karte S. 575; ☎ 3325 4708; www.pousadacasuarinas.com.br; Rua Antônio Pedro Figueiredo 151; EZ/DZ/3BZ ab 95/129/153 R$; ⊠ ⊜ ▣) Die ruhige Pousada in einem ehemaligen Familienhaus, geführt von zwei Englisch sprechenden Schwestern, ist ein großartiger Rückzugsort vom Trubel und der Hitze draußen. Makellos

PERNAMBUCO

saubere Zimmer gruppieren sich um einen schattigen Innenhof und regionale Folklorekunst bringt Abwechslung ins Dekor.

Hotel Aconchego (Karte S. 575; ☎ 3464 2989; www.hotelaconchego.com.br; Rua Félix de Brito Melo 382; EZ/DZ ab 135/165 R$; 🕸 ବ 🏊) Das gut geführte Aconchego hat tadellose Zimmer, solide Gemeinschaftsbereiche, ein bezahlbares 24-Stunden-Restaurant am Pool (mit Bar!) und guten mehrsprachigen Service. Es ist bei brasilianischen Touristen beliebt und bietet in seiner Preisklasse das Meiste.

Hotel Jangadeiro (Karte S. 575; ☎ 3086 5050; www.jangadeirohotel.com.br; Av Boa Viagem 3114; EZ/DZ/3BZ 205/249/289 R$; 🕸 ବ 🏊) Eines der wenigen gehobeneren Häuser am Strand. Das hoch gelegene Jangadeiro hat nette Angestellte, geschmackvoll eingerichtete Zimmer mit großen Badezimmern und Flure, die dringend mal etwas Farbe gebrauchen könnten. Alle Räume haben mehr oder weniger Seeblick und das tolle Frühstück genießt man mit einer herrlichen Aussicht.

Recife Palace Hotel (Karte S. 575; ☎ 4009 2500; www.lucsimhotels.com.br; Av Boa Viagem 4070; EZ/DZ ab 319/365 R$; 🕸 ବ 🏊) Das Mitte der 1980er-Jahre erbaute Strandhotel Recife Palace, ist immer noch Teil der Golden-Tulip-Hotelkette, ist immer noch eines von Boa Viagems luxuriösesten Hotels. In den öffentlichen Bereichen gibt es schwarzen Marmor, poliertes Holz und leuchtendes Messing. Die Zimmer sind groß und sehr gemütlich, und alle haben Seeblick. Parkmöglichkeiten vorhanden.

Essen

Recife hat tolle Restaurants, von fröhlichen und geschäftigen Läden bis zu raffinierten Häusern, die mit den besten in Rio und São Paulo mithalten können.

ZENTRUM

Das Stadtzentrum ist voll mit Selbstbedienungsläden, von denen die meisten um die 23,90 R$ pro Kilo verlangen. Zwei gute sind **Vinagret's** (Karte S. 573; ☎ 3334 9616; Rua do Hospício 203; 🕑 Mo–Fr 10.30–16 Uhr) und das benachbarte **Salada Mista** (Karte S. 573; ☎ 3231 0583; Rua do Hospício 59; 🕑 Mo–Fr 10.30–20, Sa 10.30–16 Uhr).

Banguê (Karte S. 573; ☎ 3224 5249; Pátio de São Pedro 20; Hauptgerichte für 2 16–85 R$; 🕑 Di, F & Sa 11–1, Mo, Mi, Do & So bis 22 Uhr) Das Restaurant wird in Peter Robbs *A Death in Brazil* liebevoll beschrieben. Es ist immer noch ein guter Laden für Fleisch- und Fischgerichte, mit seiner großartigen

Lage am Pátio de São Pedro und dem einzigartigen Zuckerrohrplantagendekor. Anrufen und zum Terça Negra einen Tisch draußen mitten im Geschehen reservieren.

Leite (Karte S. 573; ☎ 3224 7977; Praça Joaquim Nabuco 147; Hauptgerichte 29–65 R$; 🕑 So–Fr 11.30–16 Uhr) Eines der ältesten Restaurants des Landes, 1882 eröffnet. Mittlerweile wurde es modernisiert und hat einiges zu seinem historischen Ambiente verloren. Aber es bleibt ein Favorit fürs Power-Lunch der Politiker und Geschäftsleute. Zu empfehlen sind die hervorragenden Pernambuco-Shrimps in Kokosnusssauce.

BOA VIAGEM

Restaurante Companhia (Karte S. 575; ☎ 3465 9066; Rua João Cícero; Hauptgerichte 4,50–22,50 R$, Mittagessen 27,90 R$/kg; 🕑 11–24 Uhr) Ein gutes Straßenrestaurant mit Selbstbedienung. Die Mittagsgerichte sind lecker, die Fleischgerichte auch und das *chope* (Bier vom Fass) ist prima.

La Plage (Karte S. 575; ☎ 3465 1654; Rua Prof Rui Batista 120; Crepes 9,50–16 R$; 🕑 Mo–Do 18–23.30, Fr–Sa bis 1, So 17–23 Uhr) Erst kam es uns merkwürdig vor, dass dieser Crêpes- und Salat-Laden mittags nicht geöffnet hat, aber dann wurde es uns klar: Er ist zu trendy fürs Tageslicht! Das La Plage serviert großartige herzhafte und süße Crêpes und fabelhafte Salate in einer barähnlichen Umgebung. Auch für Vegetarier gibt es reichlich Auswahl.

Parraxaxá (Karte S. 575; ☎ 3463 7874; Rua Baltazar Pereira 32; 30,90 R$/kg; 🕑 Mo–Fr 11.30–22, Sa & So 6–23 Uhr) Eine festliche Deko und die Angestellten in Polizei- und *cangaceiro*- (Outlaw-) Outfits sind das Tüpfelchen auf dem i in diesem lustigen Restaurant mit Nordost-Thema. Im Selbstbedienungsbereich gibt es leckere Nordost-Gerichte im Überfluss - *carne de sol* (gesalzenes Rind), *macaxeira* (eine Art Maniok), *baião de dois* (ein scharfes Gericht mit Reis, Bohnen und Käse) und gegrilltes Fleisch - und dazu gute Salate.

Mingus (abseits der Karte S. 575; ☎ 3465 4000; Rua do Atlântico 102; Hauptgerichte 31–62 R$; 🕑 Mo–Do 19.30–24, Fr–Sa 20–2, So 12–17 Uhr) Hier kann man prima ein paar extra Reales für ein stylisches Mahl aus der zeitgenössischen brasilianischen Küche ausgeben. Von in der Pfanne geröstetem Wildschwein über mit Feigen gefüllte Wachteln bis zu Weißling in Pfefferminz-Pesto gibt's für jeden etwas. Und das inmitten von überlebensgroßen Schwarzweißfotos von Jazzlegenden.

LP Tipp **Camarada** (Karte S. 575; ☎ 3325 1786; Rua Baltazar Pereira 130; Hauptgerichte für 2 50–75 R$; 🕑 So–Di

12–0.30, Mi–Sa bis 1 Uhr) Dieses moderne Restaurant verarbeitet Shrimps auf unendlich kreative Art – Fondue, Salate, in Bier mariniert, *moquecas* (Eintopf) –, aber es ist auch beliebt wegen seiner Happy Hour, wenn die Gäste mit eiskaltem Brahma oder Stella Artois vom Fass in der Hand über die Veranda schlendern. Wer nicht so für Krustentiere zu haben ist, der ist bei den wenigen Fleisch- und Fischgerichten gut aufgehoben.

Ausgehen & Unterhaltung

Recife ist zurecht stolz auf sein Nachtleben und das Musikangebot der Stadt. Man kann sich für jeden Tag der Woche einen anderen Laden raussuchen. Viele befinden sich in Boa Viagem, aber es gibt auch ein paar in Recife Antigo und anderswo. In den Touristeninformationen gibt es hilfreiche Broschüren zum Unterhaltungsangebot, und viele portugiesischsprachige Websites haben gute Kalender, darunter www.guiametropole.com.br, http://pe360graus.globo.com (auf „Diversão" klicken!) und www.pernambuco.com.

ZENTRUM

Terça Negra (Schwarzer Dienstag; Karte S. 573; Pátio de São Pedro; Di ab 20 Uhr) Einmal pro Woche gibt es tolle kostenlose afro-brasilianische Rhythmen im malerischen Pátio de São Pedro. Es wird viel getanzt und spät nach Hause gegangen.

Burburinho (Karte S. 573; ☎ 3224 5854; Rua Tomazina 106; Eintritt 7–15 R\$; Mo–Sa 18 Uhr–zum letzten Gast) Diese Bar, die von Musikern, Künstlern und Journalisten besucht wird, hat Live Blues am Freitag und Rock am Samstag. Sie ist netter als sie aussieht.

Metrópole (off Karte S. 573; ☎ 3423 0123; Rua das Nínfas 125; Eintritt nach Mitternacht 20 R\$; Do–Sa 22–6 Uhr) Recifes bester Schwulen- (und GLS) Club hat Travestieshows, Go-Go-Boys, samstägliche Themenparties und eine Bar mit Livemusik.

BOA VIAGEM

Boteco (Karte S. 575; ☎ 3325 1428; Av Boa Viagem 1660; So–Do 17–1 Uhr, Fr–Sa 12–2 Uhr) Wie in den meisten brasilianischen Städten wird das Nachtleben durch die *boteco* (brasilianische Stadtteilkneipe) Kultur bestimmt. Und obwohl sie zu einer Kette gehört, zieht das passend benannte Boteco die Recifenser an. Wir sind nicht sicher, wer hier schneller durchfliegt, die Meeresbrisen oder die Kellner mit ihren vollen Tabletts mit *chope* und brasilianischen Bar-Snacks wie *picanha* (Schwanzstück vom Rind) und leckeren *pesticos* (Bar Snacks). Dazu lässt sich schlecht Nein sagen.

FORRÓ FÜR ALLE

Während des Zweiten Weltkriegs veranstalteten die Offiziersclubs auf den US-amerikanischen Militärstützpunkten in Pernambuco Bälle für jedermann und nannten das „For all". Einheimische Bands mit Akkordeon, Triangel und einer afrikanischen Handtrommel, der *zabumba*, sorgten für die Musik. Der Rhythmus war ein schneller Zweivierteltakt, der ursprünglich *baião* genannt wurde. Paare tanzten zu Liedern mit einfachen Texten, die vom harten Leben auf dem Land erzählten, den Versuchungen und Problemen der Liebe und der Schönheit des Tanzes. Aus „For all" wurde *forró* (fo-hoh) auf Portugiesisch und der Name wurde zum Synonym nicht nur für die Events, sondern auch für den Geist, den Tanz und die Musik.

Die erste Ikone des *forró* war Luiz Gonzaga (1912–89). „Gonzagão" war verantwortlich dafür, dass der Sound von Pernambuco im Rest des Landes bekannt wurde. Später beeinflusste er einige international bekannte brasilianische Musiker. Trotz seiner Beliebtheit schauten São Paulo, Rio de Janeiro und andere südliche Städte auf den *forró* als Hinterwäldlermusik aus dem Nordosten herab.

Während der 1990er-Jahre, nach dem internationalen Triumphzug des Lambada und inspiriert durch die Countrybands aus São Paulo, modernisierten die *forró*-Musiker ihren Sound. Sie fügten elektrische Gitarren, Keyboards und Drums hinzu. Musik und Tanz wurden zum nationalen Hype, und es gab *forró*-Events in ganz Brasilien. Er füllte eine Lücke: peppige Musik, zu der man zu zweit tanzen konnte – es geht einfach zwei Schritte nach links und zwei Schritte nach rechts. Der Sound ist jetzt in der ganzen Welt bekannt.

Heute gilt Caruaru als angebliche Hauptstadt des *forró* (S. 594), und das dort stattfindende alljährliche São João Festival bezeichnet sich selbst als das größte Festival seiner Art in Brasilien (Paraíbas Campina Grande stellt ähnliche Behauptungen auf). Kommt man im Mai hierher, sieht man *quadrilhas* mit etwa 4000 Leuten. Und sie hören einen Monat lang nicht auf zu tanzen!

Guaiamum Gigante (Karte S. 575; ☎ 3327 1413; Av Boa Viagem, 2a Jardim; ◷ Mo–Do 11.30–1, Do–Sa bis 2, So 11.30–23.30 Uhr) Eine etwas bessere *boteco*, die bei unserem Besuch gerade renoviert wurde, aber trotzdem voll war. Die Fischgerichte unterscheiden es von seinem Nachbarn, Boteco, und die luftige Veranda dient als dekadente Bar.

UK Pub (Karte S. 575; ☎ 3466 9192; Rua Francisco da Cunha 165; Eintritt 8–25 R$; ◷ Di–So 20 Uhr–open end) Diese gehobene Lounge zieht eine sexy anglophile Klientel an – vor allem donnerstags – zu Pop, Rock, Samba Rock (alles live!) und DJs und gescheitem Bier (Guinness, Erdinger, Newcastle und 1664) –, aber für dieses Privileg muss man auch tief in die Tasche greifen.

Nox (Karte S. 575; ☎ 3326 8836; Av Domingos Ferreira 2422; Eintritt Frauen/Männer ab 20/30 R$; ◷ Fr–Sa 22–6 Uhr) Das Nox ist der hippste Tanzclub der Stadt, mit einer rave-ähnlichen Atmosphäre, einer riesigen Tanzfläche und einer unglaublichen Lightshow.

Dona Carolina (Karte S. 575; ☎ 3466 2743; Av Boa Viagem 123; Eintritt Frauen/Männer 20/30 R$; ◷ Di–Sa 18– spät, So 19–23 Uhr) Hier ist der *bola da vez* (derzeitige Hotspot) von Recife, eine schicke moderne Bar mit Restaurant und Live-MPB (Música Popular Brasileira), Soul und Jazz sowie genügend Hitze, um die Antarktis zum Schmelzen zu bringen.

ANDERSWO

Den besten bodenständigen *forró* spielt – und tanzt – man im rustikalen **Sala de Reboco** (abseits der Karte S. 573; ☎ 3228 7052; www.saladereboco.com.br; Rua Gregório Junior 264, Cordeiro; Eintritt 10–15 R$; ◷ Do–Sa 22–4 Uhr), 4 km westlich vom Zentrum.

Shoppen

Pernambucos traditionelles Kunsthandwerk wie Tonfiguren, Holzskulpturen, Spitze und Ledersachen, dazu noch Massen von T-Shirts, findet man im **Mercado do São José** (Karte S. 573; Praça Dom Vital; ◷ Mo–Fr 8–17.30, Sa & So bis 12 Uhr) und bei **Casa da Cultura** (Karte S. 573; Rua Floriano Peixoto; ◷ Mo–Fr 9–19, Sa 9–18, So 9–12 Uhr). Die Casa ist ein gruseliges Gefängnis aus der Kolonialzeit mit Shops in den Zellen, in denen die Gefangenen noch bis 1973 vor sich hin schmachteten (Zelle 106 ist noch im Originalzustand).

Der **Feirinha do Bairro do Recife** (Karte S. 573; Rua Bom Jesus; ◷ Sa & So 14–22 Uhr) ist ein interessanter Straßenmarkt, spezialisiert auf hochklassiges Kunsthandwerk – Kleider, Schmuck, Keramik –, der Recife Antigo jeden Sonntag zum Leben erweckt.

An- & Weiterreise

AUTO & MOTORRAD

Diese empfehlenswerten Mietwagenfirmen haben ein Büro am Flughafen:

Avis (☎ 0800 725 2847)
Budget (☎ 3464 4030)
Localiza (☎ 3341 2082)

BUS

Recifes Busbahnhof ist der große **Terminal Integrado de Passageiros** (TIP; ☎ 3452 1088), 17 km westlich vom Zentrum. Vom TIP starten alle Busse in andere Bundesstaaten und zu vielen Zielen innerhalb von Pernambuco. Man kann die Tickets an zahlreichen Verkaufsstellen in der Stadt kaufen. Oder man ruft bei **Disk Rodoviária** (☎ 3452 1211) an, einem Busticket-Zustellservice. Sein Gepäck kann man bei Guarda Volumes (2,80–5,60 R$ für 12 Std.) parken.

Es gibt Verbindungen nach Caruaru (18– 23 R$, 2 Std., 34-mal tgl.), Fortaleza (120– 181 R$, 12 Std., 3-mal tgl.), João Pessoa (21– 28,50 R$, 2 Std., 17-mal tgl.), Maceió (34–45 R$, 4 Std., 9-mal tgl.), Natal (60,50 R$, 4½ Std., 8-mal tgl.), Rio (325 R$, 38–42 Std., 3-mal tgl.), Salvador (127–138 R$, 15 Std., 1- bis 2-mal tgl.) und São Paulo (321 R$, 44–48 Std., 2-mal tgl.).

Von/Nach Olinda

Um von Recifes Zentrum zu Olindas Hauptbusbahnhof an der Praça do Carmo zu fahren, nimmt man einen 992-Pau-Amarelo- oder 983-Rio-Doce-Bus, der vor der U-Bahn-Station Recife abfährt oder vom Terminal Cais de Santa Rita; oder man steigt in einen Casa-Caiada-Bus in der Av Dantas Barreto; oder in einen Rio-Doce-Bus nach Westen in der Av Conde da Boa Vista. Von der Praça do Carmo in Olinda fahren Rio-Doce/Princesa-Isabel-Busse zur U-Bahn-Station Recife; Casa-Caiada-Busse fahren auch in Recifes Zentrum. Die Amparo-Pendelbusse fahren von der Av Dantas Barreto in Recifes Zentrum zur Straße unterhalb der Igreja NS do Amparo in Olinda, aber nur von März bis Dezember.

Von Boa Viagem nach Olinda nimmt man den 910-Rio-Doce/Piedade-Bus (2,80 R$). Ein Taxi zwischen Recifes Zentrum und Olinda kostet etwa 25 R$.

FLUGZEUG

Von Recifes **Flughafen Guararapes** (Code REC; ☎ 3322 4188) gibt es Direktflüge in die meisten größeren brasilianischen Städte, oft mit mehreren

PERNAMBUCO

Fluglinien zur Auswahl. Nach Lissabon und Madrid geht's mit TAP Portugal und nach Miami mit American Airlines. Folgenden Fluggesellschaften haben Büros in Recife:

American Airlines Flughafen (☎ 0300 789 7778); Boa Viagem (Karte S. 575; ☎ 3326 2640; Av Conselheiro Aguiar 1472)

Azul Flughafen (☎ 3322 5080)

Gol/Varig Flughafen (☎ 3322 4313)

Ocean Air Flughafen (☎ 3322 4647)

TAM Flughafen (☎ 3322 4255); Boa Viagem (Karte S. 575; ☎ 3198 6700; Av Conselheiro Aguiar 1360)

TAP Portugal Flughafen (☎ 0300 210 6060); Boa Viagem (Karte S. 575; ☎ 0300 210 6060; Av Conselheiro Aguiar 1472)

Trip Flughafen (☎ 3464 4610)

Unterwegs vor Ort

Recife ist sehr weitläufig und die Busse (1,85 R$) nehmen verschlungene, verwirrende Routen. Manchmal hilft ein Taxi, Zeit zu sparen und Stress zu vermeiden.

VON/NACH BOA VIAGEM

Vom Zentrum aus nimmt man einen Setúbal-/Príncipe-Bus außerhalb der U-Bahn-Station Recife; ein 033-Aeroporto-Bus von der Av NS do Carmo; oder einen 032-Setúbal-/Conde-da-Boa-Vista-Bus ab der Av Marques de Olinda (Recife Antigo)/Praça da Independência/Av Conde da Boa Vista.

In Boa Viagem fahren Busse nach Süden die Av Domingos Ferreira entlang; Busse Richtung Norden fahren die Av Conselheiro Aguiar runter. Der 032-Setúbal-/Conde-da-Boa-Vista-Bus fährt nach Recife Antigo, Av Guararapes und Av Conde da Boa Vista; Bus 061 Piedade/Boa Vista fährt in Richtung Terminal Cais de Santa Rita (Karte S. 573) die Av Martins de Barros und Av Dantas Barreto entlang.

Ein Taxi von Recifes Zentrum nach Boa Viagem kostet etwa 15 R$.

VOM/ZUM BUSBAHNHOF

Vom TIP zu allen Zielen in Recife und Olinda nimmt man die U-Bahn zur Recife-Haltestelle Stadtmitte (1,40 R$, 25 Min.) und dann von dort aus einen Bus oder ein Taxi. In Richtung TIP nimmt man eine U-Bahn Richtung Camaragibe bis zur Haltestelle Rodoviária. Kommt man außerhalb der Fahrtzeiten der U-Bahn an (5–23 Uhr), kosten Taxis 36 bis 44 R$ nach Boa Viagem, 34 bis 40 R$ nach Recife Mitte und 50 R$ nach Olinda.

VOM/ZUM FLUGHAFEN

Vorab bezahlte Taxis vom Flughafen aus kosten zwischen 12 und 20 R$ nach Boa Viagem, 27 bis 31 R$ ins Stadtzentrum, 42 R$ zum Busbahnhof und 37 bis 49 R$ nach Olinda (nachts wird's teurer). Während der Hauptverkehrszeit sind sie günstiger als ein Taxi mit Taxameter.

Stadtbusse mit der Aufschrift „Aeroporto" fahren nach Boa Viagem und ins Zentrum von einer Haltestelle aus, die fünf Minuten zu Fuß vom Flughafen entfernt liegt. Vor dem Terminal geht man nach rechts und dann über die belebte Av Mascarenhas de Moraes, dann links in die Rua 10 de Julho zwischen den Autohäusern und der Tankstelle. Die einzelnen Aeroporto-Busse fahren zu unterschiedlichen Zielen, also vorher beim Fahrer nachfragen! Nach Olinda steigt man an der Av Conselheiro Aguiar in Boa Viagem aus und nimmt dann einen Rio-Doce/Piedade-Bus von dort aus nach Olinda.

Um von Boa Viagem zum Flughafen zu kommen, nimmt man irgendeinen Aeroporto-Bus auf der Av Domingos Ferreira; vom Stadtzentrum aus nimmt man den 033-Aeroporto-Bus ab dem Terminal Cais de Santa Rita (Karte S. 573) in der Av Martins de Barros; oder einen anderen Aeroporto-Bus in der Av Dantas Barreto oder Av NS do Carmo.

Die Aeroporto-U-Bahn-Station in der Rua 10 de Julho wurde 2009 eröffnet, wird den meisten Reisenden aber wenig nutzen, da sie am Rand von Boa Viagem vorbeiführt. Die 20-minütige Fahrt zum Stadtzentrum (Estação Central) kostet 1,40 R$. Rein theoretisch kann man auf dem Weg nach Boa Viagem auf zwei Arten Geld sparen, aber beide verlangen schon eine große Hingabe ans Sparen. Der schnellste Weg wäre, zwei Stationen mit der U-Bahn zum Shopping (1,40 R$) zu fahren und von dort aus ein Taxi zum Hotel zu nehmen. Oder aber man fährt den ganzen Weg nach Estação Central (1,40 R$) und nimmt dort außerhalb der Station einen Setúbal-/Príncipe-Bus nach Boa Viagem (1,85 R$).

OLINDA

☎ 0xx81 / 397 000 Ew.

Das malerische Olinda, das auf einem grünen Hügel liegt, ist das historische und künstlerische Gegenstück zum Großstadtdschungel von Recife. Es ist eine Künstlerkolonie voller kreativer Typen, die alle einem Gemälde entsprungen sein könnten. Hier wimmelt es nur so von Galerien, Künstlerworkshops, Museen, reizenden Kolonialkirchen und Straßenmusik. Mit seinen verschlungenen Straßen voller malerischer alter Häuser und herrlichen Aussichten über Bäume, Kirchtürme und rote Dächer ist es eine der am besten erhaltenen Kolonialstädte Brasiliens – und ein kaleidoskopisches Märchenland für Fotofans.

Im historischen Zentrum gibt es einige schöne Pousadas und es ist ein viel entspannterer Ausgangspunkt für Entdeckungstouren als Recife. Olinda war die ursprüngliche Hauptstadt von Pernambuco. Sie wurde 1535 gegründet. Calvinistische Niederländer plünderten sie und ihre katholischen Kirchen 1631 und brannten sie nieder. Die Stadt wurde wie-

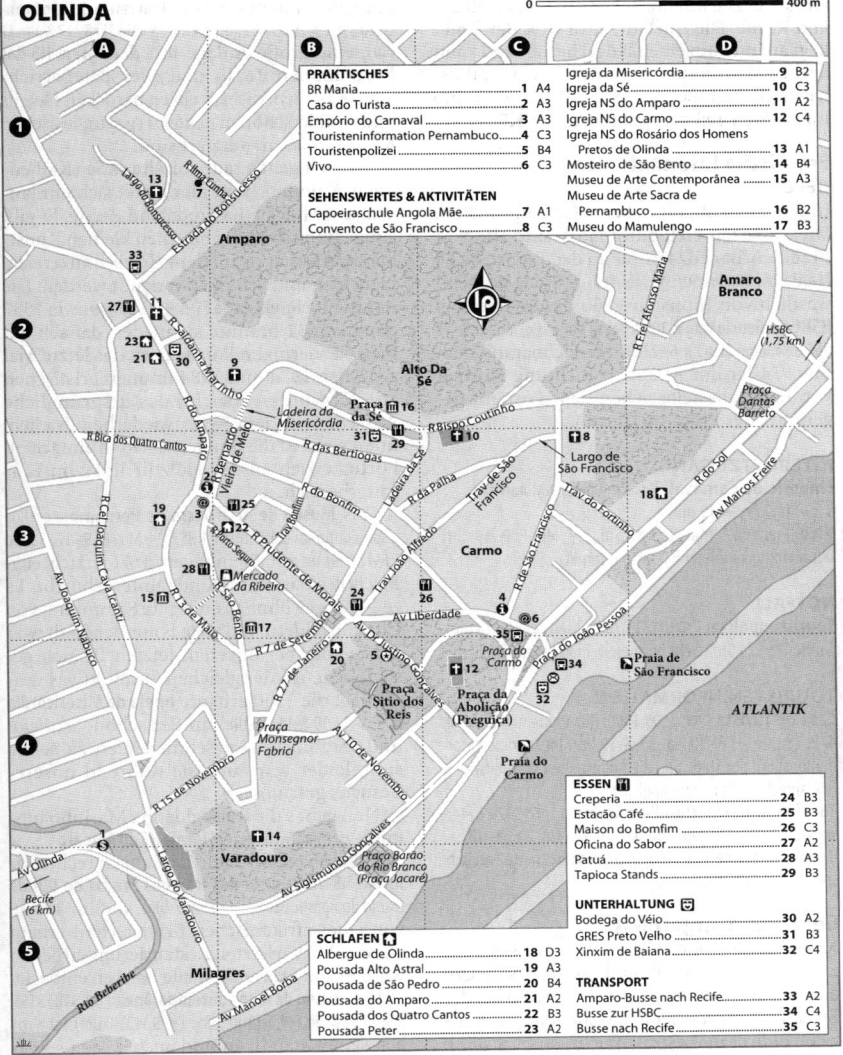

OLINDA

0 — 400 m

PRAKTISCHES
BR Mania	1	A4
Casa do Turista	2	A3
Empório do Carnaval	3	A3
Touristeninformation Pernambuco	4	C3
Touristenpolizei	5	B4
Vivo	6	C3

SEHENSWERTES & AKTIVITÄTEN
Capoeiraschule Angola Mãe	7	A1
Convento de São Francisco	8	C3
Igreja da Misericórdia	9	B2
Igreja da Sé	10	C3
Igreja NS do Amparo	11	A2
Igreja NS do Carmo	12	C4
Igreja NS do Rosário dos Homens Pretos de Olinda	13	A1
Mosteiro de São Bento	14	B4
Museu de Arte Contemporânea	15	A3
Museu de Arte Sacra de Pernambuco	16	B2
Museu do Mamulengo	17	B3

ESSEN
Creperia	24	B3
Estação Café	25	B3
Maison do Bomfim	26	C3
Oficina do Sabor	27	A2
Patuá	28	A3
Tapioca Stands	29	B3

UNTERHALTUNG
Bodega do Véio	30	A2
GRES Preto Velho	31	B3
Xinxim de Baiana	32	C4

TRANSPORT
Amparo-Busse nach Recife	33	A2
Busse zur HSBC	34	C4
Busse nach Recife	35	C3

SCHLAFEN
Albergue de Olinda	18	D3
Pousada Alto Astral	19	A3
Pousada de São Pedro	20	B4
Pousada do Amparo	21	A2
Pousada dos Quatro Cantos	22	B3
Pousada Peter	23	A2

PERNAMBUCO

der aufgebaut, verlor aber im 18. Jh. ihre Vorherrschaft an Recife. Obwohl viele Gebäude ursprünglich im 16. Jh. erbaut worden sind, stammt vieles von dem, was man jetzt sieht, aus einer späteren Periode. Das gesamte malerische Zentrum wurde 1982 zum Unesco-Weltkulturerbe erklärt.

Orientierung

Olinda liegt 6 km nördlich vom Stadtzentrum von Recife. Die Altstadt, etwa 10 % der Stadt, liegt auf und um einen Hügel herum und kann leicht zu Fuß erkundet werden. Die Hauptbushaltestelle befindet sich an der Praça do Carmo im unteren Teil der Stadt nahe der Küste.

Praktische Informationen

GELD

In der Altstadt gibt es keine Geldautomaten. Die nächsten Geldautomaten sind die von Bradesco/Banco24Horas an der Tankstelle **BR Mania** (Av Olinda 150; ☽ Mo–Fr 7–23 Uhr, Sa–So 24 Std.) westlich von Monsteiro São Bento; oder bei **HSBC** (Av Getúlio Vargas 1050, Bairro Novo; ☽ Mo–Fr 9–17 Uhr, Geldautomaten tgl. 6–22 Uhr), erreichbar mit dem Bus 974 Jardim Atlântico Richtung Norden von der Haltestelle neben dem Postamt gegenüber der Praça do Carmo.

INTERNETZUGANG

Empório do Carnaval (Rua Prudente de Morais 483; 3 R$/Std.; ☽ 9–19 Uhr)
Vivo (Praça do Carmo 5C; 3 R$/Std.; ☽ Mo–Fr 9–19 Uhr) Der Mobilfunkanbieter hat auch Internet.

NOTFALL

Touristenpolizei (☎ 3181 3703; abseits der Praça do Carmo; ☽ 24 Std.) Sehr hilfsbereit, man spricht Englisch.

TOURISTENINFORMATION

Casa do Turista (☎ 3305 1060; Rua Prudente de Morais 472; ☽ Mo–Fr 8–20, Sa–So 9–19 Uhr) Im Touristeninformationsbüro der Stadt sind die Angestellten sehr hilfsbereit, sprechen aber kaum Englisch.
Touristeninformation Pernambuco (☎ 3429 0244; www.peconhecepe.com; Praça do Carmo s/n; ☽ 8–18 Uhr) Die staatliche Touristeninformation hat nette Englisch sprechende Mitarbeiter.

Gefahren & Ärgernisse

Kriminalität (meist kleinere Verbrechen) existiert, vor allem während des Karnevals. Um falsche Informationen und Streitereien bei der Bezahlung zu vermeiden, sollte man nur offizielle Führer in Anspruch nehmen (s. S. 583).

Sehenswertes

Alle Sehenswürdigkeiten von Olinda sind leicht zu Fuß zu erreichen. Durch äußerst willkürliche Öffnungszeiten ist es aber unmöglich, alles an einem Tag zu besichtigen.

Ein guter Startpunkt ist die Praça do Carmo mit der auf dem Hügel stehenden **Igreja NS do Carmo** von 1580. Sie wurde kürzlich drei Jahre lang restauriert. Etwas weiter die Rua de São Francisco hinauf steht das **Convento de São Francisco** (☎ 3429 0517; Eintritt 3 R$; ☽ Mo–Fr 8–12 & 14–17 Uhr), eine große Anlage mit der **Igreja NS das Neves** aus dem 16. Jh. und zwei später errichteten Kapellen, die mit vielen barocken Details und wunderschönen *azulejos* (portugiesischen Keramikfliesen) verziert sind.

Danach geht's rauf zur **Alto da Sé** (Kathedralen-Anhöhe). Von hier bietet sich ein fantastischer Blick auf Olinda und Recife. Es gibt einige Imbissbuden und einen kleinen Kunsthandwerksmarkt, auf dem Holzschnitzereien, Figurinen und Schmuck verkauft werden. Die imposante **Igreja da Sé** (☽ 9–17 Uhr) wurde 1537 erbaut. 1631 brannte sie nieder, danach hat man sie viermal rekonstruiert, das letzte Mal zwischen 1974 und 1984 im manieristischen Stil. Es wurde versucht, das ursprüngliche Aussehen aus dem 16. Jh. wiederherzustellen. Interessant ist die Blindenschrift in einfachem Portugiesisch an der Holztür links im Eingangsbereich.

Das **Museu de Arte Sacra de Pernambuco** (Rua Bispo Coutinho 726; Eintritt 1 R$; ☽ Mo–Fr 9–17, Sa–So 13–17 Uhr) ist im ehemaligen, 1676 errichteten Bischofspalast von Olinda untergebracht. Es zeigt für gewöhnlich eine gute Sammlung von Christusbildern und viele Fotos der Stadt, war aber leider bei unserem letzten Besuch geschlossen. An der gleichen Straße etwas weiter liegt die 1540 erbaute **Igreja da Misericórdia** (☽ 8–11.30 & 14–16 Uhr), in der schöne *azulejos* und vergoldete Holzschnitzereien zu sehen sind, leider war auch sie während unseres Besuchs geschlossen.

Nun geht's die Rua Saldanha Marinho hinunter zur restaurierten **Igreja NS do Amparo** (☽ So 9–11.30 Uhr) von 1613 und dann nach rechts zur **Igreja NS do Rosário dos Homens Pretos de Olinda** (Largo do Bonsucesso 45; ☽ 9–17 Uhr), die im 17. Jh. von einer afrikanischen Bruderschaft erbaut wurde. Bei den letzten Restaurierungsarbeiten wurden von Sklaven gemalte Fresken entdeckt.

Das **Museu de Arte Contemporânea** (☎ 3184 3153; Rua 13 de Maio 149; Eintritt 5 R$; ☽ 9–12.30 Uhr) ist wegen seiner ständigen und auch wegen seiner wechselnden Ausstellungen unbedingt einen Besuch wert. Im 18. Jh. war in diesem Gebäude ein Inquisitionsgefängnis untergebracht.

Das **Museu do Mamulengo** (☎ 3493 2753; Rua São Bento 344; Eintritt 2 R$; Di–So 10–17 Uhr) beheimatet eine einzigartige und interessante Sammlung mit mehr als 1000 Stücken, die dem im Nordosten üblichen Mamulengos (umherziehende Marionettentheater) gewidmet ist.

In der Kirche des riesigen, 1582 erbauten **Mosteiro de São Bento** (6–11.45 & 14–18.30 Uhr) sind einige ganz außergewöhnliche Holzschnitzereien zu sehen. 24 Jahre lang war hier Brasiliens erste juristische Fakultät untergebracht. Täglich um 6 und 10 Uhr und in der Sonntagsmesse um 6 Uhr werden gregorianische Gesänge intoniert. Um sie zu erreichen, folgt man der Av 10 de Novembro zur Praca Monsegnor Fabrici und biegt dann links in die Ruao São Bento.

Kurse
Wer sich mit Capoeira beschäftigen will, kann sich bei **Angola Mãe** (☎ 9925 1728; angolamae@hotmail.com; Rua Ilma Cunha 243; 15 R$/1½-stündiger Kurs; Kurse Mo, Mi & Fr 9–19, Roda So 18 Uhr) den langsameren und eher traditionellen Angola-Stil beibringen lassen. Die Kreisformation, um die der Capoeira getanzt wird, heißt Roda.

Geführte Touren
In ganz Olinda wird man unweigerlich den Ruf „Guia!" („Führer!") hören. Die besten Führer sind die, die bei der örtlichen Führergewerkschaft akkreditiert sind, der Assocação de Conductores Nativos de Olinda (ACNO). Sie tragen blaue (alte Uniform) oder grüne (neue) Shirts und ein ACNO-Abzeichen. Sie verlangen 30 R$ für eine zweistündige Tour.

Festivals & Events
Der **Karneval** in Olinda dauert elf ganze Tage. Dann geht's ungezwungen und spontan zu – in den Großstädten findet man keinen so lockeren Karneval!

Es gibt natürlich auch organisierte Karnevalveranstaltungen, u. a. Bälle, eine maracatu-Nacht (Musik mit einem tiefen Schlagzeug Rhythmus, typisch afro-brasilianisch), eine afoxé-Nacht (afro-brasilianische Musik, die auf den Rhythmen und dem Geist des Candomblé basiert). Aber alles andere geschieht völlig spontan auf den Straßen. Die offizielle Eröffnungsveranstaltung, die genauso pompös und glänzend ist wie die der Olympischen

Spiele, beginnt mit der Parade der As Virgens do Bairro Novo, einem bloco von mehr als 400 „Jungfrauen" (Männer in Frauenklamotten). Am Ende werden die Schönsten, die Schlüpfrigsten und die Prüdesten prämiert.

Tausende von märchenhaft kostümierten Musikern und Tänzern ziehen vom frühen Morgen bis in die späten Abendstunden durch die engen Straßen der Stadt. Die Zuschauer gesellen sich frevo- und maracatu-tanzend dazu. Die ganze Angelegenheit ist sehr ausgelassen und obszön. An fünf verschiedenen Orten spielen Orchester (wie die Bands sich selbst nennen) die ganze Nacht hindurch, von 20 Uhr abends bis 6 Uhr früh. Das genaue Programm gibt's auf Portugiesisch unter www.olinda.pe.gov.br.

Beim Ende August stattfindenden, sehr empfehlenswerten Festival **Folclore Nordestino** gibt's Tanz-, Musik- und Folkloreveranstaltungen aus vielen Teilen des Nordostens.

Schlafen
Während des Karnevals sollte man mehrere Monate im Voraus gebucht haben und auf massive Preissteigerungen vorbereitet sein.

Albergue de Olinda (☎ 3429 1592; www.alberguedeolinda.com.br; Rua do Sol 233; B 30–38 R$, EZ/DZ ab 55/80 R$;) Olindas hervorragendes HI-Hostel befindet sich zwar nicht in einer malerischen Straße (obwohl sie aufs Meer blickt), hat aber eine moderne Einrichtung, makellose schlichte Zimmer und einen anständigen Garten mit Outdoor-Küche und nettem Pool. Parkmöglichkeiten vorhanden.

Pousada Peter (☎ 3439 2171; www.pousadapeter.com.br; Rua do Amparo 215; EZ 55–132 R$, DZ 83–160 R$;) Diese von einem Deutschen betriebene Pousada scheint ihre Gäste zu spalten: Entweder hassen sie sie (eingeschlossen werden ist lästig, einige Zimmer sind wie muffige Höhlen, die Angestellten kümmern sich nicht, Peter ist merkwürdig) oder sie lieben sie wegen ihrer günstigen Preise. Die Zimmer 1 bis 7 sind fensterlose Petrischalen und sollten gemieden werden, und Zimmer 9 hat die Größe einer Schuhschachtel. Wir waren in Zimmer 10, das zwar beengt, aber nett war, und die 26 Steckdosen gleichen ihr Fehlen in allen anderen Zimmern leicht wieder aus.

Pousada Alto Astral (☎ 3439 3453; www.pousadaaltoastral.com; Rua 13 de Maio 305; EZ/DZ ohne Aussicht 70/80 R$, mit Aussicht 80/90 R$;) Dieses farbenfrohe Schätzchen ist seinen Preis wert, wenn man es schafft, Zimmer 8, 9 oder 10 zu bekommen, die extra groß mit toller Aussicht sind, teilweise mit Balkon und/oder Himmelbetten. Die günstigeren Innenräume sind ziemlich durchschnittlich.

Pousada dos Quatro Cantos (☎ 3429 0220; www. pousada4cantos.com.br; Rua Prudente de Morais 441; EZ/DZ ohne Bad 80/90 R$, EZ/DZ ab 133/152 R$; 🔀 🛜 💻) Hohe Decken, große Fenster, Holzböden und schöne Kunst machen dieses Kolonialhaus zu einer herrlichen Unterkunft. Es gibt verschiedene Zimmer zu unterschiedlichen Preisen. Die günstigsten *quarto*-Zimmer (mit Gemeinschaftsbad) sind eigentlich ein Schlafsaal mit schöneren Betten, aber ein echtes Schnäppchen zu diesem Preis in Sachen Atmosphäre, wenn es einen nicht stört, das Bad zu teilen. Man spricht Englisch.

Pousada de São Pedro (☎ 3439 9546; www.pousada pedro.com; Rua 27 de Janeiro 95; EZ/DZ/3BZ 90/140/190 R$; 🔀 🛜 💻) Das nette und freundliche São Pedro befindet sich in einem Haus aus dem 19. Jh. voll mit Kunst und Antiquitäten. Im schattigen Garten gibt es einen tollen Pool.

LP Tipp **Pousada do Amparo** (☎ 3439 1749; www. pousadadoamparo.com.br; Rua do Amparo 199; EZ/DZ ab 190/ 240 R$; 🔀 🛜 💻) Das Amparo gehört zum brasilianischen Verbund Roteiros de Charme und erstreckt sich über zwei Häuser aus dem 17. Jh., mit wunderschönen Gärten und einem Blick zurück auf Recife. Es hat tatsächlich viel Charme und ist sehr gemütlich – hier bekommt man die volle Packung Olinda. Zwei neue Restaurants, das Beijupirá und das Flor de Coco, haben nach unserer Recherche eröffnet. Man spricht hier Englisch, Italienisch und Spanisch.

Essen

In den Kopfsteinpflasterstraßen der Altstadt verstecken sich viele Restaurants. Am besten startet man den Abend mit einem Bier und einem Tapioka-Snack von einer der **Tapioka-Stände** (Snacks 2–6 R$) an der Praça da Sé.

Estação Café (☎ 3425 7575; Rua Prudente de Morais 441; Stücke 2–16 R$; 🕑 Di–Do 13–21, Fr–Sa 14–22, So 13.30–20 Uhr) Olinda liebt dieses Künstlercafé, ein perfekter kleiner Cappuccino-Laden, auch für seine leichteren Snacks wie Quiches, Salate und Sandwiches. Die handbemalten Tischplatten sind ein wunderschönes Extra. Sonntags um 19 Uhr gibt es kostenlosen *chorinho* (kleinen Choro).

Creperia (☎ 3429 2935; Praça João Alfredo 168; Crepes 5–24 R$, Pizza 19–30 R$; 🕑 11–23 Uhr) Ein netter Laden für Crêpes, Pizzas und Salate, die man in einem schönen offenen Innenhof unter hohen Bambusbäumen genießen kann.

Maison do Bomfim (☎ 3429 1674; Rua do Bonfim 115; Hauptgerichte 21–54 R$; 🕑 Mo 20–24, Di 12–16, Mi–Sa 12–16 & 18–1, So 12–21 Uhr) Ein pfiffiger französisch geführter Laden, den es schon seit mehr als einem Jahrzehnt gibt. Die Einrichtung ist nett, und das Filet Mignon, der Fisch und die Shrimps sind noch netter (es gibt auch Pizza, aber nur abends). Der Service ist freundlich, aber nicht gerade französisch.

Patuá (☎ 3055 0833; Rua Bernardo Vieira de Melo 79; Buffet 23 R$, Hauptgerichte 23 R$; 🕑 So–Di 12–16, Mi–Sa bis 23 Uhr) Das freundliche Patuá hat ein sehr schönes regionales All-you-can-eat-Mittagsbuffet (zu empfehlen ist der *bobó de camarão* – frische Shrimps in püriertem Maniok) in klimatisierter Umgebung mit Kellnerinnen, die tatsächlich lächeln. Die Karte ist sehr fischlastig.

LP Tipp **Oficina do Sabor** (☎ 3429 3331; Rua do Amparo 335; Hauptgerichte für 2 32–82 R$; 🕑 Di–Do 12–16, Fr–Sa 12–1, So 12–17 Uhr) Gebackener Kürbis gefüllt mit Shrimps und Hummer in Maracujasauce – das beste Gericht, das ein gewisser Reiseautor jemals in Brasilien gegessen hat! Dies ist einer der besten Läden im Nordosten, und jeden Centavo wert.

Unterhaltung

Alto da Sé wird am Abend ganz schön voll, wenn Einheimische und Gäste ihre Drinks und Snacks von den Straßenverkäufern kaufen, beim Capoeira zusehen und die Aussicht und die Brise genießen.

Bodega do Véio (☎ 3429 0185; Rua do Amparo 212; 🕑 Mo–Sa 9–23 Uhr) Teils kleiner Laden, teils Bar. Dieses Highlight von Olinda serviert eiskaltes Flaschenbier und kleine Tellerchen mit Aufschnitt, und versucht sein Bestes, den Massen von Einheimischen und Touristen Herr zu werden, die sich auf der Straße und der kleinen Terrasse drängen. An den meisten Donnerstag- und Samstagabenden spielt hier um 19.30 Uhr eine *choro*-Gruppe, wodurch die normalen Massen um 21 Uhr zu einer riesigen Straßenparty anschwellen.

GRES Preto Velho (☎ 8898 6878; Rua Bispo Coutinho 681; Eintritt 2–5 R$; 🕑 Fr 22–open end, Sa 19–open end, So bis 17 Uhr) Diese Bar auf der Alto da Sé sollte man sich freitags am späten Abend wegen der einheimischen Bands, samstags für Live-*afoxé* und sonntags zum Training der Sambaschulen ansehen – alles nur Untermalungen für eine spektakuläre Aussicht.

Xinxim de Baiana (☎ 8634 3330; Praça do Carmo; ☺ 21 Uhr–open end) Das dunkle, verschwitzte Xinxim füllt sich erst richtig mit hippen Leuten zum Live-*forró* mittwochs ab 22 Uhr. Es gibt einen Grundpreis von 10 R$, wenn live *afoxé* stattfindet (selten).

Shoppen
Olinda ist voller kleiner Läden und Galerien, in denen eine unglaubliche Vielfalt an Kunst und Kunsthandwerk wie Keramik, Stoffe, Holz- und Steinschnitzereien verkauft werden. Viele der Arbeiten sind unglaublich farbenfroh, und durch die Läden zu schlendern gehört zu den größten Highlights der Stadt. Das Mekka der Kreativszene ist die Rua do Amparo, in der einige der besten Künstler und Kunsthandwerker leben, arbeiten und ausstellen.

An- & Weiterreise
Recife ist das Sprungbrett nach Olinda. Auf S. 579 stehen Informationen zu Verkehrsmitteln zwischen Recife und Olinda.

STRÄNDE SÜDLICH VON RECIFE
Südlich der Hauptstadt ist das Meer ruhig, das Wasser ist klar und die Strände werden von Palmen eingerahmt. Der Küsten-Hwy PE-060 schmiegt sich nicht an den Ozean wie die Straße im nördlichen Alagoas, daher muss man ungefähr ein Dutzend Kilometer auf einer Zugangsstraße fahren, um zu sehen, wie der Strand ist. Porto de Galinhas, 70 km südlich von Recife, hat sich zu einem der beliebtesten Badeorte im Nordosten entwickelt. Weiter südlich liegt Tamandaré, wo es nicht ganz so überfüllt ist.

Porto de Galinhas
☎ 0xx81 / 10 000 Ew.
Vor kaum 20 Jahren war Porto de Galinhas noch ein einfaches Fischerdorf am Ende einer Schotterstraße. Am palmengesäumten Strand standen nur ein paar Ferienhäuser der Bewohner von Recife. Heute ist es einer der überall in Brasilien boomenden Badeorte mit einigen großen Strandresorts an der Praia Muro Alto und der Praia do Cupe nördlich des Stadtzentrums. Die Entwicklung war atemberaubend, und die Urlauber kommen jetzt in der Ferienzeit in Scharen nach Porto. Trotzdem ist es gelungen, ein Stück der dörflichen Atmosphäre zu bewahren, indem die Straßen des Stadtzentrums in Fußgängerzonen umgewandelt wurden. Etliche Restaurants haben direkt am Strand aufgemacht. Imbissbuden, Reisebüros und glitzernde kleine Einkaufsgalerien reihen sich in den Straßen aneinander. In Porto ist Spaßhaben und Feiern angesagt. Wunderschöne weiße Sandstrände erstrecken sich kilometerlang in beide Richtungen der Stadt.

Porto de Galinhas („Hühnerhafen") verdankt seinen Namen dem Umstand, dass zwischen 1853, als in Brasilien der Sklavenhandel per Gesetz verboten wurde, und 1888, als die Sklaverei als solche abgeschafft wurde, in diesem Hafen Sklavenschiffe anlegten. Das war natürlich nicht mehr erlaubt – deshalb bestand die Ladung vorgeblich aus Käfigen mit Hühnern *(galinhas),* um die menschliche Fracht zu tarnen. Heute stehen in der Stadt überall verstreut Skulpturen von dumm dreinschauenden Hühnern – eine Art touristisches Logo der Stadt.

PRAKTISCHE INFORMATIONEN
Apotheken und Wäschereien findet man in der Rua da Esperança.
Banco do Brasil (Rua Beijupirá; ☺ 24 Std.) Gegenüber der Touristeninformation –wenn man den internationalen Geldautomaten (und nicht den von der Banco24Horas nebenan) nutzt, spart man 10 R$ Gebühren.
HSBC (Rua da Esperança 94; ☺ 24 Std.)
Local Point (Rua da Esperança; 3 R$/Std.; ☺ Mo–Sa 9–23, So 14–23 Uhr) Das beste Internetcafé, an der Ecke zur Rua Beijupirá.
Touristeninformation (☎ 3552 1461; Rua Beijupirá; ☺ 9–15 Uhr) Gegenüber der Banco do Brasil.

AKTIVITÄTEN
Portos Fischer haben größtenteils das Fischen aufgegeben und fahren jetzt Touristen raus zu den **Piscinas Naturais** (Gezeitenpools) in den Korallenriffen, 100 m vor dem Hauptstrand. Eine Ansammlung von *jangadas* (Booten) mit dreieckigen Segeln auf dem aquamarinblauen Wasser gehört zu den beliebtesten Postkartenmotiven von Porto. Die Schnorchelausrüstung mitnehmen, um das üppige Tierleben in diesen Pools genauer zu untersuchen. Ein einstündiger Ausflug kostet 10 R$ pro Person und man kann fast überall Schnorchel und Maske für etwa 10 R$ ausleihen. Geht man am Strand entlang, findet man sofort einen *jangadeiro*.

Die Brandung ist ziemlich gut zum **Windsurfen** und **Kitesurfen** vor Pontal de Maracaípe, südlich der Praia de Maracaípe, vor allem von

PERNAMBUCO

Juni bis September. **Strandbuggytouren** sind auch sehr beliebt. Eine dreistündige Fahrt von Muro Alto nach Pontal de Maracaípe kostet 120 R$ für bis zu vier Personen. Rund um die Stadt findet man leicht einen Fahrer.

Tauchen ist auch weit verbreitet, aber Vorsicht: Es gibt Berichte, dass einige Veranstalter nicht besonders professionell oder sicher arbeiten! Zu empfehlen ist das von Schweizern betriebene **Aicá Diving** (☎ 3552 1895; www.aicadiving. com.br; Rua Beijupirá 1001; ☼ 8–17 Uhr). Die beste Sicht hat man von Oktober bis März.

SCHLAFEN

Pousada A Casa Branca (☎ 3552 2332; www.pousadaa casabranca.com.br; Loteamento Recanto Porto de Galinhas, Praça 18; B mit/ohne Klimaanlage 42/37 R$, EZ mit/ohne Klimaanlage 100/80 R$, DZ mit/ohne Klimaanlage 110/100 R$; ✷ ☏) Das HI-Hostel befindet sich ein paar Hundert Meter vom Strand entfernt, aber dafür an einer ruhigen Plaza. Es ist eine der wenigen anständigen Budgetoptionen. Nett, aber sehr streng beim Einhalten der Regeln, z. B. keine Klimaanlage zwischen 10 und 22 Uhr in den Schlafsälen – also dann wenn man sie am meisten brauchen könnte!

Maleleo Bed & Breakfast (☎ 8714 3719; maleleo maracaipe@hotmail.com; Praia de Maracaípe; EZ/DZ 130/160 R$, Chalet 180 R$; ✷ ▣) Tolle Mundpropaganda machte dieses gemütliche B&B zum Klassiker bei den Travellern. Es wird von einer gesprächigen Englisch sprechenden Italienerin und ihrem Ehemann geführt. Es gibt nur einige wenige süße Zimmer auf dem Gelände eines gut gepflegten Privatgrundstücks am etwas einsameren Teil von Maracaípe. Das hübsche Café draußen verwendet wo immer möglich Bio-Zutaten, und zum Frühstück gehört hausgemachtes Mehrkornbrot.

Pousada Beira Mar (☎ 3552 1052; www.pousada beiramar.com.br; Av Beira Mar 12; Zi. 170–310 R$; ✷ ☏) Großartig gelegen direkt am Strand im Stadtzentrum. Das gemütliche Beira Mar bietet anständige Rabatte in der Nebensaison. Es wird von Schweizern betrieben, ist GLS-freundlich, man kann hier parken und obendrein gibt es noch eine Nespresso-Maschine.

Pousada dos Coqueiros (☎ 3552 1294; www.pousada doscoqueiros.com.br; Praia de Maracaípe; EZ/DZ ab 196/245 R$; ✷ ☏ ▣) Eine entspannte Pousada in Maracaípe. Das Coqueiros bietet fürs Geld einfache, aber schöne Zimmer, mit Hängematten auf der Veranda, außerdem Bar und Pool im adretten grünen Garten. Parkmöglichkeiten vorhanden.

ESSEN

Porto de Galinhas ist bekannt für seine Meeresfrüchte, die in zahlreichen guten Restaurants angeboten werden. Die Strandbars servieren günstige frische Krabben.

Café do Brasil (☎ 3552 1212; Ecke Rua da Esperança & Rua Beijupirá; Stücke 3–18 R$; ☼ 8.30–2 Uhr) Erstklassiges Leutebeobachten bei *cafezinhos*, *cocos* (Kokosnüsse), Säften und kleinen Snacks.

La Crêperie (☎ 3552 1831; Rua Beijupirá; Crêpes 12–19 R$; ☼ 13.30–24 Uhr) Ruhiger und bezahlbarer kleiner Laden mit kleinem Garten. Es gibt Suppen, Salate und über 45 leckere Crêpes.

Munganga Bistro (☎ 3552 2354; Rua Beijupirá; Hauptgerichte 26–97 R$, Risotto/Paella für 4 Pers. 65–269 R$; ☼ So–Do 12–24, Fr–Sa bis 4 Uhr) Obwohl die Rua Beijupirá netter und vor allem berühmter ist, sollte man sein Geld (sogar ein bisschen weniger davon) besser in diesem kreativen, teils offenen Meeresfrüchterestaurant lassen, das klasse Fisch serviert (zu empfehlen ist der leckere Terra Mar) sowie Risottos und Paellas für Vier.

Peixe na Telha (☎ 3552 1323; Av Beira Mar; Hauptgerichte für 2 Pers. 43–130 R$; ☼ 10–22 Uhr) Die hervorragenden Fischgerichte in diesem alteingesessenen Meeresfrüchterestaurant werden auf orangefarbenen Dachziegeln (*telhas*) serviert und die Angestellten bringen sie einem sogar runter zum Strand. Die Hauptgerichte gelten immer für Zwei, aber für 60 % des Preises bekommt man auch Portionen für eine Person – verblüffende Gastronomiemathematik, die es so nur in Brasilien gibt.

UNTERHALTUNG

In den Bars von Maracaípe geht es abends ziemlich lebhaft zu und manchmal finden hier auch große Open-Air-Konzerte statt. In der Stadt sollte man es wie die Einheimischen machen und mit einem *caldinho* (scharfe Bohnensuppe, die hier auch mit Fisch, Shrimps, etc. serviert wird) und Bier im **Caldinho de Claudio** (☎ 3552 1757; Rua da Esperança 446; ☼ Di–Do 11–24, Fr–Sa bis 1 Uhr) starten. *Caldinhos* kosten hier 2 bis 4,50 R$.

Italiener betreiben das **Luz de Limão** (☎ 3552 2025; Av Beira Mar; Cocktails 5,50–22 R$; ☼ 18 Uhr–open end), eine trendige neue Lounge mit edlen Sofas, grooviger Musik und asiatisch inspirierten Teppichen. Das **Birosca** (☎ 3552 1257; Rua Beijupirá; Mindestverzehr 15–50 R$; ☼ Mo–Sa 22 Uhr–open end) sammelt die verschwitzten Pernambucaner ein, die zusammen zu *brega* (kitschigem Nordost-Pop), Funk und manchmal auch Techno abhotten. Abends wechselnde DJs.

ANREISE & UNTERWEGS VOR ORT

Busse von **Cruzeiro** (☎ 3476 2350; Av Dantes Barreto 1321, Recife) nach Porto de Galinhas (6,20 R$, 2 Std.) fahren zweimal stündlich zwischen 5 und 19.45 Uhr von Recifes Zentrum ab, nämlich in der Av Dantas Barreto, südlich der Rua do Peixoto. Für alle, die aus Boa Viagem kommen, ist es wahrscheinlich einfacher, den Bus 191 Recife–Camala–Porto de Galinhas von der südwestlichen Ecke der Praça Salgado Filho vor dem Flughafen zu nehmen. Busse fahren hier täglich alle 30 Minuten zwischen 5 und 18 Uhr. Kommt man von Süden, steigt man in Ipojuca aus, von wo aus die Busse jede halbe Stunde nach Porto de Galinhas (2 R$, 45 Min.) fahren. Busse und Kombivans nach Maracaípe (2 R$, 10 Min.) halten alle 15 bis 30 Minuten auf der anderen Straßenseite gegenüber der Recife-Bushaltestelle in Porto.

Busse zurück nach Recife fahren von der kleinen Bude neben der Polizeistation am Haupt-Highway nach Ipojuca ab.

Tamandaré

☎ 0xx81 / 19 000 Ew.

Tamandaré, 30 km südlich von Porto de Galinhas (75 Straßenkilometer), ist ein kleiner Badeort mit einem breiten Küstenstreifen – 16 km herrlicher, palmengesäumter Strand. Hier ist es bei Weitem nicht so hip wie in Galinhas, aber an den Wochenenden und in den Ferien gibt es auch hier reichlich einheimische Touristen. Fischerboote bringen einen für 10 R$ pro Person raus zu den Gezeitenpools. 8 km nördlich den Strand hoch liegt die supercoole **Praia dos Carneiros**, der derzeitige In-Strand der Gegend. Hier gibt es wunderbar ruhiges flaches Wasser und Gezeitenpools in den langgestreckten Felsstreifen vor der breiten Mündung des Rio Formosa.

Tamandaré bietet viele Unterkünfte. Die **Pousada Recanto dos Corais** (☎ 3676 2155; www.pousadarecantodoscorais.com.br; Rua Hermes Samico 317; EZ/DZ 100/140 R$; 🅿) wird von einem freundlichen, Deutsch sprechenden südbrasilianischen Ehepaar geführt. Sie hat bequeme makellose kleine Zimmer, ein gutes Frühstück und Parkmöglichkeiten. Noch ein bisschen niedlicher ist die **Pousada Beira Mar** (☎ 3676 1567; www.pousadabeiramartamandare.com; Rua Almirante Tamandaré 140; EZ/DZ 100/190 R$; 🅿 📶) mit hellen schicken Zimmern und einem gepflegten Grundstück direkt am Strand. Parkmöglichkeiten vorhanden.

Am Strand ist das von Österreichern geführte **Quiosque Pimenta Rosa** (☎ 9274 2163; Rua São José 17; Snacks 4–34 R$) die beste in einer langen Reihe von Strandbuden, in dem *caldinho*, *açaí* (eine Waldbeere) und frischer Fisch serviert wird. Die von Italienern betriebene **Pizzaria do Farol** (☎ 3676 1556; Av Dr Leopoldo Lins; Pizzas 11–31 R$; 🕙 10–22 Uhr) verkauft dünne, authentische Holzofenpizza. **Restaurante Tapera do Sabor** (☎ 3676 1509; Rua São Jose; Hauptgerichte 22–30 R$; 🕙 9–22 Uhr) ist ein hervorragender kleiner Meeresfrüchteladen am Strand mit improvisierten Schlafcouchen und strohgedeckten *palapas* direkt am Wasser.

Das Nachtleben beginnt unter dem Motto Sixties im **Quiosque Submarino Amarelo** (☎ 3676 1361; Rua São Jose; 🕙 19 Uhr–open end), wo freitags und samstags ab 22 Uhr Livemusik auf dem Sand stattfindet.

An der Praia dos Carneiros reiht sich eine private Kokosnussplantage an die nächste. Wenn man nicht gerade auf einer von ihnen übernachtet, erreicht man den Strand nur durch einige wenige Restaurant-Bars. Sie verlangen normalerweise einen Mindestverzehr dafür, dass man sich den ganzen Tag auf ihrem Stückchen Paradies niederlässt. Der ruhigere **Sítio da Prainha** (☎ 3676 1498; Mindestverzehr 50 R$; Hauptgerichte 29–120 R$; 🕙 9.30–17 Uhr) befindet sich am nördlichen Ende des Strandes, wo der Rio Ariquindá in den Atlantik mündet.

Wie in einem Club Med kann der **Bora Bora** (☎ 3676 1482; Mindestverzehr 50 R$; Hauptgerichte 46–112 R$; 🕙 9–16 Uhr) durch große Tourgruppen überfüllt sein. Dazwischen befindet sich die **Bar Ariquindá** (☎ 3676 1342; Hauptgerichte 26–67 R$; 🕙 7.30–22 Uhr), in der es keine Verzehrvorschriften gibt. Alle genannten Locations sind großartige Stationen für einen Tag voll Schwimmen, Schnorcheln, Schlummern und Schlendern. **Bangalôs do Gameleiro** (☎ 3676 1421; www.praiadoscarneiros.com.br; Zi. ab 250 R$; 🅿) bietet zwölf Stein-und-Ziegelhütten, die meisten mit Küche, verteilt unter Palmen. Parkmöglichkeiten vorhanden.

AN- & WEITERREISE

Cruzeiro (☎ 3476 2350; Av Dantes Barreto 1321, Recife) schickt Busse nach Tamandaré (10 R$, 3 Std.) montags bis samstags um 10 und 17.40 Uhr und sonntags um 7.30 Uhr, von Recifes Zentrum aus, südlich der Rua do Peixoto. Kommt man von Norden den Hwy PE-060 hoch aus Alagoas, steigt man in Barreiros aus, von wo Busse und Kombivans nach Tamandaré (3 R$, 40 Min.) alle halbe Stunde bis 20 Uhr losfahren. Die Mehrzahl der Touristen,

PERNAMBUCO

vor allem die ohne Auto, besuchen Tamandaré während einer Tagestour von Porto de Galinhas (S. 585) aus. Porto erreicht man auf eigene Faust von Tamandaré aus mit einem Kombi nach Rio Formoso (3 R$, 30 Min.), und von dort nach Ipojuca (5 R$, 1½ Std.), wo man in einen weiteren Kombi nach Porto (2 R$, 45 Min.) umsteigen muss.

Motortaxis (einfache Strecke 5 R$) bringen einen von Tamandaré zur Praia dos Carneiros.

ILHA DE ITAMARACÁ
☎ 0xx81 / 19 000 Ew.

Weniger als 40 km nördlich von Olinda liegt Ilha de Itamaracá (vom Festland durch einen breiten Kanal getrennt), hervorragend geeignet für ein Wochenende am Strand. Unter der Woche ist es ziemlich ruhig.

Sehenswertes & Aktivitäten

Am schönsten ist der südöstliche Zipfel der Insel, wo die Niederländer 1631 das **Forte Orange** (☎ 3544 1193; Eintritt 3 R$; ☽ Mo–Sa 9–17, So 8–17 Uhr) errichteten, das von den Portugiesen 1654 umgebaut wurde. Die beeindruckende Zitadelle steht direkt am Wasser und bietet einen schönen Ausblick. Ganz in der Nähe befindet sich der **Eco-Parque Peixe-Boi** (☎ 3544 1056; Eintritt frei; ☽ Di–So 9–16 Uhr), in dem vom Aussterben bedrohte Westindische Seekühe leben. Man kann in mehreren Becken bis zu zehn Seekühe beobachten, die nach einer Verletzung gerettet oder aus der Gefangenschaft befreit wurden. Es werden auch Ausstellungen und Filme über diese Tiere gezeigt.

Vor dem Fort liegt die kleine Sandinsel **Coroa do Avião** mit einigen *barracas* (Hütten). Kleine Boote fahren vom Strand für 7 R$ pro Person zur Insel. Ein ganzes Boot für mehrere Personen zu den Riffen und Mangrovenwäldern kostet 35 R$. **Adilson Marcos** (☎ 9997 5367) bietet zweistündige Kajakausflüge zu den Mangrovenwäldern und Riffen (15 R$).

3 km westlich des Forte Orange liegt **Vila Velha**, ein kleiner, 1540 gegründeter Hafen und eine der ersten portugiesischen Siedlungen in Brasilien. Ein Wanderweg, der **Trilha dos Holandeses**, führt von hier zu einer Kapelle, die ungefähr 500 m von der Straße zum Eco-Parque Peixe-Boi entfernt liegt.

Die 15 km lange Insel Itamaracá säumen unzählige Strände. Die ruhigsten und schönsten liegen im Norden, die bebautesten in der Gegend um **Jaguaribe** und **Pilar**. Wer kein Auto hat, kann die 3 oder 4 km von Jaguaribe zur

Praia do Sossego und zur palmenbestandenen **Praia do Fortinho** laufen; oder sich das meiste der Anstrengung sparen, indem man die halbstündlich fahrenden Trenzinho nach Pilar nimmt, einen grünen Zug auf Rädern, der die Hauptstraße befährt.

Schlafen & Essen

Pousada Refúgio do Forte (☎ 3544 1675; www.pousada refugiodoforte.adm.br; Rua Desembargador Ângelo Vasconcelos 91, Praia Forno da Cal; EZ/DZ/3BZ 80/100/120 R$; ☒ ☎ ☒) Etwa 1 km vor dem Forte Orange bietet dieser freundliche Familienbetrieb saubere Zimmer – man kann selber wählen, ob man eine harte oder weiche Matratze möchte – mit Hängematten auf den Veranden und einer kompletten Kuhherde hinter dem Haus.

Recanto da Cigana Euzanira (☎ 3544 2971; Praia do Forte Orange 3400; Hauptgerichte für 2 Pers. 35–80 R$; ☽ 8–18 Uhr) Das beste der Strandrestaurants beim Fort. Es gibt hervorragende Meeresfrüchte, Fleisch, Salate und (komischerweise) beeindruckende Bohnen. Auf keinen Fall auslassen!

An- & Weiterreise

Um nach Itamaracá zu kommen, nimmt man den Bus 946 Igarassu (3,80 R$, 1 Std.), der alle paar Minuten von der Av Martins de Barros in Recifes Zentrum losfährt.

An Igarassus Terminal Integração wechselt man in einen der häufigen 968-Itamaracá-Busse (kostenlos). Ein paar von ihnen fahren nach Forte Orange, die meisten anderen Richtung Jaguaribe, aber man kann an der Abzweigung zum Forte Orange aussteigen (dem *entrada do forte*) und ab da einen der vielen Kombivans oder *colectivos* (Gemeinschaftstaxis; 1 R$) für die letzten 5 km nehmen.

FERNANDO DE NORONHA

☎ 0xx81 / 3100 Ew.

Während sich Religion, Wissenschaft und Philosophie weiter darüber streiten, was nach dem Tod passiert, gibt es in Brasilien wenig Zweifel: Der Himmel kann nur die zweite Geige nach dem Archipel Fernando de Noronha spielen. Im Atlantik gelegen, 525 km von Recife und 350 km von Natal entfernt, wird Noronha oft als Brasiliens beeindruckendstes Reiseziel beschrieben, und seine natürliche Schönheit kann es mit sämtlichen tropischen

Orten der Welt aufnehmen. Kristallklares Wasser, eine vielfältige Unterwasserwelt und spektakuläre tropische Landschaften machen es zu einer einzigartigen Schönheit. Die „Strandbibel" des Landes, *Guia Quatro Rodas Praias 2010*, verleiht vier Stränden im ganzen Land fünf Sterne – und drei davon sind hier.

Man sollte genügend Zeit mitbringen, denn Noronha macht süchtig. Im Schnitt bleiben die Gäste fünf Nächte. Ein hervorragender Ort für sowohl marine (Tauchen, Surfen, Schnorcheln) als auch terristische Aktivitäten (Reiten, Wandern, Touren)! Und dazu ist es noch die Top-Öko-Adresse Brasiliens. Zu verdanken hat es das in erster Linie dem Fernando de Noronha Marine National Park und den dort angesiedelten Konservierungsprojekten. Die Umwelt ist zu Land und zu Wasser so intakt, dass die Einheimischen schon witzeln, dies sei die „Nein"-Insel: Nein, du darfst das nicht, nein, nein, das darfst du auch nicht, etc.

Lediglich 258 bis 328 Flugzeugplätze dürfen je nach Saison täglich mit Passagieren nach Noronha besetzt werden. Deshalb kann die Insel nie vom Tourismus überflutet werden und so ist es normalerweise kein Problem,

ein einsames Stückchen Traumstrand zu ergattern – auch in der Hochsaison. Es ist aber auf jeden Fall empfehlenswert, Unterkunft und Flug lange im Voraus für Dezember bis Februar und Juli bis August zu reservieren. Die Woche vor und nach Silvester ist manchmal schon sechs Monate im Voraus ausgebucht. Die Regenzeit geht von Februar bis Juni und die Inseln sind das ganze Jahr mit einer frischen Brise gesegnet. Die Zeitverschiebung beträgt plus eine Stunde zu Brasília.

Die Preise sind hoch – eigentlich schon absurd – aufgrund der Transportkosten für alle Waren vom Festland und, um es einfacher zu sagen, weil das Paradies hat seinen Preis hat. Aber als garantiertes Highlight jeder Brasilienreise ist Fernando de Noronha diesen Preis mit Sicherheit wert.

GESCHICHTE

Schon 1502 war der Archipel unter dem Namen Quaresma (Fastenzeit) auf einer portugiesischen Landkarte zu finden. Der portugiesische Aristokrat Fernão de Loronha erhielt die Inseln 1504 von seinem Freund, dem König Dom Manoel (Manuel I. der

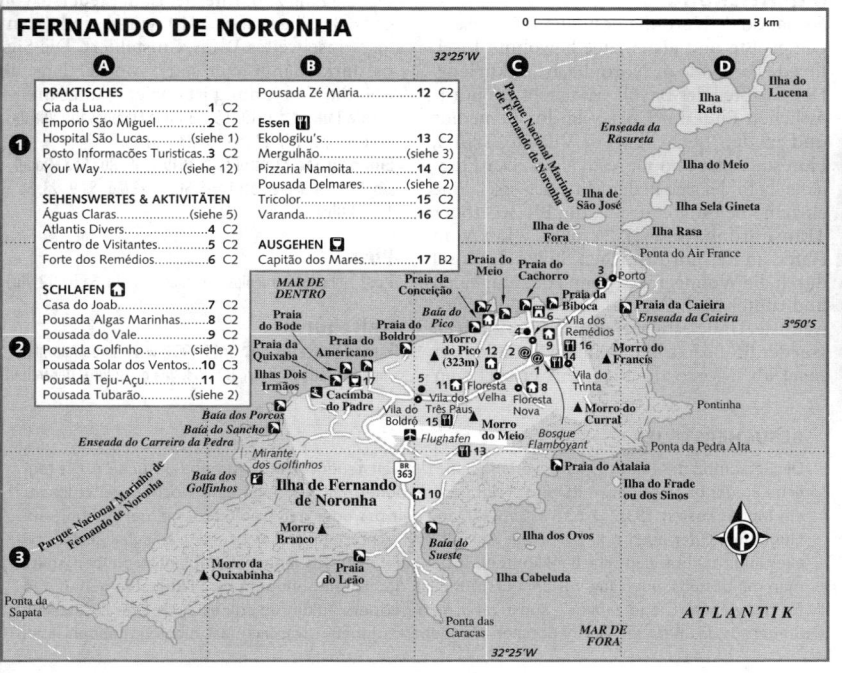

FERNANDO DE NORONHA

Glückliche). Er hat die Inseln aber nie betreten und vergaß sie einfach. Mit Unterbrechungen wurden sie dann von den Engländern, den Franzosen (zweimal) und den Niederländern (zweimal) besetzt, bis dann Portugal die Inseln 1737 letztendlich zurücknahm und zehn Forts errichtete, um sie zu verteidigen. Später wurde Noronha dann Strafkolonie, Militärstützpunkt (auch für US-Truppen im Zweiten Weltkrieg), amerikanische Raketenabwehrbasis und jetzt Touristenattraktion.

Bei der Ökologie auf den Inseln wurde leider etwas gepfuscht. Der Teju, eine schwarzweiße Echse, wurde auf der Insel angesiedelt, um die Ratten zu fressen, die während der Kolonialzeit mit an Land gebracht wurden. Wie sich aber herausgestellt hat, futtern Tejus lieber kleine Vögel und Krabben als Ratten.

Der Streit zwischen Bauunternehmern und Umweltschützern über die Zukunft der Inseln konnte 1988 beigelegt werden, als 75 % des Archipels, einschließlich der Hauptinsel, zum nationalen Meerespark erklärt wurden, um die natürlichen Schätze zu schützen. Seit 2002 gehören die Inseln zum Unesco-Weltnaturerbe.

ORIENTIERUNG

Fernando de Noronha besteht aus 21 Inseln. Die größte und als einzige bewohnte Insel, Ilha de Fernando de Noronha, ist 10 km lang. Der Großteil der Bevölkerung lebt am nordöstlichen Ende im Dorf Vila dos Remédios und in den benachbarten Vila do Trinta, Floresta Velha und Floresta Nova. Der Flughafen befindet sich in der Mitte der Insel. Eine einzelne befestigte Straße, die BR-363 (oder Transnoronha Hwy!), verläuft 7 km vom Hafen an der nordöstlichen Spitze der Insel durch die Wohngebiete, dann zum Flughafen und runter nach Baía do Sueste an der Südostküste. Unbefestigte Nebenstraßen zweigen von der BR-363 zu den weiteren Stränden der Insel ab. Morro do Pico, ein erloschener

Vulkankrater und die spektakulärste der vielen beeindruckenden Steinformationen hier, ist der höchste Punkt der Insel, 323 m über dem Meeresspiegel – und mehr als 4300 m über dem Meeresboden. „Nein", da darf man nicht raufklettern!

PRAKTISCHE INFORMATIONEN
Geld
Die Geldautomaten am Flughafen und am Centro de Visitantes (S. 591) akzeptieren internationale Karten, aber sie sind öfter mal kaputt oder leer. Es ist also ratsam, eine größere Menge Bargeld am Flughafen von Natal oder Recife abzuheben, bevor man herkommt. Das kann man nicht stark genug betonen!!

Medizinische Versorgung
Hospital São Lucas (☎ 3619 1377; Bosque Flamboyant Vila dos Remédios)

Infos im Internet
Fernando de Noronha (www.noronha.pe.gov.br) Hat jede nur denkbare Information.

Internetzugang
Der Zugang zum Internet ist der teuerste von ganz Brasilien, aber 2010 wurde ein kostenloses inselweites WLAN installiert. Die Signalstärke hängt aber stark von der Lage ab und die Verbindung ist quälend langsam.
Cia da Lua (☎ 3619 1631; Bosque Flamboyant, Vila dos Remédios; 12 R$/Std.; ☼ 9–23 Uhr)
Emporio São Miguel (☎ 3619 1859; Rua São Miguel s/n, Vila dos Remédios; 12 R$/Std.; ☼ Mo–Sa 9–23, 17–23 Uhr)

Post
Post (Vila dos Remédios; ☼ Mo–Fr 8–15, Sa bis 12 Uhr)

Reisebüros
Pirata Passeios (☎ 3619 1904; www.piratanoronha. com; Pousada Aleffawi, BR-363, Vila do Boldró) Der freund-

PERNAMBUCO

liche Fábio „Pirata" spricht Englisch und Italienisch und ist ein erfahrener Tauchlehrer. Er hat sich auf Wander- und Inseltouren spezialisiert.

Your Way (☎ 9949 1087; www.yourway.com.br; Floresta Velha) Ein unverzichtbarer Kontakt auf der Insel. Der kleine Laden, der seit zehn Jahren Ökotourismus betreibt, eignet sich perfekt für Alleinreisende, unabhängig vom verfügbaren Budget. Die fließend Englisch sprechende Adriana hilft gerne, die günstigsten Flüge zu den Inseln zu finden, gibt neutrale Tipps und bucht Übernachtungen, Restaurants und Aktivitäten, die wirklich zu einem passen – ohne Aufschlag.

Touristeninformation

Posto Informacões Turisticas (Porto; ◷ 8–17 Uhr) An diesem Touristeninfostand oberhalb des Hafens kann man ein paar hilfreiche Karten mitnehmen. Es gibt auch einen kleinen Stand in der Ankunftshalle am Flughafen.

SEHENSWERTES

Zum Centro de Visitantes (Besucherzentrum) in Vila do Boldró, an der Straße zwischen Vila dos Remédios und dem Flughafen, gehört auch ein Freiluft-**Schildkrötenmuseum** (◷ 24 Std.) mit Informationen zum **Tamar Project** (☎ 3619 1171; www.tamar.org.br) und über Noronhas Ostpazifische Delfine vom **Projeto Golfinho Rotador** (www.golfinhorotador.org.br). Es gibt auch einen Infostand über Tamar und ein gutes Café.

Das am besten erhaltene portugiesische Fort der Insel, **Forte dos Remédios** (Eintritt frei; ◷ 24 Std.), ist einen Besuch wert. Von hier aus hat man eine tolle Aussicht hinunter auf Vila dos Remédios.

AKTIVITÄTEN
Strände

Es gibt 16 oder 17 Strände auf Noronha (je nachdem, wen man fragt), und alle sind sauber, sehen aus wie ein Postkartenmotiv und sind fast menschenleer. Die mit fünf Sternen ausgezeichneten **Baía do Sancho**, **Baía dos Porcos** (benannt nach der berühmten kubanischen Schweinebucht) und **Praia do Leão** sind alle unbeschreiblich schön. Es gibt aber auch eine Menge Konkurrenz. Die Sandstrände in Richtung Mar de Dentro (dem Festland zugewandt) auf der nordwestlichen Seite der Insel – **Cachorro** (in Vila dos Remédios), **Conceição**, **Boldró**, **Americano**, **Quixaba** und **Cacimba do Padre** – sind auch super zum Surfen.

Innerhalb des Nationalparks beschränkt ICMBio den Zugang zu einigen Stränden, um die Unterwasserwelt zu schützen. Die Praia do Leão ist von Dezember bis Juli von 18 bis 8 Uhr geschlossen, wenn die Schildkröten nisten. **Praia do Atalaia**, mit tollen Gezeitenpools zum Schnorcheln, kann nur im Rahmen einer geführten Wanderung betreten werden (s. S. 592). Die Zufahrt mit dem Auto von **Baía do Sueste** aus war zum Zeitpunkt der Recherche ausgesetzt, eine endgültige Entscheidung stand noch aus. Schwimmflossen und Sonnenmilch sind verboten.

Baía dos Golfinhos (s. „Delfine beobachten" S. 592) ist für Schwimmer tabu.

Bootstouren

Zahlreiche Boote machen täglich nette dreistündige Touren vom Hafen aus, raus zu den Ilhas Secundárias (Nebeninseln) im Nordosten, dann zurück zur Nordwestküste der Hauptinsel. Ostpazifische Delfine schwimmen gerne um die Boote herum und machen Kunststückchen. Ein 40-minütiger Halt zum Schnorcheln in der Baía do Sancho gehört normalerweise mit zur Tour. **Naonda** (☎ 3619 1307; www.barconaonda.com.br; Porto) ist ein empfehlenswerter Anbieter, er verlangt 85 R$ inklusive Abholservice.

Tauchen

Bei einer Sicht von 30 bis 40 m (am besten im Okt.), herrlich warmem Wasser, üppiger Unterwasserwelt und einer gut erhaltenen Unterwasserlandschaft ist das Tauchen rund um Noronha Weltklasse. Hier leben 230 Fischarten, 15 verschiedene Korallensorten und fünf (harmlose) Haiarten. Zu den besten Gebieten gehören Ilha Rata, Enseada da Rasureta, Ponta da Sapata und die Corveta Ipiranga (ein 63 m langes Schiffswrack), aber die Gebiete des Tages werden vom ICMBio ausgewählt, nicht von den Tauchern. Tauchen außerhalb der Küstenzone ist nicht möglich.

Es gibt drei Tauchveranstalter. Zwei von ihnen sind Mitglieder von Abeta, Brasiliens einziger Vereinigung der Ökotourismus- und Abenteuerreiseveranstalter:

Águas Claras (☎ 3619 1225; www.aguasclaras-fn.com. br; Alameda do Boldró) Freundlicher Laden in der Nähe des Centro de Visitantes.

Atlantis Divers (☎ 3619 1371; www.atlantisdivers.com. br; Vila dos Remédios) Französisch geführt, professionell.

Für Taucher mit Schein kosten zwei Tauchgänge normalerweise 316 R$ inklusive Transfer und Ausrüstung. Open Water Kurse kosten 1700 R$ und *batismo* (Taufe) Tauchgänge für Neulinge liegen bei 280 R$.

PERNAMBUCO

Schnorcheln

Es gibt Hunderte toller Plätze zum Schnorcheln auf den Inseln, von den Felsen in der Baía do Sancho bis zu dem ruhigen Gezeitenpool in Atalaia, oder die Baía do Sueste, wo man bei Flut zusammen mit den Meeresschildkröten schwimmen kann (einheimische Führer schwimmen mit den Gästen für 25 R$ zu den Schildkröten). Masken, Schnorchel und Schwimmflossen kann man für 15 R$ pro Tag in einigen der Läden des Dorfes leihen, außerdem am Hafen und in Baía do Sueste. Beliebt ist auch das Schnorcheln mit dem Boot, wobei man langsam hinter einem Boot hergezogen wird, was längere Strecken ermöglicht. Hier ist **Naonda** (☎ 3619 1307; www.barconaonda.com.br; Porto; 2 halbstündige Touren inkl. Transfer 75 R$) zu empfehlen.

Delfine beobachten

Vom Aussichtspunkt **Mirante dos Golfinhos** kann man im Schnitt mehr als 300 Ostpazifische Delfine beobachten, die sich gegen 5.30 Uhr in der Baía dos Golfinhos tummeln. Von montags bis samstags liefern Biologie-Praktikanten einen Kommentar auf Portugiesisch dazu.

Wandern

Die meisten Pfade im Nationalpark können nur zusammen mit einem einheimischen Führer betreten werden. Ein toller Weg führt von Vila do Trinta zur Praia do Atalaia, mit Aussicht auf die Klippen und guten Schnorchelmöglichkeiten unterwegs – drei bis vier Stunden insgesamt. Portugiesischsprachige Führer verlangen 50 R$ pro Person für diese Wanderung. Fábio von der Reiseagentur Pirata Passeios (S. 590) macht sie auf Englisch, Italienisch oder Spanisch für 80 R$.

Surfen

Cacimba do Padre ist der bekannteste Surfstrand und hier finden während der von Dezember bis März dauernden Saison die Surfwettbewerbe statt. Die Wellen können bis zu 5 m hoch werden. Die anderen Surfstrände am Mar de Dentro, darunter Boldró und Bode, sind auch gut, und in der mächtigen Brandung an den Ilhas Secundárias toben auch einige tolle Wellen. Die meisten Leute bringen ihr eigenes Board mit, aber man kann es auch im **Restaurante do Jacaré** (☎ 3619 1947; Vila dos Remédios; 30 R$/Tag) leihen. Hier werden auch Kurse für 50 bis 70 R$ pro Stunde angeboten.

SCHLAFEN

Noronha hat etwa 120 Pousadas, die meisten in der Gegend von Remédios/Trinta/Floresta. Die Preise sind absurd – und die Häuser sind das Geld nicht wert. Die einzige echte Budgetunterkunft ist ein formloser Verbund von Privathäusern. Mehr Infos dazu hat Your Way (S. 591). Ansonsten kosten „Budget"-Pousadas 140 bis 300 R$ pro Doppelzimmer und ab da geht's steil bergauf, mit einem Maximum von 2541 R$ für die teuerste Herberge der Insel, Pousada Maravilha, eines von nur acht mit Meerblick.

Budgetunterkünfte

Pousada Golfinho (☎ 3619 1837; www.pousadagolfinhofn.com.br; Rua São Miguel 144, Vila dos Remédios; EZ/DZ 90/140 R$; ⊠ 🕱) In dieser echten Pousada bekommt man im Vergleich noch am meisten für sein Geld. Direkt im Dorf, kein Frühstück.

    Pousada Tubarão (☎ 3619 1391; Rua São Miguel 361, Vila dos Remédios; EZ/DZ 90/140 R$; ⊠) Einfach, aber o. k. Kein Frühstück.

    Pousada Delmares (☎ 3619 1243; www.pousadadelmares.com.br; Rua do Sol 141, Vila dos Remédios; EZ/DZ 180/240 R$; ⊠ 🕱) Noch eine nette Wahl in einem heimeligen Familienhaus, mit makellosen Zimmern, freigelegtem Mauerwerk und supergroßen Badezimmern.

Mittel- & Spitzenklassehotels

Pousada Algas Marinhas (☎ 3619 1341; www.pousadaalgasmarinhas.com.br; Alameda das Flores 514, Floresta Nova; EZ/DZ 200/280 R$; ⊠ 🕱) In Noronhas „gehobener" Wohngegend Floresta Nova befindet sich das Algas Marinhas am unteren Ende von Noronhas Mittelklassekategorie. Es unterscheidet sich von der Budgetkonkurrenz positiv durch nette Zimmer und extra Service. Die Besitzer sind militante Nichtraucher, d. h. hier sind auch Gelegenheitsraucher nicht willkommen – man wird dann gebeten, abzureisen.

    LP Tipp Casa do Joab (☎ 3619 1267; dricaschmidt@gmail.com; Estrada da Conceição, Vila Italcable; EZ/DZ 240/300 R$; ⊠ 🕱) Das einheimische Arbeitstier Joab und seine Frau Monica haben ihr einfaches Strandhaus in eine freundliche und geschmackvolle Unterkunft verwandelt, die nur ein paar Schritte vom Conceição-Strand weg ist – das kann keine andere Pousada bieten. Satelliten-TV und Badezimmer vervollständigen das gute Angebot. Wenn Monica so lieb ist, ihren berühmten *pudim de leite* (süßen Pudding mit Kondensmilch) zu zaubern, ist einem sogar der Strand egal.

Pousada do Vale (☎ 3619 1293; www.pousadadovale. com; Rua Pescador Sérgio Lino 18, Vila dos Remédios; EZ/DZ ab 414/684 R$, Bungalows 684/918 R$; ⊠ ☎ ⓐ) Gut versteckt am Ende einer üppigen Allee am Rand des Hauptdorfes. Das heimelige Vale ist eines der freundlichsten und serviceorientiertesten Pousadas der Insel. Die Zimmer sind nicht so top wie die Preise es vermuten lassen (abgesehen von den Bungalows), aber sie sind hübsch ausgestattet mit Designstückchen wie *mantas nordestinas* (farbenfrohen Überwürfen). All-you-can-eat-Pizza (So) und Grillfischabende (Do) tragen erfolgreich zur Verbrüderung von Einheimischen und Gästen bei.

Pousada Zé Maria (☎ 3619 1258; www.pousadazemaria.com.br; Rua Nice Cordeiro 1, Floresta Velha; EZ/DZ 733/775 R$, Bungalows ab 1353/1573 R$; ⊠ ☎ ⓐ) Das luxuriöse Zé Maria hat vom Pool aus einen beeindruckenden Ausblick auf den Morro do Pico und ist in ganz Brasilien berühmt für sein reichhaltiges All-you-can-eat-120-R$-Meeresfrüchtebuffetspektakel mittwochs und samstags (nur mit Reservierung).

Pousada Solar dos Ventos (☎ 3619 1347; www.pousadasolardosventos.com.br; Sueste Bay; Zi. 986 R$; ⊠ ☎) Bequeme Holz-und-Stein-Bungalows verteilen sich über die weitläufige Anlage, aber viel wichtiger ist, dass man von hier aus den gleichen Blick runter auf die Baía do Sueste hat wie von der Pousada Maravilha, aber für viiieele Reales pro Nacht weniger!

Pousada Teju-Açu (☎ 3619 1277; www.pousadateju.com.br; Estrada da Alamoa, Boldró; EZ/DZ ab 1025/1139 R$; ⊠ ☎ ⓐ) Fast unterhalb des Morro do Pico gelegen. Gut geführte (über London) und lustig gestaltete Öko-Pousada mit einem guten Restaurant, großen Zimmern (kleine Bäder, aber riesige Betten) und einem schönen holzgedeckten Poolbereich. Überall wurde an die Umwelt gedacht (Solarduschen, schnell nachwachsendes Holz). Von den drei echten (überteuerten) Luxusherbergen ist das hier die beste für das viele Geld.

ESSEN

Es gibt beliebte Pro-Kilo-Restaurants in und um den Bosque Flamboyant, wo man zwischen 30 und 37 R$ pro Kilo bezahlt.

Raízes Noronha (☎ 3619 0058; BR-363, Floresta Nova; Sandwiches 4–14 R$; ⏲ 9–24 Uhr; ☎) Einheimische und Touristen sitzen auf der Veranda dieses Mundo-Verde-Naturkostladens, schauen sich die Leute an und essen *açaí* und frische Sandwiches. Hier hat man einen sehr guten Empfang des kostenlosen Insel-WLANs.

Pizzaria Namoita (☎ 3619 1914; BR-363, Vila do Trinta; Pizzas 28–40 R$; ⏲ Fr–Mi abends) São-Paulo-Auswanderer Mauricio Vilela tut sein bestes, die *pizza paulistana* auf der Insel herzustellen, und das klappt verdammt gut, wenn man die Logistik von Noronha bedenkt. Favoriten wie *cearense* (scharfer Würstchenboden mit Peperoni, Zwiebeln und Mozarella) werden in einer schönen Atmosphäre serviert, unter einem großen Cashewbaum im Vorgarten.

Mergulhão (☎ 3619 0215; Porto; Hauptgerichte 35–68 R$; ⏲ Di–So mittags & abends) Ein bisschen planlos, aber vielversprechend liefert dieser interessante Newcomer einen atemberaubenden Blick über den Hafen. Die mediterrane Karte mit brasilianischem Twist gehört zu den innovativsten auf Noronha. Es gibt anständigen Wein und eins von Brasiliens leckersten und kreativsten Desserts: *banana mil folhas* (flambierte Bananen auf Tapioka und Karamell-*doce de leite*).

Varanda (☎ 3619 1546; Rua Major Costa 130, Vila do Trinta; Hauptgerichte 46–149 R$; ⏲ mittags & abends) Eine der besten gehobenen Alternativen, in Fußweite der meisten Pousadas. Sie wird von einem Profikoch geleitet, der schon aus dem Zé Maria bekannt ist. Die *moqueca* und das knusprige Shrimp-Risotto sind ausgezeichnet, und die knackige *farofa* (Maniokmehl sautiert in Butter) ist ein Genuss.

Tricolor (☎ 3619 1479; Alameda das Cajazeiras, Vila dos Três Paus; Hauptgerichte für 2 Pers. 60–74 R$; ⏲ Do–Di 12.30–16.30 & 17–22 Uhr) Ein heimlicher Favorit der Einheimischen. Zu den Spezialitäten gehören die günstigsten *moquecas* der Insel und göttlicher Tintenfischreis. Zu haben ist das alles im Haus von Jorge und Edna, die auch eine gemeine scharfe Sauce machen.

Ekologiku's (☎ 3619 0031; Antiga Vila DPV; Hauptgerichte für 2 Pers. 80–105 R$; ⏲ 19–22.30 Uhr) Das Küchenpersonal, trainiert von einer kecken *baiana* (Frau aus Bahia), rockt dieses dauerhaft gute Meeresfrüchterestaurant hinter dem Flughafen. Hier gibt es *moqueca capixabas* (Fischeintopf mit Olivenöl statt Palmöl) in einem überraschend tropisch-coolen Laden, wenn man die entlegene Lage bedenkt. Auf jeden Fall ein Taxi nehmen (25 R$) – das findet man im Dunkeln alleine niemals (ab vier Personen wird ein kostenloser Transfer geschickt).

LP Tipp **Palhoça da Colina** (☎ 3619 1473; Estrada da Colina, Vila do Trinta; Abendessen ohne Getränke 80 R$; ⏲ ab 20 Uhr) Das wirklich beeindruckendste Abendessen auf der Insel: eine Veranstaltung für nur 15 bis 20 Personen pro Nacht unter einer atmosphärischen *palapa*-Hütte mit Tatami-matten und Kissen, im Garten des Hauses eines einheimischen Fischers. Man kann so viel vom gegrillten Tagesfang essen, wie man will (Barracuda, Tunfisch, *carvala* – manchmal zu trocken). Er wird auf Bananenblättern serviert, zusammen mit großartigen Beilagen wie Island-Arugula-Salat und Bananen-*farofa*. Ohne Reservierung geht gar nichts!

AUSGEHEN & UNTERHALTUNG

Fast keiner der Strände von Noronha bietet eine Form von Essen-/Getränkeservice (Ausnahmen sind Conceição, Cachorro und Meio) und die Insel ist insgesamt eher nachtlebenarm. Die Küstenbar Capitão dos Mares, neben den Ruinen des Forte de São Pedro do Boldró, ist ein Highlight zum Sonnenuntergang.

Bar do Cachorro (Vila dos Remédios; Mindestverzehr 5–10 R$; ☽ 17 Uhr–open end) Die berühmte „Hundebar" ist der Mittelpunkt des gesellschaftlichen Lebens auf Noronha. Sie ist fast jede Nacht voll, aber so richtig ab geht's von Donnerstag bis Sonntag. Montagabends gibt es rhythmischen *maracatu*, und *forró* jede Nacht gegen 23 Uhr, manchmal auch live.

Feitiço Da Vila (Vila dos Remédios; ☽ Mo–Sa 18–24, So ab 16 Uhr) Besser bekannt als „The Pizza Place" … Die Bar-Pizzeria (die Pizza vergisst man lieber) neben der Kirche ist die erste Anlaufstelle bei der obligatorischen Zwei-Kneipen-Tour auf Noronha. Es gibt Livemusik (Reggae, MPB, *swinguiera* etc.) von 22.30 Uhr bis Mitternacht in den meisten Nächten der Woche, aber Donnerstag und Samstag sind am besten. Danach zieht der Trupp weiter ins Cachorro.

AN- & WEITERREISE

Fernando de Noronhas **Flughafen** (Code FEN; ☎ 3619 1311) befindet sich in der Mitte der Insel. Die meisten ankommenden Flugzeuge machen eine Schleife rund um die Insel. Auf der linken Seite des Flugzeugs sieht man am besten. Sowohl teure Flugpreise als auch ein durchschnittliches tägliches Besucherlimit von 750 Personen pro Tag stellen den geschützten Status der Insel sicher.

Trip (☎ Noronha 3619 1148) und **Gol/Varig** (☎ Noronha 3619 0424) fliegen täglich von Recife nach Noronha und zurück. Trip fliegt auch täglich die Strecke Natal–Noronha–Natal. Die Preise für Rundreisen mit Trip und Gol/Varig liegen zwischen 900 und 2400 R$ ab Recife, ab Natal etwas weniger. Man sollte sein Ticket

so früh wie möglich kaufen. Die Your Way (S. 591) Reiseagentur findet den besten Deal.

Auf allen Gol-/Varig-Flügen sind die Plätze auch für Inhaber eines brasilianischen Airpasses verfügbar. Trip fliegt unter dem gleichen Code wie TAM, aber nur fünf Sitze sind für Airpass-Besitzer vorgesehen. Auf jeden Fall ist ein Airpass der beste Weg, um die Insel einigermaßen günstig zu besuchen.

UNTERWEGS VOR ORT

Ein guter Busservice (3,10 R$) fährt über die ganze BR-363 zwischen Hafen, Vila dos Remédios, Flughafen und Baía do Sueste, etwa alle 30 bis 40 Minuten am Tag und frühen Abend. Die Haltestellenschilder findet man an der Straße. Per Anhalter fahren ist sicher und durchaus üblich.

Buggy-Taxis sind unglaublich teuer geworden, vor allem, seit die Taxigewerkschaft während der Rezession 2009 ganz dreist ihre Preise um 30 % angehoben hat. Fahrten kosten jetzt 15 bis 25 R$, egal wie weit. Es gibt einen Stand am Park in Vila dos Remédios.

Eine beliebte Art der Fortbewegung ist der eigene Buggy. Man zahlt 120 bis 180 R$ für 24 Stunden, plus Benzin (Achtung: Auf der Insel gibt es keine Versicherung für Mietfahrzeuge!). Sie brechen öfter mal zusammen. Ein verlässlicher Verleiher ist also der Schlüssel zum Erfolg. **JMR Locadora** (☎ 3619 1267; www.jmr locadora.com.br) oder **Flor do Atlântico** (☎ 3619 1160) bringen einem den Buggy sogar. Man kann sich auch Motorräder ausleihen, aber nur, wenn man seinen Motorradführerschein von Zuhause mitgebracht hat.

DAS LANDESINNERE

CARUARU

☎ 0xx81 / 298 500 Ew.

Obwohl sie modern und ohne architektonische Reize ist, hat diese 137 km von Recife entfernte Stadt ihre kulturellen Highlights. Caruaru ist bekannt als die Hauptstadt des *forró*, und ihre große **Festa de São João** (Ende Mai–Ende Juni) ist das größte *forró*-Festival des Landes – 30 Tage, in denen Pärchen ununterbrochen zu Akkordeon und Triangel hin und her schwingen. Die Stadt hat auch einen großen Markt und ist Südamerikas größtes Zentrum für Keramikfigurinen, bekannt für seine bunt bemalten kleinen Figürchen, die z. B. tanzen oder Hühner jagen.

ABSTECHER: PAIXÃO DE CRISTO

Die kleine Stadt Fazenda Nova, 50 km nordwestlich von Caruaru, ist berühmt für ihre Stadtnachbildung von Jerusalem. „Nova Jerusalém" wird umgeben von einer 3 m hohen Mauer mit sieben Toren, 70 Türmen und zwölf Steinbühnen. Die Rekonstruktion nimmt ungefähr ein Drittel der Fläche ein, die der befestigte Stadt Jerusalem in der Zeit von Jesus Christus entspricht.

Der richtige Zeitpunkt für einen Besuch ist die Semana Santa (sonst sieht es aus wie ein verlassenes Filmset), wenn mehrere hundert Einwohner von Fazenda Nova plus zugereiste *novela*-Stars aus Rio die *Paixão de Cristo* (Leiden Christi) aufführen. Tickets kosten 40 bis 50 R$.

Sehenswertes

FEIRA DE CARUARU

Dieser riesige **Markt** (Parque 18 de Maio; 6–17 Uhr) ist der größte im Nordosten und eine beliebte Touristenattraktion. Samstags ist am meisten los. Unter den Tausenden Ständen, die Blumen, Schuhe, Arzneikräuter und Haushaltswaren verkaufen, befindet sich auch ein großer Bereich, die **Feira de Artesanato**, der sich auf Kunsthandwerk spezialisiert hat. Hier gibt es Lederwaren, geflochtene Körbe, Figuren seltsamer Tiere und mythischer Monster, bunte Figurinen und vieles mehr. Und dann gibt es noch die **Feira do Troca-Troca** (Tauschmarkt), auf der Krimskrams und Schätze ohne Geld getauscht werden.

Bei Interesse an Figurinen und daran, die Keramikkünstler bei der Arbeit zu sehen, sollte man Alto de Moura (s. rechte Spalte) besuchen, bevor man etwas auf der Feira kauft.

MUSEEN

Das **Museu do Forró** (3701 1533; Praça José de Vasconcellos; Eintritt 1 R$; Di–Sa 8–17, So 9–13 Uhr) zeigt jeden kleinsten Fitzel von Andenken an Luiz Gonzaga, den Vater des *forró* (s. Kasten S. 578), das es in die Finger kriegen konnte – inklusive des Schlafanzuges, in dem er gestorben ist.

Im **Museu do Barro** (3701 1533; Praça José de Vasconcellos; Di–Sa 8–17, So 9–13 Uhr), über dem Museu do Forró, kann man die besten Originale von Mestre Vitalino (1909–63) sehen, dem echten Keramikfigurinen-Genie der Stadt, und zahlreiche Werke von anderen sehr guten einheimischen Töpfern.

ALTO DE MOURA

Das Heimatdorf von Mestre Vitalino, 7 km westlich vom Stadtzentrum, ist eine kleine **Gemeinde von Töpfern** (und Ziegenfleischliebhabern!) die sich weiterhin auf die Produktion von *figurinhas* (Figurinen) spezialisiert hat. Ihre Stücke kosten zwischen 1 und 3000 R$. Viele der Töpfer sind Nachkommen von Mestre Vitalino höchstpersönlich. Andere wichtige Künstler sind Manuel Eudócio, Luiz Galdino und die Familie Zé Caboclo. Das **Museu Casa do Mestre Vitalino** (3725 0805; Rua Mestre Vitalino; Eintritt 1 R$; 8–17 Uhr) im einfachen Haus des Meisters zeigt seine Werkzeuge und persönlichen Dinge.

Mit einem Taxi (20–25 R$) oder Bus 135 (1,60 R$) geht es von der Rua Duque de Caixas in Caruaru Zentrum – neben der Catedral Nossa Senhora das Dores – bis zum Alto de Moura, und dann durch die zahlreichen Werkstätten und Galerien. Die Qualität der Figurinen ist hier allgemein höher als in Caruaru.

Schlafen & Essen

Caruaru liegt eine lange Tagesreise von Recife entfernt, aber es gibt keinen wirklichen Grund, hier zu übernachten. Viele Läden im Zentrum servieren regionale Gerichte zu guten Preisen.

Hotel Vila Rica (3722 9666; vilaricahotel@bol.com.br; Rua Dalvino Pedrosa 160; EZ/DZ 60/95 R$;) Wenn man sich doch für eine Übernachtung entscheidet, ist dieses Hotel im südwestlichen Pinheirópolis-Bezirk ganz anständig, mit sauberen einfachen Zimmern und einem (langsamen, nicht ganz so guten) Restaurant. Es liegt in Laufentfernung von der Bushaltestelle.

Bode Assado do Luciano (3722 0413; Rua Mestre Vitalino 511; Hauptgerichte für 2 Pers. 25–40 R$; Di–Fr 11–16, Sa–So 10–18 Uhr) Mittagessen in Alto de Moura bekommt man hier, der berechtigterweise bekanntesten unter den Dutzenden *churrascarias* (Grillrestaurants), die die Dorfspezialität gegrillte Ziege auf der Karte haben.

Anreise & Unterwegs vor Ort

Busse fahren mindestens stündlich von Recife nach Caruaru (17–20 R$, 2 Std.). Caruarus **Busbahnhof** (3721 2480; Hwy BR-104, Km 68) befindet sich 3 km südwestlich vom Zentrum. Man kann von dort ein Taxi, einen Kombivan oder einen Lokalbus in die Stadt nehmen.

PERNAMBUCO

Paraíba & Rio Grande do Norte

Die Highlights dieser Region haben vielleicht nicht denselben Wiedererkennungswert wie einige der idealisierteren Ziele des Landes, aber die Nordostecke Brasiliens, die sich aus den Bundesstaaten Paraíba und Rio Grande do Norte zusammensetzt, ist deswegen kein bisschen weniger lohnenswert. Hier findet man spektakuläre Landschaften: Grandiose Strände dominieren die unberührte Küstenlinie, und im Landesinneren warten zahlreiche Schätze auf alle, die bereit sind, das Strandtuch eine Weile im Koffer zu lassen.

Die wichtigsten Tore der Region sind Natal und Joáo Pessoa, die für ihre hohe Lebensqualität eher bekannt sich denn als Touristenziele. Beide sind nette Orte auf dem Weg zu den eindrucksvolleren Attraktionen der Region, und Joáo Pessoa bietet sogar eine weitgehend unbekannte historische Stätte, die durchaus einen Blick wert ist. Die hippe internationale Strandstadt Praia da Pipa lockt die meisten Traveller an, aber die weniger überfüllten Strände von São Miguel do Gostoso und Galinhos sind ähnlich schöne Sandstreifen und viel ruhiger.

Im ausgedörrten Landesinneren warten dramatische Landschaften und einige der spektakulärsten antiken Überreste Brasiliens, die von erstaunlich gut erhaltener, mehrere Jahrtausende alter Felsenkunst bis zu unheimlichen, beinahe außerirdischen Steinformationen reichen.

Auch wenn es keine größeren Attraktionen zu bieten hat, dreht Natal während der Festivalzeit so richtig auf – sein berühmter außersaisonaler Karneval, Carnatal, findet im Dezember statt und ist der beste in ganz Brasilien.

HIGHLIGHTS

- Den Sonnenuntergang am Fluss und das Saxophon-Spektakel mit Ravels Bolero an der **Praia do Jacaré** (S. 601) in Joáo Pessoa genießen
- Sich am stilbewussten, aber unprätentiösen internationalen Publikum der wunderschönen **Praia da Pipa** (S. 611) erfreuen
- Den Adrenalinspiegel mit einer spektakulären Buggy-Fahrt durch die Dünen von **Genipabu** (S. 607) in den roten Bereich jagen
- In **São Miguel do Gostoso** (S. 615) die Zehen im selten betretenen Sand vergraben
- Im abgeschiedenen Stranddorf **Galinhos** (S. 615) entspannen

São Miguel do Gostoso ★
Galinhos ★
Genipabu ★
Praia da Pipa ★
Praia do Jacaré ★

- Bevölkerung: 6,9 Mio.
- Fläche: 109 240 km²

PARAÍBA & RIO GRANDE DO NORTE

Geschichte

Diese Gegend Brasiliens war heiß umkämpftes Kolonialgebiet, das sowohl von den Franzosen als auch von den Holländern gegen die Portugiesen verteidigt wurde. Französische Brasilholzhändler hatten in Rio Grande do Norte Fuß gefasst, bis die Portugiesen eine ganze Flotte aus Paraíba hierher entsandten und die Franzosen im Jahr 1597 letztendlich vertrieben. Natal fiel dann von 1633 bis 1654 an die Holländer, bevor es schließlich wieder von den Portugiesen zurückerobert wurde.

Danach gerieten die Bundesstaaten Paraíba und Rio Grande do Norte bis zum Anfang des 20. Jhs. in Vergessenheit. Paraíba wurde später als die Heimat von João Pessoa bekannt, der sich 1929 im Kampf um die Vizepräsidentschaft mit Getúlio Vargas verbündete. Angesichts der vielen João-Pessoa-Monumente scheint sich in diesem Bundesstaat seither nicht mehr allzuviel getan zu haben.

1935 hatte eine Revolte in Natal eine kurzlebige kommunistische Regierung in Rio Grande do Norte zur Folge. Die kommunistische Bewegung wurde unterdrückt und bald wurde Rio Grande do Norte wegen der strategisch günstigen Lage – Brasiliens geringste Entfernung zu Afrika – zur Versorgungsbasis der Amerikaner im Zweiten Weltkrieg. Durch den Zufluss von Militärgeldern erlebte die Region eine rasante Entwicklung. Heute kommt das meiste Geld dank der Touristen in die Kassen, die sich an den traumhaften Stränden, insbesondere in Rio Grande do Norte, vergnügen.

Klima

Auch wenn diese Gegend nicht wärmer ist als ihre Nachbarstaaten, ist es besonders in Rio Grande do Norte sehr trocken, und die Sonne kann sehr heiß vom fast immer klaren Himmel brennen. In beiden Bundesstaaten kann das Thermometer im Januar und Februar auf über 40 °C klettern. Das Wetter ist zwar das ganze Jahr über schön, aber viele finden es in den etwas kühleren Monaten von Juni bis August besonders angenehm.

An- & Weiterreise

Von Natal aus gibt's direkte und indirekte Flüge in alle größeren Städte Brasiliens sowie nach Lissabon (Portugal). Die Zahl der europäischen Charterflüge ist in den letzten Jahren ziemlich angewachsen. Auch der Flughafen von João Pessoa bietet ein paar europäische Charterverbindungen und Inlandsflüge an.

In beide Landeshauptstädte, Natal und João Pessoa, fahren Busse aus den größeren Städten im Nordosten. Von Rio aus gibt's außerdem Direktbusse nach Natal.

Unterwegs vor Ort

Das Busnetz eignet sich bestens für Reisen zwischen größeren Städten und Fahrten in die beliebteren Strandorte. Mietwagen sind ebenfalls erhältlich. Wer sich in abgeschiedenere Gegenden aufmachen möchte, sollte eine Gruppe zusammentrommeln und ein Auto mit Vierradantrieb oder einen Buggy mit Fahrer mieten.

PARAÍBA

Eingeklemmt zwischen Pernambuco und Rio Grande do Norte liegt der kleine, sonnige Bundesstaat Paraíba, zu dem auch der östlichste Punkt des Kontinents, die Ponta do Seixas, gehört. Dort ist man entschieden näher am Senegal als an Südbrasilien. Die friedliche, vernünftig erschlossene Küste ist die wichtigste Wirtschaftsregion des Bundesstaates und wird hauptsächlich von Zuckerrohr- und Ananasplantagen sowie ein bisschen Tourismus am Leben gehalten. Im von Dürren geplagten Landesinneren dominieren Rinderfarmen das Bild, aber es warten auch einige beeindruckende archäologische Stätten.

JOÃO PESSOA

☎ 0xx83 / 702 000 Ew.

Die Küstenstadt João Pessoa ist die Hauptstadt von Paraíba und die drittälteste Stadt Brasiliens. Sie behauptet, mehr Bäume zu bieten als jede andere Hauptstadt, kann sich eines Schutzgebietes mit Atlantischem Regenwald rühmen und gilt als freundlich und sicher (einige würden auch sagen: langweilig). Der Tourismus hat sich hier nur allmählich entwickelt, und die Stadt wird bei brasilianischen Familien zu einem immer beliebteren Urlaubsziel. Der historische Stadtkern umfasst ein paar interessante Ecken und wurde von IPHAN (nationale Organisation zur Erhaltung des Kulturerbes) unter seine schützenden Fittiche genommen und 2008 zur Kulturerbestätte ernannt. Für einen städtischen

Strand ist der Praia de Tambaú tatsächlich besonders sauber und sonnig. Es lohnt sich eher nicht, extra hierher zu reisen, aber „Johannes Person" ist ein wirklich hübscher Ort für einen kleinen Zwischenstopp auf der Reise.

Geschichte

Die Stadt wurde 1585 gegründet und hieß ursprünglich Vila de Felipéia de NS das Neves. Später wurde sie nach João Pessoa umbenannt, dem Gouverneur von Paraíba, der bei der Präsidentenwahl in Brasilien 1929 ein Bündnis mit Getúlio Vargas einging. Als er von konkurrierenden politischen Parteien umworben wurde, ließ João Pessoa nur ein entschlossenes „nego!" („Ich lehne ab!") vernehmen, das heute in keinem brasilianischen Geschichtsbuch fehlen darf und in Großbuchstaben auf der Flagge des Bundesstaates Paraíba zu lesen ist.

João Pessoas Hoffnungen, das Amt des Vizepräsidenten einzunehmen, waren jedoch nur von kurzer Dauer. Im Juli 1930 fiel er einem Attentat zum Opfer, ein Ereignis, das eine revolutionäre Gegenbewegung nach sich zog, die gegen Ende desselben Jahres Getúlio Vargas (mit tatkräftiger Unterstützung des Militärs) zur Macht verhalf.

Orientierung

Der Busbahnhof liegt am Westrand des Zentrums, etwas mehr als 1 km vom zentralen Parque Solon de Lucena und seinem See entfernt, der nur Lagoa genannt wird. Die Praia de Tambaú, 8 km östlich des Zentrums, ist das touristische Herz João Pessoas. Der Flughafen befindet sich 11 km westlich der Innenstadt.

Praktische Informationen

Banco do Brasil Centro (Karte S. 599; Praça 1817 No 129; ☾ Mo–Fr 10–16, Geldautomaten täglich 6–22 Uhr); Tambaú (Karte S. 600; Av Senador Rui Carneiro 166; ☾ Mo–Fr 10–16, Geldautomaten täglich 7–22 Uhr)

Deatur (Touristenpolizei; Karte S. 600; ☎ 3214 8022; Av Almirante Tamandaré 100, Tambaú; ☾ 24 Std.)

PBTUR (☎ 0800 281 9229) Busbahnhof (Karte S. 599; ☎ 3218 6655; Busbahnhof, Rua Francisco Londres; ☾ 8–18 Uhr); Tambaú (Karte S. 600; Av Almirante Tamandaré 100, Tambaú; ☾ 8–19 Uhr) Diese staatlichen Touristeninformationen sind tatsächlich ganz gut informiert.

Prefeitura (www.joaopessoa.pb.gov.br) Internetzugang im Rathaus mit ein paar recht nützlichen Sachen.

Varanda do Mar (Karte S. 600; Av João Maurício 157,

JOÃO PESSOA ZENTRUM

0 — 400 m

PRAKTISCHES
Banco do Brasil................1 B3
PBTUR.....................(siehe 4)

SEHENSW. & AKTIVITÄTEN
Igreja São Francisco.........2 C1

SCHLAFEN
Hotel Aurora.................3 B3

TRANSPORT
Busbahnhof...................4 A1
Busse zum Flughafen......5 A2
Busse nach Jacumã.........6 A2
Busse nach Tambaú........7 C3
Terminal de Integração...8 A1

Tambaú; pro Std. 3 R$; Mo–Fr 11–24, Sa & So ab 8 Uhr) Hier kann man einen Espresso, ein Bier oder einen Caipirinha genießen, während man seine Mails checkt.

Sehenswertes & Aktivitäten

Orlando Berton (9984 8010; www.taxitourpb.com) Orlando spricht englisch und ist der professionellste und kompetenteste Führer in ganz João Pessoa. Man kann über die Pousada do Caju (S. 600) Kontakt zu ihm aufnehmen.

IGREJA SÃO FRANCISCO

Diese **Kirche** (Karte S. 599; 3218 4505; Praça São Francisco; Eintritt mit geführter Tour 4 R$; 9–12 & 14–17 Uhr) ist die wichtigste Touristenattraktion im Zentrum und eine der schönsten Kirchen Brasiliens. Ihr Bau wurde durch Kämpfe zwischen den Holländern und Franzosen immer wieder unterbrochen, was zu einem wunderschönen, wenn auch architektonisch etwas verwirrenden Komplex führte, der über zwei Jahrhunderte (1589–1779) hinweg entstanden ist. Die Fassade, die Kirchtürme und das angeschlossene Kloster Santo Antônio zeigen einen stilistischen Mischmasch. Die portugiesisch gefliesten Wände erstrecken

sich bis zu den geschnitzten Palisandertoren der Kirche.

ESTAÇÃO CABO BRANCO

2008 geweiht, ist das **Estação Cabo Branco** (abseits der Karte S. 600; 3214 8303; www.joaopessoa.pb.gov.br/estacaocabobranco; Av João Cirillo da Silva s/n, Ponta de Seixas; Eintritt frei; Di–Fr 9–21, Sa & So 10–21 Uhr) eines der jüngsten Gebäude, die auf das Konto des berühmten brasilianischen Architekten Oscar Niemeyer gehen. Es lohnt sich, noch einen Abstecher zur Ausstellung und zum Kulturbereich dranzuhängen, wenn man die östlichste Spitze des amerikanischen Kontinents, Ponta do Seixas, besucht. Wer ein Fan von Niemeyers Raum-Zeit-Arbeiten ist, ist hier sowieso richtig. Das Zentrum bietet wechselnde Kunstausstellungen, ein kleines Planetarium und, am allerbesten, einen spektakulären Ausblick auf João Pessoa, wenn das Panorama-Café offen hat.

STRÄNDE

Die **Praia de Tambaú** (Karte S. 600), 8 km östlich des Zentrums, ist zwar ein Stadtstrand, aber trotzdem ein nettes Fleckchen, um sich die

Zeit zu vertreiben. In der Av João Maurício (Norden) und der Av Almirante Tamandaré (Süden) reihen sich Bars, Restaurants, Kokospalmen und Feigenbäume aneinander, und entlang der Bucht erstrecken sich in Richtung Norden mehrere gute Stadtstrände.

Die **Ilha de Areia Vermelha** (abseits der Karte S. 600) ist eine Insel mit rotem Sand, die sich jeden Monat an der Hälfte der Tage bei Ebbe vor der Nordküste erhebt. Boote legen rund um die Insel an, und die Party dauert, bis die Flut kommt. Von der Praia do Poço (13 km nördlich von Tambaú; abseits der Karte S. 600) kann man für 15 R$ mit dem Boot hierher fahren. Die **Praia Cabo Branco** (abseits Karte S. 600), ein wunderschöner Sandstreifen mit Klippen und Palmen, verläuft Richtung Süden zur **Ponta do Seixas** (abseits Karte S. 600), dem östlichsten Punkt des amerikanisches Kontinents. Er liegt 8 km von Tambaú entfernt und bietet ruhiges, blaues Wasser, ein Restaurant, einen Campingplatz und einen Leuchtturm direkt an der Spitze.

Festivals & Events

João Pessoa bringt sich mit der **Folia da Rua** (Straßenfest) in der Woche vor dem richtigen Karneval (Samstag und Sonntag) schon mal so richtig in Stimmung, wenn *blocos* (Trommel- und Tanzprozessionen) durch einige Teile der Stadt ziehen. Das städtische **Paixão de Cristo** (Passionsspiel) muss sich in Sachen Größe und Berühmtheit nur dem Spektakel in Nova Jerusalém (s. Kasten S. 595) geschlagen geben. Es findet im Freien auf dem Praça Dom Adauto unter Beteiligung namhafte Schauspieler statt.

Schlafen

Hotel Aurora (Karte S. 599; ☎ 3241 3238; Praça João Pesso 41, Centro; EZ/DZ ohne Bad 15/30 R$, EZ/DZ 22/42 R$, mi Ventilator 25/42 R$; ✖) Das Aurora ist nur was fü echte *centavo*-Fuchser und besonders Abge härtete, denn der hübsche Platz, auf den e blickt – hier stehen mehrere staatliche Regie rungsgebäude und ein João-Pessoa-Denkma inklusive seines „Nego"-Zitats – ist nacht eher unsicher. Die sehr dunklen Flure führer zu schäbigen, recht kargen Zimmern, aber de Preis sucht in Brasilien seinesgleichen, une dafür sind die Räume ganz o. k. Parkplätze vorhanden.

Hotel Mar Azul (Karte S. 600; ☎ 3226 2660; Av João Maurício 315, Manaíra; Zi. ab 80 R$) Dieses Hotel biete keinen unnötigen Schnickschnack, lädt aber zum Entspannen ein: Die Zimmer sind geräu mig, und der Strand beginnt direkt auf de anderen Straßenseite.

Pousada do Caju (Karte S. 600; ☎ 2107 8700; www pousadadocaju.com.br; Av Helena Meira Lima 269, Tambaú; EZ DZ 150/170 R$; ✖ 🛜 🛒) Diese preiswerte, pro fessionell geführte Ketten-Pension liegt zwei Blocks vom Strand entfernt und bietet zwei Pools, einen Spielbereich und jede Menge gigantischer *caju*-(Cashew-)Bäume. Dank de modernen Generalüberholung gibt es in den Zimmern nun gemütliche Betten und Flach bildfernseher auf hübschen Sandstein-Ziegeln – nur das Licht ist ziemlich gedimmt –, wäh rend die Gemeinschaftsbereiche alle Art net-

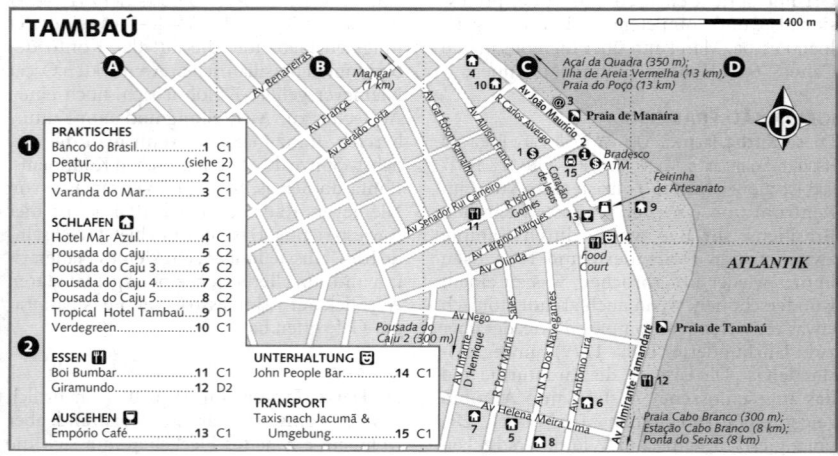

TAMBAÚ

0 — 400 m

Ⓐ Av Bernardina Ⓑ Mangaí (1 km) Av França Av Getúlio Costa Av Cel. Édson Ramalho Ⓒ Av Aluísio Franca Açaí da Quadra (350 m); Ilha de Areia Vermelha (13 km); Praia do Poço (13 km) Ⓓ Praia de Manaíra Av João Maurício R Carlos Alverga 4 10 3 2 Bradesco ATM Praia de Manaíra Colocar 15 Feirinha de Artesanato Av Senador Rui Carneiro R Tácito Gomes 1 R Isidro Gomes 11 13 14 9 ATLANTIK Av Tarcísio Marques Av Olinda Av Tácito Marques Food Court Av Nego Pousada do Caju 2 (300 m) R Dos Navegantes R Sales Praia de Tambaú

Ⓞ PRAKTISCHES
Banco do Brasil............1 C1
Deatur...............(siehe 2)
PBTUR....................2 C1
Varanda do Mar...........3 C1

SCHLAFEN 🏨
Hotel Mar Azul...........4 C1
Pousada do Caju..........5 C2
Pousada do Caju 3........6 C2
Pousada do Caju 4........7 C2
Pousada do Caju 5........8 C2
Tropical Hotel Tambaú....9 D1
Verdegreen..............10 C1

Ⓞ ESSEN 🍴
Boi Bumbar..............11 C1
Giramundo...............12 D2

AUSGEHEN 🍸
Empório Café............13 C1

UNTERHALTUNG 🎭
John People Bar.........14 C1

TRANSPORT
Taxis nach Jacumã &
Umgebung...............15 C1

Av Helena Meira Lima Av Infante D Henrique R Prof Maria Salles Av Dos Navegantes Av Antônio Lira Av Almirante Tamandaré Praia Cabo Branco (300 m); Estação Cabo Branco (8 km); Ponta do Seixas (8 km) 12 6 7 5 8

ter brasilianischer Zierrat schmückt. Das Caju verfügt innerhalb weniger Blocks noch über vier weitere Filialen unterschiedlichster Qualität und Preise.

LP Tipp **Verdegreen** (Karte S. 600; ☎ 3044 0004; www.verdegreen.com.br; Av João Maurício 255, Manaíra; EZ/DZ ab 242/280 R$; 🛏 🛜 🐾) Das neueste Hotel der Stadt steht an der Praia de Manaíra: Diese umweltbewusste Wahl trägt mit solarbeheizten Duschen, einem Garten mit Bio-Obst und -Gemüse, wiederaufgeforstetem Wald und LED-Lampen im ganzen Haus seinen Teil zum Umweltschutz bei. Alles ist wahnsinnig hip und stilvoll in sanften Grün- und Beigetönen eingerichtet, und das Personal ist unglaublich reizend und hilfsbereit. Man kann hier parken.

Tropical Hotel Tambaú (Karte S. 600; ☎ 2107 1900; www.tropicalhotel.com.br; Av Almirante Tamandaré 229, Tambaú; EZ/DZ ab 264/305 R$; 🛏 🛜 🐾) Das Tropical muss irre weltraummäßig ausgesehen haben, als es 1971 erbaut wurde. Es ist ein großer Rundbau, der von Grasflächen umgeben ist, und die Zimmer blicken entweder auf den großen Innengarten (mit hübschem, großzügigem Pool) oder raus aufs Meer. Sie sind zwar nicht superluxuriös, aber recht preiswert für ein Hotel dieser Klasse, auch wenn man sich fühlt, als sei man im Pentagon abgestiegen. Parkplätze sind vorhanden.

Essen & Ausgehen

Açaí da Quadra (abseits der Karte S. 600; ☎ 3247 5933; Quadra da Manaíra, Manaíra; alles 3–6 R$; 🕙 9–24 Uhr) Dieses unprätentiöse kleine Lokal ist der perfekte Ort für eine Portion brasilianischer Genüsse am Nachmittag/frühen Abend: Das *açaí completo* quillt vor Bananen, Honig, Rosinen und Cashewnüssen förmlich über.

Empório Café (Karte S. 600; ☎ 3247 0110; Rua Coração de Jesus 201, Tambaú; Sandwiches 4,75–14,50 R$, Cocktails 5–11 R$; 🕙 19–3 Uhr) Am frühen Abend bereitet diese Café-Bar im Retro-Indie-Stil preiswerte Salate, Sandwiches, Quiches und Suppen – sprich: alles, was das Herz begehrt, auch viele vegetarische Optionen – für ihre schöne Gästeschar zu. Zu späterer Stunde strömen die Schönen und Trendigen noch zahlreicher herbei und genießen Cocktails und Indie-Klänge (am Wochenende nach 23 Uhr DJs).

Giramundo (Karte S. 600; ☎ 3226 2324; Av Almirante Tamandaré s/n, Tambaú; Hauptgerichte 12–22 R$; 🕙 Mo–Do 18–1, Fr & Sa bis 2 Uhr) Das verkochte *picanha* (Rindfleisch) sollte einen nicht davon abhalten, sich in diesem wilden, beliebten Strand-

kiosk zu amüsieren. Das schweizerisch-brasilianische Unternehmen ist nicht nur für die üblichen Verdächtigen bekannt, sondern auch für seine irgendwie deplatzierten Grillwürste, die Curry- oder Kalbsbratwurst und das Bier der Mikrobrauerei Eisenbahn – das findet man nördlich von Santa Catarina wirklich nicht besonders oft.

LP Tipp **Mangai** (abseits der Karte S. 600; ☎ 3226 1615; Av General Édson Ramalho 696, Manaíra; pro kg 31,90 R$; 🕙 Mo–Sa 11–22, So 7–22 Uhr) Allein das spektakuläre regionale Buffet in diesem Lokal ist es wert, dass man in João Pessoa einen Zwischenstopp einlegt. Fast alles ist auch mit englischen Schildchen versehen, und auch Vegetarier werden mit Sicherheit satt. Man sollte unbedingt noch Platz für die dekadenten, karamellisierten, in *doce de leite* (cremige Milch-Zucker-Mischung) und Schokolade getauchten Cashews lassen.

Boi Bumbar (Karte S. 600; ☎ 3247 2847; Rua Isidro Gomes 246, Tambaú; pro kg 43 R$; 🕙 Mo–Fr 11.30–15, Sa & So 12–16 Uhr) Noch ein ausgezeichnetes Selbstbedienungs-Mittagsrestaurant in Tambaú: Fisch und Fleisch sind gut, Salate und Käse großartig.

Unterhaltung

Das Nachtleben spielt sich in der und rund um die Rua Coração de Jesus in Tambaú sowie in den Kiosken am Strand ab, die oft Livemusik spielen. Einen Kultur- und Veranstaltungskalender gibt's im kostenlosen Magazin *Cenário*.

Praia do Jacaré (abseits der Karte S. 599; Eintritt 5 R$; 🕙 Sonnenuntergang) Fast jeder brasilianische Tourist, der nach João Pessoa kommt, besucht auch den Rio Paraíba nördlich der Stadt, um dem Saxofonisten Jurandy zu lauschen, wenn er bei Sonnenuntergang Ravels Bolero spielt – rund um dieses Ereignis hat sich ein wahres Tourismus-Imperium entwickelt (manch einer kommt extra deswegen von ziemlich weit her, z. B. aus Natal oder Recife). Es mag kitschig klingen, aber es ist definitiv ein sehenswertes (und hörenswertes) Spektakel und wirklich wunderschön. Vier Pfahlbau-Bars geben den Gastgeber (im Bombardo kommt man zusätzlich in den Genuss der Geigerin Belle Soares, die anschließend spielt). Am besten kommt man schon gegen 16.30 Uhr (im Winter um 16 Uhr), wenn man noch einen guten Platz erwischen möchte. Eine Taxifahrt hin und zurück kostet von Tambaú aus 50 R$ (inklusive Wartezeit).

John People Bar (Karte S. 600; ☎ 3247 1005; Av Olinda 57, Tambaú; Eintritt 5–10 R$; ☺ Di–Do 18–24, Fr & Sa bis 3.30 Uhr) Die moderne *boteco* in Tambaú eignet sich ganz hervorragend zum Leutegucken. Vorne gibt's eine Terrasse, oben eine luftige Dachveranda mit Blick auf die über der Bar gelegene Bühne. Die Livemusik beginnt um 21.30 Uhr und reicht von *forró pé-da-serra* (einer langsameren Form des *forró*) am Dienstag über MPB (Música Popular Brasileira) eines Dave-Matthews-artigen Power-Trios von Mittwoch bis Freitag bis zu Samba am Samstag. Ein 2500-ml-Rohr *chope* (Bier vom Fass) kostet hier 28 R$ – *saúde*!

An- & Weiterreise
BUS
Vom **Busbahnhof** (Karte S. 599; ☎ 3221 9611; Rua Francisco Londres) gibt's Verbindungen in zahlreiche Ziele, darunter Fortaleza (95,50–150,50 R$, 10 Std., 2-mal tgl.), Natal (25,50–30,50 R$, 3 Std., 8-mal tgl.), Recife (17,50–24,50 R$, 2 Std., 5–19 Uhr 24-mal tgl.), Sousa (59 R$, 6 Std., bis zu 12-mal tgl.) sowie täglich außer samstags und sonntags nach Salvador (127–146 R$, 16 Std.).

Unterwegs vor Ort
Stadtbusse fahren am Terminal de Integração (Karte S. 599) gegenüber vom Busbahnhof ab. Busse 510, 511 und 513 verkehren regelmäßig über den Parque Solon de Lucena nach Tambaú (1,90 R$, 25 Min.). Ein Taxi vom Busbahnhof nach Tambaú kostet ca. 20 R$.

Busse zum Flughafen sind mit „Aeroporto/Auto da Boa Vista" oder „Jardim/Aeroporto" ausgeschildert und fahren alle 15 Minuten (1,60 R$) in der Rua Cícero Meireles in der Nähe des Busbahnhofs ab – natürlich starten sie auch vom Flughafen in die Gegenrichtung. Ein Taxi vom Flughafen nach Tambaú kostet etwa 40 R$.

FLUGZEUG
Der **Flughafen Presidente Castro Pinto** (☎ 3041 4200) bietet Verbindungen nach Rio, São Paulo und in die größeren Städte im Nordosten und im Amazonasgebiet.

Gol/Varig (☎ Flughafen 3253 2700)

TAM (☎ Flughafen 3232 2002)

JACUMÃ & UMGEBUNG
☎ 0xx83 / 4500 Ew.

Die Kette von schönen Stränden und kleinen Orten, die sich von Jacumã bis Tambaba auf

halber Strecke zwischen João Pessoa und der Grenze nach Pernambuco aneinander reihen, sind für einen relaxten, preiswerten Zwischenstopp auf dem Weg von Recife in Richtung Norden oder von João Pessoa in Richtung Süden wie geschaffen. An Wochenenden fallen die Städter in diese Orte ein. Manche von ihnen haben hier ein Ferienhaus.

Der größte Ort, **Jacumã**, hat einen langen, schmalen Strand mit farbigen Sandbänken und natürlichen Pools. Abends ist in den Strandbars *forró* (beliebte Musik aus dem Nordosten) zu hören. Die **Praia de Gramame**, 5 km nördlich, ist eine Postkartenidylle mit einem wunderschönen Sandstrand und Sonnenuntergängen, wo der Rio Gramame in den Ozean übergeht. Zwar gibt es hier keine Übernachtungsmöglichkeiten, dafür aber ein paar nette Restaurants, die einen tollen Tagestrip erleichtern. Die ebenfalls recht schmale **Praia de Carapibus**, 2 km weiter südlich von Jacumã, ist von niedrigen Klippen gesäumt. Hier gibt's noch mehr natürliche Pools. Die breitere **Praia da Tabatinga** erstreckt sich von Carapibus in Richtung Süden. Sobald die Flut verschwunden ist, bildet sich hinter dem Strand eine Lagune. Obwohl die meisten sagen werden, am schönsten ist die **Praia dos Coqueirinhos**, die man nach einem Fußmarsch von 2 km ab dem Ende von Tabatinga erreicht: Kokospalmen, hohe rote Klippen, Süßwasserquellen und ein paar *barracas* (Buden) inklusive, kann es am Wochenende hier doch sehr überfüllt werden. **Praia de Tambaba**, 6 km weiter südlich, ist als einziger offizieller FKK-Strand in der Gegend berühmt. Bademeister erklären die für den FKK-Strand geltenden Regeln: Männer dürfen nur in Begleitung einer Frau eintreten. Der badebekleidungspflichtige Teil von Tambaba ist aber ebenfalls beeindruckend, mit einem breiten Küstenstreifen, der mit Sandsteinen übersät ist und natürliche Flutenpools formt.

Schlafen & Essen
Pousada do Inglês (☎ 3290 1168; Rua Sebastião Ribero 100, Jacumã; B ab 35 R$, EZ/DZ ab 100/120 R$; ☒ ☏ ☒) Wer ein privates Zimmer sucht, findet leicht etwas Besseres (z. B. im Beija-Flor ein paar Blocks entfernt), aber dieses Haus in britischer Hand wurde inzwischen in ein Hostel verwandelt und ist HI angeschlossen. Es liegt nur 30 m vom Strand entfernt (auch wenn es sich dabei nicht gerade um den idyllischsten Sandstreifen handelt) und bietet reine Män-

Pousada dos Mundos (☎ 3290 1356; www.pousada dosmundos.com.br; Rua dos Juazeiros, Tabatinga; EZ/DZ 80/100 R$; 🅿 🖫) Das Mundos bietet luftige Zimmer mit Hängematten-Terrassen, Fluss-blick und schlichter, aber angenehmer Ein-richtung rund um einen netten Garten mit Pool (400 m hinter dem Tabatinga-Strand), aber für uns hatte der Spaß ein Ende, als wir uns um 4 Uhr morgens komplett eingeseift ohne Wasser in der Dusche wiederfanden und der Manager alles mit einem Lachen abtat. Parkplätze vorhanden.

Pousada das Conchas (☎ 3290 1303; www.conchas pousada.com.br; Tabatinga; EZ/DZ ab 140/160 R$; 🅿 🛜 🖫) Dieses großartige Haus liegt direkt über dem Tabatinga-Strand und wird von einer un-glaublich entzückenden, zuvorkommenden Schwedin geführt. Sie hat die freundlichen Zimmer dieser Lodge im rustikalen Stil selbst eingerichtet und ihr so ein wenig mehr Pepp verliehen. Die Räume liegen rund um einen gut gepflegten Garten und haben alle Betten mit Federkernmatratzen, eine Veranda und Hängematten-Stühle. Parkplätze für Gäste sind vorhanden.

Recanto das Tulipas (☎ 3290 1108; Hwy PB-008, Ta-batinga; Hauptgerichte für 2 36–60 R$; 🕑 So–Do 10–20, Fr & Sa bis 22 Uhr) Ein niederländisch-brasilianisches Team macht hier die Stellung. Das farbenfrohe, anspruchsvolle Restaurant schmücken MPB-Klänge sowie die Tulpen-Gemälde des Besit-zers. Meeresfrüchte sind die Spezialität, aber die Karte bietet von allem etwas. Den Jorge-Amado-Caipirinha, einen Cocktail mit Limet-ten, Passionsfrucht und mit Zimt und Nelken gewürzten Cachaça (Zuckerrohrrum) aus Paraty, sollte man probieren.

Anreise & Unterwegs vor Ort

Ein Auto vereinfacht die Dinge merklich. Busse fahren alle 20 bis 30 Minuten von der Rua Cícero Meireles in der Nähe des Bus-

---

DER ZEITLOSE SERTÃO

Das Landesinnere im Nordosten (sertão) besteht – anders als vielleicht in unseren Klischee-vorstellungen – nicht nur aus von Dürren geplagten Landstrichen und bettelarmen Städten. Es lässt sich zwar nicht verleugnen, dass es hier in der zweiten Jahreshälfte glühend heiß und trocken ist oder dass die von Rinderhaltung dominierte Wirtschaft nur ein paar Einzelne reich macht, aber die Sertanejos (Einwohner des Landesinneren) sind ein stolzes Volk mit einer reichen Populärkultur, die sich in ihrer Musik, ihren Festivals und ihrer Kunstfertigkeit zeigt. Hier draußen, im felsigen Hinterland, warten darüber hinaus aber auch eine atemberaubend schöne Natur und faszinierende Zeugnisse einer Geschichte und Urgeschichte, die bis zu den Dinosauriern zurück-reicht. Wer ein Abenteuer im sertão wagen möchte, reist am besten in den Monaten Juni und Juli hierher, wenn das Land am grünsten und kühlsten ist. Die Städte des sertão bieten anständige Hotels und Pousadas und werden von verschiedenen Bussen angefahren. Cariri Ecotours in Natal (S. 606) und Mandacaru Expedições in Pipa (S. 612) sind auf Touren in der Gegend spezialisiert. Und das sind die Highlights der Region:

■ Ingá, Paraíba – lockt mit wunderschönen prähistorischen Gravuren, die einen 23 m langen, fast 4 m hohen Felsen bedecken. Es liegt 46 km östlich von Campina Grande, das für seine riesige **Festa Junina**, eine Party, die den ganzen Juni über dauert, berühmt ist.

■ Lajedo da Soledade, Rio Grande do Norte – hier findet man Felsmalereien (darunter die ältesten Ara-Bilder der Welt), antike zeremonielle Stätten und Eiszeit-Fossilien. Vom **Museu da Soledade** (☎ 0xx84-3333-1017; 🕑 Mo geschl.), 85 km südwestlich von Mossoró in der Nähe von Apodi, werden geführte Touren angeboten.

■ Lajedo de Pai Mateus, Cariri, Paraíba – eine bizarre, beinahe außerirdische Felslandschaft mit runden Felsbrocken, Granitblöcken, Höhlen und antiken Felsmalereien, 70 km südwestlich von Campina Grande. In letzter Zeit wurden hier diverse brasilianische Filme gedreht. Das **Fazenda Pai Mateus** (www.paimateus.com.br) ist eine gute Unterkunft.

■ Serra da Capivara, Piauí (S. 642) – hier warten die ältesten Zeugnisse menschlicher Existenz auf dem amerikanischen Kontinent sowie 30 000 Felsmalereien in dramatischer Felslandschaft nahe São Raimundo Nonato.

bahnhofs João Pessoa nach Jacumã (5,20 R$, ¾–1¼ Std.). Alle mit der Aufschrift „Jacumã PB-008" nehmen die schnellere Route nach Jacumã und fahren auch weiter nach Carapibus. Der letzte Bus von Jacumã zurück nach João Pessoa fährt um 23.20 Uhr. Direktbusse nach Tambaba (5,20 R$) fahren um 5.50, 7.50, 9.55 und 15.45 Uhr an derselben Haltestelle ab. Wer von Pernambuco auf dem Hwy BR-101 nach Norden reist, kann den Fahrer bitten, an der Abzweigung nach Conde und Jacumã anzuhalten und dort in einen Stadtbus umsteigen.

Der Festpreis für ein Taxi von João Pessoa zu diesen Stränden beträgt 38 bis 50 R$.

Moto-Taxis fahren gegenüber der Tankstelle in der Hauptstraße in Jacumã ab und bringen ihre Passagiere zu anderen Stränden (7 R$ nach Tambaba).

RIO GRANDE DO NORTE

Dieser kleine Bundesstaat im äußersten Nordosten Brasiliens steht für reine Luft, Sonne, feine Strände und Sanddünen. Rio Grande do Norte kann sich der spektakulärsten Küste des Landes rühmen und lockt mit einem 400 km langen Streifen, an dem sich ein wunderschöner Strand an den nächsten reiht, hier und da von Flüssen unterbrochen, die zahlreiche natürliche Badebecken vor dem Hintergrund hoher Dünen oder Klippen bieten. Die berühmteste Düne ist ein 50 m hohe Sandhaufen in Genipabu. Die Einheimischen, die als Potiguenses bekannt sind, sind in der Regel sehr freundlich und herzlich. Wie auch in Paraíba ist das Landesinnere des Bundesstaates anfällig für Dürren, und viele ehemalige Einwohner sind inzwischen in andere Teile Brasiliens umgezogen.

NATAL

☎ 0xx84 / 806 000 Ew.

Natal, die Hauptstadt von Rio Grande do Norte, ist eine saubere, helle, aber auch ziemlich langweilige Stadt, die dank ihrer Funktion als Eingangstor für den Pauschaltourismus entlang der Küste ein wenig angewachsen ist. Natal ist von beeindruckend hohen Sanddünen umgeben, und neben den Stränden und Buggy-Touren gehört sein Nachtleben zu den Hauptattraktionen – wer Museen oder Theaterbesuche im Sinn hat, muss gar nicht erst hierher reisen.

Die nördlichen Stadtstrände Praia do Meio und Praia dos Artistas sind nicht mehr das, was sie einst gewesen sind. Heute steigen die meisten Besucher im südlichen Strandviertel Ponta Negra ab, 12 km außerhalb des Stadtzentrums. Die Lage dieses Viertels ist auch wirklich atemberaubend: Vor fantastischen Dünen branden ruhige Wellen ans Ufer, und rund um Alto de Ponta Negra tobt das wilde Nachtleben.

Natals neues, 300 Mio. R$ teures Fußballstadion für die WM 2014, die Arena das Dunas, sollte sich bereits im Bau befinden, wenn dieses Buch erscheint. Mit dem Bau des neuen Flughafens Aeroporto Internacional da Grande Natal/São Gonçalo do Amarante, 11 km westlich der Innenstadt, wurde bereits begonnen.

Geschichte

Ein früher Versuch der Portugiesen (1535), die Gegend um Natal von Recife aus zu besiedeln, schlug aufgrund der Feindseligkeit der dort lebenden indigenen Potiguar und französischen Brasilholzhändler fehl. Die Portugiesen kehrten erst im Dezember 1597 zurück, als eine Flotte an der Mündung des Rio Potengi eintraf. Sie hatten den Auftrag, ein Fort zu errichten, um die Franzosen und die Potiguar in Schach zu halten. Am 6. Januar 1598, dem Tag der Os Reis Magos (Heilige Drei Könige), begannen die Portugiesen mit dem Bau der Festung „Forte dos Reis Magos". Am 25. Dezember des folgenden Jahres wurde in der Nähe der Grundstein einer Stadt namens Natal (portug. für Weihnachten) gelegt. Abgesehen von der holländischen Besetzung in den Jahren 1633 bis 1654 stand Natal immer unter portugiesischer Herrschaft. Bevor die Präsidenten Getúlio Vargas und Franklin D. Roosevelt im Zweiten Weltkrieg die strategische Lage am nordöstlichen Zipfel Brasiliens erkannten, war die Stadt ziemlich bedeutungslos. Aus dem verschlafenen Städtchen wurde dann aber schnell ein Stützpunkt für alle Operationen der Alliierten in Nordafrika. Tausende von US-Soldaten wurden hier stationiert und die Stadt wurde als „Trampolin des Sieges" berühmt. Heute ist sie aus gutem Grund als Cidade do Sol (Sonnenstadt) bekannt.

Orientierung

Der ältere Teil Natals liegt auf einer Halbinsel, die im Westen vom Rio Potengi, im Osten von

NATAL ZENTRUM

0 ⸺ 500 m

Rio Potengi

Forte dos Reis Magos (1,5 km)

Pinto

ATLANTIK

Rocas

Bahnhof 10

Praça Augusto Severo

Ribeira

Cidade Alta (100 m)

Praia do Meio

PRAKTISCHES
Banco do Brasil	1	A2
Bradesco	2	A2
Emprotur	3	B2
Post	4	A2
Touristenpolizei	5	C3

ESSEN
Choperia Petrópolis	6	B3

UNTERHALTUNG
Juke Box Pub	7	B2
Sgt Pepper's Rock Bar	8	B3

TRANSPORT
Busse nach Genipabu	9	A2
Rodoviária Velha	10	A1

Rodoviária Nova (Busbahnhof, 6 km); Genipabu (24 km)

Centro

Petrópolis

Praia dos Artistas

Areia Preta

Praia da Areia Preta

Aventura Turismo/ Cariri Ecotours (3 km); Flughafen (14 km)

TAM (1 km)

Hospital Walfredo Gurgel (2 km)

Fárol de Mãe Luiza (1 km); Praia da Barreira d'Água (6 km); Ponta Negra (9 km)

---

len Stränden und Riffen des Atlantiks flankiert wird. Das Forte dos Reis Magos sitzt direkt neben der Nordspitze der Halbinsel. Die unbeeindruckende Innenstadt, Cidade Alta, entstand rund um den Flusshafen, der 1892 erbaut wurde. Das Strandviertel Ponta Negra liegt 12 km südöstlich des Zentrums. Die Küstenstraße Via Costeira verläuft von Ponta Negra in nördlicher Richtung zum Forte dos Reis Magos und ist von Resorthotels gesäumt.

Der Busbahnhof befindet sich 6 km südlich des Zentrums und 10 km nordwestlich von Ponta Negra, der Flughafen liegt 15 km südlich des Zentrums und 8 km westlich von Ponta Negra.

Praktische Informationen
GELD
Die folgenden Banken haben Geldautomaten, die normalerweise auch ausländische Karten akzeptieren.
Banco do Brasil Centro (Karte S. 605; Av Rio Branco 510, Central; 6–20 Uhr); Praia Shopping (Karte S. 606; Praia Shopping, Central do Cidadão, Av Engenheiro Roberto Freire 8790, Ponta Negra; 7–22 Uhr)

Bradesco (Karte S. 605; Av Rio Branco 477, Centro; 6–20 Uhr)

INFOS IM INTERNET
Emprotur (www.brasil-natal.com.br) Das offizielle Tourismusportal der Regierung mit einer Reihe hilfreicher einführender Informationen.
Natal Brazil (www.natal-brazil.com) Recht nützliche Tourismusseite.

INTERNETZUGANG
Click.Net (Karte S. 606; 3219 5552; Av Praia de Ponta Negra 8956; 2 R$/Std.; Mo–Sa 8–22, So 12–21 Uhr) Guter Laden mit Klimaanlage und schnellen Verbindungen.

MEDIZINISCHE VERSORGUNG
Hospital Walfredo Gurgel (abseits der Karte S. 605; 3232 7530; www.walfredogurgel.rn.gov.br; Av Senador Salgado Filho, Tirol) Das wichtigste öffentliche Krankenhaus; mit Notaufnahme.

NOTFALL
Ambulanz (192)
Touristenpolizei Praia dos Artistas (Karte S. 605; 3202 2920; Av Presidente Café Filho, Praia dos

Artistas; 8–23 Uhr); Praia Shopping (Karte S. 606;
3232 7402; Praia Shopping, Central do Cidadão, Av
Engenheiro Roberto Freire 8790, Ponta Negra)

POST
Post (Karte S. 605; Av Rio Branco 538, Centro; Mo–Fr
8–17, Sa bis 12 Uhr)

REISEBÜROS
Aventura Turismo/Cariri Ecotours (abseits der Karte
S. 605; 3086 3601; www.aventuraturismo.com.br; Av
Prudente de Morais 4262, Lagoa Nova) Dieses seit Jahren
erfolgreiche Paar hat Erfahrung mit Touren ab Natal:
Aventura übernimmt die Küstenroute, Cariri organisiert
Trips ins Landesinnere, und einen Reisebüro-Service bieten
sie obendrein.

TOURISTENINFORMATION
Emprotur (3232 2500) Aeroporto (Ankunftshalle;
8–21 Uhr); Centro de Turismo (Karte S. 605; Centro
de Turismo, Rua Aderbal de Figueiredo 980, Petrópolis;
8–12 Uhr); Praia Shopping (Karte S. 606; 3232
7248; Praia Shopping, Central do Cidadão, Av Engenheiro
Roberto Freire 8790, Ponta Negra; 10–22 Uhr);
Rodoviária Nova (Busbahnhof; Av Capitão Mor Gouveia
1237) Die Informationskioske werden von der Marketing-
abteilung der Tourismusbehörde von Rio Grande do Norte
unterhalten.

Sehenswertes & Aktivitäten
FORTE DOS REIS MAGOS
Am **Forte dos Reis Magos** (abseits der Karte S. 605;
3202 9006; Eintritt 3 R$; 8–16.30 Uhr), mit dem
für Natal alles begann, kann man ein Tapioka-
Eis genießen. Das Fort wurde 1598 gegründet,
hat sich seine ursprüngliche Sternenform mit
fünf Spitzen erhalten und umfasst eine Kapelle, einen Brunnen, Kanonen und Soldatenun-
terkünfte. Der Blick auf die Stadt und die
Dünen zum Rio Potengi ist vom Riff an der
Spitze der Halbinsel, die nördlich der Stadt
liegt, einfach fantastisch.

STRÄNDE
Die nördlichen Strände Natals erstrecken sich
vom Fort aus über 5 km in Richtung Süden
bis zum Leuchtturm Farol de Mãe Luiza. Die
Praia do Meio (Karte S. 605), 2 km südlich des
Forte dos Reis Magos, ist ein Stadtstrand mit
Riffen. Der Konsum von Alkohol gehört hier
ganz selbstverständlich zum Strandleben. Die
Praia dos Artistas (Karte S. 605) ist ein weiterer
Stadtstrand mit guter Surfbrandung, nur ist
er etwas zu nah an einer *favela* (Baracken-
stadt) dran.

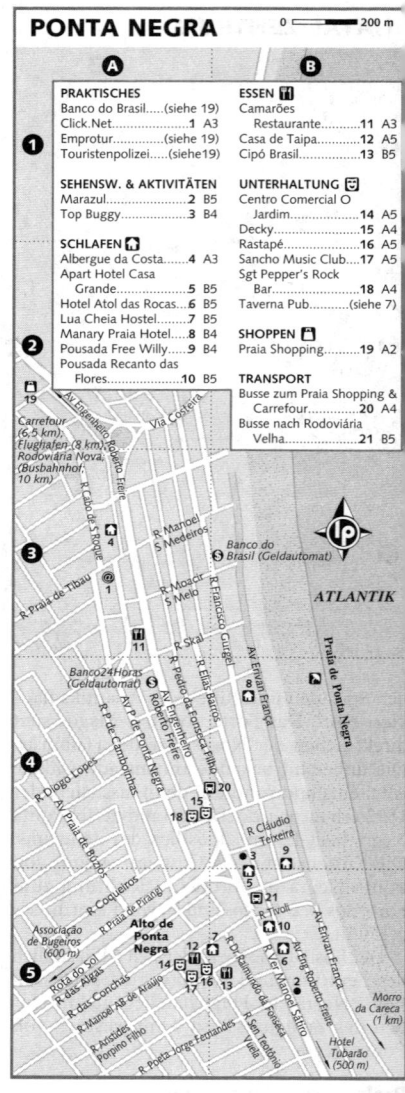

PONTA NEGRA
0 — 200 m

PRAKTISCHES		
Banco do Brasil.....(siehe 19)		
Click.Net.....................1	A3	
Emprotur..............(siehe 19)		
Touristenpolizei.....(siehe19)		

SEHENSW. & AKTIVITÄTEN		
Marazul.......................2	B5	
Top Buggy.................3	B4	

SCHLAFEN		
Albergue da Costa.......4	A3	
Apart Hotel Casa		
Grande.....................5	B5	
Hotel Atol das Rocas....6	B5	
Lua Cheia Hostel........7	B5	
Manary Praia Hotel......8	B4	
Pousada Free Willy.....9	B4	
Pousada Recanto das		
Flores...................10	B5	

ESSEN		
Camarões		
Restaurante..........11	A3	
Casa de Taipa..........12	A5	
Cipó Brasil..............13	B5	

UNTERHALTUNG		
Centro Comercial O		
Jardim................14	A5	
Decky....................15	A4	
Rastapé..................16	A5	
Sancho Music Club...17	A5	
Sgt Pepper's Rock		
Bar.....................18	A4	
Taverna Pub..........(siehe 7)		

SHOPPEN		
Praia Shopping.........19	A2	

TRANSPORT		
Busse zum Praia Shopping &		
Carrefour.............20	A4	
Busse nach Rodoviária		
Velha..................21	B5	

Südlich des Leuchtturms führt die Küstenstraße Via Costeira 7 km weiter in Richtung
Ponta Negra – vorbei an der ruhigen **Praia da
Barreira d'Água** mit einigen Urlaubshotels. **Ponta Negra** (Karte S. 606) am südlichsten Ende
der Stadt ist der netteste Strand in Natal. Er
ist fast 3 km lang. Hier gibt's Hotels, Pousadas, Restaurants, Strandbars, Surfer und

Segelboote. Das finden viele toll, und so kann es an Wochenenden ziemlich voll werden; aber am nördlichen Teil des Strandes, der nur über einen Fußweg zu erreichen ist, ist es etwas leerer. Die Brandung ist gleichmäßig, wenn auch nicht sehr hoch. Boards können am Strand an mehreren Stellen für ca. 10 R$ pro Stunde ausgeliehen werden. Am südlichen Ende des Strandes befindet sich die **Morro da Careca**, eine ziemlich hohe Düne, die nach vorn steil ins Meer abfällt. Die Düne darf nicht betreten werden, denn weitere Abtragungen und Schäden an dem atlantischen Primärregenwald, der sich auf der Düne befindet, sollen verhindert werden.

BUGGYFAHRTEN

Ausflüge mit Dünenbuggys werden von zahlreichen *bugeiros* (Buggyfahrern) angeboten. Darunter befinden sich auch unzählige Möchtegern-Ayrton-Sennas. Meistens fährt man mit in Brasilien gebauten Fahrzeugen mit Markennamen wie Bird, Baby, Praya oder Malibuggy. 12 km nördlich von Natal liegen die Dünen von **Genipabu**, die zu den größten weit und breit gehören und die mit Abstand beste und schönste Attraktion Natals sind. Man wird Interessenten fragen, ob sie den Trip – er nennt sich *Dunas Moveis* (sich bewegende Dünen) – *com emoção* (mit Gefühl) wollen, und wenn man sich einverstanden

---

BUGGYFAHRTEN IM NORDOSTEN: DAS GUTE, DAS SCHLECHTE UND DAS HÄSSLICHE

Abenteuerlustige Reisende, die ein wenig Zeit übrig und nichts gegen Sand im Gesicht oder Wind im Haar haben, können sich auf eine fantastische, 750 km lange Strandbuggy-Reise entlang der Küste von Natal nach Fortaleza begeben. Die Fahrt ist in beide Richtungen möglich. Der Trip dauert drei bis fünf Tage, führt an 92 Stränden vorbei und kostet (je nach Saison) durchschnittlich 2600 bis 3600 R$ für bis zu drei Passagiere inklusive Unterkunft, Frühstück und Fahrer. Man sollte sicherstellen, dass der Fahrer akkreditiert *(credenciado)* ist. Top Buggy (S. 608) ist ein bekannter Anbieter in Natal. Es besteht außerdem die Möglichkeit, die Fahrt mit dem Jeep zu machen; man kann sie z. B. bei Aventura Turismo (S. 606) in Natal oder Nordeste Off Road (S. 624) in Fortaleza buchen.

Das Gute: Dieser Küstenstreifen ist einer der schönsten und am wenigsten erschlossenen in ganz Brasilien. Hier gibt's Klippen mit buntem Sand, rollende Dünen, Salzpfannen, Riffe, von Palmen gesäumte Strände, Süßwasserlagunen, winzige traditionelle Fischerdörfer sowie einige größere Siedlungen, die bei einheimischen Wochenendausflüglern beliebt sind. Der Abschnitt zwischen Zumbi, 60 km nördlich von Natal, und Galinhos, ca. 130 km weiter, ist besonders wild und teilweise recht isoliert. Zwischen Galinhos und Porto do Mangue muss man sich auf der Straße ins Landesinnere begeben, um die Mangroven- und Salzsümpfe nahe der Küste zu umfahren.

Die Nächte verbringt man in Pousadas, z. B. in São Miguel do Gostoso, Praia do Marco, Galinhos und Canoa Quebrada.

Das Schlechte: Die Anbieter in Natal überschlagen sich erstens nicht gerade vor Freundlichkeit und gehören zweitens auch nicht zu Abeta, Brasiliens hervorragender Öko-Tourismus-Organisation, und das sollte man bei seiner Wahl durchaus bedenken. Wer sich für einen Buggy und gegen den Jeep entscheidet, kann sich schon mal auf ein blaues Hinterteil einstellen und wird noch Wochen später Sand aus den unterschiedlichsten Ritzen pulen. Aber hey, das Ganze ist schließlich ein Abenteuer!

Das Hässliche: Nur wenige Menschen in Brasilien scheinen sich ernste Sorgen über die umweltschädigenden Auswirkungen der Strandbuggys zu machen, und viele Strandstreifen werden routinemäßig von Geländewagen als Autobahnen genutzt (obwohl Ceará plante, 2010 neue Gesetze zu verabschieden, die die Fahrzeuge von bestimmten Küstengebieten verbannen sollten). Auch wenn die Auswirkungen der Fahrzeuge auf die Dünenbildung weniger stark zu sein scheinen als natürliche Faktoren wie Wind und Regen, legen Forschungen in einigen Ländern, besonders in den USA, nahe, dass lebendige Strand- und Dünenorganismen – auch wenn sie für Laien größtenteils unsichtbar sind – durch häufige Fahrten lauter, schwerer Fahrzeuge ernsthaften Schaden nehmen können. Es ist außerdem richtig, dass Dünenbuggys auf 6 km einen Liter Benzin schlucken (was sie etwa doppelt so durstig macht wie normale Autos) – und obendrein machen sie einen Höllenlärm!

erklärt, wird man mit Nervenkitzeln wie der „Wall of Death" und „Vertical Descent" versorgt. Entlang der Küste kann man in jede Richtung so weit fahren, wie man möchte – sogar bis nach Fortaleza – und insgesamt ist sie wunderschöne 750 km lang (s. Kasten S. 607).

Es gibt Piraten-*bugeiros* und akkreditierte *bugeiros* – immer nach dem Zertifikat der Associação de Bugeiros fragen. Ein Ausflug von Natal nach Genipabu kostet in der Regel 300 R$ für bis zu vier Passagiere. Man kann die Buggyfahrten über die meisten Pousadas und Reisebüros organisieren, oder, sofern man portugiesisch spricht, direkt beim Fahrer buchen. Zwei seriöse Anbieter sind **Top Buggy** (Karte S. 606; ☎ 3082 5464; www.topbuggy.com.br; Rua Cláudio Teixeira, Ponta Negra; ☾ Mo–Fr 7–11 & 15–18, Sa & So 7–11 Uhr) und **Marazul** (Karte S. 606; ☎ 3219 2221; www.passeiodebuggy.com.br; Rua Vereador Manoel Sátiro 1, Ponta Negra; ☾ Mo–Sa 8–12 & 15–20 Uhr).

Man kann ein bisschen Geld sparen, wenn man den Genipabu-Ausflug direkt bei der **Vereinigung der Buggyfahrer** (APCBJ; ☎ 3225 2077) im Stadtzentrum von Genipabu bucht. Von dort kostet die Fahrt 180 R$ für bis zu vier Passagiere (plus 5 R$ Eintritt/Pers.). Von Genipabu kann man mit dem Buggy außerdem bis Fortaleza fahren.

Busse nach Genipabu (2 R$, 45 Min.) fahren häufig von der Ecke Av Rio Branco und Rua Auta de Souza im Zentrum Natals ab.

Festivals & Events

Natals außersaisonaler Karneval, der **Carnatal** (www.carnatal.com.br), nimmt Anfang Dezember mit Salvador-esken *trios elétricos* (Bands, die auf riesigen Trucks spielen) und *blocos* (Trommel- und Tanzprozessionen) mit Namen wie *Jerimum* (Kürbis) und *Burro Elétrico* (Elektrischer Esel) die Straßen ein. Dies ist der wildeste außersaisonale Karneval des Landes und ein Spitzenersatz für alle, die nicht bei der „richtigen" Party dabei sein können.

Schlafen

Die meisten Reisenden steigen in Ponta Negra ab, das für jedes Budget eine Menge zu bieten hat.

BUDGETUNTERKÜNFTE

Albergue da Costa (Karte S. 606; ☎ 3219 0095; www.alberguedacosta.com.br; Av Praia de Ponta Negra 8932, Ponta Negra; B/EZ/DZ 40/70/100 R$; ☒ ☎ ☒) Zwei brasi-

lianische ehemalige Colorado-Skifreaks, heute eingefleischte Surfer, führen dieses entspannte Hostel, das ein internationaleres Flair hat als das Lua Cheia. Es bietet eine gute Küche und einen Hängemattenbereich, gemischte und getrennte Schlafsäle sowie ein paar Doppelzimmer mit Klimaanlage, die genauso viel kosten wie die mit Ventilator (aber ein Gemeinschaftsbad haben). Außerdem gibt's eine Surf- und Kitesurfschule, und das Personal spricht Englisch, Italienisch, Spanisch und natürlich Portugiesisch.

Lua Cheia Hostel (Karte S. 606; ☎ 3236 3696; www.luacheia.com.br; Rua Manoel AB de Araújo 500, Ponta Negra; B mit/ohne HI-Mitgliedsausweis 42/52 R$, Zi. mit/ohne HI-Mitgliedsausweis 105/115 R$; ☎) Das Lua Cheia ist in einem berühmten schlossartigen Gebäude untergebracht (mit Zugbrücke, Türmchen und allem Drum und Dran) und in einem eher bizarren mittelalterlichen Zauberei-Thema eingerichtet, das viele sogar gut finden, weil es einfach mal was Neues ist. Die Ausstattung ist gut und das Personal hilfreich. Das Schloss steht mitten im nächtlichen Trubel und der Restaurantszene von Alto de Ponta Negra (der hauseigene Pub ist allseits beliebt). Wer in Natal auf der Suche nach Partyspaß ist, ist hier auf jeden Fall goldrichtig (nur so am Rande: An der Rezeption gibt's Gratiskondome).

Pousada Recanto das Flores (Karte S. 606; ☎ 3219 4065; www.pousadarecantodasflores.com.br; Av Engenheiro Roberto Freire 3161, Ponta Negra; EZ/DZ 60/80 R$; ☒ ☒) Diese kleine Pousada bietet adrette Zimmer mit Bambusmöbeln und tolle Rabatte in der Nebensaison. Einige Zimmer leiden unter dem Verkehrslärm der geschäftigen Straße. Parkplätze vorhanden.

MITTEL- & SPITZENKLASSEHOTELS

Apart Hotel Casa Grande (Karte S. 606; ☎ 3236 3401; www.aparthotelcasagrande.com; Rua Pedro da Fonseca Filho 3050; Zi. ab 80 R$, Apt. 120–150 R$; ☒ ☎ ☒) Wer aufs Frühstück verzichten kann, bekommt in diesem Hotel, einer ehemaligen Langzeitunterkunft, geräumige Zimmer und Apartments mit Küchenzeilen und Meerblick zu außergewöhnlichen Preisen (besonders in der Nebensaison) – und das nur drei Blocks vom Strand entfernt.

Hotel Tubarão (abseits der Karte S. 606; ☎ 3641 1683; www.hoteltubarao.com.br; Rua Manoel Coringa Lemos 259, Ponta Negra; EZ/DZ 120/155 R$; ☒ ☎ ☒) Dieses attraktive, eher kleine Hotel sitzt auf dem Hügel über dem Ponta-Negra-Strand. Das Tubarão ietet einen grandiosen Blick aufs Meer, einen uten Pool und Gemeinschaftsbereich und chmucklose, aber angenehme Zimmer. Parklätze sind vorhanden, und das Personal an der Rezeption spricht gut Englisch und ist ehr hilfsbereit.

Pousada Free Willy (Karte S. 606; ☎ 3236 2825; www. eewilly.com.br; Rua Francisco Gurgel 9292, Ponta Negra; Z/3BZ/4BZ 150/170/190 R$; 🍽 🛜 🖳) Das Free Willy, nach dem Wal-Film aus den 1990er-Jahren benannt, sieht von außen nicht gerade toll aus, aber es bietet saubere, wenn auch etwas altmodische Zimmer, hilfreiches, freundliches Personal und eine ausgezeichnete Lage am Strand. Parkplätze vorhanden.

Hotel Atol das Rocas (Karte S. 606; ☎ 3311 3900; www.atoldasrocas.com.br; Av Engenheiro Roberto Freire 3220, Ponta Negra; DZ/3BZ 194/292 R$; 🍽 🛜 🖳) Die sauberen, geräumigen Zimmer mit Meerblick sind frisch renoviert (neue Plasmafernseher, modernere Klimaanlagen) und teilen sich einen Pool in einem attraktiven Garten. Man spricht Englisch, Parkplätze sind vorhanden, und in der Nebensaison sinken die Preise um etwa ein Drittel.

LP Tipp **Manary Praia Hotel** (Karte S. 606; ☎ 3204 2900; www.manary.com.br; Rua Francisco Gurgel 9067, Ponta Negra; EZ/DZ ab 499/555 R$; 🍽 🛜 🖳) Eine der besten Pousadas im Nordosten gehört dem praktisch veranlagten Eduardo Bagnoli, der zu den berühmtesten Naturfotografen Brasiliens zählt und diese romantische Oase mit wunderschönen Fotos und geschmackvollen Kunsthandwerks-Artefakten aus aller Welt dekoriert hat (die Detailgenauigkeit ist erstaunlich – einfach mal danach fragen!). In den Fluren erklingt stimmungsvolle Musik, und das neue Ein-Zimmer-Spa ist durchdachter als alle anderen Spas in Brasilien zusammen. Parkplätze für Gäste sind vorhanden. Das Sahnehäubchen ist das Restaurant – der *peixe crocante* (knuspriger Fisch) ist einfach göttlich.

Essen

Choperia Petrópolis (Karte S. 605; ☎ 3086 0155; Rua Seridó 511, Petrópolis; Grundpreis 3 R$, Gerichte 3–20 R$; 🕒 Mo–Sa 17.30–1 Uhr) Dieses Eck-*boteco* im unkonventionellen Petrópolis besteht aus nicht viel mehr als ein paar auf dem Gehweg verstreuten Holztischen, aber es serviert köstliche Spezialitäten wie *pernil ao forno* (Schweinekeule), gute *caldinhos* (scharfe Bohnensuppe) und eiskaltes *chope*. Die Livemusik – *choro* (meistens instrumental und sehr

improvisiert), Samba, MPB und Bossa Nova – erfreut das künstlerisch angehauchte Publikum. Seine *pastelaria* (Lokal, das frittierte Teigtaschen mit verschiedenen Füllungen serviert) auf der anderen Straßenseite lockt mit dekadenten, süßen *pastéis* (frittiertem Gebäck).

LP Tipp **Casa de Taipa** (Karte S. 606; ☎ 3219 5798; Rua Manoel AB de Araújo 130A, Alto de Ponta Negra; Gerichte 4–19 R$; 🕒 17–24 Uhr) Dieses äußerst beliebte Lokal mit Palmendach ist auf ausgezeichnete einheimische Tapioka- und Couscous-Kreationen spezialisiert. Die Tapiokas werden mit leicht angebratener Schale und verschiedenen Füllungen aus Gemüse, Käse und *carne de sol* (gesalzenes Grillfleisch) oder Krabben serviert. Die Mini-Tapioka-Appetithäppchen (*pesticos*) sind der Hit.

Cipó Brasil (Karte S. 606; ☎ 3219 5227; Rua Aristides Porpino Filho 3111, Alto de Ponta Negra; Hauptgerichte 15–53 R$; 🕒 18–24 Uhr) Ein allgemeiner Favorit mit Dschungel-Motto: In diesem spaßigen Lokal gibt's Pizza mit Sesamkruste (das neue *pesto* ist der Hammer) und herzhafte oder süße Crêpes – so kann die lange Partynacht beginnen. Eine Warteschlange ist zu erwarten.

Camarões Restaurante (Karte S. 606; ☎ 3209 2424; Av Engenheiro Roberto Freire 2610, Ponta Negra; Hauptgerichte für 2 48–145 R$; 🕒 mittags & abends) Natals berühmtestes Restaurant ist ein Palast für Krabbenfans – hier werden 36 Variationen kreativer Shrimps-Gerichte und ein paar Fleischgerichte für all diejenigen armen Teufel serviert, die allergisch gegen Krustentiere sind. *Cabugi* (mit Landbutter, Pilzen, Kapern, Weißwein, Koriander und Tomaten gebraten) und *potiguar* (mit Gemüse, *dendê* – einem rötlichen Palmöl – und cremiger Kokossauce gebraten) sind die beliebtesten Kreationen. Alle Gerichte sind für zwei Personen.

Unterhaltung

Das Viertel Alto de Ponta Negra liegt im oberen Teil von Ponta Negra rund um die Rua Manoel AB de Araújo und die Rua Aristides Porpino Filho und bietet eine hohe Dichte unterschiedlicher Bars, auch wenn die meisten ziemlich tief in der Sextourismusszene stecken – ein ziemlich großes Problem in Natal. Dieses Gebiet ist, besonders rund um das Centro Comercial O Jardim, von Mittwochbis Samstagabend gerammelt voll. Natürlich kann man hier ausgehen, aber man sollte sich seiner Umgebung stets bewusst sein. Der **Sancho Music Club** (Karte S. 606; Rua Aristides Porpino Filho,

Alto de Ponta Negra) mit Tapas und *chope* sowie das **Rastapé** (Karte S. 606; Rua Aristides Porpino Filho 2198, Alto de Ponta Negra), das für seinen Live-*forró* berühmt ist, gehören zu den weniger zwielichtigen Läden.

Was gerade los ist, erfährt man im überall in der Stadt kostenlos erhältlichen Kulturführer *Solto Na Cidade*.

Decky (Karte S. 606; Av Engenheiro Roberto Freire 9100, Ponta Negra; Eintritt 5–10 R$; ☉ Di–So 17 Uhr–open end) Dieser Laden hat Brasiliens beliebteste Mikrobiere (Eisenbahn, Devassa und Baden Baden) im Angebot und präsentiert jeden Abend ab 20 Uhr Liverock, -blues, -jazz und -MPB. Man kann sich entweder auf der riesigen, windumtosten Terrasse oder drinnen im klimatisierten Hauptraum niederlassen. Dies ist der über viele Altersklassen hinweg beliebteste Laden in Ponta Negra.

Sgt Pepper's Rock Bar (Eintritt 7–25 R$ ☉ Mo–Sa 22–2.30 Uhr); Ponta Negra (Karte S. 606; Av Engenheiro Roberto Freire 9102, Ponta Negra); Petrópolis (Karte S. 605; Rua Potengi 541, Petrópolis) Gutes Essen (ausgezeichnete Burger) und immer ein Spaß, egal ob in der Innenstadt oder in seinem jüngsten Ableger in Ponta Negra – dieses hippe Bar-Restaurant hat einst die Caipirinha des Nordostens erfunden (Ananas, Minze und Cachaça mit Zimt und Nelken) und veranstaltet Konzerte mit einheimischen Pop-, Rock- und Blueskünstlern. Es wirkt ein wenig jünger und einen Tick alternativer als das Decky in Ponta Negra, aber dem größeren, etablierteren Laden in Petrópolis tropft die Coolness aus allen Poren.

Taverna Pub (Karte S. 606; ☎ 3236 3696; Rua Manoel AB de Araújo 500, Ponta Negra; Eintritt 12–40 R$; ☉ Mo–Sa 22 Uhr–open end) Diese allzeit beliebte, an einen Pub in einem mittelalterlichen Schloss erinnernde Taverne gehört zum Hostel Lua Cheia und bietet jeden Abend Musik, von brasilianischen Rhythmen über Disco-Klänge der 70er bis hin zu Blues. Keine Flip-Flops!

Juke Box Pub (Karte S. 605; ☎ 3201 0108; Rua Potengi 417, Petrópolis; Eintritt 20–30 R$; ☉ Di–Sa ab 0 Uhr) Dieser neue zentrale Favorit mit 1950er-Thema bietet Livebands und DJs in zwei Locations: der Eck-Bar (mit Live-*pagode*, beliebter Sambamusik, am Samstag) und dem viel beliebteren Nachtclub darüber.

An- & Weiterreise
AUTO & MOTORRAD

Zu den empfehlenswerten Mietwagenfirmen gehören:

Avis (☎ Flughafen 3087 1404)
LocarAlpha (☎ Flughafen 3087 1363)

BUS

Langstreckenbusse fahren vom trostlose **Rodoviária Nova** (Neuer Busbahnhof; abseits der Kar S. 605; ☎ 3232 7312; Av Capitão Mor Gouveia 1237) ab, de seinem Namen schon bald Ehre machen wird ein Facelifting für die Fußball-WM ist i Planung. Zu den angesteuerten Zielen gehö ren Aracati (nahe Canoa Quebrada, 51–60 R$ 6 Std., min. 3-mal tgl.), Belém (291 R$ 38 Std., tgl. 9.30 Uhr), Fortaleza (74–140 R$ 8 Std., 7-mal tgl.), João Pessoa (25–30 R$ 2½ Std., 8-mal tgl.), Recife (56 R$, 4 Std. 9-mal tgl.), Rio de Janeiro (380 R$, 44 Std. tgl. 12 Uhr) und Salvador (159–182 R$ 21 Std., 9.30 & 17 Uhr).

Disk Passagens (☎ 3205 2428) liefert gegen ein Gebühr von 10 R$ Bustickets.

FLUGZEUG

Natals **Flughafen Augusto Severo** (☎ 3087 1270 wird von den Linienmaschinen von TAF Portugal aus Lissabon sowie Chartermaschi nen aus anderen europäischen Städten ange flogen und bietet Flüge diverser Airlines ir viele brasilianische Städte.

Azul (☎ Flughafen 3087 1380)
Gol/Varig (☎ Flughafen 0300 115 2121)
TAM Flughafen (☎ 4002 5700); Tirol (abseits der Karte S. 605; ☎ 3198 1500; Av Afonso Pena 844, Tirol)
TAP Portugal (☎ Flughafen 0300 210 6060)
Trip (☎ Flughafen 3643 1038)
Webjet (☎ Flughafen 3087 1333)

Unterwegs vor Ort
BUS

Von den Haltestellen nördlich der Rota do Sol in der Av Engenheiro Roberto Freire in Ponta Negra fahren die Busse 46 und 54 zum Praia-Einkaufszentrum und weiter in die Stadtmitte. Busse 7, 26 und 73 fahren zum Natal Shopping gleich neben dem Carrefour, wo man in einen Bus nach Pipa steigen kann. Von den Haltestellen südlich der Rota do Sol in der Av Engenheiro Roberto Freire fährt Bus 56 entlang der Via Costeira und dann landeinwärts zum Rodoviária Velha. Busse 54 und 56 fahren vom Rodoviária Velha nach Ponta Negra.

Wer von Süden mit dem Bus in Natal ankommt und nach Ponta Negra möchte, kann den Fahrer bitten, gegenüber von Natal Shopping anzuhalten, dann über die Fußgänerbrücke gehen und in den Bus 46 oder 54 insteigen.

Der Preis für eine Fahrt innerhalb der Stadt beträgt 2 R$.

VOM/ZUM BUSBAHNHOF

Nach Ponta Negra (Av Engenheiro Roberto Freire) steigt man an der Haltestelle gegenüber der Petrobas-Tankstelle neben dem Rodoviária Nova in Bus 66; ein Taxi kostet 25 bis 30 R$. Die Busse 19, 38 und 23–69 pendeln zwischen dem Rodoviária Nova und dem **Rodoviária Velha** (Alter Busbahnhof; Karte S. 605; Praça Augusto Severo), einem Nahverkehrsbusbahnhof im Stadtzentrum.

VOM/ZUM FLUGHAFEN

Der „Aeroporto"-Bus verkehrt zwischen Flughafen und Stadtmitte (2,60 R$). Nach Ponta Negra steigt man gegenüber von Natal Shopping aus, geht über die Fußgängerbrücke und nimmt dann Bus 46 oder 54, die entlang der Av Engenheiro Roberto Freire und der Rua Manoel Coringa Lemos in Ponta Negra fahren. Ein Taxi vom Flughafen kostet ca. 45 R$ ins Stadtzentrum oder 35 R$ nach Ponta Negra.

SÜDLICH VON NATAL

Wie der Rest der Küste von Rio Grande do Norte bietet auch der Streifen südlich von Natal einige fantastische Strände – es ist schwer, einen zu finden, auf den man keine Loblieder singen könnte. Die Praia da Pipa ist der berühmteste und ein toller Ort, um ein paar Tage abzuhängen, aber hier gibt es auch noch genug andere, ruhigere Fleckchen zu entdecken.

Praia da Pipa

☎ 0xx84 / 6500 Ew.

Pipa ist einer der magischsten Orte in ganz Brasilien – eine malerische Mischung aus weiter Postkartenidylle und zielgerichteter touristischer Infrastruktur: unberührte Strände vor hohen Klippen, verträumte Lagunen, anständige Surfbedingungen, mit Delfinen und Meeresschildkröten gefüllte Wasser, eine großartige Auswahl an Restaurants aus aller Welt und ein tolles Nachtleben. Der Ort macht Jericoacoara als hippste Strandstadt im Nordosten Konkurrenz, obwohl er nur ein kleines, straßenloses Fischerdorf war, als er in den 1970er-Jahren von Surfern entdeckt wurde. Telefone erreichten

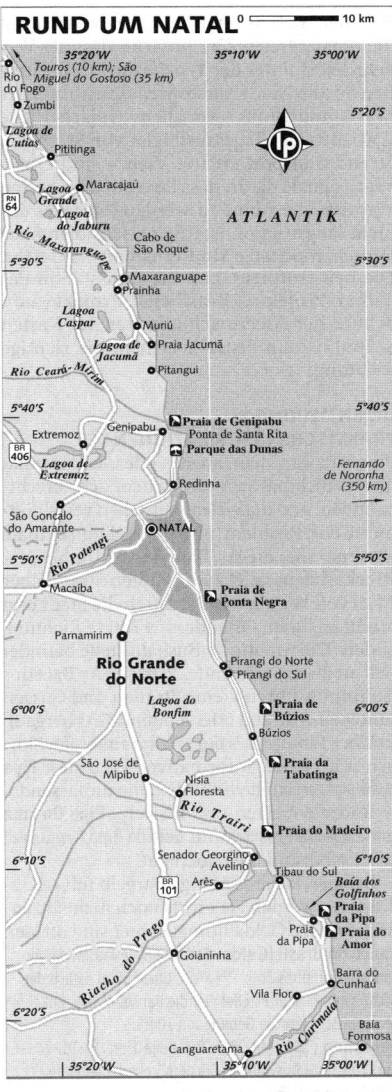

ihn im Jahr 1999. Heute zieht Pipa zur Urlaubszeit und am Wochenende das Partyvolk aus Natal, João Pessoa, Recife und darüber hinaus sowie das ganze Jahr über internationale Besucher an.

Auch wenn in Pipa noch immer eine entspannte Atmosphäre herrscht und die Stadt eine der auffälligsten multikulturellen in ganz

PARAÍBA & RIO GRANDE DO NORTE

Brasilien ist, muss man auch hier bald mal auf die Bremse treten: Die Tatsache, dass der Verkehr selbst unter der Woche die Pflasterstraßen in die Stadt verstopfen kann und der Massentourismus – vor allem der lächerliche CVC-Bus, der Tagesausflügler von Strand zu Strand transportiert wie Vieh – sind ernste Warnsignale dafür, dass Pipa auf dem besten Weg ist, überrannt zu werden (wenn es das nicht längst schon ist). Seine sensiblen ökologischen Schätze sind ernsthaft in Gefahr. Die neu eröffnete offizielle Basisstation des Tamar-Projekts, Brasiliens Projekt zum Schutz der Meeresschildkröten (s. Kasten S. 509), ist ein erster Schritt in die richtige Richtung.

ORIENTIERUNG & PRAKTISCHE INFORMATIONEN

Pipa ist zwar klein, aber bei der Ankunft hat man manchmal Schwierigkeiten, sich zurechtzufinden, und die vielen Baustellen verschlimmern das Problem nur noch. Die schmale Hauptstraße, die Av Baía dos Golfinhos, erstreckt sich parallel zum größten Strand über 2 km von West nach Ost durch die Stadt und macht an ihrem Ostende eine Kurve Richtung Süden. Die wichtigste Bushaltestelle befindet sich an ihrem Westende. Von der Av Baía dos Golfinhos führen kleine Straßen und Gassen runter zum Strand oder landeinwärts bergauf.

Über Pipa gibt es eine Reihe außergewöhnlich hilfreicher, informativer Websites. **Pipa** (www.pipa.com.br) ist vermutlich die umfassendste und am besten organisierte, **Pipa On Line** (www.pipaonline.com.br) und **Guia da Pipa** (www.guiad apipa.com.br) sind aber auch gut.

Bringen Sie jede Menge Bargeld mit – Kreditkarten werden vielerorts noch nicht akzeptiert, und die Geldautomaten hier sind oft leer.
Banco do Brasil (Geldautomat) (Falésia Galeria, Av Baía dos Golfinhos 369; ☼ 8–22 Uhr) 150 m östlich der wichtigsten Bushaltestelle; wer die Banco24Horas links liegen lässt, spart die Gebühr von 10 R$.

Bookshop (☎ 9142 9841; Rua Beija-Flor; ☼ 16–24 Uhr) Eine gute Auswahl an Büchern in verschiedenen Sprachen zum Leihen oder Tauschen.

Internet Telefone (Rua da Gameleira; 3 R$/Std.; ☼ 10–24 Uhr) Internetzugang.

Mandacaru Expedições (☎ 9988 5892; www. mandacaruexpedicoes.com.br) Diese ausgezeichnete Ökotourismus-Agentur organisiert Abenteuer abseits der ausgetretenen Pfade in und rund um Pipa und in weiter entfernte Ziele, kümmert sich aber auch um grundlegendere Bedürfnisse der Reisenden.

Pipatour (☎ 3246 2234; Galeria das Cores, Av Baía dos Golfinhos 767; ☼ 9–12 & 15–19 Uhr) Ein geradlinigeres Reisebüro für allgemeine Anliegen.

GEFAHREN & ÄRGERNISSE

Pipa hat ein alarmierendes Drogenproblem das auch die üblichen kriminellen Begleiter scheinungen in die Stadt gebracht hat. 200 brach eine Einbruchswelle in Pousadas los und 2009 wurde ein schwedischer Touris ermordet, als er versuchte, einen Einbruch z verhindern. Dies hatte zur Folge, dass Char terflüge aus Stockholm und Oslo – ein wichtige Einnahmequelle für Pipa – gestri chen wurden. Man muss also immer wachsan bleiben und darf Wertsachen nie offen im Zimmer liegen lassen, wenn man zum Stran geht.

SEHENSWERTES & AKTIVITÄTEN

Am größten Strand, der etwa 1,5 km lang **Praia da Pipa** (Praia do Centro), findet ma Fischerboote, mehrere Bars und, bei Ebbe Felsenbecken. In der **Baía dos Golfinhos** in Norden werden am häufigsten Delfine beob achtet: Sie liegt vor hohen Klippen und ist zu Fuß vom Hauptstrand nur bei Ebbe erreich bar. Die **Praia do Madeiro** schlängelt sich vor der Landzunge am äußersten Ende der Baía dos Golfinhos nach Norden und bietet ein paar verstreute, teurere Hotels. Sie ist die richtige Adresse für Surfanfänger (Unterrich 50 R$). Die **Praia do Amor**, ein Surfstrand für Fortgeschrittene, liegt rund um die Landzunge am Ostrand des Hauptstrands und ist vom Ostende der Av Baía dos Golfinhos zugänglich. Hier und in der Stadt kann man für ca. 60 R$ pro Tag Surfbretter ausleihen. Die **Lagoa de Guaraíras**, 8 km nördlich von Pipa in Tibau do Sul, ist einer der atemberaubendsten Landstriche Pipas: Die riesige, von Dünen umgebene Lagune ist der beste Ort, um einen Sonnenuntergang zu betrachten. Für 30 R$ kann man eine der ausgezeichneten Kajak-Touren bei Sonnenuntergang mitmachen, die hier und an den Mangroven vorbeiführen.

Das **Santuário Ecológico de Pipa** (☎ 9982 8044; www.ecopipa.org.br; Eintritt 5 R$; ☼ 8–17 Uhr) ist in Privatbesitz und liegt 1,5 km westlich der Hauptbushaltestelle an der Straße. Es übernimmt die ehrenvolle Aufgabe, wenigstens einen Teil der Küste Pipas vor der Erschließung zu retten. Gut ausgeschilderte Wanderwege führen durch Sekundärwald zu einem beeindruckenden Aussichtspunkt über die Baía dos Golfinios und die Praia do Madeiro; von hier aus kann man bei Flut auch oft große Suppen-childkröten sehen.

SCHLAFEN

n Pipa gibt es etliche Pousadas und Hotels, ind von schäbig bis Fünf Sterne ist alles vertreten. In den letzten zwei Jahren ist end-ich auch eine Reihe von Hostels aus dem Boden geschossen, einige allerdings weniger egal als andere. Die meisten Unterkünfte bieten in der Nebensaison gute Rabatte an.

Sugar Cane Hostel (☎ 3246 2723; www.sugarcane nostel.com.br; Rua do Arara 19; B/EZ/DZ 30/35/70 R$; ⊜ ☒) Dieses neue Hostel mit Surfschule wird von einem jungen britischen Surfer und seinem brasilianischen Kumpel geführt und ist das beste Hostel in Pipa – auf dem geschmackvol-len Gelände, auf dem man in Hängematten entspannten Klängen lauschen kann, stellt sich schnell das richtige Gemeinschaftsgefühl unter den Gästen ein. Es gibt Schlafsäle mit sechs Betten – Klimaanlagen sind angekün-digt – und eine Gästeküche. Die Terrasse im zweiten Stock eignet sich prima zum Abhän-gen und Entspannen.

Pipa Hostel (☎ 3246 2151; www.pipahostel.com.br; Rua do Arara 105; B ab 35 R$, Zi. ab 110 R$; ☒ ⊜ ☒) Dieses recht neue HI-Hostel ist etwas ver-schlafener als das Sugar Cane, aber trotzdem eine gute Wahl. Es bietet Schlafsäle mit acht Betten und geschmackvolle Privatzimmer (Nr. 5 ist das beste), die meisten mit Blick auf den grünen Innenhof. Das freundliche Perso-nal spricht Englisch, und außerdem warten eine Gästeküche, ein netter Pool, Parkplätze und ein Fernsehzimmer mit Flachbildschirm. Rabatte für HI-Mitglieder.

Pousada Alto da Pipa (☎ 3246 2281; www.pousad-aaltodapipa.com.br; Rua da Gameleira 555; EZ/DZ 90/130 R$; ☒ ⊜ ☒) Diese niedliche, bunte Pousada liegt auf dem Hügel über der Hauptstraße und ist die perfekte Adresse für alle, die aus Hos-tels rausgewachsen sind, aber immer noch gerne günstig absteigen. Die pastellfarbenen Zimmer sind klein und sauber, aber dank des herrlich grünen Innenhofs mit Cashew-Bäu-men und einer kleinen Fußgängerbrücke über winzige Teiche sind sie wirklich etwas Beson-deres. Parkplätze vorhanden.

LP Tipp **Spa Da Alma** (☎ 3246 2357; www.spadaalma. net; Rua do Spa 9; EZ/DZ ab 239/266 R$; ☒ ⊜ ☒) Am Südrand der Stadt liegt dieses preiswerte Haus auf einem weitläufigen Anwesen mit saftig grüner Dünenvegetation, das unglaublichen

---

ABSTECHER: DER GRÖSSTE CASHEW-BAUM DER WELT

Die hübschen Strandstädte Pirangi do Sul und Pirangi do Norte, 15 km südlich von Ponta Negra, sind durch einen Fluss ge-trennt, der sich durch von Palmen gekrönte Dünen zum Meer windet. Hier steht auch der größte Cashew-Baum der Welt: Sein Geäst hat einen Umfang von über 500 m, und er wächst immer noch!

Busse nach Pirangi (3 R$, 1 Std.) fahren zwischen 6 Uhr und 19.30 Uhr alle 30 Minuten an der BR-Tankstelle in der Av Cel Estevam neben dem Rodoviária Nova ab.

Luxus zu beinahe schon Mittelklassepreisen bietet. Jeder Bungalow hat weite Terrassentü-ren und eine Veranda mit einem atemberau-benden Ausblick auf die Praia das Minas und Sibaúma – sie liegen so versteckt auf dem erhöhten Anwesen verteilt, dass sie beinahe vollkommen isoliert voneinander sind. Eine sensationelle, sehr intime Unterkunft, und der Preis ist einfach sagenhaft. Parkplätze vorhanden.

Toca da Coruja (☎ 3246 2226; www.tocadacoruja.com. br; Av Baía dos Golfinhos; Zi. ab 300 R$, Luxus-Chalets 890 R$; ☒ ⊜ ☒) Das Toca da Coruja ist eine der charmantesten Pousadas Brasiliens und liegt inmitten einer Oase aus weitläufigen tropi-schen Gärten mit Affen, Vögeln und zwei traumhaften Pools. Dieses umweltbewusste Haus wurde teilweise aus recycelten Materi-alien erbaut und mit Bauernmöbeln aus dem 19. Jh. eingerichtet, die gerettet wurden. Auch die Beleuchtung ist energiesparend, und die Pools kommen in den Genuss einer Kupfer-ionisierung. Die ausgesprochen großzügigen Luxus-Chalets im Stil eines typischen Ranch-Hauses aus dem Nordosten verfügen über Rundum-Verandas und Freiluft-Spas. Park-plätze vorhanden. Kinder unter zwölf Jahren sind nicht erwünscht.

ESSEN

Pipa ist ein wunderbarer Ort, wenn man essen gehen möchte, aber Qualität ist schwerer zu finden als günstige Preise.

Natural Brasil (☎ 3246 4250; Rua Dr Helio Galvão 441, Tibau do Sul; Sandwiches 6–15 R$; ⏱ Do–Di 12–22 Uhr) Gutes Mittagessen ist in Pipa spärlich gesät, deshalb lohnt sich die 2 R$ teure Busfahrt hierher ebenso wie die Entscheidung, ein spätes Mittagessen an eine Kajaktour oder einen Sonnenuntergangsausflug zu diesem wundervollen, gemütlichen Lokal in der Lagoa de Guairás in Tibau do Sul anzuhängen. Es serviert großartige Sandwiches, Salate und kreative vegetarische Gerichte (Soja-Stroganoff, Spinat-Pesto-Penne) – hier schmeckt einfach alles.

Garagem (☎ 3246 2154; Ladeira do Cruzeiro; Hauptgerichte 7–27 R$; ☷ Di–So 10.30–1 Uhr) Ein „Heilige Scheiße"-Ausblick, gute Musik und ausgezeichnetes Essen obendrein – das Garagem hat als berühmte Bar angefangen (und ist auch heute noch eine sehr gute), aber tagsüber ist es inzwischen der beste Ort in ganz Pipa, um sich am Strand ein Mittagessen (z. B. den ausgezeichneten argentinischen *picanha*, frischen Fisch) und dazu ein Bohemia zum Nachspülen schmecken zu lassen. Bei Vollmond gibt's abends außerdem Livemusik.

Oba (☎ 9188 3928; Rua dos Bem-Te-Vis 32; Hauptgerichte 13–20 R$; ☷ 19–24 Uhr) Man findet nicht oft echte *Japazilian*-Yakisoba aus São Paulo zu diesen Preisen, aber dieser Laden serviert genau das, und noch dazu in ordentlichen Portionen. Bergeweise Nudeln mit Gemüse, Shrimps, Hühnchen, Steak und noch mehr sind das Highlight, aber die Litschi-*sakerinhas* (mit Sake statt Cachaça) sorgen so richtig für Spaß.

Tapas (☎ 9414 4675; Rua dos Bem-Te-Vis 8; Gerichte 22–31,50 R$; ☷ 18.30–23 Uhr, Mai–Juni geschl.) Auch das Tapas, nur ein Stück von der Hauptstraße entfernt, ist ein kulinarisches Geschenk des Himmels. Es serviert hauptsächlich brasilianische Tapas mit thailändischen, indischen, französischen und italienischen Einflüssen in legerem, künstlerischem Ambiente. Der frische Tunfisch ist die Spezialität des Hauses, aber hier schmeckt alles lecker, besonders das Filet mit Gorgonzola-Orangen-Sauce.

Pacífico (☎ 9982 8981; Rua dos Bem-Te-Vis 8; Hauptgerichte 29–57 R$; ☷ 19–22.30 Uhr, Di geschl.) Edle Küche ist im touristischen Brasilien selten so schonend für den Geldbeutel, aber der kalifornische Besitzer und Küchenchef hier ist stolz darauf, außergewöhnliche kalifornisch-brasilianische Nouvelle Cuisine mit asiatischem Touch zu günstigen Preisen zu servieren, z. B. thailändisch angehauchte *moquecas* (Fischeintopf) und köstlichen Pfeffer-Tunfisch. Das in Kognak flambierte Pfeffersteak ist ein Gedicht. Sättigungsbeilagen kosten extra, aber am Ende wird man trotzdem über die Rechnung staunen.

LP Tipp **Cruzeiro do Pescador** (☎ 3246 2026; Eck Av Baía dos Golfinhos & Rua Concris; Hauptgerichte für 2 85–185 R$; ☷ mittags & abends) Dieses Lokal sieh ziemlich chaotisch aus, aber auf den zweiter Blick wird klar, dass dieses Zuhause in ein kulinarisches Experiment verwandelt wurde das man nicht verpassen sollte. Küchenche Daniel (ein ehemaliger Werbetexter) und sein ehemaliger Gärtner sind gastronomische An omalien: Alles, sogar den Kaffee, wird mi hausgemachter Finesse und ganz ohne pro fessionelle Ausbildung zubereitet. Geräucher te oder gegrillte Meeresfrüchte sind hier di beste Wahl, aber sicherheitshalber ruft mar vorher an, da die Zubereitung mancher Ge richte bis zu zwei Stunden dauern kann, z. B die *Seleção do Mar*, eine langsam gegrillte Meeresfrüchte-Köstlichkeit von biblischer Ausmaßen.

AUSGEHEN & UNTERHALTUNG

Das Nachtleben spielt sich meistens in und vor den Bars Tribus und Oz ab, die einander in der Av Baía dos Golfinhos gegenüberliegen aber es gibt auch noch jede Menge weitere häufig wechselnde Alternativen. Gegen Mitternacht oder später ist Livemusik angesagt. Im **Calangos** (☎ 3246 2396; ☷ Fr–So ab 0 Uhr) am Ende der Av Baía dos Golfinhos gibt's sonntags Live-*forró*, an anderen Abenden legen eher europäisch angehauchte DJs auf. Im **A Tasca** (☎ 3246 2562; Rua da Gameleira 37; ☷ 22–3 Uhr) kann man sonntagabends Sambaklängen lauschen.

AN- & WEITERREISE

Täglich fahren acht Busse (sonntags nur vier, montags, freitags und samstags einer mehr) vom Rodoviária Nova in Natal nach Pipa (10 R$, 2 Std.). Man kann auch vor dem Carrefour in der Lagoa Nova einsteigen und so den Busbahnhof ganz umgehen. Von Pipa fahren außer sonntags viermal täglich direkte Minibusse zu Natals Flughafen und drei in die andere Richtung (15 R$).

Wer aus dem Süden anreist, kann in Goianinha (1½ Std. von João Pessoa) aussteigen, wo von hinter der blauen Kirche, 250 m von der Hauptstraße entfernt, zwischen 5 und 23.30 Uhr häufig Minibusse nach Pipa fahren (3 R$, 40 Min.). Wer von Pipa aus nach Süden weiterreist, kann gegen eine Gebühr von 6 R$ bei Pipatour (S. 612) einen Platz für den Bus aus Goianinha reservieren.

NÖRDLICH VON NATAL

Genipabu, dieser fast 200 km lange Streifen, an dem die Küste anfangs nach Osten, später dann nach Norden führt, entwickelt sich immer mehr zu einem Tummelplatz der Wochenend- und Tagesurlauber aus Natal, aber trotzdem findet man hier nach wie vor Dutzende hübscher Strände. Je weiter man sich von Natal entfernt, desto isolierter und leerer werden sie. Mehrere Strände an der nach Osten blickenden Küste bieten Riff-Becken, die sich bei Ebbe ausgezeichnet zum Schnorcheln eignen. Die charmanten Dörfer São Miguel do Gostoso und Galinhos haben sich als idyllische Zufluchtsorte etabliert und lohnen durchaus einen längeren Besuch auf der Reise nach Ceará.

São Miguel do Gostoso
☎ 0xx84 / 9200 Ew.

„Gostoso" liegt 110 km von Natal entfernt und ist ein aufstrebender Ort, in dem es nun schon seit geraumer Zeit brodelt. Er wird als Wochenendziel immer beliebter und bietet diverse Pousadas, Restaurants und Bars sowie einige nahe gelegene Strände, die traumhaft schön und größtenteils beinahe leer sind. Wer per Chartertourismus etwas Unentdecktes sehen und sich von der Landschaft überwältigen lassen möchte, sollte jetzt hierher reisen oder diesen Traum für immer begraben.

Auf der Hauptstraße gibt's einen Geldautomaten der Banco do Brasil und ein paar Internetläden.

SEHENSWERTES & AKTIVITÄTEN
Die wichtigsten Strände der Stadt, die **Praia do Maceió**, **Praia da Xêpa** und die **Praia do Cardeiro**, nehmen einen breiten, durchgehenden, wunderbar entspannten Sandstreifen ein, aber das wahre Schmuckstück ist die **Praia de Tourinhos** 8 km nördlich der Stadt, die am Ende einer langen, einsamen Schotterstraße liegt. In dieser wunderschönen Halbmondbucht stehen nur ein paar Kioske – sonst nichts. Sie vermittelt dieses ganz besondere Gefühl, und unter der Woche muss man sie mit niemandem teilen. Die **Ponta do Santo Cristo** am äußersten Südende von Maceió fängt sämtliche Windböen ein und ist bei Wind- und Kitesurfern sehr beliebt.

SCHLAFEN & ESSEN
Pousada Casa de Taipa (☎ 3263 4227; www.pousada casadetaipa.com.br; Rua Bagre Caia Coco 99; EZ/DZ 120/150 R$;

⊠ ⇨ ⊠) Dieses kreative Haus ist der englischen Sprache mächtig und durch und durch zauberhaft. Es liegt versteckt in einer Straße mit Wohnhäusern, 300 m vom Strand entfernt, und bleibt auch dank der künstlerischen Bestrebungen eines der Besitzer in Erinnerung: Er hat die Tische aus Eier- und Kokosnussschalen gebaut und große Wandgemälde in jedes der kleinen, edlen *taipa*-Zimmer gemalt, die einfach wunderschön sind. Außerdem gibt's ein kleines Museum, das sich dem Thema *taipa* widmet, einer rudimentären Lehmbautechnik aus dem Nordosten. Es gibt Parkplätze.

Pousada dos Ponteiros (☎ 3263 4007; www.pousada dosponteiros.br; Praia do Maceió; EZ/DZ ab 200/250 R$; ⊠ ⇨ ⊠) Charmante Pousada direkt am Maceió-Strand in der Stadt. Sie bietet beinahe luxuriöse Chalets, die mit Schwarzweiß-Fotos aus der Gegend dekoriert sind. Das Mini-Spa ist auf Ayurveda-Behandlungen spezialisiert. Parkplätze vorhanden.

Esquina Brasil Bistro (☎ 9156 1920; Av dos Arrecifes 1976; Hauptgerichte 5,50–25 R$; ☯ Do–Di abends, Sa & So 12–16 Uhr) Einfach, aber hübsch: Dieses Café in portugiesisch-brasilianischer Hand serviert *tapiocas*, *açaí* und *cupuaçu* (eine Amazonas-Frucht), leichte Sandwiches mit indischem Chapatti-Brot und fabelhafte Pasta mit Cashew-Pesto. Sämtliches Grünzeug ist aus Bio-Anbau, und die speziellen Kniffe wie Auflaufförmchen aus Meersalz machen das Lokal zu etwas ganz Besonderem.

AN- & WEITERREISE
Busse (13,10–16,80 R$, 2½ Std.) fahren von Natals Rodoviária Nova fünfmal täglich hierher: um 6.15, 8.40, 10.15, 13.40 und 17.30 Uhr. Manchmal muss man in Touros umsteigen.

Galos & Galinhos
☎ 0xx84 / 1000 Ew.

Die abgeschiedenen Fischerdörfer Galos und Galinhos liegen auf einer Sandbank zwischen einem „Fluss" (es ist nicht wirklich einer) und dem Meer, 160 km nordwestlich von Natal, und entwickeln sich erst allmählich zu Ferienzielen. Dank ihrer sandigen Straßen und dem warmen, sanften Wasser kann man sich hier wunderbar erholen. Die meisten Unterkünfte befinden sich im etwas bekannteren Galinhos, von dem sich unberührte Strände und Dünen über 2 km nach Westen zu einem kleinen Leuchtturm an der Flussmündung und dahinter bis zur Unendlichkeit an der

Küste entlang erstrecken. Im benachbarten Galos leben nur etwa 400 Seelen in noch friedlicherer Umgebung. Man kann eine sehr schöne vier- oder fünfstündige Bootstour (120 R$/Boot, bis zu 12 Pers.) durch das Mündungsgebiet zwischen den beiden Dörfern machen, die an Mangroven, Dünen und der Saline vorbeiführt.

SCHLAFEN & ESSEN

Pousada Galinhos (☎ 3552 0047; www.pousadagalinhos. com.br; Rua Walfran Ribeiro 207, Galinhos; Zi. 100 R$) Die Budgetunterkunft in einer ruhigen Nebenstraße hat kleine, saubere Zimmer mit Veranda.

LP Tipp **Pousada Vila Galinhos** (☎ 3552 0169; www. kitesurfgalinhos.com; Rua Walfran Ribeiro 140, Galinhos; Zi. 190 R$; 🏊 🛜) Voller künstlerischer Details und mit jeder Menge Charme: Die französisch-portugiesisch geführte Pousada mit Kitesurfschule ist ein echtes Juwel mit Hippie-Chic. Sie bietet bunte Zimmer mit romantischen Moskitonetzen (was wirklich nicht so leicht ist) und wunderschöne Felsmalereien rund um einen friedlichen Pool, und sie ist das einzige Haus der Stadt mit Mineralwasser-Duschen. Von August bis Januar ist sie beinahe komplett mit Möchtegern-Kitesurfern ausgebucht, die den einwöchigen Kurs besuchen.

Pousada Peixe Galo (☎ 3552 2001; www.pousada peixegalo.com.br; Rua da Candelária 30, Galos; Zi. 210 R$; 🏊 🛜 🍴) Galos' einzige Unterkunft steht in privilegierter Lage nur 5 m vom Wasser entfernt und wird von hohen Palmen flankiert. Die Zimmer mit solarbeheizten Duschen sind gemütlich, aber nichts Besonderes und umringen einen netten Pool. Der Service ist besser als bei der Konkurrenz in Galinhos. Vom charmanten Aussichtsturm hat man einen wunderbaren Blick über die Halbinsel.

Pousada Brésil Aventure (☎ 3552 0085; www.bresil aventure.com; Rua Senador Dinarte Maris, 123, Galinhos; Hauptgerichte 19–52 R$; 🌙 mittags & abends) Die Restaurant-Pousada wird von einem französischer Touranbieter geführt und zieht in Galinhos die meiste Aufmerksamkeit auf sich. Hier werden die üblichen Verdächtigen und etwas abenteuerliche Ergänzungen wie Stachelrochen-*moquecas* und reichhaltige Meeresfrüchte-Spaghetti mit Kokosmilch serviert. Die hiesiger Sonnenuntergänge sind nicht selten Thema der Postkarten an die Daheimgebliebenen.

AN- & WEITERREISE

Galos und Galinhos sind nicht unbedingt leicht zu erreichen, aber genau das macht ihren Charme aus. Man fährt mit einem Fahrzeug mit Vierradantrieb oder mit dem Buggy über São Bento do Norte, 30 km weiter östlich, am Strand entlang oder nimmt eines der kleinen Boote über den Fluss, die von Pratagi, 2 km südöstlich, hierher fahren (2 R$/ Pers. nach Galinhos, 25 R$/Boot nach Galos, bis zu 4 Passagiere). Wer ein Auto hat, kann es in Pratagi kostenlos sicher abstellen.

Von Natals Rodoviária Nova fährt jede Woche nur ein Bus – sonntags um 7 Uhr – nach Galinhos (22,50 R$, 3½ Std.). Er kehrt um 17.30 Uhr von Galinhos nach Natal zurück. Wahlweise fahren täglich zwischen 5.30 und 7 Uhr auch Piratentaxis von Galinhos nach Natal (25 R$), die ihre Passagiere vor dem Nordestão-Supermarkt auf der Av Tomaz Lamdim an der nördlichen Grenze zwischen Natal und São Goncalo do Amarante aussteigen lassen, 18 km nördlich von Ponta Negra.

Außerdem überqueren Pferdekutschen die Sandfläche zwischen den beiden Dörfern (einfache Strecke 20 R$, 30 Min.).

Ceará, Piauí & Maranhão

Entlang der einzigen nordwärts gewandten Küste Brasiliens erstrecken sich die drei nördlichsten Bundesstaaten des Nordostens tief ins aride Hinterland hinein. Ceará im Osten besteht vor allem aus Caatinga (semiaridem Land), während der Westen Maranhãos am Rand des Amazonas-Regenwalds liegt. Touristische Hauptattraktion sind die Strände Cearás, die sich beiderseits des größten Regionalzentrums Fortaleza hinziehen. Trotz wenig Charme oder Kultur ist Fortaleza eine fröhliche Stadt am Strand, wo man z.B. zu *forró* (Pop aus dem Nordosten) tanzen kann. Hier beginnen Hunderte Strandkilometer, die zu den besten von Brasilien zählen. Hier gibt es mancherorts wachsende Ferienorte, während man anderswo höchstens traditionelle Fischernester findet. Als Perle der herrlichen Küste Cearás genießt das extrem relaxte Jericoacoara eine einzigartige Lage in einem Nationalpark voller Dünen.

Das beschauliche Parnaíba in Piauí ist das Tor zum gigantischen und reizvollen Delta do Parnaíba. Von hier aus führt eine abenteuerliche Küstenroute westwärts in riesige Weiten aus hohen Dünen und klaren Lagunen, die als Lençóis Maranhenses bekannt sind – ein brasilianisches Highlight. Weiter westlich liegt das halb zerfallene, halb restaurierte São Luís. Zusammen mit seinem wunderbar verschlafenen Nachbarn Alcântara gehört es zu Brasiliens malerischsten Juwelen aus der Kolonialzeit.

Im schwer dürregeplagten Inneren der Region hatten es die Bauern und Viehzüchter noch nie leicht. Trotzdem warten im *sertão* spektakuläre Landschaften, zu denen die Nationalparks Serra da Capivara bzw. Sete Cidades mit faszinierender Felskunst gehören.

HIGHLIGHTS

▦ Im entlegenen Backpackerdorf **Jericoacoara** (S. 631) von himmelhohen Dünen auf spektakuläre Sonnenuntergänge blicken

▦ Im herrlichen, kolonialzeitlichen **Alcântara** (S. 650) in die Vergangenheit reisen und Scharlachsichler bewundern

▦ Auf den schmalen Zuflüssen des artenreichen **Delta do Parnaíba** (S. 640) in kleinen Kanus Affen beobachten

▦ Im Landesinneren über die skurrilen Felsformationen und uralten Felsbilder der Welterbestätte **Parque Nacional da Serra da Capivara** (S. 642) sinnieren

▦ Zwischen den endlosen Dünen der surrealen **Lençóis Maranhenses** (Maranhão; S. 652) in unberührten Lagunen planschen

▦ Bevölkerung: 18 Mio. ▦ Fläche: 732 340 km²

CEARÁ, PIAUÍ & MARANHÃO

Geschichte

Die Portugiesen ließen sich bei der Besetzung dieser fernen nördlichen Teile Brasiliens Zeit, und so waren es die Franzosen, die São Luís, die Hauptstadt Maranhãos (1612), und die Niederländer, die Fortaleza, die Hauptstadt Cearás (1637) gründeten. Diese feindlichen Einfälle veranlassten die Portugiesen schließlich zum Handeln, und sie vertrieben die beiden konkurrierenden Kolonialmächte innerhalb weniger Jahre.

Der größte Teil der portugiesischen Siedler in Ceará kam von den Azoren. Koloniale Zucker- und Baumwollplantagen, die von Sklaven bewirtschaftet wurden, entwickelten sich zwar in beiden Staaten, aber die Rinderzucht war der vorherrschende Wirtschaftszweig,

und das ist zu einem großen Teil auch heute noch so.

Zunächst wurde Maranhão mit dem westlich davon gelegenen Pará als eine eigene, vom Rest Brasiliens getrennte Einheit verwaltet, deren Hauptstadt São Luís war. 1774 wurde das Gebiet unter eine einheitliche Verwaltung mit dem restlichen Brasilien gestellt. Piauí, das zwischen Ceará und Maranhão liegt, wurde zuerst vom Binnenland her besiedelt und zwar durch arme Viehhirten, die im 17. und 18. Jh. von Ceará her westwärts und von São Paulo aus nordwärts in die Gegend vordrangen.

Obwohl sie Widerstand leistete, war die indigene Bevölkerung aller drei Staaten im 18. Jh. unterworfen. Als die Kriege zu Ende waren, hatten die Kolonisten im Landesinneren mit schweren Dürren zu kämpfen. Nicht weniger als 2 Mio. Menschen starben in den 1870er-Jahren bei Dürren in Ceará, die Überlebenden strömten nach Fortaleza. Das benachbarte Piauí hatte anfangs keinen Zugang zum Meer, vereinbarte aber im 19. Jh. einen Gebietsaustausch mit Ceará, sodass es auch in den Genuss der Vorteile einer Küste kam. Piauí hat auch heute noch die geringste Bevölkerungsdichte der brasilianischen Bundesstaaten.

Dank ihrer Wirtschaft und des Tourismus ist die Stadt Fortaleza das ökonomische Zugpferd der Region. Einige große Industrieprojekte wurden in den letzten Jahrzehnten bei São Luís angesiedelt, um dort die Wirtschaft anzukurbeln, doch immer noch gehören alle drei Staaten zu den ärmsten Brasiliens.

Klima

In diesen Bundesstaaten ist es ganzjährig warm. Dennoch gibt's eine Regenzeit mit einigen tropischen Unwettern, die im Westen (Maranhão) etwa von Dezember bis März und im Osten (Ceará) von Februar bis Mai dauert. Da das Landesinnere keine Meeresbrisen abbekommt, ist es dort größtenteils warm und trocken. Obwohl es im Juni und Juli etwas kühler ist, gilt das Innere Piauís als heißester Landesteil.

Nationalparks

Der Nationalpark **Lençóis Maranhenses** (S. 652) östlich von São Luís zählt zu den regionalen Highlights. Die weite Fläche aus hohen Sanddünen wird nur von klaren Wasserbecken unterbrochen.

Im tiefen Süden Piauís liegt die sehenswerte Welterbestätte **Serra da Capivara** (S. 642) mit 128 zugänglichen archäologischen Stätten und 30 000 prähistorischen Felsbildern in dramatischer Felsenlandschaft.

Näher an der Küste erstreckt sich der Nationalpark **Sete Cidades** (S. 641) mit Hunderten weiterer Felsbilder und bizarren Gesteinsformationen, die sieben Städten ähneln.

Der kleine Nationalpark **Ubajara** (S. 636) ist berühmt für große Höhlen, die per pedes oder Seilbahn erreichbar sind. Hinzu kommen üppige Wälder und eindrucksvolle Wasserfälle.

Bei Carolina im südlichen Maranhão warten die beeindruckenden Felsvorsprünge und tollen Wasserfälle von **Chapada das Mesas** (S. 655).

Der **Parque Nacional Nascentes do Rio Parnaíba** (Details auf S. 642) umfasst den äußersten Süden Piauís und Maranhãos sowie Zipfel der Bundesstaaten Tocantins und Bahia. Wer es dorthin schafft, findet ein super Revier für Tierbeobachtungen vor. Dieser Park ist für seine wunderschönen Hyazintharas und intelligenten Kapuzineraffen berühmt.

Die außerirdisch anmutende Dünenlandschaft des 63 km² großen Nationalparks **Jericoacoara** (S. 631) umfasst unberührte Ufer, Süßwasserlagunen und ein Backpacker-Mekka in Form eines entlegenen Dorfs.

An- & Weiterreise

Auf Fortalezas internationalem Flughafen landen Maschinen aus Europa, den USA und den meisten brasilianischen Städten. São Luís und Teresina werden von Inlandsflügen bedient.

Busverbindung nach Fortaleza besteht in Richtung Norden (ab Brasília, Rio, São Paulo), Westen (ab Natal, Recife) und Osten (ab Belém). Bei den längsten Strecken können Flüge etwas teurer als Busse sein. Busse fahren ab Fortaleza, Belém, Brasilia, Rio und São Paulo nach Teresina und São Luís.

Unterwegs vor Ort

Fast alle Kleinstädte und Dörfer in dieser Region sind durch Busse erschlossen. Die Straßenqualität verbessert sich ständig, aber ein großer Teil der Strecke von São Luís nach Belém ist innerhalb Maranhãos in schlechtem Zustand, und die Zufahrt zu manchen Dörfern an der Küste, darunter die nach Jericoacoara, ist teilweise unbefestigt. Beachbuggys und Geländewagen mit Fahrern ermöglichen Trips die Küste entlang und durch die Dünen. Ein Mietwagen ist nützlich, wenn man einige kleinere Orte mit schlechtem Busanschluss besuchen will, doch sollte man sich zuerst über den Straßenzustand informieren, denn einige der abgelegeneren Straßen sind nur für Geländewagen befahrbar. Am leichtesten bekommt man einen Mietwagen in Fortaleza.

CEARÁ

In diesem Land der herrlichen Küsten hat Ceará mit seinen fast 600 wunderbaren Strandkilometern die allerschönste. Der Facettenreichtum reicht von idyllischen, palmgesäumten Kleinbuchten bis zu 20 km langen

Streifen mit anbrandenden Brechern. In Sachen Strandambiente hat Ceará somit alles Erdenkliche zu bieten – von Fortalezas belebten Stadtstränden und dem hippen Jericoacoaras oder Canoa Quebradas bis zum kleinsten Fischerdorf mit reetgedeckten Häusern, deren Bewohner bis heute *jangadas* (Fischerboote mit Dreiecksegeln) benutzen. Hinter dem Großteil der Küste liegen gewaltige Streifen aus hohen, weißen Dünen, die die Landschaft sehr ursprünglich wirken lassen. Gleichzeitig sorgen Wind und Wellen für ein paar der weltbesten Reviere zum Surfen, Wind- oder Kitesurfen.

FORTALEZA
☎ 0xx85 / 3,3 Mio. Ew.

Trotz seiner isolierten Lage wirkt Fortaleza überraschend groß. Es zählt zu Brasiliens größten Städten und hat eine wirtschaftliche Anziehungskraft, die weit über Ceará hinauswirkt. Zudem lockt Fortaleza in- und ausländische Touristen mit seiner Strand- und Partyatmosphäre: Einige Stadtstrände sind ziemlich attraktiv, während auch das Nachtleben äußerst munter ist. Darüber hinaus dient der örtliche Inlands- und internationale Flughafen als Sprungbrett zu wahrhaft spektakulären Stränden, geschwungenen Dünen oder idyllischen Fischerdörfern an der ganzen Küste Cearás.

Aktuell bereitet sich Fortaleza auf seine Rolle als Austragungsort im Rahmen der FIFA-Fußballweltmeisterschaft 2014 vor. Dies umfasst z. B. den Umbau des Castelão-Stadions, umfassende Straßenbau- und Sanierungsmaßnahmen oder die Errichtung eines neuen Terminals am Aeroporto Internacional Pinto Martins.

Geschichte
Nach Meinung vieler Historiker landete der spanische Seefahrer Vicente Yáñez Pinzón am 2. Februar 1500 an der Praia Mucuripe – mehr als zwei Monate bevor Pedro Álvares Cabral als Erster den Monte Pascoal in Bahia sichtete (das ist der offiziell anerkannte Zeitpunkt der Entdeckung Brasiliens durch die Europäer). Die ersten portugiesischen Versuche, sich im frühen 17. Jh. hier anzusiedeln, waren nur kurzlebig, und so gründeten die Holländer das heutige Fortaleza 1637 als Fort Schoonen-

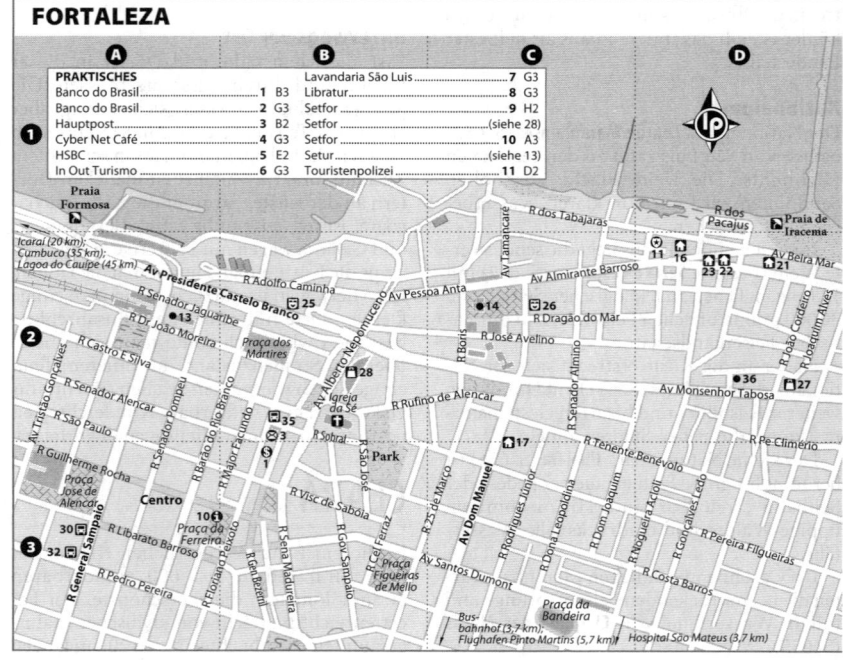

FORTALEZA

	A	**B**	**C**	**D**
PRAKTISCHES		Lavandaria São Luis...............7 G3		
Banco do Brasil..............1 B3		Libratur.................8 G3		
Banco do Brasil..............2 G3		Setfor.................9 H2		
Hauptpost.................3 B2		Setfor.................(siehe 28)		
Cyber Net Café.............4 G3		Setfor.................10 A3		
HSBC.................5 E2		Setur.................(siehe 13)		
In Out Turismo.............6 G3		Touristenpolizei.................11 D2		

borch. Als die Holländer 1654 ihre brasilianischen Besitzungen aufgaben, nannten die Portugiesen die Festung in Fortaleza de NS da Assunção um. Um diese Festung bildete sich erst ein Dorf, dann eine Kleinstadt, dann eine Großstadt, deren Name zu Fortaleza verkürzt wurde.

Der Widerstand der indigenen Bevölkerung verzögerte die portugiesische Kolonisation des Landesinneren von Ceará bis ins 18. Jh., doch Viehzüchter und später die Besitzer von Baumwollplantagen besetzten das Land. Durch die Baumwollexporte wurde Fortaleza im 19. Jh. zu einer wichtigen Stadt (vorher hatte es neben Aracati nur die zweite Geige gespielt). Der wachsende Handel und die zunehmende Industrie in Fortaleza zogen seither immer mehr Migranten in die Stadt und die Dürren im Landesinneren haben noch mehr Menschen in die Stadt getrieben. Seit den frühen 1990er-Jahren wurde der Tourismus neben der Textilindustrie und der Nahrungsmittelproduktion zu einem führenden Wirtschaftszweig. Unter der 2004 gewählten Bürgermeisterin Luizianne Lins von der Arbeiterpartei hat Fortaleza einigen Erfolg damit, den unerwünschten Ruf, eine Hauptstadt des Sextourismus zu sein, loszuwerden.

Orientierung

Fortaleza erstreckt sich 20 km entlang der Küste und bis zu 10 km ins Binnenland. Das Centro ist der älteste Teil der Stadt – es liegt auf einer leichten Erhebung, die 200 m vom Meeresufer entfernt beginnt, und hat viele geschäftige Straßen voller kleiner Läden. Die interessantesten Gebiete liegen östlich des Centro: zunächst die Praia de Iracema, ein dicht bebautes Gebiet voller Nachtleben und Restaurants; hier gibt's auch einige Hotels und Pousadas (Pensionen), aber keinen richtigen Strand. Dann folgt, 2 bis 4 km östlich vom Centro, Meireles, ein Strandvorort der Mittelklasse mit vielen der besten Unterkünfte. Daran schließt sich das Hafenviertel Mucuripe an und schließlich folgt, ab etwa 8 km östlich vom Centro, die Praia do Futuro mit dem besten Strand, der sich an der nach Osten blickenden Küste 5 km südwärts erstreckt.

Der Busbahnhof liegt 4 km südlich vom Centro und der Flughafen weitere 2 km südlich von ihm.

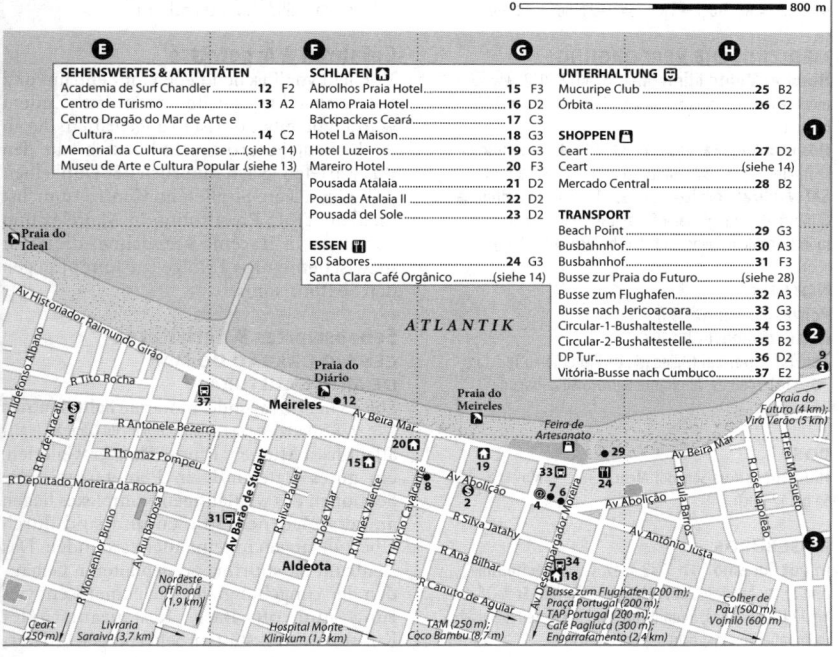

SEHENSWERTES & AKTIVITÄTEN			SCHLAFEN			UNTERHALTUNG		
Academia de Surf Chandler	12	F2	Abrolhos Praia Hotel	15	F3	Mucuripe Club	25	B2
Centro de Turismo	13	A2	Alamo Praia Hotel	16	D2	Órbita	26	C2
Centro Dragão do Mar de Arte e			Backpackers Ceará	17	C3			
Cultura	14	C2	Hotel La Maison	18	G3	SHOPPEN		
Memorial da Cultura Cearense	(siehe 14)		Hotel Luzeiros	19	G3	Ceart	27	D2
Museu de Arte e Cultura Popular	(siehe 13)		Mareiro Hotel	20	F3	Ceart	(siehe 14)	
			Pousada Atalaia	21	D2	Mercado Central	28	B2
			Pousada Atalaia II	22	D2			
			Pousada del Sole	23	D2	TRANSPORT		
						Beach Point	29	G3
			ESSEN			Busbahnhof	30	A3
			50 Sabores	24	G3	Busbahnhof	31	F3
			Santa Clara Café Orgânico	(siehe 14)		Busse zur Praia do Futuro	(siehe 28)	
						Busse zum Flughafen	32	A3
						Busse nach Jericoacoara	33	G3
						Circular-1-Bushaltestelle	34	G3
						Circular-2-Bushaltestelle	35	B2
						DP Tur	36	D2
						Vitória-Busse nach Cumbuco	37	E2

Praktische Informationen

BUCHLÄDEN

Fortaleza ist in erster Linie eine Strandstadt mit nur wenigen Buchläden. Empfehlenswert für Karten, Stadtpläne und Reiseführer:

Livraria Laselva (☎ 3477 1547; Aeroporto Pinto Martins) Im Obergeschoss des Flughafens.

Livraria Saraiva(☎ 3241 1986; Shopping Iguatemi, Av Washington Soares 85; 10–22 Uhr)

GELD

Die Geldautomaten auf der oberen Flughafenebene akzeptieren internationale Karten.

Banco do Brasil Centro (Praça Waldemar Falcao; Mo–Fr 10–16, Geldautomaten tgl. 6–22 Uhr); Meireles (Av Abolição 2311; Mo–Fr 10–16, Geldautomaten tgl. 6–22 Uhr) Beide Filialen tauschen auch Devisen um.

HSBC (Av Monsenhor Tabosa 1200, Praia de Iracema)

INFOS IM INTERNET

Setfor (www.fortaleza.ce.gov.br/turismo) Fortalezas Touristenwebsite – nur auf Portugiesisch, aber nützlich.

Setur (www.setur.ce.gov.br; portugiesisch) Cearás offizielle Tourismusplattform.

INTERNETZUGANG

Cyber Net Café (☎ 3242 5422; Av Abolição 2655, Meireles; 4 R$/Std.; Mo–Sa 9–21, So ab 10 Uhr)

MEDIZINISCHE VERSORGUNG

Hospital Monte Klinikum (☎ 4012 0012; www.monteklinikum.com.br; Rua República do Líbano 747, Meireles)

Hospital São Mateus (☎ 3234 1444; www.hospitalsaomateus.com.br; Av Santos Dumont 5633, Papicu)

SAT Medical Services (☎ 3261 2220; www.gruposat.com.br) Bester regionaler Spezialist für Reisemedizin; mehrsprachiger Dienst mit Hausbesuchen (24 Std.).

NOTFALL

Polizei (Polícia; ☎ 190)

Rettungsdienst (☎ 192)

Touristenpolizei (Delegacia de Proteção ao Turista; ☎ 3101 2488; Av Almirante Barroso 805, Praia de Iracema)

POST

Hauptpost (Rua Senador Alencar 38; Mo–Fr 8–17, Sa bis 12 Uhr)

REISEBÜROS

In Out Turismo (☎ 3242 4347; www.inoutturismo.com.br; Av Abolição 2687, Meireles; Mo–Fr 9–18, Sa bis 12 Uhr) Kleines, freundliches und hilfsbereites Reisebüro; Inhaber Jonas spricht super Englisch.

Libratur (☎ 3248 3355; Av Abolição 2194; Mo–Fr 9–18, Sa 8–12 Uhr) Nützliche Agentur mit zweisprachigem Personal sowie In- und Auslandstickets; tauscht auch Devisen um.

TOURISTENINFORMATION

Setfor Centro (☎ 3105 1444; Praça da Ferreira; Mo–Sa 8–17 Uhr); Mucuripe (☎ 3105 2670; Av Beira Mar; 9–21 Uhr); Mercado Central (☎ 3105 1321; Mo–Fr 9–17 Uhr) Städtische Tourismusbehörde mit ein paar Infoschaltern.

Setur Centro de Turismo (☎ 3101 5508; Rua Senador Pompeu 350, Centro; Mo–Fr 8–17, Sa bis 16, So bis 12 Uhr); Busbahnhof (☎ 3230 1111; 6–20 Uhr); Flughafen (☎ 3392 1667; 6–24 Uhr) Cearás bundesstaatliche Tourismusbehörde mit nützlichen Infostellen, die gute Stadtpläne und meistens auch englischsprachiges Personal haben.

WÄSCHEREI

Wäschereien (meistens mit Hol- und Bringservice) gibt es überall in der Stadt. Auch viele Hotels und Pousadas bieten Wäschedienste an.

Lavandaria São Luis (☎ 3242 2096; Av Abolição 2679, Meireles; ab 36 R$/3 kg; Mo–Fr 8–12 & 13–19, Sa 8–12 & 13–14 Uhr) Gute Option mit Abgabeservice. Für Selbstwäscher gibt's Lav & Lev nebenan.

Gefahren & Ärgernisse

Vorsicht vor Taschendieben im Zentrum und vor Diebstählen an den Stränden! Zudem wurden bereits Touristen angegriffen, die an der Praia do Futuro zwecks Rückfahrt auf den Bus warteten. Nach Einbruch der Dunkelheit sollte man leere Straßen im Centro tunlichst meiden. Trotz Prostitution in Meireles und vor allem in Iracema verzeichnet die Stadt inzwischen einige Erfolge im Kampf gegen den Sextourismus.

Sehenswertes & Aktivitäten

CENTRO DRAGÃO DO MAR DE ARTE E CULTURA

Dieses hervorragende, moderne **Kulturzentrum** (☎ 3488 8616; www.dragaodomar.org.br; Rua Dragão do Mar 81) umfasst Museen, Kinos, Theater, Galerien, ein gutes Café und ein Planetarium. Die Sektionen des weitläufigen Komplexes liegen an verschiedenen Straßen und sind durch Überführungen miteinander verbunden. Das Zentrum passt prima zu den älteren Gebäuden der Umgebung, die nach einer Renovierung nun oft Bars, Restaurants oder Kunsthandwerkstätten beherbergen. Als erfolgreicher Treffpunkt der Stadtgesellschaft ist es bei Einheimischen sehr beliebt. Das **Memorial da Cultura Cearense** (Eintritt frei; ☒ Di–Do 9–18.30, Fr–So 14–22 Uhr) ist ein Museum für Cearás Volkskultur. Im Planetarium kann man gratis Capoeira erlernen (Di & Fr 18 Uhr).

CENTRO DE TURISMO

Das **Centro de Turismo** (☎ 3101 5508; Rua Senador Pompeu 350; ☒ Mo–Sa 8–18, So bis 12 Uhr) mit vielen Kunsthandwerksständen belegt ein umgebautes Gefängnis aus dem 19. Jh. Über der Touristeninformation findet man hier das **Museu de Arte e Cultura Popular** (Eintritt 1 R$; ☒ Mo–Sa 8–16, So bis 11 Uhr). Dieses Museum für Folklorekunst zeigt eindrucksvolles Kunsthandwerk aus Ceará, war zum Recherchezeitpunkt aber gerade wegen Renovierung geschlossen.

STRÄNDE

Fortalezas größte Attraktionen sind die Strände.

Die **Praia do Futuro** ist ein sauberer Sandstrand, der sich an Fortalezas nach Osten blickender Küste über 5 km nach Süden bis zum Clube Caça e Pesca, einem Fischerclub, erstreckt. Es ist der mit Abstand beste Stadtstrand, aber weit von den meisten Unterkünften entfernt. Am Strand reihen sich *barracas* (Buden), die Meeresfrüchte und Bier anbieten. An Wochenenden ist es hier voll. Richtig schön wird der Strand erst nach 1 bis 2 km, wenn man ausreichend Abstand zum Industriehafen hat. Dieser Strand ist zugleich auch der beste in der Stadt zum Wind- und Kitesurfen – die Surfer besuchen die *barraca* Vira Verão (S. 625). Schwimmen kann man hier auch, sollte sich aber, wenn man kein kräftiger Schwimmer ist, vor starken Brechern hüten.

Die **Praia do Meireles** liegt an der Av Beira Mar. Hier findet man die meisten Hotels und Restaurants der Mittel- und Spitzenklasse. Durch den zügellosen Bau von Hoteltürmen ist etwas entstanden, was aussieht wie ein Copacabana des Nordostens. Die zahlreichen, von Laubbäumen überschatteten Strandbars von Meireles sind tagsüber und abends beliebte Orte, um abzuhängen. Das Wasser ist hier weniger sauber als an der Praia do Futuro, was die Surfer aber nicht abhält. Die **Academia de Surf Chandler** (☎ 8803 4487; www.chandler surf.com.br; Surfbrettvermietung pro Tag/Std. 25/40 R$, ☒ Mi–Fr 13–18, Sa & So 9–18 Uhr), zu finden unter einem gelben Sonnensegel am Strand, verleiht Surfbretter und gibt für 30 R$ pro Stunde Surfunterricht.

Die **Praia de Iracema** liegt in der Nähe des Ponte Metálica oder Ponte dos Ingleses, dem aus den 1920er-Jahren stammenden alten städtischen Dock. Sie inspirierte Luís Assunção und Milton Dias, Cearás Boheme-Poeten der 1950er-Jahre. Heute ist Iracema weitgehend bestimmt von größeren Restaurants und Bars, die auf das hierher strömende Partyvolk eingestellt sind. Die Rotlicht-Szene ist nicht zu übersehen. Der Strand selbst lohnt den Besuch nicht.

Nordwestlich von Fortaleza liegen die Strände **Icaraí** (20 km vom Zentrum) und **Cumbuco** (35 km vom Zentrum) – sie sind viel sauberer als die städtischen Strände und für kürzere Tagesausflüge geeignet. Cumbuco mit seinen Dünen ist beliebt für Buggyfahrten, vor allem an den Wochenenden. Auch zum Kitesurfen (besonders Juli–Feb.) ist Cumbuco gut geeignet, außerdem die Lagoa do Cauípe 10 km westlich von Cumbuco – dort werden auch Ausrüstung verliehen und Kurse angeboten. Cumbuco hat mehrere Hotels und Pousadas, wenn man hier übernachten will. **Vitória** (☎ 3342 1148) fährt vor Ideal Clube in Praia do Meireles um 9, 11, 15.50 und 18.20 Uhr mit Minibussen nach Icaraí und Cumbuco (je 4.50 R$). Die Busse fahren zunächst ostwärts auf der Av Beira Mar, dann westwärts auf der Av Abolição.

Geführte Touren

Von Fortaleza aus führen beliebte Tagesausflüge entlang der Küste zu östlich und westlich gelegenen Stränden. Dutzende Reisebüros, Hotels und Pousadas können solche Trips arrangieren. Frühabends warten Minivan- und Strandbuggybetreiber nahe der Touristeninformation in Meireles (Av Beira Mar) auf Kunden für den nächsten Tag. Normalerweise holen sie einen dann an der eigenen Unterkunft ab. Zu den Hauptzielen zählen Cumbuco (25 R$), Morro Branco (35 R$), Canoa Quebrada (40 R$), Lagoinha (35 R$), Mundaú (40 R$) und Brasiliens bester Badepark namens Beach Park (25 R$/Pers., nur Fahrt). Diese Touren sind bequemer als öffentliche Busse. Wer am Zielort bleiben will, kann auch nur die Hinfahrt buchen.

Manche Agenturen veranstalten auch längere Trips mit Jeeps oder Strandbuggys, die so weit wie möglich an Cearás Superstränden entlangführen. Auf diese Weise gelangt man hinaus nach Jericoacoara und sogar nach Natal oder zu den Lençóis Maranhenses. Angeboten werden z. B. dreitägige Ausflüge nach Jericoacoara (hin & zurück ca. 1700–1950 R$/2 Pers. inkl. Unterkunft & Ausflüge ab Jeri) und viertägige Touren nach Natal (einfache Strecke ca. 2200–4250 R$/2 Pers.). Auch kürzere Varianten für weniger Geld sind möglich. Als Anlaufstellen empfehlen sich z. B. das Hotel La Maison (S. 624), das Abeta-Mitglied **Nordeste Off Road** (☎ 3246 4023; www.nordesteoffroad.com; Av Barão de Studart 2360, Sala 202, Joaquim Távora) oder **Jeri Off Road** (S. 632) in Jericoacoara.

Festivals & Events
Über die letzte Juliwoche steigt **Fortal** als Fortalezas lebhafter Karneval außerhalb der närrischen Jahreszeit. Das **Iemanjá-Fest** ehrt die Meeresgöttin am 15. August an der Praia do Futuro. In der zweiten Julihälfte segeln traditionelle *jangadas* aus dem Nordosten bei der **Regata de Jangadas** zwischen Praia do Meireles und Praia Mucuripe um die Wette.

Schlafen
Wer nur ausgehen will oder wenig Geld zur Verfügung hat, sollte in Iracema übernachten. Obwohl es unsicherer als andere Viertel ist, liegen seine Unterkünfte meistens in kurzer Laufentfernung zum Kunst-, Kultur- und Nightlife-Zentrum Dragão do Mar. Meireles und Umgebung empfehlen sich für erholsames Strandleben.

Trotz anderslautender Angaben vieler Pousadas war unter den hiesigen Hostels zum Recherchezeitpunkt kein einziges HI-Mitglied.

BUDGETUNTERKÜNFTE
Backpackers Ceará (☎ 3091 8997; www.backpackersce.com.br; Av Don Manuel 89; B 17 R$, Zi. ab 35 R$;) Dieses gesellige Hostel hat eine sehr lockere Atmosphäre und brasilianische Eigentümer mit Englischkenntnissen. Die abgenutzten, aber hübsch dekorierten Zimmer reihen sich auf zwei Etagen vor ungepflegtem Rasen. Hinzu kommen Chillout-Bereiche und eine große Küche. Zugangscodes und Videoüberwachung sorgen für einen hohen Sicherheitsstandard. In unmittelbarer Nähe liegt das Centro Dragão do Mar.

Pousada Atalaia I (☎ 3219 0755; www.atalaiahostel.com.br; Av Beira Mar 814, Iracema; B/EZ/DZ 40/90/120 R$;) Dieses ehemalige HI-Mitglied ist im-

mer noch wie ein Hostel eingerichtet. Zum Recherchezeitpunkt war der Service allerdings ziemlich mies. Hier gibt's einfache, aber anständige Zimmer und viele Gästecomputer. Das Stammhaus in einer reizenden Ecke von Iracema wird einen Block entfernt durch die Schlafsäle des neuen Atalaia II (Av Almirante Barroso) ergänzt.

Pousada del Sole (☎ 3219 3690; www.pousadadelsole.com.br; Av Almirante Barroso 966, Iracema; EZ/DZ mit Ventilator 65/85 R$, EZ/DZ mit Klimaanlage 75/95 R$;) Eine weitere spartanische Budgetoption mit wohl besserem Preis-Leistungs-Verhältnis als ihre meisten Konkurrenten – dank des neuen brasilianischen Besitzers auch wegen etwas Farbe. Hat Zimmer für jeden Geldbeutel und gibt bei Frühstücksverzicht 5 R$ Rabatt.

MITTELKLASSEHOTELS
Außerhalb der kurzen Hauptsaison (Mitte Dez.–Ende Jan.) gewähren viele der folgenden Hotels Ermäßigungen von 25 bis 35 %.

Alamo Praia Hotel (☎ 3219 7979; www.alamohotel.com.br; Av Almirante Barroso 885, Iracema; EZ/DZ/3BZ 80/100/120 R$;) Wenig charmant nächtigt man hier nur einen Block hinter der Action. Trotz großer Konkurrenz ist das Hotel überteuert, nach Aussage der Rezeption aber „*bem simple*" (sehr einfach). Warum dann die höheren Preise?

Abrolhos Praia Hotel (☎ 3248 1217; www.abrolhospraiahotel.com.br; Av Abolição 2030, Meireles; EZ/DZ 100/135 R$;) Ein paar Blocks hinter dem Strand serviert das brummende, freundliche, saubere und gut geführte Abrolhos eins der besten Frühstücksangebote im ganzen Nordosten. Das Personal spricht etwas Englisch.

LP Tipp **Hotel La Maison** (☎ 3242 6836; www.hotellamaison.com.br; Av Desembargador Moreira 201, Meireles; DZ/3BZ 120/140 R$;) Die hellen, blitzsauberen Zimmer liegen nur ein paar Blocks vom Strand entfernt und haben das beste Preis-Leistungs-Verhältnis in Meireles' Mittelklassebereich. Der aufmerksame französische Betreiber kennt die Stadt sehr gut. Er spricht Englisch und gibt Orientierungstipps für jeden Geschmack. Sein Sohn bietet Jeep- bzw. Buggytouren bis nach Jericoacoara und Natal an. Gäste werden gratis am Flughafen oder Busbahnhof abgeholt.

SPITZENKLASSEHOTELS
Der starke Wettbewerb zwischen Meireles' vielen Spitzenklassehotels sorgt auch für einige günstige Angebote.

Mareiro Hotel (☎ 3266 7235; www.mareiro.com.br; Av Beira Mar 2380, Meireles; EZ/DZ ab 242/314 R$; 🔁 🛜 🍴) Ein neuer Name und die Modernisierung der Zimmer im 2. und 5. Stock haben das frühere Olimpo Praia Hotel neu belebt. Abseits des geschäftigen Strands gibt's hier einen großen Poolbereich und eine reizende Freiluftlobby. Die tadellosen Zimmer haben teilweise neue LCD-Fernseher. Allerdings bringen Events und Reisegruppen manchmal heftige Hektik ins Haus. Finger weg von den hinteren Quartieren an der belebten Av Abolição!

Hotel Luzeiros (☎ 4006 8585; www.hotelluzeiros.com.br; Av Beira Mar 2600, Meireles; EZ/DZ ab 300/385 R$; 🔁 🛜 🍴) Der Architekt von Fortalezas erstem Designerhotel hätte etwas kühner sein können. Dennoch ist das durchgestylte Haus unter portugiesischer Leitung immer noch erste Wahl für anspruchsvolle, an Luxus gewöhnte Gäste wie Rockstars oder Kunstfans. Moderne Räumlichkeiten bzw. Zimmer mit klaren Linien das wohl beste Frühstück in ganz Ceará garantieren, dass dies auch so bleibt.

Essen

50 Sabores (☎ 3263 1714; Av Beira Mar 4690, Mucuripe; Eis 5–7 R$; 🕙 10–24 Uhr) Ein Eishimmel mit völlig irreführendem Namen: In Wahrheit gibt's hier 100 superbe Sorten! Sie basieren z. B. auf Bier, Knusperkäse und Maiscreme oder zahllosen brasilianischen Früchten – ergänzt durch weitere Klassiker und Caipirinha-Eis mit Cachaça (weißem Zuckerrohrschnaps), das man erst ab 18 bekommt.

Santa Clara Café Orgânico (☎ 3219 6900; Rua Dragão do Mar 81; Gerichte 9–12 R$; 🕙 Di–So 15–22 Uhr) Das tolle Kleincafé im Obergeschoss des Dragão do Mar zählt zu Fortalezas angesagten „Pontos de Encontros" (etwa: „Wo sich hippe Leute treffen"). Trotz Öffnung um 15 Uhr serviert es frühstücksmäßig Sandwiches, Wraps, Waffeln, Käsekuchen, Tapioka, Biokaffee und viele originellere Koffeingetränke.

Colher de Pau (☎ 3267 3773; Rua Frederico Borges 204, Varjota; Hauptgerichte für 2 Pers. 15–95 R$; 🕙 11–24 Uhr) Das Colher wird regelmäßig für die leckerste Regionalküche der Stadt ausgezeichnet. Es zählt zu den besten Adressen in einer Straße voller anständiger, mittelteurer Restaurants. Sie wurden oft von früheren Kellnern schickerer Lokale in Fortaleza gegründet.

Vira Verão (☎ 3262 6227; Av Zezé Diogo 3345, Praia do Futuro; Hauptgerichte für 2 Pers. 21–46 R$; 🕙 Fr–Mi 8–18, Do bis 1 Uhr) Die riesigen *barracas* an der Praia do Futuro stellen teilweise Hunderte Tische unter Sonnenschirmen auf den Sand. Dort bekommt man gute Snacks und Meeresfrüchte wie den beliebten *pargo assado* (Roter Schnapper vom Grill) mit Salat. Die palmgedeckten *palapa*-Hütten vom Vira Verão gehören zum täglichen Pflichtprogramm von zahllosen Surfern, Wind- oder Kitesurfern und sonstigen schönen Braungebrannten in knapper Badekluft.

LP Tipp Coco Bambu (☎ 3242-7557; Rua Canuto de Aguiar 1317, Varjota; Pizzas 25–64 R$, andere Hauptgerichte 34,90 R$/kg; 🕙 Mo–Mi 10.30–24, Do bis 1, Fr–So bis 2 Uhr) Das festliche Großrestaurant gehört scheinbar zu den seltsamen brasilianischen Lokalen, die statt Qualität auf kulinarische Rundumschläge setzen. Tatsächlich präsentiert es Pizza, Tapioka, Crêpes, Sushi und regionale Hauptgerichte (mittags auch *por-kilo*) auf 14 Kartenseiten. Doch falsch gedacht: Alles ist genauso fabulös wie Fortalezas tollste Typen, die hier immer für Partystimmung sorgen.

Vojnilô (☎ 3267 3081; Rua Frederico Borges 409, Varjota; Hauptgerichte 32–69 R$; 🕙 Di–Fr mittags & abends, Sa abends, So mittags) Das unauffällige Restaurant mit verwirrendem mazedonischem Namen und dezentem Seefahrerdekor wurde 2009 unter die besten Seafood-Adressen der Stadt gewählt. Gleichermaßen phänomenal sind die Meeresfrüchte-Spaghetti (59 R$) mit zwei ganzen *langostas* (kleinen Hummern) und der ganze Fisch in Kapernsauce als Spezialität des Hauses.

Unterhaltung

Fortaleza ist für sein Nachtleben berühmt. Viele Touristen besuchen Iracema, das neben einer großen Rotlichtszene auch zahlreiche Bars und Nachtclubs hat. Ihr Soundspektrum reicht von *forró* (charakteristische Tanzmusik des Nordostens) bis hin zu Techno. Das nahe gelegene Centro Dragão do Mar ist eher bei Einheimischen beliebt und befindet sich in einem von Fortalezas besten Unterhaltungsvierteln.

Das kostenlose Monatsmagazin *Cultura de Bolso* informiert über aktuelle Kulturevents.

Órbita (☎ 3453 1421; Rua Dragão do Mar 207; Grundpreis 15–30 R$; 🕙 Do–So 21–3 Uhr) Die große Bar des Dragão do Mar ist in Schwarz und Violett gehalten. Obwohl sie an einen studentischen Rockclub erinnert, sehen die Gäste deutlich besser aus als gewöhnliche Unibesucher. Scharen flirtwilliger Oberschichtler lauschen hier live gespieltem Reggae, Rock, Surf- und Samba-Rock zwischen Snookertischen.

Mucuripe Club (☎ 3254 3020; Travessa Maranguape, 108, Centro; Grundpreis 25–30 R$; ☽ 22.30–6 Uhr) Die beste und stilvollste Disko des Nordostens ist modern, untouristisch und unglaublich groß: Neben einem Dinnerclub beherbergt sie fünf verschiedene Tanzflächen, auf denen man sich abwechselnd zu Techno, *forró*, Liverock und -pop oder -jazz bewegen kann. Verloren gegangene Begleiter findet man erst am nächsten Tag wieder.

Café Pagliuca (☎ 3224-1903; Rua Barbosa de Freitas 1035, Aldeota; Grundpreis 5–8 R$; ☽ Mo–Sa mittags & abends) Fortalezas unkonventionellster Livemusikclub ist ein kultiviertes Café, in dem ab 21 Uhr Jazz (Di, Mi & Fr), Tango (Do) oder *Bossa-Jazz* (Sa) erklingen. Zudem wird hier ein Caipirinha gratis zu guter *feijoada* serviert (23 R$; Sa ab 12 Uhr). Das Publikum besteht aus Künstlern, Musikern und Intellektuellen ab ca. 30 Jahren.

Engarrafamento (☎ 3224 3237; Av Antonio Sales 2760, Aldeota; Grundpreis 10–15 R$; ☽ Di–So 17–3 Uhr) Der Name bedeutet „Verkehrsstau". Genau das versperrt die Tür dieses spaßigen Ladens, der sein Mittelschichtpublikum live mit *pagode* (beliebte Samba-Variante), Música Popular Brasileira (MPB), *forró*, Pop und Rock beschallt. Die fast diskoartigen Räume hinter der restaurantmäßigen Fassade werden von vielen coolen Kids bevölkert, die eimerweise günstiges Skol zu leckeren Bargerichten kippen. Die Taxifahrt hierher (15 R$) lohnt sich vor allem sonntags.

Shoppen

In Fortaleza wird Kunsthandwerk aus ganz Ceará verkauft. Zu den schönsten Arbeiten gehört feine Spitze. Diese Tradition wurde einst von den Portugiesen ins Land gebracht. Die Kunsthandwerker verarbeiten auch *carnaúba*-Palmwedel, Bambus, Leder und Kletterpflanzen.

Ceart Dragão do Mar (☎ 3101 2740; Centro Dragão do Mar; ☽ Di–Do 9–20, Fr–So 14–21 Uhr); Iracema (☎ 3101 2747; Ecke Av Monsenhor Tabosa & Rua João Cordeiro; ☽ Mo–Fr 9–18, Sa bis 17 Uhr); Aldeota (☎ 3224 7291; Av Santos Dumont 1589; ☽ Mo–Fr 9–18, Sa 8–15 Uhr) Tolle staatliche Kunsthandwerksläden mit Spitze, Keramik, Textilien, Lederwaren und Flechtkörben bzw. -taschen.

Mercado Central (☎ 3454 8586; www.mercado centralfortaleza.com.br; Av Alberto Nepomuceno 199, Centro; ☽ Mo–Fr 8–18.30, Sa bis 17, So bis 12 Uhr) Der dreistöckige Zentralmarkt mit guten Preisen an über 500 Ständen zielt vor allem auf Touristen ab.

Das allumfassende Angebot reicht von Hängematten, Ledertaschen und klasse Cashewnüssen aus der Region bis hin zu vielen Sorten Cachaça (weißer Zuckerrohrschnaps) – manche Flaschen enthalten eingelegte Früchte oder Krabben.

Centro de Turismo (☎ 3101 5508; Rua Senador Pompeu 350, Centro; ☽ Mo–Sa 8–18, So bis 12 Uhr) Zwischen vielen Spezialständen für Spitze und Stickereien sieht man hier normalerweise Spitzenklöpplerinnen bei der Arbeit.

An- & Weiterreise
AUTO & MOTORRAD

Empfehlenswerte Autovermieter mit Flughafenfilialen:

Avis (☎ 3477 1369)
Hertz (☎ 3477 5055)

BUS

Vom **Busbahnhof** (☎ 3256 2100; Av Oswaldo Studart) fahren Busse z. B. nach Belém (212 R$, 24 Std., 9, 13 & 18.30 Uhr), Canoa Quebrada (17 R$, 3 Std., 5-mal tgl.), Juazeiro do Norte (45–87 R$, 11 Std., 9-mal tgl.), Natal (77–90 R$, 8 Std., 6-mal tgl.), Parnaíba (71–130 R$, 9 Std., 4-mal tgl.), Recife (115–175 R$, 12 Std., 8, 19.30 & 20 Uhr) und Rio de Janeiro (329 R$, 48 Std., außer So tgl. 12.30 plus Mo, Mi, Fr & Sa 20 Uhr) – ebenso nach Salvador (186 R$, 22 Std., 19 Uhr), Teresina (61–97 R$, 10 Std., 6-mal tgl.), São Luís (136–145 R$, 20 Std., 9 & 12.30 Uhr) und Ubajara (29–37 R$, 6 Std., 6-mal tgl.). Tickets gibt's bei örtlichen Reisebüros wie **DP Tur** (☎ 3219 3377; www.diskpassagens. tur.br; Av Monsenhor Tabosa 631, Loja 3, Iracema; ☽ Mo–Fr 8–18, Sa 9–14 Uhr), dessen freundliches Personal fließend Englisch spricht.

Vom **Praiano Palace Hotel** (Av Beira Mar 2800) an Meireles' Strand schickt **Redenção** (☎ 3256 2728) pro Tag zwei normale Busse nach Jericoacoara (48 R$, 7 Std., 8.30 & 17.30 Uhr), die Passagiere auch an Flughafen (10 & 18 Uhr) und Busbahnhof (10.30 & 18.30 Uhr) aufnehmen. Im Juli und Dezember (manchmal durchgängig bis März) startet ein Extrabus um Praiano (38 R$, 9.30 Uhr). Zudem bricht täglich ein separates „VIP"-Fahrzeug (50 R$, 7.30 Uhr) am Hotel Amuarama gegenüber vom Busbahnhof auf. Tickets sollten möglichst am Vortag z. B. bei **Beach Point** (☎ 3242 2946; Náutico, Meireles) gekauft werden. Der Preis beinhaltet eine Fahrt im offenen Allradbus (*jardineira*), der über Sandpisten und Strand die letzten 23 km von Jijoca nach Jericoacoara absolviert.

Busse bedienen auch die Strände nordwestlich von Fortaleza (s. S. 630).

FLUGZEUG

Am **Flughafen Pinto Martins** (☎ 3392 1030) besteht täglich Verbindung nach/ab Miami (mit TAM), Atlanta (mit Delta) und Lissabon (mit TAP). Parallel starten diverse brasilianische Gesellschaften zu allen wichtigen Inlandszielen. Zudem landen hier regelmäßig Charterflüge ab mehreren europäischen Städten. Falls nicht anderweitig vermerkt, sind folgende Airlines direkt am Flughafen vertreten:

Azul (☎ 3392 1888)
Delta (☎ 4003 2121)
Gol/Varig (☎ 3392 1937)
Ocean Air (☎ 4004 4040)
TACV (Cabo Verde Airlines; ☎ 3392 1354)
TAM Flughafen (☎ 3392 1193); Aldeota (☎ 3133 9222;Av Santos Dumont 2626)
TAP Portugal Aldeota (☎ 3458 1540; Sala 910, Shopping Aldeota, Av Dom Luís 500); Flughafen (☎ 3392 1884)
Webjet (☎ 3392 1965)

Unterwegs vor Ort
VOM/ZUM BUSBAHNHOF

Bus 099 „Siqueira/Mucuripe/Barão de Studart" (1,80 R\$) verbindet den Busbahnhof montags bis samstags mit Meireles (Av Beira Mar) und Mucuripe. Bus 078 „Siqueira/Mucuripe" (1,80 R\$) fährt sonntags nach Iracema und Meireles. Um diese beiden Busse zu erreichen, links aus dem Busbahnhof hinauslaufen und an der Ampel nach rechts in die Av Borges de Melo einbiegen. Die Haltestelle vor dem Oi!-Gebäude folgt dann nach ca. 200 m auf der anderen (südlichen) Straßenseite. Die Busse 013 „Aguanambi" und „13 de Maio/Rodoviária" rollen vom Busbahnhof über die Av Dom Manuel nach Iracema. Bus 504 „Rodoviária" startet auch ganztägig in der Rua Pedro Pereira (nahe Ecke Rua General Sampaio) im Centro.

VOM/ZUM FLUGHAFEN

Ein Taxi vom Flughafen nach Meireles, Iracema oder zum Centro kostet 25 R\$. Bus 404 „Aeroporto" (1,80 R\$) pendelt ganztägig in ca. 20 Minuten zwischen dem Flughafen und der Rua Pedro Pereira (nahe Ecke Rua General Sampaio) im Centro. Bus 27 „Siqueira/Papicu/Aeroporto" hält in der Av Dom Luiz gleich östlich der Praça Portugal in Meireles. Im Centro besteht Busanschluss nach Iracema und Meireles. Aus Sicherheitsgründen sollte

man abends oder nachts jedoch keinesfalls im Stadtzentrum umsteigen.

BUS

Die Busse „Circular 2" (1,80 R\$; ab Rua Castro e Silva) und „Iguatemi–Centro" (3,50 R\$; ab Praça da Ferreira bzw. Igreja da Sé) fahren vom Centro nach Iracema und Meireles. Der „Circular 2" folgt der Av Almirante Barroso und Av Abolição, während die Route „Iguatemi–Centro" über die Av Monsenhor Tabosa und Av Abolição führt.

Mit dem „Circular 1" (1,80 R\$) geht's von Meireles (Av Abolição) nach Iracema (Av Almirante Barroso), zum Centro Dragão do Mar und zum Centro (Av Alberto Nepomuceno and Rua João Moreira).

Die Praia do Futuro ist mit Top-Bus 049 (ab Mercado Central, Av Almirante Barroso oder Av Abolição) und der Linie „Caça e Pesca" ab Meireles (Av Beira Mar) erreichbar.

STRÄNDE SÜDÖSTLICH VON FORTALEZA

Die Küste südöstlich von Fortaleza wird in der Werbung als Costa Sol Nascente (Küste des Sonnenaufgangs) gepriesen. Hinter ihren vielen schönen Stränden erheben sich oft Dünen. Allerdings werden die ersten 100 km ab Fortaleza zunehmend erschlossen und ausgebaut. Etwa 10 km landeinwärts verläuft der Hwy CE-040 durch eine überwiegend flache, trockene Landschaft mit Strauchwerk, verkümmerten Bäumen und ein paar Seen.

CANOA QUEBRADA
☎ 0xx88 / 3000 Ew.

Canoa Quebrada war einst durch rosa Riesendünen von der Außenwelt abgeschnitten und bei frühen Hippie-Travellern beliebt. Von 1990 bis ins neue Jahrtausend hinein zählte das winzige Dorf dann zu Brasiliens beliebtesten Reisezielen. Heute scheint der Tourismus die Seele Canoas ausgesaugt zu haben: Als Opfer der Bau- und Abrisswut von Brasiliens Schickeria erntet der Ort bei Einheimischen kaum noch gute Kritiken.

Trotzdem hat das wunderschöne Canoa bis heute Dutzende Pousadas, viele Restaurants und ein brummendes Nachtleben. Die zerklüfteten, erodierten Sandkliffs hinter dem schmalen Strand vermitteln immer noch etwas von der überweltlichen Atmosphäre, für die das Dorf einst berühmt war: Hier wird Canoas Schokoladenseite offensichtlich. Ab-

CEARÁS KÜSTE

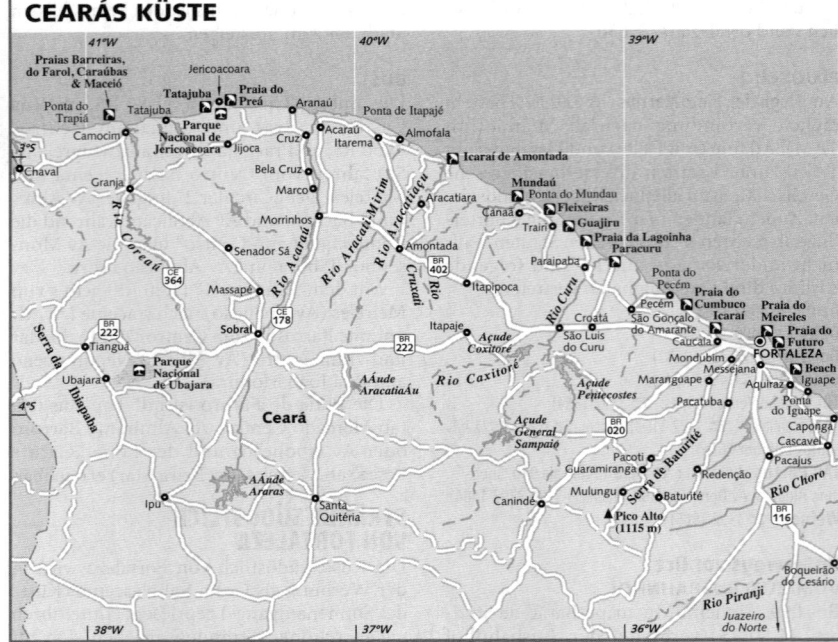

gesehen vom Strand gehören Kitesurfen (Saison Juli–Dez.), Segeltörns mit *jangadas* und das Erkunden der endlosen Strände bzw. Dünen per Buggy zu den hiesigen Hauptattraktionen.

Orientierung & Praktische Informationen

Als Hauptstraße verläuft die Rua Principal oder Rua Dragão do Mar auf dem Kamm des Hügels, an dessen Hang sich Canoa bis hinunter zum Strand erstreckt. Der verkehrsberuhigte Teil der Rua Principal vereint als Broadway die meisten Restaurants und Bars.

Gegenüber der Bushaltestelle steht ein einsamer Geldautomat der **Banco de Brasil** (Rua Dragão do Mar), der aber sehr unzuverlässig bzw. oft defekt und möglicherweise von Kartenfälschern präpariert ist. Wer mit genügend Bargeld anreist, spart sich daher eine Menge potenzieller Ärger. Die nächstgelegenen Bankfilialen mit international vernetzten Automaten (Bradesco und Banco do Brasil) gibt's 13 km südwestlich in Aracati. Die **Pousada Latin Pirates** (Rua Dragão do Mar; 3,50 R$/Std.; ☺ 9–22.30 Uhr) hat einen Internetzugang.

Aktivitäten & Geführte Touren

Auf beiden Seiten von Canoa liegen hohe Dünen und einsame Strände, die man sich unbedingt anschauen sollte. Die eigene Pousada empfiehlt Buggyfahrer. Für ca. 120 R$ können maximal vier Personen an ein- bis zweistündigen Buggytrips durch die Dünen nördlich des Orts teilnehmen. Auch Ausflüge mit Quadbikes sind beliebt. Eine längere Tour folgt der herrlichen Klippenküste zum 30 km entfernten Ponta Grossa im Südosten (hin & zurück ca. 200 R$, einfache Strecke 1½ Std.). Buggyfahrten bis hinaus nach Natal kosten 1700 R$.

Die besten Möglichkeiten zum Kitesurfen warten 12 km nordwestlich im Mündungsbereich des Rio Jaguaribe. **Kite Surf Adventure** (☎ 8813 5891; jmdusa1@netzero.com; Kurse 800 R$/12 Std.) und **Brasil Kite Flat Water** (☎ 9604 4953; www.brasil kiteflatwater.com; Kurse 100 R$/Std.) sind empfehlenswerte Schulen.

Schlafen

Canoas zahlreiche Pousadas gehören häufig Ausländern und bieten generell einen hohen Standard.

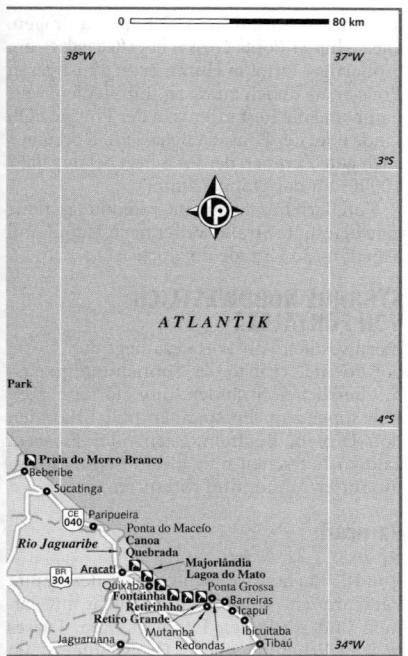

Pousada Europa (☎ 3421 7004; Rua Nataniel Pereira; EZ/DZ mit Ventilator 35/45 R$; 🖥 🛰) Canoas bekanntestes Backpackerquartier ist all den Terz kaum wert und nur etwas bei extrem schmalem Geldbeutel: Zum Recherchezeitpunkt gab's hier eine abstoßende Rezeption, übermäßig einfache Zimmer und einen unordentlichen Gemeinschaftsgarten mit Pool. Deutlich besser sind deshalb das California oder Toby mit beinahe budgetmäßigen Hauptsaisonpreisen.

LP Tipp **Pousada Califórnia** (☎ 3421 7039; www.californiacanoa.com; Rua Nascer do Sol 136; EZ/DZ/3BZ ab 100/110/140 R$; 🛰 🛰 🛰) Die 28 feschen, komfortablen Zimmer der beliebten Pousada liegen auf beiden Straßenseiten. Es gibt einen hübschen Hof mit geselligem Bar- und Poolbereich. Im relaxten Frühstücks- und Fernsehraum des neuen Anbaus bekommt man ganztägig Gratiskaffee und -obst. Dank einem britischem Eigentümer und dem niederländischem Management ist das Ganze gut organisiert.

Pousada do Toby (☎ 3421 7094; www.pousadadotoby.com; Rua Leandro Bezerra 143; Zi. 100–350 R$; 🛰 🛰 🛰) Dieses Wahrzeichen Canoas ist seit 1990 im Geschäft. Das Spektrum der sauberen, coolen und attraktiven Zimmer reicht von Mittelklasse bis gehoben. Die Dachterrasse punktet mit mehreren Pools und Panoramablick, während das Restaurant echte Nachtschwärmer bis 14 Uhr mit Frühstück beglückt.

Pousada Azul Marinho (☎ 3421 7003; www.azulmarinho.com; Rua Leandro Bezerra; EZ/DZ 130/160 R$; 🛰 🛰 🛰) Die kleine Luxuspousada könnte genau das Richtige sein: Die lediglich fünf vertraulichen Zimmer haben Hängematten, große Bäder und teils auch Himmelbetten. Wer möchte, kann im Bett frühstücken. Der Pool und die große Veranda vor den Zimmern begeistern mit ungehindertem Atlantikblick.

Pousada Dolce Vita (☎ 3421 7213; www.canoaquebrada.it; Rua Descida da Praia; Zi. 130–220 R$; 🛰 🛰 🛰) Das freundliche, relaxte Dolce Vita steht in einem Garten mit Palmen, Blumen, Rasenflächen und wunderschönem Pool. Die überdurchschnittlich charaktervollen Hütten mit neuen LCD-Fernsehern und Kinodeko sind jeweils nach einem anderen Fellini-Film benannt.

Essen

Cabana (☎ 3421 7018; Rua Principal; Hauptgerichte 8–37 R$; ⏲ Di–Fr 17–23.30, Sa & So ab 12 Uhr) Echt selten im Nordosten: Seit fast 20 Jahren serviert das Cabana durchgehend gute Gerichte aus aller Welt (Tipp: Filet Mignon mit Roquefort). Die klasse Kellner kamen tatsächlich an unseren Tisch zurück und fragten, ob alles in Ordnung war – traumhaft!

Lazy Days (☎ 8801 5996; Rua Dragão do Mar 999; Hauptgerichte 11–36 R$; ⏲ Fr–Mi 9–17 Uhr, Do abends) Am östlichen Strandende liegt die beste der Beach-*barracas* unter Canoas malerischen roten Klippen. Neben exzellenten Meeresfrüchten und Currys serviert sie auch ein tolles Abendbarbecue (nur Do). Obwohl die Küche manchmal etwas schwächeln soll, ist das Lokal nun beliebter denn je: *Globo* drehte hier kürzlich eine populäre Seifenoper.

Bar Evolução (☎ 3421 7291; Rua Eliziário 146; Pizzas 12–22 R$; ⏲ 18–24 Uhr) Der nette kleine Italiener ist abends besonders atmosphärisch. Im schattigen Freiluftbereich werden dünnkrustige Pizzas aufgetischt, deren Mozzarella direkt vom Bauernhof stammt.

El Argentino (☎ 3421 7123; Rua Nascer do Sol; Hauptgerichte 20–150 R$ ⏲ Mo & Mi–Fr 18–24, Sa & So 12–24 Uhr) Gleich abseits vom Broadway gibt's hier *rodízio* (All-You-Can-Eat; 36 R$) und Canoas bestes Grillfleisch.

Ausgehen & Unterhaltung

Canoa erübrigt eine Abendplanung: Einfach den Broadway entlangschlendern und schauen, was los ist. Der größte Betrieb herrscht meistens im Caverna, das am Straßenende in Richtung Strand mit Darts und Poolbillard aufwartet.

Die *barraca* Freedom veranstaltet nächtliche Reggaepartys am Strand (Fr & So ab ca. 1 Uhr).

An- & Weiterreise

BUS

Verbindung nach/ab Fortaleza besteht per Bus (15 R$, 3 Std., 5-mal tgl.) oder Tourvan (40 R$, 2 Std., 15.30 Uhr; s. S. 623). Los geht's jeweils vor dem Hotel Tropicalia nahe dem Geldautomaten der Banco do Brasil. Von Rio Grande do Norte her müssen Buspassagiere 13 km südwestlich von Canoa in Arcati aussteigen. Mit etwas Glück hält dort ein São-Benedito-Bus der Route Fortaleza–Canoa (1,50 R$, 9, 11.30, 13.40 & 16.30 oder 20.20 Uhr). Alternativ starten Minibusse (2 R$, 6–20 Uhr ca. alle 30 Min.) an der etwa 1 km entfernten Igreja Matriz in Arcatis Zentrum. Ansonsten fahren auch Taxis (25 R$) fix nach Canoa.

SÜDÖSTLICH NACH RIO GRANDE DO NORTE

Der Straßenzugang zu diesem Küstenstreifen ist beschränkt, deshalb finden sich hier ein paar herrliche, einsame Strände und kleine Fischerdörfer. Das ist klassisches Strandbuggy-Territorium: ein großartiger Ausflug ist eine Buggyfahrt von Canoa Quebrada den Strand entlang nach Ponta Grossa (30 km).

Der erste Ort nach Canoa Quebrada ist **Majorlândia**, 7 km südöstlich, ein beliebtes Resort, das an den Wochenenden überlaufen ist. Weitere 4 km südöstlich liegen die auffälligen, kalkweißen Sandsteinklippen von **Quixaba**, einem Fischerdorf, das für seine Garnelen bekannt ist. Von den Klippen aus, die durch Einschnitte zwischen Kakteen und Palmen gegliedert werden, kann man auf die rosa Hügel von Canoa Quebrada zurückblicken.

Der Strand beim nächsten Fischerdorf **Lagoa do Mato** bietet Dünen, Klippen und Kokospalmen. Der Platz ist auch gut geeignet zum Schnorcheln. Die malerischen Ortschaften **Fontainha**, **Retirinho** und **Retiro Grande** folgen im Abstand einiger Kilometer aufeinander, ehe man **Ponta Grossa** erreicht, hinter dessen ge-

krümmtem Strand bunte Klippen aufragen. Gleich hinter Ponta Grossa liegt **Redondas** – ein großartiger Ort, um Hummer zu günstigeren Preisen als üblich zu essen. Empfehlenswert dafür sind die Restaurants in der Pousada Oh Linda oder der Pousada Beija-Flor. Dort gibt's auch gute Zimmer, der Preis liegt bei ungefähr 100 R$ für das Doppelzimmer.

Von Barreiras, 8 km hinter Redondas, führt eine befestigte Straße weiter nach Icapuí und Tibaú in Rio Grande do Norte.

STRÄNDE NORDWESTLICH VON FORTALEZA

Nordwestlich von Fortaleza liegt die „Costa Sol Poente" (Küste des Sonnenuntergangs) mit herrlichen Stränden. Ihre Dörfer eignen sich super zum Entspannen und Erkunden von Dünen, Buchten, Seen oder Flüssen. Zudem herrschen hier ideale Bedingungen für Surfer, Wind- und Kitesurfer.

Paracuru

☎ 0xx85 / 32500 Ew.

Rund 95 km nordwestlich von Fortaleza säumt Paracuru eine geschwungene Bucht mit Palmen und rustikalen Fischerbooten. Dieses beliebte Erholungsziel der Großstädter ist am Wochenende manchmal ziemlich belebt, unter der Woche aber recht ruhig. Zudem hat Paracuru für seine Größe einen guten Karneval.

Hier kann man ganzjährig prima surfen, während die Bedingungen zum Kitesurfen von August bis Januar zu den besten Brasiliens zählen (optimal: Nov. & Dez.) – insbesondere 4 km östlich des Stadtzentrums.

Vom Busbahnhof Fortaleza fahren pro Tag mindestens zwölf Busse nach Paracuru (9 R$, 2 Std., 6–18 Uhr).

SCHLAFEN & ESSEN

Pousada Villa Verde (☎ 3344 1181; www.pousadavilla verde.webnode.com; Rua Professora Maria Luísa Sabóia 205; EZ 50–60 R$, DZ 60–70 R$; ❄) Die freundliche Pousada hat hübsche, saubere Zimmer mit Verandas. In ihrem schönen, großen und grünen Garten stehen hohe, schattige Bäume. Das strandnahe Gelände liegt nur 150 m westlich der Kirche am zentralen Platz.

Fórmula 1 (☎ 3344 2048; Praia da Munguba; Hauptgerichte für 2 Pers. 35–65 R$; ❄ 10–24 Uhr) Das bekannte Restaurant an Paracuru Zentralstrand serviert z. B. Schnecken als Spezialität des Hauses. Es eignet sich ansonsten super für ein paar kalte Bierchen und bekommt bei Flut etwas Salzwasser ab. Das Wohnhaus des französischen Eigentümers Michel steht 2 km hinter dem Strand. Dort gibt's gute, geräumige, farbenfrohe und klimatisierte Gästezimmer (EZ/DZ 70/100 R$) mit Poolbenutzung.

Paiol (☎ 3344 2890; Rua Ormezinda Sampaio 811; Hauptgerichte für 2 Pers. 25–34 R$; 🕙 11–3 Uhr) Pizza, Pasta, Meeresfrüchte und Fleisch im hübschen Hof.

Praia da Lagoinha
☎ 0xx85

Rund um die Landspitze nordwestlich von Paracuru bzw. 45 Straßenkilometer entfernt liegt die herrliche Praia da Lagoinha mit Kokospalmen, *jangadas* und einer tiefen Kleinlagune in Dünennähe. Trotz starker Konkurrenz zählt der breite Sandstrand zu den besten und schönsten des Bundesstaats. Er erstreckt sich über 15 km gen Nordwesten und ist trotz begonnener Großbaustellen bislang kaum erschlossen – prima für Kurztrips ab Fortaleza!

Die **Pousada Mar à Vista** (☎ 9680 4436; www.pousadamaravista.cjb.net; Av Azevedo 78910; Zi. mit Ventilator 50 R$, Zi. mit Klimaanlage 75–100 R$; 🍴 🖥 🅿) oberhalb der Klippen ist eine beliebte Budgetoption unter chilenisch-schwedischer Leitung. Zum Recherchezeitpunkt war sie gerade wegen Generalrenovierung geschlossen. So wird die herrliche Aussicht bald durch einen neuen Pool, eine Dachlounge, ein Terrassenrestaurant und eine Strandbar mit Treppenzugang zum Strand ergänzt werden.

Pousada Vivamar (☎ 3363 5046; www.vivamarhotel.com.br; Praia da Lagoinha; EZ/DZ 120/180 R$; 🍴 🖥 🅿) In malerischer, direkter Strandlage gibt's hier gute, saubere Zimmer. Die nettere und luxuriösere Atmosphäre des 50 m entfernten Schwesterhauses erinnert fast an ein Resort.

Marzari (☎ 3363 5078; Av Beira Mar s/n; Hauptgerichte für 2 Pers. 41–84 R$; 🕙 8–16 Uhr) Nach dem Erfolgsrezept von Fortalezas beliebten *barracas* serviert das Marzari fabulösen Fisch, *moquecas* (Meeresfrüchte-Eintopf im Tontopf) und Seafood-Risottos auf einem grandios gelegenen Strandanwesen. Obwohl hier oft Gruppen von Tagesausflüglern aus Fortaleza einkehren, heißt das Lokal auch Individualreisende willkommen. Zudem bietet es Gepäckschließfächer für Badewillige an.

Vom Busbahnhof Fortaleza rollen täglich zwei Direktbusse zur Lagoinha (28,40 R$, 3 Std., 6.30 & 15.45 Uhr). Alternativ geht's per Bus nach Paraipaba (11 R$, 2½ Std., 13-mal tgl.), wo Minibusse (2,50 R$, 15 Min.) für die Reststrecke bereitstehen. Außer sonntags fahren auch täglich zwei Busse ab Paracuru (5 R$, 1½ Std., 10 & 17 Uhr) hierher.

Mundaú, Fleixeiras & Guajiru
☎ 0xx85

Die herrlichen, einsamen Strände Mundaús liegen 150 km von Fortaleza entfernt (über Hwy CE-085 und CE-163). Auch Fleixeiras und Guajiru (13 bzw. 18 km östlich von Mundaú) sind traditionelle Fischfanggebiete mit breiten Supersandstränden, Dünen und vorgelagerten Riffen. Trotz steigender Beliebtheit als Wochenend- und Ferienziel ab Fortaleza sind diese Strände noch relativ unerschlossen – und somit prima zum Nichtstun in malerischer Umgebung.

Das gut geführte **Estrela de Mundaú Hotel** (☎ 3351 9063; www.estrela.cc; Rua Vila Nova 50; Zi. 95 R$; 🍴 🅿) im Dorf Mundaú hat einige Zimmer mit Meerblick und einen riesigen Tropengarten mit Pool. Das Personal spricht auch Deutsch. Direkt am Strand gibt's ein paar einfachere Pousadas. Das **LP Tipp** **Pousada Beach Hotel** (Rua da Praia 537, Mundaú; Hauptgerichte für 2 Pers. 18–48 R$; 🕙 mittags & abends) an Mundaús Strand serviert Paella, die man probieren muss. Diesen Mix aus *barraca* und Pousada leitet ein Brite, der zehn Jahre in Barcelona gelebt hat.

Vom Busbahnhof Fortaleza fahren Busse nach Fleixeiras (16 R$, 3 Std., 4-mal tgl.) und Mundaú (18 R$, 4 Std., 2-mal tgl.).

ICARAÍ DE AMONTADA

Am Ende einer unbefestigten, 30 km langen Straße liegt Icaraí de Amontada an einer wunderschönen Bucht. Rund 195 km von Fortaleza entfernt und somit außer Reichweite von dessen Tourbussen findet man hier ein Toprevier zum Windsurfen (am besten: Juli–Dez.). Icaraí ermöglicht völliges Relaxen – abgesehen vom Windsurfen ist die morgendliche Heimkehr der Fischer das wichtigste Tagesereignis. Zu der kleinen Handvoll Pousadas mit gutem Standard zählt die **Pousada Les Alizés** (☎ 0xx88-3636 3006; www.lesalizes.com.br; EZ/DZ 115/150 R$; 🍴 🅿) in einem netten, strandseitigen Garten am östlichen Buchtende. Vom Busbahnhof Fortaleza fährt täglich ein Bus hierher (24 R$, 4½ Std.).

JERICOACOARA
☎ 0xx88 / 3000 Ew.

Das schwer erreichbare Jericoacoara alias „Jeri" fasziniert Traveller mit einer perfekten

Mischung: Seine einsame Lage in einem weitläufigen Nationalpark am oberen Rand Brasiliens ist landesweit einzigartig. Und dann gibt es hier noch attraktive Aktivitäten in herrlicher Küstenlandschaft sowie preisgünstige Pousadas, Restaurants und Ausgehoptionen. Die sechs sandigen Dorfstraßen zwängen sich zwischen einen breiten Strand, eine Reihe grasbewachsener Hügel und die majestätische Düne Pôr do Sol (Sonnenuntergang). Sie steht für einen der schönsten Sonnenuntergänge Südamerikas und lässt drinkbewehrte Scharen allabendlich den Gipfel von Jeris Reiz erleben: Der mächtige Sandberg gehört weltweit zu den wenigen Orten, an denen angeblich ein „Smaragd-Sonnenuntergang" auftritt. Bei diesem seltenen Phänomen erstrahlt der Himmel eine Millisekunde lang in Grün, bevor die Sonne endgültig hinter dem Horizont versinkt – Kamera mitbringen!

Der brasilianische Folklorefaktor von Jeris magischem Charme wird zudem künstlich, aber sinnvoll gefördert: Unterirdische Stromleitungen erhalten die natürliche Beleuchtung durch den nächtlichen Sternenhimmel. Die ganze Hauptstraße macht dies jedoch mit zu viel Hektik und Kommerz wieder zunichte.

Orientierung & Praktische Informationen

Obwohl Jeri für Fahrzeuge ohne Genehmigung tabu ist (außer an ein paar Feiertagen), herrscht hier doch mehr Verkehr als herrschen sollte. In Richtung Strand verlaufen die sandigen Hauptstraßen parallel zueinander. In der Mitte liegt die Rua Principal, wo Busse aus Fortaleza am zentralen Platz halten. Östlich davon erstrecken sich Rua do Forró und Rua da Igreja, während man Rua São Francisco, Rua das Dunas und Rua Novo Jeri westwärts gen Dünen findet. Am Ende der Rua São Francisco liegt die „Wäschereizone".

Viele Pousadas und Restaurants akzeptieren Visa oder MasterCard.

Banco do Brasil (Jijoca; ☼ Geldautomat 6–17 Uhr) Nächstgelegener internationaler Geldautomat im 23 km entfernten Jijoca; dorthin fahren Jeeps (einfache Strecke 10 R$), die täglich zwischen 7 und 8 Uhr vor der Paderia Jeripan an der Rua São Francisco starten. Alternative: Buggys (hin & zurück 100 R$).

Cyber Cachaça (Rua Principal; Internet 4 R$/Std.; ☼ Mo–Sa 9–23, So 14–23 Uhr)

Global Connection (Rua do Forró; Internet 2,50 R$/Std.; ☼ Mo–Sa 11–23, So 13–23 Uhr)

Supermercado Tem de Tudo (Rua Principal; ☼ 7–24 Uhr) Umsatzabhängig gibt dieser Supermarkt manchmal Bares zurück.

Aktivitäten

Stetige Winde zwischen Juli und Januar machen Jeri zu einem Topziel für Wind- und Kitesurfer. Die riesigen Dünen sind prima Sandboarding-Spots, während allabendlich Capoeira-Kurse am Strand stattfinden. Gute Wellen zum Surfen gibt's ebenfalls. Wer es ruhiger mag, kann Yogakurse belegen, mit *jangadas* segeln, die Dünen und Seen außerhalb des Orts per Buggy besuchen oder zum Felsbogen **Pedra Furada** 3 km östlich von Jeri wandern.

BUGGYFAHRTEN

Buggyfahrten lassen sich über Pousadas, örtliche Agenturen oder die **Associação dos Bugueiros** (Vereinigung der Buggyfahrer; ☎ 3669 2284; www.jabjeri.com.br; Zentralplatz, Rua Principal) organisieren. Da bis zu vier Personen mitfahren können und der Preis für den ganzen Buggy (inkl. Fahrer) gilt, lohnen sich Gemeinschaftstrips. Auch die hilfsbereite, ökobewusste Agentur **Jeri Off Road** (☎ 3669-2268; www.jeri.tur.br; Travessa da Rua do Forró 207) organisiert kürzere und längere Buggy-Abenteuer.

Besonders eindrucksvoll sind Ausflüge zu den **Lagoas do Paraíso** und **Azul**, die landeinwärts nahe Jijoca liegen (Hauptsaison 220 R$/5 Std.). Mit **Tatajuba** (250 R$/5 Std.) wartet 18 km weiter westlich ein weiteres tolles Ziel: Dieses strandseitige Fischerdorf säumt eine Flussmündung mit Tidenhub. An der großen Lagune in den dahinter befindlichen Dünen stehen *barracas*. Da eine der Dünen das alte Tatajuba verschluckte, musste es Stein für Stein verlegt werden. Der frühere Standort der Kirche ist immer noch zu erkennen.

CAPOEIRA

Auf die Kurse am Strand (20 R$, 1½ Std., 8 & 16 Uhr) folgt eine stets beliebte *roda de capoeira* (öffentliche Capoeira-Vorführung) zu Sonnenuntergang. Die **Pousada Solar da Malhada** (☎ 3669 2094; Rua da Igreja) veranstaltet ebenfalls Kurse für jedermann (Mo–Fr 20 Uhr).

KITESURFEN

Als bestes Regionalrevier zum Kitesurfen säumt die Praia do Preá den Strand 10 km östlich von Jeri. Hier findet man mit dem **Kite Club Preá** (☎ 3669 2359; www.kiteclubprea.com) ein offizielles Zentrum der IKO (International Kiteboarding Organization), das Kurse (380 R$/4 Std.), Leihausrüstung (ca. 150 R$/4 Std.) und geführtes Kitesurfen anbietet. Alternative: Der englischsprachige Superlehrer **Marcio Hernandez** (☎ 9922 2614) mit neunstündigen Kursen für 750 R$.

SURFEN & SANDBOARDEN
Prima Surferwellen (am besten: ca. März–Mai) brechen sich direkt vor Jeris Strand. Gleich hinter diesem liegt **Roots Brasil** (☎ 9910 0778; Rua do Forró) mit Surfkursen (50 R$/Std.) sowie Surfbrettern (pro Std./Tag 20/60 R$) und Sandboards (8 R$/Std.) zum Ausleihen.

WINDSURFEN
Die von Ost nach West verlaufende Küste sorgt fast ganzjährig für wunderbare Winde (am besten: Juli–Jan.). In Jeri finden internationale Windsurfing-Wettbewerbe statt. Der strandseitige **ClubeVentos** (☎ 3669 2287; www.clubventos.com; Kurse für Anfänger/Fortgeschrittene pro 1½ Std. 120/215 R$, Leihausrüstung pro 3 Std./1 Tag/2 Tage 104/165/260 R$) gleich östlich der Rua do Forró ist professionell und gut ausgestattet, aber teurer als andere Anbieter. Dieses Abeta-Mitglied verleiht auch Kajaks, Surfboards und Bretter fürs Stand-Up-Paddeln. Wer Leihausrüstung vorher online reserviert, bekommt hier 10 % Rabatt.

Geführte Touren
Buggy-Tagestrips (S. 632) werden durch Buggy- und Jeeptouren ergänzt, die westwärts bis Parnaíba (S. 639) und zu den Lençóis Maranhenses (S. 652) hinausführen – zwar teurer, aber bequemer als öffentliche Verkehrsmittel. Gute Agenturen sind die Pioniere von **Jeri Off Road** (S. 632) und **Jeri Moon** (☎ 3669 2231; Rua da Travessa Smael; www.jerimoon.com). Mehrere Agenturen in Fortaleza bieten ebenfalls organisierte Ausflüge ab Jeri an.

Schlafen
Jeri hat etliche Pousadas und kleine Hotels.
Hostel Jeri Brasil (☎ 3669 2263; www.jeribrasil.com.br; Rua da Matriz 305; B/Zi. ab 30/80 R$; 🕸 🛜) In diesem neuen HI-Hostel herrschte zum Recherchezeitpunkt gerade Komplettchaos wegen Generalrenovierung. Anscheinend gibt's hier eine kleine Gästeküche und einfache, klimatisierte Zimmer mit TVs, Gepäckschließfächern und Warmwasserduschen. Die Schlafsäle für sechs Personen sind nach Geschlechtern getrennt.

Jeri Bed & Breakfast (☎ 3669 2268; www.jeri.tur.br; Rua do Forró; EZ/DZ/3BZ mit Ventilator 60/80/100 R$) Das englischsprachige Personal von Jeri Off Road verwaltet hier drei reizende Quartiere, zu denen noch fünf weitere hinzukommen sollen. Zimmertresore, Fernseher, super Warmwasserbäder, gepflegte Betten, Hartholzböden und schöne, freiliegende Backsteinwände sorgen darin jeweils für ein unschlagbares Preis-Leistungs-Verhältnis.

Vila dos Ipês (☎ 3669 2241; www.viladosipespousada.com.br; Rua São Francisco 50; EZ 100–150 R$, DZ 170–250 R$; 🕸 🛜) Die charmante kleine Pousada in unmittelbarer Strandnähe besitzt einen Garten unter schattigen Palmen. Ihre farbenfrohen Zimmer mit attraktiven Holzböden, -türen und -treppen erstrecken sich teilweise über zwei Etagen. Auf der Terrasse mit Meerblick labt man sich gratis an Mini-Tapiokas oder Crêpes. Wermutstropfen: Der Eigentümer verlangt von Ausländern stets brasilianische Bankeinlagen.

Pousada Casa do Turismo (☎ 3669 2286; www.casadoturismo.com; Rua das Dunas; Zi. ab 150 R$; 🕸 🛜 🖥) Die süße kleine Pousada in Violett hat günstige, wenn auch recht beengte Zimmer an einem weitläufigen Garten mit Poolbereich.

Pousada Jeribá (☎ 3669 2206; www.jeriba.com.br; Rua do Ibama; EZ/DZ ab 270/300 R$, 🕸 🛜 🖥) Eine wunderschöne Neueröffnung: Hier stehen geschmackvolle Bungalows mit freiliegenden Backsteinwänden zwischen den Tropenpflanzen und Drillingsblumen eines bunten, üppigen Gartengeländes. Die geräumigen Zimmer verfügen über herrliche Hartholzverandas mit Hängesesseln. Die Terrasse mit Lounge, Meer- und Dünenblick ist nahezu perfekt zum Entspannen.

LP Tipp **Vila Kalango** (☎ 3669 2289 www.vilakalango.com.br; Rua das Dunas 30; Zi./Bungalow ab 270/460 R$; 🕸 🛜 🖥) Die runden, luxuriösen Backsteinbungalows sind seit vielen Jahren sehr beliebt. Als kleine „Rettungskapseln" mit Treibholztreppen stehen sie teilweise auf Stelzen. Darin gibt's wunderschöne Himmelbetten und Möbel aus einheimischem Holz. Weiterhin vorhanden sind ein kleines Spa, ein attraktiver Pool und ein sandiger Loungebereich. Turteltauben aufgepasst: Die Bäder bieten nicht allzu viel Privatsphäre.

Essen
Für einen so kleinen Ort hat Jeri eine große Auswahl an hervorragenden Lokalen, von denen einige auch Vegetarisches servieren.

Café Brasil (☎ 3669 2272; Sandwiches 3–15 R$; Beco do Guaxeló 65A; ☻ 13–22.30 Uhr) In einer Gasse zwischen Rua Principal und São Francisco tischt das fesche Café Brasil z. B. riesige Vollkornsandwiches (10 R$) mit natürlichen Zutaten auf, die für mehrere Personen reichen. Auch Salate, Kaffee, Kuchen, Säfte und Fruchtshakes sorgen hier stets für eins von Jeris besten Menüs.

Pizza Dellacasa (☎ 9962 3640; Rua Principal; Pizzen 8,50–32 R$; ☻ abends) Einem Paulista (Einwohner São Paulos) zufolge gibt's hier Jeris beste Pizza. Real ist diese zwar meilenweit von *pizza paulistana* entfernt, doch die eisgekühlten Getränke mit leckeren Aromen (z. B. Mango, Mandarine, Passionsfrucht) sind in dieser Hitze ein echtes Himmelsgeschenk.

Cantina Jeri (Rua do Forró; Pasta 14,50–22,50 R$; ☻ mittags & abends, Nebensaison Mi geschl.) Die ungemein lange und gute Pasta- und Risottokarte bietet ein tolles Preis-Leistungs-Verhältnis: Die Gerichte werden direkt in der Pfanne serviert und sind theoretisch für eine Person gedacht, füllen aber locker zwei Mägen. So fällt der mittelteure Italiener ganz fix in die Kategorie „günstig".

LP Tipp **Tamarindo** (☎ 9962 4301; Rua da Farmacia; Hauptgerichte 18–56 R$; ☻ abends) Jeris bei Weitem einfallsreichstes Lokal liegt im Schatten eines riesigen Tamarindenbaums. Fast alle Gerichte garen im Backsteinofen – normal bei Pizza, aber nicht bei exquisiten Spezialitäten wie brasilianischem Filet Mignon mit Nusskruste oder Fisch der Saison mit gegrillten Mangos. Auch Personal, Service und die Cocktails (eisgekühlte *tangeroskas* mit Ingwer) sind in der Gegend konkurrenzlos.

Chocolate (☎ 9948 5536; Beco do Chocolate; Hauptgerichte 22–59 R$; ☻ 16–24 Uhr) Als charismatische Küchenchefin und Eigentümerin kredenzt Pat Gâteau hausgemachte Desserttörtchen, die zu den besten Brasiliens zählen und dem reizenden Lokal seinen liebevollen Namen geben. Zuerst empfehlen sich aber die super Risottos – insbesondere die amazonische Spezialvariante mit *tucupi* (Saft wilder Maniokwurzeln) und *jambú* (amazonische Kräuterart).

Peixaria Peixe Brasileiro (☎ 9969 2173; Beco do Guaxeló; Fisch 30 R$/kg; ☻ abends) Tolle Idee ein paar einheimischer Fischer: Man betreibe tagsüber eine *peixaria* (Fischladen) und stelle abends nette Tische an eine sandige Gasse, um Touristen mit ganzen Fischen vom Kohlegrill zu verköstigen. Gäste können ihr fangfrisches Abendessen – *pargo* (Red Snapper), *robalo*

(Wolfsbarsch), Garnelen und/oder *langosta* – selbst aus der Kühlbox auswählen. Ein echtes Erlebnis!

Pimenta Verde (☎ 9916 0577; Rua São Francisco; Hauptgerichte für 2 Pers. 42–46 R$; ☻ 14–23 Uhr) In diesem entzückenden kleinen Eckcafé serviert der Ex-Chefkoch des renommierten Carcará sein erinnerungswürdiges Essen. Der Tintenfisch *provençal* (Jeris bestes Gericht?) und das Filet mit grünen Pfefferkörnern sind gleichermaßen göttlich. Hübsche, künstlerische Deko-Elemente runden das kulinarische Glück ab.

Unterhaltung

Alles beginnt (und endet oft auch) im strandnahen **Planeta Jeri** (Rua Principal) mit seinen göttlichen Caipirinhas (5 R$) – allerdings fast nie vor 22 Uhr. Das vielfältige Musikprogramm reicht von Hip-Hop bis Samba. Alternativ stehen hier auch Cocktailkarren am Straßenrand, die mit Kreationen wie *maracujaroska* (Passionsfrucht plus Wodka) für alkoholische Abwechslung sorgen.

Nach Mitternacht tanzt das Feiervolk in der **Bar do Forró** (Rua do Forró; Grundpreis 5–10 R$; ☻ Mo, Mi, Fr & Sa 23.59 Uhr–open end) oder zu Reggae und Elektronik im **Mama África** (Rua Nova Jeri; Grundpreis 5–10 R$; ☻ Di, Do & So 22 Uhr–open end). Das etwas noblere und hippere **Tropicana** (Rua do Forró; Cocktails 7–18 R$; ☻ 16–1 Uhr) ähnelt den weißgetünchten Poolbars von South Beach/Miami. Zum Recherchezeitpunkt hatte es gerade erst eröffnet.

An- & Weiterreise

Von der Pousada do Norte fahren Busse täglich um 8 (direkt), 14.30 und 22.30 Uhr nach Fortaleza (38–50 R$, 6–7 Std.). In der Hauptsaison gibt's gelegentlich eine weitere tägliche Verbindung um 18.30 Uhr. Bustickets können vorab beim Verkaufsbüro in der Pousada erworben werden (nur Barzahlung!) oder direkt bei der Pousada, falls das Büro nicht besetzt sein sollte.

Selbstfahrer ohne Allradantrieb sollten ihr Auto bei der Anreise in Jijoca abstellen (10 R$/Tag). Von dort geht's mit Geländefahrzeugen (pro Buggy/Jeep 50/150 R$) über bzw. rund um weitläufige Dünen, Lagunen und flaches Buschland nach Jeri.

Von dort aus gelangt man am einfachsten, aber auch am teuersten per geführter Tour (S. 633) gen Westen. Am zweitleichtesten sind Buggy-Küstentrips nach Camocim (ca. 300 R$, max. 4 Pers., ca. 40 km), wo Busse nach Parnaíba oder Sobral halten. Als Drittoption rollen große, umgebaute Jeeps alias *lotações* ebenfalls nach Camocim (25–40 R\$, 1½ Std., tgl. 6.30 Uhr). **Carlinhos** (☎ 9932 8147) holt Passagiere direkt an deren Pousada ab. **Benone** (☎ 9917 5758) fährt einmal pro Woche nach Sobral (25 R\$, 2½ Std., Di 3 Uhr). Dort besteht z. B. Busverbindung nach Ubajara, Teresina, Camocim oder Parnaíba.

Von Westen her ist Jeri mit denselben Verkehrsmitteln in umgekehrter Reihenfolge erreichbar. Allrad-*lotações* starten in Camocim (tgl. 11.30 Uhr) und Sobral (Di 12 Uhr). Gegenüber vom Busbahnhof Sobral brechen Minibusse nach Jijoca auf (25 R\$, tgl. außer So ca. 10.30 Uhr).

CAMOCIM
☎ 0xx88 / 61 000 Ew.

Camocim im Nordwesten Cearás ist eine unscheinbare Marktstadt mit Fischereihafen. Nahe der Mündung des Rio Coreaú und der Grenze zu Piauí liegt es 40 km westlich von Jericoacoara. Nach dem Traveller-Trubel dort ermöglicht Camocim eine Rückkehr ins eigentliche Brasilien. Es wird kaum gezielt auf dem Reiseplan stehen, erlaubt aber einen angenehmen Zwischenstopp im Angesicht wunderschöner Fluss- und Dünenlandschaft.

An **Praia Barreiras**, **Praia do Farol**, **Praia Caraúbas** oder **Praia de Maceió** kann man sich in nächster Nähe bräunen und Kokosnüsse leerschlürfen. Dennoch ist Camocim für die allermeisten Traveller nur eine Durchgangsstation.

Praktische Informationen
Banco do Brasil (Rua José de Alencar; ☽ Mo–Fr 10–15 Uhr, Geldautomat tgl. 7–20 Uhr) Devisenumtausch und Geldautomat.

Inc-Camocim (☎ 3621 6800; www.incomingcamocim. com.br; Rua Alcindo Rocha 56; ☽ Mo–Fr 8–16, Sa 8–12 Uhr) Hilfreiche Agentur, die das Vorankommen in dieser Region mit nur wenigen öffentlichen Verkehrsmitteln erleichtert.

Schlafen & Essen
Hotel Ilha do Amor (☎ 3621 1570; www.hotelilhadoamor. com.br; Av Beira Mar 2081; EZ/DZ ab 85/95 R\$; ❀ ☀) Das geräumige, gut ausgestattete Ilha steht direkt gegenüber vom malerischen Uferbereich und hat komfortable Zimmer rund um einen Pool. Sein betagtes Inneres könnte mal eine Renovierung vertragen, aber schließlich ist man hier in Camocim.

O Fortim (Av Beira Mar; Hauptgerichte für 2 Pers. 23–33 R\$; ☽ 9–23 Uhr) Etwa 650 m unterhalb vom

Hotel Ilha liegt dieses einfache Meeresfrüchtelokal mit super Essen zu günstigen Preisen. Nicht nach dem schlichtem Erscheinungsbild oder dem ungehobelten Personal urteilen: Der Koch versteht sein Handwerk.

An- & Weiterreise
Von Camocims **Busbahnhof** (☎ 3621 0028; Praça Sinhá Trévia) fahren Busse nach Parnaíba (16,50 R\$, 2 Std., 16 Uhr), Sobral (11,50–15 R\$, 3 Std., 4- bis 5-mal tgl.) und Fortaleza (30–99 R\$, 7 Std., 4- bis 5-mal tgl.). Hinzu kommt ein täglicher Bus nach Ubajara (10,90 R\$, 3 Std., 14 Uhr). Er folgt einer neuen Straße, die Jeri nun direkter mit dem Parque Nacional de Ubajara (S. 636) verbindet.

Vom Mercado Central rollt ein Allradtruck und/oder Jeep nach Jericoacoara (35 R\$, 1½–3 Std., Mo–Fr 11 Uhr). Alternativ geht's mit mietbaren Strandbuggys (ab 230 R\$; verhandelbar) von Camocim nach Jeri.

SOBRAL
☎ 0xx88 / 182 000 Ew.

Sobral ist ein halbwegs bedeutendes Industriezentrum mit einer Uferpromenade am Rio Acaraú. Dennoch wird man an diesem heißen, gesichtslosen Ort wohl nur den Bus wechseln.

Busse fahren nach Camocim (12,50–16 R\$, 2½ Std., 1.15–20 Uhr, 5-mal tgl.), Fortaleza (25 R\$, 4 Std., 12-mal tgl.), Parnaíba (33–85 R\$, 5 Std., 5-mal tgl.), Ubajara (9,50–12,50 R\$, 2 Std., 6-mal tgl.) und zu weiter entfernten Zielen.

Gegenüber von Sobrals Busbahnhof starten Minibusse nach Jijoca (25 R\$, Mo–Sa 10.30 Uhr).

SERRA DE BATURITÉ
☎ 0xx85

Im Hinterland von Ceará gibt's nicht nur die kargen Landstriche des *sertão*. Hügelzüge unterbrechen die Monotonie des unter sengender Sonne schmorenden Landes. Die Serra de Baturité ist die Fortaleza am nächsten gelegene Hügelkette – eine grüne Insel, auf der Kaffee, Bananen und Blumen rund um die Klippen und zerklüfteten Felsnadeln der Hügel angebaut werden. Regenfälle mäßigen das Klima; die Abende sind recht kühl.

Die beiden hübschesten Dörfer auf den Höhen der *serra* (Gebirgszug) sind **Guaramiranga** und **Pacoti**, 99 bzw. 92 km von Fortaleza entfernt und über Straßen zu erreichen, die sich an üppig bewachsenen Hängen mit blühenden Bäumen in die Höhe winden. An praktisch jeder Kurve bietet sich ein fantastischer Ausblick. In den Dörfern finden sich hübsch bemalte Häuser; für weitere Farbtupfer sorgen die hier wachsenden tropischen Blumen. Der Besuch lohnt sich wegen des anderen Klimas und der schönen Landschaft. Außerdem kann man auf den vielen Wegen reiten oder wandern. Eine befestigte Straße führt hinauf zum Pico Alto (1115 m), dem höchsten Gipfel in der Gebirgskette, der 13 km von Guaramiranga entfernt ist. Sobald sich der Morgennebel lichtet, ist der Ausblick von hier über den *sertão* einfach großartig.

Schlafen & Essen

In Guaramiranga gibt es viel Unterkünfte und Restaurants in verschiedenen Preisbereichen. Im Umland gibt's weitere Übernachtungsoptionen. Da die Hügel ein beliebtes Wochenendziel ab Fortaleza sind, können die Preise von Freitag bis Sonntag höher sein. Viele Hotels servieren Mittag- und Abendessen.

Estância Vale das Flores (☎ 3264 6365; www.vale dasflores.com.br; Sítio São Francisco; Zi. ab 120 R$; 🍴 💷) Mit Pool, Angelsee, Spielen und Mietpferden bietet das attraktive Landhotel nahe Pacoti viele Aktivitäten an. Preisverdopplung am Wochenende.

Hotel Senac Guaramiranga (☎ 3321 1106; senac guaramiranga@ce.senac.br; Sítio Guaramiranga; EZ 120– 170 R$; DZ 150–190 R$; 🍴 🛜 💷) Das Senac ist gleichzeitig ein Ausbildungszentrum für Guaramirangas Hotelpersonal. Seine geräumigen Zimmer mit hölzernen Fensterläden haben meistens auch Verandas. Das üppige Gelände mit gutem Pool findet man 750 m abseits der Hauptstraße in der Rua Matos Brito.

Hofbräuhaus (☎ 3328 0004; www.hofbrauhaus-brasil. com; Estrada de Aratuba; DZ 125–150 R$; 🍴 🛜) Die rund 20 Berghütten bringen etwas Deutschland hierher (oder was man sich in Brasilien darunter vorstellt) und wurden jeweils von einem anderen Architekten/Künstler aus Ceará entworfen. Zudem gibt's herzhaftes Essen, WLAN (5 R$/Std.) und jede Menge Bier, von dem das erste aufs Haus geht, wenn man sich per E-Mail angemeldet hat. Liegt ca. 20 km von Guaramiranga entfernt hinter dem Dorf Mulungu.

An- & Weiterreise

Pro Tag fahren sieben Busse von Fortalezas Busbahnhof nach Pacoti (8,50 R$, 3 Std.) und Guaramiranga (10,50 R$, 3½ Std.).

PARQUE NACIONAL DE UBAJARA

☎ 0xx88

Rund 325 km westlich von Fortaleza liegt der Eingang zu diesem **Nationalpark** (Eintritt inkl. Führer 4 R$; ☉ Di–So 8–16 Uhr) 3 km außerhalb der Kleinstadt Ubajara. Die Hauptattraktionen hier sind riesige Höhlen, die Seilbahn, die zu ihnen hinabführt, und Wandern durch die bewaldete Umgebung. Das relativ kühle Klima auf 850 m Höhe bietet willkommene Erholung von der sengenden Hitze des *sertão*.

Höhlen

Neun Kammern mit seltsamen Kalksteinformationen reichen über 500 m tief in einen Berg hinein. Die Hauptformationen in den Höhlen sind **Pedra do Sino** (Glockenstein), **Salas da Rosa** (Rosensäle), **Sala do Cavalo** (Pferdesaal) und **Sala dos Retratos** (Portraitzimmer). Mit der **Seilbahn** (einfache Strecke 4 R$/Pers.; ☉ 9–14.30 Uhr) gelangt man vom Parkeingang schnell und leicht hinunter zur Höhle (letzter Einlass 14 Uhr). Die letzte Seilbahn nach oben fährt um 14.30 Uhr. Fans schöner Wanderungen erreichen die Höhlen alternativ über einen 7 km langen Pfad, der bergab an zwei Wasserfällen und einem Aussichtspunkt vorbeiführt. Wanderungen sind nur mit Guide (im Eintritt enthalten) erlaubt und beginnen jeweils am Parkeingang (8, 9 & 10 Uhr). Festes Schuhwerk und ausreichenden Getränkevorrat nicht vergessen! Zurück kann man dann die Seilbahn benutzen.

Schlafen & Essen

Sítio do Alemão (☎ 9961 4645; www.sitio-do-alemao.20fr. com; Sítio Santana; EZ 35–65 R$, DZ 50–80 R$; 🍴 💷) Rund 4 km außerhalb von Ubajara hat man hier 1,5 km vom Parkeingang entfernt eine herrliche Aussicht auf den *sertão*. Die rustikalen Hütten auf dem üppig bewachsenen Gelände werden von einem brasilianisch-deutschen Paar verwaltet. Im Angebot sind auch Trips zum regionalen Highlight namens Cachoeira do Frade, einer Reihe wunderschöner Wasserfälle in einer 25 km entfernten Schlucht. Touren zum Parque Nacional de Sete Cidades (S. 641) sind auch möglich, werden wegen starker Fahrzeugbelastung aber eher ungern organisiert.

Pousada Gruta (☎ 3634 1375; pousadagruta@hotmail. com; Sítio Amazonas; EZ/DZ 40/80 R$) Die kleine Pousada besitzt einfache Zimmer, von denen manche schicker sind als andere. Den Unterschied macht jedoch der Eigentümer bzw.

dessen Faible für Regionalspezialitäten. Dazu gehört z. B. Kaffee, der vor Ort mit *rapadura* (getrocknetem Zuckerrohrsaft) geröstet und mit Zuckerrohrhonig serviert wird – oder die Eigenerfindung *maracuchaça*: Diesen Killer-cocktail aus Cachaça und Passionsfrucht *(maracujá)* gibt's in deren gefrorener Schale.

Nevoar (☎ 3634 1312; Av Mons Gonçalo Eufrásio 171; Hauptgerichte für 2 Pers. 16–70 R$; ☻ mittags & abends) Das beste Restaurant vor Ort tischt gute Fisch- und Fleischgerichte aus der Region auf. Hinzu kommen eine kunterbunte, internationale Weinkarte und Sushi, das besser ist als in manchen Teilen Deutschlands (zumindest einem deutschen Touristen zufolge).

Anreise & Unterwegs vor Ort

Ab Ubajara fahren Busse nach Fortaleza (über Sobral; 27,50–35,50 R$, 6 Std., 6-mal tgl.) sowie um 7.30 Uhr nach Piripiri (15 R$, 2 Std.) und Teresina (35 R$, 6 Std.). Rund 17 km weiter nördlich gibt's weitere Verbindungen in Tianguá am Hwy BR-222. Von dort rollen Minibusse (2–4 R$, regelm.) und Taxis (30 R$) nach Ubajara. Zudem startet hier pro Tag ein Bus nach Camocim (10,90 R$, 3 Std., 9.30 Uhr), wo nach einer obligatorischen Übernachtung der beste Anschluss nach Jericoacoara besteht.

Von Ubajara aus ist der Parkeingang per pedes oder Taxi (12 R$) erreichbar.

JUAZEIRO DO NORTE

☎ 0xx88 / 250 000 Ew.

Juazeiro do Norte, 528 km von Fortaleza entfernt und im tiefen Süden Cearás gelegen, ist ein Anziehungspunkt für die Anhänger von Padre Cícero (1844–1934), der hier im frühen 20. Jh. lebte und zu einer umstrittenen Figur im *sertão* wurde. Er war ein Priester, dem mehrere Wunder zugeschrieben wurden und der sich sehr für die Armen einsetzte, darüber hinaus aber einen starken politischen Einfluss ausübte. Sein Aufstieg zum Ruhm begann damit, dass eine ältere Frau, der er in der Messe die Hostie gereicht hatte, behauptete, diese hätte sich wunderbarerweise in Blut verwandelt. Bald wurden ihm allerlei Wunder zugeschrieben, und Tausende seiner Anhänger ließen sich in Juazeiro nieder. Später wurden Cícero und seine Anhänger in die Kämpfe zwischen Fraktionen der herrschenden Elite von Ceará hineingezogen, bei denen Juazeiro zum Schauplatz eines bewaffneten Konflikts, der sogenannten Abspaltung von

Juazeiro (1913–14) wurde. Zwar weigert sich die katholische Kirche, Padre Cícero selig zu sprechen, aber die Verehrung durch seine Anhänger ist ungebrochen. Rund 2 Mio. Pilger strömen pro Jahr nach Juazeiro.

Die Stadt selbst ist zwar nicht besonders attraktiv, liegt aber in der Nähe der wichtigsten Straßen durch den *sertão*; darüber hinaus ist sie ein interessanter Abstecher wegen des Phänomens des Padre Cícero.

Sehenswertes

Auf der Colina do Horto, dem Hügel über der Stadt, der entweder über die Straße oder über einen als Kreuz angelegten Fußgängerweg zugänglich ist, steht die kolossale **Statue des Padre Cícero** (25 m), die 1969 aufgestellt wurde und die viertgrößte Betonstatue der Welt sein soll – nur übertroffen vom Cristo Redentor (in Rio de Janeiro), der New Yorker Freiheitsstatue und der Jesusstatue, die jüngst im polnischen Swiebodzin aufgestellt wurde. In der Nähe stehen eine kleine Kapelle und ein Gebäude voller Holz- und Wachsnachbildungen aller erdenklichen Körperteile – Opfergaben für Heilungen an den entsprechenden Körperteilen, die Padre Cícero vollbracht haben soll. Das **Grab von Padre Cícero** (Praça do Socorro) befindet sich neben der Capela NS do Perpétua Socorro.

Wer sich für *literatura de cordel* interessiert, volkstümliche Hefte mit Holzschnittillustrationen und Versen zu Themen wie der Lebensgeschichte von berühmten Personen, Liebesgeschichten und Stellungnahmen aller Art, kann die **Gráfica de Literatura de Cordel** (☎ 9201 1143; Ecke Av Castelo Branco & Rua José de Alencar; ☻ Mo–Sa 7.30–11.30 & 13.30–17.30 Uhr) besuchen, wo diese Heftchen hergestellt werden.

Festivals & Events

Festivals und Wallfahrten bieten die beste Gelegenheit, die Hingabe an Padre Cícero zu erleben: Der **Aniversário do Padre Cícero** (24. März) ehrt den Padre mit Geschichten und Gesängen. Am 20. Juli wird Cíceros Todestags gedacht. Am **Dia do Romeiro e Festa do Padre Cícero** (1. Nov.) ziehen 200 000 Verehrer von der Igreja Matriz zu seinem Grab. An den vier Vortagen finden viele *romarias* (Pilgerprozessionen) statt.

Schlafen & Essen

Außer während der wichtigsten Feste gibt's immer genügend Unterkünfte.

Hotel San Felipe (☎ 3511 7904; www.sanfelipehotel. com.br; Rua Dr. Floro Bartolomeu 285; EZ 50–83 R$, DZ 70– 110 R$; ❄ ☎) Zentral gelegenes Hotel mit komfortablen Zimmern in verschiedenen Preisbereichen.

Panorama (☎ 3566 3150; www.panoramahotel.com. br; Rua Santo Agostinho 58; EZ/DZ 141/174 R$; ❄ ☎ ☒) Hat ein gutes Barrestaurant und ist älter, aber netter als das San Felipe.

Mão de Vaca (☎ 3512 2543; Rua Rui Barbosa 25; 20– 40 R$/kg; ☾ Mo–Sa 11–15 & 18–23.30 Uhr) Anständiges *por-kilo*-Lokal mit regionalen Fleischgerichten. Hühnchen ist hier günstiger als Rind.

An- & Weiterreise

Am **Busbahnhof** (☎ 571 2868; Rua Delmiro Gouvéia) besteht täglich Verbindung nach Fortaleza (46–85 R$, 11 Std., 16-mal tgl.) und zu allen anderen Großstädten im Nordosten.

PIAUÍ

Piauí zählt zu den größten Bundesstaaten des Nordostens. Zu seinen großartigen Naturwundern gehören z. B. das Delta do Parnaíba, der Parque Nacional de Sete Cidades und der Parque Nacional da Serra da Capivara als eine der wichtigsten prähistorischen Stätten Südamerikas. Vom ariden südlichen *sertão* bewegte sich die koloniale Besiedlung Piauís schrittweise gen Norden auf die Küste zu. Ergebnis war ein unregelmäßig geformtes Gebiet mit unterentwickelter Infrastruktur. Piauí ist heute Brasiliens ärmster Bundesstaat.

Hinsichtlich Festivals und erträglicher Temperaturen eignen sich Juli und August am besten für Trips ins Landesinnere. Wer nicht unbedingt verbrutzeln möchte, sollte die Zeit zwischen September und Dezember meiden. Dank Meeresbrisen ist die Küste kühl(er).

TERESINA

☎ 0xx86 / 802 500 Ew.

Piauís flache, sonnenverbrannte Hauptstadt verzeichnet angeblich Brasiliens höchste Temperaturen. 1852 wurde Teresina als erste geplante Stadt des Landes gegründet. Unglücklicherweise vergaß man dabei jegliches Interessante. Die vielen Krankenhäuser bilden ein medizinisches Regionalzentrum, das auch Patienten aus benachbarten Bundesstaaten versorgt. Ansonsten fahren die meisten Leute wohl nur zwecks Umsteigens freiwillig nach Teresina.

Wer schon immer mal eine brasilianische Provinzstadt ohne touristische Veränderungen erleben wollte, ist hier richtig. Ansonsten heißt es schleunigst weiterreise

Praktische Informationen

Banco do Brasil (Rua Álvaro Mendes; ☾ Mo–Fr 10–16 Uhr, Geldautomaten tgl. 6–22 Uhr) Nur ein Geldautomat hier akzeptiert internationale Karten.

Piemtur (www.piemtur.pi.gov.br) Bundesstaatliche Tourismusbehörde mit einigen nützlichen Online-Infos.

Singtur (☎ 8852 9448; Central de Artesanato, Praça Dom Pedro II.; ☾ Mo–Sa 8–14 Uhr) Vereinigung örtlicher Stadtführer mit kleinem Infoschalter.

Sehenswertes & Aktivitäten

Hauptattraktion für Besucher ist das **Central de Artesanato** (☎ 3222 5772; Praça Dom Pedro II.; Eintritt frei; ☾ Mo–Fr 8–18, Sa 9–15 Uhr) mit Kunsthandwerk aus ganz Piauí. Es macht Spaß, die Läden rund um den breiten Hof mit Café zu durchstöbern. Hier gibt's kleine Skulpturen, Lederwaren, extrem feine Spitze, bunte Hängematten, Opale und Speckarbeiten aus der Kleinstadt Pedro Segundo. Hinzu kommen Liköre und süße, eingelegte Regionalfrüchte wie *genipapo* (Jenipapo), *caju* (Cashews), *buriti* (eine Palmfrucht) oder *maracujá*. Der Hof wird außerdem von Skulpturen belebt – darunter eine interessante Eisenplastik, die an Fundstücke aus dem Parque Nacional Serra da Capivara erinnern soll.

Schlafen & Essen

Hotel Metro (☎ 9408 0685; metro_hotel@hotmail.com; Rua 13 de Maio 85; EZ/DZ 75/85 R$; ❄ ☒) Nett zentral gelegenes Hotel mit freundlichem Personal, üppigem Frühstück und beliebtem *por-kilo*-Mittagessen. Die Zimmer sind allerdings viel öder als das hippe Retro-Logo.

Hotel Real Palace (☎ 2107 2700; www.realpalace hotel.com.br; Rua Areolino de Abreu 1217; EZ/DZ 145/170 R$; ❄ ☎ ☒) Fesche Mittelklasseoption mit gutem Restaurant, die einen komfortablen Aufenthalt in Teresinas Centro garantiert.

Forno e Fogão (☎ 3222 9700; Luxor Piauí Hotel, Praça Marechal Deodoro 310; Buffet 24 R$; ☾ 12–15 Uhr) Wer woanders zu Mittag isst, ist selber schuld: Das prima präsentierte Regionalbuffet hat ein super Preis-Leistungs-Verhältnis.

Camarão do Elias (☎ 3232 5025; Av Pedro Almeida 457; Hauptgerichte für 2 Pers. 32–50 R$; ☾ Mo–Sa 17.30–1, So 11–16 Uhr) Zehn Taximinuten (ca. 12 R$) östlich vom Zentrum gibt's hier berühmte Meeresfrüchte nach Elias-Originalrezepten. Empfeh-

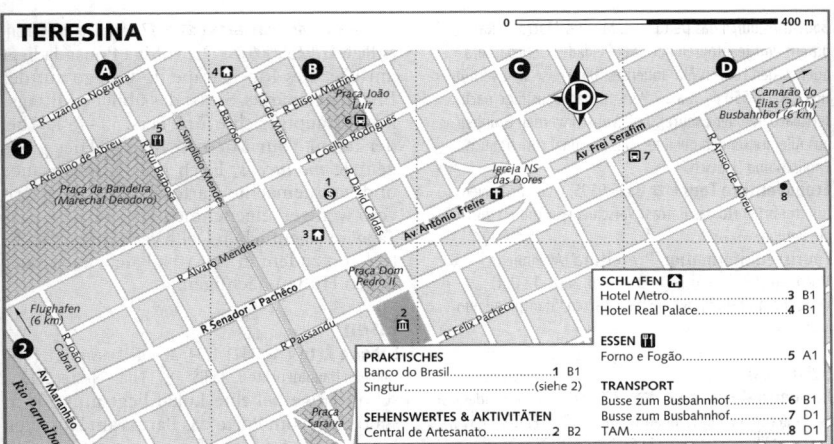

TERESINA

0   400 m

Camarão do
Elias (3 km);
Busbahnhof (6 km)

Iereja NS
das Dores

Flughafen
(6 km)

PRAKTISCHES
Banco do Brasil.............................1 B1
Singtur.....................................(siehe 2)

SEHENSWERTES & AKTIVITÄTEN
Central de Artesanato.................2 B2

SCHLAFEN
Hotel Metro.................................3 B1
Hotel Real Palace........................4 B1

ESSEN
Forno e Fogão.............................5 A1

TRANSPORT
Busse zum Busbahnhof...............6 B1
Busse zum Busbahnhof...............7 D1
TAM..8 D1

lenswert ist die Hausspezialität *moqueca á R. Drummond,* ein leckerer Fischeintopf mit Limettensauce, Knoblauch und Gemüse.

An- & Weiterreise

BUS
Teresinas **Busbahnhof** (☎ 3222 8276) findet man 6 km südöstlich des Zentrums am Hwy BR-343. Von hier aus fahren Busse zu brasilianischen Großstädten wie Belém (128 R$, 14–16 Std., 11-mal tgl.), Fortaleza (72–98 R$, 11 Std., 4-mal tgl.), Parnaíba (52–67 R$, 6 Std., 8-mal tgl.), Piripiri (26 R$, 3 Std., 13-mal tgl.), São Luís (54–94 R$, 7 Std., 9-mal tgl.) oder Ubajara (38 R$, 5 Std., 12 Uhr).

FLUGZEUG
Der **Flughafen** (☎ 3133 6270) an der Av Centenário liegt 6 km nördlich des Zentrums. Im Angebot sind Direktflüge nach Fortaleza, Brasília und Rio de Janeiro. Die Büros der Fluglinien:
Gol/Varig (☎ 0300-115 2121; Flughafen)
TAM (☎ 3228 8600; Rua Félix Pacheco 2008)

Unterwegs vor Ort
Gegenüber vom Busbahnhof kann man mit allen Bussen der Linie „Praça João Luiz" (1,70 R$) zum Zentrum fahren – das ist o. k. bei Ankunft am kühleren Abend, während es in Bussen tagsüber unerträglich heiß sein kann. Bei wenig Verkehr kostet ein Taxi ca. 20 R$. Die Busse 601 und 602 fahren ab der Praça João Luiz oder der Av Frei Serafim hinaus zum Busbahnhof.

PARNAÍBA
☎ 0xx86 / 146 000 Ew.
Parnaíba war ein wichtiger Hafen, bis der Fluss verschlammte und die Anlagen ins nahe gelegene Luís Correia versetzt wurden. Die örtliche *carnaúba*-Palmwachsindustrie musste aufgegeben werden, als man künstliches Wachs für Kosmetikartikel und Autopolitur erfand. Gleichzeitig verlor Parnaíba definitiv seinen Charme. Heute ist es eine Zwischenstation auf der Küstenroute von Jericoacoara zu den Lençóis Maranhenses. Zudem dient die Stadt als Ausgangspunkt für Trips zum herrlichen Delta do Parnaíba, kann aber selbst nicht mit diesem Highlight konkurrieren.

Orientierung
Besucher zieht es zum Porto das Barcas am Ufer des Rio Igaraçu. Dieser Komplex von Kunsthandwerksläden, Galerien, Restaurants und Reisebüros belegt umgebaute Lagerhäuser aus dem 18. und 19. Jh. Die Hauptstraße (Av Presidente Vargas) verläuft von hier 1 km südlich. Westlich davon gibt's Geschäftsstraßen, östlich Wohngebiete. Der Busbahnhof liegt 5 km südlich des Zentrums.

Praktische Informationen
Bradesco (Av Presidente Vargas 403; ⏰ Mo–Fr 10–15 Uhr, Geldautomaten tgl. 6–22 Uhr) Tauscht Devisen um und hat Geldautomaten, die internationale Karten akzeptieren.
Casa do Turismo (☎ 3321 1243; www.deltaparnaiba. com; Porto das Barcas; ⏰ Mo–Sa 7.30–21.30, So 7.30–11 Uhr) Das Angebot der äußerst hilfreichen Agentur umfasst

Bootstrips durch das Delta (z. B. Micro & Macro, s. Kasten unten) und Jeeptouren nach Sete Cidades, Jericoacoara oder zu den Lençóis Maranhenses. Die Preise sind vernünftig (z. B. ca. 550 R$/max. 7 Pers. für Tagesausflüge nach Jericoacoara oder Caburé). Auf Wunsch werden Gruppen aus Alleinreisenden gebildet. Das Personal spricht auch Englisch und Deutsch.

Ecoadventure Tour (☎ 3323 9595; www.ecoadventure.tur.br; Porto das Barcas) Verschiedene Touren durch die Region.

Touristeninformation Prefeitura (Av Pinheiro Machado; ⊗ Mo–Fr 7–11 & 16–20, Sa 7–12 Uhr) Verteilt am Busbahnhof ein paar Karten, Stadtpläne und Broschüren.

Schlafen

Residencial Pousada (☎ 3322 2931; www.residencialpousada.com.br; Rua Almirante Sampaio 375; EZ/DZ 26/37 R$, EZ/DZ mit Klimaanlage 32/47 R$; ⊗ 🖳) Diese schmucke Budgetunterkunft mit hohen Decken in großen Zimmern ähnelt äußerlich einem Cottage. Einen Block östlich der Av Presidente Vargas punktet sie mit super Lage und gutem Preis-Leistungs-Verhältnis – trotz eventuell extrem unpersönlichem Personal.

Hotel Cívico (☎ 3322 2470; www.hotelcivico.com.br; Av Chagas Rodrigues 474; EZ/DZ 55/80 R$, EZ/DZ mit Klimaanlage 75/105 R$; ⊗ 🖳) Am Südende der Av Presidente Vargas liegt das gut geführte Cívico mit großem Frühstücksbuffet, attraktivem Poolbereich, angenehm kitschigem 19070er-Dekor und Ermäßigung außerhalb der Hauptsaison.

Recanto dos Pássaros (☎ 9977 4411; Ilha das Canárias; Hütte EZ/DZ 50/100 R$) Die ruhige Pousada liegt am Ufer des Río Igarapé do Galego auf der Ilha das Canárias. Sie ist das übliche Mittagslokal (Hauptgerichte für 2 Pers. 30–46 R$) bei der tollen Tour Micro & Macro: Hier gibt's geniale *moquecas*, Fisch mit Orangensauce und hausgemachte Kartoffelchips! Wer fern vom weniger angenehmen Parnaíba ein paar Tage im eigentlichen Delta verbringen möchte, kann zudem in vier rustikalen, aber niedlichen Hütten nächtigen.

Essen

Sabor e Arte (☎ 3321 1234; Av 7 de Janeiro 121, Porto Salgado; Hauptgerichte 8–45 R$; ⊗ 11 Uhr–open end) Das schon lange beliebte Lokal liegt nun 200 m südöstlich vom Porto das Barcas am Flussufer. Im relaxten Ambiente empfängt es Gäste mit interessanter Originalkunst an den Wänden. Die wunderschön angerichteten, schmackhaften Meeresfrüchte- und Fleischgerichte sind ebenfalls wahre Kunstwerke. Der Eigentümer betreibt auch das nahe gelegene Reisebüro Casa do Turismo.

Caranguejo Expresso (☎ 3323 9653; Rua Quentinha Peres 64; Hauptgerichte für 2 Pers. 22–35 R$; ⊗ 11–24 Uhr) Einheimische lieben dieses Restaurant für seine riesige, leckere *torta de caranguejo* (Krabbenomelette; 35 R$), die locker für drei Personen reicht. Von *expresso*-Service kann zwar nicht die Rede sein, doch das Warten

---

ABSTECHER: DELTA DO PARNAÍBA

Das **Delta des Rio Parnaíba** (alias Delta das Américas) ist ein extrem artenreiches Gebiet mit Inseln, Stränden, Lagunen, Kanälen, Sanddünen und Mangrovenwäldern. Seine 2700 km² liegen zu 65 % im Bundesstaat Maranhão, sind aber leichter von Parnaíba aus zugänglich. Tourboote starten 14 km nördlich von Parnaíba in Porto dos Tatus. Die Agenturen im Porto das Barcas bieten drei Arten von acht- bis neunstündigen Tagesausflügen an. Vergleichsweise weniger gut sind Trips mit Kleinbooten (50 R$/Pers., min. 200 R$), deren Preis aber weder Shuttles nach/ab Porto dos Tatus (10 R$) noch Verpflegung oder Getränke beinhaltet. Nicht so toll sind auch größere Partyboote für 40 bis 80 Passagiere, die in der Hauptsaison (Weihnachten–Karneval, Juli & Aug.) täglich und ansonsten nur samstags fahren. Fürs Geld (50 R$/Pers. zzgl. 10 R$ Shuttlegebühr nach/ab Porto dos Tatus) gibt's in diesem Fall aber etwas zu essen.

Die bei weitem beste Option heißt mangels besseren Namens **Micro & Macro** (80 R$Pers. inkl. Shuttles, min. 4 Pers.). Diese neue Ausflugsvariante klappert kleinere Zuflüsse leise per Kanu ab. Dadurch steigen die Chancen, Kaimane, Affen, Leguane und – mit etwas Glück – auch farbenprächtige *guarás* (Scharlachsichler) zu sehen. Die Partyboot-Touren sind dafür meistens viel zu laut. Unterwegs macht man in der Regel einen Zwischenstopp am düsteren, aber wunderschönen Endzeit-Sandstrand von Pontal das Canárias gleich hinter der Grenze zu Maranhão. Optional kommt ein Meeresfrüchte-Mittagessen in einem reizenden Uferrestaurant hinzu. Trips mit kleinen Kähnen lassen sich prima über die Casa do Turismo arrangieren. Alle anderen Agenturen vermitteln Plätze auf Partybooten.

lohnt sich. Abends unbedingt Insektenschutzmittel mitbringen!

Anreise & Unterwegs vor Ort

Vom **Busbahnhof** (☎ 3323 7300; Av Pinheiro Machado) fahren Busse nach Fortaleza (über Camocim und/oder Sobral; 69–127 R$, 9 Std., 4-mal tgl.), São Luís (60–71 R$, 8 Std., 6, 7 & 20 Uhr), Teresina (über Piripiri; 50–65 R$, 6 Std., 8-mal tgl.) und Tutóia (16 R$, 3 Std., Mo–Sa 7-mal tgl.). Tickets für diese Ziele (außer Tutóia) gibt's bei **Clip** (☎ 3322 3129; www.clipeco turismo.com.br; Av Presidente Vargas 274; ☺ Mo–Fr 7.30–12 & 14–18, Sa 7.30–12 Uhr).

Außerhalb vom Busbahnhof geht's mit sämtlichen Stadtbussen zur Av Presidente Vargas (1,20 R$; Taxi ca. 15 R$). Busse in Gegenrichtung starten drei Blocks westlich der südlichen Av Presidente Vargas an der Praça Santo Antônio.

ZU/AB DEN LENÇÓIS MARANHENSES

Die abenteuerliche, amüsante Direktroute zu den Lençóis Maranhenses (S. 652) führt ab Parnaíba zunächst westwärts nach Tutóia (65 km). Dann folgt sie entweder den Holperpisten zur Kleinstadt Barreirinhas oder dem Strand zum Minidorf Caburé. Nach Tutóia gelangt man entweder per Bus oder mit einem Charterboottrip durch das Delta (ca. 550 R$, 6 Std.) – die Casa do Turismo informiert über Details. Von Tutóia aus rollen Passagiertrucks über Paulino Neves nach Barreirinhas. Mit etwas Glück lässt sich die ganze Fahrt an einem Tag bewältigen. Ansonsten gibt's Unterkünfte in Tutóia und Paulino Neves. Alternativ bieten Reisebüros in Parnaíba Jeeptouren nach Barreirinhas oder Caburé an (ca. 550 R$/Fahrzeug).

RUND UM PARNAÍBA

Dass Piauí eine 66 km lange Küste hat, ist die Folge eines Gebietsaustauschs mit Ceará im 19. Jh. Es gibt einige schöne Strände, von denen viele jetzt schnell erschlossen werden. Die **Lagoa do Portinho** ist eine von Dünen umgebene Lagune rund 14 km östlich von Parnaíba an der Straße nach Luís Correia. Sie ist ein beliebter Ort zum Schwimmen, Bootfahren, Segeln und Angeln.

Die meist besuchten Strände östlich von Luís Correia sind die **Praia do Coqueiro** und die **Praia Atalaia**. Coqueiro ist inzwischen auch von Kitesurfern entdeckt worden. Atalaia ist bei Wochenendausflüglern sehr beliebt; am Strand reihen sich Bars, die Getränke und Meeresfrüchte anbieten. **Carnaubinhas**, 15 km östlich von Luís Correia, ist ein weiterer schöner, aber viel ruhigerer Strand. Die 6 km landeinwärts gelegene **Lagoa do Sobradinho** ist berühmt für ihre Wanderdünen, die umliegende Bäume unter sich begraben. **Macapá**, 43 km östlich von Luís Correia, hat ein paar Pousadas und ist ein möglicher Ausgangspunkt zur Erkundung der verlassenen Strände weiter im Osten – darunter der **Barra Grande** (die viele für den schönsten Kitesurf-Spot halten) und, unmittelbar vor der Grenze nach Ceará, **Cajueiro da Praia**.

Nahverkehrsbusse nach Luís Correia fahren etwa stündlich von der Praça Santo Antônio in Parnaíba ab, besser kommt man an der Küste aber mit dem eigenen Auto, einem Taxi oder im Rahmen einer Tour herum. Ein Taxi von Parnaíba zur Praia Atalaia kostet 30 bis 40 R$.

PARQUE NACIONAL DE SETE CIDADES

☎ 0xx86

Der Parque Nacional de Sete Cidades ist ein kleiner Nationalpark (62 km²) mit bizarren Felsformationen, die nach Meinung einiger Leute *sete cidades* (sieben Städte) sind, die von irgendeiner mysteriösen, längst untergegangenen Kultur stammen (Aliens, Wikinger etc.). Doch auch ohne fantastische Erklärungen ist der Ort einen Besuch wert. Die Felsformationen sind wirklich großartig: einige sehen aus wie gigantische Schildkrötenpanzer, andere erinnern an eine Burg, einen Elefanten, eine Landkarte Brasiliens oder den Kopf von Kaiser Dom Pedro II., und außerdem bieten sich prachtvolle Blicke auf eine Landschaft, in der sich Caatinga und Cerrado (Savanne) mischen. Dann finden sich hier noch etwa 1500 Felsmalereien, die zwischen 3000 und 5000 Jahre alt sind. An Tieren gibt's u. a. Krallenaffen, *mocós* – das sind kleine Nagetiere, die gern für Fotos posieren –, Taranteln und (so wird behauptet) Klapperschlangen. Schließlich kann man noch zwei angenehm natürliche Badeseen besuchen.

Der **Parkeingang** (☎ 3343 1342; ☺ 8–17 Uhr) liegt 190 km nordöstlich von Teresina, 26 km nordöstlich von Piripiri und 8 km nördlich vom Hwy BR-222, zu erreichen über eine befestigte Nebenstraße. Vom Eingang sind es weitere 5 km unbefestigte Straße bis zum Besucherzentrum. Zur Zeit der Recherche war der Eintritt frei, allerdings wurde über die Einführung eines Eintrittspreises zwischen 6 und

DIE „EINSTEINAFFEN" VON PIAUÍ

Der erst 2002 ausgewiesene **Parque Nacional das Nascentes do Rio Parnaíba** (Nationalpark der Quellflüsse des Parnaíba) im allertiefsten Süden Piauís ist Brasiliens größter Nationalpark außerhalb der Amazonasregion. In seiner herrlichen Landschaft ragen rote Felsmesas aus dem Grasland des Cerrado. So reicht der Park bis hinüber ins benachbarte Maranhão, Tocantins und Bahia. Er wird nicht nur als Heimat einer beträchtlichen Population bedrohter Hyazitharas (einer großen, prachtvoll tiefblauen Papageienart) gefeiert: Hier lebt auch die technologisch intelligenteste Affenart des Planeten.

Diese braunen Kapuzineraffen haben von Wissenschaftlern den Spitznamen „Einsteinaffen" bekommen. Sie sind schlau genug, Brocken von außergewöhnlich hartem Lavagestein – manchmal halb so schwer wie sie selbst – aus dem Flussbett zu bergen und diese über Hunderte Meter zu einer Lichtung zu schleppen. Dort benutzen sie die Steine zum Aufbrechen ihrer Lieblingsspeise: Sie heben sie hoch über den Kopf, um damit auf eine bestimmte Palmnussart einzuschlagen. Nirgendwo sonst ist solch fortgeschrittener Werkzeuggebrauch bei Affen wissenschaftlich belegt.

Affen, Aras und viele weitere Tierarten kann man allesamt in den Hyacinth Camps sehen. Aufenthalte in dieser komfortablen Lodge mit drei Standorten im Park (5 Tage im DZ 1447 US$/Pers.) sind über **Tropical Nature Travel** (www.tropicalnaturetravel.com) möglich. Der Preis beinhaltet Shuttles ab/nach Barreiras, das ca. 300 km weiter südlich im Bundesstaat Bahia liegt und von Brasília aus per Bus oder Flieger erreichbar ist.

12 R$ gesprochen. Obligatorische Führer sind teuer, am besten man kommt in Gruppen – Führer werden billiger bei bis zu zehn Leuten.

Touren kosten 60 R$ für eine dreistündige Tour mit dem Fahrzeug, 80 R$ für eine sechsstündige Wanderung oder 60 R$ für eine dreistündige Rundfahrt mit Fahrrädern (plus 12 R$ pro Stunde für die Fahrräder). Es gibt auch kürzere Wanderungen (50 R$, 3 Std.), Autotouren (30–40 R$, 1½–2 Std.) oder Fahrradtouren (40 R$, 2 Std.). Mitbringen muss man Insektenschutzmittel, Trinkwasser, einen Hut und Sonnenschutzcreme.

Schlafen & Essen

Parque Hotel Sete Cidades (☎ 3223 3366; www.hotel setecidades.com.br; Stellplatz 10 R$/Pers., EZ/DZ 65/80 R$; ⚇ ⚇) Das einfache Parkhotel beim Besucherzentrum hat einen einladenden Pool und ein Hausrestaurant – super zum Ausruhen nach einem heißen Tag in der Wildnis.

Califórnia Hotel (☎ 3276 1645; www.californiahotel. com.br; Rua Antenor Freitas 546, Piripiri; EZ/DZ 35/45 R$; ⚇ ⚇) Das moderne Hotel mit WLAN, prima Preis-Leistungs-Verhältnis und gepflegten, günstigen Zimmern ist Piripiris angesagteste Unterkunft. Es hat eine englischsprachige Website und liegt 700 m vom Busbahnhof bzw. zwei Blocks vom zentralen Platz entfernt.

Pizzaria Julio's (☎ 3276 1912; Praça da Bandeira 542; Pizzen 16–22 R$; ⚇ 7–2 Uhr) Das Julio's am Hauptplatz unterhält seltsamerweise drei Filialen in São Paulo und eine in Piripiri. Seine 56 Piz-zasorten machen es zum besten örtlichen Lokal und tragen kuriose Namen: „Schottisch" steht z. B. für *catupiry*-Käse, der in Schottland wohl äußerst rar sein dürfte.

Anreise & Unterwegs vor Ort

Die einfache Taxistrecke zwischen Piripiri und Park kostet 50 R$. Hin und zurück zahlt man 80 R$, wobei der Preis eine zweistündige Rundfahrt durch den Park beinhaltet. Mototaxis schlagen mit 20 bzw. 40 R$ zu Buche. Alternativ kann man den kostenlosen Arbeiterbus nehmen, der um 7 Uhr am Hauptplatz startet und um 17 Uhr dorthin zurückkehrt – freie Plätze vorausgesetzt.

Vom **Busbahnhof Piripiri** (☎ 3276 2333) fahren Busse nach Fortaleza (über Tianguá und Sobral; 26–89,50 R$, 7 Std., 18-mal tgl.), Parnaíba (26–32 R$, 3 Std., 7-mal tgl.), São Luís (83,20 R$, 11 Std., 19.30 Uhr), Teresina (23–33 R$, 3 Std., 7-mal tgl.) und Ubajara (16 R$, 2 Std., 12 Uhr).

PARQUE NACIONAL DA SERRA DA CAPIVARA

Im Süden Piauís erstreckt sich 35 km nördlich der Kleinstadt São Raimundo Nonato die dramatische Felslandschaft des **Parque Nacional da Serra da Capivara** (Eintritt 3 R$; ⚇ 6–18 Uhr). Diese 1300 km² große Unesco-Welterbestätte birgt mit 30 000 Felsbildern die angeblich weltgrößte Konzentration von Petroglyphen. Hinzu kommen 800 archäologische Stätten und die wohl frühesten Zeugnisse menschlicher Besiedlung in Amerika. Sie sind mindestens 50 000 Jahre alt. Die hier ermittelten Forschungsdaten sorgten für Aufruhr in der Archäologie, da die Funde ca. 30 000 Jahre vor anderen „frühesten" Stücken datiert wurden. Die Ergebnisse werden aber inzwischen mehr und mehr anerkannt. Die zumeist 6000 bis 12 000 Jahre alte Felskunst zeigt z. B. neben Hirschen und Kaimanen auch Menschen bei Tanz, Jagd oder Sex.

Über 50 Mio. R$ wurden in die Erschließung der Parkeinrichtungen und das Museum in São Raimundo investiert. So zieht es überraschend viele Besucher in diesen entlegenen Landesteil. Im Park gibt's hölzerne Plankenpfade, ein Besucherzentrum, Wanderwege, Aussichtspunkte, gute Fahrwege, nützliche zweisprachige Schilder und viele Stätten mit behindertengerechtem Zugang.

Bis zu 128 Stätten sind öffentlich zugänglich. Sie verteilen sich auf 14 Rundwege, die Besuchern einen Eindruck von Landschaft, Geologie, Flora, Fauna und den Spuren früher menschlicher Besiedlung vermitteln. Zu den tollsten Beispielen zählt der **Boqueirão da Pedro Furada**, wo Feuerstellenspuren die Anwesenheit von Menschen vor 50 000 Jahren erkennen lassen (dank Beleuchtung auch bei Dunkelheit). Gleichermaßen grandios sind **Baixão do Sítio do Meio** und **Desfiladero da Capivara** mit zahlreichen Felsbildern.

Der Park kann nur zusammen mit einheimischen Führern (60 R$/Tag, max. 10 Pers.) besucht werden, die sich am besten über Unterkünfte in São Raimundo Nonato organisieren lassen. Bei Trips mit Hin- und Rückfahrt (Mototaxi 60 R$, normales Taxi 130–150 R$) sind auch Wartezeiten und/oder geführte Touren im Preis enthalten. Bester Ausgangspunkt ist das modernisierte **Museu do Homem Americano** (☎ 3582 1612; www.fumdham. org.br; Bairro Campestre; Eintritt 8 R$; ⊙ Di–So 9–17 Uhr) am Rand von São Raimundo. Neben englischsprachigen exzellenten Infos zu den Parkattraktionen findet man dort auch den bislang ältesten menschlichen Schädelfund Amerikas, der fast 10 000 Jahre alt ist.

Ein weiteres regionales Highlight sind attraktive Keramiken, die von Bewohnern des Dorfs Barreirinho gleich außerhalb des Parks hergestellt und mit Motiven der Capivara-Felskunst verziert werden.

São Raimundo Nonato hat ein halbes Dutzend Hotels und Pousadas. Das beste Preis-Leistungs-Verhältnis bietet das **Hotel Serra da Capivara** (☎ 3582 1389; hotelserradacapivarra@firme.com. br; Santa Luzia; EZ/DZ/3BZ 78/97/115 R$; ✖ ⊚ ⊕) am Hwy PI-140. Etwa 2 km nördlich des Zentrums gibt's dort komfortable Einrichtungen wie ein Restaurant, das sein Essen auf reizender Capivara-Keramik serviert.

Vier Busse bewältigen täglich die 509 km lange Odyssee von Teresina nach São Raimundo Nonato (59–66 R$, 10 Std., 5, 14.45, 20.15 & 20.30 Uhr). Um 13, 20 und 20.30 Uhr geht's per Bus zurück nach Teresina. Weitere Busse kommen aus dem 350 km ostwärts gelegenen Petrolina (Pernambuco), das mit Flügen ab Recife, Salvador oder São Paulo erreichbar ist.

MARANHÃO

Die kolonialzeitliche Stadt São Luís und deren ruhige, aber großartige Nachbarin Alcântara sind äußerst atmosphärisch. Auch die wilde Naturschönheit des Parque Nacional dos Lençóis Maranhenses hat den entlegensten Bundesstaat des Nordostens inzwischen fest auf touristischen Reiseplänen verankert. Die Küstenroute von Jericoacoara (Ceará) zu den Lençóis Maranhenses ist an sich schon ein Abenteuer.

Weitläufige *babaçu*-Palmenhaine und typische Landschaften des *sertão* prägen den Süden und Osten Maranhãos. Der Westen und Nordwesten geht dagegen in den feuchtheißen Regenwald Amazoniens über.

SÃO LUÍS

☎ 0xx98 / 997 000 Ew.

Das historische Zentrum der Inselstadt São Luís ist ein bezauberndes Viertel mit dunstigen Kopfsteinstraßen und pastellfarbenen Kolonialvillen – manche schön restauriert, andere oft immer noch stark von tropischen Verfallserscheinungen geprägt. Dieses charmante Areal mit einzigartiger Atmosphäre hat eine der besten Konzentrationen von Museen, Galerien und Kunsthandwerksläden des Nordostens. Doch leider wirken seine Straßen größtenteils recht chaotisch. Zudem könnte der faszinierende iberische Stadtteppich durchaus Brasiliens Cartagena sein, wenn er sein enormes Potenzial vor allem abends nutzen würde. So wünscht man sich bei der Abreise eventuell, dass São Luís mal die Kurve kriegt.

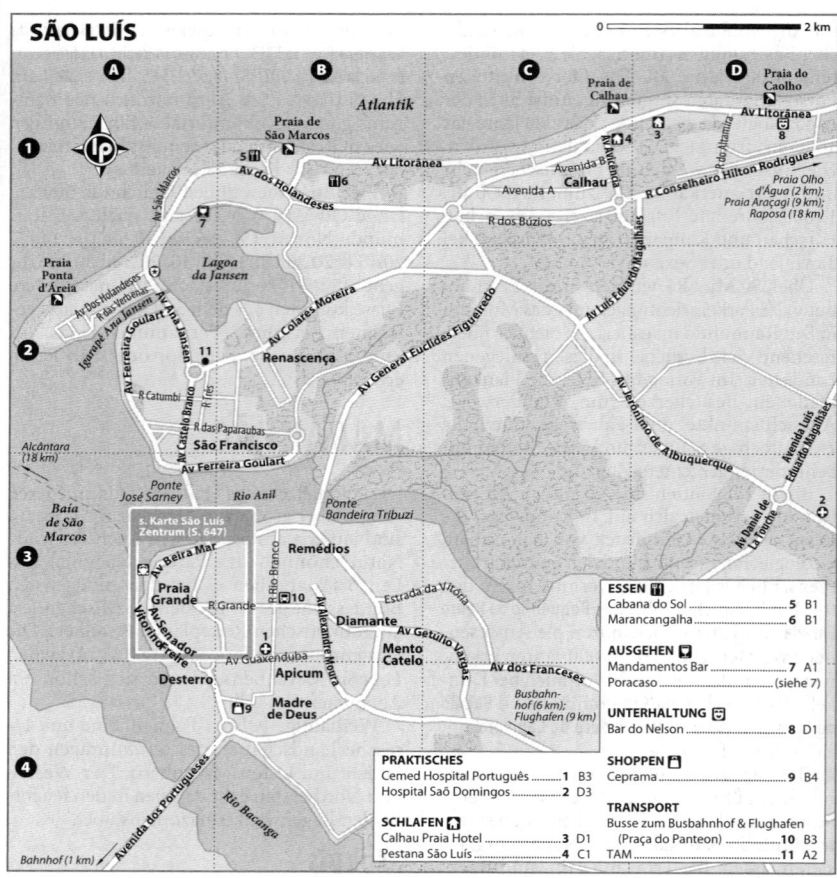

SÃO LUÍS

0 — 2 km

PRAKTISCHES
Cemed Hospital Português	1	B3
Hospital Saõ Domingos	2	D3

SCHLAFEN
Calhau Praia Hotel	3	D1
Pestana São Luís	4	C1

ESSEN
Cabana do Sol	5	B1
Marancangalha	6	B1

AUSGEHEN
Mandamentos Bar	7	A1
Poracaso	(siehe 7)	

UNTERHALTUNG
Bar do Nelson	8	D1

SHOPPEN
Ceprama	9	B4

TRANSPORT
Busse zum Busbahnhof & Flughafen (Praça do Panteon)	10	B3
TAM	11	A2

Ein weiterer Grund für einen Abstecher nach São Luís ist der Trip über die Baía de São Marcos – hinüber zum eindrucksvollen und historischen Alcântara, das langsam in Würde verfällt. Als Brasiliens Reggae-Hauptstadt hat São Luís auch eine muntere Strandszene. Außerdem steigt hier das kunterbunte, außergewöhnliche Festival Bumba Meu Boi.

Geschichte

São Luís ist die einzige Stadt Brasiliens, die von Franzosen gegründet wurde. 1612 segelten drei französische Schiffe nach Maranhão, um sich die Herrschaft über ein Stück Südamerikas zu verschaffen. Sobald sie sich in São Luís festgesetzt hatten, brachten die Franzosen die einheimischen indigenen Bewohner,

die Tupinambá, dazu, Stämme, die an der Mündung des Amazonas lebten, anzugreifen, um so ihren Rückhalt in der Region auszubauen. Doch die französische Kolonie konnte den drohenden portugiesischen Angriff nicht verhindern, der 1614 schließlich erfolgte. Innerhalb eines Jahrs waren die Franzosen vertrieben, und es dauerte auch nicht lange, bis die Portugiesen die Tupinambá „befriedet" hatten.

Nach einer kurzen holländischen Besetzung (1641–1644) entwickelte sich São Luís langsam zu einem Exporthafen für Zucker und später Baumwolle. Trotz des vergleichsweise schlechten Bodens florierten die Plantagen, und zu Beginn des 19. Jhs. war São Luís eine der wohlhabendsten Städte Brasiliens.

All dies war der Arbeit afrikanischer Sklaven zu verdanken, und heute hat die Stadt den dritthöchsten afrobrasilianischen Bevölkerungsanteil im Land (nach Rio und Salvador).

Als die Nachfrage nach den landwirtschaftlichen Erzeugnissen aus São Luís im späteren 19. Jh. nachließ, begann ein langer Niedergang, doch wurde die Wirtschaft in den letzten beiden Jahrzehnten durch mehrere Megaprojekte stimuliert. In den 1980er-Jahren wurde in Itaqui, gleich westlich von São Luís, ein großer Hafenkomplex errichtet. Er dient zum Export der Bodenschätze aus der Region Carajás im Nachbarstaat Pará. Zudem baute Alcoa eine Aluminiumhütte am Highway südlich der Stadt, in Alcântara wurde ein Weltraumbahnhof eröffnet und in der Bucht hat man Öl entdeckt. Dank der Restaurierung vieler schöner alter Gebäude in São Luís spielen heute auch der Inlands- und Auslandstourismus eine wichtige Rolle.

Orientierung

São Luís belegt die nordwestliche Spitze der 50 km langen Ilha de São Luís. Diese Insel ist nur durch schmale Kanäle vom Festland getrennt, während der Rio Anil die Stadt in zwei Hälften teilt. Südlich vom Fluss folgt das Straßenraster des Centro Histórico den hügeligen Geländekonturen. Kern des historischen Zentrums ist das tiefliegende Touristmusviertel Praia Grande. Östlich davon schlägt das wirtschaftliche Herz der Stadt. Nördlich des Anil liegen modernere Vororte wie São Francisco sowie São Luís' Strände entlang der nördlichen Inselküste.

Busbahnhof und Flughafen findet man ca. 8 bzw. 11 km südöstlich des Zentrums.

Viele Läden, Pousadas und Museen verkaufen mit dem *Roteiro e Mapa Turístico São Luís* (6 R$) einen klasse Kartenführer, der Infos zum historischen Zentrum liefert. Doch Vorsicht: Viele der darin angegebenen Straßennamen widersprechen den realen Schildern –jeder neue Bürgermeister scheint hier Straßen willkürlich umzubenennen.

Praktische Informationen

GELD

Diese Bankfilialen tauschen Devisen und haben internationale Geldautomaten:

Bradesco (Karte S. 647; Av Dom Pedro II. 120; Mo–Fr 10–16 Uhr, Geldautomaten tgl. 6–22 Uhr)

Banco do Brasil Av Dom Pedro II. (Karte S. 647; Av Dom Pedro II. 78; Mo–Fr 10–16 Uhr, Geldautomaten tgl.

6–20 Uhr); Travessa Boa Ventura (Karte S. 647; Travessa Boa Ventura 26; Mo–Fr 10–16 Uhr, Geldautomaten tgl. 6–22 Uhr)

HSBC (Karte S. 647; Rua do Sol 105; Geldautomaten tgl. 6–22 Uhr)

INFOS IM INTERNET

Guiasaoluis (www.guiasaoluis.com.br) Rein portugiesischsprachige, aber nützliche Infos.

Maranhão (www.turismo.ma.gov.br) Maranhãos offizielle Tourismus-Website mit nützlichen Beschreibungen auf Englisch und Portugiesisch (allerdings überwiegend letzteres).

INTERNETZUGANG

Neti@ando (Karte S. 647; Rua João Vital; 2,50 R$/Std.; Mo–Sa 9–21 Uhr) Klimatisiert.

MEDIZINISCHE VERSORGUNG

Zwei der besseren Privatkliniken:

Cemed Hospital Português (Karte S. 644; ☎ 3231 3651; Rua Passeio 365, Centro Histórico)

Hospital São Domingos (Karte S. 644; ☎ 3216 8100; Av Jerônimo de Albuquerque 540, Bequimão)

NOTFALL

Ambulanz (Pronto Socorro; ☎ 192; 24 Std.)

Touristenpolizei (Karte S. 647; ☎ 190; Rua da Estrela; 24 Std.)

REISEBÜROS

São Luís ist voller Reisebüros, die neben Stadtführungen auch Touren zu den Lençóis Maranhenses und anderen Zielen inner- oder außerhalb Maranhãos anbieten.

Giltur (Karte S. 647; ☎ 3231 7065; www.giltur.com. br; Mo–Fr 7.30–18.30, Sa bis 13 Uhr) Rua da Palma (Rua da Palma 196 B); Rua Montanha Russa (Rua Montanha Russa 22) Wegweisende, vertrauenswürdige Agentur mit vernüftigen Preisen und Schwerpunkt auf Ökotourismus. Meist ist englischsprachiges Personal anwesend.

Terra Nordeste(Karte S. 647; ☎ 3221 1188; www. terra-nordeste.com; Rua Direita 295) Hervorragende, freundliche und mehrsprachige Ökotourismus-Agentur unter französischer Leitung. Ist auf Trekking spezialisiert, organisiert aber auch diverse andere Aktivitäten zwischen Belém und Fortaleza.

TOURISTENINFORMATION

Diese Touristeninformationen haben meist hilfsbereites, englischsprachiges Personal:

Flughafen (☎ 3244 4500; 24 Std.)

Busbahnhof (☎ 3249 4500; 8–20 Uhr)

Central de Informações Turísticas (Karte S. 647; ☎ 3212 6211; Praça Benedito Leite; Mo–Fr 8–19, Sa

bis 13 Uhr) Informationszentrale der städtischen Tourismusbehörde Setur.
Rua Portugal (☎ 3231 4696; Rua Portugal 165; ⊙ Mo–Sa 8–19, So 9–14 Uhr) Weitere Filiale in Praia Grande.

Sehenswertes

Das Zentrum von São Luís ist das besterhaltenste kolonialzeitliche Stadtviertel des brasilianischen Nordostens. Viele Villenfassaden aus dem 18. und 19. Jh. sind hier mit portugiesischen, französischen, belgischen oder deutschen *azulejos* (Keramik-Zierfliesen, oft in Blau bzw. Blau-Weiß) verkleidet. Sie schützen die Mauern zudem zuverlässig vor São Luís' ständiger Schwüle. Nach vielen Jahrzehnten der Vernachlässigung und des Verfalls wird das historische Zentrum seit den späten 1980er-Jahren stückweise im Rahmen des Projeto Reviver (Projekt Wiederbelebung) restauriert. Die restaurierten Gebäude beherbergen heute oft interessante Museen, Galerien, Kunsthandwerksläden und Restaurants. Allerdings gibt's immer noch viel zu sanieren.

CASA DO NHÔZINHO

Die vielfältige Sammlung der faszinierenden **Casa do Nhôzinho** (Karte S. 647; ☎ 3218 9953; Rua Portugal 185; Eintritt frei; ⊙ Di–So 9–18 Uhr) zeigt z. B. raffinierte Fischfallen, einen Raum mit indigenem Kunsthandwerk aus Maranhão oder viele Textilien bzw. Körbe aus Baumwolle und *buriti*-Palmfasern. Hinzu kommen Scharen von bunten, grazilen „Bumba Meu Boi"-Figürchen des im 20. Jh. aktiven Kunsthandwerksmeisters Mestre Nhôzinho.

MUSEU DE ARTES VISUAIS

Das **Museu de Artes Visuais** (Karte S. 647; ☎ 3218 9938; Rua Portugal 273; Eintritt 2 R$; ⊙ Di–So 9–18 Uhr) hat eine schöne Sammlung alter *azulejos* und Gemälde.

CASA DAS TULHAS

Im gegenüberliegenden **Marktgebäude** (Karte S. 647; Largo do Comércio; ⊙ Mo–Fr 6–20, Sa bis 18, So bis 13 Uhr) aus dem 19. Jh. werden heute typisches Kunsthandwerk und Nahrungsmittel aus Maranhão verkauft. Der faszinierende Facettenreichtum reicht von getrockneten Garnelen und lebendigen Enten bis zu hellviolettem *tiquira* (künstlich gefärbter Maniokschnaps) und großen Säcken mit Cashewkernen.

AVENIDA DOM PEDRO II.

Der lange, hübsche Platz wird von historischen und bedeutenden Gebäuden gesäumt.

Als Gouverneurspalast wurde der **Palácio dos Leões** (Karte S. 647; ☎ 2108 9000; Eintritt frei; ⊙ Mo, Mi & Fr 14–17 Uhr) im 18. Jh. auf dem Gelände des alten französischen Forts errichtet. In einer kurzen Führung sieht man viele wertvolle Antikmöbel und Kunstwerke – meist französisch und aus späterer Zeit. Der benachbarte **Palácio de la Ravardière** (Karte S. 647; ☎ 3212 8000) von 1689 ist die heutige Prefeitura (Rathaus). Davor steht eine Büste des Franzosen Daniel de la Touche, der São Luís gegründet hat. Die Kathedrale **Igreja da Sé** (Karte S. 647; ⊙ Di–So 8–11.30 & 14–18 Uhr) aus dem 17. Jh. erhebt sich am oberen Ende der Av Dom Pedro II. Im Inneren befinden sich ein schöner Barockaltar und Deckenfresken mit *babaçu*-Motiven.

CENTRO DE CULTURA POPULAR DOMINGOS VIEIRA FILHO

Dieses **Volkskulturzentrum** (Karte S. 647; ☎ 3218 9924; Rua do Giz 221; Eintritt frei; ⊙ Di–So 9–18 Uhr) ist in einem eindrucksvollen Stadthaus aus dem 19. Jh. untergebracht. Seine interessante Ausstellung beleuchtet den Karneval und afrobrasilianische Kulte in São Luís – vor allem den *tambor de mina*, eine Lokalvariante des Candomblé. Mangels Beschilderung bleibt jedoch offen, was man sich gerade anschaut.

CAFUA DAS MERCÊS

Das Gebäude des **Museu do Negro** (Karte S. 647; Rua Jacinto Maia 43; Eintritt 2 R$; ⊙ Mo–Fr 9–18 Uhr) beherbergte früher einen Sklavenmarkt (man beachte die fehlenden Fenster). Heute gibt's darin Sklavereirelikte wie die Nachbildung eines Auspeitschpfahls zu sehen. Gezeigt wird auch eine tolle Sammlung westafrikanischer Holzschnitzereien und Statuetten.

SOLAR DOS VASCONCELOS

In diesem restaurierten Stadthaus aus dem 19. Jh. zeugt das **Memorial do Centro Histórico** (Karte S. 647; ☎ 3231 9075; Rua da Estrela 562; Eintritt frei; ⊙ Mo–Fr 8–18 Uhr) mit Modellen und Vorher-Nachher-Fotos von einigen der wichtigsten Restaurierungsarbeiten. Plus eine Ausstellung über Maranhãos traditionelle Boote.

MUSEU HISTÓRICO E ARTÍSTICO DO ESTADO DE MARANHÃO

Ein restauriertes Stadthaus von 1836 ist wohl wie früher eingerichtet: Das äußerst gelungene **Museu Histórico e Artístico** (Karte S. 647; ☎ 3218 9927; Rua do Sol 302; Eintritt 5 R$; ⊙ Di–So 9–17 Uhr) zeigt den Hausstand einer Oberschichtfamilie des

SÃO LUÍS ZENTRUM

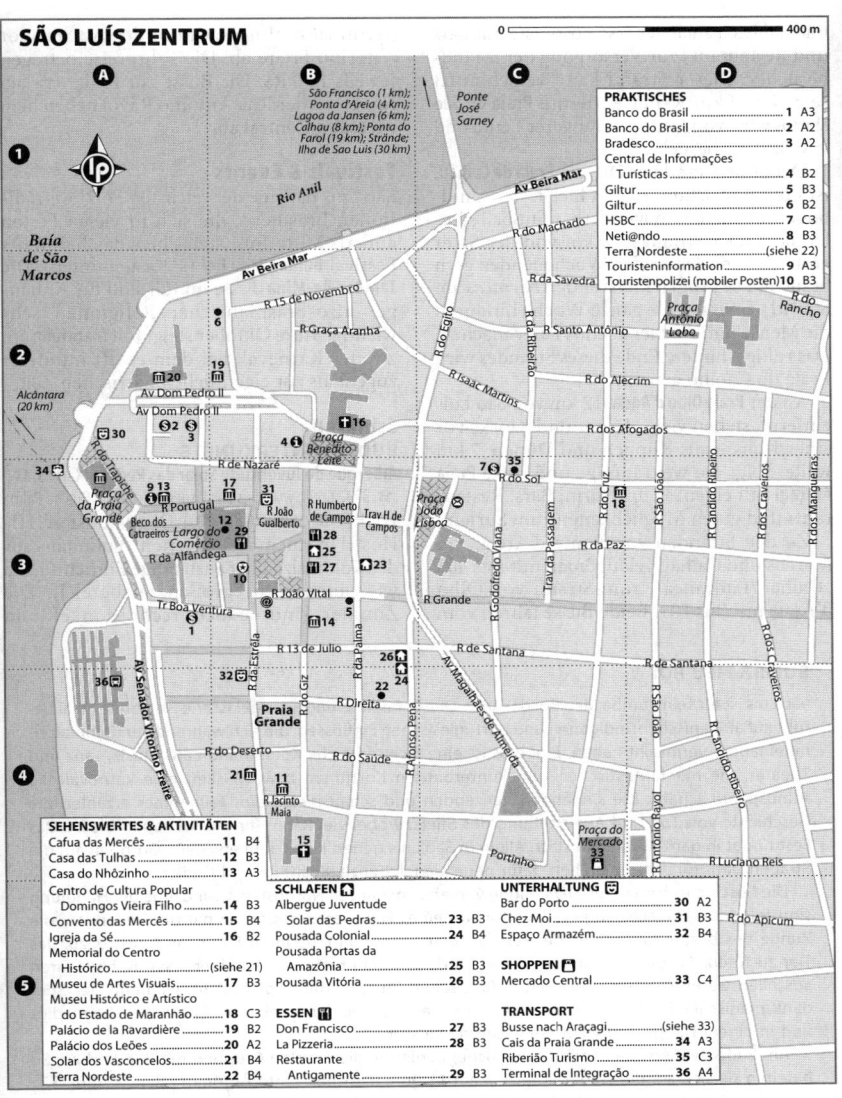

19. Jhs. – mit allen Möbeln, Wertsachen, Alltagsgegenständen und sogar einem Privattheater.

STRÄNDE
Die Strände der Stadt liegen nördlich des Zentrums, jenseits des Bezirks São Francisco. Obwohl sie zuweilen gut besucht sind und

Spaß machen können, gehören sie keineswegs zu den besten Brasiliens und ein merklicher Geruch durchdringt das Wasser der Stadt, auch das des *lagoa* (See). Vorsehen muss man sich vor hohem Wellengang, den Gezeiten und vor der Verschmutzung.

Die **Praia Ponta d'Areia** ist der dem Zentrum am nächsten liegende Strand (4 km entfernt) und zugleich auch der erschlossenste mit Bars und Restaurants zur Versorgung der Strandbesucher. Dieser Strand kann verschmutzt sein. Die 2 km weiter entfernte **Praia de São Marcos** wird von Gruppen jüngerer Leute und von Surfern besucht.

Der beste Strand vor Ort, die **Praia de Calhau**, ist breit und schön; es gibt hier festen Sandboden, auf dem sich wunderbar Fußball spielen lässt. Der Strand ist 9 km von der Stadt entfernt und wird an den Wochenenden gern besucht. Die großen kreisrunden *barracas* am Strand versorgen die ganze Woche hindurch die Menschen, die hier abends Party machen. Das ruhige, hintere Ende dieses Strandes wird Praia do Caolho genannt.

An der **Praia Olho d'Água**, 12 km von São Luís entfernt, stehen viele Häuser und Kioske vor einer Kulisse aus Klippen und Dünen. 7 km weiter folgt die weiträumige und nette **Praia Araçagi** mit einem Leuchtturm, Bars, Restaurants und guten Möglichkeiten zum Surfen.

Zu den Stränden von Ponta d'Areia, São Marcos und Calhau gelangt man mit Bus 403 „Calhau/Litorânea", zum Strand von Olho d'Água mit Bus 701. Beide Busse fahren vom Terminal de Integração in der Av Senador Vitorino Freire ab. Die Fahrpreise betragen jeweils 1,70 R$. Die Busse zur Praia Araçagi fahren an der Rua Antônio Rayol neben dem Mercado Central ab.

Festivals & Events
São Luís hat eine der reichsten Folkloretraditionen Brasiliens, die sich in vielen Festen äußert. Mitte Juni steigt hier das berühmte Festival **Bumba Meu Boi** (s. Kasten unten). Die **Tambor-de-Mina**-Feste im Juli sind für Anhänger afro-brasilianischer Religionen sehr wichtig. Mitte Oktober steigt mit **Marafolia** ein zweiter Karneval, bei dem es oft munterer zugeht als zur eigentlichen närrischen Zeit.

Schlafen
BUDGETUNTERKÜNFTE
Albergue de Juventude Solar das Pedras (Karte S. 647; ☎ 3232 6694; www.ajsolardaspedras.com.br; Rua da Palma 127; B/EZ/DZ 25/55/70 R$; 🛜) Dieses düstere HI-Hostel in einem restaurierten Wohnhaus aus der Kolonialzeit hat anständige Einrichtungen wie einen recht großen Sitzbereich. Die Zimmer sind jedoch recht dunkel und

---

BUMBA MEU BOI

São Luís ist für sein Bumba Meu Boi bekannt. Dieses faszinierende, ausgelassene Folklorefestival beruht auf afrikanischen, indigenen und portugiesischen Einflüssen, die sich während der Kolonialzeit miteinander vermischt haben. Ergebnis ist eine facettenreiche Kombination aus Musik, Tanz und Theater, die mit fantastischen und kunterbunten Kostümen bzw. Masken eine karnevaleske Atmosphäre schafft. Die singenden, tanzenden und schauspielernden Teilnehmer erzählen die Geschichte von Tod und Auferstehung des Stiers, wobei viel Raum für Improvisation bleibt. Das Fest findet in ganz Maranhão statt. Allein in São Luís gehen jeden Juni etwa 400 Gruppen auf die Straßen. Jahr für Jahr entstehen dafür neue Lieder, Tänze, Kostüme und Gedichte.

Die Geschichte und deren Darstellung variieren im ganzen Nordosten. Grundzüge der Handlung sind folgende: Die schwangere Patentochter eines Farmbesitzers Catrina hat das Verlangen, die Zunge des besten *boi* (Stiers) der Farm zu essen. So bringt sie ihren Ehemann Chico dazu, das Tier zu töten. Als der tote Stier entdeckt wird, ermitteln mehrere Charaktere (satirische Figuren aus allen Gesellschaftsschichten) den Missetäter. Chico kommt vor Gericht, während der Stier dank magischer Beschwörungsformeln und -gesänge wieder aufersteht. Chico wird begnadigt und in einem Happy End wieder mit Catrina vereint.

Am Ende der Semana Santa (Osterwoche) beginnen die meisten Gruppen mit den Proben. So bereiten sie sich auf die „Taufe" ihres *boi* am 13. Juni (Fest des Santo Antônio) oder 23. Juni (São João) vor. Zwischen 13. und 30. Juni treten dann allabendlich mehrere Gruppen an verschiedenen Stellen in der Stadt auf. Die kommerzielleren Vorstellungen dauern eventuell nur eine Stunde. Manche örtlichen Gemeinden feiern dagegen die ganze Nacht. Besonders lebhaft geht's dabei vom 23. auf den 24. und vom 29. auf den 30. Juni zu.

Das kleinere, aber dennoch authentische Bumba Meu Boi im **Convento das Mercês** (Karte S. 647; Rua da Palma 502) steigt im Juli jeweils von Donnerstag- bis Sonntagabend. Zudem sind viele Proben öffentlich und beginnen teilweise schon Monate vor dem traditionellen Termin am Ostersamstag. Details erfährt man von Touristeninformationen oder der eigenen Unterkunft.

schlecht belüftet. Wer keine roten Teppiche oder willkommenheißende Fußabtreter erwartet, findet hier dennoch die beste Backpacker-Option der Stadt.

Pousada Vitória (Karte S. 647; ☎ 3231 2816; pousada vitoria@hotmail.com; Rua Afonso Pena 98; EZ/DZ ohne Bad 30/50 R$, EZ/DZ mit Klimaanlage 70/100 R$; ⊠ ☜) Die geräumigen Zimmer nahe der teureren Pousada Colonial besitzen provisorische Bäder und säumen eine Innenhofveranda. Die hier ebenfalls wohnhafte Familie nimmt einen schroff, aber herzlich auf.

MITTEL- & SPITZENKLASSEHOTELS

Pousada Colonial (Karte S. 647; ☎ 3232 2834; www.click colonial.com.br; Rua Afonso Pena 112; EZ/DZ 135/157 R$; ⊠ ☜) Die Zimmer des netten kolonialzeitlichen Stadthauses haben teilweise tollen Altstadtblick. Im 1. Stock gibt's jedoch kein Tageslicht und manchmal nur ultradünne Matratzen. An den Innen- und Außenwänden sind überall einzigartige *azulejos* angebracht.

LP Tipp **Pousada Portas da Amazônia** (Karte S. 647; ☎ 3222 9937; www.portasdaamazonia.com.br; Rua do Giz 129; EZ/DZ ab 139/189 R$; ⊠ ☜) Das restaurierte Stadthaus steht unter italienischer Leitung und hat weitläufige Korridore. Rund um zwei Hofgärten führen sie zu attraktiven Quartieren mit polierten Holzböden und -möbeln. Die geräumigen Zimmer mit super Matratzen sind die charmantesten im ganzen Centro Histórico. Gleichermaßen reizvoll ist die hauseigene, hervorragende Pizzeria.

Calhau Praia Hotel (Karte S. 644; ☎ 3311 1133; www. calhaupraiahotel.com.br; Av Litorânea 1, Praia do Calhau; EZ/ DZ 244/286 R$; ⊠ ☜ ☋) Das fesche, moderne und freundliche Kleinhotel steht nahe der Grenze zwischen Calhaus und Caolhos Stränden. Die Zimmer bieten nur teilweise Meerblick, während die Aufrüstung mit Flachbild-TV und Hightech-Klimaanlage leicht überzogene Preise bedingt. Dennoch ist dies eine sehr nette Option, die nicht weit von den meisten Aktivitäten in Calhau entfernt liegt.

Pestana São Luís (Karte S. 644; ☎ 2106 0505; www. pestana.com; Av Avicênia 1, Calhau; EZ 793–1340 R$, DZ 840–1389 R$; ⊠ ☜ ☋) Niemals Unterkünfte nach dem Äußerem beurteilen: Das stilvolle, komfortable Resorthotel nahe Calhaus Strand gilt als mondänste Bleibe der Stadt. Attraktive Gärten, hippe Erdtöne als Deko-Element.

Essen

Das beste maranhensische Essen kommt aus dem Meer. Unter den Regionalspezialitäten sind *casquinha de caranguejo* (gefüllte Krabbe), *caldeirada de camarão* (Garneleneintopf) und das Highlight der Stadt *arroz de cuxá* (Reis mit Shrimps, geröstetem Sesam und leicht bitteren *vinagreira*-Kräutern). Doch im Vergleich zu den anderen Attraktionen ist die hiesige Restaurantszene leider eher spärlich. Für die besten Adressen müssen sich Gourmets an die nördlichen Strände begeben. Zudem haben viele Lokale im Centro Histórico abends geschlossen.

Restaurante Antigamente (Karte S. 647; ☎ 3232 3964; Rua da Estrela 220; Hauptgerichte 15–33 R$ oder 19,90 R$/kg; ☽ Mo–Sa mittags & abends) Dieses Restaurant in französischem Besitz riecht etwas nach Touristenfalle und ist nicht mehr so gut wie früher. Dennoch kann man hier immer noch die Atmosphäre des historischen Zentrums bei einem anständigen Mittagessen aufsaugen. Abends sorgt Livemusik für Betrieb und beschallt gleichzeitig das benachbarte Le Comptoir, das denselben Eigentümer hat.

La Pizzeria (Karte S. 647; ☎ 3222 9937; Rua do Giz 129; Pizzas 19–36 R$, Hauptgerichte 12–84 R$; ☽ 18.30–24 Uhr) Die italienische Pizzeria ist die beste Option für ein Abendessen im Centro Histórico. Sie belegt ein langgestrecktes, atmosphärisches Lagerhaus aus dem 19. Jh. In dessen historisch bröckelndem Gemäuer gibt's neben prima Pizzas mit dünner Kruste auch weniger reizvolle Nudel- und Reisgerichte.

Don Francisco (Karte S. 647; ☎ 3221 1445; Rua do Giz 152; 22,90 R$/kg; ☽ mittags & abends) Das Buffet umfasst nicht krampfhaft alle bekannten Gerichte aus Maranhão: Die Auswahl ist eher beschränkt, aber durchweg wunderbar. Attraktive Räumlichkeiten mit vielen großen Bögen und freiliegendem Backstein. Abends wird à la carte serviert.

LP Tipp **Maracangalha** (Karte S. 644 ; 3235 9305; Rua Alto Parnaiba 12, Ponta do Farol; Hauptgerichte für 2 Pers. 42–155 R$; ☽ Mo–Sa mittags & abends, So mittags) Essen und Service in dem farbenfrohen Lokal rangieren eine Stufe weiter oben: Hier kann man richtig auf den Putz hauen. Die kreativen Meeresfrüchte- und Fleischgerichte des Küchenchefs und Eigentümers Melchíades Dantas passen in Sachen Flair und Präsentation prima zur künstlerisch angehauchten Atmosphäre. Das tadellos und zackig arbeitende Personal serviert z. B. den superben Seafood-Eintopf *caldeirada maranhense*. Falls es überhaupt Kritikpunkte gibt, sind dies entweder der eiskalte Rotwein oder die großen, lauten Räume mit eventuell vielen kleinen Gästen.

Cabana do Sol (Karte S. 644 ; ☎ 3235 2586; Rua João Damasceno 24 A, Praia de São Marcos; Hauptgerichte für 2 Pers. 51–146 R$; ⊗ mittags & abends) Dieses Restaurant ist die zweite Spitzenadresse vor Ort für *comida maranhense* (traditionelle Regionalküche Maranhãos) mit portugiesischen, indigenen und afrikanischen Einflüssen. Es wurde seit 1998 mehrfach ausgezeichnet und ist ziemlich teuer. Die übertrieben üppigen Portionen für zwei Personen füllen aber locker vier Mägen. Leckere Spezialität des Hauses ist *carne do sol* (gegrilltes Pökelfleisch mit Bohnen, Reis und Gemüse) – besonders toll als *picanha* (Steak). Zudem gibt's zahlreiche Meeresfrüchte- und Hühnchengerichte.

Ausgehen

Die Straßentische des Restaurante Antigamente eignen sich gut für abendliche Drinks im Herzen der Altstadt. Dort wird Música Popular Brasileira (MPB) montags bis samstags live gespielt.

Die *barracas* an den Stränden von Ponta d'Areia, São Marcos und Calhau sind auch beliebte Ausgehoptionen, die dazu mit Meeresluft punkten. Am Wochenende pilgern modisch gekleidete Mittelschichtler zur Lagoa da Jansen. In Livemusik-Uferbars wie **Mandamentos** (Karte S. 644 ; Lagoa da Jansen) oder **Poracaso** (Karte S. 644 ; Lagoa da Jansen) schlürfen sie dort ihre Drinks zu entspannenden Klängen.

Unterhaltung

Als Brasiliens Reggae-Hauptstadt hat São Luís viele Bars und Clubs, die regelmäßig Reggae-Abende veranstalten – teils mit Livemusik, teils nur mit DJs und mächtigen Boxen. Lohnenswerte Tipps geben Einheimische, Touristeninformationen, die Website von **Guiasaoluis** (www.guiasaoluis.com.br) oder die Veranstaltungshinweise der Zeitung *Estado do Maranhão*. Vor Ort gibt's auch eine lebendige GLBT-Szene.

Bar do Porto (Karte S. 647; ☎ 3232 1115; Rua do Trapiche 49; Grundpreis 4 R$; ⊗ Mo–Sa 18 Uhr–open end) Wenn Reggae-Livebands am Freitagabend in dieser Institution aufspielen, wird die Straße vor dem Club zur Partyzone. Natürlich drängen sich die Reggaefans auch drinnen.

Espaço Armazém (Karte S. 647; ☎ 3254 1274; Rua da Estrela 401; Grundpreis 20 R$; ⊗ Do–Sa 21 Uhr–open end) Die schöne Bar unter historischen Bogengängen erinnert an einen schmalen Schießstand. Schicke Oberschichtler lauschen hier live gespieltem Samba, Blues, Jazz und Reggae.

Chez Moi (Karte S. 647; ☎ 3221 5877; Rua da Estrela 143; Grundpreis 20 R$; ⊗ Do–Sa 22 Uhr–open end) Dieser Altstadtclub ist ungemein beliebt. Die DJs seiner Kellerdisko kommen aus ganz Brasilien und manchmal auch von Übersee. Oben befindet sich ein provisorischer Tanzbereich mit live gespieltem Pop, Rock, Samba, Reggae und *pé de serra* (langsamerer *forró*).

Bar do Nelson (Karte S. 644 ; ☎ 3226 4191; Av Litorânea 135, Calhau; Grundpreis 10 R$; ⊗ Mo–Fr 8–18, Sa 22 Uhr–open end) Der berühmteste lokale Reggae-Laden hat die Atmosphäre einer Clubbaracke. Am Samstagabend kann man hier gut zu Livemusik tanzen.

Shoppen

São Luís ist der richtige Ort, um Kunsthandwerk aus Maranhão zu kaufen – etwa bemalte Fliesen, Holzschnitzereien, Spitze, Keramik-, Korb- und Lederwaren. Viele Läden gibt's rund um Rua Portugal und Rua de Estrela im historischen Zentrum. Das große **Ceprama** (Karte S. 644 ; Centro de Comercialização de Productos Artesanais do Maranhão; Rua de São Pantaleão 1232, Madre de Deus; ⊗ Mo–Sa 9–18 Uhr) ist Ausstellungs- und Verkaufsfläche für interessantes Kunsthandwerk. Es ist 2 km südöstlich der Innenstadt in einer renovierten Fabrik untergebracht.

An- & Weiterreise

BUS

Vom **Busbahnhof** (☎ 3275 9886; Av dos Franceses, Santo Antônio) gibt es viele Verbindungen, z. B. nach Barreirinhas (29 R$, 4½ Std., 4-mal tgl.), Belém (95–110 R$, 12 Std., 19 & 19.30 Uhr), Brasília (250 R$, 30 Std., 17 Uhr), Carolina (über Balsas; 131 R$, 18 Std., 18.30 Uhr), Fortaleza (138–147 R$, 15–20 Std., 8.30 & 17.30 Uhr), Parnaíba (73 R$, 8 Std., 8 & 20 Uhr) oder Teresina (51–86 R$, 7 Std., 9-mal tgl.). Bustickets gibt's bei **Riberão Turismo** (Karte S. 647; ☎ 3231 1621; Rua do Sol 141; ⊗ Mo–Fr 8–18, Sa bis 12 Uhr) und einigen anderen Reisebüros im Zentrum.

Zwischen São Luís und Belém wurden Nachtbusse mit Schlafkojen (*leito*) schon oft überfallen – daher gut überlegen!

FLUGZEUG

Vom **Flughafen** (☎ 3217 6100; Av Santos Dumont, Tirirical) gibt Direktflüge zu vielen Inlandszielen.

Gol/Varig Flughafen (☎ 3217 6216)

TAM Renascença (☎ 3227 0816; Av Colares Moreira 23); Flughafen (☎ 3217 6174)

Trip Flughafen (☎ 3217 6175)

SCHIFF/FÄHRE
Von den **Cais da Praia Grande** (Karte S. 647; 🕐 3232 0692) in der Av Senador Vitorino Freire schippern Fähren nach Alcântara (s. S. 652).

Unterwegs vor Ort
Taxis fahren vom Busbahnhof (18 R$) und Flughafen (30 R$) zum Centro Histórico. Bus 160 „São Cristóvão" (Achtung: Nicht „Terminal São Cristóvão"!) pendelt zwischen dem Flughafen und der Praça do Panteon, die 1 km östlich des historischen Zentrums liegt. Um ihn zu erwischen, nach links aus dem Flughafen hinauslaufen und den Schildern folgen.

Am Terminal de Integração (Stadtbusbahnhof in Praia Grande) gibt's vier Verbindungen zum Fernbusbahnhof. Am schnellsten erreicht man letzteren mit Bus 089 „Circular Rodoviária". Alternativ eignen sich auch die Linien 902 „Rodoviária–Joao Paulo", 066 „São Raimundo–Rodoviária" oder 972 „Vila São José–Rodoviária". Von der Praça do Panteon geht's per „Rodoviária–Alemanha" oder „Rodoviária–São Francisco" zum Fernbusbahnhof.

Eine Stadtbusfahrt kostet 2,10 R$.

ALCÂNTARA
🕐 0xx98 / 22 000 Ew.

Auf der anderen Seite der Baía de São Marcos gegenüber von São Luís liegt die kolonialzeitliche Kleinstadt Alcântara. Vom 17. bis zum 19. Jh. wurde sie in Sklavenarbeit errichtet und war die bevorzugte Residenz der reichen Platagenbesitzer Maranhãos. Seit der zweiten Hälfte des 19. Jhs. im Abstieg begriffen, ist Alcântara heute eine atmosphärische Mischung aus verfallenen, erhaltenen und restaurierten Kirchen, Herren- oder Stadthäusern an Kopfsteinpflaster mit kunstvollen Kreuzmustern. Manchen Experten zufolge ist dies Brasiliens homogenstes Ensemble kolonialzeitlicher Bauten des 17. und 18. Jhs. Tatsächlich ist Alcântara ruhiger und besser erhalten als São Luís. So zählt es zu Brasiliens Paradebeispielen für historische Schönheit. Noch besser ist der Mangel an Touristen, der zur authentischen und reizvollen Atmosphäre beiträgt.

Seit 1990 ist das nahe gelegene Centro de Lançamento de Alcântara (CLA) als Raketenbasis des brasilianischen Raumfahrtprogramms in Betrieb. Welch ein seltsamer Kontrast: Raketen neben einer verschlafenen Kolonialstadt!

Die Öffnungszeiten des kleinen Touristen-Infoschalters im Fährterminal sind auf die Ankunftszeiten der Schiffe abgestimmt. Zudem heißt es nach wunderschönen *guarás* (Scharlachsichlern) Ausschau halten, die hier ungewöhnlich häufig sind und Besuchen einen weiteren wunderbaren Reiz verleihen.

Sehenswertes
Auf keinen Fall auslassen sollte man die **Praça da Matriz**, wo Brasiliens besterhaltener **pelourinho** (Auspeitschpfahl) neben den Ruinen der **Igreja de São Matias** aus dem 17. Jh. steht. Rund um die *praça* (städtischer Platz) findet sich z. B. das interessante **Museu Histórico de Alcântara** (Eintritt 2 R$; 🕐 9–14 Uhr), dessen Räume als Arbeitsbeschaffungsmaßnahme jeweils eigene einheimische Wachmänner haben. Die **Casa Histórica** (Eintritt frei; 🕐 Mo–Fr 10–16 Uhr) aus dem 18. Jh. zeigt kolonialzeitliche Artefakte, während die **Prefeitura** im 18. Jh. ursprünglich als Stadtgefängnis diente.

Die Rua Grande mit ihren herrlichen zweistöckigen Häusern führt zur hübschen, zweitürmigen **Igreja de NS do Carmo** von 1665, die kürzlich restauriert wurde. Am Largo do Carmo steht sie neben den Ruinen des **1° Palácio do Imperator** (Erster Kaiserpalast; 18. Jh.).

Festivals & Events
Die **Festa do Divino** am ersten Sonntag nach Christi Himmelfahrt (meist im Mai) gehört zu Maranhãos buntesten jährlichen Festen. Sie verbindet afrikanische und katholische Elemente: Zwei Kinder werden als Kaiserpaar kostümiert und unter musikalischer Begleitung in einem Umzug durch die Stadt geführt.

Schlafen & Essen
Alcântara ist ein unkompliziertes Ziel für Tagesausflüge ab São Luís. Bei einer sehr empfehlenswerten Übernachtung bleibt jedoch auch mehr Zeit für Abstecher zu Scharlachsichler-Kolonien. Die beiden folgenden Unterkünfte liegen ca. 20 Gehminuten vom Fähranleger entfernt (Taxi 10 R$). Fürs Essen bevorzugen die meisten Besucher ihre Pousada.

Pousada Bela Vista (🕐 3337 1569; Vila Jericó; EZ/DZ mit Ventilator 30/60 R$; 🖳) Diese tolle Budgetoption hat neben einfachen, sauberen Zimmern auch ein Freiluft-Terrassenrestaurant voll mit Kunstwerken und antikem Nippes. Der attraktive Pool punktet mit super Aussicht auf São Luís, während ein einladender Hängemattenturm zum süßen Nichtstun am Nachmittag auffordert. Betreiber ist einer von Alcântaras berühmtesten einheimischen Führern: Der hier geborene und aufgewachsene Danilo spricht zwar kein Englisch, veranstaltet aber gleichermaßen präzise und interessante Touren.

Pousada dos Guarás (☎ 3337 1339; pousadados guaras@terra.com.br; Praia da Baronesa; EZ/DZ mit Ventilator 35/60 R$, EZ/DZmit Klimaanlage 65/85 R$; 🐕) Am östlichen Stadtrand geht's hier sehr relaxt zu: Im hübschen Tropengarten der strandseitigen Pousada gibt's rustikale Hütten und eine gute, offene Restaurantbar. Gäste können auch Bootstrips zu den eigentlichen *guarás* vereinbaren.

An- & Weiterreise

An den **Cais da Praia Grande** (Karte S. 647; 🕙 3232 0692; Av Senador Vitorino Freire) in São Luís starten zwischen 6.30 und 10 Uhr zwei Fährboote nach Alcântara (einfache Strecke 12 R$, 1¼ Std.). Eins davon schippert zwischen 14 und 17 Uhr zurück. Es ist ratsam, Tickets am Vortag zu kaufen und die gezeitenabhängigen Abfahrtszeiten genau zu ermitteln.

Für Ganztagsausflüge ab São Luís bezahlen zwei Personen ca. 190 R$.

PARQUE NACIONAL DOS LENÇÓIS MARANHENSES

☎ 0xx98

Der Name dieses 1550 km² großen Nationalparks (Eintritt frei) bezieht sich auf seine gewaltigen Dünen, die wie über die Landschaft verstreute *lençóis* (Bettlaken) aussehen und sich 70 km entlang der Küste und bis zu 50 km ins Hinterland erstrecken. Der Park liegt auf halber Strecke zwischen São Luís und der Grenze zu Piauí und umfasst außerdem Strände, Mangrovensümpfe und Lagunen mit interessanten Tieren, vor allem Schildkröten und Zugvögeln. Die Ausweisung des Gebiets als Nationalpark (1981) setzte potenziell zerstörerischer Land- und Ölspekulation ein Ende. Die Gegend ist spektakulär, insbesondere zwischen März und September, wenn der vom Sand gefilterte Regen kristallklare Teiche und Seen zwischen den Dünen bildet.

Der wichtigste Ausgangspunkt zum Besuch des Parks mit Geländewagen ist der kleine Ort Barreirinhas am Rio Preguiças, nahe dem südöstlichen Teil des Parks und 260 km entfernt von São Luís. Andere Zugangspunkte sind Atins und Caburé, am Preguiças nahe der nordöstlichen Ecke des Parks sowie das abgelegene Santo Amaro an der Westgrenze des Parks, wo die Dünen bis an den Rand des

Dorfes reichen. Atins ist ein kleines, ungeordnetes Dorf, von dem aus man in etwa einer Stunde bis zu den Dünen laufen kann (4-stündige Wanderung mit Führer 80 R$, kann man ein Kind aus der Gegend fragt 30–40 R$). Das winzige, sandige Caburé, auf einem Sandriegel zwischen dem Fluss und dem Meeresstrand gelegen, ist ein schöner Ort, um Sonne, Wellen und Sterne zu genießen.

Ein Highlight ist ein Bootstrip auf dem von hohen Mangroven gesäumten Preguiças zwischen Barreirinhas, Caburé und Atins. Zwischen den letzteren beiden Ortschaften kann man im Fischerdorf Mandacaru anlegen und dessen **Leuchtturm** erklimmen, von dem aus man einen großartigen Panoramablick hat.

Barreirinhas hat ein paar unzuverlässige Cybercafés und eine Zweigstelle der **Banco do Brasil** (Av Joaquim Soeiro de Carvalho; 🕙 Mo–Fr 9–14 Uhr, Geldautomaten tgl. 6–22 Uhr) in der Hauptstraße.

Geführte Touren

Mehrere Reisebüros in Barreirinhas veranstalten täglich Geländewagentouren zur Lagoa Azul und zur Lagoa Bonita, die als zwei der größten Parkseen nordwestlich des Orts liegen. Zu jedem der Seen sind fünfstündige Ausflüge mit offenen Allradbussen (50 R$/ Pers.) oder Jeeps (300 R$, max. 4 Pers.) möglich. Alternativ folgen herrliche, achtstündige Bootstrips (60 R$) dem Rio Preguiças über Caburé und Mandacaru bis hinunter nach Atins an der Flussmündung. Als Privatfahrt für bis zu vier Personen kostet diese Tour 300 R$. Beide Ausflugsvarianten sind absolut Pflicht.

Bis zu zehn Personen können für 400 bis 500 R$ an Touren von Barreirinhas nach Santo Amaro teilnehmen, die auch die nahe gelegene Lagoa da Gaivota besuchen. Vom Hwy MA-402 führt eine 40 km lange Sandpiste nordwärts nach Santo Amaro.

Ecodunas (☎ 3349 0545; www.ecodunas.com.br; Rua Inácio Lins 164), **São Paulo Ecoturismo** (☎ 3349 0079; www.turismospt.com; Rua Antônio Dias 3) und **Tropical Adventure Expedições** (☎ 3349 1987; www.tropical-adventure-expedicoes.com; Rua Anacleto de Carvalho 260) gehören zu den empfehlenswerten Anbietern in Barreirinhas, die strikte Naturschutz- und Sicherheitsregeln befolgen. Da die Veranstalter das ganze Jahr über miteinander kooperieren, ist es oft egal, wen man sich aussucht.

Touren zu den Lençóis Maranhenses finden auch ab São Luís statt. Zu den interessanten Optionen von Giltur (S. 645) zählen z. B. viertägige Trips mit einer Übernachtung in Caburé (1046 R$/Pers., min. 2 Pers.) oder Exkursionen mit Kleinflugzeugen (1769 R$/Pers., min. 2 Pers., Mo, Mi & Fr), die auf dem Luftweg von São Luís nach Barreirinhas einen grandiosen Blick auf den Park bieten. Dreitägige Landtouren mit Aufenthalt in Santo Amaro gibt's ab ca. 672 R$ pro Nase (min. 2 Pers.).

Mit Terra Nordeste (São Luís; S. 645) läuft man gut organisiert von Osten nach Westen oder umgekehrt durch die Lençóis. Die drei- bis viertägige Wanderung bedingt jeweils einen extra An- und Abreisetag. Das Personal spricht Englisch, Französisch und Spanisch.

Operatur (S. 654) organisiert halbstündige Park-Panoramaflüge ab Barreirinhas (180 R$/Pers., min. 4 Pers.).

Achtung: Eventuell werden einem auch Quad- und Geländewagentouren *durch* den Park oder *über* freie (sprich *unbewachsene*) Dünen angeboten – nicht nur umweltschädlich, sondern auch illegal!

Schlafen & Essen
BARREIRINHAS
In Barreirinhas säumen viele Unterkünfte und mehrere Restaurants die verkehrsberuhigte Av Beira Rio am Flussufer.

Pousada d'Areia (☎ 9961 7191; www.pousadadareia.com.br; Av Joaquim Soeiro de Cavalho 888; EZ 70–80 R$, DZ 90–120 R$; 🅿) Die Zimmer der einfachen Pousada wirken netter als die Gemeinschaftsbereiche es vermuten lassen. Die neuen, renovierten Quartiere sind größer und bieten moderne Extras wie Minibars, schaltbare Klimaanlage oder Leselampen.

Pousada Lins (☎ 3349 1494; pousadalins@hotmail.com; Av Joaquim Soeiro de Cavalho 550; EZ/DZ 80/110 R$; 🅿 🅿) Diese angenehme Hauptstraßenadresse hat hilfsbereites Personal und einen einladenden Gemeinschaftsbereich. Die Zimmer sind „bem simples!", aber sauber.

Encantes do Nordeste (☎ 3349 0691; www.encantesdonordeste.com.br; Rua Boa Vista s/n; Hütte ab 150 R$; 🅿 🅿) Ökobewusstes, kleines Juwel für Komfort abseits des Trubels, ca. 3,5 km außerhalb von Barreirinhas' Zentrum. Einige modernisierte Hütten garantieren einen gehobeneren Aufenthalt mit biologisch abbaubarer Seife, solarbeheizten Duschen und zeitgemäßen Extras. Die Agentur im Haus organisiert Touren. Das reizende Hausrestaurant Bambaê liegt wenige Gehminuten entfernt am Fluss.

Restaurante Barlavento (☎ 3349 0627; Av Beira Rio 175; Hauptgerichte 21–33 R$, Pizzas 10–38 R$; ⌚ mittags & abends) Serviert gute Pizzas und toll zubereitete Meeresfrüchte für eine oder zwei Personen. Die klasse Spezialität *filet de peixe al molho de maracujá* (Fischfilet in Passionsfruchtsauce) ist höchstens einen Tick zu salzig.

Restaurante Doña Maria (☎ 3349 1109; Av Beira Rio s/n; Hauptgerichte für 2 Pers. 50–132,50 R$) Wirkt momentan leicht deplatziert, doch Barreirinhas ist ansonsten schlicht genug: Die wunderbare Auswahl des gehobenen Lokals umfasst Garnelen, Fisch, Fleisch und Besonderheiten wie Lamm oder wohltemperierten Wein. Der klasse „*Especial*" ist sicherlich Brasiliens kreativster Caipirinha.

CABURÉ
Die winzige, wunderschöne Sandzunge zwischen Rio Preguiças und Atlantik wurde Ende der 1990er-Jahre extra als Touristendomizil angelegt. Da es hier einst gar nichts gab, erzeugt dieser entlegene Ort eventuell Unbehagen. Gerade gilt aber ein gerichtlicher Baustopp. So versprechen die paar rustikalen Pousadas und Restaurants einen tollen Aufenthalt mit erfolgreichem Abschalten.

Die **LP Tipp** **Pousada do Paturi** (☎ 9155 7277; www.pousadadopaturi.com.br; EZ/DZ 70/100 R$; 🅿) am Fluss ist die beste Unterkunft vor Ort und gehört dem extrem redseligen Paturi. Ihre ziegelgedeckten Backsteinhütten mit Hängematten umgeben das Backsteinpflaster eines makellosen Hofs. Das hervorragende Hausrestaurant (Hauptgerichte für 2 Pers. 30–59 R$) serviert bestmöglichen Bratfisch und genauso göttliche *camaradas* (Meeresfrüchte-Eintöpfe).

ATINS
Das kleine Dorf Atins verteilt sich zwischen Dünenpflanzen. Viele seiner Bewohner sind Ausländer. Von hier aus sind entlegenere Parkbereiche zugänglich. Ansonsten hat man viele herrliche Dünen und Lagunen ganz für sich allein.

LP Tipp **Rancho do Buna** (☎ 9616 9646; www.ranchodobuna.com; EZ/DZ 90/110 R$; 🅿) Die bei Weitem beste Pousada des Orts – trotz (Perl-)Hühnern, Pfauen, Enten, Hunden und Katzen, die ab 5 Uhr ein gemeinsames Morgenlied anstimmen. Die komfortablen Backsteinhütten bestehen größtenteils aus Recyclingmaterial. Ebenso charmant sind der faszinierende Gemeinschaftsbereich und das gut zubereitete Essen (darunter Weltklasse-Tapiokas zum Frühstück). Eigentümer Buna organisiert auch Ausflüge zu einer entlegenen Lagune im Parkinneren. Es wird Englisch gesprochen.

Restaurante da Luzia (☎ 9132 3187; Canto de Atins; Hauptgerichte 20 R$) Egal ob per pedes, Auto, Boot, Ochsenkarren (bei der eigenen Pousada fragen) oder hoch zu Ross: Diese Mischung aus Pousada (EZ/DZ 20/40 R$) und rustikalem Restaurant sollte man unbedingt besuchen. Genau 6 km nordwestlich von Atins kocht die ehrwürdige Luzia hier ein schlichtes Spitzenmenü, das Touristen und Führer in verschiedenen Sprachen hingekritzelt haben. Die einsame Lage zwischen Dünen und Meer beschert Gästen eine grandiose Reiseerinnerung.

Anreise & Unterwegs vor Ort

Südlich von São Luís zweigt vom Hwy BR-135 der gute, befestigte Hwy MA-402 ab und führt ostwärts nach Barreirinhas. Minibusse und unzuverlässige Sammeltaxis pendeln „door to door" zwischen São Luís und Barreirinhas (35 R$, 4 Std.). In beiden Orten sind sie über die eigene Unterkunft bestellbar.

Wer das Glücksspiel mit den Sammeltaxis nicht wagen will, sollte eine verlässlichere Verbindung reservieren – etwa mit den Fahrzeugen von **BR Tur** (☎ 3236 6056), die São Luís täglich um 7 Uhr verlassen und um 17 Uhr aus Barreirinhas zurückkehren. Auf derselben Route verkehren Busse (29 R$, 4½ Std., 4-mal tgl.), deren Fahrt aber weit weg vom Stadtzentrum am Busbahnhof São Luís beginnt bzw. endet. Am spektakulärsten sind aber Trips mit Kleinflugzeugen. Sofern man nicht gleich die ganze Maschine mietet (2500 R$), startet **Operatur** (☎ 3217 6244; Flughafen, São Luís; ☎ 3349 0488, Rua Brasília, Barreirinhas; www.operatur.com.br) nur montags, mittwochs und freitags (einfache Strecke 300 R$/Pers., 4–6 Pers.). Ansonsten veranstaltet diese Firma auch halbstündige Rundflüge (180 R$/Pers., min. 4 Pers.).

Von Osten führt eine befestigte Straße von Parnaíba in Piauí bis zum kleinen Hafen Tutóia. Außer sonntags sind bis zu sieben Busse pro Tag zwischen den beiden Orten unterwegs. Ab Tutóia geht's über eine unbefestigte Piste 40 km gen Westen nach Paulino Neves. Von dort erstrecken sich sandige Fahrspuren ca. 30 km westwärts bis Barreirinhas und Caburé. Geländegängige Passagiertrucks nach Paulino Neves (10 R$, 1½ Std.) starten normalerweise montags bis samstags zwischen 8.30 und 9.30 bzw. 15 und 16 Uhr nahe dem Tutóia Palace Hotel in Tutóia. In Gegenrichtung brechen sie um 4 und 13 Uhr auf. Vom Restaurant Aline in Paulino Neves rollen ähnliche Fahrzeuge in der Regel montags bis samstags um 4.30 und 12.30 Uhr nach Barreirinhas (15 R$, 2 Std.). Gegenüber der Banco do Brasil machen sie sich dort zwischen 8.30 und 9.30 bzw. 15 und 16 Uhr auf den Rückweg. Die Fahrpläne auf diesen Routen sind nicht präzise. Sonntags gibt's eventuell nur eine Verbindung in jede Richtung. Die sehr schlechte Piste von Paulino Neves nach Barreirinhas führt an einsamen Fischerdörfern und ein paar tollen Dünenlandschaften vorbei.

Um Caburé von Osten her ohne Umweg über Barreirinhas zu erreichen, braucht man ein Geländefahrzeug, das den letzten Streckenabschnitt ab Paulino Neves am Strand entlang bewältigen kann (Details auf S. 641).

Ein öffentliches Passagierboot verbindet Atins mit Caburé und Barreirinhas (8 R$, 3½ Std., Mo–Sa 15–17 Uhr; gezeitenabhängig). Von Barreirinhas schippert es etwa zwischen 9 und 10 Uhr flussabwärts zurück. Wenn der Aufbruch nicht allzu spät am Nachmittag erfolgt, findet man meist auch andere Boote, die einen den Rio Preguiças hinaufoder hinunterbringen – am besten bei der eigenen Pousada nachfragen. Die Route Barreirinhas–Caburé (1¼ Std.) dürfte zwischen 60 R$ pro Bordplatz und 250 R$ für ein ganzes sechssitziges Charterschnellboot kosten.

PAULINO NEVES/RIO NOVO

☎ 0xx98

Wegen Änderung der Distriktsgrenzen trägt diese kleine Fischer- und Bauerngemeinde heute zwei Namen, die beide gleichermaßen in Gebrauch sind. Der ruhige Ort zwischen Barreirinhas und Tutóia hat mit den Pequenos Lençóis eine einzige Hauptattraktion: Die Küstendünen sind fast eine Verlängerung ihrer Pendants im weiter westlich gelegenen Nationalpark, aber leichter erreichbar – sie liegen nur 20 Gehminuten vom Dorf entfernt.

Das Gartengelände der beliebten und sehr komfortablen **Pousada Oásis dos Lençóis** (☎ 3487 1012; EZ/DZ mit Ventilator 30/60 R$, EZ/DZ mit Klimaanlage 80 R$; ☒) reicht bis zum Rio Novo. Dona Mazé strahlt Ruhe aus und kocht sagenhafte *moqueca* oder *mariscada* (Meeresfrüchteeintopf).

TUTÓIA

☎ 0xx98 / 48 500 Ew.

Tutóia ist eine relativ große, aber leicht unterentwickelte Stadt am Westende des Delta do Parnaíba (S. 639). Leute aus dem Umland erledigen hier ihre Einkäufe. Die vielen All-radtrucks am Hauptplatz starten erst, wenn sie voll sind mit Passagieren, Reissäcken, Toilettenpapierrollen und Plastikbesenstielen beladen. Vor Ort beginnen mehrstündige Trips durch das Delta (ca. 200–300 R$/Boot).

Wer stets das Beste will, ist bei der **Pousada Jagatá** (☎ 3479 1551; www.pousadajagata.com.br; Av Beira Mar 1000; EZ/DZ 60/120 R$; 🗱 🖳) genau richtig. Ihre einfachen, aber gepflegten Zimmer liegen ca. 1 km von der Praça Tremembés entfernt an der Mündung des Río Parnaíba. Dorthin gelangt man am besten per Mototaxi.

NORDKÜSTE

Hinter Alcântara besteht Maranhãos Küste aus einem Gewirr von Flussmündungen, In-seln und mangrovengesäumten Kanälen. Die Region wird zunehmend als **Floresta dos Guarás** (Wald des Scharlachsichlers)beworben, da es hier Kolonien dieser bunten Vögel gibt. Wichtigste Siedlung ist Cururupu mit ein paar Hotels und einem halben Dutzend Pousadas. Die **Ilha dos Lençóis** ist eine große Sandinsel mit Fischerdörfern, Dünen nach Art der Lençóis Maranhenses und einem Mangrovenwald bzw. Schutzgebiet für den Scharlachsichler. Man erreicht sie mittels einer Bootsfahrt (3½ Std.) ab dem kleinen Fischerhafen Api-cum-Açu, der 80 km hinter Cururupu liegt. Das Gebiet ist die Heimat von Brasiliens größter Albino-Gemeinde und bislang über-haupt nicht touristisch erschlossen.

Vom Busbahnhof São Luís fahren pro Tag zwei Busse nach Cururupu (41 R$, 11 Std., 7 & 20.30 Uhr). Für Touren mit einem erfah-renen, mehrsprachigen und ortskundigen Führer empfiehlt sich **Sandwalkers** (☎ 0xx98-8864 0526; sandwalkers.ma@gmail.com) in Atins.

IMPERATRIZ

☎ 0xx99 / 236 500 Ew.

Rund 636 km südwestlich von São Luís liegt das expandierende Imperatriz an der Grenze zum Bundesstaat Tocantins. Da der Highway Belém–Brasília durch die Stadt führt, müssen hier Buspassagiere zwischen São Luís und Tocantins oder Brasília eventuell umsteigen. Ab São Luís fahren pro Tag sechs Busse nach Imperatriz (67–80 R$, 10–12 Std.).

CAROLINA

☎ 0xx99 / 25 000 Ew.

Die Kleinstadt Carolina liegt 242 km südlich von Imperatriz am Rio Tocantins. Sie ist der beste Startpunkt für den Besuch des kürzlich (2006) ausgewiesenen **Parque Nacional da Cha-pada das Mesas**. Östlich der Stadt warten dort z. B. spektakuläre Felsvorsprünge mit flachen Spitzen (*mesas* bzw. „Tische"), die dem Park seinen Namen geben. Weitere Attraktionen sind viele schöne Wasserfälle, Schluchten und kristallklare Schwimmlöcher.

Mit den Geländewagen von **Companhia do Cerrado** (☎ 3531 3222; www.ciadocerrado.com.br; Praça José Alcides de Carvalho 236) sind Tagesausflüge im Nationalpark möglich. Interessenten seien nicht nur wegen der großen Entfernungen vorgewarnt: Wegen Highwayüberfällen auf offene Pickup-Trucks finden die Trips nun meist in Land-Rover-Jeeps zu entsprechend höheren Preisen statt.

Eine der schönsten Routen besucht den 76 m hohen Wasserfall **Cachoeira Santa Bárbara** sowie die schönen Badeteiche **Poço Azul** und **Encanto Azul** (225 R$/Pers.). Eine gleichtoure Wasserfalltour führt zur donnernden, 33 m breiten **Cachoeira de São Romão** und zur **Cachoei-ra de Prata**. Ziele außerhalb des Nationalparks: Als dramatische Kombination von Schluchten und Wasserfällen liegen die **Pedra Caída** (Eintritt mit Führung 10 R$; 🕐 Mo–Fr 10–14, Sa & So bis 16 Uhr) 37 km nördlich von Carolina an der Straße nach Estreito. Die Doppelfälle **Cachoeira do Itapecuru** (Eintritt 5 R$; 🕐 8–17 Uhr) findet man 33 km östlich der Stadt an der BR-230.

Schlafen & Essen

Pousada do Lajes (☎ 3531 2499; www.pousadadolajes. com.br; Hwy BR-230 bei Km 2, Sucupira; EZ/DZ 95/135 R$; 🗱 🛜 🛒) In Richtung Riachão steht dieser Familienbetrieb 3 km östlich des Zentrums. Hier gibt's einfache, aber gepflegte Zimmer, einen netten Garten, einen guten Pool und ein Restaurant.

Restaurante K-Funé (☎ 3531 2468; Rua José Augusto dos Santos 90; Gerichte 30 R$; 🕐 Di–So mittags & abends) Empfehlung für gute Hausmannskost.

Anreise & Unterwegs vor Ort

JR4000 (☎ 0xx98 3243 4000) bietet die direkteste Verbindung von São Luís nach Carolina an (131 R$, 18 Std.). Dabei muss man in Balsas umsteigen, das aus Richtung São Luís um ca. 7.30 Uhr erreicht sein sollte. So lässt sich der Anschluss nach Carolina um 11.30 Uhr stressfrei erwischen. Schnellere Alternative: Von São Luis nach Imperatriz fliegen (ab 139 R$) und dort einen Van nach Carolina nehmen (35 R$, 3½ Std., 3-mal tgl.).

Amazonien

Wer hat nicht schon einmal von einem Trip zum Amazonas geträumt. Allein der Name weckt Vorstellungen von dichtem Regenwald, Begegnungen mit *indígenas* und wilden Tieren im Überfluss. Die Zahlen jedenfalls sind zweifellos verblüffend: Das Amazonasbecken ist doppelt so groß wie Indien und erstreckt sich über acht Länder! Zu Hochwasserzeiten kann der Fluss eine Breite von 40 km erreichen und pro Sekunde 300 Mio. l Süßwasser ins Meer spülen. Das ist mehr, als die nächsten acht größten Flüsse des Planeten zusammen schaffen.

Aber dennoch kommen viele Traveller eher enttäuscht zurück. Ihre Erwartungen von Begegnungen mit Jaguaren, Anakondas und Speere werfenden Indianern wurden nicht erfüllt. Die wesentlichen Erlebnisse in der Amazonasregion sind aber eher elementar als herausragend: Man paddelt im Kanu durch geflutete Wälder oder tuckert in der Hängematte dösend auf einem Boot flussaufwärts, wobei man immer wieder durch den Gesang Tausender Vögel oder durch die außerirdischen Schreie von Brüllaffen im Dschungel unsanft geweckt wird.

Eine Reise durch Amazonien wird also nur dann zur Enttäuschung, wenn man die Erwartungen zu sehr in die Höhe schraubt oder sich zu wenig Zeit nimmt. Der Fluss selbst ist gewaltig, unerbittlich und genauso lebendig wie die Pflanzen und Tiere, die von ihm abhängig sind. Wilde Tiere lassen sich nur selten blicken, doch wenn sie es tun, ist das umso erstaunlicher. Der Regenwald ist allgegenwärtig und großartig. In ihm leben sehr zurückgezogen die indigen Völker, während die Caboclos (Mestizen, also Nachfahren von Indios und weißen Europäern) die Flussufer bevölkern und ein äußerst vitales und faszinierendes Leben führen.

An einem Fluss, der alle Rekorde bricht, sind es eigentlich die kleinen Dinge, die ihn zu etwas Besonderem machen. Wer diese in aller Ruhe auf sich wirken lässt und bereit ist, sich überraschen zu lassen, wird feststellen, dass der Amazonas alle Erwartungen sprengt.

HIGHLIGHTS

- Im **Mamirauá-Reservat** (S. 724) beim Uakari-suchen durch überschwemmte Wälder gleiten
- Bei **Dschungeltouren** (S. 716) außerhalb von Manaus die Geräusche der Nacht erleben
- Das einfache Leben der Kautschukzapfer im **Floresta Nacional do Tapajós** (S. 684) bei Santarém teilen
- Sich in **Alter do Chão** (S. 686), der Karibik Amazoniens, dem Strandleben hingeben
- Die windigen Atlantikstrände der **Ilha de Marajó** (S. 676) besuchen – Vorsicht: Büffel!

Mamirauá-Reservat ★
Manaus ★
Ilha de Marajó ★
★ Alter do Chão
★ Floresta Nacional do Tapajós

- Bevölkerung: 15,25 Mio.
- Fläche: 3,85 Mio. km²

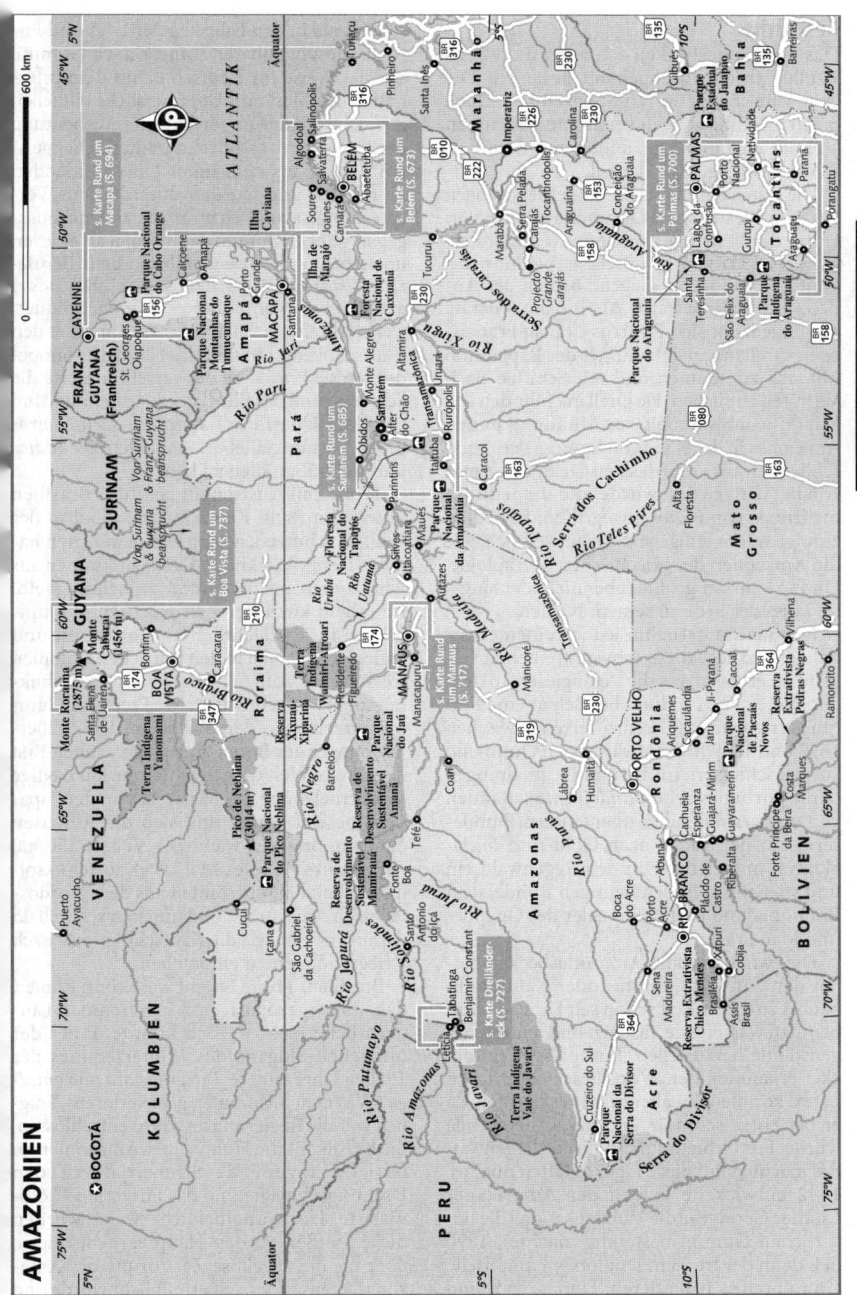

AMAZONIEN

Geschichte

Das Amazonasbecken ist seit mindestens 10 000 Jahren durchgehend besiedelt. Die ersten Bewohner waren Steinzeitmenschen, die in unzähligen, weit verstreuten Stämmen – einige davon winzig, andere mit Zehntausenden Mitgliedern – lebten.

Die ersten europäischen Entdecker drangen aus dem Westen in das Amazonasbecken vor: Unter der Führung von Gonzalo Pizarro erkundete 1541 eine spanische Expedition aus Quito, Ecuador, die Gegend östlich der Anden, das heutige Peru. Als ihr die Vorräte ausgingen, bot sich Pizarros Cousin Francisco de Orellana an, 60 Männer der Expedition mit sich zu nehmen und mit Schiffen nach Vorräten zu suchen. De Orellana fuhr den Rio Napo flussabwärts bis zur Mündung in den Amazonas in der Nähe von Iquitos (Peru) und schließlich bis zum riesigen Delta des Amazonas. Unterwegs wurde die Expedition mehrmals von *índios* angegriffen, Berichten zufolge waren einige von ihnen weiblich, wie die Amazonen der griechischen Mythologie. Und so kam der größte (aber nicht der längste) Fluss der Erde zu seinem Namen.

Niemand unternahm jedoch einen ernsthaften Versuch, diese schweißtreibende Gegend zu erobern, bis die Portugiesen 1616 in der Nähe der Mündung bei Belém eine Festung errichteten und Pedro Teixeira zwischen 1637 und 1639 flussaufwärts nach Quito und zurück schickten. Im 17. und 18. Jh. drangen dann portugiesische *bandeirantes*, Banden von umherstreifenden Abenteurern/Plünderern, auf der Suche nach Gold und *índio*-Sklaven immer tiefer in den Regenwald ein und stießen bis in den heutigen Bundesstaat Rondônia und in die Flusstäler des Guaporé und Madeira vor.

Die *índios* aus dem Amazonasbecken hatten den Saft des Gummi- oder Kautschukbaums zu dieser Zeit schon seit Langem dazu benutzt, wasserfeste Taschen und andere Gegenstände herzustellen. Europäische Entdecker erkannten den Wert dieses natürlichen Latex, konnten ihn aber nicht vermarkten, da er bei Hitze schmolz und bei Kälte spröde wurde. Für Gebiete außerhalb des Regenwaldes machten ihn diese Eigenschaften nutzlos. 1842 entwickelte jedoch der Amerikaner Charles Goodyear die Vulkanisation (die natürlichen Gummi beständig machte), 1890 ließ dann der Ire John Dunlop pneumatische Gummireifen patentieren. Und so entstand

schon bald in den Fabriken der USA und Europas ein unstillbarer Hunger nach Gummi, der die Preise für Kautschuk auf dem internationalen Markt ins Unermessliche schnellen ließ. Dies wiederum förderte die Ausbeutung der *seringueiros* (Kautschukzapfer). Die meisten kamen aus dem unter Dürre leidenden Nordosten und wurden durch falsche Versprechungen von Reichtum in das Amazonasgebiet gelockt, nur um dann brutal als Sklaven unterjocht zu werden, voll und ganz den *seringalistas* (Besitzer der Kautschukwälder) ausgeliefert. Manipulierte Waagen, Söldner, weit verbreitetes Analphabetentum unter den Kautschukzapfern und das Handelsmonopol der *seringalistas* – all das verschlimmerte die Schulden und das Elend der Arbeiter nur. Und zu allem Überfluss hatten die *seringueiros* unter Dschungelfieber, Angriffen der *índios* und Raubüberfällen zu leiden.

Trotz der Anstrengungen, die Brasilien unternahm, sein Kautschukmonopol in der Welt zu schützen, gelang es einem Briten namens Henry Wickham, Kautschuksamen aus Amazonien nach London zu schmuggeln. Innerhalb kürzester Zeit wuchsen Gummibäume in übersichtlich angeordneten und ergiebigen Hainen in den britischen Kolonien Ceylon und Malaysia – Brasiliens Kautschukmonopol war gebrochen. Die Preise für Gummi purzelten in den Keller, in den 1920er-Jahren war der Boom zunächst vorüber. Erst der Zweite Weltkrieg brachte eine kurzzeitige Wiederbelebung, als Malaysia von den Japanern besetzt wurde und sich die Alliierten daher an Brasilien wandten. Weitere 150 000 *seringueiros* – dieses Mal als „Kautschuksoldaten" bejubelt – strömten aus dem Nordosten nach Amazonien und mussten schon bald darauf erleben, wie die Kautschukpreise nach Kriegsende erneut einbrachen.

Brasiliens große Furcht war schon immer, dass die Amazonasregion von fremden Ländern beherrscht werden könnte. Einer der offiziellen Slogans des Militärregimes der 1970er-Jahre lautete: *Integrar para não entrega* (Was man nicht nutzt, geht verloren). Folglich war die Regierung fest dazu entschlossen, die brasilianische Hoheit über Amazonien zu festigen, indem sie Straßen durch den Dschungel anlegte und das Hinterland kolonisierte. Doch unglücklicherweise wurden diese Straßen zu den Hauptverkehrsadern, über die die zügellose Zerstörung des Amazonasregenwaldes erst ermöglicht wurde und immer noch ermöglicht wird. Der Bundesstaat Pará litt unter der verheerendsten Abholzung Amazoniens – eine Tatsache, die sichtbar wird, wenn man über den Staat hinwegfliegt. In Rondônia ermöglichte das berüchtigte Polonoroeste-Programm dem Bundesstaat die landwirtschaftliche Kolonisierung durch landhungrige Siedler aus ganz Brasilien. Die Bevölkerung explodierte von 111 000 im Jahre 1970 auf 1,13 Mio. im Jahre 1991. Etwa ein Fünftel des unberührten Dschungels, der früher fast den ganzen Bundesstaat bedeckte, wurde in dieser Zeit abgeholzt. In den 1980er-Jahren wurde – über ein ganzes Jahrzehnt hinweg – jede Minute eine Fläche Wald so groß wie ein Fußballfeld vernichtet!

Im Dezember 1988 wurde Chico Mendes, ein international anerkannter Gewerkschaftsführer und Umweltaktivist aus dem Bundesstaat Acre, auf der hinteren Veranda seines Hauses von Großgrundbesitzern erschossen, die über seinen Kampf gegen die Abholzung aufgebracht waren. Diese Gewalttat, die nicht die erste ihrer Art, aber in ihrer Unverfrorenheit beispiellos war, wurde weltweit verdammt und richtete gleichzeitig die öffentliche Aufmerksamkeit auf das Problem der Gesetzlosigkeit und der Abholzung in Amazonien. In den 1990er-Jahre wuchsen die Anstrengungen, der Zerstörung Einhalt zu gebieten; 1992 war Brasilien Gastgeber der Konferenz der Vereinten Nationen über Umwelt und Entwicklung, und noch im gleichen Jahr startete der World Wildlife Fund ein Programm, mit dessen Hilfe in sechs Jahren 250 000 km² des Regenwalds unter gesamtstaatlichen Schutz gestellt wurden. Doch ist Amazonien nach wie vor ein gefährlicher Ort, sich für Umweltschutzbelange einzusetzen: Dutzende von Aktivisten wurden entführt und ermordet, darunter 2005 die US-amerikanische Nonne Dorothy Stang im Bundesstaat Pará.

Ebenfalls 2005 erlebte Amazonien eine der schlimmsten jemals verzeichneten Dürren, gefolgt im Jahr 2009 von einer der schlimmsten Überflutungen. Die beiden Ereignisse schienen nicht auf die üblichen Ursachen zurückzuführen zu sein, etwa die Dürre auf El Niño, sondern hingen wohl mit der von Menschen verursachten Erwärmung im Nordatlantik zusammen. Für das Gebiet gibt es jedenfalls keine einfachen Lösungen: 2010 erklärte Brasilien, es wolle mit der umstrittenen Errichtung eines Staudamms am Rio Xingu im südlichen Pará fortfahren. Befürworter sagen, die

Anlage werde sauberen Strom für viele Millionen Menschen liefern – Brasilien ist in der Stromerzeugung aus Wasserkraft weltweit führend –, während die Gegner (von Indigena-Führern bis hin zu Berühmtheiten wie Sting oder dem Filmregisseur James Cameron) behaupten, die Energieeinsparungseffekte würden übertrieben und rechtfertigten nicht einen so tiefen Eingriff in den Wald mit den Folgen für die darin lebenden Indigenas.

Klima

In Amazonien gibt es die Regen- und die Trockenzeit. Die Regenzeit dauert von Dezember bis Juni, die Temperaturen schwanken dann zwischen 23 und 30 °C und besonders im April und Mai regnet es oft, quasi täglich. In der Trockenzeit, die von Juli bis November geht, pendelt sich das Thermometer bei 26 bis 40 °C ein. Die Niederschläge werden seltener, mit kleinen Schauern muss man aber immer rechnen. Amazonien ist riesig, entsprechend sind die regionalen Unterschiede im Klima beträchtlich. Belém, eine der regenreichsten Städte der Welt, kennt keine wirkliche Trockenzeit. Zwischen Dezember und Juni regnet es hier fast täglich, und nur im Oktober, dem trockensten Monat, kommt deutlich weniger Nass vom Himmel. Im Gegensatz dazu knallt die Sonne mitunter wochenlang auf Palmas herunter, der in einem flachen Flussbett liegenden Hauptstadt von Tocantins, während es auf den benachbarten Hügeln empfindlich kalt, ja beinahe schon frostig werden kann. In den Regenwäldern schließlich kommt es zu beiden Extremen: heftigen Niederschlägen und großer Trockenheit. Auch überraschend niedrige Temperaturen sind möglich, vor allem nachts, wenn es nicht regnet. Das liegt daran, dass relativ wenig Sonnenlicht durch die Baumkronen dringt und den Boden erreichen kann.

Nationalparks

Der größte Nationalpark Amazoniens (und Brasiliens) ist der Parque Nacional Montanhas do Tumucumaque (S. 695), der sich über fast 40 000 km² im Bundesstaat Amapá erstreckt. Auf Platz zwei liegt der Parque Nacional do Jaú (S. 720), zu dem rund 23 000 km² im Einzugsbereich des Jaú und des Carabinani gehören, zwei große Nebenflüsse des Rio Negro nordwestlich von Manaus. Tocantins' Parque Nacional do Araguaia liegt auf der Ilha do Bananal, der wohl größten Flussinsel der Erde und der Parque Nacional do Pico Neblina fast 1000 km den Rio Negro stromauf in der nordwestlichen Ecke des Bundesstaats Amazonas. In ihm erhebt sich der mit 3014 m höchste Gipfel Brasiliens, der Pico de Neblina (Nebelberg). Zu den weiteren Nationalparks gehören der Parque Nacional da Amazônia (S. 689) in der Nähe von Itaituba in Pará, der Parque Nacional do Cabo Orange in Amapá, der Parque Nacional de Pacaás Novos (S. 750) im Zentrum des Bundesstaats Rondônia, der Parque Nacional da Serra do Divisor im Westen von Acre, der Parque Nacional da Serra da Mocidade in Roraima sowie der Parque Nacional Campos Amazônicos in den Bundesstaaten Amazonas und Rondônia.

Nationalparks sind aber nur eine von vielen Einrichtungen zum Schutz des Regenwalds in Amazonien. Innovative Organisationsformen, die maximalen Schutz für die Umwelt mit einer nachhaltigen, auch touristischen Nutzung durch die örtliche Bevölkerung verbinden, sind die *reservas extrativistas* (Resex; Extraktionsreservate, aus denen nachwachsende Produkte ohne Eingriff in die Artenzusammensetzung entnommen werden können), die *reservas de desenvolvimento sustenável* (REDS; Reservate mit nachhaltiger Entwicklung) sowie die *florestas nacionales* (in der Regel als FLONA abgekürzt; staatliche Forsten). Das Mamirauá-Schutzgebiet (S. 724), die Reserva Xixuaú-Xipariná (S. 720) und die FLONA do Tapajós (S. 684) sind drei bekanntere Beispiele für solche Schutzgebiete mit jeweils ausgezeichneten Ökotourismus-Programmen. Weitere Beispiele sind die Reserva Amaná im Bundesstaat Amazonas, die Reserva Tapajós Arapiuns in Pará und die Reserva Extrativista Pedras Negras (S. 750) im Guaporé-Tal im Süden von Rondônia.

Natürlich bieten auch Reservate für Indigenas einen effektiven ökologischen Schutz, weil sie den Zugang für Außenstehende begrenzen. Das größte und bekannteste ist die Terra Indígena Yanomami im Norden des Bundesstaats Amazonas (s. Kasten, S. 735), aber es gibt noch Dutzende mehr, darunter den Parque Indígena do Tumucumaque in Pará, die Reserva Indígena Waimiri Atroari beiderseits der Grenze der Bundesstaaten Roraima und Amazonas sowie die Área Indígena Vale do Rio Javari an der brasilianisch-kolumbianischen Grenze.

Schließlich gibt es noch zumindest einen wichtigen staatlichen Park: den Parque Estadual do Jalapão (S. 701) in Tocantins – der Status eines staatlichen Parks ist häufig die Vorstufe zur Erklärung zum Nationalpark. 2006 stellte der Bundesstaat Pará ein gewaltiges, 150 000 km² großes Areal im Hochland von Guayana (ein weitgehend unberührtes, von tropischem Regenwald bedecktes Gebiet an der Grenze zu Guyana, Französisch-Guayana und Suriname), unter Schutz mit dem Ziel, dort weitere Parks und Schutzgebiete zu schaffen.

An- & Weiterreise

Manaus (S. 703) und Belém (S. 661) sind die wichtigsten Verkehrsknotenpunkte im Amazonasbecken. Die meisten Traveller kommen mit dem Flugzeug. Die meisten Flugzeuge aus dem Ausland, darunter aus Miami und Buneos Aires, landen in Manaus, Inlandsflüge gibt's häufig, sowohl nach Manaus wie auch nach Belém. Nach Manaus fahren nur wenige Busse, während Belém aus ganz Brasilien angefahren wird. Manche Reisende kommen auch mit dem Boot aus Peru oder Kolumbien in das brasilianische Amazonasgebiet und überqueren die Grenze am Dreiländereck (S. 726), andere kommen auf dem Landweg aus Venezuela (S. 737) oder Guyana (S. 737), von wo aus es Busverbindungen nach Manaus gibt, oder aus Bolivien über die Grenzstädte Guajará-Mirim (S. 745) oder Brasiléia (S. 758). Wer aus dem Landesinneren Brasiliens kommt, z. B. aus Brasília oder dem Pantanal, kann Amazonien über Porto Velho (S. 740), wo es Flugzeuge und Schiffe nach Manaus gibt, oder über Palmas im Bundesstaat Tocantins (S. 696) erreichen, von wo Busse nach Belém fahren.

Unterwegs vor Ort

Praktisch jede größere Stadt am Amazonas, am Rio Solimões und am Rio Madeira hat einen Hafen und eine Landebahn, aber keine Straßen, die ins Umland führen. Die Verkehrsmittel beschränken sich also auf Flugzeuge und Schiffe. Ob man nun fliegt oder auf einem Fluss entlangschippert, hängt von der Zeit, der Reisekasse und den eigenen Vorlieben ab. Eine Schifffahrt ist sicher ein Erlebnis – und die meisten Traveller genießen es, ihre Füße ins Wasser zu hängen. Doch die Entfernungen sind riesig und die Schiffe sehr langsam, besonders flussaufwärts. Entscheidet man sich fürs Flugzeug, bleibt mehr Zeit für die angenehmen Dinge des Lebens, etwa Wandern oder Kanufahren. Und dank neuer Angebote ist Fliegen nicht einmal mehr viel teurer als eine Schifffahrt. Busse bedienen noch die Bundesstaaten am Rand des Regenwaldes, z. B. Pará, Tocantins und Rondônia. Der Zustand der Highways verbessert sich, und es gibt immer mehr bequeme und direkte Optionen, die die ausnahmslos langen Busfahrten etwas angenehmer gestalten.

PARÁ

Pará trägt im Gegensatz zum benachbarten Bundesstaat nicht den Namen „Amazonas", und so liegt der Gedanke nahe, Pará sei auch kein Teil des Amazonasgebiets. Tatsächlich bietet Pará aber einige grandiose, unerwartete Ziele in der Amazonasregion: Man kann über die menschenleeren Strände auf den Inseln Algodoal und Marajó schlendern oder an den weißen Sandbänken von Alter do Chão, 1000 km vom Meer entfernt, relaxen. Am Rio Tapajós und im gleichnamigen Wald (Floresta Nacional, FLONA, do Tapaiós) gibt's viel Regenwald und eine Menge Schiffstouren zu erleben, ebenso eine faszinierend lebendige Geschichte des Kautschuks mit seinen Boomzeiten und Krisen. In Pará liegt auch die lebhafte und moderne Stadt Belém, und die ältesten Höhlenmalereien Südamerikas befinden sich gleich flussaufwärts in Monte Alegre.

Pará ist das Epizentrum der Abholzung im Amazonasurwald, der Austragungsort eines eskalierenden Kampfes zwischen Naturschützern und Agrarindustriellen, vor allem Sojabauern und Viehzüchtern. 2005 wurde hier eine amerikanische Nonne und Umweltschützerin auf Befehl eines Grundbesitzers niedergeschossen, den sie beschuldigt hatte, illegal Bäume zu roden. Doch Pará ist auch der Staat, der 2007 eine 150 000 km² große Fläche – also fast das Doppelte des Staatsgebiets Österreichs – zum Naturschutzgebiet erklärte.

Für viele Traveller liegt Pará verständlicherweise nicht tief genug in Amazonien, um einen längeren Besuch zu rechtfertigen. Nach einer Weile wird jedoch jeder feststellen, dass Pará viel zu bieten hat. Wer dem Ganzen eine Chance gibt, wird kaum enttäuscht.

BELÉM

☎ 0xx91 / 1,4 Mio.

Belém ist ein erstaunlich lohnendes Reiseziel: Die Stadt bietet Straßen und Parks mit schatten spendenden Mangobäumen und eine Reihe faszinierender Denkmäler und Museen.

Der abschüssige Park im Zentrum ist unter der Woche recht ruhig, aber an den Wochenenden richtig munter, wenn die Einheimischen massenweise einfallen, um die kostenlosen Vorführungen anzusehen und an den Imbissbuden leckeres Essen zu genießen. Das Nachtleben gibt sich bohemehaft-intellektuell: Es gibt Kinos, die anspruchsvolle Filme zeigen, kleine Musiktreffs und anregende Café-Bars. Belém empfiehlt sich für Übernachtungsausflüge nach Algodoal und zur Ilha de Marajó, zwei schöne Ziele an der Küste, und ist außerdem ein wichtiges Sprungbrett für Reisen den Amazonas hinauf. Amazonien ist nicht wegen seiner Städte berühmt, und auch Belém kann, was Charme und urbanes Flair angeht, sicher nicht mit São Luis oder Salvador mithalten. Doch wer sich Zeit nimmt, Belém zu erkunden, wird feststellen, dass die Stadt keineswegs so raubeinig ist wie erwartet.

Geschichte

Belém wurde 1616 gegründet und ist damit eine der ältesten portugiesischen Siedlungen am Amazonas. Die Stadt florierte über zwei Jahrhunderte dank der versklavten *índios* (später Afrikaner), die die Schätze des Amazonas – Kakao, Indigo und Tierhäute – suchten und fanden. Die Gewinne der Exporte strichen freilich die Herren ein. Doch der Erfolg stand auf wackligen Beinen und eine Wirtschaftskrise Anfang des 19. Jhs. entfachte einen Aufstand, der in einem blutigen Bürgerkrieg endete.

Der Kautschukboom zur Jahrhundertwende ließ die Bevölkerung in Belém rasant wachsen, von 40 000 1875 auf über 100 000 Anfang des 20. Jhs. Plötzlich gab es in der Stadt Strom, Telefone, Straßenbahn und eine merklich europäische Atmosphäre. Die Behörden errichteten einige große Monumente wie das Teatro da Paz, weshalb die Stadt mit dem Spitznamen „Tropisches Paris" geadelt wurde.

1910 machte Kautschuk 39 % des brasilianischen Gesamtexports aus. In Belém wurden neue Häfen und Kais gebaut, um die Nachfrage stillen zu können. Auch wenn der Kautschuk an Bedeutung verloren hat, die Häfen sind geblieben. Heute laufen etwa 800 000 t Güter durch Belém. Das meiste davon ist Holz, aber auch Soja, Fisch, Shrimps, Paranüsse und Palmherzen werden auf die Schiffe verladen.

Orientierung

Der Park im Zentrum, die Praça da República, ist ein ruhiges, grünes Fleckchen, obschon hier

AMAZONIEN

mehrere Hauptstraßen zusammenlaufen. Westlich davon und näher am Wasser liegt das düstere Geschäftsviertel Comércio, das vor allem nachts weder sympathisch noch sicher ist. Weiter südlich folgt die Cidade Velha (Altstadt) mit den besten Museen Beléms. Östlich des Zentrums befindet sich das gehobene Wohnviertel Nazaré, in dem es Cafés, ein

paar Hotels und die Basílica Santuario de Nazaré, Beléms bedeutendste Kirche, gibt.

Praktische Informationen
BUCHLÄDEN

Clio (☎ 210 6369/68; Flughafen; ⏲ 24 Std.) Die beste Auswahl an englischsprachigen Büchern und Reiseführern in Belém.

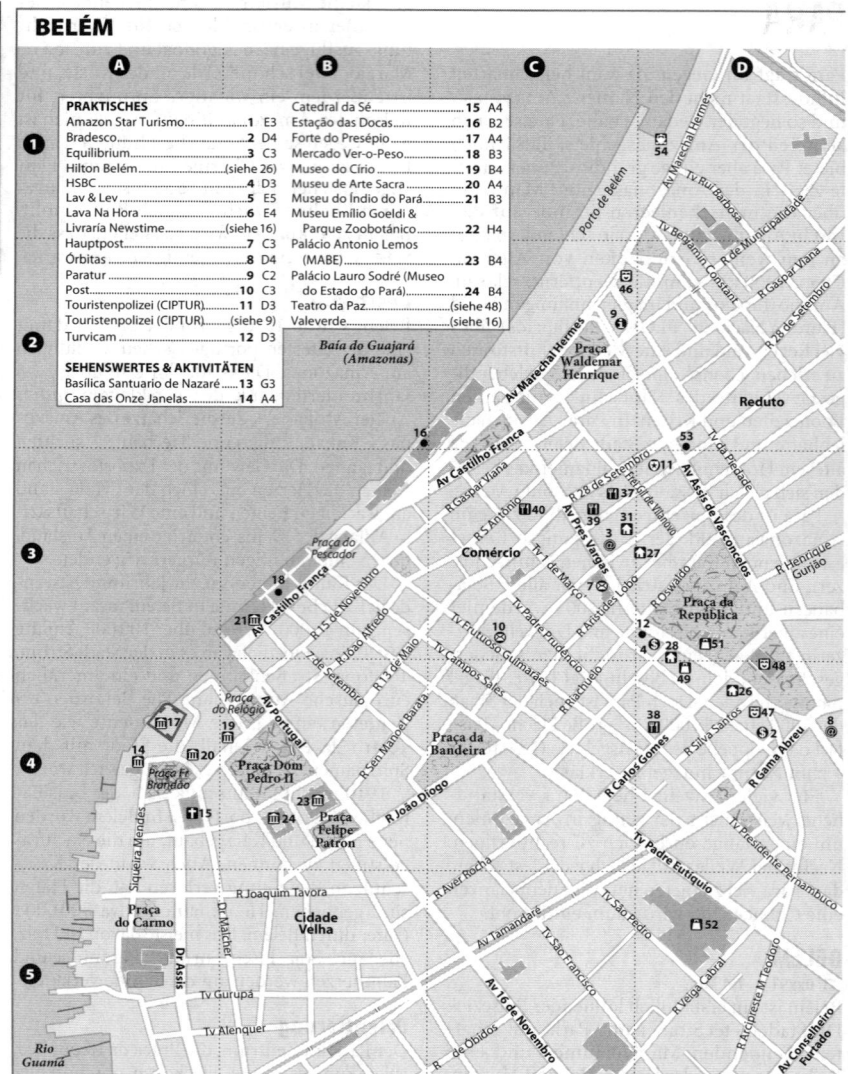

BELÉM

PRAKTISCHES
Amazon Star Turismo	1	E3
Bradesco	2	D4
Equilibrium	3	C3
Hilton Belém	(siehe 26)	
HSBC	4	D3
Lav & Lev	5	E5
Lava Na Hora	6	E4
Livraría Newstime	(siehe 16)	
Hauptpost	7	C3
Órbitas	8	D4
Paratur	9	C2
Post	10	C3
Touristenpolizei (CIPTUR)	11	D3
Touristenpolizei (CIPTUR)	(siehe 9)	
Turvicam	12	D3

SEHENSWERTES & AKTIVITÄTEN
Basílica Santuario de Nazaré	13	G3
Casa das Onze Janelas	14	A4
Catedral da Sé	15	A4
Estação das Docas	16	B2
Forte do Presépio	17	A4
Mercado Ver-o-Peso	18	B3
Museo do Círio	19	B4
Museu de Arte Sacra	20	A4
Museu do Índio do Pará	21	B3
Museu Emílio Goeldi & Parque Zoobotánico	22	H4
Palácio Antonio Lemos (MABE)	23	B4
Palácio Lauro Sodré (Museo do Estado do Pará)	24	B4
Teatro da Paz	(siehe 48)	
Valeverde	(siehe 16)	

Livraría Newstime (☎ 3212 3298; Estáço das Docas; ☺ Mo–Fr 12–24, Sa & So 10–24 Uhr)

GELD
Bradesco (Av Presidente Vargas 988; ☺ Mo–Fr 10–13 & 14–16 Uhr)
Estáço das Docas Hat zahlreiche Geldautomaten an sicheren Standorten.

HSBC (Av Presidente Vargas 670; ☺ Mo–Sa 10–17 Uhr)
Turvicam (☎ 3201 5465; Av Presidente Vargas 636) Geschäftiges Reisebüro; hinten gibt's auch noch eine Wechselstube.

INTERNETZUGANG
Equilibrium (Rua Ó de Almeida; 2,50 R$/Std.; ☺ Mo–Fr 8.30–21, Sa 12–20 Uhr)

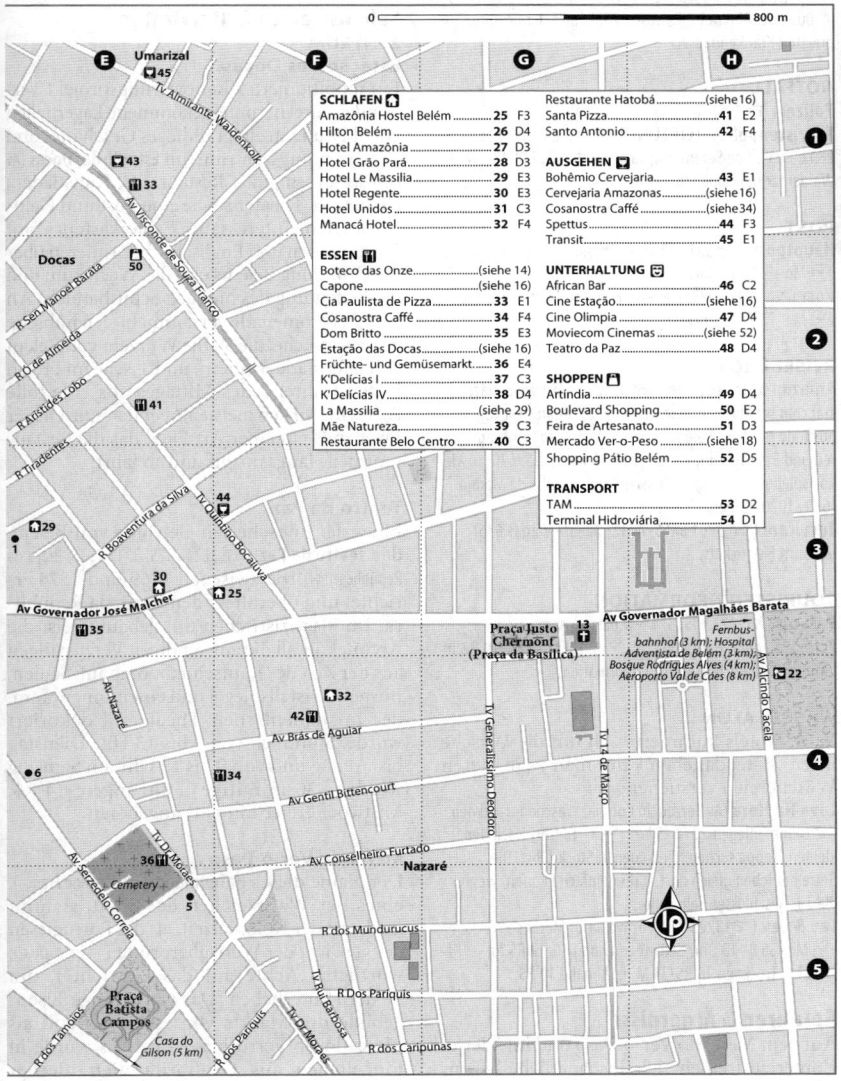

AMAZONIEN

Hilton Belém (Av Presidente Vargas 882; 0,10 R$, 6 R$/Std.; ☯ 8–22.30 Uhr)
Órbitas (Av Serzedelo Correia; 3 R$/Std.; ☯ 9.30–21.30 Uhr)

MEDIZINISCHE VERSORGUNG
Flughafenklinik (☯ Mo–Fr 8–12 & 14–18 Uhr) Kostenlose Gelbfieberimpfungen.
Hospital Adventista de Belém (☎ 3246 8686, 0800-91 0022; Av Almirante Barroso 1758) Eines der besseren privaten Krankenhäuser.

NOTFALL
Polizei (☎ 190)
Touristenpolizei (CIPTUR) Hauptwache (☎ 3222 2602; Rua 28 de Setembro); Paratur (☎ 3212 0948; Praça Waldemar Henrique s/n)

POST
Hauptpost (☎ 3211 3147; Av Presidente Vargas 498; ☯ Mo–Fr 9–17 Uhr)
Post (☎ 3212 7093; Travessa Frutuoso Guimarães; ☯ Mo–Fr 9–15 Uhr)

REISEBÜROS
Amazon Star Turismo (☎ 3212 6244; www.amazonstar.com.br; Rua Henrique Gurjão 210) Organisiert Tagesausflüge rund um Belém, darunter Vogelbeobachtungstouren und Stadtführungen (80–210 R$/Pers.; s. S. 670) sowie kostspielige mehrtägige Pauschaltrips zur Ilha de Marajó (630–1020 R$/Pers.).
Turvicam (☎ 3201 5465; Av Presidente Vargas 636) Verkauft Flugtickets.

TOURISTENINFORMATION
Paratur (☎ 3212 0575; www.paraturismo.pa.gov.br; Praça Waldemar Henrique s/n; ☯ Mo–Fr 8–18 Uhr) Recht hilfreiche staatliche Touristeninformation.

WASCHSALON
Viele Hotels kümmern sich um die Wäsche ihrer Gäste; daneben kann man es in diesen Wäschereien versuchen:
Lava Na Hora (Av Serzedelo Correia; Waschen, Trocknen & Zusammenlegen 20 R$/5 kg; ☯ 8–18 Uhr) Nach der kleinen Treppe suchen, die in den 2. Stock führt. Die Betreiber leben gleich dort, daher einfach klopfen, wenn die Tür geschlossen sein sollte.
Lav & Lev (☎ 3223 7247; Travessa Dr Moraes 576; ☯ Mo–Sa 8–18 Uhr) Selbstbedienung 10/12 R$ für 7/12 kg; Trocknen 10 R$/25 Min., Abgabe 10 R$.

Gefahren & Ärgernisse
Auf dem Mercado Ver-o-Peso und im Viertel Comercio treiben sich Taschendiebe herum

– das sollte einen nicht vom Besuch abhalten, aber zu Vorsicht mahnen. In dem Teil des Stadtviertels Reduto zwischen der Av Assis de Vasconcelos und der Av Visconde de Souza Franco ist es nachts dunkel und zwielichtig: Nach einem Kneipenbummel in der Gegend sollte man für den Rückweg ins Hotel unbedingt ein Taxi nehmen.

Sehenswertes & Aktivitäten
ZENTRUM
Estação das Docas
Ein ambitioniertes Renovierungsprojekt verwandelte drei heruntergekommene Lagerhallen am Flussufer in ein grandioses Geschäfts- und Versammlungszentrum. Im **Estação das Docas** (Av Marechal Hermes) gibt's Restaurants, Kunstläden, ein kleines Theater sowie eine Post und Geldautomaten. Interessante Schaukästen – auf Portugiesisch und Englisch – informieren über die Gründung Beléms und das Wachstum und die Bedeutung des hiesigen Schiffhandels. An der Uferpromenade versammeln sich hübsche gelbe Kraniche, die an die Wurzeln von Belém als Hafenstadt erinnern, und Tische im Freien bieten während des Mittagessens eine tolle Aussicht. An den meisten Abenden spielen hier Livebands auf einer Art Floß, das die Restaurantmeile langsam auf und ab fährt.

Teatro da Paz
Eines der hübschesten Gebäude von Belém, das **Teatro da Paz** (☎ 3224 7355, 3212 7915; Praça da República), wurde zwischen 1869 und 1874 errichtet und überblickt den Praça da República. Im klassizistischen Stil gebaut, weist die Architektur all die aufwendigen Verzierungen aus der Zeit des Kautschukbooms auf: Säulen, Büsten, Kristallspiegel und einen Innenraum, der im italienischen Theaterstil dekoriert wurde. Stündlich von 9 bis 13 Uhr Dienstag bis Freitag und von 9 bis 12 Uhr am Samstag werden 30-minütige Führungen (4 R$, Mittwoch freier Eintritt) angeboten.

Mercado Ver-o-Peso
Der Name dieses **Hafenmarkts** (Av Castilho França), eines der Wahrzeichen der Stadt, stammt noch aus der Kolonialzeit, als die Portugiesen das Gewicht der Ware überprüften (ver o peso, wörtlich: "Achte auf das Gewicht"), um Steuern zu erheben. Das viertürmige Eisengebilde des Markts wird sehr treffend als Mercado do Ferro bezeichnet. Es wurde in Einzelteilen aus Großbritannien hierher

verschifft und 1901 zusammengebaut und eröffnet. Das Profil der Türmchen gilt üblicherweise als Symbol von Belém.

Die Auslagen der Früchte und Fleischwaren und nicht zuletzt das Menschengewühl sind faszinierend. Am besten besucht man den Markt morgens, wenn die Fischerboote am südwestlichen Ende des Markts ihren Fang abladen. An den Ständen werden Heilpflanzen, Schuhe, Kleidung, Essen und vieles mehr verkauft, alles zu herabgesetzten Preisen. Taschendiebstahl ist ein allgegenwärtiges Problem – also immer die Augen offenhalten und nach 17 Uhr besser von einem Abstecher auf den Mercado Abstand nehmen! Viele Gauner geben sich auch als Ausländer aus, die eben beraubt wurden, und bitten die Besucher um Geld.

Museu do Índio do Pará

Das Museu do Índio do Pará (Av Castilho França auf Höhe Travessa 7 de Setembro da França) ist zwar eher eine Galerie als ein Museum, es zeigt aber eine kleine und dennoch vielfältige Sammlung von Artefakten der meisten der mehr als 30 indigenen Bevölkerungsgruppen Parás. Die Zeremonialtrachten, Jagdwaffen und sonstigen Gegenstände sind in einem großen, umgebauten Lagerhaus in der Nähe des historischen Mercado do Ferro ausgestellt.

Flussfahrten

Valeverde (☎ 3213 3388; Estação das Docas; ☽ Di–So 9–22 Uhr) und **Amazon Star Turismo** (☎ 3212 6244; www.amazonstar.com.br; Rua Henrique Gurjão 210) bieten diverse kurze Touren auf dem Fluss (30–100 R$/Pers.) an, darunter Vogelbeobachtungsfahrten bei Sonnenaufgang und gemütliche Kreuzfahrten am Abend. Valeverde hat ein Büro und planmäßige tägliche Fahrten vom Pier an der Estação das Docas; in den meisten Fällen ist eine Reservierung nicht erforderlich. Amazon Star hingegen verlangt eine Reservierung, holt einen dafür aber in der Regel von seinem Hotel ab.

CIDADE VELHA

Die Altstadt grenzt an den Fluss und drei miteinander verbundene Plätze. In ihr liegen die meisten Museen und Galerien der Stadt. Das Viertel ist bei Tage sicher und stark belebt. Doch wenn man bis abends unterwegs ist, sollte man zur Heimfahrt ein Taxi nehmen, da sich die Cidade Velha gleich neben dem heruntergekommenen Comercio liegt, in dem es nachts zwielichtig zugeht.

Forte do Presépio

Belém wurde 1616 mit der Errichtung des **Forte do Presépio** (Praça Frei Brandão; Eintritt 2 R$; ☽ Di–So 10–16 Uhr) gegründet, das die portugiesischen Interessen stromauf vor Übergriffen der Franzosen und Niederländer schützen sollte. Heute ist in der Festung ein kleines, aber hervorragendes Museum untergebracht, das sich vor allem den indigenen Völkern in Pará widmet; die Ausstellungsstücke sind nur portugiesisch beschriftet. Von den dicken Wällen der Anlage hat man einen wunderbaren Blick auf die Stadt und den Amazonas.

Palácio Antonio Lemos & MABE

Dieser Palast aus der Zeit des Kautschukbooms diente von 1860 bis 1883 als Rathaus. Heute ist hier u. a. das **Museu de Arte de Belém** (MABE; ☎ 3283 4665; Praça Dom Pedro II; Eintritt frei; ☽ Di–Fr 10–16, Sa 10–13 Uhr) beheimatet. Das Museum hat prachtvolle Parkettböden – am Eingang werden Filzpantoffeln ausgegeben – und eine gute Sammlung brasilianischer Werke des vergangen Jhs., darunter das 1957 entstandene Ölgemälde *Seringal* von Cândido Portinari. Das Museum war einige Zeit wegen Renovierung geschlossen, soll aber bald, schöner denn je, wieder öffnen.

Palácio Lauro Sodré & Museu do Estado do Pará

Das grandiose, weitläufige Gebäude war früher die Residenz der portugiesischen Vizekönige von Grão-Pará und später von diversen Gouverneuren der brasilianischen Provinz Pará. Einer von ihnen, Ernesto Lobo, wurde 1835 während des Cabanagem-Aufstands auf der Treppe erschossen. Heute befindet sich in dem Gebäude das **Museu do Estado do Pará** (☎ 3225 2414; Praça Dom Pedro II; Eintritt 2 R$; Di frei; ☽ Di–So 10–16 Uhr), das eine mäßig interessante Ausstellung zur Gründung und Entwicklung von Belém und Pará zeigt.

Casa das Onze Janelas

Die **Casa das Onze Janelas** (☎ 3219 1165; Praça Frei Brandão; Erw./Student 2/1 R$, Di frei; ☽ Di–So 10–16 Uhr) war zunächst der Wohnsitz eines Zuckerbarons, dann ein Armeehospital und beherbergt heute eine ausgezeichnete Kunstgalerie sowie eines der besten Restaurants in Belém, das Boteco das Onze (s. S. 669). Die mittelgroße Galerie zeigt klassische und moderne Kunst und im Obergeschoss eine gute Fotoausstellung. Vom Café im hinteren Bereich hat man

AMAZONIEN

einen guten Blick auf die Mündung des Amazonas.

AMAZONIEN

Museu de Arte Sacra

Das **Museu de Arte Sacra** (Museum für sakrale Kunst; Praça Frei Brandão; Erw./Student 4/2 R$; Di frei; ☻ Di–So 10–16 Uhr) umfasst die eindrucksvolle Igreja do Santo Alexandre und den angrenzenden Palácio Episcopal (Bischofspalast). Die Igreja do Santo Alexandre war Beléms erste Kirche und wurde im 17. Jh. von Jesuiten gegründet. Das schon durch seine Größe beeindruckende Kirchenschiff bietet schöne Skulpturen und Verzierungen, die praktisch alle von zu Frondiensten herangezogenen *índios* aus Stuck und örtlichem roten Zedernholz geschaffen wurden. In dem weitläufigen Bischofspalast sind eine ordentliche Sammlung moderner Kunst und Installationskunst, ein Café und ein Souvenirladen untergebracht.

Museo do Círio

Von der Entdeckung der winzigen Marienstatue am Flussufer im Jahr 1700 bis zu den Eigenwilligkeiten der heutigen großen Prozession zeigt das schöne neue **Museo do Círio** (Rua Jóao Alfredo; Erw./Student 4/2 R$, Di frei; ☻ Di–So 10–18 Uhr) alles über Beléms berühmtes religiöses Fest, den Círio de Nazaré (S. 666). Erzählt wird auch die Geschichte von dem Seil, das 1855 erstmals benutzt wurde, um den Festwagen beim Umzug auf der Spur zu halten, und das seither zu einem integralen Bestandteil des Umzugs geworden ist, um das sich die Gläubigen drängen, um es zu berühren oder beim Ziehen zu helfen. Dieses Seil wurde von der Kirche abgelehnt, weil es nicht geweiht worden war, wurde aber weiter benutzt, weil die Öffentlichkeit darauf bestand. Es ist mit der Prozession gewachsen: Bei der letzten Messung war es 400 m lang und wog über 450 kg. Die Beschriftungen sind nur auf Portugiesisch.

Catedral da Sé

Es hat einige Zeit gedauert, aber die Restaurierung der **Kathedrale** (Praça Frei Brandão; ☻ 7–12 & 14–19.30 Uhr) von Belém hat sich gelohnt. Nach Jahren eines langsamen, traurigen Verfalls erstrahlt der historische Sakralbau heute innen und außen wieder in neuem Glanz. Die Fassade zeigt ein leuchtendes Weiß, den hohen Innenraum schmücken polierte Marmorböden, feine geometrische Muster an Decke und Wänden sowie überlebensgroße Marien- und Heiligenbilder in Goldrahmen.

ÖSTLICH DES ZENTRUMS

Basílica Santuario de Nazaré

Die von außen eher langweilige **Basilica Santuario de Nazaré** (Praça Justo Chermont; Eintritt frei; ☻ 5.30–20 Uhr) hat ein wirklich spektakuläres Inneres mit hohen Marmorsäulen, leuchtenden Buntglasfenstern und aufwändigen Verzierungen aus Holz und Fliesen – selbst von der Decke starren Gesichter auf einen herunter. Die Basilika ist der Mittelpunkt des größten religiösen Festes in Brasilien, des Círio de Nazaré (s. S. 666), zu dem jeden Oktober mehr als 1 Mio. Pilger nach Belém kommen.

Museu Emílio Goeldi & Parque Zoobotánico

In dieser ausgezeichneten Anlage mit **Museum und Zoo** (☎ 3249 1233; Av Governador Magalhães Barata 376; Park, Aquarium & Dauerausstellung je 2 R$; ☻ Di–So 9–17 Uhr) findet man viele Tierarten Amazoniens, von Manatis und Anakondas bis zu Jaguaren und Riesenottern, sowie eine Großvolière, ein Aquarium und eine tolle Dauerausstellung mit Fundstücken zu indigenen Völkern des Amazonasbeckens. Am Sonntag ist die Anlage ein beliebtes Ausflugsziel von Familien.

Bosque Rodrigues Alves

Der **Bosque Rodrigues Alves** (☎ 3249 1233; Av Almirante Borroso Höhe Travessa Lomas Valentinas; Eintritt 2 R$; ☻ Di–So 9–17 Uhr) steht zwar etwas im Schatten des Museu Emílio Goeldi & Parque Zoobotánico, ist aber mit seinen gepflegten Tiergehegen (in denen u. a. Affen, Manatis und Tropenvögel leben) und den breiten Baumalleen nicht weniger ansprechend. Wegen der zahlreichen Spielflächen und merkwürdigen Gebäude – man findet hier u. a. Nachbildungen einer Burg und einer Grotte – ist er gerade für Familien sehr zu empfehlen. Vom Zentrum einen Bus mit der Zielangabe „Alm. Borroso" nehmen und aussteigen, wenn die lange gelbe Außenmauer des Parks in den Blick kommt.

Festivals & Events

Jedes Jahr am Morgen des zweiten Sonntags im Oktober ertönen in Belém die Klänge von Hymnen, Glocken und Feuerwerken. Seit 1793 gibt es das **Círio de Nazaré**, das größte religiöse Fest Brasiliens. Menschen aus dem ganzen Land strömen nach Belém und campen sogar auf den Straßen, um bei diesem großen Ereignis dabei sein zu können.

Das winzige Bildnis der *Nossa Senhora de Nazaré* (Unsere Liebe Frau aus Nazareth) soll in Nazareth (Galiläa) geformt worden sein und im mittelalterlichen Portugal Wunder vollbracht haben, bevor es in Brasilien verloren ging und 1700 von einem armen Viehzüchter an der Stelle der heutigen Basilika wiederentdeckt wurde. Angeblich kehrte das Ebenbild später nur alleine hierher zurück, nachdem es einige Male entfernt worden war.

Am Tag vor dem großen Fest wird die kleine Statue, die zuvor ins 23 km nördlich gelegene Icoaraci gebracht wurde, in einer Flussprozession zurück in die Kathedrale von Belém gebracht. Am Sonntag selbst versammeln sich mehr als 1 Mio. Menschen auf den Straßen, um das Bildnis von der Catedral da Sé (s. S. 666) zur Basílica Santuario de Nazaré (s. S. 666) zu begleiten. Die Statue liegt auf einem mit Blumen verzierten Wagen, Tausende verrenken sich in emotionaler Ekstase, um eine Hand an das 400 m langen Seil zu bekommen, mit dem der Wagen gezogen wird. Nach fünf Stunden und nur 3,5 km kommt die Jungfrau in der Basilika an, wo sie während der restlichen Feierlichkeiten bleibt.

Schlafen
BUDGETUNTERKÜNFTE

Hotel Amazônia (☎ 3222 8456; hotelamazônia@globo.com; Rua Ó de Almeida 548; B 13 R$, EZ/DZ mit Ventilator 28/35 R$, mit Klimaanlage 40/55 R$; 🌐 🖵 🛜) Das mit dem nahezu gleichnamigen Hotel nicht zu verwechselnde Haus hat eine gute Lage, ist aber schäbig. Man findet hier muffige Schlafsäle für vier Personen und winzige Privatzimmer, deren improvisierte Trennwände aus Sperrholz keine wirkliche Intimität gewähren. Die Küche und das gemeinschaftliche TV-Zimmer sind erträglicher. Das Frühstück ist nicht im Preis enthalten.

LP Tipp **Amazônia Hostel Belém** (☎ 4008 4800; www.amazoniahostel.com.br; Av Governador José Malcher 592; B 38 R$, EZ/DZ mit Gemeinschaftsbad 60/80 R$, mit Bad 70/85 R$, für HI-Karteninhaber 10 R$ Rabatt; 🌐 🖵 🛜) Das hundert Jahre alte Herrenhaus in einem sicheren Viertel ist der ideale Standort für Beléms einzige Jugendherberge. Die ziemlich kleinen, nach Geschlechtern getrennten Schlafsäle bieten neue Stockbetten, große Schließfächer, 4 m hohe Decken und prächtige Holzdielen. Der Internetzugang, die Gemeinschaftsküche und ein Wäschedienst sind willkommene Extras. Für ein Hostel sind die Preise hoch, aber das Haus ist recht attraktiv.

MITTELKLASSEHOTELS

Hotel Unidos (☎ 3224 0660; hotel.unidos@bol.com.br; Rua Ó de Almeida 545; EZ/DZ 65/85 R$; 🌐 🖵) Das Hotel gehört zu denen mit dem besten Preis-Leistungs-Verhältnis in Belém und hat große, makellose Zimmer und kompetentes, freundliches Personal. Die Korridore sind geräumig und gut beleuchtet – was in Amazonien selten ist –, und auch beim kostenlosen *café de manhã* (Frühstück) wird nicht geknausert. Das Dekor ist zugegebenermaßen schlicht, aber die Preise sind erheblich niedriger als in vergleichbar ausgestatteten Hotels der Stadt. Nur einen halben Block abseits der Av Presidente Vargas, liegt das Hotel in Gehweite zu den meisten interessanten Zielen; alle übrigen erreicht man bequem mit Bussen von nahegelegenen Haltestellen aus.

Hotel Grão Pará (☎ 3221 2121; www.hotelgraopara.com.br; Av Presidente Vargas 718; EZ/DZ 70/90 R$; 🌐 🛜) Auch dieses Hotel bietet ein prima Preis-Leistungs-Verhältnis: Die Zimmer sind etwas neuer als im Unidos – das gilt vor allem für die Badezimmer mit gläsernen Duschkabinen und Waschtischen aus Marmor. Da das Hotel 150 Zimmer hat, ist der Service hier aber unpersönlicher. Der Straßenlärm kann stören, dafür befindet man sich aber auch gleich gegenüber der Praça da República – am besten also ein Zimmer im Obergeschoss nehmen: Die sind ruhiger, und man hat einen guten Ausblick.

Hotel Le Massilia (☎ 3222 2834; le_massilia@yahoo.com; Rua Henrique Gurjão 236; EZ/DZ Standard 120/135 R$, Deluxe 130/150 R$; 🌐 🛜 🍴) Das von Franzosen geführte Hotel steht nahe der Praça da República. Im Haus herrscht die Atmosphäre einer Pension. Es gibt einen kleinen Pool und ein empfehlenswertes französisches Restaurant (La Massilia). Die meisten Zimmer bieten eine anheimelnde Ausstattung mit Sitzsäcken, Haartrocknern und Schreibtischen. Die Deluxe-Wohneinheiten haben Lofts und sind für bis zu vier Personen ausgelegt, die sich dann allerdings etwas beengt fühlen werden. Alle Zimmer öffnen sich zu einem langgestreckten, grünen Garten. Nach einer anstrengenden Sightseeing-Tour ist der Pool eine echte Verlockung (oder auch einfach so).

SPITZENKLASSEHOTELS

LP Tipp **Manacá Hotel** (☎/Fax 3242 5665; www.manacahotel.com.br; Travessa Quintino Bocaiúva 1645; EZ/DZ/3BZ 165/195/235 R$; 🌐 🛜 🍴) Die kürzliche Renovierung hat das Haus zu einem erstklassigen Boutiquehotel mit Flachbild-TVs und einem neuen, sauberen Pool gemacht. Die Gemeinschaftsbereiche waren schon immer wunderbar: Sie zeichnen sich durch schöne Holz- und Steinböden sowie kreative Kunst aus – die ursprüngliche Holztür hängt wie ein Gemälde im Flur. In der gleichermaßen ansprechenden Nachbarschaft finden sich elegante Läden und Restaurants, die Basílica Nazaré und der Zoo liegen in kurzer Gehentfernung.

Hotel Regente (☎ 3181 5000; www.hotelregente. br; Av Gov José Malcher 485; EZ/DZ Standard 167/185 R$, Deluxe 190/214 R$; 🏊 🛜 🍽) Das bei Geschäftsleuten beliebte Hotel hat auch für Traveller eine gute Lage. Die Deluxe-Zimmer sind den Aufpreis wert, denn sie bieten mehr Platz, eine bessere Ausstattung und eine gute Aussicht aus den Zimmern in den oberen Etagen. Es gibt einen kleinen, aber erfrischenden Pool, eine Sauna und eine Fitnessanlage.

Hilton Belém (☎ 4006 7000, gebührenfrei 0800 728 0888; www.hilton.com; Av Presidente Vargas 882; EZ 470–790 R$, DZ 500–820 R$; 🏊 🖥 🛜 🍽) Das Spitzenhotel von Belém liegt gegenüber der Praça da República und bietet alle zu erwartenden Einrichtungen, darunter Businesszentrum, Fitnessraum, Lobbybar und einen kleinen Swimmingpool. Die Zimmer sind auch geräumig. Allerdings könnte das Hotel eine Renovierung vertragen, was besonders für die grellbunten Stoffe und die ältliche Möblierung gilt.

Essen
ZENTRUM
LP Tipp **Estação das Docas** (Av Marechal Hermes; 🍽 mittags & abends) Einer der besten Orte in Belém für eine Mahlzeit, gleichgültig, worauf man gerade Lust hat. In dem Komplex gibt's fast ein Dutzend Restaurants. Die meisten haben Plätze drinnen und draußen; beim Mittagessen zahlt man pro kg, das Abendessen ist à la carte. Viele Lokale sind freitags und samstags bis weit nach Mitternacht geöffnet. Im Restaurante Hatobá (Hauptgerichte 18–45 R$) gibt's gute asiatische Speisen, darunter Sushi, im Capone (Hauptgerichte 18–40 R$) eine große Auswahl an Pizza und Pasta.

Restaurante Belo Centro (☎ 241 8677; 2. OG, Rua Santo Antônio 264; 20 R$/kg; 🍽 Mo–Fr mittags) In diesem freundlichen SB-Restaurant gibt's viele leckere Gerichte für Vegetarier und Fleischliebhaber. Der Laden ist nicht leicht zu finden: nach dem Sandwich-Schild und der schmalen Treppe hinter einem Brillengeschäft suchen.

Mãe Natureza (☎ 3212 8032; Rua Sen Manoel Barata 889; 27 R$/kg; 🍽 Mo–Sa mittags) Der sterile Speisesaal wird dem einmaligen, veganischen Mittagsbuffet nicht gerecht, aber die Klimaanlage sorgt schon beim Eintreten für willkommene Erleichterung. Das Mãe Natureza – „Mutter Natur" auf Portugiesisch – verwendet nur frische Zutaten (sogar Rohzucker) und stellt seine eigene Sojamilch her.

Dom Britto (Travessa Dr Moraes 21; 27 R$/kg; 🍽 mittags & abends) Dank des coolen, schicken Interieurs und der kundig zubereiteten Gerichte ist das Lokal bei Berufstätigen und den Gästen der nahen gehobenen Hotels beliebt. Zwar zahlt man hier (ein klein wenig) mehr als in anderen Restaurants, die pro kg abrechnen, aber das nette Ambiente und die stets arbeitende Klimaanlage bieten genau die Erholung, die man in der Mitte eines heißen Tages braucht. Das Sonntagsangebot ist noch reichhaltiger und kostet 35 R$/kg.

K'Delícias IV (Rua Carlos Gomes 237; 27 R$/kg, So 33 R$; 🍽 mittags) Das gut präsentierte, umfangreiche Speisenangebot macht dieses Lokal zu einem der besten jener Restaurants, in denen man pro kg zahlt, und dank der Klimaanlage auch zu einem der komfortabelsten. Überdies gehört das Lokal zu den wenigen, die auch sonntags geöffnet haben. Das ursprüngliche K'Delícias I (Mo–Sa mittags) ist kleiner, hat aber die bessere Lage: Es befindet sich in der Rua 28 de Setembro 276 gleich neben der Av Presidente Vargas.

Am Wochenende kann man sich auf dem **Obst- und Gemüsemarkt** (Av Conselheiro Furtado & Travessa Dr Moraes; 🍽 Fr–So 6–19 Uhr) neben dem Friedhof von Belém mit frischen Lebensmitteln eindecken.

AUSSERHALB DES ZENTRUMS
LP Tipp **Santo Antonio** (Travessa Quintino Bocaiúva; Gerichte 8–18 R$; 🍽 morgens, mittags & abends) Zu den besten und coolsten Lokalen in Belém zählt diese Mischung aus Café, Bäckerei und Restaurant mit einer großen Auswahl an Sandwichs und warmen Gerichten. Den künstlerisch gehaltenen Innenraum prägen Tische mit Kachelauflage und Bossa-nova-Musikuntermalung. Man stellt sich entweder selbst sein Sandwich aus frischem Brot und schmackhaftem Fleisch und Käse zusammen (8–12 R$) oder wählt von der Speisekarte: Die offenen „französischen" (francesinha) Sandwiches mit heißem Fleisch und Schmelzkäse auf einem Baguettebrötchen sind einfach lecker.

Cosanostra Caffé (Travessa Benjamin Constant 1499; Hauptgerichte 7–20 R$; 🍽 12–1 Uhr) Die schummrige

Beleuchtung und der unauffällige Eingang sorgen für eine Atmosphäre à la *Good Fellas*, und während unseres Besuchs wurde auch gerade Frank Sinatra gespielt. Die kräftigen Kerle an der Bar sind aber meistens einfach nur Geschäftsleute, die Pause haben. Die Mittagsmenüs bestehen aus einem Hauptgang mit Beilage und einem Getränk (10 R$), man kann aber auch größere Gerichte von der Karte bestellen. Die Bar hat lange geöffnet; nach 23 Uhr gibt's Livemusik (s. S. 669).

Santa Pizza (☎ 34409 6450; Travessa Quintino Bocaíuva 945; Hauptgerichte 15–40 R$; ☻ abends) Scharfes Dekor, hippe Musik und Stimmungsbeleuchtung sorgen dafür, dass man sich in dieser Pizzeria zwischen der Travessa Tiradentes und der Rua Boaventura da Silva wie in einer Loungebar fühlt, und genau das war auch beabsichtigt. Die Tische im Freien sind an warmen Abenden eine feine Sache.

Cia Paulista de Pizza (☎ 3212 2200; Av Visconde de Souza Franco 559; Gerichte 18–35 R$; ☻ So–Do 10–1, Fr–Sa 10–4 Uhr) Dem Speisesaal sieht man nicht an, dass das Restaurant zu einer Kette gehört, denn die Weingläser, die Tischdecken, die aufmerksamen Kellner und die Jazzmusik im Hintergrund sorgen für ein Ambiente mit Klasse. Die Preise sind recht günstig, und die Pizzas und Pastagerichte ausgezeichnet.

Boteco das Onze (Casa das Onze Janelas, Praça Frei Brandão; Hauptgerichte 20–55 R$; ☻ mittags & abends) Das elegante Barrestaurant ist Teil der Galerie in der Casa das Onze Janelas (s. S. 665) und eignet sich hervorragend für ein Mittag- oder Abendessen oder auch für einen Drink danach. Man sitzt entweder im Speisesaal, dessen Wände mit moderner Kunst geschmückt sind, oder auf der luftigen Terrasse hinten mit Blick auf den Fluss. An Gerichten findet man u. a. *moqueca de filhote*, einen schmackhaften Eintopf mit Panzerwels, Garnelen und Hummer. Praktisch jeden Abend gibt's Livemusik (Eintritt 6–10 R$), außerdem jede Menge gutes Bier und Drinks.

Ausgehen

Cervejaria Amazonas (Estação das Docas, Av Marechal Hermes; ☻ 17–1 Uhr) Zwar lieben viele Brasilianer Bier, doch findet man kaum eines, das dunkler ist als Limonade. Diese Kleinbrauerei ist da eine Ausnahme: Zu den fünf Sorten, die hier gebraut und ausgeschenkt werden, gehören immerhin ein bernsteinfarbenes und ein Dunkelbier (das allerdings auch kein echtes Schwarzbier ist).

Bohêmio Cervejaria (Av Visconde de Souza Franco; ☻ Mo–Fr 18–3, Sa & So 12–3 Uhr) Eine coole, lässige Bar mit dunklen Holztischen und einer riesigen Batterie Bierflaschen an der hinteren Wand (moderne Kunst, die bestimmt nicht erdbebensicher ist). An den meisten Abenden gibt's Livemusik (dann: Grundpreis 3–4 R$) von Rock über Pop bis zu MPB (Música Popular Brasileira).

Spettus (Travessa Quintino Bocaiúva; ☻ 18–24 Uhr) Das typisch brasilianische Freizeitvergnügen, mit kaltem Bier und heißen Snacks um einen Plastiktisch herumzusitzen, kann man in dieser beliebten, aber entspannten Kneipe erleben. Sie befindet sich zwischen der Av Gov José Malcher und der Rua Boaventura da Silva in einem hauptsächlich Wohnzwecken dienenden Gebiet.

Transit (Ecke Rua 28 de Setembro & Travessa Almirante Waldenkolk; ☻ Do–Sa 17–2 Uhr) Auf der anderen Straßenseite gegenüber einem schicken neuen Restaurant sorgt das Transit für eine jüngere, weniger gut betuchte Kundschaft. Es gibt einen Ess- und Barbereich unter freiem Himmel und donnerstags bis samstags eine Bühne für Livemusik von Rock bis Bossa Nova.

Cosanostra Caffé (Travessa Benjamin Constant 1499; ☻ 12–1 Uhr) Unter der Balkendecke lässt sich prima zu Mittag oder Abend essen. Die Bar ist lange auf und unter Intellektuellen und Berufstätigen beliebt. Täglich gibt's abends ab 23 (So ab 20) Uhr live Instrumentalmusik.

Unterhaltung

In der Av Visconde de Souza Franco findet man mehrere Bars und Clubs. Man muss einfach nur der Musik folgen, um den gerade angesagten Treff ausfindig zu machen. Anderswo in der Stadt sind die folgenden Bars und Nachtclubs zu empfehlen:

African Bar (☎ 3241 1085; Ecke Av Marechal Hermes & Travessa da Piedade) In diesem seit langem bestehenden Club gegenüber der staatlichen Touristeninformation treten am Samstagabend oft Sambagruppen auf. Die Plakate an der Tür informieren über anstehende Events.

Casa do Gilson (☎ 3272 7306; Travessa Padre Eutíquio 3172; ☻ Fr 20–3, Sa & So 12–3 Uhr) Dass bei Umfragen immer wieder dieser Treff genannt wird, wenn es um die beste Livemusik in Belém geht, überrascht niemanden. Das 1897 eröffnete Gilson lockt Intellektuelle und Jazzer mit erstklassigem Samba, *choro* (improvisierte, sambaähnliche Musik) und anderen Musikstilen an. Darüber hinaus gibt's prima Essen in toller Atmosphäre – die *patinha de caran-guejo* (Krabbenküchlein) sollte man sich nicht entgehen lassen. Das Lokal befindet sich zwischen der Rua Nova und der Rua Tambés.

In den **Moviecom Cinemas** (www.moviecom.com.br) im obersten Stock des Shopping Pátio Belém in der Travessa Padre Eutíquio laufen vor allem Hollywoodstreifen. Das **Cinépolis** (Boulevard Shopping, Av Visconde de Souza Franco) ist ebenfalls in einer Mega-Mall und hat sieben Säle, darunter einen für 3D-Filme, mit bequemen ansteigenden Sitzreihen. Unter den Kinos, die anspruchsvolle Filme zeigen, liegen das **Cine Olimpia** (☎ 3223 1882; Ecke Av Presidente Vargas & Rua Silva Santos) und das **Cine Estação** (☎ 3212 552; Estação das Docas) dem Zentrum am nächsten. Im erstgenannten finden internationale Filmfestivals statt, das letztere zeigt an den Wochenenden anspruchsvolle brasilianische und ausländische Filme.

Im Teatro da Paz gibt's Veranstaltungen von Theateraufführungen über Sinfoniekonzerte bis hin zu internationalen Tanzdarbietungen. Für die meisten Veranstaltungen erhält man Karten an der Abendkasse. Der Info- und Kartenschalter befindet sich gleich hinter dem Eingangsportal.

Shoppen

Feira de Artesanato (Praça da República; ⊗ Fr–So) Der große Kunsthandwerksmarkt hat die beste Auswahl an schönen Stücken in der Stadt. Vieles davon bieten die Künstler selber an. Sonntags ist besonders viel los.

Mercado Ver-o-Peso (Av Castilho França) Dieser Markt und das umliegende Gebiet sind wahrscheinlich die beste Gegend zum Herumstöbern. Hier findet man alles Erdenkliche und Undenkliche. Es gibt keine festen Öffnungszeiten, aber täglich ist zwischen 5.30 und 20.30 Uhr immer etwas Interessantes los. Frühmorgens und abends ist aber erhöhte Vorsicht vor Taschendieben und Raubüberfällen geboten.

Artíndia (☎ 223 6248; Av Presidente Vargas 762; ⊗ Mo–Fr 9–17 Uhr) Im Hauptgeschäft am Ende einer Arkade im Zentrum wird authentisches und preisgünstiges indigenes Kunsthandwerk angeboten. Eine weitere Verkaufsstelle ist der Kiosk (geöffnet 12–24 Uhr) in der Estação das Docas.

Shopping Pátio Belém (Travessa Padre Eutíquio) Das frühere Einkaufszentrum „Iguatemi Shopping" hat einen neuen Namen und sich noch stärker dem gehobenen Segment zugewandt. Auf vier Etagen gibt's teure Läden für Schmuck, Elektronik und Designerklamotten.

Boulevard Shopping (Av Viconde de Souza Franco 776) Beléms jüngstes und größtes Einkaufszentrum residiert in einer modernen Konstruktion aus Glas, Stahl und Beton, die nachts angestrahlt wird. Im Komplex findet man Mode der Spitzenklasse, Elektronik, Warenhäuser und Kinos.

An- & Weiterreise
BUS
Beléms Fernbusbahnhof liegt 3 km östlich vom Zentrum. Die wichtigsten Ziele werden von mehreren Busunternehmen angefahren; auf einigen langen Strecken sind auch *leito* und *semi-leito* (Busse mit Schlafsitzen) im Einsatz. Achtung: Es hat eine Reihe von Raubüberfällen auf Busse von und nach São Luis gegeben! Wenn möglich, sollte man besser fliegen.

Beira-Dão (☎ 3226 1162) betreibt Busse nach Vila Mosqueiro (5 R$, 1½ Std., Abfahrt stündl. 6–23, Sa bis 22, So bis 21 Uhr).

Itaperim (☎ 3226 3382) bedient Fortaleza (209 R$, 24 Std., tägl.), Salvador (283 R$, 33 Std., 3-mal wöchentl.) und Rio de Janeiro (426 R$, 53 Std., 4-mal wöchentl.).

Rápido Excelsior (☎ 3249 6365) fährt nach Marudá (17 R$, 3½ Std., 4-mal tgl., Fr & Sa 5-mal, darunter um 6 und 9 Uhr).

Sinprovan (☎ 3226 5872) fährt mit Kleinbussen nach Marudá (15 R$, 3½ Std., direkt um 5.45 und 8 Uhr, sonst muss man in Canstanhal umsteigen).

Transbrasilia (☎ 3226 1942) fährt Dutzende nahe und ferne Städte an, darunter São Luis (111 R$, 10 Std., tgl.), Rio de Janeiro (399 R$, 50 Std., 4-mal wöchentl.) und Paraíso do Tocantins (133 R$, 17 Std., 3-mal tgl.).

FLUGZEUG
Beléms **Aeroporto Val de Cães** ist ein Knotenpunkt für Auslands-, Inlands- und regionale Flüge.

Air Caraibes (☎ 3224 0000; www.aircaraibes.com)

Air France (☎ 4003 9955, 0800 888 9955; www.airfrance.com)

Gol (☎ 3210 6312, 0300 115 2121; www.voegol.com.br)

Surinam Airways (☎ 3210 6436; www.slm.nl)

TAM (☎ 3212 2166; www.tam.com.br; Av Assis de Vasconcelos 265)

TAP (☎ 0300 210 6060; www.flytap.com)

TRIP (☎ 3003 8747, 0300 789 8747; www.voetrip.com.br)

SCHIFF/FÄHRE
Alle Fernverkehrsboote legen in Belém am **Terminal Hidroviária** (Av Marechal Hermes) ab. Fahrkarten gibt's an den Schaltern im Hafengebäude oder bei **Amazon Star Turismo** (☎ 3212 6244; www.amazonstar.com.br; Rua Henrique Gurjão 210), dessen

DIE BUSSE DER WASSERSTRASSEN

Die Flüsse sind die Straßen Amazoniens, und Reisen auf Flussbooten sind einmalige Erlebnisse in der Region: Man gondelt gemächlich dahin, schläft in Hängematten, beobachtet den Fluss, den Wald und das Leben am Ufer. Aber sie können auch eintönig werden: Tagelang das gleiche Essen, die gleiche Landschaft, und auf dem Oberdeck die gleiche ohrenbetäubende Musik und das ewig gleiche Gegröhle von Betrunkenen.

Für die meisten sind zwei oder drei Tage genug, um das Erlebnis zu würdigen, ohne seiner überdrüssig zu werden. Statt eine der Marathontouren von fünf oder sechs Tagen (z. B. von Belém nach Manaus oder von Manaus nach Tabatinga) mitzumachen, empfiehlt es sich, bei einem Halt auf halber Strecke auszuschiffen, dort irgendetwas Interessantes zu unternehmen und dann wieder per Schiff oder mit dem Flugzeug weiterzureisen. In vielen Fällen kosten Schiffs- und Flugtickets genau gleich viel.

- Man braucht auf der Schiffsreise eine Hängematte (15–40 R$) und ein Seil, um sie aufzuhängen. Eine Decke oder ein Schlafsack empfehlen sich, wenn die Temperatur fällt.

- Man muss zwar nicht unbedingt befürchten, dass das Gepäck völlig durchnässt wird, sollte seine Sachen aber doch in einem oben zugebundenen Plastiksack verwahren. Dann haben mitreisende Langfinger auch keinen Zugriff auf irgendwelche Seitentaschen.

- Um einen guten Hängemattenplatz zu ergattern, sollte man sechs bis acht Stunden vor Abfahrt an Bord sein. Zur Abfahrtszeit sind die Hängemattenplätze rappelvoll, womöglich muss man seine Matte dann unter oder über einem Mitreisenden aufhängen.

- Die meisten Schiffe haben drei Decks. Auf dem Oberdeck kann man sich aufhalten, die Hängemattenplätze sind im Mittel- und Unterdeck. Das Mitteldeck ist eindeutig der bessere Ort, da sich im Unterdeck auch die Maschine befindet. Man sollte versuchen, ein Plätzchen abseits der (möglicherweise stinkenden) Toiletten und fern vom Buffetbereich zu ergattern (wo es während der Mahlzeiten laut ist und sich die Leute drängen). Vielleicht bietet sich ein Träger an, einem einen Platz zu wählen und die Hängematte aufzuhängen – diese Hilfeleistung ist das erwartete Trinkgeld von 2 bis 3 R$ sicher wert. Einige wenige Boote haben auch Hängemattenbereiche mit Klimaanlage oder nur für Frauen – beim Kauf des Tickets nachfragen.

- Diebstähle sind zwar nicht allzu häufig, doch sollte man die übliche Vorsicht walten lassen – also Reisverschlüsse schließen und Schnüre verknoten, Wertsachen nie unbeaufsichtigt lassen und besonders wachsam sein, wenn das Boot an einem Hafen anlegt. Zu den Mitreisenden um einen herum sollte man freundlich sein, dann werden sie auch ein Auge auf das Gepäck haben. Auf Nachfrage verstaut der Kapitän die Reisetasche auch in einem sicheren Gepäckraum, doch kommt man dann unterwegs nur schwer an sie heran.

- Die meisten Schiffe haben einige wenige *camarotes* (Kajüten mit 2–4 Schlafkojen und Ventilator) und Suiten mit Klimaanlage und eigenem Bad. Hier schläft man in einem Bett, kann sein Gepäck sicher verwahren und bekommt in der Regel auch bessere Verpflegung. Dafür entgeht einem die Kameradschaft (und das Recht zum Aufschneiden), die entstehen, wenn man wie alle anderen in der Hängematte nächtigt. Wenn man sich für eine Kajüte oder Suite entscheidet, keine auf dem Oberdeck nehmen, wo laute Musik scheppert.

- Manchmal sind Buffetmahlzeiten im Preis enthalten. Sie sollte man besser ausfallen lassen, denn wer möchte sich schon auf einer Schiffsreise mit Durchfall plagen. In der Küche auf dem Oberdeck kann man sich Burger oder Sandwiches bestellen. Und ansonsten sollte man einfach reisetaugliche Snacks wie Äpfel, Nüsse oder Müsliriegel mitbringen.

- Einpacken sollte man auch ein paar Liter Wasser und Toilettenpapier.

mehrsprachiges Personal Schiffstickets, auch über Telefon oder Internet, ohne zusätzliche Gebühren bucht: ein toller Service, wenn man kein Portugiesisch kann oder sein Ticket rechtzeitig im Voraus kaufen will, was in der Hochsaison unbedingt zu empfehlen ist. Tipps zu Reisen auf Flussbooten stehen im Kasten oben.

Marques Pinto Navegação (☎ 3272 3847) und **ENART** (☎ 3224 1225) bieten Schiffsverbindungen von und nach Manaus sowie zu vielen Punkten an der Strecke. Zum Zeitpunkt der Recherche fuhren die Schiffe nach Manaus am Mittwoch- und Freitagabend ab und hielten in Monte Alegre (Hängematte/Kajüte 150/200 R$, 2 Tage), Santarém (160/250 R$, 2½ Tage), Óbidos (180/260 R$, 3 Tage), Parintins (210/300 R$, 4 Tage) und Manaus (250/350 R$, 5 Tage). Die angegebenen Preise gelten für zwei Passagiere pro Kabine; einige Schiffe haben auch Hängemattenbereiche mit Klimaanlage und/oder Suiten.

Arapari Navegação (☎ 3241 4977) und **Rodofluvial BANAV** (☎ 3269 4494) wechseln sich mit den Fahrten zur Ilha de Marajó ab. Die Fähren fahren zwischen Belém und Foz do Rio Camará, besser bekannt als Camará, (13,50 R$, 3 Std., Mo–Sa 2-mal tgl., So 1-mal tgl.).

São Francisco de Paula (☎ 3242 2070) fährt nach Macapá (Hängematte/Kajüte 110/150 R$, 24 Std., Hinfahrt Mi & Sa, Rückfahrt Di & Fr).

Unterwegs vor Ort

Der Aeroporto Val de Cães liegt 8 km nördlich vom Zentrum an der Av Júlio César. Der Bus „Pratinha–Pres Vargas" (638) fährt zwischen dem Flughafen und der Av Presidente Vargas (2 R$, 40 Min.), ebenso auch der Bus „E Marex", bei dem man aber möglicherweise am Depot umsteigen muss (ohne Aufpreis). Beim Verlassen des Terminals links halten: Die Busse halten am Kreisverkehr rund 50 m hinter dem Flughafengebäude. Für ein Taxi, das man im Terminal bestellt, zahlt man für die Fahrt vom Flughafen ins Zentrum einen Festpreis von 35 R$, winkt man eines an der Bushaltestelle heran, kann man den Preis auf 20 bis 25 R$ drücken, doch muss man da möglicherweise etwas warten.

Der Fernbusbahnhof befindet sich an der Ecke Av Almirante Barroso und Av Governador José Malcher 3 km östlich vom Stadtzentrum. Zur Fahrt in die Stadt kann man fast jeden Bus nehmen, der auf der Av Governador José Malcher Richtung Westen fährt, und ebenso auch die Busse mit der Zielangabe „Aero Club" oder „P Vargas", die auf der anderen Straßenseite der Av Almirante Barroso halten. Mit diesen beiden Bussen kann man bis zur Praça de República fahren. Für die Fahrt zum Busbahnhof den Bus „Guama–P Vargas" (316) auf der Av Presidente Vargas nehmen.

ILHA DO MOSQUEIRO

☎ 0xx91 / 27 000 Ew.

Tausende Belemenses (Einwohner von Belém) tricksen die Hitze aus, indem sie an die 18 Süßwasserstrände der Ilha do Mosqueiro fahren. Zwischen Juli und Oktober wird es hier an den Wochenenden richtig voll.

Orientierung

Vila Mosqueiro, der Hauptort, liegt an der Südwestspitze der Insel. Die Hauptdurchgangsstraße Av Beira Mar beginnt im Ort an der Praia Farol und führt nordwärts an der Küste entlang vorbei an der Praia Chapéu Virado, der Praia do Murubira, der Praia Marahú und der Praia do Paraíso. Die andere Hauptstraße der Insel ist die Av 16 de Novembro, die die Av Beira Mar zwischen der Praia Farol und der Praia Chapéu Virado an einer kleinen Plaza kreuzt, an der eine Kirche steht.

Sehenswertes & Aktivitäten

Die besten Strände sind die **Praia do Farol** (im Ort), die **Praia do Paraíso** und die abgelegenere **Baía do Sol** im Norden. Stachelrochen kommen vor: Am besten vor dem Baden erst mit den Füßen das Wasser aufwühlen, um sie zu verscheuchen.

Mosqueiros traditionelles **Folklorefest** im Juni hat viel amazonische *carimbó*-Musik und *Boi-Bumbá*-Vorführungen zu bieten, die zu den beliebten regionalen Darbietungen gehören. Der **Círio de NS do Ó** wird am zweiten Dezembersonntag gefeiert. Wie der Círio in Belém (s. S. 666) ist auch das ein schönes und lustiges Fest, das man sich nicht entgehen lassen sollte, wenn man gerade in der Gegend ist.

Schlafen & Essen

Hotel Farol (☎ 3771 1219; Praia do Farol; Zi. mit Klimaanlage 120–130 R$, mit Ventilator 110 R$; 🏊) Das einmalige Hotel in einem Leuchtturm am Südende der Praia do Farol bietet ein ordentliches Preis-Leistungs-Verhältnis und ist auch ohne eigenes Auto leicht erreichbar. Wegen des kreisrunden Grundrisses findet man hier interessant geformte Zimmer; jene mit Aussicht lohnen den Aufpreis von 10 R$. In der Wochenmitte sind Rabatte drin.

Hotel Fazenda Paraíso (☎ hotel 3618 2022; www. hotelfazendaparaiso.com.br; Praia do Paraíso; DZ 150 R$, Chalet 3BZ/4BZ 180/220 R$; 🏊 🖥 🏊) Diese Unterkunft ist schon eher ein Resort als ein Hotel: Die Zimmer sind groß und die Chalets noch größer. Alle sind schön aus Holz gezimmert.

Vor allem spätabends und an Werktagen kann es schwer werden, etwas zu essen aufzutreiben. Die Restaurants im Hotel Farol und im Hotel Fazenda Paraíso servieren gute Standardgerichte (12–25 R$). Auf dem Hauptplatz und an der Praia do Farol gibt's viele *barracas* (Imbissstände).

Anreise & Unterwegs vor Ort

Die Busse aus Belém (4 R$, 1½ Std.) fahren an der Praia Murubira und der Praia Chapéu Virado vorbei und biegen dann kurz vor der Praia do Farol in die Av 16 de Novembro ab. Die eigentliche Endhaltestelle liegt weitere 4,5 km vom Strand entfernt, man kann sich aber vom Fahrer an jedem beliebigen Punkt der Strecke absetzen lassen.

ALGODOAL

☎ 0xx91 / 1200 Ew.

Das kleine Fischerdorf Algodoal auf der Ilha de Maiandeua 180 km nordöstlich von Belém, lockt jüngere Belenenses und ein paar ausländische Traveller an. Die Gegend ist eine schöne Naturregion mit rauen, windgepeitschten Stränden und einer zuweilen mächtig aufgewühlten See.

Der Name der Insel leitet sich von einem indianischen Wort ab, das so viel wie „unzählbare Reichtümer unter dem Meeresspiegel" bedeutet. Der Legende nach liegt eine versunkene Stadt vor der Nordspitze der Insel; sie soll gelegentlich auftauchen und dann von der nach der Tochter des Königs der Stadt benannten Praia da Princesa aus zu sehen sein.

AMAZONIEN

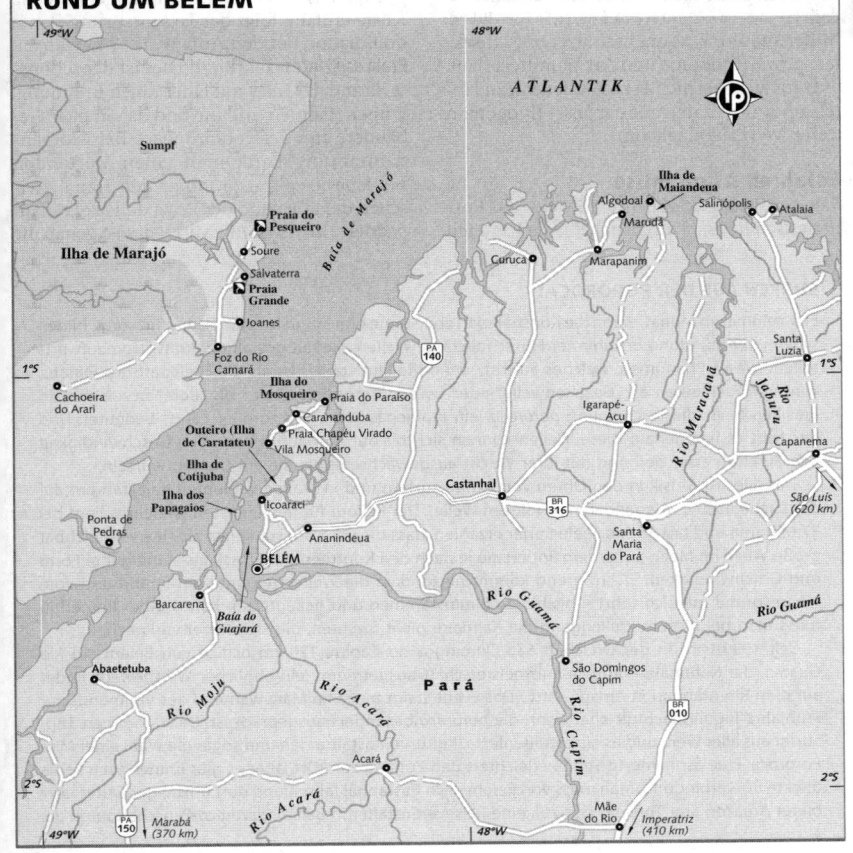

RUND UM BELÉM

0   60 km

AMAZONIEN

Orientierung & Praktische Informationen

Das Dorf Algodoal liegt an der Westküste der Insel. Die Straßen sind Staub- oder Graspisten ohne Straßenschilder – am besten fragt man Passanten nach dem Weg. Ein Priel markiert das nördliche Ende der Ortschaft, dahinter liegen erst die Praia do Farol und dann die Praia da Princesa. Über die Insel verteilen sich noch die drei kleineren Ortschaften Fortalezinha, Mocoóca und Camboinha.

Banken oder Geldautomaten gibt's weder in Algodoal noch sonstwo auf der Insel, und nur einige wenige Geschäfte akzeptieren Kreditkarten. In der Pousada Kakurí (S. 676) und im Jardim do Éden (S. 676) gibt's Internetzugang, aber die Verbindungen sind sehr schlecht. Gleich um die Ecke von der Pousada Kakurí liegt die kleine Apotheke **Farmacias Kadosh** (🕑 Mo–Do 7.30–20, Fr & Sa 7.30–21, So 7.30–19 Uhr), in der man u.a. Sonnenschutzcreme, Insektensprays, Kondome und Arzneimittel erhält.

Infos zur Geschichte, zu Aktuellem, zu Hotels und Aktivitäten auf der Insel findet man unter www.algodoal.com.

Gefahren & Ärgernisse

Auf der Insel gibt's mehrere Priele (auf Portugiesisch *furos*, „Durchstiche"), die Lagunen im Hinterland mit dem Ozean verbinden und deren Größe und Fließgeschwindigkeit vom Gezeitenstand abhängen. Tag und Nacht stehen Fähren bereit, um einen über den Priel überzusetzen, der Algodoal von der Praia do Farol trennt (1 R$). Ein zweiter Priel, der Furo Velho, begegnet einem auf dem Weg von Algodoal nach Fortalezinha nach etwas mehr als der halben Wegstrecke. Dieser Priel ist breiter und tiefer als die übrigen und sollte selbst bei Ebbe auf gar keinen Fall durchwatet werden. Wenn also keine Fähre wartet, muss man umkehren.

Sehenswertes & Aktivitäten

Von der Ortschaft aus direkt hinter dem Priel liegt die **Praia do Farol**, ein breiter attraktiver Strand, der gut zum Baden und Sonnenbaden geeignet ist. Weiter im Uhrzeigersinn die Küste entlang folgt der Felsvorsprung Ponta do Boiador, der den Anfang der 8 km langen **Praia da Princesa** markiert. Dies ist der schönste Strand der Insel mit einer rauen Brandung, Dünen, Palmen und hie und da ein paar Gebäuden und Felsvorsprüngen. Bei Morgendämmerung kann man einen wartenden Bootsbesitzer fragen, ob er den Kanal zwischen dem Ort und der Praia do Farol hinauf paddelt (10–15 R$/30 Min.): das ist genau die

---

SURFEN AUF DER POROROCA!

Etwa einmal im Monat, wenn die Konstellation von Sonne und Mond für eine Springflut sorgt, bilden sich an der Mündung bestimmter Flüsse mächtige Wellen, die mit gewaltiger Kraft stromaufwärts rollen. Dieses Phänomen, welches auftritt, wenn die Flut stärker ist als die Fließkraft des Flusses, wird von Fachleuten als „Gezeitenwelle" oder – wenn besonders stark – als „Bore" bezeichnet. In Brasilien heißt die Erscheinung *pororoca*, ein indigenes Wort, das „großer Lärm" bedeutet. Und das trifft es haargenau: Diese Wellen können sich bis auf 4 m auftürmen, eine Geschwindigkeit von 30 km/h erreichen und mit ihrer Wucht ausgewachsene Bäume am Ufer entwurzeln.

Das alles ist Musik in den Ohren von Extremsurfern und in Wellen verliebten Kajakfahrern auf der Suche nach der legendären „endlosen Welle". Der Rekord für den längsten Wellenritt liegt bei 37 Minuten und fast 13 km. Viele Surfer erzählen, dass die *pororoca* stärker ist als eine vergleichbar große Welle im Meer, außerdem ändert sie je nach den Konturen des Flusslaufs ständig ihre Form und Geschwindigkeit. Erschwerend kommt hinzu, dass die Welle Treibgut vom Strand und vom Meeresgrund mit sich führt – bis hin zu Baumstämmen und gekenterten Kanus. Aber immerhin muss man bei diesem Wellengang die Kaimane nicht fürchten, die sich lieber verkriechen.

Seit 1999 wird in der Ortschaft São Domingos do Capim, 120 km östlich von Belém am Rio Guamá, die Nationale Pororoca-Surfmeisterschaft ausgetragen (ein ähnlicher Wettbewerb findet auf dem Rio Araguari in Amapá statt.) Das Event steigt meist im März während des Vollmonds zur Frühjahrs-Tagundnachtgleiche, wenn die *pororoca* besonders ausgeprägt ist. Dazu kommen Top-Surfer aus aller Welt, und es gibt Straßenfeste, Kulturveranstaltungen und sogar die Wahl einer Miss Pororoca. Eine asphaltierte Straße erleichtert den Zugang zum Ort, aber es gibt immer noch keine direkte Busverbindung: Man muss von Belém nach Castanhal fahren und dort umsteigen. Alternativ bietet Amazon Star Turismo (S. 670), eine Reiseveranstalter in Belém, *pororoca*-Pauschaltouren an.

richtige Zeit und der richtige Ort, um die leuchtend roten *guará* (Scharlachsichler) und außerdem Amazonasfischer, Reiher und weitere Vögel zu beobachten.

Man kann auch zu einem im Hinterland gelegenen See, dem **Lago da Princesa**, wandern oder mit dem Kanu fahren oder sogar quer über die Insel zu der kleinen Gemeinde **Fortalezinha** vordringen. Die meisten Hotels können eine Mitfahrt in den Booten von örtlichen Bootsbesitzern oder Fischern arrangieren; die Rückfahrt im Boot erfolgt dabei oft entlang der Küste. Erkundigen sollte man sich zunächst einmal im Jardim do Éden, in der Pousada Marhesias oder der Pousada Ponta do Boiador, die offenbar die meisten Erfahrungen mit solchen Ausflügen (50–150 R$/Pers.) haben.

Schlafen

In der Hauptsaison kann es schwer werden, ein Zimmer zu finden, vor allem während des Karnevals, in der Semana Santa, im Juli und an allen Ferien-Wochenenden. In den übrigen Zeiten übersteigt die Zahl der angebotenen Betten deutlich die Nachfrage.

Pousada da Chilena (☎ 3744 1415; jgapmaga@hotmail.com; B mit Hängematte 15 R$, Stellplatz 15 R$/Pers., Zi. 30 R$) Die namensgebende „Chilenin" lebt nicht ständig hier, weshalb die Pousada (Pension) außerhalb der Hauptsaison oft geschlossen ist. Die angenehme Unterkunft bietet einfache, hippiemäßige Zimmer und gepflegte Hängematten-Plätze. Ein Frühstück gibt's für 5 bis 10 R$.

Pousada Kakuri (☎ 3854 1156, 8157 9619; Hängematte ohne Frühstück 15 R$, EZ/DZ ohne Bad 30/40 R$, mit Bad 40/55 R$) Das Hotel wurde wohl von dem zweiten der drei kleinen Schweinchen gebaut, denn es ist vielleicht das größte Haus in Holzrahmenbauweise, das man je gesehen hat. Die Unterkünfte sind äußerst einfach – man kann im wahrsten Sinne durch die Wandritzen sehen – aber dank der entspannten Atmosphäre bei Backpackern und jungen Brasilianern beliebt. Der Hängemattenbereich ist in einem anderen Gebäude, zwei Blocks weiter, untergebracht.

Pousada Bela Mar (☎ 3854 1128, www.belamar. hpgvip.com.br; EZ/DZ ohne Bad 25/50 R$, mit Bad & Ventilator 40/65 R$, mit Klimaanlage & Minibar 55/85 R$; ⚡) Das Hotel, das man von der Anlegestelle aus erstes erreicht, ist eine saubere und verlässliche Alternative. Die 15 ordentlichen Zimmer liegen rund um einen hübschen Garten. Alle haben hohe Decken und ein attraktives Dekor.

Das üppige Frühstück wird im geräumigen Hotelrestaurant serviert.

LP Tipp **Pousada Marhesias** (☎ 3854 1129, 9112 3461; www.marhesias-algodoal.com; Rua Bertoldo Costa 47; EZ 50–60 R$, DZ 84–120 R$; ⚡ 🖥) Die vier großen Zimmer blicken auf einen ruhigen Hinterhof. Alle haben Klimaanlagen, stabile, komfortable Betten, Bäder mit Warmwasser, Satelliten-TV und eine kleine Terrasse zum Aufhängen einer Hängematte. Auf dem angrenzenden Grundstück sollen ein großer grüner Garten und ein Sitzbereich entstehen. Das Restaurant ist sehr zu empfehlen, man spielt viel Jazz, gelegentlich sogar live. Die Anlage befindet sich am Ortsende.

Estrela Sol Hotel (☎ 3854 1107; www.estrelasol.algodoal.com.br; Zi. mit Ventilator 50 R$, mit Klimaanlage 60–80 R$; ⚡ 🏊) Die Zimmer sind einfach, aber sauber und liegen rund um einen großen grünen Garten. Der Pool ist gut gemeint, auch wenn das Personal manchmal damit überfordert ist, ihn sauber zu halten und mit Wasser zu füllen.

Pousada Ponta do Boiador (☎ 3279 0060; www.boiador.com; Zi. mit Ventilator 70–80 R$; ⚡ 🖥) Da die Zimmer ganz aus Holz errichtet sind, ist die Luft drinnen sauber und trocken. Von den kleinen Terrassen mit Hängematten hat man einen tollen Blick aufs Meer wie auch von der großen Uferterrasse. Der Strand ist während der Trockenzeit brauchbar, aber die Praia do Farol liegt ja gleich jenseits des Priels. Gutes Preis-Leistungs-Verhältnis.

Jardim do Éden (☎ 9623-9690; www.algodoal-amazon-tourism.com; Praia do Farol; Hängematte oder Zelt 25 R$/Pers., Zi. ohne Bad 75 R$, Hütte DZ 130–150 R$, zusätzliche Pers. 25 R$) Vom Ort aus hinter dem Priel steht an der Praia do Farol das entsprechend vielseitige Haupthaus, in dem es große, bequeme Zimmer mit Ventilator gibt. Drei separate Hütten (die eine klein und niedlich, die anderen beiden groß genug für 4 Pers.) finden sich ganz in der Nähe. Die Mahlzeiten werden auf der Terrasse im 2. Stock des Haupthauses serviert, wo auch Hängematten zum Entspannen hängen. Die Zimmerpreise sind gepfeffert, aber das Haus ist auch das einzige wirkliche Strandhotel auf der Insel. Der mehrsprachige Betreiber organisiert oder führt außerdem auch Touren über die Insel.

Essen

Die empfehlenswertesten Lokale in Algodoal sind in den Hotels zu finden. Sie sind immer für die eigenen Übernachtungsgäste geöffnet, in der Nebensaison bekommen Nicht-Gäste aber nur ein Abendessen oder gar nichts. Glücklicherweise ist die Stadt klein genug, um schnell ein geöffnetes Restaurant zu finden.

Pousada Kakurí (☺ mittags & abends, Hauptgerichte 9–25 R$) Der Essbereich besteht aus wenigen Tischen auf einer Veranda. Mehr braucht man aber auch nicht, um die köstlichen Kreationen aus der Küche zu genießen – meistens frischer Fisch, gegrillt oder gebraten, mit Gemüse und Reis und dazu ein kaltes Bier. Normalerweise läuft hier immer tolle Musik.

Jardim do Éden (☎ 9623-9690; www.algodoal-amazon-tourism.com; Praia do Farol; Hauptgerichte 8–35 R$; ☺ mittags & abends) Auf der Dachterrasse im 2. Stock werden zu einem tollen Ausblick aufs Meer und zu einer kühlen Brise einfallsreiche Gerichte serviert, darunter auch viele vegetarische. Kanus bringen die Gäste zu jeder Tages- und Nachtzeit noch über den Kanal.

Pousada Marhesias (Rua Bertoldo Costa 47; Hauptgerichte 8–40 R$; ☺ mittags & abends, Bar open end) Hier gibt's auf einer großen Dachterrasse ein bisschen von allem: von Fisch und Meeresfrüchten bis Pasta und Pizzas – alles frisch zubereitet und serviert bei einer großartigen Aussicht über den Kanal auf die Praia do Farol. Während des Essens wird hervorragender Jazz gespielt – den muss man hier mögen, denn er wird alles sein, was man auf die Ohren bekommt. Ab und zu ist auch Livemusik zu hören.

Pousada Bela Mar (☎ 3854 1128; www.belamar.hpgvip.com.br; Hauptgerichte 10–25 R$; ☺ morgens, mittags & abends) Ein weiteres Hotelrestaurant, in dem gutes und preiswertes brasilianisches Essen in einem großen Innenbereich serviert wird.

Anreise & Unterwegs vor Ort

Nach Algodoal gelangt man über das auf dem Festland gelegene Dorf Marudá, wo die Boote nach Algodoal (5,50 R$, 40 Min., Mo–Do 9, 10.30, 13.30 & 17, Fr–So 9, 10.30, 12.30, 14.30 & 17 Uhr) ablegen. In der Regel warten die Boote die Ankunft des Busses aus Belém ab. Die Überfahrt mit einem gecharterten Motorboot kostet rund 70 R$.

In Algodoal setzen einen die Boote am Strand ab, wo jede Menge Eselskarren darauf warten, die Besucher in die Hotels zu bringen (5 R$/Pers.). Achtung: Einige Hotels zahlen den Fahrern eine Kommission, wenn sie Gäste herbeischaffen. Die Aussage, dass dieses oder jenes Hotel abgebrannt sei, mag stimmen, man sollte sich aber erst mal hinkutschieren lassen, um sich selber zu überzeugen.

(Das ist in den meisten Fällen auch ohne Aufpreis möglich.)

Die Boote fahren montags bis donnerstags um 6, 8, 10.30 und 13.30 und freitags bis sonntags um 6, 8, 10.30, 13.30, 15 und 17 Uhr zum Festland zurück.

ILHA DE MARAJÓ
☎ 0xx91 / 250 000 Ew.

Die Ilha de Marajó liegt an den Mündungen des Amazonas und des Rio Tocantins und ist mit 50 000 km² etwas größer als die Schweiz. Auf der Insel blühte in vorkolonialer Zeit die indigene, für ihre großen irdenen Urnen bekannte Marajoara-Kultur. Heute leben die freundlichen Einwohner Marajós in einigen wenigen Städten und Dörfern sowie auf den über die Insel verteilten *fazendas* (Ranches). Dies ist eine Welt für sich: Es gibt hier mehr Fahrräder als Autos, und Wasserbüffel grasen in den Ortschaften. Angeblich stammen die Büffel von Tieren ab, die sich von einem französischen Schiff retten konnten, das auf dem Weg von Indien nach Französisch-Guayana vor der Küste Schiffbruch erlitt. Heute liefern die Büffel Käse und Steaks, und die Polizei nutzt sie als Reittiere.

Für Besucher ist nur die Ostküste leicht zu erreichen. Dort gibt's drei kleine, verschlafene Ortschaften: Joanes ist die kleinste und hat einen ordentlichen Strand, ein kleines Hotel und nicht viel mehr. Salvaterra hat den besten und größten Strand, aber der Ort ist nicht besonders ansprechend. Soure schließlich hat in Sachen Hotels, Dienstleistungen und Ambiente am meisten zu bieten, die Strände sind von hier aus aber etwas schwerer zu erreichen. Das Hinterland der Insel besteht zu großen Teilen aus Sümpfen, in denen Tausende Vögel leben, darunter der anmutige Scharlachsichler (*guará*) mit seinem langen, krummen Schnabel.

Es empfiehlt sich, etwas zusätzliches Bargeld mitzubringen, denn Kreditkarten werden nur selten akzeptiert und der einzige Geldautomat in Soure nimmt nicht alle ausländischen Karten an. Von Januar bis Juni ist es in Marajó sehr feucht, dann regnet es fast täglich.

An- & Weiterreise
Passagierfähren fahren zwischen dem Hauptbootshafen in Belém und dem südlich von Joanes gelegenen Hafen Foz do Rio Camará, kurz Camará (14,50 R$, 3 Std., Abfahrt in Belém Mo–Sa 6.30 & 14.30, So 10 Uhr, Abfahrt Camará Mo–Sa 6.30 & 15, So 15 Uhr).

Catamaran Álamo (☎ 3249 3400) fährt etwas schneller (25 R$, 2½ Std., Abfahrt Belém Mo, Di, Do, Fr & Sa 7.30 Uhr, Abfahrt Camará Mo, Di, Do, Fr & So 15.30 Uhr) und hat geschützte, klimatisierte Sitzplätze. Der Katamaran legt in Belém nicht am Hauptbootshafen, sondern an der Estaçao das Docas an.

Unterwegs vor Ort

Busse und Kleintransporter fahren Camará, den wichtigsten Hafen auf Marajó, passend zur Ankunft der Fähren aus Belém an. Ein Schild verrät das Fahrtziel. Die Fahrt nach Joanes, Salvaterra oder von dort zum Hafen kostet 3,50 R$, bis zu den Hotels in Soure – inkl. Flussüberquerung – 9 R$ (allerdings setzen die großen Busse einen nicht direkt an den Hotels ab). Einen Tag vor der Abreise sollte man in seinem Hotel einen Shuttleservice bestellen, der einen abholt.

In allen drei Ortschaften gibt's Mototaxis. Die Fahrt innerhalb von Ortschaften kostet 1 bis 2 R$, zu den weiter draußen liegenden Stränden zwischen 4 und 7 R$ und die Strecke von Joanes bis Salvaterra 15 R$.

In Salvaterra legen Boote nach Soure am städtischen Pier an (2 R$, 15 Min., 7–18 Uhr), doch muss man eventuell länger als eine halbe Stunde warten, bis genug Passagiere zusammenkommen. Alternativ kann man ein Taxi oder Mototaxi zum 8 km außerhalb gelegenen Autofährhafen nehmen (3–8 R$), wo kleine Passagierboote Tag und Nacht fahren, selbst wenn nur ein Passagier hinüber will (1,50 R$, 5 Min.). Falls gerade der Frachtkahn fährt (6–18 Uhr stündl.), kann man kostenlos übersetzen.

In Soure legen die Direktboote nach Salvaterra – die, auf die man vielleicht eine halbe Stunde warten muss – an einem Kai am Ende der Travessa 14 ab. Die motorisierten Kanus zum Autofährhafen nutzen hingegen den Kai am Ende der Travessa 15.

Joanes

Wer totale Abgeschiedenheit sucht, ist im verschlafenen Joanes genau richtig. Der Ort bietet ein ansprechendes Hotel, einen schönen Strand und die Überreste einer Jesuitenkirche aus dem 17. Jh. Ansonsten ist hier kaum eine Menschenseele zu erblicken. Man glaubt, dass der spanische Seefahrer Vicente Yáñez Pinzón am 26. Februar 1500 am Strand von Joanes an Land ging – einige Monate, bevor Pedro Cabral Brasilien für Portugal „entdeckte".

Abgesehen von der **Post** (☉ Mo–Fr 8–12 Uhr) an der Hauptstraße gibt's in Joanes keinerlei Dienstleistungen. Die Fahrt mit einem Shuttle vom Fährhafen kostet 3,50 R$; mit Mototaxis kommt man bequem auf der ganzen Insel herum (15 R$ bis Salvaterra). Fahrräder vermietet die Pousada Ventania do Rio-Mar (s. S. 677).

SCHLAFEN & ESSEN

Pousada Ventania do Rio-Mar (☎ 3646 2067, 9992 5716; www.pousadaventania.com; EZ/DZ/3BZ/4BZ 55/85/105/ 110 R$) Die Unterkunft thront auf einem windigen Vorgebirge mit Blick auf den Strand. Die großen Zimmer zeigen ein launiges Dekor, zu dem übergroße Malereien zählen. Sie haben eigene Bäder, aber weder TV noch Klimaanlage, und öffnen sich zu einem großen Hof. Der Strand ist nur ein paar Schritte entfernt. Das Personal organisiert eine Vielzahl von Ausflügen, darunter Kanu- und Angeltouren mit einheimischen Führern. In den letzten Jahren hat der Service nachgelassen, aber der Aufenthalt ist immer noch nett und entspannend. Bezahlt werden kann in Reais, US-Dollars oder Euros.

Die besten Mittags- und Abendgerichte in Joanes gibt's in drei **Strandrestaurants** (Hauptgerichte 12–25 R$). Vor allem gegrillter Fisch und Büffelsteaks, die Spezialitäten auf Marajó, sind zu empfehlen. Eines der Restaurants ist durchgängig geöffnet – ideal für alle, die mitten in der Nacht Hunger bekommen.

Salvaterra

Das 18 km nördlich von Joanes gelegene Salvaterra (18 000 Ew.) hat den schönsten und längsten Strand auf der Insel: Die passend benannte Praia Grande ist nur einen kurzen Spaziergang vom Ort entfernt. Salvaterra ist zwar kleiner als Soure (S. 678), aber kompakter bebaut, sodass man den Eindruck haben könnte, hier wäre mehr los. Die Stadt baut eine ambitionierte *orla fluvial* (Uferpromenade), die sich von der zentralen Plaza bis zur Praia Grande erstrecken und eine willkommene Erholung von der Hitze und dem Gedränge im Ort bieten soll.

ORIENTIERUNG & PRAKTISCHE INFORMATIONEN

Die Hauptstraße durch die Stadt, die Av Victor Engelhard, endet am städtischen Pier. Die Querstraßen sind vom Pier aufsteigend nummeriert –1a Rua, 2a Rua etc. –, aber nur

AMAZONIEN

wenige verwenden diese Namen. Die Praia Grande liegt etwa 500 m südlich der Stadt.

An der Hauptstraße liegen die **Post** (☎ Mo-Fr 8–12 & 14–17 Uhr) und das Internetcafé **Cyber Marajó Online** (3 R$/Std.; ☎ Mo–Sa 8–24, So 8–12 & 18–24 Uhr). Internetzugang gibt's auch in der **Pousada Bosque dos Aruãs** (☎ 3765 1115; 5 R$/Std.), die auch Fahrräder vermietet (2/12 R$ pro Std./Tag). Das **Hotel Beira Mar** (☎ 3765 1450) vermietet ebenfalls Fahrräder (2/15 R$ Pro Std./Tag) und hat einen Wäschedienst (0,50 R$/Stück), der allen, nicht nur Hotelgästen, offen steht. **BANAV** (☎ 3269-4494; ☎ 8–11 Uhr) verkauft in seinem Büro nahe dem Cyber Marajó Fährtickets; außerhalb der kurzen Öffnungszeiten muss man dafür den Schalter am Hafen nutzen.

Infos über die Verbindungen von Salvaterra nach Soure und umgekehrt stehen auf S. 677.

SEHENSWERTES

Die **Praia Grande** ist, wie der Name vermuten lässt, ein großer Strand. Dieser lange breite, mit goldbraunem Sand bedeckte Streifen liegt rund 500 m südlich der eigentlichen Ortschaft. Im ersten Strandabschnitt findet man einige auf Stelzen thronende Restaurants, aber das andere Ende des Strands ist, abgesehen von einem großen Resort, praktisch verlassen.

Wie überall auf der Ilha de Marajó gibt's hier auch Stachelrochen, und sie können sehr unangenehm zustechen. Daher sollte man immer dort ins Wasser gehen oder aus dem Wasser kommen, wo andere Menschen sind, da diese die Tiere wahrscheinlich schon vergrämt haben. Ansonsten sollte man den Sand im Wasser mit den Füßen oder einem Stock aufwühlen, um nicht zufällig auf einen Rochen zu treten.

SCHLAFEN & ESSEN

Hotel Beira Mar (☎ 3765 1400; Rua 5 auf Höhe Travessa 2; EZ/DZ mit Ventilator 30/40 R$, mit Klimaanlage 50/60 R$; ☎ ☎) Das Hotel liegt in kurzer Gehentfernung vom Zentrum und der Praia Grande. Die Zimmer sind groß und schlicht mit angegrauten Fliesenböden, TVs und dünnen Matratzen und Betttüchern. Im Haus gibt's eine Fahrradvermietung (2/15 R$ pro Std./Tag) und einen Wäschedienst (0,50 R$/Stück).

Pousada Bosque dos Aruãs (☎ 3765 1115; EZ/DZ/3BZ 60/70/80 R$; ☎) Die großen Holzhütten auf dem von Mangobäumen beschatteten Ufergrundstück bieten jeweils zwei kleine Zimmer mit Bad, Warmwasser, Klimaanlage und Parkett-

böden. Die Einbauten und das Zubehör sind definitiv ältlich, aber das Rauschen der Meereswellen und die in den Hof plumpsenden Mangos sorgen für einen friedvollen Aufenthalt. Der Strand vor der Anlage ist zu felsig zum Baden, aber die Praia Grande ist zu Fuß in 10 Minuten erreichbar. Das Restaurant auf der Terrasse ist ziemlich gut.

Pousada dos Guarás (☎ 3765 1149, in Belém 4005-5656; www.pousadadosguaras.com.br; EZ/DZ 130/150 R$; ☎ ☎ ☎) Das gehobene Resort ist vor allem auf Pauschaltouristen aus Belém eingestellt, aber auch Individualreisende finden ein recht gutes Preis-Leistungs-Verhältnis – insbesondere, wenn man die Lage direkt an der Praia Grande berücksichtigt. Die Suiten sind geräumig und hübsch dekoriert, haben solar beheiztes Wasser und sind von großen Grasflächen umgeben. Wer vom Meer genug hat, kann auch in dem mittelgroßen Pool baden.

Restaurante Umuarama (Ecke Travessa 2 & Rua 6; Hauptgerichte 10–25 R$; ☎ morgens, mittags & abends) Das entspannte Restaurant serviert an seinen Plastiktischen unter freiem Himmel hauptsächlich Pizzas, aber auch Garnelen, Fisch und Büffelfleisch aus der Region.

Pousada Bosque dos Aruãs (Hauptgerichte 15–35 R$; ☎ mittags & abends) Das Restaurant auf der kleinen Holzterrasse steht Gästen und Nichtgästen gleichermaßen offen.

An der Praia Grande gibt's viele Strandrestaurants, wo man seinen Hunger für 12 bis 25 R$ stillen kann.

Soure

Soure (22 500 Ew.), die „Hauptstadt von Marajó", liegt jenseits des Rio Paracauari und ist der größte Ort auf der Insel. Die meisten Traveller glauben, dass das Städtchen weniger reizvoll als Salvaterra oder Joanes wäre, dabei gibt's hier weniger Autos als in Salvaterra, während der Ort gleichzeitig weniger abgelegen als Joanes ist, und das kann sich genau als die richtige Mischung erweisen. Und die mitten auf dem Fußballfeld und den zweispurigen Straßen (viele sind nur Grasstreifen mit einem Fahrradweg in der Mitte) grasenden Wasserbüffel geben Soure einen gewissen Charme.

ORIENTIERUNG & PRAKTISCHE INFORMATIONEN

Die Straßen parallel zum Fluss heißen Ruas und werden vom Fluss aus nummeriert, die sie querenden Straßen heißen Travessas und werden vom Strand aus gezählt. Die wichtigste Bus- und Passagierfähre legt nahe der Kreuzung Rua 1/Travessa 15 an und ab; hier fahren auch die motorisierten Kanus ab, die einen jedoch einen Block weiter, an der Travessa 16 absetzen. Die direkten Boote von und nach Salvaterra haben ihren Anlegeplatz weiter unten an der Travessa 14. Weitere Infos zur An- und Abreise nach/von Soure und zu/von der ganzen Insel finden sich im Abschnitt „Unterwegs vor Ort", S. 676.

Banco do Brasil (Rua 3; ☉ Mo–Fr 10–15 Uhr) Liegt zwischen Travessa 17 & Travessa 18 und hat einen Geldautomaten, der die meisten Plus- und Cirrus-Karten akzeptiert. Trotzdem ist es immer noch sinnvoll, ausreichend Bargeld aus Belém mitzubringen.

Cyber Gigabyte (Travessa 15 auf Höhe Rua 2; 2–3 R$/ Std.; ☉ Mo–Sa 9–12 & 15–24, So 16–24 Uhr) Schnelle Internetverbindungen und lange Öffnungszeiten.

Drogaria Big Farm (☉ Mo–Sa 7–21, So 8–20.30 Uhr) Apotheke und Minimarkt.

Post (Rua 1; ☉ Mo–Fr 9–12 & 14–17 Uhr) Zwischen Travessa 13 & Travessa 14.

Mit dem Fahrrad kommt man gut in Soure und Umgebung herum. Ein Typ namens **Bimba** (☎ 8268 3606; Fahrradverleih 1,50/7 R$ pro Std./Tag) hat die günstigsten Verleihpreise. Man findet ihn in seinem Haus in der Rua 4 zwischen Travessa 18 und Travessa 19; es handelt sich um das Haus mit der Steinfassade, das von einem Obststand und einer Eisenwarenhandlung eingerahmt wird. Fragen kann man auch in der **Pousada O Canto do Francês** (S. 679, 8/12 R$ pro halber/ganzer Tag) und im **Hotel Casarão da Amazônia** (S. 680, 5 R$/Std.): Gäste haben zwar Vorrang, aber vielleicht ist gerade ein Rad frei.

STRÄNDE

Die Strände in der Nähe von Soure, an denen sich Salz- und Süßwasser mischen, sind oft von fantastischen Samen bedeckt, die aus den Wäldern Amazoniens hierher gespült wurden. Man muss auf Stachelrochen achten, die hier verbreitet sind und deren Stich sehr schmerzhaft ist. Dazu sollte man sich von den Mündungen der Flüsse fernhalten (die Rochen halten sich gern im schlammigen Sand auf) und sollte nur dort ins Wasser gehen oder aus ihm kommen, wo andere Menschen sind. Wenn der Strand verlassen ist, den Grund mit den Füßen oder einem Stock aufwühlen.

Die **Praia do Pesqueiro** ist Soures beliebtester Strand, ein weiter, leicht beiger Sandstreifen, in dessen Hintergrund schilfgedeckte Restaurants mit Tischen im Sand stehen. Pesqueiro

liegt zwar weiter (rund 9 km) von der Stadt entfernt als die anderen Strände, dafür kann man unterwegs Wasserbüffel sehen, die sich in den Sümpfen suhlen, und erhält einen Einblick in das üppige Landesinnere von Marajó. Ein Mototaxi kostet 8 R$ (einfache Strecke), eine Taxifahrt kostet 25 R$ (bis zu 4 Pers.).

Die **Praia Barra Velho** und die **Praia de Araruna** sind schmale Strände, hinter denen dichte Mangroven liegen und die voneinander durch einen breiten Priel getrennt sind. An der Praia Barra Velho gibt's mehrere kleine Restaurants, während die Praia de Araruna auf Kilometer hinaus völlig verlassen ist. Während der Flut bleibt von beiden Stränden nur ein sehr schmaler Sandstreifen übrig, ansonsten sind sie leicht zu Fuß, per Fahrrad oder Taxi zu erreichen. Um hinzukommen, der Travessa 14 bis zu einer Weggabelung ungefähr 3 km außerhalb der Stadt folgen: Der rechte Weg führt zur Praia Barra Velho, der linke, kürzere, zu einer Fußgängerbrücke über den Kanal, hinter dem die Praia de Araruna liegt.

GEFÜHRTE TOUREN

Die Pousada O Canto do Francês (s. unten) veranstaltet diverse Exkursionen, die sowohl für Gäste als auch Nichtgäste gedacht sind. Zu den beliebtesten gehört eine Boots- und Wandertour (140 R$/Gruppe) den Priel oder *furo* hinauf, der Salvaterra von Soure trennt. Interessant ist auch die Tour zur Fazenda Bon Jesus (60 R$/Pers.), einer bewirtschafteten Ranch, auf der man prima Gelegenheit hat, Vögel und Wildtiere zu beobachten.

FESTIVALS & EVENTS

Am zweiten Sonntag im November feiert Soure sein eigenes **Círio de Nazaré** (Details zum Círio in Belém s. S. 666) mit einer wunderbaren Prozession. Die Hotels können zu dieser Zeit ausgebucht sein.

SCHLAFEN & ESSEN

Hotel Araruna (☎ 8163 7731; Travessa 14; EZ/DZ 40/50 R$) Soures beste Budgetunterkunft liegt zwischen den Ruas 7 und 8, gleich neben den hohen Cosampa-Wassertürmen. Die sauberen, einfachen Zimmer öffnen sich zu einem luftigen Laubengang. Die Betreiber sind freundlich.

LP Tipp **Pousada O Canto do Francês**(☎ 3741 1298; Rua 6 auf Höhe Travessa 8; EZ/DZ/3BZ 80/90/110 R$; ☒ ☎) Durch das schöne Foyer kommt man zu neun elegant eingerichteten Suiten mit geweißten Wänden, schönem Gebälk und komfortablen

AMAZONIEN

Betten. Das Frühstück wird auf der Terrasse mit Blick über einen großen, grasbewachsenen, privaten Hof serviert. Die Pousada liegt recht weit außerhalb des Zentrums, vermietet aber Fahrräder, und der französische Betreiber organisiert außerdem geführte Touren.

Hotel Casarão da Amazônia (☎ 3741 2222; www. hotelcasarao.com; Ecke Rua 4 & Travessa 9; EZ/DZ/3BZ 110/150/170 R$; ❄ 🛜 🏊) Das ziemlich neue, in einem restaurierten *casarão* (Herrenhaus) aus dem 19. Jh. untergebrachte Hotel hat Zimmer mit hohen Decken, Flachbild-TVs und stilvollen (wenn auch kleinen) Badezimmern. Die Zimmer im Anbau sind etwas größer und haben Veranden und Hängematten, lassen aber den kolonialzeitlichen Charme vermissen. Das Hotel vermietet auch Fahrräder und hat einen sauberen, einladenden Pool.

Restaurante Patú Anú (☎ 3741 1359; Rua 2 auf Höhe Travessa 14; Hauptgerichte 7–20 R$; ☽ morgens, mittags & abends) Dank der einfachen, verlässlichen Karte und der praktischen Lage ist dieses Lokal bei Einheimischen und Reisenden – sowohl Neulingen als auch alten Hasen – gleichermaßen beliebt. Es gibt große Portionen an Hähnchen, Rindfleisch, Fisch oder Garnelen und dazu Reis und Bohnen.

Restaurante-Pizzeria Casarão da Amazônia (☎ 3741 2222; Ecke Rua 4 & Travessa 9; Hauptgerichte 20–40 R$; ☽ tgl. mittags, Fr–So abends) In diesem Hotelrestaurant werden die Pizzas in einem traditionellen Holzofen zubereitet; man bekommt sie aber leider nur freitags- bis sonntagsabends. Tagsüber isst man unter freiem Himmel; dann gibt's Büffel, Garnelen, Hähnchen und andere typische Speisen.

SHOPPEN

Cerâmica Mbara-yo (Travessa 20) Der Keramiker Carlos Amaral präsentiert in seinem bescheidenen Laden preisgekrönte Arbeiten, die die Keramiktraditionen der Aruã und Marajoara miteinander verbinden. Bei einer kurzen Werkstattführung kann man erleben, wie die Stücke gemacht werden. Zum Verkauf stehen zahlreiche kleine, preisgünstige Arbeiten, und jedes Stück hat seine eigene Geschichte und besondere Bedeutung. Der Laden liegt zwischen den Ruas 3 und 4.

SANTARÉM

☎ 0xx93 / 275 000 Ew.

Santarém ist eine angenehme Stadt, gesegnet mit einer kühlen vom Fluss herüberwehenden Brise und einem milden Klima. Sie liegt an der Mündung des dunklen, kaffeebraunen Rio Tapajós in den hellen, cremig-braunen Amazonas. So hat Santarém sein ganz eigenes Encontro das Águas: Die zwei Flüsse fließen nebeneinander her, ohne sich zu vermischen, und bilden zwei verschiedenfarbige Wasserströme, die man vom Flussufer klar unterscheiden kann. Auf der fünftägigen Schifffahrt von Belém nach Manaus eignet sich der Ort gut, um mal zum Verschnaufen zu kommen.

Die meisten Traveller, die in Santarém Halt machen, nehmen gleich einen Bus nach Alter do Chão (S. 686), einer coolen kleinen Stadt 35 km weiter westlich, die mit weißen Sandstränden am Fluss und einer lässigen Backpackeratmosphäre lockt. Von beiden Städte aus kommt man gut in den Floresta Nacional (FLONA) do Tapajós (S. 684), einen wunderschönen Wald, in dem man wandern, Kanu fahren und bei den Familien der Kautschukzapfer übernachten kann. Während von Alter do Chão aus gute Touren in den FLONA und zu anderen Zielen angeboten werden, kann man in Santarém in den Bus steigen und sich auf eigene Faust auf den Weg machen. In Santarém gibt's auch ein paar interessante Museen, ein nahes privates Schutzgebiet und eine nette Uferpromenade – allemal genug, um ein oder zwei Tage hier zu bleiben.

Geschichte

Bereits seit mehreren 1000 Jahren siedeln Menschen in der Gegend um Santarém (s. Kasten S. 690). 1661, über 20 Jahre nachdem Pedro Teixeiras Expedition erstmals auf indigene Tupaiu traf, wurde am Zusammenfluss von Tapajós und Amazonas eine Mission gegründet, die 1758 offiziell den Namen Santarém erhielt.

Der weitere Lauf der Geschichte Santaréms wurde vom Kautschukboom und dessen Niedergang geprägt. Außerdem war es Schauplatz einer Reihe von Goldräuschen, die in den 1950er-Jahren einsetzten. Heutzutage gründet sich die Wirtschaft auf Kautschuk, Soja und Hartholz sowie auf Paranüsse, schwarzen Pfeffer, Mangos, Jute und Fisch. Die Entdeckung von Gold und Bauxit sowie der Bau des Curuá-Una-Staudamms 60 km südöstlich von Santarém brachten in den letzten 25 Jahren etwas Fortschritt in die Gegend, die aber immer noch größtenteils isoliert ist. Außerhalb der Region sind nur Wenige für eine Weiterentwicklung des Staates Tapajós.

Praktische Informationen

GELD
Bradesco (Av Rui Barbosa) Verlässliche Geldautomaten.
HSBC (Av Rui Barbosa) Verlässliche Geldautomaten.
Ourominas (☎ 3522 7655; Travessa dos Mártires 198; ◷ Mo–Fr 8–18, Sa 8.30–13 Uhr) Bietet gute Wechselkurse für Euro und US-Dollars; außerdem Western-Union-Service.

INTERNETZUGANG
Amazon's Star Cyber (☎ 3522 3648; Av Tapajós; 3 R$/Std.; ◷ Mo–Fr 8–22, Sa 9–22, So 10–22 Uhr)
Centro de Copias (Av Rui Barbosa; 2,50 R$/Std.; ◷ Mo–Fr 8–19, Sa 8–14 Uhr)

MEDIZINISCHE VERSORGUNG
Hospital Municipal (Ecke Av Presidente Vargas & Av Barão do Rio Branco) Hat eine Notaufnahme.

NOTFALL
Ambulanz (☎ 192)
Polizei (☎ 190)

POST
Hauptpost (Rua Siqueira Campos; ◷ Mo–Fr 9–17 Uhr)

REISEBÜROS
Gil Serique (☎ 8803 7430; www.gilserique.com; Rua Adriano Pimentel 80) Der schlanke, schicke Mann spricht fast perfektes Englisch und bietet einmalige, maßgeschneiderte Touren in den FLONA, die nahegelegenen Feuchtgebiete und anderswohin – jedenfalls, wenn ihm gerade danach ist, und er nicht lieber zum Surfen gehen oder in seiner verfallenen Wohnung mit Blick auf den Fluss abhängen will. Gil ist aber auch einer der führenden Naturkundler der Region und außerdem eine Fundgrube an historischem Wissen über sein geliebtes Santarém.
Santarém Tur (☎ 3522 4847; www.santaremtur.com.br; Rua Adriano Pimentel 44) Flugtickets und Pauschaltouren, darunter Stadterkundungen, Tagesausflüge per Boot oder Auto nach Alter de Chão sowie Flussboottrips in den FLONA. Freundliches und hilfsbereites Personal.

WÄSCHEREI
Lavanderia Storil (☎ 3523 1329; Travessa Turiano Meira 167; 11 R$/kg; ◷ Mo–Sa 8–18 Uhr) Gibt man die Wäsche am Morgen ab, ist sie noch am gleichen Tag fertig.

Sehenswertes

MUSEU DE SANTARÉM
Das in einem großen gelben Herrenhaus am Ufer untergebrachte **Museu de Santarém** (Rua do Imperador, Praça Barão de Santarém; Eintritt gegen Spende; ◷ Mo–Fr 8–17, Sa 8–13 Uhr) ist auch als Centro Cultural João Fona bekannt, benannt nach dem Künstler aus Pará, der die Fresken an den Innenwänden gemalt hat. Das Gebäude stammt von 1867 und diente früher als Gefängnis, als Rathaus und als Gerichtsgebäude. Neben einigen Gemälden und Dokumenten über die Gründung der Stadt besitzt das Museum eine kleine, aber ausgezeichnete Sammlung von Steinobjekten und Töpferwaren (u. a. Urnen und Zeremonialfigürchen) der Tapajoara-Kultur, die hier vor über 6000 Jahren existierte.

MUSEU DICA FRAZÃO
Die neunzigjährige Dona Dica Frazão (geb. 1920) ist die Schöpferin, Namenspatronin, Führerin und Hauptfürsprecherin des **Museu Dica Frazão** (☎ 522 1026; Rua Floriano Peixoto 281; Eintritt frei; ◷ tagsüber). Die zierliche und lustige Dona Dica stellt seit mehr als 50 Jahren Frauenkleider und Stoffe aus Naturfasern her, u. a. auch aus Gräsern und Zellstoff. Zu den ausgestellten Stücken gehören Nachbildungen eines Kleids, das sie für eine belgische Königin entwarf, einer Tischdecke für Papst Johannes Paul II. und von Kostümen für das Boi-Bumbá Fest in Parintins (S. 722).

UFERPROMENADE
Die Promenade Nova Orla Fluvial folgt der Av Tapajós über mehr als 1,6 km vom Museu de Santarém fast bis zu den Docas do Para. Ein schöner Spaziergang führt von der Praça da Matriz Richtung Westen an bunten Booten vorbei bis zu der gewaltigen Cargill-Verladestation, einem Symbol des blühenden brasilianischen Sojahandels. Auf dem Weg gibt's kaum Schatten, man sollte also einen Hut aufsetzen.

Festivals & Events
Der Schutzpatron der Fischer, der hl. Petrus (São Pedro) wird am 29. Juni mit einer Bootsprozession geehrt. Dann segeln mit Wimpeln und Blumen geschmückte Boote an der Stadt vorbei.

Schlafen

BUDGETUNTERKÜNFTE
Hotel Brasil (☎ 3523 5177; Travessa dos Mártires 30; EZ/DZ 30/50 R$, mit Klimaanlage 50/60 R$; 🛏) Das bei Backpackern sehr beliebte Hotel in einem großen alten Gebäude mitten in einem munteren Geschäftsviertel hat ältliche, aber bequeme Zimmer zu Schnäppchenpreisen. Die großen Fenster haben Fensterläden und

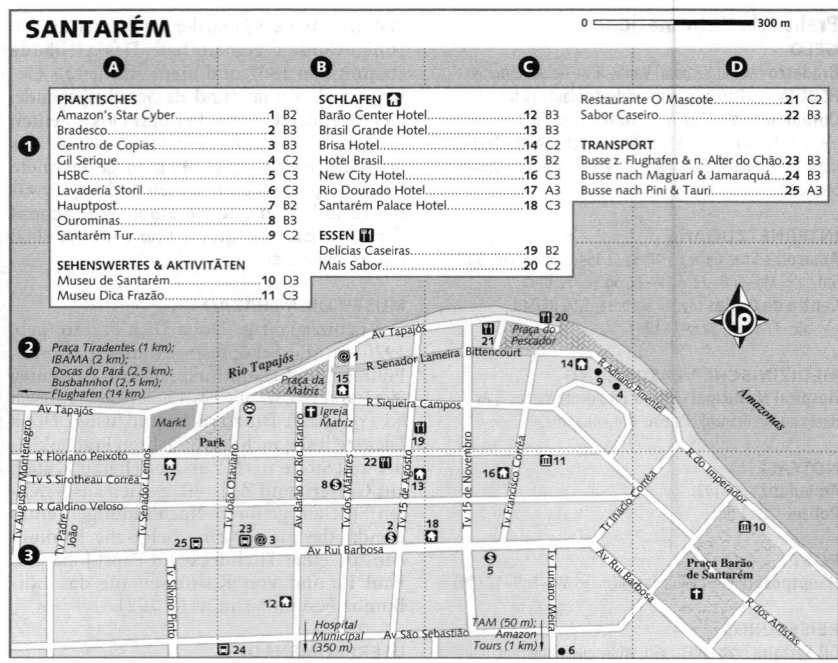

lassen viel Licht und Luft herein; man muss sie allerdings schließen, wenn die Moskitos anrücken. Das Gemeinschaftsbad (nur kaltes Wasser) ist einigermaßen sauber. Das Frühstück wird in dem geräumigen Speisesaal im zweiten Stock serviert. Das Haus ist oft ausgebucht, also vorab telefonisch reservieren.

New City Hotel (☎ 3523 3149; Travessa Francisco Corréa 200; EZ/DZ 60/75 R$) In dem großen und weitläufigen, innen peppig gelb gestrichenen Hotel mit einem Labyrinth an Treppen und Korridoren gibt's Zimmer in allen Formen und Größen (das gilt auch für die Möbel). Einige Zimmer haben Balkone oder große Fenster, was den Komfort entschieden steigert, und alle Zimmer bieten frische, saubere Bettwäsche.

Brisa Hotel (☎ 3522 1018; brisahotel@hotmail.com; Rua Senador Lameira Bittencourt 5; EZ/DZ 60/80 R$; ☒) Die Fassade präsentiert sich nicht mehr in minzgrün, sondern nun in gelb, aber die Zimmerdecken und die Uniformen des Personals haben das alte Farbschema beibehalten. Auch die Zimmer sind wie eh und je: einfach, sauber, etwas klein, aber insgesamt absolut in Ordnung. Die Zimmer im Obergeschoss haben

etwas mehr Charme und sind deshalb oft ausgebucht. Die Lage ist ideal: Restaurants und die Uferpromenade liegen gleich vor der Tür.

MITTEL- & SPITZENKLASSEHOTELS
Rio Dourado Hotel (☎ 3522 4021; riodouradohotel@ yahoo.com.br; Rua Floriano Peixoto 799; EZ 90–130 R$, DZ 110–155 R$; ☒ ☎) Die Zimmer im Obergeschoss sind zwar teurer, bietet dafür aber polierte Fußböden, spiegelblanke Badezimmer, kleine Klimaanlagen, künstliche Blumen und richtige Schreibtische mit Stühlen. Von der Nähe zum Markt sollte man sich nicht abschrecken lassen: Dort herrscht zwar ein munteres Treiben, aber keine allzu große Hektik. Und außerdem hat man es auch nicht weit bis zu den Restaurants, den Internetcafés und der Uferpromenade.

Brasil Grande Hotel (☎ 3522 6665; Travessa 15 de Agosto 213; EZ/DZ 75/90 R$) Das Hotel ist ganz im Stil der 1950er-Jahre eingerichtet: auf Holz gemachte Wandverkleidungen, erbsengrüne Badezimmer und urtümliche TVs mit einem Knopf für jeden der (neun) Kanäle – man würde sich nicht wundern, liefe einem hier plötzlich Lucille Ball über den Weg. Nicht dass wir uns beschweren wollten: Die Zimmer sind groß und hell, das Frühstück ist ausgezeichnet, und das Hotel gehört insgesamt zu den besseren in der Stadt.

Santarém Palace Hotel (☎ 3523 2820; stmpalace@ netsan.com.br; Av Rui Barbosa 726; EZ/DZ 95/105 R$; 🔀) Die Zimmer sind recht groß, haben große Fenster und zeigen jenes bunt zusammengewürfelte 1970er-Jahre-Dekor, das für so viele Hotels in Amazonien typisch ist – besonders die lackierten Holzfiguren fallen ins Auge. Rauchen ist in den Gemeinschaftsbereichen und den meisten Zimmern erlaubt, was einigen gefällt und andere abstößt. Man sollte sich auf jeden Fall ein Zimmer im obersten Stock geben lassen, denn sie sind neuer und haben etwas mehr Abstand zur belebten Straße. Die Zimmer im Seitenflügel sind noch ruhiger, haben aber ziemlich kleine Fenster.

Barão Center Hotel (☎ 3064 9950; www.baraocenter hotel.com; Av Barão do Rio Branco; Zi. 180–220 R$; 🔀 🖳 🛜) Santaréms bestes Hotel ist die zweite Heimat von Geschäftsleuten, die mit den florierenden Soja- und Holzverladehäfen gleich außerhalb der Stadt zu tun haben. Die Zimmer sind komfortabel und mit WLAN, elektronischen Kartenschlössern, Klimaanlagen und Zimmersafes gut ausgestattet. Der Minimalismus geht jedoch zu weit: Angesichts der kahlen weißen Wände und der sonderbar wenigen Fenster kann man sich schon wie eine Laborratte vorkommen. Glücklicherweise kann man immer noch ins Dachterrassenrestaurant entkommen, von dem aus man einen tollen Blick auf Stadt und Fluss hat.

Essen

LP Tipp Mais Sabor (☎ 3522 0509; Av Tapajós; Gerichte 7–25 R$; 🌙 abends) Das auf einem erhöhten Pier über dem Wasser thronende beliebte Freiluftrestaurant gegenüber der Praça do Pescador bietet immer ein frisches Lüftchen und einen Blick auf beide Flüsse sowie die Jogger, Familien und Liebespärchen auf der breiten Uferpromenade. Auf der Karte stehen hauptsächlich Pizzas und Pastagerichte.

Sabor Caseiro (Rua Floriano Peixoto 521; Selbstbedienung 23 R$/kg; 🌙 mittags) Mit neuem Namen und Look hat dieses beliebte Lokal, in dem man nach Kilo bezahlt, einen etwas gehobeneren Stil angenommen, bietet aber immer noch ein gutes Preis-Leistungs-Verhältnis. Die umfangreichen, schmackhaften Gerichte werden in glänzendem Edelstahlgeschirr serviert. Dank der soliden Holztische und Holzstühle und

der leistungsstarken Klimaanlage kann man hier prima verweilen.

Delicias Caseiras (Travessa 15 de Agosto; Gerichte 6–10 R$; 🌙 Mo–Sa mittags) Budgettraveller können sich freuen: Für nur 6 R$ kann man sich hier den Teller so voll packen, wie man möchte und verträgt. Leider werden einige Spezialitäten von mit Haarnetzen ausgestatteten Serviererinnen über die Theke gereicht, aber die Portionen sind immer noch reichlich. Oft gibt es auch weniger verbreitete Gerichte wie etwa Zungen- und Hühnchenpasteten. Die Klimaanlage arbeitet unzuverlässig.

Restaurante O Mascote (☎ 3523 2844; Praça do Pescador; Gerichte 14–40 R$; 🌙 mittags & abends) Das Mittagsbuffet ist schmackhaft, günstig und gut. Fischgerichte sind abends die Spezialität – man sollte den *tucunaré ao molho de camarão* (Barsch in Shrimpssauce) probieren.

An- & Weiterreise
BUS
Der **Busbahnhof** (☎ 3523 4940) liegt 2,5 km westlich der Stadt. Busse fahren von hier u. a. nach Rurópolis, Itaituba, Cuiabá und Marabá, aber während der Regenzeit kann man sich nicht darauf verlassen. Überdies besteht das ganze Jahr über die Gefahr von Raubüberfällen an den Strecken.

Die Busse nach Alter do Chão (2,50 R$, 45 Min.) halten zwischen 5 und 18.30 Uhr ungefähr stündlich an der Av Rui Barbosa, der Av Barão do Rio Branco und der Travessa João Otaviano.

FLUGZEUG
Alle Flüge gehen über Manaus oder Belém.
Gol (☎ 3522-3386; www.voegol.com.br; nur am Flughafen)
TRIP (☎ 3523 3287/3899; www.voetrip.com.br; nur am Flughafen)
TAM (☎ 3523 9450; www.tamairlines.com; Av Mendoça Furtado 913 auf Höhe Travessa Turiano Meira)

SCHIFF/FÄHRE
Es gibt zwei Häfen für Passagierschiffe. Infos zu Bootsreisen gibt's im Kasten auf S. 670.

Von den Docas do Pará (2,5 km westlich vom Zentrum) fahren *recreos* (langsame Boote) nach Belém (Hängematte 160 R$, Doppelkajüte 500 R$, 48 Std., Fr–So 10 Uhr), mit Zwischenhalt in Monte Alegre (Hängematte 40 R$, 5–7 Std.), sowie nach Manaus (Hängematte 120 R$, Doppelkajüte 400 R$, 2½–3 Tage, Mo–Sa 13 Uhr) mit Halt in Parintins

(Hängematte 60 R$, 25–30 Std.). Um sicherzugehen, einen Platz zu finden, sollte man vor allem in der Hauptsaison sein Ticket einen oder zwei Tage im Voraus kaufen. Die Ticketschalter am Hafen machen sich Konkurrenz, was verwirrt, zumal sie alle dasselbe anbieten.

Vom Hafen an der Praça Tiradentes (1 km östlich des Zentrums an der Av Tapajós) fahren Boote zu weniger bekannten Zielen, man wendet sich an die paar vorhandenen Ticketschalter oder schaut nach der Ausschilderung an den Booten. Oft angefahrene Ziele sind Macapá (Hängematte 120 R$, 36 Std., 1-mal tgl.), Monte Alegre (Hängematte 25 R$, 6 Std.; das Boot Richtung Macapá nehmen) und Alenquer (Hängematte 15 R$, 7 Std., 1-mal tgl.).

Zwei Schnellbootunternehmen haben ihre Liegeplätze an oder nahe der Praça Tiradentes. **Hidroviaria Tapajos** (☎ 9184 8781) fährt nach Alenquer (25 R$, 3 Std., tgl. 16 Uhr) und Monte Alegre (30 R$, 3 Std., Sa 16.30 Uhr), Lanchas Perola (kein Telefon) nach Itaituba (63 R$, 8 Std., 14 Uhr). Der Schnellbootdienst nach Manaus ist schon seit Jahren eingestellt, aber nachfragen kostet ja nichts.

Unterwegs vor Ort

Der Flughafen liegt 14 km westlich vom Zentrum; zwischen 6.15 und 18.15 Uhr fahren etwa stündlich Busse zur Stadt (1,50 R$). Die Busse zum Flughafen erkennt man an der Aufschrift „Aeroporto", sie halten zwischen 5.30 und 17.30 Uhr an der Av Rui Barbosa gleich westlich der Av Barão do Rio Branco. Achtung: Die Busse mit der Zielangabe „Aeroporto Velho" fahren anderswohin! Die Taxifahrt vom/zum Flughafen kostet stolze 50 R$.

Zur Anreise per Boot: „Orla Fluvial"-Minibusse (1,50 R$) pendeln bis gegen 19 Uhr alle 20 bis 30 Minuten zwischen dem Zentrum und den Docas do Pará mit Halt an der Praça Tiradentes. Der „Circular Esperança"-Bus (1,50 R$) fährt vom Zentrum zu den Docas und dann zum Busbahnhof; man sollte ihn bei der Fahrt von den Docas aber nicht nehmen, weil er nicht direkt zum Zentrum fährt. Die Taxifahrt kostet 10 bis 15 R$.

Außer zu Fuß kommt man mit Mototaxis am besten in der Stadt herum. Die meisten Fahrten kosten 2 bis 3 R$.

RUND UM SANTARÉM
Floresta Nacional (FLONA) do Tapajós

Die riesigen Ceiba-Bäume (*Ceiba samauma*), deren Stämme 20 Menschen nicht umfassen

können, sind ein Highlight dieses 5440 km² großen Schutzgebiets am Ostufer des Rio Tapajós. Die vielen kleinen Gemeinden hier leben vor allem vom Fischfang und Paranüssen, obwohl es in mehreren inzwischen auch Ansätze des Ökotourismus gibt. Manche Dörfer sind besser ausgestattet als andere, aber in allen kann man denkwürdige Erlebnisse haben: Man erkundet den Wald, wohnt bei Dorfbewohnern und erfährt viel über den Extraktivismus, die Entnahme von Produkten, ohne die Artenvielfalt zu stören, die für die Erhaltung des Amazonasgebiets so wichtig ist.

Die nebeneinander liegenden Dörfer **Maguarí** und **Jamaraquá** waren die ersten, die Besucher aufnahmen, und sind für die meisten Traveller immer noch die erste Wahl. Maguarí hat einen gut unterhaltenen Wanderweg (9 km einfache Strecke), der an einer Reihe eindrucksvoller Bäume vorbeiführt, darunter gegen Ende auch an einem Gehölz mit Ceibas. Auf dem Rückweg kann man Familien besuchen, die aus Kautschuk Spielzeug, Flip-Flops und sogar modische Taschen und Geldbeutel herstellen.

Jamaraquá ist kleiner als Maguarí, liegt aber näher an einem hübschen *igarapé* (Zufluss), wo man bei hohem Wasserstand wunderbar Kanu fahren kann. Kanutrips bieten nicht nur das erholsame Vergnügen, still zwischen den Bäumen hindurchzugleiten, sondern sind auch bestens dazu geeignet, Wildtiere, Vögel und Reptilien zu erspähen. Auch in Jamaraquá gibt's einen Wanderweg (rund 7,5 km einfache Strecke) mit eindrucksvollen Bäumen.

Weitere Gemeinden, die Ökotourismus anbieten, sind Pini, Tauri, Prainha, Paraíso und Itapuama. Hier sind Kanutrips, Angel- und sogar Schnorchelausflüge die Highlights, auch deshalb, weil die Unterhaltung langer Wanderwege zu schwierig und zeitaufwändig wäre. Deswegen lohnt sich ein Besuch hier in erster Linie bei hohem Wasserstand.

Man wohnt und isst bei einheimischen Familien (in Maguarí und Jamaraquá werden aber jetzt auch einfache Pousadas gebaut). Man sagt dem Busfahrer, welchen Ort man besuchen möchte, und der setzt einen am Haus der Familie ab, die die meisten Gäste aufnimmt. Die Gäste zahlen der Familie die *taxa comunitaria* (Gemeindesteuer, 7–10 R$/Tag) sowie 20 bis 35 R$ pro Tag für Verpflegung und den Platz, um die Hängematte aufzuhängen. Die Gastgeber können auch Ausflüge organisieren; hierbei bezahlt man den

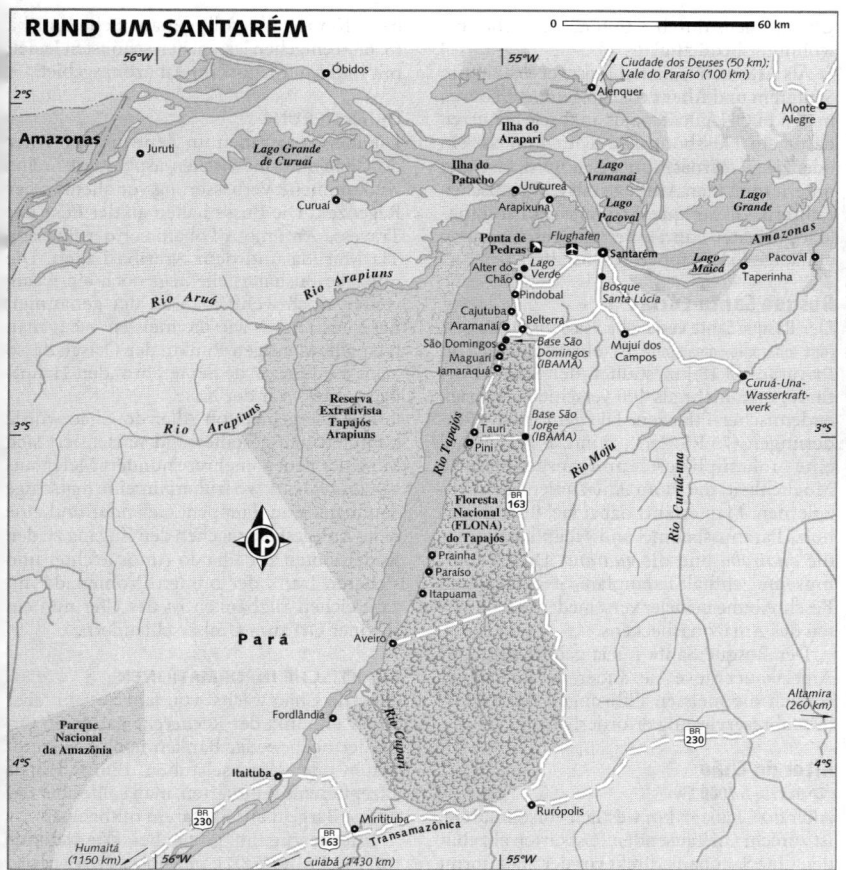

RUND UM SANTARÉM

0 ————— 60 km

Führer direkt (meist 20–30 R$ für 1 oder 2 Pers.). Selber mitbringen muss man auf alle Fälle eine Hängematte, Wasser in Flaschen, Toilettenpapier, Insektenschutzmittel, eine Taschenlampe und Bargeld (in kleinen Scheinen). Und selbstverständlich zahlt es sich aus, freundlich und entspannt aufzutreten.

Zum Besuch des FLONA do Tapajós und der dortigen Dörfer ist eine Genehmigung der Umweltbehörde IBAMA erforderlich. Außerdem muss eine Parkgebühr bezahlt werden. Bei Fahrten nach Maguarí oder Jamaraquá hält der Bus unterwegs an der **IBAMA-Basisstation**, wo man die Genehmigung einholt und die Gebühr bezahlt. Die anderen Dörfer sind über einen anderen Parkeingang zugänglich. Hier empfiehlt es sich, die Formalitäten vorab

im **IBAMA-Büro in Santarém** (☎ 3523 2964; Av Tapajós 2267; ✉ Mo–Fr 8–12 & 14–18 Uhr) zu erledigen.

Es gibt Busverbindungen aus Santarém in den FLONA do Tapajós. Die Busse nach Maguarí und Jamaraquá (7 R$, 4 Std., Mo–Sa 11 Uhr) fahren ab von einer Haltestelle an der Av São Sebastião zwischen der Av Barão do Rio Branco und der Travessa Silvino Pinto. Die Busse zu weiter südlich gelegenen Dörfern wie Nazaré, Tauri oder Pini starten auf einer anderen Strecke ins Schutzgebiet. Abfahrt ist von einer Haltestelle an der Av Rui Barbosa zwischen der Travessa João Otaviano und der Travessa Senador Lemos (15 R$, 6 Std., Mo, Mi & Fr 12 Uhr). Auf der Rückfahrt nach Santarém kommen die Busse in den verschiedenen Dörfern des FLONA zwischen 3 und 4

AMAZONIEN

Uhr morgens durch – und das ist sicher gewöhnungsbedürftig!

Als Alternative bieten Reiseveranstalter in Santarém und Alter do Chão geführte Touren in den FLONA do Tapajós an. Viele benutzen dafür ein Flussboot. Die Tour umfasst ein oder zwei Übernachtungen an Bord, tagsüber unternimmt man Ausflüge mit einheimischen Führern. Gil Serique (S. 681) ist ein empfohlener privater Führer, der maßgeschneiderte eintägige Exkursionen veranstaltet.

Bosque Santa Lúcia

Der **Bosque Santa Lúcia** (http://bosque-santa.blogspot. com, amazonto@gmail.com) ist ein Waldstück in Privatbesitz 18 km südlich der Stadt. Dort findet man mehr als 400 verschiedene Arten endemischer Pflanzen. Die geführten Wanderungen (75 R$/Pers., mind. 2 Pers.) sind eine unkomplizierte und ausgezeichnete Möglichkeit, die Flora Amazoniens kennenzulernen. Man erfährt dabei viel über Eisenholz, Paranussbäume und Heilpflanzen wie die *andiroba* und die *guaraná*. Das „Baummuseum" enthält Exemplare, Stecklinge und Beschreibungen vieler verschiedener Baumarten des Amazonasbeckens.

Der Bosque Santa Lúcia gehört dem US-Amerikaner Steve Alexander, der höchstpersönlich die meisten Führungen durchführt (Vorabreservierung erforderlich!).

Alter do Chão

☎ 0xx93 / 7000 Ew.

Alter do Chão, 33 km westlich von Santarém, ist zurecht auf Tausenden Postkarten abgebildet. Eine Sandbank direkt vor der Stadt formt die wunderschöne Insel Ilha do Amor (Insel der Liebe) aus weißem Sand. Am größten und schönsten ist die Insel, wenn der Wasserstand zwischen Juni und Dezember am niedrigsten ist. In der Regenzeit dagegen schrumpft sie deutlich, bleibt aber dennoch hübsch.

Neben dem berühmten Strand hat Alter do Chão auch noch die riesige Lagune Lago Verde zu bieten, die man mit geliehenen Kanus erforschen kann. Der FLONA do Tapajós und andere Gegenden am Rio Tapajós eignen sich hervorragend für Bootsfahrten. Ebenfalls befahrbar ist der weniger bekannte Rio Arapiuns, dessen Spitzname, „Karibische Perle des Amazonas", etwas übertrieben ist: In der Trockenzeit kommen hier weiße Sandstrände zum Vorschein und an sonnigen Tagen ist das Wasser klar und manchmal sogar türkisfarben. Keinesfalls sollte man sich Araribá (S. 689) entgehen lassen, den schönsten Laden mit indigener Kunst im Amazonasgebiet.

ORIENTIERUNG

Die meisten Straßen im Zentrum von Alter do Chão sind inzwischen asphaltiert – eine willkommene Verbesserung vor allem in der Regenzeit. Die Busse halten an der Ecke der Travessa Antônio A Lobato vor der Pousada Tia Marilda und dem Araribá-Laden. Die offizielle Bushaltestelle liegt noch ein wenig weiter, doch wenn man an der genannten Ecke aussteigt – wie die meisten – hat man fasst alle wichtigen Punkte der Ortschaft, so auch die Praça 7 de Septembro, den Hauptplatz, direkt vor der Nase.

Das Ufergebiet von Alter do Chão wurde komplett neu gestaltet und präsentiert sich mit einer neuen, mehrere hundert Meter langen *orla fluvial*, wo früher nur eine matschige Sandbank war. Treppen, Geländer und eine neue Anlegestelle machen den Zugang zu den Ruderbooten zur Ilha do Amor leichter und sicherer. Dank der breiten Promenade mit zahlreichen Sitzbänken ist das Ufer nun ein schöner Ort zum Umherschlendern.

PRAKTISCHE INFORMATIONEN

Alter do Chão wächst von Jahr zu Jahr, aber zum Zeitpunkt der Recherche gab es im Ort immer noch weder Banken noch Geldautomaten oder Wechselstuben. Einige Hotels akzeptieren Kreditkarten, man sollte aber das nötige Bargeld aus Santarém mitbringen.

Internetzugang gibt's bei **Mãe Natureza** (☎ 3527 1264, 9125 8721; www.maenaturezaecoturismo. com.br; Praça 7 de Setembro; 5 R$/Std.; ⊙ 8 Uhr–open end) und im Hotel **Mirante de Ilha** (☎ 3527 1268; www. hotelmirantedailha.com.br; Rua Lauro Sodré 369; 3 R$/Std.; ⊙ 9–19 Uhr). Die **Pousada Tupaiulândia** (☎ 3527 1157; Rua Pedro Teixeira 300) dient als örtliches Postamt. Auf dem Hauptplatz findet man auch öffentliche Telefone.

GEFAHREN & ÄRGERNISSE

In den seichten Stellen um die Ilha do Amor, am Lago Verde und im Fluss gibt's Stachelrochen; glücklicherweise sind sie sehr scheu und bevorzugen schlammige gegenüber sandigen Stellen. Deswegen lassen sie sich an den belebten Stellen auf der Ilha do Amor kaum blicken. Trotzdem sollte man beim Betreten oder Verlassen des Wassers den Sand vor sich mit den Füßen aufwühlen – die Sandwolke vertreibt die Tiere. Zu gleichem Zweck kann man natürlich auch einen langen Stock oder ein Schilfrohr verwenden.

SEHENSWERTES & AKTIVITÄTEN
Strände
Bei Niedrigwasser kann man vom Ufer aus zur **Ilha do Amor** hinüberwaten. Ansonsten bringen einen Ruderboote auf die Insel (2 R$/Pers.).

Auf der Spitze der Insel, die der Stadt am nächsten liegt, befinden sich mehrere Stände mit Stühlen direkt am Wasser, an denen das ganze Jahr über Speisen und Getränke angeboten werden. Wer mehr Beschaulichkeit sucht, geht einfach etwas weiter (beim Baden dann aber auf die Stachelrochen achten!). Ein weiterer schöner Strand, die **Praia do Cajuiero**, liegt im Westen des Dorfs am Rio Tapajós. Die weiter entfernten Strände erreicht man am besten mit dem Auto, darunter **Pindobal** (8 km), **Cajutuba** (16 km), **Aramanai** (26 km) und **Ponta de Pedras** (28 km). Reiseveranstalter im Ort bieten Tagesausflüge an, bei denen man auch abgelegene **Strände** am Hauptkanal besucht.

Lago Verde
Der riesige, dreifingrige, von Wäldern umgebene See eignet sich hervorragend zum Baden, Schnorcheln und dem Beobachten von Vögeln und Wildtieren (u. a. einer hier lebenden Affengruppe). Tourveranstalter bieten nette **Bootsausflüge** (60–100 R$/Pers., mind. 2 Pers.) an; die Tour am Nachmittag endet meist an der Ponta de Cururú, einem schönen Fleckchen, wo man den Sonnenuntergang genießen und die Flussdelfine beobachten kann. Private Bootsmänner bieten das gleiche am Ufer billiger an, können sich aber in aller Regel hinsichtlich Service und Ausrüstung nicht mit den offiziellen Tourveranstaltern messen. Es ist auch möglich, am Ufer ein Kajak zu mieten und die Lagune auf eigene Faust zu erkunden, dabei muss man sich allerdings vor starken Wellen und Strömungen hüten.

GEFÜHRTE TOUREN
Alter do Chão bietet wunderbare Möglichkeiten, den Fluss und den Urwald zu erkunden. Zu den beliebten Tagesausflügen gehören Schnorcheltrips zum Lago Verde, Delfinbeobachtung bei Ponta do Cururú, die Erkundung der Tierwelt am Canal do Jarí und die Fahrt von Strand zu Strand mit dem Auto oder dem Boot. Die mehrtägigen Touren auf Flussbooten lassen sich nach Zeit, Budget und Interessen der Teilnehmer passgenau gestal-

---

DER BELO-MONTE-STAUDAMM

Im Februar 2010 gab die brasilianische Regierung grünes Licht für den Bau des Belo-Monte-Staudamms, eines gewaltigen Wasserkraftwerksprojekts am Rio Xingu im südlichen Pará. Das umstrittene Kraftwerk soll das drittgrößte seiner Art weltweit werden und bei voller Kapazität 11 000 MW liefern, genug, um 23 Mio. Haushalte mit Strom zu versorgen. Kritiker halten dies für Augenwischerei: Während der langen Trockenzeit in der Region würde das Kraftwerk gerade mal 1000 MW liefern und könnte insgesamt höchstens eine Kapazität von 40 % erbringen. Nähme man noch die Verluste durch den Transport über die Tausende Kilometer langen Stromleitungen hinzu, könnte Belo Monte einen Spitzenplatz unter den ineffizientesten Wasserkraftwerken der Welt einnehmen.

Hinzu kommen die Auswirkungen auf den Wald und die Menschen, die in ihm leben: Mindestens 12 000 Menschen würden wegen des Projekts umgesiedelt werden müssen und noch Tausende mehr wegen des Baus von Entlastungsdämmen weiter stromauf, die zur Regulierung des Wasserstands im Hauptstausee nötig sind. Rund 450 km² Wald würden dauerhaft überflutet werden, während ein 100 km langer Abschnitt des mächtigen Rio Xingu austrocknen würde, und zwar der Abschnitt am Paquiçamba-Territorium, der Heimat der indigenen Juruna.

Die brasilianische Umweltbehörde (IBAMA) erklärt, die gegenwärtige Planung stelle eine Verbesserung gegenüber der ursprünglichen aus den 1990er-Jahren dar, die damals wegen der internationalen Proteste aufgegeben wurde. So wurde z. B. das Gebiet, das überflutet werden soll, auf ein Drittel der ursprünglich vorgesehenen Fläche reduziert (allerdings um den Preis des Baus zweier Bewässerungskanäle von jeweils 500 m Breite und 75 km Länge). Außerdem werden die Unternehmen verpflichtet, 800 Mio. US-Dollar für Umsiedlungs- und Umweltschutzprojekte aufzuwenden. Trotzdem sind zwei führende IBAMA-Beamte aus Protest von ihren Ämtern zurückgetreten, und Umweltgruppen und Prominente (darunter der *Avatar*-Regisseur James Cameron) haben Kampagnen gestartet, um das Projekt zum zweiten Mal scheitern zu lassen.

ten. Man kann dabei im FLONA do Tapajós wandern, kleine Gemeinden am anderen Ufer des Rio Tapajós besuchen oder am Strand des Rio Arapiuns campieren. Tagestouren gibt's ab 70 R$ für vier Personen, längere Touren kosten zwischen 130 und 250 R$ pro Person und Tag, alles inklusive.

Areia Branca Ecotour (☎ 3527 1317; www.areiabran caecotour.com.br; Orla Fluvial; ✪ 8–12 & 14–19 Uhr) Die aufstrebende neue Agentur hat ihren Sitz an der Uferpromenade unweit der Plaza und wird von freundlichen, mehrsprachigen Geschwistern aus Alter do Chão geführt.

Mãe Natureza (☎ 3527 1264; www.maenaturezaeco turismo.com.br; Praça 7 de Setembro; ✪ 9 Uhr–open end) Die verlässliche und erfahrene Agentur wird von den Argentiniern Jorge Bassi und Claudio Chena geführt.

FESTIVALS & EVENTS

Die **Festa do Çairé** in der zweiten Septemberwoche ist das wichtigste folkloristische Event im westlichen Pará. Die Çairé ist eine Standarte, die in die Höhe gehalten und einer blumengeschmückten Prozession vorangetragen wird. Der Brauch geht vielleicht auf Symbole zurück, die frühere Missionare einsetzten, um die *índios* zu bekehren.

SCHLAFEN

Pousada Tia Marilda (☎ 3527 1144; Travessa Antônio A Lobato 559; EZ/DZ 60/70 R$; ✪) Die einfache Pousada liegt gleich dort, wo alle aus dem Bus aus Santarém aussteigen. Sie hat freundliche Betreiber und ordentlich große Zimmer. Die Deko versucht, keck und niedlich zu wirken – der gute Wille ist also vorhanden. Die Zimmer im 2. Stock sind größer und luftiger, aber alle haben inzwischen eine Klimaanlage.

Pousada Tupaiulândia (☎ 3527 1157, 9975 4928; Rua Pedro Teixeira 300; EZ/DZ 50/80 R$; ✪) Die Zimmer mit Bad sind in zwei kreisförmigen Gebäuden untergebracht, sodass man auf abgerundete Wände und seltsame Winkel trifft. Die Wohneinheiten sind aber alle geräumig, sauber und haben TV, Minibar und Klimaanlage. Das Dekor ist recht spartanisch, aber die lackierten Backsteinwände der Zimmer sind schön. Gutes Preis-Leistungs-Verhältnis.

LP Tipp **Albergue Pousada da Floresta** (☎ 9651 7193; www.alberguepousadadafloresta.com.br; Travessa Antônio Pedrosa s/n; Hängematte oder Stellplatz 10–15 R$, Hütte 60–90 R$) Diese absolut entspannte Herberge ist bei Backpackern sehr beliebt. Es gibt einen großzügigen Hängemattenbereich und meh-

rere lauschige Holzhütten mit Ventilator, eigenem Bad, recht bequemen Betten, kleinen Veranden mit Hängematte und künstlerischen Details wie asiatischen, mit Blumenmustern geschmückten Hockern. Die Gäste können Fahrräder und Kajaks mieten (10–15 R$/Tag) und die kleine Outdoor-Küche benutzen. Die freundliche junge Betreiber veranstaltet geführte Touren zu weniger bekannten Plätzen. Das Hotel liegt unter Bäumen in kurzer Gehentfernung vom Zentrum – der Ausschilderung hinter der Pousada Alter-do-Chão folgen und an der fünften Seitenstraße links abbiegen.

Pousada do Mingote (☎ 3527 1158; www.pousada domingote.com.br; Travessa Antônio A Lobato s/n; EZ 70–100 R$, DZ 90–120 R$; ✪) Nur einen halben Block von der Bushaltestelle und von der Plaza entfernt bietet diese Herberge saubere und komfortable, allerdings etwas kleine Zimmer mit TV und Klimaanlage. Die besseren haben Mini-Splits, Warmwasser und teilweise auch Flachbild-TVs. Die Zimmer verteilen sich über zwei Stockwerke und blicken auf einen kleinen, schattigen Innenhof.

Mirante da Ilha (☎ 3527 1268; www.hotelmirante dailha.com.br; Rua Lauro Sodré 369; EZ/DZ 125/145 R$; ✪ ▣) Nur ein paar Zimmer in diesem großen Hotelkasten haben tatsächlich, was der Name verspricht: einen Ausblick auf die Ilha do Amor. Diese Zimmer sind die besten im Zentrum, wenn man denn eines erwischt. Sie sind sauber und modern und haben einen großen Balkon. Von der Dachterrasse hat man sogar einen noch besseren Blick. Das Personal ist freundlich und effizient.

Beloalter Hotel (☎ 3527 1230; www.beloalter.com.br; Ende der Rua Pedro Teixeira; Zi. 184–252 R$, 2-Zimmer-Suite 480 R$; ✪ ✦ ▣) Alter do Chãos nobelstes Hotel liegt in der Nähe des Lago Verde, rund 500 m östlich des Highways am Ende einer schattigen, unbefestigten Straße. Die Standardzimmer sind geräumig und modern; sie haben gefliese Böden, ein geschmackvolles Dekor und kleine Terrassen. Die zweistöckigen „Ökosuiten" sind holzverkleidet und haben Fensterläden. Bei einer ragt sogar ein großer Baumstamm quer durch den Raum. Das Hotel ist ein komfortables Refugium mit Privatstrand und einem sauberen Pool.

ESSEN & AUSGEHEN

Farol da Ilha (Orla Fluvial s/n; Gerichte 12–35 R$; ✪ Fr–So abends) Nach einem kurzen Zwischenspiel als „La Oca" wieder zu seinem ursprünglichen Namen zurückgekehrt, überzeugt dieses

Uferrestaurant nach wie vor mit erstklassigen Fischgerichten, die dem Ausblick auf den Fluss und die Insel gleichkommen. Die meisten Gerichte sind für zwei Personen gerechnet und entsprechend ausgepreist. Die Gerichte für eine Person sind nicht preisgünstig, aber wer allein unterwegs ist, kann sich immer noch an die billigeren Hähnchengerichte halten oder sich einfach mit einem Getränk und der Aussicht begnügen.

Tribal (☎ 3527 1226; Travessa Antônio A Lobato s/n; Hauptgerichte 15–40 R$; ⏲ mittags & abends) Von den großen, kundig zubereiteten Fischgerichten in diesem beliebten Freiluftrestaurant werden locker zwei Personen satt, selbst wenn man vom Kartoffelsalat absieht. Es gibt aber auch gute Rindfleisch- und Hähnchengerichte. Portionen für eine Person sind ebenfalls zu haben.

Mãe Natureza (☎ 3527 1264, 9125 8721; www.mae naturezaecoturismo.com.br; Praça 7 de Setembro; 7–24 R$) Der Reiseveranstalter fungiert abends als Bar und Pizzeria mit toller internationaler Musik und Tischen auf der Straße vor dem Büro. Hier kann man gut mit anderen Travellern ins Gespräch kommen.

SHOPPEN

Arariba (☎ 3527 1251; www.araribah.com.br; Ecke Travessa Antônio A Lobato & Rua Dom Macêdo Costa; ⏲ Di–So 9–12 & 15–20 Uhr) Der wohl beste Laden für indigene Kunst im ganzen Amazonasbecken: Das Angebot reicht von billigen Halsketten bis hin zu Masken und Zeremonialfiguren von Museumsqualität. Hier werden auch Kreditkarten akzeptiert.

AN- & WEITERREISE

Die Busse von Alter do Chão nach Santarém (2,50 R$, 45 Min., Mo–Sa 6–19.20 Uhr stündl., So bis 18 Uhr) fahren gegenüber der Pousada Tia Marilda ab. Eine direkte Busverbindung zum Flughafen gibt es nicht: Wenn man viel Zeit hat, kann man mit dem Bus bis zur Abzweigung zum Flughafen vorfahren und dort auf den Shuttlebus aus Santarém warten, der normalerweise einmal pro Stunde vorbeifährt. Eine Taxifahrt zum Flughafen (oder nach Santarém oder zu den Schiffsanlegestellen) kostet stolze 60 bis 70 R$.

PARQUE NACIONAL DA AMAZÔNIA

Der gewaltige, 9940 km² große Nationalpark im Amazonasregenwald liegt westlich der Stadt Itaituba (65 000 Ew.), die wiederum

250 km südwestlich von Santarém zu finden ist. Zum Besuch des Parks muss man vorab eine Genehmigung beim **IBAMA-Büro** (☎ 0xx93-3518 1530; Av Marechal Rondon s/n, Itaituba) einholen; ein Besuch ist zudem nur in Begleitung eines Mitarbeiters der Behörde möglich. Innerhalb des Parks kann man in einem primitiv eingerichteten IBAMA-Außenposten übernachten, aber eine echte Infrastruktur für Besucher existiert nicht. **Mãe Natureza** (☎ 3527 1264, 9125 8721; www.maenaturezaecoturismo.com.br; Praça 7 de Setembro, Alter do Chão; ⏲ 8 Uhr–open end) und **Areia Branca Ecotour** (☎ 3527-1317; www.areiabrancaecotour.com.br; Orla Fluvial; ⏲ 8–12 & 14–19 Uhr) in Alter de Chão können Ausflüge in den Park organisieren.

MONTE ALEGRE
☎ 0xx93 / 23 300 Ew.

Monte Alegre liegt rund 120 km stromabwärts von Santarém. Die Sandsteinhügel hinter dem Ort sind übersät mit Höhlen und bizarren Felsvorsprüngen. Hier findet man Dutzende von Felsmalereien, die rund 11 000 Jahre alt sein sollen, womit sie die ältesten menschlichen Zeugnisse im Amazonasbecken und vielleicht in ganz Brasilien wären (s. Kasten S. 690). Die meisten Zeichnungen sind in Rot und Gelb ausgeführt und stellen Menschen und Tiere dar, daneben finden sich geometrische Muster und die Handabdrücke der Maler. Einige der Malereien liegen dicht beieinander, andere sind für sich allein irgendwo in den Fels gekritzelt.

Die Reiseveranstalter in Santarém und Alter do Chão bieten auch Trips nach Monte Alegre an; Einzelheiten darüber stehen in den entsprechenden Abschnitten zu diesen Städten. Will man die Gegend auf eigene Faust erkunden, sollte man sich an **Nelsí Sadeck** (☎ 3533 1430; nelsi@netsan.com.br; Rua do Jaquara 320) wenden, einen einheimischen Lehrer und Ingenieur, der sich um die Erhaltung der Malereien kümmert und der ideale Führer für einen Besuch dieser Stätte ist.

Das **Hotel Panorámica** (☎ 3533 1282; EZ/DZ 60/75 R$; ✷) gehört zu den besseren Unterkünften im Ort. Die Zimmer sind einfach, aber ziemlich sauber und bieten Klimaanlage und Fernseher.

Das **Restaurante Panorama** (Travessa Oriental 100; Gerichte 7–18 R$) ist ein ordentliches Fischrestaurant.

Hidroviaria Tapajos (☎ 9184 8781; 30 R$, 3 Std., Sa 16.30 Uhr) bietet einmal wöchentlich eine Schnellbootverbindung von Santarém nach

AMAZONIEN

PRÄHISTORISCHES AMAZONIEN

Die Archäologin Anna C. Roosevelt (eine Urenkelin Theodore Roosevelts) verursachte 1996 großes Aufsehen in der Fachwelt, als sie berichtete, die Überreste einer präkolumbischen Siedlung im Amazonasbecken seien 11 100 Jahre alt. Falls das stimmt, muss der Zeitpunkt der ersten menschlichen Besiedelung des Gebiets um mindestens 1000 Jahre zurückdatiert werden. Die besagte Stätte befindet sich nahe des Ortes Monte Alegre (S. 689) im Bundesstaat Pará und umfasst u. a. eine Reihe von interessanten Felsmalereien, die Besucher im Rahmen einer Führung oder von Alter do Chão aus mit einer geführten Tour besuchen können.

Lässt man die Roosevelt-Kontroverse außer Acht (und auch jene um eine Stätte im nordöstlichen Brasilien, wo Archäologen auf Spuren menschlicher Besiedlung gestoßen sind, die 50 000 Jahre alt sein sollen), ist bei den meisten Forschern unumstritten, dass viele Steinzeitvölker um 8000 v. Chr. im Amazonasbecken siedelten. Sie lebten in Großfamilien und ernährten sich als Jäger und Sammler. Vor rund 6000 Jahren schufen die Tapajoara, die nahe des heutigen Santarém lebten, steinerne Tier- und Menschenfiguren und einfache Urnen aus Ton, die ältesten bekannten Töpferwaren des amerikanischen Kontinents. Zur gleichen Zeit begannen die Bewohner Amazoniens mit dem Fischfang und dem Sammeln von Schalentieren und begründeten eine rudimentäre Landwirtschaft.

In den letzten Jahrhunderten vor der Zeitenwende lebten am Amazonas viele zusammenhängende Gemeinschaften mit Tausenden von Mitgliedern, die unter der Führung von Häuptlingen standen. Sie stellten Töpferwaren guter Qualität her und betrieben den intensiven Anbau von Mais und Maniok. In dieser Zeit bildeten sich die Techniken heraus, die die Landwirtschaft noch heute bestimmen: Wanderfeldbau, Brandrodung, Fruchtwechsel und das periodische Auflassen von Regenerationsbrachen.

Auf der Ilha de Marajó an der Mündung des Amazonas errichteten die frühen Völker Aufschüttungen (*aterros*) gegen die alljährliche Überflutung und begruben ihre Toten in aufwändig gestalteten Urnen. Die Marajó-Kulturen erlebten ihren Höhepunkt in der Marajoara-Phase (400–1350 n. Chr.), als Hunderte von bis zu 6 m hohen und 250 m langen *aterros* um den Lago Arari herum angelegt wurden. Die Marajoara-Keramik – aufwändige Urnen, prachtvolle Zeremonialvasen und einfacheres Gebrauchsgeschirr – ist die fortgeschrittenste Kunstform, die aus dem präkolonialen Brasilien bekannt ist und zeichnet sich durch eine überschwängliche Dekoration in Rot, Schwarz und Weiß aus. Der Einfluss der Marajoara-Kultur erstreckte sich bis zum Lago de Silves, 200 km östlich von Manaus, und bis zum Rio Cunani im nördlichen Amapá.

Monte Alegre. An den meisten Tagen legen langsame Boote an, die stromauf oder stromab unterwegs sind (Santarém 40 R$, 4–5 Std.; Belém 140 R$, 44 Std.); weitere Informationen gibt's auf S. 683.

ALENQUER

☎ 0xx93 / 27 300 Ew.

Alenquer liegt gegenüber von Santarém auf dem anderen Ufer des Amazonas. Der Ort wurde im 18. Jh. von Missionaren gegründet, die die ansässigen indigenen Abaré zum Christentum bekehren wollten. Nicht weit vom Ort liegen mehrere eindrucksvolle Wasserfälle, darunter die **Cachoeira Açu das Pedras**. Die Stadt ist auch das Tor zur **Ciudade dos Deuses** (Stadt der Götter), einem Gebiet mit bizarren Felsformationen 50 km nördlich von Alenquer. Nochmals 50 km weiter liegt das **Vale do Paraíso** (Paradiestal), wo es eine schöne Pousada und weitere Wasserfälle gibt.

Tourveranstalter in Santarém und Alter do Chão organisieren Ausflüge hierher, die wegen des Fehlens öffentlicher Transportmittel und einer touristischen Infrastruktur auch in Anspruch genommen werden sollten. Abenteuerlustige Traveller können versuchen, in Alenquer Motorräder zu mieten und auf eigene Faust zu den Wasserfällen zu fahren. Das ist aber nur etwas für erfahrene Biker, da die Straße unbefestigt und stellenweise sehr ausgefahren ist. Als letzte Transportmöglichkeit bleibt das Taxi. In der **Pousada Vale do Paraíso** (30 R$/Pers.) in Vale do Paraíso gibt's schlichte, gemütliche Bungalows für vier bis sieben Personen.

Von Santarém aus fährt **Hidroviaria Tapajos** (☎ 9184 8781) täglich nach Alenquer (25 R$, 3 Std., 16 Uhr), langsamere Boote legen ein- oder zweimal täglich an der Praça Tiradentes (15 R$, 7 Std.) ab. Auch die meisten Boote, die nach Belém fahren, legen unterwegs in Alenquer an.

AMAPÁ

Amapá erstreckt sich vom Amazonasdelta bis an die Grenzen von Französisch-Guayana und Surinam. Von den etwas mehr als 500 000 Einwohnern leben die meisten in der Hauptstadt Macapá. In dem Bundesstaat herrscht ein extrem feuchtes Äquatorialklima; nur zwischen September und November ist es etwas trockener. Wegen der Nähe zu Französisch-Guayana haben viele Amapaenses (Einwohner Amapás) gewisse Französischkenntnisse.

In Amapá liegt der riesige Nationalpark Tumucumaque (S. 695). Er ist der größte Brasiliens und wird nun auch für den Tourismus erschlossen. Der unberührte tropische Regenwald, in dem es von Flora und Fauna wimmelt, bedeckt eine ganze Bergkette.

Davon abgesehen hat Amapá Travellern herzlich wenig zu bieten, sofern man nicht über den Landweg nach Französisch-Guayana weiterreisen möchte.

MACAPÁ

☎ 0xx96 / 366 500 Ew.

Die Hauptstadt des Bundesstaats liegt am Äquator in einer strategisch günstigen Position nördlich der Amazonasmündung. Die Stadt lohnt zwar nicht um ihrer selbst willen einen Besuch, aber wer nach Französisch-Guayana weiter will, kommt hier durch und wird es nicht bereuen, einen oder zwei Tage zu bleiben, um die angenehme Meeresbrise zu genießen und die paar netten Sehenswürdigkeiten anzuschauen. Wer etwas Zeit übrig hat, kann vor der Weiterfahrt zur Grenze noch den San-Antônio-Wasserfall besuchen oder sich – was lohnend, aber mühsam ist – einen Weg zu den Nationalparks bahnen.

Die Innenstadt von Macapá ist recht gut zu Fuß zu erkunden, doch setzen einem dabei die gnadenlose Hitze und fehlende schattige Plätzchen mächtig zu. Vielleicht ist es doch besser, die Wege zwischen den Sehenswürdigkeiten mit einem Taxi oder Mototaxi zu bewältigen. Zur Erholung kann man die Meeresbrise an der Rua Beira Rio schnuppern.

Praktische Informationen
GELD
Bradesco (Ecke Rua Independência & Av Prof Cora de Carvalho) Verlässliche Geldautomaten.
FITTA (☎ 3223 2788; Flughafen; ☙ Mo–Fr 9–17 Uhr) Tauscht Euro, US-Dollars und löst Reisechecks ein.

Santander (Rua Cândido Mendes) Verlässliche Geldautomaten; zwischen der Av Presidente Vargas und der Av Coriolano Jucá.

INTERNETZUGANG
Babuu Prime (Ecke Gen Rondon & Av Presidente Vargas; 2 R$/Std.; ☙ 24 Std.)
Virtual.com (Frota Palace Hotel, Rua Tiradentes 1104; 2 R$/Std.; ☙ Mo–Sa 9–22, So 12–18 Uhr)

NOTFALL
Ambulanz (☎ 192)
Polizei (☎ 190)

POST
Post (☎ 3223 3803; Av Corialono Jucá; ☙ Mo–Fr 9–16 Uhr) Zwischen den Ruas São José und Cândido Mendes.

REISEBÜROS
Marco Zero Turismo (☎ 3223 1922; mztour@bno.com.br; Av Presidente Vargas 540; ☙ Mo–Fr 8–18.30, Sa 8–13 Uhr) Verkauft Flugtickets.
Sonave Turismo (☎ 3223 9090; Rua Padre Júlio Maria Lombaerd 48; ☙ Mo–Fr 8–18, Sa 9–13 Uhr) Verkauft Flug- und Schiffstickets.

TOURISTENINFORMATION
IBAMA (☎ 3214 1122/1116; Rua Hamilton Silva auf Höhe Av Antônio Coelho de Carvalho; ☙ Mo–Fr 8–11 & 14–16 Uhr) Informationen zu den Nationalparks.
Setur (☎ 3212 5335; www.setur.ap.gov.br; Rua Independência 29; ☙ Mo–Fr 8–12 & 14–18 Uhr) Freundliche bundesstaatliche Touristeninformation.

WASCHSALON
Lava Bem (☎ 3633 6092; Av Mendonça Furtado 815; 25 R$/20 Stück; ☙ Mo–Fr 8–18, Sa 8–12 Uhr) Auf Anfrage Abholung am Folgetag möglich.

Sehenswertes
FORTALEZA DE SÃO JOSÉ DE MACAPÁ
Die Portugiesen errichteten die große Steinfestung **Fortaleza de São José de Macapá** (Eingang Av Henrique Galúcio; Eintritt frei; ☙ 9–18 Uhr) zwischen 1764 und 1782 zur Verteidigung der nördlichen Amazonasmündung gegen französische Invasoren aus Guayana. Ein Besuch hier ist ganz interessant, man kann die riesigen Baracken und die eindrucksvollen dicken Mauern bestaunen, doch es gibt so gut wie keine Informationen oder Ausschilderungen.

MUSEU SACACA
Rund 2 km westlich vom Stadtzentrum liegt das einmalige **Museu Sacaca** (Sacaca-Museum für

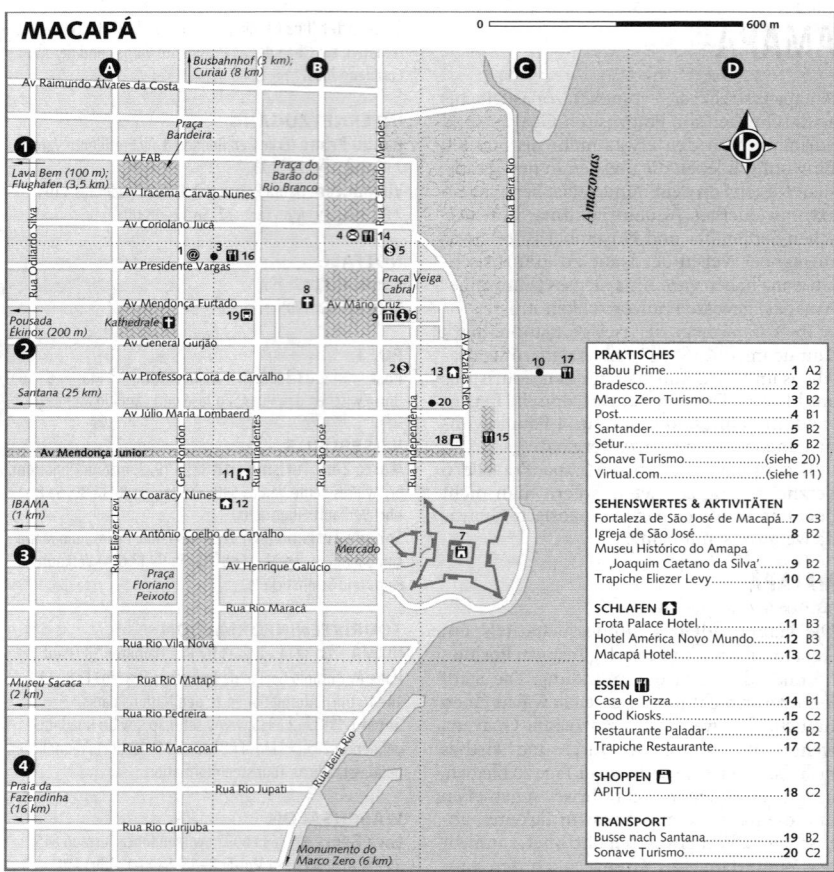

MACAPÁ

0 ——————————— 600 m

nachhaltige Entwicklung; ☎ 3212 5361; Av Feliciano Coelho 1509 auf Höhe Rua Manoel Cudoxo Perreira; Eintritt frei; ⏲ Di–So 9–18 Uhr). Der größte Teil der Ausstellung befindet sich auf einem großen Grundstück unter freiem Himmel und besteht aus Nachbildungen verschiedener ländlicher Behausungen, von den schilfgedeckten Hütten der *castanheiros* (Paranussflücker) bis hin zu den Flussbooten fahrender Händler. Das könnte vielleicht etwas langweilig sein, aber die portugiesisch sprechenden Führer geben interessante Erläuterungen zu den jeweiligen Exponaten.

Es gibt keine bequeme Busverbindung zum Museum, und zu Fuß ist es ein langer, schweißtreibender Weg. Mototaxis (3 R$) sind da eine gute Alternative.

MUSEU HISTÓRICO DO AMAPA ,JOAQUIM CAETANO DA SILVA'

Das neue **Museu Histórico do Amapa ,Joaquim Caetano da Silva'** (Av Mario Cruz auf Höhe Rua Cândido Mendes; Eintritt frei; ⏲ Di–So 9–18 Uhr) nahe der Praça Veigal Cabral behandelt verschiedene Apekte und Epochen der Geschichte Amapás. Die interessantesten Exponate gelten der archäologischen Feldforschung im Staat, u. a. die Ton-Urnen in Form sitzender Menschenfiguren aus dem 14. Jh., die von Emil Goeldi entdeckt wurden und deren Repliken man im ganzen Amazonasgebiet in den Kunstgewerbeläden findet.

MONUMENTO DO MARCO ZERO

Das **Monumento do Marco Zero** (Av Equatorial auf Höhe Rodovía Juscelino Kubitscheck) ist ein riesiger Obelisk mit Sonnenuhr und steht etwa 6 km südwestlich vom Zentrum direkt auf dem Äquator. Zu dem Komplex gehören ein Sportstadion, das von der einen Hemisphäre in die andere reicht, und ein Sambadrom, das eigens für gigantische Sambakonzerte und -tanzvorführungen errichtet wurde.

Um hinzukommen, den nach Süden fahrenden Bus mit der Aufschrift „Fortaleza" oder den orangenen mit der Aufschrift „Universidad" an der Rua Tiradentes Höhe Av Mendonça Furtado hinter der Igreja de São José nehmen. Die gleichen Busse fahren wieder ins Zentrum zurück. Man kann auch den Zerão-Bus nehmen, der fährt aber einen Umweg.

PRAIA DA FAZENDINHA
An dem recht schönen Strand 16 km südwestlich von Macapá findet man eine Reihe von Strandrestaurants mit guten Meeresfrüchtegerichten. In Macapá von der Haltestelle an der Rua Tiradentes hinter der Igreja de São José die Busse mit der Aufschrift „Fortaleza" oder „Santana–Vila Fazendinha" Richtung Süden nehmen (1,85 R$, 20 Min.).

Festivals & Events

O Marabaixo ist ein afrobrasilianisches Fest mit Musik und Tänzen, das 40 Tage nach der Semana Santa gefeiert wird. Mitte August findet in der nahegelegenen Ortschaft Curiaú ein weiteres ausgelassenes afrobrasilianisches Fest statt, die **Festa de São Joaquim.**

Schlafen

Hotel América Novo Mundo (☎ 3223 2819; Av Coaracy Nunes 333; Zi. mit/ohne Bad 60/45 R$; ✖) Die Zimmer und der Service sind äußerst einfach, aber dank dem Preis und der Lage ist das Haus eine gute Alternative für Budgettraveller.

Frota Palace Hotel (☎ 2101 3999; www.hotelfrota. com.br; Rua Tiradentes 1104; EZ/DZ 103/127 R$; ✖ 🛜) Das Hotel ist bei durchreisenden Geschäftsleuten beliebt – die Ankunfts- und Abflugzeiten der Fluglinien sind gleich in der Lobby angeschlagen. Die Zimmer sind sauber, effizient und haben Flachbild-TVs und stabile Betten (jedoch altmodische Klimaanlagen). Die kleinen Badezimmer präsentieren viel Granit und Glas. Auf Nachfrage gibt's oft Rabatt; am neuesten sind die Zimmer im Obergeschoss.

Macapá Hotel (☎ 3217 1350; www.macapahotel.com. br; Av Azarias Neto 17; EZ 100–134 R$, DZ 120–160 R$; ✖ 🛜 🖥) Das noble Hotel kann sein Alter nicht verleugnen, aber dank der großzügigen, luftigen Bauweise und der erstklassigen Lage bleibt es dennoch eine gute Wahl. Es gibt einen netten Pool und ein beständiges Lüftchen vom Fluss herüber – beides ist an heißen Nachmittagen hochwillkommen.

LP Tipp Pousada Ékinox (☎ 3223 0086; www.eki nox.com.br; Rua Jovino Dinoá 1693; Zi. 155 R$; ✖ 🛜) Macapás charmanteste Unterkunft wird von einem früheren französischen Honorarkonsul und seiner brasilianischen Frau betrieben. Die Wohneinheiten haben ausgezeichnete Matratzen, moderne TVs und Klimaanlagen sowie ein künstlerisches Dekor. Manche teilen sich schattige Veranden oder haben Balkone mit Hängematten. Vom Zentrum aus muss man ein kleines Stück laufen.

Essen & Ausgehen

Am Ufer nördlich des Forts reihen sich Imbissbuden aneinander, wo man abends in Plastiktischen billige Snacks und das übliche große Bier bekommt.

Restaurante Paladar (Av Presidente Vargas 456; 23 R$/ kg; ⏱ mittags) Wegen des unscheinbaren Äußeren übersieht man leicht dieses große, ausgezeichnete Selbstbedienungsrestaurant, das Meeresfrüchte, frisches Grillfleisch und vegetarische Speisen serviert. Der Speisebereich ist sauber und klimatisiert, der Service gut.

Casa de Pizza (☎ 3225 1212; Av Coriolano Jucá; Hauptgerichte 12–25 R$; ⏱ Mo–Sa abends) Die große neue Pizzeria hat einen netten Speisesaal mit Holztischen und -stühlen und hohen Decken. Das Essen ist ordentlich und wird auch geliefert.

Trapiche Restaurante (Trapiche Eliezer Levy; Hauptgerichte 15–35 R$; ⏱ Di–So 10–24 Uhr, Abendessen nur Mo) Das wäre einfach nur ein Restaurant unter vielen, läge es nicht am Ende eines langen, in den Amazonas hinausragenden Kais. Die Gerichte – vor allem Fisch, aber auch ein paar Fleisch- und Hähnchengerichte – reichen auch für zwei. Die Aussicht ist hinreißend: Während der Regenzeit kann man zuschauen, wie sich die Gewitterwolken über dem Fluss bilden und wieder abziehen.

Shoppen

APITU (Av Mendonça Jr auf Höhe Rua Azarias Neto; ⏱ Mo–Sa 8–12 & 14–18 Uhr) Hier findet man eine kleine, aber authentische Auswahl an Kunstgegenständen und Schmuck der indigenen Tumucumaque, die in der gebirgigen Grenzregion von Amapá, Pará und Suriname leben. Nicht mit dem riesigen (und enttäuschenden) staatlichen Kunsthandwerksladen daneben verwechseln!

An- & Weiterreise
BUS
Macapás Busbahnhof liegt an der BR-156 im Barrio São Lázaro etwa 3 km nördlich vom Stadtzentrum. Die starken Regenfälle und der Schlamm machen längere Busfahrten in Amapá sehr beschwerlich, insbesondere zwischen Januar und Juni. Das ganze Jahr hindurch fallen deshalb auch immer wieder mal Busse aus.

Die Busse nach Oiapoque und zur Grenze von Französisch-Guyana (75 R$, 16–24 Std., 4-mal tägl.) fahren über den Hwy BR-156, der nur auf den ersten 140 km asphaltiert ist. Falls die Busverbindung unterbrochen ist, kommt man auf den *camionetas* (Lastern) selbständiger Fahrer weiter (140–170 R$).

Um zur Cachoeira Santo Antônio zu gelangen, nimmt man den Bus nach Laranjal do Jarí (40 R$, 7–12 Std., 2-mal tgl.); die Fahrt verläuft durchgängig über unbefestigte Straßen.

VOM/ZUM BUSBAHNHOF
Um zum Busbahnhof 3 km nördlich der Stadt zu gelangen, an der Rua São José vor der Igreja de São José einen Bus mit der Aufschrift „Jardim" oder „Pedrinhas Novo Horizonte" nehmen (1,50 R$, 20 Min.). Mit den gleichen Bussen geht's in umgekehrter Richtung ins Zentrum.

FLUGZEUG
Gol (☎ 3222 4857, 0300 115 2121; www.voegol.com.br; nur am Flughafen; ☽ 9–20 & 23.10–4.50 Uhr)
TAM (☎ 3223 8100/2688; www.tamairlines.com; nur am Flughafen; ☽ Mo–Sa 11.30–18.30 & 22–4.50 Uhr, So 11.30–15 Uhr)

VOM/ZUM FLUGHAFEN
Taxifahrer verlangen für die Fahrt vom Flughafen in die Stadt 20 R$ und 15 R$ in umgekehrter Richtung. Im Umkreis von 1 km um den Flughafen gibt es keine Bushaltestelle.

SCHIFF/FÄHRE
Sonave Turismo (☎ 3223 9090; Rua Padre Júlio M Lombaerd 48; ☽ Mo–Fr 8–18, Sa 9–13 Uhr) verkauft in Macapá Schiffstickets, die Ablegestelle befindet sich aber im Hafen von Santana, 25 km südwestlich von Macapá. Die Taxifahrt dorthin kostet rund 30 R$. Alternativ nimmt man von der Haltestelle an der Rua Tiradentes hinter der Igreja de São José den „Macapá-Santana"-Bus (1,85 R$, 30 Min.).

Montags, donnerstags und freitags fahren langsame Boote nach Belém (Hängematte 140 R$, Doppelkabine 450 R$, 24 Std.). Täglich fahren Schiffe nach Santarém (Hängematte 140 R$, Doppelkabine 450 R$, 48 Std.) und weiter nach Manaus (Hängematte 260 R$, 72 Std.). Infos über Bootsreisen auf dem Fluss stehen im Kasten auf S. 670.

ZUG
Eine reizende Zugstrecke führt von Santana, 25 km südwestlich von Macapá, wo sich der Hafen befindet, nach Serra do Navio (10 R$, 5 Std.) in der Nähe des Parque Nacional Montanhas do Tumucumaque. Die Züge fahren montags, mittwochs und freitags.

PARQUE NACIONAL MONTANHAS DE TUMUCUMAQUE

Der Parque Nacional Montanhas do Tumucumaque ist Brasiliens größter Nationalpark und umfasst fast 39 000 km². Er grenzt an den fast gleich großen Parque Indígena do Tumucumaque im Bundesstaat Pará; zusammen bilden sie das größte geschützte Regenwaldgebiet der Erde. Die Parks gehören zur Schutzzone des Berglands von Guayana, die 2006 ausgewiesen wurde und die betroffenen Staaten – Brasilien, Guyana, Surinam, Frankreich und Venezuela – ermutigen soll, Nationalparks in dem gewaltigen, 150 000 km² großen Gebiet auszuweisen, was bislang nur teilweise umgesetzt ist.

Der Parque Nacional Montanhas de Tumucumaque ist zur Zeit für Besucher geschlossen, weil die IBAMA erst noch einen Umweltmanagementplan für das Gebiet aufstellen und verabschieden muss. Wann die Planung abgeschlossen sein wird, ist derzeit nicht absehbar – das Verfahren zieht sich schon fünf Jahre hin. Und erst recht weiß niemand, wann eine für Besucher notwendige Infrastruktur an Wegen, Campingbereichen, Führern usw. geschaffen sein wird. Das Instituto Chico Mendes de Conservação e Biodiversidad (ICM-Bio, ☎ 2101 9016) ist direkt mit der Verwaltung des Parks befasst und die beste Informationsquelle. Zum Zeitpunkt der Recherche war es im IBAMA-Büro in Macapá angesiedelt, sollte aber umziehen. Ansonsten findet man Führer in der kleinen Ortschaft Serra do Navio, die gleich außerhalb des Schutzgebiets liegt, aber ökologisch ähnlich ist.

Zu den weiteren Schutzgebieten in Amapá gehören die **Ilha de Maracá**, die **Floresta Nacional do Amapá** und der **Parque Nacional do Cabo Orange**. Wie der Tumucumaque-Nationalpark sind auch diese Gebiete noch nicht für den Tourismus geöffnet. Pläne dafür sind aber in Arbeit. Einfach bei IBAMA nachfragen.

OIAPOQUE

☎ 0xx96 / 21 000 Ew.

Oiaoque ist eine raue und baufällige Grenzstadt am Ende des Hwy BR-156, deren Markenzeichen schlammige Straßen und streitlustige Geldwechsler sind. Die Stadt wird durch den Rio Oiapoque von St. Georges in Französisch-Guyana getrennt, das wiederum 200 km (4 Std.) südöstlich von Cayenne, der Hauptstadt von Französisch-Guyana, liegt. In der Stadt lebt ein hoher Anteil von *indígenas* – fast die Hälfte der Einwohner gehört zu einer von vier indigenen Bevölkerungsgruppen. Für Traveller ist sie aber im Wesentlichen nur eine Durchgangsstation zwischen Brasilien und Französisch-Guyana.

Lange Zeit galt Oiapoque als nördlichster Punkt Brasiliens. *Do Oiapoque ao Chuí* (von Oiapoque bis nach Chuí) ist immer noch eine beliebte Phrase – sie entspricht etwa der deutschen Floskel „Von Flensburg bis nach Oberammergau", meint also ganz Brasilien. Die Stadt hat gleich ein Monument (Marco Inicial do Brazil) und ein Motto (*Aqui comença o Brazil* – Hier beginnt Brasilien), um dies zu würdigen. Einziger Haken: Oiapoque ist nicht der nördlichste Punkt Brasiliens. Diese Ehre gebührt Monte Caburaí an der Grenze zu Venezuela in Roraima, noch gute 100 km nördlicher! Heute ist Oiapoque bescheidener und beansprucht nur noch den nördlichsten Küstenzipfel für sich – und das zu Recht.

Orientierung & Praktische Informationen

Der bogenförmige Lauf des Rio Oiapoque bildet die Nordgrenze der Stadt. Die Av Barão do Rio Branco ist die Hauptstraße und verläuft vom Marco Inicial do Brasil am Flussufer südwärts vorbei an der Igreja NS das Graças und durch die Wohnviertel des Städtchens.

Der Pier befindet sich einen Block westlich der Av Barão do Rio Branco das **Hospital Geral** (☎ 3521 1280; Rua Presidente Vargas & Av Veiga Cabral), vier Blocks südlich des Piers.

Die **Polícia Federal** (☎ 3521 1380; ☽ 8–20 Uhr) ist für die Passkontrolle bei der Ein- und Ausreise nach/aus Brasilien zuständig.

In Oiapoque gibt's Filialen der Banco do Brasil und von Bradesco.

Schlafen & Essen

Arizona Hotel (☎ 3521 2185; Av Coaracy Nunes 551; EZ/DZ 40/50 R$, mit Frühstück 50/60 Rs) Das Hotel ist ein paar Blocks vom Ufer entfernt. Die Zimmer sind einfach, aber sauber und haben Fernseher, Minibar und Klimaanlage.

Restaurante Beija Flor (Rua Joaquim C da Silva; Hauptgerichte 14–35 R$) Das Restaurant nahe dem Pier ist für seine brasilianischen und französischen Gerichte bekannt.

An- & Weiterreise

Der Busbahnhof liegt an der BR-156 ein paar hundert Meter südöstlich des Zentrums. Der Flughafen liegt weiter östlich, ebenfalls an der

BR-156. Eine Motorbootfahrt über den Rio Oiapoque nach St. Georges kostet 15 R$ und dauert rund 20 Minuten.

Im Abschnitt „An- & Weiterreise" bei Macapá (S. 694) stehen die Informationen zu Bus- und Flugverbindungen.

TOCANTINS

Der Bundesstaat Tocantins wurde 1988 durch die Abspaltung der nördlichen Hälfte des Bundesstaats Goiás geschaffen. Das Gebiet bildet die Übergangszone zwischen dem Regenwald des Amazonasbeckens im Norden und dem *cerrado* (Savanne) im Südosten. Das gibt Gelegenheit für viele Outdoor-Aktivitäten, und der Staat unternimmt alles, um sich als nächster Mittelpunkt des brasilianischen Ökotourismus anzubieten. Mit den leicht erreichbaren Wanderwegen und Wasserfällen rund um Taquarussú und den großen Schutzgebieten wie dem Parque Estadual do Jalapão und der Ilha do Bananal, einem an den Pantanal erinnernden Feuchtgebiet, ist das Potenzial dafür sicherlich vorhanden. Dennoch geht es nur langsam voran – was sicher auch daran liegt, dass die Busfahrt nach Palmas von Brasília aus 14 und von Belém aus sogar 20 Stunden dauert und die Anreise mit dem Flugzeug nach wie vor teuer ist.

PALMAS

☎ 0xx63 / 189 000 Ew.

Noch vor kaum 20 Jahren gab es im breiten Tal des Rio Tocantins nur ein paar ländliche *fazendas*. Ab 1989 wurde dann aus dem Nichts die Hauptstadt des neuen Bundesstaats gebaut. Die Bauarbeiten, die Beamtenstellen und wirtschaftliche Anreize zogen nun Tausende Brasilianer in diese entlegene Gegend 1000 km nördlich von Brasília und 1600 km südlich von Belém.

Es gibt eine überraschende Menge guter Outdoor-Optionen rund um Palmas, und diese sind auch der Hauptgrund zur Anreise. Wer die Stadt erstmals sieht, wird sie steril und konturlos finden. Im Grunde ist sie ein kleineres, neueres Abbild von Brasília – mit ein paar interessanten Stätten und der gleichen Seltsamkeit, die geplante Städte ausstrahlen.

Orientierung

Palmas Anordnung kann einen zunächst sehr verwirren. Das aktuelle System ist eigentlich nur eine vereinfachte Kopie des Originals, das abgeschafft wurde, da noch nicht einmal die Briefträger die richtigen Adressen finden konnten.

Die Praça Girossóis bildet das Zentrum der Stadt, ein See erstreckt sich im Westen, die Hügel liegen im Osten. Die beiden Hauptverkehrsstraßen Palmas, die Av Juscelino Kubitschek (auch bekannt als Av JK bzw. „Jota-Kah") und die Av Teotônio Segurado, sind die einzigen Straßen mit Namen. Die anderen sind nach ihrer Richtung und Lage mit Buchstaben und Ziffern gekennzeichnet. Die großen Avenidas beginnen entweder mit „NS" (*norte–sul*, Nord–Süd) oder „LO" (*leste–oeste*, Ost-West), je nach der Richtung, in der sie verlaufen. Zwischen den Avenidas liegen kleinere Ruas, die nach ihrem Quadranten benannt sind, z. B. „NO" für Nordwest oder „SE" für Südost, und zusätzlich noch eine Nummer bekommen: Ost-West-Straßen haben ungerade Nummern, Nord-Süd-Straßen gerade. Zu guter Letzt ist auch noch jeder Block mit Nummern versehen, z. B. Quadra 101 Norte oder Quadra 104 Sul: Je höher die Nummern, desto weiter ist der Block vom Zentrum weg.

Die meisten hier aufgeführten Hotels und Restaurants liegen westlich des Praça Girossóis, in der Nähe eines kleinen Einkaufszentrums mit dem Namen Galeria Bela Palma an der Av NS-01. Busse vom/zum Flughafen/ Busbahnhof und ab/nach Taquarussú (S. 700) halten genau davor. Palmas Shopping, eine große, rotgestrichene Mall mit Kinos und Restaurants, liegt auf der Südseite des Platzes bei den Av LO-01 und NS-01.

Um die Gegend um Palmas wirklich erkunden zu können, braucht man ein Auto. Glücklicherweise ist es eine wahre Freude, in Palmas mit dem Auto unterwegs zu sein: An den meisten Kreuzungen gibt's riesige Kreisverkehre statt Ampeln.

Praktische Informationen

Außer an den unten genannten Orten findet man Geldautomaten noch im Palmas Shopping, einer kleinen, gut besuchten Mall an der Südseite der Praça Girossóis.

WICHTIGE ADRESSEN

Agência de Desenvolvimento Turístico (ADETUR;
☎ 3218 2396; ⌚ Mo–Fr 8–12 & 14–18 Uhr) Das Büro der staatlichen Tourismusbehörde an der Ostseite der Praça Girossóis ist mehr mit Verwaltungsaufgaben beschäftigt und weniger mit Informationen für Touristen.

Ambulanz (☎ 192)
Bananal Ecotour (☎ 3028 4200; www.bananalecotour. com.br; Quadra 103 Sul, Ecke Av NS-01 & Rua S0-07) Veranstaltet geführte Touren zur Ilha Bananal und nach Jalapão und betreibt eine empfehlenswerte Ökolodge (S. 701) in der Nähe von Taquarussú.
Banco do Brasil (Quadra 103-Sul, Ecke Av Juscelino Kubitschek & Av NS-01) Die Filiale liegt in praktischer Nähe zu den aufgelisteten Hotels.
Bradesco (Quadra 104 Nte, Ecke Av Juscelino Kubitschek auf Höhe Av NS-02) Von der Banco do Brasil aus auf der anderen Seite der Plaza; hat einen Geldautomaten.
Centro de Atendimento ao Turista (CATUR; ☎ 3218 5339/5570; Av LO-11; ☾ Mo-Fr 8–12 & 14–18 Uhr) Die städtische Touristeninformation liegt ungünstig am Parque Cesamar in Quadra 506 Sul zwischen der Av NS-02 und der Av NS-04. Vom Zentrum aus ist es dorthin ein 3,5 km langer, schweißtreibender Weg Richtung Südosten; man kommt daher besser mit einem Auto oder nimmt ein Mototaxi.
Hospital Geral de Palmas (☎ 3218 7802; Quadra 201 Sul, Av LO-5) Das wichtigste öffentliche Krankenhaus der Stadt liegt zwischen der Av Teotônio Segurado und der Av NS-01 und verfügt über eine durchgängig geöffnete Notfallstation.
Hospital Oswaldo Cruz (☎ 3219 9000; Quadra 501 Sul; Av NS-01) Das empfehlenswerte private Hospital liegt in Palmas' medizinischem Viertel zwischen der Av LO-09 und der Av LO-11 und bietet ebenfalls eine durchgängig geöffnete Notfallstation.
HSBC (Av Juscelino Kubitschek) Verlässlicher Geldautomat in der Nähe der Av NS-02.
MSD Inform@tica (☎ 3215 8562; Quadra 103 Nte, Rua NO-03; 2 R$/Std.; ☾ Mo-Sa 9–22, So 12–22 Uhr) Schnelle, preisgünstige Internetverbindungen.
Polizei (☎ 190)

Weitere Adressen

Droganita (☎ 3228 5804; ☾ 24 Std.) Eine von mehreren Apotheken in der Galeria Bela Palma.
Post (Palmas Shopping; ☾ Mo-Fr 10–21, Sa 10–13 Uhr) Ein weiteres Postamt befindet sich an der Av JK zwischen der Rua SE-04 und der Av NS-04.
Quality Lavandería (☎ 3215 5060; Ecke Av NS-01 auf Höhe Av LO-01; Waschen/Trocknen 8,50 R$/kg, plus Bügeln 14 R$/kg; ☾ Mo-Fr 8–18.30, Sa 9–13 Uhr) Erledigt früh vorbeigebrachte Wäsche noch am selben Tag. Wäscheladungen ab 2 kg werden auch ins Hotel geliefert.
Viagem & Cia (☎ 3215 2085; www.viagemecia.com.br; Quadra 104 Nte; Av NS-02) Verkauft Flugtickets.

Sehenswertes & Aktivitäten

Die meisten interessanten Sehenswürdigkeiten befinden sich an der **Praça Girossóis**, die angeblich der größte städtische Platz Brasiliens und (nach dem Roten Platz in Moskau) der zweitgrößte überhaupt ist.

PALACIO ARAGUAIA

Das Kapitol des Bundesstaats, der **Palacio Araguaia** (☎ 3218 1000; Eintritt frei; ☾ 8–18 Uhr), wurde auf den Hügeln in der Stadt erbaut und überblickt die *praça* und ganz Palmas. In der Eingangshalle gibt's riesige, farbenfrohe Mosaiken zu bestaunen. Und in einer Ecke steht eine eindrucksvolle Nachbildung der Praça Girossóis, die man dann aus den Fenstern im Obergeschoss mit dem Original vergleichen kann.

Besucher des Palasts dürfen keine kurzen Hosen und Trägershirts tragen. Das Obergeschoss ist am Wochenende geschlossen.

MEMORIAL COLUNA PRESTES

In einem seltsam weißen, röhrenförmigen Gebäude nahe des Palacio Araguaia ist das **Memorial Coluna Prestes** (Eintritt frei; ☾ Di–So 8–18 Uhr) untergebracht. Es erzählt die Lebensgeschichte von Luis Carlos Prestes, der 1924 rund 1500 rebellische Soldaten gegen die Militärdiktatur anführte. Der Marsch dauerte drei Jahre, zurückgelegt wurden über 25 000 km. Ihm verdankt Brasilien – vor allem das lange Zeit isolierte Innenland – die Demokratie.

SERRA DO LAJEADO

Östlich der Stadt liegt die **Serra do Lajeado** mit Dutzenden wunderschönen Naturattraktionen wie Wasserfällen, natürlichen Swimmingpools, Wanderpfaden und sogar prähistorischen Höhlenmalereien. Die steilen Klippen ziehen vor allem Kletterer und Paraglider an. Leider ist ein großer Teil des Landes in Privatbesitz, und zum Zeitpunkt der Recherche waren die schönsten und zugänglichsten Highlights von den Landbesitzern für Besucher geschlossen. Neueste Infos gibt's beim **CATUR** (☎ 3218 5339/5570; ☾ Mo-Fr 8–12 & 14–18 Uhr).

Schlafen

Hotel Serra Azul (☎ 3215 1505; Rua NO-03; EZ/DZ 50/70 R$; P ☒ ☎) Saubere Zimmer, erschwingliche Preise und eine praktische Lage machen dieses Hotel zur besten Budgetunterkunft in Palmas. Die Zimmer sind klein und schlicht, blicken aber auf einen sonnigen Hof mit einem idyllischen Essbereich, in dem das Frühstück serviert wird. Nichtmotorisierte finden gleich in der Nähe eine Bushaltestelle, für Autofahrer gibt's sichere Parkplätze.

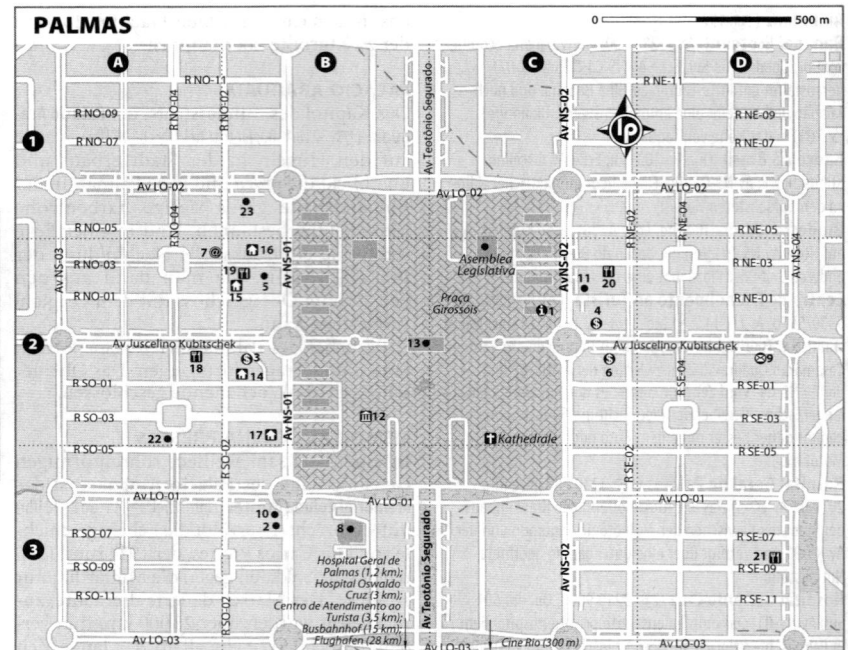

Carvalho's Hotel (☎ 3215 5758; www.hotelcarvalho palmas.com.br; Ecke Rua SO-01 zwischen Fua SO-02 & Av NS-01; EZ/DZ/3BZ Standard 70/85/100 R$, Deluxe 100/120/140 R$; 🅿 🛜 🖵) Die Standardzimmer des bei Geschäftsleuten beliebten Hotels sind funktional, aber reizlos. Wesentlich mehr haben die Deluxe-Einheiten zu bieten: Sie sind stilvoll, haben Flachbild-TVs, moderne Klimaanlagen und aufgefrischte Bäder. Nach einem langen, schweißtreibenden Tag erfrischt ein Bad im Swimmingpool.

Eduardo's Palace Hotel (☎ 3215 9300; www.eduar dosphotel.com.br; Ecke Rua NO-01 & NO-02; EZ/DZ Standard 113/150 R$, Deluxe 150/189 R$; 🅿 🛜 🖵) Auf keinen Fall sollte man sich hier den Pool auf dem Dach und die Dachterrasse mit dem fabelhaften Blick auf die Stadt und den See entgehen lassen. Die großen Zimmer sind frisch gestrichen und modern ausgestattet. Die Deluxe-Zimmer sind größer, dafür haben die Standardzimmer Balkone. Parkplätze gibt's nur auf der Straße.

Pousada dos Girassóis (☎ 3219 4500; www.pousadados girassois.com.br; Av NS-01; EZ/DZ Deluxe 139/149 R$, Zi. Superior 170 R$; 🅿 🛜 🖵) Die Superior-Zimmer halten, was der Name verspricht: Sie haben große Fenster und eigene Terrassen. Die Zimmer in beiden Kategorien sind recht klein, bieten aber Extras wie einen Schreibtisch mit Lederstuhl, moderne Gemälde und verglaste Duschen. Der Poolbereich ist ungewöhnlich klein und wirkt nicht einladend. Die Pousada liegt zwischen den Ruas SO-03 und SO-05.

Essen

LP Tipp **Pizzería Paço do Pão** (☎ 3215 5665; Av Juscelino Kubitschek; Hauptgerichte 18–25 R$; 🍽 Mi–Mo abends) Auf der Karte dieser beliebten Pizzeria zwischen den Ruas NO-02 und NO-04 stehen Dutzende Pizzas, die Spezialität des Hauses ist mit drei Sorten Fleisch, Mais, Palmherzen, Oliven und einer dicken Schicht Käse belegt. Man kann prima draußen sitzen, seine Pizza essen und sich dazu ein, zwei Skol genehmigen.

Trattoria Toscana (☎ 3218 2795; Quadra 104 Sul, Ecke Av NS-04 auf Höhe Rua SE-09; Hauptgerichte 16–27 R$; 🍽 Sa & So mittags, Mo–Sa abends) Die Gnocchi, Ravioli und Lasagne sind allesamt hausgemacht und werden in mächtigen Portionen aufgetischt. Bei Spaghetti und Linguini begnügt man sich zwar mit Fertigware, aber die Saucen – u. a. mit Lachs und *puttanesca* – sind ausgezeichnet. Als Nachspeise kann man sich auf den erstklassigen *petit gateau di cioccolato* (kleinen Schokoladenkuchen; 10 R$) stürzen.

Restaurante Seara (Rua NE-03; 22 R$/kg; 🕐 Mo–Sa mittags) Das große, geschäftige Restaurant zwischen der Av NS-02 und der Rua NE-02, in dem nach Kilo bezahlt wird, ist bei den Beamten der nahegelegenen Dienststellen beliebt. Die vorbereiteten Speisen sind auf zwei Theken aufgebaut, das Personal ist freundlich. Der größte Vorteil: Der Laden hat bis 15 Uhr geöffnet, während alle anderen Selbstbedienungsrestaurants noch vor 14 Uhr schließen.

Restaurante Cerrados (Quadra 103 Nte, Rua NO-03; 22 R$/kg; 🕐 mittags & abends) Gegenüber dem Hotel Serra Azul bietet dieses Restaurant, in dem man nach Kilo bezahlt, verlässliche Gerichte zu vernünftigen Preisen, darunter gebratenes Fleisch, das abgeschnitten und einem passgerecht auf den Teller platziert wird.

Unterhaltung

Cine Rio (Karavella Center Park; www.cineblue.com.br; Tickets 8–12 R$) Palmas' einziges Kino ist nicht besonders toll. In gerade einmal drei Sälen laufen nicht unbedingt taufrische Hollywoodstreifen.

Das Kino befindet sich in einem irgendwie abgestorben wirkenden Vergnügungsviertel am Ende einer namenlosen Straße gleich östlich der Av Teotônio Segurado zwischen der Av LO-03 und der Av LO-05.

Anreise & Unterwegs vor Ort
AUTO
Zu den Autovermietern zählen **Avis** (☎ 3215 3336; am Flughafen 3219 3802; Ecke Rua SO-03 & Rua NO-04), **Hertz** (☎ 3215 1900; Av LO-02 auf Höhe Av NS-01) und **Localiza** (☎ 9978 9995, gebührenfrei 0800 979 2020).

BUS
Die meisten Fernverkehrsbusse fahren nicht mehr nach Palmas hinein, sondern halten in der am Highway 15 km westlich von Palmas gelegenen Ortschaft Paraíso do Tocantins; die hier genannten Abfahrtszeiten beziehen sich auf Paraíso. Als Verbindung zwischen Paraíso und Palmas verkehren alle 30 bis 60 Minuten Minibusse (8R$, 25 Min.) von **Tocantinsense** (☎ 3228 5652). Diese Minibusse fahren ab 6.30 Uhr in Paraíso bis 20.30 Uhr ab Paraíso (Sa bis 19.30 Uhr) bzw. bis 22.30 Uhr ab Palmas (Sa bis 21.45 Uhr); die Haltestelle in Paraíso befindet sich im Busbahnhof, in Palmas vor der Galeria Bela.

Itapemirin (☎ in Paraíso 3602 6756) fährt u. a. täglich nach Belém (120 R$, 18 Std., tgl. 19 Uhr) und São Paulo (230 R$, 26 Std., 5 Uhr).

Transbrasiliana (☎ in Paraíso 3361 2475, in Palmas 3217 5604) fährt nach Belém (146 R$, 18 Std., 9 & 12 Uhr), Brasília (85–100 R$, 13 Std., 15, 17, 19.30 & 20.30 Uhr) und São Paulo (187 R$, 25 Std., 1.30 & 5 Uhr).

Nach Taquarussú kommt man mit dem Bus 90; Abfahrt ist an der Praça Girossóis vor der Galeria Bela Palma.

FLUGZEUG
GOL (☎ 3218 3738; nur am Flughafen) und **TAM** (☎ 3219 3777; nur am Flughafen) sind die wichtigsten Fluggesellschaften, die Palmas anfliegen. Alle Flüge gehen über Brasília.

Der Flughafen liegt 28 km südlich des Zentrums. Die Taxifahrt vom Flughafen zu den Hotels kostet zwischen 40 und 45 R$, ebenso auch in umgekehrter Richtung. Alternativ den roten Bus 75 am Flughafensteig (7–19 Uhr stündl.) bis Haltestelle „Terminal" nehmen und dort in den Bus 20 (7.35–19.35 Uhr stündl.) umsteigen, der an der Galeria Bela Palma im Zentrum vorbeifährt. In der entgegengesetzten Richtung geht's genauso, nur

AMAZONIEN

umgekehrt. Die erste Teilstrecke kostet jeweils 1,70 R$; die zweite nichts.

RUND UM PALMAS
Taquaruçú

Das lauschige Örtchen liegt in den grünen Hügeln der Serra do Carmo 30 km südöstlich von Palmas, in einer Gegend voller wunderschöner Wasserfälle und üppiger Wälder. Die bundesstaatlichen und örtlichen Tourismusbehörden haben sich dem Ziel verschrieben, Taquarussú zu einem Mekka des Ökotourismus zu machen, bislang aber nur mit mäßigem Erfolg. Es gibt keine öffentlichen Verkehrsmittel, man muss also in Palmas ein Auto mieten, wenn man die Gegend wirklich erkunden will (zu manchen Örtlichkeiten braucht man in der Regenzeit sogar einen Geländewagen). Am Wochenende und in den Ferien kann im Ort trotzdem einiges los sein.

ORIENTIERUNG & PRAKTISCHE INFORMATIONEN

Straßenschilder sind in Taquaruçú kaum vorhanden, aber es handelt sich um eine Kleinstadt, und die Einheimischen sowie das Personal im CATUR weisen einem gern den Weg. Neben dem CATUR befindet sich ein Geldautomat der Banco do Brasil, eine kleine **Klinik** (☼ 24 Std.) liegt an der Straße zur Fazenda Encantada. Am Ortseingang kann man einen Blick in ein paar kleine Kunsthandwerksläden (*artesenatos*) werfen.

Das **Centro de Atendimento ao Turista** (CATUR; ☎ 3554 1515; Rua 20-A; ☼ Mo–Fr 8–12 & 14–18, Sa & So

bis 16 Uhr) nahe der Plaza ist die beste Informationsquelle zur Region. Zum Besuch der Wasserfälle und anderer interessanter Örtlichkeiten kann man hier auch einen Führer mieten (halber/ganzer Tag 20/45 R$).

AKTIVITÄTEN

In dieser Gegend gibt es 80 gekennzeichnete Wasserfälle, Höhlen und natürliche Swimmingpools, von denen zehn bis 15 fast ganzjährig für Touristen geöffnet und zugänglich sind. Die Touristeninformation versucht die Besucher davon zu überzeugen, diese Stätten mit Führern zu besichtigen, obwohl die meisten von ihnen auch wunderbar auf eigene Faust erkundet werden können. Der **Cachoeria de Roncadeira** ist der größte Wasserfall in der Gegend (70 m), der **Cachoiera Escorrega Macaco**, nur 100 m weiter weg, ist fast genauso hoch (60 m). Beide stürzen malerisch die steilen, rostbraunen Klippen hinunter, hinweg über grüne Vegetation und moosbewachsene Steine. Und bei beiden gibt es natürliche Becken, in denen man toll schwimmen kann; am Roncadeira wird manchmal auch abgeseilt (30 R$/Pers.). Die Wasserfälle befinden sich 1,5 km einen bewachsenen, gut beschilderten Pfad hinunter – einfach den Schildern in Richtung Hotel Fazenda Encantada folgen und nach einer großen Abzweigung zum Parkplatz Ausschau halten, sobald die Straße aus der Stadt hinausführt. Der **Cachoiera Taquaruçú** ist eine rauschende Kaskade mit einem windigen Schwimmbecken, in dem es an heißen Sommerwochenenden ganz schön voll werden kann (hier gibt's sogar ein Restaurant). Ein großer Parkplatz am Highway von Palmas, etwa 4,5 km vor Taquaruçú, kennzeichnet die Stelle; die Wasserfälle sind von hier nur noch 150 m zu Fuß entfernt. Wer ohne Führer herkommt, muss eine Weggebühr von 3 R$ pro Person zahlen.

Weitere Plätze, die man am besten mit einem Führer besichtigt, sind der bei Kletterfreunden beliebte **Cachoeira do Rappel** auf dem Gelände der Fazenda Encantada und das **Vale do Vai-Quem-Quer**, ein weites Tal mit etlichen Wasserfällen und genialen Schwimmplätzen. Bevor man sich auf den Weg macht, sollte man mit seinem Führer abklären, welche Art von Wasserfällen man sehen will, wie viel man wandern und fahren möchte und ob das eigene Auto dafür geeignet ist (vor allem in der Regenzeit gelangt man zu einigen Orten nur mit Allradantrieb).

RUND UM PALMAS 0 ⸻ 50 km

SCHLAFEN & ESSEN

Besucher können im Ort oder einer nahegelegenen Ökolodge übernachten. Das Frühstück ist überall im Preis inbegriffen.

Pousada Lokau (☎ 3554 1238; 3a Av; Zi. 40 R$/Pers.) Das Lokau ist teils Kunstgalerie, teils Pension und bietet fünf saubere, komfortable Zimmer, die sich zu einem hübschen Garten öffnen. Wegen der Hitze und der Vegetation kann es in einigen Zimmern etwas muffig sein, aber die hohen Decken und die großen Ventilatoren sorgen einigermaßen für Abhilfe. Zur Anfahrt nach der Plaza links abbiegen, dann unmittelbar vor dem Restaurante Mandala rechts und schließlich am Kreisverkehr noch einmal links fahren. Die Pousada liegt an der nächsten Ecke auf der linken Seite.

Pousada Catarse (☎ 3554 1237; Rua 20, 2 Blocks vom CATUR; EZ 45–55 R$, DZ 75–85 R$) Diese Unterkunft ist sehr gemütlich und hat eine Gemeinschaftsküche und ein kleines TV-Zimmer mit einem Aquarium. Ein Zimmer hat ein eigenes Bad, die anderen beiden teilen sich eines auf dem Korridor; alle Zimmer haben Deckenventilatoren und sind einfach und behaglich eingerichtet. Normalerweise ist das Haus nur an den Wochenenden geöffnet: Vorher anrufen, wenn man unter der Woche kommen will!

Hotel Fazenda Encantada (☎ 3533 1054, 3215 5089; www.hotelfazendaencantada.com.br; 10,5 km außerhalb von Taquaruçu; EZ/DZ mit Halbpension 200/280 R$, Vollpension 223/332 R$; 🛜 📺) Taquaruçus beste Unterkunft ist die Fazenda Ecantada, ein richtiges Öko-resort mit komfortablen, eleganten Zimmern und Bungalows sowie 9 km an privaten Wanderwegen (plus mehreren Wasserfällen, darunter einer, an dem man sich abseilen kann) auf dem ausgedehnten Grundstück der Anlage. Das Haus steht samstags und sonntags unabhängigen Travellern offen, unter der Woche nur größeren Gruppen.

Restaurante Mandala (Av Belo Horizonte; 🕒 tgl. mittags, Mi–So abends) Das Restaurant liegt von der Plaza aus gleich um die Ecke an der Straße zur Fazenda Encantada. Das feststehende Mittagsmenü umfasst Nudeln, Reis, Bohnen, Salat, *farofa* (in Butter angebratenes Maniokmehl) und eine Auswahl an Fleisch. Es kostet gerade mal 7 R$.

AN- & WEITERREISE

Mit dem Auto nach dem Busbahnhof den Hwy TO-010 nehmen und der Ausschilderung folgen; zunächst kommt man durch die Ortschaft Taquaralto.

Der Bus 90 fährt auf dem Weg nach und von Taquaruçu (2 US$, 45 Min.) an der Galeria Bela Palma vorbei. Nicht vergessen. Zum Besuch der Wasserfälle braucht man ein Auto!

Parque Estadual do Jalapão

Der Parque Estadual do Jalapão ist ein einzigartiges, 34 000 km² großes Gelände im äußersten Osten von Tocantins. Hier findet man Savannenvegetation, Hügel, Höhlen, kristallklare Flüsse und Quellen, 40 m hohe Sanddünen, Wasserfälle, Badestellen mit Süßwasser, merkwürdige Felsformationen, zahllose Tiere – darunter Ameisenbären, Gürteltiere, Aras und Nandus –, aber kaum Menschen (das änderte sich nur kurzfristig 2009, als eine mächtige Truppe des Fernsehsenders CBS in Jalapão einfiel, um hier eine Episode der Reality Show *Survivor* aufzunehmen). Die beste Zeit zur Erkundung des Jalapão ist die Trockenzeit von Mai bis September.

Bananal Ecotour (☎ 3028 4200; www.bananalecotour. com.br; Quadra 103 Sul, Av NS-01 auf Höhe Rua SO-07, Palmas) organisiert weitgefasste Ausflüge in den Park, bei denen kurze Wanderungen, das Erklimmen von Sanddünen und Baden unter Wasserfällen auf dem Programm stehen. Man übernachtet in Hotels in der Gegend und ist in Vans unterwegs. Die Preise betragen durchschnittlich heftige 1250 bis 1500 R$ pro Person für drei Tage und zwei Übernachtungen; im Preis enthalten sind der Transport, die Hotelunterbringung, die Verpflegung und der Lohn für die Führer. Aber eigentlich braucht man mindestens vier Tage, um alles zu sehen.

Ilha do Bananal

Gäbe es die Ilha do Marajó (im Bundesstaat Pará) nicht, dürfte sich die Ilha do Bananal unumstritten mit dem Titel größte Flussinsel des Planeten brüsten. O. k., Marajó schummelt ein wenig – sie grenzt an den Ozean!

Die Bananalinsel erstreckt sich über 19 000 km² und ist damit noch einen Tick größer als der Freistaat Sachsen. Sie beginnt, wo sich der Rio Javaés vom Rio Araguaia abspaltet, und endet dort, wo sich die Flüsse nach 350 km flussabwärts wieder miteinander vereinen. Die Insel ist so groß, dass sie sogar ihre eigenen Flüsse hat, die sich über 250 km lang hinziehen. Hier verschmelzen drei verschiedene Ökosysteme miteinander – Regenwald, Cerrado und Feuchtgebiet –, und auf der Insel wimmelt es nur so von exotischen Pflanzen und wilden Tieren; vor allem Vögel lassen sich hier sehr gut beobachten. Touren werden nur während der Trockenzeit zwischen Juni und Oktober angeboten.

Bananal Ecotour (☎ 3028 4200; www.bananalecotour. com.br; Quadra 103 Sul, Av NS-01 at Rua S0–07) arrangiert dreitägige All-Inclusive-Touren auf die Ilha do Bananal und zum Lagoa da Confuão, ein See östlich der Insel (1500–2000 R$/Pers., 2–4 Pers.). Zu den Ausflügen gehören leichte Wanderungen durch die Wälder, nächtliche Kaimanbeobachtungen, Angeln, Bootstouren und der Besuch einer Schildkrötenfarm und (wenn möglich) einer *indígenas*-Gemeinde. Hier leben ganze Scharen von Vögeln und man kann davon ausgehen, Delfine, Kaimane und Riesenflussschildkröten zu Gesicht zu bekommen. Vielleicht – dafür braucht man aber schon eine gute Portion Glück – lassen sich auch die anderen Bewohner der Insel blicken, z. B. Tapire, Füchse, Langschwanzkatzen und Jaguare.

NATIVIDADE

☎ 0xx63 / 9500 Ew.

Die nette kleine Ortschaft Natividade liegt 230 km von Palmas entfernt im südöstlichen Tocantins in einem Tal unterhalb der grünen, bewaldeten Serra Geral. Natividade wurde 1734 gegründet und ist damit die älteste Stadt in Tocantins. Im Zuge eines kleineren Goldrauschs kamen die Portugiesen mit ihren afrikanischen Sklaven in den 1720er-Jahren in die Serra Geral, doch als die Goldvorräte erschöpft waren, zogen sie ins Tal und betrieben dort Viehzucht.

Sehenswertes & Aktivitäten

Die kopfsteingepflasterten Straßen und die hübsch angestrichenen, ziegelgedeckten Häuser aus dem 18. und 19. Jh. in Natividades historischem Zentrum stehen unter Denkmalschutz.

Die **Igreja NS do Rosário dos Pretos**, besser bekannt als Igreja dos Escravos (Sklavenkirche) wurde 1828 von Sklaven errichtet, denen die Benutzung der Kirche der Weißen verboten war. Der Bau wurde nie vollendet und hat bis heute kein Dach.

Das **Museu Municipal** (Praça Leopoldo de Bulhões; ⏲ Mo–Fr 8–13 Uhr) ist im alten Gefängnis untergebracht, wie man an den dicken Mauern und schweren Türen erkennt. Die schlichten Exponate erzählen die Geschichte des Ortes: Man sieht z. B. einen Stamm, an den Sklaven gebunden wurden, um ausgepeitscht zu werden.

Rund 500 m von der Praça Leopoldo de Bulhões entfernt – und mit ihr angeblich durch einen Tunnel verbunden – liegen die **Poções**, ein paar kleine Wasserfälle und erfrischende natürlicher Badeteiche. Dahinter findet man die Überreste von **São Luiz**, der ursprünglichen Siedlung der Goldgräber aus den 1720er-Jahren. Rund 4 km vom Ort entfernt liegen die **Cachoeiras do Paraíso**, eine weitere Reihe natürlicher Badeteiche, die aber zwischen Juni und September oft fast austrocknen. Einheimische Kinder bringen einen gegen ein kleines Trinkgeld gerne zu beiden Orten.

Schlafen

Hotel Serra Geral (☎ 3372 1160; 1,7 km nördlich des Zentrums, 300 m vor dem Trevo Norte; EZ/DZ mit Ventilator 48/79 R$, mit Klimaanlage 66/100 R$, mit Klimaanlage & Minibar 72/106 R$; 🎱) Natividades bestes Hotel liegt ein kurzes Stück außerhalb des Ortes. Es hat eine freundliche Leitung und saubere, moderne Zimmer, die sich zu luftigen Korridoren öffnen. Wer zum Essen nicht in den Ort laufen möchte, findet im Hotel ein annehmbares Restaurant.

An- & Weiterreise

Natividade liegt an der besten Straße zwischen Palmas und Brasília, dem Hwy TO-050. Der Weg ist zwar länger, aber die Straße in viel besserem Zustand als der Hwy BR-153.

Busse oder Vans fahren zwischen 7 und 15 Uhr ungefähr alle ein, zwei Stunden nach Palmas (28 R$, 3 Std.). Man sollte sich 30 Minuten vor der im Fahrplan stehenden Abfahrtszeit einstellen, da der Bus notorisch zu früh abfährt. Es fahren außerdem noch Nachtbusse nach Brasília (70 R$, 8 Std.) mit Anschluss nach Lençóis, Salvador und Goiânia.

AMAZONAS

Amazonas ist Brasiliens größter Bundesstaat. Er erstreckt sich über fast 1,6 Mio. km² und ist damit viermal so groß wie Deutschland – und dann hätte immer noch Griechenland Platz. Hier treffen sich die riesigen Flüsse Solimões, Negro und Madeira, um den Amazonas, den Urvater aller Flüsse, zu bilden. Das Leben in Amazonas ist untrennbar mit diesen Wasserwegen und Tausenden kleineren Flüssen verbunden: Transport, Nahrung, Wasser, Abfallentsorgung und natürlich der Tourismus – alles ist von den Flüssen abhängig.

Für Traveller ist der Staat nicht der einzige Ausgangspunkt, um den Amazonas zu erleben, aber sicher der beliebteste. Manaus bildet den Hauptverkehrsknotenpunkt, Veranstalter haben sich hier auf drei- bis sechstägige Exkursionen in den Urwald spezialisiert. Oder man bucht einen Aufenthalt in einer der nahen Dschungellodges. Manaus eignet sich auch als Ausgangspunkt für Ausflüge tiefer in den Regenwald: ob den Rio Negro flussaufwärts zu Schutzgebieten wie Parque Nacional do Jaú oder Xixuaú-Xipariná oder nach Mamirauá und zum Dreiländereck am Rio Solimões.

Geschichte

Die jüngere Geschichte des Bundesstaates Amazonas beginnt 1842 in den USA. In diesem Jahr entwickelte Charles Goodyear die Vulkanisation, durch die natürlicher Kautschuk haltbar gemacht werden konnte. 50 Jahre später erfand der Ire John Dunlop die pneumatischen Gummireifen und schon bald gab es eine unstillbare Nachfrage nach dem milchigen, weißen Saft des *Hevea brasiliensis,* des brasilianischen Gummibaums.

Die armen Bauern aus dem von Dürre geplagten Nordosten Brasiliens wurden nach Amazonas gelockt, mit dem Versprechen, sie würden dort wohlhabende *seringueiros* (Kautschukzapfer) mit eigenem Land werden. Doch schon bald schlug ein feudales System Wurzeln, das die Kautschukzapfer in die Leibeigenschaft, in den Analphabetismus und in die Arme der gerissenen und brutalen Kautschukbarone und deren bewaffneten Schläger trieb. Als ob sie darunter nicht schon genug zu leiden hatten, mussten die *seringueiros* sich auch noch mit Dschungelfieber, *índio*-Angriffen und allen möglichen Raubzügen auseinandersetzen. Manaus wurde sozusagen auf ihren Rücken erbaut: eine prächtige, wohlhabende Stadt, die sich auf fast unglaubliche Weise über dem Regenwald Amazoniens erhob.

Trotz aller Bemühungen der brasilianischen Regierung, das Kautschukmonopol des Landes zu schützen, konnten Samen des Gummibaums nach London geschmuggelt werden. Schon kurze Zeit später wurden in britischen Kolonien und im Südpazifik riesige Kautschukplantagen angelegt. In den 1920er-Jahren brach der Gummipreis ein und der große Kautschukboom in Amazonas war vorbei. Lediglich der Zweite Weltkrieg brachte für kurze Zeit einen Aufschwung, als Tausende „Kautschuksoldaten" dazu rekrutiert

wurden, für die Alliierten den begehrten Rohstoff zu besorgen.

In den 1970er-Jahren machte man sich unter dem Slogan *Integrar para não entregar* („Was man nicht nutzt, geht verloren") daran, Straßen tief in den Amazonas hineinzutreiben, allen voran die berühmt-berüchtigte Transamazônica. Spekulanten und Landbesitzer strömten in den Regenwald, Bäume wurden in einer ungeheuerlichen Geschwindigkeit gefällt. Satellitenbilder von unzähligen Feuern, die im Amazonasgebiet wüteten – Abholzen und Abbrennen war der leichteste Weg, den dichten Regenwald zu beseitigen –, erweckten schließlich die Aufmerksamkeit internationaler Umweltorganisationen. Ihnen ist es zu verdanken, dass der Ökotourismus als bessere Alternative zur Nutzung des Landes entdeckt wurde.

MANAUS

☎ 0xx92 / 2 Mio. Ew.

Manaus ist die größte Stadt in Amazonas, ein Stück Urbanität, das fehl am Platze mitten in den Dschungel gepflanzt wurde und 1500 km vom Meer entfernt ein wichtiger Hafen für Meeresdampfer ist. Die Bevölkerungszahl des Regenwalds ist nur halb so groß wie die der Mongolei, eine Reise in den Regenwald beginnt aber in oder führt unweigerlich durch diese lebendige Stadt mit ihren 2 Mio. Einwohnern. Das alles kann Besucher leicht aus dem Gleichgewicht bringen.

In der Stadt selbst gibt's ein paar wirklich sehenswerte Attraktionen, so etwa den grünen Zoo mit so vielen Tieren in den Käfigen wie außerhalb, oder eine Mischung aus Stränden und Museen abseits des Zentrums. Hier kann man alles kaufen, was man vergessen hat, in den Rucksack zu packen. Oder man gönnt sich nach einer Woche im Urwald wieder mal ein Bier und einen Besuch im Internetcafé.

In Manaus sind auch die meisten Tourenanbieter für den Amazonas ansässig; viele davon nehmen ihren Beruf ernst und meinen es ehrlich, doch es treiben sich auch einige Betrüger in der Stadt herum. Auf S. 719 stehen Tipps, wie man einen Bogen um diesen macht – angefangen beim ersten Schritt, den man aus dem Flugzeug setzt. Besucher dürfen nicht vergessen, dass Manaus nicht die einzige Stadt ist, in der sie Regenwaldtouren buchen können! In den Städten weiter flussauf- und flussabwärts kann man vielleicht sogar etwas außergewöhnlichere Ausflüge buchen als im

MANAUS

0 _____ 500 m

Fernbusbahn-hof (6 km);
Hospital de Doenças Tropicais (10 km);
Aeroporto Internacional Eduardo Gomes (13 km);
Maguire's Guesthouse (15 km);
Ponta Negra (17 km);
Hotel Tropical (20 km)

Enigma (1 km);
Unimed (2 km);
Hospital 28 de Agosto (3 km);
Maia Expeditions (3 km);
Chez les Rois (4 km);
Parque do Mindú (6 km);
Mango Guest House (7 km);
Jardim Botânico
Adolpho Ducke (22 km)

Porto São Raimundo (1 km)

Museu do Índio (1 km);
Bosque da Ciência (5 km);
Club de Forró (5 km);
Museu de Ciências Naturais da Amazônia (13 km)

PRAKTISCHES		
Amazon Cyber Café	1	D1
Amazon Explorers	(siehe 53)	
Amazonastur	2	B2
Amazônia Turismo	3	D2
Banco do Brasil	4	C2
Bradesco	5	C2
Centro de Atendimento ao Turista	6	C1
Equatorial Turismo	7	C2
HSBC	8	C2
HSBC	9	C1
Juliana Cyber Café	10	D3
Lavandería Paradise	11	D3
Paradise Turismo	12	C2
Post	13	C2
Selva Net	14	C2
Touristenpolizei	15	D3

SEHENSWERTES & AKTIVITÄTEN		
Amazon Antonio Jungle Tours	(siehe 25)	
Amazon Gero Tours	(siehe 26)	
Amazonas Indian Turismo	16	C3
Galería do Largo	(siehe 37)	
Igreja São Sebastião	17	C1
Iguana Turismo	(siehe 26)	
Manati Amazônia Turismo	18	D2
Mercado Municipal Adolfo Lisboa	19	C3
Museu Amazônico	20	C1
Palacete Provincial	21	C2
Swallows &Amazons	22	C1
Teatro Amazonas	23	C1

SCHLAFEN		
Ana Cássia Palace Hotel	24	C3
Hostel Manaus	25	D2
Hotel 10 de Julho	26	C1
Hotel Brasil	27	C1
Hotel Ideal	28	D3

Hotel Internacional	29	C2
Hotel Krystal	30	C3
Hotel Manaós	31	C1
Manaus Hostel „Trip Tour"	32	C2
Pensão Sulista	33	C3
Taj Mahal Continental Hotel	34	C2

ESSEN		
Arte com Peixe	35	C1
Bufolete	36	D3
Cafeteria do Largo	37	C1
Casa do Pensador	38	C1
Churrascaria Búfalo	39	D2
Filosóphicus	40	C2
Kibe da Irene	41	C2
Mundo dos Sucos	(siehe 38)	
Restaurante Giratório	(siehe 34)	
Scarola Pizzaria	42	C2
Skina dos Sucos	43	C2

AUSGEHEN		
Bar do Armando	44	C1

SHOPPEN		
Amazonas Ecoshop	45	C1
Artesanato da Amazônia	46	C1
Carrefour	47	C2
Casas de Redes	48	C3
Kunsthandwerksstände	49	C3
Galeria Amazônica	50	C1
Mercado Municipal Adolfo Lisboa	(siehe 19)	

TRANSPORT		
AJATO	51	C3
Copa/Continental	52	C1
Estação Hidroviária de Manaus	53	B3
Regionalbusbahnhof	(siehe 53)	
Ticket-Schalter	(siehe 53)	

abgedroschenen Manaus. Manaus wird einer der Austragungsorte der FIFA-Fußball-Weltmeisterschaft 2014 sein.

Praktische Informationen

GELD

Amazônia Turismo (Karte S. 704; ☎ 3622 7206; Av Sete de Setembro 1251) Ordentliche Wechselkurse für

US-Dollars und Euro, außerdem Einlösung von Amex- und Visa-Reisechecks. Eine Filiale in der Millennium Shopping Mall ist von 10 bis 22 Uhr geöffnet.

Banco do Brasil (Karte S. 704; Rua Guilherme Moreira 315; Wechselschalter Mo–Fr 9–15 Uhr) Devisentausch und Einlösung von Reisechecks am Schalter im 2. Stock.

Bradesco (Karte S. 704; Av Eduardo Ribeiro auf Höhe Rua Saldanha Marinho) Verlässliche Geldautomaten.

HSBC Rua Dr Moreira 226 (**Karte S. 704**; Rua Dr Moreira 226; 🕑 Mo–Fr 9–15 Uhr); Rua 24 de Maio (**Karte S. 704**; Ecke Rua 24 de Maio & Rua Costa Azevedo; 🕑 Mo–Fr 9–15 Uhr)

GEPÄCKAUFBEWAHRUNG

In den meisten Hotels können Gäste ihr vorübergehend überflüssiges Gepäck (kostenlos oder gegen eine kleine Gebühr) vor dem Aufbruch zu einer kurzen Exkursion aufbewahren lassen, selbst wenn sie anschließend dort nicht mehr übernachten wollen. Eine Gepäckaufbewahrung gibt's außerdem am Flughafen und am Fernbusbahnhof.

INTERNETZUGANG

Amazon Cyber Café (**Karte S. 704**; Av Getúlio Vargas; 3,50 R$/Std.; 🕑 Mo–Do 9.30–23, Fr 9.30–22, Sa 10–21, So 12–20 Uhr)

Juliana Cyber Café (**Karte S. 704**; Av Joaquim Nabuco; 2 R$/Std.; 🕑 8–23 Uhr)

Selva Net (**Karte S. 704**; Rua Joaquim Sarmento; 2,50 R$/Std.; 🕑 Mo–Fr 7–19, Sa 7–18 Uhr)

MEDIZINISCHE VERSORGUNG

Hospital de Doenças Tropicais (Hospital für Tropenkrankheiten; **Karte S. 704**; ☎ 3238 1146; Av Pedro Teixeira 25) Spezialisiert auf Tropenkrankheiten.

Unimed (**Karte S. 704**; ☎ 3633 4431; Av Japurá 241; Notfall 🕑 24 Std.) Eines der besten Privathospitäler in der Stadt.

Gelbfieberimpfungen Flughafen (🕑 24 Std.); Fernbusbahnhof (🕑 Mo–Fr 8–12 & 14–17 Uhr); Hospital de Doenças (🕑 9–18 Uhr) Gelbfieberimpfungen sind kostenlos, bieten aber erst 10 Tage nach der Impfung Schutz. Für die Einreise nach Brasilien auf dem Land- oder Seeweg ist üblicherweise der Nachweis einer Gelbfieberimpfung erforderlich.

NOTFALL

Polizeiwachen gibt's gegenüber vom Busbahnhof an der Praça da Matriz und im Hauptbootshafen (Estação Hidroviária).

Ambulanz (☎ 192)

Staatspolizei (☎ 190)

Touristenpolizei (**Karte S. 704**; ☎ 3215 7125; Ecke Av Lourenço da Silva Braga & Rua Lima Bacuri; 🕑 24 Std.)

POST

Postämter Flughafen (untere Ebene; 🕑 9.30–12.30 & 13.30–17 Uhr); Rua Barroso (**Karte S. 704**; Rua Barroso 220; 🕑 Mo–Fr 8–16, Sa 8–12 Uhr)

REISEBÜROS

Equatorial Turismo (**Karte S. 704**; ☎ 3622 2599; Rua Quintino Bocaiúva 149; 🕑 Mo–Fr 8–18, Sa 8–12 Uhr)

Paradise Turismo (**Karte S. 704**; ☎ 3633 8301; Av Eduardo Ribeiro 656; 🕑 Mo–Fr 8–18, Sa 8.30–12 Uhr)

TELEFON

Die bei der Post erhältlichen Embratel-Karten sind am besten für Auslandsgespräche von einer Telefonzelle aus geeignet (0,50–1 R$/Min.). Die meisten Internetcafés haben Computer, auf denen Skype installiert ist.

TOURISTENINFORMATION

Centro de Atendimento ao Turista (**Karte S. 704**; ☎ 2123 3800; www.amazonastur.am.gov.br) Amazonastur, die Tourismusbehörde des Bundesstaats, betreibt ein Zentrum zur Hilfe und Information für Touristen an der Ecke Av Eduardo Ribeiro und Rua José Clemente. Die Behördenverwaltung hat ihren Sitz in der Rua Saldanha Marinho nahe der Rua Lobo D'Almada.

WÄSCHEREI

Die meisten Hotels bieten ihren Gästen einen Wäscheservice.

Lavandería Paradise (**Karte S. 704**; ☎ 3633 6092; Rua Quintino Bocaiúva; 1,50–3 R$/Stück, 10 R$/kg; 🕑 Mo–Sa 8–18 Uhr)

Sehenswertes

STADTZENTRUM

Teatro Amazonas

Manaus' berühmtes Opernhaus, das **Teatro Amazonas** (**Karte S. 704**; ☎ 3232 1768; Rua José Clemente; 🕑 Mo–Sa 9–17 Uhr), wurde auf dem Höhepunkt des Kautschukbooms von Bauingenieuren aus Lissabon und einem Team aus Innenarchitekten in einem historistisch-klassizistischen Stilmix errichtet. Das wunderschöne, 1896 eröffnete Theater ist ein Symbol für die Pracht, die Manaus früher auszeichnete. Die Künstler und die meisten Materialien (Marmor und Glas aus Italien, schottisches Gusseisen) wurden eigens aus Europa importiert. Das Holz stammt zwar aus Brasilien, aber selbst dieses wurde teilweise nach Europa zur Bearbeitung verschifft. Das einzige einheimische Element war die Zufahrt vor dem Eingang des Hauses – ein Sand-Kautschuk-Gemisch, das den Lärm zu spät anfahrender Kutschen mindern sollte. Das Gebäude wurde viermal restauriert, zuletzt 1990.

Täglich außer sonntags werden interessante Führungen (10 R$, 30 Min., 9–16 Uhr) angeboten, oft auch in englischer Sprache. Ganzjährig finden klassische Konzerte, Popkonzerte sowie Opern-, Theater- und Tanzdarbietungen statt (Tickets 5–60 R$). Im

April und Mai wird ein ausgezeichnetes Opernfestival (s. S. 709) veranstaltet.

Igreja São Sebastião

Obwohl die **Igreja São Sebastião** (Karte S. 704; Rua 10 de Julho; 7–20 Uhr) keineswegs die größte oder älteste Kirche von Manaus ist – woran die Betonfassade keinen Zweifel lässt – hat sie doch einen wunderschön restaurierten, zum Jubiläum der hundertjährigen Ankunft der Kapuziner fertiggestellten Innenraum, der durchaus einen Blick lohnt. Das kurze Schiff schließt ein opulenter Altar ab, dessen überraschend dramatisches Gemälde Heilige und Priester im Kampf mit den Mächten des Weltlichen darstellen. Die Kirche liegt bequem gleich gegenüber dem Teatro Amazonas an der Plaza.

Porto Flutuante

Wer mit dem Schiff in Manaus ankommt, betritt im **Porto Flutuante** (Schwimmender Kai; Karte S. 704), offiziell Estação Hidroviária de Manaus genannt, den Boden der Stadt. Die 1902 eingeweihte, von britischen Ingenieuren entworfene Anlage galt damals als technisches Wunderwerk, weil sie mit dem Wasserstand ansteigt oder absinkt – und der Unterschied beträgt bis zu 14 m! Die Hochwassermarkierungen für die einzelnen Jahre sind an der Mauer neben der Brücke, die zum Kai führt, aufgetragen. Es gibt nette Einkaufs- und Restaurantzeilen drinnen und draußen, von denen aus man einen guten Blick auf den Kai hat. Von der Praça da Matriz führen Treppen und eine erhöhte Brücke (neben einem großen Warenhaus) hinüber zum Hauptterminal der Anlage.

Mercado Municipal Adolfo Lisboa

Das imposante, gusseiserne städtische **Marktgebäude** (Karte S. 704; Rua dos Barés; Mo–Sa 8–17, So 6–12 Uhr) wurde 1882 eröffnet und ist eine verkleinerte Nachbildung der berühmten Pariser Les Halles. Obwohl die Eisendekoration im Jugendstil aus Europa importiert wurde, hat das Gebäude einen typisch amazonischen Charakter angenommen. In den Hallen und drum herum kann man fast alles kaufen, von Lederhüten und indigenem Kunsthandwerk bis hin zu exotischen Früchten und traditionellen Heilmitteln.

Parque Senador Jéfferson Péres

Der als Parque Jéfferson bekannte, Y-förmige neue **Stadtpark** (Karte S. 704; Av Sete de Setembro) bietet Grasflächen, Sitzbänke, ein Orchideenhaus sowie im Kolonialstil gehaltene Imbisspavillons und ist nachts ausreichend beleuchtet. Das Gebiet war früher eine heruntergekommene *favela*. Der Bau des Parks war nicht unumstritten, weil einige Häuser abgerissen und Hunderte von Bewohnern vertrieben werden mussten. Den netten Eindruck des Parks trübt der faulige Geruch, der aus dem Kanal aufsteigt, der sich durch den Park zieht.

Palacete Provincial

Der neu restaurierte **Palacete Provincial** (Karte S. 704; Praça da Polícia; Eintritt frei; Di–Do 9–19, Fr & Sa 9–20, So 16–21 Uhr) war früher ein Schandfleck der Innenstadt und ist heute ein schmucker Kulturkomplex mit einer ordentlichen Kunstgalerie und dem „Bild und Ton"-Center, das eine bemerkenswerte Filmsammlung besitzt, darunter 100 Jahre alte Dokumentationen des portugiesischen Filmpioniers Silvino Santos, der einige der ersten Aufnahmen von indigenen Völkern im Amazonasgebiet machte. Die ebenfalls im Haus gezeigten Ausstellungen zur Polizei und zur Archäologie sind dagegen zum Einschlafen. Das Freiluftkino zeigt jeden Sonntag um 19 Uhr kostenlos Filme.

Galeria do Largo

Direkt an der Praça São Sebastião zeigt die **Galeria do Largo** (Karte S. 704; Rua Costa Azevedo; Eintritt frei; Di–So 17–21 Uhr) eine bunte Auswahl moderner Ausstellungsstücke, darunter zeitgenössische Gemälde und ein maßstabgetreues Modell der Stadt. In der Cafeteria do Largo (S. 712) draußen auf der Plaza vor dem Haus gibt's einfallsreiche Snacks und Getränke.

Museu Amazônico

Das in einem umgebauten Herrenhaus in kurzer Gehentfernung vom Zentrum untergebrachte **Museu Amazônico** (Karte S. 704; 3234 3242; www.museuamazonico.ufam.edu.br; Rua Ramos Ferreira; Eintritt frei; Mo–Fr 8–12 & 14–17 Uhr) zeigt eine kleine, aber hervorragende Sammlung von Objekten und Artefakten indigener Völker aus dem gesamten Amazonasbecken, von denen viele aus laufenden archäologischen Untersuchungen im Bundesstaat Amazonas stammen. Zu den Highlights zählen Jagdwaffen der Matis und Maku sowie furchteinflößende Masken und Kostüme, die die Yanomami und Ticuna bei Ritualen benutzen. Im Erdgeschoss wird Kunst in Wechselausstellungen gezeigt.

AUSSERHALB DES ZENTRUMS
Museu do Índio
Das **Museu do Índio** (außerhalb der Karte S. 704; Rua Duque de Caxias 296; Eintritt 5 R$; ☺ Mo–Fr 8.30–11.30 & 14–16.30, Sa 8–11.30 Uhr) liegt eingezwängt zwischen zwei Kirchen und wird von Salesianerinnen geführt. Ausgestellt sind Kunstobjekte, Musikinstrumente, Ritualgegenstände, Angelgeräte und Jagdwaffen indigener Völker, vorwiegend aus den Bundesstaaten Amazonas und Pará. Die Sammlung ist umfangreich und recht gut, hingegen sind die Darbietung einfallslos und die Erläuterungen absolut unzureichend. Ähnliche Objekte präsentiert das Museu Amazônico (S. 706) viel moderner und interessanter – und noch dazu bei freiem Eintritt.

Zum Museu do Índio geht's vom Zentrum 1 km weit die stark befahrene Av Sete de Setembro hinunter; man kann auch den Bus 606 nehmen.

Bosque da Ciência
Der **Bosque da Ciência** (Wald der Wissenschaft; außerhalb der Karte S. 704; ☎ 3643 3135/92; Eintritt 5 R$; ☺ Di–So 9–16 Uhr, Ticketschalter werktags 12–14 Uhr geschl.) ist ein 13 ha großer Sekundärwald in der Stadt mit ältlichen Gehegen, in denen u. a. Seekühe, Riesenotter und Kaimane leben. Doch sehr viele Tiere tummeln sich auch frei im Park – im Unterholz, hoch auf den Baumwipfeln und sogar auf den Wegen –, u. a. Affen, Faultiere, Schildkröten, diverse tropische Vögel, Pakas und Ameisenbären.

Der Bosque da Ciência liegt im Stadtteil Petrópolis 5 km nordöstlich vom Zentrum. Vom Zentrum aus kann man an der Praça da Matriz den Kleinbus 810 „Especial" nehmen (2,50 R$), der direkt vor dem Eingang hält; die Haltestelle des Busses 519 (2 R$) ist einen halben Block entfernt. Die Taxifahrt kostet 20 bis 25 R$. Es empfiehlt sich, den Besuch hier mit einem Abstecher zum (relativ) nahen Museu de Ciências Naturais da Amazônia (s. unten) zu verbinden.

Museu de Ciências Naturais da Amazônia
Das **Museu de Ciências Naturais da Amazônia** (Naturwissenschaftliches Museum Amazoniens; außerhalb der Karte S. 704; ☎ 3644 2799; Estrada Belém s/n; Erw./Kind 12 R$; ☺ Mo–Sa 9–12 & 14–17 Uhr) ist unter Einheimischen auch als Museu Japonesa (Japanisches Museum) bekannt, da es von einem japanisch-brasilianischen Paar betrieben wird und sich zudem in einer überwiegend japanisch-brasilianischen geprägten Gegend befindet. Hier gibt es eine großflächige Ausstellung mit ausgestopften Fischen, konservierten Schmetterlingen und einigen furchteinflößend großen Käfern und Spinnen aus der Region. Die Beschreibungen sind auf Englisch, Portugiesisch und Japanisch. In einem bescheidenen Aquarium leben Fische aus dem Amazonas, etwa 2 m imposante *pirarucú*.

Bus Nr. 519 fährt vom Praça da Matriz hierher; das ist derselbe Bus, der auch am Bosque da Ciência vorbeifährt, ein Besuch beider Orte an einem Tag ist also problemlos möglich. Von der Haltestelle aus müssen die Besucher nur den „Museu"-Schildern folgen, der Fußmarsch ist ungefähr 1 km lang. Wer's etwas bequemer mag, fährt mit dem Bus zum Bosque da Ciência und nimmt von dort ein Taxi (15 R$): Für den Rückweg kann man den Taxifahrer bitten, in etwa einer Stunde zurückzukommen, oder man fragt im Souvenirladen des Museums nach dem Weg zur Bushaltestelle.

Parque do Mindú
Kaum zu glauben, aber Manaus hat seinen eigenen, endemischen Primaten: den winzigen *Sanguinus bicolor*, besser bekannt als Manteläffchen. Diese Spezies aus der Gattung der Tamarine ist vom Ausstreben bedroht und in offenen Wäldern kaum noch zu finden – sie leben anscheinend nur noch in Sekundärwäldern. Allerdings ist es sehr schwer, sie in Gefangenschaft zu züchten. Der beste Ort, diese kuriose Tierart zu beobachten, ist der **Parque do Mindú** (außerhalb der Karte S. 704; Av Perimetral s/n; Eintritt frei; ☺ Di–So 8–17 Uhr), ein 33 ha großer Park in einer Wohngegend von Manaus, etwa 6 km vom Zentrum entfernt. In dem Park gibt es acht miteinander verzweigte Wege, u. a. auch höher gelegene Pfade und ein Orchideenhaus. Freiwillige Führer können den Besuchern dabei helfen, die Affen ausfindig zu machen (am besten frühmorgens oder am späten Nachmittag) und ihnen die Flora und Fauna am Wegrand wie *açaí*-Palmen oder *jacarés* (Kaimane) erklären – wahrhaftig ein Ausflug in die Wildnis. Die Pfade sind breit und der durch den Park laufende Fluss ist von der stromaufwärts gelegenen Müllhalde sehr verschmutzt. Dennoch lohnt sich der Ausflug auf alle Fälle, vor allem wenn sich die Affen blicken lassen. Sonntags kann aber sehr viel los sein, wenn die Einheimischen sich zu einem ausgedehnten Frühstück treffen. Der Parque do Mindú liegt im Bezirk Parque Dez.

Vom Zentrum aus fahren die Busse 423, 433, 407 oder 427 (1,50 R$, 30 Min.) hin.

Jardim Botânico Adolpho Ducke

Der gewaltige, über 100 km² große Jardim Botânico Adolpho Ducke (Eintritt frei; ☺ Di–Fr 8–12 & 14–17, Sa & So 8–16 Uhr) am östlichen Rand von Manaus gilt als der größte Stadtwald der Welt. Der Namensgeber des Parks war ein aus Italien stammender Botaniker und Entomologe, der Jahrzehnte damit zubrachte, den amazonischen Regenwald und insbesondere die komplexe Ökologie seiner Baumgesellschaften zu studieren. Der Park dient schon seit langem der ökologischen Forschung, aber die Stadt bemüht sich sehr, ihn auch für Wanderer und Spaziergänger zu erschließen. Es gibt ein Netz aus acht kurzen Wegen (insgesamt 3 km) und Pläne für den Bau eines Naturkundemuseums, eines Beobachtungsturms, eines Baumwipfelpfads und sogar eines Aquariums. Man erreicht den Park mit dem Bus 448 „Ciudad de Deus" von der Praça da Matriz (zurück ebenfalls den Bus 448 nehmen); die Fahrt dauert 90 Minuten (einfache Strecke) ist damit lang, aber auch interessant, weil sie durch Viertel führt, in die sonst kaum ein Besucher kommt.

Museu do Seringal Vila Paraíso

Das **Museum** (Kautschukmuseum; Karte S. 717; Eintritt 5 R$; ☺ Mi–So 8–16 Uhr) ist von Ponta Negra aus in einer 25-minütigen Bootsfahrt zu erreichen; vom Zentrum aus steht erstmal die 20-minütige Busfahrt zur Ablegestelle an. Glücklicherweise gehört die Anreise aber zum Spaß mit dazu und lässt sich auch gut mit einem Stopp an der Praia da Lua, dem besten Strand von Manaus, verbinden. Bei den Führungen besichtigt man das prächtige Wohnhaus eines Kautschuksbarons und den Nachbau einer Kautschukzapferhütte und wandert dann ein kurzes Stück, um zuzusehen, wie Gummibäume angezapft werden und der Gummi dann in der strohgedeckten Räucherhütte verarbeitet wird. Das Ganze ist zwar etwas effekthascherisch aufgezogen, aber trotzdem ganz interessant, zumal dies die einzige Einrichtung in Manaus ist, wo man etwas über diesen sehr wichtigen Teil der Geschichte der Stadt erfährt.

Die Boote zum Museum (6 R$, 25 Min.) legen häufig von der Marina Davi gleich hinter Ponta Negra ab. Vom Zentrum aus den Bus 011, 012 oder 120 (1,50 R$, 20 Min.) bis zur Wendeschleife direkt vor dem Hotel Tro-pical nehmen und dort in den kostenlosen „Especial" zum Hafen umsteigen.

Praia da Lua

Manaus' bester Strand (Karte S. 717) ist mit einer kurzen Bootsfahrt den Rio Negro hinauf zu erreichen. Der Besuch lässt sich mit einem Abstecher ins Museu do Seringal zu einem netten Tagesausflug verbinden. Der Sand ist überraschend fein, und das Wasser eignet sich trotz der teebraunen Farbe durchaus zum Baden. Wie alle Strände an Flüssen ist auch die Praia da Lua bei Niedrigwasser (Nov. & Dez.) am breitesten und bei Hochwasser (Juni & Juli) am schmalsten. Bäume spenden etwas Schatten, aber die Mittagshitze kann heftig sein. Am Wasser stellen improvisierte Lokale Tische auf, wo man Fisch essen und Bier trinken kann. Das größte Manko: Es gibt keine Toiletten.

Boote zur Praia da Lua (2–3 R$, 10 Min.) fahren von der Marina Davi gleich hinter Ponta Negra. Vom Zentrum aus den Bus 011, 012 oder 120 (1 R$, 20 Min.) bis zur Wendeschleife direkt vor dem Hotel Tropical nehmen und dort in den kostenlosen „Especial" zum Hafen umsteigen.

Encontro das Águas

Gleich flussabwärts von Manaus treffen die „schwarzen" (eigentlich klaren und dunkelbraunen) Fluten des Rio Negro auf die „weißen" (milchig-hellbraunen) Fluten des Rio Solimões, vereinen sich aber nicht, sondern fließen mehrere Kilometer weit nebeneinander her. Dieses Naturschauspiel, das „Encontro das Águas" (Zusammentreffen der Wasser; Karte S. 717) gibt es an mehreren Stellen des Flusssystems, aber nirgendwo so ausgeprägt wie hier. Die Gründe sind Unterschiede in der Temperatur (der Rio Solimões ist ein paar Grad kälter), der Fließgeschwindigkeit (17 m/sek. beim Rio Solimões, 6 m/sek. beim Rio Negro) und der Umstand, dass der Rio Solimões achtmal mehr Sedimente mit sich führt als der Rio Negro. Angeblich soll der Encontro die Inspiration für das wellige, schwarzweiße Fliesenmuster vor dem Teatro Amazonas und an Rio de Janeiros berühmter Strandpromenade gewesen sein.

Trotz allem ist eine Tour einzig zu dem Zweck, den Encontro zu sehen, das Geld nicht wirklich wert, denn so berauschend ist die Sache nun auch wieder nicht. Aber glücklicherweise kommt man auf dem Weg zu den

---

REKORDFLUT

Das Steigen und Fallen des Amazonas und seiner Nebenflüsse – in einem normalen Jahr beträgt die Differenz im Wasserstand 15 m – ist hier ein Bestandteil des Alltags, auf den sich alle Lebewesen einstellen: Man errichtet Häuser auf Pfählen, Bäume haben sich an ein monatelanges Überleben im Wasser angepasst, und Fische, Delfine und selbst Affen wandern je nach Wasserstand in den ihnen genehmen Lebensraum. Doch im Jahr 2009 hörte das Wasser nicht auf zu steigen und erreichte ein Niveau wie seit mehr als 50 Jahren nicht mehr. Mehr als 300 000 Menschen mussten ihre Wohnungen verlassen und mindestens 39 kamen ums Leben – einige wurden direkt aus ihren Häusern davongespült, andere starben, während sie versuchten, ihre Habseligkeiten in Kanus in Sicherheit zu bringen. Viele Dörfer am Fluss wurden vollständig überflutet, und auch in Großstädten wie Manaus oder Santarém standen ganze Stadtteile mehr als meterhoch unter Wasser.

Gelegentliche Flutkatastrophen sind ein Teil des Lebenszyklus am Amazonas, aber die Vermutung liegt nahe, dass hier auch der globale Klimawandel mit im Spiel ist. Die Schneeschmelze in den Anden nimmt stetig zu, außerdem war 2009 die Regenzeit ungewöhnlich stark ausgeprägt und dauerte lange. Genauso war es auch im Jahr davor gewesen; bereits zu Beginn der Regenzeit war der Wasserstand mehrere Meter höher als normal, er hatte während der Trockenzeit des Jahres 2008 seinen üblichen Tiefstand nicht erreicht – ein Umstand, der häufig übersehen wurde. Überdies stellten Metereologen fest, dass sich aufgrund ungewöhnlich hohen Luftdrucks die Regenfälle im nördlichen Brasilien konzentrierten, während zur gleichen Zeit, als Amazonien in den Fluten versank, im Hochland von Guayana ungewöhnlich trocken war.

Die Spuren des Hochwassers von 2009 sind noch überall in Amazonien zu sehen: Markierungen an den Gebäuden und an Baumstämmen zeigen den Höchststand, Schutt und Gerümpel hängen hoch in den Baumwipfeln. Präsident Lula da Silva erklärte beim Besuch der am schlimmsten betroffenen Gebiete: „Wir müssen uns ernsthafter als bislang mit dem Klimawandel auseinandersetzen." Da hat er wohl Recht.

---

meisten Lodges ohnehin an der Stelle vorbei. Und wenn nicht, lässt sich doch für wesentlich weniger Zeit und Geld statt einer richtigen Tour auch ein kleiner Abstecher organisieren.

Ansonsten bietet **Amazon Explorers** (Karte S. 704; ☎ 3232 3052; www.amazonexplorers.com.br, Estação Hidroviária de Manaus, Porto Flutuante; ☒ Mo–Sa 8–18, So 8–9.30 Uhr) Tagesausflüge zum Encontro das Águas und zum nahen Parque Ecológico Janauary an, in dem man essen und shoppen, in Gefangenschaft gehaltene Tiere bewundern, essen, shoppen, auf kurzen Naturlehrpfaden spazieren und wieder essen und shoppen kann.

Geführte Touren

Eine ganze Schar **lizenzierter Führer** bietet individuell zugeschnittene Touren zu den wichtigsten Sehenswürdigkeiten von Manaus, darunter dem Hafen, den Fisch- und Obstmärkten und dem Opernhaus an – eine gute Sache, wenn man viel in kurzer Zeit sehen will. Die meisten Führer sind freundlich und kenntnisreich, manche sprechen auch mehrere Sprachen. Man findet sie in der nordwestlichen Ecke der Praça São Sebastião. Die Preise liegen um die 50 R$ pro Gruppe für eine Tour von drei bis fünf Stunden, Taxi- oder Bootsfahrten sind nicht inbegriffen.

Festivals & Events

Seit 1997 bringt das alljährliche Festival Amazonas de Ópera erstklassige Opernaufführungen auf die Bühne des Teatro Amazonas. Diese dreiwöchige Gala findet üblicherweise Ende April bis Anfang Mai statt, und im Publikum sieht man Smoking und Abendkleid genauso wie Jeans und T-Shirts, die offensichtlich eine Reise durch den Dschungel hinter sich haben (bei Shorts, Unterhemden und Badelatschen ist die Toleranzgrenze aber überschritten). Tickets (5–60 R$) gibt's im Teatro Amazonas (S. 705) mehrere Wochen vor Beginn des Festivals.

Im November bringt das noch populärere **Amazonas Film Festival** Dutzende von Filmen auf die Leinwand, die in irgendeiner Weise mit dem Amazonas zu tun haben, von seltenen brasilianischen Spielfilmen, die in Manaus gedreht wurden, bis hin zu ausländischen Dokumentationen über die Zerstörung des Regenwalds. Die schlagzeilenträchtigsten laufen im Teatro Amazonas (S. 705), aber die ganze Woche kann man abends auf einer großen Bühne im Freien direkt auf der Praça São Sebastião kostenlos Filme ansehen.

Das im Juni stattfindende **Festival Folclórico do Amazonas** bietet eine große Bandbreite regionaler Folkloredarbietungen, darunter auch Proben der Boi-Bumbá-Truppen aus Parintins. Das Fest erreicht seinen Höhepunkt am 29. Juni mit der Procissão Fluvial de São Pedro (Flussprozession zu Ehren des hl. Petrus), wenn Hunderte von Flussbooten auf dem Rio Negro vor Manaus zur Parade aufziehen, um dem Schutzpatron der Fischer zu huldigen.

Schlafen

Im Folgenden sind die Hotels in Manaus aufgelistet; Hinweise zu Dschungeltouren und Lodges außerhalb der Stadt gibt's auf S. 718.

BUDGETUNTERKÜNFTE

Pensão Sulista (Karte S. 704; ☎ 3234 5814; Av Joaquim Nabuco 347; B 20 R$, EZ ohne Bad 25 R$, EZ/DZ/3BZ mit Bad & Klimaanlage 40/50/75 R$; ⊠ ⊜) Diese an ein Mietshaus erinnernde Budgetunterkunft war früher ein Krankenhaus und bietet ansehnliche hell- und dunkelbraune Holzböden und große Zimmer, die sich zu einem sonnigen Korridor öffnen. Der Charme leidet allerdings erheblich unter den durchgelegenen Betten, den uralten Badezimmern und den Trennwänden, die nicht ganz bis zur hohen Decke reichen. Dennoch ist das Preis-Leistungs-Verhältnis durchaus in Ordnung und das Haus dementsprechend häufig ausgebucht. Das Hotel befindet sich in einer Gegend, in der nachts Vorsicht angebracht ist.

LP Tipp Hostel Manaus (Karte S. 704; ☎ 3233 4545; www.hostelmanaus.com; Rua Lauro Cavalcante 231; B mit Ventilator 20 R$, mit Klimaanlage 24 R$, DZ mit Ventilator & ohne Bad 55 R$, mit Klimaanlage & Bad 65 R$; Rabatt für HI-Mitglieder; ⊠ ⊡ ⊜) Es hat lange gedauert, aber inzwischen haben Hostels den Amazonas erreicht – sowohl hier als auch in Belém. Dieses HI-Hostel unter australischer Leitung hat komfortable Schlafsäle (auch einen nur für Frauen) und Privatzimmer, eine Waschmaschine sowie zwei Freilufterrassen, auf denen man gemütlich ein Bier trinken kann – von der auf dem Dach hat man zudem noch einen wunderbaren Blick auf die Stadt. Als weitere Extras gibt es Schließfächer, eine Gepäckaufbewahrung, Küchenbenutzung und Internetzugang. Ein empfehlenswerter Tourveranstalter hat im Haus seinen Hauptsitz.

Hotel 10 de Julho (Karte S. 704; ☎ 3232 6280; www.hoteldezdejulho.com; Rua 10 de Julho 679; EZ/DZ 65/70 R$, mit

Warmwasser & Minibar 80/85 R$; ⊠ ⊜) Die Zimmer sind ziemlich steril, vor allem bei dem Preis (15 R$ extra für Warmwasser!), aber Manaus hat nicht gerade ein Überangebot an sauberen, preisgünstigen Unterkünften. Die Lage ist ideal: Das Haus steht in einem sicheren Viertel, zwei empfehlenswerte Tourveranstalter sind ganz in der Nähe und das Teatro Amazonas nur einen Block entfernt. Nett sind die Innenveranden mit Topfpflanzen und bemalten amazonischen Wandreliefs.

Hotel Ideal (Karte S. 704; ☎ 3233 9423; www.hotelidealmanaus.com.br; Rua dos Andradas 491; EZ/DZ mit Ventilator 37/46 R$, mit Klimaanlage 48/60 R$, mit Klimaanlage, TV & Minibar 60/70 R$; ⊠) In dem mehrstöckigen Block gibt es schlichte, aber durchaus angemessene, in grauer und weißer Hochglanzfarbe angestrichene Zimmer. Man sollte ein Zimmer mit Fenster verlangen oder eines im obersten Stock, wo zumindest der Korridor sonnig ist. Vor dem Hotel versuchen manche private Führer verbilligte Touren anzudrehen. Der Zutritt zum Hotel ist ihnen untersagt, aber sobald man über die Schwelle tritt, belagern sie einen schon.

Manaus Hostel „Trip Tour" (Karte S. 704; ☎ 3231 2139; www.manaushostel.com.br; Rua Costa Azevedo 63; B mit Ventilator 20 R$, mit Klimaanlage 30 R$, EZ/DZ mit Klimaanlage 65/90 R$; ⊠ ⊡ ⊜) Dass dieses Hostel fast den gleichen Namen führt wie Manaus' anderes (ursprüngliches) Hostel, lässt nichts Gutes ahnen, und tatsächlich ist so mancher Traveller hier schon irrtümlich hingeraten. Andererseits bieten die Schlafsäle durchaus den üblichen Standard. Sie haben hohe Decken, stabile Stockbetten und Schließfächer; die zusätzlichen 10 Rs für einen Raum mit Klimaanlage sind gut angelegt, denn in den Räumen, die nur mit Ventilator ausgestattet sind, kann es sehr stickig und heiß werden. Im anderen Hostel sind das Frühstück, der Service und das Gesamterscheinungsbild besser, dafür punktet dieses mit seiner erstklassigen Lage nur zwei Blocks von der Praça São Sebastião entfernt.

MITTELKLASSEHOTELS

Hotel Brasil (Karte S. 704; ☎ 3233 6575, 2101 5000; Av Getúlio Vargas 657; EZ/DZ 75/90 R$, mit Frühstück 83/106 R$; ⊠) Das achtstöckige Hotel an der sicheren, belebten Av Getúlio Vargas hat Zimmer, in die zwei Betten, Tisch und Stuhl und sogar ein Sofa passen. Die altmodischen Klimaanlagen und die klitzekleinen Badezimmer sind ein Minus, aber insgesamt stimmt das Preis-Leistungs-Verhältnis. Das Frühstück ist üppig, und die Haltestelle der Busse vom und zum Flughafen und Busbahnhof befindet sich nur einen halben Block entfernt.

Chez les Rois (außerhalb der Karte S. 704; ☎ 3584 3549; www.chezlesrois.com.br; Conjunto Manauense Q/G 01, Barrio Vieiralves; EZ/DZ 110/145 R$; 🛇 🖳 🛜 🎇) Das Hotel befindet sich in einem attraktiven kolonialzeitlichen Wohnhaus in einem schicken Viertel. Es hat wunderbare Gemeinschaftsbereiche mit schönen Holzböden, bequemen Sofas sowie Stühlen und viele Ecken und Winkel, in denen man ein Buch lesen oder die Sonne genießen kann. Außerdem gibt's einen einladenden kleinen Pool. Die Zimmer sind weniger begeisternd (und teilweise sehr klein), aber die meisten Gäste nehmen für das Ambiente und den außergewöhnlichen Service schon mal einen angeschlagenen Ellbogen in Kauf. Die Taxifahrt ins Zentrum kostet 20 R$.

Maguire's Guesthouse (außerhalb der Karte S. 704; ☎ 3239 0280; www.maguirenet.com; Rua Modolva 28, Conjunto Jardim Friburgo; 80–110 R$/Pers.; 🛇 🖳 🛜 🎇) Bei nur zwei Zimmern fühlt man sich hier wie ein Familienmitglied, vor allem, weil beide direkt in den Hauptwohnbereich des Hauses führen – manchem Gast ist das wahrscheinlich etwas zu intim. Das größere Deluxe-Zimmer ist den Aufpreis wert, denn es hat ein besseres Bett sowie einen Fernseher und blickt in das üppige Gartengelände hinter der Pension. Es gibt einen sauberen Pool und viel Platz zum Abhängen. Die Betreiber arrangieren Ausflüge aller Art. Gäste erhalten sogar ein Handy und werden, wenn irgend möglich, auch ins Zentrum gebracht oder dort abgeholt.

Mango Guest House (außerhalb der Karte S. 704; ☎ 3656 6033; http://mango-guesthouse.com; Rua Flávio Espirito Santo 01, Barrio Kissia II; EZ/DZ 130/160 R$; 🛇 🖳 🛜 🎇) Das Hotelgelände selbst ist hier das Highlight: Es liegt im Schatten riesiger Mangobäume weit außerhalb des Trubels des Zentrums. Die Zimmer sind zugegeben etwas steril, aber schöne, handgemalte Wandbilder, bunte Baumwolldecken und gute Handtücher versöhnen mit dem nackten Beton – und dann gibt's noch einen einladenden Pool. Traveller, die vor allem Manaus erkunden wollen, werden es als Nachteil empfinden, dass das Zentrum so weit weg ist (Taxifahrt 25–30 R$).

Hotel Internacional (Karte S. 704; ☎ 3633 7034; www.hotelinternaional.brasilcomercial.com; Rua Dr Moreira 168; EZ/DZ 128/154 R$; 🛇 🖳 🛜) Das Internacional verdient sicher keinen Gestaltungspreis – in Sachen nüchterner Funktionalität sieht's hier

karger aus als in einem Krankenhaus –, aber die makellos sauberen, geräumigen Zimmer sind komfortabel und bieten hohe Decken, Klimaanlage, TV und Kühlschrank. In den meisten Zimmern hat man einen Kabelanschluss ins Internet, und außerdem gibt's in der Nähe der Rezeption einen Computer, den die Gäste nutzen können. Unter den Hotels in diesem belebten, sicheren Geschäftsviertel ist dieses das beste.

Hotel Krystal (Karte S. 704; ☎ 3233 7535; www.krystalhotel.com.br; Rua Barroso 54; EZ/DZ/3BZ 125/160/210 R$; 🛇 🛜) Die Lobby könnte dem Stil der 1980er-Jahre nur dann noch mehr entsprechen, wenn sich Charlies Engel hier höchstpersönlich auf den Sofas räkeln würden. Allerdings verderben die schrecklich langsamen automatischen Eingangstüren das Bild. Die Zimmer sind sauber, aber recht düster mit kräftig minzgrünen Wänden, Betten mit schönen hölzernen Kopfenden, Schreibtischen mit Granitplatten, Waschbecken mit Säulenfuß und Milchglastüren an den Duschen. An die braunen Bettlaken mit dem Logo des Hotels muss man sich erst gewöhnen. Abgesehen vom Dekor ist das Krystal ein für diese Preisklasse verlässliches und gut gelegenes Hotel.

Ana Cássia Palace Hotel (Karte S. 704; ☎ 3303 3637; www.hotelanacassia.com.br; Rua dos Andradas 14; EZ/DZ/3BZ 120/150/185 R$; 🛇 🛜 🎇) Hier sollte man auf jeden Fall ein Zimmer mit Ausblick verlangen, denn aus den oberen Etagen sind der Fluss, der Hafen, der Markt, das Opernhaus und ein gutes Stück grüner Wald zu bewundern. Falls man aber Pech hat und keines frei ist, kann man am Pool auf dem Dach oder in den Restaurantbereichen immer noch das wohlige Gefühl genießen, mitten in Amazonien zu sein. Die Zimmer sind modern und sauber, auch wenn das Dekor peinlich veraltet ist. Einige der Einzelzimmer sind recht eng, während die Doppelzimmer eine vernünftige Größe haben. Tagsüber ist die Gegend, in der das Hotel steht, angenehm belebt, doch nachts sollte man hier nicht spazieren gehen.

SPITZENKLASSEHOTELS

Hotel Tropical (außerhalb der Karte S. 704; ☎ 2123 5000; www.tropicalmanaus.com.br; Av Coronel Teixeira 1320, Ponta Negra; Zi. 177–425 US$; 🛇 🖳 🛜 🎇) Manaus' bestes Luxushotel ist ein in sich abgeschlossenes Resort im Stil einer Hazienda. Die weitläufige Anlage ist nirgendwo höher als drei Stockwerke. Die neuesten Zimmer (3104–3142) haben Waschtische aus Granit, dunkle

Holzböden und Betten mit festen Matratzen und Laken, die mit Paradiesvögeln geschmückt sind. Diese Zimmer sind entschieden besser als die älteren Wohneinheiten im Stil der 1970er-Jahre. Zum Hotel gehören ein Wellenbad, ein kleiner Zoo, ein Orchideenhaus, diverse Sportanlagen (darunter eine zum Bogenschießen) und nicht weniger als fünf Bars.

Hotel Manaós (Karte S. 704; ☎ 3633 5744; www.hotelmanaos.com.br; Av Eduardo Ribeiro 881; EZ/DZ 179/230 R$; 🍴 🖥 🛜) Die meisten Spitzenklassehotels im Zentrum bieten enttäuschend reizlose Zimmer, und dieser minzgrüne Kasten lässt von außen auch nichts anderes vermuten. Der Eindruck täuscht aber: Die Zimmer sind zwar typisch eingerichtet, doch die honigfarbene Holzverkleidung und die Waschtische aus poliertem Stein wirken äußerst modern. Die meisten haben zudem außerdem große Fenster und einige einen Ausblick auf das Teatro Amazonas.

Taj Mahal Continental Hotel (Karte S. 704; ☎ /Fax 3627 3737; www.grupotajmahal.com.br; Av Getúlio Vargas 741; EZ/DZ 247/357 R$, mit Ausblick 420/567 R$; 🖥 🛜 🖥) Unbedingt viel Zeit im Drehrestaurant auf dem Dach verbringen – die Aussicht und das Essen sind exzellent, und nach genügend Umdrehungen weiß man, wie die Kinder der Kellner heißen. Die Zimmer bieten die erwartbare Ausstattung, aber die bunte Mischung an Farben, Materialien und Stilen ist definitiv veraltet (zumal in den Badezimmern muss man sich auf einiges gefasst machen). Es gibt einen kleinen Pool auf dem Dach und in der Lobby ein Reisebüro, ein Schmuckgeschäft und WLAN-Anschluss.

Essen

Skina dos Sucos (Karte S. 704; Ecke Av Eduardo Ribeiro & Rua 24 de Maio; Sandwiches & Snacks 2–8 R$; 🕒 Mo–Fr 7–20, Sa 7–19 Uhr) In diesem belebten Lokal gibt's Snacks und Sandwiches an der Theke, zudem *sucos* (frische Säfte) aus amazonischen Früchten, darunter *guaraná* (eine tropische Beerenfrucht, der viele Heilwirkungen nachgesagt werden), *cupuaçú* (die süße Variante der Kakaobohne) und *graviola* (Zimtapfel).

Kibe da Irene (Karte S. 704; Rua Barrosa auf Höhe Rua Saldanha Marinho; Snacks 2–8 R$) Das Lokal ist zwar nicht besonders stimmungsvoll, aber wegen dem freundlichen Service und dem preisgünstigen, leckeren Essen dennoch eine gute Alternative für sparsame Traveller. Zur Mittagszeit kann man sich für nur 5,50 R$ ein *prato feito* gönnen und den ganzen Tag über frisch zubereitete *lanches* für meist höchstens 2 R$. Ausgerechnet die *kibes*, die das Lokal im Namen führt, sind eher zäh, aber alles Übrige, darunter die panierten Hähnchenschenkel und die *bolinhas* (frittierte Käsebällchen), ist wirklich richtig gut. Von der Straße aus kommt man über eine schmale Treppe ins Lokal.

Mundo dos Sucos (Karte S. 704; Praça São Sebastião; Hauptgerichte 4–9 R$; 🕒 Mo–Sa morgens, mittags & abends, So 15–23 Uhr) Gleich neben dem beliebten Lokal Casa do Pensador bietet die „Welt der Säfte" jede Menge frische Fruchtsaftkreationen, die in Plastikbechern serviert werden. Außerdem gibt's viele schmackhafte warme Sandwiches mit Hühnchen, Würstchen, Käse und Ei in diversen Kombinationen sowie Hamburger. Wer sich nicht entscheiden kann, nimmt einfach eines mit *tudo* (allem). Der Laden ist immer noch unter seinem früheren Namen „Africa House" bekannt, der auch weiterhin in großen Buchstaben über der Tür prangt.

Cafeteria do Largo (Karte S. 704; Praça São Sebastião; Hauptgerichte 4–20 R$; 🕒 16–22 Uhr) Das unaufdringlich schicke kleine Lokal hat sich auf Häppchen nach Tapas-Art spezialisiert, die wohl die kreativsten und leckersten Esswaren sind, die man in Manaus bekommt. Die meisten sind typisch amazonisch wie etwa geräucherte *pirarucú*-Pastete mit *açaí*-Röllchen (eine Beerenfrucht) oder die zarten Palmenherzen in Form einer Blockhütte. Die Caipirinhas sind erstklassig, und auch das Ambiente – Edelstahltische im Freien gegenüber dem Teatro Amazonas – ist kaum zu übertreffen.

LP Tipp Casa do Pensador (Karte S. 704; Praça São Sebastião; Hauptgerichte 13–22 R$; 🕒 Mo–Fr 11–23, Sa & So 16.30–23 Uhr) An den einfachen Holztischen auf der Plaza gegenüber dem Teatro Amazonas kann man sich entspannt zu Abend essen oder ein Bier trinken. Die Gerichte sind einfach; es gibt hauptsächlich Pizza (auch ein paar vegetarische Angebote) und die üblichen Gerichte mit Reis, Bohnen und Fleisch.

Scarola Pizzaria (Karte S. 704; ☎ 3234 8542; Rua 10 de Julho 739; Hauptgerichte 10–30 R$, 20–22 R$/kg; 🕒 mittags & abends) Gutes Essen, guter Service und gutes *chope* (Bier vom Fass) sorgen für ein bunt gemischtes Publikum, in dem sich frisch von einer Dschungeltour zurückgekehrte Backpacker genauso finden wie Geschäftsleute, die sich über die letzte Opernaufführung auslassen. Beim günstigen Mittagsbuffet gibt es alles Übliche, darunter frisch gegrilltes Fleisch, abends hauptsächlich Pizza und Bier. Eines der wenigen Restaurants in der Gegend, das sogar sonntags bis spät in die Nacht hinein geöffnet hat.

Filosóphicus (Karte S. 704; 3. OG, Av Sete de Setembro 752; Selbstbedienung 21 R$/kg; 🕐 Mo–Fr mittags) Vegetarier finden in diesem kleinen, versteckten Restaurant im 3. Stock ein kreatives, absolut fleischfreies Mittagsbuffet. Sehr stimmungsvoll ist es nicht, aber das Essen lohnt auf alle Fälle.

Bufolete (Karte S. 704; Av Joaquim Nabuco; 32 R$/kg; 🕐 Mo–Sa mittags) Wer die Churrascaria Búfalo etwas zu aufgetakelt findet, kann es mit dem kleineren Schwesterrestaurant gleich daneben versuchen. Service und Ambiente sind weniger elegant, und der Essbereich erinnert mit den niedrigen Decken und Bögen etwas an eine Höhle, aber das Essen ist fast so gut wie nebenan, und die Preise sind weitaus verdaulicher.

LP Tipp **Arte com Peixe** (Karte S. 704; Rua 10 de Julho; Hauptgerichte 15 R$; 🕐 Mo–Sa mittags) „Kunst mit Fisch" – ein ziemlicher Spagat, aber die Gerichte sind wirklich sehr gut, der Service ist freundlich und die Lage gegenüber dem Teatro Amazonas einfach ideal. Die großen Portionen *pirarucú* und *tambaquí* gibt's gegrillt, gebraten oder in einer würzigen *escabeche*, der Spezialität des Hauses.

Restaurante Giratório (Karte S. 704; ☎ /fax 3627 3737; tajmahal@internext.com.br; Taj Mahal Continental Hotel, Av Getúlio Vargas 741; Gerichte 18–45 R$; 🕐 mittags & abends) Es quietscht und knarrt schon ein bisschen, aber das Drehrestaurant auf dem Dach des Hotels Taj Mahal bietet immer noch eine unschlagbare Aussicht und überdurchschnittlich gutes Essen. Schnappt man sich einen Tisch von dem der Blick knapp vor das Teatro Amazonas geht, kann man sicher sein, während der Mahlzeit mindestens zweimal dran vorbeizukommen. Die Gerichte sind recht teuer, aber nicht wirklich überteuert. Empfehlenswert sind das Filet Mignon oder *tucanaré* in *cupuaçu*-Sauce (eine herbe Tropenfrucht).

Churrascaria Búfalo (Karte S. 704; Av Joaquim Nabuco 628; Hauptgerichte 36–45 R$; 🕐 tgl. mittags & Mo–Sa abends) In Manaus gibt's keinen besseren Ort für ein *rodizio*, ein All-You-Can-Eat-Spektakel, bei dem befrackte Kellner immer wieder neue Spieße mit Grillfleisch am Tisch servieren, wozu noch die Salat- und Pastatheke kommt. Dieses Lokal verlässt mit Sicherheit niemand hungrig.

Ausgehen & Unterhaltung

In der Stadt gibt's ein paar ruhige Bars, wer Partyatmosphäre sucht, ist in Ponta Negra besser aufgehoben.

Bar do Armando (Karte S. 704; Rua 10 de Julho 593; 🕐 Mo–Sa 12–24 Uhr) Die Bar nahe dem Opernhaus ist ein traditioneller Treff von Intellektuellen und der Bohème, aber auch alle anderen setzen sich draußen gern an die Tische, um ein Bier zu trinken und sich zu unterhalten.

Ecko Lounge (außerhalb der Karte S. 704; Av Coronel Teixeira 293, Ponta Negra; 🕐 Mi–Sa 20–4 Uhr) Hier hat man die Wahl: Auf der Haupttanzfläche pulsiert Techno, im Loungebereich geht's bei Acoustic geruhsamer zu. Der Grundpreis beträgt an den meisten Abenden 40 R$; der VIP-Pass schlägt mit derben 100 R$ zu Buche, beinhaltet aber freie Getränke.

Laranjinha Bar (Ponta Negra; 🕐 Mo–Sa ab 21 Uhr) Das am Ufer in Ponta Negra gelegene Laranjinha ist ein guter Ausgangspunkt, um in den Abend zu starten. Bei Bier und Burgern kann man die Livemusik und die Tanzshows, die an den meisten Abenden auf der großen Freiluftbühne der Bar geboten werden, gemütlich genießen. Falls eine Show läuft, wird möglicherweise ein kleiner Grundpreis auf die Rechnung aufgeschlagen.

Club de Forró (Estrada do Aleixo s/n, nahe dem Bosque de Ciência, Ponta Negra; 🕐 nur Do ab 23 Uhr) Ein guter *forró*-Treff, auch bekannt als Club dos Sargentos da Aeronautica (Club der Flugoffiziere).

Enigma (außerhalb der Karte S. 704; ☎ 3234 7985; Rua Silva Ramos 1054; 🕐 Do–Sa 23 Uhr–open end) Ein *boate* (Nachtclub), gleichermaßen für Schwule, Lesben und Heteros, mit Beatmusik und Tanz. Der Club liegt ungefähr 1 km nördlich vom Zentrum.

Purão do Alemão (Ponta Negra; 🕐 Fr & Sa ab 23 Uhr) und **Coração Blue** (☎ 3658 4057; Ponta Negra; 🕐 Mo–Sa ab 21 Uhr) liegen beide an der Estrada de Ponta Negra und sind belebte und sichere Bars, die von Touristen und Einheimischen gleichermaßen besucht werden. Im Coração Blue kann man gut tanzen. Jeden Abend steht ein anderes Thema an, darunter *forró* und die „Tourist Night".

Shoppen

Galeria Amazônica (Karte S. 704; ☎ 3233 4521; www.galeriamazonica.org.br; Rua Costa Azevedo 272) Direkt an der Praça São Sebastião liegt Manaus' Top-Geschäft für echtes amazonisches Kunsthandwerk, darunter prächtige Korbwaren, Töpferwaren und Volkskunst. Die Preise sind eher hoch, aber die Qualität ist es auch.

Artesanato da Amazônia (Karte S. 704; ☎ 3232 3979; Rua José Clemente 500; 🕐 Mo–Fr 9–18.30, Sa 9–15 Uhr) Einst gab es hier wunderbare Volkskunst zu kaufen, doch inzwischen ertrinken die guten Stücke in Bergen von Standard-Kitsch. Einige Qualitätsstücke, vor allem indigene Masken und handgeschnitzte Waffen, lassen sich aber noch finden.

Amazonas Ecoshop (Karte S. 704; ☎ 3633 3569; www. ecoshop.com.br; Rua 10 de Julho) Ein kleiner Laden mit Kunst, Schmuck und anderen Geschenkartikeln. Die Auswahl ist etwas dürftig, aber die meisten Stücke stammen aus der Region und haben ein Zertifikat, dass sie aus fairem Handel stammen. Das zugehörige Café bietet leckeren Kaffee und Gebäck.

Carrefour (Karte S. 704; Av Eduardo Ribeiro; ⊙ Mo–Sa 7.30–21, So 7.30–14 Uhr) Der größte und beste Supermarkt in der Innenstadt. Hier gibt's auch Batterien, Taschenlampen und Regenumhänge.

Zahlreiche *casas de redes* (Läden für Hängematten; s. Karte S. 704) ballen sich in der Rua Rocha dos Santos und ihren Seitenstraßen sowie um die Praça Tenreiro Aranha. Stoffhängematten, die für Flussbootfahrten geeignet sind, kosten ab etwa 15 R$, während größere, schönere und haltbarere mit mindestens 45 R$ zu Buche schlagen. Wenn man im Dschungel übernachten will, empfiehlt sich außerdem auch noch der Kauf eines Moskitonetzes (12–25 R$).

Auf dem nahe dem Porto Manaus Moderno gelegenen **Mercado Municipal Adolfo Lisboa** (Karte S. 704; Rua dos Barés; ⊙ Mo–Sa 8–17, So 6–12 Uhr) gibt's günstiges Kunsthandwerk, T-Shirts, billige ausgestopfte Piranhas und Naturheilmittel.

Zahlreiche **Kunsthandwerksstände** (Karte S. 704; ⊙ Mo–Sa 9–18 Uhr) auf der Praça Tenreiro Aranha bieten überwiegend den identischen billigen Souvenirkram an.

An- & Weiterreise

AUTO

Nur wenige Traveller mieten in Manaus ein Auto. Wer aber eines möchte, bekommt es problemlos bei mehreren Autovermietungen am Flughafen, darunter **Localiza** (☎ 3652 1176), **Unidas** (☎ 3652 1327), **Avis** (☎ 3652 1579) und **Hertz** (☎ 3652 1421).

BUS

Der **Fernbusbahnhof** (außerhalb der Karte S. 704; Rua Recife 2784) von Manaus ist ziemlich klein und kompakt, was wohl daran liegt, dass es gar nicht so viele Orte gibt, die man per Bus erreichen kann. Der Busbahnhof liegt 6 km nördlich der Stadt in der gleichen Richtung wie der Flughafen.

Eucatur (☎ 3648 1493) fährt nach Boa Vista (100 R$, 12 Std., 10, 18, 19, 20 & 23 Uhr; die Busse um 18 & 19 Uhr mit *semi-leito*). Zur Weiterreise nach Venezuela den Bus um 18 Uhr mit Anschluss nach Santa Elena (120 R$, 16 Std. ab Manaus), Puerto Ordaz (180 R$, 24 Std.) und Puerto La Cruz (200 R$, 32 Std.) nehmen.

Aruanã (☎ 3236 8305) fährt nach Presidente Figueiredo (16,50 R$, 2 Std., 6, 10, 12, 17 & 21 Uhr) und Itacoatiara (33 R$, 4 Std., 6, 7.30, 10, 14 & 19 Uhr).

FLUGZEUG

Der **Aeroporto Internacional Eduardo Gomes** (Karte S. 717; ☎ 3652 1210; Av Santos Dumont 1350) liegt 13 km nördlich des Zentrums. Kleinere, regionale Fluglinien benutzen auch einen kleineren, als „Eduardinho" bezeichneten Flugplatz, der rund 600 m östlich vom Hauptflughafen liegt. In dem großen, modernen Terminal gibt's eine Touristeninformation (7–23 Uhr), Geldautomaten, eine Wechselstube, ein Internetcafé und eine Praxis für Gelbfieberimpfungen.

Die Preise für Flugtickets variieren stark – am besten fragt man in Reisebüros nach Sonderangeboten, insbesondere bei Flügen innerhalb des Amazonasgebiets. Bei allen Flügen vom Flughafen Gomes aus wird eine Flughafensteuer von 20 R$ erhoben, bei Flügen vom Eduardinho aus sind es 16 R$. Diese Steuer wird in der Regel gleich beim Ticketkauf auf den Preis aufgeschlagen.

Azul (☎ 4003 1118; www.voeazul.com.br)

Copa/Continental (centro ☎ 3622 1381; www.copaair. com; Av Eduardo Ribeiro 654)

Delta (☎ 4003 2121, 0800 881 2121; www.delta.com)

Gol (☎ 3652 1593, 3652 1601; www.voegol.com.br)

LAN (☎ 0300 788 0045; www.lan.com)

TRIP (☎ 3652 1355; www.voetrip.com.br)

TAM (☎ 3652 1300, 4002 5700; www.tam.com.br)

TAP (☎ 0300 210 6060; www.flytap.com)

SCHIFF/FÄHRE

Die großen Passagierschiffe legen an der **Estação Hidroviária de Manaus** (Karte S. 704; Porto Flutuante) an und ab. Die Schnellboote nach Tefé, Tabatinga und Parintins nutzen den **Porto Manaus Moderna** (Karte S. 704; hinter dem Mercado Municipal Adolfo Lisboa). Tipps für Schiffsreisen auf dem Amazonas stehen auf S. 670.

Die **Ticketschalter** (Karte S. 704; ☎ 3088 5764, 3232 7062; ⊙ 6–18 Uhr) im Terminal des Porto Flutuante verkaufen Fahrkarten für Langstreckenfahrten. Die Schiffe, die stromab nach Belém

FLUSSBOOTE AB MANAUS (ESTAÇÃO HIDROVIÁRIA)

Ziel	Tage	Dauer	Oberdeck	Unterdeck	Kabine (2 Pers.)
Belém	Mi & Fr; 11 Uhr	4 Tage	260 R$	217 R$	1000 R$
Porto Velho	Di & Fr; verschiedene Zeiten	4 Tage	202 R$	194 R$	500 R$
Santarém	Di–Sa; 11 Uhr	36 Std.	115 R$	98 R$	400 R$
Tabatinga	Mi & Sa; 11 Uhr	7 Tage	340 R$	k. A.	1000 R$
Tefé	Mi & Sa; 6 Uhr	36 Std.	115 R$	k. A.	300 R$

gehen, halten unterwegs in der Regel auch in Itacoatiara, Parintins, Santarém und Monte Alegre. Die Schiffe, die den Rio Solimões hinauffahren, stoppen in Tefé, Benjamin Constant und Tabatinga. Die Schiffe, die auf dem Rio Maeira nach Porto Velho fahren, legen unterwegs in Manicoré und Humaitá an. Bei den Männern, die um den Eingang herumhängen, bekommt man die Tickets mit etwas Rabatt – man kann aber auch hereinfallen, wenn nämlich das Schiff bereits ausgebucht ist.

AJATO (Karte S. 704; ☎ 3622 6047, 9984 9091; Porto Manaus Moderna; 🕑 Mo–Fr 8–17, Sa 8–12 Uhr) betreibt bequeme Schnellboote stromaufwärts nach Tefé (190 R$, 13 Std., tgl. außer Di & So, 7 Uhr) sowie nach Tabatinga und Benjamin Constant (420 R$, 38 Std., nur Di) und stromabwärts nach Parintins (150 R$, 9 Std., Mo & Fr 7 Uhr). Es gibt auch eine Verbindung den Rio Madeira hinauf bis nach Manicoré (150 R$, 14 Std., Mi & Fr 6 Uhr). Die Verbindung nach Santarém wurde vor mehreren Jahren eingestellt, doch gibt es immer wieder Gerüchte, sie solle wieder aufgenommen werden – Prinzip Hoffnung ist angesagt. Bei allen Fahrten sind die Mahlzeiten im Preis enthalten. Die Schiffe füllen sich schnell, deshalb sollte man sein Ticket möglichst einen oder zwei Tage im Voraus kaufen.

Die langsamen Boote, die den Rio Negro hinauftuckern, fahren vom Porto São Raimundo im Bairro São Raimundo ab, einem zwielichtigen Viertel 1,5 km nordwestlich vom Porto Flutuante. Pro Woche gibt's ein paar Schiffe nach Barcelos (2 Tage) und weiter nach São Gabriel da Cachoeira (5–6 Tage), die in der Regel abends ablegen.

Unterwegs vor Ort

Zwischen 13 und 14 sowie 17 und 19 Uhr herrscht auf den Straßen in der Innenstadt und in den städtischen Bussen mächtig viel Betrieb – man sollte also in diesen Stunden möglichst keine langen Fahrten in der Stadt

unternehmen. Auf den meisten Buslinien kostet die Fahrt 2,25 R$. Taxis gibt's reichlich, sie sind aber recht teuer: Eine Fahrt innerhalb des Zentrums kostet ab 15 R$, teurer wird es bei längeren Strecken und wenn man in einen Stau kommt.

VOM/ZUM BUSBAHNHOF

Die Busse 306 und 813 fahren auch am Busbahnhof vorbei. Sie halten an der Praça da Matriz oder in der Av Gétulio Vargas. Der Busbahnhof ist klein und leicht zu verfehlen: Man sollte also dem Fahrer Bescheid sagen, wo man hin möchte, und die Augen offen halten. Es ist die zweite Haltestelle nach dem Stadion auf der linken Seite.

Die gleichen Busse fahren auch wieder in die Stadt. Vom Busbahnhof aus führt eine Fußgängerbrücke über die Rua Recife; links geht es an einer befahrenen Straße entlang auf die andere Seite einer Tankstelle. Von dort aus befindet sich die Haltestelle noch 100 m weiter weg auf der anderen Straßenseite.

Ein Taxi vom Busbahnhof ins Zentrum kostet zwischen 20 und 25 R$.

VOM/ZUM FLUGHAFEN

Die Busse 306 und 813 (die, die auch zum Busbahnhof fahren) mit der Aufschrift „Aeroporto" (2,25 R$) und „Aeroporto-Ejecutivo" (3 R$) pendeln jede halbe Stunde zwischen dem Flughafen und der Praça da Matriz; der Ejecutivo ist klimatisiert, nicht so voll und den Extra-Reais wert. Den Flughafen rechts durch die Haupttüren verlassen und zur Bushaltestelle am Ende des Terminals gehen. In der Stadt liegen die praktischsten Haltestellen an der Praça da Matriz und in der Av Gétulio Vargas in der Nähe der Rua José Clemente.

Taxis am Flughafen verlangen einen Fixpreis von 49 R$ für die 20-minütige Fahrt in die Stadt. Die Fahrt zurück kostet ungefähr das Gleiche, manchmal lässt der Fahrer aber noch etwas mit sich handeln.

RUND UM MANAUS
Urwaldtouren
TOURVERANSTALTER

Die meisten Tourveranstalter unterhalten eine kleine Lodge oder ein Dschungelcamp, in dem die Gäste übernachten und von wo aus die Ausflüge z. B. zum Kanufahren, Wandern oder Angeln starten. Viele dieser Unterkünfte bieten elektrischen Strom und WCs, aber nicht alle. Im Preis sind meist Verpflegung, Unterkunft, Transport und Führer enthalten. Der Preis liegt durchschnitt-lich zwischen 140 und 200 R$ pro Person und Tag (dabei zählt die Zeit der An- und Abreise zu/von der Lodge mit). Die Preise unterscheiden sich vor allem dank der Art der Unterbringung: Hängematten mit Gemeinschaftstoilette sind die preiswerteste Option, gefolgt von Schlafsälen und Privatzimmern. Noch teurer sind Touren mit Flussbooten und maßgeschneiderte Touren. Wenn man mehr Luxus (wir verwenden das Wort mit Vorsicht) haben will, halte man sich an die Dschungellodges im folgenden Abschnitt (S. 720). Be-

---

AUSFLÜGE IN DEN REGENWALD

Für die meisten ausländischen Besucher in Manaus stehen Ausflüge in den Regenwald ganz oben auf der Agenda. Es gibt da viele Möglichkeiten. Am verbreitetsten sind Touren von zwei bis vier Tagen, bei denen man durch den Dschungel wandert, Piranhas fischt, nachts Kaimane beobachtet und ein Indigena-Dorf besucht. Am schönsten sind Kanufahrten durch enge Wasserläufe und (bei Hochwasser) durch gespenstische, überflutete Wälder. Hier kann man viel besser Tiere beobachten als vom Hauptlauf der Flüsse aus.

Die Tourveranstalter haben sich spezialisiert; man sollte sich genau überlegen, was man haben, tun und sehen will und den Veranstalter passend dazu auswählen. Wie viel will man ausgeben? Braucht man ein Bett zur Übernachtung oder tut's auch eine Hängematte? Wie wäre es mit einer Übernachtung an Bord eines Flussboots? Eigenes Bad, Gemeinschaftstoilette oder Plumpsklo? Will man eine oder zwei Nächte im Wald zubringen oder sich mit Tagesausflügen von einer Lodge begnügen? Wie sehr leidet man unter Moskitos? Will man lieber wandern oder Kanu fahren? Keiner muss sich für mehr oder weniger große Komfortwünsche rechtfertigen – schließlich ist man im Urlaub.

Einige Fragen gelten auch dem Veranstalter: Spricht der Guide Englisch (oder vielleicht sogar Deutsch)? Wie lange dauert die Anreise? Wie sieht die Tourplanung aus? Wie oft wandert man oder ist mit dem Kanu unterwegs? Die Interessenten sollten immer nach neuen Fotos der Unterkünfte und der Aktivitäten sowie nach einem Gästebuch fragen.

Wichtig ist, sich mit anderen Travellern auszutauschen. Praktisch jeder Ausländer, der in Manaus herumläuft, plant eine Tour oder kommt von einer. Letztere sind die beste Quelle für unvoreingenommene, aktuelle Informationen.

Und noch etwas zu dem, was man erwarten darf: Viele Traveller glauben, im Amazonasbecken hockten Jaguare in jedem Baum und hinter jeder Flussbiegung erwarteten einen Speere schwingende Eingeborene. Das ist aber weder in Manaus noch irgendwo sonst in Amazonien der Fall. Bei einer typischen Tour sieht man wahrscheinlich viele Vögel, darunter Fischreiher, Papageien und Aras. Auch Affen, Faultiere und Kaimane sind relativ häufig, lassen sich aber nicht so oft blicken. Seekühe, Anakondas und Jaguare sind extrem schwer aufzuspüren. Einige Tourveranstalter werden von Touren auf Schwarzwasserflüssen abraten und behaupten, dort gäbe es weniger Tiere. Das stimmt zwar im Prinzip, aber an den übrigen Flüssen gibt's auch mehr Moskitos und eine dichtere Vegetation, die das Erspähen von Tieren oft unmöglich macht. Ob man bestimmte Tiere zu sehen bekommt, ist letztlich einfach Glückssache. Aber auch die Einstellung des Führers spielt mit: Man sollte höflich verlangen, dass morgendliche Exkursionen zum festgesetzten Zeitpunkt beginnen und so lange dauern, wie vereinbart.

Dringend erforderlich sind festes Schuhwerk oder Stiefel, langärmelige Hemden und lange Hosen, ein Hut, Moskitoschutz, Sonnencreme, ein Regenumhang, eine Taschenlampe, Ersatzbatterien, Toilettenpapier, eine Tagesration und eine gut gefüllte Wasserflasche. Wenn man kein Fernglas hat, fragen, ob der Tourveranstalter eines ausleiht oder vermietet. Zum Fotografieren braucht man einen hochempfindlichen Film und/oder Blitzlicht. So wenig Gepäck mitnehmen wie möglich: Die meisten Hotels in Manaus bieten eine Gepäckaufbewahrung, in der man alles, was man nicht braucht, sicher lagern kann.

RUND UM MANAUS

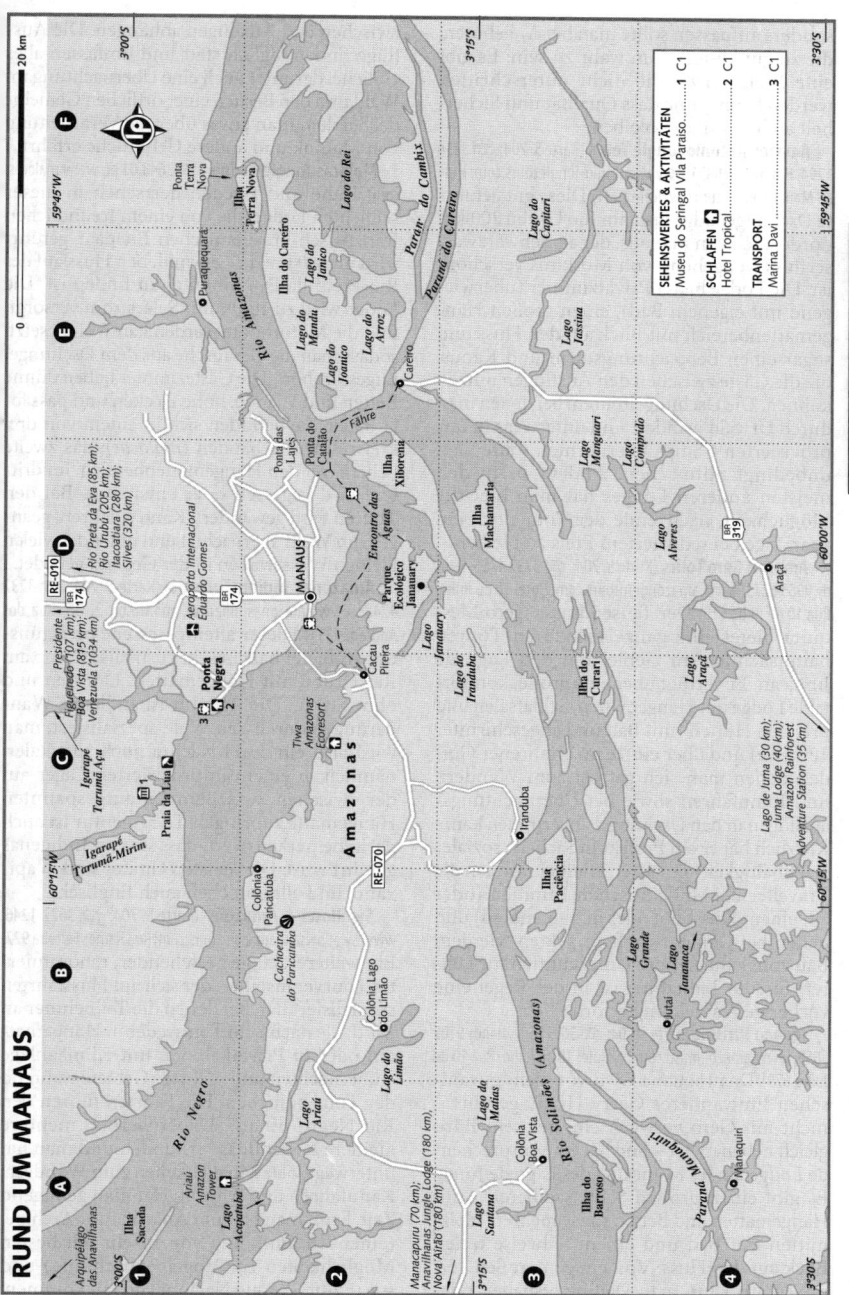

AMAZONIEN

SEHENSWERTES & AKTIVITÄTEN	
Museu do Seringal Vila Paraíso........1	C1
SCHLAFEN 🏠	
Hotel Tropical.................................2	C1
TRANSPORT	
Marina Davi...................................3	C1

20 km

Arquipélago
das Anavilhanas

Ilha
Sucada

Anaí Amazon
Tower

Lago
Acajatuba

Manacapuru (70 km);
Anavilhanas Jungle Lodge (180 km);
Nova Airão (180 km)

Rio Negro

Igarapé
Tarumã-Mirim

Igarapé
Tarumã Açu

Praia da Lua

Presidente
Figueiredo (107 km);
Boa Vista (815 km);
Venezuela (1034 km)

Rio Preta da Eva (85 km);
Rio Urubu (205 km);
Itacoatiara (280 km);
Silves (320 km)

RE-010

BR 174

Aeroporto Internacional
Eduardo Gomes

MANAUS

BR 174

Ponta
Negra

Tiwa
Amazonas
Ecoresort

Colônia
Paricatuba

Cachoeira
do Paricatuba

Colônia Lago
do Limão

Lago do
Limão

Lago
Ariaú

RE-070

A m a z o n a s

Iranduba

Ilha
Paciência

Cacau
Pirêra

Lago
Januauary

Parque
Ecológico
Januauary

Encontro das
Águas

Ponta do
Castanho

Ponta das
Lajes

Rio Amazonas

Puraquequara

Fähre

Careiro

Lago do
Joanico

Lago do
Mendu

Ilha do Careiro

Lago do
Janico

Ponta
Terra
Nova

Ilha
Terra Nova

Lago do Rei

Paraná do Cambix

Lago do
Arroz

Paraná do Careiro

Lago do
Capitari

Lago
Jassiua

Ilha
Xiborena

Ilha
Machantaria

Lago
Manguari

Lago
Comprido

Lago
Alveres

BR 319

Araçá

Lago
Araçá

Lago
Iranduba

Ilha do
Curari

Lago de Iuma (30 km);
Iuma Lodge (40 km);
Amazon Rainforest
Adventure Station (35 km)

Lago
Janauaca

Lago
Grande

Jutaí

Rio Solimões

Lago da
Matias

Colônia
Boa Vista

Ilha do
Barroso

Lago
Santana

Rio Solimões (Amazonas)

Manaquiri

Paraná

Manaquiri

3°00'S

3°15'S

3°30'S

60°15'W

60°00'W

59°45'W

sonders aufpassen sollte man bei Angeboten, die zu gut klingen, um wahr zu sein: Es gibt eine Preisgrenze, die nicht unterschritten werden kann, ohne dass Qualität und Sicherheit auf der Strecke bleiben.

Amazon Antonio Jungle Tours (Karte S. 704; ☎ 3234 1294, Handy 9961 8314; www.antonio-jungletours.com; Hostel Manaus, Rua Lauro Cavalcante 231) Diese gut geführte Dschungellodge liegt am Rio Urubú 200 km nordöstlich von Manaus, der als Schwarzwasserfluss weitgehend von Moskitos verschont ist. Die Lodge bietet Privatzimmer (überwiegend mit eigenem Bad), einen großen Hängemattenbereich mit Blick auf den Fluss und sogar einen Beobachtungsturm und Kanus, die die Gäste zwischen den Ausflügen nutzen können. Die Dschungeltouren, bei denen man durch Urwald wandert und unterwegs in improvisierten Camps übernachtet, sollte man unbedingt mitmachen. Anders als in den meisten anderen Lodges hat man hier die Möglichkeit, nach Ende der Tour noch ein paar Tage bei reduziertem Preis zu bleiben.

Amazon Gero Tours (Karte S. 704; ☎ 3232 4755, Handy 9983 6273; www.amazongerotours.com; Hotel 10 de Julho, Rua 10 de Julho 679) Der Tausendsassa Gero Mesquita bietet eine ganze Palette an Touren hauptsächlich im Gebiet um den Lago de Juma an. Er verfügt über eine große, komfortable Lodge mit Hängematten, Schlafsälen und privaten Hütten (mit Bad und abgeschirmter Terrasse) und über ein Team erfahrener Guides, denen man sich getrost zum Wandern und Kanufahren sowie bei Übernachtungsausflügen in den Dschungel anvertrauen kann. Kürzlich hat er ein Projekt in Sachen „sozialer Nachhaltigkeit" gestartet. Hierbei wohnen die Traveller bei einheimischen Familien (oder auf einem Flussboot oder mal so, mal so) und helfen bei Gemeinschaftsprojekten wie dem Bau von Schulen oder Unterkünften für Lehrer; für die Teilnahme ist in der Regel eine vorherige Anmeldung erforderlich.

Iguana Turismo (Karte S. 704; ☎ 3633 6507, Handy 9105 5659; www.amazonbrasil.com.br; Hotel 10 de Julho, Rua 10 de Julho 679) Das Inguana wird von dem guyanischen Einwanderer Gerry Hardy geführt – nicht mit Gero verwechseln, der sein Büro gleich nebenan hat – und hat eine ansprechende Lodge an der Mündung des Lago de Juma. Es gibt einen großen Schlafsaalbereich mit Hängematten und Betten sowie mehrere Holzhütten mit Bad und einem teilweise freien Blick auf den Fluss. Von einigen großen Terrassen aus kann man Delfine erspähen oder

zwischen den Ausflügen abhängen. Die Ausflüge finden täglich statt und umfassen alles Übliche, darunter auch eine Übernachtung im Wald und den Besuch einer örtlichen Gemeinde, bei dem man etwas über die Verarbeitung von Maniok und andere Gebräuche erfährt.

Malocas Jungle Lodge (☎ 3648 0119; www.malocas.com) Ruhe und Frieden herrschen in dieser schlichten Lodge, die von einem freundlichen französisch-brasilianischen Ehepaar geführt wird und 80 km den gewundenen Flusslauf des Rio Preto da Eva hinunter zu finden ist. Die Lodge wird zu 100 % mit Solarstrom versorgt, und die Motorboote werden kaum eingesetzt, sodass man die Geräusche aus dem Dschungel ungestört hört. Die Gästezimmer haben dünne Betten und Wände, hohe Decken und passable Bäder. Sie befinden sich in einem von drei kreisrunden Gebäuden (*malocas*); das zweite beherbergt den Hängemattenbereich, im dritten wird gegessen oder entspannt. Bei den Touren wird gewandert, Kanu gefahren, geangelt, im Wald übernachtet und unter den vielen kleinen Wasserfällen in der Gegend gebadet.

Amazonas Indian Turismo (Karte S. 704; ☎ 3232 4248; www.amazonasindianturismo.tur.br; 2. OG, Rua dos Andradas 311) Dieser alteingesessene preisgünstige Anbieter hat ein sehr rustikales Camp am Rio Urubú mit Hängematten, Latrinen und ohne Strom. Die Agentur ist auf lange Wanderungen durch den Wald spezialisiert, man wird also ein, zwei Nächte noch rustikaler, nämlich in einem improvisierten Lager auf der zwischen zwei Bäumen aufgespannten Hängematte zubringen. Die Agentur ist auch darin bemerkenswert, dass sie von Indigenas geführt wird: Die meisten Guides sind Wapixano, und alle sprechen auch Englisch.

Swallows & Amazons (Karte S. 704; ☎ 3622 1246; www.swallowsandamazonstours.com; Rua Ramos Ferreira 922) Ein weiterer, lange bestehender, renommierter Tourveranstalter, der sich auf Flussfahrten spezialisiert hat, bei denen die Teilnehmer an Bord – je nach Schiff entweder in Hängematten oder in Privatkabinen mit Klimaanlage – übernachten und mehrere Gebiete während der Tour besuchen. Die Fahrten führen den Rio Negro hinauf. Dabei werden mehrere kleinere Nebenflüsse erkundet, und man hat unterwegs viele Möglichkeiten zum Wandern, Kanufahren und Angeln. Hat man genügend Zeit, kann man bis zum Anavilhanes-Archipel (einer Ansammlung von Inseln mit besten Möglichkeiten zur Vogelbeobachtung) und sogar zum Parque Nacional do Jaú kommen.

ABZOCKE MIT URWALDTOUREN

Manaus wimmelt von Schleppern und Betrügern. Die meisten halten sich an Traveller, die weniger Geld ausgeben möchten, und drehen ihnen Touren zu Spottpreisen an, die sich dann als Reinfall entpuppen: zu große Gruppen, mürrische Führer, eingesperrte Tiere, Wanderungen über Kuhweiden, abgesagte Aktivitäten und dergleichen mehr. Schlimmer noch: 2007 ertrank ein Tourist, als das Boot, in dem er saß, bei einem Sturm kenterte. Das Boot hatte keine Schwimmwesten an Bord und der Führer, der das Boot steuerte, keine Erfahrung. Gebucht wurde die Tour bei einer Agentur, die bekannt dafür ist, Touristen auf der Straße abzuschleppen – und die auch heute noch im Geschäft ist. Folgende Vorsichtsmaßnahmen sollte man unbedingt beachten:

Eine Tour grundsätzlich nur im Hauptbüro des Veranstalters in der Stadt bezahlen. Schlepper behaupten oft, von einer offiziellen Agentur zu kommen, locken die Traveller aber dann in ein Café oder auf eine Sitzbank im Flughafen, um das Geschäft abzuwickeln. Manchmal führen sie sogar fingierte Telefonate, um den Kunden weiszumachen, das Hauptbüro wäre geschlossen, man müsse sich gleich entscheiden, um den besten Preis zu bekommen oder den letzten freien Platz zu erwischen. Das sind aber alles nur Lügen.

Jeden deutlich abweisen, der einem am Flughafen Touren aufschwatzen will. Kein seriöses Reisebüro fischt hier nach Kunden; die Leute, die das tun, sind alle Schlepper. Wenn man vorab reserviert hat und abgeholt werden soll, nach einem Schild mit seinem Namen Ausschau halten.

Den Schleppern nicht verraten, wo man absteigen oder bei welcher Agentur man buchen will und das Angebot, den Weg zu zeigen, ausschlagen. Die Schlepper versuchen dann, von den Betreibern des Hotels oder Reisebüros eine Kommission zu bekommen, die schließlich der Kunde zahlen muss. Falls ein besonders lästiger Schlepper einem ins Hotel oder Reisebüro folgt, deutlich erklären, dass man aus eigenem Antrieb gekommen ist.

Prüfen, ob die Agentur bei der staatlichen Tourismusbehörde registriert ist. Auf www. amazonastur.am.gov.br die prtugiesische Version wählen (sie ist aktueller als die englische) und schließlich unter *Agências de Turismo* nachsehen.

Nie das eigene Leben riskieren, um etwas Geld zu sparen. Schließlich gibt es nur so viele Schlepper, weil immer noch Traveller bei ihnen buchen. Da heißt es klug sein: Amazonien ist kein Ort für Schnäppchenjäger.

Maia Expeditions (außerhalb der Karte S. 704; ☎ 3877 9247, cell 9983 7141; www.maiaexpeditions.com; Rua Badajo 5, Parque Shangri-la Barro de Flores) Dieser hochprofessionelle Veranstalter hat sich auf Bootsausflüge spezialisiert, von noblen Jachten bis hin zu einfachen Flussbooten für Gruppen von zwei bis acht Personen. Das Unternehmen hat eine gut unterhaltene Lodge im Lago-Juma-Gebiet (etwa zwischen den Lodges von Amazon Gero Tour und von Iguana Turismo) mit acht kleinen Hütten, die alle strohgedeckte, hohe Dächer und meist auch ein eigenes Bad haben. Der Speisesaal und der abgeschirmte Hängemattenbereich sind großartig zum Entspannen. Die meisten unabhängigen Traveller buchen Touren (der Standardvariante) gleich von der Lodge aus, aber auch die Verbindung von Bootstour und Lodgeaufenthalt ist möglich. Das Hauptbüro dieses Veranstalters liegt allerdings nicht in der Innenstadt.

Amazon Tree Climbing (☎ 8195 8585; www.amazon treeclimbing.com; ab 200 R$/Pers.) Dieser kompetente Veranstalter bietet einmalige Touren in die Wipfel der mächtigen *angelín*- oder *samaúma*-Bäume – ein eindrucksvolles Erlebnis, das erstaunlicherweise bislang noch nicht angeboten wurde. Die Tagestouren beinhalten nur einen Aufstieg, bieten aber weit mehr. Es kann bis zu einer Stunde dauern, um nur die Spitze zu erreichen. Auf halber Höhe gibt's Informationen über die Ökologie des Blätterdachs und viel Zeit, ein Dutzend Stockwerke über dem Boden die Aussicht zu genießen. Angeboten werden morgendliche Ausflüge in der Nähe von Manaus, Ganztagestouren in das Gebiet des Rio Preto da Eva oder von Presidente Figueiredo sowie mehrtägige Exkursionen den Rio Negro hinauf.

Manati Amazônia Turismo (☎ 3234 2534; www. manatiamazonia.com; Rua Lauro Cavalcante 11 Zi. 201) Dieses Reisebüro hat keine eigenen Einrichtungen, hilft aber Travellern bei der Auswahl unter den verschiedenen Möglichkeiten (zu denen auch viele der hier aufgeführten Veranstalter und Lodges gehören) und kümmert sich um alle Buchungen.

AMAZONIEN

DSCHUNGELLODGES

Die folgenden Lodges zielen auf eine etwas betuchtere Kundschaft: Die Aktivitäten sind meist die gleichen wie bei den Tourveranstaltungen in Manaus, aber die Unterkunft, die Verpflegung und der Service sind etwas besser – und die Preise deutlich höher.

Anavilhanas Jungle Lodge (außerhalb der Karte S. 717; ☎ 3622 8996; www.anavilhanaslodge.com; ab 250 R$/Pers. & Tag, alles inkl.; ✱) Diese gut geführte und beliebte Lodge liegt an einer einsamen und hübschen Biegung des Rio Negro, ist aber über eine gepflasterte Straße erreichbar. Das verkürzt die Anreise erheblich, sodass einem mehr Zeit für Aktivitäten bleibt. Die Hütten bieten elektrischen Strom, Badezimmer und sogar Klimaanlagen. Die Gäste haben direkten Zugang zum Urwald und zu den Wasserwegen, auch zum namensgebenden, üppig bewaldeten Anavilhanas-Archipel.

Juma Lodge (außerhalb der Karte S. 717; ☎ 3232 2707; www.jumalodge.com; All-inclusive-Angebote ab 3 Tage/2 Übernachtungen EZ/DZ mit Dschungelblick 950/1500 US$, Seeblick 1150/1800 US$) Die Deluxe-Hütten am Seeufer stehen auf 15 m hohen Stelzen, sind über Holzstege verbunden und haben große, abgeschirmte Fenster und eine private Terrasse mit Blick auf den See. In den Hütten kann es am späten Nachmittag sehr heiß werden, aber dann schlürft man wahrscheinlich ohnehin einen Caipirinha auf der schattigen Terrasse der Lodge, weil man gerade erst von der Kanutour in den Wald zurück ist. Alle Hütten haben eigene Badezimmer, gegessen wird gemeinsam in dem geräumigen Speisesaal.

Amazon Rainforest Adventure Station (außerhalb der Karte S. 717; ☎ 3656 6033; www.naturesafaris.com; All-inclusive-Angebote ab 4 Tage/3 Übernachtungen 799 US$/Pers.) Die gemütliche, schwimmende Lodge befindet sich auf dem Lago de Juma rund 80 km von Manaus entfernt. Die Standardzimmer sind komfortabel, aber winzig; die beiden größeren Suiten, jeweils mit eigener Außendusche, sind den Aufpreis wert (eigene Toiletten haben sie allerdings nicht.) Die Unterkunft hieß früher Amazon Eco-Lodge und war die erste Ökolodge in der Gegend.

RIO-NEGRO-BECKEN

Touren den Rio Negro hinauf dauern in der Regel mindestens eine Woche, schon allein weil man die meisten Stellen nur mit einer 24- bis 36-stündigen Bootsfahrt erreicht. Man unternimmt hier so ziemlich das gleiche wie anderswo auch – Wandern, Kanu fahren, Angeln –, aber das Gebiet ist wesentlich weniger erschlossen, sodass man hier auf weniger Dörfer, Weiden oder andere Spuren menschlicher Nutzung trifft. Das bedeutet aber nicht, dass man unbedingt mehr Tiere sieht: Das hängt, wie überall, vom Glück und den Fähigkeiten des jeweiligen Führers ab. Ein großer Vorteil ist, dass die meisten Flüsse hier Schwarzwasser führen und man daher weitgehend von Moskitos verschont bleibt.

Reserva Xixuaú-Xipariná

Dieses prächtige, aber wenig besuchte Schutzgebiet umfasst ein gewaltiges Gebiet mit unberührtem Regenwald am Rio Jauaperí im südlichen Roraima, das von Manaus rund 500 km (mit dem Schiff 35–40 Std.) entfernt ist. Es ist eine der besten Gegenden in Amazonien, um Riesenotter, Affen, Delfine, Pekaris und Kaimane zu sehen. Das Schutzgebiet und die Lodge wurden vom schottischen Expat Cris Clark (der noch immer hier lebt) geschaffen, gehören aber heute der **Asociação Amazônia** (☎ 9197 0949; www.amazonia.org), einer Organisation von Einheimischen.

Eine große neue Lodge im Stil einer *maloca* mit einem gemeinschaftlichen Ess- und einem Hängemattenbereich soll 2011 fertiggestellt werden. In Vorbereitung sind auch fünf kleinere *malocas*, jeweils mit Doppelbett, Badezimmer und Veranda. In einer nahen Gemeinde gibt's ein öffentliches Telefon und sogar Satelliteninternet. Clark kümmert sich um den Transport der Gäste und organisiert deren Aktivitäten, die Touren selber werden aber in der Regel von einheimischen Guides geführt. Das Reservat ist ganzjährig geöffnet, aber im April und Mai regnet es hier extrem stark.

Der Besuch kostet einschließlich Transport 100 bis 120 € pro Tag und Person. Das absolute Minimum für einen Aufenthalt ist eine Woche, da man schon allein fast drei Tage mit der An- und Abreise zubringt.

Parque Nacional do Jaú

Mit 22 720 km² ist der Parque Nacional do Jaú Brasiliens zweitgrößter Nationalpark und eines der größten, unter Schutz stehenden Gebiete mit tropischem Regenwald weltweit. Der Park erstreckt sich vom Rio Negro aus entlang der Flüssen Jaú und Carabinani nach Westen und ist reich an Flora und Fauna. Der Park wurde 2000 in die Liste der Unesco-Welterbestätten aufgenommen.

SCHWARZ & WEISS

Im Amazonasbecken gibt es drei Arten von Flüssen: *negro* (schwarz), *branco* (weiß) und *claro* (klar). Die „weißen" (eher cremig-beigefarbenen) Flüsse kommen aus den Anden und erhalten ihre Farbe von den Sedimenten dieser relativ jungen Berge. Diese Flüsse – darunter der Solimões und der Madeira – sind nährstoffreich und daher Lebensraum zahlloser Pflanzen und Tiere.

Schwarzwasserflüsse wie der Rio Negro und der Rio Urubú entspringen im nördlichen Amazonien und fließen durch wesentlich älteres Land, aus dem die Sedimente längst fortgespült wurden. Schwarzwasserflüsse fließen in der Regel langsamer und sind wärmer als weiße Flüsse (die ja immerhin vom Schnee der Anden gespeist werden). Deswegen können Pflanzen in ihnen verrotten und organische Säuren freisetzen, die das Wasser „schwarz" (eigentlich teebraun) verfärben. Die Säuren töten auch die Moskitolarven, weswegen in Schwarzwassergebieten erstaunlich wenige dieser Plagegeister und entsprechend wenig Fälle von Malaria und anderen Krankheiten auftreten.

„Klare" Flüsse führen weder die Sedimente der „weißen" noch die organischen Säuren der „schwarzen" Flüsse mit sich. Zu diesem Typus gehören der mächtige Tapajós und der Arapiuns; auch kleine Nebenflüsse in Gebieten mit vorwiegend „schwarzen" oder „weißen" Flussläufen können klar sein, sofern ihr Verlauf das zulässt.

Sowohl Weiß- als auch Schwarzwasserflüsse treten jahreszeitlich über ihre Ufer, doch wird das Resultat mit einem anderen Namen bezeichnet: Von Schwarzwasser überschwemmte Wälder heißen *igapó*, von Weißwasser überschwemmte *várzea*.

Da es im Park keine Lodges gibt, wenden sich Besucher am besten an einen Tourveranstalter, der auf Bootstouren spezialisiert ist, wie z. B. Swallows & Amazons oder Maia Expeditions, beide in Manaus (s. S. 718). Es ist erforderlich, im Voraus zu buchen, weil der Veranstalter eine spezielle Genehmigung zum Betreten des Parks einholen muss.

PRESIDENTE FIGUEIREDO

☎ 0xx92 / 26 300 Ew.

Die staubige, kleine Stadt ist von Dutzenden von Wasserfällen und Höhlen umgeben und bezeichnet sich selbst als „Terra de Cachoeiras" (Land der Wasserfälle). Der nur 100 km nördlich von Manaus liegende Ort ist über einen guten Highway angebunden und der einzige Erholungsort, der von der Hauptstadt aus leicht mit dem Auto zu erreichen ist. Am Wochenende ist es deswegen hier richtig voll. Ein Besuch unter der Woche kann aber eine nette Abwechslung sein, wenn man etwas Zeit totschlagen will.

Sehenswertes & Aktivitäten

Zum Besuch der hiesigen Wasserfälle braucht man ein Fahrzeug. Man kann in Manaus ein Auto mieten oder mit dem Bus nach Presidente Figueiredo fahren und dort in ein Taxi steigen. Wenn man alles sehen und tun will, empfiehlt sich aber eine geführte Tour. Die Pousada das Pedras (S. 721) in Presidente Figueiredo und Amazon Gero Tours (S. 718) in Manaus veranstalten empfehlenswerte und preisgünstige Ausflüge in die Gegend.

Welche Wasserfälle man besucht, hängt von der verfügbaren Zeit und der jeweiligen Wanderlaune ab: Zu den eindrucksvollsten Fällen gehören der **Iracema**, die **Cachoeira da Onza**, die **Caverna do Maroaga**, die **Gruta Judéia**, der **Santuario**, der **Asaframa** sowie die **Pedra Furada**. Letzterer ist mit 60 km am weitesten vom Ort entfernt.

Rund 12 km außerhalb der Stadt befindet sich in der Ortschaft Balbina das **Water Mammals Preservation Center** (☎ 3312 1202; Eintritt frei; ☽ Mo–Sa 8–12 & 14–16, So 8–12 Uhr), das Seekühen und anderen Tieren Zuflucht gewährt.

Schlafen & Essen

In den Zimmerpreisen ist jeweils das Frühstück inbegriffen.

Pousada das Pedras (☎ 3324 1296; www.pousada daspedras-am.com.br; EZ/DZ werktags 50/70 R$, Wochenende 60/80 R$) Die von dem freundlichen Francisco „Pimenta" de Mazi geführte Pousada ist sicher die beste und bequemste Unterkunft vor Ort. Die Zimmer sind klein, aber hübsch und haben ein eigenes Bad; die Suiten sind recht geräumig. Die Mahlzeiten werden in einem hübschen Gartenhof serviert. De Mazi organisiert geführte Ausflüge in die Gegend, darunter auch lange Wanderungen zu den wunderschönen Wasserfällen Neblina und Natal; die Preise hängen von Art und Länge der Tour ab. Die Anfahrt mit dem Taxi vom Busbahnhof kostet 7 R$, aber de Mazi holt seine Gäste auch ab, wenn diese sich zuvor telefonisch ankündigen.

Hotel Marauga (☎ 3324 1110; gegenüber dem Busbahnhof; Zi. 7€–90 R$; ⊠) Die großen, aber schlichten Zimmer haben Klimaanlage, TV und Minibar. Der Betreiber organisiert auch Ausflüge.

Delícias no Esteto (Hauptgerichte 8–20 R$; ⊠ 8–22 Uhr) Das einfache Selbstbedienungs- und À-la-Carte-Restaurant gegenüber dem Busbahnhof bietet u. a. Suppen und Fischgerichte.

An- & Weiterreise

Busse von **Aruanã** (☎ in Manaus 3236 8305) fahren fünfmal täglich von Manaus nach Presidente Figueiredo (16,50 R$, 2 Std., 6, 10, 12, 17 & 21 Uhr). Mehrmals am Tag kommen Busse Richtung Norden nach Boa Vista und Venezuela hier durch.

PARINTINS

☎ 0xx92 / 107 000 Ew.

Das **Boi-Bumbá-Festival**, das jährlich am letzten Freitag, Sonnabend und Sonntag im Juni hier stattfindet, ist die größte Party im Bundesstaat Amazonas. Es ist die amazonische Version des Bumba Meu Boi, eines traditionellen Fests mit afrikanischen und europäischen Wurzeln, bei dem mit Musik, Theater und Tanz die Entführung, der Tod und die Wiederauferstehung eines Ochsen dargestellt wird – ein Symbol für den jahreszeitlichen Zyklus in der Landwirtschaft. In Parintins treten bei diesem Fest zwei „Clans" gegeneinander an: die in blau gekleideten Caprichoso und die in rot gekleideten Garantido.

Zu dem Fest strömen Zehntausende nach Parintins, wo eigens ein 35 000 Menschen Platz bietendes Stadion, das *bumbódromo* errichtet wurde. Die Hotels in Parintins sind Monate im Voraus ausgebucht, in den meisten zahlt man rund 1500 R$ für einen fünf- bis siebentägigen Pauschalaufenthalt für bis zu drei Personen. Außerdem fahren eigens Hunderte von Flussbooten aus Manaus und von anderswo her zu dem Fest, deren Passagiere an Bord übernachten. Eine Bootstour mit fünf Übernachtungen ab Manaus (inkl. Transport, Platz für die Hängematte und Mahlzeiten) kostet rund 350 US$. Auch in Privathäusern werden während des Festes Zimmer vermietet. Die meisten Reisebüros in Manaus können Touren organisieren.

Besuchern, die zu anderen Zeiten in die Stadt kommen, bieten das **Brito Hotel** (☎ 3533 3632; www.britohotel.com; Av Amazonas 2526; EZ/DZ 50/70 R$; ⊠ ⊛) und das **Hotel Avenida** (☎ 3533 1279; Av Amazonas 2416; EZ/DZ 30/45 R$, mit Frühstück 35/50 R$; ⊠) passable Zimmer mit Klimaanlage, TV und Minibar.

Die meisten Flussboote legen auf dem Weg zwischen Manaus und Belém in Parintins an.
AJATO (Karte S. 704; ☎ 3622 6047, 9984 9091; Porto Manaus Moderna; ⊠ Mo–Fr 8–17, Sa 8–12 Uhr) betreibt ein Schnellboot von Manaus nach Parintins (150 R$, 8–9 Std., Mo & Fr 7 Uhr).

TRIP (☎ 0300 789 8747; www.voetrip.com.br) fliegt täglich von Manaus nach Parintins.

TEFÉ

☎ 0xx97 / 65 000 Ew.

Tefé ist der Ausgangspunkt für Touren in das Schutzgebiet Mamirauá (S. 724), eines der schönsten Ökotourismusgebiete in Amazonien. Die Touren dorthin sind eng auf die Flugpläne abgestimmt; wer hier per Flugzeug ankommt oder abreist, hat im Allgemeinen wenig oder gar keine Zeit, den Ort zu erkunden. Wer mit dem Schiff anreist, wird sich hier hingegen vielleicht einen halben Tag oder länger aufhalten. Bis vor kurzem war es nicht gerade verlockend, in Tefé freie Zeit zu haben, aber das ändert sich inzwischen ein wenig. Ein neues Hotel in der Stadt veranstaltet diverse interessante Touren, darunter Ausflüge zu indigenen Gemeinden, außerdem gibt's ein paar ansprechende Restaurants und Bars.

Orientierung

Die meisten der genannten Hotels, Restaurants und Dienstleistungen finden sich im Umkreis von ein, zwei Blocks um Tefés zwei zentrale Plazas. Die Hauptplaza – sie ist nicht größer, aber an ihr steht die Kirche – ist die Praça Santa Tereza, ein langer, spitz zulaufender Keil ungefähr in Ost-West-Richtung, dessen westliches Ende die Kirche einnimmt. Einen Block weiter nördlich befindet sich die Praça Tulio Azevêdo, ein typischerer Platz mit Bäumen, Bänken und Zeitungskiosken. Dahinter liegen der städtische Markt und das Flussufer. Beide Plätze sind von stark befahrenen Straßen umgeben, auf denen ständig Motorroller und Mototaxis unterwegs sind.

Praktische Informationen

GELD

Banco do Brasil (Rua Olavo Bilac auf Höhe Praça Tulio Azevêdo; ⊠ Mo–Fr 9–14 Uhr)

Bradesco (Ecke Ruas Getúlio Vargas & Daniel Servalho)

INTERNETZUGANG
Eganet (Rua Gétulio Vargas; 3 R$/Std.; ☾ Mo–Sa 8–23, So 14–23 Uhr) Gegenüber vom Ega's Hotel.

NOTFALL
Ambulanz (☎ 192)
Hospital São Miguel (☎ 3343 2469; Rua Marechal Deodoro 66)
Polizei (☎ 190)

POST
Post (Estrada Aeroporto; ☾ Mo–Fr 8–16 Uhr)

REISEBÜROS
Guest House Multicultura (☎ 3343 6632; http://sites.google.com/site/guesthousemulticultura; Rua 15 de Junho 136) Die mehrsprachigen Betreiber verkaufen Schiffs- und Flugtickets von und nach Tefé und können in einzelnen Fällen sogar ausdruckbare Tickets per E-Mail schicken; die Bearbeitungsgebühr beträgt 15 bis 20 % des Ticketpreises. Sie bieten auch sehr informative Touren zu örtlichen Sehenswürdigkeiten, Naturgebieten und indigenen Dörfern an.
Motivos Viagens e Turismo (☎ 3343 5633; Rua Benjamin Constant 382) Verkauft Flugtickets.

TOURISTENINFORMATION
Instituto Mamirauá (☎ 3343 4160; www.mamiraua.org.br; Rua Brasil 197; ☾ Mo–Fr 8–12 & 14–18, Sa 8–12 Uhr) Verwaltet das Schutzgebiet Mamirauá und die Pousada Uacari; für Infos und Reservierungen einfach anrufen oder vorbeikommen. Man spricht auch Englisch.

WÄSCHEREI
Lavandería do Paulo (Rua Daniel Servalho 345; 0,50–2 R$/Stück)

Sehenswertes & Aktivitäten
Für diejenigen, die etwas Zeit übrig haben, gibt's in Tefé ein paar Sehenswürdigkeiten und Aktivitäten.

Endlich bietet auch Tefé andere Möglichkeiten als nur den Besuch im Schutzgebiet Mamirauá! Die niederländisch-brasilianischen Betreiber des **Guest House Multicultura** (☎ 3343 6632; http://sites.google.com/site/guesthousemulticultura; Rua 15 de Junho 136) veranstalten sehr informative geführte Touren in die Umgebung, darunter Besuche in nahegelegenen indigenen Dörfern (u. a. der Kokáma, Picuna und Kambeba), bei denen man etwas über die Landwirtschaft und das häusliche Leben der Einwohner erfährt. Weitere Aktivitäten auf den Touren, die von einigen Stunden bis zu einem ganzen Tag dauern, sind u. a. Kanu fahren,

Wandern, Angeln und Tiere beobachten. Die Preise unterscheiden sich nach Art der Tour, sind aber insgesamt günstig.

Das auffällige Gebäude, das die ganze Nordseite der Praça Tulio Avevêdo einnimmt, ist **O Seminario** (☾ Mo–Fr 8–11.30 Uhr). Das seltsamerweise im neuenglischen Stil gestaltete Bauwerk war früher ein Priesterseminar und beherbergt heute die örtliche Zentrale einer niederländischen Mission, die viele Gemeinden in Amazonien unterhält. Eigentlich ist es nicht für Besucher geöffnet, aber wer ganz nett fragt, bekommt vielleicht eine Führung.

Das von der gleichen Mission betriebene **As Misões** (☎ 3343 3011) ist ein einigermaßen interessanter Komplex an der Mündung des Hauptarms des Rio Solimões in den Lago de Tefé. Die 1897 begründete Anlage umfasst einen gepflegten Garten, eine große, verfallene Kirche und einen Friedhof, auf dem viele Missionare begraben liegen. Das Hauptgebäude war früher eine kirchliche Berufsschule, in der viele der Maurer, Metallarbeiter und sonstigen Handwerker aus Tefé ausgebildet wurden. Der schelmische Padre Altino aus Nordportugal gibt allen Interessierten gern eine anregende Führung. Am besten kommt man zwischen Dienstag und Freitag; einfach am Ufer ein Boot chartern.

Schlafen & Essen
Hotel Patricia (☎ 3343 2541; Praça Tulio Azevêdo; EZ/DZ 35/60 R$; ✂) Das beste der preisgünstigen Hotels von Tefé wird von einer älteren Dame wie eine Pension geführt. Einige Zimmer sind hell und passabel, andere muffig und unangenehm. Alle haben Klimaanlage und Satelliten-TV, aber Warmwasser gibt es nicht.
Guest House Multicultura (☎ 3343 6632; http://sites.google.com/site/guesthousemulticultura; Rua 15 de Junho 136; B 30 R$, EZ/DZ 45/65 R$, Zi. mit Seeblick 80 R$; ✂ ☎) Ein großartiger Neuzugang in Tefés Hotelszene, nicht zuletzt weil die niederländischen-brasilianischen Betreiber englisch, portugiesisch, spanisch, deutsch, niederländisch und sogar Tagalog sprechen und alles, von Bootsreservierungen bis hin zu Ausflügen in die Umgebung, arrangieren können. Die Zimmer sind einfach, aber ordentlich. Alle haben Badezimmer mit Warmwasser und manche einen ausgezeichneten Blick auf den Lago de Tefé. Eine sogar noch bessere Aussicht hat man von dem kleinen Café auf der Dachterrasse. Die Unterkunft ist vom Zentrum aus in 15 Minuten zu Fuß erreichbar.

AMAZONIEN

Ega's Hotel (☎ 3343 2929; egashoteltur@hotmail.com; Ecke Ruas Getúlio Vargas & Daniel Servalho; EZ/DZ/3BZ R$50/70/90; ⚒ 🛜) Diese Unterkunft ist eine perfekt angemessene Wahl mit großen, sauberen Zimmern und einer guten Lage in der Nähe beider Plätze und gegenüber einer Bank und einem Internetcafé. Man muss nur darauf achten, dass es innen nicht gerade laut ist – das Hotel vermietet nämlich gelegentlich seinen Innenhof für Privatpartys, die dann bis in die Morgenstunden dauern.

Hotel Anilçe (☎ 3343 2416; Praça Santa Tereza; EZ/DZ 60/80 R$) Eine brauchbare Alternative zum Ega's, wenn dieses belegt ist oder dort gerade eine Party steigt. Die Zimmer sind allerdings nicht so groß und die Badezimmer auch nicht so sauber. Der Frühstücksbereich im obersten Stock ist aber recht angenehm, und die Lage gegenüber der Kirche und der Plaza ist ebenfalls bestens.

Stylos (Rua Floriano Peixoto 190; Hauptgerichte 8–35 R$; ❦ Mo–Sa mittags & abends) Das verlässlichste Lokal im Stadtzentrum serviert deftige, gut zubereitete Gerichte an Tischen im Freien direkt an der Straßenecke. Auf der Karte stehen alle üblichen Fisch-, Fleisch- und Hähnchengerichte und auch ein paar ungewöhnlichere wie z. B. *lingua na brasa* (gegrillte Zunge) in großen Portionen.

Grão de Mostarda (Hauptgerichte 12–30 R$; ❦ mittags & abends) Das freundliche, neue Restaurant serviert klassische brasilianische Gerichte zu vernünftigen Preisen.

Barzinho (Rua Olavo Bilac) Die auf einer kleinen Anhöhe über einer der Hauptverkehrsstraßen Tefés thronende Bar, bei der ein Baum durch den Fußboden und dann weiter zum Dach hinaus wächst, ist ein gemütlicher Ort, um ein, zwei Bier zu trinken und der Livemusik von Liedermachern zu lauschen.

Muralha (Rua Olavo Bilac) Eine der neueren Kneipen von Tefé. Hier hat man einen schönen Blick auf den Fluss, und freitagabends gibt's meist Livemusik.

An- & Weiterreise

FLUGZEUG

TRIP (☎ 0300 789 8747; www.voetrip.com.br) war zum Zeitpunkt der Recherche die einzige Fluglinie, die Tefé anflog. Es gibt tägliche Flüge von Manaus und zweimal wöchentlich Flüge von und nach Tabatinga. Der Service ändert sich auf dieser Route häufig, ebenso der Preis, der zwischen 299 und 700 R$ für die einfache Strecke liegt, je nachdem, wann man fliegt.

SCHIFF/FÄHRE

Langsame Schiffe nach Manaus legen an fünf oder sechs Tagen pro Woche ab (Hängematte 150 R$, Kajüte 350 R$, 30–36 Std.). Die Preise variieren etwas je nach Schiff, und manchmal kann man auch ein wenig feilschen. Auf dem Weg von Tabatinga legen die Schiffe nicht in Tefé an, sondern kleine Motorboote treffen sie mitten im Fluss, in die Passagiere dann umsteigen. Dem Kapitän des langsamen Schiffes unbedingt Bescheid sagen, dass man in Tefé an Land gehen will.

AJATO (☎ 3343 5306) betreibt komfortable Schnellboote von und nach Manaus. Diese sind schneller als das Linienschiff, aber immer noch preiswerter als ein Flug. AJATOs Fahrplan ab Manaus findet sich im dortigen Abschnitt (S. 715); in Tefé fahren die Schiffe montags, dienstags, donnerstags, freitags und samstags jeweils um 7 Uhr ab. Die Schiffe füllen sich schnell, deshalb sollte man vorab reservieren; zur Buchung der Rückfahrt, die meist nicht in Manaus möglich ist, das **Guesthouse Multicultura** (☎ 3343 6632) kontaktieren.

Die langsamen Schiffe, die stromaufwärts nach Tabatinga gehen, kommen montags und freitags bei Tefé vorbei, legen dort aber nicht an. Sie zu erwischen, ist darum nicht ganz einfach. Das üblichste ist, ein Motorboottaxi zu chartern, damit in die Mitte des Stroms zu fahren und dort auf das Schiff zu warten. Alternativ kann man ein regional verkehrendes Boot nach Fonte Boa oder Jutaí (55–90 R$, 18–24 Std. stromaufwärts) nehmen und dort auf das Schiff nach Tabatinga (Hängematte 210 R$, 3–4 Tage) warten.

Außerdem kann man am Samstagmorgen ein AJATO-Schnellboot von Tefé nach Santo Antonio do Içá (180 R$, 12 Std., 7 Uhr) nehmen und dort bis Sonntag herumhängen, wenn AJATO nach Tabatinga (150 R$, 13 Std., 6.30 Uhr) weiterfährt.

Aktuelle Infos zur An- und Abreise nach/von Tefé haben das **Instituto Mamirauá** (☎ 3343 4160; www.mamiraua.org.br; Rua Brasil 197, Tefé) und das Guesthouse Multicultura. Dort kann man auch Fragen zur Reiseplanung stellen.

SCHUTZGEBIET MAMIRAUÁ

Mamirauá ist eine Bereicherung für den Ökotourismus im Amazonas. Es bietet den Besuchern unberührten Regenwald, komfortable Lodges, ausgezeichnete Fremdenführer und annehmbare Preise, zudem ist es nur eineinhalb Stunden mit dem Boot von einer größeren Stadt entfernt, in der es Transportmöglichkeiten wie Flugzeug und Schiff gibt. Viele Orte behaupten von sich, dass sie „öko"-irgendwas sind, doch Mamirauá ist einer der wenigen Plätze in Amazonien, bei dem das auch wirklich stimmt.

Das Reserva de Desenvolvimento Sustentável Mamirauá (Mamirauá-Schutzgebiet für nachhaltige Entwicklung) ist Brasiliens größtes Gebiet mit *várzea* (Wälder, die saisonbedingt von sedimentreichem „weißem" Wasser überflutet werden). Das Gebiet erstreckt sich nordwestlich von Tefé über 12 400 km² zwischen den Flüssen Solimões und Japurá. Die östliche Ecke des Parks geht in das Schutzgebiet Amanã über, das wiederum in den Parque Nacional do Jaú grenzt. Zusammen ergeben die drei Gebiete eine Fläche von 57 000 km², und bilden somit das zweitgrößte Gebiet geschützten Regenwalds weltweit.

Mamirauá war Brasiliens erstes Schutzgebiet für nachhaltige Entwicklung (mittlerweile gibt es 20). Es soll die Erhaltung der Natur mit wissenschaftlicher Forschung vereinen und gleichzeitig nachhaltige Methoden fördern und die Lebensbedingungen der einheimischen Bevölkerung verbessern. Innerhalb von Mamirauá gibt's zahlreiche kleine Gemeinden. Viele Bewohner arbeiten außerdem nebenberuflich als Fremdenführer, Köche und Bootsfahrer, während sie basierend auf einem miteinander vereinbarten Plan zur nachhaltigen Nutzung auch weiterhin traditionell angeln, Nutzpflanzen anbauen und jagen.

Das Schutzgebiet wird vom **Instituto Mamirauá** (☎ 3343 4160; www.mamiraua.org.br; Rua Brasil 197, Tefé; ☽ Mo–Fr 8–12 & 14–18, Sa 8–12 Uhr) gekonnt geleitet. Die Pauschalangebote sind auf den Flugplan Manaus–Tefé abgestimmt und kosten je nach Aufenthaltsdauer: 660 US$ pro Person für vier Tage/drei Nächte (Fr–Mo), 760 US$ pro Person für fünf Tage/vier Nächte (Mo–Fr) und 1090 US$ pro Person für acht Tage/sieben Nächte bzw. 1000 US$ pro Person bei Gruppen von mindestens vier Personen (Mo–Mo, Fr–Fr). Die Gäste werden in der **Pousada Uacari** (www.pousadauacari.com.br) untergebracht, einer hervorragenden schwimmenden Lodge, mit geräumigen und komfortablen Bungalows (jeder mit Heißwasser-Bad, Solarenergie und einer kleinen Veranda mit Hängematte), dazu einem großen Gemeinschaftsbereich, in dem das großzügige Essen serviert wird (die Lodge wird inzwischen gänzlich von der Gemeinde geführt, der Erlös wird in die Bemühungen zur Erhaltung und die Entwicklung der Gemeinde reinvestiert). Die Pauschalangebote beinhalten Essen, Unterkunft, Fremdenführer und Bootstransfer nach/ab Tefé. Außerdem werden die Gäste am Flughafen oder am Hafen für Schnellboote abgeholt und wieder zurückgebracht.

Besucher von Mamirauá können davon ausgehen, dass sie Faultiere, Kaimane, Delfine und unzählige Vögel wie Aras und Tukane sehen werden. Es gibt hier fünf verschiedene Affenarten, u. a. Brüllaffen, Kapuzineraffen und die scheuen Weißen Uakaris, die bekannt sind für ihr purpurrotes Gesicht und ihr struppiges, weißes Fell. Auch Seekühe, Anakondas und Jaguare leben in dem Schutzgebiet, lassen sich aber so gut wie nie blicken.

Die Besucher werden auch ein einheimisches Dorf und ein laufendes Forschungsprojekt des Schutzgebiets besichtigen. Beides kann sehr faszinierend sein – und wahrscheinlich erspäht man unterwegs auch Delfine, Vögel und sogar Affen. Eine neue Über

---

STROMAUF, STROMAB

Noch 150 Mio. Jahre, nachdem sich Südamerika und Afrika getrennt hatten, floss der Amazonas, anders als heute, von Osten nach Westen. Deshalb sind amazonische Stachelrochen näher mit pazifischen als mit atlantischen Stachelrochen verwandt, und deshalb finden sich verräterische Sedimente aus dem östlichen Südamerika mitten im Regenwald. Erst vor 15 bis 20 Mio. Jahren schoben sich die Anden in die Höhe und blockierten den Flusslauf nach Westen. Ungefähr zur selben Zeit erhob sich auch ein kleinerer Landrücken, der Purusbogen, wie ein Rückgrat in der Mitte des Kontinents.

Östlich des Purusbogens begann der Fluss in den Atlantik abzufließen, doch westlich davon fing sich das Wasser und bildete einen großen Binnensee. Schließlich überschwemmte das Wasser den Purusbogen und grub sich in der Nähe des heutigen Parintins einen tiefen Kanal – immer noch der schmalste und tiefste Abschnitt des Flusses –, und der Amazonas wurde wieder zum Fluss, der nun aber gen Osten floss.

nachtungsmöglichkeit stellt das „Baumhaus"
dar, eine Einzimmerhütte auf 5 m hohen Stelzen, die mitten im Wald liegt. Diejenigen
Gäste, die dort übernachten, können früh am
Morgen bestens Vögel beobachten. Die
Hauptlodge ist zu jeder Zeit mit einem englisch sprechenden Naturforscher besetzt, der
auch bei manchen Exkursionen dabei ist. Die
meisten Führer sprechen aber nur Portugiesisch. Ferngläser sollte man unbedingt dabei
haben, sie können aber auch geliehen werden
(10 US$ pro Tag).

Im Juni und Juli ist der Wasserstand hier
am höchsten und man kann nur mit Kanus
durch die überfluteten Wälder gleiten (diese
Periode sollte man nicht mit der Regenzeit
verwechseln, die von Jan.–April dauert). Zu
dieser wohl belebtesten Zeit lassen sich die
meisten Affen und Faultiere blicken. Wenn
das Wasser im Oktober und November niedrig ist, kann man Wanderungen unternehmen
und Wassertiere wie Fische und Kaimane am
besten beobachten.

DAS DREILÄNDERECK

Der brasilianische Ort Tabatinga und das
kolumbianische Städtchen Leticia liegen nebeneinander am Ostufer des Amazonas, rund
1100 km westlich von Manaus, während das
Westufer zu Peru gehört. Dieses Dreiländereck ist natürlich ein Verkehrsknotenpunkt,
aber auch eine gute Gegend für Dschungeltouren, vor allem in die abgelegenen Gebiete
stromaufwärts des Rio Javari (des Grenzflus-
ses zwischen Brasilien und Peru) sowie weiter
den Amazonas in Kolumbien hinauf.

Die meisten Traveller beziehen in Leticia
Quartier, das hübscher und besser ausgestattet ist als Tabatinga oder die kleinen Dörfer
am peruanischen Ufer.

Tabatinga

☎ 0xx97 / 48 000 Ew.

Tabatinga ist bekannt als der Ort, an dem der
Amazonas Brasilien erreicht. Davon abgesehen, ist es ein unscheinbarer Grenzort. Von
Tabatingas beiden Häfen fahren Schiffe
stromabwärts nach Manaus und stromaufwärts nach Iquitos in Peru. Vom Flughafen
starten Flüge zu Zielen in Brasilien und Peru.

ORIENTIERUNG

Tabatingas Hauptverkehrsader ist die Av da
Amizade (oder Av Principal), die parallel zum
Fluss über 3 km von Tabatingas Flughafen bis

nach Leticia und zur Landesgrenze führt. Zu
den wichtigsten Querstraßen gehören die Rua
Marechal Rondon (250 m südlich der Grenze), die Rua Rui Barbosa (650 m), die Av
Marechal Mallet (900 m), die Rua Santos
Dumont (1,2 km) und die Rua Duarte Coelho
(1,7 km). Die Rua Santos Dumont führt nach
Porto da Feira, dem kleinen Bootshafen von
Tabatinga; man erreicht ihn auch, wenn man
die Av Marechal Mallet hinuntergeht, am
Ende nach links abbiegt und den Markt
überquert. Der Porto Fluvial, wo die Schiffe
nach Manaus anlegen, befindet sich am Ende
der Rua Duarte Coelho.

PRAKTISCHE INFORMATIONEN
Einreise
Polícia Federal (☎ 3412 2180; Av da Amizade 650;
🕓 8–18 Uhr) 100 m südlich der Rua Duarte Coelho.

Geld
Bradesco (Av da Amizade auf Höhe der Av Marechal Mallet)

Internetzugang
Digital Net (☎ 3412 3505; Rua Pedro Teixera 397; 2 R$/
Std.; 🕓 Mo–Fr 8–12 & 13.30–21, Sa 9–12, So 14–18
Uhr) In der Parallelstraße einen Block südlich der Av
Marechal Mallet.

Konsulate
Kolumbianisches Konsulat (☎ 3412 2104; Rua General
Sampaio 623; 🕓 Mo–Fr 8–14 Uhr)

Notfall
Hospital Militar (☎ 192, 3412 2403, 3412 2117; Rua
Duarte Coelho at Av da Amizade)
Polizei (☎ 190)

Post
Post (Av da Amizade s/n; 🕓 Mo–Fr 8–17 Uhr) 300 m
nördlich der Polícia Federal.

Reisebüros
CNM Câmbio e Turismo (☎ 3412 3281; Av da Amizade
2017) Tauscht auch Devisen.

SCHLAFEN & ESSEN
Hotel Restaurant Te Contei? (☎ 3412 4548; Av da
Amizade 1813; EZ/DZ 50/70 R$; 🔠) Die großen Zim-
mer mit Klimaanlage gehen von einer luftigen
Terrasse bzw. einem Korridor im Obergeschoss ab. Die nach hinten liegenden Zimmer
sind weniger dem Straßenlärm ausgesetzt,
und im Erdgeschoss gibt's ein beliebtes
Selbstbedienungsrestaurant (25 R$/kg).

Pousada Takanás (☎ 3412 3557; Rua Oswaldo Cruz 970; EZ/DZ 78/98 R$;) Tabatingas bestes Hotel hat recht moderne Zimmer mit Warmwasser, Klimaanlage, TV und Minibar sowie einen üppig begrünten zentralen Innenhof. Das Hotel liegt etwas abseits der Hauptdurchfahrtsstraße, was ja kein Nachteil sein muss.

Restaurante Tres Fronteiras do Amazonas (☎ 3412 2341; Rua Rui Barbosa, 200 m westlich der Av da Amizade; Hauptgerichte 9–20 R$; morgens, mittags & abends) Probieren sollte man den *peixe tres fronteiras*, ein Fischfilet mit Gewürzen aus Peru, Brasilien und Kolumbien, serviert auf einem großen Bananenblatt. Dazu passt bestens ein Bier oder eine Caipirinha.

Churrascaria Tia Helena (☎ 3412 2165; Rua Marechal Mallet 12; All-You-Can-Eat 28 R$/Pers.; mittags) Die Kellner bringen das Grillfleisch am Spieß vom Grill und tranchieren es am Tisch nach klassischer *churrascaria*-Methode. Das Dekor mit Zementboden und Neonleuchten ist eher spartanisch, aber das Essen ist gut und die Stimmung fröhlich.

AN- & WEITERREISE

Flugzeug

Der Flughafen liegt 4 km südlich von Tabatinga; aus Leticia kommend, eines der *colectivos* mit der Aufschrift „Comara" nehmen.

TRIP (Reservierungen ☎ 0300 789 8747; www.airtrip. com.br) fliegt zweimal wöchentlich zwischen Tabatinga und Manaus (500–625 R$), stets mit Zwischenlandung in Tefé (345 R$). Einige der Flüge landen zusätzlich noch in Carauari und Coari.

Schiff/Fähre

Langsame Schiffe nach Manaus (Hängematte 150 R$; 3–4 Tage) fahren am Mittwoch-, Freitag- und Samstagnachmittag vom Porto Fluvial ab. Man sollte am besten morgens kommen, um einen guten Hängemattenplatz zu ergattern, denn die Schiffe können sehr voll werden. Weitere Tipps zu Schiffsreisen auf dem Amazonas stehen im Kasten auf S. 671.

Die Schnellboote von **AJATO** (Karte S. 704; ☎ im Porto Manaus Moderna 3622 6047, in Tabatinga 3412 2227; Mo–Fr 8–17, Sa 8–12 Uhr) legen in Tabatinga am Freitagmorgen um 7 Uhr nach Manaus (420 R$, 35 Std.) ab. Diese Schiffe haben Sitze wie im Flugzeug und Monitore, auf denen Spielfilme laufen. Auch Mahlzeiten werden serviert.

Um nach Tefé zu kommen, nimmt man ein langsames Fernverkehrsschiff oder das AJA-

DAS DREI-LÄNDERECK

TO-Schnellboot bis Fonte Boa oder Jutaí und steigt dort in ein langsames regional verkehrendes Schiff um oder fährt einfach weiter bis Alvarães, das nur eine kurze Taxi- und Motorbootfahrt von Tefé entfernt ist.

Von/Nach Kolumbien

Den Grenzübergang erkennt man nur an ein paar Geldwechslern auf brasilianischer Seite und einem kolumbianischen Polizisten, der auf der anderen Seite den Verkehr regelt. Man kann sich unkontrolliert zwischen Tabatinga und Leticia bewegen, muss aber, wenn man weiterreisen will, und sei es nur bis zum Parque Nacional Natural Amacayacu, vor dem Verlassen der Stadt die Ein- und Ausreiseformalitäten in beiden Ländern absolvieren – in Kolumbien ist das DAS zuständig, in Brasilien die Polícia Federal. Im Bedarfsfall gibt's in Tabatinga (S. 726) ein kolumbianisches Konsulat.

Von/Nach Peru

Transtur (☎ 3412 2945; www.portaltabatinga.com.br/ transtur.htm; Rua Marechal Mallet 248) fährt mit Hochgeschwindigkeitsbooten – auf Portugiesisch *rápidos* – von Tabatinga nach Iquitos (65 US$,

9–10 Std., inkl. 2 Mahlzeiten). Die Schiffe verlassen Tabatingas Porto da Feira mittwochs, freitags und sonntags um 5 Uhr (Zustieg ab 4 Uhr). Am Vortag muss man sich den brasilianischen Ausreisestempel holen; unterwegs wird an der Inselgemeinde Santa Rosa angelegt, wo die Policía Internacional Peruviano (PIP) die peruanischen Einreiseformalitäten abwickelt.

Wer nur nach Santa Rosa möchte, gelangt mit kleinen Motorbooten dorthin, die zwischen 6 und 18 Uhr vom Porto da Feria (2 R$, 5 Min.) häufig hin- und herpendeln.

Im kolumbianischen Leticia (s. rechte Spalte) gibt es ein peruanisches Konsulat.

UNTERWEGS VOR ORT

Um vom Flughafen ein *colectivo* (Sammeltaxi) in die Stadt zu nehmen (1,50 R$), links aus dem Terminal gehen und die Zufahrtsstraße bis zur Ecke der Hauptstraße laufen. Einige der Kleinbusse fahren bis nach Leticia. Taxis und Mototaxis sind allgegenwärtig und billig.

Eine Taxifahrt vom Flughafen zu den Hotels in Tabatinga kostet 15 R$ und zu denen in Leticia 20 R$. Mototaxis sind überall zu finden und billig (2–5 R$), aber die meisten dürfen die Staatsgrenze nicht passieren.

Leticia (Kolumbien)

☎ 8 / 37 000 Ew.

Leticia ist eine erstaunlich adrette Kleinstadt mit bunten Häusern, netten Freiluftrestaurants und gepflegten Parks und Straßen. Für Traveller gibt's Hotels aller Preiskategorien und fahrplanmäßige Flüge zwischen Leticia und Bogotá. Dank der anhaltenden Militärpräsenz sind die Stadt und die umliegende Gegend sicher. Die Stadt ist außerdem Ausgangspunkt für Touren in den kolumbianischen Parque Nacional Natural Amacayacu sowie den Rio Javari hinauf nach Peru.

Zwischen Tabatinga und Leticia kann man sich ohne Kontrollen hin- und herbewegen, sofern man in einer der beiden Städte seine Unterkunft hat. Wenn man sich aber weiter nach Kolumbien oder Peru hineinbewegen will, und sei es auch nur für einen kurzen Ausflug in den Dschungel, muss man die Ein- und Ausreiseformalitäten erledigen.

PRAKTISCHE INFORMATIONEN

Einreise

DAS (Departamento Administrativo de Seguridad; ☎ 592 7189); Zentrum (Calle 9 zw. Carreras 9 & 10; ☉ 8–12 &

14.30–18 Uhr); Flughafen (☉ 8–12 & 14–18 Uhr) Ein- und Ausreisestempel gibt's nur am Flughafen.

Geld

Die meisten Geschäfte in Leticia akzeptieren brasilianische Reais genauso wie kolumbianische Pesos. Zur Zeit der Recherche betrug der Wechselkurs ungefähr 1000 C$ für 1 R$. Die Banken haben Geldautomaten, lösen aber keine Reiseschecks mehr ein.

Banco de Bogotá (Ecke Calle 7 & Carrera 10)

BBVA Banco Ganadero (Ecke Calle 7 & Carrera 10; ☉ 8–11.30 & 14–16.30 Uhr)

Casas de cambio (Mehrere an der Ecke Calle 8 & Carrera 11) Zum Umtausch von kolumbianischen Pesos, brasilianischen Reais, peruanischen Soles, US-Dollars und Euros.

Internetzugang

Centro de Negocios (Carrera 10 Nr. 8–96; 1500 C$/Std.; ☉ 7–22 Uhr)

Konsulate

Brasilianisches Konsulat (☎ 592 7530; Carrera 9 Nr. 13-84; ☉ Mo–Fr 8–15 Uhr)

Peruanisches Konsulat (☎ 592 3947; Calle 11 Nr. 5-32; ☉ Mo–Fr 8–15 Uhr)

Notfall

Hospital San Rafael de Leticia (☎ 592 7075; Av Vásquez Cobo 13-78) Mit Apotheke und rund um die Uhr geöffneter Notaufnahme.

Polizei (☎ 112; Carrera 11) Zwischen den Calles 12 und 13.

Touristeninformation

Städtische Touristeninformation (Secretaría de Turismo y Fronteras; ☎ 592 7569; Calle 8 Nr. 9-75; ☉ Mo–Fr 8–12 & 14–17 Uhr)

Waschsalon

Lavandería Aseo Total (☎ 592 6051; Calle 9 Nr. 9-85; Waschen & Trocknen 2700 C$/500 g; ☉ Mo–Sa 7–21, So 8–13 Uhr)

SEHENSWERTES

Das **Museo del Hombre Amazónico** (☎ 592 7729; Banco de la República, Carrera 11 auf Höhe Calle 9; Eintritt frei; ☉ Mo–Fr 8.30–11.30 & 14–17, Sa 9–13 Uhr) zeigt in der Banco de la República eine kleine Sammlung indigener Artefakte und Geräte.

Das **Museo Uirapuru** (☎ 592 7056; Galeria de Arte Indígena Uirapuru; Calle 8 Nr. 10-35; Eintritt frei; ☉ 9–12 & 15–19 Uhr) befindet sich im hinteren Bereich des größten Kunstgewerbeladens von Leticia, der Artefakte einheimischer Indiovölker verkauft.

Das Ganze ist eigentlich kein Museum, sondern die Privatsammlung des Ladenbesitzers. Zu sehen sind indigene Artefakte, getrocknete Pflanzen und Hölzer sowie ausgestopfte Reptilien und Säugetiere.

Im **Reserva Tanimboca** (☎ 592 7679, 310 774 5919; Km 8 Via Tarapacá; ☯ 6–18 Uhr) können die Besucher auf 35 m hohe Bäume klettern und anschließend 80 m weit an Seilrutschen durch das schöne Blätterdach von einem Baum zum anderen gleiten (60 000 C$). Zu den weiteren Aktivitäten hier gehören Kajak fahren (20 000 C$) und nächtliche Wanderungen durch den Dschungel (150 000 C$). Wer gut bei Kasse ist, kann auch in einem Baumhaus (EZ/DZ/3BZ 150 000/ 200 000/300 000 C$) übernachten.

SCHLAFEN

Anders als in Brasilien gibt's hier in den Hotels meist kein kostenloses Frühstück.

Mahatu Jungle Guest House (☎ 311 539 1265; www. mahatu.com; Carrera 7 Nr. 9-69; B 15 000 C$/Pers., EZ/DZ 25 000/ 30 000 C$; 💻 📶) Dieses charmante Hostel, ein städtischer Dschungel im Herzen Leticias, ist die derzeit beliebteste Herberge vor Ort. Es gibt einfache, aber peinlich saubere Zimmer mit Gemeinschaftsbädern und Küche und kostenlos Fahrräder und Internetzugang. Der philosophisch bewanderte Betreiber Gustavo Rene spricht Englisch, Spanisch, Niederländisch, Französisch und Portugiesisch.

Hospedaje Los Delfines (☎ 592 7388; losdelfines leticia@hotmail.com; Carrera 11 Nr. 12-81; EZ/DZ 40 000/ 60 000 C$) Zehn Gehminuten vom Zentrum ent-

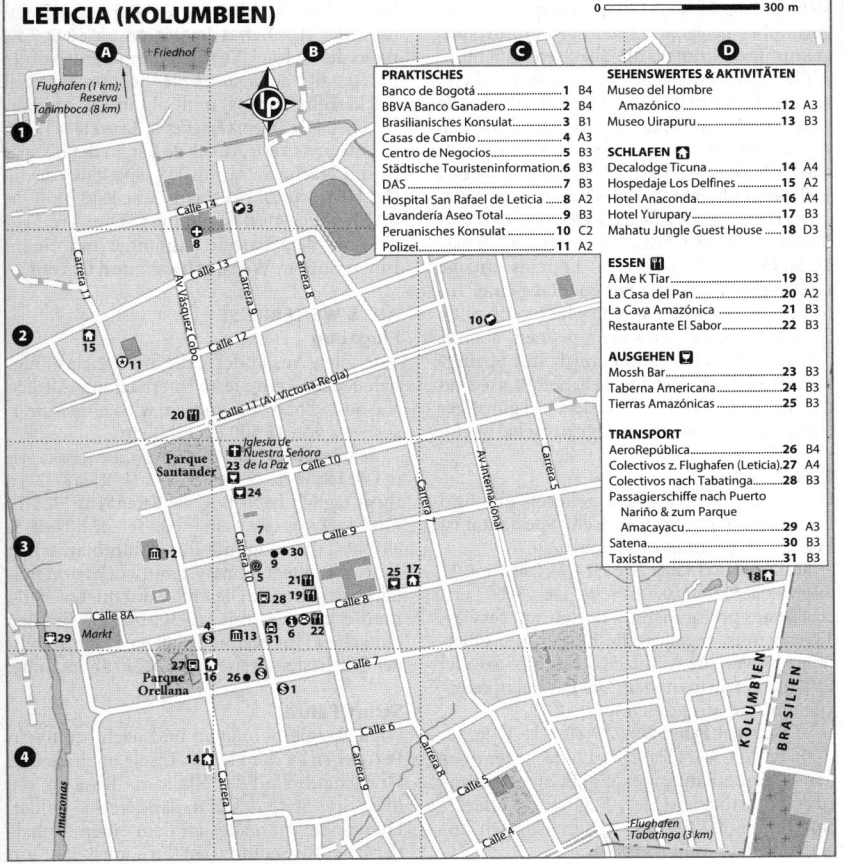

LETICIA (KOLUMBIEN)

0 — 300 m

PRAKTISCHES
Banco de Bogotá	1 B4
BBVA Banco Ganadero	2 B4
Brasilianisches Konsulat	3 B1
Casas de Cambio	4 A3
Centro de Negocios	5 B3
Städtische Touristeninformation	6 B3
DAS	7 B3
Hospital San Rafael de Leticia	8 A2
Lavandería Aseo Total	9 B3
Peruanisches Konsulat	10 C2
Polizei	11 A2

SEHENSWERTES & AKTIVITÄTEN
Museo del Hombre Amazónico	12 A3
Museo Uirapuru	13 B3

SCHLAFEN 🏠
Decalodge Ticuna	14 A4
Hospedaje Los Delfines	15 A2
Hotel Anaconda	16 A4
Hotel Yurupary	17 B3
Mahatu Jungle Guest House	18 D3

ESSEN 🍴
A Me K Tiar	19 B3
La Casa del Pan	20 A2
La Cava Amazónica	21 B3
Restaurante El Sabor	22 B3

AUSGEHEN 🍸
Mossh Bar	23 B3
Taberna Americana	24 B3
Tierras Amazónicas	25 B3

TRANSPORT
AeroRepública	26 B4
Colectivos z. Flughafen (Leticia)	27 A4
Colectivos nach Tabatinga	28 B3
Passagierschiffe nach Puerto Nariño & zum Parque Amacayacu	29 A3
Satena	30 B3
Taxistand	31 B3

fernt, bietet diese kleine, von einer Familie geführte Pension einfache, aber geräumige Zimmer rund um einen üppig begrünten Hof. Die Zimmer sind sauber und haben Ventilatoren und Badezimmer. Das Haus ist oft ausgebucht, darum vorher anrufen.

Hotel Yurupary (☎ 592 7983; www.hotelyurupary.col. nu, spanisch; Calle 8 Nr. 7-26; EZ/DZ/3BZ 79 000/85 000/ 95 000 C$; 🛏 🛜 🍽) Das kürzlich renovierte Hotel hat große, makellose Zimmer mit bunt zusammengewürfeltem Dekor, darunter Lehnstühle, übergroße Ölgemälde und künstliche Blumen. Alle Zimmer haben Klimaanlage und Warmwasser und blicken auf einen freundlichen Hof mit einem erfrischenden Swimmingpool, Garten, Bar und Restaurant.

Hotel Anaconda (☎ 592 7119; www.hotelanaconda. com.co; Carrera 11 Nr. 7-34; EZ/DZ mit Frühstück 123 000/ 114 000 C$/Pers.; 🛏 🍽) Das dem Parque Orellana gegenüber gelegene Hotel hat komfortable, geräumige Zimmer, die aber sehr nüchtern wirken. Am besten sind die Zimmer im obersten Stock, wo man den Lärm von der Straße weniger hört und einen schönen Blick auf den Amazonas hat. Vor Ort gibt's einen einladenden Hof, einen Pool und in der Lobby eine Bar.

Decalodge Ticuna (☎ 592 6948; www.decameron.com; Carrera 11 Nr. 6-11; EZ mit Frühstück & Abendessen 228 000– 281 000 C$, DZ mit Frühstück & Abendessen 175 000– 228 000 C$/Pers.; 🛏 🖥 🛜 🍽) Leticias einzige Luxusoption ist diese Ferienanlage einer internationalen Kette mit üppigen, stilvollen Cabañas, die sich zu einem grünen, abends beleuchteten Hof-/Poolbereich mit Springbrunnen öffnen. Die angegebenen Preise sind die, die vor Ort verlangt werden; viel günstiger fährt, wer vorab mehrere Tage pauschal bucht.

ESSEN

Das Essen ist in Leticia generell gut und preisgünstig. Die einheimische Spezialität ist Fisch, z. B. *gamitana* und *pirarucú*.

Restaurante El Sabor (☎ 592 4774; Calle 8 Nr. 9-25; Hauptgerichte 6000–10 000 C$; 🕐 Mo–Sa 6–23 Uhr) Leticias bestes preisgünstiges Restaurant serviert Tagesmenüs, vegetarische Burger und Obstsalate sowie zur Mahlzeit kostenlos so viel Fruchtsaft wie man mag. Die Bananenpfannkuchen sind ausgezeichnet.

La Casa del Pan (☎ 592 7660; Calle 11 Nr. 10-20; 🕐 Mo–Sa 6.30–23 Uhr) Das Lokal gegenüber dem Parque Santander eignet sich bestens zum Frühstücken (Eier, Baguette, Kaffee & Saft für 3500 C$) oder einen Happen am Nachmittag.

A Me K Tiar (☎ 592 6094; Carrera 9 Nr. 8-15; Hauptgerichte 5000–13 000 C$; 🕐 mittags & abends) In dem bei Einheimischen und Touristen gleichermaßen beliebten Restaurant werden gute *parillas* (Grillfleisch) zu einem tollen Preis serviert. Zum Hinunterspülen bieten sich ein kaltes Bier oder ein frisch gemixter Fruchtsaft an.

La Cava Amazónica (☎ 592 4935; Carrera 9 Nr. 8-23; Tagesmenü 6000 C$, Hauptgerichte 10 000–17 000 C$; 🕐 mittags & abends) In diesem Freiluftrestaurant essen die Einheimischen gern zu Mittag. Das Tagesmenü besteht aus einem großen Teller Suppe, einem Salat sowie einem Fleischgericht mit Gemüsebeilage und kostet nur 6000 C$. Werktags kann in der Mittagspause großer Andrang herrschen.

AUSGEHEN

In der Calle 8 gibt's mehrere Bars und Cafés, darunter das **Tierras Amazónicas** (Calle 8 Nr. 7-50) nahe dem Hotel Yurupary, eine entspannte Bar, die sich auf *aguardente* (hochprozentigen Zuckerrohrschnaps) und Salsamusik spezialisiert hat. Die **Taberna Americana** (Carrera 10 Nr. 11-108) ist eine preiswerte, rustikale Bar, in der bis spät in die Nacht Salsamusik gespielt wird; die **Mossh Bar** (☎ 592 7097; Carrera 10 Nr. 10-08; 🕐 Di–Do 16–2, Fr & Sa 16–4 Uhr) ist ein modischer Treff gegenüber dem Parque Santander mit einem Innenraum in Weiß, Schwarz und Chrom.

AN- & WEITERREISE

Flugzeug

Von allen Ausländern, die auf Leticias Flughafen, dem Aeropuerto Internacional Alfredo Vásquez Cobo ankommen, wird eine Einreisesteuer von 15 500 C$ erhoben.

AeroRepública (☎ 592 7666; www.aerorepublica. co; Calle 7 Nr. 10-36; 🕐 Mo–Fr 8–12 & 14–18, Sa 8–12 Uhr) fliegt täglich nach Bogotá. **Satena** (☎ 592 5419; www.satena.com; Calle 9 s/n; 🕐 Mo–Fr 8–12 & 14–18, Sa 8–12 Uhr), die Fluglinie der kolumbianischen Luftwaffe, fliegt montags, mittwochs und freitags nach Bogotá. Die Preise fluktuieren stark, man muss aber mit ca. 300 000 C$ für den einfachen Flug rechnen. Satena ist meist billiger. Die besten Preise gibt's bei Frühbuchung.

Schiff/Fähre

Die Passagierboote von und nach Iquitos in Peru legen an der kleinen Inselgemeinde und Grenzstation auf der Isla Santa Rosa an, die die dritte Seite des „Dreiländerecks" bildet. Hier findet man alles an dem einen asphaltierten Fußweg durch den Ort – auch das Büro der Policía Internacional Peruviano (PIP), wo man seinen Pass abstempeln lassen muss. Vom frühen Morgen bis in den späten Abend sind Wassertaxis (4000 C$) zwischen Leticia und Santa Rosa unterwegs.

UNTERWEGS VOR ORT

Das wichtigste öffentliche Transportmittel sind die Mototaxis. Die meisten Stadtfahrten kosten 1000 C$, die Fahrt nach Tabatinga 2000 C$ – gut festhalten! *Colectivos* nach Tabatinga warten an der Kreuzung der Carrera 10 und der Calle 8 (2500 C$) – in Tabatinga fahren sie den Porto da Feria, die Abzweigung zum Porto Fluvial, die Station der Polícia Federal und den Flughafen an und kehren anschließend zurück.

Eine Taxifahrt zum Flughafen von Leticia kostet 15 000 C$; ein Taxistand liegt an der Carrera 10 zwischen den Calles 7 und 8. *Colectivos* zu Leticias Flughafen fahren vom Parque Orellana (1000 C$). Eine Taxifahrt zum Flughafen von Tabatinga kostet 20 000 C$.

Die schnellen Passagierboote nach Puerto Nariño (22 000 C$, 2 Std., werktags 8, 10 & 14 Uhr) mit Zwischenstopp am Parque Amacayacu (21 000 C$, 1½ Std.) fahren von einem Pier am Ende der Calle 8.

Puerto Nariño (Kolumbien)

☎ 8 / 2000 Ew.

Das winzige Dorf Puerto Nariño, 75 km stromaufwärts von Leticia, hat das Konzept des umweltverträglichen Lebensstils zur Kunstform erhoben. Motorisierte Fahrzeuge sind verboten. Zum Waschen und zur Gartenbewässerung wird Regenwasser in Zisternen gesammelt. Strom liefert der ortseigene, energieeffiziente Generator, aber nur bis Mitternacht. Der Ort ist ein toller Ausgangspunkt, wenn man per Kajak die rosa Flussdelfine des Lago Tarapoto besuchen, den nahen Parque Nacional Natural Amacayacu erkunden oder einfach in einer Hängematte entspannen und den Anblick und die Geräusche des Amazonas auf sich wirken lassen will.

Die meisten Einwohner von Puerto Nariño gehören den einheimischen Völkern der Ticuna, Kokoma und Yagua an.

PRAKTISCHE INFORMATIONEN

In Puerto Nariño gibt's weder Banken noch Geldautomaten, und Kreditkarten werden nicht überall akzeptiert. Aus Leticia reichlich Bargeld mitbringen.

Compartel (Ecke Carrera 6 & Calle 5; 2000 C$/Std.; ☺ Mo–Sa 8–21 Uhr) Bietet Internetzugang sowie Orts- und Auslandsgespräche.

Hospital (Ecke Carrera 4 & Calle 5)

Touristeninformation (☎ 313 235 3687; Ecke Carrera 7 & Calle 5; ☺ Mo–Fr 8–12 & 14–17 Uhr) Im Rathaus.

SEHENSWERTES & AKTIVITÄTEN

Das **Centro de Interpretación Natütama** (Eintritt gegen Spende; ☺ Mi–Mo 8–12 & 14–17 Uhr) hat ein faszinierendes Museum mit fast 100 lebensgroßen Holzschnitzereien von Pflanzen und Tieren aus dem Amazonasgebiet. Draußen ist auch eine kleine Schildkröten-Brutstation. Das Zentrum liegt am Ufer gleich östlich des Docks.

Der **Lago Tarapoto**, 10 km westlich von Puerto Nariño, ist ein schöner Dschungelsee, in dem Amazonas-Flussdelfine, Seekühe, und riesige Seerosen der Gattung Victoria leben. Von Puerto Nariño aus lassen sich Halbtagesausflüge (50 000 C$ für bis zu 4 Pers.) in einem *peque-peque* (motorisierten Kanu) organisieren. Ähnliche Ausflüge sind auch in den etwas weiter stromab liegenden **Parque Nacional Natural Amacayacu** möglich.

Über Seitenwege, die aus dem Ort herausführen, kann man zu mehreren in der Nähe befindlichen Indígena-Dörfern **wandern**, u. a. nach **San Martín** (3 Std.) und **20. de Julio** (30 Min.). Wer das Dorf aus der Vogelperspektive betrachten will, besteigt den **Mirador** (Aussichtsturm; 5000 C$, ☺ 5–17 Uhr) am oberen Ende der Calle 4.

SCHLAFEN & ESSEN

LP Tipp Hotel Napú (☎ 310 488 0998; Calle 4 Nr. 5-72; olgabeco@yahoo.com; Zi. 20 000–25 000 C$/Pers.) Unser Lieblingshotel hat das Aussehen und die Anmutung eines Baumhausforts. Die Zimmer sind schlicht, aber bequem. Sie sind einfach möbliert und haben Ventilator und Gemeinschaftsbäder. Am besten Zimmer 7 oder 8 des hinteren Gebäudes nehmen. Diese teilen sich einen Balkon mit Hängematten, von dem aus man einen Blick auf den Hofgarten und den Dschungel hat.

Casa Selva (☎ in Bogotá 315 333 2796; casaselvahotel@ yahoo.es; Carrera 6 Nr. 6-78; EZ/DZ/3BZ 112 000/134 000/ 186 000 C$) Das hohe, schöne Holzgebäude ist zwei Blocks vom Dock entfernt und die luxuriöseste Unterkunft hier. Die 12 geschmackvollen Zimmer liegen um einen zweistöckigen Hof und bieten Badezimmer, Ventilator und Balkon. Im Hof gibt's ein Restaurant (Hauptgerichte 11 000 C$).

Las Margaritas (Calle 6 Nr. 6-80; Tagesmenü 6000–12 000 C$; ☺ morgens, mittags & abends) Das beste Restaurant des Ortes versteckt sich hinter einem Lattenzaun und unter einer großen *palapa* (Schilfdach). Zu den umfangreichen Tagesmenüs gehören örtliche Spezialitäten wie *pirarucú* und *carne asada* (Steak vom Grill).

AN- & WEITERREISE

Die Schnellboote nach Puerto Nariño legen täglich um 8, 10 und 14 Uhr von der Anlegestelle in Leticia (23 000 C$, 2 Std.) ab; in Puerto Nariño fahren sie um 7.30, 11 und 16 Uhr nach Leticia zurück.

Tickets bekommt man in Leticia bei **Transportes Fluviales** (☎ 592 5999, Calle 8 Nr. 11; ☺ 7–13 Uhr) in der Nähe des Ufers. Die Boote werden schnell voll, daher das Ticket früh oder besser noch am Vortag kaufen.

RIO JAVARI

Der gewundene Rio Javari dient als Grenze zwischen Brasilien und Peru und bietet Reisenden gleichzeitig tolle Möglichkeiten, den Amazonasregenwald aus der Nähe und völlig ungestört zu beobachten. Eine Handvoll Regenwaldlodges stehen als Unterkünfte zur Verfügung und bieten ähnliche Freizeitaktivitäten an, wie sie überall im Amazonasbecken zu finden sind: darunter Wanderungen durch den Urwald, Angeln, bei Nacht Kaimane aufspüren, Vögel und Delfine beobachten. Es ist ebenfalls möglich, die Siedlungen der indigenen Bevölkerung zu besuchen (dabei muss allerdings gesagt werden, dass die Bewohner dieser Siedlungen nicht so menschenscheu sind, wie es oft von den Reisenden erwartet wird). Petru Popescus Buch *Amazonas* erzählt von den außergewöhnlichen Erfahrungen, die der Fotograf Loren McIntyre hier bei einer der Indianergruppen gemacht hat. Die Preise variieren je nach Dauer des Aufenthalts und geplanten Aktivitäten und nach Saison. Im Durchschnitt kann man mit 75–125 US$ pro Tag und Person rechnen.

Die **Zacambú Lodge** (☎ 592 7377; amazonjungletrips@yahoo.com; Av Internacional 6-25, Leticia) liegt am Zacambú-See inmitten einer wunderschönen Seenregion auf der peruanischen Seite des Javari und wird von Amazon Jungle Trips betrieben. Diese Lodge ist dem Dreiländereck am nächsten – 70 km von Tabatinga entfernt, oder drei Stunden mit dem Motorboot. Die Gäste sind in einfachen, aber komfortablen Unterkünften untergebracht und schlafen entweder in Hängematten oder kleinen Zimmern mit Gemeinschaftstoiletten. Die meisten Ausflüge werden aus offensichtlichen Gründen mit dem Motorboot oder dem Kanu unternommen – die Gegend eignet sich besonders gut, um Vögel zu beobachten.

Das **Reserva Natural Palmari** (☎ in Leticia 592 4156; www.palmari.org) liegt weitere 20 km flussaufwärts am Südufer des Flusses und überblickt eine Biegung, in der sich gern rosarote und graue Delfine blicken lassen. Hier sind einige Aktivitäten und Ausflüge geboten: von Wandern und Trekken über Kanufahren und Sportangeln bis hin zum Seile spannen in den Baumkronen. Die Lodge empfängt oft Gruppen – vielleicht sollte man sich vorher erkundigen, wie viele Gäste zum gewünschten Reisezeitpunkt dort sein werden (und seinen Zeitplan dementsprechend einrichten).

Das noch weiter entfernte **Reserva Natural Heliconia** (☎ 311-508 5666; www.amazonheliconia.com; Calle 13 Nr. 11-74) hat Quartiere in strohgedeckten Hütten und bietet Ausflüge zu Fuß oder mit dem Boot zu Flüssen, Buchten und in den Regenwald. Auch Besuche indigener Dörfer sowie Vogel- und Delfinbeobachtungen werden organisiert.

RORAIMA

Tropischer Regenwald bedeckt die (vom Äquator durchschnittene) Südhälfte Roraimas. In der Mitte des Bundesstaats weicht er einer breiten Savanne, während im Norden abgelegene, schöne Berge liegen. Im Bundesstaat befinden sich die meisten brasilianischen Territorien der Yanomami, eines der größten indigenen Völker im Land. Boa Vista, die Hauptstadt des Bundesstaats, steht zwar bei den meisten Travellern immer noch nicht auf dem Reiseplan, bietet aber Jahr für Jahr bessere Touroptionen. In Roraima erhebt sich der Roraima-Tepui, aber dieser hinreißende Tafelberg liegt genau auf der Grenze zwischen Brasilien, Venezuela und Guyana und ist am besten von Venezuela aus zugänglich.

BOA VISTA

☎ 0xx95 / 267 000 Ew.

In der Hauptstadt des Bundesstaats, einer geplanten Stadt an den Ufern des Rio Branco, leben mehr als die Hälfte aller Einwohner Roraimas. Die Stadt ist seit langem eine Durchgangsstation für Traveller auf dem Weg nach Guyana oder in die nur drei Stunden weiter nördlich liegenden wunderschönen Hochebenen Venezuelas, hat aber selber wenig Flair. Immerhin gibt's hier zwei gute Tourveranstalter, die Ausflüge in die urtümlichen, wenig besuchten Regionen der Serra Grande und der Serra de Tepequém anbieten.

Praktische Informationen

BUCHLÄDEN
Nobel (☎ 3621 3422; Av Glaycon de Paiva 789A; ☻ Mo–Sa 9–19 Uhr) Hat manchmal englischsprachige Reiseführer.

GELD
Banco do Brasil (Av Glaycon de Paiva 56; ☻ Mo–Fr 8–14 Uhr) Tauscht Euro und US-Dollars.
Bradesco (Ecke Av Sebastão Diniz & Rua Inácio Magalhães) Verlässliche Geldautomaten.
Goldläden & Pfandleihen (Av Benjamin Constant) Zahlreiche Läden in diesem Block tauschen US-Dollars, venezolanische Bolívar und Guyana-Dollars.

INTERNETZUGANG
Nobel (☎ 3621 3422; Av Glaycon de Paiva 789A; 3 R$/ Std.; ☻ Mo–Sa 9–19 Uhr)
Red Zone (Ecke Rua Araújo Filho & Av Benjamin Constant; 2 R$/Std.; ☻ 9–24 Uhr)

KONSULATE
Venezolanisches Konsulat (☎ 3623 9285; Av Benjamin Constant 525E; ☻ Mo–Fr 8–14 Uhr)

MEDIZINISCHE VERSORGUNG
Hospital Geral (☎ 3236 0326; Rua Recife 1581) Boa Vistas wichtigstes öffentliches Krankenhaus liegt 2 km außerhalb des Zentrums in Richtung Flughafen.
Gelbfieberimpfungen (☻ Mo–Fr 8–12 & 14–18 Uhr) Gibt's umsonst in der Flughafenklinik.

NOTFALL
Das Hospital Geral (s. oben) hat eine rund um die Uhr geöffnete Notaufnahme.
Ambulanz (☎ 192)
Polizei (☎ 190)

POST
Hauptpost (☎ 3621 3535; Praça do Centro Cívico; ☻ Mo–Fr 8–16.30, Sa 8–12 Uhr)

REISEBÜROS
Timbo Turismo (☎ 3224 4077; timbotur@osite.com. br; Av Benjamin Constant auf Höhe Rua Araújo Filho; ☻ Mo–Fr 8–12 & 14–18, Sa 8–12 Uhr) Verkauft Flug- und Bustickets.

Gefahren & Ärgernisse
An der Praia Grande muss man (vor allem bei Niedrigwasser) auf Stachelrochen achten. Die Stiche tun entsetzlich weh, glücklicherweise sind die Tiere sehr scheu, und man muss schon auf einen Rochen treten, damit er sich zur Wehr setzt. Vor Betreten oder Verlassen des Wassers einfach mit den Füßen oder einem Stock eine Sandwolke aufwirbeln – das vertreibt die Tiere.

Die Orla Taumanan (S. 736) ist gut beleuchtet und abends eine beliebte Kneipengegend, aber die umliegenden Straßen sind etwas zwielichtig. Beim Heimweg auf der Hut sein oder besser ein Taxi nehmen.

Sehenswertes

PARQUE ANAUÁ & MUSEU INTEGRADO DE RORAIMA
Rund 2,5 km nordwestlich vom Zentrum befindet sich das große Gelände des **Parque Anauá** (Av Brigadeiro Eduardo Gomes) mit Gartenanlagen, einem Teich, einem Museum, einem Amphitheater und diversen Sportstätten. Im Park zeigt das **Museu Integrado de Roraima** (Eintritt frei; ☻ 8–18 Uhr) bescheidene Ausstellungen zur Archäologie, den indigenen Völkern, den Tieren und der Geschichte des Bundesstaats.

PRAIA GRANDE
Am anderen Ufer des Rio Branco gegenüber von Boa Vista erhebt sich bei niedrigem Wasserstand (etwa Okt.–April) die gelbbraune Sandbank der Praia Grande, die tatsächlich groß und strandartig ist, sodass sie sich für einen netten Nachmittagsausflug anbietet. Da sie nur bei Niedrigwasser frei liegt, gibt's keine Vegetation und keinen Schatten – also unbedingt einen Sonnenschirm mitbringen oder bis zum späteren Nachmittag warten.
Porto do Babazinho (☎ 3624 8382; Av Major Williams 1) betreibt einen Fährdienst (4 R$ hin und zurück) und verkauft Speisen und Getränke.

Aktivitäten & geführte Touren
Porto do Babazinho (☎ 9111 3511; babarinhorr@yahoo. com; Av Major Williams 1) ist die Ausgangsbasis des alteingesessenen einheimischen Führers Sebastião de Souza e Silva (alias „Babazinho"), der diverse Abenteueraktivitäten – von Surfunterricht und Surfbrettvermietung bis hin zu ganz- und mehrtägigen Wanderungen, Kanufahrten und Tierbeobachtungstouren – zu vernünftigen Preisen führt und auch organisiert.

AMAZONIEN

AMAZONIEN

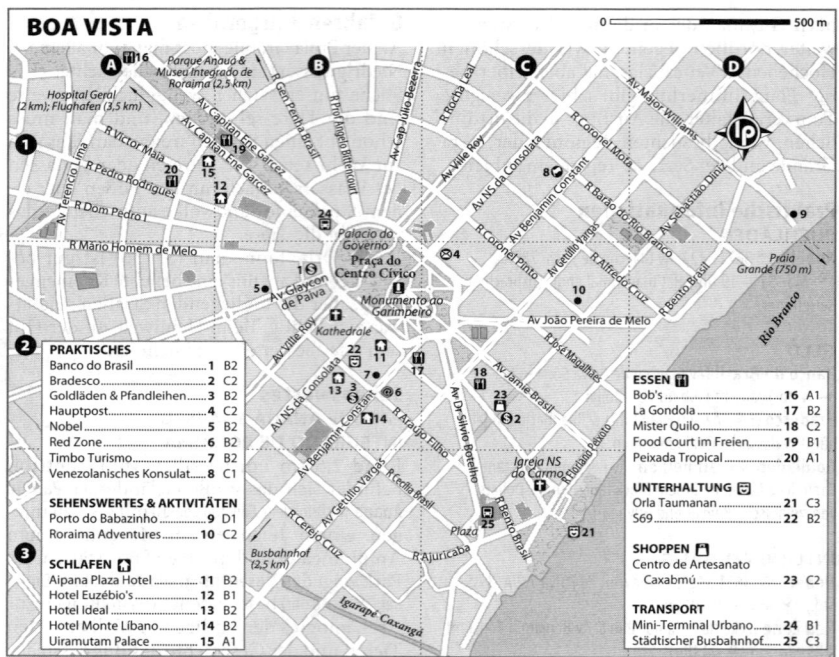

BOA VISTA

0 —————————————— 500 m

Roraima Adventures (☎ 3624 9611; www.roraima -brasil.com.br; Rua Coronel Pinto 86; ⏰ Mo–Fr 8–12 & 14–18, Sa 8–12 Uhr) veranstaltet professionell geführte mehrtägige Campingtouren in ganz Roraima, u. a. in der Serra do Tepequém, zum Roraima-Tepuis in Venezuela und sogar im Yanomami-Reservat (sofern sich die erforderlichen Genehmigungen beschaffen lassen).

Schlafen

Hotel Monte Líbano (☎ 8122 1220, 9124 0240; Av Benjamin Constant 319 W; EZ/DZ mit Ventilator 25/35 R$, mit Klimaanlage 35/45 R$; ❄) In der Reihe billiger Absteigen in diesem Gebiet ist das Monte Líbano noch die beste, aber die Zimmer sind trist, die Badezimmer schmuddelig, und kostenloses Frühstück gibt es auch nicht. Die Zimmer mit Klimaanlage sind etwas besser und haben TVs. Trotzdem wohnt man hier nur, wenn man unbedingt sparen muss.

Hotel Ideal (☎ 3224 6342; Rua Araújo Filho 533; EZ/ DZ/3BZ 45/55 R$, mit Minibar 50/60 R$; ❄) Boa Vistas beste preisgünstige Unterkunft hat eine freundliche Lobby mit Essbereich und ordentliche Zimmer mit hohen Decken, TV und Klimaanlage. Das Dekor ist schlicht, aber das machen der freundliche Service und die bequeme Lage des Hotels wieder wett.

Hotel Euzébio's (☎ 2121 0300; Rua Cecília Brasil 1517; EZ/DZ Standard 65/90 R$, Superior 100/120 R$; ❄ 🛜 🚗) Die Standardzimmer sind sauber, aber klein. Die Superiorzimmer sind größer, hübscher und bieten Warmwasser, Minibar und Telefon. Alle Zimmer haben Klimaanlagen und TVs. Ein prima Extra ist der Pool. Das Preis-Leistungs-Verhältnis ist gut, vor allem, wenn man eines der häufigen Sonderangebote nutzen kann. Das Hotel liegt zwar etwas außerhalb des Zentrums, aber dafür näher an den ansprechenden Spazierwegen und den abends geöffneten Restaurants mitten an der Av Capitan Ene Garcez.

Uiramutam Palace (☎ 3624 4700; www.uiramutam. com.br; Av Capitan Ene Garcez 427; EZ/DZ/3BZ Standard 70/100/120 R$, Deluxe 120/160/180 R$; ❄ 🛜 🚗) Die Standardzimmer sind angesichts des Preises schrecklich kahl, die Deluxe-Wohneinheiten sind größer und angenehmer. Sie bieten schicke Bäder (mit Waschtischen aus Porzellan und verglasten Duschen) und Flachbild-TVs. Barzahler erhalten 20 % Rabatt. Der Pool gibt die willkommene Möglichkeit, sich am Nachmittag zu entspannen – trotz der riesigen Satellitenschüssel, die in einer Ecke des Poolbereichs aufragt.

Aipana Plaza Hotel (☎ 3224 4800; www.aipanaplaza. com.br; Westseite der Praça do Centro Cívico; EZ/DZ/3BZ 165/195/210 R$; 🍴 🛜 🖳) In der Rezeption des nobelsten Hotels von Boa Vista findet man Ledersofas, moderne Gemälde und Skulpturen sowie eine hippe Lobbybar. Auch die Zimmer haben Klasse: stilvoll-zurückhalten-

---

DIE YANOMAMI

Die Yanomami sind eines der größten und zugleich urtümlichsten indigenen Völker Amazoniens. Sie leben als Halbnomaden in einem abgelegenen Gebiet an der brasilianisch-venezolanischen Grenze. Zu ihrer materiellen Kultur gehören Steinwerkzeuge, Töpferwaren, Tierhäute und pflanzliche Produkte. Trotz ihrer relativ großen Zahl – man schätzt etwa 15 000 Menschen – gab es bis zu den 1950er-Jahren keinen und bis zu den 1970er-Jahren nur gelegentlichen Kontakt mit ihnen. Erst als sich die brasilianische Regierung entschied, den Hwy BR-210 zu bauen, wurden diese Steinzeitmenschen abrupt in die Welt des 20. Jhs. katapultiert. Wie zu erwarten war, verbreiteten sich unter den Yanomami durch den Kontakt mit den Bauarbeitern Masern, Grippe und Geschlechtskrankheiten. Infolge der Seuchen wurden ganze Dörfer ausgelöscht. Ein Jahrzehnt später strömten rund 40 000 Bergleute infolge eines Goldrauschs in das Gebiet der Yanomami, verschmutzten Flüsse und zerstörten die Wälder. 1988 versuchte die Regierung, den Yanomami 70 % ihres Territoriums wegzunehmen, um es für den Bergbau zu erschließen. Angesichts nationaler und internationaler Proteste wurde dieser Plan verworfen, aber das Los der Yanomami blieb schrecklich genug: Zwischen 1986 und 1993 starb ein Fünftel ihrer Bevölkerung, überwiegend an Seuchen.

1991 wies die venezolanische Regierung ihren Anteil des Yanomami-Territoriums offiziell als Indigena-Reservat aus. Brasilien zog einen Monat später nach und schuf das 96 650 km² große **Terra Indígena Yanomami**, das größte ausschließliche Indigena-Territorium des Landes. Die Konflikte setzten sich jedoch fort. 1993 tötete eine Bande von Goldsuchern 16 Yanomami, darunter ein Kleinkind, mit Macheten und Gewehren. Vier der Mörder wurden vor Gericht gestellt und zu Gefängnisstrafen verurteilt, aber viele weitere Morde blieben ungeahndet.

Die Yanomami sind schmächtige Menschen mit den typischen Zügen der amerikanischen Ureinwohner. Den Mittelpunkt jeder Gemeinschaft bildet der *yano*, ein großes, rundes Gebäude aus Holz und Stroh, in dem jede Familie ihren eigenen Bereich hat, der sich zu großen, nicht überdachten Mitte hin öffnet, die für gemeinschaftliche Tänze und Zeremonien genutzt wird. Jede Familie grenzt ihren Bereich durch ein ständig brennendes Feuer ab, um das herum die Hängematten aufgehängt werden. Dieser Herd bildet das Zentrum des Familienlebens.

Auf dem Speiseplan stehen Affen (gelten als Delikatesse), Tapire, Pekaris und diverse Insekten, außerdem Früchte, Yams, Bananen und Maniok. Die Yanomami führen komplexe Zeremonien und Rituale durch und legen große Wert auf stammesübergreifende Allianzen, vor allem, um Fehden im Zaum zu halten. Wenn die nahegelegenen Böden und Jagdgründe erschöpft sind, wird der *yano* abgebrochen, und die Dorfgemeinschaft wechselt an einen neuen Standort.

Krankheiten werden mit Schamanentänzen, Handauflegen und Kräutern, darunter *yakoana* (ein halluzinogenes, pflanzliches Pulver) behandelt. Stirbt ein Stammesmitglied, wird die Leiche an einem Baum aufgehängt, bis sie ausgetrocknet ist, und dann verbrannt. Die Asche wird mit zerstampften Bananen vermengt und von den Freunden und der Familie verzehrt, um den Geist des Verstorbenen aufzunehmen und zu bewahren.

Der Anthropologe Napoleon Chagnon lebte drei Jahrzehnte bei den Yanomami und beschrieb sie in seinem Bestseller *Die Yanomamo: Leben und Sterben der Indianer am Orinoco* als aggressiv und in einem Zustand „ständigen Krieges" lebend. Bei seinem Erscheinen im Jahr 1968 erhielt das Buch zwar viel Anerkennung, doch im Lauf der Jahre mehrte sich die Kritik an der Methode und der Stichhaltigkeit der Erkenntnisse. 2001 veröffentlichte der Aktivist Patrick Tierny das Buch *Verrat am Paradies*, in dem er Chagnon und einem Kollegen unethisches Verhalten vorwarf: So hätten sie Geschenke benutzt, um Personen Informationen zu entlocken, und, wesentlich gravierender, einen Masernausbruch bewusst verschlimmert. Die schwersten Anschuldigungen erwiesen sich als unbegründet, doch warfen die Kontroversen ein Schlaglicht auf die ethischen Problem, die mit dem Studium solch isoliert lebender indigener Gruppen verbunden sind.

des Dekor, Schieferböden, verglaste Duschen und gute Betten. In dem gepflegten Pool kann man gut der Hitze entkommen.

Essen

LP Tipp **La Gondola** (Av Benjamin Constant 35 W; Selbstbedienung 18 R$/kg; ☺ mittags) Dieses kleinere Restaurant, in dem man nach Kilo zahlt, liegt an der Plaza jenseits einer stark befahrenen Kreuzung und hat Sitzbereiche draußen und drinnen (teils mit Klimaanlage, teils mit Ventilator). Zu essen gibt's das Übliche: Pasta. Kartoffeln, gebratenes Hähnchen, Grillfleisch, Bohnen usw.

Mister Quilo (Rua Inácio Magalhães 346; 24/kg, ☺ mittags & abends) Hinter den getönten Glastüren liegt ein riesiger, auf drei Stockwerke verteilter Essbereich mit surrenden Klimaanlagen und herumhastenden Kellnerinnen in blauen Shirts, die versuchen, mit den Getränkebestellungen Schritt zu halten. An den Selbstbedienungstheken mit frischem Grillfleisch, Pasta und Desserts sind die Schlangen lang.

Peixada Tropical (Ecke Rua Ajuricaba & Rua Pedro Rodrigues; Gerichte 35–50 R$/2 Pers.; ☎ mittags & abends) In diesem beliebten Freiluftlokal gibt's Fisch auf alle erdenkliche Art, vom portugiesischen Fischeintopf bis hin zu kräftig gewürzten, in der Pfanne gebratenen Fischen, wie man sie in Bahia mag.

Eine gut besuchter **Food Court** (Hauptgerichte 5–20 R$; ☺ abends) unter freiem Himmel nimmt abends den langen, schmalen Grünstreifen zwischen den beiden Fahrbahnen der Av Capitan Ene Garcez ein. Einige kleine Familienrestaurants stellen hier Tische unter die hohe Markise und servieren schmackhafte, preisgünstige brasilianische Kost. Gelegentlich gibt's auch Livemusik, aber eigentlich kommt man wegen der munteren, familienfreundlichen Atmosphäre.

Am oberen Ende dieses Parkstreifens befinden sich vier Restaurants: eine Pizzeria, ein gehobener Italiener, eine *churrascaria* (Grillrestaurant) mittlerer Preisklasse und eine Filiale der überall vertretenen Burgerkette Bob's. Die Restaurants belegen die beiden Etagen zweier gleichartiger, benachbarter Gebäude und sind mittags und abends geöffnet.

Unterhaltung

An Boa Vistas kürzlich verschönerter Uferpromenade, der **Orla Taumanan**, gibt's ein paar Biergärten, die an den meisten Wochenenden abends gut besucht sind. Die umliegenden Straßen sind dagegen ziemlich verlassen, daher beim Rückweg ins Hotel wachsam sein oder besser ein Taxi nehmen.

S69 (Ecke Rua Araújo Filho & Av NS da Consolata; ☺ nur Sa 0–6 Uhr) In Boa Vistas bekanntestem Schwulenclub kann einmal in der Woche bis in die Morgenstunden getanzt und getrunken werden. Übrigens sind Menschen aller Ausrichtung – Schwule, Lesben und Heteros – und natürlich auch Ausländer willkommen.

Shoppen

Centro de Artesanato Caxabmú (☎ 3623 1615; Rua Floriano Peixoto 158; ☺ Mo–Sa 8–18 Uhr) Zwei Blocks in der Stadt bilden eine Fußgängerzone. An den dortigen Ständen gibt's alles von Kunsthandwerk bis zu Cashewkernen.

An- & Weiterreise
BUS

Eucatur (☎ 3623 1318) fährt fünfmal täglich nach Manaus (100 R$, 12 Std., 9, 18, & 20 Uhr, *semileito* 19 & 21 Uhr). Viermal täglich fahren Busse nach Pacaraíma an der venezolanischen Grenze (12 R$, 3 Std., 7, 7.30, 12 & 16 Uhr). Man kann auch ein Sammeltaxi nach Pacaraíma nehmen. Das kostet 30 R$, kommt aber schneller voran. Der Bus Richtung Venezuela, der einmal täglich um 7.30 Uhr durchkommt, fährt weiter nach Santa Elena de Uairén (20 R$, 4–5 Std.), Puerto Ordaz (80 R$, 14 Std.) und Puerto La Cruz (100 R$, 20 Std.).

Amatur (☎ 3224 0004) betreibt täglich Busse nach Bonfim an der Grenze zu Guyana (15 R$, 1½ Std., 7, 10, 14 & 16.30 Uhr). Dort überquert man die Grenze nach Lethem und nimmt den Bus nach Georgetown (95 R$ ab Boa Vista; 15–16 Std., Mo, Di, Do, Fr & So).

FLUGZEUG
Dank häufiger Sonderangebote sind Flüge oft nur wenig teurer als Busfahrten.

Gol (☎ 3224 5824; www.voegol.com.br; ☺ 11.30–17.30 & 22–4 Uhr)

Meta (☎ 3224 7490; www.voemeta.com.br; ☺ Mo–Fr 8–18 Uhr) Bietet zweimal wöchentlich Flüge nach Guyana und Surinam.

TAM (☎ 3623 0049; www.tamairlines.com.br; ☺ Mo–Fr 8–22, Sa & So 8–18 Uhr)

Unterwegs vor Ort

In der Stadt sind mit „Lotação" gekennzeichnete Taxis wie Busse auf festgelegten Strecken unterwegs. Sie nehmen bis zu 4 Fahrgäste mit und kosten 2 bis 4 R$, wenn der Fahrer die

Route verlassen muss, um einen Gast irgendwo abzusetzen. Private Taxis fahren mit Taxameter und können teuer sein.

Der Flughafen liegt 3,5 km nordwestlich des Stadtzentrums. Der Bus 206 mit der Aufschrift „Carana-Aeroporto" (2 R$) fährt entweder vom *rodoviária urbano* (städtischer Busbahnhof) an der Av Dr Silvio Botelho oder gegenüber vom *mini-terminal urbano* am Ende der Praça do Centro Cívico ab. Zwischen 6 und 23.15 Uhr fahren die Busse etwa alle 30 bis 90 Minuten; an den Wochenenden ist der Fahrplan allerdings etwas ausgedünnt. Taxis zwischen Flughafen und Zentrum kosten 25 R$.

Der **Busbahnhof** (Av das Guianas, Bairro São Vicente) liegt 2,5 km südwestlich des Zentrums. Einige Busse fahren vom *rodoviária urbano* und vom *mini-terminal urbano* dorthin, z. B. der „214-Jockei Clube" und der „215-Nova Ciudad" (alle 2 R$, alle 20–30 Min.). Jeder dieser Busse fährt auch wieder ins Zentrum zurück, jeden Tag fahren Busse von 5.30 Uhr bis Mitternacht. Ein privates Taxi vom Zentrum zum Busbahnhof kostet um die 10 R$, ein *lotação* 2,50 R$.

RUND UM BOA VISTA
Bonfim & Lethem (Guyana)
Bonfim ☎ 0xx95 / 11 000 Ew.

Lethem (Guyana) ☎ 072 / 900 Ew.

Das kleine Bonfim liegt 125 km nordöstlich von Boa Vista und ist das Sprungbrett nach Guyana. Der noch kleinere guyanische Ort Lethem liegt 5 km westlich auf der anderen Seite des Rio Tacutu. Weder Bonfim noch Lethem sind besonders hübsch, Lethem ist jedoch immer noch der angenehmere Ort. Hier wie dort gibt's Hotels – für den Fall, dass man aus irgendeinem Grund mal nicht weiterkommt.

Die Busfahrer warten meistens auf die Fahrgäste aus Boa Vista, bis diese ihre Ausreisestempel von der Polícia Federal bekommen haben, bevor sie die kurze Strecke zum Pier am Fluss weiterfahren. Von dort aus kostet ein Kanu über den Fluss 3 R$; der guyanische Zoll liegt weitere 1,5 km entfernt.

Die **Pousada Fronteira** (☎ 3552 1294; Rua Aluísio de Menezes 26, Bonfim; EZ/DZ 27/35 US$) ist eine der weniger guten Bleiben in Bonfim; sie hat einfache Zimmer und akzeptable Bäder.

Auf S. 736 findet man Informationen über Busse nach Bonfim und weiter nach Georgetown.

SANTA ELENA DE UAIRÉN (VENEZUELA)
☎ 0289 / 18 500 Ew.

Santa Elena de Uairén (Santa Elena) ist ein staubiger kleiner Ort ein paar Kilometer nördlich der einzigen Grenzstation zwischen Brasilien und Venezuela. Der Ort liegt höher als Boa Vista und ist daher kühler. Von hier aus hat man Zugang zu Venezuelas wunderschöner Gran Sabana. In der Gegend gibt es viele Wasserfälle und sonderbare Tafelberge, die *tepuis*. Der größte und bekannteste von ihnen ist der Roraima-Tepui (S. 738), ein spektakuläres Naturdenkmal dort, wo Brasilien, Venezuela und Guyana zusammentreffen.

Die brasilianischen und venezolanischen Ein- bzw. Ausreiseformalitäten werden alle an der Grenzstation La Línea, 15 km südlich von Santa Elena abgewickelt; die brasilianische und die venezolanische Grenzstationen liegen rund 1 km hintereinander. Die meisten Traveller brauchen zur Einreise nach Venezuela kein vorab ausgestelltes Visum mehr, sondern erhalten es direkt an der Grenze. Bei der Wiedereinreise nach Brasilien muss man eine Gelbfieber-Impfbescheinigung vorweisen.

AMAZONIEN

Orientierung

Die Calle Bolívar ist Santa Elenas Hauptstraße, an der Hotels, Internetcafés und Läden zu finden sind. Die Kreuzung mit der Calle Urdaneta heißt Cuatro Esquinas (vier Ecken); hier trifft man auf die Geldwechsler. Folgt man der Calle Urdaneta nach rechts, gelangt man zur Plaza Bolívar, dem zentralen Platz des Orts; links davon folgt nach ein paar Blocks das Zentrum des Backpackerlebens: eine Ansammlung von Hotels, Restaurants und Tourveranstaltern. Am Ende des Blocks liegt die Av Perimetral, die um den Ort herumführt.

Praktische Informationen

EINREISE

Brasilianisches Konsulat (☎ 995 1256; Edificio Galeno, Calle Los Castanos, Urb Roraima del Casco Central; ☯ Mo–Fr 8–14 Uhr)

GELD

2008 führte Venezuela den *bolívar fuerte*, (BsF) ein. Zum Zeitpunkt der Recherche lag der Umtauschkurs bei 4,29 BsF für 1 US$ und bei 2,50 BsF für 1 R$. Bei den vielen Geldwechslern an der Ecke Calle Bolívar und Calle Urdaneta kann man leicht und sicher brasilianische Reais, US-Dollars und Euro tauschen.

Banco Guyana (Plaza Bolívar)

Banco Industrial de Venezuela (Calle Bolívar) 50 m nördlich vom Hotel Augusta.

INTERNETZUGANG

Cafe Iruk (☎ Calle Bolívar; ☯ Mo–Sa 9–23, So 13–23 Uhr) Gegenüber dem Hotel Panazarelli.

MEDIZINISCHE VERSORGUNG

Hospital Rosario Vera Zurita (Calle Icabarú) Kein Telefon, über Funk mit der Notfallnummer 171 verbunden. Grundversorgung.

NOTFALL

Ambulanz, Feuerwehr, Polizei (☎ 171)

POST

Ipostel (Calle Urdaneta) Zwischen den Calles Bolívar und Roscio; an der Tür hing beim letzten Besuch kein Schild.

WÄSCHEREI

Lavandería Pereira (Calle Urdaneta)

Sehenswertes & Aktivitäten

GRAN SABANA

Santa Elena liegt an der Südspitze des gewaltigen Parque Nacional Canaima (30 000 km²).

In dessen Mitte befindet sich die **Gran Sabana**, eine hochgelegene Savanne mit kahlen, flachen *tepuis*, die von Flüssen durchzogen wird. Zu den Ausflugszielen hier gehören großartige Aussichtspunkte, man schwimmt in natürlichen Pools und besichtigt spektakuläre Wasserfälle wie den 100 m hohen Salto Aponwao. Weitere Möglichkeiten sind Wildwasser-Rafting und ein Besuch der Stadt/ Region El Paují, einer interessanten Kombination aus natürlichen Sehenswürdigkeiten und einer andersartigen Gemeinschaft.

RORAIMA-TEPUI

Der größte der *tepuis* ist der 2810 m hohe **Roraima**. Folgerichtig kommen die meisten Besucher zum Klettern nach Santa Elena. Ein Standardausflug dauert sechs Tage, von denen man drei damit verbringt, die 60 km² große und wilde Mondlandschaft auf dem Gipfel zu erkunden. Zu den Höhepunkten dort oben gehören „La Ventana" mit einer tollen Aussicht, „El Foso", ein rundes, tiefes Erdloch mit Bögen im Innern, und eine Reihe eiskalter, mit Quarz umrandeter Teiche, die „Jacuzzis" genannt werden. Wem keine der Touren zusagt, der kann in den Städten San Francisco de Yuruaní (66 km nördlich von Santa Elena) oder Paraitepui (26 km östlich von San Francisco) Fremdenführer und Träger buchen. Um den Gipfel zu erreichen, muss man nicht wirklich klettern können. Ohne eine gute körperliche Verfassung sollte man die Tour aber definitiv ausfallen lassen. Der Roraima-Tepui überspannt Venezuela, Brasilien und Guyana, doch diese Route ist die einzige, die nicht senkrecht nach oben führt.

Geführte Touren

Alle Tourveranstalter in Santa Elena bieten ein-, zwei- oder dreitägige Jeeptouren durch die Gran Sabana an, bei denen man die interessantesten Sehenswürdigkeiten, hauptsächlich Wasserfälle, besucht. Die Preise liegen zwischen 170 und 380 BsF pro Person und Tag, abhängig von der Größe der Gruppe und davon, ob im Preis nur Führer und Transport, oder auch Verpflegung und Unterkunft enthalten sind.

Am attraktivsten für die meisten Besucher ist eine Roraima-Tour, die im Allgemeinen als Pauschalangebot für 6 Tage, alles inklusive, zu Preisen zwischen 1200 und 1700 BsF angeboten wird (der Preis ist ein Richtwert für die Qualität). Die Veranstalter, die diese Tour anbieten, vermieten in der Regel auch Campingausrüstung und können Transportmittel nach Paraitepui, dem Ausgangspunkt des Roraima-Trek, zur Verfügung stellen (Jeepfahrt für bis zu 6 Pers. rund 500 BsF einfache Strecke). Bevor man sich für irgendeine Roraima-Tour einschreibt, unbedingt die Einzelheiten – Größe der Gruppe, Zahl der Teilnehmer pro Führer, Qualität der Ausrüstung u. a. – in Erfahrung bringen.

Empfohlene Tourveranstalter vor Ort:

Adrenaline Expeditions (☎ 0424-970 7329; adrenalin exptours@hotmail.com) Der namensgleiche Zwilling der Agentur in Ciudad Bolívar ist auf Abenteuertouren in die Gran Sabana spezialisiert.

Backpacker Tours (☎ 995-1415, 0414-886 7227; www.backpacker-tours.com; Calle Urdaneta) Die treibende Kraft vor Ort. Hier gibt's die bestorganisierten, bestausgerüsteten und kostspieligsten Touren zum Roraima und in die Region. Außerdem werden Fahrräder vermietet.

Mystic Tours (☎ 416 0558; www.mystictours.com.ve; Calle Urdaneta) Bietet Roraima-Touren an, die zu den preiswertesten zählen. Veranstaltet außerdem Ausflüge in die Gegend mit New-Age-Einschlag.

Representaciones y Servicios Turísticos Francisco Alvarez (☎ 0414-385-2846; Rstgransabana@hotmail.com; Busbahnhof) Persönlich und hilfsbereit. Veranstaltet regionale Touren und vermietet Campingausrüstung.

Ruta Salvaje (☎ 995-1134; www.rutasalvaje.com; Av Mariscal Sucre) Bietet die üblichen Touren, außerdem Raftingtrips und Paragliding.

Schlafen

Posada Michelle (☎ 995 2017; hotelmichelle@cantv.net; Calle Urdaneta; EZ/DZ/3BZ/4BZ 40/60/70/80 BsF) Das unumstrittene Hauptquartier der Backpackerszene: Die saubere und erstaunlich ruhige Pousada zwischen der Calle Ikabarú und der Av Perimetral bietet 25 Zimmer mit Ventilator und Warmwasser um im Erdgeschoss eine einfache Küche. Schweißüberkrustete Teilnehmer von Roraima-Touren können sich hier vor der Fahrt mit dem Nachtbus einen halben Tag Ruhe plus Dusche (40 BsF/Zimmer) oder auch nur eine Dusche (5 BsF) gönnen. Auf Anschlagtafeln auf der vorderen Terrasse sind anstehende Touren angekündigt, sodass man die Gelegenheit hat, sich anzuschließen oder eine Gruppe zu vervollständigen.

Posada Backpacker Tours (☎ 995 1415; www.backpacker-tours.com; Calle Urdaneta; EZ/DZ/3BZ 60/80/120 BsF; 💻 🛜) Diese Unterkunft gehört zum gleichnamigen empfehlenswerten Tourveranstalter. Die Zimmer sind ausreichend sauber und komfortabel, und vor Ort gibt's ein beliebtes Freiluftrestaurant und ein Internetcafé. Die Unterkunft liegt zwischen der Calle Ikabarú und der Av Perimetral.

Hotel Lucrecia (☎ 995 1105; hotellucrecia@hotmail.com; Av Perimetral auf Höhe Calle Las Apamates; EZ/DZ/3BZ 100/120/150 BsF; 🅿 💻 🛜) Die 15 nicht gerade taufrischen, aber sauberen Zimmer blicken auf einen hübschen Gartenbereich. Der kleine Pool ist prima – trotz der Aussicht auf eine recht befahrene Straße. Das Haus liegt etwas weiter außerhalb des Zentrums als andere Hotels, aber nicht unbequem weit draußen. Für alle, die ohne Klimaanlage nicht leben können, eine gute Option.

Essen

Restaurant Michelle (☎ 995 1415; Calle Urdaneta; Hauptgerichte 17–22 BsF; 🕑 mittags & abends) In diesem beliebten chinesischen Restaurant zwei Türen neben dem gleichnamigen Hotel werden gewaltige Portionen aufgetischt.

Alfredo's Restaurant (☎ 995 1628; Av Perimetral; Pasta & Pizzas 22–40 BsF, Hauptgerichte 45–70 BsF; 🕑 Di–So 11–15 & 18–22 Uhr) Das Alfredo's ist eines der besten Restaurants im Ort. Auf der langen Karte stehen Feinschmeckergerichte, darunter Tortellini mit Ricotta und Spinat, die im Munde zergehen. Das sättigende Mittagsmenü ist ein echtes Schnäppchen.

ServeKilo Nova Opção (Av Perimetral; Buffet 30 BsF/kg; 🕑 Buffet 11–16 Uhr, Hauptgerichte 16–23 Uhr) Dieses Mittagslokal lässt einen glauben, in Brasilien zu sein. Die Gerichte des großen Buffets stammen von beiderseits der Grenze, auch Grillfleisch und ein paar vegetarische Spezialitäten gehören dazu. Ein frisch gemixter Saft sorgt bei der Hitze für prima Erfrischung.

Gran Sabana Deli (Calle Bolívar; Gebäck 8 BsF; 🕑 Mo–Sa 6–20, So 6–12 Uhr) Mit den Riesensandwiches für zwei (35 BsF) kann man sich unterwegs wunderbar stärken.

An- & Weiterreise
BUS

Der Busbahnhof liegt am Highway nach Ciudad Guayana rund 2 km östlich vom Zentrum. Dorthin fahren keine Busse, man muss ein Taxi nehmen (8 BsF). Täglich fahren acht Busse nach Ciudad Bolívar (45–60 BsF, 10–12 Std.), alle mit Halt in Ciudad Guayana.

Von Santa Elena gibt es keine direkte Busverbindung nach Brasilien. Ein Taxi bringt einen über die Grenze zum Busbahnhof von Pacaraíma, wo viermal täglich Busse nach Boa Vista (12 R\$, 3–4 Std.) fahren und Sammeltaxis bereitstehen, die abfahren, sobald vier Fahrgäste beisammen sind (25 R$, 2–3 Std.).

Bei der Einreise nach Venezuela lassen sich die 300 m vom Busbahnhof Pacaraíma zum **brasilianischen Grenzposten** (🕐 8–19.30 Uhr) bequem zu Fuß zurücklegen. Von dort sind es aber schweißtreibende 750 m bis zur **venezolanischen Grenzstelle** (🕐 8–18 Uhr), glücklicherweise kommen häufig Taxis vorbei und berechnen bei der Fahrt nach Santa Elena in der Regel nichts extra für einen kurzen Zwischenstopp an der venezolanischen Einreisestelle.

Bei der Ausreise aus Venezuela nehmen Taxis für die Fahrt zur *línea* (Grenze) den gleichen Preis wie bei der Einreise, einzig die Fahrer von Sammeltaxis (*por puesto*) fordern vielleicht ein paar BsFs mehr, wenn die Ausreiseformalitäten etwas länger dauern. Vor der Fahrt sollte man nachfragen, ob die Taxis die ganze Strecke bis zur brasilianischen Einreisestelle fahren – manche fahren nur bis zum venezolanischen Grenzposten.

FLUGZEUG

Utica (☎ in Ciudad Bolívar 0285-632 6290) fliegt an den meisten Tagen morgens mit viersitzigen Cessnas nach Ciudad Bolívar (600 BsF), üblicherweise über Canaima (gleicher Preis). Tickets gibt's am Flughafen, 7 km südlich vom Ort. Die Taxifahrt zum/vom Flughafen kostet rund 10 BsF.

RONDÔNIA

1943 gründete Präsident Getúlio Vargas aus Teilen von Amazonas und Mato Grosso das Territorium Guaporé. 1981 wurde es zum Bundesstaat Rondônia, benannt nach Marechal Cândido Rondon. Der aufgeklärte und menschenfreundliche Soldat „zähmte" diese Region in den 1920er-Jahren, indem er eine Telegraphenleitung errichtete, die dieses Gebiet mit dem Rest Brasiliens verband. Rondon gründete auch den Serviço de Proteção ao Índio (SPI), Vorgänger der Funai (Fundação Nacional do Indio; Nationale Stiftung der índio). Er ermahnte die Agenten des SPI: *„Morrer, se preciso for, matar nunca !"* („Sterbt, wenn es sein muss, aber tötet niemals!")

Die Vorgehensweise im Rest des Jahrhunderts war nicht so vorausschauend. 1981 rief die brasilianische Regierung mithilfe der Weltbank eine Initiative ins Leben, durch die Land an arme Siedler verteilt werden sollte.

Das Projekt mit dem Namen Polonoreste zog so viele Menschen an, dass die Bevölkerung Rondônias von 111 000 Einwohnern im Jahr 1970 auf 1,13 Mio. 1991 anstieg. Umweltschützer gab es nicht viele. Und so fiel ein Fünftel des Primärwalds im Staat Holzfällern zum Opfer, um Farmland zu schaffen. In den 1980er-Jahren wurde ein Jahrzehnt lang pro Minute eine Fläche von der Größe eines Fußballfelds abgeholzt.

Rondônia ist ein Übergangsgebiet zwischen dem dichten Regenwald am Amazonas und des Cerrado. Und trotz des enormen Raubbaus an der Natur ist der Bundesstaat noch reich an unterschiedlicher Fauna und Flora.

Die Abholzung in Rondônia ist in den letzten Jahren beträchtlich zurückgegangen und schlägt nur noch mit weniger als 10 % des gesamten Waldverlusts in Brasilien zu Buche, verglichen mit mehr als 15 % in früheren Jahren. Gleichwohl enthüllte eine in Rondônia 2010 durchgeführte Untersuchung niederländischer Forscher, dass mittlerweile Kleinbauern und nicht mehr mittlere oder Großbetriebe die treibende Kraft hinter der Abholung in diesem Bundesstaat (und wohl in ganz Amazonien) sind. Die Bundesgesetze schreiben vor, dass höchstens 20 % von jedem staatlich zugewiesenen Landstück für Ackerbau oder Weidehaltung gerodet werden dürfen. Größere landwirtschaftliche Betriebe haben sich als leichter überwachbar erwiesen als die Kleinbauern, und zeigt die Studie, bis zu 50 % der zugewiesenen Flächen roden. Während sich der politische Druck als ein geeignetes Mittel im Hinblick auf die große Agrarindustie erwiesen hat, bedürfte es einer viel flexibleren staatlichen Verwaltung, um die Praxis der Kleinbauern zu ändern – und eine flexible Verwaltung ist nicht gerade Brasiliens Stärke, schon gar nicht in Amazonien.

PORTO VELHO

☎ 0xx69 / 383 500 Ew.

Porto Velho gehört sicher nicht zu den beliebtesten Städte Amazoniens, gehört aber auch nicht zu den schlechtesten. Doch nur wenige Traveller finden ein Grund, sich hier länger aufzuhalten. Charme hin oder her, Porto Velho ist für die brasilianischen Landwirtschaft äußerst wichtig, weil Sojabohnen und andere Erzeugnisse von hier aus auf riesigen Kähnen den Rio Madeira flussaufwärts geschafft und direkt auf Ozeanfrachter verladen werden, die ins Ausland fahren. Auf der

PORTO VELHO

0 ————— 500 m

PRAKTISCHES
Amazon House 1 B3
Bradesco 2 B3
Bradesco 3 B3
Casa de Câmbio Marco Aurélio 4 A2
Drogaria Natal 5 B2
Hospital Central 6 B3
Lavandería Mamoré 7 C2
Nossa Viagens e Turismo 8 B3
PortoNet 9 B4
Post..10 B3

SEHENSWERTES & AKTIVITÄTEN
Museu da Estrada de Ferro
    Madeira-Mamoré 11 A4

SCHLAFEN
Hotel Central 12 B3
Hotel Tia Carmem 13 B3
Hotel Vila Rica 14 C3
Hotel Yara 15 B3
Vitória Palace Hotel 16 B3

ESSEN
Caffé Restaurante 17 B3
Casa D'Italia 18 B2
Praça Rondón 19 B4
Remanso do Tucunaré 20 C4

AUSGEHEN
Buda's Bar ....(siehe 21)
Emporium 21 A3
Estação do Porto ....(siehe 21)
Essens- und Bierstände........................22 A4
Praça Rondón ....(siehe 19)

UNTERHALTUNG
Cine Rio 23 C3

SHOPPEN
Artes Brasil 24 A3

TRANSPORT
Agência Amazonas 25 A4
Bus 201 zum Busbahnhof &
    Flughafen...26 B3
Porto Cai n'Água 27 A4

AMAZONIEN

gleichen Route – allerdings auf Schiffen und nicht auf Lastkähnen – fahren Traveller von Cuiabá und dem Pantanal geruhsam nach Manaus und zum Amazonas.

Praktische Informationen

GELD

Bradesco betreibt verlässliche Geldautomaten an der Av Carlos Gomes und der Av Sete de Setembro.

Casa de Câmbio Marco Aurélio (☎ 3221 4922; Rua José de Alencar 3353; ☺ Mo–Fr 8.30–15 Uhr) Tauscht ausländische Währungen.

INTERNETZUGANG

Amazon House (Av Pinheiro Machado auf Höhe Rua José de Alencar; 3 R$/Std.; ☺ Mo–Sa 8–22.30, So 9–22 Uhr)

PortoNet (Praça Rondón; 2 R$/Std.; ☺ Mo–Fr 8–22.30, Sa 13–22.20, So 17–22.30 Uhr)

MEDIZINISCHE VERSORGUNG

Drogaria Natal (Av Pinheiro Machado auf Höhe Rua Julio de Castiho; ☺ Mo–Sa 7–23, So 8–22 Uhr) Große Apotheke und Minimarkt.

Hospital Central (☎ 3224 5225; Rua Julio de Castiho 149) Öffentliches Krankenhaus.

UNIMED (☎ 3216 6800; Rua Rio Madeira 1618) Privatkrankenhaus.

NOTFALL

Ambulanz (☎ 192)

Notaufnahme (☎ 224 5225; Hospital Central, Rua Julio de Castiho 149)

Polizei (☎ 190)

AMAZONIEN

POST

Post (☎ 217 3667; Ecke Av Presidente Dutra & Av Sete de Setembro; ✆ Mo–Fr 8–17, Sa 9–12 Uhr)

REISEBÜRO

Nossa Viagens e Turismo (☎ 3224 4777; Rua Tenreiro Aranha 2125) Verkauft Flugtickets; eines von vielen Reisebüros in der Stadt.

TOURISTENINFORMATION

IBAMA (☎ 3223 2023; Av Jorge Teixeira 3559) Hier kann man sich über den Fortgang bei der Öffnung nahegelegener Schutzgebiete, darunter des Lago do Cuniã (S. 745), für den Ökotourismus erkundigen. Das Büro liegt 4 km nördlich vom Zentrum – der Bus 201 mit der Zielangabe „Hospital de Base via Aeroporto" fährt hier vorbei.

WASCHSALON

Lavandería Mamoré (☎ 3221 3266; Av Pinheiro Machado 1455; 1,50–6 R$/Stück; ✆ Mo–Sa 7.45–18.15 Uhr) Schnell und professionell, aber die Preise sind lächerlich hoch. Etwas preiswerter wird es, wenn man auf das Bügeln verzichtet.

Sehenswertes & Aktivitäten

MUSEU DA ESTRADA DE FERRO MADEIRA-MAMORÉ

Die einzige wirklich interessante Sehenswürdigkeit in der Stadt ist das **Museu da Estrada de Ferro Madeira-Mamoré** (Madeira-Mamoré-Eisenbahnmuseum; Ecke Av Sete de Setembro & Av Farquhar), das zum Zeitpunkt der Recherche aber gerade umfassend renoviert wurde. Der massive Komplex umfasst mehrere große Hallen, die den ursprünglichen Bahnhof beherbergten, und hat eine große Sammlung von Ausstellungsstücken und Zeugnissen zur berühmt-berüchtigten Madeira-Mamoré-Eisenbahn, darunter die in den USA gebaute Colonel Church, die erste Lokomotive, die in Amazonien fuhr.

FLUSSFAHRTEN

Der breite Rio Madeira bildet die westliche Grenze von Porto Velho. Bei der Bestimmung der Länge des schlammig-braunen Flusses werden in der Regel sein wichtigster Nebenfluss, der Rio Mamoré, und dessen aus den bolivianischen Anden kommende Nebenflüsse mit einbezogen, so dass sich für den Rio Madeira eine Gesamtlänge von 3200 km ergibt. Mit einem durchschnittlichen Fließvolumen von 1,4 Mrd. l pro Minute hat der Strom das sechstgrößte Volumen aller Flüsse weltweit. 150 km stromabwärts von Manaus mündet er in den Amazonas.

Von etwa 9 bis 19 Uhr veranstalten Flussschiffe täglich 45-minütige Fahrten auf dem Rio Madeira von der Anlegestelle vor dem Madeira-Mamoré-Bahnhof aus (7 R$/Pers.). Die Touren sind zwar nicht sonderlich aufregend, aber doch eine gute Möglichkeit, sich eine Stunde lang die Zeit zu vertreiben – und mit etwas Glück sieht man auch einige Flussdelfine. An Bord gibt's Snacks und Getränke.

Schlafen

Hotel Tia Carmem (☎ 3221 7910; Av Campos Sales 2895; EZ/DZ mit Ventilator & Gemeinschaftsbad 35/50 R$, EZ mit Ventilator & Bad 40 R$, EZ/DZ mit Klimaanlage 40/60 R$, EZ/DZ mit Klimaanlage & Bad 70/90 R$; ▨ 🛈) Das von einer Familie geführte Hotel ist eine verlässliche Budgetunterkunft. Hüten sollte man sich aber vor den scheußlichen Schaumstoffmatratzen in einigen der billigsten Zimmer. Der Service ist mal locker, mal mürrisch und erinnert an den Besuch bei einer brummeligen Großmutter. Das Haus liegt etwas abseits vom Gewühl des Zentrums, liegt aber immer noch in bequemer Gehweite zum Nachtleben an der Av Pinheiro Machado. Sonntags gibt's kein Frühstück.

Vitória Palace Hotel (☎ 3221 9232; Rua Duque de Caxias 745; EZ/DZ mit Ventilator 35/45 R$, mit Klimaanlage & Minibar 75/85 R$; ▨) Dieses Haus ist etwas besser als das Tia Carmem – die Zimmer sind ein wenig größer, die Lage ist etwas zentraler –, doch ansonsten herrscht in beiden Häusern die gleiche Atmosphäre einer Pension. Die einfachen, ordentlichen Zimmer haben Bäder (mit Warmwasser) und hohe Decken, sodass man durchatmen kann. Die Zimmer öffnen sich direkt in den Essbereich, was für Langschläfer störend sein könnte.

Hotel Yara (☎ 3221 2127; Rua General Osório 255; EZ/DZ 68/120 R$; ▨ 🛈) Die Zimmer sind einfach und etwas beengt, aber sauber und recht komfortabel. Der Preis für die Doppelzimmer scheint überzogen, aber für Traveller, die allein unterwegs sind, stimmt das Preis-Leistungs-Verhältnis. Die Lage ist zwar nicht besonders schön, aber die Umgegend ist sicher, und man kommt bequem zur Bank, zur Anlegestelle der Flussboote und zu den Bussen zum Flughafen. Das Hotel ist entschieden die beste Option an der Av Sete de Setembro.

Hotel Central (☎ 2181 2500; www.enter-net.com.br/hcentral; Rua Tenreiro Aranha 2472; EZ/DZ 145/180 R$; ▨ 🛈) Ein modernes Hotel mit Klasse, komfortablen Zimmern und schnellem, professionellem Service. Es liegt zwar etwas abseits – die Straße ist vor allem nachts etwas einsam –, aber um so wohler fühlt man sich, wenn man angekommen ist. Die Preise steigen allmählich, damit wird das Preis-Leistungs-Verhältnis schlechter, aber noch ist das Haus eine gute Wahl in der gehobenen Preiskategorie.

Hotel Vila Rica (☎ 3224 3433; www.hotelvilarica.com. br; Av Carlos Gomes 1616; EZ/DZ 245/390 R$; 🅿️ 💻 🖥️ 🛜 🐾) Porto Velhos feinstes Hotel hat eine geräumige Lobby und eine wunderbare Aussicht aus den Zimmern im oberen Stock, allerdings sind die Zimmer, vor allem angesichts des Preises, doch schon etwas ältlich. Ein Geschäftszentrum und ein Pool sorgen dafür, dass man hier Arbeit und Vergnügen verbinden kann. Samstags steigt im Hotel die beliebte *Feijoada do Vila*, ein großes Mittagsbüffet (35 R$/Teller), das Traveller und die Oberschicht von Porto Velho gleichermaßen anzieht.

Essen

Praça Rondón (Ecke Av Sete de Setembro & Av Presidente Dutra; 🕐 16–23 Uhr) Ein paar Kioske im unteren Teil der Plaza servieren warme Sandwiches, frische Säfte und andere Kleinigkeiten zu Preisen wie vom Imbisswagen. Nach dem Essen kann man die Plaza überqueren und sich draußen an einen der Plastiktische der Freiluftbars setzen und ein großes Bier trinken.

LP Tipp Caffé Restaurante (☎ 3224 3176; Av Carlos Gomes 1097; 25 R$/kg; 🕐 mittags) Hier gibt's ein ausgezeichnetes Mittagsbuffet. In dem hübschen, kühlen Speisesaal bekommt man eine große Auswahl an Hauptgerichten – von Shepherd's Pie bis zu gebratenem Fisch –, jede Menge Beilagen und üppige Nachspeisen aus der Kühltruhe. Das Lokal ist bei Geschäftsleuten beliebt, aber trotzdem günstig.

Casa D'Italia (Ecke Rua Golçalves Dias & Av Pinheiro Machado; Hauptgerichte 10–25 R$; 🕐 Mi–Mo abends) Das Konzept des *rodízio* geht auch bei italienischem Essen perfekt auf: Statt Fleischspießen bringen die Kellner hier Lasagne, Pasta mit roter oder mit Sahnesauce und natürlich Pizzas aller Art, darunter auch Schoko- und Bananenpizza zum Nachtisch. Hier gilt All-You-Can-Eat, aber man sollte nicht zu gierig sein: Wer etwas auf seinem Teller zurücklässt, muss das extra bezahlen.

Remanso do Tucunaré (☎ 3221 2353; Av Brasília 1506; Gerichte 16–40 R$; 🕐 mittags & abends) Die guten Fischgerichte machen zwei Personen satt. Köstlich sind die *caldeirada de tucunaré* (Flussfischeintopf) oder auch *tambaquí* – große Fischstücke, mit Zwiebeln und Tomaten

in einer suppenähnlichen Sauce gekocht und mit Reis serviert.

Ausgehen & Unterhaltung

An der Ecke Av Pinheiro Machado und Av Presidente Dutra spielt sich der größte Teil des Nachtlebens von Porto Velho ab. Drei Bars nebeneinander – Emporium, Estação do Porto und Buda's Bar – bieten Bier, Cocktails und eine coole, unkonventionelle Atmosphäre, die ein ziemlich buntes Publikum anzieht. An den Wochenenden ist es hier natürlich am vollsten, und gelegentlich wird dann auch Livemusik gespielt. Die Av Pinheiro Machado weiter hinunter – bis zur Rua Goncalves – gibt's noch mehr kleine Bars, Restaurants und Cafés, die für diejenigen geeignet sind, die es ruhiger mögen (oder nur einen Happen essen möchten).

Wer keine Lust hat, die Av Pinheiro Machado entlangzulaufen, für den gibt's am **Praça Rondón** (Ecke Av Sete de Setembro & Av Presidente Dutra; ☎ 16–23 Uhr) eine Handvoll Bar-Restaurants, die ihre Tische im Park aufgestellt haben. An denen kann man es sich bei einem oder zwei Bier gut gehen lassen.

Etwas außergewöhnlicher sind die Stände am Ufer beim Bahnhof Madeira–Mamoré, die im Freien Bier servieren, und ein paar schwimmende Stege, die gleichzeitig auch noch als Bar fungieren. Samstag- und sonntagabends gibt's hier Livemusik und Tanz; je später die Nacht, desto zwielichtiger die Gegend, also Vorsicht!

Das **Cine Rio** (Tickets 10 R$, Di 4 R$) ist ein Kino mit nur einem Saal, das sich in der oberen Etage des Rio Shopping befindet, einer kleinen Mall auf der Av Carlos Gomes zwischen der Rua Joaquim Nabuco und der Av Brasília: Damit ein Film gezeigt wird, müssen mindestens fünf Personen anwesend sein – an einigen Abenden wird diese Mindestzahl nicht erreicht.

Shoppen

Artes Brasil (☎ 3224 4774; Rua Euclides da Cunha 1952) Das Beste hier sind die geschnitzten Holztiere, von rosa Delfinen bis zu Buntbarschen, die es von der Größe eines Schlüsselanhängers, aber auch als metergroße Plastiken gibt. Das Übrige ist recht übliches *artesenato*, das aber trotzdem auch einen Blick lohnt. Das Geschäft befindet sich dem Mercado Central gegenüber, ein kurzes Stück vom Eisenbahnmuseum entfernt.

An- & Weiterreise

BUS

Der **Busbahnhof** (Ecke Av Jorge Teixeira & Av Carlos Gomes) ist 2 km vom Zentrum entfernt.

Von **Real Norte** (☎ 3225 2891) fährt täglich um 7, 12, 21 Uhr und um Mitternacht jeweils ein Bus nach Rio Branco (55 R$, 8 Std.); um 22 Uhr startet noch ein Direktbus. Um 6, 6.30, 10, 14, 18, 23.30 und 1 Uhr fahren Busse nach Guajará-Mirim (40 R$, 6 Std.); die Busse um 14 und 1 Uhr sind Direktbusse. Auch Sammeltaxis fahren nach Guajará-Mirim (40 R$/Pers., 4 Std.). Der Preis bezieht sich auf mindestens vier Fahrgäste; Auskunft erteilen die Taxifahrer am Busbahnhof.

Andorinha (☎ 3225 3025) bietet einen ähnlichen Service nach Real Norte über Rio Branco (55 R$, 8 Std., 4-mal tgl.), nach Guajará-Mirim (einfach/direkt 30/34 R$, 5 Std., 6-mal tgl.) und Cuiabá (150 R$, 22 Std., 3-mal tgl.).

Eucatur (☎ 3222 2233) schickt Fernbusse nach Cuiabá (128 R$, 24 Std., 6-mal tgl.), São Paulo (326 R$, 48 Std., 1-mal tgl.) und Brasília (318 R$, 40 Std., 1-mal tgl.).

Tekla (☎ 3225 2867) bedient die unbeliebte Strecke nach Imperitriz (380 R$, 2½–3 Tage, 1-mal wöchentl.) mit Anschluss nach Belém.

FLUGHAFEN

Der Flughafen von Porto Velho liegt 7 km nördlich der Stadt. Es gibt tägliche Direktflüge von und nach Rio Branco, Manaus und Brasília, wo man weiteren Anschluss hat. In dem kleinen Flughafen gibt's Geldautomaten von Bradesco, HSBC und der Banco de Brasil, ein Postamt, Autovermietungen, einen Informationsschalter und eine sonderbar große Imbissetage. Die Fluglinien haben nur im Flughafen Büros, sodass man für die meisten Tickets extra hier heraus fahren muss.

Gol (☎ 3219 7491; www.voegol.com.br)

Ocean (☎ 3219 7472; www.oceanair.com.br)

TAM (☎ 3219 7508; www.tam.com.br)

TRIP (☎ 3225 7534, www.voetrip.com.br)

SCHIFF/FÄHRE

Langsame Schiffe nach Manaus über den Rio Madeira und den Amazonas fahren (eine

---

OHNE KONTAKT ZUR AUSSENWELT

Die Vorstellung, dass tief im Regenwald indigene Völker leben, die noch nie Kontakt zur Außenwelt hatten, ist gar nicht so abwegig, wie man vielleicht glaubt. Tatsächlich gibt es solche Gruppen in vielen Teilen der Welt, besonders viele aber im brasilianischen Amazonien. Ein Bericht der Funai, Brasiliens Amt für die Belange der indigenen Bevölkerung, schätzte die Zahl der nichtkontaktierten Stämme (oder „isolierten Völker") im Jahr 2007 auf 67 landesweit, während man zuvor noch von 40 ausgegangen war.

Eine solche Zahl zu ermitteln und dann noch, wie viele Personen eine solche Gruppe umfasst, ist selbstverständlich schwer, aber nicht unmöglich. Völker, mit denen ein Kontakt besteht, berichten oft von nichtkontaktierten Gruppen, die in abgelegenen Gebieten ihrer Territorien leben. Gelegentlich kommen Mitglieder nichtkontaktierter Gruppen aus dem Dschungel, weil sie ihr Land verlassen haben oder von ihm vertrieben wurden. Für ihre kürzlich erschienene Studie untersuchte die Funai auch Fußspuren, verlassene Hütten und andere Hinweise. Die Experten glauben, dass die meisten der nichtkontaktierten Gruppen schon Nicht-Indios gesehen haben oder ihnen schon begegnet sind und wahrscheinlich auch schon Flugzeuge gesehen und gehört haben, es aber vorziehen, verborgen zu bleiben.

Mehrere nichtkontaktierte Gruppen sollen in Rondônia leben, darunter mindestens drei in der Terra indigena Uru-eu-Wau-Wau in der Mitte des Bundesstaates. Dieses Gebiet leidet ganz besonders unter illegalem Bergbau und illegaler Holzfällerei, vor denen sich die nichtkontaktierten Gruppen immer tiefer in den Regenwald zurückziehen. In Rondônia lebt auch ein Mann, von dem man glaubt, er sei der letzte Überlebende seines Stammes. Er lehnt jede Kontaktaufnahme ab, obwohl sein Lebensraum von Weiden und Plantagen umzingelt ist. Die Funai versuchte, eine Begegnung des Mannes mit der Angehörigen eines benachbarten Volkes herbeizuführen, mit der er sich vielleicht fortpflanzen könnte. Aber der Mann schlug die Frau mit Pfeil und Bogen in die Flucht. Man nennt ihn „den Mann im Loch", weil er in seiner Hütte ein mit spitzen Stacheln bewehrtes Erdloch hat, in das er sich zurückzieht, wenn Fremde nahen. Im Dezember 2009 überlebte er einen Angriff von Gewehrschützen, die, so glaubt man, im Einvernehmen mit den Ranchern der Umgebung den Anschlag ausführten. Bisher wurde niemand wegen dieses Mordversuchs verhaftet.

2½-Tage-Tour) zweimal in der Woche vom Porto Cai n'Água am Ende der Rua 13 de Maio ab. Die Abfahrten sind dienstags (Ankunft in Manaus: Fr morgens) und freitags (Ankunft: Mo morgens) zwischen 12 und 18 Uhr. Die Preise liegen bei 150 R$ pro Hängematte, 500 R$ pro *camarote* (1–2 Pers., Ventilator, ohne Bad) und 600 R$ für eine Suite (1–2 Pers., Klimaanlage, eigenes Bad); bei allen Varianten sind drei Mahlzeiten am Tag enthalten, die zwei Letzteren beinhalten etwas bessere Gerichte, wobei das Mittag- und Abendessen in die Kabine gebracht wird. **Agência Amazonas** (☎ 3223 9743; ☼ Mo–Sa 7–19, So 7–11 Uhr) ist einer von vielen Kartenschaltern an der Rua 13 de Maio nahe dem Hafen; die Preise sind vor allem für Gruppen verhandelbar. Die meisten Agenturen können gute Hängemattenplätze reservieren und verkaufen sogar Hängematten (wenn auch teurer als auf dem Markt). Hat man nicht reserviert, sollte man schon am Morgen am Schiff sein. Passagiere können sogar schon einen oder zwei Tage im Voraus kommen und umsonst auf dem Schiff übernachten, bis es ablegt (s. Kasten S. 671).

Unterwegs vor Ort

Der Bus 201 (2 R$) mit der Aufschrift „Hospital de Base via Aeroporto" pendelt zwischen dem Zentrum, dem Busbahnhof und dem Flughafen, wo er jeweils etwa einmal pro Stunde vorbeikommt. Haltestellen gibt's am Busbahnhof und am Flughafenterminal jeweils rechts vor dem Haupteingang sowie in der Stadt an markierten Punkten der Av Sete de Setembro. Eine Taxifahrt vom/zum Busbahnhof in die/aus der Stadt kostet 10 R$, vom/zum Flughafen 26,50 R$.

RESERVA EXTRATIVISTA DO LAGO DO CUNIÃ

Das 1999 geschaffene 558 km² große Schutzgebiet liegt von Porto Velho 150 km stromabwärts des Rio Madeira und ist nur über den Fluss zugänglich. Hier liegen die größten Fischlaichgründe Rondônias (u. a. laichen hier *pirarucu* und *aruanã*), und außerdem ist das Gebiet für seine reiche Vogelwelt bekannt. Pläne, das Reservat für den Tourismus zu erschließen, wurden um mehrere Jahre verschoben, weil die IBAMA noch vorgeschriebene Umweltstudien fertigstellen muss. Auskunft über den derzeitigen Stand kann man im Büro der **IBAMA** (☎ 3223 2023; eseccunia.

ro@ibama.gov.br; Av Jorge Teixeira 3559) in Porto Velho erhalten.

GUAJARÁ-MIRIM

☎ 0xx69 / 41 000 Ew.

Diese unauffällige Stadt am Rio Mamoré wurde dadurch bekannt, dass sie die Endstation der Eisenbahn Madeira–Mamoré im Süden war. Sowohl Guajará-Mirim als auch das bolivianische Guayaramerín am anderen Flussufer sind zollfreie Zonen und daher stets mit einkaufenden Reisenden überfüllt.

Guajará-Mirim ist die meiste Zeit im Jahr über recht schläfrig, Mitte August aber erwacht sie zum Leben. Dann nämlich findet hier das Boi-Bumbá-Festival statt, eine Nachahmung des gleichnamigen großen Festes, das in Parintins nahe von Manaus abgehalten wird. Dieses wiederum ist eine Kopie des Festes Bomba Meu Boi, das in São Luis und in anderen Teilen des Nordostens gefeiert wird. Das Fest in Guajará-Mirim hat dieselben Bestandteile, z. B. die imitierte Fehde zwischen den „Caprichosos" und den „Garantidos" (traditionell in Blau bzw. Rot gekleidet) und nächtliche Vorstellungen, die von der Ermordung eines Ochsen und dessen Auferstehung erzählen. Für manche Shows wird ein Eintritt von 5 R$ verlangt.

Praktische Informationen

GELD

Am Hafen von Guayaramerín (S. 748) auf der bolivianischen Seite gibt es viele Geldwechsler.

Banco do Brasil (Av Mendonça Lima 388; ☼ Mo–Fr 9–14 Uhr) Tauscht US-Dollars, löst aber keine Reiseschecks ein.

Bradesco (Ecke Av Costa Marques) Verlässliche Geldautomaten.

INTERNETZUGANG

Tribonet (Av 15 de Novembro; 1,75 R$/Std.; ☼ Mo–Fr 8–24, Sa & So 13–23 Uhr) Schnelle Verbindungen.

Lan House Center (Av 15 de Novembro; 1,50 R$/Std.; ☼ 9–23 Uhr) Auf der anderen Straßenseite gegenüber dem Busbahnhof.

MEDIZINISCHE VERSORGUNG

Hospital Regional (☎ 3541 7129, gebührenfrei 192; Ecke Rua Marechal Deodoro & Av Costa Marques) In dem überfüllten öffentlichen Krankenhaus muss man möglicherweise lange auf eine Behandlung warten.

Gelbfieberimpfungen (Ecke Av Beira Rio; ☼ Mo–Sa 7–19, So 7–12 Uhr) Kostenlose Impfungen gibt's im Gesundheitsamt nahe dem Hafen.

AMAZONIEN

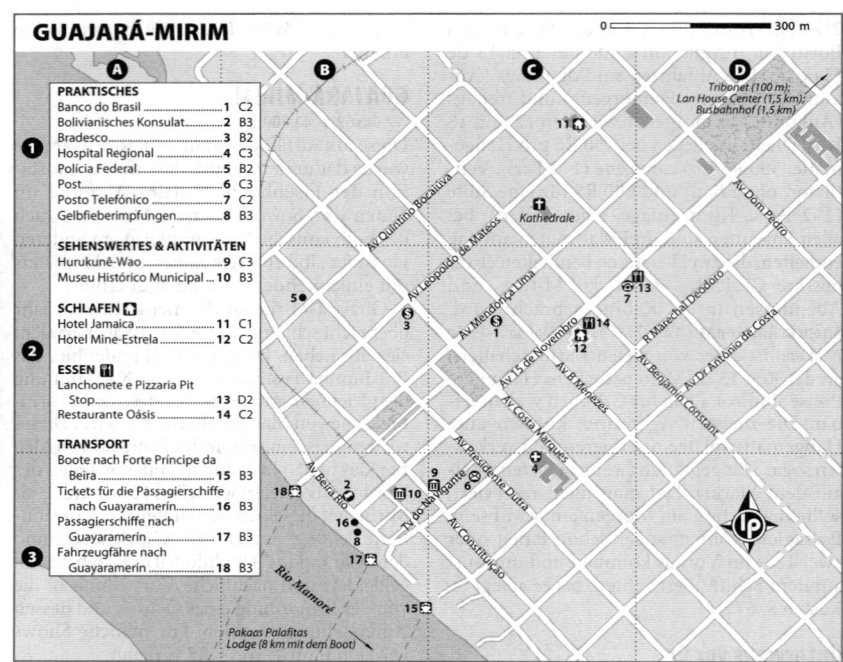

GUAJARÁ-MIRIM

0 ————— 300 m

PRAKTISCHES
Banco do Brasil	**1** C2
Bolivianisches Konsulat	**2** B3
Bradesco	**3** B2
Hospital Regional	**4** C3
Policia Federal	**5** B2
Post	**6** C3
Posto Telefónico	**7** C2
Gelbfieberimpfungen	**8** B3

SEHENSWERTES & AKTIVITÄTEN
Hurukunê-Wao	**9** C3
Museu Histórico Municipal	**10** B3

SCHLAFEN
Hotel Jamaica	**11** C1
Hotel Mine-Estrela	**12** C2

ESSEN
Lanchonete e Pizzaria Pit Stop	**13** D2
Restaurante Oásis	**14** C2

TRANSPORT
Boote nach Forte Príncipe da Beira	**15** B3
Tickets für die Passagierschiffe nach Guayaramerín	**16** B3
Passagierschiffe nach Guayaramerín	**17** B3
Fahrzeugfähre nach Guayaramerín	**18** B3

Tribonet (100 m);
Lan House Center (1,5 km);
Busbahnhof (1,5 km)

Kathedrale

Pakaas Palafitas
Lodge (8 km mit dem Boot)

Rio Mamoré

NOTFALL
Notaufnahme (☎ 192; Hospital Regional, Ecke Rua Marechal Deodoro & Av Costa Marques)
Polizei (☎ 190)

POST & TELEFON
Post (☎ 3541 2777; Ecke Av Presidente Dutra & Rua Marechal Deodoro; ☻ Mo–Fr 8–12 & 14–18, Sa 8–12 Uhr)
Posto Telefónico (☎ 3541 3991; Av 15 de Novembro 620; ☻ 8–21 Uhr) Verkauft Telefonkarten.

Sehenswertes & Aktivitäten
MUSEU HISTÓRICO MUNICIPAL
„Wir stopfen alles aus", scheint das Motto in Guajará-Mirims **Museu Histórico Municipal** (Ecke Av Constituição & Av 15 de Novembro; Eintritt frei; ☻ Mo–Fr 8.30–11.30 & 14.30–17.30, Sa 8.30–11.30 Uhr) zu sein. Affen, Falken und Ameisenbären gehören zu den Vögeln und Säugetieren, die (wohl schon vor längerer Zeit) ausgestopft und um einen Baum im Museumsfoyer drapiert wurden. Im Hauptsaal erstreckt sich eine ausgestopfte Anakonda über die gesamte Länge, während eine andere um ein (ebenfalls ausgestopftes) Krokodil gewickelt ist. Ein paar weitere Kuriositäten, darunter die in Formaldehyd ein-

gelegte Doppelfehlbildung eines Ferkels, komplettieren die bizarre naturgeschichtliche Sammlung. Das Museum ist im alten Bahnhof der Madeira-Mamoré Eisenbahn untergebracht und zeigt auch ein paar einigermaßen interessante Zeugnisse der Bahngeschichte und auf dem Gelände vor dem Haus zwei echte Dampflokomotiven.

HURUKUNÊ-WAO
Das kleine Kulturzentrum **Hurukunê-Wao** (Ecke Av Constituição & Travessa do Navigante; Eintritt frei; ☻ Mo–Fr 8–18, Sa 8–12 Uhr) bietet auch eine Galerie und will die Kunst und die Kultur der indigenen Gemeinschaften Rondônias vorstellen. Darin ist es halbwegs erfolgreich, denn neben dem üblichen Touristen-Kitsch gibt's auch informative Exponate und echte Werke volkstümlicher Kunst zu sehen. Das Zentrum ist dem örtlichen Büro der Funai, der staatlichen Behörde für die Angelegenheiten der indigenen Bevölkerung, angeschlossen.

PAKAAS PALAFITAS LODGE
In dem gehobenen Ökohotel **Pakaas Palafitas Lodge** (☎ 3541 3058; www.pakaas.com.br; Eintritt ganzer

Tag inkl. Mittagessen 40 R$) lässt sich ein ganzer Tag angenehm verbringen. Man spaziert auf 2,5 km langen, erhöhten Aussichtswegen, kann eine Kanutour auf nahegelegenen Kanälen und durch überflutete Wälder buchen oder einfach an dem wunderschönen Pool abhängen, von dem man einen Blick auf ein „Encontro das Águas" hat, das dem größeren und berühmteren in der Nähe von Manaus ähnelt, und dann dem guten Mittagsbuffet zusprechen. Die Taxifahrt aus der Stadt zur Lodge kostet 50 R$.

Schlafen & Essen

Das **Hotel Mine-Estrela** (☎ 3541 1206; Av 15 de Novembro 460; EZ/DZ 35/60 R$; ⊠ 🛜) bietet große, einfache Zimmer mit Kabel-TV und liegt in der Nähe von Restaurants, Internetcafés und vorbeifahrenden Taxis, die einen zum Hafen oder Busbahnhof bringen. Keineswegs luxuriös, aber eine preiswerte Alternative, vor allem für Gäste auf der Durchreise.

Hotel Jamaica (☎ 3541 3722; Av Leopoldo de Matos 755; EZ/DZ 60/90 R$; ⊠ 🛜) Eines der besten Hotels von Guajará-Mirim liegt in der Nähe der Kathedrale und hat einen hervorragenden Service und große, komfortable Zimmer entlang eines langen, überdachten Korridors und der Lobby. Es ist nicht viel teurer als das Mine-Estrela, die Laken sind frisch, Flachbild-TVs stehen in den Zimmern und das Frühstück ist lecker. Die Zimmer variieren in der Größe; die im vorderen Bereich sind größer, dafür kriegen die hinteren Zimmer nicht so viel vom Betrieb auf dem Gang mit.

Pakaas Palafitas Lodge (☎ 3541 3058; www.pakaas. com.br; EZ/DZ mit Regenwaldblick 159/282 R$, mit Flussblick 200/355 R$; ⊠ 🖵 🛜) Eine unvergessliche Regenwaldlodge im Besitz von Einheimischen, die mit dem Taxi keine 30 Minuten von Guajará-Mirim entfernt liegt und in deren Preisen alle Mahlzeiten enthalten sind. Sie ist auf Stelzen erbaut und blickt auf den Zusammenfluss des Mamoré und des Pacaas, die – einer weiß, der andere schwarz – ein imposantes „Encontro das Águas" ähnlich dem nahe von Manaus bilden. Die beste Perspektive bietet der Pool auf Stelzen – blickt man im rechten Winkel über ihn, sieht es aus, als ob *drei* Gewässer aufeinanderträfen. Die Lodge bietet 28 komfortable Chalets und 2,5 km lange, höher gelegene Spazierwege durch den umliegenden Wald – dieser ist Sekundärwald, trotzdem leben darin viele Vögel und wilde Tiere. Die Gäste können verschiedene Ausflüge buchen

(90–250 R$ für 1–5 Pers.) – man kann nachts Kaimane beobachten und mit dem Kanu durch die überfluteten Wälder fahren. Vom 23. Dezember bis 2. Januar geschlossen.

Lanchonete e Pizzaria Pit Stop (☎ 3541 4213; Av 15 de Novembro 620; Gerichte 4–6 US$; 🕑 abends) In diesem beliebten, aber etwas sterilen Lokal werden bescheidene Pizzas serviert. Es gibt dort einen Breitbild-TV, sodass niemand die neueste Folge seiner Lieblingsserie oder ein Fußballspiel verpassen muss.

Restaurante Oásis (☎ 541 1621; Av 15 de Novembro 460; SB 25 R$/kg; 🕑 mittags tgl. außer Di) Auf der Speisekarte dieses beliebten und alteingesessenen Restaurants in Guajará-Mirim steht ein köstliches, gut zubereitetes Mittagsbuffet mit frisch gegrilltem Fleisch. In den luftigen Essbereich dringt zwar etwas Straßenlärm, aber es ist trotzdem ein geeigneter Ort für eine Mittagspause.

Anreise & Unterwegs vor Ort

Der **Busbahnhof** (☎ 541 2448; Av 15 de Novembro) liegt ungefähr 2 km östlich vom Zentrum, öffentliche Verkehrsmittel gibt es nicht. Die Taxifahrt vom/zum Busbahnhof ins/aus dem Zentrum kostet 10 R$. Man kann sich im Hotel ein Taxi rufen lassen oder findet eines am Hafen oder am Haltepunkt an der Ecke der Av 15 de Novembro und Av Costa Marques. Wenn man einfach darauf wartet, dass ein Taxi vorbeikommt, kann das längere Zeit dauern.

Busse von **Real Norte** (☎ 3541 2302) fahren sechsmal täglich nach Porto Velho (40 R$, 5½–6½ Std., 6.30, 10, 13, 14, 19 & 23.55 Uhr). Die Busse um 13 und 23.55 Uhr sind Direktverbindungen und rund eine Stunde schneller. Es gibt täglich nur einen Bus nach Rio Branco (49 R$, 9 Std., 12 Uhr) mit Umsteigen in Abunã.

Alle acht bis zehn Tage fahren Passagierschiffe von Guajará-Mirim nach Forte Príncipe da Beira den Mamoré und Guaporé hinauf (Hängematte inkl. Mahlzeiten 90 R$, 40 Std.). Die Rückfahrten finden genauso häufig statt, brauchen aber nur ungefähr die halbe Zeit. Infos über die Abfahrtzeiten bekommt man an den Kaianlagen am Ende der Av Dr Antônio da Costa. Schnellboote legen die Strecke in rund acht Stunden zurück, die Fahrt ist aber beträchtlich teurer.

Gelegentlich fahren auch Schiffe den Guaporé hinauf bis nach Vila Bela da Santíssima Trindade in Mato Grosso.

AMAZONIEN

AMAZONIEN

NACH/VON BOLIVIEN

Motorboote bringen Passagiere über den Rio Mamoré von Guajará-Mirim nach Guayaramerín in Bolivien (2 Bs, 10 Min.). In der Regel müssen mindestens 10 Personen zusammenkommen, die Boote fahren aber manchmal auch mit weniger Passagieren. Morgens und am Nachmittag ist der Grenzverkehr am stärksten, aber zu jeder Tageszeit braucht man selten länger als 30 Minuten auf die Überfahrt zu warten. Der Hafen und der **Fahrkartenverkauf** (☎ 3541 7221; ☽ 24 Std.) in Guajará-Mirim befinden sich an der Av Beira Rio nahe dem östlichen Ende der Av 15 de Novembro. Die Geldwechsler aud der bolivianischen Seite tauschen Reais und Bolivianos.

Bolivianisches Konsulat (☎ 3541 8622; Av Beira Rio; ☽ Mo–Fr 8.30–12.30 & 14–19 Uhr) Im 2. OG nach der bolivianischen Flagge Ausschau halten; die Tür befindet sich auf halbem Wege in einem schmalen Korridor auf der Südseite des Gebäudes.

Polícia Federal (☎ 3541 2437; Ecke Av Presidente Dutra & Av Quintino Bocaiúva; ☽ Mo–Fr 8–12 & 14–18 Uhr) Der Eingang zur Einreisebehörde ist eine ungekennzeichnete Tür in der Av Presidente Dutra, aber am Wochenende und nach Büroschluss kann man den Haupteingang in der Av Quintino Bocaiúva benutzen.

GUAYARAMERÍN (BOLIVIEN)

☎ 0xx855 / 36 000 Ew.

Guayaramerín liegt am Rio Mamoré gegenüber von Guajará-Mirim und ist eine Grenzstadt, ein Flusshafen und Handelszentrum. Hier beginnt auch die Straße, die über Riberalta (90 km weiter) und Rurrenabaque in die bolivianische Hauptstadt La Paz führt.

Die Stadt ist so klein, dass man zu Fuß praktisch überall hin kommt, außer zum 2,5 km südlich der Fähranlegestelle gelegenen Busbahnhof. Die Fahrt mit einem Mototaxi kostet 1 bis 3 Bs.

Praktische Informationen

Estudio Fotográfico Relieve (Av Beni; 6 Bs/Std.; Telefonate in die USA & nach Europa 4–6 Bs; ☽ Mo–Sa 7.30–21.30, Sa 7.30–19 Uhr)

Geldwechsler (am Hafen von Guayaramerín) Tauschen US-Dollars, Bolivianos und Reais.

Hospital Guayaramerín (☎ 112, 885 3007, 885 3008; Calle Mamoré s/n) Einfache medizinische Versorgung.

Internet M@s@s (Calle 25 de Mayo; 5 Bs; ☽ 9.30–24 Uhr)

Milán Cambio y Turismo (☎ 885 3400; Plaza Principal; ☽ Mo–Fr 8.30–12 & 14.30–18, Sa 8.30–12 Uhr) Tauscht US-Dollars, Bolivianos und Reais.

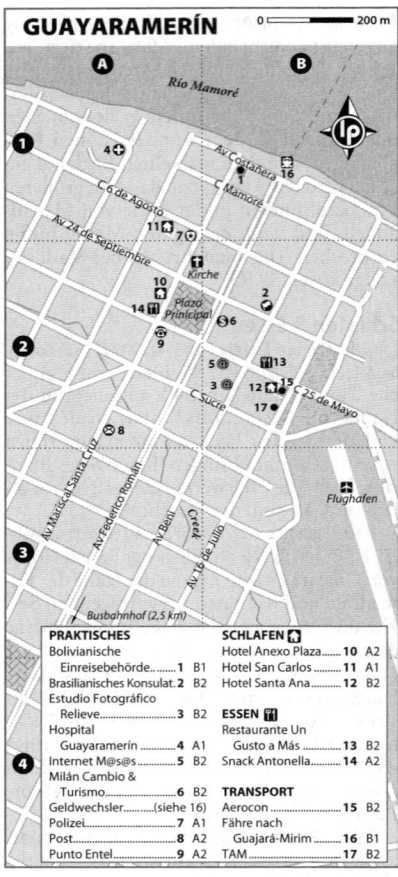

GUAYARAMERÍN
0 ———— 200 m

PRAKTISCHES			SCHLAFEN 🛏		
Bolivianische			Hotel Anexo Plaza.......	**10**	A2
Einreisebehörde....	**1**	B1	Hotel San Carlos	**11**	A1
Brasilianisches Konsulat..	**2**	B2	Hotel Santa Ana	**12**	B2
Estudio Fotográfico					
Relieve......................	**3**	B2	ESSEN 🍴		
Hospital			Restaurante Un		
Guayaramerín	**4**	A1	Gusto a Más	**13**	B2
Internet M@s@s	**5**	B2	Snack Antonella..........	**14**	A2
Milán Cambio &					
Turismo....................	**6**	B2	TRANSPORT		
Geldwechsler...........(siehe 16)			Aerocon	**15**	B2
Polizei.........................	**7**	A1	Fähre nach		
Post...........................	**8**	A2	Guajará-Mirim	**16**	B1
Punto Entel.................	**9**	A2	TAM	**17**	B2

Polizei (☎ 110; Ecke Av Mariscal Santa Cruz & Calle 6 de Agosto)

Post (Av Mariscal Santa Cruz s/n; ☽ Mo–Fr 8–12 & 14–17, Sa 8–12 Uhr)

Punto Entel (☎ 885 9076; Plaza Principal; Internetzugang 7 Bs/Std., Telefonate in die USA & nach Europa 4 Bs/Min.; ☽ 7.30–23 Uhr)

Schlafen & Essen

LP Tipp **Hotel Santa Ana** (☎ 855 3900; Calle 25 de Mayo 611; EZ/DZ 50/100 Bs) Das von einem freundlichen, älteren Ehepaar geführte Hotel bietet einfache, günstige Unterkunft. Die Zimmer sind schlicht, aber sauber, die meisten gehen auf einen sonnigen, mit Topfpflanzen geschmückten Hof hinaus. Es gibt hier zwar kein Essen, aber immer Wasser und Kaffee.

Hotel Anexo Plaza (☎ 855 3650; Av Mariscal Santa Cruz 19; EZ/DZ 40/80 Bs) Dieses Hotel ist eine gute Alternative, wenn das Santa Ana ausgebucht sein sollte. Die Zimmer sind schlicht und ordentlich und liegen zu beiden Seiten eines langen, offenen Korridors. Der Service ist freundlich und die Lage, direkt an der zentralen Plaza, einfach ideal.

Hotel San Carlos (☎ 855 3555; Calle 6 de Agosto 347; EZ/DZ 170/240 Bs; 🛏 🛜 🖵) Bei weitem das nobelste Hotel vor Ort, wie das ganze Verhalten und die vielen Geländelimousinen auf dem Parkplatz beweisen. Für die Gäste gibt's einen Swimmingpool, ein Restaurant und einen Billardtisch, aber die Zimmer sind angesichts des Preises ein bisschen enttäuschend: Was ist nur mit den guten alten Klimaanlagen los? Trotzdem ist das Haus eine Stufe besser als die Konkurrenz.

LP Tipp Restaurante Un Gusto a Más (Calle 25 de Mayo; 12 R$ oder 40 Bs/kg; 🕑 Mo–Sa mittags & abends, So nur mittags) In diesem hellen, beliebten Lokal, das von einer hart arbeitenden bolivianisch-brasilianischen Familie geführt wird, gibt's brasilianisches Essen zu bolivianischen Preisen. Das Selbstbedienungsbuffet ist bescheiden, aber schmackhaft und bietet Spezialitäten von beiden Seiten der Grenze. Der Speisesaal ist geräumig und farbenfroh.

Snack Antonella (Av Mariscal Santa Cruz; Hauptgerichte 5–20 Bs; 🕑 8–24 Uhr) In diesem Lokal werden einfache Gerichte in einem Speisesaal aufgetischt, der aus der Wohneinrichtung der Familie bunt zusammengewürfelt wurde, sowie an Holztischen auf dem Bürgersteig an der Plaza. Hauptsächlich sind Tortas, *salgados* und andere kleine Sachen im Angebot, man bekommt aber auch Fisch- und Hähnchengerichte mit Reis, Bohnen und Salat.

An- & Weiterreise
BUS & TAXI
Man sollte es sich noch mal überlegen, ob man sich hier wirklich auf eine lange Busfahrt einlässt. Vor allem während der Regenzeit (etwa Nov.–April) sorgen überflutete Straßen und Brücken schnell dafür, dass sich die geschätzte Reisezeit verdreifacht. Dass sich so eine Fahrt zwei, drei oder sogar fünf Tage hinzieht, ist absolut nichts Ungewöhnliches. Die meisten Einheimischen fliegen oder warten, bis die Straßen wieder passierbar sind. Wenn es sich mit dem Reiseplan vereinbaren lässt, lohnt es sich, über Brasilien zu fahren, wo die Straßen weit besser sind, und anders-

wo näher an seinem Ziel wieder nach Bolivien einzureisen.

Der Busbahnhof liegt 2,5 km vom Fluss entfernt an der Av Federico Román. Die Taxifahrt zum Busbahnhof kostet 5 Bs.

FLUGHAFEN
Guayarameríns einfacher, kleiner Flugplatz liegt am östlichen Stadtrand und wird von **Aerocon** (☎ 885 5025, 885 5035, in Brasilien 9264 7995; www.aerocon.bo; Ecke Calle 25 de Mayo & Av 16 de Julio; 🕑 Mo–Fr 8–12.30 & 14–18.30, Sa 8–12.30 Uhr) und **TAM** (☎ 885 3924, 885 3925; Ecke Av 16 de Julio & Calle Sucre; 🕑 Mo–Fr 8–12 & 15–17.30, Sa 8–12 Uhr) angeflogen. Letztere Fluglinie wird vom bolivianischen Militär betrieben und bietet zwar oft günstigere Preise, hält aber nicht immer die strengen Sicherheitsstandards der kommerziellen Anbieter ein. Außerdem sind die Flugzeuge von TAM in der Regel weniger modern und komfortabel, da es sich meist um umgebaute Transportmaschinen der Luftwaffe handelt.

Beide Fluglinien fliegen mehrmals täglich nach Trinidad, wo es Anschluss u. a. nach La Paz, Santa Cruz und Cochbamba gibt. Bei der Buchung eines Anschlussflugs unbedingt sicherstellen, dass der Flug am gleichen Tag stattfindet, sonst steckt man unerwartet in Trinidad fest. Zum Zeitpunkt der Recherche kostete ein Ticket (einfache Strecke) nach Trinidad rund 600 und nach La Paz 1235 Bs.

SCHIFF/FÄHRE
Motorboote pendeln zwischen Guayamerín und Guajará-Mirim (4 R$, 5 Min.) hin und her. Zum Zeitpunkt der Recherche wurden keine längeren Schiffsreisen angeboten, aber früher konnte man den Rio Mamoré hinauf bis nach Trinidad (nur Hängematte, 5–7 Tage) und weiter fahren. Die aktuelle Lage im Büro der Capitania del Puerto erfragen.

VON/NACH BRASILIEN
Infos zu den Bootsverbindungen zwischen Bolivien und Brasilien stehen auf S. 748. Für Bürger der meisten Länder werden in beiden Staaten kostenlos an Ort und Stelle 90 Tage gültige Touristenvisa ausgestellt. Dazu benötigt man Passbilder, eine Gelbfieberimpfbescheinigung und dies und das – selbstverständlich sollte man das besser vor der Anreise erledigt haben. Die Grenzbeamten prüfen genau, ob der Ausreisestempel der anderen Seite vorliegt; den sollte man sich also unbedingt holen, ehe man den Fluss überquert.

Bolivianische Einreisebehörde (☎ 855 4413, außerhalb der Öffnungszeiten 7395 2902; Ecke Av Costañera & Calle Mariscal Santa Cruz; ☺ Mo–Fr 8–20, Sa & So 8–12 Uhr)

Brasilianisches Konsulat (☎ 855 3766; Ecke Av 24 de Septiembre & Av Beni; ☺ Mo–Fr 9–12 & 14.30–17 Uhr)

GUAPORÉ-TAL & ZENTRALRONDÔNIA

Forte Príncipe da Beira

Das abgeschiedene Forte Príncipe da Beira am Rio Guaporé, 210 km südlich von Guajará-Mirim, wurde zwischen 1776 und 1783 von den Portugiesen errichtet, um ihren Landbesitz östlich des Guaporé und des Mamoré gegen die Spanier zu verteidigen. Das sternförmige Fort ist eines von nur zwei Forts, die jemals von den Portugiesen im Binnenland von Brasilien errichtet wurden. Es hat 10 m hohe Mauern und vier Ecktürme, in denen sich jeweils 14 Kanonen befanden. Heute ist nur noch eine Kanone übrig. Die 1 km langen Mauern sind von einem Burggraben umgeben und umschließen die Ruinen einer Kapelle, einer Waffenkammer, der Offiziersquartiere und der Gefängniszellen, in denen gelangweilte Insassen poetische Graffitis an die Wände geschmiert haben. Unterirdische Fußwege führen von der Festung zum Fluss. Das Fort wurde 1889 als Militärposten aufgegeben. Heute unterhält Brasilien eine Garnison mit rund 70 Soldaten neben dem Fort. Auch das Dorf Vila Príncipe da Beira liegt hier.

In **Costa Marques** (7000 Ew.), 25 km vom Fort entfernt, befinden sich eine schöne Kirche, ein Orchideenpark und eine Aufzuchtstation für Schildkröten. In den Zimmern im **Hotel Girassol Palácio** (☎ 3651 2215; Av Demétrio Melas 1796; EZ/DZ 80/135 Bs; ☺) gibt's TV und das Frühstück ist im Preis enthalten.

Die Straße nach Costa Marques ist zwischen November und April nicht befahrbar. **Real Norte** (☎ 3225 2891) fährt saisonbedingt von Presidente Medici aus.

Reserva Extrativista Pedras Negras

Das **Reserva Extrativista Pedras Negras** liegt 240 km flussaufwärts von Costa Marques und eignet sich hervorragend zum Wandern, Kanufahren und Bestaunen seltener Orchideen, Aras, Tukane, Kaimane, Rehe und Flussdelfine. Außerdem befinden sich dort einige ländliche Dörfer, die für Besucher geöffnet sind und sich überwiegend der Ernte von Kautschuk und Paranüssen verschrieben haben. Es gibt hier eine kleine Lodge aus zwei einfachen, aber komfortablen Hütten mit warmem Wasser, Moskitonetzen, Strom rund um die Uhr und Betten oder Hängematten für bis zu zwölf Personen.

Das Schutzgebiet hat normalerweise nur von 15. Juni bis 15. November geöffnet. Das restliche Jahr über ist es wegen des starken Regens geschlossen. Die besten Reisemonate sind August bis November, wenn die Strände am Fluss zum Vorschein kommen. Ab September können die Brutstätten von Schildkröten bewundert werden.

Zum Zeitpunkt der Recherche war das Reservat für Besucher geschlossen, da eine neue Agentur die Verwaltung übernehmen sollte. Bei IBAMA in Porto Velho (S. 742) sind die neuesten Infos erhältlich.

Parque Nacional de Pacaás Novos

In diesem rauen, 7648 km² großen Nationalpark befinden sich Rondônias höchster Gipfel, der Pico do Tracoá (1230 m), und einige spektakuläre Wasserfälle. Zur Tierwelt hier gehören Jaguare, Tapire, Riesenameisenbären, Brüllaffen und seltene Aras. Der Park liegt inmitten der Terra Indígena Uru-Eu-Wau-Wau. IBAMA plant die Öffnung des Parks für Besucher und den Bau eines Erlebnis- und Besucherzentrums. Aber wie es auch bei anderen Schutzgebieten im Staat der Fall ist, wurden die hierfür notwendigen Studien noch nicht abgeschlossen. Auch hier halten sich die Reisenden am besten an das IBAMA in Porto Velho.

ACRE

Das heutige Acre gehörte früher zu Bolivien. Gegen Ende des 19. Jhs. lebten hier aber größtenteils brasilianische *seringueiros*, die vom Amazonas aus nach Süden zogen. Im August 1902 schickte Bolivien seine Armee, um die Kontrolle wiederzuerlangen. Diese stieß jedoch auf heftigen Widerstand der *seringueiros*, etwas melodramatisch als „Revolution von Acre" bezeichnet. Bolivien trat das Gebiet schließlich an Brasilien ab und erhielt im Gegenzug zwei Mio. Britische Pfund und das Versprechen, eine Eisenbahnstrecke von der Grenze nach Porto Velho zu bauen, um den bolivianischen Exporthandel zu unterstützen (die Strecke wurde nie fertiggestellt und einige Bolivianer behaupten gar, dass auch das Geld nie gezahlt wurde.) Die brasilianische Regierung unterstützte die Menschen aus Acre nicht wirklich und weigerte sich sogar, Acre als Bundesstaat anzuerkennen. Stattdessen nannte sie es das erste „Bundesterritorium" der Nation. Dies hatte zur Folge, dass eine Autonomiebewegung und damit ein manchmal mit Waffengewalt geführter Konflikt entstand, der über 60 Jahre andauerte.

Acre ist der Heimatstaat von Chico Mendes, dem ermordeten Umweltschützer und Führer der Landarbeitergewerkschaft. Außerdem war der Bundesstaat der Hauptaustragungsort von Kämpfen wegen der Abholzung. Hunderte Gewerkschaftsführer, Aktivisten und normale Arbeiter starben bei den Konflikten – darunter auch Mendes, der 1988 ermordet wurde. Doch dank dieser Unruhen steht heute ein Drittel des Bundesstaats unter Naturschutz oder ist als Land der Ureinwohner gekennzeichnet.

RIO BRANCO
☎ 0xx68 / 306 000 Ew.

Rio Branco, die Hauptstadt Acres, wurde 1882 von Kautschukzapfern an den Ufern des Rio Acre gegründet. Der einst ungehobelte, raue Ort hat sich in eine wirklich angenehme Stadt verwandelt, die mehrere ausgezeichnete Kulturstätten und bequemen Zugang zu einigen interessanten Orten zu bieten hat, darunter auch zu Xapuri, dem Heimatort des Umweltschützers Chico Mendes. Leider kommen nicht viele Traveller nach Rio Branco, einfach weil es abseits der Orte liegt, die sie in aller Regel aufsuchen.

Praktische Informationen
GELD
Banco do Brasil (Rua Porto Leal 85)
Bradesco (Rua Porto Leal 83)
HSBC (Ecke Rua Rui Barbosa & Rua Marechal Deodoro)

INTERNETZUGANG
Cyber Mapinguary (Rua Epaminondas Jácome; 2 R$/ Std.; ☽ Mo–Fr 8–17 Uhr) Im 2. OG eines kleinen Geschäftszentrums.
Viper*net (Av Ceará; 2 R$/Std.; ☽ Mo–Sa 7–20.30, So 12–20.30 Uhr)

MEDIZINISCHE VERSORGUNG
Hospital Geral (☎ 192, 3223 3080; Ecke Av Nações Unidos & Rua Hugo Carneiro)

NOTFALL
Notaufnahme (☎ 192, 3223 3080; Hospital Geral, Ecke Av Nações Unidos & Rua Hugo Carneiro)

Polizei (☎ 190)

POST
Post (Rua Epaminondas Jácome 447; ☽ Mo–Fr 7–16, Sa 8–12 Uhr)

REISEBÜROS
Inácio's Tur (☎ 3214 7100; Inacio Palace Hotel, Rua Rui Barbosa 469; ☽ Mo–Fr 7.30–12 & 14–18, Sa 7.30–12 Uhr) Verkauft Flugtickets.
Maanaim Amazônia (☎ 3223 3232; www.maainaim. amazonia.com; Hotel Imperador Galvez, Rua Santa Inês 401) Der örtliche Tourveranstalter bietet alles von historischen Führungen zu Chico Mendes und die Revolution von Acre bis hin zu Wanderungen und Flussboottouren.

TOURISTENINFORMATION
Centro de Atendimento ao Turista (☎ 0800 647 3998; Praça Povos da Floresta; ☽ Mo–Sa 8–18, So 16–21 Uhr) Zwar nicht besonders hilfreich, aber immerhin ein Ausgangspunkt. Ansonsten kann man sich im Museu da Borracha erkundigen, wo das Personal besser auf ausländische Touristen eingestellt ist.

Sehenswertes
PALACIO RIO BRANCO
Acres erstes Bundesstaatsgebäude, der imposante **Palacio Rio Branco** (☎ 3223 9241; Av Getúlio Vargas an der Praça Povos da Floresta; Eintritt frei; ☽ Di–Fr 8–18, Sa & So 16–21 Uhr) ist heute hauptsächlich eine Touristenattraktion. Der Irrgarten aus miteinander verbundenen Sälen enthält interessante, gut aufgemachte Ausstellungen zu prähistorischen Artefakten, indigenen Gemeinschaften, sowie über Chico Mendes und die Revolution von Acre. Es gibt kostenlose Führungen, allerdings nur auf Portugiesisch; auch die Beschriftungen sind ausschließlich auf Portugiesisch.

MEMORIAL DOS AUTONOMISTAS
In dem schicken Gebäude gleich hügelauf vom Palacio Rio Branco zeigt das **Memorial dos Autonomistas** (☎ 3224 2133; Praça Eurico Dutra; Eintritt frei; ☽ Di–Fr 8–18, Sa & So 16–21 Uhr) eine Dauerausstellung über die Geschichte von Acres Kämpfen, ein Bundesstaat statt eines Bundesterritoriums zu werden – das ist hier mit „Autonomie" gemeint, nicht das Streben nach vollständiger Unabhängigkeit. Außerdem gibt's Kunst-Wechselausstellungen – meist Gemälden und Skulpturen örtlicher Künstler. Die Gedenkstätte ist zugleich das Mausoleum von José Guiomard dos Santos und seiner Frau. Der hochverehrte Guiomard dos Santos

AMAZONIEN

AMAZONIEN

war in den frühen 1940er-Jahren Präfekt des Bundesterritoriums Acre und später – als Senator – der Hauptbefürworter des Gesetzes, dem Acre den Bundesstaat-Status verdankte. Aber Blut ist dicker als Wasser, vor allem in Acre: Die ersten Gouverneurswahlen im Staat verlor der aus Minas Gerais stammende Politiker gegen den in Acre geborenen José Augusto.

MUSEU DA BORRACHA

Das in einem wunderschön restaurierten Herrenhaus untergebrachte **Museu da Borracha** (Kautschukmuseum; ☎ 3224 6605; Av Ceará 1441; Eintritt frei; ☼ Di–Fr 8–18, Sa & So 16–21 Uhr) zeigt in drei kleinen Zimmern eine Ausstellung über die Geschichte des Kautschukzapfens. Darin erfährt man etwas über die Gewinnung und Verarbeitung des Kautschuks, z. B. über den Wechsel von kleinen Äxten, mit denen die Bäume gefällt wurden, zur sogenannten *cabrita* (Zicklein), einem Werkzeug, mit dem nur die Rinde des Baums eingeritzt wird, der also erhalten bleibt. Weitere Ausstellungen gelten der Einwanderung nach Acre, dem Leben und der Arbeit von Chico Mendes und der Landarbeitergewerkschaft sowie den Beziehungen zu den indigenen Gemeinschaften.

MERCADO VELHO

Rio Brancos am Fluss gelegener und neu aufgemöbelter **Mercado Velho** (Alter Markt; Praça Bandeira; Eintritt frei) ist nicht nur ein prima Ort für eine Mahlzeit oder ein Bier am Nachmittag, sondern auch beliebt für von der Stadt gesponserte Kulturevents wie Livekonzerte, Tanzdarbietungen, Dichterlesungen oder Theatervorstellungen. Diese Veranstaltungen finden in der Regel abends oder an den Wochenenden statt.

SESC

Ein weiteres Beispiel für die unerwartete kulturelle Aufgeschlossenheit Rio Brancos ist der städtische Komplex **SESC** (Serviço Social do Comercio; ☎ 3212 2828; www.sescacre.com.br; Av Brasil 713), der zugleich als Kulturzentrum und als Sozialeinrichtung dient. Das Zentrum veranstaltet Vorträge, veranstaltet einfallsreiche Filmreihen und -festivals und bringt sogar Stücke auf die Bühne. Alle Veranstaltungen sind öffentlich, der Eintritt ist meist frei oder kostet

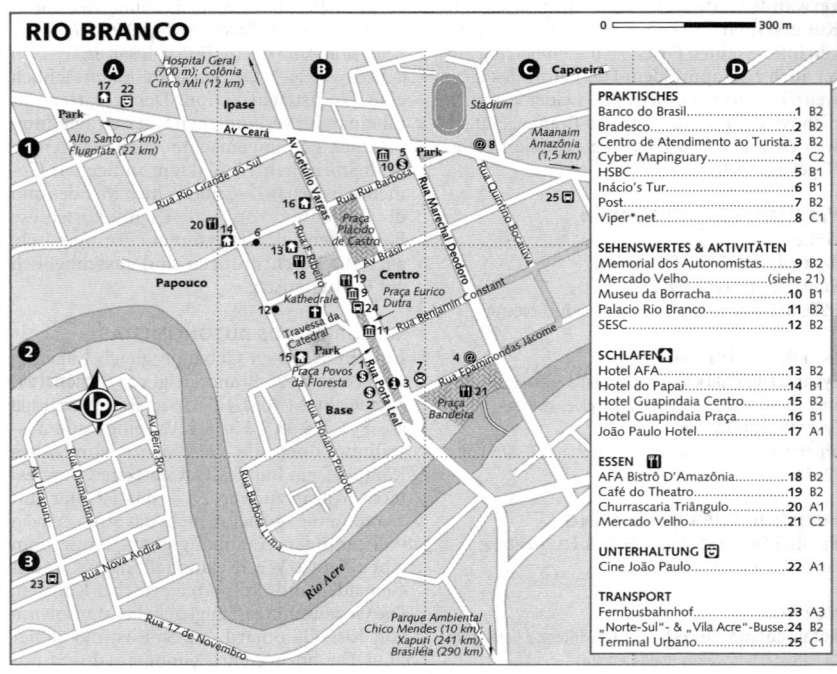

RIO BRANCO

0 —————— 300 m

unter 10 R$. Einfach vorbeikommen und auf den Veranstaltungsplan gucken oder bei anderen Sehenswürdigkeiten vor Ort nach Flyern Ausschau halten.

Schlafen

In Rio Branco müssen die Hotels die Pass- und Visainformationen aller Gäste aufnehmen – eine Maßnahme der Bundespolizei, um die Kriminalität an der Grenze einzudämmen.

Hotel AFA (☎ 3224 1938; Rua Franco Ribeiro 99; EZ 35–55 R$, DZ 50–80 R$; ▓) Die Standardzimmer sind etwas ungepflegt, einige davon sind aber immerhin recht groß und haben Fenster zur Straße. Die neueren Deluxe-Zimmer bieten hingegen mit besseren Betten, passender Einrichtung und sogar Gemälden an den Wänden ein gutes Preis-Leistungs-Verhältnis. Gleich nebenan befindet sich das zugehörige AFA Bistro, stadtweit eines der besten unter den Restaurants, in denen das Essen per Kilo berechnet wird.

Hotel do Papai (☎ 3223 2044; Ecke Rua Floriano Peixoto & Rua Rui Barbosa; EZ/DZ 65/90 R$; ▓) Hinter dem riesigen, spärlich dekorierten Empfangsbereich liegen kleinere, ebenfalls spärlich dekorierte Gästezimmer, in denen man sich dank der hohen Decken (und der fehlenden Deko) alles andere als beengt fühlt. Die Betten und Badezimmer sind zwar nicht neu, aber sauber. Eine verlässliche Budgetunterkunft.

Hotel Guapindaia Praça (☎ 3224 7677; www.hoteis guapinda.com.br; Rua Rui Barbosa 354; EZ/DZ 180/250 R$; ▣ ▓ ▨ ▣) Das neu aufgemöbelte frühere Rio Branco Hotel hat eine unschlagbare Lage diagonal gegenüber einer begrünten Plaza und nur einen Block hügelauf von dem schmalen zentralen Park der Stadt. Hinter der coolen Lobby liegen moderne Zimmer mit Flachbild-TVs und modernen Klimaanlagen. Man sollte nach einem der größeren Zimmer fragen und, weil man gerade dabei ist, auch nach Rabatt für Barzahlung – bei Doppelzimmern gibt's bis zu 25 %.

Hotel Guapindaia Centro (☎ 3223 5747; www.hoteis guapindaia.com.br; Rua Floriano Peixoto 550; EZ 75–85 R$, DZ 125–140 R$; ▣ ▓ ▨) Die Lage an einer sehr belebten Straßenecke sollte einen nicht von diesem freundlichen, äußerst beliebten Mittelklassehotel abschrecken, denn hier liegen die Hauptsehenswürdigkeiten der Stadt gerade einmal einen Block entfernt. Die sauberen und frischen, allerdings etwas kleinen Zimmer haben graugrüne Wände, modernisierte Badezimmer und ruhige Klimaanlagen. Dank

des großen Frühstücksbuffets kann man sich das Mittagessen sparen.

João Paulo Hotel (☎ 3223 8933; www.joaopaulohotel. com.br; Av Ceará 2090; EZ/DZ 83/145 R$; ▓ ▨) Von außen ist das Hotel nichts Besonderes, und auch die Lobby haut einen nicht um. Aber die unglaublich breiten Korridore geben dem Inneren die Anmutung eines Schlosses. Die Zimmer sind dafür aber wieder etwas klein, jedoch sauber und hübsch eingerichtet. Die vier Suiten (180 R$) sind die schönsten Zimmer in Rio Branco. Gäste haben freien Eintritt im Kino nebenan (das hat nur zwei Säle, aber immerhin), und es gibt einen Taxiservice vom/zum Flughafen (50 R$). Leider liegt das Hotel etwas vom Zentrum entfernt.

Essen

Café do Theatro (☎ 3223 5862; Ecke Av Brasil & Av Getúlio Vargas; Gerichte 3–9 US$; ☽ Di–Sa 8–21, So 16–24 Uhr) Dieses unauffällige Café gehört zum Memorial dos Autonomistas (s. S. 751) und serviert köstlichen Kaffee sowie leichte Mahlzeiten, z. B. Sandwiches und Quiche. Die täglichen Angebote (10–18 R$) sind üppiger, und die Wein- und Cocktailkarte ist ziemlich ausgiebig. Beim letzten Besuch war es aber wegen Renovierungsarbeiten geschlossen.

LP Tipp **Mercado Velho** (Praça Bandeira; Gerichte 6–20 R$; ☽ 7–22 Uhr) Der „Alte Markt" ist in Wirklichkeit Rio Brancos neuester und erfolgreichster Versuch in Sachen Stadterneuerung. Ein altes Hafengebäude wurde in einen kleinen, netten Food Court verwandelt. Gegrilltes Fleisch, gebratener Fisch und weitere Leckereien werden an sauberen Ständen zubereitet. Die Gäste können ihre Speisen drinnen oder auf Bänken mit Blick auf den Fluss einnehmen.

Churrascaria Triângulo (☎ 3224 9265; Hotel Triângulo, Rua Floriano Peixoto 727; 28 R$/kg oder Rodízio 28–30 R$; ☽ mittags & abends, Sa nur mittags) Zugegeben, hier fehlt es an Atmosphäre – es ist ein Hotelrestaurant –, aber wer richtig hungrig ist und Lust auf Fleisch hat, der kann sich hier auf jeden Fall satt essen. Das *rodízio* ist eine Art „All You Can Eat"-Fleischbuffet: Die Kellner kommen mit langen, frisch gegrillten Fleischspießen direkt an die Tische. Die Gäste können sich nehmen soviel sie möchten – und soviel ihr Stuhl aushält. Wer danach noch immer nicht genug hat, kann sich dann noch mit Beilagen selbst versorgen.

AFA Bistrô D'Amazônia (☎ 3224 3936; Rua Franco Ribeiro 99; SB 30 R$/kg; ☽ mittags) Der Name hat sich zwar geändert, aber dieses bescheidene Bistro bleibt immer noch eines der besten Pro-Kilo-Restaurants im Amazonasgebiet. Die Geschäftsleute der Stadt schwören auf frische und einfallsreiche Salatkombinationen, zarte Fleisch- und Fischgerichte und auf unwiderstehliche Nachspeisen. Sonntags gibt's *frutas do mar* (Meeresfrüchte), und der Preis steigt auf saftige 40 R$ pro Kilogramm.

Unterhaltung

An der Praça Bandeira gibt's ein paar Freiluft-Restaurantbars am Ufer zwischen der Av Gétulio Vargas und der Rua Marechal Deodoro mit Blick auf den Fluss. Hier kann man gemütlich ein paar große Bier trinken und die neue Fußgängerbrücke betrachten, die abends hypnotisch blau angestrahlt wird.

Das **Cine João Paulo** (☎ 3223 3828; Av Ceará 2090; Tickets Mo–Mi 10 R$, Do–So 14 R$, Veranstaltungsbeginn gegen 17 Uhr) zeigt in zwei Sälen relativ neue Hollywoodstreifen. Das Kino befindet sich gleich neben dem zugehörigen João Paulo Hotel; Hotelgäste haben freien Eintritt.

An- & Weiterreise

Der Highway BR-364 ist zwischen Rio Branco und Porto Velho und in die andere Richtung bis nach Sena Madureira, 170 km von Rio Branco, asphaltiert und gut unterhalten. Ebenfalls asphaltiert ist die Straße von Rio Branco nach Brasiléia (235 km) und Assis Brasil an der peruanischen Grenze; über sie fahren ganzjährig Busse. Abgesehen von diesen Verkehrskorridoren sind die meisten Straßen in Acre unbefestigt und während der Regenzeit (üblicherweise Okt.–Mai) oft nur schwer oder gar nicht befahrbar. In diesen Monaten sind Schiff oder Flugzeug oft die einzigen Alternativen.

BUS

Real Norte (☎ 3224 4293, kostenlos 0800 647 6666; www.realnorte.com.br) fährt nach Xapuri (19 R$, 3½ Std., 6 & 13.45 Uhr), Brasiléia (24 R$, 4 Std., 6, 6.30, 12, 15 & 18 Uhr), Assis Brasil (33,50 R$, 6 Std., nur 12 Uhr), Guajará-Mirim (50 R$, 7–8 Std., nur 11 Uhr) und Porto Velho (55 R$, 7–8 Std., 7, 11, 21 & 23 Uhr). Die Straße nach Cruzeiro do Sol (108 R$, 19 Std.) ist nur im Juli und August passierbar; zu anderen Zeiten kommt man nur per Flugzeug dorthin.

Eucatur (☎ 3244 2233) und **Andorinha** (☎ 3224 2233) fahren jeden Morgen nach Brasília (275–300 R$, 50–55 Std.), von wo es weitere Verbindungen gibt.

FLUGZEUG

Von Rio Brancos kleinem Flugplatz gibt's täglich Verbindungen nach Porto Velho und Brasília (dort hat man Anschluss zu weiteren Verbindungen), außerdem saisonal auch Flüge nach Cruzeiro do Sul.

Gol (☎ 0300 115 2121; Flughafen)

TAM (☎ 4002 5700; Flughafen)

Trip (☎ 0300 789 8747; Flughafen)

SCHIFF/FÄHRE

Der Rio Acre ist zwar bis nach Assis Brasil an der peruanischen Grenze schiffbar, es sind aber nur wenige Schiffe unterwegs (und keines fährt nach einem Fahrplan). In der anderen Richtung kann man nördlich von Rio Branco in der Ortschaft Boca do Acre ein Schiff erwischen, mit dem man die ganze Strecke bis nach Manaus fahren kann. Allerdings findet man, wenn es nach Manaus gehen soll, in Porto Velho wesentlich häufiger und verlässlicher Schiffe, die über den Rio Madeiro fahren.

Unterwegs vor Ort

Rio Branco verfügt über einen gut funktionierenden **Terminal Urbano** (Stadtbusbahnhof; Rua Sergipe zw. Av Ceará & Rua Benjamin Constant), der sich in einem Gebiet voller Straßenhändler befindet. Man zahlt seinen Fahrschein an einer Personenschleuse; die Busse halten an deutlich markierten Haltebuchten. Man kann aber auch an Bushaltestellen im Ort zusteigen; ein praktischer Haltepunkt liegt an der Av Gétulio Vargas nahe dem Palacio Rio Branco.

Der Flughafen liegt 22 km westlich der Stadt am Hwy BR-364. Die Taxifahrt zwischen Flughafen und Zentrum kostet stolze 70 bis 80 R$. Einige Hotels haben Vereinbarungen mit Taxis und verlangen „nur" 50 R$, das gilt aber nur für die Gäste dieser Hotels, wer anderso wohnt, kann sich nur aufs Bitten verlegen. Am besten versucht man, sich mit anderen Mitreisenden ein Taxi zu teilen; manchmal sind Taxifahrer behilflich, dass solche Fahrgemeinschaften zusammenkommen. Eine Alternative ist der Bus 304 mit der Aufschrift „Custódio Freire" und/oder „Aeroporto", der etwa stündlich vom Flughafen in die Stadt fährt (2 R$, 1 Std., 5–23 Uhr).

Der **Fernbusbahnhof** (Av Uirapuru) liegt 1,25 km südwestlich vom Zentrum jenseits des Rio Acre. Mindestens drei verschiedene Stadtbusse fahren zwischen ihm und dem Zentrum, darunter die mit den Aufschriften „Norte-

Sul", „Taquarí" und „Domoacir" (1,75 R$, 25 Min., alle 30 Min.). Man kann sie am Stadtbusbahnhof oder an der Bushaltestelle an der Av Getúlio Vargas beim Palacio Rio Branco nehmen. Die Taxifahrt zwischen Fernbusbahnhof und Zentrum kostet 15 R$, die Fahrt mit einem Mototaxi 3 R$.

RUND UM RIO BRANCO
Parque Ambiental Chico Mendes
Der **Parque Ambiental Chico Mendes** (Eintritt frei) ist nur 52 ha groß, und nicht einmal die Hälfte der Fläche besteht aus heimischem Wald. Trotzdem ist er der interessanteste Park, der leicht über den Rio Branco zugänglich ist. In der Nähe des Eingangs steht ein Denkmal von Chico Mendes. Im Park selbst gibt's einen Picknickbereich, einen lustigen gusseisernen Aussichtsturm in der Baumkrone, Fahrradwege und einen kleinen Zoo. Am Wegrand stehen Themenhütten, die sich verschiedener Aspekte des Lebens in der Region annehmen – z. B. geht's um das Kautschukzapfen, eine *maloca* (*índio*-Behausung) und Mythen und Legenden. Auch einige wildlebende Tiere lassen sich manchmal blicken.

Der Park liegt bei Kilometer 3 am Hwy AC-040, etwa 10 km südlich von Rio Branco. Der Bus mit der Aufschrift „Vila Acre" fährt vom Terminal Urbano an der Av Getúlio Vargas (2 R$, 45 Min., alle 30 Min.) aus hierher.

Santo-Daime-Zentren
In und um Rio Branco gibt's eine Reihe von Zentren des religiösen Santo-Daime-Kults. Dieser wurde 1930 von Raimundo Irineu Serra (1892–1971), auch bekannt als Mestre Irineu, hier gegründet. Die Praktiken des Kults drehen sich um ein heiliges, halluzinogenes Getränk mit dem Namen *ayahuasca*. Der Donnerstag ist der heilige Tag dieser Glaubensgemeinschaft, und am 15. und 30. jedes Monats werden wichtige Zeremonien abgehalten.

Das Zeremonienzentrum am Gründungsort dieses Kultes (namens **Alto Santo**) liegt 7 km von Rio Branco entfernt in Colônia Custódio Freire. Vom Terminal Urbano fährt der Bus „Irineu Serra" hierher. Neben dem Grab von Irineu Serra wurde zwar eine Art Besucherzentrum errichtet, aber man muss sich schon durchfragen, um hierher zu gelangen. Eine weitere Gemeinschaft von Santo-Daime-Anhängern, die **Colônia Cinco Mil**, liegt 12 km nördlich von Rio Branco.

Besucher sind jederzeit willkommen, aber wer bei den Zeremonien zusehen oder sogar selbst mitmachen möchte, der sollte sich jemanden aus der Gemeinde suchen, den der Besuch organisiert. Die Mitarbeiter des Museu da Borracha (S. 752) können dabei behilflich sein, oder einem zumindest den Weg erklären. Taxis fahren die Besucher für 30 R$ zur Gemeinde. Zudem fährt der Bus zum „Porto Acre" am Hwy AC-010 entlang und lässt die Fahrgäste an der Abzweigung zur Colônia Cinco Mil raus, von wo es noch ein 2,5 km langer Fußmarsch ist.

XAPURI
☎ 0xx68 / 15 000 Ew.
In der sauberen Kleinstadt mit schmucken Holzhäusern an breiten Straßen lebte der Umweltaktivist Chico Mendes. Der Ort liegt rund 12 km nordwestlich des Hwy BR-317, der Hauptverbindung zwischen Rio Branco (241 km entfernt) und Brasiléia (74 km entfernt).

Praktische Informationen
Banco da Amazona (Rua C Bradão) Neben der Tankstelle.
Touristeninformation (gegenüber dem Busbahnhof; ☽ Mo–Fr 7–12 & 14–17 Uhr) In dem kleinen Kiosk gibt's mehr Kunsthandwerk als Infos für Traveller, aber die Angestellten sind freundlich und verteilen eine praktische Broschüre über Xapuri.

Sehenswertes
CASA CHICO MENDES
Auf der anderen Straßenseite gegenüber der Fundação Chico Mendes liegt die smaragdgrüne und rosafarbene Casa Chico Mendes. In diesem einfachen Holzhaus lebte Mendes mit seiner Frau und zwei Kindern, bis er in seinen eigenen vier Wänden ermordet wurde. Mitarbeiter der Chico-Mendes-Stiftung veranstalten Führungen, die eine äußerst genaue Beschreibung darüber beinhalten, wo und wie Mendes erschossen wurde. An der Wand sind immer noch Blutflecken zu sehen. Im Haus dürfen keine Fotos gemacht werden, draußen ist das Fotografieren aber erlaubt.

FUNDAÇÃO CHICO MENDES
Das Besucherzentrum der **Fundação Chico Mendes** (Chico-Mendes-Stiftung; ☎ 3542 2651; Eintritt frei; ☽ 8–12 & 14–18 Uhr) zeigt große Fotos von Chico Mendes mit seiner Frau und seinen Kindern, wie sie Kautschuk zapfen und *empates* anfüh-

AMAZONIEN

AMAZONIEN

ren – Absperrungen, um das Abholzen des Regenwalds aufzuhalten. Nicht nur persönliche Dinge wie die blutgetränkte Kleidung und das Badetuch, das er zum Zeitpunkt seiner Ermordung umhatte, sind hier ausgestellt. Auch die vielen Preise, die Mendes vor und nach seinem Tod erhalten hat, können bewundert werden. Dadurch wird sicher genug Interesse geweckt, noch mehr über diese für Arbeiter und Naturschützer wegweisende Person zu erfahren. Leider macht die Stiftung, die von Mendes' Witwe und seiner Tochter geleitet wird (beide leben in Rio Branco), nicht viel mehr, als das bescheidene Besucherzentrum und das Casa Chico Mendes auf der anderen Straßenseite zu erhalten.

MUSEU DO XAPURI

Das bescheidene, aber interessante **Museu do Xapuri** (Rua C. Brandão; Eintritt frei; ☺ Di–Fr 8–18, Sa 8.30–17.30, So 9–13 Uhr) informiert über die Geschichte von Acre und Xapuri, das einst wegen seiner Lage am Zusammenfluss zweier Flüsse ein wichtiges Wirtschaftszentrum war. Kautschuk, Nüsse, Holz und andere Produkte wurden stromab auf die Märkte gebracht, während herumreisende Händler (interessanterweise vor allem Libanesen und Syrer) die Wasserwege befuhren und alles Mögliche, von Schaufeln bis hin zu Parfüm, verkauften. Das Museum ist in einer schönen Villa untergebracht, die von 1929 bis 2000 als Rathaus diente.

PRESERVATIVOS NATEX

Preservativos Natex (☎ 3542 6000, preservativosnatex.com.br; Estrada da Borracha bei Km 6; ☺ nach Vereinbarung) hält Hunderte von örtlichen Kautschukzapfern in Arbeit und macht aus Gummi – Gummis. Die Fabrik produziert pro Jahr 100 Mio. Kondome, die alle über staatliche Gesundheitsdienste verteilt werden. Rund 700 Familien sammeln Kautschuk und verkaufen ihn an die Fabrik, die 2008 in öffentlich-privater Partnerschaft eröffnet wurde. Das Unternehmen hat sein Werk noch nicht für neugierige Traveller zugänglich gemacht, arbeitet aber mit Tourismusbeamten an einem Führungsprogramm, das einen kurzen Vortrag und eine Werksbesichtigung umfassen soll, bei der man, mit Haarnetz und Mundschutz ausgestattet, alles über den Weg vom flüssigen Kautschuk bis zum Kondom erfahren soll. Die Fabrik liegt an der Straße zwischen Xapuri und dem Highway.

Schlafen & Essen

Pousada Floresta Viva (☎ 3542 2406; EZ/DZ 35/75 R$; ☒) Die Besitzer dieser Unterkunft arbeiten den ganzen Tag über woanders, und das Putzpersonal ist auch nicht immer vor Ort – falls keiner auf das Klingeln reagiert, auf der anderen Straßenseite nachfragen. Die Zimmer sind groß und sauber und neuer als die in der Pousada das Chapurys, aber unpersönlicher. Das Haus liegt 150 m vom Busbahnhof entfernt und einen Block hinter der Casa Chico Mendes.

Pousada das Chapurys (☎ 3542 2253; pousada_chapurys@hotmail.com; Rua Sadala Koury 1385; EZ/DZ/3BZ 40/70/100 R$; ☒ ☎) Das Haus in kurzer Gehentfernung vom Busbahnhof gehört zu den Oldtimern unter Xapuris Unterkünften, ist aber immer noch angenehm und bequem. Die freundlichen Betreiber waren enge Freunde von Chico Mendes und zeigen in ihrem Speisesaal Fotos und Zeugnisse des Gewerkschaftsführers, über den sie auch faszinierende Geschichten berichten können. Die Zimmer sind groß und komfortabel, wenn auch etwas bejahrt.

Pousada Villa Verde (☎ 3542 3012; pousada-villaverde@hotmail.com; Rua Rodovaldo Nogueira 500; EZ/DZ 55/85 R$; ☒ ☎ ☒) Das Haus lohnt die zusätzlichen paar hundert Meter Anmarsch vom Busbahnhof. Das Villa Verde hat einen üppig grünen Garten und nur acht gemütliche Zimmer mit Klimaanlage, komfortablen Betten und Internetanschluss in den Zimmern. Einige Zimmer verfügen auch über eigene Terrassen, und es gibt einen kleinen, sauberen Pool zum Abkühlen – und nachfragen, ob man mal durch das Teleskop schauen darf: Die Betreiber haben in einem zum Observatorium umgebauten Schuppen auf dem Hotelgelände ein richtiges Profi-Teleskop aufgestellt.

LP Tipp **Pousada Ecológica Seringal Cachoeira** (☎ 3901-3017 3012; B 60 R$, DZ 130–190 R$; ☒ ☎) 20 km außerhalb der Stadt befindet sich die Seringal Cachoeira, wo der ermordete Gewerkschaftsführer Chico Mendes seinen ersten Job als Kautschukzapfer und Paranusssammler hatte. Das Gelände ist zwar immer noch eine *seringal* (Kautschukplantage), aber die neue Lodge vor Ort bietet Besuchern behagliche Unterkunft und ausgezeichnete geführte Wanderungen. Am beliebtesten ist ein sechsstündiger Ausflug (Beginn 4 Uhr), bei dem Besucher miterleben können, wie die Bäume angezapft, der Kautschuk gesammelt und die Wege unterhalten werden. Unterwegs kann

DAS VERMÄCHTNIS DES CHICO MENDES

Mitte der 1970er-Jahre lockten die ehrgeizigen Pläne der Militärregierung zur Bezwingung des Amazonas eine Flut von Viehzüchtern, Holzunternehmen und Siedlern nach Acre; die Kautschuk- und Paranussbäume wurden abgeholzt, um Platz für Ranches zu schaffen. Francisco Alves Mendes Filho, besser bekannt als Chico Mendes, war damals ein etwas über 30 Jahre alter Kautschukzapfer und einer der wenigen von ihnen, die lesen und schreiben konnten. Schon seit langem setzte er sich für die Verbesserung der Lebensverhältnisse seiner Kollegen, der *seringueiros*, ein. 1977 gründete er den Sindicato dos Trabalhadores Rurais de Xapuri (Landarbeitergewerkschaft von Xapuri) zur Verteidigung ihrer Rechte gegen die gewaltsame Einschüchterung und Enteignung durch die Neuankömmlinge.

Mendes organisierte *empates*, gewaltlose Sitzblockaden zur Verhinderung der Abholzung. Dabei war Mendes' Anliegen anfangs nicht der Umweltschutz. Ihm ging es darum, die Interessen der Kautschukzapfer zu schützen, deren Leben von einem gesunden, intakten Wald abhing. Die Umweltbewegung jener Tage, die sich noch weitgehend auf die USA konzentrierte, kümmerte sich hingegen hauptsächlich nur um „Urwälder", in denen es, abgesehen von ein paar Indianerstämmen, angeblich keine Menschen gab.

Diese zwei Gruppen – die Kautschukzapfer und die US-Umweltaktivisten – zusammenzubringen, war eine der wesentlichen Leistungen von Mendes. Er überzeugte seine Kollegen, sich als Hüter des Waldes und Verbündete der indigenen Völker zu verstehen. Und er trug zur Entwicklung des Konzepts der „extraktiven Reservate" bei, die bis heute ein wichtiges Mittel sind, um das Land und seine Bewohner zu schützen. Mendes erhielt zahlreiche internationale Auszeichnungen, darunter 1987 die Global 500 Honor Roll des Umweltprogramms der Vereinten Nationen (UNEP).

Der Ruhm im Ausland machte sein Leben im eigenen Land zusehends gefährlicher. Während in den 1960er-Jahren Ermordungen von Landarbeitern und Aktivisten, darunter Priester und Rechtsanwälte, auf Einzelfälle beschränkt waren, stieg die Zahl solcher Morde 1980 auf mehr als 100 und in den Jahren zwischen 1985 und 1987, laut Amnesty International, auf fast 500 an.

Im Dezember 1988 begann Mendes damit, seinen Geburtsort Seringal Cachoeira in ein Extraktionsreservat zu verwandeln, und forderte damit den örtlichen starken Mann, einen Vieh-züchter namens Darly Alves da Silva, heraus, der das Land für sich beanspruchte. Mendes hatte den Rancher bereits bei der Polizei angezeigt, weil er sein Leben bedroht hatte und wegen wegen der Ermordung eines Gewerkschaftsaktivisten zu Beginn des Jahres. Mendes erhielt zahllose Todesdrohungen, widersetzte sich aber den dringenden Bitten von Kollegen, aus Acre zu fliehen. Am 22. Dezember 1988 trat er auf die hintere Terrasse seines Wohnhauses in Xapuri und wurde dort aus nächster Nähe von Männern erschossen, die sich im Gebüsch versteckt hatten. Mendes taumelte ins Haus zurück, wo seine Frau und seine Kinder beim Fernsehen saßen, und verblutete.

Die Ermordung des Gewerkschaftsführers war der erste von Hunderten von Mordfällen, die aufgrund massiver internationaler Proteste gründlich untersucht wurden und zu Anklagen führten. Darly Alves da Silva und sein Sohn Darci Pereira da Silva wurden wegen der Anstiftung zur Tat und Durchführung des Mordes zu 19 Jahren Gefängnis verurteilt. Die beiden da Silvas entkamen 1993 aus der Haft und zwar, indem sie einfach aus dem Gefängnis herausspazierten, was auf Komplizen unter den Wachen schließen ließ. Nach neuerlicher internationaler Empörung wurden sie 1996 gefasst und ins Gefängnis zurückverfrachtet. Nach Abgeltung ihrer Haftstrafe im Jahr 2009 soll sich Darci im Pantanal niedergelassen haben, während Darly in die Heimatregion zurückgekehrt ist, wo man ihn jetzt in der Gegend von Xapuri als freien Mann sehen kann.

Mendes' Leben und seine Ermordung rückten die Umweltkrise in Amazonien ins Bewusstsein der Öffentlichkeit. Aber immer noch ist es gefährlich, sich für den Wald und seine Bewohner einzusetzen. Am 12. Februar 2005 wurde die in den USA geborene Nonne Dorothy Stang in der Kleinstadt Anapú, die im Sojaanbau- und Rinderzuchtgebiet des Bundesstaats Pará liegt, mit Gewehrschüssen niedergestreckt. Sie wurde auf Geheiß des Viehzüchters ermordet, den sie beschuldigt hatte, illegal Wald zu roden. Der Viehzüchter, der den Mord angestiftet hatte, wurde 2007 zu einer 30-jährigen Gefängnisstrafe verurteilt. Er ist aber erst der Vierte von derartigen Hintermännern, die seit der Ermordung von Chico Mendes für zahlreiche Morde verantwortlich sind, der tatsächlich zur Verantwortung gezogen wurde.

AMAZONIEN

man auch Tiere – Affen, Vögel, Insekten – und örtliche Pflanzen von Heilkräutern bis zu Baumriesen erblicken. Man wohnt in Schlafsälen, „Chalets" oder freistehenden „Suiten" (mit Obergeschoss, Terrasse, TV und sogar Kaffeemaschine); alle Unterkünfte haben Klimaanlagen. Die Mahlzeiten werden in dem geräumigen Hauptgebäude der Pousada serviert. Um hinzukommen, 4 km südlich der Xapuri-Kreuzung nach einer Abzweigung Ausschau halten. Von dort sind es noch einmal 16 km über eine unbefestigte Straße. Die Pousada kann die Abholung in Rio Branco organisieren; ein Taxi ab Xapuri kostet rund 70 R\$.

Pizzaria Tribos (☎ 3542 2531; Rua C. Branbão; Hauptgerichte 15–25 R\$; ☺ abends) Dieses Lokal ist in einem der Kioske untergebracht, die in einem kleinen Park einen Block abseits der Hauptplaza zu finden sind. Es serviert an kleinen Tischen im Freien schmackhafte Pizzas und verdient schon dafür Dank, dass hier mal was anderes als immer nur *forró* oder brasilianischer Pop gespielt wird oder gar ewig der Fernseher läuft. Man wählt aus dem Dutzend der üblichen Pizzas – mit Hühnchen, Prosciutto, Thunfisch oder Palmenherzen – und kann derweil zu Maria Rita, Natiruts oder U2 im Takt mitgehen.

Bebum (Rua C Branbão) Nach der Pizza kann man ein paar Dutzend Meter weiter bis zu diesem Kiosk gehen – eine bei den Jungen und Wilden von Xapuri beliebte Kneipe.

An- & Weiterreise

Busse von **Real Norte** (☎ 3542 2384, gebührenfrei 0800 647 6666; www.realnorte.com.br) fahren zweimal täglich von Xapuri nach Rio Branco (19 R\$, 3½ Std., 6 & 15.20 Uhr). Ein Bus ist täglich von Xapuri nach Brasiléia unterwegs (7 R\$, 1½ Std., 9 Uhr). Alternativ kann man ein Taxi zum *trocamento* (Abzweigung) am Hwy BR-317 nehmen (10 R\$). Dort kommen um 7, 12 und 19 Uhr Busse nach Rio Branco und um 14.30, 17.30 und 20.30 Uhr Busse nach Brasiléia durch.

BRASILÉIA

☎ 0xx68 / 20 500 Ew.

Die Grenzstadt Brasiléia ist durch den gewundenen Rio Acre und den Igarapé Bahia von Cobija in Bolivien getrennt. Hier gibt's ziemlich wenig zu tun, wenn man nicht gerade auf der Suche nach einem Computer oder einem DVD-Player ist. Dann kann man sich der Menge anschließen, die nach Cobija fährt,

um dort von den niedrigen Preisen und dem Duty-Free-Bereich Gebrauch zu machen.

Orientierung

Der aus Rio Branco kommende Hwy BR-317 nähert sich Brasiléia aus Südosten und durchquert die selbstständige Stadt Epitáciolândia, die mit Brasiléia zusammengebaut ist. Der Busbahnhof von Brasiléia liegt gegenüber einer kleinen Brücke. Von dort aus sind es zu Fuß noch 300 m (oder mit dem Taxi 5 R\$) ins Zentrum. Fußgänger halten sich nach dem Busbahnhof rechts und folgen der Rua Odilon Pratagi bis zur Av Prefeito R Moreira, wo sich die meisten der im Folgenden genannten Einrichtungen befinden.

Eine Brücke über den Igarapé Bahia verbindet Epitáciolândia mit Cobija. Das ist auch der einzige offizielle Grenzübergang mit Einreisestellen für beide Länder. Eine kleinere und nettere Brücke führt über den Rio Acre und ermöglicht es, in nur wenigen Minuten von einem Stadtzentrum ins andere zu gelangen. Die Brücke ist nach Wilson Pinheiro benannt, dem im Juli 1980 ermordeten Präsident der Kautschukzapfergewerkschaft und guten Freund von Chico Mendes. Sie liegt am Ende der Av Prefeito R Moriera, wo sich auch eine Zoll- aber keine Einreisestelle befindet.

Praktische Informationen

Banco das Amazonas (Ecke Av Prefeito R Moreira & Rua Odilon Pratagi; ☺ Mo–Fr 8–13 Uhr) Hat einen Geldautomaten und tauscht Devisen.

Banco do Brasil (Av Prefeito R Moreira Nr. 470) Hat einen Geldautomaten.

Namenloses Internetcafé (Rua Odilon Pratagi; 2 R\$ / Std.; ☺ 8.30–22 Uhr) Zwei Blocks von der Pousada Las Palmeras.

Polizei (☎ 190, 3546 3207; Av Prefeito R Moreira Nr. 456; ☺ 24 Std.)

Post (Av Prefeito R. Moreira zw. Banco das Amazonas & der Touristeninformation; ☺ Mo–Fr 8–12 & 14–17 Uhr)

Touristeninformation (Av Prefeito R Moreira nahe dem Restaurante Lili; ☺ 7–18 Uhr) Ausgesprochen wenig hilfreich. Das Personal ist mehr mit dem Verkauf von Kunsthandwerk als mit der Hilfe für Traveller beschäftigt. Immerhin gibt's ein paar nützliche Broschüren.

Schlafen & Essen

Pousada Orquidia Negra (☎ 9911 8967; Travessa 7 de Setembro 69; EZ/DZ 45/65 R\$) Die einfachen Zimmer haben geflieste Böden und saubere Badezimmer. Einige haben Warmwasser, und alle sind in freundlichen Farben gestrichen. Der Betreiber, der auf dem Gelände mit seiner Familie lebt, arbeitete seinerzeit mit Chico Mendes und Wilson Pinheiro zusammen und hat viele Geschichten (und Verschwörungstheorien) darüber auf Lager.

Pousada Las Palmeras (☎ 3546 3284; Rua Odilon Pratagi auf Höhe Av Geny Assis; EZ/DZ 60/80 R$; 🞉) Brasiléias ansprechendstes Hotel bietet viele Zimmer verschiedenen Zuschnitts – von engen Einzel- bis zu geräumigen Doppelzimmern, die alle mit Klimaanlage, TV, Minibar und Warmwasser ausgestattet sind. Das Frühstück ist ausgezeichnet. Die neueren Einheiten sind makellos, aber aus falschen Marmorfliesen lässt sich nun einmal nichts Rechtes machen. Die älteren haben weniger Fliesen und mehr Charakter, aber dafür knarrt und quietscht die Ausstattung. Auf dem umlaufenden überdachten Gang vorne stehen auf der einen Seite Stühle und Sofas, und auf der anderen befindet sich der Frühstücksbereich.

Restaurant Lili (Av Prefeito R Moreira; 🕐 mittags & abends) Am Selbstbedienungsbuffet zahlt man mittags nach Kilo (19 R$/kg) und abends pro Teller 7 R$ – da ist gut stapeln angesagt. Das Angebot ist verlässlich, aber nicht besonders inspiriert. Das Lokal liegt in der Nähe der Touristeninformation.

Saborella (Rua Odilon Pratagi s/n; Hauptgerichte 8–20 R$; 🕐 tgl. mittags, Di–So abends) Das Tagesmenü zum Sonderpreis macht die Bestellung in diesem kleinen Restaurant, das zu den wenigen wirklich annehmbaren vor Ort zählt, kinderleicht. An Gerichten gibt's dasselbe wie überall – Hähnchen, Rindfleisch, manchmal Fisch, aber immer mit Reis und Bohnen –, die Sachen sind jedoch gut zubereitet und werden mit einem Lächeln serviert. Das Lokal befindet sich einen halben Block vom Busbahnhof und ist rund 300 m vom Internetcafé entfernt.

An- & Weiterreise
BUS
Der Busbahnhof liegt rund 500 m von den genannten Hotels und der Haupteinkaufsstraße entfernt; ein Taxi von dort bzw. dorthin kostet 5 R$. **Real Norte** (☎ 3546 3257; www.real norte.com.br) fährt fünfmal täglich nach Rio Branco (24 R$, 4 Std., 6, 11, 14, 15 & 18 Uhr), außerdem auch nach Xapuri (7 R$, 2 Std., 11 & 15.20 Uhr) und Assis Brasil (9 R$, 2 Std., 16 Uhr). Zu den genannten Orten fahren auch Sammeltaxis. Der Fahrpreis beträgt ungefähr das Doppelte und manchmal müssen mindestens vier Fahrgäste zusammenkommen, dafür

ist die Fahrt aber schneller und der Fahrer setzt einen am Zielort vor der Hoteltür ab.

VON/NACH PERU
Nach Peru kommt man über das Dorf Assis Brasil, das sich 110 km westlich von Brasiléia befindet. Die Route war früher abenteuerlich, aber inzwischen ist die Straße asphaltiert, und es gibt täglich Busverbindungen. Die brasilianischen Grenzformalitäten muss man in Brasiléia und die peruanischen im Grenzort Iñapari erledigen.

Busse von Real Norte fahren zwischen Rio Branco bzw. Brasiléia und Assis Brasil; Infos zu Fahrplänen und Preisen gibt's in den Abschnitten zu diesen Städten (S. 754 bzw. S. 759).

VON/NACH COBIJA (BOLIVIEN)
Für eine kurzzeitige Einreise nach Cobija oder Brasiléia braucht man keine Einreiseformalitäten erledigen. Will man länger als ein paar Tage bleiben oder weiter ins Land hinein fahren, ist man aber gehalten, offiziell einzureisen.

Die **bolivianische Einreisestelle** (🕐 8.30–20.30 Uhr) befindet sich auf der großen internationalen Brücke. In Brasilien ist die **Polícia Federal** (☎ 3546 3204; 🕐 24 Std.) für die Grenzprozedur zuständig; das Büro ist in Epitáciolândia, gleich hinter der internationalen Brücke. In Cobija gibt's ein **brasilianisches Konsulat** (🕐 Mo–Fr 8–13 Uhr) einen halben Block von der Hauptstraße entfernt in der Av General Rene Barrientos neben der Banco Mercantil de Bolivia.

Während für US-Bürger verschärfte Einreisebedingungen gelten, erhalten die meisten Traveller aus anderen Staaten hingegen in beiden Ländern kostenlos ein 90 Tage gültiges Touristenvisum an Ort und Stelle. Für die Einreise nach Bolivien und Brasilien ist der Nachweis einer Gelbfieberimpfung erforderlich.

Ein brasilianisches Taxi von Brasiléia nach Bolivien kostet mit kurzem Halt an beiden Grenzposten 10 bis 15 R$. Für die Rückfahrt verlangen die bolivianischen Taxifahrer 5 R$.

COBIJA (BOLIVIEN)

☎ 03 / 15 000 Ew.

Die Hauptstadt des bolivianischen Departements Pando ist mit einer Niederschlagsmenge von jährlich 1770 mm der feuchteste Ort Boliviens. Der hügelige Ort liegt an den Ufern des Rio Acre. Die Plaza ist schön, aber die Atmosphäre ziemlich trostlos. Die Preise in diesem Abschnitt sind in Bolivianos (Bs) angegeben, dessen Kurs zur Zeit der Recherche bei etwa 4 Bs für 1 R$ und 7 Bs für 1 US$ lag. Allerdings benötigt man hier kaum bolivianisches Geld, weil man in Cobija fast alles auch mit brasilianischen Reais bezahlen kann.

Orientierung

Kommt man von Brasiléia aus über die kleinere Brücke, nach dem Militärstützpunkt links abbiegen und geradeaus weiter bis zur auf dem Hügel gelegenen Hauptplaza von Cobija fahren. Von der großen internationalen Brücke führt die Av Internacional geradeaus auf 600 m zur Av 9 de Febrero. Dort rechts einbiegen, und der Av 9 de Febrero rund 1,5 km bis ins Ortszentrum folgen.

Praktische Informationen

Internet Jandy (☎ 842 2921; Av 9 de Febrero 156; 5 Bs/Std.; ☺ Mo–Sa 8–24, So 12–22 Uhr) Einen Block vom Hotel Nanijo's den Hügel hinunter.

EINREISE NACH BOLIVIEN

Für die brasilianischen Grenzformalitäten ist das Büro der Polícia Federal in Epitáciolândia zuständig, die bolivianische Grenzstelle hat ihren Sitz auf der großen internationalen Brücke. US-Bürger benötigen ein Visum für 130 US$, dessen Ausstellung eine Woche und länger dauert. Die Bürger der meisten anderen Staaten erhalten vor Ort kostenlos ein 90 Tage gültiges Touristenvisum.

Polizei (☎ 110)
Post (ECOBOL; Hauptplaza; ☺ Mo–Fr 8–12 & 15–19, Sa 9–12 Uhr)
Prodem (☎ 842 2800; Plaza Principal 186) Hat einen Geldautomaten und tauscht Devisen.

Schlafen & Essen

In Bolivien ist das Frühstück normalerweise nicht im Zimmerpreis enthalten.

Hostería Sucre (☎ 842 3944; Sucre 56 nahe Suárez; EZ/DZ 70/120 Bs) Anderthalb Blocks von der Plaza entfernt liegt diese sehr freundliche, von einer Familie geführte Unterkunft mit sauberen, luftigen Zimmern, die alle über Kabel-TV, ein eigenes Bad und einen Deckenventilator verfügen. Kaffee und kaltes Wasser sind den ganzen Tag über erhältlich. Am unteren Ende der Preisskala ist dies das Haus mit dem besten Preis-Leistungs-Verhältnis.

Residencial Frontera (☎ 842 2740; Calle Beni s/n; EZ/DZ 100/120 Bs) Die mit Ventilator ausgestatteten Zimmer sind klein, aber sauber. Einige haben ein eigenes Bad und einen Fernseher. Obwohl das Hotel alles andere als luxuriös ist, ist die Unterkunft weit komfortabler, als es die triste Fassade und die Rezeption vermuten lassen.

Hotel Nanijo's (☎ 842 2230; 6 de Agosto 147; EZ/DZ mit Frühstück 150/260 Bs; ☺ 🏊) Das Hotel war das allererste in Cobija und befand sich ursprünglich im Besitz der Stadt, was vielleicht den schlichten Entwurf und die schmucklose Fassade erklärt. Das Innere des Gebäudes wurde jedoch renoviert, sodass das Hotel heute zu den besten im Ort zählt. Die sauberen, gemütlichen Zimmer sind frisch gestrichen und haben moderne Fernseher. Das Beste ist der große, saubere Pool in der Mitte des Hofs, in dem man sich an schwülheißen Tagen prima erfrischen kann. Das Frühstück ist im Preis inbegriffen.

Esquina de la Abuela (☎ 842 2364; Ecke Av Fernández Molina & Calle Sucre; Gerichte 35–40 Bs; ☺ Mo–Fr 8–12, 12.30–15 & 19–23, Sa 9–12 Uhr) Das freundliche Lokal hat nette Sitzbereiche drinnen und draußen und bietet die üblichen Fleisch- und Hähnchengerichte. Morgens gibt's nur *salteñas* (salziges Frühstücksgebäck).

An- & Weiterreise
BUS

Die Busse sammeln sich bei Kilometer 2 an der Straße zum Flughafen, gleich hinter der Abzweigung zur Av Internacional und zur großen, internationalen Brücke nach Brasilien. Busreisen in diesem Teil Boliviens sind nie sehr komfortabel und können besonders in der Regenzeit (Nov.–April) beschwerlich sein. Die Straßen sind nicht geteert und einige Flüsse müssen überquert werden (4 allein auf der Strecke Cobija–Riberalta). Die Fahrzeit kann sich aufgrund von Schlamm und Überschwemmungen leicht verdoppeln oder verdreifachen. Die Preise und Fahrzeiten sind bei allen Buslinien gleich: nach Riberalta (130 Bs, 7–12 Std.), Guayaramerín (140 Bs, 9–14 Std.), Trinidad (280 Bs, 24–36 Std.) und La Paz (250 Bs, 48–72 Std.).

Sindicato Unificado Guayaramerín (☎ 842 2703) und **Flota Vaca Diez** (☎ Mobil 7610-0319) fahren dienstags und samstags nach Riberalta und Guayaramerín. Die erste Gesellschaft fährt zusätzlich noch am Donnerstag.

Transpando (☎ 842 3831) und **Flota Cobija** (☎ 842 3588) fahren sonntags, montags, mittwochs und freitags nach Riberalta. Transpando-Busse fahren weiter nach Trinidad.

Flota Yugeña (☎ 842 2833) ist die einzige Linie, die dienstags, donnerstags und samstags nach La Paz fährt.

FLUGZEUG

Der **Flughafen** (☎ 842 2260) von Cobija liegt etwa 3 km südöstlich der Stadt an der Straße nach Porvenir. Ein Taxi ins Zentrum kostet 15 Bs; es fahren keine regelmäßigen Busse. Die Flüge in den Monaten Juni, Juli, August, Dezember und Januar sind schnell ausgebucht, weshalb in diesem Zeitraum unbedingt im Voraus gebucht werden muss.

AeroSur (☎ 842 3050; www.aerosur.com; Ecke Av Fernández Molina & Calle Teniente Coronel Cornejo; ☉ Mo–Fr 8–12 & 15–18, Sa 8–12 Uhr) fliegt Dienstag-, Donnerstag- und Samstagnachmittag nach La Paz (1050 Bs, 55 Min.), Anschlussflüge gehen am selben Tag nach Santa Cruz und Cochabamba (beide 1250 Bs) sowie am nächsten Tag zu weiteren nationalen und internationalen Zielen.

Aerocon (☎ 842 4575; www.aerocon.bo; Av Fernández Molina; ☉ Mo–Sa 8–12.30 & 15–18.30 Uhr, So geöffnet am Flughafen) fliegt nur einmal täglich nach Trinidad (759 Bs, 1½ Std.); von dort gibt's Anschlussflüge.

Amazonas (☎ 842 3844; www.amazonas.com; Av Fernández Molina) liegt nur einen Block von den Büros der anderen zwei Fluggesellschaften entfernt und bietet täglich Flüge nach Trinidad (759 Bs, 1½ Std.), von wo aus Anschlussflüge zu anderen Orten in Bolivien, z. B. nach Rurrenabaque (insgesamt 1525 Bs) und Santa Cruz (insgesamt 1050 Bs), bestehen.

TAM (☎ 842 2267; an der Straße zum Flughafen; ☉ Mo–Fr 8–12 & 15–18, Sa 8–12 Uhr) fliegt montags, mittwochs und freitags zu den günstigsten Preisen nach La Paz. TAM wird jedoch vom bolivianischen Militär betrieben und steht im Ruf, die Sicherheitsstandards anderer Fluggesellschaften nicht zu erreichen.

NACH/VON BRASILÉIA

Für kurze Ausflüge zwischen Cobija und Brasiléia muss man keine Einreiseformalitäten hinter sich bringen. Bei längeren Aufenthalten ist es aber ratsam, einen Stempel im Pass zu haben. Um nach Brasilien einzureisen, braucht man eine Bestätigung über eine Gelbfieberimpfung. Ausführliche Informationen über die Reise zwischen beiden Ländern gibt's auf S. 759.

Ein Taxi von Cobija nach Brasiléia kostet zwischen 5 und 15 Bs inklusive Zwischenstopps an den Grenzposten beider Länder. Mototaxis verlangen innerhalb der Stadt denselben Betrag, sie dürfen aber keine Fahrgäste über die Grenze nach Brasilien bringen. Ein Taxi von Brasilien nach Bolivien kostet 10 bis 15 R$.

AMAZONIEN

Allgemeine Informationen

AKTIVITÄTEN

Berge, Küste und Meer garantieren tolle Abenteuer an der frischen Luft. Die portugiesischsprachige Website von **360 Graus** (http://360graus.terra.com.br) deckt alle möglichen Aktivitäten ab – darunter z. B. Canyoning, Gleitschirmfliegen, (Kite-)Surfen, Wakeboarden, Rafting, Wandern, Tauchen oder Bergsteigen.

Angeln

Das Inland Brasiliens ist ein echtes Anglerparadies. Der besonders artenreiche Rio Araguaia fließt durch Goiás und Tocantins. In seinem Wasser tummeln sich z. B. *pintados* (Gefleckte Sorubimwelse), *dourados* (Südamerikanische Lachssalmler) und der legendäre *tucunaré* (Pfauenbarsch). Durch starke

Überfischung kommt dieser aber leider immer seltener vor. Die Jagd nach Piranhas ist nichts für ernsthafte Petrijünger, aber dennoch recht unterhaltsam. Das Pantanal (S. 453; Saison Feb.–Okt.) gilt ebenfalls als hervorragendes Angelrevier.

Drachen- & Gleitschirmfliegen

In Rio (S. 168) sind großartige Tandem-Drachenflüge *(duplo)* problemlos möglich. Dasselbe gilt für Rio da Barra nahe Trancoso (Bahia; S. 533). Paragliding *(parapente)* wird in Brasilien ebenfalls angeboten.

Kanu- und Kajakfahren

An einigen tollen Orten lässt sich Brasiliens herrliche Landschaft per Paddeltrip draußen auf dem Wasser erkunden. Ganz oben rangiert der Amazonas, auf dem viele Touranbieter Ausflüge mit Einbaumkanus veranstalten (s. S. 718). Das Kajakpaddel schwingen kann man auch vor der Ilha Grande (S. 204), auf der Lagoa da Conceição (Ilha de Santa Catarina; S. 377) sowie bei Ausflügen im Pantanal (S. 453) oder ab Itacaré (S. 518) und anderen nordöstlichen Strandorten.

KLEINES KLETTER-ABC

Obwohl die meisten Brasilianer in den Clubs etwas Englisch sprechen, können ein paar Brocken Portugiesisch den Weg ebnen.

baudrie – Klettergurt
corda – Seil
dar segurança – sichern
equipamento – Ausrüstung
estar preso – gesichert werden
fenda – Felsspalt
fita – Gurtband
grampo – Bohrhaken
mochila – Rucksack
mosquetão – Karabiner
pó de magnésio – Magnesiumcarbonat
queda – Sturz
rocha – Felsen
tomar uma vaca – Sturz durch Leichtsinnsfehler
topo – Gipfel (auch *cume*)
uma agarra – Griff
via – Route (auch *rota*)

PRAKTISCH & KONKRET

■ Die größten portugiesischsprachigen Tageszeitungen *Jornal do Brasil* (www.jbonline.com. br) und *O Globo* (www.globo.com.br) werden in Rio verlegt. *O Estado de São Paulo* und *Folha de São Paulo* kommen aus São Paulo. Das Wochenmagazin *Veja* berichtet über das aktuelle Zeitgeschehen. In Rio und São Paulo liegt ihm ein prima Szeneführer bei.

■ Im Fernsehen laufen vor allem Sportberichterstattungen, Comedyshows und allabendliche *telenovelas* (Seifenopern). *O Globo* ist das größte Fernsehnetzwerk des Landes.

■ Wie Deutschland, Österreich und die Schweiz benutzt Brasilien für Videos bzw. DVDs das PAL-System.

■ Der nicht standardisierte Netzstrom schwankt fast landesweit zwischen 110 und 220 V. Daher Stromwandler und Überspannungsschutz beim Betrieb von Elektrogeräten verwenden! Am weitesten verbreitet sind zweipolige Steckdosen, die meist runde und flache Stecker gleichermaßen aufnehmen.

■ In Brasilien gilt das metrische System für Maße und Gewichte.

Ein Wasserspaß der anderen Art sind Trips per Reifenschlauch, die dem Rio Nhundia-quara (S. 353) flussabwärts folgen.

Klettern

Von April bis Oktober lässt es sich in Brasilien am besten klettern. Innerhalb einer Stunde liegt man entweder am Strand oder absolviert eine erstklassige Klettertour 300 m oberhalb einer Stadt. Brasiliens großartige Kraxelmöglichkeiten reichen von Anfängertouren bis hin zu Routen, an die sich noch niemand herangewagt hat. Rio de Janeiro ist Brasiliens Klettermekka (Details auf S. 166): Vom Zentrum aus stehen innerhalb von 40 Minuten ca. 350 registrierte Aufstiege zur Wahl. Die Nationalparks Serra dos Órgãos (S. 226), Itatiaia (S. 219) und Caparaó (S. 298) sind für Kletterer besonders reizvoll.

Reiten

In Minas Gerais kann man Teile der Estrada Real bzw. alten Goldstraße hoch zu Ross erkunden. Alternativ führen fünftägige Pferdetreks von der Hauptstadt des Bundesstaats (Belo Horizonte) zu dessen berühmtester historischer Stadt Ouro Prêto. Unterkünfte im Pantanal (S. 453) bieten dort ebenfalls attraktive Ausritte an.

Surfen

Surfen ist in Brasilien äußerst angesagt. Unter den Top Twenty der Weltrangliste sind regelmäßig diverse brasilianische Profis.

Brandung gibt's praktisch entlang der ganzen Küste. Besonders gute Wellen brechen sich im Süden. Die besten Surferstrände hat der Bundesstaat Santa Catarina. Dort finden die brasilianischen Landesmeisterschaften an der Praia da Joaquina (Ilha de Santa Catarina; S. 377) statt. Feine Surfspots finden sich auch bei São Francisco do Sul (S. 386), Ubatuba (S. 334), Ilhabela (S. 336), Maresias (S. 339), vor der Ilha do Mel (S. 357) und rund um Boiçucanga (S. 338).

Einen Tagestrip außerhalb von Rio (s. S. 169 & S. 168) kann man ebenfalls prima surfen – genauer gesagt in Saquarema (S. 229), Búzios (S. 234) und auf der Ilha Grande (S. 204). Der brasilianische Winter (Juni–Aug.) bietet die besten Wellen.

KLEINES SURFER-ABC

Obwohl sie auf dem Wasser als leicht aggressiv gelten, lernen brasilianische Surfer zu Lande gern ausländische Sportkameraden und deren Reisegeschichten kennen. Manche borgen einem auf höfliche Anfrage sogar ein Brett.

body board – Boogieboard
onda – Welle
Pode me emprestar sua prancha por favor? – Würden Sie mir eventuell Ihr Brett ausleihen?
prancha – Surfbrett
quebrar – brechen (Wellen)
surfista – Surfer
Tem ondas? – Gibt's dort irgendwelche Wellen?
Vamos pegar ondas. – Lass uns surfen gehen.
vento – Wind

An anderen Stränden gehört Surfen bis heute zum Alltag – sogar im Bundesstaat Espírito Santo, wo die Wellen nur 1 bis 3 m hoch werden. Auch Boogieboards sind sehr beliebt. Außerhalb von Touristenhochburgen lassen sich Leihbretter aber eventuell nur schwer auftreiben. Fürs Surfen in besucherarmen Regionen ist daher ein eigenes Brett vonnöten.

Weiter im Norden zählen Itacaré (S. 518), Sítio (S. 511), Porto de Galinhas (S. 585) und Fernando de Noronha (S. 588) zu den besseren Spots.

Spannend ist die Landesmeisterschaft, bei der sich Surfer nahe São Domingos do Capim (S. 674) auf einer *pororoca* (Gezeitenwelle) miteinander messen. Zu Vollmond kurz vor der Tagundnachtgleiche im März erzeugen die Gezeiten eine teils mehrere Meter hohe Flutwelle, die weit entfernt vom Ozean einen Nebenfluss des Amazonas hinaufrauscht.

Tauchen & Schnorcheln

Mergulho (Tauchen) ist zwar nicht so attraktiv wie in der Karibik, für Fans aber durchaus lohnenswert. In Rio (S. 169) gibt's Leihausrüstung und geführte Tauchausflüge. Gute Spots sind z. B. Arraial do Cabo (S. 231), die Reserva Biológica do Avoredo (S. 388) bei Porto Belo im Bundesstaat Santa Catarina, Boipeba (S. 515) und Ponta do Seixas (S. 600) nahe João Pessoa in Paraíba. Das wohl schönste Tauchrevier Brasiliens ist Fernando de Noronha (S. 588).

Letzteres bietet auch tolle Schnorchelmöglichkeiten. Anständig schnorcheln kann man auch bei Bootsausflügen ab Morro de São Paulo (S. 512), Maceió (S. 555) und Maragogi (S. 567) sowie im Parque Nacional Marinho de Abrolhos (S. 537). Wirklich außergewöhnliche Schnorcheltrips ermöglichen die kristallklaren Flüsse rund um Bonito (S. 469).

Wandern & Trekken

Wandern ist in Brasilien extrem beliebt und während der kühleren Monate (April–Okt.) am attraktivsten: Die tropische Sommersonne verwandelt Felslandschaften in Backöfen und den Regenwald in eine Dampfsauna. Treks am Amazonas sollten möglichst in die Niedrigwasserperiode (ca. Aug.–Dez.) fallen. Zu anderen Zeiten ist der Wald überflutet und ermöglicht nur Aktivitäten per Kanu.

Besonders im Südosten bzw. Süden Brasiliens warten viele tolle Wandermöglichkeiten in Küstengebieten, National- und Staatsparks

(Details s. Regionenkapitel). Zu den Highlights gehören Trips durch die Nationalparks Chapada Diamantina (S. 544), Serra dos Órgãos (S. 226), Itatiaia (S. 219), Chapada dos Veadeiros (S. 436) und Caparaó (S. 298). Ebenso empfehlenswert sind Parque Estadual Marumbi (S. 353), Parque Nacional da Serra do Cipó (S. 291), Serra de São José (S. 284) nahe Tiradentes und Cambará do Sul in der Serra Gaúcha (Rio Grande do Sul; S. 398).

Windsurfen

Auch das Windsurfen findet in Brasilien inzwischen Anklang. Ausrüstung kann man z. B. in Rios Viertel Barra da Tijuca mieten. Ebenfalls Leihausrüstung und obendrein bessere Bedingungen gibt's aber in Búzios (S. 234) nordöstlich von Rio. Im Bundesstaat São Paulo empfehlen sich Ilhabela (S. 336) und die Umgebung von Boiçucanga (S. 338). Brasiliens Mekka der Hardcore-Windsurferszene liegt jedoch viel weiter nördlich an Cearás Küste: Nordwestlich von Fortaleza blasen dort von Juli bis Dezember dauerhaft starke, konstante Passatwinde. Jericoacoara (S. 631) gehört zu den besten Windsurf-Spots des Landes. Die Strände Praia do Futuro (S. 623) und Praia de Iracema (S. 623) bei Fortaleza sind ebenfalls angesagt.

ALLEINREISENDE

Alleinreisende sollten ihre Umgebung stets gut im Auge behalten und vor allem ihre Ziele mit Bedacht wählen. Für alleinreisende Frauen ist das ein absolutes Muss.

Dank zahlreicher Hostels kann man in Brasilien wunderbar andere Traveller kennenlernen. Diverse Städte eignen sich besonders gut für die Suche nach neuen Reisegefährten, allen voran Rio, Salvador und Jericoacoara. Sprachschulen, Tourgruppen und Freiwilligenarbeit bieten tolle Gelegenheiten zur Kontaktaufnahme mit Einheimischen und anderen Touristen.

Da Doppelzimmer oft nur unwesentlich mehr kosten als Einzelzimmer, fallen die Unterkunftskosten für Alleinreisende höher aus. Wer eine kleine Reisekasse hat oder einfach andere Traveller treffen möchte, übernachtet am besten in Hostels.

ARBEITEN IN BRASILIEN

Wegen Brasiliens hoher Arbeitslosenquote ist es Besuchern mit Touristenvisum nicht eraubt, eine Arbeit anzunehmen. Dennoch betätigen sich Ausländer oft als Englischlehrer an Sprachschulen. Wer sich dabei anstrengt, verdient ca. 1500 R$ pro Monat – nicht gerade üppig, aber genug zum Leben. Für Lehrerjobs sind stets ein paar Brocken Portugiesisch von Nutzen. Manche Schulen bestehen aber darauf, dass während des Unterrichts ausschließlich Englisch gesprochen wird. Privater Sprachunterricht kann zwar mehr einbringen, bedeutet aber eigenständige Schülersuche.

Freie Lehrerstellen lassen sich ausfindig machen, indem man brasilianische Websites wie **Terra** (www.terra.com.br, portugiesisch) oder **UOL** (www.radaruol.com.br, portugiesisch) nach englischen Sprachschulen durchforstet. Zudem werden über Stellenanzeigen in Tageszeitungen immer wieder „Professores de Ingles" (Englischlehrer) gesucht. Ansonsten einfach direkt bei lokalen Sprachschulen nachfragen!

Freiwilligenarbeit

RíoVoluntário (☎ 0xx21-2262 1110; www.riovoluntario. org.br, portugiesisch) mit Sitz in in Rio de Janeiro unterstützt mehrere Hundert Freiwilligenorganisationen, deren Tätigkeitsfelder von Sozialarbeit und Umweltschutz bis hin zu medizinischer Versorgung reichen – eine tolle Infoquelle für alle, die sich freiwillig engagieren möchten.

Ebenfalls empfehlenswert und in Rio ansässig ist die Organisation **Iko Poran** (☎ 0xx21-2205-1365; www.ikoporan.org), die vielseitig talentierte Freiwillige an bedürftige Einrichtungen vermittelt. So haben sich diverse Ehrenamtliche z. B. schon als Tanz-, Musik-, Kunst- und Sprachlehrer betätigt. Iko Poran stellt auch Unterkünfte zur Verfügung.

Auch die **Regua** (www.regua.co.uk; Reserva Ecológica de Guapi Assu) ist im Bundesstaat Rio aktiv, indem sie Freiwillige aus aller Welt bei der Wiederaufforstung und anderen Naturschutzprojekten einsetzt (Details auf S. 227).

Brazil Trip Tour (☎ 8157 5155; www.braziltriptour.com) steht unter australischer Leitung und ist in der Küstenenklave Itacaré (Bahia) zuhause. Diese empfehlenswerte Option vermittelt interessierte Freiwillige gemäß ihrer Fähigkeiten an genau passende Projekte, deren Spektrum von Englischunterricht bis zu Kursen im Surfen und anderen Sportarten reicht.

Task Brasil (www.taskbrasil.org.uk) mit Sitz in Großbritannien ist eine weitere renommierte Organisation, die Freiwillige nach Rio schickt. Interessenten müssen sich im Vorfeld anmel-

den und eine Gebühr entrichten, die den Projekten von Task Brasil zugute kommt und außerdem die eigenen Lebenshaltungskosten deckt.

Um als Freiwilliger direkt in Brasilien eine Stelle zu finden, ist etwas Klinkenputzen nötig. Überall besteht großer Bedarf – viele örtliche Sozialeinrichtungen geben einem gern eine erfüllende Aufgabe. Mögliche Anlaufstellen sind z. B. Kirchen oder Gemeindezentren.

Internationale Nichtregierungsorganisationen (NRO; engl. NGO) decken in Brasilien alle möglichen Arbeitsbereiche ab. So betreiben sie z. B. medizinische Hilfsprogramme, Umweltschutz- oder Sozialprojekte. Wer sich für bestimmte Tätigkeiten interessiert und entsprechende Kenntnisse hat, kann den betreffenden Organisationen direkt seine Dienste anbieten.

BOTSCHAFTEN & KONSULATE
Brasilianische Botschaften & Konsulate im Ausland

Eine diplomatische Vertretung Brasiliens im eigenen Heimatland wird man wohl vor allem wegen Visumfragen kontaktieren (weitere Details auf S. 780).

Argentinien (www.brasil.org.ar)
Bolivien (www.brasil.org.bo)
Deutschland (www.brasilianische-botschaft.de)
Französisch-Guyana (www.www.nplus.gf/~cbrascay)
Guyana Georgetown (☎ 02-57970)
Kolumbien (www.brasil.org.co)
Österreich (www.brasilemb.at)
Paraguay (www.embajadabrasil.org.py)
Peru Lima (☎ 01-421-2759)
Schweiz (www.brasbern.ch)
Uruguay (www.brasmont.org.uyy)
Venezuela Caracas (☎ 02-261-7553); Konsulat in Santa Elena de Uairén (☎ 088-9512-62)

Botschaften & Konsulate in Brasilien

Alle Botschaften befinden sich in Brasília. Zahlreiche Länder unterhalten zudem Konsulate in Rio de Janeiro, São Paulo und vielen anderen Großstädten. Bei Adressen in Brasília steht SES für „Setor de Embaixadas Sul".

Argentinien Botschaft in Brasília (außerhalb der Karte S. 412; ☎ 0xx61-3364 7600; www.brasil.embajada-argentina.gov.ar; SHIS Quadra 2, Conj 01, Casa 19, Lago Sul, Brasília); Konsulat in Foz do Iguaçu (Karte S. 362; ☎ 0xx45-3574 2969; Rua Dom Pedro II. 28, Foz do Iguaçu; Mo–Fr 10–14.30 Uhr); Konsulat in Porto Alegre (☎ 0xx51-3321 1360; Rua Coronel Bordini 1033, Porto Alegre); Konsulat in Rio de Janeiro (Karte S. 148; ☎ 0xx21-

2553 1646; Praia de Botafogo 228, Room 201, Botafogo,
Rio de Janeiro); Konsulat in São Paulo (☎ 0xx11-3284
1355; 9. Stock, Av Paulista 1106, São Paulo)
Bolivien Botschaft in Brasília (außerhalb der Karte S. 412;
☎ 0xx61-3364-3362; SHIS, Q L-10, Conj 01, Casa 06, Lago
Sul, Brasília); Konsulat in Brasiléia (☎ 0xx61-3366-3432;
SHIS, QL 19, Conj 13, Casa 19 Brasiléia; ☺ Mo–Fr 8–12
Uhr); Konsulat in Corumbá (außerhalb der Karte S. 466;
☎ 0xx67-3231-5605; Rua Antônio Maria Coelho 881,
Corumbá; ☺ Mo–Fr 8.30–13.30 Uhr); Konsulat in Guajará-
Mirim (Karte S. 746; ☎ 0xx69-3541 5876; 1. Stock, Av
Beira Rio 505, Guajará-Mirim; ☺ Mo–Fr 8–13.30 Uhr);
Konsulat in Rio de Janeiro (☎ 0xx21-2551 1796; Zi. 101, Av
Rui Barbosa 664, Botafogo, Rio de Janeiro)
Deutschland Botschaft in Brasília (Karte S. 412; ☎ 0xx61-
3442 7000; www.brasilia.diplo.de; SES, Av das Nações, Q
807, Lote 25, Brasília); Konsulat in Rio de Janeiro (☎ 0xx21-
2554 0004; Rua Presidente Carlos de Campos 417, Laranjei-
ras, Rio de Janeiro)
Guyana Botschaft in Brasília (Karte S. 412; ☎ 0xx61-3248
0874; SHIS Quadra 5, Conj 19, Casa 24, Brasília)
Kolumbien Botschaft in Brasília (Karte S. 412; ☎ 0xx61-
3226 8897; www.embcol.org.br; SES, Av das Nações, Q 803,
Lote 10, Brasília); Konsulat in Rio de Janeiro (☎ 0xx21-2552
6248; Zi. 101, Praia do Flamengo 284, Rio de Janeiro);
Konsulat in Tabatinga (☎ 0xx92-3412 2597; Rua General
Sampaio 623, Tabatinga)
Österreich Botschaft in Brasília (☎ 0xx61-3443-3421;
SES, Av das Nações, Quadra 811, Lote 40, Brasília); Konsulat
in Rio de Janeiro (☎ 0xx21-3232-6198; 16. Stock, Rua
da Candelaria 65, Rio de Janeiro); Konsulat in São Paulo
(☎ 0xx21-3044-9944; Rua Dr. Cardoso de Melo, 7. Andar,
Conj 71, Vila Olimpia, São Paulo)
Paraguay Botschaft in Brasília (Karte S. 412; ☎ 0xx61-
3242 3732; SES, Av das Nações, Quadra 811, Lote 42,
Brasília); Konsulat in Foz do Iguaçu (Karte S. 362; ☎ 0xx45-
3523-2898; Rua Marechal Deodoro da Fonseca 901, Foz
do Iguaçu; ☺ Mo–Fr 8.30–16.30 Uhr); Konsulat in Rio de
Janeiro (☎ 0xx21-2553-2294; 2. Stock, Praia de Botafogo
242, Rio de Janeiro)
Peru Botschaft in Brasília (Karte S. 412; ☎ 0xx61-3242
9933; www.embperu.org.br; SES, Av das Nações, Quadra
811, Lote 43, Brasília); Konsulat in Rio de Janeiro (☎ 0xx21-
2551-9596; 2. Stock, Av Rui Barbosa 314, Flamengo, Rio
de Janeiro)
Schweiz Botschaft in Brasília (☎ 0xx61-3443-5500; www.
admin.ch/brasilia; SES, Av das Nações, Quadra 811, Lote 41,
Brasília); Konsulat in Rio de Janeiro (☎ 0xx21-2221-1867;
Rua Cândido Mendes 157, 11. Andar, Rio de Janeiro);
Konsulat in São Paulo (☎ 0xx11-3372-8200; Av Paulista
1754, 4. Andar, Edifício Grande Avenida, São Paulo)
Uruguay Botschaft in Brasília (Karte S. 412; ☎ 0xx61-
3322 1200; www.emburuguai.org.br; SES Av das Nações,
Quadra 803, Lote 14, Brasília); Konsulat in Porto Alegre
(☎ 0xx51-3224 3499; Rua Siqueira Campos 1171, Porto

Alegre); Konsulat in Rio de Janeiro (☎ 0xx21-2553 6030; 6
Stock, Praia de Botafogo 242, Rio de Janeiro)
Venezuela Botschaft in Brasília (Karte S. 412; ☎ 0xx61-
3322 1011; SES, Av das Nações, Quadra 803, Lote 13,
Brasília); Konsulat in Boa Vista (Karte S. 734; ☎ 0xx95-
3623 9285; Ecke Av Benjamin Constant & Rua Barão do
Rio Branco; ☺ Mo–Fr 8–12 Uhr); Konsulat in Manaus
(☎ 0xx92-3233-6004; Rua Ferreira Pena 179, Centro,
Manaus); Konsulat in Rio de Janeiro (☎ 0xx21-3552 6699;
5. Stock, Praia de Botafogo 242, Rio de Janeiro)

ESSEN

Das Kapitel „Essen & Trinken" (S. 93) informiert detailliert über die kulinarische Bandbreite Brasiliens. Die Restaurantbeschreibun-
gen in diesem Buch unterteilen sich in die
Preiskategorien „günstig" (Hauptgerichte
max. 12 R$), „mittelteuer" (12–25 R$) und
„teuer" (ab 25 R$).

FEIERTAGE & FERIEN

Obwohl es kein Nationalfeiertag ist, wird der
Dia do Índio (Tag der Indios) am 19. April
landesweit in Dörfern der *indígenas* begangen.
Größere Feste in Brasilien sind auf S. 30
aufgelistet.

Offizielle Nationalfeiertage:
Neujahr 1. Januar – Internationaler Friedenstag
Karneval Februar/März – Die beiden Tage vor Ascher-
mittwoch, der wiederum 46 Tage vor Ostersonntag liegt.
Karfreitag & Ostersonntag März/April
Tiradentes 21. April – Ehrt Tiradentes (s. S. 47).
Maifeiertag/Tag der Arbeit 1. Mai
Fronleichnam Ende Mai/Juni – 60 Tage nach Oster-
sonntag
Independência do Brasil 7. September – Unabhän-
gigkeitstag
Nossa Senhora Aparecida 12. Oktober – Zu Ehren der
Gottesmutter Maria, Brasiliens religiöser Schutzpatronin
Allerseelen 2. November
Proclamação da República 15. November – National-
feiertag; Ausrufung der Republik
Weihnachten 25. Dezember

FOTO & VIDEO

Kameras machen unterwegs einiges mit.
Schlimmstenfalls werden sie beschädigt, gestohlen oder sie gehen verloren. Allerdings
warten in Brasilien so viele tolle Fotomotive,
dass man sich hinterher schwarz ärgern
würde, wenn die Kamera zuhause geblieben
wäre. Angst um teure Ausrüstung? Dann alternativ Einwegkameras verwenden, die in
den meisten Großstädten problemlos erhältlich sind.

Auffällige Kamerataschen sind nicht zu empfehlen, da sie Diebe anlocken. Die Ausrüstung sollte auch entsprechend versichert sein. In manchen Candomblé-Tempeln ist Fotografieren verboten. In Banken und im Umkreis von Militärbasen oder anderen sensiblen Einrichtungen sind Foto- bzw. Videoaufnahmen wenig ratsam.

Man sollte Einheimischen stets respektvoll begegnen und vor Aufnahmen grundsätzlich um Erlaubnis fragen. Dies gilt besonders bei indigenen Bewohnern Amazoniens, die sich eventuell gar nicht gern filmen oder ablichten lassen.

Fotografieren im Regenwald ist bekanntermaßen schwierig. Selbst bei digitalen Automatikkameras lohnt es sich, den Umgang mit Aufnahmegeschwindigkeit und Blende einzuüben, damit „Schüsse" unterm schummrigen Blätterdach bestmöglich gelingen.

In den meisten Großstädten gibt's Shops, die das Brennen oder Ausdrucken von Digitalfotos ermöglichen. In puncto Negativfilme heißt es nach Werbung für bekannte Marken (z. B. Kodak, Fuji) Ausschau halten. Bei Diebstahl oder Verlust kann man sich fast überall Ersatzausrüstung in Elektronikläden zulegen. **Casa & Video** (www.casaevideo.com.br) unterhält viele Filialen im Bundesstaat Rio.

FRAUEN UNTERWEGS
Einstellungen gegenüber Frauen

Abhängig vom gewählten Reiseziel ernten alleinreisende Frauen in Brasilien unterschiedliche Reaktionen. Viele Einwohner São Paulos haben z. B. europäische Wurzeln. Daher erregen Ausländerinnen ohne Reisebegleitung dort kaum Aufsehen. In den eher traditionell geprägten, ländlichen Regionen im Nordosten entspringen große Bevölkerungsteile einem Mix aus unterschiedlichen Volksgruppen. Daher wird hier blonden, hellhäutigen Frauen sicherlich besondere Aufmerksamkeit zuteil – vor allem wenn sie ohne männliche Begleitung unterwegs sind.

Obwohl der Machismo auch in der brasilianischen Gesellschaft verwurzelt ist, wird er im Vergleich zum spanischsprachigen Lateinamerika weniger offen ausgelebt. Brasiliens Bevölkerung ist sexuellen Themen und Pornografie gegenüber relativ liberal eingestellt. Daher verspüren einheimische Herren nur ein geringes Bedürfnis, ihre Männlichkeit zur Schau zu stellen oder ihre Tapferkeit vor ihresgleichen zu beweisen.

Ein oft übertriebenes „Balzverhalten" ist in Brasilien ein charakteristisches Merkmal heterosexueller Beziehungen. Es beruht auf Gegenseitigkeit und ist so gut wie immer als fröhliches, harmloses Geplänkel zu verstehen. Darum besteht kein Grund, dahinter Beleidigungen, Angriffe oder böse Absichten zu vermuten.

Sicherheitsvorkehrungen

Frauen sollten in der Lage sein, unliebsame Annäherungsversuche zu unterbinden, indem sie schlicht ihr Missfallen ausdrücken.

Obwohl sich Frauen in einem Großteil Brasiliens genauso sicher fühlen können wie Männer, sollten sie sich in den Städten bei Dunkelheit möglichst unauffällig verhalten und auf keinen Fall alleine Bars oder Nachtclubs aufsuchen. So lässt sich das Risiko minimieren, dass gewisse Verhaltensweisen vielleicht falsch interpretiert werden.

Frauen sollten auf keinen Fall alleine oder in Gruppen trampen. Auch Männer und Paare tun gut daran, auf der Hut zu sein, wenn sie als Anhalter unterwegs sein wollen. Alleinreisenden Frauen sei ans Herz gelegt, um die garstigsten Gebiete im Norden und Westen einen größtmöglichen Bogen zu machen – denn dort leben jede Menge Männer, aber nur wenige Frauen.

Tipps zum Thema Gesundheit finden sich auf S. 792.

Kleidung

O. k., in Copacabana oder Ipanema erledigen Frauen auch mal im knappen *fio dental* (dem berühmten „Zahnseiden"-Bikini mit G-String) ihre Einkäufe. Dennoch sollte frau sich dessen bewusst sein, dass die Kleiderordnung in manchen Teilen Brasiliens lockerer gehandhabt wird als in anderen. Was in Rio funktioniert, ist in Städten im Nordosten oder in den Backwaters von Piauí wahrscheinlich verpönt. Daher am besten die eigene Kleidung den lokalen Gepflogenheiten anpassen.

GEFAHREN & ÄRGERNISSE

Mit einer hohen Rate von Verbrechen und Gewalttaten gerät Brasilien immer wieder negativ in die Schlagzeilen. Trotz der zweifellos übertriebenen Medienberichte werden einige Touristen tatsächlich bei einem Brasilientrip ausgeraubt. Sicherlich möchte man das Risiko so gering wie möglich halten, um nicht zum Opfer zu werden. Wer kurz nach

ALLGEMEINE INFORMATIONEN

der Ankunft noch am Jetlag leidet und in diesem Zustand durch Touristenzonen marschiert, gibt ein leichtes Ziel für Kriminelle ab. Doch auch wenn man immer hellwach ist, sollte man die Tatsache akzeptieren, dass man unterwegs das Opfer eines Raubs oder Taschendiebstahls werden kann. Am besten nimmt man für die Tagesausflüge nur so viel Geld mit, wie man braucht – die goldene Mitte, nicht zu viel und nicht zu wenig. Und haben einen Ganoven in der Mangel, leistet man besser keinen Widerstand. So kommt man so gut wie immer mit heiler Haut davon. Weitere Sicherheitstipps:

- Keine Schmuckstücke, teure MP3-Player, wertvolle Uhren und andere Gegenstände nach Brasilien mitnehmen, deren Verlust einem Kopfschmerzen bereiten könnte.
- Den typischen Gringo-Look vermeiden und keine Baseballkappen, verspiegelte Sonnenbrillen und schwarze Socken tragen. Wie Nordamerikaner haben Brasilianer weiße Socken und Turnschuhe an den Füßen. Am besten lockere, unauffällige Klamotten anziehen. Nichts falsch macht man z. B. mit Bermuda-Shorts, T-Shirts, Havaianas und anderen Kleidungsstücke, die vor Ort verkauft werden.
- Immer etwas Münzgeld parat haben, um beim Bezahlen im Bus nicht den Geldbeutel zücken zu müssen.
- Beim Sightseeing keinesfalls einen Rucksack tragen.
- Beim Spaziergang keine Kameras offen herumtragen und diese am besten verstecken (z. B. in einem Plastikbeutel von einem örtlichen Laden). Einwegkameras bereiten den geringsten Grund zur Sorge.
- Vor der Ankunft z. B. übers Internet eine Karte (oder einen Stadtplan) besorgen und sich zumindest grob orientieren. Gefährliche Viertel nicht per pedes durchqueren, sondern auf Taxis zurückgreifen.
- Stets wachsam sein und zielgerichtet marschieren. Kriminelle freuen sich über fragend umherblickende, zögerliche und desorientiert wirkende Personen.
- Grundsätzlich Geldautomaten im Inneren von Gebäuden benutzen. Zudem beim Abheben am Automaten oder Umtausch von Bargeld die Umgebung genau im Auge behalten. Auf der Suche nach Opfern nehmen Räuber solche Orte teilweise gezielt ins Visier.

OFFIZIELLE REISEINFORMATIONEN

Folgende Regierungsseiten liefern Infos und Sicherheitshinweise zu Reisen nach Brasilien oder in andere Länder: **Auswärtiges Amt der Bundesrepublik Deutschland** (☎ 030-1817-0; www.auswaertiges-amt.de) **Außenministerium der Republik Österreich** (☎ 050-1150-0; www.bmeia.gv.at) **Eidgenössisches Departement für auswärtige Angelegenheiten** (☎ 031-322-21-11; www.eda.admin.ch/eda/de/home.html)

- Die Fenster und Türen des Hotelzimmers einem Sicherheitscheck unterziehen und niemals Wertsachen ungeschützt herumliegen lassen. Wer sein Hotel als vertrauenswürdig einstuft, deponiert seine Wertsachen am besten gegen Quittung im Tresor.
- In verdächtigen oder unheimlichen Situationen schnellstmöglich eine Ausrede finden und verschwinden, die Route ändern oder jegliche andere Möglichkeit zur Flucht nutzen.
- Bei Abstechern zu Stadtstränden nur Badebekleidung, Handtücher und gerade genug Geld für Essen und Trinken mitnehmen – auf keinen Fall Kameras, Taschen oder Schmuckstücke!
- Nicht auf leeren und kaum bevölkerten Straßen oder in verlassenen Parks herumlaufen.
- *Favelas* (Slums) ausschließlich in Gesellschaft vertrauenswürdiger, ortskundiger Führer betreten.
- Niemals mehr Bargeld mitnehmen, als für einen bestimmten Zweck erforderlich. Dieses zudem diskret im Geldgürtel, Socken, Schuh oder einer Geheimtasche verstauen. Zudem tut man gut daran, immer einen Betrag griffbereit zu haben, der Räuber zufriedenstellt (rund 40 R$).
- Wer unglücklicherweise Opfer eines Raubs wird, sollte die geforderten Dinge aushändigen. Räuber sind nämlich schnell mit der Waffe bei der Hand und scheuen sich nicht, sie zu benutzen, wenn sie provoziert werden.
- Wer bestohlen wird, kann sich an die Polizei wenden. Allerdings ist unter Umständen ein enormer Aufwand vonnöten, um einen einfachen Polizeibericht zur

Vorlage bei der Versicherung zu bekommen. Die Touristenpolizei ist am besten auf Ausländer eingestellt, doch außerhalb Rios kaum anzutreffen.

Abzocke & Raub

Eine der häufigsten Abzockmaschen in Brasilien: Hacker knacken die Konten von Kunden, nachdem diese Geld am Automaten abgehoben haben. Dieses Schicksal ist landesweit schon vielen Travellern widerfahren. Daher sollte man zum Abheben möglichst nur Geräte im Inneren stark frequentierter Banken benutzen und zudem die PIN-Nummer immer verdeckt eingeben.

Wie überall auf der Welt greifen Taschendiebe auch in Brasilien gern auf Ablenkungsmanöver zurück. So soll die Aufmerksamkeit der potenziellen Opfer verringert werden, um sie leichter beklauen zu können. Manchmal wird man einfach nach einer Zigarette oder Feuer gefragt, damit die eigene Laufgeschwindigkeit und Wachsamkeit sinken.

Auch Betäubung (z. B. mittels präparierter Drinks) wurde von Kriminellen bereits angewandt: Wer nach dem Konsum von Getränken mit heimlich zugefügtem Drogenzusatz das Bewusstsein vorübergehend ganz oder halb verliert, ist Dieben hilflos ausgeliefert. Wenn man sich kurz nach dem Getränkekonsum unerklärlich benommen, orientierungslos, müde oder einfach geistig abwesend fühlt, hat einem vielleicht jemand etwas ins Glas gekippt. Bei diesem Verdacht heißt es Hilfe anfordern und schnellstmöglich einen sicheren Ort aufsuchen – am besten das eigene Hotelzimmer.

Extreme Vorsicht ist geboten, wenn zwielichtige Unbekannte *irgendwelche* Getränke anbieten. Dies gilt sogar für Zigaretten, Süßigkeiten usw. In verdächtigen Situationen können solche Offerten taktvoll mit einem Verweis auf Magenschmerzen oder andere Gesundheitsprobleme abgelehnt werden.

BILLIGTOURANBIETER & SCHLEPPER

In Manaus, Cuiabá und anderen Teilen Amazoniens oder des Pantanal besteht ein großes Problem mit „Freiberuflern" und zwielichtigen Billigveranstaltern, deren Touren sich als ökologisch zweifelhaft, schrecklich und/oder unsicher entpuppen. Faustregel: Niemals Touren buchen und nicht einmal Buchungshilfe akzeptieren, wenn einen jemand ungefragt am Flughafen oder auf der Straße anspricht! Interessenten sollten stattdessen den jeweiligen örtlichen Firmensitz persönlich aufsuchen oder im Voraus über offizielle Websites reservieren. Wie man Abzocke bei Urwaldtrips vermeidet und den richtigen Touranbieter wählt, steht auf S. 720 bzw. S. 456.

GELD

Brasiliens Landeswährung ist der Real (oft R$ geschrieben, Aussprache etwa hei-*au*), Mehrzahl Reais (hei-*ais*). Ein Real entspricht 100 Centavos. Obwohl bei seiner Einführung 1994 noch gleichwertig mit dem US-Dollar, erlitt der Real bis 2004 diverse Wertschwankungen. Seitdem hat er sich jedoch als stark und stabil erwiesen. Eine Wechselkurstabelle steht auf der vorderen Umschlaginnenseite.

Dank unterschiedlicher Farben und Tiermotive lassen sich Brasiliens Banknoten leicht voneinander unterscheiden. Im Umlauf sind Scheine zu 1 (grün; Kolibri bzw. Saphir-Amazilie), 2 (blau; Echte Karettschildkröte), 5 (violett; Silberreiher), 10 (scharlachrot; Grünflügelara), 20 (gelb; Goldgelbes Löwenäffchen), 50 (goldbraun; Jaguar) und 100 (blau; Brauner Zackenbarsch) R$.

Bargeld & Reiseschecks

Obwohl man Bargeld in Brasilien nur mit größter Vorsicht mitführen sollte, kann ein gewisser Vorrat mitunter nützlich sein. Reiseschecks erweisen sich hier leider als recht unpraktisch: Sie werden nur von wenigen Einrichtungen zu meistens miesen Konditionen akzeptiert. *Casas de câmbio* (Wechselstuben) und Banken lösen Reiseschecks eventuell ein. Banken sind dabei langsamer und bürokratischer, gewähren aber im Allgemeinen bessere Konditionen – mit Ausnahme der Banco do Brasil, die pro Reisescheck-Transaktion eine Bearbeitungsgebühr von 40 R$ erhebt. Bei Bargeld sind die Wechselkurse in der Regel 1 bis 2 % besser als bei Reiseschecks. Diese haben aber natürlich den Vorteil, dass sie bei Diebstahl oder Verlust ersetzt werden können.

Am besten hat man Bargeld und Reiseschecks entweder in US-Dollar oder Euro dabei. Reiseschecks vom American Express (Amex) werden in Brasilien am häufigsten akzeptiert. Die Pendants von Thomas Cook, Barclays und Citibank sind zwar weniger anerkannt, lassen sich aber normalerweise in Großstädten einlösen.

Feilschen

Man sollte es sich angewöhnen, bei Hotelzimmern um den Preis zu feilschen. Vor der konkreten Quartierwahl empfehlen sich daher die Fragen *Tem desconto?* (Gibt's eine Ermäßigung?) oder *Pode fazer um melhor preço?* (Können Sie mir einen besseren Preis machen?). Der Betrag lässt sich zudem noch etwas drücken, indem man z. B. auf Fernseher, eigenes Bad oder Klimaanlage verzichtet. Auch bei Bezahlung *à vista* (bar) ist manchmal ein Rabatt drin.

Ansonsten ist Feilschen beim Einkaufen auf Märkten angebracht. Bei Taxis ohne Gebührenzähler heißt es den Tarif stets vor dem Einsteigen aushandeln.

Geldautomaten

In Großstädten kommt man über zahlreiche Geldautomaten am leichtesten an Bargeld. Geräte in kleineren Städten akzeptieren oft keine ausländischen Karten. Die eigene PIN-Nummer sollte unbedingt vierstellig sein – längere Versionen funktionieren eventuell nicht. Die Automaten von HSBC, Citibank, Banco do Brasil und Bradesco sind generell die beste Wahl. Zum Zeitpunkt der Recherche waren die Transaktionsgebühren der HSBC am niedrigsten. Trotz eventueller Kompatibilitätsangaben (Cirrus, Visa usw.) ist nicht garantiert, dass das jeweilige Gerät mit Karten der angegebenen Firmen funktioniert. Vorsicht beim Abheben: Schon öfters haben Ganoven die Bankkonten von Automatenkunden elektronisch geknackt und dann geplündert (s. auch S. 769).

Kreditkarten

Per Kreditkarte kann man nicht nur alle möglichen Waren bezahlen, sondern auch Bares an Automaten und bei Banken abheben. Visa wird am häufigsten akzeptiert, dicht gefolgt von MasterCard. Dahinter rangieren die Karten von Amex und Diners Club. Barauszahlungen gegen Visa-Karte werden vielerorts gewährt – selbst in Kleinstädten, die ansonsten keine Umtauschmöglichkeiten haben. Dabei muss man den Reisepass vorlegen und sich auf eine zeitraubende Prozedur einstellen. Letzteres gilt vor allem für die überall vertretene, aber sehr bürokratische Banco do Brasil. Zwecks Abheben bei brasilianischen Banken empfehlen sich allgemein eher Automaten als Schalterpersonal. Kreditkartenbetrug kommt in Brasilien häufig vor.

Daher das Plastikgeld vor allem in Restaurants niemals aus den Augen lassen! Statt dem Kellner einfach die Karte auszuhändigen sollte man sich das tragbare Bezahlgerät direkt an den Tisch bringen lassen.

Trinkgelder

Servicepersonal bekommt normalerweise Trinkgeld in Höhe von 10 % des Gesamtbetrags. Bei den meisten Restaurants ist die obligatorische Servicegebühr in der Rechnung enthalten. Freundliche und hilfsbereite Kellner können mit einer zusätzlichen Spende bedacht werden. Falls die Servicegebühr nicht enthalten sein sollte, sind 10 % Trinkgeld angebracht.

Nach Urwaldtrips ist eine finanzielle Aufmerksamkeit für den Guide üblich. Auch assistierende Tourbegleiter oder Bootsbetreiber freuen sich bestimmt über einen Obolus.

Bei vielen brasilianischen Einrichtungen sind Trinkgelder zwar nicht an der Tagesordnung, aber durchaus sehr willkommen: Sie bessern das Einkommen schlecht bezahlter Angestellter deutlich auf. Dazu zählen z. B. Hotel-Hauswirtschafter, das Personal von Saftständen, Cafés und Bars oder Straßenbzw. Strandhändler. Parkplatzwächter bekommen keinen Lohn und sind daher auf Trinkgeld (normalerweise 2 R$) angewiesen. Auch Tankwarte, Schuhputzer und Friseure erhalten regelmäßig etwas extra.

Obwohl Taxichauffeure dies nicht erwarten, runden die meisten Passagiere den Fahrpreis auf den nächsten glatten Betrag auf.

INTERNETZUGANG

In Großstädten wie Rio, São Paulo oder Salvador haben die Zimmer vieler Hostels, Mittel- und Spitzenklassehotels Highspeed-Internetzugänge. Parallel steigt zunehmend die WLAN-Abdeckung. Als gute Alternative empfehlen sich Internetcafés, die landesweit zahlreich vorhanden sind (Süden und Südosten ca. 4–8 R$/Std.; Amazonien, Nordosten und zentraler Westen ca. 3–5 R$/Std.).

KARTEN & STADTPLÄNE

Bestes lokales Kartenmaterial sind die Serien von Quatro Rodas. Diese anständigen Regionalkarten (Norte, Nordeste usw.) sind landesweit erhältlich. Für Selbstfahrer produziert Quatro Rodas zudem den nützlichen Straßenatlas *Atlas Rodoviário* und super Straßenatlanten zu diversen brasilianischen Großstädten.

Die US-Firma **Omni Resources** (www.omnimap.om) stellt ebenfalls gute Brasilienkarten her, die herkömmlich gedruckt oder als herunterladbare GPS-Straßenkarten weltweit übers Internet bestellt werden können.

Gute topografische Karten werden von der staatlichen Vermessungsbehörde **IBGE** (www.ige.gov.br) und dem entsprechenden Dienst der brasilianischen Armee (DSG) herausgegeben. Trotz örtlich schwankender Verfügbarkeit bekommt man IBGE-Karten in den meisten bundesstaatlichen Hauptstädten bei IBGE-Vertretungen (Adressinfos s. Website). In vielen Bundesstaaten gibt's auch Telefonbücher mit Stadtplänen.

KINDER

Wohlerzogene Kinder sind in Brasilien grundsätzlich gern gesehen und in nahezu allen Hotels, Cafés und Restaurants herzlich willkommen. Oft können Kids kostenlos übernachten, wobei die Altersgrenze variiert. Auch an Babysittern herrscht kein Mangel. Die meisten Restaurants haben Hochstühle für kleine Gäste. Dank des Bandes, das Eltern sämtlicher Nationalitäten miteinander verbindet, werden einem seitens der Brasilianer oft willkommene persönliche Kontakte und zusätzliche Aufmerksamkeit zuteil.

Abgesehen von offensichtlichen Highlights wie Stränden, Küsten und Schwimmbecken gibt's in vielen Landesteilen weitere Attraktionen, die sich speziell an Kinder richten. Für Unterhaltung sorgen u. a. tolle Vergnügungsparks, Zoos, Aquarien, Zugfahrten und Bootsausflüge (s. Kasten S. 772 & Register S. 822).

Windeln sind in Brasilien überall erhältlich, außerhalb größerer Städte lassen sich allerdings Hautcremes, Babynahrung und gewohnte Arzneimittel mitunter nur schwer auftreiben.

Auf S. 764 stehen Infos zu besonderen Formalitäten, die für Alleinreisende unter 18 Jahren gelten.

KLIMATABELLEN

Der Abschnitt „Reisezeit" (S. 24) informiert über regionale und jahreszeitliche Klimaaspekte.

KURSE

Abgesehen von Sprachunterricht zielen nur wenige Kurse auf Ausländer ab. Wer etwas Portugiesisch spricht, kann Tanzen, Trommeln und Capoeira lernen. Nach solchen

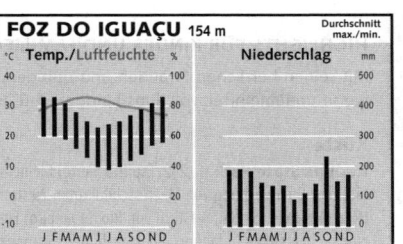

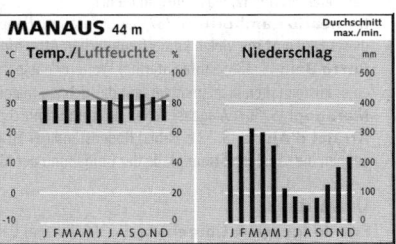

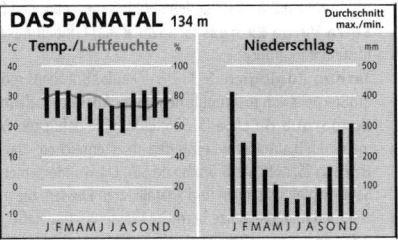

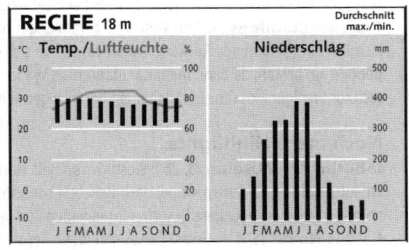

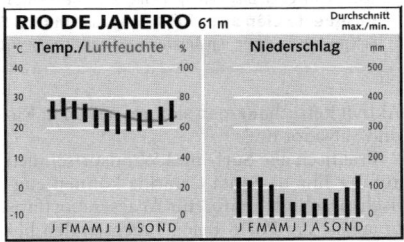

HIGHLIGHTS FÜR KINDER UND FAMILIEN

Mit seinen herrlichen Stränden und üppigen Regenwäldern ist Brasilien für den Nachwuchs teilweise ungemein reizvoll. Rios kindgerechte Highlights stehen auf S. 172.

Küste

Itaúnas State Park (S. 242; Espírito Santo) Kleine und große Naturfreunde können hier Biologen bei deren täglicher Überwachung von Meeresschildkröten-Nestern am Strand begleiten.

Ilha Grande (S. 204; westlich von Rio de Janeiro) Eine komplett verkehrsfreie Insel mit tropischem Regenwald, einem ehemaligen Gefängnis, Bootsausflügen, Schnorchelmöglichkeiten, reizenden Stränden und Brüllaffen – Kinder- oder Elternherz, was willst du mehr?

Balneário Camboriu (S. 387; Santa Catarina) Nahe dem Vergnügungspark Beto Carrero World (S. 386) wartet dieser Ferienort mit vielen kinderfreundlichen Attraktionen wie Stränden, Seil- und Achterbahn auf.

Porto Belo (S. 388; Santa Catarina) Weiterer entspannter Urlaubsort im Süden – mit tollen Schnorchelspots und einer küstennahen Insel im Meer, auf der sich ein malerisches Naturschutzgebiet und ein Ökomuseum befinden.

Maragogi (S. 567; Alagoas) Tolles Ziel zum Schnorcheln in natürlichen Gezeitenbecken vor der Küste.

Arraial d'Ajuda (S. 531; Bahia) Bodenständiger Strandfantreff mit den üblichen Küstenattraktionen. Zudem können die sandigen Strandpfade der Umgebung per Mietbuggy erkundet werden.

Urwald

Foz do Iguaçu & Umgebung (S. 360; Paraná) Dank Kinderrabatt sind die donnernden Wasserfälle recht familienfreundlich. Zudem dürfen Kinder überall in der Stadt gratis essen und übernachten. Neben den atemberaubenden Fällen zählen z. B. verschiedene Wildnisabenteuer und Bootstrips zu den lokalen Attraktionen.

Serra Verde Express (S. 352; Paraná) Erinnerungswürdige Zugfahrt durch üppige Wälder, bei der man weit zur Küste hinunterblickt.

Jardim Zoológico (S. 319; São Paulo) Brasiliens größter Zoo beheimatet ca. 3000 Tierarten auf etwa 900 ha, die größtenteils von ursprünglichem Mata Atlântica (atlantischem Regenwald) bedeckt sind.

Ecoparque de Una (S. 525; Bahia) Die geführten Wanderungen entlang eines 2 km langen Pfads folgen auch mehreren Baumwipfel-Seilstegen im artenreichen atlantischen Regenwald.

Bonito (S. 469; Mato Grosso do Sul) Ein wundersamer Naturspielplatz mit Höhlen, üppigen Regenwäldern, Baumwipfel-Seilstegen und kristallklaren Flüssen, die man langsam per Schnorchel- oder Floßtrip hinabgleitet, während man die ganze herrliche Wasserwelt genießt.

Amazon Tree Climbing (S. 719; Manaus) Hier haben Besucher aller Altersgruppen die Chance, das großartige Blätterdach des Amazonas-Regenwalds aus nächster Nähe zu betrachten.

Regenwaldlodges (S. 720) Viele Regenwaldlodges nahe Manaus sind prima zugänglich und veranstalten ziemlich naturschonende Ausflüge. Somit eignen sie sich gut für Familien mit Kindern. Eventuell ist die Hochwasserperiode am besten, da dann mehr Kanufahren als Wandern auf dem Programm steht. Schwarzwasserbereiche haben weitaus weniger Moskitos und daher ein deutlich geringeres Malariapotenzial.

Noch mehr Highlights

Inhotim Art Museum (S. 264; westlich von Belo Horizonte) Außergewöhnliches Kunstmuseum mit großen Freiluftbereichen, in denen Kinder nach Belieben herumtollen können. Die Ausstellungen sind so vielseitig, dass normalerweise auch jüngere Besucher irgendeinen Zugang dazu finden.

Caldas Novas (S. 435; Goiás) Dieses gehobene Resort ist zu Kindern viel freundlicher als zum Geldbeutel. Im zentralen Westen Brasiliens gibt's hier z. B. Thermalwasserpools und einen opulenten Badepark.

Bosque da Ciência (S. 707; Manaus) und **Museu Emílio Goeldi & Parque Zoobotánico** (S. 666; Belém) Jeweils super, um Amazoniens Tierwelt zu bewundern.

Aktivitäten schaut man sich am besten in Rio und Salvador um.

Praktisch alle Surf- und Windsurfschulen auf der Ilha da Santa Catarina können englischsprachige Lehrer für Wassersportfans organisieren. Porto Belos Tauchschulen beschäftigen ebenfalls Kursleiter mit Englischkenntnissen.

Kochen

Cook in Rio (S. 172) veranstaltet halbtägige Kurse auf Englisch, die einem das Zubereiten von ein paar landestypischen Gerichten (*moqueca, feijoada*) und profimäßigen Caipirinhas beibringen. Das Beste: Die Früchte der Arbeit werden danach auch gleich genossen! Auch die Academia de Cozinha e Outros Prazeres (Paraty; S. 213) ist super für Traveller, die Brasiliens Kochkunst erlernen möchten.

Senac (Salvador; S. 490) veranstaltet ebenfalls Kochkurse für Ausländer.

Sprache

Die meisten Sprachschulen haben sehr hohe Gruppenpreise. Privatstunden kosten oft deutlich weniger. Muttersprachliche Privatlehrer kann man z. B. gut über die Schwarzen Bretter von Hostels auftreiben.

In Rio lassen sich Portugiesischkurse am leichtesten belegen. Das **Casa do Caminho Language Centre** (S. 172) veranstaltet Gruppenintensivkurse und leitet seinen Gewinn an die brasilianischen Waisenhäuser der **Casa do Caminho** (www.casadocaminhobrasil.org) weiter. Ebenfalls in Rio befindet sich das angesehene **Instituto Brasil-Estados Unidos** (S. 172) mit drei verschiedenen Kursstufen.

Unter www.onestoplanguage.net findet man eine kleine Datenbank mit brasilianischen Portugiesischschulen. **LanguageCourse. net** (www.languagecourse.net) vergleicht brasilianische Portugiesischkurse auch auf Deutsch.

ÖFFNUNGSZEITEN

Die meisten Geschäfte und staatlichen Einrichtungen (auch Postfilialen) haben montags bis freitags von 9 bis 18 und samstags von 9 bis 13 Uhr geöffnet. Einkaufszentren machen werktags normalerweise um 22 Uhr den Laden dicht. Manche haben auch sonntags von 15 bis 21 Uhr geöffnet. Da viele Brasilianer unter der Woche nur wenig Freizeit haben, wird samstagmorgens oft geshoppt.

Restaurants verköstigen Gäste allgemein von 12 bis 14.30 und von 18 bis 22 Uhr. Abgesehen von Saftständen und Cafés servieren die meisten Lokale kein Frühstück. Falls doch, kommt es zwischen 8 und 10.30 Uhr auf den Tisch. Bars haben normalerweise von 19 bis 2 Uhr geöffnet, am Wochenende bis 4 Uhr.

Wie immer tanzen die Banken etwas aus der Reihe. Sie empfangen Kunden montags bis freitags ab 9 oder 10 bis 14 oder 15 Uhr.

POST

Die meisten Postfilialen haben montags bis freitags zwischen 9 und 18 Uhr sowie am Samstagmorgen geöffnet. Luftpostbriefe nach Europa sind nach ca. zwei Wochen am Ziel.

Brasilianische Postleitzahlen bestehen aus einer kombinierten Zahlenfolge für Stadt (5-stellig) und jeweilige Adresse (3-stellig).

RECHTSFRAGEN

Wer bestohlen wird, kann Anzeige bei der Polizei erstatten. Obwohl dann keine aufwendigen Ermittlungen zu erwarten sind, bekommt man einen Bericht zur Vorlage bei der eigenen Versicherung. Brasilianische Polizisten sind aber dennoch mit Vorsicht zu genießen: Manche Beamte schieben Gringos heimlich Drogen unter, um Schmiergelder zu erpressen.

Apropos Drogen: Die Strafen für den Besitz illegaler Betäubungsmittel sind sehr streng. Drogen geben manchen Polizisten daher einen perfekten Vorwand, um von Touristen hohe Beträge abzuzocken – wer will schon hinter brasilianischen Gittern landen? Verhaftete können die Aussage verweigern und gelten bis zum offiziellen Schuldnachweis als unschuldig. Zudem haben sie das Recht, von ihrem Rechtsanwalt oder einem Familienmitglied besucht zu werden.

An den Highways halten Polizeiposten willkürlich Autos und Busse an. Manchmal werden Taxis sogar direkt vor den Nachtclubs gestoppt, um Nachtschwärmer auf dem Heimweg intensiv zu filzen. Daher auf keinen Fall irgendwelche illegale Substanzen oder Gegenstände mitführen! An den Küstenhighways von Rio nach Búzios bzw. São Paulo drangsaliert die Polizei bevorzugt junge Leute und Ausländer. Grenzgebiete (vor allem in Richtung Bolivien) sind ebenfalls gefährlich.

Große Mengen Kokain werden von Bolivien und Peru aus durch Brasilien geschleust. Wer schon nicht die Finger von Drogen lassen kann, sollte stets äußerste Vorsicht walten lassen. Niemals von Fremden kaufen oder Drogen mit sich herumtragen!

Marihuana ist in Brasilien weit verbreitet und höchst illegal. Dennoch wird es überall konsumiert, was – wie bei vielen anderen Dingen auch – außer Militär und Polizei offensichtlich niemanden großartig stört. In Bahia scheint man am tolerantesten zu sein.

Wer aus einem Andenland anreist und dort Kokablätter gekaut hat, sollte seinen Rucksack vor der Ankunft in Brasilien unbedingt sorgfältig säubern. Bereits der Besitz von Kokablättern wird streng geahndet.

Aufgrund der harten Strafen für scheinbaren oder tatsächlichen Drogenbesitz raten wir allen Travellern dringend, komplett die Finger von illegalen Rauschmitteln zu lassen!

REISEN MIT BEHINDERUNG

Rollstuhlfahrer haben es in Brasilien nicht gerade leicht. Dennoch geben sich große Städte in Mobilitätsbelangen redlich Mühe. Reisende mit Behinderung sehen sich z. B. mit extrem überfüllten Nahverkehrsbussen oder Eingangsstufen vor Restaurants konfrontiert. Somit ist es ratsam, Trips mithilfe einer der unten genannten Organisationen zu planen.

In Rio de Janeiro kommen Reisende mit Handicap landesweit am besten, aber dennoch nicht unbedingt immer einfach voran. Nicht alle elektrischen Rollstuhllifte des Metrosystems sind funktionsfähig. Dank abgesenkter Bordsteine sind die Straßen und Bürgersteige entlang der Hauptstrände für Rollstuhlfahrer zugänglich. Anderswo ist dies aber meist nicht der Fall. **Coop Taxi** (Karte S. 144; ☎ 0xx21-3295-9606) ist eine gute Adresse für Fahrten im Großraum Rio de Janeiro.

Die meisten neueren Hotels haben rollstuhlgerechte Zimmer. Bei manchen Kabelkanälen können große Untertitel zugeschaltet werden.

Nützliche Organisationen

Beim **Centro de Vida Independente** (Karte S. 144; ☎ 0xx21-2512 1088; www.cvi-rio.org.br, portugiesisch; Rua Marquês de São Vicente 225, Gávea) können sich Reisende mit Behinderung zu Trips durch Brasilien informieren.

In Deutschland kann man sich z. B. an die **Nationale Koordinierungsstelle Tourismus für Alle e. V.** (Natko; ☎ 0211-3368-001; www.natko.de; Fleher Str. 317a, 40223 Düsseldorf) wenden. Hervorragende englischsprachige Online-Infos gibt's beispielsweise unter www.access-able.com.

Auch folgende Organisationen erteilen allgemeine, nützliche Reiseinformationen:
Mobility International Schweiz (☎ 062-212-6740; www.mis-ch.ch; Amthausquai 21, 4600 Olten)
MyHandicap Deutschland (☎ 089-7677-6970; www.myhandicap.de; Steinheilstr. 6, 85737 München-Ismaning)
MyHandicap Schweiz (☎ 043-211-4949; www.myhandicap.ch; Weinbergstr. 29, 8006 Zürich)

SCHWULE & LESBEN

Brasilianer sehen die meisten sexuellen Angelegenheiten relativ locker. Homosexualität wird hier stärker akzeptiert als in anderen Ländern Lateinamerikas. Nichtsdestotrotz is das Toleranzlevel stark regionalabhängig un tendiert in manchen kleineren Städten auc mal gegen Null.

Rio ist Lateinamerikas Schwulenhauptstadt. Lebendige Szenen haben jedoch auch São Paulo und Salvador (dort etwas kleiner) In brasilianischen Schwulenbars ist jeder mann willkommen: Ihr gemischtes GLS-Publikum (alias „Gays, Lesbians e Simpatizantes") vereint Hetero- und Homosexuelle, di sich deutlich mehr fürs Tanzen und Amüsieren als für die sexuelle Ausrichtung andere Gäste interessieren. Infos zur Schwulenszene in Rio de Janeiro gibt's auf S. 193.

Homosexualität ist in Brasilien legal. Wie bei heterosexuellen Kontakten liegt das gesetzliche Mindestalter für einvernehmlichen Sex bei 18 Jahren. Die Interessengemeinschaf **Grupo Gay da Bahia** (Karte S. 482; ☎ 0xx71-3322 2552 www.ggb.org.br, portugiesisch; Rua Frei Vicente 24, Pelourinho) mit Sitz in Salvador unterstützt und informiert die dortige schwul-lesbische Gemeinde

Gay Travel Brasil (☎ 0xx21-3415-3126; www.gay travelbrasil.com; Rua Sergipe 57, Rio de Janeiro) ist in Rio und São Paulo vertreten. Dieses Reisebüro unter homosexueller Leitung organisiert maßgeschneiderte Trips, Sprachunterricht und Kreuzfahrten. Zudem kooperiert es landesweit mit schwulenfreundlichen Unterkünften und Einrichtungen, die ebenfalls von Homosexuellen geführt werden.

Der **Rio Gay Guide** (www.riogayguide.com) liefert hervorragende Informationen für schwule und lesbische Rio-Besucher.

SHOPPEN

Gewiefte Souvenirjäger können in Brasilien gute Schnäppchen machen – vorausgesetzt, sie kennen sich etwas mit der Landeskultur aus. Mit am beliebtesten sind Handwerksgegenstände, Kunstwerke, Tonträger und Klamotten. Kunsthandwerk sollte man möglichst direkt beim Produzenten kaufen, anstatt irgendjemand Geld in den Rachen zu werfen, nur weil er ein Schaufenster besitzt.

Glitzernde, klimatisierte Einkaufszentren – fantasievoll *shoppings* genannt – hat jede mittelgroße Stadt, die etwas auf sich hält. Sehr viele davon gibt's in São Paulo. Das Abklappern von Märkten und kleinen Läden am Straßenland kann bessere oder schlechtere Ergebnisse bringen.

Bitte niemals Produkte aus bedrohten Tieroder Pflanzenarten kaufen! In Brasilien stößt man eventuell auf Souvenirs aus Koralle, Schildpatt, Kaimanhaut, den Federn seltener Vögel oder Fetzen von Jaguarfell. Nicht vergessen: Solche Dinge sind nur im Angebot, weil Nachfrage von Touristenseite besteht.

Edelsteine

Edelsteine zählen zu den bekanntesten Souvenirs/Luxusartikeln aus Minas Gerais. Wer schönen Schmuck und Edelsteine ergattern möchte, sollte dennoch erst nach der Rückkehr in eine Großstadt auf Einkaufstour gehen. Zu empfehlen sind dabei renommierte Großhändler wie Amsterdam Sauer (S. 155) oder H. Stern (S. 154) in Rio. Das internationale Handelsunternehmen Stern ist in Ipanema ansässig. Qualität und Ehrlichkeit sind über jeden Zweifel erhaben. Die Schmuckstücke sind natürlich nicht gerade Schnäppchen, doch in Brasilien immer noch günstiger als bei den Firmenablegern in anderen Teilen der Welt.

Kunst & Kunsthandwerk

In Rio und São Paulo ist das Angebot nahezu erschöpfend. Dennoch werden Provisionen für Kunst- und Kunsthandwerksgegenstände aus dem Hinterland bezahlt, die ihren Weg in schicke Großstadtgeschäfte finden. Zu Rios hervorragenden Einkaufsmöglichkeiten (S. 196) zählen Märkte wie die Hippie Fair, die wilde Feira Nordestina und der beliebte Babilônia Feira Hype. Eine prima Auswahl haben auch die Handwerksläden der Metropole (S. 196), z. B. O Sol in Jardim Botânico, Pé de Boi in Botafogo oder La Vareda in Santa Teresa.

Außerhalb dieser Großstädte versucht man sein Glück am besten auf einem der Handwerkermärkte, die samstags und sonntags in vielen Ortschaften abgehalten werden. Eine weitere Alternative sind die Läden der Kooperativen und staatliche Kaufhäuser. Im nordöstlichen Brasilien ist das Angebot an Kunstgegenständen äußerst vielfältig. Salvador und das benachbarte Cachoeira sind für ihre grobschlächtigen Holzskulpturen bekannt. Die Kunsthandwerker in Fortaleza und an der südöstlichen Küste von Ceará sind Spezialisten für wunderschöne Spitzenstoffe. Das Inland Pernambucos (vor allem Caruaru) ist für seine reichlich fantasievollen Keramikfigürchen berühmt.

Diverse indigene Bevölkerungsgruppen Amazoniens haben mittlerweile die Produktion von Artefakten wie Bogen, Pfeilen, Körben, Kopfputzen aus Federn, Schnitzereien, Töpferwaren und Perlen aufgenommen, die massenhaft verkauft werden. Manche davon sind sehr attraktiv, wenn auch nicht unbedingt originalgetreu. Zwei hervorragende Läden, um authentisches Kunsthandwerk, Kunst und traditionelle Gegenstände aus dem Amazonasgebiet bzw. der *indigenas* zu kaufen sind im Amazonasgebiet Araribá (S. 689) in Alter do Chão und Galeria Amazônica (S. 713) in Manaus.

Lederwaren

Brasilianische Lederwaren sind erschwinglich, doch das Material ist nicht sonderlich geschmeidig. Die gehobenen Geschäfte von Ipanema und Leblon verkaufen brasilianische Schuhe, Gürtel, Geldbörsen und -beutel und Gepäckstücke von besserer Qualität. Die Schuhe haben ein einwandfreies Preis-Leistungs-Verhältnis, doch viele Sahnestücke sind für den Export reserviert. Und wer „auf großem Fuß" lebt, muss unter Umständen eine Weile suchen. Im ganzen Land verkaufen gute Sportgeschäfte hochwertige, robuste Lederfußbälle mit handgestickten Waben zu wenig Geld. Achtung: Aufgepumpte Bälle haben im Frachtraum eines Flugzeugs nichts verloren!

Auch die seltsamen, traditionellen Lederhüte der Sertanejos im Inland Pernambucos haben es manchen Travellern angetan.

Musik

Ohne ein paar Tonträger sollte man das Land auf keinen Fall verlassen. Rio (S. 197) hat neben tollen Musikshops mit vielen neuen und gebrauchten Scheiben auch spezielle DJ-Läden und Musikmärkte unter freiem Himmel. In anderen Städten sind große Einkaufszentren wohl die beste Wahl. Für frisch veröffentlichte CDs verlangen Läden ca. 30 R$.

Die vielen verschiedenen Schlag-, Blas- und Saiteninstrumente Brasiliens sind tolle Andenken oder Geschenke. Günstige Exemplare gibt's oft auf Handwerksmärkten und in Musikläden.

Noch mehr Shoppen

Funktionelle und dekorative Hängematten werden in allen Städten Amazoniens verkauft. Sie sind für Traveller unverzichtbar und obendrein tolle, gut tragbare Geschenke.

Klassische Modelle für eine Person kosten 40 bis 70 R$, große *casais* für Zwei ca. 90 R$.

Auf Copacabanas Straßen werden neben großformatigen Brasilien-Bildbänden auch DVDs mit Karneval-Feierlichkeiten, Glanzstunden der Fußball-Nationalmannschaft oder Pelés Einsätzen bei verschiedenen Weltmeisterschaften verhökert. Die Buchläden von Ipanema haben allerdings eine bessere Auswahl an Lesestoff.

Guaraná-Pulver wirkt stimulierend und ist angeblich ein Aphrodisiakum. Es wird aus einer amazonischen Frucht gewonnen und von diversen Apotheken oder Reformhäusern wie **Mundo Verde** (Karte S. 146; ☎ 2257 3183; Av NS de Copacabana 630, Copacabana) in Rio angeboten. In Amazonien selbst sind viele Läden und Marktstände auf Kräuter- bzw. Naturheilmittel spezialisiert. Besonders faszinierend sind z. B. Bummel über den **Mercado Ver-o-Peso** (Belém; S. 664) und den Mercado Municipal Adolfo Lisboa (Manaus; S. 706). Der Mercado Municipal (S. 351) gehört zu Brasiliens besten Lebensmittelmärkten.

Brasilianische *fio dentals* („Zahnseiden-Bikinis") sind eine neckische Angelegenheit für alle, die's tragen können… insbesondere gibt's im Rio-Viertel Ipanema zahlreiche Shops mit stylisher Beachware für Sie und Ihn.

Candomblé-Läden eignen sich prima für die Jagd nach Kuriositäten. Sie verkaufen z. B. magischen Weihrauch, der Glück bringen sowie sexuelle Anziehungskraft, Weisheit und Gesundheit voll entfalten soll. Ferner gibt's massenweise Amulette und Keramikfigürchen afro-brasilianischer Gottheiten.

TELEFON
Inlandsgespräche

Innerhalb Brasiliens können für Ortsgespräche oder Anrufe in anderen Städten die normalen öffentlichen Kartentelefone an der Straße oder in Telefonstuben benutzt werden. Die benötigten Telefonkarten (20, 50 und 90 Gesprächseinheiten) sind für 5 bis 20 R$ bei Händlern, Zeitungsständen und überall sonst erhältlich, wo für *cartões telefônicos* geworben wird.

Bei Gesprächen innerhalb derselben Stadt steckt man einfach die Karte in den Fernsprecher, kontrolliert auf dem Display das Gesprächsguthaben und wählt die achtstellige Nummer. Ortsgespräche übers Festnetz kosten nur ein paar Einheiten. Die Telefonauskunft ist unter ☎ 102 zu erreichen.

Bei Anrufen in andere Städte muss zunächst die 0 und dann die Vorwahl des gewünschten Anbieters (s. Kasten S. 777) gewählt werden. Dann folgt die zwei- oder dreistellige Ortsvorwahl der jeweiligen Stadt Ortsvorwahlen werden daher normalerweise im Format „0xx, Ziffer, Ziffer" angegeben wobei „xx" für den Anbietercode steht. Bei Ferngesprächen ticken normalerweise fünf bis zehn Guthabeneinheiten pro Minute runter Bei Telefonaten in andere Städte muss die Ortsvorwahl (0xx, Ziffer, Ziffer) auch dann gewählt werden, wenn sie für beide Städte identisch sein sollte.

Wer per *chamada a cobrar* (R-Gespräch) in einer anderen Stadt telefonieren möchte setzt eine 9 vor die 0xx. Für örtliche R-Gespräche muss man dagegen 9090 und dann die betreffende Anschlussnummer wählen. Nach dem Signalton wird man von einer Bandansage auf Portugiesisch aufgefordert, seinen eigenen Namen und den des Bundesstaates zu nennen, aus dem der Anruf erfolgt.

Internationale Gespräche

Um vom Ausland aus einen brasilianischen Anschluss anzurufen, müssen zunächst die 00 und Brasiliens Ländercode 55 gewählt werden. Dann folgen die Ortsvorwahl ohne 0xx und die Anschlussnummer.

Für Auslandsgespräche ab Brasilien steht **Skype** (www.skype.com) als günstigste Option in vielen Internetcafés zur Verfügung.

Mit einem Startpreis von ca. 2 R$ pro Minute kosten traditionelle Auslandstelefonate ab Brasilien dagegen ziemlich viel. Eine Gesprächsminute nach Europa beläuft sich auf mindestens 4 R$. Während der Nebenzeiten (tgl. 20–6 Uhr, So ganztags) sind die Tarife ca. 20 % günstiger.

Herkömmliche Kartentelefone tragen den Spitznamen *orelhões* (große Ohren) – wer eins zu Gesicht bekommt, weiß sofort, warum. Ohne internationale Telefonkarte sind sie für Auslandsgespräche auf eigene Kosten aber nicht zu gebrauchen.

Wer keine internationale Telefonkarte besitzt, kann sich bei Zeitungsständen und Apotheken alternativ eine Embratel-Karte (Gesprächsguthaben 20–50 R$) zulegen. Der portugiesisch-englischen Anleitung folgend rubbelt man dann den Code auf der Kartenrückseite frei und gibt diesen zusammen mit der gewünschten Nummer ein. So können theoretisch von allen Telefonen Auslandsge-

---

BRASILIANISCHE ORTSVORWAHLEN & TELEFONANBIETER

In Brasilien kämpfen diverse Telefongesellschaften um den Ferngesprächsmarkt. Bei Auslandstelefonaten oder Fernverbindungen in eine andere Stadt muss man sich für einen Anbieter entscheiden und dessen zweistelligen *código de prestadora* (Code) in die zu wählende Nummer einsetzen. Bei den Ortsvorwahlen in diesem Buch steht „xx" daher für den Anbietercode (z. B. in ☎ 0xx21 für Rio de Janeiro oder in ☎ 0xx71 für Salvador). Auf diese Weise sind die Ortsvorwahlen von Städten und Ortschaften direkt unter den dazugehörigen Überschriften vermerkt.

Was auf den ersten Blick kompliziert erscheint, ist in der praktischen Anwendung recht einfach: Einerseits eignen sich die Hauptgesellschaften **Embratel** (☎ 21), **Intelig** (☎ 23) und **Oi Telemar** (☎ 31) für Telefonate aller Art. Andererseits geben andere Großanbieter ihre Namen und Codes in der jeweiligen Region meist überall an – vor allem auf öffentlichen Fernsprechern.

Beispiel für ein Gespräch von Rio de Janeiro nach Fortaleza (Ortsvorwahl ☎ 0xx85) im Bundesstaat Ceará: Den Anfang macht die 0, gefolgt von 21, 23, 31 oder 85 (Codes der vier Anbieter, die Rio und Ceará abdecken). Dann kommen die 85 für Fortaleza und die eigentliche Anschlussnummer.

Bei Auslandstelefonaten folgen auf 00 zunächst 21, 23 oder 31 (Codes der internationalen Anbieter), dann Länder-, Ortsvorwahl und Anschlussnummer.

Folgende brasilianische Hauptanbieter taugen für alle In- und Auslandsgespräche:

- Embratel ☎ 21
- Intelig ☎ 23
- Oi Telemar ☎ 31

---

spräche geführt werden (nach Europa ca. 2,50 R$/Min.). In der Praxis sind viele Kartentelefone dafür aber nicht geeignet oder einfach defekt.

Eine weitere Option sind Internetcafés oder Telefonstuben, bei denen nach dem Auflegen bar bezahlt wird. Wer böse Überraschungen vermeiden will, sollte auf keinen Fall vergessen, vor Gesprächsbeginn den Minutenpreis auszuhandeln. Normalerweise bekommt der Kunde eine Kabine zugewiesen und wählt selbst. Internationale Vorwahlen:

Argentinien ☎ 0054
Bolivien ☎ 00591
Deutschland ☎ 0049
Österreich ☎ 0043
Paraguay ☎ 00595
Peru ☎ 0051
Schweiz ☎ 0041
Venezuela ☎ 0058

Telefonate können auch von Privatanschlüssen oder Hotels aus geführt werden. Bei letzteren sollte man aber unbedingt versuchen, den Preis für das gesamte Gespräch im Voraus festzulegen – denn viele Hotels verlangen dafür astronomische Summen.

A cobrar (R-Gespräche) ins Ausland sind mittels der Nummer ☎ 0800-703-2111 von jedem brasilianischen Anschluss aus möglich.

Ansonsten lässt man sich von der örtlichen Vermittlung (☎ 103-31 od. 103-21) mit einer *telefonista internacional* (Auslandsvermittlung) verbinden. Da viele Telefonisten kein Englisch sprechen, könnten ein paar der Floskeln im Kasten unten nützlich sein.

Auf manchen Telefonen werben Aufkleber für kostenlose Verbindungen zu mehrsprachigen Vermittlungen, die R-Gespräche ins Ausland oder Auslandsgespräche auf Kreditkarte anbieten. Dies ist jedoch mit Vorsicht zu genießen. Man ist gut damit beraten, die genauen Gesprächskosten grundsätzlich im Voraus zu ermitteln.

NÜTZLICHE TELEFONFLOSKELN

Ich möchte ein Auslandsgespräch nach … führen.
Quero fazer uma ligação internacional para…
Ich möchte ein R-Gespräch führen.
Quero fazê-la a cobrar.
Ich benutze einen öffentlichen/privaten Anschluss in Rio de Janeiro. *Estou falando dum telefone público/particular no Rio de Janeiro.*

Mein Name ist… *Meu nôme é…*
Die Ortsvorwahl lautet… *O código é…*
Die Nummer lautet… *O número é…*

Handys

Handys sind in Brasilien allgegenwärtig: Bei der letzten Zählung waren landesweit 103 Mio. Geräte in Betrieb. Die achtstelligen Nummern der *celulars* (häufige Abkürzung *cel*) beginnen mit 8 oder 9. Wer per Telefonkarte auf einem Handy anruft, schröpft sein Gesprächsguthaben deutlich schneller als bei Gesprächen ins Festnetz. Die Ortsvorwahlen der Mobilfunknummern entsprechen denen der Festnetzanschlüsse (0xx, Ziffer, Ziffer) und müssen bei Anrufen aus einer anderen Stadt genauso gewählt werden.

Wer sein eigenes Handy in Brasilien benutzen möchte, hat mehrere Möglichkeiten: Für internationales Roaming über den eigenen Anbieter in der Heimat ist entweder ein 2G-Gerät (900/1800 MHz) oder eine 3G-Variante (2100 MHz) vonnöten, um die Standardfrequenzen des brasilianischen Netzes nutzen zu können. Man kann das eigene Handy entsperren und mit einer brasilianischen *cartõe pre-pago* füttern. Diese nach Bedarf auf- bzw. nachladbaren Prepaid-SIM-Karten sind landesweit bei Zeitungsständen erhältlich, aber mit hohen Gebühren verbunden (Inlandsgespräche ca. 1,50 R$/Min.). Als Brasiliens größte Mobilfunkanbieter haben Vivo, TIM und Claro die umfangreichste Netzabdeckung. Der Service von TIM ist allgemein am besten und stressfreisten.

Firmen wie z. B. **ConnectCom** (☎ 0xx21-2215 0002; www.connectcomrj.com.br) in Rio versorgen diverse Großstädte mit Leihhandys (ca. 10 R$/Tag zzgl. Gesprächsgebühren).

TOILETTEN

Öffentliche Toiletten sind in Brasilien zwar recht rar, aber wenigstens vorhanden: Stille Örtchen gibt's an allen Busbahnhöfen, Flughäfen sowie anderen Stellen in den meisten Städten und Siedlungen. Sie können normalerweise gegen eine Gebühr von 0,50 bis 1 R$ benutzt werden. Brasilianische Bars und Restaurants gestatten Touristen meist gerne das Aufsuchen ihrer Toiletten. Wie in anderen lateinamerikanischen Ländern wird benutztes Toilettenpapier nicht hinuntergespült, sondern in einem „anrüchigen" Korb neben der Schüssel entsorgt.

TOURISTENINFORMATION

Brasilianische Touristeninformationen werden meistens von den jeweiligen Bundesstaaten und Stadtverwaltungen finanziert. Oft wird ihr ohnehin knapper Etat noch durch die Launen und Streitereien von Regional- oder Lokalpolitikern zerstückelt: Einige Touristeninformationen müssen als Pfründe für Familienangehörige von Stadtoberen herhalten. Anderswo trifft man wiederum auf engagierte und sachkundige Angestellte, die einen bereitwillig mit Infos versorgen, da ihnen der örtliche Tourismus am Herzen liegt. Manche Büros liegen günstig im Stadtzentrum, andere dagegen so weit draußen, dass der Weg dorthin einen ganzen Tag in Anspruch nimmt. Daher am besten immer cool bleiben, mit Überraschungen rechnen und nicht zu viel erwarten!

Brasiliens Tourismusbehörde **Embratur** (☎ 0xx61-3429 7777; www.braziltour.com; Setor Comercial Norte, Quadra 2, Bloco G, Brasília) hat ihren Hauptsitz in Brasília.

Das Informationsangebot brasilianischer Botschaften und Konsulate im Ausland (s. S. 756) ist relativ beschränkt. Dennoch liefern deren Websites teilweise nützliche Auskünfte.

UNTERKUNFT

Das vielfältige Angebot an Unterkünften reicht von abgenutzten, fensterlosen Zellen bis hin zu opulenten Gästehäusern am Strand. Nahezu alle Pousadas (Gästehäuser), Hostels und Hotels servieren eine Variante von *café da manha* (Frühstück). Wir haben in diesem Reiseführer lediglich vermerkt, wenn dies nicht der Fall ist. Zimmer mit Gemeinschaftsbädern werden als *quartos*, mit eigenen Bädern als *apartamentos* bezeichnet.

In diesem Buch fallen jene Hostels und Pensionen in den Budgetbereich, die für Betten oder Doppelzimmer nicht mehr als 80 R$ verlangen. Am unteren Ende der Skala sind günstige Einzel-/Doppelzimmer außerhalb der großen Städte und Feriengebiete bereits für 40/60 R$ zu haben. Für diesen Preis gibt's allerdings lediglich ein kahles Zimmer, in dem

---

UNTERKÜNFTE ONLINE BUCHEN

Weitere Unterkunftsbewertungen und -empfehlungen von Lonely Planet Autoren gibt's unter http://hotels.lonelyplanet.com. Hier findet man echte Insiderinfos zu den besten Adressen, wie immer gründlich und unabhängig recherchiert. Außerdem kann online gebucht werden.

neben einem Bett vielleicht noch ein Ventilator steht.

Mittelklassezimmer kosten 80 bis 200 R$. Sie sind normalerweise komfortabel, aber nicht sonderlich stilvoll. Die Ausstattung umfasst anständige Betten, Klimaanlagen, Bäder mit Warmwasser und Kabel-TV. Im Spitzenklassesegment starten die Preise bei 200 R$. Dafür kommt man in den Genuss von geräumigen Zimmern (teilweise mit Veranda), einem Pool hinter dem Haus und anderen Annehmlichkeiten. In den Zimmern vieler Mittel- und Spitzenklassehotels gibt's Tresore zum Deponieren von Wertsachen. In teureren Städten wie Rio, Salvador oder Búzios bekommt man für 200 R$ wesentlich weniger geboten als in kleineren Ortschaften mit geringeren Besucherzahlen.

In Touristenzentren (vor allem in Rio) sollten Hotelzimmer im Juli (Schulferien), um Weihnachten und an Karneval unbedingt reserviert werden. Dies gilt auch für andere Touristenhochburgen (z. B. Búzios, Ilha Bela oder Morro de São Paulo) am Wochenende und überall sonst während großer Festivals. Bei Aufenthalten in absoluten Spitzenzeiten (z. B. Karneval) sollte man sich am besten mehrere Monate im Voraus um eine Bleibe kümmern. In vielen Fällen kann online gebucht werden, was Rabatte von bis zu 30 % oder mehr einbringen kann. In Rio kann man Rabatt ergattern, wenn man über bekannte einheimische Anbieter bucht, z. B. über www. ipanema.comandriocharm.com.br.

Camping

Campen ist in Brasilien zwar nicht sonderlich beliebt, doch in manchen Landesteilen ist es eine brauchbare Alternative für alle, die Nutional- oder Bundesstaatsparks erkunden möchten. Man benötigt sein eigenes Zelt und muss die komplette Ausrüstung selbst mitbringen. Das größte Problem ist jedoch generell die Sicherheit! Viele Campingplätze befinden sich ganz in der Nähe von Stadtgebieten, wo es nicht unbedingt ratsam ist, sein Lager aufzuschlagen – es sei denn, vertrauenswürdige Einheimische stufen einen Ort als sicher ein.

Bis hinüber nach Fortaleza und Porto Alegre unterhält das **Camping Clube do Brasil** (Karte S. 150; ☎ 0xx21-2532 0203; www.campingclube.com.br, portugiesisch; 29. OG, Rua Senador Dantas 75, Centro, Rio de Janeiro) mehrere Dutzend Campingplätze. Die Website informiert über Details.

Hostels

In Brasilien werden Jugendherbergen als *albergues da juventude* bezeichnet. Die **Federação Brasileira de Albergues da Juventude** (FBAJ; www. hostel.org.br) gehört zum Internationalen Jugendherbergsverband (Hostelling International, HI) und betreibt landesweit über 90 Hostels. Sie sind meistens auf der Website der Organisation verlinkt. Zudem gibt's etliche private Hostels. Bei der letzten Zählung war Rio mit über drei Dutzend Herbergen die unangefochtene Hostel-Hauptstadt Brasiliens. Trotz mitunter großer Qualitätsunterschiede eignen sich Hostels generell super, um Brasilianer und andere Traveller kennenzulernen.

FBAJ-Schlafsaalbetten kosten 20 bis 45 R$ pro Person. In HI-Hostels bezahlen Nichtmitglieder normalerweise 20 % mehr. HI-Gästeausweise (40 R$) sind jedoch direkt bei vielen Hostels und Büros des brasilianischen Jugendherbergsverbands erhältlich. Ausweisdetails liefern z. B. das **Deutsche Jugendherbergswerk** (DJH; www.jugendherberge.de), der **Österreichische Jugendherbergsverband** (ÖJHV; www.oejhv.or.at) und die **Schweizer Jugendherbergen** (SJH; www.youthhostel.ch).

Hotels

Brasiliens Hotelangebot reicht von guten, modernen Luxusoptionen bis hin zu schäbigmuffigen Absteigen. In teureren Hotels kommen oft 15 % Steuerzuschlag zum Grundtarif hinzu. Immer zuerst nach den wirklichen Preisen fragen – die sind oft niedriger als die angegebenen Beträge. Zudem kann die Frage *Tem desconto?* (Gibt's Ermäßigung?) nie schaden und eventuell einen kleinen Rabatt einbringen. In der Hauptsaison steigen die Zimmerpreise normalerweise um 30 bis 40 % Rund um Karneval und Neujahr berappt man gar das Doppelte oder Dreifache. In businessorientierten Städten wie São Paulo, Curitiba, Porto Alegre oder Brasília gewähren Hotels meistens Wochenendrabatte.

Mietwohnungen

Es gibt mehrere Möglichkeiten, Ferienwohnungen und Apartments für Kurz- oder Langzeitaufenthalte zu mieten. In den meisten Großstädten können sich Ausländer bei Immobilienmaklern nach Mietwohnungen erkundigen. Am besten befragt man andere Ausländer direkt vor Ort zum aktuellen Mietspiegel, der von Stadt zu Stadt variiert. Auf den Immobilienseiten der Zeitungen sind Apartments normalerweise unter *temporada* oder *apartamentos para aluguel* aufgelistet. Wer lediglich auf ein Zimmer in einer Privatwohnung oder einem Haus aus ist, schaut unter *vaga* oder *quarto* nach. Ein Apartment in Belo Horizonte kostet durchschnittlich 300 R$ pro Woche, in Rio oder São Paulo das Zwei- bis Dreifache.

Pousadas

Bei typischen Pousadas handelt es sich um kleine Gästehäuser in Familienbesitz. Dennoch bezeichnen sich manche Hotels als „Pousada", um auf Gäste attraktiver zu wirken. Einzel-/Doppelzimmer in rustikalen Pousadas sind teilweise schon ab 60/90 R$ zu haben. Für luxuriöse Doppelzimmer zahlt man bis zu 500 R$. Das Frühstück ist normalerweise im Preis enthalten.

Urwaldlodges

In entlegenen Ecken sind Urwaldlodges im oder am Rand des Regenwalds eine beliebte Option. Die manchmal recht hohen Preise bezahlen Touristen eher für die Erfahrung, im Urwald zu logieren: Der Einrichtungsstandard ist bestenfalls Mittelklasse. Dennoch haben einige Lodges durchaus Angebote für jeden Geldbeutel – beispielsweise einen Hängemattenbereich mit Gemeinschaftsbädern plus Gästezimmer mit eigenen Bädern. Naturgemäß ist die Lage weitaus exotischer als die Architektur: Urwaldlodges sind normalerweise aus Holz gebaut und stehen oft auf Stelzen. Die meisten gibt es rund um Manaus.

VERSICHERUNG

Traveller sind gut beraten, wenn sie eine Reiseversicherung abschließen, die neben Diebstahl und Verlustfällen auch die Kosten für medizinische Behandlungen abdeckt. Die Policen von STA Travel und anderer studentischer Reiseorganisationen haben allgemein ein gutes Preis-Leistungs-Verhältnis. Abhängig vom Vertrag variieren die Deckungssummen für medizinische Behandlungen. Höhere Beträge sind hauptsächlich für Länder mit extrem hohen medizinischen Kosten erforderlich (z. B. die USA). Angesichts der vielfältigen Angebote das Kleingedruckte immer sorgfältig durchlesen!

Manche Verträge enthalten spezielle Ausschlussklauseln hinsichtlich „gefährlicher Aktivitäten" wie Tauchen, Motorradfahren oder sogar Wandern. Auch im Ausland erworbene Motorradführerscheine werden bei Unfällen teilweise nicht anerkannt.

Am besten wählt man eine Variante, bei der Ärzte oder Krankenhäuser direkt vom Versicherer bezahlt werden. Ansonsten muss man die Rechnung sofort nach der Behandlung begleichen und das Geld später zurückfordern. In diesem Fall ist es essenziell, alle erforderlichen Dokumente sorgfältig aufzubewahren. Manchmal sind Versicherte auch verpflichtet, sich per R-Gespräch bei einer Hotline im Heimatland zu melden, damit das Problem schnellstmöglich eingeschätzt werden kann. Auf jeden Fall sollten Transporte mit dem Krankenwagen und Krankenflüge in die Heimat abgedeckt sein!

VISA & DOKUMENTE

Zur Zeit benötigen Urlauber aus Westeuropa für einen Aufenthalt in Brasilien von bis zu 90 Tagen kein Visum.

Minderjährige, die von keinem oder auch nur einem der beiden Elternteilen oder Erziehungsberechtigten begleitet werden, brauchen – unabhängig von ihrer Staatsangehörigkeit – eine Einverständniserklärung des nicht mitreisenden Elternteils bzw. beider Eltern oder Erziehungsberechtigten (bei der Einreise wird allerdings in der Regel nicht nach der entsprechenden Erklärung verlangt).

Geschäftsreisende sollten sich generell vor der Einreise bei der zuständigen brasilianischen Auslandsvertretung erkundigen, ob für die geplante Reise ein Visum benötigt wird. U. a. erfordern längere Geschäftreisen ein zeitlich begrenztes Visum. Normalerweise muss hierfür ein Reisepass vorgelegt werden, der noch mindestens ein halbes Jahr nach der Ankunft gültig ist. Ebenfalls vonnöten sind zwei identische Passfotos und ein Einladungsschreiben auf offiziellem Firmenpapier, das über die Art der Tätigkeit, Ankunfts- und Abreisedatum und die jeweiligen Kontakte im Land informiert. In diesem Dokument muss der Arbeitgeber auch die volle finanzielle und moralische (!) Verantwortung während des Aufenthalts übernehmen.

Abhängig vom jeweiligen Land, aus dem die Einreise nach Brasilien erfolgt, muss unter Umständen auch eine Schutzimpfung gegen Gelbfieber nachgewiesen werden. Bei Nicht-Beachtung drohen Geldstrafen und Einreiseverbot. Außerdem verlangen die Behörden bei der Einreise hin und wieder auch die Vorlage des Rückreise- oder Anschlusstickets und/oder den Nachweis entsprechender finanzieller Mittel (z. B. Kreditkarten oder Reischecks).

Da sich die Visumbestimmungen von Zeit zu Zeit ändern können, sollte man den neuesten Stand grundsätzlich bei einer diplomatischen Vertretung Brasiliens im eigenen Heimatland erfragen (s. S. 765).

Ein-/Ausreisekarte

Bei der Einreise nach Brasilien müssen alle Touristen eine sogenannte *cartão de entrada/ saida* (Ein-/Ausreisekarte) ausfüllen. Die eine Hälfte bekommt man ausgehändigt. Die andere verbleibt bei den brasilianischen Beamten, die auch den Reisepass abstempeln. Sollten die Behörden die übliche Aufenthaltsdauer von 90 Tagen aus irgendeinem Grund verweigern, wird die maximale Tageszahl unter dem Wort *Prazo* auf dem Stempel im Reisepass vermerkt.

Beim Verlassen des Landes ist die andere Kartenhälfte bei den Einwanderungsbehörden abzugeben. Achtung: Während der Reise dieses Dokument unbedingt sorgfältig aufbewahren! Ansonsten kann es wegen Scherereien mit den Einwanderungsbehörden zu unnötigen Ausreiseverzögerungen kommen.

EINREISEKARTE & VISUM VERLÄNGERN

Dafür ist Brasiliens Polícia Federal (Bundespolizei) zuständig, die Büros in den Hauptstädten der Bundesstaaten und Grenzorten unterhält. Anträge auf Verlängerung müssen vor Ablauf der Einreisekarte oder des Visums gestellt werden – diese Frist sollte nicht bis auf den letzten Drücker hinausgezögert werden. Wo sich das nächste Büro der Polícia Federal befindet, lässt sich über eine Touristeninformation in Erfahrung bringen. Antragsteller sollten sich ordentlich kleiden – manche Beamte behandeln Traveller in Shorts nicht gerade freundlich!

Allem Anschein nach werden Verlängerungen recht automatisch erteilt, hin und wieder erhält man allerdings weniger als die vollen 90 Tage obendrauf. Manchmal lässt sich die Polizei auch das Ausreiseticket und einen Vermögensnachweis vorlegen, doch dies scheint im persönlichen Ermessen des jeweiligen Beamten zu liegen. Vielleicht muss auch ein sogenanntes Documento de Arrecadação de Receitas Federais (DARF; offizieller Nachweis über das Jahreseinkommen) ausgefüllt werden, das bei Verkäufern vor den Polizeistationen und bei *papelarias* (Schreibwarenläden) erhältlich ist. Nachdem man es ausgefüllt hat, muss man bei einer Bank eine Gebühr von ca. 100 R$ entrichten und das DARF abstempeln lassen. Nach der Abgabe bei der Bundespolizei wird die Verlängerung dann normalerweise automatisch erteilt.

Wer sich für die maximal mögliche Verlängerung von 90 Tagen entscheidet und vorher ausreist, darf erst nach Ablauf dieser Frist erneut nach Brasilien einreisen. Normalerweise trifft dies aber nicht bei Tagesausflügen über die Grenze in Städte wie Puerto Iguazú (Argentinien) oder Leticia (Kolumbien) zu.

Reisepass

Per Gesetz ist man verpflichtet, den Reisepass ständig bei sich zu tragen. Bei Stadtausflügen entscheiden sich viele Traveller jedoch für eine Kopie (am besten beglaubigt) und lassen das Original sicher verschlossen im Hotel zurück. Ebenso empfiehlt es sich, zusätzliche Passfotos für Dokumente oder Visa dabeizuhaben, die eventuell vor Ort beantragt werden müssen.

ZEIT

Brasilien hat vier Zeitzonen. Die Brasília-Zeit (MEZ –4 Std.) gilt im ganzen Südosten (inkl. Rio und São Paulo), Süden und Nordosten – ebenso für den Distrito Federal (inkl. Brasília) und den Bundesstaat Goiás im zentralen Westen. Die amazonischen Bundesstaaten Tocantins und Amapá sowie die östliche Hälfte Parás richten sich ebenfalls danach.

Im Großteil Amazoniens und im übrigen zentralen Westen (Bundesstaaten Mato Grosso und Mato Grosso do Sul) ticken die Uhren eine Stunde hinter der Brasília-Zeit (MEZ –5 Std.). Die Inselgruppe Fernando de Noronha befindet sich 350 km vor der Küste Natals draußen im Atlantik und liegt eine Stunde *vor* der Brasília-Zeit (MEZ –3 Std.). Acre und der Südwesten von Amazonas hinken dagegen zwei Stunden hinter der Brasília-Zeit (MEZ –6 Std.) her.

Folglich: Wenn es in Berlin 12 Uhr schlägt, sollten die Zeiger im Großteil Brasiliens auf 8 Uhr, in Fernando de Noronha auf 9 Uhr, in Mato Grosso bzw. im Großteil Amazoniens auf 7 Uhr sowie in Acre und im südwestlichen Amazonas auf 6 Uhr stehen. Die Betonung liegt auf „sollten": Aufgrund der brasilianischen Sommerzeit (Mitte Okt.–Mitte Feb.) ist dies normalerweise nicht der Fall. Zu deren

Beginn werden die Uhren eine Stunde vorgestellt – allerdings nur im Südosten, Süden, zentralen Westen sowie in den Bundesstaaten Bahia und Tocantins! Während der übrigen Jahreshälfte gilt natürlich die Sommerzeit der nördlichen Hemisphäre. In Wirklichkeit beträgt die Zeitdifferenz zwischen Berlin und Rio de Janeiro daher im Dezember drei Stunden, im Juli fünf Stunden. Von Oktober bis Februar bestehen zwischen Rio und Manaus drei, ansonsten zwei Stunden Unterschied. Soweit alles klar?

Auf jeden Fall überrascht es wohl kaum, dass Brasilianer und ausländische Touristen die aktuelle Uhrzeit manchmal nicht wissen. Viele Traveller können ein Lied von Anschlussverbindungen singen, die deshalb verpasst wurden.

Selbst wenn Brasilianer die Uhrzeit kennen, sehen sie vereinbarte Termine eventuell recht locker. Also sollte man nicht verärgert oder überrascht sein, wenn Einheimische mit mehrstündiger Verspätung eintreffen.

ZOLL

Bei der Einreise dürfen pro Person 2 l Alkohol, 400 Zigaretten, ein Laptop bzw. PC sowie jeweils eine Foto- und Videokamera eingeführt werden. Kleider, Bücher, Zeitschriften und andere persönliche Artikel für den privaten oder beruflichen Gebrauch müssen nicht verzollt werden. Bis zu einem Gesamtwert von 500 US$ sind neu gekaufte Waren ebenfalls zollfrei. Die Einfuhr von Fleisch- und Käseprodukten ist verboten. Pflanzen und Samen sind bei Ankunft anzugeben.

Verkehrsmittel & -wege

DIE DINGE ÄNDERN SICH ...

Die Informationen in diesem Kapitel sind besonders anfällig für Veränderungen. Alle relevanten Aspekte bezüglich Tickets und deren Kauf, Reiserouten und Sicherheitsbestimmungen im internationalen Reiseverkehr sollten vor dem Start mit der Fluglinie oder dem Reisebüro durchgesprochen werden. Und Augen auf beim Ticketkauf! Die Angaben in diesem Kapitel verstehen sich als Hinweise und sind kein Ersatz für die eigene, gründliche und aktuelle Recherche.

AN- & WEITERREISE

EINREISE
Die meisten Traveller beginnen ihre Odyssee durch Brasilien mit einem Flug nach Rio. Das Land hat aber noch weitere internationale Luftkreuze und außerdem Grenzübergänge zu allen südamerikanischen Ländern mit Ausnahme von Chile und Ecuador.

FLUGZEUG
Flughäfen & Fluglinien
Die internationalen Flughäfen Galeão (GIG; Rio de Janeiro) und Guarulhos (GRU; São Paulo) werden am häufigsten angesteuert. Von beiden starten regelmäßig Anschlussmaschinen zu Zielen im ganzen Land. In Salvador (SSA) und Recife (REC) landen ein paar aus Europa kommenden Direktflüge.

Größte internationale Fluglinie Brasiliens ist TAM mit Verbindungen nach New York, Miami, Paris, London, Lissabon und zu sieben südamerikanischen Städten. TAM fällt in Kategorie 1 der US Federal Aviation Administration und entspricht somit den internationalen Sicherheitsstandards.

Die folgenden Unternehmen fliegen nach/ ab Brasilien. Alle Telefonanschlüsse mit 0xx11 am Anfang befinden sich in São Paulo, die mit 0xx21 in Rio. Telefonnummern mit einer 4 als erster Ziffer können von allen Großstädten aus direkt bzw. ohne Vorwahl genutzt werden.

Weitere Airlines mit Südamerikaflügen stehen auf S. 784. Details zu brasilianischen Inlandsfluglinien gibt's auf S. 789.

FLUGLINIEN MIT FLÜGEN NACH/ AB BRASILIEN
Aerolineas Argentinas (AR; ☎ 0800-707 3313; www.aerolineas.com.ar)
Aeroméxico (AM; ☎ 0xx11-3253 3888; www.aeromexico.com)
Air France (AF; ☎ 4003 9955; www.airfrance.com)
Alitalia (AZ; ☎ 0800-704 0206; www.alitalia.com)
American Airlines (AA; ☎ 4502 4000; www.aa.com)
Avianca (AV; ☎ 0xx21-2240 4413; www.avianca.com)
British Airways (BA; ☎ 4004 4440; www.britishairways.com)
Continental Airlines (CO; ☎ 0800-702 7500; www.continental.com)
COPA (CM; ☎ 0800-771 2672; www.copaair.com)
Delta Airlines (DL; ☎ 4003 2121; www.delta.com)
Gol (G3; ☎ 0300-115 2121; www.voegol.com.br)
Iberia (IB; ☎ 0xx11-3218 7130; www.iberia.com)
KLM (KL; ☎ 0800-891 5024; www.klm.com)
Lan Chile (LA; ☎ 0800-761 0056; www.lan.com)
Lufthansa (LH; ☎ 0xx11-3048 5800; www.lufthansa.com)
Ocean Air (O6; ☎ 4004 4040; www.oceanair.com.br)
Swissair (LX; ☎ 0xx11-3049 2720; www.swiss.com)
TAM (KK; ☎ 4002 5700; www.tam.com.br)
TAP Air Portugal (TP; ☎ 0xx21-2131 7771; www.flytap.com)
United Airlines (UA; ☎ 0xx21-2217 1951; www.united.com)

AUSREISESTEUER

Bei internationalen Flügen ab Brasilien ist die Flughafen- bzw. Ausreisesteuer (36 US$) normalerweise im Ticketpreis enthalten. Falls nicht, muss sie vor oder beim Check-In am Flughafen in Reais oder US-Dollar bezahlt werden.

Tickets

Während der Hauptsaison (ca. Mitte Dez.–Ende Feb.) kosten Brasilienflüge rund 300 US$ mehr als im restlichen Jahr.

INTERNATIONALE FLUGPÄSSE

Wer seinen Brasilientrip mit Reisen durch andere südamerikanische Länder verbinden möchte, kann mit Flugpässen ganz nett bares Geld sparen – vorausgesetzt, man legt in 30 Tagen große Strecken zurück und stört sich nicht an einer festgelegten Reiseroute. Der South America Airpass von TAM gilt innerhalb Brasiliens, Argentiniens, Boliviens, Chiles (ohne Osterinsel), Paraguays, Perus, Uruguays und Venezuelas. Sein Preis hängt von der Zahl der Flugkilometer ab, die zurückgelegt werden sollen. Die Spanne liegt zwischen 339 (3040 km) und 1236 US$ (13 200 km).

Die Fluglinien der **Oneworld Alliance** (www.oneworld.com) bieten das Ticket Visit South America an, das Zwischenstopps in über 30 Städten in zehn südamerikanischen Ländern gestattet. Dabei berechnen sich die Preise nach Entfernung pro Flug (z. B. 119 US$ für 900 km, 179 US$ für 2050 km oder 359 US$ für 5600 km).

Innerhalb des Streckennetzes von Gol gilt der Gol Mercosul Airpass z. B. für Trips zwischen Brasilien und Chile, Argentinien, Paraguay, Uruguay, Peru oder Bolivien (4/5 Flüge 632/772 US$, pro weiterer Flug zzgl. 120 US$).

Auf S. 789 stehen Infos zur Flugpassnutzung innerhalb Brasiliens.

FLÜGE BUCHEN IN BRASILIEN

Als Brasiliens beliebtestes internationales Luftkreuz hat Rio de Janeiro viele Reisebüros. Studententickets verkauft das **Student Travel Bureau** (STB; ☎ 0xx21-2512 8577; www.stb.com.br; Rua Visconde de Pirajá 550, Ipanema) mit rund 30 Filialen im ganzen Land. **US Tour** (☎ 0xx11-3815 8262; www.ustour.com.br) zählt zu São Paulos günstigen Anbietern. Erschwingliche Online-Angebote gibt's z. B. unter www.passagembarata.net.

KLIMAWANDEL & REISEN

Der Klimawandel stellt eine ernste Bedrohung für unsere Ökosysteme dar. Zu diesem Problem tragen Flugreisen immer stärker bei. Lonely Planet sieht im Reisen grundsätzlich einen Gewinn, ist sich aber der Tatsache bewusst, dass jeder seinen Teil dazu beitragen muss, um die globale Erwärmung zu verringern.

Fliegen & Klimawandel

Fast jede Art der motorisierten Fortbewegung erzeugt CO_2 (die Hauptursache für die globale Erwärmung), doch Flugzeuge sind mit Abstand die schlimmsten Klimakiller – nicht nur wegen der großen Entfernungen und der entsprechend großen CO_2-Mengen, sondern auch weil sie diese Treibhausgase direkt in hohen Schichten der Atmosphäre freisetzen. Die Zahlen sind erschreckend: Zwei Personen, die von Europa in die USA und wieder zurück fliegen, erhöhen den Treibhauseffekt in demselben Maße wie ein durchschnittlicher Haushalt in einem ganzen Jahr.

Emissionsausgleich

Die englische Website www.climatecare.org und die deutsche Internetseite www.atmosfair.de bieten sogenannte CO_2-Rechner. Damit kann jeder ermitteln, wie viel Treibhausgase seine Reise produziert. Das Programm errechnet den zum Ausgleich erforderlichen Betrag, mit dem der Reisende nachhaltige Projekte zur Reduzierung der globalen Erwärmung unterstützen kann, beispielsweise Projekte in Indien, Honduras, Kasachstan und Uganda.

Lonely Planet unterstützt gemeinsam mit Rough Guides und anderen Partnern aus der Reisebranche das CO_2-Ausgleichsprogramm von climatecare.org. Alle Reisen von Mitarbeitern und Autoren von Lonely Planet werden ausgeglichen.

Weitere Informationen gibt's auf www.lonelyplanet.com.

Europa

Diverse europäische und brasilianische Airlines fliegen nonstop von Europa nach Rio de Janeiro bzw. São Paulo. TAP Air Portugal und ihre Codesharing-Partner (z. B. TAM) verlassen Lissabon etwas weniger oft gen Salvador, Recife, Fortaleza und Natal in Brasiliens Nordosten.

Unabhängig vom Startpunkt kosten Brasilienflüge von Westeuropa aus etwa gleich viel. Tickets nach Rio de Janeiro oder São Paulo gibt's ab ca. 900 €. Flüge zu den meisten anderen Zielen sind in der Regel ein paar Hundert Euro teurer.

Südamerika

Neben Flügen zwischen südamerikanischen Metropolen und brasilianischen Großstädten gibt's auch grenzüberschreitende Kurzstreckenflüge, die eine Alternative zu manchen Überlandrouten sind. Innerhalb der Regionenkapitel informieren die Einzelbeschreibungen der unten genannten brasilianischen Städte und Ortschaften über Flüge zu weiteren Zielen in Südamerika.

Argentinien Gol, TAM, British Airways und Aerolíneas Argentinas verbinden Buenos Aires mit Rio oder São Paulo. Von Buenos Aires geht's zudem nach Porto Alegre, Curitiba, Florianópolis und Puerto Iguazú (Argentinien). Letzteres liegt nahe Foz do Iguaçu in Brasilien.

Bolivien Mit Gol geht's von Santa Cruz nach Campo Grande. TAM und **Aerosur** (www.aerosur.com) verbinden Santa Cruz mit São Paulo. Innerhalb Boliviens fliegen Aerosur und **Aerocon** (www.aerocon.bo) von anderen Städten nach Cobija, Guayaramerin und Puerto Suárez an der Grenze. Jeweils gleich gegenüber liegen Brasiléia, Guajará-Mirim und Corumbá auf brasilianischem Boden.

Chile Gol, TAM und Lan Chile pendeln zwischen São Paulo und Santiago (Chile).

Die Guyanas & Surinam Die brasilianische Regionalgesellschaft **Meta** (www.voemeta.com) verlässt Georgetown (Guyana) und Paramaribo (Surinam) in Richtung Belém oder Boa Vista. Die in Französisch-Guyana ansässige **Air Caraïbes** (www.aircaraibes.com) ist zwischen Belém und Cayenne unterwegs.

Kolumbien Aero República und Satena starten in Bogotá gen Leticia. Von dort gelang man per pedes, Taxi oder *combi* (Minibus) über die Grenze nach Tabatinga in Brasilien. Avianca und Gol fliegen direkt von Bogotá nach São Paulo, wo Maschinen nach Rio normalerweise eine Zwischenlandung einlegen.

Paraguay TAM verbindet São Paulo oder Rio mit Asunción in Paraguay. Dorthin fliegt auch Gol ab Curitiba.

Peru Mit TAM, Lan Chile, Taca und Gol geht's von Lima nach São Paulo.

Uruguay In Montevideo starten Direktflüge nach São Paulo (mit TAM, Gol und Pluna), Rio (mit Pluna) oder Porto Alegre (mit Gol).

Venezuela Ab Caracas fliegt TAM direkt oder über Manaus nach São Paulo und Rio. Auch Gol pendelt zwischen Caracas und Rio bzw. São Paulo.

AUF DEM LANDWEG

Die direkte Einreise auf dem Landweg ist von neun Ländern aus möglich. Zudem fahren Flussboote ab Bolivien oder Peru zu mehreren brasilianischen Grenzstädten (Details auf S. 789). Wer von Kolumbien oder Venezuela auf dem Landweg nach Brasilien hinüber möchte, braucht neben dem obligatorischen Visum auch den Nachweis über eine Gelbfieberimpfung.

Auto & Motorrad

Traveller, die mit dem eigenen Fahrzeug nach Brasilien einreisen möchten, finden auf S. 788 Infos zu erforderlichen Dokumenten, Verkehrsregeln, Benzin und Ersatzteilen. An der Grenze muss eine Erklärung namens *termo de responsabilidade* unterzeichnet werden. Neben den persönlichen Daten und der Heimatadresse des Fahrzeughalters sind darin auch das Reiseziel und alle Fahrzeugdaten (Hersteller, Modell, Baujahr, Seriennummer, Farbe und Kennzeichen) anzugeben. Zudem muss man eine Bankbürgschaft hinterlegen, deren Höhe vom Zoll festgelegt wird. In einer weiteren Einverständniserklärung verpflichtet man sich, bei Aufenthalten über 90 Tagen die Fahrzeuggenehmigung beim Zoll in der Region zu verlängern, in der die Einreise registriert wurde. Bei der Ausreise ist der Nachweis wiederum beim Zoll vorzulegen. Bei Überschreitung des Genehmigungszeitraums können das Fahrzeug offiziell beschlagnahmt und die Bankbürgschaft eingezogen werden. Der Verkauf eingeführter Fahrzeuge ist in Brasilien verboten.

Bus

Busse, die zwischen Brasilien und Argentinien, Paraguay oder Uruguay verkehren, rollen über anständige Straßen. Solche Trips sind allerdings ziemlich teuer – im Vergleich zur günstigeren, aber auch weitaus zeitaufwendigeren Alternative, bei der man per Bus zur Grenze fährt, diese zu Fuß überquert und dann mit einem anderen Bus weiterreist. Man sollte unbedingt alle erforderlichen Papiere parat haben. Infos dazu stehen auf S. 780.

VERKEHRSMITTEL & -WEGE

Grenzübergänge

ARGENTINIEN

Die meisten Traveller benutzen den Grenzübergang zwischen Puerto Iguazú und Foz do Iguaçu, der ca. 20 Busstunden von Buenos Aires entfernt liegt (Details auf S. 363). Der weiter südlich gelegene Übergang zwischen Paso de los Libres (Argentinien) und Uruguaiana (Brasilien) ist ebenfalls per Bus ab Buenos Aires erreichbar.

Direktbusse verkehren zwischen Buenos Aires und Porto Alegre (195 R$, 18 Std.), Rio de Janeiro (325 R$, 42 Std.), Florianópolis (216 R$, 25 Std.), Curitiba (230 R$, 34 Std.) oder São Paulo (285 R$, 36 Std.).

BOLIVIEN

Brasiliens längste Außengrenze führt durch entlegene Sumpf- und Waldgebiete. Sie trennt das Land von Bolivien und steht bei Schmugglern hoch im Kurs. Die Hauptübergänge liegen bei Corumbá, Cáceres, Guajará-Mirim und Brasiléia.

Der stärkste Grenzverkehr herrscht zwischen Quijarro (Bolivien) und Corumbá (Brasilien). In Quijarro besteht einmal täglich Zugverbindung nach Santa Cruz in Bolivien. Corumbá ist ein prima Ausgangspunkt für Trips zum Pantanal. Zudem starten dort Busse nach Bonito, Campo Grande, São Paulo, Rio de Janeiro und zu Zielen in Südbrasilien.

Über die bolivianische Grenzstadt San Matías rollt pro Tag ein Bus von Santa Cruz (Bolivien) nach Cáceres in Mato Grosso (Brasilien).

Guajará-Mirim (Brasilien) liegt eine kurze Flussbootfahrt von Guayaramerín (Bolivien) entfernt. Dort landen auch bolivianische Inlandsflüge. Beide Orte bieten Busanschluss zu Zielen in ihrem jeweiligen Land. Starke Re-

---

BOLIVIANISCHE EINREISEBESTIMMUNGEN

Im Gegensatz zu US-Amerikanern können sich EU-Bürger und Schweizer momentan 30 Tage lang visumfrei in Bolivien aufhalten. Dennoch müssen sie u. a. ausreichende Geldmittel und eine Gelbfieberimpfung nachweisen. Da sich die umfangreichen Bestimmungen jederzeit ändern können, sollte der aktuelle Stand unbedingt rechtzeitig über das eigene Außenministerium (s. S. 765) in Erfahrung gebracht werden.

---

genfälle machen Nordboliviens Straßen von Ende Dezember bis Ende Februar jedoch eventuell grottenschlecht.

Viereinhalb Busstunden von Rio Branco entfernt liegt Brasiléia (Brasilien) gegenüber von Cobija (Bolivien). Die dort startenden Inlandsflüge werden durch bolivianische Busverbindungen ergänzt, die ebenfalls stark unter der Regenzeit leiden.

CHILE

Chile grenzt nicht an Brasilien. Über Argentinien verkehren dennoch Direktbusse zwischen Santiago und brasilianischen Städten wie Porto Alegre (320 R$, 36 Std.), Curitiba (340 R$, 54 Std.), São Paulo (360 R$, 54 Std.) oder Rio de Janeiro (370 R$, 62 Std.).

FRANZÖSISCH-GUYANA

Die brasilianische Stadt Oiapoque liegt 560 holperige Buskilometer bzw. einen Kurzstreckenflug von Macapá entfernt am Rio Oiapoque. Von St. Georges (Französisch-Guyana) am anderen Flussufer führt eine Straße zur Hauptstadt Cayenne. Um einen der Minibusse zwischen den beiden Städten zu erwischen, heißt es frühmorgens da sein. Als Alternative gibt's Direktflüge von Belém nach Cayenne, die bei rechtzeitiger Buchung oft günstiger als Überlandtrips sein können.

GUYANA & SURINAM

Von Lethem im südwestlichen Guyana sind's nur wenige Bootsminuten bis nach Bonfim im brasilianischen Bundesstaat Roraima. Bonfim liegt wiederum zwei Busstunden von Boa Vista entfernt (s. S. 737).

Überlandreisen zwischen Surinam und Brasilien führen jeweils zuerst durch Guyana oder Französisch-Guyana.

KOLUMBIEN

Leticia liegt im äußersten Südosten Kolumbiens am Amazonas und grenzt an das brasilianische Tabatinga. Die Grenze kann per pedes, Kombivan oder Taxi überquert werden. Auf kolumbianischer Seite ist eine unkomplizierte Anreise quasi nur mit dem Flugzeug möglich. Nach Tabatinga geht's mittels Kurzstreckenflügen oder mehrtägiger Amazonas-Bootstrips ab Manaus bzw. Tefé (s. S. 714).

PARAGUAY

Der wichtigste Grenzübergang befindet sich zwischen Ciudad del Este und Foz do Iguaçu.

Der Übergang zwischen Pedro Juan Caballero und Ponta Porã ist allgemein weniger praktisch, bietet aber Zugang zum Pantanal. Direktbusse verkehren zwischen Asunción und brasilianischen Städten wie Florianópolis (168 R$, 22 Std.), Curitiba (120 R$, 14 Std.), São Paulo (160 R$, 20 Std.) oder Rio de Janeiro (210 R$, 26 Std.).

PERU

Überlandtrips von Peru nach Brasilien sind ausschließlich über Iñapari möglich, das fünf Minibus- bzw. Truckstunden nördlich von Puerto Maldonado (Peru) liegt. Diese Route ist zudem nur während der Trockenzeit offen. Dabei durchwatet man den Rio Acre zwischen Iñapari und der brasilianischen Kleinstadt Assis Brasil, die Busse und Geländewagen mit Brasiléia (3–4 Std.) verbinden.

URUGUAY

Die meisten Traveller benutzen den Übergang zwischen Chuy und Chuí – eigentlich eine einzige Stadt. Dort verläuft die internationale Grenze in der Hauptstraßenmitte (s. S. 410).

Ansonsten gibt's noch die Übergänge Río Branco–Jaguarão, Isidoro Noblia–Aceguá, Rivera–Santana do Livramento, Artigas–Quaraí und Bella Unión–Barra do Quaraí. Busse pendeln zwischen Montevideo und brasilianischen Städten wie Porto Alegre (170 R$, 12 Std.), Florianópolis (220 R$, 18 Std.) oder São Paulo (295 R$, 30 Std.).

VENEZUELA

Von Venezuelas Norden führen Straßen südostwärts nach Ciudad Bolívar, Ciudad Guayana und zur Grenzstadt Santa Elena de Uairén (S. 737). Vom nahen Pacaraíma in Brasilien geht's dann über eine befestigte Straße gen Süden nach Boa Vista (215 km) und Manaus (990 km). Die längsten Busrouten zu beiden Städten beginnen in Puerto La Cruz im äußersten Norden Venezuelas. Zudem besteht Busverbindung zwischen Santa Elena und Caracas.

SCHIFF/FÄHRE
Bolivien

Vom bolivianischen Trinidad aus folgen Boote dem Río Mamoré flussabwärts in Richtung Brasilien. Die rund fünftägige Reise endet in Guayaramerín, die gegenüber der brasilianischen Stadt Guajará-Mirim (S. 745) liegt.

Peru

Schnelle Passagierboote (60–90 US$, 8–10 Std.) verkehren auf einem 400 km langen Teilstück des Amazonas zwischen Iquitos (Peru) und Tabatinga (Brasilien). Von dort kann man zur 3000 km entfernten Flussmündung schippern (s. S. 726).

UNTERWEGS VOR ORT

AUTO & MOTORRAD

Vor allem in Rio offenbart sich die anarchische Seite der brasilianischen Mentalität offen hinter dem Steuer: Begrenzungslinien, Einbahnstraßen, Bürgersteige oder Fußgänger werden einfach ignoriert.

Benzin & Ersatzteile

1 l Normalbenzin (*combustível* oder *gasolina*) kostet ca. 2,80 R$. Traveller mit eigenem Fahrzeug sollten im Vorfeld unbedingt intensive Recherchen zu verfügbaren Kraftstoffen und Ersatzteilen anstellen.

Führerschein

Obwohl der Führerschein aus der Heimat auch in Brasilien gilt, sind die örtlichen Behörden damit eventuell nicht vertraut. So empfiehlt sich zusätzlich ein internationaler Führerschein (International Driver's Permit, IDP). Dieser entkräftigt polizeiliche Behauptungen, dass man ohne gültige Fahrerlaubnis unterwegs sei. Internationale Führerscheine gibt's beim eigenen Automobilverband (z. B. zum Recherchezeitpunkt für 15 € beim deutschen ADAC). Ausländische Motorradfahrer brauchen grundsätzlich einen brasilianischen Führerschein.

Mieten

Inklusive Versicherung und unbegrenzten Fahrtkilometern kosten kleine Viertürer ca. 100 R$ pro Tag (130 R$ mit Klimaanlage). Bei längerer Mietdauer gibt's eventuell Rabatt.

Wer ein Auto mieten möchte, muss mindestens 25 Jahre alt sein. Bei manchen Firmen (z. B. Avis) liegt das Mindestalter dennoch bei 21 Jahren. Zudem benötigt man eine auf den eigenen Namen ausgestellte Kreditkarte und eine gültige Fahrerlaubnis des eigenen Heimatlands. Ein internationaler Führerschein reicht nicht aus.

Die Haftpflichtversicherung ist stets im Mietpreis enthalten. Eine Erhöhung des Ver-

VERKEHRSMITTEL & -WEGE

sicherungsschutzes (zzgl. 20–40 R$) ist dennoch äußerst ratsam.

Geländewagen lassen sich in Brasilien nur schwer und zu teils heftigen Preisen (über 200 R$/Tag) mieten. Leihmotorräder gibt's noch seltener. Bei geplanten Langstreckentrips somit überlegenswert: Feuerstuhl vor Ort erwerben und nach Tourende wieder verkaufen.

Unterwegs mit dem eigenen Fahrzeug

In Brasilien müssen Autofahrer grundsätzlich die Zulassungspapiere und den Versicherungsnachweis dabeihaben. Um ein Fahrzeug über die Landesgrenze ein- oder auszuführen, ist offiziell ein *carnet de passage en douane* (eine Art Fahrzeugpass) oder eine *libreta de pasos por aduana* (Ein- bzw. Ausfuhrgenehmigung des Zolls) vonnöten. Kontrollen finden aber nur selten statt. Automobilclubs informieren über alle erforderlichen Dokumente.

Verkehrsregeln & Gefahren

Auf Brasiliens gefährlichen Straßen fordern Verkehrsunfälle jedes Jahr rund 35 000 Todesopfer. Die Gier nach Geschwindigkeit ist hier unersättlich. Zu den besonders gefährlichen Routen zählen z. B. die stark befahrenen Highways zwischen Rio und São Paulo.

Bei Dunkelheit scheren sich viele Fahrer nicht um rote Ampeln, sondern bremsen lediglich ab – allerdings aus gutem Grund: Vor allem in São Paulo kommt es an Ampeln oft zu Überfällen. Daher in Großstädten immer nur mit geschlossenen Fenstern und verriegelten Türen anhalten!

Bei Nachtfahrten ist das Risiko besonders hoch, da dann potenziell mehr Betrunkene unterwegs sind. Zumindest im Nordosten und Landesinneren lässt außerdem der Straßenzustand oft stark zu wünschen übrig. Schlecht abgesicherte Kurven sind an der Tagesordnung. Zwecks leichter Spritersparnis schalten manche Brasilianer ihre Scheinwerfer nachts auf Standlicht oder gleich ganz aus.

Bremsschwellen sind in Brasilien verbreitet – an Ortseingängen stets vom Gas gehen!

Ansonsten müssen Selbstfahrer noch mit schlechter Beschilderung, verwirrenden Einbahnstraßen, tropischen Unwettern und Verkehrsteilnehmern rechnen, die in unübersichtlichen Kurven überholen. Auch Reifenpannen kommen häufig vor. Zum Glück sind *borracheiros* (Reifenreparierer) in regelmäßigen Abständen am Straßenrand zu finden. Und natürlich wäre da auch noch die Polizei, die einen wegen scheinbarer Verkehrsdelikte anhält.

Aus Sicherheitsgründen empfehlen sich Unterkünfte mit Parkplätzen abseits der Straße. Dies ist bei den meisten Mittel- und Spitzenklassehotels der Fall.

BUS

Brasiliens Busverbindungen sind allgemein hervorragend und normalerweise extrem pünktlich. Meist kommen saubere, komfortable und gut gewartete Fahrzeuge von Mercedes-Benz, Volvo oder Scania zum Einsatz.

Linienbusse pendeln zwischen allen Großstädten. Während der Stoßzeiten geht's z. B. alle 15 Minuten von Rio nach São Paulo. Hinzu kommen überraschend viele Fernrouten. Alle Metropolen und die meisten Kleinstädte haben zumindest einen zentralen Fernbusbahnhof (*rodoviária*; Aussprache etwa ho-do-wi-*ah*-ri-ja).

Busdienste und Straßenzustand sind nicht überall gleich gut. Der Süden hat das größte und beste Straßennetz. Bei den Küstenhighways gibt's normalerweise nichts zu meckern, während die Straßen in Amazonien und im *sertão*, dem nordöstlichen Hinterland, ziemlich übel sind. Quatro Rodas gibt den äußerst nützlichen *Atlas Rodoviário* heraus. In diesem Straßenatlas sind die schlimmsten Teilstücke als *estradas precárias* ausgewiesen und zusätzlich mit einem großen „X" gekennzeichnet.

In Brasilien gibt's zahlreiche Busunternehmen. In größeren Städten konkurrieren mehrere Dutzend Ticketagenturen miteinander. Unbedingt die Preise vergleichen, bevor man ein Busticket für eine Fahrt von São Paulo oder Rio de Janeiro aus kauft!

Klassen

In Brasilien gibt's drei Fernbustypen. Am weitesten verbreitet sind die recht bequemen *convencionals* oder *comums,* die normalerweise eine Bordtoilette haben. Die angenehmeren, rund 25 % teureren *executivos* sind oft mit Liegesitzen ausgestattet und halten seltener an. Klimatisierte *leitos* (Nachtbusse mit Schlafplätzen) sind mitunter doppelt so teuer wie *comums,* dafür aber superkomfortabel. U. a. haben sie vollständig herunterklappbare Liegesitze mit Decken und Kopfkissen. Meistens servieren Bordbegleiter neben Sandwiches auch Kaffee, Limonade und *água mineral* (Mineralwasser). Wer sich nicht am verpassten Landschaftsblick stört, reist mit einem *leito* sehr komfortabel und kann sich die Zusatzkosten für ein Hotelzimmer sparen.

Egal ob mit oder ohne Bordtoilette – die meisten Busse legen alle drei bis vier Stunden eine Rast ein. Bei solchen Boxenstopps kann man wunderbar andere Passagiere kennenlernen, skurrile Andenken erwerben und sich Teller voller fettigem Essen genehmigen.

In den Bussen leisten Klimaanlagen zuweilen ganze Arbeit. Es ist daher sinnvoll, einen Pullover oder eine Jacke griffbereit zu haben.

Preise

Busreisen durch Brasilien sind nicht immer günstig. In der Klasse *convencional* kostet eine Fahrtstunde durchschnittlich 8 bis 10 R$. Im Folgenden einige Preisbeispiele ab Rio: São Paulo (*convencional/executivo/leito* 68/77/ 110 R$, 6 Std.); Florianópolis (*convencional/ executivo* 176/199 R$, 18 Std.); Salvador (*convencional* 225 R$, 25 Std.); Foz do Iguaçu (*convencional* 210 R$, 22 Std.); Belém (*convencional* 464 R$, 52 Std.).

Reservierungen

Oft reicht es, wenn man sich am Busbahnhof ein Ticket für den nächsten Bus besorgt. Falls dies irgendwo nicht möglich sein sollte (z. B. in Ouro Preto), wird darauf im jeweiligen Abschnitt hingewiesen. Allgemein empfiehlt es sich jedoch, Bustickets spätestens ein paar Stunden oder sogar einen ganzen Tag vor der Abfahrt zu kaufen – an Wochenenden, Feiertagen und von Dezember bis Februar ist es sogar mehr als ratsam, Tickets im Voraus zu erwerben. Manchmal gibt's Bustickets auch bei Reisebüros. Dann wird zwar eine kleine Provision fällig, doch der Extratrip hinaus zum Busbahnhof entfällt. Bei örtlichen Touristeninformationen kann man sich nach dieser Option erkundigen.

FAHRRAD

Kaum ein Radler wagt eine lange Brasilientour. Dies liegt z. B. an durchgeknallten Autofahrern, die nur größere Vehikel respektieren. Auf den Hauptstraßen verpesten viele Lastwagen die Luft mit ungefilterten Abgasen. Auch Straßen ohne Seitenstreifen, riesige Entfernungen und das ständige Diebstahlsrisiko mindern die Freude. Fazit: Längere Radtouren durch Brasilien sind gefährlich und nicht zu empfehlen.

Wer das Land dennoch partout per Drahtesel erkunden möchte, sollte diesen vor der Abreise genauestens unter die Lupe nehmen und alle erdenklichen Ersatzteile einpacken. In Rio gibt's ein paar anständige Fahrradläden, die Ausrüstung verkaufen und Bikes für ca. 50 R$ pro Tag verleihen (s. S. 168).

FLUGZEUG

Aufgrund der großen Entfernungen muss man in Brasilien gelegentlich aufs Flugzeug zurückgreifen. Tickets kosten aber mitunter nur wenig mehr als Fernbustrips. Bei vielen geplanten Flügen lohnt sich wohl ein Brazil Airpass (S. 789). In Hauptreisezeiten (Weihnachten bis Karneval, Osterzeit, Juli & Aug.) heißt es unbedingt im Voraus buchen. Auch sonst sollte man stets eine Rückbestätigung einholen, da sich die Flugpläne ständig ändern. Auf S. 790 gibt's einen Überblick über die wichtigsten Inlandsrouten.

Inlandsfluglinien

Neben den beiden größten Landsfluglinien Gol und TAM sind in Brasilien auch viele kleinere Regionalgesellschaften aktiv.

Größte brasilianische Fluglinien:

Azul (☎ 0xx21-3296 2850; www.voeazul.com.br)
Gol (☎ 0800-280 0465; www.voegol.com.br)
Ocean Air (☎ 0300-789 8160; www.oceanair.com.br)
TAM (☎ 0800 570 5700; www.tam.com.br)
Trip (☎ 0800-789 8747; www.airtrip.com.br)
Varig (☎ 0xx11-4003 7000; www.varig.com.br)

Flugpässe

Ein Brazil Airpass lohnt sich für alle, die große Strecken innerhalb von maximal 30 Tagen zurücklegen wollen. Das diesbezügliche Ticket von Gol Airlines (4/5 Inlandsflüge 532/672 US$, pro weiterer Flug zzgl. 120 US$) gilt beliebig innerhalb des großen Gol-Liniennetzes. TAM bietet ebenfalls einen Flugpass an (4 Inlandsflüge ohne/bei TAM-Flug nach Brasilien 582/532 US$, pro weiterer Flug zzgl. 160/120 US$).

FLUGHAFENSTEUER BEI INLANDSFLÜGEN

Bei Inlandsflügen beträgt die Flughafensteuer 8 bis 20 R$ – je größer der Flughafen, desto höher der Betrag. Falls die Steuer nicht schon im Ticketpreis enthalten ist, muss sie beim Einchecken bar in Real bezahlt werden.

VERKEHRSMITTEL & -WEGE

FLUGROUTEN INNERHALB BRASILIENS

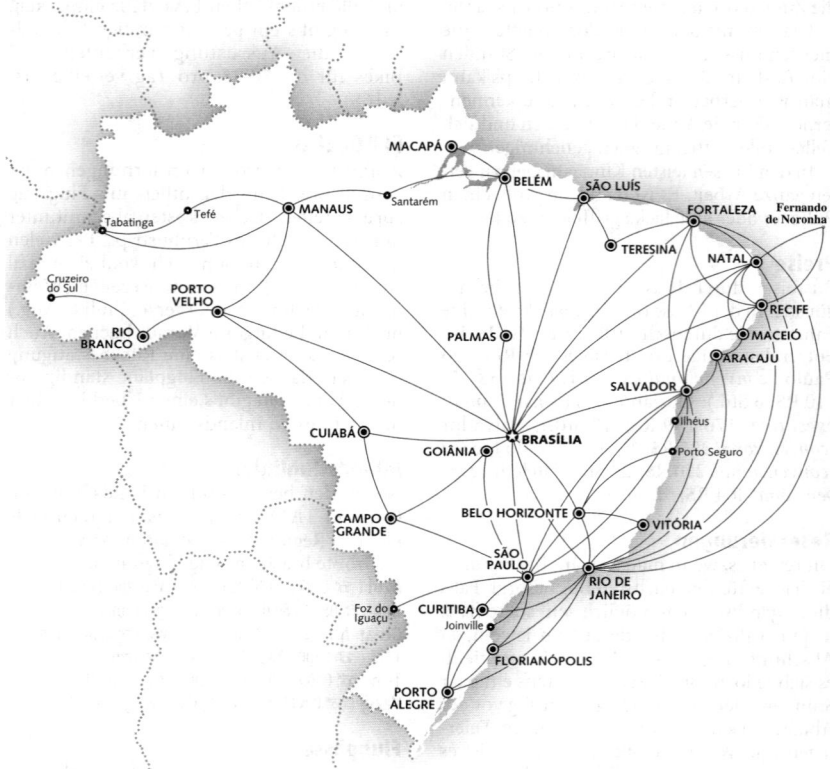

Der Pass muss bereits vor der Abreise nach Brasilien gekauft werden und zudem die komplette Reiseroute festgelegt werden. Ansonsten fallen eventuell extra Umbuchungsgebühren an. Den Brazil Airpass gibt's bei vielen Reisebüros oder beim Brasilienspezialisten **Brol** (www.brol.com).

Wer eine Reservierung aus irgendeinem Grund nicht nutzen kann, sollte sich unbedingt alle weiteren Flüge rückbestätigen lassen: manche Traveller haben erlebt, dass alle Reservierungen nach dem Verpassen oder Stornieren eines einzigen Flugs aus dem System verschwunden waren.

Lufttaxis

In vielen Regionen (vor allem in Amazonien) bedienen Lufttaxis alle Ecken, die in Reichweite von Kleinflugzeugen liegen. Dabei muss stets die ganze Maschine für viel Geld gechartert werden. Leider sind Lufttaxis und deren Landepisten mitunter in schlechtem Zustand. Daher überlegt man sich das Buchen eines solchen Flugs eventuell zweimal.

NAHVERKEHR
Bus

Brasilien hat ein ganz ordentliches Regionalbusnetz. Da ein Großteil der Bevölkerung mit dem Bus zur Arbeit fährt, verkehren normalerweise Stadtbusse regelmäßig auf zahlreichen Linien (1,80–2,30 R$).

Bei den meisten Stadtbussen steigen die Passagiere vorne ein und hinten wieder aus, – gelegentlich ist es aber auch umgekehrt. Bezahlt wird normalerweise beim Schaffner (nicht beim Fahrer) am Drehkreuz direkt hinter der Eingangstür.

Da teilweise Kriminelle ihr Unwesen in Bussen treiben, sollte man keine Wertsachen dabeihaben. Details stehen im Abschnitt „Gefahren & Ärgernisse" ab S. 767.

Stadtbusse eignen sich perfekt, um eine Stadt zu erkunden. Mit einem Stadtplan und ein paar Reais bewaffnet, kann man sich prima einen Überblick verschaffen.

Taxi

Taxifahrten sind relativ günstig. Bei Dunkelheit sind sie die beste Option. Stadttaxis haben normalerweise Taxameter. Der Startpreis liegt bei 4,30 R$. Jeder weitere Kilometer schlägt mit ca. 3 R$ zu Buche. Die Nacht- und Wochenendtarife sind höher. Gelegentlich korrigieren die Chauffeure den Fahrtpreis anhand einer Tabelle leicht nach oben; in diesem Fall ist das Taxameter noch nicht an die letzte offizielle Tariferhöhung angeglichen worden.

Taxis in Kleinstädten haben oft keinen Taxameter, der Preis muss dann normalerweise im Voraus ausgehandelt werden.

An manchen Flughäfen und Bahnhöfen ist es möglich, an einer *bilheteria* (Ticketbüro) Prepaid-Taxitickets zum Fixpreis zu kaufen. Manchmal fährt man jedoch günstiger, wenn man sich draußen auf der Straße ein Taxi mit Taxameter sucht oder gar an einen Fahrer gerät, der noch ein bisschen weniger verlangt. Aber Vorsicht: Wer Wertsachen dabei hat, greift aus Sicherheitsgründen besser auf spezielle Flughafen- oder Funktaxis zurück!

Vor Taxifahrten sollte man sich möglichst umfassend orientieren. Ein Stadtplan hilft, falls der Chauffeur zu willkürlichen Abstechern neigen sollte. Auf keinen Fall ein Taxi in Touristenzonen oder im Umkreis von teuren Hotels nehmen! In Rio ist es z. B. ratsam, Taxis einen Block vom Strand von Copacabana entfernt anzuhalten.

Mit Motorrad-Taxis kommt man in Städten wie Rio auch ganz gut über kurze Strecken.

U-Bahn

Dank der hervorragenden U-Bahnnetze von Rio (es wird für die Olympischen Spiele 2016 sogar noch erweitert) und São Paulo kann man die beiden Städte sicher, günstig und effektiv erkunden (einfache Strecke ca. 2,80 R$).

SCHIFF/FÄHRE

Amazonien zählt zu den letzten Ecken des Planeten, in denen Trips mit Passagierschiffen an der Tagesordnung sind: In weiten Teilen dieser Region fungieren Flüsse bis heute als Hauptverkehrsstraßen. So tuckern Kähne in vielen Größen und Konstruktionsformen alle Wasserläufe hinauf und hinunter, an denen irgendwo Menschen leben. Details zu Flusstrips im Amazonasgebiet stehen auf S. 671.

Boote sind auch unentbehrlich, um Teile des Pantanals zu erkunden oder bestimmte Inseln und Strände des Atlantiks zu erreichen.

TRAMPEN

Nirgendwo auf der Welt ist Trampen risikolos und guten Gewissens zu empfehlen. Wer sich für diese Art des Reisens entscheidet, sollte sich der potenziellen Gefahren für Leib und Leben bewusst sein. Jedenfalls ist es ratsam, immer zu zweit zu trampen und jemandem das angepeilte Ziel mitzuteilen.

Trampen ist unter der Bevölkerung im Pantanal und in ein paar wenigen anderen Regionen weit verbreitet, gestaltet sich aber im übrigen Brasilien relativ schwierig. „Mitfahrgelegenheit" heißt auf Portugiesisch *carona*. Die beste (und quasi einzige) Chance besteht darin, Fahrer dann abzupassen, wenn sie gerade nicht in ihrem Gefährt sind, also z. B. an einer Tank- oder Raststelle. Wer dann höflich die Frage *Pode dar carona?* (Können Sie uns mitnehmen?) stellt, hat vielleicht Glück – verlassen sollte man sich darauf aber nicht. Es ist höflich, anzubieten, einen Anteil des Benzinpreises zu übernehmen.

ZUG

Obwohl der brasilianische Passagierzugbetrieb inzwischen fast eingestellt wurde, haben ein paar reizvolle Strecken überlebt. Besonders schön ist z. B. die Bahnreise von Curitiba nach Paranaguá (s. Kasten S. 352), die bei der Talfahrt durch das Küstengebirge eine unvergessliche Aussicht bietet. Ebenso malerisch ist die Route Belo Horizonte–Vitória (S. 264) über Santa Bárbara und Sabará.

Dampfzüge werden in Brasilien liebevoll als Marias Fumaça (Qualmende Marias) bezeichnet. Ein paar davon fahren bis heute als Touristenattraktionen – z. B. auf der 13 km langen Strecke von São João del Rei nach Tiradentes im Bundesstaat Minas Gerais (s. Kasten S. 282). Einen weiteren tollen Kurztrip verspricht die höchstgelegene Bahnstrecke Brasiliens durch die Serra da Mantiqueira im Bundesstaat São Paulo: Per Elektroantrieb geht's dabei von Campos do Jordão nach Santo Antônio do Pinhal (s. S. 343).

Gesundheit Dr. David Goldberg

GESUNDHEIT

Bei Auslandsreisen ist Vorbeugung der Schlüssel zur Gesundheit. Traveller, die sich die empfohlenen Impfungen verabreichen lassen und ansonsten ihren gesunden Menschenverstand walten lassen, bekommen höchstens eine kurze Durchfallerkrankung.

In medizinischer Hinsicht gehört Brasilien zum tropischen Südamerika, das sich mit Ausnahme des südlichsten Zipfels über den größten Teil des Kontinents erstreckt. Hier kann man also die gleichen Krankheiten bekommen wie in den Tropen Afrikas und Asiens. In erster Linie handelt es sich dabei um Krankheiten, die von Moskitos übertragen werden, z. B. Malaria, Gelbfieber und Denguefieber. In gemäßigten Zonen ist das Risiko für diese Krankheiten aber gering.

VOR DER REISE

VERSICHERUNG

Falls die normale Krankenversicherung keinen ausreichenden Versicherungsschutz im Ausland bietet, ist unbedingt eine zusätzliche Auslandskrankenversicherung abzuschließen. Es ist wichtig zu wissen, ob die Versicherung die medizinischen Leistungen direkt bezahlt, oder ob man im Ausland erst einmal Geld auslegen muss und es später zurückbekommt.

EMPFOHLENE IMPFUNGEN

Die meisten Impfungen entfalten erst nach zwei Wochen ihre vollständige immunisierende Wirkung. Der Arztbesuch sollte daher schon vier bis acht Wochen vor der Abreise liegen. Man sollte den Arzt – sofern nicht schon vorhanden – um einen international gültigen Impfpass bitten. In dieses gelbe Büchlein sind alle verabreichten Impfungen einzutragen. Ein solches Dokument ist obligatorisch in Ländern, die bei der Einreise auf den Nachweis einer Gelbfieberimpfung bestehen. Aber auch sonst ist der Internationale Impfpass auf Reisen grundsätzlich sinnvoll.

REISEAPOTHEKE

Alle benötigten Medikamente sollten in ihrer eindeutig beschrifteten Originalverpackung mitgenommen werden. Außerdem kann es nicht schaden, einen vom Hausarzt unterschriebenen und datierten Brief mitzuführen, in dem alle Angaben zum Gesundheitszustand und zu verordneten Medikamenten, inklusive der Inhaltsstoffe, aufgelistet sind. Wer Spritzen oder Kanülen mitführt, sollte sich deren medizinische Notwendigkeit unbedingt von einem Arzt schriftlich bestätigen lassen, um eventuelle „Missverständnisse" auszuschließen.

INFOS IM INTERNET

Im Internet wimmelt es nur so von Informationen zum Thema „Gesundheit auf Reisen". Für den Anfang empfiehlt sich auch ein Blick auf die Website von Lonely Planet unter www.lonelyplanet.com. Die Weltgesundheitsorganisation (WHO) gibt ein hervorragendes Buch namens *International Travel and Health* heraus, das jährlich überarbeitet wird und im Internet www.who.int/ith/ kostenlos zur Verfügung gestellt wird. Infos auf Deutsch sind auf der Seite des Instituts für medizinische Information (www.reisevorsorge.de) zu bekommen. Eine weitere gute Infoquelle ist die Website von MD Travel Health (www.mdtravelhealth.com) mit kostenlosen, umfassenden und täglich aktualisierten Gesundheitstipps zu allen Reiseländern.

Ansonsten sollten Traveller auf jeden Fall die Hinweise auf den Websites des Gesundheits- oder Außenministeriums ihres jeweiligen Heimatlandes beachten:

Deutschland www.auswaertiges-amt.de/www/de/laenderinfos/gesundheitsdienst

Österreich www.bmeia.gv.at/aussenministerium/buergerservice/reiseinformation.html

Schweiz www.eda.admin.ch/eda/de/home/travad.html

NOCH MEHR LEKTÜRE

Weitere Informationen enthält *Healthy Travel Central & South America* von Lonely Planet. Für Reisen mit Kindern empfiehlt sich der Lonely Planet Ratgeber *Travel with Children*. Nützlich ist auch der Band *Gesund reisen in fernen Ländern* von Harald Kretschmer und Martin Kaiser.

UNTERWEGS

JETLAG & REISEÜBELKEIT

Bei Reisen über mehr als fünf Zeitzonen hinweg ist ein Jetlag kaum zu vermeiden. Zu seinen Symptomen zählen Schlaflosigkeit, Müdigkeit, Unwohlsein und Brechreiz. Um einen Jetlag zu lindern, nimmt man am besten viel (antialkoholische) Flüssigkeit und nur leichte Mahlzeiten zu sich. Nach der Ankunft sollte man sich viel in natürlichem Tageslicht bewegen und die innere Uhr so bald wie möglich dem neuen Rhythmus (Essen, Schlafen, etc.) anpassen.

Antihistaminika wie Dimenhydrinat (Dramamine) und Meclozin (Antivert, Bonine) sind eine gute Wahl, wenn Reiseübelkeit behandelt werden soll. Die häufigste Nebenwirkung ist Schläfrigkeit. Eine natürliche Alternative ist Ingwer, der bei manchen Menschen Wunder wirkt.

VENENTHROMBOSE

Durch langes Stillsitzen können sich bei Langstreckenflügen Blutgerinnsel in den Beinvenen bilden (Thrombose, engl.: Deep Vein Thrombosis, DVT). Je länger der Flug dauert, desto höher das Risiko. Die meisten Blutgerinnsel lösen sich ohne weitere gesundheitsbeeinträchtigende Folgen wieder auf. Manchmal wandert ein Gerinnsel aber auch durch die Venen in die Lunge, wo es lebensbedrohliche Komplikationen auslösen kann.

Die Hauptsymptome einer Venenthrombose sind Schwellungen oder Schmerzen in den Füßen, Fußgelenken oder Waden (meistens – aber nicht immer – nur auf einer Seite).

Wenn ein Blutgerinnsel in die Lunge wandert, kann dies Schmerzen in der Brust und Atemnot verursachen. Wer auch nur eines dieser Symptome bei sich feststellt, sollte sofort um medizinische Hilfe bitten.

Um das Thromboserisiko auf Langstreckenflügen zu minimieren, ist es ratsam, ab und zu durch die Kabine zu laufen, isometrische Kompressionen der Muskeln auszuführen (die Beinmuskeln im Sitzen an- und entspannen), viel Flüssigkeit zu sich zu nehmen und auf Alkohol und Tabak zu verzichten.

IN BRASILIEN

MEDIZINISCHE VERSORGUNG & KOSTEN

Wer in Brasilien einen Krankenwagen braucht, wählt die ☎ 192 oder eine der nachstehend aufgeführten Notrufnummern.

In größeren Städten ist die medizinische Versorgung gut. In ländlichen Gegenden kann es aber ein Problem werden, wenn man ärztliche Hilfe benötigt. Außerdem kann die medizinische Versorgung in Brasilien extrem teuer werden. Die meisten Ärzte und Krankenhäuser erwarten ihr Honorar in bar – ob man nun eine Auslandskrankenversicherung hat oder nicht.

Die Website der amerikanischen Botschaft in Brasilien (www.embaixada-americana.org.br) bietet eine sehr nützliche und umfangreiche Liste mit Ärzten, Zahnärzten, Apothekern, Laboren und Notdiensten. Schwangere sollten sich vor der Abreise unbedingt diese Seite anschauen und sich – nur für den Fall der Fälle – die Namen von ein oder zwei Frauenärzten und Geburtshelfern in der Urlaubsregion aufschreiben.

Das **Einstein Hospital** (☎ Notaufnahme 55-11-3747 0200, Krankenwagen & Luftrettungsdienst 0xx11-3747 1000/1100; Av Albert Einstein 627, Morumbi) in São Paulo wird von in ganz Brasilien lebenden Ausländern aufgesucht. Englisch sprechendes Personal gibt's auch im **Hospital Sírio-Libânes** (Karte S. 307; ☎ Auskunft 0xx11-2344 8877, Krankenwagen 0xx11-826 0111 oder 926 0400; Rua da Adma Jafet 91, Bela Vista) in São Paulo.

Wer in Rio einen Notarzt benötigt, sollte sich am besten an die **Clínica Galdino Campos** (Karte S. 146; ☎ 0xx21-2548 9966; www.galdinocampos.com.br; Av NS de Copacabana 492, Copacabana; ☘ 24 Std.) wenden. Hier ist eine qualitativ hochwertige Versorgung gewährleistet und es gibt mehrsprachige Ärzte

GESUNDHEIT

GESUNDHEIT

(die auch Hausbesuche machen). Außerdem akzeptiert die Klinik die meisten Kranken- und Reisekrankenversicherungen.

Wer lebensbedrohliche Gesundheitsprobleme bekommt, wird sich höchstwahrscheinlich in ein Land mit bestmöglicher medizinischer Versorgung ausfliegen lassen wollen. Dafür kommen schnell mehrere zehntausend Euro zusammen. Deshalb unbedingt vor der Abreise überprüfen, ob die eigene Krankenkasse solche Kosten übernimmt! Weitere Informationen zu diesem Thema gibt's auf den Reiseseiten des deutschen **Auswärtigen Amtes** (www.auswaertiges-amt. de), der **Republik Österreich** (www.bmaa.gv.at) und der **Schweizer Eidgenossenschaft** (www.eda.admin.ch).

In allen brasilianischen Apotheken, die im Regelfall gut sortiert sind, arbeiten amtlich zugelassene Apotheker. Zahlreiche Medikamente, die hierzulande verschreibungspflichtig sind, bekommt man in Brasilien ohne Rezept. Wer dauerhaft Medikamente einnehmen muss, sollte den Freinamen (d. h. den wissenschaftlichen Namen) kennen, denn viele Arzneimittel sind in Brasilien unter einem anderen Namen erhältlich. Droga Raia ist eine große Apothekenkette, von der zahlreiche Geschäfte Tag und Nacht geöffnet sind.

INFEKTIONSKRANKHEITEN
Cholera

Cholera ist eine Darminfektion, die man sich durch den Konsum von verunreinigten Lebensmitteln oder Wasser zuzieht. Hauptsymptome der Infektion sind starke wässrige Durchfälle, die zu lebensbedrohlicher Dehydrierung führen können. Die wichtigste Gegenmaßnahme ist das Trinken von Rehydrationslösungen. Ergänzend können Antibiotika wie Tetracyclin oder Doxycyclin eingenommen werden. Auch Antibiotika der Chinolingruppe wie Ciprofloxacin und Levofloxacin sind recht wirksam.

In Brasilien tritt Cholera zwar gelegentlich auf, Traveller infizieren sich jedoch nur selten. Choleraimpfungen sind nicht mehr vorgeschrieben und in einigen Ländern schon gar nicht mehr erhältlich, denn der alte Impfstoff hat sich als relativ wirkungslos erwiesen und hatte zudem noch zu viele Nebenwirkungen. Moderne Impfstoffe sind zwar wesentlich effektiver und zuverlässiger, stehen aber in vielen Ländern nicht zur Verfügung und empfehlen sich nur für Reisen in ausgesprochene Risikogebiete.

Denguefieber

Beim Denguefieber handelt es sich um eine Virusinfektion, die in ganz Südamerika vorkommt. In der Gegend um Rio brach Anfang 2002 eine große Denguefieberepidemie aus. Fast 800 000 Personen litten an dieser Krankheit. Denguefieber wird von Gelbfiebermücken übertragen. Diese Insekten stillen ihren Blutdurst vorzugsweise tagsüber und sind normalerweise in der Nähe menschlicher Siedlungen – oft auch in Gebäuden – anzutreffen. Die Moskitos brüten gern in künstlichen Wasserbehältern (beispielsweise in Einmachgläsern, Fässern, Dosen, Zisternen, Metallbehältern, Kunststoffkanistern und ausrangierten Reifen). Deshalb tritt Denguefieber besonders häufig in dicht besiedelten Stadtgebieten auf.

Denguefieber äußert sich normalerweise in grippeartigen Symptomen wie Fieber, Muskel-, Gelenk- und Kopfschmerzen, Übelkeit und Erbrechen, oft gefolgt von einem Ausschlag. Die körperlichen Beschwerden sind zwar ziemlich unangenehm, doch die meisten Erkrankten sind nach ein paar Tagen wieder fit. Schwere Fälle von Denguefieber treten normalerweise nur bei Kindern und Jugendlichen unter 15 Jahren auf, die sich die Infektion zum zweiten Mal zuziehen.

Die Behandlungsmöglichkeiten für Denguefieber beschränken sich auf das Verabreichen von Schmerzmitteln (Paracetamol oder Tylenol) und eine ausreichende Flüssigkeitsaufnahme. Schwere Fälle müssen eventuell im Krankhaus mit Infusionen und weiteren unterstützenden Therapien behandelt werden. Schutzimpfungen gibt's keine. Die einzig wahre Vorbeugung ist ein guter Schutz gegen Insekten (s. S. 800).

Gelbfieber

Gelbfieber ist eine lebensbedrohliche Virusinfektion, die in Waldgebieten von Moskitos übertragen wird. Die Krankheit beginnt zunächst mit grippeähnlichen Symptomen wie Fieber, Schüttelfrost, Kopf- und Rückschmerzen, Muskelkrämpfen, Appetitlosigkeit, Übelkeit und Erbrechen. Normalerweise verschwinden diese Krankheitszeichen nach ein paar Tagen wieder. Bei ungefähr einem Sechstel aller Patienten kommt es später zu einer zweiten und weitaus gefährlicheren Krankheitsphase mit Fieberanfällen, Erbrechen, Apathie, Gelbsucht, Nierenversagen und Blutstürzen. In der Hälfte aller Fälle führt dies zum Tod. Außer einer entsprechenden Prophylaxe gibt es keinerlei Behandlungsmöglichkeiten.

Gelbfieberschutzimpfungen werden allen Brasilienreisenden empfohlen. Für all diejenigen, die sich nur in Rio de Janeiro, São Paulo, im Zentrum Ostbrasiliens bis hin zur Küste und in der südlich von São Luís gelegenen Küstenregion aufhalten werden, ist eine Gelbfieberimpfung jedoch nicht erforderlich. Erst vor Kurzem wurden im Bundesstaat Minas Gerais zahlreiche Gelbfieberfälle bekannt, auch andernorts wurden einige Fälle gemeldet. Es sollen auch schon Reisende, die nicht geimpft waren, an Gelbfieber gestorben sein. Eine Karte mit dem aktuellen Stand der Gelbfiebergebiete in Brasilien veröffentlichen die Centers for Disease Control (CDC) auf ihrer Website unter www.cdc.gov/ncidod/dobid/yellowfever/YF_Maps_Stats.html.

Ein Impfnachweis wird von allen Reisenden verlangt, die aus afrikanischen oder amerikanischen Ländern einreisen wollen, in denen Gelbfieber vorkommt.

Gelbfieberschutzimpfungen werden ausschließlich in zugelassenen Gelbfieberimpfzentren verabreicht. Die Eintragung im Internationalen Impfpass gilt als offizieller Nachweis. Die Injektion muss mindestens zehn Tage vor der Einreise in ein Gelbfiebergebiet vergenommen werden und schützt dann für ungefähr zehn Jahre. Die Nebenwirkungen sind vergleichsweise gering und beschränken sich auf Kopf- und Muskelschmerzen, leichtes Fieber oder Wundschmerz an der Einstichstelle. Nur in extrem seltenen Fällen kam es zu lebensbedrohlichen Reaktionen. Verglichen mit dem Risiko, das eine Gelbfieberinfektion mit sich bringt, ist das Risiko einer Schutzimpfung jedoch verschwindend gering. Traveller sollten sich also auf jeden Fall impfen lassen.

Ein ausreichender Schutz vor Moskitostichen (s. S. 800) ist dennoch unbedingt notwendig.

Hepatitis A

Nach den Durchfallerkrankungen ist Hepatitis A die zweithäufigste Reisekrankheit. Die Virusinfektion befällt die Leber nach dem Genuss von verseuchtem Wasser, Speiseeis oder verunreinigten Lebensmitteln. Ansteckungsgefahr besteht aber auch durch den engen Körperkontakt mit infizierten Personen. Die Krankheit tritt weltweit auf, besonders häufig allerdings in Entwicklungsländern. Symptome sind u. a.: Fieber, Unwohlsein, Gelbsucht, Übelkeit, Erbrechen und Bauchschmerzen. Die meisten Erkrankten genesen ohne größere Komplikationen, trotzdem kann die Leber durch Hepatitis A in seltenen Fällen schwer geschädigt werden. Behandlungsmöglichkeiten gibt es keine.

Es gibt aber eine sehr sichere und effektive Schutzimpfung gegen Hepatitis A. Wer sich sechs bis zwölf Monate nach der ersten Impfung eine Auffrischungsspritze geben lässt, hat für mindestens zehn Jahre seine Ruhe. Eine Impfung gegen Hepatitis A ist für Reisende nach Brasilien oder in ein Entwicklungsland ein unbedingtes Muss. Die Risiken für Schwangere und Kinder unter zwei Jahren sind noch nicht umfassend erforscht. Für sie empfiehlt sich daher eine Gammaglobulininjektion.

Hepatitis B

Wie auch Hepatitis A ist Hepatitis B eine Leberinfektion, die weltweit vorkommt, aber in Entwicklungsländern am häufigsten auftritt. Im Gegensatz zu Hepatitis A erfolgt die Übertragung hier durch Geschlechtsverkehr oder Kontakt mit infiziertem Blut (meist durch Bluttransfusionen oder verseuchte Kanülen). Die Schutzimpfung empfiehlt sich nur für Langzeitreisende (länger als sechs Monate im Ausland), die sich voraussichtlich in ländlichen Gegenden oder engen körperlichen Kontakt zur Bevölkerung haben werden. Auch wer sexuellen Kontakt mit Einheimischen haben wird oder wahrscheinlich ärztliche, zahnärztliche oder sonstige medizinische Behandlungen wie Transfusionen oder Injektionen im Ausland in Anspruch nehmen wird, sollte sich impfen lassen.

Schutzimpfungen gegen Hepatitis B wirken sehr sicher und zuverlässig. Nach drei Injektionen tritt vollständige Immunität ein. Einige Länder haben diese Prophylaxe in den 1980er-Jahren in ihre routinemäßigen Kinderimpfprogramme aufgenommen. Viele junge Erwachsene dürften daher bereits geschützt sein.

Malaria

Malaria kommt in allen Ländern Südamerikas vor, ausgenommen Chile, Uruguay und die Falklandinseln. Die Krankheit wird durch den Biss von Moskitos übertragen, die ihre Opfer normalerweise bei Dunkelheit heimsu-

GESUNDHEIT

chen. Die wichtigsten Symptome sind heftige Fieberanfälle, oft in Verbindung mit Schüttelfrost, Schweißausbrüchen, Kopf- und Gliederschmerzen, Schwächeanfällen, Erbrechen oder Durchfall. In schweren Fällen wird das zentrale Nervensystem des Infizierten angegriffen. Das kann über Wahnvorstellungen, Orientierungslosigkeit und Koma bis zum Tod führen.

Die Einnahme von Malariamedikamenten ist fast schon Pflicht wenn man sich in den Wäldern der neun zum „Echten Amazonien" gehörenden Bundesstaaten aufhalten will: Acre, Amapá, Amazonas, Maranhão (westlicher Teil), Mato Grosso (nördlicher Teil), Pará (außer Belém), Rondônia, Roraima und Tocantins. Gleiches gilt für Aufenthalte in Städten dieser Bundesstaaten, u. a. Porto Velho, Boa Vista, Macapá, Manaus, Santarém und Maraba. Am größten ist das Risiko in abgelegenen Regenwaldgebieten, in denen Bergbau, Holz- und Landwirtschaft betrieben wird und die erst in den letzten fünf Jahren besiedelt wurden. Außerhalb der genannten Bundesstaaten besteht keine große Malariagefahr. Traveller, die lediglich die Küstenstaaten vom Horn Brasiliens bis zur Grenze Uruguays und die Iguaçu-Fälle bereisen wollen, benötigen keine Prophylaxe.

Es gibt drei Malariamittel, die alle so ziemlich gleich wirken. Mefloquin (Lariam) muss einmal wöchentlich in einer Dosis von 250 mg eingenommen werden, und zwar zum ersten Mal ein bis zwei Wochen vor der Abreise und zum letzten Mal vier Wochen nach der Rückkehr. Das Problem bei diesem Medikament: Bei einem bestimmten Prozentsatz von Personen (die Zahl ist umstritten) treten mal harmlose, mal auch ernsthafte neuropsychiatrische Nebenwirkungen auf. Das neue, unter dem Namen Malarone erhältliche Kombinationsmedikament Atovaquone-Proguanil wird einmal täglich zu einer Mahlzeit eingenommen. Die Prophylaxe beginnt zwei Tage vor der Abreise und endet eine Woche nach der Rückkehr. Die Nebenwirkungen sind gering. Die dritte Alternative – Doxycyclin – kann übermäßige Empfindlichkeit gegen Sonnenlicht hervorrufen.

Insgesamt scheint Malarone weniger Nebenwirkungen als Lariam zu haben und wird daher immer beliebter. Der große Nachteil ist jedoch, dass es täglich eingenommen werden muss. Wer länger unterwegs ist, sollte Lariam ausprobieren. Bei kürzeren Reisen ist für die meisten Reisenden Malarone bestimmt die bessere Wahl.

Ein guter Schutz gegen Moskitostiche ist aber mindestens genauso wichtig wie die Einnahme von Malariatabletten (s. S. 800), denn keines der Medikamente ist 100 % sicher.

Wer sich auf Reisen fernab aller medizinischen Einrichtungen aufhält, sollte zusätzlich Medikamente zur Eigenbehandlung mitnehmen. Die sind ausschließlich für den Notfall bestimmt, wenn sich Malariasymptome wie heftige Fieberanfälle zeigen und kein Arzt in der Nähe ist. Eine Möglichkeit ist in diesem Fall, drei Tage lang vier Malarone-Tabletten auf einmal einzunehmen. Das geht allerdings nicht, wenn Malarone bereits zur Vorbeugung verwendet wurde. Alternativ kommt eine Kombination aus Chinin (3-mal tgl. 650 mg) und Doxycyclin (2-mal tgl. 100 mg) in Frage. Beide Medikamente müssen eine Woche lang eingenommen werden. Bei Selbstmedikation unbedingt so schnell wie möglich einen Arzt aufsuchen.

Zum Arzt sollte man auch gehen, wenn nach der Heimkehr Fieberanfälle auftreten, da Malariasymptome machmal erst nach Monaten auftreten.

Pest

Die Pest kommt noch immer bei Tieren in den trockeneren nördlichen und östlichen Bundesstaaten vor – vom Süden Cearás bis Minas Gerais. Menschen erkranken nur selten an dieser Krankheit, wenn überhaupt dann im Bundesstaat Bahia. Die Infektion wird normalerweise durch den Biss von Rattenflöhen auf Menschen übertragen, vor allem dann, wenn die Nager ihr Leben gerade aushauchen. Zu den Symptomen zählen Fieber, Schüttelfrost, Muskelkrämpfe und Übelkeit – ganz abgesehen von starken und extrem schmerzhaften Lymphknotenschwellungen. Diese werden als „Bubo" bezeichnet und treten meist in der Leistengegend auf. Die Gefahr, an Pest zu erkranken, ist für Reisende äußerst gering. Wer aber insbesondere in den oben genannten Gegenden möglicherweise Kontakt mit Nagetieren oder Rattenflöhen haben wird, sollte eine Flasche Doxycyclin mitführen. Bei Bedarf kann das Medikament dann vorbeugend eingenommen werden. Kinder unter acht Jahren oder Menschen, die allergisch auf Doxycyclin reagieren, nehmen stattdessen Trimethoprim-Sulfamethoxazol. Außerdem wird empfohlen, sich von Gebieten mit Nagetiergängen oder

-nestern fernzuhalten und auf gar keinen Fall kranke oder tote Tiere anzufassen. Vor Insektenstichen und -bissen sollte man sich ohnehin schützen.

Tollwut

Tollwut ist eine Virusinfektion, die Gehirn und Rückenmark befällt und so gut wie immer tödlich endet. Der Tollwutvirus befindet sich im Speichel infizierter Tiere und wird meistens durch einen Biss übertragen. Eine Infektion ist aber auch möglich, wenn verseuchter Tierspeichel in eine bereits vorhandene Hautwunde eindringt. Tollwut kommt in ganz Südamerika vor. In Brasilien wurden die meisten Fälle im äußersten Westen des Bundesstaates Minas Gerais und in den Gebieten im Nordosten bekannt. Hundebisse – aber auch die Bisse von anderen infizierten Tieren – sind die häufigste Ursache. 2004 starben in Amazonien mehrere Dutzend Menschen an Tollwut, die von Vampirfledermäusen gebissen wurden.

Schutzimpfungen gegen Tollwut sind sicher, wenn auch relativ teuer. Die komplette Prophylaxe gegen diese Infektion besteht aus drei Injektionen und wird hauptsächlich für Tierfreunde und Höhlenforscher empfohlen. Allerdings sollten auch Reisende, die nicht damit rechnen müssen, von einem Tier gebissen zu werden, eine Schutzimpfung in Betracht ziehen, wenn sie in abgelegene Gebiete reisen möchten, wo es oft weit und breit keine ausreichenden medizinischen Einrichtungen gibt. Bei Tollwutverdacht wird eine Kombination aus Tollwutimpfstoff und Antikörpern gespritzt. Dieses Medikament wirkt zuverlässig, muss aber sofort nach einem Biss verabreicht werden. Für die meisten Traveller ist eine Tollwutschutzimpfung überflüssig.

Biss- und Kratzwunden müssen unverzüglich und sorgfältig mit viel Wasser und Seife ausgewaschen werden. Anschließend entscheidet das örtliche Gesundheitsamt, ob weitere Maßnahmen erforderlich sind oder nicht (s. S. 804).

Typhus

Typhus wird durch Lebensmittel oder Trinkwasser übertragen, die mit einer bestimmten Salmonellenart namens *Salmonella typhi* verunreinigt sind. Typhus geht fast immer mit Fieber einher. Weitere Symptome sind Kopfschmerzen, Übelkeit, Muskelkrämpfe, Schwindel, Appetitlosigkeit, Brechreiz und Bauchschmerzen. Dazu kommen manchmal Durchfall oder Verstopfung. In schweren Fällen können Darmdurchbrüche, innere Blutungen, Verwirrtheit oder Wahnvorstellungen auftreten. Nur wenige Betroffene fallen ins Koma.

Wer nicht ausschließlich in großen Hotels und Restaurants essen will, sollte sich gegen Typhus impfen lassen. Dies ist entweder als Schluckimpfung oder durch eine Injektion möglich. Beide Varianten sind für Kinder unter zwei Jahren ungeeignet.

Für die Behandlung von Typhus werden normalerweise Antibiotika der Quinolongruppe verwendet, z. B. Ciprofloxacin (Cipro) oder Levofloxacin (Levaquin). Viele Traveller haben diese Medikamente sowieso gegen Durchfallerkrankungen dabei. Wer sich selbst gegen Typhus behandelt, sollte sich gleichzeitig auch noch gegen Malaria behandeln, denn die Symptome dieser beiden Krankheiten lassen sich manchmal kaum unterscheiden.

Andere Infektionskrankheiten
BRUCELLOSE

Brucellose ist eine Infektionskrankheit, die sowohl bei Haustieren als auch bei wilden Tieren auftritt. Auf Menschen wird sie durch den Kontakt mit Tieren oder den Konsum nicht pasteurisierter Milchprodukte übertragen, die von infizierten Tieren stammen. In Brasilien sind die meisten Fälle auf infiziertes Vieh zurückzuführen. Die Symptome sind Fieber, Unwohlsein, Depressionen, Appetitlosigkeit, Kopf- und Rückschmerzen und Muskelkrämpfe. Als mögliche Komplikationen können auftreten: Arthritis, Hepatitis, Meningitis und Endokarditis (Herzinnenhautentzündung).

CHAGAS-KRANKHEIT

Die Chagas-Krankheit wird durch Raubwanzen übertragen. Diese Parasiten siedeln in den Mauern und Dächern heruntergekommener Gebäude in Süd- und Mittelamerika. In Brasilien ist es durch das landesweite Versprühen von Insektiziden gelungen, diese Krankheit – außer in Bahia und Tocantins – auszurotten. Während die Raubwanzen (bevorzugt nachts) ihr Opfer stechen und dessen Blut saugen, entleeren sie ihren Darm auf dessen Haut. Das Opfer infiziert sich, indem es die Ausscheidungen unbemerkt in die Bisswunde oder eine andere Hautverletzung

GESUNDHEIT

reibt. Nur ganz wenige Reisende erkranken an Chagas. Dennoch ist bei Übernachtungen in baufälligen Gebäuden Vorsicht geboten – besonders dann, wenn diese aus Lehm, Ziegeln oder Stroh bestehen. In diesem Fall schützt man sich am besten mit einem Moskitonetz und einem guten Insektenschutzmittel.

ECHINOKOKKOSE

Befall durch Bandwürmer – dieser Parasit schädigt die Leber. Gefährdet sind besonders Personen, die engen Kontakt zu Schafen haben. Die Echinokokkose tritt hauptsächlich im südlichsten Zipfel Brasiliens auf.

FASZIOLOSE

Die Fasziolose ist eine durch Parasitenbefall verursachte Krankheit, die man sich typischerweise durch den Genuss von verseuchter Brunnenkresse aus Schafzuchtgebieten zuzieht. Zu den Anfangssymptomen gehören Fieber, Übelkeit, Erbrechen und eine schmerzhafte Leberschwellung.

HANTAVIRUS-LUNGENSYNDROM (HPS)

Diese schnell fortschreitende, lebensbedrohliche Infektionskrankheit wird über die Ausscheidungen von wildlebenden Nagetieren übertragen. Die häufigsten Fälle treten bei Personen auf, die in ländlichen Gegenden in mit Nager verseuchten Gebäuden leben. In Brasilien sind Fälle von Hantavirus-Infektionen in den Bundesstaaten Minas Gerais, Santa Catarina und São Paulo aufgetreten.

HIV/AIDS

HIV/Aids ist eine große Gefahr in Brasilien. Laut Schätzungen sind 600 000 Brasilianer infiziert. Bei allen Sexualkontakten sind Kondome daher ein absolutes Muss.

LEISHMANIASE

Leishmaniase kommt in den Gebirgsregionen und Urwäldern sämtlicher südamerikanischer Länder (ausgenommen Chile, Uruguay und Falklandinseln) vor. Sie wird von Sandfliegen übertragen, die nur ca. ein Drittel der Größe von Moskitos haben. In Brasilien ist Leishmaniase in den Vororten von Rio de Janeiro und São Paulo aufgetreten. In den meisten Fällen zeigt sich die Krankheit nur an den betroffenen Hautstellen, an denen langsam ausbreitende Geschwüre auftreten. Bei den hauptsächlich im Nordosten auftre-

tenden schwereren Fällen werden außerdem auch Knochenmark, Leber und Milz befallen. Leishmaniase kann bei HIV-Patienten besonders schwerwiegende Folgen haben. Impfungen gibt es leider keine. Vor Sandfliegen schützt man sich wie vor Moskitos (s. S. 800) – mit einem Unterschied: Die Maschen des Netzes müssen wesentlich dichter sein (min. 7 Löcher/cm).

ONCHOZERKOSE

Onchozerkose ist auch unter dem Bezeichnung Flussblindheit bekannt. Ein Fadenwurm dringt dabei in das Auge ein und kann dort Erblindungen verursachen. Die Infektion wird von Kriebelmücken übertragen, die an den Ufern schnell fließender Flüsse brüten. In Brasilien kommt Onchozerkose bei dem an der Grenze zu Venezuela lebenden Yanomami-Volk und bei den benachbarten Stämmen vor. Die meisten Fälle treten in der Nähe schnell fließender Gewässer im dicht bewaldeten Hochland auf.

„RAUPENSEUCHE"

Einige Fälle dieser Krankheit wurden im Amazonasdelta zwischen 1983 und 1985 und in Südbrasilien 1995 bekannt. Sie wird ausgelöst durch den Kontakt mit den giftabsondernden Larven (Raupen) des Schmetterlings *Lonomia achelous*. Die Krankheit äußert sich durch hohes Fieber, Nasen- und Ohrenbluten, Nierenversagen und Tod. Die Raupen treten von Dezember bis März auf. Ausgewachsene Schmetterlinge und Schmetterlinge im Puppenstadium sind harmlos.

SCHISTOSOMIASE

Die Schistosomiase ist ein bestimmter Parasitenbefall, den man sich durch Kontakt der Haut mit verseuchtem Süßwasser zuziehen kann. Sie kommt in allen Bundesstaaten des Nordostens und in zwei Bundesstaaten (Minas Gerais und Espírito Santo) im Südosten vor. Wer in diese Gebiete reist, sollte keinesfalls in Süßwasserseen und -teichen, Bächen und Flüssen schwimmen, waten, baden oder Wäsche waschen. Salzwasser und Swimmingpools mit Chlorwasser stellen keinerlei Schistosomiase-Risiko dar.

TOXOPLASMOSE

Die Toxoplasmose ist eine Infektionskrankheit, die in verschiedenen Gebieten auftritt, u. a. im nordwestlichen Teil des Bundesstaates

Paraná und im nördlichen Teil des Bundesstaates Rio de Janeiro. Sie ist in den meisten Fällen auf den Genuss verunreinigten Wassers zurückzuführen. Schwangere sollten besondere Vorsicht walten lassen und nur gefiltertes Wasser trinken, da Toxoplasmose für den Fötus schlimme Folgen haben kann. Nicht-Schwangere mit einem intakten Immunsystem müssten die Toxoplasmose eigentlich ohne größere Zwischenfälle überwinden.

VENEZOLANISCHE PFERDEENZEPHALOMYELITIS

Diese sporadisch auftretende Viruserkrankung wird von Moskitos übertragen und verursacht u. a. eine Gehirnentzündung (Enzephalitis).

DURCHFALLERKRANKUNGEN

Als Reisedurchfall bezeichnet man mehr als drei wässerige Darmentleerungen in 24 Stunden, dazu gehört mindestens eines der folgenden Symptome: Fieber, Krämpfe, Übelkeit, Erbrechen oder allgemeines Unwohlsein. In über 80 % der Fälle wird der Durchfall von Bakterien verursacht. Der Körper reagiert also schnell auf die Behandlung mit Antibiotika. Die Verabreichung von Antibiotika hängt von der jeweiligen Situation ab – wie krank man ist, wie schnell es einem besser gehen muss, wo man sich aufhält usw.

Um einer Durchfallerkrankung vorzubeugen, sollte man an verdächtigen Orten kein Leitungswasser trinken, es sei denn, es wurde abgekocht, gefiltert oder chemisch desinfiziert (z. B. mit Jodtabletten). Vorsicht auch bei Milchprodukten, die nicht pasteurisierte Milch enthalten könnten. Bei Imbissständen auf der Straße ist ebenfalls Vorsicht geboten.

Die Behandlung von Durchfall besteht vor allem darin, einer Dehydrierung entgegenzuwirken. Vorzugsweise sollte eine Rehydrationslösung wie Gastrolite getrunken werden. Kokosmilch enthält viele Elektrolyte und ist daher auch gut als Rehydrationslösung geeignet. Antibiotika wie Norfloxacin, Ciprofloxacin oder Azithromycin töten die Bakterien schnell ab.

Loperamid „stoppt" nur den Durchfall, löst aber nicht Ursache des Problems. Es kann aber beispielsweise auf einer langen Busfahrt sehr nützlich sein. Bei Fieber oder Blut im Stuhl sollte es nicht eingenommen werden. Medizinische Hilfe sollte schnell in Anspruch genommen werden, wenn ein herkömmliches Antibiotikum nicht anschlägt.

Wenn die Durchfälle blutig sind, länger als 72 Stunden anhalten oder wenn sie mit Fieber, Schüttelfrost oder starken Bauchschmerzen einhergehen, sollte unbedingt ein Arzt aufgesucht werden.

GESUNDHEITSRISIKEN
Insektenbisse & -stiche

Vor blutdürstigen Moskitos schützen lange Ärmel und Hosen, Hüte und geschlossene Schuhe (keine Sandalen!). Gute Insektenschutzmittel enthalten DEET. Sie werden auf freiliegende Hautpartien und Kleidungsstücke aufgetragen. Der Kontakt mit Augen, Mund, Wunden oder gereizter Haut sollte aber vermieden werden. Produkte mit einer niedrigen DEET-Konzentration wirken zwar gut, halten aber nicht so lange vor. Bei Erwachsenen und Kindern über zwölf Jahren sollte der DEET-Anteil zwischen 25 und 35 % liegen (schützt ca. 6 Std.). Für Kinder zwischen zwei und zwölf Jahren sind nur DEET-Produkte mit einem Wirkstoffanteil von maximal 10 % geeignet. Bei sparsamer Anwendung hält der Effekt ungefähr drei Stunden an. Man hört ab und zu von neurologischen Vergiftungserscheinungen durch DEET, vor allem bei Kindern – so etwas kommt jedoch nur sehr selten vor und hängt meistens mit einer starken Überdosierung zusammen. Bei Kleinkindern unter zwei Jahren dürfen keine DEET-Produkten angewendet werden.

Es gibt auch Insektenschutzmittel auf pflanzlicher Basis (z. B. Eukalyptus- und Sojaöl). Diese Produkte schützen durchaus, wirken aber nur eineinhalb bis zwei Stunden. DEET-haltige Insektenmittel sind in Gebieten mit hohem Malaria- oder Gelbfieberrisiko auf jeden Fall vorzuziehen. Produkte auf Zitronellabasis bieten keinen Schutz.

Zusätzlich können Reisende ihre Kleidungsstücke, Schuhe, Zelte und Moskitonetze mit Permethrin imprägnieren. Eine solche Behandlung ist eine sichere Sache. Permethrin wirkt mindestens zwei Wochen lang und übersteht sogar mehrere Waschgänge. Direkter Hautkontakt ist jedoch zu vermeiden.

Fenster ohne Fliegengitter sollten nachts geschlossen bleiben. Wer im Freien oder in offenen Unterkünften übernachtet, sollte unbedingt ein mit Permethrin imprägniertes Moskitonetz benutzen. Die Ränder des Netzes sollten unter die Matratze geklemmt

GESUNDHEIT

werden. Nur sehr feine Maschen mit weniger als 1,5 mm Durchmesser bieten einen ausreichenden Schutz. Für völlig ungeschützte Schlafplätze gibt's sogenannte Räucherspiralen, die den Raum über Nacht mit einem Insektizid einnebeln. Mit Abwehrmittel imprägnierte Armbänder sind so gut wie wirkungslos.

Schlangenbisse

Schlangen und Blutegel stellen in einigen Gebieten Südamerikas eine Gefahr dar. Wer von einer giftigen Schlange gebissen wurde, sollte sich still verhalten, das betroffene Glied ruhig halten und so schnell wie möglich einen Arzt aufsuchen. Aderpressen sollten nicht verwendet werden.

Sonne

Zum Schutz vor zu viel Sonne sollte man generell die Mittagssonne meiden. Auf die Nase eines jeden Travellers gehört eine Sonnenbrille und auf den Kopf ein Sonnenhut mit breiter Krempe. Sonnenschutzmittel mit UVA- und UVB-Schutz (mindestens Lichtschutzfaktor 15!) schützen vor Sonnenbrand. Sämtliche der Sonne ausgesetzten Körperteile sollten sorgfältig mit Sonnenschutzmittel eingecremt werden, und zwar ca. 30 Minuten bevor der erste Sonnenstrahl auf die Haut trifft. Nach einem Sprung ins kühle Nass oder nach schweißtreibenden Aktivitäten muss die Prozedur des Eincremens wiederholt werden. Bei großer Hitze sollte man viel trinken und körperliche Anstrengungen weitestgehend vermeiden.

Tierbisse

Traveller sollten nie versuchen, Tiere zu streicheln, zu füttern oder mit ihnen zu spielen – dies gilt natürlich nicht für Haustiere, die nachgewiesenermaßen keine Infektionskrankheiten haben. Die meisten Bisse rühren daher, dass die betroffene Person das Tier füttern oder berühren wollte.

Jede Biss- oder Kratzwunde, die auf das Konto von Säugetieren geht (inkl. Fledermäuse), sollte unverzüglich gründlich mit sehr viel Wasser und Seife gereinigt werden. Anschließend ist die Wunde mit einem Antiseptikum (z. B. Jod oder Alkohol) zu desinfizieren. Bei Tollwutverdacht muss die örtliche Gesundheitsbehörde so schnell wie möglich kontaktiert werden, um eine Notfallbehandlung einleiten zu können – egal, ob die jeweilige Person bereits gegen Tollwut geimpft ist oder nicht. Biss- oder Kratzwunden können zusätzlich mit einem Antibiotikum behandelt werden, um Entzündungen zu verhindern. Hierfür eignen sich neuere Quinolon-Varianten wie Levoflocaxin (Levaquin). Viele Reisende haben dieses Medikament ohnehin zur Behandlung von Durchfallerkrankungen im Gepäck.

Trinkwasser

Leitungswasser in brasilianischen Städten wie Rio und São Paulo kann prinzipiell getrunken werden – viele Einheimische bevorzugen dennoch gereinigtes oder in Flaschen abgefülltes Wasser. In abgelegenen Gegenden sollte Leitungswasser nicht getrunken werden. Viele Hotels und Pensionen filtern ihr Wasser – unbedingt bei der eigenen Unterkunft nachfragen, wie es dort gehalten wird! Wasser lässt sich am effektivsten reinigen, indem man es mindestens eine Minute lang abkocht (bei Höhen über 2000 m sollten es 3 Min. sein).

Eine einfache Methode der Wasserreinigung: ein praktisches Reinigungsgerät, das Wasser mithilfe von ultraviolettem Licht keimfrei macht. Ein Steripen – erhältlich übers Internet und bei einigen Campingausrüstern – ist ebenfalls ein sicherer, effektiver und leichtgewichtiger Helfer. Alternativ kann Wasser auch mithilfe von Jodtabletten desinfiziert werden. Die in den Verpackungen beiliegenden Anweisungen sind genauestens zu befolgen. Man kann dem Wasser auch eine 2 %-ige Jodlösung beigeben. Für 1 l klares Wasser reichen fünf Tropfen, für 1 l trübes Wasser werden zehn Tropfen benötigt. Anschließend lässt man das Ganze dann eine halbe Stunde lang stehen (kaltes Wasser gegebenenfalls auch länger). Mit etwas Vitamin C (Ascorbinsäure) schmeckt jodiertes Wasser sehr viel angenehmer. Es sollte aber nicht länger als ein paar Wochen am Stück getrunken werden. Schwangere, Schilddrüsenpatienten und Personen mit einer Jodallergie dürfen kein jodiertes Wasser zu sich nehmen.

Von den verschiedenen Wasserfiltern auf dem Markt bieten Modelle mit kleinen Poren (Umkehrosmosefilter) den besten Schutz. Sie sind allerdings relativ groß und verstopfen leicht. Sogenannte „Microstrainer" haben größere Poren. Sie filtern zwar alle möglichen Mikroorganismen heraus, kapitulieren aber vor Viren. Die Herstellerangaben sind immer sorgfältig zu befolgen.

MIT KINDERN REISEN

Mit Kindern unter neun Monaten sollte man nicht in Gebiete reisen, in denen Gelbfieber vorkommt, da der Impfstoff bei dieser Altersgruppe noch nicht wirkt.

Wer mit Kleinkindern reist, sollte genau darauf achten, was sie essen und trinken. Durchfallerkrankungen können äußerst gefährlich werden, umso mehr als Kinder unter zwei Jahren nicht gegen Hepatitis A und Typhus geimpft werden können.

Die beiden Malariamittel Lariam und Malarone können Kindern verabreicht werden. Insektenschutzmittel sollten aber in niedrigeren Konzentrationen aufgetragen werden.

FRAUEN & GESUNDHEIT

Tampons und andere Hygieneartikel sind in den meisten Apotheken erhältlich. Wer in ländliche Gegenden reist, sollte sich aber vielleicht trotzdem im Voraus damit eindecken. Die meisten Apotheken in Brasilien haben auch die „Pille danach" *(a pilula do dia seguinte)* auf Lager; so lassen sich ungewollte Schwangerschaften im Notfall verhindern (die Pille kostet um die 20 R$). Die Namen Englisch sprechender Geburtshelfer am Urlaubsort in Brasilien sind auf der Website der amerikanischen Botschaft www. embaixada-americana.org.br aufgelistet. Die medizinischen Einrichtungen sind aber höchstwahrscheinlich nicht mit denen im Heimatland zu vergleichen. Wer nicht in Brasilien entbinden will, sollte also nicht gegen Ende der Schwangerschaft in dieses Land reisen.

Schwangere sollten auch nicht in Gebiete fahren, in denen Gelbfieber vorkommt, denn die Schutzimpfung ist während der Schwangerschaft nicht sicher.

Mefloquine (Lariam) ist während der Schwangerschaft das sicherste Mittel gegen Malaria.

GESUNDHEIT

Sprache

Die Brasilianer sprechen Portugiesisch, was geschrieben zwar ganz ähnlich aussieht wie Spanisch, aber völlig anders klingt. Wer Spanisch spricht, kann sich in Brasilien trotzdem ganz gut verständlich machen. Die Brasilianer verstehen einen dann leidlich, nur leider versteht man selber kaum ein Wort von dem, was sie sagen. Etwas Portugiesisch zu lernen, ist also keineswegs Zeitverschwendung. Tipp: Man kann sich eine Sprachkassetten anhören, um ein Ohr für das Portugiesische zu entwickeln, denn die Sprache hat einen schönen Klang.

Als die Portugiesen 1500 ins Land kamen, sprachen die indigenen Völker Brasiliens schätzungsweise 700 verschiedene Sprachen. Heute existieren nur noch 180, von denen 130 als bedroht gelten, weil sie von weniger als 600 Menschen gesprochen werden. Diese indigenen Sprachen sowie die diversen Sprachen und Dialekte der Afrikaner, die als Sklaven ins Land verschleppt wurden, führten zu tiefgreifenden Veränderungen des Portugiesischen, das die frühen Siedler sprachen.

Neben dem Portugiesischen wurde auch Tupí, das von den Jesuiten verschriftlicht und vereinfacht wurde, zu einer Verkehrssprache, die von der Mehrzahl der Bevölkerung verstanden wurde. Bis in die Mitte des 18. Jhs. war Tupí in der Öffentlichkeit verbreitet, doch mit der wachsenden Zahl ins Land strömender portugiesischer Goldsucher trat sie in den Hintergrund. 1757 wurde ihr Gebrauch durch eine königliche Proklamation verboten. Als zwei Jahre später die Jesuiten vertrieben wurden, setzte sich das Portugiesische schnell als Landessprache durch.

Dennoch finden sich auch heute noch viele Wörter indigenen oder afrikanischen Ursprungs im brasilianischen Portugiesisch. Aus den Tupí-Guaraní-Sprachen stammen viele Ortsnamen (z. B. Guanabara, Carioca, Tijuca oder Niterói), Tiernamen (z. B. Piranha, *capivara* und *urubu*) und Pflanzennamen (z. B. *mandioca*, *abacaxí*, *caju* und *jacarandá*). Wörter aus afrikanischen, vor allem aus in Nigeria und Angola gesprochenen Sprachen finden sich bei afrobrasilianischen Kulten (z. B. Orixá, Exú und Iansã), in der Kochkunst (z. B. *vatapá*, *acarajé* und *abará*) sowie im allgemeinen Wortschatz (z. B. Samba, Mocambo oder Moleque).

Auch Gestik und Mimik spielen in der Konversation eine wichtige Rolle. Die Brasilianer begleiten ihr Reden generell mit einer reichen Körpersprache, die als eine Art Paralleldialog fungiert. Das „Daumen hoch" (*tudo bem*) wird zur Begrüßung, als Zeichen der Zustimmung oder des Danks eingesetzt. Der energisch geschwenkte Finger (*não-não*) unter der Nase des Gegenübers ist eine entschiedene Verneinung und wirkt einschüchternd, ist aber nicht als eine Bedrohung zu verstehen.

Das Zeichen der *figa* – der Daumen wird zwischen Zeige- und Mittelfinger der geballten Faust gesteckte – ist ein Glückssymbol, das von einem afrikanischen Fruchtbarkeitstalisman abgeleitet ist. Man sieht es häufiger in Schmuckstücken als in der Körpersprache. Um Geschwindigkeit und Eile (*rápido*) auszudrücken, wird das Handgelenk heftig bewegt und dabei gleichzeitig mit Daumen und Mittelfinger geschnipst – eine Geste, die wahrscheinlich nur Brasilianer wirklich beherrschen. Wenn man etwas nicht will (*não quero*), schlägt man sich auf den Handrücken, als wollte man die ganze Geschichte fortwischen. Fasst man sich mit dem Finger an den Augenwinkel, bedeutet das, dass man sein Gegenüber durchschaut hat.

Mit Brasilianern kommt man leicht in Kontakt, aber die meisten sprechen kein oder nur wenig Englisch. Das ändert sich zwar ein wenig, weil heute praktisch alle brasilianischen Schulkinder Englisch lernen, aber zumindest außerhalb der großen Städte darf man nicht darauf bauen, irgendjemand zu finden, der Englisch oder gar Deutsch beherrscht. Je besser man portugiesisch kann, desto mehr hat man von seinem Aufenthalt, und die Brasilianer wissen die Bemühung des Gastes zu schätzen.

BÜCHER

Ein ausgezeichneter englischer Taschensprachführer ist das *Brazilian Portuguese Phrasebook* von Lonely Planet. Darin sind nicht nur die meisten Situationen abgedeckt, in die man auf Reisen kommen kann, sondern es gibt auch viele Vokabeln fürs Zwischenmenschliche. Das Buch enthält auch einen leicht verständlichen Grammatikteil, ein ausführliches Kapitel zu Essen und Ausgehen sowie ein Wörterbuch Portugiesisch-Englisch und Englisch-Portugiesisch.

Eine gute deutschsprachige Alternative ist z. B. der Sprachführer Portugiesisch von Marco Polo. Auch an ausführlichen Sprachlehrbüchern, Grammatiken und Wörterbüchern herrscht kein Mangel.

Hat man sich auf diese Weise schlau gemacht, dazu noch ein paar alte Bossa-Nova-Platten aufgelegt, sich einige brasilianische Filme (z. B. von Walter Salles oder Fernando Meirelles) angeschaut und ein paar Romane von Jorge Amado gelesen, kann man sich getrost in die Praxis, d. h. in die Straßen und an die Strände Brasiliens wagen.

AUSSPRACHE

Die brasilianische Aussprache des Portugiesischen ist für Uneingeweihte ein Buch mit sieben Siegeln. Besonders überraschend ist, dass **r** im Anlaut in der Regel wie ein „h" oder „ch" ausgesprochen wird, das also aus „Rio" so etwas wie „hie-o" wird. Ähnlich kompliziert ist, dass **t** (oder **d**) vor Vokalen als „tsch" wie in „Matsch" oder „dsch" wie in „Dschungel" ausgesprochen werden: *restaurante* klingt also so ähnlich wie „hes-to- rotsch".

Der Buchstabe **ç** wird wie ein scharfes „s" ausgesprochen; das **x** wie ein „sch"; „Iguaçu" klingt also wie „ig-wa-ssu" (mit englischem, nicht deutschem „w") und „Caxambu" wie „ka-scham-bu".

Die brasilianische Aussprache hat gemeistert, wer erfolgreich eines der bekannteren Biere des Landes bestellen kann:, *Antarctica* (ja richtig, das lautet „ant-ach-tschie-ka"!).

In Brasilien gibt's verschiedene Mundarten, Einschläge und Slangs (*gíria*), die sich regional unterscheiden. Die Carioca (Einwohner Rios) sprechen das **s** – wie die Portugiesen – an vielen Stellen als „sch" aus. Die *gaúcho* sprechen ein spanisch klingendes Portugiesisch, die Baianos (Einwohner Bahias) sprechen langsam, und die Mundart der Cearense (aus Ceará) ist für Auswärtige meist völlig unverständlich.

Aber keine Sorge: Wenn man die Umschrift der Floskeln und Redewendungen im Sprachführer hier liest, als wäre es Deutsch, dürfte man im ganzen Land schon halbwegs verstanden werden.

Vokale in der Lautschrift

a	kurzes „a" wie in „Ragout", z. B. *camera*
a	langes „a" wie in „Vater", z. B. *padre*
ai	wie in „Mai", z. B. *pai*
au	wie in „Maut", z. B. *saudades*
e	wie in „Bett" oder „Reh", z. B. *cedo*
ey	wie in „hey", z. B. *lei*
ie	wie in „Biene", z. B. *fino*
o	wie in „Floh", z. B. *gato*
oi	wie in „Beutel", z. B. *noite*
ou	ähnlich wie im engl. „saw", z. B. *nó*
u	wie in „Ruhm", z. B. *azul*

Ein charakteristisches Merkmal des brasilianischen Portugiesisch sind Nasalvokale wie im Französischen. In der Schreibung des brasilianischen Portugiesisch erkennt man einen Nasalvokal an den darauf folgenden Nasalkonsonanten (**m** oder **n**) am Silbenende (die nicht gesprochen werden) oder einer Tilde über dem Vokal (z. B. **ã**). In unserem Sprachführer werden Nasalvokale durch ein „ng" oder „aou" angedeutet.

Konsonanten in der Lautschrift

Im Folgenden sind nur ein paar Konsonantenkombinationen aufgelistet, die die für Deutsche komplizierteren Laute des Portugiesischen wiedergeben.

lj	wie das „lli" in „Million"
nj	wie in „Tanja"
r	wie in „Rad"
rr	wie in „Rad", aber mit mehr Druck und stärker gerollt
sch	wie in „Rage"

SPRACHE

Wortbetonung

Wörter werden im Allgemeinen auf der vorletzten Silbe betont, es gibt aber Ausnahmen. Wenn ein Wort auf **-r** oder einen Nasalvokal endet, fällt die Betonung auf die letzte Silbe. Trägt ein Vokal in dem geschriebenen Wort einen Akzent, wird die Silbe betont, die diesen Vokal enthält.

In unserem Sprachführer ist die betonte Silbe kursiv gedruckt.

GRAMMATISCHES GESCHLECHT

Portugiesisch besitzt bei Substantiven und Adjektiven maskuline und feminine Formen. Alternative Endungen sind in diesem Kapitel mit einem „/" bezeichnet. Im Allgemeinen sind Substantive und Adjektive auf „-o" maskulin, auf „-a" feminin.

ESSEN GEHEN

Frühstück	*café da*	ka·*feh* da
	manhã	ma·*nyaou*
Mittagessen	*almoço*	ou·*mo*·sso
Abendessen	*jantar*	schang·*taarr*
Snack	*lanche*	*lang*·sche

Die Speisekarte (auf Englisch) bitte.
O cardapio (em inglês), o kar·*da*·pyo eng ing·*gles*
por favor. porr fa·*worr*
Was empfehlen Sie?
O que você recomenda? o ke wo·*sseh* he·ko·*meng*·da
Ich bin Vegetarier.
Eu sou e·uh sso
vegetariano/a. we·sche·ta·ri·*a*·no/a (m/f)
Ich hätte gern …
Queria… ke·*rie*·a…
Haben Sie …?
Tem… teng…
Ich bin satt.
Estou satisfeito/a. es·to ssa·ties·*fey*·to/a (m/f)
Die Rechnung bitte.
A conta, por favor. a *kong*·ta porr fa·*worr*
Prost!
Saúde! sa·*uh*·de

Ein Glossar zum Thema Essen & Trinken steht auf S. 101.

FRAGEWÖRTER

Wer?
Quem? keng
Was?
(O) Que? (o) ke
Wann?
Quando? kwang·do

Wo?
Onde? ong·de
Warum?
Por que? porr ke
Welcher/welche?
Qual/Quais? (sg/pl) kwou kais

GESUNDHEIT

Ich bin krank.
Estou doente. es·*tou* do·*eng*·te
Ich brauche einen Arzt (der Englisch spricht).
Eu preciso de um médico e·uh pre·*ssie*·so de uhm
(que fale inglês). me·die·ko (ke fa·le in·*gles*)
Hier tut es weh.
Aqui dói. a·*kie* doi
Ich habe mich übergeben.
Estive vomitando. e·*stiew* wo·mie·*tan*·do

Ich fühle mich …
Estou me sentindo … es·*tou* me seng·*ting*·do …
schwindlig
tonto/tonta (m/f) *tong*·to/*tong*·ta
übel
enjoado/enjoada (m/f) eng·scho·*a*·do/en·scho·*a*·da

Durchfall	*diarréia*	die·a·*he*·i·a
Fieber	*febre*	*fe*·bre
Schmerzen	*dor*	dorr
Übelkeit	*náusea*	nau·se·a

Wo ist der/die/das nächste …?
Onde fica …is perto? on·de fie·ka … mais *perr*·to
Arzt
o médico o *me*·die·ko
Ärztehaus
a clínica médica a *klie*·ni·ka me·die·ka
Krankenhaus
o hospital o os·pie·*tou*
(Nacht-) Apotheke
a farmácia (noturna) a farr·*ma*·ssie·a (no·*tur*·na)
Zahnarzt
o dentista o deng·*ties*·ta

Ich bin allergisch gegen …
Tenho alergia à … te·njo a·lerr·*schie*·a a …
Antibiotika
antibióticos an·tie·bie·*o*·tie·kos
Antiseptika
anti-séptico an·tie·*sep*·tie·ko
Aspirin
aspirina as·pie·*rie*·na
Bienen
abelhas a·*be*·ljas
Erdnüsse
amendoims a·meng·do·*ings*

NOTFÄLLE
Hilfe!
Socorro! — so-*ko*-ho
Das ist ein Notfall.
É uma emergência. — e *uh*-ma e-merr-*scheng*-si-a
Ich habe mich verlaufen.
Estou perdido/a. (m/f) — es-*tou* perr-*die*-do/a
Wo sind die Toiletten?
Onde tem um — *on*-de teng uhm
banheiro? — ba-*njei*-ro
Gehen Sie weg!
Vai embora! — wai eng-*bo*-ra

Rufen Sie ...!
einen Arzt
um médico! — uhm *me*-die-ko
einen Krankenwagen
uma ambulância — u-ma am-bu-*lan*-ssie-a
die Polizei
a polícia — a po-li-*ssie*-a

Penizillin
penicilina — pe-nie-ssie-*lie*-na
Schmerzmittel
analgésicos — a-nou-*sche*-sie-ko
Verhütungsmittel
anticoncepcionais — an-tie-kon-*ssep*-ssie-o-nou

KONVERSATION & NÜTZLICHES
Hallo.
Olá. — o-*la*
Hi.
Oi. — oi
Guten Tag.
Bom dia. — bong *die*-a
Guten Abend.
Boa noite. — bo-a *noi*-te
Bis später.
Até mais tarde. — a-*te* mais *tarr*-de
Tschüss.
Tchau. — tschau

Wie geht es Ihnen/dir?
Como vai? — *ko*-mo wai
Danke, gut, und selber?
Bem, e você? — beng e wo-*sseh*
Schön, Sie/dich kennenzulernen.
Prazer em conhecê-lo. — pra-*serr* eng ko-*nje*-sseh-lo (m)
Prazer em conhecê-la. — pra-*serr* eng ko-*nje*-sseh-la (f)
Ja.
Sim. — siem
Nein.
Não. — naou
Bitte.
Por favor. — por fa-*worr*

Danke, (vielen) Dank.
(Muito) obrigado/ — *(muien*-to) o-brie-*ga*-do/
obrigada. (m/f) — o-brie-*ga*-da
Gern geschehen.
De nada. — de *na*-da
Entschuldigung.
Com licença — kom lie-*seng*-sa
Tut mir Leid.
Desculpa. — des-*kul*-pa

Wie heißen Sie/heißt du?
Qual é o seu nome? — kwou e o *se*-uh *no*-me
Ich heiße ...
Meu nome é ... — *me*-uh *no*-me eh ...
Woher kommen Sie/kommst Du?
De onde você é? — de *ong*-de vo-*sseh* e
Ich komme aus ...
Eu sou (da/do/de) ... — *e*-uh so (da/do/de)
Darf ich ein Foto (von Ihnen/Dir) machen?
Posso tirar uma foto — *po* sso tie *rarr* u ma *fo* to
(de você)? — (de wo *sseh*)

REISEN MIT KINDERN
Ich brauche ...
Preciso de ...
pre-*ssie*-so de ...

Haben Sie ...?
Aqui tem ...?
a-*kie* teng
einen Wickelraum
uma sala para trocar — *uh*-ma *sa*-la *pa*-ra tro-*karr*
bebê — be-*be*
einen Babysitz
um assento de criança — uhm a-*sseng*-to de krie-*an*-ssa
einen Kindersitz
um assento de elevaçã — uhm a-*sseng*-to de e-le-va-*soung*
einen Babysitting-Service
um serviço de babá — uhm sserr-*wie*-sso de ba-*ba*
eine Kinderkarte
um cardápio para — uhm kar-*da*-pie-o *pa*-ra
criança — krie-*an*-ssa
einen (Englisch sprechenden) Babysitter
uma babá — *uh*-ma ba-*ba*
(que fale ingles) — (ke *fa*-le ien-*gles*)
Folgemilch
leite em pó (para bebê) — *ley*-te (pa-ra be-*be*)
einen Kinderstuhl
uma cadeira de criança — *uh*-ma ka-*dey*-ra de krie-*an*-ssa
einen Nachttopf
um troninho — uhm tro-*nie*-njo
einen Kinderwagen
um carrinho de bebê — uhm ka-*hie*-njo de be-*be*
(Wegwerf-) Windeln
fraldas (descartáveis) — *frou*-das (des-*karr*-ta-veys)

SPRACHE

Kann ich mein Kind hier stillen?
Você se importa se eu   wo·*sse* sse ieng-*porr*·ta sse e·uh
amamentar aqui?   a·ma·meng·*tarr* a·*kie*
Sind Kinder zugelassen?
É permitida a entrada   e perr·mie·*tie*·da a eng·*tra*·da
de crianças?   de krie·*an*·ssas

SHOPPEN & SERVICE
Ich hätte gern ...
Gostaria de comprar ...   gos·ta·*rie*·a de kom·*prarr* ...
Ich schaue mich nur um.
Estou só olhando.   es·*tou* so o·*ljan*·do
Kann ich mir das anschauen?
Posso ver?   po·sso werr
Wie viel?
Quanto?   kwan·to
Das ist zu teuer.
Está muito caro.   es·ta muing·to ka·ro
Können Sie mit dem Preis noch heruntergehen?
Pode baixar o preço?   po·de ba·*scharr* o pre·sso
Haben Sie etwas Billigeres?
Tem uma coisa mais   teng uh·ma koi·sa mais
barata?   ba·ra·ta
Ich gebe Ihnen (fünf Reais).
Dou (cinco reais).   dou (ssien·ko he·*ais*)
Das gefällt mir nicht.
Não gosto.   noung gos·to
Ich nehme es.
Vou levar isso.   wo le·*war* ie·sso
Wo befindet sich ...?
Onde fica ...?   on·de fie·ka ...
    ein Geldautomat
    um caixa automático   uhm kai·scha au·to·ma·tie·ko
    eine Bank
    o banco   o ban·ko
    ein Buchladen
    uma livraria   uh·ma lie wra·rie·a
    die ... Botschaft
    a embaixada do/da ...   a eng·bai·scha·da do/da ...
    eine Wechselstube
    uma loja de câmbio   uh·ma lo·scha de kam·bie·o
    ein Markt
    o mercado   o merr·ka·do
    die Polizei
    a delegacia de polícia   a de·le·ga·ssie·a de po·lie·ssie·a
    eine Apotheke
    uma farmácia   uh·ma far·ma·ssja
    die Post
    o correio   o ko·hej·o
    ein Supermarkt
    o supermercado   o ssuh·perr·merr·ka·do
    die Touristeninformation
    a secretaria de turismo   a se·kre·ta·rie·a de tuh·ries·mo
    eine Wäscherei
    uma lavanderia   uh·ma la·wang·de·rie·a

weniger   *menos*   me·nos
mehr   *mais*   mais
groß   *grande*   grang·de
klein   *pequeno/a*   pe·ke·no/a

Wann öffnet ...?
A que horas abre ...?   a ke oh·ras a·bre ...
Haben Sie noch andere?
Você tem outros?   wo·sse teng o·tros
Wie viele?
Quantos/Quantas? (m/f)   kwan·tos/kwan·tas

Nehmen Sie ...?
Vocês aceitam ...?   wo·sses a·sey·tam ...
    Kreditkarten
    cartão de crédito   karr·taou de kre·die·to
    Reiseschecks
    traveler cheques   trä·we·ler sche·kes

Brief   *uma carta*   uh·ma karr·ta
Paket   *uma*   uh·ma
    encomenda   eng·ko·meng·da

Ich hätte gerne ...
Quero comprar ...   ke·ro kom·prarr ...
    einen Luftpostbrief
    um aerograma   uhm a·e·ro·gra·ma
    einen Briefumschlag
    um envelope   uhm eng·we·lo·pe
    eine Telefonkarte
    um cartão telefônico   uhm kar·toung te·le·fo·ni·ko
    eine Postkarte
    um cartão-postal   uhm karr·toung pos·tou
    Briefmarken
    selos   sse·los

Wo kann ich ...?
Onde posso ...?   on·de po·sso ...
    einen Reisescheck einlösen
    trocar traveler cheques   tro·karr trä·we·ler sche·kes
    Geld umtauschen
    trocar dinheiro   tro·kar die·njey·ro
    meine E-Mails checken
    checar meu e-mail   sche·karr me·uh ie·meyl
    ins Internet gehen
    ter acesso à internet   terr a·sse·sso a ien·terr·ne·tie

UHRZEIT & DATUM
Wie spät ist es?
Que horas são?   ke oh·ras ssaou
Es ist (zehn) Uhr.
São (dez) horas.   saou (des) oh·ras

jetzt   *agora*   a·go·ra
heute Morgen   *esta manhã*   es·ta ma·njang

heute Nachmittag	*esta tarde*	*es·ta tarr·de*
heute	*hoje*	*o·sche*
heute Abend	*hoje à noite*	*o·sche a noi·te*
morgen	*amanhã*	*a·ma·njang*
gestern	*ontem*	*on·teng*

Montag	*segunda-feira*	*se·guhn·da·fey·ra*
Dienstag	*terça-feira*	*terr·ssa·fey·ra*
Mittwoch	*quarta-feira*	*kwarr·ta·fey·ra*
Donnerstag	*quinta-feira*	*kien·ta·fey·ra*
Freitag	*sexta-feira*	*sses·ta·fey·ra*
Samstag	*sábado*	*sa·ba·do*
Sonntag	*domingo*	*do·mien·go*

Januar	*janeiro*	*scha·ney·ro*
Februar	*fevereiro*	*fe·we·rey·ro*
März	*março*	*marr·sso*
April	*abril*	*a·brie·u*
Mai	*maio*	*ma·jo*
Juni	*junho*	*schuh·njo*
Juli	*julho*	*schuh·ljo*
August	*agosto*	*a·gos·to*
September	*setembro*	*se·teng·bro*
Oktober	*outubro*	*o·tuh·bro*
November	*novembro*	*no·weng·bro*
Dezember	*dezembro*	*de·seng·bro*

UNTERKUNFT

Ich suche ein/eine/einen ...
Estou procurando por ...   es·tou pro·ku·*rang*·do porr ...

Wo gibt es ein/eine/einen ...?
Onde tem ...?   *on*·de teng ...
  Zimmer
  um quarto   uhm *kwarr*·to
  Pension
  uma pensão   u·ma pen·*soung*
  Campingplatz
  um local para   uhm lo·*kou pa*·ra
  acampamento   a·kam·pa·*meng*·to
  Unterkunft
  uma hospedaria   u·ma os·pe·da·*rie*·a
  Hotel
  um hotel   uhm mo·*tel*
  Jugendherberge
  um albergue   uhm mou·*berr*·ge
  da juventude   da schu·veng·*tuh*·de

Ich möchte ein ...
Eu gostaria um   e·uh gos·ta·*rie*·a uhm
quarto de ...   *kwarr*·to de ...
  Doppelzimmer
  casal   ka·sou
  Einzelzimmer
  solteiro   sol·*tey*·ro

An ...	*Para ...*
Von ...	*De ...*
Datum	*Data*

Ich möchte ... reservieren
  Eu gostaria de fazer uma reserva ... (vgl. die Liste
  unter „Unterkunft" für Bett-/Zimmeroptionen)
auf den Namen ...	*no nome de ...*
für die Zeit ...	*para os dias ...*
vom ... bis zum ...	*de ... até ...*
Kreditkarten- ...	*cartão de credito ...*
Nummer	*número*
Ablaufdatum	*data de vencimento*

Bitte bestätigen Sie ...	*Por favor confirme ...*
die Verfügbarkeit	*a disponibilidade*
den Preis	*o preço*

Zwei-Bett-Zimmer
duplo   *duh*·plo

Wie lautet die Adresse?
  Qual é o endereço?   kwou e o en·de·*re*·sso
Haben Sie ein ... Zimmer?
  Tem um quarto de ...?   teng uhm *kwarr*·to de ...
Für (drei) Nächte.
  Para (três) noites.   *pa*·ra (tres) noi·tes
Ist das Frühstück inbegriffen?
  Inclui café da manhã?   ing·kluh·i ka·*feh* da ma·*njang*
Kann ich es sehen?
  Posso ver?   *po*·sso werr
Ich nehme es.
  Eu fico com ele.   e·u *fie*·ko kom e·lie
Es gefällt mir nicht.
  Não gosto.   naou *gos*·to
Ich reise jetzt ab.
  Estou indo embora   es·tou in·do em·*bo*·ra
  agora.   a·*go*·ra

Wie viel kostet es pro ...?
Quanto custa por ...?   *kwan*·to *kus*·ta porr ...
  Nacht
  noite   *noi*·te
  Person
  pessoa   pe·*sso*·a
  Woche
  semana   se·*ma*·na

Kann ich mit ... bezahlen?
Posso pagar com ...?   *po*·sso pa·*garr* kom ...
  Kreditkarte
  cartão de crédito   karr·*taou* de kreh·*die*·to
  Reisescheck
  traveler cheque   *trä*·ve·ler *sche*·kie

VERKEHRSMITTEL & -WEGE
Öffentliche Verkehrsmittel
Welcher/welches ... fährt nach?
Qual o ... que vai para ...?
kwou o ... ke wai pa·ra ...

Boot	*barco*	*barr·ko*
Bus	*ônibus*	*o·nie·buhs*
Fähre	*balsa*	*bal·ssa*
Fernbus	*ônibus inter-urbano*	*o·nie·buhs ien-terr uhrr·ba·no*
Flugzeug	*avião*	*a·wie·oung*
Stadt-/ Regionalbus	*ônibus local*	*o·nie·buhs lo·kou*
Zug	*trem*	*treng*

Wann fährt der ... (Bus)?
Quando sai o ... (ônibus)?
kwang·do saj o ... (o·nie·buhs)

erste	*primeiro*	*prie·mey·ro*
letzte	*último*	*uhl·tie·mo*
nächste	*próximo*	*pro·ssie·mo*

Wann fährt er ab?
Que horas sai?   ke oh·ras sai

Wann kommt er (in Paraty) an?
Que horas chega   ke *oh·*ras sche·ga
em (Paraty)?   eng (pa·*ra·*tie)

Ein ... Ticket nach (...)
Uma passagem de ... para (...)
uh·ma pa·*ssa·*schem de ... pa·ra (...)

1. Klasse	*primeira classe*	*prie·mey·ra kla·sse*
2. Klasse	*segunda classe*	*se·guhn·da kla·sse*
einfach	*ida*	*ie·da*
hin & zurück	*ida e volta*	*ie·da e wol·ta*

Wie viel kostet es?
Quanto é?   kwan·to e
Ist das der Bus nach ...?
Este ônibus vai para ...? es·te o·nie·buhs wai pa·ra ...?
Muss ich umsteigen?
Preciso trocar de trem? pre·ssie·sso tro·karr de treng

die Gepäckannahme
o balcão de guarda o bal·koung de gwarr·da
volumes wo·luh·mes
ein Schließfach
um guarda volume uhm gwarr·da wo·luh·me

Ist das Taxi frei?
Este táxi está livre? es·te tak·ssie es·ta lie·wre
Schalten Sie bitte das Taxameter ein.
Por favor ligue o porr fa·worr lie·ge o
taxímetro. tak·ssie·me·tro

Ist in der Tour ... inbegriffen?
A excursão inclui ...?
Wird in Hängematten übernachtet?
Iremos dormir em redes?
Wie setzt sich der Preis zusammen?
Como é dividido o custo?
Ist der Wasserstand hoch oder niedrig?
O nível das águas esta alto ou baixo?
Gibt es Schwimmwesten an Bord?
O barco tem coletes salva-vidas?
Wie lange braucht man, um dorthin zu kommen?
Quanto tempo leva para chegar lá?
Können wir zusammen Lebensmittel einkaufen?
Podemos ir comprar comida juntos?
Haben Sie eine Angelausrüstung?
Você tem equipamento de pesca?
Ist es dort sicher?
É seguro ir lá?
Werden wir Tiere sehen?
Iremos ver animais?

Gibt es dort ...?	*Lá tem ...?*
gefährliche Tiere	*animais perigosos*
Schlangen	*cobras*
Spinnen	*aranhas*
viele Moskitos	*muitos pernilongos*
Baum	*arvore*
Essen/Getränke	*comida/bebida*
Führer	*guias*
Kanu	*canoa*
Treibstoff	*combustível*
Unterkünfte	*alojamento*
Urwald	*selva/mata/florest*

Wie viel kostet es bis ...?
Quanto custa até ...? kwan·to kuhs·ta a·te ...
Bringen Sie mich bitte (zu dieser Adresse).
Me leve para este me le·we pa·ra es·te
endereço por favor. en·de·re·sso porr fa·worr

Eigene Transportmittel
Ich möchte ein/einen ... mieten
Gostaria de alugar ...
gos·ta·rie·a de a·luh·garr ...

Geländewagen	*um quatro*	*uhm kwa·tro*
	por quatro	*por kwa·tro*
Fahrrad	*uma bicicleta*	*uh·ma bie·ssie·kle·ta*
Auto	*um carro*	*uhm ka·ho*
Motorrad	*uma motocicleta*	*uh·ma mo·to·ssie·kle·ta*

VERKEHRSSCHILDER

Entrada	Einfahrt
Estrada dê Preferência	Vorfahrt beachten
Mão Única	Einbahnstraße
Pare	Stopp
Pedágio	Mautstraße
Proibido Entrar	Einfahrt verboten
Rua Sem Saída	Sackgasse
Saída	Autobahnausfahrt

Ist das die Straße nach ...?
Esta é a estrada para ...? es·ta e a es·tra·da pa·ra ...
(Wie lange) kann ich hier parken?
(Quanto tempo) Posso (kwan·to teng·po) po·sso
estacionar aqui? es·ta·ssie·o·narr a·kie

Wo befindet sich eine Tankstelle?
Onde tem um posto on·de teng uhm pos·to
de gasolina? de ga·so·lie·na
Bitte volltanken.
Enche o tanque, por en·sche o tan·ke porr
favor. fa·worr
Ich hätte gern ... Liter.
Coloque ... litros. ko·lo·ke ... lie·tros

Diesel	*diesel*	*die*·sel
Ethanol	*álcool*	*ou*·kol
Bleifrei	*gasolina*	ga·so·*lie*·na
	comum	ko·*muhn*

Ich habe eine (Auto-/Motorrad-) Panne bei ...
(O carro/A motocicleta) (o ka·ho/a mo·to·si·kle·ta)
quebrou em ... ke·brou eng ...
Das Auto springt nicht an.
O carro não está o ka·ho naou es·ta
pegando. pe·gang·do
Ich brauche einen Mechaniker.
Preciso de um pre·ssie·so de uhm
mecânico. me·ka·nie·ko
Mir ist das Benzin ausgegangen.
Estou sem gasolina. es·tou seng ga·so·lie·na
Ich hatte einen Unfall.
Sofri um acidente. sso·frie uhm a·ssie·den·te

VERSTÄNDIGUNG
Sprechen Sie Englisch?
Você fala inglês? wo·sse fa·la in·gles
Spricht hier jemand englisch?
Alguém aqui fala inglês? ou·geng a·kie fa·la in·gles

Haben Sie verstanden?
Você entende? wo·sse en·teng·de
Ich verstehe (nicht).
Eu (não) entendo. e·uh (noung) en·teng·do

SCHILDER IN DER STADT

Delegacia de Polícia	Polizeiwache
Hospital	Krankenhaus
Polícia	Polizei
Pronto Socorro	Notaufnahme
Banheiro	Bad/WC
Não Tem Vaga	Alles belegt
Tem Vaga	Zimmer frei

Was bedeutet ...?
O que quer dizer ...? o ke kerr die·serr ...

Könnte Sie bitte ...?
Você poderia por favor ...? wo·sse po·de·rie·a porr fa·worr ...
das wiederholen
repetir isto he·pe·tierr is·to
langsamer sprechen
falar mais devagar fa·larr mais de·wa·garr
es aufschreiben
escrever num papel es·kre·werr nuhm pa·pel

WEGWEISER
Wo ist ...?
Onde fica ...? on·de fie·ka ...

Könnten Sie mir das (auf der Karte) zeigen?
Você poderia me wo·sseh po·de·rie·a me
mostrar (no mapa)? mos·trarr (no ma·pa)

AM STRAND

Ich kann nicht schwimmen.
Eu não sei nadar.
Kann ich hier schwimmen?
Posso nadar aqui?
Kann man hier sicher schwimmen?
É seguro nadar aqui?
Wann ist Flut/Ebbe?
A que horas será a maré alta/baixa?
Wie sind die Wellen?
Como estão as ondas?
Wo ist ein guter Surfstrand?
Onde tem um bom lugar para surfar?

Badetuch	*toalha de praia*
Felsen	*pedra*
Küste	*costa*
Meer	*mar*
Rettungsschwimmer	*salva-vidas*
Sand	*areia*
Sonnencreme	*protetor solar*
Strand	*praia*
Welle	*onda*

SPRACHE

Wie lautet die Adresse?

Qual é o endereço?		kwou eh o en·de·*re*·sso

Wie weit ist das?

Qual a distância		kwou a dies·*tan*·si·a
daqui?		da·kie

Wie komme ich dorthin?

Como é que eu chego lá?		ko·mo e ke *eh*·u *sche*·go la

Abbiegen ...	*Vire ...*	*wie*·re ...
an der Ecke	*à esquina*	a es·*kie*·na
an der Ampel	*no sinal de*	no sie·*nou* de
	trânsito	tran·sie·to
links	*à esquerda*	a es·*kerr*·da
rechts	*à direita*	a die·*rey*·ta
hier	*aqui*	a·*kie*
dort	*lá*	la
nahe ...	*perto ...*	*perr*·to ...
geradeaus	*em frente*	eng *freng*·te
Norden	*norte*	*norr*·te
Süden	*sul*	ssuhl
Osten	*leste*	*les*·te
Westen	*oeste*	o·*es*·te

ZAHLEN

0	*zero*	*se*·ro
1	*um* uhm	
2	*dois*	dois
3	*três*	tres
4	*quatro*	*kwa*·tro
5	*cinco*	*sien*·ko
6	*seis*	sseys
7	*sete*	*sse*·te
8	*oito*	*oi*·to
9	*nove*	*nou*·we
10	*dez* des	
11	*onze*	*ong*·se
12	*doze*	*do*·se
13	*treze*	*tre*·se
14	*quatorze*	ka·*torr*·se
15	*quinze*	*kien*·se
16	*dezesseis*	de·se·*sseys*
17	*dezesete*	de·se·*sse*·te
18	*dezoito*	de·*soi*·to
19	*dezenove*	de·se·*nou*·we

Oi!	Hallo!
Tudo bem?	Alles klar?
Tudo bom.	Alles klar.
Chocante!	Cool!/Super!
Merda!	Mist!/Scheiße!
Ta ótimo!/Ta legal!	Toll!/Super!
Meu deus!	Mein Gott!
Ta louco!	Abgefahren!/Irre!
Nossa!	Meine Güte!
Opa!	Upps!
Oba!	Wow!
Falou!	Du sagst es!
Eu estou chateado com ...	Ich bin sauer auf/über ...
Tem jeito?	Geht noch was?
Sempre tem jeito.	Irendwas geht immer.
batendo um papo	quatschen
fumo	Marijuana (eigentl. Rauch)
cara	Kerl
garota	Mädchen
grana	Zaster, Pinke
careca	kahl
bagunça	Schlamassel
abacaxí	Problem
bum-bum/bunda	Hintern
fio dental	Stringtanga (wörtl. Zahnseide)

20	*vinte*	*wien*·te
21	*vinte e um*	*wien*·te e uhm
22	*vinte e dois*	*wien*·te e dois
30	*trinta*	*trien*·ta
40	*quarenta*	kwa·*ren*·ta
50	*cinquenta*	ssien·*kwen*·ta
60	*sessenta*	sse·*sseng*·ta
70	*setenta*	sse·*teng*·ta
80	*oitenta*	oi·*teng*·ta
90	*noventa*	no·*weng*·ta
100	*cem*	sseng
200	*duzentos*	duh·*seng*·tos
1000	*mil*	*mie*·uh

Glossar

Begriffe zum Thema Essen & Trinken werden ab S. 101 erläutert. Andere nützliche Wörter und Ausdrücke finden sich auf S. 802.

afoxé – Die Musik von Bahia, mit harten afrikanischen Rhythmen und einer engen Verbindung zum Candomblé
albergue – Ferienunterkunft oder Herberge
albergue da juventude – Jugendherberge
aldeia – ursprünglich ein Jesuitendorf, in dem Indianer zum Christentum bekehrt werden sollten; mittlerweile ein Begriff für ein beliebiges, üblicherweise indianisches Dorf.
andar – gehen; außerdem die Etage eines mehrstöckigen Gebäudes
apartamento – Hotelzimmer mit eigenem Bad
apelido – Spitzname
arara – Ara
artesanato – kunsthandwerklicher Gegenstand
ayahuasca – halluzinogenes Getränk
azulejos – portugiesische Keramikkacheln mit einer charakteristischen blauen Glasur, die man oft in Kirchen findet.

babaçu – vielseitig verwertbare Palme, Grundlage der Landwirtschaft Maranhãos
bairro – Viertel
bandeirantes – Abenteurerbanden, die im 17. und 18. Jh. das riesige brasilianische Inland erkundeten und auf der Suche nach Gold und Indianer waren, die versklavt werden sollten; typischerweise Söhne einer indigenen Mutter und eines portugiesischen Vaters
barraca – beliebiger Verkaufsstand oder Hütte, inklusive Essens- und Getränkebuden an Stränden, in Parks etc.
bateria – Schlagzeug einer Band, inklusive der riesigen, die bei Samba-Paraden verwendet werden
beija-flor – wörtlich „Blumenküsser"; Kolibri; außerdem der Name der berühmtesten Samba-Schule Rios
berimbau – Musikinstrument, das einen *capoeira* begleitet
bilheteria – Verkaufsstelle von Eintrittskarten
bloco – große, normalerweise Hunderte Personen umfassende Gruppe von verkleideten, Karneval feiernden Sängern oder Percussionisten, die aus einem bestimmten Wohnviertel stammt oder sich für ein bestimmtes Thema zusammentut
boate – Nachtclub mit Tanzfläche, manchmal mit Strippern; auch *boîte*
bonde – Seilbahn, Tram oder Straßenbahn
bossa nova – Eine Musikrichtung, die nordamerikanischen Jazz mit brasilianischen Einflüssen mischt

boteco – kleine Open-Air-Bar
boto – Süßwasserdelfin des Amazonas
Bumba Meu Boi – das wichtigste Fest in Maranhão, ein vielfältiges folkloristisches Event, in dessen Zentrum ein karnevalistischer Tanz bzw. eine Prozession steht
bunda – afrikanisches Wort für Hintern

caatinga – Buschvegetation des *sertão*
Caboclo – wörtlich „kupferfarben"; Person mit europäischen und halb indigenen Vorfahren
cachoeira – Wasserfall
camisinha – Kondom
Candomblé – afro-brasilianische Religion Bahias
cangaceiros – legendäre Banditen des *sertão*
capivara – Capybara (Wasserschwein); das größte Nagetier der Welt, das wie ein Riesenmeerschweinchen aussieht und im Pantanal lebt
Capixaba – Einwohner des Bundesstaates Espírito Santo
capoeira – von den Sklaven Bahias entwickelter Kampftanz
Carioca – Einwohner von Rio de Janeiro
cartão telefônico – Telefonkarte
casa de câmbio – Wechselstube
casa grande – großes Haus oder Villa eines Plantagenbesitzers
casal – verheiratetes Paar; auch eine Bezeichnung für ein Doppelbett
chapada – Hochebene oder Plateau, das ein Flussgebiet teilt
churrascaria – Restaurant, das gegrilltes Fleisch anbietet
cidades históricas – historische Kolonialstädte
Círio de Nazaré – das größte religiöse Fest Brasiliens. Es findet in Belém statt.
cobra – alle Arten von Schlangen
coronel – wörtlich „Oberst"; ländlicher Grundbesitzer, der normalerweise das dortige politische und juristische System sowie die Polizei kontrollierte; Bezeichnung für jede mächtige Person
correio – Postfiliale

delegacia de polícia – Polizeirevier

Embratur – Brasilianisches Fremdenverkehrsamt
engenho – Zuckerfabrik oder -plantage
escolas de samba – große Samba-Clubs, die in der jährlichen Karneval-Parade miteinander konkurrieren
estalagem – Gasthof
estrangeiro – Ausländer
Exú – ein Geist, der in afro-brasilianischen Religionen als Mittler zwischen Göttern und Menschen fungiert

fantasia – Karnevalskostüm
favela – Slum; Barackenstadt
favelado – Bewohner einer Favela
fazenda – Ranch oder Bauernhof, normalerweise ein großer Landbesitz; außerdem: Stoff, Gewebe
fazendeiro – Grundbesitzer
feira – landwirtschaftlicher Markt
ferroviária – Bahnhof
festa – Party
Filhos de Gandhi – Bahias berühmtester Karneval-*bloco*
fio dental – wörtlich: „Zahnseide"; der berühmte knappe G-String-Bikini
Flamengo – Rios beliebteste Fußballmannschaft; auch eine von Rios bevölkerungsreichsten Bezirken
Fluminense – Person, die im Bundesstaat Rio geboren wurde; auch eine Fußballmannschaft, *Flamengos* größter Rivale
forró – beliebte Musik des Nordostens, die unlängst eine Welle nationaler Popularität erfuhr
frevo – schnelle, populäre Musik aus Pernambuco
frigobar – Minibar
Funai – Fundação Nacional do Indio; nationale Stiftung der Indios
Fusca – VW-Käfer, das beliebteste Auto Brasiliens
futebol – Fußball
futevôlei – eine Form des Volleyball, bei der der Ball nicht mit den Händen gespielt werden darf

gafieira – Tanzsaal
garimpeiro – Goldsucher oder Bergarbeiter; ursprünglich ein illegaler Diamantensucher
garimpo – Bergbau-Lager
gaúcho – südbrasilianischer Cowboy
gringo – Ausländer oder Person mit hellem Haar und Gesichtsfarbe; wird sogar für Brasilianer mit heller Hautfarbe verwendet
gruta – Grotte oder Höhle

hidrovia – Wasserstraße
hidroviária – Bootshafen
hospedagem – günstige Pension, die von Einheimischen genutzt wird

lemanjá – afro-brasilianische Meeresgöttin
igapó – gefluteter Amazonaswald
igarapé – Bach oder kleiner Fluß in Amazonien
igreja – Kirche
ilha – Insel
índio – Angehöriger der indigenen Bevölkerung

jaburú – Jabiru; ein riesiger weißer Storch des Pantanal, mit weißem Kopf und einem roten Streifen am Hals
jacaré – Kaiman
jangada – schönes Segelboot des Nordwestens
jangadeiros – Crew, die *jangadas* benutzt

jeito oder jeitinho – vielleicht die typischste brasilianische Äußerung, die zugleich ein Gefühl und eine Handlungsform beschreibt; von *dar um jeito*, was so viel heißt wie „einen Weg finden, um etwas zu erreichen" – unabhängig davon, wie unmöglich dies scheint, selbst wenn die Lösung etwas unorthodox oder illegal sein könnte.
Jogo dos Búzios – Das Werfen einer Muschel; eine Form der Wahrsagerei, die von einem *pai de santo* oder *mãe de santo* vorgenommen wird

leito – Schlafkoje
literatura de cordel – wörtlich: „Faden-Literatur"; beliebte Literatur des Nordostens
litoral – Küstenregion
luxo – Luxus (z. B. bei Hotelzimmern)

machista – Macho
mãe de santo – weibliches, afro-brasilianisches, spirituelles Oberhaupt
malandro do morro – Vagabund; Halunke aus den Bergen; eine bekannte Figur der Mythologie von Rio
maloca – Indianische Hütte
Maracanã – das Fußballstadion von Rio
mercado – Markt
mestiço – eine Person mit halb indianischer/halb europäischer Abstammung
Mineiro – Einwohner von Minas Gerais
moço/a – Kellner oder anderer Angestellter des Dienstleistungsgewerbes
morro – Berg; außerdem eine Person oder Kultur der Favelas
mulato/a – Mulatte/Mulattin

novela – Seifenoper, Telenovela; Brasiliens beliebteste TV-Sendungen
NS – Nosso Senhor (unser Herr) or Nossa Senhora (unsere Dame)

O Globo – Brasiliens größtes Medienimperium, zu dem die wichtigste TV-Station und mehrere Zeitungen und Magazine gehören
orixá – Göttin der afro-brasilianischen Religionen

pagode – beliebte Art von Samba-Musik
pai de santo – männliches spirituelles Oberhaupt in afro-brasilianischen Religionen
palácio – Palast oder großes Regierungsgebäude
palafita – Pfahl oder auf Pfählen gebautes Haus
pampas – Graslandebenen des südlichen brasilianischen Inlands
parque nacional – Nationalpark
pau brasil – selten gewordener Rotholzbaum (Brasilholz); ein aus dem Baum hergestelltes rotes Färbemittel, das das erste Produkt der Kolonie war
Paulista – Einwohner des Bundesstaates São Paulo

Paulistano – Einwohner der Stadt São Paulo
PCB – kommunistische Partei Brasiliens
pensão – Gästehaus
posta restante – postlagernd
posto – Pflock; Rettungswachen entlang der Strände von Rio de Janeiro, die durchnummeriert als Bezeichnung für die verschiedenen Strandabschnitte verwendet werden
posto de gasolina – Tankstelle
posto telefônico – Fernsprechamt
pousada – Gästehaus
praça – Platz oder Marktplatz
praia – Strand
prefeitura – Rathaus
PT – Partido dos Trabalhadores (Arbeiterpartei); Brasiliens jüngste und radikalste politische Partei

quarto – Hotelzimmer ohne Bad
quente – heiß
quilombo – Gemeinschaft entlaufener Sklaven
Quimbanda – schwarze Magie

rápido – schnell
real – seit 1994 Brasiliens Währungseinheit; Plural: reais
rede – Hängematte
rio – Fluss
rodoferroviária – Bushaltestelle und Bahnhof
rodoviária – Bushaltestelle
s/n – Abkürzung für *sem número* (ohne Nummer), wird für manche Straßenadressen benutzt
sambista – Sambakomponist oder -tänzer
sambódromo – Straße mit Sitzreihen, die für Samba-Paraden errichtet wurden

senzala – Sklavenviertel
serra – Gebirge
Sertanejo – Einwohner des *sertão*
sertão – von Dürre bedrohtes Hinterland des Nordostens
shopping – Shopping-Mall

telefonista internacional – internationale Telefon-vermittlung
Terra da Vera Cruz – Land des wahren Kreuzes; die ursprüngliche portugiesische Bezeichnung für Brasilien
terreiro – afro-brasilianische Kultstätte
travessa – Gasse
travesti – Transvestit; eine in ganz Brasilien beliebte Figur, die von manchen als das Nationalsymbol angesehen wird
trem – Zug
trio elétrico – Steckdose mit drei Kontakten; elektrisch verstärkte Bands, die auf der Ladefläche von Trucks spielen
tropicalismo – wichtige kulturelle Bewegung der 1960er-Jahre mit dem Zentrum in Bahia
Tupi – ein indigenes Volk und eine Sprache, die zur Zeit der Invasion durch die Europäer entlang der Küste vorherrschend waren

Umbanda – weiße Magie, eine Mischung aus *Candomblé* und Spiritismus

vaqueiro – Cowboy des Nordostens
várzea – amazonisches Überschwemmungsgebiet

zona da mata – im *litoral* gelegenes Waldgebiet in den Staaten des Nordostens

Die Autoren

REGIS ST. LOUIS
Hauptautor, Rio de Janeiro (Stadt)

Schon lange liebt Regis die Cidade Maravilhosa (Wunderbare Stadt) Rio de Janeiro. Deshalb ist er als Traveller und als Autor immer wieder in Brasilien unterwegs. Rios lebendige Musikszene, seine bunten *botecos* (kleine Freiluftbars) und die verführerische Energie der Cariocas sind nur einige der Gründe, warum er seit zehn Jahren immer wieder zurückgekehrt ist. Regis, der auch Portugiesisch und Spanisch beherrscht, hat schon etliche Artikel über Brasilien und Lateinamerika geschrieben, u. a. für den *Chicago Tribune*, die *LA Times* und den *San Francisco Chronicle*. Er ist auch der Hauptautor von Lonely Planets *Rio de Janeiro* und *Südamerika für wenig Geld*. Er pendelt zwischen New York City und den Tropen hin und her.

GARY CHANDLER
Amazonien

Gary hat das Amazonien-Kapitel zum dritten Mal aktualisiert. Und wieder setzte er alles daran, der Mutter aller Flüsse gerecht zu werden. Dazu stieg er neunmal ins Flugzeug, sechsmal in den Nachtbus und unzählige Male ins Boot. Er überquerte vier Landesgrenzen, durchreiste drei Zeitzonen, aß zu beiden Seiten des Äquators Pizza mit Palmherzen und fing diesmal nur zwei Piranhas (eine Blamage angesichts seines Rekords von drei Piranhas 2007). Gary studierte Lyrik und Völkerkunde an der UC Berkeley und machte an der Columbia University seinen Master in Journalismus. Derzeit lebt er mit seiner Frau und Co-Autorin Liza Prado und den zwei Kindern in Colorado (USA).

GREGOR CLARK
**Rio de Janeiro (Bundesstaat),
Espírito Santo, Minas Gerais**

Gregors Leidenschaft für alles Brasilianische erwachte, als er mit 19 seinen ersten Portugiesischkurs machte. Damals verliebte er sich in die ungezügelte Melodie der Sprache (Wo sonst sagt man zum Picknick „Pieki-Nieki"?). Seit 1990 reist er regelmäßig durch Brasilien und ist begeistert von der Weite und Vielfalt des Landes: der Musik, dem Essen und den vielen außergewöhnlichen Orten. Der eigentliche Grund aber, warum er immer wieder zurückkehrt, ist die Wärme und die Liebenswürdigkeit der Brasilianer. Gregor schreibt seit 2000 für Lonely Planet und hat u. a. an *Kalifornien*, *Mexiko* und *Uruguay* mitgearbeitet. Er lebt mit seiner Frau und seinen Töchtern in Vermont (USA).

AIMÉE DOWL
Paraná, Santa Catarina, Rio Grande do Sul

Aimée lernte von Brasilien als erstes den urwaldüberwucherten, abgelegenen Norden kennen, der an Guyana grenzt. Über dieses Land schrieb sie in Lonely Planets *Südamerika für wenig Geld*. Ihre Recherchen für den aktuellen Band führten sie in den klimatisch gemäßigten Südosten, wo sie ohne Pullover eine bitterkalte Nacht in der Serra Gaúcha verbrachte und beim Besuch der Iguaçu-Fälle ihren Schirm nicht dabeihatte. Wenn sie nicht gerade unterwegs ist, lebt Aimée im 2850 m hoch gelegenen, kühlen Quito in Ecuador und arbeitet freiberuflich als Reise- und Kulturjournalistin. Ihre Texte sind u. a. in der *New York Times*, im *Viajes*, im *Ms Magazine*, im *BBC History* und in vier Lonely Planet Bänden erschienen.

BRIDGET GLEESON — Bahia, Sergipe & Alagoas

Bridget liebt das Meer, Kokosnüsse und Jorge Amado; die Tour durch den Nordosten Brasiliens war für sie die Erfüllung eines Traums. Und daran konnten auch zwei Schnorchelunfälle und rund 200 Mückenstiche nichts ändern. Sie lebt in Buenos Aires, wohnt aber hin und wieder auch in Tschechien und in Nicaragua. Sie schreibt über Abenteuer drinnen und draußen – vom Campen im chilenischen Patagonien und Reiten in der argentinischen Seenregion bis zu Weintouren in Uruguay. Sie war auch Autorin und Fotografin für den Lonely Planet Band *Buenos Aires Encounter II* und schreibt auch für *Delta Sky, AOL Travel, Tablet Hotels* und *Mr. & Mrs. Smith*.

ROBERT LANDON — São Paulo (Bundesstaat)

2002 fuhr Robert für eine Woche nach Brasilien und blieb zwei. Dann kehrte er nach Hause zurück – aber nur, um seinen Job zu kündigen und all seine Sachen zu verhökern. Einen Monat später wohnte er schon an der Copacabana, wo er auch heute noch mit seiner Partnerin und seinen zwei Katzen lebt. Inzwischen spricht er fließend Portugiesisch. Er hat viel Zeit in São Paulo, im Süden Brasiliens und in Rio verbracht. Robert machte seinen Abschluss an der Stanford University und an der University of California in Irvine und ist seit fast 15 Jahren Reiseautor (er lebte u. a. zwei Jahre in Paris). Seine Texte erschienen u. a. in der Zeitschrift *Dwell*, in der *Los Angeles Times*, im *Miami Herald*, im *Houston Chronicle* und in den *San Jose Mercury News*.

KEVIN RAUB — Pernambuco, Paraíba & Rio Grande do Norte, Ceará, Piauí & Maranhão

Kevin Raub wuchs in Atlanta (USA) auf und begann seine Kariere als Musikjournalist in New York, wo er für die Zeitschriften *Men's Journal* und *Rolling Stone* arbeitete. Der Rock'n'Roll-Lebensstil forderte seinen Tribut: Er nahm sich eine längere Auszeit und zog als Reiseautor durch die Bundesstaaten von Brasilien. Er lebt in São Paulo, flüchtet aber immer wieder gern in den Nordosten, wo er seine Frau kennengelernt und in Fernando de Noronha seine Trauminsel gefunden hat. Dies ist sein zehnter Lonely Planet Band.

DIE AUTOREN VON LONELY PLANET

Warum gelten unsere Reiseinformationen als die besten der Welt? Ganz einfach: Unsere Autoren sind unabhängige, leidenschaftliche Globetrotter. Sie recherchieren nicht nur übers Internet oder Telefon. Sie lassen sich auch nicht mit Werbegeschenken für positive Berichterstattung schmieren, sodass man ihren unparteiischen Tipps voll vertrauen kann. Sie reisen um den Globus – zu touristischen Highlights und entlegenen Orten. Sie machen Neuentdeckungen, die in keinem anderen Reiseführer zu finden sind. Sie besuchen persönlich Tausende Hotels, Restaurants, Schlösser, Wanderwege, Museen, Tempel und mehr. Sie sprechen Tag für Tag mit Dutzenden von Einheimischen, um unseren Lesern auch das Insiderwissen der Ortsansässigen zu vermitteln. Und sie schildern ihre Eindrücke gnadenlos ehrlich, ohne Schönfärberei. Weitere Infos über die Arbeit der Autoren gibt's unter **www.lonelyplanet.com**.

PAUL SMITH   Brasília, Goiás, Mato Grosso & Mato Grosso do Sul

Bereits der kleine Paul hatte – mit dem naiven Ehrgeiz, der nächste David Attenborough zu werden – den Traum, auf den Spuren wilder Tiere Südamerika zu erkunden. Als er zwei Monate als Student in der Beni Biological Station verbrachte, schien sein Traum langsam in Erfüllung zu gehen. Doch weil David Attenborough noch immer gut in Form war, änderte Paul seine Pläne: Er wurde Reiseautor und zog 2003 für immer nach Südamerika, und zwar nach Paraguay. Bei seinen Recherchen für diesen Band begegnete er einem aufdringlichen Schwarzen Pacu, machte sich in Brasília mit „logischen" Adressen auf den Weg und lernte, dass es für manche Obstsorten zwar keine englischen Bezeichnungen gibt, aber alle lecker schmecken.

Hinter den Kulissen

ÜBER DIESES BUCH

Dies ist die 2. deutsche Auflage von *Brasilien*, basierend auf der 8. englischen Auflage von *Brazil*, recherchiert und geschrieben von Regis St. Louis (Hauptautor), Gary Chandler, Gregor Clark, Aimée Dowl, Bridget Gleeson, Robert Landon, Kevin Raub und Paul Smith. Das Kapitel „Gesundheit" basiert auf dem von Dr. David Goldberg geschriebenen Text.

Dieser Reiseführer wurde von der Lonely Planet Redaktion in Oakland in Auftrag gegeben und unter Mitarbeit folgender Personen produziert:

Verantwortliche Redakteurinnen Kathleen Munnelly, Suki Gear

Leitender Redakteur Evan Jones

Leitende Kartografin Amanda Sierp

Leitender Layoutdesigner Carlos Solarte

Redaktion Bruce Evans, Brigitte Ellemor

Kartografie David Connolly, Alison Lyall

Layoutdesign Celia Wood

Redaktionsassistenz Carolyn Boicos, Kim Hutchins, Jackey Coyle, Kate Daly, Gina Tsarouhas, Laura Gibb, Jeanette Wall

Kartografieassistenz Valeska Cañas, Andrew Smith, David Kemp

Umschlaggestaltung Naomi Parker

Bildrecherche Sabrina Dalbesio

Redaktion Sprachführer Annelies Mertens, Laura Crawford

Dank an Indra Kilfoyle, Averil Robertson, Juan Winata, John Taufa, John Mazzocchi, Rebecca Lalor, Raphael Richards, Melanie Dankel, Katie Lynch, Frank Deim, Jim Hsu, Shahara Ahmed

DANK DER AUTOREN

REGIS ST. LOUIS

Großen Dank (und Gratulation) an die verantwortliche Redakteurin Kathleen Munnelly und an meine Co-Autoren für ihre Hingabe bezüglich allem Brasilianischen. In Brasilien gilt mein Dank Cristiano Nogueira, Cândida Botafogo, Marcelo Esteves, Marta & John Miller, Madson Araujo, Aurélio Curtim, Simone Theisen, Nelly Pager, Ricardo Hamond, John Tabor, Laurent Tran und Marcos Silviano do Prado. Danken möchte ich auch den Leuten bei Riotur, den Freunden Caprichosos de Pilares, die mich durch den Karneval begleitet haben, und den Rocinha-Leuten. Ich danke auch den vielen Travellern, die uns Tipps zugesandt haben, sowie Alison Lyall und allen Leuten bei Lonely Planet, die

---

DIE LONELY PLANET STORY

Am Küchentisch fing alles an – nachdem Tony und Maureen Wheeler 1972 eine lange, abenteuerliche Reise durch Europa, Asien und Australien unternommen hatten, trugen sie all ihre Informationen und Notizen zusammen. So entstand der erste Lonely Planet Reiseführer *Across Asia on the Cheap*.

Der Reiseführer wurde von Travellern geradezu verschlugen. Ermutigt durch ihren Erfolg, veröffentlichten die Wheelers weitere Bücher über Südostasien, Indien und andere Länder. Die Nachfrage war so ungeheuerlich groß, dass die Wheelers ihr Unternehmen erweiterten. Über die Jahre deckten sie mit ihrer Reiseliteratur den ganzen Globus ab und sie dehnten ihre Berichterstattung auf die virtuelle Welt von lonelyplanet.com und das Lonely Planet Messageboard Thorn Tree aus.

Lonely Planet wurde ein immer beliebterer Reisebuchverlag und Tony und Maureen konnten sich vor Aufträgen kaum mehr retten. Doch erst 2007 fanden sie einen verlässlichen Partner, bei dem sie sich sicher sein konnten, dass er dem Prinzip abenteuerlustiger, aber umweltbewusster Reisen treu blieb. Im Oktober dieses Jahres erwarb BBC Worldwide 75% der Anteile von Lonely Planet, mit dem Versprechen, die Grundsätze unabhängiges Reisen, vertrauenswürdige Auskünfte und redaktionelle Unabhängigkeit aufrechtzuerhalten.

Heute hat Lonely Planet Büros in Melbourne (Australien), London und Oakland (USA) mit über 500 Mitarbeitern und 300 Autoren. Tony und Maureen engagieren sich immer noch aktiv bei Lonely Planet. Sie reisen mehr als je zuvor und in ihrer Freizeit widmen sie sich wohltätigen Projekten. Das Unternehmen wird nach wie vor von der Philosophie von *Across Asia on the Cheap* getragen: „Wichtig ist, dass du dich entscheidest zu gehen, dann hast du den härtesten Teil geschafft. Also, los geht's!"

HINTER DEN KULISSEN

versteckt hinter den Kulissen arbeiten. Spezieller Dank gilt meiner Frau Cassandra Loomis und unseren goldigen Töchtern Magdalena und Genevieve.

GARY CHANDLER

Mein spezieller Dank (und mein Glückwunsch) gilt der hervorragenden verantwortlichen Redakteurin Kathleen Munnelly, weil ich noch einmal den Amazonas bereisen durfte, und Regis St. Louis, der mich unterstützt und gefördert hat. Auch Euch, Suki Gear, Alison Lyall, Evan Jones, Kim Hutchins und allen bei Lonely Planet, danke ich, dass wir zusammen dieses großartige Buch zustande gebracht haben. In Manaus möchte ich mich bei Antonio von Amazon Antonio Jungle Tours, bei Gero und Pedro von Amazon Gero's Tours, bei Marinilda und Bruno von der Malocas Jungle Lodge, bei Clive vom Maguire's Guesthouse und bei Sofia von der Juma Lodge bedanken. Ich danke auch Rodrigo vom Instituto Mamirauá in Tefé und Betinne vom Guesthouse Multicultura, auch in Tefé, Neila von Areia Branca Ecotour in Alter do Chão und – nicht zu vergessen – den vielen Brasilianern, die mir Tag für Tag mit Infos, Wegbeschreibungen, Geduld und Freundlichkeit zur Seite gestanden haben. Meiner bezaubernden, wunderschönen Frau Liza, unserer unbeschreiblich süßen Tochter Eva und dem noch ganz kleinen, niedlichen Leo danke ich für alles.

GREGOR CLARK

Vielen Dank den zahllosen Brasilianern, die mich (wie immer) lächelnd auf meinem Weg begleitet haben. Um abraço an Lena und Ricardo in Ouro Prêto, Alex und Maira in Diamantina, Bia und Beto in Tiradentes, José Milton in Serra da Bocaina, Bixão in Itaúnas, Dora in Arraial do Cabo, Wilson und Amanda in Guarapari sowie Alba und Mariane in Caratinga. Besonderen Dank an Kathleen Munnelly, den Hauptautor Regis St. Louis und an alle anderen großartigen Leute bei Lonely Planet. Und nicht zuletzt Danke an Gaen, Meigan und Chloe, dank derer das Beste an jeder Reise das Heimkommen ist.

AIMÉE DOWL

Mein erster Dank geht an Kathleen Munnelly und an Suki Gear. Großen Dank auch an Regis St. Louis, der mich dreimal durch das Labyrinth führte. Sehr verpflichtet bin ich auch meiner Portugiesischberaterin Vandrea. Dank an Amy für ihre Hilfe in Porto Alegre, an die barfüßigen Gepäckträger auf der Ilha do Mel für ihre Tipps zu den Wellen und an die zahllosen, namenlosen Leute in Florianópolis, die mir zeigten, wo was los war. Derek, der Sinn für alles Schöne um uns herum hat, selbst dann, wenn es verstellt ist, widme ich diese meine Arbeit.

BRIDGET GLEESON

Ich danke all den freundlichen Brasilianern, die mich überall herzlich aufgenommen haben, insbesondere Fabio vom Maceió Hostel, Nestor von der Pousada Caravelas in Morro de São Paulo (der allerdings Argentinier und kein Bahianer ist) und den Leuten von der Pousada O Ninho in Salvador. Großen Dank an meine Mutter Margaret, die eine wunderbare Reisebegleiterin ist, und an meine liebe Schwester Molly, die mit mir in Bahia moquecas (bahianischen Fischeintopf) und agua de coco (Kokosmilch) verkostete. Ebenso dankbar bin ich Rodolfo Diaz für seinen Portugiesischunterricht und dass er geduldig zu Hause auf mich wartete. Bei Lonely Planet bin ich vor allem Regis St. Louis, Alison Lyall und ganz besonders Kathleen Munnelly für ihre professionelle Hilfe und ihre Bereitschaft zu Dank verpflichtet, mir einen der schönsten Aufträge in ganz Südamerika zu geben.

ROBERT LANDON

Das erste und größte obrigadão gilt Ann Williams und Igor, die mich großzügig bewirteten und ihr Wissen aus erster Hand mit mir teilten. Außerdem danke ich Thiago, dass er meine Abwesenheit während der Recherchen und meine Anwesenheit während der Schreibarbeit ertrug, Noemia für ihre Kochkünste, Kathleen Munnelly für ihre Begeisterung über São Paulo und dafür, dass sie mich darüber schreiben ließ, Regis St. Louis für seine Geduld und Nachsicht und last but not least meiner Mutter, die mir den Reisefloh ins Ohr setzte (denn mein Vater war das sicher nicht).

KEVIN RAUB

Mein besonderer Dank gilt meiner Frau Adriana Schmidt, durch die ich die Wunder des Nordostens kennenlernte und die mir während der Recherchen mehr als einmal aus der Patsche half. Bei Lonely Planet danke ich Kathleen Munnelly und Regis St. Louis, vor Ort in Brasilien Maysa Provedello, Patricia Giglio, Chris Lipp, Mauricio Vilela, Fernanda Velloso, Roberta Rodrigues, Julien Jauneau, Hugo Vasconcelos, Todd Adamson, John Wolinan, Anushka Fowler, Paula Salles, Marcio Henandez, Anne Knapp, Buna und Monica, Edvaldo und Maria Luiza Baltazar, Alexandre Ugarte, Laura Dantas, Sergio Camara, Patrick und Ana Mueller, Fotosub, Gloria Wei, Cadu, Joab und Monica Marciel, Suene Ramalho und dem Niederländer Paul für die Cashewnüsse.

PAUL SMITH

Dank an all die Leute, die ich unterwegs in Brasília, Goiás und in den Mato Grossos kennengelernt habe, insbesondere an Ailton Lara, der mir die Wunder der Chapada dos Guimarães gezeigt und mich für das Buch fotografiert hat, an Luis Octavio, der Bonito für mich zu einem unvergesslichen Erlebnis machte, und an Joel Souza, der in Cuiabá ein prima Gastgeber war. Danken möchte ich auch Kevin und Gregor, die mir wertvolle Tipps zu Campo Grande gegeben haben, und Regis St. Louis, der wie üblich wunderbar dafür sorgte, dass alle die Nerven behielten. Glückwunsch an Kathleen Munnelly für ihren Nachwuchs und Dank an all die vielen Leute hinter den Kulissen, insbesondere an Alison Lyall. Und schließlich noch ein besonderer Dank an meine Frau Carol und unseren kleinen Shawn, dank derer es das Beste an jeder Reise ist, und war sie noch so toll, wieder heimzukommen.

DANK VON LONELY PLANET
Wir danken allen Lesern, die mit der letzten Ausgabe unterwegs waren und uns wertvolle Hinweise, nützliche Tipps und interessante Geschichten zugesandt haben:

A Heather Abel, Allie Ackerman, Joao Almeida, Tim Amphlett, Stephanie Andre, Leonardo Aritonang, Dominique Aubert **B** Heiko Baerschneider, Barbara Bansemer, Filippo Bedani, Ryan Bennett, Nuno Bernardo, Leanne Bird, Liz Bissett, Luis Bittencourt, Robert Blackie, Magnus Blomstedt, Ryan Borsato, Gry Bossen, Patrick Brady, Emma Brooks, Thomas Brooks, Mike Buser **C** Keith Camburn, Donald Cameron, Cecile Cannone, Corinne Cath, Drissia Chahma, Louise Chang, Helen Cheung, Anmol Chibber, David Clayton, Adele Cleaver, Gary Cobin, Timothy Crow **D** Rodolpho De Castro, Jelly De Jong, Graziella De Luis, Freddy De Mattos, Anibal De Nicola, Martijn De Rooi, Andre De Souza, Hector Del Olmo, Claudius Doceka, Maria Donnelly, Annette Doornbosch, Sabine Dorn, Gene Draper, Josiane Droeghag, Luciana Drucker **E** Kristen Eder, Raphaelle Eytan **F** Abel Fagundes, Henry Faughnan, Thomas Fischer, Clarisse Fournes, Meredith Franklin, Chris French **G** Joël Gaboriau, Linda Glenn, Suzanne Godfrey, Nicki Goh, Nicolas Gouble, Roberta Gregoli **H** Rachel Hall, Matthew Hamilton, Annika Haraldsson Da Silva, Marcus Harbord, Pierre Harlay, Thomas Harper, Karen Hartley, Heleen Haverkort, Hans Heckel, Kir Heel, Lena Heijken, Conn Herriott, Amber Hoffman, Petra Hoffmann, Michelle Horn, Pip Hunter **J** Bruce Jay, Isabelle Johnson **K** Nikos Kazouris, Frederucj Kent, Sebastian Kernbaum, Susan Khalifah, Cynthia Kharoufeh, Rosie King, Jacek Kostyrko, Stefan Krueger, Corinne Kuipers **L** Réal Lambert, Eva Lecat, Danielle Lee, Stephen Lee, Stephane Legrand, Katrin Looser, Iain Loughnan, James Loxton, Haenen Luc, Atila Lvg **M** John Mac Lloyd, Matthew Maclean, Eloise Madden, Regina Maier, Lewis Martins, Louis Matalon, Carlos Menezes, Irene Messina, Seda Mollen, Tom Mollenkamp, Marina Moretti, Vincent Muraire, Val Murray, Emile Myburgh, Nate Myers **N** Guilherme Nunes **O** Marianna Olinger, Thais Oliveira, Hanan Beit On **P** Marcel Pace, Charlotte Padelsi, Kaven Paradis, Supaya Pasbo, Megan Passey, Mark Pery-Knox-Gore, David Peterson, Neil Pike, Vinícius Pimenta, Ada Pinkston, Nicky Pinto, Bryan Pitts, Tim Plaggenborg, Esther Postma, Dina Priess Dos

Santos **R** Stéphane Raynaud, Steffen Reimlinger, Benjamin Remia, Evan Rieder, Anton Rijsdijk, Rik Roelofs, Valentina Rojas Loa Salazar, Patrick Roman, Royce Romberg, Sally Rosevear, David Rosler, Evan Ross, Mar Rosseneu, Toni Royo, Letizia Russo **S** Maike Schmidt, Wolfgang Schuler, David Seeberg Ravnskjær, Justina Southworth, Rodrigo Souza De Souza, Eduardo Stival, Sho Alexander Sugihara, Adam Sulkowski, Rembrandt Sutorius **T** Linda Techell, Fiona Teng, James Tubman **V** Laurent Vahl, Edwin Van Der Lem, Jana Van Der Schoot, Alexander Van Rijn, Mark Vander Meer, William Van-Ham, Barbara Vazquez, Bobbi Verdugo, Petra Versol, Kathryn Victor, Bernard Vixseboxse, Maria Vragova **W** Lindsay Walker, Sonia Washuus De Carvalho, Paul Wegmann, Uta Westerhüs, Don Wilks, Isabelle Willems, Danielle Wolbers, Ronald Wolff, Jim Woolam, Jane Wright **Y** Feyza Yazar, Froucke Ykema, Nadia Yoshioka, **Z** Foteini Zafeiriou, Tania Zulkoskey, Manuele Zunelli

QUELLENNACHWEIS
Vielen Dank an folgende Firmen für die Nutzung ihrer Inhalte:
Globus auf der Titelseite ©Mountain High Maps 1993 Digital Wisdom, Inc.

Register

REGISTER

000 Verweise auf Karten
000 Verweise auf Fotos

GreenDex

UMWELTBEWUSST REISEN

Umweltbewusstes Reisen ist in Brasilien immer noch ein neues Konzept, und jede Menge Anbieter wollen jetzt plötzlich auf der Öko-Welle mitschwimmen. Wie aber lässt sich eine wirklich umweltbewusste Option von den vielen Öko-Schwindlern unterscheiden?

Unsere Autoren haben die Anbieter besonders hervorgehoben, die umweltfreundlichen Tourismus in Brasilien organisieren, ob sie nun alternative Energien nutzen, die nachhaltige Entwicklung innerhalb lokaler und indigener Gemeinden unterstützen oder dabei helfen, Brasiliens kulturelles, natürliches und architektonisches Erbe zu bewahren. Viele der Optionen im GreenDex werden von Brasilianern geführt und die meisten helfen Travellern auf die eine oder andere Weise, die Kultur und Natur ihres Reiseziels besser zu verstehen. Außer dem GreenDex sollte man auch die Auflistung der Nationalparks beachten, die Möglichkeit nutzen, per Bus oder Zug zu reisen und Aktivitäten wie Wandern und Radfahren ausüben – das alles findet sich im regulären Register dieses Buches.

Umweltbewusstes Reisen wird immer wichtiger. Trotzdem ist es für Traveller – und das schließt uns mit ein – nicht leicht, die entsprechenden Anbieter zu finden. Deshalb freuen wir uns über Anregungen zur Ergänzung dieser Liste. Wer eine Empfehlung hat, sollte nicht zögern, uns diese über talk2us@lonelyplanet.com.au mitzuteilen. Weitere Informationen zum Thema Ökotourismus gibt's z. B. auf www.lonelyplanet.com/responsibletravel.

GREENDEX

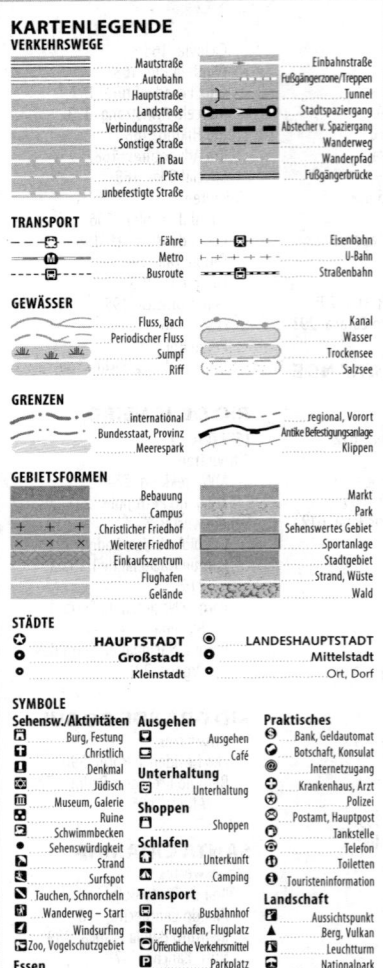

KARTENLEGENDE

VERKEHRSWEGE

Mautstraße · Autobahn · Hauptstraße · Landstraße · Verbindungsstraße · Sonstige Straße · in Bau · Piste · unbefestigte Straße · Einbahnstraße · Fußgängerzone/Treppen · Tunnel · Stadtspaziergang · Abstecher v. Spaziergang · Wanderweg · Wanderpfad · Fußgängerbrücke

TRANSPORT

Fähre · Metro · Busroute · Eisenbahn · U-Bahn · Straßenbahn

GEWÄSSER

Fluss, Bach · Periodischer Fluss · Sumpf · Riff · Kanal · Wasser · Trockensee · Salzsee

GRENZEN

international · Bundesstaat, Provinz · Meerespark · regional, Vorort · Antike Befestigungsanlage · Klippen

GEBIETSFORMEN

Bebauung · Campus · Christlicher Friedhof · Weiterer Friedhof · Einkaufszentrum · Flughafen · Gelände · Markt · Park · Sehenswertes Gebiet · Sportanlage · Stadtgebiet · Strand, Wüste · Wald

STÄDTE

HAUPTSTADT · LANDESHAUPTSTADT · Großstadt · Mittelstadt · Kleinstadt · Ort, Dorf

SYMBOLE

Sehensw./Aktivitäten
Burg, Festung · Christlich · Denkmal · Jüdisch · Museum, Galerie · Ruine · Schwimmbecken · Sehenswürdigkeit · Strand · Surfspot · Tauchen, Schnorcheln · Wanderweg – Start · Windsurfing · Zoo, Vogelschutzgebiet

Essen
Essen

Ausgehen
Ausgehen · Café

Unterhaltung
Unterhaltung

Shoppen
Shoppen

Schlafen
Unterkunft · Camping

Transport
Busbahnhof · Flughafen, Flugplatz · Öffentliche Verkehrsmittel · Parkplatz · Taxistand

Praktisches
Bank, Geldautomat · Botschaft, Konsulat · Internetzugang · Krankenhaus, Arzt · Polizei · Postamt, Hauptpost · Tankstelle · Telefon · Toiletten · Touristeninformation

Landschaft
Aussichtspunkt · Berg, Vulkan · Leuchtturm · Nationalpark · Wasserfall

Lonely Planet Publications, Locked Bag 1, Footscray, Melbourne, Victoria 3011, Australia

Verlag der deutschen Ausgabe:
MAIRDUMONT, Marco-Polo-Str. 1, 73760 Ostfildern, www.mairdumont.com, lonelyplanet@mairdumont.com

Chefredakteurin deutsche Ausgabe: Birgit Borowski
Übersetzung: Julie Bacher, Berna Ercan, Tobias Ewert, Derek Frey, Marion Gref-Timm, Jürgen Kucklinski, Laura Leibold, Britt Maaß, Dr. Christian Rochow
Redaktion: Stephanie Iber, Frank Müller-Stindl, Adriana Popescu, Olaf Rappold, Verena Stindl (red.sign, Stuttgart)
Redaktionsassistenz: Dr. Dirk Mende, Karin Rappold, Thomas Tilsner
Satz: Neslihan Tatar (red.sign, Stuttgart)

Brasilien
2. deutsche Auflage Mai 2011, übersetzt von *Brazil 8th edition*, Dezember 2010, Lonely Planet Publications Pty

Deutsche Ausgabe © Lonely Planet Publications Pty, Mai 2011
Fotos © wie angegeben

Printed in China

Umschlagfoto: Detailansicht Ara-Federn. Brasilien, Südamerika/ Diego Lezama.

Die meisten Fotos in diesem Reiseführer können bei Lonely Planet Images, www.lonelyplanetimages.com, auch lizenziert werden.